CONSOLIDAÇÃO DAS LEIS DO TRABALHO

43ª edição

Homenagem a
Armando Casimiro Costa
1918-2014

1ª Edição — 1979
2ª Edição — 1980
3ª Edição — 1981
4ª Edição — 1982
5ª Edição — 1983
6ª Edição — 1984
7ª Edição — 1984
8ª Edição — 1985
9ª Edição — 1985
10ª Edição — 1985
11ª Edição — 1986
12ª Edição — 1987
13ª Edição — 1988
14ª Edição — 1989
15ª Edição — 1990
16ª Edição — 1991
17ª Edição — 1992
18ª Edição — 1993
19ª Edição — 1994
20ª Edição — 1995
21ª Edição — 1996
22ª Edição — 1997
23ª Edição — 1998
24ª Edição — 1999
25ª Edição — 1999
2ª Tiragem — 1999
3ª Tiragem — 1999
26ª Edição — 2000
27ª Edição — 2000
28ª Edição — 2001
2ª Tiragem — 2001
3ª Tiragem — 2001
29ª Edição — 2002
2ª Tiragem — 2002
3ª Tiragem — 2002
4ª Tiragem — 2002
30ª Edição — 2003
2ª Tiragem — 2003
3ª Tiragem — 2003
31ª Edição — 2004
2ª Tiragem — 2004
3ª Tiragem — 2004
4ª Tiragem — 2004
32ª Edição — 2005
2ª Tiragem — 2005
3ª Tiragem — 2005
4ª Tiragem — 2005
33ª Edição — 2006
2ª Tiragem — 2006
34ª Edição — 2007
35ª Edição — 2008
2ª Tiragem — 2008
36ª Edição — 2009
37ª Edição — 2010
2ª Tiragem — 2010
3ª Tiragem — 2010
38ª Edição — 2011
39ª Edição — 2012
40ª Edição — 2012
41ª Edição — 2013
42ª Edição — 2014
43ª Edição — 2014

ARMANDO CASIMIRO COSTA
MELCHÍADES RODRIGUES MARTINS
SONIA REGINA DA S. CLARO

CONSOLIDAÇÃO DAS LEIS DO TRABALHO

2014

Homenagem a
Armando Casimiro Costa
1918-2014

43ª EDIÇÃO

LTr

LTr®
EDITORA LTDA.

Rua Jaguaribe, 571
CEP 01224-001
São Paulo, SP — Brasil
Fone (11) 2167-1101
www.ltr.com.br

Produção Gráfica e Editoração Eletrônica: RLUX
Impressão: PAULUS GRÁFICA E EDITORA

Fechamento desta edição em: 10.9.2014

Versão impressa	- LTr 5148.3 - ISBN 978-85-361-3069.9
Versão digital	- LTr 8191.7 - ISBN 978-85-361-3093.4

Dados Internacionais de Catalogação na Publicação (CIP)
(Câmara Brasileira do Livro, SP, Brasil)

Costa, Armando Casimiro
Consolidação das Leis do Trabalho /Armando Casimiro Costa, Melchíades Rodrigues Martins, Sonia Regina da S. Claro. — 43. ed. São Paulo : LTr, 2014.

Bibliografia

1. Trabalho — Leis e legislação — Brasil I. Martins, Melchíades Rodrigues. II. Claro, Sonia Regina da S. III. Título.

14-08422 CDU-34: 331 (81) (094)

Índices para catálogo sistemático:

1. Brasil : Leis trabalhistas 34 : 331 (81) (094)
2. Consolidação das Leis do Trabalho : Brasil 34 : 331 (81) (094)

CLT

CONSOLIDAÇÃO DAS LEIS DO TRABALHO

NOTA DA EDITORA

Esta edição da CLT contém dispositivos da Constituição Federal de 1988 mais diretamente relacionados com o Direito do Trabalho (p. 29).

Tais dispositivos deverão ser consultados sempre que no texto da CLT os seus artigos ou parágrafos estejam com a remissão graficamente assinalada.

(exemplo: Art. 7º).

Esta compilação contém, em tipos graúdos, a Exposição de Motivos do Ministro Alexandre Marcondes Filho e o texto da CLT, como se acha em vigor.

Quanto às alterações introduzidas por Medidas Provisórias, é importante ter presente o disposto no art. 2º da Emenda Constitucional n. 32, de 11.9.01, DOU 12.9.01:

"As medidas provisórias editadas em data anterior à da publicação desta emenda continuam em vigor até que medida provisória ulterior as revogue explicitamente ou até deliberação definitiva do Congresso Nacional".

E, por força desta norma, foram incluídos nos dispositivos da CLT e da legislação complementar as alterações introduzidas pela edição e reedição de Medidas Provisórias, observada a data limite de 11.9.01.

Contém, ainda, precioso Índice Alfabético e Remissivo da CLT, elaborado por um dos compiladores desta obra, Dr. *Melchíades Rodrigues Martins*, com remissões à Constituição Federal/88 e suas Emendas, às Súmulas do STF inclusive as Vinculantes, do STJ, do TFR (atual STJ) e do TST, neste, compreendendo as Súmulas, Orientações Jurisprudenciais do TST-Pleno, da SDI 1 e 2, Transitórias, e da SDC, bem como os seus Atos e Precedentes Normativos, Instruções, Provimentos e Resoluções. Está abrangido também pelo citado Índice a legislação complementar, inclusive a do Código Civil e do Código de Processo Civil que tem pertinência com as relações de trabalho.

Armando Casimiro Costa

ESTE VOLUME CONTÉM

1 — Texto da Consolidação das Leis do Trabalho, como se acha em vigor

2 — Legislação complementar sobre: adicionais de insalubridade e periculosidade, admissão e dispensa de empregados, aprendizagem, cadastro de empregados, contrato de trabalho, correção monetária, direito de greve, empregado doméstico, estagiários, FGTS, gratificação de Natal, inspeção do trabalho, processo do trabalho, PIS/PASEP, repouso remunerado, salários, profissões regulamentadas, férias, tabela de multas administrativas, salário-família, salário mínimo, salários profissionais, seguro--desemprego, trabalho do menor e da mulher, trabalho rural, trabalho temporário, vendedor-viajante e pracista, Regime Único dos Servidores Públicos, Ação Civil Pública, Estatuto da Advocacia e da OAB, Ministério Público do Trabalho, além de outros títulos

3 — Constituição da República Federativa do Brasil e Emendas Constitucionais (dispositivos sobre matéria trabalhista)

4 — Lei da Recuperação Judicial, a extrajudicial e a falência do empresário e da sociedade empresária (dispositivos sobre créditos trabalhistas e de acidente do trabalho)

5 — Índice cumulativo da CLT e da legislação complementar

6 — Índice sistemático da CLT

7 — Texto do Código Civil de 2002 (dispositivos sobre relação de trabalho e aqueles aplicáveis ao Direito do Trabalho de forma subsidiária)

8 — Textos do Código de Processo Civil de 1973 (alusivos à assistência, ao incidente de uniformização de jurisprudência, ao julgamento dos recursos extraordinário e especial repetitivos).

9 — Texto da Convenção n. 132 da OIT

10 — Declaração Sociolaboral do Mercosul

11 — Convenção Internacional sobre os Direitos das Pessoas com Deficiência

12 — Estatuto do Estrangeiro

13 — Estatuto da Igualdade Racial

14 — Estatuto da Juventude

15 — Estatuto da Microempresa e Empresa de Pequeno Porte

16 — Índice Analítico da Legislação Complementar contida neste volume

ABREVIATURAS

Ac. = Acórdão
Art. = Artigo
CC = Código Civil
CF = Constituição Federal
CJPN = Comissão de Jurisprudência e de Precedentes Normativos do Tribunal Superior do Trabalho
CLPS = Consolidação das Leis da Previdência Social
CLT = Consolidação das Leis do Trabalho
CPCGJT = Consolidação dos Provimentos da Corregedoria-Geral da Justiça do Trabalho
CNJ = Conselho Nacional de Justiça
CNMP = Conselho Nacional do Ministério Público
CNPS = Conselho Nacional de Política Salarial
CPC = Código de Processo Civil
CPP = Código de Processo Penal
D. = Decreto
Dec. = Decreto
DJ ou DJU = Diário da Justiça da União
DJe = Diário de Justiça Eletrônico
DL = Decreto-lei
DOU = Diário Oficial da União
DPC = Direito Processual Civil
DPT = Direito Processual do Trabalho
DT = Direito do Trabalho
ed. = editora ou edição
FGTS = Fundo de Garantia do Tempo de Serviço
INPS = Instituto Nacional de Previdência Social
IAPAS = Instituto de Administração Financeira da Previdência e Assistência Social
INAMPS = Instituto Nacional de Assistência Médica da Previdência Social
INSS = Instituto Nacional do Seguro Social
L. = Lei
LOPS = Lei Orgânica da Previdência Social
LTr = Revista Legislação do Trabalho
MP = Medida Provisória
Min. = Ministro ou Ministério
MPAS = Ministério da Previdência e Assistência Social
MTA = Ministério do Trabalho e Administração
MTb = Ministério do Trabalho
MTE = Ministério do Trabalho e Emprego
OJ = Orientação Jurisprudencial do Tribunal Superior do Trabalho
EN-SRT/MTE = Ementas Normativas da Secretaria de Relações do Trabalho do Ministério do Trabalho e Emprego
p. = página
PIS = Plano de Integração Social
P. = Portaria
PA-SIT/MTE = Precedente Administrativo da Secretaria de Inspeção do Trabalho do Ministério do Trabalho e Emprego
NR = Normas Regulamentadoras do MTE sobre Segurança, Acidente do Trabalho e Saúde do Trabalhador
NRR = Normas Regulamentadoras Rurais do MTE sobre Segurança, Acidente do Trabalho e Saúde do Trabalhador
PN-TST = Precedente Normativo do TST
rel. = relator
RE = Recurso extraordinário
REsp = Recurso especial
RR = Recurso Repetitivo
segs. = seguintes
SINPAS = Sistema Nacional da Previdência e Assistência Social
STF = Supremo Tribunal Federal
STJ = Superior Tribunal de Justiça
v. = vide, veja
vol. = volume
TFR = Tribunal Federal de Recursos
TP = Tribunal Pleno
SDI-I = Seção de Dissídios Individuais (Subseção 1)
SDI-II = Seção de Dissídios Individuais (Subseção 2)
SDC = Seção de Dissídios Coletivos
TRT = Tribunal Regional do Trabalho
TST = Tribunal Superior do Trabalho
UJ = Uniformização de Jurisprudência

ÍNDICE ANALÍTICO DA LEGISLAÇÃO COMPLEMENTAR CONTIDA NESTE VOLUME

PROCEDIMENTO SUMARÍSSIMO

PROCESSO DO TRABALHO

PROCESSO JUDICIAL POR MEIO ELETRÔNICO

PROFISSÕES REGULAMENTADAS

CONVENÇÕES DA ORGANIZAÇÃO INTERNACIONAL DO TRABALHO — OIT — RATIFICADAS PELO BRASIL (CONSTAM TAMBÉM AS DENUNCIADAS)

(Dados obtidos junto ao site da OIT, com o acrescentamentos dos Decretos que as ratificaram) (não publicada nesta obra)

Apenas a Convenção n. 132, que trata das férias encontra-se publicada à p. 685, as demais tem por objetivo apenas a informação já que não estão publicadas nesta obra

Convenção	Título	Adoção OIT	Decreto	Ratificação — Brasil	Observação
3	Convenção relativa ao Emprego das Mulheres antes e depois do parto (Proteção à Maternidade)	1919	423	26.04.1934	Denunciada, como resultado da ratificação da Convenção n. 103 em 26.07.1961.
4	Convenção relativa ao Trabalho Noturno das Mulheres	1919	423	26.04.1934	Denunciada em 12.05.1937
5	Idade Mínima de Admissão nos Trabalhos Industriais	1919	423	26.04.1934	Denunciada, como resultado da ratificação da Convenção n. 138 em 28.06.2001.
6	Trabalho Noturno dos Menores na Indústria	1919	423	26.04.1934	
7	Convenção sobre a Idade Mínima para Admissão de Menores no Trabalho Marítimo (Revista em 1936)	1920	1.397	08.06.1936	Denunciada, como resultado da ratificação da Convenção n. 58 em 09.01.1974.
11	Direito de Sindicalização na Agricultura	1921	41.721	25.04.1957	
12	Indenização por Acidente do Trabalho na Agricultura	1921	41.721	25.04.1957	
14	Repouso Semanal na Indústria	1921	41.721	25.04.1957	
16	Exame Médico de Menores no Trabalho Marítimo	1921	1.398	08.06.1936	
19	Igualdade de Tratamento (Indenização por Acidente de Trabalho)	1925	41.721	25.04.1957	
21	Inspeção dos Emigrantes a Bordo dos Navios	1926	58.816	18.06.1965	
22	Contrato de Engajamento de Marinheiros	1926	58.817	18.06.1965	
26	Métodos de Fixação de Salários Mínimos	1928	41.721	25.04.1957	
29	Trabalho Forçado ou Obrigatório	1930	41.721	25.04.1957	
41	Convenção Relativa ao Trabalho Noc-turno das Mulheres (Revista, 1934)	1934	1.396	08.06.1936	Denunciada, como resultado da ratificação da Convenção n. 89 em 24.04.1957.
42	Indenização por Enfermidade Profissional (revista)	1934	1.361	08.06.1936	
45	Emprego de Mulheres nos Trabalhos Subterrâneos das Minas	1935	3.233	22.09.1938	
52	Férias Remuneradas	1936	3.232	22.09.1938	Denunciada, como resultado da ratificação da Convenção n. 132 em 23.09.1998.
53	Certificados de Capacidade dos Oficiais da Marinha Mercante	1936	3.343	12.10.1938	
58	Idade Mínima no Trabalho Marítimo (Revista)	1936	1.397	12.10.1938	Denunciada, como resultado da ratificação da Convenção n. 138 em 26.06.2001.
80	Revisão dos Artigos Finais	1946	25.596	13.04.1948	
81	Inspeção do Trabalho na Indústria e no Comércio	1947	41.721	11.10.1989	
88	Organização do Serviço de Emprego	1948	41.721	25.04.1957	
89	Trabalho Noturno das Mulheres na Indústria (Revista)	1948	41.721	25.04.1957	
91	Férias Remuneradas dos Marítimos (Revista)	1949	66.875	18.06.1965	Denunciada, como resultado da ratificação da Convenção n. 146 em 24.09.1998.
92	Alojamento de Tripulação a Bordo (Revista)	1949	36.378	08.06.1954	
93	Convenção sobre Salários, Duração de Trabalho a Bordo e Tripulação (Revista em 1949)	1949	20	18.06.1965	A Convenção não entrou em vigor.

Convenção	Título	Adoção OIT	Decreto	Ratificação — Brasil	Observação
94	Cláusulas de Trabalho em Contratos com Órgãos Públicos	1949	58.818	18.06.1965	
95	Proteção do Salário	1949	41.721	25.04.1957	
96	Concernente aos escritórios remunerados de empregos	1949		21.06.1957	
97	Trabalhadores Migrantes (Revista)	1949	58.819	18.06.1965	
98	Direito de Sindicalização e de Negociação Coletiva	1949	33.196	18.11.1952	
99	Métodos de Fixação de Salário Mínimo na Agricultura	1951	41.721	25.04.1957	
100	Igualdade de Remuneração de Homens e Mulheres Trabalhadores por Trabalho de Igual Valor	1951	41.721	25.04.1957	
101	Férias Remuneradas na Agricultura	1952	4.721	25.04.1957	Denunciada, como resultado da ratificação da Convenção n. 132 em 23.09.1998.
102	Normas mínimas da Seguridade Social	1952		15.06.2009	
103	Amparo à Maternidade (Revista)	1952	58.820	18.06.1965	
104	Abolição das Sanções Penais no Trabalho Indígena	1955	58.821	18.06.1965	
105	Abolição do Trabalho Forçado	1957	58.822	18.06.1965	
106	Repouso Semanal no Comércio e nos Escritórios	1957	58.823	18.06.1965	
107	Populações Indígenas e Tribais	1957	58.824	18.06.1965	Denunciada, como resultado da ratificação da Convenção n. 169 em 25.07.2002.
108	Documentos de Identidade dos Marítimos	1958	58.825	05.11.1963	Denunciada, como resultado da ratificação da Convenção n. 185, em 21.01.2010
109	Convenção sobre os Salários, a Duração do Trabalho a Bordo e as Lotações (revista em 1958)	1958	70	30.11.1966	A Convenção não entrou em vigor.
110	Convenção sobre as Condições de Emprego dos Trabalhadores em Fazendas	1958	58.826	01.03.1965	Denunciada em 28.08.1970
111	Discriminação em Matéria de Emprego e Ocupação	1958	62.150	26.11.1965	
113	Exame Médico dos Pescadores	1959	58.827	01.03.1965	
115	Proteção Contra as Radiações	1960	62.151	05.09.1966	
116	Revisão dos Artigos Finais	1961	62.152	05.09.1966	
117	Objetivos e Normas Básicas da Política Social	1962	66.496	24.03.1969	
118	Igualdade de Tratamento entre Nacionais e Estrangeiros em Previdência Social	1962	66.497	24.03.1969	
119	Proteção das Máquinas	1963	1.255	16.04.1992	
120	Higiene no Comércio e nos Escritórios	1964	66.498	24.03.1969	
122	Política de Emprego	1964	66.499	24.03.1969	
124	Exame Médico dos Adolescentes para o Trabalho Subterrâneo nas Minas	1965	67.342	21.08.1970	
125	Certificados de Capacidade dos Pescadores	1966	67.341	21.08.1970	
126	Alojamento a Bordo dos Navios de Pesca	1966	2.420	12.04.1994	
127	Peso Máximo das Cargas	1967	67.339	21.08.1970	
131	Fixação de Salários Mínimos, Especialmente nos Países em Desenvolvimento	1970	89.686	04.05.1983	
132	Férias Remuneradas (Revista)	1970	3.197	23.09.1998	
133	Alojamento a Bordo de Navios (Disposições Complementares)	1970	1.257	16.04.1992	
134	Prevenção de Acidentes do Trabalho dos Marítimos	1970	3.251	25.07.1996	
135	Proteção de Representantes de Trabalhadores	1971	131	18.05.1990	
136	Proteção Contra os Riscos da Intoxicação pelo Benzeno	1971	1.253	24.03.1993	
137	Trabalho Portuário	1973	1.574	12.08.1994	
138	Idade Mínima para Admissão	1973	4.134	28.06.2001	
139	Prevenção e Controle de Riscos Profissionais Causados por Substâncias ou Agentes Cancerígenos	1974	157	27.06.1990	

Convenção	Título	Adoção OIT	Decreto	Ratificação — Brasil	Observação
140	Licença Remunerada para Estudos	1974	1.292	16.04.1992	
141	Organizações de Trabalhadores Rurais	1975	1.703	27.09.1994	
142	Desenvolvimento de Recursos Humanos	1975	98.656	24.11.1981	
144	Consultas Tripartites sobre Normas Internacionais do Trabalho	1976	2.518	27.09.1994	
145	Continuidade no Emprego do Marítimo	1976	128	18.05.1990	
146	Convenção Relativa às Férias Anuais Pagas dos Marítimos	1976	3.168	24.09.1998	
147	Normas Mínimas da Marinha Mercante	1976	447	17.01.1991	
148	Contaminação do Ar, Ruído e Vibrações	1977	93.143	14.01.1982	
151	Direito de Sindicalização e Relações de Trabalho na Administração Pública	1978	206	15.06.2010	
152	Segurança e Higiene dos Trabalhos Portuários	1979	99.534	17.05.1990	
154	Fomento à Negociação Coletiva	1981	1.256	17.09.1992	
155	Segurança e Saúde dos Trabalhadores	1981	1.254	18.05.1992	
158	Término da Relação de Trabalho por Iniciativa do Empregador	1982	1.855	05.01.1995	Denunciada em 20.11.1996
159	Reabilitação Profissional e Emprego de Pessoas Deficientes	1983	129	18.05.1990	
160	Estatísticas do Trabalho (Revista)	1985	158	02.07.1990	
161	Serviços de Saúde do Trabalho	1985	127	18.05.1990	
162	Utilização do Amianto com Segurança	1986	126	18.05.1990	
163	Bem-Estar dos Trabalhadores Marítimos no Mar e no Porto	1987	2.669	04.03.1997	
164	Proteção à Saúde e Assistência Médica aos Trabalhadores Marítimos	1987	2.671	04.03.1997	
166	Repatriação de Trabalhadores Marítimos	1987	2.670	04.03.1997	
167	Convenção sobre a Segurança e Saúde na Construção	1988	6.271	19.05.2006	
168	Promoção do Emprego e Proteção Contra o Desemprego	1988	2.682	24.03.1993	
169	Sobre Povos Indígenas e Tribais	1989	5.051	25.07.2002	
170	Segurança no Trabalho com Produtos Químicos	1990	2.657	23.12.1996	
171	Trabalho Noturno	1990	5.005	18.12.2002	
174	Convenção sobre a Prevenção de Acidentes Industriais Maiores	1993	4.085	02.08.2001	
176	Convenção sobre segurança e saúde nas minas	1995	6.270	18.05.2006	
178	Convenção Relativa à Inspeção das Condições de Vida e de Trabalho dos Trabalhadores Marítimos	1996	6.766	21.12.2007	
182	Convenção sobre Proibição das Piores Formas de Trabalho Infantil e Ação Imediata para sua Eliminação	1999	3.597	02.02.2000	
185	Convenção sobre os Documentos de Identidade da gente do mar (Revista)	2003	892	21.01.2010	
151	Relações de Trabalho na Administração Pública		7.944	06.03.2013	

CONVENÇÕES DA ORGANIZAÇÃO INTERNACIONAL DO TRABALHO — OIT — NÃO RATIFICADAS PELO BRASIL
(Dados extraídos do SITE da OIT)
(Não publicadas nesta obra)

Convenção	Título	Adoção OIT	Observação
23	Convenção Relativa ao Repatriamento dos Marítimos	1926	
63	Relativa às Estatísticas dos Salários e das Horas de Trabalho nas principais Indústrias Mineiras e Transformadoras, incluindo a Construção, e na Agricultura	1938	
77	Convenção Relativa ao Exame Médico de Aptidão para o Emprego na Indústria das Crianças e dos Adolescentes	1946	
78	Convenção Relativa ao Exame Médico de Aptidão de Crianças e Adolescentes para o Emprego em Trabalhos não Industriais	1946	
87	Liberdade Sindical e Proteção ao Direito de Sindicalização	1948	
90	Trabalho Noturno de Menores na Indústria (Revisão)	1948	
128	Prestações de Invalidez, Velhice e Sobreviventes	1967	
129	Relativa à Inspecção do Trabalho na Agricultura	1969	
143	Convenção Sobre as Imigrações Efectuadas em Condições Abusivas e Sobre a Promoção da Igualdade de Oportunidades e de Tratamento dos Trabalhadores Migrantes	1975	
149	Sobre o Emprego e Condições de Trabalho e de Vida do Pessoal de Enfermagem	1977	
156	Sobre a Igualdade de Oportunidades e de Tratamento para Homens e Mulheres Trabalhadores: Trabalhadores com Encargos de Família	1981	
157	Preservação dos Direitos em Matéria de Seguridade Social	1982	
173	Proteção dos Créditos Trabalhistas na Insolvência do Empregador	1992	
175	Sobre o Trabalho a Tempo Parcial	1994	Idioma: Português-Portugal
181	Convenção Relativa às Agências de Emprego Privadas	1997	Idioma: Português-Portugal
186	Convenção sobre Trabalho Marítimo	2006	
188	Referente ao Trabalho na Pesca	2007	
189	Convenção sobre o Trabalho Decente para as trabalhadoras e trabalhadores domésticos	2011	

CONSTITUIÇÃO FEDERAL — 88

5.10.1988

Dispositivos mais diretamente relacionados com o Direito do Trabalho e a Previdência Social (Atualizada até a Emenda Constitucional n. 83, de 5.8.2014)

Art. 1º A República Federativa do Brasil, formada pela união indissolúvel dos Estados e Municípios e do Distrito Federal, constitui-se em Estado Democrático de Direito e tem como fundamentos:

....

II — a cidadania;

III — a dignidade da pessoa humana;

IV — os valores sociais do trabalho e da livre iniciativa;

....

Art. 5º Todos são iguais perante a lei, sem distinção de qualquer natureza, garantindo-se aos brasileiros e aos estrangeiros residentes no País a inviolabilidade do direito à vida, à liberdade, à igualdade, à segurança e à propriedade, nos termos seguintes:

I — homens e mulheres são iguais em direitos e obrigações, nos termos desta Constituição;

II — ninguém será obrigado a fazer ou deixar de fazer alguma coisa senão em virtude da lei;

....

V — é assegurado o direito de resposta, proporcional ao agravo, além da indenização por dano material, moral ou à imagem;

....

X — são invioláveis a intimidade, a vida privada, a honra e a imagem das pessoas, assegurado o direito à indenização pelo dano material ou moral decorrente de sua violação;

XIII — é livre o exercício de qualquer trabalho, ofício ou profissão, atendidas as qualificações profissionais que a lei estabelecer;

....

XIV — é assegurado a todos o acesso à informação e resguardado o sigilo da fonte, quando necessário ao exercício profissional;

XVI — todos podem reunir-se pacificamente, sem armas, em locais abertos ao público, independentemente de autorização, desde que não frustrem outra reunião anteriormente convocada para o mesmo local, sendo apenas exigido prévio aviso à autoridade competente;

XVII — é plena a liberdade de associação para fins lícitos, vedada a de caráter paramilitar;

XVIII — a criação de associações e, na forma da lei, a de cooperativas independem de autorização, sendo vedada a interferência estatal em seu funcionamento;

XIX — as associações só poderão ser compulsoriamente dissolvidas ou ter suas atividades suspensas por decisão judicial, exigindo-se, no primeiro caso, o trânsito em julgado;

XX — ninguém poderá ser compelido a associar-se ou a permanecer associado;

XXI — as entidades associativas, quando expressamente autorizadas, têm legitimidade para representar seus filiados judicial ou extrajudicialmente;

....

XXXV — a lei não excluirá da apreciação do Poder Judiciário lesão ou ameaça a direito;

XXXVI — a lei não prejudicará o direito adquirido, o ato jurídico perfeito e a coisa julgada;

LV — aos litigantes, em processo judicial ou administrativo, e aos acusados em geral são assegurados o contraditório e ampla defesa, com os meios e recursos a ela inerentes;

LVI — são inadmissíveis, no processo, as provas obtidas por meios ilícitos;

....

LX — a lei só poderá restringir a publicidade dos atos processuais quando a defesa da intimidade ou o interesse social o exigirem;

LXVII — não haverá prisão civil por dívida, salvo a do responsável pelo inadimplemento voluntário e inescusável de obrigação alimentícia e a do depositário infiel;

LXVIII — conceder-se-á *habeas corpus* sempre que alguém sofrer ou se achar ameaçado de sofrer violência ou coação em sua liberdade de locomoção, por ilegalidade ou abuso de poder;

LXIX — conceder-se-á mandado de segurança para proteger direito líquido e certo, não amparado por *habeas corpus* ou *habeas data*, quando o responsável pela ilegalidade ou abuso de poder for autoridade pública ou agente de pessoa jurídica no exercício de atribuições do Poder Público;

LXX — o mandado de segurança coletivo pode ser impetrado por:

....

b) organização sindical, entidade de classe ou associação legalmente constituída e em funcionamento há pelo menos um ano, em defesa dos interesses de seus membros ou associados;

LXXI — conceder-se-á mandado de injunção sempre que a falta de norma regulamentadora torne inviável o exercício dos direitos e liberdades constitucionais e das prerrogativas inerentes à nacionalidade, à soberania e à cidadania;

....

LXXIV — o Estado prestará assistência jurídica integral e gratuita aos que comprovarem insuficiência de recursos;

....

LXXVIII — a todos, no âmbito judicial e administrativo, são assegurados a razoável duração do processo e os meios que garantam a celeridade de sua tramitação. *(Acrescentado pela Emenda Constitucional n. 45, de 8.12.04, DOU 31.12.04)*

....

§ 1º As normas definidoras dos direitos e garantias fundamentais têm aplicação imediata.

§ 2º Os direitos e garantias expressos nesta Constituição não excluem outros decorrentes do regime e dos princípios por ela adotados, ou dos tratados internacionais em que a República Federativa do Brasil seja parte.

§ 3º Os tratados e convenções internacionais sobre direitos humanos que forem aprovados, em cada Casa do Congresso Nacional, em dois turnos, por três quintos dos votos dos respectivos membros, serão equivalentes às emendas constitucionais. *(Acrescentado pela Emenda Constitucional n. 45, de 8.12.04, DOU 31.12.04)*

§ 4º O Brasil se submete à jurisdição de Tribunal Penal Internacional a cuja criação tenha manifestado adesão. (NR) *(Acrescentado pela Emenda Constitucional n. 45, de 8.12.04, DOU 31.12.04)*

Art. 6º São direitos sociais a educação, a saúde, a alimentação, o trabalho, a moradia, o lazer, a segurança, a previdência social, a proteção à maternidade e à infância, a assistência aos desamparados, na forma desta Constituição. (NR) *(Redação dada pela Emenda Constitucional n. 64, de 4.2.10, DOU 5.2.10)*

Art. 7º São direitos dos trabalhadores urbanos e rurais, além de outros que visem à melhoria de sua condição social:

I — relação de emprego protegida contra despedida arbitrária ou sem justa causa, nos termos de lei complementar, que preverá indenização compensatória, dentre outros direitos;

II — seguro-desemprego, em caso de desemprego involuntário;

III — Fundo de Garantia do Tempo de Serviço;

IV — salário mínimo, fixado em lei, nacionalmente unificado, capaz de atender a suas necessidades vitais básicas e às de sua família com moradia, alimentação, educação, saúde, lazer, vestuário, higiene, transporte e previdência social, com reajustes periódicos que lhe preservem o poder aquisitivo, sendo vedada sua vinculação para qualquer fim;

V — piso salarial proporcional à extensão e à complexidade do trabalho;

— v. Lei Complementar n. 103, de 14.7.00, p. 800

VI — irredutibilidade do salário, salvo o disposto em convenção ou acordo coletivo;

VII — garantia de salário, nunca inferior ao mínimo, para os que percebem remuneração variável;

VIII — décimo terceiro salário com base na remuneração integral ou no valor da aposentadoria;

IX — remuneração do trabalho noturno superior à do diurno;

X — proteção do salário na forma da lei, constituindo crime sua retenção dolosa;

XI — participação nos lucros, ou resultados, desvinculada da remuneração, e, excepcionalmente, participação na gestão da empresa, conforme definido em lei;

XII — salário-família pago em razão do dependente do trabalhador de baixa renda nos termos da lei; *(Redação dada pela Emenda Constitucional n. 20, de 15.12.98, DOU 16.12.98).*

XIII — duração do trabalho normal não superior a oito horas diárias e quarenta e quatro semanais, facultada a compensação de horários e a redução da jornada, mediante acordo ou convenção coletiva de trabalho;

XIV — jornada de seis horas para o trabalho realizado em turnos ininterruptos de revezamento, salvo negociação coletiva;

XV — repouso semanal remunerado, preferencialmente aos domingos;

XVI — remuneração do serviço extraordinário superior, no mínimo, em cinquenta por cento à do normal;

XVII — gozo de férias anuais remuneradas com, pelo menos, um terço a mais do que o salário normal;

XVIII — licença à gestante, sem prejuízo do emprego e do salário, com a duração de cento e vinte dias;

XIX — licença-paternidade, nos termos fixados em lei;

XX — proteção do mercado de trabalho da mulher, mediante incentivos específicos, nos termos da lei;

XXI — aviso prévio proporcional ao tempo de serviço, sendo no mínimo de trinta dias, nos termos da lei;

XXII — redução dos riscos inerentes ao trabalho, por meio de normas de saúde, higiene e segurança;

XXIII — adicional de remuneração para as atividades penosas, insalubres ou perigosas, na forma da lei;

XXIV — aposentadoria;

XXV — assistência gratuita aos filhos e dependentes desde o nascimento até cinco anos de idade em creches e pré-escolas; *(Redação dada pela Emenda Constitucional n. 53, de 19.12.06, DOU 20.12.06)*

XXVI — reconhecimento das convenções e acordos coletivos de trabalho;

XXVII — proteção em face da automação, na forma da lei;

XXVIII — seguro contra acidentes de trabalho, a cargo do empregador, sem excluir a indenização a que este está obrigado quando incorrer em dolo ou culpa;

XXIX — ação, quanto aos créditos resultantes das relações de trabalho, com prazo prescricional de cinco anos para os trabalhadores urbanos e rurais, até o limite de dois anos após a extinção do contrato de trabalho; *(Redação dada pela Emenda Constitucional n. 28, de 25.5.2000, DOU 26.5.2000)* (NR)

a) (Revogada);

b) (Revogada);

Redação e revogação das alíneas "a" e "b" pela Emenda Constitucional n. 28, de 25.5.00 (DOU 26.5.00 e Retif. DOU 29.5.00).

XXX — proibição de diferença de salários, de exercício de funções e de critério de admissão por motivo de sexo, idade, cor ou estado civil;

XXXI — proibição de qualquer discriminação no tocante a salário e critérios de admissão do trabalhador portador de deficiência;

XXXII — proibição de distinção entre trabalho manual, técnico e intelectual ou entre os profissionais respectivos;

XXXIII — proibição de trabalho noturno, perigoso ou insalubre a menores de dezoito e de qualquer trabalho a menores de dezesseis anos, salvo na condição de aprendiz, a partir de quatorze anos; *(Redação dada pela Emenda Constitucional n. 20, de 15.12.98, DOU 16.12.98).*

XXXIV — igualdade de direitos entre o trabalhador com vínculo empregatício permanente e o trabalhador avulso.

PARÁGRAFO ÚNICO. São assegurados à categoria dos trabalhadores domésticos os direitos previstos nos incisos IV, VI, VII, VIII, X, XIII, XV, XVI, XVII, XVIII, XIX, XXI, XXII, XXIV, XXVI, XXX, XXXI e XXXIII e, atendidas as condições estabelecidas em lei e observada a simplificação do cumprimento das obrigações tributárias, principais e acessórias, decorrentes da relação de trabalho e suas peculiaridades, os previstos nos incisos I, II, III, IX, XII, XXV e XXVIII, bem como a sua integração à previdência social." (NR) *(Redação dada pela Emenda Constitucional n. 72, de 2.4.13, DOU 3.4.13)*

Art. 8º É livre a associação profissional ou sindical, observado o seguinte:

I — a lei não poderá exigir autorização do Estado para a fundação de sindicato, ressalvado o registro no órgão competente, vedadas ao Poder Público a interferência e a intervenção na organização sindical;

II — é vedada a criação de mais de uma organização sindical, em qualquer grau, representativa de categoria profissional ou econômica, na mesma base territorial, que será definida pelos trabalhadores ou empregadores interessados, não podendo ser inferior à área de um Município;

III — ao sindicato cabe a defesa dos direitos e interesses coletivos ou individuais da categoria, inclusive em questões judiciais ou administrativas;

IV — a assembleia geral fixará a contribuição que, em se tratando de categoria profissional, será descontada em folha, para custeio do sistema confederativo da representação sindical respectiva, independentemente da contribuição prevista em lei;

V — ninguém será obrigado a filiar-se ou a manter-se filiado a sindicato;

VI — é obrigatória a participação dos sindicatos nas negociações coletivas de trabalho;

VII — o aposentado filiado tem direito a votar e ser votado nas organizações sindicais;

VIII — é vedada a dispensa do empregado sindicalizado a partir do registro da candidatura a cargo de direção ou representação sindical e, se eleito, ainda que suplente, até um ano após o final do mandato, salvo se cometer falta grave nos termos da lei.

PARÁGRAFO ÚNICO. As disposições deste artigo aplicam-se à organização de sindicatos rurais e de colônias de pescadores, atendidas as condições que a lei estabelecer. *(Regulamentado pela Lei n. 11.699, de 13.6.98, DOU 16.6.08, p. 289)*

Art. 9º É assegurado o direito de greve, competindo aos trabalhadores decidir sobre a oportunidade de exercê-lo e sobre os interesses que devam por meio dele defender.

§ 1º A lei definirá os serviços ou atividades essenciais e disporá sobre o atendimento das necessidades inadiáveis da comunidade.

§ 2º Os abusos cometidos sujeitam os responsáveis às penas da lei.

Art. 10. É assegurada a participação dos trabalhadores e empregadores nos colegiados dos órgãos públicos em que seus interesses profissionais ou previdenciários sejam objeto de discussão e deliberação.

Art. 11. Nas empresas de mais de duzentos empregados, é assegurada a eleição de um representante destes com a finalidade exclusiva de promover-lhes o entendimento direto com os empregadores.

Art. 12. ....

§ 1º Aos portugueses com residência permanente no País, se houver reciprocidade em favor de brasileiros, serão atribuídos os direitos inerentes ao brasileiro, salvo os casos previstos nesta Constituição.

....

Art. 21. Compete à União:

....

XIII — organizar e manter o Poder Judiciário, o Ministério Público do Distrito Federal e dos Territórios e a Defensoria Pública dos Territórios; *(Redação dada pela Emenda Constitucional n. 69, de 29.3.12, DOU 30.3.12)*

....

XVII — conceder anistia;

....

XXV — estabelecer as áreas e as condições para o exercício da atividade de garimpagem, em forma associativa.

Art. 22. Compete privativamente à União legislar sobre:

I — direito civil, comercial, penal, processual, eleitoral, agrário, marítimo, aeronáutico, espacial e do trabalho;

....

XVII — organização judiciária, do Ministério Público do Distrito Federal e dos Territórios e da Defensoria Pública dos Territórios, bem como organização administrativa destes; *(Redação dada pela Emenda Constitucional n. 69, de 29.3.12, DOU 30.3.12)*

....

XVI — organização do sistema nacional de emprego e condições para o exercício de profissões;

....

XXVII — normas gerais de licitação e contratação, em todas as modalidades, para as administrações públicas diretas, autárquicas e fundacionais da União, Estados, Distrito Federal e Municípios, obedecido o disposto no art. 37, XXI, e para as empresas públicas e sociedades de economia mista, nos termos do art. 173, § 1º, III. *(Acrescentado pela Emenda Constitucional n. 19, de 4.6.98, DOU 5.6.98).*

....

PARÁGRAFO ÚNICO. Lei complementar poderá autorizar os Estados a legislar sobre questões específicas das matérias relacionadas neste artigo.

Art. 24. Compete à União, aos Estados e ao Distrito Federal legislar concorrentemente sobre:

....

XII — previdência social, proteção e defesa da saúde;

....

Art. 37. A administração pública direta e indireta de qualquer dos Poderes da União, dos Estados, do Distrito Federal e dos Municípios obedecerá aos princípios de legalidade, impessoalidade, moralidade, publicidade e eficiência e, também, ao seguinte:

I — os cargos, empregos e funções públicas são acessíveis aos brasileiros que preencham os requisitos estabelecidos em lei, assim como aos estrangeiros, na forma da lei;

II — a investidura em cargo ou emprego público depende de aprovação prévia em concurso público de provas ou de provas e títulos, de acordo com a natureza e a complexidade do cargo ou emprego, na forma prevista em lei, ressalvadas as nomeações para cargo em comissão declarado em lei de livre nomeação e exoneração;

III — o prazo de validade do concurso público será de até dois anos, prorrogável uma vez, por igual período;

IV — durante o prazo improrrogável previsto no edital de convocação, aquele aprovado em concurso público de provas ou de provas e títulos será convocado com prioridade sobre novos concursados para assumir cargo ou emprego, na carreira;

V — as funções de confiança, exercidas exclusivamente por servidores ocupantes de cargo efetivo, e os cargos em comissão, a serem preenchidos por servidores de carreira nos casos, condições e percentuais mínimos previstos em lei, destinam-se apenas às atribuições de direção, chefia e assessoramento;(*)

VI — é garantido ao servidor público civil o direito à livre associação sindical;

VII — o direito de greve será exercido nos termos e nos limites definidos em lei específica;

VIII — a lei reservará percentual dos cargos e empregos públicos para as pessoas portadoras de deficiência e definirá os critérios de sua admissão;

IX — a lei estabelecerá os casos de contratação por tempo determinado para atender a necessidade temporária de excepcional interesse público;

X — a remuneração dos servidores públicos e o subsídio de que trata o § 4º do art. 39 somente poderão ser fixados ou alterados por lei específica, observada a iniciativa privativa em cada caso, assegurada revisão geral anual, sempre na mesma data e sem distinção de índices;(*) (**)

(*) Modificações introduzidas pela Emenda Constitucional n. 19, de 4.6.98, DOU 5.6.98.

(**) V. Lei n. 10.331, de 18.12.01, DOU 19.12.01, que regulamenta o inciso X do art. 37 da Constituição, que dispõe sobre a revisão geral e anual das remunerações e subsídios dos servidores públicos federais dos Poderes Executivo, Legislativo e Judiciário da União, das autarquias e fundações públicas federais (não publicada nesta obra).

XI — a remuneração e o subsídio dos ocupantes de cargos, funções e empregos públicos da administração direta, autárquica e fundacional, dos membros de qualquer dos Poderes da União, dos Estados, do Distrito Federal e dos Municípios, dos detentores de mandato eletivo e dos demais agentes políticos e os proventos, pensões ou outra espécie remuneratória, percebidos cumulativamente ou não, incluídas as vantagens pessoais ou de qualquer outra natureza, não poderão exceder o subsídio mensal, em espécie, dos Ministros do Supremo Tribunal Federal, aplicando-se como limite, nos Municípios, o subsídio do Prefeito, e nos Estados e no Distrito Federal, o subsídio mensal do Governador no âmbito do Poder Executivo, o subsídio dos Deputados Estaduais e Distritais no âmbito do Poder Legislativo e o subsídio dos Desembargadores do Tribunal de Justiça, limitado a noventa inteiros e vinte e cinco centésimos por cento do subsídio mensal, em espécie, dos Ministros do Supremo Tribunal Federal, no âmbito do Poder Judiciário, aplicável este limite aos membros do Ministério Público, aos Procuradores e aos Defensores Públicos;(...) (NR) *(Redação dada pela Emenda Constitucional n. 41, de 19.12.03, DOU 31.12.03)*

XII — os vencimentos dos cargos do Poder Legislativo e do Poder Judiciário não poderão ser superiores aos pagos pelo Poder Executivo;

XIII — é vedada a vinculação ou equiparação de quaisquer espécies remuneratórias para o efeito de remuneração de pessoal do serviço público;(*)

XIV — os acréscimos pecuniários percebidos por servidor público não serão computados nem acumulados para fins de concessão de acréscimos ulteriores;

XV — o subsídio e os vencimentos dos ocupantes de cargos e empregos públicos são irredutíveis, ressalvado o disposto nos incisos XI e XIV deste artigo e nos arts. 39, § 4º, 150, II, 153, III, e 153, § 2º, I;(*)

XVI — é vedada a acumulação remunerada de cargos públicos, exceto, quando houver compatibilidade de horários, observado em qualquer caso o disposto no inciso XI:

a) a de dois cargos de professor;(*)

b) a de um cargo de professor com outro, técnico ou científico;

c) a de dois cargos ou empregos privativos de profissionais de saúde, com profissões regulamentadas; NR *(Redação dada pela Emenda Constitucional n. 34, de 13.12.01, DOU 14.12.01).*

XVII — a proibição de acumular estende-se a empregos e funções e abrange autarquias, fundações, empresas públicas, sociedades de economia mista, suas subsidiárias, e sociedades controladas, direta ou indiretamente, pelo poder público;(*)

XVIII — a administração fazendária e seus servidores fiscais terão, dentro de suas áreas de competência e jurisdição, precedência sobre os demais setores administrativos, na forma da lei;

XIX — somente por lei específica poderá ser criada autarquia e autorizada a instituição de empresa pública, de sociedade de economia mista e de fundação, cabendo à lei complementar, neste último caso, definir as áreas de sua atuação;(*)

XX — depende de autorização legislativa, em cada caso, a criação de subsidiárias das entidades mencionadas no inciso anterior, assim como a participação de qualquer delas em empresa privada;

XXI — ressalvados os casos especificados na legislação, as obras, serviços, compras e alienações serão contratados mediante processo de licitação pública que assegure igualdade de condições a todos os concorrentes, com cláusulas que estabeleçam obrigações de pagamento, mantidas as condições efetivas da proposta, nos termos da lei, o qual somente permitirá as exigências de qualificação técnica e econômica indispensáveis à garantia do cumprimento das obrigações.

XXII — as administrações tributárias da União, dos Estados, do Distrito Federal e dos Municípios, atividades essenciais ao funcionamento do Estado, exercidas por servidores de carreiras específicas, terão recursos prioritários para a realização de suas atividades e atuarão de forma integrada, inclusive com o compartilhamento de cadastros e de informações fiscais, na forma da lei ou convênio. *(Acrescentado pela Emenda Constitucional n. 42, de 19.12.03, DOU 31.12.03)*

§ 1º A publicidade dos atos, programas, obras, serviços e campanhas dos órgãos públicos deverá ter caráter educativo, informativo ou de orientação social, dela não podendo constar nomes, símbolos ou imagens que caracterizem promoção pessoal de autoridades ou servidores públicos.

§ 2º A não observância do disposto nos incisos II e III implicará a nulidade do ato e a punição da autoridade responsável, nos termos da lei.

§ 3º A lei disciplinará as formas de participação do usuário na administração pública direta e indireta, regulando especialmente:(*)

I — as reclamações relativas à prestação dos serviços públicos em geral, asseguradas a manutenção de serviços de atendimento ao usuário e a avaliação periódica, externa e interna, da qualidade dos serviços;

II — o acesso dos usuários a registros administrativos e a informações sobre atos de governo, observado o disposto no art. 5º, X e XXXIII;(*)

III — a disciplina da representação contra o exercício negligente ou abusivo de cargo, emprego ou função na administração pública.

§ 4º Os atos de improbidade administrativa importarão a suspensão dos direitos políticos, a perda da função pública, a indisponibilidade dos bens e o ressarcimento ao erário, na forma e gradação previstas em lei, sem prejuízo da ação penal cabível.

§ 5º A lei estabelecerá os prazos de prescrição para ilícitos praticados por qualquer agente, servidor ou não, que causem prejuízos ao erário, ressalvadas as respectivas ações de ressarcimento.

§ 6º As pessoas jurídicas de direito público e as de direito privado prestadoras de serviços públicos responderão pelos danos que seus agentes, nessa qualidade, causarem a terceiros, assegurado o direito de regresso contra o responsável nos casos de dolo ou culpa.

§ 7º A lei disporá sob os requisitos e as restrições ao ocupante de cargo ou emprego da administração direta e indireta que possibilite o acesso a informações privilegiadas.(*) *(Modificações feitas pela Emenda Constitucional n. 19, de 4.6.98, DOU 5.6.98)*

§ 8º A autonomia gerencial, orçamentária e financeira dos órgãos e entidades da administração direta e indireta poderá ser ampliada mediante contrato, a ser firmado entre seus administradores e o poder público, que tenha por objeto a fixação de metas de desempenho para o órgão ou entidade, cabendo à lei dispor sobre: *(Acrescentado pela Emenda Constitucional n. 19, de 4.6.98, DOU 5.6.98)*

I — o prazo de duração do contrato;

II — os controles e critérios de avaliação de desempenho, direitos, obrigações e responsabilidade dos dirigentes;

III — a remuneração do pessoal.

§ 9º O disposto no inciso XI aplica-se às empresas públicas e às sociedades de economia mista, e suas subsidiárias, que receberem recursos da União, dos Estados, do Distrito Federal ou dos Municípios para pagamento de despesas de pessoal ou de custeio em geral. *(Acrescentado pela Emenda Constitucional n. 19, de 4.6.98, DOU 5.6.98)*

§ 10. É vedada a percepção simultânea de proventos de aposentadoria decorrentes do art. 40 ou dos arts. 42 e 142 com a remuneração de cargo, emprego ou função pública, ressalvados os cargos acumuláveis na forma desta Constituição, os cargos eletivos e os cargos em comissão declarados em lei de livre nomeação e exoneração. *(Acrescentado pelo pela Emenda Constitucional n. 20, de 15.12.98, DOU 16.12.98)*

§ 11. Não serão computadas, para efeito dos limites remuneratórios de que trata o inciso XI do *caput* deste artigo, as parcelas de caráter indenizatório previstas em lei. *(Acrescentado pela Emenda Constitucional n. 47, de 5.7.05, DOU 6.7.05 com efeitos retroativos à data de vigência da Emenda Constitucional n. 41, de 19.12.03, DOU 31.12.03)*

§ 12. Para os fins do disposto no inciso XI do *caput* deste artigo, fica facultado aos Estados e ao Distrito Federal fixar, em seu âmbito, mediante emenda às respectivas Constituições e Lei Orgânica, como limite único, o subsídio mensal dos Desembargadores do respectivo Tribunal de Justiça, limitado a noventa inteiros e vinte e cinco centésimos por cento do subsídio mensal dos Ministros do Supremo Tribunal Federal, não se aplicando o disposto neste parágrafo aos subsídios dos Deputados Estaduais e Distritais e dos Vereadores. *(Acrescentado pela Emenda Constitucional n. 47, de 5.7.05, DOU 6.7.05 com efeitos retroativos à data de vigência da Emenda Constitucional n. 41, de 19.12.03, DOU 31.12.03)*

Art. 38. Ao servidor público da administração direta, autárquica e fundacional, no exercício de mandato eletivo, aplicam-se as seguintes disposições: *(Redação dada pela Emenda Constitucional n. 19, de 4.6.98, DOU 5.6.98)*

I — tratando-se de mandato eletivo federal, estadual ou distrital, ficará afastado de seu cargo, emprego ou função;

II — investido no mandato de Prefeito, será afastado do cargo, emprego ou função, sendo-lhe facultado optar pela sua remuneração;

III — investido no mandato de Vereador, havendo compatibilidade de horários, perceberá as vantagens de seu cargo, emprego ou função, sem prejuízo da remuneração do cargo eletivo, e, não havendo compatibilidade, será aplicada a norma do inciso anterior;

IV — em qualquer caso que exija o afastamento para o exercício de mandato eletivo, seu tempo de serviço será contado para todos os efeitos legais, exceto para promoção por merecimento;

V — para efeito de benefício previdenciário, no caso de afastamento, os valores serão determinados como se no exercício estivesse.

Art. 39. A União, os Estados, o Distrito Federal e os Municípios instituirão conselho de política de administração e remuneração de pessoal, integrado por servidores designados pelos respectivos Poderes.

§ 1º A fixação dos padrões de vencimento e dos demais componentes do sistema remuneratório observará:

I — a natureza, o grau de responsabilidade e a complexidade dos cargos componentes de cada carreira;

II — os requisitos para a investidura;

III — as peculiaridades dos cargos.

§ 2º A União, os Estados e o Distrito Federal manterão escolas de governo para a formação e o aperfeiçoamento dos servidores públicos, constituindo-se a participação nos cursos um dos requisitos para a promoção na carreira, facultada, para isso, a celebração de convênios ou contratos entre os entes federados. *(Redação do caput e parágrafos 1º e 2º pela Emenda Constitucional n. 19, de 4.6.98, DOU 5.6.98).*

§ 3º Aplica-se aos servidores ocupantes de cargo público o disposto no art. 7º, IV, VII, VIII, IX, XII, XIII, XV, XVI, XVII, XVIII, XIX, XX, XXII e XXX, podendo a lei estabelecer requisitos diferenciados de admissão quando a natureza do cargo o exigir.(*)

§ 4º O membro de Poder, o detentor de mandato eletivo, os Ministros de Estado e os Secretários Estaduais e Municipais serão remunerados exclusivamente por subsídio fixado em parcela única, vedado o acréscimo de qualquer gratificação, adicional, abono, prêmio, verba de representação ou outra espécie remuneratória, obedecido, em qualquer caso, o disposto no art. 37, X e XI.(*)

§ 5º Lei da União, dos Estados, do Distrito Federal e dos Municípios poderá estabelecer a relação entre a maior e a menor remuneração dos servidores públicos, obedecido, em qualquer caso, o disposto no art. 37, XI.(*)

§ 6º Os Poderes Executivo, Legislativo e Judiciário publicarão anualmente os valores do subsídio e da remuneração dos cargos e empregos públicos.(*)

§ 7º Lei da União, dos Estados, do Distrito Federal e dos Municípios disciplinará a aplicação de recursos orçamentários provenientes da economia com despesa correntes em cada órgão, autarquia e fundação, para aplicação no desenvolvimento de programas de qualidade e produtividade, treinamento e desenvolvimento, modernização, reaparelhamento e racionalização do serviço público, inclusive sob a forma de adicional ou prêmio de produtividade.(*)

§ 8º A remuneração dos servidores públicos organizados em carreira poderá ser fixada nos termos do § 4º.(*) *(Parágrafos 3º ao 8º, acrescentados pela Emenda Constitucional n. 19, de 4.6.98, DOU 5.6.98).*

Art. 40. Aos servidores titulares de cargos efetivos da União, dos Estados, do Distrito Federal e dos Municípios, incluídas suas autarquias e fundações, é assegurado regime de previdência de caráter contributivo e solidário, mediante contribuição do respectivo ente público, dos servidores ativos e inativos e dos pensionistas, observados critérios que preservem o equilíbrio financeiro e atuarial e o disposto neste artigo. *(Redação dada pela Emenda Constitucional n. 41, de 19.12.03, DOU 31.12.03)*

§ 1º Os servidores abrangidos pelo regime de previdência de que trata este artigo serão aposentados, calculados os seus proventos a partir dos valores fixados na forma dos §§ 3º e 17: *(Redação dada pela Emenda Constitucional n. 41, de 19.12.03, DOU 31.12.03)*

I — por invalidez permanente, sendo os proventos proporcionais ao tempo de contribuição, exceto se decorrente de acidente em serviço, moléstia profissional ou doença grave, contagiosa ou incurável, na forma da lei; *(Redação dada pela Emenda Constitucional n. 41, de 19.12.03, DOU 31.12.03)*

II — compulsoriamente, aos setenta anos de idade, com proventos proporcionais ao tempo de contribuição;

III — voluntariamente, desde que cumprido tempo mínimo de dez anos de efetivo exercício no serviço público e cinco anos no cargo efetivo em que se dará a aposentadoria, observadas as seguintes condições:

a) sessenta anos de idade e trinta e cinco de contribuição, se homem, e cinquenta e cinco anos de idade e trinta de contribuição, se mulher;

b) sessenta e cinco anos de idade, se homem, e sessenta anos de idade, se mulher, com proventos proporcionais ao tempo de contribuição.

§ 2º Os proventos de aposentadoria e as pensões, por ocasião de sua concessão, não poderão exceder a remuneração do respectivo servidor, no cargo efetivo em que se deu a aposentadoria ou que serviu de referência para a concessão da pensão.

§ 3º Para o cálculo dos proventos de aposentadoria, por ocasião da sua concessão, serão consideradas as remunerações utilizadas como base para as contribuições do servidor aos regimes de previdência de que tratam este artigo e o art. 201, na forma da lei. *(Redação dada pela Emenda Constitucional n. 41, de 19.12.03, DOU 31.12.03)*

§ 4º É vedada a adoção de requisitos e critérios diferenciados para a concessão de aposentadoria aos abrangidos pelo regime de que trata este artigo, ressalvados, nos termos definidos em leis complementares, os casos de servidores:

I — portadores de deficiência;

II — que exerçam atividades de risco;

III — cujas atividades sejam exercidas sob condições especiais que prejudiquem a saúde ou a integridade física. *(parágrafo 4º e incisos alterados pela Emenda Constitucional n. 47, de 5.7.05, DOU 6.7.05 com efeitos retroativos à data da vigência da Emenda Constitucional n. 41, de 19.12.03, DOU 31.12.03)*

§ 5º Os requisitos de idade e de tempo de contribuição serão reduzidos em cinco anos, em relação ao disposto no § 1º, III, *a*, para o professor que comprove exclusivamente tempo de efetivo exercício das funções de magistério na educação infantil e no ensino fundamental e médio.

§ 6º Ressalvadas as aposentadorias decorrentes dos cargos acumuláveis na forma desta Constituição, é vedada a percepção de mais de uma aposentadoria à conta do regime de previdência previsto neste artigo.

§ 7º Lei disporá sobre a concessão do benefício de pensão por morte, que será igual: *(Redação dada pela Emenda Constitucional n. 41, de 19.12.03, DOU 31.12.03)*

I — ao valor da totalidade dos proventos do servidor falecido, até o limite máximo estabelecido para os benefícios do regime geral de previdência social de que trata o art. 201, acrescido de setenta por cento da parcela excedente a este limite, caso aposentado à data do óbito; ou *(Acrescentado pela Emenda Constitucional n. 41, de 19.12.03, DOU 31.12.03)*

II — ao valor da totalidade da remuneração do servidor no cargo efetivo em que se deu o falecimento, até o limite máximo estabelecido para os benefícios do regime geral de previdência social de que trata o art. 201, acrescido de setenta por cento da parcela excedente a este limite, caso em atividade na data do óbito. *(Acrescentado pela Emenda Constitucional n. 41, de 19.12.03, DOU 31.12.03)*

§ 8º É assegurado o reajustamento dos benefícios para preservar-lhes, em caráter permanente, o valor real, conforme critérios estabelecidos em lei. *(Redação dada pela Emenda Constitucional n. 41, de 19.12.03, DOU 31.12.03)*

§ 9º O tempo de contribuição federal, estadual ou municipal será contado para efeito de aposentadoria e o tempo de serviço correspondente para efeito de disponibilidade.

§ 10. A lei não poderá estabelecer qualquer forma de contagem de tempo de contribuição fictício.

§ 11. Aplica-se o limite fixado no art. 37, XI, à soma total dos proventos de inatividade, inclusive quando decorrentes da acumulação de cargos ou empregos públicos, bem como de outras atividades sujeitas a contribuição para o regime geral de previdência social, e ao montante resultante da adição de proventos de inatividade com remuneração de cargo acumulável na forma desta Constituição, cargo em comissão declarado em lei de livre nomeação e exoneração, e de cargo eletivo.

§ 12. Além do disposto neste artigo, o regime de previdência dos servidores públicos titulares de cargo efetivo observará, no que couber, os requisitos e critérios fixados para o regime geral de previdência social.

§ 13. Ao servidor ocupante, exclusivamente, de cargo em comissão declarado em lei de livre nomeação e exoneração bem como de outro cargo temporário ou de emprego público, aplica-se o regime geral de previdência social.

§ 14. A União, os Estados, o Distrito Federal e os Municípios, desde que instituam regime de previdência complementar para os seus respectivos servidores titulares de cargo efetivo, poderão fixar, para o valor das aposentadorias e pensões a serem concedidas pelo regime de que trata este artigo, o limite máximo estabelecido para os benefícios do regime geral de previdência social de que trata o art. 201.

§ 15. O regime de previdência complementar de que trata o § 14 será instituído por lei de iniciativa do respectivo Poder Executivo, observado o disposto no art. 202 e seus parágrafos, no que couber, por intermédio de entidades fechadas de previdência complementar, de natureza pública, que oferecerão aos respectivos participantes planos de benefícios somente na modalidade de contribuição definida. *(Redação dada pela Emenda Constitucional n. 41, de 19.12.03, DOU 31.12.03)*

§ 16. Somente mediante sua prévia e expressa opção, o disposto nos §§ 14 e 15 poderá ser aplicado ao servidor que tiver ingressado no serviço público até a data da publicação do ato de instituição do correspondente regime de previdência complementar.

§ 17. Todos os valores de remuneração considerados para o cálculo do benefício previsto no § 3° serão devidamente atualizados, na forma da lei. *(Acrescentado pela Emenda Constitucional n. 41, de 19.12.03, DOU 31.12.03)*

§ 18. Incidirá contribuição sobre os proventos de aposentadorias e pensões concedidas pelo regime de que trata este artigo que superem o limite máximo estabelecido para os benefícios do regime geral de previdência social de que trata o art. 201, com percentual igual ao estabelecido para os servidores titulares de cargos efetivos. *(Acrescentado pela Emenda Constitucional n. 41, de 19.12.03, DOU 31.12.03)*

V. Nota ao art. 4º, parágrafo único, I e II da EC n. 41, de 19.12.03, p. 51

§ 19. O servidor de que trata este artigo que tenha completado as exigências para aposentadoria voluntária estabelecidas no § 1º, III, a, e que opte por permanecer em atividade fará jus a um abono de permanência equivalente ao valor da sua contribuição previdenciária até completar as exigências para aposentadoria compulsória contidas no § 1º, II. *(Acrescentado pela Emenda Constitucional n. 41, de 19.12.03, DOU 31.12.03)*

§ 20. Fica vedada a existência de mais de um regime próprio de previdência social para os servidores titulares de cargos efetivos, e de mais de uma unidade gestora do respectivo regime em cada ente estatal, ressalvado o disposto no art. 142, § 3º, X. *(Acrescentado pela Emenda Constitucional n. 41, de 19.12.03, DOU 31.12.03)*

§ 21. A contribuição prevista no § 18 deste artigo incidirá apenas sobre as parcelas de proventos de aposentadoria e de pensão que superem o dobro do limite máximo estabelecido para os benefícios do regime geral de previdência social de que trata o art. 201 desta Constituição, quando o beneficiário, na forma da lei, for portador de doença incapacitante. (NR) *(Acrescentado pela Emenda Constitucional n. 47, de 5.7.05, DOU 6.7.05 com efeitos retroativos à data da vigência da Emenda Constitucional n. 41, de 19.12.03, DOU 31.12.03)*

Art. 41. São estáveis após três anos de efetivo exercício, os servidores nomeados para cargo de provimento efetivo em virtude de concurso público.

§ 1º O servidor público estável só perderá o cargo:

I — em virtude de sentença judicial transitada em julgado;

II — mediante processo administrativo em que lhe seja assegurada ampla defesa;

III — mediante procedimento de avaliação periódica de desempenho, na forma de lei complementar, assegurada ampla defesa.

§ 2º Invalidada por sentença judicial a demissão do servidor estável, será ele reintegrado, e o eventual ocupante da vaga, se estável, reconduzido ao cargo de origem, sem direito à indenização, aproveitado em outro cargo ou posto em disponibilidade em remuneração proporcional ao tempo de serviço.

§ 3º Extinto o cargo ou declarada sua desnecessidade, o servidor estável ficará em disponibilidade, com remuneração proporcional ao tempo de serviço, até seu adequado aproveitamento em outro cargo.

§ 4º Como condição para a aquisição da estabilidade, é obrigatória a avaliação especial de desempenho por comissão instituída para essa finalidade.

Art. 48. Cabe ao Congresso Nacional, com a sanção do Presidente da República, não exigida esta para o especificado nos arts. 49, 51 e 52, dispor sobre todas as matérias de competência da União, especialmente sobre:

....

IX — organização administrativa, judiciária, do Ministério Público e da Defensoria Pública da União e dos Territórios e organização judiciária e do Ministério Público do Distrito Federal; *(Redação dada pela Emenda Constitucional n. 69, de 29.3.12, DOU 30.3.12)*

X — criação, transformação e extinção de cargos, empregos e funções públicas, observado o que estabelece o art. 84, VI, *b*; *(Redação dada pela Emenda Constitucional n. 32, de 11.9.01, DOU 12.9.01).*

....

XV — fixação do subsídio dos Ministros do Supremo Tribunal Federal, observado o que dispõem os arts. 39, § 4º; 150, II; 153, III; e 153, § 2º, I. (NR) *(Redação dada pela Emenda Constitucional n. 41, de 19.12.03, DOU 31.12.03)*

Art. 52. Compete privativamente ao Senado Federal:

....

II — processar e julgar os Ministros do Supremo Tribunal Federal, os membros do Conselho Nacional de Justiça e do Conselho Nacional do Ministério Público, o Procurador-Geral da República e o Advogado-Geral da União nos crimes de responsabilidade; (NR) *(Redação dada pela Emenda Constitucional n. 45, de 8.12.04, DOU 31.12.04)*

Art. 61. A iniciativa das leis complementares e ordinárias cabe a qualquer membro ou Comissão da Câmara dos Deputados, do Senado Federal ou do Congresso Nacional, ao Presidente da República, ao Supremo Tribunal Federal, aos Tribunais Superiores, ao Procurador-Geral da República e aos cidadãos, na forma e nos casos previstos nesta Constituição.

— v. Lei Complementar n. 95, de 26.2.98 (DOU 27.2.98) que dispõe sobre a elaboração, a redação, a alteração e a consolidação das leis, conforme determina o parágrafo único do art. 59 da Constituição Federal, e estabelece normas para a consolidação dos atos normativos que menciona, bem como a Lei Complementar n. 107, de 26.4.71 (DOU 27.4.01) que a alterou.

§ 1º São de iniciativa privativa do Presidente da República as leis que:

....

II — disponham sobre:

a) criação de cargos, funções ou empregos públicos na administração direta e autárquica ou aumento de sua remuneração;

....

c) servidores públicos da União e Territórios, seu regime jurídico, provimento de cargos, estabilidade e aposentadoria.

Art. 84. Compete privativamente ao Presidente da República:

....

IV — sancionar, promulgar e fazer publicar as leis, bem como expedir decretos e regulamentos para sua fiel execução.

V. Decreto n. 8.243, de 23.5.14, que Institui a Política Nacional de Participação Social — PNPS e o Sistema Nacional de Participação Social — SNPS e dá outras providências (não publicada nesta obra).

....

VI — dispor, mediante decreto, sobre:

a) organização e funcionamento da administração federal, quando não implicar aumento de despesa nem criação ou extinção de órgãos públicos;

b) extinção de funções ou cargos públicos, quando vagos; *(Redação dada pela Emenda Constitucional n. 32, de 11.9.01, DOU 12.9.01).*

....

VIII — celebrar tratados, convenções e atos internacionais, sujeitos a referendo do Congresso Nacional;

....

Art. 92. São órgãos do Poder Judiciário:

I — o Supremo Tribunal Federal;

I-A — O Conselho Nacional de Justiça; *(Inciso acrescentado pela Emenda Constitucional n. 45, de 8.12.04, DOU 31.12.04)*

II — o Superior Tribunal de Justiça;

III — os Tribunais Regionais Federais e Juízes Federais;

IV — os Tribunais e Juízes do Trabalho;

V — os Tribunais e Juízes Eleitorais;

VI — os Tribunais e Juízes Militares;

VII — os Tribunais e Juízes dos Estados e do Distrito Federal e Territórios.

§ 1º O Supremo Tribunal Federal, o Conselho Nacional de Justiça e os Tribunais Superiores têm sede na Capital Federal. *(Acrescentado pela Emenda Constitucional n. 45, de 8.12.04, DOU 31.12.04)*

§ 2º O Supremo Tribunal Federal e os Tribunais Superiores têm jurisdição em todo o território nacional. (NR) *(Acrescentado pela Emenda Constitucional n. 45, de 8.12.04, DOU 31.12.04)*

Art. 93. Lei complementar, de iniciativa do Supremo Tribunal Federal, disporá sobre o Estatuto da Magistratura, observados os seguintes princípios:

I — ingresso na carreira, cujo cargo inicial será o de juiz substituto, mediante concurso público de provas e títulos, com a participação da Ordem dos Advogados do Brasil em todas as fases, exigindo-se do bacharel em direito, no mínimo, três anos de atividade jurídica e obedecendo-se, nas nomeações, à ordem de classificação; *(Redação dada pela Emenda Constitucional n. 45, de 8.12.04, DOU 31.12.04)*

II — promoção de entrância para entrância, alternadamente, por antiguidade e merecimento, atendidas as seguintes normas:

a) é obrigatória a promoção do juiz que figure por três vezes consecutivas ou cinco alternadas em lista de merecimento;

b) a promoção por merecimento pressupõe dois anos de exercício na respectiva entrância e integrar o juiz a primeira quinta parte da lista de antiguidade desta, salvo se não houver com tais requisitos quem aceite o lugar vago;

c) aferição do merecimento conforme o desempenho e pelos critérios objetivos de produtividade e presteza no exercício da jurisdição e pela frequência e aproveitamento em cursos oficiais ou reconhecidos de aperfeiçoamento; *(Redação dada pela Emenda Constitucional n. 45, de 8.12.04, DOU 31.12.04)*

d) na apuração de antiguidade, o tribunal somente poderá recusar o juiz mais antigo pelo voto fundamentado de dois terços de seus membros, conforme procedimento próprio, e assegurada ampla defesa, repetindo-se a votação até fixar-se a indicação; *(Redação dada pela Emenda Constitucional n. 45, de 8.12.04, DOU 31.12.04)*

e) não será promovido o juiz que, injustificadamente, retiver autos em seu poder além do prazo legal, não podendo devolvê-los ao cartório sem o devido despacho ou decisão; *(Acrescentado pela Emenda Constitucional n. 45, de 8.12.04, DOU 31.12.04)*

III — o acesso aos tribunais de segundo grau far-se-á por antiguidade e merecimento, alternadamente, apurados na última ou única entrância; *(Redação dada pela Emenda Constitucional n. 45, de 8.12.04, DOU 31.12.04)*

IV — previsão de cursos oficiais de preparação, aperfeiçoamento e promoção de magistrados, constituindo etapa obrigatória do processo de vitaliciamento a participação em curso oficial ou reconhecido por escola nacional de formação e aperfeiçoamento de magistrados; *(Redação dada pela Emenda Constitucional n. 45, de 8.12.04, DOU 31.12.04)*

V — o subsídio dos Ministros dos Tribunais Superiores corresponderá a noventa e cinco por cento do subsídio mensal fixado para os Ministros do Supremo Tribunal Federal e os subsídios dos demais magistrados serão fixados em lei e escalonados, em nível federal e estadual, conforme as respectivas categorias da estrutura judiciária nacional, não podendo a diferença entre uma e outra ser superior a dez por cento ou inferior a cinco por cento, nem exceder a noventa e cinco por cento do subsídio mensal dos Ministros dos Tribunais Superiores, obedecido, em qualquer caso, o disposto nos arts. 37, XI, e 39, § 4º;(*) *(Redação dada pela Emenda Constitucional n. 19, de 4.6.98, DOU 5.6.98)*

VI — a aposentadoria dos magistrados e a pensão de seus dependentes observarão o disposto no art. 40; *(Redação dada pela Emenda Constitucional n. 20, de 15.12.98, DOU 16.12.98)*

VII — o juiz titular residirá na respectiva comarca, salvo autorização do tribunal; *(Redação dada pela Emenda Constitucional n. 45, de 8.12.04, DOU 31.12.04)*

VIII — o ato de remoção, disponibilidade e aposentadoria do magistrado, por interesse público, fundar-se-á em decisão por voto da maioria absoluta do respectivo tribunal ou do Conselho Nacional de Justiça, assegurada ampla defesa; *(Redação dada pela Emenda Constitucional n. 45, de 8.12.04, DOU 31.12.04)*

VIII-A — a remoção a pedido ou a permuta de magistrados de comarca de igual entrância atenderá, no que couber, ao disposto nas alíneas *a*, *b*, *c* e *e* do inciso II; *(Acrescentado pela Emenda Constitucional n. 45, de 8.12.04, DOU 31.12.04)*

IX — todos os julgamentos dos órgãos do Poder Judiciário serão públicos, e fundamentadas todas as decisões, sob pena de nulidade, podendo a lei limitar a presença, em determinados atos, às próprias partes e a seus advogados, ou somente a estes, em casos nos quais a preservação do direito à intimidade do interessado no sigilo não prejudique o interesse público à informação; *(Redação dada pela Emenda Constitucional n. 45, de 8.12.04, DOU 31.12.04)*

X — as decisões administrativas dos tribunais serão motivadas e em sessão pública, sendo as disciplinares tomadas pelo voto da maioria absoluta de seus membros; *(Redação dada pela Emenda Constitucional n. 45, de 8.12.04, DOU 31.12.04)*

XI — nos tribunais com número superior a vinte e cinco julgadores, poderá ser constituído órgão especial, com o mínimo de onze e o máximo de vinte e cinco membros, para o exercício das atribuições administrativas e jurisdicionais delegadas da competência do tribunal pleno, provendo-se metade das vagas por antiguidade e a outra metade por eleição pelo tribunal pleno; *(Redação dada pela Emenda Constitucional n. 45, de 8.12.04, DOU 31.12.04)*

XII — a atividade jurisdicional será ininterrupta, sendo vedado férias coletivas nos juízos e tribunais de segundo grau, funcionando, nos dias em que não houver expediente forense normal, juízes em plantão permanente; *(Acrescentado pela Emenda Constitucional n. 45, de 8.12.04, DOU 31.12.04)*

XIII — o número de juízes na unidade jurisdicional será proporcional à efetiva demanda judicial e à respectiva população; *(Acrescentado pela Emenda Constitucional n. 45, de 8.12.04, DOU 31.12.04)*

XIV — os servidores receberão delegação para a prática de atos de administração e atos de mero expediente sem caráter decisório; *(Acrescentado pela Emenda Constitucional n. 45, de 8.12.04, DOU 31.12.04)*

XV — a distribuição de processos será imediata, em todos os graus de jurisdição. (NR) *(Acrescentado pela Emenda Constitucional n. 45, de 8.12.04, DOU 31.12.04)*

Art. 94. Um quinto dos lugares dos Tribunais Regionais Federais, dos Tribunais dos Estados, e do Distrito Federal e Territórios será composto de membros, do Ministério Público, com mais de dez anos de carreira, e de advogados de notório saber jurídico e de reputação ilibada, com mais de dez anos de efetiva atividade profissional, indicados em lista sêxtupla pelos órgãos de representação das respectivas classes.

PARÁGRAFO ÚNICO. Recebidas as indicações, o tribunal formará lista tríplice, enviando-a ao Poder Executivo, que, nos vinte dias subsequentes, escolherá um de seus integrantes para nomeação.

Art. 95. Os juízes gozam das seguintes garantias:

I — vitaliciedade, que, no primeiro grau, só será adquirida após dois anos de exercício, dependendo a perda do cargo, nesse período, de deliberação do tribunal a que o juiz estiver vinculado, e, nos demais casos, de sentença judicial transitada em julgado;

II — inamovibilidade, salvo por motivo de interesse público, na forma do art. 93, VIII;

III — irredutibilidade de subsídio, ressalvado o disposto nos arts. 37, X e XI, 39, § 4º, 150, II, 153, III, e 153, § 2º, I. *(Redação dada pela Emenda Constitucional n. 19, de 4.6.98).*

PARÁGRAFO ÚNICO. Aos juízes é vedado:

I — exercer, ainda que em disponibilidade, outro cargo ou função, salvo uma de magistério;

II — receber, a qualquer título ou pretexto, custas ou participação em processo;

III — dedicar-se à atividade político-partidária

IV — receber, a qualquer título ou pretexto, auxílios ou contribuições de pessoas físicas, entidades públicas ou privadas, ressalvadas as exceções previstas em lei; *(Inciso acrescentado pela Emenda Constitucional n. 45, de 8.12.04, DOU 31.12.04)*

V — exercer a advocacia no juízo ou tribunal do qual se afastou, antes de decorridos três anos do afastamento do cargo por aposentadoria ou exoneração. (NR) *(Inciso acrescentado pela Emenda Constitucional n. 45, de 8.12.04, DOU 31.12.04)*

....

Art. 100. Os pagamentos devidos pelas Fazendas Públicas Federal, Estaduais, Distrital e Municipais, em virtude de sentença judiciária, far-se-ão exclusivamente na ordem cronológica de apresentação dos precatórios e à conta dos créditos respectivos, proibida a designação de casos ou de pessoas nas dotações orçamentárias e nos créditos adicionais abertos para este fim. *(Redação dada pela Emenda Constitucional n. 62, de 9.12.09, DOU 10.12.09)*

§ 1º Os débitos de natureza alimentícia compreendem aqueles decorrentes de salários, vencimentos, proventos, *pensões* e suas complementações, benefícios previdenciários e indenizações por morte ou por invalidez, fundadas em responsabilidade civil, em virtude de sentença judicial transitada em julgado, e serão pagos com preferência sobre todos os demais débitos, exceto sobre aqueles referidos no § 2º deste artigo. *(Redação dada pela Emenda Constitucional n. 62, de 9.12.09, DOU 10.12.09)*

§ 2º Os débitos de natureza alimentícia cujos titulares tenham 60 (sessenta) anos de idade ou mais na data de expedição do precatório, ou sejam portadores de doença grave, definidos na forma da lei, serão pagos com preferência sobre todos os demais débitos, até o valor equivalente ao triplo do fixado em lei para os fins do disposto no § 3º deste artigo, admitido o fracionamento para essa finalidade, sendo que o restante será pago na ordem cronológica de apresentação do precatório. *(Redação dada pela Emenda Constitucional n. 62, de 9.12.09, DOU 10.12.09)*

§ 3º O disposto no *caput* deste artigo relativamente à expedição de precatórios não se aplica aos pagamentos de obrigações definidas em leis como de pequeno valor que as Fazendas referidas devam fazer em virtude de sentença judicial transitada em julgado. *(Redação dada pela Emenda Constitucional n. 62, de 9.12.09, DOU 10.12.09)*

§ 4º Para os fins do disposto no § 3º, poderão ser fixados, por leis próprias, valores distintos às entidades de direito público, segundo as diferentes capacidades econômicas, sendo o mínimo igual ao valor do maior benefício do regime geral de previdência social. *(Redação dada pela Emenda Constitucional n. 62, de 9.12.09, DOU 10.12.09)*

§ 5º É obrigatória a inclusão, no orçamento das entidades de direito público, de verba necessária ao pagamento de seus débitos, oriundos de sentenças transitadas em julgado, constantes de precatórios judiciários apresentados até 1º de julho, fazendo-se o pagamento até o final do exercício seguinte, quando terão seus valores atualizados monetariamente. *(Redação dada pela Emenda Constitucional n. 62, de 9.12.09, DOU 10.12.09)*

§ 6º As dotações orçamentárias e os créditos abertos serão consignados diretamente ao Poder Judiciário, cabendo ao Presidente do Tribunal que proferir a decisão exequenda determinar o pagamento integral e autorizar, a requerimento do credor e exclusivamente para os casos de preterimento de seu direito de precedência ou de não alocação orçamentária do valor necessário à satisfação do seu débito, o sequestro da quantia respectiva. *(Acrescentado pela Emenda Constitucional n. 62, de 9.12.09, DOU 10.12.09)*

§ 7º O Presidente do Tribunal competente que, por ato comissivo ou omissivo, retardar ou tentar frustrar a liquidação regular de precatórios incorrerá em crime de responsabilidade e responderá, também, perante o Conselho Nacional de Justiça. *(Acrescentado pela Emenda Constitucional n. 62, de 9.12.09, DOU 10.12.09)*

§ 8º É vedada a expedição de precatórios complementares ou suplementares de valor pago, bem como o fracionamento, repartição ou quebra do valor da execução para fins de enquadramento de parcela do total ao que dispõe o § 3º deste artigo. *(Acrescentado pela Emenda Constitucional n. 62, de 9.12.09, DOU 10.12.09)*

§ 9º No momento da expedição dos precatórios, independentemente de regulamentação, deles deverá ser abatido, a título de compensação, valor correspondente aos débitos líquidos e certos, inscritos ou não em dívida ativa e constituídos contra o credor original pela Fazenda Pública devedora, incluídas parcelas vincendas de parcelamentos, ressalvados aqueles cuja execução esteja suspensa em virtude de contestação administrativa ou judicial. *(Acrescentado pela Emenda Constitucional n. 62, de 9.12.09, DOU 10.12.09)*

§ 10. Antes da expedição dos precatórios, o Tribunal solicitará à Fazenda Pública devedora, para resposta em até 30 (trinta) dias, sob pena de perda do direito de abatimento, informação sobre os débitos que preencham as condições estabelecidas no § 9º, para os fins nele previstos. *(Acrescentado pela Emenda Constitucional n. 62, de 9.12.09, DOU 10.12.09)*

§ 11. É facultada ao credor, conforme estabelecido em lei da entidade federativa devedora, a entrega de créditos em precatórios para compra de imóveis públicos do respectivo ente federado. *(Acrescentado pela Emenda Constitucional n. 62, de 9.12.09, DOU 10.12.09)*

§ 12. A partir da promulgação desta Emenda Constitucional, a atualização de valores de requisitórios, após sua expedição, até o efetivo pagamento, independentemente de sua natureza, será feita pelo índice oficial de remuneração básica da caderneta de poupança, e, para fins de compensação da mora, incidirão juros simples no mesmo percentual de juros incidentes sobre a caderneta de poupança, ficando excluída a incidência de juros compensatórios. *(Acrescentado pela Emenda Constitucional n. 62, de 9.12.09, DOU 10.12.09)*

§ 13. O credor poderá ceder, total ou parcialmente, seus créditos em precatórios a terceiros, independentemente da concordância do devedor, não se aplicando ao cessionário o disposto nos §§ 2º e 3º. *(Acrescentado pela Emenda Constitucional n. 62, de 9.12.09, DOU 10.12.09)*

§ 14. A cessão de precatórios somente produzirá efeitos após comunicação, por meio de petição protocolizada, ao tribunal de origem e à entidade devedora. *(Acrescentado pela Emenda Constitucional n. 62, de 9.12.09, DOU 10.12.09)*

§ 15. Sem prejuízo do disposto neste artigo, lei complementar a esta Constituição Federal poderá estabelecer regime especial para pagamento de crédito de precatórios de Estados, Distrito Federal e Municípios, dispondo sobre vinculações à receita corrente líquida e forma e prazo de liquidação. *(Acrescentado pela Emenda Constitucional n. 62, de 9.12.09, DOU 10.12.09)*

§ 16. A seu critério exclusivo e na forma de lei, a União poderá assumir débitos, oriundos de precatórios, de Estados, Distrito Federal e Municípios, refinanciando-os diretamente.(NR) *(Acrescentado pela Emenda Constitucional n. 62, de 9.12.09, DOU 10.12.09)*

V. Lei n. 12.919, de 24.12.13, DOU 26.12.13 (Ed. Extra) que dispõe sobre as diretrizes para a elaboração e execução da Lei Orçamentária de 2014 e dá outras providências, especificamente os artigos 24 a 32, os quais tratam de precatórios judiciários. (não publicada nesta obra)

AÇÃO DIRETA DE INCONSTITUCIONALIDADE 4.357(1) ORIGEM: ADI 4357 — SUPREMO TRIBUNAL FEDERAL — PROCED: DISTRITO FEDERAL RELATOR: MIN. AYRES BRITTO. REDATOR DO ACÓRDÃO MIN. LUIZ FUX

....

Decisão: *Prosseguindo no julgamento, o Ministro Luiz Fux concluiu seu voto declarando a inconstitucionalidade do § 15 do art. 100 e do art. 97 do ADCT. O Ministro Teori Zavascki votou no sentido da improcedência da ação. O Tribunal resolveu questão de ordem suscitada pelo Ministro Marco Aurélio no sentido de serem apreciadas em primeiro lugar as impugnações ao art. 100 da Constituição Federal, vencidos os Ministros Teori Zavascki, Gilmar Mendes, Celso de Mello e Presidente. Em seguida, o Tribunal* ***julgou procedente a ação para declarar a inconstitucionalidade da expressão "na data de expedição do precatório", contida no § 2º; os §§ 9º e 10; e das expressões "índice oficial de remuneração básica da caderneta de poupança" e "independentemente de sua natureza", constantes do § 12, todos dispositivos do art. 100 da CF, com a redação dada pela EC n. 62/2009****, vencidos os Ministros Gilmar Mendes, Teori Zavascki e Dias Toffoli. Votou o Presidente, Ministro Joaquim Barbosa. Em seguida, o julgamento foi suspenso. Plenário, 13.3.13.*

Decisão: *O Tribunal, por maioria e nos termos do voto do Ministro Ayres Britto (Relator), julgou parcialmente procedente a ação direta, vencidos os Ministros Gilmar Mendes, Teori Zavascki e Dias Toffoli, que a julgavam totalmente improcedente, e os Ministros Marco Aurélio e Ricardo Lewandowski, que a julgavam procedente em menor extensão. Votou o Presidente, Ministro Joaquim Barbosa. O Ministro Marco Aurélio requereu a retificação da ata da sessão anterior para fazer constar que não declarava a inconstitucionalidade da expressão "independentemente de sua natureza", contida no § 12 do art. 100 da CF. Redigirá o acórdão o Ministro Luiz Fux. Plenário, 14.3.2013.*

2.2. AÇÃO DIRETA DE INCONSTITUCIONALIDADE 4.425(2) DOU 2.4.13 ORIGEM: ADI 4.425 — SUPREMO TRIBUNAL FEDERAL — PROCED: DISTRITO FEDERAL RELATOR: MIN. AYRES BRITTO. REDATOR DO ACÓRDÃO MIN. LUIZ FUX

Decisão: *Prosseguindo no julgamento, o Ministro Luiz Fux concluiu seu voto declarando a inconstitucionalidade do § 15 do art. 100 e do art. 97 do ADCT. O Ministro Teori Zavascki votou no sentido da improcedência da ação. O Tribunal resolveu questão de ordem suscitada pelo Ministro Marco Aurélio no sentido de serem apreciadas em primeiro lugar as impugnações ao art. 100 da Constituição Federal, vencidos os Ministros Teori Zavascki, Gilmar Mendes, Celso de Mello e Presidente. Em seguida, o Tribunal* ***julgou procedente a ação para declarar a inconstitucionalidade da expressão "na data de expedição do precatório", contida no § 2º; os §§ 9º e 10; e das expressões "índice oficial de remuneração básica da caderneta de poupança" e "independentemente de sua natureza", constantes do § 12, todos dispositivos do art. 100 da CF, com a redação dada pela EC n. 62/2009****, vencidos os Ministros Gilmar Mendes, Teori Zavascki e Dias Toffoli. Votou o Presidente, Ministro Joaquim Barbosa. Em seguida, o julgamento foi suspenso. Plenário, 13.3.13.*

Decisão: *O Tribunal, por maioria e nos termos do voto do Ministro Ayres Britto (Relator), julgou parcialmente procedente a ação direta, vencidos os Ministros Gilmar Mendes, Teori Zavascki e Dias Toffoli, que a julgavam totalmente improcedente, e os Ministros Marco Aurélio e Ricardo Lewandowski, que a julgavam procedente em menor extensão. Votou o Presidente, Ministro Joaquim Barbosa. O Ministro Marco Aurélio requereu a retificação da ata da sessão anterior para fazer constar que não declarava a inconstitucionalidade da expressão "independentemente de sua natureza", contida no § 12 do art. 100 da CF. Redigirá o acórdão o Ministro Luiz Fux. Plenário, 14.3.2013.*

Art. 102. Compete ao STF, precipuamente, a guarda da Constituição, cabendo-lhe:

I — processar e julgar, originariamente:

a) a ação direta de inconstitucionalidade de lei ou ato normativo federal ou estadual e a ação declaratória de constitucionalidade de lei ou ato normativo federal;

....

o) os conflitos de competência entre o Superior Tribunal de Justiça e quaisquer tribunais, entre Tribunais Superiores, ou entre estes e qualquer outro tribunal;

....

r) as ações contra o Conselho Nacional de Justiça e contra o Conselho Nacional do Ministério Público; *(Acrescentado pela Emenda Constitucional n. 45, de 8.12.04, DOU 31.12.04)*

II — julgar, em recurso ordinário:

a) o *habeas corpus*, o mandado de segurança, o *habeas data* e o mandado de injunção decididos em única instância pelos Tribunais Superiores, se denegatória a decisão;

b) o crime político;

III — julgar, mediante recurso extraordinário, as causas decididas em única ou última instância, quando a decisão recorrida:

a) contrariar dispositivo desta Constituição;

b) declarar a inconstitucionalidade de tratado ou lei federal;

c) julgar válida lei ou ato de governo local contestado em face desta Constituição.

d) julgar válida lei local contestada em face de lei federal. *(Acrescentado pela Emenda Constitucional n. 45, de 8.12.04, DOU 31.12.04)*

§ 1º A arguição de descumprimento de preceito fundamental, decorrente desta Constituição, será apreciada pelo Supremo Tribunal Federal, na forma da lei. *(Transformado em § 1º pela Emenda Constitucional n. 3, de 17.3.93, DOU 18.3.93)*

§ 2º As decisões definitivas de mérito, proferidas pelo Supremo Tribunal Federal, nas ações diretas de inconstitucionalidade e nas ações declaratórias de constitucionalidade produzirão eficácia contra todos e efeito vinculante, relativamente aos demais órgãos do Poder Judiciário e à administração pública direta e indireta, nas esferas federal, estadual e municipal. *(Acrescentado pela Emenda Constitucional n. 45, de 8.12.04, DOU 31.12.04)*

§ 3º No recurso extraordinário o recorrente deverá demonstrar a repercussão geral das questões constitucionais discutidas no caso, nos termos da lei, a fim de que o Tribunal examine a admissão do recurso, somente podendo recusá-lo pela manifestação de dois terços de seus membros. (NR) *(Acrescentado pela Emenda Constitucional n. 45, de 8.12.04, DOU 31.12.04)*

V — Lei n. 11.418, de 19 de dezembro de 2006 (DOU 20.12.06) Acrescenta à Lei n. 5.869, de 11 de janeiro de 1973 — Código de Processo Civil, dispositivos que regulamentam o § 3º do art. 102 da Constituição Federal.

O Presidente da República, Faço saber que o Congresso Nacional decreta e eu sanciono a seguinte Lei:

Art. 1º. Esta Lei acrescenta os arts. 543-A e 543-B à Lei n. 5.869, de 11 de janeiro de 1973 — Código de Processo Civil, a fim de regulamentar o § 3º do art. 102 da Constituição Federal.

Art. 2º A Lei n. 5.869, de 1 de janeiro de 1973 — Código de Processo Civil, passa a vigorar acrescida dos seguintes arts. 543-A e 543-B :

Art. 543-A. O Supremo Tribunal Federal, em decisão irrecorrível, não conhecerá do recurso extraordinário, quando a questão constitucional nele versada não oferecer repercussão geral, nos termos deste artigo.

§ 1º Para efeito da repercussão geral, será considerada a existência, ou não, de questões relevantes do ponto de vista econômico, político, social ou jurídico, que ultrapassem os interesses subjetivos da causa.

§ 2º O recorrente deverá demonstrar, em preliminar do recurso, para apreciação exclusiva do Supremo Tribunal Federal, a existência da repercussão geral.

§ 3º Haverá repercussão geral sempre que o recurso impugnar decisão contrária a súmula ou jurisprudência dominante do Tribunal

§ 4º Se a Turma decidir pela existência da repercussão geral por, no mínimo, 4 (quatro) votos, ficará dispensada a remessa do recurso ao Plenário.

§ 5º Negada a existência da repercussão geral, a decisão valerá para todos os recursos sobre matéria idêntica, que serão indeferidos liminarmente, salvo revisão da tese, tudo nos termos do Regimento Interno do Supremo Tribunal Federal.

§ 6º O Relator poderá admitir, na análise da repercussão geral, a manifestação de terceiros, subscrita por procurador habilitados, nos termos do Regimento Interno do Supremo Tribunal Federal.

§ 7º A Súmula da decisão sobre a repercussão geral constará de ata, que será publicada no Diário Oficial e valerá como acórdão.

Art. 543-B. Quando houver multiplicidade de recursos com fundamento em idêntica controvérsia, a análise da repercussão geral será processada nos termos do Regimento Interno do Supremo Tribunal Federal, observado o disposto neste artigo.

§ 1º Caberá ao Tribunal de origem selecionar um ou mais recursos representativos da controvérsia e encaminhá-los ao Supremo Tribunal Federal, sobrestando os demais até o pronunciamento definitivo da Corte.

§ 2º Negada a existência da repercussão geral, os recursos sobrestados considerar-se-ão automaticamente não admitidos.

§ 3º Julgado o mérito do recurso extraordinário, os recursos sobrestados serão apreciados pelos Tribunais, Turmas de Uniformização ou Turmas Recursais, que poderão declará-los prejudicados ou retratar-se.

§ 4º Mantida a decisão e admitindo o recurso, poderá o Supremo Tribunal Federal, nos termos do Regimento Interno, cassar ou reformar, liminarmente, o acórdão contrário à orientação firmada.

§ 5º O Regimento Interno do Supremo Tribunal Federal disporá sobre as atribuições dos Ministros, das Turmas e de outros órgãos, na análise da repercussão geral.

Art. 3º. Caberá ao Supremo Tribunal Federal, em seu Regimento Interno, estabelecer as normas necessárias à execução desta Lei.

Art. 4º. Aplica-se esta Lei aos recursos interpostos a partir do primeiro dia de sua vigência.

Art. 5º. Esta Lei entra em vigor 60 (sessenta) dias após a data de sua publicação.

Brasília, 19 de dezembro de 2006, 185º da Independência e 118º da República

Luiz Inácio Lula da Silva

Márcio Thomas Bastos

Art. 103. Podem propor a ação direta de inconstitucionalidade e a ação declaratória de constitucionalidade: *(Redação dada pela Emenda Constitucional n. 45, de 8.12.04, DOU 31.12.04)*

I — o Presidente da República;

II — a Mesa do Senado Federal;

III — a Mesa da Câmara dos Deputados;

IV — a Mesa de Assembleia Legislativa ou da Câmara Legislativa do Distrito Federal; *(Redação dada pela Emenda Constitucional n. 45, de 8.12.04, DOU 31.12.04)*

V — o Governador de Estado ou do Distrito Federal; *(Redação dada pela Emenda Constitucional n. 45, de 8.12.04, DOU 31.12.04)*

VI — o Procurador-Geral da República;

VII — o Conselho Federal da Ordem dos Advogados do Brasil;

VIII — partido político com representação no Congresso Nacional;

IX — confederação sindical ou entidade de classe de âmbito nacional.

§ 1º — O Procurador-Geral da República deverá ser previamente ouvido nas ações de inconstitucionalidade e em todos os processos de competência do Supremo Tribunal Federal.

§ 2º — Declarada a inconstitucionalidade por omissão de medida para tornar efetiva norma constitucional, será dada ciência ao Poder competente para a adoção das providências necessárias e, em se tratando de órgão administrativo, para fazê-lo em trinta dias.

§ 3º — Quando o Supremo Tribunal Federal apreciar a inconstitucionalidade, em tese, de norma legal ou ato normativo, citará, previamente, o Advogado-Geral da União, que defenderá o ato ou texto impugnado.

Art. 103-A. O Supremo Tribunal Federal poderá, de ofício ou por provocação, mediante decisão de dois terços dos seus membros, após reiteradas decisões sobre matéria constitucional, aprovar súmula que, a partir de sua publicação na imprensa oficial, terá efeito vinculante em relação aos demais órgãos do Poder Judiciário e à administração pública direta e indireta, nas esferas federal, estadual e municipal, bem como proceder à sua revisão ou cancelamento, na forma estabelecida em lei.

— V. Lei n. 11.417, de 19.12.06, DOU 20.12.06, que regulamenta o art. 103-A da Constituição Federal e altera a Lei n. 9.784, de 29 de janeiro de 1999, disciplinando a edição, a revisão e o cancelamento de enunciado de súmula vinculante pelo Supremo Tribunal Federal, e dá outras providências, p. 1007.

§ 1º A súmula terá por objetivo a validade, a interpretação e a eficácia de normas determinadas, acerca das quais haja controvérsia atual entre órgãos judiciários ou entre esses e a administração pública que acarrete grave insegurança jurídica e relevante multiplicação de processos sobre questão idêntica.

§ 2º Sem prejuízo do que vier a ser estabelecido em lei, a aprovação, revisão ou cancelamento de súmula poderá ser provocada por aqueles que podem propor a ação direta de inconstitucionalidade.

§ 3º Do ato administrativo ou decisão judicial que contrariar a súmula aplicável ou que indevidamente a aplicar, caberá reclamação ao Supremo Tribunal Federal que, julgando-a procedente, anulará o ato administrativo ou cassará a decisão judicial reclamada, e determinará que outra seja proferida com ou sem a aplicação da súmula, conforme o caso. *(Artigo acrescentado pela Emenda Constitucional n. 45, de 8.12.04, DOU 31.12.04)*

Art. 103-B. O Conselho Nacional de Justiça compõe-se de 15 (quinze) membros com mandato de 2 (dois) anos, admitida 1 (uma) recondução, sendo: *(Redação dada pela Emenda Constitucional n. 61, de 11.11.09, DOU 12.11.09)*

I — o Presidente do Supremo Tribunal Federal; *(Redação dada pela Emenda Constitucional n. 61, de 11.11.09, DOU 12.11.09)*

II — um Ministro do Superior Tribunal de Justiça, indicado pelo respectivo tribunal;

III — um Ministro do Tribunal Superior do Trabalho, indicado pelo respectivo tribunal;

IV — um desembargador de Tribunal de Justiça, indicado pelo Supremo Tribunal Federal;

V — um juiz estadual, indicado pelo Supremo Tribunal Federal;

VI — um juiz de Tribunal Regional Federal, indicado pelo Superior Tribunal de Justiça;

VII — um juiz federal, indicado pelo Superior Tribunal de Justiça;

VIII — um juiz de Tribunal Regional do Trabalho, indicado pelo Tribunal Superior do Trabalho;

IX — um juiz do trabalho, indicado pelo Tribunal Superior do Trabalho;

X — um membro do Ministério Público da União, indicado pelo Procurador-Geral da República;

XI — um membro do Ministério Público estadual, escolhido pelo Procurador-Geral da República dentre os nomes indicados pelo órgão competente de cada instituição estadual;

XII — dois advogados, indicados pelo Conselho Federal da Ordem dos Advogados do Brasil;

XIII — dois cidadãos, de notável saber jurídico e reputação ilibada, indicados um pela Câmara dos Deputados e outro pelo Senado Federal.

§ 1º O Conselho será presidido pelo Presidente do Supremo Tribunal Federal e, nas suas ausências e impedimentos, pelo Vice-Presidente do Supremo Tribunal Federal. *(Redação dada pela Emenda Constitucional n. 61, de 11.11.09, DOU 12.11.09)*

§ 2º Os demais membros do Conselho serão nomeados pelo Presidente da República, depois de aprovada a escolha pela maioria absoluta do Senado Federal. *(Redação dada pela Emenda Constitucional n. 61, de 11.11.09, DOU 12.11.09)*

§ 3º Não efetuadas, no prazo legal, as indicações previstas neste artigo, caberá a escolha ao Supremo Tribunal Federal.

§ 4º Compete ao Conselho o controle da atuação administrativa e financeira do Poder Judiciário e do cumprimento dos deveres funcionais dos juízes, cabendo-lhe, além de outras atribuições que lhe forem conferidas pelo Estatuto da Magistratura:

I — zelar pela autonomia do Poder Judiciário e pelo cumprimento do Estatuto da Magistratura, podendo expedir atos regulamentares, no âmbito de sua competência, ou recomendar providências;

II — zelar pela observância do art. 37 e apreciar, de ofício ou mediante provocação, a legalidade dos atos administrativos praticados por membros ou órgãos do Poder Judiciário, podendo desconstituí-los, revê-los ou fixar prazo para que se adotem as providências necessárias ao exato cumprimento da lei, sem prejuízo da competência do Tribunal de Contas da União;

III — receber e conhecer das reclamações contra membros ou órgãos do Poder Judiciário, inclusive contra seus serviços auxiliares, serventias e órgãos prestadores de serviços notariais e de registro que atuem por delegação do poder público ou oficializados, sem prejuízo da competência disciplinar e correicional dos tribunais, podendo avocar processos disciplinares em curso e determinar a remoção, a disponibilidade ou a aposentadoria com subsídios ou proventos proporcionais ao tempo de serviço e aplicar outras sanções administrativas, assegurada ampla defesa;

IV — representar ao Ministério Público, no caso de crime contra a administração pública ou de abuso de autoridade;

V — rever, de ofício ou mediante provocação, os processos disciplinares de juízes e membros de tribunais julgados há menos de um ano;

VI — elaborar semestralmente relatório estatístico sobre processos e sentenças prolatadas, por unidade da Federação, nos diferentes órgãos do Poder Judiciário;

VII — elaborar relatório anual, propondo as providências que julgar necessárias, sobre a situação do Poder Judiciário no País e as atividades do Conselho, o qual deve integrar mensagem do Presidente do Supremo Tribunal Federal a ser remetida ao Congresso Nacional, por ocasião da abertura da sessão legislativa.

§ 5º O Ministro do Superior Tribunal de Justiça exercerá a função de Ministro-Corregedor e ficará excluído da distribuição de processos no Tribunal, competindo-lhe, além das atribuições que lhe forem conferidas pelo Estatuto da Magistratura, as seguintes:

I — receber as reclamações e denúncias, de qualquer interessado, relativas aos magistrados e aos serviços judiciários;

II — exercer funções executivas do Conselho, de inspeção e de correição geral;

III — requisitar e designar magistrados, delegando-lhes atribuições, e requisitar servidores de juízos ou tribunais, inclusive nos Estados, Distrito Federal e Territórios.

§ 6º Junto ao Conselho oficiarão o Procurador-Geral da República e o Presidente do Conselho Federal da Ordem dos Advogados do Brasil.

§ 7º A União, inclusive no Distrito Federal e nos Territórios, criará ouvidorias de justiça, competentes para receber reclamações e denúncias de qualquer interessado contra membros ou órgãos do Poder Judiciário, ou contra seus serviços auxiliares, representando diretamente ao Conselho Nacional de Justiça. *(Artigo acrescentado pela Emenda Constitucional n. 45, de 8.12.04, DOU 31.12.04)*

Art. 109. Aos juízes federais compete processar e julgar:

I — as causas em que a União, entidade autárquica ou empresa pública federal forem interessadas na condição de autoras, rés, assistentes ou oponentes, exceto as de falência, as de acidentes de trabalho e as sujeitas à Justiça Eleitoral e à Justiça do Trabalho;

....

V-A — as causas relativas a direitos humanos a que se refere o § 5º deste artigo; *(Inciso acrescentado pela Emenda Constitucional n. 45, de 8.12.04, DOU 31.12.04)*

VI — os crimes contra a organização do trabalho e, nos casos determinados por lei, contra o sistema financeiro e a ordem econômico-financeira;

....

§ 5º Nas hipóteses de grave violação de direitos humanos, o Procurador-Geral da República, com a finalidade de assegurar o cumprimento de obrigações decorrentes de tratados internacionais de direitos humanos dos quais o Brasil seja parte, poderá suscitar, perante o Superior Tribunal de Justiça, em qualquer fase do inquérito ou processo, incidente de deslocamento de competência para a Justiça Federal. (NR) *(Acrescentado pela Emenda Constitucional n. 45, de 8.12.04, DOU 31.12.04)*

....

Art. 111. São órgãos da Justiça do Trabalho:

I — o Tribunal Superior do Trabalho;

II — os Tribunais Regionais do Trabalho;

III — Juízes do Trabalho. (NR) *(Redação dada pela Emenda Constitucional n. 24, de 9.12.99, DOU 10.12.99).*

§ 1º (Revogado).

§ 2º (Revogado).

§ 3º (Revogado). (NR)

(Parágrafos 1º ao 3º revogados pela Emenda Constitucional n. 45, de 8.12.04, DOU 31.12.04)

Art. 111-A. O Tribunal Superior do Trabalho compor-se-á de vinte e sete Ministros, escolhidos dentre brasileiros com mais de trinta e cinco e menos de sessenta e cinco anos, nomeados pelo Presidente da República após aprovação pela maioria absoluta do Senado Federal, sendo:

I — um quinto dentre advogados com mais de dez anos de efetiva atividade profissional e membros do Ministério Público do Trabalho com mais de dez anos de efetivo exercício, observado o disposto no art. 94;

II — os demais dentre juízes dos Tribunais Regionais do Trabalho, oriundos da magistratura da carreira, indicados pelo próprio Tribunal Superior.

§ 1º A lei disporá sobre a competência do Tribunal Superior do Trabalho.

§ 2º Funcionarão junto ao Tribunal Superior do Trabalho:

I — a Escola Nacional de Formação e Aperfeiçoamento de Magistrados do Trabalho, cabendo-lhe, dentre outras funções, regulamentar os cursos oficiais para o ingresso e promoção na carreira;

II — o Conselho Superior da Justiça do Trabalho, cabendo-lhe exercer, na forma da lei, a supervisão administrativa, orçamentária, financeira e patrimonial da Justiça do Trabalho de primeiro e segundo graus, como órgão central do sistema, cujas decisões terão efeito vinculante. *(Artigo acrescentado pela Emenda Constitucional n. 45, de 8.12.04, DOU 31.12.04)*

Art. 112. A lei criará varas da Justiça do Trabalho, podendo, nas comarcas não abrangidas por sua jurisdição, atribuí-la aos juízes de direito, com recurso para o respectivo Tribunal Regional do Trabalho. (NR) *(Redação dada pela Emenda Constitucional n. 45, de 8.12.04, DOU 31.12.04)*

Art. 113. A lei disporá sobre a constituição, investidura, jurisdição, competência, garantias e condições de exercício dos órgãos da Justiça do Trabalho. (NR) *(Redação dada pela Emenda Constitucional n. 24, de 9.12.99, DOU 10.12.99).*

Art. 114. Compete à Justiça do Trabalho processar e julgar:

I — as ações oriundas da relação de trabalho, abrangidos os entes de direito público externo e da administração pública direta e indireta da União, dos Estados, do Distrito Federal e dos Municípios;

V. ADIn n. 3.395-6 proposta pela Associação dos Juízes Federais do Brasil — AJUFE. Nesta ação foi acolhido o pedido de liminar pelo Ministro Nelson Jobim, do Supremo Tribunal Federal, ficando suspenso, ad referendum, toda e qualquer interpretação dada ao inciso I do art. 114 da CF, na redação dada pela EC n. 45/2004, que inclua, na competência da Justiça do Trabalho, a "..apreciação...de causas que ...sejam instauradas entre o Poder Público e seus servidores, a ele vinculados por típica relação de ordem estatutária ou de caráter jurídico-administrativo" (DJ 4.2.05). LTr Sup. Trab. 026/05, p. 101

II — as ações que envolvam exercício do direito de greve;

III — as ações sobre representação sindical, entre sindicatos, entre sindicatos e trabalhadores, e entre sindicatos e empregadores;

IV — os mandados de segurança, *habeas corpus* e *habeas data*, quando o ato questionado envolver matéria sujeita à sua jurisdição;

V — os conflitos de competência entre órgãos com jurisdição trabalhista, ressalvado o disposto no art. 102, I, *o*;

VI — as ações de indenização por dano moral ou patrimonial, decorrentes da relação de trabalho;

VII — as ações relativas às penalidades administrativas impostas aos empregadores pelos órgãos de fiscalização das relações de trabalho;

VIII — a execução, de ofício, das contribuições sociais previstas no art. 195, I, *a*, e II, e seus acréscimos legais, decorrentes das sentenças que proferir;

IX — outras controvérsias decorrentes da relação de trabalho, na forma da lei.

§ 1º Frustrada a negociação coletiva, as partes poderão eleger árbitros.

§ 2º Recusando-se qualquer das partes à negociação coletiva ou à arbitragem, é facultado às mesmas, de comum acordo, ajuizar dissídio coletivo de natureza econômica, podendo a Justiça do Trabalho decidir o conflito, respeitadas as disposições mínimas legais de proteção ao trabalho, bem como as convencionadas anteriormente.

§ 3º Em caso de greve em atividade essencial, com possibilidade de lesão do interesse público, o Ministério Público do Trabalho poderá ajuizar dissídio coletivo, competindo à Justiça do Trabalho decidir o conflito. (NR) *(Com exceção do § 1º, os demais dispositivos foram acrescentados pela Emenda Constitucional n. 45, de 8.12.04, DOU 31.12.04)*

Art. 115. Os Tribunais Regionais do Trabalho compõem-se de, no mínimo, sete juízes, recrutados, quando possível, na respectiva região, e nomeados pelo Presidente da República dentre brasileiros com mais de trinta e menos de sessenta e cinco anos, sendo:

I — um quinto dentre advogados com mais de dez anos de efetiva atividade profissional e membros do Ministério Público do Trabalho com mais de dez anos de efetivo exercício, observado o disposto no art. 94;

II — os demais, mediante promoção de juízes do trabalho por antiguidade e merecimento, alternadamente.

§ 1º Os Tribunais Regionais do Trabalho instalarão a justiça itinerante, com a realização de audiências e demais funções de atividade jurisdicional, nos limites territoriais da respectiva jurisdição, servindo-se de equipamentos públicos e comunitários.

§ 2º Os Tribunais Regionais do Trabalho poderão funcionar descentralizadamente, constituindo Câmaras regionais, a fim de assegurar o pleno acesso do jurisdicionado à justiça em todas as fases do processo. (NR) *(Redação, incisos e parágrafos pela Emenda Constitucional n. 45, de 8.12.04, DOU 31.12.04)*

Art. 116. Nas Varas do Trabalho, a jurisdição será exercida por um juiz singular. (NR) *(Redação dada pela Emenda Constitucional n. 24, de 9.12.99, DOU 10.12.99).*

Art. 117. Revogado pela Emenda Constitucional n. 24, de 9.12.99 (DOU 10.12.99).

....

Art. 129. São funções institucionais do Ministério Público:

I — promover, privativamente, a ação penal pública, na forma da lei;

....

III — promover o inquérito civil e a ação civil pública, para a proteção do patrimônio público e social, do meio ambiente e de outros interesses difusos e coletivos;

IV — promover a ação de inconstitucionalidade ou representação para fins de intervenção da União e dos Estados, nos casos previstos nesta Constituição;

....

§ 1º — A legitimação do Ministério Público para as ações civis previstas neste artigo não impede a de terceiros, nas mesmas hipóteses, segundo o disposto nesta Constituição e na lei.

§ 2º As funções do Ministério Público só podem ser exercidas por integrantes da carreira, que deverão residir na comarca da respectiva lotação, salvo autorização do chefe da instituição. *(Acrescentado pela Emenda Constitucional n. 45, de 8.12.04, DOU 31.12.04)*

§ 3º O ingresso na carreira do Ministério Público far-se-á mediante concurso público de provas e títulos, assegurada a participação da Ordem dos Advogados do Brasil em sua realização, exigindo-se do bacharel em direito, no mínimo, três anos de atividade jurídica e observando-se, nas nomeações, a ordem de classificação. *(Acrescentado pela Emenda Constitucional n. 45, de 8.12.04, DOU 31.12.04)*

§ 4º Aplica-se ao Ministério Público, no que couber, o disposto no art. 93. *(Acrescentado pela Emenda Constitucional n. 45, de 8.12.04, DOU 31.12.04)*

§ 5º A distribuição de processos no Ministério Público será imediata. (NR) *(Acrescentado pela Emenda Constitucional n. 45, de 8.12.04, DOU 31.12.04)*

Art. 130-A. O Conselho Nacional do Ministério Público compõe-se de quatorze membros nomeados pelo Presidente da República, depois de aprovada a escolha pela maioria absoluta do Senado Federal, para um mandato de dois anos, admitida uma recondução, sendo:

I — o Procurador-Geral da República, que o preside;

II — quatro membros do Ministério Público da União, assegurada a representação de cada uma de suas carreiras;

III — três membros do Ministério Público dos Estados;

IV — dois juízes, indicados um pelo Supremo Tribunal Federal e outro pelo Superior Tribunal de Justiça;

V — dois advogados, indicados pelo Conselho Federal da Ordem dos Advogados do Brasil;

VI — dois cidadãos de notável saber jurídico e reputação ilibada, indicados um pela Câmara dos Deputados e outro pelo Senado Federal.

§ 1º Os membros do Conselho oriundos do Ministério Público serão indicados pelos respectivos Ministérios Públicos, na forma da lei.

V. Lei n. 11.372, de 28.11.2006, DOU 29.11.06, regulamenta o § 1º do art. 130-A da Constituição Federal, para dispor sobre a forma de indicação dos membros do Conselho Nacional do Ministério Público oriundos do Ministério Público e criar sua estrutura organizacional e funcional, e dá outras providências (não publicada nesta obra)

§ 2º Compete ao Conselho Nacional do Ministério Público o controle da atuação administrativa e financeira do Ministério Público e do cumprimento dos deveres funcionais de seus membros, cabendo-lhe:

I — zelar pela autonomia funcional e administrativa do Ministério Público, podendo expedir atos regulamentares, no âmbito de sua competência, ou recomendar providências;

II — zelar pela observância do art. 37 e apreciar, de ofício ou mediante provocação, a legalidade dos atos administrativos praticados por membros ou órgãos do Ministério Público da União e dos Estados, podendo desconstituí-los, revê-los ou fixar prazo para que se adotem as providências necessárias ao exato cumprimento da lei, sem prejuízo da competência dos Tribunais de Contas;

III — receber e conhecer das reclamações contra membros ou órgãos do Ministério Público da União ou dos Estados, inclusive contra seus serviços auxiliares, sem prejuízo da competência disciplinar e correicional da instituição, podendo avocar processos disciplinares em curso, determinar a remoção, a disponibilidade ou a aposentadoria com subsídios ou proventos proporcionais ao tempo de serviço e aplicar outras sanções administrativas, assegurada ampla defesa;

IV — rever, de ofício ou mediante provocação, os processos disciplinares de membros do Ministério Público da União ou dos Estados julgados há menos de um ano;

V — elaborar relatório anual, propondo as providências que julgar necessárias sobre a situação do Ministério Público no País e as atividades do Conselho, o qual deve integrar a mensagem prevista no art. 84, XI.

§ 3º O Conselho escolherá, em votação secreta, um Corregedor nacional, dentre os membros do Ministério Público que o integram, vedada a recondução, competindo-lhe, além das atribuições que lhe forem conferidas pela lei, as seguintes:

I — receber reclamações e denúncias, de qualquer interessado, relativas aos membros do Ministério Público e dos seus serviços auxiliares;

II — exercer funções executivas do Conselho, de inspeção e correição geral;

III — requisitar e designar membros do Ministério Público, delegando-lhes atribuições, e requisitar servidores de órgãos do Ministério Público.

§ 4º O Presidente do Conselho Federal da Ordem dos Advogados do Brasil oficiará junto ao Conselho.

§ 5º Leis da União e dos Estados criarão ouvidorias do Ministério Público, competentes para receber reclamações e denúncias de qualquer interessado contra membros ou órgãos do Ministério Público, inclusive contra seus serviços auxiliares, representando diretamente ao Conselho Nacional do Ministério Público. *(Artigo acrescentado pela Emenda Constitucional n. 45, de 8.12.04, DOU 31.12.04)*

....

SEÇÃO III
Da Advocacia

Art. 133. O advogado é indispensável à administração da Justiça, sendo inviolável por seus atos e manifestações no exercício da profissão, nos limites da lei.

SEÇÃO IV
Da Defensoria Pública

Art. 134. A Defensoria Pública é instituição permanente, essencial à função jurisdicional do Estado, incumbindo-lhe, como expressão e instrumento do regime democrático, fundamentalmente, a orientação jurídica, a promoção dos direitos humanos e a defesa, em todos os graus, judicial e extrajudicial, dos direitos individuais e coletivos, de forma integral e gratuita, aos necessitados, na forma do inciso LXXIV do art. 5º desta Constituição Federal. *(Redação dada pela Emenda Constitucional n. 80, de 4.6.14 (DOU 5.6.14)*

§ 1º Lei complementar organizará a Defensoria Pública da União e do Distrito Federal e dos Territórios e prescreverá normas gerais para sua organização nos Estados, em cargos de carreira, providos, na classe inicial, mediante concurso público de provas e títulos, assegurada a seus integrantes a garantia da inamovibilidade e vedado o exercício da advocacia fora das atribuições institucionais. *(Transformado em § 1º pela Emenda Constitucional n. 45, de 8.12.04, DOU 31.12.04)*

§ 2º Às Defensorias Públicas Estaduais são asseguradas autonomia funcional e administrativa, e a iniciativa de sua proposta orçamentária dentro dos limites estabelecidos na lei de diretrizes orçamentárias e subordinação ao disposto no art. 99, § 2º. (NR) *(Acrescentado pela Emenda Constitucional n. 45, de 8.12.04, DOU 31.12.04)*

§ 3º Aplica-se o disposto no § 2º às Defensorias Públicas da União e do Distrito Federal. (NR) *(Redação dada pela Emenda Constitucional n. 74, de 6.8.13, DOU 7.8.13)*

§ 4º São princípios institucionais da Defensoria Pública a unidade, a indivisibilidade e a independência funcional, aplicando- se também, no que couber, o disposto no art. 93 e no inciso II do art. 96 desta Constituição Federal. (NR) *(Redação dada pela Emenda Constitucional n. 80, de 4.6.14 (DOU 5.6.14)*

....

CAPÍTULO II
DAS FORÇAS ARMADAS

Art. 142. As Forças Armadas, constituídas pela Marinha, pelo Exército e pela Aeronáutica, são instituições nacionais permanentes e regulares, organizadas com base na hierarquia e na disciplina, sob a autoridade suprema do Presidente da República, e destinam-se à defesa da Pátria, à garantia dos poderes constitucionais e, por iniciativa de qualquer destes, da lei e da ordem.

§ 1º — Lei complementar estabelecerá as normas gerais a serem adotadas na organização, no preparo e no emprego das Forças Armadas.

§ 2º — Não caberá "habeas-corpus" em relação a punições disciplinares militares.

§ 3º Os membros das Forças Armadas são denominados militares, aplicando-se-lhes, além das que vierem a ser fixadas em lei, as seguintes disposições: *(Incluído pela Emenda Constitucional n. 18, de 1998)*

I — as patentes, com prerrogativas, direitos e deveres a elas inerentes, são conferidas pelo Presidente da República e asseguradas em plenitude aos oficiais da ativa, da reserva ou reformados, sendo-lhes privativos os títulos e postos militares e, juntamente com os demais membros, o uso dos uniformes das Forças Armadas; *(Incluído pela Emenda Constitucional n. 18, de 1998)*

II — o militar em atividade que tomar posse em cargo ou emprego público civil permanente, ressalvada a hipótese prevista no art. 37, inciso XVI, alínea "c", será transferido para a reserva, nos termos da lei; *(Redação dada pela Emenda Constitucional n. 77, de 11.2.14, DOU 12.2.14)*

III — o militar da ativa que, de acordo com a lei, tomar posse em cargo, emprego ou função pública civil temporária, não eletiva, ainda que da administração indireta, ressalvada a hipótese prevista no art. 37, inciso XVI, alínea "c", ficará agregado ao respectivo quadro e somente poderá, enquanto permanecer nessa situação, ser promovido por antiguidade, contando-se-lhe o tempo de serviço apenas para aquela promoção e transferência para a reserva, sendo depois de dois anos de afastamento, contínuos ou não, transferido para a reserva, nos termos da lei; *(Redação dada pela Emenda Constitucional n. 77, de 11.2.14, DOU 12.2.14)*

IV — ao militar são proibidas a sindicalização e a greve; *(Incluído pela Emenda Constitucional n. 18, de 1998)*

V — o militar, enquanto em serviço ativo, não pode estar filiado a partidos políticos; *(Incluído pela Emenda Constitucional n. 18, de 1998)*

VI — o oficial só perderá o posto e a patente se for julgado indigno do oficialato ou com ele incompatível, por decisão de tribunal militar de caráter permanente, em tempo de paz, ou de tribunal especial, em tempo de guerra; *(Incluído pela Emenda Constitucional n. 18, de 1998)*

VII — o oficial condenado na justiça comum ou militar a pena privativa de liberdade superior a dois anos, por sentença transitada em julgado, será submetido ao julgamento previsto no inciso anterior; *(Incluído pela Emenda Constitucional n. 18, de 1998)*

VIII — aplica-se aos militares o disposto no art. 7º, incisos VIII, XII, XVII, XVIII, XIX e XXV, e no art. 37, incisos XI, XIII, XIV e XV, bem como, na forma da lei e com prevalência da atividade militar, no art. 37, inciso XVI, alínea "c"; *(Redação dada pela Emenda Constitucional n. 77, 11.2.14, DOU 12.2.14)*

IX (Revogado pela Emenda Constitucional n. 41, de 19.12.2003)

X — a lei disporá sobre o ingresso nas Forças Armadas, os limites de idade, a estabilidade e outras condições de transferência do militar para a inatividade, os direitos, os deveres, a remuneração, as prerrogativas e outras situações especiais dos militares, consideradas as peculiaridades de suas atividades, inclusive aquelas cumpridas por força de compromissos internacionais e de guerra. *(Incluído pela Emenda Constitucional n. 18, 5.2.1998, DOU 6.2.1998)*

Art. 143. O serviço militar é obrigatório nos termos da lei.

§ 1º — às Forças Armadas compete, na forma da lei, atribuir serviço alternativo aos que, em tempo de paz, após alistados, alegarem imperativo de consciência, entendendo-se como tal o decorrente de crença religiosa e de convicção filosófica ou política, para se eximirem de atividades de caráter essencialmente militar. *(Regulamento)*

§ 2º — As mulheres e os eclesiásticos ficam isentos do serviço militar obrigatório em tempo de paz, sujeitos, porém, a outros encargos que a lei lhes atribuir. *(Regulamento)*

CAPÍTULO III
DA SEGURANÇA PÚBLICA

Art. 144. A segurança pública, dever do Estado, direito e responsabilidade de todos, é exercida para a preservação da ordem pública e da incolumidade das pessoas e do patrimônio, através dos seguintes órgãos:

I — polícia federal;

II — polícia rodoviária federal;

III — polícia ferroviária federal;

IV — polícias civis;

V — polícias militares e corpos de bombeiros militares.

§ 1º A polícia federal, instituída por lei como órgão permanente, organizado e mantido pela União e estruturado em carreira, destina-se a: *(Redação dada pela Emenda Constitucional n. 19, de 4.6.1998, DOU 5.6.1998)*

I — apurar infrações penais contra a ordem política e social ou em detrimento de bens, serviços e interesses da União ou de suas entidades autárquicas e empresas públicas, assim como outras infrações cuja prática tenha repercussão interestadual ou internacional e exija repressão uniforme, segundo se dispuser em lei;

II — prevenir e reprimir o tráfico ilícito de entorpecentes e drogas afins, o contrabando e o descaminho, sem prejuízo da ação fazendária e de outros órgãos públicos nas respectivas áreas de competência;

III — exercer as funções de polícia marítima, aeroportuária e de fronteiras; *(Redação dada pela Emenda Constitucional n. 19, de 1998)*

IV — exercer, com exclusividade, as funções de polícia judiciária da União.

§ 2º A polícia rodoviária federal, órgão permanente, organizado e mantido pela União e estruturado em carreira, destina-se, na forma da lei, ao patrulhamento ostensivo das rodovias federais. *(Redação dada pela Emenda Constitucional n. 19, de 1998)*

§ 3º A polícia ferroviária federal, órgão permanente, organizado e mantido pela União e estruturado em carreira, destina-se, na forma da lei, ao patrulhamento ostensivo das ferrovias federais. *(Redação dada pela Emenda Constitucional n. 19, de 4.6.1998, DOU 5.6.1998)*

§ 4º — às polícias civis, dirigidas por delegados de polícia de carreira, incumbem, ressalvada a competência da União, as funções de polícia judiciária e a apuração de infrações penais, exceto as militares.

§ 5º — às polícias militares cabem a polícia ostensiva e a preservação da ordem pública; aos corpos de bombeiros militares, além das atribuições definidas em lei, incumbe a execução de atividades de defesa civil.

§ 6º — As polícias militares e corpos de bombeiros militares, forças auxiliares e reserva do Exército, subordinam-se, juntamente com as polícias civis, aos Governadores dos Estados, do Distrito Federal e dos Territórios.

§ 7º — A lei disciplinará a organização e o funcionamento dos órgãos responsáveis pela segurança pública, de maneira a garantir a eficiência de suas atividades.

§ 8º — Os Municípios poderão constituir guardas municipais destinadas à proteção de seus bens, serviços e instalações, conforme dispuser a lei.

§ 9º A remuneração dos servidores policiais integrantes dos órgãos relacionados neste artigo será fixada na forma do § 4º do art. 39. *(Acrescentado pela Emenda Constitucional n. 19, de 4.6.1998, DOU 5.6.1998)*

§ 10. A segurança viária, exercida para a preservação da ordem pública e da incolumidade das pessoas e do seu patrimônio nas vias públicas: *(Acrescentado pela Emenda Constitucional n. 82, 11.2.14, DOU 12.2.14)*

I — compreende a educação, engenharia e fiscalização de trânsito, além de outras atividades previstas em lei, que assegurem ao cidadão o direito à mobilidade urbana eficiente; e *(Acrescentado pela Emenda Constitucional n. 82, 11.2.14, DOU 12.2.14)*

II — compete, no âmbito dos Estados, do Distrito Federal e dos Municípios, aos respectivos órgãos ou entidades executivos e seus agentes de trânsito, estruturados em Carreira, na forma da lei. *(Acrescentado pela Emenda Constitucional n. 82, 16.7.14, DOU 17.6.14)*

....

Art. 149. Compete exclusivamente à União instituir contribuições sociais, de intervenção no domínio econômico e de interesses das categorias profissionais ou econômicas, como instrumento de sua atuação nas respectivas áreas, observado o disposto nos arts. 146, III, e 150, I e III, e sem prejuízo do previsto no art. 195, § 6º, relativamente às contribuições a que alude o dispositivo.

§ 1º Os Estados, o Distrito Federal e os Municípios instituirão contribuição, cobrada de seus servidores, para o custeio, em benefício destes, do regime previdenciário de que trata o art. 40, cuja alíquota não será inferior à da contribuição dos servidores titulares de cargos efetivos da União.(...) (NR) *(Redação dada pela Emenda Constitucional n. 41, de 19.12.03, DOU 31.12.03)*

....

Art. 150. Sem prejuízo de outras garantias asseguradas ao contribuinte, é vedado à União, aos Estados, ao Distrito Federal e aos Municípios:

....

VI — instituir impostos sobre:

....

c) patrimônio, renda ou serviços dos partidos políticos, inclusive suas fundações, das entidades sindicais dos trabalhadores, das instituições de educação e de assistência social, sem fins lucrativos, atendidos os requisitos da lei;

....

§ 4º As vedações expressas no inciso VI, alíneas *b* e *c*, compreendem somente o patrimônio, a renda e os serviços, relacionados com as finalidades essenciais das entidades nelas mencionadas.

....

Lei n. 9.532, de 10.12.1997, DOU 11.12.97

Altera a legislação tributária federal e dá outras providências

....

Art. 12. Para efeito do disposto no art. 150, inciso VI, alínea "c", da Constituição, considera-se imune a instituição de educação ou de assistência social que preste os serviços para os quais houver sido instituída e os coloque à disposição da população em geral, em caráter complementar às atividades do Estado, sem fins lucrativos.

§ 1º Não estão abrangidos pela imunidade os rendimentos e ganhos de capital auferidos em aplicações financeiras de renda fixa ou de renda variável.

§ 2º Para o gozo da imunidade, as instituições a que se refere este artigo, estão obrigadas a atender aos seguintes requisitos:

a) não remunerar, por qualquer forma, seus dirigentes pelos serviços prestados;

b) aplicar integralmente seus recursos na manutenção e desenvolvimento dos seus objetivos sociais;

c) manter escrituração completa de suas receitas e despesas em livros revestidos das formalidades que assegurem a respectiva exatidão;

d) conservar em boa ordem, pelo prazo de cinco anos, contado da data da emissão, os documentos que comprovem a origem de suas receitas e a efetivação de suas despesas, bem assim a realização de quaisquer outros atos ou operações que venham a modificar sua situação patrimonial;

e) apresentar, anualmente, Declaração de Rendimentos, em conformidade com o disposto em ato da Secretaria da Receita Federal;

f) recolher os tributos retidos sobre os rendimentos por elas pagos ou creditados e a contribuição para a seguridade social relativa aos empregados, bem assim cumprir as obrigações acessórias daí decorrentes;

g) assegurar a destinação de seu patrimônio a outra instituição que atenda às condições para gozo da imunidade, no caso de incorporação, fusão, cisão ou de encerramento de suas atividades, ou a órgão público;

h) outros requisitos, estabelecidos em lei específica, relacionados com o funcionamento das entidades a que se refere este artigo.

§ 3º Considera-se entidade sem fins lucrativos a que não apresente superávit em suas contas ou, caso o apresente em determinado exercício, destine referido resultado, integralmente, à manutenção e ao desenvolvimento dos seus objetivos sociais. (Redação dada pela Lei n. 9.718, de 1998)

§ 4º A exigência a que se refere a alínea "a" do § 2º não impede: (Incluído pela Lei n. 12.868, de 2013)

I — a remuneração aos diretores não estatutários que tenham vínculo empregatício; e (Incluído pela Lei n. 12.868, de 2013)

II — a remuneração aos dirigentes estatutários, desde que recebam remuneração inferior, em seu valor bruto, a 70% (setenta por cento) do limite estabelecido para a remuneração de servidores do Poder Executivo federal. (Incluído pela Lei n. 12.868, de 2013)

§ 5º A remuneração dos dirigentes estatutários referidos no inciso II do § 4º deverá obedecer às seguintes condições: (Incluído pela Lei n. 12.868, de 2013)

I — nenhum dirigente remunerado poderá ser cônjuge ou parente até 3º (terceiro) grau, inclusive afim, de instituidores, sócios, diretores, conselheiros, benfeitores ou equivalentes da instituição de que trata o ***caput*** *deste artigo; e (Incluído pela Lei n. 12.868, de 2013)*

II — o total pago a título de remuneração para dirigentes, pelo exercício das atribuições estatutárias, deve ser inferior a 5 (cinco) vezes o valor correspondente ao limite individual estabelecido neste parágrafo. (Incluído pela Lei n. 12.868, de 2013)

§ 6º O disposto nos §§ 4º e 5º não impede a remuneração da pessoa do dirigente estatutário ou diretor que, cumulativamente, tenha vínculo estatutário e empregatício, exceto se houver incompatibilidade de jornadas de trabalho. (Incluído pela Lei n. 12.868, de 2013)

Art. 169. A despesa com pessoal ativo e inativo da União, dos Estados, do Distrito Federal e dos Municípios não poderá exceder os limites estabelecidos em lei complementar.

§ 1º A concessão de qualquer vantagem ou aumento de remuneração, a criação de cargos, empregos e funções ou alteração de estrutura de carreiras, bem como a admissão ou contratação de pessoal, a qualquer título, pelos órgãos e entidades da administração direta ou indireta, inclusive fundações instituídas e mantidas pelo Poder Público, só poderão ser feitas:

I — se houver prévia dotação orçamentária suficiente para atender às projeções de despesa de pessoal e aos acréscimos dela decorrentes;

II — se houver autorização específica na lei de diretrizes orçamentárias, ressalvadas as empresas públicas e as sociedades de economia mista.

§ 2º Decorrido o prazo estabelecido na lei complementar referida neste artigo para a adaptação aos parâmetros ali previstos, serão imediatamente suspensos todos os repasses de verbas federais ou estaduais aos Estados, ao Distrito Federal e aos Municípios que não observarem os referidos limites.

§ 3º Para o cumprimento dos limites estabelecidos com base neste artigo, durante o prazo fixado na lei complementar referida no *caput*, a União, os Estados, o Distrito Federal e os Municípios adotarão as seguintes providências:

I — redução em pelo menos vinte por cento das despesas com cargos em comissão e funções de confiança;

II — exoneração dos servidores não estáveis.

§ 4º Se as medidas adotadas com base no parágrafo anterior não forem suficientes para assegurar o cumprimento da determinação da lei complementar referida neste artigo, o servidor estável poderá perder o cargo, desde que ato normativo motivado de cada um dos Poderes especifique a atividade funcional, o órgão ou unidade administrativa objeto da redução de pessoal.

§ 5º O servidor que perder o cargo na forma do parágrafo anterior fará jus a indenização correspondente a um mês de remuneração por ano de serviço.

§ 6º O cargo objeto da redução prevista nos parágrafos anteriores será considerado extinto, vedada a criação de cargo, emprego ou função com atribuições iguais ou assemelhadas pelo prazo de quatro anos.

§ 7º Lei federal disporá sobre as normas gerais a serem obedecidas na efetivação do disposto no § 4º.

Art. 170. A ordem econômica, fundada na valorização do trabalho humano e na livre iniciativa, tem por fim assegurar a todos existência digna, conforme os ditames da justiça social, observados os seguintes princípios:

III — função social da propriedade;

IV — livre concorrência;

....

VI — defesa do meio ambiente, inclusive mediante tratamento diferenciado conforme o impacto ambiental dos produtos e serviços e de seus processos de elaboração e prestação; *(Redação dada pela Emenda Constitucional n. 42, de 19.12.03, DOU 31.12.03)*

VII — redução das desigualdades regionais e sociais;

VIII — busca do pleno emprego;

IX — tratamento favorecido para as empresas de pequeno porte constituídas sob as leis brasileiras e que tenham sua sede e administração no País. *(Redação dada pela Emenda Constitucional n. 6, de 15.8.95, DOU 16.8.95)*

PARÁGRAFO ÚNICO. É assegurado a todos o livre exercício de qualquer atividade econômica, independentemente de autorização de órgãos públicos, salvo nos casos previstos em lei.

Art. 173. Ressalvados os casos previstos nesta Constituição, a exploração direta de atividade econômica pelo Estado só será permitida quando necessária aos imperativos da segurança nacional ou a relevante interesse coletivo, conforme definidos em lei.

§ 1º A lei estabelecerá o estatuto jurídico da empresa pública, da sociedade de economia mista e de suas subsidiárias que explorem atividade econômica de produção ou comercialização de bens ou de prestação de serviços, dispondo sobre:

I — sua função social e formas de fiscalização pelo Estado e pela sociedade;

II — a sujeição ao regime jurídico próprio das empresas privadas, inclusive quanto aos direitos e obrigações civis, comerciais, trabalhistas e tributários;

III — licitação e contratação de obras, serviços, compras e alienações, observados os princípios da administração pública;

IV — a constituição e o funcionamento dos conselhos de administração e fiscal, com a participação de acionistas minoritários;

....

§ 4º A lei reprimirá o abuso do poder econômico que vise à dominação dos mercados, à eliminação da concorrência e ao aumento arbitrário dos lucros.

....

Art. 174. Como agente normativo e regulador da atividade econômica, o Estado exercerá, na forma da lei, as funções de fiscalização, incentivo e planejamento, sendo este determinante para o setor público e indicativo para o setor privado.

§ 1º A lei estabelecerá as diretrizes e bases do planejamento do desenvolvimento nacional equilibrado, o qual incorporará e compatibilizará os planos nacionais e regionais de desenvolvimento.

§ 2º A lei apoiará e estimulará o cooperativismo e outras formas de associativismo.

§ 3º O Estado favorecerá a organização da atividade garimpeira em cooperativas, levando em conta a proteção do meio ambiente e a promoção econômico-social dos garimpeiros.

....

Art. 175. Incumbe ao Poder Público, na forma da lei, diretamente ou sob regime de concessão ou permissão, sempre através de licitação, a prestação de serviços públicos.

PARÁGRAFO ÚNICO. A lei disporá sobre:

I — o regime das empresas concessionárias e permissionárias de serviços públicos, o caráter especial de seu contrato e de sua prorrogação, bem como as condições de caducidade, fiscalização e rescisão da concessão ou permissão;

II — os direitos dos usuários;

III — política tarifária;

IV — a obrigação de manter serviço adequado.

....

Art. 187. A política agrícola será planejada e executada na forma da lei, com a participação efetiva do setor de produção, envolvendo produtores e trabalhadores rurais, bem como dos setores de comercialização, de armazenamento e de transportes, levando em conta, especialmente:

....

VI — o cooperativismo;

VIII — a habitação para o trabalhador rural.

....

Art. 193. A ordem social tem como base o primado do trabalho, e como objetivo o bem-estar e a justiça sociais.

Art. 194. A seguridade social compreende um conjunto integrado de ações de iniciativa dos Poderes Públicos e da sociedade, destinadas a assegurar os direitos relativos à saúde, à previdência e à assistência social.

PARÁGRAFO ÚNICO. Compete ao Poder Público, nos termos da lei, organizar a seguridade social, com base nos seguintes objetivos:

....

VII — caráter democrático e descentralizado da administração, mediante gestão quadripartite, com participação dos trabalhadores, dos empregadores, dos aposentados e do Governo nos órgãos colegiados. *(Redação dada pela Emenda Constitucional n. 20, de 15.12.98, DOU 16.12.98).*

Art. 195. A seguridade social será financiada por toda a sociedade, de forma direta e indireta, nos termos da lei, mediante recursos provenientes dos orçamentos da União, dos Estados, do Distrito Federal e dos Municípios, e das seguintes contribuições sociais:

I — do empregador, da empresa e da entidade a ela equiparada na forma da lei, incidentes sobre:

a) a folha de salários e demais rendimentos do trabalho pagos ou creditados, a qualquer título, à pessoa física que lhe preste serviço, mesmo sem vínculo empregatício;

b) a receita ou o faturamento;

c) o lucro.

II — do trabalhador e dos demais segurados da previdência social, não incidindo contribuição sobre aposentadorias e pensão concedidas pelo regime geral de previdência social de que trata o art. 201;

....

§ 8º O produtor, o parceiro, o meeiro e o arrendatário rurais e o pescador artesanal, bem como os respectivos cônjuges, que exerçam suas atividades em regime de economia familiar, sem empregados permanentes, contribuirão para a seguridade social mediante a aplicação de uma alíquota sobre o resultado da comercialização da produção e farão jus aos benefícios nos termos da lei. *(Redação dada pela Emenda Constitucional n. 20, de 15.12.98, DOU 16.12.98)*

§ 9º As contribuições sociais previstas no inciso I do *caput* deste artigo poderão ter alíquotas ou bases de cálculo diferenciadas, em razão da atividade econômica, da utilização intensiva de mão de obra, do porte da empresa ou da condição estrutural do mercado de trabalho. *(Redação dada pela Emenda Constitucional n. 47, de 5.7.05, DOU 6.7.05, com efeitos retroativos à data da vigência da Emenda Constitucional n. 41, de 19.12.03, DOU 31.12.03).*

....

SEÇÃO II
Da Saúde

Art. 196. A saúde é direito de todos e dever do Estado, garantido mediante políticas sociais e econômicas que visem à redução do risco de doença e de outros agravos e ao acesso universal e igualitário às ações e serviços para sua promoção, proteção e recuperação.

Art. 197. São de relevância pública as ações e serviços de saúde, cabendo ao Poder Público dispor, nos termos da lei, sobre sua regulamentação, fiscalização e controle, devendo sua execução ser feita diretamente ou através de terceiros e, também, por pessoa física ou jurídica de direito privado.

Art. 198. As ações e serviços públicos de saúde integram uma rede regionalizada e hierarquizada e constituem um sistema único, organizado de acordo com as seguintes diretrizes:

I — descentralização, com direção única em cada esfera de governo;

II — atendimento integral, com prioridade para as atividades preventivas, sem prejuízo dos serviços assistenciais;

III — participação da comunidade.

§ 1º. O sistema único de saúde será financiado, nos termos do art. 195, com recursos do orçamento da seguridade social, da União, dos Estados, do Distrito Federal e dos Municípios, além de outras fontes. *(Parágrafo único renumerado para § 1º pela Emenda Constitucional n. 29, de 13.9.90, DOU 14.9.00)*

§ 2º A União, os Estados, o Distrito Federal e os Municípios aplicarão, anualmente, em ações e serviços públicos de saúde recursos mínimos derivados da aplicação de percentuais calculados sobre: *(Incluído pela Emenda Constitucional n. 29, 13.9.90, DOU 14.9.00)*

I — no caso da União, na forma definida nos termos da lei complementar prevista no § 3º; *(Incluído pela Emenda Constitucional n. 29, de 13.9.90, DOU 14.9.00)*

II — no caso dos Estados e do Distrito Federal, o produto da arrecadação dos impostos a que se refere o art. 155 e dos recursos de que tratam os arts. 157 e 159, inciso I, alínea a, e inciso II, deduzidas as parcelas que forem transferidas aos respectivos Municípios; *(Incluído pela Emenda Constitucional n. 29, de 13.9.90, DOU 14.9.00)*

III — no caso dos Municípios e do Distrito Federal, o produto da arrecadação dos impostos a que se refere o art. 156 e dos recursos de que tratam os arts. 158 e 159, inciso I, alínea b e § 3º. *(Incluído pela Emenda Constitucional n. 29, de 13.9.90, DOU 14.9.00)*

§ 3º Lei complementar, que será reavaliada pelo menos a cada cinco anos, estabelecerá: *(Incluído pela Emenda Constitucional n. 29, de 13.9.90, DOU 14.9.00)*

I — os percentuais de que trata o § 2º; *(Incluído pela Emenda Constitucional n. 29, de 13.9.90, DOU 14.9.00)*

II — os critérios de rateio dos recursos da União vinculados à saúde destinados aos Estados, ao Distrito Federal e aos Municípios, e dos Estados destinados a seus respectivos Municípios, objetivando a progressiva redução das disparidades regionais; *(Incluído pela Emenda Constitucional n. 29, de 13.9.90, DOU 14.9.00)*

III — as normas de fiscalização, avaliação e controle das despesas com saúde nas esferas federal, estadual, distrital e municipal; *(Incluído pela Emenda Constitucional n. 29, de 13.9.90, DOU 14.9.00)*

IV — as normas de cálculo do montante a ser aplicado pela União. *(Incluído pela Emenda Constitucional n. 29, de 13.9.90, DOU 14.9.00)*

§ 4º Os gestores locais do sistema único de saúde poderão admitir agentes comunitários de saúde e agentes de combate às endemias por meio de processo seletivo público, de acordo com a natureza e complexidade de suas atribuições e requisitos específicos para sua atuação. *(Incluído pela Emenda Constitucional n. 51, de 14.2.06, DOU 15.2.06)*

§ 5º Lei federal disporá sobre o regime jurídico, o piso salarial profissional nacional, as diretrizes para os Planos de Carreira e a regulamentação das atividades de agente comunitário de saúde e agente de combate às endemias, competindo à União, nos termos da lei, prestar assistência financeira complementar aos Estados, ao Distrito Federal e aos Municípios, para o cumprimento do referido piso salarial. *(Redação dada pela Emenda Constitucional n. 63, de 4.2.10, DOU 5.2.10)*

§ 6º Além das hipóteses previstas no § 1º do art. 41 e no § 4º do art. 169 da Constituição Federal, o servidor que exerça funções equivalentes às de agente comunitário de saúde ou de agente de combate às endemias poderá perder o cargo em caso de descumprimento dos requisitos específicos, fixados em lei, para o seu exercício. *(Incluído pela Emenda Constitucional n. 51, de 14.2.06, DOU 15.2.06)*

Art. 199. A assistência à saúde é livre à iniciativa privada.

§ 1º — As instituições privadas poderão participar de forma complementar do sistema único de saúde, segundo diretrizes deste, mediante contrato de direito público ou convênio, tendo preferência as entidades filantrópicas e as sem fins lucrativos.

§ 2º — É vedada a destinação de recursos públicos para auxílios ou subvenções às instituições privadas com fins lucrativos.

§ 3º — É vedada a participação direta ou indireta de empresas ou capitais estrangeiros na assistência à saúde no País, salvo nos casos previstos em lei.

§ 4º — A lei disporá sobre as condições e os requisitos que facilitem a remoção de órgãos, tecidos e substâncias humanas para fins de transplante, pesquisa e tratamento, bem como a coleta, processamento e transfusão de sangue e seus derivados, sendo vedado todo tipo de comercialização.

Art. 200. Ao sistema único de saúde compete, além de outras atribuições, nos termos da lei:

I — controlar e fiscalizar procedimentos, produtos e substâncias de interesse para a saúde e participar da produção de medicamentos, equipamentos, imunobiológicos, hemoderivados e outros insumos;

II — executar as ações de vigilância sanitária e epidemiológica, bem como as de saúde do trabalhador;

III — ordenar a formação de recursos humanos na área de saúde;

IV — participar da formulação da política e da execução das ações de saneamento básico;

V — incrementar em sua área de atuação o desenvolvimento científico e tecnológico;

VI — fiscalizar e inspecionar alimentos, compreendido o controle de seu teor nutricional, bem como bebidas e águas para consumo humano;

VII — participar do controle e fiscalização da produção, transporte, guarda e utilização de substâncias e produtos psicoativos, tóxicos e radioativos;

VIII — colaborar na proteção do meio ambiente, nele compreendido o do trabalho.

Art. 201. A previdência social será organizada sob a forma de regime geral, de caráter contributivo e de filiação obrigatória, observados critérios que preservem o equilíbrio financeiro e atuarial, e atenderá, nos termos da lei, a:

I — cobertura dos eventos de doença, invalidez, morte e idade avançada;

II — proteção à maternidade, especialmente à gestante;

III — proteção ao trabalhador em situação de desemprego involuntário;

IV — salário-família e auxílio-reclusão para os dependentes dos segurados de baixa renda;

V — pensão por morte de segurado, homem ou mulher, ao cônjuge ou companheiro e dependentes, observado o disposto no § 2º.

§ 1º É vedada a adoção de requisitos e critérios diferenciados para a concessão de aposentadoria aos beneficiários do regime geral de previdência social, ressalvados os casos de atividades exercidas sob condições especiais que prejudiquem a saúde ou a integridade física e quando se tratar de segurados portadores de deficiência, nos termos definidos em lei complementar. *(Redação dada pela Emenda Constitucional n. 47, de 5.7.05, DOU 6.7.05, com efeitos retroativos à data da vigência da Emenda Constitucional n. 41, de 19.12.03, DOU 31.12.03)*

§ 2º Nenhum benefício que substitua o salário de contribuição ou o rendimento do trabalho do segurado terá valor mensal inferior ao salário mínimo.

§ 3º Todos os salários de contribuição considerados para o cálculo de benefício serão devidamente atualizados, na forma da lei.

§ 4º É assegurado o reajustamento dos benefícios para preservar-lhes, em caráter permanente, o valor real, conforme critérios definidos em lei.

§ 5º É vedada a filiação ao regime geral de previdência social, na qualidade de segurado facultativo, de pessoa participante de regime próprio de previdência.

§ 6º A gratificação natalina dos aposentados e pensionistas terá por base o valor dos proventos do mês de dezembro de cada ano.

§ 7º É assegurada aposentadoria no regime geral de previdência social, nos termos da lei, obedecidas as seguintes condições:

I — trinta e cinco anos de contribuição, se homem, e trinta anos de contribuição, se mulher;

II — sessenta e cinco anos de idade, se homem, e sessenta anos de idade, se mulher, reduzido em cinco anos o limite para os trabalhadores rurais de ambos os sexos e para os que exerçam suas atividades em regime de economia familiar, nestes incluídos o produtor rural, o garimpeiro e o pescador artesanal.

§ 8º Os requisitos a que se refere o inciso I do parágrafo anterior serão reduzidos em cinco anos, para o professor que comprove exclusivamente tempo de efetivo exercício das funções de magistério na educação infantil e no ensino fundamental e médio.

§ 9º Para efeito de aposentadoria, é assegurada a contagem recíproca, do tempo de contribuição na administração pública e na atividade privada, rural e urbana, hipótese em que os diversos regimes de previdência social se compensarão financeiramente, segundo critérios estabelecidos em lei.

§ 10. Lei disciplinará a cobertura do risco de acidente do trabalho, a ser atendida concorrentemente pelo regime geral de previdência social e pelo setor privado.

§ 11. Os ganhos habituais do empregado, a qualquer título, serão incorporados ao salário para efeito de contribuição previdenciária e consequentemente repercussão em benefícios, nos casos e na forma da lei. *(Redação dada pela Emenda Constitucional n. 20, de 15.12.98, DOU 16.12.98).*

§ 12. Lei disporá sobre sistema especial de inclusão previdenciária para atender a trabalhadores de baixa renda e àqueles sem renda própria que se dediquem exclusivamente ao trabalho doméstico no âmbito de sua residência, desde que pertencentes a famílias de baixa renda, garantindo-lhes acesso a benefícios de valor igual a um salário mínimo. *(Redação dada pela Emenda Constitucional n. 47, de 5.7.05, DOU 6.7.05, com efeitos retroativos à data da vigência da Emenda Constitucional n. 41, de 19.12.03, DOU 31.12.03)*

§ 13. O sistema especial de inclusão previdenciária de que trata o § 12 deste artigo terá alíquotas e carências inferiores às vigentes para os demais segurados do regime geral de previdência social. (NR) *(Acrescentado pela Emenda Constitucional n. 47, de 5.7.05, DOU 6.7.05, com efeitos retroativos à data da vigência da Emenda Constitucional n. 41, de 19.12.03, DOU 31.12.03)*

Art. 202. O regime de previdência privada, de caráter complementar e organizado de forma autônoma em relação ao regime geral de previdência social, será facultativo, baseado na constituição de reservas que garantam o benefício contratado, e regulado por lei complementar.

§ 1º A lei complementar de que trata este artigo assegurará ao participante de planos de benefícios de entidades de previdência privada o pleno acesso às informações relativas à gestão de seus respectivos planos.

§ 2º As contribuições do empregador, os benefícios e as condições contratuais previstas nos estatutos, regulamentos e planos de benefícios das entidades de previdência privada não integram o contrato de trabalho dos participantes, assim como, à exceção dos benefícios concedidos, não integram a remuneração dos participantes, nos termos da lei.

§ 3º É vedado o aporte de recursos a entidade de previdência privada pela União, Estados, Distrito Federal e Municípios, suas autarquias, fundações, empresas públicas, sociedades de economia mista e outras entidades públicas, salvo na qualidade de patrocinador, situação na qual, em hipótese alguma, sua contribuição normal poderá exceder a do segurado.

§ 4º Lei complementar disciplinará a relação entre a União, Estados, Distrito Federal ou Municípios, inclusive suas autarquias, fundações, sociedades de economia mista e empresas controladas direta ou indiretamente, enquanto patrocinadoras de entidades fechadas de previdência privada, e suas respectivas entidades fechadas de previdência privada.

§ 5º A lei complementar de que trata o parágrafo anterior aplicar-se-á, no que couber, às empresas privadas permissionárias ou concessionárias de prestação de serviços públicos, quando patrocinadoras de entidades fechadas de previdência privada.

§ 6º A lei complementar a que se refere o § 4º deste artigo estabelecerá os requisitos para a designação dos membros das diretorias das entidades fechadas de previdência privada e disciplinará a inserção dos participantes nos colegiados e instâncias de decisão em que seus interesses sejam objeto de discussão e deliberação. *(Redação dada pela Emenda Constitucional n. 20, de 15.12.98, DOU 16.12.98).*

Art. 203. A assistência social será prestada a quem dela necessitar, independentemente de contribuição à seguridade social, e tem por objetivos:

I — a proteção à família, à maternidade, à infância, à adolescência e à velhice;

II — o amparo às crianças e adolescentes carentes;

III — a promoção da integração ao mercado de trabalho;

IV — a habilitação e reabilitação das pessoas portadoras de deficiência e a promoção de sua integração à vida comunitária;

V — a garantia de um salário mínimo de benefício mensal à pessoa portadora de deficiência e ao idoso que comprovem não possuir meios de prover à própria manutenção ou de tê-la provida por sua família, conforme dispuser a lei.

Art. 204. As ações governamentais na área da assistência social serão realizadas com recursos do orçamento da seguridade social, previstos no art. 195, além de outras fontes, e organizadas com base nas seguintes diretrizes:

I — descentralização político-administrativa, cabendo a coordenação e as normas gerais à esfera federal e a coordenação e a execução dos respectivos programas às esferas estadual e municipal, bem como a entidades beneficentes e de assistência social;

II — participação da população, por meio de organizações representativas, na formulação das políticas e no controle das ações em todos os níveis.

....

Art. 206. O ensino será ministrado com base nos seguintes princípios:

....

V — valorização dos profissionais da educação escolar, garantidos, na forma da lei, planos de carreira, com ingresso exclusivamente por concurso público de provas e títulos, aos das redes públicas; *(Redação dada pela Emenda Constitucional n. 53, de 19.12.06, DOU 20.12.06)*

....

VIII — piso salarial profissional nacional para os profissionais da educação escolar pública, nos termos de lei federal. *(Acrescentado pela Emenda Constitucional n. 53, de 19.12.06, DOU 20.12.06)*

PARÁGRAFO ÚNICO. A lei disporá sobre as categorias de trabalhadores considerados profissionais da educação básica e sobre a fixação de prazo para a elaboração ou adequação de seus planos de carreira, no âmbito da União, dos Estados, do Distrito Federal e dos Municípios. *(Acrescentado pela Emenda Constitucional n. 53, de 19.12.06, DOU 20.12.06)*

....

Art. 208. O dever do Estado com a educação será efetivado mediante a garantia de:

I — educação básica obrigatória e gratuita dos 4 (quatro) aos 17 (dezessete) anos de idade, assegurada inclusive sua oferta gratuita para todos os que a ela não tiveram acesso na idade própria; (NR) *(Redação dada pela Emenda Constitucional n. 59, de 11.11.09, DOU 12.11.09)*

Nota: O art. 6º da Emenda Constitucional n. 59, de 11.11.09, DOU 12.11.09, reza que "O disposto no inciso I do art. 208 da Constituição Federal deverá ser implementado progressivamente, até 2016, nos termos do Plano Nacional de Educação, com apoio técnico e financeiro da União".

....

IV — educação infantil, em creche e pré-escola, às crianças até 5 (cinco) anos de idade; *(Redação dada pela Emenda Constitucional n. 53, de 19.12.06, DOU 20.12.06)*

VII — atendimento ao educando, em todas as etapas da educação básica, por meio de programas suplementares de material didático-escolar, transporte, alimentação e assistência à saúde. (NR) *(Redação dada pela Emenda Constitucional n. 59, de 11.11.09, DOU 12.11.09)*

§ 1º — O acesso ao ensino obrigatório e gratuito é direito público subjetivo.

§ 2º — O não oferecimento do ensino obrigatório pelo Poder Público, ou sua oferta irregular, importa responsabilidade da autoridade competente.

§ 3º — Compete ao Poder Público recensear os educandos no ensino fundamental, fazer-lhes a chamada e zelar, junto aos pais ou responsáveis, pela frequência à escola.

....

Art. 212. A União aplicará, anualmente, nunca menos de dezoito, e os Estados, o Distrito Federal e os Municípios vinte e cinco por cento, no mínimo, da receita resultante de impostos, compreendida a proveniente de transferências, na manutenção e desenvolvimento do ensino.

....

§ 4º — Os programas suplementares de alimentação e assistência à saúde previstos no art. 208, VII, serão financiados com recursos provenientes de contribuições sociais e outros recursos orçamentários.

§ 5º A educação básica pública terá como fonte adicional de financiamento a contribuição social do salário-educação, recolhida pelas empresas na forma da lei. *(Redação dada pela Emenda Constitucional n. 53, de 19.12.06, DOU 20.12.06)*

§ 6º As cotas estaduais e municipais da arrecadação da contribuição social do salário-educação serão distribuídas proporcionalmente ao número de alunos matriculados na educação básica nas respectivas redes públicas de ensino. *(Acrescentado pela Emenda Constitucional n. 53, de 19.12.06, DOU 20.12.06)*

....

Art. 214. A lei estabelecerá o plano nacional de educação, de duração decenal, com o objetivo de articular o sistema nacional de educação em regime de colaboração e definir diretrizes, objetivos, metas e estratégias de implementação para assegurar a manutenção e desenvolvimento do ensino em seus diversos níveis, etapas e modalidades por meio de ações integradas dos poderes públicos das diferentes esferas federativas que conduzam a: *(Redação dada pela Emenda Constitucional n. 59, de 11.11.09, DOU 12.11.09)*

....

IV — formação para o trabalho;

....

Art. 218. O Estado promoverá e incentivará o desenvolvimento científico, a pesquisa e a capacitação tecnológica.

....

§ 4º A lei apoiará e estimulará as empresas que invistam em pesquisa, criação de tecnologia adequada ao País, formação e aperfeiçoamento de seus recursos humanos e que pratiquem sistemas de remuneração que assegurem ao empregado, desvinculada do salário, participação nos ganhos econômicos resultantes da produtividade de seu trabalho.

....

Art. 227. É dever da família, da sociedade e do Estado assegurar à criança, ao adolescente e ao jovem, com absoluta prioridade, o direito à vida, à saúde, à alimentação, à educação, ao lazer, à profissionalização, à cultura, à dignidade, ao respeito, à liberdade e à convivência familiar e comunitária, além de colocá-los a salvo de toda forma de negligência, discriminação, exploração, violência, crueldade e opressão. *(Redação dada pela Emenda Constitucional n. 65, de 13.7.10, DOU 14.7.10)*

....

§ 3º — O direito a proteção especial abrangerá os seguintes aspectos:

I — idade mínima de quatorze anos para admissão ao trabalho, observado o disposto no art. 7º, XXXIII;

II — garantia de direitos previdenciários e trabalhistas;

III — garantia de acesso do trabalhador adolescente e jovem à escola; *(Redação dada pela Emenda Constitucional n. 65, de 13.7.10, DOU 14.7.10)*

....

§ 6º Os filhos, havidos ou não da relação do casamento, ou por adoção, terão os mesmos direitos e qualificações, proibidas quaisquer designações discriminatórias relativas à filiação.

§ 7º — No atendimento dos direitos da criança e do adolescente levar-se-á em consideração o disposto no art. 204.

§ 8º A lei estabelecerá: *(Acrescentado pela Emenda Constitucional n. 65, de 13.7.10, DOU 14.7.10)*

I — o estatuto da juventude, destinado a regular os direitos dos jovens;

II — o plano nacional de juventude, de duração decenal, visando à articulação das várias esferas do poder público para a execução de políticas públicas. *(Incisos I e II acrescentados pela Emenda Constitucional n. 65, de 13.7.10, DOU 14.7.10)*

Art. 243. As propriedades rurais e urbanas de qualquer região do País onde forem localizadas culturas ilegais de plantas psicotrópicas ou a exploração de trabalho escravo na forma da lei serão expropriadas e destinadas à reforma agrária e a programas de habitação popular, sem qualquer indenização ao proprietário e sem prejuízo de outras sanções previstas em lei, observado, no que couber, o disposto no art. 5º. *(Redação dada pela Emenda Constitucional n. 81, de 5.6.16, DOU 6.6.14)*

PARÁGRAFO ÚNICO. Todo e qualquer bem de valor econômico apreendido em decorrência do tráfico ilícito de entorpecentes e drogas afins e da exploração de trabalho escravo será confiscado e reverterá a fundo especial com destinação específica, na forma da lei. (NR). *(Redação dada pela Emenda Constitucional n. 81, de 5.6.16, DOU 6.6.14)*

DISPOSIÇÕES GERAIS

....

Art. 233. Para efeito do art. 7º, XXIX, o empregador rural comprovará, de cinco em cinco anos, perante a Justiça do Trabalho, o cumprimento das suas obrigações trabalhistas para com o empregado rural, na presença deste e de seu representante sindical.

§ 1º Uma vez comprovado o cumprimento das obrigações mencionadas neste artigo, fica o empregador isento de qualquer ônus decorrente daquelas obrigações no período respectivo. Caso o empregado e seu representante não concordem com a comprovação do empregador, caberá à Justiça do Trabalho a solução da controvérsia.

§ 2º Fica ressalvado ao empregado, em qualquer hipótese, o direito de postular, judicialmente, os créditos que entender existir, relativamente aos últimos cinco anos.

§ 3º A comprovação mencionada neste artigo poderá ser feita em prazo inferior a cinco anos, a critério do empregador. *(Artigo revogado pela Emenda Constitucional n. 28, de 25.5.00 DOU 26.5.00 e Retif. DOU 28.5.00).*

....

Art. 239. A arrecadação decorrente das contribuições para o Programa de Integração Social, criado pela Lei Complementar n. 7, de 7 de setembro de 1970, e para o Programa de Formação do Patrimônio do Servidor Público, criado pela Lei Complementar n. 8, de 3 de dezembro de 1970, passa, a partir da promulgação desta Constituição, a financiar, nos termos que a lei dispuser, o programa do seguro-desemprego e o abono de que trata o § 3º deste artigo.

....

§ 3º Aos empregados que percebam de empregadores que contribuem para o Programa de Integração Social ou para o Programa de Formação do Patrimônio do Servidor Público, até dois salários mínimos de remuneração mensal, é assegurado o pagamento de um salário mínimo anual, computado neste valor o rendimento das contas individuais, no caso daqueles que já participavam dos referidos programas, até a data da promulgação desta Constituição.

§ 4º O financiamento do seguro-desemprego receberá uma contribuição adicional da empresa cujo índice de rotatividade da força de trabalho superar o índice médio da rotatividade do setor, na forma estabelecida por lei.

Art. 240. Ficam ressalvadas do disposto no art. 195 as atuais contribuições compulsórias dos empregadores sobre a folha de salários, destinadas às entidades privadas de serviço social e de formação profissional vinculadas ao sistema sindical.

DISPOSIÇÕES TRANSITÓRIAS

....

Art. 8º É concedida anistia aos que, no período de 18 de setembro de 1946 até a data da promulgação da Constituição, foram atingidos, em decorrência de motivação exclusivamente política, por atos de exceção, institucionais ou complementares, aos que foram abrangidos pelo Decreto Legislativo n. 18, de 15 de dezembro de 1961, e aos atingidos pelo Decreto-lei n. 864, de 12 de setembro de 1969, asseguradas as promoções, na inatividade, ao cargo, emprego, posto ou graduação a que teriam direito se estivessem em serviço ativo, obedecidos os prazos de permanência em atividade previstos nas leis e regulamentos vigentes, respeitadas as características e peculiaridades das carreiras dos servidores públicos civis e militares e observados os respectivos regimes jurídicos.

....

§ 2º Ficam assegurados os benefícios estabelecidos neste artigo aos trabalhadores do setor privado, dirigentes e representantes sindicais que, por motivos exclusivamente políticos, tenham sido punidos, demitidos ou compelidos ao afastamento das atividades remuneradas que exerciam, bem como aos que foram impedidos de exercer atividades profissionais em virtude de pressões ostensivas ou expedientes oficiais sigilosos.(*)

....

Art. 10. Até que seja promulgada a lei complementar a que se refere o art. 7º, I, da Constituição:

I — fica limitada a proteção nele referida ao aumento, para quatro vezes, da porcentagem prevista no art. 6º, *caput* e § 1º, da Lei n. 5.107, de 13 de setembro de 1966;

II — fica vedada a dispensa arbitrária ou sem justa causa:

a) do empregado eleito para cargo de direção de comissões internas de prevenção de acidentes, desde o registro de sua candidatura até um ano após o final de seu mandato;

b) da empregada gestante, desde a confirmação da gravidez até cinco meses após o parto.

§ 1º Até que a lei venha a disciplinar o disposto no art. 7º, XIX, da Constituição, o prazo da licença-paternidade a que se refere o inciso é de cinco dias.

§ 2º Até ulterior disposição legal, a cobrança das contribuições para o custeio das atividades dos sindicatos rurais será feita juntamente com a do imposto territorial rural, pelo mesmo órgão arrecadador.

§ 3º Na primeira comprovação do cumprimento das obrigações trabalhistas pelo empregador rural, na forma do art. 233, após a promulgação da Constituição, será certificada perante a Justiça do Trabalho a regularidade do contrato e das atualizações das obrigações trabalhistas de todo o período.

....

Art. 17. Os vencimentos, a remuneração, as vantagens e os adicionais, bem como os proventos de aposentadoria que estejam sendo percebidos em desacordo com a Constituição serão imediatamente reduzidos aos limites dela decorrentes, não se admitindo, neste caso, invocação de direito adquirido ou percepção de excesso a qualquer título.

§ 1º É assegurado o exercício cumulativo de dois cargos ou empregos privativos de médico que estejam sendo exercidos por médico militar na administração pública direta ou indireta.

§ 2º É assegurado o exercício cumulativo de dois cargos ou empregos privativos de profissionais de saúde que estejam sendo exercidos na administração pública direta ou indireta.

Art. 19. Os servidores públicos civis da União, dos Estados, do Distrito Federal e dos Municípios, da administração direta, autárquica e das fundações públicas, em exercício na data da promulgação da Constituição, há pelo menos cinco anos continuados, e que não tenham sido admitidos na forma regulada do art. 37, da Constituição, são considerados estáveis no serviço público.

§ 1º O tempo de serviço dos servidores referidos neste artigo será contado como título quando se submeterem a concurso para fins de efetivação, na forma da lei.

§ 2º O disposto neste artigo não se aplica aos ocupantes de cargos, funções e empregos de confiança ou em comissão, nem aos que a lei declare de livre exoneração, cujo tempo de serviço não será computado para os fins do *caput* deste artigo, exceto se se tratar de servidor.

§ 3º O disposto neste artigo não se aplica aos professores de nível superior, nos termos da lei.

....

Art. 27. O Superior Tribunal de Justiça será instalado sob a Presidência do Supremo Tribunal Federal.

....

§ 10. Compete à Justiça Federal julgar as ações nela propostas até a data da promulgação da Constituição, e aos Tribunais Regionais Federais bem como ao Superior Tribunal de Justiça julgar as ações rescisórias das decisões até então proferidas pela Justiça Federal, inclusive daquelas cuja matéria tenha passado à competência de outro ramo do Judiciário.

....

Art. 55. Até que seja aprovada a lei de diretrizes orçamentárias, trinta por cento, no mínimo, do orçamento da seguridade social, excluído o seguro-desemprego, serão destinados ao setor de saúde.

Art. 56. Até que a lei disponha sobre o art. 195, I, a arrecadação decorrente de, no mínimo, cinco dos seis décimos percentuais correspondentes à alíquota da contribuição de que trata o Decreto-lei n. 1.940, de 25 de maio de 1982, alterada pelo Decreto-lei n. 2.049, de 1º de agosto de 1983, pelo Decreto n. 91.236, de 8 de maio de 1985, e pela Lei n. 7.611, de 8 de julho de 1987, passa a integrar a receita da seguridade social, ressalvados, exclusivamente no exercício de 1988, os compromissos assumidos com programas e projetos em andamento.

....

(*) V. Lei n. 10.559, de 13.11.02 (DOU 14.11.02) que regulamenta o art. 8º do Ato das Disposições Constitucionais Transitórias e dá outras providências (não publicada nesta obra).

Art. 58. Os benefícios de prestação continuada, mantidos pela previdência social na data da promulgação da Constituição, terão seus valores revistos, a fim de que seja restabelecido o poder aquisitivo, expresso em número de salários mínimos, que tinham na data de sua concessão, obedecendo-se a esse critério de atualização até a implantação do plano de custeio e benefícios referidos no artigo seguinte.

....

Art. 59. Os projetos de lei relativos à organização da seguridade social e aos planos de custeio e de benefício serão apresentados no prazo máximo de seis meses da promulgação da Constituição ao Congresso Nacional, que terá seis meses para apreciá-los.

....

Art. 62. A lei criará o Serviço Nacional de Aprendizagem Rural (SENAR) nos moldes da legislação relativa ao Serviço Nacional de Aprendizagem Industrial (SENAI) e ao Serviço Nacional de Aprendizagem do Comércio (SENAC), sem prejuízo das atribuições dos órgãos públicos que atuam na área.

....

Art. 76. São desvinculados de órgão, fundo ou despesa, até 31 de dezembro de 2015, 20% (vinte por cento) da arrecadação da União de impostos, contribuições sociais e de intervenção no domínio econômico, já instituídos ou que vierem a ser criados até a referida data, seus adicionais e respectivos acréscimos legais. *(Redação dada pela EC n. 68, de 21.12.11, DOU 22.12.11)*

....

§ 2º Excetua-se da desvinculação de que trata o *caput* a arrecadação da contribuição social do salário-educação a que se refere o § 5º, art. 212, da Constituição Federal. *(Redação dada pela EC n. 68, de 21.12.11, DOU 22.12.11)*

Art. 78. Ressalvados os créditos definidos em lei como de pequeno valor, os de natureza alimentícia, os de que trata o art. 33 deste Ato das Disposições Constitucionais Transitórias e suas complementações e os que já tiverem os seus respectivos recursos liberados ou depositados em juízo, os precatórios pendentes na data de promulgação desta Emenda e os que decorram de ações iniciais ajuizadas até 31 de dezembro de 1999 serão liquidados pelo seu valor real, em moeda corrente, acrescido de juros legais, em prestações anuais, iguais e sucessivas, no prazo máximo de dez anos, permitida a cessão dos créditos. (AC)

§ 1º É permitida a decomposição de parcelas, a critério do credor. (AC)

§ 2º As prestações anuais a que se refere o *caput* deste artigo terão, se não liquidadas até o final do exercício a que se referem, poder liberatório do pagamento de tributos da entidade devedora. (AC)

§ 3º O prazo referido no *caput* deste artigo fica reduzido para dois anos, nos casos de precatórios judiciais originários de desapropriação de imóvel residencial do credor, desde que comprovadamente único à época da imissão na posse. (AC)

§ 4º O Presidente do Tribunal competente deverá, vencido o prazo ou em caso de omissão no orçamento, ou preterição ao direito de precedência, a requerimento do credor, requisitar ou determinar o sequestro de recursos financeiros da entidade executada, suficiente à satisfação da prestação. *(Artigo e parágrafos acrescentados pela EC n. 30, de 13.9.00, DOU 14.9.00).*

....

Art. 86. Serão pagos conforme disposto no art. 100 da Constituição Federal, não se lhes aplicando a regra de parcelamento estabelecida no *caput* do art. 78 deste Ato das Disposições Constitucionais Transitórias, os débitos da Fazenda Federal, Estadual, Distrital ou Municipal oriundos de sentenças transitadas em julgado, que preencham, cumulativamente, as seguintes condições:

I — ter sido objeto de emissão de precatórios judiciários;

II — ter sido definidos como de pequeno valor pela lei de que trata o § 3º do art. 100 da Constituição Federal ou pelo art. 87 deste Ato das Disposições Constitucionais Transitórias;

III — estar, total ou parcialmente, pendentes de pagamento na data da publicação desta Emenda Constitucional.

§ 1º Os débitos a que se refere o *caput* deste artigo, ou os respectivos saldos, serão pagos na ordem cronológica de apresentação dos respectivos precatórios, com precedência sobre os de maior valor.

§ 2º Os débitos a que se refere o *caput* deste artigo, se ainda não tiverem sido objeto de pagamento parcial, nos termos do art. 78 deste Ato das Disposições Constitucionais Transitórias, poderão ser pagos em duas parcelas anuais, se assim dispuser a lei.

§ 3º Observada a ordem cronológica de sua apresentação, os débitos de natureza alimentícia previstos neste artigo terão precedência para pagamento sobre todos os demais. *(Artigo acrescentado pela EC n. 37, de 12.6.02, DOU 13.6.02).*

Art. 87. Para efeito do que dispõem o § 3º do art. 100 da Constituição Federal e o art. 78 deste Ato das Disposições Constitucionais Transitórias serão considerados de pequeno valor, até que se dê a publicação oficial das respectivas leis definidoras pelos entes da Federação, observado o disposto no § 4º do art. 100 da Constituição Federal, os débitos ou obrigações consignados em precatório judiciário, que tenham valor igual ou inferior a:

I — quarenta salários mínimos, perante a Fazenda dos Estados e do Distrito Federal;

II — trinta salários mínimos, perante a Fazenda dos Municípios.

PARÁGRAFO ÚNICO. Se o valor da execução ultrapassar o estabelecido neste artigo, o pagamento far-se-á, sempre, por meio de precatório, sendo facultada à parte exequente a renúncia ao crédito do valor excedente, para que possa optar pelo pagamento do saldo sem o precatório, da forma prevista no § 3º do art. 100. *(Artigo acrescentado pela EC n. 37, de 12.6.02, DOU 13.6.02).*

Art. 97. Até que seja editada a lei complementar de que trata o § 15 do art. 100 da Constituição Federal, os Estados, o Distrito Federal e os Municípios que, na data de publicação desta Emenda Constitucional, estejam em mora na quitação de precatórios vencidos, relativos às suas administrações direta e indireta, inclusive os emitidos durante o período de vigência do regime especial instituído por este artigo, farão esses pagamentos de acordo com as normas a seguir estabelecidas, sendo inaplicável o disposto no art. 100 desta Constituição Federal, exceto em seus §§ 2º, 3º, 9º, 10, 11, 12, 13 e 14, e sem prejuízo dos acordos de juízos conciliatórios já formalizados na data de promulgação desta Emenda Constitucional.

§ 1º Os Estados, o Distrito Federal e os Municípios sujeitos ao regime especial de que trata este artigo optarão, por meio de ato do Poder Executivo:

I — pelo depósito em conta especial do valor referido pelo § 2º deste artigo; ou

II — pela adoção do regime especial pelo prazo de até 15 (quinze) anos, caso em que o percentual a ser depositado na conta especial a que se refere o § 2º deste artigo corresponderá, anualmente, ao saldo total dos precatórios devidos, acrescido do índice oficial de remuneração básica da caderneta de poupança e de juros simples no mesmo percentual de juros incidentes sobre a caderneta de poupança para fins de compensação da mora, excluída a incidência de juros compensatórios, diminuído das amortizações e dividido pelo número de anos restantes no regime especial de pagamento.

§ 2º Para saldar os precatórios, vencidos e a vencer, pelo regime especial, os Estados, o Distrito Federal e os Municípios devedores depositarão mensalmente, em conta especial criada para tal fim, 1/12 (um doze avos) do valor calculado percentualmente sobre as respectivas receitas correntes líquidas, apuradas no segundo mês anterior ao mês de pagamento, sendo que esse percentual, calculado no momento de opção pelo regime e mantido fixo até o final do prazo a que se refere o § 14 deste artigo, será:

I — para os Estados e para o Distrito Federal:

a) de, no mínimo, 1,5% (um inteiro e cinco décimos por cento), para os Estados das regiões Norte, Nordeste e Centro-Oeste, além do Distrito Federal, ou cujo estoque de precatórios pendentes das suas administrações direta e indireta corresponder a até 35% (trinta e cinco por cento) do total da receita corrente líquida;

b) de, no mínimo, 2% (dois por cento), para os Estados das regiões Sul e Sudeste, cujo estoque de precatórios pendentes das suas administrações direta e indireta corresponder a mais de 35% (trinta e cinco por cento) da receita corrente líquida;

II — para Municípios:

a) de, no mínimo, 1% (um por cento), para Municípios das regiões Norte, Nordeste e Centro-Oeste, ou cujo estoque de precatórios pendentes das suas administrações direta e indireta corresponder a até 35% (trinta e cinco por cento) da receita corrente líquida;

b) de, no mínimo, 1,5% (um inteiro e cinco décimos por cento), para Municípios das regiões Sul e Sudeste, cujo estoque de precatórios pendentes das suas administrações direta e indireta corresponder a mais de 35 % (trinta e cinco por cento) da receita corrente líquida.

§ 3º Entende-se como receita corrente líquida, para os fins de que trata este artigo, o somatório das receitas tributárias, patrimoniais, industriais, agropecuárias, de contribuições e de serviços, transferências correntes e outras receitas correntes, incluindo as oriundas do § 1º do art. 20 da Constituição Federal, verificado no período compreendido pelo mês de referência e os 11 (onze) meses anteriores, excluídas as duplicidades, e deduzidas:

I — nos Estados, as parcelas entregues aos Municípios por determinação constitucional;

II — nos Estados, no Distrito Federal e nos Municípios, a contribuição dos servidores para custeio do seu sistema de previdência e assistência social e as receitas provenientes da compensação financeira referida no § 9º do art. 201 da Constituição Federal.

§ 4º As contas especiais de que tratam os §§ 1º e 2º serão administradas pelo Tribunal de Justiça local, para pagamento de precatórios expedidos pelos tribunais.

§ 5º Os recursos depositados nas contas especiais de que tratam os §§ 1º e 2º deste artigo não poderão retornar para Estados, Distrito Federal e Municípios devedores.

§ 6º Pelo menos 50% (cinquenta por cento) dos recursos de que tratam os §§ 1º e 2º deste artigo serão utilizados para pagamento de precatórios em ordem cronológica de apresentação, respeitadas as preferências definidas no § 1º, para os requisitórios do mesmo ano e no § 2º do art. 100, para requisitórios de todos os anos.

§ 7º Nos casos em que não se possa estabelecer a precedência cronológica entre 2 (dois) precatórios, pagar-se-á primeiramente o precatório de menor valor.

§ 8º A aplicação dos recursos restantes dependerá de opção a ser exercida por Estados, Distrito Federal e Municípios devedores, por ato do Poder Executivo, obedecendo à seguinte forma, que poderá ser aplicada isoladamente ou simultaneamente:

I — destinados ao pagamento dos precatórios por meio do leilão;

II — destinados a pagamento a vista de precatórios não quitados na forma do § 6° e do inciso I, em ordem única e crescente de valor por precatório;

III — destinados a pagamento por acordo direto com os credores, na forma estabelecida por lei própria da entidade devedora, que poderá prever criação e forma de funcionamento de câmara de conciliação.

§ 9º Os leilões de que trata o inciso I do § 8º deste artigo:

I — serão realizados por meio de sistema eletrônico administrado por entidade autorizada pela Comissão de Valores Mobiliários ou pelo Banco Central do Brasil;

II — admitirão a habilitação de precatórios, ou parcela de cada precatório indicada pelo seu detentor, em relação aos quais não esteja pendente, no âmbito do Poder Judiciário, recurso ou impugnação de qualquer natureza, permitida por iniciativa do Poder Executivo a compensação com débitos líquidos e certos, inscritos ou não em dívida ativa e constituídos contra devedor originário pela Fazenda Pública devedora até a data da expedição do precatório, ressalvados aqueles cuja exigibilidade esteja suspensa nos termos da legislação, ou que já tenham sido objeto de abatimento nos termos do § 9º do art. 100 da Constituição Federal;

III — ocorrerão por meio de oferta pública a todos os credores habilitados pelo respectivo ente federativo devedor;

IV — considerarão automaticamente habilitado o credor que satisfaça o que consta no inciso II;

V — serão realizados tantas vezes quanto necessário em função do valor disponível;

VI — a competição por parcela do valor total ocorrerá a critério do credor, com deságio sobre o valor desta;

VII — ocorrerão na modalidade deságio, associado ao maior volume ofertado cumulado ou não com o maior percentual de deságio, pelo maior percentual de deságio, podendo ser fixado valor máximo por credor, ou por outro critério a ser definido em edital;

VIII — o mecanismo de formação de preço constará nos editais publicados para cada leilão;

IX — a quitação parcial dos precatórios será homologada pelo respectivo Tribunal que o expediu.

§ 10. No caso de não liberação tempestiva dos recursos de que tratam o inciso II do § 1º e os §§ 2º e 6º deste artigo:

I — haverá o sequestro de quantia nas contas de Estados, Distrito Federal e Municípios devedores, por ordem do Presidente do Tribunal referido no § 4º, até o limite do valor não liberado;

II — constituir-se-á, alternativamente, por ordem do Presidente do Tribunal requerido, em favor dos credores de precatórios, contra Estados, Distrito Federal e Municípios devedores, direito líquido e certo, autoaplicável e independentemente de regulamentação, à compensação automática com débitos líquidos lançados por esta contra aqueles, e, havendo saldo em favor do credor, o valor terá automaticamente poder liberatório do pagamento de tributos de Estados, Distrito Federal e Municípios devedores, até onde se compensarem;

III — o chefe do Poder Executivo responderá na forma da legislação de responsabilidade fiscal e de improbidade administrativa;

IV — enquanto perdurar a omissão, a entidade devedora:

a) não poderá contrair empréstimo externo ou interno;

b) ficará impedida de receber transferências voluntárias;

V — a União reterá os repasses relativos ao Fundo de Participação dos Estados e do Distrito Federal e ao Fundo de Participação dos Municípios, e os depositará nas contas especiais referidas no § 1º, devendo sua utilização obedecer ao que prescreve o § 5º, ambos deste artigo.

§ 11. No caso de precatórios relativos a diversos credores, em litisconsórcio, admite-se o desmembramento do valor, realizado pelo Tribunal de origem do precatório, por credor, e, por este, a habilitação do valor total a que tem direito, não se aplicando, neste caso, a regra do § 3º do art. 100 da Constituição Federal.

§ 12. Se a lei a que se refere o § 4º do art. 100 não estiver publicada em até 180 (cento e oitenta) dias, contados da data de publicação desta Emenda Constitucional, será considerado, para os fins referidos, em relação a Estados, Distrito Federal e Municípios devedores, omissos na regulamentação, o valor de:

I — 40 (quarenta) salários mínimos para Estados e para o Distrito Federal;

II — 30 (trinta) salários mínimos para Municípios.

§ 13. Enquanto Estados, Distrito Federal e Municípios devedores estiverem realizando pagamentos de precatórios pelo regime especial, não poderão sofrer sequestro de valores, exceto no caso de não liberação tempestiva dos recursos de que tratam o inciso II do § 1º e o § 2º deste artigo.

§ 14. O regime especial de pagamento de precatório previsto no inciso I do § 1º vigorará enquanto o valor dos precatórios devidos for superior ao valor dos recursos vinculados, nos termos do § 2º, ambos deste artigo, ou pelo prazo fixo de até 15 (quinze) anos, no caso da opção prevista no inciso II do § 1º.

§ 15. Os precatórios parcelados na forma do art. 33 ou do art. 78 deste Ato das Disposições Constitucionais Transitórias e ainda pendentes de pagamento ingressarão no regime especial com o valor atualizado das parcelas não pagas relativas a cada precatório, bem como o saldo dos acordos judiciais e extrajudiciais.

§ 16. A partir da promulgação desta Emenda Constitucional, a atualização de valores de requisitórios, até o efetivo pagamento, independentemente de sua natureza, será feita pelo índice oficial de remuneração básica da caderneta de poupança, e, para fins de compensação da mora, incidirão juros simples no mesmo percentual de juros incidentes sobre a caderneta de poupança, ficando excluída a incidência de juros compensatórios.

§ 17. O valor que exceder o limite previsto no § 2º do art. 100 da Constituição Federal será pago, durante a vigência do regime especial, na forma prevista nos §§ 6º e 7º ou nos incisos I, II e III do § 8° deste artigo, devendo os valores dispendidos para o atendimento do disposto no § 2º do art. 100 da Constituição Federal serem computados para efeito do § 6º deste artigo.

§ 18. Durante a vigência do regime especial a que se refere este artigo, gozarão também da preferência a que se refere o § 6º os titulares originais de precatórios que tenham completado 60 (sessenta) anos de idade até a data da promulgação desta Emenda Constitucional. *(Artigo e parágrafos acrescentados pela Emenda Constitucional n. 62, de 9.12.09, DOU 10.12.09)*

Art. 98. O número de defensores públicos na unidade jurisdicional será proporcional à efetiva demanda pelo serviço da Defensoria Pública e à respectiva população. *(Acrescentado pela Emenda Constitucional n. 80, de 4.6.14, DOU 5.6.14)*

§ 1º No prazo de 8 (oito) anos, a União, os Estados e o Distrito Federal deverão contar com defensores públicos em todas as unidades jurisdicionais, observado o disposto no *caput* deste artigo. *(Acrescentado pela Emenda Constitucional n. 80, de 4.6.14, DOU 5.6.14)*

§ 2º Durante o decurso do prazo previsto no § 1º deste artigo, a lotação dos defensores públicos ocorrerá, prioritariamente, atendendo as regiões com maiores índices de exclusão social e adensamento populacional. *(Acrescentado pela Emenda Constitucional n. 80, de 4.6.14, DOU 5.6.14)*

EMENDA CONSTITUCIONAL N. 19, DE 4 DE JUNHO DE 1998

(DOU 5.6.98)

ARTS. 25 A 34
DISPOSITIVOS RELACIONADOS COM SERVIDORES PÚBLICOS

Art. 25. Até a instituição do fundo a que se refere o inciso XIV do art. 21 da Constituição Federal, compete à União manter os atuais compromissos financeiros com a prestação de serviços públicos do Distrito Federal.

Art. 26. No prazo de dois anos da promulgação desta Emenda, as entidades da administração indireta terão seus estatutos revistos quanto à respectiva natureza jurídica, tendo em conta a finalidade e as competências efetivamente executadas.

Art. 27. O Congresso Nacional, dentro de cento e vinte dias da promulgação desta Emenda, elaborará lei de defesa do usuário de serviços públicos.

Art. 28. É assegurado o prazo de dois anos de efetivo exercício para aquisição da estabilidade aos atuais servidores em estágio probatório, sem prejuízo da avaliação a que se refere o § 4º do art. 41 da Constituição Federal.

Art. 29. Os subsídios, vencimentos, remuneração, proventos da aposentadoria e pensões e quaisquer outras espécies remuneratórias adequar-se-ão, a partir da promulgação desta Emenda, aos limites decorrentes da Constituição Federal, não se admitindo a percepção de excesso a qualquer título.

Art. 30. O projeto de lei complementar a que se refere o art. 163 da Constituição Federal será apresentado pelo Poder Executivo ao Congresso Nacional no prazo máximo de cento e oitenta dias da promulgação desta Emenda.

Art. 31. Os servidores públicos federais da administração direta e indireta, os servidores municipais e os integrantes da carreira policial militar dos ex-Territórios Federais do Amapá e de Roraima que comprovadamente encontravam-se no exercício regular de suas funções prestando serviços àqueles ex-Territórios na data em que foram transformados em Estados, os servidores e os policiais militares admitidos regularmente pelos governos dos Estados do Amapá e de Roraima no período entre a transformação e a efetiva instalação desses Estados em outubro de 1993 e, ainda, os servidores nesses Estados com vínculo funcional já reconhecido pela União integrarão, mediante opção, quadro em extinção da administração federal.

§ 1º O enquadramento referido no *caput* para os servidores ou para os policiais militares admitidos regularmente entre a transformação e a instalação dos Estados em outubro de 1993 deverá dar-se no cargo em que foram originariamente admitidos ou em cargo equivalente.

§ 2º Os integrantes da carreira policial militar a que se refere o *caput* continuarão prestando serviços aos respectivos Estados, na condição de cedidos, submetidos às disposições estatutárias a que estão sujeitas as corporações das respectivas Polícias Militares, observados as atribuições de função compatíveis com seu grau hierárquico e o direito às devidas promoções.

§ 3º Os servidores a que se refere o *caput* continuarão prestando serviços aos respectivos Estados e a seus Municípios, na condição de cedidos, até seu aproveitamento em órgão ou entidade da administração federal direta, autárquica ou fundacional. (NR) *(Redação do caput e parágrafos dada pela Emenda Constitucional n. 79, de 27.5.14, DOU 28.5.14)*

Art. 32. A Constituição Federal passa a vigorar acrescida do seguinte artigo:

"Art. 247. As leis previstas no inciso III do § 1º do art. 41 e no § 7º do art. 169 estabelecerão critérios e garantias especiais para a perda do cargo pelo servidor público estável que, em decorrência das atribuições de seu cargo efetivo, desenvolva atividades exclusivas de Estado.

PARÁGRAFO ÚNICO. Na hipótese de insuficiência de desempenho, a perda do cargo somente ocorrerá mediante processo administrativo em que lhe sejam assegurados o contraditório e a ampla defesa."

Art. 33. Consideram-se servidores não estáveis, para os fins do art. 169, § 3º, II, da Constituição Federal aqueles admitidos na administração direta, autárquica e fundacional sem concurso público de provas ou de provas e títulos após o dia 5 de outubro de 1983.

Art. 34. Esta Emenda Constitucional entra em vigor na data de sua promulgação.

Brasília, 4 de junho de 1998.

EMENDA CONSTITUCIONAL N. 20, DE 15 DE DEZEMBRO DE 1998

(DOU 16.12.98)

DISPOSITIVOS RELACIONADOS COM O DIREITO DO TRABALHO

Os dispositivos relacionados com o Direito do Trabalho estão inseridos no texto da Constituição Federal (artigos 7º, XII e XXXII, 114, § 3º, 201 e 202) com exceção dos artigos 13, 14 e 15 que seguem:

....

Art. 13. Até que a lei discipline o acesso ao salário-família e auxílio-reclusão para os servidores, segurados e seus dependentes, esses benefícios serão concedidos apenas àqueles que tenham renda bruta mensal igual ou inferior a R$ 360,00 (trezentos e sessenta reais), que, até a publicação da lei, serão corrigidos pelos mesmos índices aplicados aos benefícios do regime geral de previdência social.

Art. 14. O limite máximo para o valor dos benefícios do regime geral de previdência social de que trata o art. 201 da Constituição Federal é fixado em R$ 1.200,00 (um mil e duzentos reais), devendo, a partir da data da publicação desta Emenda, ser reajustado de forma a preservar, em caráter permanente, seu valor real, atualizado pelos mesmos índices aplicados aos benefícios do regime geral de previdência social.

Art. 15. Até que a lei complementar a que se refere o art. 201, § 1º, da Constituição Federal, seja publicada, permanece em vigor o disposto nos arts. 57 e 58 da Lei n. 8.213, de 24 de julho de 1991, na redação vigente à data da publicação desta Emenda.

EMENDA CONSTITUCIONAL N. 24, DE 9 DE DEZEMBRO DE 1999

(DOU 10.12.99)

OS DEMAIS DISPOSITIVOS DESTA EMENDA ESTÃO INSERIDOS NOS ARTS. 111, 112, 113, 115, 116 E 117, ÀS P. 39 E 40

Art. 2º É assegurado o cumprimento dos mandatos dos atuais ministros classistas temporários do Tribunal Superior do Trabalho e dos atuais juízes classistas temporários dos Tribunais Regionais do Trabalho e das Varas do Trabalho.

Art. 3º Esta Emenda Constitucional entra em vigor na data de sua publicação.

Brasília, 9 de dezembro de 1999

EMENDA CONSTITUCIONAL N. 32, DE 11 DE NOVEMBRO DE 2001

(DOU 12.9.01)

OS DISPOSITIVOS RELACIONADOS COM OS SERVIDORES PÚBLICOS ESTÃO INSERIDOS NO TEXTO DA CONSTITUIÇÃO FEDERAL (ARTIGOS 48, X E 84, VI, ALÍNEAS "A" E "B"

Art. 2º As medidas provisórias editadas em data anterior à da publicação desta emenda continuam em vigor até que medida provisória ulterior as revogue explicitamente ou até deliberação definitiva do Congresso Nacional.

Art. 3º Esta Emenda Constitucional entra em vigor na data de sua publicação.

Brasília, 11 de setembro de 2001

EMENDA CONSTITUCIONAL N. 41, DE 19 DE DEZEMBRO DE 2003

(DOU 31.12.03)

MODIFICA OS ARTS. 37, 40, 42, 48, 96, 149 E 201 DA CONSTITUIÇÃO FEDERAL, REVOGA O INCISO IX DO § 3º DO ART. 142 DA CONSTITUIÇÃO FEDERAL E DISPOSITIVOS DA EMENDA CONSTITUCIONAL N. 20, DE 15 DE DEZEMBRO DE 1998, E DÁ OUTRAS PROVIDÊNCIAS. (OS DISPOSITIVOS CONSTITUCIONAIS QUE CONSTAM DESTA OBRA JÁ FORAM ALTERADOS COM AS MODIFICAÇÕES INTRODUZIDAS POR ESTA EMENDA)

Art. 2º Observado o disposto no art. 4º da Emenda Constitucional n. 20, de 15 de dezembro de 1998, é assegurado o direito de opção pela aposentadoria voluntária com proventos calculados de acordo com o art. 40, §§ 3º e 17, da Constituição Federal, àquele que tenha ingressado regularmente em cargo efetivo na Administração Pública direta, autárquica e fundacional, até a data de publicação daquela Emenda, quando o servidor, cumulativamente:

I — tiver cinquenta e três anos de idade, se homem, e quarenta e oito anos de idade, se mulher;

II — tiver cinco anos de efetivo exercício no cargo em que se der a aposentadoria;

III — contar tempo de contribuição igual, no mínimo, à soma de:

a) trinta e cinco anos, se homem, e trinta anos, se mulher; e

b) um período adicional de contribuição equivalente a vinte por cento do tempo que, na data de publicação daquela Emenda, faltaria para atingir o limite de tempo constante da alínea *a* deste inciso.

§ 1º O servidor de que trata este artigo que cumprir as exigências para aposentadoria na forma do caput terá os seus proventos de inatividade reduzidos para cada ano antecipado em relação aos limites de idade estabelecidos pelo art. 40, § 1º, III, a, e § 5º da Constituição Federal, na seguinte proporção:

I — três inteiros e cinco décimos por cento, para aquele que completar as exigências para aposentadoria na forma do *caput* até 31 de dezembro de 2005;

II — cinco por cento, para aquele que completar as exigências para aposentadoria na forma do *caput* a partir de 1º de janeiro de 2006.

§ 2º Aplica-se ao magistrado e ao membro do Ministério Público e de Tribunal de Contas o disposto neste artigo.

§ 3º Na aplicação do disposto no § 2º deste artigo, o magistrado ou o membro do Ministério Público ou de Tribunal de Contas, se homem, terá o tempo de serviço exercido até a data de publicação da Emenda Constitucional n. 20, de 15 de dezembro de 1998, contado com acréscimo de dezessete por cento, observado o disposto no § 1º deste artigo.

§ 4º O professor, servidor da União, dos Estados, do Distrito Federal e dos Municípios, incluídas suas autarquias e fundações, que, até a data de publicação da Emenda Constitucional n. 20, de 15 de dezembro de 1998, tenha ingressado, regularmente, em cargo efetivo de magistério e que opte por aposentar-se na forma do disposto no *caput*, terá o tempo de serviço exercido até a publicação daquela Emenda contado com o acréscimo de dezessete por cento, se homem, e de vinte por cento, se mulher, desde que se aposente, exclusivamente, com tempo de efetivo exercício nas funções de magistério, observado o disposto no § 1º.

§ 5º O servidor de que trata este artigo, que tenha completado as exigências para aposentadoria voluntária estabelecidas no *caput*, e que opte por permanecer em atividade, fará jus a um abono de permanência equivalente ao valor da sua contribuição previdenciária até completar as exigências para aposentadoria compulsória contidas no art. 40, § 1º, II, da Constituição Federal.

§ 6º Às aposentadorias concedidas de acordo com este artigo aplica-se o disposto no art. 40, § 8º, da Constituição Federal.

Art. 3º É assegurada a concessão, a qualquer tempo, de aposentadoria aos servidores públicos, bem como pensão aos seus dependentes, que, até a data de publicação desta Emenda, tenham cumprido todos os requisitos para obtenção desses benefícios, com base nos critérios da legislação então vigente.

§ 1º O servidor de que trata este artigo que opte por permanecer em atividade tendo completado as exigências para aposentadoria voluntária e que conte com, no mínimo, vinte e cinco anos de contribuição, se mulher, ou trinta anos de contribuição, se homem, fará jus a um abono de permanência equivalente ao valor da sua contribuição previdenciária até completar as exigências para aposentadoria compulsória contidas no art. 40, § 1º, II, da Constituição Federal.

§ 2º Os proventos da aposentadoria a ser concedida aos servidores públicos referidos no *caput*, em termos integrais ou proporcionais ao tempo de contribuição já exercido até a data de publicação desta Emenda, bem como as pensões de seus dependentes, serão calculados de acordo com a legislação em vigor à época em que foram atendidos os requisitos nela estabelecidos para a concessão desses benefícios ou nas condições da legislação vigente.

Art. 4º Os servidores inativos e os pensionistas da União, dos Estados, do Distrito Federal e dos Municípios, incluídas suas autarquias e fundações, em gozo de benefícios na data de publicação desta Emenda, bem como os alcançados pelo disposto no seu art. 3º, contribuirão para o custeio do regime de que trata o art. 40 da Constituição Federal com percentual igual ao estabelecido para os servidores titulares de cargos efetivos.

PARÁGRAFO ÚNICO. A contribuição previdenciária a que se refere o *caput* incidirá apenas sobre a parcela dos proventos e das pensões que supere:

I — cinquenta por cento do limite máximo estabelecido para os benefícios do regime geral de previdência social de que trata o art. 201 da Constituição Federal, para os servidores inativos e os pensionistas dos Estados, do Distrito Federal e dos Municípios;

II — sessenta por cento do limite máximo estabelecido para os benefícios do regime geral de previdência social de que trata o art. 201 da Constituição Federal, para os servidores inativos e os pensionistas da União.

Nota: Na apreciação das ADIns 3105 e 3128, o Tribunal Pleno, do Supremo Tribunal Federal, em 18.8.04, por unanimidade, julgou inconstitucionais as expressões 'cinquenta por cento do' e 'sessenta por cento do' contidas, respectivamente, nos incisos I e II do parágrafo único do artigo 4º da Emenda Constitucional n. 41/2003, pelo que aplica-se, então, à hipótese do artigo 4º da EC n. 41/2003 o § 18 do artigo 40 do texto permanente de Constituição, introduzido pela mesma emenda constitucional. Acórdão não publicado e será redigido pelo Ministro Cezar Peluso. DJ 18.2.05.

Art. 5º O limite máximo para o valor dos benefícios do regime geral de previdência social de que trata o art. 201 da Constituição Federal é fixado em R$ 2.400,00 (dois mil e quatrocentos reais), devendo, a partir da data de publicação desta Emenda, ser reajustado de forma a preservar, em caráter permanente, seu valor real, atualizado pelos mesmos índices aplicados aos benefícios do regime geral de previdência social.

Art. 6º Ressalvado o direito de opção à aposentadoria pelas normas estabelecidas pelo art. 40 da Constituição Federal ou pelas regras estabelecidas pelo art. 2º desta Emenda, o servidor da União, dos Estados, do Distrito Federal e dos Municípios, incluídas suas autarquias e fundações, que tenha ingressado no serviço público até a data de publicação desta Emenda poderá aposentar-se com proventos integrais, que corresponderão à totalidade da remuneração do servidor no cargo efetivo em que se der a aposentadoria, na forma da lei, quando, observadas as reduções de idade e tempo de contribuição contidas no § 5º do art. 40 da Constituição Federal, vier a preencher, cumulativamente, as seguintes condições:

I — sessenta anos de idade, se homem, e cinquenta e cinco anos de idade, se mulher;

II — trinta e cinco anos de contribuição, se homem, e trinta anos de contribuição, se mulher;

III — vinte anos de efetivo exercício no serviço público; e

IV — dez anos de carreira e cinco anos de efetivo exercício no cargo em que se der a aposentadoria.

PARÁGRAFO ÚNICO. Revogado pela Emenda Constitucional n. 47, de 5.7.05, DOU 6.7.05.

Art. 6º-A. O servidor da União, dos Estados, do Distrito Federal e dos Municípios, incluídas suas autarquias e fundações, que tenha ingressado no serviço público até a data de publicação desta Emenda Constitucional e que tenha se aposentado ou venha a se aposentar por invalidez permanente, com fundamento no inciso I do § 1º do art. 40 da Constituição Federal, tem direito a proventos de aposentadoria calculados com base na remuneração do cargo efetivo em que se der a aposentadoria, na forma da lei, não sendo aplicáveis as disposições constantes dos §§ 3º, 8º e 17 do art. 40 da Constituição Federal. *(Artigo acrescentado pela Emenda Constitucional n. 70, de 29.3.12, DOU 30.3.12).*

PARÁGRAFO ÚNICO. Aplica-se ao valor dos proventos de aposentadorias concedidas com base no *caput* o disposto no art. 7º desta Emenda Constitucional, observando-se igual critério de revisão às pensões derivadas dos proventos desses servidores." *(Artigo acrescentado pela Emenda Constitucional n. 70, de 29.3.12, DOU 30.3.12)*

Nota: *O art. 2º da Emenda Constitucional n. 70, de 29.3.12, está assim disposto:*

*"**Art. 2º** A União, os Estados, o Distrito Federal e os Municípios, assim como as respectivas autarquias e fundações, procederão, no prazo de 180 (cento e oitenta) dias da entrada em vigor desta Emenda Constitucional, à revisão das aposentadorias, e das pensões delas decorrentes, concedidas a partir de 1º de janeiro de 2004, com base na redação dada ao § 1º do art. 40 da Constituição Federal pela Emenda Constitucional n. 20, de 15 de dezembro de 1998, com efeitos financeiros a partir da data de promulgação desta Emenda Constitucional".*

Art. 7º Observado o disposto no art. 37, XI, da Constituição Federal, os proventos de aposentadoria dos servidores públicos titulares de cargo efetivo e as pensões dos seus dependentes pagos pela União, Estados, Distrito Federal e Municípios, incluídas suas autarquias e fundações, em fruição na data de publicação desta Emenda, bem como os proventos de aposentadoria dos servidores e as pensões dos dependentes abrangidos pelo art. 3º desta Emenda, serão revistos na mesma proporção e na mesma data, sempre que se modificar a remuneração dos servidores em atividade, sendo também estendidos aos aposentados e pensionistas quaisquer benefícios ou vantagens posteriormente concedidos aos servidores em atividade, inclusive quando decorrentes da transformação ou reclassificação do cargo ou função em que se deu a aposentadoria ou que serviu de referência para a concessão da pensão, na forma da lei.

Art. 8º Até que seja fixado o valor do subsídio de que trata o art. 37, XI, da Constituição Federal, será considerado, para os fins do limite fixado naquele inciso, o valor da maior remuneração atribuída por lei na data de publicação desta Emenda a Ministro do Supremo Tribunal Federal, a título de vencimento, de representação mensal e da parcela recebida em razão de tempo de serviço, aplicando-se como limite, nos Municípios, o subsídio do Prefeito, e nos Estados e no Distrito Federal, o subsídio mensal do Governador no âmbito do Poder Executivo, o subsídio dos Deputados Estaduais e Distritais no âmbito do Poder Legislativo e o subsídio dos Desembargadores do Tribunal de Justiça, limitado a noventa inteiros e vinte e cinco centésimos por cento da maior remuneração mensal de Ministro do Supremo Tribunal Federal a que se refere este artigo, no âmbito do Poder Judiciário, aplicável este limite aos membros do Ministério Público, aos Procuradores e aos Defensores Públicos.

Art. 9º Aplica-se o disposto no art. 17 do Ato das Disposições Constitucionais Transitórias aos vencimentos, remunerações e subsídios dos ocupantes de cargos, funções e empregos públicos da administração direta, autárquica e fundacional, dos membros de qualquer dos Poderes da União, dos Estados, do Distrito Federal e dos Municípios, dos detentores de mandato eletivo e dos demais agentes políticos e os proventos, pensões ou outra espécie remuneratória percebidos cumulativamente ou não, incluídas as vantagens pessoais ou de qualquer outra natureza.

Art. 10. Revogam-se o inciso IX do § 3º do art. 142 da Constituição Federal, bem como os arts. 8º e 10 da Emenda Constitucional n. 20, de 15 de dezembro de 1998.

Art. 11. Esta Emenda Constitucional entra em vigor na data de sua publicação.

Brasília, em 19 de dezembro de 2003.

Mesa da Câmara dos Deputados: Deputado João Paulo Cunha, Presidente. Deputado Inocêncio de Oliveira, 1º Vice-Presidente. Deputado Luiz Piauhylino, 2º Vice-Presidente. Deputado Geddel Vieira Lima, 1º Secretário. Deputado Severino Cavalcanti, 2º Secretário. Deputado Nilton Capixaba, 3º Secretário. Deputado Ciro Nogueira, 4º Secretário. Mesa do Senado Federal: Senador José Sarney, Presidente. Senador Paulo Paim, 1º Vice-Presidente. Senador Eduardo Siqueira Campos, 2º Vice-Presidente. Senador Romeu Tuma, 1º Secretário. Senador Alberto Silva, 2º Secretário. Senador Heráclito Fortes, 3º Secretário. Senador Sérgio Zambiasi, 4º Secretário.

EMENDA CONSTITUCIONAL N. 45, DE 8 DE DEZEMBRO DE 2004

(DOU 31.12.04)

OS DEMAIS DISPOSITIVOS DESTA EMENDA ESTÃO INSERIDOS NOS RESPECTIVOS ARTIGOS PERTINENTES COM O TEXTO CONSTITUCIONAL

....

Art. 3º A lei criará o Fundo de Garantia das Execuções Trabalhistas, integrado pelas multas decorrentes de condenações trabalhistas e administrativas oriundas da fiscalização do trabalho, além de outras receitas.

....

Art. 5º O Conselho Nacional de Justiça e o Conselho Nacional do Ministério Público serão instalados no prazo de cento e oitenta dias a contar da promulgação desta Emenda, devendo a indicação ou escolha de seus membros ser efetuada até trinta dias antes do termo final.

§ 1º Não efetuadas as indicações e escolha dos nomes para os Conselhos Nacional de Justiça e do Ministério Público dentro do prazo fixado no *caput* deste artigo, caberá, respectivamente, ao Supremo Tribunal Federal e ao Ministério Público da União realizá-las.

§ 2º Até que entre em vigor o Estatuto da Magistratura, o Conselho Nacional de Justiça, mediante resolução, disciplinará seu funcionamento e definirá as atribuições do Ministro-Corregedor.

Art. 6º O Conselho Superior da Justiça do Trabalho será instalado no prazo de cento e oitenta dias, cabendo ao Tribunal Superior do Trabalho regulamentar seu funcionamento por resolução, enquanto não promulgada a lei a que se refere o art. 111-A, § 2º, II.

Art. 7º O Congresso Nacional instalará, imediatamente após a promulgação desta Emenda Constitucional, comissão especial mista, destinada a elaborar, em cento e oitenta dias, os projetos de lei necessários à regulamentação da matéria nela tratada, bem como promover alterações na legislação federal objetivando tornar mais amplo o acesso à Justiça e mais célere a prestação jurisdicional.

Art. 8º As atuais súmulas do Supremo Tribunal Federal somente produzirão efeito vinculante após sua confirmação por dois terços de seus integrantes e publicação na imprensa oficial.

Art. 9º São revogados o inciso IV do art. 36; a alínea *h* do inciso I do art. 102; o § 4º do art. 103; e os §§ 1º a 3º do art. 111.

Art. 10. Esta Emenda Constitucional entra em vigor na data de sua publicação.

Brasília, em 8 de dezembro de 2004

Mesa da Câmara dos Deputados

Deputado João Paulo Cunha, Presidente;

Deputado Inocêncio de Oliveira, 1º Vice-Presidente;

Deputado Luiz Piauhylino, 2º Vice-Presidente;

Deputado Geddel Vieira Lima, 1º Secretário;

Deputado Severino Cavalcanti, 2º Secretário;

Deputado Nilton Capixaba, 3º Secretário;

Deputado Ciro Nogueira, 4º Secretário.

Mesa do Senado Federal

Senador José Sarney, Presidente;
Senador Paulo Paim, 1º Vice-Presidente;
Senador Eduardo Siqueira Campos, 2º Vice-Presidente;
Senador Romeu Tuma, 1º Secretário;
Senador Alberto Silva, 2º Secretário;
Senador Heráclito Fortes, 3º Secretário;
Senador Sérgio Zambiasi, 4º Secretário.

EMENDA CONSTITUCIONAL N. 47, DE 5 DE JULHO DE 2005

(DOU 6.7.05)

ALTERA OS ARTS. 37, 40, 195 E 201 DA CONSTITUIÇÃO FEDERAL, PARA DISPOR SOBRE A PREVIDÊNCIA SOCIAL, E DÁ OUTRAS PROVIDÊNCIAS.

OS DEMAIS DISPOSITIVOS DESTA EMENDA ESTÃO INSERIDOS NOS RESPECTIVOS ARTIGOS PERTINENTES COM O TEXTO CONSTITUCIONAL

AS MESAS DA CÂMARA DOS DEPUTADOS E DO SENADO FEDERAL, NOS TERMOS DO § 3º DO ART. 60 DA CONSTITUIÇÃO FEDERAL, PROMULGAM A SEGUINTE EMENDA AO TEXTO CONSTITUCIONAL:

....

Art. 2º Aplica-se aos proventos de aposentadorias dos servidores públicos que se aposentarem na forma do *caput* do art. 6º da Emenda Constitucional n. 41, de 2003, o disposto no art. 7º da mesma Emenda.

Art. 3º Ressalvado o direito de opção à aposentadoria pelas normas estabelecidas pelo art. 40 da Constituição Federal ou pelas regras estabelecidas pelos arts. 2º e 6º da Emenda Constitucional n. 41, de 2003, o servidor da União, dos Estados, do Distrito Federal e dos Municípios, incluídas suas autarquias e fundações, que tenha ingressado no serviço público até 16 de dezembro de 1998 poderá aposentar-se com proventos integrais, desde que preencha, cumulativamente, as seguintes condições:

I — trinta e cinco anos de contribuição, se homem, e trinta anos de contribuição, se mulher;

II — vinte e cinco anos de efetivo exercício no serviço público, quinze anos de carreira e cinco anos no cargo em que se der a aposentadoria;

III — idade mínima resultante da redução, relativamente aos limites do art. 40, § 1º, inciso III, alínea "a", da Constituição Federal, de um ano de idade para cada ano de contribuição que exceder a condição prevista no inciso I do *caput* deste artigo.

Parágrafo único. Aplica-se ao valor dos proventos de aposentadorias concedidas com base neste artigo o disposto no art. 7º da Emenda Constitucional n. 41, de 2003, observando-se igual critério de revisão às pensões derivadas dos proventos de servidores falecidos que tenham se aposentado em conformidade com este artigo.

Art. 4º Enquanto não editada a lei a que se refere o § 11 do art. 37 da Constituição Federal, não será computada, para efeito dos limites remuneratórios de que trata o inciso XI do *caput* do mesmo artigo, qualquer parcela de caráter indenizatório, assim definida pela legislação em vigor na data de publicação da Emenda Constitucional n. 41, de 2003.

Art. 5º Revoga-se o parágrafo único do art. 6º da Emenda Constitucional n. 41, de 19 de dezembro de 2003.

Art. 6º Esta Emenda Constitucional entra em vigor na data de sua publicação, com efeitos retroativos à data de vigência da Emenda Constitucional n. 41, de 2003.

Brasília, em 5 de julho de 2005

Mesa da Câmara dos Deputados

Deputado Severino Cavalcanti
Presidente

Deputado José Thomaz Nonô
1º Vice-Presidente

Deputado Ciro Nogueira
2º Vice-Presidente

Deputado Inocêncio Oliveira
1º Secretário

Deputado Eduardo Gomes
3º Secretário

Deputado João Caldas
4º Secretário

Mesa do Senado Federal

Senador Renan Calheiros
Presidente

Senador Tião Viana
1º Vice-Presidente

Senador Efraim Morais
1º Secretário

Senador Paulo Octávio
3º Secretário

Senador Eduardo Siqueira Campos
4º Secretário

EMENDA CONSTITUCIONAL N. 62, DE 9 DE DEZEMBRO DE 2009

(DOU 10.12.09)

ALTERA O ART. 100 DA CONSTITUIÇÃO FEDERAL E ACRESCENTA O ART. 97 AO ATO DAS DISPOSIÇÕES CONSTITUCIONAIS TRANSITÓRIAS, INSTITUINDO REGIME ESPECIAL DE PAGAMENTO DE PRECATÓRIOS PELOS ESTADOS, DISTRITO FEDERAL E MUNICÍPIOS

Arts 1º e 2º Os dispositivos constantes dos arts. 1º e 2º já foram inseridos nos respectivos artigos 100 da Constituição Federal e 97 do Ato das Disposições Constitucionais Transitórias.

Art. 3º A implantação do regime de pagamento criado pelo art. 97 do Ato das Disposições Constitucionais Transitórias deverá ocorrer no prazo de até 90 (noventa dias), contados da data da publicação desta Emenda Constitucional.

Art. 4º A entidade federativa voltará a observar somente o disposto no art. 100 da Constituição Federal:

I — no caso de opção pelo sistema previsto no inciso I do § 1º do art. 97 do Ato das Disposições Constitucionais Transitórias, quando o valor dos precatórios devidos for inferior ao dos recursos destinados ao seu pagamento;

II — no caso de opção pelo sistema previsto no inciso II do § 1º do art. 97 do Ato das Disposições Constitucionais Transitórias, ao final do prazo.

Art. 5º Ficam convalidadas todas as cessões de precatórios efetuadas antes da promulgação desta Emenda Constitucional, independentemente da concordância da entidade devedora.

Art. 6º Ficam também convalidadas todas as compensações de precatórios com tributos vencidos até 31 de outubro de 2009 da entidade devedora, efetuadas na forma do disposto no § 2º do art. 78 do ADCT, realizadas antes da promulgação desta Emenda Constitucional.

Art. 7º Esta Emenda Constitucional entra em vigor na data de sua publicação.

Brasília, em 9 de dezembro de 2009.

Mesa da Câmara dos Deputados

Deputado Michel Temer
Presidente

Deputado Marco Maia
1º Vice-Presidente

Deputado Antônio Carlos Magalhães Neto
2º Vice-Presidente

Deputado Rafael Guerra
1º Secretário

Deputado Inocêncio Oliveira
2º Secretário

Deputado Odair Cunha
3º Secretário

Deputado Nelson Marquezelli
4º Secretário

Mesa do Senado Federal

Senador Marconi Perillo
1º Vice-Presidente, no exercício da Presidência

Senadora Serys Slhessarenko
2ª Vice-Presidente

Senador Heráclito Fortes
1º Secretário

Senador João Vicente Claudino
2º Secretário

Senador Mão Santa
3º Secretário

Senadora Patrícia Saboya
4ª Secretária

EMENDA CONSTITUCIONAL N. 69, DE 29 DE MARÇO DE 2012

(DOU 30.3.12)

ALTERA OS ARTS. 21, 22 E 48 DA CONSTITUIÇÃO FEDERAL, PARA TRANSFERIR DA UNIÃO PARA O DISTRITO FEDERAL AS ATRIBUIÇÕES DE ORGANIZAR E MANTER A DEFENSORIA PÚBLICA DO DISTRITO FEDERAL.

As Mesas da Câmara dos Deputados e do Senado Federal, nos termos do art. 60 da Constituição Federal, promulgam a seguinte Emenda ao texto constitucional:

Art. 1º Os arts. 21, 22 e 48 da Constituição Federal passam a vigorar com a seguinte redação: Os dispositivos constantes deste artigo já foram inseridos nos respectivos artigos da Constituição Federal..

Art. 2º Sem prejuízo dos preceitos estabelecidos na Lei Orgânica do Distrito Federal, aplicam-se à Defensoria Pública do Distrito Federal os mesmos princípios e regras que, nos termos da Constituição Federal, regem as Defensorias Públicas dos Estados.

Art. 3º O Congresso Nacional e a Câmara Legislativa do Distrito Federal, imediatamente após a promulgação desta Emenda Constitucional e de acordo com suas competências, instalarão comissões especiais destinadas a elaborar, em 60 (sessenta) dias, os projetos de lei necessários à adequação da legislação infraconstitucional à matéria nela tratada.

Art. 4º Esta Emenda Constitucional entra em vigor na data de sua publicação, produzindo efeitos quanto ao disposto no art. 1º após decorridos 120 (cento e vinte) dias de sua publicação oficial.

Brasília, 29 de março de 2012.

Mesa da Câmara dos Deputados Mesa do Senado Federal

Deputado Marco Maia
Presidente

Senador José Sarney
Presidente

Deputada Rose de Freitas
1ª Vice-Presidente

Senadora Marta Suplicy
1ª Vice-Presidente

Deputado Eduardo da Fonte
2º Vice-Presidente

Senador Waldemir Moka
2º Vice-Presidente

Deputado Eduardo Gomes
1º Secretário

Senador Cícero Lucena
1º Secretário

Deputado Jorge Tadeu Mudalen
2º Secretário

Senador João Ribeiro
2º Secretário

Deputado Inocêncio Oliveira
3º Secretário

Senador João Vicente Claudino
3º Secretário

Deputado Júlio Delgado
4º Secretário

Senador Ciro Nogueira
4º Secretário

EMENDA CONSTITUCIONAL N. 79, DE 27 DE MAIO DE 2014

(DOU 28.5.14)

ALTERA O ART. 31 DA EMENDA CONSTITUCIONAL N. 19, DE 4 DE JUNHO DE 1998, PARA PREVER A INCLUSÃO, EM QUADRO EM EXTINÇÃO DA ADMINISTRAÇÃO FEDERAL, DE SERVIDORES E POLICIAIS MILITARES ADMITIDOS PELOS ESTADOS DO AMAPÁ E DE RORAIMA, NA FASE DE INSTALAÇÃO DESSAS UNIDADES FEDERADAS, E DÁ OUTRAS PROVIDÊNCIAS

As Mesas da Câmara dos Deputados e do Senado Federal, nos termos do § 3º do art. 60 da Constituição Federal, promulgam a seguinte Emenda ao texto constitucional:

Art. 1º O art. 31 da Emenda Constitucional n. 19, de 4 de junho de 1998, passa a vigorar com a seguinte redação: (os textos do art. 31 já estão inseridos na Emenda Constitucional n. 19, de 4.6.98)

Art. 2º Para fins do enquadramento disposto no *caput* do art. 31 da Emenda Constitucional n. 19, de 4 de junho de 1998, e no *caput* do art. 89 do Ato das Disposições Constitucionais Transitórias, é reconhecido o vínculo funcional, com a União, dos servidores regularmente admitidos nos quadros dos Municípios integrantes dos ex-Territórios do Amapá, de Roraima e de Rondônia em efetivo exercício na data de transformação desses ex-Territórios em Estados.

Art. 3º Os servidores dos ex-Territórios do Amapá, de Roraima e de Rondônia incorporados a quadro em extinção da União serão enquadrados em cargos de atribuições equivalentes ou assemelhadas, integrantes de planos de cargos e carreiras da União, no nível de progressão alcançado, assegurados os direitos, vantagens e padrões remuneratórios a eles inerentes.

Art. 4º Cabe à União, no prazo máximo de 180 (cento e oitenta) dias, contado a partir da data de publicação desta Emenda Constitucional, regulamentar o enquadramento de servidores estabelecido no art. 31 da Emenda Constitucional n. 19, de 4 de junho de 1998, e no art. 89 do Ato das Disposições Constitucionais Transitórias.

PARÁGRAFO ÚNICO. No caso de a União não regulamentar o enquadramento previsto no *caput*, o optante tem direito ao pagamento retroativo das diferenças remuneratórias desde a data do encerramento do prazo para a regulamentação referida neste artigo.

Art. 5º A opção para incorporação em quadro em extinção da União, conforme disposto no art. 31 da Emenda Constitucional n. 19, de 4 de junho de 1998, e no art. 89 do Ato das Disposições Constitucionais Transitórias, deverá ser formalizada pelos servidores e policiais militares interessados perante a administração, no prazo máximo de 180 (cento e oitenta) dias, contado a partir da regulamentação prevista no art. 4º.

Art. 6º Os servidores admitidos regularmente que comprovadamente se encontravam no exercício de funções policiais nas Secretarias de Segurança Pública dos ex-Territórios do Amapá, de Roraima e de Rondônia na data em que foram transformados em Estados serão enquadrados no quadro da Polícia Civil dos ex-Territórios, no prazo de 180 (cento e oitenta) dias, assegurados os direitos, vantagens e padrões remuneratórios a eles inerentes.

Art. 7º Aos servidores admitidos regularmente pela União nas Carreiras do Grupo Tributação, Arrecadação e Fiscalização de que trata a Lei n. 6.550, de 5 de julho de 1978, cedidos aos Estados do Amapá, de Roraima e de Rondônia são assegurados os mesmos direitos remuneratórios auferidos pelos integrantes das Carreiras correspondentes do Grupo Tributação, Arrecadação e Fiscalização da União de que trata a Lei n. 5.645, de 10 de dezembro de 1970.

Art. 8º Os proventos das aposentadorias, pensões, reformas e reservas remuneradas, originadas no período de outubro de 1988 a outubro de 1993, passam a ser mantidos pela União a partir da data de publicação desta Emenda Constitucional, vedado o pagamento, a qualquer título, de valores referentes a períodos anteriores a sua publicação.

Art. 9º É vedado o pagamento, a qualquer título, em virtude das alterações promovidas por esta Emenda Constitucional, de remunerações, proventos, pensões ou indenizações referentes a períodos anteriores à data do enquadramento, salvo o disposto no parágrafo único do art. 4º.

Art. 10. Esta Emenda Constitucional entra em vigor na data de sua publicação.

Brasília, em 27 de maio de 2014

Mesa da Câmara dos Deputados

Deputado Henrique Eduardo Alves
Presidente

Deputado Arlindo Chinaglia
1º Vice-Presidente

Deputado Fábio Faria
2º Vice-Presidente

Deputado Marcio Bittar
1º Secretário

Deputado Simão Sessim
2º Secretário

Deputado Maurício Quintella Lessa
3º Secretário

Deputado Antonio Carlos Biffi
4º Secretário

Mesa do Senado Federal

Senador Renan Calheiros
Presidente

Senador Jorge Viana
1º Vice-Presidente

Senador Romero Jucá
2º Vice-Presidente

Senador Flexa Ribeiro
1º Secretário

Senadora Angela Portela
2ª Secretária

Senador Ciro Nogueira
3º Secretário

Senador João Vicente Claudino
4º Secretário

CONSOLIDAÇÃO DAS LEIS DO TRABALHO
EXPOSIÇÃO DE MOTIVOS

Sr. Presidente da República:

Tenho grande honra de apresentar a Vossa Excelência o projeto definitivo de Consolidação das Leis de Proteção ao Trabalho, relevante cometimento jurídico e social, cuja redação última foi procedida, havendo sido escrupulosamente apreciadas as sugestões e emendas propostas ao anteprojeto, após uma verdadeira autocrítica, que a própria Comissão efetuou, do texto original divulgado pelo Diário Oficial de 5 de janeiro do corrente ano.

2. A Comissão cotejou e julgou cerca de dois mil reparos, observações ou comentários feitos à Consolidação.

3. Peço vênia a Vossa Excelência, preliminarmente, para ressaltar o esforço, a cultura, a inteligência com que, no desempenho da difícil incumbência, se houveram os signatários do Relatório incluso no aprofundado exame da matéria.

4. Durante quase um ano, em longas reuniões diárias entregaram-se à tarefa complexa e ilustre, com uma dedicação e um espírito público que bem demonstram o patriotismo que os inspirou. Desejo, por isso, antes de mais nada, e perante V. Exa., patentear o meu reconhecimento e a minha admiração por esses notáveis colaboradores da obra ministerial.

5. É da mais alta significação social e merece uma referência especial o interesse suscitado pela divulgação do anteprojeto.

6. Juristas e magistrados, entidades públicas, empresas privadas e associações culturais concorreram com a judiciosa reflexão de sua experiência para sugerir um ou outro retoque.

7. Revelando, não só a repercussão alcançada pelo monumento legal projetado, mas, principalmente, uma vigorosa consciência sindical — prova plena de um regime social já radicado — manifestaram-se as classes de empregadores e de empregados, através das respectivas instituições representativas. Esta foi, na realidade, a contribuição mais palpitante, trazida à Comissão, quer pelo teor original da discussão das teses, quer pela eficiência patente do sistema paritário de equilíbrio social, evidenciando-se, do contraste de interesses, sob a luz de um pensamento público de bem comum, a fórmula de composição harmônica das forças do capital e do trabalho.

8. A Consolidação corresponde a um estágio no desenvolvimento do progresso jurídico.

9. Entre a compilação ou coleção de leis e um código — que são, respectivamente, os momentos extremos de um processo de corporificação do direito — existe a consolidação, que é a fase própria da concatenação dos textos e da coordenação dos princípios, quando já se denuncia primeiro o pensamento do sistema depois de haverem sido reguladas, de modo amplo, relações sociais em determinado plano da vida política.

10. Projetada a ação do Estado em várias direções, para atender ao tratamento de situações especiais e constantes de uma mesma órbita jurídica, impõe-se, desde o instante em que se surpreende a unidade interna desses problemas, perscrutar a sua inteligência ordenadora, que será então a *ratio legis* do sistema normativo necessário.

11. Esse o significado da Consolidação, que não é uma coleção de leis, mas a sua coordenação sistematizada. Não é apenas um engenho de arquitetura legislativa, mas uma recapitulação de valores coerentes, que resultaram de uma grande expansão legislativa, anterior, em um dado ramo de direito.

12. É o diploma do idealismo excepcional do Brasil orientado pela clarividência genial de V. Exa., reajustando o imenso e fundamental processo de sua dinâmica econômica, nas suas relações com o trabalho, aos padrões mais altos de dignidade e de humanidade da justiça social. É incontestavelmente a síntese das instituições políticas estabelecidas por V. Exa. desde o início de seu governo.

13. Empenhou-se, por isso, a Comissão, na articulação dos textos legais vigentes, na exata dedução dos princípios, na concordância essencial das regras, na unidade interna do sistema. As lacunas preenchidas propuseram-se a tornar explícitas verdades inerentes às leis anteriores. Algumas inovações aparentes não passam de necessárias consequências da Constituição. As omissões intencionalmente ocorridas restringiram-se a excluir do conjunto as leis tipicamente transitórias e que, para atender a situações de emergência decorrentes do estado de guerra, ficaram à margem dos postulados do nosso direito social.

14. O que importa salientar é ter havido a preocupação dominante de subordinação às leis preexistentes e não como se procedesse à organização de um código, para o qual se permite modernamente a originalidade inicial e onde é mesmo espontânea e essencial a livre criação do direito, sem qualquer dependência do regime vigente.

15. A Consolidação representa, portanto, em sua substância normativa e em seu título, neste ano de 1943, não um ponto de partida, nem uma adesão recente a uma doutrina, mas a maturidade de uma ordem social há mais de um decênio instituída, que já se consagrou pelos benefícios distribuídos, como também pelo julgamento da opinião pública consciente, e sob cujo espírito de equidade confraternizaram as classes na vida econômica, instaurando nesse ambiente, antes instável e incerto, os mesmos sentimentos de humanismo cristão que encheram de generosidade e de nobreza os anais da nossa vida pública e social.

16. No relatório elaborado pela Comissão respectiva, que corresponde a um prefácio admirável da obra monumental, e no qual se filia a presente exposição de motivos, encontrará Vossa Excelência minucioso e brilhante

estudo das doutrinas, dos sistemas, das leis, dos regulamentos e das emendas sugeridas comprovando que a Consolidação representa um documento resultante da instituição do gênio com que Vossa Excelência vem preparando o Brasil para uma missão universal.

17. A estrutura da Consolidação e a ordenada distribuição das matérias que lhe compõem o texto evidenciam claramente não só um plano lógico como também um pensamento doutrinário.

18. A sucessiva disposição das matérias, nos Títulos e Capítulos, corresponde a uma racional precedência.

19. Assim, sem fazer injúria ao bom senso geral, exemplificarei, entretanto: o contrato individual do trabalho pressupõe a regulamentação legal de tutela do empregado, não lhe podendo ser adversa; a organização sindical pressupõe igualmente a condição de emprego ou o exercício de profissão e a constituição da empresa; o contrato coletivo de trabalho seria, por sua vez, inviável sem a prévia formação sindical das classes.

20. Essa uma distribuição em que os institutos jurídico-políticos são alinhados, não ao saber de classificações subjetivas ou sob a sugestão irrefletida de padrões quaisquer, mas sim, e verdadeiramente, de acordo com dados racionais derivados do próprio valor e da função social que lhes é essencial.

21. Para melhor compreensão, dividiu a Comissão o Título II do anteprojeto em dois Títulos, visando a tornar ainda mais intuitivo o esquema da Consolidação: ocupando-se essas duas divisões, respectivamente, "Das Normas Gerais de Tutela do Trabalho" e "Das Normas Especiais de Tutela do Trabalho", que constituem exatamente os princípios institucionais e básicos da proteção do trabalho.

22. Mais uma vez nota-se nessa concepção um ânimo de ordem que resultou de uma meditação exclusiva sobre os institutos concatenados.

23. O pormenorizado exame, nesta exposição, de todos os temas ali discutidos, importaria reproduzir, quase na íntegra, o referido relatório, com prejuízo talvez de sua harmonia e da lógica irretorquível com que se apresenta.

24. Peço licença, entretanto, para assinalar alguns aspectos principais do trabalho da Comissão.

25. No concernente à identificação profissional, há quem incorra em absoluto equívoco, ignorando o sentido exato dessa instituição jurídica.

26. Houve quem lhe apontasse apenas a utilidade de mero instrumento de contrato do trabalho, quando, na verdade, é este, embora de grande alcance, apenas um aspecto da carteira profissional, cujo caráter fundamental é o de documento de qualificação profissional, constituindo mesmo a primeira manifestação de tutela do Estado ao trabalhador, antes formalmente "desqualificado" sob o ponto de vista profissional e a seguir, com a emissão daquele título, habilitado à ocupação de um emprego ou ao exercício de uma profissão. Não há como subordinar essa criação típica do Direito Social ao papel acessório de prova do contrato de trabalho, quando, como se vê, a sua emissão antecede livremente o ajuste do emprego e agora, pela Consolidação, passará até a constituir uma condição obrigatória para o trabalho.

27. Foi, aliás, considerando a importância da carteira profissional como elemento primacial para manutenção do cadastro profissional dos trabalhadores, como título de qualificação profissional, como documento indispensável à colocação e à inscrição sindical e, finalmente, por servir de instrumento prático do contrato individual do trabalho, que a Comissão encontrou razões bastantes para reputar uma instituição fundamental de proteção do trabalhador e não admitir fosse relegada à inoperância da franquia liberal, tornando-a, então, obrigatória.

28. Em relação aos contratos de trabalho, cumpre esclarecer que a precedência das "normas" de tutela sobre os "contratos" acentuou que a ordem institucional ou estatutária prevalece sobre a concepção contratualista.

29. A análise do conteúdo da nossa legislação social provava exuberantemente a primazia do caráter institucional sobre o efeito do contrato, restrito este à objetivação do ajuste, à determinação do salário e à estipulação da natureza dos serviços e isso mesmo dentro de *standards* e sob condições preestabelecidas na lei.

30. Ressaltar essa expressão peculiar constituiria certamente uma conformação com a realidade e com a filosofia do novo Direito justificando-se assim a ênfase inicial atribuída à enumeração das normas de proteção ao trabalho, para somente em seguida ser referido o contrato individual.

31. Nem há como contestar semelhante método, desde que o Direito Social é, por definição, um complexo de normas e de instituições votadas à proteção do trabalho dependente na atividade privada.

32. Entre as inúmeras sugestões trazidas, uma houve que suscitou singular estranheza, dada a sua procedência de uma entidade representativa de empregados.

33. Objetava contra a exclusão da permissão contida no inciso final do parágrafo único do art. 4º da Lei n. 264, de 5 de outubro de 1936, e reclamava a sua incorporação à Consolidação.

34. Esse texto propositadamente omitido colidia rigorosamente com um dispositivo legal posterior — art. 12 do Decreto-lei n. 2.308, de 13 de junho de 1942 — em que se anunciava uma regra irrecusável de proteção ao trabalhador.

35. Como se tolerar, efetivamente, que possa um empregado realizar os encargos de sua função, por mais rudimentar que esta seja, durante oito horas sucessivas, sem um intervalo para repouso ou alimentação?

36. Talvez uma incompreensão tivesse surgido na consideração desse preceito legal vigente: há, na realidade, determinadas funções de supervisão e de controle, tais como as exercidas por encarregados de estações ou usinas elétricas, cujo trabalho é intermitente, não exigindo uma atenção constante e um esforço continuado, sendo benéfica, então, para esses empregados, a exclusão da hora de repouso pela redução que se dá no tempo de permanência no serviço, facilitada, por outro lado, a organização das tabelas de rodízio dos ocupantes desses cargos pelas empresas.

37. Essa hipótese, constituindo tipicamente, o caso do trabalho descontínuo, segundo a conhecida definição de *Barassi*, não se enquadra, entretanto, na determinação do citado art. 12 do Decreto-lei n. 2.308, que apenas abrange o "trabalho contínuo", conforme foi incluído à Consolidação no Capítulo "Da Duração do Trabalho", parecendo, portanto, resolvida a dúvida.

38. O trabalho dos menores, entre catorze e dezoito anos, ou tem como finalidade a preparação dos mesmos para um ofício, uma profissão, ou, então, constitui uma exploração e um aniquilamento da juventude.

39. Esse pensamento fez com que o Decreto-lei n. 3.616, de 13 de setembro de 1941, salvo nos casos excepcionais de força maior ou de interesse público, proibisse para os menores a prorrogação da duração normal de trabalho. Tal a fonte do dispositivo idêntico que se encontra na Consolidação, sem incorrer em inovação.

40. Atentando, também, nos deveres impostos aos empregadores de menores, ver-se-á que são eles obrigados a permitir a esses seus empregados a frequência às aulas, quer às de instrução primária, conforme sempre foi estabelecido, como também às de formação profissional a cargo do Serviço Nacional de Aprendizagem dos Industriários, de acordo com o estatuído pelo Decreto-lei n. 4.481, de 16 de julho de 1942.

41. Acreditamos que não se levantará mais qualquer argumento contra a razoabilíssima disposição legal de proibição da prorrogação do horário normal do trabalho dos menores, justificada não só por óbvias considerações biológicas de preservação da saúde dos adolescentes, como também por motivos educacionais irrefutáveis.

42. A clara e total definição que do contrato individual do trabalho foi dada pelo anteprojeto da Consolidação, provocou algumas divergências de mero gosto polêmico.

43. A emenda então apresentada não pôde ser aceita. Revelava, primeiramente, incompreensão do espírito institucional tantas vezes salientado nesses empreendimentos. Repetia ainda um conceito prévio e básico já formulado, qual seja, o de empregado.

44. O que os objetantes não alcançaram foi o deliberado propósito de se reconhecer a correspondência e equivalência entre a "relação de emprego" e o "contrato individual do trabalho", para os efeitos da legislação social, correspondência essa que a escola contratualista italiana nega, exigindo a expressa pactuação.

45. Na concepção do projeto, admitido, como fundamento de contrato, o acordo tácito, é lógico que a "relação de emprego" constitui o ato jurídico suficiente para provocar a objetivação das medidas tutelares que se contêm no direito do trabalho em vigor.

46. O conceito firmado na Consolidação é tanto mais justo e relevante quanto é o que se evidencia em face de contratos formalmente nulos ou substancialmente contrários à ordem pública dos preceitos da legislação de proteção ao trabalho.

47. Embora seja plenamente positivo o texto da Consolidação, diante de dúvidas, propostas, urge repetir que o projeto não feriu nenhum direito, garantindo até simples expectativas de direito, uma vez que todos os empregados bancários admitidos até a data da vigência do decreto-lei que aprovar a Consolidação terão assegurada a estabilidade em dois anos, nos termos do art. 15 do mesmo Decreto n. 24.615, de 9 de julho de 1934.

48. O que não poderia ser admitido, em uma Consolidação que se propõe a sistematizar os princípios do nosso Direito Social, era a persistência de um singular privilégio para uma categoria de trabalhadores, quando o prestígio das instituições públicas exige exatamente uma igualdade de tratamento para situações sociais idênticas.

49. Fosse uma medida de proteção especial correlata de peculiares condições de trabalho, e não teria havido a menor dúvida em se manter tal regime, conforme aliás procedeu a Comissão, conservando do estatuto profissional dos bancários todos os preceitos que lhes fossem favoráveis e suprimindo os que não se equiparassem às disposições gerais de proteção à duração de trabalho, tais como os que legitimavam a prorrogação a horas suplementares independentemente de pagamento extraordinário.

50. Houve, portanto, estrita justiça.

51. Conforme ficou esclarecido, inicialmente, a redação final que tenho a subida honra de apresentar a Vossa Excelência foi precedida de um meticuloso exame de todas as sugestões apresentadas, não constituindo menor contribuição a que cada um dos membros da Comissão procurou fazer, corrigindo e completando o anteprojeto.

52. Na revisão realizada, a Comissão assumiu uma posição censora de sua própria obra, promovendo consequentemente o aprimoramento do respectivo teor.

53. Na introdução aperfeiçoou a redação dos artigos, inseriu a definição de empregador, que integra o conceito definitivo da relação de emprego, acompanhando-a da noção legal de empregadora única dada pela Lei n. 435, de 17 de maio de 1937; removeu, outrossim, para o Capítulo pertinente, a declaração da igualdade de salário por trabalho do mesmo valor sem distinção de sexo. Foi, por outro lado, suprimida a afirmação concernente à proibição da renúncia de direitos, que entendeu a Comissão ser elementar do princípio de ordem pública, mediante o qual são nulos os atos praticados no intuito de excluir a eficácia da legislação social.

54. O Título das normas institucionais foi reconstituído em dois outros, para mais fácil apresentação dos preceitos nele contidos.

55. O Capítulo sobre a identificação profissional e os registros de empregados foi melhorando na nomenclatura, na redação e na disposição das Seções.

56. Sofreu alteração o texto que reproduziu o parágrafo único do art. 18 do Decreto n. 22.035, de 29 de outubro de 1932, eliminando-se agora da carteira profissional a averbação de notas desabonadoras, as quais, somente, quando resultarem de sentença transitada em julgado, serão inscritas no prontuário do portador da carteira.

57. Ligeiros retoques foram dados ao Capítulo sobre a duração geral do trabalho.

58. Considerou-se de justiça equiparar o regime de trabalho dos operadores das empresas de serviços telefônicos aos das que exploram serviços de telegrafia, radiotelegrafia e radiotelefonia, cujas condições de fadiga são idênticas.

59. A duração do trabalho nos serviços ferroviários foi reexaminada de acordo com sugestões do Sindicato dos Empregados Ferroviários do Rio de Janeiro, e das empresas responsáveis por esses serviços, principalmente a Companhia Paulista de Estradas de Ferro, cuja cooperação inteligente favoreceu a racionalização imprimida ao projeto, com a supressão, pela qual se batia a Comissão, do confuso e prejudicial sistema de ciclos de 96 horas em 14 dias, com duração máxima diária de 16 horas, do citado Decreto n. 279, de graves consequências para a saúde dos ferroviários.

60. As disposições destinadas à regulamentação das condições de trabalho nos serviços de estiva mereceram igual reexame, atendidas, em harmonia, as sugestões da Comissão de Marinha Mercante, do Sindicato dos Estivadores do Rio de Janeiro e do Sindicato dos Trabalhadores em Estiva de Minérios desta Capital.

61. Houve também a preocupação de atender tanto quanto possível à equiparação, pleiteada pelo Sindicato dos Operários nos Serviços Portuários de Santos, entre os serviços de estiva e os de capatazias, que realmente funcionam em necessária coordenação.

62. Uma lacuna estava a exigir, há longa data, fosse coberta na nossa legislação. Recomendado, reiteradas vezes, pelo Presidente da República, diante da insuficiência da lei geral, não se ultimara, entretanto, até o presente, o projetado Decreto-lei especial amparando as condições de trabalho em minas de subsolo. Coligindo os dados apurados pelo Departamento Nacional do Trabalho, depois de sucessivas e conclusivas investigações locais, foi constituída uma Seção prevendo as reduções do horário nos trabalhos em minas subterrâneas, trabalhos esses árduos e particularmente ruinosos para a vida dos respectivos operários.

63. Na Seção em que se regula o exercício da profissão de químico, foi adotada a indicação da Federação das Indústrias do Estado de São Paulo, no sentido de ficarem declinados os tipos de indústrias em que se torna obrigatória a admissão de um químico. De acordo com a sugestão e segundo o critério do Instituto Nacional de Tecnologia deste Ministério, ficou resolvida essa questão e homologada a orientação prática deste Ministério.

64. O Capítulo da Nacionalização do Trabalho recebeu pequenas emendas de redação, tendo sido suprimido o dispositivo do anteprojeto relativo aos cargos de chefia. Reconsiderando a matéria, verificou a Comissão que o problema, que suscitava a emenda aditiva ao anteprojeto, encontrava solução no próprio texto legal quando este disciplina que os ocupantes de funções técnicas somente ficarão à margem da proporcionalidade na falta de trabalhadores nacionais especializados. Sem gerar confusões que não haviam sido, aliás, pretendidas pelo preceito ora suprimido, o qual não continha qualquer restrição à desejada colaboração de iniciativas e de capitais estrangeiros, restará sempre no dispositivo acima referido o remédio para o governo proporcionar garantias às elites de técnicos nacionais.

65. O regime de Higiene e Segurança do Trabalho, pela revisão efetuada, adquiriu maior eficácia, por força da explícita declaração que constitui formalidade longamente seguida, da exigência de prévia verificação e aprovação das instalações dos estabelecimentos industriais para o respectivo funcionamento.

66. Estabeleceu-se, igualmente, a obrigatoriedade do uso, pelos empregados, dos equipamentos de defesa pessoal fornecidos pelos empregadores e aprovados pelas autoridades de Higiene do Trabalho.

67. Quanto aos Capítulos da proteção ao trabalho das mulheres e dos menores, as correções limitaram-se a erros de impressão, tendo sido, por outro lado, restabelecido o preceito inscrito no parágrafo único do art. 16 do antigo Decreto n. 22.042, de 3 de novembro de 1932, que, pela referência feita no § 3º do art. 16 do Decreto-lei n. 3.616, de 13 de setembro de 1941, é intuitivo concluir fora omitido, involuntariamente, neste último diploma legal.

68. Os deveres impostos aos empregadores para o efeito da habilitação profissional dos respectivos empregados menores e consubstanciados no Decreto-lei n. 4.481, de 16 de julho de 1942, corporificando normas de tutela dessa classe de empregados, cujo trabalho tem de ser orientado pelo alto escopo da educação técnica, passaram a integrar a Seção correspondente do Capítulo versando esse regime especial.

69. É oportuno salientar que a legislação social, universalmente, vem atribuindo um remarcado desvelo pelas condições de trabalho dos menores.

70. Em consonância com as convenções internacionais e as recomendações de congressos, e mesmo a estas se antecipando, o Brasil, pela pessoal inspiração de Vossa Excelência, vem realizando, através deste Ministério, uma salutar ação pública de preservação da juventude que trabalha.

71. O prosseguimento dessa política especializada é um imperativo e pareceu à Comissão dever ser assim ponderado na revisão, a que se procede, do Código de Menores, pois os seus preceitos atinentes ao trabalho foram totalmente melhorados e anexados à nossa legislação trabalhista, cujo Decreto-lei n. 3.616, consolidado agora, consagra a melhor solução de articulação e distinção entre a competência dos magistrados de menores e a das autoridades de trabalho, conferindo àqueles a plenitude das funções morais, jurisdicionais e supletivas do pátrio poder, que lhes são eminentemente reservados, e atribuindo às autoridades deste Ministério a efetivação do regime de proteção ao trabalho.

72. O Título em que se compendiam as regras constitutivas do contrato individual de trabalho careceu apenas de pequenas especificações do pensamento já expresso, acrescentando-se-lhes, entretanto, as normas pertinentes aos contratos de artistas teatrais e congêneres, oriundos da celebrada Lei Getúlio Vargas, cuja atualização vinha sendo ultimamente promovida por uma Comissão Interministerial, da qual provieram os artigos de lei aditados ao presente projeto.

73. Estatuiu a Consolidação que aos trabalhadores rurais se aplicam as regras básicas do contrato individual do trabalho, inclusive o aviso prévio, não lhes atingindo, porém, o regime de garantias em caso de rescisão, a que não tenham dado motivo, nem o instituto da estabilidade. A essa conclusão chegou a Comissão, em voto preponderante, sob a alegação de serem imprescindíveis maiores esclarecimentos das exatas condições das classes rurais, inibidas, no momento, por falta de lei, da representação sindical dos respectivos interesses.

74. Em seu relatório, manifesta a Comissão, consequentemente e em princípio, a sua restrição quanto ao projeto do Código Rural, publicado no Diário Oficial de 16 de janeiro último, na parte referente ao Contrato de Trabalho, objeto preciso desta Consolidação e não de um Código em que, com exclusividade, deveriam ser tratados os problemas relativos à produção na agricultura e em atividades conexas.

75. A revisão dos artigos compreendidos no Título da Organização Sindical ofereceu oportunidade para pequenas adaptações, sem afetar o sistema.

76. Procedeu-se à consolidação do Decreto-lei n. 5.242, de 11 de fevereiro de 1943, que dispôs sobre a exigência da sindicalização para o exercício da função de representação social em órgão oficial bem como para o gozo de favores ou isenções tributárias.

77. Suprimiu-se a emenda constante do anteprojeto tendente à instituição do regime de tomada de contas dos sindicatos. A eficiência do sistema de controle contábil do patrimônio das entidades sindicais e o regime de recolhimento do imposto sindical, posteriormente criados pela Portaria Ministerial n. 884, de 5 de dezembro de 1942, veio indicar

ser prescindível esse processo de tomada de contas, que poderia determinar a burocratização desses órgãos de classe, por todos os títulos evitável, a fim de se conservar a espontaneidade e originalidade do regime sindical.

78. A Federação das Indústrias do Estado de São Paulo propôs e foram aceitos os aumentos, de um para sete, do número máximo de membros da diretoria das entidades de grau superior, e de Cr$ 20,00 para Cr$ 30,00, a importância mínima correspondente ao imposto sindical de empregadores.

79. A Comissão de Enquadramento Sindical, dado o crescente desenvolvimento de sua atividade, teve a respectiva composição ampliada, incluindo um representante do Ministério da Agricultura na previsão da próxima sindicalização das classes rurais.

80. Ligeiros reparos foram feitos ao Capítulo do Imposto Sindical, na base do regime estabelecido pelo Decreto-lei n. 4.298, de 14 de maio de 1942, introduzindo-se apenas um artigo destinado a facultar a ação executiva, com os privilégios da Fazenda Pública, excluído o foro próprio, para a cobrança do imposto sindical, quando houver débito certificado pela autoridade competente deste Ministério.

81. Finalmente, quanto à Justiça do Trabalho, deliberou-se a exclusão de toda a parte consistente em regimento dos órgãos e serviços, bem como dos assuntos referentes à administração dos seguros sociais.

82. O julgamento dos agravos foi elevado ao seu verdadeiro nível, que é o da instância superior, necessário à adequada conceituação desses recursos e à jurídica apreciação da respectiva substância. Apurou-se, outrossim, a definição do prejulgado, estabelecendo-se a forma do seu processamento e os efeitos que gera.

83. Tais, em rápida resenha, as principais modificações operadas no anteprojeto publicado. De todas essas alterações deflui um único pensamento — o de ajustar, mais e mais, a obra constituída às diretrizes da Política Social do Governo, fixadas de maneira tão ampla e coerente no magnífico quadro das disposições legais que acabam de ser recapituladas.

84. Ao pedir a atenção de Vossa Excelência para essa notável obra de construção jurídica, afirmo, com profunda convicção e de um modo geral, que, nesta hora dramática que o mundo sofre, a Consolidação constitui um marco venerável na história de nossa civilização, demonstra a vocação brasileira pelo direito e, na escureza que envolve a humanidade, representa a expressão de uma luz que não se apagou.

Apresento a Vossa Excelência os protestos do meu mais profundo respeito.

Rio de Janeiro, 19 de abril de 1943.

Alexandre Marcondes Filho

DECRETO-LEI N. 5.452, DE 1º DE MAIO DE 1943

(DOU 9.8.1943)

APROVA A CONSOLIDAÇÃO DAS LEIS DO TRABALHO

O Presidente da República, usando da atribuição que lhe confere o art. 180 da Constituição, decreta:

Art. 1º Fica aprovada a Consolidação das Leis do Trabalho, que a este Decreto-lei acompanha, com as alterações por ela introduzidas na legislação vigente.

PARÁGRAFO ÚNICO. Continuam em vigor as disposições legais transitórias ou de emergência bem como as que não tenham aplicação em todo o território nacional.

Art. 2º O presente Decreto-lei entrará em vigor em 10 de novembro de 1943.

Rio de Janeiro, 1º de maio de 1943; 122º da Independência e 55º da República — *Getúlio Vargas* — *Alexandre Marcondes Filho.*

ÍNDICE SISTEMÁTICO DA CONSOLIDAÇÃO DAS LEIS DO TRABALHO

CONSOLIDAÇÃO DAS LEIS DO TRABALHO

TÍTULO I

INTRODUÇÃO

Art. 1º Esta Consolidação estatui as normas que regulam as relações individuais e coletivas de trabalho, nela previstas.

— v. CF, art. 7º, p. 30
— v. CF, art. 22, p. 31

Art. 2º Considera-se empregador a empresa, individual ou coletiva, que, assumindo os riscos da atividade econômica, admite, assalaria e dirige a prestação pessoal de serviço.

§ 1º Equiparam-se ao empregador, para os efeitos exclusivos da relação de emprego, os profissionais liberais, as instituições de beneficência, as associações recreativas ou outras instituições sem fins lucrativos, que admitirem trabalhadores como empregados.

§ 2º Sempre que uma ou mais empresas, tendo, embora, cada uma delas, personalidade jurídica própria, estiverem sob a direção, controle ou administração de outra, constituindo grupo industrial, comercial ou de qualquer outra atividade econômica, serão, para os efeitos da relação de emprego, solidariamente responsáveis a empresa principal e cada uma das subordinadas.

— v. CF, art. 173, § 1º, p. 43
— v. L. n. 8.036/90, art. 15, § 1º, p. 203
— v. L. n. 5.889/73, art. 3º, p. 409 em que está também transcrito o art. 25-A, da Lei n. 10.256, de 9.7.01, DOU 10.7.01, que trata do consórcio simplificado de produtores rurais

Art. 3º Considera-se empregado toda pessoa física que prestar serviços de natureza não eventual a empregador, sob a dependência deste e mediante salário.

PARÁGRAFO ÚNICO. Não haverá distinções relativas à espécie de emprego e à condição de trabalhador, nem entre o trabalho intelectual, técnico e manual.

— v. CF, art. 7º, XXXII e XXXIV, p. 30
— v. L. n. 8.036/90, art. 15, § 2º, p. 203

Art. 4º Considera-se como de serviço efetivo o período em que o empregado esteja à disposição do empregador, aguardando ou executando ordens, salvo disposição especial expressamente consignada.

PARÁGRAFO ÚNICO. Computar-se-ão, na contagem de tempo de serviço, para efeito de indenização e estabilidade, os períodos em que o empregado estiver afastado do trabalho prestando serviço militar e por motivo de acidente do trabalho. *(§ incluído L. n. 4.072, 16.6.62, DOU 20.6.62, LTr 26/389).*

Art. 5º A todo trabalho de igual valor corresponderá salário igual, sem distinção de sexo.

— v. CF, art. 5º, I e art. 7º, XXX, XXXI, XXXII e XXXIV, p. 29/30

Art. 6º Não se distingue entre o trabalho realizado no estabelecimento do empregador, o executado no domicílio do empregado e o realizado a distância, desde que estejam caracterizados os pressupostos da relação de emprego. *(Redação dada pela Lei n. 12.551, de 15.12.11, DOU 16.12.11)*

PARÁGRAFO ÚNICO. Os meios telemáticos e informatizados de comando, controle e supervisão se equiparam, para fins de subordinação jurídica, aos meios pessoais e diretos de comando, controle e supervisão do trabalho alheio. (NR) *(Redação dada pela Lei n. 12.551, de 15.12.11, DOU 16.12.11)*

Art. 7º Os preceitos constantes da presente Consolidação, salvo quando for, em cada caso, expressamente determinado em contrário, não se aplicam:

a) aos empregados domésticos, assim considerados, de um modo geral, os que prestam serviços de natureza não econômica à pessoa ou à família, no âmbito residencial destas;

— v. CF, art. 7º, parágrafo único, p. 30
— v. L. n. 5.859, 11.12.72, DOU 12.12.72, LTr 37/101, p. 490, D. n. 71.885, de 9.7.73, p. 492 e Decreto n. 3.361, 10.2.01, p. 494

b) aos trabalhadores rurais, assim considerados aqueles que, exercendo funções diretamente ligadas à agricultura e à pecuária, não sejam empregados em atividades que, pelos métodos de execução dos respectivos trabalhos ou pela finalidade de suas operações, se classifiquem como industriais ou comerciais;

— v. CF, art. 7º, I a XXXIV, p. 30
— v. L. n. 5.889, 8.6.73, DOU 11.6.73, LTr 37/659, p. 495 e D. n. 73.626, 12.2.74, DOU 14.2.74, LTr 38/161, p. 497

c) aos funcionários públicos da União, dos Estados e dos Municípios e aos respectivos extranumerários em serviço nas próprias repartições; *(Redação DL 8.079, 11.10.45, DOU 13.10.45).*

— v. CF, art. 37, p. 31
— v. Regime Único dos Servidores Públicos, L. n. 8.112, de 11.12.90, p. 807

d) aos servidores de autarquias paraestatais, desde que sujeitos a regime próprio de proteção ao trabalho que lhes assegure situação análoga à dos funcionários públicos. *(Redação DL n. 8.079, 11.10.45, DOU 13.10.45).*

— v. CF, art. 37, p. 31
— v. Regime Único dos Servidores Públicos, L. n. 8.112, de 11.12.90, p. 807

Art. 8º As autoridades administrativas e a Justiça do Trabalho, na falta de disposições legais ou contratuais, decidirão, conforme o caso, pela jurisprudência, por analogia, por equidade e outros princípios e normas gerais de direito, principalmente do direito do trabalho, e, ainda, de acordo com os usos e costumes, o direito comparado, mas sempre de maneira que nenhum interesse de classe ou particular prevaleça sobre o interesse público.

PARÁGRAFO ÚNICO. O direito comum será fonte subsidiária do direito do trabalho, naquilo em que não for incompatível com os princípios fundamentais deste.

Art. 9º Serão nulos de pleno direito os atos praticados com o objetivo de desvirtuar, impedir ou fraudar a aplicação dos preceitos contidos na presente Consolidação.

Art. 10. Qualquer alteração na estrutura jurídica da empresa não afetará os direitos adquiridos por seus empregados.

Art. 11. O direito de ação quanto a créditos resultantes das relações de trabalho prescreve:

I — em cinco anos para o trabalhador urbano, até o limite de dois anos após a extinção do contrato;

II — em dois anos, após a extinção do contrato de trabalho, para o trabalhador rural. (*Inciso* revogado pela Emenda Constitucional n. 28, de 25.5.00, DOU 26.5.00 e Retif. DOU 29.5.00).

— v. CF, art. 7º, XXIX, p. 30

§ 1º O disposto neste artigo não se aplica às ações que tenham por objeto anotações para fins de prova junto à Previdência Social. (Redação dada pela Lei n. 9.658, de 5.6.98, DOU 8.6.98).

— v. CF, art. 7º, XXIX, p. 30

— v. CPC, art. 219, § 5º

Art. 219. A citação válida torna prevento o juízo, induz litispendência e faz litigiosa a coisa; e, ainda quando ordenada por juiz incompetente, constitui em mora o devedor e interrompe a prescrição (Redação dada pela Lei n. 5.925, de 1.10.073).

..

§ 5º O juiz pronunciará, de ofício, a prescrição. (Redação dada Lei n. 11.280, de 16.2.06, DOU 17.2.06 — em vigor em 90 dias após a sua publicação)

— v. CC, art. 194, revogado pela Lei n. 11.280, de 16.2.06, DOU 17.2.06).

Art. 194. O juiz não pode suprir, de ofício, a alegação de prescrição, salvo se favorecer a absolutamente incapaz (Revogado pela Lei n. 11.280, de 16.2.06, DOU 17.2.06).

Art. 12. Os preceitos concernentes ao regime de seguro social são objeto de lei especial.

TÍTULO II

DAS NORMAS GERAIS DE TUTELA DO TRABALHO

CAPÍTULO I

DA IDENTIFICAÇÃO PROFISSIONAL

(V. Portaria GM/MTb n. 1, de 28.1.97, DOU 30.1.97, p. 286)

SEÇÃO I

Da Carteira de Trabalho e Previdência Social

Art. 13. A Carteira de Trabalho e Previdência Social é obrigatória para o exercício de qualquer emprego, inclusive de natureza rural, ainda que em caráter temporário, e para o exercício por conta própria de atividade profissional remunerada.

§ 1º O disposto neste artigo aplica-se igualmente, a quem:

I — proprietário rural ou não, trabalhe individualmente ou em regime de economia familiar, assim entendido o trabalho dos membros da mesma família, indispensável à própria subsistência, e exercido em condições de mútua dependência e colaboração;

II — em regime de economia familiar e sem empregado, explore área não excedente do módulo rural ou de outro limite que venha a ser fixado, para cada região, pelo Ministério do Trabalho.

— O art. 4º L. n. 4.504, 30.11.64, DOU 30.11.64, dispõe: Art. 4º, II — "Propriedade Familiar" é o imóvel rural que, direta e pessoalmente explorado pelo agricultor e sua família, lhes absorva toda a força de trabalho, garantindo-lhes a subsistência e o progresso social e econômico, com área máxima fixada para cada região e tipo de exploração, e eventualmente trabalhando com a ajuda de terceiros.

§ 2º A Carteira de Trabalho e Previdência Social e respectiva Ficha de Declaração obedecerão aos modelos que o Ministério do Trabalho adotar.

§ 3º Nas localidades onde não for emitida a Carteira de Trabalho e Previdência Social poderá ser admitido, até 30 (trinta) dias, o exercício de emprego ou atividade remunerada por quem não a possua, ficando a empresa obrigada a permitir o comparecimento do empregado ao posto de emissão mais próximo.

§ 4º Na hipótese do § 3º:

I — o empregador fornecerá ao empregado, no ato da admissão, documento do qual constem a data da admissão, a natureza do trabalho, o salário e a forma de seu pagamento;

II — se o empregado ainda não possuir a carteira na data em que for dispensado, o empregador lhe fornecerá atestado de que conste o histórico da relação empregatícia. *(Redação art. e §§ L. n. 5.686, 3.8.71, DOU 3.8.71, LTr 35/643)*

SEÇÃO II

Da Emissão da Carteira

Art. 14. A Carteira de Trabalho e Previdência Social será emitida pelas Delegacias Regionais do Trabalho ou, mediante convênio, pelos órgãos federais, estaduais e municipais da administração direta ou indireta.

PARÁGRAFO ÚNICO. Inexistindo convênio com os órgãos indicados ou na inexistência destes, poderá ser admitido convênio com sindicatos para o mesmo fim. *(Redação art. e § L. n. 5.686, 3.8.71, DOU 3.8.71, LTr 35/643)*

Art. 15. Para obtenção da Carteira de Trabalho e Previdência Social o interessado comparecerá pessoalmente ao órgão emitente, onde será identificado e prestará as declarações necessárias. *(Redação DL n. 926, 10.10.69, DOU 13.10.69, LTr 33/638)*

Art. 16. A Carteira de Trabalho e Previdência Social — CTPS, além do número, série, data de emissão e folhas destinadas às anotações pertinentes ao contrato de trabalho e as de interesse da Previdência Social, conterá:

I — fotografia, de frente, modelo 3 x 4;

II — nome, filiação, data e lugar de nascimento e assinatura;

III — nome, idade e estado civil dos dependentes;

IV — número do documento de naturalização ou data da chegada ao Brasil e demais elementos constantes da identidade de estrangeiro, quando for o caso.

PARÁGRAFO ÚNICO. A Carteira de Trabalho e Previdência Social — CTPS será fornecida mediante a apresentação de:

a) duas fotografias com as características mencionadas no inciso I;

b) qualquer documento oficial de identificação pessoal do interessado, no qual possam ser colhidos dados referentes ao nome completo, filiação, data e lugar de nascimento. *(Redação art. 16 e incisos dada pela L. n. 8.260, 12.12.91, DOU 13.12.91, LTr 56-01/104)*

Art. 17. Na impossibilidade de apresentação, pelo interessado, de documento idôneo que o qualifique, a Carteira de Trabalho e Previdência Social será fornecida com base em declarações verbais confirmadas por duas testemunhas, lavrando-se na primeira folha de anotações gerais da carteira, termo assinado pelas mesmas testemunhas.

§ 1º Tratando-se de menor de 18 anos, as declarações previstas neste artigo serão prestadas por seu responsável legal.

§ 2º Se o interessado não souber ou não puder assinar sua carteira, ela será fornecida mediante impressão digital ou assinatura a rogo. *(Redação art. e §§ DL n. 926, 10.10.69, DOU 13.10.69, LTr 33/638)*

Arts. 18 e 19. Revogados pela L. n. 7.855, 24.10.89, DOU 25.10.89, LTr 53/1418.

Art. 20. As anotações relativas a alteração do estado civil e aos dependentes do portador da Carteira de Trabalho e Previdência Social serão feitas pelo Instituto Nacional de Seguro Social (INSS) e somente em sua falta por qualquer dos órgãos emitentes. (Redação DL n. 926, 10.10.69, DOU 13.10.69, LTr 33/638)

Art. 21. Em caso de imprestabilidade ou esgotamento do espaço destinado a registros e anotações, o interessado deverá obter outra carteira, conservando-se o número e a série da anterior. *(Redação L. n. 5.686, 3.8.71, DOU 3.8.71, LTr 35/643)*

Arts. 22, 23 e 24. Revogados pelo DL n. 926, 10.10.69, DOU 13.10.69, LTr 33/638.

SEÇÃO III

Da Entrega das Carteiras de Trabalho e Previdência Social

Art. 25. As Carteiras de Trabalho e Previdência Social serão entregues aos interessados pessoalmente, mediante recibo.

Art. 26. Os sindicatos poderão, mediante solicitação das respectivas diretorias, incumbir-se da entrega das Carteiras de Trabalho e Previdência Social pedidas por seus associados e pelos demais profissionais da mesma classe.

PARÁGRAFO ÚNICO. Não poderão os sindicatos, sob pena das sanções previstas neste Capítulo, cobrar remuneração pela entrega das Carteiras de Trabalho e Previdência Social, cujo serviço nas respectivas sedes será fiscalizado pelas Delegacias Regionais ou órgãos autorizados. (Redação art. e § DL n. 229, 28.2.67, DOU 28.2.67, LTr 31/137)

— v. L. n. 8.422, 13.5.92, DOU 14.5.92 (LTr 56-06/694)

Arts. 27 e 28. Revogados pela L. n. 7.855, 24.10.89, DOU 25.10.89, LTr 53/1418.

SEÇÃO IV

Das Anotações

v. Portaria MTPS n. 3.626/91, p. 648

Art. 29. A Carteira de Trabalho e Previdência Social será obrigatoriamente apresentada, contra recibo pelo trabalhador ao empregador que o admitir, o qual terá o prazo de quarenta e oito horas para nela anotar, especificamente, a data de admissão, a remuneração e as condições especiais, se houver, sendo facultada a adoção de sistema manual, mecânico ou eletrônico, conforme instruções a serem expedidas pelo Ministério do Trabalho.

§ 1º As anotações concernentes à remuneração devem especificar o salário, qualquer que seja sua forma de pagamento, seja ele em dinheiro ou em utilidades, bem como a estimativa da gorjeta.

§ 2º As anotações na Carteira de Trabalho e Previdência Social serão feitas:

a) na data-base;

b) a qualquer tempo, por solicitação do trabalhador;

c) no caso de rescisão contratual; ou

d) necessidade de comprovação perante a Previdência Social.

§ 3º A falta de cumprimento pelo empregador do disposto neste artigo acarretará a lavratura de auto de infração, pelo Fiscal do Trabalho, que deverá, de ofício, comunicar a falta de anotação ao órgão competente, para o fim de instaurar o processo de anotação. *(Redação L. n. 7.855, 24.10.89, DOU 25.10.89, LTr 53/1418)*

§ 4º É vedado ao empregador efetuar anotações desabonadoras à conduta do empregado em sua Carteira de Trabalho e Previdência Social.

§ 5º O descumprimento do disposto no § 4º deste artigo submeterá o empregador ao pagamento de multa prevista no art. 52 deste Capítulo. (NR) *(Parágrafos 4º e 5º acrescentados pela L. n. 10.270, de 29.8.01, DOU 30.8.01)*

Art. 30. Os acidentes do trabalho serão obrigatoriamente anotados pelo Instituto Nacional do Seguro Social — INSS na carteira do acidentado. *(Redação DL n. 926, 10.10.69, DOU 13.10.69, LTr 33/638)*

Art. 31. Aos portadores de Carteira de Trabalho e Previdência Social fica assegurado o direito de as apresentar aos órgãos autorizados, para o fim de ser anotado o que for cabível, não podendo ser recusada a solicitação, nem cobrado emolumento não previsto em lei. *(Redação DL n. 229, 28.2.67, DOU 28.2.67, LTr 31/137)*

Art. 32. As anotações relativas a alterações no estado civil dos portadores de Carteira de Trabalho e Previdência Social serão feitas mediante prova documental. As declarações referentes aos dependentes serão registradas nas fichas respectivas, pelo funcionário encarregado da identificação profissional, a pedido do próprio declarante, que as assinará.

PARÁGRAFO ÚNICO. As Delegacias Regionais e os órgãos autorizados deverão comunicar ao Departamento Nacional de Mão de Obra (atualmente Secretaria de Emprego e Salário) todas as alterações que anotarem nas Carteiras de Trabalho e Previdência Social. *(Redação DL n. 229, 28.2.67, DOU 28.2.67, LTr 31/137).*

Art. 33. As anotações nas fichas de declaração e nas Carteiras de Trabalho e Previdência Social serão feitas seguidamente sem abreviaturas, ressalvando-se, no fim de cada assentamento, as emendas, entrelinhas e quaisquer circunstâncias que possam ocasionar dúvidas. *(Redação DL n. 229, 28.2.67, DOU 28.2.67, LTr 31/137).*

Art. 34. Tratando-se de serviço de profissionais de qualquer atividade, exercido por empreitada individual ou coletiva, com ou sem fiscalização da outra parte contratante, a carteira será anotada pelo respectivo sindicato profissional ou pelo representante legal de sua cooperativa.

Art. 35. Revogado pela L. n. 6.533, 24.5.78, DOU 25.5.78, LTr 42/714.

SEÇÃO V

Das Reclamações por Falta ou Recusa de Anotação

Art. 36. Recusando-se a empresa a fazer as anotações a que se refere o art. 29 ou a devolver a Carteira de Trabalho e Previdência Social recebida, poderá o empregado comparecer, pessoalmente ou por intermédio de seu sindicato, perante a Delegacia Regional ou órgão autorizado, para apresentar reclamação. *(Redação DL n. 229, 28.2.67, DOU 28.2.67, LTr 31/137).*

Art. 37. No caso do art. 36, lavrado o termo de reclamação, determinar-se-á a realização de diligência para instrução do feito, observado, se for o caso, o disposto no § 2º do art. 29, notificando-se posteriormente o reclamado por carta registrada, caso persista a recusa, para que, em dia e hora previamente designados, venha prestar esclarecimentos ou efetuar as devidas anotações na Carteira de Trabalho e Previdência Social ou sua entrega.

PARÁGRAFO ÚNICO. Não comparecendo o reclamado, lavrar-se-á termo de ausência, sendo considerado revel e confesso sobre os termos da reclamação feita, devendo as anotações ser efetuadas por despacho da autoridade que tenha processado a reclamação. *(Redação art. e § DL n. 229, 28.2.67, DOU 28.2.67, LTr 31/137).*

Art. 38. Comparecendo o empregador e recusando-se a fazer as anotações reclamadas será lavrado um termo de comparecimento que deverá conter, entre outras indicações, o lugar, o dia e hora de sua lavratura, o nome e a residência do empregador, assegurando-se-lhe o prazo de 48 horas, a contar do termo, para apresentar defesa.

PARÁGRAFO ÚNICO. Findo o prazo para a defesa, subirá o processo à autoridade administrativa de primeira instância, para se ordenarem diligências, que completem a instrução do feito, ou para julgamento, se o caso estiver suficientemente esclarecido.

Art. 39. Verificando-se que as alegações feitas pelo reclamado versam sobre a não existência de relação de emprego ou sendo impossível verificar essa condição pelos meios administrativos, será o processo encaminhado à Justiça do Trabalho ficando, nesse caso, sobrestado o julgamento do auto de infração que houver sido lavrado.

§ 1º Se não houver acordo, a Vara do Trabalho, em sua sentença ordenará que a Secretaria efetue as devidas anotações uma vez transitada em julgado, e faça a comunicação à autoridade competente para o fim de aplicar a multa cabível.

§ 2º Igual procedimento observar-se-á no caso de processo trabalhista de qualquer natureza, quando for verificada a falta de anotações na Carteira de Trabalho e Previdência Social, devendo o Juiz, nesta hipótese, mandar proceder, desde logo àquelas sobre as quais não houver controvérsia. *(Redação art. e §§ DL n. 229, 28.2.67, DOU 28.2.67, LTr 31/137).*

SEÇÃO VI

Do Valor das Anotações

Art. 40. As Carteiras de Trabalho e Previdência Social regularmente emitidas e anotadas servirão de prova nos atos em que sejam exigidas carteiras de identidade e especialmente:

I — nos casos de dissídio na Justiça do Trabalho entre a empresa e o empregado por motivo de salário, férias ou tempo de serviço;

II — perante a Previdência Social, para o efeito de declaração de dependentes;

III — para cálculo de indenização por acidente do trabalho ou moléstia profissional. *(Redação art. e incisos DL n. 229, 28.2.67, DOU 28.2.67, LTr 31/137).*

SEÇÃO VII

Dos Livros de Registro de Empregados

Art. 41. Em todas as atividades será obrigatório para o empregador o registro dos respectivos trabalhadores, podendo ser adotados livros, fichas ou sistema eletrônico, conforme instruções a serem expedidas pelo Ministério do Trabalho.

PARÁGRAFO ÚNICO. Além da qualificação civil ou profissional de cada trabalhador, deverão ser anotados todos os dados relativos à sua admissão no emprego, duração e efetividade do trabalho, a férias, acidentes e demais circunstâncias que interessem à proteção do trabalhador. *(Redação L. n. 7.855, 24.10.89, DOU 25.10.89, LTr 53/1418).*

Art. 42. Revogado pela L. n. 10.243, 19.6.01, DOU 20.6.01.

Arts. 43 e 44. Revogados pela L. n. 7.855, 24.10.89, DOU 25.10.89, LTr 53/1418.

Arts. 45 e 46. Revogados pelo DL n. 229, 28.2.67, DOU 28.2.67, LTr 31/137.

Art. 47. A empresa que mantiver empregado não registrado nos termos do art. 41 e seu parágrafo único, incorrerá na multa de valor igual a 1 (um) salário mínimo regional, por empregado não registrado, acrescido de igual valor em cada reincidência.

— v. art 7º, IV, da CF

NOTA — V. L. n. 6.205, de 29.4.75, combinada com a L. n. 6.986, de 13.4.82, que elevou as multas por infração aos preceitos da CLT em 10 (dez) vezes o seu valor. A partir de 1º.2.91, foi extinta o BTN pelo art. 3º da L. n. 8.177, de 1º.3.91, que fixa, no seu parágrafo único, a conversão do BTN em cruzeiros no valor de Cr$ 126,8621. Tal valor foi mantido pelo art. 21, I, da L. n. 8.178, de 4.3.91, tendo sido elevado em 70% pelo art. 10, da L. n. 8.218, de 29.8.91. Desde 1º.8.93, o cruzeiro passou para cruzeiro real na paridade de 1.000 por 1, em função da MP n. 336, de 28.7.93, convertida na L. n. 8.697, de 27.8.93. Desde 1º.7.94, o cruzeiro real passou a real pela L. n. 8.880, de 27.5.94, fixada a paridade de R$ 1,00 para 2.750,00 URVs. Pelo art. 1º da L. n. 8.383, de 30.12.91, foi instituída a UFIR como medida de valor e parâmetro de atualização monetária de tributos e de multas e penalidades de qualquer natureza. V. Lei n. 8.981, de 20.1.95, artigos 1º e 2º que fixa a partir do ano calendário de 1995 a expressão monetária da Unidade Fiscal de Referência — UFIR por períodos trimestrais.

(V. Portaria GM/MTb n. 290, de 11.4.97, e Portaria MF/GM n. 347, de 30.12.98, DOU de 31.12.98, que fixa a expressão monetária da UFIR referente ao exercício de 1999 em R$ 0,9770. Para o exercício do ano de 2000 a UFIR é de R$ 1,0641 (Portaria MF/GM n. 488, de 23.12.99, DOU de 24.12.99). Ver Lei n. 10.192, de 14.2.01, DOU 16.2.01, p. 540. V. Lei n. 10.522, 19.7.02, art. 29, que dispõe "Os débitos de qualquer natureza para com a Fazenda Nacional e os decorrentes de contribuições arrecadadas pela União, constituídos ou não, cujos fatos geradores tenham ocorrido até 31 de dezembro de 1994, que não hajam sido objeto de parcelamento requerido até 31 de agosto de 1995, expressos em quantidade de UFIR, serão reconvertidos para real, com base no valor daquela fixado para 1º de janeiro de 1997". (não publicada nesta obra)

PARÁGRAFO ÚNICO. As demais infrações referentes ao registro de empregados sujeitarão a empresa à multa de valor igual a 15 (quinze) vezes o valor de referência regional, dobrada na reincidência. *(Redação DL n. 229, 28.2.67, c/c L. n. 6.205, 29.4.75 e art. 7º, L. n. 6.986, 13.4.82).*

Art. 48. As multas previstas nesta Seção serão aplicadas pelas Delegacias Regionais do Trabalho.

O Decreto n. 6.341, de 3.1.08, alterou a denominação da Delegacia Regional do Trabalho para Superintendência Regional do Trabalho e Emprego.

SEÇÃO VIII

Das Penalidades

Art. 49. Para os efeitos da emissão, substituição ou anotação de Carteira de Trabalho e Previdência Social, considerar-se-á crime de falsidade, com as penalidades previstas no art. 299 do Código Penal:

I — fazer, no todo ou em parte, qualquer documento falso ou alterar o verdadeiro;

II — afirmar falsamente a sua própria identidade, filiação, lugar de nascimento, residência, profissão ou estado civil e beneficiários, ou atestar os de outra pessoa;

III — servir-se de documentos, por qualquer forma falsificados;

IV — falsificar, fabricando ou alterando, ou vender, usar ou possuir Carteira de Trabalho e Previdência Social assim alteradas;

V — anotar dolosamente em Carteira de Trabalho e Previdência Social ou registro de empregado, ou confessar ou declarar em juízo ou fora dele, data de admissão em emprego diversa da verdadeira. *(Redação art. e incisos DL n. 229, 28.2.67, DOU 28.2.67, LTr 31/137).*

Art. 50. Comprovando-se falsidade, quer nas declarações para emissão de Carteira de Trabalho e Previdência Social, quer nas respectivas anotações, o fato será levado ao conhecimento da autoridade que houver emitido a carteira, para fins de direito.

Art. 51. Incorrerá em multa de valor igual a 90 (noventa) vezes o valor de referência regional aquele que, comerciante ou não, vender ou expuser à venda qualquer tipo de carteira igual ou semelhante ao tipo oficialmente adotado.

— v. Nota do art. 47

Art. 52. O extravio ou inutilização da Carteira de Trabalho e Previdência Social por culpa da empresa sujeitará esta à multa de valor igual à metade do salário mínimo regional.

— v. Nota do art. 47

Art. 53. A empresa que receber Carteira de Trabalho e Previdência Social para anotar e a retiver por mais de 48 (quarenta e oito) horas ficará sujeita à multa de valor igual à metade do salário mínimo regional.

— v. Nota do art. 47

Art. 54. A empresa que, tendo sido intimada, não comparecer para anotar a Carteira de Trabalho e Previdência Social de seu empregado, ou cujas alegações para recusa tenham sido julgadas improcedentes, ficará sujeito à multa de valor igual a 30 (trinta) vezes o valor de referência regional.

— v. Nota do art. 47

Art. 55. Incorrerá na multa de valor igual a 30 (trinta) vezes o valor de referência regional a empresa que infringir o art. 13 e seus parágrafos.

— v. Nota do art. 47

Art. 56. O sindicato que cobrar remuneração pela entrega de Carteira de Trabalho e Previdência Social ficará sujeito à multa de valor igual a 90 (noventa) vezes o valor de referência regional.

— v. Nota do art. 47

CAPÍTULO II
DA DURAÇÃO DO TRABALHO

SEÇÃO I
Disposição Preliminar

Art. 57. Os preceitos deste Capítulo aplicam-se a todas as atividades, salvo as expressamente excluídas, constituindo exceções as disposições especiais, concernentes estritamente a peculiaridades profissionais constantes do Capítulo I do Título III.

SEÇÃO II
Da Jornada de Trabalho

Art. 58. A duração normal do trabalho, para os empregados em qualquer atividade privada, não excederá de oito horas diárias, desde que não seja fixado expressamente outro limite.

§ 1º Não serão descontadas nem computadas como jornada extraordinária as variações de horário no registro de ponto não excedentes de cinco minutos, observado o limite máximo de dez minutos diários.

§ 2º O tempo despendido pelo empregado até o local de trabalho e para o seu retorno, por qualquer meio de transporte, não será computado na jornada de trabalho, salvo quando, tratando-se de local de difícil acesso ou não servido por transporte público, o empregador fornecer a condução. (NR) *(Parágrafos acrescentados pela Lei n. 10.243, de 19.6.01, DOU 20.6.01).*

§ 3º Poderão ser fixados, para as microempresas e empresas de pequeno porte, por meio de acordo ou convenção coletiva, em caso de transporte fornecido pelo empregador, em local de difícil acesso ou não servido por transporte público, o tempo médio despendido pelo empregado, bem como a forma e a natureza da remuneração. (NR) *(Acrescentado pela Lei Complementar n. 123, de 14.12.06, DOU 15.12.06)*

Art. 58-A. Considera-se trabalho em regime de tempo parcial aquele cuja duração não exceda a vinte e cinco horas semanais.

§ 1º O salário a ser pago aos empregados sob o regime de tempo parcial será proporcional à sua jornada, em relação aos empregados que cumprem, nas mesmas funções, tempo integral.

§ 2º Para os atuais empregados, a adoção do regime de tempo parcial será feita mediante opção manifestada perante a empresa, na forma prevista em instrumento decorrente de negociação coletiva. (NR) *(Artigo acrescentado pela Medida Provisória n. 2.164-41, de 24.8.01, DOU 27.8.01).*

— v. CF, art. 7º, XIII e XIV — p. 30

Art. 59. A duração normal do trabalho poderá ser acrescida de horas suplementares, em número não excedente de duas, mediante acordo escrito entre empregador e empregado, ou mediante contrato coletivo de trabalho.

§ 1º Do acordo ou do contrato coletivo de trabalho deverá constar, obrigatoriamente, a importância da remuneração da hora suplementar, que será, pelo menos, 50% (cinquenta por cento) superior à hora normal (Adicional conforme CF, art. 7º, XVI).

§ 2º Poderá ser dispensado o acréscimo de salário se, por força de acordo ou convenção coletiva de trabalho, o excesso de horas em um dia for compensado pela correspondente diminuição em outro dia, de maneira que não exceda, no período máximo de um ano, à soma das jornadas semanais de trabalho previstas, nem seja ultrapassado o limite máximo de dez horas diárias. *(Parágrafo com redação dada pela Medida Provisória n. 2.164-41, de 24.8.01, DOU 27.8.01).*

§ 3º Na hipótese de rescisão do contrato de trabalho sem que tenha havido a compensação integral da jornada extraordinária, na forma do parágrafo anterior, fará o trabalhador jus ao pagamento das horas extras não compensadas, calculadas sobre o valor da remuneração na data da rescisão.

§ 4º Os empregados sob o regime de tempo parcial não poderão prestar horas extras. (NR) *(Parágrafo acrescentado pela MP n. 2.164-41, de 24.8.01, DOU 27.8.01).*

Art. 60. Nas atividades insalubres, assim consideradas as constantes dos quadros mencionados no capítulo "Da Segurança e Medicina do Trabalho", ou que neles venham a ser incluídas por ato do Ministro do Trabalho, quaisquer prorrogações só poderão ser acordadas mediante licença prévia das autoridades competentes em matéria de higiene do trabalho, as quais, para esse efeito, procederão aos necessários exames locais e à verificação dos métodos e processos de trabalho, quer diretamente, quer por intermédio de autoridades sanitárias federais, estaduais e municipais, com quem entrarão em entendimento para tal fim.

— v. CF, art. 7º, XIII e XXXIII, p. 30

Art. 61. Ocorrendo necessidade imperiosa, poderá a duração do trabalho exceder do limite legal ou convencionado, seja para fazer face a motivo de força maior, seja para atender à realização ou conclusão de serviços inadiáveis ou cuja inexecução possa acarretar prejuízo manifesto.

— v. art. 501

§ 1º O excesso, nos casos deste artigo, poderá ser exigido independentemente de acordo ou contrato coletivo e deverá ser comunicado, dentro de dez dias, à autoridade competente em matéria de trabalho, ou antes desse prazo, justificado no momento da fiscalização sem prejuízo dessa comunicação.

§ 2º Nos casos de excesso de horário por motivo de força maior, a remuneração da hora excedente não será inferior à da hora normal. Nos demais casos de excesso previsto neste artigo, a remuneração será, pelo menos, 50% (cinquenta por cento) superior à da hora normal, e o trabalho não poderá exceder de doze horas, desde que a lei não fixe expressamente outro limite. *(Adicional conforme CF, art. 7º, XVI).*

— v. CF, art. 7º, XIII, p. 30

§ 3º Sempre que ocorrer interrupção do trabalho, resultante de causas acidentais, ou de força maior, que determinem a impossibilidade de sua realização, a duração do trabalho poderá ser prorrogada pelo tempo necessário até o máximo de duas horas, durante o número de dias indispensáveis à recuperação do tempo perdido, desde que não exceda de dez horas diárias, em período não superior a quarenta e cinco dias por ano, sujeita essa recuperação à prévia autorização da autoridade competente.

Art. 62. Não são abrangidos pelo regime previsto neste capítulo:

I — os empregados que exercem atividade externa incompatível com a fixação de horário de trabalho, devendo tal condição ser anotada na Carteira de Trabalho e Previdência Social e no registro de empregados;

II — os gerentes, assim considerados os exercentes de cargos de gestão, aos quais se equiparam para efeito do disposto neste artigo, os diretores e chefes de departamento e/ou filial.

PARÁGRAFO ÚNICO. O regime previsto neste capítulo será aplicável aos empregados mencionados no inciso II deste artigo, quando o salário do cargo de confiança compreendendo a gratificação de função, se houver, for inferior ao valor do respectivo salário efetivo acrescido de 40% (quarenta por cento). *(Nova redação pela L. n. 8.966, DOU 27.12.94, DOU 28.12.94).*

Art. 63. Não haverá distinção entre empregados e interessados, e a participação em lucros e comissões, salvo em lucros de caráter social, não exclui o participante do regime deste Capítulo.

Art. 64. O salário-hora normal, no caso do empregado mensalista, será obtido dividindo-se o salário mensal correspondente à duração do trabalho, a que se refere o art. 58, por 30 vezes o número de horas dessa duração.

PARÁGRAFO ÚNICO. Sendo o número de dias inferior a 30, adotar-se-á para o cálculo em lugar desse número, o de dias de trabalho por mês. *(Redação de acordo com a L. n. 605, 5.1.49, DOU 14.1.49, LTr 13/45).*

Art. 65. No caso do empregado diarista, o salário-hora normal será obtido dividindo-se salário diário correspondente à duração do trabalho, estabelecida no art. 58, pelo número de horas de efetivo trabalho.

SEÇÃO III
Dos Períodos de Descanso

Art. 66. Entre duas jornadas de trabalho haverá um período mínimo de onze horas consecutivas para descanso.

Art. 67. Será assegurado a todo empregado um descanso semanal de vinte e quatro horas consecutivas, o qual, salvo motivo de conveniência pública ou necessidade imperiosa do serviço, deverá coincidir com o domingo, no todo ou em parte.

— v. CF, art. 7º, XV, p. 30

— v. L. n. 605/49 e D. n. 27.048/49, p. 689 e 691

PARÁGRAFO ÚNICO. Nos serviços que exijam trabalho aos domingos, com exceção quanto aos elencos teatrais, será estabelecida escala de revezamento, mensalmente organizada e constando de quadro sujeito à fiscalização.

Art. 68. O trabalho em domingo, seja total ou parcial, na forma do art. 67, será sempre subordinado à permissão prévia da autoridade competente em matéria de trabalho.

PARÁGRAFO ÚNICO. A permissão será concedida a título permanente nas atividades que, por sua natureza ou pela conveniência pública, devem ser exercidas aos domingos, cabendo ao Ministro do Trabalho expedir instruções em que sejam especificadas tais atividades. Nos demais casos, ela será dada sob forma transitória, com discriminação do período autorizado, o qual, de cada vez, não excederá de sessenta dias. (V. L. n. 605/49, no apêndice e D. n. 83.842, 14.8.74 — LTr 43/1204).

Art. 69. Na regulamentação do funcionamento de atividades sujeitas ao regime deste Capítulo, os municípios atenderão aos preceitos nele estabelecidos, e as regras que venham a fixar não poderão contrariar tais preceitos nem as instruções que, para seu cumprimento, forem expedidas pelas autoridades competentes em matéria de trabalho.

Art. 70. Salvo o disposto nos artigos 68 e 69, é vedado o trabalho em dias feriados nacionais e feriados religiosos, nos termos da legislação própria. *(Redação DL n. 229, 28.2.67, DOU 28.2.67, LTr 31/137).*

— v. L. n. 605/49, p. 689

Art. 71. Em qualquer trabalho contínuo, cuja duração exceda de seis horas, é obrigatória a concessão de um intervalo para repouso ou alimentação, o qual será, no mínimo, de uma hora e, salvo acordo escrito ou contrato coletivo em contrário, não poderá exceder de duas horas.

§ 1º Não excedendo de seis horas o trabalho, será, entretanto, obrigatório um intervalo de quinze minutos quando a duração ultrapassar quatro horas.

§ 2º Os intervalos de descanso não serão computados na duração do trabalho.

§ 3º O limite mínimo de uma hora para repouso ou refeição poderá ser reduzido por ato do Ministro do Trabalho, quando, ouvido o Departamento Nacional de Higiene e Segurança do Trabalho (DNHST) (atualmente Secretaria de Segurança e Medicina do Trabalho — SSMT), se verificar que o estabelecimento atende integralmente às exigências concernentes à organização dos refeitórios e quando os respectivos empregados não estiverem sob regime de trabalho prorrogado a horas suplementares. *(Redação DL n. 229, 28.2.67, DOU 28.2.67, LTr 31/137).*

§ 4º Quando o intervalo para repouso e alimentação, previsto neste artigo, não for concedido pelo empregador, este ficará obrigado a remunerar o período correspondente com um acréscimo de no mínimo cinquenta por cento sobre o valor da remuneração da hora normal de trabalho. *(Redação de acordo com a L. n. 8.923, de 27.7.94, DOU 28.7.94).*

§ 5º Os intervalos expressos no *caput* e no § 1º poderão ser fracionados quando compreendidos entre o término da primeira hora trabalhada e o início da última hora trabalhada, desde que previsto em convenção ou acordo coletivo de trabalho, ante a natureza do serviço e em virtude das condições especiais do trabalho a que são submetidos estritamente os motoristas, cobradores, fiscalização de campo e afins nos serviços de operação de veículos rodoviários, empregados no setor de transporte coletivo de passageiros, mantida a mesma remuneração e concedidos intervalos para descanso menores e fracionados ao final de cada viagem, não descontados da jornada." (NR) *(Redação dada pela Lei. n. 12.619, de 30.04.2012, DOU 2.05.2012)*

Art. 72. Nos serviços permanentes de mecanografia (datilografia, escrituração ou cálculo), a cada período de noventa minutos de trabalho consecutivo corresponderá um repouso de dez minutos não deduzidos da duração normal do trabalho.

SEÇÃO IV
Do Trabalho Noturno

Art. 73. Salvo nos casos de revezamento semanal ou quinzenal, o trabalho noturno terá remuneração superior à do diurno e, para esse efeito, sua remuneração terá um acréscimo de 20% (vinte por cento), pelo menos, sobre a hora diurna. *(Redação art. e §§ DL n. 9.666, 28.8.46, DOU 30.8.46, LTr 10/256).*

— v. CF, art. 7º, IX — p. 30

§ 1º A hora do trabalho noturno será computada como de 52 minutos e 30 segundos.

§ 2º Considera-se noturno, para os efeitos deste artigo, o trabalho executado entre as 22 horas de um dia e as 5 horas do dia seguinte.

§ 3º O acréscimo a que se refere o presente artigo, em se tratando de empresas que não mantêm, pela natureza de suas atividades, trabalho noturno habitual, será feito tendo em vista os quantitativos pagos por trabalhos diurnos de natureza semelhante. Em relação às empresas cujo trabalho noturno decorra da natureza de suas atividades, o aumento será calculado sobre o salário mínimo geral vigente na região, não sendo devido quando exceder desse limite, já acrescido da percentagem.

§ 4º Nos horários mistos, assim entendidos os que abrangem períodos diurnos e noturnos, aplica-se às horas de trabalho noturno o disposto neste artigo e seus parágrafos.

§ 5º Às prorrogações do trabalho noturno aplica-se o disposto neste Capítulo.

SEÇÃO V
Do Quadro de Horário

Art. 74. O horário do trabalho constará do quadro, organizado conforme modelo expedido pelo Ministro do Trabalho, e afixado em lugar bem visível. Esse quadro será discriminativo no caso de não ser o horário único para todos os empregados de uma mesma seção ou turma.

§ 1º O horário de trabalho será anotado em registro de empregados com a indicação de acordos ou contratos coletivos porventura celebrados.

§ 2º Para os estabelecimentos de mais de dez trabalhadores será obrigatória a anotação da hora de entrada e de saída, em registro manual, mecânico ou eletrônico, conforme instruções a serem expedidas pelo Ministério do Trabalho, devendo haver pré-assinalação do período de repouso. *(Redação L. n. 7.855, 24.10.89, DOU 25.10.89, LTr 53/1418).*

§ 3º Se o trabalho for executado fora do estabelecimento, o horário dos empregados constará, explicitamente, de ficha ou papeleta em seu poder, sem prejuízo do que dispõe o § 1º deste artigo.

SEÇÃO VI
Das Penalidades

Art. 75. Os infratores dos dispositivos do presente Capítulo incorrerão na multa de 3 (três) a 300 (trezentos) valores de referência regionais, segundo a natureza da infração, sua extensão e a intenção de quem a praticou, aplicada em dobro no caso de reincidência e oposição à fiscalização ou desacato à autoridade. *(Redação L. n. 6.205, 29.4.75 c/c art. 7º L. n. 6.986, 13.4.82).*

— v. Nota do art. 47

PARÁGRAFO ÚNICO. São competentes para impor penalidades as Delegacias Regionais do Trabalho.

CAPÍTULO III
DO SALÁRIO MÍNIMO

(V. CF, art. 7º, IV — p. 30)

SEÇÃO I
Do Conceito

Art. 76. Salário mínimo é a contraprestação mínima devida e paga diretamente pelo empregador a todo trabalhador, inclusive ao trabalhador rural, sem distinção de sexo, por dia normal de serviço, e capaz de satisfazer, em determinada época e região do País, as suas necessidades normais de alimentação, habitação, vestuário, higiene e transporte.

— v. CF, art. 7º, IV, p. 30

— v. L. n. 8.542, de 21.12.92, art. 6º, p. 796

Art. 77. Revogado pelo art. 23, L. n. 4.589, 11.12.64 DOU 17.12.64, LTr 29/271.

— v. Nota ao art. 86

Art. 78. Quando o salário for ajustado por empreitada, ou convencionado por tarefa ou peça, será garantida ao trabalhador uma remuneração diária nunca inferior à do salário mínimo por dia normal da região, zona ou subzona (atualmente região ou sub-região).

PARÁGRAFO ÚNICO. Quando o salário mínimo mensal do empregado à comissão ou que tenha direito à percentagem for integrado por parte fixa e parte variável, ser-lhe-á sempre garantido o salário mínimo, vedado qualquer desconto em mês subsequente a título de compensação. *(§ incluído DL n. 229, 28.2.67, DOU 28.2.67, LTr 31/137).*

Art. 79. Revogado pelo art. 23, L. n. 4.589, 11.12.64, DOU 17.12.64, LTr 29/271.

Art. 80. Revogado pela Lei n. 10.097, de 19.12.00, DOU 20.12.00

— v. CF, art. 7º, XXXIII, p. 30

Art. 81. O salário mínimo será determinado pela fórmula Sm=a+b+c+d+e, em que "a", "b", "c", "d" e "e" representam, respectivamente, o valor das despesas diárias com alimentação, habitação, vestuário, higiene e transporte necessários à vida de um trabalhador adulto.

— v. art. 6º da L. n. 8.542/92, p. 796

§ 1º A parcela correspondente à alimentação terá um valor mínimo igual aos valores da lista de provisões, constantes dos quadros devidamente aprovados e necessários à alimentação diária do trabalhador adulto.

§ 2º Poderão ser substituídos pelos equivalentes de cada grupo, também mencionados nos quadros a que alude o parágrafo anterior, os alimentos, quando as condições da região, zona ou subzona (atualmente região ou sub-região) o aconselharem, respeitados os valores nutritivos determinados nos mesmos quadros.

§ 3º O Ministério do Trabalho fará, periodicamente, a revisão dos quadros a que se refere o § 1º deste artigo.

— v. CF, art. 7º, IV, p. 30

Art. 82. Quando o empregador fornecer, *in natura*, uma ou mais das parcelas, do salário mínimo, o salário em dinheiro será determinado pela fórmula Sd=Sm-P, em que Sd representa o salário em dinheiro, Sm o salário mínimo e P a soma dos valores daquelas parcelas na região, zona ou subzona (atualmente região ou sub-região).

PARÁGRAFO ÚNICO. O salário mínimo pago em dinheiro não será inferior a 30% (trinta por cento) do salário mínimo fixado para a região, zona ou subzona (atualmente região ou sub-região).

Art. 83. É devido o salário mínimo ao trabalhador em domicílio, considerado este como o executado na habitação do empregado ou em oficina de família, por conta de empregador que o remunere.

SEÇÃO II

Das Regiões, Zonas e Subzonas

Art. 84. Revogado pelo DL n. 2.351, 7.8.87, DOU 10.8.87, LTr 51-9/1150.

Art. 85. Revogado pelo artigo 23, L. n. 4.589, 11.12.64, DOU 11.12.64, LTr 20/271.

Art. 86. Revogado pelo DL n. 2.351, 7.8.87, DOU 10.8.87, LTr 51-9/1150.

§ 1º Revogado pela L. n. 4.589, 11.12.64, DOU 17.12.64, LTr 29/271.

§§ 2º e 3º Revogados pelo DL n. 2.351, 7.8.87, DOU 10.8.87, LTr 51-9/1150.

SEÇÃO III

Da Constituição das Comissões

Arts. 87 a 100. Revogados pela L. n. 4.589, 11.12.64, DOU 17.12.64, LTr 29/271.

SEÇÃO IV

Das Atribuições das Comissões de Salário Mínimo

Arts. 101 a 111. Revogados pela L. n. 4.589, 11.12.64, DOU 17.12.64, LTr 29/271.

SEÇÃO V

Fixação do Salário Mínimo

Arts. 112 a 115. Revogados pela L. n. 4.589, 11.12.64, DOU 17.12.64, LTr 29/271.

Art. 116. Revogado pelo DL n. 2.351, 7.8.87, DOU 10.8.87, LTr 51-9/1150.

SEÇÃO VI

Disposições Gerais

Art. 117. Será nulo de pleno direito, sujeitando o empregador às sanções do art. 120, qualquer contrato ou convenção que estipule remuneração inferior ao salário mínimo estabelecido na região, zona ou subzona em que tiver de ser cumprido.

— v. CF, art. 7º, IV, p. 30

Art. 118. O trabalhador a quem for pago salário inferior ao mínimo terá direito, não obstante qualquer contrato ou convenção em contrário, a reclamar do empregador o complemento de seu salário mínimo estabelecido na região, zona ou subzona em que tiver de ser cumprido.

— v. CF, art. 7º, IV, p. 30

Art. 119. Prescreve em dois anos a ação para reaver a diferença, contados, para cada pagamento, da data em que o mesmo tenha sido efetuado.

— v. CF, art. 7º, XXIX, p. 30

Art. 120. Aquele que infringir qualquer dispositivo, concernente ao salário mínimo, será passível de multa de 1 (um) a 40 (quarenta) valores de referência regionais, elevada ao dobro na reincidência. *(Redação L. n. 6.205, 29.4.75 c/c art. 7º L. n. 6.986, 13.4.82).*

— v. Nota do art. 47

Art. 121. Revogado pelo DL n. 229, 28.2.67, DOU 28.2.67, LTr 31/137.

CLT

Arts. 122 e 123. Revogados pela L. n. 4.589, 11.12.64, DOU 17.12.64, LTr 29/271.

Art. 124. A aplicação dos preceitos deste Capítulo não poderá, em caso algum, ser causa determinante da redução do salário.

Art. 125. Revogado pela L. n. 4.589, 11.12.64, DOU 17.12.64, LTr 29/271.

Art. 126. O Ministro do Trabalho expedirá as instruções necessárias à fiscalização do salário mínimo, podendo cometer essa fiscalização a qualquer dos órgãos componentes do respectivo Ministério, e, bem assim, aos fiscais do Instituto Nacional do Seguro Social — INSS, na forma da legislação em vigor.

Arts. 127 e 128. Revogados pelo DL n. 229, 28.2.67, DOU 28.2.67, LTr 31/137.

CAPÍTULO IV

DAS FÉRIAS ANUAIS

(Redação deste Capítulo dada pelo DL n. 1.535, 13.4.77, DOU 13.4.77, LTr 41/559)

(V. Convenção n. 132, da OIT à p. 702)

SEÇÃO I

Do Direito a Férias e da sua Duração

Art. 129. Todo empregado terá direito anualmente ao gozo de um período de férias, sem prejuízo da remuneração.

— v. CF, art. 7º, XVII, p. 30

Art. 130. Após cada período de 12 (doze) meses de vigência do contrato de trabalho, o empregado terá direito a férias, na seguinte proporção:

I — 30 (trinta) dias corridos, quando não houver faltado ao serviço mais de 5 (cinco) vezes;

II — 24 (vinte e quatro) dias corridos, quando houver tido de 6 (seis) a 14 (quatorze) faltas;

III — 18 (dezoito) dias corridos, quando houver tido de 15 (quinze) a 23 (vinte e três) faltas;

IV — 12 (doze) dias corridos, quando houver tido de 24 (vinte e quatro) a 32 (trinta e duas) faltas.

§ 1º É vedado descontar, do período de férias, as faltas do empregado ao serviço.

§ 2º O período das férias será computado, para todos os efeitos, como tempo de serviço.

Art. 130-A. Na modalidade do regime de tempo parcial, após cada período de doze meses de vigência do contrato de trabalho, o empregado terá direito a férias, na seguinte proporção:

I — dezoito dias, para a duração do trabalho semanal superior a vinte e duas horas, até vinte e cinco horas;

II — dezesseis dias, para a duração do trabalho semanal superior a vinte horas, até vinte e duas horas;

III — quatorze dias, para a duração do trabalho semanal superior a quinze horas, até vinte horas;

IV — doze dias, para a duração do trabalho semanal superior a dez horas, até quinze horas;

V — dez dias, para a duração do trabalho semanal superior a cinco horas, até dez horas;

VI — oito dias, para a duração do trabalho semanal igual ou inferior a cinco horas.

PARÁGRAFO ÚNICO. O empregado contratado sob o regime de tempo parcial que tiver mais de sete faltas injustificadas ao longo do período aquisitivo terá o seu período de férias reduzido à metade. (NR) *(Artigo acrescentado pela Medida Provisória n. 2.164-41, de 24.8.01, DOU 27.8.01).*

Art. 131. Não será considerada falta ao serviço, para os efeitos do artigo anterior, a ausência do empregado:

I — nos casos referidos no art. 473;

II — durante o licenciamento compulsório da empregada por motivo de maternidade ou aborto, observados os requisitos para percepção do salário-maternidade custeado pela Previdência Social. *(Redação da L. n. 8.921, de 25.7.94);*

III — por motivo de acidente de trabalho ou de enfermidade atestada pelo Instituto Nacional do Seguro Social — INSS, excetuada a hipótese do inciso IV do art. 133. *(Redação dada pela Lei n. 8.726, de 5.11.93);*

IV — justificada pela empresa, entendendo-se como tal a que não tiver determinado o desconto do correspondente salário;

V — durante a suspensão preventiva para responder a inquérito administrativo ou de prisão preventiva, quando for impronunciado ou absolvido; e,

VI — nos dias em que não tenha havido serviço, salvo na hipótese do inciso III do art. 133.

Art. 132. O tempo de trabalho anterior à apresentação do empregado para serviço militar obrigatório será computado no período aquisitivo, desde que ele compareça ao estabelecimento dentro de 90 (noventa) dias da data em que se verificar a respectiva baixa.

Art. 133. Não terá direito a férias o empregado que, no curso do período aquisitivo:

I — deixar o emprego e não for readmitido dentro dos 60 (sessenta) dias subsequentes à sua saída;

II — permanecer em gozo de licença, com percepção de salários, por mais de 30 (trinta) dias;

III — deixar de trabalhar, com percepção do salário, por mais de 30 (trinta) dias em virtude de paralisação parcial ou total dos serviços da empresa;

IV — tiver percebido da Previdência Social prestações de acidente de trabalho ou de auxílio-doença por mais de 6 (seis) meses, embora descontínuos.

§ 1º A interrupção da prestação de serviços deverá ser anotada na Carteira de Trabalho e Previdência Social.

§ 2º Iniciar-se-á o decurso de novo período aquisitivo quando o empregado, após o implemento de qualquer das condições previstas neste artigo, retornar ao serviço.

§ 3º Para os fins previstos no inciso III deste artigo a empresa comunicará ao órgão local do Ministério do Trabalho, com antecedência mínima de quinze dias, as datas de início e fim da paralisação total ou parcial dos serviços da empresa, e, em igual prazo, comunicará, nos mesmos termos, ao sindicato representativo da categoria profissional, bem como afixará aviso nos respectivos locais de trabalho. *(incluído pela L. n. 9.016, de 30.3.95, DOU 31.3.95).*

SEÇÃO II

Da Concessão e da Época das Férias

Art. 134. As férias serão concedidas por ato do empregador, em um só período, nos 12 (doze) meses subsequentes à data em que o empregado tiver adquirido o direito.

§ 1º Somente em casos excepcionais serão as férias concedidas em dois períodos, um dos quais não poderá ser inferior a 10 (dez) dias corridos.

§ 2º Aos menores de 18 (dezoito) anos e aos maiores de 50 (cinquenta) anos de idade, as férias serão sempre concedidas de uma só vez.

Art. 135. A concessão de férias será participada, por escrito, ao empregado, com antecedência de, no mínimo, 30 (trinta) dias. Dessa participação o interessado dará recibo. *(Redação L. n. 7.414, de 9.12.85, DOU 10.12.85).*

§ 1º O empregado não poderá entrar no gozo das férias sem que apresente ao empregador sua CTPS, para que nela seja anotada a respectiva concessão.

§ 2º A concessão das férias será, igualmente, anotada no livro ou nas fichas de registro dos empregados.

Art. 136. A época da concessão das férias será a que melhor consulte os interesses do empregador.

§ 1º Os membros de uma família, que trabalharem no mesmo estabelecimento ou empresa, terão direito a gozar férias no mesmo período, se assim o desejarem e se disto não resultar prejuízo para o serviço.

§ 2º O empregado estudante, menor de 18 (dezoito) anos, terá direito a fazer coincidir suas férias com as férias escolares.

Art. 137. Sempre que as férias forem concedidas após o prazo de que trata o art. 134, o empregador pagará em dobro a respectiva remuneração.

§ 1º Vencido o mencionado prazo sem que o empregador tenha concedido as férias, o empregado poderá ajuizar reclamação pedindo a fixação, por sentença, da época de gozo das mesmas.

§ 2º A sentença cominará pena diária de 5% (cinco por cento) do salário mínimo da região, devida ao empregado até que seja cumprida.

§ 3º Cópia da decisão judicial transitada em julgado será remetida ao órgão local do Ministério do Trabalho, para fins de aplicação da multa de caráter administrativo.

Art. 138. Durante as férias, o empregado não poderá prestar serviços a outro empregador, salvo se estiver obrigado a fazê-lo em virtude de contrato de trabalho regularmente mantido com aquele.

SEÇÃO III

Das Férias Coletivas

Art. 139. Poderão ser concedidas férias coletivas a todos os empregados de uma empresa ou de determinados estabelecimentos ou setores da empresa.

§ 1º As férias poderão ser gozadas em dois períodos anuais, desde que nenhum deles seja inferior a 10 (dez) dias corridos.

§ 2º Para os fins previstos neste artigo, o empregador comunicará ao órgão local do Ministério do Trabalho, com a antecedência mínima de 15 (quinze) dias as datas de início e fim das férias, precisando quais os estabelecimentos ou setores abrangidos pela medida.

§ 3º Em igual prazo o empregador enviará cópia da aludida comunicação aos sindicatos representativos da respectiva categoria profissional, e providenciará a afixação de aviso nos locais de trabalho.

Art. 140. Os empregados contratados há menos de 12 (doze) meses gozarão, na oportunidade, férias proporcionais, iniciando-se, então, novo período aquisitivo.

Art. 141. Quando o número de empregados contemplados com as férias coletivas for superior a 300 (trezentos), a empresa poderá promover, mediante carimbo, as anotações de que trata o art. 135, § 1º.

§ 1º O carimbo, cujo modelo será aprovado pelo Ministério do Trabalho, dispensará a referência ao período aquisitivo a que correspondem, para cada empregado, as férias concedidas.

§ 2º Adotado o procedimento indicado neste artigo, caberá à empresa fornecer ao empregado cópia visada do recibo correspondente à quitação mencionada no parágrafo único do art. 145.

§ 3º Quando da cessação do contrato de trabalho, o empregador anotará na CTPS as datas dos períodos aquisitivos correspondentes às férias coletivas gozadas pelo empregado.

SEÇÃO IV

Da Remuneração e do Abono de Férias

Art. 142. O empregado perceberá, durante as férias, a remuneração que lhe for devida na data da sua concessão.

— v. CF, art. 7º, XVII, p. 30

§ 1º Quando o salário for pago por hora, com jornadas variáveis, apurar-se-á a média do período aquisitivo aplicando-se o valor do salário na data da concessão das férias.

§ 2º Quando o salário for pago por tarefa, tomar-se-á por base a média da produção no período aquisitivo do direito a férias, aplicando-se o valor da remuneração da tarefa na data da concessão das férias.

§ 3º Quando o salário for pago por percentagem, comissão ou viagem, apurar-se-á a média percebida pelo empregado nos 12 (doze) meses que precederem à concessão das férias.

§ 4º A parte do salário paga em utilidades será computada de acordo com a anotação na CTPS.

§ 5º Os adicionais por trabalho extraordinário, noturno, insalubre ou perigoso serão computados no salário que servirá de base ao cálculo da remuneração das férias.

§ 6º Se, no momento das férias, o empregado não estiver percebendo o mesmo adicional do período aquisitivo, ou quando o valor deste não tiver sido uniforme, será computada a média duodecimal recebida naquele período, após a atualização das importâncias pagas, mediante incidência dos percentuais dos reajustamentos salariais supervenientes.

Art. 143. É facultado ao empregado converter 1/3 (um terço) do período de férias a que tiver direito em abono pecuniário, no valor da remuneração que lhe seria devida nos dias correspondentes.

§ 1º O abono de férias deverá ser requerido até 15 (quinze) dias antes do término do período aquisitivo.

§ 2º Tratando-se de férias coletivas, a conversão a que se refere este artigo deverá ser objeto de acordo coletivo entre o empregador e o sindicato representativo da respectiva categoria profissional, independendo de requerimento individual a concessão do abono.

§ 3º O disposto neste artigo não se aplica aos empregados sob o regime de tempo parcial. (NR) *(Parágrafo acrescentado pela Medida Provisória n. 2.164-41, de 24.8.01, DOU 27.8.01).*

Art. 144. O abono de férias de que trata o artigo anterior, bem como o concedido em virtude de cláusula do contrato de trabalho, do regulamento da empresa, de convenção ou acordo coletivo, desde que não excedente de vinte dias do salário, não integrarão a remuneração do empregado para os efeitos da legislação do trabalho. *(Redação dada pela Lei n. 9.528, de 10.12.97, DOU 11.12.97).*

Art. 145. O pagamento da remuneração das férias e, se for o caso o do abono referido no art. 143, serão efetuados até 2 (dois) dias antes do início do respectivo período.

PARÁGRAFO ÚNICO. O empregado dará quitação do pagamento com indicação do início e do termo das férias.

SEÇÃO V

Dos Efeitos da Cessação do Contrato de Trabalho

Art. 146. Na cessação do contrato de trabalho, qualquer que seja a sua causa, será devida ao empregado a remuneração simples ou em dobro, conforme o caso, correspondente ao período de férias cujo direito tenha adquirido.

PARÁGRAFO ÚNICO. Na cessação do contrato de trabalho, após 12 (doze) meses de serviço, o empregado, desde que não haja sido demitido por justa causa, terá direito à remuneração relativa ao período incompleto de férias, de acordo com o art. 130, na proporção de 1/12 (um doze avos) por mês de serviço ou fração superior a 14 (quatorze) dias.

Art. 147. O empregado que for despedido sem justa causa, ou cujo contrato de trabalho se extinguir em prazo predeterminado, antes de completar 12 (doze) meses de serviço, terá direito à remuneração relativa ao período incompleto de férias, de conformidade com o disposto no artigo anterior.

Art. 148. A remuneração das férias, ainda quando devida após a cessação do contrato de trabalho, terá natureza salarial, para os efeitos do art. 449.

V. art. 449 e Lei n. 11.101, de 9.2.05, DOU 9.2.05, ed. extra, p. 1029.

SEÇÃO VI

Do Início da Prescrição

Art. 149. A prescrição do direito de reclamar a concessão das férias ou o pagamento da respectiva remuneração é contada do término do prazo mencionado no art. 134 ou, se for o caso, da cessação do contrato de trabalho.

SEÇÃO VII

Disposições Especiais

Art. 150. O tripulante que, por determinação do armador, for transferido para o serviço de outro, terá computado, para o efeito de gozo de férias, o tempo de serviço prestado ao primeiro, ficando obrigado a concedê-las o armador em cujo serviço ele se encontra na época de gozá-las.

§ 1º As férias poderão ser concedidas, a pedido dos interessados e com aquiescência do armador, parceladamente, nos portos de escala de grande estadia do navio, aos tripulantes ali residentes.

§ 2º Será considerada grande estadia a permanência no porto por prazo excedente de seis dias.

§ 3º Os embarcadiços, para gozarem férias nas condições deste artigo, deverão pedi-las, por escrito, ao armador, antes do início da viagem, no porto de registro ou armação.

§ 4º O tripulante, ao terminar as férias, apresentar-se-á ao armador, que deverá designá-lo para qualquer de suas embarcações ou o adir a algum dos seus serviços terrestres, respeitadas a condição pessoal e a remuneração.

§ 5º Em caso de necessidade, determinada pelo interesse público, e comprovada pela autoridade competente, poderá o armador ordenar a suspensão das férias já iniciadas ou a iniciar-se, ressalvado ao tripulante o direito ao respectivo gozo posteriormente.

§ 6º O Delegado do Trabalho Marítimo poderá autorizar a acumulação de dois períodos de férias do marítimo, mediante requerimento justificado:

I — do sindicato, quando se tratar de sindicalizado;

II — da empresa, quando o empregado não for sindicalizado.

Art. 151. Enquanto não se criar um tipo especial de caderneta profissional para os marítimos, as férias serão anotadas pela Capitania do Porto na caderneta-matrícula do tripulante, na página das observações.

Art. 152. A remuneração do tripulante, no gozo de férias, será acrescida da importância correspondente à etapa que estiver vencendo.

SEÇÃO VIII

Das Penalidades

Art. 153. As infrações ao disposto neste Capítulo serão punidas com multas de valor igual a 160 BTNs por empregado em situação irregular.

PARÁGRAFO ÚNICO. Em caso de reincidência, embaraço ou resistência à fiscalização, emprego de artifício ou simulação com o objetivo de fraudar a lei, a multa será aplicada em dobro. *(Redação L. n. 7.855, 24.10.89, DOU 25.10.89, LTr 53/1418).*

CAPÍTULO V

DA SEGURANÇA E MEDICINA DO TRABALHO

Redação deste Capítulo dada pela L. n. 6.514, 22.12.77, DOU 23.12.77, LTr 42/111 — V. Port. 3.214, 8.6.78, que aprovou as Normas Regulamentadoras deste Capítulo, DOU Supl. 6.7.78, LTr 42/931
V. Lei Complementar n. 123, de 14.12.06 (Estatuto da microempresa e da Empresa de Pequeno Porte), art. 50
V. Decreto n. 4.085, de 15.1.02 (DOU 16.1.02) que promulga a Convenção n. 174 e Recomendação n. 181, ambas da Organização Internacional do Trabalho — OIT, que trata sobre a Prevenção de Acidentes Industriais Maiores. (não publicada nesta obra)
V. Normas regulamentadoras de Segurança e Saúde do Trabalho de ns. 1 a 36, da Portaria n. 3.214/78, do MTE (não publicadas nesta obra)
(V. CF, art. 7º, XXII, p. 30)

SEÇÃO I

Disposições Gerais

V. NR-1 da Port. n. 3.214/78, do MTE

Art. 154. A observância, em todos os locais de trabalho, do disposto neste Capítulo, não desobriga as empresas do cumprimento de outras disposições que, com relação à matéria, sejam incluídas em códigos de obras ou regulamentos sanitários dos Estados ou Municípios em que se situem os respectivos estabelecimentos, bem como daquelas oriundas de convenções coletivas de trabalho.

Art. 155. Incumbe ao órgão de âmbito nacional competente em matéria de segurança e medicina do trabalho:

I — estabelecer, nos limites de sua competência, normas sobre a aplicação dos preceitos deste Capítulo, especialmente os referidos no art. 200;

II — coordenar, orientar, controlar e supervisionar a fiscalização e as demais atividades relacionadas com a segurança e a medicina do trabalho em todo território nacional, inclusive a Campanha Nacional de Prevenção de Acidentes do Trabalho;

III — conhecer, em última instância, dos recursos, voluntários ou de ofício, das decisões proferidas pelos Delegados Regionais do Trabalho, em matéria de segurança e medicina do trabalho.

Art. 156. Compete especialmente às Delegacias Regionais do Trabalho, nos limites de sua jurisdição:

I — promover a fiscalização do cumprimento das normas de segurança e medicina do trabalho;

II — adotar as medidas que se tornem exigíveis, em virtude das disposições deste Capítulo, determinando as obras e reparos que, em qualquer local de trabalho, se façam necessárias;

III — impor as penalidades cabíveis por descumprimento das normas constantes deste Capítulo, nos termos do art. 201.

— v. L. n. 8.422/92, DOU 14.5.92 (LTr 56-06/694)

Art. 157. Cabe às empresas:

I — cumprir e fazer cumprir as normas de segurança e medicina do trabalho;

II — instruir os empregados, através de ordens de serviço, quanto às precauções a tomar no sentido de evitar acidentes do trabalho ou doenças ocupacionais;

III — adotar as medidas que lhes sejam determinadas pelo órgão regional competente;

IV — facilitar o exercício da fiscalização pela autoridade competente.

Art. 158. Cabe aos empregados:

I — observar as normas de segurança e medicina do trabalho, inclusive as instruções de que trata o item II do artigo anterior;

II — colaborar com a empresa na aplicação dos dispositivos deste Capítulo.

PARÁGRAFO ÚNICO. Constitui ato faltoso do empregado a recusa injustificada:

a) à observância das instruções expedidas pelo empregador na forma do item II do artigo anterior;

b) ao uso dos equipamentos de proteção individual fornecidos pela empresa.

Art. 159. Mediante convênio autorizado pelo Ministério do Trabalho, poderão ser delegadas a outros órgãos federais, estaduais ou municipais atribuições de fiscalização ou orientação às empresas quanto ao cumprimento das disposições constantes deste Capítulo.

SEÇÃO II

Da Inspeção Prévia e do Embargo ou Interdição

— v. NR-2 e NR-3, da Port. n. 3.214/78, do MTE
— v. Portaria GM/MTE n. 40, de 14 de janeiro de 2011, DOU 17.1.11 que disciplina os procedimentos relativos aos embargos e interdições, não publicada na presente obra.

Art. 160. Nenhum estabelecimento poderá iniciar suas atividades sem prévia inspeção e aprovação das respectivas instalações pela autoridade regional competente em matéria de segurança e medicina do trabalho.

§ 1º Nova inspeção deverá ser feita quando ocorrer modificação substancial nas instalações, inclusive equipamentos, que a empresa fica obrigada a comunicar, prontamente, à Delegacia Regional do Trabalho.

§ 2º É facultado às empresas solicitar prévia aprovação, pela Delegacia Regional do Trabalho, dos projetos de construção e respectivas instalações.

Art. 161. O Delegado Regional do Trabalho, à vista do laudo técnico do serviço competente que demonstre grave e iminente risco para o trabalhador, poderá interditar estabelecimento, setor de serviço, máquina ou equipamento, ou embargar obra, indicando na decisão, tomada com a brevidade que a ocorrência exigir, as providências que deverão ser adotadas para prevenção de infortúnios de trabalho.

§ 1º As autoridades federais, estaduais e municipais darão imediato apoio às medidas determinadas pelo Delegado Regional do Trabalho.

§ 2º A interdição ou embargo poderão ser requeridos pelo serviço competente da Delegacia Regional do Trabalho, e, ainda, por agente da inspeção do trabalho ou por entidade sindical.

§ 3º Da decisão do Delegado Regional do Trabalho poderão os interessados recorrer, no prazo de 10 (dez) dias, para o órgão de âmbito nacional competente em matéria de segurança e medicina do trabalho, ao qual será facultado dar efeito suspensivo ao recurso.

§ 4º Responderá por desobediência, além das medidas penais cabíveis, quem, após determinada a interdição ou embargo, ordenar ou permitir o funcionamento do estabelecimento ou de um dos seus setores, a utilização de máquina ou equipamento, ou o prosseguimento de obra, se, em consequência, resultarem danos a terceiros.

§ 5º O Delegado Regional do Trabalho, independente de recurso, e após laudo técnico do serviço competente, poderá levantar a interdição.

§ 6º Durante a paralisação dos serviços, em decorrência da interdição ou embargo, os empregados receberão os salários como se estivessem em efetivo exercício.

SEÇÃO III

Dos Órgãos de Segurança e de Medicina do Trabalho nas Empresas

— v. NR-4, NR-5, NR-7 e NR-9, da Port. n. 3.214/78, do MTE

Art. 162. As empresas, de acordo com normas a serem expedidas pelo Ministério do Trabalho, estarão obrigadas a manter serviços especializados em segurança e em medicina do trabalho.

PARÁGRAFO ÚNICO. As normas a que se refere este artigo estabelecerão:

a) a classificação das empresas segundo o número de empregados e a natureza do risco de suas atividades;

b) o número mínimo de profissionais especializados exigido de cada empresa, segundo o grupo em que se classifique, na forma da alínea anterior;

c) a qualificação exigida para os profissionais em questão e o seu regime de trabalho;

d) as demais características e atribuições dos serviços especializados em segurança e em medicina do trabalho, nas empresas.

Art. 163. Será obrigatória a constituição de Comissão Interna de Prevenção de Acidentes (CIPA), de conformidade com instruções expedidas pelo Ministério do Trabalho, nos estabelecimentos ou locais de obra nelas especificadas.

PARÁGRAFO ÚNICO. O Ministério do Trabalho regulamentará as atribuições, a composição e o funcionamento das CIPAs. *(NR-5 da Port. 3.214/78, do MTE).*

Art. 164. Cada CIPA será composta de representantes da empresa e dos empregados, de acordo com os critérios que vierem a ser adotados na regulamentação de que trata o parágrafo único do artigo anterior.

§ 1º Os representantes dos empregadores, titulares e suplentes, serão por eles designados.

§ 2º Os representantes dos empregados, titulares e suplentes, serão eleitos em escrutínio secreto, do qual participem, independentemente de filiação sindical, exclusivamente os empregados interessados.

§ 3º O mandato dos membros eleitos da CIPA terá a duração de 1 (um) ano, permitida uma reeleição.

§ 4º O disposto no parágrafo anterior não se aplicará ao membro suplente que, durante o seu mandato, tenha participado de menos da metade do número de reuniões da CIPA.

§ 5º O empregador designará, anualmente, dentre os seus representantes, o Presidente da CIPA e os empregados elegerão, dentre eles, o Vice-Presidente.

Art. 165. Os titulares da representação dos empregados nas CIPA(s) não poderão sofrer despedida arbitrária, entendendo-se como tal a que não se fundar em motivo disciplinar, técnico, econômico ou financeiro.

PARÁGRAFO ÚNICO. Ocorrendo a despedida, caberá ao empregador, em caso de reclamação à Justiça do Trabalho, comprovar a existência de qualquer dos motivos mencionados neste artigo, sob pena de ser condenado a reintegrar o empregado.

— v. CF, DT, art. 10, II, *a*, p. 48

SEÇÃO IV

Do Equipamento de Proteção Individual

— v. NR-6, da Port. n. 3.214/78, do MTE

Art. 166. A empresa é obrigada a fornecer aos empregados, gratuitamente, equipamento de proteção individual adequado ao risco e em perfeito estado de conservação e funcionamento, sempre que as medidas de ordem geral não ofereçam completa proteção contra os riscos de acidentes e danos à saúde dos empregados.

Art. 167. O equipamento de proteção só poderá ser posto à venda ou utilizado com a indicação do Certificado de Aprovação do Ministério do Trabalho.

SEÇÃO V

Das Medidas Preventivas de Medicina do Trabalho

— v. NR-7 e NR-9, da Port. n. 3.214/78, do MTE

Art. 168. Será obrigatório exame médico, por conta do empregador, nas condições estabelecidas neste artigo e nas instruções complementares a serem expedidas pelo Ministério do Trabalho:

I — na admissão;

II — na demissão;

III — periodicamente.

§ 1º O Ministério do Trabalho baixará instruções relativas aos casos em que serão exigíveis exames:

a) por ocasião da demissão;

b) complementares.

§ 2º Outros exames complementares poderão ser exigidos, a critério médico, para apuração da capacidade ou aptidão física e mental do empregado para a função que deva exercer.

§ 3º O Ministério do Trabalho estabelecerá, de acordo com o risco da atividade e o tempo de exposição, a periodicidade dos exames médicos.

§ 4º O empregador manterá, no estabelecimento, o material necessário à prestação de primeiros socorros médicos, de acordo com o risco da atividade.

§ 5º O resultado dos exames médicos, inclusive o exame complementar, será comunicado ao trabalhador, observados os preceitos da ética médica. *(Redação L. n. 7.855, 24.10.89, DOU 25.10.89, LTr 53/1418).*

Art. 169. Será obrigatória a notificação das doenças profissionais e das produzidas em virtude de condições especiais de trabalho, comprovadas ou objeto de suspeita, de conformidade com as instruções expedidas pelo Ministério do Trabalho.

SEÇÃO VI

Das Edificações

— v. NR-8, da Port. n. 3.214/78, do MTE

Art. 170. As edificações deverão obedecer aos requisitos técnicos que garantam perfeita segurança aos que nelas trabalhem.

Art. 171. Os locais de trabalho deverão ter, no mínimo, 3 (três) metros de pé-direito, assim considerada a altura livre do piso ao teto.

PARÁGRAFO ÚNICO. Poderá ser reduzido esse mínimo desde que atendidas as condições de iluminação e conforto térmico compatíveis com a natureza do trabalho, sujeitando-se tal redução ao controle do órgão competente em matéria de segurança e medicina do trabalho.

Art. 172. Os pisos dos locais de trabalho não deverão apresentar saliências nem depressões que prejudiquem a circulação de pessoas ou a movimentação de materiais.

Art. 173. As aberturas nos pisos e paredes serão protegidas de forma que impeçam a queda de pessoas ou de objetos.

Art. 174. As paredes, escadas, rampas de acesso, passarelas, pisos, corredores, coberturas e passagens dos locais de trabalho deverão obedecer às condições de segurança e de higiene do trabalho, estabelecidas pelo Ministério do Trabalho e manter-se em perfeito estado de conservação e limpeza.

SEÇÃO VII

Da Iluminação

— V. NR-10 da Port. n. 3.214/78, do MTE

Art. 175. Em todos os locais de trabalho deverá haver iluminação adequada, natural ou artificial, apropriada à natureza da atividade.

§ 1º A iluminação deverá ser uniformemente distribuída, geral e difusa, a fim de evitar ofuscamento, reflexos incômodos, sombras e contrastes excessivos.

§ 2º O Ministério do Trabalho estabelecerá os níveis mínimos de iluminamento a serem observados.

SEÇÃO VIII

Do Conforto Térmico

— v. NR-17, da Port. n. 3.214/78, do MTE

Art. 176. Os locais de trabalho deverão ter ventilação natural, compatível com o serviço realizado.

PARÁGRAFO ÚNICO. A ventilação artificial será obrigatória sempre que a natural não preencha as condições de conforto térmico.

Art. 177. Se as condições de ambiente se tornarem desconfortáveis em virtude de instalações geradoras de frio ou de calor, será obrigatório o uso de vestimenta adequada para o trabalho em tais condições ou de capelas, anteparos, paredes duplas, isolamento térmico e recursos similares, de forma que os empregados fiquem protegidos contra as radiações térmicas.

Art. 178. As condições de conforto térmico dos locais de trabalho devem ser mantidas dentro dos limites fixados pelo Ministério do Trabalho.

SEÇÃO IX

Das Instalações Elétricas

— v. NR-10, da Port. n. 3.214/78, do MTE

Art. 179. O Ministério do Trabalho disporá sobre as condições de segurança e as medidas especiais a serem observadas relativamente a instalações elétricas, em qualquer das fases de produção, transmissão, distribuição ou consumo de energia.

Art. 180. Somente profissional qualificado poderá instalar, operar, inspecionar ou reparar instalações elétricas.

Art. 181. Os que trabalharem em serviços de eletricidade ou instalações elétricas devem estar familiarizados com os métodos de socorro a acidentados por choque elétrico.

SEÇÃO X

Da Movimentação, Armazenagem e Manuseio de Materiais

— v. NR-11 da Port. n. 3.214/78, do MTE

Art. 182. O Ministério do Trabalho estabelecerá normas sobre:

I — as precauções de segurança na movimentação de materiais nos locais de trabalho, os equipamentos a serem obrigatoriamente utilizados e as condições especiais a que estão sujeitas a operação e a manutenção desses equipamentos, inclusive exigências de pessoal habilitado;

II — as exigências similares relativas ao manuseio e à armazenagem de materiais, inclusive quanto às condições de segurança e higiene relativas aos recipientes e locais de armazenagem e os equipamentos de proteção individual;

III — a obrigatoriedade de indicação de carga máxima permitida nos equipamentos de transporte, dos avisos de proibição de fumar e de advertência quanto à natureza perigosa ou nociva à saúde das substâncias em movimentação ou em depósito, bem como das recomendações de primeiros socorros e de atendimento médico e símbolo de perigo, segundo padronização internacional, nos rótulos dos materiais ou substâncias armazenados ou transportados.

PARÁGRAFO ÚNICO. As disposições relativas ao transporte de materiais aplicam-se também, no que couber ao transporte de pessoas nos locais de trabalho.

Art. 183. As pessoas que trabalharem na movimentação de materiais deverão estar familiarizadas com os métodos racionais de levantamento de cargas.

SEÇÃO XI

Das Máquinas e Equipamentos

— v. NR-12, da Port. n. 3.214/78, do MTE

Art. 184. As máquinas e os equipamentos deverão ser dotados de dispositivos de partida e parada e outros que se fizerem necessários para a prevenção de acidentes do trabalho, especialmente quanto ao risco de acionamento acidental.

PARÁGRAFO ÚNICO. É proibida a fabricação, a importação, a venda, a locação e o uso de máquinas e equipamentos que não atendam ao disposto neste artigo.

Art. 185. Os reparos, limpeza e ajustes somente poderão ser executados com as máquinas paradas, salvo se o movimento for indispensável à realização do ajuste.

Art. 186. O Ministério do Trabalho estabelecerá normas adicionais sobre proteção e medidas de segurança na operação de máquinas e equipamentos, especialmente quanto à proteção das partes móveis, distância entre estas, vias de acesso às máquinas e equipamentos de grandes dimensões, emprego de ferramentas, sua adequação e medidas de proteção exigidas, quando motorizadas ou elétricas.

SEÇÃO XII
Das Caldeiras, Fornos e Recipientes sob Pressão

— v. NR-13 e NR-14, da Port. n. 3.214/78, do MTE

Art. 187. As caldeiras, equipamentos e recipientes em geral que operam sob pressão deverão dispor de válvulas e outros dispositivos de segurança, que evitem seja ultrapassada a pressão interna de trabalho compatível com a sua resistência.

PARÁGRAFO ÚNICO. O Ministério do Trabalho expedirá normas complementares quanto à segurança das caldeiras, fornos e recipientes sob pressão, especialmente quanto ao revestimento interno, à localização, à ventilação dos locais e outros meios de eliminação de gases ou vapores prejudiciais à saúde, e demais instalações ou equipamentos necessários à execução segura das tarefas de cada empregado.

Art. 188. As caldeiras serão periodicamente submetidas a inspeções de segurança, por engenheiro ou empresa especializada, inscritos no Ministério do Trabalho, de conformidade com as instruções que, para esse fim, forem expedidas.

§ 1º Toda caldeira será acompanhada de "Prontuário", com documentação original do fabricante, abrangendo, no mínimo, especificação técnica, desenhos, detalhes, provas e testes realizados durante a fabricação e a montagem, características funcionais e a pressão máxima de trabalho permitida (PMTP), esta última indicada, em local visível, na própria caldeira.

§ 2º O proprietário da caldeira deverá organizar, manter atualizado e apresentar, quando exigido pela autoridade competente, o Registro de Segurança, no qual serão anotadas, sistematicamente, as indicações das provas efetuadas, inspeções, reparos e quaisquer outras ocorrências.

§ 3º Os projetos de instalação de caldeiras, fornos e recipientes sob pressão deverão ser submetidos à aprovação prévia do órgão regional competente em matéria de segurança do trabalho.

SEÇÃO XIII
Das Atividades Insalubres ou Perigosas

— v. NRs-9, 15, 16, 19 e 20 da Port. n. 3.214/78, do MTE

— v. CF, art. 7º, XXII, p. 30

Art. 189. Serão consideradas atividades ou operações insalubres aquelas que, por sua natureza, condições ou métodos de trabalho, exponham os empregados a agentes nocivos à saúde, acima dos limites de tolerância fixados em razão da natureza e da intensidade do agente e do tempo de exposição aos seus efeitos.

Art. 190. O Ministério do Trabalho aprovará o quadro das atividades e operações insalubres e adotará normas sobre os critérios de caracterização da insalubridade, os limites de tolerância aos agentes agressivos, meios de proteção e o tempo máximo de exposição do empregado a esses agentes.

PARÁGRAFO ÚNICO. As normas referidas neste artigo incluirão medidas de proteção do organismo do trabalhador nas operações que produzem aerodispersóides tóxicos, irritantes, alergênicos ou incômodos.

Art. 191. A eliminação ou a neutralização da insalubridade ocorrerá:

I — com a adoção de medidas que conservem o ambiente de trabalho dentro dos limites de tolerância;

II — com a utilização de equipamentos de proteção individual ao trabalhador, que diminuam a intensidade do agente agressivo a limites de tolerância.

PARÁGRAFO ÚNICO. Caberá às Delegacias Regionais do Trabalho, comprovada a insalubridade, notificar as empresas, estipulando prazos para a sua eliminação ou neutralização, na forma deste artigo.

— v. CF, art. 7º, IV, da CF. p. 30

Art. 192. O exercício de trabalho em condições insalubres, acima dos limites de tolerância estabelecidos pelo Ministério do Trabalho, assegura a percepção de adicional respectivamente de 40% (quarenta por cento), 20% (vinte por cento) e 10% (dez por cento) do salário mínimo da região, segundo se classifiquem nos graus máximo, médio e mínimo.

Art. 193. São consideradas atividades ou operações perigosas, na forma da regulamentação aprovada pelo Ministério do Trabalho e Emprego, aquelas que, por sua natureza ou métodos de trabalho, impliquem risco acentuado em virtude de exposição permanente do trabalhador a:

I — inflamáveis, explosivos ou energia elétrica;

II — roubos ou outras espécies de violência física nas atividades profissionais de segurança pessoal ou patrimonial. *(Redação do caput e incisos dada pela Lei n. 12.740, de 8.12.12, DOU 10.12.12)*

§ 1º O trabalho em condições de periculosidade assegura ao empregado um adicional de 30% (trinta por cento) sobre o salário sem os acréscimos resultantes de gratificações, prêmios ou participações nos lucros da empresa.

§ 2º O empregado poderá optar pelo adicional de insalubridade que porventura lhe seja devido.

§ 3º Serão descontados ou compensados do adicional outros da mesma natureza eventualmente já concedidos ao vigilante por meio de acordo coletivo. (NR) *(Acrescentado pela Lei n. 12.740, de 8.12.12, DOU 10.12.12)*

§ 4º São também consideradas perigosas as atividades de trabalhador em motocicleta. (NR). *(Acrescentado pela Lei n. 12.997, de 18.6.14. DOU 20.6.14)*

Art. 194. O direito do empregado ao adicional de insalubridade ou de periculosidade cessará com a eliminação do risco à sua saúde ou integridade física, nos termos desta Seção e das normas expedidas pelo Ministério do Trabalho.

Art. 195. A caracterização e a classificação da insalubridade e da periculosidade, segundo as normas do Ministério do Trabalho, far-se-ão através de perícia a cargo de Médico do Trabalho ou Engenheiro do Trabalho, registrado no Ministério do Trabalho.

§ 1º É facultado às empresas e aos sindicatos das categorias profissionais interessadas requererem ao Ministério do Trabalho a realização de perícia em estabelecimento ou setor deste, com o objetivo de caracterizar e classificar ou delimitar as atividades insalubres ou perigosas.

§ 2º Arguida em juízo insalubridade ou periculosidade, seja por empregado, seja por Sindicato, em favor de grupo de associados, o juiz designará perito habilitado na forma deste artigo, e, onde não houver, requisitará perícia ao órgão competente do Ministério do Trabalho.

§ 3º O disposto nos parágrafos anteriores não prejudica a ação fiscalizadora do Ministério do Trabalho, nem a realização *ex officio* da perícia.

Art. 196. Os efeitos pecuniários decorrentes do trabalho em condições de insalubridade ou periculosidade serão devidos a contar da data da inclusão da respectiva atividade nos quadros aprovados pelo Ministério do Trabalho, respeitadas as normas do art. 11.

— v. CF, art. 7º, XXIX, p. 30

Art. 197. Os materiais e substâncias empregados, manipulados ou transportados nos locais de trabalho, quando perigosos ou nocivos à saúde, devem conter, no rótulo, sua composição, recomendações de socorro imediato e o símbolo de perigo correspondente, segundo a padronização internacional.

PARÁGRAFO ÚNICO. Os estabelecimentos que mantenham as atividades previstas neste artigo afixarão, nos setores de trabalho atingidos, avisos ou cartazes, com advertência quanto aos materiais e substâncias perigosos ou nocivos à saúde.

SEÇÃO XIV
Da Prevenção da Fadiga

— v. NR-17, da Port. n. 3.214/78

Art. 198. É de 60 Kg (sessenta quilogramas) o peso máximo que um empregado pode remover individualmente, ressalvadas as disposições especiais relativas ao trabalho do menor e da mulher.

PARÁGRAFO ÚNICO. Não está compreendida na proibição deste artigo a remoção de material feita por impulsão ou tração de vagonetes sobre trilhos, carros de mão ou quaisquer outros aparelhos mecânicos, podendo o Ministério do Trabalho, em tais casos, fixar limites diversos, que evitem sejam exigidos do empregado serviços superiores às suas forças.

Art. 199. Será obrigatória a colocação de assentos que assegurem postura correta ao trabalhador, capazes de evitar posições incômodas ou forçadas, sempre que a execução da tarefa exija que trabalhe sentado.

PARÁGRAFO ÚNICO. Quando o trabalho deva ser executado de pé, os empregados terão à sua disposição assentos para serem utilizados nas pausas que o serviço permitir.

SEÇÃO XV
Das Outras Medidas Especiais de Proteção

— v. NR ns. 18 a 27 e 29 a 36 da Port. n. 3.214, de 8.6.78 — LTr 42/904 e alterações subsequentes

Art. 200. Cabe ao Ministério do Trabalho estabelecer disposições complementares às normas de que trata este Capítulo, tendo em vista as peculiaridades de cada atividade ou setor de trabalho, especialmente sobre:

I — medidas de prevenção de acidentes e os equipamentos de proteção individual em obras de construção, demolição ou reparos;

II — depósitos, armazenagem e manuseio de combustíveis, inflamáveis e explosivos, bem como o trânsito e permanência nas áreas respectivas;

III — trabalho em escavações, túneis, galerias, minas e pedreiras, sobretudo quanto à prevenção de explosões, incêndios, desmoronamentos e soterramentos, eliminação de poeiras, gases, etc., e facilidades de rápida saída dos empregados;

IV — proteção contra incêndio em geral e as medidas preventivas adequadas, com exigências ao especial revestimento de portas e paredes, construção de paredes contra fogo, diques e outros anteparos, assim como garantia geral de fácil circulação, corredores de acesso e saídas amplas e protegidas, com suficiente sinalização;

V — proteção contra insolação, calor, frio, umidade e ventos, sobretudo no trabalho a céu aberto, com provisão, quanto a este, de água potável, alojamento e profilaxia de endemias;

VI — proteção do trabalhador exposto a substâncias químicas nocivas, radiações ionizantes e não ionizantes, ruídos, vibrações e trepidações ou pressões anormais ao ambiente de trabalho, com especificação das medidas cabíveis para eliminação ou atenuação desses efeitos, limites máximos quanto ao tempo de exposição, à intensidade da ação ou de seus efeitos sobre o organismo do trabalhador, exames médicos obrigatórios, limites de idade, controle permanente dos locais de trabalho e das demais exigências que se façam necessárias;

VII — higiene nos locais de trabalho, com discriminação das exigências, instalações sanitárias com separação de sexos, chuveiros, lavatórios, vestiários e armários individuais, refeitórios ou condições de conforto por ocasião das refeições, fornecimento de água potável, condições de limpeza dos locais de trabalho e modo de sua execução, tratamento de resíduos industriais;

VIII — emprego das cores nos locais de trabalho, inclusive nas sinalizações de perigo.

PARÁGRAFO ÚNICO. Tratando-se de radiações ionizantes e explosivos, as normas a que se referem este artigo serão expedidas de acordo com as resoluções a respeito adotadas pelo órgão técnico. *(V. Res. CNEN 06/73, que contém as normas básicas de proteção radiológica).*

SEÇÃO XVI
Das Penalidades

Art. 201. As infrações ao disposto neste Capítulo relativas à medicina do trabalho serão punidas com multa de 30 (trinta) a 300 (trezentas) vezes o valor de referência previsto no art. 2º, parágrafo único, da Lei n. 6.205, de 29 de abril de 1975, e as concernentes à segurança do trabalho com multa de 50 (cinquenta) a 500 (quinhentas) vezes o mesmo valor. *(Redação art. 7º, L. n. 6.986, 13.4.82).*

— v. Nota do art. 47

— v. NR n. 28 — Fiscalização e Penalidades, da Portaria n. 7, de 5.10.92

PARÁGRAFO ÚNICO. Em caso de reincidência, embaraço ou resistência à fiscalização, emprego de artifício ou simulação com o objetivo de fraudar a lei, a multa será aplicada em seu valor máximo.

Arts. 202 a 223. Revogados pela L. n. 6.514, 22.12.77, DOU 23.12.77, LTr 42/111.

— A L. n. 6.514, de 22.12.77, dispõe:

"Art. 1º O Capítulo V do Título II da Consolidação das Leis do Trabalho, aprovada pelo Decreto-lei n. 5.452, de 1º de maio de 1943, passa a vigorar com a seguinte redação (Nota: os artigos alterados foram inseridos no texto da CLT):

....

Art. 2º A retroação dos efeitos pecuniários decorrentes do trabalho em condições de insalubridade ou periculosidade, de que trata o art. 196 da Consolidação das Leis do Trabalho, com a nova redação dada por esta Lei, terá como limite a data da vigência desta Lei, enquanto não decorridos dois anos da sua vigência.

Art. 3º As disposições contidas nesta Lei aplicam-se, no que couber, aos trabalhadores avulsos, às entidades ou empresas que lhes tomem o serviço e aos sindicatos representativos das respectivas categorias profissionais.

§ 1º Ao Delegado de Trabalho Marítimo ou ao Delegado Regional do Trabalho, conforme o caso, caberá promover a fiscalização do cumprimento das normas de segurança e medicina do trabalho em relação ao trabalhador avulso, adotando as medidas necessárias, inclusive as previstas na Seção II, do Capítulo V, do Título II, da Consolidação das Leis do Trabalho, com a redação que lhe for conferida pela presente Lei.

§ 2º Os exames de que tratam os §§ 1º e 3º do art. 168 da Consolidação das Leis do Trabalho, com a redação desta Lei, ficarão a cargo do Instituto Nacional de Assistência Médica da Previdência Social — INAMPS, ou dos serviços médicos das entidades sindicais correspondentes.

Art. 4º O Ministro do Trabalho relacionará os artigos do Capítulo V do Título II da Consolidação das Leis do Trabalho, cuja aplicação será fiscalizada exclusivamente por engenheiros de segurança e médicos do trabalho.

Art. 5º Esta Lei entrará em vigor na data da sua publicação, ficando revogados os arts. 202 a 223 da Consolidação das Leis do Trabalho; a Lei n. 2.573, de 15 de agosto de 1955; o Decreto-lei n. 389, de 26 de dezembro de 1968, e demais disposições em contrário.

Brasília, em 22 de dezembro de 1977; 156º da Independência e 89º da República. Ernesto Geisel — Arnaldo Prieto

TÍTULO III

DAS NORMAS ESPECIAIS DE TUTELA DO TRABALHO

V. Lei n. 7.853, de 24.10.89, p. 610 e Decreto n. 3.298, de 20.12.99, p. 614, que dispõem sobre a Política Nacional para a Integração da Pessoa Portadora de Deficiência e consolida as normas de proteção.
V. Resol. n. 15 da Secretaria Especial dos Direitos Humanos (CNDPD) de 8.10.03, DOU 24.10.03 que exige o cumprimento do art. 15 da Lei n. 7.853, de 24.10.89, aos Ministérios do Trabalho e Emprego, da Saúde, da Previdência Social e da Assistência Social (não publicada nesta obra)
V. Instrução Normativa n. 29 do TST, 5.8.05, DJ 9.8.05, que dispõe sobre a prioridade na tramitação dos processos em que é parte pessoa portadora de deficiência

CAPÍTULO I

DAS DISPOSIÇÕES ESPECIAIS SOBRE DURAÇÃO E CONDIÇÕES DE TRABALHO

SEÇÃO I

Dos Bancários

Art. 224. A duração normal do trabalho dos empregados em bancos, casas bancárias e Caixa Econômica Federal será de 6 (seis) horas contínuas nos dias úteis, com exceção dos sábados, perfazendo um total de 30 (trinta) horas de trabalho por semana. *(Redação L. n. 7.430, de 17.12.85, DOU 18.12.85).*

§ 1º A duração normal do trabalho estabelecida neste artigo ficará compreendida entre sete e vinte e duas horas, assegurando-se ao empregado, no horário diário, um intervalo de quinze minutos para alimentação. *(Redação DL n. 229, 28.2.67, DOU 28.2.67, LTr 31/137).*

§ 2º As disposições deste artigo não se aplicam aos que exercem funções de direção, gerência, fiscalização, chefia e equivalentes, ou que desempenhem outros cargos de confiança, desde que o valor da gratificação não seja inferior a um terço do salário do cargo efetivo. *(Redação DL n. 754, 11.8.69, DOU 12.8.69, LTr 33/527).*

— v. Lei n. 10.556, de 13.11.02, p. 578

Art. 225. A duração normal de trabalho dos bancários poderá ser excepcionalmente prorrogada até oito horas diárias, não excedendo de quarenta horas semanais, observados os preceitos gerais sobre a duração de trabalho. *(Redação L. n. 6.637, 8.5.79, DOU 10.5.79, LTr 43/728).*

Art. 226. O regime especial de 6 (seis) horas de trabalho também se aplica aos empregados de portaria e de limpeza, tais como porteiros, telefonistas de mesa, contínuos e serventes, empregados em bancos e casas bancárias.

PARÁGRAFO ÚNICO. A direção de cada banco organizará a escala de serviço do estabelecimento, de maneira a haver empregados do quadro da portaria em função, meia hora antes e até meia hora após o encerramento dos trabalhos, respeitado o limite de 6 (seis) horas diárias. *(Redação L. n. 3.488, 12.12.58, DOU 13.12.58, v. DL n. 546, 18.4.69, DOU 22.4.69, que dispõe sobre o trabalho noturno em estabelecimentos bancários, nas atividades que especifica:*

O Presidente da República, usando da atribuição que lhe confere o § 1º do art. 2º do Ato Institucional n. 5, de 13 de dezembro de 1968, decreta:

Art. 1º É permitido, inclusive à mulher, o trabalho noturno em estabelecimento bancário, para a execução de tarefa pertinente ao movimento de compensação de cheques ou à computação eletrônica, respeitado o disposto no art. 73, e seus parágrafos da Consolidação das Leis do Trabalho.

§ 1º A designação para o trabalho noturno dependerá de concordância expressa do empregado.

§ 2º O trabalho após as vinte e duas horas será realizado em turnos especiais, não podendo ultrapassar seis horas.

§ 3º É vedado aproveitar em outro horário o bancário que trabalhar no período da noite, bem como utilizar em tarefa noturna o que trabalhar durante o dia, facultada, contudo, a adoção de horário misto, na forma prevista no § 4º do precitado art. 173 da Consolidação das Leis do Trabalho.

§ 4º O disposto neste artigo poderá ser estendido, em casos especiais, à atividade bancária de outra natureza, mediante autorização do Ministro do Trabalho e Previdência Social.

Art. 2º Este Decreto-lei entrará em vigor na data de sua publicação, revogadas as disposições em contrário.

Brasília, 18 de abril de 1969; 148º da Independência e 81º da República. A. Costa e Silva — Antônio Delfim Netto — Jarbas G. Passarinho).

SEÇÃO II

Dos Empregados nos Serviços de Telefonia, de Telegrafia Submarina e Subfluvial, de Radiotelegrafia e Radiotelefonia

Art. 227. Nas empresas que explorem o serviço de telefonia, telegrafia submarina ou subfluvial, de radiotelegrafia ou de radiotelefonia, fica estabelecida para os respectivos operadores a duração máxima de seis horas contínuas de trabalho por dia ou trinta e seis horas semanais. *(Redação de acordo DL n. 6.353, 20.3.44, DOU 22.3.44, LTr 8/47).*

§ 1º Quando, em caso de indeclinável necessidade, forem os operadores obrigados a permanecer em serviço além do período normal fixado neste artigo, a empresa pagar-lhes-á extraordinariamente o tempo excedente com acréscimo de 50% (cinquenta por cento) sobre o seu salário-hora normal.

§ 2º O trabalho aos domingos, feriados e dias santos de guarda será considerado extraordinário e obedecerá, quanto à sua execução e remuneração, ao que dispuserem empregadores e empregados em acordo, ou os respectivos sindicatos em contrato coletivo de trabalho. *(Redação §§ de acordo DL n. 6.353, 20.3.44, DOU 22.3.44, LTr 8/47).*

Art. 228. Os operadores não poderão trabalhar, de modo ininterrupto, na transmissão manual, bem como na recepção visual, auditiva, com escrita manual ou datilográfica, quando a velocidade for superior a vinte e cinco palavras por minuto.

Art. 229. Para os empregados sujeitos a horários variáveis, fica estabelecida a duração máxima de sete horas diárias de trabalho e dezessete horas de folga, deduzindo-se desse tempo vinte minutos para descanso, de cada um dos empregados, sempre que se verificar um esforço contínuo de mais de três horas.

§ 1º São considerados empregados sujeitos a horários variáveis, além dos operadores, cujas funções exijam classificação distinta, os que pertençam a seções de técnica, telefones, revisão, expedição, entrega e balcão.

§ 2º Quanto à execução e remuneração aos domingos, feriados e dias santos de guarda e às prorrogações de expediente, o trabalho dos empregados a que se refere o parágrafo anterior será regido pelo que se contém no § 1º do artigo 227 desta Seção. *(Redação §§ de acordo DL n. 6.353, 20.3.44, DOU 22.3.44, LTr 8/47).*

Art. 230. A direção das empresas deverá organizar as turmas de empregados, para a execução dos seus serviços, de maneira que prevaleça, sempre, o revezamento entre os que exercem a mesma função, quer em escalas diurnas, quer em noturnas.

§ 1º Aos empregados que exerçam a mesma função será permitida, entre si, a troca de turmas, desde que isso não importe em prejuízo dos serviços, cujo chefe ou encarregado resolverá sobre a oportunidade ou possibilidade dessa medida, dentro das prescrições desta Seção.

§ 2º As empresas não poderão organizar horários que obriguem os empregados a fazer a refeição do almoço antes das 10 e depois das 13 horas e a de jantar antes das 16 e depois das 19:30 horas.

Art. 231. As disposições desta Seção não abrangem o trabalho dos operadores de radiotelegrafia embarcados em navios ou aeronaves.

SEÇÃO III

Dos Músicos Profissionais

Arts. 232 e 233. Revogados pela L. n. 3.857, 22.12.60, DOU 23.12.60, que regulamentou a profissão de músico.

SEÇÃO IV

Dos Operadores Cinematográficos

Art. 234. A duração normal do trabalho dos operadores cinematográficos e seus ajudantes não excederá de seis horas diárias, assim distribuídas. *(Redação de acordo DL n. 6.353, 20.3.44, DOU 22.3.44, LTr 8/47):*

a) cinco horas consecutivas de trabalho em cabina, durante o funcionamento cinematográfico;

b) um período suplementar, até o máximo de uma hora, para limpeza, lubrificação dos aparelhos de projeção, ou revisão de filmes.

PARÁGRAFO ÚNICO. Mediante remuneração adicional de 50% (cinquenta por cento) sobre o salário da hora normal e observado um intervalo de duas horas para folga, entre o período a que se refere a alínea *b* deste artigo e o trabalho em cabina de que trata a alínea *a*, poderá o trabalho dos operadores cinematográficos e seus ajudantes ter a duração prorrogada por duas horas diárias, para exibições extraordinárias. *(V. CF, art. 7º, XVI que altera o adicional de 25% para 50%).*

Art. 235. Nos estabelecimentos cujo funcionamento normal seja noturno, será facultado aos operadores cinematográficos e seus ajudantes, mediante acordo ou contrato coletivo de trabalho e com um acréscimo de 50% (cinquenta por cento) sobre o salário da hora normal, executar o trabalho em sessões diurnas extraordinárias e, cumulativamente, nas noturnas, desde que isso se verifique até três vezes por semana e entre as sessões diurnas e as noturnas haja o intervalo de uma hora, no mínimo, de descanso. *(V. CF, art. 7º, XVI, que altera o adicional de 25% para 50%).*

§ 1º A duração de trabalho cumulativo a que alude o presente artigo não poderá exceder de dez horas.

§ 2º Em seguida a cada período de trabalho haverá um intervalo de repouso no mínimo de doze horas.

SEÇÃO IV-A

Do Serviço do Motorista Profissional

(Seção acrescentada pela Lei n. 12.619, de 30.4.12, DOU 2.5.12)

Art. 235-A. Ao serviço executado por motorista profissional aplicam-se os preceitos especiais desta Seção.

Art. 235-B. São deveres do motorista profissional:

I — estar atento às condições de segurança do veículo;

II — conduzir o veículo com perícia, prudência, zelo e com observância aos princípios de direção defensiva;

III — respeitar a legislação de trânsito e, em especial, as normas relativas ao tempo de direção e de descanso;

IV — zelar pela carga transportada e pelo veículo;

V — colocar-se à disposição dos órgãos públicos de fiscalização na via pública;

VI — (VETADO);

VII — submeter-se a teste e a programa de controle de uso de droga e de bebida alcoólica, instituído pelo empregador, com ampla ciência do empregado.

PARÁGRAFO ÚNICO. A inobservância do disposto no inciso VI e a recusa do empregado em submeter-se ao teste e ao programa de controle de uso de droga e de bebida alcoólica previstos no inciso VII serão consideradas infração disciplinar, passível de penalização nos termos da lei.

Art. 235-C. A jornada diária de trabalho do motorista profissional será a estabelecida na Constituição Federal ou mediante instrumentos de acordos ou convenção coletiva de trabalho.

§ 1º Admite-se a prorrogação da jornada de trabalho por até 2 (duas) horas extraordinárias.

§ 2º Será considerado como trabalho efetivo o tempo que o motorista estiver à disposição do empregador, excluídos os intervalos para refeição, repouso, espera e descanso.

§ 3º Será assegurado ao motorista profissional intervalo mínimo de 1 (uma) hora para refeição, além de intervalo de repouso diário de 11 (onze) horas a cada 24 (vinte e quatro) horas e descanso semanal de 35 (trinta e cinco) horas.

§ 4º As horas consideradas extraordinárias serão pagas com acréscimo estabelecido na Constituição Federal ou mediante instrumentos de acordos ou convenção coletiva de trabalho.

§ 5º À hora de trabalho noturno aplica-se o disposto no art. 73 desta Consolidação.

§ 6º O excesso de horas de trabalho realizado em um dia poderá ser compensado, pela correspondente diminuição em outro dia, se houver previsão em instrumentos de natureza coletiva, observadas as disposições previstas nesta Consolidação.

§ 7º (VETADO).

§ 8º São consideradas tempo de espera as horas que excederem à jornada normal de trabalho do motorista de transporte rodoviário de cargas que ficar aguardando para carga ou descarga do veículo no embarcador ou destinatário ou para fiscalização da mercadoria transportada em barreiras fiscais ou alfandegárias, não sendo computadas como horas extraordinárias.

§ 9º As horas relativas ao período do tempo de espera serão indenizadas com base no salário-hora normal acrescido de 30% (trinta por cento).

Art. 235-D. Nas viagens de longa distância, assim consideradas aquelas em que o motorista profissional permanece fora da base da empresa, matriz ou filial e de sua residência por mais de 24 (vinte e quatro) horas, serão observados:

I — intervalo mínimo de 30 (trinta) minutos para descanso a cada 4 (quatro) horas de tempo ininterrupto de direção, podendo ser fracionados o tempo de direção e o de intervalo de descanso, desde que não completadas as 4 (quatro) horas ininterruptas de direção;

II — intervalo mínimo de 1 (uma) hora para refeição, podendo coincidir ou não com o intervalo de descanso do inciso I;

III — repouso diário do motorista obrigatoriamente com o veículo estacionado, podendo ser feito em cabine leito do veículo ou em alojamento do empregador, do contratante do transporte, do embarcador ou do destinatário ou em hotel, ressalvada a hipótese da direção em dupla de motoristas prevista no § 6º do art. 235-E.

Art. 235-E. Ao transporte rodoviário de cargas em longa distância, além do previsto no art. 235-D, serão aplicadas regras conforme a especificidade da operação de transporte realizada.

§ 1º Nas viagens com duração superior a 1 (uma) semana, o descanso semanal será de 36 (trinta e seis) horas por semana trabalhada ou fração semanal trabalhada, e seu gozo ocorrerá no retorno do motorista à base (matriz ou filial) ou em seu domicílio, salvo se a empresa oferecer condições adequadas para o efetivo gozo do referido descanso.

§ 2º (VETADO).

§ 3º É permitido o fracionamento do descanso semanal em 30 (trinta) horas mais 6 (seis) horas a serem cumpridas na mesma semana e em continuidade de um período de repouso diário.

§ 4º O motorista fora da base da empresa que ficar com o veículo parado por tempo superior à jornada normal de trabalho fica dispensado do serviço, exceto se for exigida permanência junto ao veículo, hipótese em que o tempo excedente à jornada será considerado de espera.

§ 5º Nas viagens de longa distância e duração, nas operações de carga ou descarga e nas fiscalizações em barreiras fiscais ou aduaneira de fronteira, o tempo parado que exceder a jornada normal será computado como tempo de espera e será indenizado na forma do § 9º do art. 235-C.

§ 6º Nos casos em que o empregador adotar revezamento de motoristas trabalhando em dupla no mesmo veículo, o tempo que exceder a jornada normal de trabalho em que o motorista estiver em repouso no veículo em movimento será considerado tempo de reserva e será remunerado na razão de 30% (trinta por cento) da hora normal.

§ 7º É garantido ao motorista que trabalha em regime de revezamento repouso diário mínimo de 6 (seis) horas consecutivas fora do veículo em alojamento externo ou, se na cabine leito, com o veículo estacionado.

§ 8º (VETADO).

§ 9º Em caso de força maior, devidamente comprovado, a duração da jornada de trabalho do motorista profissional poderá ser elevada pelo tempo necessário para sair da situação extraordinária e chegar a um local seguro ou ao seu destino.

§ 10. Não será considerado como jornada de trabalho nem ensejará o pagamento de qualquer remuneração o período em que o motorista ou o ajudante ficarem espontaneamente no veículo usufruindo do intervalo de repouso diário ou durante o gozo de seus intervalos intrajornadas.

§ 11. Nos casos em que o motorista tenha que acompanhar o veículo transportado por qualquer meio onde ele siga embarcado, e que a embarcação disponha de alojamento para gozo do intervalo de repouso diário previsto no § 3º do art. 235-C, esse tempo não será considerado como jornada de trabalho, a não ser o tempo restante, que será considerado de espera.

§ 12. Aplica-se o disposto no § 6º deste artigo ao transporte de passageiros de longa distância em regime de revezamento.

Art. 235-F. Convenção e acordo coletivo poderão prever jornada especial de 12 (doze) horas de trabalho por 36 (trinta e seis) horas de descanso para o trabalho do motorista, em razão da especificidade do transporte, de sazonalidade ou de característica que o justifique.

Art. 235-G. É proibida a remuneração do motorista em função da distância percorrida, do tempo de viagem e/ou da natureza e quantidade de produtos transportados, inclusive mediante oferta de comissão ou qualquer outro tipo de vantagem, se essa remuneração ou comissionamento comprometer a segurança rodoviária ou da coletividade ou possibilitar violação das normas da presente legislação.

Art. 235-H. Outras condições específicas de trabalho do motorista profissional, desde que não prejudiciais à saúde e à segurança do trabalhador, incluindo jornadas especiais, remuneração, benefícios, atividades acessórias e demais elementos integrantes da relação de emprego, poderão ser previstas em convenções e acordos coletivos de trabalho, observadas as demais disposições desta Consolidação. *(Artigos 235-A a 235-H foram acrescentados pela Lei n. 12.619, de 30.4.12, DOU 2.5.12)*

LEI N. 12.619, DE 30 DE ABRIL DE 2012
(DOU 2 DE MAIO DE 2012)

Dispõe sobre o exercício da profissão de motorista; altera a Consolidação das Leis do Trabalho — CLT, aprovada pelo Decreto- Lei n. 5.452, de 1º de maio de 1943, e as Leis ns. 9.503, de 23 de setembro de 1997, 10.233, de 5 de junho de 2001, 11.079, de 30 de dezembro de 2004, e 12.023, de 27 de agosto de 2009, para regular e disciplinar a jornada de trabalho e o tempo de direção do motorista profissional; e dá outras providências.

A PRESIDENTA DA REPÚBLICA

Faço saber que o Congresso Nacional decreta e eu sanciono a seguinte Lei:

Art. 1º É livre o exercício da profissão de motorista profissional, atendidas as condições e qualificações profissionais estabelecidas nesta Lei.

Parágrafo único. Integram a categoria profissional de que trata esta Lei os motoristas profissionais de veículos automotores cuja condução exija formação profissional e que exerçam a atividade mediante vínculo empregatício, nas seguintes atividades ou categorias econômicas:

I — transporte rodoviário de passageiros;

II — transporte rodoviário de cargas;

III — (VETADO);

IV — (VETADO).

Art. 2º São direitos dos motoristas profissionais, além daqueles previstos no Capítulo II do Título II e no Capítulo II do Título VIII da Constituição Federal:

I — ter acesso gratuito a programas de formação e aperfeiçoamento profissional, em cooperação com o poder público;

II — contar, por intermédio do Sistema Único de Saúde — SUS, com atendimento profilático, terapêutico e reabilitador, especialmente em relação às enfermidades que mais os acometam, consoante levantamento oficial, respeitado o disposto no art. 162 da Consolidação das Leis do Trabalho — CLT, aprovada pelo Decreto-Lei n. 5.452, de 1º de maio de 1943;

III — não responder perante o empregador por prejuízo patrimonial decorrente da ação de terceiro, ressalvado o dolo ou a desídia do motorista, nesses casos mediante comprovação, no cumprimento de suas funções;

IV — receber proteção do Estado contra ações criminosas que lhes sejam dirigidas no efetivo exercício da profissão;

V — jornada de trabalho e tempo de direção controlados de maneira fidedigna pelo empregador, que poderá valer-se de anotação em diário de bordo, papeleta ou ficha de trabalho externo, nos termos do § 3º do art. 74 da Consolidação das Leis do Trabalho — CLT, aprovada pelo Decreto-Lei n. 5.452, de 1º de maio de 1943, ou de meios eletrônicos idôneos instalados nos veículos, a critério do empregador.

Parágrafo único. Aos profissionais motoristas empregados referidos nesta Lei é assegurado o benefício de seguro obrigatório, custeado pelo empregador, destinado à cobertura dos riscos pessoais inerentes às suas atividades, no valor mínimo correspondente a 10 (dez) vezes o piso salarial de sua categoria ou em valor superior fixado em convenção ou acordo coletivo de trabalho.

Art. 3º O Capítulo I do Título III da Consolidação das Leis do Trabalho — CLT, aprovada pelo Decreto-Lei n. 5.452, de 1º de maio de 1943, passa a vigorar acrescido da seguinte Seção IV-A:

"TÍTULO III

....

CAPÍTULO I

....

Seção IV-A

Do Serviço do Motorista Profissional

Os arts. 235-A a 235-H constantes da Seção IV-A já foram incluídos no texto da CLT.

Art. 4º O art. 71 da Consolidação das Leis do Trabalho — CLT, aprovada pelo Decreto-lei n. 5.452, de 1º de maio de 1943, passa a vigorar acrescido do seguinte § 5º: (Já incluído no texto da CLT).

Art. 5º A Lei n. 9.503, de 23 de setembro de 1997 — Código de Trânsito Brasileiro, passa a vigorar acrescida do seguinte Capítulo III-A:

"CAPÍTULO III-A

DA CONDUÇÃO DE VEÍCULOS POR MOTORISTAS PROFISSIONAIS

Art. 67-A. É vedado ao motorista profissional, no exercício de sua profissão e na condução de veículo mencionado no inciso II do art. 105 deste Código, dirigir por mais de 4 (quatro) horas ininterruptas.

§ 1º Será observado intervalo mínimo de 30 (trinta) minutos para descanso a cada 4 (quatro) horas ininterruptas na condução de veículo referido no caput, sendo facultado o fracionamento do tempo de direção e do intervalo de descanso, desde que não completadas 4 (quatro) horas contínuas no exercício da condução.

§ 2º Em situações excepcionais de inobservância justificada do tempo de direção estabelecido no caput e desde que não comprometa a segurança rodoviária, o tempo de direção poderá ser prorrogado por até 1 (uma) hora, de modo a permitir que o condutor, o veículo e sua carga cheguem a lugar que ofereça a segurança e o atendimento demandados.

§ 3º O condutor é obrigado a, dentro do período de 24 (vinte e quatro) horas, observar um intervalo de, no mínimo, 11 (onze) horas de descanso, podendo ser fracionado em 9 (nove) horas mais 2 (duas), no mesmo dia.

§ 4º Entende-se como tempo de direção ou de condução de veículo apenas o período em que o condutor estiver efetivamente ao volante de um veículo em curso entre a origem e o seu destino, respeitado o disposto no § 1º, sendo-lhe facultado descansar no interior do próprio veículo, desde que este seja dotado de locais apropriados para a natureza e a duração do descanso exigido.

§ 5º O condutor somente iniciará viagem com duração maior que 1 (um) dia, isto é, 24 (vinte e quatro) horas após o cumprimento integral do intervalo de descanso previsto no § 3º.

§ 6º Entende-se como início de viagem, para os fins do disposto no § 5º, a partida do condutor logo após o carregamento do veículo, considerando-se como continuação da viagem as partidas nos dias subsequentes até o destino.

§ 7º Nenhum transportador de cargas ou de passageiros, embarcador, consignatário de cargas, operador de terminais de carga, operador de transporte multimodal de cargas ou agente de cargas permitirá ou ordenará a qualquer motorista a seu serviço, ainda que subcontratado, que conduza veículo referido no caput sem a observância do disposto no § 5º.

§ 8º (VETADO).

Art 67-B. (VETADO).

Art. 67-C. O motorista profissional na condição de condutor é responsável por controlar o tempo de condução estipulado no art. 67-A, com vistas na sua estrita observância.

Parágrafo único. O condutor do veículo responderá pela não observância dos períodos de descanso estabelecidos no art. 67-A, ficando sujeito às penalidades daí decorrentes, previstas neste Código.

Art. 67-D. (VETADO)."

Art. 6º A Lei n. 9.503, de 23 de setembro de 1997 — Código de Trânsito Brasileiro, passa a vigorar com as seguintes alterações:

"Art. 145. ....

Parágrafo único. A participação em curso especializado previsto no inciso IV independe da observância do disposto no inciso III." (NR)

"Art. 230. ....

XXIII — em desacordo com as condições estabelecidas no art. 67-A, relativamente ao tempo de permanência do condutor ao volante e aos intervalos para descanso, quando se tratar de veículo de transporte de carga ou de passageiros: Infração — grave; Penalidade — multa; Medida administrativa — retenção do veículo para cumprimento do tempo de descanso aplicável;

XXIV — (VETADO)." (NR)

"Art. 259..

§ 3º (VETADO)." (NR)

"Art. 261. ....

§ 3º (VETADO).

§ 4º (VETADO)." (NR)

"Art. 310-A. (VETADO)."

Art. 7º (VETADO).

Art. 8º (VETADO).

Art. 9º As condições sanitárias e de conforto nos locais de espera dos motoristas de transporte de cargas em pátios do transportador de carga, embarcador, consignatário de cargas, operador de terminais de carga, operador intermodal de cargas ou agente de cargas, aduanas, portos marítimos, fluviais e secos e locais para repouso e descanso, para os motoristas de transporte de passageiros em rodoviárias, pontos de parada, de apoio, alojamentos, refeitórios das empresas ou de terceiros terão que obedecer ao disposto nas Normas Regulamentadoras do Ministério do Trabalho e Emprego, dentre outras.

Art. 10. (VETADO).

Art. 11. (VETADO).

Art. 12. (VETADO).

Brasília, 30 de abril de 2012; 191º da Independência e 124º da República.

DILMA ROUSSEFF
José Eduardo Cardozo
Guido Mantega
Paulo Sérgio Oliveira Passos
Paulo Roberto dos Santos Pinto
Miriam Belchior
Aguinaldo Ribeiro
Gilberto Carvalho
Luís Inácio Lucena Adams

SEÇÃO V

Do Serviço Ferroviário

Art. 236. No serviço ferroviário — considerado este o de transporte em estradas de ferro abertas ao tráfego público, compreendendo a administração, construção, conservação e remoção das vias férreas e seus edifícios, obras de arte, material rodante, instalações complementares e acessórias, bem como o serviço do tráfego, de telegrafia, telefonia e funcionamento de todas as instalações ferroviárias — aplicam-se os preceitos especiais constantes desta Seção.

Art. 237. O pessoal a que se refere o artigo antecedente fica dividido nas seguintes categorias:

a) funcionários de alta administração, chefes e ajudantes de departamentos e seções, engenheiros residentes, chefes de depósitos, inspetores e demais empregados que exercem funções administrativas ou fiscalizadoras;

b) pessoal que trabalhe em lugares ou trechos determinados e cujas tarefas requeiram atenção constante; pessoal de escritório, turmas de conservação e construção da via permanente, oficinas e estações principais, inclusive os respectivos telegrafistas; pessoal de tração, lastro e revistadores;

c) das equipagens de trens em geral;

d) pessoal cujo serviço é de natureza intermitente ou de pouca intensidade, embora com permanência prolongada nos locais de trabalho; vigias e pessoal das estações do interior, inclusive os respectivos telegrafistas.

Art. 238. Será computado como de trabalho efetivo todo o tempo em que o empregado estiver à disposição da estrada.

§ 1º Nos serviços efetuados pelo pessoal da categoria "C", não será considerado como de trabalho efetivo o tempo gasto em viagens do local ou para o local de terminação e início dos mesmos serviços.

§ 2º Ao pessoal removido ou comissionado fora da sede será contado como de trabalho normal e efetivo o tempo gasto em viagens, sem direito à percepção de horas extraordinárias.

§ 3º No caso das turmas de conservação da via permanente, o tempo efetivo do trabalho será contado desde a hora da saída da casa da turma até a hora em que cessar o serviço em qualquer ponto compreendido dentro dos limites da respectiva turma. Quando o empregado trabalhar fora dos limites da sua turma, ser-lhe-á também computado como de trabalho efetivo o tempo gasto no percurso da volta a esses limites.

§ 4º Para o pessoal da equipagem de trens, só será considerado esse trabalho efetivo, depois de chegado ao destino, o tempo em que o ferroviário estiver ocupado ou retido à disposição da Estrada. Quando, entre dois períodos de trabalho, não mediar intervalo superior a uma hora, será esse intervalo computado como de trabalho efetivo.

§ 5º O tempo concedido para refeição não se computa como de trabalho efetivo, senão para o pessoal da categoria "c", quando as refeições forem tomadas em viagem ou nas estações durante as paradas. Esse tempo não será inferior a uma hora exceto para o pessoal da referida categoria em serviço de trens.

§ 6º No trabalho das turmas encarregadas da conservação de obras de arte, linhas telegráficas ou telefônicas e edifícios, não será contado, como de trabalho efetivo, o tempo de viagem para o local do serviço, sempre que não exceder de uma hora, seja para ida ou para volta, e a Estrada fornecer os meios de locomoção, computando-se sempre o tempo excedente a esse limite. *(Redação art. e §§ alterada pela L. n. 3.970, 13.10.61, DOU 16.10.61, LTr 25/511, e restabelecida DL n. 5, 4.4.66, DOU 5.4.66, LTr 30/243).*

Nota: O art. 36, do Dec. Lei n. 4.4.1966 dispôs que "É revogada a Lei n. 3.970, de 13 de outubro de 1961 e restaurada a redação primitiva dos artigos 238 e 244 e parágrafos da Consolidação das Leis do Trabalho, aprovada pelo Decreto-lei n. 5.452, de 1º de maio de 1943". A Lei n. 8.630, de 25.2.1993, no art. 76 revogou o Decreto-lei n. 5, 4.4.1966, omitindo-se a respeito do art. 36, do Dec. Lei n. 4.4.1966, que deveria ser mantido na ordem jurídica. Os artigos 238 e 244 da CLT continuam em vigência, tanto que recentemente o TST editou a Súmula n. 446 (Resol. 193/13, DEJT 13.12.13) que faz referência expressa ao art. 238 e seu parágrafo 5º.

Art. 239. Para o pessoal da categoria "C" a prorrogação do trabalho independe de acordo ou contrato coletivo, não podendo, entretanto, exceder de doze horas, pelo que as empresas organizarão, sempre que possível, os serviços de equipagens de trens com destacamentos nos trechos das linhas de modo a ser observada a duração normal de oito horas de trabalho.

§ 1º Para o pessoal sujeito ao regime do presente artigo, depois de cada jornada de trabalho haverá um repouso de dez horas contínuas, no mínimo, observando-se, outrossim, o descanso semanal.

§ 2º Para o pessoal da equipagem de trens, a que se refere o presente artigo, quando a empresa não fornecer alimentação, em viagem, e hospedagem, no destino, concederá uma ajuda de custo para atender a tais despesas.

§ 3º As escalas do pessoal abrangido pelo presente artigo serão organizadas de modo que não caiba a qualquer empregado, quinzenalmente, um total de horas de serviço noturno superior às de serviço diurno.

§ 4º Os períodos de trabalho do pessoal a que alude o presente artigo serão registrados em cadernetas especiais, que ficarão sempre em poder do empregado, de acordo com o modelo aprovado pelo Ministro do Trabalho.

"Portaria do MTE/GM n. 556, de 16.4.03 (DOU 22.4.03)

Faculta a adoção de sistema eletrônico para o controle de jornada do pessoal pertencente à categoria "C", a que se refere o art. 239 da Consolidação das Leis do Trabalho — CLT.

O Ministro de Estado do Trabalho e Emprego, no uso das atribuições que lhe confere o art. 913 da Consolidação das Leis do Trabalho e tendo em vista o disposto no § 4º do art. 239, do mesmo diploma legal, resolve:

Art. 1º Faculta-se a adoção de sistema eletrônico para o controle da jornada de trabalho do pessoal pertencente à categoria "C", a que se refere o art. 239 da Consolidação das Leis do Trabalho — CLT, mediante convenção ou acordo coletivo de trabalho.

§ 1º O sistema eletrônico deve permitir o registro de todos os eventos referentes à jornada do empregado, conforme a "Folha de Ponto de Categoria "C" aprovada pela Portaria n. 3.056, de 1º de março de 1972.

§ 2º A adoção de sistema eletrônico não dispensa o empregado de portar cópia do registro da jornada de trabalho, conforme § 4º do art. 239 da CLT.

Art. 2º Esta Portaria entra em vigor na data de sua publicação."

Art. 240. Nos casos de urgência ou de acidente, capazes de afetar a segurança ou regularidade do serviço, poderá a duração do trabalho ser excepcionalmente elevada a qualquer número de horas, incumbindo à Estrada zelar pela incolumidade dos seus empregados e pela possibilidade de revezamento de turmas, assegurando ao pessoal um repouso correspondente e comunicando a ocorrência ao Ministério do Trabalho dentro de dez dias da sua verificação.

PARÁGRAFO ÚNICO. Nos casos previstos neste artigo, a recusa, sem causa justificada, por parte de qualquer empregado, à execução do serviço extraordinário, será considerada falta grave.

Art. 241. As horas excedentes das do horário normal de oito horas serão pagas como serviço extraordinário na seguinte base: as duas primeiras com o acréscimo de 25% (vinte e cinco por cento) sobre o salário-hora normal; as duas subsequentes com um adicional de 50% (cinquenta por cento) e as restantes com um adicional de 75% (setenta e cinco por cento).

PARÁGRAFO ÚNICO. Para o pessoal da categoria "C", a primeira hora será majorada de 25%, a segunda hora será paga com acréscimo de 50% e as duas subsequentes com o de 60%, salvo caso de negligência comprovada.

— v. CF, art. 7º, XVI, p. 30

Art. 242. As frações de meia hora superiores a dez minutos serão computadas como meia hora.

Art. 243. Para os empregados de estações do interior, cujo serviço for de natureza intermitente ou de pouca intensidade, não se aplicam os preceitos gerais sobre duração do trabalho, sendo-lhes, entretanto, assegurado o repouso contínuo de dez horas, no mínimo, entre dois períodos de trabalho e descanso semanal.

Art. 244. As estradas de ferro poderão ter empregados extranumerários, de sobreaviso e de prontidão, para executarem serviços imprevistos ou para substituições de outros empregados que faltem à escala organizada.

§ 1º Considera-se "extranumerário" o empregado não efetivo, candidato à efetivação, que se apresentar normalmente ao serviço, embora só trabalhe quando for necessário. O extranumerário só receberá os dias de trabalho efetivo.

§ 2º Considera-se de "sobreaviso" o empregado efetivo, que permanecer em sua própria casa, aguardando a qualquer momento o chamado para o serviço. Cada escala de "sobreaviso" será, no máximo, de vinte e quatro horas. As horas de "sobreaviso", para todos os efeitos, serão contadas à razão de 1/3 (um terço) do salário normal. *(Redação dada pelo DL n. 6.353, de 20.3.44, DOU 21.3.44)*

§ 3º Considera-se de "prontidão" o empregado que ficar nas dependências da Estrada, aguardando ordens. A escala de prontidão será, no máximo, de doze horas. As horas de prontidão serão, para todos os efeitos, contadas à razão de 2/3 (dois terços) do salário-hora normal.

§ 4º Quando, no estabelecimento ou dependência em que se achar o empregado, houver facilidade de alimentação, as doze horas de prontidão, a que se refere o parágrafo anterior, poderão ser contínuas. Quando não existir essa facilidade, depois de seis horas de prontidão, haverá sempre um intervalo de uma hora para cada refeição, que não será, nesse caso, computada como de serviço.

Art. 245. O horário normal de trabalho dos cabineiros nas estações de tráfego intenso não excederá de oito horas e deverá ser dividido em dois turnos, com intervalo não inferior a uma hora de repouso, não podendo nenhum turno ter duração superior a cinco horas, com um período de descanso entre duas jornadas de trabalho de quatorze horas consecutivas.

Art. 246. O horário de trabalho dos operadores telegrafistas nas estações de tráfego intenso não excederá 6 (seis) horas diárias.

Art. 247. As estações principais, estações de tráfego intenso e estações do interior serão classificadas para cada empresa pelo Departamento Nacional de Estradas de Ferro.

SEÇÃO VI

Das Equipagens das Embarcações da Marinha Mercante Nacional, de Navegação Fluvial e Lacustre, do Tráfego nos Portos e da Pesca

— V. NR-29 e NR-30, da Port. n. 3.214/78

Art. 248. Entre as horas 0 e 24 de cada dia civil, o tripulante poderá ser conservado em seu posto durante oito horas, quer de modo contínuo, quer de modo intermitente.

§ 1º A exigência do serviço contínuo ou intermitente ficará a critério do comandante e, neste último caso, nunca por período menor que uma hora.

§ 2º Os serviços de quarto nas máquinas, passadiço, vigilância e outros que, consoante parecer médico, possam prejudicar a saúde do tripulante, serão executados por períodos não maiores e com intervalos não menores de quatro horas.

Art. 249. Todo o tempo de serviço efetivo, excedente de oito horas, ocupado na forma do artigo anterior, será considerado de trabalho extraordinário, sujeito à compensação a que se refere o art. 250, exceto se se tratar de trabalho executado:

a) em virtude de responsabilidade pessoal do tripulante e no desempenho de funções de direção, sendo consideradas como tais todas aquelas que a bordo se achem constituídas em um único indivíduo com responsabilidade exclusiva e pessoal;

b) na iminência de perigo, para salvaguarda ou defesa da embarcação, dos passageiros, ou da carga, a juízo exclusivo do comandante ou do responsável pela segurança a bordo;

c) por motivo de manobras ou fainas gerais que reclamem a presença, em seus postos, de todo o pessoal de bordo;

d) na navegação lacustre e fluvial, quando se destina ao abastecimento do navio ou embarcação do combustível e rancho, ou por efeito das contingências da natureza da navegação, na transposição de passos ou pontos difíceis, inclusive operações de alívio ou transbordo de carga, para obtenção de calado menor para essa transposição.

§ 1º O trabalho executado aos domingos e feriados será considerado extraordinário, salvo se se destinar:

a) ao serviço de quartos e vigilância, movimentação das máquinas e aparelhos de bordo, limpeza e higiene da embarcação, preparo de alimentação da equipagem e dos passageiros, serviço pessoal destes e, bem assim, aos socorros de urgência ao navio ou ao pessoal;

b) ao fim da navegação ou das manobras para a entrada ou saída de portos, atracação, desatracação, embarque ou desembarque de carga e passageiros.

§ 2º Não excederá de 30 (trinta) horas semanais o serviço extraordinário prestado para o tráfego nos portos.

Art. 250. As horas de trabalho extraordinário serão compensadas, segundo a conveniência do serviço, por descanso em período equivalente, no dia seguinte ou no subsequente, dentro das do trabalho normal, ou no fim da viagem, ou pelo pagamento do salário correspondente.

PARÁGRAFO ÚNICO. As horas extraordinárias de trabalho são indivisíveis, computando-se a fração de hora como hora inteira.

Art. 251. Em cada embarcação haverá um livro em que serão anotadas as horas extraordinárias de trabalho de cada tripulante, e outro, do qual constarão, devidamente circunstanciadas, as transgressões dos mesmos tripulantes.

PARÁGRAFO ÚNICO. Os livros de que trata este artigo obedecerão a modelos organizados pelo Ministério do Trabalho, serão escriturados em dia pelo comandante da embarcação e ficam sujeitos às formalidades instituídas para os livros de registro de empregados em geral.

Art. 252. Qualquer tripulante que se julgue prejudicado por ordem emanada de superior hierárquico poderá interpor recurso, em termos, perante a Delegacia do Trabalho Marítimo, por intermédio do respectivo comandante, o qual deverá encaminhá-lo com a respectiva informação dentro de cinco dias, contados de sua chegada ao porto.

SEÇÃO VII

Dos Serviços Frigoríficos

— V. NR-15, da Port. n. 3.214/78, do MTE

Art. 253. Para os empregados que trabalham no interior das câmaras frigoríficas e para os que movimentam mercadorias do ambiente quente ou normal para o frio e vice-versa, depois de uma hora e quarenta minutos de trabalho contínuo será assegurado um período de vinte minutos de repouso, computado esse intervalo como de trabalho efetivo.

PARÁGRAFO ÚNICO. Considera-se artificialmente frio, para os fins do presente artigo, o que for inferior, nas primeira, segunda e terceira zonas climáticas do mapa oficial do Ministério do Trabalho, a 15° (quinze graus), na quarta zona a 12° (doze graus), e nas quinta, sexta e sétima zonas a 10° (dez graus).

— v. P. 3.214, 8.6.78, DOU Supl. 6.7.78, LTr 42/931

SEÇÃO VIII

Dos Serviços de Estiva

Arts. 254 a 292. Revogados pela Lei n. 8.630, de 25.2.93.

— v. p. 891

SEÇÃO IX

(Revogada pela L. n. 8.630, de 25.2.93)

SEÇÃO X

Do Trabalho em Minas de Subsolo

— V. NR-22, da Port. n. 3.214/78, do MTE

Art. 293. A duração normal do trabalho efetivo para os empregados em minas no subsolo não excederá de seis horas diárias ou de trinta e seis semanais.

CLT

Art. 294. O tempo despendido pelo empregado da boca da mina ao local do trabalho e vice-versa será computado para o efeito de pagamento do salário.

Art. 295. A duração normal do trabalho efetivo no subsolo poderá ser elevada até oito horas diárias ou quarenta e oito semanais, mediante acordo escrito entre empregado e empregador ou contrato coletivo de trabalho, sujeita essa prorrogação à prévia licença da autoridade competente em matéria de higiene do trabalho.

PARÁGRAFO ÚNICO. A duração normal do trabalho efetivo no subsolo poderá ser inferior a seis horas diárias, por determinação da autoridade de que trata este artigo, tendo em vista condições locais de insalubridade e os métodos e processos do trabalho adotado.

Art. 296. A remuneração da hora prorrogada será no mínimo 25% superior à da hora normal e deverá constar do acordo ou contrato coletivo de trabalho. *(Adicional conforme art. 7º, XV, da CF).*

— v. CF, art. 7º, XVI, p. 30

Art. 297. Ao empregado no subsolo será fornecida, pelas empresas exploradoras de minas, alimentação adequada à natureza do trabalho, de acordo com as instruções estabelecidas pelo Departamento Nacional de Segurança e Higiene do Trabalho (atualmente Secretaria de Segurança e Medicina do Trabalho e aprovadas pelo Ministério do Trabalho).

Art. 298. Em cada período de três horas consecutivas de trabalho, será obrigatória uma pausa de quinze minutos para repouso, a qual será computada na duração normal de trabalho efetivo.

Art. 299. Quando nos trabalhos de subsolo ocorrer acontecimentos que possam comprometer a vida ou saúde do empregado, deverá a empresa comunicar o fato imediatamente à autoridade regional do trabalho, do Ministério do Trabalho.

Art. 300. Sempre que, por motivo de saúde, for necessária a transferência do empregado, a juízo da autoridade competente em matéria de higiene e segurança (atualmente segurança e medicina) do trabalho dos serviços no subsolo para os de superfície, é a empresa obrigada a realizar essa transferência, assegurando ao transferido a remuneração atribuída ao trabalhador de superfície em serviço equivalente, respeitada a capacidade profissional do interessado.

PARÁGRAFO ÚNICO. No caso de recusa do empregado em atender a essa transferência, será ouvida a autoridade competente em matéria de higiene e segurança (atualmente segurança e medicina) do trabalho que decidirá a respeito. *(Redação art. e § L. n. 2.924, 21.10.56, DOU 24.10.56, LTr 20/424).*

Art. 301. O trabalho no subsolo somente será permitido a homens, com idade compreendida entre vinte e um e cinquenta anos, assegurada a transferência para a superfície nos termos previstos no artigo anterior.

— v. P. 3.214, 8.6.78 — NR-22, DOU 6.7.78, LTr 42/931.

SEÇÃO XI

Dos Jornalistas Profissionais(*)

Art. 302. Os dispositivos da presente Seção se aplicam aos que nas empresas jornalísticas prestem serviços como jornalistas, revisores, fotógrafos, ou na ilustração, com as exceções nela previstas.

§ 1º Entende-se como jornalista o trabalhador intelectual cuja função se estende desde a busca de informações até a redação de notícias e artigos e a organização, orientação e direção desse trabalho.

§ 2º Consideram-se empresas jornalísticas, para os fins desta Seção, aquelas que têm a seu cargo a edição de jornais, revistas, boletins e periódicos, ou a distribuição de noticiário, e, ainda, a radiodifusão em suas seções destinadas à transmissão de notícias e comentários.

Art. 303. A duração normal do trabalho dos empregados compreendidos nesta Seção não deverá exceder de cinco horas, tanto de dia como à noite.

Art. 304. Poderá a duração normal do trabalho ser elevada a sete horas, mediante acordo escrito, em que se estipule aumento de ordenado, correspondente ao excesso do tempo de trabalho, em que se fixe um intervalo destinado a repouso ou a refeição.

PARÁGRAFO ÚNICO. Para atender a motivos de força maior, poderá o empregado prestar serviços por mais tempo do que aquele permitido nesta Seção. Em tais casos, porém o excesso deve ser comunicado à Divisão de Fiscalização do Departamento Nacional do Trabalho ou às Delegacias Regionais do Ministério do Trabalho, dentro de cinco dias, com a indicação expressa dos seus motivos.

Art. 305. As horas de serviço extraordinário, quer as prestadas em virtude de acordo, quer as que derivam das causas previstas no parágrafo único do artigo anterior, não poderão ser remuneradas com quantia inferior à que resulta do quociente da divisão da importância do salário mensal por 150 (cento e cinquenta), para os mensalistas, e do salário diário por 5 (cinco) para os diaristas, acrescido de, pelo menos, 50% (cinquenta por cento). *(V. CF, art. 7º, XVI, que altera o adicional de 25% para 50%).*

Art. 306. Os dispositivos dos arts. 303, 304 e 305 não se aplicam àqueles que exercem as funções de redator-chefe, secretário, subsecretário, chefe e subchefe de revisão, chefe de oficina, de ilustração e chefe de portaria.

PARÁGRAFO ÚNICO. Não se aplicam, do mesmo modo, os artigos acima referidos aos que se ocuparem unicamente em serviços externos.

Art. 307. A cada seis dias de trabalho efetivo corresponderá um dia de descanso obrigatório, que coincidirá com o domingo, salvo acordo escrito em contrário, no qual será expressamente estipulado o dia em que se deve verificar o descanso.

Art. 308. Em seguida a cada período diário de trabalho haverá um intervalo mínimo de dez horas, destinado ao repouso.

Art. 309. Será computado como de trabalho efetivo o tempo em que o empregado estiver à disposição do empregador.

Art. 310. Revogado pelo DL n. 972, 17.10.69, DOU 21.10.69, LTr 33/653.

(*) A legislação pertinente a esta Seção é a seguinte:

— DL n. 972, 17.10.69, DOU 21.10.69, LTr 33/653 — Dispõe sobre o exercício da profissão de jornalista;

— L. n. 5.696, 24.8.71, DOU 25.8.71, LTr 35/710 — Dispõe sobre o registro profissional de jornalista e altera a redação do § 5º do art. 8º do DL n. 972, 17.10.69;

— L. n. 6.612, 7.12.78, DOU 12.12.78, LTr 43/91 — Altera dispositivos do DL n. 972, 17.10.69, que dispõe sobre a profissão de jornalista;

— D. n. 83.284, 13.3.79, DOU 13 e 14.3.79, LTr 43/503 — Dá nova regulamentação ao DL n. 972, 17.10.69, que dispõe sobre o exercício da profissão de jornalista, em decorrência das alterações introduzidas pela L. n. 6.612, 7.12.78.

Art. 311. Tacitamente revogado pelo art. 4º, DL n. 972, 17.10.69.

Art. 312. Tacitamente revogado pelo art. 5º, DL n. 972, 17.10.69.

Art. 313. Tacitamente revogado pelo art. 3º, § 3º, DL n. 972, 17.10.69.

Art. 314. Expressamente revogado pelo DL n. 972, 17.10.69.

Art. 315. O Governo Federal, de acordo com os governos estaduais, promoverá a criação de escolas de preparação ao jornalismo, destinadas à formação dos profissionais da imprensa.

Art. 316. Revogado pelo DL n. 368, que dispõe sobre os efeitos dos débitos salariais. *(DOU 20.12.68 — LTr 33/103) reproduzido no Apêndice.*

SEÇÃO XII
Dos Professores

Art. 317. O exercício remunerado do magistério, em estabelecimentos particulares de ensino, exigirá apenas habilitação legal e registro no Ministério da Educação. *(Redação L. n. 7.855, 24.10.89, DOU 25.10.89, LTr 53/1418).*

Art. 318. Num mesmo estabelecimento de ensino não poderá o professor dar, por dia, mais de quatro aulas consecutivas, nem mais de seis, intercaladas.

Art. 319. Aos professores é vedado, aos domingos, a regência de aulas e o trabalho em exames.

Art. 320. A remuneração dos professores será fixada pelo número de aulas semanais, na conformidade dos horários.

§ 1º O pagamento far-se-á mensalmente, considerando-se para este efeito cada mês constituído de quatro semanas e meia.

§ 2º Vencido cada mês, será descontada, na remuneração dos professores, a importância correspondente ao número de aulas a que tiverem faltado.

§ 3º Não serão descontadas, no decurso de nove dias, as faltas verificadas por motivo de gala ou de luto em consequência de falecimento do cônjuge, do pai ou mãe, ou de filho.

Art. 321. Sempre que o estabelecimento de ensino tiver necessidade de aumentar o número de aulas marcado nos horários, remunerará o professor, findo cada mês, com uma importância correspondente ao número de aulas excedentes.

Art. 322. No período de exames e no de férias escolares, é assegurado aos professores o pagamento, na mesma periodicidade contratual da remuneração por eles percebida, na conformidade dos horários, durante o período de aulas. *(Redação dada pela L. n. 9.013, de 30.3.95, DOU 31.3.95).*

§ 1º Não se exigirá dos professores, no período de exames, a prestação de mais de oito horas de trabalho diário, salvo mediante o pagamento complementar de cada hora excedente pelo preço correspondente ao de uma aula.

§ 2º No período de férias, não se poderá exigir dos professores outro serviço senão o relacionado com a realização de exames.

§ 3º Na hipótese de dispensa sem justa causa, ao término do ano letivo ou no curso das férias escolares, é assegurado ao professor o pagamento a que se refere o *caput* deste artigo. (Incluído pela L. n. 9.013, de 30.3.95, DOU 31.3.95).

Art. 323. Não será permitido o funcionamento do estabelecimento particular de ensino que não remunere condignamente os seus professores, ou não lhes pague pontualmente a remuneração de cada mês. *(V. DL n. 368, 19.12.68, DOU 20.12.68, LTr 33/103, que dispõe sobre os efeitos dos débitos salariais).*

PARÁGRAFO ÚNICO. Compete ao Ministério da Educação e Cultura fixar os critérios para a determinação da condigna remuneração devida aos professores bem como assegurar a execução do preceito estabelecido no presente artigo.

Art. 324. Revogado pela L. n. 7.855, 24.10.89, DOU 25.10.89, LTr 53/1418.

SEÇÃO XIII
Dos Químicos(*)

Art. 325. É livre o exercício da profissão de químico em todo o território da República, observadas as condições de capacidade técnica e outras exigências previstas na presente Seção:

a) aos possuidores de diploma de químico, químico industrial, químico industrial agrícola ou engenheiro químico, concedido no Brasil, por escola oficial ou oficialmente reconhecida;

b) aos diplomados em química por instituto estrangeiro de ensino superior, que tenham, de acordo com a lei e a partir de 14 de julho de 1934, revalidado os seus diplomas;

c) aos que, ao tempo da publicação do Decreto n. 24.693, de 12 de julho de 1934, se achavam no exercício efetivo de função pública ou particular, para a qual seja exigida a qualidade de químico, e que tenham requerido o respectivo registro até a extinção do prazo fixado pelo Decreto-lei n. 2.298, de 10 de junho de 1940.

§ 1º Aos profissionais incluídos na alínea *c* deste artigo, se dará, para os efeitos da presente Seção, a denominação de "licenciados".

§ 2º O livre exercício da profissão de que trata o presente artigo só é permitido a estrangeiros, quando compreendidos:

a) nas alíneas *a* e *b*, independentemente de revalidação do diploma, se exerciam legitimamente, na República, a profissão de químico em a data da promulgação da Constituição de 1934;

b) na alínea *b*, se a seu favor militar a existência de reciprocidade internacional, admitida em lei, para o reconhecimento dos respectivos diplomas;

c) na alínea *c*, satisfeitas as condições nela estabelecidas.

§ 3º O livre exercício da profissão a brasileiros naturalizados está subordinado à prévia prestação do serviço militar, no Brasil.

(*) A legislação pertinente a esta Seção é a seguinte:

— L. n. 2.800, 18.6.56, DOU 25.6.56 — Cria os Conselhos Federal e Regionais de Química, dispõe sobre o exercício da profissão de químico, e dá outras providências;

— L. n. 5.530, 13.11.68, DOU 14.11.68, LTr 33/111 — Dispõe sobre o exercício da profissão de químico, pelos portadores de carteira expedida pelo Ministério do Trabalho e Previdência Social, até o advento da L. n. 2.800, de 18.6.56;

— D. n. 85.877, 7.4.81, DOU 9.4.81, LTr 45-4/501 — Estabelece normas para execução da Lei 2.800, de 18.6.56;

— L. n. 4.950-A, de 22.4.66, p. 488.

CLT

§ 4º Só aos brasileiros natos é permitida a revalidação dos diplomas de químicos, expedidos por institutos estrangeiros de ensino superior. *(V. L. n. 6.192, 19.12.74, DOU 20.12.74, que vedou qualquer distinção entre brasileiros natos e naturalizados).*

Art. 326. Todo aquele que exercer ou pretender exercer as funções de químico, é obrigado ao uso da Carteira de Trabalho e Previdência Social, devendo os profissionais que se encontrarem nas condições das alíneas *a* e *b* do art. 325, registrar os seus diplomas de acordo com a legislação vigente. *(V. nota ao § 4º do art. 325).*

V. Resolução Normativa n. 196, de 30.7.04, DOU 17.9.04, Resolução Normativa n. 222, de 20.11.09, DOU 4.12.09, do Conselho Federal de Química, que dispõe sobre a Carteira Profissional do Químico (não publicada nesta obra)

§ 1º A requisição de Carteira de Trabalho e Previdência Social para uso dos químicos, além do disposto no Capítulo "Da Identificação Profissional" somente será processada mediante apresentação dos seguintes documentos que provem:

a) ser o requerente brasileiro nato ou naturalizado, ou estrangeiro. *(V. nota ao § 4º do art. 325);*

b) estar, se for brasileiro, de posse dos direitos civis e políticos;

c) ter diploma de químico, químico industrial, químico industrial agrícola, ou engenheiro químico, expedido por escola superior oficial ou oficializada;

d) ter, se diplomado no estrangeiro, o respectivo diploma revalidado nos termos da lei;

e) haver, o que for brasileiro naturalizado, prestado serviço militar no Brasil. *(V. nota ao § 4º do art. 325);*

f) achar-se, o estrangeiro, ao ser promulgada a Constituição de 1934, exercendo legitimamente, na República, a profissão de químico, ou concorrer a seu favor a existência de reciprocidade internacional, admitida em lei, para o reconhecimento dos diplomas dessa especialidade.

§ 2º A requisição de que trata o parágrafo anterior deve ser acompanhada:

a) do diploma devidamente autenticado no caso da alínea *b* do artigo precedente, e com as firmas reconhecidas no país de origem e na Secretaria de Estado das Relações Exteriores, ou da respectiva certidão, bem como do título de revalidação, ou certidão respectiva, de acordo com a legislação em vigor;

b) do certificado ou atestado comprobatório de se achar o requerente, na hipótese da alínea *c* do referido artigo, ao tempo da publicação do Decreto n. 24.693, de 12 de julho de 1934, no exercício efetivo de função pública, ou particular, para a qual seja exigida a qualidade de químico, devendo esses documentos ser autenticados pelo Delegado Regional do Trabalho, quando se referirem a requerentes moradores nas capitais dos Estados, ou coletor federal, no caso de residirem os interessados nos municípios do interior;

c) de três exemplares de fotografia exigida pelo artigo 329 e de uma folha com as declarações que devem ser lançadas na Carteira de Trabalho e Previdência Social, de conformidade com o disposto nas alíneas do mesmo artigo e seu parágrafo único.

§ 3º Revogado pelo art. 15 da L. n. 2.800, 18.6.56, DOU 23.6.56.

Art. 327. Revogado pelo artigo 26 da L. n. 2.800, 18.6.56, DOU 23.6.56.

Art. 328. Só poderão ser admitidos a registro os diplomas, certificados de diplomas, cartas e outros títulos, bem como atestados e certificados que estiverem na devida forma e cujas firmas hajam sido regularmente reconhecidas por tabelião público e, sendo estrangeiros, pela Secretaria de Estado das Relações Exteriores, acompanhados estes últimos da respectiva tradução, feita por intérprete comercial brasileiro.

PARÁGRAFO ÚNICO. Revogado pelos arts. 8º, letra *e* e 12, letra *d* da L. n. 2.800, 18.6.56, DOU 23.6.56.

Art. 329. A cada inscrito, e como documento comprobatório do registro, será fornecida pelo Conselho Regional de Química uma Carteira Profissional numerada, que, além da fotografia medindo 3 por 4 centímetros, tirada de frente, com a cabeça descoberta e das impressões do polegar, conterá as declarações seguintes:

a) o nome por extenso;

b) a nacionalidade e, se estrangeiro, a circunstância de ser ou não naturalizado;

c) a data e lugar do nascimento;

d) a denominação da escola em que houver feito o curso;

e) a data da expedição do diploma e o número do registro no Conselho Regional de Química;

f) a data da revalidação do diploma, se de instituto estrangeiro;

g) a especificação, inclusive data, de outro título ou títulos de habilitação;

h) a assinatura do inscrito.

PARÁGRAFO ÚNICO. V. arts. 13 e 15 da L. n. 2.800, 18.6.56, DOU 23.6.56.

Art. 330. A Carteira Profissional, expedida nos termos desta Seção, é obrigatória para o exercício da profissão, substitui em todos os casos o diploma ou título e servirá de carteira de identidade.

Art. 331. Nenhuma autoridade poderá receber impostos relativos ao exercício profissional de químico, senão à vista da prova de que o interessado se acha registrado de acordo com a presente Seção, e essa prova será também exigida para a realização de concursos periciais e todos os outros atos oficiais que exijam capacidade técnica de químico.

Art. 332. Quem, mediante anúncios, placas, cartões comerciais ou outros meios capazes de ser identificados, se propuser ao exercício da química, em qualquer dos seus ramos, sem que esteja devidamente registrado, fica sujeito às penalidades aplicáveis ao exercício ilegal da profissão.

Art. 333. Os profissionais a que se referem os dispositivos anteriores só poderão exercer legalmente as funções de químicos depois de satisfazerem as obrigações constantes do art. 330 desta Seção.

Art. 334. O exercício da profissão de químico compreende:

a) a fabricação de produtos e subprodutos químicos em seus diversos graus de pureza;

b) a análise química, a elaboração de pareceres, atestados e projetos da especialidade e sua execução, perícia civil ou judiciária sobre essa matéria, a direção e a responsabilidade de laboratório ou departamentos químicos, de indústria e empresas comerciais;

c) o magistério nas cadeiras de química dos cursos superiores especializados em química;

d) a engenharia química.

§ 1º Aos químicos, químicos industriais e químicos industriais agrícolas que estejam nas condições estabelecidas no art. 325, alíneas *a* e *b*, compete o exercício das atividades definidas nos itens *a*, *b* e *c* deste artigo, sendo privativa dos engenheiros químicos a do item *d*.

§ 2º Aos que estiverem nas condições do art. 325, alíneas *a* e *b*, compete, como aos diplomados em medicina ou farmácia, as atividades definidas no art. 2º, alíneas *d*, *e* e *f* do Decreto n. 20.377, de 8 de setembro de 1931, cabendo aos agrônomos e engenheiros agrônomos as que se acham especificadas no art. 6º, alínea *h*, do Decreto n. 23.196, de 12 de outubro de 1933.

Art. 335. É obrigatória a admissão de químicos nos seguintes tipos de indústria:

a) de fabricação de produtos químicos;

b) que mantenham laboratório de controle químico;

c) de fabricação de produtos industriais que são obtidos por meio de reações químicas dirigidas, tais como: cimento, açúcar e álcool, vidro, curtume, massas plásticas artificiais, explosivos, derivados de carvão ou de petróleo, refinação de óleos vegetais ou minerais, sabão, celulose e derivados.

Art. 336. No preenchimento de cargos públicos, para os quais se faz mister a qualidade de químico, ressalvadas as especializações referidas no § 2º, do art. 334, a partir da data da publicação do Decreto n. 24.693, de 12 de julho de 1934, requer-se, como condição essencial, que os candidatos previamente hajam satisfeito as exigências do art. 333 desta Seção.

Art. 337. Fazem fé pública os certificados de análises químicas, pareceres, atestados, laudos de perícias e projetos relativos a essa especialidade, assinados por profissionais que satisfaçam as condições estabelecidas nas alíneas *a* e *b* do art. 325.

RESOLUÇÃO NORMATIVA N. 195, DE 14 DE ABRIL DE 2004
(DOU 19.4.04)

Regulamenta em caráter de exclusividade, os arts. 337 e 341 da CLT, e os artigos 1º, 3º e 4º alínea *i*, do Decreto n. 85.877, de 7.4.81.

O Conselho Federal de Química no uso de suas atribuições que lhe confere a alínea *f* do art. 8º da Lei n. 2.800, de 18.6.56:

Considerando que a vistoria, perícia, avaliação, arbitramento, a condução e o controle de operações e processos, e bem assim, o planejamento, projeto e especificação de equipamentos relacionados com a atividade Química, são inerentes aos Profissionais da Química, *ex vi* do Decreto n. 85.877, de 7.4.1981, que regulamenta a Lei n. 2.800, de 18.6.56;

Considerando que a operação e manutenção de equipamentos e instalações relacionados com a Química se acham capituladas dentre as atividades dos Profissionais da Química, descritas no Decreto n. 85.877, de 7.4.81;

Considerando que a manutenção adequada de vasos de pressão, tubulações e válvulas que contenham ou conduzam partículas sólidas, líquidas, vaporizadas ou gasosas exigem conhecimentos de Química;

Considerando a determinação do art. 341 do Decreto-lei n. 5.452, de 1.5.43, segundo a qual, cabe aos Químicos habilitados, a execução de todos os serviços que por sua natureza, exijam o conhecimento de Química;

Considerando que o Decreto n. 85.877/81, em seu art. 4º, alínea *i*, assegura ao Profissional da Química, o desempenho da Segurança do Trabalho, na sua área específica;

Considerando o objetivo de manter o bom nível de assistência profissional quando da necessidade de realização de testes de pressão nos equipamentos que compõem as operações unitárias da área da Química; resolve:

Art. 1º São considerados uma atividade da área da Química, os testes de pressão e outros, com qualquer tipo de material, em tubulações, válvulas, reatores e vasos de pressão em geral, presentes nas operações unitárias da área da Química, podendo somente ser executados sob a responsabilidade de Profissional da Química legalmente habilitado e registrado em Conselho Regional de Química.

Art. 2º Os profissionais a que se refere o artigo anterior são aqueles com currículo de natureza em Química Tecnológica e Engenharia Química nos termos da RN n. 36/74.

Art. 3º Os contratos de serviços que envolvam as atividades referidas no art. 1º desta Resolução devem ser registrados no Conselho Regional de Química da jurisdição a que pertencem a Empresa e o Profissional da Química responsável pela atividade.

Art. 4º Esta Resolução entrará em vigor na data de sua publicação no DOU.

Jesus Miguel Tajra Adad, Presidente do Conselho

Art. 338. É facultado aos químicos que satisfizerem as condições constantes do art. 325, alíneas *a* e *b*, o ensino da especialidade a que se dedicarem, nas escolas superiores, oficiais ou oficializadas.

PARÁGRAFO ÚNICO. Na hipótese de concurso para o provimento de cargo ou emprego público, os químicos a que este artigo se refere terão preferência, em igualdade de condições.

Art. 339. O nome do químico responsável pela fabricação dos produtos de uma fábrica, usina ou laboratório, deverá figurar nos respectivos rótulos, faturas e anúncios, compreendida entre estes últimos a legenda impressa em cartas e sobrecartas.

Art. 340. Somente os químicos habilitados, nos termos do art. 325, alíneas *a* e *b*, poderão ser nomeados *ex officio* para os exames periciais de fábricas, laboratórios e usinas e de produtos aí fabricados.

PARÁGRAFO ÚNICO. Não se acham compreendidos no artigo anterior os produtos farmacêuticos e os laboratórios de produtos farmacêuticos.

Art. 341. Cabe aos químicos habilitados, conforme estabelece o art. 325, alíneas *a* e *b*, a execução de todos os serviços que, não especificados no presente regulamento, exijam por sua natureza o conhecimento de química. *(V. art. 337, Resol. Normativa n. 195, de 14.4.2004)*

Art. 342. Revogado pelos arts. 1º, 13 e 15 da L. n. 2.800, 18.6.56, DOU 23.6.56.

Art. 343. São atribuições dos órgãos de fiscalização. *(Atualmente dos Conselhos Regionais de Química, L. n. 2.800, 18.6.56, DOU 23.6.56):*

a) examinar os documentos exigidos para o registro profissional de que trata o art. 326 e seus §§ 1º e 2º e o art. 327, proceder à respectiva inscrição e indeferir o pedido dos interessados que não satisfizerem as exigências desta Seção;

b) registrar as comunicações e contratos, a que alude o art. 350 e seus parágrafos, e dar as respectivas baixas;

c) verificar o exato cumprimento das disposições desta Seção, realizando as investigações que forem necessárias, bem como o exame dos arquivos, livros de escrituração, folhas de pagamento, contratos e outros documentos de uso de firmas ou empresas industriais ou comerciais, em cujos serviços tome parte um ou mais profissionais que desempenhem função para a qual se deva exigir a qualidade de químico.

Art. 344. Aos sindicatos de químicos devidamente reconhecidos é facultado auxiliar a fiscalização, no tocante à observação da alínea *c* do artigo anterior. *(V. L. n. 2.800, 18.6.56, DOU 23.6.56).*

Art. 345. Verificando-se, pelos Conselhos Regionais de Química, serem falsos os diplomas ou outros títulos dessa natureza, atestados, certificados e quaisquer documentos exibidos para os fins de que trata esta Seção, incorrerão os seus autores e cúmplices nas penalidades estabelecidas em lei.

PARÁGRAFO ÚNICO. A falsificação de diploma ou outros quaisquer títulos, uma vez verificada, implicará na instauração pelo respectivo Conselho Regional de Química do processo que no caso couber. *(L. n. 2.800, 18.6.56, DOU 23.5.56).*

Art. 346. Será suspenso do exercício de suas funções, independentemente de outras penas em que possa incorrer, o químico, inclusive o licenciado, que incidir em alguma das seguintes faltas:

a) revelar improbidade profissional, dar falso testemunho, quebrar o sigilo profissional e promover falsificações, referentes à prática de atos de que trata esta Seção;

b) concorrer com seus conhecimentos científicos para a prática de crime ou atentado contra a pátria, a ordem social ou a saúde pública;

c) deixar, no prazo marcado nesta Seção, de requerer a revalidação e registro do diploma estrangeiro, ou o seu registro profissional no Conselho Regional de Química.

PARÁGRAFO ÚNICO. O tempo de suspensão a que alude este artigo variará entre um mês e um ano, a critério do Conselho Regional de Química, após processo regular, ressalvada a ação da justiça pública.

Art. 347. Aqueles que exercerem a profissão de químico sem ter preenchido as condições do art. 325 e suas alíneas, nem promovido o seu registro, nos termos do art. 326, incorrerão na multa de 4 (quatro) a 100 (cem) valores de referência regionais, que será elevada ao dobro, no caso de reincidência. *(Redação L. n. 6.205, 29.4.75, c/c. art. 7º, L. n. 6.986, 13.4.82).*

— v. Nota do art. 47

Art. 348. Aos licenciados a que alude o § 1º do art. 325, poderão, por ato do respectivo Conselho Regional de Química, sujeito à aprovação do Conselho Federal de Química, ser cassadas as garantias asseguradas por esta Seção, desde que interrompam, por motivo de falta prevista no art. 346, a função pública ou particular em que se encontravam por ocasião da publicação do Decreto n. 24.693, de 12 de julho de 1934.

Art. 349. O número de químicos estrangeiros a serviço de particulares, empresas ou companhias não poderá exceder de 1/3 aos dos profissionais brasileiros compreendidos nos respectivos quadros.

Art. 350. O químico que assumir a direção técnica ou cargo de químico de qualquer usina, fábrica, ou laboratório industrial ou de análise, deverá, dentro de 24 horas e por escrito, comunicar essa ocorrência ao órgão fiscalizador, contraindo, desde essa data, a responsabilidade da parte técnica referente à sua profissão, assim como a responsabilidade técnica dos produtos manufaturados.

§ 1º Firmando-se contrato entre o químico e o proprietário da usina, fábrica ou laboratório, será esse documento apresentado, dentro do prazo de 30 dias, para registro, ao órgão fiscalizador.

§ 2º Comunicação idêntica à de que trata a primeira parte deste artigo fará o químico, quando deixar a direção técnica ou o cargo de químico, em cujo exercício se encontrava, a fim de ressalvar a sua responsabilidade e fazer-se o cancelamento do contrato. Em caso de falência do estabelecimento, a comunicação será feita pela firma proprietária.

SEÇÃO XIV
Das Penalidades

Art. 351. Os infratores dos dispositivos do presente Capítulo incorrerão na multa de 3 (três) a 300 (trezentos) valores de referência regionais, segundo a natureza da infração, sua extensão e a intenção de quem a praticou, aplicada em dobro no caso de reincidência, oposição à fiscalização ou desacato à autoridade. *(Redação art. 7º L. n. 6.986, 13.4.82).*

— v. Nota do art. 47

PARÁGRAFO ÚNICO. São competentes para impor penalidades as autoridades de primeira instância incumbidas da fiscalização dos preceitos constantes do presente Capítulo.

CAPÍTULO II
DA NACIONALIZAÇÃO DO TRABALHO

(V. CF, *caput*, art. 5º, p. 29)

V. Resol. Normativa n. 77, de 29 de janeiro de 2008 que dispõe sobre critérios para a concessão de visto temporário ou permanente, ou de autorização de permanência, ao companheiro ou companheira, em união estável, sem distinção de sexo (DOU 11.2.08) (não publicada nesta obra)

V. Resol. Normativa n. 74, de 9 de fevereiro de 2007, do CNM/MTE, que disciplina os procedimentos para a autorização de trabalho a estrangeiros, bem como dá outras providências. (DOU 13.2.07, e alterada pela Resol. Normativa n. 75, de 3.5.07, DOU 9.5.07). (não publicada nesta obra)

SEÇÃO I
Da Proporcionalidade de Empregados Brasileiros

Art. 352. As empresas, individuais ou coletivas, que explorem serviços públicos dados em concessão, ou que exerçam atividades industriais ou comerciais, são obrigadas a manter, no quadro do seu pessoal, quando composto de três ou mais empregados, uma proporção de brasileiros não inferior à estabelecida no presente Capítulo. *(V. arts. 12 e 175 da CF/88, p. 31 e 44).*

§ 1º Sob a denominação geral de atividades industriais e comerciais compreendem-se, além de outras que venham a ser determinadas em portaria do Ministro do Trabalho, as exercidas:

a) nos estabelecimentos industriais em geral;

b) nos serviços de comunicações, de transportes terrestres, marítimos, fluviais, lacustres e aéreos;

c) nas garagens, oficinas de reparos e postos de abastecimento de automóveis e nas cocheiras;

d) na indústria da pesca;

e) nos estabelecimentos comerciais em geral;

f) nos escritórios comerciais em geral;

g) nos estabelecimentos bancários, ou de economia coletiva, nas empresas de seguros e nas de capitalização;

h) nos estabelecimentos jornalísticos, de publicidade e de radiodifusão;

i) nos estabelecimentos de ensino remunerado, excluídos os que neles trabalhem por força de voto religioso;

j) nas drogarias e farmácias;

k) nos salões de barbeiro ou cabeleireiros e de beleza;

l) nos estabelecimentos de diversões públicas, excluídos os elencos teatrais, e nos clubes esportivos;

m) nos hotéis, restaurantes, bares, e estabelecimentos congêneres;

n) nos estabelecimentos hospitalares e fisioterápicos cujos serviços sejam remunerados, excluídos os que neles trabalhem por força de voto religioso;

o) nas empresas de mineração.

§ 2º Não se acham sujeitas às obrigações da proporcionalidade as indústrias rurais, as que, em zona agrícola, se destinem ao beneficiamento ou transformação de produtos da região e as atividades industriais de natureza extrativa, salvo a mineração.

Art. 353. Equiparam-se aos brasileiros, para os fins deste Capítulo, ressalvado o exercício de profissões reservadas aos brasileiros natos ou aos brasileiros em geral, os estrangeiros que, residindo no País há mais de dez anos, tenham cônjuge ou filho brasileiro e os portugueses. *(Redação L. n. 6.651, 23.5.79, DOU 24.5.79, LTr 43/730).*

Art. 354. A proporcionalidade será de dois terços de empregados brasileiros, podendo, entretanto, ser fixada proporcionalidade inferior, em atenção às circunstâncias especiais de cada atividade, mediante ato do Poder Executivo, e depois de devidamente apurada pelo Departamento Nacional do Trabalho e pelo Serviço de Estatística da Previdência e Trabalho a insuficiência do número de brasileiros na atividade de que se tratar.

— O D. n. 69.014, 4.8.71, DOU 5.8.71, LTr 35/712, extinguiu o Serviço de Estatística da Previdência e Trabalho. Atualmente pelo D. n. 81.663, 16.5.78, DOU 17.5.78, LTr 42/708, a competência é da Secretaria de Mão de Obra

PARÁGRAFO ÚNICO. A proporcionalidade é obrigatória não só em relação à totalidade do quadro de empregados, com as exceções desta Lei, como ainda em relação à correspondente folha de salários.

Art. 355. Consideram-se como estabelecimentos autônomos, para os efeitos da proporcionalidade a ser observada, as sucursais, filiais e agências em que trabalhem três ou mais empregados.

Art. 356. Sempre que uma empresa ou indivíduo explore atividades sujeitas a proporcionalidades diferentes, observar-se-á, em relação a cada uma delas, a que lhe corresponder.

Art. 357. Não se compreendem na proporcionalidade os empregados que exerçam funções técnicas especializadas desde que, a juízo do Ministério do Trabalho, haja falta de trabalhadores nacionais.

Art. 358. Nenhuma empresa, ainda que não sujeita à proporcionalidade, poderá pagar a brasileiro que exerça função análoga, a juízo do Ministério do Trabalho, à que é exercida por estrangeiro a seu serviço, salário inferior ao deste, excetuando-se os casos seguintes:

a) quando, nos estabelecimentos que não tenham quadros de empregados organizados em carreira, o brasileiro contar menos de dois anos de serviço, e o estrangeiro mais de dois anos;

b) quando, mediante aprovação do Ministério do Trabalho, houver quadro organizado em carreira em que seja garantido o acesso por antiguidade;

c) quando o brasileiro for aprendiz, ajudante ou servente, e não o for o estrangeiro;

d) quando a remuneração resultar de maior produção, para os que trabalham à comissão ou por tarefa.

PARÁGRAFO ÚNICO. Nos casos de falta ou cessação de serviço, a dispensa do empregado estrangeiro deve preceder a de brasileiro que exerça função análoga.

SEÇÃO II
Das Relações Anuais de Empregados

— v. D. n. 97.936/89 — p. 647
D. n. 76.900/75, que instituiu a RAIS, p. 640
V. Portaria GM/MTE n. 2.072, de 31 de dezembro de 2013 (DOU 3.1.2014), que aprova instruções para a declaração da Relação Anual de Informações Sociais — RAIS ano-base 2013 (não publicada nesta obra)

Art. 359. Nenhuma empresa poderá admitir a seu serviço empregado estrangeiro sem que este exiba a carteira de identidade de estrangeiro devidamente anotada.

PARÁGRAFO ÚNICO. A empresa é obrigada a assentar no registro de empregados os dados referentes à nacionalidade de qualquer empregado estrangeiro e o número da respectiva carteira de identidade.

Art. 360. Toda empresa compreendida na enumeração do art. 352, § 1º, deste Capítulo, qualquer que seja o número de seus empregados, deve apresentar anualmente às repartições competentes do Ministério do Trabalho, de 2 de maio a 30 de junho, uma relação, em três vias, de todos os seus empregados segundo o modelo que for expedido. *(Redação alterada pelo DL n. 6.353, 20.3.44, DOU 23.3.44, LTr 8/47).*

§ 1º As relações terão, na 1ª via, o selo de três cruzeiros pela folha inicial e dois cruzeiros por folha excedente, além do selo do Fundo de Educação, e nelas será assinalada, em tinta vermelha, a modificação havida com referência à última relação apresentada. Se se tratar de nova empresa, a relação, encimada pelos dizeres — Primeira Relação — deverá ser feita dentro de 30 dias de seu registro no Departamento Nacional da Indústria e Comércio ou repartições competentes. *(O selo deixou de existir pela L. n. 3.519, 30.12.58, DOU 30.12.58).*

§ 2º A entrega das relações far-se-á diretamente às repartições competentes do Ministério do Trabalho, ou, onde não as houver, às Coletorias Federais, que as remeterão desde logo àquelas repartições. A entrega operar-se-á contra recibo especial, cuja exibição é obrigatória, em caso de fiscalização, enquanto não for devolvida ao empregador a via autenticada da declaração. *(As coletorias foram extintas pelo D. n. 63.659, 20.11.68, DOU 21.11.68).*

§ 3º Quando não houver empregado far-se-á declaração negativa.

— v. D. n. 76.900/75, que instituiu a RAIS, p. 640

Art. 361. Apurando-se, das relações apresentadas, qualquer infração, será concedido ao infrator o prazo de dez dias para defesa, seguindo-se o despacho pela autoridade competente.

Art. 362. As repartições às quais competir a fiscalização do disposto no presente Capítulo manterão fichário especial de empresas, do qual constem as anotações referentes ao respectivo cumprimento, e fornecerão aos interessados as certidões de quitação que se tornarem necessárias, no prazo de trinta dias, contados da data do pedido.

§ 1º As certidões de quitação farão prova até 30 de setembro do ano seguinte àquele a que se referiram e estarão sujeitas à taxa correspondente a 1/10 (um décimo) do valor de referência regional. Sem elas nenhum fornecimento ou contrato poderá ser feito com o Governo da União, dos Estados ou Municípios, ou com as instituições paraestatais a eles subordinadas, nem será renovada autorização à empresa estrangeira para funcionar no País. *(Taxa extinta pela L. n. n. 8.522, 11.12.92, DOU 14.12.92, LTr 57-01/118).*

§ 2º A primeira via da relação, depois de considerada pela repartição fiscalizadora, será remetida anualmente à Secretaria de Emprego e Salário como subsídio ao estudo das condições de mercado de trabalho, de um modo geral, e, em particular, no que se refere à mão de obra qualificada.

§ 3º A segunda via da relação será remetida pela repartição competente ao Serviço de Estatística da Previdência e Trabalho e a terceira via devolvida à empresa, devidamente autenticada.

SEÇÃO III
Das Penalidades

Art. 363. O processo das infrações do presente Capítulo obedecerá ao disposto no Título "Do Processo de Multas Administrativas", no que lhe for aplicável, com observância dos modelos de auto a serem expedidos.

Art. 364. As infrações do presente Capítulo serão punidas com a multa de 6 (seis) a 600 (seiscentos) valores de referência regionais. *(Redação art. 7º, L. n. 6.986, 13.4.82).*

— v. Nota do art. 47

PARÁGRAFO ÚNICO. Em se tratando de empresa concessionária de serviço público, ou de sociedade estrangeira autorizada a funcionar no País, se a infratora, depois de multada, não atender afinal ao cumprimento do texto infringido, poderá ser-lhe cassada a concessão ou autorização.

SEÇÃO IV
Disposições Gerais

Art. 365. O presente Capítulo não derroga as restrições vigentes quanto às exigências de nacionalidade brasileira para o exercício de determinadas profissões nem as que vigoram para as faixas de fronteiras, na conformidade da respectiva legislação.

Art. 366. Enquanto não for expedida a carteira a que se refere o art. 359 deste Capítulo, valerá, a título precário, como documento hábil, uma certidão, passada pelo serviço competente do Registro de Estrangeiros, provando que o empregado requereu sua permanência nos País.

CLT

NOTA — O art. 132 da Lei n. 6.815, de 19.8.80, estatui: Fica o Ministro da Justiça autorizado a instituir modelo único de Cédula de Identidade para estrangeiro, **portador de visto temporário ou permanente**, a qual terá validade em todo o território nacional e substituirá as carteiras de identidade em vigor. *(Renumerado pela Lei n. 6.964, de 9.12.81).*

Art. 367. A redução a que se refere o artigo 354, enquanto o Serviço de Estatística da Previdência e Trabalho (atualmente Secretaria de Mão de Obra) não dispuser dos dados estatísticos necessários à fixação da proporcionalidade conveniente para cada atividade, poderá ser feita por ato do Ministro do Trabalho, mediante representação fundamentada da associação sindical.

PARÁGRAFO ÚNICO. O Serviço de Estatística da Previdência e Trabalho (atualmente Secretaria de Mão de Obra) deverá promover e manter em dia estudos necessários aos fins do presente Capítulo.

SEÇÃO V

Das Disposições Especiais sobre a Nacionalização da Marinha Mercante

— v. L. n. 12.815, de 5.6.2013, p. 891

Art. 368. O comando de navio mercante nacional só poderá ser exercido por brasileiro nato. *(V. L. n. 6.192, 19.12.74, DOU 20.12.74, que vedou qualquer distinção entre brasileiros natos e naturalizados).*

Art. 369. A tripulação de navio ou embarcação nacional será constituída, pelo menos, de dois terços de brasileiros natos. *(Redação L. n. 5.683, 21.7.71, DOU 22.7.71, LTr 35/643).*

— v. nota ao art. 368 acima.

PARÁGRAFO ÚNICO. O disposto neste artigo não se aplica aos navios nacionais de pesca, sujeitos à legislação específica.

Art. 370. As empresas de navegação organizarão as relações dos tripulantes das respectivas embarcações, enviando-as no prazo a que se refere a Seção II deste Capítulo à Delegacia do Trabalho Marítimo, onde as mesmas tiverem sede.

PARÁGRAFO ÚNICO. As relações a que alude o presente artigo obedecerão, na discriminação hierárquica e funcional do pessoal embarcadiço, ao quadro aprovado pelo Regulamento das Capitanias dos Portos.

Art. 371. A presente Seção é também aplicável aos serviços de navegação fluvial e lacustre e à praticagem nas barras, portos, rios, lagos e canais.

CAPÍTULO III

DA PROTEÇÃO DO TRABALHO DA MULHER

(V. CF, art. 5º, I e art. 7º, XX e XXX, p. 29/30)

V. Decreto n. 4.377, de 13.9.02 (DOU 16.9.02) que promulga a Convenção sobre a Eliminação de Todas as Formas de Discriminação contra a Mulher, de 1979, e revoga o Decreto n. 89.460, de 20 de março de 1984. V. Revista LTr 66-9/1144

SEÇÃO I

Da Duração, Condições do Trabalho e da Discriminação contra a mulher

Art. 372. Os preceitos que regulam o trabalho masculino são aplicáveis ao trabalho feminino, naquilo em que não colidirem com a proteção especial instituída por este Capítulo.

PARÁGRAFO ÚNICO. Não é regido pelos dispositivos a que se refere este artigo o trabalho nas oficinas em que sirvam exclusivamente pessoas da família da mulher e esteja esta sob a direção do esposo, do pai, da mãe, do tutor ou do filho.

Art. 373. A duração normal de trabalho da mulher será de oito horas diárias, exceto nos casos para os quais for fixada duração inferior.

Art. 373-A. Ressalvadas as disposições legais destinadas a corrigir as distorções que afetam o acesso da mulher ao mercado de trabalho e certas especificidades estabelecidas nos acordos trabalhistas, é vedado:

I — publicar ou fazer publicar anúncio de emprego no qual haja referência ao sexo, à idade, à cor ou situação familiar, salvo quando a natureza da atividade a ser exercida, pública e notoriamente, assim o exigir;

II — recusar emprego, promoção ou motivar a dispensa do trabalho em razão de sexo, idade, cor, situação familiar ou estado de gravidez, salvo quando a natureza da atividade seja notória e publicamente incompatível;

III — considerar o sexo, a idade, a cor ou situação familiar como variável determinante para fins de remuneração, formação profissional e oportunidades de ascensão profissional;

IV — exigir atestado ou exame, de qualquer natureza, para comprovação de esterilidade ou gravidez, na admissão ou permanência no emprego;

V — impedir o acesso ou adotar critérios subjetivos para deferimento de inscrição ou aprovação em concursos, em empresas privadas, em razão de sexo, idade, cor, situação familiar ou estado de gravidez;

VI — proceder o empregador ou preposto a revistas íntimas nas empregadas ou funcionárias.

PARÁGRAFO ÚNICO. O disposto neste artigo não obsta a adoção de medidas temporárias que visem ao estabelecimento das políticas de igualdade entre homens e mulheres, em particular as que se destinam a corrigir as distorções que afetam a formação profissional, o acesso ao emprego e as condições gerais de trabalho da mulher. *(Artigo acrescentado pela Lei n. 9.799, de 26.5.99, DOU 27.5.99).*

Arts. 374 e 375. Revogados pela L. n. 7.855, 24.10.89, DOU 25.10.89, LTr 53/1418.

Art. 376. Revogado pela Lei n. 10.244, de 27.6.01, DOU 28.6.01.

Art. 377. A adoção de medidas de proteção ao trabalho das mulheres é considerada de ordem pública, não justificando, em hipótese alguma, a redução de salário.

Art. 378. Revogado pela Lei n. 7.855, de 24.10.89, DOU 25.10.89, LTr 53/1418.

SEÇÃO II

Do Trabalho Noturno

Arts. 379 e 380. Revogados pela Lei n. 7.855, de 24.10.89, DOU 25.10.89, LTr 53/1418.

Art. 381. O trabalho noturno das mulheres terá salário superior ao diurno.

§ 1º Para os fins deste artigo, os salários serão acrescidos duma percentagem adicional de 20% (vinte por cento) no mínimo.

§ 2º Cada hora do período noturno de trabalho das mulheres terá cinquenta e dois minutos e trinta segundos.

SEÇÃO III
Dos Períodos de Descanso

Art. 382. Entre duas jornadas de trabalho, haverá um intervalo de onze horas consecutivas, no mínimo, destinado ao repouso.

Art. 383. Durante a jornada de trabalho, será concedido à empregada um período para refeição e repouso não inferior a uma hora nem superior a duas horas, salvo a hipótese prevista no art. 71, § 3º.

Art. 384. Em caso de prorrogação do horário normal, será obrigatório um descanso de quinze (15) minutos no mínimo, antes do início do período extraordinário do trabalho.

Art. 385. O descanso semanal será de vinte e quatro (24) horas consecutivas e coincidirá no todo ou em parte com o domingo, salvo motivo de conveniência pública ou necessidade imperiosa de serviço, a juízo da autoridade competente, na forma das disposições gerais, caso em que recairá em outro dia.

PARÁGRAFO ÚNICO. Observar-se-ão, igualmente, os preceitos da legislação geral sobre a proibição de trabalho nos feriados civis e religiosos.

— v. CF, art. 7º, XV, p. 30

— v. L. n. 605/49, p. 689

Art. 386. Havendo trabalho aos domingos, será organizada uma escala de revezamento quinzenal, que favoreça o repouso dominical.

SEÇÃO IV
Dos Métodos e Locais de Trabalho

— V. Port. n. 3.214/78 — NRs 15 e 16

Art. 387. Revogado pela L. n. 7.855, 24.10.89, DOU 25.10.89, LTr 53/1418.

Art. 388. Em virtude de exame e parecer da autoridade competente, o Ministro do Trabalho poderá estabelecer derrogações totais ou parciais às proibições a que alude o artigo anterior, quando tiver desaparecido, nos serviços considerados perigosos ou insalubres, todo e qualquer caráter perigoso ou prejudicial mediante a aplicação de novos métodos de trabalho ou pelo emprego de medidas de ordem preventiva.

— v. CF, art. 7º, XX e XXX — p. 30

Art. 389. Toda empresa é obrigada:

I — a prover os estabelecimentos de medidas concernentes à higienização dos métodos e locais de trabalho, tais como ventilação e iluminação e outros que se fizerem necessários à segurança e ao conforto das mulheres, a critério da autoridade competente;

II — a instalar bebedouros, lavatórios, aparelhos sanitários; dispor de cadeiras ou bancos em número suficiente, que permitam às mulheres trabalhar sem grande esgotamento físico;

III — a instalar vestiários com armários individuais privativos das mulheres, exceto os estabelecimentos comerciais, escritórios, bancos e atividades afins, em que não seja exigida a troca de roupa e outros, a critério da autoridade competente em matéria de segurança e medicina do trabalho, admitindo-se como suficientes as gavetas ou escaninhos, onde possam as empregadas guardar seus pertences;

IV — a fornecer, gratuitamente, a juízo da autoridade competente, os recursos de proteção individual, tais como óculos, máscaras, luvas e roupas especiais, para a defesa dos olhos, do aparelho respiratório e da pele, de acordo com a natureza do trabalho.

§ 1º Os estabelecimentos em que trabalharem, pelo menos 30 (trinta) mulheres, com mais de 16 (dezesseis) anos de idade, terão local apropriado onde seja permitido às empregadas guardar sob vigilância e assistência os seus filhos no período de amamentação. *(V. Port. MTb n. 3.296, 3.9.86, DOU 5.9.86, LTr 50-9/1141).*

§ 2º A exigência do § 1º poderá ser suprida por meio de creches distritais mantidas, diretamente ou mediante convênios, com outras entidades públicas ou privadas, pelas próprias empresas, em regime comunitário, ou a cargo do SESI, do SESC, da LBA ou de entidades sindicais.

Art. 390. Ao empregador é vedado empregar a mulher em serviço que demande o emprego de força muscular superior a vinte (20) quilos, para o trabalho contínuo, ou vinte e cinco (25) quilos, para o trabalho ocasional.

PARÁGRAFO ÚNICO. Não está compreendida na determinação deste artigo a remoção de material feita por impulsão ou tração de vagonetes sobre trilhos, de carros de mão ou quaisquer aparelhos mecânicos.

Art. 390-A. *(Vetado).*

Art. 390-B. As vagas dos cursos de formação de mão de obra, ministrados por instituições governamentais, pelos próprios empregadores ou por qualquer órgão de ensino profissionalizante, serão oferecidas aos empregados de ambos os sexos.

Art. 390-C. As empresas com mais de cem empregados, de ambos os sexos, deverão manter programas especiais de incentivos e aperfeiçoamento profissional da mão de obra.

Art. 390-D. *(Vetado).*

Art. 390-E. A pessoa jurídica poderá associar-se a entidade de formação profissional, sociedades civis, sociedades cooperativas, órgãos e entidades públicas ou entidades sindicais, bem como firmar convênios para o desenvolvimento de ações conjuntas, visando à execução de projetos relativos ao incentivo ao trabalho da mulher. *(Artigos acrescentados pela Lei n. 9.799, de 26.5.99, DOU 27.6.99).*

SEÇÃO V
Da Proteção à Maternidade

— v. CF, art. 7º, XVIII e art. 10, II, "b" do ADCT, p. 30 e 48

Art. 391. Não constitui justo motivo para a rescisão do contrato de trabalho da mulher o fato de haver contraído matrimônio ou de encontrar-se em estado de gravidez.

PARÁGRAFO ÚNICO. Não serão permitidos em regulamentos de qualquer natureza, contratos coletivos (atual-mente convenções coletivas) ou individuais de trabalho, restrições ao direito da mulher ao seu emprego, por motivo de casamento ou de gravidez.

Art. 391-A. A confirmação do estado de gravidez advindo no curso do contrato de trabalho, ainda que durante o prazo do aviso prévio trabalhado ou indenizado, garante à empregada gestante a estabilidade provisória prevista na alínea *b* do inciso II do art. 10 do Ato das Disposições Constitucionais Transitórias. *(Redação dada pela Lei n. 12.812, 16.5.13, DOU 17.5.13)*

Art. 392. A empregada gestante tem direito à licença-maternidade de 120 (cento e vinte) dias, sem prejuízo do emprego e do salário.

— v. CF, art. 7º, XVIII — p. 30

— v. art. 71, L. n. 8.213, de 24.7.91, DOU 25.7.91, LTr 55-08/993, p. 431

§ 1º A empregada deve, mediante atestado médico, notificar o seu empregador da data do início do afastamento do emprego, que poderá ocorrer entre o 28º (vigésimo oitavo) dia antes do parto e ocorrência deste.

§ 2º Os períodos de repouso, antes e depois do parto, poderão ser aumentados de 2 (duas) semanas cada um, mediante atestado médico.

§ 3º Em caso de parto antecipado, a mulher terá direito aos 120 (cento e vinte) dias previstos neste artigo. *(Redação do caput e parágrafos 1º a 3º pela Lei n. 10.421, de 15.4.02, DOU 16.4.02)*

§ 4º É garantido à empregada, durante a gravidez, sem prejuízo do salário e demais direitos:

I — transferência de função, quando as condições de saúde o exigirem, assegurada a retomada da função anteriormente exercida, logo após o retorno ao trabalho;

II — dispensa do horário de trabalho pelo tempo necessário para a realização de, no mínimo, seis consultas médicas e demais exames complementares. *(§ 4º e incisos com redação dada pela Lei n. 9.799, de 26.5.99, DOU 27.5.99).*

§ 5º (Vetado)

Art. 392-A. À empregada que adotar ou obtiver guarda judicial para fins de adoção de criança será concedida licença-maternidade nos termos do art. 392. *(Redação dada pela Lei n. 12.873, de 24.10.13, DOU 26.10.13)*

§§ 1º a 3º *(Revogados pela Lei n. 12.010, de 3.8.09, DOU 4.8.09.)*

§ 4º A licença-maternidade só será concedida mediante apresentação do termo judicial de guarda à adotante ou guardiã. *(Artigo e parágrafos acrescentados pela Lei n. 10.421, de 15.4.02, DOU 16.4.02).*

§ 5º A adoção ou guarda judicial conjunta ensejará a concessão de licença-maternidade a apenas um dos adotantes ou guardiães empregado ou empregada. (NR) *(Redação dada pela Lei n. 12.873, de 24.10.13, DOU 26.10.13)*

Art. 392-B. Em caso de morte da genitora, é assegurado ao cônjuge ou companheiro empregado o gozo de licença por todo o período da licença-maternidade ou pelo tempo restante a que teria direito a mãe, exceto no caso de falecimento do filho ou de seu abandono. *(Acrescentado pela Lei n. 12.873, de 24.10.13, DOU 26.10.13) Obs.: Vigência após 90 dias da data da publicação da Lei (art. 63, II, b)*

Art. 392-C. Aplica-se, no que couber, o disposto no art. 392-A e 392-B ao empregado que adotar ou obtiver guarda judicial para fins de adoção. *(Acrescentado pela Lei n. 12.873, de 24.10.13, DOU 26.10.13)*

V. Lei Complementar n. 146, de 30.6.14, DOU 30.6.14, Ed. Extra, que estende a estabilidade provisória prevista na alínea b do inciso II do art. 10 do Ato das Disposições Constitucionais Transitórias à trabalhadora gestante, nos casos de morte desta, a quem detiver a guarda de seu filho.

(*) O parágrafo 5º do art. 392, da CLT, aprovado no Projeto de Lei n. 101/2001, foi vetado pela Presidência da República, conforme as razões expostas na Mensagem n. 264, de 15.4.02, dirigida ao Presidente do Senado Federal e publicada no DOU de 16.4.02, p. 3.

Art. 393. Durante o período a que se refere o artigo 392, a mulher terá direito ao salário integral e, quando variável, calculado de acordo com a média dos 6 (seis) últimos meses de trabalho, bem como os direitos e vantagens adquiridos, sendo-lhe ainda facultado reverter à função que anteriormente ocupava.

Art. 394. Mediante atestado médico, à mulher grávida é facultado romper o compromisso resultante de qualquer contrato de trabalho, desde que este seja prejudicial à gestação.

Art. 395. Em caso de aborto não criminoso, comprovado por atestado médico oficial, a mulher terá um repouso remunerado de duas (2) semanas, ficando-lhe assegurado o direito de retornar à função que ocupava antes de seu afastamento.

Art. 396. Para amamentar o próprio filho, até que este complete seis (6) meses de idade, a mulher terá direito, durante a jornada de trabalho, a dois descansos especiais, de meia hora cada um.

PARÁGRAFO ÚNICO. Quando o exigir a saúde do filho, o período de seis (6) meses poderá ser dilatado, a critério da autoridade competente.

Art. 397. O SESI, o SESC, a LBA e outras entidades públicas destinadas à assistência à infância manterão ou subvencionarão, de acordo com suas possibilidades financeiras, escolas maternais e jardins de infância, distribuídos nas zonas de maior densidade de trabalhadores, destinados especialmente aos filhos das mulheres empregadas. *(Redação DL n. 229, 28.2.67, DOU 28.2.67, LTr 31/137).*

Art. 398. Revogado pelo art. 37, DL n. 229, 28.2.67, DOU 28.2.67, LTr 31/137.

Art. 399. O Ministro do Trabalho conferirá diploma de benemerência aos empregadores que se distinguirem pela organização e manutenção de creches e de instituições de proteção aos menores em idade pré-escolar, desde que tais serviços se recomendem por sua generosidade e pela eficiência das respectivas instalações.

Art. 400. Os locais destinados à guarda dos filhos das operárias, durante o período de amamentação, deverão possuir, no mínimo, um berçário, uma saleta de amamentação, uma cozinha dietética e uma instalação sanitária.

SEÇÃO VI

Das Penalidades

Art. 401. Pela infração de qualquer dispositivo deste Capítulo, será imposta ao empregador a multa de 2 (dois) a 20 (vinte) valores de referência regionais aplicada pelas Delegacias Regionais do Trabalho ou por aquelas que exerçam funções delegadas. *(Redação art. 7º, L. n. 6.986, 13.4.82).*

§ 1º A penalidade será sempre aplicada no grau máximo:

a) se ficar apurado o emprego de artifício ou simulação para fraudar a aplicação dos dispositivos deste Capítulo;

b) nos casos de reincidência.

§ 2º O processo na verificação das infrações, bem como na aplicação e cobrança das multas, será o previsto no título "Do Processo de Multas Administrativas", observadas as disposições deste artigo.

— v. Nota do art. 47

Art. 401-A. *(Vetado)*

Art. 401-B. *(Vetado)*

CAPÍTULO IV

DA PROTEÇÃO DO TRABALHO DO MENOR

(V. L. n. 8.069, de 13.7.90, Estatuto da Criança e do Adolescente — arts. 60 a 69, p. 289)
***Vide* também Portaria MPAS/SEAS n. 458, de 4.10.01 (DOU 5.10.01) que estabelece as Diretrizes e Normas do Programa de Erradicação do Trabalho Infantil — PETI, republicado no DOU de 4.4.02, por ter saído com incorreções. (Não publicada nesta obra)**
V. Convenção n. 138, e Recomendação n. 146, ambas da Organização Internacional do Trabalho — OIT (Decreto n. 4.134, de 15.2.02, DOU 18.2.02) (Não publicadas nesta obra)

SEÇÃO I

Disposições Gerais

Art. 402. Considera-se menor para os efeitos desta Consolidação o trabalhador de quatorze até dezoito anos. (NR) *(Redação dada pela Lei n. 10.097, de 19.12.00, DOU 20.12.00).*

— v. CF, art. 7º, XXX, XXXIII e art. 227, § 3º, p. 30 e 47

PARÁGRAFO ÚNICO. O trabalho do menor reger-se-á pelas disposições do presente Capítulo, exceto no serviço em oficinas em que trabalhem exclusivamente pessoas da família do menor e esteja este sob a direção do pai, mãe ou tutor, observado, entretanto, o disposto nos arts. 404 e 405 e na Seção II. *(Redação DL n. 229, 28.2.67, DOU 28.2.67, LTr 31/137).*

Art. 403. É proibido qualquer trabalho a menores de dezesseis anos de idade, salvo na condição de aprendiz, a partir dos quatorze anos. (NR)

PARÁGRAFO ÚNICO. O trabalho do menor não poderá ser realizado em locais prejudiciais à sua formação, ao seu desenvolvimento físico, psíquico, moral e social e em horários e locais que não permitam a frequência à escola. (NR) *(Alterado pela Lei n. 10.097, de 19.12.00, DOU de 20.12.00).*

a) revogada;

b) revogada.

Art. 404. Ao menor de 18 anos é vedado o trabalho noturno, considerado este o que for executado no período compreendido entre as 22 e as 5 horas.

— v. CF, art. 7º, XXXIII, p. 30

Art. 405. Ao menor não será permitido o trabalho:

— v. CF, art. 7º, XXXIII, p. 30

I — nos locais e serviços perigosos ou insalubres, constantes de quadro para este fim aprovado pela Secretaria de Segurança e Medicina do Trabalho. *(V. quadro referente a este artigo, à p. 160);*

II — em locais ou serviços prejudiciais à sua moralidade.

§ 1º Revogado pela Lei n. 10.097, de 19.12.00, DOU 20.12.00.

§ 2º O trabalho exercido nas ruas, praças e outros logradouros dependerá de prévia autorização do Juiz de Menores, ao qual cabe verificar se a ocupação é indispensável à sua própria subsistência ou à de seus pais, avós ou irmãos e se dessa ocupação não poderá advir prejuízo à sua formação moral.

§ 3º Considera-se prejudicial à moralidade do menor o trabalho:

a) prestado de qualquer modo, em teatros de revista, cinemas, boates, cassinos, cabarés, *dancings* e estabelecimentos análogos;

b) em empresas circenses, em funções de acrobata, saltimbanco, ginasta e outras semelhantes;

c) de produção, composição, entrega ou venda de escritos, impressos, cartazes, desenhos, gravuras, pinturas, emblemas, imagens e quaisquer outros objetos que possam, a juízo da autoridade competente, prejudicar sua formação moral;

d) consistente na venda, a varejo, de bebidas alcoólicas.

§ 4º Nas localidades em que existirem, oficialmente reconhecidas, instituições destinadas ao amparo dos menores jornaleiros, só aos que se encontrem sob o patrocínio dessas entidades será outorgada a autorização do trabalho a que alude o § 2º.

§ 5º Aplica-se ao menor o disposto no art. 390 e seu parágrafo único. *(Redação art. e §§, DL n. 229, 28.2.67, DOU 28.2.67, LTr 31/137).*

Art. 406. O Juiz de Menores poderá autorizar ao menor o trabalho a que se referem as letras *a* e *b* do § 3º do art. 405:

I — desde que a representação tenha fim educativo ou a peça de que participe não possa ser prejudicial à sua formação moral;

II — desde que se certifique ser a ocupação do menor indispensável à própria subsistência ou à de seus pais, avós ou irmãos e não advir nenhum prejuízo à sua formação moral. *(Redação DL n. 229, 28.2.67, DOU 28.2.67, LTr 31/137).*

Art. 407. Verificado pela autoridade competente que o trabalho executado pelo menor é prejudicial à sua saúde, ao seu desenvolvimento físico ou à sua moralidade, poderá ela obrigá-lo a abandonar o serviço, devendo a respectiva empresa, quando for o caso, proporcionar ao menor todas as facilidades para mudar de funções. *(V. quadro a que se refere o art. 405, I, p. 181).*

PARÁGRAFO ÚNICO. Quando a empresa não tomar as medidas possíveis e recomendadas pela autoridade competente para que o menor mude de função, configurar-se-á a rescisão do contrato de trabalho, na forma do artigo 483. *(Redação DL n. 229, 28.2.67, DOU 28.2.67, LTr 31/137).*

Art. 408. Ao responsável legal do menor é facultado pleitear a extinção do contrato de trabalho, desde que o serviço possa acarretar para ele prejuízos de ordem física ou moral. *(Redação DL n. 229, 28.2.67, DOU 28.2.67, LTr 31/137).*

Art. 409. Para maior segurança do trabalho e garantia da saúde dos menores, a autoridade fiscalizadora poderá proibir-lhes o gozo dos períodos de repouso nos locais de trabalho.

Art. 410. O Ministro do Trabalho poderá derrogar qualquer proibição decorrente do quadro a que se refere a alínea *a* do artigo 405 quando se certificar haver desaparecido, parcial ou totalmente, o caráter perigoso ou insalubre que determinou a proibição.

SEÇÃO II

Da Duração do Trabalho

Art. 411. A duração do trabalho do menor regular-se-á pelas disposições legais relativas à duração do trabalho em geral, com as restrições estabelecidas neste Capítulo.

Art. 412. Após cada período de trabalho efetivo, quer contínuo, quer dividido em dois turnos, haverá um intervalo de repouso não inferior a onze horas.

Art. 413. É vedado prorrogar a duração normal diária do trabalho do menor, salvo:

I — até mais 2 (duas) horas, independentemente de acréscimo salarial, mediante convenção ou acordo coletivo, nos termos do Título VI desta Consolidação, desde que o excesso de horas em um dia seja compensado pela diminuição em outro, de modo a ser observado o limite máximo de 44 (quarenta e quatro) horas semanais ou outro inferior legalmente fixado;

II — excepcionalmente, por motivo de força maior, até o máximo de 12 (doze) horas, com acréscimo salarial de, pelo menos, 25% (vinte e cinco por cento) sobre a hora normal e desde que o trabalho do menor seja imprescindível ao funcionamento do estabelecimento. (V. CF, art. 7º, XVI — adicional de horas extras, mínimo de 50%).

PARÁGRAFO ÚNICO. Aplica-se à prorrogação do trabalho do menor o disposto no art. 375, no parágrafo único do art. 376, no art. 378 e no art. 384 desta Consolidação. *(Redação DL n. 229, 28.2.67, DOU 28.2.67, LTr 31/137).*

Art. 414. Quando o menor de 18 anos for empregado em mais de um estabelecimento, as horas de trabalho em cada um serão totalizadas.

SEÇÃO III

Da Admissão em Emprego e da Carteira de Trabalho e Previdência Social

Arts. 415 a 417. Revogados pelo DL n. 926, 10.10.69, DOU 13.10.69, LTr 33/638, que "institui a Carteira de Trabalho e Previdência Social em substituição à Carteira Profissional, à Carteira de Trabalho do Menor e à Carteira Profissional do Trabalhador Rural".

Art. 418. Revogado pela L. n. 7.855, 24.10.89, DOU 25.10.89, LTr 53/1418.

Arts. 419 a 423. Revogados pela L. n. 5.686, de 3.8.71, DOU 3.8.71, LTr 35/643, que deu nova redação ao art. 16.

SEÇÃO IV

Dos Deveres dos Responsáveis Legais de Menores e dos Empregadores — Da Aprendizagem

Art. 424. É dever dos responsáveis legais de menores, pais, mães, ou tutores, afastá-los de empregos que diminuam consideravelmente o seu tempo de estudo, reduzam o tempo de repouso necessário à sua saúde e constituição física, ou prejudiquem a sua educação moral.

Art. 425. Os empregadores de menores de 18 anos são obrigados a velar pela observância, nos seus estabelecimentos ou empresas, dos bons costumes e da decência pública, bem como das regras de segurança e medicina do trabalho. *(Redação dada pela Lei n. 6.514, de 22.12.77, DOU 23.12.77)*

Art. 426. É dever do empregador, na hipótese do art. 407, proporcionar ao menor todas as facilidades para mudar de serviço.

Art. 427. O empregador, cuja empresa ou estabelecimento ocupar menores, será obrigado a conceder-lhes o tempo que for necessário para a frequência às aulas.

PARÁGRAFO ÚNICO. Os estabelecimentos situados em lugar onde a escola estiver a maior distância que dois quilômetros, e que ocuparem, permanentemente, mais de trinta menores analfabetos, de 14 a 18 anos, serão obrigados a manter local apropriado em que lhes seja ministrada a instrução primária.

Art. 428. Contrato de aprendizagem é o contrato de trabalho especial, ajustado por escrito e por prazo determinado, em que o empregador se compromete a assegurar ao maior de 14 (quatorze) e menor de 24 (vinte e quatro) anos, inscrito em programa de aprendizagem, formação técnico-profissional metódica, compatível com o seu desenvolvimento físico, moral e psicológico, e o aprendiz, a executar com zelo e diligência, as tarefas necessárias a essa formação. *(Redação dada pela Lei n. 11.180, de 23.9.05, DOU 26.9.05)*

§ 1º A validade do contrato de aprendizagem pressupõe anotação na Carteira de Trabalho e Previdência Social, matrícula e frequência do aprendiz na escola, caso não haja concluído o ensino médio, e inscrição em programa de aprendizagem desenvolvido sob orientação de entidade qualificada em formação técnico-profissional metódica. *(Redação dada pela Lei n. 11.788, de 25.9.08, DOU 26.9.08)*

§ 2º Ao menor aprendiz, salvo condição mais favorável, será garantido o salário mínimo hora. (AC) *(Acrescentado pela Lei n. 10.097, de 19.12.00, DOU 20.12.00).*

§ 3º O contrato de aprendizagem não poderá ser estipulado por mais de 2 (dois) anos, exceto quando se tratar de aprendiz portador de deficiência. *(Redação dada pela Lei n. 11.788, de 25.9.08, DOU 26.9.08)*

§ 4º A formação técnico-profissional a que se refere o *caput* deste artigo caracteriza-se por atividades teóricas e práticas, metodicamente organizadas em tarefas de complexidade progressiva desenvolvidas no ambiente de trabalho. (AC) *(Acrescentado pela Lei n. 10.097, de 19.12.00, DOU 20.12.00).*

§ 5º A idade máxima prevista no *caput* deste artigo não se aplica a aprendizes portadores de deficiência. *(Acrescentado pela Lei n. 11.180, de 23.9.05, DOU 26.9.05)*

§ 6º Para os fins do contrato de aprendizagem, a comprovação da escolaridade de aprendiz portador de deficiência mental deve considerar, sobretudo, as habilidades e competências relacionadas com a profissionalização. (NR) *(Acrescentado pela Lei n. 11.180, de 23.9.05, DOU 26.9.05)*

§ 7º Nas localidades onde não houver oferta de ensino médio para o cumprimento do disposto no § 1º deste artigo, a contratação do aprendiz poderá ocorrer sem a frequência à escola, desde que ele já tenha concluído o ensino fundamental. (NR) *(Acrescentado pela Lei n. 11.788, de 25.9.08, DOU 26.9.08)*

Art. 429. Os estabelecimentos de qualquer natureza são obrigados a empregar e matricular nos cursos dos Serviços Nacionais de Aprendizagem número de aprendizes equivalente a cinco por cento, no mínimo, e quinze por cento, no máximo, dos trabalhadores existentes em cada estabelecimento, cujas funções demandem formação profissional. (NR)

a) revogada;

b) revogada

§ 1º-A. O limite fixado neste artigo não se aplica quando o empregador for entidade sem fins lucrativos, que tenha por objetivo a educação profissional. (AC)

§ 1º As frações de unidade, no cálculo da percentagem de que trata o *caput*, darão lugar à admissão de um aprendiz. (NR) *(Artigo e parágrafos alterados pela Lei n. 10.097, de 19.12.00, DOU 20.12.00).*

§ 2º Os estabelecimentos de que trata o *caput* ofertarão vagas de aprendizes a adolescentes usuários do

Sistema Nacional de Atendimento Socioeducativo (Sinase) nas condições a serem dispostas em instrumentos de cooperação celebrados entre os estabelecimentos e os gestores dos Sistemas de Atendimento Socioeducativo locais. (NR) *(Redação dada pela Lei n. 12.594, de 18.1.12, DOU 19.1.12)*

Art. 430. Na hipótese de os Serviços Nacionais de Aprendizagem não oferecerem cursos ou vagas suficientes para atender à demanda dos estabelecimentos, esta poderá ser suprida por outras entidades qualificadas em formação técnico-profissional metódica, a saber: (NR)

I — Escolas Técnicas de Educação. (AC)

II — entidades sem fins lucrativos, que tenham por objetivo a assistência ao adolescente e à educação profissional, registradas no Conselho Municipal dos Direitos da Criança e do Adolescente. (AC)

§ 1º As entidades mencionadas neste artigo deverão contar com estrutura adequada ao desenvolvimento dos programas de aprendizagem, de forma a manter a qualidade do processo de ensino, bem como acompanhar e avaliar os resultados. (AC)

§ 2º Aos aprendizes que concluírem os cursos de aprendizagem, com aproveitamento, será concedido certificado de qualificação profissional. (AC)

§ 3º O Ministério do Trabalho e Emprego fixará normas para avaliação da competência das entidades mencionadas no inciso II deste artigo. (AC) *(Artigo e parágrafos alterados pela Lei n. 10.097, de 19.12.00, DOU 20.12.00).*

— v. Portaria MTE n. 702, de 18.12.01, DOU 19.12.01, que estabelece normas para avaliação da competência das entidades sem fins lucrativos que tenham por objetivo a assistência ao adolescente e a educação profissional, e que se proponham a desenvolver programas de aprendizagem nos termos do art. 430 da Consolidação das Leis do Trabalho — CLT (não publicada nesta obra)

Art. 431. A contratação do aprendiz poderá ser efetivada pela empresa onde se realizará a aprendizagem ou pelas entidades mencionadas no inciso II do art. 430, caso em que não gera vínculo de emprego com a empresa tomadora dos serviços. (NR)

a) revogada;

b) revogada;

c) revogada.

PARÁGRAFO ÚNICO. (VETADO) *(Artigo e parágrafo alterados pela Lei n. 10.097, de 19.12.00, DOU 20.12.00).*

Art. 432. A duração do trabalho do aprendiz não excederá de seis horas diárias, sendo vedadas a prorrogação e a compensação de jornada. (NR)

§ 1º O limite previsto neste artigo poderá ser de até oito horas diárias para os aprendizes que já tiverem completado o ensino fundamental, se nelas forem computadas as horas destinadas à aprendizagem téorica. (NR)

§ 2º Revogado.

Artigo e § 1º alterados pela Lei n. 10.097, de 19.12.00, DOU 20.12.00.

Art. 433. O contrato de aprendizagem extinguir-se-á no seu termo ou quando o aprendiz completar 24 (vinte e quatro) anos, ressalvada a hipótese prevista no § 5º do art. 428 desta Consolidação, ou ainda antecipadamente nas seguintes hipóteses: NR *(Redação dada pela Lei n. 11.180, de 23.9.05, DOU 26.9.05)*

a) revogada;

b) revogada.

I — desempenho insuficiente ou inadaptação do aprendiz; (AC)

II — falta disciplinar grave; (AC)

III — ausência injustificada à escola que implique perda do ano letivo; ou (AC)

IV — a pedido do aprendiz. (AC)

PARÁGRAFO ÚNICO. (Revogado)

§ 2º Não se aplica o disposto nos arts. 479 e 480 desta Consolidação às hipóteses de extinção do contrato mencionadas neste artigo. (AC) *(Artigo e parágrafos alterados pela Lei n. 10.097, de 19.12.00, DOU 20.12.00).*

SEÇÃO V

Das Penalidades

Art. 434. Os infratores das disposições deste Capítulo ficam sujeitos à multa de valor igual a 30 (trinta) valores de referência regionais, aplicada tantas vezes quantos forem os menores empregados em desacordo com a lei, não podendo, todavia, a soma das multas exceder a 150 (cento e cinquenta) vezes o valor de referência, salvo no caso de reincidência, em que este total poderá ser elevado ao dobro(*).

— v. Nota do art. 47

Art. 435. Fica sujeita à multa de valor igual a 30 (trinta) vezes o valor de referência regional e ao pagamento da emissão de nova via a empresa que fizer na Carteira do menor anotação não prevista em lei. *(A remissão deve entender-se como o art. 16, parágrafo único da CLT, com a redação dada pelo DL n. 926, de 10.10.69, DOU 13.10.69, LTr 33/638).*

— v. Nota do art. 47

Arts. 436 e 437. Revogados pela Lei n. 10.097, do 19.12.00 (DOU 20.12.00).

Art. 438. São competentes para impor as penalidades previstas neste Capítulo, os Delegados Regionais do Trabalho ou os funcionários por eles designados para tal fim. *(Redação conforme L. n. 8.422, de 13.5.92, DOU 14.5.92 [LTr 56-06/694], que conferiu às Delegacias Regionais do Trabalho as competências e atribuições dos titulares, especialmente as estabelecidas pela CLT).*

PARÁGRAFO ÚNICO. O processo, na verificação das infrações, bem como na aplicação e cobrança das multas, será o previsto no título "Do Processo de Multas Administrativas", observadas as disposições deste artigo.

SEÇÃO VI

Disposições Finais

Art. 439. É lícito ao menor firmar recibo pelo pagamento dos salários. Tratando-se, porém, de rescisão do contrato de trabalho, é vedado ao menor de 18 anos dar, sem assistência dos seus responsáveis legais, quitação ao empregador pelo recebimento da indenização que lhe for devida.

Art. 440. Contra os menores de 18 anos não corre nenhum prazo de prescrição.

Art. 441. O quadro a que se refere o item I do artigo 405 será revisto bienalmente. *(Redação DL n. 229, 28.2.67, DOU 28.2.67, LTr 31/137).*

CLT

(*) Redação dos arts. 434 a 436, DL n. 229, 28.2.67, c/c L. n. 6.205, 29.4.75, e art. 7º, L. n. 6.986, 13.4.82.

TÍTULO IV

DO CONTRATO INDIVIDUAL DO TRABALHO

CAPÍTULO I

DISPOSIÇÕES GERAIS

Art. 442. Contrato individual de trabalho é o acordo tácito ou expresso, correspondente à relação de emprego.

PARÁGRAFO ÚNICO. Qualquer que seja o ramo de atividade da sociedade cooperativa, não existe vínculo empregatício entre ela e seus associados, nem entre estes e os tomadores de serviços daquela. *(Acrescentado pela L. n. 8.949, de 9.12.94).*

Art. 442-A. Para fins de contratação, o empregador não exigirá do candidato a emprego comprovação de experiência prévia por tempo superior a 6 (seis) meses no mesmo tipo de atividade. *(Acrescentado pela Lei n. 11.644, de 10.3.08, DOU 11.3.08)*

Art. 443. O contrato individual de trabalho poderá ser acordado tácita ou expressamente, verbalmente ou por escrito e por prazo determinado ou indeterminado.

§ 1º Considera-se como de prazo determinado o contrato de trabalho cuja vigência dependa de termo prefixado ou da execução de serviços especificados ou ainda da realização de certo acontecimento suscetível de previsão aproximada.

— v. nota ao art. 452

§ 2º O contrato por prazo determinado só será válido em se tratando:

a) de serviço cuja natureza ou transitoriedade justifique a predeterminação do prazo;

b) de atividades empresariais de caráter transitório;

c) de contrato de experiência. *(Redação do § 2º e alíneas pelo DL n. 229, 28.2.67, DOU 28.2.67, LTr 31/137).*

Art. 444. As relações contratuais de trabalho podem ser objeto de livre estipulação das partes interessadas em tudo quanto não contravenha às disposições de proteção ao trabalho, aos contratos coletivos que lhes sejam aplicáveis e às decisões das autoridades competentes. *(V. nota ao art. 513).*

Art. 445. O contrato de trabalho por prazo determinado não poderá ser estipulado por mais de 2 (dois) anos, observada a regra do art. 451.

PARÁGRAFO ÚNICO. O contrato de experiência não poderá exceder de 90 (noventa) dias. *(Redação DL n. 229, 28.2.67, DOU 28.2.67, LTr 31/137).*

Art. 446. Revogado pela L. n. 7.855, 24.10.89, DOU 25.10.89, LTr 53/1418.

Art. 447. Na falta de acordo ou prova sobre condição essencial ao contrato verbal, esta se presume existente, como se a tivessem estatuído os interessados, na conformidade dos preceitos jurídicos adequados à sua legitimidade.

Art. 448. A mudança na propriedade ou na estrutura jurídica da empresa não afetará os contratos de trabalho dos respectivos empregados.

Art. 449. Os direitos oriundos da existência do contrato de trabalho subsistirão em caso de falência, concordata ou dissolução da empresa.

§ 1º Na falência, constituirão créditos privilegiados a totalidade dos salários devidos ao empregado e a totalidade das indenizações a que tiver direito. *(Redação L. n. 6.449, 14.10.77, DOU 18.10.77, LTr 41/1498).*

§ 2º Havendo concordata na falência, será facultado aos contratantes tornar sem efeito a rescisão do contrato de trabalho e consequente indenização, desde que o empregador pague, no mínimo, a metade dos salários que seriam devidos aos empregados durante o interregno.

V. Lei n. 11.101, de 9.2.05, DOU 9.2.05, ed. extra, p. 1029

Art. 450. Ao empregado chamado a ocupar, em comissão, interinamente, ou em substituição eventual ou temporária, cargo diverso do que exercer na empresa, serão garantidas a contagem do tempo naquele serviço, bem como volta ao cargo anterior.

Art. 451. O contrato de trabalho por prazo determinado que, tácita ou expressamente, for prorrogado mais de uma vez, passará a vigorar sem determinação de prazo.

Art. 452. Considera-se por prazo indeterminado todo contrato que suceder, dentro de seis meses, a outro contrato por prazo determinado, salvo se a expiração deste dependeu da execução de serviços especializados ou da realização de certos acontecimentos.

NOTA: Ao definir o contrato de prazo determinado, o § 1º do art. 443 usa a expressão "serviços especificados". Neste artigo, entretanto, empregou-se a locução "serviços especializados".

Art. 453. No tempo de serviço do empregado, quando readmitido, serão computados os períodos, ainda que não contínuos, em que tiver trabalhado anteriormente na empresa, salvo se houver sido despedido por falta grave, recebido indenização legal ou se aposentado espontaneamente. *(Redação L. n. 6.204, 29.4.75, DOU 30.4.75, LTr 39/570).*

§ 1º Na aposentadoria espontânea de empregados das empresas públicas e sociedades de economia mista é permitida sua readmissão desde que atendidos aos requisitos constantes do art. 37, inciso XVI, da Constituição, e condicionada à prestação de concurso público.

— v. ADIn 1.770-4, julgada pelo Plenário do STF, em 11.10.06, DJ 1.12.06, p. 65, que declarou inconstitucional este parágrafo primeiro acrescentado pela Lei n. 9.528/97

§ 2º O ato de concessão de benefício de aposentadoria a empregado que não tiver completado trinta e cinco anos de serviço, se homem, ou trinta, se mulher, importa extinção do vínculo empregatício.

— v. ADIn 1.721-3, *julgada pelo Plenário do STF, em 11.10.06, DJU 29.6.07, p. 20/21 que declarou inconstitucional este parágrafo segundo acrescentado pela Lei n. 9.528, de 10.12.97, DOU 11.12.97.*

— v. art. 11 da mesma lei

Art. 454. Revogado pela L. n. 9.279, de 14.5.96 que revoga a L. n. 5.772, de 21.12.71, DOU 31.12.71, LTr 36/63.

Invenção e modelo de utilidade. Propriedade, quando decorrentes do contrato de trabalho.

LEI N. 9.279 — DE 14 DE MAIO DE 1996

Regula direitos e obrigações relativos à propriedade industrial

O Presidente da República.

Faço saber que o Congresso Nacional decreta e eu sanciono a seguinte Lei:

Disposições Preliminares

Art. 1º Esta Lei regula direitos e obrigações relativos à propriedade industrial.

Art. 2º A proteção dos direitos relativos à propriedade industrial, considerado o seu interesse social e o desenvolvimento tecnológico e econômico do País, efetua-se mediante:

I — concessão de patentes de invenção e de modelo de utilidade;

II — concessão de registro de desenho industrial;

III — concessão de registro de marca;

IV — repressão às falsas indicações geográficas; e

V — repressão à concorrência desleal.

Art. 3º Aplica-se também o disposto nesta Lei:

I — ao pedido de patente ou de registro proveniente do exterior e depositado no País por quem tenha proteção assegurada por tratado ou convenção em vigor no Brasil; e

II — aos nacionais ou pessoas domiciliadas em país que assegure aos brasileiros ou pessoas domiciliadas no Brasil a reciprocidade de direitos iguais ou equivalentes.

Art. 4º As disposições dos tratados em vigor no Brasil são aplicáveis, em igualdade de condições, às pessoas físicas e jurídicas nacionais ou domiciliadas no País.

Art. 5º Consideram-se bens móveis, para os efeitos legais, os direitos de propriedade industrial.

TÍTULO I

Das Patentes

(...)

CAPÍTULO XIV

Da Invenção e do Modelo de Utilidade Realizado por Empregado ou Prestador de Serviço

Art. 88. A invenção e o modelo de utilidade pertencem exclusivamente ao empregador quando decorrerem de contrato de trabalho cuja execução ocorra no Brasil e que tenha por objeto a pesquisa ou a atividade inventiva, ou resulte esta da natureza dos serviços para os quais foi o empregado contratado.

§ 1º Salvo expressa disposição contratual em contrário, a retribuição pelo trabalho a que se refere este artigo limita-se ao salário ajustado.

§ 2º Salvo prova em contrário, consideram-se desenvolvidos na vigência do contrato a invenção ou o modelo de utilidade, cuja patente seja requerida pelo empregado até 1 (um) ano após a extinção do vínculo empregatício.

Art. 89. O empregador, titular da patente, poderá conceder ao empregado, autor de invento ou aperfeiçoamento, participação nos ganhos econômicos resultantes da exploração da patente, mediante negociação com o interessado ou conforme disposto em norma da empresa.

Parágrafo único. A participação referida neste artigo não se incorpora, a qualquer título, ao salário do empregado.

Art. 90. Pertencerá exclusivamente ao empregado a invenção ou o modelo de utilidade por ele desenvolvido, desde que desvinculado do contrato de trabalho e não decorrente da utilização de recursos, meios, dados, materiais, instalações ou equipamentos do empregador.

Art. 91. A propriedade de invenção ou de modelo de utilidade será comum, em partes iguais, quando resultar da contribuição pessoal do empregado e de recursos, dados, meios, materiais, instalações ou equipamentos do empregador, ressalvada expressa disposição contratual em contrário.

§ 1º Sendo mais de um empregado, a parte que lhes couber será dividida igualmente entre todos, salvo ajuste em contrário.

§ 2º É garantido ao empregador o direito exclusivo de licença de exploração e assegurada ao empregado a justa remuneração.

§ 3º A exploração do objeto da patente, na falta de acordo, deverá ser iniciada pelo empregador dentro do prazo de 1 (um) ano, contado da data de sua concessão, sob pena de passar à exclusiva propriedade do empregado a titularidade da patente, ressalvadas as hipóteses de falta de exploração por razões legítimas.

§ 4º No caso de cessão, qualquer dos cotitulares, em igualdade de condições, poderá exercer o direito de preferência.

Art. 92. O disposto nos artigos anteriores aplica-se, no que couber, às relações entre o trabalhador autônomo ou o estagiário e a empresa contratante e entre empresas contratantes e contratadas.

Art. 93. Aplica-se o disposto neste Capítulo, no que couber, às entidades da Administração Pública direta, indireta e fundacional, federal, estadual ou municipal.

Parágrafo único. Na hipótese do artigo 88, será assegurada ao inventor, na forma e condições previstas no estatuto ou Regimento Interno da entidade a que se refere este artigo, premiação de parcela no valor das vantagens auferidas com o pedido ou com a patente, a título de incentivo.

TÍTULO VIII

Das Disposições Transitórias e Finais

Art. 243. Esta Lei entra em vigor na data de sua publicação quanto às matérias disciplinadas nos artigos 230, 231, 232 e 239, e 1 (um) ano após sua publicação quanto aos demais artigos.

Art. 244. Revogam-se as Leis ns. 5.772, de 21 de dezembro de 1971, 6.348, de 7 de julho de 1976, os artigos 187 a 196 do Decreto-lei n. 2.848, de 7 de dezembro de 1940, os artigos 169 a 189 do Decreto-lei n. 7.903, de 27 de agosto de 1945, e as demais disposições em contrário.

Fernando Henrique Cardoso

Nelson A. Jobim

Sebastião do Rego Barros Neto

Pedro Malan

Francisco Dornelles

José Israel Vargas

LEI N. 9.609 — DE 19 DE FEVEREIRO DE 1998 — DOU 20.2.98

Dispõe sobre a proteção da propriedade intelectual de programa de computador, sua comercialização no País, e dá outras providências

....

Art. 4º Salvo estipulação em contrário, pertencerão exclusivamente ao empregador, contratante de serviços ou órgão público, os direitos relativos ao programa de computador, desenvolvido e elaborado durante a vigência de contrato ou de vínculo estatutário, expressamente destinado à pesquisa e desenvolvimento, ou em que a atividade do empregado, contratado de serviço ou servidor seja prevista, ou ainda, que decorra da própria natureza dos encargos concernentes a esses vínculos.

§ 1º Ressalvado ajuste em contrário, a compensação do trabalho ou serviço prestado limitar-se-á à remuneração ou ao salário convencionado.

§ 2º Pertencerão, com exclusividade, ao empregado, contratado de serviço ou servidor os direitos concernentes a programa de computador gerado sem relação com o contrato de trabalho, prestação de serviços ou vínculo estatutário, e sem a utilização de recursos, informações tecnológicas, segredos industriais e de negócios, materiais, instalações ou equipamentos do empregador, da empresa ou entidade com a qual o empregador mantenha contrato de prestação de serviços ou assemelhados, do contratante de serviços ou órgão público.

§ 3º O tratamento previsto neste artigo será aplicado nos casos em que o programa de computador for desenvolvido por bolsistas, estagiários e assemelhados.

Brasília, 19 de fevereiro de 1998; 177º da Independência e 110º da República.

Fernando Henrique Cardoso

José Israel Vargas

....

Art. 455. Nos contratos de subempreitada responderá o subempreiteiro pelas obrigações derivadas do contrato de trabalho que celebrar, cabendo, todavia, aos empregados, o direito de reclamação contra o empreiteiro principal pelo inadimplemento daquelas obrigações por parte do primeiro.

PARÁGRAFO ÚNICO. Ao empreiteiro principal fica ressalvada, nos termos da lei civil, ação regressiva contra o subempreiteiro e a retenção de importâncias a este devidas, para a garantia das obrigações previstas neste artigo.

Art. 456. A prova do contrato individual do trabalho será feita pelas anotações constantes da carteira profissional ou por instrumento escrito e suprida por todos os meios permitidos em direito.

PARÁGRAFO ÚNICO. À falta de prova ou inexistindo cláusula expressa a tal respeito, entender-se-á que o empregado se obrigou a todo e qualquer serviço compatível com a sua condição pessoal.

CAPÍTULO II

DA REMUNERAÇÃO

(V. CF, art. 7º, IV, V, VI, VII, VIII, X, XI, XII e XXX — art. 39, § 2º, e art. 203 — p. 30, 33 e 46)

Art. 457. Compreendem-se na remuneração do empregado, para todos os efeitos legais, além do salário devido e pago diretamente pelo empregador, como contraprestação do serviço, as gorjetas que receber.

— v. art. 28 da L. n. 8.212, 24.7.91, DOU 25.7.91, LTr 55-8/979 com as alterações subsequentes

§ 1º Integram o salário, não só a importância fixa estipulada, como também as comissões, percentagens, gratificações ajustadas, diárias para viagem e abonos pagos pelo empregador.

§ 2º Não se incluem nos salários as ajudas de custo, assim como as diárias para viagem que não excedam de cinquenta por cento do salário percebido pelo empregado. *(Redação do "caput" e §§, L. n. 1.999, 1.10.53, DOU 7.10.53).*

§ 3º Considera-se gorjeta não só a importância espontaneamente dada pelo cliente ao empregado, como também aquela que for cobrada pela empresa ao cliente, como adicional nas contas, a qualquer título, e destinada à distribuição aos empregados. *(§ incluído DL n. 229, 28.2.67, DOU 28.2.67, LTr 31/137).*

Art. 458. Além do pagamento em dinheiro, compreende-se no salário, para todos os efeitos legais, a alimentação, habitação, vestuário ou outras prestações *in natura* que a empresa, por força do contrato ou o costume, fornecer habitualmente ao empregado. Em caso algum será permitido o pagamento com bebidas alcoólicas ou drogas nocivas.

§ 1º Os valores atribuídos às prestações *in natura* deverão ser justos e razoáveis, não podendo exceder, em cada caso, os dos percentuais das parcelas componentes do salário mínimo (arts. 81 e 82).

§ 2º Para os efeitos previstos neste artigo, não serão consideradas como salário as seguintes utilidades concedidas pelo empregador:

I — vestuários, equipamentos e outros acessórios fornecidos aos empregados e utilizados no local de trabalho, para a prestação do serviço;

II — educação, em estabelecimento de ensino próprio ou de terceiros, compreendendo os valores relativos a matrícula, mensalidade, anuidade, livros e material didático;

III — transporte destinado ao deslocamento para o trabalho e retorno, em percurso servido ou não por transporte público.

IV — assistência médica, hospitalar e odontológica, prestada diretamente ou mediante seguro-saúde;

V — seguros de vida e de acidentes pessoais;

VI — previdência privada;

VII — (VETADO) (NR). *(Redação do § 2º da L. n. 10.243, de 19.6.01, DOU 20.6.01).*

VIII — o valor correspondente ao vale-cultura *(Inciso acrescentado pela Lei n. 12.761, de 27.12.12, DOU 27.12.12*

§ 3º A habitação e a alimentação fornecidas como salário-utilidade deverão atender aos fins a que se destinam e não poderão exceder, respectivamente, a 25% (vinte e cinco por cento) e 20% (vinte por cento) do salário-contratual. *(Redação da L. n. 8.860, 24.3.94, DOU 25.3.94).*

§ 4º Tratando-se de habitação coletiva, o valor do salário-utilidade a ela correspondente será obtido mediante a divisão do justo valor da habitação pelo número de co-ocupantes, vedada, em qualquer hipótese, a utilização da mesma unidade residencial por mais de uma família. *(Redação da L. n. 8.860, de 24.3.94, DOU 25.3.94).*

Art. 459. O pagamento do salário, qualquer que seja a modalidade do trabalho, não deve ser estipulado por período superior a um mês, salvo o que concerne a comissões, percentagens e gratificações. *(V. L. n. 8.716/93 — DOU 13.10.93 — LTr 57/11-1405).*

§ 1º. Quando o pagamento houver sido estipulado por mês, deverá ser efetuado, o mais tardar, até o quinto dia útil do mês subsequente ao vencido. *(Redação L. n. 7.855, 24.10.89, DOU 25.10.89, LTr 53/1418).*

Art. 460. Na falta de estipulação do salário ou não havendo prova sobre a importância ajustada, o empregado terá direito a perceber salário igual ao daquele que, na mesma empresa, fizer serviço equivalente, ou do que for habitualmente pago para serviço semelhante.

Art. 461. Sendo idêntica a função, a todo trabalho de igual valor, prestado ao mesmo empregador, na mesma localidade, corresponderá igual salário, sem distinção de sexo, nacionalidade ou idade.

§ 1º Trabalho de igual valor, para os fins deste Capítulo, será o que for feito com igual produtividade e com a mesma perfeição técnica, entre pessoas cuja diferença de tempo de serviço não for superior a dois anos.

§ 2º Os dispositivos deste artigo não prevalecerão quando o empregador tiver pessoal organizado em quadro de carreira, hipótese em que as promoções deverão obedecer aos critérios de antiguidade e merecimento.

§ 3º No caso do parágrafo anterior, as promoções deverão ser feitas alternadamente por merecimento e por antiguidade, dentro de cada categoria profissional. *(Redação do art. e §§, L. n. 1.723, 8.11.52, DOU 12.11.52, LTr 17/83).*

— v. Portaria n. 6, SRT/MTE, de 26.1.10, que altera a Portaria n. 2, do SRT/MTE, de 25.5.06, que estabelece critérios para homologação dos quadros de carreira (não publicada nesta obra)

§ 4º O trabalhador readaptado em nova função, por motivo de deficiência física ou mental atestada pelo órgão competente da Previdência Social, não servirá de paradigma para fins de equiparação salarial. *(§ 4º incluído pela L. n. 5.798, 31.8.72, DOU 4.9.72, LTr 36/829).*

Art. 462. Ao empregador é vedado efetuar qualquer desconto nos salários do empregado, salvo quando este resultar de adiantamentos, de dispositivos de lei ou de contrato coletivo (atualmente convenção coletiva).

§ 1º Em caso de dano causado pelo empregado, o desconto será lícito, desde que esta possibilidade tenha sido acordada ou na ocorrência de dolo do empregado.

§ 2º É vedado à empresa que mantiver armazém para venda de mercadorias aos empregados ou serviços destinados a proporcionar-lhes prestações *in natura* exercer qualquer coação ou induzimento no sentido de que os empregados se utilizem do armazém ou dos serviços.

§ 3º Sempre que não for possível o acesso dos empregados a armazéns ou serviços não mantidos pela empresa, é lícito à autoridade competente determinar a adoção de medidas adequadas, visando a que as mercadorias sejam vendidas e os serviços prestados a preços razoáveis, sem intuito de lucro e sempre em benefício dos empregados.

§ 4º Observado o disposto neste Capítulo, é vedado às empresas limitar, por qualquer forma, a liberdade dos empregados de dispor do seu salário. *(Os §§ 2º a 4º deste artigo foram incluídos pelo DL n. 229, 28.2.67, DOU 28.2.67, LTr 31/137).*

Art. 463. A prestação em espécie do salário será paga em moeda corrente do País.

PARÁGRAFO ÚNICO. O pagamento do salário realizado com inobservância deste artigo considera-se como não feito.

— v. P. 3.281, 7.12.84, DOU 12.12.84, LTr 49-1/106, que dispõe sobre o pagamento de salários por meio de cheques, p. 683

Art. 464. O pagamento do salário deverá ser efetuado contra recibo, assinado pelo empregado; em se tratando de analfabeto, mediante sua impressão digital, ou, não sendo esta possível, a seu rogo.

PARÁGRAFO ÚNICO. Terá força de recibo o comprovante de depósito em conta bancária, aberta para esse fim em nome de cada empregado, com o consentimento deste, em estabelecimento de crédito próximo ao local de trabalho. *(Redação dada pela L. n. 9.528, de 10.12.97, DOU 11.12.97).*

Art. 465. O pagamento dos salários será efetuado em dia útil e no local do trabalho, dentro do horário do serviço ou imediatamente após o encerramento deste, salvo quando efetuado por depósito em conta bancária, observado o disposto no artigo anterior.

— v. nota ao art. 463

Art. 466. O pagamento de comissões e percentagens só é exigível depois de ultimada a transação a que se referem.

§ 1º Nas transações realizadas por prestações sucessivas, é exigível o pagamento das percentagens e comissões que lhes disserem respeito proporcionalmente à respectiva liquidação.

§ 2º A cessação das relações de trabalho não prejudica a percepção das comissões e percentagens devidas na forma estabelecida por este artigo.

Art. 467. Em caso de rescisão de contrato de trabalho, havendo controvérsia sobre o montante das verbas rescisórias, o empregador é obrigado a pagar ao trabalhador, à data do comparecimento à Justiça do Trabalho, a parte incontroversa dessas verbas, sob pena de pagá-las acrescidas de cinquenta por cento. (NR) *(Redação dada pela L. n. 10.272, de 5.9.01, DOU 6.9.01).*

PARÁGRAFO ÚNICO. O disposto no *caput* não se aplica à União, aos Estados, ao Distrito Federal, aos Municípios, e às suas autarquias e fundações públicas. (NR) *(Parágrafo acrescentado pela MP 2.180-35, de 24.8.01, DOU 27.8.01).*

Nota: A Lei n. 10.272, de 5.9.01 (DOU 6.9.01) não fez menção ao parágrafo único deste artigo introduzido pela Medida Provisória n. 2.180-35, de 24.8.01, DOU 27.8.01.

CLT

CAPÍTULO III

DA ALTERAÇÃO

Art. 468. Nos contratos individuais de trabalho só é lícita a alteração das respectivas condições, por mútuo consentimento, e, ainda assim, desde que não resultem, direta ou indiretamente, prejuízos ao empregado, sob pena de nulidade da cláusula infringente desta garantia.

PARÁGRAFO ÚNICO. Não se considera alteração unilateral a determinação do empregador para que o respectivo empregado reverta ao cargo efetivo, anteriormente ocupado, deixando o exercício de função de confiança.

Art. 469. Ao empregador é vedado transferir o empregado, sem a sua anuência, para localidade diversa da que resultar do contrato, não se considerando transferência a que não acarretar necessariamente a mudança do seu domicílio.

§ 1º Não estão compreendidos na proibição deste artigo os empregados que exerçam cargos de confiança e aqueles cujos contratos tenham como condição, implícita ou explícita, a transferência quando esta decorra de real necessidade de serviço.

§ 2º É lícita a transferência quando ocorrer extinção do estabelecimento em que trabalhar o empregado.

§ 3º Em caso de necessidade de serviço o empregador poderá transferir o empregado para localidade diversa da que resultar do contrato, não obstante as restrições do artigo anterior, mas, nesse caso, ficará obrigado a um pagamento suplementar, nunca inferior a 25% (vinte e cinco por cento), dos salários que o empregado percebia naquela localidade, enquanto durar essa situação. (Redação § 1º, L. n. 6.203, 17.4.75, DOU 18.4.75, LTr 39/557, que incluiu o § 3º).

Art. 470. As despesas resultantes da transferência correrão por conta do empregador. *(Redação L. n. 6.203, 17.4.75, DOU 18.4.75, LTr 39/557).*

CAPÍTULO IV

DA SUSPENSÃO E DA INTERRUPÇÃO

Art. 471. Ao empregado, afastado do emprego, são asseguradas, por ocasião de sua volta, todas as vantagens que, em sua ausência, tenham sido atribuídas à categoria a que pertencia na empresa.

Art. 472. O afastamento do empregado em virtude das exigências do serviço militar ou de outro encargo público não constituirá motivo para a alteração ou rescisão do contrato de trabalho por parte do empregador.

§ 1º Para que o empregado tenha direito a voltar a exercer o cargo do qual se afastou em virtude de exigências do serviço militar ou de encargo público, é indispensável que notifique o empregador dessa intenção, por telegrama ou carta registrada, dentro do prazo máximo de trinta dias, contados da data em que se verificar a respectiva baixa ou a terminação do encargo a que estava obrigado.

— v. arts. 60 e 61, L. n. 4.375, 17.8.64, DOU 3.9.64, LTr 28/717 — Lei do Serviço Militar, p. 889

§ 2º Nos contratos por prazo determinado, o tempo de afastamento, se assim acordarem as partes interessadas, não será computado na contagem do prazo para a respectiva terminação.

§§ 3º a 5º A Lei n. 8.630, de 25.2.93, DOU 26.2.93, especificamente no art. 76, revogou expressamente na sua inteireza o Decreto-lei n. 3, de 27.1.66, o qual introduzira os mencionados dispositivos na CLT, consequentemente os revogou também.

Art. 473. O empregado poderá deixar de comparecer ao serviço sem prejuízo do salário:

I — até 2 (dois) dias consecutivos, em caso de falecimento do cônjuge, ascendente, descendente, irmão ou pessoa que, declarada em sua Carteira de Trabalho e Previdência Social, viva sob sua dependência econômica;

II — até 3 (três) dias consecutivos, em virtude de casamento;

III — por um dia, em caso de nascimento de filho, no decorrer da primeira semana;

— v. CF, art. 7º, XIX e art. 10, II, § 1º do ADCT, p. 30 e 48

IV — por um dia, em cada 12 (doze) meses de trabalho, em caso de doação voluntária de sangue devidamente comprovada;

V — até 2 (dois) dias consecutivos ou não, para o fim de se alistar eleitor, nos termos da lei respectiva;

VI — no período de tempo em que tiver de cumprir as exigências do Serviço Militar referidas na letra *c* do art. 65 da Lei n. 4.375, de 17 de agosto de 1964 (Lei do Serviço Militar). *(Redação art. e incisos I a V, DL n. 229, 28.2.67, DOU 28.2.67, LTr 37/137; inciso VI, DL n. 757, 12.8.69, DOU 13.8.69, LTr 33/525);*

VII — nos dias em que estiver comprovadamente realizando provas de exame vestibular para ingresso em estabelecimento de ensino superior. *(Incluído pela L. n. 9.471, de 14.7.97, DOU 15.7.97);*

VIII — pelo tempo que se fizer necessário, quando tiver que comparecer a juízo. *(Incluído pela L. n. 9.853, de 27.10.99, DOU, Seção 1, de 28.10.99).*

IX — pelo tempo que se fizer necessário, quando, na qualidade de representante de entidade sindical, estiver participando de reunião oficial de organismo internacional do qual o Brasil seja membro. (NR) *(Acrescentado pela Lei n. 11.304, de 11.5.06, DOU 12.5.06)*

Art. 474. A suspensão do empregado por mais de 30 dias consecutivos importa na rescisão injusta do contrato de trabalho.

Art. 475. O empregado que for aposentado por invalidez terá suspenso o seu contrato de trabalho durante o prazo fixado pelas leis de previdência social para a efetivação do benefício.

§ 1º Recuperando o empregado a capacidade de trabalho e sendo a aposentadoria cancelada, ser-lhe-á assegurado o direito à função que ocupava ao tempo da aposentadoria, facultado, porém, ao empregador, o direito de indenizá-lo por rescisão do contrato de trabalho, nos termos dos artigos 477 e 478, salvo na hipótese de ser ele portador de estabilidade, quando a indenização deverá ser paga na forma do artigo 497. *(Redação deste § L. n. 4.824, 5.11.65, DOU 8.11.65, LTr 29/607).*

§ 2º Se o empregador houver admitido substituto para o aposentado, poderá rescindir, com este, o respectivo contrato de trabalho sem indenização, desde que tenha havido ciência inequívoca da interinidade ao ser celebrado o contrato.

Art. 476. Em caso de seguro-doença ou auxílio-enfermidade, o empregado é considerado em licença não remunerada, durante o prazo desse benefício.

— v. D. n. 3.048, de 6.5.99, p. 440

Art. 476-A. O contrato de trabalho poderá ser suspenso, por um período de dois a cinco meses, para participação do empregado em curso ou programa de qualificação profissional oferecido pelo empregador, com duração equivalente à suspensão contratual, mediante previsão em convenção ou acordo coletivo de trabalho e aquiescência formal do empregado, observado o disposto no art. 471 desta Consolidação.

§ 1º Após a autorização concedida por intermédio de convenção ou acordo coletivo, o empregador deverá notificar o respectivo sindicato, com antecedência mínima de quinze dias da suspensão contratual.

§ 2º O contrato de trabalho não poderá ser suspenso em conformidade com o disposto no *caput* deste artigo mais de uma vez no período de dezesseis meses.

§ 3º O empregador poderá conceder ao empregado ajuda compensatória mensal, sem natureza salarial, durante o período de suspensão contratual nos termos do *caput* deste artigo, com valor a ser definido em convenção ou acordo coletivo.

§ 4º Durante o período de suspensão contratual para participação em curso ou programa de qualificação profissional, o empregado fará jus aos benefícios voluntariamente concedidos pelo empregador.

§ 5º Se ocorrer a dispensa do empregado no transcurso do período de suspensão contratual ou nos três meses subsequentes ao seu retorno ao trabalho, o empregador pagará ao empregado, além das parcelas indenizatórias previstas na legislação em vigor, multa a ser estabelecida em convenção ou acordo coletivo, sendo de, no mínimo, cem por cento sobre o valor da última remuneração mensal anterior à suspensão do contrato.

§ 6º Se durante a suspensão do contrato não for ministrado o curso ou programa de qualificação profissional, ou o empregado permanecer trabalhando para o empregador, ficará descaracterizada a suspensão, sujeitando o empregador ao pagamento imediato dos salários e dos encargos sociais referentes ao período, às penalidades cabíveis previstas na legislação em vigor, bem como às sanções previstas em convenção ou acordo coletivo.

§ 7º O prazo limite fixado no *caput* poderá ser prorrogado mediante convenção ou acordo coletivo de trabalho e aquiescência formal do empregado, desde que o empregador arque com o ônus correspondente ao valor da bolsa de qualificação profissional, no respectivo período. (NR) *(Artigo acrescentado pela MP n. 2.164-41, de 24.8.01, DOU 27.8.01):*

MP n. 2.164-41, de 24.8.01 (DOU 27.8.01):

....

Art. 11. Ao empregado com contrato de trabalho suspenso nos termos do disposto no art. 476-A da Consolidação das Leis do Trabalho — CLT aplica-se o disposto no art. 15, inciso II, da Lei n. 8.213, de 24 de julho de 1991.

....

CAPÍTULO V
DA RESCISÃO

Art. 477. É assegurado a todo empregado, não existindo prazo estipulado para a terminação do respectivo contrato, e quando não haja ele dado motivo para cessação das relações de trabalho, o direito de haver do empregador uma indenização, paga na base da maior remuneração que tenha percebido na mesma empresa.

§ 1º O pedido de demissão ou recibo de quitação de rescisão do contrato de trabalho, firmado por empregado com mais de 1 (um) ano de serviço, só será válido quando feito com a assistência do respectivo Sindicato ou perante a autoridade do Ministério do Trabalho e Previdência Social.

§ 2º O instrumento de rescisão ou recibo de quitação, qualquer que seja a causa ou forma de dissolução do contrato, deve ter especificada a natureza de cada parcela paga ao empregado e discriminado o seu valor, sendo válida a quitação, apenas, relativamente às mesmas parcelas.

§ 3º Quando não existir na localidade nenhum dos órgãos previstos neste artigo, a assistência será prestada pelo Representante do Ministério Público ou, onde houver, pelo Defensor Público e, na falta ou impedimento destes, pelo Juiz de Paz.

§ 4º O pagamento a que fizer jus o empregado será efetuado no ato da homologação da rescisão do contrato de trabalho, em dinheiro ou em cheque visado, conforme acordem as partes, salvo se o empregado for analfabeto, quando o pagamento somente poderá ser feito em dinheiro.

§ 5º Qualquer compensação no pagamento de que trata o parágrafo anterior não poderá exceder o equivalente a um mês de remuneração do empregado. *(Redação art. e §§, L. n. 5.584, 26.6.70, DOU 29.6.70, LTr 34/521 — V. art. 38 do DL n. 2.065, 26.10.83, DOU 28.10.83, LTr 47-11/1.401).*

§ 6º O pagamento das parcelas constantes do instrumento de rescisão ou recibo de quitação deverá ser efetuado nos seguintes prazos:

a) até o primeiro dia útil imediato ao término do contrato; ou

b) até o décimo dia, contado da data da notificação da demissão, quando da ausência do aviso prévio, indenização do mesmo ou dispensa de seu cumprimento.

§ 7º O ato da assistência na rescisão contratual (§§ 1º e 2º) será sem ônus para o trabalhador e empregador.

§ 8º A inobservância do disposto no § 6º deste artigo sujeitará o infrator à multa de 160 BTN, por trabalhador, bem assim ao pagamento da multa a favor do empregado, em valor equivalente ao seu salário, devidamente corrigido pelo índice de variação do BTN, salvo quando, comprovadamente, o trabalhador der causa à mora.

— v. L. n. 8.177, de 1º.3.91, que extingue a BTN, a partir de 1º.2.91 e fixa o seu valor em Cr$ 126,8621

— v. L. n. 8.218, do 20.8.01 (art. 10)

— v. tb. leis posteriores que modificaram o sistema monetário (L. n. 8.697, de 27.8.93 e L. n. 8.880, de 27.5.94)

— v. L. n. 8.383, de 30.12.91, que instituiu a UFIR. Ver nota do art. 47

§ 9º (Vetado). *(Redação L. n. 7.855, 24.10.89, DOU 25.10.89, LTr 53/1418).*

Art. 478. A indenização devida pela rescisão de contrato por prazo indeterminado será de um mês de remuneração por ano de serviço efetivo, ou por ano e fração igual ou superior a seis meses.

— v. CF/DT, art. 10, I, p. 48

§ 1º O primeiro ano de duração do contrato por prazo indeterminado é considerado como período de experiência, e, antes que se complete, nenhuma indenização será devida.

§ 2º Se o salário for pago por dia, o cálculo da indenização terá por base trinta (30) dias.

— v. L. n. 605/49, p. 689

§ 3º Se pago por hora, a indenização apurar-se-á na base de duzentas e quarenta (240) horas por mês.

— v. L. n. 605/49, p. 689

— v. CF, art. 7º, XIII, p. 30

§ 4º Para os empregados que trabalhem à comissão ou que tenham direito a percentagens, a indenização será calculada pela média das comissões ou percentagens percebidas nos últimos 12 (doze) meses de serviço. *(Redação deste § DL n. 229, 28.2.67, DOU 28.2.67, LTr 31/137).*

§ 5º Para os empregados que trabalhem por tarefa ou serviço feito, a indenização será calculada na base média do tempo costumeiramente gasto pelo interessado para realização de seu serviço, calculando-se o valor do que seria feito durante trinta dias.

Art. 479. Nos contratos que tenham termo estipulado, o empregador que, sem justa causa, despedir o empregado, será obrigado a pagar-lhe, a título de indenização, e por metade, a remuneração a que teria direito até o termo do contrato.

PARÁGRAFO ÚNICO. Para a execução do que dispõe o presente artigo, o cálculo da parte variável ou incerta dos salários será feito de acordo com o prescrito para o cálculo da indenização referente à rescisão dos contratos por prazo indeterminado.

Art. 480. Havendo termo estipulado, o empregado não se poderá desligar do contrato, sem justa causa, sob pena de ser obrigado a indenizar o empregador dos prejuízos que desse fato lhe resultarem.

§ 1º A indenização, porém, não poderá exceder àquela a que teria direito o empregado em idênticas condições. *(Renumerado DL n. 6.353, 20.3.44, DOU 22.3.44, LTr 8/47).*

§ 2º Revogado pela L. n. 6.533, 24.5.78, DOU 26.5.78, LTr 42/714.

Art. 481. Aos contratos por prazo determinado, que contiverem cláusula assecuratória do direito recíproco de rescisão antes de expirado o termo ajustado, aplicam-se, caso seja exercido tal direito por qualquer das partes, os princípios que regem a rescisão dos contratos por prazo indeterminado.

Art. 482. Constituem justa causa para rescisão do contrato de trabalho pelo empregador:

a) ato de improbidade;

b) incontinência de conduta ou mau procedimento;

c) negociação habitual por conta própria ou alheia sem permissão do empregador e quando constituir ato de concorrência à empresa para a qual trabalha o empregado, ou for prejudicial ao serviço;

d) condenação criminal do empregado, passada em julgado, caso não tenha havido suspensão da execução da pena;

e) desídia no desempenho das respectivas funções;

f) embriaguez habitual ou em serviço;

g) violação de segredo da empresa;

h) ato de indisciplina ou de insubordinação;

i) abandono de emprego;

j) ato lesivo da honra ou da boa fama praticado no serviço contra qualquer pessoa, ou ofensas físicas, nas mesmas condições, salvo em caso de legítima defesa, própria ou de outrem;

k) ato lesivo da honra ou da boa fama ou ofensas físicas praticadas contra o empregador e superiores hierárquicos, salvo em caso de legítima defesa, própria ou de outrem;

l) prática constante de jogos de azar.

PARÁGRAFO ÚNICO. A Lei n. 8.630, de 25.2.93, DOU 26.2.93, especificamente no art. 76, revogou expressamente na sua inteireza o Decreto-lei n. 3, de 27.1.66, o qual introduzira o mencionado parágrafo na CLT, consequentemente o revogou também.

— ver Lei n. 10.224, de 15.5.01, DOU 16.5.01, p. 915

Art. 483. O empregado poderá considerar rescindido o contrato e pleitear a devida indenização quando:

a) forem exigidos serviços superiores às suas forças, defesos por lei, contrários aos bons costumes, ou alheios ao contrato;

b) for tratado pelo empregador ou por seus superiores hierárquicos com rigor excessivo;

c) correr perigo manifesto de mal considerável;

d) não cumprir o empregador as obrigações do contrato;

e) praticar o empregador, ou seus prepostos, contra ele ou pessoas de sua família, ato lesivo da honra e boa fama;

f) o empregador ou seus prepostos ofenderem-no fisicamente, salvo em caso de legítima defesa, própria ou de outrem;

g) o empregador reduzir o seu trabalho, sendo este por peça ou tarefa, de forma a afetar sensivelmente a importância dos salários.

§ 1º O empregado poderá suspender a prestação dos serviços ou rescindir o contrato, quando tiver de desempenhar obrigações legais, incompatíveis com a continuação do serviço.

§ 2º No caso de morte do empregador constituído em empresa individual, é facultado ao empregado rescindir o contrato de trabalho.

§ 3º Nas hipóteses das letras *d* e *g*, poderá o empregado pleitear a rescisão de seu contrato de trabalho e o pagamento das respectivas indenizações, permanecendo ou não no serviço até final decisão do processo. (§ incluído L. n. 4.825, 5.11.65, DOU 8.11.65, LTr 29/607).

Art. 484. Havendo culpa recíproca no ato que determinou a rescisão do contrato de trabalho, o Tribunal do Trabalho reduzirá a indenização à que seria devida em caso de culpa exclusiva do empregador, por metade.

Art. 485. Quando cessar a atividade da empresa por morte do empregador, os empregados terão direito, conforme o caso, à indenização a que se referem os arts. 477 e 497.

Art. 486. No caso de paralisação temporária ou definitiva do trabalho, motivada por ato de autoridade municipal, estadual ou federal, ou pela promulgação de lei ou resolução que impossibilite a continuação da atividade, prevalecerá o pagamento da indenização, que ficará a cargo do governo responsável. *(Redação L. n. 1.530, 26.12.51, DOU 28.12.51).*

§ 1º Sempre que o empregador invocar em sua defesa o preceito do presente artigo, o Tribunal do Trabalho competente notificará a pessoa de direito público apontada como responsável pela paralisação do trabalho, para que, no prazo de 30 dias, alegue o que entender devido, passando a figurar no processo como chamada à autoria. *(Redação DL n. 6.110, 16.12.63, DOU 18.12.63).*

§ 2º Sempre que a parte interessada, firmada em documento hábil, invocar defesa baseada na disposição deste artigo e indicar qual o juiz competente, será ouvida a parte contrária, para, dentro de três dias, falar sobre essa alegação.

§ 3º Verificada qual a autoridade responsável, a Vara do Trabalho ou Juiz dar-se-á por incompetente, remetendo os autos ao Juiz privativo da Fazenda, perante o qual correrá o feito, nos termos previstos no processo comum. *(§§ 2º e 3º com redação da L. n. 1.530, 26.12.51, DOU 28.12.51).*

CAPÍTULO VI

DO AVISO PRÉVIO

Art. 487. Não havendo prazo estipulado, a parte que, sem justo motivo, quiser rescindir o contrato, deverá avisar a outra da sua resolução, com a antecedência mínima de:

I — oito dias, se o pagamento for efetuado por semana ou tempo inferior;

— v. CF, art. 7º, XXI, p. 30

II — trinta dias aos que perceberem por quinzena ou mês, ou que tenham mais de doze meses de serviço na empresa. *(Redação incisos I e II L. n. 1.530, 26.12.51, DOU 28.12.51).*

§ 1º A falta do aviso prévio por parte do empregador dá ao empregado o direito aos salários correspondentes ao prazo do aviso, garantida sempre a integração desse período no seu tempo de serviço.

§ 2º A falta de aviso prévio por parte do empregado dá ao empregador o direito de descontar os salários correspondentes ao prazo respectivo.

§ 3º Em se tratando de salário pago na base de tarefa, o cálculo, para os efeitos dos parágrafos anteriores, será feito de acordo com a média dos últimos doze meses de serviço. *(Súmula TST, no Apêndice).*

§ 4º É devido o aviso prévio na despedida indireta. *(§ acrescido pela L. n. 7.108, 5.7.83, DOU 6.7.83, LTr 47-7/855).*

§ 5º O valor das horas extraordinárias habituais integra o aviso prévio indenizado.

§ 6º O reajustamento salarial coletivo, determinado no curso do aviso prévio, beneficia o empregado pré-avisado da despedida, mesmo que tenha recebido antecipadamente os salários correspondentes ao período do aviso, que integra seu tempo de serviço para todos os efeitos legais. *(Os parágrafos 5º e 6º foram a acrescentados pela Lei n. 10.218, de 11.4.01, DOU 12.4.01).*

LEI N. 12.506, DE 11 DE OUTUBRO DE 2011 (DOU 13.10.11)

Dispõe sobre o aviso prévio e dá outras providências.

A Presidenta da República.

Faço saber que o Congresso Nacional decreta e eu sanciono a seguinte Lei:

Art. 1º O aviso prévio, de que trata o Capítulo VI do Título IV da Consolidação das Leis do Trabalho - CLT, aprovada pelo Decreto-lei n. 5.452, de 1º de maio de 1943, será concedido na proporção de 30 (trinta) dias aos empregados que contem até 1 (um) ano de serviço na mesma empresa.

Parágrafo único. Ao aviso prévio previsto neste artigo serão acrescidos 3 (três) dias por ano de serviço prestado na mesma empresa, até o máximo de 60 (sessenta) dias, perfazendo um total de até 90 (noventa) dias.

Art. 2º Esta Lei entra em vigor na data de sua publicação. Brasília, 11 de outubro de 2011; 190º da Independência e 123º da República.

DILMA ROUSSEFF
José Eduardo Cardozo
Guido Mantega
Carlos Lupi
Fernando Damata Pimentel
Miriam Belchior
Garibaldi Alves Filho
Luis Inácio Lucena Adams

Art. 488. O horário normal de trabalho do empregado, durante o prazo do aviso, e se a rescisão tiver sido promovida pelo empregador, será reduzido de duas horas diárias, sem prejuízo do salário integral.

PARÁGRAFO ÚNICO. É facultado ao empregado trabalhar sem a redução das 2 (duas) horas diárias previstas neste artigo, caso em que poderá faltar ao serviço, sem prejuízo do salário integral, por 1 (um) dia, na hipótese do inciso I, e por 7 (sete) dias corridos, na hipótese do inciso II do art. 487 desta Consolidação. *(§ acrescido pela L. n. 7.093, 25.4.83, DOU 26.4.83, LTr 47-5/625).*

Art. 489. Dado o aviso prévio, a rescisão torna-se efetiva depois de expirado o respectivo prazo, mas, se a parte notificante reconsiderar o ato, antes de seu termo, à outra parte é facultado aceitar ou não a reconsideração.

PARÁGRAFO ÚNICO. Caso seja aceita a reconsideração ou continuando a prestação depois de expirado o prazo, o contrato continuará a vigorar, como se o aviso prévio não tivesse sido dado.

Art. 490. O empregador que, durante o prazo do aviso prévio dado ao empregado, praticar ato que justifique a rescisão imediata do contrato, sujeita-se ao pagamento da remuneração correspondente ao prazo do referido aviso, sem prejuízo da indenização que for devida.

Art. 491. O empregado que, durante o prazo do aviso prévio, cometer qualquer das faltas consideradas pela lei como justas para a rescisão, perde o direito ao restante do respectivo prazo.

CAPÍTULO VII

DA ESTABILIDADE

(V. CF, art. 7º, I — p. 30)

Art. 492. O empregado que contar mais de dez anos de serviço na mesma empresa não poderá ser despedido senão por motivo de falta grave ou circunstância de força maior, devidamente comprovadas.

— v. no Apêndice legislação sobre o FGTS

PARÁGRAFO ÚNICO. Considera-se como de serviço todo o tempo em que o empregado esteja à disposição do empregador.

Art. 493. Constitui falta grave a prática de qualquer dos fatos a que se refere o art. 482, quando por sua repetição ou natureza representem séria violação dos deveres e obrigações do empregado.

Art. 494. O empregado acusado de falta grave poderá ser suspenso de suas funções, mas a sua despedida só se tornará efetiva após o inquérito em que se verifique a procedência da acusação.

PARÁGRAFO ÚNICO. A suspensão, no caso deste artigo, perdurará até a decisão final do processo.

Art. 495. Reconhecida a inexistência de falta grave praticada pelo empregado, fica o empregador obrigado a readmiti-lo no serviço e a pagar-lhe os salários a que teria direito no período da suspensão.

Art. 496. Quando a reintegração do empregado estável for desaconselhável, dado o grau de incompatibilidade resultante do dissídio, especialmente quando for o empregador pessoa física, o Tribunal do Trabalho poderá converter aquela obrigação em indenização devida nos termos do artigo seguinte.

Art. 497. Extinguindo-se a empresa, sem a ocorrência de motivo de força maior, ao empregado estável despedido é garantida a indenização por rescisão do contrato por prazo indeterminado, paga em dobro.

Art. 498. Em caso de fechamento do estabelecimento, filial ou agência, ou supressão necessária de atividade, sem ocorrência de motivo de força maior, é assegurado aos empregados estáveis, que ali exerçam suas funções, o direito à indenização, na forma do artigo anterior.

Art. 499. Não haverá estabilidade no exercício dos cargos de diretoria, gerência ou outros de confiança imediata do empregador, ressalvado o cômputo do tempo de serviço para todos os efeitos legais.

§ 1º Ao empregado garantido pela estabilidade, que deixar de exercer cargo de confiança, é assegurada, salvo no caso de falta grave, a reversão ao cargo efetivo que haja anteriormente ocupado.

§ 2º Ao empregado despedido sem justa causa, que só tenha exercido cargo de confiança e que contar mais de dez anos de serviço na mesma empresa, é garantida a indenização proporcional ao tempo de serviço nos termos dos arts. 477 e 478.

§ 3º A despedida que se verificar com o fim de obstar ao empregado a aquisição de estabilidade, sujeitará o empregador a pagamento em dobro da indenização prescrita nos arts. 477 e 478.

Art. 500. O pedido de demissão do empregado estável só será válido quando feito com a assistência do respectivo sindicato e, se não o houver, perante autoridade local competente do Ministério do Trabalho e Previdência Social ou da Justiça do Trabalho. *(Revigorado pela Lei n. 5.584, 26.6.70, DOU 29.6.70, LTr 34/521).*

CLT

CAPÍTULO VIII

DA FORÇA MAIOR

Art. 501. Entende-se como força maior todo acontecimento inevitável, em relação à vontade do empregador, e para realização do qual este não concorreu, direta ou indiretamente.

§ 1º A imprevidência do empregador exclui a razão de força maior.

§ 2º À ocorrência do motivo de força maior que não afetar substancialmente, nem for suscetível de afetar, em tais condições, a situação econômica e financeira da empresa, não se aplicam as restrições desta Lei referentes ao disposto neste Capítulo.

Art. 502. Ocorrendo motivo de força maior que determine a extinção da empresa, ou de um dos estabelecimentos em que trabalhe o empregado, é assegurada a este, quando despedido, uma indenização na forma seguinte:

I — sendo estável, nos termos dos arts. 477 e 478;

II — não tendo direito à estabilidade, metade da que seria devida em caso de rescisão sem justa causa;

III — havendo contrato por prazo determinado, aquela a que se refere o art. 479, desta Lei, reduzida igualmente à metade.

Art. 503. É lícita, em caso de força maior ou prejuízos devidamente comprovados, a redução geral dos salários dos empregados da empresa, proporcionalmente aos salários de cada um, não podendo, entretanto, ser superior a 25%, respeitado, em qualquer caso, o salário mínimo da região.

— v. CF, art. 7º, VI, p. 30

PARÁGRAFO ÚNICO. Cessados os efeitos decorrentes do motivo de força maior, é garantido o restabelecimento dos salários reduzidos.

Art. 504. Comprovada a falsa alegação do motivo de força maior, é garantida a reintegração aos empregados estáveis e aos não estáveis o complemento da indenização já percebida, assegurado a ambos o pagamento da remuneração atrasada.

CAPÍTULO IX

DISPOSIÇÕES ESPECIAIS

Art. 505. São aplicáveis aos trabalhadores rurais os dispositivos constantes dos Capítulos I, II e VI do presente Título.

Art. 506. No contrato de trabalho agrícola é lícito o acordo que estabelecer a remuneração *in natura*, contanto que seja de produtos obtidos pela exploração do negócio e não exceda de um terço do salário total do empregado.

— v. nota ao art. 505

— v. L. n. 5.889, 8.6.1973 e D. n. 73.626, 12.12.1974, p. 495/497

Art. 507. As disposições do Capítulo VII do presente Título não serão aplicáveis aos empregados em consultórios ou escritórios de profissionais liberais.

PARÁGRAFO ÚNICO. Revogado pelo art. 37 da L. n. 6.533, 24.5.78, DOU 26.5.78, LTr 42/714.

Art. 508. Revogado pela Lei n. 12.347, de 10.12.10, DOU 13.12.10

Art. 509. Revogado pelo art. 37 da L. n. 6.533, 24.5.78, DOU 26.5.78, LTr 42/714.

Art. 510. Pela infração das proibições constantes deste Título, será imposta à empresa a multa de valor igual a 1 (um) salário mínimo regional, elevada ao dobro, no caso de reincidência, sem prejuízo das demais cominações legais. *(Redação DL n. 229, 28.2.67, c/c L. n. 6.205, 29.4.75 e art. 7º, L. n. 6.986, 13.4.82).*

— v. Nota do art. 47

TÍTULO V

DA ORGANIZAÇÃO SINDICAL

(V. CF, art. 8º e 114, III — p. 30 e 39)

(V. Portaria MTE n. 186, de 10.4.08 que dispõe sobre registro sindical, p. 360)

CAPÍTULO I

DA INSTITUIÇÃO SINDICAL

SEÇÃO I

Da Associação em Sindicato

Art. 511. É lícita a associação para fins de estudo, defesa e coordenação dos seus interesses econômicos ou profissionais de todos os que, como empregadores, empregados, agentes ou trabalhadores autônomos, ou profissionais liberais, exerçam, respectivamente, a mesma atividade ou profissão ou atividades ou profissões similares ou conexas.

§ 1º A solidariedade de interesses econômicos dos que empreendem atividades idênticas, similares ou conexas, constitui o vínculo social básico que se denomina categoria econômica.

§ 2º A similitude de condições de vida oriunda da profissão ou trabalho em comum, em situação de emprego na mesma atividade econômica ou em atividades econômicas similares ou conexas, compõe a expressão social elementar compreendida como categoria profissional.

§ 3º Categoria profissional diferenciada é a que se forma dos empregados que exerçam profissões ou funções diferenciadas por força de estatuto profissional especial ou em consequência de condições de vida singulares.

§ 4º Os limites de identidade, similaridade ou conexidade, fixam as dimensões dentro das quais a categoria econômica ou profissional é homogênea e a associação é natural.

Art. 512. Somente as associações profissionais constituídas para os fins e na forma do artigo anterior e registradas de acordo com o artigo 558, poderão ser reconhecidas como sindicatos e investidas nas prerrogativas definidas nesta Lei.

Art. 513. São prerrogativas dos sindicatos:

a) representar, perante as autoridades administrativas e judiciárias, os interesses gerais da respectiva categoria ou profissão liberal ou os interesses individuais dos associados relativos à atividade ou profissão exercida;

b) celebrar contratos coletivos de trabalho. *(Nota: de acordo com o art. 20 do DL n. 229, 28.2.67, DOU 28.2.67, LTr 31/137, que deu nova redação ao Título VI, a expressão "Contratos coletivos de trabalho" foi substituída por "Convenções coletivas de trabalho")*;

c) eleger ou designar os representantes da respectiva categoria ou profissão liberal;

d) colaborar com o Estado, como órgãos técnicos e consultivos, no estudo e solução dos problemas que se relacionam com a respectiva categoria ou profissão liberal;

e) impor contribuições a todos aqueles que participam das categorias econômicas ou profissionais ou das profissões liberais representadas.

PARÁGRAFO ÚNICO. Os sindicatos de empregados terão outrossim, a prerrogativa de fundar e manter agências de colocação.

Art. 514. São deveres dos sindicatos:

a) colaborar com os poderes públicos no desenvolvimento da solidariedade social;

b) manter serviços de assistência judiciária para os associados;

c) promover a conciliação nos dissídios de trabalho;

d) sempre que possível, e de acordo com as suas possibilidades, manter no seu quadro de pessoal, em convênio com entidades assistenciais ou por conta própria, um assistente social com as atribuições específicas de promover a cooperação operacional na empresa e a integração profissional na Classe. *(Alínea incluída pela L. n. 6.200, 16.4.75, DOU 17.4.75, LTr 39/557)*.

PARÁGRAFO ÚNICO. Os sindicatos de empregados terão, outrossim, o dever de:

a) promover a fundação de cooperativas de consumo e de crédito;

b) fundar e manter escolas de alfabetização e prévocacionais.

SEÇÃO II

Do Reconhecimento e Investidura Sindical

(V. art. 8º da CF/88, p. 30)

Art. 515. As associações profissionais deverão satisfazer os seguintes requisitos para serem reconhecidas como sindicatos:

a) reunião de um terço, no mínimo, de empresas legalmente constituídas, sob a forma individual ou de sociedade, se se tratar de associação de empregadores; ou de um terço dos que integrem a mesma categoria ou exerçam a mesma profissão liberal, se se tratar de associação de empregados ou de trabalhadores ou agentes autônomos ou de profissão liberal;

b) duração de três (3) anos para o mandato da diretoria. *(Redação desta alínea DL n. 771, 19.8.69, DOU 20.8.69, LTr 33/525)*;

c) exercício do cargo de presidente por brasileiro nato, e dos demais cargos de administração e representação por brasileiros.

— v. Lei n. 6.192, 19.12.74, DOU 20.12.74, que veda qualquer distinção entre brasileiros natos e naturalizados; DL n. 941, 13.10.69, DOU 15.10.69, que em seu art. 118, dispõe: "É especialmente vedado ao estrangeiro, qualquer que seja a sua situação no país ...VIII — participar da administração ou representação de sindicatos ou associações sindicais"

CLT

PARÁGRAFO ÚNICO. O Ministro do Trabalho poderá, excepcionalmente, reconhecer como sindicato a associação cujo número de associados seja inferior ao terço a que se refere a alínea *a*.

Art. 516. Não será reconhecido mais de um sindicato representativo da mesma categoria econômica ou profissional, ou profissão liberal, em uma dada base territorial.

Art. 517. Os sindicatos poderão ser distritais, municipais, intermunicipais, estaduais e interestaduais. Excepcionalmente, e atendendo às peculiaridades de determinadas categorias ou profissões, o Ministro do Trabalho poderá autorizar o reconhecimento de sindicatos nacionais.

§ 1º O Ministro do Trabalho outorgará e delimitará a base territorial do sindicato.

§ 2º Dentro da base territorial que lhe for determinada é facultado ao sindicato instituir delegacias ou seções para melhor proteção dos associados e da categoria econômica ou profissional ou profissão liberal representada.

Art. 518. O pedido de reconhecimento será dirigido ao Ministro do Trabalho instruído com exemplar ou cópia autenticada dos estatutos da associação.

§ 1º Os estatutos deverão conter:

a) a denominação e a sede da associação;

b) a categoria econômica ou profissional ou a profissão liberal cuja representação é requerida;

c) a afirmação de que a associação agirá como órgão de colaboração com os poderes públicos e as demais associações no sentido da solidariedade social e da subordinação dos interesses econômicos ou profissionais ao interesse nacional;

d) as atribuições, o processo eleitoral e das votações, os casos de perda de mandato e de substituição dos administradores;

e) o modo de constituição e administração do patrimônio social e o destino que lhe será dado no caso de dissolução;

f) as condições em que se dissolverá a associação.

§ 2º O processo de reconhecimento será regulado em instruções baixadas pelo Ministro do Trabalho.

Art. 519. A investidura sindical será conferida sempre à associação profissional mais representativa, a juízo do Ministro do Trabalho, constituindo elementos para essa apreciação, entre outros:

a) o número de associados;

b) os serviços sociais fundados e mantidos;

c) o valor do patrimônio.

Art. 520. Reconhecida como sindicato a associação profissional, ser-lhe-á expedida carta de reconhecimento assinada pelo Ministro do Trabalho, na qual será especificada a representação econômica ou profissional conferida e mencionada a base territorial outorgada.

PARÁGRAFO ÚNICO. O reconhecimento investe a associação nas prerrogativas do art. 513 e a obriga aos deveres do art. 514, cujo inadimplemento a sujeitará às sanções desta Lei.

Art. 521. São condições para o funcionamento do sindicato:

a) proibição de qualquer propaganda de doutrinas incompatíveis com as instituições e os interesses da nação, bem como de candidaturas a cargos eletivos estranhos ao sindicato. *(Redação desta alínea pelo DL n. 9.502, 23.7.46, DOU 27.7.46, LTr 10/250);*

b) proibição de exercício de cargo eletivo cumulativamente com o de emprego remunerado pelo sindicato ou por entidade sindical de grau superior;

c) gratuidade do exercício dos cargos eletivos;

d) proibição de quaisquer atividades não compreendidas nas finalidades mencionadas no art. 511, inclusive as de caráter político-partidárias;

e) proibição de cessão gratuita ou remunerada da respectiva sede à entidade de índole político-partidária. *(Alíneas d e e acrescidas pelo DL n. 9.502, 23.7.46, DOU 27.7.46, LTr 10/250).*

PARÁGRAFO ÚNICO. Quando, para o exercício de mandato, tiver o associado de sindicato de empregados, de trabalhadores autônomos ou de profissionais liberais, de se afastar do seu trabalho, poderá ser-lhe arbitrada pela assembleia geral uma gratificação nunca excedente da importância de sua remuneração na profissão respectiva.

SEÇÃO III
Da Administração do Sindicato

(V. art. 8º e 114, III, da CF/88, p. 30 e 39)

Art. 522. A administração do sindicato será exercida por uma diretoria constituída, no máximo, de sete e, no mínimo, de três membros e de um conselho fiscal composto de três membros, eleitos esses órgãos pela assembleia geral.

§ 1º A diretoria elegerá, dentre os seus membros, o presidente do sindicato.

§ 2º A competência do conselho fiscal é limitada à fiscalização da gestão financeira do sindicato.

§ 3º Constituirão atribuição exclusiva da diretoria do sindicato e dos delegados sindicais a que se refere o art. 523, a representação e a defesa dos interesses da entidade perante os poderes públicos e as empresas, salvo mandatário com poderes outorgados por procuração da diretoria, ou associado investido em representação prevista em lei. (§ acrescido pelo DL n. 9.502, 23.7.46, DOU 27.7.46, LTr 10/250).

Art. 523. Os delegados sindicais destinados à direção das delegacias ou seções instituídas na forma estabelecida no § 2º do art. 517 serão designados pela diretoria dentre os associados radicados no território da correspondente delegacia.

Art. 524. Serão sempre tomadas por escrutínio secreto, na forma estatutária, as deliberações da assembleia geral concernentes aos seguintes assuntos. *(Redação L. n. 2.693, 23.12.55, DOU 29.12.55, LTr 20/54):*

a) eleição de associado para representação da respectiva categoria, prevista em lei;

b) tomada e aprovação de contas da diretoria;

c) aplicação do patrimônio;

d) julgamento dos atos da diretoria, relativos a penalidades impostas a associados. *(Redação alíneas a, b, c, d, pelo DL n. 9.502, 23.7.46, DOU 27.7.46, LTr 10/250);*

e) pronunciamento sobre relações ou dissídio de trabalho. Neste caso, as deliberações da assembleia geral só serão consideradas válidas quando ela tiver sido especialmente convocada para esse fim, de acordo com as disposições dos estatutos da entidade sindical. O *quorum* para validade da assembleia será de metade mais um dos associados quites; não obtido esse *quorum* em primeira convocação, reunir-se-á a assembleia em segunda convocação com os presentes, considerando-se aprovadas as deliberações que obtiverem 2/3 (dois terços) dos votos. *(Redação alínea pela L. n. 2.693, 23.12.55, DOU 29.12.55).*

— v. art. 859 desta CLT

§ 1º A eleição para cargos de diretoria e conselho fiscal será realizada por escrutínio secreto, durante seis horas contínuas, pelo menos, na sede do sindicato, na de suas delegacias e seções e nos principais locais de trabalho, onde funcionarão as mesas coletoras designadas pelos Delegados Regionais do Trabalho. *(Redação DL n. 9.502, 23.7.46, DOU 27.7.46, LTr 10/250, combinada com a L. n. 4.923, 23.12.65, DOU 29.12.65, LTr 30/91).*

— v. art. 859 desta CLT, e Instrução n. 4, TST no Apêndice

§ 2º Concomitantemente ao término do prazo estipulado para a votação, instalar-se-á, em assembleia eleitoral pública e permanente, na sede do sindicato, a mesa apuradora, para a qual serão enviadas, imediatamente, pelos presidentes das mesas coletoras, as urnas receptoras e as atas respectivas. Será facultada a designação de mesa apuradora supletiva sempre que as peculiaridades ou conveniências do pleito a exigirem.

§ 3º A mesa apuradora será presidida por membro do Ministério Público do Trabalho ou pessoa de notória idoneidade, designada pelo procurador-geral da Justiça do Trabalho ou procuradores regionais. *(Redação §§ 2º e 3º DL n. 9.502, 23.7.46, DOU 27.7.46, LTr 10/250).*

§ 4º O pleito só será válido na hipótese de participarem da votação mais de 2/3 (dois terços) dos associados com capacidade para votar. Não obtido esse coeficiente, será realizada nova eleição dentro de 15 (quinze) dias, a qual terá validade se nela tomarem parte mais de 50% (cinquenta por cento) dos referidos associados. Na hipótese de não ter sido alcançado, na segunda votação, o coeficiente exigido, será realizado o terceiro e último pleito, cuja validade dependerá do voto de mais de 40% (quarenta por cento) dos aludidos associados, proclamando o presidente da mesa apuradora em qualquer dessas hipóteses os eleitos, os quais serão empossados automaticamente na data do término do mandato expirante, não tendo efeito suspensivo os protestos ou recursos oferecidos na conformidade da lei. *(Redação deste § pela L. n. 2.693, 23.12.55, DOU 29.12.55, LTr 20/54).*

§ 5º Não sendo atingido o coeficiente legal para a eleição o Ministério do Trabalho declarará a vacância da administração a partir do término do mandato dos membros em exercício, e designará administrador para o sindicato, realizando-se novas eleições dentro de seis meses. *(Redação deste § pelo DL n. 9.502, 22.7.46, DOU 27.7.46, LTr 10/250).*

Art. 525. É vedada a pessoas físicas ou jurídicas, estranhas ao sindicato, qualquer interferência na sua administração ou nos seus serviços. *(Redação DL n. 9.502, 22.7.46, DOU 27.7.46, LTr 10/250).*

PARÁGRAFO ÚNICO. Estão excluídos dessa proibição:

a) os delegados do Ministério do Trabalho especialmente designados pelo ministro ou por quem o represente;

b) os que, como empregados, exerçam cargos no sindicato mediante autorização da assembleia geral.

Art. 526. Os empregados do sindicato serão nomeados pela diretoria respectiva *ad referendum* da assembleia geral, não podendo recair tal nomeação nos que estiverem nas condições previstas nos itens II, IV, V, VI, VII e VIII do art. 530 e, na hipótese de o nomeado haver sido dirigente sindical, também nas do item I do mesmo artigo.

PARÁGRAFO ÚNICO. (Revogado pela Lei n. 11.295, de 9.5.06, DOU 10.5.06)

§ 2º Aplicam-se ao empregado de entidade sindical os preceitos das leis de proteção do trabalho e de previdência social, inclusive o direito de associação em sindicato. (NR) *(Acrescentado pela Lei n. 11.295, de 9.5.06, DOU 10.5.06)*

Art. 527. Na sede de cada sindicato haverá um livro de registro, autenticado pelo funcionário competente do Ministério do Trabalho, e do qual deverão constar:

a) tratando-se de sindicato de empregadores, a firma, individual ou coletiva, ou a denominação das empresas e sua sede, o nome, idade, estado civil, nacionalidade e residência dos respectivos sócios ou, em se tratando de sociedade por ações, dos diretores, bem como a indicação desses dados quanto ao sócio ou diretor que representar a empresa no sindicato;

b) tratando-se de sindicato de empregados, ou de agentes ou trabalhadores autônomos ou de profissionais liberais, além do nome, idade, estado civil, nacionalidade, profissão ou função e residência de cada associado, o estabelecimento ou lugar onde exerce a sua profissão ou função, o número e a série da respectiva Carteira de Trabalho e Previdência Social e o número de inscrição na instituição de previdência a que pertencer.

Art. 528. A Lei n. 8.630, de 25.2.93, DOU 26.2.93, especificamente no art. 76, revogou expressamente na sua inteireza o Decreto-lei n. 3, de 27.1.66, que alterava este artigo na CLT, consequentemente o revogou também.

SEÇÃO IV

Das Eleições Sindicais

(v. art. 8º e 114, III da CF/88, p. 30 e 39)

Art. 529. São condições para o exercício do direito do voto como para a investidura em cargo de administração ou representação econômica ou profissional:

a) ter o associado mais de seis meses de inscrição no quadro social e mais de dois anos de exercício da atividade ou da profissão. *(Redação alínea DL n. 8.080, 11.10.45, DOU 13.10.45);*

b) ser maior de 18 anos;

c) estar no gozo dos direitos sindicais.

PARÁGRAFO ÚNICO. É obrigatório aos associados o voto nas eleições sindicais. *(§ acrescentado pelo DL n. 229, 28.2.67, DOU 28.2.67, LTr 31/137).*

— v. art. 8º, VII, da CF/88, p. 30

Art. 530. Não podem ser eleitos para cargos administrativos ou de representação econômica ou profissional, nem permanecer no exercício desses cargos:

I — os que não tiverem definitivamente aprovadas as suas contas de exercício em cargos de administração;

II — os que houverem lesado o patrimônio de qualquer entidade sindical;

III — os que não estiverem, desde 2 (dois) anos antes, pelo menos, no exercício efetivo da atividade ou da profissão dentro da base territorial do sindicato, ou no desempenho de representação econômica ou profissional;

IV — os que tiverem sido condenados por crime doloso enquanto persistirem os efeitos da pena;

V — os que não estiverem no gozo de seus direitos políticos;

VI — revogado pela L. n. 8.865, de 29.3.94;

VII — má conduta devidamente comprovada. *(Inciso incluído pelo DL n. 507, 18.3.69, DOU 19.3.69, LTr 33/209);*

VIII — revogado pela L. n. 8.865, de 29.3.94.

Art. 531. Nas eleições para cargos de diretoria e do conselho fiscal serão considerados eleitos os candidatos que obtiverem maioria absoluta de votos em relação ao total dos associados eleitores.

§ 1º Não concorrendo à primeira convocação maioria absoluta de eleitores, ou não obtendo nenhum dos candidatos essa maioria, proceder-se-á a nova convocação para dia posterior, sendo então considerados eleitos os candidatos que obtiverem maioria dos eleitores presentes.

§ 2º Havendo somente uma chapa registrada para as eleições, poderá a assembleia, em última convocação, ser realizada duas horas após a primeira convocação, desde que do edital respectivo conste essa advertência.

§ 3º Concorrendo mais de uma chapa, poderá o Ministério do Trabalho designar o presidente da seção eleitoral, desde que o requeiram os associados que encabeçarem as respectivas chapas. *(Redação DL n. 8.080, 11.10.45, DOU 13.10.45).*

§ 4º O Ministro do Trabalho expedirá instruções regulando o processo das eleições.

Art. 532. As eleições para a renovação da diretoria e do conselho fiscal deverão ser procedidas dentro do prazo máximo de 60 dias e mínimo de 30 dias, antes do término do mandato dos dirigentes em exercício.

§ 1º Não havendo protesto na ata da assembleia eleitoral ou recurso interposto por algum dos candidatos, dentro de 15 dias, a contar da data das eleições, a posse da diretoria eleita independerá da aprovação das eleições pelo Ministério do Trabalho.

§ 2º Competirá à diretoria em exercício, dentro de 30 dias da realização das eleições e não tendo havido recurso, dar publicidade ao resultado do pleito, fazendo comunicação ao órgão local do Ministério do Trabalho da relação dos eleitos, com os dados pessoais de cada um e a designação da função que vai exercer.

§ 3º Havendo protesto na ata da assembleia eleitoral ou recurso interposto dentro de 15 dias da realização das eleições, competirá à diretoria em exercício encaminhar, devidamente instruído, o processo eleitoral ao órgão local do Ministério do Trabalho, que o encaminhará para decisão do Ministro de Estado. Nesta hipótese permanecerão na administração, até despacho final do processo, a diretoria e o conselho fiscal que se encontrarem em exercício.

§ 4º Não se verificando as hipóteses previstas no parágrafo anterior, a posse da nova diretoria deverá se verificar dentro de 30 dias subsequentes ao término do mandato da anterior. *(Redação artigo e §§ DL n. 8.080, 11.10.45, DOU 13.10.45. V. arts. 18 e 24 do D. n. 81.663, 16.5.78, DOU 17.5.78, LTr 42/708).*

§ 5º Ao assumir o cargo, o eleito prestará, por escrito e solenemente, o compromisso de respeitar, no exercício do mandato, a Constituição, as leis vigentes e os estatutos da entidade. *(§ incluído pelo DL n. 229, 28.2.67, DOU 28.2.67, LTr 31/137).*

SEÇÃO V

Das Associações Sindicais de Grau Superior

(V. art. 8º da CF/88, p. 30)

Art. 533. Constituem associações sindicais de grau superior as federações e confederações organizadas nos termos desta Lei.

Art. 534. É facultado aos sindicatos, quando em número não inferior a 5 (cinco), desde que representem a maioria absoluta de um grupo de atividades ou profissões idênticas, similares ou conexas, organizarem-se em federação.

§ 1º Se já existir federação no grupo de atividades ou profissões em que deva ser constituída a nova entidade, a criação desta não poderá reduzir a menos de 5 (cinco) o número de sindicatos que àquela devam continuar filiados.

§ 2º As federações serão constituídas por Estados, podendo o Ministro do Trabalho autorizar a constituição de federações interestaduais ou nacionais.

§ 3º É permitido a qualquer federação, para o fim de lhes coordenar os interesses, agrupar os sindicatos de determinado município ou região a ela filiados, mas a União não terá direito de representação das atividades ou profissões agrupadas. *(Redação art. e § 1º, L. n. 3.265, 22.9.57, DOU 24.9.57. Os anteriores 1º e 2º passaram a ser 2º e 3º, respectivamente).*

Art. 535. As confederações organizar-se-ão com o mínimo de três federações e terão sede na Capital da República.

§ 1º As confederações formadas por federações de sindicatos de empregadores denominar-se-ão: Confederação Nacional da Indústria, Confederação Nacional do Comércio, Confederação Nacional de Transportes Marítimos, Fluviais e Aéreos, Confederação Nacional de Transportes Terrestres, Confederação Nacional de Comunicações e Publicidade, Confederação Nacional das Empresas de Crédito e Confederação Nacional de Educação e Cultura.

§ 2º As confederações formadas por federações de sindicatos de empregados terão a denominação de Confederação Nacional dos Trabalhadores na Indústria, Confederação Nacional dos Trabalhadores no Comércio, Confederação Nacional dos Trabalhadores em Transportes Marítimos, Fluviais e Aéreos, Confederação Nacional dos Trabalhadores em Transportes Terrestres, Confederação Nacional dos Trabalhadores em Comunicações e Publicidade, Confederação Nacional dos Trabalhadores nas Empresas de Crédito e Confederação Nacional dos Trabalhadores em Estabelecimentos de Educação e Cultura.

§ 3º Denominar-se-á Confederação Nacional das Profissões Liberais a reunião das respectivas federações.

§ 4º As associações sindicais de grau superior da Agricultura e Pecuária serão organizadas na conformidade do que dispuser a lei que regular a sindicalização dessas atividades ou profissões.

Art. 536. Revogado pelo DL n. 229, 28.2.67, DOU 28.2.67, LTr 31/137.

Art. 537. O pedido de reconhecimento de uma federação será dirigido ao Ministro do Trabalho acompanhado de um exemplar dos respectivos estatutos e das cópias autenticadas das atas da assembleia de cada sindicato ou federação que autorizar a filiação.

§ 1º A organização das federações e confederações obedecerá às exigências contidas nas alíneas *b* e *c* do art. 515.

§ 2º A carta de reconhecimento das federações será expedida pelo Ministro do Trabalho, na qual será especificada a coordenação econômica ou profissional conferida e mencionada a base territorial outorgada.

§ 3º O reconhecimento das confederações será feito por decreto do Presidente da República.

Art. 538. A administração das federações e confederações será exercida pelos seguintes órgãos:

a) Diretoria;

b) Conselho de Representantes;

c) Conselho Fiscal.

§ 1º A Diretoria será constituída no mínimo de 3 (três) membros e de 3 (três) membros se comporá o Conselho Fiscal, os quais serão eleitos pelo Conselho de Representantes com mandato por 3 (três) anos.

§ 2º Só poderão ser eleitos os integrantes dos grupos das federações ou dos planos das confederações, respectivamente.

§ 3º O presidente da federação ou confederação será escolhido dentre os seus membros, pela Diretoria.

§ 4º O Conselho de Representantes será formado pelas delegações dos sindicatos ou das federações filiadas, constituída cada delegação de 2 (dois) membros, com mandato por 3 (três) anos, cabendo um voto a cada delegação.

§ 5º A competência do Conselho Fiscal é limitada à fiscalização da gestão financeira. *(Redação L. n. 2.693, 23.12.55, DOU 29.12.55, LTr 20/54. Os §§ 1º e 4º foram alterados pelo DL n. 771, 19.8.69, DOU 20.8.69, LTr 33/525).*

Art. 539. Para a constituição e administração das federações serão observadas, no que for aplicável, as disposições das Seções II e III do presente Capítulo.

SEÇÃO VI

Dos Direitos dos Exercentes de Atividades ou Profissões e dos Sindicalizados

(V. art. 8º da CF/88, p. 30)

Art. 540. A toda empresa ou indivíduo que exerçam, respectivamente, atividade ou profissão, desde que satisfaçam as exigências desta Lei, assiste o direito de ser admitido no sindicato da respectiva categoria, salvo o caso de falta de idoneidade, devidamente comprovada, com recurso para o Ministério do Trabalho.

§ 1º Perderá os direitos de associado o sindicalizado que por qualquer motivo deixar o exercício de atividade ou de profissão.

§ 2º Os associados de sindicatos de empregados, de agentes ou trabalhadores autônomos e de profissões liberais que forem aposentados, estiverem em desemprego ou falta de trabalho ou tiverem sido convocados para prestação de serviço militar, não perderão os respectivos direitos sindicais e ficarão isentos de qualquer contribuição, não podendo, entretanto, exercer cargo de administração sindical ou de representação econômica ou profissional.

Art. 541. Os que exercerem determinada atividade ou profissão onde não haja sindicato da respectiva categoria, ou de atividade ou profissão similar ou conexa, poderão filiar-se a sindicato de profissão idêntica, similar ou conexa, existente na localidade mais próxima.

PARÁGRAFO ÚNICO. O disposto neste artigo se aplica aos sindicatos em relação às respectivas federações, na conformidade do quadro de atividades e profissões a que se refere o art. 577.

Art. 542. De todo o ato lesivo de direitos ou contrário a esta Lei, emanado da diretoria, do conselho ou da assembleia geral da entidade sindical, poderá qualquer exercente de atividade ou profissão recorrer, dentro de 30 dias, para a autoridade competente do Ministério do Trabalho.

Art. 543. O empregado eleito para cargo de administração sindical ou representação profissional, inclusive junto a órgão de deliberação coletiva, não poderá ser impedido do exercício de suas funções, nem transferido para lugar ou mister que lhe dificulte ou torne impossível o desempenho das suas atribuições sindicais.

§ 1º O empregado perderá o mandato se a transferência for por ele solicitada ou voluntariamente aceita.

§ 2º Considera-se de licença não remunerada, salvo assentimento da empresa ou cláusula contratual, o tempo em que o empregado se ausentar do trabalho no desempenho das funções a que se refere este artigo.

§ 3º Fica vedada a dispensa do empregado sindicalizado ou associado, a partir do momento do registro de sua candidatura a cargo de direção ou representação de entidade sindical ou de associação profissional, até 1 (um) ano após o final do seu mandato, caso seja eleito, inclusive como suplente, salvo se cometer falta grave devidamente apurada nos termos desta Consolidação. *(Redação dada pela L. n. 7.543, 2.10.86, DOU 3.10.86).*

— v. CF, art. 8º, inc. VIII e art. 55 da L. n. 5.764, de 16.12.71 p. 743

§ 4º Considera-se cargo de direção ou de representação sindical aquele cujo exercício ou indicação decorre de eleição prevista em lei. *(Redação deste § L. n. 7.223, 2.10.84, DOU 3.10.84, LTr 48/1283).*

§ 5º Para os fins deste artigo, a entidade sindical comunicará por escrito à empresa, dentro de 24 (vinte e quatro) horas, o dia e a hora do registro da candidatura do seu empregado e, em igual prazo, sua eleição e posse, fornecendo, outrossim, a este, comprovante no mesmo sentido. O Ministério do Trabalho fará no mesmo prazo a comunicação no caso da designação referida no final do § 4º.

§ 6º A empresa que, por qualquer modo, procurar impedir que o empregado se associe a sindicato, organize associação profissional ou sindical ou exerça os direitos inerentes à condição de sindicalizado, fica sujeita à penalidade prevista na letra "a" do art. 553, sem prejuízo da reparação a que tiver direito o empregado. *(Redação art. e §§, DL n. 229, 28.2.67, DOU 28.2.67, LTr 31/137).*

— v. L. n. 8.632, de 4.3.93, DOU 5.3.93, p. 890, LTr 57-03/38

Art. 544. É livre a associação profissional ou sindical, mas ao empregado sindicalizado é assegurada, em igualdade de condições, preferência:

I — para admissão nos trabalhos de empresa que explore serviços públicos ou mantenha contrato com os poderes públicos;

II — para ingresso em funções públicas ou assemelhadas, em caso de cessação coletiva de trabalho, por motivo de fechamento de estabelecimento;

III — nas concorrências para aquisição de casa própria, pelo Plano Nacional de Habitação ou por intermédio de quaisquer instituições públicas;

IV — nos loteamentos urbanos ou rurais, promovidos pela União, por seus órgãos de administração direta ou indireta ou sociedades de economia mista;

V — na locação ou compra de imóveis, de propriedade de pessoa de direito público ou sociedade de economia mista, quando sob ação de despejo em tramitação judicial;

VI — na concessão de empréstimos simples concedidos pelas agências financeiras do governo ou a ele vinculadas;

VII — na aquisição de automóveis, outros veículos e instrumentos relativos ao exercício da profissão, quando financiados pelas autarquias, sociedades de economia mista ou agências financeiras do Governo;

VIII — revogado pela Lei n. 8.630/93. *(V. p. 671)*;

IX — na concessão de bolsas de estudo para si ou para seus filhos, obedecida a legislação que regule a matéria. *(Redação DL n. 229, 28.2.67, DOU 28.2.67, LTr 31/137).*

Art. 545. Os empregadores ficam obrigados a descontar na folha de pagamento dos seus empregados, desde que por eles devidamente autorizados, as contribuições devidas ao sindicato, quando por este notificados, salvo quanto à contribuição sindical cujo desconto independe dessas formalidades.

PARÁGRAFO ÚNICO. O recolhimento à entidade sindical beneficiária do importe descontado deverá ser feito até o 10º (décimo) dia subsequente ao do desconto, sob pena de juros de mora no valor de 10% (dez por cento) sobre o montante retido, sem prejuízo da multa prevista no art. 553 e das cominações penais, relativas à apropriação indébita. *(Redação DL n. 925, 10.10.69, DOU 13.10.69, LTr 33/636, que acrescentou este parágrafo).*

Art. 546. Às empresas sindicalizadas é assegurada preferência, em igualdade de condições, nas concorrências para exploração de serviços públicos, bem como nas concorrências para fornecimento às repartições federais, estaduais e municipais e às entidades paraestatais.

Art. 547. É exigida a qualidade de sindicalizado para o exercício de qualquer função representativa de categoria econômica ou profissional, em órgão oficial de deliberação coletiva, bem como para o gozo de favores ou isenções tributárias, salvo em se tratando de atividades não econômicas.

— v. Parecer Normativo CST/MF n. 80, DOU 25.9.78, que, em face do Código Tributário Nacional e do Ato Complementar n. 36, considera tacitamente revogada a expressão "... bem como para o gozo de favores ou isenções tributárias, salvo em se tratando de atividades econômicas"

PARÁGRAFO ÚNICO. Antes da posse ou exercício das funções a que alude o artigo anterior ou de concessão dos favores, será indispensável comprovar a sindicalização, ou oferecer prova, mediante certidão negativa da autoridade regional do Ministério do Trabalho, de que não existe sindicato no local onde o interessado exerce a respectiva atividade ou profissão. *(Redação de acordo com a L. n. 4.923, 23.12.65, DOU 29.12.65, LTr 30/91).*

SEÇÃO VII

Da Gestão Financeira do Sindicato e sua Fiscalização

(V. art. 8º da CF/88, p. 30)

Art. 548. Constituem o patrimônio das associações sindicais:

a) as contribuições devidas aos sindicatos pelos que participem das categorias econômicas ou profissionais ou das profissões liberais representadas pelas referidas entidades, sob a denominação de contribuição sindical, pagas e arrecadadas na forma do Capítulo III deste Título;

b) as contribuições dos associados, na forma estabelecida nos estatutos ou pelas assembleias gerais;

c) os bens e valores adquiridos e as rendas produzidas pelos mesmos;

d) as doações e legados;

e) as multas e outras rendas eventuais. *(Redação L. n. 6.386, 9.12.76, DOU 10.12.76, LTr 41/101).*

Art. 549. A receita dos sindicatos, federações e confederações só poderá ter aplicação na forma prevista nos respectivos orçamentos anuais, obedecidas as disposições estabelecidas na lei e nos seus estatutos.

§ 1º Para alienação, locação ou aquisição de bens imóveis, ficam as entidades sindicais obrigadas a realizar avaliação prévia pela Caixa Econômica Federal ou pelo Banco Nacional da Habitação ou, ainda, por qualquer outra organização legalmente habilitada a tal fim.

§ 2º Os bens imóveis das entidades sindicais não serão alienados sem a prévia autorização das respectivas assembleias gerais, reunidas com a presença da maioria absoluta dos associados com direito a voto ou dos Conselhos de Representantes com a maioria absoluta dos seus membros.

§ 3º Caso não seja obtido o *quorum* estabelecido no parágrafo anterior, a matéria poderá ser decidida em nova assembleia geral, reunida com qualquer número de associados com direito a voto, após o transcurso de 10 (dez) dias da primeira convocação.

§ 4º Nas hipóteses previstas nos §§ 2º e 3º a decisão somente terá validade se adotada pelo mínimo de 2/3 (dois terços) dos presentes, em escrutínio secreto.

§ 5º Da deliberação da assembleia geral, concernente à alienação de bens imóveis, caberá recurso voluntário, dentro do prazo de 15 (quinze) dias, ao Ministro do Trabalho, com efeito suspensivo.

§ 6º A venda do imóvel será efetuada pela diretoria da entidade, após a decisão da Assembleia Geral ou do Conselho de Representantes, mediante concorrência pública, com edital publicado no *Diário Oficial da União* e na imprensa diária, com antecedência mínima de 30 (trinta) dias da data de sua realização.

§ 7º Os recursos destinados ao pagamento total ou parcelado dos bens imóveis adquiridos serão consignados, obrigatoriamente, nos orçamentos anuais das entidades sindicais. *(Redação art. e §§, L. n. 6.386, 9.12.76, DOU 10.12.76, LTr 41/101).*

Art. 550. Os orçamentos das entidades sindicais serão aprovados, em escrutínio secreto, pelas respectivas Assembleias Gerais ou Conselho de Representantes, até 30 (trinta) dias antes do início do exercício financeiro a que se referem, e conterão a discriminação da receita e da despesa, na forma das instruções e modelos expedidos pelo Ministério do Trabalho.

§ 1º Os orçamentos, após a aprovação prevista no presente artigo, serão publicados, em resumo, no prazo de 30 (trinta) dias, contados da data da realização da respectiva Assembleia Geral ou da reunião do Conselho de Representantes, que os aprovou, observada a seguinte sistemática:

a) no *Diário Oficial da União* — Seção I — Parte II, os orçamentos das confederações, federações e sindicatos de base interestadual ou nacional;

b) no órgão de imprensa oficial do Estado ou Território ou jornal de grande circulação local, os orçamentos das federações estaduais e sindicatos distritais municipais, intermunicipais e estaduais.

§ 2º As dotações orçamentárias que se apresentarem insuficientes para o atendimento das despesas, ou não incluídas nos orçamentos correntes, poderão ser ajustadas ao fluxo dos gastos, mediante a abertura de créditos adicionais solicitados pela Diretoria da entidade às respectivas Assembleias Gerais ou Conselhos de Representantes, cujos atos concessórios serão publicados até o último dia do exercício correspondente, obedecida a mesma sistemática prevista no parágrafo anterior.

§ 3º Os créditos adicionais classificam-se em:

a) suplementares, os destinados a reforçar dotações alocadas no orçamento; e

b) especiais, os destinados a incluir dotações no orçamento, a fim de fazer face às despesas para as quais não se tenha consignado crédito específico.

§ 4º A abertura dos créditos adicionais depende da existência de receita para sua compensação, considerando-se, para esse efeito, desde que não comprometidos:

a) o *superavit* financeiro apurado em balanço do exercício anterior;

b) o excesso de arrecadação, assim entendido o saldo positivo da diferença entre a renda prevista e a realizada, tendo-se em conta, ainda, a tendência do exercício; e

c) a resultante da anulação parcial ou total de dotações alocadas no orçamento ou de créditos adicionais abertos no exercício.

§ 5º Para efeito orçamentário e contábil sindical, o exercício financeiro coincidirá com o ano civil, a ele pertencendo todas as receitas arrecadadas e as despesas compromissadas. *(Redação art. e §§, L. n. 6.386, 9.12.76, DOU 10.12.76, LTr 41/101).*

Art. 551. Todas as operações de ordem financeira e patrimonial serão evidenciadas pelos registros contábeis das entidades sindicais, executados sob a responsabilidade de contabilista legalmente habilitado, em conformidade com o plano de contas e as instruções baixadas pelo Ministério do Trabalho.

§ 1º A escrituração contábil a que se refere este artigo será baseada em documentos de receita e despesa, que ficarão arquivados nos serviços de contabilidade, à disposição dos órgãos responsáveis pelo acompanhamento administrativo e da fiscalização financeira da própria entidade, ou do controle que poderá ser exercido pelos órgãos da União, em face da legislação específica.

§ 2º Os documentos comprobatórios dos atos de receita e despesa, a que se refere o parágrafo anterior, poderão ser incinerados, após decorridos 5 (cinco) anos da data de quitação das contas pelo órgão competente.

§ 3º É obrigatório o uso do livro Diário, encadernado, com folhas seguidas e tipograficamente numeradas, para a escrituração, pelo método das partidas dobradas, diretamente ou por reprodução, dos atos ou operações que modifiquem ou venham a modificar a situação patrimonial da entidade, o qual conterá, respectivamente, na primeira e na última páginas, os termos de abertura e de encerramento.

§ 4º A entidade sindical que se utilizar de sistema mecânico ou eletrônico para sua escrituração contábil, poderá substituir o Diário e os livros facultativos ou auxiliares por fichas ou formulários contínuos, cujos lançamentos deverão satisfazer a todos os requisitos e normas de escrituração exigidos com relação aos livros mercantis, inclusive no que respeita a termos de abertura e de encerramento e numeração sequencial e tipográfica.

§ 5º Na escrituração por processos de fichas ou formulários contínuos, a entidade adotará livro próprio para inscrição do balanço patrimonial e da demonstração do resultado do exercício, o qual conterá os mesmos requisitos exigidos para os livros de escrituração.

§ 6º Os livros e fichas ou formulários contínuos serão obrigatoriamente submetidos a registro e autenticação das Delegacias Regionais do Trabalho localizadas na base territorial da entidade.

§ 7º As entidades sindicais manterão registro específico dos bens de qualquer natureza, de sua propriedade, em livros ou fichas próprias, que atenderão às mesmas formalidades exigidas para o livro Diário, inclusive no que se refere ao registro e autenticação da Delegacia Regional do Trabalho local.

§ 8º As contas dos administradores das entidades sindicais serão aprovadas, em escrutínio secreto, pelas respectivas Assembleias Gerais ou Conselhos de Representantes, com prévio parecer do Conselho Fiscal, cabendo ao Ministro do Trabalho estabelecer prazos e procedimentos para a sua elaboração e destinação. *(Redação art. e §§, L. n. 6.386, 9.12.76, DOU 10.12.76, LTr 41/101).*

Art. 552. Os atos que importem em malversação ou dilapidação do patrimônio das associações ou entidades sindicais ficam equiparados ao crime de peculato, julgado e punido na conformidade de legislação penal. *(Redação DL n. 925, 10.10.69, DOU 13.10.69, LTr 33/636).*

SEÇÃO VIII

Das Penalidades

(V. CF, art. 8º, I, p. 30)

Art. 553. As infrações ao disposto neste Capítulo serão punidas, segundo o seu caráter e a sua gravidade, com as seguintes penalidades:

a) multa de 2 (dois) a 100 (cem) valores de referência regionais, dobrada, na reincidência;

— v. Nota do art. 47

b) suspensão de diretores por prazo não superior a trinta dias;

c) destituição de diretores ou de membros de conselho;

d) fechamento de sindicato, federação ou confederação por prazo nunca superior a seis meses;

e) cassação da carta de reconhecimento;

f) multa de 1/3 (um terço) do valor de referência regional, aplicável ao associado que deixar de cumprir sem causa justificada, o disposto no parágrafo único do art. 529.

— v. Nota do art. 47

§ 1º A imposição de penalidades aos administradores não exclui aplicação das que este artigo prevê para a associação.

§ 2º Poderá o Ministro do Trabalho determinar o afastamento preventivo de cargo ou representação sindicais de seus exercentes, com fundamento em elementos constantes de denúncia formalizada que constituam indício veemente ou início de prova bastante do fato e da autoria denunciados. *(O DL n. 925, 10.10.69, DOU 13.10.69, LTr 33/636, transformou o parágrafo único em § 1º e introduziu o § 2º).*

Art. 554. Destituída a administração, na hipótese da alínea "c" do artigo anterior, o Ministro do Trabalho nomeará um delegado para dirigir a associação e proceder, dentro do prazo de 90 dias, em assembleia geral por ele convocada e presidida, à eleição dos novos diretores e membros do Conselho Fiscal.

Art. 555. A pena de cassação da carta de reconhecimento será imposta à entidade sindical:

a) que deixar de satisfazer as condições de constituição e funcionamento estabelecidas nesta Lei;

b) que se recusar ao cumprimento de ato do Presidente da República, no uso da faculdade conferida pelo art. 536. *(Alínea tacitamente revogada pelo DL n. 229, 28.2.67, DOU 28.2.67, LTr 31/137, que revogou o art. 536);*

c) que criar obstáculos à execução da política econômica adotada pelo Governo. *(Redação DL n. 8.080, 11.10.45, DOU 13.10.45).*

Art. 556. A cassação da carta de reconhecimento da entidade sindical não importará o cancelamento de seu registro, nem, consequentemente, a sua dissolução, que se processará de acordo com as disposições da lei que regulam a dissolução das associações civis.

PARÁGRAFO ÚNICO. No caso de dissolução, por se achar a associação incursa nas leis que definem crimes contra a personalidade internacional, a estrutura e a segurança do Estado e a ordem política e social, os seus bens, pagas as dívidas decorrentes das suas responsabilidades, serão incorporados ao patrimônio da União e aplicados em obras de assistência social.

Art. 557. As penalidades de que trata o art. 553 serão impostas:

a) as das alíneas *a* e *b*, pelo Delegado Regional do Trabalho, com recurso para o Ministro de Estado. *(Redação desta alínea de acordo com o art. 31 do DL n. 229, 28.2.67, DOU 28.2.67, LTr 31/127);*

b) as demais, pelo Ministro de Estado.

§ 1º Quando se tratar de associações de grau superior, as penalidades serão impostas pelo Ministro de Estado, salvo se a pena for da cassação da carta de reconhecimento de confederação, caso em que a pena será imposta pelo Presidente da República.

§ 2º Nenhuma pena será imposta sem que seja assegurada defesa ao acusado.

SEÇÃO IX
Disposições Gerais

Art. 558. São obrigadas ao registro todas as associações profissionais constituídas por atividades ou profissões idênticas, similares ou conexas, de acordo com o art. 511 e na conformidade do quadro de atividades e profissões a que alude o Capítulo II deste Título. As associações profissionais registradas nos termos deste artigo poderão representar, perante as autoridades administrativas e judiciárias, os interesses individuais dos associados relativos à sua atividade ou profissão, sendo-lhes também extensivas as prerrogativas contidas na alínea *d* e no parágrafo único do art. 513.

§ 1º O registro a que se refere o presente artigo competirá às Delegacias Regionais do Ministério do Trabalho ou às repartições autorizadas em virtude de lei. *(Redação deste § DL n. 925, 10.10.69, DOU 13.10.69, LTr 33/636).*

§ 2º O registro das associações far-se-á mediante requerimento, acompanhado da cópia autêntica dos estatutos e da declaração do número de associados, do patrimônio e dos serviços sociais organizados.

§ 3º As alterações dos estatutos das associações profissionais não entrarão em vigor sem aprovação da autoridade que houver concedido o respectivo registro.

Art. 559. O Presidente da República, excepcionalmente e mediante proposta do Ministro do Trabalho, fundada em razões de utilidade pública poderá conceder, por decreto, às associações civis constituídas para a defesa e coordenação de interesses econômicos e profissionais e não obrigadas ao registro previsto no artigo anterior, a prerrogativa da alínea *d* do art. 513 deste Capítulo.

Art. 560. Não se reputará transmissão de bens, para efeitos fiscais, a incorporação do patrimônio de uma associação profissional ao da entidade sindical, ou das entidades aludidas entre si.

Art. 561. A denominação "sindicato" é privativa das associações profissionais de primeiro grau, reconhecidas na forma desta Lei.

Art. 562. As expressões "federação" e "confederação", seguidas da designação de uma atividade econômica ou profissional, constituem denominações privativas das entidades sindicais de grau superior.

Art. 563. Revogado pelo DL n. 925, 10.10.69, DOU 13.10.69, LTr 33/636.

Art. 564. Às entidades sindicais, sendo-lhes peculiar e essencial a atribuição representativa e coordenadora das correspondentes categorias ou profissões, é vedado, direta ou indiretamente, o exercício de atividade econômica.

Art. 565. As entidades sindicais reconhecidas nos termos desta Lei não poderão filiar-se a organizações internacionais, nem com elas manter relações, sem prévia licença concedida por decreto do Presidente da República.

— v. DL n. 1.149, 28.1.71, DOU 29.1.71, LTr 35/136, que estabelece condições para a filiação de entidades sindicais brasileiras a organizações internacionais, e seu Regulamento, D. n. 68.465, 2.4.71, DOU 5.4.71, LTr 35/319

Art. 566. Não podem sindicalizar-se os servidores do Estado e os das instituições paraestatais.

PARÁGRAFO ÚNICO. Excluem-se da proibição constante deste artigo os empregados das sociedades de economia mista, da Caixa Econômica Federal e das fundações criadas ou mantidas pelo Poder Público da União, dos Estados e Municípios. *(Redação L. n. 7.449, 20.12.85, DOU 23.12.85).*

— v. art. 37, VI, da CF/88, p. 31

Arts. 567, 568 e 569. Revogados pelo DL 229, 28.2.67, DOU 28.2.67, LTr 31/137.

CAPÍTULO II
DO ENQUADRAMENTO SINDICAL

(V. art. 8º da CF/88, p. 30)

Art. 570. Os sindicatos constituir-se-ão, normalmente, por categorias econômicas ou profissionais específicas, na conformidade da discriminação do quadro das atividades e profissões a que se refere o art. 577, ou segundo as subdivisões que, sob proposta da Comissão do Enquadramento Sindical, de que trata o art. 576, forem criadas pelo Ministro do Trabalho.

PARÁGRAFO ÚNICO. Quando os exercentes de quaisquer atividades ou profissões se constituírem, seja pelo número reduzido, seja pela natureza mesma dessas atividades ou profissões, seja pelas afinidades existentes entre elas, em condições tais que não se possam sindicalizar eficientemente pelo critério de especificidade de categoria, é-lhes permitido sindicalizar-se pelo critério de categorias similares ou conexas, entendendo-se como tais as que se acham compreendidas nos limites de cada grupo constante do quadro de atividades e profissões.

Art. 571. Qualquer das atividades ou profissões concentradas na forma do parágrafo único do artigo anterior poderá dissociar-se do sindicato principal, formando um sindicato específico, desde que o novo sindicato, a juízo da Comissão do Enquadramento Sindical, ofereça possibilidade de vida associativa regular e de ação sindical eficiente.

Art. 572. Os sindicatos que se constituírem por categorias similares ou conexas, nos termos do parágrafo único do art. 570, adotarão denominação em que fiquem, tanto quanto possível, explicitamente mencionadas as atividades ou profissões concentradas, de conformidade com o quadro das atividades e profissões, ou se se tratar de subdivisões, de acordo com o que determinar a Comissão do Enquadramento Sindical.

PARÁGRAFO ÚNICO. Ocorrendo a hipótese do artigo anterior, o sindicato principal terá a denominação alterada, eliminando-se-lhe a designação relativa à atividade ou profissão dissociada.

Art. 573. O agrupamento dos sindicatos em federações obedecerá às mesmas regras que as estabelecidas neste Capítulo para o agrupamento das atividades e profissões em sindicato.

PARÁGRAFO ÚNICO. As federações de sindicatos de profissões liberais poderão ser organizadas independentemente do grupo básico da confederação, sempre que as respectivas profissões se acharem submetidas, por disposições de lei, a um único regulamento. *(O DL n. 229, 28.2.67, DOU 28.2.67, LTr 31/137, revogou o § 2º e renumerou o presente parágrafo).*

Art. 574. Dentro da mesma base territorial, as empresas industriais do tipo artesanal poderão constituir entidades sindicais, de primeiro e segundo graus, distintas das associações sindicais das empresas congêneres, de tipo diferente.

PARÁGRAFO ÚNICO. Compete à Comissão do Enquadramento Sindical definir, de modo genérico, com a aprovação do Ministro do Trabalho, a dimensão e os demais característicos das empresas industriais de tipo artesanal.

Art. 575. O quadro de atividades e profissões será revisto de dois em dois anos, por proposta da Comissão do Enquadramento Sindical, para o fim de ajustá-lo às condições de estrutura econômica e profissional do País.

§ 1º Antes de proceder à revisão do quadro, a Comissão deverá solicitar sugestões às entidades sindicais e às associações profissionais.

§ 2º A proposta de revisão será submetida à aprovação do Ministro do Trabalho.

Art. 576. A Comissão do Enquadramento Sindical (CES) será constituída pelo Diretor-Geral do Departamento Nacional do Trabalho (DNT) (atualmente Secretário de Relações do Trabalho) que a presidirá e pelos seguintes membros:

I — 2 (dois) representantes do Departamento Nacional do Trabalho (atualmente Secretaria de Relações do Trabalho);

II — 1 (um) representante do Departamento Nacional de Mão de Obra (atualmente Secretaria de Mão de Obra);

III — 1 (um) representante do Instituto Nacional de Tecnologia, do Ministério da Indústria e do Comércio;

IV — 1 (um) representante do Instituto Nacional de Colonização e Reforma Agrária, do Ministério da Agricultura;

V — 1 (um) representante do Ministério dos Transportes;

VI — 2 (dois) representantes das categorias econômicas; e

VII — 2 (dois) representantes das categorias profissionais. *(Redação do caput deste artigo pela L. n. 5.819, 6.11.72, DOU 7.11.72, LTr 36/943).*

§ 1º Os membros da CES serão designados pelo Ministro do Trabalho, mediante:

a) indicação dos titulares das Pastas, quanto aos representantes dos outros Ministérios;

b) indicação do respectivo Diretor-Geral, quanto ao do DNMO (indicação dos respectivos secretários quanto às Secretarias de Relações do Trabalho e de Mão de Obra);

c) eleição pelas respectivas Confederações, em conjunto, quanto aos representantes das categorias econômicas e profissionais, de acordo com as instruções que forem expedidas pelo Ministro do Trabalho.

§ 2º Cada membro terá um suplente designado juntamente com o titular.

§ 3º Será de 3 (três) anos o mandato dos representantes das categorias econômica e profissional.

§ 4º Os integrantes da Comissão perceberão a gratificação de presença que for estabelecida por decreto executivo.

§ 5º Em suas faltas ou impedimentos, o Diretor-Geral do DNT (atualmente Secretário de Relações do Trabalho) será substituído na presidência pelo Diretor-substituto do Departamento ou pelo representante deste na Comissão, nesta ordem.

§ 6º Além das atribuições fixadas no presente Capítulo e concernentes ao enquadramento sindical, individual ou coletivo, e à classificação das atividades e profissões, competirá também à CES resolver, com recurso para o Ministro do Trabalho, as dúvidas e controvérsias concernentes à organização sindical. *(Redação dos §§ 1º, 2º, 4º e 6º pelo DL n. 229, 28.2.67, DOU 28.2.67, LTr 31/137, do § 3º pelo DL n. 925, 10.10.69, DOU 13.10.69, LTr 33/636, do § 5º pelo DL n. 506, 18.3.69, DOU 19.3.69, LTr 33/209).*

Art. 577. O quadro de atividades e profissões em vigor fixará o plano básico do enquadramento sindical.

— v. o quadro a que este artigo se refere, p. 166

CAPÍTULO III

DA CONTRIBUIÇÃO SINDICAL

SEÇÃO I

Da Fixação e do Recolhimento da Contribuição Sindical

(V. art. 8º, inc. IV da CF/88, p. 30)

Os arts. 580 a 592 têm a redação dada pela L. n. 6.386, 9.12.76, DOU 10 e 17.12.76, LTr 41/101.

— v. art. 7º da Lei n. 11.648, de 31.3.08, DOU 31.3.08, ed. extra, p. 291

Art. 578. As contribuições devidas aos sindicatos pelos que participem das categorias econômicas ou profissionais ou das profissões liberais representadas pelas referidas entidades, serão, sob a denominação de "Contribuição Sindical", pagas, recolhidas e aplicadas na forma estabelecida neste Capítulo. *(A denominação "Contribuição Sindical" foi dada pelo DL n. 27, 14.11.66, DOU 14.11.66, LTr 30/367 e ratificada pelo DL n. 229, 28.2.67, DOU 28.2.67, LTr 31/137).*

Art. 579. A contribuição sindical é devida por todos aqueles que participarem de uma determinada categoria econômica ou profissional, ou de uma profissão liberal, em favor do sindicato representativo da mesma categoria ou profissão ou, inexistindo este, na conformidade do disposto no art. 591. *(Redação DL n. 229, 28.2.67, DOU 28.2.67, LTr 31/137).*

Art. 580. A contribuição sindical será recolhida, de uma só vez, anualmente, e consistirá:

I — na importância correspondente à remuneração de um dia de trabalho, para os empregados, qualquer que seja a forma da referida remuneração;

II — para os agentes ou trabalhadores autônomos e para os profissionais liberais, numa importância correspondente a 30% (trinta por cento) do maior valor de referência fixado pelo Poder Executivo, vigente à época em que é devida a contribuição sindical arredondada para Cr$ 1,00 (um cruzeiro) a fração porventura existente;

III — para os empregadores, numa importância proporcional ao capital social da firma ou empresa, registrado nas respectivas Juntas Comerciais ou órgãos equivalentes, mediante a aplicação de alíquotas, conforme a seguinte tabela progressiva:

CLASSES DE CAPITAL	ALÍQUOTA
1. até 150 vezes o maior valor de referência	0,8%
2. acima de 150 até 1.500 vezes o maior valor de referência	0,2%
3. acima de 1.500 até 150.000 vezes o maior valor de referência	0,1%
4. acima de 150.000 até 800.000 vezes o maior valor de referência	0,02%

— v. L. n. 8.177, de 1º.3.91, art. 3º, que extinguiu o MVR a partir de 1º.2.91; e art. 21 da L. n. 8.178, de 1º.3.91, o qual estabelece tabela de valores por Regiões e Sub-Regiões para valores constantes na legislação em vigor, expressos ou referenciados em MVR

— v. L. n. 8.383, de 30.12.91, que instituiu a UFIR como novo indexador de cálculos para fins da atualização monetária (tributos, contribuições sociais, inclusive previdenciárias, de intervenção no domínio econômico e de categorias profissionais ou econômicas)

— v. art. 47, da CLT

§ 1º A contribuição sindical prevista na tabela constante do item III deste artigo corresponderá à soma da aplicação das alíquotas sobre a porção do capital distribuído em cada classe, observados os respectivos limites.

§ 2º Para efeito do cálculo de que trata a tabela progressiva inserta no item III deste artigo, considerar-se-á o valor de referência fixado pelo Poder Executivo, vigente à data de competência da contribuição, arredondando-se para Cr$ 1,00 (um cruzeiro) a fração porventura existente.

§ 3º É fixado em 60% (sessenta por cento) do maior valor de referência, a que alude o parágrafo anterior, a contribuição mínima devida pelos empregadores, independentemente do capital social da firma ou empresa, ficando, do mesmo modo, estabelecido o capital equivalente a 800.000 (oitocentas mil) vezes o maior valor de referência para efeito do cálculo da contribuição máxima, respeitada a tabela progressiva constante do item III. *(Redação dos itens II, III e § 3º dada pela L. n. 7.047, 1.12.82, LTr 47-1/114).*

§ 4º Os agentes ou trabalhadores autônomos e os profissionais liberais, organizados em firma ou empresa, com capital social registrado, recolherão a contribuição sindical de acordo com a tabela progressiva a que se refere o item III.

§ 5º As entidades ou instituições que não estejam obrigadas ao registro de capital social, considerarão, como capital para efeito do cálculo de que trata a tabela progressiva constante do item III deste artigo, o valor resultante da aplicação do percentual de 40% (quarenta por cento) sobre o movimento econômico registrado no exercício imediatamente anterior, do que darão conhecimento à respectiva entidade sindical ou à Delegacia Regional do Trabalho, observados os limites estabelecidos no § 3º deste artigo.

§ 6º Excluem-se da regra do § 5º as entidades ou instituições que comprovarem, através de requerimento dirigido ao Ministério do Trabalho, que não exercem atividade econômica com fins lucrativos.

Art. 581. Para os fins do item III do artigo anterior as empresas atribuirão parte do respectivo capital às suas sucursais, filiais ou agências, desde que localizadas fora da base territorial da entidade sindical representativa da atividade econômica do estabelecimento principal, na proporção das correspondentes operações econômicas, fazendo a devida comunicação às Delegacias Regionais do Trabalho, conforme a localidade da sede da empresa, sucursais, filiais ou agências.

§ 1º Quando a empresa realizar diversas atividades econômicas, sem que nenhuma delas seja preponderante, cada uma dessas atividades será incorporada à respectiva categoria econômica, sendo a contribuição sindical devida à entidade sindical representativa da mesma categoria, procedendo-se, em relação às correspondentes sucursais, agências ou filiais, na forma do presente artigo.

§ 2º Entende-se por atividade preponderante a que caracterizar a unidade de produto, operação ou objetivo final, para cuja obtenção todas as demais atividades convirjam, exclusivamente, em regime de conexão funcional.

Art. 582. Os empregadores são obrigados a descontar, da folha de pagamento de seus empregados relativa ao mês de março de cada ano, a contribuição sindical por estes devida aos respectivos sindicatos.

§ 1º Considera-se um dia de trabalho, para efeito de determinação da importância a que alude o item I do art. 580, o equivalente:

a) a uma jornada normal de trabalho, se o pagamento ao empregado for feito por unidade de tempo;

b) a 1/30 (um trinta avos) da quantia percebida no mês anterior, se a remuneração for paga por tarefa, empreitada ou comissão.

§ 2º Quando o salário for pago em utilidades, ou nos casos em que o empregado receba, habitualmente, gorjetas, a contribuição sindical corresponderá a 1/30 (um trinta avos) da importância que tiver servido de base, no mês de janeiro, para a contribuição do empregado à Previdência Social.

Art. 583. O recolhimento da contribuição sindical referente aos empregados e trabalhadores avulsos será efetuado no mês de abril de cada ano e o relativo aos agentes ou trabalhadores autônomos e profissionais liberais realizar-se-á no mês de fevereiro.

§ 1º O recolhimento obedecerá ao sistema de guias, de acordo com as instruções expedidas pelo Ministro do Trabalho.

§ 2º O comprovante de depósito da contribuição sindical será remetido ao respectivo sindicato; na falta deste à correspondente entidade sindical de grau superior, e, se for o caso, ao Ministério do Trabalho.

Art. 584. Servirá de base para pagamento da contribuição sindical, pelos agentes ou trabalhadores autônomos e profissionais liberais, a lista de contribuintes organizada pelos respectivos sindicatos e, na falta destes, pelas federações ou confederações coordenadoras da categoria.

Art. 585. Os profissionais liberais poderão optar pelo pagamento da contribuição sindical unicamente à entidade sindical representativa da respectiva profissão, desde que a exerça, efetivamente, na firma ou empresa e como tal sejam nelas registrados.

PARÁGRAFO ÚNICO. Na hipótese referida neste artigo, à vista da manifestação do contribuinte e da exibição da prova de quitação de contribuição, dada por sindicato de profissionais liberais, o empregador deixará de efetuar, no salário do contribuinte, o desconto a que se refere o art. 582.

Art. 586. A contribuição sindical será recolhida, nos meses fixados no presente Capítulo, à Caixa Econômica Federal, ao Banco do Brasil S/A ou aos estabelecimentos bancários nacionais integrantes do sistema de arrecadação dos tributos federais, os quais, de acordo com instruções expedidas pelo Conselho Monetário Nacional, repassarão à Caixa Econômica Federal as importâncias arrecadadas.

§ 1º Integrarão a rede arrecadadora as Caixas Econômicas Estaduais, nas localidades onde inexistam os estabelecimentos previstos no *caput* deste artigo.

§ 2º Tratanto-se de empregador, agentes ou trabalhadores autônomos ou profissionais liberais, o recolhimento será efetuado pelos próprios, diretamente ao estabelecimento arrecadador.

§ 3º A contribuição sindical devida pelos empregados e trabalhadores avulsos será recolhida pelo empregador e pelo sindicato, respectivamente.

Art. 587. O recolhimento da contribuição sindical dos empregadores efetuar-se-á no mês de janeiro de cada ano, ou, para os que venham a estabelecer-se após aquele mês, na ocasião em que requeiram às repartições o registro ou a licença para o exercício da respectiva atividade.

Art. 588. A Caixa Econômica Federal manterá conta corrente intitulada "Depósitos da Arrecadação da Contribuição Sindical", em nome de cada uma das entidades sindicais beneficiadas, cabendo ao Ministério do Trabalho cientificá-las das ocorrências pertinentes à vida administrativa dessas entidades.

§ 1º Os saques na conta corrente referida no *caput* deste artigo far-se-ão mediante ordem bancária ou cheque com assinaturas conjuntas do presidente e do tesoureiro da entidade sindical.

§ 2º A Caixa Econômica Federal remeterá, mensalmente, a cada entidade sindical, um extrato da respectiva conta corrente, e, quando solicitado, aos órgãos do Ministério do Trabalho.

— A L. n. 6.386, 9.12.76, DOU 10 e 17.12.76, LTr 41/101, dispõe:

"Art. 4º A Caixa Econômica Federal abrirá uma conta corrente especial denominada 'Conta Emprego e Salário', na qual será creditada a cota-parte de contribuição sindical prevista na Consolidação das Leis do Trabalho.

§ 1º Os saldos existentes no Banco do Brasil S/A, em contas da origem referida neste artigo, serão transferidos para contas idênticas a serem movimentadas na Caixa Econômica Federal.

§ 2º A Caixa Econômica Federal comunicará ao Tesouro Nacional, para efeito de registro e contabilização, os créditos efetuados na conta especial a que alude o caput deste artigo.

§ 3º Os recursos da cota-parte de contribuição sindical constituirão receita orçamentária vinculada a fundos especiais, para realização dos objetivos a cargo do 'Serviço da Conta Emprego e Salário' e do 'Fundo de Assistência ao Desempregado' do Ministério do Trabalho, na forma da legislação específica".

Art. 589. Da importância da arrecadação da contribuição sindical serão feitos os seguintes créditos pela Caixa Econômica Federal, na forma das instruções que forem expedidas pelo Ministro do Trabalho:

I — para os empregadores:

a) 5% (cinco por cento) para a confederação correspondente;

b) 15% (quinze por cento) para a federação;

c) 60% (sessenta por cento) para o sindicato respectivo; e

d) 20% (vinte por cento) para a 'Conta Especial Emprego e Salário'.

II — para os trabalhadores:

a) 5% (cinco por cento) para a confederação correspondente;

b) 10% (dez por cento) para a central sindical;

c) 15% (quinze por cento) para a federação;

d) 60% (sessenta por cento) para o sindicato respectivo; e

e) 10% (dez por cento) para a 'Conta Especial Emprego e Salário'.

III — (Revogado);

IV — (Revogado). *(Redação dos incisos I e II dada pela Lei n. 11.648, de 31.3.08, DOU 31.3.08, Ed. Extra)*

§ 1º O Sindicato de trabalhadores indicará ao Ministério do Trabalho e Emprego a central sindical a que estiver filiado como beneficiária da respectiva contribuição sindical, para fins de destinação dos créditos previstos neste artigo. *(Acrescentado pela Lei n. 11.648, de 31.3.08, DOU 31.3.08, Ed. Extra)*

§ 2º A Central sindical a que se refere a alínea *b* do inciso II do *caput* deste artigo deverá atender aos requisitos de representatividade previstos na legislação específica sobre a matéria."(NR) *(Acrescentado pela Lei n. 11.648, de 31.3.08, Ed. Extra)*

Art. 590. Inexistindo confederação, o percentual previsto no art. 589 desta Consolidação caberá à federação representativa do grupo. *(Redação dada pela Lei n. 11.648, de 31.3.08, DOU 31.3.08, Ed. Extra)*

§ 1º (Revogado).

§ 2º (Revogado).

§ 3º Não havendo sindicato, nem entidade sindical de grau superior ou central sindical, a contribuição sindical será creditada, integralmente, à 'Conta Especial Emprego e Salário'. *(Redação dada pela Lei n. 11.648, de 31.3.08, DOU 31.3.08, Ed. Extra)*

§ 4º Não havendo indicação de central sindical, na forma do § 1º do art. 589 desta Consolidação, os percentuais que lhe caberiam serão destinados à 'Conta Especial Emprego e Salário'. (NR) *(Acrescentado pela Lei n. 11.648, de 31.3.08, DOU 31.3.08, Ed. Extra)*

V. ADI 4067-7 — STF — DOU 5.8.09

Art. 591. Inexistindo sindicato, os percentuais previstos na alínea *c* do inciso I e na alínea *d* do inciso II do *caput* do art. 589 desta Consolidação serão creditados à federação correspondente à mesma categoria econômica ou profissional. *(Redação dada pela Lei n. 11.648, de 31.3.08, DOU 31.3.08, Ed. Extra)*

PARÁGRAFO ÚNICO. Na hipótese do *caput* deste artigo, os percentuais previstos nas alíneas *a* e *b* do inciso I e nas alíneas *a* e *c* do inciso II do *caput* do art. 589 desta Consolidação caberão à confederação. (NR) *(Acrescentado pela Lei n. 11.648, de 31.3.08, DOU 31.3.08, Ed. Extra)*

SEÇÃO II

Da Aplicação da Contribuição Sindical

(V. art. 8º da CF/88, p. 30)

Art. 592. A contribuição sindical, além das despesas vinculadas à sua arrecadação, recolhimento e controle, será aplicada pelos sindicatos, na conformidade dos respectivos estatutos, visando aos seguintes objetivos:

I — Sindicatos de empregadores e de agentes autônomos:

a) assistência técnica e jurídica;

b) assistência médica, dentária, hospitalar e farmacêutica;

c) realização de estudos econômicos e financeiros;

d) agências de colocação;

e) cooperativas;

f) bibliotecas;

g) creches;

h) congressos e conferências;

i) medidas de divulgação comercial e industrial no País, e no estrangeiro, bem como em outras tendentes a incentivar e aperfeiçoar a produção nacional;

j) feiras e exposições;

l) prevenção de acidentes do trabalho;

m) finalidades desportivas;

II — Sindicatos de empregados:

a) assistência jurídica;

b) assistência médica, dentária, hospitalar e farmacêutica;

c) assistência à maternidade;

d) agências de colocação;

e) cooperativas;

f) bibliotecas;

g) creches;

h) congressos e conferências;

i) auxílio-funeral;

j) colônias de férias e centros de recreação;

l) prevenção de acidentes do trabalho;

m) finalidades desportivas e sociais;

n) educação e formação profissional;

o) bolsas de estudo;

III — Sindicatos de profissionais liberais:

a) assistência jurídica;

b) assistência médica, dentária, hospitalar e farmacêutica;

c) assistência à maternidade;

d) bolsas de estudo;

e) cooperativas;

f) bibliotecas;

g) creches;

h) congressos e conferências;

i) auxílio-funeral;

j) colônias de férias e centros de recreação;

l) estudos técnicos e científicos;

m) finalidades desportivas e sociais;

n) educação e formação profissional;

o) prêmios por trabalhos técnicos e científicos;

IV — Sindicatos de trabalhadores autônomos:

a) assistência técnica e jurídica;

b) assistência médica, dentária, hospitalar e farmacêutica;

c) assistência à maternidade;

d) bolsas de estudo;

e) cooperativas;

f) bibliotecas;

g) creches;

h) congressos e conferências;

i) auxílio-funeral;

j) colônias de férias e centros de recreação;

l) educação e formação profissional;

m) finalidades desportivas e sociais.

§ 1º A aplicação prevista neste artigo ficará a critério de cada entidade, que para tal fim, obedecerá, sempre, às peculiaridades do respectivo grupo ou categoria, facultado ao Ministro do Trabalho permitir a inclusão de novos programas, desde que assegurados os serviços assistenciais fundamentais da entidade.

§ 2º Os sindicatos poderão destacar, em seus orçamentos anuais, até 20% (vinte por cento) dos recursos da contribuição sindical para o custeio das suas atividades administrativas, independentemente de autorização ministerial.

§ 3º O uso da contribuição sindical prevista no § 2º não poderá exceder do valor total das mensalidades sociais consignadas nos orçamentos dos sindicatos, salvo autorização expressa do Ministro do Trabalho.

Art. 593. As percentagens atribuídas às entidades sindicais de grau superior e às centrais sindicais serão aplicadas de conformidade com o que dispuserem os respectivos conselhos de representantes ou estatutos. *(Redação dada pela Lei n. 11.648, de 31.3.08, DOU 31.3.08, Ed. Extra)*

PARÁGRAFO ÚNICO. Os recursos destinados às centrais sindicais deverão ser utilizados no custeio das atividades de representação geral dos trabalhadores decorrentes de suas atribuições legais. (NR) *(Acrescentado pela Lei n. 11.648, de 31.3.08, DOU 31.3.08, Ed. Extra)*

V. ADI 4067-7 — STF — DOU 5.8.09

Art. 594. Revogado pela L. n. 4.589, 11.12.64, DOU 17.12.64, LTr 29/271.

SEÇÃO III

Da Comissão da Contribuição Sindical

Arts. 595, 596 e 597. Revogados pelo art. 23 da L. n. 4.589, 11.12.64, DOU 17.12.64, LTr 29/271.

SEÇÃO IV

Das Penalidades

Art. 598. Sem prejuízo da ação criminal e das penalidades previstas no art. 553, serão aplicadas multas de 3/5 (três quintos) do valor de referência a 600 (seiscentos) valores de referência regionais, pelas infrações deste Capítulo, impostas pelas Delegacias Regionais do Trabalho. *(Redação L. n. 6.205, 29.4.75 c/c art. 7º, L. n. 6.986, 13.4.82).*

— v. Nota do art. 47

PARÁGRAFO ÚNICO. A gradação da multa atenderá à natureza da infração e às condições sociais e econômicas do infrator.

Art. 599. Para os profissionais liberais, a penalidade consistirá na suspensão do exercício profissional, até a necessária quitação, e será aplicada pelos órgãos públicos ou autárquicos disciplinadores das respectivas profissões mediante comunicação das autoridades fiscalizadoras.

Art. 600. O recolhimento da contribuição sindical efetuado fora do prazo referido neste Capítulo, quando espontâneo, será acrescido da multa de 10% (dez por cento), nos trinta primeiros dias, com o adicional de 2% (dois por cento) por mês subsequente de atraso, além de juros de mora de 1% (um por cento) ao mês e correção monetária, ficando, nesse caso, o infrator isento de outra penalidade.

§ 1º O montante das cominações previstas neste artigo reverterá sucessivamente:

a) ao sindicato respectivo;

b) à federação respectiva, na ausência de sindicato;

c) à confederação respectiva, inexistindo federação.

§ 2º Na falta de sindicato ou entidade de grau superior, o montante a que alude o parágrafo precedente reverterá à conta "Emprego e Salário".

— A L. n. 6.181, 11.12.74, DOU 12.12.74, LTr 39/54, que alterou este artigo da CLT, dispõe em seus artigos 2º e 3º o seguinte:

"Art. 2º Se o contribuinte for trabalhador rural, como tal definido no artigo 1º, item I, alínea 'b', do DL n. 1.166, de 15 de abril de 1971, o recolhimento fora do prazo de contribuição sindical será acrescido de multa de 10% (dez por cento) ao ano.

Art. 3º O contribuinte que satisfizer a obrigação em atraso até 90 (noventa) dias após a vigência desta lei, ficará isento das cominações previstas no *caput* do art. 600, da Consolidação das Leis do Trabalho, na redação dada pelo artigo 1º desta lei, salvo a multa de 10% (dez por cento)."

SEÇÃO V

Disposições Gerais

Art. 601. No ato da admissão de qualquer empregado, dele exigirá o empregador a apresentação da prova de quitação da contribuição sindical.

Art. 602. Os empregados que não estiverem trabalhando no mês destinado ao desconto da contribuição sindical, serão descontados no primeiro mês subsequente ao do reinício do trabalho.

PARÁGRAFO ÚNICO. De igual forma se procederá com os empregados que forem admitidos depois daquela data e que não tenham trabalhado anteriormente nem apresentado a respectiva quitação.

Art. 603. Os empregadores são obrigados a prestar aos encarregados da fiscalização os esclarecimentos necessários ao desempenho de sua missão e a exibir-lhes, quando exigidos, na parte relativa ao pagamento de empregados, os seus livros, folhas de pagamento e outros documentos comprobatórios desses pagamentos, sob pena de multa cabível.

Art. 604. Os agentes ou trabalhadores autônomos ou profissionais liberais são obrigados a prestar aos encarregados da fiscalização os esclarecimentos que lhes forem solicitados, inclusive exibição de quitação da contribuição sindical.

Art. 605. As entidades sindicais são obrigadas a promover a publicação de editais concernentes ao recolhimento da contribuição sindical, durante três dias, nos jornais de maior circulação local e até dez dias da data fixada para depósito bancário.

Art. 606. Às entidades sindicais cabe, em caso de falta de pagamento da contribuição sindical, promover a respectiva cobrança judicial, mediante ação executiva, valendo como título de dívida a certidão expedida pelas autoridades regionais do Ministério do Trabalho. *(Redação DL n. 925, 10.10.69, DOU 13.10.69, LTr 33/636, que não se referiu aos §§ 1º e 2º).*

§ 1º O Ministério do Trabalho baixará as instruções regulando a expedição das certidões a que se refere o presente artigo, das quais deverá constar a individualização do contribuinte, a indicação do débito e a designação da entidade a favor da qual é recolhida a importância da contribuição sindical, de acordo com o respectivo enquadramento sindical.

§ 2º Para os fins da cobrança judicial da contribuição sindical são extensivos às entidades sindicais, com exceção do foro especial, os privilégios da Fazenda Pública, para cobrança da dívida ativa.

Art. 607. É considerado como documento essencial ao comparecimento às concorrências públicas ou administrativas e para o fornecimento às repartições paraestatais ou autárquicas, a prova da quitação da respectiva contribuição sindical e a de recolhimento da contribuição sindical, descontada dos respectivos empregados. *(Ver Lei n. 8.666, de 21.06.93, DOU 22.06.93).*

Art. 608. As repartições federais, estaduais ou municipais não concederão registro ou licenças para funcionamento ou renovação de atividades aos estabelecimentos de empregadores e aos escritórios ou congêneres dos agentes ou trabalhadores autônomos e profissionais liberais, nem concederão alvarás de licença ou localização, sem que sejam exibidas as provas de quitação da contribuição sindical, na forma do artigo anterior.

PARÁGRAFO ÚNICO. A não observância do disposto neste artigo acarretará, de pleno direito, a nulidade dos atos nele referidos, bem como dos mencionados no art. 607. *(§ incluído pela L. n. 6.386, 9.12.76, DOU 10.12.76, LTr 41/101).*

— ver Lei n. 8.666, de 21.06.93, DOU 22.06.93

Art. 609. O recolhimento da contribuição sindical e todos os lançamentos e movimentos nas contas respectivas são isentos de selos e taxas federais, estaduais ou municipais.

Art. 610. As dúvidas no cumprimento deste Capítulo serão resolvidas pelo Diretor-Geral do Departamento Nacional do Trabalho (atualmente Secretário das Relações do Trabalho), que expedirá as instruções que se tornarem necessárias à sua execução.

TÍTULO VI

DAS CONVENÇÕES COLETIVAS DE TRABALHO

(V. CF, art. 7º, XXVI, art. 8º, VI e art. 114, § 2º, p. 30 e 39)

Redação deste Título (arts. 611 a 625) dada pelo DL n. 229, 28.2.67, DOU 28.2.67, LTr 31/137. Posteriormente, o DL n. 424, 21.1.69, DOU 22.1.69, LTr 33/106, deu nova redação ao § 3º do art. 616. (V. DL n. 2.065, DOU 26.10.83, LTr 47-11/1401), que dispõe sobre a revisão do valor dos salários

Art. 611. Convenção Coletiva de Trabalho é o acordo de caráter normativo pelo qual dois ou mais sindicatos representativos de categorias econômicas e profissionais estipulam condições de trabalho aplicáveis, no âmbito das respectivas representações, às relações individuais de trabalho.

§ 1º É facultado aos sindicatos representativos de categorias profissionais celebrar Acordos Coletivos com uma ou mais empresas da correspondente categoria econômica, que estipulem condições de trabalho, aplicáveis no âmbito da empresa ou das empresas acordantes às respectivas relações de trabalho.

§ 2º As Federações e, na falta destas, as Confederações representativas de categorias econômicas ou profissionais poderão celebrar convenções coletivas de trabalho para reger as relações das categorias a elas vinculadas, inorganizadas em sindicatos, no âmbito de suas representações.

Art. 612. Os sindicatos só poderão celebrar Convenções ou Acordos Coletivos de Trabalho, por deliberação de Assembleia Geral especialmente convocada para esse fim, consoante o disposto nos respectivos Estatutos, dependendo a validade da mesma do comparecimento e votação, em primeira convocação, de 2/3 (dois terços) dos associados da entidade, se se tratar de Convenção, e dos interessados, no caso de Acordo e, em segunda, de 1/3 (um terço) dos mesmos.

PARÁGRAFO ÚNICO. O *quorum* de comparecimento e votação será de 1/8 (um oitavo) dos associados em segunda convocação, nas entidades sindicais que tenham mais de 5.000 (cinco mil) associados.

Art. 613. As Convenções e os Acordos deverão conter obrigatoriamente:

I — designação dos Sindicatos convenentes ou dos Sindicatos e empresas acordantes;

II — prazo de vigência;

III — categorias ou classes de trabalhadores abrangidas pelos respectivos dispositivos;

IV — condições ajustadas para reger as relações individuais de trabalho durante sua vigência;

V — normas para a conciliação das divergências surgidas entre os convenentes por motivos da aplicação de seus dispositivos;

VI — disposições sobre o processo de sua prorrogação e de revisão total ou parcial de seus dispositivos;

VII — direitos e deveres dos empregados e empresas;

VIII — penalidades para os Sindicatos convenentes, os empregados e as empresas, em caso de violação de seus dispositivos.

PARÁGRAFO ÚNICO. As Convenções e os Acordos serão celebrados por escrito, sem emendas nem rasuras, em tantas vias quantos forem os Sindicatos convenentes ou as empresas acordantes, além de uma destinada a registro.

Art. 614. Os Sindicatos convenentes ou as empresas acordantes promoverão, conjunta ou separadamente, dentro de 8 (oito) dias da assinatura da Convenção ou Acordo, o depósito de uma via do mesmo, para fins de registro e arquivo, no Departamento Nacional do Trabalho (atualmente Secretaria de Emprego e Salário), em se tratando de instrumento de caráter nacional ou interestadual, ou nos órgãos regionais do Ministério do Trabalho, nos demais casos.

§ 1º As Convenções e os Acordos entrarão em vigor 3 (três) dias após a data da entrega dos mesmos no órgão referido neste artigo.

§ 2º Cópias autênticas das Convenções e dos Acordos deverão ser afixadas de modo visível, pelos Sindicatos convenentes, nas respectivas sedes e nos estabelecimentos das empresas compreendidas no seu campo de aplicação, dentro de 5 (cinco) dias da data do depósito previsto neste artigo.

§ 3º Não será permitido estipular duração de Convenção ou Acordo superior a 2 (dois) anos.

Art. 615. O processo de prorrogação, revisão, denúncia ou revogação total ou parcial de Convenção ou Acordo ficará subordinado, em qualquer caso, à aprovação de Assembleia Geral dos Sindicatos convenentes ou partes acordantes, com observância do disposto no art. 612.

§ 1º O instrumento de prorrogação, revisão, denúncia ou revogação de Convenção ou Acordo será depositado, para fins de registro e arquivamento, na repartição em que o mesmo originariamente foi depositado, observado o disposto no art. 614.

§ 2º As modificações introduzidas em Convenção ou Acordo, por força de revisão ou de revogação parcial de suas cláusulas, passarão a vigorar 3 (três) dias após a realização do depósito previsto no § 1º.

Art. 616. Os Sindicatos representativos de categorias econômicas ou profissionais e as empresas, inclusive as que não tenham representação sindical, quando provocados, não podem recusar-se à negociação coletiva.

§ 1º Verificando-se recusa à negociação coletiva, cabe aos Sindicatos ou empresas interessadas dar ciência do fato, conforme o caso, ao Departamento Nacional do Trabalho (atualmente Secretaria de Emprego e Salário) ou aos órgãos regionais do Ministério do Trabalho, para convocação compulsória dos Sindicatos ou empresas recalcitrantes.

§ 2º No caso de persistir a recusa à negociação coletiva, pelo desatendimento às convocações feitas pelo Departamento Nacional do Trabalho (atualmente Secretaria de Emprego e Salário) ou órgãos regionais do Ministério do Trabalho, ou se malograr a negociação entabulada, é facultada aos Sindicatos ou empresas interessadas, a instauração de dissídio coletivo.

§ 3º Havendo convenção, acordo ou sentença normativa em vigor, o dissídio coletivo deverá ser instaurado dentro dos sessenta dias anteriores ao respectivo termo final, para que o novo instrumento possa ter vigência no dia imediato a esse termo.

§ 4º Nenhum processo de dissídio coletivo de natureza econômica será admitido sem antes se esgotarem as medidas relativas à formalização da Convenção ou Acordo correspondente.

— De acordo com o art. 24 do D. n. 81.663, 16.5.78, DOU 17.5.78, LTr 42/708, "As Delegacias Regionais do Trabalho (DRT) têm por finalidade executar, nas áreas de suas jurisdições, as normas emanadas dos órgãos Centrais de Direção Superior, bem como fiscalizar a execução das leis e regulamentos que regem a política trabalhista e a sindical, orientando, coordenando e controlando as respectivas atividades".

Art. 617. Os empregados de uma ou mais empresas que decidirem celebrar Acordo Coletivo de Trabalho com as respectivas empresas darão ciência de sua resolução, por escrito, ao Sindicato representativo da categoria profissional, que terá o prazo de 8 (oito) dias para assumir a direção dos entendimentos entre os interessados, devendo igual procedimento ser observado pelas empresas interessadas com relação ao Sindicato da respectiva categoria econômica.

§ 1º Expirado o prazo de 8 (oito) dias sem que o Sindicato tenha se desincumbido do encargo recebido, poderão os interessados dar conhecimento do fato à Federação a que estiver vinculado o Sindicato e, em falta dessa, à correspondente Confederação, para que, no mesmo prazo, assuma a direção dos entendimentos. Esgotado esse prazo, poderão os interessados prosseguir diretamente na negociação coletiva, até final.

§ 2º Para o fim de deliberar sobre o Acordo, a entidade sindical convocará assembleia geral dos diretamente interessados, sindicalizados ou não, nos termos do art. 612.

Art. 618. As empresas e instituições que não estiverem incluídas no enquadramento sindical a que se refere o art. 577 desta Consolidação poderão celebrar Acordos Coletivos de Trabalho com os Sindicatos representativos dos respectivos empregados, nos termos deste Título.

Art. 619. Nenhuma disposição de contrato individual de trabalho que contrarie normas de Convenção ou Acordo Coletivo de Trabalho poderá prevalecer na execução do mesmo, sendo considerada nula de pleno direito.

Art. 620. As condições estabelecidas em Convenção, quando mais favoráveis, prevalecerão sobre as estipuladas em Acordo.

Art. 621. As Convenções e os Acordos poderão incluir entre suas cláusulas disposição sobre a constituição e funcionamento de comissões mistas de consulta e colaboração, no plano da empresa e sobre participação nos lucros. Estas disposições mencionarão a forma de constituição, o modo de funcionamento e as atribuições das comissões, assim como o plano de participação, quando for o caso.

Art. 622. Os empregados e as empresas que celebrarem contratos individuais de trabalho, estabelecendo condições contrárias ao que tiver sido ajustado em Convenção ou Acordo que lhes for aplicável, serão passíveis da multa neles fixada.

PARÁGRAFO ÚNICO. A multa a ser imposta ao empregado não poderá exceder da metade daquela que, nas mesmas condições, seja estipulada para a empresa.

Art. 623. Será nula de pleno direito disposição de Convenção ou Acordo que, direta ou indiretamente, contrarie proibição ou norma disciplinadora da política econômico-financeira do Governo ou concernente à política salarial vigente, não produzindo quaisquer efeitos perante autoridades e repartições públicas, inclusive para fins de revisão de preços e tarifas de mercadorias e serviços.

PARÁGRAFO ÚNICO. Na hipótese deste artigo, a nulidade será declarada, de ofício ou mediante representação, pelo Ministro do Trabalho, ou pela Justiça do Trabalho em processo submetido ao seu julgamento.

Art. 624. A vigência de cláusula de aumento ou reajuste salarial que implique elevação de tarifas ou de preços sujeitos à fixação por autoridade pública ou repartição governamental, dependerá de prévia audiência dessa autoridade ou repartição e sua expressa declaração no tocante à possibilidade de elevação da tarifa ou do preço e quanto ao valor dessa elevação.

— v. nota ao Título VII

Art. 625. As controvérsias resultantes da aplicação de Convenção ou de Acordo celebrado nos termos deste Título serão dirimidas pela Justiça do Trabalho.

CLT

TÍTULO VI-A

DAS COMISSÕES DE CONCILIAÇÃO PRÉVIA

(Lei n. 9.958, de 12.1.2000)

V. Portaria GM/MTE n. 329, de 14.8.02, (DOU 15.8.02), republicada em 20.8.02, que estabelece procedimentos para a instalação e o funcionamento das Comissões de Conciliação Prévia e Núcleos Intersindicais de Conciliação Trabalhista, p. 700

Art. 625-A. As empresas e os sindicatos podem instituir Comissões de Conciliação Prévia, de composição paritária, com representantes dos empregados e dos empregadores, com a atribuição de tentar conciliar os conflitos individuais do trabalho.

PARÁGRAFO ÚNICO. As Comissões referidas no *caput* deste artigo poderão ser constituídas por grupos de empresas ou ter caráter intersindical.

Art. 625-B. A Comissão instituída no âmbito da empresa será composta de, no mínimo, dois e, no máximo, dez membros, e observará as seguintes normas:

I — a metade de seus membros será indicada pelo empregador e a outra metade eleita pelos empregados, em escrutínio secreto, fiscalizado pelo sindicato da categoria profissional;

II — haverá na Comissão tantos suplentes quantos forem os representantes titulares;

III — o mandato dos seus membros, titulares e suplentes, é de um ano, permitida uma recondução.

§ 1º É vedada a dispensa dos representantes dos empregados membros da Comissão de Conciliação Prévia, titulares e suplentes, até um ano após o final do mandato, salvo se cometerem falta grave, nos termos da lei.

§ 2º O representante dos empregados desenvolverá seu trabalho normal na empresa, afastando-se de suas atividades apenas quando convocado para atuar como conciliador, sendo computado como tempo de trabalho efetivo o despendido nessa atividade.

Art. 625-C. A Comissão instituída no âmbito do sindicato terá sua constituição e normas de funcionamento definidas em convenção ou acordo coletivo.

Art. 625-D. Qualquer demanda de natureza trabalhista será submetida à Comissão de Conciliação Prévia se, na localidade da prestação de serviços, houver sido instituída a Comissão no âmbito da empresa ou do sindicato da categoria.

Nota: ADIns 2139 e 2160 – ART. 625-D DA CONSOLIDAÇÃO DAS LEIS DO TRABALHO — COMISSÃO DE CONCILIAÇÃO PRÉVIA. Concessão de liminar, conforme decisão que segue:

Decisão: Prosseguindo no julgamento, o Tribunal, por maioria e nos termos do voto do Senhor Ministro Marco Aurélio, que redigirá o acórdão, deferiu parcialmente a cautelar para dar interpretação conforme a Constituição Federal relativamente ao art. 625-D, introduzido pelo art. 1º da Lei n. 9.958, de 12 de janeiro de 2000, vencidos os Senhores Ministros Relator e Cezar Peluso. Não participaram da votação o Senhor Ministro Menezes Direito e a Senhora Ministra Ellen Gracie por sucederem aos Senhores Ministros Sepúlveda Pertence e Octavio Gallotti. Ausentes o Senhor Ministro Gilmar Mendes (Presidente), em representação do Tribunal no exterior, e o Senhor Ministro Celso de Mello, licenciado (art. 72, inciso II, da Lei Complementar nº 35/1979 – LOMAN). Presidiu o julgamento o Senhor Ministro Cezar Peluso (Vice-Presidente). Plenário, 13.05.2009.

Obs. A liminar deferida em parte pelo Plenário do STF permite ao empregado escolher entre a conciliação (Comissão de Conciliação Prévia) e ingressar com reclamação no Judiciário Trabalhista. Portanto, o empregado não está obrigado a primeiro procurar a conciliação perante a respectiva Comissão criada pela Lei n. 9.958/00 para depois ingressar com o processo trabalhista.

§ 1º A demanda será formulada por escrito ou reduzida a termo por qualquer dos membros da Comissão, sendo entregue cópia datada e assinada pelo membro aos interessados.

§ 2º Não prosperando a conciliação, será fornecida ao empregado e ao empregador declaração da tentativa conciliatória frustrada com a descrição de seu objeto, firmada pelos membros da Comissão, que deverá ser juntada à eventual reclamação trabalhista.

§ 3º Em caso de motivo relevante que impossibilite a observância do procedimento previsto no *caput* deste artigo, será a circunstância declarada na petição inicial da ação intentada perante a Justiça do Trabalho.

§ 4º Caso exista, na mesma localidade e para a mesma categoria, Comissão de empresa e Comissão sindical, o interessado optará por uma delas para submeter a sua demanda, sendo competente aquela que primeiro conhecer do pedido.

Art. 625-E. Aceita a conciliação, será lavrado termo assinado pelo empregado, pelo empregador ou seu preposto e pelos membros da Comissão, fornecendo-se cópia às partes.

PARÁGRAFO ÚNICO. O termo de conciliação é título executivo extrajudicial e terá eficácia liberatória geral, exceto quanto às parcelas expressamente ressalvadas.

Art. 625-F. As Comissões de Conciliação Prévia têm prazo de dez dias para a realização da sessão de tentativa de conciliação a partir da provocação do interessado.

PARÁGRAFO ÚNICO. Esgotado o prazo sem a realização da sessão, será fornecida, no último dia do prazo, a declaração a que se refere o § 2º do art. 625-D.

Art. 625-G. O prazo prescricional será suspenso a partir da provocação da Comissão de Conciliação Prévia, recomeçando a fluir, pelo que lhe resta, a partir da tentativa frustrada de conciliação ou do esgotamento do prazo previsto no artigo 625-F.

Art. 625-H. Aplicam-se aos Núcleos Intersindicais de Conciliação Trabalhista em funcionamento ou que vierem a ser criados, no que couber, as disposições previstas neste Título, desde que observados os princípios da paridade e da negociação coletiva na sua constituição. *(Dispositivos incluídos pela Lei n. 9.958, de 12.1.2000 (DOU 13.1.2000) em vigor após 90 dias da data de sua publicação, conforme artigo 4º da mencionada lei).*

TÍTULO VII

DO PROCESSO DE MULTAS ADMINISTRATIVAS

(V. CF, art. 114, III)
(V. Portaria GM/MTb n. 290, de 11.4.97 — p. 917)
(V. Portaria GM/MTE n. 112, de 20.1.12 — p. 922)

V. Ementas Normativas da SRT/MTE, (Portaria n. 1, de 25.5.06, (DOU 26.5.06), p. 674; e Precedentes Administrativos da SIT/MTE, p. 678 V. Lei n. 9.784, de 29.1.99, DOU 1.2.99, que regula o processo administrativo no âmbito da Administração Pública Federal. (não publicada nesta obra) V. Decreto n. 4.552, de 27.12.02 (DOU 30.12.02) que aprova o Regulamento da Inspeção do Trabalho (não publicado nesta obra)

CAPÍTULO I

DA FISCALIZAÇÃO, DA AUTUAÇÃO E DA IMPOSIÇÃO DE MULTAS(*)

Art. 626. Incumbe às autoridades competentes do Ministério do Trabalho, ou àquelas que exerçam funções delegadas, a fiscalização do fiel cumprimento das normas de proteção ao trabalho.

Lei n. 10.683, de 28.5.03, DOU 29.5.03, que dispõe sobre a organização da Presidência da República e dos Ministérios, e dá outras providências, estabelece no art. 27, inciso XXI, as áreas de competência do Ministério do Trabalho e Emprego:

XXI — Ministério do Trabalho e Emprego:

a) política e diretrizes para a geração de emprego e renda e de apoio ao trabalhador;

b) política e diretrizes para a modernização das relações de trabalho;

c) fiscalização do trabalho, inclusive do trabalho portuário, bem como aplicação das sanções previstas em normas legais ou coletivas;

d) política salarial;

e) formação e desenvolvimento profissional;

f) segurança e saúde no trabalho;

g) política de imigração;

h) cooperativismo e associativismo urbanos;

PARÁGRAFO ÚNICO. Os fiscais do Instituto Nacional do Seguro Social e das entidades paraestatais em geral, dependentes do Ministério do Trabalho serão competentes para a fiscalização a que se refere o presente artigo, na forma das instruções que forem expedidas pelo Ministro do Trabalho.

— v. L. n. 8.422, de 13.5.92

A MP, ora convertida na Lei n. 10.593, de 6.12.02 (DOU 9.12.02) alterou a denominação de fiscal de trabalho e de outros servidores do Ministério do Trabalho e Emprego como segue:

Art. 10. São transformados em cargo de Auditor Fiscal do Trabalho, na Carreira Auditoria Fiscal do Trabalho, os seguintes cargos efetivos do quadro permanente do Ministério do Trabalho e Emprego:

I — Fiscal do Trabalho;

II — Assistente Social, encarregado da fiscalização do trabalho da mulher e do menor;

III — Engenheiros e Arquitetos, com a especialização prevista na Lei n. 7.410, de 27 de novembro de 1985, encarregados da fiscalização da segurança no trabalho;

IV — Médico do Trabalho, encarregado da fiscalização das condições de salubridade do ambiente do trabalho.

Art. 11. Os ocupantes do cargo de Auditor Fiscal do Trabalho têm por atribuições assegurar, em todo o território nacional:

I — o cumprimento de disposições legais e regulamentares, inclusive os relacionados à segurança e à medicina do trabalho, no âmbito das relações de trabalho e de emprego;

II — a verificação dos registros em Carteira de Trabalho e Previdência Social — CTPS, visando a redução dos índices de informalidade;

III — a verificação do recolhimento do Fundo de Garantia do Tempo de Serviço — FGTS, objetivando maximizar os índices de arrecadação;

IV — o cumprimento de acordos, convenções e contratos coletivos de trabalho celebrados entre empregados e empregadores;

V — o respeito aos acordos, tratados e convenções internacionais dos quais o Brasil seja signatário;

VI — a lavratura de auto de apreensão e guarda de documentos, materiais, livros e assemelhados, para verificação da existência de fraude e irregularidades, bem como o exame da contabilidade das empresas, não se lhes aplicando o disposto nos arts. 17 e 18 do Código Comercial.

Parágrafo único. O Poder Executivo regulamentará as atribuições privativas previstas neste artigo, podendo cometer aos ocupantes do cargo de Auditor Fiscal do Trabalho outras atribuições, desde que compatíveis com atividades de auditoria e fiscalização.

Art. 627. A fim de promover a instrução dos responsáveis no cumprimento das leis de proteção do trabalho, a fiscalização deverá observar o critério de dupla visita nos seguintes casos:

a) quando ocorrer promulgação ou expedição de novas leis, regulamentos ou instruções ministeriais, sendo que, com relação exclusivamente a esses atos, será feita apenas a instrução dos responsáveis;

b) em se realizando a primeira inspeção dos estabelecimentos ou dos locais de trabalho, recentemente inaugurados ou empreendidos.

— v. art. 3º, L. n. 7.855/89

Art. 627-A. Poderá ser instaurado procedimento especial para a ação fiscal, objetivando a orientação sobre o cumprimento das leis de proteção ao trabalho, bem como a prevenção e o saneamento de infrações à legislação mediante Termo de Compromisso, na forma a ser disciplinada no Regulamento da Inspeção do Trabalho. (NR) *(Artigo acrescentado pela MP n. 2.164-41, de 24.8.01, DOU 27.8.01).*

Art. 628. Salvo o disposto nos arts. 627 e 627-A, a toda verificação em que o Auditor Fiscal do Trabalho concluir pela existência de violação de preceito

(*) V. no Índice Cumulativo, sob o título "Inspeção do Trabalho", a remissão específica.

(*) O art. 7º da L. n. 6.986, 13.4.82, DOU 14.4.82 — LTr 46-5/628, que entrou em vigor em 29.7.82, dispôs:

"As multas por infração aos preceitos da Consolidação das Leis do Trabalho ficam elevadas em 10 (dez) vezes o seu valor".

CLT

legal deve corresponder, sob pena de responsabilidade administrativa, a lavratura de auto de infração. *(Redação dada pela MP n. 2.164-41, de 24.8.01, DOU 27.8.01).*

§ 1º Ficam as empresas obrigadas a possuir o livro intitulado "Inspeção do Trabalho", cujo modelo será aprovado por portaria ministerial.

— v. Port. MTPS n. 3.158/71 — LTr 35/488

§ 2º Nesse livro, registrará o agente da inspeção sua visita ao estabelecimento, declarando a data e a hora do início e término da mesma, bem como o resultado da inspeção, nele consignando, se for o caso, todas as irregularidades verificadas e as exigências feitas, com os respectivos prazos para seu atendimento, e, ainda, de modo legível, os elementos de sua identificação funcional.

§ 3º Comprovada má-fé do agente da inspeção, quanto à omissão ou lançamento de qualquer elemento no livro, responderá ele por falta grave no cumprimento do dever, ficando passível, desde logo, da pena de suspensão até 30 (trinta) dias, instaurando-se, obrigatoriamente, em caso de reincidência, inquérito administrativo.

§ 4º A lavratura de autos contra empresas fictícias e de endereços inexistentes, assim como a apresentação de falsos relatórios, constituem falta grave, punível na forma do § 3º. *(Redação art. e §§ DL n. 229, 28.2.67, DOU 28.2.67, LTr 31/137).*

Art. 629. O auto de infração será lavrado em duplicata, nos termos dos modelos e instruções expedidos, sendo uma via entregue ao infrator, contra recibo, ou ao mesmo enviada, dentro de 10 (dez) dias da lavratura, sob pena de responsabilidade, em registro postal, com franquia e recibo de volta.

§ 1º O auto não terá o seu valor probante condicionado à assinatura do infrator ou de testemunhas, e será lavrado no local da inspeção, salvo havendo motivo justificado, que será declarado no próprio auto, quando então deverá ser lavrado no prazo de 24 (vinte e quatro) horas, sob pena de responsabilidade.

§ 2º Lavrado o auto de infração, não poderá ele ser inutilizado, nem sustado o curso do respectivo processo, devendo o agente da inspeção apresentá-lo à autoridade competente, mesmo se incidir em erro.

§ 3º O infrator terá, para apresentar defesa, o prazo de 10 (dez) dias contados do recebimento do auto.

§ 4º O auto de infração será registrado com a indicação sumária de seus elementos característicos, em livro próprio que deverá existir em cada órgão fiscalizador, de modo a assegurar o controle do seu processamento. *(Redação art. e §§ DL n. 229, 28.2.67, DOU 28.2.67, LTr 31/137).*

Art. 630. Nenhum agente da inspeção poderá exercer as atribuições do seu cargo sem exibir a carteira de identidade fiscal, devidamente autenticada, fornecida pela autoridade competente.

§ 1º É proibida a outorga de identidade fiscal a quem não esteja autorizado, em razão do cargo ou função, a exercer ou praticar, no âmbito da legislação trabalhista, atos de fiscalização.

§ 2º A credencial a que se refere este artigo deverá ser devolvida para inutilização, sob as penas da lei, em casos de provimento em outro cargo público, exoneração ou demissão, bem como nos de licenciamento por prazo superior a 60 (sessenta) dias e de suspensão do exercício do cargo.

§ 3º O agente da inspeção terá livre acesso a todas as dependências dos estabelecimentos sujeitos ao regime da legislação trabalhista, sendo as empresas, por seus dirigentes ou prepostos, obrigadas a prestar-lhes os esclarecimentos necessários ao desempenho de suas atribuições legais e a exibir-lhes, quando exigidos, quaisquer documentos que digam respeito ao fiel cumprimento das normas de proteção ao trabalho.

§ 4º Os documentos sujeitos à inspeção deverão permanecer, sob as penas da lei, nos locais de trabalho, somente se admitindo, por exceção, a critério da autoridade competente, sejam os mesmos apresentados em dia e hora previamente fixados pelo agente da inspeção.

§ 5º No território do exercício de sua função, o agente da inspeção gozará de passe livre nas empresas de transportes, públicas ou privadas, mediante a apresentação da carteira de identidade fiscal.

§ 6º A inobservância do disposto nos parágrafos 3º, 4º e 5º configurará resistência ou embaraço à fiscalização e justificará a lavratura do respectivo auto de infração, cominada a multa de valor igual a 5 (cinco) vezes o valor de referência regional até 50 (cinquenta) vezes esse valor, levando-se em conta, além das circunstâncias atenuantes ou agravantes, a situação econômico-financeira do infrator e os meios a seu alcance para cumprir a lei.

— v. Nota do art. 47

§ 7º Para o efeito do disposto no § 5º, a autoridade competente divulgará, em janeiro e julho de cada ano, a relação dos agentes da inspeção titulares da carteira de identidade fiscal.

§ 8º As autoridades policiais, quando solicitadas, deverão prestar aos agentes da inspeção a assistência de que necessitarem para o fiel cumprimento de suas atribuições legais. *(Redação art. e §§ DL n. 229, 28.2.67, L. n. 6.205, 29.4.75 e art. 7º L. n. 6.986, 13.4.82).*

Art. 631. Qualquer funcionário público, federal, estadual ou municipal, ou representante legal de associação sindical, poderá comunicar à autoridade competente do Ministério do Trabalho as infrações que verificar.

PARÁGRAFO ÚNICO. De posse dessa comunicação, a autoridade competente procederá desde logo às necessárias diligências, lavrando os autos de que haja mister.

Art. 632. Poderá o autuado requerer a audiência de testemunhas e as diligências que lhe parecerem necessárias à elucidação do processo, cabendo, porém, à autoridade, julgar da necessidade de tais provas.

Art. 633. Os prazos para defesa ou recurso poderão ser prorrogados, de acordo com despacho expresso da autoridade competente, quando o autuado residir em localidade diversa daquela onde se achar essa autoridade.

Art. 634. Na falta de disposição especial, a imposição das multas incumbe às autoridades regionais competentes em matéria de trabalho, na forma estabelecida por este Título.

PARÁGRAFO ÚNICO. A aplicação da multa não eximirá o infrator da responsabilidade em que incorrer por infração das leis penais.

CAPÍTULO II

DOS RECURSOS

Art. 635. De toda decisão que impuser multa por infração das leis e disposições reguladoras do trabalho, e não havendo forma especial de processo, caberá recurso para o Diretor-Geral do Departamento ou Serviço do Ministério do Trabalho, que for competente na matéria (atualmente Secretaria de Relações do Trabalho).

PARÁGRAFO ÚNICO. As decisões serão sempre fundamentadas. *(Redação art. e §, DL n. 229, 28.2.67, DOU 28.2.67, LTr 31/137).*

Art. 636. Os recursos devem ser interpostos no prazo de 10 (dez) dias, contados do recebimento da notificação, perante a autoridade que houver imposto a multa, a qual, depois de os informar, encaminhá-los-á à autoridade de instância superior.

§ 1º O recurso só terá seguimento se o interessado o instruir com a prova do depósito da multa.

— Supremo Tribunal Federal (Plenário) Decisões. Ação de Descumprimento de Preceito Fundamental (Publicação determinada pela Lei n. 9.882, de 03.12.1999) Arguição de descumprimento de preceito fundamental 156 (1) Origem : ADPF — 172622 — Supremo Tribunal Federal Proced.: Distrito Federal Relator: Min. Cármen Lúcia. Arguição de descumprimento de preceito fundamental. § 1º do art. 636 da Consolidação das Leis do Trabalho: não recepção pela Constituição de 1988. Ação julgada procedente para declarar a não recepção do § 1º do art. 636 da Consolidação das Leis do Trabalho pela Constituição da República de 1988 (DOU 23.2.12)

§ 2º A notificação somente será realizada por meio de edital, publicado no órgão oficial, quando o infrator estiver em lugar incerto e não sabido.

§ 3º A notificação de que trata este artigo fixará igualmente o prazo de 10 (dez) dias para que o infrator recolha o valor da multa sob pena de cobrança executiva.

— v. art. 6º, L. n. 7.855/89, 24.10.89, DOU 25.10.89, LTr 53/1418

§ 4º As guias de depósito ou recolhimento serão emitidas em 3 (três) vias e o recolhimento da multa deverá proceder-se dentro de 5 (cinco) dias às repartições federais competentes, que escriturarão a receita a crédito do Ministério do Trabalho.

§ 5º A segunda via da guia do recolhimento será devolvida pelo infrator à repartição que a emitiu, até o sexto dia depois de sua expedição, para a averbação no processo.

§ 6º A multa será reduzida de 50% (cinquenta por cento) se o infrator, renunciando ao recurso, a recolher ao Tesouro Nacional dentro do prazo de 10 (dez) dias contados do recebimento da notificação ou da publicação do edital.

— v. L. n. 7.855/89, L. n. 8.177/91, L. n. 8.178/91, L. n. 8.218/91, L. n. 8.697/93 e L. n. 8.880/94

§ 7º Para a expedição da guia, no caso do § 6º, deverá o infrator juntar a notificação com a prova da data do seu recebimento, ou a folha do órgão oficial que publicou o edital. *(Redação art. e §§, DL n. 229, 28.2.67, DOU 28.2.67, LTr 31/137).*

Art. 637. De todas as decisões que proferirem em processos de infração das leis de proteção ao trabalho e que impliquem em arquivamento destes, observado o disposto no parágrafo único do art. 635, deverão as autoridades prolatoras recorrer de ofício para a autoridade competente de instância superior. *(Redação DL n. 229, 28.2.67, DOU 28.2.67, LTr 31/137).*

Art. 638. Ao Ministro do Trabalho é facultado avocar ao seu exame e decisão, dentro de 90 (noventa) dias do despacho final do assunto, ou no curso do processo, as questões referentes à fiscalização dos preceitos estabelecidos nesta Consolidação.

CLT

CAPÍTULO III

DO DEPÓSITO, DA INSCRIÇÃO E DA COBRANÇA

Art. 639. Não sendo provido o recurso, o depósito se converterá em pagamento.

Art. 640. É facultado às Delegacias Regionais do Trabalho, na conformidade de instruções expedidas pelo Ministro de Estado, promover a cobrança amigável das multas antes do encaminhamento dos processos à cobrança executiva. *(Redação DL n. 229, 28.2.67, DOU 28.2.67, LTr 31/137).*

Art. 641. Não comparecendo o infrator, ou não depositando a importância da multa ou penalidade, far-se-á a competente inscrição em livro especial, existente nas repartições das quais se tiver originado a multa ou penalidade, ou de onde tenha provindo a reclamação que a determinou, sendo extraída cópia autêntica dessa inscrição e enviada às autoridades competentes para a respectiva cobrança judicial, valendo tal instrumento como título de dívida líquida e certa.

Art. 642. A cobrança judicial das multas impostas pelas autoridades administrativas do trabalho obedecerá ao disposto na legislação aplicável à cobrança da dívida ativa da União, sendo promovida, no Distrito Federal e nas capitais dos Estados em que funcionarem Tribunais Regionais do Trabalho, pela Procuradoria da Justiça do Trabalho, e, nas demais localidades, pelo Ministério Público Estadual, nos termos do Decreto-lei n. 960, de 17 de dezembro de 1938.

v. Lei de Execução Fiscal — L. n. 6.830, de 22.9.80, p. 351

PARÁGRAFO ÚNICO. Revogado pela L. n. 1.599, 9.5.52, DOU 9.5.52, LTr 16/213.

TÍTULO VII-A

DA PROVA DE INEXISTÊNCIA DE DÉBITOS TRABALHISTAS

Art. 642-A. É instituída a Certidão Negativa de Débitos Trabalhistas (CNDT), expedida gratuita e eletronicamente, para comprovar a inexistência de débitos inadimplidos perante a Justiça do Trabalho.

§ 1º O interessado não obterá a certidão quando em seu nome constar:

I — o inadimplemento de obrigações estabelecidas em sentença condenatória transitada em julgado proferida pela Justiça do Trabalho ou em acordos judiciais trabalhistas, inclusive no concernente aos recolhimentos previdenciários, a honorários, a custas, a emolumentos ou a recolhimentos determinados em lei; ou

II — o inadimplemento de obrigações decorrentes de execução de acordos firmados perante o Ministério Público do Trabalho ou Comissão de Conciliação Prévia.

§ 2º Verificada a existência de débitos garantidos por penhora suficiente ou com exigibilidade suspensa, será expedida Certidão Positiva de Débitos Trabalhistas em nome do interessado com os mesmos efeitos da CNDT.

§ 3º A CNDT certificará a empresa em relação a todos os seus estabelecimentos, agências e filiais.

§ 4º O prazo de validade da CNDT é de 180 (cento e oitenta) dias, contado da data de sua emissão. *(Redação do caput e parágrafos dada pela Lei n. 12.440, de 7.7.11, DOU 8.7.11).*

TÍTULO VIII

DA JUSTIÇA DO TRABALHO

(V. CF, arts. 111 a 116, p. 39 e 40 e Lei n. 8.984/95, p. 373)
(V. Emenda Constitucional n. 24, de 9.12.99 e n. 45, de 8.12.04, já incluídas no texto da Constituição Federal)

CAPÍTULO I
INTRODUÇÃO

Art. 643. Os dissídios oriundos das relações entre empregados e empregadores, bem como de trabalhadores avulsos e seus tomadores de serviços, em atividades reguladas na legislação social, serão dirimidos pela Justiça do Trabalho, de acordo com o presente título e na forma estabelecida pelo processo judiciário do trabalho. *(Redação dada pela L. n. 7.494, de 17.6.86, DOU 19.6.86).*

— v. CF, art. 114, p. 39

§ 1º Revogado pela Lei Orgânica da Previdência Social, L. n. 3.807, 26.8.60, DOU 29.8.60, LTr 24/367.

§ 2º As questões referentes a acidentes do trabalho continuam sujeitas à justiça ordinária, na forma do Decreto n. 24.637, de 10 de julho de 1934, e legislação subsequente.

— v. CF, art. 109, p. 39

§ 3º A Justiça do Trabalho é competente, ainda, para processar e julgar as ações entre trabalhadores portuários e os operadores portuários ou o Órgão Gestor de Mão de Obra — OGMO decorrentes da relação de trabalho. (NR) *(Acrescentado pela MP n. 2.164-41, de 24.8.01, DOU 27.8.01)*

Art. 644. São órgãos da Justiça do Trabalho:

a) o Tribunal Superior do Trabalho;

b) os Tribunais Regionais do Trabalho;

c) as Varas do Trabalho ou os Juízos de Direito. *(Redação DL n. 9.797, 9.9.46, DOU 11.9.46, LTr 10/260).*

— v. CF, art. 111, p. 39

Art. 645. O serviço da Justiça do Trabalho é relevante e obrigatório, ninguém dele podendo eximir-se, salvo motivo justificado.

Art. 646. Os órgãos da Justiça do Trabalho funcionarão perfeitamente coordenados, em regime de mútua colaboração, sob a orientação do presidente do Tribunal Superior do Trabalho.

CAPÍTULO II
VARAS DO TRABALHO PELA EMENDA CONSTITUCIONAL N. 24, DE 9.12.99, (DOU 10.12.99), QUE EXTINGUIU OS JUÍZES CLASSISTAS TEMPORÁRIOS DA COMPOSIÇÃO DA JUSTIÇA DO TRABALHO

SEÇÃO I
Da Composição e Funcionamento

Art. 647. Cada Vara terá a seguinte composição:

a) um juiz do trabalho, que será seu presidente;

b) dois vogais, sendo um representante dos empregadores, e outro dos empregados.

— v. CF/88, art. 116, p. 40

PARÁGRAFO ÚNICO. Haverá um suplente para cada vogal. *(Redação DL n. 9.797, 9.9.46, DOU 11.9.46, LTr 10/260).*

Art. 648. São incompatíveis entre si, para os trabalhos da mesma Vara, os parentes consanguíneos e afins até o terceiro grau civil.

PARÁGRAFO ÚNICO. A incompatibilidade resolve-se a favor do primeiro vogal designado ou empossado, ou por sorteio, se a designação ou posse for da mesma data.

Art. 649. As Varas poderão conciliar, instruir ou julgar com qualquer número, sendo, porém, indispensável a presença do presidente, cujo voto prevalecerá em caso de empate.

§ 1º No julgamento de embargos deverão estar presentes todos os membros da Vara.

§ 2º Na execução e na liquidação das decisões funciona apenas o presidente. *(Redação art. e §§ DL n. 8.737, 19.1.46, DOU 21 e 30.1.46, LTr 10/30).*

SEÇÃO II
Da Jurisdição e Competência das Varas

Art. 650. A jurisdição de cada Vara do Trabalho abrange todo o território da Comarca em que tem sede, só podendo ser estendida ou restringida por lei federal.

PARÁGRAFO ÚNICO. As leis locais de Organização Judiciária não influirão sobre a competência de Varas do Trabalho já criadas, até que lei federal assim determine. *(Redação art. e §, L. n. 5.442, 24.5.68, DOU 28.5 e 4.6.68, LTr 32/349).*

CLT

Art. 651. A competência das Varas do Trabalho é determinada pela localidade onde o empregado, reclamante ou reclamado, prestar serviços ao empregador, ainda que tenha sido contratado noutro local ou no estrangeiro.

— v. CF, art. 114 incisos e parágrafos, p. 39

§ 1º Quando for parte no dissídio agente ou viajante comercial, a competência será da Vara da localidade em que a empresa tenha agência ou filial e a esta o empregado esteja subordinado e, na falta, será competente a Vara da localização em que o empregado tenha domicílio ou a localidade mais próxima. (NR) *(Redação dada pela Lei n. 9.851, de 27.10.99, DOU Seção 1, de 28.10.99).*

§ 2º A competência das Varas do Trabalho, estabelecida neste artigo, estende-se aos dissídios ocorridos em agência ou filial no estrangeiro, desde que o empregado seja brasileiro e não haja convenção internacional dispondo em contrário.

§ 3º Em se tratando de empregador que promova realização de atividades fora do lugar do contrato de trabalho, é assegurado ao empregado apresentar reclamação no foro da celebração do contrato ou no da prestação dos respectivos serviços.

Art. 652. Compete às Varas do Trabalho:

a) conciliar e julgar:

I — os dissídios em que se pretenda o reconhecimento da estabilidade de empregado;

II — os dissídios concernentes à remuneração, férias e indenizações por motivo de rescisão do contrato individual de trabalho;

III — os dissídios resultantes de contratos de empreitadas em que o empreiteiro seja operário ou artífice;

IV — os demais dissídios concernentes ao contrato individual de trabalho;

V — as ações entre trabalhadores portuários e os operadores portuários ou o Órgão Gestor de Mão de Obra — OGMO decorrentes da relação de trabalho; *(Inciso acrescentado pela MP n. 2.164-41, de 24.8.01, DOU 27.8.01).*

b) processar e julgar os inquéritos para apuração de falta grave;

c) julgar os embargos opostos às suas próprias decisões;

d) impor multas e demais penalidades relativas aos atos de sua competência. *(Redação desta alínea DL n. 6.353, 20.3.44, DOU 22.3.44, LTr 8/47, que suprimiu a alínea e).*

PARÁGRAFO ÚNICO. Terão preferência para julgamento os dissídios sobre pagamento de salário e aqueles que derivarem da falência do empregador, podendo o presidente da Vara, a pedido do interessado, constituir processo em separado, sempre que a reclamação também versar sobre outros assuntos.

Art. 653. Compete, ainda, às Varas do Trabalho:

a) requisitar às autoridades competentes a realização das diligências necessárias ao esclarecimento dos feitos sob sua apreciação, representando contra aquelas que não atenderem a tais requisições;

b) realizar as diligências e praticar os atos processuais ordenados pelos Tribunais Regionais do Trabalho ou pelo Tribunal Superior do Trabalho. *(Redação alínea DL n. 6.353, 20.3.44, DOU 22.3.44, LTr 8/47);*

c) julgar as suspeições arguidas contra os seus membros;

d) julgar as exceções de incompetência que lhes forem opostas;

e) expedir precatórias e cumprir as que lhes forem deprecadas;

f) exercer, em geral, no interesse da Justiça do Trabalho, quaisquer outras atribuições que decorram da sua jurisdição.

SEÇÃO III

Dos Presidentes das Varas

Art. 654. O ingresso na magistratura do trabalho far-se-á para o cargo de juiz do trabalho substituto. As nomeações subsequentes por promoção, alternadamente, por antiguidade e merecimento. *(Redação art. e §§, DL n. 229, 28.2.67, DOU 28.2.67, LTr 31/137, exceto o § 3º e alínea "a", § 5º).*

§ 1º Nas 7ª e 8ª Regiões da Justiça do Trabalho, nas localidades fora das respectivas sedes, haverá suplentes de juiz do trabalho presidente de Vara, sem direito a acesso, nomeados pelo Presidente da República, dentre brasileiros, bacharéis em Direito, de reconhecida idoneidade moral, especializados em direito do trabalho, pelo período de 2 (dois) anos, podendo ser reconduzidos. *(V. Lei n. 7.221, de 2.10.84)*

§ 2º Os suplentes de juiz do trabalho receberão, quando em exercício, vencimentos iguais aos dos juízes que substituírem.

§ 3º Os Juízes Substitutos serão nomeados após aprovação em concurso público de provas e títulos realizado perante o Tribunal Regional do Trabalho da Região, válido por dois anos e prorrogável, a critério do mesmo órgão, por igual período, uma só vez, e organizado de acordo com as instruções expedidas pelo Tribunal Superior do Trabalho. *(Redação deste § L. n. 6.087, 16.7.74, DOU 17.7.74, LTr 38/768).*

— v. CF, art. 37, p. 31

— V. Resolução Administrativa n. 907/02, do Tribunal Superior do Trabalho com as suas alterações subsequentes (Resoluções Administrativas: 965/03 — DJ 18.11.03, 1046/05 — 13.4.05, 1079/05 — DJ 9.8.05, 1161/06 — DJ 4.10.06, 1172/06 — DJ 10.10.06; 1199/07 — DJ 22.2.07, 1233/07 — DJ 6.6.07 e 1252/07 — DJ 3.9.07 e 1320, de 1º.12.08, DJe 4.12.08, que estabelece as instruções destinadas a regular o referido concurso.

— V. Resolução n. 75, de 12 de maio de 2009, do Conselho Nacional de Justiça, publicada no DOU de 21.5.09 e DJe n. 80/2009, de 21.5.09, que dispõe sobre os concursos públicos para ingresso na magistratura em todos os ramos do Poder Judiciário nacional (não publicada nesta obra).

— V. Resolução n. 118, do CNJ, de 3.8.10, DJ-e n. 150/10, de 18.8.10, que altera dispositivos da Resolução n. 75, de 12 de maio de 2009, que dispõe sobre os concursos públicos para ingresso na carreira da magistratura em todos os ramos do Poder Judiciário nacional.

§ 4º Os candidatos inscritos só serão admitidos ao concurso após apreciação prévia, pelo Tribunal Regional do Trabalho da respectiva Região, dos seguintes requisitos:

a) idade maior de 25 (vinte e cinco) anos e menor de 45 (quarenta e cinco) anos;

b) idoneidade para o exercício das funções.

§ 5º O preenchimento dos cargos de presidente de Vara, vagos ou criados por lei, será feito dentro de cada Região:

a) pela remoção de outro presidente, prevalecendo a antiguidade no cargo, caso haja mais de um pedido, desde que a remoção tenha sido requerida dentro de quinze dias, contados da abertura da vaga, ao Presidente do Tribunal Regional, a quem caberá expedir o respectivo ato. *(Redação desta alínea, L. n. 6.090, 16.7.74, DOU 17.7.74, LTr 38/768);*

b) pela promoção de substituto, cuja aceitação será facultativa, obedecido o critério alternado de antiguidade e merecimento.

§ 6º Os juízes do trabalho, presidentes de Vara, juízes substitutos e suplentes de juiz tomarão posse perante o presidente do Tribunal da respectiva Região. Nos Estados que não forem sede de Tribunal Regional do Trabalho, a posse dar-se-

-á perante o presidente do Tribunal de Justiça, que remeterá o termo ao Presidente do Tribunal Regional da jurisdição do empossado. Nos Territórios, a posse dar-se-á perante o presidente do Tribunal Regional do Trabalho da respectiva Região. *(Redação art. e §§, DL n. 229, 28.2.67, DOU 28.2.67, LTr 31/137).*

— v. L. n. 5.879, 23.5.73, DOU 24.5.73, LTr 37/563, que fixa normas para promoção de Juízes Presidentes de Vara

Art. 655. Os presidentes e os presidentes substitutos tomarão posse do cargo perante o presidente do Tribunal Regional da respectiva jurisdição.

§ 1º Nos Estados em que não houver sede de tribunais regionais a posse dar-se-á perante o presidente do Tribunal de Justiça, que remeterá o respectivo termo ao presidente do Tribunal Regional da jurisdição do empossado.

§ 2º Nos Territórios a posse dar-se-á perante o Juiz de Direito da Capital, que procederá na forma prevista no § 1º. *(Redação DL n. 8.737, 19.1.46, DOU 21 e 30.1.46, LTr 10/30). Em face da redação dada pelo DL n. 229, de 28.2.67 ao § 6º do artigo 654, este artigo está revogado por ser repetição do conteúdo daquele.*

Art. 656. O Juiz do Trabalho Substituto sempre que não estiver substituindo o Juiz-Presidente de Vara, poderá ser designado para atuar nas Varas do Trabalho.

§ 1º Para o fim mencionado no *caput* deste artigo, o território da Região poderá ser dividido em zonas, compreendendo a jurisdição de uma ou mais Varas, a juízo do Tribunal Regional do Trabalho respectivo.

§ 2º A designação referida no *caput* deste artigo será de atribuição do Juiz-Presidente do Tribunal Regional do Trabalho ou, não havendo disposição regimental específica, de quem este indicar.

§ 3º Os Juízes do Trabalho Substitutos quando designados ou estiverem substituindo os Juízes-Presidentes de Varas, perceberão os vencimentos destes.

§ 4º O Juiz-Presidente do Tribunal Regional do Trabalho ou, não havendo disposição regimental específica, que este indicar, fará a lotação e a movimentação dos Juízes Substitutos entre as diferentes zonas da Região na hipótese de terem sido criadas na forma do § 1º deste artigo. *(Redação do caput do art. 656 e §§ dada pela Lei n. 8.432, de 11.6.92, DOU 12.6.92, LTr 56-07/885).*

Art. 657. Os presidentes de Vara e os presidentes substitutos perceberão a remuneração ou os vencimentos fixados em lei. *(Redação DL n. 8.737, 19.1.46, DOU 21 e 30.1.46, LTr 10/30).*

Art. 658. São deveres precípuos dos presidentes das Varas além dos que decorram do exercício de sua função:

a) manter perfeita conduta pública e privada;

b) abster-se de atender a solicitações ou recomendações relativamente aos feitos que hajam sido ou tenham de ser submetidos à sua apreciação;

c) residir dentro dos limites de sua jurisdição, não podendo ausentar-se sem licença do Presidente do Tribunal Regional;

d) despachar e praticar todos os atos decorrentes de suas funções, dentro dos prazos estabelecidos, sujeitando-se ao desconto correspondente a um dia de vencimento para cada dia de retardamento. *(Redação DL n. 8.737, 19.1.46, DOU 21 e 30.1.46, LTr 10/30).*

Art. 659. Competem privativamente aos presidentes das Varas, além das que lhes forem conferidas neste Título e das decorrentes de seu cargo, as seguintes atribuições:

I — presidir às audiências das Varas;

II — executar as suas próprias decisões, as proferidas pela Vara e aquelas cuja execução lhes for deprecada;

III — dar posse aos vogais nomeados para a Vara, ao secretário e aos demais funcionários da Secretaria. *(Redação deste inciso de acordo com a L. n. 409, 25.9.48, DOU 1º.10.48);*

IV — convocar os suplentes dos vogais, no impedimento destes;

V — representar ao Presidente do Tribunal Regional da respectiva jurisdição, no caso de falta de qualquer vogal a três reuniões consecutivas, sem motivo justificado, para os fins do art. 727;

VI — despachar os recursos interpostos pelas partes, fundamentando a decisão recorrida antes da remessa ao Tribunal Regional, ou submetendo-os à decisão da Vara, no caso do art. 894;

VII — assinar as folhas de pagamento dos membros e funcionários da Vara;

VIII — apresentar ao Presidente do Tribunal Regional, até 15 de fevereiro de cada ano, o relatório dos trabalhos do ano anterior;

IX — conceder medida liminar, até decisão final do processo em reclamações trabalhistas que visem a tornar sem efeito transferência disciplinada pelos parágrafos do art. 469 desta Consolidação. *(Inciso acrescentado pela L. n. 6.203, 17.4.75, DOU 18.4.75, LTr 39/557).*

X — conceder medida liminar, até decisão final do processo, em reclamações trabalhistas que visem reintegrar no emprego dirigente sindical afastado, suspenso ou dispensado pelo empregador. (Inciso acrescentado pela L. n. 9.270, de 17.4.96).

SEÇÃO IV

Dos Vogais das Varas

(Ver Emenda Constitucional n. 24 de 9.12.99 (DOU 10.12.99)

Art. 660. Os vogais das Varas são designados pelo Presidente do Tribunal Regional da respectiva jurisdição.

Art. 661. Para o exercício da função de vogal da Vara ou suplente deste são exigidos os seguintes requisitos:

a) ser brasileiro;

b) ter reconhecida idoneidade moral;

c) ser maior de 25 (vinte e cinco) anos e ter menos de 70 (setenta) anos de idade. *(Redação das letras a e c, DL n. 229, 28.2.67, DOU 28.2.67, LTr 31/137);*

d) estar no gozo dos direitos civis e políticos;

e) estar quite com o serviço militar;

f) contar mais de dois anos de efetivo exercício na profissão e ser sindicalizado.

PARÁGRAFO ÚNICO. A prova da qualidade profissional a que se refere a alínea *f* deste artigo é feita mediante declaração do respectivo sindicato.

Art. 662. A escolha dos vogais das Varas e seus suplentes far-se-á dentre os nomes constantes das listas que, para esse efeito, forem encaminhadas pelas associações sindicais de primeiro grau ao presidente do Tribunal Regional.

§ 1º Para esse fim, cada sindicato de empregadores e de empregados, com base territorial extensiva à área de jurisdição da Vara, no todo ou em parte, procederá, na ocasião determinada pelo Presidente do Tribunal Regional, à escolha de três nomes que comporão a lista aplicando-se à eleição o disposto no art. 524 e seus §§ 1º a 3º. *(Redação deste §, L. n. 5.657, 4.6.71, DOU 8.6.71, LTr 35/495).*

§ 2º Recebidas as listas pelo presidente do Tribunal Regional, designará este, dentro de cinco dias, os nomes dos vogais e dos respectivos suplentes, expedindo para cada um deles um título, mediante a apresentação do qual será empossado.

§ 3º Dentro de quinze dias, contados da data da posse, pode ser contestada a investidura do vogal ou do suplente, por qualquer interessado, sem efeito suspensivo, por meio de representação escrita, dirigida ao presidente do Tribunal Regional.

§ 4º Recebida a contestação, o presidente do Tribunal designará imediatamente relator, o qual, se houver necessidade de ouvir testemunhas ou de proceder a quaisquer diligências, providenciará para que tudo se realize com a maior brevidade, submetendo, por fim, a contestação ao parecer do Tribunal, na primeira sessão. *(Redação deste § L. n. 2.244, 23.6.54, DOU 30.6.54).*

§ 5º Se o Tribunal julgar procedente a contestação, o presidente providenciará a designação de novo vogal ou suplente. *(Redação deste § DL n. 229, 28.2.67, DOU 28.2.67, LTr 31/137).*

§ 6º Em falta de indicação pelos sindicatos, de nomes para representantes das respectivas categorias profissionais e econômicas nas Varas do Trabalho, ou nas localidades onde não existirem sindicatos, serão esses representantes livremente designados pelo presidente do Tribunal Regional do Trabalho, observados os requisitos exigidos para o exercício de função. *(§ acrescentado pelo DL n. 229, 28.2.67, DOU 28.2.67, LTr 31/137).*

Art. 663. A investidura dos vogais das Varas e seus suplentes é de 3 (três) anos, podendo, entretanto, ser dispensado, a pedido, aquele que tiver servido, sem interrupção, durante metade desse período.

§ 1º Na hipótese da dispensa do vogal a que alude este artigo, assim como nos casos de impedimento, morte ou renúncia, sua substituição far-se-á pelo suplente, mediante convocação do presidente da Vara. *(Redação art. e § 1º, L. n. 2.244, 23.6.54, DOU 30.6.54).*

§ 2º Na falta do suplente, por impedimento, morte ou renúncia, serão designados novo vogal e o respectivo suplente, dentre os nomes constantes das listas a que se refere o art. 662, servindo os designados até o fim do período.

Art. 664. Os vogais das Varas e seus suplentes tomam posse perante o presidente da Vara em que têm de funcionar.

Art. 665. Enquanto durar sua investidura, gozam os vogais das Varas e seus suplentes das prerrogativas asseguradas aos jurados.

Art. 666. Por audiência a que comparecerem, até o máximo de vinte por mês, os vogais das Varas e seus suplentes perceberão a gratificação fixada em lei. *(Redação L. n. 4.439, 27.10.64, DOU 30.10.64).*

— v. art. 5º da Lei n. 9.655, de 2.6.98.

Art. 667. São prerrogativas dos vogais das Varas, além das referidas no art. 665:

a) tomar parte nas reuniões do tribunal a que pertençam;

b) aconselhar às partes a conciliação;

c) votar no julgamento dos feitos e nas matérias de ordem interna do tribunal, submetidas às suas deliberações;

d) pedir vista dos processos pelo prazo de vinte e quatro horas;

e) formular, por intermédio do presidente, aos litigantes, testemunhas e peritos, as perguntas que quiserem fazer, para esclarecimento do caso.

CAPÍTULO III

DOS JUÍZOS DE DIREITO

(V. CF, art. 112)

Art. 668. Nas localidades não compreendidas na jurisdição das Varas do Trabalho, os Juízos de Direito são os órgãos de administração da Justiça do Trabalho, com a jurisdição que lhes for determinada pela lei de organização judiciária local.

Art. 669. A competência dos Juízos de Direito, quando investidos na administração da Justiça do Trabalho, é a mesma das Varas do Trabalho, na forma da Seção II do Capítulo II.

§ 1º Nas localidades onde houver mais de um Juízo de Direito a competência é determinada, entre os juízes do cível, por distribuição ou pela divisão judiciária local, na conformidade da lei de organização respectiva.

§ 2º Quando o critério de competência da lei de organização judiciária for diverso do previsto no parágrafo anterior, será competente o juiz do cível mais antigo.

CAPÍTULO IV
DOS TRIBUNAIS REGIONAIS DO TRABALHO

(V. CF, art. 115)
(V. Lei n. 7.701/88 — p. 356)

SEÇÃO I
Da Composição e do Funcionamento

Art. 670. Os Tribunais Regionais compor-se-ão: **1ª Região,** de 54 (cinquenta e quatro) juízes, sendo 36 (trinta e seis) togados, vitalícios, e 18 (dezoito) classistas, temporários; **2ª Região,** de 94 (noventa e quatro) juízes — Lei n. 12.098, de 24.11.09, DOU 25.2.09; **3ª Região,** 49 (quarenta e nove) Juízes — Lei n. 12.616, de 30.4.12, DOU 2.5.12; **4ª Região**, de 48 (quarenta e oito) juízes — Lei n. 12.421, de 16.6.11, DOU 17.6.11; **5ª Região**, de 29 (vinte e nove) juízes, sendo 19 (dezenove) togados, vitalícios e 10 (dez) classistas, temporários; **6ª Região**, de 19 (dezenove) juízes — Lei n. 12.476, de 2.9.11, DOU 5.9.11; **7ª Região**, de 14 (quatorze) juízes — Lei n. 11.999, de 29.7.09, DOU 30.7.09; **8ª Região**, de 23 (vinte e três) juízes, sendo 15 (quinze) togados, vitalícios, e 8 (oito) classistas, temporários; **9ª Região**, de 31 (trinta e um) juízes — Lei n. 12.481, de 2.9.11, DOU 5.9.11; **10ª Região**, de 17 (dezessete) juízes, sendo 11 (onze) togados, vitalícios, e 6 (seis) classistas, temporários; **11ª Região**, de 14 (quatorze) juízes, Lei n. 11.987, de 27.7.09; **12ª Região**, de 18 (dezoito) juízes, sendo 12 (doze) togados, vitalícios, e 6 (seis) classistas, temporários; **13ª Região**, de 10 (dez) juízes — Lei n. 12.422, de 16.6.11, DOU 17.6.11; **14ª Região**, de 8 (oito) juízes, sendo 6 (seis) togados, vitalícios, e 2 (dois) classistas, temporários; **15ª Região**, de 55 (cinquenta e cinco) juízes — Lei n. 12.001, de 29.7.09, juízes, sendo 24 (vinte e quatro) togados, vitalícios, e 12 (doze) classistas, temporários; **16ª Região**, de 8 (oito) juízes, sendo 6 (seis) togados, vitalícios, e 2 (dois) classistas, temporários; **17ª Região**, de 12 (doze) juízes, Lei n. 11.986, de 27.7.09, DOU 28.7.09; **18ª Região**; 14 (quatorze) juízes — Lei n. 12.478, de 2.9.11, DOU 5.9.11; **19ª Região**, de 8 (oito) juízes, sendo 6 (seis) togados, vitalícios e 2 (dois) classistas, temporários; **20ª Região**, de 8 (oito) juízes, sendo 6 (seis) togados, vitalícios e 2 (dois) classistas, temporários; **21ª Região**, de 10 (dez) juízes — Lei n. 12.482, de 2.9.11, DOU 5.9.11; **22ª Região**, de 8 (oito) juízes, sendo 6 (seis) togados, vitalícios e 2 (dois) classistas, temporários; **23ª Região**, de 8 (oito) juízes, sendo 6 (seis) togados, vitalícios e 2 (dois) classistas, temporários; **24ª Região**, de 8 (oito) Juízes, sendo 6 (seis) togados, vitalícios e 2 (dois) classistas, temporários, todos nomeados pelo Presidente da República.

— A primeira redação deste artigo foi alterada pela L. n. 5.442, 24.5.68, DOU 24.5 e 26.6.68, LTr 32/349. Posteriormente sofreu várias alterações pelas Leis ns.:

— 6.241, 22.9.75, DOU 24.9.75, LTr 39/1181, que criou a 9ª Região;

— 6.635, 2.5.79, DOU 3.5.79, LTr 43/727, que alterou a composição do Tribunal da 2ª Região novamente alterada pela Lei n. 6.904, 30.4.81, DOU 30.4.81, LTr 45/620, que alterou a composição dos Tribunais da 1ª, 2ª, 4ª e 5ª Regiões;

— 6.915, 1.6.81, DOU 2.6.81, LTr 45/673, que criou a 11ª Região;

— 6.927, 7.7.81, DOU 8.7.81, LTr 45/873, que criou a 10ª Região;

— 6.928, 7.7.81, DOU 8.7.81, LTr 45/876, que criou a 12ª Região;

— 7.119, 29.8.83, DOU 31.8.83, LTr 47/1268, que alterou a composição dos Tribunais da 1ª, 2ª, 3ª, 4ª e 6ª Regiões;

— 7.324, 18.6.85, DOU 19.6.85, LTr 49/882, que criou a 13ª Região;

— 7.325, 18.6.85, DOU 19.6.85, LTr 49/885, que alterou a composição dos Tribunais da 5ª, 6ª, 8ª, 9ª e 10ª Regiões;

— 7.523, 17.7.86, DOU 18.7.86, LTr 50/1001, que criou a 14ª Região;

— 7.520, 15.7.86, DOU 17.7.86, LTr 50/1005, que criou a 15ª Região;

— 7.671, 21.9.88, DOU 22.9.88, LTr 52/1241, que criou a 16ª Região;

— 7.842, 18.10.89, DOU 19.10.89, LTr 53-11/1374, que alterou a composição da 12ª Região;

— 7.872, 8.11.89, DOU 10.11.89, LTr 53/1415, que criou a 17ª Região;

— 7.873, 9.11.89, DOU 10.11.89, LTr 53/1409, que criou a 18ª Região;

— 8.219, 29.8.91, DOU 30.8.91, LTr 55-9/1142, que criou a 19ª Região;

— 8.233, 10.9.91, DOU 11.9.91, LTr 55-10/1268, que criou a 20ª Região;

— 8.215, 25.7.91, DOU 26.7.91, LTr 55-8/1016, que criou a 21ª Região;

— 8.221, 5.9.91, DOU 6.9.91, LTr 55-10/1266, que criou a 22ª Região;

— 8.430, 8.6.92, DOU 9.6.92, LTr 56-06/699, que criou a 23ª Região;

— 8.431, 9.6.92, DOU 10.6.92, LTr 56-06/701, que criou a 24ª Região.

— 7.911, 7.12.89, DOU 11.12.89, LTr 53-12/1439, que alterou a composição da 4ª Região;

— 7.962, 21.12.89, DOU 22.12.89, LTr 54-1/91, que alterou a redação do inciso VII do art. 33 da Lei 7.729, de 16.1.89;

— 8.217, 27.8.91, DOU 28.8.91, LTr 55-9/1135, que alterou a composição da 8ª Região;

— 8.471, 7.10.92, DOU 8.10.92, LTr 45-11/1399, que alterou a composição da 6ª Região;

— 8.473, 19.10.92, DOU 20.10.92, LTr 56-11/1402, que alterou a composição da 15ª Região;

— 8.474, 20 10.92, DOU 21.10.92, LTr 56-11/1403, que alterou a composição da 10ª Região;

— 8.480, 7.11.92, DOU 11.11.92, LTr 56-12/1463, que alterou a composição da 2ª Região;

— 8.491, 20.11.92, DOU 21.11.92, LTr 56-12/1467, que alterou a composição da 4ª Região;

— 8.492, 20.11.92, DOU 21.11.92, LTr 56-12/1470, que alterou a composição da 9ª Região;

— 8.493, 20.11.92, DOU 21.11.92, LTr 56-12/1468, que alterou a composição da 5ª Região;

— 8.497, 26.11.92, DOU 27.11.92, LTr 56-12/1472, que alterou a composição do TRT da 3ª Região;

— 8.531, 15.12.92, DOU 16.12.92, LTr 56-1/126, que alterou a composição do TRT da 1ª Região;

— 8.621, 8.1.93, DOU 11.1.93, LTr 56-2/248, que alterou a composição do TRT da 12ª Região;

— 8.947, 8.12.94, DOU 9.12.94, Supl. Trab. LTr 183/1053, que alterou a composição do TRT da 8ª Região.

— v. CF, arts. 112 a 116, p. 39 e 40

§ 1º (Vetado).

§ 2º Nos Tribunais Regionais constituídos de seis ou mais juízes togados, e menos de onze, um deles será escolhido dentre advogados, um dentre membros do Ministério Público da União junto à Justiça do Trabalho e os demais dentre juízes do Trabalho, Presidentes da Vara da respectiva Região na forma prevista no parágrafo anterior.

— v. CF, art. 115, p. 40

§ 3º (Vetado).

§ 4º Os juízes classistas referidos neste artigo representarão, paritariamente, empregadores e empregados.

§ 5º Haverá um suplente para cada juiz classista.

§ 6º Os Tribunais Regionais, no respectivo regimento interno, disporão sobre a substituição de seus juízes, observados, na convocação de juízes inferiores, os critérios de livre escolha e antiguidade, alternadamente.

§ 7º Dentre os seus juízes togados, os Tribunais Regionais elegerão os respectivos Presidente e Vice-Presidente, assim como os Presidentes de Turmas, onde as houver.

§ 8º Os Tribunais Regionais da 1ª e 2ª Regiões dividir-se-ão em turmas, facultada essa divisão aos constituídos de, pelo menos, doze juízes. Cada turma se comporá de três juízes togados e dois classistas, um representante dos empregados e outro dos empregadores.

— v. L. n. 5.879, 23.5.73, DOU 24.5.73, LTr 37/563, que fixa normas para promoção de Juízes Presidentes de Vara

Art. 671. Para os trabalhos dos Tribunais Regionais existe a mesma incompatibilidade prevista no art. 648, sendo idêntica a forma de sua resolução.

CLT

Art. 672. Os Tribunais Regionais, em sua composição plena, deliberarão com a presença, além do Presidente, da metade e mais um do número de seus juízes, dos quais, no mínimo, um representante dos empregados e o outro dos empregadores.

§ 1º As Turmas somente poderão deliberar presentes, pelo menos, três dos seus juízes, entre eles os dois classistas. Para a integração desse *quorum*, poderá o presidente de uma Turma convocar juízes de outra, da classe a que pertencer o ausente ou impedido.

§ 2º Nos Tribunais Regionais, as decisões tomar-se-ão pelo voto da maioria dos juízes presentes, ressalvada, no Tribunal Pleno, a hipótese de declaração de inconstitucionalidade de lei ou ato do poder público (art. 97 da CF/88).

§ 3º O Presidente do Tribunal Regional, excetuada a hipótese de declaração de inconstitucionalidade de lei ou ato do poder público, somente terá voto de desempate. Nas sessões administrativas, o Presidente votará como os demais juízes, cabendo-lhe, ainda, o voto de qualidade.

§ 4º No julgamento de recursos contra a decisão ou despacho do Presidente, do Vice-Presidente ou do Relator, ocorrendo empate, prevalecerá a decisão ou despacho recorrido. *(Redação art. e §§, L. n. 5.442, 24.5.68, DOU 28.5 e 4.6.68, LTr 32/349).*

Art. 673. A ordem das sessões dos Tribunais Regionais será estabelecida no respectivo regimento interno.

SEÇÃO II

Da Jurisdição e Competência

(V. CF, art. 112)
(V. CF, art. 114, I a IX)

Art. 674. Para efeito da jurisdição dos Tribunais Regionais, o território nacional é dividido em vinte e quatro regiões seguintes:

— v. art. 670

1ª Região — Estado do Rio de Janeiro;
2ª Região — Estado de São Paulo;
3ª Região — Estado de Minas Gerais;
4ª Região — Estado do Rio Grande do Sul;
5ª Região — Estado da Bahia;
6ª Região — Estado de Pernambuco;
7ª Região — Estado do Ceará;
8ª Região — Estado do Pará e Território Federal do Amapá;
9ª Região — Estado do Paraná;
10ª Região — Distrito Federal;
11ª Região — Estado do Amazonas e Território Federal de Roraima;
12ª Região — Estado de Santa Catarina;
13ª Região — Estado da Paraíba;
14ª Região — Estados de Rondônia e Acre;
15ª Região — Campinas, Estado de São Paulo;
16ª Região — Estado do Maranhão;
17ª Região — Estado do Espírito Santo;
18ª Região — Estado de Goiás;
19ª Região — Estado de Alagoas;
20ª Região — Estado de Sergipe;
21ª Região — Estado do Rio Grande do Norte;
22ª Região — Estado do Piauí;
23ª Região — Estado de Mato Grosso;
24ª Região — Estado de Mato Grosso do Sul.

PARÁGRAFO ÚNICO. Os Tribunais têm sede nas cidades: Rio de Janeiro (1ª Região), São Paulo (2ª Região), Belo Horizonte (3ª Região), Porto Alegre (4ª Região), Salvador (5ª Região), Recife (6ª Região), Fortaleza (7ª Região), Belém (8ª Região), Curitiba (9ª Região), Brasília (10ª Região), Manaus (11ª Região), Florianópolis (12ª Região), João Pessoa (13ª Região), Porto Velho (14ª Região), Campinas (15ª Região), São Luís (16ª Região), Vitória (17ª Região), Goiânia (18ª Região), Maceió (19ª Região), Aracaju (20ª Região), Natal (21ª Região), Teresina (22ª Região), Cuiabá (23ª Região), Campo Grande (24ª Região).

— L. n. 5.839, 5.12.72, DOU 6.12.72, LTr 37/01, que deu nova redação ao art. 674 da CLT;
— LC n. 20, 1.7.74, DOU 1.7.74, que unificou os Estados de Guanabara e Rio de Janeiro, a partir de 15.3.75;
— L. n. 6.241, 22.9.75, DOU 24.9.75, LTr 39/1181, que criou a 9ª Região;
— LC n. 31, 11.10.77, DOU 12.10.77, que criou o Estado de Mato Grosso do Sul, pelo desmembramento do Estado de Mato Grosso;
— L. n. 6.915, 1.6.81, DOU 2.6.81, LTr 45/673, que criou a 11ª Região;
— L. n. 6.927, 7.7.81, DOU 8.7.81, LTr 45/873, que criou a 10ª Região;
— L. n. 6.928, 7.7.81, DOU 8.7.81, LTr 45/876, que criou a 12ª Região;
— LC n. 41, 22.12.81, DOU 23.12.81, que criou o Estado de Rondônia;
— L. n. 7.324, 18.6.85, DOU 19.6.85, LTr 49/882, que criou a 13ª Região;
— L. n. 7.523, 17.7.86, DOU 18.7.86, LTr 50/1001, que criou a 14ª Região;
— L. n. 7.520, 15.7.86, DOU 16.7.86, LTr 50/1005, que criou a 15ª Região;
— L. n. 7.671, 21.9.88, DOU 22.9.88, LTr 52/1241, que criou a 16ª Região;
— L. n. 7.872, 8.11.89, DOU 10.11.89, LTr 53/1414, que criou a 17ª Região;
— L. n. 7.873, 9.11.89, DOU 10.11.89, LTr 53/1409, que criou a 18ª Região;
— L. n. 8.219, 29.8.91, DOU 30.8.91, LTr 55-9/1142, que criou a 19ª Região;
— L. n. 8.233, 10.9.91, DOU 11.9.91, LTr 55-10/1268, que criou a 20ª Região;
— L. n. 8.215, 25.7.91, DOU 26.7.91, LTr 55-8/1016, que criou a 21ª Região;
— L. n. 8.221, 5.9.91, DOU 6.9.91, LTr 55-10/1266, que criou a 22ª Região;
— L. n. 8.430, 8.6.92, DOU 9.6.92, LTr 56-06/699, que criou a 23ª Região;
— L. n. 8.431, 9.6.92, DOU 10.6.92, LTr 56-06/701, que criou a 24ª Região.

Art. 675. Revogado pela L. n. 5.442, 24.5.68, DOU 28.5 e 4.6.68, LTr 32/349.

Art. 676. O número de regiões, a jurisdição e a categoria dos Tribunais Regionais estabelecidos nos artigos anteriores, somente podem ser alterados pelo Presidente da República.

— v. CF, art. 112, p. 39

Art. 677. A competência dos Tribunais Regionais determina-se pela forma indicada no art. 651 e seus parágrafos e, nos casos de dissídio coletivo, pelo local onde este ocorrer.

Art. 678. Aos Tribunais Regionais, quando divididos em Turmas, compete:(*)

I — ao Tribunal Pleno, especialmente:

a) processar, conciliar e julgar originariamente os dissídios coletivos;

b) processar e julgar originariamente:

1) as revisões de sentenças normativas;

2) a extensão das decisões proferidas em dissídios coletivos;

3) os mandados de segurança;

4) as impugnações à investidura de vogais e seus suplentes nas Varas do Trabalho;

c) processar e julgar em última instância:

1) os recursos das multas impostas pelas Turmas;

2) as ações rescisórias das decisões das Varas do Trabalho, dos juízes de direito investidos na jurisdição trabalhista, das Turmas e de seus próprios acórdãos;

(*) Há Tribunais Regionais (ex.: 2ª; 3ª e 15ª), que funcionam com Seções Especializadas e Órgãos Especiais, além de Turmas, conforme previsão legal.

3) os conflitos de jurisdição entre as suas Turmas, os juízes de direito investidos na jurisdição trabalhista, as Varas do Trabalho ou entre aqueles e estas;

d) julgar em única ou última instância:

1) os processos e os recursos de natureza administrativa atinentes aos seus serviços auxiliares e respectivos servidores;

2) as reclamações contra atos administrativos de seu presidente ou de qualquer de seus membros, assim como dos juízes de primeira instância e de seus funcionários;

II — às Turmas:

a) julgar os recursos ordinários previstos no art. 895, alínea *a*;

b) julgar os agravos de petição e de instrumento, estes de decisões denegatórias de recursos de sua alçada;

c) impor multas e demais penalidades relativas a atos de sua competência jurisdicional, e julgar os recursos interpostos das decisões das Varas e dos Juízes de Direito que as impuserem.

PARÁGRAFO ÚNICO. Das decisões das Turmas não caberá recurso para o Tribunal Pleno, exceto no caso do item I, alínea *c*, inciso 1, deste artigo. *(Redação art. e §§, L. n. 5.442, 24.5.68, DOU 28.5 e 4.6.68, LTr 32/349)(**).*

Art. 679. Aos Tribunais Regionais não divididos em Turmas, compete o julgamento das matérias a que se refere o artigo anterior, exceto a de que trata o inciso 1 da alínea *c* do item I, como os conflitos de jurisdição entre Turmas. *(Redação L. n. 5.442, 24.5.68, DOU 28.5 e 4.6.68, LTr 32/349).*

Art. 680. Compete, ainda, aos Tribunais Regionais ou suas Turmas(**):

a) determinar às Varas e aos juízes de direito a realização dos atos processuais e diligências necessárias ao julgamento dos feitos sob sua apreciação;

b) fiscalizar o cumprimento de suas próprias decisões;

c) declarar a nulidade dos atos praticados com infração de suas decisões;

d) julgar as suspeições arguidas contra seus membros;

e) julgar as exceções de incompetência que lhes forem opostas;

f) requisitar às autoridades competentes as diligências necessárias ao esclarecimento dos feitos sob apreciação, representando contra aquelas que não atenderem a tais requisições;

g) exercer, em geral, no interesse da Justiça do Trabalho, as demais atribuições que decorram de sua jurisdição. *(Redação deste art., L. n. 5.442, 24.5.68, DOU 28.5 e 4.6.68, LTr 32/349).*

SEÇÃO III
Dos Presidentes dos Tribunais Regionais

Art. 681. Os presidentes e vice-presidentes dos Tribunais Regionais do Trabalho tomarão posse perante os respectivos Tribunais. *(Redação L. n. 6.320, 5.4.76, DOU 7.4.76, LTr 40/529).*

Art. 682. Competem privativamente aos presidentes dos Tribunais Regionais, além das que forem conferidas neste e no título e das decorrentes do seu cargo as seguintes atribuições:

I — revogado pela L. n. 5.442, 24.5.68, DOU 28.5 e 4.6.68, LTr 32/349;

II — designar os vogais das Varas e seus suplentes;

III — dar posse aos presidentes de Varas e presidentes substitutos, aos vogais e suplentes e funcionários do próprio Tribunal e conceder férias e licenças aos mesmos e aos vogais e suplentes das Varas;

IV — presidir às sessões do Tribunal;

V — presidir às audiências de conciliação nos dissídios coletivos;

VI — executar suas próprias decisões e as proferidas pelo Tribunal;

VII — convocar suplentes dos juízes do Tribunal, nos impedimentos destes;

VIII — representar ao presidente do Tribunal Superior do Trabalho contra os Presidentes, Vogais e Juízes representantes classistas nos casos previstos no art. 727 e seu parágrafo único;

IX — despachar os recursos interpostos pelas partes;

X — requisitar às autoridades competentes, nos casos de dissídio coletivo, a força necessária, sempre que houver ameaça de perturbação da ordem;

XI — exercer correição, pelo menos uma vez por ano, sobre as Varas ou parcialmente, sempre que se fizer necessário, e solicitá-la, quando julgar conveniente, ao presidente do Tribunal de Justiça, relativamente aos juízes de Direito investidos na administração da Justiça do Trabalho;

XII — distribuir os feitos, designando os juízes que os devem relatar;

XIII — designar, dentre os funcionários do Tribunal e das Varas existentes em uma mesma localidade, o que deve exercer a função de distribuidor;

XIV — assinar as folhas de pagamento dos juízes e servidores do Tribunal.

§ 1º Na falta ou impedimento do presidente da Vara e do substituto da mesma localidade, é facultado ao presidente do Tribunal Regional designar substituto de outra localidade, observada a ordem de antiguidade entre os substitutos desimpedidos.

§ 2º Na falta ou impedimento do vogal da Vara e do respectivo suplente, é facultado ao presidente do Tribunal Regional designar suplente de outra Vara, respeitada a categoria profissional ou econômica do representante e a ordem de antiguidade dos suplentes desimpedidos. *(Redação deste art. e §§ DL n. 8.737, 19.1.46, DOU 21 e 30.1.46, LTr 10/30 e DL n. 9.797, 9.9.46, DOU 11.9.46, LTr 10/260).*

§ 3º Na falta ou impedimento de qualquer juiz representante classista e seu respectivo suplente, é facultado ao presidente do Tribunal Regional designar um dos vogais de Vara para funcionar nas sessões do Tribunal, respeitada a categoria profissional ou econômica do representante. *(§ acrescentado pela L. n. 3.440, 27.8.58, DOU 30.8.58).*

Art. 683. Na falta ou impedimento dos presidentes dos Tribunais Regionais, e como auxilia-

---

(**) A L. n. 7.119, 30.8.83, DOU 31.8.83, dispõe: ...

Art. 4º Os Tribunais do Trabalho compostos de 4 (quatro) ou mais Turmas serão obrigatoriamente divididos em Grupos de Turmas.

§ 1º Na composição dos Grupos de Turmas será respeitada, sempre, a paridade da representação de empregados e empregadores.

§ 2º Os Juízes classistas que não integrarem a composição efetiva dos Grupos de Turmas funcionarão como substitutos em quaisquer delas.

§ 3º Os Grupos de Turmas terão a competência atualmente atribuída ao Tribunal Pleno, excluída a apreciação de matéria de natureza administrativa, que continuará reservada ao Tribunal Pleno.

Art. 5º O Presidente do Grupo de Turmas será um dos seus membros efetivos, eleito entre seus pares, na forma do que dispõe a Lei Orgânica da Magistratura Nacional e o Regimento Interno do Tribunal Regional respectivo.

Art. 6º Os Grupos de Turmas funcionarão com a presença de, no mínimo, a metade mais um do número de Juízes que os compõem.(Os parágrafos 1º e 2º desta lei foram revogados pela Emenda Constitucional n. 24, de 9.12.99 que extinguiu a representação classista.

res destes, sempre que necessário, funcionarão seus substitutos.

§ 1º Nos casos de férias, por trinta dias, licença, morte ou renúncia, a convocação competirá diretamente ao presidente do Tribunal Superior do Trabalho.

§ 2º Nos demais casos, mediante convocação do próprio presidente do Tribunal ou comunicação do secretário deste, o presidente substituto assumirá imediatamente o exercício, ciente o presidente do Tribunal Superior do Trabalho. *(Redação deste art. e §§, DL n. 8.737, 19.1.46, DOU 21 e 30.1.46, LTr 10/30).*

SEÇÃO IV

Dos Juízes Representantes Classistas dos Tribunais Regionais

(Ver Emenda Constitucional n. 24, de 9.12.99, DOU 10.12.99).

Art. 684. Os juízes representantes classistas dos Tribunais Regionais são designados pelo Presidente da República.

PARÁGRAFO ÚNICO. Aos juízes representantes classistas dos empregados e dos empregadores, nos Tribunais Regionais, aplicam-se as disposições do art. 661. *(A L. n. 5.442, 24.5.68, DOU 28.5 e 4.6.68, LTr 32/349, revogou o § 2º e renumerou o § 1º).*

Art. 685. A escolha dos juízes e suplentes dos Tribunais Regionais, representantes dos empregadores e empregados, é feita dentre os nomes constantes das listas para esse fim encaminhadas ao presidente do Tribunal Superior do Trabalho pelas associações sindicais de grau superior com sede nas respectivas regiões.

§ 1º Para o efeito deste artigo, o Conselho de Representantes de cada associação sindical de grau superior, na ocasião determinada pelo presidente do Tribunal Superior do Trabalho, organizará, por maioria de votos, uma lista de três nomes.

§ 2º O presidente do Tribunal Superior do Trabalho submeterá os nomes constantes das listas ao Presidente da República, por intermédio do Ministro da Justiça. *(Redação deste §, L. n. 2.244, 23.6.54, DOU 30.6.54).*

Art. 686. Suprimido pelo DL n. 9.797, 9.9.46, DOU 11.9.46, LTr 10/260.

Art. 687. Os juízes representantes classistas dos Tribunais Regionais tomam posse perante o respectivo presidente.

Art. 688. Aos juízes representantes classistas dos Tribunais Regionais aplicam-se as disposições do art. 663, sendo a nova escolha feita dentre os nomes constantes das listas a que se refere o art. 685 e, bem assim, as dos arts. 665 e 667.

Art. 689. Por sessão a que comparecerem, até o máximo de quinze por mês, perceberão os juízes representantes classistas e suplentes dos Tribunais Regionais a gratificação fixada em lei.

PARÁGRAFO ÚNICO. Os juízes representantes classistas que retiverem processos além dos prazos estabelecidos no regimento interno dos Tribunais Regionais, sofrerão, automaticamente, na gratificação mensal a que teriam direito, desconto equivalente a 1/30 por processo retido. *(Redação DL n. 8.737, 19.1.46, DOU 21 e 30.1.46, LTr 10/30).*

CAPÍTULO V

DO TRIBUNAL SUPERIOR DO TRABALHO

(V. CF, arts. 111, 111-A e 114)

(V. Lei n. 7.701/88, p. 356)

SEÇÃO I

Disposições Preliminares

Art. 690. O Tribunal Superior do Trabalho, com sede na Capital da República e jurisdição em todo o território nacional, é a instância suprema da Justiça do Trabalho.

PARÁGRAFO ÚNICO. O Tribunal funciona na plenitude de sua composição ou dividido em turmas, com observância da paridade de representação de empregados e empregadores. *(Redação § L. n. 2.244, 23.6.54, DOU 30.6.54).*

Arts. 691 e 692. Suprimidos pelo DL n. 8.737, 19.1.46, DOU 21 e 30.1.46, LTr 10/30.

SEÇÃO II

Da Composição e Funcionamento do Tribunal Superior do Trabalho

— v. CF, art. 111, p. 39

Art. 693. O Tribunal Superior do Trabalho compõe-se de vinte e sete juízes, com a denominação de Ministros, sendo:

a) dezessete togados e vitalícios, nomeados pelo Presidente da República, depois de aprovada a escolha pelo Senado Federal, dentre brasileiros natos, maiores de trinta e cinco anos, de notável saber jurídico e reputação ilibada;

b) dez classistas, com mandato de três anos, em representação paritária dos empregadores e dos empregados, nomeados pelo Presidente da República, de conformidade com o disposto nos §§ 2º e 3º deste artigo. *(Redação art. e alíneas L. n. 5.442, 24.5.68, DOU 28.5 e 4.6.68, LTr 32/349).*

§ 1º Dentre os juízes togados do Tribunal Superior do Trabalho, alheios aos interesses profissionais, serão eleitos o presidente, o vice-presidente e o corregedor, além dos presidentes das turmas, na forma estabelecida em seu regimento interno.

§ 2º V. art. 111 da CF/88, p. 39.

§ 3º V. art. 111 da CF/88, p. 39.

— ver arts. 111 a 116 da CF, já alterados com a Emenda Constitucional n. 24, de 9.12.99, DOU 10.12.99

Art. 694. V. art. 111, § 1º da CF/88, p. 39.

Art. 695. Suprimido pelo DL n. 9.797, 9.9.46, DOU 11.9.46, LTr 10/260.

Art. 696. Importará em renúncia o não comparecimento do membro do Tribunal, sem motivo justificado, a mais de três sessões ordinárias consecutivas. *(Redação DL n. 8.737, 19.1.46, DOU 21 e 30.1.46, LTr 10/30).*

§ 1º Ocorrendo hipótese prevista neste artigo, o presidente do tribunal comunicará imediatamente o fato ao Ministro da Justiça, a fim de que seja feita a substituição do juiz renunciante, sem prejuízo das sanções cabíveis.

— v. LC n. 35, de 14.3.79

§ 2º Para os efeitos do parágrafo anterior, a designação do substituto será feita dentre os nomes constantes das listas de que trata o § 2º do art. 693. *(Redação §§ 1º e 2º, L. n. 2.244, 23.6.54, DOU 30.6.54).*

Art. 697. Em caso de licença, superior a trinta dias, ou de vacância, enquanto não for preenchido o cargo, os Ministros do Tribunal poderão ser substituídos mediante convocação de Juízes, de igual categoria, de qualquer dos Tribunais Regionais do Trabalho, na forma que dispuser o Regimento do Tribunal Superior do Trabalho. *(Redação L. n. 6.289, 11.12.75, DOU 12.12.75, LTr 40/73).*

Art. 698. Suprimido pelo DL n. 8.737, 19.1.46, DOU 21 e 30.1.46, LTr 10/30.

Art. 699. O Tribunal Superior do Trabalho não poderá deliberar, na plenitude de sua composição, senão com a presença de, pelo menos, nove de seus juízes, além do presidente.

— v. L. n. 7.701/88, p. 356

PARÁGRAFO ÚNICO. As Turmas do Tribunal, compostas de 5 (cinco) juízes, só poderão deliberar com a presença de, pelo menos, três de seus membros, além do respectivo presidente, cabendo também a este funcionar como relator ou revisor nos feitos que lhe forem distribuídos, conforme estabelecer o regimento interno. *(Redação art. e § L. n. 2.244, 23.6.54, DOU 30.6.54).*

— v. L. n. 7.701/88, p. 356

Art. 700. O Tribunal reunir-se-á em dias previamente fixados pelo presidente, o qual poderá, sempre que for necessário, convocar sessões extraordinárias. *(Redação DL n. 8.737, 19.1.46, DOU 21 e 30.1.46, LTr 10/30, combinado com DL n. 9.797, 9.9.46, DOU 11.9.46, LTr 10/260).*

— v. CF, art. 96, I, *a*

Art. 701. As sessões do Tribunal serão públicas e começarão às 14 horas, terminando às 17 horas, mas poderão ser prorrogadas pelo presidente em caso de manifesta necessidade.

§ 1º As sessões extraordinárias do Tribunal só se realizarão quando forem comunicadas aos seus membros com 24 horas, no mínimo, de antecedência.

§ 2º Nas sessões do Tribunal os debates poderão tornar-se secretos, desde que, por motivos de interesse público, assim resolver a maioria de seus membros. *(Redação DL n. 8.737, 19.1.46, DOU 21 e 30.1.46, LTr 10/30).*

SEÇÃO III
Da Competência do Tribunal Pleno

Art. 702. V. L. n. 7.701, 21.12.88 — p. 356.

SEÇÃO IV
Da Competência da Câmara de Justiça do Trabalho

Arts. 703 a 705. Suprimidos pelo DL n. 8.737, 19.1.46, DOU 21 e 30.1.46, LTr 10/30.

SEÇÃO V
Da Competência da Câmara de Previdência Social

Art. 706. Suprimido pelo DL n. 8.737, 19.1.46, DOU 21 e 30.1.46, LTr 10/30.

SEÇÃO VI
Das Atribuições do Presidente do Tribunal Superior do Trabalho

(V. CF/88, art. 96, I, *a*)

Art. 707. Compete ao presidente do Tribunal:

a) presidir às sessões do Tribunal, fixando os dias para a realização das sessões ordinárias e convocando as extraordinárias;

b) superintender todos os serviços do Tribunal;

c) expedir instruções e adotar as providências necessárias para o bom funcionamento do Tribunal e dos demais órgãos da Justiça do Trabalho;

d) fazer cumprir as decisões originárias do Tribunal, determinando aos Tribunais Regionais e aos demais órgãos da Justiça do Trabalho a realização dos atos processuais e das diligências necessárias;

e) submeter ao Tribunal os processos em que tenha de deliberar e designar, na forma do regimento interno, os respectivos relatores;

f) despachar os recursos interpostos pelas partes e os demais papéis em que deva deliberar;

g) determinar as alterações que se fizerem necessárias na lotação do pessoal da Justiça do Trabalho, fazendo remoções *ex officio* de servidores entre os Tribunais Regionais, Varas do Trabalho e outros órgãos, bem como conceder as requeridas que julgar convenientes ao serviço, respeitada a lotação de cada órgão;

h) conceder licenças e férias aos servidores do Tribunal, bem como impor-lhes as penas disciplinares que excederem da alçada das demais autoridades;

i) dar posse e conceder licença aos membros do Tribunal, bem como conceder licenças e férias aos presidentes dos Tribunais Regionais;

j) apresentar ao Ministro do Trabalho, até 31 de março de cada ano, o relatório das atividades do Tribunal e dos demais órgãos da Justiça do Trabalho.

— Considerando que o TST integra o Poder Judiciário, não está mais o seu Presidente obrigado a remeter relatório de espécie alguma ao Ministério do Trabalho. V. Regimento Interno do TST

PARÁGRAFO ÚNICO. O presidente terá um secretário, por ele designado dentre os funcionários lotados no Tribunal, e será auxiliado por servidores designados nas mesmas condições. *(Redação DL n. 8.737, 19.1.46, DOU 21 e 30.1.46, LTr 10/30, de acordo com o DL n. 9.797, 9.9.46, DOU 11.9.46, LTr 10/260).*

SEÇÃO VII

Das Atribuições do Vice-Presidente

Art. 708. Compete ao vice-presidente do Tribunal:

a) substituir o presidente e o corregedor em suas faltas e impedimentos;

b) suprimida pela L. n. 2.244, 23.6.54, DOU 30.6.54.

PARÁGRAFO ÚNICO. Na ausência do presidente e do vice-presidente, será o Tribunal presidido pelo juiz togado mais antigo, ou pelo mais idoso quando igual a antiguidade. *(Redação L. n. 2.244, 23.6.54, DOU 30.6.54).*

SEÇÃO VIII

Das Atribuições do Corregedor

Art. 709. Compete ao Corregedor, eleito dentre os Ministros togados do Tribunal Superior do Trabalho:

I — exercer funções de inspeção e correição permanente com relação aos Tribunais Regionais e seus Presidentes;

II — decidir reclamações contra os atos atentatórios da boa ordem processual praticados pelos Tribunais Regionais e seus presidentes, quando inexistir recurso específico;

III — revogado pela L. n. 5.442, 24.5.68, DOU 28.5 e 4.6.68, LTr 32/349.

§ 1º Das decisões proferidas pelo Corregedor, nos casos do artigo, caberá o agravo regimental, para o Tribunal Pleno.

§ 2º O Corregedor não integrará as Turmas do Tribunal, mas participará, com voto, das sessões do Tribunal Pleno, quando não se encontrar em correição ou em férias, embora não relate nem revise processos, cabendo-lhe, outrossim, votar em incidente de inconstitucionalidade, nos processos administrativos e nos feitos em que estiver vinculado por visto anterior à sua posse na Corregedoria. *(Redação deste artigo e § 1º, DL n. 229, 28.2.67, DOU 28.2.67, LTr 31/137, § 2º L. n. 7.121, 8.9.83, DOU 9.9.83, LTr 47-10/1274).*

CAPÍTULO VI

DOS SERVIÇOS AUXILIARES DA JUSTIÇA DO TRABALHO

(V. CF, art. 93, XIV, p. 35)

SEÇÃO I

Da Secretaria das Varas do Trabalho

Art. 710. Cada Vara terá uma secretaria, sob a direção de funcionário que o presidente designar, para exercer a função de chefe de secretaria, e que receberá, além dos vencimentos correspondentes ao seu padrão, a gratificação de função fixada em lei. *(Redação DL n. 8.737, 19.1.46, DOU 21 e 30.1.46, LTr 10/30, alterado pela L. n. 409, 25.9.48, DOU 1.10.48).*

Art. 711. Compete à secretaria das Varas:

a) o recebimento, a autuação, o andamento, a guarda e a conservação dos processos e outros papéis que lhe forem encaminhados;

b) a manutenção do protocolo de entrada e saída dos processos e demais papéis;

c) o registro das decisões;

d) a informação, às partes interessadas e seus procuradores, do andamento dos respectivos processos, cuja consulta lhes facilitará;

e) a abertura de vista dos processos às partes, na própria secretaria;

f) a contagem das custas devidas pelas partes, nos respectivos processos;

g) o fornecimento de certidões sobre o que constar dos livros ou do arquivamento da secretaria;

h) a realização das penhoras e demais diligências processuais;

i) o desempenho dos demais trabalhos que lhe forem cometidos pelo presidente da Vara, para melhor execução dos serviços que lhe estão afetos.

Art. 712. Compete especialmente aos chefes de secretaria das Varas do Trabalho.

a) superintender os trabalhos da secretaria velando pela boa ordem do serviço;

b) cumprir e fazer cumprir as ordens emanadas do presidente e das autoridades superiores;

c) submeter a despacho e assinatura do Presidente o expediente e os papéis que devem ser por ele despachados e assinados;

d) abrir a correspondência oficial dirigida à Vara e ao seu Presidente, a cuja deliberação será submetida;

e) tomar por termo as reclamações verbais nos casos de dissídios individuais;

f) promover o rápido andamento dos processos, especialmente na fase de execução, e a pronta realização dos atos e diligências deprecadas pelas autoridades superiores;

g) secretariar as audiências da Vara, lavrando as respectivas atas;

h) subscrever as certidões e os termos processuais;

i) dar aos litigantes ciência das reclamações e demais atos processuais de que devam ter conhecimento, assinando as respectivas notificações;

j) executar os demais trabalhos que lhe forem atribuídos pelo Presidente da Vara.

PARÁGRAFO ÚNICO. Os serventuários que, sem motivo justificado, não realizarem os atos, dentro dos prazos fixados, serão descontados em seus vencimentos, em tantos dias quantos os do excesso. *(Redação DL n. 8.737, 19.1.46, DOU 21 e 30.1.46, LTr 10/30, combinado com a L. n. 409, 25.9.48, DOU 1º.10.48).*

SEÇÃO II

Dos Distribuidores

(V. CF, art. 93, XV, p. 35)

Art. 713. Nas localidades em que existir mais de uma Vara do Trabalho haverá um distribuidor.

Art. 714. Compete ao distribuidor:

a) a distribuição, pela ordem rigorosa de entrada, e sucessivamente a cada Vara, dos feitos que, para esse fim, lhe forem apresentados pelos interessados;

b) o fornecimento, aos interessados, do recibo correspondente a cada feito distribuído;

c) a manutenção de dois fichários dos feitos distribuídos, sendo um organizado pelos nomes dos reclamantes e o outro dos reclamados, ambos por ordem alfabética;

d) o fornecimento a qualquer pessoa que o solicite, verbalmente ou por certidão, de informações sobre os feitos distribuídos;

e) a baixa na distribuição dos feitos, quando isto lhe for determinado pelos Presidentes das Varas, formando, com as fichas correspondentes, fichários à parte, cujos dados poderão ser consultados pelos interessados, mas não serão mencionados em certidões.

Art. 715. Os distribuidores são designados pelo Presidente do Tribunal Regional, dentre os funcionários das Varas e do Tribunal Regional, existentes na mesma localidade, e ao mesmo Presidente diretamente subordinados.

SEÇÃO III

Do Cartório dos Juízos de Direito

(V. CF, art. 112, p. 39)

Art. 716. Os cartórios dos Juízos de Direito, investidos na administração da Justiça do Trabalho têm, para esse fim, as mesmas atribuições e obrigações conferidas na Seção I às Secretarias das Varas do Trabalho.

PARÁGRAFO ÚNICO. Nos Juízos em que houver mais de um cartório, far-se-á entre eles a distribuição alternada e sucessiva das reclamações.

Art. 717. Aos escrivães dos Juízos de Direito, investidos na administração da Justiça do Trabalho, competem especialmente as atribuições e obrigações dos chefes de Secretaria das Varas; e aos demais funcionários dos cartórios, as que couberem nas respectivas funções, dentre as que competem às secretarias das Varas, enumeradas no art. 711.

SEÇÃO IV

Das Secretarias dos Tribunais Regionais

Art. 718. Cada Tribunal Regional tem uma secretaria, sob a direção do funcionário designado para exercer a função de secretário, com a gratificação de função fixada em lei. *(Redação DL n. 8.737, 19.1.46, DOU 21 e 30.1.46, LTr 10/30, combinado com DL n. 9.797, 9.9.46, DOU 11.9.46, LTr 10/260).*

Art. 719. Competem à Secretaria dos Tribunais além das atribuições estabelecidas no art. 711, para a secretaria das Varas, mais as seguintes:

a) a conclusão dos processos ao Presidente e sua remessa, depois de despachados, aos respectivos relatores;

b) a organização e a manutenção de um fichário de jurisprudência do Tribunal, para consulta dos interessados.

PARÁGRAFO ÚNICO. No regimento interno dos Tribunais Regionais serão estabelecidas as demais atribuições, o funcionamento e a ordem dos trabalhos de suas secretarias.

Art. 720. Competem aos Secretários dos Tribunais Regionais as mesmas atribuições conferidas no art. 712 aos Chefes de Secretaria das Varas, além das que lhes forem fixadas no regimento interno dos Tribunais. *(Redação de acordo L. n. 409, 25.9.48, DOU 1.10.48).*

SEÇÃO V

Dos Oficiais de Justiça e Oficiais de Justiça Avaliadores

Art. 721. Incumbe aos Oficiais de Justiça e Oficiais de Justiça Avaliadores da Justiça do Trabalho a realização dos atos decorrentes da execução dos julgados das Varas do Trabalho e dos Tribunais Regionais do Trabalho, que lhes forem cometidos pelos respectivos Presidentes.

§ 1º Para efeito de distribuição dos referidos atos, cada Oficial de Justiça ou Oficial de Justiça Avaliador funcionará perante uma Vara do Trabalho, salvo quando da existência nos Tribunais Regionais do Trabalho, de órgão específico, destinado à distribuição de mandados judiciais.

§ 2º Nas localidades onde houver mais de uma Vara, respeitado o disposto no parágrafo anterior, a atribuição para o cumprimento do ato deprecado ao Oficial de Justiça ou Oficial de Justiça Avaliador será transferida a outro Oficial, sempre que, após o decurso de 9 (nove) dias, sem razões que o justifiquem, não tiver sido cumprido o ato, sujeitando-se o serventuário às penalidades da lei.

§ 3º No caso de avaliação, terá o Oficial de Justiça Avaliador, para cumprimento do ato, o prazo previsto no art. 888.

§ 4º É facultado aos Presidentes dos Tribunais Regionais do Trabalho cometer a qualquer Oficial de Justiça ou Oficial de Justiça Avaliador a realização dos atos de execução das decisões desses Tribunais.

§ 5º Na falta ou impedimento do Oficial de Justiça ou Oficial de Justiça Avaliador, o Presidente da Vara poderá atribuir a realização do ato a qualquer serventuário. *(Redação art. e §§, L. n. 5.442, 24.5.68, DOU 28.5 e 4.6.68, LTr 32/349).*

CAPÍTULO VII

DAS PENALIDADES

SEÇÃO I

Do "Lockout" e da Greve

— **v. CF, art. 9º, p. 31**
— **v. L. n. 7.783/89, p. 284**

Art. 722. Os empregadores que, individual ou coletivamente, suspenderem os trabalhos dos seus estabelecimentos, sem prévia autorização do tribunal competente, ou que violarem, ou se recusarem a cumprir decisão proferida em dissídio coletivo, incorrerão nas seguintes penalidades:

a) multa de 100 a 1.000 valores de referência regionais. *(Redação L. n. 6.205, 29.4.75 c/c art. 7º, L. n. 6.986, 13.4.82);*

— v. Nota do art. 47

b) perda do cargo de representação profissional em cujo desempenho estiverem;

CLT

c) suspensão, pelo prazo de dois anos a cinco anos, do direito de serem eleitos para cargos de representação profissional.

§ 1º Se o empregador for pessoa jurídica, as penas previstas nas alíneas *b* e *c* incidirão sobre os administradores responsáveis.

§ 2º Se o empregador for concessionário de serviço público, as penas serão aplicadas em dobro. Nesse caso, se o concessionário for pessoa jurídica, o Presidente do tribunal que houver proferido a decisão poderá, sem prejuízo do cumprimento desta e da aplicação das penalidades cabíveis, ordenar o afastamento dos administradores responsáveis, sob pena de ser cassada a concessão.

§ 3º Sem prejuízo das sanções cominadas neste artigo, os empregadores ficarão obrigados a pagar os salários devidos aos seus empregados, durante o tempo de suspensão do trabalho.

Art. 723 a 725. Revogados pela Lei n. 9.842, de 7.10.99, DOU 8.10.99.

SEÇÃO II

Das Penalidades contra os Membros da Justiça do Trabalho

Art. 726. Aquele que recusar o exercício da função de vogal de Vara ou de juiz representante classista de Tribunal Regional, sem motivo justificado, incorrerá nas seguintes penas. *(Redação de acordo com DL n. 9.797, 9.9.46, DOU 11.9.46, LTr 10/260):*

a) sendo representante de empregadores, multa de 2 (dois) a 20 (vinte) valores de referência regionais e suspensão do direito de representação profissional por dois a cinco anos;

— v. Nota do art. 47

b) sendo representante de empregados, multa de 2 (dois) valores de referência regionais e suspensão do direito de representação profissional por dois a cinco anos. *(Redação alíneas "a" e "b" L. n. 6.205, 29.4.75, c/c art. 7º, L. n. 6.986, 13.4.82).*

— v. Nota do art. 47

Art. 727. Os vogais das Varas ou juízes representantes classistas dos Tribunais Regionais, que faltarem a três reuniões ou sessões consecutivas, sem motivo justificado, perderão o cargo além de incorrerem nas penas do artigo anterior.

PARÁGRAFO ÚNICO. Se a falta for de Presidente, incorrerá ele na pena de perda do cargo, além da perda dos vencimentos correspondentes aos dias em que tiver faltado às audiências ou sessões consecutivas.

Art. 728. Aos Presidentes, membros, juízes vogais e funcionários auxiliares da Justiça do Trabalho, aplica-se o disposto no Título XI do Código Penal.

SEÇÃO III

De Outras Penalidades

Art. 729. O empregador que deixar de cumprir decisão passada em julgado sobre readmissão ou reintegração de empregado, além do pagamento dos salários deste, incorrerá na multa de 1/5 (um quinto) a 1 (um) valor de referência regional por dia, até que seja cumprida a decisão.

§ 1º O empregador que impedir ou tentar impedir que empregado seu sirva como vogal em Tribunal de Trabalho, ou que perante este preste depoimento, incorrerá na multa de 10 (dez) a 100 (cem) valores de referência regionais.

§ 2º Na mesma pena do parágrafo anterior incorrerá o empregador que dispensar seu empregado pelo fato de haver servido como vogal ou prestado depoimento como testemunha, sem prejuízo da indenização que a lei estabeleça. *(Redação art. e § 1º, L. n. 6.205, 29.4.75, c/c art. 7º L. n. 6.986, 13.4.82).*

— v. Nota do art. 47

Art. 730. Aqueles que se recusarem a depor como testemunhas, sem motivo justificado, incorrerão na multa de (um) a 10 (dez) valores de referência regionais. *(Redação L. n. 6.205, 29.4.75, c/c art. 7º, L. n. 6.986, 13.4.82).*

— v. Nota do art. 47

Art. 731. Aquele que tendo apresentado ao distribuidor reclamação verbal, não se apresentar, no prazo estabelecido no parágrafo único do art. 786, à Vara ou Juízo para fazê-la tomar por termo, incorrerá na pena de perda, pelo prazo de seis meses, do direito de reclamar perante a Justiça do Trabalho.

Art. 732. Na mesma pena do artigo anterior incorrerá o reclamante que, por duas vezes seguidas, der causa ao arquivamento de que trata o art. 844.

Art. 733. As infrações de disposições deste Título, para as quais não haja penalidades cominadas, serão punidas com multa de 1 (um) a 100 (cem) valores de referência regionais, elevada ao dobro na reincidência. *(Redação L. n. 6.205, 29.4.75, c/c art. 7º, L. n. 6.986, 13.4.82).*

— v. Nota do art. 47

— v. L. n. 7.855, 24.10.89, DOU 25.10.89, LTr 53-12/1.418, p. 687

CAPÍTULO VIII

DISPOSIÇÕES GERAIS

Art. 734. Revogado com o advento da LOPS, L. n. 3.807, 26.8.60, DOU 5.9.60, LTr 24/366, alterada pela L. n. 5.890, 8.6.73, DOU 11.6.73, LTr 37/647;

— v. DL n. 72, 21.11.66, DOU 22.11 e 13.12.66, LTr 31/54, que unificou os Institutos de Previdência

Art. 735. As repartições públicas e as associações sindicais são obrigadas a fornecer aos juízes e Tribunais do Trabalho e à Procuradoria da Justiça do Trabalho as informações e os dados necessários à instrução e ao julgamento dos feitos submetidos à sua apreciação.

PARÁGRAFO ÚNICO. A recusa de informações ou dados a que se refere este artigo, por parte de funcionários públicos, importa na aplicação das penalidades previstas pelo Estatuto dos Funcionários Públicos por desobediência.

— v. L. n. 8.112/90, p. 807

TÍTULO IX

DO MINISTÉRIO PÚBLICO DO TRABALHO (*)

(V. CF, art. 128, I, *b*, art. 129 e art. 130-A)

CAPÍTULO I

DISPOSIÇÕES GERAIS

Art. 736. O Ministério Público do Trabalho é constituído por agentes diretos do Poder Executivo, tendo por função zelar pela exata observância da Constituição Federal, das leis e demais atos emanados dos poderes públicos, na esfera de suas atribuições.

PARÁGRAFO ÚNICO. Para o exercício de suas funções, o Ministério Público do Trabalho reger-se-á pelo que estatui esta Consolidação e, na falta de disposição expressa, pelas normas que regem o Ministério Público Federal.

Art. 737. O Ministério Público do Trabalho compõe-se da Procuradoria da Justiça do Trabalho e da Procuradoria da Previdência Social, aquela funcionando como órgão de coordenação entre a Justiça do Trabalho e o Ministério do Trabalho, ambas diretamente subordinadas ao Ministro de Estado. *(Redação DL n. 8.737, 19.1.46, DOU 21 e 30.1.46, LTr 10/30).*

— v. D. n. 40.359, 16.11.56, DOU 16.11.56, LTr 43/930, que aprova o Regulamento do Ministério Público do Trabalho(*)

Art. 738. Revogado pelo art. 196 da Emenda Constitucional n. 1/69.

Art. 739. Não estão sujeitos a ponto os procuradores-gerais e os procuradores.

CAPÍTULO II

DA PROCURADORIA DA JUSTIÇA DO TRABALHO

SEÇÃO I

Da Organização

Art. 740. A Procuradoria da Justiça do Trabalho compreende:

a) uma Procuradoria-Geral, que funcionará junto ao Tribunal Superior do Trabalho;

b) vinte e quatro Procuradorias Regionais que funcionarão junto aos Tribunais Regionais do Trabalho — *Redação desta alínea adaptada em face das Leis ns.:*

— 6.241, 22.9.75, DOU 24.9.75, LTr 39/1181;
— 6.915, 1º.6.81, DOU 2.6.81, LTr 45/673;
— 6.927, 7.7.81, DOU 8.7.81, LTr 45/873;
— 6.928, 7.7.81, DOU 8.7.81, LTr 45/876;
— 7.324, 18.6.85, DOU 19.6.85, LTr 49/882;
— 7.520, 15.7.86, DOU 16.7.86, LTr 50/1005;
— 7.523, 17.7.86, DOU 18.7.86, LTr 50/1001;
— 7.671, 21.9.88, DOU 22.9.88, LTr 52/1241;
— 7.872, 8.11.89, DOU 10.11.89, LTr 53/1415;
— 7.873, 9.11.89, DOU 10.11.89, LTr 53/1409;
— 8.219, 29.8.91, DOU 30.8.91, LTr 55/1142;
— 8.233, 10.9.91, DOU 11.9.91, LTr 55/1268;
— 8.215, 25.7.91, DOU 26.7.91, LTr 55/1016;
— 8.221, 5.9.91, DOU 6.9.91, LTr 55/1266;
— 8.466, 23.9.92, DOU 24.9.92, LTr 55-10/1275;
— 8.469, 5.10.92, DOU 6.10.92, LTr 56-10/1281;
— 8.470, 5.10.92, DOU 6.10.92, LTr 56-10/1282.

Art. 741. As Procuradorias Regionais são subordinadas diretamente ao procurador-geral.

Art. 742. A Procuradoria-Geral é constituída de um procurador-geral e de procuradores.

PARÁGRAFO ÚNICO. As procuradorias regionais compõem-se de um procurador regional, auxiliado, quando necessário, por procuradores adjuntos.

Art. 743. Haverá, nas procuradorias regionais, substitutos de procurador adjunto ou, quando não houver este cargo, de procurador regional, designados previamente por decreto do Presidente da República, sem ônus para os cofres públicos.

§ 1º O substituto tomará posse perante o respectivo procurador regional, que será autoridade competente para convocá-lo.

§ 2º O Procurador Regional será substituído em suas faltas e impedimentos pelo procurador adjunto, quando houver, e, havendo mais de um, pelo que for por ele designado.

§ 3º O Procurador Adjunto será substituído, em suas faltas e impedimentos, pelo respectivo procurador substituto.

§ 4º Será dispensado, automaticamente, o substituto que não atender à convocação, salvo motivo de doença devidamente comprovada.

§ 5º Nenhum direito ou vantagem terá o substituto além do vencimento do cargo do substituído e somente durante o seu impedimento legal.

Art. 744. A nomeação do Procurador-Geral deverá recair em bacharel em ciências jurídicas e sociais, que tenha exercido, por cinco ou mais anos, cargo de Magistratura ou de Ministério Público, ou a advocacia.

(*) Ver Lei Complementar n. 75, de 20.5.93 (p. 291), que dispõe sobre a organização, as atribuições e o estatuto do Ministério Público da União.

Art. 745. Para a nomeação dos demais procuradores, atender-se-á aos mesmos requisitos estabelecidos no artigo anterior, reduzido a dois anos, no mínimo, o tempo de exercício.

SEÇÃO II

Da Competência da Procuradoria-Geral

Art. 746. Compete à Procuradoria-Geral da Justiça do Trabalho:

a) oficiar, por escrito, em todos os processos e questões de trabalho de competência do Tribunal Superior do Trabalho;

— A L. n. 5.584, 26.6.70, DOU 29.6.70, LTr 34/521, dispõe: "Art. 5º Para exarar parecer, terá o órgão do Ministério Público da União, junto à Justiça do Trabalho, o prazo de 8 (oito) dias, contados da data em que lhe for distribuído o processo".

b) funcionar nas sessões do mesmo Tribunal, opinando verbalmente sobre a matéria em debate e solicitando as requisições de diligências que julgar convenientes, sendo-lhe assegurado o direito de vista do processo em julgamento sempre que for suscitada questão nova, não examinada no parecer exarado;

c) requerer prorrogação das sessões do Tribunal, quando essa medida for necessária para que se ultime o julgamento;

d) exarar, por intermédio do procurador-geral, o seu "ciente" nos acórdãos do Tribunal;

e) proceder às diligências e inquéritos solicitados pelo Tribunal;

f) recorrer das decisões do Tribunal nos casos previstos em lei;

g) promover, perante o Juízo competente, a cobrança executiva das multas impostas pelas autoridades administrativas e judiciárias do trabalho;

h) representar às autoridades competentes contra os que não cumprirem as decisões do Tribunal;

i) prestar às autoridades do Ministério do Trabalho, as informações que lhe forem solicitadas sobre os dissídios submetidos à apreciação do Tribunal e encaminhar aos órgãos competentes cópia autenticada das decisões que por eles devam ser atendidas ou cumpridas;

j) requisitar de quaisquer autoridades inquéritos, exames periciais, diligências, certidões e esclarecimentos que se tornem necessários no desempenho de suas atribuições;

l) defender a jurisdição dos órgãos da Justiça do Trabalho;

m) suscitar conflitos de jurisdição. *(Redação art. e alíneas, DL n. 8.737, 19.1.46, DOU 21 e 30.1.46, LTr 10/30).*

SEÇÃO III

Da Competência das Procuradorias Regionais

Art. 747. Compete às Procuradorias Regionais exercer, dentro da jurisdição do Tribunal Regional respectivo, as atribuições indicadas na Seção anterior.

SEÇÃO IV

Das Atribuições do Procurador-Geral

Art. 748. Como chefe da Procuradoria-Geral da Justiça do Trabalho, incumbe ao Procurador-Geral:

a) dirigir os serviços da Procuradoria-Geral, orientar e fiscalizar as procuradorias regionais, expedindo as necessárias instruções;

b) funcionar nas sessões do Tribunal Superior do Trabalho, pessoalmente ou por intermédio do procurador que designar;

c) exarar o seu "ciente" nos acórdãos do Tribunal;

d) designar o procurador que o substitua nas faltas e impedimentos e o chefe da secretaria da Procuradoria;

e) apresentar, até o dia 31 de março, ao Ministro do Trabalho, relatório dos trabalhos da Procuradoria-Geral no ano anterior, com as observações e sugestões que julgar convenientes;

f) conceder férias a procuradores e demais funcionários que sirvam na Procuradoria e impor-lhes penas disciplinares, observada, quanto aos procuradores, a legislação em vigor para o Ministério Público Federal;

— v. Nota ao art. 737

g) funcionar em Juízo, em primeira instância, ou designar os procuradores que o devam fazer;

h) admitir e dispensar o pessoal extranumerário da secretaria e prorrogar o expediente remunerado dos funcionários e extranumerários. *(Redação art. e alíneas, DL n. 8.737, 19.1.46, DOU 21 e 30.1.46, LTr 10/30).*

SEÇÃO V

Das Atribuições dos Procuradores

Art. 749. Incumbe aos procuradores com exercício na Procuradoria-Geral:

a) funcionar por designação do procurador-geral, nas sessões do Tribunal Superior do Trabalho;

b) desempenhar os demais encargos que lhes forem atribuídos pelo procurador-geral.

PARÁGRAFO ÚNICO. Aos procuradores é facultado, nos processos em que oficiarem, requerer ao procurador-geral as diligências e investigações necessárias. *(Redação art. e §, DL n. 8.737, 19.1.46, DOU 21 e 30.1.46, LTr 10/30).*

SEÇÃO VI

Das Atribuições dos Procuradores Regionais

Art. 750. Incumbe aos Procuradores Regionais:

a) dirigir os serviços da respectiva Procuradoria;

b) funcionar nas sessões do Tribunal Regional, pessoalmente ou por intermédio do procurador adjunto que designar;

c) apresentar, semestralmente, ao Procurador-Geral, um relatório das atividades da respectiva Procuradoria, bem como dados e informações sobre a administração da Justiça do Trabalho na respectiva região;

d) requerer e acompanhar perante as autoridades administrativas ou judiciárias as diligências necessárias à execução das medidas e providências ordenadas pelo Procurador-Geral;

e) prestar ao Procurador-Geral as informações necessárias sobre os feitos em andamento e consultá-lo nos casos de dúvidas;

f) funcionar em juízo, na sede do respectivo Tribunal Regional;

g) exarar o seu "ciente" nos acórdãos do Tribunal;

h) designar o Procurador que o substitua nas faltas e impedimentos e o secretário da Procuradoria. *(Redação art. e alíneas, DL n. 8.737, 19.1.46, DOU 21 e 30.1.46, LTr 10/30).*

Art. 751. Incumbe aos Procuradores Adjuntos das procuradorias regionais:

a) funcionar, por designação do Procurador Regional, nas sessões do Tribunal Regional;

b) desempenhar os demais encargos que lhes forem atribuídos pelo Procurador Regional. *(Redação art. e alíneas, DL n. 8.737, 19.1.46, DOU 21 e 30.1.46, LTr 10/30).*

SEÇÃO VII

Da Secretaria

Art. 752. A secretaria da Procuradoria-Geral funcionará sob a direção de um chefe designado pelo procurador-geral e terá o pessoal designado pelo Ministro do Trabalho. *(Redação DL n. 8.737, 19.1.46, DOU 21 e 30.1.46, LTr 10/30).*

Art. 753. Compete à secretaria:

a) receber, registrar e encaminhar os processos ou papéis entrados;

b) classificar e arquivar os pareceres e outros papéis;

c) prestar informações sobre os processos ou papéis sujeitos à apreciação da Procuradoria;

d) executar o expediente da Procuradoria;

e) providenciar sobre o suprimento do material necessário;

f) desempenhar os demais trabalhos que lhe forem cometidos pelo Procurador-Geral para melhor execução dos serviços a seu cargo.

Art. 754. Nas Procuradorias Regionais os trabalhos a que se refere o artigo anterior serão executados pelos funcionários para esse fim designados.

CAPÍTULO III

DA PROCURADORIA DE PREVIDÊNCIA SOCIAL

SEÇÃO I

Da Organização

Arts. 755 a 762. Revogados pelo DL n. 72, 21.11.66, DOU 22.11.66 e 13.12.66, LTr 31/54, que criou o INPS, transformando o Conselho Superior da Previdência Social em Conselho de Recursos da Previdência Social.

CLT

TÍTULO X
DO PROCESSO JUDICIÁRIO DO TRABALHO

(V. CF, art. 93, 112, 114, I a IX, p. 35/39 e Lei n. 8.984/95, p. 373)

CAPÍTULO I
DISPOSIÇÕES PRELIMINARES

Art. 763. O processo da Justiça do Trabalho, no que concerne aos dissídios individuais e coletivos e à aplicação de penalidades, reger-se-á em todo o território nacional, pelas normas estabelecidas neste Título.

— v. L. n. 5.584/70, p. 350

Art. 764. Os dissídios individuais ou coletivos submetidos à apreciação da Justiça do Trabalho serão sempre sujeitos à conciliação.

§ 1º Para os efeitos deste artigo, os juízes e Tribunais do Trabalho empregarão sempre os seus bons ofícios e persuasão no sentido de uma solução conciliatória dos conflitos.

§ 2º Não havendo acordo, o juízo conciliatório converter-se-á obrigatoriamente em arbitral, proferindo decisão na forma prescrita neste Título.

§ 3º É lícito às partes celebrar acordo que ponha termo ao processo, ainda mesmo depois de encerrado o juízo conciliatório.

Art. 765. Os juízos e Tribunais do Trabalho terão ampla liberdade na direção do processo e velarão pelo andamento rápido das causas, podendo determinar qualquer diligência necessária ao esclarecimento delas.

— A L. n. 5.584, 26.6.70, DOU 29.6.70, LTr 34/521, dispõe:

"Art. 4º Nos dissídios de alçada exclusiva das Varas e naqueles em que os empregados ou empregadores reclamarem pessoalmente, o processo poderá ser impulsionado de ofício pelo Juiz".

Art. 766. Nos dissídios sobre estipulação de salários, serão estabelecidas condições que, assegurando justos salários aos trabalhadores, permitam também justa retribuição às empresas interessadas.

Art. 767. A compensação, ou retenção, só poderá ser arguida como matéria de defesa. *(Redação DL n. 6.353, 20.3.44, DOU 22.3.44, LTr 8/47).*

Art. 768. Terá preferência em todas as fases processuais o dissídio cuja decisão tiver de ser executada perante o juízo da falência.

— v. art. 449, CLT

Art. 769. Nos casos omissos, o direito processual comum será fonte subsidiária do direito processual do trabalho, exceto naquilo em que for incompatível com as normas deste Título.

CAPÍTULO II
DO PROCESSO EM GERAL

SEÇÃO I
Dos Atos, Termos e Prazos Processuais

Art. 770. Os atos processuais serão públicos, salvo quando o contrário determinar o interesse social, e realizar-se-ão nos dias úteis das 6 às 20 horas.

PARÁGRAFO ÚNICO. A penhora poderá realizar-se em domingo ou dia feriado, mediante autorização expressa do juiz ou presidente.

Art. 771. Os atos e termos processuais poderão ser escritos à tinta, datilografados ou a carimbo.

Art. 772. Os atos e termos processuais, que devam ser assinados pelas partes interessadas, quando estas, por motivo justificado, não possam fazê-lo, serão firmados a rogo, na presença de duas testemunhas, sempre que não houver procurador legalmente constituído.

Art. 773. Os termos relativos ao movimento dos processos constarão de simples notas, datadas e rubricadas pelos Chefes de Secretaria ou escrivães. *(Redação de acordo L. n. 409, 25.9.48, DOU 1º.10.48).*

Nota: A L. n. 6.563/78 altera a denominação para Diretores da Secretaria.

Art. 774. Salvo disposição em contrário, os prazos previstos neste Título contam-se, conforme o caso, a partir da data em que for feita pessoalmente, ou recebida a notificação, daquela em que for publicado o edital no jornal oficial ou no que publicar o expediente da Justiça do Trabalho, ou, ainda, daquela em que for afixado o edital, na sede da Vara, Juízo ou Tribunal. *(Redação L. n. 2.244, 23.6.54, DOU 30.6.54).*

PARÁGRAFO ÚNICO. Tratando-se de notificação postal, no caso de não ser encontrado o destinatário ou no de recusa de recebimento, o Correio ficará obrigado, sob pena de responsabilidade do servidor, a devolvê-la no prazo de 48 horas, ao Tribunal de origem. *(Redação parágrafo único, DL n. 8.737, 19.1.46, DOU 21 e 30.1.46, LTr 10/30).*

Art. 775. Os prazos estabelecidos neste Título contam-se com exclusão do dia do começo e inclusão do dia do vencimento, e são contínuos e irrelevaveis, podendo, entretanto, ser prorrogados pelo tempo estritamente necessário pelo juiz ou Tribunal, ou em virtude de força maior, devidamente comprovada.

PARÁGRAFO ÚNICO. Os prazos que se vencerem em sábado, domingo ou dia feriado, terminarão no primeiro dia útil seguinte. *(Redação art. e §, DL n. 8.737, 19.1.46, DOU 21 e 30.1.46, LTr 10/30).*

Art. 776. O vencimento dos prazos será certificado nos processos pelos escrivães ou chefes de Secretaria. *(Redação de acordo L. n. 409, 25.9.48, DOU 1º.10.48).*

— v. Nota ao art. 773

Art. 777. Os requerimentos e documentos apresentados, os atos e termos processuais, as petições ou razões de recursos e quaisquer outros papéis referentes aos feitos formarão os autos dos processos, os quais ficarão sob a responsabilidade dos escrivães ou chefes de Secretaria. *(Redação de acordo L. n. 409, 25.9.48, DOU 1º.10.48).*

— v. Nota ao art. 773

Art. 778. Os autos dos processos da Justiça do Trabalho não poderão sair dos cartórios ou secretarias, salvo se solicitados por advogado regularmente constituído por qualquer das partes, ou quando tiverem de ser remetidos aos órgãos competentes, em caso de recurso ou requisição. *(Redação L. n. 6.598, 1º.12.78, DOU 5.12.78, LTr 43/91).*

Art. 779. As partes, ou seus procuradores, poderão consultar, com ampla liberdade, os processos nos cartórios ou secretarias.

Art. 780. Os documentos juntos aos autos poderão ser desentranhados somente depois de findo o processo, ficando traslado.

Art. 781. As partes poderão requerer certidões dos processos em curso ou arquivados, as quais serão lavradas pelos escrivães ou chefes de Secretaria. *(Redação de acordo L. n. 409, 25.9.48, DOU 1º.10.48).*

— v. Nota ao art. 773

PARÁGRAFO ÚNICO. As certidões dos processos que correrem em segredo de justiça dependerão de despacho do juiz ou presidente.

Art. 782. São isentos de selo as reclamações, representações, requerimentos, atos e processos relativos à Justiça do Trabalho.

SEÇÃO II
Da Distribuição

(V. CF, art. 93, XV, p. 35)

Art. 783. A distribuição das reclamações será feita entre as Varas do Trabalho, ou os Juízes de Direito do Cível, nos casos previstos no art. 669, § 1º, pela ordem rigorosa de sua apresentação ao distribuidor, quando o houver.

Art. 784. As reclamações serão registradas em livro próprio, rubricado em todas as folhas pela autoridade a que estiver subordinado o distribuidor.

Art. 785. O distribuidor fornecerá ao interessado um recibo do qual constarão, essencialmente, o nome do reclamante e do reclamado, a data da distribuição, o objeto da reclamação e a Vara ou o Juízo a que coube a distribuição.

Art. 786. A reclamação verbal será distribuída antes de sua redução a termo.

PARÁGRAFO ÚNICO. Distribuída a reclamação verbal, o reclamante deverá, salvo motivo de força maior, apresentar-se no prazo de cinco dias, ao cartório ou à secretaria, para reduzi-la a termo, sob a pena estabelecida no art. 731.

Art. 787. A reclamação escrita deverá ser formulada em duas vias e desde logo acompanhada dos documentos em que se fundar.

Art. 788. Feita a distribuição, a reclamação será remetida pelo distribuidor à Vara ou Juízo competente, acompanhada do bilhete de distribuição.

SEÇÃO III
Das Custas e Emolumentos(*)

(*) Todos os dispositivos desta Seção são da Lei n. 10.537, de 27.8.02, DOU 28.8.02, com vigência depois de 30 (trinta) dias de sua publicação oficial.

V. Instrução Normativa n. 20, de 24.9.02, do TST, p. 937

Art. 789. Nos dissídios individuais e nos dissídios coletivos do trabalho, nas ações e procedimentos de competência da Justiça do Trabalho, bem como nas demandas propostas perante a Justiça Estadual, no exercício da jurisdição trabalhista, as custas relativas ao processo de conhecimento incidirão à base de 2% (dois por cento), observado o mínimo de R$ 10,64 (dez reais e sessenta e quatro centavos) e serão calculadas:

I — quando houver acordo ou condenação, sobre o respectivo valor;

II — quando houver extinção do processo, sem julgamento do mérito, ou julgado totalmente improcedente o pedido, sobre o valor da causa;

III — no caso de procedência do pedido formulado em ação declaratória e em ação constitutiva, sobre o valor da causa;

IV — quando o valor for indeterminado, sobre o que o juiz fixar.

§ 1º As custas serão pagas pelo vencido, após o trânsito em julgado da decisão. No caso de recurso, as custas serão pagas e comprovado o recolhimento dentro do prazo recursal.

§ 2º Não sendo líquida a condenação, o juízo arbitrar-lhe-á o valor e fixará o montante das custas processuais.

§ 3º Sempre que houver acordo, se de outra forma não for convencionado, o pagamento das custas caberá em partes iguais aos litigantes.

§ 4º Nos dissídios coletivos, as partes vencidas responderão solidariamente pelo pagamento das custas, calculadas sobre o valor arbitrado na decisão, ou pelo Presidente do Tribunal. (NR) *(Redação do caput, incisos e parágrafos pela Lei n. 10.537, de 27.8.02 (DOU 28.8.02)*

Art. 789-A. No processo de execução são devidas custas, sempre de responsabilidade do executado e pagas ao final, de conformidade com a seguinte tabela:

I — autos de arrematação, de adjudicação e de remição: 5% (cinco por cento) sobre o respectivo valor, até o máximo de R$ 1.915,38 (um mil, novecentos e quinze reais e trinta e oito centavos);

II — atos dos oficiais de justiça, por diligência certificada:

a) em zona urbana: R$ 11,06 (onze reais e seis centavos);

b) em zona rural: R$ 22,13 (vinte e dois reais e treze centavos);

III — agravo de instrumento: R$ 44,26 (quarenta e quatro reais e vinte e seis centavos);

IV — agravo de petição: R$ 44,26 (quarenta e quatro reais e vinte e seis centavos);

V — embargos à execução, embargos de terceiro e embargos à arrematação: R$ 44,26 (quarenta e quatro reais e vinte e seis centavos);

VI — recurso de revista: R$ 55,35 (cinquenta e cinco reais e trinta e cinco centavos);

VII — impugnação à sentença de liquidação: R$ 55,35 (cinquenta e cinco reais e trinta e cinco centavos);

VIII — despesa de armazenagem em depósito judicial por dia: 0,1% (um décimo por cento) do valor da avaliação;

IX — cálculos de liquidação realizados pelo contador do juízo sobre o valor liquidado: 0,5% (cinco décimos por cento) até o limite de R$ 638,46 (seiscentos e trinta e oito reais e quarenta e seis centavos). *(Artigo e incisos acrescentados pela Lei n. 10.537, de 27.8.02, DOU 28.8.02).*

Art. 789-B. Os emolumentos serão suportados pelo Requerente, nos valores fixados na seguinte tabela:

I — autenticação de traslado de peças mediante cópia reprográfica apresentada pelas partes — por folha: R$ 0,55 (cinquenta e cinco centavos de real);

II — fotocópia de peças — por folha: R$ 0,28 (vinte e oito centavos de real);

III — autenticação de peças — por folha: R$ 0,55 (cinquenta e cinco centavos de real);

IV — cartas de sentença, de adjudicação, de remição e de arrematação — por folha: R$ 0,55 (cinquenta e cinco centavos de real);

V — certidões — por folha: R$ 5,53 (cinco reais e cinquenta e três centavos). *(Artigo e incisos acrescentados pela Lei n. 10.537, de 27.8.02, DOU 28.8.02).*

Art. 790. Nas Varas do Trabalho, nos Juízos de Direito, nos Tribunais e no Tribunal Superior do Trabalho, a forma de pagamento das custas e emolumentos obedecerá às instruções que serão expedidas pelo Tribunal Superior do Trabalho.

§ 1º Tratando-se de empregado que não tenha obtido o benefício da justiça gratuita, ou isenção de custas, o sindicato que houver intervindo no processo responderá solidariamente pelo pagamento das custas devidas.

§ 2º No caso de não pagamento das custas, far-se-á execução da respectiva importância, segundo o procedimento estabelecido no Capítulo V deste Título.

§ 3º É facultado aos juízes, órgãos julgadores e presidentes dos tribunais do trabalho de qualquer instância conceder, a requerimento ou de ofício, o benefício da justiça gratuita, inclusive quanto a traslados e instrumentos, àqueles que perceberem salário igual ou inferior ao dobro do mínimo legal, ou declararem, sob as penas da lei, que não estão em condições de pagar as custas do processo sem prejuízo do sustento próprio ou de sua família. (NR) *(Redação do caput e parágrafos pela Lei n. 10.537, de 27.8.02, DOU 28.8.02).*

Art. 790-A. São isentos do pagamento de custas, além dos beneficiários de justiça gratuita:

I — a União, os Estados, o Distrito Federal, os Municípios e respectivas autarquias e fundações públicas federais, estaduais ou municipais que não explorem atividade econômica;

II — o Ministério Público do Trabalho.

PARÁGRAFO ÚNICO. A isenção prevista neste artigo não alcança as entidades fiscalizadoras do exercício profissional, nem exime as pessoas jurídicas referidas no inciso I da obrigação de reembolsar as despesas judiciais realizadas pela parte vencedora. *(Artigo, incisos e parágrafo único acrescentados pela Lei n. 10.537, de 27.8.02, DOU 28.8.02).*

Art. 790-B. A responsabilidade pelo pagamento dos honorários periciais é da parte sucumbente na pretensão objeto da perícia, salvo se beneficiária de justiça gratuita. *(Artigo acrescentado pela Lei n. 10.537, de 27.8.02, DOU 28.8.02).*

SEÇÃO IV

Das Partes e dos Procuradores

Art. 791. Os empregados e os empregadores poderão reclamar pessoalmente perante a Justiça do Trabalho e acompanhar as suas reclamações até o final.(*)

§ 1º Nos dissídios individuais os empregados e empregadores poderão fazer-se representar por intermédio do sindicato, advogado, solicitador, ou provisionado, inscrito na Ordem dos Advogados do Brasil.

— v. CF, art. 133, p. 41

§ 2º Nos dissídios coletivos é facultada aos interessados a assistência por advogado.

— v. L. n. 5.584, 26.6.70, p. 350

— v. L. n. 8.906, de 4.7.94, p. 554

§ 3º A constituição de procurador com poderes para o foro em geral poderá ser efetivada, mediante simples registro em ata de audiência, a requerimento verbal do advogado interessado, com anuência da parte representada. (NR) *(Parágrafo acrescentado pela Lei n. 12.437, de 6.7.11, DOU 7.7.11).*

Art. 792. Os maiores de 18 e menores de 21 anos e as mulheres casadas poderão pleitear perante a Justiça do Trabalho sem a assistência de seus pais, tutores ou maridos.

(*) A Lei n. 10.288, de 20.9.01 previa nova redação para este artigo no seguinte teor: "Art. 791. A assistência de advogado será indispensável a partir da audiência de conciliação, se não houver acordo antes da contestação, inclusive nos dissídios coletivos". Entretanto, referida disposição foi vetada pelo Presidente da República.

Art. 793. A reclamação trabalhista do menor de 18 anos será feita por seus representantes legais e, na falta destes, pela Procuradoria da Justiça do Trabalho, pelo sindicato, pelo Ministério Público estadual ou curador nomeado em juízo. (NR) *(Redação dada pela L. n. 10.288, de 20.9.01, DOU 21.9.01).*

SEÇÃO V
Das Nulidades

Art. 794. Nos processos sujeitos à apreciação da Justiça do Trabalho só haverá nulidade quando resultar dos atos inquinados manifesto prejuízo às partes litigantes.

Art. 795. As nulidades não serão declaradas senão mediante provocação das partes, as quais deverão argui-las à primeira vez em que tiverem de falar em audiência ou nos autos.

§ 1º Deverá, entretanto, ser declarada *ex officio* a nulidade fundada em incompetência de foro. Nesse caso, serão considerados nulos os atos decisórios.

§ 2º O juiz ou Tribunal que se julgar incompetente determinará, na mesma ocasião, que se faça remessa do processo, com urgência, à autoridade competente, fundamentando sua decisão.

Art. 796. A nulidade não será pronunciada:

a) quando for possível suprir-se a falta ou repetir-se o ato;

b) quando arguida por quem lhe tiver dado causa.

Art. 797. O juiz ou Tribunal que pronunciar a nulidade declarará os atos a que ela se estende.

Art. 798. A nulidade do ato não prejudicará senão os posteriores que dele dependam ou sejam consequência.

SEÇÃO VI
Das Exceções

Art. 799. Nas causas da jurisdição da Justiça do Trabalho, somente podem ser opostas, com suspensão do feito, as exceções de suspeição ou incompetência.

§ 1º As demais exceções serão alegadas como matéria de defesa.

§ 2º Das decisões sobre exceções de suspeição e incompetência, salvo, quanto a estas, se terminativas do feito, não caberá recurso, podendo, no entanto, as partes alegá-las novamente no recurso que couber da decisão final. *(Redação art. e §§, DL n. 8.737, 19.1.46, DOU 21 e 30.1.46, LTr 10/30).*

Art. 800. Apresentada a exceção de incompetência, abrir-se-á vista dos autos ao exceto, por 24 horas improrrogáveis, devendo a decisão ser proferida na primeira audiência ou sessão que se seguir.

Art. 801. O juiz, presidente ou vogal, é obrigado a dar-se por suspeito, e pode ser recusado, por algum dos seguintes motivos, em relação à pessoa dos litigantes:

a) inimizade pessoal;

b) amizade íntima;

c) parentesco por consanguinidade ou afinidade até o terceiro grau civil;

d) interesse particular na causa.

— v. arts. 135 e seg., CPC

PARÁGRAFO ÚNICO. Se o recusante houver praticado algum ato pelo qual haja consentido na pessoa do juiz, não mais poderá alegar exceção de suspeição, salvo sobrevindo novo motivo. A suspeição não será também admitida, se do processo constar que o recusante deixou de alegá-la anteriormente, quando já a conhecia, ou que, depois de conhecida, aceitou o juiz recusado ou, finalmente, se procurou de propósito o motivo de que ela se originou.

Art. 802. Apresentada a exceção de suspeição, o juiz ou Tribunal designará audiência, dentro de 48 horas, para instrução e julgamento da exceção.

§ 1º Nas Varas e nos Tribunais Regionais, julgada procedente a exceção de suspeição, será logo convocado, para a mesma audiência ou sessão, ou para a seguinte, o suplente do membro suspeito, o qual continuará a funcionar no feito até decisão final. Proceder-se-á da mesma maneira, quando algum dos membros se declarar suspeito.

§ 2º Se se tratar de suspeição de Juiz de Direito, será este substituído na forma da organização judiciária local.

SEÇÃO VII
Dos Conflitos de Jurisdição
(V. CF, arts. 102, I e 114, V, p. 37 e 39)

Art. 803. Os conflitos de jurisdição podem ocorrer entre:

a) Varas do Trabalho e Juízes de Direito investidos na administração da Justiça do Trabalho;

b) Tribunais Regionais do Trabalho;

c) Juízos e Tribunais do Trabalho e órgãos da Justiça Ordinária;

d) revogada pelo DL n. 8.737, 19.1.46, DOU 21 e 30.1.46, LTr 10/30.

Art. 804. Dar-se-á conflito de jurisdição:

a) quando ambas as autoridades se considerarem competentes;

b) quando ambas as autoridades se considerarem incompetentes.

Art. 805. Os conflitos de jurisdição podem ser suscitados:

a) pelos juízes e Tribunais do Trabalho;

b) pelo procurador-geral e pelos procuradores regionais da Justiça do Trabalho;

c) pela parte interessada, ou o seu representante.

Art. 806. É vedado à parte interessada suscitar conflitos de jurisdição quando já houver oposto na causa exceção de incompetência.

Art. 807. No ato de suscitar o conflito deverá a parte interessada produzir a prova de existência dele.

Art. 808. Os conflitos de jurisdição de que trata o art. 803 serão resolvidos. *(Redação corrigida pelo DL n. 6.353, 20.3.44, DOU 22.3.44, LTr 8/47):*

a) pelos Tribunais Regionais, os suscitados entre Varas e entre Juízes de Direito, ou entre umas e outras, nas respectivas regiões;

b) pelo Tribunal Superior do Trabalho, os suscitados entre Tribunais Regionais, ou entre Varas e Juízos de Direito sujeitos à jurisdição de Tribunais Regionais diferentes;

c) revogada pelo DL n. 9.797, 9.9.46, DOU 11.9.46, LTr 10/260;

d) pelo Supremo Tribunal Federal, os suscitados entre as autoridades da Justiça do Trabalho e as da Justiça Ordinária.

— v. CF, arts. 102, letra *o* e 105 letra *d*

Art. 809. Nos conflitos de jurisdição entre as Varas e os Juízos de Direito observar-se-á o seguinte:

I — o juiz ou presidente mandará extrair dos autos as provas do conflito e, com a sua informação, remeterá o processo assim formado, no mais breve prazo possível, ao presidente do Tribunal Regional competente;

II — no Tribunal Regional, logo que der entrada o processo, o presidente determinará a distribuição do feito, podendo o relator ordenar imediatamente às Varas e aos Juízos, nos casos de conflito positivo, que sobrestejam o andamento dos respectivos processos, e solicitar, ao mesmo tempo, quaisquer informações que julgue convenientes. Seguidamente, será ouvida a Procuradoria, após o que o relator submeterá o feito a julgamento, na primeira sessão;

III — proferida a decisão será a mesma comunicada, imediatamente, às autoridades em conflito, prosseguindo no foro julgado competente.

Art. 810. Aos conflitos de jurisdição entre os Tribunais Regionais aplicar-se-ão as normas estabelecidas no artigo anterior.

Art. 811. Nos conflitos suscitados na Justiça do Trabalho entre as autoridades desta e os órgãos da Justiça Ordinária, o processo do conflito, formado de acordo com o inciso I do art. 809, será remetido diretamente ao presidente do Supremo Tribunal Federal.

— v. CF, arts. 102, letra *o* e 105, letra *d*

Art. 812. Revogado pelo DL n. 9.797, 9.9.46, DOU 11.9.46, LTr 10/260.

SEÇÃO VIII

Das Audiências

Art. 813. As audiências dos órgãos da Justiça do Trabalho serão públicas e realizar-se-ão na sede do Juízo ou Tribunal em dias úteis previamente fixados entre 8 e 18 horas, não podendo ultrapassar cinco horas seguidas, salvo quando houver matéria urgente.

§ 1º Em casos especiais, poderá ser designado outro local para a realização das audiências, mediante edital afixado na sede do Juízo ou Tribunal, com a antecedência mínima de 24 horas.

§ 2º Sempre que for necessário, poderão ser convocadas audiências extraordinárias, observado o prazo do parágrafo anterior.

Art. 814. Às audiências deverão estar presentes, comparecendo com a necessária antecedência, os escrivães ou chefes de Secretaria. *(Redação de acordo L. n. 409, 25.9.48, DOU 1º.10.48).*

— v. Nota ao art. 773

Art. 815. À hora marcada, o juiz presidente declarará aberta a audiência, sendo feita pelo chefe de Secretaria ou escrivão a chamada das partes, testemunhas e demais pessoas que devam comparecer. *(Redação de acordo L. n. 409, 25.9.48, DOU 1º.10.48).*

— v. Nota ao art. 773

PARÁGRAFO ÚNICO. Se, até 15 minutos após a hora marcada, o juiz ou presidente não houver comparecido, os presentes poderão retirar-se, devendo o ocorrido constar do livro de registro das audiências.

Art. 816. O juiz ou presidente manterá a ordem nas audiências, podendo mandar retirar do recinto os assistentes que a perturbarem.

Art. 817. O registro das audiências será feito em livro próprio, constando de cada registro os processos apreciados e a respectiva solução, bem como as ocorrências eventuais.

PARÁGRAFO ÚNICO. Do registro das audiências poderão ser fornecidas certidões às pessoas que o requererem.

SEÇÃO IX

Das Provas

Art. 818. A prova das alegações incumbe à parte que as fizer.

— v. art. 333 do CPC e art. 5º, inc. LVI da CF

Art. 819. O depoimento das partes e testemunhas que não souberem falar a língua nacional será feito por meio de intérprete nomeado pelo juiz ou presidente.

§ 1º Proceder-se-á da forma indicada neste artigo, quando se tratar de surdo-mudo, ou de mudo que não saiba escrever.

§ 2º Em ambos os casos de que este artigo trata, as despesas correrão por conta da parte a quem interessar o depoimento.

Art. 820. As partes e testemunhas serão inquiridas pelo juiz ou presidente, podendo ser reinquiridas, por seu intermédio, a requerimento dos vogais, das partes, seus representantes ou advogados.

Art. 821. Cada uma das partes não poderá indicar mais de três testemunhas, salvo quando se tratar de inquérito, caso em que esse número poderá ser elevado a seis. *(Redação DL n. 8.737, 19.1.46, DOU 21 e 30.1.46, LTr 10/30).*

Art. 822. As testemunhas não poderão sofrer qualquer desconto pelas faltas ao serviço, ocasionadas pelo seu comparecimento para depor, quando devidamente arroladas ou convocadas.

Art. 823. Se a testemunha for funcionário civil ou militar, e tiver de depor em hora de serviço, será requisitado ao chefe da repartição para comparecer à audiência marcada.

Art. 824. O juiz ou presidente providenciará para que o depoimento de uma testemunha não seja ouvido pelas demais que tenham de depor no processo.

Art. 825. As testemunhas comparecerão à audiência independentemente de notificação ou intimação.

PARÁGRAFO ÚNICO. As que não comparecerem serão intimadas, *ex officio*, ou a requerimento da parte, ficando sujeitas a condução coercitiva, além das penalidades do art. 730, caso, sem motivo justificado, não atendam à intimação.

Art. 826. É facultado a cada uma das partes apresentar um perito ou técnico *(Revogado implicitamente pela L. n. 5.584, 26.6.70, DOU 29.6.70, LTr 34/521), que dispõe:*

"Art. 3º Os exames periciais serão realizados por perito único designado pelo Juiz, que fixará o prazo para entrega do laudo.

Parágrafo único. Permitir-se-á a cada parte a indicação de um assistente, cujo laudo terá que ser apresentado no mesmo prazo assinado para o perito, sob pena de ser desentranhado dos autos."

Art. 827. O juiz ou presidente poderá arguir os peritos compromissados ou os técnicos, e rubricará, para ser junto ao processo, o laudo que os primeiros tiverem apresentado.

Art. 828. Toda testemunha, antes de prestar o compromisso legal, será qualificada, indicando o nome, nacionalidade, profissão, idade, residência, e, quando empregada, o tempo de serviço prestado ao empregador, ficando sujeito, em caso de falsidade, às leis penais.

PARÁGRAFO ÚNICO. Os depoimentos das testemunhas serão resumidos, por ocasião da audiência, pelo chefe de Secretaria da Vara ou funcionário para esse fim designado, devendo a súmula ser assinada pelo presidente do Tribunal e pelos depoentes. *(Redação de acordo com a L. n. 409, 25.9.48, DOU 1º.10.48. A L. n. 5.584, 26.6.70, dispõe no § 3º do art. 2º:*

"§ 3º Quando o valor fixado para a causa, na forma deste artigo, não exceder de 2 (duas) vezes o salário mínimo vigente na sede do Juízo, será dispensável o resumo dos depoimentos, devendo constar da Ata a conclusão da Junta quanto à matéria de fato").

— v. art. 852-F (rito sumaríssimo)

Art. 829. A testemunha que for parente até o terceiro grau civil, amigo íntimo ou inimigo de qualquer das partes, não prestará compromisso, e seu depoimento valerá como simples informação.

Art. 830. O documento em cópia oferecido para prova poderá ser declarado autêntico pelo próprio advogado, sob sua responsabilidade pessoal. *(Redação dada pela Lei n. 11.925, de 17.4.09, DOU 17.4.09, Ed. Extra)*

PARÁGRAFO ÚNICO. Impugnada a autenticidade da cópia, a parte que a produziu será intimada para apresentar cópias devidamente autenticadas ou o original, cabendo ao serventuário competente proceder à conferência e certificar a conformidade entre esses documentos.(NR) *(Redação dada pela Lei n. 11.925, de 17.4.09, DOU 17.4.09, Ed. Extra)*

SEÇÃO X

Da Decisão e sua Eficácia

Art. 831. A decisão será proferida depois de rejeitada pelas partes a proposta de conciliação.

PARÁGRAFO ÚNICO. No caso de conciliação, o termo que for lavrado valerá como decisão irrecorrível, salvo para a Previdência Social quanto às contribuições que lhe forem devidas. (NR) *(Redação da Lei n. 10.035, de 25.10.00, DOU 26.10.00).*

Art. 832. Da decisão deverão constar o nome das partes, o resumo do pedido e da defesa, a apreciação das provas, os fundamentos da decisão e a respectiva conclusão.

— v. CF/88, art. 93, IX

§ 1º Quando a decisão concluir pela procedência do pedido, determinará o prazo e as condições para o seu cumprimento.

§ 2º A decisão mencionará sempre as custas que devam ser pagas pela parte vencida.

§ 3º As decisões cognitivas ou homologatórias deverão sempre indicar a natureza jurídica das parcelas constantes da condenação ou do acordo homologado, inclusive o limite de responsabilidade de cada parte pelo recolhimento da contribuição previdenciária, se for o caso. (AC) *(Parágrafo acrescentado pela Lei n. 10.035, de 25.10.00, DOU 26.10.00).*

§ 4º A União será intimada das decisões homologatórias de acordos que contenham parcela indenizatória, na forma do art. 20 da Lei n. 11.033, de 21 de dezembro de 2004, facultada a interposição de recurso relativo aos tributos que lhe forem devidos. *(Redação dada pela Lei n. 11.457, de 16.3.07, DOU 19.3.07)*

§ 5º Intimada da sentença, a União poderá interpor recurso relativo à discriminação de que trata o § 3º deste artigo. *(Acrescentado pela Lei n. 11.457, de 16.3.07, DOU 19.3.07)*

§ 6º O acordo celebrado após o trânsito em julgado da sentença ou após a elaboração dos cálculos de liquidação de sentença não prejudicará os créditos da União. *(Acrescentado pela Lei n. 11.457, de 16.3.07, DOU 19.3.07)*

CLT

§ 7º O Ministro de Estado da Fazenda poderá, mediante ato fundamentado, dispensar a manifestação da União nas decisões homologatórias de acordos em que o montante da parcela indenizatória envolvida ocasionar perda de escala decorrente da atuação do órgão jurídico. (NR) *(Acrescentado pela Lei n. 11.457, de 16.3.07, DOU 19.3.07)*

Art. 833. Existindo na decisão evidentes erros ou enganos de escrita, de datilografia ou de cálculo, poderão os mesmos, antes da execução, ser corrigidos, *ex officio*, ou a requerimento dos interessados ou da Procuradoria da Justiça do Trabalho.

Art. 834. Salvo nos casos previstos nesta Consolidação, a publicação das decisões e sua notificação aos litigantes, ou seus patronos, consideram-se realizadas nas próprias audiências em que forem as mesmas proferidas.

Art. 835. O cumprimento do acordo ou da decisão far-se-á no prazo e condições estabelecidas.

Art. 836. É vedado aos órgãos da Justiça do Trabalho conhecer de questões já decididas, excetuados os casos expressamente previstos neste Título e a ação rescisória, que será admitida na forma do disposto no Capítulo IV do Título IX da Lei n. 5.869, de 11 de janeiro de 1973 — Código de Processo Civil, sujeita ao depósito prévio de 20% (vinte por cento) do valor da causa, salvo prova de miserabilidade jurídica do autor. (NR) *(Redação dada pela Lei n. 11.495, de 22.6.07, DOU 25.6.07, com entrada em vigor 90 (noventa) dias após a data de sua publicação, art. 2º da mesma Lei)*(*)

PARÁGRAFO ÚNICO. A execução da decisão proferida em ação rescisória far-se-á nos próprios autos da ação que lhe deu origem, e será instruída com o acórdão da rescisória e a respectiva certidão de trânsito em julgado. (NR) *(Parágrafo acrescentado pela MP n. 2.180-35, de 24.8.01, DOU 27.8.01).*

(*) Art. 15 da MP n. 2.180-35, de 24.8.01, DOU 27.8.01 — "Aplica-se à ação rescisória o poder geral de cautela de que trata o art. 798 do Código de Processo Civil".

CAPÍTULO III

DOS DISSÍDIOS INDIVIDUAIS

SEÇÃO I

Da Forma de Reclamação e da Notificação

Art. 837. Nas localidades em que houver apenas uma Vara, ou um escrivão do cível, a reclamação será apresentada diretamente à secretaria da Vara, ou ao cartório do Juízo.

Art. 838. Nas localidades em que houver mais de uma Vara ou mais de um Juízo, ou escrivão do cível, a reclamação será, preliminarmente, sujeita à distribuição, na forma do disposto no Capítulo II, Seção II, deste Título.

Art. 839. A reclamação poderá ser apresentada:

a) pelos empregados e empregadores, pessoalmente, ou por seus representantes, e pelos sindicatos de classe;

b) por intermédio das Procuradorias Regionais da Justiça do Trabalho.

— v. CF, art. 133, p. 41

— v. L. n. 8.906, de 4.7.94, p. 554

Art. 840. A reclamação poderá ser escrita ou verbal.

§ 1º Sendo escrita, a reclamação deverá conter a designação do presidente da Vara, ou do juiz de Direito, a quem for dirigida, a qualificação do reclamante e do reclamado, uma breve exposição dos fatos de que resulte o dissídio, o pedido, a data e a assinatura do reclamante ou de seu representante.

§ 2º Se verbal, a reclamação será reduzida a termo, em duas vias datadas e assinadas pelo escrivão ou chefe de Secretaria, observado, no que couber, o disposto no parágrafo anterior. *(Redação de acordo com a L. n. 409, 25.9.48, DOU 1.10.48).*

— v. L. n. 8.906/94, p. 554

Art. 841. Recebida e protocolada a reclamação, o escrivão ou chefe de Secretaria, dentro de 48 horas, remeterá a segunda via da petição ou do termo, ao reclamado, notificando-o ao mesmo tempo, para comparecer à audiência de julgamento, que será a primeira desimpedida, depois de cinco dias. *(Redação de acordo com a L. n. 409, 25.9.48, DOU 1.10.48).*

— v. art. 773

§ 1º A notificação será feita em registro postal com franquia. Se o reclamado criar embaraços ao seu recebimento, ou não for encontrado, far-se-á a notificação por edital, inserto no jornal oficial ou no que publicar o expediente forense, ou, na falta, afixado na sede da Vara ou Juízo.(*)

§ 2º O reclamante será notificado no ato da apresentação da reclamação ou na forma do parágrafo anterior.

(*) Os registros com franquia foram extintos com a criação da ECT.

Art. 842. Sendo várias as reclamações e havendo identidade de matéria, poderão ser acumuladas num só processo, se se tratar de empregados da mesma empresa ou estabelecimento.

SEÇÃO II

Da Audiência de Julgamento

Art. 843. Na audiência de julgamento deverão estar presentes o reclamante e o reclamado, independentemente do comparecimento de seus representantes, salvo nos casos de Reclamatórias Plúrimas ou Ações de Cumprimento, quando os empregados poderão fazer-se representar pelo Sindicato de sua categoria. *(Redação L. n. 6.667, 3.7.79, DOU 4.7.79, LTr 43/938).*

§ 1º É facultado ao empregador fazer-se substituir pelo gerente, ou qualquer outro preposto que tenha conhecimento do fato, e cujas declarações obrigarão o preponente.

§ 2º Se por doença ou qualquer outro motivo ponderoso, devidamente comprovado, não for possível ao empregado comparecer pessoalmente, poderá fazer-se representar por outro empregado que pertença à mesma profissão, ou pelo seu sindicato.

Art. 844. O não comparecimento do reclamante à audiência importa o arquivamento da reclamação, e o não comparecimento do reclamado importa revelia, além de confissão, quanto à matéria de fato.

PARÁGRAFO ÚNICO. Ocorrendo, entretanto, motivo relevante, poderá o presidente suspender o julgamento, designando nova audiência.

— v. art. 732

Art. 845. O reclamante e o reclamado comparecerão à audiência acompanhados das suas testemunhas, apresentando, nessa ocasião, as demais provas.

Art. 846. Aberta a audiência, o juiz ou presidente proporá a conciliação.

§ 1º Se houver acordo lavrar-se-á termo, assinado pelo presidente e pelos litigantes, consignando-se o prazo e demais condições para seu cumprimento.

§ 2º Entre as condições a que se refere o parágrafo anterior, poderá ser estabelecida a de ficar a parte que não cumprir o acordo obrigada a satisfazer integralmente o pedido ou pagar uma indenização convencionada, sem prejuízo do cumprimento do acordo. *(Redação dada pela L. n. 9.022, de 5.4.95, DOU 6.4.95).*

Art. 847. Não havendo acordo, o reclamado terá vinte minutos para aduzir sua defesa, após a leitura da reclamação, quando esta não for dispensada por ambas as partes. *(Redação dada pela L. n. 9.022, de 5.4.95, DOU 6.4.95).*

— v. L. n. 5.584/70, p. 350

Art. 848. Terminada a defesa, seguir-se-á a instrução do processo, podendo o presidente, *ex officio* ou a requerimento de qualquer Juiz temporário, interrogar os litigantes. *(Redação dada pela L. n. 9.022, de 5.4.95, DOU 6.4.95).*

§ 1º Findo o interrogatório, poderá qualquer dos litigantes retirar-se, prosseguindo a instrução com o seu representante.

§ 2º Serão, a seguir, ouvidas as testemunhas, os peritos e os técnicos, se houver.

Art. 849. A audiência de julgamento será contínua; mas se não for possível, por motivo de força maior, concluí-la no mesmo dia, o juiz ou presidente marcará a sua continuação para a primeira desimpedida, independentemente de nova notificação.

Art. 850. Terminada a instrução, poderão as partes aduzir razões finais, em prazo não excedente de dez minutos para cada uma. Em seguida, o juiz ou presidente renovará a proposta de conciliação, e não se realizando esta, será proferida a decisão.

PARÁGRAFO ÚNICO. O presidente da Vara, após propor a solução do dissídio, tomará os votos dos juízes classistas e, havendo divergência entre estes, poderá desempatar ou proferir decisão que melhor atenda ao cumprimento da lei e ao justo equilíbrio entre os votos divergentes e ao interesse social.

Art. 851. Os trâmites de instrução e julgamento da reclamação serão resumidos em ata, de que constará, na íntegra, a decisão.

§ 1º Nos processos de exclusiva alçada das Varas, será dispensável a juízo do presidente, o resumo dos depoimentos, devendo constar da ata a conclusão do Tribunal quanto à matéria de fato.

— v. L. n. 5.584/70, p. 350

§ 2º A ata será, pelo presidente ou juiz, junta ao processo, devidamente assinada, no prazo improrrogável de 48 horas, contado da audiência de julgamento, e assinada pelos vogais presentes à mesma audiência. *(Redação e §§, DL n. 8.737, 19.1.46, DOU 21 e 30.1.46, LTr 10/30).*

Art. 852. Da decisão serão os litigantes notificados, pessoalmente ou por seu representante, na própria audiência. No caso de revelia, a notificação far-se-á pela forma estabelecida no § 1º do art. 841.

SEÇÃO II-A
Do Procedimento Sumaríssimo

Art. 852-A. Os dissídios individuais cujo valor não exceda a quarenta vezes o salário mínimo vigente na data do ajuizamento da reclamação ficam submetidos ao procedimento sumaríssimo.

PARÁGRAFO ÚNICO. Estão excluídas do procedimento sumaríssimo as demandas em que é parte a Administração Pública direta, autárquica e fundacional.

Art. 852-B. Nas reclamações enquadradas no procedimento sumaríssimo:

I — o pedido deverá ser certo ou determinado e indicará o valor correspondente.

II — não se fará citação por edital, incumbindo ao autor a correta indicação do nome e endereço do reclamado;

III — a apreciação da reclamação deverá ocorrer no prazo máximo de quinze dias do seu ajuizamento, podendo constar de pauta especial, se necessário, de acordo com o movimento judiciário da Vara do Trabalho.

§ 1º O não atendimento, pelo reclamante, do disposto nos incisos I e II deste artigo importará no arquivamento da reclamação e condenação ao pagamento de custas sobre o valor da causa.

§ 2º As partes e advogados comunicarão ao juízo as mudanças de endereço ocorridas no curso do processo, reputando-se eficazes as intimações enviadas ao local anteriormente indicado, na ausência de comunicação.

Art. 852-C. As demandas sujeitas a rito sumaríssimo serão instruídas e julgadas em audiência única, sob a direção de juiz presidente ou substituto, que poderá ser convocado para atuar simultaneamente com o titular.

Art. 852-D. O juiz dirigirá o processo com liberdade para determinar as provas a serem produzidas, considerando o ônus probatório de cada litigante, podendo limitar ou excluir as que considerar excessivas, impertinentes ou protelatórias, bem como para apreciá-las e dar especial valor às regras de experiência comum ou técnica.

Art. 852-E. Aberta a sessão, o juiz esclarecerá as partes presentes sobre as vantagens da conciliação e usará os meios adequados de persuasão para a solução conciliatória do litígio, em qualquer fase da audiência.

Art. 852-F. Na ata de audiência serão registrados resumidamente os atos essenciais, as afirmações fundamentais das partes e as informações úteis à solução da causa trazidas pela prova testemunhal.

CLT

Art. 852-G. Serão decididos, de plano, todos os incidentes e exceções que possam interferir no prosseguimento da audiência e do processo. As demais questões serão decididas na sentença.

Art. 852-H. Todas provas serão produzidas na audiência de instrução e julgamento, ainda que não requeridas previamente.

§ 1º Sobre os documentos apresentados por uma das partes manifestar-se-á imediatamente a parte contrária, sem interrupção da audiência, salvo absoluta impossibilidade, a critério do juiz.

§ 2º As testemunhas, até o máximo de duas para cada parte, comparecerão à audiência de instrução e julgamento independentemente de intimação.

§ 3º Só será deferida intimação de testemunha que, comprovadamente convidada, deixar de comparecer. Não comparecendo a testemunha intimada, o juiz poderá determinar sua imediata condução coercitiva.

§ 4º Somente quando a prova do fato o exigir, ou for legalmente imposta, será deferida prova técnica, incumbindo ao Juiz, desde logo, fixar o prazo, o objeto da perícia e nomear perito.

§ 5º (Vetado).

§ 6º As partes serão intimadas a manifestar-se sobre o laudo, no prazo comum de cinco dias.

§ 7º Interrompida a audiência, o seu prosseguimento e a solução do processo dar-se-ão no prazo máximo de trinta dias, salvo motivo relevante justificado nos autos pelo juiz da causa.

Art. 852-I. A sentença mencionará os elementos de convicção do juízo, com resumo dos fatos relevantes ocorridos em audiência, dispensado o relatório.

§ 1º O juízo adotará em cada caso a decisão que reputar mais justa e equânime, atendendo aos fins sociais da lei e as exigências do bem comum.

§ 2º (Vetado).

§ 3º As partes serão intimadas da sentença na própria audiência em que prolatada.

Dispositivos (arts. 852-A a 852-I) acrescentados pela Lei n. 9.957, de 12.1.00, (DOU 13.1.00), em vigor 60 dias da data da sua publicação.

SEÇÃO III

Do Inquérito para Apuração de Falta Grave

Art. 853. Para a instauração do inquérito para apuração de falta grave contra empregado garantido com estabilidade, o empregador apresentará reclamação por escrito à Vara ou Juízo de Direito, dentro de 30 dias, contados da data da suspensão do empregado.

— v. art. 494 da CLT.

Art. 854. O processo do inquérito perante a Vara ou Juízo obedecerá às normas estabelecidas no presente Capítulo, observadas as disposições desta Seção.

Art. 855. Se tiver havido prévio reconhecimento da estabilidade do empregado, o julgamento do inquérito pela Vara ou Juízo não prejudicará a execução para pagamento dos salários devidos ao empregado, até a data da instauração do mesmo inquérito.

CAPÍTULO IV
DOS DISSÍDIOS COLETIVOS

(V. CF, art. 114, II, §§ 2º e 3º)
(V. arts. 9º a 15 da Lei n. 10.192, de 14.02.01 — DOU 16.2.01, p. 805)
(V. Orientações Jurisprudenciais da SDC, do TST — Índice, p. 1186)
V. Instrução Normativa n. 26 do TST (Resol. n. 120/2003, DJ 9.10.03), que dispõe sobre a faculdade de o Ministro Presidente do Tribunal Superior do Trabalho designar audiência prévia de conciliação, no caso de pedido de efeito suspensivo a recurso ordinário interposto à decisão normativa da Justiça do Trabalho (não publicada nesta obra)

SEÇÃO I

Da Instauração da Instância

Art. 856. A instância será instaurada mediante representação escrita ao presidente do Tribunal. Poderá ser também instaurada por iniciativa do presidente, ou, ainda, a requerimento da Procuradoria da Justiça do Trabalho, sempre que ocorrer suspensão do trabalho.

— v. CF, art. 114, § 2º, p. 39

Art. 857. A representação para instaurar a instância em dissídio coletivo constitui prerrogativa das associações sindicais, excluídas as hipóteses aludidas no art. 856, quando ocorrer suspensão do trabalho. *(Redação DL n. 7.321, 14.2.45, DOU 16.2.45, LTr 19/57).*

PARÁGRAFO ÚNICO. Quando não houver sindicato representativo da categoria econômica ou profissional, poderá a representação ser instaurada pelas federações correspondentes e, na falta destas, pelas confederações respectivas, no âmbito de sua representação. *(§ acrescentado pela L. n. 2.693, 23.12.55, DOU 29.12.55, LTr 20/54).*

Art. 858. A representação será apresentada em tantas vias quantos forem os reclamados e deverá conter:

a) designação e qualificação dos reclamantes e dos reclamados e a natureza do estabelecimento ou do serviço;

b) os motivos do dissídio e as bases da conciliação.

Art. 859. A representação dos sindicatos para instauração da instância fica subordinada à aprovação de assembleia, da qual participem os associados interessados na solução do dissídio coletivo, em primeira convocação, por maioria de 2/3 (dois terços) dos mesmos, ou, em segunda convocação, por 2/3 (dois terços) dos presentes. *(Redação DL n. 7.321, 14.2.45, DOU 16.2.45, LTr 19/57, que suprimiu o parágrafo único).*

SEÇÃO II

Da Conciliação e do Julgamento

Art. 860. Recebida e protocolada a representação, e estando na devida forma, o presidente do Tribunal designará a audiência de conciliação, dentro do prazo de dez dias, determinando a notificação dos dissidentes, com observância do disposto no art. 841.

PARÁGRAFO ÚNICO. Quando a instância for instaurada *ex officio*, a audiência deverá ser realizada dentro do prazo mais breve possível, após o reconhecimento do dissídio.

Art. 861. É facultado ao empregador fazer-se representar na audiência pelo gerente, ou por qualquer outro preposto que tenha conhecimento do dissídio, e por cujas declarações será sempre responsável.

Art. 862. Na audiência designada, comparecendo ambas as partes ou seus representantes, o presidente do Tribunal as convidará para se pronunciarem sobre as bases da conciliação. Caso não sejam aceitas as bases propostas, o presidente submeterá aos interessados a solução que lhe pareça capaz de resolver o dissídio.

Art. 863. Havendo acordo, o presidente o submeterá à homologação do Tribunal na primeira sessão.

Art. 864. Não havendo acordo, ou não comparecendo ambas as partes ou uma delas, o presidente submeterá o processo a julgamento, depois de realizadas as diligências que entender necessárias e ouvida a Procuradoria. *(Redação de acordo com a DL n. 8.737, 19.1.46, DOU 21 e 30.1.46, LTr 10/30).*

Art. 865. Sempre que, no decorrer do dissídio, houver ameaça de perturbação da ordem, o presidente requisitará à autoridade competente as providências que se tornarem necessárias.

Art. 866. Quando o dissídio ocorrer fora da sede do Tribunal, poderá o presidente, se julgar conveniente, delegar à autoridade local as atribuições de que tratam os arts. 860 e 862. Nesse caso, não havendo conciliação, a autoridade delegada encaminhará o processo ao Tribunal, fazendo exposição circunstanciada dos fatos e indicando a solução que lhe parecer conveniente.

Art. 867. Da decisão do Tribunal serão notificadas as partes, ou seus representantes, em registrado postal, com franquia, fazendo-se outrossim, a sua publicação no jornal oficial para ciência dos demais interessados.

PARÁGRAFO ÚNICO. A sentença normativa vigorará:

a) a partir da data de sua publicação, quando ajuizado o dissídio após o prazo do art. 616, § 3º, ou, quando não existir acordo, convenção ou sentença normativa em vigor, da data do ajuizamento;

b) a partir do dia imediato ao termo final de vigência do acordo, convenção ou sentença normativa, quando ajuizado o dissídio no prazo do art. 616, § 3º. (§ incluído DL n. 424, 21.1.69, DOU 22.1.69, LTr 33/106).

SEÇÃO III

Da Extensão das Decisões

Art. 868. Em caso de dissídio coletivo que tenha por motivo novas condições de trabalho, e no qual figure como parte apenas uma fração de empregados de uma empresa, poderá o tribunal competente, na própria decisão, estender tais condições de trabalho, se julgar justo e conveniente, aos demais empregados da empresa que forem da mesma profissão dos dissidentes.

PARÁGRAFO ÚNICO. O Tribunal fixará a data em que a decisão deve entrar em execução, bem como o prazo de sua vigência, o qual não poderá ser superior a quatro anos.

Art. 869. A decisão sobre novas condições de trabalho poderá também ser estendida a todos os empregados da mesma categoria profissional compreendida na jurisdição do Tribunal:

a) por solicitação de um ou mais empregadores, ou de qualquer sindicato destes;

b) por solicitação de um ou mais sindicatos de empregados;

c) ex officio, pelo Tribunal que houver proferido a decisão;

d) por solicitação da Procuradoria da Justiça do Trabalho.

Art. 870. Para que a decisão possa ser estendida, na forma do artigo anterior, torna-se preciso que três quartos dos empregadores e três quartos dos empregados, ou os respectivos sindicatos, concordem com a extensão da decisão.

§ 1º O Tribunal competente marcará prazo, não inferior a trinta nem superior a sessenta dias, a fim de que se manifestem os interessados.

§ 2º Ouvidos os interessados e a Procuradoria da Justiça do Trabalho, será o processo submetido ao julgamento do Tribunal.

Art. 871. Sempre que o Tribunal estender a decisão, marcará a data em que a extensão deva entrar em vigor.

SEÇÃO IV

Do Cumprimento das Decisões

Art. 872. Celebrado o acordo, ou transitada em julgado a decisão, seguir-se-á o seu cumprimento, sob as penas estabelecidas neste Título.

— v. art. 10 da Lei n. 7.701/88, p. 356

— v. Lei n. 8.984, 7.2.95, p. 373

PARÁGRAFO ÚNICO. Quando os empregadores deixarem de satisfazer o pagamento de salários, na conformidade da decisão proferida, poderão os empregados ou seus sindicatos, independentes de outorga de poderes de seus associados, juntando certidão de tal decisão, apresentar reclamação à Vara ou Juízo competente, observado o processo previsto no Capítulo II deste Título, sendo vedado, porém, questionar sobre a matéria de fato e de direito já apreciada na decisão. *(Redação deste parágrafo, L. n. 2.275, 30.7.54, DOU 2.8.54, LTr 18/273).*

CLT

SEÇÃO V

Da Revisão

Art. 873. Decorrido mais de um ano de sua vigência, caberá revisão das decisões que fixarem condições de trabalho, quando se tiverem modificado as circunstâncias que as ditaram, de modo que tais condições se hajam tornado injustas ou inaplicáveis.

Art. 874. A revisão poderá ser promovida por iniciativa do tribunal prolator, da Procuradoria da Justiça do Trabalho, das associações sindicais ou de empregador ou empregadores interessados no cumprimento da decisão.

PARÁGRAFO ÚNICO. Quando a revisão for promovida por iniciativa do Tribunal prolator ou Procuradoria, as associações sindicais e o empregador ou empregadores interessados serão ouvidos no prazo de trinta dias. Quando promovida por uma das partes interessadas, serão as outras ouvidas também por igual prazo.

Art. 875. A revisão será julgada pelo tribunal que tiver proferido a decisão, depois de ouvida a Procuradoria da Justiça do Trabalho.

CAPÍTULO V

DA EXECUÇÃO

(V. CF, art. 114, VIII)
(V. Apêndice, Lei n. 6.830/80, p. 351 e Lei n. 8.009/90, p. 359)
V. Instrução Normativa n. 20, de 24.9.02, do TST, p. 937

V. Lei n. 11.232, de 22.12.05 (DOU 23.12.05), que altera a Lei n. 5.869, de 11 de janeiro de 1973 — Código de Processo Civil, para estabelecer a fase de cumprimento das sentenças no processo de conhecimento e revogar dispositivos relativos à execução fundada em título judicial, e dá outras providências. Referida lei entrará em vigor (seis) meses após a data de sua publicação, conforme o disposto em seu art. 8º. (não publicada nesta obra)

SEÇÃO I

Das Disposições Preliminares

Art. 876. As decisões passadas em julgado ou das quais não tenha havido recurso com efeito suspensivo; os acordos, quando não cumpridos; os termos de ajuste de conduta firmados perante o Ministério Público do Trabalho e os termos de conciliação firmados perante as Comissões de Conciliação Prévia serão executados pela forma estabelecida neste Capítulo (NR). *(Redação dada pela Lei n. 9.958, de 12.1.2000 (DOU 13.1.2000).*

PARÁGRAFO ÚNICO. Serão executados *ex officio* as contribuições sociais devidas em decorrência de decisão proferida pelos Juízes e Tribunais do Trabalho, resultantes de condenação ou homologação de acordo, inclusive sobre os salários pagos durante o período contratual reconhecido. (NR) *(Redação dada pela Lei n. 11.457, de 16.3.07, DOU 19.3.07).*

Art. 877. É competente para a execução das decisões o juiz ou presidente do tribunal que tiver conciliado ou julgado originariamente o dissídio.

Art. 877-A. É competente para a execução de título executivo extrajudicial o juiz que teria competência para o processo de conhecimento relativo à matéria. *(Artigo acrescentado pela Lei n. 9.958, de 12.1.2000 (DOU 13.1.2000).*

Art. 878. A execução poderá ser promovida por qualquer interessado, ou *ex officio*, pelo próprio juiz ou presidente ou tribunal competente, nos termos do artigo anterior.

PARÁGRAFO ÚNICO. Quando se tratar de decisão dos Tribunais Regionais, a execução poderá ser promovida pela Procuradoria da Justiça do Trabalho.

Art. 878-A. Faculta-se ao devedor o pagamento imediato da parte que entender devida à Previdência Social, sem prejuízo da cobrança de eventuais diferenças encontradas na execução *ex officio*. (AC) *(Artigo acrescentado pela Lei n. 10.035, de 25.10.00, DOU 26.10.00)*

Art. 879. Sendo ilíquida a sentença exequenda, ordenar-se-á, previamente, a sua liquidação, que poderá ser feita por cálculo, por arbitramento ou por artigos.

§ 1º Na liquidação, não se poderá modificar, ou inovar, a sentença liquidanda, nem discutir matéria pertinente à causa principal.

§ 1º-A. A liquidação abrangerá, também, o cálculo das contribuições previdenciárias devidas. (AC)

§ 1º-B. As partes deverão ser previamente intimadas para a apresentação do cálculo de liquidação, inclusive da contribuição previdenciária incidente. (AC) *(Parágrafos acrescentados pela Lei n. 10.035, de 25.10.00, DOU 26.10.00).*

§ 2º Elaborada a conta e tornada líquida, o Juiz poderá abrir às partes prazo sucessivo de 10 (dez) dias para impugnação fundamentada com a indicação dos itens e valores objeto da discordância, sob pena de preclusão. *(Redação dos §§ 1º e 2º dada pela L. n. 8.432, 11.6.92, DOU 12.6.92, LTr 56-7/855).*

§ 3º Elaborada a conta pela parte ou pelos órgãos auxiliares da Justiça do Trabalho, o juiz procederá à intimação da União para manifestação, no prazo de 10 (dez) dias, sob pena de preclusão. *(Redação dada pela Lei n. 11.457, de 16.3.07, DOU 19.3.07)*

§ 4º A atualização do crédito devido à Previdência Social observará os critérios estabelecidos na legislação previdenciária. (AC) *(Parágrafo acrescentado pela Lei n. 10.035, de 25.10.00, DOU 26.10.00)*

§ 5º O Ministro de Estado da Fazenda poderá, mediante ato fundamentado, dispensar a manifestação da União quando o valor total das verbas que integram o salário de contribuição, na forma do art. 28 da Lei n. 8.212, de 24 de julho de 1991, ocasionar perda de escala decorrente da atuação do órgão jurídico. (NR) *(Parágrafo acrescentado pela Lei n. 11.457, de 16.3.07, DOU 19.3.07)*

§ 6º Tratando-se de cálculos de liquidação complexos, o juiz poderá nomear perito para a elaboração e fixará, depois da conclusão do trabalho, o valor dos respectivos honorários com observância, entre outros, dos critérios de razoabilidade e proporcionalidade. (NR) *(Parágrafo acrescentado pela Lei n. 12.405, de 16.5.11, DOU 17.5.11)*

SEÇÃO II

Do Mandado e da Penhora

Art. 880. Requerida a execução o juiz ou presidente do tribunal mandará expedir mandado de citação ao executado, a fim de que cumpra a decisão ou o acordo no prazo, pelo modo e sob as cominações estabelecidas, ou, quando se tratar de pagamento em dinheiro, inclusive de contribuições sociais devidas à União, para que o faça em 48 (quarenta e oito) horas, ou garanta a execução, sob pena de penhora. (NR) *(Redação da Lei n. 11.457, de 16.3.07, DOU 19.3.07)*

§ 1º O mandado de citação deverá conter a decisão exequenda ou o termo de acordo não cumprido.

§ 2º A citação será feita pelos oficiais de justiça.

§ 3º Se o executado, procurado por duas vezes no espaço de 48 horas, não for encontrado, far-se-á a citação por edital, publicado no jornal oficial ou, na falta deste, afixado na sede da Vara ou Juízo, durante cinco dias.

Art. 881. No caso de pagamento da importância reclamada, será este feito perante o escrivão ou chefe de Secretaria, lavrando-se termo de quitação, em duas vias, assinadas pelo exequente, pelo executado e pelo mesmo escrivão ou chefe da Secretaria, entregando-se a segunda via ao executado e juntando-se a outra ao processo. *(Redação de acordo com a L. n. 409, 25.9.48, DOU 1º.10.48).*

— v. Nota ao art. 773

PARÁGRAFO ÚNICO. Não estando presente o exequente, será depositada a importância, mediante guia, em estabelecimento oficial de crédito ou, em falta deste, em estabelecimento bancário idôneo. *(Redação deste § L. n. 7.305, 2.4.85, DOU 3.4.85).*

Art. 882. O executado que não pagar a importância reclamada poderá garantir a execução mediante depósito da mesma, atualizada e acrescida das despesas processuais, ou nomeando bens à penhora, observada a ordem preferencial estabelecida no art. 655 do Código de Processo Civil. *(Redação dada pela L. n. 8.432, de 11.6.92, DOU 12.6.92, LTr 56-7/885).*

Art. 883. Não pagando o executado, nem garantindo a execução, seguir-se-á penhora dos bens, tantos quantos bastem ao pagamento da importância da condenação, acrescida de custas e juros de mora, sendo estes, em qualquer caso, devidos a partir da data em que for ajuizada a reclamação inicial. *(Redação L. n. 2.244, 23.6.54, DOU 30.6.54)*

SEÇÃO III

Dos Embargos à Execução e da sua Impugnação

Art. 884. Garantida a execução ou penhorados os bens, terá o executado cinco dias para apresentar embargos, cabendo igual prazo ao exequente para impugnação.

§ 1º A matéria de defesa será restrita às alegações de cumprimento da decisão ou do acordo, quitação ou prescrição da dívida.

§ 2º Se na defesa tiverem sido arroladas testemunhas, poderá o Juiz ou o Presidente do Tribunal, caso julgue necessários seus depoimentos, marcar audiência para a produção das provas, a qual deverá realizar-se dentro de cinco dias.

§ 3º Somente nos embargos à penhora poderá o executado impugnar a sentença de liquidação, cabendo ao exequente igual direito e no mesmo prazo.

§ 4º Julgar-se-ão na mesma sentença os embargos e as impugnações à liquidação apresentadas pelos credores trabalhista e previdenciário. (NR) *(Redação dada pela Lei n. 10.035, de 25.10.00, DOU 26.10.00).*

§ 5º Considera-se inexigível o título judicial fundado em lei ou ato normativo declarados inconstitucionais pelo Supremo Tribunal Federal ou em aplicação ou interpretação tidas por incompatíveis com a Constituição Federal. (NR) *(Parágrafo acrescentado pela MP n. 2.180-35, de 24.8.01, DOU 27.8.01).*

— vide MP n. 2.180-35, de 24.8.01, DOU 27.8.01, art. 4º, entes públicos

— vide art. 899

SEÇÃO IV

Do Julgamento e dos Trâmites Finais da Execução

Art. 885. Não tendo sido arroladas testemunhas na defesa, o juiz, ou presidente, conclusos os autos, proferirá sua decisão, dentro de cinco dias, julgando subsistente ou insubsistente a penhora.

Art. 886. Se tiverem sido arroladas testemunhas, finda a sua inquirição em audiência, o escrivão ou chefe da Secretaria fará, dentro de 48 horas, conclusos os autos ao juiz, ou presidente, que proferirá sua decisão, na forma prevista no artigo anterior. *(Redação de acordo com a L. n. 409, 25.9.48, DOU 1º.10.48).*

— v. Nota ao art. 773

§ 1º Proferida a decisão, serão da mesma notificadas as partes interessadas, em registrado postal, com franquia.

(*) O registro com franquia foi extinto em face da reação da ECT.

§ 2º Julgada subsistente a penhora, o juiz, ou presidente, mandará proceder logo a avaliação dos bens penhorados.

Art. 887. A avaliação dos bens penhorados em virtude da execução de decisão condenatória, será feita por avaliador escolhido de comum acordo pelas partes, que perceberá as custas arbitradas pelo juiz ou presidente do tribunal trabalhista, de conformidade com a tabela a ser expedida pelo Tribunal Superior do Trabalho.

§ 1º Não acordando as partes quanto à designação de avaliador, dentro de cinco dias após o despacho que determinou a avaliação, será o avaliador designado livremente pelo juiz ou presidente do Tribunal.

§ 2º Os servidores da Justiça do Trabalho não poderão ser escolhidos ou designados para servir de avaliador.

Nota: Este artigo foi tacitamente revogado pela L. n. 5.442, de 24.5.68, DOU 28.5. e 4.6.68, que deu nova redação ao art. 721.

Art. 888. Concluída a avaliação, dentro de dez dias, contados da data da nomeação do avaliador, seguir-se-á a arrematação, que será anunciada por edital afixado na sede do Juízo ou Tribunal e publicado no jornal local, se houver, com a antecedência de 20 (vinte) dias.

§ 1º A arrematação far-se-á em dia, hora e lugar anunciados e os bens serão vendidos pelo maior lance, tendo o exequente preferência para a adjudicação.

§ 2º O arrematante deverá garantir o lance com o sinal correspondente a 20% (vinte por cento) do seu valor.

§ 3º Não havendo licitante, e não requerendo o exequente a adjudicação dos bens penhorados, poderão os mesmos ser vendidos por leiloeiro nomeado pelo Juiz ou Presidente.

§ 4º Se o arrematante ou seu fiador, não pagar dentro de 24 (vinte e quatro) horas o preço da arrematação, perderá, em benefício da execução, o sinal de que trata o § 2º deste artigo, voltando à praça os bens executados. *(Redação art. e §§, L. n. 5.584, 26.6.70, DOU 29.6.70, LTr 34/521, que dispõe em seu:*

"Art. 13. Em qualquer hipótese, a remição só será deferível ao executado se este oferecer preço igual ao valor da condenação."

Art. 889. Aos trâmites e incidentes do processo da execução são aplicáveis, naquilo em que não contravierem ao presente Título, os preceitos que regem o processo dos executivos fiscais para a cobrança judicial da dívida ativa da Fazenda Pública Federal.

— v. L. n. 5.869, 11.1.73, DOU 17.1.73, CPC, com a redação da L. n. 5.925, 1.10.73, DOU 2.10.73 e L. n. 6.830, 22.9.80, DOU 24.9.80, LTr 44/1307, que dispõe sobre a cobrança judicial da dívida ativa da Fazenda Nacional.

CLT

Art. 889-A. Os recolhimentos das importâncias devidas, referentes às contribuições sociais, serão efetuados nas agências locais da Caixa Econômica Federal ou do Banco do Brasil S.A., por intermédio de documento de arrecadação da Previdência Social, dele se fazendo constar o número do processo. (AC) *(Acrescentado pela Lei n. 10.035, de 25.10.00, DOU 26.10.00).*

§ 1º Concedido parcelamento pela Secretaria da Receita Federal do Brasil, o devedor juntará aos autos a comprovação do ajuste, ficando a execução da contribuição social correspondente suspensa até a quitação de todas as parcelas. *(Redação dada pela Lei n. 11.457, 16.3.07, DOU 19.3.07).*

§ 2º As Varas do Trabalho encaminharão mensalmente à Secretária da Receita Federal do Brasil informações sobre os recolhimentos efetivados nos autos, salvo se outro prazo for estabelecido em regulamento. (NR) *(Redação dada pela Lei n. 11.457, 16.3.07, DOU 19.3.07).*

SEÇÃO V
Da Execução por Prestações Sucessivas

Art. 890. A execução para pagamento de prestações sucessivas far-se-á com observância das normas constantes desta Seção, sem prejuízo das demais estabelecidas neste Capítulo.

Art. 891. Nas prestações sucessivas por tempo determinado, a execução pelo não pagamento de uma prestação compreenderá as que lhe sucederem.

Art. 892. Tratando-se de prestações sucessivas, por tempo indeterminado, a execução compreenderá inicialmente as prestações devidas até a data do ingresso na execução.

CAPÍTULO VI
DOS RECURSOS

Art. 893. Das decisões são admissíveis os seguintes recursos:

I — embargos;

II — recurso ordinário;

III — recurso de revista;

IV — agravo.

§ 1º Os incidentes do processo serão resolvidos pelo próprio Juízo ou Tribunal, admitindo-se a apreciação do merecimento das decisões interlocutórias somente em recurso da decisão definitiva.

§ 2º A interposição de recurso para o Supremo Tribunal Federal não prejudicará a execução do julgado.

— A L. n. 861, 13.10.49, DOU 21.10.49, LTr 13/553, deu nova redação ao caput, sem fazer alusão aos parágrafos 1º e 2º, que tiveram nova redação pela L. n. 8.737, 19.1.46, DOU 21 e 30.1.46, LTr 10/30.

A Lei n. 5.584/70, prescreve em seu art. 2º:

"§ 3º Quando o valor fixado para a causa, na forma deste artigo, não exceder de 2 (duas) vezes o salário mínimo vigente na sede do Juízo, será dispensável o resumo dos depoimentos, devendo constar da Ata a conclusão da Junta quanto à matéria de fato.

§ 4º Salvo se versarem sobre matéria constitucional nenhum recurso (CLT, art. 893), caberá das sentenças proferidas nos dissídios da alçada a que se refere o parágrafo anterior."

Art. 894. No Tribunal Superior doTrabalho cabem embargos, no prazo de 8 (oito) dias:

I — de decisão não unânime de julgamento que:

a) conciliar, julgar ou homologar conciliação em dissídios coletivos que excedam a competência territorial dos Tribunais Regionais do Trabalho e estender ou rever as sentenças normativas do Tribunal Superior do Trabalho, nos casos previstos em lei; e

b) (VETADO)

II — das decisões das Turmas que divergirem entre si ou das decisões proferidas pela Seção de Dissídios Individuais, ou contrárias a súmula ou orientação jurisprudencial do Tribunal Superior do Trabalho ou súmula vinculante do Supremo Tribunal Federal. *(Redação dada Lei n. 13.015, de 21.7.14, DOU 22.7.14)*

PARÁGRAFO ÚNICO. (Revogado).

§ 2º A divergência apta a ensejar os embargos deve ser atual, não se considerando tal a ultrapassada por súmula do Tribunal Superior do Trabalho ou do Supremo Tribunal Federal, ou superada por iterativa e notória jurisprudência do Tribunal Superior do Trabalho. *(Redação dada Lei n. 13.015, de 21.7.14, DOU 22.7.14)*

§ 3º O Ministro Relator denegará seguimento aos embargos:

I — se a decisão recorrida estiver em consonância com súmula da jurisprudência do Tribunal Superior do Trabalho ou do Supremo Tribunal Federal, ou com iterativa, notória e atual jurisprudência do Tribunal Superior do Trabalho, cumprindo-lhe indicá-la; *(Redação dada Lei n. 13.015, de 21.7.14, DOU 22.7.14)*

II — nas hipóteses de intempestividade, deserção, irregularidade de representação ou de ausência de qualquer outro pressuposto extrínseco de admissibilidade. *(Redação dada Lei n. 13.015, de 21.7.14, DOU 22.7.14)*

§ 4º Da decisão denegatória dos embargos caberá agravo, no prazo de 8 (oito) dias. (NR) *(Redação dada Lei n. 13.015, de 21.7.14, DOU 22.7.14)*

Nota: As alterações pela Lei n. 13.015, de 21.7.14, DOU 22.7.14, em vigor após 60 dias da publicação da lei.

Obs.: A Lei n. 5.584/70, prescreve:

"Art. 6º Será de 8 (oito) dias o prazo para interpor e contra-arrazoar qualquer recurso (CLT, art. 893)."

Art. 895. Cabe recurso ordinário para a instância superior:

I — das decisões definitivas ou terminativas das Varas e Juízos, no prazo de 8 (oito) dias; e *(Acrescentado pela Lei n. 11.925, de 17.4.09 Ed. Extra, DOU 17.04.09 e em vigor 90 dias após a publicação da lei).*

II — das decisões definitivas ou terminativas dos Tribunais Regionais, em processos de sua competência originária, no prazo de 8 (oito) dias, quer nos dissídios individuais, quer nos dissídios coletivos. *(Acrescentado pela Lei n. 11.925, de 17.4.09, DOU 17.04.09, Ed. Extra e em vigor 90 dias após a publicação da lei).*

— Parágrafos acrescentados pela Lei n. 9.957, de 12.1.2000, DOU 13.1.2000, e em vigor após 60 dias da publicação da lei.

§ 1º Nas reclamações sujeitas ao procedimento sumaríssimo, o recurso ordinário:

I — (Vetado).

II — será imediatamente distribuído, uma vez recebido no Tribunal, devendo o relator liberá-lo no prazo máximo de dez dias, e a Secretaria do Tribunal ou Turma coloca-lo imediatamente em pauta para julgamento, sem revisor.

III — terá parecer oral do representante do Ministério Público presente à sessão de julgamento, se este entender necessário o parecer, com registro na certidão;

IV — terá acórdão consistente unicamente na certidão de julgamento, com a indicação suficiente do processo e parte dispositiva, e das razões de decidir do voto prevalente. Se a sentença for confirmada pelos próprios fundamentos, a certidão de julgamento, registrando tal circunstância, servirá de acórdão.

§ 2º Os Tribunais Regionais, divididos em Turmas, poderão designar Turma para o julgamento dos recursos ordinários interpostos das sentenças prolatadas nas demandas sujeitas ao procedimento sumaríssimo.

— vide art. 12, da MP n. 2.180-35, de 24.8.01 (DOU 27.8.01) nos seguintes termos:

Art. 12. Não estão sujeitas ao duplo grau de jurisdição obrigatório as sentenças proferidas contra a União, suas autarquias e fundações públicas, quando a respeito da controvérsia o Advogado-Geral da União ou outro órgão administrativo competente houver editado súmula ou instrução normativa determinando a não interposição de recurso voluntário.

Art. 896. Cabe Recurso de Revista para Turma do Tribunal Superior do Trabalho das decisões proferidas em grau de recurso ordinário, em dissídio individual, pelos Tribunais Regionais do Trabalho, quando:

a) derem ao mesmo dispositivo de lei federal interpretação diversa da que lhe houver dado outro Tribunal Regional do Trabalho, no seu Pleno ou Turma, ou a Seção de Dissídios Individuais do Tribunal Superior do Trabalho, ou contrariarem súmula de jurisprudência uniforme dessa Corte ou súmula vinculante do Supremo Tribunal Federal; *(Redação dada Lei n. 13.015, de 21.7.14, DOU 22.7.14)*

Nota: As alterações pela Lei n. 13.015, de 21.7.14, DOU 22.7.14, em vigor após 60 dias da publicação da lei.

b) derem ao mesmo dispositivo de lei estadual, Convenção Coletiva de Trabalho, Acordo Coletivo, sentença normativa ou regulamento empresarial de observância obrigatória em área territorial que exceda a jurisdição do Tribunal Regional prolator da decisão recorrida, interpretação divergente, na forma da alínea "a";

c) proferidas com violação literal de disposição de lei federal ou afronta direta e literal à Constituição Federal.

§ 1º O recurso de revista, dotado de efeito apenas devolutivo, será interposto perante o Presidente do Tribunal Regional do Trabalho, que, por decisão fundamentada, poderá recebê-lo ou denegá-lo. *(Redação dada Lei n. 13.015, de 21.7.14, DOU 22.7.14)*

§ 1º-A. Sob pena de não conhecimento, é ônus da parte: *(Redação dada Lei n. 13.015, de 21.7.14, DOU 22.7.14)*

I — indicar o trecho da decisão recorrida que consubstancia o prequestionamento da controvérsia objeto do recurso de revista; *(Redação dada Lei n. 13.015, de 21.7.14, DOU 22.7.14)*

II — indicar, de forma explícita e fundamentada, contrariedade a dispositivo de lei, súmula ou orientação jurisprudencial do Tribunal Superior do Trabalho que conflite com a decisão regional; *(Redação dada Lei n. 13.015, de 21.7.14, DOU 22.7.14)*

III — expor as razões do pedido de reforma, impugnando todos os fundamentos jurídicos da decisão recorrida, inclusive mediante demonstração analítica de cada dispositivo de lei, da Constituição Federal, de súmula ou orientação jurisprudencial cuja contrariedade aponte. *(Redação dada Lei n. 13.015, de 21.7.14, DOU 22.7.14)*

§ 2º Das decisões proferidas pelos Tribunais Regionais do Trabalho ou por suas Turmas, em execução de sentença, inclusive em processo incidente de embargos de terceiro, não caberá Recurso de Revista, salvo na hipótese de ofensa direta e literal de norma da Constituição Federal.

§ 3º Os Tribunais Regionais do Trabalho procederão, obrigatoriamente, à uniformização de sua jurisprudência e aplicarão, nas causas da competência da Justiça do Trabalho, no que couber, o incidente de uniformização de jurisprudência previsto nos termos do Capítulo I do Título IX do Livro I da Lei n. 5.869, de 11 de janeiro de 1973 (Código de Processo Civil). *(Redação dada Lei n. 13.015, de 21.7.14, DOU 22.7.14)*

§ 4º Ao constatar, de ofício ou mediante provocação de qualquer das partes ou do Ministério Público do Trabalho, a existência de decisões atuais e conflitantes no âmbito do mesmo Tribunal Regional do Trabalho sobre o tema objeto de recurso de revista, o Tribunal Superior do Trabalho determinará o retorno dos autos à Corte de origem, a fim de que proceda à uniformização da jurisprudência. *(Redação dada Lei n. 13.015, de 21.7.14, DOU 22.7.14)*

§ 5º A providência a que se refere o § 4º deverá ser determinada pelo Presidente do Tribunal Regional do Trabalho, ao emitir juízo de admissibilidade sobre o recurso de revista, ou pelo Ministro Relator, mediante decisões irrecorríveis. *(Redação dada Lei n. 13.015, de 21.7.14, DOU 22.7.14)*

§ 6º Após o julgamento do incidente a que se refere o § 3º, unicamente a súmula regional ou a tese jurídica prevalecente no Tribunal Regional do Trabalho e não conflitante com súmula ou orientação jurisprudencial do Tribunal Superior do Trabalho servirá como paradigma para viabilizar o conhecimento do recurso de revista, por divergência. *(Redação dada Lei n. 13.015, de 21.7.14, DOU 22.7.14)*

§ 7º A divergência apta a ensejar o recurso de revista deve ser atual, não se considerando como tal a ultrapassada por súmula do Tribunal Superior do Trabalho ou do Supremo Tribunal Federal, ou superada por iterativa e notória jurisprudência do Tribunal Superior do Trabalho. *(Redação dada Lei n. 13.015, de 21.7.14, DOU 22.7.14)*

§ 8º Quando o recurso fundar-se em dissenso de julgados, incumbe ao recorrente o ônus de produzir prova da divergência jurisprudencial, mediante certidão, cópia ou citação do repositório de jurisprudência, oficial ou credenciado, inclusive em mídia eletrônica, em que houver sido publicada a decisão divergente, ou ainda pela reprodução de julgado disponível na internet, com indicação da respectiva fonte, mencionando, em qualquer caso, as circunstâncias que identifiquem ou assemelhem os casos confrontados. *(Redação dada Lei n. 13.015, de 21.7.14, DOU 22.7.14)*

§ 9º Nas causas sujeitas ao procedimento sumaríssimo, somente será admitido recurso de revista por contrariedade a súmula de jurisprudência uniforme do Tribunal Superior do Trabalho ou a súmula vinculante do Supremo Tribunal Federal e por violação direta da Constituição Federal. *(Redação dada Lei n. 13.015, de 21.7.14, DOU 22.7.14)*

§ 10. Cabe recurso de revista por violação a lei federal, por divergência jurisprudencial e por ofensa à Constituição Federal nas execuções fiscais e nas controvérsias da fase de execução que envolvam a Certidão Negativa de Débitos Trabalhistas (CNDT), criada pela Lei n. 12.440, de 7 de julho de 2011. *(Redação dada Lei n. 13.015, de 21.7.14, DOU 22.7.14)*

§ 11. Quando o recurso tempestivo contiver defeito formal que não se repute grave, o Tribunal Superior do Trabalho poderá desconsiderar o vício ou mandar saná-lo, julgando o mérito. *(Redação dada Lei n. 13.015, de 21.7.14, DOU 22.7.14)*

§ 12. Da decisão denegatória caberá agravo, no prazo de 8 (oito) dias. *(Redação dada Lei n. 13.015, de 21.7.14, DOU 22.7.14)*

§ 13. Dada a relevância da matéria, por iniciativa de um dos membros da Seção Especializada em Dissídios Individuais do Tribunal Superior do Trabalho, aprovada pela maioria dos integrantes da Seção, o julgamento a que se refere o § 3º poderá ser afeto ao Tribunal Pleno. (NR) *(Redação dada Lei n. 13.015, de 21.7.14, DOU 22.7.14)*

Art. 896-A. O Tribunal Superior do Trabalho, no recurso de revista, examinará previamente se a causa oferece transcendência com relação aos reflexos gerais de natureza econômica, política, social ou jurídica. (NR) *(Artigo acrescentado pela MP n. 2.226, de 4.9.01, DOU 5.9.01).*

Art. 2º O Tribunal Superior do Trabalho regulamentará, em seu regimento interno, o processamento da transcendência do recurso de revista, assegurada a apreciação da transcendência em sessão pública, com direito a sustentação oral e fundamentação da decisão. *(Artigo da MP n. 2.226, de 4.9.01, DOU 5.9.01, que está relacionado com o art. 896-A).*

CLT

Art. 896-B. Aplicam-se ao recurso de revista, no que couber, as normas da Lei n. 5.869, de 11 de janeiro de 1973 (Código de Processo Civil), relativas ao julgamento dos recursos extraordinário e especial repetitivos. *(Redação dada pela Lei n. 13.015, de 21.7.14, DOU 22.7.14)*

Art. 896-C. Quando houver multiplicidade de recursos de revista fundados em idêntica questão de direito, a questão poderá ser afetada à Seção Especializada em Dissídios Individuais ou ao Tribunal Pleno, por decisão da maioria simples de seus membros, mediante requerimento de um dos Ministros que compõem a Seção Especializada, considerando a relevância da matéria ou a existência de entendimentos divergentes entre os Ministros dessa Seção ou das Turmas do Tribunal. *(Redação dada pela Lei n. 13.015, de 21.7.14, DOU 22.7.14)*

§ 1º O Presidente da Turma ou da Seção Especializada, por indicação dos relatores, afetará um ou mais recursos representativos da controvérsia para julgamento pela Seção Especializada em Dissídios Individuais ou pelo Tribunal Pleno, sob o rito dos recursos repetitivos. *(Redação dada pela Lei n. 13.015, de 21.7.14, DOU 22.7.14)*

§ 2º O Presidente da Turma ou da Seção Especializada que afetar processo para julgamento sob o rito dos recursos repetitivos deverá expedir comunicação aos demais Presidentes de Turma ou de Seção Especializada, que poderão afetar outros processos sobre a questão para julgamento conjunto, a fim de conferir ao órgão julgador visão global da questão. *(Redação dada pela Lei n. 13.015, de 21.7.14, DOU 22.7.14)*

§ 3º O Presidente do Tribunal Superior do Trabalho oficiará os Presidentes dos Tribunais Regionais do Trabalho para que suspendam os recursos interpostos em casos idênticos aos afetados como recursos repetitivos, até o pronunciamento definitivo do Tribunal Superior do Trabalho. *(Redação dada pela Lei n. 13.015, de 21.7.14, DOU 22.7.14)*

§ 4º Caberá ao Presidente do Tribunal de origem admitir um ou mais recursos representativos da controvérsia, os quais serão encaminhados ao Tribunal Superior do Trabalho, ficando suspensos os demais recursos de revista até o pronunciamento definitivo do Tribunal Superior do Trabalho. *(Redação dada pela Lei n. 13.015, de 21.7.14, DOU 22.7.14)*

§ 5º O relator no Tribunal Superior do Trabalho poderá determinar a suspensão dos recursos de revista ou de embargos que tenham como objeto controvérsia idêntica à do recurso afetado como repetitivo. *(Redação dada pela Lei n. 13.015, de 21.7.14, DOU 22.7.14)*

§ 6º O recurso repetitivo será distribuído a um dos Ministros membros da Seção Especializada ou do Tribunal Pleno e a um Ministro revisor. *(Redação dada pela Lei n. 13.015, de 21.7.14, DOU 22.7.14)*

§ 7º O relator poderá solicitar, aos Tribunais Regionais do Trabalho, informações a respeito da controvérsia, a serem prestadas no prazo de 15 (quinze) dias. *(Redação dada pela Lei n. 13.015, de 21.7.14, DOU 22.7.14)*

§ 8º O relator poderá admitir manifestação de pessoa, órgão ou entidade com interesse na controvérsia, inclusive como assistente simples, na forma da Lei n. 5.869, de 11 de janeiro de 1973 (Código de Processo Civil). *(Redação dada pela Lei n. 13.015, de 21.7.14, DOU 22.7.14)*

§ 9º Recebidas as informações e, se for o caso, após cumprido o disposto no § 7º deste artigo, terá vista o Ministério Público pelo prazo de 15 (quinze) dias. *(Redação dada pela Lei n. 13.015, de 21.7.14, DOU 22.7.14)*

§ 10. Transcorrido o prazo para o Ministério Público e remetida cópia do relatório aos demais Ministros, o processo será incluído em pauta na Seção Especializada ou no Tribunal Pleno, devendo ser julgado com preferência sobre os demais feitos. *(Redação dada pela Lei n. 13.015, de 21.7.14, DOU 22.7.14)*

§ 11. Publicado o acórdão do Tribunal Superior do Trabalho, os recursos de revista sobrestados na origem: *(Redação dada pela Lei n. 13.015, de 21.7.14, DOU 22.7.14)*

I — terão seguimento denegado na hipótese de o acórdão recorrido coincidir com a orientação a respeito da matéria no Tribunal Superior do Trabalho; ou *(Redação dada pela Lei n. 13.015, de 21.7.14, DOU 22.7.14)*

II — serão novamente examinados pelo Tribunal de origem na hipótese de o acórdão recorrido divergir da orientação do Tribunal Superior do Trabalho a respeito da matéria. *(Redação dada pela Lei n. 13.015, de 21.7.14, DOU 22.7.14)*

§ 12. Na hipótese prevista no inciso II do § 11 deste artigo, mantida a decisão divergente pelo Tribunal de origem, far-se-á o exame de admissibilidade do recurso de revista. *(Redação dada pela Lei n. 13.015, de 21.7.14, DOU 22.7.14)*

§ 13. Caso a questão afetada e julgada sob o rito dos recursos repetitivos também contenha questão constitucional, a decisão proferida pelo Tribunal Pleno não obstará o conhecimento de eventuais recursos extraordinários sobre a questão constitucional. *(Redação dada pela Lei n. 13.015, de 21.7.14, DOU 22.7.14)*

§ 14. Aos recursos extraordinários interpostos perante o Tribunal Superior do Trabalho será aplicado o procedimento previsto no art. 543-B da Lei n. 5.869, de 11 de janeiro de 1973 (Código de Processo Civil), cabendo ao Presidente do Tribunal Superior do Trabalho selecionar um ou mais recursos representativos da controvérsia e encaminhá-los ao Supremo Tribunal Federal, sobrestando os demais até o pronunciamento definitivo da Corte, na forma do § 1º do art. 543-B da Lei n. 5.869, de 11 de janeiro de 1973 (Código de Processo Civil). *(Redação dada pela Lei n. 13.015, de 21.7.14, DOU 22.7.14)*

§ 15. O Presidente do Tribunal Superior do Trabalho poderá oficiar os Tribunais Regionais do Trabalho e os Presidentes das Turmas e da Seção Especializada do Tribunal para que suspendam os processos idênticos aos selecionados como recursos representativos da controvérsia e encaminhados ao Supremo Tribunal Federal, até o seu pronunciamento definitivo. *(Redação dada pela Lei n. 13.015, de 21.7.14, DOU 22.7.14)*

§ 16. A decisão firmada em recurso repetitivo não será aplicada aos casos em que se demonstrar que a situação de fato ou de direito é distinta das presentes no processo julgado sob o rito dos recursos repetitivos. *(Redação dada pela Lei n. 13.015, de 21.7.14, DOU 22.7.14)*

§ 17. Caberá revisão da decisão firmada em julgamento de recursos repetitivos quando se alterar a situação econômica, social ou jurídica, caso em que será respeitada a segurança jurídica das relações firmadas sob a égide da decisão anterior, podendo o Tribunal Superior do Trabalho modular os efeitos da decisão que a tenha alterado. *(Redação dada pela Lei n. 13.015, de 21.7.14, DOU 22.7.14)*

Art. 897. Cabe Agravo, no prazo de 8 (oito) dias:

a) de petição, das decisões do Juiz ou Presidente, nas execuções;

b) de instrumento, dos despachos que denegarem a interposição de recursos.

§ 1º O Agravo de Petição só será recebido quando o agravante delimitar, justificadamente, as matérias e os valores impugnados, permitida a execução imediata da parte remanescente até o final, nos próprios autos ou por carta de sentença.

§ 2º O Agravo de Instrumento interposto contra o despacho que não receber agravo de petição não suspende a execução da sentença.

§ 3º Na hipótese da alínea *a* deste artigo, o agravo será julgado pelo próprio Tribunal, presidido pela autoridade recorrida, salvo se se tratar de decisão de Juiz do Trabalho de 1ª Instância ou de Juiz de Direito, quando o julgamento competirá a uma das Turmas do Tribunal Regional a que estiver subordinado o prolator da sentença, observado o disposto no art. 679, a quem este remeterá as peças necessárias para o exame da matéria controvertida, em autos apartados, ou nos próprios autos, se tiver sido determinada a extração de carta de sentença. (NR) *(Redação dada pela Lei n. 10.035, de 25.10.00, DOU 26.10.00).*

§ 4º Na hipótese da alínea "b" deste artigo, o agravo será julgado pelo Tribunal que seria competente para conhecer o recurso cuja interposição foi denegada. *(Redação do caput e dos § 2º e 4º dada pela L. n. 8.432, de 11.6.92, DOU 12.6.92, LTr 55-7/855).*

§ 5º Sob pena de não conhecimento, as partes promoverão a formação do instrumento do agravo de modo a possibilitar, caso provido, o imediato julgamento do recurso denegado, instruindo a petição de interposição:

I — obrigatoriamente, com cópias da decisão agravada, da certidão da respectiva intimação, das procurações outorgadas aos advogados do agravante e do agravado, da petição inicial, da contestação, da decisão originária, do depósito recursal referente ao recurso que se pretende destrancar, da comprovação do recolhimento das custas e do depósito recursal a que se refere o § 7º do art. 899 desta Consolidação; (NR)

(Redação dada pela Lei n. 12.275, de 29.6.10, DOU 29.6.10, Ed. Extra)

II — facultativamente, com outras peças que o agravante reputar úteis ao deslinde da matéria de mérito controvertida.

§ 6º O agravado será intimado para oferecer resposta ao agravo e ao recurso principal, instruindo-a com as peças que considerar necessárias ao julgamento de ambos os recursos.

§ 7º Provido o agravo, a Turma deliberará sobre o julgamento do recurso principal, observando-se, se for o caso, daí em diante, o procedimento relativo a esse recurso. *(Redação dada pela Lei n. 9.756, de 17.12.98, DOU de 18.12.98 aos parágrafos 5º, 6º e 7º).*

§ 8º Quando o agravo de petição versar apenas sobre as contribuições sociais, o juiz da execução determinará a extração de cópias das peças necessárias, que serão autuadas em apartado, conforme dispõe o § 3º, parte final, e remetidas à instância superior para apreciação, após contraminuta. (AC) *(Parágrafo acrescentado pela Lei n. 10.035, de 25.10.00, DOU 26.10.00).*

Art. 897-A. Caberão embargos de declaração da sentença ou acórdão, no prazo de cinco dias, devendo seu julgamento ocorrer na primeira audiência ou sessão subsequente a sua apresentação, registrada na certidão, admitido efeito modificativo da decisão nos casos de omissão e contradição no julgado e manifesto equívoco no exame dos pressupostos extrínsecos do recurso.

§ 1º Os erros materiais poderão ser corrigidos de ofício ou a requerimento de qualquer das partes. *(Redação dada Lei n. 13.015, de 21.7.14, DOU 22.7.14)*

§ 2º Eventual efeito modificativo dos embargos de declaração somente poderá ocorrer em virtude da correção de vício na decisão embargada e desde que ouvida a parte contrária, no prazo de 5 (cinco) dias. *(Redação dada Lei n. 13.015, de 21.7.14, DOU 22.7.14)*

§ 3º Os embargos de declaração interrompem o prazo para interposição de outros recursos, por qualquer das partes, salvo quando intempestivos, irregular a representação da parte ou ausente a sua assinatura." (NR) *(Redação dada Lei n. 13.015, de 21.7.14, DOU 22.7.14)*

Art. 898. Das decisões proferidas em dissídio coletivo que afete empresa de serviço público, ou, em qualquer caso, das proferidas em revisão, poderão recorrer, além dos interessados, o presidente do Tribunal e a Procuradoria da Justiça do Trabalho.

— v. art. 8º, L. n. 5.584, 26.6.70, DOU 29.6.70, LTr 34/521, p. 350

Art. 899. Os recursos serão interpostos por simples petição e terão efeito meramente devolutivo, salvo as exceções previstas neste Título, permitida a execução provisória até a penhora.

— v. art. 13 da L. n. 7.701/88, p. 336

— v. Instr. Norm. 3 do TST, p. 932

— v. art. 40, L. n. 8.177, de 1º.3.91, p. 790

— v. L. n. 8.542/92, art. 8º, § 4º, p. 796

— v. IN/TST n. 26/04 — p. 939

— v. IN/TST n. 27/05, p. 940

§ 1º Sendo a condenação de valor até 10 (dez) vezes o valor de referência regional, nos dissídios individuais, só será admitido o recurso, inclusive o extraordinário, mediante prévio depósito da respectiva importância. Transitada em julgado a decisão recorrida, ordenar-se-á o levantamento imediato da importância de depósito, em favor da parte vencedora, por simples despacho do juiz.

— v. Instruções do TST editadas periodicamente fixando os valores dos depósitos para fins recursais

§ 2º Tratando-se de condenação de valor indeterminado, o depósito corresponderá ao que for arbitrado, para efeito de custas, pela Vara ou Juízo de Direito, até o limite de 10 (dez) vezes o valor de referência regional.

— V. art. 57 da CLT

— v. nota anterior

§ 3º Revogado pela L. n. 7.033, 5.10.82, DOU 6.10.82.

§ 4º O depósito de que trata o § 1º far-se-á na conta vinculada do empregado a que se refere o art. 2º da Lei n. 5.107, de 13 de setembro de 1966, aplicando-se-lhe os preceitos dessa Lei, observado, quanto ao respectivo levantamento, o disposto no § 1º.

— v. L. n. 8.036, 11.5.90, que revogou a L. n. 7.839/89, e que revogou a L. n. 5.107/66, p. 203

§ 5º Se o empregado ainda não tiver conta vinculada aberta em seu nome, nos termos do art. 2º da Lei n. 5.107, de 13 de setembro de 1966, a empresa procederá à respectiva abertura, para o efeito do disposto no § 2º.

— v. nota do parágrafo anterior

§ 6º Quando o valor da condenação, ou o arbitrado para fins de custas, exceder o limite de 10 (dez) vezes o valor de referência da região, o depósito para fins de recursos será limitado a este valor *(Redação art. e §§ L. n. 5.442, 24.5.68, DOU 28.5 e 4.6.68, LTr 32/349).*

§ 7º No ato de interposição do agravo de instrumento, o depósito recursal corresponderá a 50% (cinquenta por cento) do valor do depósito do recurso ao qual se pretende destrancar." (NR) *(Acrescentado pela Lei n. 12.275, de 29.6.10, DOU 29.6.10, Ed. Extra)*

§ 8º Quando o agravo de instrumento tem a finalidade de destrancar recurso de revista que se insurge contra decisão que contraria a jurisprudência uniforme do Tribunal Superior do Trabalho, consubstanciada nas suas súmulas ou em orientação jurisprudencial, não haverá obrigatoriedade de se efetuar o depósito referido no § 7º deste artigo. (NR) *(Redação dada pela Lei n. 13.015, de 21.7.14, DOU 22.7.14)*

— v. nota ao *caput* deste artigo

1. Vide *art. 4º, da MP n. 2.180-35, de 24.8.01, DOU 27.8.01, que acrescenta dispositivos na Lei n. 9.494, de 10.9.97.*

"Art. 1º-A. Estão dispensadas de depósito prévio, para interposição de recurso, as pessoas jurídicas de direito público federais, estaduais, distritais e municipais." (NR)

"Art. 1º-B. O prazo a que se refere o caput dos arts. 730 do Código de Processo Civil, e 884 da Consolidação das Leis do Trabalho, aprovada pelo Decreto-lei n. 5.452, de 1º de maio de 1943, passa a ser de trinta dias." (NR)

"Art. 1º-C. Prescreverá em cinco anos o direito de obter indenização dos danos causados por agentes de pessoas jurídicas de direito público e de pessoas jurídicas de direito privado prestadoras de serviços públicos." (NR)

"Art. 1º-D. Não serão devidos honorários advocatícios pela Fazenda Pública nas execuções não embargadas." (NR)

"Art. 1º-E. São passíveis de revisão, pelo Presidente do Tribunal, de ofício ou a requerimento das partes, as contas elaboradas para aferir o valor dos precatórios antes de seu pagamento ao credor." (NR)

"Art. 1º-F. Os juros de mora, nas condenações impostas à Fazenda Pública para pagamento de verbas remuneratórias devidas a servidores e empregados públicos, não poderão ultrapassar o percentual de seis por cento ao ano." (NR)

"Art. 2º-A. A sentença civil prolatada em ação de caráter coletivo proposta por entidade associativa, na defesa dos interesses e direitos dos seus associados, abrangerá apenas os substituídos que tenham, na data da propositura da ação, domicílio no âmbito da competência territorial do órgão prolator.

PARÁGRAFO ÚNICO. Nas ações coletivas propostas contra a União, os Estados, o Distrito Federal, os Municípios e suas autarquias e fundações, a petição inicial deverá obrigatoriamente estar instruída com a ata da assembleia da entidade associativa que a autorizou, acompanhada da relação nominal dos seus associados e indicação dos respectivos endereços." (NR)

"Art. 2º-B. A sentença que tenha por objeto a liberação de recurso, inclusão em folha de pagamento, reclassificação, equiparação, concessão de aumento ou extensão de vantagens a servidores da União, dos Estados, do Distrito Federal e dos Municípios, inclusive de suas autarquias e fundações, somente poderá ser executada após seu trânsito em julgado." (NR)

2. A Lei n. 11.341, de 7.8.06, (DOU 8.8.06), incluiu no parágrafo único do art. 541, do Código de Processo Civil (Lei n. 5.869/73), para admitir as decisões disponíveis em mídia eletrônica, inclusive na Internet, entre as suscetíveis de prova de divergência jurisprudencial.

"Art. 541. ....

Parágrafo único. Quando o recurso fundar-se em dissídio jurisprudencial, o recorrente fará a prova da divergência mediante certidão, cópia autenticada ou pela citação do repositório de jurisprudência, oficial ou credenciado, inclusive em mídia eletrônica, em que tiver sido publicada a decisão divergente, ou ainda pela reprodução de julgado disponível na Internet, com indicação da respectiva fonte, mencionando, em qualquer caso, as circunstâncias que identifiquem ou assemelhem os casos confrontados." (NR)

Art. 900. Interposto o recurso, será notificado o recorrido para oferecer as suas razões, em prazo igual ao que tiver tido o recorrente.

Art. 901. Sem prejuízo dos prazos previstos neste Capítulo, terão as partes vistas dos autos em cartório ou na secretaria.

PARÁGRAFO ÚNICO. Salvo quando estiver correndo prazo comum, aos procuradores das partes será permitido ter vista dos autos fora do cartório ou secretaria. *(Parágrafo único acrescido pela L. n. 8.638, 31.3.93, DOU 1º.4.93, LTr 57-04/507).*

Art. 902. Revogado pela L. n. 7.033, 5.10.82, DOU 6.10.82.

CAPÍTULO VII

DA APLICAÇÃO DAS PENALIDADES

Art. 903. As penalidades estabelecidas no Título VIII serão aplicadas pelo Juiz, ou Tribunal, que tiver de conhecer da desobediência, violação, recusa, falta ou coação, *ex officio*, ou mediante representação de qualquer interessado ou da Procuradoria da Justiça do Trabalho. (*Redação DL n. 8.737, 19.1.46, DOU 21 e 30.1.46).*

Obs: O Decreto-lei n. 6.353, de 20.3.1944, corrigiu a redação primitiva deste artigo, para dispor *"Onde se lê "nesse titulo", leia-se "no Título VIII". O Decreto-lei n. 8.737, de 19.1.46, não se atentou para a correção feita, fazendo referência ao* ***título anterior****, quando o certo é o Título VIII, que trata da Justiça do Trabalho. Não poderia ser o Título anterior, no qual tem como titulação "Do Ministério Público do Trabalho", isso porque, nas normas lá constantes, não existe o estabelecimento de penalidades, de forma que o correto é o Título VIII e não o do anterior. O texto acima está, portanto, com a correção feita pelo Decreto-lei n. 6.353, de 20.3.44.*

Art. 904. As sanções em que incorrerem as autoridades da Justiça do Trabalho serão aplicadas pela autoridade ou Tribunal imediatamente superior, conforme o caso, *ex officio*, ou mediante representação de qualquer interessado ou da Procuradoria. *(Redação DL n. 8.737, 19.1.46, DOU 21 e 30.1.46, LTr 10/30).*

PARÁGRAFO ÚNICO. Tratando-se de membro do Tribunal Superior do Trabalho será competente para a imposição de sanções o Senado Federal. *(O DL n. 229, 28.2.67, DOU 28.2.67, LTr 31/137, transformou o § 1º em parágrafo único e eliminou o § 2º).*

— v. art. 105, da CF/88

Art. 905. Tomando conhecimento do fato imputado, o juiz ou Tribunal competente mandará notificar o acusado, para apresentar, no prazo de quinze dias, defesa por escrito.

§ 1º É facultado ao acusado, dentro do prazo estabelecido neste artigo, requerer a produção de testemunhas, até ao máximo de cinco. Nesse caso, será marcada audiência para a inquirição.

§ 2º Findo o prazo de defesa, o processo será imediatamente concluso para julgamento, que deverá ser proferido no prazo de dez dias.

Art. 906. Da imposição das penalidades, a que se refere este Capítulo, caberá recurso ordinário para o Tribunal Superior, no prazo de dez dias, salvo se a imposição resultar de dissídio coletivo, caso em que o prazo será de vinte dias.

— v. L. n. 5.584/70, art. 6º, p. 350

Art. 907. Sempre que o infrator incorrer em pena criminal far-se-á remessa das peças necessárias à autoridade competente.

Art. 908. A cobrança das multas estabelecidas neste Título será feita mediante executivo fiscal, perante o juiz competente para a cobrança de dívida ativa da Fazenda Pública Federal.

— v. L. n. 6.830, 22.9.80, DOU 24.9.80, que dispõe sobre a cobrança da Dívida Ativa da Fazenda Pública, p. 351

PARÁGRAFO ÚNICO. A cobrança das multas será promovida, no Distrito Federal e nos Estados em que funcionarem os Tribunais Regionais, pela Procuradoria da Justiça do Trabalho, e, nos demais Estados, de acordo com o disposto no Decreto-lei n. 960, de 17 de dezembro de 1938. *(O DL n. 960 foi revogado pelo CPC, L. n. 5.869, 11.1.73, DOU 17.1.73, com a redação da L. n. 5.925, 1º.10.73, DOU 2.10.73).*

CAPÍTULO VIII

DISPOSIÇÕES FINAIS

Art. 909. A ordem dos processos no Tribunal Superior do Trabalho será regulada em seu regimento interno.

Art. 910. Para os efeitos deste Título, equiparam-se aos serviços públicos os de utilidade pública, bem como os que forem prestados em armazéns de gêneros alimentícios, açougues, padarias, leiterias, farmácias, hospitais, minas, empresas de transportes e comunicações, bancos e estabelecimentos que interessem à segurança nacional.

TÍTULO XI
DISPOSIÇÕES FINAIS E TRANSITÓRIAS

Art. 911. Esta Consolidação entrará em vigor em 10 de novembro de 1943.

Art. 912. Os dispositivos de caráter imperativo terão aplicação imediata às relações iniciadas, mas não consumadas, antes da vigência desta Consolidação.

Art. 913. O Ministro do Trabalho expedirá instruções, quadros, tabelas e modelos que se tornarem necessárias à execução desta Consolidação.

PARÁGRAFO ÚNICO. O Tribunal Superior do Trabalho adaptará o seu regimento interno e o dos Tribunais Regionais do Trabalho às normas contidas nesta Consolidação.

Art. 914. Continuarão em vigor os quadros, tabelas e modelos aprovados em virtude de dispositivos não alterados pela presente Consolidação.

Art. 915. Não serão prejudicados os recursos interpostos com apoio em dispositivos alterados ou cujo prazo para interposição esteja em curso à data da vigência desta Consolidação.

Art. 916. Os prazos de prescrição fixados pela presente Consolidação começarão a correr da data da vigência desta, quando menores do que os previstos pela legislação anterior.

Art. 917. O Ministro do Trabalho marcará prazo para adaptação dos atuais estabelecimentos às exigências contidas no Capítulo "Da Segurança e Medicina do Trabalho". Compete ainda àquela autoridade fixar os prazos dentro dos quais, em cada Estado, entrará em vigor a obrigatoriedade do uso da Carteira de Trabalho e Previdência Social para os atuais empregados. *(Este artigo e parágrafo único estão tacitamente revogados pelo DL n. 229, 28.2.67, DOU 28.2.67, LTr 31/137).*

PARÁGRAFO ÚNICO. O Ministro do Trabalho fixará, para cada Estado e quando julgar conveniente, o início da vigência de parte ou de todos os dispositivos contidos no Capítulo "Da Segurança e Medicina do Trabalho". *(Redação de acordo com a L. n. 6.514, 22.12.77, DOU 27.12.77, LTr 42/111, que deu nova redação aos arts. 154 a 201 desta CLT).*

Art. 918. Revogado com o advento da LOPS, L. n. 3.807, 26.8.60, DOU 5.9.60, LTr 24/367, e legislação posterior.

Art. 919. Ao empregado bancário, admitido até a data da vigência da presente Lei, fica assegurado o direito à aquisição da estabilidade nos termos do art. 15 do Decreto n. 24.615, de 9 de julho de 1934.

Art. 920. Enquanto não forem constituídas as confederações ou, na falta destas, a representação de classes, econômicas ou profissionais, que derivar da indicação desses órgãos ou dos respectivos presidentes, será suprida por equivalente designação ou eleição realizada pelas correspondentes federações.

Art. 921. As empresas que não estiverem incluídas no enquadramento sindical de que trata o art. 577 poderão firmar contratos coletivos de trabalho com os sindicatos representativos da respectiva categoria profissional.

— v. art. 618

Art. 922. O disposto no art. 301 regerá somente as relações de emprego iniciadas depois da vigência desta Consolidação. *(Este artigo foi acrescentado pelo DL n. 6.353, 20.3.44, DOU 22.3.44, LTr 8/47).*

CLT

ANEXO

QUADRO A QUE SE REFERE O ART. 577 DA CONSOLIDAÇÃO DAS LEIS DO TRABALHO

CONFEDERAÇÃO NACIONAL DA INDÚSTRIA	CONFEDERAÇÃO NACIONAL DOS TRABALHADORES NA INDÚSTRIA
1º GRUPO — INDÚSTRIAS DE ALIMENTAÇÃO	1º GRUPO — TRABALHADORES NAS INDÚSTRIAS DE ALIMENTAÇÃO
Atividades ou categorias econômicas	Categorias profissionais
Indústria do trigo	
Indústria do milho e da soja	Trabalhadores na indústria do trigo, milho, soja e mandioca
Indústria da mandioca	
Indústria do arroz	Trabalhadores na indústria do arroz
Indústria da aveia	Trabalhadores na indústria da aveia
Indústria do açúcar	
Indústria do açúcar de engenho	Trabalhadores na indústria do açúcar
Indústria da refinação do açúcar	
Indústria de torrefação e moagem do café	Trabalhadores na indústria de torrefação e moagem de café
Indústria de refinação do sal	Trabalhadores na indústria de refinação do sal
Indústria de panificação e confeitaria	Trabalhadores na indústria de panificação e confeitaria
Indústria de produtos de cacau e balas	Trabalhadores na indústria de produtos de cacau e balas
Indústria de mate	Trabalhadores na indústria do mate
Indústria de laticínios e produtos derivados	Trabalhadores na indústria de laticínios e produtos derivados
Indústria de massas alimentícias e biscoitos	Trabalhadores na indústria de massas alimentícias e biscoitos
Indústria de cerveja de alta fermentação	
Indústria de cerveja de baixa fermentação	Trabalhadores na indústria de cerveja e bebidas em geral
Indústria de cerveja e de bebidas em geral	
Indústria do vinho	Trabalhadores na indústria do vinho
Indústria de águas minerais	Trabalhadores na indústria de águas minerais
Indústria de azeite e óleos alimentícios	Trabalhadores na indústria do azeite e óleos alimentícios
Indústria de doces e conservas alimentícias	Trabalhadores na indústria de doces e conservas alimentícias
Indústria de carnes e derivados	Trabalhadores na indústria de carnes e derivados
Indústria do frio	Trabalhadores na indústria do frio
Indústria do fumo	Trabalhadores na indústria do fumo
Indústria da imunização e tratamento de frutas	Trabalhadores na indústria da imunização e tratamento de frutas
Indústria do beneficiamento do café (inclusive rebeneficiamento)	Trabalhadores na indústria do beneficiamento do café
Indústria alimentar de congelados, supercongelados, sorvetes, concentrados e liofilizados	Trabalhadores na indústria alimentar de congelados, supercongelados, sorvetes, concentrados e liofilizados
Indústria de rações balanceadas	Trabalhadores na indústria de rações balanceadas
Indústria do café solúvel	Trabalhadores na indústria do café solúvel
Indústria da pesca	Trabalhadores na indústria da pesca

2º GRUPO — INDÚSTRIAS DO VESTUÁRIO

Atividades ou categorias econômicas

Indústria de calçados

Indústria de solado palmilhado

Indústria de camisas para homens e roupas brancas

Indústria de alfaiataria e de confecção de roupas de homem

Trabalhadores na indústria de guarda-chuvas e bengalas

Indústria de luvas, bolsas e peles de resguardo

Indústria de pentes, botões e similares

Indústria de chapéus

Indústria de confecção de roupas e chapéus de senhora

Indústria de material de segurança e proteção ao trabalho

2º GRUPO — TRABALHADORES NAS INDÚSTRIAS DO VESTUÁRIO

Categorias profissionais

Trabalhadores na indústria de calçados

Trabalhadores na indústria de tamancos, saltos, fôrmas de paus

Oficiais alfaiates, costureiros e trabalhadores na indústria de confecção de roupas

Indústria de guarda-chuvas e bengalas

Trabalhadores na indústria de luvas, bolsas e peles de resguardo

Trabalhadores na indústria de pentes, botões e similares

Trabalhadores na indústria de chapéus

Trabalhadores na indústria de confecção de roupas e chapéus de senhora

Trabalhadores na indústria de material de segurança e proteção ao trabalho

3º GRUPO — INDÚSTRIAS DA CONSTRUÇÃO E DO MOBILIÁRIO

Atividades ou categorias econômicas

Indústria da construção civil (inclusive montagens industriais e engenharia consultiva)

Indústria de olaria

Indústria de cal e gesso

Indústria do cimento

Indústria de ladrilhos hidráulicos e produtos de cimento

Indústria de cerâmica para construção

Indústria de mármores e granitos

Indústria de pintura, decorações, estuques e ornatos

Indústria de serrarias, carpintarias, tanoarias, madeiras compensadas e laminadas, aglomerados e chapas de fibras de madeira

Indústria de marcenaria (móveis de madeira)

Indústria de móveis de junco e vime e de vassouras

3º GRUPO — TRABALHADORES NAS INDÚSTRIAS DA CONSTRUÇÃO E DO MOBILIÁRIO

Categorias profissionais

Trabalhadores na indústria da construção civil (pedreiros, carpinteiros, pintores e estucadores, bombeiros hidráulicos e outros, montagens industriais e engenharia consultiva)

Trabalhadores nas indústrias da construção de estradas, pavimentação, obras de terraplenagem em geral (pontes, portos, canais, barragens, aeroportos, hidrelétricas e engenharia consultiva)

Trabalhadores na indústria de olaria

Trabalhadores na indústria de cimento, cal e gesso

Trabalhadores na indústria de ladrilhos hidráulicos e produtos de cimento

Trabalhadores na indústria de cerâmica para construção

Trabalhadores na indústria de mármores e granitos

Trabalhadores na indústria de pintura, decorações, estuques e ornatos

Trabalhadores na indústria de serrarias, carpintarias, tanoarias, madeiras compensadas e laminadas, aglomerados e chapas de fibras de madeira

Oficiais marceneiros e trabalhadores na indústria de serrarias e de móveis de madeira

Trabalhadores na indústria de móveis de junco e vime e de vassouras

Indústria de cortinados e estofos	Trabalhadores na indústria de cortinados e estofos
Indústria de escovas e pincéis	Trabalhadores na indústria de escovas e pincéis
Indústria de artefatos de cimento armado	Trabalhadores na indústria de artefatos de cimento armado
Indústria de instalações elétricas, gás, hidráulicas e sanitárias	Oficiais eletricistas e trabalhadores na indústria de instalações elétricas, gás, hidráulicas e sanitárias
Indústria da construção de estradas, pavimentação, obras de terraplenagem em geral (barragens, aeroportos, canais e engenharia consultiva)	Trabalhadores na indústria da construção de estradas, pavimentação, obras de terraplenagem em geral (barragens, aeroportos, canais e engenharia consultiva)
	Tratoristas (excetuados os rurais) — diferenciada
Indústria de refratários	Trabalhadores na indústria de refratários

4º GRUPO — INDÚSTRIAS URBANAS	4º GRUPO — TRABALHADORES NAS INDÚSTRIAS URBANAS
Atividades ou categorias econômicas	Categorias profissionais
Indústria da purificação e distribuição de água	Trabalhadores na indústria da purificação e distribuição de água
Indústria de energia elétrica	Trabalhadores na indústria de energia elétrica
Indústria da produção do gás	Trabalhadores na indústria da produção de gás
Serviços de esgotos	Trabalhadores em serviços de esgotos
	Máquinas e foguistas (de geradores termoelétricos e congêneres, exclusive marítimos) — diferenciada

5º GRUPO — INDÚSTRIAS EXTRATIVAS	5º GRUPO — TRABALHADORES NAS INDÚSTRIAS EXTRATIVAS
Atividades ou categorias econômicas	Categorias profissionais
Indústria da extração do ouro e metais preciosos	Trabalhadores na indústria da extração do ouro e metais preciosos
Indústria da extração do ferro e metais básicos	Trabalhadores na indústria da extração do ferro e metais básicos
Indústria da extração do carvão e da fluorita	Trabalhadores na indústria da extração do carvão e da fluorita
Indústria da extração de diamantes e pedras preciosas	Trabalhadores na indústria da extração de diamantes e pedras preciosas
Indústria da extração de mármores, calcários e pedreiras	Trabalhadores na indústria da extração de mármores, calcários e pedreiras
Indústria da extração de areias e barreiras	Trabalhadores na indústria da extração de areias e barreiras
Indústria da extração do sal	Trabalhadores na indústria da extração do sal
Indústria da extração do petróleo	Trabalhadores na indústria da extração do petróleo
Indústria da extração de madeiras	Trabalhadores na indústria da extração de madeiras
Indústria da extração de resinas	Trabalhadores na indústria da extração de resinas
Indústria da extração da lenha	Trabalhadores na indústria da extração da lenha
Indústria da extração da borracha	Trabalhadores na indústria da extração da borracha
Indústria da extração de fibras vegetais	Trabalhadores na indústria da extração de fibras vegetais e de cera de carnaúba
Indústria da extração de óleos vegetais e animais	Trabalhadores na indústria da extração de óleos vegetais e animais
Indústria da extração do estanho	Trabalhadores na indústria da extração do estanho
Indústria da extração de pirita	Trabalhadores na indústria da extração de pirita
Garimpeiros (trabalhadores autônomos)	
Indústria da extração de minerais não metálicos (gesso, amianto, mica, quartzo, grafite, talco, greda, etc.)	Trabalhadores na indústria da extração de minerais não-metálicos

6º GRUPO — INDÚSTRIAS DE FIAÇÃO E TECELAGEM

Atividades ou categorias econômicas

Indústria da cordoalha e estopa

Indústria da malharia e meias

Indústria de fiação e tecelagem em geral

Indústria de especialidades têxteis (passamanarias, rendas, tapetes)

Indústria de fibras artificiais e sintéticas (dissociada)

Indústria de tinturaria

6º GRUPO — TRABALHADORES NAS INDÚSTRIAS DE FIAÇÃO E TECELAGEM

Categorias profissionais

Mestres e Contramestres, Pessoal de Escritório e de Cargos de Chefia na Indústria de Fiação e Tecelagem

Trabalhadores na indústria de fiação e tecelagem

Técnicos têxteis

Trabalhadores nas indústrias de tinturaria

7º GRUPO — INDÚSTRIAS DE ARTEFATOS DE COURO

Atividades ou categorias econômicas

Indústria de curtimento de couros de peles

Indústria de malas e artigos de viagem

Indústria de correias em geral e arreios

7º GRUPO — TRABALHADORES NAS INDÚSTRIAS DE ARTEFATOS DE COURO

Categorias profissionais

Trabalhadores na indústria do curtimento de couros e de peles

Trabalhadores na indústria de artefatos de couro

8º GRUPO — INDÚSTRIAS DE ARTEFATOS DE BORRACHA

Atividades ou categorias econômicas

Indústria de artefatos de borracha

Indústria de pneumáticos e câmaras de ar para veículos

8º GRUPO — TRABALHADORES NAS INDÚSTRIAS DE ARTEFATOS DE BORRACHA

Categorias profissionais

Trabalhadores na indústria de artefatos de borracha

9º GRUPO — INDÚSTRIAS DE JOALHERIA, OURIVESARIA, LAPIDAÇÃO DE PEDRAS PRECIOSAS E RELOJOARIA

Atividades ou categorias econômicas

Indústria da joalheria e ourivesaria

Indústria da lapidação de pedras preciosas

Indústria da relojoaria

9º GRUPO — TRABALHADORES NAS INDÚSTRIAS DE JOALHERIA, OURIVESARIA LAPIDAÇÃO DE PEDRAS PRECIOSAS E RELOJOARIA

Categorias profissionais

Oficiais joalheiros e ourives

Oficiais lapidários

Trabalhadores na indústria de relojoaria e oficiais relojoeiros

10º GRUPO — INDÚSTRIAS QUÍMICAS E FARMACÊUTICAS

Atividades ou categorias econômicas

Indústria de produtos químicos para fins industriais

Indústria de produtos farmacêuticos

Indústria de preparação de óleos vegetais e animais

Indústria de perfumaria e artigos de toucador

Indústria de resinas sintéticas

Indústria de sabão e velas

Indústria de fabricação do álcool

Indústria de explosivos

Indústria de tintas e vernizes

10º GRUPO — TRABALHADORES NAS INDÚSTRIAS QUÍMICAS E FARMACÊUTICAS

Categorias profissionais

Trabalhadores na indústria de produtos químicos para fins industriais

Trabalhadores na indústria de produtos farmacêuticos

Trabalhadores na indústria de preparação de óleos vegetais e animais

Trabalhadores na indústria de perfumaria e artigos de toucador

Trabalhadores na indústria de resinas sintéticas

Trabalhadores na indústria de sabão e velas

Trabalhadores na indústria da fabricação de álcool

Trabalhadores na indústria de explosivos

Trabalhadores na indústria de tintas e vernizes

Indústria de fósforos	Trabalhadores na indústria de fósforos
Indústria de adubos e corretivos agrícolas	Trabalhadores na indústria de adubos e corretivos agrícolas
Indústria de defensivos agrícolas	Trabalhadores na indústria de defensivos agrícolas
Indústria de destilação e refinação de petróleo	Trabalhadores na indústria da destilação e refinação de petróleo
Indústria de material plástico (inclusive da produção de laminados plásticos)	Trabalhadores na indústria de material plástico (inclusive trabalhadores na indústria da produção de laminados plásticos)
Indústria de matérias-primas para inseticidas e fertilizantes	Trabalhadores na indústria de matérias-primas para inseticidas e fertilizantes
Indústria de abrasivos	Trabalhadores na indústria de abrasivos
Indústria de álcalis	
Indústria petroquímica	Trabalhadores na indústria petroquímica
Indústria de lápis, canetas e material de escritório	Trabalhadores na indústria de lápis, canetas e material de escritório
Indústria de defensivos animais	Trabalhadores na indústria de defensivos animais
Indústria de re-refino de óleos minerais (lubrificantes usados ou contaminados)	Trabalhadores na indústria de re-refino e óleos minerais (lubrificantes usados ou contaminados)
Indústria de produtos de limpeza	Trabalhadores na indústria de produtos de limpeza

11º GRUPO — INDÚSTRIAS DO PAPEL, PAPELÃO E CORTIÇA	11º GRUPO — TRABALHADORES NAS INDÚSTRIAS DO PAPEL, PAPELÃO E CORTIÇA
Atividades ou categorias econômicas	Categorias profissionais
Indústria do papelão	
Indústria de cortiça	Trabalhadores na indústria do papel, celulose, pasta de madeira para papel, papelão e cortiça
Indústria de papel, celulose e pasta de madeira para papel	
Indústria de artefatos de papel, papelão e cortiça	Trabalhadores na indústria de artefatos de papel, papelão e cortiça

12º GRUPO — INDÚSTRIAS GRÁFICAS	12º GRUPO — TRABALHADORES NAS INDÚSTRIAS GRÁFICAS
Atividades ou categorias econômicas	Categorias profissionais
Indústria da tipografia	
Indústria da gravura	Oficiais gráficos (diferenciada)
Indústria da encadernação	Oficiais encadernadores

13º GRUPO — INDÚSTRIA DE VIDROS, CRISTAIS, ESPELHOS, CERÂMICA DE LOUÇA E PORCELANA	13º GRUPO — TRABALHADORES NAS INDÚSTRIAS DE VIDROS, CRISTAIS, ESPELHOS, CERÂMICA DE LOUÇA E PORCELANA
Atividades ou categorias econômicas	Categorias profissionais
Indústria de vidros e cristais planos	
Indústria de vidros e cristais ocos (frascos, garrafas, copos e similares)	
Indústria de espelhos e polimento (lapidação de vidro)	Trabalhadores nas indústrias de vidros, cristais e espelhos
Indústria da cerâmica, da louça de pó de pedra, da porcelana e da louça de barro	Trabalhadores na indústria da cerâmica, da louça de pó de pedra, da porcelana e da louça de barro
Indústria da ótica	Trabalhadores na indústria da ótica

14º GRUPO — INDÚSTRIAS METALÚRGICAS, MECÂNICAS E DE MATERIAL ELÉTRICO	14º GRUPO — TRABALHADORES NAS INDÚSTRIAS METALÚRGICAS, MECÂNICAS E DE MATERIAL ELÉTRICO

(Extinto pela Port. MTb n. 3.268, 29.9.88, LTr 52-10/1255)

15º GRUPO — INDÚSTRIAS DE INSTRUMENTOS MUSICAIS E DE BRINQUEDOS

Atividades ou categorias econômicas

Indústria de instrumentos musicais

Indústria de brinquedos

15º GRUPO — TRABALHADORES NAS INDÚSTRIAS DE INSTRUMENTOS MUSICAIS E DE BRINQUEDOS

Categorias profissionais

Trabalhadores na indústria de instrumentos musicais

Trabalhadores na indústria de brinquedos

16º GRUPO — INDÚSTRIAS CINEMATOGRÁFICAS

Atividades ou categorias econômicas

Indústria cinematográfica (inclusive laboratórios cinematográficos)

16º GRUPO — TRABALHADORES NAS INDÚSTRIAS CINEMATOGRÁFICAS

Categorias profissionais

Trabalhadores na indústria cinematográfica (inclusive trabalhadores em laboratórios cinematográficos)

17º GRUPO — INDÚSTRIAS DE BENEFICIAMENTO

Atividades ou categorias econômicas

Indústria de beneficiamento de carvão

Indústria de beneficiamento de fibras vegetais e do descaroçamento de algodão

Indústria de beneficiamento de borracha

17º GRUPO — TRABALHADORES NAS INDÚSTRIAS DE BENEFICIAMENTO

Categorias profissionais

Trabalhadores na indústria de beneficiamento de carvão

Trabalhadores na indústria de beneficiamento de fibras vegetais e do descaroçamento de algodão

Trabalhadores na indústria de beneficiamento de borracha

18º GRUPO — INDÚSTRIA DE ARTESANATOS EM GERAL

Atividades ou categorias econômicas

Empresas de artesanatos em geral

Artesãos autônomos

18º GRUPO — TRABALHADORES NAS INDÚSTRIAS DE ARTESANATO EM GERAL

Categorias profissionais

Empregados em empresas de artesanatos em geral

19º GRUPO — INDÚSTRIAS METALÚRGICAS, MECÂNICAS E DE MATERIAL ELÉTRICO

Atividades ou categorias econômicas

Indústria do ferro (siderurgia)

Indústria de trefilação e laminação de metais ferrosos

Indústria da fundição

Indústria de artefatos de ferro e metais em geral

Indústria de serralheria

Indústria da mecânica

Indústria de proteção, tratamento e transformação de superfícies

Indústria de máquinas

Indústria de balanças, pesos e medidas

Indústria de cutelaria

Indústria de estamparia de metais

Indústria de móveis de metal

Indústria da construção naval

Indústria de materiais e equipamentos rodoviários e ferroviários (compreensiva das empresas industriais fabricantes de carrocerias para ônibus e caminhões, viaturas, reboques e semirreboques; locomotivas, vagões, carros e equipamentos ferroviários; motocicletas, motonetas e veículos semelhantes)

19º GRUPO — TRABALHADORES NAS INDÚSTRIAS METALÚRGICAS, MECÂNICAS E DE MATERIAL ELÉTRICO

Categorias Profissionais

Trabalhadores metalúrgicos (siderurgia e fundição)

Trabalhadores em oficinas mecânicas

Atividades ou categorias econômicas	Categorias profissionais
Indústria de artefatos de metais não ferrosos Indústria de geradores de vapor (caldeira e acessórios) Indústria de parafusos, porcas, rebites e similares Indústria de tratores, caminhões, ônibus, automóveis e veículos similares Indústria de lâmpadas e aparelhos elétricos de iluminação Indústria de condutores elétricos, trefilação e laminação de metais não ferrosos Indústria de aparelhos elétricos, eletrônicos e similares Indústria de aparelhos de radiotransmissão	Trabalhadores na indústria do material elétrico
Indústria de peças para automóveis e similares	Trabalhadores na indústria de peças para automóveis e similares
Indústria da construção aeronáutica	Trabalhadores na indústria de construção aeronáutica
Indústria de reparação de veículos e acessórios Indústria de funilaria	Trabalhadores na indústria de reparação de veículos e acessórios
Indústria da forjaria	Trabalhadores na indústria da forjaria
Indústria de refrigeração, aquecimento e tratamento de ar	Trabalhadores na indústria de refrigeração, aquecimento e tratamento de ar
Indústria de preparação de sucata ferrosa e não ferrosa	Trabalhadores na indústria de preparação de sucata ferrosa e não ferrosa
Indústria de artigos e equipamentos odontológicos, médicos e hospitalares	Trabalhadores na indústria de artigos e equipamentos odontológicos, médicos e hospitalares
Indústria da informática	Trabalhadores na indústria de informática
Indústria de rolhas metálicas	Trabalhadores na indústria de rolhas metálicas

CONFEDERAÇÃO NACIONAL DO COMÉRCIO

1º GRUPO — COMÉRCIO ATACADISTA

CONFEDERAÇÃO NACIONAL DOS TRABALHADORES NO COMÉRCIO

1º GRUPO — EMPREGADOS NO COMÉRCIO

Atividades ou categorias econômicas	Categorias profissionais
Comércio atacadista de algodão e outras fibras vegetais Comércio atacadista de carnes frescas e congeladas Comércio atacadista de carvão vegetal e lenha Comércio atacadista de gêneros alimentícios Comércio atacadista de tecidos, vestuário e armarinho Comércio atacadista de louças, tintas e ferragens Comércio atacadista de maquinismos em geral Comércio atacadista de materiais de construção Comércio atacadista de material elétrico Comércio atacadista de produtos químicos para indústria e lavoura Comércio atacadista de drogas e medicamentos Comércio atacadista de sacaria Comércio atacadista de pedras preciosas Comércio atacadista de jóias e relógios Comércio atacadista de papel e papelão Comércio atacadista de álcool e bebidas em geral Comércio atacadista de couros e peles Comércio atacadista de frutas Comércio atacadista de artigos sanitários Comércio atacadista de vidros planos, cristais e espelhos Comércio atacadista de aparelhos e materiais óticos, fotográficos e cinematográficos	Empregados no comércio (prepostos do comércio em geral)

Comércio atacadista exportador	
Comércio exportador do café	
Comércio atacadista de sucata de ferro	
Comércio atacadista de minérios e pesquisas	
Comércio atacadista de derivados de petróleo	
Comércio atacadista de solventes de petróleo	Trabalhadores no comércio de minérios e derivados de petróleo (inclusive pesquisas de minérios)
Comércio atacadista de bijuterias	Trabalhadores no comércio atacadista de bijuterias

2º GRUPO — COMÉRCIO VAREJISTA

Atividades ou categorias econômicas

Lojistas do comércio (estabelecimentos de tecidos, de vestuário, adorno e acessórios, de objetos de arte, de louças finas, de cirurgia, de móveis e congêneres)	Empregados no comércio (prepostos do comércio em geral).
Comércio varejista de gêneros alimentícios	
Comércio varejista de maquinismos, ferragens e tintas (utensílios e ferramentas)	
Comércio varejista de material médico-hospitalar-científico	
Comércio varejista de calçados	
Comércio varejista de material elétrico e aparelhos eletrodomésticos	
Comércio varejista de veículos	
Comércio varejista de peças e acessórios para veículos	
Comércio varejista de carvão vegetal e lenha	
Comércio de vendedores ambulantes (trabalhadores autônomos)	Empregados no comércio (prepostos do comércio em geral)
Comércio varejista dos feirantes	
Comércio varejista de frutas, verduras, flores e plantas	
Estabelecimentos de serviços funerários (compreensiva de casas, agências e empresas funerárias)	
Comércio varejista de material óptico, fotográfico e cinematográfico	
Comércio varejista de livros	
Comércio varejista de material de escritório e papelaria	
Comércio varejista de carnes frescas	Empregados no comércio varejista de carnes frescas
Comércio varejista de produtos farmacêuticos	Práticos de farmácia (diferenciada) Propagandistas, propagandistas-vendedores e vendedores de produtos farmacêuticos (diferenciada)
Empresas de garagens, estacionamento e de limpeza e conservação de veículos	Empregados em empresa de garagens, estacionamento e de limpeza e conservação de veículos
Comércio varejista de derivados de petróleo (inclusive lavagem de veículos)	
Empresas distribuidoras de gás liquefeito de petróleo	Trabalhadores no comércio de minérios e derivados de petróleo (inclusive pesquisas de minérios)
Comércio transportador — revendedor — retalhista de óleo diesel, óleo combustível e querosene	

3º GRUPO — AGENTES AUTÔNOMOS DO COMÉRCIO	2º GRUPO — EMPREGADOS DE AGENTES AUTÔNOMOS DO COMÉRCIO
Atividades ou categorias econômicas	Categorias profissionais
Corretores de mercadorias	
Corretores de navios	
Despachantes aduaneiros	

Atividades ou categorias econômicas	Categorias profissionais
Despachantes (exceto os despachantes aduaneiros)	
Leiloeiros	
Representantes comerciais	Empregados de agentes autônomos do comércio
Comissários e consignatários	
Agentes da propriedade industrial	
Corretores de jóias e pedras preciosas	
Corretores de café	
Administradores de consórcios	
Empresas de locação de fitas gravadas em videocassete	Empregados em empresas de locação de fitas gravadas em videocassete
Empresas de arrendamento mercantil (*Leasing*)	
Empresas de assessoramento, perícias, informações e pesquisas	Empregados em empresas de assessoramento, perícias, informações e pesquisas
Empresas de segurança e vigilância	Empregados de empresas de segurança e vigilância
Empresas de serviços contábeis	Empregados de empresas de serviços contábeis
Empresas de processamento de dados	Trabalhadores em processamento de dados (analistas de sistemas, programadores, operadores de computador, perfuradores e digitadores)
Fotógrafos profissionais autônomos (exceto fotógrafos profissionais e repórteres fotográficos)	
Auto e moto-escolas	Empregados de auto e moto-escolas (inclusive instrutores)

4º GRUPO — COMÉRCIO ARMAZENADOR	3º GRUPO — TRABALHADORES NO COMÉRCIO ARMAZENADOR
Atividades ou categorias econômicas	Categorias profissionais
Trapiches	Arrumadores (trapiches, armazéns gerais e entrepostos)
Armazéns gerais (cereais, algodão e outros produtos)	Auxiliares de administração de armazéns gerais
Entreposto (de carne, leite e outros produtos)	Catadeiras e costureiras no comércio de café
Comissários e consignatários de café	Auxiliares de administração no comércio do café, em geral (inclusive correlatos) exceto varejistas
Comércio de café em geral (exceto varejistas)	Trabalhadores na movimentação de mercadorias em geral (trabalhadores avulsos) (transformada em categoria profissional diferenciada, P. 3.204/88)

5º GRUPO — TURISMO E HOSPITALIDADE	4º GRUPO — EMPREGADOS EM TURISMO E HOSPITALIDADE
Atividades ou categorias econômicas	Categorias profissionais
Empresas de turismo	Empregados em empresas de turismo (inclusive intérpretes e guias de turismo)
Institutos de beleza e cabeleireiros de senhoras	Empregados em institutos de beleza e cabeleireiros de senhoras
Hotéis, restaurantes, bares e similares (estabelecimentos de hospedagem, alimentação preparada e bebidas a varejo)	Empregados no comércio hoteleiro e similares
Empresas de conservação de elevadores	Empregados de empresas de conservação de elevadores
Casas de diversões	Empregados em casas de diversões
	Bailarinas e dançarinas
Salões de barbeiro e cabeleireiros para homens	Oficiais barbeiros (inclusive aprendizes, ajudantes, manicuros e empregados nos salões de cabeleireiros para homens)
Empresas de compra, venda, locação e administração de imóveis residenciais e comerciais	Empregados em empresas de compra, venda, locação e administração de imóveis residenciais e comerciais
Serviços de lustradores de calçados	Lustradores de calçados
Empresas de asseio e conservação	Empregados de empresas de asseio e conservação
Instituições Beneficentes, Religiosas e Filantrópicas	Empregados em Instituições Beneficentes, Religiosas e Filantrópicas
Lavanderias e similares	Empregados em lavanderias e similares

6º GRUPO — ESTABELECIMENTOS DE SERVIÇOS DE SAÚDE

Hospitais, clínicas, casas de saúde e laboratórios de pesquisas e análises clínicas, cooperativas de serviços médicos, bancos de sangue, estabelecimentos de duchas, massagens e fisioterapia, e empresas de prótese dentária

Empresas de medicina de grupo

5º GRUPO — EMPREGADOS EM ESTABELECIMENTOS DE SERVIÇOS DE SAÚDE

Profissionais de Enfermagem, Técnicos, Duchistas, Massagistas e Empregados em Hospitais e Casas de Saúde, abrangendo os profissionais de enfermagem em geral, vinculados por contrato de trabalho (ressalvado o duplo enquadramento dos que também sejam "Enfermeiros"), auxiliares técnicos de serviços paramédicos, tais como técnicos de laboratório clínico, operador de Raios X, de radioterapia, de cobaltoterapia, de eletroencefalografia, eletrocardiografia, de hemoterapia, atendentes, auxiliares de serviços médicos, burocratas, massagistas, duchistas, pedicuros e empregados em hospitais, clínicas e casas de saúde (mantido para esta categoria o caráter de diferenciada que lhe foi atribuído pela Portaria n. 3.005, de 5.1.70, ratificada pela Portaria n. 3.311, de 2.9.74)

Técnicos de Segurança do Trabalho (diferenciada)

6º GRUPO — TRABALHADORES EM SERVIÇOS DE SEGURANÇA DO TRABALHO — TÉCNICOS DE SEGURANÇA DO TRABALHO (DIFERENCIADA)

CONFEDERAÇÃO NACIONAL DOS TRANSPORTES MARÍTIMOS, FLUVIAIS E AÉREOS

1º GRUPO — EMPRESAS DE NAVEGAÇÃO MARÍTIMA E FLUVIAL

Atividades ou categorias econômicas

Empresas de navegação marítima

Empresas de navegação de tráfego portuário (dissociada)

CONFEDERAÇÃO NACIONAL DOS TRABALHADORES EM TRANSPORTES MARÍTIMOS, FLUVIAIS E AÉREOS

1º GRUPO — TRABALHADORES EM TRANSPORTES MARÍTIMOS E FLUVIAIS

Categorias profissionais

Oficiais de náutica da marinha mercante (Práticos)

Comissários da marinha mercante

Motoristas e condutores da marinha mercante

Mecânicos da marinha mercante

Conferentes de carga da marinha mercante

Arrais e mestres de cabotagem em transportes marítimos

Contramestres, marinheiros, e moços em transportes marítimos

Oficiais de radiocomunicações da marinha mercante (diferenciada)

Taifeiros, culinários e panificadores marítimos

Foguistas da marinha mercante (inclusive carvoeiros)

Médicos da marinha mercante

Enfermeiros da marinha mercante

Empregados em escritórios das empresas de navegação marítima

Mestres e encarregados de estaleiros das empresas de navegação marítima

Carpinteiros navais

Eletricistas da marinha mercante

Auxiliares técnicos, mestres, contramestres e encarregados artífices em estaleiros de empresas de navegação marítima

Oficiais de náutica em transportes fluviais (Práticos)

Oficiais de máquinas em transportes fluviais

Motoristas e condutores em transportes fluviais

Conferentes de carga em transportes fluviais

	Arrais e mestres de cabotagem em transportes fluviais
	Contramestres, marinheiros e moços em transportes fluviais
Empresas de navegação fluvial e lacustre	Radiotelegrafistas em transportes fluviais
	Taifeiros, culinários e panificadores em transportes fluviais
	Foguistas em transportes fluviais (inclusive carvoeiros)
	Médicos em transportes fluviais
	Enfermeiros em transportes fluviais
	Amarradores
Empresas de serviços subaquáticos e afins	Trabalhadores em atividades subaquáticas e afins (diferenciada)
Estaleiros navais pertencentes à empresa de navegação marítima	Operários navais (que trabalham nos estaleiros pertencentes a empresas de navegação marítima, integrando complexo da empresa)
	Empregados em escritórios das empresas de navegação fluvial
	Mestres e encarregados de estaleiros das empresas de navegação fluvial
Agências de navegação	Operários fluviais (trabalhadores em estaleiros de navegação fluvial e calafates fluviais)
	Carpinteiros fluviais
	Escreventes em transportes fluviais

2º GRUPO — EMPRESAS AEROVIÁRIAS	2º GRUPO — TRABALHADORES EM TRANSPORTES AÉREOS
Atividades ou categorias econômicas	Categorias profissionais
Empresas aeroviárias	Aeroviários (diferenciada)
Empresas de táxi-aéreo	Aeronautas (diferenciada)
Carregadores e transportes de bagagens em aeroportos (trabalhadores autônomos)	Radiotelegrafistas em empresas aeroviárias (representação esta excluída das categorias profissionais dos aeronautas e aeroviários)
Empresas de administração de aeroportos	Empregados em empresas de administração de aeroportos

3º GRUPO — EMPRESÁRIOS E ADMINISTRADORES DE PORTOS	3º GRUPO — ESTIVADORES
Atividades ou categorias econômicas	Categorias profissionais
Empresários e administradores de portos	Estivadores
	Trabalhadores em estiva de minérios
Carregadores e transportadores de bagagens dos portos (trabalhadores autônomos)	Trabalhadores em alvarengas

4º GRUPO — EMPRESAS PRESTADORAS DE SERVIÇOS PORTUÁRIOS	4º GRUPO — PORTUÁRIOS
Atividades ou categorias econômicas	Categorias profissionais
V. arts. 28 a 40, da Lei n. 12.815, de 5.6.13, p. 891	Trabalhadores nos serviços portuários
	Motoristas em guindastes dos portos
	Conferentes e consertadores de carga e descarga nos portos.
	Vigias portuários
	Classificadores de frutas nos portos (facultativo o uso da expressão *descartadores*)
Empreiteiros de serviços de bloco	Trabalhadores de bloco

5º GRUPO — EMPRESAS DE PESCA

Atividades ou categorias econômicas

Armadores de pesca

5º GRUPO — TRABALHADORES EM EMPRESAS DE PESCA

Categorias profissionais

Pescadores

Patrões de pesca

CONFEDERAÇÃO NACIONAL DE TRANSPORTES TERRESTRES

1º GRUPO — EMPRESAS FERROVIÁRIAS

Atividades ou categorias econômicas

Empresas ferroviárias

Carregadores e transportadores de bagagens em estações ferroviárias (trabalhadores autônomos)

2º GRUPO — EMPRESAS DE TRANSPORTES RODOVIÁRIOS

Atividades ou categorias econômicas

Empresas de transportes de passageiros

Empresas de transportes de passageiros por fretamento

Empresas de transportes de carga (compreensiva das empresas de veículos de carga e das empresas de transporte interestadual de carga)

Carregadores e transportadores de volumes de bagagens em geral inclusive carrinhos de mão (trabalhadores autônomos)

Condutores autônomos de veículos rodoviários

Empresas de transporte coletivo urbano de passageiros

Transportadores rodoviários autônomos de bens

Empresas de transporte rodoviário de passageiros intermunicipais

Guardadores de automóveis (trabalhadores autônomos)

Agências e estações rodoviárias

Carregadores e transportadores de bagagens em estações rodoviárias (trabalhadores autônomos)

3º GRUPO — EMPRESAS DE CARRIS URBANOS (INCLUSIVE CABOS AÉREOS)

Atividades ou categorias econômicas

Empresas de carris urbanos, trólebus e cabos aéreos

CONFEDERAÇÃO NACIONAL DOS TRABALHADORES EM TRANSPORTES TERRESTRES

1º GRUPO — TRABALHADORES FERROVIÁRIOS

Categorias profissionais

Trabalhadores em empresas ferroviárias

2º GRUPO — TRABALHADORES EM TRANSPORTES RODOVIÁRIOS

Categorias profissionais

Empregados em escritórios de empresas de transportes rodoviários e empresas de *carris* urbanos, trólebus e cabos aéreos. *(Despacho Ministerial no Proc. MTPS 312.748/70 — LTr 36/582).*

Empregados em empresas de transportes de passageiros por fretamento

Condutores de veículos rodoviários (inclusive ajudantes e carregadores, trocadores de ônibus, lavadores de automóveis) e trabalhadores em transportes urbanos de passageiros (cabos aéreos e trólebus). *(Despacho Ministerial no Proc. MTPS 312.748/70 — LTr 36/582)*

3º GRUPO — TRABALHADORES EM EMPRESAS DE CARRIS URBANOS (INCLUSIVE CABOS AÉREOS)

Categorias profissionais

Nota: A categoria de "Trabalhadores em empresas de *carris* urbanos, trolebus e cabos aéreos" foi extinta, conforme despacho no Proc. MTPS 312.748/70 (LTr 36/582)

CLT

4º GRUPO — EMPRESAS METROVIÁRIAS	4º GRUPO — TRABALHADORES EM EMPRESAS METROVIÁRIAS
Atividades ou categorias econômicas	Categorias profissionais
Empresas de transportes metroviários	Trabalhadores em empresas de transportes metroviários

CONFEDERAÇÃO NACIONAL DE COMUNICAÇÕES E PUBLICIDADE	CONFEDERAÇÃO NACIONAL DOS TRABALHADORES EM COMUNICAÇÕES E PUBLICIDADE
1º GRUPO — EMPRESAS DE COMUNICAÇÕES	**1º GRUPO — TRABALHADORES EM EMPRESAS DE COMUNICAÇÕES**
Atividades ou categorias econômicas	Categorias profissionais
Empresas telegráficas terrestres Empresas telegráricas submarinas	Trabalhadores em empresas de telecomunicações e operadores de mesas telefônicas (telefonistas em geral) — diferenciada
Empresas radiotelegráficas e radiotelefônicas Empresas telefônicas Empresas mensageiras	
2º GRUPO — EMPRESAS DE PUBLICIDADE	**2º GRUPO — TRABALHADORES EM EMPRESAS DE PUBLICIDADE**
Atividades ou categorias econômicas	Categorias profissionais
	Publicitários (diferenciada)
Agências de propaganda	Trabalhadores em agência de propaganda Agenciadores de publicidade (diferenciada)
Empresas de radiodifusão e televisão (inclusive dublagem)	Trabalhadores em empresas de radiodifusão e televisão (inclusive dublagem)
Agências noticiosas	Empregados em agências noticiosas Profissionais de relações públicas (diferenciada)
3º GRUPO — EMPRESAS JORNALÍSTICAS	**3º GRUPO — TRABALHADORES EM EMPRESAS JORNALÍSTICAS**
Atividades ou categorias econômicas	Categorias profissionais
	Jornalistas profissionais (redatores, repórteres, revisores, fotógrafos, etc.) (diferenciada)
Empresas proprietárias de jornais e revistas	Empregados da administração das empresas proprietárias de jornais e revistas
Empresas distribuidoras de jornais e revistas	Vendedores de jornais e revistas (inclusive autônomos) e empregados em empresas distribuidoras de jornais e revistas

CONFEDERAÇÃO NACIONAL DAS EMPRESAS DE CRÉDITO	CONFEDERAÇÃO NACIONAL DOS TRABALHADORES NAS EMPRESAS DE CRÉDITO
1º GRUPO — ESTABELECIMENTOS BANCÁRIOS	**1º GRUPO — EMPREGADOS EM ESTABELECIMENTOS BANCÁRIOS**
Atividades ou categorias econômicas	Categorias profissionais
Bancos (inclusive Bancos de investimentos) Casas bancárias Sociedades de crédito, financiamento e investimentos	Empregados em estabelecimentos bancários

2º GRUPO — EMPRESAS DE SEGUROS PRIVADOS E CAPITALIZAÇÃO	2º GRUPO — EMPREGADOS EM EMPRESAS DE SEGUROS PRIVADOS E CAPITALIZAÇÃO E DE AGENTES AUTÔNOMOS DE SEGUROS PRIVADOS E DE CRÉDITO E EM EMPRESAS DE PREVIDÊNCIA PRIVADA
Atividades ou categorias econômicas	Categorias profissionais
Empresas de seguros	Empregados em empresas de seguros privados e capitalização
Empresas de capitalização	
3º GRUPO — AGENTES AUTÔNOMOS DE SEGUROS PRIVADOS E DE CRÉDITO	
Atividades ou categorias econômicas	Categorias profissionais
Corretores de seguros e capitalização	
Sociedade de corretores de fundos públicos e câmbio	Empregados de agentes autônomos de seguros e de crédito e de empresas distribuidoras de títulos e valores mobiliários
Empresas distribuidoras de títulos e valores mobiliários	
4º GRUPO — ENTIDADES DE PREVIDÊNCIA PRIVADA	
Entidades abertas de previdência privada	
Entidades fechadas de previdência privada	

CONFEDERAÇÃO NACIONAL DE EDUCAÇÃO E CULTURA	CONFEDERAÇÃO NACIONAL DOS TRABALHADORES EM ESTABELECIMENTOS DE EDUCAÇÃO E CULTURA
1º GRUPO — ESTABELECIMENTOS DE ENSINO	**1º GRUPO — TRABALHADORES EM ESTABELECIMENTOS DE ENSINO**
Atividades ou categorias econômicas	Categorias profissionais
Entidades mantenedoras de estabelecimentos de ensino superior	
Estabelecimentos de ensino de artes	Professores (diferenciada)
Estabelecimentos de ensino de 1º e 2º graus	Auxiliares de administração escolar (empregados de estabelecimentos de ensino)
Estabelecimentos de ensino técnico-profissional	
2º GRUPO — EMPRESAS DE DIFUSÃO CULTURAL E ARTÍSTICA	**2º GRUPO — TRABALHADORES EM EMPRESAS DE DIFUSÃO CULTURAL E ARTÍSTICA**
Atividades ou categorias econômicas	Categorias profissionais
Empresas editoras de livros e publicações culturais	Empregados de empresas editoras de livros e publicações culturais
Empresas teatrais	Empregados de empresas teatrais
Empresas circenses	Artistas e técnicos em espetáculos de diversões (cenógrafos e cenotécnicos, atores teatrais, inclusive corpos corais e bailados, atores cinematográficos e trabalhadores circenses, manequins e modelos)
Empresas exibidoras cinematográficas	Operadores cinematográficos
Empresas distribuidoras cinematográficas	Empregados em empresas distribuidoras cinematográficas

Bibliotecas

Empresas de gravação de discos e fitas

Museus e laboratórios de pesquisas tecnológicas e científicas

Empresas de orquestras

Empresas de artes plásticas

Empresas de artes fotográficas

Desenhistas (trabalhadores autônomos)

Entidades culturais, recreativas de assistência social, de orientação e formação profissional

Técnicos autônomos em reparos de rádios e televisão

Nota: A Lei n. 12.198, de 14.1.10, DOU 15.1.10, que reconheceu a atividade de Repentista como profissão artística estabelece que ela integra o quadro de atividades a que se refere o art. 577, da CLT. Em virtude da referida lei prescrever no art. 4º a aplicação de dispositivos da Lei n. 3.857, de 22.12.60 (arts. 41 a 48), no que concerne a duração de trabalho dos músicos, estamos incluindo a profissão no 2º Grupo — Trabalhadores em Empresas de Difusão Cultural e Artística - Categorias profissionais.

3º GRUPO — ESTABELECIMENTOS DE CULTURA FÍSICA

Atividades ou categorias econômicas

Estabelecimentos de esportes terrestres

Estabelecimentos de esportes aquáticos

Estabelecimentos de esportes aéreos

4º GRUPO — ESTABELECIMENTOS HÍPICOS

Atividades ou categorias econômicas

Clubes de hipismo e similares

Coudelarias, proprietários de cavalos de corrida e similares

Empregados de bibliotecas

Empregados em empresas de gravação de discos e fitas

Empregados de museus e laboratórios de pesquisas tecnológicas e científicas

Músicos profissionais (diferenciada)

Artistas plásticos profissionais

Fotógrafos profissionais

Empregados desenhistas técnicos, artísticos, industriais, copistas, projetistas técnicos e auxiliares (diferenciada)

Empregados em entidades culturais, recreativas, de assistência social, de orientação e formação profissional

3º GRUPO — TRABALHADORES EM ESTABELECIMENTOS DE CULTURA FÍSICA

Categorias profissionais

Atletas profissionais

Empregados de clubes esportivos

Árbitros profissionais

Empregados de federações e confederações esportivas

Treinadores profissionais

4º GRUPO — TRABALHADORES EM ESTABELECIMENTOS HÍPICOS

Categorias profissionais

Tratadores, jóqueis e aprendizes

Empregados em estabelecimentos hípicos, cavalariços e similares

CONFEDERAÇÃO NACIONAL DAS PROFISSÕES LIBERAIS

GRUPOS

1º Advogados.
2º Médicos.
3º Odondologistas.
4º Médicos veterinários.
5º Farmacêuticos.
6º Engenheiros (civis, de minas, mecânicos, eletricistas, industriais e agrônomos).
7º Químicos (químicos industriais, químicos industriais agrícolas e engenheiros químicos).
8º Parteiros.
9º Economistas.
10º Atuários.
11º Contabilistas.
12º Professores (privados).
13º Escritores.
14º Atores teatrais.
15º Compositores artísticos, musicais e plásticos.
16º Assistentes sociais.
17º Jornalistas.
18º Protéticos dentários.
19º Bibliotecários.
20º Estatísticos.
21º Enfermeiros.
22º Administradores.
23º Arquitetos.
24º Nutricionistas.
25º Psicólogos.
26º Geólogos.
27º Fisioterapeutas, terapeutas ocupacionais, auxiliares de fisioterapia e auxiliares de terapia ocupacional.
28º Zootecnistas.
29º Profissionais liberais de relações públicas.
30º Fonoaudiólogos.
31º Sociólogos.
32º Biomédicos.
33º Corretores de imóveis.
34º Técnicos industriais de nível médio (2º grau).
35º Técnicos agrícolas de nível médio (2º grau).
36º Tradutores.

CATEGORIAS DIFERENCIADAS

Aeronautas.
Aeroviários.
Agenciadores de publicidade.
Artistas e técnicos em espetáculos de diversões (cenógrafos e cenotécnicos), atores teatrais, inclusive corpos corais e bailados, atores cinematográficos.
Cabineiros (ascensoristas).
Carpinteiros Navais.
Classificadores de produtos de origem vegetal.
Condutores de veículos rodoviários (motoristas).
Empregados desenhistas técnicos, artísticos, industriais, copistas, projetistas técnicos e auxiliares.
Maquinistas e foguistas (de geradores termoelétricos e congêneres, inclusive marítimos).
Jornalistas profissionais (redatores, repórteres, revisores, fotógrafos etc.).
Músicos profissionais.
Oficiais de radiocomunicações da Marinha Mercante.
Oficiais gráficos.
Operadores de mesas telefônicas (telefonistas em geral).
Práticos de farmácia.
Professores.
Profissionais de enfermagem, técnicos, duchistas, massagistas e empregados em hospitais e casas de saúde.
Profissionais de relações públicas.
Propagandistas de produtos farmacêuticos (propagandistas-vendedores e vendedores de produtos farmacêuticos).
Publicitários.
Secretárias.
Técnicos de segurança do trabalho.
Trabalhadores em agências de propaganda.
Trabalhadores na movimentação de mercadorias em geral.
Trabalhadores em atividades subaquáticas e afins.
Trabalhadores em serviços de segurança do trabalho — técnicos de segurança do trabalho.
Tratoristas (excetuados os rurais).
Vendedores e viajantes do comércio.

PORTARIA N. 88 DO SIT/MTE, DE 28 DE ABRIL DE 2009

(DOU 29.4.09(*))

A Secretária de Inspeção do Trabalho, no uso das atribuições que lhes são conferidas pelo inciso I do artigo 405 da Consolidação das Leis do Trabalho - CLT, resolve:

V. Decreto n. 6.481, de 12.6.08, p. 202

Art. 1º Para efeitos do art. 405, inciso I, da CLT, são considerados locais e serviços perigosos ou insalubres, proibidos ao trabalho do menor de 18 (dezoito) anos, os descritos no item I — Trabalhos Prejudiciais à Saúde e à Segurança, do Decreto n. 6.481, de 12 de junho de 2008, que publicou a Lista das Piores Formas do Trabalho Infantil.

Art. 2º Fica revogada a Portaria n. 20, de 13 de setembro de 2001, publicada no Diário Oficial da União n. 177, de 14 de setembro de 2001, Seção I, p. 46.

Art. 3º Esta Portaria entra em vigor na data de sua publicação.

Ruth Beatriz Vasconcelos Vilela

I. TRABALHOS PREJUDICIAIS À SAÚDE E À SEGURANÇA

Atividade: Agricultura, Pecuária, Silvicultura e Exploração Florestal

Item	Descrição dos Trabalhos	Prováveis Riscos Ocupacionais	Prováveis Repercussões à Saúde
1.	Na direção e operação de tratores, máquinas agrícolas e esmeris, quando motorizados e em movimento	Acidentes com máquinas, instrumentos ou ferramentas perigosas	Afecções músculo-esqueléticas (bursites, tendinites, dorsalgias, sinovites, tenossinovites), mutilações, esmagamentos, fraturas
2.	No processo produtivo do fumo, algodão, sisal, cana-de-açúcar e abacaxi	Esforço físico e posturas viciosas; exposição a poeiras orgânicas e seus contaminantes, como fungos e agrotóxicos; contato com substâncias tóxicas da própria planta; acidentes com animais peçonhentos; exposição, sem proteção adequada, à radiação solar, calor, umidade, chuva e frio; acidentes com instrumentos pérfuro-cortantes	Afecções músculo-esqueléticas (bursites, tendinites, dorsalgias, sinovites, tenossinovites); pneumoconioses; intoxicações exógenas; cânceres; bissinoses; hantaviroses; urticárias; envenenamentos; intermações; queimaduras na pele; envelhecimento precoce; câncer de pele; desidratação; doenças respiratórias; ceratoses actínicas; ferimentos e mutilações; apagamento de digitais
3.	Na colheita de cítricos, pimenta malagueta e semelhantes	Esforço físico, levantamento e transporte manual de peso; posturas viciosas; exposição, sem proteção adequada, à radiação solar, calor, umidade, chuva e frio; contato com ácido da casca; acidentes com instrumentos pérfuro-cortantes	Afecções músculo-esqueléticas (bursites, tendinites, dorsalgias, sinovites, tenossinovites); intermações; queimaduras na pele; envelhecimento precoce; câncer de pele; desidratação; doenças respiratórias; ceratoses actínicas; apagamento de digitais; ferimentos; mutilações
4.	No beneficiamento do fumo, sisal, castanha de caju e cana-de-açúcar	Esforço físico, levantamento e transporte de peso; exposição a poeiras orgânicas, ácidos e substâncias tóxicas	Fadiga física; afecções músculo-esqueléticas, (bursites, tendinites, dorsalgias, sinovites, tenossinovites); intoxicações agudas e crônicas; rinite; bronquite; vômitos; dermatites ocupacionais; apagamento das digitais
5.	Na pulverização, manuseio e aplicação de agrotóxicos, adjuvantes, e produtos afins, incluindo limpeza de equipamentos, descontaminação, disposição e retorno de recipientes vazios	Exposição a substâncias químicas, tais como, pesticidas e fertilizantes, absorvidos por via oral, cutânea e respiratória	Intoxicações agudas e crônicas; polineuropatias; dermatites de contato; dermatites alérgicas; osteomalácias do adulto induzidas por drogas; cânceres; arritmias cardíacas; leucemias e episódios depressivos

(*) Em complemento a referida Portaria n. 88, da SIT/MTE, de 28.4.09, transcrevemos a seguir o item I —Trabalhos Prejudiciais à Saúde e à Segurança, do Decreto n. 6.481, de 12 de junho de 2008, que publicou a Lista das Piores Formas do Trabalho Infantil.

CLT

Item	Descrição dos Trabalhos	Prováveis Riscos Ocupacionais	Prováveis Repercussões à Saúde
6.	Em locais de armazenamento ou de beneficiamento em que haja livre desprendimento de poeiras de cereais e de vegetais	Exposição a poeiras e seus contaminantes	Bissinoses; asma; bronquite; rinite alérgica; enfizema; pneumonia e irritação das vias aéreas superiores
7.	Em estábulos, cavalariças, currais, estrebarias ou pocilgas, sem condições adequadas de higienização	Acidentes com animais e contato permanente com vírus, bactérias, parasitas, bacilos e fungos	Afecções músculo-esqueléticas(bursites, tendinites, dorsalgias, sinovites, tenossinovites); contusões; tuberculose; carbúnculo; brucelose; leptospirose; tétano; psitacose; dengue; hepatites virais; dermatofitoses; candidíases; leishmanioses cutâneas e cutâneo-mucosas e blastomicoses
8.	No interior ou junto a silos de estocagem de forragem ou grãos com atmosferas tóxicas, explosivas ou com deficiência de oxigênio	Exposição a poeiras e seus contaminantes; queda de nível; explosões; baixa pressão parcial de oxigênio	Asfixia; dificuldade respiratória; asma ocupacional; pneumonia; bronquite; rinite; traumatismos; contusões e queimaduras
9.	Com sinalizador na aplicação aérea de produtos ou defensivos agrícolas	Exposição a substâncias químicas, tais como pesticidas e fertilizantes, absorvidos por via oral, cutânea e respiratória	Intoxicações exógenas agudas e crônicas; polineuropatias; dermatites; rinite; bronquite; leucemias; arritmia cardíaca; cânceres; leucemias; neurastenia e episódios depressivos.
10.	Na extração e corte de madeira	Acidentes com queda de árvores, serra de corte, máquinas e ofidismo	Afecções músculo-esqueléticas (bursites, tendinites, dorsalgias, sinovites, tenossinovites); esmagamentos; amputações; lacerações; mutilações; contusões; fraturas; envenenamento e blastomicose
11.	Em manguezais e lamaçais	Exposição à umidade; cortes; perfurações; ofidismo, e contato com excrementos	Rinite; resfriados; bronquite; envenenamentos; intoxicações exógenas; dermatites; leptospirose; hepatites virais; dermatofitoses e candidíases

Atividade: PESCA

Item	Descrição dos Trabalhos	Prováveis Riscos Ocupacionais	Prováveis Repercussões à Saúde
12.	Na cata de iscas aquáticas	Trabalho noturno; exposição à radiação solar, umidade, frio e a animais carnívoros ou peçonhentos; afogamento	Transtorno do ciclo vigília-sono; queimaduras na pele; envelhecimento precoce; hipotermia; lesões; envenenamentos; perfuração da membrana do tímpano; perda da consciência; labirintite e otite média não supurativa e apneia prolongada
13.	Na cata de mariscos	Exposição à radiação solar, chuva, frio; posturas inadequadas e movimentos repetitivos; acidentes com instrumentos pérfuro-cortantes; horário flutuante, como as marés; águas profundas	Queimaduras na pele; envelhecimento precoce; câncer de pele; desidratação; doenças respiratórias; ceratoses actínicas; hipertemia; fadiga física; dores musculares nos membros e coluna vertebral; ferimentos; fadiga; distúrbios do sono; afogamento
14.	Que exijam mergulho, com ou sem equipamento	Apneia prolongada e aumento do nitrogênio circulante	Afogamento; perfuração da membrana do tímpano; perda de consciência; barotrauma; embolia gasosa; síndrome de Raynaud; acrocianose; otite barotraumática; sinusite barotraumática; labirintite e otite média não supurativa
15.	Em condições hiperbáricas	Exposição a condições hiperbáricas, sem períodos de compressão e descompressão	Morte; perda da consciência; perfuração da membrana do tímpano; intoxicação por gases (oxigênio ou nitrogênio); barotrauma; embolia gasosa; síndrome de Raynaud; acrocianose; otite barotraumática; sinusite barotraumática; labirintite; otite média não supurativa; osteonecrose asséptica e mal dos caixões (doença descompressiva)

Atividade: Indústria Extrativa

Item	Descrição dos Trabalhos	Prováveis Riscos Ocupacionais	Prováveis Repercussões à Saúde
16.	Em cantarias e no preparo de cascalho	Esforço físico; posturas viciosas; acidentes com instrumentos pérfuro-cortantes; exposição a poeiras minerais, inclusive sílica	Afecções músculo-esqueléticas(bursites, tendinites, dorsalgias, sinovites, tenossinovites); DORT/LER; ferimentos e mutilações; rinite; asma; pneumoconioses; tuberculose
17.	De extração de pedras, areia e argila (retirada, corte e separação de pedras; uso de instrumentos contuso-cortantes, transporte e arrumação de pedras)	Exposição à radiação solar, chuva; exposição à sílica; levantamento e transporte de peso excessivo; posturas inadequadas e movimentos repetitivos; acidentes com instrumentos pérfuro-cortantes; condições sanitárias precárias; corpos estranhos	Queimaduras na pele; envelhecimento precoce; câncer de pele; desidratação; doenças respiratórias; hipertermia; fadiga física; dores musculares nos membros e coluna vertebral; lesões e deformidades osteomusculares; comprometimento do desenvolvimento psicomotor; ferimentos; mutilações; parasitores múltiplas e gastroenterites; ferimentos nos olhos (córnea e esclera)
18.	De extração de mármores, granitos, pedras preciosas, semipreciosas e outros minerais	Levantamento e transporte de peso excessivo; acidentes com instrumentos contudentes e pérfuro-cortantes; exposição a poeiras inorgânicas; acidentes com eletricidade e explosivos; gases asfixiantes	Fadiga física; afecções músculo-esqueléticas(bursites, tendinites, dorsalgias, sinovites, tenossinovites); esmagamentos; traumatismos; ferimentos; mutilações; queimaduras; silicose; bronquite; bronquiolite; rinite; tuberculose; asma ocupacional; enfisema; fibrose pulmonar; choque elétrico; queimaduras e mutilações; asfixia
19.	Em escavações, subterrâneos, pedreiras, garimpos, minas em subsolo e a céu aberto	Esforços físicos intensos; soterramento; exposição a poeiras inorgânicas e a metais pesados;	Afecções músculo-esqueléticas (bursites, tendinites, dorsalgias, sinovites, tenossinovites); asfixia; anóxia; hipóxia; esmagamentos; queimaduras; fraturas; silicoses; tuberculose; asma ocupacional; bronquites; enfisema pulmonar; cânceres; lesões oculares; contusões; ferimentos; alterações mentais; fadiga e estresse
20.	Em locais onde haja livre desprendimento de poeiras minerais	Exposição a poeiras inorgânicas	Pneumoconioses associadas com tuberculose; asma ocupacional; rinite; silicose; bronquite e bronquiolite
21.	Em salinas	Esforços físicos intensos; levantamento e transporte manual de peso; movimentos repetitivos; exposição, sem proteção adequada, à radiação solar, chuva e frio	Fadiga física; stress; afecções músculo-esqueléticas (bursites, tendinites, dorsalgias, sinovites, tenossinovites); DORT/LER; intermações; queimaduras na pele; envelhecimento precoce; câncer de pele; desidratação; doenças respiratórias; ceratoses actínicas

Atividade: Indústria de Transformação

Item	Descrição dos Trabalhos	Prováveis Riscos Ocupacionais	Prováveis Repercussões à Saúde
22.	De lixa nas fábricas de chapéu ou feltro	Acidentes com máquinas e instrumentos perigosos; exposição à poeira	Ferimentos; lacerações; mutilações; asma e bronquite
23.	De jateamento em geral, exceto em processos enclausurados	Exposição à poeira mineral	Silicose; asma; bronquite; bronquiolite; stress e alterações mentais
24.	De douração, prateação, niquelação, galvanoplastia, anodização de alumínio, banhos metálicos ou com desprendimento de fumos metálicos	Exposição a fumos metálicos (cádmio, alumínio, níquel, cromo, etc), névoas, vapores e soluções ácidas e cáusticas; exposição a altas temperaturas; umidade	Intoxicações agudas e crônicas; asma ocupacional; rinite; faringite; sinusite; bronquite; pneumonia; edema pulmonar; estomatite ulcerativa crônica; dermatite de contato; neoplasia maligna dos brônquios e pulmões; ulceração ou necrose do septo nasal; queimaduras
25.	Na operação industrial de reciclagem de papel, plástico e metal	Exposição a riscos biológicos (bactérias, vírus, fungos e parasitas), como contaminantes do material a ser reciclado, geralmente advindo de coleta de lixo	Dermatoses ocupacionais; dermatites de contato; asma; bronquite; viroses; parasitoses; cânceres
26.	No preparo de plumas e crinas	Exposição ao mercúrio e querosene, além de poeira orgânica	Transtornos da personalidade e de comportamento; episódios depressivos; neurastenia; ataxia cerebelosa; encefalopatia; transtorno extrapiramidal do movimento; gengivite crônica; estomatite ulcerativa e arritmias cardíacas
27.	Na industrialização do fumo	Exposição à nicotina	Intoxicações exógenas; tonturas e vômitos
28.	Na industrialização de cana de açúcar	Exposição a poeiras orgânicas	Bagaçose; asma; bronquite e pneumonite
29.	Em fundições em geral	Exposição a poeiras inorgânicas, a fumos metálicos (ferro, bronze, alumínio, chumbo, manganês e outros); exposição a altas temperaturas; esforços físicos intensos;	Intoxicações; siderose; saturnismo; beriliose; estanhose; bronquite crônica; bronquite asmática; bronquite obstrutiva; sinusite; cânceres; ulceração ou necrose do septo nasal; desidratação e intermação; afecções músculo-esqueléticas (bursites, tendinites, dorsalgias, sinovites, tenossinovites)
30.	Em tecelagem	Exposição à poeira de fios e fibras mistas e sintéticas; exposição a corantes; postura inadequadas e esforços repetitivos	Bissinose; bronquite crônica; bronquite asmática; bronquite obstrutiva; sinusite; fadiga física; DORT/LER
31.	No beneficiamento de mármores, granitos, pedras preciosas, semipreciosas e outros bens minerais	Esforços físicos intensos; acidentes com máquinas perigosas e instrumentos pérfuro-cortantes; exposição a poeiras inorgânicas; acidentes com eletricidade	Afecções músculo-esqueléticas(bursites, tendinites, dorsalgias, sinovites, tenossinovites); traumatismos; ferimentos; mutilações; silicose; bronquite; bronquiolite; rinite; tuberculose; asma ocupacional; enfisema; fibrose pulmonar; choque elétrico
32.	Na produção de carvão vegetal	Exposição à radiação solar, chuva; contato com amianto; picadas de insetos e animais peçonhentos; levantamento e transporte de peso excessivo; posturas inadequadas e movimentos repetitivos; acidentes com instrumentos pérfuro-cortantes; queda de toras; exposição à vibração, explosões e desabamentos; combustão espontânea do carvão; monotonia; estresse da tensão da vigília do forno; fumaça contendo subprodutos da pirólise e combustão incompleta: ácido pirolenhoso, alcatrão, metanol, acetona, acetato, monóxido de carbono, dióxido de carbono e metano	Queimaduras na pele; envelhecimento precoce; câncer de pele; desidratação; doenças respiratórias; hipertemia; reações na pele ou generalizadas; fadiga física; dores musculares nos membros e coluna vertebral; lesões e deformidades osteomusculares; comprometimento do desenvolvimento psicomotor; dort/ler; ferimentos; mutilações; traumatismos; lesões osteomusculares; síndromes vasculares; queimaduras; sofrimento psíquico; intoxicações agudas e crônicas
33.	Em contato com resíduos de animais deteriorados, glândulas, vísceras, sangue, ossos, couros, pêlos ou dejetos de animais	Exposição a vírus, bactérias, bacilos, fungos e parasitas	Tuberculose; carbúnculo; brucelose; hepatites virais; tétano; psitacose; ornitose; dermatoses ocupacionais e dermatites de contato
34.	Na produção, processamento e manuseio de explosivos, inflamáveis líquidos, gasosos ou liquefeitos	Exposição a vapores e gases tóxicos; risco de incêndios e explosões	Queimaduras; intoxicações; rinite; asma ocupacional; dermatoses ocupacionais e dermatites de contato
35.	Na fabricação de fogos de artifícios	Exposição a incêndios, explosões, corantes de chamas (cloreto de potássio, antimônio trisulfito) e poeiras	Queimaduras; intoxicações; enfisema crônico e difuso; bronquite e asma ocupacional
36.	De direção e operação de máquinas e equipamentos elétricos de grande porte	Esforços físicos intensos e acidentes com sistemas; circuitos e condutores de energia elétrica	Afecções músculo-esqueléticas(bursites, tendinites, dorsalgias, sinovites, tenossinovites); mutilações; esmagamentos; fraturas; queimaduras; perda temporária da consciência; carbonização; parada cárdio-respiratória
37.	Em curtumes, industrialização de couros e fabricação de peles e peliças	Esforços físicos intensos; exposição a corantes, alvejantes, álcalis, desengordurantes, ácidos, alumínio, branqueadores, vírus, bactérias, bacilos, fungos e calor	Afecções músculo-esquelética(bursites, tendinites, dorsalgias, sinovites, tenossinovites); tuberculose; carbúnculo; brucelose; antrax; cânceres; rinite crônica; conjuntivite; pneumonite; dermatites de contato; dermatose ocupacional e queimaduras
38.	Em matadouros ou abatedouros em geral	Esforços físicos intensos; riscos de acidentes com animais e ferramentas pérfuro-cortantes e exposição a agentes biológicos	Afecções músculo-esqueléticas(bursites, tendinites, dorsalgias, sinovites, tenossinovites); contusões; ferimentos; tuberculose; carbúnculo; brucelose e psitacose; antrax
39.	Em processamento ou empacotamento mecanizado de carnes	Acidentes com máquinas, ferramentas e instrumentos pérfuro-cortantes; esforços repetitivos e riscos biológicos	Afecções músculo-esqueléticas(bursites, tendinites, dorsalgias, sinovites, tenossinovites); contusão; amputação; corte; DORT/LER; tuberculose; carbúnculo; brucelose; psitacose
40.	Na fabricação de farinha de mandioca	Esforços físicos intensos; acidentes com instrumentos pérfuro-cortantes; posições inadequadas; movimentos repetitivos; altas temperaturas e poeiras	Afecções músculo-esqueléticas(bursites, tendinites, dorsalgias, sinovites, tenossinovites); contusão; amputações; cortes; queimaduras; DORT/LER; cifose; escoliose; afecções respiratórias e dermatoses ocupacionais
41.	Em indústrias cerâmicas	Levantamento e transporte de peso; posturas inadequadas e movimentos repetitivos; exposição ao calor e à umidade; exposição à poeira; acidentes com máquinas e quedas	Fadiga física; dores musculares nos membros e coluna vertebral; lesões e deformidades osteomusculares; comprometimento do desenvolvimento psicomotor; desidratação; intermação; doenças respiratórias, com risco de silicose; fraturas; mutilações; choques elétricos

CLT

Item	Descrição dos Trabalhos	Prováveis Riscos Ocupacionais	Prováveis Repercussões à Saúde
42.	Em olarias nas áreas de fornos ou com exposição à umidade excessiva	Levantamento e transporte de peso; posturas inadequadas e movimentos repetitivos; exposição ao calor e à umidade; exposição à poeira; acidentes com máquinas e quedas	Fadiga física; dores musculares nos membros e coluna vertebral; lesões e deformidades osteomusculares; comprometimento do desenvolvimento psicomotor; desidratação; intermação; doenças respiratórias, com risco de silicose; fraturas; mutilações; choques elétricos
43.	Na fabricação de botões e outros artefatos de nácar, chifre ou osso	Acidentes com máquinas e ferramentas pérfuro-cortantes; esforços repetitivos e vibrações, poeiras e ruídos	Contusões; perfurações; cortes; dorsalgia; cervicalgia; síndrome cervicobraquial; tendinites; bursites; DORT/LER; alterações temporária do limiar auditivo; hipoacusia e perda da audição
44.	Na fabricação de cimento ou cal	Esforços físicos intensos; exposição a poeiras (sílica); altas temperaturas; efeitos abrasivos sobre a pele	Afecções músculo-esqueléticas(bursites, tendinites, dorsalgias, sinovites, tenossinovites); silicose; asma ocupacional; bronquite; dermatites; dermatoses ocupacionais; intermação; ferimentos; mutilações; fadiga e estresse
45.	Na fabricação de colchões	Exposição a solventes orgânicos, pigmentos de chumbo, cádmio e manganês e poeiras	Encefalopatias tóxicas agudas e crônicas; hipertensão arterial; arritmias cardíacas; insuficiência renal; hipotireoidismo; anemias; dermatoses ocupacionais e irritação da pele e mucosas
46.	Na fabricação de cortiças, cristais, esmaltes, estopas, gesso, louças, vidros ou vernizes	Esforços físicos intensos; exposição a poeiras (sílica), metais pesados, altas temperaturas, corantes e pigmentos metálicos (chumbo, cromo e outros) e calor	Afecções músculo-esqueléticas(bursites, tendinites, dorsalgias, sinovites, tenossinovites); queimaduras; catarata; silicose; asma ocupacional; bronquite; enfisema; intoxicação; dermatoses ocupacionais; intermação
47.	Na fabricação de porcelanas	Exposição a poeiras minerais e ao calor; posições inadequadas	Pneumoconioses e dermatites; fadiga física e intermação; afecções músculo-esqueléticas(bursites, tendinites, dorsalgias, sinovites, tenossinovites); DORT/LER
48.	Na fabricação de artefatos de borracha	Esforços físicos intensos; exposição a produtos químicos, antioxidantes, plastificantes, dentre outros, e ao calor	Afecções músculo-esqueléticas(bursites, tendinites, dorsalgias, sinovites, tenossinovites); câncer de bexiga e pulmão; asma ocupacional; bronquite; enfisema; intoxicação; dermatoses ocupacionais; intermação e intoxicações; queimaduras
49.	Em destilarias de álcool	Exposição a vapores de etanol, metanol e outros riscos químicos; risco de incêndios e explosões	Cânceres; dermatoses ocupacionais; dermatites de contato; intermação; asma ocupacional; bronquites; queimaduras
50.	Na fabricação de bebidas alcoólicas	Exposição a vapores de etanol e a poeira de cereais; exposição a bebidas alcoólicas, ao calor, à formação de atmosferas explosivas; incêndios e outros acidentes	Queimaduras; asfixia; tonturas; intoxicação; irritação das vias aéreas superiores; irritação da pele e mucosas; cefaléia e embriaguez
51.	No interior de resfriadores, casas de máquinas, ou junto de aquecedores, fornos ou alto-fornos	Exposição a temperaturas extremas, frio e calor	Frio; hipotermia com diminuição da capacidade física e mental; calor, hipertermia; fadiga; desidratação; desequilíbrio hidroeletrolítico e estresse
52.	Em serralherias	Exposição a poeiras metálicas tóxicas, (chumbo, arsênico cádmio), monóxido de carbono, estilhaços de metal, calor, e acidentes com máquinas e equipamentos	Neoplasia maligna dos brônquios e pulmões; bronquite; pneumonite; edema pulmonar agudo; enfisema intersticial; queimaduras; cortes; amputações; traumatismos; conjuntivite; catarata e intoxicações
53.	Em indústrias de móveis	Esforços físicos intensos; exposição à poeira de madeiras, solventes orgânicos, tintas e vernizes; riscos de acidentes com máquinas, serras e ferramentas perigosas	Afecções músculo-esqueléticas(bursites, tendinites, dorsalgias, sinovites, tenossinovites); neoplasia maligna dos brônquios e pulmões; bronquite; pneumonite; edema pulmonar agudo; enfisema intersticial; asma ocupacional; cortes; amputações; traumatismos; dermatose ocupacional; anemias; conjuntivite
54.	No beneficiamento de madeira	Esforços físicos intensos; exposição à poeira de madeiras; risco de acidentes com máquinas, serras, equipamentos e ferramentas perigosas	Afecções músculo-esqueléticas(bursites, tendinites, dorsalgias, sinovites, tenossinovites); asma ocupacional; bronquite; pneumonite; edema pulmonar agudo; enfizema intersticial; asma ocupacional; dermatose ocupacional; esmagamentos; ferimentos; amputações; mutilações; fadiga; stress e DORT/LER
55.	Com exposição a vibrações localizadas ou de corpo inteiro	Vibrações localizadas ou generalizadas	Síndrome cervicobraquial; dor articular; moléstia de Dupuytren; capsulite adesiva do ombro; bursites; epicondilite lateral; osteocondrose do adulto; doença de Kohler; hérnia de disco; artroses e aumento da pressão arterial
56.	De desmonte ou demolição de navios e embarcações em geral	Esforços físicos intensos; exposição a fumos metálicos (ferro, bronze, alumínio, chumbo e outros); uso de ferramentas pesadas; altas temperaturas	Afecções músculo-esqueléticas(bursites, tendinites, dorsalgias, sinovites, tenossinovites); asfixia; perda da consciência; fibrilação ventricular; queimaduras; fraturas; contusões; intermação; perfuração da membrana do tímpano

Atividade: Produção e Distribuição de Eletricidade, Gás e Água

Item	Descrição dos Trabalhos	Prováveis Riscos Ocupacionais	Prováveis Repercussões à Saúde
57.	Em sistemas de geração, transmissão e distribuição de energia elétrica	Exposição à energia de alta tensão; choque elétrico e queda de nível.	Eletrochoque; fibrilação ventricular; parada cárdio-respiratória; traumatismos; escoriações fraturas

Atividade: Construção

Item	Descrição dos Trabalhos	Prováveis Riscos Ocupacionais	Prováveis Repercussões à Saúde
58.	Construção civil e pesada, incluindo construção, restauração, reforma e demolição	Esforços físicos intensos; risco de acidentes por queda de nível, com máquinas, equipamentos e ferramentas; exposição à poeira de tintas, cimento, pigmentos metálicos e solventes; posições inadequadas; calor; vibrações e movimentos repetitivos	Afecções músculo-esqueléticas(bursites, tendinites, dorsalgias, sinovites, tenossinovites); mutilações; fraturas; esmagamentos; traumatismos; afecções respiratórias; dermatites de contato; intermação; síndrome cervicobraquial; dores articulares; intoxicações; polineuropatia periférica; doenças do sistema hematopoiético; leucocitose; episódios depressivos; neurastenia; dermatoses ocupacionais; DORT/LER; cortes; contusões; traumatismos

Atividade: Comércio (Reparação de Veículos Automotores Objetos Pessoais e Domésticos)

Item	Descrição dos Trabalhos	Prováveis Riscos Ocupacionais	Prováveis Repercussões à Saúde
59.	Em borracharias ou locais onde sejam feitos recapeamento ou recauchutagem de pneus	Esforços físicos intensos; exposição a produtos químicos, antioxidantes, plastificantes, entre outros, e calor	Afecções músculo-esqueléticas(bursites, tendinites, dorsalgias, sinovites, tenossinovites); queimaduras; câncer de bexiga e pulmão; asma ocupacional; bronquite; enfisema; intoxicação; dermatoses ocupacionais; intermação e intoxicações

Atividade: Transporte e Armazenagem

Item	Descrição dos Trabalhos	Prováveis Riscos Ocupacionais	Prováveis Repercussões à Saúde
60.	No transporte e armazenagem de álcool, explosivos, inflamáveis líquidos, gasosos e liquefeitos	Exposição a vapores tóxicos; risco de incêndio e explosões	Intoxicações; queimaduras; rinite e dermatites de contato
61.	Em porão ou convés de navio	Esforços físicos intensos; risco de queda de nível; isolamento, calor e outros riscos inerentes às cargas transportadas	Afecções músculo-esqueléticas(bursites, tendinites, dorsalgias, sinovites, tenossinovites); lesões; fraturas; contusões; traumatismos; fobia e transtorno do ciclo vigília-sono
62.	Em transporte de pessoas ou animais de pequeno porte	Acidentes de trânsito	Ferimentos; contusões; fraturas; traumatismos e mutilações

Atividade: Saúde e Serviços Sociais

Item	Descrição dos Trabalhos	Prováveis Riscos Ocupacionais	Prováveis Repercussões à Saúde
63.	No manuseio ou aplicação de produtos químicos, incluindo limpeza de equipamentos, descontaminação, disposição e retorno de recipientes vazios	Exposição a quimioterápicos e outras substâncias químicas de uso terapêutico	Intoxicações agudas e crônicas; polineuropatia; dermatites de contato; dermatite alérgica; osteomalácia do adulto induzida por drogas; cânceres; arritmia cardíaca; leucemias; neurastenia e episódios depressivos
64.	Em contato com animais portadores de doenças infecto-contagiosas e em postos de vacinação de animais	Exposição a vírus, bactérias, parasitas e bacilos	Tuberculose; carbúnculo; brucelose; psitacose; raiva; asma; rinite; conjuntivite; pneumonia; dermatite de contato e dermatose ocupacional
65.	Em hospitais, serviços de emergência, enfermarias, ambulatórios, postos de vacinação e outros estabelecimentos destinados ao cuidado da saúde humana, em que se tenha contato direto com os pacientes ou se manuseie objetos de uso dos pacientes não previamente esterilizados	Exposição a vírus, bactérias, parasitas e bacilos; stress psíquico e sofrimento;acidentes com material biológico	Tuberculose; AIDS; hepatite; meningite; carbúnculo; toxaplasmose; viroses, parasitoses; zoonose; pneumonias; candidíases; dermatoses; episódios depressivos e sofrimento mental
66.	Em laboratórios destinados ao preparo de soro, de vacinas e de outros produtos similares	Exposição a vírus, bactérias, parasitas, bacilos e contato com animais de laboratório	Envenenamentos; cortes; lacerações; hepatite; AIDS; tuberculose; carbúnculo; brucelose; psitacose; raiva; asma; rinite crônica; conjuntivite; zoonoses; ansiedade e sofrimento mental

Atividade: Serviços Coletivos, Sociais, Pessoais e Outros

Item	Descrição dos Trabalhos	Prováveis Riscos Ocupacionais	Prováveis Repercussões à Saúde
67.	Em lavanderias industriais	Exposição a solventes, cloro, sabões, detergentes, calor e movimentos repetitivos	Polineurites; dermatoses ocupacionais; blefarites; conjuntivites; intermação; fadiga e queimaduras
68.	Em tinturarias e estamparias	Exposição a solventes, corantes, pigmentos metálicos, calor e umidade	Hipotireoidismo; anemias; polineuropatias; encefalopatias; hipertensão arterial; arritmia cardíaca; insuficiência renal; infertilidade masculina; queimaduras; intermação e depressão do Sistema Nervoso Central.
69.	Em esgotos	Esforços físicos intensos; exposição a produtos químicos utilizados nos processos de tratamento de esgoto, tais como cloro, ozônio, sulfeto de hidrogênio e outros; riscos biológicos; espaços confinados e riscos de explosões	Afecções músculo-esqueléticas(bursites, tendinites, dorsalgias, sinovites, tenossinovites); escolioses; disfunção olfativa; alcoolismo; asma; bronquite; lesões oculares; dermatites; dermatoses; asfixia; salmoneloses; leptospirose e disfunções olfativas
70.	Na coleta, seleção e beneficiamento de lixo	Esforços físicos intensos; exposição aos riscos físicos, químicos e biológicos; exposição a poeiras tóxicas, calor; movimentos repetitivos; posições antiergonômicas	Afecções músculo-esqueléticas(bursites, tendinites, dorsalgias, sinovites, tenossinovites); ferimentos; lacerações; intermações; resfriados; DORT/LER; deformidades da coluna vertebral; infecções respiratórias; piodermites; desidratação; dermatoses ocupacionais; dermatites de contato; alcoolismo e disfunções olfativas

Item	Descrição dos Trabalhos	Prováveis Riscos Ocupacionais	Prováveis Repercussões à Saúde
71.	Em cemitérios	Esforços físicos intensos; calor; riscos biológicos (bactérias, fungos, ratos e outros animais, inclusive peçonhentos); risco de acidentes e estresse psíquico	Afecções músculo-esqueléticas(bursites, tendinites, dorsalgias, sinovites, tenossinovites); ferimentos; contusões; dermatoses ocupacionais; ansiedade; alcoolismo; desidratação; câncer de pele; neurose profissional e ansiedade
72.	Em serviços externos, que impliquem em manuseio e porte de valores que coloquem em risco a sua segurança (Office-boys, mensageiros, contínuos)	Acidentes de trânsito e exposição à violência	Traumatismos; ferimentos; ansiedade e estresse
73.	Em ruas e outros logradouros públicos (comércio ambulante, guardador de carros, guardas mirins, guias turísticos, transporte de pessoas ou animais, entre outros)	Exposição à violência, drogas, assédio sexual e tráfico de pessoas; exposição à radiação solar, chuva e frio; acidentes de trânsito; atropelamento	Ferimentos e comprometimento do desenvolvimento afetivo; dependência química; doenças sexualmente transmissíveis; atividade sexual precoce; gravidez indesejada; queimaduras na pele; envelhecimento precoce; câncer de pele; desidratação; doenças respiratórias; hipertemia; traumatismos; ferimentos
74.	Em artesanato	Levantamento e transporte de peso; manutenção de posturas inadequadas; movimentos repetitivos; acidentes com instrumentos pérfuro-cortantes; corpos estranhos; jornadas excessivas	Fadiga física; dores musculares nos membros e coluna vertebral; lesões e deformidades ostemusculares; comprometimento do desenvolvimento psicomotor; DORT/LER; ferimentos; mutilações; ferimentos nos olhos; fadiga; estresse; distúrbios do sono
75.	De cuidado e vigilância de crianças, de pessoas idosas ou doentes	Esforços físicos intensos; violência física, psicológica e abuso sexual; longas jornadas; trabalho noturno; isolamento; posições antiergonômicas; exposição a riscos biológicos.	Afecções músculo-esqueléticas(bursites, tendinites, dorsalgias, sinovites, tenossinovites); DORT/LER; ansiedade; alterações na vida familiar; síndrome do esgotamento profissional; neurose profissional; fadiga física; transtornos do ciclo vigília-sono; depressão e doenças transmissíveis.

Atividade: Serviço Doméstico

Item	Descrição dos Trabalhos	Prováveis Riscos Ocupacionais	Prováveis Repercussões à Saúde
76.	Domésticos	Esforços físicos intensos; isolamento; abuso físico, psicológico e sexual; longas jornadas de trabalho; trabalho noturno; calor; exposição ao fogo, posições antiergonômicas e movimentos repetitivos; tracionamento da coluna vertebral; sobrecarga muscular e queda de nível	Afecções músculo-esqueléticas(bursites, tendinites, dorsalgias, sinovites, tenossinovites); contusões; fraturas; ferimentos; queimaduras; ansiedade; alterações na vida familiar; transtornos do ciclo vigília-sono; DORT/LER; deformidades da coluna vertebral (lombalgias, lombociatalgias, escolioses, cifoses, lordoses); síndrome do esgotamento profissional e neurose profissional; traumatismos; tonturas e fobias

Atividade: Todas

Item	Descrição dos Trabalhos	Prováveis Riscos Ocupacionais	Prováveis Repercussões à Saúde
77.	De manutenção, limpeza, lavagem ou lubrificação de veículos, tratores, motores, componentes, máquinas ou equipamentos, em que se utilizem solventes orgânicos ou inorgânicos, óleo diesel, desengraxantes ácidos ou básicos ou outros produtos derivados de óleos minerais	Exposição a solventes orgânicos, neurotóxicos, desengraxantes, névoas ácidas e alcalinas	Dermatoses ocupacionais; encefalopatias; queimaduras; leucocitoses; elaiconiose; episódios depressivos; tremores; transtornos da personalidade e neurastenia
78.	Com utilização de instrumentos ou ferramentas perfurocontantes, sem proteção adequada capaz de controlar o risco	Perfurações e cortes	Ferimentos e mutilações
79.	Em câmaras frigoríficas	Exposição a baixas temperaturas e a variações súbitas	Hipotermia; eritema pérnio; geladura (Frostbite) com necrose de tecidos; bronquite; rinite; pneumonias
80.	Com levantamento, transporte, carga ou descarga manual de pesos, quando realizados raramente, superiores a 20 quilos, para o gênero masculino e superiores a 15 quilos para o gênero feminino; e superiores a 11 quilos para o gênero masculino e superiores a 7 quilos para o gênero feminino, quando realizados frequentemente	Esforço físico intenso; tracionamento da coluna vertebral; sobrecarga muscular	Afecções músculo-esqueléticas(bursites, tendinites, dorsalgias, sinovites, tenossinovites); lombalgias; lombociatalgias; escolioses; cifoses; lordoses; maturação precoce das epífises
81.	Ao ar livre, sem proteção adequada contra exposição à radiação solar, chuva , frio	Exposição, sem proteção adequada, à radiação solar, chuva e frio	Intermações; queimaduras na pele; envelhecimento precoce; câncer de pele; desidratação; doenças respiratórias; ceratoses actínicas; hipertemia; dermatoses; dermatites; conjuntivite; queratite; pneumonite; fadiga; intermação
82.	Em alturas superiores a 2,0 (dois) metros	Queda de nível	Fraturas; contusões; traumatismos; tonturas; fobias
83.	Com exposição a ruído contínuo ou intermitente acima do nível previsto na legislação pertinente em vigor, ou a ruído de impacto	Exposição a níveis elevados de pressão sonora	Alteração temporária do limiar auditivo; hipoacusia; perda da audição; hipertensão arterial; ruptura traumática do tímpano; alterações emocionais; alterações mentais e estresse
84.	Com exposição ou manuseio de arsênico e seus compostos, asbestos, benzeno, carvão mineral, fósforo e seus compostos, hidrocarbonetos, outros compostos de carbono, metais pesados (cádmio, chumbo, cromo e mercúrio)e seus compostos, silicatos, ácido oxálico, nítrico, sulfúrico, bromídrico, fosfórico, pícrico, álcalis cáusticos ou substâncias nocivas à saúde conforme classificação da Organização Mundial da Saúde (OMS)	Exposição aos compostos químicos acima dos limites de tolerância	Neoplasia maligna dos brônquios e pulmões; angiosarcoma do fígado; polineuropatias; encefalopatias; neoplasia maligna do estômago, laringe e pleura; mesoteliomas; asbestoses; arritmia cardíaca; leucemias; síndromes mielodisplásicas; transtornos mentais; cor pulmonale; silicose e síndrome de Caplan

Item	Descrição dos Trabalhos	Prováveis Riscos Ocupacionais	Prováveis Repercussões à Saúde
85.	Em espaços confinados	Isolamento; contato com poeiras, gases tóxicos e outros contaminantes	Transtorno do ciclo vigília-sono; rinite; bronquite; irritabilidade e estresse
86.	De afiação de ferramentas e instrumentos metálicos em afiadora, rebolo ou esmeril, sem proteção coletiva contra partículas volantes	Acidentes com material cortante e com exposição a partículas metálicas cortantes desprendidas da afiadora	Ferimentos e mutilações
87.	De direção, operação, de veículos, máquinas ou equipamentos, quando motorizados e em movimento (máquinas de laminação, forja e de corte de metais, máquinas de padaria, como misturadores e cilindros de massa, máquinas de fatiar, máquinas em trabalhos com madeira, serras circulares, serras de fita e guilhotinas, esmeris, moinhos, cortadores e misturadores, equipamentos em fábricas de papel, guindastes ou outros similares)	Esforços físicos; acidentes com ferramentas e com sistemas condutores de energia elétrica	Afecções músculo-esqueléticas(bursites, tendinites, dorsalgias, sinovites, tenossinovites); mutilações; esmagamentos; fraturas; queimaduras e parada cárdio-respiratória
88.	Com exposição a radiações ionizante e não-ionizantes (microondas, ultravioleta ou laser)	Exposição a radiações não-ionizante e ionizante (raios X, gama, alfa e beta) em processos industriais, terapêuticos ou propedêuticos (em saúde humana ou animal) ou em prospecção; processamento, estocagem e transporte de materiais radioativos	Carcinomas baso-celular e espino-celular; neoplasia maligna da cavidade nasal, brônquios, pulmões, ossos e cartilagens articulares; sarcomas ósseos; leucemias; síndrome mielodisplásicas; anemia aplástica; hemorragias; agranulocitose; polineuropatia; blefarite; conjuntivite; catarata; gastroenterite; afecções da pele e do tecido conjuntivo relacionadas com a radiação, osteonecrose e infertilidade masculina
89.	De manutenção e reparo de máquinas e equipamentos elétricos, quando energizados	Esforços físicos intensos; exposição a acidentes com sistemas, circuitos e condutores de energia elétrica e acidentes com equipamentos e ferramentas contuso-cortantes	Afecções músculo-esqueléticas(bursites, tendinites, dorsalgias, sinovites, tenossinovites); mutilações; esmagamentos; fraturas; queimaduras; perda temporária da consciência; carbonização; parada cárdio-respiratória

INSTRUÇÃO NORMATIVA N. 97, DA SIT/MTE, DE 30 DE JULHO DE 2012

(DOU 31.7.12)

DISPÕE SOBRE A FISCALIZAÇÃO DAS CONDIÇÕES DE TRABALHO NO ÂMBITO DOS PROGRAMAS DE APRENDIZAGEM

A Secretária de Inspeção do Trabalho, no uso da competência prevista no inciso XIII do art. 14, do Anexo I do Decreto n. 5.063, de 3 de maio de 2004, que aprovou a estrutura regimental do Ministério do Trabalho e Emprego, resolve:

Art. 1º Estabelecer diretrizes e disciplinar a fiscalização da aprendizagem prevista no Capítulo IV do Título III da Consolidação das Leis do Trabalho — CLT, aprovada pelo Decreto-lei n. 5.452, de 1º de maio de 1943, em conformidade com o disposto no Decreto n. 5.598, de 1º de dezembro de 2005 e com a Portaria n. 723, de 23 de abril de 2012.

SEÇÃO I

Da Obrigatoriedade de Contratação de Aprendizes

Art. 2º Conforme determina o art. 429 da CLT, os estabelecimentos de qualquer natureza são obrigados a contratar e matricular aprendizes nos cursos de aprendizagem, no percentual mínimo de cinco e máximo de quinze por cento das funções que exijam formação profissional.

§1º Na conformação numérica de aplicação do percentual, ficam obrigados a contratar aprendizes os estabelecimentos que tenham pelo menos sete empregados contratados nas funções que demandam formação profissional, nos termos do art. 10 do Decreto n. 5.598, de 2005, devendo ser respeitado o limite máximo de quinze por cento previsto no art. 429 da CLT.

§ 2º Entende-se por estabelecimento todo complexo de bens organizado para o exercício de atividade econômica ou social do empregador, que se submeta ao regime da CLT.

§ 3º São incluídas na base de cálculo do número de aprendizes a serem contratados o total de trabalhadores existentes em cada estabelecimento, cujas funções demandem formação profissional, independentemente de serem proibidas para menores de dezoito anos, excluindo-se:

I — as funções que, em virtude de lei, exijam formação profissional de nível técnico ou superior;

II — as funções caracterizadas como cargos de direção, de gerência ou de confiança, nos termos do inciso II do art. 62 e § 2º do art. 224 da CLT;

III — os trabalhadores contratados sob o regime de trabalho temporário instituído pela Lei n. 6.019, de 3 de janeiro de 1973; e

IV — os aprendizes já contratados.

§ 4º As funções e atividades executadas por terceiros, dentro dos parâmetros legais, serão computadas para o cálculo da cota cabível à empresa prestadora de serviços.

Art. 3º Estão legalmente dispensadas do cumprimento da cota de aprendizagem:

I — as microempresas e empresas de pequeno porte, optantes ou não pelo Regime Especial Unificado de Arrecadação de Tributos e Contribuições devidos pelas Microempresas e Empresas de Pequeno Porte — Simples Nacional.

II — entidade sem fins lucrativos que tenha por objetivo a educação profissional e contrate aprendizes na forma do art. 431 da CLT.

PARÁGRAFO ÚNICO. As microempresas e empresas de pequeno porte que contratem aprendizes devem observar o limite máximo de quinze por cento estabelecido no art. 429 da CLT. *(Revogado pela Instrução Normativa SIT/MTE n. 108, de 4.6.14, DOU 5.6.14)*

Seção II

Do Contrato de Aprendizagem

Art. 4º O contrato de trabalho de aprendizagem possui natureza especial e tem por principal característica, segundo o art. 428 da CLT, o compromisso de o empregador assegurar ao maior de quatorze e menor de vinte e quatro anos, inscrito em programa de aprendizagem, formação técnico-profissional metódica, compatível com o seu desenvolvimento físico, moral e psicológico, e do aprendiz de executar com zelo e diligência as tarefas necessárias a essa formação.

Art. 5º O contrato de aprendizagem deve ser pactuado por escrito e por prazo determinado, e para sua validade exige-se:

I — registro e anotação na Carteira de Trabalho e Previdência Social — CTPS;

II — matrícula e frequência do aprendiz à escola, caso não tenha concluído o ensino médio;

III — inscrição do aprendiz em programa de aprendizagem, desenvolvido sob a orientação de entidade qualificada em formação técnico-profissional metódica, quais sejam:

a) entes do Sistema Nacional de Aprendizagem;

b) escolas técnicas de educação; e

c) entidades sem fins lucrativos que tenham por objetivo a assistência ao adolescente e à educação profissional, devidamente inscritas no Cadastro Nacional de Aprendizagem e registradas no Conselho Municipal dos Direitos da Criança e do Adolescente CMDCA, quando atender a menores de dezoito anos;

IV — programa de aprendizagem desenvolvido em conformidade com as diretrizes da Portaria n. 723, de 2012;

PARÁGRAFO ÚNICO. A falta de cumprimento dos itens I a IV e demais normas que regulamentam a aprendizagem descaracteriza o contrato de aprendizagem e importa a sua nulidade, estabelecendo-se vínculo com o estabelecimento que deve cumprir a cota, conforme disposto no art. 18.

Art. 6º O contrato de aprendizagem poderá ser firmado por até dois anos, com correspondência obrigatória ao programa constante do Cadastro Nacional de Aprendizagem e deverá indicar expressamente:

I — o termo inicial e final, coincidentes com o prazo do programa de aprendizagem, exceto quando a contratação ocorrer após o início das atividades teóricas, podendo o empregador, neste caso, providenciar o registro retroativo;

II — o programa em que o aprendiz está vinculado e matriculado, com indicação da carga horária teórica e prática, e obediência aos critérios estabelecidos na Portaria n. 723, de 2012;

III — a função, a jornada diária e semanal, de acordo com a carga horária estabelecida no programa de aprendizagem, o horário de trabalho; e

IV — a remuneração pactuada.

PARÁGRAFO ÚNICO. O prazo máximo de dois anos do contrato de aprendizagem não se aplica às pessoas com deficiência, desde que o tempo adicional seja, nesses casos, fundamentado em aspectos relacionados à deficiência, vedada em qualquer caso a contratação de pessoa com deficiência na qualidade de aprendiz por prazo indeterminado.

Art. 7º A contratação de aprendizes por entidades sem fins lucrativos que tenham por objetivo a assistência ao adolescente e à educação profissional, conforme faculdade prevista no art. 431 da CLT, exige a formalização prévia de contrato ou convênio entre o estabelecimento que deve cumprir a cota e a entidade.

§1º Na hipótese de contratação indireta prevista no *caput*, a entidade sem fins lucrativos assume a condição de empregador de forma simultânea ao desenvolvimento do programa de aprendizagem, cabendo-lhe:

I — o cumprimento da legislação trabalhista em sua totalidade e no que concerne à aprendizagem;

II — assinar a Carteira de Trabalho e Previdência Social do aprendiz e anotar, no espaço destinado às anotações gerais, informação de que se trata de contratação decorrente de contrato firmado com estabelecimento para fins de cumprimento de sua cota;

III — promover o desenvolvimento do programa de aprendizagem constante do Cadastro Nacional de Aprendizagem;

§2º O estabelecimento, na contratação indireta, obriga-se a proporcionar a experiência prática para a formação técnico-profissional do aprendiz e em ambiente adequado, com atenção ao disposto no art. 9º.

§3º O contrato ou convênio mencionado no *caput* pode conter cláusula específica com a indicação da parte responsável pela elaboração e consecução dos programas de segurança e saúde no trabalho previstos nas Normas Regulamentadoras ns. 7 e 9, aprovadas pela Portaria n. 3.214, de 8 de dezembro de 1978, para os aprendizes pertencentes à cota do estabelecimento e contratados por intermédio da entidade sem fins lucrativos.

Art. 8º A idade máxima de vinte e quatro anos é condição de extinção automática do contrato de aprendizagem, não se aplicando tal critério às pessoas com deficiência, para as quais a contratação é possível mesmo após essa idade.

Art. 9º Nos estabelecimentos em que sejam desenvolvidas atividades em ambientes ou funções proibidas a menores de dezoito anos devem ser atendidas as seguintes regras:

I — para a aprendizagem das funções proibidas para menores de dezoitos anos, devem ser contratados aprendizes da faixa etária entre dezoito e vinte e quatro anos ou aprendizes com deficiência maiores de dezoito anos.

II — excepcionalmente, é permitida a contratação de aprendizes na faixa etária entre quatorze e dezoito anos para desempenharem tais funções ou exercerem suas funções no local, desde que o empregador:

a) apresente previamente, na unidade descentralizada do MTE da circunscrição onde ocorrerem as referidas atividades, parecer técnico circunstanciado, assinado por profissional legalmente habilitado em segurança e saúde no trabalho, que ateste a não exposição a riscos que possam comprometer a saúde, a segurança e a moral dos adolescentes, o qual deve ser renovado quando houver alterações nos locais de trabalho ou nos serviços prestados; ou

b) opte pela execução das atividades práticas dos adolescentes nas instalações da própria entidade encarregada da formação técnico-profissional, em ambiente protegido.

Art. 10. O contrato de aprendizagem extinguir-se-á:

I — no seu termo final;

II — quando o aprendiz completar vinte e quatro anos, observado o disposto no art. 8º;

III — antecipadamente, nas seguintes hipóteses:

a) desempenho insuficiente ou inadaptação do aprendiz, que devem ser comprovados mediante laudo de avaliação elaborado pela entidade executora da aprendizagem, a quem cabe a sua supervisão e avaliação, após consulta ao estabelecimento onde se realiza a aprendizagem;

b) falta disciplinar grave prevista no art. 482 da CLT;

c) ausência injustificada à escola que implique perda do ano letivo, comprovada por meio de declaração do estabelecimento de ensino;

d) a pedido do aprendiz;

e) fechamento da empresa em virtude de falência, encerramento das atividades da empresa e morte do empregador constituído em empresa individual.

§1º Não se aplica o disposto nos arts. 479 e 480 da CLT às hipóteses de extinção do contrato previstas nas alíneas do inciso III, exceto na hipótese prevista na alínea "e", em que o aprendiz fará jus, além das verbas rescisórias, à indenização prevista no art. 479 da CLT.

§ 2º A diminuição do quadro de pessoal da empresa, ainda que em razão de dificuldades financeiras ou de conjuntura econômica desfavorável, não autoriza a rescisão antecipada dos contratos de aprendizagem em curso, que devem ser cumpridos até o seu termo final.

§3º A contratação do aprendiz como empregado regular da empresa, após o término do contrato de aprendizagem, implica a rescisão deste em razão da hipótese prevista no inciso I do *caput*, com o consequente pagamento das verbas rescisórias devidas e assinatura de novo contrato de trabalho.

SEÇÃO III
Dos Direitos Trabalhistas

Art. 11. Ao aprendiz é garantido, preservada a condição mais benéfica:

I — o salário mínimo hora, considerado para tal fim o valor do salário mínimo nacional ou salário mínimo regional fixado em lei;

II — o piso da categoria previsto em instrumento normativo, quando houver previsão de aplicabilidade ao aprendiz; e

III — o valor pago por liberalidade do empregador, superior aos valores previstos nos incisos I e II.

PARÁGRAFO ÚNICO. O aprendiz maior de dezoito anos que labore em ambiente insalubre ou perigoso ou cuja jornada seja cumprida em horário noturno faz jus ao recebimento do respectivo adicional.

Art. 12. A duração da jornada de trabalho do aprendiz não excederá de seis horas diárias, durante a qual poderão ser desenvolvidas atividades teóricas e práticas ou apenas uma delas, dentro e no limite dos parâmetros estabelecidos no programa de aprendizagem.

§ 1º A jornada de até oito horas diárias é permitida para os aprendizes que completaram o ensino fundamental, desde que nela sejam incluídas atividades teóricas, na proporção prevista no contrato e no programa de aprendizagem.

§ 2º Ao aprendiz são vedadas, em qualquer caso, a prorrogação e a compensação da jornada de trabalho, e não se aplicam as hipóteses previstas nos incisos I e II do art. 413 da Consolidação das Leis do Trabalho.

§ 3º A fixação do horário do aprendiz deverá ser feita pela empresa em conjunto com a entidade formadora, com respeito à carga horária estabelecida no programa de aprendizagem.

§ 4º As atividades devem ser desenvolvidas em horário que não prejudique a frequência do aprendiz com idade inferior a dezoito anos à escola, nos termos do art. 427 da CLT e do inciso III do art. 63 da Lei n. 8.069, de 1990 — Estatuto da Criança e do Adolescente, devendo ser considerado, nesse caso, o tempo necessário para seu deslocamento.

§ 5º Aplica-se à jornada do aprendiz, nas atividades práticas ou teóricas, o disposto nos arts. 66 a 72 da CLT.

Art. 13. O período de férias do aprendiz deve ser definido no programa de aprendizagem, conforme estabelece a Portaria n. 723, de 2012, observado o seguinte:

I — as férias do aprendiz com idade inferior a dezoito anos devem coincidir, obrigatoriamente, com um dos períodos de férias escolares, sendo vedado o parcelamento, em conformidade com o disposto no § 2º do art. 136 e § 2º do art. 134 da CLT.

II — as férias do aprendiz com idade igual ou superior a dezoito anos devem coincidir, preferencialmente, com as férias escolares, em conformidade com o art. 25 do Decreto n. 5.598, de 2005.

Art. 14. A alíquota do depósito ao Fundo de Garantia do Tempo de Serviço — FGTS nos contratos de aprendizagem é de dois por cento da remuneração paga ou devida ao aprendiz conforme previsto no art. 15 da Lei n. 8.036, de 11 de maio de 1990.

SEÇÃO IV
Dos Programas de Aprendizagem

Art. 15. Para fins da formação técnico profissional, e nos termos dos arts. 429 e 430 da CLT, os cursos e programas de aprendizagem devem ser oferecidos preferencialmente pelos entes dos Serviços Nacionais de Aprendizagem.

PARÁGRAFO ÚNICO. Não sendo oferecidos pelos entes referidos no *caput* cursos ou vagas suficientes, ou ainda programa de aprendizagem que atenda às necessidades dos estabelecimentos, a demanda poderá ser atendida pelas seguintes entidades qualificadas em formação profissional metódica: I — escolas técnicas de educação;

II — entidades sem fins lucrativos, que tenham por objetivo a assistência ao adolescente e à educação profissional, inscritas no Cadastro Nacional de Aprendizagem do MTE e registradas no Conselho Municipal do Direito da Criança e do Adolescente — CMDCA quando atenderem menores de dezoito anos.

Art. 16. Cabe à inspeção do trabalho verificar a insuficiência de vagas ou inexistência de cursos junto aos Serviços Nacionais de Aprendizagem, nos termos do parágrafo único do art. 13 do Decreto n. 5.598, 2005.

§1º Confirmada a insuficiência de vagas ou inexistência de cursos, a empresa poderá matricular os aprendizes nas escolas técnicas de educação e nas entidades sem fins lucrativos.

§2º O auditor-fiscal do trabalho poderá utilizar os elementos de convicção que entender suficientes para comprovar a inexistência ou insuficiência de vagas a que se referem o §1º.

Art. 17. As atividades teóricas e práticas da aprendizagem devem ser realizadas em ambientes adequados ao desenvolvimento dos respectivos programas, cabendo às empresas e às entidades responsáveis pelos cursos de aprendizagem oferecer aos aprendizes condições de segurança e saúde e acessibilidade nos ambientes de aprendizagem, observadas as disposições dos arts. 157 e 405 da CLT, do art. 29 do Decreto n. 3.298, de 20 de dezembro de 1999, do art. 2º do Decreto n. 6.481, de 12 de junho de 2008 e das Normas Regulamentadoras de Segurança e Saúde no Trabalho aprovadas pela Portaria n. 3.214, de 1978.

Seção V
Da Inspeção do Trabalho

Art. 18. A descaracterização do contrato de aprendizagem, acarreta sua nulidade e ocorre:

I — quando houver descumprimento das disposições legais e regulamentares relativas à aprendizagem;

II — na ausência de correlação entre as atividades práticas executadas pelo aprendiz e as previstas no programa de aprendizagem;

III — pela contratação de entidades sem fins lucrativos não inscritas no Cadastro Nacional de Aprendizagem ou com parâmetro em programa de aprendizagem não constante do Cadastro; e

IV — quando houver descumprimento da legislação trabalhista na execução do contrato de aprendizagem.

§1º Descaracterizada a aprendizagem, caberá a lavratura dos autos de infração pertinentes, e o contrato de trabalho passará a ser considerado por prazo indeterminado, com as consequências jurídicas e financeiras dele decorrentes, a incidirem sobre todo o período contratual.

§ 2º Quando a contratação for por intermédio de entidade sem fins lucrativos, o ônus cabe ao estabelecimento responsável pelo cumprimento da cota de aprendizagem, com quem o vínculo empregatício será estabelecido diretamente.

§ 3º A nulidade do contrato de aprendizagem firmado com menor de dezesseis anos implica a imediata rescisão contratual, sem prejuízo da aplicação das sanções pertinentes e do pagamento das verbas rescisórias devidas.

§ 4º O disposto no § 1º não se aplica, quanto ao vínculo, aos órgãos da Administração Pública.

Art. 19. Na fiscalização da aprendizagem, o auditor-fiscal do trabalho deve verificar:

I — o cumprimento, pelos estabelecimentos, da cota prevista no art. 429 da CLT para contratação de aprendizes;

II — a adequação do contrato de aprendizagem à legislação vigente;

III — a conformação do programa de aprendizagem com as atividades desenvolvidas pelo aprendiz no estabelecimento, com observância, dentre outros aspectos, da;

a) compatibilidade do programa do curso com as funções do aprendiz;

b) supervisão da entidade sem fins lucrativos;

c) formação específica dos instrutores; e

d) compatibilidade da duração do curso com a função desempenhada

IV — a existência de vagas ou cursos nos entes do Sistema Nacional de Aprendizagem;

V — a regularidade da entidade sem fins lucrativos junto ao Cadastro Nacional de Aprendizagem e ao Conselho Municipal dos Direitos da Criança e do Adolescente;

VI — as condições ambientais da execução da aprendizagem, tanto na entidade responsável por pelo programa quanto no estabelecimento empregador

VII — a regularidade dos contratos firmados entre o estabelecimento e a entidade sem fins lucrativos;

VIII — o cumprimento da legislação trabalhista, especialmente no que diz respeito à aprendizagem, pelo estabelecimento empregador ou entidade sem fins lucrativos que assumiu a condição de empregador;

IX — a adequação do ambiente de aprendizagem às normas de proteção ao trabalho e à formação profissional prevista no programa de aprendizagem.

§1º Nos estabelecimentos com atividades sazonais ou com grande rotatividade de mão de obra, o auditor-fiscal do trabalho deve exigir o cumprimento da cota com base no quantitativo de empregados existentes à época da fiscalização.

§2º A falta de cumprimento, pela entidades sem fins lucrativos, dos incisos do *caput* e da legislação referente à aprendizagem, bem como a inadequação de seus programas ao contexto da atividade desenvolvida pelo aprendiz no que concerne à sua formação técnico-profissional e irregularidades na contratação devem ser relatadas de forma circunstanciada pelo auditor-fiscal do trabalho no relatório a que se refere o art. 7º da Portaria n. 723, de 2012.

Art. 20. Nas entidades sem fins lucrativos que contratam aprendizes, conforme previsto no art. 7º, o auditor-fiscal do trabalho deve verificar, além do disposto no art. 19:

I — a inserção e a regularidade da entidade sem fins lucrativos empregadora no Cadastro Nacional de Aprendizagem, na forma da Portaria n. 723, de 2012;

II — a existência de programa de aprendizagem compatível com a função e atividades dos aprendizes contratados e sua adequação aos requisitos estabelecidos na Portaria n. 723, de 2012;

III — a existência de certificado de registro da entidade sem fins lucrativos no CMDCA como entidade que objetiva a assistência ao adolescente e a educação profissional, quando algum de seus cursos se destinar a aprendizes menores de dezoito anos, bem como a comprovação do depósito do programa de aprendizagem naquele Conselho;

IV — a existência de declaração de frequência do aprendiz na escola, quando esta for obrigatória;

V — contrato ou convênio firmado entre a entidade responsável por ministrar o curso de aprendizagem e o estabelecimento tomador dos serviços; e

VI — os contratos de aprendizagem firmados entre a entidade e os aprendizes.

§1º Dos registros e contratos de aprendizagem firmados pelas entidades sem fins lucrativos devem constar a razão social, o endereço e o número de inscrição no Cadastro Nacional de Pessoa Jurídica — CNPJ do estabelecimento responsável pelo cumprimento da cota.

§2º Verificada a inadequação da entidade sem fins lucrativos, na forma do art. 20, o auditor-fiscal do trabalho, sem prejuízo da lavratura de autos de infrações cabíveis, deve adotar as providências previstas no art. 7º da Portaria n. 723, de 2012.

Art. 21. Os indícios de irregularidades relacionadas à segurança e saúde no trabalho devem ser informados pelo auditor-fiscal do trabalho à chefia imediata, para comunicação ao setor competente a fim de ser realizada a ação fiscal pertinente.

PARÁGRAFO ÚNICO. Constatada a inadequação dos ambientes de aprendizagem às condições de proteção ao trabalho do adolescente e às condições de acessibilidade ao aprendiz com deficiência, ou divergências apuradas entre as condições reais das instalações da entidade formadora e aquelas informadas no Cadastro Nacional da Aprendizagem, o auditor-fiscal do trabalho promoverá ações destinadas a regularizar a situação, sem prejuízo da lavratura de autos de infrações cabíveis, adotando, caso não sejam sanadas as irregularidades, as providências indicadas no art. 7º da Portaria n. 723, de 2012.

CLT

SEÇÃO VI
Do Planejamento da Fiscalização da Aprendizagem

Art. 22. Na elaboração do planejamento da fiscalização da contratação de aprendizes, a Superintendência Regional do Trabalho e Emprego deve observar as diretrizes expedidas pela Secretaria de Inspeção do Trabalho.

Art. 23. O planejamento da fiscalização da aprendizagem deve compreender as ações previstas nos arts. 19, 20 e 21 e ainda a fiscalização, se necessária, das entidades sem fins lucrativos que solicitarem inserção no Cadastro Nacional de Aprendizagem, nos termos dos arts. 3º e 4º da Portaria n. 723, de 2012.

§1º A fiscalização da aprendizagem, da execução e regularidade dos contratos de aprendizagens firmados pelos estabelecimentos e entidades sem fins lucrativos deve ser precedida de emissão de ordem de serviço específica.

§2º Para a fiscalização do cumprimento da obrigação de contratação de aprendizes, caberá à Superintendência Regional do Trabalho e Emprego, por meio de servidores designados pela chefia da fiscalização, identificar a oferta de cursos e vagas pelas instituições de aprendizagem e a demanda de aprendizes por parte dos empregadores.

§3º A oferta de cursos e vagas poderá ser verificada por meio dos programas de aprendizagem validados e inseridos Cadastro Nacional de Aprendizagem ou contatos com os entes do Sistema Nacional de Aprendizagem, escolas técnicas e entidades qualificadas em formação profissional, inclusive durante eventos e palestras promovidos pela Superintendência Regional do Trabalho e Emprego.

§4º A demanda potencial por aprendizes será identificada por atividade econômica, em cada município, a partir das informações disponíveis nos bancos de dados oficiais, tais como a Relação Anual de Informações Sociais — RAIS e o Cadastro Geral de Empregados e Desempregados — CAGED, ou outros sistema disponíveis aos auditores-fiscais do trabalho, observado o disposto no art. 3º desta instrução normativa.

Art. 24. Para acesso ao Cadastro Nacional de Aprendizagem deve ser solicitada senha de acesso, diretamente pela Superintendência Regional do Trabalho e Emprego à Coordenação-Geral de Preparação de Mão de obra Juvenil do Departamento de Políticas de Trabalho e Emprego para a Juventude da Secretaria de Políticas Públicas de Emprego — SPPE.

Art. 25. Poderá ser adotada, sem prejuízo da ação fiscal *in loco*, a notificação para apresentação de documentos — NAD via postal — modalidade de fiscalização indireta — para convocar, individual ou coletivamente, os empregadores a apresentarem documentos, em dia e hora previamente fixados, a fim de comprovarem a regularidade da contratação de empregados aprendizes, conforme determina o art. 429 da CLT.

§1º No procedimento de notificação via postal poderá ser utilizado, como suporte instrumental, sistema informatizado de dados destinado a facilitar a identificação dos estabelecimentos obrigados a contratar aprendizes.

§2º No caso de convocação coletiva, a Superintendência Regional do Trabalho e Emprego poderá realizar, a seu critério, evento em que seja feita explanação acerca da temática da aprendizagem, visando conscientizar, orientar e esclarecer dúvidas em relação à aprendizagem.

§3º Caso o auditor-fiscal do trabalho, no planejamento da fiscalização ou no curso desta, conclua pela ocorrência de motivo grave ou relevante que impossibilite ou dificulte a imediata contratação dos aprendizes, poderá instaurar, com a anuência da chefia imediata e desde que o estabelecimento esteja sendo fiscalizado pela primeira vez, procedimento especial para ação fiscal, nos termos do art. 27 a 30 do Regulamento da Inspeção do Trabalho — RIT, aprovado pelo Decreto n. 4.552, de 27 de dezembro de 2002, explicitando os motivos que determinaram essa medida.

§4º O procedimento especial para a ação fiscal poderá resultar na lavratura de termo de compromisso que estipule as obrigações assumidas pelo compromissado e os prazos para seu cumprimento.

§5º Durante o prazo fixado no termo, o estabelecimento compromissado poderá ser fiscalizado para verificação de seu cumprimento, sem prejuízo da ação fiscal em atributos não contemplados no referido termo.

Art. 26. A chefia de fiscalização deve designar auditores fiscais do trabalho para realizar a fiscalização indireta, prevista no art. 25 e, quando for o caso, verificar o cumprimento dos termos de cooperação técnica firmados no âmbito do Ministério do Trabalho e Emprego.

PARÁGRAFO ÚNICO. No caso de convocação coletiva, devem ser designados auditores-fiscais do trabalho em número suficiente para o atendimento de todas as empresas notificadas.

Art. 27. Esgotada a atuação da inspeção do trabalho, sem a correção das irregularidades relativas à aprendizagem, o auditor-fiscal do trabalho, sem prejuízo da lavratura de autos de infração cabíveis, deve elaborar relatório circunstanciado e encaminhá-lo à chefia imediata, a qual adotará as providências que julgar cabíveis conforme o caso.

Art. 28. Fica revogada a Instrução Normativa n. 75, de 8 de maio de 2009.

Art. 29. Esta Instrução Normativa entra em vigor na data de sua publicação.

Vera Lucia Ribeiro de Albuquerque

DECRETO N. 5.598, DE 1º DE DEZEMBRO DE 2005

(DOU 2.12.2005)

REGULAMENTA A CONTRATAÇÃO DE APRENDIZES E DÁ OUTRAS PROVIDÊNCIAS

O PRESIDENTE DA REPÚBLICA, no uso da atribuição que lhe confere o art. 84, inciso IV, da Constituição, e tendo em vista o disposto no Título III, Capítulo IV, Seção IV, do Decreto-lei n. 5.452, de 1º de maio de 1943. Consolidação das Leis do Trabalho, e no Livro I, Título II, Capítulo V, da Lei n. 8.069, de 13 de julho de 1990. Estatuto da Criança e do Adolescente, DECRETA:

Art. 1º Nas relações jurídicas pertinentes à contratação de aprendizes, será observado o disposto neste Decreto.

CAPÍTULO I

Do Aprendiz

Art. 2º Aprendiz é o maior de quatorze anos e menor de vinte e quatro anos que celebra contrato de aprendizagem, nos termos do art. 428 da Consolidação das Leis do Trabalho — CLT.

PARÁGRAFO ÚNICO. A idade máxima prevista no caput deste artigo não se aplica a aprendizes portadores de deficiência.

CAPÍTULO II

Do Contrato de Aprendizagem

Art. 3º Contrato de aprendizagem é o contrato de trabalho especial, ajustado por escrito e por prazo determinado não superior a dois anos, em que o empregador se compromete a assegurar ao aprendiz, inscrito em programa de aprendizagem, formação técnico-profissional metódica compatível com o seu desenvolvimento físico, moral e psicológico, e o aprendiz se compromete a executar com zelo e diligência as tarefas necessárias a essa formação.

PARÁGRAFO ÚNICO. Para fins do contrato de aprendizagem, a comprovação da escolaridade de aprendiz portador de deficiência mental deve considerar, sobretudo, as habilidades e competências relacionadas com a profissionalização.

Art. 4º A validade do contrato de aprendizagem pressupõe anotação na Carteira de Trabalho e Previdência Social, matrícula e frequência do aprendiz à escola, caso não haja concluído o ensino fundamental, e inscrição em programa de aprendizagem desenvolvido sob a orientação de entidade qualificada em formação técnico-profissional metódica.

Art. 5º O descumprimento das disposições legais e regulamentares importará a nulidade do contrato de aprendizagem, nos termos do art. 9º da CLT, estabelecendo-se o vínculo empregatício diretamente com o empregador responsável pelo cumprimento da cota de aprendizagem.

PARÁGRAFO ÚNICO. O disposto no *caput* não se aplica, quanto ao vínculo, a pessoa jurídica de direito público.

CAPÍTULO III

Da Formação Técnico-Profissional e das Entidades Qualificadas em Formação Técnico-Profissional Metódica

SEÇÃO I

Da Formação Técnico-Profissional

Art. 6º Entendem-se por formação técnico-profissional metódica para os efeitos do contrato de aprendizagem as atividades teóricas e práticas, metodicamente organizadas em tarefas de complexidade progressiva desenvolvidas no ambiente de trabalho.

PARÁGRAFO ÚNICO. A formação técnico-profissional metódica de que trata o caput deste artigo realiza-se por programas de aprendizagem organizados e desenvolvidos sob a orientação e responsabilidade de entidades qualificadas em formação técnico-profissional metódica definidas no art. 8º deste Decreto.

Art. 7º A formação técnico-profissional do aprendiz obedecerá aos seguintes princípios:

I — garantia de acesso e frequência obrigatória ao ensino fundamental;

II — horário especial para o exercício das atividades; e

III — capacitação profissional adequada ao mercado de trabalho.

PARÁGRAFO ÚNICO. Ao aprendiz com idade inferior a dezoito anos é assegurado o respeito à sua condição peculiar de pessoa em desenvolvimento.

SEÇÃO II

Das Entidades Qualificadas em Formação Técnico-Profissional Metódica

Art. 8º Consideram-se entidades qualificadas em formação técnico-profissional metódica:

I — os Serviços Nacionais de Aprendizagem, assim identificados:

a) Serviço Nacional de Aprendizagem Industrial — SENAI;

b) Serviço Nacional de Aprendizagem Comercial — SENAC;

c) Serviço Nacional de Aprendizagem Rural — SENAR;

d) Serviço Nacional de Aprendizagem do Transporte — SENAT; e

e) Serviço Nacional de Aprendizagem do Cooperativismo — SESCOOP;

II — as escolas técnicas de educação, inclusive as agrotécnicas; e

III — as entidades sem fins lucrativos, que tenham por objetivos a assistência ao adolescente e à educação profissional, registradas no Conselho Municipal dos Direitos da Criança e do Adolescente.

§ 1º As entidades mencionadas nos incisos deste artigo deverão contar com estrutura adequada ao desenvolvimento dos programas de aprendizagem, de forma a manter a qualidade do processo de ensino, bem como acompanhar e avaliar os resultados.

§ 2º O Ministério do Trabalho e Emprego editará, ouvido o Ministério da Educação, normas para avaliação da competência das entidades mencionadas no inciso III.

CAPÍTULO IV

SEÇÃO I

Da Obrigatoriedade da Contratação de Aprendizes

Art. 9º Os estabelecimentos de qualquer natureza são obrigados a empregar e matricular nos cursos dos Serviços Nacionais de Aprendizagem número de aprendizes equivalente a cinco por cento, no mínimo, e quinze por cento, no máximo, dos trabalhadores existentes em cada estabelecimento, cujas funções demandem formação profissional.

§ 1º No cálculo da percentagem de que trata o *caput* deste artigo, as frações de unidade darão lugar à admissão de um aprendiz.

§ 2º Entende-se por estabelecimento todo complexo de bens organizado para o exercício de atividade econômica ou social do empregador, que se submeta ao regime da CLT.

Art. 10. Para a definição das funções que demandem formação profissional, deverá ser considerada a Classificação Brasileira de Ocupações (CBO), elaborada pelo Ministério do Trabalho e Emprego.

§ 1º Ficam excluídas da definição do *caput* deste artigo as funções que demandem, para o seu exercício, habilitação profissional de nível técnico ou superior, ou, ainda, as funções que estejam caracterizadas como cargos de direção, de gerência ou de confiança, nos termos do inciso II e do parágrafo único do art. 62 e do § 2º do art. 224 da CLT.

§ 2º Deverão ser incluídas na base de cálculo todas as funções que demandem formação profissional, independentemente de serem proibidas para menores de dezoito anos.

Art. 11. A contratação de aprendizes deverá atender, prioritariamente, aos adolescentes entre quatorze e dezoito anos, exceto quando:

I — as atividades práticas da aprendizagem ocorrerem no interior do estabelecimento, sujeitando os aprendizes à insalubridade ou à periculosidade, sem que se possa elidir o risco ou realizá-las integralmente em ambiente simulado;

II — a lei exigir, para o desempenho das atividades práticas, licença ou autorização vedada para pessoa com idade inferior a dezoito anos; e

III — a natureza das atividades práticas for incompatível com o desenvolvimento físico, psicológico e moral dos adolescentes aprendizes.

PARÁGRAFO ÚNICO. A aprendizagem para as atividades relacionadas nos incisos deste artigo deverá ser ministrada para jovens de dezoito a vinte e quatro anos.

Art. 12. Ficam excluídos da base de cálculo de que trata o caput do art. 9º deste Decreto os empregados que executem os serviços prestados sob o regime de trabalho temporário, instituído pela Lei n. 6.019, de 3 de janeiro de 1973, bem como os aprendizes já contratados.

PARÁGRAFO ÚNICO. No caso de empresas que prestem serviços especializados para terceiros, independentemente do local onde sejam executados, os empregados serão incluídos na base de cálculo da prestadora, exclusivamente.

Art. 13. Na hipótese de os Serviços Nacionais de Aprendizagem não oferecerem cursos ou vagas suficientes para atender à demanda dos estabelecimentos, esta poderá ser suprida por outras entidades qualificadas em formação técnico-profissional metódica previstas no art 8º.

PARÁGRAFO ÚNICO. A insuficiência de cursos ou vagas a que se refere o caput será verificada pela inspeção do trabalho.

Art. 14. Ficam dispensadas da contratação de aprendizes:

I — as microempresas e as empresas de pequeno porte; e

II — as entidades sem fins lucrativos que tenham por objetivo a educação profissional.

SEÇÃO II

Das Espécies de Contratação do Aprendiz

Art. 15. A contratação do aprendiz deverá ser efetivada diretamente pelo estabelecimento que se obrigue ao cumprimento da cota de aprendizagem ou, supletivamente, pelas entidades sem fins lucrativos mencionadas no inciso III do art. 8º deste Decreto.

§ 1º Na hipótese de contratação de aprendiz diretamente pelo estabelecimento que se obrigue ao cumprimento da cota de aprendizagem, este assumirá a condição de empregador, devendo inscrever o aprendiz em programa de aprendizagem a ser ministrado pelas entidades indicadas no art. 8º deste Decreto.

§ 2º A contratação de aprendiz por intermédio de entidade sem fins lucrativos, para efeito de cumprimento da obrigação estabelecida no caput do art. 9º, somente deverá ser formalizada após a celebração de contrato entre o estabelecimento e a entidade sem fins lucrativos, no qual, dentre outras obrigações recíprocas, se estabelecerá as seguintes:

I — a entidade sem fins lucrativos, simultaneamente ao desenvolvimento do programa de aprendizagem, assume a condição de empregador, com todos os ônus dela decorrentes, assinando a Carteira de Trabalho e Previdência Social do aprendiz e anotando, no espaço destinado às anotações gerais, a informação de que o específico contrato de trabalho decorre de contrato firmado com determinado estabelecimento para efeito do cumprimento de sua cota de aprendizagem; e

II — o estabelecimento assume a obrigação de proporcionar ao aprendiz a experiência prática da formação técnico-profissional metódica a que este será submetido.

Art. 16. A contratação de aprendizes por empresas públicas e sociedades de economia mista dar-se-á de forma direta, nos termos do § 1º do art. 15, hipótese em que será realizado processo seletivo mediante edital, ou nos termos do § 2º daquele artigo.

PARÁGRAFO ÚNICO. A contratação de aprendizes por órgãos e entidades da administração direta, autárquica e fundacional observará regulamento específico, não se aplicando o disposto neste Decreto.

CAPÍTULO V

Dos Direitos Trabalhistas e Obrigações Acessórias

SEÇÃO I

Da Remuneração

Art. 17. Ao aprendiz, salvo condição mais favorável, será garantido o salário mínimo hora.

PARÁGRAFO ÚNICO. Entende-se por condição mais favorável aquela fixada no contrato de aprendizagem ou prevista em convenção ou acordo coletivo de trabalho, onde se especifique o salário mais favorável ao aprendiz, bem como o piso regional de que trata a Lei Complementar n. 103, de 14 de julho de 2000.

SEÇÃO II

Da Jornada

Art. 18. A duração do trabalho do aprendiz não excederá seis horas diárias.

§ 1º O limite previsto no caput deste artigo poderá ser de até oito horas diárias para os aprendizes que já tenham concluído o ensino fundamental, se nelas forem computadas as horas destinadas à aprendizagem teórica.

§ 2º A jornada semanal do aprendiz, inferior a vinte e cinco horas, não caracteriza trabalho em tempo parcial de que trata o art. 58-A da CLT.

Art. 19. São vedadas a prorrogação e a compensação de jornada.

Art. 20. A jornada do aprendiz compreende as horas destinadas às atividades teóricas e práticas, simultâneas ou não, cabendo à entidade qualificada em formação técnico-profissional metódica fixá-las no plano do curso.

Art. 21. Quando o menor de dezoito anos for empregado em mais de um estabelecimento, as horas de trabalho em cada um serão totalizadas.

PARÁGRAFO ÚNICO. Na fixação da jornada de trabalho do aprendiz menor de dezoito anos, a entidade qualificada em formação técnico-profissional metódica levará em conta os direitos assegurados na Lei n. 8.069, de 13 de julho de 1990.

SEÇÃO III
Das Atividades Teóricas e Práticas

Art. 22. As aulas teóricas do programa de aprendizagem devem ocorrer em ambiente físico adequado ao ensino, e com meios didáticos apropriados.

§ 1º As aulas teóricas podem se dar sob a forma de aulas demonstrativas no ambiente de trabalho, hipótese em que é vedada qualquer atividade laboral do aprendiz, ressalvado o manuseio de materiais, ferramentas, instrumentos e assemelhados.

§ 2º É vedado ao responsável pelo cumprimento da cota de aprendizagem cometer ao aprendiz atividades diversas daquelas previstas no programa de aprendizagem.

Art. 23. As aulas práticas podem ocorrer na própria entidade qualificada em formação técnico-profissional metódica ou no estabelecimento contratante ou concedente da experiência prática do aprendiz.

§ 1º Na hipótese de o ensino prático ocorrer no estabelecimento, será formalmente designado pela empresa, ouvida a entidade qualificada em formação técnico-profissional metódica, um empregado monitor responsável pela coordenação de exercícios práticos e acompanhamento das atividades do aprendiz no estabelecimento, em conformidade com o programa de aprendizagem.

§ 2º A entidade responsável pelo programa de aprendizagem fornecerá aos empregadores e ao Ministério do Trabalho e Emprego, quando solicitado, cópia do projeto pedagógico do programa.

§ 3º Para os fins da experiência prática segundo a organização curricular do programa de aprendizagem, o empregador que mantenha mais de um estabelecimento em um mesmo município poderá centralizar as atividades práticas correspondentes em um único estabelecimento.

§ 4º Nenhuma atividade prática poderá ser desenvolvida no estabelecimento em desacordo com as disposições do programa de aprendizagem

SEÇÃO IV
Do Fundo de Garantia do Tempo de Serviço

Art. 24. Nos contratos de aprendizagem, aplicam-se as disposições da Lei n. 8.036, de 11 de maio de 1990.

PARÁGRAFO ÚNICO. A Contribuição ao Fundo de Garantia do Tempo de Serviço corresponderá a dois por cento da remuneração paga ou devida, no mês anterior, ao aprendiz.

SEÇÃO V
Das Férias

Art. 25. As férias do aprendiz devem coincidir, preferencialmente, com as férias escolares, sendo vedado ao empregador fixar período diverso daquele definido no programa de aprendizagem.

SEÇÃO VI
Dos Efeitos dos Instrumentos Coletivos de Trabalho

Art. 26. As convenções e acordos coletivos apenas estendem suas cláusulas sociais ao aprendiz quando expressamente previsto e desde que não excluam ou reduzam o alcance dos dispositivos tutelares que lhes são aplicáveis.

SEÇÃO VII
Do Vale-Transporte

Art. 27. É assegurado ao aprendiz o direito ao benefício da Lei n. 7.418, de 16 de dezembro de 1985, que institui o vale-transporte.

SEÇÃO VIII
Das Hipóteses de Extinção e Rescisão do Contrato de Aprendizagem

Art. 28. O contrato de aprendizagem extinguir-se-á no seu termo ou quando o aprendiz completar vinte e quatro anos, exceto na hipótese de aprendiz deficiente, ou, ainda antecipadamente, nas seguintes hipóteses:

I — desempenho insuficiente ou inadaptação do aprendiz;

II — falta disciplinar grave;

III — ausência injustificada à escola que implique perda do ano letivo; e

IV — a pedido do aprendiz.

PARÁGRAFO ÚNICO. Nos casos de extinção ou rescisão do contrato de aprendizagem, o empregador deverá contratar novo aprendiz, nos termos deste Decreto, sob pena de infração ao disposto no art. 429 da CLT.

Art. 29. Para efeito das hipóteses descritas nos incisos do art. 28 deste Decreto, serão observadas as seguintes disposições:

I — o desempenho insuficiente ou inadaptação do aprendiz referente às atividades do programa de aprendizagem será caracterizado mediante laudo de avaliação elaborado pela entidade qualificada em formação técnico-profissional metódica;

II — a falta disciplinar grave caracteriza-se por quaisquer das hipóteses descritas no art. 482 da CLT; e

III — a ausência injustificada à escola que implique perda do ano letivo será caracterizada por meio de declaração da instituição de ensino.

Art. 30. Não se aplica o disposto nos arts. 479 e 480 da CLT às hipóteses de extinção do contrato mencionadas nos incisos do art. 28 deste Decreto.

CAPÍTULO VI

Do Certificado de Qualificação Profissional de Aprendizagem

Art. 31. Aos aprendizes que concluírem os programas de aprendizagem com aproveitamento, será concedido pela entidade qualificada em formação técnico-profissional metódica o certificado de qualificação profissional.

PARÁGRAFO ÚNICO. O certificado de qualificação profissional deverá enunciar o título e o perfil profissional para a ocupação na qual o aprendiz foi qualificado.

CAPÍTULO VII

Das Disposições Finais

Art. 32. Compete ao Ministério do Trabalho e Emprego organizar cadastro nacional das entidades qualificadas em formação técnico-profissional metódica e disciplinar a compatibilidade entre o conteúdo e a duração do programa de aprendizagem, com vistas a garantir a qualidade técnico-profissional.

Art. 33. Este Decreto entra em vigor na data de sua publicação.

Art. 34. Revoga-se o Decreto n. 31.546, de 6 de outubro de 1952.

Brasília, 1º de dezembro de 2005; 184º da Independência e 117º da República.

Luiz Inácio Lula da Silva
Luiz Marinho

PORTARIA N. 723, DO GM/MTE DE 23 DE ABRIL DE 2012

(DOU 24.4.12)

CRIA O CADASTRO NACIONAL DE APRENDIZAGEM PROFISSIONAL — CNAP

Portaria GM/MTE n. 651, de 14 de maio de 2013 — (DOU 15.5.13) — Concede prazo para que as entidades formadoras apliquem o disposto na Portaria n. 723, de 23 de abril de 2012. (Não publicada nesta obra)

O MINISTRO DE ESTADO DO TRABALHO E EMPREGO — INTERINO, no uso das atribuições que lhe confere o inciso II do parágrafo único do art. 87 da Constituição, e tendo em vista o disposto no § 2º do art. 8º e art. 32 do Decreto n. 5.598, de 1º de dezembro de 2005, resolve:

Art. 1º Criar o Cadastro Nacional de Aprendizagem Profissional — CNAP, destinado ao cadastramento das entidades qualificadas em formação técnico-profissional metódica definidas no art. 8º do Decreto n. 5.598, de 1º de dezembro de 2005.

§ 1º Para inserção no CNAP, as entidades a que se refere o inciso III do art. 8º do Decreto n. 5.598, de 2005, serão submetidas às normas de avaliação de competência previstas nesta Portaria, relativas à verificação da aptidão da entidade para ministrar programas de formação técnico-profissional que permitam a inclusão de aprendizes no mercado de trabalho.

§ 2º As entidades referidas nos incisos I e II do art. 8º do Decreto n. 5.598, de 2005, devem se inscrever no CNAP, na forma do art. 3º e fornecer as informações previstas no inciso IV do art. 5º, as turmas criadas e os aprendizes nelas matriculados, e não se submetem às normas de avaliação de competência previstas nesta Portaria, referentes ao programa de aprendizagem inserido.

Art. 2º Compete à Secretaria de Políticas Públicas de Emprego — SPPE, do Ministério do Trabalho e Emprego — MTE:

I — autorizar a inserção das entidades no CNAP, após a avaliação de competência e verificação de cumprimento das regras e requisitos previstos nesta Portaria;

II — operacionalizar, sistematizar, monitorar e aperfeiçoar o CNAP e o Catálogo Nacional de Programas de Aprendizagem Profissional — CONAP;

III — orientar e padronizar a oferta de programas da aprendizagem profissional, em consonância com a Classificação Brasileira de Ocupações — CBO;

IV — efetuar a avaliação de competência das entidades qualificadas em formação técnico-profissional metódica mencionadas no inciso III do art. 8º do Decreto n. 5.598, de 2005, dos programas de aprendizagem e autorizar sua inserção no CNAP; e

V — divulgar os programas de aprendizagem inseridos no CNAP na página eletrônica do MTE na rede mundial de computadores — internet, com objetivo de instrumentalizar os órgãos de fiscalização e promover informações a jovens e adolescentes, empregadores e sociedade civil, com a descrição:

a) do perfil profissional da formação;

b) da carga horária teórica e prática; e

c) da jornada diária e semanal;

VI — desenvolver procedimentos para o monitoramento e a avaliação sistemáticos da aprendizagem, com ênfase na qualidade pedagógica e na efetividade social.

Art. 3º A inscrição das entidades de que trata o art. 1º desta Portaria no CNAP, dos respectivos programas, das turmas e dos aprendizes nelas matriculados, deve ser efetuada por meio do formulário disponível na página eletrônica do MTE na internet, no endereço www.juventudeweb.mte.gov.br, que deve ser preenchido conforme as regras ali previstas e enviado eletronicamente. *(Redação dada pela Portaria GM/MTE n. 1.005, de 1º.7.13, DOU 2.7.13)*

§ 1º Os programas de aprendizagem, elaborados em consonância com as regras do Catálogo Nacional de Programas de Aprendizagem Profissional — CONAP previsto no art. 8º desta Portaria, devem ser inscritos no CNAP para avaliação da competência da entidade.

§ 2º O programa de aprendizagem inserido no CNAP tem prazo de vigência de dois anos contados a partir de sua divulgação na página eletrônica do MTE na internet.

§ 3º O prazo de vigência do programa de aprendizagem profissional pode ser prorrogado por igual período, salvo se as diretrizes forem alteradas.

Art. 4º Após a inscrição da entidade, será gerado pelo Sistema do Cadastro Nacional de Aprendizagem — CNAP o Termo de Compromisso da Entidade e o Termo de Compromisso do Programa de Aprendizagem, que devem ser assinados pelo responsável legal da entidade e entregues na unidade descentralizada do Ministério do Trabalho e Emprego mais próxima ao seu endereço.

§ 1º O Termo de Compromisso da Entidade deve ser entregue acompanhado de cópia e original, para conferência, de seu registro no Conselho Municipal dos Direitos da Criança e do Adolescente — CMDCA do município em que irá atuar. *(Redação dada pela Portaria GM/MTE n. 1.005, de 1º.7.13, DOU 2.7.13)*

§ 2º O Termo de Compromisso do Programa de Aprendizagem deve ser entregue acompanhado de comprovação de: *(Redação dada pela Portaria GM/MTE n. 1.005, de 1º.7.13, DOU 2.7.13)*

I — adequação da proposta pedagógica aos princípios e diretrizes desta Portaria;

II — existência de quadro técnico docente devidamente qualificado; e

III — estrutura adequada ao desenvolvimento dos programas de aprendizagem, nos termos do disposto no § 1º art. 430 da CLT §3º. Cabe à coordenação de fiscalização de aprendizagem de cada Superintendência Regional do Trabalho e Emprego — SRTE conferir a documentação encaminhada pela entidade, atestar e registrar o recebimento no CNAP e arquivá-la. *(Redação dos incisos I a III dada pela Portaria GM/MTE n. 1.005, de 1º.7.13, DOU 2.7.13)*

IV — carteira de identidade — RG, Cadastro de Pessoa Física — CPF e certidão negativa de antecedentes criminais de seu representante legal;

V — plano de trabalho atual; e

VI — demonstrativo anual de receitas e despesas.

§ 3º Cabe à coordenação de fiscalização de aprendizagem de cada Superintendência Regional do Trabalho e Emprego — SRTE conferir a documentação encaminhada pela entidade, atestar e registrar o recebimento no CNAP e arquivá-la. *(Redação dada pela Portaria GM/MTE n. 1.005, de 1º.7.13, DOU 2.7.13)*

Art. 5º A inscrição do programa de aprendizagem deve ser feita nos moldes do art. 3º desta Portaria e a entidade deve fornecer, no mínimo, as seguintes informações:

I — público participante do programa de aprendizagem, com máximo de aprendizes por turma, perfil socioeconômico e justificativa para seu atendimento;

II — objetivos do programa de aprendizagem, com especificação do propósito das ações a serem realizadas e sua relevância para o público participante, a sociedade e o mundo do trabalho;

III — conteúdos a serem desenvolvidos, contendo os conhecimentos, habilidades e competências, sua pertinência em relação aos objetivos do programa, público participante a ser atendido e potencial de aplicação no mercado de trabalho;

IV — estrutura do programa de aprendizagem e sua duração total em horas, em função do conteúdo a ser desenvolvido e do perfil do público participante, contendo:

a) definição e ementa dos programas;

b) organização curricular em módulos, núcleos ou etapas com sinalização do caráter propedêutico ou profissionalizante de cada um deles;

c) respectivas cargas horárias teóricas e práticas, fixadas na forma dos §§ 2º e 3º do art. 10 desta Portaria, ou em exceção específica constante do CONAP relativa à ocupação objeto do programa de aprendizagem; e

d) atividades práticas da aprendizagem desenvolvidas no local da prestação dos serviços, previstas na tabela de atividades da CBO objeto do programa;

V — infraestrutura física, como equipamentos, instrumentos e instalações necessárias para as ações do programa, com adequação aos conteúdos, à duração e à quantidade e perfil dos participantes;

VI — recursos humanos: quantidade e qualificação do pessoal técnico-docente e de apoio envolvido na execução do programa de aprendizagem, adequadas ao conteúdo pedagógico, duração, quantidade e perfil dos participantes, e identificação dos mecanismos de contratação e permanência de educadores no quadro profissional, com especificação do profissional da entidade responsável pelo acompanhamento das atividades práticas dos aprendizes na empresa;

VII — mecanismos de acompanhamento e avaliação do programa de aprendizagem, mediante registro documental das atividades teóricas e práticas pela entidade formadora, com a participação do aprendiz e da empresa; e

VIII — mecanismos para propiciar a inserção dos aprendizes no mercado de trabalho após o término do contrato de aprendizagem.

Art. 6º Após o registro, pela SRTE, do recebimento da documentação de que trata o art. 4º no CNAP, a SPPE analisará a inscrição para autorização ou não da inserção da entidade no CNAP.

§ 1º A incompatibilidade dos programas de aprendizagem com as regras estabelecidas nesta Portaria será informada pela SPPE à entidade por mensagem eletrônica, e a inscrição no CNAP ficará sobrestada até a regularização da pendência.

§ 2º Durante a análise do programa de aprendizagem para inserção no CNAP, a SPPE poderá solicitar a colaboração de outros órgãos, conselhos e demais entidades envolvidos com a ocupação objeto do programa de aprendizagem ou com o seu público alvo.

§ 3º Verificada a regularidade dos dados da entidade e de pelo menos um programa de aprendizagem, a SPPE autorizará, por meio do sistema informatizado, a inserção da entidade no CNAP, que ficará apta a exercer a atividade de entidade qualificadora, e deverá informar, no CNAP, as turmas criadas e os aprendizes nelas matriculados referentes ao programa de aprendizagem inserido.

§ 4º Os demais programas de aprendizagem devem ser elaborados e desenvolvidos pela entidade em consonância com esta Portaria e ser inscritos no CNAP para autorização de sua inclusão pela SPPE.

Art. 7º Quando identificada pela fiscalização a inadequação dos programas de aprendizagem à legislação ou a sua execução em desacordo com as informações constantes do CNAP, a chefia da inspeção do trabalho poderá solicitar à SPPE a suspensão da inserção da entidade ou a exclusão do programa daquele Cadastro.

§ 1º Os motivos que justifiquem a suspensão de entidades ou exclusão de programas de aprendizagem devem ser fundamentados em relatório de fiscalização, do qual deve ser enviada cópia à SPPE, juntamente com a solicitação prevista no *caput* deste artigo.

§ 2º A suspensão da entidade qualificadora motivada pela hipótese prevista no *caput* deste artigo abrange somente as entidades (que)* constem do referido relatório.

* (que) não consta do texto original. *(Redação dada pela Portaria GM/MTE n. 1.005, de 1.7.13, DOU 2.7.13)*

§ 3º Cabe a SPPE dar ciência do relatório às chefias de fiscalização das localidades em que forem identificadas filiais das respectivas entidades. *(Redação dada pela Portaria GM/MTE n. 1.005, de 1.7.13, DOU 2.7.13)*

Art. 8º Os programas de aprendizagem devem ser elaborados em conformidade com o Catálogo Nacional de Programas de Aprendizagem Profissional — CONAP, publicado na página eletrônica do MTE.

PARÁGRAFO ÚNICO. Cabe à SPPE revisar o CONAP e promover a publicação das alterações na página eletrônica do MTE na internet, na periodicidade necessária para contemplar a evolução técnica e tecnológica do setor produtivo e promover oportunidades de inclusão social e econômica dos adolescentes e jovens de forma sustentável e por meio do trabalho decente.

Art. 9º A formação profissional em cursos de nível inicial e técnico constantes do CONAP relaciona-se à ocupação codificada na Classificação Brasileira de Ocupações — CBO.

§ 1º O código da CBO a que se refere o *caput* deste artigo deve constar do contrato de trabalho do aprendiz e ser anotado em sua Carteira de Trabalho e Previdência Social — CTPS.

§2º Quando o curso for classificado no CONAP como desenvolvido na metodologia dos Arcos Ocupacionais, na CTPS do aprendiz deve constar o código da CBO com a melhor condição salarial e especificação, nas Anotações Gerais, do nome do referido Arco.

Art. 10. Além do atendimento aos arts. 2º e 3º do Decreto n. 5.154, de 23 de julho de 2004 e demais normas federais relativas à formação inicial e continuada de trabalhadores, as entidades ofertantes de programas de aprendizagem em nível de formação inicial devem se adequar ao CONAP e atender às seguintes diretrizes:

I — diretrizes gerais:

a) qualificação social e profissional adequada às demandas e diversidades dos adolescentes, em conformidade com o disposto no art. 7º, parágrafo único, do Decreto n. 5.598, de 2005;

b) início de um itinerário formativo, tendo como referência curso técnico correspondente;

c) promoção da mobilidade no mundo de trabalho pela aquisição de formação técnica geral e de conhecimentos e habilidades específicas como parte de um itinerário formativo a ser desenvolvido ao longo da vida do aprendiz;

d) contribuição para a elevação do nível de escolaridade do aprendiz;

e) garantia das adequações para a aprendizagem de pessoas com deficiência conforme estabelecem os arts. 2º e 24 da Convenção da Organização das Nações Unidas — ONU sobre os Direitos das Pessoas com Deficiência, promulgada pelo Decreto n. 6.949, de 25 de agosto de 2009, e os arts. 28 e 29 do Decreto n. 3.298, de 20 de dezembro de 1999;

f) atendimento às necessidades dos adolescentes e jovens do campo e dos centros urbanos, que exijam um tratamento diferenciado no mercado de trabalho em razão de suas especificidades ou exposição a situações de maior vulnerabilidade social, particularmente no que se refere às dimensões de gênero, raça, etnia, orientação sexual e deficiência; e

g) articulação de esforços nas áreas de educação, do trabalho e emprego, do esporte e lazer, da cultura e da ciência e tecnologia e assistência social. *(Redação dada pela Portaria GM/MTE n. 1.005, de 1.7.13, DOU 2.7.13)*

II — diretrizes curriculares:

a) desenvolvimento social e profissional do adolescente e do jovem, na qualidade de trabalhador e cidadão;

b) perfil profissional, conhecimentos e habilidades requeridas para o desempenho da ocupação objeto de aprendizagem e descritos na CBO;

c) Referências Curriculares Nacionais aprovadas pelo Conselho Nacional de Educação, quando pertinentes;

d) potencialidades do mercado local e regional de trabalho e as necessidades dos empregadores dos ramos econômicos para os quais se destina a formação profissional;

e) ingresso de pessoas com deficiência e de adolescentes e jovens em situação de vulnerabilidade social nos programas de aprendizagem, condicionado à sua capacidade de aproveitamento e não ao seu nível de escolaridade; e

f) outras demandas do mundo do trabalho, vinculadas ao empreendedorismo e à economia solidária;

III — conteúdos de formação humana e científica devidamente contextualizados:

a) comunicação oral e escrita, leitura e compreensão de textos e inclusão digital;

b) raciocínio lógico-matemático, noções de interpretação e análise de dados estatísticos;

c) diversidade cultural brasileira;

d) organização, planejamento e controle do processo de trabalho e trabalho em equipe;

e) noções de direitos trabalhistas e previdenciários, de saúde e segurança no trabalho e do Estatuto da Criança e do Adolescente — ECA;

f) direitos humanos, com enfoque no respeito à orientação sexual, raça, etnia, idade, credo religioso ou opinião política;

g) educação fiscal para o exercício da cidadania;

h) formas alternativas de geração de trabalho e renda com enfoque na juventude;

i) educação financeira e para o consumo e informações sobre o mercado e o mundo do trabalho;

j) prevenção ao uso de álcool, tabaco e outras drogas;

k) educação para a saúde sexual reprodutiva, com enfoque nos direitos sexuais e nos direitos reprodutivos e relações de gênero;

l) políticas de segurança pública voltadas para adolescentes e jovens; e

m) incentivo à participação individual e coletiva, permanente e responsável, na preservação do equilíbrio do meio ambiente, com enfoque na defesa da qualidade ambiental como um valor inseparável do exercício da cidadania.

§ 1º As dimensões teórica e prática da formação do aprendiz devem ser pedagogicamente articuladas entre si, sob a forma de itinerários formativos que possibilitem ao aprendiz o desenvolvimento da sua cidadania, a compreensão das características do mundo do trabalho, dos fundamentos técnico-científicos e das atividades técnico-tecnológicas específicas à ocupação.

§ 2º Para definição da carga horária teórica do programa de aprendizagem, a instituição deve utilizar como parâmetro a carga horária dos cursos técnicos homologados pelo Ministério da Educação — MEC, aplicando-se, no mínimo, quarenta por cento da carga horária do curso correspondente ou quatrocentas horas, o que for maior.

§ 3º A carga horária teórica deve representar no mínimo trinta por cento e, no máximo, cinquenta por cento do total de horas do programa de aprendizagem.

Art. 11. A parte teórica do programa de aprendizagem deve ser desenvolvida pela entidade formadora distribuindo-se as horas no decorrer de todo o período do contrato de forma a garantir a alternância e a complexidade progressiva das atividades práticas a serem vivenciadas no ambiente da empresa. *(Redação dada pela Portaria GM/MTE n. 1.005, de 1.7.13, DOU 2.7.13)*

§ 1º A carga horária prática do curso poderá ser desenvolvida, total ou parcialmente, em condições laboratoriais, quando essenciais à especificidade da ocupação objeto do curso, ou quando o local de trabalho não oferecer condições de segurança e saúde ao aprendiz. *(Redação dada pela Portaria GM/MTE n. 1.005, de 1.7.13, DOU 2.7.13)*

§ 2º Na elaboração da parte específica dos programas de aprendizagem, as entidades devem contemplar os conteúdos e habilidades requeridas para o desempenho das ocupações objeto da aprendizagem descritas na CBO. *(Redação dada pela Portaria GM/MTE n. 1.005, de 1.7.13, DOU 2.7.13)*

Art. 12. Os cursos de nível técnico serão reconhecidos como programas de aprendizagem profissional para efeito de cumprimento do art. 428 e seguintes da Consolidação das Leis do Trabalho — CLT, aprovada pelo Decreto-lei n. 5.452, de 1º de maio de 1943, quando ofertados por instituições de ensino devidamente regularizadas perante o respectivo órgão competente do sistema de ensino e validados de acordo com os critérios previstos nesta Portaria. *(Redação dada pela Portaria GM/MTE n. 1.005, de 1.7.13, DOU 2.7.13)*

§ 1º A critério das instituições de ensino federais ou dos órgãos competentes nos sistemas estaduais, as atividades práticas realizadas durante a vigência do contrato de aprendizagem poderão ser reconhecidas para efeitos de contagem da carga-horária de estágio obrigatório desde que explicitada tal previsão no projeto pedagógico do curso e que os termos desta equivalência constem no Termo de Compromisso firmado entre o estagiário, a instituição de ensino e a parte concedente do estágio. *(Redação dada pela Portaria GM/MTE n. 1.005, de 1.7.13, DOU 2.7.13)*

§ 2º A instituição de educação profissional e tecnológica interessada em ofertar programas na modalidade de aprendizagem profissional deverá proceder ao registro eletrônico no Cadastro Nacional de Aprendizagem do Ministério do Trabalho e Emprego. *(Redação dada pela Portaria GM/MTE n. 1.005, de 1.7.13, DOU 2.7.13)*

§ 3º A duração do programa de aprendizagem deverá coincidir com a vigência do contrato de trabalho de aprendizagem. *(Redação dada pela Portaria GM/MTE n. 1.005, de 1.7.13, DOU 2.7.13)*

§ 4º Excepcionalmente, quando o curso técnico tiver duração superior à do programa de aprendizagem, o contrato poderá ser celebrado após o início do curso, observadas as seguintes condições:

I — o início e término do contrato de aprendizagem e do programa de aprendizagem deverão coincidir com o início o término dos respectivos módulos;

II — o contrato deverá englobar o mínimo de módulo (s) que assegurarem a formação técnico profissional metódica completa, necessária para a certificação do curso de aprendizagem correspondente a uma ocupação prevista na Classificação Brasileira de Ocupações — CBO; e

III — a carga horária teórica não poderá ser inferior a quatrocentas horas. *(Redação dada pela Portaria GM/MTE n. 1.005, de 1.7.13, DOU 2.7.13)*

Art. 13. Na utilização dos Arcos Ocupacionais previstos no Anexo I desta Portaria, as entidades formadoras e empresas responsáveis pela contratação dos aprendizes devem observar as proibições de trabalho aos menores de dezoito anos nas atividades descritas na Lista das Piores Formas do Trabalho Infantil — Lista TIP, aprovada pelo Decreto n. 6.481, de 12 de junho de 2008.

Art. 14. A autorização de utilização de metodologia de educação à distância para a aprendizagem e sua inserção no CNAP restringe-se a cursos e programas em locais em que:

I — o número de aprendizes não justifique a formação de uma turma presencial;

II — sua implantação imediata não seja possível em razão de inexistência de estrutura educacional adequada para a aprendizagem; e

PARÁGRAFO ÚNICO. As propostas de programas de aprendizagem à distância serão avaliadas pelo MTE, e autorizada sua inserção no CNAP quando adequadas ao estabelecido nesta Portaria e aos termos do Anexo II. *(Redação dada pela Portaria GM/MTE n. 1.005, de 1.7.13, DOU 2.7.13)*

Art. 15. Para inserção no CNAP dos programas de aprendizagem desenvolvidos em parceria devem participar, no máximo, duas entidades que, em conjunto, inscreverão o programa no CNAP, no endereço eletrônico previsto no art. 3º, com justificativa da necessidade da parceria, detalhamento da participação e responsabilidade de cada uma das entidades e especificação das respectivas atribuições na execução do programa.

§ 1º A análise da SPPE para autorização da inserção da parceria no CNAP se fundamentará nas informações da inscrição do programa de aprendizagem e naquelas constantes do Cadastro referentes às entidades parceiras.

§ 2º A entidade parceira que assumir a condição de empregador fica responsável pelo ônus decorrente da contratação do aprendiz, sem prejuízo da responsabilidade subsidiária da outra entidade parceira e do estabelecimento responsável pelo cumprimento da cota de aprendizagem.

§ 3º A parceria não será autorizada se a participação e a responsabilidade de uma entidade limitar-se ao registro e anotação da CTPS do aprendiz.

§ 4º Em caso de constatação, pela fiscalização, de desvirtuamento da parceria para a hipótese prevista no § 3º deste artigo a aprendizagem será descaracterizada, devendo ser enviado relatório para a SPPE, nos moldes do art. 7º desta Portaria, para fins de suspensão do programa de aprendizagem feito em parceria e da autorização de inserção das entidades no CNAP.

Art. 16. A entidade qualificada em formação técnico-profissional inserida no CNAP poderá desenvolver programa de aprendizagem em município diverso de sua sede, desde que apresente o respectivo CMDCA da entidade, bem como efetue a inscrição do programa no CMDCA do município em que será ministrado o programa. *(Redação dada pela Portaria GM/MTE n. 1.005, de 1.7.13, DOU 2.7.13)*

I — não exista, no município em que se situa a empresa e será desenvolvido o programa de aprendizagem, outra entidade qualificadora de formação técnico-profissional com programa de aprendizagem inserido no CNAP e publicado na página do MTE na internet;

II — a matriz ou filial da entidade qualificadora, a empresa e o local de formação se localizem em municípios limítrofes ou a uma distância máxima de trinta quilômetros a partir do limite do município em que se situa a entidade qualificadora; e

III — haja facilidade de deslocamento.

Art. 17. Os contratos de aprendizagem efetuados com base em programa validados até a publicação desta Portaria devem ser executados até o seu término, sem necessidade de adequação a esta Portaria. *(Redação dada pela Portaria GM/MTE n. 1.005, de 1.7.13, DOU 2.7.13)*

— V. Portaria MTE n. 1.967, de 30.11.12, DOU 3.12.12, p. 105.

Os anexos I e II a que se referem a Portaria n. 723, do GM/MTE, de 23.4.12 encontram-se publicados às páginas 63 e 64, do DOU de 2.7.13.

PARÁGRAFO ÚNICO. Os contratos de aprendizagem efetuados com base em programas validados em conformidade com a Portaria n. 615, de 2007, devem ser executados até o final de seu prazo, sem necessidade de adequação a esta Portaria.

Art. 18. Esta Portaria entra em vigor na data de sua publicação.

Art. 19. Revogam-se as Portarias ns. 615, de 13 de dezembro de 2007 e 2.755, de 23 de novembro de 2010.

Paulo Roberto dos Santos Pinto

INSTRUÇÃO NORMATIVA SIT/MTE N. 102, DE 28 DE MARÇO DE 2013

(DOU 2.4.13)

DISPÕE SOBRE A FISCALIZAÇÃO DO TRABALHO INFANTIL E PROTEÇÃO AO ADOLESCENTE TRABALHADOR

O SECRETÁRIO DE INSPEÇÃO DO TRABALHO, no uso das atribuições previstas no inciso XIII do art. 14, do Anexo I do Decreto n. 5.063, de 3 de maio de 2004, resolve:

SEÇÃO I
Disposições gerais

Art. 1º Estabelecer os procedimentos para a atuação da inspeção do trabalho no combate ao trabalho infantil e proteção ao adolescente trabalhador, de acordo com os princípios, regras e limites previstos na Constituição Federal, na Consolidação das Leis do Trabalho — CLT, aprovada pelo Decreto-lei n. 5.452, de 1º de maio de 1943, no Estatuto da Criança e do Adolescente — ECA, Lei n. 8.069, de 13 de julho de 1990, nas Convenções Internacionais ratificadas pelo Brasil e no Regulamento da Inspeção do Trabalho — RIT, aprovado pelo Decreto n. 4.552, de 27 de dezembro de 2002.

Art. 2º Inserem-se no rol das competências institucionais de todos os Auditores Fiscais do Trabalho — AFT, as atividades de fiscalização voltadas aos temas do combate ao trabalho infantil e proteção ao adolescente trabalhador.

Art. 3º Das ações fiscais empreendidas pelas Superintendências Regionais do Trabalho e Emprego — SRTE, devem ter prioridade absoluta para atendimento aquelas relacionadas ao trabalho infantil e proteção ao adolescente trabalhador.

§1º As Superintendências Regionais do Trabalho e Emprego devem incluir em seu planejamento anual de fiscalização a programação de mobilizações especiais para combate ao trabalho infantil e proteção ao adolescente trabalhador, em períodos específicos, observadas as peculiaridades locais e as diretrizes emanadas da Secretaria de Inspeção do Trabalho — SIT.

§ 2º Para a realização das mobilizações e fiscalizações em datas especiais, tais como o Dia Mundial de Combate ao Trabalho Infantil, no dia doze de junho, as chefias de fiscalização do trabalho e de saúde e segurança no trabalho da SRTE deve garantir a maior participação possível dos Auditores Fiscais do Trabalho em exercício naquela regional.

Art. 4º O projeto de combate ao trabalho infantil de cada SRTE deve contemplar a promoção de articulação e integração com os órgãos e entidades que compõem a rede de proteção a crianças e adolescentes, no âmbito de cada unidade da Federação, visando à elaboração de diagnósticos e à eleição de prioridades que irão compor o planejamento anual a que se refere o §1º do artigo 3º, com a indicação de setores de atividade econômica a serem fiscalizados.

PARÁGRAFO ÚNICO. As chefias de fiscalização do trabalho e de saúde e segurança no trabalho devem buscar, junto ao Superintendente Regional do Trabalho e Emprego, garantir a infraestrutura necessária para a execução das ações do projeto de combate ao trabalho infantil, incluindo a designação de recursos humanos, técnicos e administrativos, bem como a disponibilização de materiais permanentes e outros que se fizerem necessários.

Art. 5º Ao coordenador do projeto de combate ao trabalho infantil, além das atividades elencadas no artigo 11, inciso XXVII, da Portaria n. 546, de 11 de março de 2010, cabe:

I — planejar e executar as ações fiscais, com solicitação à chefia técnica imediata de presença ou participação de outros Auditores Fiscais do Trabalho;

II — atuar junto aos fóruns estaduais e municipais de combate ao trabalho infantil e proteção ao adolescente trabalhador; e

III — promover a integração e o fortalecimento da rede de proteção a crianças e adolescentes diretamente ou por Auditores Fiscais do Trabalho designados, por meio da promoção/participação em reuniões, palestras, seminários ou outras atividades, em especial as promovidas pelos demais entes da rede.

SEÇÃO II
Das ações fiscais

Art. 6º No curso da ação fiscal, o AFT deve, sem prejuízo da lavratura dos autos de infração cabíveis e demais encaminhamentos previstos nesta instrução:

I — preencher a Ficha de Verificação Física para cada criança ou adolescente encontrado em situação irregular de trabalho, independentemente da natureza da relação laboral, previsto no Anexo I;

II — determinar, quando for possível, a mudança de função dos adolescentes maiores de dezesseis anos em situação de trabalho por meio do Termo de Mudança de Função, nos termos do art. 407 da CLT, previsto no Anexo II;

III — notificar o responsável pela empresa ou local de trabalho onde a situação irregular de trabalho infantil foi encontrada, para que afaste de imediato do trabalho as crianças e os adolescentes da atividade proibida, por meio do Termo de Afastamento do Trabalho, previsto no Anexo III.

IV — notificar o responsável pela empresa ou local de trabalho onde a situação irregular de trabalho infantil foi encontrada, para efetuar o pagamento das verbas trabalhistas decorrentes do tempo de serviço laborado à criança ou ao adolescente afastado do trabalho, conforme previsto nos arts. 8º e 9º.

PARÁGRAFO ÚNICO. Caso o responsável pelo estabelecimento ou local de trabalho não atenda à determinação do AFT de mudança de função do adolescente ou não seja possível a adequação da função, fica configurada a rescisão indireta do contrato de trabalho, nos termos do art. 407 da CLT.

Art. 7º O AFT que realizar a ação fiscal deve encaminhar os documentos decorrentes da fiscalização à coordenação do projeto de combate ao trabalho infantil, para as providências que se fizerem necessárias, no prazo de dez dias, contados do encerramento da ação fiscal.

PARÁGRAFO ÚNICO. Para propiciar os encaminhamentos junto à rede de proteção à criança e ao adolescente, as informações relativas a crianças e adolescentes em situação de risco social ou laboral devem ser encaminhadas pelo AFT à coordenação do projeto, no prazo de cinco dias da constatação do risco.

SEÇÃO III
Do pagamento das verbas rescisórias

Art. 8º As verbas rescisórias devem ser pagas a partir do período não controverso.

§1º Havendo controvérsia ou divergência em relação às datas declaradas pela criança ou adolescente e o empregador, o AFT deve procurar provas e elementos de convicção que embasem a definição do período inicial ou convergência.

§2º Na impossibilidade de definição, por meio documental, do período inicial, deve ser considerada a data em que foi verificado o trabalho infantil.

Art. 9º Ao constatar o trabalho de crianças ou adolescentes menores de dezesseis anos que não estejam na condição de aprendiz, o AFT deve determinar o pagamento das seguintes verbas rescisórias:

I — saldo de salário;

II — férias proporcionais e vencidas, acrescidas do terço constitucional, conforme o caso;

III — décimo terceiro salário proporcional ou integral, conforme o caso; e

IV — aviso prévio indenizado.

§1º O pagamento das verbas rescisórias previstas no *caput* e no §2º do art. 10 não prejudica os encaminhamentos devidos à rede de proteção à criança e ao adolescente, e o envio de relatório ao Ministério Público do Trabalho, acompanhado do Termo de Comunicação e Pedido de Providências previsto no Anexo IV.

§2º Independentemente do pagamento das verbas rescisórias, o AFT deve lavrar auto de infração, em virtude da proibição legal do trabalho de crianças e adolescentes menores de dezesseis anos, a não ser na condição de aprendiz, a partir dos quatorze anos.

§3º Para propiciar a comprovação do trabalho da criança ou do adolescente menor de 16 anos na via judicial, o Auditor Fiscal do Trabalho deve lavrar o Termo de Constatação de Tempo de Serviço, previsto no Anexo V, que deve ser entregue ao responsável legal pela criança ou adolescente, descabendo exigência de anotações na CTPS.

Art. 10. A constatação do trabalho de adolescentes com idade superior a dezesseis anos em situações legalmente proibidas, frustrada a mudança de função, configura rescisão indireta do contrato de trabalho, nos termos no art. 407 da CLT, e são devidos os mesmos direitos trabalhistas assegurados a qualquer empregado com mais de 18 anos.

§1º O AFT deve determinar ao responsável pela empresa ou local de trabalho a anotação do contrato na CTPS do adolescente maior de dezesseis anos, ainda que o trabalho seja proibido, devendo ser consignada a função efetivamente desempenhada.

§2º Quando o trabalho do adolescente iniciou-se em idade inferior a dezesseis anos e o contrato permaneceu após essa idade, aplica-se o disposto no art. 9º para o período anterior aos dezesseis anos, e o previsto no *caput* para o período posterior, devendo o AFT determinar que o fato conste nas anotações gerais da CTPS.

Art. 11. O AFT pode exigir que o pagamento das verbas rescisórias seja feito em sua presença ou solicitar aos membros da rede de proteção que assistam as crianças e adolescentes afastados, se entender que as circunstâncias justificam a adoção dessa medida.

PARÁGRAFO ÚNICO. Para recebimento das verbas rescisórias, as crianças e adolescentes devem ser acompanhados de seu responsável legal ou de autoridade competente.

SEÇÃO IV
Dos encaminhamentos

Art. 12. A coordenação do projeto de combate ao trabalho infantil, sob a supervisão de sua chefia técnica imediata, deve encaminhar à rede de proteção à criança e ao adolescente o Termo de Comunicação e Pedido de Providências, previsto no Anexo IV, acompanhado dos documentos necessários, de acordo com a avaliação do caso concreto.

PARÁGRAFO ÚNICO. Para acompanhamento dos encaminhamentos e providências solicitadas, a coordenação do projeto de combate ao trabalho infantil deve estabelecer fluxo de informações com os órgãos ou entidades pertencentes à rede de proteção à criança e ao adolescente.

Art. 13. Para fins de transparência e publicidade dos resultados obtidos pela atuação da inspeção do trabalho no combate ao trabalho infantil e proteção ao adolescente trabalhador, os dados das ações fiscais específicas de combate ao trabalho infantil, com ou sem afastamento, ou das demais ações fiscais em que resultarem o afastamento de criança ou adolescente, devem ser inseridos no Sistema de Informações sobre Focos de Trabalho Infantil — SITI, no endereço eletrônico <http://sistemasiti.mte.gov.br>.

PARÁGRAFO ÚNICO. O coordenador do projeto de combate ao trabalho infantil ou servidor por ele indicado, sob a supervisão da chefia técnica imediata, deve lançar os dados das ações fiscais referidas no *caput* até o dia dez do mês subsequente ao da ação fiscal.

Art. 14. A competência administrativa da inspeção do trabalho encerra-se com:

I — a adoção dos procedimentos específicos de ação fiscal previstos nesta instrução, que são de responsabilidade de cada AFT até a entrega dos relatórios e respectivos anexos à coordenação do projeto; e

II — o acionamento, pela coordenação do projeto, sob a supervisão da chefia técnica imediata, de outros órgãos ou entidades, em conformidade com as atribuições institucionais, bem como o acompanhamento dos encaminhamentos feitos e providências solicitadas.

SEÇÃO V
Disposições finais

Art. 15. Ficam aprovados os modelos de Ficha de Verificação Física, Termo de Mudança de Função, Termo de Afastamento do Trabalho, Termo de Pedido de Providências e Termo de Constatação Tempo de Serviço em anexo.

Art. 16. Revoga-se a Instrução Normativa n. 77, de 3 de junho de 2009.

Art. 17. Esta Instrução Normativa entra em vigor na data de sua publicação.

Luiz Felipe Brandão de Mello

Obs: Os anexos referidos na Instrução Normativa SIT/MTE n. 102/2013, encontram-se publicados às páginas 72/73 do DOU de 2.4.13.

DECRETO N. 6.481, DE 12 DE JUNHO DE 2008

(DOU 13.6.08 e Retificado no DOU de 23.10.08)

REGULAMENTA OS ARTS 3º, ALÍNEA *D*, E 4º DA CONVENÇÃO N. 182 DA ORGANIZAÇÃO INTERNACIONAL DO TRABALHO (OIT) QUE TRATA DA PROIBIÇÃO DAS PIORES FORMAS DE TRABALHO INFANTIL E AÇÃO IMEDIATA PARA SUA ELIMINAÇÃO, APROVADA PELO DECRETO LEGISLATIVO N. 178, DE 14 DE DEZEMBRO DE 1999, E PROMULGADA PELO DECRETO N. 3.597, DE 12 DE SETEMBRO DE 2000, E DÁ OUTRAS PROVIDÊNCIAS

O Presidente da República,

No uso das atribuições que lhe confere o art. 84, inciso IV, da Constituição, e tendo em vista o disposto nos arts. 3º, alínea *d*, e 4º da Convenção n. 182 da Organização Internacional do Trabalho (OIT),

DECRETA:

Art. 1º Fica aprovada a Lista das Piores Formas de Trabalho Infantil (Lista TIP), na forma do Anexo, de acordo com o disposto nos arts. 3º, *d*, e 4º da Convenção n. 182 da Organização Internacional do Trabalho — OIT, aprovada pelo Decreto Legislativo n. 178, de 14 de dezembro de 1999 e promulgada pelo Decreto n. 3.597, de 12 de setembro de 2000.

Art. 2º Fica proibido o trabalho do menor de dezoito anos nas atividades descritas na Lista TIP, salvo nas hipóteses previstas neste decreto.

§ 1º A proibição prevista no *caput* poderá ser elidida:

I — na hipótese de ser o emprego ou trabalho, a partir da idade de dezesseis anos, autorizado pelo Ministério do Trabalho e Emprego, após consulta às organizações de empregadores e de trabalhadores interessadas, desde que fiquem plenamente garantidas a saúde, a segurança e a moral dos adolescentes; e

II — na hipótese de aceitação de parecer técnico circunstanciado, assinado por profissional legalmente habilitado em segurança e saúde no trabalho, que ateste a não exposição a riscos que possam comprometer a saúde, a segurança e a moral dos adolescentes, depositado na unidade descentralizada do Ministério do Trabalho e Emprego da circunscrição onde ocorrerem as referidas atividades.

§ 2º As controvérsias sobre a efetiva proteção dos adolescentes envolvidos em atividades constantes do parecer técnico referido no § 1º, inciso II, serão objeto de análise por órgão competente do Ministério do Trabalho e Emprego, que tomará as providências legais cabíveis.

§ 3º A classificação de atividades, locais e trabalhos prejudiciais à saúde, à segurança e à moral, nos termos da Lista TIP, não é extensiva aos trabalhadores maiores de dezoito anos.

Art. 3º Os trabalhos técnicos ou administrativos serão permitidos, desde que fora das áreas de risco à saúde, à segurança e à moral, ao menor de dezoito e maior de dezesseis anos e ao maior de quatorze e menor de dezesseis, na condição de aprendiz.

Art. 4º Para fins de aplicação das alíneas *a*, *b* e *c* do artigo 3º da Convenção n. 182, da OIT, integram as piores formas de trabalho infantil:

I — todas as formas de escravidão ou práticas análogas, tais como venda ou tráfico, cativeiro ou sujeição por dívida, servidão, trabalho forçado ou obrigatório;

II — a utilização, demanda, oferta, tráfico ou aliciamento para fins de exploração sexual comercial, produção de pornografia ou atuações pornográficas;

III — a utilização, recrutamento e oferta de adolescente para outras atividades ilícitas, particularmente para a produção e tráfico de drogas; e

IV — o recrutamento forçado ou compulsório de adolescente para ser utilizado em conflitos armados.

Art. 5º A Lista TIP será periodicamente examinada e, se necessário, revista em consulta com as organizações de empregadores e de trabalhadores interessadas.

PARÁGRAFO ÚNICO. Compete ao Ministério do Trabalho e Emprego organizar os processos de exame e consulta a que se refere o *caput*.

Art. 6º Este Decreto entra em vigor noventa dias após a data de sua publicação.

Brasília, 12 de junho de 2008; 187º da Independência e 120º da República.

Luiz Inácio Lula da Silva

Carlos Lupi

Obs. A lista da piores formas de trabalho infantil encontra-se publicada no DOU de 13.6.08, às p. 2/6.

APÊNDICE

LEI N. 8.036, DE 11 DE MAIO DE 1990(*)

(DOU 14.5.90, RETIF. 15.5.90 — LTr 54-5/625)

DISPÕE SOBRE O FUNDO DE GARANTIA DO TEMPO DE SERVIÇO E DÁ OUTRAS PROVIDÊNCIAS

V. Lei Complementar n. 110, de 29.6.01, (DOU 30.6.01, Ed. Extra) que institui contribuições sociais, autoriza créditos de complementos de atualização monetária em contas vinculadas do Fundo de Garantia do Tempo de Serviço — FGTS e dá outras providências

V. Circular CEF n. 265, de 14.10.02 (DOU 21.10.02) que disciplina procedimentos de regularização de débitos dos empregadores relativos ao Fundo de Garantia do Tempo de Serviço — FGTS registrados junto à CAIXA e institui a Guia de Regularização de Débitos do FGTS — GRDE (não publicada nesta obra)

V. Portaria n. 366, de 16.9.02 (DOU 17.9.02) que aprova normas para autorizar o saque do FGTS de contas vinculadas, em nome de empregadores, individualizadas por empregados na condição de não optante, quando não há indenização a ser paga ou decorrido o prazo prescricional para a reclamação de direitos por parte do trabalhador (não publicada nesta obra)

V. Circular CEF n. 395, de 27.12.06 (DOU 28.12.06), que divulga o Manual do Sistema Empresa de Recolhimento do FGTS e Informações à Previdência Social — SEFIP. (Não publicada nesta obra).

V. Lei n. 11.345, de 14 de setembro de 2006, Decreto n. 6.187, de 14.8.07 e Circular n. 408, da CEF, de 20.8.07 (DOU 22.8.07) que tratam de parcelamento de débito de contribuição devida ao Fundo de Garantia por Tempo de Serviço — FGTS inscrito ou não em Dívida Ativa, ajuizada ou não, de acordo com as disposições da Lei n. 11.345/2006, de 14 de setembro de 2006. (Não publicadas nesta obra)

v. Circular n. 436, de 2 de junho de 2008, publicada no (DOU de 4.6.08), que Estabelece procedimentos a serem observados pelos Empregadores e os Trabalhadores, aqui designados como titulares de contas vinculadas, para obtenção de informação sobre as contas vinculadas do FGTS e/ou ter acesso às funcionalidades do Conectividade Social. (não publicada nesta obra)

v. Circular CEF n. 508, de 18 de março de 2010, DOU 18.03.2010 que disciplina procedimentos para o parcelamento de débitos de contribuições devidas ao Fundo de Garantia do Tempo de Serviço — FGTS, ainda não inscritos em Divida Ativa e inscritos em Dívida Ativa, ajuizados ou não. (não publicada nesta obra)

V. Ato Declaratório Executivo n. 3, da SRF, DE 18 DE JANEIRO DE 2010 (DOU 19.1.10) que dispõe sobre a declaração do Fator Acidentário de Prevenção (FAP) em Guia de Recolhimento do Fundo de Garantia do Tempo de Serviço e Informações à Previdência Social (GFIP) pelas empresas.

V. Circular CEF n. 526, de 6 de setembro de 2010, DOU 6.9.2010, que estabelece procedimentos operacionais para a utilização de recursos do FGTS por parte do trabalhador, de forma individual, na subscrição de ações, em aumento de capital social de sociedades controladas pela União, nas quais o Fundo Mútuo de Privatização de que trata o inciso XII do art. 20 da Lei n. 8.036, de 11 de maio de 1990, detenha participação acionária, observado o que estabelece a Lei n. 12.276, de 30 de junho de 2010. (não publicada nesta obra)

V. Circular CEF n. 642, de 6 de janeiro de 2014 (DOU 7.1.14) que aprova e divulga o leiaute do Sistema de Escrituração Fiscal da Obrigações Fiscais, Previdenciárias e Trabalhistas e Social. (não publicada nesta obra)

O PRESIDENTE DA REPÚBLICA,

Faço saber que o Congresso Nacional decreta e eu sanciono a seguinte Lei:

Art. 1º O Fundo de Garantia do Tempo de Serviço — FGTS, instituído pela Lei n. 5.107, de 13 de setembro de 1966, passa a reger-se por esta Lei.

Art. 2º O FGTS é constituído pelos saldos das contas vinculadas a que se refere esta Lei e outros recursos a ele incorporados, devendo ser aplicados com atualização monetária e juros, de modo a assegurar a cobertura de suas obrigações.

§ 1º Constituem recursos incorporados ao FGTS, nos termos do *caput* deste artigo:

a) eventuais saldos apurados nos termos do art. 12, § 4º;

b) dotações orçamentárias específicas;

c) resultados das aplicações dos recursos do FGTS;

d) multas, correção monetária e juros moratórios devidos;

e) demais receitas patrimoniais e financeiras.

§ 2º As contas vinculadas em nome dos trabalhadores são absolutamente impenhoráveis.

Art. 3º O FGTS será regido por normas e diretrizes estabelecidas por um Conselho Curador, composto por representação de trabalhadores, empregadores e órgãos e entidades governamentais, na forma estabelecida pelo Poder Executivo. NR *(Redação dada pela MP n. 2.216-37, de 31.8.01, DOU 1º.9.01, Ed. extra). (vide Lei n. 9.649, de 25.5.98, DOU 28.5.98).*

I — Ministério do Trabalho;

(*) *Com as alterações da Lei n. 8.678/93.*

Legislação Complementar

II — Ministério do Planejamento e Orçamento;

III — Ministério da Fazenda;

IV — Ministério da Indústria, do Comércio e do Turismo;

V — Caixa Econômica Federal;

VI — Banco Central do Brasil. *(Redação dada pela Lei n. 9.649, de 27.5.98, DOU 28.5.98)*

§ 1º A Presidência do Conselho Curador será exercida pelo representante do Ministério do Trabalho e da Previdência Social.

§ 2º Os Ministros de Estado e os Presidentes das Entidades mencionadas neste artigo serão os membros titulares no Conselho Curador, cabendo, a cada um deles, indicar o seu respectivo suplente ao Presidente do Conselho que os nomeará. *(Redação dada pela Lei n. 9.649, de 27.5.98, DOU 28.5.98). O parágrafo 2º deste artigo está revogado pela Medida Provisória n. 2.216-37, de 31.8.01, DOU 1º.9.01). (Ed. extra).*

§ 3º Os representantes dos trabalhadores e dos empregadores e seus respectivos suplentes serão indicados pelas respectivas centrais sindicais e confederações nacionais e nomeados pelo Ministro do Trabalho e da Previdência Social, e terão mandato de 2 anos, podendo ser reconduzidos uma única vez.

§ 4º O Conselho Curador reunir-se-á ordinariamente, a cada bimestre, por convocação de seu Presidente. Esgotado esse período, não tendo ocorrido convocação, qualquer de seus membros poderá fazê-la, no prazo de quinze dias. Havendo necessidade, qualquer membro poderá convocar reunião extraordinária, na forma que vier a ser regulamentada pelo Conselho Curador.

§ 5º As decisões do Conselho serão tomadas com a presença da maioria simples de seus membros, tendo o Presidente voto de qualidade. NR *(Parágrafo alterado pela MP n. 2.216-37, de 31.8.01, DOU 1º.9.01). (Ed. extra).*

§ 6º As despesas porventura exigidas para o comparecimento às reuniões do Conselho constituirão ônus das respectivas entidades representadas.

§ 7º As ausências ao trabalho dos representantes dos trabalhadores no Conselho Curador, decorrentes das atividades desse órgão, serão abonadas, computando-se como jornada efetivamente trabalhada para todos os fins e efeitos legais.

§ 8º Competirá ao Ministério do Trabalho e da Previdência Social proporcionar ao Conselho Curador os meios necessários ao exercício de sua competência, para o que contará com uma Secretaria Executiva do Conselho Curador do FGTS.

§ 9º Aos membros do Conselho Curador, enquanto representantes dos trabalhadores, efetivos e suplentes, é assegurada a estabilidade no emprego, da nomeação até um ano após o término do mandato de representação, somente podendo ser demitidos por motivo de falta grave, regularmente comprovada através de processo sindical.

Art. 4º A gestão da aplicação do FGTS será efetuada pelo Ministério da Ação Social, cabendo à Caixa Econômica Federal — CEF o papel de Agente Operador.

Art. 5º Ao Conselho Curador do FGTS compete:

I — estabelecer as diretrizes e os programas de alocação de todos os recursos do FGTS, de acordo com os critérios definidos nesta Lei, em consonância com a política nacional de desenvolvimento urbano e as políticas setoriais de habitação popular, saneamento básico e infraestrutura urbana estabelecidas pelo Governo Federal;

II — acompanhar e avaliar a gestão econômica e financeira dos recursos, bem como os ganhos sociais e o desempenho dos programas aprovados;

III — apreciar e aprovar os programas anuais e plurianuais do FGTS;

IV — pronunciar-se sobre as contas do FGTS, antes do seu encaminhamento aos órgãos de controle interno para os fins legais;

V — adotar as providências cabíveis para a correção de atos e fatos do Ministério da Ação Social e da Caixa Econômica Federal, que prejudiquem o desempenho e o cumprimento das finalidades no que concerne aos recursos do FGTS;

VI — dirimir dúvidas quanto à aplicação das normas regulamentares, relativas ao FGTS, nas matérias de sua competência;

VII — aprovar seu regimento interno;

VIII — fixar as normas e valores de remuneração do Agente Operador e dos Agentes Financeiros;

IX — fixar critérios para parcelamento de recolhimentos em atraso;

X — fixar critério e valor de remuneração para o exercício da fiscalização;

XI — divulgar, no Diário Oficial da União, todas as decisões proferidas pelo Conselho, bem como as contas do FGTS e os respectivos pareceres emitidos.

XII — fixar critérios e condições para compensação entre créditos do empregador, decorrentes de depósitos relativos a trabalhadores não optantes, com contratos extintos, e débitos resultantes de competência em atraso, inclusive aquelas que forem objeto de composição de dívida com o FGTS. *(Redação dada pela Lei n. 9.711, de 20.11.98 — DOU 21.11.98).*

XIII — em relação ao Fundo de Investimento do Fundo de Garantia do Tempo de Serviço — FI-FGTS:

a) aprovar a política de investimento do FI-FGTS por proposta do Comitê de Investimento;

b) decidir sobre o reinvestimento ou distribuição dos resultados positivos aos cotistas do FI-FGTS, em cada exercício;

c) definir a forma de deliberação, de funcionamento e a composição do Comitê de Investimento;

d) estabelecer o valor da remuneração da Caixa Econômica Federal pela administração e gestão do FI-FGTS, inclusive a taxa de risco;

e) definir a exposição máxima de risco dos investimentos do FI-FGTS;

f) estabelecer o limite máximo de participação dos recursos do FI-FGTS por setor, por empreendimento e por classe de ativo, observados os requisitos técnicos aplicáveis;

g) estabelecer o prazo mínimo de resgate das cotas e de retorno dos recursos à conta vinculada, observado o disposto no § 19 do art. 20 desta Lei;

h) aprovar o regulamento do FI-FGTS, elaborado pela Caixa Econômica Federal; e

i) autorizar a integralização de cotas do FI-FGTS pelos trabalhadores, estabelecendo previamente os limites globais e individuais, parâmetros e condições de aplicação e resgate. (NR) *(Item XIII acrescentado pela Lei n. 11.491, de 20.6.07, DOU 21.6.07, Retificada no DOU de 22.6.07.*

Art. 6º Ao Ministério da Ação Social, na qualidade de gestor da aplicação do FGTS, compete:

I — praticar todos os atos necessários à gestão da aplicação do Fundo, de acordo com as diretrizes e programas estabelecidos pelo Conselho Curador;

II — expedir atos normativos relativos à alocação dos recursos para implementação dos programas aprovados pelo Conselho Curador;

III — elaborar orçamentos anuais e planos plurianuais de aplicação dos recursos, discriminando-os por Unidade da Federação, submetendo-os até 31 de julho ao Conselho Curador do Fundo;

IV — acompanhar a execução dos programas de habitação popular, saneamento básico e infraestrutura urbana, decorrentes de aplicação de recursos do FGTS, implementados pela CEF;

V — submeter à apreciação do Conselho Curador as contas do FGTS;

VI — subsidiar o Conselho Curador com estudos técnicos necessários ao aprimoramento operacional dos programas de habitação popular, saneamento básico e infraestrutura urbana;

VII — definir as metas a serem alcançadas nos programas de habitação popular, saneamento básico e infraestrutura urbana.

Art. 7º À Caixa Econômica Federal, na qualidade de Agente Operador, cabe:

I — centralizar os recursos do FGTS, manter e controlar as contas vinculadas, e emitir regularmente os extratos individuais correspondentes às contas vinculadas e participar da rede arrecadadora dos recursos do FGTS;

II — expedir atos normativos referentes aos procedimentos administrativo-operacionais dos bancos depositários, dos agentes financeiros, dos empregadores e dos trabalhadores, integrantes do sistema do FGTS;

III — definir os procedimentos operacionais necessários à execução dos programas de habitação popular, saneamento básico e infraestrutura urbana, estabelecidos pelo Conselho Curador com base nas normas e diretrizes de aplicação elaboradas pelo Ministério da Ação Social;

IV — elaborar as análises jurídicas e econômico-financeira dos projetos de habitação popular, infraestrutura urbana e saneamento básico a serem financiados com recursos do FGTS;

V — emitir Certificado de Regularidade do FGTS;

VI — elaborar as contas do FGTS, encaminhando-as ao Ministério da Ação Social;

VII — implementar os atos emanados do Ministério da Ação Social relativos à alocação e aplicação dos recursos do FGTS, de acordo com as diretrizes estabelecidas pelo Conselho Curador.

VII — (Vetado) *(Incluído pela Lei n. 9.491 de 1997).*

IX — garantir aos recursos alocados ao FI-FGTS, em cotas de titularidade do FGTS, a remuneração aplicável às contas vinculadas, na forma do *caput* do art. 13 desta Lei.(NR) *(Acrescentado pela Lei n. 11.491, de 20.6.07, DOU 21.6.07, retificada no DOU de 22.6.07)*

Parágrafo único. O Ministério da Ação Social e a Caixa Econômica Federal deverão dar pleno cumprimento aos programas anuais em andamento, aprovados pelo Conselho Curador, sendo que eventuais alterações somente poderão ser processadas mediante prévia anuência daquele colegiado.

Art. 8º O Ministério da Ação Social, a Caixa Econômica Federal e o Conselho Curador do FGTS serão responsáveis pelo fiel cumprimento e observância dos critérios estabelecidos nesta Lei.

Art. 9º As aplicações com recursos do FGTS poderão ser realizadas diretamente pela Caixa Econômica Federal e pelos demais órgãos integrantes do Sistema Financeiro da Habitação — SFH, exclusivamente segundo critérios fixados pelo Conselho Curador do FGTS, em operações que preencham os seguintes requisitos: *(Redação dada pela Lei n. 10.931, de 2.8.04, DOU 3.8.04).*

I — garantias:

a) hipotecária;

b) caução de créditos hipotecários próprios, relativos a financiamentos concedidos com recursos do agente financeiro;

c) caução dos créditos hipotecários vinculados aos imóveis objeto de financiamento;

d) hipoteca sobre outros imóveis de propriedade do agente financeiro, desde que livres e desembaraçados de quaisquer ônus;

e) cessão de créditos do agente financeiro, derivados de financiamentos concedidos com recursos próprios, garantidos por penhor ou hipoteca;

f) hipoteca sobre imóvel de propriedade de terceiros;

g) seguro de crédito;

h) garantia real ou vinculação de receitas, inclusive tarifárias, nas aplicações contratadas com pessoa jurídica de direito público ou de direito privado a ela vinculada;

i) aval em nota promissória;

j) fiança pessoal;

l) alienação fiduciária de bens móveis em garantia;

m) fiança bancária;

n) outras, a critério do Conselho Curador do FGTS;

(Inciso I e alíneas com redação dada pela Lei n. 9.467, de 10.7.97, DOU 11.7.97).

II — correção monetária igual à das contas vinculadas;

III — taxa de juros média mínima, por projeto, de três por cento ao ano;

IV — prazo máximo de trinta anos. *(Redação dada pela Lei n. 8.692/93).*

§ 1º A rentabilidade média das aplicações deverá ser suficiente à cobertura de todos os custos incorridos pelo Fundo e ainda à formação de reserva técnica para o atendimento de gastos eventuais não previstos, sendo da Caixa Econômica Federal o risco de crédito.

§ 2º Os recursos do FGTS deverão ser aplicados em habitação, saneamento básico e infraestrutura urbana. As disponibilidades financeiras devem ser mantidas em volume que satisfaça as condições de liquidez e remuneração mínima necessária à preservação do poder aquisitivo da moeda.

§ 3º O programa de aplicações deverá destinar, no mínimo, sessenta por cento para investimentos em habitação popular.

§ 4º Os projetos de saneamento básico e infraestrutura urbana, financiados com recursos do FGTS, deverão ser complementares aos programas habitacionais.

§ 5º As garantias, nas diversas modalidades discriminadas no inciso I do *caput* deste artigo, serão admitidas singular ou supletivamente, considerada a suficiência de cobertura para os empréstimos e financiamentos concedidos. *(Redação dada pela Lei n. 9.467, de 10.7.97, DOU 11.7.97).*

§ 6º Mantida a rentabilidade média de que trata o § 1º, as aplicações em habitação popular poderão contemplar sistemática de desconto, direcionada em função da renda familiar do beneficiário, onde o valor do benefício seja concedido mediante redução no valor das prestações a serem pagas pelo mutuário ou pagamento de parte da aquisição ou construção de imóvel, dentre outras, a critério do Conselho Curador do FGTS.(*)

§ 7º Os recursos necessários para a consecução da sistemática de desconto serão destacados, anualmente, do orçamento de aplicação de recursos do FGTS, constituindo reserva específica, com contabilização própria. (NR)(*)

(*) Parágrafos acrescentados pela MP n. 2.197-43, de 24.8.01, DOU 27.8.01.

§ 8º É da União o risco de crédito nas aplicações efetuadas até 1º de junho de 2001 pelos demais órgãos integrantes do Sistema Financeiro da Habitação — SFH e pelas entidades credenciadas pelo Banco Central do Brasil como agentes financeiros, sub-rogando-se nas garantias prestadas à Caixa Econômica Federal. (NR) *(Parágrafo acrescentado pela MP n. 2.196-3, de 24.8.01, DOU 25.8.01).*

Art. 10. O Conselho Curador fixará diretrizes e estabelecerá critérios técnicos para as aplicações dos recursos do FGTS, visando a:

I — exigir a participação dos contratantes de financiamentos nos investimentos a serem realizados;

II — assegurar o cumprimento, por parte dos contratantes inadimplentes, das obrigações decorrentes dos financiamentos obtidos;

III — evitar distorções na aplicação entre as regiões do País, considerando para tanto a demanda habitacional, a população e outros indicadores sociais.

Art. 11. Os depósitos feitos na rede bancária, a partir de 1º de outubro de 1989, relativos ao FGTS, serão transferidos à Caixa Econômica Federal no segundo dia útil subsequente à data em que tenham sido efetuados.

Art. 12. No prazo de um ano, a contar da promulgação desta Lei, a Caixa Econômica Federal assumirá o controle de todas as contas vinculadas, nos termos do item I do art. 7º, passando os demais estabelecimentos bancários, findo esse prazo, à condição de agentes recebedores e pagadores do FGTS, mediante recebimento de tarifa, a ser fixada pelo Conselho Curador.

§ 1º Enquanto não ocorrer a centralização prevista no *caput* deste artigo, o depósito efetuado no decorrer do mês será contabilizado no saldo da conta vinculada do trabalhador, no primeiro dia útil do mês subsequente.

§ 2º Até que a Caixa Econômica Federal implemente as disposições do *caput* deste artigo, as contas vinculadas continuarão sendo abertas em estabelecimento bancário escolhido pelo empregador, dentre os para tanto autorizados pelo Banco Central do Brasil, em nome do trabalhador.

§ 3º Verificando-se mudança de emprego, até que venha a ser implementada a centralização prevista no *caput* deste artigo, a conta vinculada será transferida para o estabelecimento bancário da escolha do novo empregador.

§ 4º Os resultados financeiros auferidos pela Caixa Econômica Federal no período entre o repasse dos bancos e o depósito nas contas vinculadas dos trabalhadores destinar-se-ão à cobertura das despesas de administração do FGTS e ao pagamento da tarifa aos bancos depositários, devendo os eventuais saldos ser incorporados ao patrimônio do Fundo nos termos do art. 2º, § 1º.

§ 5º Após a centralização das contas vinculadas na Caixa Econômica Federal, o depósito realizado no prazo regulamentar passa a integrar o saldo da conta vinculada do trabalhador a partir do dia dez do mês de sua ocorrência. O depósito realizado fora do prazo será contabilizado no saldo no dia dez subsequente após atualização monetária e capitalização de juros.

Art. 13. Os depósitos efetuados nas contas vinculadas serão corrigidos monetariamente com base nos parâmetros fixados para atualização dos saldos dos depósitos de poupança e capitalizarão juros de três por cento ao ano.

§ 1º Até que ocorra a centralização prevista no item I do art. 7º, a atualização monetária e a capitalização de juros correrão à conta do Fundo e o respectivo crédito será efetuado na conta vinculada no primeiro dia útil de cada mês, com base no saldo existente no primeiro dia útil do mês anterior, deduzidos os saques ocorridos no período.

§ 2º Após a centralização das contas vinculadas, na Caixa Econômica Federal, a atualização monetária e a capitalização de juros correrão à conta do Fundo e o respectivo crédito será efetuado na conta vinculada, no dia dez de cada mês, com base no saldo existente no dia dez do mês anterior ou no primeiro dia útil subsequente, caso o dia dez seja feriado bancário, deduzidos os saques ocorridos no período.

§ 3º Para as contas vinculadas dos trabalhadores optantes existentes à data de 22 de setembro de 1971, a capitalização dos juros dos depósitos continuará a ser feita na seguinte progressão, salvo no caso de mudança de empresa, quando a capitalização dos juros passará a ser feita à taxa de três por cento ao ano:

I — três por cento, durante os dois primeiros anos de permanência na mesma empresa;

II — quatro por cento, do terceiro ao quinto ano de permanência na mesma empresa;

III — cinco por cento, do sexto ao décimo ano de permanência na mesma empresa;

IV — seis por cento, a partir do décimo primeiro ano de permanência na mesma empresa.

§ 4º O saldo das contas vinculadas é garantido pelo Governo Federal, podendo ser instituído seguro especial para esse fim.

Art. 14. Fica ressalvado o direito adquirido dos trabalhadores que, à data da promulgação da Constituição Federal de 1988, já tinham o direito à estabilidade no emprego nos termos do Capítulo V do Título IV da CLT.

§ 1º O tempo do trabalhador não optante do FGTS, anterior a 5 de outubro de 1988, em caso de rescisão sem justa causa pelo empregador, reger-se-á pelos dispositivos constantes dos arts. 477, 478 e 497 da CLT.

§ 2º O tempo de serviço anterior à atual Constituição poderá ser transacionado entre empregador e empregado, respeitado o limite mínimo de sessenta por cento da indenização prevista.

§ 3º É facultado ao empregador desobrigar-se da responsabilidade da indenização relativa ao tempo de serviço anterior à opção, depositando na conta vinculada do trabalhador, até o último dia útil do mês previsto em lei para o pagamento de salário, o valor correspondente à indenização, aplicando-se ao depósito, no que couber, todas as disposições desta Lei.

§ 4º Os trabalhadores poderão a qualquer momento optar pelo FGTS com efeito retroativo a 1º de janeiro de 1967 ou à data de sua admissão, quando posterior àquela.

Art. 15. Para os fins previstos nesta Lei, todos os empregadores ficam obrigados a depositar, até o dia sete de cada mês, em conta bancária vinculada, a importância correspondente a oito por cento da remuneração paga ou devida, no mês anterior, a cada trabalhador, incluídas na remuneração as parcelas de que tratam os arts. 457 e 458 da CLT e a gratificação de Natal a que se refere a Lei n. 4.090, de 13 de julho de 1962, com as modificações da Lei n. 4.749, de 12 de agosto de 1965.

§ 1º Entende-se por empregador a pessoa física ou a pessoa jurídica de direito privado ou de direito público, da administração pública direta, indireta ou fundacional de qualquer dos Poderes, da União, dos Estados, do Distrito Federal e dos Municípios, que admitir trabalhadores a seu serviço, bem assim aquele que, regido por legislação especial, encontrar-se nessa condição ou figurar como fornecedor ou tomador de mão de obra, independente da responsabilidade solidária e/ou subsidiária a que eventualmente venha obrigar-se.

§ 2º Considera-se trabalhador toda pessoa física que prestar serviços a empregador, a locador ou tomador de mão de obra, excluídos os eventuais, os autônomos e os servidores públicos civis e militares sujeitos a regime jurídico próprio.

§ 3º Os trabalhadores domésticos poderão ter acesso ao regime do FGTS, na forma que vier a ser prevista em lei.

§ 4º Considera-se remuneração as retiradas de diretores não empregados, quando haja deliberação da empresa, garantindo-lhes os direitos decorrentes do contrato de trabalho de que trata o art. 16.(*)

§ 5º O depósito de que trata o *caput* deste artigo é obrigatório nos casos de afastamento para prestação do serviço militar obrigatório e licença por acidente do trabalho.(*)

§ 6º Não se incluem na remuneração, para os fins desta Lei, as parcelas elencadas no § 9º do art. 28 da Lei n. 8.212, de 24 de julho de 1991. (NR)(*)

(*) Parágrafos acrescentados pela Lei n. 9.711, de 20.11.98, DOU 21.11.98.

§ 7º Os contratos de aprendizagem terão a alíquota a que se refere o *caput* deste artigo reduzida para dois por cento. (AC) *(Parágrafo acrescentado pela Lei n. 10.097, de 19.12.00, DOU 20.12.00).*

Art. 16. Para efeito desta Lei, as empresas sujeitas ao regime da legislação trabalhista poderão equiparar seus diretores não empregados aos demais trabalhadores sujeitos ao regime do FGTS. Considera-se diretor aquele que exerça cargo de administração previsto em lei, estatuto ou contrato social independente da denominação do cargo.

Art. 17. Os empregadores se obrigam a comunicar mensalmente aos trabalhadores os valores recolhidos ao FGTS e repassar-lhes todas as informações sobre suas contas vinculadas recebidas da Caixa Econômica Federal ou dos bancos depositários.

Art. 18. Ocorrendo rescisão do contrato de trabalho, por parte do empregador, ficará este obrigado a depositar na conta vinculada do trabalhador no FGTS os valores relativos aos depósitos referentes ao mês da rescisão e ao imediatamente anterior, que ainda não houver sido recolhido, sem prejuízo das cominações legais.

§ 1º Na hipótese de despedida pelo empregador sem justa causa, depositará este, na conta vinculada do trabalhador no FGTS, importância igual a quarenta por cento do montante de todos os depósitos realizados na conta vinculada durante a vigência do contrato de trabalho, atualizados monetariamente e acrescidos dos respectivos juros. *(Redação dada pela L. n. 9.491, de 9.9.97, DOU 11.9.97).*

§ 2º Quando ocorrer despedida por culpa recíproca ou força maior, reconhecida pela Justiça do Trabalho, o percentual de que trata o § 1º será de vinte por cento.

§ 3º As importâncias de que trata este artigo deverão constar da documentação comprobatória do recolhimento dos valores devidos a título de rescisão do contrato de trabalho, observado o disposto no art. 477 da CLT, eximindo o empregador, exclusivamente, quanto aos valores discriminados. *(Redação dada pela L. n. 9.491, de 9.9.97, DOU 11.9.97).*

— v. Res. 28, 6.2.91, do Pres. do Conselho Curador do FGTS, p. 246

Art. 19. No caso de extinção do contrato de trabalho prevista no art. 14 desta Lei, serão observados os seguintes critérios:

I — havendo indenização a ser paga, o empregador, mediante comprovação do pagamento daquela, poderá sacar o saldo dos valores por ele depositados na conta individualizada do trabalhador;

II — não havendo indenização a ser paga, ou decorrido o prazo prescricional para a reclamação de direitos por parte do trabalhador, o empregador poderá levantar em seu favor o saldo da respectiva conta individualizada, mediante comprovação perante o órgão competente do Ministério do Trabalho e da Previdência Social.

Art. 19-A. É devido o depósito do FGTS na conta vinculada do trabalhador cujo contrato de trabalho seja declarado nulo nas hipóteses previstas no art. 37, § 2º, da Constituição Federal, quando mantido o direito ao salário.

PARÁGRAFO ÚNICO. O saldo existente em conta vinculada, oriundo de contrato declarado nulo até 28 de julho de 2001, nas condições do *caput*, que não tenha sido levantado até essa data, será liberado ao trabalhador a partir do mês de agosto de 2002. (NR) *(Artigo e parágrafo único acrescentados pela MP n. 2.164-41, de 24.8.01, DOU 27.8.01).*

Art. 20. A conta vinculada do trabalhador no FGTS poderá ser movimentada nas seguintes situações:

I — despedida sem justa causa, inclusive a indireta, de culpa recíproca e de força maior; *(Alterado pela MP n. 2.197-43, de 24.8.01, DOU 27.8.01).*

II — extinção total da empresa, fechamento de quaisquer de seus estabelecimentos, filiais ou agências, supressão de parte de suas atividades, declaração de nulidade do contrato de trabalho nas condições do art. 19-A, ou ainda falecimento do empregador individual sempre que qualquer dessas ocorrências implique rescisão de contrato de trabalho, comprovada por declaração escrita da empresa, suprida, quando for o caso por decisão judicial transitada em julgado; *(Redação dada pela MP n. 2.164-41, de 24.8.01, DOU 27.8.01).*

III — aposentadoria concedida pela Previdência Social;

IV — falecimento do trabalhador, sendo o saldo pago a seus dependentes, para esse fim habilitados perante a Previdência Social, segundo o critério adotado para a concessão de pensões por morte. Na falta de dependentes, farão jus ao recebimento do saldo da conta vinculada os seus sucessores previstos na lei civil, indicados em alvará judicial, expedido a requerimento do interessado, independente de inventário ou arrolamento;

V — pagamento de parte das prestações decorrentes de financiamento habitacional concedido no âmbito do Sistema Financeiro da Habitação — SFH, desde que:

a) o mutuário conte com o mínimo de três anos de trabalho sob o regime do FGTS, na mesma empresa ou em empresas diferentes;

b) o valor bloqueado seja utilizado, no mínimo, durante o prazo de doze meses;

c) o valor do abatimento atinja, no máximo, oitenta por cento do montante da prestação;

VI — liquidação ou amortização extraordinária do saldo devedor de financiamento imobiliário, observadas as condições estabelecidas pelo Conselho Curador, dentre elas a de que o financiamento seja concedido no âmbito do SFH e haja interstício mínimo de dois anos para cada movimentação;

VII — pagamento total ou parcial do preço de aquisição de moradia própria, ou lote urbanizado de interesse social não construído, observadas as seguintes condições: (NR) *(Redação dada pela Lei n. 11.977, de 7.7.09, DOU 8.7.09)*

a) o mutuário deverá contar com o mínimo de três anos de trabalho sob o regime do FGTS, na mesma empresa ou empresas diferentes;

b) seja a operação financiável nas condições vigentes para o SFH;

VIII — quando o trabalhador permanecer três anos ininterruptos, a partir de 1º de junho de 1990, fora do regime do FGTS, podendo o saque, neste caso, ser efetuado a partir do mês de aniversário do titular da conta. *(Redação dada pela Lei n. 8.678/93).*

IX — extinção normal do contrato a termo, inclusive o dos trabalhadores temporários regidos pela Lei n. 6.019, de 3 de janeiro de 1974;

X — suspensão total do trabalho avulso por período igual ou superior a noventa dias, comprovada por declaração do sindicato representativo da categoria profissional.

XI — quando o trabalhador ou qualquer de seus dependentes for acometido de neoplasia maligna. *(Inclusão pela L. n. 8.922, de 25.7.94).*

XII — aplicação em quotas de Fundos Mútuos de Privatização, regidos pela Lei n. 6.385, de 7 de dezembro de 1976, permitida a utilização máxima de 50% (cinquenta por cento) do saldo existente e disponível em sua conta vinculada do Fundo de Garantia do Tempo de Serviço, na data em que exercer a opção. *(Inciso acrescentado pela Lei n. 9.491, de 9.9.97).*

XIII — quando o trabalhador ou qualquer de seus dependentes for portador do vírus HIV;

XIV — quando o trabalhador ou qualquer de seus dependentes estiver em estágio terminal, em razão de doença grave, nos termos do regulamento;

XV — quando o trabalhador tiver idade igual ou superior a setenta anos. *(Incisos XIII a XV acrescentados pela MP n. 2.164-41, de 24.8.01, DOU 27.8.01).*

XVI — necessidade pessoal, cuja urgência e gravidade decorra de desastre natural, conforme disposto em regulamento, observadas as seguintes condições:

a) o trabalhador deverá ser residente em áreas comprovadamente atingidas de Município ou do Distrito Federal em situação de emergência ou em estado de calamidade pública, formalmente reconhecidos pelo Governo Federal;

b) a solicitação de movimentação da conta vinculada será admitida até 90 (noventa) dias após a publicação do ato de reconhecimento, pelo Governo Federal, da situação de emergência ou de estado de calamidade pública; e

c) o valor máximo do saque da conta vinculada será definido na forma do regulamento. *(NR: inciso acrescentado pela Lei n. 10.878, de 8.6.04, DOU 9.6.04).*

XVII — integralização de cotas do FI-FGTS, respeitado o disposto na alínea i do inciso XIII do art. 5º desta Lei, permitida a utilização máxima de 30% (trinta por cento) do saldo existente e disponível na data em que exercer a opção. *(Redação dada pela Lei n. 12.087, de 11.11.09, DOU 12.11.09)*

§ 1º A regulamentação das situações previstas nos incisos I e II assegurará que a retirada a que faz jus o trabalhador corresponda aos depósitos efetuados na conta vinculada durante o período de vigência do último contrato de trabalho, acrescida de juros e atualização monetária, deduzidos os saques.

§ 2º O Conselho Curador disciplinará o disposto no inciso V, visando a beneficiar os trabalhadores de baixa renda e preservar o equilíbrio financeiro do FGTS.

§ 3º O direito de adquirir moradia com recursos do FGTS, pelo trabalhador, só poderá ser exercido para um único imóvel.

§ 4º O imóvel objeto de utilização do FGTS somente poderá ser objeto de outra transação com recursos do Fundo, na forma que vier a ser regulamentada pelo Conselho Curador.

§ 5º O pagamento da retirada após o período previsto em regulamento, implicará atualização monetária dos valores devidos.

§ 6º Os recursos aplicados em cotas de fundos Mútuos de Privatização, referidos no inciso XII, serão destinados, nas condições aprovadas pelo CND, a aquisições de valores mobiliários, no âmbito do Programa Nacional de Desestatização, de que trata a Lei n. 9.491, de 1997, e de programas estaduais de desestatização, desde que, em ambos os casos, tais destinações sejam aprovadas pelo CND. *(Redação dada ao parágrafo pela Lei n. 9.635, de 15.5.98).*

§ 7º Ressalvadas as alienações decorrentes das hipóteses de que trata o § 8º, os valores mobiliários a que se refere o parágrafo anterior só poderão ser integralmente vendidos, pelos respectivos Fundos, seis meses após sua aquisição, podendo ser alienada em prazo inferior parcela equivalente a 10% (dez por cento) do valor adquirido, autorizada a livre aplicação do produto dessa alienação, nos termos da Lei n. 6.385, de 7 de dezembro de 1976. *(Redação dada ao parágrafo pela Lei n. 9.635, de 15.5.98).*

§ 8º As aplicações em Fundos Mútuos de Privatização e no FI-FGTS são nominativas, impenhoráveis e, salvo as hipóteses previstas nos incisos I a XI e XIII a XVI do *caput* deste artigo, indisponíveis por seus titulares. *(Redação dada pela Lei n. 11.491, de 20.6.07, DOU 21.6.07, retificada no DOU 22.6.07)*

§ 9º Decorrido o prazo mínimo de doze meses, contados da efetiva transferência das cotas para os Fundos Mútuos de Privatização, os titulares poderão optar pelo retorno para sua conta vinculada no Fundo de Garantia do Tempo de Serviço. *(Parágrafo acrescentado pela Lei n. 9.491, de 9.9.97).*

§ 10. A cada período de seis meses, os titulares das aplicações em Fundos Mútuos de Privatização poderão transferi-las para outro fundo de mesma natureza. *(Parágrafo acrescentado pela Lei n. 9.491, de 9.9.97).*

§ 11. O montante das aplicações de que trata o § 6º deste artigo ficará limitado ao valor dos créditos contra o Tesouro Nacional de que seja titular o Fundo de Garantia do Tempo de Serviço. *(Parágrafo acrescentado pela Lei n. 9.491, de 9.9.97).*

§ 12. Desde que preservada a participação individual dos cotistas, será permitida a constituição de clubes de investimento, visando a aplicação em quotas de Fundos Mútuos de Privatização. *(Parágrafo acrescentado pela Lei n. 9.491, de 9.9.97).*

§ 13. A garantia a que alude o § 4º do art. 13 desta Lei não compreende as aplicações a que se referem os incisos XII e XVII do *caput* deste artigo. *(Redação dada pela Lei n. 11.491, de 20.6.07, DOU 21.6.07, retificada no DOU 22.6.07)*

§ 14 Ficam isentos do imposto de renda:

I — a parcela dos ganhos nos Fundos Mútuos de Privatização até o limite da remuneração das contas vinculadas de que trata o art. 13 desta Lei, no mesmo período; e

II — os ganhos do FI-FGTS e do Fundo de Investimento em Cotas — FIC, de que trata o § 19 deste artigo. *(Redação dada pela Lei n. 11.491, de 20.6.07, DOU 21.6.07, retificada no DOU 22.6.07)*

§ 15 A transferência de recursos da conta do titular no Fundo de Garantia do Tempo de Serviço em razão da aquisição de ações, nos termos do inciso XII do *caput* deste artigo, ou de cotas do FI-FGTS não afetará a base de cálculo da multa rescisória de que tratam os §§ 1º e 2º do art. 18 desta Lei *(Redação dada pela Lei n. 11.491, de 20.6.07, DOU 21.6.07, retificada no DOU 22.6.07)*

§ 16. Os clubes de investimento a que se refere o § 12 poderão resgatar, durante os seis primeiros meses da sua constituição, parcela equivalente a 5% (cinco por cento) das cotas adquiridas, para atendimento de seus desembolsos, autorizada a livre aplicação do produto dessa venda, nos termos da Lei n. 6.385, de 7 de dezembro de 1976. *(Red. L. n. 9.635/98).*

§ 17. Fica vedada a movimentação da conta vinculada do FGTS nas modalidades previstas nos incisos V, VI e VII deste artigo, nas operações firmadas, a partir de 25 de junho de 1998, no caso em que o adquirente já seja proprietário ou promitente comprador de imóvel localizado no Município onde resida, bem como no caso em que o adquirente já detenha, em qualquer parte do País, pelo menos um financiamento nas condições do SFH (NR). *(Acrescentado pela MP n. 2.197-43, de 24.8.01, DOU 27.8.01).*

§ 18. É indispensável o comparecimento pessoal do titular da conta vinculada para o pagamento da retirada nas hipóteses previstas nos incisos I, II, III, VIII, IX e X deste artigo, salvo em caso de grave moléstia comprovada por perícia médica, quando será paga a procurador especialmente constituído para esse fim. (NR) *(Parágrafo acrescentado pela MP n. 2.197-43, de 24.8.01, DOU 27.8.01).*

§ 19 A integralização das cotas previstas no inciso XVII do *caput* deste artigo será realizada por meio de Fundo de Investimento em Cotas — FIC, constituído pela Caixa Econômica Federal especificamente para essa finalidade. *(Acrescentado pela Lei n. 11.491, de 20.6.07, DOU 21.6.07, retificada no DOU 22.6.07)*

§ 20. A Comissão de Valores Mobiliários estabelecerá os requisitos para a integralização das cotas referidas no § 19 deste artigo, devendo condicioná-la pelo menos ao atendimento das seguintes exigências:

I — elaboração e entrega de prospecto ao trabalhador; e

II — declaração por escrito, individual e específica, pelo trabalhador de sua ciência quanto aos riscos do investimento que está realizando. (NR) *(Acrescentado pela Lei n. 11.491, de 20.6.07, DOU 21.6.07, retificada no DOU 22.6.07)*

§ 21. As movimentações autorizadas nos incisos V e VI do *caput* serão estendidas aos contratos de participação de grupo de consórcio para aquisição de imóvel residencial, cujo bem já tenha sido adquirido pelo consorciado, na forma a ser regulamentada pelo Conselho Curador do FGTS. (NR) *(Acrescentado pela Lei n. 12.058, de 13.10.09, DOU 14.10.09).*

Art. 21. Os saldos das contas não individualizadas e das contas vinculadas que se conservem ininterruptamente sem créditos de depósitos por mais de cinco anos, a partir de 1º de junho de 1990, em razão de o seu titular ter estado fora do regime do FGTS, serão incorporados ao patrimônio do Fundo, resguardado o direito do beneficiário reclamar, a qualquer tempo, a reposição do valor transferido. *(Redação dada pela Lei n. 8.678/93).*

PARÁGRAFO ÚNICO: O valor, quando reclamado, será pago ao trabalhador acrescido da remuneração prevista no § 2º do artigo 13 desta Lei. *(Redação dada pela Lei n. 8.678/93 in LTr 57-08/1.024).*

Art. 22. O empregador que não realizar os depósitos previstos nesta Lei, no prazo fixado no art. 15, responderá pela incidência da Taxa Referencial — TR sobre a importância correspondente. (NR)

§ 1º Sobre o valor dos depósitos, acrescido da TR, incidirão, ainda, juros de mora de 0,5% a.m. (cinco décimos por cento ao mês) ou fração e multa, sujeitando-se, também, às obrigações e sanções previstas no Decreto-lei n. 368, de 19 de dezembro de 1968. (NR)

§ 2º A incidência da TR de que trata o *caput* deste artigo será cobrada por dia de atraso, tomando-se por base o índice de atualização das contas vinculadas do FGTS. (NR)

§ 2º-A A multa referida no § 1º deste artigo será cobrada nas condições que se seguem: (AC)

I — 5% (cinco por cento), no mês de vencimento da obrigação; (AC)

II — 10% (dez por cento), a partir do mês seguinte ao do vencimento da obrigação. (AC)

§ 3º Para efeito de levantamento de débito para com o FGTS, o percentual de 8% (oito por cento) incidirá sobre o valor acrescido da TR até a data da respectiva operação. (NR). *(Redação dada pela Lei n. 9.964, de 10.4.2000, DOU 11.4.2000).*

Art. 23. Competirá ao Ministério do Trabalho e da Previdência Social a verificação em nome da Caixa Econômica Federal, do cumprimento do disposto nesta Lei, especialmente quanto à apuração dos débitos e das infrações praticadas pelos empregadores ou tomadores de serviço, notificando-os para efetuarem e comprovarem os depósitos correspondentes e cumprirem as demais determinações legais, podendo, para tanto, contar com o concurso de outros órgãos do Governo Federal, na forma que vier a ser regulamentada.

§ 1º Constituem infrações para efeito desta Lei:

I — não depositar mensalmente o percentual referente ao FGTS, bem como os valores previstos no art. 18 desta Lei, nos prazos de que trata o § 6º do art. 477 da Consolidação das Leis do Trabalho — CLT. *(Alterado pela MP n. 2.197-43, de 24.8.01, DOU 27.8.01);*

II — omitir as informações sobre a conta vinculada do trabalhador;

III — apresentar as informações ao Cadastro Nacional do Trabalhador, dos trabalhadores beneficiários, com erros ou omissões;

IV — deixar de computar, para efeito de cálculo dos depósitos do FGTS, parcela componente da remuneração;

V — deixar de efetuar os depósitos e os acréscimos legais, após notificado pela fiscalização.

§ 2º Pela infração do disposto no § 1º deste artigo, o infrator estará sujeito às seguintes multas por trabalhador prejudicado:

a) de dois a cinco BTNs, no caso dos incisos II e III;

b) de dez a cem BTNs, no caso dos incisos I, IV e V.

§ 3º Nos casos de fraude, simulação, artifício, ardil, resistência, embaraço ou desacato à fiscalização, assim como na reincidência, a multa especificada no parágrafo anterior será duplicada, sem prejuízo das demais cominações legais.

§ 4º Os valores das multas, quando não recolhidas no prazo legal, serão atualizados monetariamente até a data de seu efetivo pagamento, através de sua conversão pelo BTN Fiscal.

§ 5º O processo de fiscalização, de autuação e de imposição de multas reger-se-á pelo disposto no Título VII da CLT, respeitado o privilégio do FGTS à prescrição trintenária.

Nota: a L. n. 8.844, de 20.1.94, dispõe sobre a fiscalização, apuração e cobrança judicial das contribuições e multas devidas ao Fundo de Garantia do Tempo de Serviço — FGTS.

Art. 1º Compete ao Ministério do Trabalho a fiscalização e a apuração das contribuições ao Fundo de Garantia do Tempo de Serviço — FGTS, bem assim a aplicação das multas e demais encargos devidos.

Parágrafo único. A Caixa Econômica Federal — CEF e a rede arrecadadora prestarão ao Ministério do Trabalho as informações necessárias ao desempenho dessas atribuições.

Art. 2º Compete à Procuradoria-Geral da Fazenda Nacional a inscrição em Dívida Ativa dos débitos para com o Fundo de Garantia do Tempo de Serviço (FGTS), bem como, diretamente ou por intermédio da Caixa Econômica Federal, mediante convênio, a representação judicial e extrajudicial do FGTS, para a correspondente cobrança, relativamente à contribuição e às multas e demais encargos previstos na legislação respectiva.

§ 1º O Fundo de Garantia do Tempo de Serviço fica isento de custas nos processos judiciais de cobrança de seus créditos.

§ 2º As despesas, inclusive as de sucumbência, que vierem a ser incorridas pela Procuradoria-Geral da Fazenda Nacional e pela Caixa Econômica Federal, para a realização da inscrição em Dívida Ativa, do ajuizamento e do controle e acompanhamento dos processos judiciais, serão efetuadas a débito do Fundo de Garantia do Tempo de Serviço.

§ 3º Os créditos relativos ao FGTS gozam dos mesmos privilégios atribuídos aos créditos trabalhistas.

§ 4º Na cobrança judicial dos créditos do FGTS, incidirá encargo de 10% (dez por cento), que reverterá para o Fundo, para ressarcimento dos custos por ele incorridos, o qual será reduzido para 5% (cinco por cento), se o pagamento se der antes do ajuizamento da cobrança.(NR) Redação dada pela Lei n. 9.964, de 10.4.00 (DOU 11.4.00).

Art. 3º Esta Lei entra em vigor na data de sua publicação.

Senado Federal, em 20 de janeiro de 1994; 173º da Independência e 106º da República.

Humberto Lucena

§ 6º Quando julgado procedente o recurso interposto na forma do Título VII da CLT, os depósitos efetuados para garantia de instância serão restituídos com os valores atualizados na forma da lei.

§ 7º A rede arrecadadora e a Caixa Econômica Federal deverão prestar ao Ministério do Trabalho e da Previdência Social as informações necessárias à fiscalização.

Art. 24. Por descumprimento ou inobservância de quaisquer das obrigações que lhe compete como agente arrecadador, pagador e mantenedor do cadastro de contas vinculadas, na forma que vier a ser regulamentada pelo Conselho Curador, fica o banco depositário sujeito ao pagamento de multa equivalente a dez por cento do montante da conta do empregado, independentemente das demais cominações legais.

Art. 25. Poderá o próprio trabalhador, seus dependentes e sucessores, ou ainda o Sindicato a que estiver vinculado, acionar diretamente a empresa por intermédio da Justiça do Trabalho, para compeli-la a efetuar o depósito das importâncias devidas nos termos desta Lei.

PARÁGRAFO ÚNICO. A Caixa Econômica Federal e o Ministério do Trabalho e da Previdência Social deverão ser notificados da propositura da reclamação.

Art. 26. É competente a Justiça do Trabalho para julgar os dissídios entre os trabalhadores e os empregadores decorrentes de aplicação desta Lei, mesmo quando a Caixa Econômica Federal e o Ministério do Trabalho e da Previdência Social figurarem como litisconsortes.

PARÁGRAFO ÚNICO. Nas reclamatórias trabalhistas que objetivam o ressarcimento de parcelas relativas ao FGTS, ou que, direta ou indiretamente, impliquem essa obrigação de fazer, o juiz determinará que a empresa sucumbente proceda ao recolhimento imediato das importâncias devidas a tal título.

Art. 27. A apresentação do Certificado de Regularidade do FGTS, fornecido pela Caixa Econômica Federal, é obrigatória nas seguintes situações:

a) habilitação e licitação promovida por órgão da Administração Federal, Estadual e Municipal, Direta, Indireta ou Fundacional ou por entidade controlada direta ou indiretamente pela União, Estado e Município;

b) obtenção, por parte da União, Estados e Municípios, ou por órgãos da Administração Federal, Estadual e Municipal, Direta, Indireta ou Fundacional, ou indiretamente pela União, Estados ou Municípios, de empréstimos ou financiamentos junto a quaisquer entidades financeiras oficiais;

c) obtenção de favores creditícios, isenções, subsídios, auxílios, outorga ou concessão de serviços ou quaisquer outros benefícios concedidos por órgão da Administração Federal, Estadual e Municipal, salvo quando destinados a saldar débitos para com o FGTS;

d) transferência de domicílio para o exterior;

e) registro ou arquivamento, nos órgãos competentes, e alteração ou distrato de contrato social, de estatuto, ou de qualquer documento que implique modificação na estrutura jurídica do empregador ou na sua extinção.[*]

— ver art. 16, § 1º da Lei n. 9.126, de 10.11.95, que diz:

§ 1º O disposto no art. 27 da Lei n. 8.036, de 11 de maio de 1990, não se aplica aos financiamentos a que se refere este artigo, quando concedidos a produtores rurais pessoas físicas.

Art. 28. São isentos de tributos federais os atos e operações necessários à aplicação desta Lei, quando praticados pela Caixa Econômica Federal, pelos trabalhadores e seus dependentes ou sucessores, pelos empregadores e pelos estabelecimentos bancários.

PARÁGRAFO ÚNICO. Aplica-se o disposto neste artigo às importâncias devidas, nos termos desta Lei, aos trabalhadores e seus dependentes ou sucessores.

V. Circular n. 392, de 25.10.06, da Caixa Econômica Federal (Superintendência Nacional de Fundo de Garantia) que disciplina os procedimentos para a verificação da regularidade dos empregadores junto ao Fundo de Garantia do Tempo de Serviço — FGTS e para a concessão do Certificado de Regularidade do FGTS — CRF. (não publicada nesta obra)

Art. 29. Os depósitos em conta vinculada, efetuados nos termos desta Lei, constituirão despesas dedutíveis do lucro operacional dos empregadores e as importâncias levantadas a seu favor implicarão receita tributável.

Art. 29-A. Quaisquer créditos relativos à correção dos saldos das contas vinculadas do FGTS serão liquidados mediante lançamento pelo agente operador na respectiva conta do trabalhador. (NR) *(Artigo acrescentado pela MP n. 2.197-43, de 24.8.01, DOU 27.8.01).*

Art. 29-B. Não será cabível medida liminar em mandado de segurança, no procedimento cautelar ou em quaisquer outras ações de natureza cautelar ou preventiva, nem a tutela antecipada prevista nos arts. 273 e 461 do Código de Processo Civil que impliquem saque ou movimentação da conta vinculada do trabalhador no FGTS. (NR) *(Artigo acrescentado pela MP n. 2.197-43, de 24.8.01, DOU 27.8.01).*

Art. 29-C. Nas ações entre o FGTS e os titulares de contas vinculadas, bem como naquelas em que figurem os respectivos representantes ou substitutos processuais, não haverá condenação em honorários advocatícios. (NR) *(Artigo acrescentado pela MP n. 2.164-41, de 24.8.01, DOU 27.8.01).*

V. Ação Direta de Inconstitucionalidade — ADI n. 2736, julgada procedente pelo STF no tocante a este artigo 29-C, da Lei n. 8.036/90, no seguinte teor: Decisão: O Tribunal, por unanimidade e nos termos do voto do Relator, Ministro Cezar Peluso (Presidente), julgou procedente a ação direta. Ausentes, justificadamente, a Senhora Ministra Ellen Gracie e, neste julgamento, o Senhor Ministro Gilmar Mendes. Falou pelo requerente o Dr. Oswaldo Pinheiro Ribeiro Junior. Plenário, 8.9.2010.

Art. 29-D. A penhora em dinheiro, na execução fundada em título judicial em que se determine crédito complementar de saldo de conta vinculada do FGTS, será feita mediante depósito de recursos do Fundo em conta vinculada em nome do exequente, à disposição do juízo.

PARÁGRAFO ÚNICO. O valor do depósito só poderá ser movimentado, após liberação judicial, nas hipóteses previstas no art. 20 ou para reversão ao Fundo. (NR) *(Artigo acrescentado pela MP n. 2.164-41, de 24.8.01, DOU 27.8.01).*

Art. 30. Fica reduzida para um e meio por cento a contribuição devida pelas empresas ao Serviço Social do Comércio e ao Serviço Social da Indústria e dispensadas estas entidades da subscrição compulsória a que alude o art. 21 da Lei n. 4.380, de 21 de agosto de 1964.

Art. 31. O Poder Executivo expedirá o Regulamento desta Lei no prazo de sessenta dias a contar da data de sua promulgação.

Art. 32. Esta Lei entra em vigor na data de sua publicação, revogada a Lei n. 7.839, de 12 de outubro de 1989, e as demais disposições em contrário.

Brasília, em 11 de maio de 1990; 169º da Independência e 102º da República.

Fernando Collor — Zélia M. Cardoso de Mello — Antonio Magri — Margarida Procópio

REGULAMENTO DO FUNDO DE GARANTIA DO TEMPO DE SERVIÇO — FGTS

DECRETO N. 99.684, DE 8 DE NOVEMBRO DE 1990

(DOU 12.11.90 — LTR 54-12/1460)

CONSOLIDA AS NORMAS REGULAMENTARES DO FUNDO DE GARANTIA DO TEMPO DE SERVIÇO — FGTS

O PRESIDENTE DA REPÚBLICA, no uso da atribuição que lhe confere o art. 84, inciso IV, da Constituição, decreta:

Art. 1º Fica aprovado o Regulamento Consolidado do Fundo de Garantia do Tempo de Serviço, que com este baixa.

Art. 2º Este Decreto entra em vigor na data de sua publicação.

Art. 3º Revogam-se as disposições em contrário, em especial os Decretos ns.:

I — 59.820, de 20 de dezembro de 1966;

II — 61.405, de 28 de setembro de 1967;

III — 66.619, de 21 de maio de 1970;

IV — 66.819, de 1º de julho de 1970;

V — 66.867, de 13 de julho de 1970;

VI — 66.939, de 22 de julho de 1970;

VII — 69.265, de 22 de setembro de 1971;

VIII — 71.636, de 29 de dezembro de 1972;

IX — 72.141, de 26 de abril de 1973;

X — 73.423, de 7 de janeiro de 1974;

XI — 76.218, de 9 de setembro de 1975;

XII — 76.750, de 5 de dezembro de 1975;

XIII — 77.357, de 1º de abril de 1976;

XIV — 79.891, de 29 de junho de 1977;

XV — 84.509, de 25 de fevereiro de 1980;

XVI — 87.567, de 16 de setembro de 1982;

XVII — 90.408, de 7 de novembro de 1984;

XVIII — 92.366, de 4 de fevereiro de 1986;

XIX — 97.848, de 20 de junho de 1989; e

XX — 98.813, de 10 de janeiro de 1990.

Brasília, 8 de novembro de 1990; 169º da Independência e 102º da República.

Fernando Collor — Antonio Magri

CAPÍTULO I

Das Disposições Preliminares

Art. 1º Nas relações jurídicas pertinentes ao Fundo de Garantia do Tempo do Serviço — FGTS será observado o disposto neste Regulamento.

Art. 2º Para os efeitos deste Regulamento considera-se:

I — empregador, a pessoa natural ou jurídica de direito, público ou privado, da Administração Pública direta, indireta ou fundacional de qualquer dos Poderes, da União, dos Estados, do Distrito Federal e dos Municípios, que admitir trabalhadores a seu serviço, bem assim aquele que, regido por legislação especial, encontrar-se nessa condição ou figurar como fornecedor ou tomador de mão de obra;

II — trabalhador, a pessoa natural que prestar serviços a empregador, excluídos os eventuais, os autônomos e os servidores públicos civis e militares sujeitos a regime jurídico próprio.

CAPÍTULO II

Do Direito ao FGTS

Art. 3º A partir de 5 de outubro de 1988, o direito ao regime do FGTS é assegurado aos trabalhadores urbanos e rurais, exceto aos domésticos, independentemente de opção.

PARÁGRAFO ÚNICO. Os trabalhadores domésticos poderão ter acesso ao regime do FGTS, na forma que vier a ser prevista em lei.

Art. 4º A opção pelo regime de que trata este Regulamento somente é admitida para o tempo de serviço anterior a 5 de outubro de 1988, podendo os trabalhadores, a qualquer tempo, optar pelo FGTS com efeito retroativo a 1º de janeiro de 1967, ou à data de sua admissão, quando posterior.

PARÁGRAFO ÚNICO. O disposto neste artigo não se aplica ao trabalhador rural (Lei n. 5.889, de 8 de junho de 1973), bem assim àquele:

a) que tenha transacionado com o empregador o direito à indenização, quanto ao período que foi objeto da transação; ou

b) cuja indenização pelo tempo anterior à opção já tenha sido depositada na sua conta vinculada.

Art. 5º A opção com efeito retroativo será feita mediante declaração escrita do trabalhador, com indicação do período de retroação.

§ 1º O empregador, no prazo de quarenta e oito horas, fará as devidas anotações na Carteira de Trabalho e Previdência Social e no registro do trabalhador, comunicando ao banco depositário.

§ 2º O valor da conta vinculada em nome do empregador e individualizada em relação ao trabalhador, relativo ao período abrangido pela retroação, será transferido pelo banco depositário para conta vinculada em nome do trabalhador.

Art. 6º O tempo de serviço anterior à opção ou a 5 de outubro de 1988 poderá ser transacionado entre empregador e empregado, respeitado o limite mínimo de sessenta por cento da indenização simples ou em dobro, conforme o caso.

Legislação Complementar

PARÁGRAFO ÚNICO. Na hipótese de que trata este artigo, a transação deverá ser homologada pelo sindicato da categoria profissional, mesmo quando não houver extinção do contrato de trabalho.

Art. 7º O direito ao FGTS se estende aos diretores não empregados de empresas públicas e sociedades controladas direta ou indiretamente pela União. (Lei n. 6.919, de 2 de junho de 1981).

Art. 8º As empresas sujeitas ao regime da legislação trabalhista poderão equiparar seus diretores não empregados aos demais trabalhadores sujeitos ao regime do FGTS.

PARÁGRAFO ÚNICO. Considera-se diretor aquele que exerça cargo de administração previsto em lei, estatuto ou contrato social, independentemente da denominação do cargo.

CAPÍTULO III

Dos Efeitos da Rescisão ou Extinção do Contrato de Trabalho

Art. 9º Ocorrendo despedida sem justa causa, ainda que indireta, com culpa recíproca, por força maior ou extinção normal do contrato de trabalho a termo, inclusive a do trabalhador temporário, deverá o empregador depositar, na conta vinculada do trabalhador no FGTS, os valores relativos aos depósitos referentes ao mês da rescisão e ao imediatamente anterior, que ainda não houver sido recolhido, sem prejuízo das cominações legais cabíveis.(*)

§ 1º No caso de despedida sem justa causa, ainda que indireta, o empregador depositará, na conta vinculada do trabalhador no FGTS, importância igual a quarenta por cento do montante de todos os depósitos realizados na conta vinculada durante a vigência do contrato de trabalho, atualizados monetariamente e acrescidos dos respectivos juros, não sendo permitida, para este fim, a dedução dos saques ocorridos.(*)

§ 2º Ocorrendo despedida por culpa recíproca ou força maior, reconhecida pela Justiça do Trabalho, o percentual de que trata o parágrafo precedente será de vinte por cento.

§ 3º Na determinação da base de cálculo para a aplicação dos percentuais de que tratam os parágrafos precedentes, serão computados os valores dos depósitos relativos aos meses da rescisão e o imediatamente anterior, recolhidos na forma do *caput* deste artigo.(*)

§ 4º O recolhimento das importâncias de que trata este artigo deverá ser comprovada quando da homologação das rescisões contratuais que exijam o pagamento da multa rescisória bem como quando da habilitação ao saque, sempre que não for devida a homologação da rescisão, observado o disposto no art. 477 da Consolidação das Leis do Trabalho — CLT, eximindo o empregador, exclusivamente, quanto aos valores discriminados.(*) (*Caput* e parágrafos 1º, 3º e 4º pelo Decreto n. 2.430, de 17.12.97, DOU 18.12.97).

§ 5º Os depósitos de que tratam o *caput* e os §§ 1º e 2º deste artigo deverão ser efetuados nos seguintes prazos:

a) até o primeiro dia útil imediato ao término do contrato; ou

b) até o décimo dia, contado da data da notificação da demissão, quando da ausência do aviso prévio, indenização do mesmo ou dispensa de seu cumprimento. *(Redação dada pelo Decreto n. 2.582, de 7.5.98).*

§ 6º O empregador que não realizar os depósitos previstos neste artigo, no prazo especificado no parágrafo anterior, sujeitar-se-á às cominações previstas no art. 30.(*)

§ 7º O depósito dos valores previstos neste artigo deverá ser efetuado, obrigatoriamente, na CEF ou, nas localidades onde não existam unidades daquela empresa, nos bancos conveniados aplicando-se a estes depósitos o disposto no art. 32.(*)

§ 8º A CEF terá prazo de dez dias úteis, após o recolhimento, para atender às solicitações de saque destes valores.

§ 9º A CEF, para fins de remuneração como Agente Operador do FGTS, considerará o recolhimento desses depósitos, da multa rescisória e dos saques desses valores como movimentações distintas.(*) (Parágrafos 6º a 9º, acrescentados pelo Decreto n. 2.430, de 17.12.97, DOU 18.12.97).

Art. 10. Caberá ao banco depositário e, após a centralização, à Caixa Econômica Federal — CEF, prestar ao empregador, no prazo máximo de cinco dias úteis da solicitação, as informações necessárias ao cumprimento do disposto nos §§ 1º e 2º do artigo precedente.

§ 1º As informações deverão discriminar os totais de depósitos efetuados pelo empregador, acrescidos dos respectivos juros e correção monetária.

§ 2º Caberá ao empregador comprovar o efetivo depósito dos valores devidos que não tenham ingressado na conta até a data da rescisão do contrato de trabalho.

Art. 11. Fica ressalvado o direito adquirido dos trabalhadores que, em 5 de outubro de 1988, já tinham o direito à estabilidade no emprego, nos termos do Capítulo V do Título IV da CLT.

Art. 12. Ocorrendo rescisão do contrato de trabalho, para a qual não tenha o trabalhador dado causa, fica assegurado, na forma do disposto nos arts. 477 a 486 e 497 da CLT, o direito à indenização relativa ao tempo de serviço anterior a 5 de outubro de 1988, que não tenha sido objeto de opção.

Art. 13. No caso de rescisão ou extinção do contrato de trabalho de empregado que conte tempo de serviço anterior a 5 de outubro de 1988 na qualidade de não optante, o empregador poderá levantar o saldo da respectiva conta individualizada, mediante:

I — comprovação do pagamento da indenização devida, quando for o caso; ou

II — autorização do Instituto Nacional do Seguro Social — INSS, quando não houver indenização a ser paga ou houver decorrido o prazo prescricional para reclamação de direitos por parte do trabalhador.

PARÁGRAFO ÚNICO. Nas hipóteses previstas neste artigo, os recursos serão liberados no prazo de cinco dias úteis, contado da apresentação do comprovante de pagamento da indenização ou da autorização conferida pelo INSS.

Art. 14. No caso de contrato a termo, a rescisão antecipada, sem justa causa ou com culpa recíproca, equipara-se às hipóteses previstas nos §§ 1º e 2º do art. 9º, respectivamente, sem prejuízo do disposto no art. 479 da CLT.

Art. 15. Ocorrendo rescisão do contrato de trabalho, pelo empregador, por justa causa, o trabalhador demitido somente terá direito ao saque de sua conta vinculada nas hipóteses previstas nos incisos III a VIII do art. 35.

Art. 16. Equipara-se a extinção normal do contrato a termo o término do mandato do diretor não empregado (arts. 7º e 8º) não reconduzido.

CAPÍTULO IV

Das Contas

Art. 17. As importâncias creditadas nas contas vinculadas em nome dos trabalhadores são impenhoráveis.

Art. 18. O saldo das contas vinculadas é garantido pelo Governo Federal, podendo ser instituído seguro especial para esse fim.

Art. 19. Os depósitos efetuados nas contas vinculadas serão corrigidos monetariamente com base nos parâmetros fixados para atualização dos saldos dos depósitos de poupança e capitalizarão juros de três por cento ao ano.

§ 1º A correção monetária e os juros correrão à conta do FGTS.

§ 2º Para as contas vinculadas dos trabalhadores optantes, existentes em 22 de setembro de 1971, a capitalização dos juros dos depósitos continuará a ser feita levando-se em conta o período de permanência na mesma empresa, na seguinte progressão:

a) três por cento, durante os dois primeiros anos;

b) quatro por cento, do terceiro ao quinto ano;

c) cinco por cento, do sexto ao décimo ano;

d) seis por cento, a partir do décimo primeiro ano.

§ 3º O disposto no parágrafo precedente deixará de ser aplicado quando o trabalhador mudar de empresa, hipótese em que a capitalização dos juros passará a ser feita à taxa de três por cento ao ano.

Art. 20. O crédito da atualização monetária e dos juros será efetuado na conta do trabalhador:

I — no primeiro dia útil de cada mês, com base no saldo existente no primeiro dia útil do mês anterior, até que ocorra a centralização das contas na CEF; e

II — no dia 10 de cada mês, com base no saldo existente no dia 10 do mês anterior, após a centralização prevista neste artigo.

§ 1º O saldo existente no mês anterior será utilizado como base para o cálculo dos juros e da atualização monetária após a dedução dos saques ocorridos no período, exceto os efetuados no dia do crédito.

§ 2º Caso no dia 10 não haja expediente bancário, considerar-se-á o primeiro dia útil subsequente, tanto para a realização do crédito quanto para a definição do saldo-base.

Art. 21. Até o dia 14 de maio de 1991, a CEF assumirá o controle de todas as contas vinculadas, passando os demais estabelecimentos bancários, findo esse prazo, à condição de agentes recebedores e pagadores do FGTS, mediante recebimento de tarifa a ser fixada pelo Conselho Curador.

§ 1º Até que a CEF implemente as disposições deste artigo, a conta vinculada continuará sendo aberta em nome do trabalhador, em estabelecimento bancário escolhido pelo empregador.

§ 2º Verificando-se mudança de emprego, a conta vinculada será transferida para o estabelecimento bancário da escolha do novo empregador.

Art. 22. A partir do segundo mês após a centralização das contas na CEF, fica assegurado ao trabalhador o direito de receber, bimestralmente, extrato informativo da conta vinculada.

PARÁGRAFO ÚNICO. A qualquer tempo a CEF, mediante solicitação, fornecerá ao trabalhador informações sobre sua conta vinculada.

Art. 23. O banco depositário é responsável pelos lançamentos efetuados nas contas vinculadas durante o período em que estiveram sob sua administração.

Art. 24. Por ocasião da centralização na CEF, caberá ao banco depositário emitir o último extrato das contas vinculadas sob sua responsabilidade, que deverá conter, inclusive, o registro dos valores transferidos e a discriminação dos depósitos efetuados na vigência do último contrato de trabalho.

Art. 25. Após a centralização das contas na CEF o saldo de conta não individualizada e de conta vinculada sem depósito há mais de cinco anos será incorporado ao patrimônio do FGTS, resguardado o direito do beneficiário de reclamar, a qualquer tempo, a reposição do valor transferido, mediante comprovação de ter a conta existido.

Art. 26. A empresa anotará na Carteira de Trabalho e Previdência Social o nome e endereço da agência do banco depositário.

PARÁGRAFO ÚNICO. Após a centralização das contas na CEF, a empresa ficará desobrigada da anotação de que trata este artigo.

CAPÍTULO V

Dos Depósitos

Art. 27. O empregador, ainda que entidade filantrópica, é obrigado a depositar, até o dia 7 de cada mês, em conta bancária vinculada, a importância correspondente a oito por cento da remuneração paga ou devida no mês anterior, a cada trabalhador, incluídas as parcelas de que tratam os arts. 457 e 458 da CLT e a gratificação de Natal a que se refere a Lei n. 4.090, de 13 de julho de 1962, com as modificações da Lei n. 4.749, de 12 de agosto de 1965.

PARÁGRAFO ÚNICO. Não integram a base de cálculo para incidência do percentual de que trata este artigo:

a) a contribuição do empregador para o Vale-Transporte (Decreto n. 95.247, de 17 de novembro de 1987); e

b) os gastos efetuados com bolsas de aprendizagem (Lei n. 8.069, de 13 de julho de 1990, art. 64).

Art. 28. O depósito na conta vinculada do FGTS é obrigatório também nos casos de interrupção do contrato de trabalho prevista em lei, tais como:

I — prestação de serviço militar;

II — licença para tratamento de saúde de até quinze dias;

III — licença por acidente de trabalho;

IV — licença à gestante; e

V — licença-paternidade.

PARÁGRAFO ÚNICO. Na hipótese deste artigo, a base de cálculo será revista sempre que ocorrer aumento geral na empresa ou na categoria profissional a que pertencer o trabalhador.

Art. 29. O depósito a que se refere o art. 27 é devido, ainda, quando o empregado passar a exercer cargo de diretoria, gerência ou outro de confiança imediata do empregador.

Art. 30. O empregador que não realizar os depósitos previstos no prazo fixado no art. 27 sujeitar-se-á às obrigações e sanções previstas nos arts. 50 a 52 e responderá:

I — pela atualização monetária da importância correspondente;

II — pelos juros de mora de um por cento ao mês e multa de vinte por cento, incidentes sobre o valor atualizado.

§ 1º A atualização monetária será cobrada por dia de atraso, tomando-se por base os índices de variação do Bônus do Tesouro Nacional Fiscal (BTN Fiscal) ou, na falta deste, do título a que vier a sucedê-lo, ou ainda, a critério do Conselho Curador, por outro indicador da inflação diária.

§ 2º Se o débito for pago até o último dia útil do mês em que o depósito deveria ter sido efetuado, a multa será reduzida para dez por cento.

§ 3º O disposto neste artigo se aplica aos depósitos decorrentes de determinação judicial.

Art. 31. Até a centralização das contas na CEF, a apropriação na conta vinculada, para fins de atualização monetária e capitalização de juros, será feita:

I — no primeiro dia útil do mês subsequente, quando o depósito ocorrer no próprio mês em que se tornou devido;

II — no primeiro dia útil do mês do depósito, quando este ocorrer no mês subsequente àquele em que se tornou devido; e

III — no primeiro dia útil do mês do depósito, quando este ocorrer a partir do segundo mês subsequente ao em que se tornou devido, atualizado monetariamente e acrescido de juros, contados da data em que a apropriação deveria ter sido feita.

Art. 32. Os depósitos relativos ao FGTS, efetuados na rede bancária, serão transferidos à CEF no segundo dia útil subsequente à data em que tenham sido efetuados.

Art. 33. Os empregadores deverão comunicar mensalmente aos trabalhadores os valores recolhidos ao FGTS e repassar-lhes todas as informações, recebidas da CEF ou dos bancos depositários, sobre as respectivas contas vinculadas.

Art. 34. Os depósitos em conta vinculada constituirão despesas dedutíveis do lucro operacional dos empregadores e as importâncias levantadas a seu favor, receita tributável (Lei n. 8.036, de 11 de maio de 1990).

CAPÍTULO VI

Dos Saques

Art. 35. A conta vinculada do trabalhador no FGTS poderá ser movimentada nas seguintes situações:

I — despedida sem justa causa, inclusive a indireta, de culpa recíproca e por força maior, comprovada com o depósito dos valores de que tratam os §§ 1º e 2º do art. 9º;(*)

II — extinção da empresa, fechamento de quaisquer de seus estabelecimentos, filiais ou agências, supressão de parte de suas atividades, ou, ainda, falecimento do empregador individual, sempre que qualquer dessas ocorrências implique rescisão do contrato de trabalho, comprovada por declaração escrita da empresa, suprida, quando for o caso, por decisão judicial transitada em julgado;

III — aposentadoria concedida pela Previdência Social;

IV — falecimento do trabalhador;

V — pagamento de parte das prestações decorrentes de financiamento habitacional concedido no âmbito do Sistema Financeiro da Habitação — SFH, desde que:

a) o mutuário conte com o mínimo de três anos de trabalho sob o regime do FGTS, na mesma empresa ou em empresas diferentes;

b) o valor bloqueado seja utilizado, no mínimo, durante o prazo de doze meses; e

c) o valor de cada parcela a ser movimentada não exceda a oitenta por cento do montante da prestação;

VI — liquidação ou amortização extraordinária do saldo devedor de financiamento imobiliário concedido no âmbito do SFH, desde que haja interstício mínimo de dois anos para cada movimentação, sem prejuízo de outras condições estabelecidas pelo Conselho Curador;

VII — pagamento total ou parcial do preço de aquisição de moradia própria, observadas as seguintes condições:

a) conte o mutuário com o mínimo de três anos de trabalho sob o regime do FGTS, na mesma empresa ou empresas diferentes; e

b) seja a operação financiada pelo SFH ou, se realizada fora do Sistema, preencha os requisitos para ser por ele financiada;

VIII — quando permanecer três anos ininterruptos, a partir de 14 de maio de 1990, sem crédito de depósitos;

— v. L. n. 8.036, de 11.5.90, art. 20, VIII, com a redação da L. n. 8.678, de 13.7.93

IX — extinção normal do contrato a termo, inclusive o dos trabalhadores temporários regidos pela Lei n. 6.019, de 1974; *(Redação dada pelo Decreto n. 5.860, de 26.7.06, DOU 27.7.06)*

X — suspensão do trabalho avulso por período igual ou superior a noventa dias; *(Redação dada pelo Decreto n. 5.860, de 26.7.06, DOU 27.7.06)*

XI — quando o trabalhador ou qualquer de seus dependentes for acometido de neoplasia maligna; *(Acrescentado pelo Decreto n. 5.860, de 26.7.06, DOU 27.7.06)*

XII — aplicação, na forma individual ou por intermédio de Clubes de Investimento — CI-FGTS, em cotas de Fundos Mútuos de Privatização — FMP-FGTS, conforme disposto no inciso XII do art. 20 da Lei n. 8.036, de 11 de maio de 1990; *(Redação dada pelo Decreto n. 5.860, de 26.7.06, DOU 27.7.06)*

XIII — quando o trabalhador ou qualquer de seus dependentes for portador do vírus HIV; *(Acrescentado pelo Decreto n. 5.860, de 26.7.06, DOU 27.7.06)* e

XIV — quando o trabalhador ou qualquer de seus dependentes estiver em estágio terminal, em razão de doença grave. *(Acrescentado pelo Decreto n. 5.860, de 26.7.06, DOU 27.7.06)*

§ 1º Os depósitos em conta vinculada em nome de aposentado, em razão de novo vínculo empregatício, poderão ser sacados também no caso de rescisão do contrato de trabalho a seu pedido.

§ 2º Nas hipóteses previstas nos incisos I e II, o trabalhador somente poderá sacar os valores relativos ao último contrato de trabalho.

§ 3º O Conselho Curador disciplinará o disposto no inciso V, visando a beneficiar os trabalhadores de baixa renda e a preservar o equilíbrio financeiro do FGTS.

§ 4º A garantia a que alude o art. 18 deste Regulamento não compreende as aplicações a que se refere o inciso XII deste artigo.(*)

§ 5º Os recursos automaticamente transferidos da conta do titular no FGTS em razão da aquisição de ações, bem como os ganhos ou perdas dela decorrentes, observado o disposto na parte final do § 1º do art. 9º, não afetarão a base de cálculo da indenização de que tratam os §§ 1º e 2º do art. 9º deste Regulamento.(*)

§ 6º Os resgates de cotas dos FMP-FGTS e dos CI-FGTS, para os casos previstos nos incisos I a IV e VI a X deste artigo, somente poderão ocorrer com autorização prévia do Agente Operador do FGTS. (NR) *(Redação dada pelo Decreto n. 5.860, de 26.7.06, DOU 27.7.06)*

§ 7º Nos casos previstos nos incisos IV, VI e VII, o resgate de cotas implicará retorno à conta vinculada do trabalhador do valor resultante da aplicação.(*)

§ 8º O limite de cinquenta por cento a que se refere o inciso XII deste artigo será observado a cada aplicação e após deduzidas as utilizações anteriores que não tenham retornado ao FGTS, de modo que o somatório dos saques da espécie, atualizados, não poderá ser superior à metade do saldo atual da respectiva conta.(*)

Art. 36. O saque poderá ser efetuado mediante:

I — apresentação do recibo de quitação das verbas rescisórias, nos casos dos incisos I e II do artigo precedente;

II — apresentação de documento expedido pelo Instituto Nacional do Seguro Social — INSS que:

a) declare a condição de inativo, no caso de aposentadoria; ou

b) contenha a identificação e a data de nascimento de cada dependente, no caso de falecimento do trabalhador;

III — requerimento dirigido ao agente financeiro, nas hipóteses dos incisos V e VI, ou ao banco arrecadador, nos casos dos incisos VII e VIII, todos do artigo anterior;

IV — apresentação de cópia do instrumento contratual, no caso de contrato a termo;

V — declaração do sindicato representativo da categoria profissional, no caso de suspensão do trabalho avulso por período igual ou superior a noventa dias; *(Redação dada pelo Decreto n. 5.860, de 26.7.06, DOU 27.7.06)*

VI — comprovação da rescisão e da sua condição de aposentado, no caso do § 1º do art. 35; *(Redação dada pelo Decreto n. 5.860, de 26.7.06, DOU 27.7.06)*

VII — requerimento formal do trabalhador ao Administrador do FMP-FGTS, ou do CI-FGTS, ou por meio de outra forma estabelecida pelo Agente Operador do FGTS, no caso previsto no inciso XII do art. 35, garantida, sempre, a aquiescência do titular da conta vinculada; e *(Redação dada pelo Decreto n. 5.860, de 26.7.06, DOU 27.7.06)*

VIII — atestado de diagnóstico assinado por médico, devidamente identificado por seu registro profissional, emitido na conformidade das normas dos Conselhos Federal e Regional de Medicina, com identificação de patologia consignada no Código Internacional de Doenças — CID, e descritivo dos sintomas ou do histórico patológico pelo qual se identifique que o trabalhador ou dependente seu é portador de neoplasia maligna, do vírus HIV ou que caracterize estágio terminal de vida em razão de doença grave, nos casos dos incisos XI, XIII e XIV do art. 35. *(Acrescentado pelo Decreto n. 5.860, de 26.7.06, DOU 27.7.06)*

PARÁGRAFO ÚNICO. A apresentação dos documentos de que tratam os incisos I e IV do *caput* deste artigo poderá ser suprida pela comunicação para fins de autorização da movimentação da conta vinculada do trabalhador, realizada com uso de certificação digital e em conformidade com os critérios estabelecidos pelo Agente Operador do FGTS. (NR)

Art. 37. O saque de recursos na conta vinculada incluirá, obrigatoriamente, os valores nela depositados no mês do evento, mesmo que ainda não tenham sido creditados.

Art. 38. O saldo da conta vinculada do trabalhador que vier a falecer será pago a seu dependente, para esse fim habilitado perante a Previdência Social, independentemente de autorização judicial.

§ 1º Havendo mais de um dependente habilitado, o pagamento será feito de acordo com os critérios adotados pela Previdência Social para a concessão de pensão por morte.

§ 2º As cotas atribuídas a menores ficarão depositadas em caderneta de poupança e, salvo autorização judicial, só serão disponíveis após o menor completar dezoito anos.

§ 3º Na falta de dependentes, farão jus ao recebimento do saldo da conta vinculada os sucessores do trabalhador, na forma prevista no Código Civil, indicados em alvará judicial, expedido a requerimento do interessado, independentemente de inventário ou arrolamento.

Art. 39. O direito de utilizar os recursos creditados em conta vinculada em nome do trabalhador não poderá ser exercido simultaneamente para a aquisição de mais de um imóvel.

Art. 40. O imóvel, adquirido com a utilização do FGTS, somente poderá ser objeto de outra operação com recursos do Fundo na forma que vier a ser disciplinada pelo Conselho Curador.

Art. 41. A solicitação de saque da conta vinculada será atendida no prazo de cinco dias úteis, quando o documento for entregue na agência onde o empregador tenha efetuado o depósito do FGTS.

§ 1º Compete à CEF expedir instruções fixando prazo para os casos em que a entrega do documento não ocorra na agência mantenedora da conta ou quando o sacador solicitar que o saque seja liberado em outra agência, ou, ainda, quando o sacador optar pelo saque após o crédito de juros e atualização monetária relativos ao mês em que se verificar o pedido.

§ 2º Decorrido o prazo, sobre o valor do saque incidirá atualização monetária com base nos índices de variação do BTN Fiscal, ou outro que vier a sucedê-lo, ou, ainda, a critério do Conselho Curador, por outro indicador da inflação diária.

§ 3º No caso de valor aplicado em FMP-FGTS, e para os fins previstos nos incisos IV, VI e VII do art. 35, o prazo de cinco dias contar-se-á a partir do retorno do valor resultante da aplicação à conta vinculada e não da data da solicitação. *(Acrescentado pelo Dec. n. 2.430, de 17.12.97, DOU de 18.12.97).*

(*) Obs.: Redação conforme publicação do Dec. 2.430, de 17.12.97, DOU de 18.12.97.

Legislação Complementar

Art. 42. A movimentação da conta vinculada do FGTS por menor de dezoito anos dependerá da assistência do responsável legal.

CAPÍTULO VII
Do Certificado de Regularidade

Art. 43. A regularidade da situação do empregador perante o FGTS será comprovada pelo Certificado de Regularidade do FGTS, com validade em todo o território nacional, a ser fornecido pela CEF, mediante solicitação.

Art. 44. A apresentação do Certificado de Regularidade do FGTS é obrigatória para:

I — habilitação em licitação promovida por órgãos da Administração Pública direta, indireta ou fundacional e por empresas controladas direta ou indiretamente pela União, pelos Estados, pelo Distrito Federal e pelos Municípios;

II — obtenção de empréstimos ou financiamentos junto a quaisquer instituições financeiras públicas, por parte de órgãos e entidades da Administração Pública direta, indireta ou fundacional, bem assim empresas controladas direta ou indiretamente pela União, pelos Estados, pelo Distrito Federal e pelos Municípios;

III — obtenção de favores creditícios, isenções, subsídios, auxílios, outorga ou concessão de serviços ou quaisquer outros benefícios concedidos por órgão da Administração Pública Federal, dos Estados, do Distrito Federal e dos Municípios, salvo quando destinados a saldar débitos para com o FGTS;

IV — transferência de domicílio para o exterior; e

V — registro ou arquivamento, nos órgãos competentes, de alteração ou distrato de contrato social, de estatuto, ou de qualquer documento que implique modificação na estrutura jurídica do empregador ou na extinção da empresa.

Art. 45. Para obter o Certificado de Regularidade, o empregador deverá satisfazer as seguintes condições:

I — estar em dia com as obrigações para com o FGTS; e

II — estar em dia com o pagamento de prestação de empréstimos lastreados em recursos do FGTS.

Art. 46. O Certificado de Regularidade terá validade de até seis meses contados da data da sua emissão.

§ 1º No caso de parcelamento de débito, a validade será de trinta dias.

§ 2º Havendo antecipação no pagamento de parcelas, o Certificado terá validade igual ao período correspondente às prestações antecipadas, observado o prazo máximo de seis meses.

CAPÍTULO VIII
Das Infrações e das Penalidades

Art. 47. Constituem infrações à Lei n. 8.036, de 1990:

I — não depositar mensalmente a parcela referente ao FGTS;

II — omitir informações sobre a conta vinculada do trabalhador;

III — apresentar informações ao Cadastro Nacional do Trabalhador, dos trabalhadores beneficiários, com erros ou omissões;

IV — deixar de computar, para efeito de cálculo dos depósitos do FGTS, parcela componente da remuneração;

V — deixar de efetuar os depósitos com os acréscimos legais, após notificado pela fiscalização.

PARÁGRAFO ÚNICO. Por trabalhador prejudicado o infrator estará sujeito às seguintes multas:

a) de dois a cinco BTNs, nos casos dos incisos II e III; e

b) de dez a cem BTNs, nos casos dos incisos I, IV e V.

Art. 48. Nos casos de fraude, simulação, artifício, ardil, resistência, embaraço ou desacato à fiscalização, assim como na reincidência, a multa especificada no artigo anterior será duplicada, sem prejuízo das demais cominações legais.

Art. 49. Os valores das multas, quando não recolhidas no prazo legal, serão atualizadas monetariamente pelo BTN Fiscal até a data de seu efetivo pagamento.

Art. 50. O empregador em mora para com o FGTS não poderá, sem prejuízo de outras disposições legais (Decreto-lei n. 368, de 14 de dezembro de 1968, art. 1º):

I — pagar honorário, gratificação, *pro labore*, ou qualquer tipo de retribuição ou retirada a seus diretores, sócios, gerentes ou titulares de firma individual; e

II — distribuir quaisquer lucros, bonificações, dividendos ou interesses a seus sócios, titulares, acionistas, ou membros de órgãos dirigentes, fiscais ou consultivos.

Art. 51. O empregador em mora contumaz com o FGTS não poderá receber qualquer benefício de natureza fiscal, tributária ou financeira, por parte de órgão da União, dos Estados, do Distrito Federal ou dos Municípios, ou de que estes participem (Decreto-lei n. 368, de 1968, art. 2º).

§ 1º Considera-se mora contumaz o não pagamento de valores devidos ao FGTS por período igual ou superior a três meses, sem motivo grave ou relevante, excluídas as causas pertinentes ao risco do empreendimento.

§ 2º Não se incluem na proibição deste artigo as operações destinadas à liquidação dos débitos existentes para com o FGTS, o que deverá ser expressamente consignado em documento firmado pelo responsável legal da empresa, como justificação do crédito.

Art. 52. Pela infração ao disposto nos incisos I e II do art. 50, os diretores, sócios, gerentes, membros de órgãos fiscais ou consultivos, titulares de firma individual ou quaisquer outros dirigentes de empresa estão sujeitos à pena de detenção de um mês a um ano (Decreto-lei n. 368, de 1968, art. 4º).

PARÁGRAFO ÚNICO. Apurada a infração prevista neste artigo, a autoridade competente do INSS representará, sob pena de responsabilidade, ao Ministério Público, para a instauração da competente ação penal.

Art. 53. Por descumprimento ou inobservância de qualquer das obrigações que lhe compete como agente arrecadador, pagador ou mantenedor do cadastro de contas vinculadas, na forma que vier a ser disciplinada pelo Conselho Curador, fica o banco depositário sujeito ao pagamento de multa equivalente a dez por cento do montante da conta do empregado, independentemente das demais cominações legais.

CAPÍTULO IX

Da Fiscalização

Art. 54. Compete ao Ministério do Trabalho e da Previdência Social — MTPS, por intermédio do INSS, exercer a fiscalização do cumprimento do disposto na Lei n. 8.036, de 1990, de acordo com este regulamento e os arts. 626 a 642 da CLT, especialmente quanto à apuração dos débitos e das infrações praticadas pelos empregadores.

— v. L. n. 8.844, de 20.1.94, vide art. 23, da Lei n. 8.036/90, p. 203

Art. 55. O processo de fiscalização, de autuação e de imposição de multas reger-se-á pelo disposto no Título VII da CLT, respeitado o privilégio do FGTS à prescrição trintenária.

Art. 56. A penalidade de multa será aplicada pelo Gerente de Atendimento de Relações de Emprego, do INSS, mediante decisão fundamentada, lançada em processo administrativo, assegurada ampla defesa ao autuado.

PARÁGRAFO ÚNICO. Na fixação da penalidade a autoridade administrativa levará em conta as circunstâncias e consequências da infração, bem como ser o infrator primário ou reincidente, a sua situação econômico-financeira e os meios ao seu alcance para cumprir a lei.

Art. 57. Quando julgado procedente o recurso interposto na forma do art. 636 da CLT, os depósitos efetuados para garantia de instância serão restituídos com os valores atualizados na forma da Lei.

Art. 58. A rede arrecadadora e a CEF deverão prestar ao MTPS as informações necessárias à fiscalização.

CAPÍTULO X

Do Fundo e do seu Exercício Financeiro

Art. 59. O FGTS é constituído pelos saldos das contas vinculadas e outros recursos a ele incorporados.

PARÁGRAFO ÚNICO. Constituem recursos incorporados ao FGTS:

a) eventuais saldos apurados nos termos do art. 68;

b) dotações orçamentárias específicas;

c) resultados de aplicações;

d) multas, correção monetária e juros moratórios auferidos; e

e) outras receitas patrimoniais e financeiras.

Art. 60. O exercício financeiro do FGTS será de 1º de janeiro a 31 de dezembro.

§ 1º No final de cada exercício financeiro será realizado balanço anual do FGTS.

§ 2º As contas do FGTS serão escrituradas em registros contábeis próprios.

CAPÍTULO XI

Da Aplicação dos Recursos

Art. 61. As aplicações com recursos do FGTS poderão ser realizadas diretamente pela CEF, pelos demais órgãos integrantes do SFH e pelas entidades para esse fim credenciadas pelo Banco Central do Brasil como agentes financeiros, exclusivamente segundo critérios fixados pelo Conselho Curador, mediante operações em que sejam assegurados:

I — garantia real;

II — correção monetária igual à das contas vinculadas;

III — taxa de juros média mínima, por projeto, de três por cento ao ano; e

IV — prazo máximo de retorno de vinte e cinco anos.

§ 1º A rentabilidade média das aplicações deverá ser suficiente à cobertura de todos os custos incorridos pelo Fundo e ainda à formação de reserva técnica para o atendimento de gastos eventuais não previstos, sendo da CEF o risco de crédito.

§ 2º Os recursos do FGTS deverão ser aplicados em habitação, saneamento básico e infraestrutura urbana, sem prejuízo das disponibilidades financeiras que deverão ser mantidas em volume que satisfaça às condições de liquidez e à remuneração mínima necessária à preservação do poder aquisitivo da moeda.

§ 3º O programa de aplicações deverá destinar, no mínimo, sessenta por cento para investimentos em habitação popular.

§ 4º O Conselho Curador definirá o conceito de habitação popular considerando, em especial, a renda das famílias a serem atendidas.

§ 5º Os projetos de saneamento básico e infraestrutura urbana, financiados com recursos do FGTS, deverão ser complementares aos programas habitacionais.

§ 6º Nos financiamentos concedidos à pessoa jurídica de direito público será exigida garantia real ou vinculação de receitas.

Art. 62. O Conselho Curador fixará diretrizes e estabelecerá critérios técnicos para as aplicações dos recursos do FGTS, de forma que sejam:

I — exigida a participação dos contratantes de financiamentos nos investimentos a serem realizados;

II — assegurado o cumprimento, por parte dos contratantes, das obrigações decorrentes dos financiamentos obtidos; e

III — evitadas distorções na aplicação entre as regiões do País, considerando para tanto a demanda habitacional, a população e outros indicadores sociais.

CAPÍTULO XII

Do Conselho Curador do FGTS

Art. 63. O FGTS será regido segundo normas e diretrizes estabelecidas por um Conselho Curador.

Art. 64. Ao Conselho Curador compete:

I — estabelecer as diretrizes e os programas de alocação de todos os recursos do FGTS, de acordo com os critérios definidos na Lei n. 8.036, de 1990, em consonância com a política nacional de desenvolvimento urbano e as políticas setoriais de habitação popular, saneamento básico e infraestrutura urbana estabelecidas pelo Governo Federal;

II — apreciar e aprovar os programas anuais e plurianuais do FGTS;

III — acompanhar e avaliar a gestão econômica e financeira dos recursos, bem como os ganhos sociais e o desempenho dos programas aprovados;

IV — pronunciar-se sobre as contas do FGTS, antes do seu encaminhamento aos órgãos de controle interno;

V — adotar as providências cabíveis para a correção de atos do MAS e da CEF, que prejudiquem o desempenho e o cumprimento das finalidades a que se destinam os recursos do FGTS;

VI — dirimir dúvidas quanto à aplicação das normas regulamentares, relativas ao FGTS, nas matérias de sua competência;

VII — fixar as normas e valores de remuneração do Agente Operador e dos agentes financeiros;

VIII — fixar critérios para o parcelamento de recolhimentos em atraso;

IX — fixar critérios e valor de remuneração da entidade ou órgão encarregado da fiscalização;

X — divulgar, no *Diário Oficial da União*, todas as decisões proferidas pelo Conselho, bem como as contas do FGTS e os respectivos pareceres emitidos; e

XI — aprovar seu regimento interno.

Art. 65. O Conselho Curador do FGTS, presidido pelo Ministro de Estado do Trabalho e da Previdência Social, tem a seguinte composição:

I — Ministro de Estado da Economia, Fazenda e Planejamento;

II — Ministro de Estado da Ação Social;

III — Presidente do Banco Central do Brasil;

IV — Presidente da Caixa Econômica Federal;

V — três representantes dos trabalhadores; e

VI — três representantes dos empregadores.

§ 1º Os representantes dos trabalhadores e dos empregadores, bem como os seus suplentes, serão indicados pelas respectivas centrais sindicais e confederações nacionais e nomeados pelo Ministro de Estado do Trabalho e da Previdência Social, com mandato de dois anos, permitida a recondução uma vez.

§ 2º Os presidentes das entidades referidas nos incisos III e IV indicarão seus suplentes ao Presidente do Conselho Curador, que os nomeará.

§ 3º O Conselho Curador reunir-se-á ordinariamente, a cada bimestre, mediante convocação de seu Presidente. Esgotado esse período, não tendo ocorrido convocação, qualquer de seus membros poderá fazê-la, no prazo de quinze dias. Havendo necessidade, qualquer membro poderá convocar reunião extraordinária, na forma do Regimento Interno.

§ 4º As decisões do Conselho Curador serão tomadas por maioria simples, com a presença de, no mínimo, sete de seus membros, tendo o Presidente voto de qualidade.

§ 5º As despesas necessárias para o comparecimento às reuniões do Conselho Curador constituirão ônus das respectivas entidades representadas.

§ 6º As ausências ao trabalho dos representantes dos trabalhadores no Conselho Curador, decorrentes das atividades desse órgão, serão abonadas, computando-se como jornada efetivamente trabalhada para todos os fins e efeitos legais.

§ 7º Competirá ao MTPS proporcionar, ao Conselho Curador, os meios necessários ao exercício de sua competência, para o que contará com uma Secretaria Executiva do Conselho Curador do FGTS.

§ 8º Aos membros efetivos do Conselho Curador e aos seus suplentes, enquanto representantes dos trabalhadores, é assegurada a estabilidade no emprego, da nomeação até um ano após o término do mandato, somente podendo ser demitidos por motivo de falta grave, regularmente comprovada.

§ 9º As funções de membro do Conselho Curador não serão remuneradas, sendo o seu exercício considerado serviço relevante.

CAPÍTULO XIII

Do Gestor da Aplicação do FGTS

Art. 66. Ao Ministério do Planejamento e Orçamento, na qualidade de Gestor da aplicação dos recursos do FGTS, compete:

I — praticar todos os atos necessários à gestão da aplicação do FGTS, de acordo com as diretrizes e programas estabelecidos pelo Conselho Curador;

II — expedir atos normativos relativos à alocação dos recursos para implementação dos programas aprovados pelo Conselho Curador;

III — definir as metas a serem alcançadas pelos programas de habitação popular, saneamento básico e infraestrutura urbana;

IV — estabelecer os critérios, procedimentos e parâmetros básicos para análise, seleção, contratação, acompanhamento e avaliação dos projetos a serem financiados com recursos do FGTS, com observância dos objetivos da política nacional de desenvolvimento urbano e das políticas setoriais de habitação popular, saneamento básico e infraestrutura urbana, estabelecidas pelo Governo Federal;

V — definir as prioridades, a metodologia e os parâmetros básicos que nortearão a elaboração dos orçamentos e planos plurianuais de aplicação dos recursos do FGTS;

VI — elaborar orçamentos anuais e planos plurianuais de aplicação dos recursos, discriminando-os por unidade da Federação e submetendo-os, até 31 de julho de cada ano, ao Conselho Curador;

VII — acompanhar a execução dos programas de habitação popular, saneamento básico e infraestrutura urbana, decorrentes da aplicação dos recursos do FGTS, implementadas pelo Agente Operador;

VIII — subsidiar o Conselho Curador com estudos técnicos necessários ao aprimoramento dos programas de habitação popular, saneamento e infraestrutura urbana;

IX — submeter ao Conselho Curador as contas do FGTS.

PARÁGRAFO ÚNICO. O Gestor da aplicação poderá firmar convênios com os Governos dos Estados e do Distrito Federal para, por intermédio e instâncias colegiadas constituídas de representantes do governo estadual, dos governos municipais, quando houver, e da sociedade civil, em igual número, enquadrar, hierarquizar os pleitos de operações de crédito com recursos do FGTS. *(Redação dada pelo Dec. n. 1.522, de 13.6.95).*

CAPÍTULO XIV

Do Agente Operador do FGTS

Art. 67. Cabe à CEF, na qualidade de Agente Operador do FGTS:

I — centralizar os recursos do FGTS, participar da rede incumbida de sua arrecadação, manter e controlar as contas vinculadas e emitir regularmente os extratos individuais correspondentes;

II — definir os procedimentos operacionais necessários à execução dos programas de habitação popular, saneamento básico e infraestrutura urbana e ao cumprimento das resoluções do Conselho Curador e dos atos normativos do Gestor da aplicação do FGTS;

III — expedir atos normativos referentes aos procedimentos administrativos e operacionais dos bancos depositários, dos agentes financeiros e promotores, dos tomadores dos recursos, dos empregadores e dos trabalhadores, integrantes do sistema do FGTS;

IV — analisar, sob os aspectos jurídico e de viabilidade técnica, econômica e financeira, os projetos de habitação popular, infraestrutura urbana e saneamento básico a serem financiados com recursos do FGTS;

V — avaliar o desempenho e a capacidade econômico-financeira dos agentes envolvidos nas operações de crédito com recursos do FGTS;

VI — conceder os créditos para as operações previamente selecionadas e hierarquizadas, desde que consideradas viáveis, de acordo com o disposto no inciso IV deste artigo, responsabilizando-se pelo acompanhamento de sua execução e zelando pela correta aplicação dos recursos;

VII — formalizar convênios com a rede bancária para recebimento e pagamento do FGTS, em conformidade com o disposto pelo Conselho Curador;

VIII — celebrar convênios e contratos, visando à aplicação de recursos do FGTS, em conformidade com o disposto pelo Conselho Curador;

IX — elaborar as contas do FGTS, encaminhando-as ao Gestor da aplicação;

X — implementar os atos do Gestor relativos à alocação e à aplicação dos recursos do FGTS, de acordo com as diretrizes estabelecidas pelo Conselho Curador;

XI — emitir Certificado de Regularidade do FGTS;

XII — apresentar relatórios gerenciais periódicos e, sempre que solicitadas, outras informações, com a finalidade de proporcionar ao Gestor da aplicação e ao Conselho Curador meios para avaliar o desempenho dos programas, nos seus aspectos físico, econômico-financeiro, social e institucional, e sua conformidade com as diretrizes governamentais; *(Este artigo foi alterado pelo Dec. n. 1.522, de 13.6.95).*

XIII — expedir atos normativos referentes aos procedimentos administrativo-operacionais a serem observados pelos agentes administradores dos FMP-FGTS e dos CI-FGTS, no que se refere às questões relacionadas ao cadastramento, ao fluxo de informações das movimentações e a resgates de cotas;(*)

XIV — determinar aos administradores dos FMP-FGTS e dos CI-FGTS o retorno das aplicações ao FGTS, nos casos de falecimento do titular, de aquisição de cada própria, de amortização ou liquidação de saldo devedor de financiamento do SFH e para o cumprimento de ordem judicial.(*) *(Acrescentados pelo Dec. n. 2.430, de 17.12.97, DOU de 18.12.97).*

Art. 68. Os resultados financeiros auferidos pela CEF, no período entre o repasse dos bancos e o depósito nas contas vinculadas dos trabalhadores, destinar-se-ão à cobertura das despesas de administração do FGTS e ao pagamento da tarifa aos bancos depositários, devendo os eventuais saldos ser incorporados ao patrimônio do Fundo, nos termos do art. 59, parágrafo único, alínea *a*.

CAPÍTULO XV

Das Disposições Gerais

Art. 69. É competente a Justiça do Trabalho para julgar os dissídios entre os trabalhadores e os empregadores, decorrentes da aplicação da Lei n. 8.036, de 1990, mesmo quando a União e a CEF figurarem como litisconsortes.

PARÁGRAFO ÚNICO. Nas reclamatórias trabalhistas que objetivem o ressarcimento de parcelas relativas ao FGTS, ou que, direta ou indiretamente, impliquem essa obrigação, o juiz determinará que a empresa sucumbente proceda ao recolhimento imediato das importâncias devidas a tal título.

Art. 70. Poderá o próprio trabalhador, seus dependentes e sucessores, ou, ainda, o sindicato a que estiver vinculado, acionar diretamente a empresa para compeli-la a efetuar o depósito das importâncias devidas nos termos da Lei n. 8.036, de 1990.

PARÁGRAFO ÚNICO. A União e a CEF deverão ser notificadas da propositura da reclamação.

Art. 71. São isentos de tributos federais os atos e operações necessários à aplicação da Lei n. 8.036, de 1990, quando praticados pela CEF, pelos trabalhadores e seus dependentes ou sucessores, pelos empregadores e pelos estabelecimentos bancários.

PARÁGRAFO ÚNICO. Aplica-se o disposto neste artigo às importâncias devidas, nos termos da Lei n. 8.036, de 1990, aos trabalhadores e seus dependentes ou sucessores.

Art. 72. É facultado à entidade sindical representar os trabalhadores junto ao empregador, ao banco depositário ou à CEF, para obtenção de informações relativas ao FGTS.

Art. 73. É facultado ao empregador desobrigar-se da responsabilidade da indenização relativa ao tempo de serviço anterior à opção, depositando na conta vinculada do trabalhador, até o último dia útil do mês previsto em lei para o pagamento de salário, o valor correspondente à indenização, aplicando-se ao depósito, no que couber, as disposições da Lei n. 8.036, de 1990, e deste Regulamento.

CAPÍTULO XVI

Das Disposições Finais e Transitórias

Art. 74. O MAS, a CEF e o Conselho Curador serão responsáveis pelo fiel cumprimento e observância dos critérios estabelecidos na Lei n. 8.036, de 1990, e neste regulamento.

Art. 75. O Conselho Curador expedirá os atos necessários para que seja resguardada a integridade dos direitos do trabalhador, notadamente no que se refere à atualização dos respectivos créditos e à exata informação, quando da centralização das contas do FGTS na CEF.

Art. 76. Os trabalhadores admitidos a termo e os temporários, cujos contratos se extinguiram durante a vigência da Lei n. 7.839, de 12 de outubro de 1989, poderão movimentar suas contas vinculadas relativas a esses contratos, cabendo aos então empregadores fornecer os documentos necessários para o levantamento dos respectivos valores.

Art. 77. O disposto no art. 7º se aplica aos diretores não empregados das autarquias em regime especial e fundações sob supervisão ministerial (Lei n. 6.919, de 1981).

Art. 78. O MAS e a CEF deverão dar pleno cumprimento aos programas anuais em andamento, aprovados pelo Conselho Curador, sendo que eventuais alterações somente poderão ser processadas mediante prévia anuência daquele colegiado.

Art. 79. Até que se cumpra o disposto no art. 29 do Ato das Disposições Constitucionais Transitórias, cabe à Procuradoria-Geral da Fazenda Nacional promover a execução judicial dos créditos da União decorrentes da aplicação de penalidades previstas na Lei n. 8.036, de 1990.

CIRCULAR N. 548, DE 19 DE ABRIL DE 2011

(DOU 20.4.11)

ESTABELECE PROCEDIMENTOS PERTINENTES AOS RECOLHIMENTOS MENSAIS E RESCISÓRIOS AO FGTS E DAS CONTRIBUIÇÕES SOCIAIS

A Caixa Econômica Federal — CAIXA, na qualidade de Agente Operador do Fundo de Garantia do Tempo de Serviço — FGTS, no uso das atribuições que lhe são conferidas pelo artigo 7º, inciso II, da Lei n. 8.036/90, de 11.5.1990, e de acordo com o Regulamento Consolidado do FGTS, aprovado pelo Decreto n. 99.684/90, de 8.11.1990 e alterado pelo Decreto n. 1.522/95, de 13.6.1995, em consonância com a Lei n. 9.012/95, de 11.3.1995, dispõe sobre os procedimentos pertinentes aos recolhimentos mensais e rescisórios ao FGTS, bem como das Contribuições Sociais de que trata a Lei Complementar n. 110/01, de 29.6.2001, regulamentada pelos Decretos n. 3.913/01 e 3.914/01, de 11.9.2001.

1. DO RECOLHIMENTO AO FGTS

1.1. RECOLHIMENTO MENSAL

1.1.1. Por recolhimento mensal ao FGTS entende-se aquele relativo à contribuição devida em face do disposto no art. 15 da Lei n. 8.036/90 e aquela instituída pelo art. 2º da Lei Complementar n. 110/01.

1.1.2. O recolhimento de que trata o art. 15, acima referido, corresponde a 8% da remuneração paga ou devida, no mês anterior, a cada trabalhador, inclusive quando referente a empregado doméstico, observadas as disposições da Lei n. 5.859/72, com as alterações introduzidas pela Lei n. 10.208/01.

1.1.2.1. O recolhimento ao FGTS para empregado doméstico é facultativo, passando a obrigatório, para aquele vínculo, a partir do primeiro recolhimento efetuado.

1.1.3. Tratando-se de contratos de aprendizagem, conforme disposição da Lei n. 10.097/00, e de contrato de trabalho por prazo determinado, para competências 01/1998 a 01/2003, nos termos da Lei n. 9.601/98 a alíquota mencionada corresponde a 2%.

1.1.4. A Contribuição Social de que trata o art. 2º da Lei Complementar n. 110/01, corresponde à alíquota de 0,5% vigente para as competências de 01/2002 a 12/2006.

1.2. RECOLHIMENTO RESCISÓRIO

1.2.1. Por recolhimento rescisório ao FGTS entende-se aqueles devidos em face do disposto no art. 18 da Lei n. 8.036/90 e no art. 1º da Lei Complementar n. 110/01.

1.2.2 O recolhimento referido no art. 18, acima citado, contempla os valores de FGTS devidos relativos ao mês da rescisão, ao aviso prévio indenizado, quando for o caso, e ao mês imediatamente anterior, que ainda não houver sido recolhido, sem prejuízo das cominações legais.

1.2.2.1. No caso de Diretor Não Empregado não é devido Aviso Prévio, seja ele indenizado ou trabalhado.

1.2.2.2. Contempla, ainda, a Multa Rescisória cuja base de cálculo corresponde ao montante de todos os depósitos devidos, referentes ao FGTS, durante a vigência do contrato de trabalho, acrescida das remunerações aplicáveis às contas vinculadas (valor base para cálculo do recolhimento rescisório), em caso de despedida sem justa causa, despedida por culpa recíproca ou força maior reconhecida pela Justiça do Trabalho.

1.2.2.2.1. O recolhimento da Multa Rescisória para Diretor Não Empregado é facultativo para os casos de exoneração antecipada de mandato ou quando houver exoneração para as nomeações sem prazo de vigência.

1.2.2.2.2. No caso de recolhimento de multa rescisória para Diretor Não Empregado, a base de cálculo corresponde a todos os depósitos efetuados ao FGTS, durante a vigência do mandato, acrescida das remunerações aplicáveis às contas vinculadas, do valor do depósito do mês da rescisão e do mês imediatamente anterior.

1.2.3. Nos casos de dispensa sem justa causa, inclusive a indireta, e no caso que trata o subitem 1.2.2.2.1, a multa rescisória será de 40% (quarenta por cento).

1.2.3.1. Nos casos de rescisão decorrente de culpa recíproca ou de força maior, reconhecida por sentença da Justiça Trabalhista, transitada em julgado, a multa rescisória será de 20% (vinte por cento).

1.2.4. A contribuição de que trata o art. 1º da Lei Complementar n. 110/01 corresponde à alíquota de 10% (dez por cento) sobre o valor base para cálculo do recolhimento rescisório e será devida quando a movimentação do trabalhador tiver ocorrido em data igual ou posterior a 1.1.2002.

2. DA PRESTAÇÃO DE INFORMAÇÕES

2.1. O empregador deverá prestar as informações ao FGTS utilizando-se do Sistema Empresa de Recolhimento do FGTS e Informações à Previdência Social — SEFIP ou do Sistema Guia de Recolhimento Rescisório do FGTS — GRRF, conforme o caso, obtidos no endereço www.caixa.gov.br, e ainda, mediante a utilização da Guia de Recolhimento do FGTS e Informações à Previdência Social — GFIP e Documento Específico de Recolhimento do FGTS — DERF.

2.1.1. Sempre que houver atualização dos aplicativos SEFIP e GRRF, a CAIXA publicará no Diário Oficial da União — D.O.U. "Comunicado" divulgando a nova versão para captura pelo empregador via Internet, bem como informando os itens contemplados e a data da obrigatoriedade de sua utilização.

2.2. A prestação das informações, a transmissão do arquivo SEFIP e da GRRF, bem como o recolhimento para o FGTS é de inteira responsabilidade do empregador. Em se tratando de trabalhador avulso portuário, a responsabilidade é do Órgão Gestor de Mão-de-obra — OGMO, e em caso de avulso não portuário é do tomador de serviço, que se sujeitarão às cominações legais em virtude de inconsistência das informações.

2.3. Na ausência do recolhimento mensal, o empregador deverá prestar as informações referentes ao FGTS, utilizando o aplicativo SEFIP, na modalidade 1, que corresponderá a uma declaração de débito para com o Fundo dos valores dela decorrentes.

2.3.1. O empregador doméstico somente está obrigado a apresentar informações quando da realização de recolhimento para o FGTS.

2.4. Na ausência de fato gerador (sem movimento) das contribuições para o FGTS e para a Previdência Social, o arquivo SEFIP deve ser transmitido para a primeira competência da ausência de informações, sendo dispensada a transmissão de arquivos, para as competências subsequentes, até a ocorrência de fato gerador.

3. DO ENVIO DAS INFORMAÇÕES VIA INTERNET

3.1. A CAIXA desenvolveu um canal de relacionamento eletrônico, denominado Conectividade Social, para troca de arquivos e mensagens por meio da rede mundial de computadores — Internet, para uso obrigatório por todas as empresas ou equiparadas que devem recolher o FGTS e/ou prestar informações ao FGTS e à Previdência Social, mediante transmissão dos arquivos do SEFIP.

3.1.1. A utilização do Conectividade Social também é obrigatória para a transmissão do arquivo da GRRF.

3.1.2. Para uso do Conectividade Social as empresas devem possuir certificado digital válido.

3.2. O arquivo do SEFIP e da GRRF a serem transmitidos pelo Conectividade Social serão acatados apenas se o CNPJ/CEI do Certificado Digital utilizado for igual ao CNPJ/CEI informado no campo Responsável, do respectivo arquivo.

3.3. A empresa se responsabilizará pelo imediato envio, por meio do Conectividade Social, de novo arquivo, caso observe, ou seja comunicada pela CAIXA, quanto ao não processamento do arquivo enviado anteriormente.

3.3.1. Após a transmissão do arquivo, a empresa deverá verificar na respectiva caixa postal do Conectividade Social a existência de mensagem comunicando sobre eventual rejeição, o que poderá ocorrer até 7 dias após a transmissão, a fim de providenciar o envio de novo arquivo.

3.4. Após a transmissão do arquivo SEFIP, será disponibilizado no Conectividade Social protocolo que deverá ser salvo para geração e impressão da Guia de Recolhimento do FGTS — GRF, pelo SEFIP, para o recolhimento do FGTS.

3.5. A geração da Guia de Recolhimento Rescisório do FGTS — GRRF ocorre de forma similar, onde o protocolo, disponibilizado pelo Conectividade Social, após a transmissão do arquivo GRRF, deverá ser salvo para geração e impressão da guia rescisória, pelo aplicativo cliente, para recolhimento das verbas rescisórias.

4. DAS GUIAS DE RECOLHIMENTO DO FGTS

Os recolhimentos do FGTS devem ser efetuados utilizando-se das seguintes guias:

— Guia de Recolhimento do FGTS — GRF;

— Guia de Recolhimento Rescisório do FGTS — GRRF;

— Guia de Recolhimento para Fins de Recurso Junto à Justiça do Trabalho;

— Guia de Recolhimento do FGTS para Empresas Filantrópicas;

— Guia de Recolhimento do FGTS e Informações à Previdência Social — GFIP;

— Guia de Regularização de Débitos do FGTS — GRDE;

— Documento Específico de Recolhimento do FGTS — DERF.

4.2. Compete ao empregador, para fins de controle e fiscalização, manter em arquivo, pelo prazo legal de 30 anos, conforme previsto no art. 23, § 5º, da Lei n. 8.036, de 11.5.1990, o comprovante de recolhimento.

5. DAS GUIAS DE RECOLHIMENTO MENSAL DO FGTS

5.1. Para realização dos recolhimentos nas contas tituladas pelos trabalhadores, vinculadas ao FGTS, de que tratam as Leis ns. 8.036/90, 9.601/98 e 10.097/00 e das Contribuições Sociais instituídas pela Lei Complementar n. 110/01, o empregador deve utilizar, obrigatoriamente, a GRF gerada pelo SEFIP.

5.1.1. O SEFIP também deverá ser utilizado para efetuar o recolhimento de empregado doméstico e recolhimento recursal. Excepcionalmente, a GFIP em meio papel ainda pode ser apresentada, para esses recolhimentos, nas formas abaixo:

— GFIP avulsa (uso exclusivo para empregadores domésticos e depósitos recursais);

— GFIP pré-impressa (uso exclusivo para empregadores domésticos); e,

— GFIP impressa do "site" da CAIXA, no caminho www.caixa. gov.br, opção download, (uso exclusivo para empregadores domésticos e depósitos recursais).

5.1.2. A GFIP apresentada em uma das formas acima, bem como as guias de recolhimento geradas pelo SEFIP, serão aceitas pela CAIXA e pela rede bancária conveniada, não sendo acatáveis quaisquer outras formas de geração, ainda que tenham semelhança com os modelos oficiais.

5.1.3. Para fins de quitação da Guia de Recolhimento para Fins de Recurso Junto à Justiça do Trabalho e da Guia de Recolhimento do FGTS para Empresas Filantrópicas, geradas pelo SEFIP, da GFIP avulsa, da GFIP pré-impressa e da GFIP impressa do site da CAIXA, deve o empregador apresentá-las em 2 (duas) vias, cuja destinação será:

— 1ª VIA — CAIXA/BANCO CONVENIADO;

— 2ª VIA — EMPREGADOR.

5.1.4. A GRF gerada pelo SEFIP é impressa em uma única folha, sendo que a parte superior corresponde ao comprovante do empregador e a parte inferior, com código de barras, é destinada ao banco arrecadador.

5.1.5. Compete ao empregador, para fins de controle e fiscalização, manter em arquivo, pelo prazo legal, conforme previsto no art. 23, § 5º, da Lei n. 8.036, de 11.5.1990, o comprovante de quitação da guia de recolhimento e o arquivo SEFIP.

5.2. DA GUIA DE RECOLHIMENTO DO FGTS — GRF

5.2.1. A Guia de Recolhimento do FGTS — GRF, gerada pelo SEFIP e de uso obrigatório, é o documento de arrecadação do FGTS e da Contribuição Social.

5.2.1.1. Para gerar a GRF o empregador deve utilizar o aplicativo SEFIP, disponível nos seguintes "sites":

— da CAIXA (www.caixa.gov.br); e

— do MPS (www.previdenciasocial.gov.br).

5.2.2. Para possibilitar a geração da GRF o empregador deverá indicar a modalidade Branco (Recolhimento ao FGTS e Declaração à Previdência) para os empregados contemplados e transmitir o arquivo SEFIP pelo Conectividade Social.

5.2.2.1. Somente após a transmissão do arquivo SEFIP será disponibilizado no Conectividade Social protocolo que deverá ser salvo para a geração e a impressão da Guia de Recolhimento do FGTS — GRF, pelo SEFIP.

5.2.2.2. É gerada uma GRF para cada tipo de recolhimento, a saber:

— Trabalhadores com taxa de juros remuneratórios de 3% a.a. (percentual de recolhimento do FGTS de 8%);

— Trabalhadores com taxa de juros remuneratórios de 6% a.a. (percentual de recolhimento do FGTS de 8%);

— Trabalhadores com categoria 4 e 7 (taxa de juros remuneratórios de 3% a.a.) (percentual de recolhimento do FGTS de 2%).

5.2.2.3. Todas as guias GRF de uma mesma empresa, geradas no mesmo movimento, deverão ser quitadas na mesma data.

5.2.3. O recolhimento do FGTS somente será acatado pela rede bancária conveniada se a GRF, gerada pelo SEFIP, estiver dentro da data de validade expressa no documento e sendo aproveitado o código de barras ou a sua representação numérica.

5.2.4. A individualização tempestiva dos valores do FGTS nas contas vinculadas dos empregados somente será efetivada quando o arquivo gerado pelo SEFIP for transmitido para o mesmo município de quitação da GRF.

5.2.4.1. No caso do recolhimento do FGTS efetuado por meio do Internet Banking ou Autoatendimento, a conta corrente utilizada para quitar a GRF deve ser de uma agência localizada no mesmo município para onde foi transmitido o arquivo SEFIP, que, por sua vez, deve ser o mesmo onde se localiza a empresa.

5.2.5. Havendo divergência entre o município para o qual o arquivo SEFIP foi transmitido, por meio do Conectividade Social, e o da quitação da guia, o processo de individualização poderá não ocorrer, assim como nos casos em que for gerada mais de uma guia e não houver a quitação de alguma delas, sendo da empresa a responsabilidade por eventuais danos que essa ocorrência possa causar.

5.2.6. É dever da empresa apresentar a via da GRF, quando quitada em canais alternativos, ao banco conveniado ou a Caixa Econômica Federal, se solicitado, dentro do prazo de 03 (três) dias úteis, sob pena sujeitar-se às sanções previstas na legislação vigente.

5.2.7. Compete ao empregador manter em arquivo uma cópia da GRF quitada e o arquivo SEFIP, para fins de controle e fiscalização, pelo prazo legal de 30 anos, conforme previsto no art. 23, § 5º, da Lei n. 8.036, de 11.5.90.

5.3. DA GFIP AVULSA

5.3.1. A GFIP avulsa pode ser utilizada alternativamente à GRF, gerada pelo SEFIP, para recolhimento relativo a empregado doméstico, nos termos da Lei n. 5.859/72, com redação dada pela Lei n. 10.208/01. Está disponível no comércio para preenchimento pelo empregador e no site da CAIXA (www.caixa.gov.br, opção download) com os campos parcialmente preenchidos.

5.3.2. Cada GFIP deve conter apenas uma competência.

5.3.3. A GFIP avulsa pode ser utilizada alternativamente, também, à Guia de Recolhimento para Fins de Recurso Junto à Justiça do Trabalho, gerada pelo SEFIP, para recolhimento referente a depósito recursal, nos termos do art. 899 da CLT. Está disponível no comércio para preenchimento pelo empregador e no site da CAIXA (www.caixa.gov.br, opção download) com os campos parcialmente preenchidos.

5.3.4. INSTRUÇÕES PARA PREENCHIMENTO DA GFIP AVULSA

CAMPO 00 — PARA USO DA CAIXA

Não Preencher

CAMPO 01 — CARIMBO CIEF

Para utilização pelas agências da CAIXA e dos bancos conveniados.

CAMPO 02 — RAZÃO SOCIAL/NOME DO EMPREGADOR

Indicar a denominação social do empregador.

Tratando-se de empregado doméstico, indicar o nome da pessoa física empregadora.

CAMPO 03 — PESSOA PARA CONTATO/DDD/ TELEFONE

Informar nome de pessoa e telefone para contato.

CAMPO 04 — CNPJ/CEI

Informar o número do CNPJ/CEI relativo ao empregador.

Tratando-se de empregador doméstico, informar o número do CEI.

CAMPOS 05 a 09 — ENDEREÇO

Informar o endereço do empregador.

CAMPO 10 — FPAS

Tratando-se de empregador doméstico, informar o código 868.

Tratando-se de recolhimento de depósito recursal, não preencher.

CAMPO 11 — CÓDIGO TERCEIROS

Não preencher.

CAMPO 12 — SIMPLES

Tratando-se de empregador doméstico, informar o código 1 (não optante).

No caso de recolhimento de depósito recursal, não preencher.

CAMPO 13 — ALÍQUOTA SAT

Não Preencher.

CAMPO 14 — CNAE

Informar o código CNAE.

Tratando-se de empregador doméstico, informar o código 9700500.

A tabela de códigos CNAE pode ser consultada na internet no site (www.cnae.ibge.gov.br).

CAMPO 15 — TOMADOR DE SERVIÇO (CNPJ/CEI)

Não preencher

CAMPO 16 — TOMADOR DE SERVIÇO (RAZÃO SOCIAL)

Não preencher

CAMPO 17 — VALOR DEVIDO PREVIDÊNCIA SOCIAL

Não preencher

CAMPO 18 — CONTRIB. DESCONTADA EMPREGADO

Não preencher

CAMPO 19 — VALOR SALÁRIO-FAMÍLIA

Não Preencher

CAMPO 20 — COMERC. DE PRODUÇÃO RURAL

Não Preencher

CAMPO 21 — RECEITA EVENTO DESP./PATROCÍNIO

Não Preencher

CAMPO 22 — COMPENSAÇÃO PREV. SOCIAL

Não Preencher

CAMPO 23 — SOMATÓRIO (17+18+19+20+21+22)

Não preencher

CAMPO 24 — COMPETÊNCIA MÊS/ANO

Preencher, no formato MM/AAAA, indicando o mês/ano a que se refere o recolhimento para o FGTS. Tratando-se de recolhimento de depósito recursal, código 418, informar o mês/ano em que está sendo efetuado o recolhimento.

CAMPO 25 — CÓDIGO RECOLHIMENTO

Indicar um dos códigos abaixo, conforme a situação:

CÓDIGO	SITUAÇÃO
115	Recolhimento ao FGTS e informações à Previdência Social.
418	Recolhimento de depósito recursal para o FGTS.

Tratando-se de empregador doméstico, informar o código 115.

Tratando-se de recolhimento de depósito recursal, informar o código 418.

CAMPO 26 — OUTRAS INFORMAÇÕES

Para o recolhimento de depósito recursal deve ser preenchido com o número do processo/vara e conter a identificação do juízo correspondente.

CAMPO 27 — N. PIS-PASEP/INSCRIÇÃO DO CONTRIBUINTE INDIVIDUAL

Informar o número do PIS/PASEP do trabalhador.

Para o empregado doméstico não inscrito no PIS-PASEP, deverá ser informado o número de inscrição na condição de Contribuinte Individual — CI, da Previdência Social.

Tratando-se de recolhimento de depósito recursal, código 418, na impossibilidade de cadastramento do número do PIS/PASEP do trabalhador ou àqueles cujas relações trabalhistas tenham se encerrado anteriormente a 1.1.1972, excepcionalmente, pode ser indicado o número do Processo/Juízo.

CAMPO 28 — ADMISSÃO (DATA)

Informar, no formato DD/MM/AAAA, a data de admissão do empregado.

Para o empregado doméstico, deve ser informada logo abaixo da data de admissão, a data em que o empregador doméstico optou pela inclusão desse trabalhador no Sistema do FGTS, essa data não pode ser anterior a 1.3.2000.

Tratando-se de recolhimento de depósito recursal, código 418, o preenchimento da data é opcional, se não informada será atribuída a data do recolhimento.

CAMPO 29 — CARTEIRA DE TRABALHO (N./SÉRIE)

Informar o número e série da Carteira de Trabalho e Previdência Social — CTPS do trabalhador.

Tratando-se de recolhimento de depósito recursal, código 418, o número é opcional, se não informado será atribuído o número do Processo.

CAMPO 30 — CATEGORIA

Informar, de acordo com a categoria do trabalhador, usando um dos seguintes códigos:

CÓDIGO	CATEGORIA
01	Empregado
06	Empregado Doméstico

Tratando-se de recolhimento de depósito recursal, informar o código 01.

Tratando-se de empregado doméstico, informar o código 06.

CAMPO 31 — REMUNERAÇÃO (SEM PARCELA DO 13º SALÁRIO)

Tratando-se de recolhimento de depósito recursal, informar o valor devido a esse título.

Tratando-se de empregado doméstico, informar o valor integral da remuneração paga ou devida a cada trabalhador na competência correspondente, excluindo a parcela do 13º Salário, de acordo com as situações abaixo:

a) Quando afastado para prestar o serviço militar obrigatório:

— valor da remuneração mensal;

— férias e 1/3 constitucional, quando for o caso.

b) Durante o período de afastamento por motivo de acidente de trabalho ou licença-maternidade, informar a remuneração mensal integral a que o trabalhador teria direito se estivesse trabalhando, inclusive nos meses de afastamento e retorno.

c) Tratando-se de auxílio-doença, observar as seguintes orientações:

— no mês de afastamento, informar a remuneração correspondente aos dias efetivamente trabalhados, acrescida da remuneração referente aos 15 (quinze) dias iniciais de afastamento;

— se o período total ultrapassar o mês de afastamento, a remuneração correspondente aos dias excedentes, deve ser informada na GFIP do mês seguinte;

Legislação Complementar

— no mês de retorno, informar a remuneração correspondente aos dias efetivamente trabalhados;

— se o auxílio-doença for prorrogado pela mesma doença, dentro de 60 (sessenta) dias, contados da cessação do benefício anterior, informar no mês do novo afastamento apenas a remuneração correspondente aos dias efetivamente trabalhados.

d) A incidência do FGTS sobre a remuneração das férias ocorre no mês a que elas se referem, mesmo quando pagas antecipadamente, na forma da legislação trabalhista.

CAMPO 32 — REMUNERAÇÃO 13º SALÁRIO (SOMENTE PARCELA DO 13ºSALÁRIO)

Informar o valor correspondente à parcela do 13º salário paga ou devida aos empregados domésticos no mês de competência.

Tratando-se de recolhimento de depósito recursal, código 418, não preencher.

CAMPO 33 — OCORRÊNCIA

Tratando-se de empregado doméstico deixar em branco ou preencher com código de ocorrência 05 para trabalhadores com múltiplos vínculos empregatícios.

Tratando-se de recolhimento de depósito recursal, código 418, não preencher.

CAMPO 34 — NOME DO TRABALHADOR

Informar, por completo, o nome civil do trabalhador, omitindo os títulos e patentes.

Quando o nome tiver mais de 40 caracteres deverão ser mantidos íntegros o prenome, o segundo nome e o sobrenome, e abreviar os nomes intermediários utilizando a primeira letra.

Tratando-se de recolhimento de depósito recursal, código 418:

— No caso de Sindicato, Federação ou Confederação, atuando como substituto processual, informar o nome/razão social da entidade.

— Tratando-se de ação conjunta, informar o nome de um dos reclamantes seguido da expressão "E OUTROS", preservando a mesma disposição do processo.

CAMPO 35 — MOVIMENTAÇÃO/DATA/CÓDIGO

Tratando-se de recolhimento de depósito recursal, código 418, não preencher.

Informar o código de movimentação, conforme tabela apresentada no subitem 11.11, bem como as datas de efetivo afastamento e retorno, quando for o caso, no formato DD/MM/AAAA.

Ocorrendo mais de uma movimentação dentro do mês, em relação ao mesmo trabalhador, utilizar tantas linhas quantas forem necessárias.

Todas as movimentações devem ser informadas com os respectivos códigos e datas, identificando o trabalhador em todas as linhas utilizadas.

A remuneração, entretanto, deve ser registrada apenas na primeira linha, independentemente do número de movimentações.

Quando ocorrer afastamento que abranja duas ou mais competências, a data e o código de movimentação devem ser informados apenas na GFIP da competência do início do afastamento, exceto os afastamentos por acidente do trabalho, licença-maternidade e serviço militar que devem ser informadas mensalmente até que se dê o efetivo retorno.

CAMPO 36 — NASCIMENTO (DATA)

Informar, no formato DD/MM/AAAA, a data de nascimento do trabalhador.

O preenchimento deste campo é obrigatório para empregado doméstico (categoria 6).

Tratando-se de recolhimento de depósito recursal, código 418, não preencher.

CAMPO 37 — SOMATÓRIO (CAMPO 31)

Informar o somatório dos valores relacionados na coluna 31 da respectiva guia.

CAMPO 38 — SOMATÓRIO (CAMPO 32)

Informar o somatório dos valores relacionados na coluna 32 da respectiva guia.

Tratando-se de recolhimento de depósito recursal, código 418, não preencher.

CAMPO 39 — SOMA

Informar o somatório dos valores relacionados na coluna 33 da respectiva guia.

Tratando-se de recolhimento de depósito recursal, código 418, não preencher.

CAMPO 40 — REMUNERAÇÃO + 13º SAL (CAT. 1, 2, 3, 5 e 6)

Informar o somatório dos valores relativos à remuneração e à parcela do 13º salário dos trabalhadores.

CAMPO 41 — REMUNERAÇÃO + 13º SAL (CAT. 4)

Não Preencher

CAMPO 42 — TOTAL A RECOLHER FGTS

Tratando-se de empregado doméstico:

— No prazo: resultado da aplicação de 8%(oito por cento) sobre o valor informado no campo 40.

— Em atraso: aplicar sobre o valor informado no campo 40, o índice de atualização publicado mensalmente pela CAIXA, em Edital, correspondente à competência na data do recolhimento, informando neste campo o valor obtido pela aplicação do referido índice.

Tratando de depósito recursal informar o mesmo valor do campo 37.

LOCAL E DATA

Informar a cidade e a data.

ASSINATURA

Assinatura do empregador ou de seu representante legal.

5.4. DA GFIP PRÉ-IMPRESSA

5.4.1. Utilizada exclusivamente para recolhimento do FGTS aos empregados domésticos cadastrados nos sistemas do FGTS.

5.4.1.1. A GFIP pré-impressa facultará o cadastramento de novos trabalhadores. Excedido o espaço disponível, deverá ser utilizada a GFIP avulsa.

5.4.2. Para preenchimento da GFIP pré-impressa deve-se observar as instruções de preenchimento da GFIP avulsa, no que couber.

5.4.3. Este formulário é encaminhado pela CAIXA, mensalmente, em uma via, para o endereço do empregador cadastrado no FGTS e a sua emissão constitui, tão somente, mera liberalidade da CAIXA na qualidade de Agente Operador do FGTS.

5.4.3.1. Para fins de recolhimento, deverá ser providenciada a reprodução da guia GFIP pré-impressa (2ª via).

5.4.4. O empregador deve conferir os dados constantes na guia, corrigindo-os, se necessário, conforme orientações constantes da Circular Caixa que estabelece os procedimentos referentes à retificação de informações cadastrais, disponível no site www.caixa. gov.br, sob pena de, pela inobservância, ficar sujeito a eventuais ônus previstos na legislação vigente.

5.4.5. Caso a GFIP pré-impressa não seja recepcionada, o empregador doméstico deve efetuar o recolhimento do FGTS utilizando-se de GFIP avulsa, da GFIP impressa do "site" da CAIXA ou da Guia de Recolhimento do FGTS — GRF, gerada pelo aplicativo SEFIP, devendo, nesse último caso, estar certificado para uso do Conectividade Social.

5.4.6. A opção pela apresentação da GRF implica o cancelamento do envio da GFIP pré-impressa ao empregador.

6. DA GUIA DE RECOLHIMENTO RESCISÓRIO DO FGTS — GRRF

6.1. Para o recolhimento das importâncias de que trata o artigo 18, da Lei n. 8.036/90, com redação dada pela Lei n. 9.491/97, relativos à multa rescisória, aviso prévio indenizado, quando for o caso, aos depósitos do FGTS do mês da rescisão e do mês imediatamente anterior, caso ainda não tenham sido efetuados, acrescidos das Contribuições Sociais instituídas pela Lei Complementar n. 110/01, quando devidas, todo empregador deve utilizar, obrigatoriamente, a GRRF.

6.1.1. Deverá ser utilizada a GRRF para recolhimento rescisório do FGTS nos casos em que a data de rescisão seja posterior 15 de fevereiro de 1998.

6.2. A GRRF pode ser apresentada nas formas abaixo:

— GRRF — Aplicativo Cliente — guia gerada no aplicativo após a transmissão do arquivo rescisório por meio do Conectividade Social.

— GRRF — Conectividade Social — guia gerada pelo empregador via Internet.

6.3. Para fins de quitação da GRRF gerada pelo Conectividade Social, deve o empregador apresentá-la em 2 (duas) vias, cuja destinaçao será:

— 1ª VIA — CAIXA/BANCO CONVENIADO;

— 2ª VIA — EMPREGADOR.

6.3.1. A GRRF gerada pelo Aplicativo Cliente é impressa em uma única folha, sendo que a parte superior corresponde ao comprovante do empregador e a parte inferior, com código de barras, é destinada ao banco arrecadador.

6.4. É dever da empresa apresentar a via da GRRF, quando quitada em canais alternativos, ao banco conveniado ou a Caixa Econômica Federal, se solicitado, dentro do prazo de 03 (três) dias úteis, sob pena de sujeitar-se às sanções previstas na legislação vigente.

6.5. O preenchimento e a conferência das informações constantes da GRRF é de inteira responsabilidade do empregador, que deve observar os procedimentos adiante indicados:

— MÊS ANTERIOR À RESCISÃO

Informar o valor integral da remuneração (incluindo a parcela do 13º salário) paga ou devida, referente ao mês anterior ao do efetivo desligamento do trabalhador. Não preencher este campo quando o recolhimento já tiver sido efetuado.

— MÊS DA RESCISÃO

Informar o valor integral da remuneração (incluindo a parcela do 13º salário) paga ou devida, referente ao mês do efetivo desligamento do trabalhador.

— AVISO PRÉVIO INDENIZADO

Informar o valor integral do aviso prévio indenizado (incluindo a parcela do 13º salário) pago ou devido ao trabalhador.

— VALOR BASE PARA CÁLCULO DO RECOLHIMENTO RESCISÓRIO

O valor da conta do FGTS do trabalhador que servirá de base para o cálculo da multa rescisória deverá ser composto pelo montante de todos os depósitos devidos ao FGTS na vigência do contrato de trabalho, atualizados monetariamente e acrescidos dos respectivos juros, devendo ser incluídos, quando for o caso, os valores citados no item 19 e seus subitens.

No caso de recolhimento de multa rescisória para Diretor Não Empregado, a base de cálculo corresponde a todos os depósitos efetuados ao FGTS, durante a vigência do mandato, acrescida das remunerações aplicáveis às contas vinculadas, do valor do depósito do mês da rescisão e do mês imediatamente anterior.

6.6. Só poderá haver a quitação da GRRF se apresentada em uma das formas citadas no subitem 6.2, com o aproveitamento do código de barras ou de sua representação numérica e até a data de validade expressa na guia.

6.6.1. Compete ao empregador manter em arquivo uma cópia da GRRF quitada e o(s) Demonstrativo(s) do(s) Trabalhador(es), para fins de controle e fiscalização, pelo prazo legal, conforme previsto no art. 23, § 5º, da Lei n. 8.036, de 11.5.90.

6.7. Para as demissões sem justa causa e por culpa recíproca ou força maior, ocorridas a partir de 1.5.2002, referente a trabalhador cuja data de admissão seja anterior a 1.3.1990, deverá ser incluído na base de cálculo para a multa rescisória o complemento de atualização monetária de que trata a LC n.110 de 29.6.2001.

6.7.1. Referidos complementos somente integrarão a base de cálculo da multa rescisória caso o trabalhador tenha formalizado o Termo de Adesão, nos termos da LC n.110/2001, até 30.12.2003.

6.7.1.1. Para tanto, a empresa fica responsável pela confirmação dessas informações, dirigindo-se a uma agência da CAIXA, munida de solicitação formal, em duas vias, onde constem os dados de identificação do empregador (razão social e CNPJ/CEI) e do trabalhador (nome, CTPS, PIS/PASEP e data de admissão).

6.7.2. O fornecimento do extrato com as informações relativas ao complemento de atualização monetária ocorrerá em até cinco dias úteis, contados a partir do dia seguinte à data do protocolo da solicitação na CAIXA.

6.7.2.1. As empresas que solicitam o arquivo com o valor base para cálculo do recolhimento rescisório através do Conectividade Social, deverão, da mesma forma, buscar informaçoes junto à CAIXA sobre o complemento em questão antes da geração da GRRF, pois tais valores não estão inclusos nesse saldo.

6.8. DA GRRF — CONECTIVIDADE SOCIAL

6.8.1. A GRRF do Conectividade Social é gerada via Internet pela empresa certificada ou por seu procurador devidamente autorizado no Conectividade Social.

6.8.1.1. Essa guia permite a inclusão de apenas um empregado por guia e cuja conta vinculada esteja, previamente, cadastrada na base do FGTS e não apresente inconsistências cadastrais.

6.8.2. Recomenda-se ao empregador a geração da guia rescisória com antecedência mínima de dois dias úteis da data de recolhimento, com vistas a evitar dificuldades em função de eventual congestionamento do site www.caixa.gov.br.

6.8.3. Para o cálculo dos valores rescisórios é exigido, além da remuneração e da base de cálculo da multa rescisória, o preenchimento dos campos "FPAS", "Código de Saque", "Código de Movimentação", "Data de Movimentação", "Aviso Prévio", "Data de Quitação" e "Código SIMPLES".

6.9. DA GRRF — APLICATIVO CLIENTE

6.9.1. A Guia de Recolhimento Rescisório do FGTS — GRRF gerada pelo aplicativo cliente disponibilizado gratuitamente pela CAIXA, no endereço www.caixa.gov.br, permite inclusão de um ou mais trabalhadores no mesmo arquivo.

6.9.1.1. A GRRF poderá conter trabalhadores com diferentes datas de afastamento, no prazo e/ou em atraso, sendo que todos terão os cálculos posicionados para a mesma data de validade.

6.9.2. A guia será disponibilizada para impressão após a transmissão do arquivo rescisório pelo Conectividade Social.

6.9.2.1. Concomitante à geração da guia consolidada será gerado o Demonstrativo do Trabalhador discriminando os valores devidos individualmente.

6.9.3. Para fins de quitação, a guia será impressa em uma única folha, sendo que a parte superior corresponde ao comprovante do empregador e a parte inferior, com código de barras, é destinada ao banco arrecadador.

6.9.4. A comprovação do recolhimento rescisório do empregado, para fins de fiscalização ou homologação da rescisão de contrato de trabalho, é feita através da verificação do identificador da GRRF quitada com o identificador constante do Demonstrativo do Trabalhador que deverão ser coincidentes.

6.9.5. Recomenda-se ao empregador que efetue a transmissão do arquivo SEFIP e GRRF com antecedência mínima de dois dias úteis da data de recolhimento, com vistas a evitar dificuldades em função de eventual congestionamento do site www.caixa.gov.br.

7. DO RECOLHIMENTO RECURSAL — CÓDIGO 418

7.1. É aquele depósito estabelecido pelo art. 899 da Consolidação das Leis do Trabalho — CLT, devido em decorrência de processo trabalhista, como condição essencial à interposição de recurso do empregador contra decisão proferida pela Justiça do Trabalho.

7.2. Deve ser efetivado em conta vinculada do FGTS, aberta para este fim específico, mediante apresentação da guia de recolhimento, em 2 (duas) vias com a seguinte destinação:

1ª Via — CAIXA/BANCO CONVENIADO

2ª Via — EMPREGADOR

7.3. Cada guia de recolhimento corresponde ao depósito recursal relativo a apenas um processo.

7.4. A guia para fins de depósito recursal pode ser apresentada em duas formas:

— Guia de Recolhimento para Fins de Recurso junto à Justiça do Trabalho — emitida pelo SEFIP;

GFIP Avulsa, de que trata o subitem 5.3.

7.4.1. Para o preenchimento da GFIP avulsa deve-se observar as instruções constantes no subitem 5.3.4. A não observância das instruções de preenchimento será motivo de recusa de recebimento da GFIP pela CAIXA e pela rede bancária conveniada, ou, no seu eventual recebimento, qualquer ônus que porventura se apresente será suportado pela empresa.

7.4.2. A guia de recolhimento recursal pode ser quitada em qualquer agência da CAIXA ou dos Bancos conveniados, e se gerada pelo SEFIP pode ser quitada também em canais alternativos.

8. DO RECOLHIMENTO POR ENTIDADES COM FINS FILANTRÓPICOS — CÓDIGO 604

8.1. Tratando-se de recolhimento das Entidades Filantrópicas, exclusivamente relativo a competências anteriores a 10/1989, nos termos do Decreto-lei n. 194/67, quando houver rescisão ou extinção do contrato de trabalho e no recolhimento espontâneo, deverão ser observadas as instruções a seguir:

8.1.1. Os depósitos deverão ser efetuados com base no montante devido ao empregado posicionado na data do último crédito de JAM — Juros e Atualização Monetária.

8.1.2. A quitação deve ser realizada até o primeiro dia útil posterior ao crédito de JAM, imediatamente após o afastamento.

8.2. No caso de recolhimento para utilização em moradia própria, o montante devido ao empregado, corrigido até o dia 10 precedente à data do efetivo recolhimento deve ser atualizado, a partir daí, até o dia que antecede a quitação, com base na Taxa Referencial — TR do dia primeiro do mês, mais juros de 6%(seis por cento) ao ano "pro rata die".

8.2.1. O depósito deve ser efetuado em até 05 (cinco) dias úteis após o recebimento da comunicação do Agente do Sistema Financeiro.

8.3. O recolhimento das Entidades Filantrópicas — código 604, efetuado após os prazos estipulados implica o pagamento de cominações, calculadas a partir do montante devido ao trabalhador posicionado no dia do último crédito de JAM anterior à data em que o recolhimento era devido.

8.3.1. As cominações abaixo incidem sobre o montante devido ao trabalhador convertido para a moeda da data da quitação, acrescido da atualização monetária:

— juros de mora de 0,5%(meio por cento) ao mês ou fração;

— multa de 10%(dez por cento), reduzindo-se esse percentual para 5%(cinco por cento) se o recolhimento ocorrer até o último dia útil do mês em que era devido.

8.4. A Guia de Recolhimento do FGTS para Empresas Filantrópicas é gerada pelo SEFIP, após a transmissão do arquivo por intermédio do Conectividade Social.

9. DA GUIA DE REGULARIZAÇÃO DE DÉBITOS DO FGTS — GRDE

9.1. A GRDE é o documento emitido exclusivamente pela CAIXA, mediante solicitação do empregador, destinado a regularizar débitos de contribuição junto ao FGTS, parcelados ou não, em fase administrativa de cobrança ou inscritos em Dívida Ativa, ajuizados ou não, constituídos por saldo de notificações, saldo de parcelamentos rescindidos e diferenças de encargos verificadas nos recolhimentos mensais ou rescisórios, inclusive daqueles de que trata a Lei Complementar n. 110, de 29.6.2001.

9.2. A GRDE emitida em duas vias é utilizada para três tipos de recolhimento, a saber:

9.2.1. Tipo 1 — Regularização total ou parcial dos débitos cujo registro contemple a identificação do trabalhador beneficiado. Este tipo de documento refere-se somente a débitos rescisórios.

9.2.2. Tipo 2 — Regularização total ou parcial dos débitos relativos a diferença de encargos que não contemplem parcelas a que faz jus o trabalhador.

9.2.2.1. Esse tipo de documento será emitido quando existirem diferenças geradas por recolhimento a menor, contemplando somente os seguintes débitos:

— diferença de juros de mora;

— multa;

— Contribuição Social de que trata a Lei Complementar n. 110/01 e encargos instituídos pela Lei n. 8.844/94.

9.2.3. Tipo 3 — Regularização dos débitos cujo registro não contemple a identificação do trabalhador, quando envolver parcelas a que esse faz jus.

9.2.3.1. Esse tipo de documento será emitido para a regularização de débitos inscritos em Dívida Ativa, ajuizados ou não, inclusive quanto aos encargos instituídos pela Lei n. 8.844/94, registrados sem identificação do trabalhador.

9.2.3.2. Para débitos ainda não inscritos em Dívida Ativa, parcelados ou não, a emissão da GRDE nessa condição será realizada, excepcionalmente, quando demonstrada pelo empregador, por meio de documentos, a impossibilidade de individualização no ato do recolhimento, haja vista que a regra é o recolhimento por meio da GRF gerada pelo SEFIP.

9.2.3.2.1. Nesse caso o empregador fica obrigado a apresentar a individualização, no prazo máximo de 30 dias, transmitindo o arquivo correspondente por meio do Conectividade Social, sob pena de se consignar irregularidade perante o FGTS, com comunicação ao órgão de fiscalização do trabalho.

9.2.3.2.2. Nos casos em que houver a quitação de prestação de acordo de parcelamento de débitos junto ao FGTS, a individualização deverá ser providenciada em prazo não superior a 60 dias, mediante a transmissão do arquivo correspondente por meio do Conectividade Social, sob pena de se consignar irregularidade perante o FGTS, com comunicação ao órgão de fiscalização do trabalho.

9.2.4. Na GRDE a identificação do tipo de documento está referenciada nas orientações quanto à identificação dos trabalhadores constantes do campo de avisos.

9.2.5. Para os débitos inscritos em Dívida Ativa, ajuizados ou não, serão emitidas guias específicas, por número de inscrição de dívida.

9.3. Para emissão da GRDE o representante legal do empregador, devidamente identificado, deve dirigir-se a uma agência da CAIXA.

9.4. A GRDE é um documento que poderá conter várias competências discriminadas, com débitos em vários estágios de cobrança, seus valores devidos e, quando for o caso, as remunerações. Circular, além dos seguintes códigos:

9.5. Os códigos de recolhimento previstos na GRDE são os constantes do subitem 11.9 da presente Circular, além dos seguintes códigos:

CÓDIGO	SITUAÇÃO
725	Recolhimento de débito de diferença da Contribuição Social de 0,5% (meio por cento)
727	Recolhimento de débito de diferença da Contribuição Social de 10% (dez por cento)
728	Recolhimento de débitos de diferença de Multa
736	Recolhimento de débitos de diferença de JAM

9.6. A GRDE poderá apresentar os seguintes códigos de lançamentos:

CÓDIGO	SITUAÇÃO
160	Recolhimento de débitos do recolhimento mensal
170	Recolhimento de débitos do recolhimento rescisório

9.7. Para recolhimento dos valores constantes da GRDE, deverá ser observada a circunscrição regional onde está localizado o estabelecimento, exceto os empregadores que efetuam o recolhimento mensal de forma centralizada.

9.8. Quando a empresa apresentar débitos relativos a códigos de recolhimentos que devam contemplar a identificação do trabalhador beneficiado, deverá utilizar-se do SEFIP, versão vigente, para efetuar a regularização mediante a quitação da GRF.

9.9. Para as individualizações das competências constantes de GRDE, o empregador deve utilizar o código de recolhimento inerente a cada ocorrência, excetuando-se os casos abaixo identificados, para os quais deve ser utilizado o código do recolhimento que deu origem ao débito ou à confissão, independente daquele constante na GRDE, mesmo que o débito esteja consolidado na guia:

— código de recolhimento 130 — recolhimento referente a trabalhador avulso;

— código de recolhimento 135 — recolhimento referente a trabalhador avulso não portuário;

— código de recolhimento 150 — recolhimento de empresa prestadora de serviços com cessão de mão de obra e empresa de trabalho temporário, em relação aos empregados cedidos, ou de obra de construção civil — empreitada parcial;

— código de recolhimento 155 — recolhimento referente a obra de construção civil — empreitada total ou obra própria.

9.10. Nos arquivos SEFIP gerados para individualização das ocorrências listadas na GRDE deve ser observado que o valor de remuneração constante em cada competência deve corresponder ao somatório das remunerações dos empregados com modalidade branco. Caso existam mais empregados na competência, para estes deverá ser atribuída a modalidade 1 ou 9, conforme a situação descrita no subitem 11.11.

9.11. Sempre que a GRDE apresentar no detalhamento o código de recolhimento 736, a individualização deve ser efetuada por meio do Programa REMAG, disponível nas filiais do FGTS, utilizando o código 027, para competências anteriores a 01/2000 e para as demais competências deverá ser utilizado o formulário DERF com o código de recolhimento 736.

9.12. O empregador deverá certificar-se dos dados constantes na GRDE antes de efetuar o recolhimento, ficando sob sua responsabilidade qualquer inconsistência.

10. DOCUMENTO ESPECÍFICO DE RECOLHIMENTO DO FGTS — DERF

10. Utilizado para Recolhimento das Contribuições Sociais, quando no período compreendido pelo dissídio, acordo coletivo ou sentença trabalhista as mesmas forem devidas, para recolhimento relativo a juros, atualização monetária e multa recolhidas a menor e para saldo devedor da empresa.

10.1. Os códigos de recolhimento admitidos para o DERF são:

CÓDIGO	SITUAÇÃO
725	Recolhimento de débito de diferença da Contribuição Social de 0,5% (meio por cento)
727	Recolhimento de débito de diferença da Contribuição Social de 10% (dez por cento)
728	Recolhimento de débitos de diferença de Multa
736	Recolhimento de débitos de diferença de JAM
809	Recolhimento de valor devedor da empresa

10.2.1. Para efetivação do recolhimento de valores para regularização de débito gerado por divergência entre valores recolhidos (DEP/JAM) e individualizados por meio de formulário papel, que originaram saldo devedor do empregador, deve ser utilizado o código 809.

10.2.1.1. Nesta situação não existe individualização dos valores, uma vez que o débito é originário dos valores já individualizados.

10.3. O DERF pode ser obtido em qualquer agência da CAIXA, gratuitamente, para total preenchimento pelo empregador, cujas informações serão de sua inteira responsabilidade.

10.4 Para fins de quitação do DERF, o empregador deve apresentá-lo em 2 (duas) vias, cuja destinação será a seguinte:

1ª VIA — CAIXA/BANCO CONVENIADO

2ª VIA — EMPREGADOR

11. DO APLICATIVO SEFIP

11.1. O SEFIP é um aplicativo desenvolvido pela CAIXA por meio do qual o empregador/ contribuinte consolida os dados cadastrais e financeiros, da empresa e trabalhadores, a serem repassados ao FGTS e à Previdência Social.

11.2. As orientações para prestação das informações no SEFIP, estão dispostas no Manual da GFIP/SEFIP para usuários do SEFIP e no Manual Operacional, que podem ser obtidos no site da CAIXA (www.caixa.gov.br), da Previdência Social (www.previdencia.gov.br) e da Receita Federal (www. receita. fazenda. gov. br).

11.2.1. Todos os valores monetários devem ser informados em moeda vigente na competência da ocorrência do fato gerador, entretanto, o SEFIP apura o Total a Recolher em moeda da data da quitação da guia.

11.3. Para a geração da Guia de Recolhimento do FGTS — GRF, da Guia de Recolhimento para Fins de Recurso junto à Justiça do Trabalho e da Guia de Recolhimento do FGTS para Empresas Filantrópicas deverá ser utilizado obrigatoriamente o SEFIP.

11.4. O arquivo gerado pelo aplicativo SEFIP deverá ser transmitido até a data de recolhimento do FGTS, por meio da Internet, utilizando-se do Conectividade Social, disponível para captura no site da CAIXA (www.caixa.gov.br). Para tanto o empregador/contribuinte deverá obter junto a uma Agência da CAIXA a correspondente Certificação Digital.

11.4.1. Com vistas a evitar dificuldades em função de eventual congestionamento do site supracitado, recomenda-se ao empregador que efetue a transmissão do arquivo SEFIP com antecedência mínima de dois dias úteis da data de recolhimento.

11.5. Após a transmissão do arquivo SEFIP, será disponibilizado no Conectividade Social protocolo que deverá ser salvo para a geração e a impressão da GRF, pelo SEFIP.

11.5.1. O SEFIP emitirá a GRF englobando todos os tomadores de serviço relativo ao trabalhador avulso portuário e gerará a RET — Relação de Empresas Tomadoras de Serviço, discriminando cada tomador.

11.5.2. Para os tomadores de serviço relativo ao trabalhador avulso não portuário é emitida uma GRF para cada tomador.

11.6. Os registros constantes nos arquivos magnéticos não necessitam da reprodução concomitante em meio papel, devendo, porém, o empregador preservar seus arquivos pelo prazo legal de 30 anos, conforme previsto no art. 23, § 5º, da Lei n. 8.036, de 11.5.1990, para fins de fiscalização.

11.7. O Protocolo de Envio de Arquivos gerado pelo Conectividade Social é o comprovante da transmissão do arquivo SEFIP e deve ser mantido em arquivo para fins de controle e fiscalização pelo prazo de 30 (trinta) anos.

11.8. Os indicadores de Recolhimento FGTS a serem informados no SEFIP são:

CÓDIGO	FINALIDADE
1	Recolhimento no prazo — deve ser utilizado quando o recolhimento for efetuado até o dia 07 de cada mês, em relação à remuneração do mês anterior;
2	Recolhimento em atraso — deve ser utilizado quando o recolhimento for efetuado após o dia 07 de cada mês, em relação à remuneração do mês anterior;
3	Recolhimento em atraso — Ação Fiscal — deve ser utilizado quando o recolhimento for efetuado após o dia 07 de cada mês, em relação à remuneração do mês anterior e a empresa estiver sob ação de fiscalização do auditor do trabalho, tanto a direta quanto a indireta;
5	Individualização — deve ser utilizado quando o recolhimento já foi efetuado e não ocorreu a correspondente individualização nas contas vinculadas;
6	Individualização — Ação Fiscal — deve ser utilizado quando o recolhimento já foi efetuado e não ocorreu a correspondente individualização nas contas vinculadas e a empresa estiver sob ação de fiscalização do auditor do trabalho, tanto a direta quanto a indireta.

11.9. Os códigos de recolhimento previstos no SEFIP, informação pelo empregador são:

CÓDIGO	SITUAÇÃO
115	Recolhimento ao FGTS e informações à Previdência Social.
130	Recolhimento ao FGTS e informações à Previdência Social relativas ao trabalhador avulso Portuário.
135	Recolhimento ao FGTS e informações à Previdência Social relativas ao trabalhador avulso não portuário

CÓDIGO	SITUAÇÃO
145	Recolhimento ao FGTS de diferenças apuradas pela CAIXA.
150	Recolhimento ao FGTS e informações à Previdência Social de empresa prestadora de serviços com cessão de mão de obra e empresa de trabalho temporário — Lei n. 6.019/74, em relação ao empregados cedidos, ou de obra de construção civil — empreitada parcial.
155	Recolhimento ao FGTS e informações à Previdência Social de obra de construção civil — empreitada total ou obra própria.
307	Recolhimento de Parcelamento de débito com o FGTS.
317	Recolhimento de Parcelamento de débito com o FGTS de empresa com tomador de serviços.
327	Recolhimento de Parcelamento de débito com FGTS priorizando os valores devidos aos trabalhadores.
337	Recolhimento de Parcelamento de débito com o FGTS de empresas com tomador de serviços, priorizando os valores devidos aos trabalhadores.
345	Recolhimento de Parcelamento de débito com o FGTS relativo a diferença de recolhimento, apurada pela CAIXA, priorizando os valores devidos aos trabalhadores.
418	Recolhimento recursal.
604	Recolhimento ao FGTS de entidades com fins filantrópolis — Decreto-lei n. 194, de 24.2.1967 (competências anteriores a 10/1989).
608	Recolhimento ao FGTS e informações à Previdência Social relativo a dirigente sindical.
640	Recolhimento ao FGTS para empregado não optante (competência anterior a 10/1988)
650	Recolhimento ao FGTS e informações à Previdência Social relativo a Anistiados, Reclamatória Trabalhista com Reconhecimento de Vínculo, Acordo, Dissídio ou Convenção Coletiva, Comissão de Conciliação Prévia ou Núcleo Intersindical de Conciliação Trabalhista.
660	Recolhimento exclusivo ao FGTS relativo a Anistiados, Conversão de Licença Saúde em Acidente de Trabalho, Reclamatória Trabalhista, Acordo, Dissídio ou Convenção Coletiva, Comissão de Conciliação Prévia ou Núcleo Intersindical de Conciliação Trabalhista.

11.9.1 Para qualificar o recolhimento em termos da especificidade de seu fato gerador, nos códigos 650 e 660, devem ser utilizadas as características a seguir:

CÓDIGO	CARACTERÍSTICA
01	Anistiados;
02	Conversão de Licença Saúde em Acidente de Trabalho (uso exclusivo FGTS);
03	Reclamatória Trabalhista;
04	Reclamatória Trabalhista com reconhecimento de vínculo;
05	Acordo coletivo;
06	Dissídio coletivo;
07	Convenção coletiva;
08	Comissão de Conciliação Prévia (CCP); Núcleo Intersindical de Conciliação Trabalhista (NINTER).

11.10. As categorias previstas no SEFIP, para utilização pelo empregador, nas situações em que é devido o FGTS são:

CÓDIGO	CATEGORIA
01	Empregado.
02	Trabalhador avulso.
03	Trabalhador não vinculado ao RGPS, mas com direito ao FGTS.
04	Empregado sob contrato de trabalho por prazo determinado — Lei n. 9.601/98, com as alterações da Medida Provisória n. 2.164-41, de 24.8.2001.
05	Contribuinte individual — Diretor não empregado com FGTS — Lei n. 8.036/90, art. 16.
06	Empregado doméstico.
07	Menor aprendiz — Lei n. 10.097/2000.

11.10.1. As categorias 11 a 26 são exclusivas da Previdência, sendo que o descritivo e a orientação quanto à utilização das mesmas estão dispostas no Manual da GFIP/SEFIP, para usuários do SEFIP.

11.11. As modalidades previstas no SEFIP que visam identificar o recolhimento, a declaração, e/ou a confirmação de informações são as seguintes:

MODALIDADE	CONCEITO
Branco	Recolhimento ao FGTS e Declaração à Previdência.
1	Declaração ao FGTS e à Previdência.
9	Confirmação de informações anteriores (Recolhimento ao FGTS e Declaração à Previdência/Declaração ao FGTS e à Previdência)

11.12. Os códigos de movimentação previstos no SEFIP, para informação pelo empregador são:

CÓDIGO	SITUAÇÃO
H	Rescisão, com justa causa, por iniciativa do empregador.
I1	Rescisão sem justa causa, por iniciativa do empregador, inclusive rescisão antecipada do contrato a termo.
I2	Rescisão por culpa recíproca ou força maior.
I3	Rescisão por término do contrato a termo.

Legislação Complementar

CÓDIGO	SITUAÇÃO
I4	Rescisão sem justa causa do contrato de trabalho do empregado doméstico, por iniciativa do empregador.
J	Rescisão do contrato de trabalho por iniciativa do empregado.
K	Rescisão a pedido do empregado ou por iniciativa do empregador, com justa causa, no caso de empregado não optante, com menos de um ano de serviço.
L	Outros motivos de rescisão do contrato de trabalho.
M	Mundança de regime estatuário.
N1	Transferência de empregado para outro estabelecimento da mesma empresa.
N2	Transferência de empregado para outra empresa que tenha assumido os encargos trabalhistas, sem que tenha havido rescisão de contrato de trabalho.
N3	Empregado proveniente de transferência de outro estabelecimento da mesma empresa ou de outra empresa, sem rescisão de contrato de trabalho.
O1	Afastamento temporário por motivo de acidente de trabalho, por período superior a 15 dias.
O2	Novo afastamento temporário em decorrência do mesmo acidente de trabalho.
O3	Afastamento temporário por motivo de acidentes de trabalho, por período igual ou inferior a 15 dias.
P1	Afastamento temporário por motivo de doença, por período superior a 15 dias.
P2	Novo afastamento temporário em decorrência da mesma doença, dentro de 60 dias contados da cessação do afastamento anterior.
P3	Afastamento temporário por motivo de doença, por período igual ou inferior a 15 dias.
Q1	Afastamento temporário por motivo de licença-maternidade (120 dias).
Q2	Prorrogação do afastamento temporário por motivo de licença-maternidade.
Q3	Afastamento temporário por motivo de aborto não criminoso.
Q4	Afastamento temporário por motivo de licença-maternidade decorrente de adoção ou guarda judicial de criança até 1 (um) ano de idade (120 dias).
Q5	Afastamento temporário por motivo de licença-maternidade decorrente de adoção ou guarda judicial de criança a partir de 1 (um) ano até 4 (quatro) anos de idade (60 dias).
Q6	Afastamento temporário por motivo de licença-maternidade decorrente de adoção ou guarda judicial de criança a partir de 4 (quatro) anos até 8 (oito) anos de idade (30 dias).
R	Afastamento temporário para prestar serviço militar.
S2	Falecimento.
S3	Falecimento motivado por acidente de trabalho.
U1	Aposentadoria.
U3	Aposentadoria por invalidez.
V3	Remuneração de Comissão e/ou Percentagens devidas após a extinção do contrato de trabalho.
W	Afastamento temporário para exercício de madato sindical.
X	Licença sem vencimentos.
Y	Outros motivos de afastamento temporário
Z1	Retorno de afastamento temporário por motivo de licença-maternidade.
Z2	Retorno de afastamento temporário por motivo de acidente do trabalho.
Z3	Retorno de novo afastamento temporário em decorrência do mesmo acidente de trabalho.
Z4	Retorno de afastamento temporário por motivo de prestação de serviço militar.
Z5	Outros retornos de afastamento temporário e/ou licença.
Z6	Retorno de afastamento temporário por motivo de acidente de trabalho, por período igual ou inferior a 15 dias.

11.12.1. Nos casos de movimentação temporária, entende-se como data de afastamento o dia imediatamente anterior ao do efetivo afastamento e, como data de retorno o último dia do afastamento.

11.12.2. Tratando-se de movimentação definitiva, entende-se como data de afastamento o último dia de vigência do vínculo empregatício.

11.12.3. O código de movimentação V3 deverá ser utilizado para efetuar recolhimentos ao FGTS após o encerramento do vínculo, a exemplo das comissões pagas nos termos do artigo 466 da CLT.

11.12.3.1. A informação deve ser prestada no SEFIP na medida em que as comissões se tornarem devidas, juntamente com os demais trabalhadores, sendo que a data de movimentação deverá corresponder ao último dia do vínculo.

12. DAS INFORMAÇÕES NA GRRF

12.1. Com o objetivo de facilitar o recolhimento rescisório do FGTS, conforme disposto no art. 18, da Lei n. 8.036/90, com redação dada pela Lei n. 9.491/97, a CAIXA desenvolveu um aplicativo que gera a Guia de Recolhimento Rescisório do FGTS — GRRF. Esse instrumento está disponível no "site" da CAIXA, no endereço www.caixa.gov.br.

12.2. Após a transmissão do arquivo rescisório, pelo Conectividade Social, será gerada a GRRF para impressão e quitação na CAIXA, nos bancos conveniados, nos lotéricos, nos correspondentes bancários autorizados ou pela Internet.

12.3. As orientações para a utilização do aplicativo estão dispostas no Manual de Preenchimento, Manual Operacional, que pode ser obtido no site da CAIXA (www.caixa.gov.br) ou quando da instalação do aplicativo.

12.4. A GRRF também pode ser gerada por meio do Conectividade Social, disponível via Internet.

12.5. Para a transmissão do arquivo da GRRF e para a utilização da GRRF do Conectividade Social, é necessário que a empresa possua Certificado Eletrônico para uso do Conectividade Social.

12.6. As categorias previstas na GRRF, para utilização pelo empregador são:

CÓDIGO	CATEGORIA
01	Empregado.
03	Trabalhador não vinculado ao RGPS, mas com direito ao FGTS.
04	Empregado sob contrato de trabalho por prazo determinado — Lei n. 9.601/98, com as alterações da Medida Provisória n. 2.164-41, de 24.8.2001.
05	Contribuinte individual — Diretor não empregado com FGTS — Lei n. 8.036/90, art. 16.
06	Empregado doméstico.
07	Menor aprendiz — Lei n. 10.097/2000.

12.7. Os códigos de movimentações a serem informadas para o trabalhador que teve seu contrato de trabalho rescindido são:

CÓDIGO	SITUAÇÃO
I1	Rescisão sem justa causa, por iniciativa do empregador, inclusive rescisão antecipada do contrato a termo.
I2	Rescisão por culpa recíproca ou força maior
I3	Rescisão por término do contrato a termo
I4	Rescisão sem justa causa do contrato de trabalho do empregado doméstico, por iniciativa do empregador.

12.7.1. Tratando-se de rescisão antecipada do contrato de trabalho por prazo determinado (Lei n. 9.601/98) deverá ser informado o código de afastamento I1.

12.7.2. Entende-se como data de movimentação, no caso de rescisão do contrato de trabalho, o último dia do vínculo.

12.8. Como tipo de aviso prévio concedido ao trabalhador, deve ser informado um dos códigos abaixo, conforme o caso:

1 — Trabalhado

2 — Indenizado

3 — Ausência/Dispensa

12.8.1. Tratando-se de término de contrato de trabalho por prazo determinado (firmado nos termos da Lei n. 6.019/74) deve ser informado o código 3.

12.8.2. Tratando-se de término de contrato de trabalho por prazo determinado (firmado nos termos da Lei n. 9.601/98) e rescisão por força maior deve ser informado o código 1.

12.8.3. Nos casos de rescisão antecipada do contrato de trabalho por prazo determinado (firmado nos termos da Lei n. 9.601/98) deverá ser informado o código 3.

12.8.4. Na exoneração de Diretor Não Empregado, por qualquer motivo, deve ser informado o código 3 (Ausência/Dispensa) no campo aviso prévio.

12.8.5. É facultado à empresa o recolhimento da multa rescisória para Diretor não Empregado exonerado, por interesse da administração, nomeado para:

— mandato sem termo pré-determinado;

— mandato pré-determinado, cuja destituição ocorrer antes do prazo final.

12.9. O empregador deve informar se é ou não optante pelo SIMPLES, mediante uso de um dos seguintes códigos:

— 1 não optante;

— 2 optante — faturamento anual até R$ 1.200.000,00;

— 3 optante — faturamento anual superior a R$ 1.200.000,00;

— 4 não optante — produtor rural pessoa física (CEI e FPAS 604) — faturamento anual superior a R$ 1.200.000,00;

— 5 não optante — Empresa com Liminar para não recolhimento da Contribuição Social — Lei Complementar n. 110/01, de 29.6.2001;

— 6 optante — faturamento anual superior a R$1.200.000,00 — Empresa com Liminar para não recolhimento da Contribuição Social — Lei Complementar n. 110/01, de 29.6.2001.

12.9.1. Tratando-se de empregador doméstico ou produtor rural pessoa física com faturamento anual inferior a R$ 1.200.000,00, informar o código 1.

12.10. Para os casos de falta de processamento/ recolhimento de alguma competência no saldo fornecido pela CAIXA, o empregador deverá informar, no aplicativo cliente, opção "complemento de saldo", a competência e a remuneração faltante.

12.10.1. Esse complemento de saldo será atualizado automaticamente para a data prevista para o recolhimento da GRRF e considerado, somente, para o cálculo da multa rescisória.

12.11. Quando utilizada a GRRF do Conectividade Social, no campo "Valor Recolhido e Não Processado" e "Competências em Atraso e Não Recolhidas", deverá ser informado o valor total devidamente atualizado.

12.12. A Multa Rescisória será calculada utilizando o "Valor Base para Cálculo do Recolhimento Rescisório" existente na conta vinculada do trabalhador ou fornecido pela empresa, acrescido dos valores recolhidos e não processados e/ou não individualizados e dos valores do mês anterior à rescisão, mês da rescisão e aviso prévio indenizado.

12.13. Os comprovantes de recolhimento referentes a cada trabalhador abrangido pelo recolhimento consolidado serão disponibilizados ao empregador através de uma funcionalidade do aplicativo, por meio do Conectividade Social, após o processamento do recolhimento pela CAIXA.

12.13.1. O comprovante de quitação da guia rescisória deverá ser arquivado, para fins de fiscalização, pelo prazo legal de 30 anos, conforme previsto na Lei n. 8.036/90, art. 23, § 5º.

13. LOCAL DE RECOLHIMENTO

13.1. Os recolhimentos de que trata esta Circular devem ser realizados em agências da CAIXA ou bancos conveniados de livre escolha do empregador no âmbito da circunscrição regional onde está sediado o estabelecimento, à exceção dos empregadores optantes pela centralização dos recolhimentos, que devem observar o disposto no item 15 desta Circular, inclusive no que diz respeito aos recolhimentos rescisórios.

13.1.1. Poderão ser utilizados canais alternativos como lotéricos, canais de autoatendimento e Internet, desde que esses serviços sejam disponibilizados pelos bancos.

13.2. Os recolhimentos rescisórios devem ser efetuados, obrigatoriamente, na mesma circunscrição regional onde são realizados os recolhimentos normais.

13.3. No caso dos empregadores rurais o recolhimento pode ser efetuado no município do seu domicílio.

13.4. O recolhimento recursal deve ser efetuado no local onde a empresa centraliza os recolhimentos mensais ou no local onde for impetrada a ação.

13.5. Para que se efetive o recolhimento o empregador deverá transmitir o arquivo gerado pelo SEFIP, pelo Conectividade Social, escolhendo o município de apresentação onde a guia de recolhimento do FGTS será quitada.

13.5.1. A transmissão com informação divergente entre o município de efetivo recolhimento e o informado via Conectividade Social acarreta a não individualização dos valores recolhidos deixando o empregador em situação irregular perante o FGTS.

13.6. Para os recolhimentos efetuados através dos terminais de autoatendimento e internet, é considerado como município de efetivo recolhimento o domicílio da agência bancária de vinculação da conta corrente, logo, deverá a empresa observar a conta corrente utilizada para a quitação da guia, com vistas a não incorrer em irregularidades.

14. PRAZOS DE RECOLHIMENTO

14.1. DA GRF e da GFIP

14.1.1. O recolhimento deve ser efetuado até o dia 07 de cada mês, em relação à remuneração do mês anterior.

14.1.2. No caso de recolhimento de GFIP código 418 (Recolhimento Recursal) não existe data de validade e nem de vencimento definidos.

14.2. DA GRRF

14.2.1. O vencimento da GRRF é determinado pelo tipo de aviso prévio, a saber:

14.2.1.1. Aviso Prévio Trabalhado: o prazo para recolhimento das parcelas, mês anterior à rescisão, mês da rescisão e multa rescisória é o 1º dia útil imediatamente posterior à data do efetivo desligamento. Em se tratando do mês anterior à rescisão este dia útil deve ser igual ou anterior ao dia 07 do mês da rescisão.

14.2.2. Aviso Prévio Indenizado e Ausência/Dispensa de Aviso Prévio: o prazo para recolhimento do mês anterior à rescisão é até o dia 07 do mês da rescisão. O prazo para recolhimento do mês da rescisão, aviso prévio indenizado e multa rescisória é até o 10º dia corrido a contar do dia imediatamente posterior ao desligamento.

14.2.2.1. Caso o 10º dia corrido seja posterior ao dia 07 do mês subsequente, o vencimento do mês da rescisão e do aviso prévio indenizado ocorre no dia 07.

14.2.3. O recolhimento deverá ser realizado na data de validade expressa na guia.

14.2.4. No caso de recolhimento de GRRF em duplicidade, o valor recolhido a maior será processado na conta da empresa como "Depósito a Discriminar" para que a empresa solicite a devolução junto à CAIXA conforme as regras estabelecidas pela Circular CAIXA pertinente ao assunto.

14.2.4.1. Entende-se por GRRF recolhida em duplicidade àquela que apresentar o mesmo número Identificador e diferentes números de autenticação mecânica.

14.3. DA GUIA DE RECOLHIMENTO RECURSAL E DA GUIA DE RECOLHIMENTO PARA ENTIDADES FILANTRÓPICAS — GERADAS PELO APLICATIVO SEFIP

14.3.1. O recolhimento deverá ser realizado na data de validade expressa na guia.

14.4. DA GRDE

14.4.1. O recolhimento deverá ser realizado na data de validade expressa na guia.

14.5. DO DERF

14.5.1. O recolhimento deverá ser realizado na data para a qual os cálculos foram feitos.

14.6. DAS ESPECIFICIDADES

14.6.1. Para efeito de vencimento, considera-se como dia não útil, o sábado, o domingo e todo aquele constante do Calendário Nacional de feriados bancários divulgados pelo Banco Central do Brasil — BACEN.

14.6.2. Caso o dia de vencimento seja coincidente com dia não útil ou com o último dia útil do ano, o recolhimento deverá ser antecipado para o primeiro dia útil imediatamente anterior.

14.6.3. Caso a quitação seja realizada em canais alternativos no sábado, domingo, feriado nacional ou último dia útil do ano, será considerado como data de recolhimento o primeiro dia útil imediatamente posterior.

14.6.4. O descumprimento do prazo de recolhimento sujeita o empregador às cominações previstas no artigo 22 da Lei n. 8.036/90, com a redação dada pelo artigo 6º da Lei n. 9.964/2000, de 10.4.2000.

14.6.5. Para o cálculo de recolhimento em atraso, pelos aplicativos SEFIP e GRRF, deve ser capturada a Tabela de índices, disponibilizada mensalmente no "site" (www.caixa.gov.br) e nas Agências da CAIXA.

15. DA CENTRALIZAÇÃO

15.1. O empregador que possua mais de um estabelecimento pode, sem necessidade de autorização prévia da CAIXA, definir pela centralização dos depósitos do FGTS quando da geração do arquivo SEFIP, mantendo em relação àquelas unidades, o controle de pessoal, os registros contábeis, a Relação de Estabelecimentos Centralizados — REC e a Relação de Empregados — RE, exceto quando houver recolhimento e/ou informações com tomador de serviço/obra de construção civil, também centralizados.

15.2. Para as situações de complemento de recolhimento ao FGTS, em que o estabelecimento centralizador não participe do movimento, a empresa deverá eleger um novo estabelecimento como centralizador dentre aqueles que possuírem recolhimento, mantendo os demais como centralizados.

15.2.1. O local do recolhimento complementar deverá ser aquele em que a empresa centraliza seu depósito regular do FGTS.

15.3. No caso de centralização dos recolhimentos de dependências localizadas em Unidades da Federação distintas, o empregador deve informar à CAIXA, mediante expediente específico, o nome, o CNPJ e o endereço da unidade centralizadora e das centralizadas, bem como apresentar formulário de Pedido de Transferência de Conta Vinculada — PTC, disponível no "site" da Caixa (www. caixa. gov.br).

15.4. A opção pela centralização condiciona o empregador à realização dos recolhimentos rescisórios no âmbito da mesma circunscrição regional onde são efetuados os recolhimentos mensais.

15.5. No preenchimento do "Termo de Rescisão do Contrato de Trabalho — TRCT", o empregador deve consignar, logo abaixo do título do documento, a expressão "Centralização recolhimentos — ______/____ (Município/UF)".

16. DA CONTRIBUIÇÃO SOCIAL

16.1. A alíquota de 0,5% (meio por cento) da Contribuição Social instituída pelo art. 2º, da Lei Complementar n. 110/01, é devida para as competências de 01/2002 a 12/2006, e incide sobre o valor da remuneração mensal a que se referir o recolhimento.

16.1.1. No recolhimento rescisório a alíquota de 0,5% (meio por cento) é devida sobre o valor da remuneração do mês anterior à rescisão, do mês da rescisão e do aviso prévio indenizado.

16.2. A alíquota da Contribuição Social instituída pelo Art. 1º, da Lei Complementar n. 110/01, importa em 10% (dez por cento) sobre o montante de todos os depósitos devidos, durante a vigência do contrato de trabalho, acrescido das remunerações aplicáveis às contas vinculadas, e somente será devida quando a movimentação do trabalhador tiver ocorrido em data igual ou posterior a 1.1.2002, para os casos de dispensa sem justa causa.

16.3. Os débitos registrados nos sistemas da CAIXA, relativos à Contribuição Social não recolhidas ou recolhidas a menor, verificados nos recolhimentos mensais e rescisórios, quando efetuados em desconformidade com a Lei Complementar n. 110/01 e seus regulamentos, inclusive encargos, devem ser recolhidos utilizando-se a GRDE.

17. CONFISSÃO DE DÉBITOS PARA COM O FGTS INCLUSIVE RELATIVOS À CONTRIBUIÇÃO SOCIAL PREVISTA NO ARTIGO 2º. DA LC N. 110/2001.

17.1. Caracteriza-se como Confissão de Débitos a declaração formal e espontânea do empregador relativamente à remuneração paga ou devida no mês de competência sobre a qual são devidos valores de FGTS, na forma do artigo 15 da Lei n. 8.036/90 e de Contribuição Social, conforme o artigo 2º. da LC n. 110/2001, que ainda não tenham sido recolhidos.

17.2. A confissão de não recolhimento de FGTS e de Contribuição Social deve ser realizada pelo empregador, utilizando o aplicativo SEFIP, mediante declaração na modalidade 1 — Declaração ao FGTS e à Previdência, por mês de competência, das remunerações dos empregados pertencentes às categorias de 1 a 7, cujo arquivo correspondente deve ser transmitido à CAIXA por meio do Conectividade Social.

17.2.1. A data de apuração da confissão será aquela indicada no arquivo gerado pelo SEFIP, pelo empregador, na modalidade 1.

17.2.2. No SEFIP, para a modalidade 1, será gerado um arquivo com as informações ao FGTS e à Previdência, para fins de transmissão, via Conectividade Social, bem como um relatório resumo denominado Confissão de não Recolhimento de Valores de FGTS e de Contribuição Social — Por Remuneração, para impressão e guarda pelo empregador com vistas à comprovação da geração do arquivo.

17.2.3. Todo arquivo gerado na modalidade 1, na mesma competência, será considerado uma confissão específica para o FGTS, uma vez que as informações prestadas nessa modalidade, para o FGTS terão o efeito cumulativo, ou seja, serão somadas às anteriores.

17.2.3.1. Assim, para inclusão de empregado não declarado anteriormente, deve-se gerar novo arquivo SEFIP e para este empregado deverá ser utilizada a modalidade 1, para os empregados já declarados ou recolhidos deverá ser utilizada a modalidade 9 — Confirmação de Informações Anteriores — Recolhimento ao FGTS e Declaração à Previdência/Declaração ao FGTS e à Previdência.

17.2.3.2. Para fins de complementação de confissão, no caso de declaração anterior que tenha considerado a remuneração parcial de determinados trabalhadores, o empregador deverá apresentar novo arquivo gerado a partir do SEFIP, na modalidade 1, incluindo exclusivamente as informações desses trabalhadores com característica COMPLEMENTAR, registrando, nessa oportunidade, apenas a diferença da remuneração ainda não declarada e utilizada a modalidade 9 para informar os já declarados ou recolhidos.

17.3. Para a regularização dos valores confessados como devidos ao FGTS e de Contribuição Social, por meio do arquivo gerado pelo SEFIP na modalidade 1, o empregador deve gerar a GRF pelo SEFIP, considerando a modalidade Branco, na mesma competência, tendo como base os empregados e remunerações em conformidade com a confissão realizada, efetivando a quitação da correspondente guia na data de validade escolhida.

17.4. O empregador poderá solicitar o parcelamento dos débitos de FGTS confessados na modalidade 1, em Agência da CAIXA, conforme as condições expressas nas Resoluções do Conselho Curador do FGTS vigentes e orientações disponíveis no site www.caixa. gov. br.

17.5. Para os débitos de Contribuição Social a regularização por meio de recolhimento à vista, deve ser feita utilizando a GRF gerada pelo SEFIP, na modalidade branco, no caso de quitação conjunta com os valores de FGTS, ou via GRDE, guia esta emitida exclusivamente pela CAIXA, se o recolhimento for apenas de valores dessa Contribuição Social, ou DERF para as situações previstas no item 10 desta Circular.

18. DO CADASTRAMENTO E IDENTIFICAÇÃO DOS EMPREGADORES E TRABALHADORES NO SISTEMA FGTS

18.1 O cadastramento do empregador e do trabalhador no sistema FGTS, ocorre com a efetivação do primeiro recolhimento e o processamento do respectivo arquivo gerado pelo SEFIP. Pode ocorrer, também, através do processamento de arquivo de modalidade 1 — Declaração ao FGTS e à Previdência e ainda mediante o processamento do arquivo da GRRF Aplicativo Cliente.

18.1.1. O empregado doméstico será cadastrado quando da efetivação do primeiro recolhimento e o processamento do respectivo arquivo SEFIP ou pelo processamento da GFIP Avulsa.

18.2. A identificação do empregador no sistema FGTS, é feita por meio de sua inscrição no CNPJ/CEI.

18.3. O trabalhador é identificado no sistema FGTS por meio do número de inscrição no PIS/PASEP/CI.

18.3.1. Considerando que o número de inscrição do PIS/PASEP/ CI é a chave principal de identificação do titular da conta vinculada do FGTS, a sua informação de forma inexata sujeitará o empregador às penalidades previstas em Lei, sem prejuízo de outras ações administrativas cabíveis.

18.3.2. A caracterização do vínculo empregatício é formada pelos atributos do empregador — CNPJ/CEI e do trabalhador — PIS/PASEP/ CI, categoria e data de admissão.

18.3.2.1. O não atendimento dessa regra caracteriza ausência de elemento essencial à constituição do cadastro do sistema FGTS, comprometendo direito constitucional do trabalhador, bem como o curso normal e regular da movimentação da conta vinculada, sujeitando-se o empregador às sanções previstas na Lei n. 8.036/90.

19. DA INFORMAÇÃO DE VALOR BASE PARA CÁLCULO DO RECOLHIMENTO RESCISÓRIO

19.1. O empregador, para fins de cálculo para o recolhimento da multa rescisória — § 1º e 2º do artigo 18 da Lei n. 8.036/90, com a redação dada pela Lei n. 9.491/97, de 9.9.1997, pode utilizar:

— extrato de conta vinculada do FGTS, obtido no Conectividade Social;

— extrato de conta vinculada do FGTS, obtido nas Agências da CAIXA, no caso de empregador doméstico;

— informação do Valor Base para Cálculo do Recolhimento Rescisório solicitado por intermédio do aplicativo cliente da GRRF;

— informação do Valor Base para Cálculo do Recolhimento Rescisório contida no campo "Saldo Fins Rescisórios Em" da GFIP pré-impressa pela CAIXA, no caso de empregador doméstico;

— informação do Valor Base para Cálculo do Recolhimento Rescisório, em forma de arquivo magnético (IS — Informação de Saldo), obtida por meio do Conectividade Social.

19.1.1. Quando da utilização da informação do "Valor Base para Cálculo do Recolhimento Rescisório" para preenchimento do campo "Valor informado pela empresa", no aplicativo Cliente GRRF, o empregador deve verificar a data a que se refere o saldo, acrescentando de forma manual os valores e atualizações devidas, quando for o caso.

19.1.1.1. Quando o valor base para cálculo do recolhimento rescisório for solicitado por intermédio do aplicativo Cliente GRRF, a atualização do campo "Valor Informado pela Caixa" ocorrerá de forma automática.

19.1.2. Identificando qualquer irregularidade no valor, o empregador deverá procurar uma agência da CAIXA para regularizar a ocorrência.

19.1.3. Havendo valores a serem incluídos para a formação do valor base para cálculo da multa rescisória, referente a depósitos não efetuados ou não individualizados deverá, a empresa, acrescê-los ao saldo apresentado, utilizando a funcionalidade "Complemento de Saldo" do aplicativo Cliente GRRF (competência e remuneração).

19.1.3.1. No caso da GRRF do Conectividade Social, os somatórios dos valores, devidamente atualizados, deverão ser preenchidos nos campos "Valor Recolhido e Não Processado" e "Competências em Atraso e Não Recolhidas".

19.2. Os saques efetuados pelo trabalhador na vigência do contrato de trabalho, devidamente atualizados, compõem o "Valor Base para Cálculo do Recolhimento Rescisório" da conta vinculada para efeito de cálculo da multa rescisória e da Contribuição Social, e seu acompanhamento é de responsabilidade do trabalhador.

19.2.1. Os saques na vigência do contrato de trabalho ocorridos na conta vinculada em período anterior à centralização dos cadastros na CAIXA, naquele momento, integraram o valor base para cálculo do recolhimento rescisório pelo seu valor nominal. Para sua apropriação atualizada, caso ainda não tenha sido feita, o empregador ou o trabalhador deverá requerer junto ao banco depositário onde a empresa efetuava os recolhimentos do FGTS o extrato analítico do qual constem os saques.

19.2.1.1. Para serem atualizados os valores de saque na vigência do contrato de trabalho, o empregador ou o trabalhador deverá apresentar à CAIXA, por meio de suas agências, as seguintes informações e documentos:

— Formulário Retificação de Dados do Trabalhador — RDT;

— Extrato analítico completo da conta vinculada do FGTS a partir do trimestre civil imediatamente anterior ao primeiro saque ocorrido na vigência do contrato ou, na sua falta, a informação/demonstração dos saques fornecida pelo(s) banco(s) depositário(s) da época.

19.3. Para as demissões sem justa causa e por culpa recíproca ou força maior, ocorridas a partir de 01 de maio de 2002, referentes a trabalhador cuja data de admissão, seja anterior a 1.3.1990, deverá ser incluído, na base de cálculo para a multa rescisória, o complemento de atualização monetária de que trata a Lei Complementar n. 110/01, de 29.6.2001.

19.3.1. Só será devida a inclusão dos valores do complemento para fins da base de cálculo para multa rescisória, caso os mesmos se refiram ao contrato de trabalho que está sendo rescindido.

19.3.2. Referidos complementos integrarão a base de cálculo da multa rescisória, obrigatoriamente, caso o trabalhador tenha formalizado o Termo de Adesão, na forma da Lei Complementar n. 110/01, até 30 de dezembro de 2003.

19.3.2.1. Nos casos em que o crédito de complemento não tenha decorrido de adesão do trabalhador à LC n. 110/01, o cômputo desses valores na base de cálculo da multa rescisória dependerá de decisão facultativa da empresa, ou de determinação judicial, casos em que a CAIXA deverá ser informada pela empresa por ocasião da solicitação do Valor Base para Cálculo do Recolhimento Rescisório.

19.3.3. Nesses casos, a empresa deverá dirigir-se a uma agência da CAIXA, munida de solicitação formal de extrato, em duas vias, onde constem os dados de identificação do empregador (razão social e CNPJ/CEI) e do trabalhador (nome, CTPS, PIS/PASEP e data de admissão).

19.3.4. O fornecimento do extrato com as informações relativas ao complemento de atualização monetária ocorrerá em até cinco dias úteis, contados a partir do dia seguinte à data do protocolo da solicitação na CAIXA.

19.3.5. No aplicativo cliente da GRRF ou no Conectividade Social o empregador deve somar o Valor Base para Cálculo do Recolhimento Rescisório da conta vinculada ao complemento de atualização monetária de que trata a LC n. 110, de 29.6.2007, de forma manual.

19.4. Será imputada ao empregador a responsabilidade pela inexistência ou inexatidão do valor base para cálculo do recolhimento rescisório disponibilizado pela CAIXA quando esse houver realizado recolhimento sem a devida e correta individualização na conta vinculada do trabalhador, recolhimento a menor, ausência de recolhimento, bem como não incluir os valores correspondentes ao complemento de que trata a LC n. 110/2001.

20. CONSIDERAÇÕES GERAIS

20.1. Tratando-se de antecipações de recolhimento de parcelamento administrativo de débito para com o FGTS, motivadas por rescisão de contrato de trabalho ou outra hipótese de movimentação de conta vinculada, de empregado constante do acordo, deve ser utilizada a GRF gerada pelo SEFIP com o código de recolhimento adotado no parcelamento.

20.2. O recolhimento relativo a comissões ou percentagens devidas sobre vendas a prazo, de trabalhador cujo contrato tenha sido anteriormente rescindido ou extinto, torna-se obrigatório quando da quitação de cada parcela, devida àquele título.

20.3. No recolhimento para as situações de acordo coletivo, convenção coletiva e dissídio coletivo, deverá ser utilizado o SEFIP informando todos os empregados vinculados ao empregador no período, independentemente se desligados ou não.

20.4. Para os empregados desligados, no recolhimento em caso de comissões ou percentagens, acordo coletivo, convenção coletiva e dissídio coletivo, deverá ser utilizado o SEFIP informando o código de movimentação V3 e a data de movimentação deverá corresponder ao último dia do vínculo.

20.5. O recolhimento da Multa Rescisória correspondente ao valor de acordo coletivo, convenção coletiva e dissídio coletivo e comissões ou percentagens, deve ser efetuado por meio da GRRF, considerando como data devida o dia 07 do mês subsequente, conforme os procedimentos abaixo:

— a data de movimentação será a do efetivo desligamento do trabalhador;

— deve ser informada a data de pagamento da comissão/percentagem ao trabalhador, no campo "dissídio", tendo em vista a similaridade com esses casos.

20.6. Para o recolhimento do FGTS nos códigos 650 e 660, a regra de competência e código de recolhimento obedece ao disposto a seguir:

20.6.1. Competência é o mês da sentença ou da homologação do acordo, com vencimento até o dia 07 do mês subsequente, nas seguintes situações: Acordo Coletivo, Convenção coletiva, Dissídio coletivo, Reclamatória Trabalhista e Comissões de Conciliação Prévia.

20.6.2. Utilizar o código de recolhimento 650 ou 660, até a competência 07/2005.

20.6.2.1. Utilizar o código de recolhimento 660 da competência 08/2005 a 03/2007.

20.6.2.2. Utilizar o código de recolhimento 650 a partir da competência 04/2007.

20.6.3. Competência é cada mês em que foi ou deveria ter sido prestado o serviço, nas seguintes situações:

— Reclamatória Trabalhista com reconhecimento de vínculo — código 650

— Conversão de Licença Saúde em Acidente de Trabalho — código 660

— Anistiados — código 650 ou 660

20.6.4. Caso haja no mesmo processo reconhecimento de vínculo empregatício e pagamento de diferenças salariais, como horas extras, por exemplo, devem ser utilizados os códigos 650 e 660, conforme abaixo:

— código 650 — para cada mês do período do vínculo empregatício reconhecido, contendo a remuneração que é base de cálculo tanto para o FGTS quanto para Previdência Social;

— código 660 — utilizando como competência o mês da sentença ou da homologação do acordo, para informar as diferenças salariais sujeitas ao recolhimento do FGTS.

20.7 Havendo determinação judicial para creditar valores depositados em conta "Depósitos Judiciais" para a conta vinculada do trabalhador no FGTS, nos casos em que a empresa não mais existe, poderá a Caixa ou o Banco do Brasil, onde foi efetivado o depósito original, preencher uma GFIP, formulário papel, excepcionalmente, com os dados do empregador e do trabalhador, no código 660, o promover a quitação da mesma, encaminhando a guia para digitação na Gerência de Filial do FGTS de vinculação.

20.8. O recolhimento do FGTS para dirigente sindical fica a cargo do sindicato para o qual foi eleito, e deverá ser efetuado em nome da empresa de origem do trabalhador, com base na remuneração devida a cada competência. Caso haja algum acréscimo à remuneração do dirigente sindical, sobre esse adicional não deverá incidir FGTS.

20.9. Em caso de acidente do trabalho e sendo o trabalhador remunerado por produção (remuneração variável), o valor a ser informado no aplicativo SEFIP para fins de cálculo dos valores devidos ao FGTS, é a média aritmética dos últimos 12 (doze) meses.

20.10. O recolhimento do FGTS em caso de cessão de empregado regido pelo regime da CLT é devido pela empresa de origem, junto com os demais empregados.

20.10.1. Havendo adicional sobre o valor da remuneração o recolhimento deve ser realizado pela empresa cessionária, em nome da mesma e utilizando os dados cadastrais do empregado referente à empresa de origem.

20.10.2. Não é devido recolhimento de FGTS em caso de cessão de empregado regido por regime jurídico próprio, independentemente do regime constante da empresa cessionária.

20.11. O índice único utilizado para cálculo do recolhimento em atraso tem como base o percentual referente ao depósito do FGTS e os encargos legais estabelecidos no art. 22 da Lei n. 8.036/90 (correção monetária, juros de mora e multa) contados a partir do vencimento da competência, calculados para cada data de quitação na vigência do Edital do FGTS.

20.11.1. A atualização monetária é diária, calculada com base em fator obtido da TR do dia 01 "pró-rata" dia útil, no período de 10 de um mês a 09 do mês subsequente, acumulado do dia do vencimento até o dia imediatamente anterior ao do recolhimento ou, na sua falta, por outro indicador que venha a sucedê-lo ou, ainda, a critério do Conselho Curador.

20.11.2. Os juros de mora são calculados à taxa de 0,5% ao mês ou fração e incidem sobre o valor de depósito, devidamente atualizado, cuja contagem inicia-se a partir de 1.11.1989.

20.11.3. O valor da multa corresponde a 10% do valor do depósito atualizado monetariamente, reduzindo-se o percentual da multa para 5% caso o recolhimento seja realizado no mesmo mês em que se tornou devido.

20.12. Para individualização de valores recolhidos com GFIP gerada em versões anteriores ao SEFIP 6.0, a empresa deverá utilizar a versão 5.4 (disponível no site da CAIXA — www.caixa.gov.br), e para os recolhimentos efetuados com guia gerada na versão 6.0 ou superior deverá ser utilizada a versão vigente do SEFIP.

20.12.1. Sempre que utilizada a versão vigente do SEFIP, obrigatoriamente, deverá ser informada a modalidade branco para os empregados com os valores a individualizar, devendo ser indicada a opção "Individualização" ou "individualização por Ação Fiscal" e transmitir o arquivo SEFIP por meio do Conectividade Social.

20.12.2. Os índices a serem utilizados para o cálculo dos valores a individualizar deverão ser aqueles indicados no edital vigente à época do recolhimento.

20.12.3. No caso de individualização de diferença de valores de JAM deverá, a empresa, utilizar o aplicativo REMAG, disponível nas agências da Caixa, para competências anteriores a 01/2000.

20.12.4. A não individualização dos valores devidos ao trabalhador ou o não atendimento imediato de sua regularização, por qualquer motivo, caracterizará irregularidade da empresa perante o FGTS, sujeitando-a às penalidades previstas na legislação de regência do FGTS.

20.12.5. Caso o recolhimento não individualizado tenha sido efetuado com a taxa de juros de 3% a.a. (três por cento ao ano) e, quando da individualização, em identificados trabalhadores com taxa de juros de 6% a.a. (seis por cento ao ano) deverá a empresa promover, obrigatoriamente, o recolhimento da diferença devidamente atualizada.

20.13. A lei faculta ao empregador, equiparar o diretor não empregado aos demais trabalhadores sujeitos ao regime do FGTS.

20.13.1. Uma vez feito uso dessa faculdade o benefício deve alcançar a totalidade dos diretores não empregados da empresa.

20.13.2. No caso do diretor não empregado de empresa pública, o recolhimento do FGTS é obrigatório, conforme Decreto n. 99.684/90.

20.14. Havendo reintegração de trabalhador, por decisão judicial, cuja rescisão ensejou o saque do FGTS, fica o trabalhador desobrigado de promover a reposição do valor sacado, devendo, a empresa, em caso de nova demissão sem justa causa, informar a Caixa a fim de que seja recalculado o valor base para cálculo do recolhimento rescisório.

20.15. A não observação do constante nesta Circular sujeitará o empregador, conforme o caso, aos procedimentos inerentes à fiscalização do Ministério do Trabalho e Emprego e aos impedimentos de obtenção da Certificação de Regularidade perante o FGTS.

21. Esta Circular revoga a Circular CAIXA n. 450/08 e demais disposições em contrário e entra em vigor na data da sua publicação.

Fábio Ferreira Cleto
Vice-Presidente

CIRCULAR CEF N. 620, DE 17 DE ABRIL DE 2013

(DOU 25.4.2013 e retificada em 30.4.13)

ESTABELECE PROCEDIMENTOS PARA MOVIMENTAÇÃO DAS CONTAS VINCULADAS DO FGTS E BAIXA INSTRUÇÕES COMPLEMENTARES

A Caixa Econômica Federal — CAIXA, na qualidade de Agente Operador do Fundo de Garantia do Tempo de Serviço — FGTS e tendo em vista o disposto no artigo 7º, inciso II da Lei n. 8.036/90, de 11.05.90, regulamentada pelo Decreto n. 99.684/90, de 08.11.90, baixa a seguinte Circular disciplinando a movimentação das contas vinculadas do FGTS, pelos trabalhadores e seus dependentes, diretores não empregados e seus dependentes, e empregadores.

1. Nos termos desta Circular, as hipóteses de movimentação de conta vinculada, previstas nas Leis ns. 7.670/88, de 08.09.88, 8.630/93, de 25.02.93 e 8.036/90, de 11.05.90, com redação alterada pelas Leis ns. 8.678/93, de 13.07.93, 8.922/94, de 25.07.94, e 9.491/97, de 09.09.97, e ainda as regulamentações contidas nos Decretos ns. 99.684/90, de 08.11.90, 2.430/97, de 17.12.97, 2.582/98, de 08.05.98, 5.113/04, de 22.06.2004, e 5.860/06, de 26.07.06; Medidas Provisórias ns. 2164-41 e 2197-43, ambas de 24.08.2001, com a vigência definida nos termos do artigo 2º da Emenda Constitucional n. 32, de 11.09.2001, Portaria MTE n. 366/02, de 16.09.2002, Portaria MTE n. 1.621, de 14.07.2010, Portaria MTE n. 2.685, de 26.12.2011 e Portaria MTE n. 1.057, de 13.07.2012 e IN n. 01 de 24.08.2012, expedida pelo Ministério da Integração Nacional , são operacionalizadas na forma adiante indicada.

1.1. Às contas vinculadas que tenham saldo originado dos complementos de atualização monetária de que trata a Lei Complementar n. 110, de 29.06.2001, regulamentada pelo Dec. n. 3.913, de 11.09.2001, e ainda, em face do disposto na Medida Provisória n. 55, de 12.07.2002, convertida na Lei n. 10.555/01, de 13.11.2002, se aplicam as condições gerais elencadas nesta Circular, ressalvadas as situações atinentes a cada código, no que não ferir a legislação específica.

2. ESPECIFICAÇÕES DA MOVIMENTAÇÃO

CÓDIGO DE SAQUE — 01

BENEFICIÁRIO: Trabalhador ou diretor não empregado

MOTIVO

— Despedida, pelo empregador, sem justa causa, inclusive a indireta; ou

— Rescisão antecipada, sem justa causa, pelo empregador, do contrato de trabalho por prazo determinado, inclusive do temporário firmado nos termos da Lei n. 6.019/74, por obra certa ou do contrato de experiência; ou

— Rescisão antecipada, sem justa causa, pelo empregador, do contrato de trabalho firmado nos termos da Lei n. 9.601/98, de 21.01.98, conforme o disposto em convenção ou acordo coletivo de trabalho; ou

— Exoneração do diretor não empregado, sem justa causa, por deliberação da assembleia, dos sócios cotistas ou da autoridade competente.

DOCUMENTOS DE COMPROVAÇÃO

— Termo de Rescisão do Contrato de Trabalho — TRCT (para rescisões de contrato de trabalho efetuadas até 31.01.2013), homologado quando legalmente exigível; ou

— Termo de Homologação de Rescisão de Contrato de Trabalho

— THRCT; ou.

— Termo de Quitação da Rescisão de Contrato de Trabalho — TQRCT.

— Termo de Audiência da Justiça do Trabalho ou Termo de Conciliação, devidamente homologado pelo Juízo do feito, reconhecendo a dispensa sem justa causa, quando esta resultar de conciliação em reclamação trabalhista; ou

— Termo lavrado pela Comissão de Conciliação Prévia, contendo os requisitos exigidos pelo art. 625-E da Consolidação das Leis do Trabalho — CLT, nos casos em que os conflitos individuais de trabalho forem resolvidos no âmbito daquelas Comissões; ou

— Sentença irrecorrível da Justiça do Trabalho, quando a rescisão resultar de reclamação trabalhista; ou

— Atas das assembleias que deliberaram pela nomeação e pelo afastamento do diretor não empregado; cópia do Contrato Social e respectivas alterações registradas no Cartório de Registro de Títulos e Documentos ou na Junta Comercial, ou ato próprio da autoridade competente publicado em Diário Oficial. Os documentos devem ser apresentados em via original e cópia, para confronto e autenticação no ato do recebimento, ou por meio de cópia autenticada.

DOCUMENTOS COMPLEMENTARES

— Documento de identificação do trabalhador ou diretor não empregado; e

— Carteira de Trabalho e Previdência Social

— CTPS na hipótese de saque de trabalhador; e

— Cartão do Cidadão ou Cartão de Inscrição PIS/PASEP; ou

— Inscrição de Contribuinte Individual junto ao INSS para o doméstico não inscrito no PIS/PASEP.

VALOR DO SAQUE

Saldo disponível na conta vinculada correspondente ao período trabalhado na empresa.

CÓDIGO DE SAQUE — 02

BENEFICIÁRIO: Trabalhador ou diretor não empregado

MOTIVO

— Rescisão do contrato de trabalho, inclusive por prazo determinado, por obra certa ou do contrato de experiência, por motivo de culpa recíproca ou de força maior.

DOCUMENTOS DE COMPROVAÇÃO

— Certidão ou cópia de sentença irrecorrível da Justiça do Trabalho, e apresentação de TRCT (para as rescisões de contrato de trabalho efetuadas até 31.01.2013), ou THRCT ou TQRCT , quando houver; ou

— Certidão ou cópia de sentença judicial transitada em julgado, no caso de diretor não empregado.

DOCUMENTOS COMPLEMENTARES

— documento de identificação do trabalhador ou diretor não empregado; e

— CTPS, na hipótese de saque de trabalhador; e

— Cartão do Cidadão ou Cartão de inscrição PIS/PASEP; ou

— inscrição de Contribuinte Individual junto ao INSS para o doméstico não cadastrado no PIS/PASEP.

VALOR DO SAQUE

Saldo disponível na conta vinculada correspondente ao período trabalhado na empresa.

CÓDIGO DE SAQUE — 03

BENEFICIÁRIO: Trabalhador ou diretor não empregado

MOTIVO

— Rescisão do contrato de trabalho por extinção total da empresa, fechamento de quaisquer de seus estabelecimentos, filiais ou agências, supressão de parte de suas atividades, declaração de nulidade do contrato de trabalho por infringência ao inciso II do art. 37 da Constituição Federal, quando mantido o direito ao salário; ou

— Rescisão do contrato de trabalho por falecimento do empregador individual.

DOCUMENTOS DE COMPROVAÇÃO

— TRCT (para as rescisões de contrato de trabalho efetuadas até 31.01.2013), ou THRCT ou TQRCT, homologado quando legalmente exigível, e apresentação de:

a) declaração escrita do empregador confirmando a rescisão do contrato em consequência de supressão de parte de suas atividades, ou

b) alteração contratual registrada no Cartório de Registro de Títulos e Documentos ou na Junta Comercial, ou ato próprio da autoridade competente publicado em Diário Oficial ou registrado no Cartório de Registro de Títulos e Documentos ou na Junta Comercial, deliberando pela extinção total da empresa, fechamento de quaisquer de seus estabelecimentos, filiais ou agências. Os documentos devem ser apresentados em via original e cópia, para confronto e autenticação no ato do recebimento, ou por meio de cópia autenticada; ou

c) certidão de óbito do empregador individual; ou

d) decisão judicial transitada em julgado e documento de nomeação do síndico da massa falida pelo juiz, quando a rescisão do contrato for em consequência da falência; ou

e) documento emitido pela autoridade competente reconhecendo a nulidade do contrato de trabalho ou decisão judicial, transitada em julgado; ou

f) atas das assembleias que deliberaram pela nomeação e pelo afastamento do diretor não empregado em razão da extinção, fechamento ou supressão; cópia do Contrato Social e respectivas alterações registradas no Cartório de Registro de Títulos e Documentos ou na Junta Comercial, ou ato próprio da autoridade competente publicado em Diário Oficial ou registrado em Cartório ou Junta Comercial, deliberando pela extinção da empresa. Os documentos devem ser apresentados em via original e cópia, para confronto e autenticação no ato do recebimento, ou por meio de cópia autenticada.

DOCUMENTOS COMPLEMENTARES

— documento de identificação do trabalhador ou diretor não empregado; e

— CTPS na hipótese de saque de trabalhador; e

— Cartão do Cidadão ou Cartão de inscrição PIS/PASEP; ou

— inscrição de Contribuinte Individual junto ao INSS para o doméstico não cadastrado no PIS/PASEP.

VALOR DO SAQUE

Saldo disponível na conta vinculada correspondente ao período trabalhado na empresa.

CÓDIGO DE SAQUE — 04

BENEFICIÁRIO: Trabalhador ou diretor não empregado

MOTIVO

— Extinção normal do contrato de trabalho por prazo determinado, inclusive do temporário firmado nos termos da Lei n. 6.019/74, por obra certa ou do contrato de experiência; ou

— Término do mandato do diretor não empregado que não tenha sido reconduzido ao cargo.

DOCUMENTOS DE COMPROVAÇÃO

— TRCT (para as rescisões de contrato de trabalho efetuadas até 31.01.2013), ou THRCT ou TQRCT, homologado quando legalmente exigível, e apresentação de:

a) CTPS e cópia das páginas de identificação e do contrato de trabalho com duração de até 90 dias ou três meses, ou

b) CTPS e cópia das páginas de identificação e do contrato de trabalho firmado nos termos da Lei n. 6.019/74; ou

c) CTPS e cópia do instrumento contratual para os contratos de duração superior a 90 dias ou três meses; ou

— Atas das assembleias que comprovem a eleição, eventuais reconduções e do término do mandato, registradas no Cartório de Registro de Títulos e Documentos ou na Junta Comercial e, ainda, dos estatutos quando as atas forem omissas quanto às datas de nomeação e/ou afastamento, ou ato próprio da autoridade competente, quando se tratar de diretor não empregado. Os documentos devem ser apresentados em via original e cópia, para confronto e autenticação no ato do recebimento, ou por meio de cópia autenticada.

DOCUMENTOS COMPLEMENTARES

— documento de identificação do trabalhador ou diretor não empregado; e

— Cartão do Cidadão ou Cartão de inscrição PIS-PASEP; ou

— inscrição de Contribuinte Individual junto ao INSS para o doméstico não cadastrado no PIS/PASEP.

VALOR DO SAQUE

Saldo disponível na conta vinculada correspondente ao período trabalhado na empresa.

CÓDIGO DE SAQUE — 05

BENEFICIÁRIO: Trabalhador ou diretor não empregado

MOTIVO

— Aposentadoria, inclusive por invalidez; ou

— Rescisão contratual do trabalhador, a pedido ou por justa causa, relativo a vínculo empregatício firmado após a aposentadoria; ou

— Exoneração do diretor não empregado, a pedido ou por justa causa, relativa a mandato exercido após a aposentadoria.

DOCUMENTOS DE COMPROVAÇÃO

— Documento fornecido por Instituto Oficial de Previdência Social, de âmbito federal, estadual ou municipal ou órgão equivalente que comprove a aposentadoria ou portaria publicada em Diário Oficial, e:

a) TRCT (para as rescisões de contrato de trabalho efetuadas até 31.01.2013), ou THRCT ou TQRCT, homologado quando legalmente exigível, para contrato firmado após a DIB — Data de Início do Benefício da aposentadoria, ou

b) ata da Assembleia que comprove a exoneração a pedido ou por justa causa; cópia do Contrato Social e respectivas alterações registradas no Cartório de Registro de Títulos e Documentos ou na Junta Comercial, ou ato próprio da autoridade competente, publicado em Diário Oficial, no caso de mandato de Diretor não empregado firmado após a aposentadoria. Os documentos devem ser apresentados em via original e cópia, para confronto e autenticação no ato do recebimento, ou por meio de cópia autenticada.

OBSERVAÇÃO

— No caso de trabalhador avulso, o código de saque deve ser acrescido da letra A.

DOCUMENTOS COMPLEMENTARES

— documento de identificação do trabalhador ou diretor não empregado; e

— CTPS na hipótese de saque de trabalhador, e

— Cartão do Cidadão ou Cartão de Inscrição PIS/PASEP; ou

— Inscrição de Contribuinte Individual junto ao INSS para o doméstico não cadastrado no PIS/PASEP.

VALOR DO SAQUE

— Saldo disponível nas contas vinculadas relativas a contratos de trabalho rescindidos/extintos antes da concessão da aposentadoria; e/ou

— Saldo havido na conta vinculada de contrato de trabalho não rescindido por ocasião da concessão de aposentadoria, cujo saque ocorrerá sempre que o trabalhador formalizar solicitação nesse sentido, ainda que permaneça na atividade laboral; ou

— Saldo havido na conta vinculada do contrato de trabalho firmado após a concessão de aposentadoria, hipótese em que o saque ocorrerá em razão da aposentadoria, por ocasião da rescisão do contrato de trabalho, ainda que a pedido ou por justa causa (art. 35, § 1º, do Regulamento do FGTS).

CÓDIGO DE SAQUE — 06

BENEFICIÁRIO: Trabalhador avulso

MOTIVO

— Suspensão total do trabalho avulso por período igual ou superior a noventa dias.

DOCUMENTO DE COMPROVAÇÃO

— Declaração assinada pelo sindicato representativo da categoria profissional, ou OGMO — Órgão Local de Gestão de Mão de Obra quando este já estiver constituído, comunicando a suspensão total do trabalho avulso, por período igual ou superior a noventa dias.

OBSERVAÇÃO

— Decorridos 90 dias de suspensão total do trabalho avulso e, de posse da Declaração, o trabalhador poderá solicitar o saque desde que, na data da solicitação, permaneça com suas atividades de avulso suspensas.

DOCUMENTOS COMPLEMENTARES

— documento de identificação do trabalhador; e

— Cartão do Cidadão ou Cartão de inscrição PIS/PASEP.

VALOR DO SAQUE

Saldo disponível na conta vinculada correspondente ao período trabalhado na condição de avulso.

CÓDIGO DE SAQUE — 10

BENEFICIÁRIO: Empregador

MOTIVO

— Rescisão do contrato de trabalho de trabalhador com tempo de serviço anterior a 05.10.88, na condição de não optante, tendo havido pagamento de indenização.

DOCUMENTOS DE COMPROVAÇÃO

— Rescisão contratual ou TRCT (para as rescisões de contrato de trabalho efetuadas até 31.01.2013), com código de saque 01, homologado na forma prevista nos parágrafos do artigo 477 da CLT, da qual conste, em destaque, o pagamento da parcela correspondente à indenização, referente ao tempo de serviço trabalhado na condição de não optante e, para afastamentos ocorridos a partir de 16.02.98, inclusive, apresentação do comprovante de recolhimento dos depósitos rescisórios do FGTS correspondentes ao mês da rescisão, mês imediatamente anterior à rescisão, se não houver sido recolhido, e 40% do total dos depósitos relativos ao período trabalhado na condição de optante, acrescidos de atualização monetária e juros, se for o caso; ou

— Sentença irrecorrível da Justiça do Trabalho, quando a rescisão resultar de reclamação trabalhista ou termo de conciliação da Justiça do Trabalho, devidamente homologado pelo juízo do feito.

DOCUMENTOS COMPLEMENTARES

— identificação do empregador; e

— documento de identificação do representante legal do empregador.

VALOR DO SAQUE

Saldo disponível na conta vinculada individualizada em nome do trabalhador, referente ao período trabalhado na condição de não optante.

OBSERVAÇÃO

O valor do saque será, obrigatoriamente, creditado em conta bancária de titularidade do empregador e por ele formalmente indicada por ocasião da solicitação do saque.

A liberação do saque só será efetivada em favor dos empregadores que cumprirem os seguintes requisitos:

— não possuir saldos de Depósitos a Discriminar no cadastro do FGTS, devedores ou credores;

— estar em situação regular nos empréstimos lastreados com recursos do FGTS, em âmbito nacional.

É aplicado o instituto da compensação automática, quando o empregador fizer jus ao saque de valores, e possuir, ao mesmo tempo, débitos identificados junto ao FGTS.

O empregador deve promover a individualização dos débitos quitados, no caso destes se referirem aos valores de Depósito/JAM, não efetivados aos trabalhadores em época própria.

Excepciona-se a obrigatoriedade da regularização de depósitos a discriminar:

— quando da impossibilidade da individualização dos depósitos em virtude da inexistência de dados cadastrais, devidamente formalizada por meio de publicação de edital de convocação dos empregados da época, em jornal de grande circulação local;

— em caso de valores de depósitos a individualizar de até R$ 10,00 — atualizados, com base na Resolução do Conselho Curador do FGTS n. 318, de 31.08.1999.

CÓDIGO DE SAQUE — 19L

BENEFICIÁRIO: Trabalhador ou diretor não empregado residente em áreas atingidas por desastre natural, cuja situação de emergência ou de estado de calamidade pública tenha sido formalmente reconhecido pelo Governo Federal.

MOTIVO

— Necessidade pessoal, urgente e grave, decorrente de desastre natural que tenha atingido a área de residência do trabalhador, quando a situação de emergência ou o estado de calamidade pública tenha sido decretado por meio de decreto do governo do Distrito Federal ou Município ou Estado e publicado em prazo não superior a 30 dias do primeiro dia útil seguinte ao da ocorrência do desastre natural, se este for assim reconhecido, por meio de portaria do Ministro de Estado da Integração Nacional.

Para fins de saque com fundamento neste Código, considera-se desastre natural:

— Enchentes ou inundações graduais;

— enxurradas ou inundações bruscas;

— alagamentos;

— inundações litorâneas provocadas pela brusca invasão do mar;

— granizos;

— vendavais ou tempestades;

— vendavais muito intensos ou ciclones extra tropicais;

— vendavais extremamente intensos, furacões, tufões ou ciclones tropicais;

— tornados e trombas d'água,

DOCUMENTOS DE COMPROVAÇÃO DA SITUAÇÃO DE EMERGÊNCIA OU ESTADO DE CALAMIDADE PÚBLICA (a ser fornecido pelo Governo Municipal ou do Distrito Federal à CAIXA):

— Declaração comprobatória, em consonância com a avaliação realizada pelos órgãos de Defesa Civil municipal ou do Distrito Federal, das áreas atingidas por desastres naturais, que deverá conter a descrição minuciosa da área afetada, evitando-se a generalização de toda a área geográfica do município ou do Distrito Federal, observando o seguinte padrão:

a) identificação da unidade residencial/nome do logradouro/bairro ou distrito/cidade/unidade da federação, caso a área atingida se restrinja a determinada(s) unidade(s) residencial(is). ou

b) nome do Logradouro/Bairro ou Distrito/Cidade/UF, caso a área atingida se restrinja às unidades residenciais existentes naquele logradouro; ou

c) nome do Bairro/Cidade/UF, caso todas as unidades residenciais existentes no bairro tenham sido atingidas; ou

d) nome do Distrito/Cidade/UF, caso todas as unidades residenciais existentes no distrito tenham sido atingidas;

A Declaração deverá conter, ainda, a identificação do município atingido pelo desastre natural, informações relativas ao decreto municipal ou do Distrito Federal ou do Estado e à portaria do Ministro de Estado da Integração Nacional que reconheceu o estado de calamidade pública ou a situação de emergência e a informação de um dos códigos da Codificação Brasileira de Desastres — COBRADE abaixo:

— 1.1.1.2.0 — Tsunami;

— 1.2.1.0.0 — Inundações;

— 1.2.2.0.0 — Enxurradas;

— 1.2.3.0.0 — Alagamentos;

— 1.3.1.1.1 — Ventos Costeiros (mobilidade de dunas);

— 1.3.1.1.2 — Marés de Tempestades (ressacas);

— 1.3.1.2.0 — Frentes Frias / Zona de Convergência;

— 1.3.2.1.1 — Tornados;

— 1.3.2.1.2 — Tempestade de Raios;

— 1.3.2.1.3 — Granizo;

— 1.3.2.1.4 — Chuvas Intensas;

— 1.3.2.1.5 — Vendaval.

Deverão ser apresentados, ainda, os documentos abaixo:

— Decreto Municipal

— Formulário de Informações do Desastre — FIDE;

— Relatório Fotográfico, de preenchimento obrigatório para o reconhecimento federal.

— Mapa ou Croqui da(s) área(s) afetada(s) pelo desastre.

DOCUMENTOS DE COMPROVAÇÃO (a ser fornecido pelo Trabalhador):

— Comprovante de residência em nome do trabalhador (conta de luz, água, telefone, gás, extratos bancários, carnês de pagamentos, entre outros), emitido nos últimos 120 dias anteriores à decretação da emergência ou calamidade havida em decorrência do desastre natural.

— Na falta do comprovante de residência, o titular da conta vinculada poderá apresentar uma declaração emitida pelo Governo Municipal ou do Distrito Federal, atestando que o trabalhador é residente na área afetada. A declaração deverá ser firmada sobre papel timbrado e a autoridade emissora deverá apor nela data e assinatura. Também deverá ser mencionado na declaração: nome completo, data de nascimento, endereço residencial e número do PIS/PASEP do trabalhador.

DOCUMENTOS COMPLEMENTARES

— documento de identificação do trabalhador ou diretor não empregado; e

— Cartão do Cidadão ou Cartão de Inscrição PIS/PASEP; ou

— Inscrição de Contribuinte Individual junto ao INSS para o doméstico não cadastrado no PIS/PASEP; ou

— CTPS ou outro documento que contenha o número de inscrição PIS/PASEP.

VALOR DO SAQUE

O valor do saque será o saldo disponível na conta vinculada, na data da solicitação, limitado à quantia correspondente a R$ 6.220,00 (seis mil, duzentos e vinte reais) para cada evento caracterizado como desastre natural, desde que o intervalo entre um saque e outro não seja inferior a doze meses.

OBSERVAÇÕES

— A solicitação ao saque fundamentada nesta hipótese de movimentação poderá ser apresentada até o 90º dia subsequente ao da publicação da portaria do Ministério da Integração Nacional reconhecendo a situação de emergência ou o estado de calamidade pública.

CÓDIGO DE SAQUE — 23

BENEFICIÁRIO: Dependente do trabalhador, do diretor não empregado ou do trabalhador avulso falecido.

MOTIVO

— Falecimento do trabalhador, diretor não empregado ou trabalhador avulso.

DOCUMENTOS DE COMPROVAÇÃO

— Declaração de dependentes firmada por instituto oficial de Previdência Social, de âmbito federal, estadual ou municipal ou Declaração de dependentes habilitados à pensão, fornecida pelo Órgão pagador da pensão, custeada pelo Regime Jurídico Único; assinada pela autoridade competente, contendo, dentre outros dados, a logomarca/ timbre do órgão emissor; a data do óbito e o nome completo, a inscrição PIS/PASEP e o número da CTPS ou do Registro Geral da Carteira de Identidade do trabalhador que legou o benefício e discriminando, com o nome completo, vínculo de dependência e data de nascimento os dependentes habilitados ao recebimento da pensão.

OBSERVAÇÕES

— Na hipótese de saque por dependente de trabalhador avulso, o código de saque deve ser acrescido da letra A.

— Na falta de dependentes, farão jus ao recebimento do saldo da conta vinculada os seus sucessores previstos na lei civil, indicados em alvará judicial, expedido a requerimento do interessado, independente de inventário ou arrolamento.

DOCUMENTOS COMPLEMENTARES

— documento de identificação do solicitante; e

— Certidão de óbito;

— TRCT (para as rescisões de contrato de trabalho efetuadas até 31.01.2013), ou THRCT ou TQRCT homologado quando legalmente exigível, para o contrato de trabalho extinto pelo óbito, se apresentado; e/ou

— CTPS ou declaração das empresas comprovando o vínculo laboral; e

— Cartão do Cidadão ou Cartão de inscrição PIS/ PASEP do titular; ou

— inscrição de Contribuinte Individual junto ao INSS para o titular doméstico não cadastrado no PIS/PASEP.

VALOR DO SAQUE

Saldo total disponível nas contas vinculadas em nome do titular da conta falecido (de cujus), rateado em partes iguais entre os dependentes habilitados.

CÓDIGO DE SAQUE — 26

BENEFICIÁRIO: Empregador

MOTIVO

— Rescisão ou extinção do contrato de trabalho de trabalhador com tempo de serviço anterior a 05.10.88, na condição de não optante, não tendo havido pagamento de indenização, exclusivamente para o contrato de trabalho que vigeu por período igual ou superior a 01 (um) ano.

DOCUMENTOS DE COMPROVAÇÃO

— Requerimento do empregador, que deve ser acompanhado dos documentos a que alude o art. 5º da Portaria MTE n. 366/02, de 16.09.2002 indicando o Banco, Agência e Conta Bancária, de titularidade do empregador, para crédito do valor do saque; e

— Relação das contas cujo saque esteja sendo pleiteado, em caso de autorização de saque de forma coletiva, devidamente datada, assinada e carimbada em todas as folhas pela autoridade competente da DRT, contendo:

a) identificação da empresa — razão social, nome de fantasia e CNPJ/CEI; e

b) nome dos empregados não optantes em ordem alfabética e numerados; e

c) número da conta vinculada do FGTS, cujo saque está sendo pleiteado; e

d) n.. e série da CTPS de cada um dos trabalhadores; e

e) número da inscrição PIS/PASEP de cada um dos trabalhadores; e

f) datas de admissão, afastamento e nascimento de cada um dos trabalhadores; e

g) datas da opção ao regime do FGTS e da retroação, quando houver, de cada um dos trabalhadores.

DOCUMENTOS COMPLEMENTARES

— Identificação do empregador; e

— documento de identificação do representante legal do empregador.

DA AUTORIZAÇÃO DA DRT/SDT

— O empregador deve solicitar a autorização de saque à DRT/SDT, mediante a apresentação dos documentos que comprovem a rescisão/extinção do contrato e o motivo do não pagamento da indenização, observando os demais procedimentos constantes na Portaria MTE n. 366/ 02, de 16.09.2002.

VALOR DO SAQUE

Saldo disponível na conta vinculada, individualizada em nome de cada trabalhador, referente ao período trabalhado na condição de não optante por período igual ou superior a um ano.

OBSERVAÇÃO

— O valor do saque será, obrigatoriamente, creditado em conta bancária de titularidade do empregador e por ele formalmente indicada por ocasião da solicitação do saque.

A liberação do saque só será efetivada em favor dos empregadores que cumprirem os seguintes requisitos:

— não possuir saldos de Depósitos a Discriminar no cadastro do FGTS, devedores ou credores;

— estar em situação regular nos empréstimos lastreados com recursos do FGTS, em âmbito nacional.

É aplicado o instituto da compensação automática, quando o empregador, fizer jus ao saque de valores, e possuir, ao mesmo tempo, débitos identificados junto ao FGTS.

O empregador deve promover a individualização dos débitos quitados, no caso destes se referirem aos valores de Depósito/JAM, não efetivados aos trabalhadores em época própria.

Excepciona-se a obrigatoriedade da regularização de depósitos a discriminar:

— quando da impossibilidade da individualização dos depósitos em virtude da inexistência de dados cadastrais, devidamente formalizada por meio de publicação de edital de convocação dos empregados da época, em jornal de grande circulação local;

— em caso de valores de depósitos a individualizar de até R$ 10,00 — atualizados, com base na Resolução do Conselho Curador do FGTS n. 318, de 31.08.1999.

CÓDIGO DE SAQUE — 27

BENEFICIÁRIO: Empregador

MOTIVO

— Pagamento ao trabalhador, pelo empregador, da indenização relativa ao tempo de serviço em que permaneceu na condição de não optante, nos termos da transação homologada pela autoridade competente, durante a vigência do contrato de trabalho do trabalhador, conforme artigo 6º do Regulamento Consolidado do FGTS; aprovado pelo Decreto n. 99.684/1990; ou

— Recolhimento, pelo empregador, na conta optante do trabalhador, do valor correspondente à indenização referente ao tempo de serviço não optante, anterior a 05.10.1988, efetuado durante a vigência do contrato de trabalho do trabalhador, conforme artigo 73 do Regulamento Consolidado do FGTS; ou

— Rescisão do contrato de trabalho, por motivo de acordo, com pagamento de indenização.

DOCUMENTOS DE COMPROVAÇÃO

— Declaração de opção pelo regime do FGTS, se esta foi realizada antes de 05.10.1988 e apresentação de:

a) Termo de Transação do tempo de serviço, homologado pela autoridade competente, ou

b) GR — Guia de Recolhimento e RE — Relação de Empregados ou GRE — Guia de Recolhimento do FGTS ou GFIP — Guia de Recolhimento do FGTS e Informações à Previdência Social, para recolhimento ocorrido a partir de FEV/1999, comprovando o recolhimento em conta optante do trabalhador; ou

c) Rescisão Contratual ou TRCT(para as rescisões de contrato de trabalho efetuadas até 31.01.2013), ou THRCT ou TQRCT, homologado na forma do artigo 477 da CLT, em que conste, em destaque, o pagamento da parcela correspondente à indenização, referente ao tempo de serviço trabalhado na condição de não optante.

DOCUMENTOS COMPLEMENTARES

— identificação do empregador; e

— documento de identificação do representante legal do empregador.

VALOR DO SAQUE

Saldo disponível na conta vinculada, individualizada em nome do trabalhador, referente ao período trabalhado na condição de não optante.

OBSERVAÇÃO

O valor do saque será, obrigatoriamente, creditado em conta bancária de titularidade do empregador e por ele formalmente indicada por ocasião da solicitação do saque.

A liberação do saque só será efetivada em favor dos empregadores que cumprirem os seguintes requisitos:

— não possuir saldos de Depósitos a Discriminar no cadastro do FGTS, devedores ou credores;

— estar em situação regular nos empréstimos lastreados com recursos do FGTS, em âmbito nacional.

É aplicado o instituto da compensação automática, quando o empregador, fizer jus ao saque de valores, e possuir, ao mesmo tempo, débitos identificados junto ao FGTS.

O empregador deve promover a individualização dos débitos quitados, no caso destes se referirem aos valores de Depósito/JAM, não efetivados aos trabalhadores em época própria.

Excepciona-se a obrigatoriedade da regularização de depósitos a discriminar:

— quando da impossibilidade da individualização dos depósitos em virtude da inexistência de dados cadastrais, devidamente formalizada por meio de publicação de edital de convocação dos empregados da época, em jornal de grande circulação local;

— em caso de valores de depósitos a individualizar de até R$ 10,00 — atualizados, com base na Resolução do Conselho Curador do FGTS n. 318, de 31.08.1999.

CÓDIGO DE SAQUE — 70

BENEFICIÁRIO: Trabalhador, diretor não empregado ou trabalhador avulso.

MOTIVO — Ter o titular da conta vinculada idade igual ou superior a setenta anos.

DOCUMENTO DE COMPROVAÇÃO

— Documento que comprove a idade mínima de 70 anos do trabalhador, diretor não empregado ou trabalhador avulso.

DOCUMENTOS COMPLEMENTARES

— Documento de identificação do trabalhador ou diretor não empregado; e

— CTPS na hipótese de saque de trabalhador; ou

— Ata da assembleia que deliberou pela nomeação do diretor não empregado; cópia do Contrato Social registrado no Cartório de Registro de Títulos e Documentos ou na Junta Comercial, ou ato próprio da autoridade competente publicado em Diário Oficial. Os documentos devem ser apresentados em via original e cópia, para confronto e autenticação no ato do recebimento, ou por meio de cópia autenticada.; e

— Cartão do Cidadão ou Cartão de Inscrição PIS/PASEP; ou

— Inscrição de Contribuinte Individual junto ao INSS para o doméstico não cadastrado no PIS/PASEP.

VALOR DO SAQUE

Saldo disponível em todas as contas vinculadas do titular.

CÓDIGO DE SAQUE — 80

BENEFICIÁRIO: Trabalhador, diretor não empregado ou trabalhador avulso

MOTIVO

— Ser portador ou possuir dependente portador do vírus HIV — SIDA/AIDS.

DOCUMENTOS DE COMPROVAÇÃO

— Atestado médico fornecido pelo profissional que acompanha o tratamento do paciente, onde conste o nome da doença ou o código da Classificação Internacional de Doenças — CID respectivo, CRM e assinatura, sobre carimbo, do médico; e

— Documento hábil que comprove a relação de dependência, no caso de dependente do titular da conta acometido pela doença.

DOCUMENTOS COMPLEMENTARES

— CTPS na hipótese de saque de trabalhador; ou

— Ata da assembleia que deliberou pela nomeação do diretor não empregado; cópia do Contrato Social registrado no Cartório de Registro de Títulos e Documentos ou na Junta Comercial, ou ato próprio da autoridade competente publicado em Diário Oficial. Os documentos devem ser apresentados em via original e cópia, para confronto e autenticação no ato do recebimento, ou por meio de cópia autenticada; e

— Documento de identificação do trabalhador ou diretor não empregado; e

— Cartão do Cidadão ou Cartão de Inscrição PIS/PASEP; ou

— Inscrição de Contribuinte Individual junto ao INSS para o doméstico não cadastrado no PIS/PASEP.

OBSERVAÇÕES

— No caso de pedido decorrente de doença que acometeu o dependente do trabalhador, o código de saque deve ser acrescido da letra D;

— No caso de pedido decorrente de doença que acometeu o próprio trabalhador, o código de saque deve ser acrescido da letra T.

— Por força de liminar concedida pela 11ª Vara Federal de Porto Alegre — Ação Civil Pública n. 2001.71.00.030578-6, os trabalhadores estão dispensados da apresentação do laudo ou exame laboratorial específico.

— Nos casos de reincidência de saque dessa espécie pelo mesmo titular e ou em relação ao mesmo dependente, admitir-se-á a apresentação de cópia do atestado médico apresentado por ocasião do primeiro saque.

VALOR DO SAQUE

Saldo disponível em todas as contas vinculadas do titular.

Legislação Complementar

CÓDIGO DE SAQUE — 81

BENEFICIÁRIO: Trabalhador, diretor não empregado ou trabalhador avulso.

MOTIVO

— Estar acometido ou possuir dependente acometido de neoplasia maligna (câncer).

DOCUMENTOS DE COMPROVAÇÃO

— Atestado médico com validade não superior a trinta dias, contados de sua expedição, firmado com assinatura sobre carimbo e CRM do médico responsável pelo tratamento, contendo diagnóstico no qual relate as patologias ou enfermidades que molestam o paciente, o estágio clínico atual da moléstia e do enfermo. Na data da solicitação do saque, se o paciente estiver acometido de neoplasia maligna, no atestado médico deve constar, expressamente: "Paciente sintomático para a patologia classificada sob o CID________"; ou "Paciente acometido de neoplasia maligna, em razão da patologia classificada sob o CID________"; ou "Paciente acometido de neoplasia maligna nos termos da Lei n. 8.922/94", ou "Paciente acometido de neoplasia maligna nos termos do Decreto n. 5.860/2006"; e

— laudo do exame histopatológico ou anatomopatológico que serviu de base para a elaboração do atestado médico; e

— Documento hábil que comprove a relação de dependência, no caso de estar o dependente do titular da conta acometido pela doença.

DOCUMENTOS COMPLEMENTARES

— CTPS na hipótese de saque de trabalhador; ou

— Ata da assembleia que deliberou pela nomeação do diretor não empregado; cópia do Contrato Social registrado no Cartório de Registro de Títulos e Documentos ou na Junta Comercial, ou ato próprio da autoridade competente publicado em Diário Oficial. Os documentos devem ser apresentados em via original e cópia, para confronto e autenticação no ato do recebimento, ou por meio de cópia autenticada; e

— Documento de identificação do trabalhador ou diretor não empregado; e

— Cartão do Cidadão ou Cartão de Inscrição PIS/PASEP; ou

— Inscrição de Contribuinte Individual junto ao INSS para o doméstico não cadastrado no PIS/PASEP.

OBSERVAÇÕES

— No caso de pedido decorrente de doença que acometeu o dependente do trabalhador, o código de saque deve ser acrescido da letra D;

— No caso de pedido decorrente de doença que acometeu o próprio trabalhador, o código de saque deve ser acrescido da letra T.

VALOR DO SAQUE

Saldo disponível nas contas vinculadas do titular, enquanto estiver acometido pela moléstia.

CÓDIGO DE SAQUE — 82

BENEFICIÁRIO: Trabalhador, diretor não empregado ou trabalhador avulso.

MOTIVO

Estar o trabalhador ou qualquer de seus dependentes em estágio terminal de vida, em razão de doença grave.

DOCUMENTO DE COMPROVAÇÃO

Atestado contendo diagnóstico médico, claramente descritivo que, em face dos sintomas e do histórico patológico, caracterize estágio terminal de vida, em razão de doença grave consignada no Código Internacional de Doenças — CID, que tenha acometido o titular da conta vinculada do FGTS ou seu dependente, assinatura e carimbo com o nome/CRM do médico que assiste o paciente, indicando expressamente: "Paciente em estagio terminal de vida, em razão da patologia classificada sob o CID________"; e

Documento hábil que comprove a relação de dependência, no caso de ser o dependente do titular da conta o paciente.

DOCUMENTOS COMPLEMENTARES

— CTPS na hipótese de saque de trabalhador; ou

— Ata da assembleia que deliberou pela nomeação do diretor não empregado; cópia do Contrato Social registrado no Cartório de Registro de Títulos e Documentos ou na Junta Comercial, ou ato próprio da autoridade competente publicado em Diário Oficial. Os documentos devem ser apresentados em via original e cópia, para confronto e autenticação no ato do recebimento, ou por meio de cópia autenticada; e

— Cartão do Cidadão ou Cartão de Inscrição PIS/PASEP, ou

— Inscrição de Contribuinte Individual junto ao INSS para o doméstico não cadastrado no PIS/PASEP.

OBSERVAÇÕES

— No caso de pedido decorrente de doença que acometeu o dependente do trabalhador, o código de saque deve ser acrescido da letra D;

— No caso de pedido decorrente de doença que acometeu o próprio trabalhador, o código de saque deve ser acrescido da letra T.

VALOR

Saldo disponível nas contas vinculadas do titular.

CÓDIGO DE SAQUE — 86

BENEFICIÁRIO: Trabalhador ou diretor não empregado

MOTIVO

— Permanência do titular da conta, por três anos ininterruptos, fora do regime do FGTS, para os contratos de trabalho extintos a partir de 14.07.90, inclusive.

DOCUMENTOS DE COMPROVAÇÃO

— CTPS comprovando o desligamento da empresa e a inexistência de vínculo ao regime do FGTS por, no mínimo, três anos ininterruptos; ou

— CTPS onde conste o contrato de trabalho e anotação da mudança de regime trabalhista, publicada em Diário Oficial e a inexistência de vínculo ao regime do FGTS por, no mínimo, três anos ininterruptos; ou

— Ata da assembleia que deliberou pela nomeação do diretor não empregado e comprovando o desligamento, há, no mínimo, três anos, a partir de 14.07.90, inclusive. Os documentos devem ser apresentados em via original e cópia, para confronto e autenticação no ato do recebimento, ou por meio de cópia autenticada; ou

— Declaração da sociedade anônima deliberando pela suspensão definitiva do recolhimento do FGTS para os diretores não empregados, ocorrida há, no mínimo, três anos, a partir de 14.07.90, inclusive; ou

— Cópia do Contrato Social registrado no Cartório de Registro de Títulos e Documentos ou na Junta Comercial, ou ato próprio da autoridade competente publicado em Diário Oficial, comprovando o desligamento, há, no mínimo, três anos, a partir de 14.07.90, inclusive.

OBSERVAÇÕES

— cumprido o prazo fora do regime do FGTS, a solicitação de saque poderá ser apresentada a partir do mês de aniversário do titular;

— uma vez adquirido o direito, este poderá ser exercido mesmo que o titular venha firmar novo contrato de trabalho sob o regime do FGTS.

DOCUMENTOS COMPLEMENTARES

— Documento de identificação do trabalhador ou diretor não empregado; e

— Cartão do Cidadão ou Cartão de inscrição PIS/PASEP; ou

— Inscrição de Contribuinte Individual junto ao INSS para o doméstico não cadastrado no PIS/PASEP.

VALOR DO SAQUE

Saldo disponível nas contas vinculadas do titular que tenha cumprido o interstício de três anos fora do regime do FGTS.

CÓDIGO DE SAQUE — 87

BENEFICIÁRIO: Trabalhador ou diretor não empregado

MOTIVO

— Permanência da conta vinculada sem crédito de depósito, por três anos ininterruptos, cujo afastamento do titular tenha ocorrido até 13.07.90, inclusive.

DOCUMENTOS DE COMPROVAÇÃO

— CTPS onde conste o contrato de trabalho cuja conta vinculada está sendo objeto de saque; ou

— Comprovante do afastamento do trabalhador, quando não constante da CTPS; ou

— Ata da assembleia que deliberou pela nomeação do diretor não empregado e comprovando o desligamento até 13.07.90, inclusive. Os documentos devem ser apresentados em via original e cópia, para confronto e autenticação no ato do recebimento, ou por meio de cópia autenticada; ou

— Declaração da sociedade anônima deliberando pela suspensão definitiva do recolhimento do FGTS para os diretores não empregados, ocorrida há, no mínimo, três anos, até 13.07.90, inclusive; ou

— Cópia do Contrato Social registrado no Cartório de Registro de Títulos e Documentos ou na Junta Comercial, ou ato próprio da autoridade competente publicado em Diário Oficial, comprovando o desligamento até 13.07.90, inclusive.

DOCUMENTOS COMPLEMENTARES

— Documento de identificação do trabalhador ou diretor não empregado; e

— Cartão do Cidadão ou Cartão de inscrição PIS/PASEP; ou

— Inscrição de Contribuinte Individual junto ao INSS para o doméstico não cadastrado no PIS/PASEP.

OBSERVAÇÃO

— Código de saque deve ser acrescido da letra N.

VALOR DO SAQUE

Saldo disponível nas contas vinculadas do titular que satisfaçam os requisitos.

CÓDIGO DE SAQUE — 88

BENEFICIÁRIO: Pessoa indicada pelo Juiz

MOTIVO

— Determinação Judicial.

DOCUMENTO DE COMPROVAÇÃO

— Ordem Judicial.

DOCUMENTOS COMPLEMENTARES

-Documento de identificação do solicitante; e

— Cartão do Cidadão ou Cartão de inscrição PIS/PASEP do titular; ou

— Inscrição de Contribuinte Individual junto ao INSS para o doméstico não cadastrado no PIS/PASEP.

VALOR DO SAQUE

Valor ou percentual indicado na ordem judicial, limitado ao saldo disponível na conta vinculada.

CÓDIGO DE SAQUE — 91

BENEFICIÁRIO: Trabalhador, diretor não empregado ou trabalhador avulso.

MOTIVO

— Utilização do FGTS para aquisição de moradia própria, imóvel residencial concluído.

CONDIÇÕES BÁSICAS

— Contar o trabalhador com o mínimo de três anos, considerando todos os períodos, de trabalho sob o regime do FGTS;

— Não ser proprietário, cessionário, usufrutuário, comprador ou promitente comprador de outro imóvel residencial, concluído ou em construção:

a) Financiado pelo SFH — Sistema Financeiro de Habitação em qualquer parte do território nacional; ou

b) No município onde exerça sua ocupação principal, nos municípios limítrofes e integrantes da mesma região metropolitana; e

c) No atual município de residência.

— Não ser detentor de fração ideal de imóvel superior a 40%; e

— Ser a operação passível de financiamento no SFH.

OBSERVAÇÃO

As condições gerais ou específicas, devidamente enquadradas nas normas pertinentes ao SFH, são obtidas junto aos Agentes Financeiros.

VALOR DO SAQUE

Saldo disponível nas contas vinculadas do trabalhador, desde que o valor do FGTS, acrescido da parcela financiada, quando houver, não exceda ao menor dos seguintes valores:

a) Limite máximo do valor de avaliação do imóvel estabelecido para as operações no SFH; ou

b) Da avaliação feita pelo agente financeiro; ou

c) De compra e venda.

CÓDIGO DE SAQUE — 92

BENEFICIÁRIO: Trabalhador, diretor não empregado, ou trabalhador avulso.

MOTIVO

— Utilização do FGTS para amortização extraordinária do saldo devedor decorrente de financiamento concedido pelo SFH, obtido pelo titular na aquisição de moradia própria.

CONDIÇÕES BÁSICAS

— Contar o trabalhador com o mínimo de três anos, considerando todos os períodos, de trabalho sob o regime do FGTS; e

— Estar em dia com o pagamento das prestações do financiamento; e

— Contar com o interstício mínimo de dois anos da movimentação anterior, quando se tratar de nova utilização para amortizar/ liquidar saldo devedor.

OBSERVAÇÃO

— As condições gerais ou específicas, devidamente enquadradas nas normas pertinentes ao SFH, são obtidas junto aos Agentes Financeiros.

VALOR DO SAQUE

Saldo disponível nas contas vinculadas do trabalhador, limitado ao saldo devedor atualizado do financiamento.

CÓDIGO DE SAQUE — 93

BENEFICIÁRIO: Trabalhador, diretor não empregado ou trabalhador avulso.

MOTIVO

— Utilização do FGTS para abatimento das prestações decorrentes de financiamento concedido pelo SFH.

CONDIÇÕES BÁSICAS

— Contar o trabalhador com o mínimo de três anos, considerando todos os períodos, de trabalho sob o regime do FGTS; e

— não pode o mutuário contar com mais de 3 (três) prestações em atraso.

OBSERVAÇÃO

— As condições gerais ou específicas, devidamente enquadradas nas normas pertinentes ao SFH, são obtidas junto aos Agentes Financeiros.

— A solicitação de utilização do FGTS poderá ser formalizada para utilização em 12 (doze) prestações mensais.

VALOR DO SAQUE

Saldo disponível nas contas vinculadas do trabalhador, limitado a 80% do valor das prestações a serem abatidas.

CÓDIGO DE SAQUE — 94

BENEFICIÁRIO: Trabalhador, diretor não empregado ou trabalhador avulso.

MOTIVO

— Utilização do FGTS para aplicação em Fundos Mútuos de Privatização.

CONDIÇÕES BÁSICAS

— Formalização de pedido de aplicação junto ao administrador do Fundo Mútuo de Privatização FMP-FGTS ou do Clube de Investimento CI-FGTS, e

— Apresentação de extrato da conta vinculada que pretenda utilizar em FMP-FGTS, junto à Administradora do FMP-FGTS ou CI-FGTS e de documentação de identificação.

VALOR DO SAQUE

Até cinquenta por cento do saldo disponível, de todas as contas vinculadas do titular, já consideradas as eventuais utilizações anteriores em FMP.

CÓDIGO DE SAQUE — 95

BENEFICIÁRIO: Trabalhador, diretor não empregado ou trabalhador avulso.

MOTIVO

— Utilização do FGTS para pagamento das parcelas de recursos próprios de imóvel residencial em fase de construção vinculado a programas de financiamento ou de autofinanciamento.

CONDIÇÕES BÁSICAS

— Contar o trabalhador com o mínimo de três anos, considerando todos os períodos de trabalho, sob o regime do FGTS; e

— Não ser proprietário, cessionário, usufrutuário, comprador ou promitente comprador de outro imóvel residencial, concluído ou em construção:

a) Financiado pelo SFH — Sistema Financeiro de Habitação em qualquer parte do território nacional; e/ou

b) No município onde exerça sua ocupação principal, nos municípios limítrofes e integrantes da mesma região metropolitana; e

c) No atual município de residência.

— Não ser detentor de fração ideal de imóvel superior a 40%; e

— Ser a operação financiável pelo SFH.

OBSERVAÇÃO

— As condições gerais ou específicas, devidamente enquadradas nas normas pertinentes ao SFH, são obtidas junto aos Agentes Financeiros.

VALOR DO SAQUE

Saldo disponível nas contas vinculadas do trabalhador, desde que o valor do FGTS, acrescido da parcela financiada, quando houver, não exceda ao menor dos seguintes valores:

a) Limite máximo do valor de avaliação do imóvel estabelecido para as operações no SFH; ou

b) Da avaliação feita pelo agente financeiro; ou

c) De compra e venda ou custo total da obra; ou

d) Somatório dos valores das etapas do cronograma físico-financeiro a realizar.

CÓDIGO DE SAQUE — 96

BENEFICIÁRIO: Trabalhador, diretor não empregado, ou trabalhador avulso.

MOTIVO

— Utilização do FGTS para liquidação do saldo devedor decorrente de financiamento concedido pelo SFH, obtido pelo titular na aquisição de moradia própria.

CONDIÇÕES BÁSICAS

— Contar o trabalhador com o mínimo de três anos, considerando todos os períodos, de trabalho sob o regime do FGTS; e

— Contar com o interstício mínimo de dois anos da movimentação anterior, quando se tratar de nova utilização para amortizar/ liquidar saldo devedor.

OBSERVAÇÃO

— As condições gerais ou específicas, devidamente enquadradas nas normas pertinentes ao SFH, são obtidas junto aos Agentes Financeiros.

VALOR DO SAQUE

Saldo disponível nas contas vinculadas do trabalhador limitado ao saldo devedor atualizado do financiamento.

3. DO FORMULÁRIO DE RESCISÃO CONTRATUAL

3.1. O Termo de Rescisão de Contrato de Trabalho — TRCT, formulário aprovado pela Portaria MTE n. 1.621, utilizado para rescisões de 14.07.2010 contrato efetuadas até 31.03.2013 ou o Termo de Homologação da Rescisão de Contrato de Trabalho — THRCT ou o Termo.de Quitação da Rescisão de Contrato de Trabalho... — TQRCT , aprovados pela Portaria MTE n. 2.685, utilizados nas rescisões de 26.12.2011 contrato realizados a partir de 01.02.2013, são os instrumentos de quitação das verbas rescisórias, e será utilizado para serão utilizados para o saque da conta vinculada do FGTS, nas hipóteses que exijam rescisão/extinção do contrato de trabalho, e deve ser apresentado em via original.

3.2. O TRCT, o THRCT e o TQRCT devem, obrigatoriamente, ser assinados pelo empregador/preposto, devidamente identificado(s) no campo "Carimbo e assinatura do empregador ou preposto" do formulário, preferencialmente por meio de carimbo identificador da empresa e do preposto, não sendo permitida a assinatura sobre carbono.

3.3. O TRCT , o THRCT e o TQRCT devem obrigatoriamente, ser assinados pelo trabalhador no campo "Assinatura do Trabalhador", não sendo permitida a assinatura sobre folha carbono.

3.4. O recibo de quitação de rescisão de contrato de trabalho, TRCT, THRCT ou TQRCT somente serão válidos quando formalizado de acordo com a legislação vigente, notadamente quanto à respectiva homologação.

4. DA COMUNICAÇÃO DE MOVIMENTAÇÃO POR MEIO ELETRÔNICO

4.1. Para os códigos de saque 01, 02, 03, ou 04, é facultado ao empregador, comunicar a movimentação dos trabalhadores pela Rede Mundial de Computadores — Internet, por meio do canal eletrônico de relacionamento Conectividade Social, utilizando-se de Certificação Eletrônica.

4.2. Compete ao usuário do Conectividade Social, ao se valer do canal, anotar a chave de identificação por este gerada, no canto superior direito do TRCT ou em campo próprio do THRCT ou do TQRCT objetivando o registro da homologação da rescisão contratual, via Internet, pela entidade sindical representativa da categoria profissional do trabalhador ou Delegacia Regional do Trabalho, se for o caso.

4.2.1. O registro da homologação da rescisão contratual por meio do Conectividade Social não altera ou substitui os procedimentos previstos pela CLT.

4.3. A comunicação de movimentação do trabalhador por meio da Internet não isenta o trabalhador da apresentação dos documentos necessários à liberação dos valores do FGTS, nos termos da legislação vigente.

4.3.1. Entretanto, para os códigos de saque iguais a 01, 03 ou 04, quando o valor a receber for igual ou menor que R$ 1.500,00 (mil e quinhentos reais), é facultado ao trabalhador dirigir-se aos serviços de autoatendimento da CAIXA ou em casa lotéricas, desde que este tenha o Cartão do Cidadão e senha válidos.

4.3.2. Para o código de saque igual a 02 de qualquer valor e para os códigos de saque iguais a 01, 03 e 04 de valor a ser recebido maior que R$ 1.500,00, permanece a exigência de ser apresentada a documentação comprobatória do saque ao atendente da CAIXA.

4.4. A faculdade de outorga da procuração eletrônica pelo empregador, na forma estabelecida para uso do canal eletrônico de relacionamento Conectividade Social, não o exime da responsabilidade civil e penal, respondendo o outorgante, solidariamente com o outorgado, por toda e qualquer informação prestada via Internet, bem como, pelo uso indevido da aplicação.

4.5. O empregador, a entidade homologadora ou a autoridade competente é responsável por toda e qualquer informação prestada via Internet, bem como, pelos efeitos decorrentes desta e pelo uso indevido do aplicativo.

5. DO USO DE INSTRUMENTO DE PROCURAÇÃO

5.1. Não é admissível a representação mediante instrumento de procuração, público ou particular, no pedido de movimentação e no pagamento do saldo da conta vinculada do FGTS para as modalidades previstas nos incisos I, II, III, VIII, IX e X do artigo 20 da Lei n. 8.036/1990, com as alterações introduzidas em legislação posterior.

5.1.1. Os citados incisos referem-se aos códigos de saque 01, 02, 03, 05, 05A, 86, 87N, 04 e 06.

5.2. Para esses códigos de saque, é admitida a representação por instrumento público de procuração, desde que este contenha poderes específicos para este fim, nos casos de grave moléstia, comprovada por perícia médica relatada em laudo, no qual conste a incapacidade de locomoção do titular da conta vinculada do FGTS.

5.2.1. Nos termos do Parecer emitido no Processo-Consulta CFM n. 752/2003, o relatório de uma Junta Médica ou o relatório circunstanciado do médico assistente são considerados como documentos médicos equivalentes ao laudo pericial exigido para a outorga de procuração no caso de doença grave que impeça o comparecimento do titular da conta, nos termos estabelecidos pela MP n.. 2.197-43 ou no caso deste titular se encontrar em estágio terminal em razão da doença que o acometeu, consoante o contido no inciso IV do art. 5º do Decreto n. 3.913/2001.

5.3. Para os demais códigos de saque, é admissível a representação mediante instrumento de procuração, público ou particular, no pedido de movimentação e no pagamento do saldo da conta vinculada do FGTS, independente do tipo da conta vinculada, desde que contenha poderes específicos para este fim.

5.3.1. Para que o instrumento de procuração particular seja válido, a assinatura do outorgante deve ser reconhecida em cartório.

6. DO PAGAMENTO DO FGTS NO EXTERIOR — JAPÃO, ESTADOS UNIDOS DA AMÉRICA e EUROPA

6.1. O titular da conta vinculada residente no Japão, nos Estados Unidos ou na Europa que atender aos motivos do código de saque 01, 04, 05, 86 e 87N poderá solicitar a movimentação de sua conta vinculada FGTS em uma representação consular do Brasil naquele país, observadas as condições constantes desta Circular.

6.2. O trabalhador preenche e assina o formulário "Solicitação de Saque FGTS" disponível no endereço www.caixa.gov.br ou www.fgts.gov.br e o apresenta junto com a documentação necessária no Consulado-Geral do Brasil, no Japão em Hamamatsu, Consulado— Geral do Brasil em Nagoya ou Consulado-Geral do Brasil em Tokyo, no Japão. Nos Estados Unidos: Consulado-Geral do Brasil em Los Angeles; Consulado-Geral do Brasil em Atlanta; Consulado -Geral do Brasil Boston; Consulado-Geral do Brasil em Hartford; Consulado— Geral do Brasil em Nova Iorque; Consulado-Geral do Brasil em Miami; Consulado-Geral do Brasil em Houston; Consulado-Geral do Brasil em São Francisco; Consulado-Geral do Brasil em Chicago e Consulado-Geral do Brasil em Washington. Na Europa: Consulado— Geral do Brasil em Roterdã — Holanda Stationsplein 45, 6º andar, sala 191 3013AK Rotterdam; Consulado-Geral do Brasil em Bruxelas — Bélgica— Rue du Trône, 108 — Ixelles B-1050 Bruxelles ; Consulado— Geral do Brasil em Paris — França— Consulat général du Brésil à Paris 65, Avenue Franklin Roosevelt— 75008 — Paris; Setor Consular da Embaixada do Brasil em Dublin — Irlanda— Ground Floor, Block 8, Harcourt Centre— Charlotte Way, Dublin 2; Consulado-Geral do Brasil em Londres — Inglaterra— 3 Vere Street— Londres W1G 0DG.

6.3. O pagamento será realizado por meio de crédito em conta da Caixa ou de outro banco no Brasil que seja de titularidade do trabalhador.

6.3.1. No caso de não possuir conta bancária no Brasil, o trabalhador pode indicar alguém de sua confiança informando os dados bancários deste para crédito do valor.

6.4. O pagamento deverá ocorrer até 15 dias úteis após a entrega da documentação, condicionada à certificação de que as condições exigidas para movimentação da conta vinculada FGTS foram atendidas.

7. Fica revogada a Circular CAIXA n. 599 de 06 de novembro de 2012.

8. Esta circular CAIXA entra em vigor na data de sua publicação.

FÁBIO FERREIRA CLETO

Vice-Presidente

RESOLUÇÃO CC/FGTS N. 28, DE 06 DE FEVEREIRO DE 1991

(DOU 13.2.91)

ESCLARECE QUE, NOS CASOS DE DESPEDIDA SEM JUSTA CAUSA, O EMPREGADOR DEVE PAGAR DIRETAMENTE AO TRABALHADOR IMPORTÂNCIA IGUAL A QUARENTA POR CENTO DO MONTANTE DE TODOS OS DEPÓSITOS REALIZADOS NA CONTA VINCULADA DURANTE A VIGÊNCIA DO CONTRATO DE TRABALHO, ATUALIZADOS MONETARIAMENTE E ACRESCIDOS DOS RESPECTIVOS JUROS, NÃO SENDO PERMITIDA A DEDUÇÃO DOS SAQUES OCORRIDOS

O Conselho Curador do Fundo de Garantia do Tempo de Serviço — FGTS, com base no inciso VI do art. 5º da Lei n. 8.036, de 11 de maio de 1990;

Considerando controvérsia gerada em face à redação do parágrafo 1º do art. 9º do Decreto n. 99.684, de 8 de novembro de 1990, que regulamenta a Lei n. 8.036, de 11 de maio de 1990, com manifestações discrepantes emanadas de renomados juristas;

Considerando o elevado número de denúncias encaminhadas a diversos sindicatos sobre prejuízos financeiros causados aos trabalhadores demitidos em decorrência de interpretação restritiva do citado artigo;

Considerando a iminência e premência dos sindicatos buscarem a reparação dos danos pela via judicial, fato que, indiscutivelmente, acarretará inúmeros transtornos para a gestão do FGTS;

Considerando que o Decreto n. 99.684 incorpora diversas sugestões do Conselho Curador do FGTS, dentre estas a sistemática de cálculo da multa rescisória de 40% (quarenta por cento) e 20% (vinte por cento) e a forma de atualização de todos os depósitos efetuados na conta vinculada do trabalhador, resolve:

I — Esclarecer que, segundo o disposto no art. 18 da Lei n. 8.036, de 11 de maio de 1990, e no art. 9º do Decreto n. 99.684, de 8 de novembro de 1990, no caso de despedida sem justa causa, ainda que indireta, o empregador deve pagar diretamente ao trabalhador importância igual a quarenta por cento do montante de todos os depósitos realizados na conta vinculada durante a vigência do contrato de trabalho, atualizados monetariamente e acrescidos dos respectivos juros, não sendo permitida a dedução dos saques ocorridos.

II — Reiterar que, quando não for possível atualizar os valores de todos os depósitos efetuados, a base de cálculo para efeito de aplicação dos percentuais de quarenta e vinte por cento devidos, respectivamente, em caso de despedida sem justa causa, ainda que indireta, e despedida por culpa recíproca ou força maior será o equivalente a oito por cento da última remuneração, multiplicado pelo número de meses em que perdurou o contrato de trabalho.

III — Esta Resolução entra em vigor na data de sua publicação, revogadas as disposições em contrário.

Antônio Rogério Magri — Presidente

RESOLUÇÃO CC/FGTS N. 48, DE 18 DE SETEMBRO DE 1991

(DOU 24.9.91)

DISPÕE SOBRE A PARTICIPAÇÃO DAS ENTIDADES SINDICAIS NA FISCALIZAÇÃO DO FGTS

O Conselho Curador do Fundo de Garantia do Tempo de Serviço — FGTS, na forma do artigo 5º da Lei n. 8.036, de 11 de maio de 1990;

Considerando as dimensões do País, o reduzido número de agentes fiscalizadores e a grande quantidade de empresas a serem fiscalizadas quanto aos depósitos do FGTS, que são feitos em cerca de 25 milhões de contas vinculadas;

Considerando os indícios de que vem crescendo o número de empresas inadimplentes para com o FGTS;

Considerando que, em face destas circunstâncias, é necessário buscar a parceria e a colaboração das entidades sindicais para que a ação fiscalizadora do Estado seja mais eficaz e fique mais protegido o direito dos trabalhadores ao FGTS, resolve:

I — Estimular as entidades sindicais de trabalhadores a colaborarem no controle dos depósitos nas contas vinculadas de seus representados, exercitando a faculdade que o artigo 72 do Decreto n. 99.684/90, lhes assegura de, independentemente de procuração, obter informações relativas ao FGTS junto ao empregador, ao banco depositário ou à Caixa Econômica Federal.

II — Esclarecer que, não obtidas as informações referidas no item anterior ou, se obtidas, for constatado débito do empregador, a entidade sindical poderá escolher qualquer das seguintes providências, de forma sucessiva ou concomitante:

a) formular denúncia à fiscalização do trabalho, para os fins do artigo 23 da Lei n. 8.036/90;

b) ingressar com reclamação trabalhista contra o empregador inadimplente, perante a Justiça do Trabalho, na condição de substituto processual, assegurada no artigo 25 da Lei n. 8.036/90.

III — A faculdade da entidade sindical de obter as informações referidas no item I não abrange os atos de gestão ou de aplicação dos recursos do FGTS.

IV — Esta Resolução entra em vigor na data de sua publicação, revogadas as disposições em contrário.

João de Lima Teixeira Filho — Presidente em exercício

RESOLUÇÃO CC/FGTS N. 64, DE 17 DE DEZEMBRO DE 1991

(DOU 13.1.92)

ESTABELECE MULTA PARA O EMPREGADOR QUE NÃO REPASSAR AOS EMPREGADOS OS EXTRATOS DAS CONTAS VINCULADAS JÁ CENTRALIZADAS NA CEF E DÁ OUTRAS PROVIDÊNCIAS

O Conselho Curador do Fundo de Garantia do Tempo de Serviço — FGTS, na forma do artigo 5º da Lei n. 8.036, de 11 de maio de 1990, resolve:

I — O empregador que, no prazo de 72 horas, não repassar aos empregados os extratos de contas vinculadas encaminhados pela Caixa Econômica Federal — CEF, relativamente às contas já centralizadas, fica sujeito à multa de Cr$ 860,00 (oitocentos e sessenta cruzeiros) a Cr$ 2.150,00 (dois mil, cento e cinquenta cruzeiros), em favor do trabalhador prejudicado, a ser cobrada judicialmente, pelo interessado ou pelo respectivo sindicato profissional, na condição de substituto processual.

II — O valor da multa, cuja fixação a Justiça do Trabalho decidirá de acordo com a intensidade e reincidência da falta, será reajustado mensalmente pela variação do índice de remuneração básica dos depósitos de poupança.

III — Aplica-se o disposto no item anterior aos extratos encaminhados pelos bancos depositários aos empregadores, relativamente às contas ainda não centralizadas na CEF.

IV — Ficam suspensos os efeitos do item II da Resolução n. 49, de 12 de novembro de 1991, até posterior deliberação.

V — Esta Resolução entra em vigor na data de sua publicação.

João de Lima Teixeira Filho — Presidente em exercício

LEI N. 10.555, DE 13 DE NOVEMBRO DE 2002

(DOU 14.11.02)

AUTORIZA CONDIÇÕES ESPECIAIS PARA O CRÉDITO DE VALORES IGUAIS OU INFERIORES A R$ 100,00, DE QUE TRATA A LEI COMPLEMENTAR N. 110, DE 29 DE JUNHO DE 2001, E DÁ OUTRAS PROVIDÊNCIAS

Faço saber que o Presidente da República adotou a Medida Provisória n. 55, de 2002, que o Congresso Nacional aprovou, e eu, Ramez Tebet, Presidente da Mesa do Congresso Nacional, para os efeitos do disposto no art. 62 da Constituição Federal, com a redação dada pela Emenda Constitucional n. 32, de 2001, promulgo a seguinte Lei:

Art. 1º Fica a Caixa Econômica Federal autorizada a creditar em contas vinculadas específicas do Fundo de Garantia do Tempo de Serviço — FGTS, a expensas do próprio Fundo, os valores do complemento de atualização monetária de que trata o art. 4º da Lei Complementar n. 110, de 29 de junho de 2001, cuja importância, em 10 de julho de 2001, seja igual ou inferior a R$ 100,00 (cem reais).

§ 1º A adesão de que trata o art. 4º da Lei Complementar n. 110, de 2001, em relação às contas a que se refere o *caput*, será caracterizada no ato de recebimento do valor creditado na conta vinculada, dispensada a comprovação das condições de saque previstas no art. 20 da Lei n. 8.036, de 11 de maio de 1990.

§ 2º Caso a adesão não se realize até o final do prazo regulamentar para o seu exercício, o crédito será imediatamente revertido ao FGTS.

Art. 2º O titular de conta vinculada do FGTS, com idade igual ou superior a sessenta anos ou que vier a completar essa idade a qualquer tempo, fará jus ao crédito do complemento de atualização monetária de que trata a Lei Complementar n. 110, de 2001, com a redução nela prevista, em parcela única, desde que tenha firmado o termo de adesão de que trata o art. 6º da mencionada Lei Complementar. *(NR) (Redação dada pela Lei n 10.936(*), de 12.8.04, DOU 13.8.04)*

Art. 2º-A. O beneficiário de titular de conta vinculada do FGTS, falecido, terá direito ao crédito do complemento de atualização monetária de que trata a Lei Complementar n. 110, de 2001, com a redução nela prevista, em parcela única, desde que tenha sido firmado pelo beneficiário ou pelo próprio titular o termo de adesão de que trata o art. 6º da mencionada Lei Complementar." *(NR) — (Acrescentado pela Lei n 10.936(*), de 12.8.04, DOU 13.8.04)*

Obs: Os arts. 3º e 4º da Lei n. 10.936 dispõem:

Art. 3º O titular de que trata o art. 2º da Lei n. 10.555, de 2002, terá direito ao crédito nele referido no mês seguinte ao de publicação desta Lei ou no mês subsequente ao que completar sessenta anos.

Art. 4º O beneficiário de que trata o art. 2º-A da Lei n. 10.555, de 2002, terá direito ao crédito nele referido após trinta dias da publicação desta Lei ou de falecimento do titular da conta vinculada do FGTS.

Art. 3º Esta Lei entra em vigor na data de sua publicação.

Congresso Nacional, em 13 de novembro de 2002; 181º da Independência e 114º da República.

Senador Ramez Tebet
Presidente da Mesa do Congresso Nacional

LEI N. 8.406, DE 9 DE JANEIRO DE 1992

(DOU 10.1.92)

DISPÕE SOBRE A PUBLICAÇÃO DE INFORMAÇÕES RELATIVAS AO FUNDO DE GARANTIA DO TEMPO DE SERVIÇO — FGTS PELO MINISTÉRIO DO TRABALHO E DA PREVIDÊNCIA SOCIAL E PELA CAIXA ECONÔMICA FEDERAL

O PRESIDENTE DA REPÚBLICA,

Faço saber que o Congresso Nacional decreta e eu sanciono a seguinte Lei:

Art. 1º O Ministério do Trabalho e da Previdência Social — MTPS elaborará e imprimirá, após aprovação pelo Conselho Curador do Fundo de Garantia do Tempo de Serviço — FGTS, manual com as informações básicas acerca do Fundo, discriminando especialmente:

I — definição dos objetivos do Fundo;

II — possibilidades de utilização dos recursos depositados;

III — responsáveis pela administração do Fundo e pelas informações a ele relativas;

IV — faculdade que tem o trabalhador, ou seus dependentes e sucessores, ou ainda o sindicato de sua categoria profissional para denunciar:

a) o empregador omisso no cumprimento da legislação relativa ao Fundo;

b) o estabelecimento bancário pela omissão na liberação dos recursos e na prestação das informações devidas na forma da legislação pertinente.

V — faculdade para acionar judicialmente a empresa ou o banco omisso;

VI — documentos de que dispõe o trabalhador para acompanhar e fiscalizar os pagamentos das contribuições devidas ao Fundo.

PARÁGRAFO ÚNICO. O manual a que se refere este artigo será distribuído pelo Ministério do Trabalho e da Previdência Social no momento da emissão da Carteira de Trabalho e Previdência Social.

Art. 2º O verso do extrato do Fundo de Garantia do Tempo de Serviço, fornecido pela Caixa Econômica Federal a cada trabalhador por força da Lei n. 8.036, de 11 de maio de 1990, deverá conter informações atualizadas, especialmente quanto:

I — às hipóteses de saques;

II — aos critérios para atualização dos recursos;

III — aos procedimentos para o levantamento dos depósitos.

PARÁGRAFO ÚNICO. Até que seja concluída a centralização das contas do FGTS na Caixa Econômica Federal, os extratos contendo as informações atualizadas serão fornecidos pelos respectivos bancos depositários.

Art. 3º Esta Lei entra em vigor na data de sua publicação.

Art. 4º Revogam-se disposições em contrário.

Brasília, 9 de janeiro de 1992; 171º da Independência e 104º da República.

Fernando Collor
Marcílio Marques Moreira
Antônio Magri

LEI N. 11.491, DE 20 DE JUNHO DE 2007

(DOU 21.6.07, Retificada no DOU de 22.6.07)

INSTITUI O FUNDO DE INVESTIMENTO DO FUNDO DE GARANTIA DO TEMPO DE SERVIÇO — FI-FGTS, ALTERA A LEI N. 8.036, DE 11 DE MAIO DE 1990, E DÁ OUTRAS PROVIDÊNCIAS

V. Resolução n. 545, de 11.12.07 (DOU 12.12.07), do Conselho Curador do Fundo de Garantia do Tempo de Serviço — FGTS que constitui o Comitê de Investimento do Fundo de Investimento do Fundo de Garantia do Tempo de Serviço — FI-FGTS e dá outras providências. (não publicada nesta obra)

V. Resolução n. 553, de 20 de dezembro de 2007 (DOU 24.12.07), do Conselho Curador do Fundo de Garantia por Tempo de Serviço — FGTS que aprova o regulamento do Fundo de investimento do Fundo de Garantia do Tempo de Serviço — FI-FGTS. (não publicada nesta obra)

V. Resolução n. 563, de 6 de maio de 2008 (DOU 11.6.08), do Conselho Curador do Fundo de Garantia do Tempo de Serviço que aprova alteração do Regulamento do Fundo de Investimento do Fundo de Garantia do Tempo de Serviço — FI-FGTS e dá outras providências (não publicada nesta obra)

O PRESIDENTE DA REPÚBLICA

Faço saber que o Congresso Nacional decreta e eu sanciono a seguinte Lei:

Art. 1º Fica criado o Fundo de Investimento do Fundo de Garantia do Tempo de Serviço — FI-FGTS, caracterizado pela aplicação de recursos do FGTS, destinado a investimentos em empreendimentos dos setores de aeroportos, energia, rodovia, ferrovia, hidrovia, porto e saneamento, de acordo com as diretrizes, critérios e condições que dispuser o Conselho Curador do FGTS.(NR) *(Redação dada pela Lei n. 12.873, de 24.10.13, DOU 25.10.13)*

§ 1º O FI-FGTS terá patrimônio próprio, segregado do patrimônio do FGTS, e será disciplinado por instrução da Comissão de Valores Mobiliários — CVM.

§ 2º A administração e a gestão do FI-FGTS serão da Caixa Econômica Federal, na qualidade de Agente Operador do FGTS, cabendo ao Comitê de Investimento — CI, a ser constituído pelo Conselho Curador do FGTS, a aprovação dos investimentos.

§ 3º Na hipótese de extinção do FI-FGTS, o seu patrimônio total será distribuído aos cotistas na proporção de suas participações, observado o disposto no inciso VIII do *caput* do art. 7º e no § 8º do art. 20, ambos da Lei n. 8.036, de 11 de maio de 1990, com a redação dada por esta Lei.

Art. 2º Fica autorizada a aplicação de R$ 5.000.000.000,00 cinco bilhões de reais) do patrimônio líquido do FGTS para integralização de cotas do FI-FGTS.

Parágrafo único. Após a aplicação integral dos recursos de que trata o *caput* deste artigo, poderá a Caixa Econômica Federal propor ao Conselho Curador do FGTS a aplicação sucessiva de parcelas adicionais de até R$ 5.000.000.000,00 (cinco bilhões de reais) cada, até ser atingido o valor limite equivalente a 80% (oitenta por cento) do patrimônio líquido do FGTS registrado em 31 de dezembro do exercício anterior àquele em que se der a autorização para a integralização das cotas. *(Redação dada pela Lei n. 12.087, de 11.11.09, DOU 12.11.09)*

Art. 3º A Lei n. 8.036, de 11 de maio de 1990, passa a vigorar com as seguintes alterações: (As alterações já foram inseridas no texto da respectiva lei)

Art. 4º (VETADO)

Art. 5º Esta Lei entra em vigor na data de sua publicação.

Brasília, 20 de junho de 2007; 186º da Independência e 119º da República.

Luiz Inácio Lula da Silva,
Tarso Genro,
Guido Mantega,
Fernando Haddad e
José Antonio Dias Toffoli

PORTARIA GM/MTb N. 148, DE 25 DE JANEIRO DE 1996

(DOU 26.1.96)

APROVA NORMAS PARA A ORGANIZAÇÃO E TRAMITAÇÃO DOS PROCESSOS DE MULTAS ADMINISTRATIVAS E DE NOTIFICAÇÕES PARA DEPÓSITOS DO NDFG

V. Portaria n. 10.875, de 16 de agosto de 2007, DOU 24.8.07, que disciplina o processo administrativo fiscal relativo às contribuições sociais de que tratam os arts. 2º e 3º da Lei n. 11.457, de 16 de março de 2007 (não publicada na CLT)

V. Portaria n. 546, do MTE de 11.3.10, direcionada aos Auditores Fiscais do Trabalho (não publicado nesta obra)

O MINISTRO DE ESTADO DO TRABALHO, no uso de suas atribuições legais e considerando a necessidade de expedir instruções para a execução do disposto no Título VII da Consolidação das Leis do Trabalho — CLT, e tendo em vista o § 1º do artigo 23 da Lei n. 8.036, de 11 de maio de 1990, resolve:

Baixar as presentes normas sobre a organização e tramitação dos processos de multas administrativas e de Notificação para Depósitos de FGTS — NDFG.

CAPÍTULO I

Da Organização do Processo

Art. 1º Os processos administrativos de aplicação de multas e de Notificação para Depósitos de FGTS iniciar-se-ão com a lavratura do Auto de Infração e a emissão da NDFG, respectivamente.

Art. 2º Na organização e instrução do processo administrativo, serão observados os seguintes procedimentos:

I — os Autos de Infração e as NDFG serão protocolizados e organizados na forma de autos forenses;

II — o número de protocolo será sempre o mesmo, ainda quando o processo seja remetido a outro órgão ou instância superior;

III — as informações, despachos, termos, pareceres, documentos e demais peças do processo serão dispostos em ordem cronológica da entrada no processo, sendo cada folha numerada e rubricada a tinta;

Legislação Complementar

IV — a remissão a qualquer documento constante do processo será feita sempre com a indicação precisa do número do processo e do número da folha em que se encontra;

V — quando a remissão for feita a documento constante de processo anexado, far-se-á indicação do número do processo e do número da folha em que se encontra;

VI — nas informações e despachos, cuidar-se-á para que:

a) a escrita seja legível, adotando-se a datilografia ou o microcomputador;

b) a redação seja clara, concisa, precisa e a linguagem isenta de agressão e parcialidade;

c) seja feita a transcrição dos textos legais citados;

d) sejam ressalvados, ao final, os espaços em branco, as entrelinhas, emendas e rasuras; e

e) conste se houve defesa e se esta foi apresentada dentro ou fora do prazo previsto.

VII — a conclusão das informações ou despachos conterá:

a) a denominação do órgão em que tem exercício o servidor, permitida a abreviatura:

b) data; e

c) assinatura e nome do servidor com o cargo e a função.

Art. 3º O processo em andamento deverá conter, após cada ato, a declaração da data do recebimento e do encaminhamento.

Art. 4º Serão canceladas do processo, pela autoridade competente, expressões consideradas descorteses ou injuriosas.

Art. 5º Os atos e termos procedimentais, quando a lei não prescrever forma determinada, conterão somente o indispensável a sua finalidade.

CAPÍTULO II

Do Auto de Infração e da Notificação para Depósito do Fundo de Garantia — NDFG

SEÇÃO I

Disposições Gerais

Art. 6º O Auto de Infração e a Notificação para Depósito do Fundo de Garantia — NDFG terão suas características definidas em modelo oficial e serão preenchidos a tinta, em letra de forma ou datilograficamente, sem entrelinhas, emendas, rasuras ou vícios que possam acarretar sua nulidade, sob pena de responsabilidade do autuante e/ou notificante.

Art. 7º O Auto de Infração e a NDFG não terão seu valor probante condicionado à assinatura do infrator e de testemunhas e serão lavrados no local da inspeção, salvo nas seguintes hipóteses:

I — quando o local não oferecer condições;

II — quando sua lavratura possa perturbar o funcionamento do local fiscalizado;

III — quando houver resistência, desacato ou qualquer outra forma de constrangimento contra o Agente da Inspeção do Trabalho;

IV — quando se tratar de Notificação para Apresentação de Documentos — NAD e de Notificação para Comprovação do Cumprimento de Obrigações Trabalhistas, decorrentes das modalidades de fiscalização indireta ou mista. (NR) *(Redação dada pela Portaria GM/MTE n. 287, de 27.2.14, DOU 28.2.14)*

PARÁGRAFO ÚNICO. Cabe ao Agente da Inspeção do Trabalho consignar no corpo do auto e no verso da NDFG a hipótese ocorrida.

Art. 8º Poderão ser apreendidos, pelo Agente da Inspeção do Trabalho, mediante termo, quaisquer papéis e documentos que constituam prova material da infração.

PARÁGRAFO ÚNICO. Poderá o empregador, se o desejar, fornecer em substituição aos documentos exigidos pelo agente fiscalizador, para fins de apreensão, cópias devidamente autenticadas, salvo quando o fato constituir ação penal, caso em que o documento original acompanhará o processo-crime, mantida uma cópia em poder do empregador.

SEÇÃO II

Do Auto de Infração

Art. 9º O Auto de Infração, pré-numerado sequencialmente, será lavrado em 3 (três) vias e conterá os seguintes elementos:

I — nome, endereço e CEP do autuado;

II — ramo de atividade (CNAE), número de empregados e número de inscrição no CGC ou CPF do Ministério da Fazenda ou CEI do Ministério da Previdência Social;

III — ementa da autuação e seu código;

IV — descrição clara e precisa do fato caracterizado como infração, com referência às circunstâncias pertinentes, relacionado pelo menos um empregado em situação ou atividade irregular, exceto quando a lei cominar multa *per capita*, hipótese em que deverão ser relacionados todos os empregados em situação ou atividade irregular.

V — capitulação do fato mediante citação expressa do dispositivo legal infringido;

VI — elementos de convicção;

VII — ciência do prazo para apresentação de defesa e indicação do local para sua entrega;

VIII — local, data e hora da lavratura;

IX — assinatura e carimbo do autuante contendo nome, cargo e matrícula;

X — assinatura e identificação do autuado, seu representante ou preposto.

§ 1º Quando se tratar de Auto de Infração com capitulação no artigo 630 e seus parágrafos, da Consolidação das Leis do Trabalho — CLT, não há necessidade de relacionar pelo menos um empregado em situação ou atividade irregular conforme previsto no inciso IV deste artigo;

§ 2º O Auto de Infração será lavrado em três vias que terão a seguinte destinação: a 1ª via será entregue no protocolo da Delegacia Regional do Trabalho, para instauração do processo administrativo, em 48 horas contados de sua lavratura; a 2ª via ficará com o autuado, e a 3ª via ficará com o autuante.

§ 3º Em se tratando de fiscalização rural não será obedecido o prazo de 48 horas para entregar a 1ª via no protocolo da Delegacia Regional do Trabalho, dando-se a entrega ao término da ação fiscal.

§ 4º Todos os documentos que servirem de base ao Auto de Infração deverão ser visados pelo agente, salvo os oficiais e os livros contábeis.

§ 5º Havendo recusa no recebimento do Auto de Infração durante a ação fiscal, a 1ª via do mesmo será entregue no setor/seção de multas e recursos que a enviará, via postal, com aviso de recebimento — AR.

§ 6º Persistindo a recusa após envio postal, o Auto de Infração será publicado, através de edital, no DOU ou em jornal de grande circulação local. (*Redação dada pela Portaria n. 241, de 15.4.98. (DOU 16.4.98).*

Art. 10. A omissão ou incorreção no Auto de Infração não acarretará sua nulidade quando do processo constarem elementos suficientes para a caracterização da falta.

§ 1º Quando se tratar de omissão ou erro na capitulação da infração, caberá à autoridade regional, mediante despacho saneador e antes do julgamento, corrigir a irregularidade, concedendo novo prazo à autuada para apresentar defesa. *(Redação dada pela Portaria n. 241, de 15.4.98, DOU 16.4.98).*

§ 2º A constatação de mais de um tipo de irregularidade acarretará a lavratura de autos de infração distintos.

SEÇÃO III

Da Notificação para Depósitos de Fundo de Garantia — NDFG

Art. 11. Constatado que o depósito devido ao FGTS não foi efetuado, ou foi efetuado a menor, será expedida contra o infrator, Notificação para Depósito do Fundo de Garantia — NDFG, sem prejuízo da lavratura dos Autos de Infração que couberem.

Art. 12. A NDFG, pré-numerada sequencialmente, será emitida em quatro vias e conterá os seguintes elementos:

I — código de unidade organizacional do Ministério do Trabalho — UORG;

II — nome do notificado, número de inscrição no CGC ou CPF do Ministério da Fazenda ou CEI do Ministério da Previdência Social;

III — endereço do notificado;

IV — indicação do banco depositário;

V — prazo de dez dias para recolhimento do débito ou apresentação de defesa, devendo estar expresso que esse está lançado em moeda e valores da data da competência devida, aos quais serão acrescidos juros de mora, atualização monetária e multa, com as indicações dos dipositivos legais infringidos;

VI — indicação discriminativa dos débitos, por mês e ano de competência;

VII — discriminação do número de folhas que compõem a NDFG no montante apurado com a indicação dos elementos e documentos de onde o mesmo foi extraído;

VIII — ciência do prazo para apresentação de defesa e indicação do local para sua entrega;

IX — local e data da lavratura;

X — assinatura e identificação do notificado ou seu preposto;

XI — assinatura e carimbo do notificante, contendo, cargo e matrícula.

§ 1º As quatro vias da NDFG terão a seguinte destinação:

a) 1ª via — será entregue no protocolo da Delegacia Regional do Trabalho, para instauração do processo;

b) 2ª via — será entregue ao notificado;

c) 3ª via — será enviada à Caixa Econômica Federal — CEF, após vencidas todas as instâncias recursais;

d) 4ª via — ficará com o fiscal notificante;

§ 2º A Guia de Recolhimento do FGTS — GRE obedecerá ao modelo e instruções expedidos pela Caixa Econômica Federal — CEF.

CAPÍTULO III

Da Competência

Art. 13. Compete ao Delegado Regional do Trabalho a organização do processo.

PARÁGRAFO ÚNICO. Aos Agentes da Inspeção do Trabalho, conforme a matéria específica objeto da autuação ou notificação, compete a análise dos processos de Auto de Infração e de NDFG.

Art. 14. O julgamento do processo compete:

I — em primeira instância, aos Delegados Regionais do Trabalho;

II — em segunda instância, ao Secretário de Fiscalização do Trabalho ou ao Secretário de Segurança e Saúde no Trabalho, conforme a matéria objeto da autuação ou notificação.

CAPÍTULO IV

Da Ciência ao Autuado e ao Notificado

Art. 15. O autuado e o notificado serão cientificados do inteiro teor das decisões, por escrito, mantendo-se cópia no processo, podendo a ciência ser feita: (*Redação dada pela Portaria n. 241, de 15.4.98, DOU 16.4.98).*

I — pessoalmente;

II — por via postal, telegráfica ou outro meio de telecomunicação escrita, com prova de recebimento;

III — por edital, publicado no DOU ou jornal da localidade do domicílio do interessado ou que nele circule, quando este estiver em lugar incerto e não sabido.

§ 1º A notificação ou ciência pessoal, postal, telegráfica ou outro meio de telecomunicação escrita, pode ser feita ao representante legal do interessado. *(Redação dada pela Portaria n. 241, de 15.4.98, DOU 16.4.98).*

§ 2º Quando a decisão acolher a análise do Agente da Inspeção do Trabalho, esta deverá ser também encaminhada ao autuado ou notificado. *(Redação dada pela Portaria n. 241, de 15.4.98, DOU 16.04.98).*

Art. 16. Considera-se feita a notificação:

I — pessoal, na data da ciência do interessado;

II — por via postal, telegráfica, ou outro meio de telecomunicação escrita, 48 horas após a sua regular expedição, mesmo que o destinatário não tenha colocado a data no aviso de recebimento — AR;

III — por edital, dez dias após sua publicação.

CAPÍTULO V

Dos Prazos

Art. 17. Os prazos são contínuos e se contam com a exclusão do dia da notificação ou ciência e inclusão do dia do vencimento.

PARÁGRAFO ÚNICO. Os prazos só se iniciam ou vencem no dia de expediente normal do órgão onde tramitar o processo.

Art. 18. Atendendo a circunstâncias especiais, a autoridade competente poderá em despacho fundamentado:

I — acrescer até o dobro o prazo para defesa, recurso ou impugnação da exigência, quando o interessado residir em localidade diversa daquela onde se achar a autoridade;

II — prorrogar o prazo para a realização de diligência;

III — conceder novo prazo de dez dias para recolhimento do débito ou apresentação de defesa, no caso de emissão de Termo de Retificação de NDFG.

Art. 19. O prazo para realização de ato processual que lhe caiba providenciar, será de oito dias, sob pena de responsabilidade administrativa do servidor.

§ 1º O servidor poderá requerer à chefia imediata a dilatação do prazo, justificado o pedido.

§ 2º A chefia imediata certificará o vencimento dos prazos.

CAPÍTULO VI

Das Nulidades

Art. 20. Revestem-se de nulidade:

I — os atos e termos lavrados por funcionários que não tenham competência legal para fazê-lo;

II — as decisões proferidas por autoridade incompetente ou com preterição do direito de defesa;

III — as decisões destituídas de fundamentação.

§ 1º — A nulidade não será declarada:

a) quando for possível repetir o ato ou retificar o auto de infração, nos termos do art. 10; *(Redação dada pela Portaria n. 241, de 15.4.98, DOU 16.4.98).*

b) quando arguida por quem tiver dado causa.

§ 2º — A autoridade que declarar a nulidade informará atos a que ela se estende e não prejudicará senão os posteriores que deles dependam ou sejam consequência.

Art. 21. As nulidades somente serão declaradas:

I — *ex officio*, nas hipóteses, incisos I e II do artigo anterior;

II — mediante provocação do interessado ou procurador legalmente constituído, só podendo ser arguida na primeira oportunidade em que o interessado tiver de falar nos autos.

CAPÍTULO VII

Do Processo em Primeira Instância

SEÇÃO I

Início do Processo

Art. 22. Após protocolizado o Auto de Infração ou a NDFG e organizado o processo, o setor de multas e recursos cadastrará e informará se o infrator é primário ou reincidente.

PARÁGRAFO ÚNICO. Será considerado reincidente o infrator que for autuado por infração ao mesmo dispositivo, antes de decorridos dois anos da última imposição de penalidade, após vencidas as instâncias recursais.

SEÇÃO II

Da Defesa

Art. 23. A defesa, formalizada por escrito e instruída com documentos que a fundamentarem, será apresentada à Delegacia Regional no prazo de dez dias, contados do recebimento do Auto de Infração ou da NDFG.

Art. 24. A defesa mencionará:

I — a autoridade a quem é dirigida;

II — a qualificação do interessado;

III — os motivos de fato e de direito em que se fundamentar; e

IV — as diligências que o interessado pretende que sejam efetuadas.

§ 1º A defesa quando assinada por procurador legalmente constituído será acompanhada do respectivo mandato.

§ 2º As provas documentais, se apresentadas por cópia, deverão ser autenticadas.

§ 3º As irregularidades verificadas nos documentos de que tratam os parágrafos anteriores serão, a critério da autoridade regional, notificadas ao interessado para querendo, saneá-las no prazo de 10(dez) dias. *(Redação dada pela Portaria n. 241, de 15.4.98, DOU 16.4.98).*

SEÇÃO III

Das Diligências e Saneamento

Art. 25. O Delegado Regional do Trabalho determinará de ofício, ou a requerimento do interessado, a realização de diligências necessárias à apuração dos fatos, inclusive audiência de testemunhas, indeferindo as que considerar procrastinatórias.

Art. 26. Havendo necessidade de proceder alterações na NDFG, o Fiscal do Trabalho lavrará "Termo de Retificação de NDFG".

PARÁGRAFO ÚNICO. O Termo de Retificação de NDFG será emitido em quatro vias, que terão a mesma destinação da NDFG, sendo que a 1ª via será parte integrante do processo original.

SEÇÃO IV

Da Decisão

Art. 27. A decisão será fundamentada, clara, precisa e objetiva, e evitará o uso de expressões vagas, código ou siglas, a fim de que o interessado possa, de pronto, dar-lhe cumprimento ou requerer o que couber.

Art. 28. A decisão poderá ser:

I — pela procedência total;

II — pela procedência parcial;

III — pela improcedência.

Art. 29. Das decisões do processo, assim como dos despachos que determinarem saneamento do processo ou realização de diligência, o interessado será cientificado com observância dos arts. 15, 16 e 27.

Art. 30. As inexatidões materiais, devidas a lapso, a erros de escrita ou de cálculos, existentes na decisão, poderão ser corrigidas de ofício ou a requerimento do interessado.

SEÇÃO V

Do Cumprimento das Decisões

Art. 31. A Delegacia Regional do Trabalho dará ciência da decisão ao autuado ou notificado para recolher o valor da multa administrativa ou do débito para com o FGTS, no prazo de dez dias.

§ 1º A guia de depósito para recurso ou recolhimento de multa obedecerá ao modelo e instruções próprias do formulário DARF, sendo utilizado os seguintes códigos:

a) 0289 — Multas da Legislação Trabalhista;

b) 2877 — Relação Anual de Informações Sociais — RAIS, Seguro-Desemprego e Cadastro Permanente de Admissão e Dispensa — CAGED;

c) 7309 — Depósito para Recurso.

§ 2º As guias de recolhimento do FGTS obedecerão modelos e instruções expedidas pela Caixa Econômica Federal — CEF.

§ 3º Feita a conferência da guia de recolhimento pela Caixa Econômica Federal, o interessado apresentará a mesma ao órgão notificante para verificação do valor quitado e consequente baixa do processo.

§ 4º Os parcelamentos de débito, quando formalizado pela Caixa Econômica Federal, suspendem o processo administrativo, cabendo ao empregador apresentar à Delegacia Regional do Trabalho cópia do acordo e comprovante de seu cumprimento até quitação final, para que seja anexado ao respectivo processo.

Art. 32. A multa administrativa será reduzida de cinquenta por cento e o infrator, renunciando ao recurso, a recolher no prazo de dez dias contados do recebimento da notificação, da decisão ou da publicação do edital, observando a contagem de prazo estabelecida no art. 17 da presente Portaria.

§ 1º O depósito da multa, administrativa, para efeito de recurso, deverá ser realizado sobre seu valor integral.

§ 2º O infrator remeterá uma via da guia de recolhimento autenticada pela instituição bancária ao órgão notificante para que seja juntada ao processo.

CAPÍTULO VIII

Dos Recursos

SEÇÃO I

Do Recurso Voluntário

Art. 33. Da decisão que impuser multa administrativa ou julgar procedente, total ou parcialmente, débito para com o FGTS, caberá recurso à Secretaria de Fiscalização do Trabalho ou à Secretaria e Saúde no Trabalho do Ministério do Trabalho, no prazo de dez dias, contados da notificação da decisão.

Art. 34. O recurso será interposto perante a autoridade que houve imposto a multa ou julgado o débito para com o FGTS e conterá os mesmos requisitos da defesa, no que couber.

PARÁGRAFO ÚNICO. O recurso da decisão que impuser multa administrativa será instruído com prova de seu depósito, sem a qual não terá prosseguimento.

Art. 35. O processo, devidamente instruído e com as contrarrazões de recurso, será encaminhado à Secretaria de Fiscalização do Trabalho, no prazo máximo de oito dias.

SEÇÃO II

Do Recurso de Ofício

Art. 36. De toda decisão que implicar arquivamento do processo, a autoridade prolatora recorrerá de ofício à autoridade competente de instância superior.

PARÁGRAFO ÚNICO. Não havendo recurso de ofício, o servidor que verificar o fato, comunicará à autoridade julgadora, para cumprimento daquela formalidade. Persistindo a irregularidade, esta deverá ser comunicada à autoridade de instância superior.

CAPÍTULO IX

Do Processo em Segunda Instância

Art. 37. Aplica-se às decisões de segunda instância o estabelecido nos artigos 27, 29 e 30 desta norma.

Art. 38. Proferida a decisão de segunda instância, os autos serão devolvidos à Delegacia Regional do Trabalho para ciência do interessado e para o seu cumprimento, observado, se for o caso, o disposto no art. 31.

CAPÍTULO X

Da Dívida para com o Fundo de Garantia do Tempo de Serviço — FGTS e da Cobrança das Multas Administrativas

Art. 39. Decorrido o prazo de defesa da NDFG, sem a manifestação do devedor ou julgadas improcedentes suas razões ou esgotados os prazos recursos, encaminhar-se-á o processo à Caixa Econômica Federal que o preparará para inscrição em Dívida Ativa da União, competência esta da Procuradoria da Fazenda Nacional.

Art. 40. Decorrido o prazo de defesa do Auto de Infração, sem a manifestação do autuado ou julgadas improcedentes suas razões ou esgotados os prazos recursais, encaminhar-se-á o processo de multa administrativa à Procuradoria da Fazenda Nacional.

CAPÍTULO XI

Das Disposições Gerais

Art. 41. Os processos de NDFG oriundos do Instituto Nacional de Seguridade Social — INSS obedecerão o disposto nesta Portaria.

Art. 42. Todo documento dirigido à autoridade que não tenha competência para decidir sobre a matéria será encaminhado ao órgão competente, no prazo máximo de 10 (dez) dias.

Art. 43. Aos Secretários de Fiscalização do Trabalho e de Segurança e Saúde no Trabalho compete resolver os casos omissos desta Portaria, no âmbito de suas atribuições.

Art. 44. Esta Portaria entre em vigor na data de sua publicação, revogada a Instrução Normativa SRT n. 01, de 30.6.86, a Portaria n. 426, de 29.6.92, e demais disposições em contrário.

Paulo Paiva

PORTARIA MTE N. 60, DE 4 DE FEVEREIRO DE 1999

(DOU 8.2.99)

FGTS — MULTA RESCISÓRIA PELO EMPREGADOR

O MINISTRO DE ESTADO DO TRABALHO E EMPREGO, no uso de suas atribuições legais, e considerando a necessidade de adotar medidas que visem a preservação do direito do trabalhador de movimentar sua conta vinculada do FGTS, diante do não recolhimento da multa rescisória pelo empregador, resolve:

Art. 1º O agente homologador, ao constatar o não recolhimento pelo empregador da multa rescisória de que trata o art. 18 da Lei n. 8.036, de 11 de maio de 1990, que deve ser depositada na conta vinculada do FGTS do trabalhador, na hipótese de despedida sem justa causa, inclusive a indireta, de culpa recíproca e de força maior, deverá adverti-lo quanto aos prazos e às penalidades a que está sujeito, em conformidade com o disposto no art. 477 da Consolidação das Leis do Trabalho — CLT e no art. 23 da Lei n. 8.036/90.

§ 1º Caso o empregador não efetue o referido depósito na conta vinculada do FGTS do trabalhador, a homologação será efetuada com ressalva, relatando-se o fato no Termo de Rescisão do Contrato de Trabalho — TRCT.

§ 2º Na homologação realizada na Delegacia Regional do Trabalho — DRT, a não exibição do comprovante do referido depósito ensejará imediata lavratura de auto de infração para fins de imposição de multa.

§ 3º Em se tratando de homologação realizada pelo Sindicato e na hipótese de ocorrência do previsto no § 1º, será encaminhada denúncia à DRT, para a adoção das devidas providências.

§ 4º O TRCT, contendo a ressalva quanto ao não recolhimento da referida multa rescisória, é documento comprobatório para efeito de movimentação da conta vinculada pelo trabalhador perante o agente operador do FGTS, além dos demais requisitos exigidos pelas normas em vigor.

Art. 2º No caso de rescisão do contrato de trabalho com menos de um ano, sem justa causa, inclusive a indireta, de culpa recíproca e de força maior, diante do não recolhimento da multa rescisória, a DRT, por solicitação do trabalhador ou mediante comunicado do agente operador do FGTS sobre a referida ocorrência, adotará os procedimentos de fiscalização cabíveis para apuração da infração denunciada, sem prejuízo da movimentação da conta vinculada do FGTS pelo trabalhador.

Art. 3º Esta Portaria entra em vigor na data de sua publicação, revogadas as disposições em contrário.

Francisco Dornelles

LEI N. 8.678, DE 13 DE JULHO DE 1993

(DOU 14.7.93)

DISPÕE SOBRE A CONCESSÃO DE BENEFÍCIO NO PAGAMENTO DA MODALIDADE DE SAQUE DO FUNDO DE GARANTIA DO TEMPO DE SERVIÇO — FGTS, PREVISTA NO ART. 20, INCISO VIII, DA LEI N. 8.036, DE 11 DE MAIO DE 1990, E DÁ OUTRAS PROVIDÊNCIAS

O PRESIDENTE DA REPÚBLICA.

Faço saber que o Congresso Nacional decreta e eu sanciono a seguinte Lei:

Art. 1º Fica instituída, a título de bonificação, taxa adicional de juros de 3% (três por cento) ao ano à remuneração dos valores disponíveis nas contas vinculadas do Fundo de Garantia do Tempo de Serviço — FGTS que hajam permanecido sem crédito de depósito por 3 (três) anos ininterruptos, a vigorar no período de 17 de maio de 1993 até 30 (trinta) dias após o término do cronograma de pagamento, instituído pelo Conselho Curador do FGTS para essas contas.

Art. 2º Os recursos necessários ao cumprimento do estabelecido no artigo anterior serão obtidos pela Caixa Econômica Federal através do incremento compensatório da taxa de juros cobrada nas operações de crédito financiadas com recursos do FGTS.

Art. 3º O Conselho Curador do FGTS baixará as instruções complementares necessárias ao cumprimento desta Lei, inclusive quanto aos critérios de cálculo da remuneração *pro rata*, quando for o caso.

Art. 4º O inciso VIII do art. 20, e o art. 21 da Lei n. 8.036, de 11 de maio de 1990, passam a vigorar com a seguinte redação: *(Já incluído na Lei n. 8.036/90).*

Art. 5º Fica o Poder Executivo autorizado a publicar a versão consolidada da Lei n. 8.036, de 1990.

Art. 6º Esta Lei entra em vigor na data de sua publicação.

Art. 7º Revogam-se o § 1º do art. 6º da Lei n. 8.162, de 8 de janeiro de 1991, e demais disposições em contrário.

Brasília, 13 de julho de 1993, 172º da Independência e 105º da República.

Itamar Franco

INSTRUÇÃO NORMATIVA GM/MTE N. 99, DE 23 DE AGOSTO DE 2012

(DOU 24.8.12 E RETIFICADO 30.8.12)

DISPÕE SOBRE A FISCALIZAÇÃO DO FUNDO DE GARANTIA DO TEMPO DE SERVIÇO — FGTS E DAS CONTRIBUIÇÕES SOCIAIS INSTITUÍDAS PELA LEI COMPLEMENTAR N. 110, DE 29 DE JUNHO DE 2001

A Secretária de Inspeção do Trabalho, no exercício da competência prevista nos incisos VI e XIII do art. 1º, do Anexo VI, da Portaria n. 483, de 15 de setembro de 2004 e tendo em vista o disposto no art. 1º da Lei n. 8.844, de 20 de janeiro de 1994, art. 23 da Lei n. 8.036, de 11 de maio de 1990, art. 54 do Decreto n. 99.684, de 8 de novembro de 1990, art. 3º da Lei Complementar n. 110, de 29 de junho de 2001, no art. 6º do Decreto n. 3.914, de 11 de setembro de 2001, no art. 31 da Lei n. 9.491, de 9 de setembro de 1997 e no art. 9º do Decreto n. 2.430, de 17 de dezembro de 1997, resolve:

Art. 1º O Auditor Fiscal do Trabalho — AFT, na fiscalização do Fundo de Garantia do Tempo de Serviço — FGTS e das Contribuições Sociais — CS, deve observar o disposto nesta instrução normativa.

CAPÍTULO I

Da Fiscalização

Art. 2º Cabe à Secretaria de Inspeção do Trabalho — SIT definir os projetos nos quais deve ser obrigatória, em todas as ações fiscais, a inclusão dos atributos relacionados à verificação de regularidade dos recolhimentos do FGTS, das CS e da formalização do vínculo de emprego nas ordens de serviço — OS.

§1º O período mínimo a ser fiscalizado deve ter como início e término, respectivamente, a primeira competência não inspecionada e a penúltima competência exigível, definida por ocasião do encerramento da ação fiscal, facultando-se ao AFT atingir até a última.

§ 2º Se durante a ação fiscal o AFT constatar indício de débito não notificado, a fiscalização deve retroagir a outros períodos, para fins de levantamento de débito.

§ 3º Na fiscalização na modalidade indireta, o período mínimo a ser fiscalizado pode ter como início a competência mais antiga com indício de débito apurado nos sistemas informatizados, limitando a competência final à existência de documentos ou de informações nas bases de dados disponibilizadas à fiscalização. *(Redação dada pela Instrução Normativa SIT n. 106, de 23.4.14, DOU 24.4.14)*

Art. 3º O AFT deve notificar o empregador, por meio de Notificação para Apresentação de Documentos — NAD, para apresentar livros e documentos necessários ao desenvolvimento da ação fiscal, inclusive a

Legislação Complementar

apresentação em mídia e formatos acessíveis à fiscalização, arquivos digitais, em meio magnético ou eletrônico, quando mantidos pelo empregador e quando entender serem necessários ao exercício de suas atribuições legais.

§ 1º O AFT deve observar o critério da dupla visita para a lavratura de autos de infração, na forma do art. 627 da Consolidação das Leis do Trabalho — CLT, aprovada pelo Decreto-lei n. 5.452, de 1º de maio de 1943, do art. 6º, § 3º, da Lei n. 7.855, de 24 de outubro de 1989, e do art. 55, §1º, da Lei Complementar n. 123, de 14 de dezembro de 2006, não se aplicando este critério para a emissão das notificações de débito.

§ 2º Em caso de fiscalização de empregador que adote controle único e centralizado de documentos sujeitos à inspeção do trabalho, o AFT deve solicitar a comprovação da regularidade dos recolhimentos do FGTS e CS por estabelecimento, nos termos dos artigos 18 a 24 desta instrução normativa.

§ 3º O controle único e centralizado de documentos é aquele efetuado em apenas um estabelecimento da empresa, ressalvados os documentos que, obrigatoriamente, devam permanecer em cada local de trabalho.

§ 4º O termo empregador refere-se também àquele a quem a lei determinar a obrigação do recolhimento.

Art. 4º O AFT pode examinar livros contábeis, fiscais e outros documentos de suporte à escrituração das empresas, assim como apreender documentos, arquivos digitais, materiais, livros e assemelhados, para a verificação da existência de fraudes e irregularidades, mediante termo lavrado de acordo com a Instrução Normativa n. 89, de 2 de março de 2011.

PARÁGRAFO ÚNICO. Caso constate indícios de fraude, o AFT, sem prejuízo da ação fiscal, deve informá-los à chefia imediata, por meio de relatório.

CAPÍTULO II

Do FGTS e da Contribuição Social sobre a Remuneração Mensal do Trabalhador do Procedimento de Verificação do Recolhimento

Art. 5º O AFT deve verificar o recolhimento do FGTS e da CS incidentes sobre a remuneração paga ou devida aos trabalhadores, nos seguintes percentuais, estabelecidos em lei:

I — FGTS, à alíquota de oito por cento;

II — Contribuição Social prevista no art. 2º da Lei Complementar n. 110, de 2001, à alíquota de cinco décimos por cento.

§ 1º Na verificação do recolhimento do FGTS prevista no inciso I, o AFT deve observar ainda os seguintes percentuais:

a) nos contratos de aprendizagem previstos no art. 428 da CLT, o percentual de dois por cento;

b) no período de fevereiro de 1998 a janeiro de 2003, o percentual de dois por cento a oito por cento nos contratos por prazo determinado instituídos pela Lei n. 9.601, de 21 de janeiro de 1998.

§ 2º É devido o depósito do FGTS, excluída a indenização compensatória, na conta vinculada do trabalhador, cujo contrato de trabalho seja declarado nulo, nos termos do art. 37, § 2º, da Constituição Federal, quando reconhecido o direito à percepção do salário.

Art. 6º A verificação a que se refere o art. 5º deve ser realizada inclusive nas hipóteses em que o trabalhador se afaste do serviço, por força de lei ou de acordo, mas continue percebendo remuneração ou contando o tempo de afastamento como de serviço efetivo, tais como:

I — serviço militar obrigatório;

II — primeiros quinze dias de licença para tratamento de saúde, exceto no caso de concessão de novo benefício decorrente da mesma doença, dentro de sessenta dias contados da cessação do benefício anterior, de acordo com o previsto no § 3º do art. 75 do Decreto n. 3.048, de 6 de maio de 1999;

III — licença por acidente de trabalho;

IV — licença-maternidade;

V — licença-paternidade;

VI — gozo de férias;

VII — exercício de cargo de confiança; e

VIII — demais casos de ausências remuneradas.

Art. 7º Para verificação da CS mensal, deve ser considerado o período de janeiro de 2002 a dezembro de 2006, observando-se ainda as hipóteses de isenção previstas no §1º do art. 2º da Lei Complementar n. 110, de 2001.

§1º Para a apuração do benefício da isenção previsto no inciso I do §1º do art. 2º da Lei Complementar n. 110, de 2001, deve ser considerado o limite de um milhão e duzentos mil reais de faturamento anual, independentemente da receita bruta exigida para inscrição no Sistema Integrado de Pagamento de Impostos e Contribuições das Microempresas e Empresas de Pequeno Porte — SIMPLES.

§ 2º Descaracteriza a isenção qualquer documentação que comprove faturamento superior ao limite estabelecido no §1º.

Da Identificação da Base de Cálculo

Art. 8º Consideram-se de natureza salarial, para fins do disposto no art. 5º, as seguintes parcelas, além de outras identificadas pelo caráter de contraprestação do trabalho:

I — o salário-base, inclusive as prestações *in natura*;

II — as horas extras;

III — os adicionais de insalubridade, periculosidade e do trabalho noturno;

IV — o adicional por tempo de serviço;

V — o adicional por transferência de localidade de trabalho;

VI — o salário-família, no que exceder o valor legal obrigatório;

VII — o abono ou gratificação de férias, desde que excedente a vinte dias do salário, concedido em virtude de cláusula contratual, de regulamento da empresa, ou de convenção ou acordo coletivo;

VIII — o valor de um terço do abono constitucional das férias;

IX — as comissões;

X — as diárias para viagem, pelo seu valor global, quando excederem a cinquenta por cento da remuneração do empregado, desde que não haja prestação de contas do montante gasto;

XI — as etapas, no caso dos marítimos;

XII — as gorjetas;

XIII — a gratificação de natal, seu valor proporcional e sua parcela incidente sobre o aviso prévio indenizado, inclusive na extinção de contrato a prazo certo e de safra, e a gratificação periódica contratual, pelo seu duodécimo;

XIV — as gratificações ajustadas, expressa ou tacitamente, tais como de produtividade, de balanço, de função ou por exercício de cargo de confiança;

XV — as retiradas de diretores não empregados, quando haja deliberação da empresa, garantindo-lhes os direitos decorrentes do contrato de trabalho;

XVI — o valor a título de licença-prêmio;

XVII — o valor pelo repouso semanal remunerado;

XVIII — o valor pelos domingos e feriados civis e religiosos trabalhados, bem como o valor relativo à dobra em razão de feriados trabalhados, não compensados;

XIX — o valor a título de aviso prévio, trabalhado ou indenizado;

XX — o valor a título de quebra de caixa.

XXI — o valor do tempo de reserva, nos termos do § 6º do art. 235-E da CLT.

PARÁGRAFO ÚNICO. As contribuições mencionadas no art. 5º também incidirão sobre:

I — o valor contratual mensal da remuneração do empregado afastado na forma do art. 6º desta IN, inclusive sobre a parte variável, calculada segundo os critérios previstos na CLT e na legislação esparsa, atualizada sempre que ocorrer aumento geral na empresa ou para a categoria;

II — o valor da remuneração paga pela entidade de classe ao empregado licenciado para desempenho de mandato sindical, idêntico ao que perceberia caso não licenciado, inclusive com as variações salariais ocorridas durante o licenciamento, obrigatoriamente informadas pelo empregador à respectiva entidade.

III — o salário contratual e o adicional de transferência devido ao empregado contratado no Brasil transferido para prestar serviço no exterior;

IV — a remuneração percebida pelo empregado ao passar a exercer cargo de diretoria, gerência ou outro cargo de confiança imediata do empregador, salvo se a do cargo efetivo for maior;

V — remuneração paga a empregado estrangeiro, em atividade no Brasil, independentemente do local em que for realizado o pagamento.

Art. 9º Não integram a remuneração, para fins do disposto no art. 5º:

I — participação do empregado nos lucros ou resultados da empresa, quando paga ou creditada de acordo com a Lei n. 10.101, de 19 de dezembro de 2000;

II — abono correspondente à conversão de um terço das férias em pecúnia e seu respectivo adicional constitucional;

III — abono ou gratificação de férias, concedido em virtude de contrato de trabalho, de regulamento da empresa, de convenção ou acordo coletivo de trabalho, cujo valor não exceda a vinte dias do salário;

IV — o valor correspondente ao pagamento da dobra da remuneração de férias concedidas após o prazo legal;

V — importâncias recebidas a título de férias indenizadas e o respectivo adicional constitucional;

VI — indenização por tempo de serviço anterior a 5 de outubro de 1988, de empregado não-optante pelo FGTS;

VII — indenização relativa à dispensa de empregado no período de trinta dias que antecede sua data-base, de acordo com o disposto no art. 9º da Lei n. 7.238, de 29 de outubro de 1984;

VIII — indenização por despedida sem justa causa do empregado nos contratos com termo estipulado de que trata o art. 479 da CLT, bem como na indenização prevista na alínea *f* do art. 12 da Lei n. 6.019, de 3 de janeiro de 1974;

IX — indenização do tempo de serviço do safrista, quando do término normal do contrato de que trata o art. 14 da Lei n. 5.889, de 8 de junho de 1973;

X — indenização recebida a título de incentivo à demissão;

XI — indenização de quarenta por cento sobre o montante de todos os depósitos de FGTS realizados na conta vinculada do trabalhador.

XII — indenização relativa à licença-prêmio;

XIII — ajuda de custo, em parcela única, recebida exclusivamente em decorrência de mudança de localidade de trabalho do empregado, na forma do art. 470 da CLT;

XIV — ajuda de custo, em caso de transferência permanente, e o adicional mensal, em caso de transferência provisória, recebidos pelo aeronauta nos termos da Lei n. 5.929, de 30 de outubro de 1973;

XV — diárias para viagem, desde que não excedam a cinquenta por cento da remuneração mensal percebida pelo empregado;

XVI — valor da bolsa de aprendizagem, garantida ao adolescente até quatorze anos de idade, de acordo com o disposto no art. 64 da Lei n. 8.069, de 13 de julho de 1990, vigente até 15 de dezembro de 1998, em face da promulgação da Emenda Constitucional n. 20;

XVII — valor da bolsa ou outra forma de contraprestação, quando paga ao estagiário nos termos da Lei n. 11.788, de 25 de setembro de 2008;

XVIII — cotas do salário-família e demais benefícios pagos pela Previdência Social, nos termos e limites legais, salvo o salário-maternidade e o auxílio-doença decorrente de acidente do trabalho;

XIX — parcela *in natura* recebida de acordo com o Programa de Alimentação do Trabalhador — PAT, instituído pela Lei n. 6.321, de 14 de abril de 1976;

XX — vale-transporte, nos termos e limites legais, bem como transporte fornecido pelo empregador para deslocamento ao trabalho e retorno, em percurso servido ou não por transporte público;

XXI — valor da multa paga ao trabalhador em decorrência do atraso na quitação das parcelas rescisórias;

XXII — importâncias recebidas a título de ganhos eventuais e abonos expressamente desvinculados do salário por força de lei;

XXIII — abono do Programa de Integração Social — PIS e do Programa de Assistência ao Servidor Público — PASEP;

XXIV — valores correspondentes a transporte, alimentação e habitação fornecidos pelo empregador ao empregado contratado para trabalhar em localidade distante de sua residência, em canteiro de obras ou local que, por força da atividade, exija deslocamento e estada, observadas as normas de proteção estabelecidas pelo MTE;

XXV — importância paga ao empregado a título de complementação ao valor do auxílio-doença, desde que este direito seja extensivo à totalidade dos empregados da empresa;

XXVI — parcelas destinadas à assistência ao empregado da agroindústria canavieira, de que trata o art. 36 da Lei n. 4.870, de 1º de dezembro de 1965;

XXVII — valor das contribuições efetivamente pagas pelo empregador a título de previdência privada;

XXVIII — valor relativo a assistência médica, hospitalar e odontológica, prestada diretamente pelo empregador ou mediante seguro-saúde;

XXIX — valor correspondente a vestuários, equipamentos e outros acessórios fornecidos ao empregado e utilizados no local de trabalho para prestação dos serviços;

XXX — ressarcimento de despesas pelo uso de veículo do empregado, quando devidamente comprovadas;

XXXI — valor relativo à concessão de educação, em estabelecimento de ensino do empregador ou de terceiros, compreendendo valores relativos a matrícula, mensalidade, anuidade, livros e material didático;

XXXII — valores recebidos em decorrência da cessão de direitos autorais;

XXXIII — auxílio-creche pago em conformidade com a legislação trabalhista, para ressarcimento de despesas devidamente comprovadas com crianças de até 6 (seis) anos de idade;

XXXIV — auxílio-babá, limitado ao salário mínimo, pago em conformidade com a legislação trabalhista e condicionado a comprovação do registro na Carteira de Trabalho e Previdência Social — CTPS, para ressarcimento de despesas de remuneração e contribuição previdenciária de empregado que cuide de crianças de até 6 (seis) anos de idade;

XXXV — valor das contribuições efetivamente pagas pelo empregador a título de prêmio de seguro de vida e de acidentes pessoais; e

XXXVI — o valor do tempo de espera, nos termos do § 9º do art. 235-C da CLT.

Da Forma e Prazo do Recolhimento

Art. 10. Na verificação a que se refere o art. 5º, o AFT deve observar se o recolhimento foi efetuado até o dia sete do mês subsequente ao da competência devida, em conta vinculada do empregado, por meio de guia ou procedimento específico estabelecido pela Caixa Econômica Federal — CAIXA.

§ 1° Quando o vencimento do prazo mencionado no *caput* ocorrer em dia não útil, o recolhimento deve ser efetuado no dia útil imediatamente anterior.

§ 2º Considera-se competência devida dos recolhimentos previstos no artigo 5º:

I — o mês e o ano a que se refere a remuneração;

II — o período de gozo das férias, observada a proporcionalidade do número de dias em cada mês;

III — o mês e o ano em que é paga ou devida cada parcela da gratificação natalina, como também o mês e o ano da complementação da gratificação, para efeito de recolhimento complementar.

Art. 11. O AFT deve observar que na vigência de legislação anterior, o recolhimento do FGTS estava sujeito aos seguintes prazos:

I — até o último dia do mês subsequente ao vencido, no período de 1º de janeiro de 1967 a 20 de junho de 1989, de acordo com a Lei n. 5.107, de 13 de setembro de 1966;

II — até o último dia do expediente bancário do primeiro decêndio de cada mês, referente ao mês anterior, no período de 21 de junho de 1989 a 12 de outubro de 1989, nos termos da Lei n. 7.794, de 10 de julho de 1989;

III — até o quinto dia útil do mês subsequente ao vencido, no período de 13 de outubro de 1989 a 13 de maio de 1990, conforme previsto na Lei n. 7.839, de 12 de outubro de 1989, considerado o sábado como dia útil para efeito de contagem, a partir da vigência da Instrução Normativa n. 01, de 7 de novembro de 1989.

CAPÍTULO III

Do FGTS e da Contribuição Social na Rescisão ou Extinção do Contrato de Trabalho

Da Verificação de Recolhimento e da Identificação da Base de Cálculo

Art. 12. No caso de despedida sem justa causa, rescisão indireta do contrato de trabalho, rescisão antecipada de contrato a termo por iniciativa do empregador, inclusive do contrato de trabalho temporário, o AFT deve verificar o recolhimento do FGTS e da CS incidentes sobre o montante de todos os depósitos devidos ao FGTS na vigência do contrato de trabalho, atualizados monetariamente e acrescidos dos respectivos juros remuneratórios, não se deduzindo, para este fim, os saques ocorridos:

I — FGTS, à alíquota de quarenta por cento;

II— Contribuição Social prevista no art. 1º da Lei Complementar n. 110, de 2001, à alíquota de dez por cento.

§1º O percentual de que trata o inciso I será de vinte por cento na ocorrência de despedida por culpa recíproca ou força maior, reconhecidas pela Justiça do Trabalho.

§2º Os empregadores domésticos estão isentos da contribuição de que trata o inciso II.

§3º O disposto no inciso I não se aplica aos contratos celebrados de acordo com a Lei n. 9.601, de 1998, exceto se convencionado pelas partes.

§4º Ocorrendo despedida sem justa causa, ainda que indireta, com culpa recíproca, por força maior, extinção normal ou antecipada do contrato de trabalho a termo, inclusive a do trabalhador temporário e daquele contratado na forma da Lei n. 9.601, de 1998, o AFT deve verificar o recolhimento do FGTS e da CS, mencionado no art. 5º, referente ao mês da rescisão e ao imediatamente anterior.

Art. 13. Integram a base de cálculo das contribuições mencionadas no art. 12 os valores dos recolhimentos relativos ao mês da rescisão e ao imediatamente anterior, bem como o complemento da atualização monetária devido na data da rescisão contratual, previsto no art. 4º da Lei Complementar n. 110, de 2001.

Da Forma e Prazo de Recolhimento

Art. 14. Na verificação do valor devido na rescisão contratual, o AFT deve observar se o depósito foi efetuado em conta vinculada do trabalhador, por meio de guia ou procedimento específico estabelecido pela CAIXA, nos seguintes prazos:

I — até o primeiro dia útil imediato ao término do contrato ou do efetivo desligamento do empregado dispensado sem justa causa e com aviso prévio trabalhado;

II — até o décimo dia corrido, a contar do dia imediatamente posterior ao do efetivo desligamento do empregado dispensado sem justa causa, com indenização, ausência ou dispensa de cumprimento do aviso prévio, ou em caso de rescisão antecipada de contrato de trabalho por prazo determinado, inclusive do trabalho temporário.

§ 1º O recolhimento incidente sobre a remuneração do mês anterior e do mês da rescisão do contrato deve ser efetuado na forma do art. 10, caso o prazo ali previsto seja anterior aos consignados neste artigo.

§ 2º O prazo para o recolhimento previsto no inciso II não será aplicado na rescisão antecipada de contrato de trabalho por prazo determinado, que ocorrer nos dez dias que antecederem ao término regular do contrato, hipótese em que deve ser observado o prazo previsto no inciso I.

Da Sistemática para Distribuição de Valor Rescisório Recolhido a Menor

Art. 15. Ao verificar que o valor recolhido é menor que a soma das parcelas declaradas na guia de recolhimento rescisório, o AFT deve adotar a sistemática de distribuição de valores de acordo com a seguinte ordem de prioridade:

I — percentual devido a título de contribuição para o FGTS relativo à:

a) multa rescisória;

b) percentual incidente sobre o aviso prévio indenizado;

c) percentual incidente sobre a remuneração do mês da rescisão; e

d) percentual incidente sobre a remuneração do mês anterior ao da rescisão;

II — juros e atualização monetária — JAM devidos na conta vinculada do empregado, relativos aos percentuais incidentes sobre as parcelas seguintes, em ordem de prioridade:

a) remuneração do mês anterior ao da rescisão;

b) remuneração do mês da rescisão;

c) aviso prévio indenizado; e

d) multa rescisória.

III — alíquota de cinco décimos por cento devida a título de Contribuição Social Mensal — CSM, observando-se a ordem de prioridade do inciso II, exceto alínea *d*;

IV — alíquota de dez por cento, devida na rescisão, a título de Contribuição Social Rescisória — CSR;

V — parcela resultante da diferença entre os acréscimos legais e o JAM, observando-se a ordem de prioridade do inciso II;

VI — parcela relativa aos acréscimos legais referentes à contribuição mencionada no inciso III, observando-se a ordem de prioridade do inciso II, exceto alínea *d* ;

VII — parcela relativa aos acréscimos legais referentes à contribuição mencionada no inciso IV.

PARÁGRAFO ÚNICO. Para efeito do disposto neste artigo, considera- se:

I — JAM: a soma dos valores devidos pela aplicação dos juros remuneratórios da conta vinculada do empregado com atualização pela taxa referencial — TR, na forma da lei;

II — acréscimos legais: a soma da atualização pela TR com os juros de mora e multa de mora, na forma da lei.

Art. 16. Após a aplicação do disposto no art. 15, o AFT, a fim de apurar o débito, deve confrontar os valores distribuídos com os valores devidos pelo empregador.

CAPÍTULO IV

Do Levantamento de Débito

Art. 17. Ao constatar irregularidade, o AFT deve proceder ao levantamento do débito, individualizado por empregado, e emitir a notificação respectiva para que o empregador recolha a importância devida.

PARÁGRAFO ÚNICO. Os sistemas informatizados à disposição da fiscalização do trabalho devem ser utilizados para a verificação da regularidade dos recolhimentos de FGTS e CS.

Do Procedimento em Empresas com Estabelecimentos Filiais

Art. 18. Nas empresas com mais de um estabelecimento, localizados em diferentes Unidades da Federação — UF, o levantamento do débito do FGTS e das CS, relativo a todos os estabelecimentos, deve ser

Legislação Complementar

efetuado prefe-rencialmente pela Superintendência Regional do Trabalho e Emprego — SRTE com competência sobre a localidade da matriz da empresa.

Art. 19. Ao constatar a existência de débito em estabelecimento filial ou equivalente, localizado fora da UF da matriz, o AFT deve comunicá-la à chefia imediata e solicitar à SRTE competente, ou seja, em cuja circunscrição esteja localizada a matriz, por meio do Sistema Federal de Inspeção do Trabalho — SFIT, autorização para o levantamento do débito na forma do art.18.

§ 1º As chefias imediatas das SRTE envolvidas devem informar aos coordenadores dos projetos do FGTS a existência de débito, para fins de inclusão no planejamento da fiscalização.

§ 2º O levantamento efetuado na forma centralizada deve conter demonstrativo do débito discriminado por estabelecimento.

§ 3º Recebida a solicitação referida no *caput*, a SRTE competente deve autorizar ou negar a solicitação no prazo de dez dias, a contar da informação no SFIT.

§ 4º Negada a solicitação, a SRTE competente deve iniciar a ação fiscal em dez dias, a contar da informação no SFIT.

§5º Autorizado o levantamento do débito, a SRTE solicitante deve iniciar a ação fiscal no prazo máximo de dez dias.

§ 6º No caso de omissão da SRTE competente, a SRTE solicitante deve iniciar a ação fiscal no prazo do § 5º.

Art. 20. Para o levantamento do débito, a chefia competente, ou quem esta designar, deve programar a ação fiscal considerando a complexidade da apuração, tais como, o porte do empregador, a distribuição geográfica dos estabelecimentos envolvidos, além de outros fatores que entender como relevantes, podendo para tanto designar mais de um AFT.

Art. 21. Independentemente da solicitação prevista no art. 19, o AFT deve emitir notificação de débito quando este for originado de remuneração paga a empregados sem registro, parcelas não declaradas, ou decorrentes de irregularidades específicas do estabelecimento fiscalizado.

Art. 22. Caso a fiscalização não se inicie nos prazos estabelecidos no art. 19 e não havendo outra solicitação em andamento, a SIT deve indicar a SRTE que procederá ao levantamento centralizado, podendo, inclusive, designar AFT de outras unidades.

Art. 23. No levantamento de débito para empresa com todos os estabelecimentos localizados na mesma UF aplicam-se, no que couber, as disposições dos artigos 18 a 21, devendo a solicitação ser dirigida ao chefe de fiscalização da SRTE.

Art. 24. A ação fiscal para o levantamento do débito na forma do art. 18 não impede a lavratura de autos de infração por infrações constatadas em quaisquer dos estabelecimentos fiscalizados.

Do Procedimento em Tomadores de Serviço

Art. 25. Ao constatar ser irregular o fornecimento de mão-de- obra, atribuindo-se ao tomador do serviço a responsabilidade pelo vínculo empregatício dos trabalhadores, o AFT deve expedir a notificação de débito de FGTS e CS contra o tomador.

PARÁGRAFO ÚNICO. Os depósitos de FGTS e CS eventualmente realizados pelo prestador de serviços, decorrentes dos contratos de trabalho a que se refere o *caput*, devem ser abatidos do débito apurado.

Do Procedimento em Grupos Econômicos

Art. 26. Caso o AFT constate que o empregador, objeto da ação fiscal, é devedor de FGTS e/ ou CS e integra grupo econômico nos termos do §2º do art. 2º da CLT, os depósitos eventualmente realizados por outros empregadores integrantes deste grupo, relativos ao mesmo contrato de trabalho, devem ser abatidos do débito apurado, quando pertinentes.

§1º Se, em razão do procedimento descrito no *caput*, for constatada a existência de débito de FGTS e/ou CS em empregador integrante do grupo econômico situado em outra unidade da federação, ou em outra circunscrição na mesma unidade, o AFT deve informar tal fato à sua chefia imediata, para comunicação à unidade regional do MTE competente e a devida apuração.

§2º O relatório circunstanciado deve conter fundamentação quanto à caracterização da existência do grupo econômico, bem como dele deve constar a qualificação dos demais integrantes do grupo.

Do Procedimento em Órgãos Públicos

Art. 27. O AFT deve verificar o recolhimento das contribuições mencionadas nos artigos 5º e 12 relativamente aos servidores de entes da Administração Pública, cujo regime de trabalho seja regidos pela CLT, notificando-os na forma do art. 3º.

§1º Quando for constatada a inexistência de documentos e de quaisquer registros que possibilitem o levantamento, o débito deve ser arbitrado com base em dados contidos na dotação específica do orçamento do órgão ou na forma prevista nos arts. 30 e 31.

§2º Caso o ente público se negue a apresentar os documentos solicitados, o AFT deve informar à chefia imediata, para fins de comunicação ao Tribunal de Contas, ao Ministério Público Federal, ao Ministério Público Estadual, ao Ministério Público do Trabalho, sem prejuízo da lavratura dos respectivos autos de infração.

Do Procedimento Frente a Confissões de Dívida na Caixa Econômica Federal

Art. 28. Nas ações fiscais em que se constatar a existência de confissão de dívida junto à CAIXA, o AFT deve emitir, no Sistema AUDITOR, o Relatório de Auditoria de Débito Confessado — RAC, independentemente da existência de parcelamento concedido.

§ 1º O AFT deve consultar a existência de confissão de dívida ainda não auditada, no período a que se refere o art. 2º, inclusive junto aos sistemas informatizados disponíveis à fiscalização do trabalho.

§ 2º O RAC contemplará a identificação do empregador, a situação verificada e demais observações relativas à auditoria.

§ 3º O RAC não exime o AFT da emissão de notificação de débito, na forma do art. 17, ainda que o débito tenha sido corretamente confessado e que haja parcelamento formalizado.

§4º Na notificação deve ser incluído o débito existente no momento de sua emissão, confessado ou não.

§5º A confissão de débito apresentada pelo empregador perante a Caixa Econômica Federal — CAIXA, durante o andamento da ação fiscal, não prejudica a emissão da notificação de débito.

Art. 29. Para fins do disposto no art. 28, a fiscalização do trabalho deve utilizar os dados enviados pela CAIXA, em arquivo digital, relativos às confissões de débito por ela recebidas, acompanhadas das informações necessárias à auditagem do débito, de acordo com o disposto no parágrafo único do art. 1º da Lei n. 8.844, de 1994.

Dos Procedimentos Especiais

Art. 30. Havendo documentação que, embora incompleta, propicie a identificação de empregados em situação irregular, proceder-se-á ao levantamento por recomposição de folha de pagamento, utilizando-se dados declarados em sistemas informatizados.

Art. 31. Não sendo possível a recomposição da folha de pagamento, o levantamento do débito será efetuado por arbitramento, optando-se pelo critério mais favorável ao empregado, dentre os quais:

a) a remuneração paga ao empregado em meses anteriores ou posteriores;

b) a remuneração paga a outros empregados da mesma empresa que exerçam ou exerciam função equivalente ou semelhante;

c) o piso salarial da categoria profissional;

d) o salário profissional;

e) o piso salarial previsto na Lei Complementar n. 103, de 14 de julho de 2000;

f) o salário mínimo nacional.

Art. 32. Considera-se não quitado o FGTS pago diretamente ao empregado, à exceção dos pagamentos efetuados até 15 de fevereiro de 1998, relativos ao mês da rescisão, ao imediatamente anterior e à indenização compensatória.

Art. 33. No período de vigência da Unidade Real de Valor — URV, de março de 1994 a junho de 1994, o valor apurado deverá ser convertido em Cruzeiro Real, com base na URV do dia cinco do mês subsequente ao da competência, se recolhido no prazo, ou na URV do dia sete do mês subsequente, se recolhido fora do prazo, conforme determina o parágrafo único do art. 32 da Lei n. 8.880, de 27 de maio de 1994.

Art. 34. Caso o empregador não esteja inscrito no Cadastro Nacional da Pessoa Jurídica — CNPJ, a identificação se fará pelo Cadastro de Pessoas Físicas — CPF, cabendo, em ambos os casos, informar o Cadastro Específico do INSS — CEI, caso existente.

Art. 35. A individualização do valor devido ou recolhido de FGTS na conta vinculada do empregado consiste obrigação do empregador.

Art. 36. A apresentação de Certificado de Regularidade do FGTS — CRF pelo empregador não inibe o levantamento e a emissão da notificação de débito.

PARÁGRAFO ÚNICO. Ao constatar débito relativo ao período abrangido pelo CRF, o AFT deve comunicar o fato à chefia imediata, que deve dar ciência do fato à CAIXA.

CAPÍTULO V
Da Notificação de Débito do Fundo de Garantia e da Contribuição Social

Art. 37. O AFT deve emitir Notificação de Débito do Fundo de Garantia e da Contribuição Social — NDFC, quando for constatado débito por falta de recolhimento ou recolhimento a menor das contribuições mencionadas nos artigos 5º e 12.

PARÁGRAFO ÚNICO. O valor do débito deve ser atualizado pela TR até a data da emissão da NDFC e representado na moeda atual, com especificação dos valores históricos devidos, segundo os padrões monetários à época vigentes.

Art. 38. Integram a NDFC os seguintes relatórios:

I — Relatório inicial que discrimina o débito total notificado, correspondente à totalização dos débitos de recolhimento mensal e rescisório;

II — Débito Mensal do FGTS por Competência;

III — Débito Mensal do FGTS por Empregado;

IV — Débito Mensal de Contribuição Social;

V — Débito Rescisório por Data de Vencimento;

VI — Débito Rescisório por Empregado;

VII — Recomposição do Saldo Rescisório;

VIII — Guias de Recolhimento Analisadas;

IX — Relação de Empregados; e

X — Relatório Circunstanciado.

§1º Na inexistência de dados para sua composição, alguns relatórios relacionados no *caput* podem ser suprimidos.

§2º O Relatório Circunstanciado deve conter as seguintes informações, além de outras que propiciem a reconstituição do débito a qualquer tempo:

I — indicação do período auditado, devendo incluir todas as competências verificadas;

II — indicação do débito: original ou débito complementar aos valores anteriormente notificados;

III — indicação da forma do levantamento de débito: centralizado ou não, nos termos do art. 18 e seguintes;

IV — relação dos estabelecimentos envolvidos na auditoria, a saber: matriz e todas as filiais, tomadores de serviço, CEI vinculado, inclusive aqueles em que não se constatou débito;

V — manifestação expressa do AFT a respeito da caracterização de sucessão trabalhista ou de grupo econômico, e dos motivos que o levaram a concluir por uma ou outra situação;

VI — relação dos documentos examinados, das fontes de consulta a sistemas informatizados, inclusive manifestação expressa do AFT a respeito da obtenção de informações do empregador por meio magnético ou digital;

VII — descrição dos procedimentos utilizados para o levantamento do débito e demais ocorrências, tais como recomposição e arbitramento de bases de incidência;

VIII — identificação dos corresponsáveis existentes na data da emissão da NDFC, com nome, endereço completo e número do CPF, incluindo os demais responsáveis do período abrangido pela notificação, devendo neste campo ser citadas as pessoas jurídicas componentes do grupo econômico constatado, se for o caso;

IX — indicação, com número e capitulação, dos autos de infração correlatos com o débito notificado, incluindo os lavrados por afronta ao art. 630 da CLT; e

X — relato de que o empregador exerce suas atividades em endereço diverso do que consta do cadastro oficial, que não seja o local de prestação de serviços a tomadores.

§ 3º Quanto aos débitos do FGTS, decorrentes da rescisão contratual de empregados afastados até 15 de fevereiro de 1998:

I — os relativos ao mês da rescisão e ao imediatamente anterior, quando vencidos antes do prazo de pagamento das verbas rescisórias, deverão ser notificados; e

II — os relativos à multa rescisória, ao mês da rescisão e ao imediatamente anterior, quando vencidos no prazo da rescisão, não serão objeto de notificação.

Dos Procedimentos Gerais

Art. 39. Para o levantamento do débito, o AFT deve lançar no sistema AUDITOR todos os recolhimentos quitados pelo empregador, estejam eles individualizados ou não.

§1º A liquidez dos valores notificados será definida na data de apuração indicada pelo AFT que lavrou a notificação.

§2º O interstício entre a data da apuração, definida pelo AFT que lavrou a notificação, e a data da emissão da notificação não pode ser superior a 15 quinze dias.

§3º Não serão considerados, para fins de abatimento no débito, os recolhimentos efetuados sem a necessária individualização.

Art. 40. O débito de FGTS ou das CS apurado na forma dos arts. 5º e 12, resultante da incidência sobre parcela de remuneração que não conste em folha de pagamento, ou não declarada como base de cálculo, deve ensejar a emissão de notificação de débito em separado.

Art. 41. A notificação de débito, bem como os anexos que porventura a acompanham, devem conter a comprovação do recebimento pelo empregador ou seu preposto, com identificação legível.

Art. 42. Os documentos que serviram de base para o levantamento do débito do FGTS e das CS devem ser datados e rubricados pelo AFT, salvo os oficiais e aqueles em que, pela sua forma, tal providência não seja possível.

PARÁGRAFO ÚNICO. As guias de recolhimento do FGTS e das CS devem ser relacionadas na notificação de débito, dispensando-se o procedimento previsto no *caput*.

Art. 43. O levantamento de débito do FGTS e das CS pode ser feito, a critério do AFT, no local que oferecer melhores condições para a execução da ação fiscal.

Art. 44. A notificação de débito deve ser expedida em três vias, com a seguinte destinação:

I — primeira via: instauração do processo;

II — segunda via: empregador; e

III — terceira via: AFT.

§1º A primeira via deve ser protocolizada na unidade de exercício do AFT dentro de quarenta e oito horas contadas da data da entrega ao empregador, salvo nos casos de fiscalização fora de sua unidade de exercício, hipótese em que deve ser protocolizada quando o AFT a ela retornar.

§ 2º O AFT deve entregar a notificação de débito ao empregador ou ao seu preposto, assim entendido como aquele que atendeu a fiscalização, prestando informações ou apresentando documentos, mediante recibo no campo próprio, com identificação legível do recebedor.

§3º A notificação pode ser expedida em arquivo digital e entregue ao notificado mediante Termo de Recebimento gerado obrigatoriamente pelo sistema AUDITOR.

§4º O Termo de Recebimento deve conter a identificação do notificado, as características do arquivo digital, o local, a data do recebimento, as assinaturas do AFT notificante e do empregador notificado ou seu preposto e as informações que possibilitam o download do arquivo digital pela internet.

§5º O Termo de Recebimento, formalizado nos termos do §4º, comprova que o empregador foi notificado, para todos os efeitos legais, e deve ser protocolizado juntamente com a notificação, a qual pode constar do processo administrativo em mídia não regravável.

§6º O Termo de Recebimento e o relatório inicial da notificação, necessariamente impressos, devem acompanhar cada via da notificação sempre que esta for expedida em arquivo digital.

§7º Havendo recusa no recebimento da notificação de débito ou qualquer motivo que impeça os procedimentos previstos nos §§ 1º e 6º, a segunda via deve ser entregue, com a devida justificativa, juntamente com a primeira, ao setor responsável, para remessa postal.

Do Termo de Retificação

Art. 45. Para inclusão, exclusão ou alteração de dados ou valores na notificação de débito, deve ser emitido Termo de Retificação pelo AFT que emitiu a notificação.

§1º O Termo de Retificação deve ser emitido até o momento da remessa do processo para análise, ou quando o processo for encaminhado ao AFT para esse fim, o que pode ocorrer em qualquer fase do processo, mediante requerimento fundamentado.

§2º O débito retificado deve ser atualizado até a data da emissão da notificação que lhe deu origem, sendo vedada a dedução de depósitos do FGTS e/ou CS quando efetuados após essa data, bem como a inclusão de competências fora do período auditado.

§3º Do Termo de Retificação deve constar a informação de reabertura do prazo legal para defesa do notificado, salvo se emitido em razão de encaminhamento da unidade competente pela tramitação do processo e não resultar em majoração do débito total notificado, inserção de novas competências e/ou empregados envolvidos, hipóteses em que o trâmite do processo retomará a partir da fase em que se encontrava.

§4º O Termo de Retificação deve ser expedido em três vias, com a seguinte destinação:

I — primeira via: juntada ao respectivo processo de notificação de débito, não originando novo processo administrativo;

II — segunda via: empregador, podendo ser entregue ao setor competente para remessa via postal;

III — terceira via: AFT.

§5º O Termo de Retificação deve ser emitido quando a correção:

I — alterar a identificação ou qualificação dos corresponsáveis e estabelecimentos envolvidos; ou

II — alterar dados ou valores que impliquem na modificação do débito.

§6º As correções que não envolvam as situações referidas no §6º devem constar de documento juntado ao processo, prescindindo da emissão do Termo de Retificação.

§7º O Termo de Retificação pode ser expedido em arquivo digital, aplicando-se as regras do art. 44.

Art. 46. A chefia imediata deve designar outro AFT para emissão do Termo de Retificação, se ocorrer a impossibilidade ou impedimento de emissão pelo AFT que emitiu a notificação, decorrentes dos seguintes motivos:

I — aposentadoria;

II — falecimento;

III — exoneração;

IV — remoção;

V — afastamento legal superior a 90 (noventa) dias;

VI — outras situações devidamente justificadas.

Art. 47. O Termo de Retificação referente à notificação de débito mensal ou rescisório, emitida antes da vigência desta Instrução Normativa, deve ser elaborado nos moldes da notificação de origem e não pode ser utilizada a forma digital.

Do Termo de Alteração do Débito

Art. 48. Deve ser emitido Termo de Alteração do Débito — TAD pelo AFT analista para correção de valores lançados com evidente equívoco na notificação de débito, ou para alteração de valores que decorrer de interpretação sobre a incidência do FGTS ou da Contribuição Social em relação à base de cálculo utilizada pelo AFT que emitiu a notificação, resultando em proposta de procedência parcial.

§1º Quando, a critério do AFT analista, os elementos constantes dos autos forem insuficientes para a emissão do TAD, o processo deve ser remetido ao AFT que emitiu a notificação para que este preste as informações solicitadas pelo AFT analista.

§ 2º A constatação de recolhimentos ou individualizações efetuados até o dia anterior à data de apuração e que não foram considerados pelo AFT que emitiu a notificação ensejará a remessa do processo para emissão de Termo de Retificação, após o que o trâmite do processo retornará à fase em que se encontrava. *(Redação dada pela Instrução SIT n. 106, de 23.4.14, DOU 24.4.14).*

§3º Na ocorrência simultânea das hipóteses previstas no *caput* e no §2º, o Termo de Retificação precederá à emissão do TAD.

§4º A emissão do TAD não renovará o prazo para defesa nem pode majorar o débito total notificado, sendo vedada a inserção de novas competências e/ou empregados envolvidos, hipóteses em que se procederá na forma do art. 45.

§5º O débito alterado será atualizado até a data da emissão da notificação que lhe deu origem, sendo vedada a dedução de depósitos do FGTS e/ou CS, quando efetuados após a data da apuração do débito.

§ 6º O TAD acompanhará necessariamente o relatório de análise que fundamentará a decisão, devendo ser juntado ao respectivo processo de notificação de débito.

§ 7º Quando restarem comprovados equívocos que não envolvam valores, a alteração constará apenas do relatório de análise, não ensejando a emissão de TAD.

§8º O TAD pode ser expedido em arquivo digital, hipótese em que o analista deve disponibilizar as vias para o processo e para remessa ao empregador, aplicando-se, no que couber, as regras do art. 44.

Art. 49. Não se aplica o disposto no art. 48 na ocorrência de erro quanto à identificação do empregador notificado, devendo a notificação de débito ser arquivada por nulidade.

PARÁGRAFO ÚNICO. Considera-se erro quanto à pessoa do notificado a indicação, na notificação, do nome da pessoa física ou jurídica e número de inscrição, CPF ou CNPJ, diversos dos do empregador fiscalizado.

Art. 50. Aplica-se ao TAD o disposto no art. 47.

Do Procedimento para Apuraçãode Mora do FGTS

Art. 51. O AFT deve apresentar à sua chefia o relatório circunstanciado de que trata o art. 5º da Portaria n. 1.061, de 1º de novembro de 1996, para dar cumprimento ao disposto no Decreto-lei n. 368, de 19 de dezembro de 1968, e no art. 22, § 1º, da Lei n. 8.036, de 1990 sempre que constatar débito de FGTS, por período:

I — igual ou superior a três meses, independentemente da comprovação de retiradas pelos sócios;

II — inferior a três meses, quando comprovada retirada pelos sócios.

PARÁGRAFO ÚNICO. O procedimento de apuração de mora do FGTS deve ser instaurado quando a ação fiscal decorrer de denúncia de empregado ou de entidade sindical da respectiva categoria profissional.

CAPÍTULO VI
Da Lavratura dos Autos de Infração

Art. 52. As infrações às obrigações relativas ao recolhimento do FGTS e das CS ensejam a lavratura de autos de infração distintos.

Art. 53. Os autos de infração lavrados pelo não recolhimento das CS, ou seu recolhimento após o vencimento do prazo sem os acréscimos legais, deverão ser capitulados como a seguir:

I — rescisória: art. 1º da Lei Complementar n. 110, de 2001;

II — mensal: art. 2º da Lei Complementar n. 110, de 2001.

PARÁGRAFO ÚNICO. Os autos de infração lavrados nos termos do *caput* devem conter, no histórico, o valor atualizado do débito das CS notificadas e o número da respectiva notificação de débito.

CAPÍTULO VII
Da Fiscalização Indireta

Art. 54. Sem prejuízo da fiscalização direta, pode ser adotado o procedimento de fiscalização indireta prevista na Instrução Normativa n. 105, de 15 de abril de 2014, visando à verificação dos recolhimentos do FGTS e da CS. *(Redação dada pela Instrução SIT n. 106, de 23.4.14, DOU 24.4.14).*

PARÁGRAFO ÚNICO. O cruzamento e análise de dados declarados pelo empregador em programa de tratamento das informações deve abranger, no mínimo, os últimos 5 (cinco) anos, observada a data da última fiscalização realizada no atributo FGTS, se mais recente. *(Redação dada pela Instrução SIT n. 106, de 23.4.14, DOU 24.4.14).*

Art. 55. Na fiscalização indireta, eletrônica deve atingir, preferencialmente, empregadores com indício de débito estabelecidos em localidades menos atingidas pela fiscalização direta. *(Redação dada pela Instrução SIT n. 106, de 23.4.14, DOU 24.4.14).*

Art. 56. Na fiscalização indireta eletrônica devem ser notificados, por meio de Notificação para Comprovação do Cumprimento de Obrigações Trabalhistas — NCO, os empregadores com indício de débito, para comprovar a regularidade do recolhimento do FGTS e da CS, no prazo estabelecido na notificação. *(Redação dada pela Instrução SIT n. 106, de 23.4.14, DOU 24.4.14).*

Art. 57. A notificação emitida deve ser encaminhada via postal com Aviso de Recebimento — AR, ou outro meio que assegure a comprovação do recebimento, e conter, necessariamente:

I — a identificação do empregador;

II — os documentos necessários à verificação de regularidade do FGTS, mensal e rescisório;

III — a indicação do período a ser fiscalizado.

§ 1º Na fiscalização indireta presencial a Notificação para Apresentação de Documentos — NAD deve conter, ainda, a data, hora e local para comparecimento.

§ 2º Na fiscalização indireta eletrônica a NCO deve conter, ainda:

I — o prazo final para o cumprimento da notificação.

II — a indicação do correio eletrônico institucional a ser utilizado pelo empregador para informar as datas de quitação do FGTS e da CS e para prestar outros esclarecimentos.

III — a solicitação, no mínimo, dos seguintes documentos: folhas de pagamento analíticas em meio digital, das competências com indício de débito, preferencialmente no formato texto, os arquivos "SEFIP.RE" e "GRRF.RE".

IV — informação de que os documentos digitais enviados somente serão considerados recebidos se houver uma confirmação de recebimento do órgão fiscalizador. *(Redação do caput, §§ e incisos dada pela Instrução SIT n. 106, de 23.4.14, DOU 24.4.14).*

Art. 57-A. Na fiscalização indireta eletrônica, se houver a quitação integral do débito do FGTS e da CS no prazo estabelecido para cumprimento da notificação, o empregador fica dispensado de exibir documentos digitais à fiscalização, devendo informar apenas a data da quitação dos débitos. *(Redação dada pela Instrução SIT n. 106, de 23.4.14, DOU 24.4.14).*

Art. 58. Constatando-se que não houve a quitação, o AFT deverá emitir a Notificação de Débito do Fundo de Garantia e da Contribuição Social — NDFC e lavrar os autos de infração, adotando, como base de apuração, os valores constantes dos documentos apresentados e, na sua ausência ou inexatidão, os dados declarados em sistemas informatizados, como RAIS ou guias declaratórias do FGTS, na forma prevista nessa Instrução Normativa. *(Redação dada pela Instrução SIT n. 106, de 23.4.14, DOU 24.4.14).*

PARÁGRAFO ÚNICO. O relatório circunstanciado da NDFC conterá a informação de todos os eventos que motivaram sua lavratura, em especial os relacionados ao cumprimento da notificação. *(Redação dada pela Instrução SIT n. 106, de 23.4.14, DOU 24.4.14).*

Art. 58-A. Devem ser observadas as disposições contidas na Instrução Normativa n. 105, de 15 de abril de 2014. *(Redação dada pela Instrução SIT n. 106, de 23.4.14, DOU 24.4.14).*

Art. 59. Caso o empregador, regularmente notificado, não compareça no dia e hora determinados, o AFT deve lavrar auto de infração capitulado no art. 630, §§ 3º ou 4º, da CLT, e adotar procedimento visando à apuração dos débitos e a emissão de correspondente notificação, se for o caso, conforme planejamento da fiscalização.

PARÁGRAFO ÚNICO. Na hipótese de devolução da NAD, o setor competente pode novamente notificar o empregador ou encaminhar o procedimento para a fiscalização direta.

Art. 60. Considera-se fiscalização indireta, ainda, a decorrente de comunicação emitida para que a empresa efetue a regularização de indício de débito apurado pelos sistemas informatizados disponíveis, sem necessidade de haver o comparecimento da empresa às unidades descentralizadas do MTE.

PARÁGRAFO ÚNICO. Confirmado o recebimento da comunicação, nos termos do §2º do art. 56, e não sendo constatada a regularização até o prazo estipulado, deve ser adotado procedimento visando à apuração dos débitos e à emissão de correspondente notificação, se for o caso, conforme planejamento da fiscalização.

CAPÍTULO VIII

Do Procedimento Administrativo

Art. 61. Os documentos apresentados em fase de defesa ou recurso devem ser apreciados pela autoridade competente apenas no momento da decisão, independentemente do número de vezes que o notificado se manifestar no processo.

PARÁGRAFO ÚNICO. A quitação ou individualização operada a partir da data da apuração do débito, prevista no art. 39, inclusive, pode ser considerada pela CAIXA, cabendo ao MTE apreciar aquela ocorrida em data anterior.

Art. 62. Os recolhimentos que impliquem quitação integral do débito e a confissão ou o parcelamento que abranjam integralmente a notificação, ocorridos após a data de apuração da notificação, confirmam sua procedência, operando o encerramento do contencioso administrativo.

Art. 63. Previamente ao envio dos autos para análise, em etapa de saneamento, bem como nas outras fases do procedimento administrativo, o AFT que emitiu a notificação pode-se determinar diligências complementares a fim de prestar informações ou corrigir a notificação de débito, mediante Termo de Retificação.

§1º Na etapa de saneamento prévio à análise, a unidade de multas e recursos deve verificar, dentre outros aspectos formais, o atendimento da composição estrutural da notificação de débito, prevista no art. 38, não dispensando a futura análise dessa verificação.

Art. 64. O planejamento da fiscalização deve priorizar o andamento das fiscalizações e dos processos administrativos de empregadores em fase de falência, liquidação judicial ou extrajudicial.

Art. 64-A. Os recolhimentos que impliquem quitação integral do débito e a confissão ou o parcelamento que abranjam integralmente a notificação, ocorridos a partir da data de apuração da notificação, confirmam sua procedência, operando o encerramento do contencioso administrativo. *(Redação dada pela Instrução SIT n. 106, de 23.4.14, DOU 24.4.14).*

Art. 65. Encerrada a tramitação administrativa no âmbito do MTE, o processo deve ser remetido para cobrança do débito, podendo ser reapreciado somente em caso de nulidade, erro material ou apresentação de provas de quitação operada em data anterior à da apuração do débito, prevista no art. 39.

CAPÍTULO IX

Das Disposições Finais

Art. 66. Os casos omissos serão resolvidos pela Secretária de Inspeção do Trabalho, mediante provocação de qualquer Superintendência Regional do Trabalho e Emprego — SRTE.

Art. 67. As disposições desta instrução aplicam-se às microempresas e empresas de pequeno porte naquilo em que não forem incompatíveis com as disposições legais especiais.

Art. 68. Fica revogada a Instrução Normativa n. 84, de 13 de julho de 2010.

Art. 69. Esta Instrução Normativa entra em vigor em 10 de setembro de 2012.

Vera Lucia Ribeiro de Albuquerque

RESOLUÇÃO — FGTS-CC N. 339, DE 26 DE ABRIL DE 2000

(DOU 5.5.00)

DISPÕE SOBRE SISTEMÁTICA DE AJUSTE PARA VALORES RECOLHIDOS A MENOR NA GUIA DE RECOLHIMENTO RESCISÓRIO DO FGTS E INFORMAÇÕES À PREVIDÊNCIA SOCIAL — GRFP

O Conselho Curador do Fundo de Garantia do Tempo de Serviço — FGTS, tendo em vista o disposto no inciso VI do artigo 5º da Lei n. 8.036/90 e no inciso VI do artigo 64 do Regulamento Consolidado do FGTS, aprovado pelo Decreto n. 99.684, de 8 novembro de 1990,

Considerando orientações emanadas deste Conselho quanto à inibição de ocorrências de natureza devedora;

Considerando o artigo 18 da Lei n. 8.036/90, alterado pelo artigo 31 da Lei n. 9.491/97, que obriga o empregador a depositar em conta vinculada do trabalhador no FGTS os valores relativos aos depósitos referentes ao mês da rescisão, ao imediatamente anterior, que ainda não houver sido recolhido, e a multa rescisória, quando devida;

Considerando o disposto no § 5º, artigo 12, da Lei n. 8.036/90, notadamente quanto à apropriação nas contas vinculadas dos depósitos realizados fora do prazo regulamentar;

Considerando que se tem verificado preenchimento incorreto do campo valor total a recolher da Guia de Recolhimento Rescisório do FGTS e Informações à Previdência Social — GRFP, resultando em recolhimento menor do que o devido;

Considerando a necessidade de priorizar o crédito dos valores devidos ao trabalhador, em detrimento dos encargos devidos ao FGTS, nos recolhimentos rescisórios efetuados pelas empresas, resolve:

1. Autorizar o Agente Operador a implementar sistemática para tratamento da GRFP, ajustando os valores devidos com os efetivamente recolhidos pela empresa, na forma e ordem, a seguir indicadas:

a) a diferença será abatida, primeiramente, dos encargos devidos ao FGTS, deduzida a parcela de Juros e Atualização Monetária — JAM relativa à conta vinculada, se houver, incidente sobre o valor da Multa Rescisória;

*a.*1) em seguida, dos encargos devidos ao FGTS, deduzida a parcela de JAM relativa à conta vinculada, se houver, incidente sobre o valor de depósito das Verbas Indenizatórias;

*a.*2) havendo ainda diferença entre o valor recolhido e o devido, será abatida dos encargos devidos ao FGTS, deduzida a parcela de JAM, relativa à conta vinculada, se houver, incidente sobre o valor do depósito do mês da rescisão;

*a.*3) se ainda assim não for suficiente, será abatida dos encargos devidos ao FGTS, deduzida a parcela de JAM, relativa à conta vinculada, se houver, incidente sobre o valor do depósito do mês anterior à rescisão;

b) quando for o caso, o ajuste deverá prosseguir com o abatimento na rubrica de Juros e Atualização Monetária — JAM, incidente sobre as parcelas indicadas no item anterior, observada, ainda a mesma ordem de prioridade;

c) ocorrendo a possibilidade do valor recolhido não ser suficiente para cobrir os valores da parcela Depósito, o ajuste deverá ser feito observando a seguinte ordem:

*c.*1) Mês Anterior à Rescisão;

*c.*2) Mês da Rescisão;

*c.*3) Verbas Indenizatórias;

*c.*4) e por último, na Multa Rescisória.

2. Determinar ao Agente Operador do FGTS que somente efetue a cobrança dos encargos devidos ao FGTS, cujos recolhimentos tenham sido objeto de ajuste diminutivo, de diferença em valor acima de R$ 10,00 (Dez reais);

2.1. Não se aplica o dispositivo acima quando o ajuste se referir a valores devidos ao trabalhador, que terá a cobrança efetuada, seja qual for o valor ajustado.

3. Determinar ao Agente Operador do FGTS que elabore e apresente a este Conselho, estratificação dos valores ajustados, por mês e UF.

4. Autorizar o Agente Operador do FGTS a adotar as medidas necessárias à cobrança administrativa e judicial, utilizando o documento de recolhimento rescisório, das diferenças decorrentes dos ajustes aqui tratados.

4.1. O Agente Operador do FGTS regulamentará o disposto neste item no prazo de até 60 dias após a data da publicação desta Resolução.

5. Determinar ao Agente Operador do FGTS que retifique os ajustes realizados com base na sistemática anterior, observando os critérios definidos nesta Resolução.

6 Esta Resolução entrará em vigor 60 dias após a data de sua publicação, revogando-se as disposições em contrário.

Francisco Dornelles,
Presidente do Conselho

LEI COMPLEMENTAR N. 110, DE 29 DE JUNHO DE 2001

(DOU 30.6.2001)

INSTITUI CONTRIBUIÇÕES SOCIAIS, AUTORIZA CRÉDITOS DE COMPLEMENTOS DE ATUALIZAÇÃO MONETÁRIA EM CONTAS VINCULADAS DO FUNDO DE GARANTIA DO TEMPO DE SERVIÇO — FGTS E DÁ OUTRAS PROVIDÊNCIAS

V. Lei n. 10.555, de 13.11.02, que autoriza condições especiais para o crédito de valores iguais ou inferiores a R$ 100,00, de que trata a Lei Complementar n. 110, de 29.06.01, e dá outras providências, p. 247

V. Instrução Normativa n. 25, do MTE/SIT, de 20.12.01, (DOU 27.12.01), que baixa instruções para a fiscalização do Fundo de Garantia do Tempo de Serviço — FGTS e das Contribuições Sociais instituídas pela Lei Complementar n. 110, de 29.6.01

O PRESIDENTE DA REPÚBLICA.

Faço saber que o Congresso Nacional decreta e eu sanciono a seguinte Lei Complementar:

Art. 1º Fica instituída contribuição social devida pelos empregadores em caso de despedida de empregado sem justa causa, à alíquota de dez por cento sobre o montante de todos os depósitos devidos, referentes ao Fundo de Garantia do Tempo de Serviço — FGTS, durante a vigência do contrato de trabalho, acrescido das remunerações aplicáveis às contas vinculadas. *(Vide ADIn 2556-2 e ADIn 2.568-6)*

PARÁGRAFO ÚNICO. Ficam isentos da contribuição social instituída neste artigo os empregadores domésticos.

Art. 2º Fica instituída contribuição social devida pelos empregadores, à alíquota de cinco décimos por cento sobre a remuneração devida, no mês anterior, a cada trabalhador, incluídas as parcelas de que trata o art. 15 da Lei n 8.036, de 11 de maio de 1990.

§ 1º Ficam isentas da contribuição social instituída neste artigo:

I — as empresas inscritas no Sistema Integrado de Pagamento de Impostos e Contribuições das Microempresas e Empresas de Pequeno Porte — SIMPLES, desde que o faturamento anual não ultrapasse o limite de R$ 1.200.000,00 (um milhão e duzentos mil reais); *(Vide ADIn 2556-2 e ADIn 2.568-6)*

II — as pessoas físicas, em relação à remuneração de empregados domésticos; e

III — as pessoas físicas, em relação à remuneração de empregados rurais, desde que sua receita bruta anual não ultrapasse o limite de R$ 1.200.000,00 (um milhão e duzentos mil reais).

§ 2º A contribuição será devida pelo prazo de sessenta meses, a contar de sua exigibilidade.

Art. 3º Às contribuições sociais de que tratam os arts. 1º e 2º aplicam-se as disposições da Lei n. 8.036, de 11 de maio de 1990, e da Lei n. 8.844, de 20 de janeiro de 1994, inclusive quanto a sujeição passiva e equiparações, prazo de recolhimento, administração, fiscalização, lançamento, consulta, cobrança, garantias, processo administrativo de determinação e exigência de créditos tributários federais. *(Vide ADIn 2556-2 e ADIn 2.568-6)*

§ 1º As contribuições sociais serão recolhidas na rede arrecadadora e transferidas à Caixa Econômica Federal, na forma do art. 11 da Lei n. 8.036, de 11 de maio de 1990, e as respectivas receitas serão incorporadas ao FGTS.

§ 2º A falta de recolhimento ou o recolhimento após o vencimento do prazo sem os acréscimos previstos no art. 22 da Lei n. 8.036, de 11 de maio de 1990, sujeitarão o infrator à multa de setenta e cinco por cento, calculada sobre a totalidade ou a diferença da contribuição devida.

§ 3º A multa será duplicada na ocorrência das hipóteses previstas no art. 23, § 3º, da Lei n. 8.036, de 11 de maio de 1990, sem prejuízo das demais cominações legais.

Art. 4º Fica a Caixa Econômica Federal autorizada a creditar nas contas vinculadas do FGTS, a expensas do próprio Fundo, o complemento de atualização monetária resultante da aplicação, cumulativa, dos percentuais de dezesseis inteiros e sessenta e quatro centésimos por cento e de quarenta e quatro inteiros e oito décimos por cento, sobre os saldos das contas mantidas, respectivamente, no período de 1º de dezembro de 1988 a 28 de fevereiro de 1989 e durante o mês de abril de 1990, desde que:

I — o titular da conta vinculada firme o Termo de Adesão de que trata esta Lei Complementar;

II — até o sexagésimo terceiro mês a partir da data de publicação desta Lei Complementar, estejam em vigor as contribuições sociais de que tratam os arts. 1º e 2º; *(Vide ADIn 2556-2 e ADIn 2.568-6)* e

III — a partir do sexagésimo quarto mês da publicação desta Lei Complementar, permaneça em vigor a contribuição social de que trata o art. 1º. *(Vide ADIn 2556-2 e ADIn 2.568-6)*

PARÁGRAFO ÚNICO. O disposto nos arts. 9º, II, e 22, § 2º, da Lei n. 8.036, de 11 de maio de 1990, não se aplica, em qualquer hipótese, como decorrência da efetivação do crédito de complemento de atualização monetária de que trata o *caput* deste artigo.

Art. 5º O complemento de que trata o art. 4º será remunerado até o dia 10 do mês subsequente ao da publicação desta Lei Complementar, com base nos mesmos critérios de remuneração utilizados para as contas vinculadas.

PARÁGRAFO ÚNICO. O montante apurado na data a que se refere o *caput* será remunerado, a partir do dia 11 do mês subsequente ao da publicação desta Lei Complementar, com base na Taxa Referencial — TR, até que seja creditado na conta vinculada do trabalhador.

Art. 6º O Termo de Adesão a que se refere o inciso I do art. 4º, a ser firmado no prazo e na forma definidos em Regulamento, conterá:

I — a expressa concordância do titular da conta vinculada com a redução do complemento de que trata o art. 4º, acrescido da remuneração prevista no *caput* do art. 5º, nas seguintes proporções:

a) zero por cento sobre o total do complemento de atualização monetária de valor até R$ 2.000,00 (dois mil reais);

Legislação Complementar

b) oito por cento sobre o total do complemento de atualização monetária de valor de R$ 2.000,01 (dois mil reais e um centavo) a R$ 5.000,00 (cinco mil reais);

c) doze por cento sobre o total do complemento de atualização monetária de valor de R$ 5.000,01 (cinco mil reais e um centavo) a R$ 8.000,00 (oito mil reais);

d) quinze por cento sobre o total do complemento de atualização monetária de valor acima de R$ 8.000,00 (oito mil reais);

II — a expressa concordância do titular da conta vinculada com a forma e os prazos do crédito na conta vinculada, especificados a seguir:

a) complemento de atualização monetária no valor total de R$ 1.000,00 (um mil reais), até junho de 2002, em uma única parcela, para os titulares de contas vinculadas que tenham firmado o Termo de Adesão até o último dia útil do mês imediatamente anterior;

b) complemento de atualização monetária no valor total de R$ 1.000,01 (um mil reais e um centavo) a R$ 2.000,00 (dois mil reais), em duas parcelas semestrais, com o primeiro crédito em julho de 2002, sendo a primeira parcela de R$ 1.000,00 (um mil reais), para os titulares de contas vinculadas que tenham firmado o Termo de Adesão até o último dia útil do mês imediatamente anterior;

c) complemento de atualização monetária no valor total de R$ 2.000,01 (dois mil reais e um centavo) a R$ 5.000,00 (cinco mil reais), em cinco parcelas semestrais, com o primeiro crédito em janeiro de 2003, para os titulares de contas vinculadas que tenham firmado o Termo de Adesão até o último dia útil do mês imediatamente anterior;

d) complemento de atualização monetária no valor total de R$ 5.000,01 (cinco mil reais e um centavo) a R$ 8.000,00 (oito mil reais), em sete parcelas semestrais, com o primeiro crédito em julho de 2003, para os titulares de contas vinculadas que tenham firmado o Termo de Adesão até o último dia útil do mês imediatamente anterior;

e) complemento de atualização monetária no valor total acima de R$ 8.000,00 (oito mil reais), em sete parcelas semestrais, com o primeiro crédito em janeiro de 2004, para os titulares de contas vinculadas que tenham firmado o Termo de Adesão até o último dia útil do mês imediatamente anterior; e

III — declaração do titular da conta vinculada, sob as penas da lei, de que não está nem ingressará em juízo discutindo os complementos de atualização monetária relativos a junho de 1987, ao período de 1º de dezembro de 1988 a 28 de fevereiro de 1989, a abril e maio de 1990 e a fevereiro de 1991.

§ 1º No caso da alínea *b* do inciso I, será creditado valor de R$ 2.000,00 (dois mil reais), quando a aplicação do percentual de redução resultar em quantia inferior a este.

§ 2º No caso da alínea *c* do inciso I, será creditado valor de R$ 4.600,00 (quatro mil e seiscentos reais), quando a aplicação do percentual de redução resultar em quantia inferior a este.

§ 3º No caso da alínea *d* do inciso I será creditado valor de R$ 7.040,00 (sete mil e quarenta reais), quando a aplicação do percentual de redução resultar em quantia inferior a este.

§ 4º Para os trabalhadores que vierem a firmar seus termos de adesão após as datas previstas nas alíneas *a* a *d* do inciso II, os créditos em suas contas vinculadas iniciar-se-ão no mês subsequente ao da assinatura do Termo de Adesão, observadas as demais regras constantes nesses dispositivos, quanto a valores, número e periodicidade de pagamento de parcelas.

§ 5º As faixas de valores mencionadas no inciso II do *caput* serão definidas pelos complementos a que se refere o art. 4º, acrescidos da remuneração prevista no *caput* do art. 5º, antes das deduções de que tratam o inciso I do *caput* e os §§ 1º e 2º.

§ 6º O titular da conta vinculada fará jus ao crédito de que trata o inciso II do *caput* deste artigo, em uma única parcela, até junho de 2002, disponível para imediata movimentação a partir desse mês, nas seguintes situações:

I — na hipótese de o titular ou qualquer de seus dependentes for acometido de neoplasia maligna, nos termos do inciso XI do art. 20 da Lei n. 8.036, de 11 de maio de 1990;

II — quando o titular ou qualquer de seus dependentes for portador do vírus HIV;

III — se o trabalhador, com crédito de até R$ 2.000,00 (dois mil reais), for aposentado por invalidez, em função de acidente do trabalho ou doença profissional, ou aposentado maior de sessenta e cinco anos de idade;

IV — quando o titular ou qualquer de seus dependentes for acometido de doença terminal.

§ 7º O complemento de atualização monetária de valor total acima de R$ 2.000,00 (dois mil reais) poderá, a critério do titular da conta vinculada, ser resgatado mediante entrega, em julho de 2002, ou nos seis meses seguintes, no caso de adesões que se efetuarem até dezembro de 2002, de documento de quitação com o FGTS autorizando a compra de título, lastreado nas receitas decorrentes das contribuições instituídas pelos arts. 1º e 2º desta Lei Complementar, de valor de face equivalente ao valor do referido complemento nos termos e condições estabelecidas pelo Conselho Monetário Nacional — CMN.

Art. 7º Ao titular da conta vinculada que se encontre em litígio judicial visando ao pagamento dos complementos de atualização monetária relativos a junho de 1987, dezembro de 1988 a fevereiro de 1989, abril e maio de 1990 e fevereiro de 1991, é facultado receber, na forma do art. 4º, os créditos de que trata o art. 6º, firmando transação a ser homologada no juízo competente.

Art. 8º A movimentação da conta vinculada, no que se refere ao crédito do complemento de atualização monetária, observará as condições previstas no art. 20 da Lei n. 8.036, de 11 de maio de 1990, inclusive nos casos em que o direito do titular à movimentação da conta tenha sido implementado em data anterior à da publicação desta Lei Complementar.

Art. 9º As despesas com as obrigações decorrentes dos montantes creditados na forma do art. 6º poderão ser diferidas contabilmente, para apropriação no resultado do balanço do FGTS, no prazo de até quinze anos, a contar da publicação desta Lei Complementar.

Art. 10. Os bancos que, no período de dezembro de 1988 a março de 1989 e nos meses de abril e maio de 1990, eram depositários das contas vinculadas do FGTS, ou seus sucessores, repassarão à Caixa Econômica Federal, até 31 de janeiro de 2002, as informações cadastrais e financeiras necessárias ao cálculo do complemento de atualização monetária de que trata o art. 4º.

§ 1º A Caixa Econômica Federal estabelecerá a forma e o cronograma dos repasses das informações de que trata o *caput* deste artigo.

§ 2º Pelo descumprimento dos prazos e das demais obrigações estipuladas com base neste artigo, os bancos de que trata o *caput* sujeitam-se ao pagamento de multa equivalente a dez por cento do somatório dos saldos das contas das quais eram depositários, remunerados segundo os mesmos critérios previstos no art. 5º.

§ 3º Os órgãos responsáveis pela auditoria integrada do FGTS examinarão e homologarão, no prazo de sessenta dias, a contar da publicação desta Lei Complementar, o aplicativo a ser utilizado na validação das informações de que trata este artigo.

Art. 11. A Caixa Econômica Federal, até 30 de abril de 2002, divulgará aos titulares de contas vinculadas os respectivos valores dos complementos de atualização monetária a que têm direito, com base nas informações cadastrais e financeiras de que trata o art. 10.

Art. 12. O Tesouro Nacional fica subsidiariamente obrigado à liquidação dos valores a que se refere o art. 4º, nos prazos e nas condições estabelecidos nos arts. 5º e 6º, até o montante da diferença porventura ocorrida entre o valor arrecadado pelas contribuições sociais de que tratam os arts. 1º e 2º e aquele necessário ao resgate dos compromissos assumidos.

Art. 13. As leis orçamentárias anuais referentes aos exercícios de 2001, 2002 e 2003 assegurarão destinação integral ao FGTS de valor equivalente à arrecadação das contribuições de que tratam os arts. 1º e 2º desta Lei Complementar.

Art. 14. Esta Lei Complementar entra em vigor na data de sua publicação, produzindo efeitos:

I — noventa dias a partir da data inicial de sua vigência, relativamente à contribuição social de que trata o art. 1º;

II — a partir do primeiro dia do mês seguinte ao nonagésimo dia da data de início de sua vigência, no tocante à contribuição social de que trata o art. 2º.

Brasília, 29 de junho de 2001; 180º da Independência e 113º da República.

Fernando Henrique Cardoso
Pedro Malan
Francisco Dornelles

DECRETO N. 3.913, DE 11 DE SETEMBRO DE 2001

(DOU 12.9.01)

DISPÕE SOBRE A APURAÇÃO E LIQUIDAÇÃO DOS COMPLEMENTOS DE ATUALIZAÇÃO MONETÁRIA DE SALDOS DE CONTAS VINCULADAS DO FUNDO DE GARANTIA DO TEMPO DE SERVIÇO — FGTS, DE QUE TRATA A LEI COMPLEMENTAR N. 110, DE 29 DE JUNHO DE 2001

O PRESIDENTE DA REPÚBLICA, no uso da atribuição que lhe confere o art. 84, inciso IV, da Constituição e tendo em vista as disposições contidas na Lei Complementar n. 110, de 29 de junho de 2001,

Decreta:

Art. 1º Este Decreto regulamenta a forma de apuração dos complementos de atualização monetária das contas vinculadas do Fundo de Garantia do Tempo de Serviço — FGTS, de que trata a *Lei Complementar n. 110, de 29 de junho de 2001,* relativos aos saldos mantidos no período de 1º de dezembro de 1988 a 28 de fevereiro de 1989 e no mês de abril de 1990, a forma e os prazos para lançamento dos respectivos créditos nas contas vinculadas e a forma de adesão às condições de resgate dos referidos créditos.

Art. 2º A Caixa Econômica Federal calculará o complemento de atualização monetária relativo ao período de 1º de dezembro de 1988 a 28 de fevereiro de 1989, inclusive, e ao mês de abril de 1990, com base nos percentuais:

I — de dezesseis inteiros e sessenta e quatro centésimos por cento, referente ao índice de janeiro de 1989, sobre o saldo mantido na conta vinculada no período de 1º de dezembro de 1988 a 28 de fevereiro de 1989, inclusive;

II — de quarenta e quatro inteiros e oito décimos por cento, referente ao índice de abril de 1990, sobre o saldo mantido no mês de abril de 1990;

III — de dezesseis inteiros e sessenta e quatro centésimos por cento e de quarenta e quatro inteiros e oito décimos por cento, cumulativos, sobre os saldos mantidos, respectivamente, no período de 1º de dezembro de 1988 a 28 de fevereiro de 1989, inclusive, e no mês de abril de 1990.

§ 1º O valor calculado na forma do *caput*, com a remuneração prevista no art. 5º e com a redução cabível especificada no inciso I do art. 6º, ambos da *Lei Complementar n. 110, de 2001,* será, a partir de 1º de maio de 2002, registrado na conta vinculada do trabalhador que tenha manifestado sua adesão às condições de resgate estabelecidas na Lei Complementar n. 110, de 2001, mediante assinatura do Termo de Adesão, para ser creditado nas condições, forma e prazos previstos neste Decreto.

§ 2º O valor do complemento de atualização monetária, após o seu registro na conta vinculada do trabalhador, efetuado segundo o disposto no § 1º, integra a base de cálculo das multas rescisórias de que tratam os §§ 1º e 2º do *art. 18 da Lei n. 8.036, de 11 de maio de 1990.*

Art. 3º A adesão às condições de resgate dos complementos de atualização monetária, estabelecidas na Lei Complementar n. 110, de 2001, deverá ser manifestada em Termo de Adesão próprio, nos moldes dos formulários aprovados em portaria conjunta da Advocacia-Geral da União e do Ministério do Trabalho e Emprego.

§ 1º Mantido o conteúdo constante dos formulários do Termo de Adesão, as adesões poderão ser manifestadas por meios magnéticos ou eletrônicos, inclusive mediante teleprocessamento, na forma estabelecida em ato normativo do Agente Operador do FGTS.

§ 2º O titular de conta vinculada poderá, a partir de 5 de novembro de 2001, manifestar sua adesão às condições de resgate do complemento de atualização monetária previstas na Lei Complementar n. 110, de 2001, independentemente do conhecimento prévio do valor do complemento.

§ 3º A critério do Agente Operador do FGTS e mediante ampla divulgação prévia, o início do processo de adesão poderá ser antecipado.

Art. 4º O titular da conta vinculada manifestará, no Termo de Adesão, sua concordância:

I — com a redução do complemento de que trata o art. 2º, remunerado até o dia 10 do mês de julho de 2001 com base nos mesmos critérios de remuneração das contas vinculadas, nas seguintes proporções:

a) zero por cento sobre o total do complemento de atualização monetária de valor até R$ 2.000,00 (dois mil reais);

b) oito por cento sobre o total do complemento de atualização monetária de valor de R$ 2.000,01 (dois mil reais e um centavo) a R$ 5.000,00 (cinco mil reais), assegurado o crédito mínimo de R$ 2.000,00 (dois mil reais), quando a aplicação do percentual de redução resultar em quantia inferior a esse valor;

c) doze por cento sobre o total do complemento de atualização monetária de valor de R$ 5.000,01 (cinco mil reais e um centavo) a R$ 8.000,00 (oito mil reais), assegurado o crédito mínimo de R$ 4.600,00 (quatro mil e seiscentos reais), quando a aplicação do percentual de redução resultar em quantia inferior a esse valor;

d) quinze por cento sobre o total do complemento de atualização monetária de valor acima de R$ 8.000,00 (oito mil reais), assegurado o crédito mínimo de R$ 7.040,00 (sete mil e quarenta reais), quando a aplicação do percentual de redução resultar em quantia inferior a esse valor;

II — com a forma e os prazos do crédito na conta vinculada, consoante as seguintes especificações:

a) o complemento de atualização monetária no valor total de até R$ 1.000,00 (mil reais), será creditado até 30 de junho de 2002, em uma única parcela, para os titulares de contas vinculadas que tenham firmado o Termo de Adesão até o dia 31 de maio de 2002;

b) o complemento de atualização monetária no valor total de R$ 1.000,01 (mil reais e um centavo) a R$ 2.000,00 (dois mil reais), será creditado em duas parcelas semestrais, ocorrendo o crédito da primeira parcela, no valor de R$ 1.000,00 (mil reais), até 31 de julho de 2002, para os titulares de contas vinculadas que tenham firmado o Termo de Adesão até o dia 28 de junho de 2002;

c) o complemento de atualização monetária no valor total de R$ 2.000,01 (dois mil reais e um centavo) a R$ 5.000,00 (cinco mil reais), definido antes da dedução de que trata o inciso I, alínea *b*, será creditado em cinco parcelas semestrais, a partir de janeiro de 2003, para os titulares de contas vinculadas que tenham firmado o Termo de Adesão até o dia 30 de dezembro de 2002;

d) o complemento de atualização monetária no valor total de R$ 5.000,01 (cinco mil reais e um centavo), a R$ 8.000,00 (oito mil reais), definido antes da dedução de que trata o inciso I, alínea *c*, será creditado em sete parcelas semestrais, a partir de julho de 2003, para os titulares de contas vinculadas que tenham firmado o Termo de Adesão até o dia 30 de junho de 2003;

e) o complemento de atualização monetária no valor total acima de R$ 8.000,00 (oito mil reais), definido antes da dedução de que trata o inciso I, alínea *d*, será creditado em sete parcelas semestrais, a partir de janeiro de 2004, para os titulares de contas vinculadas que tenham firmado o Termo de Adesão até o dia 30 de dezembro de 2003;

III — em firmar, sob as penas da lei, declaração de que não está discutindo em juízo, nem ingressará em juízo para discutir, complementos de atualização monetária do FGTS relativos a junho de 1987, ao período de 1º de dezembro de 1988 a 28 de fevereiro de 1989, a abril e maio de 1990 e a fevereiro de 1991;

IV — em desistir de ação judicial que tenha interposto, inclusive na condição de litisconsorte, para pleitear o pagamento de complementos de atualização monetária citados no inciso III, conformando-se, por transação a ser homologada em juízo, com as condições estabelecidas neste Decreto.

§ 1º Nos casos em que a adesão dependa de transação, serão consideradas como datas de adesão, para os efeitos das alíneas *a* a *e* do inciso II, as datas em que os titulares de contas vinculadas firmarem o Termo de Adesão, independentemente da homologação judicial da transação, que deverá ser requerida mesmo depois de efetuado o crédito na conta. (NR) *(Redação dada pelo Decreto n. 4.777, de 11.7.03, DOU 14.7.03).*

§ 2º Para os trabalhadores que vierem a firmar seus termos de adesão após as datas previstas nas alíneas *a* a *d* do inciso II, os créditos em suas contas vinculadas iniciar-se-ão no mês subsequente ao da assinatura do Termo de Adesão, observadas as demais regras constantes nesses dispositivos, quanto a valores, número e periodicidade de pagamento de parcelas.

§ 3º A data final para assinatura do Termo de Adesão é 30 de dezembro de 2003.

§ 4º Na ocorrência de óbito do titular da conta vinculada, o Termo de Adesão será firmado por todos os seus dependentes, habilitados perante a Previdência Social para a concessão de pensões por morte e, na falta de dependentes, por todos os seus sucessores previstos na lei civil, indicados em alvará judicial, expedido a requerimento do interessado, independentemente de inventário ou arrolamento.

Art. 5º O titular da conta vinculada fará jus ao crédito de que trata o inciso II do art. 4º deste Decreto, em uma única parcela, até junho de 2002, disponível para imediata movimentação a partir desse mês, nas hipóteses de o titular:

I — ou qualquer de seus dependentes ser acometido de neoplasia maligna;

II — ou qualquer de seus dependentes ser portador do vírus HIV;

III — com crédito de até R$ 2.000,00 (dois mil reais), ser aposentado por invalidez em função de acidente de trabalho ou doença profissional, ou ser aposentado maior de sessenta e cinco anos de idade;

IV — de o titular ou qualquer de seus dependentes ser acometido de doença terminal.

PARÁGRAFO ÚNICO. Para efeito do inciso IV, apresentar-se-á diagnóstico médico claramente descritivo que, em face dos sintomas ou do histórico patológico, caracterize o estágio terminal de vida em razão da doença grave consignada no Código Internacional de Doenças — CID que acometa o trabalhador ou qualquer de seus dependentes, assinado por médico devidamente identificado por seu registro profissional e emitido na conformidade das normas dos Conselhos Federal e Regional de Medicina. (NR) *(Redação dada pelo Decreto n. 5.860, de 26.7.06, DOU 27.7.06)*

Art. 6º A movimentação da conta vinculada, relativamente ao crédito do complemento de atualização monetária, que não se enquadre nas hipóteses do art. 5º, observará as condições previstas no *art. 20 da Lei n. 8.036, de 1990.*

§ 1º As hipóteses de movimentação da conta vinculada previstas nos incisos I, II, III, IV, VIII, IX, X e XI do art. 20 da Lei n. 8.036, de 1990, e na *Lei n. 7.670, de 8 de setembro de 1988,* ocorridas anteriormente à data da edição da Lei Complementar n. 110, de 2001, autorizam o saque do complemento de atualização monetária após o crédito na conta vinculada.

§ 2º Após o crédito do complemento de atualização monetária na conta vinculada, nas condições do inciso II do art. 4º, será permitida a sua utilização para a amortização ou quitação de saldo devedor de financiamento de moradia própria no âmbito do Sistema Financeiro da Habitação, inclusive na modalidade de Carta de Crédito do FGTS, mediante encontro de contas, atendidas as condições do *art. 20 da Lei n. 8.036, de 1990.*

Art. 7º Os saques de que tratam o art. 5º e o § 1º do art. 6º poderão ser processados mediante transferência do valor correspondente para conta corrente do titular da conta vinculada, com a autorização deste.

Art. 8º A critério do titular da conta vinculada, o complemento de atualização monetária, de valor total superior a R$ 2.000,00 (dois mil reais), computada a dedução de que trata o inciso I do art. 4º, poderá ser resgatado mediante entrega, em julho de 2002, ou nos seis meses seguintes, no caso de adesões que se efetuarem até dezembro de 2002, de documento de quitação com o FGTS em que se autoriza a compra de título, lastreado nas receitas decorrentes das contribuições instituídas pelos arts. 1º e 2º da Lei Complementar n. 110, de 2001, de valor de face equivalente ao valor do referido complemento, nos termos e condições estabelecidas pelo Conselho Monetário Nacional — CMN.

Art. 9º O Agente Operador do FGTS, observadas as normas legais e regulamentares:

I — estabelecerá, em ato normativo, os procedimentos operacionais relativos ao exercício da adesão de que trata o art. 3º e à efetivação dos créditos nas contas vinculadas; e

II — promoverá, antes de iniciar o processo de adesão, ampla divulgação sobre os procedimentos, meios e forma de adesão, e distribuição dos respectivos formulários.

Art. 10. Este Decreto entra em vigor na data de sua publicação.

Brasília, 11 de setembro de 2001; 180º da Independência e 113º da República.

Fernando Henrique Cardoso
Pedro Malan
Francisco Dornelles
Gilmar Ferreira Mendes

Obs.: Os formulários do termo de adesão foram aprovados pela Portaria Interministerial n. 65 (MTE e AGU), de 12.9.01, DOU 14.9.01, conforme modelo constante nos Anexos I e II da referida Portaria. (Não publicada nesta obra).

DECRETO N. 3.914, DE 11 DE SETEMBRO DE 2001

(DOU 12.9.01)

DISPÕE SOBRE A REGULAMENTAÇÃO DAS CONTRIBUIÇÕES SOCIAIS INSTITUÍDAS PELA LEI COMPLEMENTAR N. 110, DE 29 DE JUNHO DE 2001

O PRESIDENTE DA REPÚBLICA, no uso da atribuição que lhe confere o art. 84, inciso IV, da Constituição,

Decreta:

Art. 1º Este Decreto dispõe sobre a regulamentação da contribuição social devida por despedida de empregado sem justa causa e da contribuição social incidente sobre a remuneração mensal do trabalhador, instituídas pelos *arts. 1º e 2º da Lei Complementar n. 110, de 29 de junho de 2001.*

Art. 2º A contribuição social que tem por fato gerador a despedida de empregado sem justa causa é devida em relação às despedidas que ocorrerem a partir de 28 de setembro de 2001, inclusive.

§ 1º A base de cálculo da contribuição é o montante dos depósitos do Fundo de Garantia do Tempo de Serviço — FGTS, acrescidos das remunerações previstas no *art. 13 da Lei n. 8.036, de 11 de maio de 1990, bem como nos arts. 11 da Lei n. 7.839, de 12 de outubro de 1989, e 3º e 4º da Lei n. 5.107, de 13 de setembro de 1966,* enquanto vigentes, devidos durante a vigência do contrato de trabalho.

§ 2º O valor do complemento de atualização monetária de que trata o art. 4º, com a remuneração prevista no art. 5º e com a redução cabível especificada no inciso I do art. 6º, todos da Lei Complementar n. 110, de 2001, que esteja registrado, na data da rescisão do contrato de trabalho, na conta vinculada do trabalhador que tenha firmado o Termo de Adesão a que se refere o art. 4º, inciso I, da mesma Lei Complementar, integra a base de cálculo da contribuição de que trata este artigo.

§ 3º O valor da contribuição será determinado pela aplicação da alíquota de dez por cento sobre o valor da base de cálculo especificada nos §§ 1º e 2º.

§ 4º A contribuição deve ser paga nos seguintes prazos:

I — até o primeiro dia útil imediato ao término do contrato, no caso em que o empregador concede o aviso prévio nos termos do art. 487 da Consolidação das Leis do Trabalho — CLT; ou

II — até o décimo dia, contado da data da notificação da demissão, quando da ausência do aviso prévio, indenização do mesmo ou dispensa de seu cumprimento.

§ 5º Os empregadores domésticos ficam isentos da contribuição social de que trata este artigo.

Art. 3º A contribuição social incidente sobre a remuneração do trabalhador é devida a partir da remuneração relativa ao mês de outubro de 2001 até a remuneração relativa ao mês de setembro de 2006.

§ 1º A contribuição incide sobre a remuneração paga ou devida, no mês anterior, a cada trabalhador.

§ 2º A base de cálculo da contribuição é o valor da remuneração paga ou devida a cada trabalhador, computadas as parcelas de que trata o *art. 15 da Lei n. 8.036, de 1990.*

§ 3º O valor do pagamento antecipado de remuneração ou de gratificação de Natal integra a base de cálculo da contribuição social relativa ao mês em que ocorrer o pagamento antecipado.

§ 4º O valor da contribuição será determinado pela aplicação da alíquota de cinco décimos por cento sobre a base de cálculo especificada nos §§ 2º e 3º.

§ 5º A contribuição incidente sobre a remuneração paga ou devida em cada mês deve ser paga até o dia 7 do mês subsequente ou, não havendo expediente bancário no dia 7, até o último dia útil que o anteceder.

§ 6º Ficam isentas da contribuição social de que trata este artigo:

I — as empresas inscritas no Sistema Integrado de Pagamento de Impostos e Contribuições das Microempresas e Empresas de Pequeno Porte — SIMPLES, desde que o faturamento anual não ultrapasse o limite de R$ 1.200.000,00 (um milhão e duzentos mil reais);

II — as pessoas físicas, em relação à remuneração de empregados domésticos; e

III — as pessoas físicas, em relação à remuneração de empregados rurais, desde que sua receita bruta anual não ultrapasse o limite de R$ 1.200.000,00 (um milhão e duzentos mil reais).

§ 7º Para os fins do disposto no § 6º, poderão ser utilizadas informações constantes dos cadastros administrados pela Secretaria da Receita Federal, na forma estabelecida em convênio.

Art. 4º O sujeito passivo das contribuições sociais de que trata este Decreto é o empregador, considerado como tal a pessoa física ou a pessoa jurídica de direito privado ou de direito público, da administração pública direta, indireta ou fundacional de qualquer dos Poderes, da União, dos Estados, do Distrito Federal e dos Municípios, que admitir trabalhadores a seu serviço, bem assim aquele que, regido por legislação especial, encontrar-se nessa condição ou figurar como fornecedor ou tomador de mão de obra, independente da responsabilidade solidária ou subsidiária a que eventualmente venha obrigar-se.

PARÁGRAFO ÚNICO. Para os efeitos deste Decreto, considera-se empregado ou trabalhador toda pessoa física que prestar serviços a empregador, a locador ou tomador de mão de obra, excluídos os eventuais, os autônomos e os servidores públicos civis e militares sujeitos a regime jurídico próprio.

Art. 5º O pagamento das contribuições sociais de que trata este Decreto fora dos prazos estabelecidos sujeita o infrator aos acréscimos previstos no *art. 22 da Lei n. 8.036, de 1990, e nos §§ 2º e 3º do art. 3º da Lei Complementar n. 110, de 2001.*

Art. 6º A exigência fiscal da contribuição social, que não tenha sido paga por iniciativa do contribuinte, será formalizada em notificação de débito, lavrada por Auditor-Fiscal do Trabalho ou pela Repartição competente do Ministério do Trabalho e Emprego, nos termos de ato normativo do Ministro de Trabalho e Emprego.

Art. 7º As contribuições sociais de que trata este Decreto, inclusive os acréscimos legais correspondentes, serão pagos na rede bancária arrecadadora do FGTS, na forma a ser estabelecida pelo Agente Operador do FGTS.

§ 1º Os valores recolhidos pela rede bancária serão transferidos à Caixa Econômica Federal no segundo dia útil subsequente à data em que tenham sido recolhidos.

§ 2º A Caixa Econômica Federal procederá ao registro das receitas, relativas às contribuições sociais que lhe forem transferidas pela rede bancária, no Sistema Integrado de Administração Financeira do Governo Federal — SIAFI, na forma regulada pelo Ministério da Fazenda.

Art. 8º A falta de pagamento das contribuições de que trata este Decreto resultará no impedimento da emissão, pela Caixa Econômica Federal, do Certificado de Regularidade do FGTS, sem prejuízo das demais cominações legais cabíveis.

Art. 9º O Ministério do Trabalho e Emprego expedirá as normas para disciplinar os procedimentos de administração das contribuições sociais de que trata este Decreto.

Art. 10. Este Decreto entra em vigor na data de sua publicação.

Brasília, 11 de setembro de 2001; 180º da Independência e 113º da República.

Fernando Henrique Cardoso

Pedro Malan

Francisco Dornelles

DECRETO N. 5.113, DE 22 DE JUNHO DE 2004

(DOU 23.6.04)

REGULAMENTA O ART. 20, INCISO XVI, DA LEI N. 8.036, DE 11 DE MAIO DE 1990, QUE DISPÕE SOBRE O FUNDO DE GARANTIA DO TEMPO DE SERVIÇO — FGTS, E DÁ OUTRAS PROVIDÊNCIAS

PRESIDENTE DA REPÚBLICA, no uso da atribuição que lhe confere o art. 84, inciso IV, da Constituição, e tendo em vista o disposto no art. 20, inciso XVI, da Lei n. 8.036, de 11 de maio de 1990, decreta:

Art. 1º O titular de conta vinculada do Fundo de Garantia do Tempo de Serviço — FGTS que resida em área do Distrito Federal ou de Município, em situação de emergência ou estado de calamidade pública objeto de decreto do respectivo Governo, poderá movimentar a referida conta por motivo de necessidade pessoal, cuja urgência e gravidade decorram de desastre natural.

§ 1º Para os fins da movimentação de que trata este artigo, o decreto municipal ou do Distrito Federal que declare a situação de emergência ou o estado de calamidade pública deverá ser publicado no prazo máximo de trinta dias, contados do primeiro dia útil seguinte ao da ocorrência do desastre natural.

§ 2º A movimentação da conta vinculada de que trata o *caput* só poderá ocorrer após o reconhecimento da situação de emergência ou do estado de calamidade pública em portaria do Ministro de Estado da Integração Nacional.

§ 3º A solicitação de movimentação será admitida até noventa dias da publicação do ato de reconhecimento de que trata o § 2º.

Art. 2º Para os fins do disposto neste Decreto, considera-se desastre natural:

I — vendavais ou tempestades;

II — vendavais muito intensos ou ciclones extratropicais;

III — vendavais extremamente intensos, furacões, tufões ou ciclones tropicais;

IV — tornados e trombas d'água;

V — precipitações de granizos;

VI — enchentes ou inundações graduais;

VII — enxurradas ou inundações bruscas;

VIII — alagamentos; e

IX — inundações litorâneas provocadas pela brusca invasão do mar.

Art. 3º A comprovação da área atingida de que trata o *caput* do art. 1º será realizada mediante fornecimento à Caixa Econômica Federal, pelo Município ou pelo Distrito Federal, de declaração das áreas atingidas por desastres naturais, que deverá conter a descrição da área no seguinte padrão:

I — nome do distrito, cidade e unidade da Federação, caso todas as unidades residenciais existentes no distrito tenham sido atingidas;

II — nome do bairro, cidade e unidade da Federação, caso todas as unidades residenciais existentes no bairro tenham sido atingidas;

III — nome do logradouro, bairro ou distrito, cidade e unidade da Federação, caso a área atingida se restrinja às unidades residenciais existentes naquele logradouro; ou

IV — identificação da unidade residencial, nome do logradouro, bairro ou distrito, cidade e unidade da Federação, caso a área atingida se restrinja à determinada unidade residencial.

§ 1º Para elaboração da declaração referida no *caput*, deverá ser observada a avaliação realizada pelos órgãos de defesa civil municipal e do Distrito Federal.

§ 2º A declaração referida no *caput* deverá conter a identificação do Município atingido pelo desastre natural, as informações relativas ao decreto municipal ou do Distrito Federal e à portaria do Ministro de Estado da Integração Nacional que reconheceu a situação de emergência ou o estado de calamidade pública, e a Codificação de Desastre, Ameaças e Riscos — CODAR.

Art. 4º O valor do saque será equivalente ao saldo existente na conta vinculada, na data da solicitação, limitado à quantia correspondente a R$ 6.220,00 (seis mil duzentos e vinte reais), por evento caracterizado como desastre natural, desde que o intervalo entre uma movimentação e outra não seja inferior a doze meses." (NR) *(Redação dada pelo Decreto n. 7.664, de 11 de janeiro de 2012, DOU 12.01.12).*

Legislação Complementar

Art. 5º O titular da conta vinculada que não dispuser de meios para comprovação do endereço residencial poderá fazê-la com apresentação de declaração emitida pelo Governo municipal ou do Distrito Federal.

Art. 6º A Caixa Econômica Federal expedirá, no prazo de até dez dias contados da data de publicação deste Decreto, atos normativos referentes aos procedimentos administrativos e operacionais a serem observados para a movimentação de que trata o art. 1º.

Art. 7º Este Decreto entra em vigor na data da sua publicação.

Art. 8º Fica revogado o Decreto n. 5.014, de 12 de março de 2004.

Brasília, 22 de junho de 2004; 183º da Independência e 116º da República.

Luiz Inácio Lula da Silva

Antonio Palocci Filho

Ricardo José Ribeiro Berzoini

Ciro Ferreira Gomes

Olívio de Oliveira Dutra

LEI N. 6.858, DE 24 DE NOVEMBRO DE 1980

(DOU 25 e 26.11.80 — LTr 44/1512)

DISPÕE SOBRE O PAGAMENTO AOS DEPENDENTES OU SUCESSORES, DE VALORES NÃO RECEBIDOS EM VIDA PELOS RESPECTIVOS TITULARES

O PRESIDENTE DA REPÚBLICA,

Faço saber que o Congresso Nacional decreta e eu sanciono a seguinte Lei:

Art. 1º Os valores devidos pelos empregadores aos empregados e os montantes das contas individuais do Fundo de Garantia do Tempo de Serviço e do Fundo de Participação PIS-PASEP, não recebidos em vida pelos respectivos titulares, serão pagos, em quotas iguais, aos dependentes habilitados perante a Previdência Social ou na forma da legislação específica dos servidores civis e militares, e, na sua falta, aos sucessores previstos na lei civil, indicados em alvará judicial, inpendentemente de inventário ou arrolamento.

§ 1º As quotas atribuídas a menores ficarão depositadas em caderneta de poupança, rendendo juros e correção monetária, e só serão disponíveis após o menor completar 18 (dezoito) anos, salvo autorização do Juiz para aquisição do imóvel destinado à residência do menor e de sua família ou para dispêndio necessário à subsistência e educação do menor.

§ 2º Inexistindo dependentes ou sucessores, os valores de que trata este artigo reverterão em favor, respectivamente, do Fundo de Previdência e Assistência Social, do Fundo de Garantia do Tempo de Serviço ou do Fundo de Participação PIS-PASEP, conforme se tratar de quantias devidas pelo empregador ou de contas de FGTS e do Fundo PIS-PASEP.

Art. 2º O disposto nesta Lei se aplica às restituições relativas ao imposto de renda e outros tributos, recolhidos por pessoa física, e, não existindo outros bens sujeitos a inventário, aos saldos bancários e de contas de cadernetas de poupança e fundos de investimento de valor até 500 (quinhentas) Obrigações Reajustáveis do Tesouro Nacional.

PARÁGRAFO ÚNICO. Na hipótese de inexistirem dependentes ou sucessores do titular, os valores referidos neste artigo reverterão em favor do Fundo de Previdência e Assistência Social.

Art. 3º Esta Lei entrará em vigor na data de sua publicação.

Art. 4º Revogam-se as disposições em contrário.

Brasília, em 24 de novembro de 1980; 159º da Independência e 92º da República.

João Figueiredo — Ibrahim Abi Ackel — Ernane Galvêas — Hélio Beltrão

DECRETO N. 85.845, DE 26 DE MARÇO DE 1981

(DOU 27.3.81 — LTr 45-4/487)

REGULAMENTA A LEI N. 6.858, DE 24 DE NOVEMBRO DE 1980, QUE DISPÕE SOBRE O PAGAMENTO, AOS DEPENDENTES OU SUCESSORES, DE VALORES NÃO RECEBIDOS EM VIDA PELOS RESPECTIVOS TITULARES

O PRESIDENTE DA REPÚBLICA, usando da atribuição que lhe confere o art. 81, item III, da Constituição e tendo em vista o disposto na Lei n. 6.858, de 24 de novembro de 1980, e no Decreto n. 83.740, de 18 de julho de de 1979, que instituiu o Programa Nacional de Desburocratização, decreta:

Art. 1º Os valores discriminados no parágrafo único deste artigo, não recebidos em vida pelos respectivos titulares, serão pagos, em quotas iguais aos seus dependentes habilitados na forma do art. 2º.

PARÁGRAFO ÚNICO. O disposto neste Decreto aplica-se aos seguintes valores:

I — quantias devidas a qualquer título pelos empregadores a seus empregados em decorrência de relação de emprego;

II — quaisquer valores devidos, em razão de cargo ou emprego, pela União, Estado, Distrito Federal, Territórios, Municípios e suas autarquias, aos respectivos servidores;

III — saldos das contas individuais do Fundo de Garantia do Tempo de Serviço e do Fundo de Participação PIS/PASEP;

IV — restituições relativas ao imposto de renda e demais tributos recolhidos por pessoas físicas;

V — saldos de contas bancárias, saldos de cadernetas de poupança e saldos de contas de fundos de investimentos, desde que não ultrapassem o valor de 500 (quinhentas) Obrigações Reajustáveis do Tesouro Nacional e não existam, na sucessão, outros bens sujeitos a inventário.

Art. 2º A condição de dependente habilitado será declarada em documento fornecido pela Instituição de Previdência ou, se for o caso, pelo órgão encarregado, na forma da legislação própria, do processamento do benefício por morte.

PARÁGRAFO ÚNICO. Da declaração constarão obrigatoriamente, o nome completo, a filiação, a data de nascimento de cada um dos interessados e o respectivo grau de parentesco ou relação de dependência com o falecido.

Art. 3º À vista da apresentação da declaração de que trata o art. 2º, o pagamento das quantias devidas será feito aos dependentes do falecido pelo empregador, repartição, entidade, órgão ou unidade civil ou militar, estabelecimento bancário, fundo de participação ou, em geral, por pessoa física ou jurídica, a quem caiba efetuar o pagamento.

Art. 4º A inexistência de outros bens sujeitos a inventário, para os fins do item V, parágrafo único, do art. 1º, será comprovada por meio de declaração, conforme modelo anexo, firmada pelos interessados perante a instituição onde esteja depositada a quantia a receber.

§ 1º As declarações feitas nos termos deste artigo ter-se-ão por verdadeiras até prova em contrário.

§ 2º A falsa declaração sujeitará o declarante às sanções previstas no Código Penal e demais cominações legais aplicáveis.

§ 3º Verificada, a qualquer tempo, a existência de fraude ou falsidade na declaração, será dado conhecimento do fato à autoridade competente, dentro de 5 (cinco) dias, para instauração de processo criminal.

Art. 5º Na falta de dependentes, farão jus ao recebimento das quotas de que trata o art. 1º deste Decreto os sucessores do titular, previstos na lei civil, indicados em alvará judicial, expedido a requerimento do interessado, independentemente de inventário ou arrolamento.

Art. 6º As quotas a que se refere o art. 1º, atribuídas a menores, ficarão depositadas em caderneta de poupança, rendendo juros e correção monetária, e só serão disponíveis após o menor completar 18 (dezoito) anos, salvo autorização do juiz para aquisição de imóvel destinado à residência do menor e de sua família ou para dispêndio necessário à subsistência e educação do menor.

Art. 7º Inexistindo dependentes ou sucessores, os valores de que trata o parágrafo do art. 1º reverterão em favor, respectivamente, do Fundo de Previdência e Assistência Social, do Fundo de Garantia do Tempo de Serviço ou do Fundo de Participação PIS/PASEP, conforme se tratar de quantias devidas pelo empregador ou de contas de FGTS e do Fundo PIS/PASEP.

Art. 8º Caberá ao Banco Central do Brasil, ao Banco Nacional da Habitação, à Caixa Econômica Federal, ao Banco do Brasil S/A e aos demais órgãos e entidades da Administração Federal, Estadual e Municipal, nas respectivas áreas de competência, orientar e fiscalizar o cumprimento deste Decreto pelas pessoas físicas e jurídicas responsáveis pelo pagamento dos valores de que trata o art. 1º.

Art. 9º Ao Ministro Extraordinário para a Desburocratização caberá acompanhar e coordenar a execução do disposto neste Decreto, assim como dirimir as dúvidas suscitadas na sua aplicação.

Art. 10. Este Decreto entrará em vigor na data de sua publicação.

Art. 11. Revogam-se as disposições em contrário.

Brasília, em 26 de março de 1981; 160º da Independência e 93º da República.

João Figueiredo — Hélio Beltrão

Legislação Complementar

MODELO

DECLARAÇÃO DE INEXISTÊNCIA DE BENS A INVENTARIAR

Nos termos do art. 3º, do Decreto n. ...... de .... de março de 1981, ...
(nome completo)
.................., ..., ...,residente na ...., porta-
nacionalidade) (estado civil) (profissão)
(endereço completo, cidade, Estado)
dor da ....
(documento oficial de identificação e órgão ex-
.................., declara que ....,
pedidor) (nome completo do falecido)
já falecido, não deixou outros bens a serem inventariados, além do saldo (da conta bancária, da caderneta de poupança ou conta do fundo de investimento, conforme o caso) no ...., no valor de Cr$ ....
(nome da instituição depositária)
(..................................).
(por extenso)

A presente declaração é feita sob as penas da lei, ciente, portanto, o declarante de que, em caso de falsidade, ficará sujeito às sanções previstas no Código Penal e às demais cominações legais aplicáveis.

....
(local e data)

....
(assinatura)

A declaração acima foi assinada em minha presença.

....
(local e data)

....
(assinatura)

Observação: A validade da declaração independe de formulário especial, sendo lícita, inclusive a declaração manuscrita pelo interessado.

DECRETO N. 2.067, DE 12 DE NOVEMBRO DE 1996

(DOU 13.11.96)

PROMULGA O PROTOCOLO DE COOPERAÇÃO E ASSISTÊNCIA JURISDICIONAL EM MATÉRIA CIVIL, COMERCIAL, TRABALHISTA E ADMINISTRATIVA — MERCOSUL

O PRESIDENTE DA REPÚBLICA, no uso das atribuições que lhe confere o artigo 84, inciso VIII, da Constituição, e

Considerando que o Protocolo de Cooperação e Assistência Jurisdicional em Matéria Civil, Comercial, Trabalhista e Administrativa foi assinado pelo Brasil em 27 de junho de 1992, no âmbito do MERCOSUL;

Considerando que o Protocolo de Cooperação e Assistência Jurisdicional em Matéria Civil, Comercial, Trabalhista e Administrativa foi oportunamente submetido ao Congresso Nacional, que o aprovou por meio do Decreto Legislativo n. 55, de 19 de abril de 1995;

Considerando que o ato em tela entrou em vigor internacional em 17 de março de 1996;

Considerando que o Governo brasileiro depositou a Carta de Ratificação do instrumento em epígrafe em 16 de fevereiro de 1996, passando o mesmo a vigorar, para o Brasil em 17 de março de 1996, na forma de seu Artigo 33, decreta:

Art. 1º O Protocolo de Cooperação e Assistência Jurisdicional em Matéria Civil, Comercial, Trabalhista e Administrativa, assinado em Las Leñas, em 27 de junho de 1992, apenso por cópia ao presente Decreto, deverá ser executado e cumprido tão inteiramente como nele se contém.

Art. 2º O presente Decreto entra em vigor na data de sua publicação.

Fernando Henrique Cardoso

Luiz Felipe Lampreia

ANEXO AO DECRETO N. 2.067, DE 12 DE NOVEMBRO DE 1996

Protocolo de Cooperação e Assistência Jurisdicional em Matéria Civil, Comercial, Trabalhista e Administrativa

Os Governos da República Argentina, da República Federativa do Brasil, da República do Paraguai e da República Oriental do Uruguai,

Considerando que o Mercado Comum do Sul — MERCOSUL, previsto no Tratado de Assunção, assinado em 26 de março de 1991, implica o compromisso dos Estados-Partes de harmonizar suas legislações nas matérias pertinentes para obter o fortalecimento do processo de integração;

Desejosos de promover e intensificar a cooperação jurisdicional em matéria civil, comercial, trabalhista e administrativa, a fim de assim contribuir para o desenvolvimento de suas relações de integração com base nos princípios do respeito à soberania nacional e à igualdade de direitos e interesses recíprocos;

Convencidos de que este Protocolo contribuirá para o tratamento equitativo dos cidadãos e residentes permanentes dos Estados-Partes do Tratado de Assunção e lhes facilitará o livre acesso à jurisdição nos referidos Estados para a defesa de seus direitos e interesses;

Conscientes da importância de que se reveste, para o processo de integração dos Estados-Partes, a adoção de instrumentos comuns que consolidem a segurança jurídica e tenham como finalidade atingir os objetivos do Tratado de Assunção, acordam:

CAPÍTULO I

Cooperação e Assistência Jurisdicional

Artigo 1

Os Estados-Partes comprometem-se a prestar assistência mútua e ampla cooperação jurisdicional em matéria civil, comercial, trabalhista e administrativa. A assistência jurisdicional se estenderá aos procedimentos administrativos em que se admitam recursos perante os tribunais.

CAPÍTULO II

Autoridades Centrais

Artigo 2

Para os efeitos do presente Protocolo, cada Estado-Parte indicará uma Autoridade Central encarregada de receber e dar andamento às petições de assistência jurisdicional em matéria civil, comercial, trabalhista e administrativa. Para tanto, as Autoridades Centrais se comunicarão diretamente entre si, permitindo a intervenção de outras autoridades respectivamente competentes, sempre que seja necessário.

Os Estados-Partes, ao depositarem os instrumentos de ratificação do presente Protocolo, comunicarão essa providência ao Governo depositário, o qual dela dará conhecimento aos demais Estados-Partes.

A Autoridade Central poderá ser substituída em qualquer momento, devendo o Estado-Parte comunicar o fato, no mais breve prazo possível, ao Governo depositário do presente Protocolo, para que dê conhecimento aos demais Estados-Partes da substituição efetuada.

CAPÍTULO III

Igualdade no Tratamento Processual

Artigo 3

Os cidadãos e os residentes permanentes de um dos Estados-Partes gozarão, nas mesmas condições dos cidadãos e residentes permanentes do outro Estado-Parte, do livre acesso à jurisdição desse Estado para a defesa de seus direitos e interesses.

O parágrafo anterior aplicar-se-á às pessoas jurídicas constituídas, autorizadas ou registradas conforme as leis de qualquer dos Estados-Partes.

Artigo 4

Nenhuma caução ou depósito, qualquer que seja sua denominação, poderá ser imposto em razão da qualidade de cidadão ou residente permanente de outro Estado-Parte.

O parágrafo precedente se aplicará às pessoas jurídicas constituídas, autorizadas ou registradas conforme as leis de qualquer dos Estados-Partes.

CAPÍTULO IV

Cooperação em Atividades de Simples Trâmite e Probatórias

Artigo 5

Cada Estado-Parte deverá enviar às autoridades jurisdicionais do outro Estado, segundo o previsto no Artigo 2, carta rogatória em matéria civil, comercial, trabalhista ou administrativa, quando tenha por objeto:

a) diligências de simples trâmite, tais como citações, intimações, citações com prazo definido, notificações ou outras semelhantes;

b) recebimento ou obtenção de provas.

Artigo 6

As cartas rogatórias deverão conter:

a) denominação e domicílio do órgão jurisdicional requerente;

b) individualização do expediente, com especificação do objeto e natureza do juízo e do nome e domicílio das partes;

c) cópia da petição inicial e transcrição da decisão que ordena a expedição da carta rogatória;

d) nome e domicílio do procurador da parte solicitante no Estado requerido, se houver;

e) indicação do objeto da carta rogatória, com o nome e o domicílio do destinatário da medida;

f) informação sobre o prazo de que dispõe a pessoa afetada pela medida para cumprir-se a cooperação solicitada;

g) descrição das formas ou procedimentos especiais com que haverá de cumprir-se a cooperação solicitada;

h) qualquer outra informação que facilite o cumprimento da carta rogatória.

Artigo 7

No caso de ser solicitado o recebimento de provas, a carta rogatória deverá também conter:

a) descrição do assunto que facilite a diligência probatória;

b) nome e domicílio de testemunhas ou outras pessoas ou instituições que devam intervir;

c) texto dos interrogatórios e documentos necessários.

Artigo 8

A carta rogatória deverá ser cumprida de ofício pela autoridade jurisdicional competente do Estado requerido, e somente poderá denegar-se quando a medida solicitada, por sua natureza, atente contra os princípios de ordem pública do Estado requerido.

O referido cumprimento não implicará o reconhecimento da jurisdição internacional do Juiz do qual emana.

Artigo 9

A autoridade jurisdicional requerida terá competência para conhecer das questões que sejam suscitadas quando do cumprimento da diligência solicitada.

Caso a autoridade jurisdicional requerida se declare incompetente para proceder à tramitação da carta rogatória, remeterá de ofício os documentos e os antecedentes do caso à autoridade jurisdicional competente do seu Estado.

Artigo 10

As cartas rogatórias e os documentos que as acompanham deverão redigir-se no idioma da autoridade requerente e serão acompanhadas de uma tradução para o idioma da autoridade requerida.

Artigo 11

A autoridade requerida poderá, atendendo à solicitação da autoridade requerente, informar o lugar e a data em que a medida solicitada será cumprida, a fim de permitir que a autoridade requerente, as partes interessadas ou seus respectivos representantes possam comparecer e exercer as faculdades autorizadas pela legislação da Parte requerida.

A referida comunicação deverá efetuar-se, com a devida antecedência, por intermédio das Autoridades Centrais dos Estados-Partes.

Artigo 12

A autoridade jurisdicional encarregada do cumprimento de uma carta rogatória aplicará sua lei interna no que se refere aos procedimentos.

Não obstante, a carta rogatória poderá ter, mediante pedido da autoridade requerente, tramitação especial, admitindo-se o cumprimento de formalidades adicionais na diligência da carta rogatória, sempre que isso não seja incompatível com a ordem pública do Estado requerido.

O cumprimento da carta rogatória deverá efetuar-se sem demora.

Artigo 13

Ao diligenciar a carta rogatória, a autoridade requerida aplicará os meios processuais coercitivos previstos na sua legislação interna, nos casos e na medida em que deva fazê-lo para cumprir uma carta precatória das autoridades de seu próprio Estado, ou um pedido apresentado com o mesmo fim por uma parte interessada.

Artigo 14

Os documentos que comprovem o cumprimento da carta rogatória serão transmitidos por intermédio das Autoridades Centrais.

Quando a carta rogatória não tiver sido cumprida integralmente ou em parte, este fato e as razões do não-cumprimento deverão ser comunicados de imediato à autoridade requerente, utilizando-se o meio assinalado no parágrafo anterior.

Artigo 15

O cumprimento da carta rogatória não poderá acarretar reembolso de nenhum tipo de despesa, exceto quando sejam solicitados meios probatórios que ocasionem custos especiais, ou sejam designados peritos para intervir na diligência. Em tais casos, deverão ser registrados no texto da carta rogatória os dados da pessoa que, no Estado requerido, procederá ao pagamento das despesas e honorários devidos.

Artigo 16

Quando os dados relativos ao domicílio do destinatário da ação ou da pessoa citada forem incompletos ou inexatos, a autoridade requerida deverá esgotar todos os meios para atender ao pedido. Para tanto, poderá também solicitar ao Estado requerente os dados complementares que permitam a identificação e a localização da referida pessoa.

Artigo 17

Os trâmites pertinentes para o cumprimento da carta rogatória não exigirão necessariamente a intervenção da parte solicitante, devendo ser praticados de ofício pela autoridade jurisdicional competente do Estado requerido.

CAPÍTULO V

Reconhecimento e Execução de Sentenças e de Laudos Arbitrais

Artigo 18

As disposições do presente Capítulo serão aplicáveis ao reconhecimento e à execução das sentenças e dos laudos arbitrais pronunciados nas jurisdições dos Estados-Partes em matéria civil, comercial, trabalhista e administrativa, e serão igualmente aplicáveis às sentenças em matéria de reparação de danos e restituição de bens pronunciadas na esfera penal.

Artigo 19

O pedido de reconhecimento e execução de sentenças e de laudos arbitrais por parte das autoridades jurisdicionais será tramitado por via de cartas rogatórias e por intermédio da Autoridade Central.

Artigo 20

As sentenças e os laudos arbitrais a que se refere o artigo anterior terão eficácia extraterritorial nos Estados-Partes quando reunirem as seguintes condições:

a) que venham revestidos das formalidades externas necessárias para que sejam considerados autênticos no Estado de origem;

b) que estejam, assim como os documentos anexos necessários, devidamente traduzidos para o idioma oficial do Estado em que se solicita seu reconhecimento e execução;

c) que emanem de um órgão jurisdicional ou arbitral competente, segundo as normas do Estado requerido sobre jurisdição internacional;

d) que a parte contra a qual se pretende executar a decisão tenha sido devidamente citada e tenha garantido o exercício de seu direito de defesa;

e) que a decisão tenha força de coisa julgada e/ou executória no Estado em que foi ditada;

f) que claramente não contrariem os princípios de ordem pública do Estado em que se solicita seu reconhecimento e/ou execução.

Os requisitos das alíneas *a*, *c*, *d*, *e* e *f* devem estar contidos na cópia autêntica da sentença ou do laudo arbitral.

Artigo 21

A parte que, em juízo, invoque uma sentença ou um laudo arbitral de um dos Estados-Partes deverá apresentar cópia autêntica da sentença ou do laudo arbitral com os requisitos do artigo precedente.

Artigo 22

Quando se tratar de uma sentença ou de um laudo arbitral entre as mesmas partes, fundamentado nos mesmos fatos, e que tenha o mesmo objeto de outro processo judicial ou arbitral no Estado requerido, seu reconhecimento e sua executoriedade dependerão de que a decisão não seja incompatível com outro pronunciamento anterior ou simultâneo proferido no Estado requerido.

Do mesmo modo não se reconhecerá nem se procederá à execução, quando se houver iniciado um procedimento entre as mesmas partes, fundamentado nos mesmos fatos e sobre o mesmo objeto, perante qualquer autoridade jurisdicional da parte requerida, anteriormente à apresentação da demanda perante a autoridade jurisdicional que teria pronunciado a decisão da qual haja solicitação de reconhecimento.

Artigo 23

Se uma sentença ou um laudo arbitral não puder ter eficácia em sua totalidade, a autoridade jurisdicional competente do Estado requerido poderá admitir sua eficácia parcial mediante pedido da Parte interessada.

Artigo 24

Os procedimentos, inclusive a competência dos respectivos órgãos jurisdicionais, para fins de reconhecimento e execução das sentenças ou dos laudos arbitrais, serão regidos pela lei do Estado requerido.

CAPÍTULO VI
Dos Instrumentos Públicos e Outros Documentos

Artigo 25

Os instrumentos públicos emanados de um Estado-Parte terão no outro a mesma força probatória que seus próprios instrumentos públicos.

Artigo 26

Os documentos emanados de autoridades jurisdicionais ou outras autoridades de um dos Estados-Partes, assim como as escrituras públicas e os documentos que certifiquem a validade, a data e a veracidade da assinatura ou a conformidade com o original, e que sejam tramitados por intermédio da Autoridade Central, ficam isentos de toda legalização, certificação ou formalidade análoga quando devam ser apresentados no território do outro Estado-Parte.

Artigo 27

Cada Estado-Parte remeterá, por intermédio da Autoridade Central, a pedido de outro Estado-Parte e para fins exclusivamente públicos, os traslados ou certidões dos assentos dos registros de estado civil, sem nenhum custo.

CAPÍTULO VII
Informação do Direito Estrangeiro

Artigo 28

As Autoridades Centrais dos Estados-Partes fornecer-se-ão mutuamente, a título de cooperação judicial, e desde que não se oponham às disposições de sua ordem pública, informações em matéria civil, comercial, trabalhista, administrativa e de direito internacional privado, sem despesa alguma.

Artigo 29

A informação a que se refere o artigo anterior poderá também ser prestada perante a jurisdição do outro Estado, por meio de documentos fornecidos pelas autoridades diplomáticas ou consulares do Estado-Parte de cujo direito se trata.

Artigo 30

O Estado que fornecer as informações sobre o sentido do alcance legal de seu direito não será responsável pela opinião emitida, nem estará obrigado a aplicar seu direito, segundo a resposta fornecida.

O Estado que receber as citadas informações não estará obrigado a aplicar, ou fazer aplicar, o direito estrangeiro segundo o conteúdo da resposta recebida.

CAPÍTULO VIII
Consultas e Solução de Controvérsias

Artigo 31

As Autoridades Centrais dos Estados-Partes realizarão consultas nas oportunidades que lhes sejam mutuamente convenientes com a finalidade de facilitar a aplicação do presente Protocolo.

Artigo 32

Os Estados-Partes numa controvérsia sobre a interpretação, a aplicação ou o não-cumprimento das disposições deste Protocolo, procurarão resolvê-la mediante negociações diplomáticas diretas.

Se, mediante tais negociações, não se chegar a um acordo ou se tal controvérsia for solucionada apenas parcialmente, aplicar-se-ão os procedimentos previstos no Protocolo de Brasília para a Solução de Controvérsias quando este entrar em vigor e enquanto não for adotado um Sistema Permanente de Solução de Controvérsias para o Mercado Comum do Sul.

CAPÍTULO IX
Disposições Finais

Artigo 33

O presente Protocolo, parte integrante do Tratado de Assunção, entrará em vigor 30 (trinta) dias após a data de depósito do segundo instrumento de ratificação, e será aplicado provisoriamente a partir da data de sua assinatura.

Artigo 34

A adesão por parte de um Estado ao Tratado de Assunção implicará, *ipso iure*, a adesão ao presente Protocolo.

Artigo 35

O presente Protocolo não restringirá as disposições das convenções que anteriormente tiverem sido assinadas sobre a mesma matéria entre os Estados-Partes, desde que não o contradigam.

Artigo 36

O Governo da República do Paraguai será o depositário do presente Protocolo e dos instrumentos de ratificação, e enviará cópias devidamente autenticadas dos mesmos aos Governos dos demais Estados-Partes.

Da mesma maneira, o Governo da República do Paraguai notificará aos Governos dos outros Estados-Partes a data da entrada em vigor deste Protocolo e a data de depósito dos instrumentos de ratificação.

Feito no Vale de Las Leñas, Departamento de Malargüe, Província de Mendoza, República Argentina, aos 27 dias do mês de junho de 1992, em um original, nos idiomas espanhol e português, sendo ambos os textos igualmente autênticos.

Pelo Governo da República Argentina.

Pelo Governo da República do Paraguai.

Pelo Governo da República Federativa do Brasil.

Pelo Governo da República Oriental do Uruguai.

DECLARAÇÃO SOCIOLABORAL DO MERCOSUL

OS CHEFES DE ESTADO DOS ESTADOS PARTES DO MERCADO COMUM DO SUL

Considerando que os Estados-Partes do MERCOSUL reconhecem nos termos do Tratado de Assunção (1991), que a ampliação das atuais dimensões de seus mercados nacionais, por meio da integração, constitui condição fundamental para acelerar os processos de desenvolvimento econômico com justiça social;

Considerando que os Estados-Partes declaram, no mesmo Tratado, a disposição de promover a modernização de suas economias para ampliar a oferta de bens e serviços disponíveis e, em consequência, melhorar as condições de vida de seus habitantes;

Considerando que os Estados-Partes, além de membros da Organização Internacional do Trabalho (OIT), ratificaram as principais convenções que garantem os direitos essenciais dos trabalhadores, e adotam em larga medida as recomendações orientadas para a promoção do emprego de qualidade, das condições saudáveis de trabalho, do diálogo social e do bem-estar dos trabalhadores;

Considerando, ademais, que os Estados-Partes apoiaram a "Declaração da OIT relativa a princípios e direitos fundamentais no trabalho" (1998), que reafirma o compromisso dos Membros de respeitar, promover e colocar em prática os direitos e obrigações expressos nas convenções reconhecidas como fundamentais dentro e fora da Organização;

Considerando que os Estados-Partes estão comprometidos com as declarações, pactos, protocolos e outros tratados que integram o patrimônio jurídico da Humanidade, entre os quais a Declaração Universal dos Direitos Humanos (1948), o Pacto Internacional dos Direitos Civis e Políticos (1966), o Pacto Internacional dos Direitos Econômicos, Sociais e Culturais (1966), a Declaração Americana de Direitos e Obrigações do Homem (1948), a Carta Interamericana de Garantias Sociais (1948), a Carta da Organização dos Estados Americanos — OEA (1948), a Convenção Americana de Direitos Humanos sobre Direitos Econômicos, Sociais e Culturais (1988);

Considerando que diferentes fóruns internacionais, entre os quais a Cúpula de Copenhague (1995), têm enfatizado a necessidade de se instituir mecanismos de acompanhamento e avaliação dos componentes sociais da mundialização da economia, a fim de assegurar a harmonia entre progresso econômico e bem-estar social;

Considerando que a adesão dos Estados-Partes aos princípios da democracia política e do Estado de Direito e do respeito irrestrito aos direitos civis e políticos da pessoa humana constitui base irrenunciável do projeto de integração;

Considerando que a integração envolve aspectos e efeitos sociais cujo reconhecimento implica a necessidade de prever, analisar e solucionar os diferentes problemas gerados, neste âmbito, por essa mesma integração;

Considerando que os Ministros do Trabalho do MERCOSUL têm manifestado, em suas reuniões, que a integração regional não pode confinar-se à esfera comercial e econômica, mas deve abranger a temática social, tanto no que diz respeito à adequação dos marcos regulatórios trabalhistas às novas realidades configuradas por essa mesma integração e pelo processo de globalização da economia quanto ao reconhecimento de um patamar mínimo de direitos dos trabalhadores no âmbito do MERCOSUL, correspondente às convenções fundamentais da OIT;

Considerando a decisão dos Estados-Partes de consubstanciar em um instrumento comum os progressos já alcançados na dimensão social do processo de integração e alicerçar os avanços futuros e constantes no campo social, sobretudo mediante a ratificação e cumprimento das principais convenções da OIT;

ADOTAM OS SEGUINTES PRINCÍPIOS E DIREITOS NA ÁREA DO TRABALHO, QUE PASSAM A CONSTITUIR A "DECLARAÇÃO SOCIOLABORAL DO MERCOSUL", SEM PREJUÍZO DE OUTROS QUE A PRÁTICA NACIONAL OU

INTERNACIONAL DOS ESTADOS PARTES TENHA INSTAURADO OU VENHA A INSTAURAR:

DIREITOS INDIVIDUAIS

Não discriminação

Art. 1º Todo trabalhador tem garantida a igualdade efetiva de direitos, tratamento e oportunidade no emprego e ocupação, sem distinção ou exclusão por motivo de raça, origem nacional, cor, sexo ou orientação sexual, idade, credo, opinião política ou sindical, ideologia, posição econômica ou qualquer outra condição social ou familiar, em conformidade com as disposições legais vigentes.

Os Estados-Partes comprometem-se a garantir a vigência deste princípio de não discriminação. Em particular, comprometem-se a realizar ações destinadas a eliminar a discriminação no que tange aos grupos em situação desvantajosa no mercado de trabalho.

Promoção da igualdade

Art. 2º As pessoas portadoras de necessidades especiais serão tratadas de forma digna e não discriminatória favorecendo-se sua inserção social e no mercado de trabalho.

Os Estados-Partes comprometem-se a adotar medidas efetivas, especialmente no que se refere à educação, formação, readaptação e orientação profissional, à adequação dos ambientes de trabalho e ao acesso aos bens e serviços coletivos, a fim de assegurar que as pessoas portadoras de necessidades especiais tenham a possibilidade de desempenhar uma atividade produtiva.

Art. 3º Os Estados-Partes comprometem-se a garantir, mediante a legislação e práticas trabalhistas, a igualdade de tratamento e oportunidades entre mulheres e homens.

Trabalhadores migrantes e fronteiriços

Art. 4º Todo trabalhador migrante, independentemente de sua nacionalidade, tem direito à ajuda, informação, proteção e igualdade de direitos e condições de trabalho reconhecidos aos nacionais do país em que estiver exercendo suas atividades, em conformidade com a legislação profissional de cada país.

Os Estados-Partes comprometem-se a adotar medidas tendentes ao estabelecimento de normas e procedimentos comuns relativos à circulação dos trabalhadores nas zonas de fronteira e a levar a cabo as ações necessárias para melhorar as oportunidades de emprego e as condições de trabalho e de vida destes trabalhadores.

Eliminação do trabalho forçado

Art. 5º Toda pessoa tem direito ao trabalho livre e a exercer qualquer ofício ou profissão, de acordo com as disposições nacionais vigentes.

Os Estados-Partes comprometem-se a eliminar toda forma de trabalho ou serviço exigido a um indivíduo sob a ameaça de uma pena qualquer e para o qual dito indivíduo não se ofereça voluntariamente.

Ademais, comprometem-se a adotar medidas para garantir a abolição de toda utilização de mão de obra que propicie, autorize ou tolere o trabalho forçado ou obrigatório.

De modo especial, suprime-se toda forma de trabalho forçado ou obrigatório que possa utilizar-se:

a. como meio de coerção ou de educação política ou como castigo por não ter ou expressar o trabalhador determinadas opiniões políticas, ou por manifestar oposição ideológica à ordem política, social ou econômica estabelecida;

b. como método de mobilização e utilização da mão de obra com fins de fomento econômico;

c. como medida de disciplina no trabalho;

d. como castigo por haver participado em greves;

e. como medida de discriminação racial, social, nacional ou religiosa.

Trabalho infantil e de menores

Art. 6º A idade mínima de admissão ao trabalho será aquela estabelecida conforme as legislações nacionais dos Estados-Partes, não podendo ser inferior àquela em que cessa a escolaridade obrigatória.

Os Estados-Partes comprometem-se a adotar políticas e ações que conduzam à abolição do trabalho infantil e à elevação progressiva da idade mínima para ingressar no mercado de trabalho.

O trabalho dos menores será objeto de proteção especial pelos Estados-Partes, especialmente no que concerne à idade mínima para o ingresso no mercado de trabalho e a outras medidas que possibilitem seu pleno desenvolvimento físico, intelectual, profissional e moral.

A jornada de trabalho para esses menores, limitada conforme as legislações nacionais, não admitirá sua extensão mediante a realização de horas extras nem em horários noturnos.

O trabalho dos menores não deverá realizar-se em um ambiente insalubre, perigoso ou imoral, que possa afetar o pleno desenvolvimento de suas faculdades fisicas, mentais e morais.

A idade de admissão a um trabalho com alguma das características antes assinaladas não poderá ser inferior a 18 anos.

Direitos dos empregadores

Art. 7º O empregador tem o direito de organizar e dirigir econômica e tecnicamente a empresa, em conformidade com as legislações e as práticas nacionais.

DIREITOS COLETIVOS

Liberdade de associação

Art. 8º Todos os empregadores e trabalhadores têm o direito de constituir as organizações que considerem convenientes, assim como de afiliar-se a essas organizações, em conformidade com as legislações nacionais vigentes.

Os Estados-Partes comprometem-se a assegurar, mediante dispositivos legais, o direito à livre associação, abstendo-se de qualquer ingerência na criação e gestão das organizações constituídas, além de reconhecer sua legitimidade na representação e na defesa dos interesses de seus membros.

Liberdade sindical

Art. 9º Os trabalhadores deverão gozar de adequada proteção contra todo ato de discriminação tendente a menoscabar a liberdade sindical com relação a seu emprego.

Deverá garantir-se:

a. a liberdade de filiação, de não filiação e desfiliação, sem que isto comprometa o ingresso em um emprego ou sua continuidade no mesmo; b. evitar demissões ou prejuízos a um trabalhador por causa de sua filiação sindical ou de sua participação em atividades sindicais; c. o direito de ser representado sindicalmente, de acordo com a legislação, acordos e convenções coletivos de trabalho em vigor nos Estados-Partes.

Negociação coletiva

Art. 10. Os empregadores ou suas organizações e as organizações ou representações de trabalhadores têm direito de negociar e celebrar convenções e acordos coletivos para regular as condições de trabalho, em conformidade com as legislações e práticas nacionais.

Greve

Art. 11. Todos os trabalhadores e as organizações sindicais têm garantido o exercício do direito de greve, conforme as disposições nacionais vigentes. Os mecanismos de prevenção ou solução de conflitos ou a regulação deste direito não poderão impedir seu exercício ou desvirtuar sua finalidade.

Promoção e desenvolvimento de procedimentos preventivos e de autocomposição de conflitos

Art. 12. Os Estados-Partes comprometem-se a propiciar e desenvolver formas preventivas e alternativas de autocomposição dos conflitos individuais e coletivos de trabalho, fomentando a utilização de procedimentos independentes e imparciais de solução de controvérsias.

Diálogo social

Art. 13. Os Estados-Partes comprometem-se a fomentar o diálogo social nos âmbitos nacional e regional, instituindo mecanismos efetivos de consulta permanente entre representantes dos governos, dos empregadores e dos trabalhadores, a fim de garantir, mediante o consenso social, condições favoráveis ao crescimento econômico sustentável e com justiça social da região e a melhoria das condições de vida de seus povos.

OUTROS DIREITOS

Fomento do emprego

Art. 14. Os Estados-Partes comprometem-se a promover o crescimento econômico, a ampliação dos mercados interno e regional e a executar políticas ativas referentes ao fomento e criação do emprego, de modo a elevar o nível de vida e corrigir os desequilíbrios sociais e regionais.

Proteção dos desempregados

Art. 15. Os Estados-Partes comprometem-se a instituir, manter e melhorar mecanismos de proteção contra o desemprego, compatíveis com as legislações e as condições internas de cada país, a fim de garantir a subsistência dos trabalhadores afetados pela desocupação involuntária e ao mesmo tempo facilitar o acesso a serviços de recolocação e a programas de requalificação profissional que facilitem seu retorno a uma atividade produtiva.

Formação profissional e desenvolvimento de recursos humanos

Art. 16. Todo trabalhador tem direito à orientação, à formação e à capacitação profissional.

Os Estados-Partes comprometem-se a instituir, com as entidades envolvidas que voluntariamente assim o desejem, serviços e programas de formação ou orientação profissional contínua e permanente, de maneira a permitir aos trabalhadores obter as qualificações exigidas para o desempenho de uma atividade produtiva, aperfeiçoar e reciclar os conhecimentos e habilidades, considerando fundamentalmente as modificações resultantes do progresso técnico.

Os Estados-Partes obrigam-se ademais a adotar medidas destinadas a promover a articulação entre os programas e serviços de orientação e formação profissional, por um lado, e os serviços públicos de emprego e de proteção dos desempregados, por outro, com o objetivo de melhorar as condições de inserção laboral dos trabalhadores.

Os Estados-Partes comprometem-se a garantir a efetiva informação sobre os mercados de trabalho e sua difusão tanto a nível nacional como regional.

Saúde e segurança no trabalho

Art. 17. Todo trabalhador tem o direito de exercer suas atividades em um ambiente de trabalho sadio e seguro, que preserve sua saúde física e mental e estimule seu desenvolvimento e desempenho profissional.

Os Estados-Partes comprometem-se a formular, aplicar e atualizar em forma permanente e em cooperação com as organizações de empregadores e de trabalhadores, políticas e programas em matéria de saúde e segurança dos trabalhadores e do meio ambiente de trabalho, a fim de prevenir os acidentes de trabalho e as enfermidades profissionais, promovendo condições ambientais propícias para o desenvolvimento das atividades dos trabalhadores.

Inspeção do trabalho

Art. 18. Todo trabalhador tem direito a uma proteção adequada no que se refere às condições e ao ambiente de trabalho.

Os Estados-Partes comprometem-se a instituir e a manter serviços de inspeção do trabalho, com o propósito de controlar em todo o seu território o cumprimento das disposições normativas que dizem respeito à proteção dos trabalhadores e às condições de segurança e saúde no trabalho.

Seguridade social

Art. 19. Os trabalhadores do MERCOSUL têm direito à seguridade social, nos níveis e condições previstos nas respectivas legislações nacionais.

Os Estados-Partes comprometem-se a garantir uma rede mínima de amparo social que proteja seus habitantes frente à contingência de riscos sociais, enfermidades, velhice, invalidez e morte, buscando coordenar as políticas na área social, de forma a suprimir eventuais discriminações derivadas da origem nacional dos beneficiários.

APLICAÇÃO E SEGUIMENTO

Art. 20. Os Estados-Partes comprometem-se a respeitar os direitos fundamentais inscritos nesta Declaração e a promover sua aplicação em conformidade com a legislação e as práticas nacionais e as convenções e acordos coletivos. Para tanto, recomendam instituir, como parte integrante desta Declaração, uma Comissão Sociolaboral, órgão tripartite, auxiliar do Grupo Mercado Comum, que terá caráter promocional e não sancionador, dotado de instâncias nacionais e regional, com o objetivo de fomentar e acompanhar a aplicação do instrumento. A Comissão Sociolaboral Regional manifestar-se-á por consenso dos três setores, e terá as seguintes atribuições e responsabilidades:

a. examinar, comentar e encaminhar as memórias preparadas pelos Estados-Partes, decorrentes dos compromissos desta Declaração; b. formular planos, programas de ação e recomendações tendentes a fomentar a aplicação e o cumprimento da Declaração; c. examinar observações e consultas sobre dificuldades e incorreções na aplicação e cumprimento dos dispositivos contidos na Declaração; d. examinar dúvidas sobre a aplicação dos termos da Declaração e propor esclarecimentos; e. elaborar análises e relatórios sobre a aplicação e o cumprimento da Declaração; f. examinar e apresentar as propostas de modificação do texto da Declaração e lhes dar o encaminhamento pertinente.

As formas e mecanismos de encaminhamento dos assuntos acima listados serão definidos pelo regulamento interno da Comissão Sociolaboral Regional.

Art. 21. A Comissão Sociolaboral Regional deverá reunir-se ao menos uma vez ao ano para analisar as memórias oferecidas pelos Estados-Partes e preparar relatório a ser elevado ao Grupo Mercado Comum.

Art. 22. A Comissão Sociolaboral Regional redigirá, por consenso e no prazo de seis meses, a contar da data de sua instituição, seu próprio regulamento interno e o das comissões nacionais, devendo submetê-los ao Grupo Mercado Comum para aprovação.

Art. 23. Os Estados-Partes deverão elaborar, por intermédio de seus Ministérios do Trabalho e em consulta às organizações mais representativas de empregadores e de trabalhadores, memórias anuais, contendo:

a. o relato das alterações ocorridas na legislação ou na prática nacional relacionadas à implementação dos enunciados desta Declaração; e b. o relato dos avanços realizados na promoção desta Declaração e das dificuldades enfrentadas em suas aplicação.

Art. 24. Os Estados-Partes concordam que esta Declaração, tendo em vista seu caráter dinâmico e o avanço do processo de integração sub-regional, será objeto de revisão, decorridos dois anos de sua adoção, com base na experiência acumulada no curso de sua aplicação ou nas propostas e subsídios formulados pela Comissão Sociolaboral ou por outros agentes.

Art. 25. Os Estados-Partes ressaltam que esta Declaração e seu mecanismo de seguimento não poderão ser invocados nem utilizados para outros fins que os neles previstos, vedada, em particular, sua aplicação a questões comerciais, econômicas e financeiras.

Feita na Cidade do Rio de Janeiro, aos dez de dezembro de mil novecentos e noventa e oito, nas versões espanhola e portuguesa, de igual teor.

Carlos Saul Menem

Fernando Henrique Cardoso

Raul Alberto Cubas Grau

Julio Maria Sanguinetti

LEI N. 7.783, DE 28 DE JUNHO DE 1989

(DOU 29.6.89 — LTr 53/880)

DISPÕE SOBRE O EXERCÍCIO DO DIREITO DE GREVE, DEFINE AS ATIVIDADES ESSENCIAIS, REGULA O ATENDIMENTO DAS NECESSIDADES INADIÁVEIS DA COMUNIDADE, E DÁ OUTRAS PROVIDÊNCIAS

(V. CF, art. 114, II e § 3º)

O PRESIDENTE DA REPÚBLICA,

Faço saber que o Congresso Nacional decreta e eu sanciono a seguinte Lei:

Art. 1º É assegurado o direito de greve, competindo aos trabalhadores decidir sobre a oportunidade de exercê-lo e sobre os interesses que devam por meio dele defender.

PARÁGRAFO ÚNICO. O direito de greve será exercido na forma estabelecida nesta Lei.

Art. 2º Para os fins desta Lei, considera-se legítimo exercício do direito de greve a suspensão coletiva, temporária e pacífica, total ou parcial, de prestação pessoal de serviços a empregador.

Art. 3º Frustrada a negociação ou verificada a impossibilidade de recurso via arbitral, é facultada a cessação coletiva do trabalho.

PARÁGRAFO ÚNICO. A entidade patronal correspondente ou os empregadores diretamente interessados serão notificados, com antecedência mínima de 48 (quarenta e oito) horas, da paralisação.

Art. 4º Caberá à entidade sindical correspondente convocar, na forma do seu estatuto, assembleia geral que definirá as reivindicações da categoria e deliberará sobre a paralisação coletiva da prestação de serviços.

§ 1º O estatuto da entidade sindical deverá prever as formalidades de convocação e o *quorum* para a deliberação, tanto da deflagração quanto da cessação da greve.

§ 2º Na falta de entidade sindical, a assembleia geral dos trabalhadores interessados deliberará para os fins previstos no *caput*, constituindo comissão de negociação.

Art. 5º A entidade sindical ou comissão especialmente eleita representará os interesses dos trabalhadores nas negociações ou na Justiça do Trabalho.

Art. 6º São assegurados aos grevistas, dentre outros direitos:

I — o emprego de meios pacíficos tendentes a persuadir ou aliciar os trabalhadores a aderirem à greve;

II — a arrecadação de fundos e a livre divulgação do movimento.

§ 1º Em nenhuma hipótese, os meios adotados por empregados e empregadores poderão violar ou constranger os direitos e garantias fundamentais de outrem.

§ 2º É vedado às empresas adotar meios para constranger o empregado ao comparecimento ao trabalho, bem como capazes de frustrar a divulgação do movimento.

§ 3º As manifestações e atos de persuasão utilizados pelos grevistas não poderão impedir o acesso ao trabalho nem causar ameaça ou dano à propriedade ou pessoa.

Art. 7º Observadas as condições previstas nesta Lei, a participação em greve suspende o contrato de trabalho, devendo as relações obrigacionais durante o período ser regidas pelo acordo, convenção, laudo arbitral ou decisão da Justiça do Trabalho.

PARÁGRAFO ÚNICO. É vedada a rescisão de contrato de trabalho durante a greve, bem como a contratação de trabalhadores substitutos, exceto na ocorrência das hipóteses previstas nos arts. 9º e 14.

Art. 8º A Justiça do Trabalho, por iniciativa de qualquer das partes ou do Ministério Público do Trabalho, decidirá sobre a procedência, total ou parcial, ou improcedência das reivindicações, cumprindo ao Tribunal publicar, de imediato, o competente acórdão.

Art. 9º Durante a greve, o sindicato ou a comissão de negociação, mediante acordo com a entidade patronal ou diretamente com o empregador, manterá em atividade equipes de empregados com o propósito de assegurar os serviços cuja paralisação resulte em prejuízo irreparável, pela deterioração irreversível de bens, máquinas e equipamentos, bem como a manutenção daqueles essenciais à retomada das atividades da empresa quando da cessação do movimento.

PARÁGRAFO ÚNICO. Não havendo acordo, é assegurado ao empregador, enquanto perdurar a greve, o direito de contratar diretamente os serviços necessários a que se refere este artigo.

Art. 10. São considerados serviços ou atividades essenciais:

I — tratamento e abastecimento de água, produção e distribuição de energia elétrica, gás e combustíveis;

II — assistência médica e hospitalar;

III — distribuição e comercialização de medicamentos e alimentos;

IV — funerários;

V — transporte coletivo;

VI — captação e tratamento de esgoto e lixo;

VII — telecomunicações;

VIII — guarda, uso e controle de substâncias radioativas, equipamentos e materiais nucleares;

IX — processamento de dados ligados a serviços essenciais;

X — controle de tráfego aéreo;

XI — compensação bancária.

Art. 11. Nos serviços ou atividades essenciais, os sindicatos, os empregadores e os trabalhadores ficam obrigados de comum acordo, a garantir, durante a greve, a prestação dos serviços indispensáveis ao atendimento das necessidades inadiáveis da comunidade.

PARÁGRAFO ÚNICO. São necessidades inadiáveis da comunidade aquelas que, não atendidas, coloquem em perigo iminente a sobrevivência, a saúde ou a segurança da população.

Art. 12. No caso da inobservância do disposto no artigo anterior, o Poder Público assegurará a prestação dos serviços indispensáveis.

Art. 13. Na greve em serviços ou atividades essenciais, ficam as entidades sindicais ou os trabalhadores, conforme o caso, obrigados a comunicar a decisão aos empregadores e aos usuários com antecedência mínima de 72 (setenta e duas) horas da paralisação.

Art. 14. Constitui abuso do direito de greve a inobservância das normas contidas na presente Lei, bem como a manutenção da paralisação após a celebração de acordo, convenção ou decisão da Justiça do Trabalho.

PARÁGRAFO ÚNICO. Na vigência de acordo, convenção ou sentença normativa não constitui abuso do exercício do direito de greve a paralisação que:

I — tenha por objetivo exigir o cumprimento da cláusula ou condição;

II — seja motivada pela superveniência de fato novo ou acontecimento imprevisto que modifique substancialmente a relação de trabalho.

Art. 15. A responsabilidade pelos atos praticados, ilícitos ou crimes cometidos, no curso da greve, será apurada, conforme o caso, segundo a legislação trabalhista, civil ou penal.

PARÁGRAFO ÚNICO. Deverá o Ministério Público, de ofício, requisitar a abertura do competente inquérito e oferecer denúncia quando houver indício da prática de delito.

Art. 16. Para os fins previstos no art. 37, inciso VII, da Constituição, lei complementar definirá os termos e os limites em que o direito de greve poderá ser exercido.

Art. 17. Fica vedada a paralisação das atividades, por iniciativa do empregador, com o objetivo de frustrar negociação ou dificultar o atendimento de reivindicações dos respectivos empregados *(lockout).*

PARÁGRAFO ÚNICO. A prática referida no *caput* assegura aos trabalhadores o direito à percepção dos salários durante o período de paralisação.

Art. 18. Ficam revogados a Lei n. 4.330, de 1º de junho de 1964, o Decreto-lei n. 1.632, de 4 de agosto de 1978, e demais disposições em contrário.

Art. 19. Esta Lei entra em vigor na data de sua publicação.

Brasília, em 28 de junho de 1989; 168º da Independência e 101º da República.

José Sarney — Oscar Dias Corrêa — Dorothéa Werneck

PORTARIA MTb/GM N. 1, DE 28 DE JANEIRO DE 1997

(DOU 30.1.97)

DISPÕE QUE A CARTEIRA DE TRABALHO E PREVIDÊNCIA SOCIAL — CTPS, SERÁ EMITIDA EXCLUSIVAMENTE POR ELEMENTO HABILITADO E CREDENCIADO PELA DELEGACIA REGIONAL DO TRABALHO NO ESTADO

O SECRETÁRIO DE POLÍTICAS DE EMPREGO E SALÁRIO, no uso da atribuição que lhe confere o inciso V do artigo 11 do Decreto n. 1.643, de 25 de setembro de 1995, e

Considerando a necessidade de expedir princípios normativos referentes à Identificação Profissional, particularmente alusivos à emissão da Carteira de Trabalho e Previdência Social — CTPS, conforme previsto no artigo 4º da Portaria MTb n. 44/97;

Considerando, ainda, que se faz imprescindível a atualização, inclusão e consolidação racionalizada das normas existentes a serem utilizadas pelos órgãos emissores e a necessidade de baixar instruções para a emissão da Carteira de Trabalho e Previdência Social — CTPS, resolve:

Art. 1º A Carteira de Trabalho e Previdência Social — CTPS será emitida exclusivamente por pessoal habilitado e credenciado pelas Superintendências Regionais do Trabalho e Emprego — SRTE e será entregue ao interessado no prazo mínimo de 2 (dois) e máximo de 15 (quinze) dias úteis, contados a partir da data constante do protocolo de requerimento, mediante apresentação de 1 (uma) foto 3x4, fundo branco, com ou sem data, colorida e recente, que identifique plenamente o solicitante; comprovante de residênca e outro documento oficial de identificação pessoal do interessado, original ou por meio de cópia autenticada em cartório, que contenha os seguintes dados:

I — nome de solicitante;

II — local de nascimento e estado;

III — data de nascimento;

IV — filiação; e

V — nome, número do documento e órgão emissor.

§ 1º Além de apresentar os documentos exigidos no *caput* deste artigo, o trabalhador não cadastrado no sistema PIS/PASEP deverá apresentar obrigatoriamente o CPF.

§ 2º Quando da emissão da 1ª via da CTPS, o cadastramento no sistema PIS/PASEP será de competência das Superintendências Regionais do Trabalho e Emprego e, quando couber, pelas Gerências Regionais do trabalho e Emprego e Unidades Descentralizadas de Emissão de CTPS Informatizada.

§ 3º A CTPS Informatizada fornecida aos brasileiros será o modelo com capa azul e aos estrangeiros com capa verde, e serão emitidas com numeração e seriação únicas para todo o país. (NR) *(Redação dada pela Portaria MTE n. 210, de 29.4.08, DOU 30.4.08)*

Art. 2º A Carteira de Trabalho e Previdência Social — CTPS não será emitida ao menor de quatorze anos.

Art. 3º Na impossibilidade da apresentação de documentos, a Carteira de Trabalho e Previdência Social — CTPS será emitida com validade máxima e improrrogável de 3 (três) meses, com base em declarações verbais do interessado, firmadas por duas testemunhas, fazendo-se constar o fato na primeira folha de "Anotações Gerais", consoante o disposto no artigo 17 da Consolidação das Leis do Trabalho — CLT e seus parágrafos, utilizando-se para isto modelo próprio de carimbo.

Art. 4º Na Carteira de Trabalho e Previdência Social — CTPS, será colhida, no local próprio, a impressão digital do polegar direito do identificado. Na sua falta colhe-se a impressão digital do polegar esquerdo e na falta de ambos colhe-se a impressão digital de qualquer dedo da mão fazendo-se o registro no campo das anotações gerais, identificando-se inclusive o dedo utilizado.

§ 1º Na impossibilidade temporária ou permanente de colher a assinatura do interessado, mesmo alfabetizado, ou coletar sua impressão digital, efetuar nos campos a elas destinados o lançamento "*vide anotações gerais*" e fazer constar a observação no espaço próprio.

§ 2º A "2ª Via" ou a "Via de Continuação", quando for o caso, será identificada através de carimbo com a inscrição própria, colocado na folha de identificação, acima do número da CTPS.

Art. 5º Se o interessado não souber assinar sua carteira, colhe-se a impressão digital na forma do artigo 4º desta Portaria, apondo-se no campo destinado à assinatura, a inscrição própria.

Art. 6º As anotações referentes à alteração no estado civil de titulares de Carteira de Trabalho e Previdência Social — CTPS, devidamente comprovada através de prova documental, podem ser efetuadas pelo Ministério do Trabalho, conforme artigo 32 e seu parágrafo único da CLT.

Art. 7º A emissão de nova Carteira de Trabalho e Previdência Social — CTPS (2ª via ou via de continuação), dar-se-á mediante apresentação de 2 (duas) fotografias 3x4 e demais documentos, conforme o caso.

§ 1º No caso da emissão de 2ª Via:

I — Boletim de ocorrência policial, ou declaração assinada pelo interessado, no caso de roubo, furto ou perda e, ainda, qualquer documento oficial de identificação pessoal conforme artigo 1º desta Portaria.

II — Comprovação do número da CTPS anterior, por meio de um dos seguintes documentos:

a) cópia da ficha de registro de empregado com carimbo do CGC da empresa;

b) caso seja apresentada a ficha de declaração, que hoje não é mais fornecida, deve-se lançar o número da CTPS anterior no campo de anotações gerais;

c) extrato do PIS/PASEP ou FGTS;

d) impresso do seguro-desemprego, quando o trabalhador já recebeu alguma parcela;

e) termo de rescisão do contrato de trabalho, homologado pelo Ministério do Trabalho, ou pelo Ministério Público, ou pela Defensoria Pública, ou pelo sindicato de classe, ou por um juiz de paz.

§ 2º No caso da emissão de Via de Continuação, apresentar a CTPS anterior, onde deverá ser comprovado o preenchimento total dos espaços de pelo menos um dos campos. Os ainda não esgotados devem ser inutilizados com carimbo próprio.

Art. 8º A partir de sua data de implantação, as Carteiras de Trabalho e Previdência Social — CTPS serão emitidas com numeração e seriação única, a nível nacional, diferenciadas para o trabalhador brasileiro, para o trabalhador estrangeiro e atleta profissional de futebol, conforme especificado na Portaria MTb n. 44/97.

Art. 9º A emissão de Carteira de Trabalho e Previdência Social (CTPS) para estrangeiros com estada legal no País será feita exclusivamente pelas Superintendências, Gerências e Agências Regionais do Trabalho e Emprego. *(Redação dada pela Portaria MTE n. 133, de 29.4.14, DOU 2.5.14).*

§ 1º As Subdelegacias, expressamente autorizadas pelo Delegado Regional do Trabalho, poderão emitir CTPS devendo o documento ser obrigatoriamente assinado pelo subdelegado. *(Revogado pela Portaria MTE n. 133, de 29.4.14, DOU 2.5.14).*

§ 2º A CTPS será fornecida ao estrangeiro, mediante a apresentação de 2 (duas) fotos 3x4, fundo branco, com ou sem data, coloridas ou branco e preto, iguais e recentes, no prazo mínimo de 3 (três) e máximo de 15 (quinze) dias úteis, nas seguintes condições:

I — ao estrangeiro permanente, ao asilado político e ao refugiado, mediante apresentação de Cédula de Identidade de Estrangeiro — CIE, original, acompanhada de cópia frente/verso;

II — ao refugiado cuja Cédula de Identidade de Estrangeiro — CIE ainda não tenha sido expedida pelo Departamento de Polícia Federal, a CTPS será fornecida mediante apresentação do original do protocolo expedido pelo Departamento de Polícia Federal acompanhado de cópia, desde que contenha as informações necessárias ao preenchimento da qualificação civil do interessado, e cópia da publicação no Diário Oficial do ato de concessão do *status* de refugiado;

III — ao estrangeiro com visto temporário mediante a apresentação do extrato do contrato de trabalho visado pela Coordenação-Geral de Imigração — CGIg e publicado no *Diário Oficial da União*, e passaporte com respectivo visto.

§ 3º O prazo de validade da CTPS será idêntico ao da CIE, ou ao do contrato de trabalho, ou ao do protocolo expedido pelo Departamento de Polícia Federal, conforme o caso, sendo lançado no local reservado para carimbos utilizando-se modelo padronizado.

§ 4º A validade inicial estabelecida na CTPS de estrangeiros, poderá ser prorrogada mediante apresentação de documentação que justifique o pedido.

Art. 10. Ao estrangeiro, natural de país limítrofe, poderá ser concedida Carteira de Trabalho e Previdência Social — CTPS, devendo, nesse caso, ser aposto no espaço reservado a "carimbos", a inscrição "FRONTEIRIÇO" e, no local próprio, a seguinte anotação: "Permitido o exercício de atividade remunerada no Município fronteiriço ao país de que é natural o titular. Vedado ao titular afastar-se dos limites territoriais do Município fronteiriço ou de qualquer modo internar-se no território brasileiro".

§ 1º Para a concessão da CTPS a estrangeiro fronteiriço será exigida a apresentação do documento de identidade especial para fronteiriço, fornecido pela autoridade local do Departamento de Polícia Federal, Carteira de Identidade Oficial emitida em seu país, prova de residência em localidade de seu país contígua ao Território Nacional, declaração de emprego ou contrato de trabalho e prova de que não possui antecedentes criminais em seu país.

§ 2º A CTPS concedida ao estrangeiro fronteiriço será emitida somente nas Subdelegacias expressamente autorizadas, situadas nos Municípios limítrofes ao país de nacionalidade do requerente.

§ 3º O fronteiriço residente em local cuja cidade limítrofe não possua Subdelegacia do Trabalho autorizada deverá ser atendido no Município mais próximo, fazendo-se constar no campo próprio da CTPS observação que caracterize as restrições da validade ao Município onde o estrangeiro haja sido cadastrado pela Polícia Federal.

Art. 11. Para emissão de Carteira de Trabalho e Previdência Social — CTPS a dependentes de pessoal do corpo diplomático de países que mantenham convênio de reciprocidade com o Brasil para o exercício de atividade remunerada, exigir-se-á o pedido de Autorização de Trabalho para Dependentes, expedido pelo Ministério das Relações Exteriores e visado pelo Ministério do Trabalho, que deverá ser apresentado na DRT juntamente com a CIE.

Art. 12. A Carteira de Trabalho e Previdência Social — CTPS para índio, deverá ser emitida como a qualquer outro brasileiro, sem discriminação, na conformidade do disposto na Lei n. 6.001, de 19 de dezembro de 1973, assegurados todos os direitos e garantias das leis trabalhistas e previdenciárias.

Art. 13. Ao artesão, devidamente habilitado, será aposto quando da emissão ou apresentação da Carteira de Trabalho e Previdência Social — CTPS o carimbo regulamentado através da Portaria n. 2, de 3 de abril de 1987, do Ministério do Trabalho, na forma que a legislação dispuser.

Art. 14. A Carteira de Trabalho e Previdência Social — CTPS para Atleta Profissional de Futebol poderá ser emitida pela Confederação Brasileira de Futebol, através de convênio assinado com a Delegacia Regional do Trabalho no Estado do Rio de Janeiro, devendo as informações sobre sua emissão serem incluídas no relatório mensal da DRT/RJ.

Art. 15. Será inválida a Carteira de Trabalho e Previdência Social — CTPS que apresentar emendas, rasuras, falta ou troca de fotografias e que não contiver a impressão digital do titular, sua assinatura e assinatura do emissor, salvo exceções previstas no artigo 4º e seu § 1º, desta Portaria.

Art. 16. Até o dia 5 (cinco) do mês subsequente ao informado, as Subdelegacias, Postos de Atendimento e Postos Conveniados não informatizados deverão encaminhar à DRT de seu Estado devidamente preenchido, o Relatório de Emissão de Carteira de Trabalho e Previdência Social — CTPS do mês anterior.

Art. 17. Esta Portaria entra em vigor na data de sua publicação, revogadas as disposições em contrário, em especial a Portaria n. 10, de 31 de março de 1978, e a Portaria n. 3, de 15 de outubro de 1996, desta Secretaria.

Daniel Andrade Ribeiro de Oliveira

PORTARIA MTE N. 210, DE 29 DE ABRIL DE 2008

DOU 30.4.2008

O MINISTRO DE ESTADO DO TRABALHO E EMPREGO, no uso da atribuição que lhe confere o art. 87, parágrafo único, inciso II, da Constituição Federal, e tendo em vista o disposto no § 2º do art. 13 da Consolidação das Leis do Trabalho — CLT, aprovada pelo Decreto-lei n. 5.452, de 1º de maio de 1943, resolve:

Art. 1º A Carteira de Trabalho e Previdência Social — CTPS Informatizada será confeccionada segundo as disposições desta Portaria.

Art. 2º A CTPS Informatizada terá capa na cor azul e conterá na segunda contracapa do documento a letra do Hino Nacional Brasileiro.

§ 1º Será incorporado à CTPS Informatizada código de barras no padrão "2/5 interleaved," com o número do PIS do trabalhador.

§ 2º O número de páginas da CTPS Informatizada será de 34 páginas, na seguinte disposição:

I — páginas 01 e 02 — identificação do trabalhador;

II — página 03 — alteração de identidade;

III — páginas 04 e 05 — profissões regulamentadas;

IV — página 06 — dados pessoais do trabalhador e carteiras anteriores;

V — páginas 07 a 16 — contrato de trabalho;

VI — páginas 17 e 18 — alterações de salário;

VII — páginas 19 e 20 — anotações de férias;

VIII — páginas 21 a 29 — anotações gerais;

IX — página 30 — anotações para uso do Ministério do Trabalho e Emprego — MTE; e

X — páginas 31 a 34 — anotações para uso da Previdência Social — Instituto Nacional do Seguro Social — INSS.

§ 3º Integrará a CTPS Informatizada um cartão denominado Cartão de Identificação do Trabalhador — CIT.

Art. 3º O CIT conterá as seguintes informações:

I — nome do solicitante;

II — filiação e data de nascimento;

III — Número e série da CTPS;

IV — naturalidade;

V — número do Cadastro de Pessoa Física — CPF, do Ministério da Fazenda;

VI — número da CI e órgão expedidor ou n. certidão nascimento;

VII — número do PIS/PASEP;

VIII — assinatura, Impressão digital e foto do solicitante;

IX — data de expedição do CIT; e

X — assinatura eletrônica do Ministro de Estado do Trabalho e Emprego.

Art. 4º Já introduzido na Portaria n. 1, de 28 de janeiro de 1997

Art. 5º Esta Portaria entra em vigor na data de sua publicação.

Carlos Lupi

LEI N. 8.069, DE 13 DE JULHO DE 1990

(DOU 16.7.90)

DISPÕE SOBRE O ESTATUTO DA CRIANÇA E DO ADOLESCENTE

V. Portaria MPAS/SEAS n. 458, de 4.10.01 (DOU 5.10.01) que estabelece as Diretrizes e Normas do Programa de Erradicação do Trabalho Infantil — PETI (não publicada nesta obra)

....

SUBSEÇÃO II

Da Guarda

Art. 33. A guarda obriga a prestação de assistência material, moral e educacional à criança ou adolescente, conferindo a seu detentor o direito de opor-se a terceiros, inclusive aos pais. *(Vide Lei n. 12.010, de 2009) Vigência*

....

§ 3º A guarda confere à criança ou adolescente a condição de dependente, para todos os fins e efeitos de direito, inclusive previdenciários.

TÍTULO II

CAPÍTULO V

Do Direito à Profissionalização e à Proteção no Trabalho

Art. 60. É proibido qualquer trabalho a menores de 14 (quatorze) anos de idade, salvo na condição de aprendiz.

Art. 61. A proteção ao trabalho dos adolescentes é regulada por legislação especial, sem prejuízo do disposto nesta Lei.

Art. 62. Considera-se aprendizagem a formação técnico-profissional ministrada segundo as diretrizes e bases da legislação de educação em vigor.

Art. 63. A formação técnico-profissional obedecerá aos seguintes princípios:

I — garantia de acesso e frequência obrigatória ao ensino regular;

II — atividade compatível com o desenvolvimento do adolescente;

III — horário especial para o exercício das atividades.

Art. 64. Ao adolescente até 14 (quatorze) anos de idade é assegurada bolsa de aprendizagem.

Art. 65. Ao adolescente aprendiz, maior de 14 (quatorze) anos, são assegurados os direitos trabalhistas e previdenciários.

Art. 66. Ao adolescente portador de deficiência é assegurado trabalho protegido.

Art. 67. Ao adolescente empregado, aprendiz, em regime familiar de trabalho, aluno de escola técnica, assistido em entidade governamental ou não governamental, é vedado trabalho:

I — noturno, realizado entre as 22:00 (vinte e duas) horas de um dia e as 5:00 (cinco) horas do dia seguinte;

II — perigoso, insalubre ou penoso;

III — realizado em locais prejudiciais à sua formação e ao seu desenvolvimento físico, psíquico, moral e social;

IV — realizado em horários e locais que não permitam a frequência à escola.

Art. 68. O programa social que tenha por base o trabalho educativo, sob responsabilidade de entidade governamental ou não governamental sem fins lucrativos, deverá assegurar ao adolescente que dele participe condições de capacitação para o exercício de atividade regular remunerada.

§ 1º Entende-se por trabalho educativo a atividade laboral em que as exigências pedagógicas relativas ao desenvolvimento pessoal e social do educando prevalecem sobre o aspecto produtivo.

§ 2º A remuneração que o adolescente recebe pelo trabalho efetuado ou a participação na venda dos produtos de seu trabalho não desfigura o caráter educativo.

Art. 69. O adolescente tem direito à profissionalização e à proteção no trabalho, observados os seguintes aspectos, entre outros:

I — respeito à condição peculiar de pessoa em desenvolvimento;

II — capacitação profissional adequada ao mercado de trabalho.

....

Do Conselho Tutelar

CAPÍTULO I

Disposições Gerais

Art. 131. O Conselho Tutelar é órgão permanente e autônomo, não jurisdicional, encarregado pela sociedade de zelar pelo cumprimento dos direitos da criança e do adolescente, definidos nesta Lei.

Art. 132. Em cada Município e em cada Região Administrativa do Distrito Federal haverá, no mínimo, 1 (um) Conselho Tutelar como órgão integrante da administração pública local, composto de 5 (cinco) membros, escolhidos pela população local para mandato de 4 (quatro) anos, permitida 1 (uma) recondução, mediante novo processo de escolha. *(Redação dada pela Lei n. 12.696, de 25.7.12, DOU 26.7.12)*

Art. 133. Para a candidatura a membro do Conselho Tutelar, serão exigidos os seguintes requisitos:

I — reconhecida idoneidade moral;

II — idade superior a vinte e um anos;

III — residir no município.

Art. 134. Lei municipal ou distrital disporá sobre o local, dia e horário de funcionamento do Conselho Tutelar, inclusive quanto à remuneração dos respectivos membros, aos quais é assegurado o direito a: *(Redação dada pela Lei n. 12.696, de 25.7.12, DOU 26.7.12)*

I — cobertura previdenciária; *(Incluído pela Lei n. 12.696, de 25.7.12, DOU 26.7.12)*

II — gozo de férias anuais remuneradas, acrescidas de 1/3 (um terço) do valor da remuneração mensal; *(Incluído pela Lei n. 12.696, de 25.7.12, DOU 26.7.12)*

III — licença-maternidade; *(Incluído pela Lei n. 12.696, de 25.7.12, DOU 26.7.12)*

IV — licença-paternidade; *(Incluído pela Lei n. 12.696, de 25.7.12, DOU 26.7.12)*

V — gratificação natalina. *(Incluído pela Lei n. 12.696, de 25.7.12, DOU 26.7.12)*

PARÁGRAFO ÚNICO. Constará da lei orçamentária municipal e da do Distrito Federal previsão dos recursos necessários ao funcionamento do Conselho Tutelar e à remuneração e formação continuada dos conselheiros tutelares. *(Redação dada pela Lei n. 12.696, de 25.7.12, DOU 26.7.12)*

Art. 135. O exercício efetivo da função de conselheiro constituirá serviço público relevante e estabelecerá presunção de idoneidade moral. *(Redação dada pela Lei n. 12.696, de 25.7.12, DOU 26.7.12)*

....

LEI N. 7.316, DE 28 DE MAIO DE 1985

(DOU 30.5.85 — LTr 49-6/686)

ATRIBUI ÀS ENTIDADES SINDICAIS QUE INTEGRAM A CONFEDERAÇÃO NACIONAL DAS PROFISSÕES LIBERAIS, O MESMO PODER DE REPRESENTAÇÃO DOS SINDICATOS REPRESENTATIVOS DAS CATEGORIAS PROFISSIONAIS DIFERENCIADAS, NAS AÇÕES INDIVIDUAIS E COLETIVAS DE COMPETÊNCIA DA JUSTIÇA DO TRABALHO

(V. CF, art. 114, III)

O PRESIDENTE DA REPÚBLICA,

Faço saber que o Congresso Nacional decreta e eu sanciono a seguinte lei:

Art. 1º Nas ações individuais e coletivas de competência da Justiça do Trabalho, as entidades sindicais que integram a Confederação Nacional das Profissões Liberais terão o mesmo poder de representação dos trabalhadores empregados atribuído, pela legislação em vigor, aos sindicatos representativos das categorias profissionais diferenciadas.

Art. 2º Esta Lei entra em vigor na data de sua publicação.

Art. 3º Revogam-se as disposições em contrário.

Brasília, em 28 de maio de 1985; 164º da Independência e 97º da República.

José Sarney

Almir Pazzianotto

LEI N. 11.648, DE 31 DE MARÇO DE 2008

(DOU 31.3.08, ED. EXTRA)

DISPÕE SOBRE O RECONHECIMENTO FORMAL DAS CENTRAIS SINDICAIS PARA OS FINS QUE ESPECIFICA, ALTERA A CONSOLIDAÇÃO DAS LEIS DO TRABALHO — CLT, APROVADA PELO DECRETO-LEI N. 5.452, DE 1º DE MAIO DE 1943, E DÁ OUTRAS PROVIDÊNCIAS

O PRESIDENTE DA REPÚBLICA,

Faço saber que o Congresso Nacional decreta e eu sanciono a seguinte Lei:

Art. 1º A central sindical, entidade de representação geral dos trabalhadores, constituída em âmbito nacional, terá as seguintes atribuições e prerrogativas:

I — coordenar a representação dos trabalhadores por meio das organizações sindicais a ela filiadas; e

II — participar de negociações em fóruns, colegiados de órgãos públicos e demais espaços de diálogo social que possuam composição tripartite, nos quais estejam em discussão assuntos de interesse geral dos trabalhadores.

PARÁGRAFO ÚNICO. Considera-se central sindical, para os efeitos do disposto nesta Lei, a entidade associativa de direito privado composta por organizações sindicais de trabalhadores.

Art. 2º Para o exercício das atribuições e prerrogativas a que se refere o inciso II do *caput* do art. 1º desta Lei, a central sindical deverá cumprir os seguintes requisitos:

I — filiação de, no mínimo, 100 (cem) sindicatos distribuídos nas 5 (cinco) regiões do País;

II — filiação em pelo menos 3 (três) regiões do País de, no mínimo, 20 (vinte) sindicatos em cada uma;

III — filiação de sindicatos em, no mínimo, 5 (cinco) setores de atividade econômica; e

IV — filiação de sindicatos que representem, no mínimo, 7% (sete por cento) do total de empregados sindicalizados em âmbito nacional.

PARÁGRAFO ÚNICO. O índice previsto no inciso IV do *caput* deste artigo será de 5% (cinco por cento) do total de empregados sindicalizados em âmbito nacional no período de 24 (vinte e quatro) meses a contar da publicação desta Lei.

Art. 3º A indicação pela central sindical de representantes nos fóruns tripartites, conselhos e colegiados de órgãos públicos a que se refere o inciso II do *caput* do art. 1º desta Lei será em número proporcional ao índice de representatividade previsto no inciso IV do *caput* do art. 2º desta Lei, salvo acordo entre centrais sindicais.

§ 1º O critério de proporcionalidade, bem como a possibilidade de acordo entre as centrais, previsto no *caput* deste artigo não poderá prejudicar a participação de outras centrais sindicais que atenderem aos requisitos estabelecidos no art. 2º desta Lei.

§ 2º A aplicação do disposto no *caput* deste artigo deverá preservar a paridade de representação de trabalhadores e empregadores em qualquer organismo mediante o qual sejam levadas a cabo as consultas.

Art. 4º A aferição dos requisitos de representatividade de que trata o art. 2º desta Lei será realizada pelo Ministério do Trabalho e Emprego.

§ 1º O Ministro de Estado do Trabalho e Emprego, mediante consulta às centrais sindicais, poderá baixar instruções para disciplinar os procedimentos necessários à aferição dos requisitos de representatividade, bem como para alterá-los com base na análise dos índices de sindicalização dos sindicatos filiados às centrais sindicais.

§ 2º Ato do Ministro de Estado do Trabalho e Emprego divulgará, anualmente, relação das centrais sindicais que atendem aos requisitos de que trata o art. 2º desta Lei, indicando seus índices de representatividade.

Art. 5º Os arts. 589, 590, 591 e 593 da Consolidação das Leis do Trabalho — CLT, aprovada pelo Decreto-lei n. 5.452, de 1º de maio de 1943, passam a vigorar com a seguinte redação:

Nota: Artigos inseridos na CLT

Art. 6º (vetado)

Art. 7º Os arts. 578 a 610 da Consolidação das Leis do Trabalho — CLT, aprovada pelo Decreto-Lei n. 5.452, de 1º de maio de 1943, vigorarão até que a lei venha a disciplinar a contribuição negocial, vinculada ao exercício efetivo da negociação coletiva e à aprovação em assembleia geral da categoria.

Art. 8º Esta Lei entra em vigor na data de sua publicação.

Brasília, 31 de março de 2008; 187º da Independência e 120º da República.

Luiz Inácio Lula da Silva
Tarso Genro
Carlos Lupi

PORTARIA GM/MTE N. 194, DE 17 DE ABRIL DE 2008

(DOU 22.4.08)

APROVA INSTRUÇÕES PARA A AFERIÇÃO DOS REQUISITOS DE REPRESENTATIVIDADE DAS CENTRAIS SINDICAIS, EXIGIDOS PELA LEI N. 11.648, DE 31 DE MARÇO DE 2008, E DÁ OUTRAS PROVIDÊNCIAS

O MINISTRO DE ESTADO DO TRABALHO E EMPREGO, no uso das atribuições que lhe confere o art. 87, parágrafo único, inciso II, da Constituição e tendo em vista o disposto no §1º do art. 4º da Lei n. 11.648, de 31 de março de 2008, resolve:

Art. 1º Para fins de verificação da representatividade, as centrais sindicais deverão se cadastrar no Sistema Integrado de Relações do Trabalho — SIRT, devendo seu cadastro ser atualizado constantemente, de acordo com instruções expedidas pela Secretaria de Relações do Trabalho — SRT.

PARÁGRAFO ÚNICO. Para o cadastramento e atualização do cadastro no SIRT, a central sindical deverá protocolizar, na sede do Ministério do Trabalho e Emprego (MTE), os seguintes documentos:

I — atos constitutivos, registrados em cartório;

II — comprovante de posse da diretoria e duração do mandato;

III — indicação dos dirigentes com nome, cargo e número do Cadastro Pessoa Física — CPF;

IV — informação do representante legal junto ao Ministério do Trabalho e Emprego;

V — indicação do tipo de diretoria, se singular ou colegiada;

IV — Certidão do Cadastro Nacional da Pessoa Jurídica — CNPJ, do Ministério da Fazenda; e

VII — Comprovante de endereço em nome da entidade.

Art. 2º As entidades que pretendam a aquisição das atribuições e prerrogativas de centrais sindicais deverão atender aos requisitos constantes do art. 2º da Lei n. 11.648, de 2008.

Art. 3º A verificação da observância dos requisitos previstos nos incisos I e II do art. 2º da Lei n. 11.648, de 2008, utilizará como parâmetros as declarações de filiação de sindicatos a centrais sindicais informadas no Cadastro Nacional de Entidades Sindicais — CNES.

Art. 4º Para análise do cumprimento do previsto no inciso III do art. 2º da Lei n. 11.648, de 2008, serão utilizados como parâmetros de pesquisa os dados do CNES e da Classificação Nacional de Atividades Econômicas — CNAE apurados pelo Departamento Intersindical de Estatística e Estudos Socioeconômicos — DIEESE.

PARÁGRAFO ÚNICO. Na impossibilidade de apuração dos dados de que trata o caput, serão utilizados como parâmetros de pesquisa os dados do CNES e da CNAE informados na Relação Anual de Informações Sociais — RAIS correspondente.

Art. 5º A aferição do índice previsto no inciso IV do art. 2º da Lei n. 11.648, de 2008, será realizada anualmente pelo MTE, utilizando-se das informações da RAIS do ano-base correspondente a dois anos anteriores, outros dados de órgãos oficiais e do CNES do dia 31 de dezembro do ano anterior ao do ano-base de referência.

§ 1º Excepcionalmente, para o ano-base de referência 2008, serão utilizados os dados constantes do CNES, atualizados com as declarações de filiação de sindicatos com cadastro ativo, transmitidas para a base de dados do sistema do MTE até a data de publicação desta Portaria.

§ 2º Nos casos em que não houver obrigatoriedade legal de declaração de empregados na RAIS, a filiação ao sindicato poderá ser comprovada por meio da apresentação do estatuto e da ata da última eleição da entidade sindical, devidamente registrada em cartório até a data prevista para a aferição.

§ 3º Atenderá ao requisito previsto no caput, relativo aos exercícios de 2008 e 2009, a central sindical que apresentar índice de representatividade de, no mínimo, 5% (cinco por cento).

§ 4º Para os exercícios seguintes o percentual deverá ser de, no mínimo, 7% (sete por cento).

Art. 6º O índice de representatividade (IR) será calculado utilizando-se a seguinte fórmula:

IR = TFS / TSN * 100, onde:

IR = índice de representatividade;

TFS = total de trabalhadores filiados aos sindicatos integrantes da estrutura organizativa da central sindical, comprovado nos termos do art. 5º;

TSN = total de trabalhadores sindicalizados em âmbito nacional, comprovado nos termos do art. 5º.

Art. 7º As centrais sindicais que, no ano-base de referência, atingirem os requisitos legais serão consideradas para efeito de cálculo da taxa de proporcionalidade (TP).

PARÁGRAFO ÚNICO. A indicação de representantes para participação nos fóruns tripartites, conselhos e colegiados de órgãos públicos a que se refere o inciso II do caput do art. 1º da Lei n. 11.648, de 2008, será feita observando-se o disposto no art. 3º desta mesma Lei e seus parágrafos, bem como a TP, obtida utilizando-se a seguinte fórmula:

TP = TFS / TSC * 100, onde:

TP= Taxa de Proporcionalidade

TFS = total de trabalhadores filiados aos sindicatos integrantes da estrutura organizativa da Central Sindical, comprovado nos termos do art. 5º;

TSC = total de trabalhadores filiados aos sindicatos integrantes da estrutura organizativa das centrais sindicais que atenderem aos requisitos do art. 2º da Lei n. 11.648, de 2008, comprovado nos termos do art. 5º.

Art. 8º O MTE divulgará anualmente, no mês de fevereiro do correspondente ano, a relação das centrais sindicais que atenderem aos requisitos de que trata o art. 2º da Lei n. 11.648, de 2008, indicando seus índices de representatividade.

PARÁGRAFO ÚNICO. Às centrais sindicais que atenderem aos requisitos legais, será fornecido Certificado de Representatividade (CR) contendo a TP, calculada nos termos do artigo anterior, e a partir de então, deverão publicar seus balanços contábeis no Diário Oficial da União e no sítio eletrônico do MTE.

Art. 9º Até que a Caixa Econômica Federal — CAIXA automatize os procedimentos de apuração e transferência da contribuição sindical relativa às centrais sindicais, o MTE apurará e enviará as informações sobre o montante devido às entidades que cumpriram os requisitos, para que a CAIXA proceda ao repasse dos percentuais previstos nos artigos 589 e 590 da CLT.

PARÁGRAFO ÚNICO. A comunicação à CAIXA sobre o montante a ser repassado mensalmente a cada central sindical será feita por ofício expedido pela Coordenação-Geral de Recursos do Fundo de Amparo ao Trabalhador do MTE.

Art. 10. A CAIXA encaminhará ao MTE, até o dia 10 de cada mês, arquivo contendo informações referentes às Guias de Recolhimento da Contribuição Sindical Urbana recolhidas no mês anterior.

PARÁGRAFO ÚNICO. Concomitantemente ao encaminhamento do arquivo referido no caput, a CAIXA encaminhará em meio magnético relação atualizada das entidades sindicais titulares das contas referidas no art. 588 da CLT, do qual constará o CNPJ, Razão Social, Código Sindical e valor recolhido no exercício.

Art. 11. Esta portaria entra em vigor na data de sua publicação.

Carlos Lupi

INSTRUÇÃO NORMATIVA GM/MTE N. 5, DE 20 DE DEZEMBRO DE 2013

DOU 23.12.13 E RETIF. DOU 26.12.13

ESTABELECE REGRAS E PROCEDIMENTOS RELACIONADOS À AFERIÇÃO DOS ÍNDICES DE REPRESENTATIVIDADE DAS CENTRAIS SINDICAIS NO ÂMBITO DO GT AFERIÇÃO

O MINISTRO DE ESTADO DO TRABALHO E EMPREGO, no uso das atribuições legais que lhe confere o art. 87, do parágrafo único, inciso II da Constituição e tendo em vista o disposto no § 1º do art. 4º da Lei n. 11.648, de 31 de março de 2008 e no parágrafo único do art. 1º da Portaria n. 1.704, de 24 de outubro de 2013, resolve:

Art. 1º Para fins de aferição dos índices de representatividade das centrais sindicais serão considerados o número de filiados dos sindicatos constantes nos seguintes documentos:

I — solicitações eletrônicas de atualizações de diretorias e de filiação a entidades de grau superior (Solicitação de Atualização de Dados Perenes — SD), solicitações de registro sindical (SC), solicitações de atualização sindical (Solicitação de Recadastramento — SR), complemento de registro (CR) e complemento de alteração (CA) desde que validadas (deferidas) no ano corrente, a partir do mês de fevereiro do mesmo ano;

II — solicitações eletrônicas de atualizações de diretorias e de filiação a entidades de grau superior (SD) e solicitações de atualização sindical (SR) transmitidas via sítio do MTE até o dia 31 de dezembro de cada ano e protocoladas até o dia 31 de janeiro do ano seguinte.

PARÁGRAFO ÚNICO. Não serão considerados, para fins de alteração do número de sindicalizados, as atas e documentos apresentados em sede de SD que façam referência a troca de membros de diretoria ainda vigente, sem a composição de uma nova diretoria mediante eleição.

Art. 2º Serão considerados, em ordem de preferência, nos dados da ata de eleição e apuração de votos da diretoria, registrada em cartório, o número de:

I — sindicalizados;

II - sindicalizados aptos a votar;

III — votantes.

PARÁGRAFO ÚNICO. Para os processos protocolados no Ministério anteriores à entrada em vigor da Portaria n. 02, de 22 de fevereiro de 2013 (atualizações sindicais — SR) e para os processos anteriores à entrada em vigor da Portaria n. 326, de 01 de março de 2013 (registro sindical e alteração estatutária) serão considerados o número de filiados dos sindicatos constantes das atas de eleição e/ou apuração, da lista de presença da assembleia da eleição e/ou apuração e, nos casos de ausência desses itens, o número de membros dirigentes eleitos.

Art. 3º Esta Instrução Normativa entra em vigor na data de sua publicação.

Manoel Dias

PORTARIA MTE N. 984, DE 26 DE NOVEMBRO DE 2008

DOU 27.11.08

DISPÕE SOBRE O CADASTRO DE ENTIDADES SINDICAIS ESPECIAIS

O MINISTRO DO TRABALHO E EMPREGO, no uso das suas atribuições legais e tendo em vista o disposto no art. 87, parágrafo único, inciso II e no artigo 8º, da Constituição Federal e na Súmula n. 677, do Supremo Tribunal Federal, resolve:

Art. 1º Fica instituído, no âmbito do Ministério do Trabalho e Emprego — MTE, o Cadastro de Entidades Sindicais Especiais — CESE, para fins de inscrição das entidades sindicais que não representam categorias profissionais ou econômicas, mas que representam os grupos mencionados no inciso VII e Parágrafo único do art. 8º da Constituição Federal.

PARÁGRAFO ÚNICO. A inscrição no CESE possui efeito meramente cadastral, sem gerar os efeitos previstos nos incisos II, IV, VI e VIII do art. 8º da Constituição Federal, art. 477, e Títulos V, VI e VI-A da Consolidação das Leis do Trabalho, aprovada pelo Decreto-lei n. 5.452, de 1º de maio de 1943.

Legislação Complementar

Art. 2º Os pedidos de inscrição de entidades sindicais especiais no CESE observarão os procedimentos administrativos previstos nesta Portaria.

Art. 3º O interessado deverá protocolizar, para formação de processo administrativo, unicamente na sede do MTE, sendo vedada a remessa via postal, os seguintes documentos:

I — requerimento assinado pelo representante legal da entidade;

II — edital de convocação dos membros da representação pleiteada para a assembleia geral de fundação ou ratificação da fundação da entidade, do qual constem a área de abrangência e representação pretendidas, publicado no Diário Oficial da União com antecedência mínima de cinco dias da realização da assembleia;

III — atas da assembleia geral de fundação da entidade e da última eleição, apuração e posse da diretoria, com a indicação do número de filiados na data da eleição, número do Cadastro Pessoas Físicas — CPF dos representantes legais da entidade requerente;

IV — lista de presença das assembleias de fundação da entidade e da última eleição da diretoria;

V — estatuto social, aprovado em assembleia geral e registrado em cartório, que deverá conter os elementos identificadores da representação pretendida, em especial o grupo representado e a área de abrangência;

VI — certidão de inscrição do solicitante no Cadastro Nacional de Pessoa jurídica — CNPJ, com natureza jurídica específica; e

VII — comprovante de endereço em nome da entidade.

Art. 4º A Secretaria de Relações do Trabalho — SRT efetuará a conferência e análise dos documentos que acompanham o pedido de inscrição de entidades sindicais especiais, para verificação de sua regularidade.

PARÁGRAFO ÚNICO. Com base na análise dos documentos, a SRT proporá o arquivamento do pedido ou a concessão da inscrição ao Ministro do Trabalho, a quem caberá a decisão final acerca do pedido.

Art. 5º Concedida a inscrição, o Secretário de Relações do Trabalho expedirá Certidão de Inscrição no CESE, em que serão anotados os dados da entidade.

Art. 6º Os documentos relacionados nesta Portaria serão apresentados em originais, cópias autenticadas ou cópias simples, desde que apresentadas juntamente com os originais para conferência e visto do servidor.

Art. 7º As entidades sindicais especiais deverão manter seu cadastro no CESE atualizado no que se refere a dados cadastrais, diretoria e filiação a Centrais Sindicais, conforme instruções expedidas pela SRT.

Art. 8º Caso haja decisão judicial relativa a assuntos de inscrição de entidades sindicais especiais, caberá aos interessados promover as diligências necessárias junto ao Poder Judiciário, a fim de que o MTE seja notificado.

Art. 9º Esta Portaria entra em vigor na data de sua publicação.

Carlos Lupi

LEI N. 11.699, DE 13 DE JUNHO DE 2008

(DOU 16.6.08)

DISPÕE SOBRE AS COLÔNIAS, FEDERAÇÕES E CONFEDERAÇÃO NACIONAL DOS PESCADORES, REGULAMENTANDO O PARÁGRAFO ÚNICO DO ART. 8º DA CONSTITUIÇÃO FEDERAL E REVOGA DISPOSITIVO DO DECRETO-LEI N. 221, DE 28 DE FEVEREIRO DE 1967

V. Portaria n. 547, de 11.3.10, DOU 12.3.10, que estabelece, no âmbito do Ministério do Trabalho e Emprego — MTE, o Cadastro Especial de Colônias de Pescados — CECP, em face do disposto no parágrafo único do art. 8º da Constituição e no art. 1º da Lei n. 11.699, de 13 de junho de 2008

O PRESIDENTE DA REPÚBLICA,

Faço saber que o Congresso Nacional decreta e eu sanciono a seguinte Lei:

Art. 1º As Colônias de Pescadores, as Federações Estaduais e a Confederação Nacional dos Pescadores ficam reconhecidas como órgãos de classe dos trabalhadores do setor artesanal da pesca, com forma e natureza jurídica próprias, obedecendo ao princípio da livre organização previsto no art. 8º da Constituição Federal.

PARÁGRAFO ÚNICO. (VETADO)

Art. 2º Cabe às Colônias, às Federações Estaduais e à Confederação Nacional dos Pescadores a defesa dos direitos e interesses da categoria, em juízo ou fora dele, dentro de sua jurisdição.

Art. 3º Às Colônias de Pescadores regularmente constituídas serão assegurados os seguintes direitos:

I — plena autonomia e soberania de suas Assembleias Gerais;

II — (VETADO)

III — (VETADO)

IV — representar, perante os órgãos públicos, contra quaisquer ações de pesca predatória e de degradação do meio ambiente;

V — (VETADO)

VI — (VETADO)

VII — faculdade de montagem de bens e serviços para o desenvolvimento profissional, econômico e social das comunidades pesqueiras.

Art. 4º É livre a associação dos trabalhadores no setor artesanal da pesca no seu órgão de classe, comprovando os interessados sua condição no ato da admissão.

Art. 5º As Colônias de Pescadores são autônomas, sendo expressamente vedado ao Poder Público, bem como às Federações e à Confederação a interferência e a intervenção na sua organização.

PARÁGRAFO ÚNICO. São vedadas à Confederação Nacional dos Pescadores a interferência e a intervenção na organização das Federações Estaduais de Pescadores.

Art. 6º As Colônias de Pescadores são criadas em assembleias de fundação convocadas para esse fim pelos trabalhadores do setor pesqueiro artesanal da sua base territorial.

Art. 7º As Colônias de Pescadores, constituídas na forma da legislação vigente após feita a respectiva publicação e registrados os documentos no cartório de títulos e documentos, adquirem personalidade jurídica, tornando-se aptas a funcionar.

Art. 8º As Federações têm por atribuição representar os trabalhadores no setor artesanal de pesca, em âmbito estadual, e a Confederação, em âmbito nacional.

Art. 9º As Colônias de Pescadores, as Federações Estaduais e a Confederação Nacional dos Pescadores providenciarão e aprovarão os estatutos, nos termos desta Lei.

Art. 10. Esta Lei entra em vigor na data de sua publicação.

Art. 11. Revoga-se o art. 94 do Decreto-lei n. 221, de 28 de fevereiro de 1967.

Brasília, 13 de junho de 2008; 187º da Independência e 120º da República.

Luiz Inácio Lula da Silva
Luiz Paulo Teles Ferreira Barreto
André Peixoto Figueiredo Lima
Paulo Bernardo Silva
Carlos Minc

PORTARIA SRT/MTE N. 2, DE 22 DE FEVEREIRO DE 2013

(DO 25.2.2013)

REVOGA A PORTARIA N. 01, DE 19 DE ABRIL DE 2005 E DÁ OUTRAS PROVIDÊNCIAS

O SECRETÁRIO DE RELAÇÕES DO TRABALHO, no uso das atribuições que lhe conferem o art. 1º, inciso VI, do Anexo VII, da Portaria n. 483, de 15 de setembro de 2004, e o art. 3º da Portaria n. 197, de 18 de abril de 2005, ambas do Ministro de Estado do Trabalho e Emprego, resolve:

Art. 1º Disciplinar os procedimentos para a atualização dos dados das entidades sindicais no Cadastro Nacional de Entidades Sindicais — CNES, do Ministério do Trabalho e Emprego — MTE.

Art. 2º A atualização dos dados relativos às entidades sindicais registradas no MTE tem o objetivo de dotar o Ministério de instrumentos eficazes de coleta, tratamento, gestão, distribuição e publicidade de informações.

§ 1º A atualização das informações sindicais não modificará a situação jurídica da entidade sindical perante o MTE.

§ 2º As entidades com pedido de alteração estatutária em tramitação no MTE deverão solicitar a atualização das informações sindicais de acordo com a última representação deferida pelo MTE.

Art. 3º A entidade sindical deverá acessar o sistema do CNES, disponível no endereço eletrônico www.mte.gov.br, utilizando-se de certificação digital, e fornecer as informações necessárias para a emissão do formulário de solicitação de atualização sindical (SR).

§ 1º O requerimento eletrônico emitido por meio do CNES, assinado pelo representante legal da entidade ou por procurador legalmente constituído, deverá ser protocolado na Superintendência Regional do Trabalho e Emprego — SRTE ou Gerências da Unidade da Federação — UF onde se localiza a sede da entidade (em se tratando de abrangência municipal, intermunicipal ou estadual) ou no protocolo da sede do Ministério em Brasília (quando se tratar de entidade interestadual ou nacional), acompanhado dos seguintes documentos:

I — estatuto social da entidade, registrado em cartório, no qual conste a atual representação de seu registro ou de alteração estatutária deferidos pelo MTE;

II — ata de eleição e apuração de votos da diretoria, registrada em cartório, com a indicação da forma de eleição, do número de sindicalizados, do número de sindicalizados aptos a votar, do número de votantes, das chapas concorrentes com a respectiva votação, dos votos brancos e nulos, do resultado do processo eleitoral, acompanhada de lista de presença dos votantes. (NR) (alterada pela Port. SRT n. 4, de 28 de maio de 2013, DOU 29.5.2013)

III — ata de posse da diretoria, registrada em cartório, com a indicação de data do início e término do mandato, devendo constar, sobre os dirigentes eleitos:

a) nome completo;

b) número de inscrição no Cadastro Nacional da Pessoa Física — CPF;

c) função dos dirigentes;

d) número de inscrição no Programa de Integração Social/Programa de Formação do Patrimônio do Servidor Público — PIS/PASEP, quando de entidades laborais;

e) número de inscrição no Cadastro Nacional da Pessoa Jurídica — CNPJ da empresa representada, quando de entidades patronais;

f) número de inscrição no conselho profissional, quando de entidades de profissionais liberais; e

g) número de inscrição na Prefeitura Municipal, quando se tratar de entidades de trabalhadores autônomos, ou de profissionais liberais, na inexistência do respectivo conselho profissional.

IV — no caso de entidade laboral, cópia das páginas da Carteira de Trabalho e Previdência Social — CTPS onde conste:

a) nome e foto do empregado;

b) razão social e CNPJ do atual ou último empregador; e

c) contrato de trabalho vigente ou o último.

V — documento comprobatório de registro sindical ou de alteração estatutária deferido pelo MTE (cópia da carta sindical ou publicação do deferimento do registro no Diário Oficial da União);

VI — comprovante de endereço em nome da entidade sindical;

VII — recibos de entrega da Relação Anual de Informações Sociais — RAIS entregue pela entidade sindical, relativos aos últimos cinco anos-base anteriores ao do pedido de atualização sindical, assim como os referentes às RAIS retificadoras, quando houver; e

VIII — comprovante de inscrição e de situação cadastral do solicitante no CNPJ, no qual deverá constar a data de abertura e a natureza jurídica de Entidade Sindical.

§ 2º No caso de entidades rurais, os documentos listados no inciso III, alíneas "d" e "e", poderão ser substituídos pelo número da Declaração de Aptidão ao Pronaf — DAP expedida pelo Ministério do Desenvolvimento Agrário — MDS, pelo número de inscrição no Cadastro de Segurados Especiais do Instituto Nacional de Seguridade Social — INSS ou de inscrição no Cadastro do Instituto Nacional de Colonização e Reforma Agrária — INCRA.

§ 3º Não atendido o disposto no inciso I do § 1º desta Portaria, a entidade deverá apresentar estatuto social ratificado pela categoria, registrado em cartório, nos termos da representação deferida pelo MTE.

§ 4º A ata de eleição e apuração de votos do último processo eleitoral e a ata de posse da atual diretoria podem, eventualmente, ser apresentados em um único documento.

§ 5º Os documentos relacionados nesta Portaria serão apresentados em originais, cópias autenticadas ou cópias simples, estas últimas apresentadas juntamente com os originais para conferência e visto do servidor

§ 6º A utilização da certificação digital a que se refere o *caput* deste artigo, será de uso obrigatório para as solicitações iniciadas no sistema CNES a partir de 2 de abril de 2013.

Art. 4º Os pedidos de atualização das informações sindicais assim como os documentos apresentados serão analisados pelas Seções de Relações do Trabalho das SRTEs ou pela SRT, quando for o caso.

§ 1º A SRTE ou a SRT decidirão fundamentadamente por meio de Nota Técnica pela validação ou não da solicitação, de acordo com a documentação protocolada pela entidade e também no mérito, nos termos desta Portaria, sendo anotado tal ato no sistema CNES.

§ 2º Após a decisão de que trata o parágrafo anterior, os autos do processo deverão ser remetidos à SRT, para fins de arquivamento.

Art. 5º Revoga-se a Portaria n. 01, de 19 de abril de 2005.

Art. 6º Esta Portaria entra em vigor na data de sua publicação.

Manoel Messias Nascimento Melo

PORTARIA GM/MTE N. 188, DE 29 DE JANEIRO DE 2014(*)

DOU 18.2.14 (REPUBLICAÇÃO)

VIDE PORTARIA GM/MTE N. 376, DE 21.3.14, DOU 24.3.14, QUE SUSPENDE OS EFEITOS DA PORTARIA GM/MTE N. 188, CUJO TEXTO CONSTA AO FINAL DESTA PORTARIA

DISPÕE SOBRE AS TRANSFERÊNCIAS DE VALORES DOS RECURSOS DA ARRECADAÇÃO DA CONTRIBUIÇÃO SINDICAL ENTRE AS ENTIDADES SINDICAIS E A CONTA ESPECIAL EMPREGO SALÁRIO ESTABELECIDAS NOS ARTIGOS 590 E 591 DA CONSOLIDAÇÃO DAS LEIS TRABALHISTAS — CLT

O MINISTRO DE ESTADO DO TRABALHO E EMPREGO, no uso das suas atribuições legais e tendo em vista o disposto no art. 87, parágrafo único, inciso II, da Constituição, no Título V da Consolidação das Leis do Trabalho, aprovada pelo Decreto-Lei n. 5.452, de 1º de maio de 1943, resolve:

Art. 1º Os procedimentos relacionados com a distribuição de valores arrecadados quando da inexistência de entidade sindical no sistema sindical brasileiro, será regulamentado nos termos desta Portaria.

Art. 2º Da importância da arrecadação da contribuição sindical serão feitos os seguintes créditos pela Caixa Econômica Federal, para as entidades representantes de empregados e empregadores:

a) 60% para o sindicato respectivo;

b) 15% para a federação;

c) 5% para confederação correspondente; e

d) 20% para Conta Especial Emprego e Salário.

PARÁGRAFO ÚNICO: O Sindicato dos trabalhadores indicará ao Ministério do Trabalho e Emprego a central sindical a que estiver filiado, que fará jus a 10% (dez por cento) dos créditos da repartição da Contribuição Sindical inseridas na letra d, do art. 2º, sem prejuízo da observância dos critérios de representatividade previstos na legislação específica sobre a matéria.

Art. 3º Inexistindo sindicato representativo da categoria profissional ou econômica, o valor arrecadado a título de contribuição sindical será repassado da seguinte forma:

a)60% para a federação;

b) 20% para a confederação correspondente; e

c) 20% para Conta Especial Emprego e Salário.

Art. 4º Inexistindo sindicato e federação, simultaneamente, a repartição da contribuição sindical ocorrerá da seguinte forma:

a) 20% para a confederação; e

b) 80% para Conta Especial Emprego e Salário.

Art. 5º Inexistindo sindicato e confederação, simultaneamente, a repartição da contribuição sindical ocorrerá da seguinte forma:

a) 80% para a Federação; e

b) 20% para Conta Especial Emprego e Salário.

Art. 6º Inexistindo federação, o valor deverá ser repassado da seguinte forma:

a) 60% para o sindicato;

b) 5% para a confederação; e

c) 35% para a Conta Especial Emprego e Salário.

Art. 7º Inexistindo federação e confederação, simultaneamente, o repasse dos valores arrecadados a título de contribuição sindical ocorrerá da seguinte forma:

a) 60% para o sindicato; e

b) 40% para a Conta Especial Emprego e Salário.

Art. 8º Inexistindo confederação, o montante arrecado a título de contribuição sindical será repassado da seguinte forma:

a) 60% para o sindicato;

b) 20% para a federação; e

c) 20% para a Conta Especial Emprego e Salário.

Art. 9º Não havendo sindicato, nem entidade sindical de grau superior, ou central sindical, a contribuição sindical será creditada, integralmente, à Conta Especial Emprego e Salário.

Art. 10. Esta Portaria entra em vigor em 1º março de 2014.

Manoel Dias

(*) Republicada por ter saído, no DOU n. 21, de 30.1.2014, Seção 1, p. 118, com incorreções no original.

PORTARIA N. 376, DE 21 DE MARÇO DE 2014

(DOU 24.3.14)

O MINISTRO DE ESTADO DO TRABALHO E EMPREGO no uso das atribuições que lhes confere o art. 87 da Constituição,

resolve:

Art. 1º Suspender os efeitos da Portaria n. 188, de 29 de janeiro de 2014, publicada no Diário Oficial da União n. 21, de 30 de janeiro de 2014, Seção 1, p. 118.

Art. 2º Esta portaria entra em vigor na data de sua publicação.

Manoel Dias

LEI N. 12.998, DE 18 DE JUNHO DE 2014

(DOU 20.6.14)

....

CAPÍTULO XX
DOS CONDUTORES DE AMBULÂNCIAS

....

Art. 28 Assegura-se aos condutores de ambulâncias o direito de associação sindical na forma do § 3º do art. 511 da Consolidação das Leis do Trabalho — CLT, aprovada pelo Decreto-Lei n. 5.452, de 1º de maio de 1943

....

LEI N. 11.788, DE 25 DE SETEMBRO DE 2008

(DOU 26.9.08)

DISPÕE SOBRE O ESTÁGIO DE ESTUDANTES; ALTERA A REDAÇÃO DO ART. 428 DA CONSOLIDAÇÃO DAS LEIS DO TRABALHO — CLT, APROVADA PELO DECRETO-LEI N. 5.452, DE 10 DE MAIO DE 1943, E A LEI N. 9.394, DE 20 DE DEZEMBRO DE 1996; REVOGA AS LEIS NS. 6.494, DE 7 DE DEZEMBRO DE 1977, E 8.859, DE 23 DE MARÇO DE 1994, O PARÁGRAFO ÚNICO DO ART. 82 DA LEI N. 9.394, DE 20 DE DEZEMBRO DE 1996, E O ART. 60 DA MEDIDA PROVISÓRIA N. 2.164-41, DE 24 DE AGOSTO DE 2001; E DÁ OUTRAS PROVIDÊNCIAS

O PRESIDENTE DA REPÚBLICA,

Faço saber que o Congresso Nacional decreta e eu sanciono a seguinte Lei:

CAPÍTULO I
Da Definição, Classificação e Relações de Estágio

Art. 1º Estágio é ato educativo escolar supervisionado, desenvolvido no ambiente de trabalho, que visa à preparação para o trabalho produtivo de educandos que estejam frequentando o ensino regular em instituições de educação superior, de educação profissional, de ensino médio, da educação especial e dos anos finais do ensino fundamental, na modalidade profissional da educação de jovens e adultos.

§ 1º O estágio faz parte do projeto pedagógico do curso, além de integrar o itinerário formativo do educando.

§ 2º O estágio visa ao aprendizado de competências próprias da atividade profissional e à contextualização curricular, objetivando o desenvolvimento do educando para a vida cidadã e para o trabalho.

Art. 2º O estágio poderá ser obrigatório ou não obrigatório, conforme determinação das diretrizes curriculares da etapa, modalidade e área de ensino e do projeto pedagógico do curso.

§ 1º Estágio obrigatório é aquele definido como tal no projeto do curso, cuja carga horária é requisito para aprovação e obtenção de diploma.

§ 2º Estágio não obrigatório é aquele desenvolvido como atividade opcional, acrescida à carga horária regular e obrigatória.

§ 3º As atividades de extensão, de monitorias e de iniciação científica na educação superior, desenvolvidas pelo estudante, somente poderão ser equiparadas ao estágio em caso de previsão no projeto pedagógico do curso.

Art. 3º O estágio, tanto na hipótese do § 1º do art. 2º desta Lei quanto na prevista no § 2º do mesmo dispositivo, não cria vínculo empregatício de qualquer natureza, observados os seguintes requisitos:

I — matrícula e frequência regular do educando em curso de educação superior, de educação profissional, de ensino médio, da educação especial e nos anos finais do ensino fundamental, na modalidade profissional da educação de jovens e adultos e atestados pela instituição de ensino;

II — celebração de termo de compromisso entre o educando, a parte concedente do estágio e a instituição de ensino;

III — compatibilidade entre as atividades desenvolvidas no estágio e aquelas previstas no termo de compromisso.

§ 1º O estágio, como ato educativo escolar supervisionado, deverá ter acompanhamento efetivo pelo professor orientador da instituição de ensino e por supervisor da parte concedente, comprovado por vistos nos relatórios referidos no inciso IV do *caput* do art. 7º desta Lei e por menção de aprovação final.

§ 2º O descumprimento de qualquer dos incisos deste artigo ou de qualquer obrigação contida no termo de compromisso caracteriza vínculo de emprego do educando com a parte concedente do estágio para todos os fins da legislação trabalhista e previdenciária.

Art. 4º A realização de estágios, nos termos desta Lei, aplica-se aos estudantes estrangeiros regularmente matriculados em cursos superiores no País, autorizados ou reconhecidos, observado o prazo do visto temporário de estudante, na forma da legislação aplicável.

Art. 5º As instituições de ensino e as partes cedentes de estágio podem, a seu critério, recorrer a serviços de agentes de integração públicos e privados, mediante condições acordadas em instrumento jurídico apropriado, devendo ser observada, no caso de contratação com recursos públicos, a legislação que estabelece as normas gerais de licitação.

§ 1º Cabe aos agentes de integração, como auxiliares no processo de aperfeiçoamento do instituto do estágio:

I — identificar oportunidades de estágio;

II — ajustar suas condições de realização;

III — fazer o acompanhamento administrativo;

IV — encaminhar negociação de seguros contra acidentes pessoais;

V — cadastrar os estudantes.

§ 2º É vedada a cobrança de qualquer valor dos estudantes, a título de remuneração pelos serviços referidos nos incisos deste artigo.

§ 3º Os agentes de integração serão responsabilizados civilmente se indicarem estagiários para a realização de atividades não compatíveis com a programação curricular estabelecida para cada curso, assim como estagiários matriculados em cursos ou instituições para as quais não há previsão de estágio curricular.

Art. 6º O local de estágio pode ser selecionado a partir de cadastro de partes cedentes, organizado pelas instituições de ensino ou pelos agentes de integração.

CAPÍTULO II
Da Instituição de Ensino

Art. 7º São obrigações das instituições de ensino, em relação aos estágios de seus educandos:

I — celebrar termo de compromisso com o educando ou com seu representante ou assistente legal, quando ele for absoluta ou relativamente incapaz, e com a parte concedente, indicando as condições de adequação do estágio à proposta pedagógica do curso, à etapa e modalidade da formação escolar do estudante e ao horário e calendário escolar;

II — avaliar as instalações da parte concedente do estágio e sua adequação à formação cultural e profissional do educando;

III — indicar professor orientador, da área a ser desenvolvida no estágio, como responsável pelo acompanhamento e avaliação das atividades do estagiário;

IV — exigir do educando a apresentação periódica, em prazo não superior a 6 (seis) meses, de relatório das atividades;

V — zelar pelo cumprimento do termo de compromisso, reorientando o estagiário para outro local em caso de descumprimento de suas normas;

VI — elaborar normas complementares e instrumentos de avaliação dos estágios de seus educandos;

VII — comunicar à parte concedente do estágio, no início do período letivo, as datas de realização de avaliações escolares ou acadêmicas.

PARÁGRAFO ÚNICO. O plano de atividades do estagiário, elaborado em acordo das 3 (três) partes a que se refere o inciso II do *caput* do art. 3º desta Lei, será incorporado ao termo de compromisso por meio de aditivos à medida que for avaliado, progressivamente, o desempenho do estudante.

Art. 8º É facultado às instituições de ensino celebrar com entes públicos e privados convênio de concessão de estágio, nos quais se explicitem o processo educativo compreendido nas atividades programadas para seus educandos e as condições de que tratam os arts. 6º a 14 desta Lei.

PARÁGRAFO ÚNICO. A celebração de convênio de concessão de estágio entre a instituição de ensino e a parte concedente não dispensa a celebração do termo de compromisso de que trata o inciso II do *caput* do art. 3º desta Lei.

CAPÍTULO III

Da Parte Concedente

Art. 9º As pessoas jurídicas de direito privado e os órgãos da administração pública direta, autárquica e fundacional de qualquer dos Poderes da União, dos Estados, do Distrito Federal e dos Municípios, bem como profissionais liberais de nível superior devidamente registrados em seus respectivos conselhos de fiscalização profissional, podem oferecer estágio, observadas as seguintes obrigações:

I — celebrar termo de compromisso com a instituição de ensino e o educando, zelando por seu cumprimento;

II — ofertar instalações que tenham condições de proporcionar ao educando atividades de aprendizagem social, profissional e cultural;

III — indicar funcionário de seu quadro de pessoal, com formação ou experiência profissional na área de conhecimento desenvolvida no curso do estagiário, para orientar e supervisionar até 10 (dez) estagiários simultaneamente;

IV — contratar em favor do estagiário seguro contra acidentes pessoais, cuja apólice seja compatível com valores de mercado, conforme fique estabelecido no termo de compromisso;

V — por ocasião do desligamento do estagiário, entregar termo de realização do estágio com indicação resumida das atividades desenvolvidas, dos períodos e da avaliação de desempenho;

VI — manter à disposição da fiscalização documentos que comprovem a relação de estágio;

VII — enviar à instituição de ensino, com periodicidade mínima de 6 (seis) meses, relatório de atividades, com vista obrigatória ao estagiário.

PARÁGRAFO ÚNICO. No caso de estágio obrigatório, a responsabilidade pela contratação do seguro de que trata o inciso IV do *caput* deste artigo poderá, alternativamente, ser assumida pela instituição de ensino.

CAPÍTULO IV

Do Estagiário

Art. 10. A jornada de atividade em estágio será definida de comum acordo entre a instituição de ensino, a parte concedente e o aluno estagiário ou seu representante legal, devendo constar do termo de compromisso ser compatível com as atividades escolares e não ultrapassar:

I — 4 (quatro) horas diárias e 20 (vinte) horas semanais, no caso de estudantes de educação especial e dos anos finais do ensino fundamental, na modalidade profissional de educação de jovens e adultos;

II — 6 (seis) horas diárias e 30 (trinta) horas semanais, no caso de estudantes do ensino superior, da educação profissional de nível médio e do ensino médio regular.

§ 1º O estágio relativo a cursos que alternam teoria e prática, nos períodos em que não estão programadas aulas presenciais, poderá ter jornada de até 40 (quarenta) horas semanais, desde que isso esteja previsto no projeto pedagógico do curso e da instituição de ensino.

§ 2º Se a instituição de ensino adotar verificações de aprendizagem periódicas ou finais, nos períodos de avaliação, a carga horária do estágio será reduzida pelo menos à metade, segundo estipulado no termo de compromisso, para garantir o bom desempenho do estudante.

Art. 11. A duração do estágio, na mesma parte concedente, não poderá exceder 2 (dois) anos, exceto quando se tratar de estagiário portador de deficiência.

Art. 12. O estagiário poderá receber bolsa ou outra forma de contraprestação que venha a ser acordada, sendo compulsória a sua concessão, bem como a do auxílio-transporte, na hipótese de estágio não obrigatório.

§ 1º A eventual concessão de benefícios relacionados a transporte, alimentação e saúde, entre outros, não caracteriza vínculo empregatício.

§ 2º Poderá o educando inscrever-se e contribuir como segurado facultativo do Regime Geral de Previdência Social.

Art. 13. É assegurado ao estagiário, sempre que o estágio tenha duração igual ou superior a 1 (um) ano, período de recesso de 30 (trinta) dias, a ser gozado preferencialmente durante suas férias escolares.

§ 1º O recesso de que trata este artigo deverá ser remunerado quando o estagiário receber bolsa ou outra forma de contraprestação.

§ 2º Os dias de recesso previstos neste artigo serão concedidos de maneira proporcional, nos casos de o estágio ter duração inferior a 1 (um) ano.

Art. 14. Aplica-se ao estagiário a legislação relacionada à saúde e segurança no trabalho, sendo sua implementação de responsabilidade da parte concedente do estágio.

CAPÍTULO V

Da Fiscalização

Art. 15. A manutenção de estagiários em desconformidade com esta Lei caracteriza vínculo de emprego do educando com a parte concedente do estágio para todos os fins da legislação trabalhista e previdenciária.

§ 1º A instituição privada ou pública que reincidir na irregularidade de que trata este artigo ficará impedida de receber estagiários por 2 (dois) anos, contados da data da decisão definitiva do processo administrativo correspondente.

§ 2º A penalidade de que trata o § 1º deste artigo limita-se à filial ou agência em que for cometida a irregularidade.

CAPÍTULO VI

Das Disposições Gerais

Art. 16. O termo de compromisso deverá ser firmado pelo estagiário ou com seu representante ou assistente legal e pelos representantes legais da parte concedente e da instituição de ensino, vedada a atuação dos agentes de integração a que se refere o art. 5º desta Lei como representante de qualquer das partes.

Art. 17. O número máximo de estagiários em relação ao quadro de pessoal das entidades concedentes de estágio deverá atender às seguintes proporções:

I — de 1 (um) a 5 (cinco) empregados: 1 (um) estagiário;

II — de 6 (seis) a 10 (dez) empregados: até 2 (dois) estagiários;

III — de 11 (onze) a 25 (vinte e cinco) empregados: até 5 (cinco) estagiários;

IV — acima de 25 (vinte e cinco) empregados: até 20% (vinte por cento) de estagiários.

§ 1º Para efeito desta Lei, considera-se quadro de pessoal o conjunto de trabalhadores empregados existentes no estabelecimento do estágio.

§ 2º Na hipótese de a parte concedente contar com várias filiais ou estabelecimentos, os quantitativos previstos nos incisos deste artigo serão aplicados a cada um deles.

§ 3º Quando o cálculo do percentual disposto no inciso IV do *caput* deste artigo resultar em fração, poderá ser arredondado para o número inteiro imediatamente superior.

§ 4º Não se aplica o disposto no *caput* deste artigo aos estágios de nível superior e de nível médio profissional.

§ 5º Fica assegurado às pessoas portadoras de deficiência o percentual de 10% (dez por cento) das vagas oferecidas pela parte concedente do estágio.

Art. 18. A prorrogação dos estágios contratados antes do início da vigência desta Lei apenas poderá ocorrer se ajustada às suas disposições.

Art. 19. O art. 428 da Consolidação das Leis do Trabalho — CLT, aprovada pelo Decreto-lei n. 5.452, de 1º de maio de 1943, passa a vigorar com as seguintes alterações: (já incluso no respectivo artigo)

Art. 20. O art. 82 da Lei n. 9.394, de 20 de dezembro de 1996, passa a vigorar com a seguinte redação:

"Art. 82. Os sistemas de ensino estabelecerão as normas de realização de estágio em sua jurisdição, observada a lei federal sobre a matéria.

PARÁGRAFO ÚNICO. (Revogado)." (NR)

Art. 21. Esta Lei entra em vigor na data de sua publicação.

Art. 22. Revogam-se as Leis ns. 6.494, de 7 de dezembro de 1977, e 8.859, de 23 de março de 1994, o parágrafo único do art. 82 da Lei n. 9.394, de 20 de dezembro de 1996, e o art. 6º da Medida Provisória n. 2.164-41, de 24 de agosto de 2001.

Brasília, 25 de setembro de 2008; 187º da Independência e 120º da República.

Luiz Inácio Lula da Silva
Fernando Haddad
André Peixoto Figueiredo Lima

LEI N. 4.090, DE 13 DE JULHO DE 1962

(DOU 26.7.62 — LTr 26/392)
(V. CF, art. 7º, VIII — p. 30)
(V. Multas Administrativas, art. 3º, I, L. n. 7.855, 24.10.89, DOU 25.10.89, LTr 53/1418)

INSTITUI A GRATIFICAÇÃO DE NATAL PARA OS TRABALHADORES

O PRESIDENTE DA REPÚBLICA,

Faço saber que o Congresso Nacional decreta e eu sanciono a seguinte Lei:

Art. 1º No mês de dezembro de cada ano, a todo empregado será paga, pelo empregador, uma gratificação salarial independentemente da remuneração a que fizer jus.

§ 1º A gratificação corresponderá a 1/12 (um doze avos) da remuneração devida em dezembro, por mês de serviço, do ano correspondente.

§ 2º A fração igual ou superior a 15 (quinze) dias de trabalho será havida como mês integral para os efeitos do parágrafo anterior.

§ 3º A gratificação será proporcional:

I — na extinção dos contratos a prazo, entre estes incluídos os de safra, ainda que a relação de emprego haja findado antes de dezembro; e

II — na cessação da relação de emprego resultante da aposentadoria do trabalhador, ainda que verificada antes de dezembro. *(§ incluído pela L. n. 9.011, de 30.3.95, DOU 31.3.95).*

Art. 2º As faltas legais e justificadas ao serviço não serão deduzidas para os fins previstos no parágrafo 1º do art. 1º, desta Lei.

Art. 3º Ocorrendo rescisão sem justa causa, do contrato de trabalho, o empregado receberá a gratificação devida nos termos dos parágrafos 1º e 2º do art. 1º desta Lei, calculada sobre a remuneração do mês da rescisão.

Art. 4º Esta Lei entrará em vigor na data de sua publicação, revogadas as disposições em contrário.

Brasília, 13 de julho de 1962; 141º da Independência e 74º da República.

João Goulart — Francisco Brochado da Rocha — Hermes Lima

LEI N. 4.749, DE 12 DE AGOSTO DE 1965

(DOU 13.8.65 — LTr 29/401)

DISPÕE SOBRE O PAGAMENTO DA GRATIFICAÇÃO PREVISTA NA LEI N. 4.090, DE 13 DE JULHO DE 1962

(V. CF, art. 7º, VIII — p. 30)

O Presidente da República,

Faço saber que o Congresso Nacional decreta e eu sanciono a seguinte Lei:

Art. 1º A gratificação salarial instituída pela Lei n. 4.090, de 13 de julho de 1962, será paga pelo empregador até o dia 20 de dezembro de cada ano, compensada a importância que, a título de adiantamento, o empregado houver recebido na forma do artigo seguinte.

PARÁGRAFO ÚNICO. (Vetado).

Art. 2º Entre os meses de fevereiro e novembro de cada ano, o empregador pagará, como adiantamento da gratificação referida no artigo precedente, de uma só vez, metade do salário recebido pelo respectivo empregado no mês anterior.

§ 1º O empregador não estará obrigado a pagar o adiantamento, no mesmo mês, a todos os seus empregados.

§ 2º O adiantamento será pago ao ensejo das férias do empregado, sempre que este o requerer no mês de janeiro do correspondente ano.

Art. 3º Ocorrendo a extinção do contrato de trabalho antes do pagamento de que trata o art. 1º desta Lei, o empregador poderá compensar o adiantamento mencionado com a gratificação devida nos termos do art. 3º da Lei n. 4.090, de 13 de julho de 1962, e, se não bastar, com outro crédito de natureza trabalhista que possua o respectivo empregado.

Art. 4º As contribuições devidas ao Instituto Nacional de Previdência e Social, que incidem sobre a gratificação salarial referida nesta Lei, ficam sujeitas ao limite estabelecido na legislação da Previdência Social.

Art. 5º Aplica-se, no corrente ano, a regra estatuída no art. 2º desta Lei, podendo o empregado usar da faculdade estatuída no seu § 2º no curso dos primeiros trinta dias de vigência desta Lei.

Art. 6º O Poder Executivo, no prazo de trinta dias, adaptará o Regulamento aprovado pelo Decreto n. 1.881, de 14 de dezembro de 1962, aos preceitos desta Lei.

Art. 7º Esta Lei entra em vigor na data de sua publicação.

Art. 8º Revogam-se as disposições em contrário.

Brasília, 12 de agosto de 1965; 144º da Independência e 77º da República.

H. Castello Branco — Arnaldo Süssekind

Legislação Complementar

DECRETO N. 57.155, DE 3 DE NOVEMBRO DE 1965

(DOU 4.11.65 — LTr 29/525)

EXPEDE NOVA REGULAMENTAÇÃO DA LEI N. 4.090, DE 13 DE JULHO DE 1962, QUE INSTITUIU A GRATIFICAÇÃO DE NATAL PARA OS TRABALHADORES, COM AS ALTERAÇÕES INTRODUZIDAS PELA LEI N. 4.749, DE 12 DE AGOSTO DE 1965

O PRESIDENTE DA REPÚBLICA, usando da atribuição que lhe confere o art. 87, item I, da Constituição, e tendo em vista o disposto no art. 6º da Lei n. 4.749, de 12 de agosto de 1965, decreta:

Art. 1º O pagamento da gratificação salarial, instituída pela Lei n. 4.090, de 13 de julho de 1962, com as alterações constantes da Lei n. 4.749, de 12 de agosto de 1965, será efetuado pelo empregador até o dia 20 de dezembro de cada ano, tomando-se por base a remuneração devida nesse mês, de acordo com o tempo de serviço do empregado no ano em curso.

PARÁGRAFO ÚNICO. A gratificação corresponderá a 1/12 (um doze avos) da remuneração devida em dezembro, por mês de serviço, do ano correspondente, sendo que a fração igual ou superior a 15 (quinze) dias de trabalho será havida como mês integral.

Art. 2º Para os empregados que recebem salário variável a qualquer título, a gratificação será calculada na base de 1/11 (um onze avos) da soma das importâncias variáveis devidas nos meses trabalhados até novembro de cada ano. A essa gratificação se somará a que corresponder à parte do salário contratual fixo.

PARÁGRAFO ÚNICO. Até o dia 10 de janeiro de cada ano, computada a parcela do mês de dezembro, o cálculo da gratificação será revisto para 1/12 (um doze avos) do total devido no ano anterior, processando-se a correção do valor da respectiva gratificação com o pagamento ou compensação das possíveis diferenças.

Art. 3º Entre os meses de fevereiro e novembro de cada ano, o empregador pagará, como adiantamento da gratificação, de uma só vez, metade do salário recebido pelo empregado no mês anterior.

§ 1º Tratando-se de empregados que recebam apenas salário variável, a qualquer título, o adiantamento será calculado na base da soma das importâncias variáveis devidas nos meses trabalhados até o anterior àquele em que se realizar o mesmo adiantamento.

§ 2º O empregador não estará obrigado a pagar o adiantamento no mesmo mês a todos os seus empregados.

§ 3º A importância que o empregado houver recebido a título de adiantamento será deduzida do valor da gratificação devida.

§ 4º Nos casos em que o empregado for admitido no curso do ano, ou, durante este, não permanecer à disposição do empregador durante todos os meses, o adiantamento corresponderá à metade de 1/12 (um doze avos) da remuneração, por mês de serviço ou fração superior a 15 (quinze) dias.

Art. 4º O adiantamento será pago ao ensejo das férias do empregado, sempre que este o requerer no mês de janeiro do correspondente ano.

Art. 5º Quando parte da remuneração for paga em utilidades, o valor da quantia efetivamente descontada e correspondente a essas será computado para fixação da respectiva gratificação.

Art. 6º As faltas legais e as justificadas ao serviço não serão deduzidas para os fins previstos no art. 2º deste Decreto.

Art. 7º Ocorrendo a extinção do contrato de trabalho, salvo na hipótese de rescisão com justa causa, o empregado receberá a gratificação devida, nos termos do art. 1º, calculada sobre a remuneração do respectivo mês.

PARÁGRAFO ÚNICO. Se a extinção do contrato de trabalho ocorrer antes do pagamento de que trata o art. 1º, o empregador poderá compensar o adiantamento mencionado no art. 3º, com o valor da gratificação devida na hipótese de rescisão.

Art. 8º As contribuições devidas aos Institutos de Aposentadoria e Pensões que incidem sobre a gratificação salarial serão descontadas levando-se em conta o seu valor total e sobre este aplicando-se o limite estabelecido na Previdência Social.

PARÁGRAFO ÚNICO. O desconto, na forma deste artigo, incidirá sobre o pagamento da gratificação efetuada no mês de dezembro.

Art. 9º O presente Decreto entrará em vigor na data de sua publicação, revogadas as disposições em contrário.

Brasília, 3 de novembro de 1965; 144º da Independência e 77º da República.

H. Castello Branco — Arnaldo Süssekind

LEI N. 1.060, DE 5 DE FEVEREIRO DE 1950(*)

(DOU 8.4.74 — LTr 38/555)

ESTABELECE NORMAS PARA A CONCESSÃO DE ASSISTÊNCIA JUDICIÁRIA AOS NECESSITADOS

V. Lei n. 5.584, de 26.6.70, p. 350

V. Lei n. 7.115, de 29.8.83, p. 355

V. Art. 789, §§ 1º e 3º e 790-B, da CLT

O PRESIDENTE DA REPÚBLICA,

Faço saber que o Congresso Nacional decreta e eu sanciono a seguinte Lei:

Art. 1º Os poderes públicos federal e estadual, independentemente da colaboração que possam receber dos municípios e da Ordem dos Advogados do Brasil — OAB, concederão assistência judiciária aos necessitados, nos termos desta lei. (VETADO) *(Redação da Lei n. 7.510, 4.7.86, DOU 7.7.86).*

Art. 2º Gozarão dos benefícios desta Lei os nacionais ou estrangeiros residentes no país que necessitarem recorrer à Justiça penal, civil, militar ou do trabalho.

PARÁGRAFO ÚNICO. Considera-se necessitado, para os fins legais, todo aquele cuja situação econômica não lhe permita pagar as custas do processo e os honorários de advogado, sem prejuízo do sustento próprio ou da família.

Art. 3º A assistência judiciária compreende as seguintes isenções:

I — das taxas judiciárias e dos selos;

II — dos emolumentos e custas devidos aos juízes, órgãos do Ministério Público e serventuários da Justiça;

III — das despesas com as publicações indispensáveis ao jornal encarregado da divulgação dos atos oficiais;

IV — das indenizações devidas às testemunhas que, quando empregados, receberão do empregador salário integral, como se em serviço estivessem, ressalvado o direito regressivo contra o poder público federal, no Distrito Federal e nos Territórios; ou contra o poder público estadual, nos Estados.

V — dos honorários de advogado e peritos.

VI — das despesas com a realização do exame de código genético — DNA que for requisitado pela autoridade judiciária nas ações de investigação de paternidade ou maternidade. *(Inciso acrescentado pela Lei n. 10.317, de 6.12.01, DOU 7.12.01)*

VII — dos depósitos previstos em lei para interposição de recurso, ajuizamento de ação e demais atos processuais inerentes ao exercício da ampla defesa e do contraditório. *(Acrescentado pela Lei Complementar n. 132, de 7.10.09, DOU 8.10.09)*

PARÁGRAFO ÚNICO. A publicação de edital em jornal encarregado da divulgação de atos oficiais, na forma do inciso III, dispensa a publicação em outro jornal. *(Redação deste § dada pela Lei n. 7.288, de 18.12.84, DOU 19.12.84).*

Art. 4º A parte gozará dos benefícios da assistência judiciária, mediante simples afirmação, na própria petição inicial, de que não está em condições de pagar as custas do processo e os honorários de advogados, sem prejuízo próprio ou de sua família.

§ 1º Presume-se pobre, até prova em contrário, quem afirmar essa condição nos termos desta Lei, sob pena de pagamento até o décuplo das custas judiciais.

§ 2º A impugnação do direito à assistência judiciária não suspende o curso do processo e será feita em autos apartados. *(Redação dos arts. e §§, dada pela Lei n. 7.510, de 4.7.86, DOU 7.7.86).*

(*) Mandada republicar pelo art. 20 da Lei n. 6.014, de 27 de dezembro de 1973 — Texto com a redação dada pela Lei n. 7.510, de 4.7.86.

§ 3º A apresentação da Carteira de Trabalho e Previdência Social, devidamente legalizada, onde o Juiz verificará a necessidade da parte, substituirá os atestados exigidos nos §§ 1º e 2º deste artigo. *(Parágrafo incluído pela L. n. 6.654, 30.5.79, DOU 31.5.79).*

Art. 5º O juiz, se não tiver fundadas razões para indeferir o pedido, deverá julgá-lo de plano, motivando ou não o deferimento dentro do prazo de setenta e duas horas.

§ 1º Deferido o pedido, o juiz determinará que o serviço de assistência judiciária, organizado e mantido pelo Estado, onde houver, indique, no prazo de dois dias úteis, o advogado que patrocinará a causa do necessitado.

§ 2º Se no Estado não houver serviço de assistência judiciária, por ele mantido, caberá a indicação à Ordem dos Advogados, por suas Seções estaduais, ou Subseções municipais.

§ 3º Nos municípios em que não existem Subseções da Ordem dos Advogados do Brasil, o próprio juiz fará a nomeação do advogado que patrocinará a causa dos necessitados.

§ 4º Será preferido para a defesa da causa o advogado que o interessado indicar e que declare aceitar o encargo.

§ 5º Nos Estados onde a Assistência Judiciária seja organizada e por eles mantida, o Defensor Público, ou quem exerça cargo equivalente, será intimado pessoalmente de todos os atos do processo em ambas as Instâncias, contando-lhes em dobro todos os prazos. *(§ acrescentado pela Lei n. 7.871, de 8.11.89).*

Art. 6º O pedido, quando formulado no curso da ação, não a suspenderá, podendo o juiz, em face das provas conceder ou denegar de plano o benefício de assistência. A petição, neste caso, será autuada em separado, apensando-se os respectivos autos aos da causa principal, depois de resolvido o incidente.

Art. 7º A parte contrária poderá, em qualquer fase da lide, requerer a revogação dos benefícios de assistência, desde que prove a inexistência ou o desaparecimento dos requisitos essenciais à sua concessão.

PARÁGRAFO ÚNICO. Tal requerimento não suspenderá o curso da ação e se processará pela forma estabelecida no final do art. 6º desta Lei.

Art. 8º Ocorrendo as circunstâncias mencionadas no artigo anterior, poderá o Juiz, *ex officio*, decretar a revogação dos benefícios, ouvida a parte interessada dentro de quarenta e oito horas improrrogáveis.

Art. 9º Os benefícios da assistência judiciária compreendem todos os atos do processo até decisão final do litígio, em todas as instâncias.

Art. 10. São individuais e concedidos em cada caso ocorrente os benefícios de assistência judiciária, que se não transmitem a cessionário de direito e se extinguem pela morte do beneficiário, podendo, entretanto, ser concedidos os herdeiros que continuarem a demanda e que necessitarem de tais favores, na forma estabelecida nesta lei.

Art. 11. Os honorários de advogados e peritos, as custas do processo, as taxas e selos judiciários serão pagos pelo vencido, quando o beneficiário de assistência for vencedor na causa.

§ 1º Os honorários do advogado serão arbitrados pelo juiz até o máximo de 15% (quinze por cento) sobre o líquido apurado na execução da sentença.

§ 2º A parte vencida poderá acionar a vencedora para reaver as despesas do processo, inclusive honorários do advogado, desde que prove ter a última perdido a condição legal de necessitada.

Art. 12. A parte beneficiada pela isenção do pagamento das custas ficará obrigada a pagá-las desde que possa fazê-lo, sem prejuízo do sustento próprio ou da família, se dentro de cinco anos, a contar da sentença final, o assistido não puder satisfazer tal pagamento, a obrigação ficará prescrita.

Art. 13. Se o assistido puder atender, em parte, as despesas do processo, o juiz mandará pagar as custas que serão rateadas entre os que tiverem direito ao seu recebimento.

Art. 14. Os profissionais liberais designados para o desempenho do encargo de defensor ou de perito, conforme o caso, salvo justo motivo previsto em lei ou, na sua omissão, a critério da autoridade judiciária competente, são obrigados ao respectivo cumprimento, sob pena de multa de Cr$ 1.000,00 (mil cruzeiros) a Cr$ 10.000,00 (dez mil cruzeiros), sujeita ao reajustamento estabelecido na Lei n. 6.205, de 29 de abril de 1975, sem prejuízo da sanção disciplinar cabível.

§ 1º Na falta de indicação pela assistência ou pela própria parte, o Juiz solicitará a do órgão de classe respectivo.

§ 2º A multa prevista neste artigo reverterá em benefício do profissional que assumir o encargo da causa. *(Redação deste artigo e §§, dada pela L. n. 6.465, 14.11.77, DOU 16.11.77).*

Art. 15. São motivos para a recusa do mandato pelo advogado designado ou nomeado:

1º) estar impedido de exercer a advocacia;

2º) ser procurador constituído pela parte contrária ou ter com ela relações profissionais de interesse atual;

3º) ter necessidade de se ausentar da sede do Juízo para atender a outro mandato anteriormente outorgado ou para defender interesses próprios inadiáveis;

4º) já haver manifestado por escrito sua opinião contrária ao direito que o necessitado pretende pleitear;

5º) haver dado à parte contrária parecer escrito sobre a contenda.

PARÁGRAFO ÚNICO. A recusa será solicitada ao juiz, que, de plano a concederá temporária ou definitivamente, ou a denegará.

Art. 16. Se o advogado, ao comparecer em juízo, não exibir o instrumento do mandato outorgado pelo assistido, o juiz determinará que se exarem na ata da audiência os termos da referida outorga.

PARÁGRAFO ÚNICO. O instrumento de mandato não será exigido, quando a parte for representada em juízo por advogado integrante de entidade de direito público incumbido, na forma da lei, de prestação de assistência judiciária gratuita, ressalvados:

a) os atos previstos no artigo 38 do Código de Processo Civil;

b) o requerimento de abertura de inquérito por crime de ação privada, a proposição de ação penal privada ou o oferecimento de representação por crime de ação pública condicionada. *(Parágrafo incluído pela L. n. 6.248, 8.10.75, DOU 9.10.75).*

Art. 17. Caberá apelação das decisões proferidas em consequência da aplicação desta Lei;

a apelação será recebida somente no efeito devolutivo quando a sentença conceder o pedido. *(Redação dada pela L. n. 6.014, 27.12.73).*

Art. 18. Os acadêmicos de direito, a partir da 4ª série, poderão ser indicados pela assistência judiciária, ou nomeados pelo juiz para auxiliar o patrocínio das causas dos necessitados, ficando sujeitos às mesmas obrigações impostas por esta lei aos advogados.

Art. 19. Esta Lei entrará em vigor trinta dias depois de sua publicação no *Diário Oficial da União,* revogadas as disposições em contrário.

Rio de Janeiro, 5 de fevereiro de 1950; 129º da Independência e 62º da República.

Eurico Gaspar Dutra, Adroaldo Mesquita da Costa

LEI N. 12.016, DE 7 DE AGOSTO DE 2009

(DOU 10.8.09)

DISCIPLINA O MANDADO DE SEGURANÇA INDIVIDUAL E COLETIVO E DÁ OUTRAS PROVIDÊNCIAS

O PRESIDENTE DA REPÚBLICA,

Faço saber que o Congresso Nacional decreta e eu sanciono a seguinte Lei:

Art. 1º Conceder-se-á mandado de segurança para proteger direito líquido e certo, não amparado por *habeas corpus* ou *habeas data*, sempre que, ilegalmente ou com abuso de poder, qualquer pessoa física ou jurídica sofrer violação ou houver justo receio de sofrê-la por parte de autoridade, seja de que categoria for e sejam quais forem as funções que exerça.

§ 1º Equiparam-se às autoridades, para os efeitos desta Lei, os representantes ou órgãos de partidos políticos e os administradores de entidades autárquicas, bem como os dirigentes de pessoas jurídicas ou as pessoas naturais no exercício de atribuições do poder público, somente no que disser respeito a essas atribuições.

§ 2º Não cabe mandado de segurança contra os atos de gestão comercial praticados pelos administradores de empresas públicas, de sociedade de economia mista e de concessionárias de serviço público.

§ 3º Quando o direito ameaçado ou violado couber a várias pessoas, qualquer delas poderá requerer o mandado de segurança.

Art. 2º Considerar-se-á federal a autoridade coatora se as consequências de ordem patrimonial do ato contra o qual se requer o mandado houverem de ser suportadas pela União ou entidade por ela controlada.

Art. 3º O titular de direito líquido e certo decorrente de direito, em condições idênticas, de terceiro poderá impetrar mandado de segurança a favor do direito originário, se o seu titular não o fizer, no prazo de 30 (trinta) dias, quando notificado judicialmente.

PARÁGRAFO ÚNICO. O exercício do direito previsto no *caput* deste artigo submete-se ao prazo fixado no art. 23 desta Lei, contado da notificação.

Art. 4º Em caso de urgência, é permitido, observados os requisitos legais, impetrar mandado de segurança por telegrama, radiograma, fax ou outro meio eletrônico de autenticidade comprovada.

§ 1º Poderá o juiz, em caso de urgência, notificar a autoridade por telegrama, radiograma ou outro meio que assegure a autenticidade do documento e a imediata ciência pela autoridade.

§ 2º O texto original da petição deverá ser apresentado nos 5 (cinco) dias úteis seguintes.

§ 3º Para os fins deste artigo, em se tratando de documento eletrônico, serão observadas as regras da Infraestrutura de Chaves Públicas Brasileira — ICP-Brasil.

Art. 5º Não se concederá mandado de segurança quando se tratar:

I — de ato do qual caiba recurso administrativo com efeito suspensivo, independentemente de caução;

II — de decisão judicial da qual caiba recurso com efeito suspensivo;

III — de decisão judicial transitada em julgado.

PARÁGRAFO ÚNICO. (VETADO)

Art. 6º A petição inicial, que deverá preencher os requisitos estabelecidos pela lei processual, será apresentada em 2 (duas) vias com os documentos que instruírem a primeira reproduzidos na segunda e indicará, além da autoridade coatora, a pessoa jurídica que esta integra, à qual se acha vinculada ou da qual exerce atribuições.

§ 1º No caso em que o documento necessário à prova do alegado se ache em repartição ou estabelecimento público ou em poder de autoridade que se recuse a fornecê-lo por certidão ou de terceiro, o juiz ordenará, preliminarmente, por ofício, a exibição desse documento em original ou em cópia autêntica e marcará, para o cumprimento da ordem, o prazo de 10 (dez) dias. O escrivão extrairá cópias do documento para juntá-las à segunda via da petição.

§ 2º Se a autoridade que tiver procedido dessa maneira for a própria coatora, a ordem far-se-á no próprio instrumento da notificação.

§ 3º Considera-se autoridade coatora aquela que tenha praticado o ato impugnado ou da qual emane a ordem para a sua prática.

§ 4º (VETADO)

§ 5º Denega-se o mandado de segurança nos casos previstos pelo art. 267 da Lei n. 5.869, de 11 de janeiro de 1973 — Código de Processo Civil.

§ 6º O pedido de mandado de segurança poderá ser renovado dentro do prazo decadencial, se a decisão denegatória não lhe houver apreciado o mérito.

Art. 7º Ao despachar a inicial, o juiz ordenará:

I — que se notifique o coator do conteúdo da petição inicial, enviando-lhe a segunda via apresentada com as cópias dos documentos, a fim de que, no prazo de 10 (dez) dias, preste as informações;

II — que se dê ciência do feito ao órgão de representação judicial da pessoa jurídica interessada, enviando-lhe cópia da inicial sem documentos, para que, querendo, ingresse no feito;

III — que se suspenda o ato que deu motivo ao pedido, quando houver fundamento relevante e do ato impugnado puder resultar a ineficácia da medida, caso seja finalmente deferida, sendo facultado exigir do impetrante caução, fiança ou depósito, com o objetivo de assegurar o ressarcimento à pessoa jurídica.

§ 1º Da decisão do juiz de primeiro grau que conceder ou denegar a liminar caberá agravo de instrumento, observado o disposto na Lei n. 5.869, de 11 de janeiro de 1973 — Código de Processo Civil.

§ 2º Não será concedida medida liminar que tenha por objeto a compensação de créditos tributários, a entrega de mercadorias e bens provenientes do exterior, a reclassificação ou equiparação de servidores públicos e a concessão de aumento ou a extensão de vantagens ou pagamento de qualquer natureza.

§ 3º Os efeitos da medida liminar, salvo se revogada ou cassada, persistirão até a prolação da sentença.

§ 4º Deferida a medida liminar, o processo terá prioridade para julgamento.

§ 5º As vedações relacionadas com a concessão de liminares previstas neste artigo se estendem à tutela antecipada a que se referem os arts. 273 e 461 da Lei n. 5.869, de 11 de janeiro de 1973 — Código de Processo Civil.

Art. 8º Será decretada a perempção ou caducidade da medida liminar *ex officio* ou a requerimento do Ministério Público quando, concedida a medida, o impetrante criar obstáculo ao normal andamento do processo ou deixar de promover, por mais de 3 (três) dias úteis, os atos e as diligências que lhe cumprirem.

Art. 9º As autoridades administrativas, no prazo de 48 (quarenta e oito) horas da notificação da medida liminar, remeterão ao Ministério ou órgão a que se acham subordinadas e ao Advogado-Geral da União ou a quem tiver a representação judicial da União, do Estado, do Município ou da entidade apontada como coatora cópia autenticada do mandado notificatório, assim como indicações e elementos outros necessários às providências a serem tomadas para a eventual suspensão da medida e defesa do ato apontado como ilegal ou abusivo de poder.

Art. 10. A inicial será desde logo indeferida, por decisão motivada, quando não for o caso de mandado de segurança ou lhe faltar algum dos requisitos legais ou quando decorrido o prazo legal para a impetração.

§ 1º Do indeferimento da inicial pelo juiz de primeiro grau caberá apelação e, quando a competência para o julgamento do mandado de segurança couber originariamente a um dos tribunais, do ato do relator caberá agravo para o órgão competente do tribunal que integre.

§ 2º O ingresso de litisconsorte ativo não será admitido após o despacho da petição inicial.

Art. 11. Feitas as notificações, o serventuário em cujo cartório corra o feito juntará aos autos cópia autêntica dos ofícios endereçados ao coator e ao órgão de representação judicial da pessoa jurídica interessada, bem como a prova da entrega a estes ou da sua recusa em aceitá-los ou dar recibo e, no caso do art. 4º desta Lei, a comprovação da remessa.

Art. 12. Findo o prazo a que se refere o inciso I do *caput* do art. 7º desta Lei, o juiz ouvirá o representante do Ministério Público, que opinará, dentro do prazo improrrogável de 10 (dez) dias.

PARÁGRAFO ÚNICO. Com ou sem o parecer do Ministério Público, os autos serão conclusos ao juiz, para a decisão, a qual deverá ser necessariamente proferida em 30 (trinta) dias.

Art. 13. Concedido o mandado, o juiz transmitirá em ofício, por intermédio do oficial do juízo, ou pelo correio, mediante correspondência com aviso de recebimento, o inteiro teor da sentença à autoridade coatora e à pessoa jurídica interessada.

PARÁGRAFO ÚNICO. Em caso de urgência, poderá o juiz observar o disposto no art. 4º desta Lei.

Art. 14. Da sentença, denegando ou concedendo o mandado, cabe apelação.

§ 1º Concedida a segurança, a sentença estará sujeita obrigatoriamente ao duplo grau de jurisdição.

§ 2º Estende-se à autoridade coatora o direito de recorrer.

§ 3º A sentença que conceder o mandado de segurança pode ser executada provisoriamente, salvo nos casos em que for vedada a concessão da medida liminar.

§ 4º O pagamento de vencimentos e vantagens pecuniárias assegurados em sentença concessiva de mandado de segurança a servidor público da administração direta ou autárquica federal, estadual e municipal somente será efetuado relativamente às prestações que se vencerem a contar da data do ajuizamento da inicial.

Art. 15. Quando, a requerimento de pessoa jurídica de direito público interessada ou do Ministério Público e para evitar grave lesão à ordem, à saúde, à segurança e à economia públicas, o presidente do tribunal ao qual couber o conhecimento do respectivo recurso suspender, em decisão fundamentada, a execução da liminar e da sentença, dessa decisão caberá agravo, sem efeito suspensivo, no prazo de 5 (cinco) dias, que será levado a julgamento na sessão seguinte à sua interposição.

§ 1º Indeferido o pedido de suspensão ou provido o agravo a que se refere o *caput* deste artigo, caberá novo pedido de suspensão ao presidente do tribunal competente para conhecer de eventual recurso especial ou extraordinário.

§ 2º É cabível também o pedido de suspensão a que se refere o § 1º deste artigo, quando negado provimento a agravo de instrumento interposto contra a liminar a que se refere este artigo.

§ 3º A interposição de agravo de instrumento contra liminar concedida nas ações movidas contra o poder público e seus agentes não prejudica nem condiciona o julgamento do pedido de suspensão a que se refere este artigo.

§ 4º O presidente do tribunal poderá conferir ao pedido efeito suspensivo liminar se constatar, em juízo prévio, a plausibilidade do direito invocado e a urgência na concessão da medida.

§ 5º As liminares cujo objeto seja idêntico poderão ser suspensas em uma única decisão, podendo o presidente do tribunal estender os efeitos da suspensão a liminares supervenientes, mediante simples aditamento do pedido original.

Art. 16. Nos casos de competência originária dos tribunais, caberá ao relator a instrução do processo, sendo assegurada a defesa oral na sessão do julgamento.

PARÁGRAFO ÚNICO. Da decisão do relator que conceder ou denegar a medida liminar caberá agravo ao órgão competente do tribunal que integre.

Art. 17. Nas decisões proferidas em mandado de segurança e nos respectivos recursos, quando não publicado, no prazo de 30 (trinta) dias, contado da data do julgamento, o acórdão será substituído pelas respectivas notas taquigráficas, independentemente de revisão.

Art. 18. Das decisões em mandado de segurança proferidas em única instância pelos tribunais cabe recurso especial e extraordinário, nos casos legalmente previstos, e recurso ordinário, quando a ordem for denegada.

Art. 19. A sentença ou o acórdão que denegar mandado de segurança, sem decidir o mérito, não impedirá que o requerente, por ação própria, pleiteie os seus direitos e os respectivos efeitos patrimoniais.

Art. 20. Os processos de mandado de segurança e os respectivos recursos terão prioridade sobre todos os atos judiciais, salvo *habeas corpus*.

§ 1º Na instância superior, deverão ser levados a julgamento na primeira sessão que se seguir à data em que forem conclusos ao relator.

§ 2º O prazo para a conclusão dos autos não poderá exceder de 5 (cinco) dias.

Art. 21. O mandado de segurança coletivo pode ser impetrado por partido político com representação no Congresso Nacional, na defesa de seus interesses legítimos relativos a seus integrantes ou à finalidade partidária, ou por organização sindical, entidade de classe ou associação legalmente constituída e em funcionamento há, pelo menos, 1 (um) ano, em defesa de direitos líquidos e certos da totalidade, ou de parte, dos seus membros ou associados, na forma dos seus estatutos e desde que pertinentes às suas finalidades, dispensada, para tanto, autorização especial.

PARÁGRAFO ÚNICO. Os direitos protegidos pelo mandado de segurança coletivo podem ser:

I — coletivos, assim entendidos, para efeito desta Lei, os transindividuais, de natureza indivisível, de que seja titular grupo ou categoria de pessoas ligadas entre si ou com a parte contrária por uma relação jurídica básica;

II — individuais homogêneos, assim entendidos, para efeito desta Lei, os decorrentes de origem comum e da atividade ou situação específica da totalidade ou de parte dos associados ou membros do impetrante.

Art. 22. No mandado de segurança coletivo, a sentença fará coisa julgada limitadamente aos membros do grupo ou categoria substituídos pelo impetrante.

§ 1º O mandado de segurança coletivo não induz litispendência para as ações individuais, mas os efeitos da coisa julgada não beneficiarão o impetrante a título individual se não requerer a desistência de seu mandado de segurança no prazo de 30 (trinta) dias a contar da ciência comprovada da impetração da segurança coletiva.

§ 2º No mandado de segurança coletivo, a liminar só poderá ser concedida após a audiência do representante judicial da pessoa jurídica de direito público, que deverá se pronunciar no prazo de 72 (setenta e duas) horas.

Art. 23. O direito de requerer mandado de segurança extinguir-se-á decorridos 120 (cento e vinte) dias, contados da ciência, pelo interessado, do ato impugnado.

Art. 24. Aplicam-se ao mandado de segurança os arts. 46 a 49 da Lei n. 5.869, de 11 de janeiro de 1973 — Código de Processo Civil.

Art. 25. Não cabem, no processo de mandado de segurança, a interposição de embargos infringentes e a condenação ao pagamento dos honorários advocatícios, sem prejuízo da aplicação de sanções no caso de litigância de má-fé.

Art. 26. Constitui crime de desobediência, nos termos do art. 330 do Decreto-lei n. 2.848, de 7 de dezembro de 1940, o não cumprimento das decisões proferidas em mandado de segurança, sem prejuízo das sanções administrativas e da aplicação da Lei n. 1.079, de 10 de abril de 1950, quando cabíveis.

Art. 27. Os regimentos dos tribunais e, no que couber, as leis de organização judiciária deverão ser adaptados às disposições desta Lei no prazo de 180 (cento e oitenta) dias, contado da sua publicação.

Art. 28. Esta Lei entra em vigor na data de sua publicação.

Art. 29. Revogam-se as Leis ns. 1.533, de 31 de dezembro de 1951, 4.166, de 4 de dezembro de 1962, 4.348, de 26 de junho de 1964, 5.021, de 9 de junho de 1966; o art. 3º da Lei n. 6.014, de 27 de dezembro de 1973, o art. 1º da Lei n. 6.071, de 3 de julho de 1974, o art. 12 da Lei n. 6.978, de 19 de janeiro de 1982, e o art. 2º da Lei n. 9.259, de 9 de janeiro de 1996.

Brasília, 7 de agosto de 2009; 188º da Independência e 121º da República.

Luiz Inácio Lula da Silva

Tarso Genro

José Antonio Dias Toffoli

LEI N. 4.725, DE 13 DE JULHO DE 1965

(DOU 13.7.65)

V. CF, art. 114, II, §§ 2º e 3º

ESTABELECE NORMAS PARA O PROCESSO DOS DISSÍDIOS COLETIVOS, E DÁ OUTRAS PROVIDÊNCIAS

Art. 1º A Justiça do Trabalho, no processo dos dissídios coletivos, entre categorias profissionais e econômicas, observará as normas previstas na CLT (arts. 856 a 874), com as alterações subsequentes e as constantes desta lei.

....

Art. 6º Os recursos das decisões proferidas nos dissídios coletivos terão efeito meramente devolutivo.

— v. art. 14, da Lei n. 10.192, de 14.02.01, DOU 16.02.01, p. 805

§ 1º O Presidente do Tribunal Superior do Trabalho poderá dar efeito suspensivo ao recurso, a requerimento do recorrente, em petição fundamentada. Do despacho caberá agravo para o Pleno, no prazo de 5 (cinco) dias, de conformidade com o disposto no Regimento Interno do Tribunal.

§ 2º O Tribunal *ad quem* deverá julgar o recurso no prazo de 60 (sessenta) dias, improrrogavelmente.

§ 3º O provimento do recurso não importará na restituição dos salários ou vantagens pagos, em execução do julgado. *(Redação dada pela Lei n. 4.903/65).*

....

Art. 10. Os ajustamentos de salário fixados em decisões da Justiça do Trabalho, aprovados em julgamento de dissídios coletivos ou em acordos homologados, serão aplicados, automaticamente, nas mesmas condições estabelecidas para os integrantes das categorias profissionais litigantes ou interessadas, aos empregados das próprias entidades suscitantes e suscitadas, observadas as peculiaridades que lhe sejam inerentes, ficando, desde logo, autorizado o reajustamento das respectivas verbas orçamentárias.

....

Art. 13. Esta lei entrará em vigor na data de sua publicação, revogadas as disposições em contrário.

Brasília, 13 de julho de 1965. 144º da Independência e 77º da República

H. Castello Branco

DECRETO-LEI N. 779, DE 21 DE AGOSTO DE 1969

(DOU 25.8.69 — LTr 33/530)

(V. CF, art. 114, I — p. 39)

V. Art. 790-A, da CLT

DISPÕE SOBRE A APLICAÇÃO DE NORMAS PROCESSUAIS TRABALHISTAS À UNIÃO FEDERAL, AOS ESTADOS, MUNICÍPIOS, DISTRITO FEDERAL E AUTARQUIAS OU FUNDAÇÕES DE DIREITO PÚBLICO QUE NÃO EXPLOREM ATIVIDADE ECONÔMICA

O PRESIDENTE DA REPÚBLICA, usando das atribuições que lhe confere o § 1º do artigo 2º do Ato Institucional n. 5, de 13 de dezembro de 1968, decreta:

Art. 1º Nos processos perante a Justiça do Trabalho constituem privilégio da União, dos Estados, do Distrito Federal, dos Municípios e das autarquias ou fundações de direito público federais, estaduais ou municipais que não explorem atividade econômica:

I — a presunção relativa de validade dos recibos de quitação ou pedidos de demissão de seus empregados ainda que não homologados nem submetidos à assistência mencionada nos parágrafos 1º, 2º e 3º do artigo 477 da Consolidação das Leis do Trabalho;

II — o quádruplo do prazo fixado no artigo 841, *in fine*, da Consolidação das Leis do Trabalho;

III — o prazo em dobro para recurso;

IV — a dispensa de depósitos para interposição de recurso;

V — o recurso ordinário *ex officio* das decisões que lhe sejam total ou parcialmente contrárias;

VI — o pagamento de custas a final, salvo quanto à União Federal, que não as pagará.

Art. 2º O disposto no artigo anterior aplica-se aos processos em curso, mas não acarretará a restituição de depósitos ou custas pagas para efeito de recurso até decisão passada em julgado.

Art. 3º Este Decreto-lei entra em vigor na data de sua publicação, revogadas as disposições em contrário.

Brasília, 21 de agosto de 1969; 148º da Independência e 81º da República.

A. Costa e Silva — Luís Antonio da Gama e Silva — Jarbas G. Passarinho

LEI N. 10.173, DE 9 DE JANEIRO DE 2001

(DOU 10.1.01)

ALTERA A LEI N. 5.869, DE 11 DE JANEIRO DE 1973 — CÓDIGO DE PROCESSO CIVIL, PARA DAR PRIORIDADE DE TRAMITAÇÃO AOS PROCEDIMENTOS JUDICIAIS EM QUE FIGURE COMO PARTE PESSOA COM IDADE IGUAL OU SUPERIOR A SESSENTA E CINCO ANOS

O PRESIDENTE DA REPÚBLICA,

Faço saber que o Congresso Nacional decreta e eu sanciono a seguinte Lei:

Art. 1º A Lei n. 5.869, de 11 de janeiro de 1973 — Código de Processo Civil, passa a vigorar acrescida dos seguintes artigos:

"Art. 1.211-A. Os procedimentos judiciais em que figure como parte ou interessado pessoa com idade igual ou superior a 60 (sessenta) anos, ou portadora de doença grave, terão prioridade na tramitação em todas as instâncias. (NR)

PARÁGRAFO ÚNICO — Vetado *(Alterado pela Lei n. 12.008, de 29.7.09, DOU 30.7.09).*

Art. 1.211-B. A pessoa interessada na obtenção do benefício, juntando prova de sua condição, deverá requerê-lo à autoridade judiciária competente para decidir o feito, que determinará ao cartório do juízo as providências a serem cumpridas."

§ 1º Deferida a prioridade, os autos receberão identificação própria que evidencie o regime de tramitação prioritária". *(Alterado pela Lei n. 12.008, de 29.7.09, DOU 30.7.09).*

§§ 2º e 3º — (Vetados)

"Art. 1.211-C. Concedida a prioridade, essa não cessará com a morte do beneficiado, estendendo-se em favor do cônjuge supérstite, companheiro ou companheira, em união estável. " (NR) *(Alterado pela Lei n. 12.008, de 29.7.09, DOU 30.7.09).*

Art. 2º Esta Lei entra em vigor no prazo de sessenta dias a partir da data de sua publicação.

Brasília, 9 de janeiro de 2001; 180º da Independência e 113º da República.

Fernando Henrique Cardoso

José Gregori

LEI N.10.741, DE 1º DE OUTUBRO DE 2003

(DOU 3.10.03)

(V. Lei n. 10.173, de 9.1.01, p. 308)

DISPÕE SOBRE O ESTATUTO DO IDOSO E DÁ OUTRAS PROVIDÊNCIAS

O PRESIDENTE DA REPÚBLICA,

Faço saber que o Congresso Nacional decreta e eu sanciono a seguinte Lei:

TÍTULO I
Disposições Preliminares

Art. 1º É instituído o Estatuto do Idoso, destinado a regular os direitos assegurados às pessoas com idade igual ou superior a 60 (sessenta) anos.

Art. 2º O idoso goza de todos os direitos fundamentais inerentes à pessoa humana, sem prejuízo da proteção integral de que trata esta Lei, assegurando-se-lhe, por lei ou por outros meios, todas as oportunidades e facilidades, para preservação de sua saúde física e mental e seu aperfeiçoamento moral, intelectual, espiritual e social, em condições de liberdade e dignidade.

Art. 3º É obrigação da família, da comunidade, da sociedade e do Poder Público assegurar ao idoso, com absoluta prioridade, a efetivação do direito à vida, à saúde, à alimentação, à educação, à cultura, ao esporte, ao lazer, ao trabalho, à cidadania, à liberdade, à dignidade, ao respeito e à convivência familiar e comunitária.

PARÁGRAFO ÚNICO. A garantia de prioridade compreende:

I — atendimento preferencial imediato e individualizado junto aos órgãos públicos e privados prestadores de serviços à população;

II — preferência na formulação e na execução de políticas sociais públicas específicas;

III — destinação privilegiada de recursos públicos nas áreas relacionadas com a proteção ao idoso;

IV — viabilização de formas alternativas de participação, ocupação e convívio do idoso com as demais gerações;

V — priorização do atendimento do idoso por sua própria família, em detrimento do atendimento asilar, exceto dos que não a possuam ou careçam de condições de manutenção da própria sobrevivência;

VI — capacitação e reciclagem dos recursos humanos nas áreas de geriatria e gerontologia e na prestação de serviços aos idosos;

VII — estabelecimento de mecanismos que favoreçam a divulgação de informações de caráter educativo sobre os aspectos biopsicossociais de envelhecimento;

VIII — garantia de acesso à rede de serviços de saúde e de assistência social locais.

IX — prioridade no recebimento da restituição do Imposto de Renda. (NR) *(Acrescentado pela Lei n. 11.765, de 5.8.08, DOU 6.8.08)*

Art. 4º Nenhum idoso será objeto de qualquer tipo de negligência, discriminação, violência, crueldade ou opressão, e todo atentado aos seus direitos, por ação ou omissão, será punido na forma da lei.

§ 1º É dever de todos prevenir a ameaça ou violação aos direitos do idoso.

§ 2º As obrigações previstas nesta Lei não excluem da prevenção outras decorrentes dos princípios por ela adotados.

Art. 5º A inobservância das normas de prevenção importará em responsabilidade à pessoa física ou jurídica nos termos da lei.

Art. 6º Todo cidadão tem o dever de comunicar à autoridade competente qualquer forma de violação a esta Lei que tenha testemunhado ou de que tenha conhecimento.

Art. 7º Os Conselhos Nacional, Estaduais, do Distrito Federal e Municipais do Idoso, previstos na Lei n. 8.842, de 4 de janeiro de 1994, zelarão pelo cumprimento dos direitos do idoso, definidos nesta Lei.

TÍTULO II
Dos Direitos Fundamentais

CAPÍTULO I
Do direito à vida

Art. 8º O envelhecimento é um direito personalíssimo e a sua proteção um direito social, nos termos desta Lei e da legislação vigente.

Art. 9º É obrigação do Estado, garantir à pessoa idosa a proteção à vida e à saúde, mediante efetivação de políticas sociais públicas que permitam um envelhecimento saudável e em condições de dignidade.

CAPÍTULO II
Do direito à liberdade, ao respeito e à dignidade

Art. 10. É obrigação do Estado e da sociedade, assegurar à pessoa idosa a liberdade, o respeito e a dignidade, como pessoa humana e sujeito de direitos civis, políticos, individuais e sociais, garantidos na Constituição e nas leis.

§ 1º O direito à liberdade compreende, entre outros, os seguintes aspectos:

I — faculdade de ir, vir e estar nos logradouros públicos e espaços comunitários, ressalvadas as restrições legais;

II — opinião e expressão;

III — crença e culto religioso;

IV — prática de esportes e de diversões;

V — participação na vida familiar e comunitária;

VI — participação na vida política, na forma da lei;

VII — faculdade de buscar refúgio, auxílio e orientação.

§ 2º O direito ao respeito consiste na inviolabilidade da integridade física, psíquica e moral, abrangendo a preservação da imagem, da identidade, da autonomia, de valores, ideias e crenças, dos espaços e dos objetos pessoais.

§ 3º É dever de todos zelar pela dignidade do idoso, colocando-o a salvo de qualquer tratamento desumano, violento, aterrorizante, vexatório ou constrangedor.

....

CAPÍTULO VI
Da profissionalização e do trabalho

Art. 26. O idoso tem direito ao exercício de atividade profissional, respeitadas suas condições físicas, intelectuais e psíquicas.

Art. 27. Na admissão do idoso em qualquer trabalho ou emprego, é vedada a discriminação e a fixação de limite máximo de idade, inclusive para concursos, ressalvados os casos em que a natureza do cargo o exigir.

PARÁGRAFO ÚNICO. O primeiro critério de desempate em concurso público será a idade, dando-se preferência ao de idade mais elevada.

Art. 28. O Poder Público criará e estimulará programas de:

I — profissionalização especializada para os idosos, aproveitando seus potenciais e habilidades para atividades regulares e remuneradas;

II — preparação dos trabalhadores para a aposentadoria, com antecedência mínima de 1 (um) ano, por meio de estímulo a novos projetos sociais, conforme seus interesses, e de esclarecimento sobre os direitos sociais e de cidadania;

III — estímulo às empresas privadas para admissão de idosos ao trabalho.

CAPÍTULO VII
Da Previdência Social

Art. 29. Os benefícios de aposentadoria e pensão do Regime Geral da Previdência Social observarão, na sua concessão, critérios de cálculo que preservem o valor real dos salários sobre os quais incidiram contribuição, nos termos da legislação vigente.

PARÁGRAFO ÚNICO. Os valores dos benefícios em manutenção serão reajustados na mesma data de reajuste do salário mínimo, *pro rata*, de acordo com suas respectivas datas de início ou do seu último reajustamento, com base em percentual definido em regulamento, observados os critérios estabelecidos pela Lei n. 8.213, de 24 de julho de 1991.

Art. 30. A perda da condição de segurado não será considerada para a concessão da aposentadoria por idade, desde que a pessoa conte com, no mínimo, o tempo de contribuição correspondente ao exigido para efeito de carência na data de requerimento do benefício.

PARÁGRAFO ÚNICO. O cálculo do valor do benefício previsto no *caput* observará o disposto no *caput* e § 2º do art. 3º da Lei n. 9.876, de 26 de novembro de 1999, ou, não havendo salários de contribuição recolhidos a partir da competência de julho de 1994, o disposto no art. 35 da Lei n. 8.213, de 1991.

Art. 31. O pagamento de parcelas relativas a benefícios, efetuado com atraso por responsabilidade da Previdência Social, será atualizado pelo mesmo índice utilizado para os reajustamentos dos benefícios do Regime Geral de Previdência Social, verificado no período compreendido entre o mês que deveria ter sido pago e o mês do efetivo pagamento.

Art. 32. O Dia Mundial do Trabalho, 1º de Maio, é a data-base dos aposentados e pensionistas.

....

TÍTULO V
Do acesso à justiça

CAPÍTULO I
Disposições gerais

Art. 69. Aplica-se, subsidiariamente, às disposições deste Capítulo, o procedimento sumário previsto no Código de Processo Civil, naquilo que não contrarie os prazos previstos nesta Lei.

Art. 70. O Poder Público poderá criar varas especializadas e exclusivas do idoso.

Art. 71. É assegurada prioridade na tramitação dos processos e procedimentos e na execução dos atos e diligências judiciais em que figure como parte ou interveniente pessoa com idade igual ou superior a 60 (sessenta) anos, em qualquer instância.

§ 1º O interessado na obtenção da prioridade a que alude este artigo, fazendo prova de sua idade, requererá o benefício à autoridade judiciária competente para decidir o feito, que determinará as providências a serem cumpridas, anotando-se essa circunstância em local visível nos autos do processo.

§ 2º A prioridade não cessará com a morte do beneficiado, estendendo-se em favor do cônjuge supérstite, companheiro ou companheira, com união estável, maior de 60 (sessenta) anos.

§ 3º A prioridade se estende aos processos e procedimentos na Administração Pública, empresas prestadoras de serviços públicos e instituições financeiras, ao atendimento preferencial junto à Defensoria Pública da União, dos Estados e do Distrito Federal em relação aos Serviços de Assistência Judiciária.

§ 4º Para o atendimento prioritário será garantido ao idoso o fácil acesso aos assentos e caixas, identificados com a destinação a idosos em local visível e caracteres legíveis.

....

Art. 117. O Poder Executivo encaminhará ao Congresso Nacional projeto de lei revendo os critérios de concessão do Benefício de Prestação Continuada previsto na Lei Orgânica da Assistência Social, de forma a garantir que o acesso ao direito seja condizente com o estágio de desenvolvimento socioeconômico alcançado pelo País.

Art. 118. Esta Lei entra em vigor decorridos 90 (noventa) dias da sua publicação, ressalvado o disposto no *caput* do art. 36, que vigorará a partir de 1º de janeiro de 2004.

Brasília, 1º de outubro de 2003; 182º da Independência e 115º da República.

Luiz Inácio Lula da Silva
Márcio Thomaz Bastos
Antonio Palocci Filho
Rubem Fonseca Filho
Humberto Sérgio Costa Lima
Guido Mantega
Ricardo José Ribeiro Berzoini
Benedita Souza da Silva Sampaio
Álvaro Augusto Ribeiro Costa

LEI N.10.770, DE 21 DE NOVEMBRO DE 2003

(DOU 24.11.03)

V. CF, art. 112

DISPÕE SOBRE A CRIAÇÃO DE VARAS DO TRABALHO NAS REGIÕES DA JUSTIÇA DO TRABALHO, DEFINE JURISDIÇÕES E DÁ OUTRAS PROVIDÊNCIAS

....

Art. 28. Cabe a cada Tribunal Regional do Trabalho, no âmbito de sua Região, mediante ato próprio, alterar e estabelecer a jurisdição das Varas do Trabalho, bem como transferir-lhes a sede de um Município para outro, de acordo com a necessidade de agilização da prestação jurisdicional trabalhista.

....

Art. 31. Esta Lei entra em vigor na data de sua publicação.

Brasília, 21 de novembro de 2003; 182º da Independência e 115º da República.

Luiz Inácio Lula da Silva
Márcio Thomaz Bastos
Antonio Palocci Filho
Eva Maria Cella Dal Chiavon
Guido Mantega

LEI N. 12.852, DE 5 DE AGOSTO DE 2013

(DOU 6.8.13)

INSTITUI O ESTATUTO DA JUVENTUDE E DISPÕE SOBRE OS DIREITOS DOS JOVENS, OS PRINCÍPIOS E DIRETRIZES DAS POLÍTICAS PÚBLICAS DE JUVENTUDE E O SISTEMA NACIONAL DE JUVENTUDE — SINAJUVE

A PRESIDENTADA REPÚBLICA.

Faço saber que o Congresso Nacional decreta e eu sanciono a seguinte Lei:

TÍTULO I

Dos Direitos e das Políticas Públicas de Juventude

CAPÍTULO I

Dos Princípios e Diretrizes das Políticas Públicas de Juventude

Art. 1º Esta Lei institui o Estatuto da Juventude e dispõe sobre os direitos dos jovens, os princípios e diretrizes das políticas públicas de juventude e o Sistema Nacional de Juventude — SINAJUVE.

§ 1º Para os efeitos desta Lei, são consideradas jovens as pessoas com idade entre 15 (quinze) e 29 (vinte e nove) anos de idade.

§ 2º Aos adolescentes com idade entre 15 (quinze) e 18 (dezoito) anos aplica-se a Lei n. 8.069, de 13 de julho de 1990 — Estatuto da Criança e do Adolescente, e, excepcionalmente, este Estatuto, quando não conflitar com as normas de proteção integral do adolescente.

SEÇÃO I

Dos Princípios

Art. 2º O disposto nesta Lei e as políticas públicas de juventude são regidos pelos seguintes princípios:

I — promoção da autonomia e emancipação dos jovens;

II — valorização e promoção da participação social e política, de forma direta e por meio de suas representações;

III — promoção da criatividade e da participação no desenvolvimento do País;

IV — reconhecimento do jovem como sujeito de direitos universais, geracionais e singulares;

V — promoção do bem-estar, da experimentação e do desenvolvimento integral do jovem;

VI — respeito à identidade e à diversidade individual e coletiva da juventude;

VII — promoção da vida segura, da cultura da paz, da solidariedade e da não discriminação; e

VIII — valorização do diálogo e convívio do jovem com as demais gerações.

PARÁGRAFO ÚNICO. A emancipação dos jovens a que se refere o inciso I do *caput* refere-se à trajetória de inclusão, liberdade e participação do jovem na vida em sociedade, e não ao instituto da emancipação disciplinado pela Lei n. 10.406, de 10 de janeiro de 2002 — Código Civil.

SEÇÃO II

Diretrizes Gerais

Art. 3º Os agentes públicos ou privados envolvidos com políticas públicas de juventude devem observar as seguintes diretrizes:

I — desenvolver a intersetorialidade das políticas estruturais, programas e ações;

II — incentivar a ampla participação juvenil em sua formulação, implementação e avaliação;

III — ampliar as alternativas de inserção social do jovem, promovendo programas que priorizem o seu desenvolvimento integral e participação ativa nos espaços decisórios;

IV — proporcionar atendimento de acordo com suas especificidades perante os órgãos públicos e privados prestadores de serviços à população, visando ao gozo de direitos simultaneamente nos campos da saúde, educacional, político, econômico, social, cultural e ambiental;

V — garantir meios e equipamentos públicos que promovam o acesso à produção cultural, à prática esportiva, à mobilidade territorial e à fruição do tempo livre;

VI — promover o território como espaço de integração;

VII — fortalecer as relações institucionais com os entes federados e as redes de órgãos, gestores e conselhos de juventude;

VIII — estabelecer mecanismos que ampliem a gestão de informação e produção de conhecimento sobre juventude;

IX — promover a integração internacional entre os jovens, preferencialmente no âmbito da América Latina e da África, e a cooperação internacional;

X — garantir a integração das políticas de juventude com os Poderes Legislativo e Judiciário, com o Ministério Público e com a Defensoria Pública; e

XI — zelar pelos direitos dos jovens com idade entre 18 (dezoito) e 29 (vinte e nove) anos privados de liberdade e egressos do sistema prisional, formulando políticas de educação e trabalho, incluindo estímulos à sua reinserção social e laboral, bem como criando e estimulando oportunidades de estudo e trabalho que favoreçam o cumprimento do regime semiaberto.

CAPÍTULO II

Dos Direitos dos Jovens

SEÇÃO I

Do Direito à Cidadania, à Participação Social e Política e à Representação Juvenil

Art. 4º O jovem tem direito à participação social e política e na formulação, execução e avaliação das políticas públicas de juventude.

PARÁGRAFO ÚNICO. Entende-se por participação juvenil:

I — a inclusão do jovem nos espaços públicos e comunitários a partir da sua concepção como pessoa ativa, livre, responsável e digna de ocupar uma posição central nos processos políticos e sociais;

II — o envolvimento ativo dos jovens em ações de políticas públicas que tenham por objetivo o próprio benefício, o de suas comunidades, cidades e regiões e o do País;

III — a participação individual e coletiva do jovem em ações que contemplem a defesa dos direitos da juventude ou de temas afetos aos jovens; e

IV — a efetiva inclusão dos jovens nos espaços públicos de decisão com direito a voz e voto.

Art. 5º A interlocução da juventude com o poder público pode realizar-se por intermédio de associações, redes, movimentos e organizações juvenis.

PARÁGRAFO ÚNICO. É dever do poder público incentivar a livre associação dos jovens.

Art. 6º São diretrizes da interlocução institucional juvenil:

I — a definição de órgão governamental específico para a gestão das políticas públicas de juventude;

II — o incentivo à criação de conselhos de juventude em todos os entes da Federação.

PARÁGRAFO ÚNICO. Sem prejuízo das atribuições do órgão governamental específico para a gestão das políticas públicas de juventude e dos conselhos de juventude com relação aos direitos previstos neste Estatuto, cabe ao órgão governamental de gestão e aos conselhos dos direitos da criança e do adolescente a interlocução institucional com adolescentes de idade entre 15 (quinze) e 18 (dezoito) anos.

SEÇÃO II

Do Direito à Educação

Art. 7º O jovem tem direito à educação de qualidade, com a garantia de educação básica, obrigatória e gratuita, inclusive para os que a ela não tiveram acesso na idade adequada.

§ 1º A educação básica será ministrada em língua portuguesa, assegurada aos jovens indígenas e de povos e comunidades tradicionais a utilização de suas línguas maternas e de processos próprios de aprendizagem.

§ 2º É dever do Estado oferecer aos jovens que não concluíram a educação básica programas na modalidade da educação de jovens e adultos, adaptados às necessidades e especificidades da juventude, inclusive no período noturno, ressalvada a legislação educacional específica.

§ 3º São assegurados aos jovens com surdez o uso e o ensino da Língua Brasileira de Sinais — LIBRAS, em todas as etapas e modalidades educacionais.

§ 4º É assegurada aos jovens com deficiência a inclusão no ensino regular em todos os níveis e modalidades educacionais, incluindo o atendimento educacional especializado, observada a acessibilidade a edificações, transportes, espaços, mobiliários, equipamentos, sistemas e meios de comunicação e assegurados os recursos de tecnologia assistiva e adaptações necessárias a cada pessoa.

§ 5º A Política Nacional de Educação no Campo contemplará a ampliação da oferta de educação para os jovens do campo, em todos os níveis e modalidades educacionais.

Art. 8º O jovem tem direito à educação superior, em instituições públicas ou privadas, com variados graus de abrangência do saber ou especialização do conhecimento, observadas as regras de acesso de cada instituição.

§ 1º É assegurado aos jovens negros, indígenas e alunos oriundos da escola pública o acesso ao ensino superior nas instituições públicas por meio de políticas afirmativas, nos termos da lei.

§ 2º O poder público promoverá programas de expansão da oferta de educação superior nas instituições públicas, de financiamento estudantil e de bolsas de estudos nas instituições privadas, em especial para jovens com deficiência, negros, indígenas e alunos oriundos da escola pública.

Art. 9º O jovem tem direito à educação profissional e tecnológica, articulada com os diferentes níveis e modalidades de educação, ao trabalho, à ciência e à tecnologia, observada a legislação vigente.

Art. 10. É dever do Estado assegurar ao jovem com deficiência o atendimento educacional especializado gratuito, preferencialmente, na rede regular de ensino.

Art. 11. O direito ao programa suplementar de transporte escolar de que trata o art. 4º da Lei n. 9.394, de 20 de dezembro de 1996, será progressivamente estendido ao jovem estudante do ensino fundamental, do ensino médio e da educação superior, no campo e na cidade.

§ 1º (VETADO).

§ 2º (VETADO).

Art. 12. É garantida a participação efetiva do segmento juvenil, respeitada sua liberdade de organização, nos conselhos e instâncias deliberativas de gestão democrática das escolas e universidades.

Art. 13. As escolas e as universidades deverão formular e implantar medidas de democratização do acesso e permanência, inclusive programas de assistência estudantil, ação afirmativa e inclusão social para os jovens estudantes.

SEÇÃO III

Do Direito à Profissionalização, ao Trabalho e à Renda

Art. 14. O jovem tem direito à profissionalização, ao trabalho e à renda, exercido em condições de liberdade, equidade e segurança, adequadamente remunerado e com proteção social.

Art. 15. A ação do poder público na efetivação do direito do jovem à profissionalização, ao trabalho e à renda contempla a adoção das seguintes medidas:

I — promoção de formas coletivas de organização para o trabalho, de redes de economia solidária e da livre associação;

II — oferta de condições especiais de jornada de trabalho por meio de:

a) compatibilização entre os horários de trabalho e de estudo;

b) oferta dos níveis, formas e modalidades de ensino em horários que permitam a compatibilização da frequência escolar com o trabalho regular;

III — criação de linha de crédito especial destinada aos jovens empreendedores;

IV — atuação estatal preventiva e repressiva quanto à exploração e precarização do trabalho juvenil;

V — adoção de políticas públicas voltadas para a promoção do estágio, aprendizagem e trabalho para a juventude;

VI — apoio ao jovem trabalhador rural na organização da produção da agricultura familiar e dos empreendimentos familiares rurais, por meio das seguintes ações:

a) estímulo à produção e à diversificação de produtos;

b) fomento à produção sustentável baseada na agroecologia, nas agroindústrias familiares, na integração entre lavoura, pecuária e floresta e no extrativismo sustentável;

c) investimento em pesquisa de tecnologias apropriadas à agricultura familiar e aos empreendimentos familiares rurais;

d) estímulo à comercialização direta da produção da agricultura familiar, aos empreendimentos familiares rurais e à formação de cooperativas;

e) garantia de projetos de infraestrutura básica de acesso e escoamento de produção, priorizando a melhoria das estradas e do transporte;

f) promoção de programas que favoreçam o acesso ao crédito, à terra e à assistência técnica rural;

VII — apoio ao jovem trabalhador com deficiência, por meio das seguintes ações:

a) estímulo à formação e à qualificação profissional em ambiente inclusivo;

b) oferta de condições especiais de jornada de trabalho;

c) estímulo à inserção no mercado de trabalho por meio da condição de aprendiz.

Art. 16. O direito à profissionalização e à proteção no trabalho dos adolescentes com idade entre 15 (quinze) e 18 (dezoito) anos de idade será regido pelo disposto na Lei n. 8.069, de 13 de julho de 1990 — Estatuto da Criança e do Adolescente, e em leis específicas, não se aplicando o previsto nesta Seção.

SEÇÃO IV

Do Direito à Diversidade e à Igualdade

Art. 17. O jovem tem direito à diversidade e à igualdade de direitos e de oportunidades e não será discriminado por motivo de:

I — etnia, raça, cor da pele, cultura, origem, idade e sexo;

II — orientação sexual, idioma ou religião;

III — opinião, deficiência e condição social ou econômica.

Art. 18. A ação do poder público na efetivação do direito do jovem à diversidade e à igualdade contempla a adoção das seguintes medidas:

I — adoção, nos âmbitos federal, estadual, municipal e do Distrito Federal, de programas governamentais destinados a assegurar a igualdade de direitos aos jovens de todas as raças e etnias, independentemente de sua origem, relativamente à educação, à profissionalização, ao trabalho e renda, à cultura, à saúde, à segurança, à cidadania e ao acesso à justiça;

II — capacitação dos professores dos ensinos fundamental e médio para a aplicação das diretrizes curriculares nacionais no que se refere ao enfrentamento de todas as formas de discriminação;

III — inclusão de temas sobre questões étnicas, raciais, de deficiência, de orientação sexual, de gênero e de violência doméstica e sexual praticada contra a mulher na formação dos profissionais de educação, de saúde e de segurança pública e dos operadores do direito;

IV — observância das diretrizes curriculares para a educação indígena como forma de preservação dessa cultura;

V — inclusão, nos conteúdos curriculares, de informações sobre a discriminação na sociedade brasileira e sobre o direito de todos os grupos e indivíduos a tratamento igualitário perante a lei; e

VI — inclusão, nos conteúdos curriculares, de temas relacionados à sexualidade, respeitando a diversidade de valores e crenças.

SEÇÃO V

Do Direito à Saúde

Art. 19. O jovem tem direito à saúde e à qualidade de vida, considerando suas especificidades na dimensão da prevenção, promoção, proteção e recuperação da saúde de forma integral.

Art. 20. A política pública de atenção à saúde do jovem será desenvolvida em consonância com as seguintes diretrizes:

I — acesso universal e gratuito ao Sistema Único de Saúde — SUS e a serviços de saúde humanizados e de qualidade, que respeitem as especificidades do jovem;

II — atenção integral à saúde, com especial ênfase ao atendimento e à prevenção dos agravos mais prevalentes nos jovens;

III — desenvolvimento de ações articuladas entre os serviços de saúde e os estabelecimentos de ensino, a sociedade e a família, com vistas à prevenção de agravos;

IV — garantia da inclusão de temas relativos ao consumo de álcool, tabaco e outras drogas, à saúde sexual e reprodutiva, com enfoque de gênero e dos direitos sexuais e reprodutivos nos projetos pedagógicos dos diversos níveis de ensino;

V — reconhecimento do impacto da gravidez planejada ou não, sob os aspectos médico, psicológico, social e econômico;

VI — capacitação dos profissionais de saúde, em uma perspectiva multiprofissional, para lidar com temas relativos à saúde sexual e reprodutiva dos jovens, inclusive com deficiência, e ao abuso de álcool, tabaco e outras drogas pelos jovens;

VII — habilitação dos professores e profissionais de saúde e de assistência social para a identificação dos problemas relacionados ao uso abusivo e à dependência de álcool, tabaco e outras drogas e o devido encaminhamento aos serviços assistenciais e de saúde;

VIII — valorização das parcerias com instituições da sociedade civil na abordagem das questões de prevenção, tratamento e reinserção social dos usuários e dependentes de álcool, tabaco e outras drogas;

IX — proibição de propagandas de bebidas contendo qualquer teor alcoólico com a participação de pessoa com menos de 18 (dezoito) anos de idade;

X — veiculação de campanhas educativas relativas ao álcool, ao tabaco e a outras drogas como causadores de dependência; e

XI — articulação das instâncias de saúde e justiça na prevenção do uso e abuso de álcool, tabaco e outras drogas, inclusive esteróides anabolizantes e, especialmente, *crack*.

SEÇÃO VI
Do Direito à Cultura

Art. 21. O jovem tem direito à cultura, incluindo a livre criação, o acesso aos bens e serviços culturais e a participação nas decisões de política cultural, à identidade e diversidade cultural e à memória social.

Art. 22. Na consecução dos direitos culturais da juventude, compete ao poder público:

I — garantir ao jovem a participação no processo de produção, reelaboração e fruição dos bens culturais;

II — propiciar ao jovem o acesso aos locais e eventos culturais, mediante preços reduzidos, em âmbito nacional;

III — incentivar os movimentos de jovens a desenvolver atividades artístico-culturais e ações voltadas à preservação do patrimônio histórico;

IV — valorizar a capacidade criativa do jovem, mediante o desenvolvimento de programas e projetos culturais;

V — propiciar ao jovem o conhecimento da diversidade cultural, regional e étnica do País;

VI — promover programas educativos e culturais voltados para a problemática do jovem nas emissoras de rádio e televisão e nos demais meios de comunicação de massa;

VII — promover a inclusão digital dos jovens, por meio do acesso às novas tecnologias da informação e comunicação;

VIII — assegurar ao jovem do campo o direito à produção e à fruição cultural e aos equipamentos públicos que valorizem a cultura camponesa; e

IX — garantir ao jovem com deficiência acessibilidade e adaptações razoáveis.

PARÁGRAFO ÚNICO. A aplicação dos incisos I, III e VIII do *caput* deve observar a legislação específica sobre o direito à profissionalização e à proteção no trabalho dos adolescentes.

Art. 23. É assegurado aos jovens de até 29 (vinte e nove) anos pertencentes a famílias de baixa renda e aos estudantes, na forma do regulamento, o acesso a salas de cinema, cineclubes, teatros, espetáculos musicais e circenses, eventos educativos, esportivos, de lazer e entretenimento, em todo o território nacional, promovidos por quaisquer entidades e realizados em estabelecimentos públicos ou particulares, mediante pagamento da metade do preço do ingresso cobrado do público em geral.

§ 1º Terão direito ao benefício previsto no *caput* os estudantes regularmente matriculados nos níveis e modalidades de educação e ensino previstos no Título V da Lei n. 9.394, de 20 de dezembro de 1996 — Lei de Diretrizes e Bases da Educação Nacional, que comprovem sua condição de discente, mediante apresentação, no momento da aquisição do ingresso e na portaria do local de realização o evento, da Carteira de Identificação Estudantil — CIE.

§ 2º A CIE será expedida preferencialmente pela Associação Nacional de Pós-Graduandos, pela União Nacional dos Estudantes, pela União Brasileira dos Estudantes Secundaristas e por entidades estudantis estaduais e municipais a elas filiadas.

§ 3º É garantida a gratuidade na expedição da CIE para estudantes pertencentes a famílias de baixa renda, nos termos do regulamento.

§ 4º As entidades mencionadas no § 2º deste artigo deverão tornar disponível, para eventuais consultas pelo poder público e pelos estabelecimentos referidos no *caput*, banco de dados com o nome e o número de registro dos estudantes portadores da Carteira de Identificação Estudantil, expedida nos termos do § 3º deste artigo.

§ 5º A CIE terá validade até o dia 31 de março do ano subsequente à data de sua expedição.

§ 6º As entidades mencionadas no § 2º deste artigo são obrigadas a manter o documento comprobatório do vínculo do aluno com o estabelecimento escolar, pelo mesmo prazo de validade da respectiva Carteira de Identificação Estudantil.

§ 7º Caberá aos órgãos públicos competentes federais, estaduais, municipais e do Distrito Federal a fiscalização do cumprimento do disposto neste artigo e a aplicação das sanções cabíveis, nos termos do regulamento.

§ 8º Os benefícios previstos neste artigo não incidirão sobre os eventos esportivos de que tratam as Leis ns. 12.663, de 5 de junho de 2012, e 12.780, de 9 de janeiro de 2013.

§ 9º Considera-se de baixa renda, para os fins do disposto no *caput*, a família inscrita no Cadastro Único para Programas Sociais do Governo Federal — CadÚnico cuja renda mensal seja de até 2 (dois) salários mínimos.

§ 10. A concessão do benefício da meia-entrada de que trata o *caput* é limitada a 40% (quarenta por cento) do total de ingressos disponíveis para cada evento.

Art. 24. O poder público destinará, no âmbito dos respectivos orçamentos, recursos financeiros para o fomento dos projetos culturais destinados aos jovens e por eles produzidos.

Art. 25. Na destinação dos recursos do Fundo Nacional da Cultura — FNC, de que trata a Lei no 8.313, de 23 de dezembro de 1991, serão consideradas as necessidades específicas dos jovens em relação à ampliação do acesso à cultura e à melhoria das condições para o exercício do protagonismo no campo da produção cultural.

PARÁGRAFO ÚNICO. As pessoas físicas ou jurídicas poderão optar pela aplicação de parcelas do imposto sobre a renda a título de doações ou patrocínios, de que trata a Lei n. 8.313, de 23 de dezembro de 1991, no apoio a projetos culturais apresentados por entidades juvenis legalmente constituídas há, pelo menos, 1 (um) ano.

SEÇÃO VII
Do Direito à Comunicação e à Liberdade de Expressão

Art. 26. O jovem tem direito à comunicação e à livre expressão, à produção de conteúdo, individual e colaborativo, e ao acesso às tecnologias de informação e comunicação.

Art. 27. A ação do poder público na efetivação do direito do jovem à comunicação e à liberdade de expressão contempla a adoção das seguintes medidas:

I — incentivar programas educativos e culturais voltados para os jovens nas emissoras de rádio e televisão e nos demais meios de comunicação de massa;

II — promover a inclusão digital dos jovens, por meio do acesso às novas tecnologias de informação e comunicação;

III — promover as redes e plataformas de comunicação dos jovens, considerando a acessibilidade para os jovens com deficiência;

IV — incentivar a criação e manutenção de equipamentos públicos voltados para a promoção do direito do jovem à comunicação; e

V — garantir a acessibilidade à comunicação por meio de tecnologias assistivas e adaptações razoáveis para os jovens com deficiência.

SEÇÃO VIII
Do Direito ao Desporto e ao Lazer

Art. 28. O jovem tem direito à prática desportiva destinada a seu pleno desenvolvimento, com prioridade para o desporto de participação.

PARÁGRAFO ÚNICO. O direito à prática desportiva dos adolescentes deverá considerar sua condição peculiar de pessoa em desenvolvimento.

Art. 29. A política pública de desporto e lazer destinada ao jovem deverá considerar:

I — a realização de diagnóstico e estudos estatísticos oficiais acerca da educação física e dos desportos e dos equipamentos de lazer no Brasil;

II — a adoção de lei de incentivo fiscal para o esporte, com critérios que priorizem a juventude e promovam a equidade;

III — a valorização do desporto e do paradesporto educacional;

IV — a oferta de equipamentos comunitários que permitam a prática desportiva, cultural e de lazer.

Art. 30. Todas as escolas deverão buscar pelo menos um local apropriado para a prática de atividades poliesportivas.

SEÇÃO IX
Do Direito ao Território e à Mobilidade

Art. 31. O jovem tem direito ao território e à mobilidade, incluindo a promoção de políticas públicas de moradia, circulação e equipamentos públicos, no campo e na cidade.

PARÁGRAFO ÚNICO. Ao jovem com deficiência devem ser garantidas a acessibilidade e as adaptações necessárias.

Art. 32. No sistema de transporte coletivo interestadual, observar-se-á, nos termos da legislação específica:

I — a reserva de 2 (duas) vagas gratuitas por veículo para jovens de baixa renda;

II — a reserva de 2 (duas) vagas por veículo com desconto de 50% (cinquenta por cento), no mínimo, no valor das passagens, para os jovens de baixa renda, a serem utilizadas após esgotadas as vagas previstas no inciso I.

PARÁGRAFO ÚNICO. Os procedimentos e os critérios para o exercício dos direitos previstos nos incisos I e II serão definidos em regulamento.

Art. 33. A União envidará esforços, em articulação com os Estados, o Distrito Federal e os Municípios, para promover a oferta de transporte público subsidiado para os jovens, com prioridade para os jovens em situação de pobreza e vulnerabilidade, na forma do regulamento.

SEÇÃO X
Do Direito à Sustentabilidade e ao Meio Ambiente

Art. 34. O jovem tem direito à sustentabilidade e ao meio ambiente ecologicamente equilibrado, bem de uso comum do povo, essencial à sadia qualidade de vida, e o dever de defendê-lo e preservá-lo para a presente e as futuras gerações.

Art. 35. O Estado promoverá, em todos os níveis de ensino, a educação ambiental voltada para a preservação do meio ambiente e a sustentabilidade, de acordo com a Política Nacional do Meio Ambiente.

Art. 36. Na elaboração, na execução e na avaliação de políticas públicas que incorporem a dimensão ambiental, o poder público deverá considerar:

I — o estímulo e o fortalecimento de organizações, movimentos, redes e outros coletivos de juventude que atuem no âmbito das questões ambientais e em prol do desenvolvimento sustentável;

II — o incentivo à participação dos jovens na elaboração das políticas públicas de meio ambiente;

III — a criação de programas de educação ambiental destinados aos jovens; e

IV — o incentivo à participação dos jovens em projetos de geração de trabalho e renda que visem ao desenvolvimento sustentável nos âmbitos rural e urbano.

PARÁGRAFO ÚNICO. A aplicação do disposto no inciso IV do *caput* deve observar a legislação específica sobre o direito à profissionalização e à proteção no trabalho dos adolescentes.

SEÇÃO XI
Do Direito à Segurança Pública e ao Acesso à Justiça

Art. 37. Todos os jovens têm direito de viver em um ambiente seguro, sem violência, com garantia da sua incolumidade física e mental, sendo-lhes asseguradas a igualdade de oportunidades e facilidades para seu aperfeiçoamento intelectual, cultural e social.

Art. 38. As políticas de segurança pública voltadas para os jovens deverão articular ações da União, dos Estados, do Distrito Federal e dos Municípios e ações não governamentais, tendo por diretrizes:

I — a integração com as demais políticas voltadas à juventude;

II — a prevenção e enfrentamento da violência;

III — a promoção de estudos e pesquisas e a obtenção de estatísticas e informações relevantes para subsidiar as ações de segurança pública e permitir a avaliação periódica dos impactos das políticas públicas quanto às causas, às consequências e à frequência da violência contra os jovens;

IV — a priorização de ações voltadas para os jovens em situação de risco, vulnerabilidade social e egressos do sistema penitenciário nacional;

V — a promoção do acesso efetivo dos jovens à Defensoria Pública, considerando as especificidades da condição juvenil; e

VI — a promoção do efetivo acesso dos jovens com deficiência à justiça em igualdade de condições com as demais pessoas, inclusive mediante a provisão de adaptações processuais adequadas a sua idade.

TÍTULO II

Do Sistema Nacional de Juventude

CAPÍTULO I

Do Sistema Nacional de Juventude — SINAJUVE

Art. 39. É instituído o Sistema Nacional de Juventude — SINAJUVE, cujos composição, organização, competência e funcionamento serão definidos em regulamento.

Art. 40. O financiamento das ações e atividades realizadas no âmbito do Sinajuve será definido em regulamento.

CAPÍTULO II

Das Competências

Art. 41. Compete à União:

I — formular e coordenar a execução da Política Nacional de Juventude;

II — coordenar e manter o Sinajuve;

III — estabelecer diretrizes sobre a organização e o funcionamento do Sinajuve;

IV — elaborar o Plano Nacional de Políticas de Juventude, em parceria com os Estados, o Distrito Federal, os Municípios e a sociedade, em especial a juventude;

V — convocar e realizar, em conjunto com o Conselho Nacional de Juventude, as Conferências Nacionais de Juventude, com intervalo máximo de 4 (quatro) anos;

VI — prestar assistência técnica e suplementação financeira aos Estados, ao Distrito Federal e aos Municípios para o desenvolvimento de seus sistemas de juventude;

VII — contribuir para a qualificação e ação em rede do Sinajuve em todos os entes da Federação;

VIII — financiar, com os demais entes federados, a execução das políticas públicas de juventude;

IX — estabelecer formas de colaboração com os Estados, o Distrito Federal e os Municípios para a execução das políticas públicas de juventude; e

X — garantir a publicidade de informações sobre repasses de recursos para financiamento das políticas públicas de juventude aos conselhos e gestores estaduais, do Distrito Federal e municipais.

Art. 42. Compete aos Estados:

I — coordenar, em âmbito estadual, o Sinajuve;

II — elaborar os respectivos planos estaduais de juventude, em conformidade com o Plano Nacional, com a participação da sociedade, em especial da juventude;

III — criar, desenvolver e manter programas, ações e projetos para a execução das políticas públicas de juventude;

IV — convocar e realizar, em conjunto com o Conselho Estadual de Juventude, as Conferências Estaduais de Juventude, com intervalo máximo de 4 (quatro) anos;

V — editar normas complementares para a organização e o funcionamento do Sinajuve, em âmbito estadual e municipal;

VI — estabelecer com a União e os Municípios formas de colaboração para a execução das políticas públicas de juventude; e

VII — cofinanciar, com os demais entes federados, a execução de programas, ações e projetos das políticas públicas de juventude.

PARÁGRAFO ÚNICO. Serão incluídos nos censos demográficos dados relativos à população jovem do País.

Art. 43. Compete aos Municípios:

I — coordenar, em âmbito municipal, o Sinajuve;

II — elaborar os respectivos planos municipais de juventude, em conformidade com os respectivos Planos Nacional e Estadual, com a participação da sociedade, em especial da juventude;

III — criar, desenvolver e manter programas, ações e projetos para a execução das políticas públicas de juventude;

IV — convocar e realizar, em conjunto com o Conselho Municipal de Juventude, as Conferências Municipais de Juventude, com intervalo máximo de 4 (quatro) anos;

V — editar normas complementares para a organização e funcionamento do Sinajuve, em âmbito municipal;

VI — cofinanciar, com os demais entes federados, a execução de programas, ações e projetos das políticas públicas de juventude; e

VII — estabelecer mecanismos de cooperação com os Estados e a União para a execução das políticas públicas de juventude.

PARÁGRAFO ÚNICO. Para garantir a articulação federativa com vistas ao efetivo cumprimento das políticas públicas de juventude, os Municípios podem instituir os consórcios de que trata a Lei n. 11.107, de 6 de abril de 2005, ou qualquer outro instrumento jurídico adequado, como forma de compartilhar responsabilidades.

Art. 44. As competências dos Estados e Municípios são atribuídas, cumulativamente, ao Distrito Federal.

CAPÍTULO III
Dos Conselhos de Juventude

Art. 45. Os conselhos de juventude são órgãos permanentes e autônomos, não jurisdicionais, encarregados de tratar das políticas públicas de juventude e da garantia do exercício dos direitos do jovem, com os seguintes objetivos:

I — auxiliar na elaboração de políticas públicas de juventude que promovam o amplo exercício dos direitos dos jovens estabelecidos nesta Lei;

II — utilizar instrumentos de forma a buscar que o Estado garanta aos jovens o exercício dos seus direitos;

III — colaborar com os órgãos da administração no planejamento e na implementação das políticas de juventude;

IV — estudar, analisar, elaborar, discutir e propor a celebração de instrumentos de cooperação, visando à elaboração de programas, projetos e ações voltados para a juventude;

V — promover a realização de estudos relativos à juventude, objetivando subsidiar o planejamento das políticas públicas de juventude;

VI — estudar, analisar, elaborar, discutir e propor políticas públicas que permitam e garantam a integração e a participação do jovem nos processos social, econômico, político e cultural no respectivo ente federado;

VII — propor a criação de formas de participação da juventude nos órgãos da administração pública;

VIII — promover e participar de seminários, cursos, congressos e eventos correlatos para o debate de temas relativos à juventude;

IX — desenvolver outras atividades relacionadas às políticas públicas de juventude.

§ 1º A lei, em âmbito federal, estadual, do Distrito Federal e municipal, disporá sobre a organização, o funcionamento e a composição dos conselhos de juventude, observada a participação da sociedade civil mediante critério, no mínimo, paritário com os representantes do poder público.

§ 2º (VETADO).

Art. 46. São atribuições dos conselhos de juventude:

I — encaminhar ao Ministério Público notícia de fato que constitua infração administrativa ou penal contra os direitos do jovem garantidos na legislação;

II — encaminhar à autoridade judiciária os casos de sua competência;

III — expedir notificações;

IV — solicitar informações das autoridades públicas;

V — assessorar o Poder Executivo local na elaboração dos planos, programas, projetos, ações e proposta orçamentária das políticas públicas de juventude.

Art. 47. Sem prejuízo das atribuições dos conselhos de juventude com relação aos direitos previstos neste Estatuto, cabe aos conselhos de direitos da criança e do adolescente deliberar e controlar as ações em todos os níveis relativas aos adolescentes com idade entre 15 (quinze) e 18 (dezoito) anos.

Art. 48. Esta Lei entra em vigor após decorridos 180 (cento e oitenta) dias de sua publicação oficial.

Brasília, 5 de agosto de 2013; 192º da Independência e 125º da República.

DILMA ROUSSEFF
José Eduardo Cardozo
Antonio de Aguiar Patriota
Guido Mantega
César Borges
Aloizio Mercadante
Manoel Dias
Alexandre Rocha Santos Padilha
Miriam Belchior
Paulo Bernardo Silva
Tereza Campello
Marta Suplicy
Izabella Mônica Vieira Teixeira
Aldo Rebelo
Gilberto José Spier Vargas
Aguinaldo Ribeiro
Gilberto Carvalho
Luís Inácio Lucena Adams
Luiza Helena de Bairros
Eleonora Menicucci de Oliveira
Maria do Rosário Nunes

LEI N. 6.815, DE 19 DE AGOSTO DE 1980
DEFINE A SITUAÇÃO JURÍDICA DO ESTRANGEIRO NO BRASIL, CRIA O CONSELHO NACIONAL DE IMIGRAÇÃO

(DOU 21.08.1980)

ESTA LEI FOI REPUBLICADA PELA DETERMINAÇÃO DO ARTIGO 11, DA LEI N. 6.964, DE 09.12.1981

O PRESIDENTE DA REPÚBLICA, faço saber que o Congresso Nacional decreta e eu sanciono a seguinte Lei:

Art. 1º Em tempo de paz, qualquer estrangeiro poderá, satisfeitas as condições desta Lei, entrar e permanecer no Brasil e dele sair, resguardados os interesses nacionais.

TÍTULO I
Da Aplicação

Art. 2º Na aplicação desta Lei atender-se-á precipuamente à segurança nacional, à organização institucional, aos interesses políticos, sócio-econômicos e culturais do Brasil, bem assim à defesa do trabalhador nacional.

Art. 3º A concessão do visto, a sua prorrogação ou transformação ficarão sempre condicionadas aos interesses nacionais.

TÍTULO II

Da Admissão, Entrada e Impedimento

CAPÍTULO I

Da Admissão

Art. 4º Ao estrangeiro que pretenda entrar no território nacional poderá ser concedido visto:

I — de trânsito;

II — de turista;

III — temporário;

IV — permanente;

V — de cortesia;

VI — oficial; e

VII — diplomático.

PARÁGRAFO ÚNICO. O visto é individual e sua concessão poderá estender-se a dependentes legais, observado o disposto no artigo 7º.

Art. 5º Serão fixados em regulamento os requisitos para a obtenção dos vistos de entrada previstos nesta Lei.

Art. 6º A posse ou a propriedade de bens no Brasil não confere ao estrangeiro o direito de obter visto de qualquer natureza, ou autorização de permanência no território nacional.

Art. 7º Não se concederá visto ao estrangeiro:

I — menor de 18 (dezoito) anos, desacompanhado do responsável legal ou sem a sua autorização expressa;

II — considerado nocivo à ordem pública ou aos interesses nacionais;

III — anteriormente expulso do País, salvo se a expulsão tiver sido revogada;

IV — condenado ou processado em outro país por crime doloso, passível de extradição segundo a lei brasileira; ou

V — que não satisfaça às condições de saúde estabelecidas pelo Ministério da Saúde.

Art. 8º O visto de trânsito poderá ser concedido ao estrangeiro que, para atingir o país de destino, tenha de entrar em território nacional.

§ 1º O visto de trânsito é válido para uma estada de até 10 (dez) dias improrrogáveis e uma só entrada.

§ 2º Não se exigirá visto de trânsito ao estrangeiro em viagem contínua, que só se interrompa para as escalas obrigatórias do meio de transporte utilizado.

Art. 9º O visto de turista poderá ser concedido ao estrangeiro que venha ao Brasil em caráter recreativo ou de visita, assim considerado aquele que não tenha finalidade imigratória, nem intuito de exercício de atividade remunerada.

§ 1º O visto de turista poderá, alternativamente, ser solicitado e emitido por meio eletrônico, conforme regulamento.

§ 2º As solicitações do visto de que trata o § 1º serão processadas pelo Sistema Consular Integrado do Ministério das Relações Exteriores, na forma disciplinada pelo Poder Executivo.

§ 3º Para a obtenção de visto por meio eletrônico, o estrangeiro deverá:

I — preencher e enviar formulário eletrônico disponível no Portal Consular do Ministério das Relações Exteriores;

II — apresentar por meio eletrônico os documentos solicitados para comprovar o que tiver sido declarado no requerimento;

III — pagar os emolumentos e taxas cobrados para processamento do pedido de visto;

IV — seguir o rito procedimental previsto nas normas do Manual do Serviço Consular e Jurídico do Ministério das Relações Exteriores.

§ 4º A autoridade consular brasileira poderá solicitar a apresentação dos originais dos documentos para dirimir dúvidas, bem como solicitar documentos adicionais para a instrução do pedido.

§ 5º O Ministério das Relações Exteriores poderá editar normas visando a:

I — simplificação de procedimentos, por reciprocidade ou por outros motivos que julgar pertinentes;

II — sem prejuízo da segurança do sistema e de outras cominações legais cabíveis, inclusão de regras para a obtenção de vistos fisicamente separados da caderneta de passaporte do requerente.

§ 6º O estrangeiro que fornecer informações falsas ou descumprir as regras previstas nos §§ 3º e 4º e nas normas legais pertinentes estará sujeito às penalidades previstas nos incisos I, III, IV, XIII, XV e XVI do art. 125 e no art. 126 desta Lei. (NR) *(Redação dos §§ dada pela Lei n. 12.968, de 6.5.14, DOU 7.5.14)*

Art. 10. Poderá ser estabelecida a dispensa recíproca do visto de turista e dos vistos temporários a que se referem os incisos II e III do *caput* do art. 13, observados prazos de estada definidos nesta Lei. *(Redação dada pela Lei n. 12.968, de 6.5.14, DOU 7.5.14)*

PARÁGRAFO ÚNICO. A dispensa de vistos a que se refere o *caput* deste artigo será concedida mediante acordo internacional, salvo, a juízo do Ministério das Relações Exteriores, aos nacionais de país que assegure a reciprocidade de tratamento aos nacionais brasileiros, situação em que a dispensa poderá ser concedida, enquanto durar essa reciprocidade, mediante comunicação diplomática, sem a necessidade de acordo internacional. (NR) *(Redação dada pela Lei n. 12.968, de 6.5.14, DOU 7.5.14)*

Art. 11. A empresa transportadora deverá verificar, por ocasião do embarque, no exterior, a documentação exigida, sendo responsável, no caso de irregularidade apurada no momento da entrada, pela saída do estrangeiro, sem prejuízo do disposto no artigo 125, item VI.

Art. 12. O prazo de validade do visto de turista será de até cinco anos, fixado pelo Ministério das Relações Exteriores, dentro de critérios de reciprocidade, e proporcionará múltiplas entradas no País, com estadas não excedentes a noventa dias, prorrogáveis por igual período, totalizando o máximo de cento e oitenta dias por ano. *(Redação dada pela Lei n. 9.076, de 10.7.95)*

Art. 13. O visto temporário poderá ser concedido ao estrangeiro que pretenda vir ao Brasil:

I — em viagem cultural ou em missão de estudos;

II — em viagem de negócios;

III — na condição de artista ou desportista;

IV — na condição de estudante;

V — na condição de cientista, professor, técnico ou profissional de outra categoria, sob regime de contrato ou a serviço do Governo brasileiro;

VI — na condição de correspondente de jornal, revista, rádio, televisão ou agência noticiosa estrangeira.

VII — na condição de ministro de confissão religiosa ou membro de instituto de vida consagrada e de congregação ou ordem religiosa. *(Incluído pela Lei n. 6.964, de 9.12.81)*

Art. 14. O prazo de estada no Brasil, nos casos dos incisos II e III do art. 13, será de até noventa dias; no caso do inciso VII, de até um ano; e nos demais, salvo o disposto no parágrafo único deste artigo, o correspondente à duração da missão, do contrato, ou da prestação de serviços, comprovada perante a autoridade consular, observado o disposto na legislação trabalhista. *(Redação dada pela Lei n. 6.964, de 9.12.81)*

PARÁGRAFO ÚNICO. No caso do item IV do artigo 13 o prazo será de até 1 (um) ano, prorrogável, quando for o caso, mediante prova do aproveitamento escolar e da matrícula.

Art. 15. Ao estrangeiro referido no item III ou V do artigo 13 só se concederá o visto se satisfizer às exigências especiais estabelecidas pelo Conselho Nacional de Imigração e for parte em contrato de trabalho, visado pelo Ministério do Trabalho, salvo no caso de comprovada prestação de serviço ao Governo brasileiro.

Art. 16. O visto permanente poderá ser concedido ao estrangeiro que pretenda se fixar definitivamente no Brasil.

PARÁGRAFO ÚNICO. A imigração objetivará, primordialmente, propiciar mão de obra especializada aos vários setores da economia nacional, visando à Política Nacional de Desenvolvimento em todos os aspectos e, em especial, ao aumento da produtividade, à assimilação de tecnologia e à captação de recursos para setores específicos. *(Redação dada pela Lei n. 6.964, de 9.12.81)*

Art. 17. Para obter visto permanente o estrangeiro deverá satisfazer, além dos requisitos referidos no artigo 5º, as exigências de caráter especial previstas nas normas de seleção de imigrantes estabelecidas pelo Conselho Nacional de Imigração.

Art. 18. A concessão do visto permanente poderá ficar condicionada, por prazo não-superior a 5 (cinco) anos, ao exercício de atividade certa e à fixação em região determinada do território nacional.

Art. 19. O Ministério das Relações Exteriores definirá os casos de concessão, prorrogação ou dispensa dos vistos diplomáticos, oficial e de cortesia.

Art. 20. Pela concessão de visto cobrar-se-ão emolumentos consulares, ressalvados:

I — os regulados por acordos que concedam gratuidade;

II — os vistos de cortesia, oficial ou diplomático;

III — os vistos de trânsito, temporário ou de turista, se concedidos a titulares de passaporte diplomático ou de serviço.

PARÁGRAFO ÚNICO. A validade para a utilização de qualquer dos vistos é de 90 (noventa) dias, contados da data de sua concessão, podendo ser prorrogada pela autoridade consular uma só vez, por igual prazo, cobrando-se os emolumentos devidos, aplicando-se esta exigência somente a cidadãos de países onde seja verificada a limitação recíproca. *(Redação dada pela Lei n. 12.134, de 2009).*

Art. 21. Ao natural de país limítrofe, domiciliado em cidade contígua ao território nacional, respeitados os interesses da segurança nacional, poder-se-á permitir a entrada nos municípios fronteiriços a seu respectivo país, desde que apresente prova de identidade.

§ 1º Ao estrangeiro, referido neste artigo, que pretenda exercer atividade remunerada ou freqüentar estabelecimento de ensino naqueles municípios, será fornecido documento especial que o identifique e caracterize a sua condição, e, ainda, Carteira de Trabalho e Previdência Social, quando for o caso.

§ 2º Os documentos referidos no parágrafo anterior não conferem o direito de residência no Brasil, nem autorizam o afastamento dos limites territoriais daqueles municípios.

CAPÍTULO II

Da Entrada

Art. 22. A entrada no território nacional far-se-á somente pelos locais onde houver fiscalização dos órgãos competentes dos Ministérios da Saúde, da Justiça e da Fazenda.

Art. 23. O transportador ou seu agente responderá, a qualquer tempo, pela manutenção e demais despesas do passageiro em viagem contínua ou do tripulante que não estiver presente por ocasião da saída do meio de transporte, bem como pela retirada dos mesmos do território nacional.

Art. 24. Nenhum estrangeiro procedente do exterior poderá afastar-se do local de entrada e inspeção, sem que o seu documento de viagem e o cartão de entrada e saída hajam sido visados pelo órgão competente do Ministério da Justiça. *(Redação dada pela Lei n. 6.964, de 9.12.81)*

Art. 25. Não poderá ser resgatado no Brasil, sem prévia autorização do Ministério da Justiça, o bilhete de viagem do estrangeiro que tenha entrado no território nacional na condição de turista ou em trânsito.

CAPÍTULO III

Do Impedimento

Art. 26. O visto concedido pela autoridade consular configura mera expectativa de direito, podendo a entrada, a estada ou o registro do estrangeiro ser obstado ocorrendo qualquer dos casos do artigo 7º, ou a inconveniência de sua presença no território nacional, a critério do Ministério da Justiça.

§ 1º O estrangeiro que se tiver retirado do País sem recolher a multa devida em virtude desta Lei, não poderá reentrar sem efetuar o seu pagamento, acrescido de correção monetária.

§ 2º O impedimento de qualquer dos integrantes da família poderá estender-se a todo o grupo familiar.

Art. 27. A empresa transportadora responde, a qualquer tempo, pela saída do clandestino e do impedido.

PARÁGRAFO ÚNICO. Na impossibilidade da saída imediata do impedido ou do clandestino, o Ministério da Justiça poderá permitir a sua entrada condicional, mediante termo de responsabilidade firmado pelo representante da empresa transportadora, que lhe assegure a manutenção, fixados o prazo de estada e o local em que deva permanecer o impedido, ficando o clandestino custodiado pelo prazo máximo de 30 (trinta) dias, prorrogável por igual período.

TÍTULO III
Da Condição de Asilado

Art. 28. O estrangeiro admitido no território nacional na condição de asilado político ficará sujeito, além dos deveres que lhe forem impostos pelo Direito Internacional, a cumprir as disposições da legislação vigente e as que o Governo brasileiro lhe fixar.

Art. 29. O asilado não poderá sair do País sem prévia autorização do Governo brasileiro.

PARÁGRAFO ÚNICO. A inobservância do disposto neste artigo importará na renúncia ao asilo e impedirá o reingresso nessa condição.

TÍTULO IV
Do Registro e suas Alterações

CAPÍTULO I
Do Registro

Art. 30. O estrangeiro admitido na condição de permanente, de temporário (incisos I e de IV a VI do art. 13) ou de asilado é obrigado a registrar-se no Ministério da Justiça, dentro dos trinta dias seguintes à entrada ou à concessão do asilo, e a identificar-se pelo sistema datiloscópico, observadas as disposições regulamentares. *(Redação dada pela Lei n. 6.964, de 9.12.81)*

Art. 31. O nome e a nacionalidade do estrangeiro, para o efeito de registro, serão os constantes do documento de viagem.

Art. 32. O titular de visto diplomático, oficial ou de cortesia, acreditado junto ao Governo brasileiro ou cujo prazo previsto de estada no País seja superior a 90 (noventa) dias, deverá providenciar seu registro no Ministério das Relações Exteriores.

PARÁGRAFO ÚNICO. O estrangeiro titular de passaporte de serviço, oficial ou diplomático, que haja entrado no Brasil ao amparo de acordo de dispensa de visto, deverá, igualmente, proceder ao registro mencionado neste artigo sempre que sua estada no Brasil deva ser superior a 90 (noventa) dias.

Art. 33. Ao estrangeiro registrado será fornecido documento de identidade.

PARÁGRAFO ÚNICO. A emissão de documento de identidade, salvo nos casos de asilado ou de titular de visto de cortesia, oficial ou diplomático, está sujeita ao pagamento da taxa prevista na Tabela de que trata o artigo 130.

Vide art. 18, § 4º da Lei n. 12.871, de 22.10.13, Programa mais médicos, que dispõe: Aplicam-se os arts. 30, 31 e 33, da Lei n. 6.815, de 19.8.1980)

CAPÍTULO II
Da Prorrogação do Prazo de Estada

Art. 34. Ao estrangeiro que tenha entrado na condição de turista, temporário ou asilado e aos titulares de visto de cortesia, oficial ou diplomático, poderá ser concedida a prorrogação do prazo de estada no Brasil.

Art. 35. A prorrogação do prazo de estada do turista não excederá a 90 (noventa) dias, podendo ser cancelada a critério do Ministério da Justiça.

Art. 36. A prorrogação do prazo de estada do titular do visto temporário, de que trata o item VII, do artigo 13, não excederá a um ano. *(Incluído pela Lei n. 6.964, de 9.12.81)*

CAPÍTULO III
Da Transformação dos Vistos

Art. 37. O titular do visto de que trata o artigo 13, incisos V e VII, poderá obter transformação do mesmo para permanente (art. 16), satisfeitas às condições previstas nesta Lei e no seu Regulamento. *(Renumerado e alterado pela Lei n. 6.964, de 9.12.81)*

§ 1º. Ao titular do visto temporário previsto no inciso VII do art. 13 só poderá ser concedida a transformação após o prazo de dois anos de residência no País. *(Incluído pela Lei n. 6.964, de 9.12.81)*

§ 2º. Na transformação do visto poder-se-á aplicar o disposto no artigo 18 desta Lei. *(Incluído pela Lei n. 6.964, de 9.12.81)*

Art. 38. É vedada a legalização da estada de clandestino e de irregular, e a transformação em permanente, dos vistos de trânsito, de turista, temporário (artigo 13, itens I a IV e VI) e de cortesia. *(Renumerado pela Lei n. 6.964, de 9.12.81)*

Art. 39. O titular de visto diplomático ou oficial poderá obter transformação desses vistos para temporário (artigo 13, itens I a VI) ou para permanente (artigo 16), ouvido o Ministério das Relações Exteriores, e satisfeitas as exigências previstas nesta Lei e no seu Regulamento. *(Renumerado pela Lei n. 6.964, de 9.12.81)*

PARÁGRAFO ÚNICO. A transformação do visto oficial ou diplomático em temporário ou permanente importará na cessação de todas as prerrogativas, privilégios e imunidades decorrentes daqueles vistos.

Art. 40. A solicitação da transformação de visto não impede a aplicação do disposto no artigo 57, se o estrangeiro ultrapassar o prazo legal de estada no território nacional. *(Renumerado pela Lei n. 6.964, de 9.12.81)*

PARÁGRAFO ÚNICO. Do despacho que denegar a transformação do visto, caberá pedido de reconsideração na forma definida em Regulamento.

Art. 41. A transformação de vistos de que tratam os artigos 37 e 39 ficará sem efeito, se não for efetuado o registro no prazo de noventa dias, contados da publicação, no Diário Oficial, do deferimento do pedido. *(Renumerado pela Lei n. 6.964, de 9.12.81)*

Art. 42. O titular de quaisquer dos vistos definidos nos artigos 8º, 9º, 10, 13 e 16, poderá ter os mesmos transformados para oficial ou diplomático. *(Renumerado pela Lei n. 6.964, de 9.12.81)*

CAPÍTULO IV

Da Alteração de Assentamentos

Art. 43. O nome do estrangeiro, constante do registro (art. 30), poderá ser alterado: *(Renumerado pela Lei n. 6.964, de 9.12.81)*

I — se estiver comprovadamente errado;

II — se tiver sentido pejorativo ou expuser o titular ao ridículo; ou

III — se for de pronunciação e compreensão difíceis e puder ser traduzido ou adaptado à prosódia da língua portuguesa.

§ 1º O pedido de alteração de nome deverá ser instruído com a documentação prevista em Regulamento e será sempre objeto de investigação sobre o comportamento do requerente.

§ 2º Os erros materiais no registro serão corrigidos de ofício.

§ 3º A alteração decorrente de desquite ou divórcio obtido em país estrangeiro dependerá de homologação, no Brasil, da sentença respectiva.

§ 4º Poderá ser averbado no registro o nome abreviado usado pelo estrangeiro como firma comercial registrada ou em qualquer atividade profissional.

Art. 44. Compete ao Ministro da Justiça autorizar a alteração de assentamentos constantes do registro de estrangeiro. *(Renumerado pela Lei n. 6.964, de 9.12.81)*

CAPÍTULO V

Da Atualização do Registro

Art. 45. A Junta Comercial, ao registrar firma de que participe estrangeiro, remeterá ao Ministério da Justiça os dados de identificação do estrangeiro e os do seu documento de identidade emitido no Brasil. *(Renumerado pela Lei n. 6.964, de 9.12.81)*

PARÁGRAFO ÚNICO. Tratando-se de sociedade anônima, a providência é obrigatória em relação ao estrangeiro que figure na condição de administrador, gerente, diretor ou acionista controlador. *(Incluído pela Lei n. 6.964, de 9.12.81)*

Art. 46. Os Cartórios de Registro Civil remeterão, mensalmente, ao Ministério da Justiça cópia dos registros de casamento e de óbito de estrangeiro. *(Renumerado pela Lei n. 6.964, de 9.12.81)*

Art. 47. O estabelecimento hoteleiro, a empresa imobiliária, o proprietário, locador, sublocador ou locatário de imóvel e o síndico de edifício remeterão ao Ministério da Justiça, quando requisitados, os dados de identificação do estrangeiro admitido na condição de hóspede, locatário, sublocatário ou morador. *(Renumerado e alterado pela Lei n. 6.964, de 9.12.81)*

Art. 48. Salvo o disposto no § 1º do artigo 21, a admissão de estrangeiro a serviço de entidade pública ou privada, ou a matrícula em estabelecimento de ensino de qualquer grau, só se efetivará se o mesmo estiver devidamente registrado (art. 30). *(Renumerado pela Lei n. 6.964, de 9.12.81)*

PARÁGRAFO ÚNICO. As entidades, a que se refere este artigo remeterão ao Ministério da Justiça, que dará conhecimento ao Ministério do Trabalho, quando for o caso, os dados de identificação do estrangeiro admitido ou matriculado e comunicarão, à medida que ocorrer, o término do contrato de trabalho, sua rescisão ou prorrogação, bem como a suspensão ou cancelamento da matrícula e a conclusão do curso.

CAPÍTULO VI

Do Cancelamento e do Restabelecimento do Registro

Art. 49. O estrangeiro terá o registro cancelado: *(Renumerado pela Lei n. 6.964, de 9.12.81)*

I — se obtiver naturalização brasileira;

II — se tiver decretada sua expulsão;

III — se requerer a saída do território nacional em caráter definitivo, renunciando, expressamente, ao direito de retorno previsto no artigo 51;

IV — se permanecer ausente do Brasil por prazo superior ao previsto no artigo 51;

V — se ocorrer a transformação de visto de que trata o artigo 42;

VI — se houver transgressão do artigo 18, artigo 37, § 2º, ou 99 a 101; e

VII — se temporário ou asilado, no término do prazo de sua estada no território nacional.

§ 1º O registro poderá ser restabelecido, nos casos do item I ou II, se cessada a causa do cancelamento, e, nos demais casos, se o estrangeiro retornar ao território nacional com visto de que trata o artigo 13 ou 16, ou obtiver a transformação prevista no artigo 39.

§ 2º Ocorrendo a hipótese prevista no item III deste artigo, o estrangeiro deverá proceder à entrega do documento de identidade para estrangeiro e deixar o território nacional dentro de 30 (trinta) dias.

§ 3º Se da solicitação de que trata o item III deste artigo resultar isenção de ônus fiscal ou financeiro, o restabelecimento do registro dependerá, sempre, da satisfação prévia dos referidos encargos.

TÍTULO V

Da Saída e do Retorno

Art. 50. Não se exigirá visto de saída do estrangeiro que pretender sair do território nacional. *(Renumerado pela Lei n. 6.964, de 9.12.81)*

§ 1º O Ministro da Justiça poderá, a qualquer tempo, estabelecer a exigência de visto de saída, quando razões de segurança interna aconselharem a medida.

§ 2º Na hipótese do parágrafo anterior, o ato que estabelecer a exigência disporá sobre o prazo de validade do visto e as condições para a sua concessão.

§ 3º O asilado deverá observar o disposto no artigo 29.

Art. 51. O estrangeiro registrado como permanente, que se ausentar do Brasil, poderá regressar independentemente de visto se o fizer dentro de dois anos. *(Renumerado pela Lei n. 6.964, de 9.12.81)*

PARÁGRAFO ÚNICO. A prova da data da saída, para os fins deste artigo, far-se-á pela anotação aposta, pelo órgão competente do Ministério da Justiça, no documento de viagem do estrangeiro, no momento em que o mesmo deixar o território nacional.

Art. 52. O estrangeiro registrado como temporário, que se ausentar do Brasil, poderá regressar independentemente de novo visto, se o fizer dentro do prazo de validade de sua estada no território nacional. *(Renumerado pela Lei n. 6.964, de 9.12.81)*

Art. 53. *(Suprimido pela Lei n. 9.076, de 10.7.95)*

TÍTULO VI
Do Documento de Viagem para Estrangeiro

Art. 54. São documentos de viagem o passaporte para estrangeiro e o laissez-passer. *(Renumerado pela Lei n. 6.964, de 9.12.81)*

PARÁGRAFO ÚNICO. Os documentos de que trata este artigo são de propriedade da União, cabendo a seus titulares a posse direta e o uso regular.

Art. 55. Poderá ser concedido passaporte para estrangeiro: *(Renumerado pela Lei n. 6.964, de 9.12.81)*

I — no Brasil:

a) ao apátrida e ao de nacionalidade indefinida;

b) a nacional de país que não tenha representação diplomática ou consular no Brasil, nem representante de outro país encarregado de protegê-lo;

c) a asilado ou a refugiado, como tal admitido no Brasil.

II — no Brasil e no exterior, ao cônjuge ou à viúva de brasileiro que haja perdido a nacionalidade originária em virtude do casamento.

PARÁGRAFO ÚNICO. A concessão de passaporte, no caso da letra b, do item I, deste artigo, dependerá de prévia consulta ao Ministério das Relações Exteriores.

Art. 56. O laissez-passer poderá ser concedido, no Brasil ou no exterior, ao estrangeiro portador de documento de viagem emitido por governo não reconhecido pelo Governo brasileiro, ou não válido para o Brasil. *(Renumerado pela Lei n. 6.964, de 9.12.81)*

§ 1º. A concessão, no exterior, de laissez-passer a estrangeiro registrado no Brasil como permanente, temporário ou asilado, dependerá de audiência prévia do Ministério da Justiça. *(Renumerado pela Lei n. 12.968, de 6.5.14, DOU 7.5.14)*

§ 2º O visto concedido pela autoridade consular poderá ser aposto a qualquer documento de viagem emitido nos padrões estabelecidos pela Organização da Aviação Civil Internacional — OACI, não implicando a aposição do visto o reconhecimento de Estado ou Governo pelo Governo brasileiro." (NR) *(Redação pela Lei n. 12.968, de 6.5.14, DOU 7.5.14)*

TÍTULO VII
Da Deportação

Art. 57. Nos casos de entrada ou estada irregular de estrangeiro, se este não se retirar voluntariamente do território nacional no prazo fixado em Regulamento, será promovida sua deportação. *(Renumerado pela Lei n. 6.964, de 9.12.81)*

§ 1º Será igualmente deportado o estrangeiro que infringir o disposto nos artigos 21, § 2º, 24, 37, § 2º, 98 a 101, §§ 1º ou 2º do artigo 104 ou artigo 105.

§ 2º Desde que conveniente aos interesses nacionais, a deportação far-se-á independentemente da fixação do prazo de que trata o caput deste artigo.

Art. 58. A deportação consistirá na saída compulsória do estrangeiro. *(Renumerado pela Lei n. 6.964, de 9.12.81)*

PARÁGRAFO ÚNICO. A deportação far-se-á para o país da nacionalidade ou de procedência do estrangeiro, ou para outro que consinta em recebê-lo.

Art. 59. Não sendo apurada a responsabilidade do transportador pelas despesas com a retirada do estrangeiro, nem podendo este ou terceiro por ela responder, serão as mesmas custeadas pelo Tesouro Nacional. *(Renumerado pela Lei n. 6.964, de 9.12.81)*

Art. 60. O estrangeiro poderá ser dispensado de quaisquer penalidades relativas à entrada ou estada irregular no Brasil ou formalidade cujo cumprimento possa dificultar a deportação. *(Renumerado pela Lei n. 6.964, de 9.12.81)*

Art. 61. O estrangeiro, enquanto não se efetivar a deportação, poderá ser recolhido à prisão por ordem do Ministro da Justiça, pelo prazo de sessenta dias. *(Renumerado pela Lei n. 6.964, de 9.12.81)*

PARÁGRAFO ÚNICO. Sempre que não for possível, dentro do prazo previsto neste artigo, determinar-se a identidade do deportando ou obter-se documento de viagem para promover a sua retirada, a prisão poderá ser prorrogada por igual período, findo o qual será ele posto em liberdade, aplicando-se o disposto no artigo 73.

Art. 62. Não sendo exequível a deportação ou quando existirem indícios sérios de periculosidade ou indesejabilidade do estrangeiro, proceder-se-á à sua expulsão. *(Renumerado pela Lei n. 6.964, de 9.12.81)*

Art. 63. Não se procederá à deportação se implicar em extradição inadmitida pela lei brasileira. *(Renumerado pela Lei n. 6.964, de 9.12.81)*

Art. 64. O deportado só poderá reingressar no território nacional se ressarcir o Tesouro Nacional, com correção monetária, das despesas com a sua deportação e efetuar, se for o caso, o pagamento da multa devida à época, também corrigida. *(Renumerado pela Lei n. 6.964, de 9.12.81)*

TÍTULO VIII
Da Expulsão

Art. 65. É passível de expulsão o estrangeiro que, de qualquer forma, atentar contra a segurança nacional, a ordem política ou social, a tranqüilidade ou moralidade pública e a economia popular, ou cujo procedimento o torne nocivo à conveniência e aos interesses nacionais. *(Renumerado pela Lei n. 6.964, de 9.12.81)*

PARÁGRAFO ÚNICO. É passível, também, de expulsão o estrangeiro que:

a) praticar fraude a fim de obter a sua entrada ou permanência no Brasil;

b) havendo entrado no território nacional com infração à lei, dele não se retirar no prazo que lhe for determinado para fazê-lo, não sendo aconselhável a deportação;

c) entregar-se à vadiagem ou à mendicância; ou

d) desrespeitar proibição especialmente prevista em lei para estrangeiro.

Art. 66. Caberá exclusivamente ao Presidente da República resolver sobre a conveniência e a oportunidade da expulsão ou de sua revogação. *(Renumerado pela Lei n. 6.964, de 9.12.81)*

PARÁGRAFO ÚNICO. A medida expulsória ou a sua revogação far-se-á por decreto.

Art. 67. Desde que conveniente ao interesse nacional, a expulsão do estrangeiro poderá efetivar-se, ainda que haja processo ou tenha ocorrido condenação. *(Renumerado pela Lei n. 6.964, de 9.12.81)*

Art. 68. Os órgãos do Ministério Público remeterão ao Ministério da Justiça, de ofício, até trinta dias após o trânsito em julgado, cópia da sentença condenatória de estrangeiro autor de crime doloso ou de qualquer crime contra a segurança nacional, a ordem política ou social, a economia popular, a moralidade ou a saúde pública, assim como da folha de antecedentes penais constantes dos autos. *(Renumerado pela Lei n. 6.964, de 9.12.81)*

PARÁGRAFO ÚNICO. O Ministro da Justiça, recebidos os documentos mencionados neste artigo, determinará a instauração de inquérito para a expulsão do estrangeiro.

Art. 69. O Ministro da Justiça, a qualquer tempo, poderá determinar a prisão, por 90 (noventa) dias, do estrangeiro submetido a processo de expulsão e, para concluir o inquérito ou assegurar a execução da medida, prorrogá-la por igual prazo. *(Renumerado pela Lei n. 6.964, de 9.12.81)*

PARÁGRAFO ÚNICO. Em caso de medida interposta junto ao Poder Judiciário que suspenda, provisoriamente, a efetivação do ato expulsório, o prazo de prisão de que trata a parte final do caput deste artigo ficará interrompido, até a decisão definitiva do Tribunal a que estiver submetido o feito.

Art. 70. Compete ao Ministro da Justiça, de ofício ou acolhendo solicitação fundamentada, determinar a instauração de inquérito para a expulsão do estrangeiro. *(Renumerado pela Lei n. 6.964, de 9.12.81)*

Art. 71. Nos casos de infração contra a segurança nacional, a ordem política ou social e a economia popular, assim como nos casos de comércio, posse ou facilitação de uso indevido de substância entorpecente ou que determine dependência física ou psíquica, ou de desrespeito à proibição especialmente prevista em lei para estrangeiro, o inquérito será sumário e não excederá o prazo de quinze dias, dentro do qual fica assegurado ao expulsando o direito de defesa. *(Renumerado pela Lei n. 6.964, de 9.12.81)*

Art. 72. Salvo as hipóteses previstas no artigo anterior, caberá pedido de reconsideração no prazo de 10 (dez) dias, a contar da publicação do decreto de expulsão, no Diário Oficial da União. *(Renumerado pela Lei n. 6.964, de 9.12.81)*

Art. 73. O estrangeiro, cuja prisão não se torne necessária, ou que tenha o prazo desta vencido, permanecerá em liberdade vigiada, em lugar designado pelo Ministério da Justiça, e guardará as normas de comportamento que lhe forem estabelecidas. *(Renumerado pela Lei n. 6.964, de 9.12.81)*

PARÁGRAFO ÚNICO. Descumprida qualquer das normas fixadas de conformidade com o disposto neste artigo ou no seguinte, o Ministro da Justiça, a qualquer tempo, poderá determinar a prisão administrativa do estrangeiro, cujo prazo não excederá a 90 (noventa) dias.

Art. 74. O Ministro da Justiça poderá modificar, de ofício ou a pedido, as normas de conduta impostas ao estrangeiro e designar outro lugar para a sua residência. *(Renumerado pela Lei n. 6.964, de 9.12.81)*

Art. 75. Não se procederá à expulsão: *(Renumerado e alterado pela Lei n. 6.964, de 9.12.81)*

I — se implicar extradição inadmitida pela lei brasileira; ou *(Incluído incisos, alíneas e §§ pela Lei n. 6.964, de 9.12.81)*

II — quando o estrangeiro tiver:

a) Cônjuge brasileiro do qual não esteja divorciado ou separado, de fato ou de direito, e desde que o casamento tenha sido celebrado há mais de 5 (cinco) anos; ou

b) filho brasileiro que, comprovadamente, esteja sob sua guarda e dele dependa economicamente.

§ 1º. não constituem impedimento à expulsão a adoção ou o reconhecimento de filho brasileiro supervenientes ao fato que o motivar.

§ 2º. Verificados o abandono do filho, o divórcio ou a separação, de fato ou de direito, a expulsão poderá efetivar-se a qualquer tempo.

TÍTULO IX

Da Extradição

Art. 76. A extradição poderá ser concedida quando o governo requerente se fundamentar em tratado, ou quando prometer ao Brasil a reciprocidade. *(Renumerado e alterado pela Lei n. 6.964, de 9.12.81)*

Art. 77. Não se concederá a extradição quando: *(Renumerado pela Lei n. 6.964, de 9.12.81)*

I — se tratar de brasileiro, salvo se a aquisição dessa nacionalidade verificar-se após o fato que motivar o pedido;

II — o fato que motivar o pedido não for considerado crime no Brasil ou no Estado requerente;

III — o Brasil for competente, segundo suas leis, para julgar o crime imputado ao extraditando;

IV — a lei brasileira impuser ao crime a pena de prisão igual ou inferior a 1 (um) ano;

V — o extraditando estiver a responder a processo ou já houver sido condenado ou absolvido no Brasil pelo mesmo fato em que se fundar o pedido;

VI — estiver extinta a punibilidade pela prescrição segundo a lei brasileira ou a do Estado requerente;

VII — o fato constituir crime político; e

VIII — o extraditando houver de responder, no Estado requerente, perante Tribunal ou Juízo de exceção.

§ 1º A exceção do item VII não impedirá a extradição quando o fato constituir, principalmente, infração da lei penal comum, ou quando o crime comum, conexo ao delito político, constituir o fato principal.

§ 2º Caberá, exclusivamente, ao Supremo Tribunal Federal, a apreciação do caráter da infração.

§ 3º O Supremo Tribunal Federal poderá deixar de considerar crimes políticos os atentados contra Chefes de Estado ou quaisquer autoridades, bem assim os atos de anarquismo, terrorismo, sabotagem, seqüestro de pessoa, ou que importem propaganda de guerra ou de processos violentos para subverter a ordem política ou social.

Art. 78. São condições para concessão da extradição: *(Renumerado pela Lei n. 6.964, de 9.12.81)*

I — ter sido o crime cometido no território do Estado requerente ou serem aplicáveis ao extraditando as leis penais desse Estado; e

II — existir sentença final de privação de liberdade, ou estar a prisão do extraditando autorizada por Juiz, Tribunal ou autoridade competente do Estado requerente, salvo o disposto no artigo 82.

Art. 79. Quando mais de um Estado requerer a extradição da mesma pessoa, pelo mesmo fato, terá preferência o pedido daquele em cujo território a infração foi cometida. *(Renumerado pela Lei n. 6.964, de 9.12.81)*

§ 1º Tratando-se de crimes diversos, terão preferência, sucessivamente:

I — o Estado requerente em cujo território haja sido cometido o crime mais grave, segundo a lei brasileira;

II — o que em primeiro lugar houver pedido a entrega do extraditando, se a gravidade dos crimes for idêntica; e

III — o Estado de origem, ou, na sua falta, o domiciliar do extraditando, se os pedidos forem simultâneos.

§ 2º Nos casos não previstos decidirá sobre a preferência o Governo brasileiro.

§ 3º Havendo tratado ou convenção com algum dos Estados requerentes, prevalecerão suas normas no que disserem respeito à preferência de que trata este artigo. *(Redação dada pela Lei n. 6.964, de 9.12.81)*

Art. 80. A extradição será requerida por via diplomática ou, quando previsto em tratado, diretamente ao Ministério da Justiça, devendo o pedido ser instruído com a cópia autêntica ou a certidão da sentença condenatória ou decisão penal proferida por juiz ou autoridade competente. *(Redação dada pela Lei n. 12.878, de 4.11.13, DOU 5.11.13)*

§ 1º O pedido deverá ser instruído com indicações precisas sobre o local, a data, a natureza e as circunstâncias do fato criminoso, a identidade do extraditando e, ainda, cópia dos textos legais sobre o crime, a competência, a pena e sua prescrição. *(Redação dada pela Lei n. 12.878, de 4.11.13, DOU 5.11.13)*

§ 2º O encaminhamento do pedido pelo Ministério da Justiça ou por via diplomática confere autenticidade aos documentos. *(Redação dada pela Lei n. 12.878, de 4.11.13, DOU 5.11.13)*

§ 3º Os documentos indicados neste artigo serão acompanhados de versão feita oficialmente para o idioma português." (NR) *(Acrescentado pela Lei n. 12.878, de 4.11.13, DOU 5.11.13)*

Art. 81. O pedido, após exame da presença dos pressupostos formais de admissibilidade exigidos nesta Lei ou em tratado, será encaminhado pelo Ministério da Justiça ao Supremo Tribunal Federal. *(Redação dada pela Lei n. 12.878, de 4.11.13, DOU 5.11.13)*

PARÁGRAFO ÚNICO. Não preenchidos os pressupostos de que trata o caput, o pedido será arquivado mediante decisão fundamentada do Ministro de Estado da Justiça, sem prejuízo de renovação do pedido, devidamente instruído, uma vez superado o óbice apontado. (NR) *(Acrescentado pela Lei n. 12.878, de 4.11.13, DOU 5.11.13)*

Art. 82. O Estado interessado na extradição poderá, em caso de urgência e antes da formalização do pedido de extradição, ou conjuntamente com este, requerer a prisão cautelar do extraditando por via diplomática ou, quando previsto em tratado, ao Ministério da Justiça, que, após exame da presença dos pressupostos formais de admissibilidade exigidos nesta Lei ou em tratado, representará ao Supremo Tribunal Federal. *(Redação dada pela Lei n. 12.878, de 4.11.13, DOU 5.11.13)*

§ 1º O pedido de prisão cautelar noticiará o crime cometido e deverá ser fundamentado, podendo ser apresentado por correio, fax, mensagem eletrônica ou qualquer outro meio que assegure a comunicação por escrito. *(Redação dada pela Lei n. 12.878, de 4.11.13, DOU 5.11.13)*

§ 2º O pedido de prisão cautelar poderá ser apresentado ao Ministério da Justiça por meio da Organização Internacional de Polícia Criminal (Interpol), devidamente instruído com a documentação comprobatória da existência de ordem de prisão proferida por Estado estrangeiro. *(Redação dada pela Lei n. 12.878, de 4.11.13, DOU 5.11.13)*

§ 3º O Estado estrangeiro deverá, no prazo de 90 (noventa) dias contado da data em que tiver sido cientificado da prisão do extraditando, formalizar o pedido de extradição. *(Redação dada pela Lei n. 12.878, de 4.11.13, DOU 5.11.13)*

§ 4º Caso o pedido não seja formalizado no prazo previsto no § 3º, o extraditando deverá ser posto em liberdade, não se admitindo novo pedido de prisão cautelar pelo mesmo fato sem que a extradição haja sido devidamente requerida. (NR) *(Acrescentado pela Lei n. 12.878, de 4.11.13, DOU 5.11.13)*

Art. 83. Nenhuma extradição será concedida sem prévio pronunciamento do Plenário do Supremo Tribunal Federal sobre sua legalidade e procedência, não cabendo recurso da decisão. *(Renumerado pela Lei n. 6.964, de 9.12.81)*

Art. 84. Efetivada a prisão do extraditando (artigo 81), o pedido será encaminhado ao Supremo Tribunal Federal. *(Renumerado pela Lei n. 6.964, de 9.12.81)*

PARÁGRAFO ÚNICO. A prisão perdurará até o julgamento final do Supremo Tribunal Federal, não sendo admitidas a liberdade vigiada, a prisão domiciliar, nem a prisão albergue.

Art. 85. Ao receber o pedido, o Relator designará dia e hora para o interrogatório do extraditando e, conforme o caso, dar-lhe-á curador ou advogado, se não o tiver, correndo do interrogatório o prazo de dez dias para a defesa. *(Renumerado pela Lei n. 6.964, de 9.12.81)*

§ 1º A defesa versará sobre a identidade da pessoa reclamada, defeito de forma dos documentos apresentados ou ilegalidade da extradição.

§ 2º Não estando o processo devidamente instruído, o Tribunal, a requerimento do Procurador-Geral da República, poderá converter o julgamento em diligência para suprir a falta no prazo improrrogável de 60 (sessenta) dias, decorridos os quais o pedido será julgado independentemente da diligência.

§ 3º O prazo referido no parágrafo anterior correrá da data da notificação que o Ministério das Relações Exteriores fizer à Missão Diplomática do Estado requerente.

Art. 86. Concedida a extradição, será o fato comunicado através do Ministério das Relações Exteriores à Missão Diplomática do Estado requerente que, no prazo de sessenta dias da comunicação, deverá retirar o extraditando do território nacional. *(Renumerado pela Lei n. 6.964, de 9.12.81)*

Art. 87. Se o Estado requerente não retirar o extraditando do território nacional no prazo do artigo anterior, será ele posto em liberdade, sem prejuízo de responder a processo de expulsão, se o motivo da extradição o recomendar. *(Renumerado pela Lei n. 6.964, de 9.12.81)*

Art. 88. Negada a extradição, não se admitirá novo pedido baseado no mesmo fato. *(Renumerado pela Lei n. 6.964, de 9.12.81)*

Art. 89. Quando o extraditando estiver sendo processado, ou tiver sido condenado, no Brasil, por crime punível com pena privativa de liberdade, a extradição será executada somente depois da conclusão do processo ou do cumprimento da pena, ressalvado, entretanto, o disposto no artigo 67. *(Renumerado pela Lei n. 6.964, de 9.12.81)*

PARÁGRAFO ÚNICO. A entrega do extraditando ficará igualmente adiada se a efetivação da medida puser em risco a sua vida por causa de enfermidade grave comprovada por laudo médico oficial.

Art. 90. O Governo poderá entregar o extraditando ainda que responda a processo ou esteja condenado por contravenção. *(Renumerado pela Lei n. 6.964, de 9.12.81)*

Art. 91. Não será efetivada a entrega sem que o Estado requerente assuma o compromisso: *(Renumerado pela Lei n. 6.964, de 9.12.81)*

I — de não ser o extraditando preso nem processado por fatos anteriores ao pedido;

II — de computar o tempo de prisão que, no Brasil, foi imposta por força da extradição;

III — de comutar em pena privativa de liberdade a pena corporal ou de morte, ressalvados, quanto à última, os casos em que a lei brasileira permitir a sua aplicação;

IV — de não ser o extraditando entregue, sem consentimento do Brasil, a outro Estado que o reclame; e

V — de não considerar qualquer motivo político, para agravar a pena.

Art. 92. A entrega do extraditando, de acordo com as leis brasileiras e respeitado o direito de terceiro, será feita com os objetos e instrumentos do crime encontrados em seu poder. *(Renumerado pela Lei n. 6.964, de 9.12.81)*

PARÁGRAFO ÚNICO. Os objetos e instrumentos referidos neste artigo poderão ser entregues independentemente da entrega do extraditando.

Art. 93. O extraditando que, depois de entregue ao Estado requerente, escapar à ação da Justiça e homiziar-se no Brasil, ou por ele transitar, será detido mediante pedido feito diretamente por via diplomática, e de novo entregue sem outras formalidades. *(Renumerado pela Lei n. 6.964, de 9.12.81)*

Art. 94. Salvo motivo de ordem pública, poderá ser permitido, pelo Ministro da Justiça, o trânsito, no território nacional, de pessoas extraditadas por Estados estrangeiros, bem assim o da respectiva guarda, mediante apresentação de documentos comprobatórios de concessão da medida. *(Renumerado pela Lei n. 6.964, de 9.12.81)*

TÍTULO X

Dos Direitos e Deveres do Estrangeiro

Art. 95. O estrangeiro residente no Brasil goza de todos os direitos reconhecidos aos brasileiros, nos termos da Constituição e das leis. *(Renumerado pela Lei n. 6.964, de 9.12.81)*

Art. 96. Sempre que lhe for exigido por qualquer autoridade ou seu agente, o estrangeiro deverá exibir documento comprobatório de sua estada legal no território nacional. *(Renumerado pela Lei n. 6.964, de 9.12.81)*

PARÁGRAFO ÚNICO. Para os fins deste artigo e dos artigos 43, 45, 47 e 48, o documento deverá ser apresentado no original.

Art. 97. O exercício de atividade remunerada e a matrícula em estabelecimento de ensino são permitidos ao estrangeiro com as restrições estabelecidas nesta Lei e no seu Regulamento. *(Renumerado pela Lei n. 6.964, de 9.12.81)*

Art. 98. Ao estrangeiro que se encontra no Brasil ao amparo de visto de turista, de trânsito ou temporário de que trata o artigo 13, item IV, bem como aos dependentes de titulares de quaisquer vistos temporários é vedado o exercício de atividade remunerada. Ao titular de visto temporário de que trata o artigo 13, item VI, é vedado o exercício de atividade remunerada por fonte brasileira. *(Renumerado pela Lei n. 6.964, de 9.12.81)*

Art. 99. Ao estrangeiro titular de visto temporário e ao que se encontre no Brasil na condição do artigo 21, § 1º, é vedado estabelecer-se com firma individual, ou exercer cargo ou função de administrador, gerente ou diretor de sociedade comercial ou civil, bem como inscrever-se em entidade fiscalizadora do exercício de profissão regulamentada. *(Renumerado pela Lei n. 6.964, de 9.12.81)*

PARÁGRAFO ÚNICO. Aos estrangeiros portadores do visto de que trata o inciso V do art. 13 é permitida a inscrição temporária em entidade fiscalizadora do exercício de profissão regulamentada. *(Incluído pela Lei n. 6.964, de 9.12.81)*

Art. 100. O estrangeiro admitido na condição de temporário, sob regime de contrato, só poderá exercer atividade junto à entidade pela qual foi contratado, na oportunidade da concessão do visto, salvo autorização expressa do Ministério da Justiça, ouvido o Ministério do Trabalho. *(Renumerado pela Lei n. 6.964, de 9.12.81)*

Art. 101. O estrangeiro admitido na forma do artigo 18, ou do artigo 37, § 2º, para o desempenho de atividade profissional certa, e a fixação em região determinada, não poderá, dentro do prazo que lhe for fixado na oportunidade da concessão ou da transformação do visto, mudar de domicílio nem de atividade profissional, ou exercê-la fora daquela região, salvo em caso excepcional, mediante autorização prévia do Ministério da Justiça, ouvido o Ministério do Trabalho, quando necessário. *(Renumerado pela Lei n. 6.964, de 9.12.81)*

Art. 102. O estrangeiro registrado é obrigado a comunicar ao Ministério da Justiça a mudança do seu domicílio ou residência, devendo fazê-lo nos 30 (trinta) dias imediatamente seguintes à sua efetivação. *(Renumerado pela Lei n. 6.964, de 9.12.81)*

Art. 103. O estrangeiro que adquirir nacionalidade diversa da constante do registro (art. 30), deverá, nos noventa dias seguintes, requerer a averbação da nova nacionalidade em seus assentamentos. *(Renumerado pela Lei n. 6.964, de 9.12.81)*

Art. 104. O portador de visto de cortesia, oficial ou diplomático só poderá exercer atividade remunerada em favor do Estado estrangeiro, organização ou agência internacional de caráter intergovernamental a cujo serviço se encontre no País, ou do Governo ou de entidade brasileiros, mediante instrumento internacional firmado com outro Governo que encerre cláusula específica sobre o assunto. *(Renumerado pela Lei n. 6.964, de 9.12.81)*

§ 1º O serviçal com visto de cortesia só poderá exercer atividade remunerada a serviço particular de titular de visto de cortesia, oficial ou diplomático.

§ 2º A missão, organização ou pessoa, a cujo serviço se encontra o serviçal, fica responsável pela sua saída do território nacional, no prazo de 30 (trinta) dias, a contar da data em que cessar o vínculo empregatício, sob pena de deportação do mesmo.

§ 3º Ao titular de quaisquer dos vistos referidos neste artigo não se aplica o disposto na legislação trabalhista brasileira.

Art. 105. Ao estrangeiro que tenha entrado no Brasil na condição de turista ou em trânsito é proibido o engajamento como tripulante em porto brasileiro, salvo em navio de bandeira de seu país, por viagem não redonda, a requerimento do transportador ou do seu agente, mediante autorização do Ministério da Justiça. *(Renumerado pela Lei n. 6.964, de 9.12.81)*

Art. 106. É vedado ao estrangeiro: *(Renumerado pela Lei n. 6.964, de 9.12.81)*

I — ser proprietário, armador ou comandante de navio nacional, inclusive nos serviços de navegação fluvial e lacustre;

II — ser proprietário de empresa jornalística de qualquer espécie, e de empresas de televisão e de radiodifusão, sócio ou acionista de sociedade proprietária dessas empresas;

III — ser responsável, orientador intelectual ou administrativo das empresas mencionadas no item anterior;

IV — obter concessão ou autorização para a pesquisa, prospecção, exploração e aproveitamento das jazidas, minas e demais recursos minerais e dos potenciais de energia hidráulica;

V — ser proprietário ou explorador de aeronave brasileira, ressalvado o disposto na legislação específica;

VI — ser corretor de navios, de fundos públicos, leiloeiro e despachante aduaneiro;

VII — participar da administração ou representação de sindicato ou associação profissional, bem como de entidade fiscalizadora do exercício de profissão regulamentada;

VIII — ser prático de barras, portos, rios, lagos e canais;

IX — possuir, manter ou operar, mesmo como amador, aparelho de radiodifusão, de radiotelegrafia e similar, salvo reciprocidade de tratamento; e

X — prestar assistência religiosa às Forças Armadas e auxiliares, e também aos estabelecimentos de internação coletiva.

§ 1º O disposto no item I deste artigo não se aplica aos navios nacionais de pesca.

§ 2º Ao português, no gozo dos direitos e obrigações previstos no Estatuto da Igualdade, apenas lhe é defeso:

a) assumir a responsabilidade e a orientação intelectual e administrativa das empresas mencionadas no item II deste artigo;

b) ser proprietário, armador ou comandante de navio nacional, inclusive de navegação fluvial e lacustre, ressalvado o disposto no parágrafo anterior; e

c) prestar assistência religiosa às Forças Armadas e auxiliares.

Art. 107. O estrangeiro admitido no território nacional não pode exercer atividade de natureza política, nem se imiscuir, direta ou indiretamente, nos negócios públicos do Brasil, sendo-lhe especialmente vedado: *(Renumerado pela Lei n. 6.964, de 9.12.81)*

I — organizar, criar ou manter sociedade ou quaisquer entidades de caráter político, ainda que tenham por fim apenas a propaganda ou a difusão, exclusivamente entre compatriotas, de idéias, programas ou normas de ação de partidos políticos do país de origem;

II — exercer ação individual, junto a compatriotas ou não, no sentido de obter, mediante coação ou constrangimento de qualquer natureza, adesão a ideias, programas ou normas de ação de partidos ou facções políticas de qualquer país;

III — organizar desfiles, passeatas, comícios e reuniões de qualquer natureza, ou deles participar, com os fins a que se referem os itens I e II deste artigo.

PARÁGRAFO ÚNICO. O disposto no caput deste artigo não se aplica ao português beneficiário do Estatuto da Igualdade ao qual tiver sido reconhecido o gozo de direitos políticos.

Art. 108. É lícito aos estrangeiros associarem-se para fins culturais, religiosos, recreativos, beneficentes ou de assistência, filiarem-se a clubes sociais e desportivos, e a quaisquer outras entidades com iguais fins, bem como participarem de reunião comemorativa de datas nacionais ou acontecimentos de significação patriótica. *(Renumerado pela Lei n. 6.964, de 9.12.81)*

PARÁGRAFO ÚNICO. As entidades mencionadas neste artigo, se constituídas de mais da metade de associados estrangeiros, somente poderão funcionar mediante autorização do Ministro da Justiça.

Art. 109. A entidade que houver obtido registro mediante falsa declaração de seus fins ou que, depois de registrada, passar a exercer atividades proibidas ilícitas, terá sumariamente cassada a autorização a que se refere o parágrafo único do artigo anterior e o seu funcionamento será suspenso por ato do Ministro da Justiça, até final julgamento do processo de dissolução, a ser instaurado imediatamente. *(Renumerado e alterado pela Lei n. 6.964, de 9.12.81)*

Art. 110. O Ministro da Justiça poderá, sempre que considerar conveniente aos interesses nacionais, impedir a realização, por estrangeiros, de conferências, congressos e exibições artísticas ou folclóricas. *(Renumerado pela Lei n. 6.964, de 9.12.81)*

TÍTULO XI
Da Naturalização

CAPÍTULO I
Das Condições

Art. 111. A concessão da naturalização nos casos previstos no artigo 145, item II, alínea b, da

Constituição, é faculdade exclusiva do Poder Executivo e far-se-á mediante portaria do Ministro da Justiça. *(Renumerado pela Lei n. 6.964, de 9.12.81)*

Art. 112. São condições para a concessão da naturalização: *(Renumerado pela Lei n. 6.964, de 9.12.81)*

I — capacidade civil, segundo a lei brasileira;

II — ser registrado como permanente no Brasil;

III — residência contínua no território nacional, pelo prazo mínimo de quatro anos, imediatamente anteriores ao pedido de naturalização;

IV — ler e escrever a língua portuguesa, consideradas as condições do naturalizando;

V — exercício de profissão ou posse de bens suficientes à manutenção própria e da família;

VI — bom procedimento;

VII — inexistência de denúncia, pronúncia ou condenação no Brasil ou no exterior por crime doloso a que seja cominada pena mínima de prisão, abstratamente considerada, superior a 1 (um) ano; e

VIII — boa saúde.

§ 1º Não se exigirá a prova de boa saúde a nenhum estrangeiro que residir no País há mais de dois anos. *(Incluído pela Lei n. 6.964, de 9.12.81)*

§ 2º Verificada, a qualquer tempo, a falsidade ideológica ou material de qualquer dos requisitos exigidos neste artigo ou nos arts. 113 e 114 desta Lei, será declarado nulo o ato de naturalização sem prejuízo da ação penal cabível pela infração cometida. *(Renumerado e alterado pela Lei n. 6.964, de 9.12.81)*

§ 3º A declaração de nulidade a que se refere o parágrafo anterior processar-se-á administrativamente, no Ministério da Justiça, de ofício ou mediante representação fundamentada, concedido ao naturalizado, para defesa, o prazo de quinze dias, contados da notificação. *(Renumerado pela Lei n. 6.964, de 9.12.81)*

Art. 113. O prazo de residência fixado no artigo 112, item III, poderá ser reduzido se o naturalizando preencher quaisquer das seguintes condições: *(Renumerado pela Lei n. 6.964, de 9.12.81)*

I — ter filho ou cônjuge brasileiro;

II — ser filho de brasileiro;

III — haver prestado ou poder prestar serviços relevantes ao Brasil, a juízo do Ministro da Justiça;

IV — recomendar-se por sua capacidade profissional, científica ou artística; ou

V — ser proprietário, no Brasil, de bem imóvel, cujo valor seja igual, pelo menos, a mil vezes o Maior Valor de Referência; ou ser industrial que disponha de fundos de igual valor; ou possuir cota ou ações integralizadas de montante, no mínimo, idêntico, em sociedade comercial ou civil, destinada, principal e permanentemente, à exploração de atividade industrial ou agrícola.

PARÁGRAFO ÚNICO. A residência será, no mínimo, de um ano, nos casos dos itens I a III; de dois anos, no do item IV; e de três anos, no do item V.

Art. 114. Dispensar-se-á o requisito da residência, exigindo-se apenas a estada no Brasil por trinta dias, quando se tratar: *(Renumerado pela Lei n. 6.964, de 9.12.81)*

I — de cônjuge estrangeiro casado há mais de cinco anos com diplomata brasileiro em atividade; ou

II — de estrangeiro que, empregado em Missão Diplomática ou em Repartição Consular do Brasil, contar mais de 10 (dez) anos de serviços ininterruptos.

Art. 115. O estrangeiro que pretender a naturalização deverá requerê-la ao Ministro da Justiça, declarando: nome por extenso, naturalidade, nacionalidade, filiação, sexo, estado civil, dia, mês e ano de nascimento, profissão, lugares onde haja residido anteriormente no Brasil e no exterior, se satisfaz ao requisito a que alude o artigo 112, item VII e se deseja ou não traduzir ou adaptar o seu nome à língua portuguesa. *(Renumerado pela Lei n. 6.964, de 9.12.81)*

§ 1º. A petição será assinada pelo naturalizando e instruída com os documentos a serem especificados em regulamento. *(Incluído pela Lei n. 6.964, de 9.12.81)*

§ 2º. Exigir-se-á a apresentação apenas de documento de identidade para estrangeiro, atestado policial de residência contínua no Brasil e atestado policial de antecedentes, passado pelo serviço competente do lugar de residência no Brasil, quando se tratar de: *(Incluído § e incisos pela Lei n. 6.964, de 9.12.81)*

I — estrangeiro admitido no Brasil até a idade de 5 (cinco) anos, radicado definitivamente no território nacional, desde que requeira a naturalização até 2 (dois) anos após atingir a maioridade;

II — estrangeiro que tenha vindo residir no Brasil antes de atingida a maioridade e haja feito curso superior em estabelecimento nacional de ensino, se requerida a naturalização até 1 (um) ano depois da formatura.

§ 3º. Qualquer mudança de nome ou de prenome, posteriormente à naturalização, só por exceção e motivadamente será permitida, mediante autorização do Ministro da Justiça. *(Parágrafo único transformado em § 3º pela Lei n. 6.964, de 9.12.81)*

Art. 116. O estrangeiro admitido no Brasil durante os primeiros 5 (cinco) anos de vida, estabelecido definitivamente no território nacional, poderá, enquanto menor, requerer ao Ministro da Justiça, por intermédio de seu representante legal, a emissão de certificado provisório de naturalização, que valerá como prova de nacionalidade brasileira até dois anos depois de atingida a maioridade. *(Renumerado pela Lei n. 6.964, de 9.12.81)*

PARÁGRAFO ÚNICO. A naturalização se tornará definitiva se o titular do certificado provisório, até dois anos após atingir a maioridade, confirmar expressamente a intenção de continuar brasileiro, em requerimento dirigido ao Ministro da Justiça.

Art. 117. O requerimento de que trata o artigo 115, dirigido ao Ministro da Justiça, será apresentado, no Distrito Federal, Estados e Territórios, ao órgão competente do Ministério da Justiça, que procederá à sindicância sobre a vida pregressa do naturalizando e opinará quanto à conveniência da naturalização. *(Renumerado pela Lei n. 6.964, de 9.12.81)*

Art. 118. Recebido o processo pelo dirigente do órgão competente do Ministério da Justiça, poderá ele determinar, se necessário, outras diligências. Em qualquer hipótese, o processo deverá ser submetido, com parecer, ao Ministro da Justiça. *(Renumerado pela Lei n. 6.964, de 9.12.81)*

PARÁGRAFO ÚNICO. O dirigente do órgão competente do Ministério da Justiça determinará o arquivamento do pedido, se o naturalizando não satisfizer, conforme o caso, a qualquer das condições previstas no artigo 112 ou 116, cabendo reconsideração desse despacho; se o arquivamento for mantido, poderá o naturalizando recorrer ao Ministro da Justiça; em ambos os casos, o prazo é de trinta dias contados da publicação do ato.

Art. 119. Publicada no Diário Oficial a portaria de naturalização, será ela arquivada no órgão competente do Ministério da Justiça, que emitirá certificado relativo a cada naturalizando, o qual será solenemente entregue, na forma fixada em Regulamento, pelo juiz federal da cidade onde tenha domicílio o interessado. *(Renumerado o art. 118 para art. 119 e alterado pela Lei n. 6.964, de 9.12.81)*

§ 1º. Onde houver mais de um juiz federal, a entrega será feita pelo da Primeira Vara. *(Incluído alterado pela Lei n. 6.964, de 9.12.81)*

§ 2º. Quando não houver juiz federal na cidade em que tiverem domicílio os interessados, a entrega será feita através do juiz ordinário da comarca e, na sua falta, pelo da comarca mais próxima. *(Incluído alterado pela Lei n. 6.964, de 9.12.81)*

§ 3º. A naturalização ficará sem efeito se o certificado não for solicitado pelo naturalizando no prazo de doze meses contados da data de publicação do ato, salvo motivo de força maior, devidamente comprovado. *(Parágrafo único transformado em em § 3º pela Lei n. 6.964, de 9.12.81)*

Art. 120. No curso do processo de naturalização, poderá qualquer do povo impugná-la, desde que o faça fundamentadamente. *(Renumerado pela Lei n. 6.964, de 9.12.81)*

Art. 121. A satisfação das condições previstas nesta Lei não assegura ao estrangeiro direito à naturalização. *(Renumerado pela Lei n. 6.964, de 9.12.81)*

CAPÍTULO II
Dos Efeitos da Naturalização

Art. 122. A naturalização, salvo a hipótese do artigo 116, só produzirá efeitos após a entrega do certificado e confere ao naturalizado o gozo de todos os direitos civis e políticos, excetuados os que a Constituição Federal atribui exclusivamente ao brasileiro nato. *(Renumerado pela Lei n. 6.964, de 9.12.81)*

Art. 123. A naturalização não importa aquisição da nacionalidade brasileira pelo cônjuge e filhos do naturalizado, nem autoriza que estes entrem ou se radiquem no Brasil sem que satisfaçam às exigências desta Lei. *(Renumerado pela Lei n. 6.964, de 9.12.81)*

Art. 124. A naturalização não extingue a responsabilidade civil ou penal a que o naturalizando estava anteriormente sujeito em qualquer outro país. *(Renumerado pela Lei n. 6.964, de 9.12.81)*

TÍTULO XII
Das Infrações, Penalidades e seu Procedimento

CAPÍTULO I
Das Infrações e Penalidades

Art. 125. Constitui infração, sujeitando o infrator às penas aqui cominadas: *(Renumerado pela Lei n. 6.964, de 9.12.81)*

I — entrar no território nacional sem estar autorizado (clandestino):

Pena: deportação.

II — demorar-se no território nacional após esgotado o prazo legal de estada:

Pena: multa de um décimo do Maior Valor de Referência, por dia de excesso, até o máximo de 10 (dez) vezes o Maior Valor de Referência, e deportação, caso não saia no prazo fixado.

III — deixar de registrar-se no órgão competente, dentro do prazo estabelecido nesta Lei (artigo 30):

Pena: multa de um décimo do Maior Valor de Referência, por dia de excesso, até o máximo de 10 (dez) vezes o Maior Valor de Referência.

IV — deixar de cumprir o disposto nos artigos 96, 102 e 103:

Pena: multa de duas a dez vezes o Maior Valor de Referência.

V — deixar a empresa transportadora de atender à manutenção ou promover a saída do território nacional do clandestino ou do impedido (artigo 27):

Pena: multa de 30 (trinta) vezes o Maior Valor de Referência, por estrangeiro.

VI — transportar para o Brasil estrangeiro que esteja sem a documentação em ordem:

Pena: multa de dez vezes o Maior Valor de Referência, por estrangeiro, além da responsabilidade pelas despesas com a retirada deste do território nacional. *(Redação dada pela Lei n. 6.964, de 9.12.81)*

VII — empregar ou manter a seu serviço estrangeiro em situação irregular ou impedido de exercer atividade remunerada:

Pena: multa de 30 (trinta) vezes o Maior Valor de Referência, por estrangeiro.

VIII — infringir o disposto nos artigos 21, § 2º, 24, 98, 104, §§ 1º ou 2º e 105:

Pena: deportação.

IX — infringir o disposto no artigo 25:

Pena: multa de 5 (cinco) vezes o Maior Valor de Referência para o resgatador e deportação para o estrangeiro.

X — infringir o disposto nos artigos 18, 37, § 2º, ou 99 a 101:

Pena: cancelamento do registro e deportação.

XI — infringir o disposto no artigo 106 ou 107:

Pena: detenção de 1 (um) a 3 (três) anos e expulsão.

XII — introduzir estrangeiro clandestinamente ou ocultar clandestino ou irregular:

Pena: detenção de 1 (um) a 3 (três) anos e, se o infrator for estrangeiro, expulsão.

XIII — fazer declaração falsa em processo de transformação de visto, de registro, de alteração de assentamentos, de naturalização, ou para a obtenção de passaporte para estrangeiro, laissez-passer, ou, quando exigido, visto de saída:

Pena: reclusão de 1 (um) a 5 (cinco) anos e, se o infrator for estrangeiro, expulsão.

XIV — infringir o disposto nos artigos 45 a 48:

Pena: multa de 5 (cinco) a 10 (dez) vezes o Maior Valor de Referência.

XV — infringir o disposto no artigo 26, § 1º ou 64:

Pena: deportação e na reincidência, expulsão.

XVI — infringir ou deixar de observar qualquer disposição desta Lei ou de seu Regulamento para a qual não seja cominada sanção especial:

Pena: multa de 2 (duas) a 5 (cinco) vezes o Maior Valor de Referência.

PARÁGRAFO ÚNICO. As penalidades previstas no item XI, aplicam-se também aos diretores das entidades referidas no item I do artigo 107.

Art. 126. As multas previstas neste Capítulo, nos casos de reincidência, poderão ter os respectivos valores aumentados do dobro ao quíntuplo. *(Renumerado pela Lei n. 6.964, de 9.12.81)*

CAPÍTULO II

Do Procedimento para Apuração das Infrações

Art. 127. A infração punida com multa será apurada em processo administrativo, que terá por base o respectivo auto, conforme se dispuser em Regulamento. *(Renumerado pela Lei n. 6.964, de 9.12.81)*

Art. 128. No caso do artigo 125, itens XI a XIII, observar-se-á o Código de Processo Penal e, nos casos de deportação e expulsão, o disposto nos Títulos VII e VIII desta Lei, respectivamente. *(Renumerado pela Lei n. 6.964, de 9.12.81)*

TÍTULO XIII

Disposições Gerais e Transitórias

Art. 128. *(Revogado pela Lei n. 8.422, de 13.5.92)*

Art. 129. *(Revogado pela Lei n. 8.422, de 13.5.92)*

Art. 130. O Poder Executivo fica autorizado a firmar acordos internacionais pelos quais, observado o princípio da reciprocidade de tratamento a brasileiros e respeitados a conveniência e os interesses nacionais, estabeleçam-se as condições para a concessão, gratuidade, isenção ou dispensa dos vistos estatuídos nesta Lei. *(Renumerado pela Lei n. 6.964, de 9.12.81)*

Art. 131. Fica aprovada a Tabela de Emolumentos Consulares e Taxas que integra esta Lei. *(Renumerado pela Lei n. 6.964, de 9.12.81) — (Vide Decreto-Lei n. 2.236, de 23.01.1985)*

§ 1º Os valores das taxas incluídas na tabela terão reajustamento anual na mesma proporção do coeficiente do valor de referências.

§ 2º O Ministro das Relações Exteriores fica autorizado a aprovar, mediante Portaria, a revisão dos valores dos emolumentos consulares, tendo em conta a taxa de câmbio do cruzeiro-ouro com as principais moedas de livre convertibilidade.

Art. 132. Fica o Ministro da Justiça autorizado a instituir modelo único de Cédula de Identidade para estrangeiro, portador de visto temporário ou permanente, a qual terá validade em todo o território nacional e substituirá as carteiras de identidade em vigor. *(Renumerado pela Lei n. 6.964, de 9.12.81)*

PARÁGRAFO ÚNICO. Enquanto não for criada a cédula de que trata este artigo, continuarão válidas:

I — as Carteiras de Identidade emitidas com base no artigo 135 do Decreto n. 3.010, de 20 de agosto de 1938, bem como as certidões de que trata o § 2º, do artigo 149, do mesmo Decreto; e

II — as emitidas e as que o sejam, com base no Decreto-Lei n. 670, de 3 de julho de 1969, e nos artigos 57, § 1º, e 60, § 2º, do Decreto n. 66.689, de 11 de junho de 1970.

Art. 133. *(Revogado pela Lei n. 7.180, de 20.12.1983)*

Art. 134. Poderá ser regularizada, provisoriamente, a situação dos estrangeiros de que trata o artigo anterior. *(Incluído pela Lei n. 6.964, de 9.12.81)*

§ 1º. Para os fins deste artigo, fica instituído no Ministério da Justiça o registro provisório de estrangeiro.

§ 2º. O registro de que trata o parágrafo anterior implicará na expedição de cédula de identidade, que permitirá ao estrangeiro em situação ilegal o exercício de atividade remunerada e a livre locomoção no território nacional.

§ 3º. O pedido de registro provisório deverá ser feito no prazo de 120 (cento e vinte) dias, a contar da data de publicação desta Lei.

§ 4º. A petição, em formulário próprio, será dirigida ao órgão do Departamento de Polícia mais próximo do domicílio do interessado e instruída com um dos seguintes documentos:

I — cópia autêntica do passaporte ou documento equivalente;

II — certidão fornecida pela representação diplomática ou consular do país de que seja nacional o estrangeiro, atestando a sua nacionalidade;

III — certidão do registro de nascimento ou casamento;

IV — qualquer outro documento idôneo que permita à Administração conferir os dados de qualificação do estrangeiro.

§ 5º. O registro provisório e a cédula de identidade, de que trata este artigo, terão prazo de validade de dois anos improrrogáveis, ressalvado o disposto no parágrafo seguinte.

§ 6º. Firmados, antes de esgotar o prazo previsto no § 5º. os acordos bilaterais, referidos no artigo anterior, os nacionais dos países respectivos deverão requerer a regularização de sua situação, no prazo previsto na alínea c, do item II do art. 133.

§ 7º. O Ministro da Justiça instituirá modelo especial da cédula de identidade de que trata este artigo.

Art. 135. O estrangeiro que se encontre residindo no Brasil na condição prevista no artigo 26 do Decreto-Lei n. 941, de 13 de outubro de 1969, deverá, para continuar a residir no território nacional, requerer permanência ao órgão competente do Ministério da Justiça dentro do prazo de 90 (noventa) dias improrrogáveis, a contar da data da entrada em vigor desta Lei. *(Renumerado pela Lei n. 6.964, de 9.12.81)*

PARÁGRAFO ÚNICO. Independerá da satisfação das exigências de caráter especial referidas no artigo 17 desta Lei a autorização a que alude este artigo.

Art. 136. Se o estrangeiro tiver ingressado no Brasil até 20 de agosto de 1938, data da entrada em vigor do Decreto n. 3.010, desde que tenha mantido residência contínua no território nacional, a partir daquela data, e prove a qualificação, inclusive a nacionalidade, poderá requerer permanência ao órgão competente do Ministério da Justiça, observado o disposto no parágrafo único do artigo anterior. *(Renumerado pela Lei n. 6.964, de 9.12.81)*

Art. 137. Aos processos em curso no Ministério da Justiça, na data de publicação desta Lei, aplicar-se-á o disposto no Decreto-lei n.. 941, de 13 de outubro de 1969, e no seu Regulamento, Decreto n. 66.689, de 11 de junho de 1970. *(Renumerado o art. 135 para art. 137e alterado pela Lei n. 6.964, de 9.12.81)*

PARÁGRAFO ÚNICO. O disposto neste artigo não se aplica aos processos de naturalização, sobre os quais incidirão, desde logo, as normas desta Lei. *(Alterado pela Lei n. 6.964, de 9.12.81)*

Art. 138. Aplica-se o disposto nesta Lei às pessoas de nacionalidade portuguesa, sob reserva de disposições especiais expressas na Constituição Federal ou nos tratados em vigor. *(Incluído pela Lei n. 6.964, de 9.12.81)*

Art. 139. Fica o Ministro da Justiça autorizado a delegar a competência, que esta lei lhe atribui, para determinar a prisão do estrangeiro, em caso de deportação, expulsão e extradição. *(Incluído pela Lei n. 6.964, de 9.12.81)*

Art. 140. Esta Lei entrará em vigor na data de sua publicação. *(Desmembrado pela Lei n. 6.964, de 9.12.81)*

Art. 141. Revogadas as disposições em contrário, especialmente o Decreto-lei n. 406, de 4 de maio de 1938; artigo 69 do Decreto-lei n. 3.688, de 3 de outubro de 1941; Decreto-lei n. 5.101, de 17 de dezembro de 1942; Decreto-lei n. 7.967, de 18 de setembro de 1945; Lei n. 5.333, de 11 de outubro de 1967; Decreto-Lei n. 417, de 10 de janeiro de 1969; Decreto-lei n. 941, de 13 de outubro de 1969; artigo 2º da Lei n. 5.709, de 7 de outubro de 1971, e Lei n. 6.262, de 18 de novembro de 1975. (Desmembrado pela Lei n. 6.964, de 9.12.81)

Brasília, 19 de agosto de 1980; 159º da Independência e 92º da República.

JOÃO FIGUEIREDO
Ibrahim Abi-Ackel
R. S. Guerreiro
Angelo Amaury Stábile
Murilo Macêdo
Waldyr Mendes Arcoverde
Danilo Venturini

ANEXO

Tabela de Emolumentos e Taxas

(Art. 131 da Leí n. 6.815, de 19 de agosto de 1980)

(Vide Decreto-lei n. 2.236, de 23.01.1985)

I — Emolumentos Consulares

— Concessão de passaporte e "lassez-passer" para estrangeiro: Cr$ 15,00 (quinze cruzeiros) ouro.

— Visto em passaporte estrangeiro:

a. visto de trânsito: Cr$ 5,00 (cinco cruzeiros) ouro.

b. visto de turista: Cr$ 5,00 (cinco cruzeiros) ouro.

c. visto temporário: Cr$ 10,00 (dez cruzeiros) ouro.

d. visto permanente: Cr$ 10,00 (dez cruzeiros) ouro.

II — Taxas *(Vide Lei Complementar n. 89, de 1997)*

— Pedido de visto de saída: Cr$ 300,00 (trezentos cruzeiros).

— Pedido de transformação de visto: Cr$ 4.000,00 (quatro mil cruzeiros).

— Pedido de prorrogação de prazo de estada do titular de visto de turista ou temporário: Cr$ 2.000, 00 (dois mil cruzeiros).

— Pedido de passaporte para estrangeiro ou *"laissez-passer"* — 1,0 (um) maior valor de referência; *(Redação dada pelo Decreto-Lei n. 2.236, 23.1.1985)*

— Pedido de retificação de assentamentos no registro de estrangeiro: Cr$ 600,00 (seiscentos cruzeiros).

— Pedido de registro temporário ou permanente: Cr 600,00 (seiscentos cruzeiros).

— Pedido de restabelecimento de registro temporário ou permanente: Cr$ 1.000,00 (hum mil cruzeiros).

— Pedido de autorização para funcionamento de sociedade, Cr$2.000,00 (dois mil cruzeiros). *(Incluído pela Lei n. 6.964, de 9.12.1981)*

— Pedido de registro de sociedade: Cr$ 2.000,00 (dois mil cruzeiros).

— Pedido de naturalização: Cr$ 1.000,00 (hum mil cruzeiros).

— Pedido de certidão: Cr$ 600,00 (seiscentos cruzeiros) por ato a certificar.

— Pedido de visto em contrato de trabalho: Cr$ 2.000,00 (dois mil cruzeiros).

— Emissão de documento de identidade (artigos 33 e 132): Primeira via — 1,0 (um) maior valor de referência; *(Redação dada pelo Decreto-Lei n. 2.236, 23.1.1985)*

Outras vias — 1,5 (um e meio) maior valor de referência;

Substituição — 0,6 (seis décimos) do maior valor de referência.

— Pedido de reconsideração de despacho e recurso: o dobro da taxa devida no pedido inicial.

DECRETO N. 840, DE 22 DE JUNHO DE 1993

DISPÕE SOBRE A ORGANIZAÇÃO E O FUNCIONAMENTO DO CONSELHO NACIONAL DE IMIGRAÇÃO E DÁ OUTRAS PROVIDÊNCIAS

O PRESIDENTE DA REPÚBLICA, no uso das atribuições que lhe confere o art. 84, incisos IV e VI, da Constituição, e tendo em vista o disposto nos arts. 16, inciso VIII, letra d, e 19, inciso VII, letra b, da Lei n. 8.490, de 19 de novembro de 1992,

DECRETA:

Art. 1º Ao Conselho Nacional de Imigração, órgão de deliberação coletiva, integrante do Ministério do Trabalho, nos termos da Lei n. 8.490, de 19 de novembro de 1992, compete:

I — formular a política de imigração;

II — coordenar e orientar as atividades de imigração;

III — efetuar o levantamento periódico das necessidades de mão de obra estrangeira qualificada, para admissão em caráter permanente ou temporário;

IV — definir as regiões de que trata o art. 18 da Lei n. 6.815, de 19 de agosto de 1980, e elaborar os respectivos planos de imigração;

V — promover ou fornecer estudos de problemas relativos à imigração;

VI — estabelecer normas de seleção de imigrantes, visando proporcionar mão de obra especializada aos vários setores da economia nacional e captar recursos para setores específicos;

VII dirimir as dúvidas e solucionar os casos omissos, no que diz respeito a imigrantes;

VIII opinar sobre alteração da legislação relativa à imigração, quando proposta por qualquer órgão do Poder Executivo;

IX — elaborar seu regimento interno, que deverá ser submetido à aprovação do Ministro de Estado do Trabalho.

Art. 2º O Conselho Nacional de Imigração terá a seguinte composição: *(Redação dada pelo Dec. n. 3.574, de 23.8.2000)*

I — um representante de cada Ministério a seguir indicado: *(Redação dada pelo Dec. n. 3.574, de 23.8.2000)*

a) do Trabalho e Emprego, que o presidirá; *(Alínea incluída pelo Dec. n. 3.574, de 23.8.2000)*

b) da Justiça; *(Alínea incluída pelo Dec. n. 3.574, de 23.8.2000)*

c) das Relações Exteriores; *(Alínea incluída pelo Dec. n. 3.574, de 23.8.2000)*

d) da Agricultura e do Abastecimento; *(Alínea incluída pelo Dec. n. 3.574, de 23.8.2000)*

e) da Ciência e Tecnologia; *(Alínea incluída pelo Dec. n. 3.574, de 23.8.2000)*

f) do Desenvolvimento, Indústria e Comércio Exterior; *(Alínea incluída pelo Dec. n. 3.574, de 23.8.2000)*

g) da Saúde; *(Alínea incluída pelo Dec. n. 3.574, de 23.8.2000)*

h) da Educação; *(Alínea incluída pelo Dec. n. 3.574, de 23.8.2000)*

II — cinco representantes dos trabalhadores; *(Redação dada pelo Dec. n. 3.574, de 23.8.2000)*

III — cinco representantes dos empregadores; *(Redação dada pelo Dec. n. 3.574, de 23.8.2000)*

IV — um representante da comunidade científica e tecnológica. *(Redação dada pelo Dec. n. 3.574, de 23.8.2000)*

PARÁGRAFO ÚNICO. Os membros do Conselho e os respectivos suplentes serão designados mediante indicação: *(Redação dada pelo Dec. n. 3.574, de 23.8.2000)*

I — dos respectivos Ministros de Estado, no caso do inciso I, alíneas "b" a "h"; *(Redação dada pelo Dec. n. 3.574, de 23.8.2000)*

II — das Centrais Sindicais, no caso do inciso II; *(Redação dada pelo Dec. n. 3.574, de 23.8.2000)*

III — das Confederações Nacionais da Indústria, do Comércio, do Transporte, da Agricultura e das Instituições Financeiras, no caso do inciso III; *(Inciso incluído pelo Dec. n. 3.574, de 23.8.2000)*

IV — da Sociedade Brasileira para o Progresso da Ciência, no caso do inciso IV. (NR) *(Redação dada pelo Dec. n. 3.574, de 23.8.2000)*

Art. 3º A participação no Conselho Nacional de Imigração não dará direito à percepção de qualquer remuneração e será considerada relevante serviço público.

Art. 4º O Conselho Nacional de Imigração deliberará por meio de resoluções.

Art. 5º O apoio técnico e administrativo aos trabalhos do conselho será prestado pelo Ministério do Trabalho.

Art. 6º Revoga-se o Decreto n. 662, de 29 de setembro de 1992.

Art. 7º Este decreto entra em vigor na data de sua publicação.

Brasília, 22 de junho de 1993, 172º da Independência e 105º da República.

ITAMAR FRANCO
Walter Barelli

DECRETO N. 86.715, DE 10 DE DEZEMBRO DE 1981

(DOU 11.12.1981)

REGULAMENTA A LEI N. 6.815, DE 19 DE AGOSTO DE 1980, QUE DEFINE A SITUAÇÃO JURÍDICA DO ESTRANGEIRO NO BRASIL, CRIA O CONSELHO NACIONAL DE IMIGRAÇÃO E DÁ OUTRAS PROVIDÊNCIAS

O PRESIDENTE DA REPÚBLICA, usando da atribuição que lhe confere o artigo 81, item III, da Constituição,

DECRETA:

Art. 1º Este Decreto regulamenta a situação jurídica do estrangeiro no Brasil, definida na Lei n. 6.815, de 19 de agosto de 1980, e dispõe sobre a composição e atribuições do Conselho Nacional de Imigração.

TÍTULO I
Da admissão, entrada e impedimento

CAPÍTULO I
Da Admissão

SEÇÃO I
Do Visto Consular

Art. 2º A admissão do estrangeiro no território nacional far-se-á mediante a concessão de visto:

I — de trânsito;

II — de turista;

III — temporário;

IV — permanente;

V — de cortesia;

VI — oficial; e

VII — diplomático.

§ 1º Os vistos serão concedidos no exterior, pelas Missões diplomáticas, Repartições consulares de carreira, Vice-Consulados e, quando autorizados pela Secretaria de Estado das Relações Exteriores, pelos Consulados honorários.

§ 2º A Repartição consular de carreira, o Vice-Consulado e o Consulado honorário somente poderão conceder visto de cortesia, oficial e diplomático, quando autorizados pela Secretaria de Estado das Relações Exteriores.

§ 3º No caso de suspensão de relações diplomáticas e consulares, os vistos de entrada no Brasil poderão ser concedidos por Missão diplomática ou Repartição consular do país encarregado dos interesses brasileiros.

Art. 3º A concessão de visto poderá estender-se a dependente legal do estrangeiro, satisfeitas as exigências do artigo 5º e comprovada a dependência.

PARÁGRAFO ÚNICO. A comprovação de dependência far-se-á através da certidão oficial respectiva ou, na impossibilidade de sua apresentação, por documento idôneo, a critério da autoridade consular.

Art. 4º O apátrida, para a obtenção de visto, deverá apresentar, além dos documentos exigidos neste Regulamento, prova oficial de que poderá regressar ao país de residência ou de procedência, ou ingressar em outro país, salvo impedimento avaliado pelo Ministério das Relações Exteriores.

Art. 5º Não se concederá visto ao estrangeiro:

I — menor de dezoito anos, desacompanhado do responsável legal ou sem a sua autorizaçao expressa;

II — considerado nocivo à ordem pública ou aos interesses nacionais;

III — anteriormente expulso do País, salvo se a expulsão tiver sido revogada;

IV — condenado ou processado em outro país por crime doloso, passível de extradição segundo a lei brasileira; ou

V — que não satisfaça as condições de saúde estabelecidas pelo Ministério da Saúde.

PARÁGRAFO ÚNICO. Nos casos de recusa de visto, nas hipóteses previstas nos Itens II e V deste artigo, a autoridade consular anotará os dados de qualificação de que dispuser e comunicará o motivo da recusa à Secretaria de Estado das Relações Exteriores que, a respeito, expedirá circular a todas as autoridades consulares brasileiras no exterior e dará conhecimento ao Departamento de Polícia Federal do Ministério da Justiça e à Secretaria de Imigração do Ministério do Trabalho.

Art. 6º A autoridade Consular, ao conceder visto, consignará, no documento de viagem do interessado, o prazo de validade para sua utilização.

Art. 7º A autoridade consular examinará, por todos os meios ao seu alcance, a autenticidade e a legalidade dos documentos que lhe forem apresentados.

PARÁGRAFO ÚNICO. Os documentos que instruírem os pedidos de visto deverão ser apresentados em português, admitidos, também, os idiomas inglês, francês e espanhol.

Art. 8º O visto é individual e no documento de viagem serão apostos tantos vistos quantos forem os seus beneficiários.

§ 1º A solicitação do visto será feita pelo interessado em formulário próprio.

§ 2º O pedido dirá respeito a uma só pessoa, admitindo-se a inclusão de menores de dezoito anos no formulário de um dos progenitores, quando viajarem na companhia destes.

Art. 9º Ao conceder o visto, a autoridade consular anotará, no documento de viagem, a sua classificação e o prazo de estada do estrangeiro no Brasil.

PARÁGRAFO ÚNICO. Nos casos de concessão de visto temporário ou permanente, a referida autoridade entregará ao estrangeiro cópia do formulário do pedido respectivo, autenticada, para os fins previstos no § 7º do artigo 23, § 2º do artigo 27 e § 1º do artigo 58.

Art. 10. O estrangeiro, natural de país limítrofe, poderá ser admitido no Brasil, observado o disposto no artigo 37.

Art. 11. O passaporte, ou documento equivalente, não poderá ser visado se não for válido para o Brasil.

PARÁGRAFO ÚNICO. Consideram-se como equivalentes ao passaporte o " laissez — passer ", o salvo conduto, a permissão de reingresso e outros documentos de viagem emitidos por governo estrangeiro ou organismo internacional reconhecido pelo Governo brasileiro.

Art. 12. O tipo de passaporte estrangeiro, o cargo ou a função do seu titular não determinam, necessariamente, o tipo de visto a ser concedido pela autoridade brasileira, no exterior ou no Brasil.

Art. 13. O Ministério das Relações Exteriores realizará as investigações necessárias à apuração de fraudes praticadas no exterior quanto ao visto consular e dará conhecimento de suas conclusões ao Ministério da Justiça.

SUBSEÇÃO I

Do Visto de Trânsito

Art. 14. O visto de trânsito poderá ser concedido ao estrangeiro que, para atingir o país de destino, tenha de entrar em território nacional.

Art. 15. Para obter visto de trânsito, o estrangeiro deverá apresentar:

I — passaporte ou documento equivalente;

II — certificado internacional de imunização, quando necessário; e

III — bilhete de viagem para o país de destino.

§ 1º Do documento de viagem deverá constar, se necessário, o visto aposto pelo representante do país de destino.

§ 2º Os documentos exigidos neste artigo deverão ser apresentados pelo estrangeiro aos órgãos federais competentes, no momento da entrada no território nacional.

Art. 16. Na hipótese de interrupção de viagem contínua de estrangeiro em trânsito, aplicar-se-á o disposto no artigo 42.

SUBSEÇÃO II

Do Visto de Turista

Art. 17. O visto de turista poderá ser concedido ao estrangeiro que venha ao Brasil em caráter recreativo ou de visita, assim considerado aquele que não tenha finalidade imigratória, nem intuito de exercício de atividade remunerada.

Art. 18. Para obter o visto de turista, o estrangeiro deverá apresentar:

I — passaporte ou documento equivalente;

II — certificado internacional de imunização, quando necessário; e

III — prova de meios de subsistência ou bilhete de viagem que o habilite a entrar no território nacional e dele sair.

§ 1º Para os fins deste artigo, admitem-se, como prova de meios de subsistência, extrato de conta bancária, carta de crédito ou outros documentos que atestem a posse de recursos financeiros, a juízo da autoridade consular.

§ 2º O estrangeiro, titular do visto de turista, deverá apresentar aos órgãos federais competentes os documentos previstos neste artigo, ao entrar no território nacional.

Art. 19. Cabe ao Ministério das Relações Exteriores indicar os países cujos nacionais gozam de isenção do visto de turista.

PARÁGRAFO ÚNICO. O Departamento Consular e Jurídico do Ministério das Relações Exteriores enviará ao Departamento de Polícia Federal do Ministério da Justiça relação atualizada dos países cujos nacionais estejam isentos do visto de turista.

Art. 20. O turista isento de visto, nos termos do artigo anterior, deverá apresentar aos órgãos federais competentes, no momento da entrada no território nacional:

I — passaporte, documento equivalente ou carteira de identidade, esta quando admitida;

II — certificado internacional de imunização, quando necessário.

§ 1º Em caso de dúvida quanto à legitimidade da condição de turista, o Departamento de Polícia Federal poderá exigir prova de meios de subsistência e bilhete de viagem que o habilite a sair do País.

§ 2º Para os fins do disposto no parágrafo anterior, entende-se como prova de meios de subsistência a posse de numerário ou carta de crédito.

Art. 21. O prazo de estada do turista poderá ser reduzido, em cada caso, a critério do Departamento de Polícia Federal.

SUBSEÇÃO III

Do Visto Temporário

Art. 22. O visto temporário poderá ser concedido ao estrangeiro que pretenda vir ao Brasil:

I — em viagem cultural ou sem missão de estudos;

II — em viagem de negócios;

III — na condição de artista ou desportista;

IV — na condição de estudante;

V — na condição de cientista, professor, técnico ou profissional de outra categoria, sob regime de contrato ou a serviço do Governo brasileiro;

VI — condição de correspondente de jornal, revista, rádio, televisão ou agência noticiosa estrangeira; e

VII — na condição de ministro de confissão religiosa ou membro de instituto de vida consagrada e de congregação ou ordem religiosa.

Art. 23. Para obter visto temporário, o estrangeiro deverá apresentar:

I — passaporte ou documento equivalente;

II — certificado internacional de imunizaçao, quando necessário;

III — *(Revogado pelo Decreto n. 87, de 15.4.1991)*

IV — prova de meios de subsistência; e

V — atestado de antecedentes penais ou documento equivalente, este a critério da autoridade consular.

§ 1º Os vistos temporários, de que tratam os itens I, II, IV, V e VII do artigo anterior, só poderão ser obtidos, salvo no caso de força maior, na jurisdição consular e que o interessado tenha mantido residência pelo prazo mínimo de um ano imediatamente anterior ao pedido.

§ 2º Nos casos de que tratam os itens III e V do artigo anterior, só será concedido visto, pelo respectivo Consulado no exterior, se o estrangeiro for parte em contrato de trabalho visado pela Secretaria de Imigração do Ministério do Trabalho, salvo no caso de comprovada prestação de serviço ao Governo brasileiro.

§ 3º *(Revogado pelo Decreto n. 87, de 15.4.1991)*

§ 4º A prova de meios de subsistência a que alude o item IV deste artigo, será feita:

I — no caso de viagem cultural ou missão de estudos, mediante a apresentação de convite ou indicação de entidade cultural ou científica, oficial ou particular, ou a exibição de documento idôneo que, a critério da autoridade consular, justifique a viagem do interessado e especifique o prazo de estada e a natureza da função;

II — no caso de viagem de negócios, por meio de declaração da empresa ou entidade a que estiver vinculado o estrangeiro, ou de pessoa idônea, a critério da autoridade consular;

III — no caso de estudante, por meio de documento que credencie o estrangeiro como beneficiário de bolsa de estudos ou convênio cultural celebrado pelo Brasil; se o candidato não se encontrar numa dessas condições, a autoridade consular competente exigir-lhe-á prova de que dispõe de recursos suficientes para manter-se no Brasil;

IV — no caso de ministro de confissão religiosa, membro de instituto de vida consagrada ou de congregação ou ordem religiosa, mediante compromisso da entidade no Brasil, responsável por sua manutenção e saída do território nacional.

§ 5º A Secretaria de Imigração do Ministério do Trabalho encaminhará cópia dos contratos, que visar, aos Departamentos Consular e Jurídico do Ministério das Relações Exteriores e Federal de Justiça do Ministério da Justiça.

§ 6º Independentemente da apresentação do documento de que trata o § 2º deste artigo, poderá ser exigida pela autoridade consular, nos casos dos itens III e V do artigo 22, a prova da condição profissional atribuída ao interessado, salvo na hipótese de prestação de serviço ao Governo brasileiro.

§ 7° No momento da entrada no território nacional, o estrangeiro, titular do visto temporário, deverá apresentar, aos órgãos federais competentes, os documentos previstos no item I deste artigo e no parágrafo único do art. 9°. *(Redação dada pelo Decreto n. 87, de 15.4.1991)*

Art. 24. O Departamento Consular e Jurídico do Ministério das Relações Exteriores dará ciência, à Secretaria de Imigração do Ministério do Trabalho, da concessão dos vistos de que trata o § 2º do artigo anterior.

Art. 25. Os prazos de estada no Brasil para os titulares de visto temporário serão os seguintes:

I — no caso de viagem cultural ou missão de estudos, até dois anos;

II — no caso de viagem de negócios, até noventa dias;

III — para artista ou desportista, até noventa dias;

IV — para estudante, até um ano;

V — para cientista, professor, técnico ou profissional de outra categoria, sob regime de contrato ou a serviço do Governo brasileiro, até dois anos;

VI — para correspondente de jornal, revista, rádio, televisão, ou agência noticiosa estrangeira, até quatro anos;

VII — para ministro de confissão religiosa, membro de instituto de vida consagrada ou de congregação ou ordem religiosa, até um ano.

SUBSEÇÃO IV

Do Visto Permanente

Art. 26. O visto permanente poderá ser concedido ao estrangeiro que se pretenda fixar, definitivamente no Brasil.

Art. 27. Para obter visto permanente o estrangeiro deverá satisfazer as exigências de caráter especial, previstas nas normas de seleção de imigrantes, estabelecidas pelo Conselho Nacional de Imigração, e apresentar:

I — passaporte ou documento equivalente;

II — certificado internacional de imunização, quando necessário;

III — *(Revogado pelo Decreto n. 87, de 15.4.1991)*

IV — atestado de antecedentes penais ou documento equivalente, a critério da autoridade consular;

V — prova de residência;

VI — certidão de nascimento ou de casamento; e

VII — contrato de trabalho visado pela Secretaria de Imigração do Ministério do Trabalho, quando for o caso.

§ 1º O visto permanente só poderá ser obtido, salvo no caso de força maior, na jurisdição consular em que o interessado tenha mantido residência pelo prazo mínimo de um ano imediatamente anterior ao pedido.

§ 2° O estrangeiro, titular do visto permanente, deverá apresentar, aos órgãos federais competentes, ao entrar no território nacional, os documentos referidos no item I deste artigo e no parágrafo único do art. 9°. *(Redação dada pelo Decreto n. 87, de 15.4.1991)*

§ 3º *(Revogado pelo Decreto n. 740, de 3.2.1993)*

Art. 28. A concessão do visto permanente poderá ficar condicionada, por prazo não superior a cinco anos, ao exercício de atividade certa e à fixação em região determinada do território nacional.

PARÁGRAFO ÚNICO. A autoridade consular anotará à margem do visto a atividade a ser exercida pelo estrangeiro e a região em que se deva fixar.

SEÇÃO II

Do Exame de Saúde

Art. 29. *(Revogado pelo Decreto n. 87, de 15.4.1991)*

Art. 30. *(Revogado pelo Decreto n. 87, de 15.4.1991)*

Art. 31. *(Revogado pelo Decreto n. 87, de 15.4.1991)*

Art. 32. *(Revogado pelo Decreto n. 87, de 15.4.1991)*

Art. 33. *(Revogado pelo Decreto n. 87, de 15.4.1991)*

Art. 34. *(Revogado pelo Decreto n. 87, de 15.4.1991)*

Art. 35. *(Revogado pelo Decreto n. 87, de 15.4.1991)*

CAPÍTULO II

Da Entrada

Art. 36. Para a entrada do estrangeiro no território nacional, será exigido visto concedido na forma deste Regulamento, salvo as exceções legais.

PARÁGRAFO ÚNICO. No caso de força maior devidamente comprovada, o Departamento de Polícia Federal poderá autorizar a entrada do estrangeiro no território nacional, ainda que esgotado o prazo de validade para utilização do visto.

Art. 37. Ao natural de país limítrofe, domiciliado em cidade contígua ao território nacional, respeitados os interesses da segurança nacional, poder-se-á permitir a entrada nos municípios fronteiriços a seu respectivo país, desde que apresente carteira de identidade válida, emitida por autoridade competente do seu país.

Art. 38. O estrangeiro, ao entrar no território nacional, será fiscalizado pela Polícia Federal, pelo Departamento da Receita Federal e, quando for o caso, pelo órgão competente do Ministério da Saúde, no local de entrada, devendo apresentar os documentos previstos neste regulamento. *(Redação dada pelo Decreto n. 87, de 15.4.1991)*

§ 1º No caso de entrada por via terrestre, a fiscalização far-se-á no local reservado, para esse fim, aos órgãos referidos neste artigo.

§ 2º Em se tratando de entrada por via marítima, a fiscalização será feita a bordo, no porto de desembarque.

§ 3º Quando a entrada for por via aérea, a fiscalização será feita no aeroporto do local de destino do passageiro, ou ocorrendo a transformação do vôo internacional em doméstico, no lugar onde a mesma se der, a critério do Departamento de Polícia Federal do Ministério da Justiça, ouvidas a Divisão Nacional de Vigilância Sanitária de Portos, Aeroportos e Fronteiras do Ministério da Saúde e a Secretaria da Receita Federal do Ministério da Fazenda.

Art. 39. Quando o visto consular omitir a sua classificação ou ocorrer engano, o Departamento de Polícia Federal poderá permitir a entrada do estrangeiro, retendo o seu documento de viagem e fornecendo-lhe comprovante.

PARÁGRAFO ÚNICO. O Departamento de Polícia Federal encaminhará o documento de viagem ao Ministério das Relações Exteriores, para classificação ou correção.

Art. 40. Havendo dúvida quanto à dispensa de visto, no caso de titular de passaporte diplomático, oficial ou de serviço, o Departamento de Polícia Federal consultará o Ministério das Relações Exteriores, para decidir sobre a entrada do estrangeiro.

Art. 41. O Departamento de Polícia Federal do Ministério da Justiça poderá permitir a entrada condicional de estrangeiro impedido na forma do artigo 53, mediante autorização escrita da Divisão Nacional de Vigilância Sanitária de Portos, Aeroportos e Fronteiras, do Ministério da Saúde.

Art. 42. Quando a viagem contínua do estrangeiro tiver que ser interrompida por impossibilidade de transbordo imediato ou por motivo imperioso, o transportador, ou seu agente, dará conhecimento do fato ao Departamento de Polícia Federal, por escrito.

PARÁGRAFO ÚNICO. O Departamento de Polícia Federal, se julgar procedente os motivos alegados, determinará o local em que o mesmo deva permanecer e as condições a serem observadas por ele e pelo transportador, não devendo o prazo de estada exceder ao estritamente necessário ao prosseguimento da viagem.

Art. 43. O Departamento de Polícia Federal poderá permitir o transbordo ou desembarque de tripulante que, por motivo imperioso, seja obrigado a interromper a viagem no território nacional.

PARÁGRAFO ÚNICO. O transportador, ou seu agente, para os fins deste artigo, dará conhecimento prévio do fato ao Departamento de Polícia Federal, fundamentadamente e por escrito, assumindo a responsabilidade pelas despesas decorrentes do transbordo ou desembarque.

Art. 44. Poderá ser permitido o transbordo do clandestino, se requerido pelo transportador, ou seu agente, que assumirá a responsabilidade pelas despesas dele decorrentes.

Art. 45. Nas hipóteses previstas nos artigos 42 e 43, quando o transbordo ou desembarque for solicitado por motivo de doença, deverá esta ser comprovada pela autoridade de saúde.

Art. 46. Quando se tratar de transporte aéreo, relativamente ao transbordo de passageiro e tripulante e ao desembarque deste, aplicar-se-ão as normas e recomendações contidas em anexo à Convenção de Aviação Civil Internacional.

Art. 47. O transportador ou seu agente responderá, a qualquer tempo, pela manutenção e demais despesas do passageiro em viagem contínua ou do tripulante que não estiver presente por ocasião da saída do meio de transporte, bem como pela retirada dos mesmos do território nacional.

PARÁGRAFO ÚNICO. Para efeito do disposto neste artigo, o Departamento de Polícia Federal exigirá termo de compromisso, assinada pelo transportador ou seu agente.

Art. 48. Nenhum estrangeiro procedente do exterior poderá afastar-se do local de entrada e inspeção sem que o seu documento de viagem e o cartão de entrada e saída hajam sido visados pelo Departamento de Polícia Federal.

Art. 49. Nenhum tripulante estrangeiro, de embarcação marítima de curso internacional, poderá desembarcar no território nacional, ou descer à terra, durante a permanência da embarcação no porto, sem a apresentação da carteira de identidade de marítimo prevista em Convenção da Organização Internacional do Trabalho.

PARÁGRAFO ÚNICO. A carteira de identidade, de que trata este artigo, poderá ser substituída por documento de viagem que atribua ao titular a condição de marítimo.

Art. 50. Não Poderá ser resgatado no Brasil, sem prévia autorização do Departamento de Polícia Federal, o bilhete de viagem do estrangeiro que tenha entrado no território nacional na condição de turista ou em trânsito.

CAPÍTULO III

Do Impedimento

Art. 51. Além do disposto no artigo 26 da Lei n. 6.815, de 19 de agosto de 1980, não poderá, ainda, entrar no território nacional quem:

I — não apresentar documento de viagem ou carteira de identidade, quando admitida;

II — apresentar documente de viagem:

a) que não seja válido para o Brasil;

b) que esteja com o prazo de validade vencido;

c) que esteja com rasura ou indício de falsificação;

d) com visto consular concedido sem a observância das condições previstas na Lei n. 6.815, de 19 de agosto de 1980, e neste Regulamento.

PARÁGRAFO ÚNICO. O impedimento será anotado pelo Departamento de Polícia Federal do Ministério da Justiça no documento de viagem do estrangeiro, ouvida a Divisão Nacional de Vigilância Sanitária de Portos, Aeroportos e Fronteiras do Ministério da Saúde, quando for o caso.

Art. 52. *(Revogado pelo Decreto n. 87, de 15.4.1991)*

Art. 53. O impedimento por motivo de saúde será oposto ou suspenso pela autoridade de saúde.

§ 1º A autoridade de saúde comunicará ao Departamento de Polícia Federal a necessidade da entrada condicional do estrangeiro, titular de visto temporário ou permanente, no caso de documentação médica insuficiente ou quando julgar indicada a complementação de exames médicos para esclarecimento de diagnóstico.

§ 2º O estrangeiro, nos casos previstos no parágrafo anterior, não poderá deixar a localidade de entrada sem a complementação dos exames médicos a que estiver sujeito, cabendo ao Departamento de Polícia Federal reter o seu documento de viagem e fixar o local onde deva permanecer.

§ 3º A autoridade de saúde dará conhecimento de sua decisão, por escrito, ao Departamento de Polícia Federal, para as providências cabíveis.

Art. 54. O Departamento de Polícia Federal anotará no documento de viagem as razões do impedimento definitivo e aporá sobre o visto consular o carimbo de impedido.

Art. 55. A empresa transportadora responde, a qualquer tempo, pela saída do clandestino e do impedido.

§ 1º Na impossibilidade de saída imediata do impedido, o Departamento de Polícia Federal poderá permitir a sua entrada condicional, fixando-lhe o prazo de estada e o local em que deva permanecer.

§ 2º Na impossibilidade de saída imediata do clandestino, o Departamento de Polícia Federal o manterá sob custódia pelo prazo máximo de trinta dias, prorrogável por igual período.

§ 3º A empresa transportadora, ou seu agente, nos casos dos parágrafos anteriores, firmará termo de responsabilidade, perante o Departamento de Polícia Federal, que assegure a manutenção do estrangeiro.

TÍTULO II

DA CONDIÇÃO DE ASILADO

Art. 56. Concedido o asilo, o Departamento Federal de Justiça lavrará termo no qual serão fixados o prazo de estada do asilado no Brasil e, se for o caso, as condições adicionais aos deveres que lhe imponham o Direito Internacional e a legislação vigente, às quais ficará sujeito.

PARÁGRAFO ÚNICO. O Departamento Federal de Justiça encaminhará cópia do termo de que trata este artigo ao Departamento de Polícia Federal, para fins de registro.

Art. 57. O asilado, que desejar sair do País e nele reingressar sem renúncia à sua condição, deverá obter autorização prévia do Ministro da Justiça, através do Departamento Federal de Justiça.

TÍTULO III

DO REGISTRO E SUAS ALTERAÇÕES

CAPÍTULO I

Do Registro

Art. 58. O estrangeiro admitido na condição de permanente, de temporário (artigo 22, I e de IV a VII), ou de asilado, é obrigado a registrar-se no Departamento de Polícia Federal, dentro dos trinta dias seguintes à entrada ou à concessão do asilo e a identificar-se pelo sistema datiloscópico, observado o disposto neste Regulamento.

§ 1º O registro processar-se-á mediante apresentação do documento de viagem que Identifique o registrando, bem como da cópia do formulário do pedido de visto consular brasileiro, ou de certificado consular do país da nacionalidade, este quando ocorrer transformação de visto.

§ 2º Constarão do formulário de registro as indicações seguintes: nome, filiação, cidade e país de nascimento, nacionalidade, data do nascimento, sexo, estado civil, profissão, grau de instrução, local e data da entrada no Brasil, espécie e número do documento de viagem, número e classificação do visto consular, data e local de sua concessão, meio de transporte utilizado, bem como os dados relativos aos filhos menores, e locais de residência, trabalho e estudo.

§ 3º O registro somente será efetivado se comprovada a entrada legal do estrangeiro no País, após a concessão do visto consular respectivo.

§ 4º Quando a documentação apresentada omitir qualquer dado de sua qualificação civil, o registrando deverá apresentar certidões do registro de nascimento ou de casamento, certificado consular ou justificação judicial.

§ 5º O registro do estrangeiro, que houver obtido transformação do visto oficial ou diplomático em temporário ou permanente, só será efetivado após a providência referida no parágrafo único do artigo 73.

§ 6º O estudante, beneficiário de convênio cultural, deverá, ainda, registrar-se no Ministério das Relações Exteriores, mediante a apresentação do documento de identidade fornecido pelo Departamento de Polícia Federal.

Art. 59. O nome e a nacionalidade do estrangeiro, para efeito de registro, serão os constantes do documento de viagem.

§ 1º Se o documento de viagem consignar o nome de forma abreviada, o estrangeiro deverá comprovar a sua grafia por extenso, com documento hábil.

§ 2º Se a nacionalidade foi consignada por organismo internacional ou por autoridade de terceiro país, ela só será anotada no registro à vista da apresentação de documento hábil ou de confirmação da autoridade diplomática ou consular competente.

§ 3º Se o documento de viagem omitir a nacionalidade do titular será ele registrado:

I — como apátrida, em caso de ausência de nacionalidade;

II — como de nacionalidade indefinida, caso ela não possa ser comprovada na forma do parágrafo anterior.

Art. 60. Ao estrangeiro registrado, inclusive ao menor em idade escolar, será fornecido documento de identidade.

PARÁGRAFO ÚNICO. Ocorrendo as hipóteses dos artigos 18, 37 § 2º e 97 da Lei n. 6.815, de 19 de agosto de 1980, deverá o documento de identidade delas fazer menção.

Art. 61. O titular de visto diplomático, oficial ou de cortesia, cujo prazo de estada no País seja superior a noventa dias, deverá providenciar seu registro no Ministério das Relações Exteriores.

§ 1º O estrangeiro, titular de passaporte diplomático, oficial ou de serviço que haja entrado no Brasil ao amparo de acordo de dispensa de visto, deverá, igualmente, proceder ao registro mencionado neste artigo, sempre que sua estada no Brasil deva ser superior a noventa dias.

§ 2º O registro será procedido em formulário próprio instituído pelo Ministério das Relações Exteriores.

§ 3º Ao estrangeiro de que trata este artigo, o Ministério das Relações Exteriores fornecerá documento de identidade próprio.

Art. 62. O estrangeiro, natural de país limítrofe, domiciliado em localidade contígua ao território nacional, cuja entrada haja sido permitida mediante a apresentação de carteira de identidade e que pretenda exercer atividade remunerada ou freqüentar estabelecimento de ensino em município fronteiriço ao local de sua residência, respeitados os interesses da segurança nacional, será cadastrado pelo Departamento de Polícia Federal e receberá documento especial que o identifique e caracterize sua condição.

PARÁGRAFO ÚNICO. O cadastro será feito mediante os seguintes documentos:

I — carteira de identidade oficial emitida pelo seu país;

II — prova de naturalidade;

III — prova de residência em localidade do seu país contígua ao território nacional;

IV — promessa de emprego, ou de matrícula, conforme o caso;

V — prova de que não possui antecedentes criminais em seu país.

Art. 63. A Delegacia Regional do Trabalho, ao fornecer a Carteira de Trabalho e Previdência Social, nas hipóteses previstas no parágrafo único do artigo 60, quando for o caso, e no artigo 62, nela aporá o carimbo que caracterize as restrições de sua validade ao Município, onde o estrangeiro haja sido cadastrado pelo Departamento de Polícia Federal.

CAPÍTULO II

Da Prorrogação do Prazo de Estada

Art. 64. Compete ao Ministério da Justiça a prorrogação dos prazos de estada do turista, do temporário e do asilado e ao Ministério das Relações Exteriores, a do titular de visto de cortesia, oficial ou diplomático.

SEÇÃO I

Da Prorrogação da Estada do Turista

Art. 65. A prorrogação do prazo de estada do turista não excederá a noventa dias, podendo ser cancelada a critério do Departamento de Polícia Federal.

§ 1º A prorrogação poderá ser concedida pelo Departamento de Polícia Federal, quando solicitada antes de expirado o prazo inicialmente autorizado, mediante prova de:

I — pagamento da taxa respectiva;

II — posse de numerário para se manter no País.

§ 2º A prorrogação será anotada no documento de viagem ou, se admitida a carteira de identidade, no cartão de entrada e saída.

SEÇÃO II

Da Prorrogação da Estada de Temporário

Art. 66. O prazo de estada do titular de visto temporário poderá ser prorrogado:

I — pelo Departamento de Polícia Federal, nos casos dos itens II e III do artigo 22;

II — pelo Departamento Federal de Justiça, nas demais hipóteses, observado o disposto na legislação trabalhista, ouvida a Secretaria de Imigração do Ministério do Trabalho, quando for o caso.

§ 1º A prorrogação será concedida na mesma categoria em que estiver classificado o estrangeiro e não poderá ultrapassar os limites previstos no artigo 25.

§ 2º A apresentação do pedido não impede, necessariamente, as medidas a cargo do Departamento de

Polícia Federal destinadas a promover a retirada do estrangeiro que exceder o prazo de estada.

Art. 67. O pedido de prorrogação de estada do temporário deverá ser formulado antes do término do prazo concedido anteriormente e será instruído com:

I — copia autêntica do documento de viagem;

II — prova:

a) de registro de temporário;

b) de meios próprios de subsistência;

c) do motivo da prorrogação solicitada.

§ 1º A prova de meios de subsistência nas hipóteses do artigo 22 será feita:

I — no caso do item I, mediante a renovação de convite ou indicação de entidade cultural ou científica, oficial ou particular, ou a exibição de documento idôneo que justifique o pedido e especifique o prazo de estada e a natureza da função;

II — no caso do item II, com documento que ateste a idoneidade financeira;

III — no caso dos itens III e V, com o instrumento de prorrogação do contrato inicial ou com novo contrato de trabalho, do qual conste que o empregador assume a responsabilidade de prover o seu regresso;

IV — no caso do item IV, mediante apresentação de escritura de assunção de compromisso de manutenção, salvo hipótese de estudante convênio;

V — no caso do item VI, mediante declaração de entidade a que estiver vinculado o estrangeiro e que justifique a necessidade e o prazo da prorrogação;

VI — no caso do item VII, mediante compromisso de manutenção da entidade a que estiver vinculado.

§ 2º No caso de estudante, o pedido deverá, também, ser instruído com a prova do aproveitamento escolar e da garantia de matricula.

§ 3º O pedido de prorrogação de que trata o item II do artigo anterior deverá ser apresentado até trinta dias antes do término do prazo de estada concedido.

§ 4º No caso previsto no parágrafo anterior, o pedido poderá ser apresentado diretamente ao Departamento Federal de Justiça ou ao órgão local do Departamento de Polícia Federal, que o encaminhará ao Ministério da Justiça dentro de cinco dias improrrogáveis sob pena de responsabilidade do funcionário.

§ 5º Nas hipóteses do item III, o órgão que conceder a prorrogação dará ciência do fato à Secretaria de Imigração do Ministério do Trabalho.

SEÇÃO III

Da Prorrogação do Estado do Asilado

Art. 68. A prorrogação do prazo de estada do asilado será concedida pelo Departamento Federal de Justiça.

CAPÍTULO III

Da Transformação dos Vistos

Art. 69. Os titulares dos vistos de que tratam os itens V e VII do artigo 22, poderão obter sua transformação para permanente, desde que preencham as condições para a sua concessão.

PARÁGRAFO ÚNICO. (Revogado pelo Decreto n. 740, de 3.2.1993)

Art. 70. Compete ao Departamento Federal de Justiça conceder a transformação:

I — em permanente, dos vistos referidos no artigo 69;

II — dos vistos diplomático ou oficial em:

a) temporário de que tratam os itens I a VI do artigo 22;

b) permanente.

§ 1º O pedido deverá ser apresentado no mínimo trinta dias antes do término do prazo de estada, perante o órgão do Departamento de Polícia Federal do domicílio ou residência do interessado, devendo esse órgão encaminhá-lo ao Departamento Federal de Justiça dentro de cinco dias improrrogáveis, sob pena de responsabilidade do funcionário.

§ 2º A transformação só será concedida se o requerente satisfizer as condições para a concessão do visto permanente.

§ 3º *(Revogado pelo Decreto n. 87, de 15.4.1991)*

§ 4º O Departamento Federal de Justiça comunicará a transformação concedida:

I — ao Departamento de Polícia Federal do Ministério da Justiça e a Secretaria de Imigração do Ministério do Trabalho, no caso do item I deste artigo;

II — ao Departamento Consular e Jurídico do Ministério das Relações Exteriores, no caso do item II deste artigo.

Art. 71. A saída do estrangeiro do território nacional, por prazo não superior a noventa dias, não prejudicará o processamento ou o deferimento do pedido de permanência.

PARÁGRAFO ÚNICO. O disposto neste artigo não assegura o retorno do estrangeiro ao Brasil sem obtenção do visto consular, quando exigido.

Art. 72. Do despacho que denegar a transformação do visto, caberá pedido de reconsideração ao Departamento Federal de Justiça.

§ 1º O pedido deverá conter os fundamentos de fato e de direito e as respectivas provas, e será apresentado ao órgão do Departamento de Polícia Federal, onde houver sido autuada a inicial, no prazo de quinze dias, contados da publicação, no Diário Oficial da União, do despacho denegatório.

§ 2º O Departamento de Polícia Federal fornecerá ao requerente comprovante da interposição do pedido de reconsideração.

Art. 73. Concedida a transformação do visto, o estrangeiro deverá efetuar o registro, no Departamento de Polícia Federal, no prazo de noventa dias a contar da data de publicação, no Diário Oficial da União, do deferimento do pedido, sob pena de caducidade.

PARÁGRAFO ÚNICO. O registro do estrangeiro que tenha obtido a transformação na hipótese do item II do artigo 70, somente será efetuado mediante a apresentação ao Departamento de Polícia Federal do documento de viagem com o visto diplomático ou oficial cancelado pelo Ministério das Relações Exteriores.

Art. 74. Compete ao Departamento Consular e Jurídico do Ministério das Relações Exteriores conceder a transformação, para oficial ou diplomático, do visto de trânsito, turista, temporário ou permanente.

§ 1º O disposto neste artigo se aplica, também, ao estrangeiro que entrar no território nacional isento de visto de turista.

§ 2º O Departamento Consular e Jurídico do Ministério das Relações Exteriores comunicará ao Departamento de Polícia Federal do Ministério da Justiça a transformação concedida, fornecendo os dados de qualificação do estrangeiro, inclusive o número e a data de registro de que trata o artigo 58.

Art. 75. O pedido de transformação de visto não impede a aplicação, pelo Departamento de Polícia Federal, do disposto no artigo 98, se o estrangeiro ultrapassar o prazo legal de estada no território nacional.

CAPÍTULO IV
Da Alteração de Assentamentos

Art. 76. Compete ao Ministro da Justiça autorizar a alteração de assentamentos constantes do registro de estrangeiro.

Art. 77. O pedido de alteração de nome, dirigido ao Ministro da Justiça, será instruído com certidões obtidas nas Unidades da Federação onde o estrangeiro haja residido:

II — dos órgãos corregedores das Polícias Federal e Estadual;

II — dos Cartórios de Protestos de Títulos;

III — dos Cartórios de distribuição de ações nas Justiças Federal e Estadual;

IV — das Fazendas Federal, Estadual e Municipal.

§ 1º O pedido será apresentado ao órgão do Departamento de Polícia Federal do local de residência do interessado, devendo o órgão que o receber anexar-lhe cópia do registro, e proceder a investigação sobre o comportamento do requerente.

§ 2º Cumprido o disposto no parágrafo anterior, o Departamento de Polícia Federal remeterá o processo ao Departamento Federal de Justiça que emitirá parecer, encaminhando-o ao Ministro da Justiça.

Art. 78. A expressão nome, para os fins de alteração de assentamento do registro, compreende o prenome e os apelidos de família.

§ 1º Poderá ser averbado no registro o nome abreviado usado pelo estrangeiro como firma comercial registrada ou em qualquer atividade profissional.

§ 2º Os erros materiais serão corrigidos de ofício.

Art. 79. Independem da autorização de que trata o artigo 76 as alterações de assentamento do nome do estrangeiro resultantes de:

I — casamento realizado perante autoridade brasileira;

II — sentença de anulação e nulidade de casamento, divórcio, separação judicial, proferidas por autoridade brasileira;

III — legitimação por subseqüente casamento;

IV — sentença de desquite ou divórcio proferidas por autoridade estrangeira, desde que homologadas pelo Supremo Tribunal Federal.

Art. 80. O estrangeiro, que adquirir nacionalidade diversa da constante do registro, deverá, nos noventa dias seguintes, requerer averbação da nova nacionalidade em seus assentamentos.

§ 1º O pedido de averbação será instruído com documento de viagem, certificado fornecido pela autoridade diplomática ou consular, ou documento que atribua ao estrangeiro a nacionalidade alegada e, quando for o caso, com a prova da perda da nacionalidade constante do registro.

§ 2º Observar-se-á, quanto ao pedido de averbação, o disposto nos §§ 1º e 2º do artigo 77, excluída a investigação sobre o comportamento do requerente.

§ 3º Ao apátrida que adquirir nacionalidade e ao estrangeiro que perder a constante do seu registro aplica-se o disposto neste artigo.

CAPÍTULO V
Da Atualização do Registro

Art. 81. O estrangeiro registrado é obrigado a comunicar ao Departamento de Polícia Federal a mudança do seu domicílio ou da sua residência, nos trinta dias imediatamente seguintes à sua efetivação.

§ 1º A comunicação poderá ser feita pessoalmente ou pelo correio, com aviso de recebimento, e dela deverão constar obrigatoriamente o nome do estrangeiro, o número do documento de identidade e o lugar onde foi emitido, acompanhada de comprovante da nova residência ou domicílio.

§ 2º Quando a mudança de residência ou de domicílio se efetuar de uma para outra Unidade da Federação, a comunicação será feita pessoalmente ao órgão do Departamento de Polícia Federal, do local da nova residência ou novo domicílio.

§ 3º Ocorrendo a hipótese prevista no parágrafo anterior, o órgão que receber a comunicação requisitará cópia do registro respectivo, para processamento da inscrição do estrangeiro e informará ao que procedeu ao registro os fatos posteriores ocorridos.

Art. 82. As entidades de que tratam os artigos 45 a 47 da Lei n. 6.815, de 19 de agosto de 1980, remeterão, ao Departamento de Polícia Federal, os dados ali referidos.

Art. 83. A admissão de estrangeiro a serviço de entidade pública ou privada, ou a matrícula em estabelecimento de ensino de qualquer grau, só se efetivará se o mesmo estiver devidamente registrado ou cadastrado.

§ 1º O protocolo fornecido pelo Departamento de Polícia Federal substitui, para os fins deste artigo, pelo prazo de até sessenta dias, contados da sua emissão, os documentos de identidade previstos nos artigos 60 e 62.

§ 2º As entidades, a que se refere este artigo, remeterão ao Departamento de Polícia Federal, os dados de identificação do estrangeiro, à medida que ocorrer o término do contrato de trabalho, sua rescisão ou prorrogação, bem como a suspensão ou cancelamento da matrícula e a conclusão do curso.

§ 3º O Departamento de Polícia Federal, quando for o caso, dará conhecimento dos dados referidos no parágrafo anterior à Secretaria de Imigração do Ministério do Trabalho.

Art. 84. Os dados a que se referem os artigos 82 e 83 serão fornecidos em formulário próprio a ser instituído pelo Departamento de Polícia Federal.

CAPÍTULO VI

Do Cancelamento e do Restabelecimento de Registro

SEÇÃO I

Do Cancelamento do Registro

Art. 85. O estrangeiro terá o registro cancelado pelo Departamento de Polícia Federal:

I — se obtiver naturalização brasileira;

II — se tiver decretada sua expulsão;

III — se requerer sua saída do território nacional em caráter definitivo, renunciando expressamente ao direito de retorno a que se refere o artigo 90;

IV — se permanecer ausente do Brasil, por prazo superior a dois anos;

V — se, portador de visto temporário ou permanente, obtiver a transformação dos mesmos para oficial ou diplomático;

VI — se houver transgressão dos artigos 18, 37, § 2º ou 99 a 101 da Lei n. 6.815, de 19 de agosto de 1980;

VII — se temporário ou asilado, no término do prazo de estada no território nacional.

Art. 86. Na hipótese prevista no item III do artigo anterior, o estrangeiro deverá instruir o pedido com a documentação prevista no artigo 77 e anexar-lhe o documento de identidade emitido pelo Departamento de Polícia Federal.

PARÁGRAFO ÚNICO. Deferido o pedido e efetivado o cancelamento, o estrangeiro será notificado para deixar o território nacional dentro de trinta dias.

Art. 87. O Departamento de Polícia Federal comunicará o cancelamento de registro à Secretaria de Imigração do Ministério do Trabalho, quando for o caso.

SEÇÃO II

Do Restabelecimento de Registro

Art. 88. O registro poderá ser restabelecido pelo Departamento de Polícia Federal, se o estrangeiro:

I — tiver cancelada ou anulada a naturalização concedida, desde que não tenha sido decretada a sua expulsão;

II — tiver a expulsão revogada;

III — retornar ao território nacional com visto temporário ou permanente.

§ 1º Em caso de retorno ao território nacional, pedido de restabelecimento de registro deverá ser feito no prazo de trinta dias, a contar da data do reingresso.

§ 2º Na hipótese do item III do artigo 85, se o cancelamento do registro houver importado em isenção de ônus fiscal ou financeiro, o pedido deverá ser instruído com o comprovante da satisfação destes encargos.

§ 3º O restabelecimento implicará a emissão de novo documento de identidade do qual conste, também, quando for o caso, a data de reingresso do estrangeiro no território nacional.

§ 4º Se, ao regressar ao território nacional, o estrangeiro fixar residência em Unidade da Federação diversa daquela em que foi anteriormente registrado, a emissão do novo documento de identidade será precedida da requisição de cópia do registro para inscrição.

§ 5º No caso de estrangeiro que retorne ao Brasil com outro nome ou nacionalidade, o restabelecimento do registro somente se procederá após o cumprimento do disposto nos artigos 77 e 80.

TÍTULO IV

DA SAÍDA E DO RETORNO

Art. 89. No momento de deixar o território nacional, o estrangeiro deverá apresentar ao Departamento de Polícia Federal o documento de viagem e o cartão de entrada e saída.

PARÁGRAFO ÚNICO. O Departamento de Polícia Federal consignará nos documentos de que trata este artigo a data em que o estrangeiro deixar o território nacional.

Art. 90. O estrangeiro registrado como permanente, que se ausentar do Brasil, poderá regressar independentemente de visto se o fizer dentro de dois anos a contar da data em que tiver deixado o território nacional, observado o disposto no parágrafo único do artigo anterior.

PARÁGRAFO ÚNICO. Findo o prazo a que se refere este artigo, o reingresso no País, como permanente, dependerá da concessão de novo visto.

Art. 91. O estrangeiro registrado como temporário, nos casos dos itens I e IV a VII do artigo 22, que se ausentar do Brasil, poderá regressar independentemente do novo visto, se o fizer dentro do prazo fixado no documento de identidade emitido pelo Departamento de Polícia Federal.

Art. 92. O estrangeiro titular de visto consular de turista ou temporário (artigo 22, II, e III), que se ausentar do Brasil, poderá regressar independentemente de novo visto, se o fizer dentro do prazo de estada no território nacional, fixado no visto.

Art. 93. O prazo de validade do visto temporário a que se refere o art. 22, inciso II, será fixado pelo Ministério das Relações Exteriores e não excederá o período de cinco anos, podendo proporcionar ao titular do visto múltiplas entradas no País, com estadas não excedentes a noventa dias, prorrogáveis por igual período, totalizando, no máximo, 180 dias por ano. *(Redação dada pelo Decreto n. 1.455, de 13.4.1995)*

PARÁGRAFO ÚNICO. Na fixação do prazo de validade do visto, permissivo de múltiplas entradas, o Ministério das Relações Exteriores observará o princípio da reciprocidade de tratamento. *(Incluído pelo Decreto n. 1.455, de 13.4.1995)*

TÍTULO V
DO DOCUMENTO DE VIAGEM PARA ESTRANGEIRO

Art. 94. O Departamento de Polícia Federal poderá conceder passaporte para estrangeiro nas seguintes hipóteses:

I — ao apátrida e ao de nacionalidade indefinida;

II — ao nacional de país que não tenha representação diplomática ou consular no Brasil, nem representante de outro país encarregado de protegê-lo;

III — ao asilado ou ao refugiado, como tal admitido no Brasil;

IV — ao cônjuge ou viúva de brasileiro que haja perdido a nacionalidade originária em virtude do casamento.

§ 1º A concessão de passaporte dependerá de prévia consulta:

a) ao Ministério das Relações Exteriores, no caso do item II;

b) ao Departamento Federal de Justiça, no caso do item III.

§ 2º As autoridades consulares brasileiras poderão conceder passaporte, no exterior, ao estrangeiro mencionado no item IV.

Art. 95. O " laissez — passer " poderá ser concedido no Brasil pelo Departamento de Polícia Federal, e, no exterior, pelas Missões diplomáticas ou Repartições Consulares brasileiras.

PARÁGRAFO ÚNICO. A concessão, no exterior, de " laissez — passer " a estrangeiro registrado no Brasil dependerá de prévia audiência:

I — do Departamento de Polícia Federal, no caso de permanente ou temporário;

II — do Departamento Federal de Justiça, no caso de asilado.

Art. 96. *(Revogado pelo Decreto n. 5.978, de 2006)*

§ 1º *(Revogado pelo Decreto n. 5.978, de 2006)*

§ 2º (Revogado pelo Decreto n. 5.978, de 2006)

Art. 97. *(Revogado pelo Decreto n. 5.978, de 2006)*

TÍTULO VI
DA DEPORTAÇÃO

Art. 98. Nos casos de entrada ou estada irregular, o estrangeiro, notificado pelo Departamento de Polícia Federal, deverá retirar-se do território nacional:

I — no prazo improrrogável de oito dias, por infração ao disposto nos artigos 18, 21, § 2º, 24, 26, § 1º, 37, § 2º, 64, 98 a 101, §§ 1º ou 2º do artigo 104 ou artigos 105 e125, II da Lei n. 6.815, de 19 de agosto de 1980;

II — no prazo improrrogável de três dias, no caso de entrada irregular, quando não configurado o dolo.

§ 1º Descumpridos os prazos fixados neste artigo, o Departamento de Polícia Federal promoverá a imediata deportação do estrangeiro.

§ 2º Desde que conveniente aos interesses nacionais, a deportação far-se-á independentemente da fixação dos prazos de que tratam os incisos I e II deste artigo.

Art. 99. Ao promover a deportação, o Departamento de Polícia Federal lavrará termo, encaminhando cópia ao Departamento Federal de Justiça.

TÍTULO VII
DA EXPULSÃO

Art. 100. O procedimento para a expulsão de estrangeiro do território nacional obedecerá às normas fixadas neste Título.

Art. 101. Os órgãos do Ministério Público remeterão ao Ministério da Justiça, de ofício, até trinta dias após o trânsito em julgado, cópia da sentença condenatória de estrangeiro, autor de crime doloso ou de qualquer crime contra a segurança nacional, a ordem política ou social, a economia popular, a moralidade ou a saúde pública, assim como da folha de antecedentes penais constantes dos autos.

PARÁGRAFO ÚNICO. O Ministro da Justiça, recebidos os documentos mencionados neste artigo, determinará a instauração de inquérito para expulsão do estrangeiro.

Art. 102. Compete ao Ministro da Justiça, de ofício ou acolhendo solicitação fundamentada, determinar ao Departamento de Policia Federal a instauração de inquérito para a expulsão de estrangeiro.

Art. 103. A instauração de inquérito para a expulsão do estrangeiro será iniciada mediante Portaria.

§ 1º O expulsando será notificado da instauração do inquérito e do dia e hora fixados para o interrogatório, com antecedência mínima de dois dias úteis.

§ 2º Se o expulsando não for encontrado, será notificado por edital, com o prazo de dez dias, publicado duas vezes, no Diário Oficial da União, valendo a notificação para todos os atos do inquérito.

§ 3º Se o expulsando estiver cumprindo prisão judicial, seu comparecimento, será requisitado à autoridade competente.

§ 4º Comparecendo, o expulsando será qualificado, interrogado, identificado e fotografado, podendo nessa oportunidade indicar defensor e especificar as provas que desejar produzir.

§ 5º Não comparecendo o expulsando, proceder-se-á sua qualificação indireta.

§ 6º Será nomeado defensor dativo, ressalvada ao expulsando a faculdade de substituí-lo, por outro de sua confiança:

I — se o expulsando não indicar defensor;

II — se o indicado não assumir a defesa da causa;

III — se notificado, pessoalmente ou por edital, o expulsando nao comparecer para os fins previstos no § 4º.

§ 7º Cumprido o disposto nos parágrafos anteriores, ao expulsando e ao seu defensor será dada vista dos autos, em cartório, para a apresentação de defesa no prazo único de seis dias, contados da ciência do despacho respectivo.

§ 8º Encerrada a instrução do inquérito, deverá ser este remetido ao Departamento Federal de Justiça, no prazo de doze dias, acompanhado de relatório conclusivo.

Art. 104. Nos casos de infração contra a segurança nacional, a ordem política ou social e a economia popular, assim como nos casos de comércio, posse ou facilitação de uso indevido de substância entorpecente ou que determine dependência física ou psíquica, ou de desrespeito a proibição especialmente prevista em lei para estrangeiro, o inquérito será sumário e não excederá o prazo de quinze dias, assegurado ao expulsando o procedimento previsto no artigo anterior, reduzidos os prazos à metade.

Art. 105. Recebido o inquérito, será este anexado ao processo respectivo, devendo o Departamento Federal de Justiça encaminhá-lo com parecer ao Ministro da Justiça, que o submeterá à decisão do Presidente da República, quando for o caso.

Art. 106. Publicado o decreto de expulsão, o Departamento de Polícia Federal do Ministério da Justiça remeterá, ao Departamento Consular e Jurídico do Ministério das Relações Exteriores, os dados de qualificação do expulsando.

Art. 107. Ressalvadas as hipóteses previstas no artigo 104, caberá pedido de reconsideração do ato expulsório, no prazo de dez dias, a contar da sua publicação, no Diário Oficial da União.

§ 1º O pedido, dirigido ao Presidente da República, conterá os fundamentos de fato e de direito com as respectivas provas e processar-se-á junto ao Departamento Federal de Justiça do Ministério da Justiça.

§ 2º Ao receber o pedido, o Departamento Federal de Justiça emitirá parecer sobre seu cabimento e procedência, encaminhando o processo ao Ministro da Justiça, que o submeterá ao Presidente da República.

Art. 108. Ao efetivar o ato expulsório, o Departamento de Polícia Federal lavrará o termo respectivo, encaminhando cópia ao Departamento Federal de Justiça.

Art. 109. O estrangeiro que permanecer em regime de liberdade vigiada, no lugar que lhe for determinado por ato do Ministro da Justiça, ficará sujeito às normas de comportamento estabelecidas pelo Departamento de Polícia Federal.

TÍTULO VIII
DA EXTRADIÇÃO

Art. 110. Compete ao Departamento de Polícia Federal, por determinação do Ministro da Justiça:

I — efetivar a prisão do extraditando;

II — proceder à sua entrega ao Estado ao qual houver sido concedida a extradição.

PARÁGRAFO ÚNICO. Da entrega do extraditando será lavrado termo, com remessa de copia ao Departamento Federal de Justiça.

TÍTULO IX
DOS DIREITOS E DEVERES DO ESTRANGEIRO

Art. 111. O estrangeiro admitido na condição de temporário, sob regime de contrato, só poderá exercer atividade junto à entidade pela qual foi contratado na oportunidade da concessão do visto.

§ 1º Se. o estrangeiro pretender exercer atividade junto a entidade diversa daquela para a qual foi contratado deverá requerer autorização ao Departamento Federal de Justiça, mediante pedido fundamentado e instruído com:

I — prova de registro como temporário;

II — cópia de contrato que gerou a concessão do visto consular;

III – anuência expressa da entidade, pela qual foi inicialmente contratado, para o candidato prestar serviços a outra empresa; e

IV — contrato de locação de serviços com a nova entidade, do qual conste que o empregador assume a responsabilidade de prover o regresso do contratado.

§ 2º A Secretaria de Imigração, do Ministério do trabalho será ouvida sobre o pedido de autorização.

§ 3º A autorização de que trata este antigo só por exceção e motivadamente será concedida.

Art. 112. O estrangeiro admitido no território nacional na condição de permanente, para o desempenho de atividade profissional certa, e a fixação em região determinada, não poderá, dentro do prazo que lhe for fixado na oportunidade da concessão ou da transformação do visto, mudar de domicílio nem de atividade profissional, ou exerce-la fora daquela região.

§ 1º As condições a que se refere este artigo só excepcionalmente poderão ser modificadas, mediante autorização do Departamento Federal de Justiça do Ministério da Justiça, ouvida a Secretaria de Imigração do Ministério do Trabalho, quando necessário.

§ 2º O pedido do estrangeiro, no caso do parágrafo anterior, deverá ser instruído com as provas das razões alegadas.

Art. 113. No exame da conveniência das excepcionalidades referidas nos artigos anteriores, a Secretaria de Imigração do Ministério do Trabalho considerará as condições do mercado de trabalho da localidade na qual se encontra o estrangeiro e daquela para onde deva transferir-se.

Art. 114. O estrangeiro registrado é obrigado a comunicar ao Departamento de Polícia Federal a mudança de seu domicílio ou residência, observado o disposto no artigo 81.

Art. 115. O estrangeiro, que perder a nacionalidade constante do registro por ter adquirido outra, deverá requerer retificação ou averbação da nova nacionalidade na forma disciplinada no artigo 80.

Art. 116. Ao estrangeiro que tenha entrado no Brasil na condição de turista ou em trânsito é proibido o engajamento como tripulante em porto brasileiro, salvo em navio de bandeira do seu país, por viagem não redonda, a requerimento do transportador ou seu agente, mediante autorização do Departamento de Polícia Federal.

PARÁGRAFO ÚNICO. O embarque do estrangeiro como tripulante será obstado se:

I — for contratado para engajamento em navio de outra bandeira que não seja a de seu país;

II — constar do contrato de trabalho cláusula que fixe seu término em porto brasileiro;

III — A embarcação em que for engajado tiver que fazer escala em outro porto, antes de deixar as águas brasileiras.

Art. 117. É lícito aos estrangeiros associarem-se para fins culturais, religiosos, recreativos, beneficentes ou de assistência, filiarem-se a clubes sociais e desportivos, e a quaisquer outras entidades com iguais fins, bem como participarem de reunião comemorativa de datas nacionais ou acontecimentos de significação patriótica.

§ 1º As entidades mencionadas neste artigo, se constituídas de mais da metade de associados estrangeiros, somente poderão funcionar mediante autorização do Ministro da Justiça.

§ 2º O pedido de autorização, previsto no parágrafo anterior, será dirigido ao Ministro da Justiça, através do Departamento Federal de Justiça, e conterá:

I — cópia autêntica dos estatutos;

II — indicação de fundo social;

III — nome, naturalidade, nacionalidade, idade e estado civil dos membros da administração, e forma de sua representação judicial e extrajudicial;

IV — designação da sede social e dos locais habituais de reunião ou prestação de serviços;

V — relação nominal dos associados e respectivas nacionalidades;

VI — prova do registro, de que trata o artigo 58, na hipótese de associado e dirigente estrangeiros;

VII — relação com o nome, sede, diretores ou responsáveis por jornal, revista, boletim ou outro orgão de publicidade.

§ 3º Qualquer alteração dos estatutos ou da administração, bem como das sedes e domicílios, a que se refere o parágrafo anterior, deverá ser comunicada ao Departamento Federal de Justiça, no prazo de trinta dias.

Art. 118. O Departamento Federal de Justiça manterá livro especial, destinado ao registro das entidades autorizadas a funcionar e no qual serão averbadas as alterações posteriores.

TÍTULO X
DA NATURALIZAÇÃO

Art. 119. O estrangeiro que pretender naturalizar-se deverá formular petição do Ministro da Justiça, declarando o nome por extenso, naturalidade, nacionalidade, filiação, sexo, estado civil, dia, mês e ano de nascimento, profissão, lugares onde haja residido anteriormente no Brasil e no exterior, se satisfaz o requisito a que alude o item VII do artigo 112 da Lei n. 6.815, de 19 de agosto de 1980, e se deseja ou não traduzir ou adaptar o seu nome a língua portuguesa, devendo instruí-la com os seguintes documentos:

I — cópia autêntica da cédula de identidade para estrangeiro permanente;

II — atestado policial de residência contínua no Brasil, pelo prazo mínimo de quatro anos;

III — atestado policial de antecedentes passado pelo órgão competente do lugar de sua residência no Brasil;

IV — prova de exercício de profissão ou documento hábil que comprove a posse de bens suficientes à manutenção própria e da família;

V — atestado oficial de sanidade física e mental;

VI — certidões ou atestados que provem, quando for o caso, as condições do artigo 113 da Lei n. 6.915, de 19 de agosto de 1980;

VII — certidão negativa do Imposto de Renda, exceto se estiver nas condições previstas nas alíneas " b " e " c " do § 2º deste artigo.

§ 1º Se a cédula de identidade omitir qualquer dado relativo a qualificação do naturalizando, deverá ser apresentado outro documento oficial que o comprove.

§ 2º Ter-se-á como satisfeita a exigência do item IV, se o naturalizando:

a) perceber proventos de aposentadoria;

b) sendo estudante, de até vinte e cinco anos de idade, viver na dependência de ascendente, irmão ou tutor;

c) se for cônjuge de brasileiro ou tiver a sua subsistência provida por ascendente ou descendente possuidor de recursos bastantes à satisfação do dever legal de prestar alimentos.

§ 3º Quando exigida residência contínua por quatro anos para a naturalização, não obstarão o seu deferimento às viagens do naturalizando ao exterior, se determinadas por motivo relevante, a critério do Ministro da Justiça, e se a soma dos períodos de duração delas não ultrapassar de dezoito meses.

§ 4º Dispensar-se-á o requisito de residência, a que se refere o item II deste artigo, exigindo-se apenas a estada no Brasil por trinta dias, quando se tratar:

a) de cônjuge estrangeiro casado há mais de cinco anos com diplomata brasileiro em atividade; ou

b) de estrangeiro que, empregado em Missão diplomática ou em Repartição consular do Brasil, contar mais de dez anos de serviços ininterruptos.

§ 5º Será dispensado o requisito referido no item V deste artigo, se o estrangeiro residir no País há mais de dois anos.

§ 6º Aos nacionais portugueses não se exigirá o requisito do item IV deste artigo, e, quanto ao item II, bastará a residência ininterrupta por um ano.

§ 7º O requerimento para naturalização será assinado pelo naturalizando, mas, se for de nacionalidade portuguesa, poderá sê-lo por mandatário com poderes especiais.

Art. 120. O estrangeiro admitido no Brasil até a idade de cinco anos, radicado definitivamente no território nacional, poderá, até dois anos após atingida a maioridade, requerer naturalização, mediante petição, instruída com:

I — cédula de identidade para estrangeiro permanente;

II — atestado policial de residência contínua no Brasil, desde a entrada; e

III — atestado policial de antecedentes, passado pelo serviço competente do lugar de residência no Brasil.

Art. 121. O estrangeiro admitido no Brasil durante os primeiros cinco anos de vida, estabelecido definitivamente no território nacional, poderá, enquanto menor, requerer, por intermédio de seu representante legal, a emissão de certificado provisório de naturalização, instruindo o pedido com:

I — prova do dia de ingresso no território nacional;

II — prova da condição de permanente;

III — certidão de nascimento ou documento equivalente;

IV — prova de nacionalidade; e

V — atestado policial de antecedentes, passado pelo serviço competente do lugar de residência no Brasil, se maior de dezoito anos.

Art. 122. O naturalizado na forma do artigo anterior que pretender confirmar a intenção de continuar brasileiro, deverá manifestá-la ao Ministro da Justiça, até dois anos após atingir a maioridade, mediante petição, instruída com:

I — a cópia autêntica da cédula de identidade; e

II — o original do certificado provisório de naturalização.

Art. 123. O estrangeiro que tenha vindo residir no Brasil, antes de atingida a maioridade e haja feito curso superior em estabelecimento nacional de ensino, poderá, até um ano depois da formatura, requerer a naturalização, mediante pedido instruído com os seguintes documentos:

I — cédula de identidade para estrangeiro permanente;

II — atestado policial de residência contínua no Brasil desde a entrada; e

III — atestado policial de antecedentes passado pelo serviço competente do lugar de residência no Brasil.

Art. 124. Os estrangeiros a que se referem as alíneas " a " e " b " do § 4º do artigo 119, deverão instruir o pedido de naturalização:

I — no caso da alínea " a ", com a prova do casamento, devidamente autorizado pelo Governo brasileiro;

II — no caso da alínea "b", com documentos fornecidos pelo Ministério das Relações Exteriores que provem estar o naturalizando em efetivo exercício, contar mais de dez anos de serviços ininterruptos e se recomendar a naturalização;

III — em ambos os casos, estando o candidato no exterior, ainda com:

a) documento de identidade em fotocópia autêntica ou pública forma vertida, se não grafada em português;

b) documento que comprove a estada no Brasil por trinta dias;

c) atestado de sanidade física e mental, passado por médico credenciado pela autoridade consular brasileira, na impossibilidade de realizar exame de Saúde no Brasil;

d) três planilhas datiloscópicas tiradas no órgão competente do local de residência ou na repartição consular brasileira, quando inexistir registro do estrangeiro no Brasil, ou não puder comprovar ter sido registrado como estrangeiro no território nacional.

PARÁGRAFO ÚNICO. A autorização de que trata o item I não será exigida se o casamento tiver ocorrido antes do ingresso do cônjuge brasileiro na carreira diplomática.

Art. 125. A petição de que tratam os artigos 119, 120, 122 e 123, dirigida ao Ministro da Justiça, será apresentada ao órgão local do Departamento de Polícia Federal.

§ 1º No caso do artigo 121, a petição poderá ser apresentada diretamente ao Departamento Federal de Justiça, dispensadas as providências de que trata o § 3º deste artigo.

§ 2º Nos casos do artigo 124, a petição poderá ser apresentada à autoridade consular brasileira, que a remeterá, através do Ministério das Relações Exteriores, ao Departamento Federal de Justiça, para os fins deste artigo.

§ 3º O órgão, de Departamento de Polícia Federal, ao processar o pedido:

I — fará a remessa da planilha datiloscópica do naturalizando ao Instituto Nacional de Identificação, solicitando a remessa da sua folha de antecedentes;

II — investigará a sua conduta;

III — opinará sobre a conveniência da naturalização;

IV — certificará se o requerente lê e escreve a língua portuguesa, considerada a sua condição;

V — anexará ao processo boletim de sindicância em formulário próprio.

§ 4º A solicitação, de que trata o item I do parágrafo anterior, deverá ser atendida dentro de trinta dias.

§ 5º O processo, com a folha de antecedentes, ou sem ela, deverá ultimar-se em noventa dias, findos os quais será encaminhado ao Departamento Federal de Justiça, sob pena de apuração de responsabilidade do servidor culpado pela demora.

Art. 126. Recebido o processo, o Diretor-Geral do Departamento Federal de Justiça determinará o arquivamento do pedido, se o naturalizando não satisfizer, conforme o caso, a qualquer das condições previstas nos artigos 112 e 116 da Lei n. 6.815, de 19 de agosto de 1980.

§ 1º Do despacho que determinar o arquivamento do processo, caberá pedido de reconsideração, no prazo de trinta dias contados da publicação do ato no " Diário Oficial da União".

§ 2º Mantido o arquivamento, caberá recurso ao Ministro da Justiça no mesmo prazo do parágrafo anterior.

Art. 127. Não ocorrendo a hipótese prevista no artigo anterior, ou se provido do recurso sem decisão final concedendo a naturalização, o Diretor-Geral do Departamento Federal de Justiça, se o entender necessário, poderá determinar outras diligências.

§ 1º O Departamento Federal de Justiça dará ciência ao naturalizando das exigências a serem por ele cumpridas, no prazo que lhe for fixado.

§ 2º Se o naturalizando não cumprir o despacho no prazo fixado, ou não justificar a omissão, o pedido será arquivado e só poderá ser renovado com o cumprimento de todas as exigências do artigo 119.

§ 3º Se a diligência independer do interessado, o órgão a que for requisitada deverá cumpri-la dentro de trinta dias, sob pena de apuração da responsabilidade do servidor.

Art. 128. Publicada a Portaria de Naturalização no Diário Oficial da União, o Departamento Federal de Justiça emitirá certificado relativo a cada naturalizando.

§ 1º O certificado será remetido ao Juiz Federal da cidade onde tenha domicílio o interessado, para entrega solene em audiência pública, individual ou coletiva, na qual o Magistrado dirá da significação do ato e dos deveres e direitos dele decorrentes.

§ 2º Onde houver mais de um juiz federal, a entrega será feita pelo da Primeira Vara.

§ 3º Quando não houver juiz federal na cidade em que tiverem domicílio os interessados, a entrega será feita através do juiz ordinário da comarca e, na sua falta, pelo da comarca mais próxima.

§ 4º Se o interessado, no curso do processo, mudar de domicílio, poderá requerer lhe seja efetuada a entrega do certificado pelo juiz competente da cidade onde passou a residir.

Art. 129. A entrega do certificado constará de termo lavrado no livro audiência, assinado pelo juiz e pelo naturalizado, devendo este:

I — demonstrar que conhece a língua portuguesa, segundo a sua condição, pela leitura de trechos da Constituição;

II — declarar, expressamente, que renuncia à nacionalidade anterior;

III — assumir o compromisso de bem cumprir os deveres de brasileiro.

§ 1º Ao naturalizado de nacionalidade portuguesa não se aplica o disposto no item I deste artigo.

§ 2º Serão anotados no certificado a data em que o naturalizado prestou compromisso, bem como a circunstância de haver sido lavrado o respectivo termo.

§ 3º O Juiz comunicará ao Departamento Federal de Justiça a data de entrega do certificado.

§ 4º O Departamento Federal de Justiça comunicará ao órgão encarregado do alistamento militar e ao Departamento de Polícia Federal as naturalizações concedidas, logo sejam anotadas no livro próprio as entregas dos respectivos certificados.

Art. 130. A entrega do certificado de naturalização, nos casos dos artigos 121 e 122, será feita ao interessado ou ao seu representante legal, conforme o caso, mediante recibo, diretamente pelo Departamento Federal de Justiça ou através dos órgãos regionais do Departamento de Polícia Federal.

Art. 131. A entrega do certificado aos naturalizados, a que se refere o artigo 124, poderá ser feita pelo Chefe da Missão diplomática ou Repartição consular brasileira no país onde estejam residindo, observadas as formalidades previstas no artigo anterior.

Art. 132. O ato de naturalização ficará sem efeito se a entrega do certificado não for solicitada pelo naturalizado, no prazo de doze meses, contados da data da sua publicação, salvo motivo de força maior devidamente comprovado perante o Ministro da Justiça.

PARÁGRAFO ÚNICO. Decorrido o prazo a que se refere este artigo, deverá o certificado ser devolvido ao Diretor-Geral do Departamento Federal de Justiça, para arquivamento, anotando-se a circunstância no respectivo registro.

Art. 133. O processo, iniciado com o pedido de naturalização, será encerrado com a entrega solene do certificado, na forma prevista nos artigos 129 a 131.

§ 1º No curso do processo de naturalização, qualquer do povo poderá impugná-la, desde que o faça fundamentadamente.

§ 2º A impugnação, por escrito, será dirigida ao Ministro da Justiça e suspenderá o curso do processo até sua apreciação final.

Art. 134. Suspender-se-á a entrega do certificado, quando verificada pelas autoridades federais ou estaduais mudança nas condições que autorizavam a naturalização.

TÍTULO XI
DO PROCEDIMENTO PARA APURAÇÃO DAS INFRAÇÕES

Art. 135. As infrações previstas no artigo 125 da Lei n. 6.815, de 19 de agosto de 1980, punidas com multa, serão apuradas em processo administrativo, que terá por base o respectivo auto.

Art. 136. É competente para lavrar o auto de infração o agente de órgão incumbido de aplicar este Regulamento.

§ 1º O auto deverá relatar, circunstanciadamente, a infração e o seu enquadramento.

§ 2º Depois de assinado pelo agente que o lavrar, o auto será submetido à assinatura do infrator, ou de seu representante legal que assistir à lavratura.

§ 3º Se o infrator, ou seu representante legal, não puder ou não quiser assinar o auto, o fato será nele certificado.

Art. 137. Lavrado o auto de infração, será o infrator notificado para apresentar defesa escrita, no prazo de cinco dias úteis, a contar da notificação.

PARÁGRAFO ÚNICO. Findo o prazo e certificada a apresentação ou não da defesa, o processo será julgado, sendo o infrator notificado da decisão proferida.

Art. 138. Da decisão que impuser penalidade, o infrator poderá interpor recurso à instância imediatamente superior no prazo de cinco dias úteis, contados da notificação.

§ 1º O recurso somente será admitido se o recorrente depositar o valor da multa aplicada, em moeda corrente, ou prestar caução ou fiança idônea.

§ 2º Recebido o recurso e prestadas as informações pelo recorrido, o processo será remetido à instância imediatamente superior no prazo de três dias úteis.

§ 3º Proferida a decisão final, o processo será devolvido dentro de três dias úteis à repartição de origem para:

I — provido o recurso, autorizar o levantamento da importância depositada, da caução ou da fiança;

II — negado provimento ao recurso, autorizar o recolhimento da importância da multa ao Tesouro Nacional.

Art. 139. No caso de não interposição ou não admissão de recurso, o processo será encaminhado à Procuradoria da Fazenda Nacional, para a apuração e inscrição da dívida.

Art. 140. A saída do infrator do território nacional não interromperá o curso do processo.

Art. 141. Verificado pelo Ministério do Trabalho que o empregador mantém a seu serviço estrangeiro em situação irregular, ou impedido de exercer atividade remunerada, o fato será comunicado ao Departamento de Polícia Federal do Ministério da Justiça, para as providências cabíveis.

TÍTULO XII
DO CONSELHO NACIONAL DE IMIGRAÇÃO

Art. 142. O Conselho Nacional de Imigração, órgão de deliberação coletiva, vinculado ao Ministério do Trabalho, terá sede na Capital Federal.

Art. 143. O Conselho Nacional de Imigração é integrado por um representante do Ministério

Legislação Complementar

do Trabalho, que o presidirá, um do Ministério da Justiça, um do Ministério das Relações Exteriores, um do Ministério da Agricultura, um do Ministério da Saúde, um do Ministério da Indústria e do Comércio e um do Conselho Nacional de Desenvolvimento Científico e Tecnológico, todos nomeados pelo Presidente da República, por indicação dos respectivos Ministros de Estado.

PARÁGRAFO ÚNICO. A Secretaria-Geral do Conselho de Segurança Nacional manterá um observador junto ao Conselho Nacional de Imigração.

Art. 144. O Conselho Nacional de Imigração terá as seguintes atribuições:

I — orientar e coordenar as atividades de imigração;

II — formular objetivos para a elaboração da política imigratória;

III — estabelecer normas de seleção de imigrantes, visando proporcionar mão de obra especializada aos vários setores da economia nacional e à captação de recursos para setores específicos;

IV — promover ou fomentar estudo de problemas relativos à imigração;

V — definir as regiões de que trata o artigo 18 da Lei n. 6.815, de 19 de agosto de 1980, e elaborar os respectivos planos de imigração;

VI — efetuar o levantamento periódico das necessidades de mão de obra estrangeira qualificada, para admissão em caráter permanente ou temporário;

VII — dirimir as dúvidas e solucionar os casos omissos, no que respeita à admissão de imigrantes;

VIII — opinar sobre alteração da legislação relativa à imigração, proposta por órgão federal;

IX — elaborar o seu Regimento Interno, a ser submetido à aprovação do Ministro do Trabalho.

PARÁGRAFO ÚNICO. As deliberações do Conselho Nacional de Imigração serão fixadas por meio de Resoluções.

Art. 145. Este Decreto entra em vigor na data da sua publicação.

Brasília, 10 de dezembro, de 1981; 160º da Independência e 93º da República.

JOÃO FIGUEIREDO
Ibrahim Abi-Ackel
R. S Guerreiro
Murilo Macêdo
Waldir Mendes Arcoverde
Danilo Venturini

RESOLUÇÃO NORMATIVA CNI N. 108, DE 12 DE FEVEREIRO DE 2014

(DOU 18.2.14)

DISPÕE SOBRE A CONCESSÃO DE VISTO TEMPORÁRIO OU PERMANENTE E PERMANÊNCIA DEFINITIVA A TÍTULO DE REUNIÃO FAMILIAR

O CONSELHO NACIONAL DE IMIGRAÇÃO, instituído pela Lei n. 6.815, de 19 de agosto de 1980 e organizado pela Lei n. 10.683, de 28 de maio de 2003, no uso das atribuições que lhe confere o Decreto n. 840, de 22 de junho de 1993, resolve:

Art. 1º O Ministério das Relações Exteriores poderá conceder visto temporário ou permanente, a título de reunião familiar, aos dependentes de cidadão brasileiro ou de estrangeiro temporário ou permanente no Brasil.

PARÁGRAFO ÚNICO. As solicitações de visto de que trata esta Resolução Normativa deverão ser apresentadas às Missões diplomáticas, Repartições consulares de carreira ou Vice-consulados.

Art. 2º Para o efeito do disposto nesta Resolução, consideram-se dependentes:

I — descendentes menores de 18 anos, ou de qualquer idade, quando comprovada a incapacidade de prover o próprio sustento;

II — ascendentes ou descendentes, desde que demonstrada a necessidade de amparo pelo interessado;

III — irmão, neto ou bisneto se órfão, solteiro e menor de 18 anos, ou de qualquer idade, quando comprovada a incapacidade de prover o próprio sustento; e

IV — cônjuge ou companheiro ou companheira, em união estável, sem distinção de sexo, de cidadão brasileiro ou de estrangeiro temporário ou permanente no Brasil.

§ 1º Os dependentes a que se referem os incisos I e III do caput deste artigo, que estejam inscritos em curso de graduação ou pós-graduação, serão assim considerados até o ano calendário em que completarem 24 anos, desde que seja concedida igualdade de tratamento a brasileiro no país de origem do estrangeiro.

§ 2º Equiparam-se aos descendentes, a que se refere o inciso I do caput deste artigo, o enteado e o menor que, por determinação judicial ou de autoridade competente, se encontrem sob guarda ou tutela de cidadão brasileiro ou estrangeiro temporário ou permanente no Brasil, ou ainda de seu cônjuge, companheiro ou companheira.

§ 3º Para a obtenção de visto temporário ou permanente de que tratam os incisos I a III do caput deste artigo deverão ser apresentados às Missões diplomáticas, Repartições consulares de carreira ou Vice-consulados os seguintes documentos:

I — certidão de nascimento, decisão judicial ou outro documento que comprove a relação familiar, emitido por autoridade brasileira ou estrangeira;

II — atestado de antecedentes penais, quando cabível; e

III — declaração de compromisso de manutenção, subsistência e saída do território nacional, em favor do chamado, com firma reconhecida em cartório ou em Repartição consular de carreira.

Art. 3º Os casos de incapacidade de provimento do próprio sustento, de que tratam os incisos I e III, do caput do art. 2º desta Resolução, deverão ser comprovados por meio de decisão judicial ou de órgão competente no país de residência do chamado.

PARÁGRAFO ÚNICO. Em caso de enfermidade, deverá ser apresentado laudo médico emitido no local de residência do chamado.

Art. 4º O Ministério das Relações Exteriores levará em consideração, para configurar o amparo previsto no inciso II, do caput do art. 2º, desta Resolução, ao menos um dos seguintes aspectos:

I — não dispor o interessado de renda suficiente para prover o próprio sustento e comprovar a remessa regular de recursos para sua manutenção e sobrevivência;

II — não possuir o interessado descendentes ou colaterais em primeiro ou segundo grau que possam prover sua própria subsistência no país de residência; e

III — necessitar o interessado de assistência, em virtude de enfermidade comprovada por laudo médico.

Art. 5º Poderá ser concedido visto permanente ou permanência definitiva ao estrangeiro que possua filho brasileiro que esteja sob sua guarda e dele dependa economicamente.

PARÁGRAFO ÚNICO. O disposto neste artigo aplica-se, também, ao estrangeiro que possua a guarda judicial ou a tutela de brasileiro.

Art. 6º Para a obtenção de visto temporário ou permanente com base em casamento, deverão ser apresentados às Missões diplomáticas, Repartições consulares de carreira ou Vice-consulados os seguintes documentos:

I — certidão de casamento brasileira ou estrangeira consularizada;

II — atestado de antecedentes penais, quando cabível; e

III — declaração de compromisso de manutenção, subsistência e saída do território nacional, em favor do interessado, com firma reconhecida em cartório ou Repartição consular de carreira.

Art. 7º Para a obtenção de visto temporário ou permanente com base em união estável, sem distinção de sexo, deverão ser apresentados às Missões diplomáticas, Repartições consulares de carreira ou Vice-consulados os documentos elencados nos incisos II e III do art. 6º desta Resolução, bem como um dos seguintes documentos:

I — atestado de união estável emitido por autoridade competente do país de procedência do chamado; ou

II — comprovação de união estável emitida por juízo competente no Brasil ou autoridade correspondente no exterior.

Art. 8º Na ausência dos documentos a que se refere o art. 7º desta Resolução, a comprovação de união estável poderá ser feita mediante apresentação dos seguintes documentos:

I — certidão ou documento similar emitido por autoridade de registro civil nacional, ou equivalente estrangeiro;

II — declaração, sob as penas da lei, de duas pessoas que atestem a existência da união estável; e

III — no mínimo, um dos seguintes documentos:

a) comprovação de dependência emitida por autoridade fiscal ou órgão correspondente à Receita Federal;

b) certidão de casamento religioso;

c) disposições testamentárias registradas junto a cartório brasileiro ou autoridade competente no exterior que comprovem o vínculo;

d) apólice de seguro de vida ou plano de saúde em que conste um dos interessados como instituidor do seguro e, o outro, como beneficiário;

e) escritura de compra e venda, registrada em cartório de registro de imóveis ou perante autoridade competente no exterior, quando aplicável, onde os interessados constem como proprietários, ou contrato de locação de imóvel em que ambos figurem como locatários;

f) conta bancária conjunta;

g) certidão de nascimento de filho estrangeiro do casal.

PARÁGRAFO ÚNICO. Para efeito do disposto nas alíneas "b" a "f" do inciso III deste artigo, será exigido o tempo mínimo de um ano.

Art. 9º O Ministério da Justiça poderá conceder a permanência temporária ou definitiva de que trata esta Resolução Normativa.

Art. 10. Ficam revogadas as Resoluções Normativas n. 36, de 28 de setembro de 1999, e n. 77, de 29 de janeiro de 2008.

Art. 11. Esta Resolução Normativa entra em vigor 30 dias após a data de sua publicação.

Paulo Sérgio de Almeida

RESOLUÇÃO NORMATIVA CNI N. 103, DE 16 DE MAIO DE 2013

(DOU 17.05.2013)

DISCIPLINA A CONCESSÃO DE AUTORIZAÇÃO DE TRABALHO PARA OBTENÇÃO DE VISTO TEMPORÁRIO A ESTRANGEIRO PARA TRABALHO NO BRASIL NAS FÉRIAS RELATIVAS A PERÍODO ACADÊMICO EM INSTITUIÇÃO DE ENSINO NO EXTERIOR

O CONSELHO NACIONAL DE IMIGRAÇÃO, instituído pela Lei n. 6.815, de 19 de agosto de 1980 e organizado pela Lei n. 10.683, de 28 de maio de 2003, no uso das atribuições que lhe confere o Decreto n. 840, de 22 de junho de 1993, resolve:

Art. 1º O Ministério do Trabalho e Emprego poderá conceder autorização de trabalho para obtenção do visto temporário previsto no art. 13, inciso V da Lei n. 6.815, de 19 de agosto de 1980, ao estrangeiro matriculado em curso de pós-graduação em instituição de ensino no exterior que pretenda vir ao Brasil para trabalho em entidade empregadora estabelecida no País, no período de férias letivas.

§ 1º O trabalho a que se refere o caput não se vincula à realização de estágio ou intercâmbio profissional.

§ 2º O prazo de validade do visto será de até noventa dias, improrrogável, vedada a sua transformação em permanente.

Art. 2º A concessão do visto de que trata esta Resolução Normativa dependerá de prévia autorização do Ministério do Trabalho e Emprego, que deve ser solicitada pela entidade empregadora no Brasil com a apresentação dos seguintes documentos:

I — comprovação de matrícula do estrangeiro em curso de mestrado ou doutorado ou pós-graduação com no mínimo 360 horas, no exterior;

II — contrato de trabalho por prazo determinado, a tempo parcial ou integral, celebrado pela empresa requerente com o estrangeiro chamado;

III — demais documentos exigidos pelo Ministério do Trabalho e Emprego para a autorização de Trabalho.

Art. 3º Esta Resolução Normativa entra em vigor na data de sua publicação.

Paulo Sérgio de Almeida
Presidente do Conselho

RESOLUÇÃO NORMATIVA CNI N. 104, DE 16 DE MAIO DE 2013

DOU 17.5.2013

DISCIPLINA OS PROCEDIMENTOS PARA A AUTORIZAÇÃO DE TRABALHO A ESTRANGEIROS, BEM COMO DÁ OUTRAS PROVIDÊNCIAS

O CONSELHO NACIONAL DE IMIGRAÇÃO, instituído pela Lei n. 6.815, de 19 de agosto de 1980 e organizado pela Lei n. 10.683, de 28 de maio de 2003, no uso das atribuições que lhe confere o Decreto n. 840, de 22 de junho de 1993, resolve:

Art. 1º A pessoa jurídica ou física interessada na vinda de trabalhador estrangeiro, em caráter permanente ou temporário, deverá solicitar autorização de trabalho junto à Coordenação-Geral de Imigração do Ministério do Trabalho e Emprego, mediante a apresentação de requerimento, conforme "Formulário de Requerimento de Autorização de Trabalho" em anexo, assinado e encaminhado por seu representante legal, ou procurador, instruído com os seguintes documentos, ou seus equivalentes, quando cabível:

I — Requerente:

a) ato legal que rege a pessoa jurídica devidamente registrada no órgão competente ou identidade, no caso de pessoa física;

b) ato de eleição ou de nomeação de seu representante legal devidamente registrado no órgão competente;

c) cópia do cartão do Cadastro Nacional da Pessoa Jurídica — CNPJ, ou do cartão do Cadastro de Pessoa Física — CPF;

d) procuração quando a requerente se fizer representar por procurador;

e) comprovante original de recolhimento da taxa individual de imigração; e

f) outros documentos previstos em Resoluções do Conselho Nacional de Imigração.

II — Candidato:

a) cópia de página do passaporte que contenha o número, nome, data de nascimento, nacionalidade e fotografia do estrangeiro; e

b) outros documentos previstos em razão de Resoluções do Conselho Nacional de Imigração.

III — Contrato de trabalho por prazo determinado, ou indeterminado, devidamente assinado pelas partes, conforme modelos anexos.

§ 1º Os documentos serão apresentados, caso possível, em meio digital, pela rede mundial de computadores, desde que preservadas as garantias de segurança de sua autenticidade, nos termos da Lei.

§ 2º Os documentos previstos neste artigo, uma vez apresentados e digitalizados, comporão cadastro eletrônico da requerente junto à Coordenação-Geral de Imigração, sendo dispensável sua apresentação em novos pedidos subsequentes, salvo em caso de atualização.

§ 3º O reconhecimento de firma não será exigível, salvo nos casos previstos em lei.

Art. 2º A ausência de documento ou falha na instrução do processo, acarretará o seu sobrestamento para cumprimento de exigência, pelo prazo de trinta dias, contados da data de ciência do interessado, sob pena de indeferimento do pedido.

PARÁGRAFO ÚNICO. A notificação de qualquer ato administrativo ou de decisão exarada pela Coordenação-Geral de Imigração será efetuada preferencialmente por meio eletrônico que assegure a certeza da ciência do interessado, podendo ainda ser realizada, se necessário, por ciência do processo, por via postal com Aviso de Recebimento — AR ou por telegrama.

Art. 3º Concluída a instrução do processo, a Coordenação-Geral de Imigração decidirá quanto à autorização em até o prazo estabelecido na Lei n. 9.784, de 29 de janeiro de 1999, prorrogável por igual período, mediante justificativa expressa.

§ 1º Denegada a autorização de trabalho caberá pedido de reconsideração dirigido à autoridade que proferiu a decisão, no prazo estabelecido em lei, contados da data de publicação no Diário Oficial da União.

§ 2º O pedido de reconsideração deverá ser acompanhado da taxa de imigração em dobro.

§ 3º Se a autoridade não reconsiderar a decisão no prazo legal, o pedido será recebido como recurso e será encaminhado de ofício à autoridade superior para decisão.

Art. 4º A Coordenação-Geral de Imigração fica autorizada a chamar à ordem o processo e cancelar a autorização de trabalho quando verificado o não cumprimento de qualquer cláusula contratual ou descumprimento de disposições legais, cabendo recurso no prazo estipulado por esta Resolução Normativa.

Art. 5º As hipóteses de transferência do estrangeiro para outra empresa do mesmo grupo econômico, ou mudança de função e/ou agregamento de outras atividades àquelas originalmente desempenhadas pelo estrangeiro, obrigam a pessoa contratante apenas a comunicar e justificar o ato ao Ministério do Trabalho e Emprego no prazo máximo de até quinze dias após a sua ocorrência, apresentando aditivo ao contrato de trabalho, quando cabível.

Art. 6º Os documentos produzidos fora do país deverão estar consularizados e traduzidos, na forma da legislação em vigor.

§ 1º A Coordenação-Geral de Imigração fica autorizada a conceder prazo de até 60 dias para apresentação da consularização e tradução, nos termos da Lei, de documento produzido no exterior, sem que tal prazo obste o processo de decisão de pedido de autorização de trabalho a estrangeiro.

§ 2º A não apresentação da consularização e tradução, nos termos da Lei, de documento produzido no exterior no prazo previsto no parágrafo anterior, resultará no cancelamento da autorização de trabalho do estrangeiro e comunicação ao Ministério da Justiça.

Art. 7º A pessoa física ou jurídica chamante informará à Coordenação-Geral de Imigração o término do vínculo com o estrangeiro antes do prazo final da autorização de trabalho concedida para fins de cancelamento.

§ 1º O pedido de cancelamento de autorização de trabalho será efetuado por simples comunicação eletrônica do representante legal da pessoa chamante, ou procurador, conforme correio eletrônico informado no Formulário de Requerimento de Autorização de Trabalho.

§ 2º Em caso de novo pedido de autorização de trabalho a estrangeiro que ainda conte com autorização anterior vigente, a Coordenação-Geral de Imigração providenciará o cancelamento automático da autorização anteriormente concedida em caso de deferimento do novo pedido.

§ 3º Os cancelamentos de autorizações de trabalho, após processados, serão comunicados ao Ministério da Justiça, sendo dispensável sua publicação em Diário Oficial.

Art. 8º A Resolução Normativa n. 62, de 08 de dezembro de 2004 passa a vigorar acrescida dos seguintes artigos:

"Art. 2-A. Quando se tratar de chamada de dirigente, com poderes de representação geral, em instituições financeiras e demais instituições autorizadas a funcionar pelo Banco Central do Brasil — BACEN, a requerente deverá apresentar carta de anuência do BACEN, quanto à indicação do estrangeiro para o cargo."

"Art. 2º-B Quando se tratar de chamada de representante legal de sociedade estrangeira de exploração de transporte aéreo e de serviços acessórios, a requerente deverá apresentar instrumento público de procuração delegando poderes ao estrangeiro e carta de homologação da nomeação do representante no Brasil, ou de seu substituto, expedida pela Agência Nacional de Aviação Civil — ANAC."

Art. 9º Esta Resolução Normativa entra em vigor na data de sua publicação.

Art. 10. Fica revogada a Resolução Normativa n. 74, de 09 de fevereiro 2007.

Paulo Sérgio de Almeida

Obs: Os anexos referidos na Resolução n. 104, do Conselho Nacional de Imigração constam da página 201 do DOU de 17.5.2013, com retificação no DOU de 21.5.2013.

CONSELHO NACIONAL DE IMIGRAÇÃO
RESOLUÇÃO NORMATIVA N. 94, DE 16 DE MARÇO DE 2011

(DOU 14.4.11)

DISCIPLINA A CONCESSÃO DE VISTO A ESTRANGEIRO, ESTUDANTE OU RECÉM-FORMADO, QUE VENHA AO BRASIL NO ÂMBITO DE PROGRAMA DE INTERCÂMBIO PROFISSIONAL

O CONSELHO NACIONAL DE IMIGRAÇÃO, instituído pela Lei n. 6.815, de 19 de agosto de 1980 e organizado pela Lei n. 10.683, de 28 de maio de 2003, no uso das atribuições que lhe confere o Decreto n. 840, de 22 de junho de 1993, resolve:

Art. 1º O Ministério do Trabalho e Emprego poderá conceder autorização de trabalho para obtenção do visto temporário previsto no art. 13, inciso V da Lei n. 6.815, de 19 de agosto de 1980, ao estrangeiro que pretenda vir ao Brasil para participar de programa de intercâmbio profissional com entidade empregadora estabelecida no País.

§ 1º Considera-se intercâmbio profissional, para efeito desta Resolução Normativa, a experiência de aprendizado sócio-laboral internacional realizada em ambiente de trabalho com vistas ao aprimoramento da formação acadêmica inicial ou continuada objetivando a troca de conhecimentos e experiências culturais e profissionais.

§ 2º O prazo de validade do visto será de até um ano, improrrogável, circunstância que constará da Cédula de Identidade do Estrangeiro.

Art. 2º A concessão do visto de que trata esta Resolução Normativa dependerá de prévia autorização do Ministério do Trabalho e Emprego, que deve ser solicitada pela entidade empregadora no Brasil com a apresentação dos seguintes documentos:

I — comprovação de matrícula em curso de graduação ou pós-graduação ou certificado de conclusão há menos de 01 (um) ano;

II — contrato de trabalho temporário a tempo parcial ou integral com o estrangeiro chamado;

III — termo de compromisso entre o estrangeiro e a entidade empregadora, com participação de entidade brasileira de intercâmbio interveniente, onde constem os termos do programa de intercâmbio;

IV — demais documentos exigidos pelo Ministério do Trabalho e Emprego para a autorização de trabalho.

Art. 3º O Ministério do Trabalho e Emprego poderá indeferir o pedido:

I — se restar caracterizado indício de interesse da empresa em efetuar mera substituição da mão de obra nacional por profissionais estrangeiros; e

II — se for constatado que o mesmo tratamento não é dispensado aos brasileiros no país de origem do interessado.

Art. 4º Os documentos emitidos no exterior deverão estar legalizados por repartição consular brasileira e traduzidos por tradutor juramentado no Brasil.

Art. 5º Esta Resolução Normativa entra em vigor na data de sua publicação.

Paulo Sérgio de Almeida

LEI N. 5.584, DE 26 DE JUNHO DE 1970

(DOU 29.6.70 — LTr 34/521)

DISPÕE SOBRE NORMAS DE DIREITO PROCESSUAL DO TRABALHO, ALTERA DISPOSITIVOS DA CONSOLIDAÇÃO DAS LEIS DO TRABALHO, DISCIPLINA A CONCESSÃO E PRESTAÇÃO DE ASSISTÊNCIA JUDICIÁRIA NA JUSTIÇA DO TRABALHO, E DÁ OUTRAS PROVIDÊNCIAS

O PRESIDENTE DA REPÚBLICA,

Faço saber que o Congresso Nacional decreta e eu sanciono a seguinte Lei:

Art. 1º Nos processos perante a Justiça do Trabalho, observar-se-ão os princípios estabelecidos nesta Lei.

Art. 2º Nos dissídios individuais, proposta a conciliação, e não havendo acordo, o Presidente da Junta ou o Juiz, antes de passar à instrução da causa, fixar-lhe-á o valor para a determinação da alçada, se este for indeterminado no pedido.

§ 1º Em audiência, ao aduzir razões finais, poderá qualquer das partes impugnar o valor fixado e, se o juiz o mantiver, pedir revisão da decisão, no prazo de 48 (quarenta e oito) horas, ao Presidente do Tribunal Regional.

§ 2º O pedido de revisão, que não terá efeito suspensivo, deverá ser instruído com a petição inicial e a Ata da Audiência, em cópia autenticada pela Secretaria da Junta, e será julgado em 48 (quarenta e oito) horas, a partir do seu recebimento, pelo Presidente do Tribunal Regional.

§ 3º Quando o valor fixado para a causa, na forma deste artigo, não exceder de 2 (duas) vezes o salário mínimo vigente na sede do Juízo, será dispensável o resumo dos depoimentos, devendo constar da Ata a conclusão da Junta quanto à matéria de fato.

§ 4º Salvo se versarem sobre matéria constitucional, nenhum recurso caberá das sentenças proferidas nos dissídios da alçada a que se refere o parágrafo anterior, considerado, para esse fim, o valor do salário mínimo à data do ajuizamento da ação. *(Redação L. n. 7.402, 5.11.85, DOU 6.11.85).*

Art. 3º Os exames periciais serão realizados por perito único, designado pelo Juiz, que fixará o prazo para entrega do laudo.

PARÁGRAFO ÚNICO. Permitir-se-á a cada parte a indicação de um assistente, cujo laudo terá que ser apresentado no mesmo prazo assinado para o perito, sob pena de ser desentranhado dos autos.

Art. 4º Nos dissídios de alçada exclusiva das Juntas e naqueles em que os empregados ou empregadores reclamarem pessoalmente, o processo poderá ser impulsionado de ofício pelo Juiz.

Art. 5º Para exarar parecer, terá o órgão do Ministério Público da União, junto à Justiça do Trabalho, um prazo de 8 (oito) dias, contados da data em que lhe for distribuído o processo.

Art. 6º Será de 8 (oito) dias o prazo para interpor e contra-arrazoar qualquer recurso (CLT, art. 893).

Art. 7º A comprovação do depósito da condenação (CLT, art. 899, §§ 1º a 5º) terá que ser feita dentro do prazo para a interposição do recurso, sob pena de ser este considerado deserto.

Art. 8º Das decisões proferidas nos dissídios coletivos poderá a União interpor recurso, o qual será sempre recebido no efeito suspensivo quanto à parte que exceder o índice fixado pela política salarial do Governo.

Art. 9º No Tribunal Superior do Trabalho, quando o pedido do recorrente contrariar súmula de jurisprudência uniforme deste Tribunal já compendiada, poderá o Relator negar prosseguimento ao recurso, indicando a correspondente súmula. *(Redação dada pela Lei n. 7.033, de 5.10.82.*

Art. 10. O artigo 477, da Consolidação das Leis do Trabalho, alterado pela Lei n. 5.562, de 12.12.68, e pelo Decreto-lei n. 766, de 15.8.69, passa a vigorar com a seguinte redação: *(Os artigos da CLT já estão com a redação dada por esta lei).*

Art. 11. O artigo 500, da Consolidação das Leis do Trabalho, revogado pela Lei n. 5.562, de 12.12.1968, passa a vigorar com a seguinte redação: *(Os artigos da CLT já estão com a redação dada por esta lei).*

Art. 12. O artigo 888, da Consolidação das Leis do Trabalho, passa a vigorar com a seguinte redação: *(Os artigos da CLT já estão com a redação dada por esta lei).*

Art. 13. Em qualquer hipótese, a remição só será deferível ao executado se este oferecer preço igual ao valor da condenação.

Da Assistência Judiciária

V. Lei n. 1.060, de 5.2.50, p. 302

V. arts. 790, § 3º e 790-B da CLT

Art. 14. Na Justiça do Trabalho, a assistência judiciária a que se refere a Lei n. 1.060, de 5 de fevereiro de 1950, será prestada pelo Sindicato da categoria profissional a que pertencer o trabalhador.

§ 1º A assistência é devida a todo aquele que perceber salário igual ou inferior ao dobro do mínimo legal, ficando assegurado igual benefício ao trabalhador de maior salário, uma vez provado que sua situação econômica não lhe permite demandar, sem prejuízo do sustento próprio ou da família.

§ 2º A situação econômica do trabalhador será comprovada em atestado fornecido pela autoridade local do Ministério do Trabalho e Previdência Social, mediante diligência sumária, que não poderá exceder de 48 (quarenta e oito) horas.

— v. Lei n. 7.115, de 29.8.83, p. 355

§ 3º Não havendo no local a autoridade referida no parágrafo anterior, o atestado deverá ser expedido pelo Delegado de Polícia da circunscrição onde resida o empregado.

Art. 15. Para auxiliar no patrocínio das causas, observados os arts. 50 e 72 da Lei n. 4.215, de 27 de abril de 1963, poderão ser designados pelas Diretorias dos Sindicatos, Acadêmicos de Direito, a partir da 4ª série, comprovadamente matriculados em estabelecimentos de ensino oficial ou sob fiscalização do Governo Federal.

Art. 16. Os honorários do advogado, pagos pelo vencido, reverterão em favor do Sindicato assistente.

Art. 17. Quando, nas respectivas comarcas, não houver Juntas de Conciliação e Julgamento ou não existir Sindicato da categoria profissional do trabalhador, é atribuído aos Promotores Públicos ou Defensores Públicos o encargo de prestar a assistência judiciária prevista nesta Lei.

PARÁGRAFO ÚNICO. Na hipótese prevista neste artigo, a importância proveniente da condenação nas despesas processuais será recolhida ao Tesouro do respectivo Estado.

Art. 18. A assistência judiciária, nos termos da presente Lei, será prestada ao trabalhador ainda que não seja associado do respectivo Sindicato.

Art. 19. Os diretores de Sindicatos que, sem comprovado motivo de ordem financeira, deixarem de dar cumprimento às disposições desta Lei, ficarão sujeitos à penalidade prevista no art. 553, alínea *a*, da Consolidação das Leis do Trabalho.

Art. 20. Esta Lei entra em vigor na data de sua publicação, revogadas as disposições em contrário.

Brasília, 26 de junho de 1970; 149º da Independência e 82º da República.

Emílio G. Médici — Alfredo Buzaid — Júlio Barata

LEI N. 6.830, DE 22 DE SETEMBRO DE 1980

(DOU 24.9.80 — LTr 44/1307)

DISPÕE SOBRE A COBRANÇA JUDICIAL DA DÍVIDA ATIVA DA FAZENDA PÚBLICA E DÁ OUTRAS PROVIDÊNCIAS

Art. 1º A execução judicial para cobrança da Dívida Ativa da União, dos Estados, do Distrito Federal, dos Municípios e respectivas autarquias será regida por esta lei e, subsidiariamente, pelo Código de Processo Civil.

Art. 2º Constitui Dívida Ativa da Fazenda Pública aquela definida como tributária ou não tributária na Lei n. 4.320, de 17 de março de 1964, com as alterações posteriores, que estatui normas gerais de direito financeiro para elaboração e controle dos orçamentos e balanços da União, dos Estados, dos Municípios e do Distrito Federal.

§ 1º Qualquer valor, cuja cobrança seja atribuída por lei às entidades de que trata o art. 1º, será considerado Dívida Ativa da Fazenda Pública.

§ 2º A Dívida Ativa da Fazenda Pública, compreendendo a tributária e a não tributária, abrange atualização monetária, juros e multa de mora e demais encargos previstos em lei ou contrato.

§ 3º A inscrição, que se constitui no ato de controle administrativo da legalidade, será feita pelo órgão competente para apurar a liquidez e certeza do crédito e suspenderá a prescrição, para todos os efeitos de direito, por 180 dias ou até a distribuição da execução fiscal, se esta ocorrer antes de findo aquele prazo.

§ 4º A Dívida Ativa da União será apurada e inscrita na Procuradoria da Fazenda Nacional.

§ 5º O Termo de Inscrição de Dívida Ativa deverá conter:

I — o nome do devedor, dos corresponsáveis e, sempre que conhecido, o domicílio ou residência de um e de outros;

II — o valor originário da dívida, bem como o termo inicial e a forma de calcular os juros de mora e demais encargos previstos em lei ou contrato;

III — a origem, a natureza e o fundamento legal ou contratual da dívida;

IV — a indicação se for o caso, de estar a dívida sujeita à atualização monetária, bem como o respectivo fundamento legal e o termo inicial para o cálculo;

V — a data e o número da inscrição, no Registro de Dívida Ativa; e

VI — o número do processo administrativo ou do auto de infração, se neles estiver apurado o valor da dívida.

§ 6º A Certidão de Dívida Ativa conterá os mesmos elementos do Termo de Inscrição e será autenticada pela autoridade competente.

§ 7º O Termo de Inscrição e a Certidão de Dívida Ativa poderão ser preparados e numerados por processo manual, mecânico ou eletrônico.

§ 8º Até a decisão de primeira instância, a Certidão de Dívida Ativa poderá ser emendada ou substituída, assegurada ao executado a devolução do prazo para embargos.

§ 9º O prazo para a cobrança das contribuições previdenciárias continua a ser o estabelecido no art. 144 da Lei n. 3.807, de 26 de agosto de 1960.

Art. 3º A Dívida Ativa regularmente inscrita goza da presunção de certeza e liquidez.

PARÁGRAFO ÚNICO. A presunção a que se refere este artigo é relativa e pode ser ilidida por prova inequívoca, a cargo do executado ou de terceiro, a quem aproveite.

Art. 4º A execução fiscal poderá ser promovida contra:

I — o devedor;

II — o fiador;

III — o espólio;

IV — a massa;

V — o responsável, nos termos da lei, por dívida tributária ou não, de pessoas físicas ou pessoas jurídicas de direito privado; e

VI — os sucessores a qualquer título.

§ 1º Ressalvado o disposto no art. 31, o síndico, o comissário, o liquidante, o inventariante e o administrador, nos casos de falência, concordata, liquidação, inventário, insolvência ou concurso de credores, se, antes de garantidos os créditos da Fazenda Pública, alienarem ou derem em garantia quaisquer dos bens administrados, respondem, solidariamente, pelo valor desses bens.

§ 2º À Dívida Ativa da Fazenda Pública, de qualquer natureza, aplicam-se as normas relativas à responsabilidade prevista na legislação tributária, civil e comercial.

§ 3º Os responsáveis, inclusive as pessoas indicadas no § 1º deste artigo, poderão nomear bens livres e desembaraçados do devedor, tantos quantos bastem para pagar a dívida. Os bens dos responsáveis ficarão, porém, sujeitos à execução, se os do devedor forem insuficientes à satisfação da dívida.

§ 4º Aplica-se à Dívida Ativa da Fazenda Pública de natureza não tributária o disposto nos arts. 186 e 188 a 192 do Código Tributário Nacional.

Art. 5º A competência para processar e julgar a execução da Dívida Ativa da Fazenda Pública exclui a de qualquer outro juízo, inclusive o da falência, da concordata, da liquidação, da insolvência ou do inventário.

Art. 6º A petição inicial indicará apenas:

I — o juiz a quem é dirigida;

II — o pedido; e

III — o requerimento para a citação.

§ 1º A petição inicial será instruída com a Certidão da Dívida Ativa, que dela fará parte integrante, como se estivesse transcrita.

§ 2º A petição inicial e a Certidão de Dívida Ativa poderão constituir um único documento, preparado inclusive por processo eletrônico.

§ 3º A produção de provas pela Fazenda Pública independe de requerimento na petição inicial.

§ 4º O valor da causa será o da dívida constante da certidão, com os encargos legais.

Art. 7º O despacho do Juiz que deferir a inicial importa em ordem para:

I — citação, pelas sucessivas modalidades previstas no art. 8º,

II — penhora, se não for paga a dívida, nem garantida a execução, por meio de depósito ou fiança;

III — arresto, se o executado não tiver domicílio ou dele se ocultar;

IV — registro da penhora ou do arresto, independentemente do pagamento de custas ou outras despesas, observado o disposto no art. 14; e

V — avaliação dos bens penhorados ou arrestados.

Art. 8º O executado será citado para, no prazo de 5 (cinco) dias, pagar a dívida com os juros e multa de mora e encargos indicados na Certidão de Dívida Ativa, ou garantir a execução, observadas as seguintes normas:

I — a citação será feita pelo correio, com aviso de recepção, se a Fazenda Pública não a requerer por outra forma;

II — a citação pelo correio considera-se feita na data da entrega da carta no endereço do executado; ou, se a data for omitida, no aviso de recepção, 10 (dez) dias após a entrega da carta à agência postal;

III — se o aviso de recepção não retornar no prazo de 15 (quinze) dias da entrega da carta à agência postal, a citação será feita por Oficial de Justiça ou por edital;

IV — o edital de citação será afixado na sede do Juízo, publicado uma só vez no órgão oficial, gratuitamente, como expediente judiciário, com o prazo de 30 (trinta) dias, e conterá, apenas, a indicação da exequente, o nome do devedor e dos corresponsáveis, a quantia devida, a natureza da dívida, a data e o número da inscrição no Registro da Dívida Ativa, o prazo e o endereço da sede do Juízo.

§ 1º O executado ausente do País será citado por edital, com prazo de 60 (sessenta) dias.

§ 2º O despacho do Juiz, que ordenar a citação, interrompe a prescrição.

Art. 9º Em garantia da execução, pelo valor da dívida, juros e multa de mora e encargos indicados na Certidão da Dívida Ativa, o executado poderá:

I — efetuar depósito em dinheiro, à ordem do Juízo em estabelecimento oficial de crédito, que assegure atualização monetária;

II — oferecer fiança bancária;

III — nomear bens à penhora, observada a ordem do artigo 11; ou

IV — indicar à penhora bens oferecidos por terceiros e aceitos pela Fazenda Pública.

§ 1º O executado só poderá indicar e o terceiro oferecer bem imóvel à penhora com o consentimento expresso do respectivo cônjuge.

§ 2º Juntar-se-á aos autos a prova do depósito, da fiança bancária ou da penhora dos bens do executado ou de terceiros.

§ 3º A garantia da execução, por meio de depósito em dinheiro ou fiança bancária, produz os mesmos efeitos da penhora.

§ 4º Somente o depósito em dinheiro, na forma do art. 32, faz cessar a responsabilidade pela atualização monetária e juros de mora.

§ 5º A fiança bancária prevista no inciso II obedecerá às condições preestabelecidas pelo Conselho Monetário Nacional.

§ 6º O executado poderá pagar parcela da dívida, que julgar incontroversa, e garantir a execução do saldo devedor.

Art. 10. Não ocorrendo o pagamento, nem a garantia da execução de que trata o art. 9º, a penhora poderá recair em qualquer bem do executado, exceto os que a lei declare absolutamente impenhoráveis.

Art. 11. A penhora ou arresto de bens obedecerá à seguinte ordem:

I — dinheiro;

II — título da dívida pública, bem como título de crédito, que tenha cotação em bolsa;

III — pedras e metais preciosos;

IV — imóveis;

V — navios e aeronaves;

VI — veículos;

VII — móveis ou semoventes; e

VIII — direitos e ações.

§ 1º Excepcionalmente, a penhora poderá recair sobre estabelecimento comercial, industrial ou agrícola, bem como em plantações ou edifícios em construção.

§ 2º A penhora efetuada em dinheiro será convertida no depósito de que trata o inciso I do art. 9º.

§ 3º O Juiz ordenará a remoção do bem penhorado para depósito judicial, particular ou da Fazenda Pública exequente, sempre que esta o requerer, em qualquer fase do processo.

Art. 12. Na execução fiscal, far-se-á a intimação da penhora ao executado, mediante publicação, no órgão oficial, do ato de juntada do termo ou do auto de penhora.

§ 1º Nas Comarcas do interior dos Estados, a intimação poderá ser feita pela remessa de cópia do termo ou do auto de penhora, pelo correio, na forma estabelecida no art. 8º, I e II, para a citação.

§ 2º Se a penhora recair sobre imóvel, far-se-á a intimação ao cônjuge, observadas as normas previstas para a citação.

§ 3º Far-se-á a intimação da penhora pessoalmente ao executado se, na citação feita pelo correio, o aviso de recepção não contiver a assinatura do próprio executado, ou de seu representante legal.

Art. 13. O termo ou auto de penhora conterá, também, a avaliação dos bens penhorados, efetuada por quem o lavrar.

§ 1º Impugnada a avaliação, pelo executado, ou pela Fazenda Pública, antes de publicado o edital de leilão, o juiz, ouvida a outra parte, nomeará avaliador oficial para proceder a nova avaliação dos bens penhorados.

§ 2º Se não houver, na Comarca, avaliador oficial ou este não puder apresentar o laudo de avaliação no prazo de 15 (quinze) dias, será nomeada pessoa ou entidade habilitada, a critério do Juiz.

§ 3º Apresentado o laudo, o Juiz decidirá de plano sobre a avaliação.

Art. 14. O Oficial de Justiça entregará contrafé e cópia do termo ou do auto de penhora ou arresto, com a ordem de registro de que trata o art. 7º, IV:

I — no Ofício próprio se o bem for imóvel ou a ele equiparado;

II — na repartição competente para emissão de certificado de registro, se for veículo;

III — na Junta Comercial, na Bolsa de Valores, e na sociedade comercial, se forem ações, debênture, parte beneficiária, cota ou qualquer outro título, crédito ou direito societário nominativo.

Art. 15. Em qualquer fase do processo, será deferida pelo Juiz:

I — ao executado, a substituição da penhora por depósito em dinheiro ou fiança bancária; e

II — à Fazenda Pública, a substituição dos bens penhorados por outros, independentemente da ordem enumerada no art. 11, bem como o reforço da penhora insuficiente.

Art. 16. O executado oferecerá embargos, no prazo de 30 (trinta) dias, contados:

I — do depósito;

II — da Juntada da prova da fiança bancária;

III — da intimação da penhora.

§ 1º Não são admissíveis embargos do executado antes de garantida a execução.

§ 2º No prazo dos embargos, o executado deverá alegar toda matéria útil à defesa, requerer provas e juntar aos autos os documentos e rol de testemunhas, até três, ou, a critério do Juiz, até o dobro desse limite.

§ 3º Não será admitida reconvenção, nem compensação, e as exceções, salvo as de suspeição, incompetência e impedimentos, serão arguidas como matéria preliminar e serão processadas e julgadas com os embargos.

Art. 17. Recebidos os embargos, o Juiz mandará intimar a Fazenda, para impugná-los no prazo de 30 (trinta) dias, designando, em seguida, audiência de instrução e julgamento.

PARÁGRAFO ÚNICO. Não se realizará audiência, se os embargos versarem sobre matéria de direito ou, sendo de direito e de fato, a prova for exclusivamente documental, caso em que o Juiz proferirá a sentença no prazo de 30 (trinta) dias.

Art. 18. Caso não sejam oferecidos os embargos, a Fazenda Pública manifestar-se-á sobre a garantia da execução.

Art. 19. Não sendo embargada a execução ou sendo rejeitados os embargos, no caso de garantia prestada por terceiro, será este intimado, sob pena de contra ele prosseguir a execução nos próprios autos, para, no prazo de 15 (quinze) dias:

I — remir o bem, se a garantia for real; ou

II — pagar o valor da dívida, juros e multa de mora e demais encargos, indicados na Certidão de Dívida Ativa, pelos quais se obrigou, se a garantia for fidejussória.

Art. 20. Na execução por carta, os embargos do executado serão oferecidos no Juízo deprecado, que os remeterá ao juízo deprecante, para instrução e julgamento.

PARÁGRAFO ÚNICO. Quando os embargos tiverem por objeto vícios ou irregularidades de atos do próprio juízo deprecado, caber-lhe-á unicamente o julgamento dessa matéria.

Art. 21. Na hipótese de alienação antecipada dos bens penhorados, o produto será depositado em garantia da execução, nos termos previstos no art. 9º, inciso I.

Art. 22. A arrematação será precedida de edital, afixado no local do costume, na sede do Juízo, e publicado, em resumo, uma só vez, gratuitamente, como expediente judiciário, no órgão oficial.

§ 1º O prazo entre as datas de publicação do edital e do leilão não poderá ser superior a 30 (trinta), nem inferior a 10 (dez) dias.

§ 2º O representante judicial da Fazenda Pública será intimado, pessoalmente, da realização do leilão, com a antecedência prevista no parágrafo anterior.

Art. 23. A alienação de quaisquer bens penhorados será feita em leilão público, no lugar designado pelo Juiz.

§ 1º A Fazenda Pública e o executado poderão requerer que os bens sejam leiloados englobadamente ou em lotes que indicarem.

§ 2º Cabe ao arrematante o pagamento da comissão do leiloeiro e demais despesas indicadas no edital.

Art. 24. A Fazenda Pública poderá adjudicar os bens penhorados:

I — antes do leilão, pelo preço da avaliação, se a execução não for embargada ou se rejeitados os embargos;

II — findo o leilão: a) se não houver licitante, pelo preço da avaliação; b) havendo licitantes, com preferência, em igualdade de condições com a melhor oferta, no prazo de 30 (trinta) dias.

PARÁGRAFO ÚNICO. Se o preço da avaliação ou o valor da melhor oferta for superior ao dos créditos da Fazenda Pública, a adjudicação somente será deferida pelo Juiz, se a diferença for depositada, pela exequente, à ordem do Juízo, no prazo de 30 (trinta) dias.

Art. 25. Na execução fiscal, qualquer intimação ao representante judicial da Fazenda Pública será feita pessoalmente.

PARÁGRAFO ÚNICO. A intimação de que trata este artigo poderá ser feita mediante vista dos autos, com imediata remessa ao representante judicial da Fazenda Pública, pelo cartório ou secretaria.

Art. 26. Se, antes da decisão de primeira instância, a inscrição de Dívida Ativa for, a qualquer título, cancelada, a execução fiscal será extinta, sem qualquer ônus para as partes.

Art. 27. As publicações de atos processuais poderão ser feitas resumidamente ou reunir num só texto os de diferentes processos.

PARÁGRAFO ÚNICO. As publicações farão sempre referência ao número do processo no respectivo Juízo e ao número da correspondente inscrição da Dívida Ativa, bem como ao nome das partes e de seus advogados, suficientes para a sua identificação.

Art. 28. O Juiz, a requerimento das partes, poderá por conveniência da unidade da garantia da execução, ordenar a reunião de processos contra o mesmo devedor.

PARÁGRAFO ÚNICO. Na hipótese deste artigo, os processos serão redistribuídos ao Juízo de primeira distribuição.

Art. 29. A cobrança judicial da Dívida Ativa da Fazenda Pública não é sujeita a concurso de credores ou habilitação em falência, concordata, liquidação, inventário ou arrolamento.

PARÁGRAFO ÚNICO. O concurso de preferência somente se verifica entre pessoas jurídicas de direito público, na seguinte ordem:

I — União e suas autarquias;

II — Estados, Distrito Federal e Territórios e suas autarquias, conjuntamente e *pro rata*;

III — Municípios e suas autarquias, conjuntamente e *pro rata*.

Art. 30. Sem prejuízo dos privilégios especiais sobre determinados bens, que sejam previstos em lei, responde pelo pagamento da Dívida Ativa da Fazenda Pública a totalidade dos bens e das rendas, de qualquer origem ou natureza, do sujeito passivo, seu espólio ou sua massa, inclusive os gravados por ônus real ou cláusula de inalienabilidade ou impenhorabilidade, seja qual for a data da constituição do ônus ou da cláusula, excetuados unicamente os bens e rendas que a lei declara absolutamente impenhoráveis.

Art. 31. Nos processos de falência, concordata, liquidação, inventário, arrolamento ou concurso de credores, nenhuma alienação será judicialmente autorizada sem a prova de quitação da Dívida Ativa ou a concordância da Fazenda Pública.

Art. 32. Os depósitos judiciais em dinheiro serão obrigatoriamente feitos:

I — na Caixa Econômica Federal, de acordo com o Decreto-lei n. 1.737, de 20 de dezembro de 1979, quando relacionados com a execução fiscal proposta pela União ou suas autarquias;

II — na Caixa Econômica ou no banco oficial da unidade federativa, ou à sua falta, na Caixa Econômica Federal, quando relacionados com execução fiscal proposta pelo Estado, Distrito Federal, Municípios e suas autarquias.

§ 1º Os depósitos de que trata este artigo estão sujeitos à atualização monetária, segundo os índices estabelecidos para os débitos tributários federais.

§ 2º Após o trânsito em julgado da decisão, o depósito, monetariamente atualizado, será devolvido ao depositante ou entregue à Fazenda Pública, mediante ordem do Juízo competente.

Art. 33. O Juízo, do Ofício, comunicará à repartição competente da Fazenda Pública, para fins de averbação no Registro da Dívida Ativa, a decisão final, transitada em julgado, que der por improcedente a execução, total ou parcialmente.

Art. 34. Das sentenças de primeira instância proferidas em execuções de valor igual ou inferior a 50 (cinquenta) Obrigações Reajustáveis do Tesouro Nacional — ORTNs, só se admitirão embargos infringentes e de declaração.

§ 1º Para os efeitos deste artigo, considerar-se-á o valor da dívida monetariamente atualizado e acrescido de multa e juros de mora e demais encargos legais, na data da distribuição.

§ 2º Os embargos infringentes, instruídos, ou não, com documentos novos, serão deduzidos, no prazo de 10 (dez) dias perante o mesmo Juízo, em petição fundamentada.

§ 3º Ouvido o embargado, no prazo de 10 (dez) dias, serão os autos conclusos ao Juiz, que, dentro de 20 (vinte) dias, os rejeitará ou reformará a sentença.

Art. 35. Nos processos regulados por esta lei, poderá ser dispensada a audiência de revisor, no julgamento das apelações.

Art. 36. Compete à Fazenda Pública, baixar normas sobre o recolhimento da Dívida Ativa respectiva, em juízo ou fora dele, e aprovar, inclusive, os modelos de documentos de arrecadação.

Art. 37. O Auxiliar de Justiça que, por ação ou omissão, culposa ou dolosa, prejudicar a execução, será responsabilizado, civil, penal e administrativamente.

PARÁGRAFO ÚNICO. O Oficial de Justiça deverá efetuar, em 10 (dez) dias, as diligências que lhe forem ordenadas, salvo motivo de força maior devidamente justificado perante o Juízo.

Art. 38. A discussão judicial da Dívida Ativa da Fazenda Pública só é admissível em execução, na forma desta lei, salvo as hipóteses de mandado de segurança, ação de repetição do indébito ou ação anulatória do ato declarativo da dívida, esta precedida do depósito preparatório do valor do débito, monetariamente corrigido e acrescido dos juros e multa de mora e demais encargos.

PARÁGRAFO ÚNICO. A propositura, pelo contribuinte, da ação prevista neste artigo importa em renúncia ao poder de recorrer na esfera administrativa e desistência do recurso acaso interposto.

Art. 39. A Fazenda Pública não está sujeita ao pagamento de custas e emolumentos. A prática dos atos judiciais de seu interesse independerá de preparo ou de prévio depósito.

PARÁGRAFO ÚNICO. Se vencida, a Fazenda Pública ressarcirá o valor das despesas feitas pela parte contrária.

Art. 40. O Juiz suspenderá o curso da execução, enquanto não for localizado o devedor ou encontrados bens sobre os quais possa recair a penhora, e, nesses casos, não correrá o prazo da prescrição.

§ 1º Suspenso o curso da execução, será aberta vista dos autos ao representante judicial da Fazenda Pública.

§ 2º Decorrido o prazo máximo de 1 (um) ano, sem que seja localizado o devedor ou encontrados bens penhoráveis, o Juiz ordenará o arquivamento dos autos.

§ 3º Encontrados que sejam, a qualquer tempo, o devedor ou os bens, serão desarquivados os autos para prosseguimento da execução.

§ 4º Se da decisão que ordenar o arquivamento tiver decorrido o prazo prescricional, o juiz, depois de ouvida a Fazenda Pública, poderá, de ofício, reconhecer a prescrição intercorrente e decretá-la de imediato. *(NR) (Parágrafo acrescentado pela Lei n. 11.051, de 29.12.04, DOU 30.12.04)*

§ 5º A manifestação prévia da Fazenda Pública prevista no § 4º deste artigo será dispensada no caso de cobranças judiciais cujo valor seja inferior ao mínimo fixado por ato do Ministro de Estado da Fazenda. (NR) — *(Parágrafo acrescentado pela Lei n. 11.960, de 29.6.09, DOU 30.6.09)*

Art. 41. O processo administrativo correspondente à inscrição da Dívida Ativa, à execução fiscal ou à ação proposta contra a Fazenda Pública será mantido na repartição competente, dele se extraindo as cópias autenticadas ou certidões que forem requeridas pelas partes ou requisitadas pelo Juiz ou pelo Ministério Público.

PARÁGRAFO ÚNICO. Mediante requisição do Juiz à repartição competente, com dia e hora previamente marcados, poderá o processo administrativo ser exibido na sede do Juízo, pelo funcionário para esse fim designado, lavrando o serventuário termo da ocorrência, com indicação, se for o caso, das peças a serem trasladadas.

Art. 42. Revogadas as disposições em contrário, esta lei entrará em vigor 90 (noventa) dias após a data de sua publicação.

Brasília, 22 de setembro de 1980; 159º da Independência e 92º da República.

João Figueiredo — Ibrahim Abi-Ackel — Ernane Galvêas — Hélio Beltrão

LEI N. 7.115, DE 29 DE AGOSTO DE 1983

(DOU 30.8.83 — LTr 47-10/1267)

DISPÕE SOBRE PROVA DOCUMENTAL NOS CASOS QUE INDICA E DÁ OUTRAS PROVIDÊNCIAS

V. Lei n. 1.060, de 5.2.50, p. 302

O PRESIDENTE DA REPÚBLICA,

Faço saber que o Congresso Nacional decreta e eu sanciono a seguinte Lei:

Art. 1º A declaração destinada a fazer prova de vida, residência, pobreza, dependência econômica, homonímia ou bons antecedentes, quando firmada pelo próprio interesse ou por procurador bastante, e sob as penas da Lei, presume-se verdadeira.

PARÁGRAFO ÚNICO. O disposto neste artigo não se aplica para fins de prova em processo penal.

Art. 2º Se comprovadamente falsa a declaração, sujeitar-se-á o declarante às sanções civis, administrativas e criminais previstas na legislação aplicável.

Art. 3º A declaração mencionará expressamente a responsabilidade do declarante.

Art. 4º Esta Lei entra em vigor na data de sua publicação.

Art. 5º Revogam-se as disposições em contrário.

Brasília, em 29 de março de 1983; 162º da Independência e 95º da República.

João de Figueiredo

Ibrahim Abi-Ackel

Hélio Beltrão

LEI N. 7.701, DE 21 DE DEZEMBRO DE 1988

(DOU 22.12.88)

DISPÕE SOBRE A ESPECIALIZAÇÃO DE TURMAS DOS TRIBUNAIS DO TRABALHO EM PROCESSOS COLETIVOS E DÁ OUTRAS PROVIDÊNCIAS

(Altera a redação do art. 896 da CLT)

V. CF, arts. 111, 111-A, 112, 113, 114 e 115

O PRESIDENTE DA REPÚBLICA,

Faço saber que o Congresso Nacional decreta e eu sanciono a seguinte Lei:

Art. 1º O Tribunal Superior do Trabalho, nos processos de sua competência, será dividido em Turmas e seções especializadas para a conciliação e julgamento de dissídios coletivos de natureza econômica ou jurídica e de dissídios individuais, respeitada a paridade da representação classista.

PARÁGRAFO ÚNICO. O Regimento Interno do Tribunal disporá sobre a constituição e o funcionamento de cada uma das seções especializadas do Tribunal Superior do Trabalho, bem como sobre o número, composição e funcionamento das respectivas Turmas do Tribunal. Caberá ao Presidente do Tribunal Superior do Trabalho presidir os atos de julgamento das seções especializadas, delas participando o Vice-Presidente e o Corregedor-Geral, este quando não estiver ausente em função corregedora.

Art. 2º Compete à seção especializada em dissídios coletivos, ou seção normativa:

I — originariamente:

a) conciliar e julgar os dissídios coletivos que excedam a jurisdição dos Tribunais Regionais do Trabalho e estender ou rever suas próprias sentenças normativas, nos casos previstos em lei;

b) homologar as conciliações celebradas nos dissídios coletivos de que trata a alínea anterior;

c) julgar as ações rescisórias propostas contra suas sentenças normativas;

d) julgar os mandados de segurança contra os atos praticados pelo Presidente do Tribunal ou por qualquer dos Ministros integrantes da seção especializada em processo de dissídio coletivo; e

e) julgar os conflitos de competência entre Tribunais Regionais do Trabalho em processos de dissídio coletivo.

II — em última instância julgar:

a) os recursos ordinários interpostos contra as decisões proferidas pelos Tribunais Regionais do Trabalho em dissídios coletivos de natureza econômica ou jurídica;

b) os recursos ordinários interpostos contra as decisões proferidas pelos Tribunais Regionais do Trabalho em ações rescisórias e mandados de segurança pertinentes a dissídios coletivos;

c) os Embargos Infringentes interpostos contra decisão não unânime proferida em processo de dissídio coletivo de sua competência originária, salvo se a decisão atacada estiver em consonância com procedente jurisprudencial do Tribunal Superior do Trabalho ou da Súmula de sua jurisprudência predominante;

d) os Embargos de Declaração opostos aos seus acórdãos e os Agravos Regimentais pertinentes aos dissídios coletivos;

e) as suspeições arguidas contra o Presidente e demais Ministros que integram a seção, nos feitos pendentes de sua decisão; e

f) os Agravos de Instrumento interpostos contra despacho denegatório de recurso ordinário nos processos de sua competência.

Art. 3º Compete à Seção de Dissídios Individuais julgar:

I — originariamente:

a) as ações rescisórias propostas contra decisões das Turmas do Tribunal Superior do Trabalho e suas próprias, inclusive as anteriores à especialização em seções; e

b) os mandados de segurança de sua competência originária, na forma da lei;

II — em única instância:

a) os agravos regimentais interpostos em dissídios individuais; e

b) os conflitos de competência entre Tribunais Regionais e aqueles que envolvem Juízes de Direito investidos da jurisdição trabalhista e Juntas de Conciliação e Julgamento em processos de dissídio individual.

III — em última instância:

a) os recursos ordinários interpostos contra decisões dos Tribunais Regionais em processos de dissídio individual de sua competência originária;

b) os embargos das decisões das Turmas que divergirem entre si, ou das decisões proferidas pela Seção de Dissídios Individuais; (NR) *(Redação dada pela Lei n. 11.496, de 22.6.06, DOU 25.6.07, com entrada em vigor 90 (noventa) dias após a data de sua publicação, art. 3º, da mesma Lei)*

c) os agravos regimentais de despachos denegatórios dos Presidentes das Turmas, em matéria de embargos, na forma estabelecida no Regimento Interno;

d) os Embargos de Declaração opostos aos seus acórdãos;

e) as suspeições arguidas contra o Presidente e demais Ministros que integram a seção nos feitos pendentes de julgamento; e

f) os Agravos de Instrumento interpostos contra despacho denegatório de recurso ordinário em processo de sua competência.

Art. 4º É da competência do Tribunal Pleno do Tribunal Superior do Trabalho:

a) a declaração de inconstitucionalidade ou não de lei ou de ato normativo do Poder Público;

b) aprovar os enunciados da Súmula da jurisprudência predominante em dissídios individuais;

c) julgar os incidentes de uniformização da jurisprudência em dissídios individuais;

d) aprovar os precedentes da jurisprudência predominante em dissídios coletivos;

e) aprovar as tabelas de custas e emolumentos, nos termos da lei; e

f) elaborar o Regimento Interno do Tribunal e exercer as atribuições administrativas previstas em lei ou na Constituição Federal.

Art. 5º As Turmas do Tribunal Superior do Trabalho terão, cada uma, a seguinte competência:

a) julgar os Recursos de Revista interpostos de decisões dos Tribunais Regionais do Trabalho, nos casos previstos em lei;

b) julgar, em última instância, os Agravos de Instrumento dos despachos de Presidente de Tribunal Regional que denegarem seguimento a Recurso de Revista, explicitando em que efeito a Revista deve ser processada, caso providos;

c) julgar, em última instância, os agravos regimentais; e

d) julgar os Embargos de Declaração opostos aos seus acórdãos.

Art. 6º Os Tribunais Regionais do Trabalho que funcionarem divididos em Grupos de Turmas promoverão a especialização de um deles com a competência exclusiva para a conciliação e julgamento de dissídios coletivos, na forma prevista no *caput* do art. 1º desta Lei.

PARÁGRAFO ÚNICO. O Regimento Interno disporá sobre a constituição e funcionamento do Grupo Normativo, bem como dos demais Grupos de Turmas do Tribunal Regional do Trabalho.

Art. 7º Das decisões proferidas pelo Grupo Normativo dos Tribunais Regionais do Trabalho, caberá recurso ordinário para o Tribunal Superior do Trabalho.

§ 1º O Juiz relator ou o redator designado disporá de 10 (dez) dias para redigir o acórdão.

§ 2º Não publicado o acórdão nos 20 (vinte) dias subsequentes ao julgamento, poderá qualquer dos litigantes ou o Ministério Público do Trabalho interpor recurso ordinário, fundado, apenas, na certidão de julgamento, inclusive com pedido de efeito suspensivo, pagas as custas, se for o caso. Publicado o acórdão, reabrir-se-á o prazo para o aditamento do recurso interposto.

§ 3º Interposto o recurso na forma do parágrafo anterior, deverão os recorrentes comunicar o fato à Corregedoria-Geral, para as providências legais cabíveis.

§ 4º Publicado o acórdão, quando as partes serão consideradas intimadas, seguir-se-á o procedimento recursal como previsto em lei, com a intimação pessoal do Ministério Público, por qualquer dos seus procuradores.

§ 5º Formalizado o acordo pelas partes e homologado pelo Tribunal, não caberá qualquer recurso, salvo por parte do Ministério Público.

§ 6º A sentença normativa poderá ser objeto de ação de cumprimento a partir do 20º (vigésimo) dia subsequente ao do julgamento, fundada no acórdão ou na certidão de julgamento, salvo se concedido efeito suspensivo pelo Presidente do Tribunal Superior do Trabalho.

Art. 8º O disposto no art. 7º e respectivos parágrafos desta Lei aplica-se aos demais Tribunais Regionais do Trabalho não divididos em Grupos de Turmas.

Art. 9º O efeito suspensivo deferido pelo Presidente do Tribunal Superior do Trabalho terá eficácia pelo prazo improrrogável de 120 (cento e vinte) dias contados da publicação, salvo se o recurso ordinário for julgado antes do término do prazo.

Art. 10. Nos dissídios coletivos de natureza econômica ou jurídica de competência originária ou recursal da seção normativa do Tribunal Superior do Trabalho, a sentença poderá ser objeto de ação de cumprimento com a publicação da certidão de julgamento.

Art. 11. Nos processos de dissídio coletivo, o Ministério Público emitirá parecer escrito, ou protestará pelo pronunciamento oral, na audiência ou sessão de julgamento.

Art. 12. O art. 896 da Consolidação das Leis do Trabalho — CLT, aprovada pelo Decreto-lei n. 5.452, de 1º de maio de 1943, passa a ter a seguinte redação: *(O artigo 896 da CLT já está com a redação conferida por esta lei).*

Art. 13. O depósito recursal de que trata o art. 899 e seus parágrafos da Consolidação das Leis do Trabalho fica limitado, no recurso ordinário, a 20 (vinte) vezes o valor de referência e, no de revista, a 40 (quarenta) vezes o referido valor de referência. Será considerado valor de referência aquele vigente à data da interposição do recurso, devendo ser complementado o valor total de 40 (quarenta) valores, no caso de revista.

— v. art. 40, da Lei n. 8.177, de 1.3.91 (DOU 4.3.91), p. 790

— v. IN n. 03/93 do TST, p. 932

Art. 14. O Regimento Interno dos Tribunais Regionais do Trabalho deverá dispor sobre a Súmula da respectiva jurisprudência predominante e sobre o incidente de uniformização, inclusive os pertinentes às leis estaduais e normas coletivas.

Art. 15. Esta Lei entra em vigor na data de sua publicação.

Art. 16. Revogam-se as disposições em contrário da Consolidação das Leis do Trabalho e da legislação especial.

Brasília, em 21 de dezembro de 1988; 167º da Independência e 100º da República.

José Sarney
José Fernando Cirne Lima Eichenberg

LEI N. 7.716, DE 5 DE JANEIRO DE 1989

(DOU 6.1.89 — LTr 53-2/225)

DEFINE OS CRIMES RESULTANTES DE PRECONCEITO DE RAÇA OU DE COR

O PRESIDENTE DA REPÚBLICA,

Faço saber que o Congresso Nacional decreta e eu sanciono a seguinte Lei:

Art. 1º Serão punidos, na forma desta Lei, os crimes resultantes de discriminação ou preconceito de raça, cor, etnia, religião ou procedência nacional. *(Alterado pela L. n. 9.459, de 13.5.97, DOU 14.5.97).*

Art. 2º (Vetado).

Art. 3º Impedir ou obstar o acesso de alguém, devidamente habilitado, a qualquer cargo da Administração Direta ou Indireta, bem como das concessionárias de serviços públicos.

Pena: reclusão de dois a cinco anos.

PARÁGRAFO ÚNICO. Incorre na mesma pena quem, por motivo de discriminação de raça, cor, etnia, religião ou procedência nacional, obstar a promoção funcional. (NR) *(Redação dada pela Lei n. 12.288, de 20.7.10, DOU 21.7.10)*

Art. 4º Negar ou obstar emprego em empresa privada.

Pena: reclusão de dois a cinco anos.

§ 1º Incorre na mesma pena quem, por motivo de discriminação de raça ou de cor ou práticas resultantes do preconceito de descendência ou origem nacional ou étnica:

I — deixar de conceder os equipamentos necessários ao empregado em igualdade de condições com os demais trabalhadores;

II — impedir a ascensão funcional do empregado ou obstar outra forma de benefício profissional;

III — proporcionar ao empregado tratamento diferenciado no ambiente de trabalho, especialmente quanto ao salário.

§ 2º Ficará sujeito às penas de multa e de prestação de serviços à comunidade, incluindo atividades de promoção da igualdade racial, quem, em anúncios ou qualquer outra forma de recrutamento de trabalhadores, exigir aspectos de aparência próprios de raça ou etnia para emprego cujas atividades não justifiquem essas exigências. (NR) *(Redação dos §§ e incisos dada pela Lei n. 12.288, de 20.7.10, DOU 21.7.10)*

Art. 5º Recusar ou impedir acesso a estabelecimento comercial, negando-se a servir, atender ou receber cliente ou comprador.

Pena: reclusão de um a três anos.

Art. 6º Recusar, negar ou impedir a inscrição ou ingresso de aluno em estabelecimento de ensino público ou privado de qualquer grau.

Pena: reclusão de três a cinco anos.

PARÁGRAFO ÚNICO. Se o crime for praticado contra menor de dezoito anos a pena é agravada de 1/3 (um terço).

Art. 7º Impedir o acesso ou recusar hospedagem em hotel, pensão, estalagem, ou qualquer estabelecimento similar.

Pena: reclusão de três a cinco anos.

Art. 8º Impedir o acesso ou recusar atendimento em restaurantes, bares, confeitarias, ou locais semelhantes abertos ao público.

Pena: reclusão de um a três anos.

Art. 9º Impedir o acesso ou recusar atendimentos em estabelecimentos esportivos, casas de diversões, ou clubes sociais abertos ao público.

Pena: reclusão de um a três anos.

Art. 10. Impedir o acesso ou recusar atendimento em salões de cabeleireiros, barbearias, termas ou casas de massagem ou estabelecimentos com as mesmas finalidades.

Pena: reclusão de um a três anos.

Art. 11. Impedir o acesso às entradas sociais em edifícios públicos ou residenciais e elevadores ou escada de acesso aos mesmos.

Pena: reclusão de um a três anos.

Art. 12. Impedir o acesso ou uso de transportes públicos, como aviões, navios, barcas, barcos, ônibus, trens, metrô ou qualquer outro meio de transporte concedido.

Pena: reclusão de um a três anos.

Art. 13. Impedir ou obstar o acesso de alguém ao serviço em qualquer ramo das Forças Armadas.

Pena: reclusão de dois a quatro anos.

Art. 14. Impedir ou obstar, por qualquer meio ou forma, o casamento ou convivência familiar e social.

Pena: reclusão de dois a quatro anos.

Art. 15. (Vetado).

Art. 16. Constitui efeito da condenação a perda do cargo ou função pública, para o servidor público, e a suspensão do funcionamento do estabelecimento particular por prazo não superior a três meses.

Art. 17. (Vetado).

Art. 18. Os efeitos de que tratam os arts. 16 e 17 desta Lei não são automáticos, devendo ser motivadamente declarados na sentença.

Art. 19. (Vetado).

Art. 20. Praticar, induzir ou incitar a discriminação ou preconceito de raça, cor, etnia, religião ou procedência nacional.

Pena: reclusão de um a três anos e multa.

§ 1º Fabricar, comercializar, distribuir ou veicular símbolos, emblemas, ornamentos, distintivos ou propaganda que utilizem a cruz suástica ou gamada, para fins de divulgação do nazismo:

Pena: reclusão de dois a cinco anos e multa.

§ 2º Se qualquer dos crimes previstos no *caput* é cometido por intermédio dos meios de comunicação social ou publicação de qualquer natureza:

Pena: reclusão de dois a cinco anos e multa.

§ 3º No caso do parágrafo anterior, o juiz poderá determinar, ouvido o Ministério Público ou a pedido deste, ainda antes do inquérito policial, sob pena de desobediência:

I — o recolhimento imediato ou a busca e apreensão dos exemplares do material respectivo;

II — a cessação das respectivas transmissões radiofônicas, televisivas, eletrônicas ou da publicação por qualquer meio; *(Redação dada pela Lei n. 12.735, de 30.11.12, DOU 3.12.12)*

III — a interdição das respectivas mensagens ou páginas de informação na rede mundial de computadores. *(Redação dada pela Lei n. 12.288, de 20.7.10, DOU 21.7.10)*

§ 4º Na hipótese do § 2º, constitui efeito da condenação, após o trânsito em julgado da decisão, a destruição do material apreendido".

(Alterado pela L. n. 9.459, de 14.5.97, DOU 14.5.97).

Art. 21. Esta Lei entra em vigor na data de sua publicação. *(Renumerado pela Lei n. 8.081, de 21.9.1990)*

Art. 22. Revogam-se as disposições em contrário. *(Renumerado pela Lei n. 8.081, de 21.9.1990)*

Brasília, 5 de janeiro de 1989; 168º da Independência e 101º da República.

José Sarney
Paulo Brossard

LEI N. 8.009, DE 29 DE MARÇO DE 1990

(DOU 30.3.90 — LTr 54-6/681)

DISPÕE SOBRE A IMPENHORABILIDADE DO BEM DE FAMÍLIA

Faço saber que o PRESIDENTE DA REPÚBLICA adotou a Medida Provisória n. 143, de 1990, que o Congresso Nacional aprovou, e eu, Nelson Carneiro, Presidente do Senado Federal, para os efeitos do disposto no parágrafo único do art. 62 da Constituição Federal, promulgo a seguinte Lei:

Art. 1º O imóvel residencial próprio do casal, ou da entidade familiar, é impenhorável e não responderá por qualquer tipo de dívida civil, comercial, fiscal, previdenciária ou de outra natureza, contraída pelos cônjuges ou pelos pais ou filhos que sejam seus proprietários e nele residam, salvo nas hipóteses previstas nesta Lei.

PARÁGRAFO ÚNICO. A impenhorabilidade compreende o imóvel sobre o qual se assentam a construção, as plantações, as benfeitorias de qualquer natureza e todos os equipamentos, inclusive os de uso profissional, ou móveis que guarnecem a casa, desde que quitados.

Art. 2º Excluem-se da impenhorabilidade os veículos de transporte, obras de arte e adornos suntuosos.

PARÁGRAFO ÚNICO. No caso de imóvel locado, a impenhorabilidade aplica-se aos bens móveis quitados que guarneçam a residência e que sejam de propriedade do locatário, observado o disposto neste artigo.

Art. 3º A impenhorabilidade é oponível em qualquer processo de execução civil, fiscal, previdenciária, trabalhista ou de outra natureza, salvo se movido:

I — em razão dos créditos de trabalhadores da própria residência e das respectivas contribuições previdenciárias;

II — pelo titular do crédito decorrente do financiamento destinado à construção ou à aquisição do imóvel, no limite dos créditos e acréscimos constituídos em função do respectivo contrato;

III — pelo credor de pensão alimentícia;

IV — para cobrança de impostos, predial ou territorial, taxas e contribuições devidas em função do imóvel familiar;

V — para execução de hipoteca sobre o imóvel oferecido como garantia real pelo casal ou pela entidade familiar;

VI — por ter sido adquirido com produto de crime ou para execução de sentença penal condenatória a ressarcimento, indenização ou perdimento de bens;

VII — por obrigação decorrente de fiança concedida em contrato de locação. *(Inciso acrescentado pela Lei n. 8.245, de 18.10.91).*

Art. 4º Não se beneficiará do disposto nesta Lei aquele que, sabendo-se insolvente, adquire de má-fé imóvel mais valioso para transferir a residência familiar anterior desfazendo-se ou não da moradia antiga.

§ 1º Neste caso poderá o juiz, na respectiva ação do credor, transferir a impenhorabilidade para a moradia familiar anterior, ou anular-lhe a venda, liberando a mais valiosa para execução ou concurso, conforme a hipótese.

§ 2º Quando a residência familiar constituir-se em imóvel rural, a impenhorabilidade restringir-se-á à sede de moradia, com os respectivos bens móveis, e nos casos do art. 5º, inciso XXVI, da Constituição, à área limitada como pequena propriedade rural.

Art. 5º Para os efeitos de impenhorabilidade, de que trata esta Lei, considera-se residência um único imóvel utilizado pelo casal ou pela entidade familiar para moradia permanente.

PARÁGRAFO ÚNICO. Na hipótese de o casal ou entidade familiar, ser possuidor de vários imóveis utilizados como residência, a impenhorabilidade recairá sobre o de menor valor, salvo se outro tiver sido registrado, para esse fim, no Registro de Imóveis e na forma do art. 70 do Código Civil.

Art. 6º São canceladas as execuções suspensas pela Medida Provisória n. 143, de 8 de março de 1990, que deu origem a esta Lei.

Art. 7º Esta Lei entra em vigor na data de sua publicação.

Art. 8º Revogam-se as disposições em contrário.

Senado Federal, em 29 de março de 1990; 169º da Independência e 102º da República.

Nelson Carneiro

LEI N. 8.073, DE 30 DE JULHO DE 1990

(DOU 31.7.90)

SUBSTITUIÇÃO PROCESSUAL

ESTABELECE A POLÍTICA NACIONAL DE SALÁRIOS E DÁ OUTRAS PROVIDÊNCIAS

O PRESIDENTE DA REPÚBLICA,

Faço saber que o Congresso Nacional decreta e eu sanciono a seguinte Lei:

Art. 1º *(Vetado).*

Art. 2º *(Vetado).*

Art. 3º As entidades sindicais poderão atuar como substitutos processuais dos integrantes da categoria.

PARÁGRAFO ÚNICO. (Vetado).

Art. 4º Esta Lei entra em vigor na data de sua publicação.

Art. 5º Revogam-se as disposições em contrário.

Brasília, em 30 de julho de 1990; 169º da Independência e 102º da República.

Fernando Collor — Zélia M. Cardoso de Mello — Antônio Magri

PORTARIA GM/MTE N. 186, DE 10 DE ABRIL DE 2008

(DOU 14.4.2008)

DISPÕE SOBRE PEDIDO DE REGISTRO SINDICAL

O MINISTRO DE ESTADO DO TRABALHO E EMPREGO, no uso das suas atribuições legais e tendo em vista o disposto no art. 87, parágrafo único, inciso II, da Constituição, no Título V da Consolidação das Leis do Trabalho, aprovada pelo Decreto-lei n. 5.452, de 1º de maio de 1943, e na Súmula n. 677, do Supremo Tribunal Federal, resolve:

Art. 1º Os pedidos de registro sindical no Ministério do Trabalho e Emprego — MTE observarão os procedimentos administrativos previstos nesta Portaria.

CAPÍTULO I
Dos Pedidos de Registro Sindical e de Alteração Estatutária

SEÇÃO I
Da solicitação e análise dos pedidos

Art. 2º Para a solicitação de registro, a entidade sindical deverá acessar o Sistema do Cadastro Nacional de Entidades Sindicais — CNES, disponível no endereço eletrônico www.mte.gov.br, e seguir as instruções ali constantes para a emissão do formulário de pedido de registro.

§ 1º Após a transmissão dos dados e confirmação do envio eletrônico do pedido, o interessado deverá protocolizar, para formação de processo administrativo, unicamente na Superintendência Regional do Trabalho e Emprego — SRTE da unidade da Federação onde se localiza a sede da entidade sindical, sendo vedada a remessa via postal, os seguintes documentos:

I — requerimento original gerado pelo Sistema, assinado pelo representante legal da entidade;

II — edital de convocação dos membros da categoria para a assembleia geral de fundação ou ratificação de fundação da entidade, do qual conste a indicação nominal de todos os municípios, estados e categorias pretendidas, publicado, simultaneamente, no Diário Oficial da União e em jornal de grande circulação diária na base territorial, com antecedência mínima de dez dias da realização da assembleia para as entidades com base municipal, intermunicipal ou estadual e de trinta dias para as entidades com base interestadual ou nacional;

III — ata da assembleia geral de fundação da entidade e eleição, apuração e posse da diretoria, com a indicação do nome completo e número do Cadastro Pessoas Físicas — CPF dos representantes legais da entidade requerente, acompanhada de lista contendo o nome completo e assinatura dos presentes;

IV — estatuto social, aprovado em assembleia geral e registrado em cartório, que deverá conter os elementos identificadores da representação pretendida, em especial a categoria ou categorias representadas e a base territorial;

V — comprovante original de pagamento da Guia de Recolhimento da União — GRU, relativo ao custo das publicações no Diário Oficial da União, conforme indicado em portaria ministerial, devendo-se utilizar as seguintes referências: UG 380918, Gestão 00001 e Código de recolhimento 68888-6, referência 38091800001-3947;

VI — certidão de inscrição do solicitante no Cadastro Nacional de Pessoa jurídica — CNPJ, com natureza jurídica específica; e

VII — comprovante de endereço em nome da entidade.

§ 2º O processo será encaminhado preliminarmente à Seção de Relações do Trabalho da SRTE, para efetuar a conferência dos documentos que acompanham o pedido de registro sindical e encaminhá-lo, por meio de despacho, à Coordenação-Geral de Registro Sindical da Secretaria de Relações do Trabalho — CGRS para fins de análise.

Art. 3º A entidade sindical que pretenda registrar alteração estatutária referente a categoria e/ou base territorial, deverá estar com cadastro ativo no

CNES e protocolizar na SRTE do local onde se encontre sua sede, os seguintes documentos, além dos previstos nos incisos V, VI e VII do § 1º do art. 2º desta Portaria, vedada a remessa via postal ou o protocolo na sede do Ministério do Trabalho e Emprego: *(Redação dada pela Portaria n. 2.451, de 2.12.11, DOU 5.12.11)*

I — requerimento original gerado pelo Sistema, assinado pelo representante legal da entidade: *(Redação dada pela Portaria n. 2.451, de 2.12.11, DOU 5.12.11)*

II — edital de convocação dos membros das categorias representada e pretendida para a assembleia geral de alteração estatutária da entidade, do qual conste a indicação nominal de todos os municípios, estados e categorias pretendidas, publicado, simultaneamente, no Diário Oficial da União e em jornal de grande circulação diária na base territorial, com antecedência mínima de dez dias da realização da assembleia para as entidades com base municipal, intermunicipal ou estadual e de trinta dias para as entidades com base interestadual ou nacional;

III — ata da assembleia geral de alteração estatutária da entidade e eleição, apuração e posse da diretoria, com a indicação do nome completo e número do Cadastro Pessoas Físicas — CPF dos representantes legais da entidade requerente, acompanhada de lista contendo o nome completo e assinatura dos presentes; e

IV — estatuto social, aprovado em assembleia geral e registrado em cartório, do qual deverá constar a base e categoria ao final representada.

§ 1º As fusões ou incorporações de entidades sindicais são consideradas alterações estatutárias. *(Renumerado como parágrafo primeiro pela Portaria n. 2.451, de 2.12.11, DOU 5.12.11)*

§ 2º A solicitação de registro de alteração estatutária deverá ser preenchida no Sistema do Cadastro Nacional de Entidades Sindicais — CNES, disponível no endereço eletrônico www.mte.gov.br. *(Acrescentado pela Portaria n. 2.451, de 2.12.11, DOU 5.12.11)*

§ 3º Não será permitida a tramitação de mais de uma solicitação de registro de alteração estatutária simultaneamente. *(Acrescentado pela Portaria n. 2.451, de 2.12.11, DOU 5.12.11)*

Art. 4º Os pedidos de registro sindical ou de alteração estatutária serão analisados na CGRS, que verificará se os representados constituem categoria, nos termos da Lei, bem como a existência, no CNES, de outras entidades sindicais representantes da mesma categoria, na mesma base territorial da entidade requerente.

Art. 5º O pedido será arquivado pelo Secretário de Relações do Trabalho, com base em análise fundamentada da CGRS nos seguintes casos:

I — não caracterização de categoria econômica ou profissional para fins de organização sindical, nos termos da legislação pertinente;

II — insuficiência ou irregularidade dos documentos apresentados, na forma dos arts. 2º, 3º e 22;

III — coincidência total de categoria e base territorial do sindicato postulante com sindicato registrado no CNES;

IV — quando a base territorial requerida englobar o local da sede de sindicato, registrado no CNES, representante de idêntica categoria; e

V — quando o pedido for protocolado em desconformidade com o § 1º do art. 2º.

§ 1º Nos pedidos de registro e de alteração estatutária de federações e confederações, será motivo de arquivamento, ainda, a falta de preenchimento dos requisitos previstos no Capítulo IV desta Portaria.

§ 2º A análise de que trata o inciso I deste artigo deverá identificar todos os elementos exigidos por Lei para a caracterização de categoria econômica, profissional ou específica.

SEÇÃO II

Da publicação do pedido

Art. 6º Após a verificação, pela CGRS, da regularidade dos documentos apresentados e a análise de que tratam os arts. 4º e 5º, o pedido de registro sindical ou de alteração estatutária será publicado no Diário Oficial da União, para fins de publicidade e abertura de prazo para impugnações.

Art. 7º. Quando for constatada a existência de dois ou mais pedidos de registro ou alteração estatutária com coincidência total ou parcial de base territorial e categoria, proceder-se-á da seguinte forma:

I — caso ambos tenham protocolizados com a documentação completa, deve-se publicar pela ordem de data do protocolo do pedido; e

II — nos pedidos de registro ou de alteração estatutária, anteriores a esta Portaria, que tenham sido protocolizados com a documentação incompleta, deverá ser publicado primeiramente aquele que, em primeiro lugar, protocolizar a documentação completa.

PARÁGRAFO ÚNICO. Nos casos descritos neste artigo, se as partes interessadas estiverem discutindo o conflito de representação na via judicial, os processos ficarão suspensos, nos termos do art. 16.

Art. 8º Serão publicadas no Diário Oficial da União e devidamente certificadas no processo as decisões de arquivamento, das quais poderá o interessado apresentar recurso administrativo, na forma do Capítulo XV da Lei n. 9.784, de 29 de janeiro de 1999.

CAPÍTULO II

Das Impugnações

SEÇÃO I

Da publicação e dos requisitos para impugnações

Art. 9º Publicado o pedido de registro sindical ou de alteração estatutária, a entidade sindical de mesmo grau, registrada no CNES, que entenda coincidentes sua representação e a do requerente, poderá apresentar impugnação, no prazo de trinta dias, contado da data da publicação de que trata art. 6º, diretamente no protocolo do Ministério do Trabalho e Emprego, sendo vedada impugnação por qualquer outro meio, devendo instruí-la com os seguintes documentos, além dos previstos nos incisos V, VI e VII do § 1º do art. 2º desta Portaria:

I — requerimento, que deverá indicar claramente o objeto do conflito e configurar a coincidência de base territorial e de categoria;

II — documento comprobatório do registro sindical expedido pelo MTE, com identificação da base territorial e da categoria representada, ressalvada ao interessado a utilização da faculdade prevista no art. 37 da Lei n. 9.784, de 1999;

III — estatuto social atualizado, aprovado em assembleia geral da categoria;

IV — ata de apuração de votos do último processo eleitoral;

V — ata de posse da atual diretoria; e

VI — formulário de atualização sindical extraído do endereço eletrônico www.mte.gov.br, devidamente preenchido e assinado.

§ 1º A entidade sindical impugnante que estiver com suas informações atualizadas no CNES fica dispensada da apresentação dos documentos previstos nos incisos III a VI do *caput* deste artigo.

§ 2º Não serão aceitas impugnações coletivas, apresentadas por meio do mesmo documento por um impugnante a mais de um pedido ou por vários impugnantes ao mesmo pedido.

SEÇÃO II
Da análise dos pedidos de impugnação

Art. 10. As impugnações serão submetidas ao procedimento previsto na Seção III deste Capítulo, exceto nos seguintes casos, em que serão arquivadas pelo Secretário de Relações do Trabalho, após análise da CGRS:

I — inobservância do prazo previsto no *caput* do art. 9º;

II — ausência de registro sindical do impugnante, exceto se seu pedido de registro ou de alteração estatutária já houver sido publicado no Diário Oficial da União, mesmo que se encontre sobrestado, conforme § 5º do art. 13;

III — apresentação por diretoria de sindicato com mandato vencido;

IV — inexistência de comprovante de pagamento da taxa de publicação;

V — não coincidência de base territorial e categoria entre impugnante e impugnado;

VI — impugnação apresentada por entidade de grau diverso da entidade impugnada, salvo por mandato;

VII — na hipótese de desmembramento, que ocorre quando a base territorial do impugnado é menor que a do impugnante, desde que não englobe o município da sede do sindicato impugnante e não haja coincidência de categoria específica;

VIII — na ocorrência de dissociação de categorias ecléticas, similares ou conexas, para a formação de entidade com representação de categoria mais específica;

IX — ausência ou irregularidade de qualquer dos documentos previstos no art. 9º; e

X — perda do objeto da impugnação, ocasionada pela retificação do pedido da entidade impugnada.

§ 1º A decisão de arquivamento será fundamentada e publicada no Diário Oficial da União, dela cabendo recurso administrativo, na forma do Capítulo XV da Lei n. 9.784, de 1999.

§ 2º O pedido de desistência de impugnação somente será admitido por meio de documentos originais, protocolizados neste Ministério, devidamente assinados pelo representante legal da entidade com mandato válido, vedada a sua apresentação por fax ou e-mail, devendo sua legalidade ser analisada pela CGRS antes da decisão do Secretário de Relações do Trabalho.

SEÇÃO III
Da autocomposição

Art. 11. A CGRS deverá informar ao Secretário de Relações do Trabalho as impugnações não arquivadas, na forma do art. 10, para notificação das partes com vistas à autocomposição.

Art. 12. Serão objeto do procedimento previsto nesta Seção:

I — os pedidos de registro impugnados, cujas impugnações não tenham sido arquivadas nos termos do art. 10; e

II — os casos previstos no inciso II do art. 7º.

Art. 13. Serão notificados, na forma do § 3º do art. 26 da Lei n. 9.784, de 1999, os representantes legais das entidades impugnantes e impugnadas, para comparecimento a reunião destinada à autocomposição, que será realizada no âmbito da SRT ou da Superintendência Regional do Trabalho e Emprego da sede da entidade impugnada, com antecedência mínima de quinze dias da data da reunião.

§ 1º O Secretário de Relações do Trabalho ou o servidor por ele designado iniciará o procedimento previsto no *caput* deste artigo, convidando as partes para se pronunciarem sobre as bases de uma possível conciliação.

§ 2º Será lavrada ata circunstanciada da reunião, assinada por todos os presentes com poder de decisão, da qual conste o resultado da tentativa de acordo.

§ 3º As ausências serão consignadas pelo servidor responsável pelo procedimento e atestadas pelos demais presentes à reunião.

§ 4º O acordo entre as partes fundamentará a concessão do registro ou da alteração estatutária pleiteada, que será concedido após a apresentação de cópia do estatuto social das entidades, registrado em cartório, com as modificações decorrentes do acordo, cujos termos serão anotados no registro de todas as entidades envolvidas no CNES, na forma do Capítulo V.

§ 5º Não havendo acordo entre as partes, o pedido ficará sobrestado até que a Secretaria de Relações do Trabalho seja notificada do inteiro teor de acordo judicial ou extrajudicial ou decisão judicial que decida a controvérsia.

§ 6º Considerar-se-á dirimido o conflito quando a entidade impugnada retirar, de seu estatuto, o objeto da controvérsia claramente definido, conforme disposto no inciso I do art. 9º.

§ 7º O pedido de registro será arquivado se a entidade impugnada, devidamente notificada, não comparecer à reunião prevista neste artigo.

§ 8º Será arquivada a impugnação e concedido o registro sindical ou de alteração estatutária se a única entidade impugnante, devidamente notificada, não comparecer à reunião prevista neste artigo.

§ 9º Havendo mais de uma impugnação, serão arquivadas as impugnações das entidades que não comparecerem à reunião, mantendo-se o procedimento em relação às demais entidades impugnantes presentes.

§ 10. As reuniões de que trata este artigo serão públicas, devendo a pauta respectiva ser publicada em local visível, acessível aos interessados, com antecedência mínima de cinco dias da data da sua realização.

CAPÍTULO III
Do Registro

SEÇÃO I
Da concessão

Art. 14. O registro sindical ou de alteração estatutária será concedido com fundamento em análise técnica da SRT, nas seguintes situações:

I — decorrido o prazo previsto no art. 9º sem que tenham sido apresentadas impugnações ao pedido;

II — arquivamento das impugnações, nos termos do art. 10;

III — acordo entre as partes; e

IV — determinação judicial dirigida ao Ministério do Trabalho e Emprego.

Art. 15. A concessão de registro sindical ou de alteração estatutária será publicada no Diário Oficial da União, cujos dados serão incluídos no CNES, os quais deverão ser permanentemente atualizados, na forma das instruções expedidas pela Secretaria de Relações do Trabalho.

PARÁGRAFO ÚNICO. A SRT expedirá, após a publicação da concessão do registro ou da alteração estatutária, certidão com os dados constantes do CNES.

SEÇÃO II

Da suspensão dos pedidos

Art. 16. Os processos de registro ou de alteração estatutária ficarão suspensos, neles não se praticando quaisquer atos, nos seguintes casos:

I — por determinação judicial;

II — na hipótese prevista no parágrafo único do art. 7º;

III — durante o procedimento disposto na Seção III do Capítulo II;

IV — no período compreendido entre o acordo previsto no § 4º do art. 13 e a entrega, na SRT, dos respectivos estatutos sociais com as alterações decorrentes do acordo firmado entre as partes;

V — quando as entidades que tiveram seus registros anotados, na forma do Capítulo V, deixarem de enviar, no prazo previsto no § 2º do art. 25, novo estatuto social, registrado em cartório, com a representação sindical devidamente atualizada; e

VI — na redução, pela federação ou confederação, do número mínimo legal de entidades filiadas, conforme previsto no § 3º do art. 20; e

VII — se o interessado deixar de promover os atos que lhe competem, no prazo de trinta dias, após regularmente notificado para sanear eventuais irregularidades.

SEÇÃO III

Do cancelamento

Art. 17. O registro sindical ou a alteração estatutária somente será cancelado nos seguintes casos:

I — por ordem judicial que determine ao Ministério do Trabalho e Emprego o cancelamento do registro, fundada na declaração de ilegitimidade da entidade para representar a categoria ou de nulidade dos seus atos constitutivos;

II — administrativamente, se constatado vício de legalidade no processo de concessão, assegurados ao interessado o contraditório e a ampla defesa, bem como observado o prazo decadencial previsto no art. 53 da Lei n. 9.784, de 1999;

III — a pedido da própria entidade, nos termos do art. 18; e

IV — na ocorrência de fusão ou incorporação entre duas ou mais entidades, devidamente comprovadas com a apresentação do registro em cartório e após a publicação do registro da nova entidade.

Art. 18. Quando a forma de dissolução da entidade sindical não estiver prevista em seu estatuto social, o pedido de cancelamento do registro no CNES deverá ser instruído com os seguintes documentos:

I — edital de convocação de assembleia específica da categoria para fins de deliberação acerca do cancelamento do registro sindical, publicado na forma do inciso II do §1º do art. 2º desta Portaria; e

II — ata de assembleia da categoria da qual conste como pauta a dissolução da entidade e a autorização do cancelamento do registro sindical.

Art. 19. O cancelamento do registro de entidade sindical deverá ser publicado no Diário Oficial da União e será anotado, juntamente com o motivo, no CNES, cabendo o custeio da publicação ao interessado, se for a pedido, em conformidade com o custo da publicação previsto em portaria específica deste Ministério.

CAPÍTULO IV

Das Entidades de Grau Superior

SEÇÃO I

Da formação e do registro

Art. 20. Para pleitear registro no CNES, as federações e confederações deverão organizar-se na forma dos arts. 534 e 535 da Consolidação das Leis do Trabalho, aprovada pelo Decreto-Lei n. 5.452, de 1º de maio de 1943 e das leis específicas.

§ 1º Para o registro sindical ou de alteração estatutária, a federação deverá comprovar ter sido constituída por, no mínimo, cinco sindicatos registrados no CNES.

§ 2º A confederação deverá comprovar, para fins de registro sindical ou de alteração estatutária, ser formada pelo número mínimo de três federações registradas no CNES.

§ 3º O requisito do número mínimo de filiados para a constituição de entidades de grau superior previsto na CLT deverá ser mantido pela entidade respectiva.

§ 4º A inobservância do §3º deste artigo importará na suspensão do registro da entidade sindical de grau superior até que seja suprida a exigência legal, garantida à entidade atingida pela restrição manifestação prévia, no prazo de dez dias, contado da intimação realizada para essa finalidade.

Art. 21. A filiação de uma entidade de grau inferior a mais de uma entidade de grau superior não poderá ser considerada para fins de composição do número mínimo previsto em lei para a criação ou manutenção de uma federação ou confederação.

PARÁGRAFO ÚNICO. As entidades de grau superior coordenam o somatório das entidades a elas filiadas, devendo, sempre que possível, sua denominação corresponder fielmente a sua representatividade.

Art. 22. Os pedidos de registro sindical e de alterações estatutárias de federações e confederações serão instruídos com os seguintes documentos, além dos previstos nos incisos V, VI e VII do § 1º do art. 2º desta Portaria:

I — requerimento original gerado pelo Sistema, assinado pelo representante legal da entidade. *(Redação dada pela Portaria n. 2.451, de 2.12.11, DOU 5.12.11)*

II — estatutos das entidades que pretendam criar a federação ou confederação, registrado em cartório, contendo autorização para criação de entidade de grau superior, ou editais de convocação de assembleia geral específica

Legislação Complementar

para autorização de entidade de grau superior, publicado no Diário Oficial da União com antecedência mínima de trinta dias da data da assembleia;

III — edital de convocação dos conselhos de representantes das entidades fundadoras da entidade de grau superior, para assembleia geral de ratificação da fundação da entidade, publicado no Diário Oficial da União com antecedência mínima de trinta dias da data da assembleia, do qual conste a ratificação da fundação, a filiação das entidades e a aprovação do estatuto;

IV — ata da assembleia geral de ratificação de fundação da entidade constando a eleição, apuração e posse da diretoria, com a indicação do nome completo e número do Cadastro Pessoas Físicas — CPF dos representantes legais da entidade requerente, acompanhada de lista contendo o nome completo e assinatura dos presentes;

V — estatuto social, aprovado em assembleia geral e registrado em cartório;

VI — comprovante de registro sindical no CNES das entidades fundadoras da entidade de grau superior; e

VII — nas alterações estatutárias de entidade superior, o objeto da alteração deverá constar do edital e da ata da assembleia geral.

SEÇÃO II
Das impugnações

Art. 23. Os pedidos de registro ou de alteração estatutária de federações e confederações poderão ser objeto de impugnação por entidades do mesmo grau cujas entidades filiadas constem da formação da nova entidade.

§ 1º A análise das impugnações, na forma da Seção II do Capítulo II, verificará se a criação da nova entidade ou a alteração estatutária viola o princípio da unicidade sindical e, ainda, se reduz o número mínimo de entidades filiadas necessário à manutenção de entidade registrada no CNES.

§ 2º Configurar-se-á conflito de representação sindical entre entidades de grau superior quando houver a coincidência entre a base territorial dos sindicatos ou federações fundadoras da nova entidade com os filiados da entidade preexistente.

Art. 24. Na verificação do conflito de representação, será realizado o procedimento previsto na Seção III do Capítulo II.

PARÁGRAFO ÚNICO. Na ocorrência de redução de número mínimo de filiados da entidade de grau superior, o processo de registro sindical ficará suspenso, até que conste do CNES nova filiação de entidade de grau inferior, que componha o número mínimo previsto na CLT.

CAPÍTULO V
Da Anotação no CNES

Art. 25. Quando a publicação de concessão de registro sindical ou de alteração estatutária no Diário Oficial da União implicar exclusão de categoria ou base territorial de entidade sindical registrada no CNES, a modificação será anotada no registro da entidade preexistente, para que conste, de forma atualizada, a sua representação.

§ 1º A entidade sindical cuja categoria ou base territorial for atingida pela restrição poderá apresentar manifestação escrita, no prazo de dez dias, contado da publicação de que trata o *caput* deste artigo, exceto se atuar como impugnante no processo de registro sindical ou de alteração estatutária.

§ 2º A anotação no CNES será publicada no Diário Oficial da União, devendo a entidade que tiver seu cadastro anotado juntar, em trinta dias, novo estatuto social do qual conste sua representação devidamente atualizada, sob pena de suspensão do processo de registro sindical, nos termos do inciso V do art. 16.

Art. 26. Para a fiel correspondência entre o trâmite dos processos de registro sindical e de alteração estatutária e os dados do CNES, neste serão anotados todos os atos praticados no curso dos processos.

PARÁGRAFO ÚNICO. Será procedida a anotação no CNES, após trinta dias da apresentação do estatuto retificado, no registro da entidade que celebrou acordo com base no procedimento previsto na Seção III do Capítulo II, permanecendo suspenso o registro da entidade que não cumpriu o disposto no inciso IV do art. 16.

CAPÍTULO VI
DISPOSIÇÕES FINAIS

Art. 27. Os documentos previstos no § 1º do art. 2º serão conferidos pelas Seções de Relações do Trabalho das Superintendências Regionais do Trabalho no prazo máximo de trinta dias da data de recebimento do processo.

PARÁGRAFO ÚNICO. Os documentos relacionados nesta Portaria serão apresentados em originais ou cópias, desde que apresentadas juntamente com os originais para conferência e visto do servidor.

Art. 28. Os processos administrativos de registro sindical e de alteração estatutária deverão ser concluídos no prazo máximo de cento e oitenta dias, ressalvada a hipótese de atraso devido a providências a cargo do interessado, devidamente justificadas nos autos.

Art. 29. As entidades sindicais deverão manter seu cadastro no CNES atualizado no que se refere a dados cadastrais, diretoria e filiação a entidades de grau superior, conforme instruções constantes do endereço eletrônico www.mte.gov.br.

Art. 30. A contagem dos prazos previstos nesta Portaria será feita na forma prevista no Capítulo XVI da Lei n. 9.784, de 1999.

Art. 31. A SRT deverá providenciar a publicação, no Diário Oficial da União, dos atos relativos aos pedidos de registro sindical e de alteração estatutária, tais como arquivamento, admissibilidade de impugnação, suspensão, cancelamento, concessão e anotação no CNES.

Art. 32. Caberá aos interessados promover as diligências necessárias junto ao Poder Judiciário, a fim de que o Ministério do Trabalho e Emprego seja notificado para cumprimento de decisão judicial.

Art. 33. Esta Portaria entra em vigor na data de sua publicação e se aplica a todos os processos em curso neste Ministério.

Art. 34. Revoga-se a Portaria n. 343, de 4 de maio de 2000.

Carlos Lupi

PORTARIA GM/MTE N. 326, DE 1º DE MARÇO DE 2013

(DOU 4.3.13 retificada 11.3.13 e 14.6.13)

DISPÕE SOBRE OS PEDIDOS DE REGISTRO DAS ENTIDADES SINDICAIS DE PRIMEIRO GRAU NO MINISTÉRIO DO TRABALHO E EMPREGO

O MINISTRO DE ESTADO DO TRABALHO E EMPREGO, no uso das suas atribuições legais e tendo em vista o disposto no art. 87, parágrafo único, inciso II, da Constituição, no Título V da Consolidação das Leis do Trabalho, aprovada pelo Decreto-Lei n. 5.452, de 1º de maio de 1943, e na Súmula n. 677, do Supremo Tribunal Federal, resolve:

Art. 1º Os procedimentos administrativos relacionados com o registro de entidades sindicais de primeiro grau no Ministério do Trabalho e Emprego — MTE serão os previstos nesta Portaria.

TÍTULO I
Dos pedidos

CAPÍTULO I
Dos sindicatos

SEÇÃO I
Da solicitação de registro sindical

Art. 2º Para a solicitação de registro sindical a entidade deverá possuir certificado digital e acessar o Sistema do Cadastro Nacional de Entidades Sindicais — CNES, disponível no endereço eletrônico www.mte.gov.br, e seguir as instruções ali constantes para a emissão do requerimento de registro, após a transmissão eletrônica dos dados.

Art. 3º Após a transmissão eletrônica dos dados, o interessado deverá protocolizar na Superintendência Regional do Trabalho e Emprego — SRTE ou Gerências da Unidade da Federação onde se localiza a sede da entidade sindical, os seguintes documentos, no prazo de trinta dias:

I — requerimento original gerado pelo Sistema, transmitido por certificação digital e assinado pelo representante legal da entidade;

II — edital de convocação dos membros da categoria para assembleia geral de fundação ou ratificação de fundação da entidade, do qual conste o nome e o endereço do subscritor, para correspondência, bem como indicação nominal de todos os municípios, Estados e categoria ou categorias pretendidas, publicado no Diário Oficial da União — DOU e em jornal de grande circulação na base territorial, que deverá atender também ao seguinte:

a) intervalo entre as publicações no DOU e em jornal de grande circulação não superior a cinco dias;

b) publicação com antecedência mínima de vinte dias da realização da assembleia, para as entidades com base municipal, intermunicipal ou estadual, e de quarenta e cinco dias para as entidades com base interestadual ou nacional, contados a partir da última publicação;

c) publicação em todas as Unidades da Federação — UF, quando se tratar de entidade com abrangência nacional, e nos respectivos Estados abrangidos, quando se tratar de entidade interestadual.

III — ata da assembleia geral de fundação ou de ratificação de fundação da entidade, onde deverá constar a base territorial, a categoria profissional ou econômica pretendida, acompanhada de lista de presença contendo a finalidade da assembleia, a data, o horário e o local de realização e, ainda, o nome completo, o número de registro no Cadastro de Pessoas Físicas — CPF, razão social do empregador, se for o caso, e assinatura dos presentes;

IV — ata de eleição e apuração de votos da diretoria, com a indicação da forma de eleição, número de votantes, chapas concorrentes com a respectiva votação, votos brancos e nulos e o resultado do processo eleitoral;

V — ata de posse da diretoria, com a indicação da data de início e término do mandato, devendo constar, sobre o dirigente eleito:

a) nome completo;

b) número de inscrição no CPF;

c) função dos dirigentes da entidade requerente;

d) o número de inscrição no Programa de Integração Social ou no Programa de Formação do Patrimônio do Servidor Público — PIS/Pasep, quando se tratar de entidades laborais;

e) o número de inscrição no Cadastro Nacional da Pessoa Jurídica — CNPJ da empresa representada, quando de entidades patronais;

f) o número de inscrição no respectivo conselho profissional, quando de entidades de profissionais liberais; e

g) o número de inscrição na prefeitura municipal, quando de entidades de trabalhadores autônomos ou de profissionais liberais, na hipótese de inexistência do respectivo conselho profissional.

VI — no caso de dirigente de entidade laboral, cópia das páginas da Carteira de Trabalho e Previdência Social — CTPS onde conste:

a) o nome e foto do empregado;

b) a razão social e CNPJ do atual ou último empregador; e

c) o contrato de trabalho vigente ou o último.

VII — estatuto social, aprovado em assembleia geral, que deverá conter objetivamente a categoria e a base territorial pretendida, não sendo aceitos os termos como afins, conexos e similares, entre outros;

VIII — comprovante de pagamento da Guia de Recolhimento da União — GRU, relativo ao custo das publicações no DOU, conforme indicado em portaria específica, devendo nele constar a razão social e o CNPJ da entidade requerente e utilizar as seguintes referências: UG 380918, Gestão 00001 e Código de recolhimento 68888-6, referência 38091800001-3947;

IX — comprovante de inscrição do solicitante no CNPJ, com natureza jurídica de Entidade Sindical;

X — comprovante de endereço em nome da entidade; e

XI — qualificação do subscritor ou subscritores do edital a que se refere o inciso II, contendo:

a) nome completo;

b) número de inscrição no CPF;

c) número de inscrição no PIS/Pasep, no caso de entidade laboral;

d) número de inscrição no CNPJ, quando se tratar de entidades patronais;

e) número de inscrição no conselho profissional, quando se tratar de entidades de profissionais liberais;

e f) número de inscrição na prefeitura municipal, quando se tratar de entidades de trabalhadores autônomos ou de profissionais liberais, na hipótese de inexistência do respectivo conselho profissional.

§ 1º No caso de entidades rurais, os documentos listados no inciso V, alíneas "d" e "e", e inciso XI, alíneas "c" e "d", poderão ser substituídos pelo número da Declaração de Aptidão ao Programa Nacional de Fortalecimento da Agricultura Familiar — DAP/Pronaf expedida pelo Ministério do Desenvolvimento Agrário — MDA, pelo número da inscrição no Cadastro de Segurados Especiais do Instituto Nacional de Seguridade Social — INSS ou de inscrição no Cadastro do Instituto Nacional de Colonização e Reforma Agrária — Incra.

§ 2º Não sendo apresentados os documentos no prazo a que se refere este artigo, o requerimento eletrônico será automaticamente cancelado e o interessado deverá refazer o requerimento.

Subseção I

Da fusão

Art. 4º Será considerada fusão, para os fins de registro sindical, a união de duas ou mais entidades sindicais destinadas à formação de uma nova com a finalidade de suceder-lhes em direitos e obrigações, e resultará na soma das bases e categorias dessas entidades.

PARÁGRAFO ÚNICO. O deferimento da solicitação de fusão importará no cancelamento dos registros sindicais preexistentes.

Art. 5º Para a solicitação de fusão os sindicatos interessados deverão proceder na forma do art. 2º e 3º, caput e incisos I, V, VI, VIII e IX do art. 3º, com a juntada dos documentos a seguir:

I — editais de convocação de assembleia geral específica de cada sindicato, para autorização da fusão, publicados com intervalo não superior a cinco dias no DOU e em jornal de grande circulação nas respectivas bases territoriais, com a antecedência mínima prevista nos estatutos de cada entidade;

II — edital de convocação conjunta dos membros das categorias, subscrito pelos representantes legais dos respectivos sindicatos, para a assembleia geral de fusão, do qual conste a indicação nominal de todos os municípios, Estados e categorias a serem fundidas, publicados na forma do inciso II do art. 3º;

III — ata das assembleias gerais que autorizaram e que decidiram pela fusão, respeitados os quóruns estatutários, acompanhadas das respectivas listas de presença, contendo finalidade, data, horário e local de realização e, ainda, o nome completo, número do CPF, a razão social do empregador, se for o caso, e a assinatura dos presentes;

IV — ata de eleição e apuração de votos da diretoria, com a indicação da forma de eleição, do número de sindicalizados, do número de sindicalizados aptos a votar, do número de votantes, das chapas concorrentes com a respectiva votação, dos votos brancos e nulos, do resultado do processo eleitoral, acompanhada de lista de presença dos votantes. (NR) *(Redação dada pela Portaria GM/MTE n. 837, de 13 de junho de 2013 – DOU 14.6.13)*

V — estatuto social, aprovado na assembleia geral a que se refere o inciso II deste artigo, que deverá conter as categorias e base territorial objeto da fusão, não sendo aceitos termos como afins, conexos e similares, entre outros; e

VI — comprovante de endereço em nome da nova entidade.

PARÁGRAFO ÚNICO. Não havendo previsão estatutária de prazo mínimo para convocação das assembleias de que trata o inciso II deste artigo, deverão ser observados os prazos previstos na alínea "b" do inciso II do art. 3º desta Portaria.

Seção II

Da solicitação de registro de alteração estatutária

Art. 6º Para os fins de registro sindical será considerado registro de alteração estatutária aquele que se refira à mudança na categoria e/ou na base territorial da entidade sindical.

§1º. O sindicato que pretenda registrar alteração estatutária deverá, antes, proceder à atualização cadastral nos termos desta Portaria.

§ 2º As alterações estatutárias de denominação da entidade sindical somente serão deferidas após publicidade para efeito de impugnação, devendo seguir os procedimentos descritos nos artigos 37 e 38 desta Portaria.

Art. 7º Para a solicitação de registro de alteração estatutária, o sindicato deverá possuir certificação digital e acessar o Sistema do CNES, disponível no endereço eletrônico www.mte.gov.br, e seguir as instruções ali constantes para a emissão do requerimento de registro de alteração estatutária, após a transmissão eletrônica dos dados.

Art. 8º Após a transmissão eletrônica dos dados, o sindicato deverá protocolizar na SRTE da UF onde se localiza a sede da entidade sindical ou nas Gerências, além dos previstos nos incisos I e VIII do art. 3°, os seguintes documentos:

I — edital de convocação dos membros das categorias e bases representadas e pretendidas para a assembleia geral de alteração estatutária, publicado no DOU e em jornal de grande circulação na base territorial, devendo constar a indicação nominal de todos os municípios, Estados e categorias pretendidas e atender ao seguinte:

a) intervalo entre as publicações no DOU e em jornal de grande circulação não superior a cinco dias;

b) publicação com antecedência mínima de vinte dias da realização da assembleia, para as entidades com base municipal, intermunicipal ou estadual, e de quarenta e cinco dias para as entidades com base interestadual ou nacional, contados a partir da última publicação; e

c) publicação em cada UF, quando se tratar de entidade com abrangência nacional, e nos respectivos Estados abrangidos, quando se tratar de entidade interestadual.

II — ata da assembleia geral de alteração estatutária ou de ratificação, onde deverá constar a base territorial, a categoria profissional ou econômica pretendida, acompanhada de lista de presença contendo finalidade, data, horário e local de realização e, ainda, o nome completo, número de inscrição no CPF, razão social do empregador, se for o caso, e assinatura dos presentes; e (NR) *(Redação dada pela Portaria GM/MTE n. 837, de 13 de junho de 2013 - DOU 14.6.13)*

III — estatuto social, aprovado na assembleia geral a que se refere o inciso II deste artigo, que deverá conter, objetivamente, a categoria e a base territorial da nova representação.

Subseção I

Da incorporação

Art. 9º Considera-se incorporação, para fins de registro sindical, a alteração estatutária pela qual uma ou mais entidades sindicais são absorvidas por outra com o objetivo de lhes suceder em direitos e obrigações, permanecendo apenas o registro sindical da entidade incorporadora.

PARÁGRAFO ÚNICO. O deferimento da solicitação de incorporação implicará no cancelamento dos registros sindicais das entidades incorporadas.

Art. 10. Para a solicitação de incorporação os sindicatos interessados deverão proceder na forma do art. 3º, caput e incisos I, V, VI e VIII, do art. 7º e 8º, caput com a juntada dos documentos a seguir:

I — editais de convocação de assembleia geral específica de cada sindicato, para autorização da incorporação, publicados, com intervalo não superior a cinco dias, no DOU e em jornal de grande circulação nas respectivas bases territoriais, com a antecedência mínima prevista nos estatutos de cada entidade;

II — edital de convocação conjunta dos membros das categorias, subscrito pelos representantes legais dos respectivos sindicatos, para a assembleia geral de incorporação, do qual conste a indicação nominal de todos os municípios, Estados e categorias objeto da incorporação, publicados na forma do inciso I do art. 8º;

III — ata das assembleias gerais que autorizaram e que decidiram pela incorporação, respeitados os quóruns estatutários, acompanhadas das respectivas listas de presença, contendo finalidade, data, horário e local de realização e, ainda, o nome completo, número do CPF, razão social do empregador, se for o caso, e assinatura dos presentes;

IV — ata de eleição e apuração de votos da nova diretoria, com a indicação da forma de eleição, número de sindicalizados, do número de sindicalizados aptos a votar, do número de votantes, das chapas concorrentes com a respectiva votação, dos votos brancos e nulos e do resultado do processo eleitoral; acompanhada de lista de presença dos votantes; e

V — estatuto social, aprovado na assembleia geral a que se refere o inciso III deste artigo, que deverá conter, objetivamente, a categoria e a base territorial da nova representação.

PARÁGRAFO ÚNICO. Não havendo previsão estatutária de prazo mínimo para convocação das assembleias de que trata o inciso I deste artigo, deverão ser observados os prazos previstos na alínea "b" do inciso I do art. 8º.

CAPÍTULO II

Da análise e da decisão

SEÇÃO I

Da análise

Art. 11. Os pedidos de registro serão encaminhados pela sede da SRTE, por meio de despacho, no prazo de trinta dias, contados da data de entrada no protocolo, à Secretaria de Relações do Trabalho — SRT, para fins de análise.

Art. 12. A Coordenação-Geral de Registro Sindical — CGRS, da SRT, fará a análise dos processos recebidos, conforme distribuição cronológica, na seguinte ordem:

I — o cumprimento das exigências previstas nos artigos 3º, 5º, 8º ou 10, conforme o caso;

II — a adequação da categoria pleiteada à definição prevista no art. 511 da CLT;

III — a existência, no CNES, de outras entidades sindicais representantes da mesma categoria, em base territorial coincidente com a da entidade requerente; e

IV — nos casos de fusão e incorporação sobre se a representação da entidade resultante corresponde à soma da representação das entidades preexistentes.

§ 1º Na análise de que trata este artigo, verificada a insuficiência ou irregularidade dos documentos apresentados pela entidade requerente, a SRT a notificará uma única vez para, no prazo improrrogável de vinte dias, contados do recebimento da notificação, atender às exigências desta Portaria. (NR) *(Redação dada pela Portaria GM/MTE n. 837, de 13.6.13 — DOU 14.6.13)*

§ 2º A SRT verificará mensalmente a existência, no Sistema do CNES, de documentação recebida e não enviada para o exame a que se refere o art. desta Portaria, e requisitará o envio da documentação, se for o caso.

Art. 13. Apresentados os documentos exigidos por esta Portaria e suscitada dúvida técnica sobre a caracterização da categoria pleiteada, a SRT encaminhará de imediato análise técnica fundamentada ao Conselho de Relações do Trabalho — CRT, para manifestação na primeira reunião subsequente.

PARÁGRAFO ÚNICO. Recebida a recomendação do CRT, o Secretário de Relações do Trabalho decidirá de forma fundamentada sobre a caracterização da categoria e determinará o prosseguimento da análise do processo de registro sindical.

Art. 14. Quando da verificação de que trata o inciso III do artigo 12 constatar-se a existência de conflito parcial de representação, considerar-se-á regular o pedido para fins de publicação, salvo se a base territorial requerida englobar o local da sede de sindicato representante da mesa categoria registrado no CNES.

Art. 15. Quando for constatada a existência de dois ou mais pedidos de registro ou de registro de alteração estatutária com coincidência total ou parcial de base territorial e/ou categoria, proceder-se-á da seguinte forma:

I — caso ambos tenham protocolizado a documentação completa, deve-se publicar o pedido pela ordem de data de seu protocolo; ou

Legislação Complementar

II — nos pedidos de registro sindical ou de registro de alteração estatutária, protocolizados com a documentação incompleta, deverá ser publicado, primeiramente, aquele que completar a documentação.

SEÇÃO II
Da publicação

Art. 16. Após a análise de que trata o art. 12, e constatada a regularidade do pedido de registro sindical ou de registro de alteração estatutária, a SRT o publicará no DOU, para fins de publicidade e abertura de prazo para impugnações.

Seção III
Das Impugnações

Subseção I
Dos requisitos para impugnação

Art. 17. Publicado o pedido de registro sindical ou de registro de alteração estatutária, a entidade sindical de mesmo grau registrada no CNES e a entidade com o processo de pedido de registro sindical publicado no DOU, mesmo que se encontre sobrestado, poderá apresentar impugnação, no prazo de trinta dias, contado da data da publicação de que trata art. 16, nos termos da Lei n. 9.784, de 1999, diretamente no Protocolo Geral da Sede do MTE, devendo instruí-la com o comprovante previsto no inciso VIII do art. 3° e com os seguintes documentos:

I — requerimento, que deverá identificar, por meio do CNPJ, a entidade ou entidades conflitantes, indicar a coincidência existente de base territorial e/ou de categoria e se o conflito se encontra no registro ou no pedido em trâmite.

II — documento comprobatório do registro sindical expedido pelo MTE ou comprovante de publicação do pedido de registro, ressalvada ao interessado a utilização da faculdade prevista no art. 37 da Lei n. 9.784, de 1999;

III — estatuto social que comprove a existência do conflito identificado, nos termos do inciso I deste artigo;

IV — atas de eleição e apuração de votos da diretoria e de posse, na forma do inciso III do art. 38; e

V — cópia do requerimento de atualização sindical, extraído do endereço eletrônico www.mte.gov.br, devidamente preenchido, assinado e protocolizado no MTE, quando a entidade sindical possuir registro deferido.

§ 1º A entidade impugnante que estiver com suas informações atualizadas no CNES fica dispensada da apresentação dos documentos previstos nos incisos III, IV e V deste artigo.

§ 2º As impugnações deverão ser individuais e se referirem a um único pedido de registro.

Subseção II
Da análise das impugnações

Art. 18. As impugnações serão arquivadas pelo Secretário de Relações do Trabalho, após análise pela CGRS, nas seguintes hipóteses:

I — inobservância do prazo previsto no caput do art. 17;

II — insuficiência ou irregularidade dos documentos apresentados, na forma do art. 17;

III — não coincidência de base territorial e categoria entre as entidades indicadas como conflitantes;

IV — perda do objeto da impugnação, ocasionada pela retirada do conflito;

V — desistência da impugnação pelo impugnante;

VI — se o impugnante alegar conflito preexistente ao objeto da alteração estatutária;

VII — se apresentada por diretoria de sindicato com mandato vencido, exceto quando, no momento da impugnação, a entidade comprovar ter protocolizado a atualização de dados de Diretoria, e esta atualização ter sido validada;

VIII — quando o impugnante deixar de apresentar comprovante de pagamento da taxa de publicação; ou

IX — na hipótese de impugnação apresentada por entidade de grau diverso da entidade impugnada, salvo por mandato.

§ 1º Na hipótese da invalidação da atualização de diretoria tratada no inciso VII, a impugnação será arquivada.

§ 2º A mudança de sede de entidade sindical preexistente ocorrida após a assembleia de fundação da nova entidade não será considerada para fins de conflito de sede.

Art. 19. Nos casos em que a impugnação recair sobre processos de dissociação e desmembramento, a SRT notificará a entidade impugnada para realizar nova assembleia, no prazo máximo de noventa dias da notificação, para ratificar ou não o pedido, cumprindo os requisitos previstos nos incisos II, III e VII do art. 3º, no que couber.

Art. 20. As impugnações que não forem arquivadas, conforme disposto no artigo 18, e não se refiram a processos de desmembramento e dissociação, serão remetidas ao procedimento de mediação previsto nos artigos 22-24 desta Portaria.

Art. 21. O pedido de desistência de impugnação, assinado por representante legal da entidade impugnante, somente será acolhido se em original, com firma reconhecida, acompanhado da ata da assembleia que decidiu pela desistência, e apresentado diretamente no protocolo geral da sede do MTE.

SEÇÃO IV
Da Solução de Conflitos

Art. 22. Para os fins desta Portaria, considera-se mediação o procedimento destinado à solução dos conflitos de representação sindical, com o auxílio de um servidor, que funcionará como mediador, para coordenar as reuniões e discussões entre os interessados, buscando solução livremente acordada pelas partes.

Art. 23. Os representantes legais das entidades conflitantes serão notificados, com antecedência mínima de quinze dias da data da reunião, na forma do § 3º do art. 26 da Lei n. 9.784, de 1999, para comparecimento na reunião destinada à mediação, que será realizada no âmbito da SRT ou da SRTE da sede da entidade impugnada.

§ 1º Não comparecendo pessoalmente, o representante legal poderá designar procurador que deverá apresentar procuração, com poderes específicos para discussão e decisão, com firma reconhecida.

§ 2º O servidor designado iniciará o procedimento previsto no *caput* deste artigo, convidando as partes para se pronunciarem sobre as bases de um possível acordo.

§ 3º Será lavrada ata da reunião, obrigatoriamente assinada pelo servidor e por representante legal de todas as partes envolvidas presentes, da qual conste, além das eventuais ausências, o resultado da tentativa de acordo.

§ 4º Na hipótese de acordo entre as partes, na ata deverá constar objetivamente a representação de cada entidade envolvida resultante do acordo e o prazo para apresentação, ao MTE, de estatutos que contenham os elementos identificadores da nova representação.

§ 5º Ausentes o impugnante e/ou o impugnado, por motivo de caso fortuito ou de força maior devidamente comprovado, será remarcada a reunião.

§ 6º As reuniões de que trata este artigo serão públicas, devendo a pauta respectiva ser publicada no local de sua realização e no sítio do MTE com antecedência mínima de dez dias da data da sua realização.

§ 7º Deverá ser juntada ao procedimento, além da ata a que se refere o § 3º, lista contendo nome completo, número do CPF e assinatura dos demais presentes na reunião.

§ 8º Considerar-se-á dirimido o conflito quando for retirado o objeto da controvérsia, conforme disposto no inciso IV do art. 18.

§ 9º Não havendo acordo, a CGRS analisará o possível conflito diante das alegações formuladas na impugnação apresentada e submeterá a questão à decisão do Secretário de Relações do Trabalho que, se reconhecer a existência de conflito, indeferirá o registro da representação conflitante.

§ 10 A ausência dos interessados à reunião de que trata este artigo não ensejará o arquivamento do pedido de registro sindical ou da impugnação.

Art. 24. A qualquer tempo, entidades sindicais envolvidas em conflito de representação poderão solicitar à SRT, ou às SRTE e Gerências da realização de mediação.

Seção V

Do deferimento, do indeferimento e do arquivamento

Art. 25. O pedido de registro sindical ou de registro de alteração estatutária será deferido, com fundamento em análise técnica realizada na SRT, às entidades que estiverem com dados atualizados, nos termos desta Portaria, e comprovado o pagamento de GRU, relativo ao custo da publicação no DOU, conforme indicado em portaria ministerial, nas seguintes situações:

I — decorrido o prazo previsto no art. 17 sem que tenham sido apresentadas impugnações ao pedido;

II — arquivamento de todas as impugnações, na forma do art. 18;

III — se a entidade impugnada, nos termos do art. 19, realizar a assembleia e a categoria ratificar o desmembramento ou dissociação;

IV — após a apresentação do estatuto social da entidade ou das entidades, com as modificações decorrentes do acordo entre os conflitantes;

V — determinação judicial dirigida ao MTE;

PARÁGRAFO ÚNICO. Não tendo cumprido o disposto no caput deste artigo, no que se refere à atualização dos dados cadastrais e comprovação do pagamento da GRU, relativo ao custo da publicação no DOU, a CGRS oficiará a entidade para apresentação dos documentos necessários no prazo de trinta dias do recebimento do ofício, sob pena de indeferimento do pedido.

Art. 26. O Secretário de Relações do Trabalho indeferirá o pedido de registro sindical ou o registro de alteração estatutária, com base em análise fundamentada da CGRS, nos seguintes casos:

I — não caracterização da categoria pleiteada, nos termos do art.13;

II — coincidência total de categoria e base territorial do sindicato postulante com sindicato registrado no CNES;

III — quando a base territorial requerida englobar o local da sede de sindicato registrado no CNES, representante de idêntica categoria;

Art. 27. O Secretário de Relações do Trabalho arquivará o pedido de registro sindical ou o registro de alteração estatutária, com base em análise fundamentada da CGRS, nos seguintes casos:

I — insuficiência ou irregularidade dos documentos apresentados, na forma dos arts. 3º, 5º, 8º ou 10, quando a entidade requerente, dentro do prazo assinalado no §1º do art. 12, não suprir a insuficiência ou a irregularidade;

II — quando o pedido for protocolizado em desconformidade com o *caput* dos arts. 3º ou 8º, conforme o caso;

III — se a entidade impugnada, nos termos do art. 19, não realizar a assembleia ou se a categoria não ratificar o desmembramento ou dissociação; e

IV — se o interessado deixar de promover os atos que lhe competem, no prazo de noventa dias, caso não haja prazo específico que trate do assunto, após regularmente notificado; e

V — a pedido da entidade requerente.

SEÇÃO VI

Da Suspensão (Título alterado pela Portaria GM/MTE n. 837, de 13 de junho de 2013 — DOU 14.6.13)

Art. 28. Os processos de pedidos de registro sindical ou de registro de alteração estatutária ficarão suspensos, neles não se praticando quaisquer atos, nos seguintes casos:

I — por determinação judicial dirigida ao MTE;

II — durante o procedimento de mediação previsto nos arts. 22 a 24;

III — no período compreendido entre o acordo firmado no procedimento de mediação e a entrega, na SRT, dos respectivos estatutos sociais com as alterações decorrentes do acordo firmado entre as partes;

IV — durante o prazo previsto no procedimento de ratificação previsto no art. 19; e

V — na hipótese de notificação do MTE e verificada a existência de ação judicial ou de denúncia formal criminal que vise apurar a legitimidade de assembleia sindical destinada a instituir, alterar ou extinguir atos constitutivos de entidade sindical.

TÍTULO II

Do registro

CAPÍTULO I

Da inclusão e anotações no CNES

Art. 29. Após a publicação do deferimento do pedido de registro sindical ou de registro de alteração estatutária, a SRT incluirá os dados cadastrais da entidade no CNES e expedirá a respectiva certidão.

Art. 30. Quando a publicação de deferimento de registro sindical ou de registro de alteração estatutária resultar na exclusão de categoria e/ou de base territorial de entidade sindical registrada no CNES, a modificação será anotada imediatamente no registro da entidade preexistente, para que conste, de forma atualizada, a sua representação.

§ 1º A entidade sindical atingida por publicação de deferimento de registro sindical ou de registro de alteração estatutária com conflito parcial de representação será notificada para que apresente, no prazo de 60 dias, novo estatuto social com sua representação atualizada.

§ 2º Não juntado novo estatuto social, na forma do parágrafo anterior, o registro sindical será suspenso, nos termos do inciso II do art. 33.

Art. 31. Publicado o deferimento de registro sindical ou de registro de alteração estatutária, com base em acordo firmado nos procedimentos de mediação previstos nesta Portaria, será imediatamente procedida a alteração no CNES da entidade ou entidades sindicais que celebraram o acordo.

Art. 32. Para a fiel correspondência entre o trâmite dos processos de registro sindical e de registro de alteração estatutária e os dados do CNES, neste serão anotados todos os atos praticados no curso dos processos.

CAPÍTULO II
Da suspensão e do cancelamento do registro sindical

SEÇÃO I
Da Suspensão

Art. 33. O registro sindical da entidade será suspenso quando:

I — houver determinação judicial dirigida ao MTE.

II — tiver seu registro anotado, na forma do art. 30, e deixar de enviar, no prazo previsto em seu § 1º, novo estatuto social com a representação sindical devidamente atualizada; e

III — celebrado acordo, com base no procedimento de mediação, deixar de apresentar estatuto social retificado, decorrido o prazo acordado entre as partes, salvo se a categoria, em assembleia, não homologar o acordo firmado.

SEÇÃO II
Do Cancelamento

Art. 34. O registro sindical ou o registro de alteração estatutária será cancelado nos seguintes casos:

I — por ordem judicial dirigida ao MTE;

II — administrativamente, se constatado vício de legalidade no processo de deferimento, assegurados ao interessado o contraditório e a ampla defesa, bem como observado o prazo decadencial, conforme disposições contidas nos arts. 53 e 54 da Lei n. 9.784, de 1999;

III — a pedido da própria entidade, nos casos de sua dissolução, observadas as disposições estatutárias; ou

IV — na ocorrência de fusão ou incorporação de entidades sindicais, na forma dos arts. 4º, 5º, 9º e 10.

PARÁGRAFO ÚNICO. Quando a forma de dissolução da entidade sindical não estiver prevista em seu estatuto social, o pedido de cancelamento do registro no CNES deverá ser instruído com os seguintes documentos:

I — edital de convocação dos membros da categoria para a assembleia geral específica com a finalidade de deliberar acerca do cancelamento do registro sindical, publicado nos termos do inciso II do art. 3º desta Portaria; e

II — ata de assembleia geral específica da categoria para fins de deliberação acerca da autorização para o cancelamento do registro sindical, entre outros assuntos deliberados, acompanhada de lista de presença contendo a finalidade da assembleia, data, horário e local de realização e, ainda, o nome completo, número de inscrição no CPF, número de inscrição no CNPJ, no caso de representantes de entidades patronais, e assinatura dos presentes.

Art. 35. O cancelamento do registro de entidade sindical deverá ser publicado no DOU e anotado, juntamente com o motivo, no CNES, cabendo o custeio da publicação ao interessado, se for a pedido, em conformidade com o custo da publicação previsto em portaria específica.

CAPÍTULO III
Da atualização dos dados cadastrais

Art. 36. As entidades sindicais deverão manter atualizados no CNES o endereço, a denominação, os dados de diretoria e, quando houver, os dados de filiação.

Art. 37. Para a atualização, a entidade deverá possuir certificação digital, acessar o Sistema do CNES, disponível no endereço eletrônico www.mte.gov.br, e seguir as instruções ali constantes para a emissão do requerimento de atualização, após a transmissão eletrônica dos dados.

Art. 38. Após a transmissão eletrônica dos dados, o interessado deverá protocolizar na SRTE da UF onde se localiza a sede da entidade sindical, em suas Gerências ou no protocolo geral do MTE, além do requerimento original gerado pelo Sistema assinado pelo representante legal da entidade, os seguintes documentos:

I — de localização — comprovante de endereço em nome da entidade;

II — de denominação — ata da assembléia que decidiu pela alteração da denominação, acompanhada de estatuto atualizado;

III — de diretoria — Ata de eleição e apuração de votos da diretoria e ata de posse, na forma do inciso V e VI do art. 3º e do inciso IV do art. 5º; e (NR) *(Redação dada pela Portaria GM/MTE n. 837, DE 13.6.13 – DOU 14.6.13)*

IV — de filiação — Ata da assembleia, de reunião de direção ou do Conselho de Representantes que decidiu pela filiação.

§ 1º Na hipótese tratada no inciso II deste artigo, verificada a correspondência da denominação com a representação deferida pelo MTE será dada publicidade para fins de impugnação, nos termos do Capítulo II do Título I desta Portaria; não havendo correspondência, o pedido será indeferido e a solicitação invalidada.

§ 2º O pedido será deferido e a solicitação validada caso não haja impugnação.

Art. 39. Na hipótese de emancipação de município, a entidade sindical preexistente na área emancipada deverá promover atualização do estatuto e solicitar a modificação do seu cadastro por meio de requerimento protocolado na SRTE ou Gerências da unidade da Federação onde se localiza a sua sede, juntando ata da assembleia, nos termos do estatuto vigente, acompanhada de lista dos presentes, estatuto social e cópia da Lei Estadual que regulamentou a criação do município emancipado.

PARÁGRAFO ÚNICO. Após o decurso do prazo de três anos, a contar da emancipação do município, caso a entidade sindical preexistente não tenha procedido na forma descrita no caput, o acréscimo da base territorial deverá ocorrer por meio de pedido de registro de alteração estatutária, na forma do art. 8º desta portaria.

TÍTULO III

Das disposições gerais

Art. 40. É dispensável a assinatura manuscrita nos requerimentos, quando o titular ou o responsável pelo certificado digital for a pessoa indicada pela entidade sindical como seu representante no CNES.

Art. 41. Na hipótese de dissociação e/ou de desmembramento, os editais a que se refere esta Portaria deverão expressar tal interesse, com a indicação do CNPJ e da razão social de todas as entidades atingidas.

I — Considera-se dissociação o processo pelo qual uma entidade sindical com representação de categoria mais específica se forma a partir de entidade sindical com representação de categorias ecléticas, similares ou conexas;

II — Será considerado desmembramento, o destacamento da base territorial de sindicato preexistente.

Art. 42. Os documentos relacionados nesta Portaria serão apresentados em originais, cópias autenticadas ou cópias simples, estas últimas serão apresentadas juntamente com os originais para conferência e visto do servidor, exceção feita aos comprovantes de pagamento da GRU, relativo ao custo das publicações no DOU, que deverão ser apresentados em original.

§ 1º Os estatutos sociais e as atas deverão, ainda, estar registrados no cartório da comarca da sede da entidade requerente.

§ 2º Não será admitida a apresentação dos documentos de que trata o *caput*, por fax, via postal, correio eletrônico ou outro meio que não os estabelecidos nesta Portaria.

Art. 43. Os processos administrativos de registro sindical e de registro de alteração estatutária deverão ser concluídos no prazo máximo de cento e oitenta dias, contados do recebimento dos autos na CGRS, ressalvados os prazos para a prática de atos a cargo do interessado, devidamente justificados nos autos.

Art. 44. A contagem dos prazos previstos nesta Portaria será feita na forma prevista no Capítulo XVI da Lei n. 9.784, de 1999, ressalvadas as disposições em contrário.

Art. 45. Serão lançados em ordem cronológica no CNES e juntados aos autos do pedido de registro todos os atos referentes ao processo.

§ 1º Todas as decisões administrativas serão realizadas com base em análise técnica da CGRS.

§ 2º As decisões de abertura de prazo para impugnação, arquivamento de impugnação, encaminhamento para mediação, suspensão, sobrestamento, deferimento, indeferimento e revisão desses atos serão publicadas no DOU.

§ 3º Das decisões poderá o interessado apresentar recurso administrativo, na forma do Capítulo XV da Lei n. 9.784, de 1999.

Art. 46. Caberá aos interessados promover as diligências necessárias junto ao Poder Judiciário a fim de que o MTE seja notificado para cumprimento de decisão judicial.

PARÁGRAFO ÚNICO. Se uma decisão judicial com trânsito em julgado repercutir sobre o registro sindical existente no CNES, ainda que uma autoridade do MTE ou a União não tenham participado do processo judicial, a entidade interessada poderá juntar ao processo administrativo de registro sindical certidão original de inteiro teor do processo judicial, expedida pelo Poder Judiciário, para fins de análise e decisão.

Art. 47. Não será permitida a tramitação simultânea de mais de uma solicitação de registro sindical, de registro de alteração estatutária, de fusão ou de incorporação, de uma mesma entidade.

Art. 48. Na fusão ou incorporação de entidades sindicais, a publicação do cancelamento do registro das entidades envolvidas ocorrerá simultaneamente com a publicação do deferimento do pedido.

Art. 49. Quando da aplicação dos dispositivos desta Portaria ensejar dúvida de cunho técnico ou jurídico, o Secretário de Relações do Trabalho expedirá enunciado que expresse o entendimento da Secretaria sobre o tema, que vinculará as decisões administrativas sobre a matéria no âmbito deste Órgão.

§1º A edição do enunciado em registro sindical será objeto de processo administrativo específico, que contará com manifestação técnica e jurídica, quando for o caso, e será concluída por decisão administrativa;

§ 2º Quando a edição do enunciado de que trata o caput deste artigo demandar a solução de dúvida de natureza jurídica, os autos deverão ser enviados a Consultoria Jurídica, para pronunciamento, nos termos regimentais;

§ 3º Aprovado o enunciado administrativo, a SRT promoverá a sua publicação e ampla divulgação, inclusive, no sítio eletrônico do MTE.

TÍTULO IV

DAS DISPOSIÇÕES TRANSITÓRIAS

Art. 50. Os procedimentos de pedidos de registro e de alteração estatutária de entidades de grau superior continuam a ser regidos pela Portaria n. 186, de 10 de abril de 2008.

Art. 51. As disposições desta Portaria aplicam-se a todos os processos em curso neste Ministério.

Art. 52. Esta Portaria entra em vigor 30 dias após a sua publicação.

CARLOS DAUDT BRIZOLA

Legislação Complementar

PORTARIA N. 1.277, DO MTE DE 31 DE DEZEMBRO DE 2003

(DOU 6.1.04)

DISPÕE SOBRE OS ESTATUTOS DAS ENTIDADES SINDICAIS EM FACE DO ART. 2.031 DA LEI N. 10.406, DE 10 DE JANEIRO DE 2002 (NOVO CÓDIGO CIVIL)

O MINISTRO DE ESTADO DO TRABALHO E EMPREGO, no uso das suas atribuições e,

Considerando o disposto no art 8º, inciso I da Constituição Federal que estabelece: "a lei não poderá exigir autorização do Estado para a fundação de sindicato, ressalvado o registro no órgão competente, vedadas ao Poder público a interferência e a intervenção na organização sindicato;

Considerando que o Supremo Tribunal Federal, em sua Súmula n. 677, publicada no Diário de Justiça de 9 de outubro de 2003, estabeleceu que o Ministério do Trabalho é órgão competente para o registro das entidades sindicais a que se refere o inciso I do artigo 8º da Constituição Federal, nos seguintes termos: "até que lei venha a dispor a respeito, incumbe ao Ministério do Trabalho proceder ao registro das entidades sindicais e zelar pela observância do princípio da unicidade";

Considerando o disposto no art 2.031 da Lei no 10.406, de 10 de janeiro de 2002 (Novo Código Civil), segundo o qual "as associações, sociedades e fundações, constituídas na forma das leis anteriores, terão prazo de 1 (um) ano para se adaptarem às disposições deste Código, a partir de sua vigência.

Nota: Referido artigo passou a ter a seguinte disposição pela Lei n. 11.127, 28.6.05, DOU 29.6.05: "Art. 2.031. As associações, sociedades e fundações, constituídas na forma das leis anteriores, bem como os empresários, deverão se adaptar às disposições deste Código até 11 de janeiro de 2007.

Considerando a iminência do término do prazo a que se refere o art 2.031 da Lei n. 10.406, de 2002, que se dará em 11 de janeiro de 2004, e a necessidade de orientação das entidades sindicais quanto à eventual adequação de seus estatutos aos termos desse artigo;

Considerando a existência na legislação trabalhista de normas específicas concernentes à organização sindical, dispostas no Título V do Decreto-lei n. 5.452, de 10 de maio de 1943 (Consolidação das Leis do Trabalho);

Considerando, finalmente, a singularidade do sindicato como ente associativo, resolve:

Art. 1º A personalidade jurídica sindical decorre de registro no Ministério do Trabalho e Emprego.

Art 2º As entidades sindicais registradas no Ministério do Trabalho e Emprego não estão obrigadas a promover em seus estatutos as adaptações a que se refere o art 2.031 da Lei n. 10.406, de 2002 (Novo Código Civil).

Art. 3º Esta portaria entra em vigor na data de sua publicação.

Jaques Wagner

LEI N. 7.627, DE 10 DE NOVEMBRO DE 1987

(DOU 11.11.87)

DISPÕE SOBRE A ELIMINAÇÃO DE AUTOS FINDOS NOS ÓRGÃOS DA JUSTIÇA DO TRABALHO E DÁ OUTRAS PROVIDÊNCIAS

Art. 1º Fica facilitado aos Tribunais do Trabalho determinar a eliminação, por incineração, destruição mecânica ou por outro meio adequado, de autos findos há mais de 5 (cinco) anos, contado o prazo da data do arquivamento do processo.

Art. 2º A eliminação de autos findos nos termos do disposto no artigo anterior, será decidida pelo Tribunal Pleno, mediante proposta circunstanciada do seu Presidente.

PARÁGRAFO ÚNICO. Os feitos arquivados nas Juntas de Conciliação e Julgamento poderão ser eliminados, atendidas as mesmas condições, mediante proposta do respectivo Titular, aprovado pelo Pleno do Tribunal a que estiver o órgão subordinado.

Art. 3º Deliberada a eliminação, o Presidente do Tribunal, para conhecimento dos interessados, fará publicar a decisão em órgão oficial de imprensa, por 2 (duas) vezes, com prazo de 60 (sessenta) dias.

§ 1º É lícito às partes interessadas requerer, às suas expensas, o desentranhamento dos documentos que juntaram aos autos, certidões ou cópias de peças do processo ou a microfilmagem total ou parcial do mesmo.

§ 2º Se, a juízo da autoridade competente, houver, nos autos, documentos de valor histórico, serão eles recolhidos em arquivo próprio, no Tribunal respectivo.

Art. 4º Esta Lei entra em vigor na data de sua publicação.

Art. 5º Revogam-se as disposições em contrário.

Brasília, em 10 de novembro de 1987; 166º da Independência e 99º da República.

José Sarney

LEI N. 8.984, DE 7 DE FEVEREIRO DE 1995

(DOU 8.2.95)

ESTENDE A COMPETÊNCIA DA JUSTIÇA DO TRABALHO (ARTIGO 114 DA CONSTITUIÇÃO FEDERAL)

V. CF, art. 114

O PRESIDENTE DA REPÚBLICA,

Faço saber que o Congresso Nacional decreta e eu sanciono a seguinte Lei:

Art. 1º Compete à Justiça do Trabalho conciliar e julgar os dissídios que tenham origem no cumprimento de convenções coletivas de trabalho ou acordos coletivos de trabalho mesmo quando ocorram entre sindicatos ou entre sindicato de trabalhadores e empregador.

Art. 2º Esta Lei entra em vigor na data de sua publicação.

Art. 3º Revogam-se as disposições em contrário.

Brasília, 7 de fevereiro de 1995; 174º da Independência e 107º da República.

Fernando Henrique Cardoso

Nelson Jobim

LEI N. 9.099, DE 26 DE SETEMBRO DE 1995

DOU 27.9.95

DISPÕE SOBRE OS JUIZADOS ESPECIAIS CÍVEIS E CRIMINAIS E DÁ OUTRAS PROVIDÊNCIAS

Art. 9º...

§ 4º O réu, sendo pessoa jurídica ou titular de firma individual, poderá ser representado por preposto credenciado, munido de carta de preposição com poderes para transigir, sem haver necessidade de vínculo empregatício. (NR) *(Redação dada pela Lei n. 12.137, de 18.12.09, DOU 21.12.09).*

Legislação Complementar

LEI N. 9.800, DE 26 DE MAIO DE 1999

(DOU 27.5.99)

PERMITE ÀS PARTES A UTILIZAÇÃO DE SISTEMA DE TRANSMISSÃO DE DADOS PARA A PRÁTICA DE ATOS PROCESSUAIS

O PRESIDENTE DA REPÚBLICA,

Faço saber que o Congresso Nacional decreta e eu sanciono a seguinte Lei:

Art. 1º É permitida às partes a utilização de sistema de transmissão de dados e imagens tipo fac-símile ou outro similar, para a prática de atos processuais que dependam de petição escrita.

Art. 2º A utilização de sistema de transmissão de dados e imagens não prejudica o cumprimento dos prazos, devendo os originais ser entregues em juízo, necessariamente, até cinco dias da data de seu término.

PARÁGRAFO ÚNICO. Nos atos não sujeitos a prazo, os originais deverão ser entregues, necessariamente, até cinco dias da data da recepção do material.

Art. 3º Os juízes poderão praticar atos de sua competência à vista de transmissões efetuadas na forma desta Lei, sem prejuízo do disposto no artigo anterior.

Art. 4º Quem fizer uso de sistema de transmissão torna-se responsável pela qualidade e fidelidade do material transmitido, e por sua entrega ao órgão judiciário.

PARÁGRAFO ÚNICO. Sem prejuízo de outras sanções, o usuário do sistema será considerado litigante de má-fé se não houver perfeita concordância entre o original remetido pelo fac-símile e o original entregue em juízo.

Art. 5º O disposto nesta Lei não obriga a que os órgãos judiciários disponham de equipamentos para recepção.

Art. 6º Esta Lei entra em vigor trinta dias após a data de sua publicação.

Brasília, 26 de maio de 1999; 178º da Independência e 111º da República.

Fernando Henrique Cardoso

Renan Calheiros

LEI COMPLEMENTAR N. 75, DE 20 DE MAIO DE 1993

(DOU 21.5.93 — LTr 57-06/663)

V. CF, arts. 128, 129 e 130-A

DISPÕE SOBRE A ORGANIZAÇÃO, AS ATRIBUIÇÕES E O ESTATUTO DO MINISTÉRIO PÚBLICO DA UNIÃO CAPÍTULO PERTINENTE AO MINISTÉRIO PÚBLICO DO TRABALHO

CAPÍTULO II

SEÇÃO I

Da Competência, dos Órgãos e da Carreira

Art. 83. Compete ao Ministério Público do Trabalho o exercício das seguintes atribuições junto aos órgãos da Justiça do Trabalho:

I — promover as ações que lhe sejam atribuídas pela Constituição Federal e pelas leis trabalhistas;

II — manifestar-se em qualquer fase do processo trabalhista, acolhendo solicitação do juiz ou por sua iniciativa, quando entender existente interesse público que justifique a intervenção;

III — promover a ação civil pública no âmbito da Justiça do Trabalho, para defesa de interesses coletivos, quando desrespeitados os direitos sociais constitucionalmente garantidos;

IV — propor as ações cabíveis para declaração de nulidade de cláusula de contrato, acordo coletivo ou convenção coletiva que viole as liberdades individuais ou coletivas ou os direitos individuais indisponíveis dos trabalhadores;

V — propor as ações necessárias à defesa dos direitos e interesses dos menores, incapazes e índios, decorrentes das relações de trabalho;

VI — recorrer das decisões da Justiça do Trabalho, quando entender necessário, tanto nos processos em que for parte, como naqueles em que oficiar como fiscal da lei, bem como pedir revisão dos Enunciados da Súmula de Jurisprudência do Tribunal Superior do Trabalho;

VII — funcionar nas sessões dos Tribunais Trabalhistas, manifestando-se verbalmente sobre a matéria em debate, sempre que entender necessário, sendo-lhe assegurado o direito de vista dos processos em julgamento, podendo solicitar as requisições e diligências que julgar convenientes;

VIII — instaurar instância em caso de greve, quando a defesa da ordem jurídica ou o interesse público assim o exigir;

IX — promover ou participar da instrução e conciliação em dissídios decorrentes da paralisação de serviços de qualquer natureza, oficiando obrigatoriamente nos processos, manifestando sua concordância ou discordância, em eventuais acordos firmados antes da homologação, resguardado o direito de recorrer em caso de violação à lei e à Constituição Federal;

X — promover mandado de injunção, quando a competência for da Justiça do Trabalho;

XI — atuar como árbitro, se assim for solicitado pelas partes, nos dissídios de competência da Justiça do Trabalho;

XII — requerer as diligências que julgar convenientes para o correto andamento dos processos e para a melhor solução das lides trabalhistas;

XIII — intervir obrigatoriamente em todos os feitos nos segundo e terceiro graus de jurisdição da Justiça do Trabalho, quando a parte for pessoa jurídica de Direito Público, Estado estrangeiro ou organismo internacional.

Art. 84. Incumbe ao Ministério Público do Trabalho, no âmbito das suas atribuições, exercer as funções institucionais previstas nos Capítulos I, II, III e IV do Título I, especialmente:

I — integrar os órgãos colegiados previstos no § 1º do artigo 6º, que lhes sejam pertinentes;

II — instaurar inquérito civil e outros procedimentos administrativos, sempre que cabíveis, para assegurar a observância dos direitos sociais dos trabalhadores;

III — requisitar à autoridade administrativa federal competente, dos órgãos de proteção ao trabalho, a instauração de procedimentos administrativos, podendo acompanhá-los e produzir provas;

IV — ser cientificado pessoalmente das decisões proferidas pela Justiça do Trabalho, nas causas em que o órgão tenha intervido ou emitido parecer escrito;

V — exercer outras atribuições que lhe forem conferidas por lei, desde que compatíveis com sua finalidade.

Art. 85. São órgãos do Ministério Público do Trabalho:

I — o Procurador-Geral do Trabalho;

II — o Colégio de Procuradores do Trabalho;

III — o Conselho Superior do Ministério Público do Trabalho;

IV — a Câmara de Coordenação e Revisão do Ministério Público do Trabalho;

V — a Corregedoria do Ministério Público do Trabalho;

VI — os Subprocuradores-Gerais do Trabalho;

VII — os Procuradores Regionais do Trabalho;

VIII — os Procuradores do Trabalho.

Art. 86. A carreira do Ministério Público do Trabalho será constituída pelos cargos de Subprocurador-Geral do Trabalho, Procurador Regional do Trabalho e Procurador do Trabalho.

PARÁGRAFO ÚNICO. O cargo inicial da carreira é o de Procurador do Trabalho e o do último nível o de Subprocurador-Geral do Trabalho.

SEÇÃO II

Do Procurador-Geral do Trabalho

Art. 87. O Procurador-Geral do Trabalho é o Chefe do Ministério Público do Trabalho.

Art. 88. O Procurador-Geral do Trabalho será nomeado pelo Procurador-Geral da República, dentre integrantes da Instituição, com mais de trinta e cinco anos de idade e de cinco anos de carreira, integrantes de lista tríplice escolhida mediante voto plurinominal, facultativo e secreto, pelo Colégio de Procuradores para um mandato de dois anos, permitida uma recondução, observado o mesmo processo. Caso não haja número suficiente de candidatos com mais de cinco anos na carreira, poderá concorrer à lista tríplice quem contar mais de dois anos na carreira.

PARÁGRAFO ÚNICO. A exoneração do Procurador-Geral do Trabalho, antes do término do mandato, será proposta ao Procurador-Geral da República pelo Conselho Superior, mediante deliberação obtida com base em voto secreto de dois terços de seus integrantes.

Art. 89. O Procurador-Geral do Trabalho designará, dentre os Subprocuradores-Gerais do Trabalho, o Vice-Procurador-Geral do Trabalho, que o substituirá em seus impedimentos. Em caso de vacância, exercerá o cargo o Vice-Presidente do Conselho Superior, até o seu provimento definitivo.

Art. 90. Compete ao Procurador-Geral do Trabalho exercer as funções atribuídas ao Ministério Público do Trabalho junto ao Plenário do Tribunal Superior do Trabalho, propondo as ações cabíveis e manifestando-se nos processos de sua competência.

Art. 91. São atribuições do Procurador-Geral do Trabalho:

I — representar o Ministério Público do Trabalho;

II — integrar, como membro nato, e presidir o Colégio de Procuradores do Trabalho, o Conselho Superior do Ministério Público do Trabalho e a Comissão de Concurso;

III — nomear o Corregedor-Geral do Ministério Público do Trabalho, segundo lista tríplice formada pelo Conselho Superior;

IV — designar um dos membros e o Coordenador da Câmara de Coordenação e Revisão do Ministério Público do Trabalho;

V — designar, observados os critérios da lei e os estabelecidos pelo Conselho Superior, os ofícios em que exercerão suas funções os membros do Ministério Público do Trabalho;

VI — designar o Chefe da Procuradoria Regional do Trabalho dentre os Procuradores Regionais do Trabalho lotados na respectiva Procuradoria Regional;

VII — decidir, em grau de recurso, os conflitos de atribuição entre os órgãos do Ministério Público do Trabalho;

VIII — determinar a abertura de correição, sindicância ou inquérito administrativo;

IX — determinar a instauração de inquérito ou processo administrativo contra servidores dos serviços auxiliares;

X — decidir processo disciplinar contra membro da carreira ou servidor dos serviços auxiliares, aplicando as sanções que sejam de sua competência;

XI — decidir, atendendo a necessidade do serviço, sobre:

a) remoção a pedido ou por permuta;

b) alteração parcial da lista bienal de designações.

XII — autorizar o afastamento de membros do Ministério Público do Trabalho, ouvido o Conselho Superior, nos casos previstos em lei;

XIII — dar posse aos membros do Ministério Público do Trabalho;

XIV — designar membro do Ministério Público do Trabalho para:

a) funcionar nos órgãos em que a participação da Instituição seja legalmente prevista, ouvido o Conselho Superior;

b) integrar comissões técnicas ou científicas, relacionadas às funções da Instituição, ouvido o Conselho Superior;

c) assegurar a continuidade dos serviços, em caso de vacância, afastamento temporário, ausência, impedimento ou suspeição do titular, na inexistência ou falta do substituto designado.

XV — homologar, ouvido o Conselho Superior, o resultado do concurso para ingresso na carreira;

XVI — fazer publicar aviso de existência de vaga, na lotação e na relação bienal de designações;

XVII — propor ao Procurador-Geral da República, ouvido o Conselho Superior, a criação e extinção de cargos da carreira e dos ofícios em que devam ser exercidas suas funções;

XVIII — elaborar a proposta orçamentária do Ministério Público do Trabalho, submetendo-a, para aprovação, ao Conselho Superior;

XIX — encaminhar ao Procurador-Geral da República a proposta orçamentária do Ministério Público do Trabalho, após sua aprovação pelo Conselho Superior;

XX — organizar a prestação de contas do exercício anterior, encaminhando-a ao Procurador-Geral da República;

XXI — praticar atos de gestão administrativa, financeira e de pessoal;

XXII — elaborar o relatório de atividades do Ministério Público do Trabalho;

XXIII — coordenar as atividades do Ministério Público do Trabalho;

XXIV — exercer outras atribuições previstas em lei.

Art. 92. As atribuições do Procurador-Geral do Trabalho, previstas no artigo anterior, poderão ser delegadas:

I — ao Coordenador da Câmara de Coordenação e Revisão, as dos incisos XIV, alínea "c", e XXIII;

II — aos Chefes das Procuradorias Regionais do Trabalho nos Estados e no Distrito Federal, as dos incisos I, XIV, alínea "c", XXI e XXIII.

SEÇÃO III

Do Colégio de Procuradores do Trabalho

Art. 93. O Colégio de Procuradores do Trabalho, presidido pelo Procurador-Geral do Trabalho, é integrado por todos os membros da carreira em atividade no Ministério Público do Trabalho.

Art. 94. São atribuições do Colégio de Procuradores do Trabalho:

I — elaborar, mediante voto plurinominal, facultativo e secreto, a lista tríplice para a escolha do Procurador-Geral do Trabalho;

II — elaborar, mediante voto plurinominal, facultativo e secreto, a lista sêxtupla para a composição do Tribunal Superior do Trabalho, sendo elegíveis os membros do Ministério Público do Trabalho com mais de dez anos na carreira, tendo mais de trinta e cinco e menos de sessenta e cinco anos de idade;

III — elaborar, mediante voto plurinominal, facultativo e secreto, a lista sêxtupla para os Tribunais Regionais do Trabalho, dentre os Procuradores com mais de dez anos de carreira;

IV — eleger, dentre os Subprocuradores-Gerais do Trabalho e mediante voto plurinominal, facultativo e secreto, quatro membros do Conselho Superior do Ministério Público do Trabalho.

§ 1º Para os fins previstos nos incisos deste artigo, prescindir-se-á de reunião do Colégio de Procuradores, procedendo-se segundo dispuser o seu Regimento Interno, exigido o voto da maioria absoluta dos eleitores.

§ 2º Excepcionalmente, em caso de interesse relevante da Instituição, o Colégio de Procuradores reunir-se-á em local designado pelo Procurador-Geral do Trabalho, desde que convocado por ele ou pela maioria de seus membros.

§ 3º O Regimento Interno do Colégio de Procuradores do Trabalho disporá sobre seu funcionamento.

SEÇÃO IV
Do Conselho Superior do Ministério Público do Trabalho

Art. 95. O Conselho Superior do Ministério Público do Trabalho, presidido pelo Procurador-Geral do Trabalho, tem a seguinte composição:

I — o Procurador-Geral do Trabalho e o Vice-Procurador-Geral do Trabalho, que o integram como membros natos;

II — quatro Subprocuradores-Gerais do Trabalho, eleitos para um mandato de dois anos, pelo Colégio de Procuradores do Trabalho, mediante voto plurinominal, facultativo e secreto, permitida uma reeleição;

III — quatro Subprocuradores-Gerais do Trabalho, eleitos para um mandato de dois anos, por seus pares, mediante voto plurinominal, facultativo e secreto, permitida uma reeleição.

§ 1º Serão suplentes dos membros de que tratam os incisos II e III os demais votados, em ordem decrescente, observados os critérios gerais de desempate.

§ 2º O Conselho Superior elegerá o seu Vice-Presidente, que substituirá o Presidente em seus impedimentos e em caso de vacância.

Art. 96. O Conselho Superior do Ministério Público do Trabalho reunir-se-á ordinariamente, uma vez por mês, em dia previamente fixado e, extraordinariamente, quando convocado pelo Procurador-Geral do Trabalho ou por proposta da maioria absoluta de seus membros.

Art. 97. Salvo disposição em contrário, as deliberações do Conselho Superior serão tomadas por maioria de votos, presente a maioria absoluta dos seus membros.

§ 1º Em caso de empate, prevalecerá o voto do Presidente, exceto em matéria de sanções, caso em que prevalecerá a solução mais favorável ao acusado.

§ 2º As deliberações do Conselho Superior serão publicadas no Diário da Justiça, exceto quando o Regimento Interno determinar sigilo.

Art. 98. Compete ao Conselho Superior do Ministério Público do Trabalho:

I — exercer o poder normativo no âmbito do Ministério Público do Trabalho, observados os princípios desta Lei Complementar, especialmente para elaborar e aprovar:

a) o seu Regimento Interno, o do Colégio de Procuradores do Trabalho e o da Câmara de Coordenação e Revisão do Ministério Público do Trabalho;

b) as normas e as instruções para o concurso de ingresso na carreira;

c) as normas sobre as designações para os diferentes ofícios do Ministério Público do Trabalho;

d) os critérios para distribuição de procedimentos administrativos e quaisquer outros feitos no Ministério Público do Trabalho;

e) os critérios de promoção por merecimento na carreira;

f) o procedimento para avaliar o cumprimento das condições do estágio probatório.

II — indicar os integrantes da Câmara de Coordenação e Revisão do Ministério Público do Trabalho;

III — propor a exoneração do Procurador-Geral do Trabalho;

IV — destituir, por iniciativa do Procurador-Geral do Trabalho e pelo voto de dois terços de seus membros, antes do término do mandato, o Corregedor-Geral;

V — elaborar a lista tríplice destinada à promoção por merecimento;

VI — elaborar a lista tríplice para Corregedor-Geral do Ministério Público do Trabalho;

VII — aprovar a lista de antiguidade do Ministério Público do Trabalho e decidir sobre as reclamações a ela concernentes;

VIII — indicar o membro do Ministério Público do Trabalho para promoção por antiguidade, observado o disposto no artigo 93, II, alínea "d", da Constituição Federal;

IX — opinar sobre a designação de membro do Ministério Público do Trabalho para:

a) funcionar nos órgãos em que a participação da Instituição seja legalmente prevista;

b) integrar comissões técnicas ou científicas relacionadas às funções da Instituição.

X — opinar sobre o afastamento temporário de membro do Ministério Público do Trabalho;

XI — autorizar a designação, em caráter excepcional, de membros do Ministério Público do Trabalho, para exercício de atribuições processuais perante juízos, tribunais ou ofícios diferentes dos estabelecidos para cada categoria;

XII — determinar a realização de correições e sindicâncias e apreciar os relatórios correspondentes;

XIII — determinar a instauração de processos administrativos em que o acusado seja membro do Ministério Público do Trabalho, apreciar seus relatórios e propor as medidas cabíveis;

XIV — determinar o afastamento do exercício de suas funções, de membro do Ministério Público do Trabalho, indiciado ou acusado em processo disciplinar, e o seu retorno;

XV — designar a comissão de processo administrativo em que o acusado seja membro do Ministério Público do Trabalho;

XVI — decidir sobre o cumprimento do estágio probatório por membro do Ministério Público do Trabalho, encaminhando cópia da decisão ao Procurador-Geral da República, quando for o caso, para ser efetivada sua exoneração;

XVII — decidir sobre remoção e disponibilidade de membro do Ministério Público do Trabalho, por motivo de interesse público;

XVIII — autorizar, pela maioria absoluta de seus membros, que o Procurador-Geral da República ajuíze a ação de perda de cargo contra membro vitalício do Ministério Público do Trabalho, nos casos previstos em lei;

XIX — opinar sobre os pedidos de reversão de membro da carreira;

XX — aprovar a proposta de lei para o aumento do número de cargos da carreira e dos ofícios;

XXI — deliberar sobre a realização de concurso para o ingresso na carreira, designar os membros da Comissão de Concurso e opinar sobre a homologação dos resultados;

XXII — aprovar a proposta orçamentária que integrará o projeto de orçamento do Ministério Público da União;

XXIII — exercer outras funções atribuídas em lei.

§ 1º Aplicam-se ao Procurador-Geral e aos demais membros do Conselho Superior as normas processuais em geral, pertinentes aos impedimentos e suspeição dos membros do Ministério Público.

§ 2º As deliberações relativas aos incisos I, alíneas *a* e *e*, XI, XIII, XIV, XV e XVII somente poderão ser tomadas com o voto favorável de dois terços dos membros do Conselho Superior.

SEÇÃO V

Da Câmara de Coordenação e Revisão do Ministério Público do Trabalho

Art. 99. A Câmara de Coordenação e Revisão do Ministério Público do Trabalho é um órgão de coordenação, de integração e de revisão do exercício funcional na Instituição.

Art. 100. A Câmara de Coordenação e Revisão do Ministério Público do Trabalho será organizada por ato normativo, e o Regimento Interno, que disporá sobre seu funcionamento, será elaborado pelo Conselho Superior.

Art. 101. A Câmara de Coordenação e Revisão do Ministério Público do Trabalho será composta por três membros do Ministério Público do Trabalho, sendo um indicado pelo Procurador-Geral do Trabalho e dois pelo Conselho Superior do Ministério Público do Trabalho, juntamente com seus suplentes, para um mandato de dois anos, sempre que possível, dentre integrantes do último grau da carreira.

Art. 102. Dentre os integrantes da Câmara de Coordenação e Revisão, um deles será designado pelo Procurador-Geral para a função executiva de Coordenador.

Art. 103. Compete à Câmara de Coordenação e Revisão do Ministério Público do Trabalho:

I — promover a integração e a coordenação dos órgãos institucionais do Ministério Público do Trabalho, observado o princípio da independência funcional;

II — manter intercâmbio com órgãos ou entidades que atuem em áreas afins;

III — encaminhar informações técnico-jurídicas aos órgãos institucionais do Ministério Público do Trabalho;

IV — resolver sobre a distribuição especial de feitos e procedimentos, quando a matéria, por sua natureza ou relevância, assim o exigir;

V — resolver sobre a distribuição especial de feitos, que por sua contínua reiteração, devam receber tratamento uniforme;

VI — decidir os conflitos de atribuição entre os órgãos do Ministério Público do Trabalho.

PARÁGRAFO ÚNICO. A competência fixada nos incisos IV e V será exercida segundo critérios objetivos previamente estabelecidos pelo Conselho Superior.

SEÇÃO VI

Da Corregedoria do Ministério Público do Trabalho

Art. 104. A Corregedoria do Ministério Público do Trabalho, dirigida pelo Corregedor-Geral, é o órgão fiscalizador das atividades funcionais e da conduta dos membros do Ministério Público.

Art. 105. O Corregedor-Geral será nomeado pelo Procurador-Geral do Trabalho dentre os Subprocuradores Gerais do Trabalho, integrantes de lista tríplice elaborada pelo Conselho Superior, para mandato de dois anos, renovável uma vez.

§ 1º Não poderão integrar a lista tríplice os membros do Conselho Superior.

§ 2º Serão suplentes do Corregedor-Geral os demais integrantes da lista tríplice, na ordem em que os designar o Procurador-Geral.

§ 3º O Corregedor-Geral poderá ser destituído, por iniciativa do Procurador-Geral, antes do término do mandato, pelo voto de dois terços dos membros do Conselho Superior.

Art. 106. Incumbe ao Corregedor-Geral do Ministério Público:

I — participar, sem direito a voto, das reuniões do Conselho Superior;

II — realizar, de ofício ou por determinação do Procurador-Geral ou do Conselho Superior, correições e sindicâncias, apresentando os respectivos relatórios;

III — instaurar inquérito contra integrante da carreira e propor ao Conselho Superior a instauração do processo administrativo consequente;

IV — acompanhar o estágio probatório dos membros do Ministério Público do Trabalho;

V — propor ao Conselho Superior a exoneração de membro do Ministério Público do Trabalho que não cumprir as condições do estágio probatório.

SEÇÃO VII

Dos Subprocuradores-Gerais do Trabalho

Art. 107. Os Subprocuradores-Gerais do Trabalho serão designados para oficiar junto ao Tribunal Superior do Trabalho e nos ofícios na Câmara de Coordenação e Revisão.

PARÁGRAFO ÚNICO. A designação de Subprocurador-Geral do Trabalho para oficiar em órgãos jurisdicionais diferentes do previsto para a categoria dependerá de autorização do Conselho Superior.

Art. 108. Cabe aos Subprocuradores-Gerais do Trabalho, privativamente, o exercício das funções de:

I — Corregedor-Geral do Ministério Público do Trabalho;

II — Coordenador da Câmara de Coordenação e Revisão do Ministério Público do Trabalho.

Art. 109. Os Subprocuradores-Gerais do Trabalho serão lotados nos ofícios na Procuradoria-Geral do Trabalho.

SEÇÃO VIII

Dos Procuradores Regionais do Trabalho

Art. 110. Os Procuradores Regionais do Trabalho serão designados para oficiar junto aos Tribunais Regionais do Trabalho.

PARÁGRAFO ÚNICO. Em caso de vaga ou de afastamento de Subprocurador-Geral do Trabalho por prazo superior a trinta dias, poderá ser convocado pelo Procurador-Geral, mediante aprovação do Conselho Superior, Procurador Regional do Trabalho para substituição.

Art. 111. Os Procuradores Regionais do Trabalho serão lotados nos ofícios nas Procuradorias Regionais do Trabalho nos Estados e no Distrito Federal.

SEÇÃO IX

Dos Procuradores do Trabalho

Art. 112. Os Procuradores do Trabalho serão designados para funcionar junto aos Tribunais Regionais do Trabalho e, na forma das leis processuais, nos litígios trabalhistas que envolvam, especialmente, interesses de menores e incapazes.

PARÁGRAFO ÚNICO. A designação de Procurador do Trabalho para oficiar em órgãos jurisdicionais diferentes dos previstos para a categoria dependerá de autorização do Conselho Superior.

Art. 113. Os Procuradores do Trabalho serão lotados nos ofícios nas Procuradorias Regionais do Trabalho nos Estados e no Distrito Federal.

SEÇÃO X

Das Unidades de Lotação e de Administração

Art. 114. Os ofícios na Procuradoria-Geral do Trabalho e nas Procuradorias Regionais do Trabalho nos Estados e no Distrito Federal são unidades de lotação e de administração do Ministério Público do Trabalho.

Art. 115. A estrutura básica das unidades de lotação e de administração será organizada por regulamento, nos termos da lei.

....

Art. 294. Esta lei complementar entra em vigor na data de sua publicação.

Art. 295. Revogam-se as disposições em contrário.

Brasília, 20 de maio de 1993; 172º da Independência e 105º da República.

Itamar Franco
Maurício Corrêa

LEI N. 7.347, DE 24 DE JULHO DE 1985

(DOU 25.7.85)

DISCIPLINA A AÇÃO CIVIL PÚBLICA DE RESPONSABILIDADE POR DANOS CAUSADOS AO MEIO AMBIENTE, AO CONSUMIDOR, A BENS E DIREITOS DE VALOR ARTÍSTICO, ESTÉTICO, HISTÓRICO, TURÍSTICO E PAISAGÍSTICO (VETADO), E DÁ OUTRAS PROVIDÊNCIAS

O PRESIDENTE DA REPÚBLICA,

Faço saber que o Congresso Nacional decreta e eu sanciono a seguinte Lei:

Art. 1º Regem-se pelas disposições desta Lei, sem prejuízo da ação popular, as ações de responsabilidade por danos morais e patrimoniais causados: *(Redação dada pela Lei n. 12.529, de 30.11.11, DOU 1.12.11).*

I — ao meio-ambiente;

II — ao consumidor;

III - a bens e direitos de valor artístico, estético, histórico, turístico e paisagístico;

IV — a qualquer outro interesse difuso ou coletivo. *(Redação dada pela Lei n. 8.078 de 11.9.90, DOU 12.9.90, Ed. Extra)*

V — por infração da ordem econômica; *(Redação dada pela Lei n. 12.529, de 30.11.11, (DOU 1.12.11).*

VI — à ordem urbanística. *(Acrescentado pela Medida provisória n. 2.180-35, de 24.8.01, DOU 27.8.11)*

VII — à honra e à dignidade de grupos raciais, étnicos ou religiosos. (NR) *(Redação dada pela Lei n. 12.966, de 24.4.14, DOU 25.4.14 e Retif. DOU 5.5.14)*

VIII — ao patrimônio público e social. (NR). *(Redação dada pela Lei n. 13.004, de 24.6.2014, DOU 25.6.14)*

PARÁGRAFO ÚNICO. Não será cabível ação civil pública para veicular pretensões que envolvam tributos, contribuições previdenciárias, o Fundo de Garantia do Tempo de Serviço — FGTS ou outros fundos de natureza institucional cujos beneficiários podem ser individualmente determinados. *(Incluído pela Medida Provisória n. 2.180-35, de 2001)*

Art. 2º As ações previstas nesta Lei serão propostas no foro do local onde ocorrer o dano, cujo Juízo terá competência funcional para processar e julgar a causa.

PARÁGRAFO ÚNICO. A propositura da ação prevenirá a jurisdição do juízo para todas as ações posteriomente intentadas que possuam a mesma causa de pedir ou o mesmo objeto. *(NR) (Parágrafo acrescentado pela MP n. 2.180-35, de 24.8.01, DOU 27.8.01)*

Art. 3º A ação civil poderá ter por objeto a condenação em dinheiro, ou o cumprimento de obrigação de fazer ou não fazer.

Art. 4º Poderá ser ajuizada ação cautelar para os fins desta Lei, objetivando, inclusive, evitar dano ao patrimônio público e social, ao meio ambiente, ao consumidor, à honra e à dignidade de grupos raciais, étnicos ou religiosos, à ordem urbanística ou aos bens e direitos de valor artístico, estético, histórico, turístico e paisagístico. (NR) *(Redação dada pela Lei n. 13.004, de 24.6.2014, DOU 25.6.14)*

Art. 5º Têm legitimidade para propor a ação principal e a ação cautelar:

I — o Ministério Público;

II — a Defensoria Pública;

III — a União, os Estados, o Distrito Federal e os Municípios;

IV — a autarquia, empresa pública, fundação ou sociedade de economia mista;

V — a associação que, concomitantemente:

a) esteja constituída há pelo menos 1 (um) ano nos termos da lei civil;

b) inclua, entre suas finalidades institucionais, a proteção ao patrimônio público e social, ao meio ambiente, ao consumidor, à ordem econômica, à livre concorrência, aos direitos de grupos raciais, étnicos ou religiosos ou ao patrimônio artístico, estético, histórico, turístico e paisagístico. (NR) *(Redação dada pela Lei n. 13.004, de 24.6.2014, DOU 25.6.14)*

§ 1º O Ministério Público, se não intervier no processo como parte, atuará obrigatoriamente como fiscal da lei.

§ 2º Fica facultado ao Poder Público e a outras associações legitimadas nos termos deste artigo habilitar-se como litisconsortes de qualquer das partes.

§ 3º Em caso de desistência infundada ou abandono da ação por associação legitimada, o Ministério Público ou outro legitimado assumirá a titularidade ativa. *(Redação dada pela Lei n. 8.078, 11.9.90, DOU 12.9.90)*

§ 4º O requisito da pré-constituição poderá ser dispensado pelo juiz, quando haja manifesto interesse social evidenciado pela dimensão ou característica do dano, ou pela relevância do bem jurídico a ser protegido. *(Acrescentado pela Lei n. 8.078, de 11.9.90, DOU 12.9.90)*

§ 5º Admitir-se-á o litisconsórcio facultativo entre os Ministérios Públicos da União, do Distrito Federal e dos Estados na defesa dos interesses e direitos de que cuida esta lei. *(Acrescentado pela Lei n. 8.078, de 11.9.90, DOU 12.9.90)*

§ 6º Os órgãos públicos legitimados poderão tomar dos interessados compromisso de ajustamento de sua conduta às exigências legais, mediante cominações, que terá eficácia de título executivo extrajudicial. *(Acrescentado pela Lei n. 8.078, de 11.9.90, DOU 12.9.90)*

Art. 6º Qualquer pessoa poderá e o servidor público deverá provocar a iniciativa do Ministério Público, ministrando-lhe informações sobre fatos que constituam objeto da ação civil e indicando-lhe os elementos de convicção.

Art. 7º Se, no exercício de suas funções, os Juízes e Tribunais tiverem conhecimento de fatos que possam ensejar a propositura da ação civil, remeterão peças ao Ministério Público para as providências cabíveis.

Art. 8º Para instruir a inicial, o interessado poderá requerer às autoridades competentes as certidões e informações que julgar necessárias, a serem fornecidas no prazo de 15 (quinze) dias.

§ 1º O Ministério Público poderá instaurar, sob sua presidência, inquérito civil, ou requisitar, de qualquer organismo público ou particular, certidões, informações, exames ou perícias, no prazo que assinalar, o qual não poderá ser inferior a 10 (dez) dias úteis.

§ 2º Somente nos casos em que a lei impuser sigilo, poderá ser negada certidão ou informação, hipótese em que a ação poderá ser proposta desacompanhada daqueles documentos, cabendo ao Juiz requisitá-los.

Art. 9º Se o órgão do Ministério Público, esgotadas todas as diligências, se convencer da inexistência de fundamento para a propositura da ação civil, promoverá o arquivamento dos autos do inquérito civil ou das peças informativas, fazendo-o fundamentadamente.

§ 1º Os autos do inquérito civil ou das peças de informação arquivadas serão remetidos, sob pena de se incorrer em falta grave, no prazo de 3 (três) dias, ao Conselho Superior do Ministério Público.

§ 2º Até que, em sessão do Conselho Superior do Ministério Público, seja homologada ou rejeitada a promoção de arquivamento, poderão as associações legitimadas apresentar razões escritas ou documentos, que serão juntados aos autos do inquérito ou anexados às peças de informação.

§ 3º A promoção de arquivamento será submetida a exame de deliberação do Conselho Superior do Ministério Público, conforme dispuser o seu Regimento.

§ 4º Deixando o Conselho Superior de homologar a promoção de arquivamento, designará, desde logo, outro órgão do Ministério Público para o ajuizamento da ação.

Art. 10. Constitui crime, punido com pena de reclusão de 1 (um) a 3 (três) anos, mais multa de 10 (dez) a 1.000 (mil) Obrigações Reajustáveis do Tesouro Nacional — ORTNs, a recusa, o retardamento ou a omissão de dados técnicos indispensáveis à propositura da ação civil, quando requisitados pelo Ministério Público.

Art. 11. Na ação que tenha por objeto o cumprimento de obrigação de fazer ou não fazer, o Juiz determinará o cumprimento da prestação da atividade devida ou a cessação da atividade nociva, sob pena de execução específica, ou de cominação de multa diária, se esta for suficiente ou compatível, independentemente de requerimento do autor.

Art. 12. Poderá o Juiz conceder mandado liminar, com ou sem justificação prévia, em decisão sujeita a agravo.

§ 1º A requerimento de pessoa jurídica de direito público interessada, e para evitar grave lesão à ordem, à saúde, à segurança e à economia pública, poderá o Presidente do Tribunal a que competir o conhecimento do respectivo recurso suspender a execução da liminar, em decisão fundamentada, da qual caberá agravo para uma das turmas julgadoras, no prazo de 5 (cinco) dias a partir da publicação do ato.

§ 2º A multa cominada liminarmente só será exigível do réu após o trânsito em julgado da decisão favorável ao autor, mas será devida desde o dia em que se houver configurado o descumprimento.

Art. 13. Havendo condenação em dinheiro, a indenização pelo dano causado reverterá a um fundo gerido por um Conselho Federal ou por Conselhos Estaduais de que participarão necessariamente o Ministério Público e representantes da comunidade, sendo seus recursos destinados à reconstituição dos bens lesados.

§ 1º Enquanto o fundo não for regulamentado, o dinheiro ficará depositado em estabelecimento oficial de crédito, em conta com correção monetária. *(Renumerada pela Lei n. 12.288, de 20.7.10, DOU 21.7.10)*

§ 2º Havendo acordo ou condenação com fundamento em dano causado por ato de discriminação étnica nos termos do disposto no art. 1º desta Lei, a prestação em dinheiro reverterá diretamente ao fundo de que trata o *caput* e será utilizada para ações de promoção da igualdade étnica, conforme definição do Conselho Nacional de Promoção da Igualdade Racial, na hipótese de extensão nacional, ou dos Conselhos de Promoção de Igualdade Racial estaduais ou locais, nas hipóteses de danos com extensão regional ou local, respectivamente. (NR) *(Redação dada pela Lei n. 12.288, de 20.7.10, DOU 21.7.10).*

Art. 14. O Juiz poderá conferir efeito suspensivo aos recursos, para evitar dano irreparável à parte.

Art. 15. Decorridos 60 (sessenta) dias do trânsito em julgado da sentença condenatória, sem que a associação autora lhe promova a execução, deverá fazê-lo o Ministério Público, facultada igual iniciativa aos demais legitimados(*).

Art. 16. A sentença civil fará coisa julgada *erga omnes*, nos limites da competência territorial do órgão prolator, exceto se o pedido for julgado improcedente por insuficiência de provas, hipótese em que qualquer legitimado poderá intentar outra ação com idêntico fundamento, valendo-se de nova prova. *(Alterado pela Lei n. 9.494, de 10.9.97, DOU 11.9.97).*

Art. 17. Em caso de litigância de má-fé, a associação autora e os diretores responsáveis pela propositura da ação serão solidariamente condenados em honorários advocatícios e ao décuplo das custas, sem prejuízo da responsabilidade por perdas e danos. (Lei n. 8.078/90, art. 115, que deu esta redação ao art. 17, da Lei n. 7.347/85). *(Redação com a retificação feita no DOU de 10.1.07)*

Art. 18. Nas ações de que trata esta Lei não haverá adiantamento de custas, emolumentos, honorários periciais e quaisquer outras despesas, nem condenação da associação autora, salvo comprovada má-fé, em honorários de advogado, custas e despesas processuais(*).

Art. 19. Aplica-se à ação civil pública, prevista nesta Lei, o Código de Processo Civil, aprovado pela Lei n. 5.869, de 11 de janeiro de 1973, naquilo em que não contrarie suas disposições.

Art. 20. O fundo de que trata o artigo 13 desta Lei será regulamentado pelo Poder Executivo no prazo de 90 (noventa) dias(*).

Art. 21. Aplicam-se à defesa dos direitos e interesses difusos, coletivos e individuais, no que for cabível, os dispositivos do Título III da lei que instituiu o Código de Defesa do Consumidor(*).

Art. 22. Esta Lei entra em vigor na data de sua publicação.

Art. 23. Revogam-se as disposições em contrário.

Brasília, em 24 de julho de 1985; 164º da Independência e 97º da República.

José Sarney
Fernando Lyra

(*) Redação dada pela L. n. 8.078, de 11.9.90.

LEI N. 8.078, DE 11 DE SETEMBRO DE 1990

(DOU 12.9.90)

DISPÕE SOBRE A PROTEÇÃO DO CONSUMIDOR E DÁ OUTRAS PROVIDÊNCIAS

O PRESIDENTE DA REPÚBLICA,

Faço saber que o Congresso Nacional decreta e eu sanciono a seguinte Lei:

TÍTULO I

Os Direitos do Consumidor

CAPÍTULO I

Disposições Gerais

Art. 1º O presente Código estabelece normas de proteção e defesa do consumidor, de ordem pública e interesse social, nos termos dos artigos 5º, inciso XXXII, 170, inciso V, da Constituição Federal e artigo 48 de suas Disposições Transitórias.

....

Art. 6º São direitos básicos do consumidor:

....

VIII — a facilitação da defesa de seus direitos, inclusive com a inversão do ônus da prova, a seu favor, no processo civil, quando, a critério do juiz, for verossímil a alegação ou quando for ele hipossuficiente, segundo as regras ordinárias de experiências;

TÍTULO III

Da Defesa do Consumidor em Juízo

CAPÍTULO I

Disposições Gerais

Art. 81. A defesa dos interesses e direitos dos consumidores e das vítimas poderá ser exercida em Juízo individualmente, ou a título coletivo.

PARÁGRAFO ÚNICO. A defesa coletiva será exercida quando se tratar de:

I — interesses ou direitos difusos, assim entendidos, para efeitos deste Código, os transindividuais, de natureza indivisível, de que sejam titulares pessoas indeterminadas e ligadas por circunstâncias de fato;

II — interesses ou direitos coletivos, assim entendidos, para efeitos deste Código, os transindividuais de natureza indivisível de que seja titular grupo, categoria ou classe de pessoas ligadas entre si ou com parte contrária por uma relação jurídica-base;

III — interesses ou direitos individuais homogêneos, assim entendidos os decorrentes de origem comum.

Art. 82. Para fins do artigo 81, parágrafo único, são legitimados concorrentemente:

I — o Ministério Público;

II — a União, os Estados, os Municípios e o Distrito Federal;

III — as entidades e órgãos da Administração Pública, Direta ou Indireta, ainda que sem personalidade jurídica, especificamente destinados à defesa dos interesses e direitos protegidos por este Código;

IV — as associações legalmente constituídas há pelo menos 1 (um) ano e que incluam entre seus fins institucionais a defesa dos interesses e direitos protegidos por este Código, dispensada a autorização assemblear.

§ 1º O requisito da pré-constituição pode ser dispensado pelo Juiz, nas ações previstas no artigo 91 e seguintes, quando haja manifesto interesse social evidenciado pela dimensão ou característica do dano, ou pela relevância do bem jurídico a ser protegido.

§ 2º *(Vetado).*

§ 3º *(Vetado). (Redação dada pela Lei n. 9.008, de 21.3.95).*

Art. 83. Para a defesa dos direitos e interesses protegidos por este Código são admissíveis todas as espécies de ações capazes de propiciar sua adequada e efetiva tutela.

PARÁGRAFO ÚNICO. (Vetado).

Art. 84. Na ação que tenha por objeto o cumprimento da obrigação de fazer ou não fazer, o Juiz concederá a tutela específica da obrigação ou determinará providências que assegurem o resultado prático equivalente ao do adimplemento.

§ 1º A conversão da obrigação em perdas e danos somente será admissível se por elas optar o autor ou se impossível a tutela específica ou a obtenção do resultado prático correspondente.

§ 2º A indenização por perdas e danos se fará sem prejuízo da multa (artigo 287 do Código de Processo Civil).

§ 3º Sendo relevante o fundamento da demanda e havendo justificado receio de ineficácia do provimento final, é lícito ao Juiz conceder a tutela liminarmente ou após justificação prévia, citado o réu.

§ 4º O Juiz poderá, na hipótese do § 3º ou na sentença, impor multa diária ao réu, independentemente de pedido do autor, se for suficiente ou compatível com a obrigação, fixando prazo razoável para o cumprimento do preceito.

§ 5º Para a tutela específica ou para a obtenção do resultado prático equivalente, poderá o Juiz determinar as medidas necessárias, tais como busca e apreensão, remoção de coisas e pessoas, desfazimento de obra, impedimento de atividade nociva, além de requisição de força policial.

Art. 85. *(Vetado).*

Art. 86. *(Vetado).*

Art. 87. Nas ações coletivas de que trata este Código não haverá adiantamento de custas, emolumentos, honorários periciais e quaisquer outras despesas, nem condenação da associação autora, salvo comprovada má-fé, em honorário de advogados, custas e despesas processuais.

PARÁGRAFO ÚNICO. Em caso de litigância de má-fé, a associação autora e os diretores responsáveis pela propositura da ação serão solidariamente condenados em honorários advocatícios e ao décuplo das custas, sem prejuízo da responsabilidade por perdas e danos.

Art. 88. Na hipótese do artigo 13, parágrafo único deste Código, a ação de regresso poderá ser ajuizada em processo autônomo, facultada a possibilidade de prosseguir-se nos mesmos autos, vedada a denunciação da lide.

Art. 89. *(Vetado).*

Art. 90. Aplicam-se às ações previstas neste Título as normas do Código de Processo Civil e da Lei n. 7.347, de 24 de junho de 1985, inclusive no que respeita ao inquérito civil, naquilo que não contrariar suas disposições.

CAPÍTULO II

Das Ações Coletivas para a Defesa de Interesses Individuais Homogêneos

Art. 91. Os legitimados de que trata o artigo 82 poderão propor, em nome próprio e no interesse das vítimas ou seus sucessores, ação civil coletiva de responsabilidade pelos danos individualmente sofridos, de acordo com o disposto nos artigos seguintes. *(Redação dada pela Lei n. 9.008, de 21.3.95).*

Art. 92. O Ministério Público, se não ajuizar a ação, atuará sempre como fiscal da lei.

PARÁGRAFO ÚNICO. (Vetado).

Art. 93. Ressalvada a competência da Justiça Federal, é competente para a causa a justiça local:

I — no foro do lugar onde ocorreu ou deva ocorrer o dano, quando de âmbito local;

II — no foro da Capital do Estado ou no Distrito Federal, para os danos de âmbito nacional ou regional, aplicando-se as regras do Código de Processo Civil aos casos de competência concorrente.

Art. 94. Proposta a ação, será publicado edital no órgão oficial, a fim de que os interessados possam intervir no processo como litisconsortes, sem prejuízo de ampla divulgação pelos meios de comunicação social por parte dos órgãos de defesa do consumidor.

Art. 95. Em caso de procedência do pedido, a condenação será genérica, fixando a responsabilidade do réu pelos danos causados.

Art. 96. *(Vetado).*

Art. 97. A liquidação e a execução de sentença poderão ser promovidas pela vítima e seus sucessores, assim como pelos legitimados de que trata o artigo 82.

PARÁGRAFO ÚNICO. (Vetado).

Art. 98. A execução poderá ser coletiva, sendo promovida pelos legitimados de que trata o artigo 82, abrangendo as vítimas cujas indenizações já tiverem sido fixadas em sentença de liquidação, sem prejuízo do ajuizamento de outras execuções.

§ 1º A execução coletiva far-se-á com base em certidão das sentenças de liquidação, da qual deverá constar a ocorrência ou não do trânsito em julgado.

§ 2º É competente para a execução, o Juízo:

I — da liquidação da sentença ou da ação condenatória, no caso de execução individual;

II — da ação condenatória, quando coletiva a execução. *(Redação dada pela Lei n. 9.008, de 21.3.95).*

Art. 99. Em caso de concurso de créditos decorrentes de condenação prevista na Lei n. 7.347, de 24 de julho de 1985, e de indenizações pelos prejuízos individuais resultantes do mesmo evento danoso, estas terão preferência no pagamento.

PARÁGRAFO ÚNICO. Para efeito do disposto neste artigo, a destinação da importância recolhida ao Fundo criado pela Lei n. 7.347, de 24 de julho de 1985, ficará sustada enquanto pendentes de decisão de segundo grau as ações de indenização pelos danos individuais, salvo na hipótese de o patrimônio do devedor ser manifestamente suficiente para responder pela integralidade das dívidas.

Art. 100. Decorrido o prazo de 1 (um) ano sem habilitação de interessados em número compatível com a gravidade do dano, poderão os legitimados do artigo 82 promover a liquidação e execução da indenização devida.

PARÁGRAFO ÚNICO. O produto da indenização devida reverterá para o Fundo criado pela Lei n. 7.347, de 24 de julho de 1985.

CAPÍTULO III

Das Ações de Responsabilidade do Fornecedor de Produtos e Serviços

Art. 101. Na ação de responsabilidade civil do fornecedor de produtos e serviços, sem prejuízo do disposto nos Capítulos I e II deste Título, serão observadas as seguintes normas:

I — a ação pode ser proposta no domicílio do autor;

II — o réu que houver contratado seguro de responsabilidade poderá chamar ao processo o segurador, vedada a integração do contraditório pelo Instituto de Resseguros do Brasil. Nesta hipótese, a sentença que julgar procedente o pedido condenará o réu nos termos do artigo 80 do Código de Processo Civil. Se o réu houver sido declarado falido, o síndico será intimado a informar a existência de seguro de responsabilidade facultando-se, em caso afirmativo, o ajuizamento de ação de indenização diretamente contra o segurador, vedada a denunciação da lide ao Instituto de Resseguros do Brasil e dispensado o litisconsórcio obrigatório com este.

Art. 102. Os legitimados a agir na forma deste Código poderão propor ação visando compelir o Poder Público competente a proibir, em todo o Território Nacional, a produção, divulgação, distribuição ou venda, ou a determinar alteração na composição, estrutura, fórmula ou acondicionamento de produto, cujo uso ou consumo regular se revele nocivo ou perigoso à saúde pública e à incolumidade pessoal.

§ 1º *(Vetado).*

§ 2º *(Vetado).*

CAPÍTULO IV

Da Coisa Julgada

Art. 103. Nas ações coletivas de que trata este Código, a sentença fará coisa julgada:

I — *erga omnes*, exceto se o pedido for julgado improcedente por insuficiência de provas, hipótese em que qualquer legitimado poderá intentar outra ação, com idêntico fundamento, valendo-se de nova prova, na hipótese do inciso I, do parágrafo único, do artigo 81;

II — *ultra partes*, mas limitadamente ao grupo, categoria ou classe, salvo improcedência por insuficiência de provas, nos termos do inciso anterior, quando se tratar da hipótese prevista no inciso II, do parágrafo único, do art. 81;

III — *erga omnes*, apenas no caso de procedência do pedido, para beneficiar todas as vítimas e seus sucessores, na hipótese do inciso III, no parágrafo único, do art. 81.

§ 1º Os efeitos da coisa julgada previstos nos incisos I e II não prejudicarão interesses e direitos individuais dos integrantes da coletividade, do grupo, categoria ou classe.

§ 2º Na hipótese prevista no inciso III, em caso de improcedência do pedido, os interessados que não tiverem intervindo no processo como litisconsortes poderão propor ação de indenização a título individual.

§ 3º Os efeitos da coisa julgada de que cuida o artigo 16, combinado com o art. 13 da Lei n. 7.347, de 24 de julho de 1985, não prejudicarão as ações de indenização por danos pessoalmente sofridos, propostas individualmente ou na forma prevista neste Código, mas, se procedente o pedido, beneficiarão as vítimas e seus sucessores que poderão proceder à liquidação e à execução, nos termos dos arts. 96 a 99.

§ 4º Aplica-se o disposto no parágrafo anterior à sentença penal condenatória.

Art. 104. As ações coletivas, previstas nos incisos I e II, do parágrafo único, do artigo 81, não induzem litispendência para as ações individuais, mas os efeitos da coisa julgada *erga omnes* ou *ultra partes* a que aludem os incisos II e III do artigo anterior não beneficiarão os autores das ações individuais, se não for requerida sua suspensão no prazo de 30 (trinta) dias, a contar da ciência nos autos do ajuizamento da ação coletiva.

....

Art. 117. Acrescente-se à Lei n. 7.347, de 24 de julho de 1985, o seguinte dispositivo, renumerando-se os seguintes:

"Art. 21. Aplicam-se à defesa dos direitos e interesses difusos, coletivos e individuais, no que for cabível, os dispositivos do Título III da lei que instituiu o Código de Defesa do Consumidor."

....

Brasília, em 11 de setembro de 1990, 169º da Independência e 102º da República.

Fernando Collor

LEI COMPLEMENTAR N. 123, DE 14 DE DEZEMBRO DE 2006

(Republicação em atendimento ao disposto no art. 5º da Lei Complementar n. 139, de 10 de novembro de 2011 — DOU 6.3.2012)

(Ver Leis Complementares ns. 127, de 14 de agosto de 2007, 128, de 19 de dezembro de 2008 e 139, de 10 de novembro de 2011)

INSTITUI O ESTATUTO NACIONAL DA MICROEMPRESA E DA EMPRESA DE PEQUENO PORTE; ALTERA DISPOSITIVOS DAS LEIS N. 8.212 E 8.213, AMBAS DE 24 DE JULHO DE 1991, DA CONSOLIDAÇÃO DAS LEIS DO TRABALHO — CLT, APROVADA PELO DECRETO-LEI N. 5.452, DE 1º DE MAIO DE 1943, DA LEI N. 10.189, DE 14 DE FEVEREIRO DE 2001, DA LEI COMPLEMENTAR N. 63, DE 11 DE JANEIRO DE 1990; E REVOGA AS LEIS N. 9.317, DE 5 DE DEZEMBRO DE 1996, E 9.841, DE 5 DE OUTUBRO DE 1999

O PRESIDENTE DA REPÚBLICA,

Faço saber que o Congresso Nacional decreta e eu sanciono a seguinte Lei Complementar:

CAPÍTULO I

DISPOSIÇÕES PRELIMINARES

Art. 1º Esta Lei Complementar estabelece normas gerais relativas ao tratamento diferenciado e favorecido a ser dispensado às microempresas e empresas de pequeno porte no âmbito dos Poderes da União, dos Estados, do Distrito Federal e dos Municípios, especialmente no que se refere:

I — à apuração e recolhimento dos impostos e contribuições da União, dos Estados, do Distrito Federal e dos Municípios, mediante regime único de arrecadação, inclusive obrigações acessórias;

II — ao cumprimento de obrigações trabalhistas e previdenciárias, inclusive obrigações acessórias;

III — ao acesso a crédito e ao mercado, inclusive quanto à preferência nas aquisições de bens e serviços pelos Poderes Públicos, à tecnologia, ao associativismo e às regras de inclusão.

IV — ao cadastro nacional único de contribuintes a que se refere o inciso IV do parágrafo único do art. 146, *in fine*, da Constituição Federal. *(Redação dada pela Lei Complementar n. 147, de 7.8.14, DOU 8.8.14)*

§ 1º Cabe ao Comitê Gestor do Simples Nacional (CGSN) apreciar a necessidade de revisão, a partir de 1º de janeiro de 2015, dos valores expressos em moeda nesta Lei Complementar.

§ 2º(VETADO)

§ 3º Ressalvado o disposto no Capítulo IV, toda nova obrigação que atinja as microempresas e empresas de pequeno porte deverá apresentar, no instrumento que a instituiu, especificação do tratamento diferenciado, simplificado e favorecido para cumprimento. *(Redação dada pela Lei Complementar n. 147, de 7.8.14, DOU 8.8.14)*

§ 4º Na especificação do tratamento diferenciado, simplificado e favorecido de que trata o § 3º, deverá constar prazo máximo, quando forem necessários procedimentos adicionais, para que os órgãos fiscalizadores cumpram as medidas necessárias à emissão de documentos, realização de vistorias e atendimento das demandas realizadas pelas microempresas e empresas de pequeno porte com o objetivo de cumprir a nova obrigação. *(Redação dada pela Lei Complementar n. 147, de 7.8.14, DOU 8.8.14)*

§ 5º Caso o órgão fiscalizador descumpra os prazos estabelecidos na especificação do tratamento diferenciado e favorecido, conforme o disposto no § 4º, a nova obrigação será inexigível até que seja realizada visita para fiscalização orientadora e seja reiniciado o prazo para regularização. *(Redação dada pela Lei Complementar n. 147, de 7.8.14, DOU 8.8.14)*

§ 6º A ausência de especificação do tratamento diferenciado, simplificado e favorecido ou da determinação de prazos máximos, de acordo com os §§ 3º e 4º, tornará a nova obrigação inexigível para as microempresas e empresas de pequeno porte. *(Redação dada pela Lei Complementar n. 147, de 7.8.14, DOU 8.8.14)*

§ 7º A inobservância do disposto nos §§ 3º a 6º resultará em atentado aos direitos e garantias legais assegurados ao exercício profissional da atividade empresarial. (NR) *(Redação dada pela Lei Complementar n. 147, de 7.8.14, DOU 8.8.14)*

Art. 2º O tratamento diferenciado e favorecido a ser dispensado às microempresas e empresas de pequeno porte de que trata o art. 1º desta Lei Complementar será gerido pelas instâncias a seguir especificadas:

I — Comitê Gestor do Simples Nacional, vinculado ao Ministério da Fazenda, composto por 4 (quatro) representantes da Secretaria da Receita Federal do Brasil, como representantes da União, 2 (dois) dos Estados e do Distrito Federal e 2 (dois) dos Municípios, para tratar dos aspectos tributários; e

II — Fórum Permanente das Microempresas e Empresas de Pequeno Porte, com a participação dos órgãos federais competentes e das entidades vinculadas ao setor, para tratar dos demais aspectos, ressalvado o disposto no inciso III do *caput* deste artigo;

III — Comitê para Gestão da Rede Nacional para Simplificação do Registro e da Legalização de Empresas e Negócios — CGSIM, vinculado à Secretaria da Micro e Pequena Empresa da Presidência da República, composto por representantes da União, dos Estados e do Distrito Federal, dos Municípios e demais órgãos de apoio e de registro empresarial, na forma definida pelo Poder Executivo, para tratar do processo de registro e de legalização de empresários e de pessoas jurídicas. *(Redação dada pela Lei Complementar n. 147, de 7.8.14, DOU 8.8.14)*

§ 1º Os Comitês de que tratam os incisos I e III do *caput* deste artigo serão presididos e coordenados por representantes da União.

§ 2º Os representantes dos Estados e do Distrito Federal nos Comitês referidos nos incisos I e III do *caput* deste artigo serão indicados pelo Conselho Nacional de Política Fazendária — CONFAZ e os dos Municípios serão indicados, um pela entidade representativa das Secretarias de Finanças das Capitais e outro pelas entidades de representação nacional dos Municípios brasileiros.

§ 3º As entidades de representação referidas no inciso III do *caput* e no § 2º deste artigo serão aquelas regularmente constituídas há pelo menos 1 (um) ano antes da publicação desta Lei Complementar

§ 4º Os Comitês de que tratam os incisos I e III do *caput* deste artigo elaborarão seus regimentos internos mediante resolução.

§ 5º O Fórum referido no inciso II do *caput* deste artigo tem por finalidade orientar e assessorar a formulação e coordenação da política nacional de desenvolvimento das microempresas e empresas de pequeno porte, bem como acompanhar e avaliar a sua implantação, sendo presidido e coordenado pela Secretaria da Micro e Pequena Empresa da Presidência da República.

§ 6º Ao Comitê de que trata o inciso I do *caput* deste artigo compete regulamentar a opção, exclusão, tributação, fiscalização, arrecadação, cobrança, dívida ativa, recolhimento e demais itens relativos ao regime de que trata o art. 12 desta Lei Complementar, observadas as demais disposições desta Lei Complementar.

§ 7º Ao Comitê de que trata o inciso III do *caput* deste artigo compete, na forma da lei, regulamentar a inscrição, cadastro, abertura, alvará, arquivamento, licenças, permissão, autorização, registros e demais itens relativos à abertura, legalização e funcionamento de empresários e de pessoas jurídicas de qualquer porte, atividade econômica ou composição societária.

§ 8º Os membros dos Comitês de que tratam os incisos I e III do *caput* deste artigo serão designados, respectivamente, pelos Ministros de Estado da Fazenda e da Secretaria da Micro e Pequena Empresa da Presidência da República, mediante indicação dos órgãos e entidades vinculados. *(Redação dada pela Lei Complementar n. 147, de 7.8.14, DOU 8.8.14)*

§ 9º O CGSN poderá determinar, com relação à microempresa e à empresa de pequeno porte optante pelo Simples Nacional, a forma, a periodicidade e o prazo: *(Redação dada pela Lei Complementar n. 147, de 7.8.14, DOU 8.8.14)*

I — de entrega à Secretaria da Receita Federal do Brasil - RFB de uma única declaração com dados relacionados a fatos geradores, base de cálculo e valores da contribuição para a Seguridade Social devida sobre a remuneração do trabalho, inclusive a descontada dos trabalhadores a serviço da empresa, do Fundo de Garantia do Tempo de Serviço — FGTS e outras informações de interesse do Ministério do Trabalho e Emprego — MTE, do Instituto Nacional do Seguro Social — INSS e do Conselho Curador do FGTS, observado o disposto no § 7º deste artigo; e. *(Redação dada pela Lei Complementar n. 147, de 7.8.14, DOU 8.8.14)*

II — do recolhimento das contribuições descritas no inciso I e do FGTS. *(Redação dada pela Lei Complementar n. 147, de 7.8.14, DOU 8.8.14)*

§ 10. O recolhimento de que trata o inciso II do § 9º deste artigo poderá se dar de forma unificada relativamente aos tributos apurados na forma do Simples Nacional. *(Redação dada pela Lei Complementar n. 147, de 7.8.14, DOU 8.8.14)*

§ 11. A entrega da declaração de que trata o inciso I do § 9º substituirá, na forma regulamentada pelo CGSN, a obrigatoriedade de entrega de todas as informações, formulários e declarações a que estão sujeitas as demais empresas ou equiparados que contratam trabalhadores, inclusive relativamente ao recolhimento do FGTS, à Relação Anual de Informações Sociais e ao Cadastro Geral de Empregados e Desempregados. *(Redação dada pela Lei Complementar n. 147, de 7.8.14, DOU 8.8.14)*

§ 12. Na hipótese de recolhimento do FGTS na forma do inciso II do § 9º deste artigo, deve-se assegurar a transferência dos recursos e dos elementos identificadores do recolhimento ao gestor desse fundo para crédito na conta vinculada do trabalhador. *(Redação dada pela Lei Complementar n. 147, de 7.8.14, DOU 8.8.14)*

§ 13. O documento de que trata o inciso I do § 9º tem caráter declaratório, constituindo instrumento hábil e suficiente para a exigência dos tributos, contribuições e dos débitos fundiários que não tenham sido recolhidos resultantes das informações nele prestadas. (NR). *(Redação dada pela Lei Complementar n. 147, de 7.8.14, DOU 8.8.14)*

CAPÍTULO II

DA DEFINIÇÃO DE MICROEMPRESA E DE EMPRESA DE PEQUENO PORTE

Art. 3º Para os efeitos desta Lei Complementar, consideram-se microempresas ou empresas de pequeno porte a sociedade empresária, a sociedade simples, a empresa individual de responsabilidade limitada e o empresário a que se refere o art. 966 da Lei n. 10.406, de 10 de janeiro de 2002 (Código Civil), devidamente registrados no Registro de Empresas Mercantis ou no Registro Civil de Pessoas Jurídicas, conforme o caso, desde que:

I — no caso da microempresa, aufira, em cada ano-calendário, receita bruta igual ou inferior a R$ 360.000,00 (trezentos e sessenta mil reais); e

II — no caso da empresa de pequeno porte, aufira, em cada ano-calendário, receita bruta superior a R$ 360.000,00 (trezentos e sessenta mil reais) e igual ou inferior a R$ 3.600.000,00 (três milhões e seiscentos mil reais).

§ 1º Considera-se receita bruta, para fins do disposto no *caput* deste artigo, o produto da venda de bens e serviços nas operações de conta própria, o preço dos serviços prestados e o resultado nas operações em conta alheia, não incluídas as vendas canceladas e os descontos incondicionais concedidos.

§ 2º No caso de início de atividade no próprio ano-calendário, o limite a que se refere o *caput* deste artigo será proporcional ao número de meses em que a microempresa ou a empresa de pequeno porte houver exercido atividade, inclusive as frações de meses.

§ 3º O enquadramento do empresário ou da sociedade simples ou empresária como microempresa ou empresa de pequeno porte bem como o seu desenquadramento não implicarão alteração, denúncia ou qualquer restrição em relação a contratos por elas anteriormente firmados.

§ 4º Não poderá se beneficiar do tratamento jurídico diferenciado previsto nesta Lei Complementar, incluído o regime de que trata o art. 12 desta Lei Complementar, para nenhum efeito legal, a pessoa jurídica:

I — de cujo capital participe outra pessoa jurídica;

II — que seja filial, sucursal, agência ou representação, no País, de pessoa jurídica com sede no exterior;

III — de cujo capital participe pessoa física que seja inscrita como empresário ou seja sócia de outra empresa que receba tratamento jurídico diferenciado nos termos desta Lei Complementar, desde que a receita bruta global ultrapasse o limite de que trata o inciso II do *caput* deste artigo;

IV — cujo titular ou sócio participe com mais de 10% (dez por cento) do capital de outra empresa não beneficiada por esta Lei Complementar, desde que a receita bruta global ultrapasse o limite de que trata o inciso II do *caput* deste artigo;

V — cujo sócio ou titular seja administrador ou equiparado de outra pessoa jurídica com fins lucrativos, desde que a receita bruta global ultrapasse o limite de que trata o inciso II do *caput* deste artigo;

VI — constituída sob a forma de cooperativas, salvo as de consumo;

VII — que participe do capital de outra pessoa jurídica;

VIII — que exerça atividade de banco comercial, de investimentos e de desenvolvimento, de caixa econômica, de sociedade de crédito, financiamento e investimento ou de crédito imobiliário, de corretora ou de distribuidora de títulos, valores mobiliários e câmbio, de empresa de arrendamento mercantil, de seguros privados e de capitalização ou de previdência complementar;

IX — resultante ou remanescente de cisão ou qualquer outra forma de desmembramento de pessoa jurídica que tenha ocorrido em um dos 5 (cinco) anos-calendário anteriores;

X — constituída sob a forma de sociedade por ações.

XI — cujos titulares ou sócios guardem, cumulativamente, com o contratante do serviço, relação de pessoalidade, subordinação e habitualidade. *(Redação dada pela Lei Complementar n. 147, de 7.8.14, DOU 8.8.14)*

§ 5º O disposto nos incisos IV e VII do § 4º deste artigo não se aplica à participação no capital de cooperativas de crédito, bem como em centrais de compras, bolsas de subcontratação, no consórcio referido no art. 50 desta Lei Complementar e na sociedade de propósito específico prevista no art. 56 desta Lei Complementar, e em associações assemelhadas, sociedades de interesse econômico, sociedades de garantia solidária e outros tipos de sociedade, que tenham como objetivo social a defesa exclusiva dos interesses econômicos das microempresas e empresas de pequeno porte.

§ 6º Na hipótese de a microempresa ou empresa de pequeno porte incorrer em alguma das situações previstas nos incisos do § 4º, será excluída do tratamento jurídico diferenciado previsto nesta Lei Complementar, bem como do regime de que trata o art. 12, com efeitos a partir do mês seguinte ao que incorrida a situação impeditiva.

§ 7º Observado o disposto no § 2º deste artigo, no caso de início de atividades, a microempresa que, no ano-calendário, exceder o limite de receita bruta anual previsto no inciso I do *caput* deste artigo passa, no ano-calendário seguinte, à condição de empresa de pequeno porte.

§ 8º Observado o disposto no § 2º deste artigo, no caso de início de atividades, a empresa de pequeno porte que, no ano-calendário, não ultrapassar o limite de receita bruta anual previsto no inciso I do *caput* deste artigo passa, no ano-calendário seguinte, à condição de microempresa.

§ 9º A empresa de pequeno porte que, no ano-calendário, exceder o limite de receita bruta anual previsto no inciso II do *caput* fica excluída, no mês subsequente à ocorrência do excesso, do tratamento jurídico diferenciado previsto nesta Lei Complementar, incluído o regime de que trata o art. 12, para todos os efeitos legais, ressalvado o disposto nos §§ 9º-A, 10 e 12.

§ 9º-A. Os efeitos da exclusão prevista no § 9º dar-se-ão no ano-calendário subsequente se o excesso verificado em relação à receita bruta não for superior a 20% (vinte por cento) do limite referido no inciso II do *caput.*

§ 10. A empresa de pequeno porte que no decurso do ano-calendário de início de atividade ultrapassar o limite proporcional de receita bruta de que trata o § 2º estará excluída do tratamento jurídico diferenciado previsto nesta Lei Complementar, bem como do regime de que trata o art. 12 desta Lei Complementar, com efeitos retroativos ao início de suas atividades.

§ 11. Na hipótese de o Distrito Federal, os Estados e os respectivos Municípios adotarem um dos limites previstos nos incisos I e II do *caput* do art. 19 e no art. 20, caso a receita bruta auferida pela empresa durante o ano-calendário de início de atividade ultrapasse 1/12 (um doze avos) do limite estabelecido multiplicado pelo número de meses de funcionamento nesse período, a empresa não poderá recolher o ICMS e o ISS na forma do Simples Nacional, relativos ao estabelecimento localizado na unidade da federação que os houver adotado, com efeitos retroativos ao início de suas atividades.

§ 12. A exclusão de que trata o § 10 não retroagirá ao início das atividades se o excesso verificado em relação à receita bruta não for superior a 20% (vinte por cento) do respectivo limite referido naquele parágrafo, hipótese em que os efeitos da exclusão dar-se-ão no ano-calendário subsequente.

§ 13. O impedimento de que trata o § 11 não retroagirá ao início das atividades se o excesso verificado em relação à receita bruta não for superior a 20% (vinte por cento) dos respectivos limites referidos naquele parágrafo, hipótese em que os efeitos do impedimento ocorrerão no ano-calendário subsequente.

§ 14. Para fins de enquadramento como microempresa ou empresa de pequeno porte, poderão ser auferidas receitas no mercado interno até o limite previsto no inciso II do *caput* ou no § 2º, conforme o caso, e, adicionalmente, receitas decorrentes da exportação de mercadorias ou serviços, inclusive quando realizada por meio de comercial exportadora ou da sociedade de propósito específico prevista no art. 56 desta Lei Complementar, desde que as receitas de exportação também não excedam os referidos limites de receita bruta anual. *(Redação dada pela Lei Complementar n. 147, de 7.8.14, DOU 8.8.14)*

§ 15. Na hipótese do § 14, para fins de determinação da alíquota de que trata o § 1º do art. 18, da base de cálculo prevista em seu § 3º e das majorações de alíquotas previstas em seus §§16, 16-A, 17 e 17-A, serão consideradas separadamente as receitas brutas auferidas no mercado interno e aquelas decorrentes da exportação. *(Redação dada pela Lei Complementar n. 147, de 7.8.14, DOU 8.8.14)*

Legislação Complementar

§ 16. O disposto neste artigo será regulamentado por resolução do CGSN. (NR). *(Redação dada pela Lei Complementar n. 147, de 7.8.14, DOU 8.8.14)*

Art. 3-A Aplica-se ao produtor rural pessoa física e ao agricultor familiar conceituado na Lei n. 11.326, de 24 de julho de 2006, com situação regular na Previdência Social e no Município que tenham auferido receita bruta anual até o limite de que trata o inciso II do *caput* do art. 3º o disposto nos arts. 6º e 7º, nos Capítulos V a X, na Seção IV do Capítulo XI e no Capítulo XII desta Lei Complementar, ressalvadas as disposições da Lei n. 11.718, de 20 de junho de 2008. *(Redação dada pela Lei Complementar n. 147, de 7.8.14, DOU 8.8..14)*

PARÁGRAFO ÚNICO. A equiparação de que trata o *caput* não se aplica às disposições do Capítulo IV desta Lei Complementar. *(Redação dada pela Lei Complementar n. 147, de 7.8.14, DOU 8.8.14)*

Art. 3-B Os dispositivos desta Lei Complementar, com exceção dos dispostos no Capítulo IV, são aplicáveis a todas as microempresas e empresas de pequeno porte, assim definidas pelos incisos I e II do *caput* e § 4º do art. 3º, ainda que não enquadradas no regime tributário do Simples Nacional, por vedação ou por opção. *(Redação dada pela Lei Complementar n. 147, de 7.8.14, DOU 8.8.14)*

CAPÍTULO III

DA INSCRIÇÃO E DA BAIXA

Art. 4º Na elaboração de normas de sua competência, os órgãos e entidades envolvidos na abertura e fechamento de empresas, dos 3 (três) âmbitos de governo, deverão considerar a unicidade do processo de registro e de legalização de empresários e de pessoas jurídicas, para tanto devendo articular as competências próprias com aquelas dos demais membros, e buscar, em conjunto, compatibilizar e integrar procedimentos, de modo a evitar a duplicidade de exigências e garantir a linearidade do processo, da perspectiva do usuário.

§ 1º O processo de abertura, registro, alteração e baixa da microempresa e empresa de pequeno porte, bem como qualquer exigência para o início de seu funcionamento, deverão ter trâmite especial e simplificado, preferencialmente eletrônico, opcional para o empreendedor, observado o seguinte: *(Redação dada pela Lei Complementar n. 147, de 7.8.14, DOU 8.8.14)*

I — poderão ser dispensados o uso da firma, com a respectiva assinatura autógrafa, o capital, requerimentos, demais assinaturas, informações relativas ao estado civil e regime de bens, bem como remessa de documentos, na forma estabelecida pelo CGSIM; e

II — *(Revogado pela Lei Complementar n. 147, de 7.8.14, DOU 8.8.14)*

§ 2º (REVOGADO)

§ 3º Ressalvado o disposto nesta Lei Complementar, ficam reduzidos a 0 (zero) todos os custos, inclusive prévios, relativos à abertura, à inscrição, ao registro, ao funcionamento, ao alvará, à licença, ao cadastro, às alterações e procedimentos de baixa e encerramento e aos demais itens relativos ao Microempreendedor Individual, incluindo os valores referentes a taxas, a emolumentos e a demais contribuições relativas aos órgãos de registro, de licenciamento, sindicais, de regulamentação, de anotação de responsabilidade técnica, de vistoria e de fiscalização do exercício de profissões regulamentadas. *(Redação dada pela Lei Complementar n. 147, de 7.8.14, DOU 8.8.14)*

§ 3º-A. O agricultor familiar, definido conforme a Lei n. 11.326, de 24 de julho de 2006, e identificado pela Declaração de Aptidão ao Pronaf — DAP física ou jurídica, bem como o MEI e o empreendedor de economia solidária ficam isentos de taxas e outros valores relativos à fiscalização da vigilância sanitária. *(Redação dada pela Lei Complementar n. 147, de 7.8.14, DOU 8.8.14)*

§ 4º No caso do MEI, de que trata o art. 18-A desta Lei Complementar, a cobrança associativa ou oferta de serviços privados relativos aos atos de que trata o § 3º deste artigo somente poderá ser efetuada a partir de demanda prévia do próprio MEI, firmado por meio de contrato com assinatura autógrafa, observando-se que: *(Redação dada pela Lei Complementar n. 147, de 7.8.14, DOU 8.8.14)*

I — para a emissão de boletos de cobrança, os bancos públicos e privados deverão exigir das instituições sindicais e associativas autorização prévia específica a ser emitida pelo CGSIM; *(Redação dada pela Lei Complementar n. 147, de 7.8.14, DOU 8.8.14)*

II — o desrespeito ao disposto neste parágrafo configurará vantagem ilícita pelo induzimento ao erro em prejuízo do MEI, aplicando-se as sanções previstas em lei. *(Redação dada pela Lei Complementar n. 147, de 7.8.14, DOU 8.8.14)*

§ 5º (VETADO). (NR) *(Lei Complementar n. 147, de 7.8.14, DOU 8.8.14)*

Art. 5º Os órgãos e entidades envolvidos na abertura e fechamento de empresas, dos 3 (três) âmbitos de governo, no âmbito de suas atribuições, deverão manter à disposição dos usuários, de forma presencial e pela rede mundial de computadores, informações, orientações e instrumentos, de forma integrada e consolidada, que permitam pesquisas prévias às etapas de registro ou inscrição, alteração e baixa de empresários e pessoas jurídicas, de modo a prover ao usuário certeza quanto à documentação exigível e quanto à viabilidade do registro ou inscrição.

PARÁGRAFO ÚNICO. As pesquisas prévias à elaboração de ato constitutivo ou de sua alteração deverão bastar a que o usuário seja informado pelos órgãos e entidades competentes:

I — da descrição oficial do endereço de seu interesse e da possibilidade de exercício da atividade desejada no local escolhido;

II — de todos os requisitos a serem cumpridos para obtenção de licenças de autorização de funcionamento, segundo a atividade pretendida, o porte, o grau de risco e a localização; e

III — da possibilidade de uso do nome empresarial de seu interesse.

Art. 6º Os requisitos de segurança sanitária, metrologia, controle ambiental e prevenção contra incêndios, para os fins de registro e legalização de empresários e pessoas jurídicas, deverão ser simplificados, racionalizados e uniformizados pelos órgãos envolvidos na abertura e fechamento de empresas, no âmbito de suas competências.

§ 1º Os órgãos e entidades envolvidos na abertura e fechamento de empresas que sejam responsáveis pela emissão de licenças e autorizações de funcionamento somente realizarão vistorias após o início de operação do estabelecimento, quando a atividade, por sua natureza, comportar grau de risco compatível com esse procedimento.

§ 2º Os órgãos e entidades competentes definirão, em 6 (seis) meses, contados da publicação desta Lei Complementar, as atividades cujo grau de risco seja considerado alto e que exigirão vistoria prévia.

§ 3º Na falta de legislação estadual, distrital ou municipal específica relativa à definição do grau de risco da atividade aplicar-se-á resolução do CGSIM. *(Redação dada pela Lei Complementar n. 147, de 7.8.14, DOU 8.8.14)*

§ 4º A classificação de baixo grau de risco permite ao empresário ou à pessoa jurídica a obtenção do licenciamento de atividade mediante o simples fornecimento de dados e a substituição da comprovação prévia do cumprimento de exigências e restrições por declarações do titular ou responsável. *(Redação dada pela Lei Complementar n. 147, de 7.8.14, DOU 8.8.14)*

§ 5º O disposto neste artigo não é impeditivo da inscrição fiscal. (NR) *(Redação dada pela Lei Complementar n. 147, de 7.8.14, DOU 8.8.14)*

Art. 7º Exceto nos casos em que o grau de risco da atividade seja considerado alto, os Municípios emitirão Alvará de Funcionamento Provisório, que permitirá o início de operação do estabelecimento imediatamente após o ato de registro.

PARÁGRAFO ÚNICO. Nos casos referidos no *caput* deste artigo, poderá o Município conceder Alvará de Funcionamento Provisório para o microempreendedor individual, para microempresas e para empresas de pequeno porte:

I — instaladas em área ou edificação desprovidas de regulação fundiária e imobiliária, inclusive habite-se; ou *(Redação dada pela Lei Complementar n. 147, de 7.8.14, DOU 8.8.14)*

II — em residência do microempreendedor individual ou do titular ou sócio da microempresa ou empresa de pequeno porte, na hipótese em que a atividade não gere grande circulação de pessoas.

Art. 8º Será assegurado aos empresários e pessoas jurídicas: *(Redação dada pela Lei Complementar n. 147, de 7.8.14, DOU 8.8.14)*

I — entrada única de dados e documentos; *(Redação dada pela Lei Complementar n. 147, de 7.8.14, DOU 8.8.14)*

II — processo de registro e legalização integrado entre os órgãos e entes envolvidos, por meio de sistema informatizado que garanta: *(Redação dada pela Lei Complementar n. 147, de 7.8.14, DOU 8.8.14)*

a) sequenciamento das seguintes etapas: consulta prévia de nome empresarial e de viabilidade de localização, registro empresarial, inscrições fiscais e licenciamento de atividade; *(Redação dada pela Lei Complementar n. 147, de 7.8.14, DOU 8.8.14)*

b) criação da base nacional cadastral única de empresas;

III — identificação nacional cadastral única que corresponderá ao número de inscrição no Cadastro Nacional de Pessoas Jurídicas — CNPJ. *(Redação dada pela Lei Complementar n. 147, de 7.8.14, DOU 8.8.14)*

§ 1º O sistema de que trata o inciso II do *caput* deve garantir aos órgãos e entidades integrados: *(Redação dada pela Lei Complementar n. 147, de 7.8.14, DOU 8.8.14)*

I — compartilhamento irrestrito dos dados da base nacional única de empresas; *(Redação dada pela Lei Complementar n. 147, de 7.8.14, DOU 8.8.14)*

II — autonomia na definição das regras para comprovação do cumprimento de exigências nas respectivas etapas do processo. *(Redação dada pela Lei Complementar n. 147, de 7.8.14, DOU 8.8.14)*

§ 2º A identificação nacional cadastral única substituirá para todos os efeitos as demais inscrições, sejam elas federais, estaduais ou municipais, após a implantação do sistema a que se refere o inciso II do *caput*, no prazo e na forma estabelecidos pelo CGSIM. *(Redação dada pela Lei Complementar n. 147, de 7.8.14, DOU 8.8.14)*

§ 3º É vedado aos órgãos e entidades integrados ao sistema informatizado de que trata o inciso II do *caput* o estabelecimento de exigências não previstas em lei. *(Redação dada pela Lei Complementar n. 147, de 7.8.14, DOU 8.8.14)*

§ 4º A coordenação do desenvolvimento e da implantação do sistema de que trata o inciso II do *caput* ficará a cargo do CGSIM. (NR) *(Redação dada pela Lei Complementar n. 147, de 7.8.14, DOU 8.8.14)*

Art. 9º O registro dos atos constitutivos, de suas alterações e extinções (baixas), referentes a empresários e pessoas jurídicas em qualquer órgão dos 3 (três) âmbitos de governo ocorrerá independentemente da regularidade de obrigações tributárias, previdenciárias ou trabalhistas, principais ou acessórias, do empresário, da sociedade, dos sócios, dos administradores ou de empresas de que participem, sem prejuízo das responsabilidades do empresário, dos titulares, dos sócios ou dos administradores por tais obrigações, apuradas antes ou após o ato de extinção. *(Redação dada pela Lei Complementar n. 147, de 7.8.14, DOU 8.8.14)*

§ 1º O arquivamento, nos órgãos de registro, dos atos constitutivos de empresários, de sociedades empresárias e de demais equiparados que se enquadrarem como microempresa ou empresa de pequeno porte bem como o arquivamento de suas alterações são dispensados das seguintes exigências:

I — certidão de inexistência de condenação criminal, que será substituída por declaração do titular ou administrador, firmada sob as penas da lei, de não estar impedido de exercer atividade mercantil ou a administração de sociedade, em virtude de condenação criminal;

II — prova de quitação, regularidade ou inexistência de débito referente a tributo ou contribuição de qualquer natureza.

§ 2º Não se aplica às microempresas e às empresas de pequeno porte o disposto no § 2º do art. 1º da Lei n. 8.906, de 4 de julho de 1994.

§ 3º (Revogado). *(Lei Complementar n. 147, de 7.8.14, DOU 8.8.14)*

§ 4º A baixa do empresário ou da pessoa jurídica não impede que, posteriormente, sejam lançados ou cobrados tributos, contribuições e respectivas penalidades, decorrentes da falta do cumprimento de obrigações ou da prática comprovada e apurada em processo administrativo ou judicial de outras irregularidades praticadas pelos empresários, pelas pessoas jurídicas ou por seus titulares, sócios ou administradores. *(Redação dada pela Lei Complementar n. 147, de 7.8.14, DOU 8.8.14)*

§ 5º A solicitação de baixa do empresário ou da pessoa jurídica importa responsabilidade solidária dos empresários, dos titulares, dos sócios e dos administradores no período da ocorrência dos respectivos fatos geradores. *(Redação dada pela Lei Complementar n. 147, de 7.8.14, DOU 8.8.14)*

§ 6º Os órgãos referidos no *caput* deste artigo terão o prazo de 60 (sessenta) dias para efetivar a baixa nos respectivos cadastros.

§ 7º Ultrapassado o prazo previsto no § 6º deste artigo sem manifestação do órgão competente, presumir-se-á a baixa dos registros das microempresas e a das empresas de pequeno porte.

§ 8º (Revogado). *(Lei Complementar n. 147, de 7.8.14, DOU 8.8.14)*

§ 9º (Revogado). *(Lei Complementar n. 147, de 7.8.14, DOU 8.8.14)*

§ 10. (Revogado). *(Lei Complementar n. 147, de 7.8.14, DOU 8.8.14)*

§ 11. (Revogado). *(Lei Complementar n. 147, de 7.8.14, DOU 8.8.14)*

§ 12. (Revogado). (NR) *(Lei Complementar n. 147, de 7.8.14, DOU 8.8.14)*

Art. 10. Não poderão ser exigidos pelos órgãos e entidades envolvidos na abertura e fechamento de empresas, dos 3 (três) âmbitos de governo:

I — excetuados os casos de autorização prévia, quaisquer documentos adicionais aos requeridos pelos órgãos executores do Registro Público de Empresas Mercantis e Atividades Afins e do Registro Civil de Pessoas Jurídicas;

II — documento de propriedade ou contrato de locação do imóvel onde será instalada a sede, filial ou outro estabelecimento, salvo para comprovação do endereço indicado;

III — comprovação de regularidade de prepostos dos empresários ou pessoas jurídicas com seus órgãos de classe, sob qualquer forma, como requisito para deferimento de ato de inscrição, alteração ou baixa de empresa, bem como para autenticação de instrumento de escrituração.

Art. 11. Fica vedada a instituição de qualquer tipo de exigência de natureza documental ou formal, restritiva ou condicionante, pelos órgãos envolvidos na abertura e fechamento de empresas, dos 3 (três) âmbitos de governo, que exceda o estrito limite dos requisitos pertinentes à essência do ato de registro, alteração ou baixa da empresa.

CAPÍTULO IV

DOS TRIBUTOS E CONTRIBUIÇÕES

SEÇÃO I

Da Instituição e Abrangência

Art. 12. Fica instituído o Regime Especial Unificado de Arrecadação de Tributos e Contribuições devidos pelas Microempresas e Empresas de Pequeno Porte — Simples Nacional.

Art. 13. O Simples Nacional implica o recolhimento mensal, mediante documento único de arrecadação, dos seguintes impostos e contribuições:

I — Imposto sobre a Renda da Pessoa Jurídica — IRPJ;

II — Imposto sobre Produtos Industrializados — IPI, observado o disposto no inciso XII do § 1º deste artigo;

III — Contribuição Social sobre o Lucro Líquido — CSLL;

IV — Contribuição para o Financiamento da Seguridade Social — COFINS, observado o disposto no inciso XII do § 1º deste artigo;

V — Contribuição para o PIS/PASEP, observado o disposto no inciso XII do § 1º deste artigo;

VI — Contribuição Patronal Previdenciária — CPP para a Seguridade Social, a cargo da pessoa jurídica, de que trata o art. 22 da Lei n. 8.212, de 24 de julho de 1991, exceto no caso da microempresa e da empresa de pequeno porte que se dediquem às atividades de prestação de serviços referidas no § 5º-C do art. 18 desta Lei Complementar;

VII — Imposto sobre Operações Relativas à Circulação de Mercadorias e Sobre Prestações de Serviços de Transporte Interestadual e Intermunicipal e de Comunicação — ICMS;

VIII — Imposto sobre Serviços de Qualquer Natureza — ISS.

§ 1º O recolhimento na forma deste artigo não exclui a incidência dos seguintes impostos ou contribuições, devidos na qualidade de contribuinte ou responsável, em relação aos quais será observada a legislação aplicável às demais pessoas jurídicas:

I — Imposto sobre Operações de Crédito, Câmbio e Seguro, ou Relativas a Títulos ou Valores Mobiliários — IOF;

II — Imposto sobre a Importação de Produtos Estrangeiros — II;

III — Imposto sobre a Exportação, para o Exterior, de Produtos Nacionais ou Nacionalizados — IE;

IV — Imposto sobre a Propriedade Territorial Rural — ITR;

V — Imposto de Renda, relativo aos rendimentos ou ganhos líquidos auferidos em aplicações de renda fixa ou variável;

VI — Imposto de Renda relativo aos ganhos de capital auferidos na alienação de bens do ativo permanente;

VII — Contribuição Provisória sobre Movimentação ou Transmissão de Valores e de Créditos e Direitos de Natureza Financeira — CPMF;

VIII — Contribuição para o Fundo de Garantia do Tempo de Serviço — FGTS;

IX — Contribuição para manutenção da Seguridade Social, relativa ao trabalhador;

X — Contribuição para a Seguridade Social, relativa à pessoa do empresário, na qualidade de contribuinte individual;

XI — Imposto de Renda relativo aos pagamentos ou créditos efetuados pela pessoa jurídica a pessoas físicas;

XII — Contribuição para o PIS/PASEP, COFINS e IPI incidentes na importação de bens e serviços;

XIII — ICMS devido:

a) nas operações sujeitas ao regime de substituição tributária, tributação concentrada em uma única etapa (monofásica) e sujeitas ao regime de antecipação do recolhimento do imposto com encerramento de tributação, envolvendo combustíveis e lubrificantes; energia elétrica; cigarros e outros produtos derivados do fumo; bebidas; óleos e azeites vegetais comestíveis; farinha de trigo e misturas de farinha de trigo; massas alimentícias; açúcares; produtos lácteos; carnes e suas preparações; preparações à base de cereais; chocolates; produtos de padaria e da indústria de bolachas e biscoitos; sorvetes e preparados para fabricação de sorvetes em máquinas; cafés e mates, seus extratos, essências e concentrados; preparações para molhos e molhos preparados; preparações de produtos vegetais; rações para animais domésticos; veículos automotivos e automotores, suas peças, componentes e acessórios; pneumáticos; câmaras de ar e protetores de borracha; medicamentos e outros produtos farmacêuticos para uso humano ou veterinário; cosméticos; produtos de perfumaria e de higiene pessoal; papéis; plásticos; canetas e malas; cimentos; cal e argamassas; produtos cerâmicos; vidros; obras de metal e plástico para construção; telhas e caixas d'água; tintas e vernizes; produtos eletrônicos, eletroeletrônicos e eletrodomésticos; fios; cabos e outros condutores; transformadores elétricos e reatores; disjuntores; interruptores e tomadas; isoladores; para-raios e lâmpadas; máquinas e aparelhos de ar-condicionado; centrifugadores de uso doméstico; aparelhos e instrumentos de pesagem de uso doméstico; extintores; aparelhos ou máquinas de barbear; máquinas de cortar o cabelo ou de tosquiar; aparelhos de depilar, com motor elétrico incorporado; aquecedores elétricos de água para uso doméstico e termômetros; ferramentas; álcool etílico; sabões em pó e líquidos para roupas; detergentes; alvejantes; esponjas; palhas de aço e amaciantes de roupas; venda de mercadorias pelo sistema porta a porta; nas operações sujeitas ao regime de substituição tributária pelas operações anteriores; e nas prestações de serviços sujeitas aos regimes de substituição tributária e de antecipação de recolhimento do imposto com encerramento de tributação; *(Redação dada pela Lei Complementar n. 147, de 7.8.14, DOU 8.8.14)*

b) por terceiro, a que o contribuinte se ache obrigado, por força da legislação estadual ou distrital vigente;

c) na entrada, no território do Estado ou do Distrito Federal, de petróleo, inclusive lubrificantes e combustíveis líquidos e gasosos dele derivados, bem como energia elétrica, quando não destinados à comercialização ou industrialização;

d) por ocasião do desembaraço aduaneiro;

e) na aquisição ou manutenção em estoque de mercadoria desacobertada de documento fiscal;

f) na operação ou prestação desacobertada de documento fiscal;

g) nas operações com bens ou mercadorias sujeitas ao regime de antecipação do recolhimento do imposto, nas aquisições em outros Estados e Distrito Federal:

1. com encerramento da tributação, observado o disposto no inciso IV do § 4º do art. 18 desta Lei Complementar;

2. sem encerramento da tributação, hipótese em que será cobrada a diferença entre a alíquota interna e a interestadual, sendo vedada a agregação de qualquer valor;

h) nas aquisições em outros Estados e no Distrito Federal de bens ou mercadorias, não sujeitas ao regime de antecipação do recolhimento do imposto, relativo à diferença entre a alíquota interna e a interestadual;

XIV — ISS devido:

a) em relação aos serviços sujeitos à substituição tributária ou retenção na fonte;

b) na importação de serviços;

XV — demais tributos de competência da União, dos Estados, do Distrito Federal ou dos Municípios, não relacionados nos incisos anteriores.

§ 2º Observada a legislação aplicável, a incidência do imposto de renda na fonte, na hipótese do inciso V do § 1º deste artigo, será definitiva.

§ 3º As microempresas e empresas de pequeno porte optantes pelo Simples Nacional ficam dispensadas do pagamento das demais contribuições instituídas pela União, inclusive as contribuições para as entidades privadas de serviço social e de formação profissional vinculadas ao sistema sindical, de que trata o art. 240 da Constituição Federal, e demais entidades de serviço social autônomo.

§ 4º (VETADO).

§ 5º A diferença entre a alíquota interna e a interestadual de que tratam as alíneas g e h do inciso XIII do § 1º deste artigo será calculada tomando-se por base as alíquotas aplicáveis às pessoas jurídicas não optantes pelo Simples Nacional.

§ 6º O Comitê Gestor do Simples Nacional:

I — disciplinará a forma e as condições em que será atribuída à microempresa ou empresa de pequeno porte optante pelo Simples Nacional a qualidade de substituta tributária; e

II — poderá disciplinar a forma e as condições em que será estabelecido o regime de antecipação do ICMS previsto na alínea g do inciso XIII do § 1º deste artigo.

§ 7º O disposto na alínea *a* do inciso XIII do § 1º será disciplinado por convênio celebrado pelos Estados e pelo Distrito Federal, ouvidos o CGSN e os representantes dos segmentos econômicos envolvidos. *(Redação dada pela Lei Complementar n. 147, de 7.8.14, DOU 8.8.14)*

§ 8º Em relação às bebidas não alcoólicas, massas alimentícias, produtos lácteos, carnes e suas preparações, preparações à base de cereais, chocolates, produtos de padaria e da indústria de bolachas e biscoitos, preparações para molhos e molhos preparados, preparações de produtos vegetais, telhas e outros produtos cerâmicos para construção e detergentes, aplica-se o disposto na alínea *a* do inciso XIII do § 1º aos fabricados em escala industrial relevante em cada segmento, observado o disposto no § 7º (NR) *(Redação dada pela Lei Complementar n. 147, de 7.8.14, DOU 8.8.14)*

Art. 14. Consideram-se isentos do imposto de renda, na fonte e na declaração de ajuste do beneficiário, os valores efetivamente pagos ou distribuídos ao titular ou sócio da microempresa ou empresa de pequeno porte optante pelo Simples Nacional, salvo os que corresponderem a pró-labore, aluguéis ou serviços prestados.

§ 1º A isenção de que trata o *caput* deste artigo fica limitada ao valor resultante da aplicação dos percentuais de que trata o art. 15 da Lei n. 9.249, de 26 de dezembro de 1995, sobre a receita bruta mensal, no caso de antecipação de fonte, ou da receita bruta total anual, tratando-se de declaração de ajuste, subtraído do valor devido na forma do Simples Nacional no período.

§ 2º O disposto no § 1º deste artigo não se aplica na hipótese de a pessoa jurídica manter escrituração contábil e evidenciar lucro superior àquele limite.

Art. 15. (VETADO).

Art. 16. A opção pelo Simples Nacional da pessoa jurídica enquadrada na condição de microempresa e empresa de pequeno porte dar-se-á na forma a ser estabelecida em ato do Comitê Gestor, sendo irretratável para todo o ano-calendário.

§ 1º Para efeito de enquadramento no Simples Nacional, considerar-se-á microempresa ou empresa de pequeno porte aquela cuja receita bruta no ano-calendário anterior ao da opção esteja compreendida dentro dos limites previstos no art. 3º desta Lei Complementar.

§ 1º-A. A opção pelo Simples Nacional implica aceitação de sistema de comunicação eletrônica, destinado, dentre outras finalidades, a:

I — cientificar o sujeito passivo de quaisquer tipos de atos administrativos, incluídos os relativos ao indeferimento de opção, à exclusão do regime e a ações fiscais;

II — encaminhar notificações e intimações; e

III — expedir avisos em geral.

§ 1º-B. O sistema de comunicação eletrônica de que trata o § 1º-A será regulamentado pelo CGSN, observando-se o seguinte:

I — as comunicações serão feitas, por meio eletrônico, em portal próprio, dispensando-se a sua publicação no Diário Oficial e o envio por via postal;

II — a comunicação feita na forma prevista no *caput* será considerada pessoal para todos os efeitos legais;

III — a ciência por meio do sistema de que trata o § 1º-A com utilização de certificação digital ou de código de acesso possuirá os requisitos de validade;

IV — considerar-se-á realizada a comunicação no dia em que o sujeito passivo efetivar a consulta eletrônica ao teor da comunicação; e

V — na hipótese do inciso IV, nos casos em que a consulta se dê em dia não útil, a comunicação será considerada como realizada no primeiro dia útil seguinte.

§ 1º-C. A consulta referida nos incisos IV e V do § 1º-B deverá ser feita em até 45 (quarenta e cinco) dias contados da data da disponibilização da comunicação no portal a que se refere o inciso I do § 1º-B, ou em prazo superior estipulado pelo CGSN, sob pena de ser considerada automaticamente realizada na data do término desse prazo.

§ 1º-D. Enquanto não editada a regulamentação de que trata o § 1º-B, os entes federativos poderão utilizar sistemas de comunicação eletrônica, com regras próprias, para as finalidades previstas no § 1º-A, podendo a referida regulamentação prever a adoção desses sistemas como meios complementares de comunicação.

§ 2º A opção de que trata o *caput* deste artigo deverá ser realizada no mês de janeiro, até o seu último dia útil, produzindo efeitos a partir do primeiro dia do ano-calendário da opção, ressalvado o disposto no § 3º deste artigo.

§ 3º A opção produzirá efeitos a partir da data do início de atividade, desde que exercida nos termos, prazo e condições a serem estabelecidos no ato do Comitê Gestor a que se refere o *caput* deste artigo.

§ 4º Serão consideradas inscritas no Simples Nacional, em 1º de julho de 2007, as microempresas e empresas de pequeno porte regularmente optantes pelo regime tributário de que trata a Lei n. 9.317, de 5 de dezembro de 1996, salvo as que estiverem impedidas de optar por alguma vedação imposta por esta Lei Complementar.

§ 5º O Comitê Gestor regulamentará a opção automática prevista no § 4º deste artigo.

§ 6º O indeferimento da opção pelo Simples Nacional será formalizado mediante ato da Administração Tributária segundo regulamentação do Comitê Gestor.

Seção II
Das Vedações ao Ingresso no Simples Nacional

Art. 17. Não poderão recolher os impostos e contribuições na forma do Simples Nacional a microempresa ou a empresa de pequeno porte:

I — que explore atividade de prestação cumulativa e contínua de serviços de assessoria creditícia, gestão de crédito, seleção e riscos, administração de contas a pagar e a receber, gerenciamento de ativos *(asset management)*, compras de direitos creditórios resultantes de vendas mercantis a prazo ou de prestação de serviços (factoring);

II — que tenha sócio domiciliado no exterior;

III — de cujo capital participe entidade da administração pública, direta ou indireta, federal, estadual ou municipal;

IV — (REVOGADO)

V — que possua débito com o Instituto Nacional do Seguro Social — INSS, ou com as Fazendas Públicas Federal, Estadual ou Municipal, cuja exigibilidade não esteja suspensa;

VI — que preste serviço de transporte intermunicipal e interestadual de passageiros, exceto quando na modalidade fluvial ou quando possuir características de transporte urbano ou metropolitano ou realizar-se sob fretamento contínuo em área metropolitana para o transporte de estudantes ou trabalhadores; *(Redação dada pela Lei Complementar n. 147, de 7.8.14, DOU 8.8.14)*

VII — que seja geradora, transmissora, distribuidora ou comercializadora de energia elétrica;

VIII — que exerça atividade de importação ou fabricação de automóveis e motocicletas;

IX — que exerça atividade de importação de combustíveis;

X — que exerça atividade de produção ou venda no atacado de:

a) cigarros, cigarrilhas, charutos, filtros para cigarros, armas de fogo, munições e pólvoras, explosivos e detonantes;

b) bebidas a seguir descritas:

1. alcoólicas;

2. (Revogado); *(Lei Complementar n. 147, de 7.8.14, DOU 8.8.14)*

3. (Revogado); *(Lei Complementar n. 147, de 7.8.14, DOU 8.8.14)*

4. cervejas sem álcool;

XI — (Revogado); *(Lei Complementar n. 147, de 7.8.14, DOU 8.8.14)*

XII — que realize cessão ou locação de mão de obra;

XIII — (Revogado); *(Lei Complementar n. 147, de 7.8.14, DOU 8.8.14)*

XIV — que se dedique ao loteamento e à incorporação de imóveis;

XV — que realize atividade de locação de imóveis próprios, exceto quando se referir a prestação de serviços tributados pelo ISS;

XVI — com ausência de inscrição ou com irregularidade em cadastro fiscal federal, municipal ou estadual, quando exigível.

§ 1º As vedações relativas a exercício de atividades previstas no *caput* deste artigo não se aplicam às pessoas jurídicas que se dediquem exclusivamente às atividades referidas nos §§ 5º-B a 5º-E do art. 18 desta Lei Complementar, ou as exerçam em conjunto com outras atividades que não tenham sido objeto de vedação no *caput* deste artigo.

I — (REVOGADO)

II — (REVOGADO)

III — (REVOGADO)

IV — (REVOGADO)

V — (REVOGADO)

VI — (REVOGADO)

VII — (REVOGADO)

VIII — (REVOGADO)

IX — (REVOGADO)

X — (REVOGADO)

XI — (REVOGADO)

XII — (REVOGADO)

XIII — (REVOGADO)

XIV — (REVOGADO)

XV — (REVOGADO)

XVI — (REVOGADO)

XVII — (REVOGADO)

XVIII — (REVOGADO)

XIX — (REVOGADO)

XX — (REVOGADO)

XXI — (REVOGADO)

XXII — (VETADO)

XXIII — (REVOGADO)

XXIV — (REVOGADO)

XXV — (REVOGADO)

XXVI — (REVOGADO)

XXVII — (REVOGADO)

XXVIII — (VETADO)

§ 2º Também poderá optar pelo Simples Nacional a microempresa ou empresa de pequeno porte que se dedique à prestação de outros serviços que não tenham sido objeto de vedação expressa neste artigo, desde que não incorra em nenhuma das hipóteses de vedação previstas nesta Lei Complementar.

§ 3º (VETADO).

§ 4º Na hipótese do inciso XVI do *caput*, deverá ser observado, para o MEI, o disposto no art. 4º desta Lei Complementar.

SEÇÃO III

Das Alíquotas e Base de Cálculo

Art. 18. O valor devido mensalmente pela microempresa ou empresa de pequeno porte, optante pelo Simples Nacional, será determinado mediante aplicação das alíquotas constantes das tabelas dos Anexos I a VI desta Lei Complementar sobre a base de cálculo de que trata o § 3º deste artigo, observado o disposto no § 15 do art. 3º. *(Redação dada pela Lei Complementar n. 147, de 7.8.14, DOU 8.8.14)*

§ 1º Para efeito de determinação da alíquota, o sujeito passivo utilizará a receita bruta acumulada nos 12 (doze) meses anteriores ao do período de apuração.

§ 2º Em caso de início de atividade, os valores de receita bruta acumulada constantes das tabelas dos Anexos I a VI desta Lei Complementar devem ser proporcionalizados ao número de meses de atividade no período. *(Redação dada pela Lei Complementar n. 147, de 7.8.14, DOU 8.8.14)*

§ 3º Sobre a receita bruta auferida no mês incidirá a alíquota determinada na forma do *caput* e dos §§ 1º e 2º deste artigo, podendo tal incidência se dar, à opção do contribuinte, na forma regulamentada pelo Comitê Gestor, sobre a receita recebida no mês, sendo essa opção irretratável para todo o ano-calendário.

§ 4º O contribuinte deverá considerar, destacadamente, para fim de pagamento, as receitas decorrentes da: *(Redação dada pela Lei Complementar n. 147, de 7.8.14, DOU 8.8.14)*

I — revenda de mercadorias, que serão tributadas na forma do Anexo I desta Lei Complementar; *(Redação dada pela Lei Complementar n. 147, de 7.8.14, DOU 8.8.14)*

II — venda de mercadorias industrializadas pelo contribuinte, que serão tributadas na forma do Anexo II desta Lei Complementar; *(Redação dada pela Lei Complementar n. 147, de 7.8.14, DOU 8.8.14)*

III — prestação de serviços de que trata o § 5º-B deste artigo e dos serviços vinculados à locação de bens imóveis e corretagem de imóveis desde que observado o disposto no inciso XV do art. 17, que serão tributados na forma do Anexo III desta Lei Complementar; *(Redação dada pela Lei Complementar n. 147, de 7.8.14, DOU 8.8.14)*

IV — prestação de serviços de que tratam os §§ 5º-C a 5º-F e 5º-I deste artigo, que serão tributadas na forma prevista naqueles parágrafos; *(Redação dada pela Lei Complementar n. 147, de 7.8.14, DOU 8.8.14)*

V — locação de bens móveis, que serão tributadas na forma do Anexo III desta Lei Complementar, deduzida a parcela correspondente ao ISS; *(Redação dada pela Lei Complementar n. 147, de 7.8.14, DOU 8.8.14)*

VI — atividade com incidência simultânea de IPI e de ISS, que serão tributadas na forma do Anexo II desta Lei Complementar, deduzida a parcela correspondente ao ICMS e acrescida a parcela correspondente ao ISS prevista no Anexo III desta Lei Complementar; *(Redação dada pela Lei Complementar n. 147, de 7.8.14, DOU 8.8.14)*

VII — comercialização de medicamentos e produtos magistrais produzidos por manipulação de fórmulas: *(Redação dada pela Lei Complementar n. 147, de 7.8.14, DOU 8.8.14)*

a) sob encomenda para entrega posterior ao adquirente, em caráter pessoal, mediante prescrições de profissionais habilitados ou indicação pelo farmacêutico, produzidos no próprio estabelecimento após o atendimento inicial, que serão tributadas na forma do Anexo III desta Lei Complementar; *(Redação dada pela Lei Complementar n. 147, de 7.8.14, DOU 8.8.14)*

b) nos demais casos, quando serão tributadas na forma do Anexo I desta Lei Complementar. *(Redação dada pela Lei Complementar n. 147, de 7.8.14, DOU 8.8.14)*

§ 4º-A. O contribuinte deverá segregar, também, as receitas: *(Redação dada pela Lei Complementar n. 147, de 7.8.14, DOU 8.8.14)*

I — decorrentes de operações ou prestações sujeitas à tributação concentrada em uma única etapa (monofásica), bem como, em relação ao ICMS, que o imposto já tenha sido recolhido por substituto tributário ou por antecipação tributária com encerramento de tributação; *(Redação dada pela Lei Complementar n. 147, de 7.8.14, DOU 8.8.14)*

II — sobre as quais houve retenção de ISS na forma do § 6º deste artigo e § 4º do art. 21 desta Lei Complementar, ou, na hipótese do § 22-A deste artigo, seja devido em valor fixo ao respectivo município; *(Redação dada pela Lei Complementar n. 147, de 7.8.14, DOU 8.8.14)*

III — sujeitas à tributação em valor fixo ou que tenham sido objeto de isenção ou redução de ISS ou de ICMS na forma prevista nesta Lei Complementar; *(Redação dada pela Lei Complementar n. 147, de 7.8.14, DOU 8.8.14)*

IV — decorrentes da exportação para o exterior, inclusive as vendas realizadas por meio de comercial exportadora ou da sociedade de propósito específico prevista no art. 56 desta Lei Complementar; *(Redação dada pela Lei Complementar n. 147, de 7.8.14, DOU 8.8.14)*

V — sobre as quais o ISS seja devido a Município diverso do estabelecimento prestador, quando será recolhido no Simples Nacional. *(Redação dada pela Lei Complementar n. 147, de 7.8.14, DOU 8.8.14)*

§ 5º As atividades industriais serão tributadas na forma do Anexo II desta Lei Complementar.

I — (REVOGADO)

II — (REVOGADO)

III — (REVOGADO)

IV — (REVOGADO)

V — (REVOGADO)

VI — (REVOGADO)

VII — (REVOGADO)

§ 5º-A. (Revogado). *(Lei Complementar n. 147, de 7.8.14, DOU 8.8.14)*

§ 5º-B Sem prejuízo do disposto no § 1º do art. 17 desta Lei Complementar, serão tributadas na forma do Anexo III desta Lei Complementar as seguintes atividades de prestação de serviços:

I — creche, pré-escola e estabelecimento de ensino fundamental, escolas técnicas, profissionais e de ensino médio, de línguas estrangeiras, de artes, cursos técnicos de pilotagem, preparatórios para concursos, gerenciais e escolas livres, exceto as previstas nos incisos II e III do § 5º-D deste artigo;

II — agência terceirizada de correios;

III — agência de viagem e turismo;

IV — centro de formação de condutores de veículos automotores de transporte terrestre de passageiros e de carga;

V — agência lotérica;

VI — (REVOGADO)

VII — (REVOGADO)

VIII — (REVOGADO)

IX — serviços de instalação, de reparos e de manutenção em geral, bem como de usinagem, solda, tratamento e revestimento em metais;

X — (REVOGADO)

XI — (REVOGADO)

XII — (REVOGADO)

XIII — transporte municipal de passageiros;

XIV — escritórios de serviços contábeis, observado o disposto nos §§ 22-B e 22-C deste artigo;

XV — produções cinematográficas, audiovisuais, artísticas e culturais, sua exibição ou apresentação, inclusive no caso de música, literatura, artes cênicas, artes visuais, cinematográficas e audiovisuais.

XVI — fisioterapia; *(Redação dada pela Lei Complementar n. 147, de 7.8.14, DOU 8.8.14)*

XVII — corretagem de seguros. *(Redação dada pela Lei Complementar n. 147, de 7.8.14, DOU 8.8.14)*

§ 5º-C Sem prejuízo do disposto no § 1º do art. 17 desta Lei Complementar, as atividades de prestação de serviços seguintes serão tributadas na forma do Anexo IV desta Lei Complementar, hipótese em que não estará incluída no Simples Nacional a contribuição prevista no inciso VI do *caput* do art. 13 desta Lei Complementar, devendo ela ser recolhida segundo a legislação prevista para os demais contribuintes ou responsáveis:

I — construção de imóveis e obras de engenharia em geral, inclusive sob a forma de subempreitada, execução de projetos e serviços de paisagismo, bem como decoração de interiores;

II — (REVOGADO)

III — (REVOGADO)

IV — (REVOGADO)

V — (REVOGADO)

VI — serviço de vigilância, limpeza ou conservação.

VII — serviços advocatícios.

§ 5º-D Sem prejuízo do disposto no § 1º do art. 17 desta Lei Complementar, as atividades de prestação de serviços seguintes serão tributadas na forma do Anexo V desta Lei Complementar:

I — administração e locação de imóveis de terceiros; *(Redação dada pela Lei Complementar n. 147, de 7.8.14, DOU 8.8.14)*

II — academias de dança, de capoeira, de ioga e de artes marciais;

III — academias de atividades físicas, desportivas, de natação e escolas de esportes;

IV — elaboração de programas de computadores, inclusive jogos eletrônicos, desde que desenvolvidos em estabelecimento do optante;

V — licenciamento ou cessão de direito de uso de programas de computação;

VI — planejamento, confecção, manutenção e atualização de páginas eletrônicas, desde que realizados em estabelecimento do optante;

VII — (REVOGADO)

VIII — (REVOGADO)

IX — empresas montadoras de estandes para feiras;

X — (REVOGADO)

XI — (REVOGADO)

XII — laboratórios de análises clínicas ou de patologia clínica;

XIII — serviços de tomografia, diagnósticos médicos por imagem, registros gráficos e métodos óticos, bem como ressonância magnética;

XIV — serviços de prótese em geral.

§ 5º-E. Sem prejuízo do disposto no § 1º do art. 17 desta Lei Complementar, as atividades de prestação de serviços de comunicação e de transportes interestadual e intermunicipal de cargas, e de transportes autorizados no inciso VI do *caput* do art. 17, inclusive na modalidade fluvial, serão tributadas na forma do Anexo III, deduzida a parcela correspondente ao ISS e acrescida a parcela correspondente ao ICMS prevista no Anexo I. *(Redação dada pela Lei Complementar n. 147, de 7.8.14, DOU 8.8.14)*

§ 5º-F. As atividades de prestação de serviços referidas no §2º do art. 17 desta Lei Complementar serão tributadas na forma do Anexo III desta Lei Complementar, salvo se, para alguma dessas atividades, houver previsão expressa de tributação na forma dos Anexos IV, V ou VI desta Lei Complementar. *(Redação dada pela Lei Complementar n. 147, de 7.8.14, DOU 8.8.14)*

§ 5º-G. (Revogado). *(Lei Complementar n. 147, de 7.8.14, DOU 8.8.14)*

§ 5º-H. A vedação de que trata o inciso XII do *caput* do art. 17 desta Lei Complementar não se aplica às atividades referidas no § 5º-C deste artigo.

§ 5º-I. Sem prejuízo do disposto no § 1º do art. 17 desta Lei Complementar, as seguintes atividades de prestação de serviços serão tributadas na forma do Anexo VI desta Lei Complementar: *(Redação dada pela Lei Complementar n. 147, de 7.8.14, DOU 8.8.14)*

I — medicina, inclusive laboratorial e enfermagem; *(Redação dada pela Lei Complementar n. 147, de 7.8.14, DOU 8.8.14)*

II — medicina veterinária; *(Redação dada pela Lei Complementar n. 147, de 7.8.14, DOU 8.8.14)*

III — odontologia; *(Redação dada pela Lei Complementar n. 147, de 7.8.14, DOU 8.8.14)*

IV — psicologia, psicanálise, terapia ocupacional, acupuntura, podologia, fonoaudiologia, clínicas de nutrição e de vacinação e bancos de leite; *(Redação dada pela Lei Complementar n. 147, de 7.8.14, DOU 8.8.14)*

V — serviços de comissária, de despachantes, de tradução e de interpretação; *(Redação dada pela Lei Complementar n. 147, de 7.8.14, DOU 8.8.14)*

VI — arquitetura, engenharia, medição, cartografia, topografia, geologia, geodésia, testes, suporte e análises técnicas e tecnológicas, pesquisa, **design**, desenho e agronomia; *(Redação dada pela Lei Complementar n. 147, de 7.8.14, DOU 8.8.14)*

VII — representação comercial e demais atividades de intermediação de negócios e serviços de terceiros; *(Redação dada pela Lei Complementar n. 147, de 7.8.14, DOU 8.8.14)*

VIII — perícia, leilão e avaliação; *(Redação dada pela Lei Complementar n. 147, de 7.8.14, DOU 8.8.14)*

IX — auditoria, economia, consultoria, gestão, organização, controle e administração; *(Redação dada pela Lei Complementar n. 147, de 7.8.14, DOU 8.8.14)*

X — jornalismo e publicidade; *(Redação dada pela Lei Complementar n. 147, de 7.8.14, DOU 8.8.14)*

XI — agenciamento, exceto de mão de obra; *(Redação dada pela Lei Complementar n. 147, de 7.8.14, DOU 8.8.14)*

XII — outras atividades do setor de serviços que tenham por finalidade a prestação de serviços decorrentes do exercício de atividade intelectual, de natureza técnica, científica, desportiva, artística ou cultural, que constitua profissão regulamentada ou não, desde que não sujeitas à tributação na forma dos Anexos III, IV ou V desta Lei Complementar. *(Redação dada pela Lei Complementar n. 147, de 7.8.14, DOU 8.8.14)*

§ 6º No caso dos serviços previstos no § 2º do art. 6º da Lei Complementar n. 116, de 31 de julho de 2003, prestados pelas microempresas e pelas empresas de pequeno porte, o tomador do serviço deverá reter o montante correspondente na forma da legislação do município onde estiver localizado, observado o disposto no §4º do art. 21 desta Lei Complementar.

§ 7º A sociedade de propósito específico de que trata o art. 56 desta Lei Complementar que houver adquirido mercadorias de microempresa ou empresa de pequeno porte que seja sua sócia, bem como a empresa comercial exportadora que houver adquirido mercadorias ou serviços de empresa optante pelo Simples Nacional, com o fim específico de exportação para o exterior, que, no prazo de 180 (cento e oitenta) dias, contado da data da emissão da nota fiscal pela vendedora, não comprovar o seu embarque para o exterior ficará sujeita ao pagamento de todos os impostos e contribuições que deixaram de ser pagos pela empresa vendedora, acrescidos de juros de mora e multa, de mora ou de ofício, calculados na forma da legislação relativa à cobrança do tributo não pago, aplicável à sociedade de propósito específico ou à própria comercial exportadora. *(Redação dada pela Lei Complementar n. 147, de 7.8.14, DOU 8.8.14)*

§ 8º Para efeito do disposto no § 7º deste artigo, considera-se vencido o prazo para o pagamento na data em que a empresa vendedora deveria fazê-lo, caso a venda houvesse sido efetuada para o mercado interno.

§ 9º Relativamente à contribuição patronal previdenciária, devida pela vendedora, a sociedade de propósito específico de que trata o art. 56 desta Lei Complementar ou a comercial exportadora deverão recolher, no prazo previsto no § 8º deste artigo, o valor correspondente a 11% (onze por cento) do valor das mercadorias não exportadas nos termos do § 7º deste artigo.

§ 10. Na hipótese do § 7º deste artigo, a sociedade de propósito específico de que trata o art. 56 desta Lei Complementar ou a empresa comercial exportadora não poderão deduzir do montante devido qualquer valor a título de crédito de Imposto sobre Produtos Industrializados — IPI da Contribuição para o PIS/PASEP ou da COFINS, decorrente da aquisição das mercadorias e serviços objeto da incidência.

§ 11. Na hipótese do § 7º deste artigo, a sociedade de propósito específico ou a empresa comercial exportadora deverão pagar, também, os impostos e contribuições devidos nas vendas para o mercado interno, caso, por qualquer forma, tenham alienado ou utilizado as mercadorias.

§ 12. Na apuração do montante devido no mês relativo a cada tributo, para o contribuinte que apure receitas mencionadas nos incisos I a III e V do § 4º-A deste artigo, serão consideradas as reduções relativas aos tributos já recolhidos, ou sobre os quais tenha havido tributação monofásica, isenção, redução ou, no caso do ISS, que o valor tenha sido objeto de retenção ou seja devido diretamente ao Município. *(Redação dada pela Lei Complementar n. 147, de 7.8.14, DOU 8.8.14)*

§ 13. Para efeito de determinação da redução de que trata o § 12 deste artigo, as receitas serão discriminadas em comerciais, industriais ou de prestação de serviços na forma dos Anexos I, II, III, IV, V e VI desta Lei Complementar. *(Redação dada pela Lei Complementar n. 147, de 7.8.14, DOU 8.8.14)*

§ 14. A redução no montante a ser recolhido no Simples Nacional relativo aos valores das receitas decorrentes da exportação de que trata o inciso IV do § 4º-A deste artigo corresponderá tão somente aos percentuais relativos à Cofins, à Contribuição para o PIS/Pasep, ao IPI, ao ICMS e ao ISS, constantes dos Anexos I a VI desta Lei Complementar. *(Redação dada pela Lei Complementar n. 147, de 7.8.14, DOU 8.8.14)*

I — (Revogado); *(Lei Complementar n. 147, de 7.8.14, DOU 8.8.14)*

a) ao percentual que incidiria sobre o montante total de receita, caso não houvesse nenhuma redução, previsto no Anexo I desta Lei Complementar, relativo à COFINS, aplicado sobre a respectiva parcela de receita referida nos incisos IV ou V do § 4º deste artigo, conforme o caso;

b) ao percentual que incidiria sobre o montante total de receita, caso não houvesse nenhuma redução, previsto no Anexo I desta Lei Complementar, relativo à Contribuição para o PIS/PASEP, aplicado sobre a respectiva parcela de receita referida nos incisos IV ou V do § 4º deste artigo, conforme o caso;

c) ao percentual que incidiria sobre o montante total de receita, caso não houvesse nenhuma redução, previsto no Anexo I desta Lei Complementar, relativo ao ICMS, aplicado sobre a respectiva parcela de receita referida nos incisos IV ou V do § 4º deste artigo, conforme o caso;

II — (Revogado). *(Lei Complementar n. 147, de 7.8.14, DOU 8.8.14)*

a) ao percentual que incidiria sobre o montante total de receita, caso não houvesse nenhuma redução, previsto no Anexo II desta Lei Complementar, relativo à COFINS, aplicado sobre a respectiva parcela de receita referida nos incisos IV ou V do § 4º deste artigo, conforme o caso;

b) ao percentual que incidiria sobre o montante total de receita, caso não houvesse nenhuma redução, previsto no Anexo II desta Lei Complementar, relativo à Contribuição para o PIS/PASEP, aplicado sobre a respectiva parcela de receita referida nos incisos IV ou V do § 4º deste artigo, conforme o caso;

c) ao percentual que incidiria sobre o montante total de receita, caso não houvesse nenhuma redução, previsto no Anexo II desta Lei Complementar, relativo ao ICMS, aplicado sobre a respectiva parcela de receita referida nos incisos IV ou V do § 4º deste artigo, conforme o caso;

d) ao percentual que incidiria sobre o montante total de receita, caso não houvesse nenhuma redução, previsto no Anexo II desta Lei Complementar, relativo ao IPI, aplicado sobre a respectiva parcela de receita referida nos incisos IV ou V do § 4º deste artigo, conforme o caso.

§ 15. Será disponibilizado sistema eletrônico para realização do cálculo simplificado do valor mensal devido referente ao Simples Nacional.

§ 15-A. As informações prestadas no sistema eletrônico de cálculo de que trata o § 15:

I — têm caráter declaratório, constituindo confissão de dívida e instrumento hábil e suficiente para a exigência dos tributos e contribuições que não tenham sido recolhidos resultantes das informações nele prestadas; e

II — deverão ser fornecidas à Secretaria da Receita Federal do Brasil até o vencimento do prazo para pagamento dos tributos devidos no Simples Nacional em cada mês, relativamente aos fatos geradores ocorridos no mês anterior.

§ 16. Na hipótese do § 12 do art. 3º, a parcela de receita bruta que exceder o montante determinado no § 10 daquele artigo estará sujeita às alíquotas máximas previstas nos Anexos I a VI desta Lei Complementar, proporcionalmente conforme o caso, acrescidas de 20% (vinte por cento). *(Redação dada pela Lei Complementar n. 147, de 7.8.14, DOU 8.8.14)*

§ 16-A. O disposto no § 16 aplica-se, ainda, às hipóteses de que trata o § 9º do art. 3º, a partir do mês em que ocorrer o excesso do limite da receita bruta anual e até o mês anterior aos efeitos da exclusão.

§ 17. Na hipótese do § 13 do art. 3º, a parcela de receita bruta que exceder os montantes determinados no § 11 daquele artigo estará sujeita, em relação aos percentuais aplicáveis ao ICMS e ao ISS, às alíquotas máximas correspondentes a essas faixas previstas nos Anexos I a VI desta Lei Complementar, proporcionalmente conforme o caso, acrescidas de 20% (vinte por cento). *(Redação dada pela Lei Complementar n. 147, de 7.8.14, DOU 8.8.14)*

§ 17-A. O disposto no § 17 aplica-se, ainda, à hipótese de que trata o § 1º do art. 20, a partir do mês em que ocorrer

Legislação Complementar

o excesso do limite da receita bruta anual e até o mês anterior aos efeitos do impedimento.

§ 18. Os Estados, o Distrito Federal e os Municípios, no âmbito das respectivas competências, poderão estabelecer, na forma definida pelo Comitê Gestor, independentemente da receita bruta recebida no mês pelo contribuinte, valores fixos mensais para o recolhimento do ICMS e do ISS devido por microempresa que aufira receita bruta, no ano-calendário anterior, de até o limite máximo previsto na segunda faixa de receitas brutas anuais constantes dos Anexos I a VI, ficando a microempresa sujeita a esses valores durante todo o ano-calendário, ressalvado o disposto no § 18-A. *(Redação dada pela Lei Complementar n. 147, de 7.8.14, DOU 8.8.14)*

§ 18-A. A microempresa que, no ano-calendário, exceder o limite de receita bruta previsto no § 18 fica impedida de recolher o ICMS ou o ISS pela sistemática de valor fixo, a partir do mês subsequente à ocorrência do excesso, sujeitando-se à apuração desses tributos na forma das demais empresas optantes pelo Simples Nacional. *(Redação dada pela Lei Complementar n. 147, de 7.8.14, DOU 8.8.14)*

§ 19. Os valores estabelecidos no § 18 deste artigo não poderão exceder a 50% (cinquenta por cento) do maior recolhimento possível do tributo para a faixa de enquadramento prevista na tabela do *caput* deste artigo, respeitados os acréscimos decorrentes do tipo de atividade da empresa estabelecidos no § 5º deste artigo.

§ 20. Na hipótese em que o Estado, o Município ou o Distrito Federal concedam isenção ou redução do ICMS ou do ISS devido por microempresa ou empresa de pequeno porte, ou ainda determine recolhimento de valor fixo para esses tributos, na forma do § 18 deste artigo, será realizada redução proporcional ou ajuste do valor a ser recolhido, na forma definida em resolução do Comitê Gestor.

§ 20-A. A concessão dos benefícios de que trata o § 20 deste artigo poderá ser realizada:

I — mediante deliberação exclusiva e unilateral do Estado, do Distrito Federal ou do Município concedente;

II — de modo diferenciado para cada ramo de atividade.

§ 20-B. A União, os Estados e o Distrito Federal poderão, em lei específica destinada à ME ou EPP optante pelo Simples Nacional, estabelecer isenção ou redução de COFINS, Contribuição para o PIS/PASEP e ICMS para produtos da cesta básica, discriminando a abrangência da sua concessão. *(Redação dada pela Lei Complementar n. 147, de 7.8.14, DOU 8.8.14)*

§ 21. O valor a ser recolhido na forma do disposto no § 20 deste artigo, exclusivamente na hipótese de isenção, não integrará o montante a ser partilhado com o respectivo Município, Estado ou Distrito Federal.

§ 22. (REVOGADO)

§ 22-A. A atividade constante do inciso XIV do § 5º-B deste artigo recolherá o ISS em valor fixo, na forma da legislação municipal.

§ 22-B. Os escritórios de serviços contábeis, individualmente ou por meio de suas entidades representativas de classe, deverão:

I — promover atendimento gratuito relativo à inscrição, à opção de que trata o art. 18-A desta Lei Complementar e à primeira declaração anual simplificada da microempresa individual, podendo, para tanto, por meio de suas entidades representativas de classe, firmar convênios e acordos com a União, os Estados, o Distrito Federal e os Municípios, por intermédio dos seus órgãos vinculados;

II — fornecer, na forma estabelecida pelo Comitê Gestor, resultados de pesquisas quantitativas e qualitativas relativas às microempresas e empresas de pequeno porte optantes pelo Simples Nacional por eles atendidas;

III — promover eventos de orientação fiscal, contábil e tributária para as microempresas e empresas de pequeno porte optantes pelo Simples Nacional por eles atendidas.

§ 22-C. Na hipótese de descumprimento das obrigações de que trata o § 22-B deste artigo, o escritório será excluído do Simples Nacional, com efeitos a partir do mês subsequente ao do descumprimento, na forma regulamentada pelo Comitê Gestor.

§ 23. Da base de cálculo do ISS será abatido o material fornecido pelo prestador dos serviços previstos nos itens 7.02 e 7.05 da lista de serviços anexa à Lei Complementar n. 116, de 31 de julho de 2003.

§ 24. Para efeito de aplicação dos Anexos V e VI desta Lei Complementar, considera-se folha de salários, incluídos encargos, o montante pago, nos 12 (doze) meses anteriores ao do período de apuração, a título de remunerações a pessoas físicas decorrentes do trabalho, incluídas retiradas de pró-labore, acrescidos do montante efetivamente recolhido a título de contribuição patronal previdenciária e para o FGTS. *(Redação dada pela Lei Complementar n. 147, de 7.8.14, DOU 8.8.14)*

§ 25. Para efeito do disposto no § 24 deste artigo, deverão ser consideradas tão somente as remunerações informadas na forma prevista no inciso IV do *caput* do art. 32 da Lei n. 8.212, de 24 de julho de 1991.

§ 26. Não são considerados, para efeito do disposto no § 24, valores pagos a título de aluguéis e de distribuição de lucros, observado o disposto no § 1º do art. 14.

Art. 18-A. O Microempreendedor Individual — MEI poderá optar pelo recolhimento dos impostos e contribuições abrangidos pelo Simples Nacional em valores fixos mensais, independentemente da receita bruta por ele auferida no mês, na forma prevista neste artigo.

§ 1º Para os efeitos desta Lei Complementar, considera-se MEI o empresário individual a que se refere o art. 966 da Lei n. 10.406, de 10 de janeiro de 2002 (Código Civil), que tenha auferido receita bruta, no ano-calendário anterior, de até R$ 60.000,00 (sessenta mil reais), optante pelo Simples Nacional e que não esteja impedido de optar pela sistemática prevista neste artigo.

§ 2º No caso de início de atividades, o limite de que trata o § 1º será de R$ 5.000,00 (cinco mil reais) multiplicados pelo número de meses compreendido entre o início da atividade e o final do respectivo ano-calendário, consideradas as frações de meses como um mês inteiro.

§ 3º Na vigência da opção pela sistemática de recolhimento prevista no *caput* deste artigo:

I — não se aplica o disposto no § 18 do art. 18 desta Lei Complementar;

II — não se aplica a redução prevista no § 20 do art. 18 desta Lei Complementar ou qualquer dedução na base de cálculo;

III — não se aplicam as isenções específicas para as microempresas e empresas de pequeno porte concedidas pelo Estado, Município ou Distrito Federal a partir de 1º de julho de 2007 que abranjam integralmente a faixa de receita bruta anual até o limite previsto no § 1º;

IV — a opção pelo enquadramento como Microempreendedor Individual importa opção pelo recolhimento da contribuição referida no inciso X do § 1º do art. 13 desta Lei Complementar na forma prevista no § 2º do art. 21 da Lei n. 8.212, de 24 de julho de 1991;

V — o Microempreendedor Individual recolherá, na forma regulamentada pelo Comitê Gestor, valor fixo mensal correspondente à soma das seguintes parcelas:

a) R$ 45,65 (quarenta e cinco reais e sessenta e cinco centavos), a título da contribuição prevista no inciso IV deste parágrafo;

b) R$ 1,00 (um real), a título do imposto referido no inciso VII do *caput* do art. 13 desta Lei Complementar, caso seja contribuinte do ICMS; e

c) R$ 5,00 (cinco reais), a título do imposto referido no inciso VIII do *caput* do art. 13 desta Lei Complementar, caso seja contribuinte do ISS;

VI — sem prejuízo do disposto nos §§ 1º a 3º do art. 13, o MEI terá isenção dos tributos referidos nos incisos I a VI do *caput* daquele artigo, ressalvado o disposto no art. 18-C.

§ 4º Não poderá optar pela sistemática de recolhimento prevista no *caput* deste artigo o MEI:

I — cuja atividade seja tributada na forma dos Anexos V ou VI desta Lei Complementar, salvo autorização relativa a exercício de atividade isolada na forma regulamentada pelo CGSN; *(Redação dada pela Lei Complementar n. 147, de 7.8.14, DOU 8.8.14)*

II — que possua mais de um estabelecimento;

III — que participe de outra empresa como titular, sócio ou administrador; ou

IV — que contrate empregado.

§ 4º-A. Observadas as demais condições deste artigo, poderá optar pela sistemática de recolhimento prevista no *caput* o empresário individual que exerça atividade de comercialização e processamento de produtos de natureza extrativista.

§ 4º-B. O CGSN determinará as atividades autorizadas a optar pela sistemática de recolhimento de que trata este artigo, de forma a evitar a fragilização das relações de trabalho, bem como sobre a incidência do ICMS e do ISS.

§ 5º A opção de que trata o *caput* deste artigo dar-se-á na forma a ser estabelecida em ato do Comitê Gestor, observando-se que:

I — será irretratável para todo o ano-calendário;

II — deverá ser realizada no início do ano-calendário, na forma disciplinada pelo Comitê Gestor, produzindo efeitos a partir do primeiro dia do ano-calendário da opção, ressalvado o disposto no inciso III;

III — produzirá efeitos a partir da data do início de atividade desde que exercida nos termos, prazo e condições a serem estabelecidos em ato do Comitê Gestor a que se refere o *caput* deste parágrafo.

§ 6º O desenquadramento da sistemática de que trata o *caput* deste artigo será realizado de ofício ou mediante comunicação do MEI.

§ 7º O desenquadramento mediante comunicação do MEI à Secretaria da Receita Federal do Brasil — RFB dar-se-á:

I — por opção, que deverá ser efetuada no início do ano-calendário, na forma disciplinada pelo Comitê Gestor, produzindo efeitos a partir de 1º de janeiro do ano-calendário da comunicação;

II — obrigatoriamente, quando o MEI incorrer em alguma das situações previstas no § 4º deste artigo, devendo a comunicação ser efetuada até o último dia útil do mês subsequente àquele em que ocorrida a situação de vedação, produzindo efeitos a partir do mês subsequente ao da ocorrência da situação impeditiva;

III — obrigatoriamente, quando o MEI exceder, no ano-calendário, o limite de receita bruta previsto no § 1º deste artigo, devendo a comunicação ser efetuada até o último dia útil do mês subsequente àquele em que ocorrido o excesso, produzindo efeitos:

a) a partir de 1º de janeiro do ano-calendário subsequente ao da ocorrência do excesso, na hipótese de não ter ultrapassado o referido limite em mais de 20% (vinte por cento);

b) retroativamente a 1º de janeiro do ano-calendário da ocorrência do excesso, na hipótese de ter ultrapassado o referido limite em mais de 20% (vinte por cento);

IV — obrigatoriamente, quando o MEI exceder o limite de receita bruta previsto no § 2º deste artigo, devendo a comunicação ser efetuada até o último dia útil do mês subsequente àquele em que ocorrido o excesso, produzindo efeitos:

a) a partir de 1º de janeiro do ano-calendário subsequente ao da ocorrência do excesso, na hipótese de não ter ultrapassado o referido limite em mais de 20% (vinte por cento);

b) retroativamente ao início de atividade, na hipótese de ter ultrapassado o referido limite em mais de 20% (vinte por cento).

§ 8º O desenquadramento de ofício dar-se-á quando verificada a falta de comunicação de que trata o § 7º deste artigo.

§ 9º O Empresário Individual desenquadrado da sistemática de recolhimento prevista no *caput* deste artigo passará a recolher os tributos devidos pela regra geral do Simples Nacional a partir da data de início dos efeitos do desenquadramento, ressalvado o disposto no § 10 deste artigo.

§ 10. Nas hipóteses previstas nas alíneas *a* dos incisos III e IV do § 7º deste artigo, o MEI deverá recolher a diferença, sem acréscimos, em parcela única, juntamente com a da apuração do mês de janeiro do ano-calendário subsequente ao do excesso, na forma a ser estabelecida em ato do Comitê Gestor.

§ 11. O valor referido na alínea *a* do inciso V do § 3º deste artigo será reajustado, na forma prevista em lei ordinária, na mesma data de reajustamento dos benefícios de que trata a Lei n. 8.213, de 24 de julho de 1991, de forma a manter equivalência com a contribuição de que trata o § 2º do art. 21 da Lei n. 8.212, de 24 de julho de 1991.

§ 12. Aplica-se ao MEI que tenha optado pela contribuição na forma do § 1º deste artigo o disposto no § 4º do art. 55 e no § 2º do art. 94, ambos da Lei n. 8.213, de 24 de julho de 1991, exceto se optar pela complementação da contribuição previdenciária a que se refere o § 3º do art. 21 da Lei n. 8.212, de 24 de julho de 1991.

§ 13. O MEI está dispensado, ressalvado o disposto no art. 18-C desta Lei Complementar, de:

I — atender o disposto no inciso IV do *caput* do art. 32 da Lei n. 8.212, de 24 de julho de 1991;

II — apresentar a Relação Anual de Informações Sociais (Rais); e

III — declarar ausência de fato gerador para a Caixa Econômica Federal para emissão da Certidão de Regularidade Fiscal perante o FGTS.

§ 14. O Comitê Gestor disciplinará o disposto neste artigo.

§ 15. A inadimplência do recolhimento do valor previsto na alínea "a" do inciso V do § 3º tem como consequência a não contagem da competência em atraso para fins de carência para obtenção dos benefícios previdenciários respectivos.

§ 15-A. Ficam autorizados os Estados, o Distrito Federal e os Municípios a promover a remissão dos débitos decorrentes dos valores previstos nas alíneas *b* e *c* do inciso V do § 3º, inadimplidos isolada ou simultaneamente. *(Redação dada pela Lei Complementar n. 147, de 7.8.14, DOU 8.8.14)*

§ 15-B. O MEI poderá ter sua inscrição automaticamente cancelada após período de 12 (doze) meses consecutivos sem recolhimento ou declarações, independentemente de qualquer notificação, devendo a informação ser publicada no Portal do Empreendedor, na forma regulamentada pelo CGSIM. *(Redação dada pela Lei Complementar n. 147, de 7.8.14, DOU 8.8.14)*

§ 16. O CGSN estabelecerá, para o MEI, critérios, procedimentos, prazos e efeitos diferenciados para desenquadramento da sistemática de que trata este artigo, cobrança, inscrição em dívida ativa e exclusão do Simples Nacional.

§ 17. A alteração de dados no CNPJ informada pelo empresário à Secretaria da Receita Federal do Brasil equivalerá à comunicação obrigatória de desenquadramento da sistemática de recolhimento de que trata este artigo, nas seguintes hipóteses:

I — alteração para natureza jurídica distinta de empresário individual a que se refere o art. 966 da Lei n. 10.406, de 10 de janeiro de 2002 (Código Civil);

II — inclusão de atividade econômica não autorizada pelo CGSN;

III — abertura de filial.

§ 18. Os Municípios somente poderão realizar o cancelamento da inscrição do MEI caso tenham regulamentação própria de classificação de risco e o respectivo processo simplificado de inscrição e legalização, em conformidade com esta Lei Complementar e com as resoluções do CGSIM. *(Redação dada pela Lei Complementar n. 147, de 7.8.14, DOU 8.8.14)*

§ 19. Fica vedada aos conselhos representativos de categorias econômicas a exigência de obrigações diversas das estipuladas nesta Lei Complementar para inscrição do MEI em seus quadros, sob pena de responsabilidade. *(Redação dada pela Lei Complementar n. 147, de 7.8.14, DOU 8.8.14)*

§ 20. Os documentos fiscais das microempresas e empresas de pequeno porte poderão ser emitidos diretamente por sistema nacional informatizado e pela internet, sem custos para o empreendedor, na forma regulamentada pelo Comitê Gestor do Simples Nacional. *(Redação dada pela Lei Complementar n. 147, de 7.8.14, DOU 8.8.14)*

§ 21. Assegurar-se-á o registro nos cadastros oficiais ao guia de turismo inscrito como MEI. *(Redação dada pela Lei Complementar n. 147, de 7.8.14, DOU 8.8.14)*

§ 22. Fica vedado às concessionárias de serviço público o aumento das tarifas pagas pelo MEI por conta da modificação da sua condição de pessoa física para pessoa jurídica. *(Redação dada pela Lei Complementar n. 147, de 7.8.14, DOU 8.8.14)*

§ 23. (VETADO). *(Lei Complementar n. 147, de 7.8.14, DOU 8.8.14)*

§ 24. Aplica-se ao MEI o disposto no inciso XI do § 4º do art. 3º. (NR) *(Redação dada pela Lei Complementar n. 147, de 7.8.14, DOU 8.8.14)*

Art. 18-B. A empresa contratante de serviços executados por intermédio do MEI mantém, em relação a esta contratação, a obrigatoriedade de recolhimento da contribuição a que se refere o inciso III do *caput* e o § 1º do art. 22 da Lei n. 8.212, de 24 de julho de 1991, e o cumprimento das obrigações acessórias relativas à contratação de contribuinte individual.

§ 1º Aplica-se o disposto neste artigo exclusivamente em relação ao MEI que for contratado para prestar serviços de hidráulica, eletricidade, pintura, alvenaria, carpintaria e de manutenção ou reparo de veículos. *(Redação dada pela Lei Complementar n. 147, de 7.8.14, DOU 8.8.14)*

§ 2º O disposto no *caput* e no § 1º não se aplica quando presentes os elementos da relação de emprego, ficando a contratante sujeita a todas as obrigações dela decorrentes, inclusive trabalhistas, tributárias e previdenciárias.

Art. 18-C. Observado o disposto no art. 18-A, e seus parágrafos, desta Lei Complementar, poderá se enquadrar como MEI o empresário individual que possua um único empregado que receba exclusivamente 1 (um) salário mínimo ou o piso salarial da categoria profissional.

§ 1º Na hipótese referida no *caput*, o MEI:

I — deverá reter e recolher a contribuição previdenciária relativa ao segurado a seu serviço na forma da lei, observados prazo e condições estabelecidos pelo CGSN;

II — é obrigado a prestar informações relativas ao segurado a seu serviço, na forma estabelecida pelo CGSN; e

III — está sujeito ao recolhimento da contribuição de que trata o inciso VI do *caput* do art. 13, calculada à alíquota de 3% (três por cento) sobre o salário de contribuição previsto no *caput*, na forma e prazos estabelecidos pelo CGSN.

§ 2º Para os casos de afastamento legal do único empregado do MEI, será permitida a contratação de outro empregado, inclusive por prazo determinado, até que cessem as condições do afastamento, na forma estabelecida pelo Ministério do Trabalho e Emprego.

§ 3º O CGSN poderá determinar, com relação ao MEI, a forma, a periodicidade e o prazo:

I — de entrega à Secretaria da Receita Federal do Brasil de uma única declaração com dados relacionados a fatos geradores, base de cálculo e valores dos tributos previstos nos arts. 18-A e 18-C, da contribuição para a Seguridade Social descontada do empregado e do Fundo de Garantia do Tempo de Serviço (FGTS), e outras informações de interesse do Ministério do Trabalho e Emprego, do Instituto Nacional do Seguro Social (INSS) e do Conselho Curador do FGTS, observado o disposto no § 7º do art. 26;

II — do recolhimento dos tributos previstos nos arts. 18-A e 18-C, bem como do FGTS e da contribuição para a Seguridade Social descontada do empregado.

§ 4º A entrega da declaração única de que trata o inciso I do § 3º substituirá, na forma regulamentada pelo CGSN, a obrigatoriedade de entrega de todas as informações, formulários e declarações a que estão sujeitas as demais empresas ou equiparados que contratam empregados, inclusive as relativas ao recolhimento do FGTS, à Relação Anual de Informações Sociais (RAIS) e ao Cadastro Geral de Empregados e Desempregados (CAGED).

§ 5º Na hipótese de recolhimento do FGTS na forma do inciso II do § 3º, deve-se assegurar a transferência dos recursos e dos elementos identificadores do recolhimento ao gestor desse fundo para crédito na conta vinculada do trabalhador.

§ 6º O documento de que trata o inciso I do § 3º deste artigo tem caráter declaratório, constituindo instrumento hábil e suficiente para a exigência dos tributos e dos débitos fundiários que não tenham sido recolhidos resultantes das informações nele prestadas. (NR) *(Redação dada pela Lei Complementar n. 147, de 7.8.14, DOU 8.8.14)*

Art. 18-D. A tributação municipal do imposto sobre imóveis prediais urbanos deverá assegurar tratamento mais favorecido ao MEI para realização de sua atividade no mesmo local em que residir, mediante aplicação da menor alíquota vigente para aquela localidade, seja residencial ou comercial, nos termos da lei, sem prejuízo de eventual isenção ou imunidade existente. *(Redação dada pela Lei Complementar n. 147, de 7.8.14, DOU 8.8.14)*

Art. 18-E. O instituto do MEI é uma política pública que tem por objetivo a formalização de pequenos empreendimentos e a inclusão social e previdenciária. *(Redação dada pela Lei Complementar n. 147, de 7.8.14, DOU 8.8.14)*

§ 1º A formalização de MEI não tem caráter eminentemente econômico ou fiscal. *(Redação dada pela Lei Complementar n. 147, de 7.8.14, DOU 8.8.14)*

§ 2º Todo benefício previsto nesta Lei Complementar aplicável à microempresa estende-se ao MEI sempre que lhe for mais favorável. *(Redação dada pela Lei Complementar n. 147, de 7.8.14, DOU 8.8.14)*

§ 3º O MEI é modalidade de microempresa. *(Redação dada pela Lei Complementar n. 147, de 7.8.14, DOU 8.8.14)*

§ 4º É vedado impor restrições ao MEI relativamente ao exercício de profissão ou participação em licitações, em função da sua respectiva natureza jurídica. *(Redação dada pela Lei Complementar n. 147, de 7.8.14, DOU 8.8.14)*

Art. 19. Sem prejuízo da possibilidade de adoção de todas as faixas de receita previstas nos Anexos I a VI desta Lei Complementar, os Estados poderão optar pela aplicação de sublimite para efeito de recolhimento do ICMS na forma do Simples Nacional em seus respectivos territórios, da seguinte forma: *(Redação dada pela Lei Complementar n. 147, de 7.8.14, DOU 8.8.14)*

I — os Estados cuja participação no Produto Interno Bruto brasileiro seja de até 1% (um por cento) poderão optar pela aplicação, em seus respectivos territórios, das faixas de receita bruta anual até 35% (trinta e cinco por cento), ou até 50% (cinquenta por cento), ou até 70% (setenta por cento) do limite previsto no inciso II do *caput* do art. 3º;

II — os Estados cuja participação no Produto Interno Bruto brasileiro seja de mais de 1% (um por cento) e de menos de 5% (cinco por cento) poderão optar pela aplicação, em seus respectivos territórios, das faixas de receita bruta anual até 50% (cinquenta por cento) ou até 70% (setenta por cento) do limite previsto no inciso II do *caput* do art. 3º; e

III — os Estados cuja participação no Produto Interno Bruto brasileiro seja igual ou superior a 5% (cinco por cento) ficam obrigados a adotar todas as faixas de receita bruta anual.

§ 1º A participação no Produto Interno Bruto brasileiro será apurada levando em conta o último resultado divulgado pelo Instituto Brasileiro de Geografia e Estatística ou outro órgão que o substitua.

§ 2º A opção prevista nos incisos I e II do *caput*, bem como a obrigatoriedade prevista no inciso III do *caput*, surtirá efeitos somente para o ano-calendário subsequente, salvo deliberação do CGSN.

§ 3º O disposto neste artigo aplica-se ao Distrito Federal.

Art. 20. A opção feita na forma do art. 19 desta Lei Complementar pelos Estados importará adoção do mesmo limite de receita bruta anual para efeito de recolhimento na forma do ISS dos Municípios nele localizados, bem como para o do ISS devido no Distrito Federal.

§ 1º A empresa de pequeno porte que ultrapassar os limites a que se referem os incisos I ou II do *caput* do art. 19 estará automaticamente impedida de recolher o ICMS e o ISS na forma do Simples Nacional, a partir do mês subsequente ao que tiver ocorrido o excesso, relativamente aos seus estabelecimentos localizados na unidade da Federação que os houver adotado, ressalvado o disposto nos §§ 11 e 13 do art. 3º.

§ 1º A Os efeitos do impedimento previsto no § 1º ocorrerão no ano-calendário subsequente se o excesso verificado não for superior a 20% (vinte por cento) dos limites referidos.

§ 2º O disposto no § 1º deste artigo não se aplica na hipótese de o Estado ou de o Distrito Federal adotarem, compulsoriamente ou por opção, a aplicação de faixa de receita bruta superior à que vinha sendo utilizada no ano-calendário em que ocorreu o excesso da receita bruta.

§ 3º Na hipótese em que o recolhimento do ICMS ou do ISS não esteja sendo efetuado por meio do Simples Nacional por força do disposto neste artigo e no art. 19 desta Lei Complementar, as faixas de receita do Simples Nacional superiores àquela que tenha sido objeto de opção pelos Estados ou pelo Distrito Federal sofrerão, para efeito de recolhimento do Simples Nacional, redução na alíquota equivalente aos percentuais relativos a esses impostos constantes dos Anexos I a VI desta Lei Complementar, conforme o caso. *(Redação dada pela Lei Complementar n. 147, de 7.8.14, DOU 8.8.14)*

§ 4º O Comitê Gestor regulamentará o disposto neste artigo e no art. 19 desta Lei Complementar.

Seção IV
Do Recolhimento dos Tributos Devidos

Art. 21. Os tributos devidos, apurados na forma dos arts. 18 a 20 desta Lei Complementar, deverão ser pagos:

I — por meio de documento único de arrecadação, instituído pelo Comitê Gestor;

II — (REVOGADO)

III — enquanto não regulamentado pelo Comitê Gestor, até o último dia útil da primeira quinzena do mês subsequente àquele a que se referir;

IV — em banco integrante da rede arrecadadora do Simples Nacional, na forma regulamentada pelo Comitê Gestor.

§ 1º Na hipótese de a microempresa ou a empresa de pequeno porte possuir filiais, o recolhimento dos tributos do Simples Nacional dar-se-á por intermédio da matriz.

§ 2º Poderá ser adotado sistema simplificado de arrecadação do Simples Nacional, inclusive sem utilização da rede bancária, mediante requerimento do Estado, Distrito Federal ou Município ao Comitê Gestor.

§ 3º O valor não pago até a data do vencimento sujeitar-se-á à incidência de encargos legais na forma prevista na legislação do imposto sobre a renda.

§ 4º A retenção na fonte de ISS das microempresas ou das empresas de pequeno porte optantes pelo Simples Nacional somente será permitida se observado o disposto no art. 3º da Lei Complementar n. 116, de 31 de julho de 2003, e deverá observar as seguintes normas:

I — a alíquota aplicável na retenção na fonte deverá ser informada no documento fiscal e corresponderá ao percentual de ISS previsto nos Anexos III, IV, V ou VI desta Lei Complementar para a faixa de receita bruta a que a microempresa ou a empresa de pequeno porte estiver sujeita no mês anterior ao da prestação; *(Redação dada pela Lei Complementar n. 147, de 7.8.14, DOU 8.8.14)*

II — na hipótese de o serviço sujeito à retenção ser prestado no mês de início de atividades da microempresa ou empresa de pequeno porte, deverá ser aplicada pelo tomador a alíquota correspondente ao percentual de ISS referente à menor alíquota prevista nos Anexos III, IV, V ou VI desta Lei Complementar; *(Redação dada pela Lei Complementar n. 147, de 7.8.14, DOU 8.8.14)*

III — na hipótese do inciso II deste parágrafo, constatando-se que houve diferença entre a alíquota utilizada e a efetivamente apurada, caberá à microempresa ou empresa de pequeno porte prestadora dos serviços efetuar o recolhimento dessa diferença no mês subsequente ao do início de atividade em guia própria do Município;

IV — na hipótese de a microempresa ou empresa de pequeno porte estar sujeita à tributação do ISS no Simples Nacional por valores fixos mensais, não caberá a retenção a que se refere o *caput* deste parágrafo;

V — na hipótese de a microempresa ou empresa de pequeno porte não informar a alíquota de que tratam os incisos I e II deste parágrafo no documento fiscal, aplicar-se-á a alíquota correspondente ao percentual de ISS referente à maior alíquota prevista nos Anexos III, IV, V ou VI desta Lei Complementar; *(Redação dada pela Lei Complementar n. 147, de 7.8.14, DOU 8.8.14)*

VI — não será eximida a responsabilidade do prestador de serviços quando a alíquota do ISS informada no documento fiscal for inferior à devida, hipótese em que o recolhimento dessa diferença será realizado em guia própria do Município;

VII — o valor retido, devidamente recolhido, será definitivo, não sendo objeto de partilha com os municípios, e sobre a receita de prestação de serviços que sofreu a retenção não haverá incidência de ISS a ser recolhido no Simples Nacional.

§ 4º-A. Na hipótese de que tratam os incisos I e II do § 4º, a falsidade na prestação dessas informações sujeitará o responsável, o titular, os sócios ou os administradores da microempresa e da empresa de pequeno porte, juntamente com as demais pessoas que para ela concorrerem, às penalidades previstas na legislação criminal e tributária.

§ 5º O CGSN regulará a compensação e a restituição dos valores do Simples Nacional recolhidos indevidamente ou em montante superior ao devido.

§ 6º O valor a ser restituído ou compensado será acrescido de juros obtidos pela aplicação da taxa referencial do Sistema Especial de Liquidação e de Custódia (Selic) para títulos federais, acumulada mensalmente, a partir do mês subsequente ao do pagamento indevido ou a maior que o devido até o mês anterior ao da compensação ou restituição, e de 1% (um por cento) relativamente ao mês em que estiver sendo efetuada.

§ 7º Os valores compensados indevidamente serão exigidos com os acréscimos moratórios de que trata o art. 35.

§ 8º Na hipótese de compensação indevida, quando se comprove falsidade de declaração apresentada pelo sujeito passivo, o contribuinte estará sujeito à multa isolada aplicada no percentual previsto no inciso I do *caput* do art. 44 da Lei n. 9.430, de 27 de dezembro de 1996, aplicado em dobro, e terá como base de cálculo o valor total do débito indevidamente compensado.

§ 9º É vedado o aproveitamento de créditos não apurados no Simples Nacional, inclusive de natureza não tributária, para extinção de débitos do Simples Nacional.

§ 10. Os créditos apurados no Simples Nacional não poderão ser utilizados para extinção de outros débitos para com as Fazendas Públicas, salvo por ocasião da compensação de ofício oriunda de deferimento em processo de restituição ou após a exclusão da empresa do Simples Nacional.

§ 11. No Simples Nacional, é permitida a compensação tão somente de créditos para extinção de débitos para com o mesmo ente federado e relativos ao mesmo tributo.

§ 12. Na restituição e compensação no Simples Nacional serão observados os prazos de decadência e prescrição previstos na Lei n. 5.172, de 25 de outubro de 1966 (Código Tributário Nacional).

§ 13. É vedada a cessão de créditos para extinção de débitos no Simples Nacional.

§ 14. Aplica-se aos processos de restituição e de compensação o rito estabelecido pelo CGSN.

§ 15. Compete ao CGSN fixar critérios, condições para rescisão, prazos, valores mínimos de amortização e demais procedimentos para parcelamento dos recolhimentos em atraso dos débitos tributários apurados no Simples Nacional, observado o disposto no § 3º deste artigo e no art. 35 e ressalvado o disposto no § 19 deste artigo.

§ 16. Os débitos de que trata o § 15 poderão ser parcelados em até 60 (sessenta) parcelas mensais, na forma e condições previstas pelo CGSN.

§ 17. O valor de cada prestação mensal, por ocasião do pagamento, será acrescido de juros equivalentes à taxa referencial do Sistema Especial de Liquidação e de Custódia (Selic) para títulos federais, acumulada mensalmente, calculados a partir do mês subsequente ao da consolidação até o mês anterior ao do pagamento, e de 1% (um por cento) relativamente ao mês em que o pagamento estiver sendo efetuado, na forma regulamentada pelo CGSN.

§ 18. Será admitido reparcelamento de débitos constantes de parcelamento em curso ou que tenha sido rescindido, podendo ser incluídos novos débitos, na forma regulamentada pelo CGSN.

§ 19. Os débitos constituídos de forma isolada por parte de Estado, do Distrito Federal ou de Município, em face de ausência de aplicativo para lançamento unificado, relativo a tributo de sua competência, que não estiverem inscritos em Dívida Ativa da União, poderão ser parcelados pelo ente responsável pelo lançamento de acordo com a respectiva legislação, na forma regulamentada pelo CGSN.

§ 20. O pedido de parcelamento deferido importa confissão irretratável do débito e configura confissão extrajudicial.

§ 21. Serão aplicadas na consolidação as reduções das multas de lançamento de ofício previstas na legislação federal, conforme regulamentação do CGSN.

§ 22. O repasse para os entes federados dos valores pagos e da amortização dos débitos parcelados será efetuado proporcionalmente ao valor de cada tributo na composição da dívida consolidada.

§ 23. No caso de parcelamento de débito inscrito em dívida ativa, o devedor pagará custas, emolumentos e demais encargos legais.

§ 24. Implicará imediata rescisão do parcelamento e remessa do débito para inscrição em dívida ativa ou prosseguimento da execução, conforme o caso, até deliberação do CGSN, a falta de pagamento:

I — de 3 (três) parcelas, consecutivas ou não; ou

II — de 1 (uma) parcela, estando pagas todas as demais.

Art. 21-A. A inscrição de microempresa ou empresa de pequeno porte no Cadastro Informativo dos créditos não quitados do setor público federal — CADIN, somente ocorrerá mediante notificação prévia com prazo para contestação. *(Redação dada pela Lei Complementar n. 147, de 7.8.14, DOU 8.8.14)*

Art. 21-B. Os Estados e o Distrito Federal deverão observar, em relação ao ICMS, o prazo mínimo de 60 (sessenta) dias, contado a partir do primeiro dia do mês do fato gerador da obrigação tributária, para estabelecer a data de vencimento do imposto devido por substituição tributária, tributação concentrada em uma única etapa (monofásica) e por antecipação tributária com ou sem encerramento de tributação, nas hipóteses em que a responsabilidade recair sobre operações ou prestações subsequentes, na forma regulamentada pelo Comitê Gestor. *(Redação dada pela Lei Complementar n. 147, de 7.8.14, DOU 8.8.14)*

SEÇÃO V

Do Repasse do Produto da Arrecadação

Art. 22. O Comitê Gestor definirá o sistema de repasses do total arrecadado, inclusive encargos legais, para o:

I — Município ou Distrito Federal, do valor correspondente ao ISS;

II — Estado ou Distrito Federal, do valor correspondente ao ICMS;

III — Instituto Nacional do Seguro Social, do valor correspondente à Contribuição para manutenção da Seguridade Social.

PARÁGRAFO ÚNICO. Enquanto o Comitê Gestor não regulamentar o prazo para o repasse previsto no inciso II do *caput* deste artigo, esse será efetuado nos prazos estabelecidos nos convênios celebrados no âmbito do colegiado a que se refere a alínea *g* do inciso XII do § 2º do art. 155 da Constituição Federal.

SEÇÃO VI
Dos Créditos

Art. 23. As microempresas e as empresas de pequeno porte optantes pelo Simples Nacional não farão jus à apropriação nem transferirão créditos relativos a impostos ou contribuições abrangidos pelo Simples Nacional.

§ 1º As pessoas jurídicas e aquelas a elas equiparadas pela legislação tributária não optantes pelo Simples Nacional terão direito a crédito correspondente ao ICMS incidente sobre as suas aquisições de mercadorias de microempresa ou empresa de pequeno porte optante pelo Simples Nacional, desde que destinadas à comercialização ou industrialização e observado, como limite, o ICMS efetivamente devido pelas optantes pelo Simples Nacional em relação a essas aquisições.

§ 2º A alíquota aplicável ao cálculo do crédito de que trata o § 1º deste artigo deverá ser informada no documento fiscal e corresponderá ao percentual de ICMS previsto nos Anexos I ou II desta Lei Complementar para a faixa de receita bruta a que a microempresa ou a empresa de pequeno porte estiver sujeita no mês anterior ao da operação.

§ 3º Na hipótese de a operação ocorrer no mês de início de atividades da microempresa ou empresa de pequeno porte optante pelo Simples Nacional, a alíquota aplicável ao cálculo do crédito de que trata o § 1º deste artigo corresponderá ao percentual de ICMS referente à menor alíquota prevista nos Anexos I ou II desta Lei Complementar.

§ 4º Não se aplica o disposto nos §§ 1º a 3º deste artigo quando:

I — a microempresa ou empresa de pequeno porte estiver sujeita à tributação do ICMS no Simples Nacional por valores fixos mensais;

II — a microempresa ou a empresa de pequeno porte não informar a alíquota de que trata o § 2º deste artigo no documento fiscal;

III — houver isenção estabelecida pelo Estado ou Distrito Federal que abranja a faixa de receita bruta a que a microempresa ou a empresa de pequeno porte estiver sujeita no mês da operação;

IV — o remetente da operação ou prestação considerar, por opção, que a alíquota determinada na forma do *caput* e dos §§ 1º e 2º do art. 18 desta Lei Complementar deverá incidir sobre a receita recebida no mês.

§ 5º Mediante deliberação exclusiva e unilateral dos Estados e do Distrito Federal, poderá ser concedido às pessoas jurídicas e àquelas a elas equiparadas pela legislação tributária não optantes pelo Simples Nacional crédito correspondente ao ICMS incidente sobre os insumos utilizados nas mercadorias adquiridas de indústria optante pelo Simples Nacional, sendo vedado o estabelecimento de diferenciação no valor do crédito em razão da procedência dessas mercadorias.

§ 6º O Comitê Gestor do Simples Nacional disciplinará o disposto neste artigo.

Art. 24. As microempresas e as empresas de pequeno porte optantes pelo Simples Nacional não poderão utilizar ou destinar qualquer valor a título de incentivo fiscal.

PARÁGRAFO ÚNICO. Não serão consideradas quaisquer alterações em bases de cálculo, alíquotas e percentuais ou outros fatores que alterem o valor de imposto ou contribuição apurado na forma do Simples Nacional, estabelecidas pela União, Estado, Distrito Federal ou Município, exceto as previstas ou autorizadas nesta Lei Complementar.

SEÇÃO VII
Das Obrigações Fiscais Acessórias

Art. 25. A microempresa ou empresa de pequeno porte optante pelo Simples Nacional deverá apresentar anualmente à Secretaria da Receita Federal do Brasil declaração única e simplificada de informações socioeconômicas e fiscais, que deverá ser disponibilizada aos órgãos de fiscalização tributária e previdenciária, observados prazo e modelo aprovados pelo CGSN e observado o disposto no § 15-A do art. 18.

§ 1º A declaração de que trata o *caput* deste artigo constitui confissão de dívida e instrumento hábil e suficiente para a exigência dos tributos e contribuições que não tenham sido recolhidos resultantes das informações nela prestadas.

§ 2º A situação de inatividade deverá ser informada na declaração de que trata o *caput* deste artigo, na forma regulamentada pelo Comitê Gestor.

§ 3º Para efeito do disposto no § 2º deste artigo, considera-se em situação de inatividade a microempresa ou a empresa de pequeno porte que não apresente mutação patrimonial e atividade operacional durante todo o ano-calendário.

§ 4º A declaração de que trata o *caput* deste artigo, relativa ao MEI definido no art. 18-A desta Lei Complementar, conterá, para efeito do disposto no art. 3º da Lei Complementar n. 63, de 11 de janeiro de 1990, tão somente as informações relativas à receita bruta total sujeita ao ICMS, sendo vedada a instituição de declarações adicionais em decorrência da referida Lei Complementar.

§ 5º A declaração de que trata o *caput*, a partir das informações relativas ao ano-calendário de 2012, poderá ser prestada por meio da declaração de que trata o § 15-A do art. 18 desta Lei Complementar, na periodicidade e prazos definidos pelo CGSN. (NR) *(Redação dada pela Lei Complementar n. 147, de 7.8.14, DOU 8.8.14)*

Art. 26. As microempresas e empresas de pequeno porte optantes pelo Simples Nacional ficam obrigadas a:

I — emitir documento fiscal de venda ou prestação de serviço, de acordo com instruções expedidas pelo Comitê Gestor;

II — manter em boa ordem e guarda os documentos que fundamentaram a apuração dos impostos e contribuições devidos e o cumprimento das obrigações acessórias a que se refere o art. 25 desta Lei Complementar enquanto não decorrido o prazo decadencial e não prescritas eventuais ações que lhes sejam pertinentes.

§ 1º O MEI fará a comprovação da receita bruta mediante apresentação do registro de vendas ou de prestação de serviços na forma estabelecida pelo CGSN, ficando dispensado da emissão do documento fiscal previsto no inciso I do *caput*, ressalvadas as hipóteses de emissão obrigatória previstas pelo referido Comitê.

I — (REVOGADO)

II — (REVOGADO)

III — (REVOGADO)

§ 2º As demais microempresas e as empresas de pequeno porte, além do disposto nos incisos I e II do *caput* deste artigo, deverão, ainda, manter o livro-caixa em que será escriturada sua movimentação financeira e bancária.

§ 3º A exigência de declaração única a que se refere o *caput* do art. 25 desta Lei Complementar não desobriga a prestação de informações relativas a terceiros.

§ 4º É vedada a exigência de obrigações tributárias acessórias relativas aos tributos apurados na forma do Simples Nacional além daquelas estipuladas pelo CGSN e atendidas por meio do Portal do Simples Nacional, bem como, o estabelecimento de exigências adicionais e unilaterais pelos entes federativos, exceto os programas de cidadania fiscal. *(Redação dada pela Lei Complementar n. 147, de 7.8.14, DOU 8.8.14)*

§ 4º-A. A escrituração fiscal digital ou obrigação equivalente não poderá ser exigida da microempresa ou empresa de pequeno porte optante pelo Simples Nacional, salvo se, cumulativamente, houver: *(Redação dada pela Lei Complementar n. 147, de 7.8.14, DOU 8.8.14)*

I — autorização específica do CGSN, que estabelecerá as condições para a obrigatoriedade; *(Redação dada pela Lei Complementar n. 147, de 7.8.14, DOU 8.8.14)*

II — disponibilização por parte da administração tributária estipulante de aplicativo gratuito para uso da empresa optante. *(Redação dada pela Lei Complementar n. 147, de 7.8.14, DOU 8.8.14)*

§ 4º-B. A exigência de apresentação de livros fiscais em meio eletrônico aplicar-se-á somente na hipótese de substituição da entrega em meio convencional, cuja obrigatoriedade tenha sido prévia e especificamente estabelecida pelo CGSN. *(Redação dada pela Lei Complementar n. 147, de 7.8.14, DOU 8.8.14)*

§ 4º-C. Até a implantação de sistema nacional uniforme estabelecido pelo CGSN com compartilhamento de informações com os entes federados, permanece válida norma publicada por ente federado até o primeiro trimestre de 2014 que tenha veiculado exigência vigente de a microempresa ou empresa de pequeno porte apresentar escrituração fiscal digital ou obrigação equivalente. *(Redação dada pela Lei Complementar n. 147, de 7.8.14, DOU 8.8.14)*

§ 5º As microempresas e empresas de pequeno porte ficam sujeitas à entrega de declaração eletrônica que deva conter os dados referentes aos serviços prestados ou tomados de terceiros, na conformidade do que dispuser o Comitê Gestor.

§ 6º Na hipótese do § 1º deste artigo:

I — deverão ser anexados ao registro de vendas ou de prestação de serviços, na forma regulamentada pelo Comitê Gestor, os documentos fiscais comprobatórios das entradas de mercadorias e serviços tomados referentes ao período, bem como os documentos fiscais relativos às operações ou prestações realizadas eventualmente emitidos;

II — será obrigatória a emissão de documento fiscal nas vendas e nas prestações de serviços realizadas pelo MEI para destinatário cadastrado no Cadastro Nacional da Pessoa Jurídica (CNPJ), ficando dispensado desta emissão para o consumidor final.

§ 7º Cabe ao CGSN dispor sobre a exigência da certificação digital para o cumprimento de obrigações principais e acessórias por parte da microempresa, inclusive o MEI, ou empresa de pequeno porte optante pelo Simples Nacional, inclusive para o recolhimento do FGTS.

§ 8º O CGSN poderá disciplinar sobre a disponibilização, no portal do SIMPLES Nacional, de documento fiscal eletrônico de venda ou de prestação de serviço para o MEI, microempresa ou empresa de pequeno porte optante pelo Simples Nacional. *(Redação dada pela Lei Complementar n. 147, de 7.8.14, DOU 8.8.14)*

§ 9º O desenvolvimento e a manutenção das soluções de tecnologia, capacitação e orientação aos usuários relativas ao disposto no § 8º, bem como as demais relativas ao Simples Nacional, poderão ser apoiadas pelo Serviço Brasileiro de Apoio às Micro e Pequenas Empresas — SEBRAE. *(Redação dada pela Lei Complementar n. 147, de 7.8.14, DOU 8.8.14)*

§ 10. O ato de emissão ou de recepção de documento fiscal por meio eletrônico estabelecido pelas administrações tributárias, em qualquer modalidade, de entrada, de saída ou de prestação, na forma estabelecida pelo CGSN, representa sua própria escrituração fiscal e elemento suficiente para a fundamentação e a constituição do crédito tributário. *(Redação dada pela Lei Complementar n. 147, de 7.8.14, DOU 8.8.14)*

§ 11. Os dados dos documentos fiscais de qualquer espécie podem ser compartilhados entre as administrações tributárias da União, Estados, Distrito Federal e Municípios e, quando emitidos por meio eletrônico, na forma estabelecida pelo CGSN, a microempresa ou empresa de pequeno porte optante pelo Simples Nacional fica desobrigada de transmitir seus dados às administrações tributárias. *(Redação dada pela Lei Complementar n. 147, de 7.8.14, DOU 8.8.14)*

§ 12. As informações a serem prestadas relativas ao ICMS devido na forma prevista nas alíneas *a*, *g* e *h* do inciso XIII do §1º do art. 13 serão fornecidas por meio de aplicativo único. *(Redação dada pela Lei Complementar n. 147, de 7.8.14, DOU 8.8.14)*

§ 13. Fica estabelecida a obrigatoriedade de utilização de documentos fiscais eletrônicos estabelecidos pelo Confaz nas operações e prestações relativas ao ICMS efetuadas por microempresas e empresas de pequeno porte nas hipóteses previstas nas alíneas *a*, *g* e *h* do inciso XIII do § 1º do art. 13. *(Redação dada pela Lei Complementar n. 147, de 7.8.14, DOU 8.8.14)*

§ 14. Os aplicativos necessários ao cumprimento do disposto nos §§ 12 e 13 deste artigo serão disponibilizados, de forma gratuita, no portal do Simples Nacional. *(Redação dada pela Lei Complementar n. 147, de 7.8.14, DOU 8.8.14)*

§ 15. O CGSN regulamentará o disposto neste artigo. (NR) *(Redação dada pela Lei Complementar n. 147, de 7.8.14, DOU 8.8.14)*

Art. 27. As microempresas e empresas de pequeno porte optantes pelo Simples Nacional poderão, opcionalmente, adotar contabilidade simplificada para os registros e controles das operações realizadas, conforme regulamentação do Comitê Gestor.

SEÇÃO VIII
Da Exclusão do Simples Nacional

Art. 28. A exclusão do Simples Nacional será feita de ofício ou mediante comunicação das empresas optantes.

PARÁGRAFO ÚNICO. As regras previstas nesta seção e o modo de sua implementação serão regulamentados pelo Comitê Gestor.

Art. 29. A exclusão de ofício das empresas optantes pelo Simples Nacional dar-se-á quando:

I — verificada a falta de comunicação de exclusão obrigatória;

II — for oferecido embaraço à fiscalização, caracterizado pela negativa não justificada de exibição de livros e documentos a que estiverem obrigadas, bem como pelo não fornecimento de informações sobre bens, movimentação financeira, negócio ou atividade que estiverem intimadas a apresentar, e nas demais hipóteses que autorizam a requisição de auxílio da força pública;

III — for oferecida resistência à fiscalização, caracterizada pela negativa de acesso ao estabelecimento, ao domicílio fiscal ou a qualquer outro local onde desenvolvam suas atividades ou se encontrem bens de sua propriedade;

IV — a sua constituição ocorrer por interpostas pessoas;

V — tiver sido constatada prática reiterada de infração ao disposto nesta Lei Complementar;

VI — a empresa for declarada inapta, na forma dos arts. 81 e 82 da Lei n. 9.430, de 27 de dezembro de 1996, e alterações posteriores;

VII — comercializar mercadorias objeto de contrabando ou descaminho;

VIII — houver falta de escrituração do livro-caixa ou não permitir a identificação da movimentação financeira, inclusive bancária;

IX — for constatado que durante o ano-calendário o valor das despesas pagas supera em 20% (vinte por cento) o valor de ingressos de recursos no mesmo período, excluído o ano de início de atividade;

X — for constatado que durante o ano-calendário o valor das aquisições de mercadorias para comercialização ou industrialização, ressalvadas hipóteses justificadas de aumento de estoque, for superior a 80% (oitenta por cento) dos ingressos de recursos no mesmo período, excluído o ano de início de atividade;

XI — houver descumprimento reiterado da obrigação contida no inciso I do *caput* do art. 26;

XII — omitir de forma reiterada da folha de pagamento da empresa ou de documento de informações previsto pela legislação previdenciária, trabalhista ou tributária, segurado empregado, trabalhador avulso ou contribuinte individual que lhe preste serviço.

§ 1º Nas hipóteses previstas nos incisos II a XII do *caput* deste artigo, a exclusão produzirá efeitos a partir do próprio mês em que incorridas, impedindo a opção pelo regime diferenciado e favorecido desta Lei Complementar pelos próximos 3 (três) anos-calendário seguintes.

§ 2º O prazo de que trata o § 1º deste artigo será elevado para 10 (dez) anos caso seja constatada a utilização de artifício, ardil ou qualquer outro meio fraudulento que induza ou mantenha a fiscalização em erro, com o fim de suprimir ou reduzir o pagamento de tributo apurável segundo o regime especial previsto nesta Lei Complementar.

§ 3º A exclusão de ofício será realizada na forma regulamentada pelo Comitê Gestor, cabendo o lançamento dos tributos e contribuições apurados aos respectivos entes tributantes.

§ 4º (REVOGADO)

§ 5º A competência para exclusão de ofício do Simples Nacional obedece ao disposto no art. 33, e o julgamento administrativo, ao disposto no art. 39, ambos desta Lei Complementar.

§ 6º Nas hipóteses de exclusão previstas no *caput*, a notificação:

I — será efetuada pelo ente federativo que promoveu a exclusão; e

II — poderá ser feita por meio eletrônico, observada a regulamentação do CGSN.

§ 7º (REVOGADO)

§ 8º A notificação de que trata o § 6º aplica-se ao indeferimento da opção pelo Simples Nacional.

§ 9º Considera-se prática reiterada, para fins do disposto nos incisos V, XI e XII do *caput*:

I — a ocorrência, em 2 (dois) ou mais períodos de apuração, consecutivos ou alternados, de idênticas infrações, inclusive de natureza acessória, verificada em relação aos últimos 5 (cinco) anos-calendário, formalizadas por intermédio de auto de infração ou notificação de lançamento; ou

II — a segunda ocorrência de idênticas infrações, caso seja constatada a utilização de artifício, ardil ou qualquer outro meio fraudulento que induza ou mantenha a fiscalização em erro, com o fim de suprimir ou reduzir o pagamento de tributo.

Art. 30. A exclusão do Simples Nacional, mediante comunicação das microempresas ou das empresas de pequeno porte, dar-se-á:

I — por opção;

II — obrigatoriamente, quando elas incorrerem em qualquer das situações de vedação previstas nesta Lei Complementar; ou

III — obrigatoriamente, quando ultrapassado, no ano-calendário de início de atividade, o limite proporcional de receita bruta de que trata o § 2º do art. 3º;

IV — obrigatoriamente, quando ultrapassado, no ano-calendário, o limite de receita bruta previsto no inciso II do *caput* do art. 3º, quando não estiver no ano-calendário de início de atividade.

§ 1º A exclusão deverá ser comunicada à Secretaria da Receita Federal:

I — na hipótese do inciso I do *caput* deste artigo, até o último dia útil do mês de janeiro;

II — na hipótese do inciso II do *caput* deste artigo, até o último dia útil do mês subsequente àquele em que ocorrida a situação de vedação;

III — na hipótese do inciso III do *caput*:

a) até o último dia útil do mês seguinte àquele em que tiver ultrapassado em mais de 20% (vinte por cento) o limite proporcional de que trata o § 10 do art. 3º; ou

b) até o último dia útil do mês de janeiro do ano-calendário subsequente ao de início de atividades, caso o excesso seja inferior a 20% (vinte por cento) do respectivo limite;

IV — na hipótese do inciso IV do *caput*:

a) até o último dia útil do mês subsequente à ultrapassagem em mais de 20% (vinte por cento) do limite de receita bruta previsto no inciso II do *caput* do art. 3º; ou

b) até o último dia útil do mês de janeiro do ano-calendário subsequente, na hipótese de não ter ultrapassado em mais de 20% (vinte por cento) o limite de receita bruta previsto no inciso II do *caput* do art. 3º.

§ 2º A comunicação de que trata o *caput* deste artigo dar-se-á na forma a ser estabelecida pelo Comitê Gestor.

§ 3º A alteração de dados no CNPJ, informada pela ME ou EPP à Secretaria da Receita Federal do Brasil, equivalerá à comunicação obrigatória de exclusão do Simples Nacional nas seguintes hipóteses:

I — alteração de natureza jurídica para Sociedade Anônima, Sociedade Empresária em Comandita por Ações,

Sociedade em Conta de Participação ou Estabelecimento, no Brasil, de Sociedade Estrangeira;

II — inclusão de atividade econômica vedada à opção pelo Simples Nacional;

III — inclusão de sócio pessoa jurídica;

IV — inclusão de sócio domiciliado no exterior;

V — cisão parcial; ou

VI — extinção da empresa.

Art. 31. A exclusão das microempresas ou das empresas de pequeno porte do Simples Nacional produzirá efeitos:

I — na hipótese do inciso I do *caput* do art. 30 desta Lei Complementar, a partir de 1º de janeiro do ano-calendário subsequente, ressalvado o disposto no § 4º deste artigo;

II — na hipótese do inciso II do *caput* do art. 30 desta Lei Complementar, a partir do mês seguinte da ocorrência da situação impeditiva;

III — na hipótese do inciso III do *caput* do art. 30 desta Lei Complementar:

a) desde o início das atividades;

b) a partir de 1º de janeiro do ano-calendário subsequente, na hipótese de não ter ultrapassado em mais de 20% (vinte por cento) o limite proporcional de que trata o § 10 do art. 3º;

IV — na hipótese do inciso V do *caput* do art. 17 desta Lei Complementar, a partir do ano-calendário subsequente ao da ciência da comunicação da exclusão;

V — na hipótese do inciso IV do *caput* do art. 30:

a) a partir do mês subsequente à ultrapassagem em mais de 20% (vinte por cento) do limite de receita bruta previsto no inciso II do art. 3º;

b) a partir de 1º de janeiro do ano-calendário subsequente, na hipótese de não ter ultrapassado em mais de 20% (vinte por cento) o limite de receita bruta previsto no inciso II do art. 3º.

§ 1º Na hipótese prevista no inciso III do *caput* do art. 30 desta Lei Complementar, a microempresa ou empresa de pequeno porte não poderá optar, no ano-calendário subsequente ao do início de atividades, pelo Simples Nacional.

§ 2º Na hipótese dos incisos V e XVI do *caput* do art. 17, será permitida a permanência da pessoa jurídica como optante pelo Simples Nacional mediante a comprovação da regularização do débito ou do cadastro fiscal no prazo de até 30 (trinta) dias contados a partir da ciência da comunicação da exclusão.

§ 3º O CGSN regulamentará os procedimentos relativos ao impedimento de recolher o ICMS e o ISS na forma do Simples Nacional, em face da ultrapassagem dos limites estabelecidos na forma dos incisos I ou II do art. 19 e do art. 20.

§ 4º No caso de a microempresa ou a empresa de pequeno porte ser excluída do Simples Nacional no mês de janeiro, na hipótese do inciso I do *caput* do art. 30 desta Lei Complementar, os efeitos da exclusão dar-se-ão nesse mesmo ano.

§ 5º Na hipótese do inciso II do *caput* deste artigo, uma vez que o motivo da exclusão deixe de existir, havendo a exclusão retroativa de ofício no caso do inciso I do *caput* do art. 29 desta Lei Complementar, o efeito desta dar-se-á a partir do mês seguinte ao da ocorrência da situação impeditiva, limitado, porém, ao último dia do ano-calendário em que a referida situação deixou de existir.

Art. 32. As microempresas ou as empresas de pequeno porte excluídas do Simples Nacional sujeitar-se-ão, a partir do período em que se processarem os efeitos da exclusão, às normas de tributação aplicáveis às demais pessoas jurídicas.

§ 1º Para efeitos do disposto no *caput* deste artigo, na hipótese da alínea *a* do inciso III do *caput* do art. 31 desta Lei Complementar, a microempresa ou a empresa de pequeno porte desenquadrada ficará sujeita ao pagamento da totalidade ou diferença dos respectivos impostos e contribuições, devidos de conformidade com as normas gerais de incidência, acrescidos, tão somente, de juros de mora, quando efetuado antes do início de procedimento de ofício.

§ 2º Para efeito do disposto no *caput* deste artigo, o sujeito passivo poderá optar pelo recolhimento do imposto de renda e da Contribuição Social sobre o Lucro Líquido na forma do lucro presumido, lucro real trimestral ou anual.

§ 3º Aplica-se o disposto no *caput* e no § 1º em relação ao ICMS e ao ISS à empresa impedida de recolher esses impostos na forma do Simples Nacional, em face da ultrapassagem dos limites a que se referem os incisos I e II do *caput* do art. 19, relativamente ao estabelecimento localizado na unidade da Federação que os houver adotado.

SEÇÃO IX
Da Fiscalização

Art. 33. A competência para fiscalizar o cumprimento das obrigações principais e acessórias relativas ao Simples Nacional e para verificar a ocorrência das hipóteses previstas no art. 29 desta Lei Complementar é da Secretaria da Receita Federal e das Secretarias de Fazenda ou de Finanças do Estado ou do Distrito Federal, segundo a localização do estabelecimento, e, tratando-se de prestação de serviços incluídos na competência tributária municipal, a competência será também do respectivo Município.

§ 1º As Secretarias de Fazenda ou Finanças dos Estados poderão celebrar convênio com os Municípios de sua jurisdição para atribuir a estes a fiscalização a que se refere o *caput* deste artigo.

§ 1º-A. Dispensa-se o convênio de que trata o § 1º na hipótese de ocorrência de prestação de serviços sujeita ao ISS por estabelecimento localizado no Município.

§ 1º-B. A fiscalização de que trata o *caput*, após iniciada, poderá abranger todos os demais estabelecimentos da microempresa ou da empresa de pequeno porte, independentemente da atividade por eles exercida ou de sua localização, na forma e condições estabelecidas pelo CGSN.

§ 1º-C. As autoridades fiscais de que trata o *caput* têm competência para efetuar o lançamento de todos os tributos previstos nos incisos I a VIII do art. 13, apurados na forma do Simples Nacional, relativamente a todos os estabelecimentos da empresa, independentemente do ente federado instituidor.

§ 1º-D. A competência para autuação por descumprimento de obrigação acessória é privativa da administração tributária perante a qual a obrigação deveria ter sido cumprida.

§ 2º Na hipótese de a microempresa ou empresa de pequeno porte exercer alguma das atividades de prestação de serviços previstas no § 5º-C do art. 18 desta Lei Complementar, caberá à Secretaria da Receita Federal do Brasil a fiscalização da Contribuição para a Seguridade Social, a cargo da empresa, de que trata o art. 22 da Lei n. 8.212, de 24 de julho de 1991.

§ 3º O valor não pago, apurado em procedimento de fiscalização, será exigido em lançamento de ofício pela autoridade competente que realizou a fiscalização.

§ 4º O Comitê Gestor disciplinará o disposto neste artigo.

SEÇÃO X
Da Omissão de Receita

Art. 34. Aplicam-se à microempresa e à empresa de pequeno porte optantes pelo Simples Nacional todas as presunções de omissão de receita existentes nas legislações de regência dos impostos e contribuições incluídos no Simples Nacional.

SEÇÃO XI
Dos Acréscimos Legais

Art. 35. Aplicam-se aos impostos e contribuições devidos pela microempresa e pela empresa de pequeno porte, inscritas no Simples Nacional, as normas relativas aos juros e multa de mora e de ofício previstas para o imposto de renda, inclusive, quando for o caso, em relação ao ICMS e ao ISS.

Art. 36. A falta de comunicação, quando obrigatória, da exclusão da pessoa jurídica do Simples Nacional, nos prazos determinados no § 1º do art. 30 desta Lei Complementar, sujeitará a pessoa jurídica a multa correspondente a 10% (dez por cento) do total dos impostos e contribuições devidos de conformidade com o Simples Nacional no mês que anteceder o início dos efeitos da exclusão, não inferior a R$ 200,00 (duzentos reais), insuscetível de redução.

Art. 36-A. A falta de comunicação, quando obrigató ria, do desenquadramento do microempreendedor individual da sistemática de recolhimento prevista no art. 18-A desta Lei Complementar nos prazos determinados em seu § 7º sujeitará o microempreendedor individual a multa no valor de R$ 50,00 (cinquenta reais), insusceptível de redução.

Art. 37. A imposição das multas de que trata esta Lei Complementar não exclui a aplicação das sanções previstas na legislação penal, inclusive em relação a declaração falsa, adulteração de documentos e emissão de nota fiscal em desacordo com a operação efetivamente praticada, a que estão sujeitos o titular ou sócio da pessoa jurídica.

Art. 38. O sujeito passivo que deixar de apresentar a Declaração Simplificada da Pessoa Jurídica a que se refere o art. 25 desta Lei Complementar, no prazo fixado, ou que a apresentar com incorreções ou omissões, será intimado a apresentar declaração original, no caso de não apresentação, ou a prestar esclarecimentos, nos demais casos, no prazo estipulado pela autoridade fiscal, na forma definida pelo Comitê Gestor, e sujeitar-se-á às seguintes multas:

I — de 2% (dois por cento) ao mês-calendário ou fração, incidentes sobre o montante dos tributos e contribuições informados na Declaração Simplificada da Pessoa Jurídica, ainda que integralmente pago, no caso de falta de entrega da declaração ou entrega após o prazo, limitada a 20% (vinte por cento), observado o disposto no § 3º deste artigo;

II — de R$ 100,00 (cem reais) para cada grupo de 10 (dez) informações incorretas ou omitidas.

§ 1º Para efeito de aplicação da multa prevista no inciso I do *caput* deste artigo, será considerado como termo inicial o dia seguinte ao término do prazo originalmente fixado para a entrega da declaração e como termo final a data da efetiva entrega ou, no caso de não apresentação, da lavratura do auto de infração.

§ 2º Observado o disposto no § 3º deste artigo, as multas serão reduzidas:

I — à metade, quando a declaração for apresentada após o prazo, mas antes de qualquer procedimento de ofício;

II — a 75% (setenta e cinco por cento), se houver a apresentação da declaração no prazo fixado em intimação.

§ 3º A multa mínima a ser aplicada será de R$ 200,00 (duzentos reais).

§ 4º Considerar-se-á não entregue a declaração que não atender às especificações técnicas estabelecidas pelo Comitê Gestor.

§ 5º Na hipótese do § 4º deste artigo, o sujeito passivo será intimado a apresentar nova declaração, no prazo de 10 (dez) dias, contados da ciência da intimação, e sujeitar-se-á à multa prevista no inciso I do *caput* deste artigo, observado o disposto nos §§ 1º a 3º deste artigo.

§ 6º A multa mínima de que trata o § 3º deste artigo a ser aplicada ao Microempreendedor Individual na vigência da opção de que trata o art. 18-A desta Lei Complementar será de R$ 50,00 (cinquenta reais).

Art. 38-A. O sujeito passivo que deixar de prestar as informações no sistema eletrônico de cálculo de que trata o § 15 do art. 18, no prazo previsto no § 15-A do mesmo artigo, ou que as prestar com incorreções ou omissões, será intimado a fazê-lo, no caso de não apresentação, ou a prestar esclarecimentos, nos demais casos, no prazo estipulado pela autoridade fiscal, na forma definida pelo CGSN, e sujeitar-se-á às seguintes multas, para cada mês de referência:

I — de 2% (dois por cento) ao mês-calendário ou fração, a partir do primeiro dia do quarto mês do ano subsequente à ocorrência dos fatos geradores, incidentes sobre o montante dos impostos e contribuições decorrentes das informações prestadas no sistema eletrônico de cálculo de que trata o § 15 do art. 18, ainda que integralmente pago, no caso de ausência de prestação de informações ou sua efetuação após o prazo, limitada a 20% (vinte por cento), observado o disposto no § 2º deste artigo; e

II — de R$ 20,00 (vinte reais) para cada grupo de 10 (dez) informações incorretas ou omitidas.

§ 1º Para efeito de aplicação da multa prevista no inciso I do *caput*, será considerado como termo inicial o primeiro dia do quarto mês do ano subsequente à ocorrência dos fatos geradores e como termo final a data da efetiva prestação ou, no caso de não prestação, da lavratura do auto de infração.

§ 2º A multa mínima a ser aplicada será de R$ 50,00 (cinquenta reais) para cada mês de referência.

§ 3º Aplica-se ao disposto neste artigo o disposto nos §§ 2º, 4º e 5º do art. 38.

§ 4º O CGSN poderá estabelecer data posterior à prevista no inciso I do *caput* e no § 1º.

Art. 38-B. As multas relativas à falta de prestação ou à incorreção no cumprimento de obrigações acessórias para com os órgãos e entidades federais, estaduais, distritais e municipais, quando em valor fixo ou mínimo, e na ausência de previsão legal de valores específicos e mais favoráveis para MEI, microempresa ou empresa de pequeno porte, terão redução de: *(Redação dada pela Lei Complementar n. 147, de 7.8.14, DOU 8.8.14)*

I — 90% (noventa por cento) para os MEI; *(Redação dada pela Lei Complementar n. 147, de 7.8.14, DOU 8.8.14)*

II — 50% (cinquenta por cento) para as microempresas ou empresas de pequeno porte optantes pelo Simples Nacional. *(Redação dada pela Lei Complementar n. 147, de 7.8.14, DOU 8.8.14)*

PARÁGRAFO ÚNICO. As reduções de que tratam os incisos I e II do *caput* não se aplicam na: *(Redação dada pela Lei Complementar n. 147, de 7.8.14, DOU 8.8.14)*

I — hipótese de fraude, resistência ou embaraço à fiscalização; *(Redação dada pela Lei Complementar n. 147, de 7.8.14, DOU 8.8.14)*

II — ausência de pagamento da multa no prazo de 30 (trinta) dias após a notificação. *(Redação dada pela Lei Complementar n. 147, de 7.8.14, DOU 8.8.14)*

Seção XII
DO PROCESSO ADMINISTRATIVO FISCAL

Art. 39. O contencioso administrativo relativo ao Simples Nacional será de competência do órgão julgador integrante da estrutura administrativa do ente federativo que efetuar o lançamento, o indeferimento da opção ou a exclusão de ofício, observados os dispositivos legais atinentes aos processos administrativos fiscais desse ente.

§ 1º O Município poderá, mediante convênio, transferir a atribuição de julgamento exclusivamente ao respectivo Estado em que se localiza.

§ 2º No caso em que o contribuinte do Simples Nacional exerça atividades incluídas no campo de incidência do ICMS e do ISS e seja apurada omissão de receita de que não se consiga identificar a origem, a autuação será feita utilizando a maior alíquota prevista nesta Lei Complementar, e a parcela autuada que não seja correspondente aos tributos e contribuições federais será rateada entre Estados e Municípios ou Distrito Federal.

§ 3º Na hipótese referida no § 2º deste artigo, o julgamento caberá ao Estado ou ao Distrito Federal.

§ 4º A intimação eletrônica dos atos do contencioso administrativo observará o disposto nos §§ 1º-A a 1º-D do art. 16.

§ 5º A impugnação relativa ao indeferimento da opção ou à exclusão poderá ser decidida em órgão diverso do previsto no *caput*, na forma estabelecida pela respectiva administração tributária.

§ 6º Na hipótese prevista no § 5º, o CGSN poderá disciplinar procedimentos e prazos, bem como, no processo de exclusão, prever efeito suspensivo na hipótese de apresentação de impugnação, defesa ou recurso.

Art. 40. As consultas relativas ao Simples Nacional serão solucionadas pela Secretaria da Receita Federal, salvo quando se referirem a tributos e contribuições de competência estadual ou municipal, que serão solucionadas conforme a respectiva competência tributária, na forma disciplinada pelo Comitê Gestor.

SEÇÃO XIII
Do Processo Judicial

Art. 41. Os processos relativos a impostos e contribuições abrangidos pelo Simples Nacional serão ajuizados em face da União, que será representada em juízo pela Procuradoria-Geral da Fazenda Nacional, observado o disposto no § 5º deste artigo.

§ 1º Os Estados, Distrito Federal e Municípios prestarão auxílio à Procuradoria-Geral da Fazenda Nacional, em relação aos tributos de sua competência, na forma a ser disciplinada por ato do Comitê Gestor.

§ 2º Os créditos tributários oriundos da aplicação desta Lei Complementar serão apurados, inscritos em Dívida Ativa da União e cobrados judicialmente pela Procuradoria-Geral da Fazenda Nacional, observado o disposto no inciso V do § 5º deste artigo.

§ 3º Mediante convênio, a Procuradoria-Geral da Fazenda Nacional poderá delegar aos Estados e Municípios a inscrição em dívida ativa estadual e municipal e a cobrança judicial dos tributos estaduais e municipais a que se refere esta Lei Complementar.

§ 4º Aplica-se o disposto neste artigo aos impostos e contribuições que não tenham sido recolhidos resultantes das informações prestadas:

I — no sistema eletrônico de cálculo dos valores devidos no Simples Nacional de que trata o § 15 do art. 18;

II — na declaração a que se refere o art. 25.

§ 5º Excetuam-se do disposto no *caput* deste artigo:

I — os mandados de segurança nos quais se impugnem atos de autoridade coatora pertencente a Estado, Distrito Federal ou Município;

II — as ações que tratem exclusivamente de tributos de competência dos Estados, do Distrito Federal ou dos Municípios, as quais serão propostas em face desses entes federativos, representados em juízo por suas respectivas procuradorias;

III — as ações promovidas na hipótese de celebração do convênio de que trata o § 3º deste artigo;

IV — o crédito tributário decorrente de auto de infração lavrado exclusivamente em face de descumprimento de obrigação acessória, observado o disposto no § 1º-D do art. 33;

V — o crédito tributário relativo ao ICMS e ao ISS de que tratam as alíneas *b* e *c* do inciso V do § 3º do art. 18-A desta Lei Complementar. (NR) *(Redação dada pela Lei Complementar n. 147, de 7.8.14, DOU 8.8.14)*

CAPÍTULO V
DO ACESSO AOS MERCADOS
SEÇÃO I
Das Aquisições Públicas

Art. 42. Nas licitações públicas, a comprovação de regularidade fiscal das microempresas e empresas de pequeno porte somente será exigida para efeito de assinatura do contrato.

Art. 43. As microempresas e empresas de pequeno porte, por ocasião da participação em certames licitatórios, deverão apresentar toda a documentação exigida para efeito de comprovação de regularidade fiscal, mesmo que esta apresente alguma restrição.

§ 1º Havendo alguma restrição na comprovação da regularidade fiscal, será assegurado o prazo de 5 (cinco) dias úteis, cujo termo inicial corresponderá ao momento em que o proponente for declarado o vencedor do certame, prorrogável por igual período, a critério da administração pública, para a regularização da documentação, pagamento ou parcelamento do débito e emissão de eventuais certidões negativas ou positivas com efeito de certidão negativa. *(Redação dada pela Lei Complementar n. 147, de 7.8.14, DOU 8.8.14)*

§ 2º A não regularização da documentação, no prazo previsto no § 1º deste artigo, implicará decadência do direito à contratação, sem prejuízo das sanções previstas no art. 81 da Lei n. 8.666, de 21 de junho de 1993, sendo facultado à Administração convocar os licitantes remanescentes, na ordem de classificação, para a assinatura do contrato, ou revogar a licitação.

Art. 44. Nas licitações será assegurada, como critério de desempate, preferência de contratação para as microempresas e empresas de pequeno porte.

§ 1º Entende-se por empate aquelas situações em que as propostas apresentadas pelas microempresas e empresas de pequeno porte sejam iguais ou até 10% (dez por cento) superiores à proposta mais bem classificada.

§ 2º Na modalidade de pregão, o intervalo percentual estabelecido no § 1º deste artigo será de até 5% (cinco por cento) superior ao melhor preço.

Art. 45. Para efeito do disposto no art. 44 desta Lei Complementar, ocorrendo o empate, proceder-se-á da seguinte forma:

I — a microempresa ou empresa de pequeno porte mais bem classificada poderá apresentar proposta de preço inferior àquela considerada vencedora do certame, situação em que será adjudicado em seu favor o objeto licitado;

II — não ocorrendo a contratação da microempresa ou empresa de pequeno porte, na forma do inciso I do *caput* deste artigo, serão convocadas as remanescentes que porventura se enquadrem na hipótese dos §§ 1º e 2º do art. 44 desta Lei Complementar, na ordem classificatória, para o exercício do mesmo direito;

III — no caso de equivalência dos valores apresentados pelas microempresas e empresas de pequeno porte que se encontrem nos intervalos estabelecidos nos §§ 1º e 2º do art. 44 desta Lei Complementar, será realizado sorteio entre elas para que se identifique aquela que primeiro poderá apresentar melhor oferta.

§ 1º Na hipótese da não-contratação nos termos previstos no *caput* deste artigo, o objeto licitado será adjudicado em favor da proposta originalmente vencedora do certame.

§ 2º O disposto neste artigo somente se aplicará quando a melhor oferta inicial não tiver sido apresentada por microempresa ou empresa de pequeno porte.

§ 3º No caso de pregão, a microempresa ou empresa de pequeno porte mais bem classificada será convocada para apresentar nova proposta no prazo máximo de 5 (cinco) minutos após o encerramento dos lances, sob pena de preclusão.

Art. 46. A microempresa e a empresa de pequeno porte titular de direitos creditórios decorrentes de empenhos liquidados por órgãos e entidades da União, Estados, Distrito Federal e Município não pagos em até 30 (trinta) dias contados da data de liquidação poderão emitir cédula de crédito microempresarial.

PARÁGRAFO ÚNICO. *(Revogado pela Lei Complementar n. 147, de 7.8.14, DOU 8.8.14)*

Art. 47. Nas contratações públicas da administração direta e indireta, autárquica e fundacional, federal, estadual e municipal, deverá ser concedido tratamento diferenciado e simplificado para as microempresas e empresas de pequeno porte objetivando a promoção do desenvolvimento econômico e social no âmbito municipal e regional, a ampliação da eficiência das políticas públicas e o incentivo à inovação tecnológica. *(Redação dada pela Lei Complementar n. 147, de 7.8.14, DOU 8.8.14)*

PARÁGRAFO ÚNICO. No que diz respeito às compras públicas, enquanto não sobrevier legislação estadual, municipal ou regulamento específico de cada órgão mais favorável à microempresa e empresa de pequeno porte, aplica-se a legislação federal. (NR) *(Redação dada pela Lei Complementar n. 147, de 7.8.14, DOU 8.8.14)*

Art. 48. Para o cumprimento do disposto no art. 47 desta Lei Complementar, a administração pública: *(Redação dada pela Lei Complementar n. 147, de 7.8.14, DOU 8.8.14)*

I — deverá realizar processo licitatório destinado exclusivamente à participação de microempresas e empresas de pequeno porte nos itens de contratação cujo valor seja de até R$ 80.000,00 (oitenta mil reais); *(Redação dada pela Lei Complementar n. 147, de 7.8.14, DOU 8.8.14)*

II — poderá, em relação aos processos licitatórios destinados à aquisição de obras e serviços, exigir dos licitantes a subcontratação de microempresa ou empresa de pequeno porte; *(Redação dada pela Lei Complementar n. 147, de 7.8.14, DOU 8.8.14)*

III — deverá estabelecer, em certames para aquisição de bens de natureza divisível, cota de até 25% (vinte e cinco por cento) do objeto para a contratação de microempresas e empresas de pequeno porte. *(Redação dada pela Lei Complementar n. 147, de 7.8.14, DOU 8.8.14)*

§ 1º (Revogado). *(Lei Complementar n. 147, de 7.8.14, DOU 8.8.14)*

§ 2º Na hipótese do inciso II do *caput* deste artigo, os empenhos e pagamentos do órgão ou entidade da administração pública poderão ser destinados diretamente às microempresas e empresas de pequeno porte subcontratadas.

§ 3º Os benefícios referidos no *caput* deste artigo poderão, justificadamente, estabelecer a prioridade de contratação para as microempresas e empresas de pequeno porte sediadas local ou até o limite de 10% (dez por cento) do melhor preço válido. (NR) *(Redação dada pela Lei Complementar n. 147, de 7.8.14, DOU 8.8.14)*

Art. 49. Não se aplica o disposto nos arts. 47 e 48 desta Lei Complementar quando:

I — (Revogado)

II — não houver um mínimo de 3 (três) fornecedores competitivos enquadrados como microempresas ou empresas de pequeno porte sediados local ou regionalmente e capazes de cumprir as exigências estabelecidas no instrumento convocatório;

III — o tratamento diferenciado e simplificado para as microempresas e empresas de pequeno porte não for vantajoso para a administração pública ou representar prejuízo ao conjunto ou complexo do objeto a ser contratado;

IV — a licitação for dispensável ou inexigível, nos termos dos arts. 24 e 25 da Lei n. 8.666, de 21 de junho de 1993, excetuando-se as dispensas tratadas pelos incisos I e II do art. 24 da mesma Lei, nas quais a compra deverá ser feita preferencialmente de microempresas e empresas de pequeno porte, aplicando-se o disposto no inciso I do art. 48. (NR) *(Redação dada pela Lei Complementar n. 147, de 7.8.14, DOU 8.8.14)*

Seção II
Acesso ao Mercado Externo

Art. 49-A. A microempresa e a empresa de pequeno porte beneficiárias do SIMPLES usufruirão de regime de exportação que contemplará procedimentos simplificados de habilitação, licenciamento, despacho aduaneiro e câmbio, na forma do regulamento. *(Redação dada pela Lei Complementar n. 147, de 7.8.14, DOU 8.8.14)*

PARÁGRAFO ÚNICO. As pessoas jurídicas prestadoras de serviço de logística internacional quando contratadas por beneficiários do SIMPLES estão autorizadas a realizar atividades relativas a licenciamento administrativo, despacho aduaneiro, consolidação e desconsolidação de carga, bem como a contratação de seguro, câmbio, transporte e armazenagem de mercadorias, objeto da prestação do serviço, na forma do regulamento. *(Redação dada pela Lei Complementar n. 147, de 7.8.14, DOU 8.8.14)*

CAPÍTULO VI
DA SIMPLIFICAÇÃO DAS RELAÇÕES DE TRABALHO

Seção I
Da Segurança e da Medicina do Trabalho

Art. 50. As microempresas e as empresas de pequeno porte serão estimuladas pelo poder público e pelos Serviços Sociais Autônomos a formar consórcios para acesso a serviços especializados em segurança e medicina do trabalho.

Seção II
Das Obrigações Trabalhistas

Art. 51. As microempresas e as empresas de pequeno porte são dispensadas:

I — da afixação de Quadro de Trabalho em suas dependências;

II — da anotação das férias dos empregados nos respectivos livros ou fichas de registro;

III — de empregar e matricular seus aprendizes nos cursos dos Serviços Nacionais de Aprendizagem;

IV — da posse do livro intitulado "Inspeção do Trabalho"; e

V — de comunicar ao Ministério do Trabalho e Emprego a concessão de férias coletivas.

Art. 52. O disposto no art. 51 desta Lei Complementar não dispensa as microempresas e as empresas de pequeno porte dos seguintes procedimentos:

I — anotações na Carteira de Trabalho e Previdência Social — CTPS;

II — arquivamento dos documentos comprobatórios de cumprimento das obrigações trabalhistas e previdenciárias, enquanto não prescreverem essas obrigações;

III — apresentação da Guia de Recolhimento do Fundo de Garantia do Tempo de Serviço e Informações à Previdência Social — GFIP;

IV — apresentação das Relações Anuais de Empregados e da Relação Anual de Informações Sociais — RAIS e do Cadastro Geral de Empregados e Desempregados — CAGED.

PARÁGRAFO ÚNICO. (VETADO).

Art. 53. (REVOGADO)

SEÇÃO III
Do Acesso à Justiça do Trabalho

Art. 54. É facultado ao empregador de microempresa ou de empresa de pequeno porte fazer-se substituir ou representar perante a Justiça do Trabalho por terceiros que conheçam dos fatos, ainda que não possuam vínculo trabalhista ou societário.

CAPÍTULO VII
DA FISCALIZAÇÃO ORIENTADORA

Art. 55. A fiscalização, no que se refere aos aspectos trabalhista, metrológico, sanitário, ambiental, de segurança e de uso e ocupação do solo das microempresas e empresas de pequeno porte deverá ter natureza prioritariamente orientadora, quando a atividade ou situação, por sua natureza, comportar grau de risco compatível com esse procedimento. *(Redação dada pela Lei Complementar n. 147, de 7.8.14, DOU 8.8.14).*

§ 1º Será observado o critério de dupla visita para lavratura de autos de infração, salvo quando for constatada infração por falta de registro de empregado ou anotação da Carteira de Trabalho e Previdência Social — CTPS, ou, ainda, na ocorrência de reincidência, fraude, resistência ou embaraço à fiscalização.

§ 2º (VETADO).

§ 3º Os órgãos e entidades competentes definirão, em 12 (doze) meses, as atividades e situações cujo grau de risco seja considerado alto, as quais não se sujeitarão ao disposto neste artigo.

§ 4º O disposto neste artigo não se aplica ao processo administrativo fiscal relativo a tributos, que se dará na forma dos arts. 39 e 40 desta Lei Complementar.

§ 5º O disposto no § 1º aplica-se à lavratura de multa pelo descumprimento de obrigações acessórias relativas às matérias do *caput*, inclusive quando previsto seu cumprimento de forma unificada com matéria de outra natureza, exceto a trabalhista. *(Redação dada pela Lei Complementar n. 147, de 7.8.14, DOU 8.8.14).*

§ 6º A inobservância do critério de dupla visita implica nulidade do auto de infração lavrado sem cumprimento ao disposto neste artigo, independentemente da natureza principal ou acessória da obrigação. *(Redação dada pela Lei Complementar n. 147, de 7.8.14, DOU 8.8.14).*

§ 7º Os órgãos e entidades da administração pública federal, estadual, distrital e municipal deverão observar o princípio do tratamento diferenciado, simplificado e favorecido por ocasião da fixação de valores decorrentes de multas e demais sanções administrativas. *(Redação dada pela Lei Complementar n. 147, de 7.8.14, DOU 8.8.14).*

§ 8º A inobservância do disposto no *caput* deste artigo implica atentado aos direitos e garantias legais assegurados ao exercício profissional da atividade empresarial. *(Redação dada pela Lei Complementar n. 147, de 7.8.14, DOU 8.8.14).*

§ 9º O disposto no *caput* deste artigo não se aplica a infrações relativas à ocupação irregular da reserva de faixa não edificável, de área destinada a equipamentos urbanos, de áreas de preservação permanente e nas faixas de domínio público das rodovias, ferrovias e dutovias ou de vias e logradouros públicos. (NR) *(Redação dada pela Lei Complementar n. 147, de 7.8.14, DOU 8.8.14).*

CAPÍTULO VIII
DO ASSOCIATIVISMO
SEÇÃO ÚNICA
Da Sociedade de Propósito Específico formada por Microempresas e Empresas de Pequeno Porte optantes pelo Simples Nacional

Art. 56. As microempresas ou as empresas de pequeno porte poderão realizar negócios de compra e venda de bens e serviços para os mercados nacional e internacional, por meio de sociedade de propósito específico, nos termos e condições estabelecidos pelo Poder Executivo federal. *(Redação dada pela Lei Complementar n. 147, de 7.8.14, DOU 8.8.14).*

§ 1º Não poderão integrar a sociedade de que trata o *caput* deste artigo pessoas jurídicas não optantes pelo Simples Nacional.

§ 2º A sociedade de propósito específico de que trata este artigo:

I — terá seus atos arquivados no Registro Público de Empresas Mercantis;

II — terá por finalidade realizar:

a) operações de compras para revenda às microempresas ou empresas de pequeno porte que sejam suas sócias;

b) operações de venda de bens adquiridos das microempresas e empresas de pequeno porte que sejam suas sócias para pessoas jurídicas que não sejam suas sócias;

III — poderá exercer atividades de promoção dos bens referidos na alínea *b* do inciso II deste parágrafo;

IV — apurará o imposto de renda das pessoas jurídicas com base no lucro real, devendo manter a escrituração dos livros Diário e Razão;

V — apurará a COFINS e a Contribuição para o PIS/PASEP de modo não cumulativo;

VI — exportará, exclusivamente, bens a ela destinados pelas microempresas e empresas de pequeno porte que dela façam parte;

VII — será constituída como sociedade limitada;

VIII — deverá, nas revendas às microempresas ou empresas de pequeno porte que sejam suas sócias, observar preço no mínimo igual ao das aquisições realizadas para revenda; e

IX — deverá, nas revendas de bens adquiridos de microempresas ou empresas de pequeno porte que sejam suas sócias, observar preço no mínimo igual ao das aquisições desses bens.

§ 3º A aquisição de bens destinados à exportação pela sociedade de propósito específico não gera direito a créditos relativos a impostos ou contribuições abrangidos pelo Simples Nacional.

§ 4º A microempresa ou a empresa de pequeno porte não poderá participar simultaneamente de mais de uma sociedade de propósito específico de que trata este artigo.

§ 5º A sociedade de propósito específico de que trata este artigo não poderá:

I — ser filial, sucursal, agência ou representação, no País, de pessoa jurídica com sede no exterior;

II — ser constituída sob a forma de cooperativas, inclusive de consumo;

III — participar do capital de outra pessoa jurídica;

IV — exercer atividade de banco comercial, de investimentos e de desenvolvimento, de caixa econômica, de sociedade de crédito, financiamento e investimento ou de crédito imobiliário, de corretora ou de distribuidora de títulos, valores mobiliários e câmbio, de empresa de arrendamento mercantil, de seguros privados e de capitalização ou de previdência complementar;

V — ser resultante ou remanescente de cisão ou qualquer outra forma de desmembramento de pessoa jurídica que tenha ocorrido em um dos 5 (cinco) anos-calendário anteriores;

VI — exercer a atividade vedada às microempresas e empresas de pequeno porte optantes pelo Simples Nacional.

§ 6º A inobservância do disposto no § 4º deste artigo acarretará a responsabilidade solidária das microempresas ou empresas de pequeno porte sócias da sociedade de propósito específico de que trata este artigo na hipótese em que seus titulares, sócios ou administradores conhecessem ou devessem conhecer tal inobservância.

§ 7º O Poder Executivo regulamentará o disposto neste artigo até 31 de dezembro de 2008.

CAPÍTULO IX

DO ESTÍMULO AO CRÉDITO E À CAPITALIZAÇÃO

Seção I

Disposições Gerais

Art. 57. O Poder Executivo federal proporá, sempre que necessário, medidas no sentido de melhorar o acesso das microempresas e empresas de pequeno porte aos mercados de crédito e de capitais, objetivando a redução do custo de transação, a elevação da eficiência alocativa, o incentivo ao ambiente concorrencial e a qualidade do conjunto informacional, em especial o acesso e portabilidade das informações cadastrais relativas ao crédito.

Art. 58. Os bancos comerciais públicos e os bancos múltiplos públicos com carteira comercial e a Caixa Econômica Federal manterão linhas de crédito específicas para as microempresas e para as empresas de pequeno porte, devendo o montante disponível e suas condições de acesso ser expressos nos respectivos orçamentos e amplamente divulgadas.

PARÁGRAFO ÚNICO. As instituições mencionadas no *caput* deste artigo deverão publicar, juntamente com os respectivos balanços, relatório circunstanciado dos recursos alocados às linhas de crédito referidas no *caput* deste artigo e aqueles efetivamente utilizados, consignando, obrigatoriamente, as justificativas do desempenho alcançado.

§ 2º O acesso às linhas de crédito específicas previstas no *caput* deste artigo deverá ter tratamento simplificado e ágil, com divulgação ampla das respectivas condições e exigências. (NR) *(Redação dada pela Lei Complementar n. 147, de 7.8.14, DOU 8.8.14)*

Art. 58-A. Os bancos públicos e privados não poderão contabilizar, para cumprimento de metas, empréstimos realizados a pessoas físicas, ainda que sócios de empresas, como disponibilização de crédito para microempresas e empresas de pequeno porte. *(Redação dada pela Lei Complementar n. 147, de 7.8.14, DOU 8.8.14)*

Art. 59. As instituições referidas no *caput* do art. 58 desta Lei Complementar devem se articular com as respectivas entidades de apoio e representação das microempresas e empresas de pequeno porte, no sentido de proporcionar e desenvolver programas de treinamento, desenvolvimento gerencial e capacitação tecnológica.

Art. 60. VETADO).

Art. 60-A. Poderá ser instituído Sistema Nacional de Garantias de Crédito pelo Poder Executivo, com o objetivo de facilitar o acesso das microempresas e empresas de pequeno porte a crédito e demais serviços das instituições financeiras, o qual, na forma de regulamento, proporcionará a elas tratamento diferenciado, favorecido e simplificado, sem prejuízo de atendimento a outros públicos-alvo.

PARÁGRAFO ÚNICO. O Sistema Nacional de Garantias de Crédito integrará o Sistema Financeiro Nacional.

Art. 60-B. Os fundos garantidores de risco de crédito empresarial que possuam participação da União na composição do seu capital atenderão, sempre que possível, as operações de crédito que envolvam microempresas e empresas de pequeno porte, definidas na forma do art. 3º desta Lei. *(Redação dada pela Lei Complementar n. 147, de 7.8.14, DOU 8.8.14)*

Art. 60-C. (VETADO). *(Lei Complementar n. 147, de 7.8.14, DOU 8.8.14)*

Art. 61. Para fins de apoio creditício às operações de comércio exterior das microempresas e das empresas de pequeno porte, serão utilizados os parâmetros de enquadramento ou outros instrumentos de alta significância para as microempresas, empresas de pequeno porte exportadoras segundo o porte de empresas, aprovados pelo Mercado Comum do Sul — MERCOSUL.

SEÇÃO II

Das Responsabilidades do Banco Central do Brasil

Art. 62. O Banco Central do Brasil disponibilizará dados e informações das instituições financeiras integrantes do Sistema Financeiro Nacional, inclusive por meio do Sistema de Informações de Crédito - SCR, de modo a ampliar o acesso ao crédito para microempresas e empresas de pequeno porte e fomentar a competição bancária. *(Redação dada pela Lei Complementar n. 147, de 7.8.14, DOU 8.8.14)*

§ 1º O disposto no *caput* deste artigo alcança a disponibilização de dados e informações específicas relativas ao histórico de relacionamento bancário e creditício das microempresas e das empresas de pequeno porte, apenas aos próprios titulares.

§ 2º O Banco Central do Brasil poderá garantir o acesso simplificado, favorecido e diferenciado dos dados e informações constantes no § 1º deste artigo aos seus respectivos interessados, podendo a instituição optar por realizá-lo por meio das instituições financeiras, com as quais o próprio cliente tenha relacionamento.

SEÇÃO III

Das Condições de Acesso aos Depósitos Especiais do Fundo de Amparo ao Trabalhador — FAT

Art. 63. O CODEFAT poderá disponibilizar recursos financeiros por meio da criação de programa específico para as cooperativas de crédito de cujos quadros de cooperados participem microempreendedores, empreendedores de microempresa e empresa de pequeno porte bem como suas empresas.

PARÁGRAFO ÚNICO. Os recursos referidos no *caput* deste artigo deverão ser destinados exclusivamente às microempresas e empresas de pequeno porte.

CAPÍTULO X

DO ESTÍMULO À INOVAÇÃO

SEÇÃO I

Disposições Gerais

Art. 64. Para os efeitos desta Lei Complementar considera-se:

I — inovação: a concepção de um novo produto ou processo de fabricação, bem como a agregação de novas funcionalidades ou características ao produto ou processo que implique melhorias incrementais e efetivo ganho de qualidade ou produtividade, resultando em maior competitividade no mercado;

II — agência de fomento: órgão ou instituição de natureza pública ou privada que tenha entre os seus objetivos o financiamento de ações que visem a estimular e promover o desenvolvimento da ciência, da tecnologia e da inovação;

III — Instituição Científica e Tecnológica — ICT: órgão ou entidade da administração pública que tenha por missão institucional, dentre outras, executar atividades de pesquisa básica ou aplicada de caráter científico ou tecnológico;

IV — núcleo de inovação tecnológica: núcleo ou órgão constituído por uma ou mais ICT com a finalidade de gerir sua política de inovação;

V — instituição de apoio: instituições criadas sob o amparo da Lei n. 8.958, de 20 de dezembro de 1994, com a finalidade de dar apoio a projetos de pesquisa, ensino e extensão e de desenvolvimento institucional, científico e tecnológico.

VI — instrumentos de apoio tecnológico para a inovação: qualquer serviço disponibilizado presencialmente ou na internet que possibilite acesso a informações, orientações, bancos de dados de soluções de informações, respostas técnicas, pesquisas e atividades de apoio complementar desenvolvidas pelas instituições previstas nos incisos II a V deste artigo. (NR) *(Redação dada pela Lei Complementar n. 147, de 7.8.14, DOU 8.8.14)*

SEÇÃO II

Do Apoio à Inovação

Art. 65. A União, os Estados, o Distrito Federal e os Municípios, e as respectivas agências de fomento, as ICT, os núcleos de inovação tecnológica e as instituições de apoio manterão programas específicos para as microempresas e para as empresas de pequeno porte, inclusive quando estas revestirem a forma de incubadoras, observando-se o seguinte:

I — as condições de acesso serão diferenciadas, favorecidas e simplificadas;

II — o montante disponível e suas condições de acesso deverão ser expressos nos respectivos orçamentos e amplamente divulgados.

§ 1º As instituições deverão publicar, juntamente com as respectivas prestações de contas, relatório circunstanciado das estratégias para maximização da participação do segmento, assim como dos recursos alocados às ações referidas no *caput* deste artigo e aqueles efetivamente utilizados, consignando, obrigatoriamente, as justificativas do desempenho alcançado no período.

§ 2º As pessoas jurídicas referidas no *caput* deste artigo terão por meta a aplicação de, no mínimo, 20% (vinte por cento) dos recursos destinados à inovação para o desenvolvimento de tal atividade nas microempresas ou nas empresas de pequeno porte.

§ 3º Os órgãos e entidades integrantes da administração pública federal, estadual e municipal atuantes em pesquisa, desenvolvimento ou capacitação tecnológica terão por meta efetivar suas aplicações, no percentual mínimo fixado neste artigo, em programas e projetos de apoio às microempresas ou às empresas de pequeno porte, transmitindo ao Ministério da Ciência, Tecnologia e Inovação, no primeiro trimestre de cada ano, informação relativa aos valores alocados e a respectiva relação percentual em relação ao total dos recursos destinados para esse fim. *(Redação dada pela Lei Complementar n. 147, de 7.8.14, DOU 8.8.14)*

§ 4º Ficam autorizados a reduzir a 0 (zero) as alíquotas dos impostos e contribuições a seguir indicados, incidentes na aquisição, ou importação, de equipamentos, máquinas, aparelhos, instrumentos, acessórios, sobressalentes e ferramentas que os acompanhem, na forma definida em regulamento, quando adquiridos, ou importados, diretamente por microempresas ou empresas de pequeno porte para incorporação ao seu ativo imobilizado:

I — a União, em relação ao IPI, à COFINS, à Contribuição para o PIS/PASEP, à COFINS-Importação e à Contribuição para o PIS/PASEP-Importação; e

II — os Estados e o Distrito Federal, em relação ao ICMS.

§ 5º A microempresa ou empresa de pequeno porte, adquirente de bens com o benefício previsto no § 4º deste artigo, fica obrigada, nas hipóteses previstas em regulamento, a recolher os impostos e contribuições que deixaram de ser pagos, acrescidos de juros e multa, de mora ou de ofício, contados a partir da data da aquisição, no mercado interno, ou do registro da declaração de importação — DI, calculados na forma da legislação que rege a cobrança do tributo não pago.

§ 6º Para efeito da execução do orçamento previsto neste artigo, os órgãos e instituições poderão alocar os recursos destinados à criação e ao custeio de ambientes de inovação, incluindo incubadoras, parques e centros vocacionais tecnológicos, laboratórios metrológicos, de ensaio, de pesquisa ou apoio ao treinamento, bem como custeio de bolsas de extensão e remuneração de professores, pesquisadores e agentes envolvidos nas atividades de apoio tecnológico complementar. (NR) *(Redação dada pela Lei Complementar n. 147, de 7.8.14, DOU 8.8.14)*

Art. 66. No primeiro trimestre do ano subsequente, os órgãos e entidades a que alude o art. 67 desta Lei Complementar transmitirão ao Ministério da Ciência e Tecnologia relatório circunstanciado dos projetos realizados, compreendendo a análise do desempenho alcançado.

Art. 67. Os órgãos congêneres ao Ministério da Ciência e Tecnologia estaduais e municipais deverão elaborar e divulgar relatório anual indicando o valor dos recursos recebidos, inclusive por transferência de terceiros, que foram aplicados diretamente ou por organizações vinculadas, por Fundos Setoriais e outros, no segmento das microempresas e empresas de pequeno porte, retratando e avaliando os resultados obtidos e indicando as previsões de ações e metas para ampliação de sua participação no exercício seguinte.

CAPÍTULO XI
DAS REGRAS CIVIS E EMPRESARIAIS

SEÇÃO I
Das Regras Civis

SUBSEÇÃO I
Do Pequeno Empresário

Art. 68. Considera-se pequeno empresário, para efeito de aplicação do disposto nos arts. 970 e 1.179 da Lei n. 10.406, de 10 de janeiro de 2002 (Código Civil), o empresário individual caracterizado como microempresa na forma desta Lei Complementar que aufira receita bruta anual até o limite previsto no § 1º do art. 18-A.

SUBSEÇÃO II (VETADO)

Art. 69. (VETADO).

SEÇÃO II
Das Deliberações Sociais e da Estrutura Organizacional

Art. 70. As microempresas e as empresas de pequeno porte são desobrigadas da realização de reuniões e assembleias em qualquer das situações previstas na legislação civil, as quais serão substituídas por deliberação representativa do primeiro número inteiro superior à metade do capital social.

§ 1º O disposto no *caput* deste artigo não se aplica caso haja disposição contratual em contrário, caso ocorra hipótese de justa causa que enseje a exclusão de sócio ou caso um ou mais sócios ponham em risco a continuidade da empresa em virtude de atos de inegável gravidade.

§ 2º Nos casos referidos no § 1º deste artigo, realizar-se-á reunião ou assembleia de acordo com a legislação civil.

Art. 71. Os empresários e as sociedades de que trata esta Lei Complementar, nos termos da legislação civil, ficam dispensados da publicação de qualquer ato societário.

SEÇÃO III
Do Nome Empresarial

Art. 72. As microempresas e as empresas de pequeno porte, nos termos da legislação civil, acrescentarão à sua firma ou denominação as expressões "Microempresa" ou "Empresa de Pequeno Porte", ou suas respectivas abreviações, "ME" ou "EPP", conforme o caso, sendo facultativa a inclusão do objeto da sociedade.

SEÇÃO IV
Do Protesto de Títulos

Art. 73. O protesto de título, quando o devedor for microempresário ou empresa de pequeno porte, é sujeito às seguintes condições:

I — sobre os emolumentos do tabelião não incidirão quaisquer acréscimos a título de taxas, custas e contribuições para o Estado ou Distrito Federal, carteira de previdência, fundo de custeio de atos gratuitos, fundos especiais do Tribunal de Justiça, bem como de associação de classe, criados ou que venham a ser criados sob qualquer título ou denominação, ressalvada a cobrança do devedor das despesas de correio, condução e publicação de edital para realização da intimação;

II — para o pagamento do título em cartório, não poderá ser exigido cheque de emissão de estabelecimento bancário, mas, feito o pagamento por meio de cheque, de emissão de estabelecimento bancário ou não, a quitação dada pelo tabelionato de protesto será condicionada à efetiva liquidação do cheque;

III — o cancelamento do registro de protesto, fundado no pagamento do título, será feito independentemente de declaração de anuência do credor, salvo no caso de impossibilidade de apresentação do original protestado;

IV — para os fins do disposto no *caput* e nos incisos I, II e III do *caput* deste artigo, o devedor deverá provar sua qualidade de microempresa ou de empresa de pequeno porte perante o tabelionato de protestos de títulos, mediante documento expedido pela Junta Comercial ou pelo Registro Civil das Pessoas Jurídicas, conforme o caso;

V — quando o pagamento do título ocorrer com cheque sem a devida provisão de fundos, serão automaticamente suspensos pelos cartórios de protesto, pelo prazo de 1 (um) ano, todos os benefícios previstos para o devedor neste artigo, independentemente da lavratura e registro do respectivo protesto.

Art. 73-A. São vedadas cláusulas contratuais relativas à limitação da emissão ou circulação de títulos de crédito ou direitos creditórios originados de operações de compra e venda de produtos e serviços por microempresas e empresas de pequeno porte. *(Redação dada pela Lei Complementar n. 147, de 7.8.14, DOU 8.8.14)*

CAPÍTULO XII
DO ACESSO À JUSTIÇA
SEÇÃO I
Do Acesso aos Juizados Especiais

Art. 74. Aplica-se às microempresas e às empresas de pequeno porte de que trata esta Lei Complementar o disposto no § 1º do art. 8º da Lei n. 9.099, de 26 de setembro de 1995, e no inciso I do *caput* do art. 6º da Lei n. 10.259, de 12 de julho de 2001, as quais, assim como as pessoas físicas capazes, passam a ser admitidas como proponentes de ação perante o Juizado Especial, excluídos os cessionários de direito de pessoas jurídicas.

Art. 74-A. O Poder Judiciário, especialmente por meio do Conselho Nacional de Justiça — CNJ, e o Ministério da Justiça implementarão medidas para disseminar o tratamento diferenciado e favorecido às microempresas e empresas de pequeno porte em suas respectivas áreas de competência. *(Redação dada pela Lei Complementar n. 147, de 7.8.14, DOU 8.8.14)*

SEÇÃO II
Da Conciliação Prévia, Mediação e Arbitragem

Art. 75. As microempresas e empresas de pequeno porte deverão ser estimuladas a utilizar os institutos de conciliação prévia, mediação e arbitragem para solução dos seus conflitos.

§ 1º Serão reconhecidos de pleno direito os acordos celebrados no âmbito das comissões de conciliação prévia.

§ 2º O estímulo a que se refere o *caput* deste artigo compreenderá campanhas de divulgação, serviços de esclarecimento e tratamento diferenciado, simplificado e favorecido no tocante aos custos administrativos e honorários cobrados.

Seção III
Das Parcerias

Art. 75-A. Para fazer face às demandas originárias do estímulo previsto nos arts. 74 e 75 desta Lei Complementar, entidades privadas, públicas, inclusive o Poder Judiciário, poderão firmar parcerias entre si, objetivando a instalação ou utilização de ambientes propícios para a realização dos procedimentos inerentes a busca da solução de conflitos.

CAPÍTULO XIII
DO APOIO E DA REPRESENTAÇÃO

Art. 76. Para o cumprimento do disposto nesta Lei Complementar, bem como para desenvolver e acompanhar políticas públicas voltadas às microempresas e empresas de pequeno porte, o poder público, em consonância com o Fórum Permanente das Microempresas e Empresas de Pequeno Porte, sob a coordenação da Secretaria da Micro e Pequena Empresa da Presidência da República, deverá incentivar e apoiar a criação de fóruns com participação dos órgãos públicos competentes e das entidades vinculadas ao setor.

PARÁGRAFO ÚNICO. A Secretaria da Micro e Pequena Empresa da Presidência da República coordenará com as entidades representativas das microempresas e empresas de pequeno porte a implementação dos fóruns regionais nas unidades da federação. (NR)

Art. 76-A. As instituições de representação e apoio empresarial deverão promover programas de sensibilização, de informação, de orientação e apoio, de educação fiscal, de regularidade dos contratos de trabalho e de adoção de sistemas informatizados e eletrônicos, como forma de estímulo à formalização de empreendimentos, de negócios e empregos, à ampliação da competitividade e à disseminação do associativismo entre as microempresas, os microempreendedores individuais, as empresas de pequeno porte e equiparados. *(Redação dada pela Lei Complementar n. 147, de 7.8.14, DOU 8.8.14)*

CAPÍTULO XIV
DISPOSIÇÕES FINAIS E TRANSITÓRIAS

Art. 77. Promulgada esta Lei Complementar, o Comitê Gestor expedirá, em 30 (trinta) meses, as instruções que se fizerem necessárias à sua execução.

§ 1º O Ministério do Trabalho e Emprego, a Secretaria da Receita Federal, a Secretaria da Receita Previdenciária, os Estados, o Distrito Federal e os Municípios deverão editar, em 1 (um) ano, as leis e demais atos necessários para assegurar o pronto e imediato tratamento jurídico diferenciado, simplificado e favorecido às microempresas e às empresas de pequeno porte.

§ 2º A administração direta e indireta federal, estadual e municipal e as entidades paraestatais acordarão, no prazo previsto no § 1º deste artigo, as providências necessárias à adaptação dos respectivos atos normativos ao disposto nesta Lei Complementar.

§ 3º (VETADO).

§ 4º O Comitê Gestor regulamentará o disposto no inciso I do § 6º do art. 13 desta Lei Complementar até 31 de dezembro de 2008.

§ 5º A partir de 1º de janeiro de 2009, perderão eficácia as substituições tributárias que não atenderem à disciplina estabelecida na forma do § 4º deste artigo.

§ 6º O Comitê de que trata o inciso III do *caput* do art. 2º desta Lei Complementar expedirá, até 31 de dezembro de 2009, as instruções que se fizerem necessárias relativas a sua competência.

Art. 78. (REVOGADO)

Art. 79. Será concedido, para ingresso no Simples Nacional, parcelamento, em até 100 (cem) parcelas mensais e sucessivas, dos débitos com o Instituto Nacional do Seguro Social — INSS, ou com as Fazendas Públicas federal, estadual ou municipal, de responsabilidade da microempresa ou empresa de pequeno porte e de seu titular ou sócio, com vencimento até 30 de junho de 2008.

§ 1º O valor mínimo da parcela mensal será de R$ 100,00 (cem reais), considerados isoladamente os débitos para com a Fazenda Nacional, para com a Seguridade Social, para com a Fazenda dos Estados, dos Municípios ou do Distrito Federal.

§ 2º Esse parcelamento alcança inclusive débitos inscritos em dívida ativa.

§ 3º O parcelamento será requerido à respectiva Fazenda para com a qual o sujeito passivo esteja em débito.

§ 3º-A O parcelamento deverá ser requerido no prazo estabelecido em regulamentação do Comitê Gestor.

§ 4º Aplicam-se ao disposto neste artigo as demais regras vigentes para parcelamento de tributos e contribuições federais, na forma regulamentada pelo Comitê Gestor.

§ 5º (VETADO)

§ 6º (VETADO)

§ 7º (VETADO)

§ 8º (VETADO)

§ 9º O parcelamento de que trata o *caput* deste artigo não se aplica na hipótese de reingresso de microempresa ou empresa de pequeno porte no Simples Nacional.

Art. 79-A. (VETADO)

Art. 79-B. Excepcionalmente para os fatos geradores ocorridos em julho de 2007, os tributos apurados na forma dos arts. 18 a 20 desta Lei Complementar deverão ser pagos até o último dia útil de agosto de 2007.

Art. 79-C. A microempresa e a empresa de pequeno porte que, em 30 de junho de 2007, se enquadravam no regime previsto na Lei n. 9.317, de 5 de dezembro de 1996, e que não ingressaram no regime previsto no art. 12 desta Lei Complementar sujeitar-se-ão, a partir de 1º de julho de 2007, às normas de tributação aplicáveis às demais pessoas jurídicas.

§ 1º Para efeito do disposto no *caput* deste artigo, o sujeito passivo poderá optar pelo recolhimento do Imposto sobre a Renda da Pessoa Jurídica — IRPJ e da Contribuição Social sobre o Lucro Líquido — CSLL na forma do lucro real, trimestral ou anual, ou do lucro presumido.

§ 2º A opção pela tributação com base no lucro presumido dar-se-á pelo pagamento, no vencimento, do IRPJ e da CSLL devidos, correspondente ao 3º (terceiro) trimestre de 2007 e, no caso do lucro real anual, com o pagamento do IRPJ e da CSLL relativos ao mês de julho de 2007 com base na estimativa mensal.

Art. 79-D. Excepcionalmente, para os fatos geradores ocorridos entre 1º de julho de 2007 e 31 de dezembro de 2008, as pessoas jurídicas que exerçam atividade sujeita simultaneamente à incidência do IPI e do ISS deverão recolher o ISS diretamente ao Município em que este imposto é devido até o último dia útil de fevereiro de 2009, aplicando-se, até esta data, o disposto no parágrafo único do art. 100 da Lei n. 5.172, de 25 de outubro de 1966 — Código Tributário Nacional — CTN.

Art. 79-E. A empresa de pequeno porte optante pelo Simples Nacional em 31 de dezembro de 2011 que durante o ano-calendário de 2011 auferir receita bruta total anual entre R$ 2.400.000,01 (dois milhões, quatrocentos mil reais e um centavo) e R$ 3.600.000,00 (três milhões e seiscentos mil reais) continuará automaticamente incluída no Simples Nacional com efeitos a partir de 1º de janeiro de 2012, ressalvado o direito de exclusão por comunicação da optante.

Art. 80. O art. 21 da Lei n. 8.212, de 24 de julho de 1991, fica acrescido dos seguintes §§ 2º e 3º, passando o parágrafo único a vigorar como § 1º:

"Art. 21 ....

§ 2º É de 11% (onze por cento) sobre o valor correspondente ao limite mínimo mensal do salário-de-contribuição a alíquota de contribuição do segurado contribuinte individual que trabalhe por conta própria, sem relação de trabalho com empresa ou equiparado, e do segurado facultativo que optarem pela exclusão do direito ao benefício de aposentadoria por tempo de contribuição.

§ 3º O segurado que tenha contribuído na forma do § 2º deste artigo e pretenda contar o tempo de contribuição correspondente para fins de obtenção da aposentadoria por tempo de contribuição ou da contagem recíproca do tempo de contribuição a que se refere o art. 94 da Lei n. 8.213, de 24 de julho de 1991, deverá complementar a contribuição mensal mediante o recolhimento de mais 9% (nove por cento), acrescido dos juros moratórios de que trata o disposto no art. 34 desta Lei." (NR)

Art. 81. O art. 45 da Lei n. 8.212, de 24 de julho de 1991, passa a vigorar com as seguintes alterações:

"Art. 45...

§ 2º Para apuração e constituição dos créditos a que se refere o § 1º deste artigo, a Seguridade Social utilizará como base de incidência o valor da média aritmética simples dos maiores salários de contribuição, reajustados, correspondentes a 80% (oitenta por cento) de todo o período contributivo decorrido desde a competência julho de 1994.

....

§ 4º Sobre os valores apurados na forma dos §§ 2º e 3º deste artigo incidirão juros moratórios de 0,5% (zero vírgula cinco por cento) ao mês, capitalizados anualmente, limitados ao percentual máximo de 50% (cinquenta por cento), e multa de 10% (dez por cento).

....

§ 7º A contribuição complementar a que se refere o § 3º do art. 21 desta Lei será exigida a qualquer tempo, sob pena de indeferimento do benefício." (NR)

Art. 82. A Lei n. 8.213, de 24 de julho de 1991, passa a vigorar com as seguintes alterações:

Art. 9º...

§ 1º O Regime Geral de Previdência Social — RGPS garante a cobertura de todas as situações expressas no art. 1º desta Lei, exceto as de desemprego involuntário, objeto de lei específica, e de aposentadoria por tempo de contribuição para o trabalhador de que trata o § 2º do art. 21 da Lei n. 8.212, de 24 de julho de 1991..." (NR)

"Art...

I...

c) aposentadoria por tempo de contribuição;...

§ 3º O segurado contribuinte individual, que trabalhe por conta própria, sem relação de trabalho com empresa ou equiparado, e o segurado facultativo que contribuam na forma do § 2º do art. 21 da Lei n. 8.212, de 24 de julho de 1991, não farão jus à aposentadoria por tempo de contribuição." (NR)

"Art. 55...

§ 4º Não será computado como tempo de contribuição, para efeito de concessão do benefício de que trata esta subseção, o período em que o segurado contribuinte individual ou facultativo tiver contribuído na forma do § 2º do art. 21 da Lei n. 8.212, de 24 de julho de 1991, salvo se tiver complementado as contribuições na forma do § 3º do mesmo artigo." (NR)

Art. 83. O art. 94 da Lei n. 8.213, de 24 de julho de 1991, fica acrescido do seguinte § 2º, passando o parágrafo único a vigorar como § 1º:

"Art. 94...

§ 2º Não será computado como tempo de contribuição, para efeito dos benefícios previstos em regimes próprios de previdência social, o período em que o segurado contribuinte individual ou facultativo tiver contribuído na forma do § 2º do art. 21 da Lei n. 8.212, de 24 de julho de 1991, salvo se complementadas as contribuições na forma do § 3º do mesmo artigo." (NR)

Art. 84. O art. 58 da Consolidação das Leis do Trabalho — CLT, aprovada pelo Decreto-lei n. 5.452, de 1º de maio de 1943, passa a vigorar acrescido do seguinte § 3º:

"Art. 58. ....

§ 3º Poderão ser fixados, para as microempresas e empresas de pequeno porte, por meio de acordo ou convenção coletiva, em caso de transporte fornecido pelo empregador, em local de difícil acesso ou não servido por transporte público, o tempo médio despendido pelo empregado, bem como a forma e a natureza da remuneração." (NR)

Art. 85. (VETADO).

Art. 85-A. Caberá ao Poder Público Municipal designar Agente de Desenvolvimento para a efetivação do disposto nesta Lei Complementar, observadas as especificidades locais.

§ 1º A função de Agente de Desenvolvimento caracteriza-se pelo exercício de articulação das ações públicas para a promoção do desenvolvimento local e territorial, mediante ações locais ou comunitárias, individuais ou coletivas, que visem ao cumprimento das disposições e diretrizes contidas nesta Lei Complementar, sob supervisão do órgão gestor local responsável pelas políticas de desenvolvimento.

§ 2º O Agente de Desenvolvimento deverá preencher os seguintes requisitos:

I — residir na área da comunidade em que atuar;

II — haver concluído, com aproveitamento, curso de qualificação básica para a formação de Agente de Desenvolvimento; e

III — possuir formação ou experiência compatível com a função a ser exercida; *(Redação dada pela Lei Complementar n. 147, de 7.8.14, DOU 8.8.14)*

IV — ser preferencialmente servidor efetivo do Município; *(Redação dada pela Lei Complementar n. 147, de 7.8.14, DOU 8.8.14)*

§ 3º A Secretaria da Micro e Pequena Empresa da Presidência da República juntamente com as entidades municipalistas e de apoio e representação empresarial prestarão suporte aos referidos agentes na forma de capacitação, estudos e pesquisas, publicações, promoção de intercâmbio de informações e experiências. (NR)

Art. 86. As matérias tratadas nesta Lei Complementar que não sejam reservadas constitucionalmente a lei complementar poderão ser objeto de alteração por lei ordinária.

Art. 87. O § 1º do art. 3º da Lei Complementar n. 63, de 11 de janeiro de 1990, passa a vigorar com a seguinte redação:

"Art. 3º ....

§ 1º O valor adicionado corresponderá, para cada Município:

I — ao valor das mercadorias saídas, acrescido do valor das prestações de serviços, no seu território, deduzido o valor das mercadorias entradas, em cada ano civil;

II — nas hipóteses de tributação simplificada a que se refere o parágrafo único do art. 146 da Constituição Federal, e, em outras situações, em que se dispensem os controles de entrada, considerar-se-á como valor adicionado o percentual de 32% (trinta e dois por cento) da receita bruta. ...." (NR)

Art. 87-A. Os Poderes Executivos da União, Estados, Distrito Federal e Municípios expedirão, anualmente, até o dia 30 de novembro, cada um, em seus respectivos âmbitos de competência, decretos de consolidação da regulamentação aplicável relativamente às microempresas e empresas de pequeno porte. *(Redação dada pela Lei Complementar n. 147, de 7.8.14, DOU 8.8.14)*

Art. 88. Esta Lei Complementar entra em vigor na data de sua publicação, ressalvado o regime de tributação das microempresas e empresas de pequeno porte, que entra em vigor em 1º de julho de 2007.

Art. 89. Ficam revogadas, a partir de 1º de julho de 2007, a Lei n. 9.317, de 5 de dezembro de 1996, e a Lei n. 9.841, de 5 de outubro de 1999.

Brasília, 14 de dezembro de 2006; 185º da Independência e 118º da República.

Luiz Inácio Lula da Silva

Guido Mantega

Luiz Marinho

Luiz Fernando Furlan

Dilma Rousseff

INSTRUÇÃO NORMATIVA SIT/MTE N. 72, DE 5 DE DEZEMBRO 2007

DOU 6.12.07

ORIENTA OS AUDITORES-FISCAIS DO TRABALHO QUANTO A PROCEDIMENTOS A SEREM ADOTADOS NA FISCALIZAÇÃO, PARA QUE SEJA DISPENSADO ÀS MICROEMPRESAS E EMPRESAS DE PEQUENO PORTE O TRATAMENTO DIFERENCIADO DE QUE TRATA A LEI COMPLEMENTAR N. 123, DE 14 DE DEZEMBRO DE 2006

A SECRETÁRIA DE INSPEÇÃO DO TRABALHO, no exercício de sua competência, prevista no art. 14, XIII do Decreto n. 5.063, de 3 de maio de 2004, e de acordo com o disposto no art. 23, inciso IV do Regulamento da Inspeção do Trabalho, aprovado pelo Decreto n. 4.552, de 27 de dezembro de 2002, resolve:

Art. 1º. Consideram-se microempresa o empresário, a pessoa jurídica ou a ela equiparada que aufira, em cada ano-calendário, receita bruta igual ou inferior a R$ 240.000 (duzentos e quarenta mil reais) e empresa de pequeno porte aquela cuja receita bruta seja superior a R$ 240.000 (duzentos e quarenta mil reais) e inferior a R$ 2.400.000,00 (dois milhões e quatrocentos mil reais).

PARÁGRAFO ÚNICO. Não receberão tratamento diferenciado aqueles empregadores que se enquadrem nas hipóteses mencionadas no art. 3º, § 4º da Lei Complementar n. 123, de dezembro de 2006.

Art. 2º. O Auditor-Fiscal do Trabalho deverá verificar o porte econômico do empregador mediante consulta ao Cadastro Nacional de Pessoa Jurídica — CNPJ, por intermédio do sistema informatizado AUDITOR, para averiguar a existência de condição de microempresa ou empresa de pequeno porte.

Art. 3º. Na ação, o Auditor-Fiscal do Trabalho — AFT dispensará às microempresas e às empresas de pequeno porte tratamento diferenciado, mediante a adoção do critério de dupla visita para a lavratura de autos de infração, salvo quando constatada infração por falta de registro de empregado ou anotação da Carteira de Trabalho e Previdência Social — CTPS, ou, ainda, na ocorrência de reincidência, fraude, resistência ou embaraço à fiscalização.

Art. 4º. Caso a condição de microempresa ou empresa de pequeno porte beneficiária de tratamento diferenciado esteja demonstrada e confirmada na primeira visita, o AFT deverá se abster de notificar o empregador para apresentar documentos relativos às obrigações mencionadas no art. 5º.

Art. 5º. As microempresas e empresas de pequeno porte são dispensadas das seguintes obrigações:

I — art. 74 caput da Consolidação das Leis do Trabalho — CLT: afixação de Quadro de Horário de Trabalho em suas dependências;

II — art. 135, § 2º da CLT: anotação das férias dos empregados nos respectivos livros ou fichas de registro;

III — Art. 429 da CLT: empregar e matricular aprendizes nos cursos de aprendizagem;

IV — Art. 628 § 1º da CLT: possuir livro intitulado "Inspeção do Trabalho"; e

V — Art. 139 § 2º da CLT: comunicar ao Ministério do Trabalho e Emprego a concessão de férias coletivas.

Art. 6º. Esta Instrução Normativa entra em vigor na data de sua publicação.

Ruth Beatriz Vasconcelos Vilela

LEI N. 9.424, DE 24 DE DEZEMBRO DE 1996

DISPÕE SOBRE O FUNDO DE MANUTENÇÃO E DESENVOLVIMENTO DO ENSINO FUNDAMENTAL E DE VALORIZAÇÃO DO MAGISTÉRIO, NA FORMA PREVISTA NO ARTIGO 60, § 7º, DO ATO DAS DISPOSIÇÕES CONSTITUCIONAIS TRANSITÓRIAS, E DÁ OUTRAS PROVIDÊNCIAS

....

Art. 15. O Salário-Educação, previsto no art. 212, § 5º, da Constituição Federal e devido pelas empresas, na forma em que vier a ser disposto em regulamento, é calculado com base na alíquota de 2,5% (dois e meio por cento) sobre o total de remunerações pagas ou creditadas, a qualquer título, aos segurados empregados, assim definidos no artigo 12, inciso I, da Lei n. 8.212, de 24 de julho de 1991.

§ 1º O montante da arrecadação do Salário-Educação, após a dedução de 1% (um por cento) em favor do Instituto Nacional do Seguro Social — INSS, calculado sobre o valor por ele arrecadado, será distribuído pelo Fundo Nacional de Desenvolvimento da Educação — FNDE, observada, em 90% (noventa por cento) de seu valor, a arrecadação realizada em cada Estado e no Distrito Federal, em quotas, da seguinte forma:(...) *(Redação dada pela Lei n. 10.832, de 29.12.03, DOU 30.12.03)*

I — Quota Federal, correspondente a um terço do montante de recursos, que será destinada ao FNDE e aplicada no financiamento de programas e projetos voltados para a universalização do ensino fundamental, de forma a propiciar a redução dos desníveis socioeducacionais existentes entre Municípios, Estados, Distrito Federal e regiões brasileiras;

II — Quota Estadual e Municipal, correspondente a 2/3 (dois terços) do montante de recursos, que será creditada mensal e automaticamente em favor das Secretarias de Educação dos Estados, do Distrito Federal e dos Municípios para financiamento de programas, projetos e ações do ensino fundamental.(...) (NR) *(Redação dada pela Lei n. 10.832, de 29.12.03, DOU 30.12.03)*

§ 2º (Vetado).

§ 3º Os alunos regularmente atendidos, na data da edição desta Lei, como beneficiários da aplicação realizada pelas empresas contribuintes, no ensino fundamental dos seus empregados e dependentes, à conta de deduções da contribuição social do Salário-Educação, na forma da legislação em vigor, terão, a partir de 1º de janeiro de 1997, o benefício assegurado, respeitadas as condições em que foi concedido, e vedados novos ingressos nos termos do artigo 212, § 5º, da Constituição Federal.

....

Brasília, 24 de dezembro de 1996; 175º da Independência e 108º da República.

Fernando Henrique Cardoso
Paulo Renato Souza

LEI N. 9.766, DE 18 DE DEZEMBRO DE 1998

(DOU 19.12.98)

ALTERA A LEGISLAÇÃO QUE REGE O SALÁRIO-EDUCAÇÃO, E DÁ OUTRAS PROVIDÊNCIAS

O PRESIDENTE DA REPÚBLICA,

Faço saber que o Congresso Nacional decreta e eu sanciono a seguinte Lei:

Art. 1º A contribuição social do Salário-Educação, a que se refere o art. 15 da Lei n. 9.424, de 24 de dezembro de 1996, obedecerá aos mesmos prazos e condições, e sujeitar-se-á às mesmas sanções administrativas ou penais e outras normas relativas às contribuições sociais e demais importâncias devidas à Seguridade Social, ressalvada a competência do Fundo Nacional de Desenvolvimento da Educação (FNDE), sobre a matéria.

§ 1º Estão isentas do recolhimento da contribuição social do Salário-Educação:

I — a União, os Estados, o Distrito Federal e os Municípios, bem como suas respectivas autarquias e fundações;

II — as instituições públicas de ensino de qualquer grau;

III — as escolas comunitárias, confessionais ou filantrópicas, devidamente registradas e reconhecidas pelo competente órgão de educação, que atendam ao disposto no inciso II do art. 55 da Lei n. 8.212, de 24 de julho de 1991;

IV — as organizações de fins culturais que, para este fim, vierem a ser definidas em regulamento;

V — as organizações hospitalares e de assistência social, desde que atendam, cumulativamente, aos requisitos estabelecidos nos incisos I a V do art. 55 da Lei n. 8.212, de 1991.

§ 2º Integram a receita do Salário-Educação os acréscimos legais a que estão sujeitos os contribuintes em atraso.

§ 3º Entende-se por empresa, para fins de incidência da contribuição social do Salário-Educação, qualquer firma individual ou sociedade que assume o risco de atividade econômica, urbana ou rural, com fins lucrativos ou não, bem como as empresas e demais entidades públicas ou privadas, vinculadas à Seguridade Social.

Art. 2º A Quota Estadual e Municipal do Salário-Educação, de que trata o § 1º e seu inciso II do art. 15 da Lei n. 9.424, de 24 de dezembro de 1996, será integralmente redistribuída entre o Estado e seus Municípios de forma proporcional ao número de alunos matriculados no ensino fundamental nas respectivas redes de ensino, conforme apurado pelo censo educacional realizado pelo Ministério da Educação. (NR) *(Redação dada pela Lei n. 10.832, de 29.12.03, DOU 30.12.03)*

Art. 3º O Salário-Educação não tem caráter remuneratório na relação de emprego e não se vincula, para nenhum efeito, ao salário ou à remuneração percebida pelos empregados das empresas contribuintes.

Art. 4º A contribuição do Salário-Educação será recolhida ao Instituto Nacional do Seguro Social (INSS) ou ao FNDE.

PARÁGRAFO ÚNICO. O INSS reterá, do montante por ele arrecadado, a importância equivalente a um por cento, a título de taxa de administração, creditando o restante no Banco do Brasil S.A., em favor do FNDE, para os fins previstos no art. 15, § 1º, da Lei n. 9.424, de 1996.

Art. 5º A fiscalização da arrecadação do Salário-Educação será realizada pelo INSS, ressalvada a competência do FNDE sobre a matéria.

PARÁGRAFO ÚNICO. Para efeito da fiscalização prevista neste artigo, seja por parte do INSS, seja por parte do FNDE, não se aplicam as disposições legais excludentes ou limitativas do direito de examinar livros, arquivos, documentos, papéis e efeitos comerciais ou fiscais, dos comerciantes, empresários, industriais ou produtores, ou da obrigação destes de exibi-los.

Art. 6º As disponibilidades financeiras dos recursos gerenciados pelo FNDE, inclusive os arrecadados à conta do Salário-Educação, poderão ser aplicadas por intermédio de instituição financeira pública federal, na forma que vier a ser estabelecida pelo seu Conselho Deliberativo.

Art. 7º O Ministério da Educação e do Desporto fiscalizará, por intermédio do FNDE, a aplicação dos recursos provenientes do Salário-Educação, na forma do regulamento e das instruções que para este fim forem baixadas por aquela Autarquia, vedada sua destinação ao pagamento de pessoal.

Nota: A Lei n. 11.494, de 20.6.2007, DOU 22.6.2007, altera este artigo, que passa a vigorar com a seguinte redação:

"Art. 7º Compete ao FNDE, aos órgãos de controle interno do Poder Executivo e ao Tribunal de Contas da União, nos limite de suas atribuições, a fiscalização da aplicação da quota federal da contribuição social do salário-educação." Referido artigo não faz parte da Lei n. 11.494, de 20.6.07, que converteu a Medida Provisória n. 339, de 28.12.07, na mencionada lei.

Art. 8º. Os recursos do Salário-Educação podem ser aplicados na educação especial, desde que vinculada ao ensino fundamental público.

Nota: A Medida Provisória n. 339, de 28.12.2006, DOU 29.12.2006, altera este artigo, que passa a vigorar com a seguinte redação:

"Art. 8º Para os fins do disposto no § 5º do art. 212 da Constituição, desta Lei, da Lei n. 9.424, de 24 de dezembro de 1996, e das demais disposições aplicáveis, os recursos do salário-educação serão destinados à educação básica pública, incluindo educação especial e a educação de jovens e adultos na modalidade presencial com avaliação no processo, desde que vinculadas à rede pública de ensino." Referido artigo não faz parte da Lei n. 11.494, de 20.6.07, que converteu a Medida Provisória n. 339, de 28.12.07, na mencionada lei.

Art. 9º O Poder Executivo regulamentará esta Lei, no prazo de sessenta dias da data de sua publicação.

Nota: A Medida Provisória n. 339, de 28.12.2006, DOU 29.12.2006, altera este artigo, que passa a vigorar com a seguinte redação:

"Art. 9º É vedada a utilização dos recursos do salário-educação para o pagamento de pessoal e alimentação escolar, ou qualquer outra forma de assistência social, ressalvadas as despesas desta natureza no âmbito de programas de educação de jovens e adultos na modalidade presencial com avaliação no processo instituídos pelo Governo Federal. (NR)" Referido artigo não faz parte da Lei n. 11.494, de 20.6.07, que converteu a Medida Provisória n. 339, de 28.12.07, na mencionada lei.

Art. 10. Ficam convalidados os atos praticados com base na Medida Provisória n. 1.607-24, de 19 de novembro de 1998.

Art. 11. Esta Lei entra em vigor na data de sua publicação.

Art. 12. Revoga-se a Lei n. 8.150, de 28 de dezembro de 1990.

Brasília, 18 de dezembro de 1998; 177º da Independência e 110º da República.

Fernando Henrique Cardoso — Paulo Renato Souza

DECRETO N. 6.003, DE 28 DE DEZEMBRO DE 2006

(DOU 29.12.06)

REGULAMENTA A ARRECADAÇÃO, A FISCALIZAÇÃO E A COBRANÇA DA CONTRIBUIÇÃO SOCIAL DO SALÁRIO-EDUCAÇÃO, A QUE SE REFEREM O ART. 212, § 5º, DA CONSTITUIÇÃO, E AS LEIS NS. 9.424, DE 24 DE DEZEMBRO DE 1996, E 9.766, DE 18 DE DEZEMBRO DE 1998, E DÁ OUTRAS PROVIDÊNCIAS

O PRESIDENTE DA REPÚBLICA, no uso da atribuição que lhe confere o art. 84, inciso IV, da Constituição, e tendo em vista o disposto no art. 9º da Lei n. 9.766, de 18 de dezembro de 1998,

DECRETA:

Disposições Gerais

Art. 1º. A contribuição social do salário-educação obedecerá aos mesmos prazos, condições, sanções e privilégios relativos às contribuições sociais e demais importâncias devidas à Seguridade Social, aplicando-se-lhe, no que for cabível, as disposições legais e demais atos normativos atinentes às contribuições previdenciárias, ressalvada a competência do Fundo Nacional de Desenvolvimento da Educação — FNDE, sobre a matéria.

§ 1º A contribuição a que se refere este artigo será calculada com base na alíquota de dois inteiros e cinco décimos por cento, incidente sobre o total da remuneração paga ou creditada, a qualquer título, aos segurados empregados, ressalvadas as exceções legais, e será ar-

Legislação Complementar

recadada, fiscalizada e cobrada pela Secretaria da Receita Previdenciária.

§ 2º Entende-se por empregado, para fins do disposto neste Decreto, as pessoas físicas a que se refere o art. 12, inciso I, da Lei n. 8.212, de 24 de julho de 1991.

§ 3º Para os fins previstos no art. 3º da Lei n. 11.098, de 13 de janeiro de 2005, o FNDE é tratado como terceiro, equiparando-se às demais entidades e fundos para os quais a Secretaria da Receita Previdenciária realiza atividades de arrecadação, fiscalização e cobrança de contribuições.

Art. 2º. São contribuintes do salário-educação as empresas em geral e as entidades públicas e privadas vinculadas ao Regime Geral da Previdência Social, entendendo-se como tais, para fins desta incidência, qualquer firma individual ou sociedade que assuma o risco de atividade econômica, urbana ou rural, com fins lucrativos ou não, bem assim a sociedade de economia mista, a empresa pública e demais sociedades instituídas e mantidas pelo Poder Público, nos termos do art. 173, § 2º, da Constituição.

PARÁGRAFO ÚNICO. São isentos do recolhimento da contribuição social do salário-educação:

I — a União, os Estados, o Distrito Federal, os Municípios e suas respectivas autarquias e fundações;

II — as instituições públicas de ensino de qualquer grau;

III — as escolas comunitárias, confessionais ou filantrópicas, devidamente registradas e reconhecidas pelo competente órgão de educação, e que atendam ao disposto no inciso II do art. 55 da Lei n. 8.212, de 1991;

IV — as organizações de fins culturais que, para este fim, vierem a ser definidas em regulamento;

V — as organizações hospitalares e de assistência social, desde que atendam, cumulativamente, aos requisitos estabelecidos nos incisos I a V do art. 55 da Lei n. 8.212, de 1991;

Art. 3º. Cabe à Procuradoria-Geral Federal a representação judicial e extrajudicial do FNDE, inclusive a inscrição dos respectivos créditos em dívida ativa.

Art. 4º. Integram a receita da contribuição social do salário-educação os acréscimos legais a que estão sujeitos os contribuintes em atraso.

Art. 5º. A contribuição social do salário-educação não tem caráter remuneratório na relação de emprego e não se vincula, para nenhum efeito, ao salário ou à remuneração percebida pelos empregados das empresas contribuintes.

Art. 6º. Do montante arrecadado na forma do art. 1º deste Decreto será deduzida a remuneração da Secretaria da Receita Previdenciária, correspondente a um por cento, conforme previsto no art. 15, § 1º, da Lei n. 9.424, de 24 de dezembro de 1996.

Art. 7º. A Secretaria da Receita Previdenciária enviará ao FNDE as informações necessárias ao acompanhamento da arrecadação, fiscalização e repasse da contribuição social do salário-educação, inclusive quanto à sua participação nos parcelamentos e nos créditos inscritos em dívida ativa.

§ 1º Para fins do disposto no *caput* deste artigo, deverão ser encaminhados ao FNDE, em meio magnético ou eletrônico, os arquivos contendo as informações da Guia de Recolhimento do FGTS e Informações à Previdência Social — GFIP e Guia da Previdência Social — GPS, bem assim outras informações necessárias ao efetivo controle da arrecadação.

§ 2º Além das informações previstas no § 1º, deverão ser encaminhados mensalmente ao FNDE dados consolidados da arrecadação do salário-educação, discriminados por natureza de receita e por unidade da federação.

§ 3º A Secretaria da Receita Previdenciária prestará contas, anualmente, ao Conselho Deliberativo do FNDE, dos resultados da arrecadação da contribuição social do salário-educação, nos termos do art. 58 da Lei Complementar n. 101, de 4 de maio de 2000.

Art. 8º. A Secretaria da Receita Previdenciária disponibilizará ao FNDE, na Conta Única do Tesouro Nacional, o valor total arrecadado a título de salário-educação, na forma do art. 1º, deduzindo a remuneração a que se refere o art. 6º.

§ 1º A apuração de todos os valores arrecadados a título de salário-educação, inclusive os provenientes de créditos constituídos, incluídos ou não em parcelamentos, será feita a partir do primeiro dia útil do mês subsequente ao da arrecadação, devendo o montante apurado ser disponibilizado ao FNDE até o dia 10 do mesmo mês.

§ 2º O valor devido a título de salário-educação, arrecadado em decorrência do Programa de Recuperação Fiscal - REFIS, deverá ser disponibilizado ao FNDE até o dia 20 do mês subsequente ao da arrecadação.

Art. 9º. O montante recebido na forma do art. 8º será distribuído pelo FNDE, observada, em noventa por cento de seu valor, a arrecadação realizada em cada Estado e no Distrito Federal, em quotas, da seguinte forma:

I — quota federal, correspondente a um terço do montante dos recursos, será destinada ao FNDE e aplicada no financiamento de programas e projetos voltados para a universalização da educação básica, de forma a propiciar a redução dos desníveis socioeducacionais existentes entre Municípios, Estados, Distrito Federal e regiões brasileiras;

II — quota estadual e municipal, correspondente a dois terços do montante dos recursos, será creditada mensal e automaticamente em favor das Secretarias de Educação dos Estados, do Distrito Federal e em favor dos Municípios para financiamento de programas, projetos e ações voltadas para a educação básica.

§ 1º A quota estadual e municipal da contribuição social do salário-educação será integralmente redistribuída entre o Estado e seus Municípios de forma proporcional ao número de alunos matriculados na educação básica das respectivas redes de ensino no exercício anterior ao da distribuição, conforme apurado pelo censo educacional realizado pelo Ministério da Educação.

§ 2º O repasse da quota a que se refere o inciso II, decorrente da arrecadação recebida pelo FNDE até o dia 10 de cada mês, será efetuado até o vigésimo dia do mês do recebimento.

§ 3º O repasse da quota a que se refere o inciso II, decorrente da arrecadação recebida no FNDE após o dia 10 de cada mês, será efetuado até o vigésimo dia do mês subsequente ao do recebimento.

§ 4º Os dez por cento restantes do montante da arrecadação do salário-educação serão aplicados pelo FNDE em programas, projetos e ações voltadas para a universalização da educação básica, nos termos do § 5º do art. 212 da Constituição.

Art. 10. As ações fiscais e demais procedimentos tendentes à verificação da regularidade fiscal relativa ao salário-educação, inclusive para fins de expedição da certidão negativa de débito a que se refere o art. 257 do Decreto n. 3.048, de 6 de maio de 1999, serão realizados pela Secretaria da Receita Previdenciária, à qual competirá a expedição do documento.

§ 1º Sem prejuízo da competência prevista no art. 1º, § 1º, o FNDE poderá monitorar e fiscalizar o cumprimento das obrigações relativas ao salário-educação e, constatada inobservância de qualquer dispositivo, representará à Secretaria da Receita Previdenciária para as devidas providências.

§ 2º A partir da vigência deste Decreto, os contribuintes com mais de um estabelecimento e que estavam, até então, obrigados ao recolhimento direto do salário-educação por força do Decreto n. 4.943, de 30 de dezembro de 2003, deverão eleger como estabelecimento centralizador o mesmo que já houver sido informado para esse fim à Secretaria da Receita Previdenciária e manter nele toda a documentação de interesse da fiscalização, inclusive a relativa ao Sistema de Manutenção do Ensino Fundamental — SME.

§ 3º Os Auditores Fiscais da Secretaria da Receita Previdenciária e os técnicos do FNDE têm livre acesso à documentação necessária à consecução dos objetivos previstos neste artigo, não se aplicando para estes fins as disposições legais excludentes ou limitativas do direito de examinar livros, arquivos, documentos, papéis e efeitos comerciais ou fiscais dos comerciantes, empresários, industriais ou produtores, ou da obrigação destes de exibi-los.

Disposições Transitórias

Art. 11. O recolhimento da contribuição social do salário-educação será feito da seguinte forma:

I — os créditos relativos a competências de 01/2007 em diante, exclusivamente à Secretaria da Receita Previdenciária, por meio da GPS, juntamente com as contribuições previdenciárias e demais contribuições devidas a terceiros;

II — os créditos relativos a competências anteriores a 01/2007, não recolhidos no prazo regulamentar e pendentes de constituição, exclusivamente à Secretaria da Receita Previdenciária, por GPS com código de pagamento específico para o salário-educação;

III — os créditos relativos a competências anteriores a 01/2007, já constituídos pelo FNDE, exclusivamente por meio do Comprovante de Arrecadação Direta - CAD, até que se complete o processo de migração para a Secretaria da Receita Previdenciária, das bases necessárias à apropriação dos respectivos recebimentos, na forma que vier a ser estabelecida no ato de que trata o art. 12.

§ 1º Fica mantida a competência do FNDE sobre os créditos por ele constituídos, incluídos ou não em parcelamentos, relativos a competências anteriores a 01/2007, até que ocorra a migração para a Secretaria da Receita Previdenciária das bases de que trata o inciso III.

§ 2º Depois de concluída a migração a que se refere o inciso III, os créditos já constituídos pelo FNDE, incluídos ou não em parcelamentos, relativos a competências anteriores a 01/2007, serão recolhidos exclusivamente à Secretaria da Receita Previdenciária, por GPS, com código de pagamento específico para o salário-educação.

§ 3º Para o cumprimento do disposto no inciso I, o contribuinte informará na GFIP código de terceiros ímpar, cuja composição inclui o salário-educação, e para cumprimento do disposto nos incisos II e III e no § 2º não fará qualquer alteração nas GFIP já entregues, relativas àquelas competências, uma vez que as informações nelas contidas serviram de base para o repasse a terceiros da contribuição correspondente.

§ 4º Nos lançamentos de créditos de salário-educação relativos a competências anteriores a 01/2007 observar-se-á o disposto no art. 144 do Código Tributário Nacional, inclusive quanto ao preenchimento da GFIP, que deverá consignar código de terceiros par, que exclui o salário-educação de sua composição.

§ 5º O código de pagamento específico para o salário-educação a que se referem o inciso II e o § 2º será divulgado, com a devida antecedência, pelo FNDE, aos contribuintes sujeitos ao recolhimento direto daquela contribuição.

Art. 12. Os processos administrativo-fiscais decorrentes dos créditos a que se refere o inciso III do art. 11 serão transferidos para a Secretaria da Receita Previdenciária, na forma e prazo que vierem a ser definidos em ato conjunto a ser baixado pelo FNDE e por aquela Secretaria.

Disposições Finais

Art. 13. A Secretaria da Receita Previdenciária e a Procuradoria-Geral Federal ficam autorizadas, observada a área de competência, a baixar ato normativo para operacionalização das ações decorrentes deste Decreto.

Art. 14. Este Decreto entra em vigor na data de sua publicação.

Art. 15. Ficam revogados os Decretos ns. 3.142, de 16 de agosto de 1999, e 4.943, de 30 de dezembro de 2003.

Brasília, 28 de dezembro de 2006; 185º da Independência e 118º da República.

Luiz Inácio Lula da Silva
Fernando Haddad
Nelson Machado

LEI N. 8.212, DE 24 DE JULHO DE 1991

(DOU 25.7.91 E REPUBLICADA EM 11.4.096 E 14.8.98)
(Alterações decorrentes da Lei n. 11.941, de 27.5.09 DOU 28.5.09, art. 26)

V. Portaria n. 204, de 10 de julho de 2008, DOU 11.7.08 que dispõe sobre a emissão do Certificado de Regularidade Previdenciária — CRP e dá outras providências. (não publicada nesta obra)

DISPÕE SOBRE A ORGANIZAÇÃO DA SEGURIDADE SOCIAL, INSTITUI PLANO DE CUSTEIO, E DÁ OUTRAS PROVIDÊNCIAS

LEI ORGÂNICA DA SEGURIDADE SOCIAL

TÍTULO I

Conceituação e Princípios Constitucionais

Art. 1º A Seguridade Social compreende um conjunto integrado de ações de iniciativa dos poderes públicos e da sociedade, destinado a assegurar o direito relativo à saúde, à previdência e à assistência social.

PARÁGRAFO ÚNICO. A Seguridade Social obedecerá aos seguintes princípios e diretrizes:

a) universalidade da cobertura e do atendimento;

Legislação Complementar

b) uniformidade e equivalência dos benefícios e serviços às populações urbanas e rurais;

c) seletividade e distributividade na prestação dos benefícios e serviços;

d) irredutibilidade do valor dos benefícios;

e) equidade na forma de participação no custeio;

f) diversidade da base de financiamento;

g) caráter democrático e descentralizado da gestão administrativa com a participação da comunidade, em especial de trabalhadores, empresários e aposentados.

TÍTULO II

Da Saúde

Art. 2º A Saúde é direito de todos e dever do Estado, garantido mediante políticas sociais e econômicas que visem à redução do risco de doença e de outros agravos e ao acesso universal e igualitário às ações e serviços para sua promoção, proteção e recuperação.

PARÁGRAFO ÚNICO. As atividades de saúde são de relevância pública e sua organização obedecerá aos seguintes princípios e diretrizes:

a) acesso universal e igualitário;

b) provimento das ações e serviços através de rede regionalizada e hierarquizada, integrados em sistema único;

c) descentralização, com direção única em cada esfera de governo;

d) atendimento integral, com prioridade para as atividades preventivas;

e) participação da comunidade na gestão, fiscalização e acompanhamento das ações e serviços de saúde;

f) participação da iniciativa privada na assistência à saúde, obedecidos os preceitos constitucionais.

TÍTULO III

Da Previdência Social

Art. 3º A Previdência Social tem por fim assegurar aos seus beneficiários meios indispensáveis de manutenção, por motivo de incapacidade, idade avançada, tempo de serviço, desemprego involuntário, encargos de família e reclusão ou morte daqueles de quem dependiam economicamente.

PARÁGRAFO ÚNICO. A organização da Previdência Social obedecerá aos seguintes princípios e diretrizes:

a) universalidade de participação nos planos previdenciários, mediante contribuição;

b) valor da renda mensal dos benefícios, substitutos do salário de contribuição ou do rendimento do trabalho do segurado, não inferior ao do salário mínimo;

c) cálculo dos benefícios considerando-se os salários-de-contribuição, corrigidos monetariamente;

d) preservação do valor real dos benefícios;

e) previdência complementar facultativa, custeada por contribuição adicional.

TÍTULO IV

Da Assistência Social

Art. 4º A Assistência Social é a política social que provê o atendimento das necessidades básicas, traduzidas em proteção à família, à maternidade, à infância, à adolescência, à velhice e à pessoa portadora de deficiência, independentemente de contribuição à Seguridade Social.

PARÁGRAFO ÚNICO. A organização da Assistência Social obedecerá às seguintes diretrizes:

a) descentralização político-administrativa;

b) participação da população na formulação e controle das ações em todos os níveis.

....

TÍTULO VI

Do Financiamento da Seguridade Social

INTRODUÇÃO

Art. 10. A Seguridade Social será financiada por toda sociedade, de forma direta e indireta, nos termos do art. 195 da Constituição Federal e desta Lei, mediante recursos provenientes da União, dos Estados, do Distrito Federal, dos Municípios e de contribuições sociais.

Art. 11. No âmbito federal, o orçamento da Seguridade Social é composto das seguintes receitas:

I — receitas da União;

II — receitas das contribuições sociais;

III — receitas de outras fontes.

PARÁGRAFO ÚNICO. Constituem contribuições sociais:

a) as das empresas, incidentes sobre a remuneração paga ou creditada aos segurados a seu serviço; (Vide art. 104 da lei n. 11.196, de 21.11.05, DOU 22.11.05)

b) as dos empregadores domésticos;

c) as dos trabalhadores, incidentes sobre o seu salário de contribuição; art. 104 da lei n. 11.196, de 21.11.05, DOU 22.11.05)

d) as das empresas, incidentes sobre faturamento e lucro;

e) as incidentes sobre a receita de concursos de prognósticos.

CAPÍTULO I

Dos Contribuintes

SEÇÃO I

Dos Segurados

Art. 12. São segurados obrigatórios da Previdência Social as seguintes pessoas físicas:

I — como empregado:

a) aquele que presta serviço de natureza urbana ou rural à empresa, em caráter não eventual, sob sua subordinação e mediante remuneração, inclusive como diretor empregado;

b) aquele que, contratado por empresa de trabalho temporário, definida em legislação específica, presta serviço para atender a necessidade transitória de substituição de pessoal regular e permanente ou a acréscimo extraordinário de serviços de outras empresas;

c) o brasileiro ou estrangeiro domiciliado e contratado no Brasil para trabalhar como empregado em sucursal ou agência de empresa nacional no exterior;

d) aquele que presta serviço no Brasil a missão diplomática ou a repartição consular de carreira estrangeira e a órgãos a ela subordinados, ou a membros dessas missões e repartições, excluídos o não-brasileiro sem residência permanente no Brasil e o brasileiro amparado pela legislação previdenciária do país da respectiva missão diplomática ou repartição consular;

e) o brasileiro civil que trabalha para a União, no exterior, em organismos oficiais brasileiros ou internacionais dos quais o Brasil seja membro efetivo, ainda que lá domiciliado e contratado, salvo se segurado na forma da legislação vigente do país do domicílio;

f) o brasileiro ou estrangeiro domiciliado e contratado no Brasil para trabalhar como empregado em empresa domiciliada no exterior, cuja maioria do capital votante pertença a empresa brasileira de capital nacional;

g) o servidor público ocupante de cargo em comissão, sem vínculo efetivo com a União, Autarquias, inclusive em regime especial, e Fundações Públicas Federais; *(Alínea acrescentada pela Lei n. 8.647, de 13.4.93, DOU 14.4.93)*

h) *(Execução suspensa pela Resolução do Senado Federal n. 26, de 2005)*

i) o empregado de organismo oficial internacional ou estrangeiro em funcionamento no Brasil, salvo quando coberto por regime próprio de previdência social; *(Acrescentado pela Lei n. 9.876, de 26.11.99, DOU 29.11.99, ed. extra).*

j) o exercente de mandato eletivo federal, estadual ou municipal, desde que não vinculado a regime próprio de previdência social; *(Acrescentado pela Lei n. 10.887, de 18.6.04, DOU 21.6.04).*

II — como empregado doméstico: aquele que presta serviço de natureza contínua a pessoa ou família, no âmbito residencial desta, em atividades sem fins lucrativos;

III — *(Revogado pela Lei n. 9.876, de 26.11.99, DOU 29.11.99, ed. extra).*

IV — *(Revogado pela Lei n. 9.876, de 26.11.99, DOU 29.11.99, ed. extra)..*

V — como contribuinte individual: *(Redação dada pela Lei n. 9.876, de 26.11.99, DOU 29.11.99, ed. extra).*

a) a pessoa física, proprietária ou não, que explora atividade agropecuária, a qualquer título, em caráter permanente ou temporário, em área superior a 4 (quatro) módulos fiscais; ou, quando em área igual ou inferior a 4 (quatro) módulos fiscais ou atividade pesqueira, com auxílio de empregados ou por intermédio de prepostos; ou ainda nas hipóteses dos §§ 10 e 11 deste artigo; *(Redação dada pela Lei n. 11.718, de 20.6.08, DOU 23.6.08).*

b) a pessoa física, proprietária ou não, que explora atividade de extração mineral — garimpo, em caráter permanente ou temporário, diretamente ou por intermédio de prepostos, com ou sem o auxílio de empregados, utilizados a qualquer título, ainda que de forma não contínua; *(Redação dada pela Lei n. 9.876, de 26.11.99, DOU 29.11.99, ed. extra).*

c) o ministro de confissão religiosa e o membro de instituto de vida consagrada, de congregação ou de ordem religiosa; *(Redação dada pela Lei n. 10.403, de 2002).*

d) revogada; *(Redação dada pela Lei n. 9.876, de 26.11.99, DOU 29.11.99, ed. extra).*

e) o brasileiro civil que trabalha no exterior para organismo oficial internacional do qual o Brasil é membro efetivo, ainda que lá domiciliado e contratado, salvo quando coberto por regime próprio de previdência social; *(Redação dada pela Lei n. 9.876, de 26.11.99, DOU 29.11.99, ed. extra).*

f) o titular de firma individual urbana ou rural, o diretor não empregado e o membro de conselho de administração de sociedade anônima, o sócio solidário, o sócio de indústria, o sócio gerente e o sócio cotista que recebam remuneração decorrente de seu trabalho em empresa urbana ou rural, e o associado eleito para cargo de direção em cooperativa, associação ou entidade de qualquer natureza ou finalidade, bem como o síndico ou administrador eleito para exercer atividade de direção condominial, desde que recebam remuneração; *(Acrescentado pela Lei n. 9.876, de 26.11.99, DOU 29.11.99, ed. extra).*

g) quem presta serviço de natureza urbana ou rural, em caráter eventual, a uma ou mais empresas, sem relação de emprego; *(Acrescentado pela Lei n. 9.876, de 26.11.99, DOU 29.11.99, ed. extra).*

h) a pessoa física que exerce, por conta própria, atividade econômica de natureza urbana, com fins lucrativos ou não; *(Acrescentado pela Lei n. 9.876, de 26.11.99, DOU 29.11.99, ed. extra).*

VI — como trabalhador avulso: quem presta, a diversas empresas, sem vínculo empregatício, serviços de natureza urbana ou rural definidos no regulamento;

VII — como segurado especial: a pessoa física residente no imóvel rural ou em aglomerado urbano ou rural próximo a ele que, individualmente ou em regime de economia familiar, ainda que com o auxílio eventual de terceiros a título de mútua colaboração, na condição de: *(Redação dada pela Lei n. 11.718, de 20.6.08, DOU 23.6.08).).*

a) produtor, seja proprietário, usufrutuário, possuidor, assentado, parceiro ou meeiro outorgados, comodatário ou arrendatário rurais, que explore atividade: *(Acrescentado pela Lei n. 11.718, de 20.6.08, DOU 23.6.08).*

1. agropecuária em área de até 4 (quatro) módulos fiscais; ou *(Acrescentado pela Lei n. 11.718, de 20.6.08, DOU 23.6.08)*

2. de seringueiro ou extrativista vegetal que exerça suas atividades nos termos do inciso XII do caput do art. 2o da Lei no 9.985, de 18 de julho de 2000, e faça dessas atividades o principal meio de vida; *(Acrescentado pela Lei n. 11.718, de de 20.6.08, DOU 23.6.08).*

b) pescador artesanal ou a este assemelhado, que faça da pesca profissão habitual ou principal meio de vida; e *(Acrescentado pela Lei n. 11.718, de 20.6.08, DOU 23.6.08).*

c) cônjuge ou companheiro, bem como filho maior de 16 (dezesseis) anos de idade ou a este equiparado, do segurado de que tratam as alíneas *a* e *b* deste inciso, que, comprovadamente, trabalhem com o grupo familiar respectivo. *(Acrescentado pela Lei n. 11.718, de 20.6.08, DOU 23.6.08).*

§ 1º Entende-se como regime de economia familiar a atividade em que o trabalho dos membros da família é indispensável à própria subsistência e ao desenvolvimento socioeconômico do núcleo familiar e é exercido em condições de mútua dependência e colaboração, sem a utilização de empregados permanentes. *(Redação dada pela Lei n. 11.718, de 20.6.08, DOU 23.6.08)*

§ 2º Todo aquele que exercer, concomitantemente, mais de uma atividade remunerada sujeita ao Regime Geral de Previdência Social é obrigatoriamente filiado em relação a cada uma delas.

§ 3º (Revogado): *(Redação dada pela Lei n. 11.718, de 20.6.08, DOU 23.6.08).*

I — (revogado); *(Redação dada pela Lei n. 11.718, de 20.6.08, DOU 23.6.08).*

II — (revogado). *(Redação dada pela Lei n. 11.718, de 20.6.08, DOU 23.6.08).*

§ 4º O aposentado pelo Regime Geral de Previdência Social-RGPS que estiver exercendo ou que voltar a exercer atividade abrangida por este Regime é segurado obrigatório em relação a essa atividade, ficando sujeito às contribuições de que trata esta Lei, para fins de custeio da Seguridade Social. *(Parágrafo acrescentado pela Lei n. 9.032, de 28.4.95, DOU 29.4.95).*

§ 5º O dirigente sindical mantém, durante o exercício do mandato eletivo, o mesmo enquadramento no Regime Geral de Previdência Social-RGPS de antes da investidura. *(Parágrafo acrescentado pela Lei n. 9.528, de 10.12.97, DOU 11.12.97)*

§ 6º Aplica-se o disposto na alínea *g* do inciso I do *caput* ao ocupante de cargo de Ministro de Estado, de Secretário Estadual, Distrital ou Municipal, sem vínculo efetivo com a União, Estados, Distrito Federal e Municípios, suas autarquias, ainda que em regime especial, e fundações. *(Acrescentado pela Lei n. 9.876, de 26.11.99, DOU 29.11.99, ed. extra).*

§ 7º Para serem considerados segurados especiais, o cônjuge ou companheiro e os filhos maiores de 16 (dezesseis) anos ou os a estes equiparados deverão ter participação ativa nas atividades rurais do grupo familiar. *(Acrescentado pela Lei n. 11.718, de 20.6.08, DOU 23.6.08)*

§ 8º O grupo familiar poderá utilizar-se de empregados contratados por prazo determinado ou trabalhador de que trata a alínea *g* do inciso V do caput deste artigo, à razão de no máximo 120 (cento e vinte) pessoas por dia no ano civil, em períodos corridos ou intercalados ou, ainda, por tempo equivalente em horas de trabalho, não sendo computado nesse prazo o período de afastamento em decorrência da percepção de auxílio-doença. *(Redação dada pela Lei n. 12.873, de 2013)*

§ 9º Não descaracteriza a condição de segurado especial: *(Acrescentado pela Lei n. 11.718, de 20.6.08, DOU 23.6.08)*

I — a outorga, por meio de contrato escrito de parceria, meação ou comodato, de até 50% (cinquenta por cento) de imóvel rural cuja área total não seja superior a 4 (quatro) módulos fiscais, desde que outorgante e outorgado continuem a exercer a respectiva atividade, individualmente ou em regime de economia familiar; *(Incluído pela Lei n. 11.718, de 20.6.08, DOU 23.6.08).).*

II — a exploração da atividade turística da propriedade rural, inclusive com hospedagem, por não mais de 120 (cento e vinte) dias ao ano; *(Incluído pela Lei n. 11.718, de 20.6.08, DOU 23.6.08).*

III — a participação em plano de previdência complementar instituído por entidade classista a que seja associado, em razão da condição de trabalhador rural ou de produtor rural em regime de economia familiar; *(Acrescentado pela Lei n. 11.718, de 20.6.08, DOU 23.6.08).*

IV — ser beneficiário ou fazer parte de grupo familiar que tem algum componente que seja beneficiário de programa assistencial oficial de governo; *(Acrescentado pela Lei n. 11.718, de 20.6.08, DOU 23.6.08).*

V — a utilização pelo próprio grupo familiar, na exploração da atividade, de processo de beneficiamento ou industrialização artesanal, na forma do § 11 do art. 25 desta Lei; e *(Acrescentado pela Lei n. 11.718, de 20.6.08, DOU 23.6.08).*

VI — a associação em cooperativa agropecuária; e *(Redação dada pela Lei n. 12.873, de 24.10.13, DOU 25.10.13)*

VII — a incidência do Imposto Sobre Produtos Industrializados — IPI sobre o produto das atividades desenvolvidas nos termos do § 14 deste artigo. *(Incluído pela Lei n. 12.873, de 2013) (Produção de efeito)*

§ 10. Não é segurado especial o membro de grupo familiar que possuir outra fonte de rendimento, exceto se decorrente de: *(Acrescentado pela Lei n. 11.718, de 20.6.08, DOU 23.6.08).*

I — benefício de pensão por morte, auxílio-acidente ou auxílio-reclusão, cujo valor não supere o do menor benefício de prestação continuada da Previdência Social; *(Acrescentado pela Lei n. 11.718, de 20.6.08, DOU 23.6.08).*

II — benefício previdenciário pela participação em plano de previdência complementar instituído nos termos do inciso IV do § 9o deste artigo; *(Acrescentado pela Lei n. 11.718, de 20.6.08, DOU 23.6.08).*

III — exercício de atividade remunerada em período não superior a 120 (cento e vinte) dias, corridos ou intercalados, no ano civil, observado o disposto no § 13 deste artigo; *(Redação dada pela Lei n. 12.873, de 24.10.13, DOU 25.10.13)*

IV — exercício de mandato eletivo de dirigente sindical de organização da categoria de trabalhadores rurais; *(Acrescentado pela Lei n. 11.718, de 20.6.08, DOU 23.6.08.*

V — exercício de mandato de vereador do município onde desenvolve a atividade rural, ou de dirigente de cooperativa rural constituída exclusivamente por segurados especiais, observado o disposto no § 13 deste artigo; *(Acrescentado pela Lei n. 11.718, de 20.6.08, DOU 23.6.08).*

VI — parceria ou meação outorgada na forma e condições estabelecidas no inciso I do § 9º deste artigo; *(Acrescentado pela Lei n. 11.718, de 20.6.08, DOU 23.6.08).*

VII — atividade artesanal desenvolvida com matéria-prima produzida pelo respectivo grupo familiar, podendo ser utilizada matéria-prima de outra origem, desde que a renda mensal obtida na atividade não exceda ao menor benefício de prestação continuada da Previdência Social; e *(Acrescentado pela Lei n. 11.718, de 20.6.08, DOU 23.6.08).*

VIII — atividade artística, desde que em valor mensal inferior ao menor benefício de prestação continuada da Previdência Social. *(Acrescentado Lei n. 11.718, de 20.6.08, DOU 23.6.08).*

§ 11. O segurado especial fica excluído dessa categoria: *(Acrescentado pela Lei n. 11.718, de 20.6.08, DOU 23.6.08).*

I — a contar do primeiro dia do mês em que: *(Acrescentado pela Lei n. 11.718, de 20.6.08, DOU 23.6.08).*

a) deixar de satisfazer as condições estabelecidas no inciso VII do caput deste artigo, sem prejuízo do disposto no art. 15 da Lei n. 8.213, de 24 de julho de 1991, ou exceder qualquer dos limites estabelecidos no inciso I do § 9º deste artigo; *(Acrescentado pela Lei n. 11.718, de 20.6.08, DOU 23.6.08).*

b) enquadrar-se em qualquer outra categoria de segurado obrigatório do Regime Geral de Previdência Social, ressalvado o disposto nos incisos III, V, VII e VIII do § 10 e no § 14 deste artigo, sem prejuízo do disposto no art. 15 da Lei n. 8.213, de 24 de julho de 1991; *(Redação dada pela Lei n. 12.873, de 24.10.13, DOU 25.10.13)*

c) tornar-se segurado obrigatório de outro regime previdenciário; e *(Redação dada pela Lei n. 12.873, de 24.10.13, DOU 25.10.13)*

d) participar de sociedade empresária, de sociedade simples, como empresário individual ou como titular de empresa individual de responsabilidade limitada em desacordo com as limitações impostas pelo § 14 deste artigo; *(Acrescentado pela Lei n. 12.873, de 2013, DOU 24.10.13, DOU 25.10.13)*

II — a contar do primeiro dia do mês subsequente ao da ocorrência, quando o grupo familiar a que pertence exceder o limite de: *(Acrescentado pela Lei n. 11.718, de 20.6.08, DOU 23.6.08).*

a) utilização de trabalhadores nos termos do § 8º deste artigo; *(Incluído pela Lei n. 11.718, de 20.6.08, DOU 23.6.08).*

b) dias em atividade remunerada estabelecidos no inciso III do § 10 deste artigo; e *(Acrescentado pela Lei n. 11.718, de 20.6.08, DOU 23.6.08).*

c) dias de hospedagem a que se refere o inciso II do § 9o deste artigo. *(Acrescentado pela Lei n. 11.718, de 20.6.08, DOU 23.6.08).*

§ 12. Aplica-se o disposto na alínea *a* do inciso V do caput deste artigo ao cônjuge ou companheiro do produtor que participe da atividade rural por este explorada. *(Acrescentado pela Lei n. 11.718, de 20.6.08, DOU 23.6.08).*

§ 13. O disposto nos incisos III e V do § 10 e no § 14 deste artigo não dispensa o recolhimento da contribuição devida em relação ao exercício das atividades de que tratam os referidos dispositivos. *(Redação dada pela Lei n. 12.873, de 24.10.13, DOU 25.10.13)*

§ 14. A participação do segurado especial em sociedade empresária, em sociedade simples, como empresário individual ou como titular de empresa individual de responsabilidade limitada de objeto ou âmbito agrícola, agroindustrial ou agroturístico, considerada microempresa nos termos da Lei Complementar n. 123, de 14 de dezembro de 2006, não o exclui de tal categoria previdenciária, desde que, mantido o exercício da sua atividade rural na forma do inciso VII do caput e do § 1º, a pessoa jurídica componha-se apenas de segurados de igual natureza e sedie-se no mesmo Município ou em Município limítrofe àquele em que eles desenvolvam suas atividades. *(Acrescentado pela Lei n. 12.873, de 24.10.13, DOU 25.10.13)*

§ 15. (VETADO). *(Incluído pela Lei n. 12.873, de 24.10.13, DOU 25.10.13)*

Art. 13. O servidor civil ocupante de cargo efetivo ou o militar da União, dos Estados, do Distrito Federal ou dos Municípios, bem como o das respectivas autarquias e fundações, são excluídos do Regime Geral de Previdência Social consubstanciado nesta Lei, desde que amparados por regime próprio de previdência social. *(Redação dada pela Lei n. 9.876, de 26.11.99, DOU 29.11.99, ed. extra).*

§ 1º Caso o servidor ou o militar venham a exercer, concomitantemente, uma ou mais atividades abrangidas pelo Regime Geral de Previdência Social, tornar-se-ão segurados obrigatórios em relação a essas atividades. *(Acrescentado pela Lei n. 9.876, de 26.11.99, DOU 29.11.99, ed. extra).*

§ 2º Caso o servidor ou o militar, amparados por regime próprio de previdência social, sejam requisitados para outro órgão ou entidade cujo regime previdenciário não permita a filiação nessa condição, permanecerão vinculados ao regime de origem, obedecidas as regras que cada ente estabeleça acerca de sua contribuição. *(Acrescentado pela Lei n. 9.876, de 26.11.99, DOU 29.11.99, ed. extra).*

Art. 14. É segurado facultativo o maior de 14 (quatorze) anos de idade que se filiar ao Regime Geral de Previdência Social, mediante contribuição, na forma do art. 21, desde que não incluído nas disposições do art. 12.

SEÇÃO II
Da Empresa e do Empregador Doméstico

Art. 15. Considera-se:

I — empresa — a firma individual ou sociedade que assume o risco de atividade econômica urbana ou rural, com fins lucrativos ou não, bem como os órgãos e entidades da administração pública direta, indireta e fundacional;

II — empregador doméstico — a pessoa ou família que admite a seu serviço, sem finalidade lucrativa, empregado doméstico.

PARÁGRAFO ÚNICO. Equipara-se a empresa, para os efeitos desta Lei, o contribuinte individual em relação a segurado que lhe presta serviço, bem como a cooperativa, a associação ou entidade de qualquer natureza ou finalidade, a missão diplomática e a repartição consular de carreira estrangeiras. *(Redação dada pela Lei n. 9.876, de 26.11.99, DOU 29.11.99, ed. extra).*

CAPÍTULO II
DA CONTRIBUIÇÃO DA UNIÃO

Art. 16. A contribuição da União é constituída de recursos adicionais do Orçamento Fiscal, fixados obrigatoriamente na lei orçamentária anual.

PARÁGRAFO ÚNICO. A União é responsável pela cobertura de eventuais insuficiências financeiras da Seguridade Social, quando decorrentes do pagamento de benefícios de prestação continuada da Previdência Social, na forma da Lei Orçamentária Anual.

Art. 17. Para pagamento dos encargos previdenciários da União, poderão contribuir os recursos da Seguridade Social referidos na alínea "d" do Parágrafo único do art. 11 desta Lei, na forma da Lei Orçamentária anual, assegurada a destinação de recursos para as ações desta Lei de Saúde e Assistência Social. *(Redação dada pela Lei n. 9.711, de 20.11.98, DOU 21.11.98).*

Art. 18. Os recursos da Seguridade Social referidos nas alíneas "a", "b", "c" e "d" do Parágrafo único do art. 11 desta Lei poderão contribuir, a partir do exercício de 1992, para o financiamento das despesas com pessoal e administração geral apenas do Instituto Nacional do Seguro Social-INSS, do Instituto Nacional de Assistência Médica da Previdência Social-INAMPS, da Fundação Legião Brasileira de Assistência-LBA e da Fundação Centro Brasileira para Infância e Adolescência.

Art. 19. O Tesouro Nacional repassará mensalmente recursos referentes às contribuições mencionadas nas alíneas "d" e "e" do Parágrafo único do art. 11 desta Lei, destinados à execução do Orçamento da Seguridade Social. *(Redação dada pela Lei n. 9.711, de 20.11.98, DOU 21.11.98).*

§ 1º Decorridos os prazos referidos no caput deste artigo, as dotações a serem repassadas sujeitar-se-ão a atualização monetária segundo os mesmos índices utilizados para efeito de correção dos tributos da União.

§ 2º Os recursos oriundos da majoração das contribuições previstas nesta Lei ou da criação de novas contribuições destinadas à Seguridade Social somente poderão ser utilizados para atender as ações nas áreas de saúde, previdência e assistência social.

CAPÍTULO III
Da Contribuição do Segurado
SEÇÃO I
Da Contribuição dos Segurados Empregado, Empregado Doméstico e Trabalhador Avulso

Art. 20. A contribuição do empregado, inclusive o doméstico, e a do trabalhador avulso é calculada mediante a aplicação da correspondente alíquota sobre o seu salário de contribuição mensal, de forma não cumulativa, observado o disposto no art. 28, de acordo com a seguinte tabela: *(Redação dada pela Lei n. 9.032, de 28.4.95, DOU 29.4.95).*

Salário de contribuição	Alíquota em %
até 249,80	8,00
de 249,81 até 416,33	9,00
de 416,34 até 832,66	11,00

(Valores e alíquotas dados pela Lei n. 9.129, de 20.11.95) 4

Legislação Complementar

§ 1º Os valores do salário de contribuição serão reajustados, a partir da data de entrada em vigor desta Lei, na mesma época e com os mesmos índices que os do reajustamento dos benefícios de prestação continuada da Previdência Social. *(Redação dada pela Lei n. 8.620, de 5.1.93, DOU 6.1.93)*

§ 2º O disposto neste artigo aplica-se também aos segurados empregados e trabalhadores avulsos que prestem serviços a microempresas. *(Parágrafo acrescentado pela Lei n. 8.620, de 5.1.93, DOU 6.1.93)*

SEÇÃO II

Da Contribuição dos Segurados Contribuinte Individual e Facultativo

(Redação dada pela Lei n. 9.876, de 26.11.99, DOU 29.11.99, ed. extra).

Art. 21. A alíquota de contribuição dos segurados, contribuinte individual e facultativo será de vinte por cento sobre o respectivo salário de contribuição.

I — revogado;

II — revogado.

§ 1º Os valores do salário de contribuição serão reajustados, a partir da data de entrada em vigor desta Lei, na mesma época e com os mesmos índices que os do reajustamento dos benefícios de prestação continuada da Previdência Social. *(Redação dada pela Lei n. 9.711, de 20.11.98, DOU 21.11.98). (Renumerado pela Lei Complementar n. 123, de 2006).*

§ 2º No caso de opção pela exclusão do direito ao benefício de aposentadoria por tempo de contribuição, a alíquota de contribuição incidente sobre o limite mínimo mensal do salário de contribuição será de: *(Redação dada pela Lei n. 12.470, de 31.8.11, DOU 1.9.11)*

I — 11% (onze por cento), no caso do segurado contribuinte individual, ressalvado o disposto no inciso II, que trabalhe por conta própria, sem relação de trabalho com empresa ou equiparado e do segurado facultativo, observado o disposto na alínea *b* do inciso II deste parágrafo; *(Acrescentado pela Lei n. 12.470, de 31.8.11, DOU 1.9.11)*

II — 5% (cinco por cento): *(Acrescentado pela Lei n. 12.470, de 31.8.11, DOU 1.9.11)*

a) no caso do microempreendedor individual, de que trata o *art. 18-A da Lei Complementar no 123, de 14 de dezembro de 2006*; e *(Acrescentado pela Lei n. 12.470, de 31.8.11, DOU 1.9.11)*

b) do segurado facultativo sem renda própria que se dedique exclusivamente ao trabalho doméstico no âmbito de sua residência, desde que pertencente a família de baixa renda. *(Incluído pela Lei n. 12.470, de 31.8.11, DOU 1.9.11)*

§ 3º O segurado que tenha contribuído na forma do § 2º deste artigo e pretenda contar o tempo de contribuição correspondente para fins de obtenção da aposentadoria por tempo de contribuição ou da contagem recíproca do tempo de contribuição a que se refere o *art. 94 da Lei n. 8.213, de 24 de julho de 1991*, deverá complementar a contribuição mensal mediante recolhimento, sobre o valor correspondente ao limite mínimo mensal do salário de contribuição em vigor na competência a ser complementada, da diferença entre o percentual pago e o de 20% (vinte por cento), acrescido dos juros moratórios de que trata o *§ 3º do art. 5º da Lei n. 9.430, de 27 de dezembro de 1996*. *(Redação dada pela Lei n. 12.470, de 31.8.11, DOU 1.9.11)*

§ 4º Considera-se de baixa renda, para os fins do disposto na alínea *b* do inciso II do § 2º deste artigo, a família inscrita no Cadastro Único para Programas Sociais do Governo Federal — CadÚnico cuja renda mensal seja de até 2 (dois) salários mínimos. *(Redação dada pela Lei n. 12.470, de 31.8.11, DOU 1.9.11)*

§ 5º A contribuição complementar a que se refere o § 3º deste artigo será exigida a qualquer tempo, sob pena de indeferimento do benefício. *(Incluído pela Lei n. 12.507, de 11.10.11, DOU 13.10.11)*

CAPÍTULO IV

Da Contribuição da Empresa

Art. 22. A contribuição a cargo da empresa, destinada à Seguridade Social, além do disposto no art. 23, é de:

I — vinte por cento sobre o total das remunerações pagas, devidas ou creditadas a qualquer título, durante o mês, aos segurados empregados e trabalhadores avulsos que lhe prestem serviços, destinadas a retribuir o trabalho, qualquer que seja a sua forma, inclusive as gorjetas, os ganhos habituais sob a forma de utilidades e os adiantamentos decorrentes de reajuste salarial, quer pelos serviços efetivamente prestados, quer pelo tempo à disposição do empregador ou tomador de serviços, nos termos da lei ou do contrato ou, ainda, de convenção ou acordo coletivo de trabalho ou sentença normativa. *(Redação dada pela Lei n. 9.876, de 26.11.99, DOU 29.11.99, ed. extra).*

II — para o financiamento do benefício previsto nos *arts. 57* e *58 da Lei n. 8.213, de 24 de julho de 1991*, e daqueles concedidos em razão do grau de incidência de incapacidade laborativa decorrente dos riscos ambientais do trabalho, sobre o total das remunerações pagas ou creditadas, no decorrer do mês, aos segurados empregados e trabalhadores avulsos: *(Redação dada pela Lei n. 9.732, de 1998).*

a) 1% (um por cento) para as empresas em cuja atividade preponderante o risco de acidentes do trabalho seja considerado leve;

b) 2% (dois por cento) para as empresas em cuja atividade preponderante esse risco seja considerado médio;

c) 3% (três por cento) para as empresas em cuja atividade preponderante esse risco seja considerado grave.

III — vinte por cento sobre o total das remunerações pagas ou creditadas a qualquer título, no decorrer do mês, aos segurados contribuintes individuais que lhe prestem serviços; *(Acrescentado pela Lei n. 9.876, e 26.11.99, DOU 29.11.99, ed. extra).*

IV — quinze por cento sobre o valor bruto da nota fiscal ou fatura de prestação de serviços, relativamente a serviços que lhe são prestados por cooperados por intermédio de cooperativas de trabalho. *(Acrescentado pela Lei n. 9.876, de 26.11.99, DOU 29.11.99, ed. extra).*

§ 1º No caso de bancos comerciais, bancos de investimentos, bancos de desenvolvimento, caixas econômicas, sociedades de crédito, financiamento e investimento, sociedades de crédito imobiliário, sociedades corretoras, distribuidoras de títulos e valores mobiliários, empresas de arrendamento mercantil, cooperativas de crédito, empresas de seguros privados e de capitalização, agentes autônomos de seguros privados e de crédito e entidades de previdência privada abertas e fechadas, além das contribuições referidas neste artigo e no art. 23, é devida a contribuição adicional de dois vírgula cinco por cento sobre a base de cálculo definida nos incisos I e III deste artigo. *(Redação dada pela Lei n. 9.876, de 1999). (Vide Medida Provisória n. 2.158-35, de 2001).*

§ 2º Não integram a remuneração as parcelas de que trata o § 9º do art. 28.

§ 3º O Ministério do Trabalho e da Previdência Social poderá alterar, com base nas estatísticas de acidentes do trabalho, apuradas em inspeção, o enquadramento de empresas para efeito da contribuição a que se refere o inciso II deste artigo, a fim de estimular investimentos em prevenção de acidentes.

§ 4º O Poder Executivo estabelecerá, na forma da lei, ouvido o Conselho Nacional da Seguridade Social, mecanismos de estímulo às empresas que se utilizem de empregados portadores de deficiências física, sensorial e/ou mental com desvio do padrão médio.

§ 5º *(Revogado pela Lei n. 10.256, de 9.7.01, DOU 10.7.01).*

§ 6º A contribuição empresarial da associação desportiva que mantém equipe de futebol profissional destinada à Seguridade Social, em substituição à prevista nos incisos I e II deste artigo, corresponde a cinco por cento da receita bruta, decorrente dos espetáculos desportivos de que participem em todo território nacional em qualquer modalidade desportiva, inclusive jogos internacionais, e de qualquer forma de patrocínio, licenciamento de uso de marcas e símbolos, publicidade, propaganda e de transmissão de espetáculos desportivos. *(Parágrafo acrescentado pela Lei n. 9.528, de 10.12.97, 11.12.97).*

§ 7º Caberá à entidade promotora do espetáculo a responsabilidade de efetuar o desconto de cinco por cento da receita bruta decorrente dos espetáculos desportivos e o respectivo recolhimento ao Instituto Nacional do Seguro Social, no prazo de até dois dias úteis após a realização do evento. *(Parágrafo acrescentado pela Lei n. 9.528, de 10.12.97, DOU 11.12.97).*

§ 8º Caberá à associação desportiva que mantém equipe de futebol profissional informar à entidade promotora do espetáculo desportivo todas as receitas auferidas no evento, discriminando-as detalhadamente. *(Parágrafo acrescentado pela Lei n. 9.528, de 10.12.97, DOU 11.12.97).*

§ 9º No caso de a associação desportiva que mantém equipe de futebol profissional receber recursos de empresa ou entidade, a título de patrocínio, licenciamento de uso de marcas e símbolos, publicidade, propaganda e transmissão de espetáculos, esta última ficará com a responsabilidade de reter e recolher o percentual de cinco por cento da receita bruta decorrente do evento, inadmitida qualquer dedução, no prazo estabelecido na alínea "b", inciso I, do art. 30 desta Lei. *(Parágrafo acrescentado pela Lei n. 9.528, de 10.12.97, DOU 11.12.97).*

§ 10. Não se aplica o disposto nos §§ 6º ao 9º às demais associações desportivas, que devem contribuir na forma dos incisos I e II deste artigo e do art. 23 desta Lei. *(Parágrafo acrescentado pela Lei n. 9.528, de 10.12.97, DOU 11.12.97).*

§ 11. O disposto nos §§ 6º ao 9º deste artigo aplica-se à associação desportiva que mantenha equipe de futebol profissional e atividade econômica organizada para a produção e circulação de bens e serviços e que se organize regularmente, segundo um dos tipos regulados nos arts. 1.039 a 1.092 da Lei n. 10.406, de 10 de janeiro de 2002 — Código Civil. *(Redação dada pela Lei n. 11.345, de 2006).*

§ 11-A. O disposto no § 11 deste artigo aplica-se apenas às atividades diretamente relacionadas com a manutenção e administração de equipe profissional de futebol, não se estendendo às outras atividades econômicas exercidas pelas referidas sociedades empresariais beneficiárias. *(Incluído pela Lei n. 11.505, de 2007).*

§ 12. *(VETADO) (Incluído pela Lei n. 10.170, de 29.12.00, DOU 30.12.00, ed. extra).*

§ 13. Não se considera como remuneração direta ou indireta, para os efeitos desta Lei, os valores despendidos pelas entidades religiosas e instituições de ensino vocacional com ministro de confissão religiosa, membros de instituto de vida consagrada, de congregação ou de ordem religiosa em face do seu mister religioso ou para sua subsistência desde que fornecidos em condições que independam da natureza e da quantidade do trabalho executado. *(Acrescentado pela Lei n. 10.170, de 29.12.00, DOU 30.12.00, ed. extra).*

Art. 22-A A contribuição devida pela agroindústria, definida, para os efeitos desta Lei, como sendo o produtor rural pessoa jurídica cuja atividade econômica seja a industrialização de produção própria ou de produção própria e adquirida de terceiros, incidente sobre o valor da receita bruta proveniente da comercialização da produção, em substituição às previstas nos incisos I e II do art. 22 desta Lei, é de: *(Acrescentado pela Lei n. 10.256, de 9.7.01, DOU 10.7.01).*

I — dois vírgula cinco por cento destinados à Seguridade Social; *(Acrescentado pela Lei n. 10.256, de 9.7.01, DOU 10.7.01).*

II — zero vírgula um por cento para o financiamento do benefício previsto nos arts. 57 e 58 da Lei n. 8.213, de 24 de julho de 1991, e daqueles concedidos em razão do grau de incidência de incapacidade para o trabalho decorrente dos riscos ambientais da atividade. *(Acrescentado pela Lei n. 10.256, de 9.7.01, DOU 10.7.01).*

§ 1º *(VETADO) (Acrescentado pela Lei n. 10.256, de 9.7.01, DOU 10.7.01).*

§ 2º O disposto neste artigo não se aplica às operações relativas à prestação de serviços a terceiros, cujas contribuições previdenciárias continuam sendo devidas na forma do art. 22 desta Lei. *(Acrescentado pela Lei n. 10.256, de 9.7.01, DOU 10.7.01).*

§ 3º Na hipótese do § 2º, a receita bruta correspondente aos serviços prestados a terceiros será excluída da base de cálculo da contribuição de que trata o caput. *(Acrescentado pela Lei n. 10.256, de 9.7.01, DOU 9.7.01).*

§ 4º O disposto neste artigo não se aplica às sociedades cooperativas e às agroindústrias de piscicultura, carcinicultura, suinocultura e avicultura. *(Acrescentado pela Lei n. 10.256, de 9.7.01, DOU 10.7.01).*

§ 5º O disposto no inciso I do art. 3º da Lei n. 8.315, de 23 de dezembro de 1991, não se aplica ao empregador de que trata este artigo, que contribuirá com o adicional de zero vírgula vinte e cinco por cento da receita bruta proveniente da comercialização da produção, destinado ao Serviço Nacional de Aprendizagem Rural (SENAR). *(Acrescentado pela Lei n. 10.256, de 9.7.01, DOU 10.7.01).*

§ 6º Não se aplica o regime substitutivo de que trata este artigo à pessoa jurídica que, relativamente à atividade rural, se dedique apenas ao florestamento e reflorestamento como fonte de matéria-prima para industrialização própria mediante a utilização de processo industrial que modifique a natureza química da madeira ou a transforme em pasta celulósica. *(Acrescentado pela Lei n. 10.684, de 30.5.03, DOU 31.5.03, ed. extra).*

§ 7º Aplica-se o disposto no § 6º ainda que a pessoa jurídica comercialize resíduos vegetais ou sobras ou partes da produção, desde que a receita bruta decorrente dessa comercialização represente menos de um por cento de sua receita bruta proveniente da comercialização da produção. *(Acrescentado pela Lei n. 10.684, de 30.5.03, DOU 31.5.03, ed. extra).*

Art. 22-B As contribuições de que tratam os incisos I e II do art. 22 desta Lei são substituídas, em relação à remuneração paga, devida ou creditada ao trabalhador rural contratado pelo consórcio simplificado de produtores rurais de que trata o art. 25A, pela contribuição dos respectivos produtores rurais, calculada na forma do art. 25 desta Lei. *(Acrescentado pela Lei n. 10.256, de 9.7.01, DOU 10.7.01).*

Art. 23. As contribuições a cargo da empresa provenientes do faturamento e do lucro, destinadas à Seguridade Social, além do disposto no art. 22, são calculadas mediante a aplicação das seguintes alíquotas:

I — 2% (dois por cento) sobre sua receita bruta, estabelecida segundo o disposto no *§ 1º do art. 1º do Decreto-lei n. 1.940, de 25 de maio de 1982*, com a redação dada pelo *art. 22, do Decreto-lei n. 2.397, de 21 de dezembro de 1987*, e alterações posteriores;

II — 10% (dez por cento) sobre o lucro líquido do período-base, antes da provisão para o Imposto de Renda, ajustado na forma do *art. 2º da Lei n. 8.034, de 12 de abril de 1990.*

§ 1º No caso das instituições citadas no § 1º do art. 22 desta Lei, a alíquota da contribuição prevista no inciso II é de 15% (quinze por cento).

§ 2º O disposto neste artigo não se aplica às pessoas de que trata o art. 25.

CAPÍTULO V
Da Contribuição do Empregador Doméstico

Art. 24. A contribuição do empregador doméstico é de 12% (doze por cento) do salário de contribuição do empregado doméstico a seu serviço.

PARÁGRAFO ÚNICO. Presentes os elementos da relação de emprego doméstico, o empregador doméstico não poderá contratar microempreendedor individual de que trata o *art. 18-A da Lei Complementar n. 123, de 14 de dezembro de 2006*, sob pena de ficar sujeito a todas as obrigações dela decorrentes, inclusive trabalhistas, tributárias e previdenciárias. *(Incluído pela Lei n. 12.470, de 31.8.11, DOU 1.9.11)*

CAPÍTULO VI
Da Contribuição do Produtor Rural e do Pescador
(Alterado pela Lei n. 8.398, de 7.1.92)

Art. 25. A contribuição do empregador rural pessoa física, em substituição à contribuição de que tratam os incisos I e II do art. 22, e a do segurado especial, referidos, respectivamente, na alínea a do inciso V e no inciso VII do art. 12 desta Lei, destinada à Seguridade Social, é de: *(Redação dada pela Lei n. 10.256, de 9.7.01, DOU 10.7.01).*

I — 2% da receita bruta proveniente da comercialização da sua produção; *(Redação dada pela Lei n. 9.528, de 10.12.97, DOU 11.12.97).*

II — 0,1% da receita bruta proveniente da comercialização da sua produção para financiamento das prestações por acidente do trabalho. *(Redação dada pela Lei n. 9.528, de 10.12.97, DOU 11.12.97).*

§ 1º O segurado especial de que trata este artigo, além da contribuição obrigatória referida no caput, poderá contribuir, facultativamente, na forma do art. 21 desta Lei. *(Redação dada pela Lei n. 8.540, de 22.12.92, de 23.12.92)*

§ 2º A pessoa física de que trata a alínea "a" do inciso V do art. 12 contribui, também, obrigatoriamente, na forma do art. 21 desta Lei. *(Redação dada pela Lei n. 8.540, de 22.12.92, DOU 23.12.92)*

§ 3º Integram a produção, para os efeitos deste artigo, os produtos de origem animal ou vegetal, em estado natural ou submetidos a processos de beneficiamento ou industrialização rudimentar, assim compreendidos, entre outros, os processos de lavagem, limpeza, descaroçamento, pilagem, descascamento, lenhamento, pasteurização, resfriamento, secagem, fermentação, embalagem, cristalização, fundição, carvoejamento, cozimento, destilação, moagem, torrefação, bem como os subprodutos e os resíduos obtidos através desses processos. *(Parágrafo acrescentado pela Lei n. 8.540, de 22.12.92, DOU 23.12.92)*

§ 4º (Revogado). *(Redação dada pela Lei n. 11.718, de 20.6.08, DOU 23.6.08).*

§ 5º *(VETADO na Lei n. 8.540, de 22.12.92, DOU 23.12.92)*

§ 6º *(Revogado pela Lei n. 10.256, de 9.7.01, DOU 10.7.01).*

§ 7º *(Revogado pela Lei n. 10.256, de 9.7.01, DOU 10.7.01).*

§ 8º *(Revogado pela Lei n. 10.256, de 9.7.01, DOU 10.7.01).*

§ 9º *(VETADO) (Incluído pela Lei n. 10.256, de 9.7.01, DOU 10.7.01).*

§ 10. Integra a receita bruta de que trata este artigo, além dos valores decorrentes da comercialização da produção relativa aos produtos a que se refere o § 3º deste artigo, a receita proveniente: *(Acrescentado pela Lei n. 11.718, de 20.6.08, DOU 23.6.08).*

I — da comercialização da produção obtida em razão de contrato de parceria ou meação de parte do imóvel rural; *(Acrescentado pela Lei n. 11.718, de 20.6.08, DOU 23.6.08).*

II — da comercialização de artigos de artesanato de que trata o inciso VII do § 10 do art. 12 desta Lei; *(Acrescentado pela Lei n. 11.718, de 20.6.08, DOU 23.6.08).*

III — de serviços prestados, de equipamentos utilizados e de produtos comercializados no imóvel rural, desde que em atividades turística e de entretenimento desenvolvidas no próprio imóvel, inclusive hospedagem, alimentação, recepção, recreação e atividades pedagógicas, bem como taxa de visitação e serviços especiais; *(Acrescentado pela Lei n. 11.718, de 20.6.08, DOU 33.6.08).*

IV — do valor de mercado da produção rural dada em pagamento ou que tiver sido trocada por outra, qualquer que seja o motivo ou finalidade; e *(Acrescentado pela Lei n. 11.718, de 20.6.08, DOU 23.6.08).*

V — de atividade artística de que trata o inciso VIII do § 10 do art. 12 desta Lei. *(Acrescentado pela Lei n. 11.718, de 20.6.08, DOU 23.6.08).*

§ 11. Considera-se processo de beneficiamento ou industrialização artesanal aquele realizado diretamente pelo próprio produtor rural pessoa física, desde que não esteja sujeito à incidência do Imposto Sobre Produtos Industrializados — IPI. *(Acrescentado pela Lei n. 11.718, de 20.6.08, DOU 23.6.08).*

Art. 25-A. Equipara-se ao empregador rural pessoa física o consórcio simplificado de produtores rurais, formado pela união de produtores rurais pessoas físicas, que outorgar a um deles poderes para contratar, gerir e demitir trabalhadores para prestação de serviços, exclusivamente, aos seus integrantes, mediante documento registrado em cartório de títulos e documentos. *(Acrescentado pela Lei n. 10.256, de 9.7.01, DOU 10.7.01).*

§ 1º O documento de que trata o caput deverá conter a identificação de cada produtor, seu endereço pessoal e o de sua propriedade rural, bem como o respectivo registro no Instituto Nacional de Colonização e Reforma Agrária — INCRA ou informações relativas a parceria, arrendamento ou equivalente e a matrícula no Instituto Nacional do Seguro Social – INSS de cada um dos produtores rurais. *(Acrescentado pela Lei n. 10.256, de 9.7.01, DOU 10.7.01).*

§ 2º O consórcio deverá ser matriculado no INSS em nome do empregador a quem hajam sido outorgados os poderes, na forma do regulamento. *(Acrescentado pela Lei n. 10.256, de 9.7.01, DOU 10.7.01).*

§ 3º Os produtores rurais integrantes do consórcio de que trata o caput serão responsáveis solidários em relação às obrigações previdenciárias. *(Acrescentado pela Lei n. 10.256, de 9.7.01, DOU 10.7.01).*

§ 4º *(VETADO) (Incluído pela Lei n. 10.256, de 9.7.01, DOU 10.7.01).*

CAPÍTULO IX

Do Salário de Contribuição

Art. 28. Entende-se por salário de contribuição:

I — para o empregado e trabalhador avulso: a remuneração auferida em uma ou mais empresas, assim entendida a totalidade dos rendimentos pagos, devidos ou creditados a qualquer título, durante o mês, destinados a retribuir o trabalho, qualquer que seja a sua forma, inclusive as gorjetas, os ganhos habituais sob a forma de utilidades e os adiantamentos decorrentes de reajuste salarial, quer pelos serviços efetivamente prestados, quer pelo tempo à disposição do empregador ou tomador de serviços nos termos da lei ou do contrato ou, ainda, de convenção ou acordo coletivo de trabalho ou sentença normativa; *(Redação dada pela Lei n. 9.528, de 10.12.97, DOU 11.12.97)*

II — para o empregado doméstico: a remuneração registrada na Carteira de Trabalho e Previdência Social, observadas as normas a serem estabelecidas em regulamento para comprovação do vínculo empregatício e do valor da remuneração;

III — para o contribuinte individual: a remuneração auferida em uma ou mais empresas ou pelo exercício de sua atividade por conta própria, durante o mês, observado o limite máximo a que se refere o § 5º; *(Redação dada pela Lei n. 9.876, de 26.9.99, DOU 29.9.99, ed. extra).*

IV — para o segurado facultativo: o valor por ele declarado, observado o limite máximo a que se refere o § 5º. *(Acrescentado pela Lei n. 9.876, de 26.9.99, DOU 29.9.99, ed. extra).*

§ 1º Quando a admissão, a dispensa, o afastamento ou a falta do empregado ocorrer no curso do mês, o salário de contribuição será proporcional ao número de dias de trabalho efetivo, na forma estabelecida em regulamento.

§ 2º O salário-maternidade é considerado salário de contribuição.

§ 3º O limite mínimo do salário de contribuição corresponde ao piso salarial, legal ou normativo, da categoria ou, inexistindo este, ao salário mínimo, tomado no seu valor mensal, diário ou horário, conforme o ajustado e o tempo de trabalho efetivo durante o mês. *(Redação dada pela Lei n. 9.528, de 10.12.97, DOU 11.12.97)*

§ 4º O limite mínimo do salário de contribuição do menor aprendiz corresponde à sua remuneração mínima definida em lei.

§ 5º O limite máximo do salário de contribuição é de Cr$ 170.000,00 (cento e setenta mil cruzeiros), reajustado a partir da data da entrada em vigor desta Lei, na mesma época e com os mesmos índices que os do reajustamento dos benefícios de prestação continuada da Previdência Social.

§ 6º No prazo de 180 (cento e oitenta) dias, a contar da data de publicação desta Lei, o Poder Executivo encaminhará ao Congresso Nacional projeto de lei estabelecendo a previdência complementar, pública e privada, em especial para os que possam contribuir acima do limite máximo estipulado no parágrafo anterior deste artigo.

§ 7º O décimo terceiro salário (gratificação natalina) integra o salário de contribuição, exceto para o cálculo de benefício, na forma estabelecida em regulamento. *(Redação dada pela Lei n. 8.870, de 15.4.94, DOU 16.4.94)*

§ 8º Integram o salário de contribuição pelo seu valor total: *(Redação dada pela Lei n. 9.528, de 10.12.97, DOU 11.12.97).*

a) o total das diárias pagas, quando excedente a cinqüenta por cento da remuneração mensal; *(Alínea acrescentada pela Lei n. 9.528, de 10.12.97, DOU 11.12.97)*

b) *(VETADA na Lei n. 9.528, de 10.12.97, DOU 11.12.97).*

c) *(Revogado pela Lei n. 9.711, de 20.11.98, DOU 21.11.98).*

§ 9º Não integram o salário de contribuição para os fins desta Lei, exclusivamente: *(Redação dada pela Lei n. 9.528, de 10.12.97, de 11.12.97)*

a) os benefícios da previdência social, nos termos e limites legais, salvo o salário-maternidade; *(Redação dada pela Lei n. 9.528, de 10.12.97, DOU 11.12.97).*

b) as ajudas de custo e o adicional mensal recebidos pelo aeronauta nos termos da Lei n. 5.929, de 30 de outubro de 1973;

c) a parcela "in natura" recebida de acordo com os programas de alimentação aprovados pelo Ministério do Trabalho e da Previdência Social, nos termos da Lei n. 6.321, de 14 de abril de 1976;

d) as importâncias recebidas a título de férias indenizadas e respectivo adicional constitucional, inclusive o valor correspondente à dobra da remuneração de férias de que trata o art. 137 da Consolidação das Leis do Trabalho-CLT; *(Redação dada pela Lei n. 9.528, de 10.12.97, DOU 11.12.97).*

e) as importâncias: *(Alínea alterada e itens de 1 a 5 acrescentados pela Lei n. 9.528, de 10.12.97, DOU 11.12.97)*

1. previstas no inciso I do art. 10 do Ato das Disposições Constitucionais Transitórias;

2. relativas à indenização por tempo de serviço, anterior a 5 de outubro de 1988, do empregado não optante pelo Fundo de Garantia do Tempo de Serviço-FGTS;

3. recebidas a título da indenização de que trata o art. 479 da CLT;

4. recebidas a título da indenização de que trata o art. 14 da Lei n. 5.889, de 8 de junho de 1973;

5. recebidas a título de incentivo à demissão;

6. recebidas a título de abono de férias na forma dos arts. 143 e 144 da CLT; *(Redação dada pela Lei n. 9.711, de 20.11.98, DOU 21.11.98).*

7. recebidas a título de ganhos eventuais e os abonos expressamente desvinculados do salário; *(Redação dada pela Lei n. 9.711, de 20.11.98, DOU 21.11.98).*

8. recebidas a título de licença-prêmio indenizada; *(Redação dada pela Lei n. 9.711, de 20.11.98, DOU 21.11.98, ed. extra).*

9. recebidas a título da indenização de que trata o art. 9º da Lei n. 7.238, de 29 de outubro de 1984; *(Redação dada pela Lei n. 9.711, de 20.11.98, DOU 21.11.98, ed. extra).*

f) a parcela recebida a título de vale-transporte, na forma da legislação própria;

g) a ajuda de custo, em parcela única, recebida exclusivamente em decorrência de mudança de local de trabalho do empregado, na forma do art. 470 da CLT; *(Redação dada pela Lei n. 9.528, de 10.12.97, DOU 11.12.97).*

h) as diárias para viagens, desde que não excedam a 50% (cinquenta por cento) da remuneração mensal;

i) a importância recebida a título de bolsa de complementação educacional de estagiário, quando paga nos termos da Lei n. 6.494, de 7 de dezembro de 1977;

j) a participação nos lucros ou resultados da empresa, quando paga ou creditada de acordo com lei específica;

l) o abono do Programa de Integração Social-PIS e do Programa de Assistência ao Servidor Público-PASEP; *(Alínea acrescentada pela Lei n. 9.528, de 10.12.97, de DOU 11.12.97)*

m) os valores correspondentes a transporte, alimentação e habitação fornecidos pela empresa ao empregado contratado para trabalhar em localidade distante da de sua residência, em canteiro de obras ou local que, por força da atividade, exija deslocamento e estada, observadas as normas de proteção estabelecidas pelo Ministério do Trabalho; *(Alínea acrescentada pela Lei n. 9.528, de 10.12.97, de 11.12.97)*

n) a importância paga ao empregado a título de complementação ao valor do auxílio-doença, desde que este direito seja extensivo à totalidade dos empregados da empresa; *(Alínea acrescentada pela Lei n. 9.528, de 10.12.97, DOU 11.12.97)*

o) as parcelas destinadas à assistência ao trabalhador da agroindústria canavieira, de que trata o art. 36 da Lei n. 4.870, de 1º de dezembro de 1965; *(Alínea acrescentada pela Lei n. 9.528, de 10.12.97, DOU de 11.12.97).*

p) o valor das contribuições efetivamente pago pela pessoa jurídica relativo a programa de previdência complementar, aberto ou fechado, desde que disponível à totalidade de seus empregados e dirigentes, observados, no que couber, os arts. 9º e 468 da CLT; *(Alínea acrescentada pela Lei n. 9.528, de 10.12.97, DOU 11.12.97)*

q) o valor relativo à assistência prestada por serviço médico ou odontológico, próprio da empresa ou por ela conveniado, inclusive o reembolso de despesas com medicamentos, óculos, aparelhos ortopédicos, despesas médico-hospitalares e outras similares, desde que a cobertura abranja a totalidade dos empregados e dirigentes da empresa; *(Alínea acrescentada pela Lei n. 9.528, de 10.12.97, DOU 11.12.97)*

r) o valor correspondente a vestuários, equipamentos e outros acessórios fornecidos ao empregado e utilizados no local do trabalho para prestação dos respectivos serviços; *(Alínea acrescentada pela Lei n. 9.528, de 10.12.97, DOU 11.12.97)*

s) o ressarcimento de despesas pelo uso de veículo do empregado e o reembolso creche pago em conformidade com a legislação trabalhista, observado o limite máximo de seis anos de idade, quando devidamente comprovadas as despesas realizadas; *(Alínea acrescentada pela Lei n. 9.528, de 10.12.97, DOU 11.12.97)*

t) o valor relativo a plano educacional, ou bolsa de estudo, que vise à educação básica de empregados e seus dependentes e, desde que vinculada às atividades desenvolvidas pela empresa, à educação profissional e tecnológica de empregados, nos termos da Lei n. 9.394, de 20 de dezembro de 1996, e: *(Redação dada pela Lei n. 12.513, de 26.10.11, DOU 27.11.11)*

1. não seja utilizado em substituição de parcela salarial; e *(Incluído pela Lei n. 12.513, de 26.10.11, DOU 27.10.11)*

2. o valor mensal do plano educacional ou bolsa de estudo, considerado individualmente, não ultrapasse 5% (cinco por cento) da remuneração do segurado a que se destina ou o valor correspondente a uma vez e meia o valor do limite mínimo mensal do salário de contribuição, o que for maior; *(Incluído pela Lei n. 12.513, de 26.10.11, DOU 27.10.11)*

u) a importância recebida a título de bolsa de aprendizagem garantida ao adolescente até quatorze anos de idade, de acordo com o disposto no art. 64 da Lei n. 8.069, de 13 de julho de 1990; *(Alínea acrescentada pela Lei n. 9.528, de 10.12.97, DOU 11.12.97)*

v) os valores recebidos em decorrência da cessão de direitos autorais; *(Alínea acrescentada pela Lei n. 9.528, de 10.12.97, DOU 11.12.97)*

x) o valor da multa prevista no § 8º do art. 477 da CLT. *(Alínea acrescentada pela Lei n. 9.528, de 10.12.97, DOU 11.12.97)*

y) o valor correspondente ao vale-cultura. *(Incluído pela Lei n. 12.761, de 2012)*

§ 10. Considera-se salário de contribuição, para o segurado empregado e trabalhador avulso, na condição prevista no § 5º do art. 12, a remuneração efetivamente auferida na entidade sindical ou empresa de origem. *(Parágrafo acrescentado pela Lei n. 9.528, de 10.12.97, DOU 11.12.97)*

Art. 29. *(Revogado pela Lei n. 9.876, de 26.9.99, DOU 26.9.99).*

CAPÍTULO X

Da Arrecadação e Recolhimento das Contribuições

Art. 30. A arrecadação e o recolhimento das contribuições ou de outras importâncias devidas à Seguridade Social obedecem às seguintes normas: *(Redação dada pela Lei n. 8.620, de 5.1.93, DOU 6.1.93)*

I — a empresa é obrigada a:

a) arrecadar as contribuições dos segurados empregados e trabalhadores avulsos a seu serviço, descontando-as da respectiva remuneração;

b) recolher os valores arrecadados na forma da alínea *a* deste inciso, a contribuição a que se refere o inciso IV do art. 22 desta Lei, assim como as contribuições a seu cargo incidentes sobre as remunerações pagas, devidas ou creditadas, a qualquer título, aos segurados empregados, trabalhadores avulsos e contribuintes individuais a seu serviço até o dia 20 (vinte) do mês subsequente ao da competência; *(Redação dada pela Lei n. 11.933, de 28.4.99, DOU 29.4.09).*

c) recolher as contribuições de que tratam os incisos I e II do art. 23, na forma e prazos definidos pela legislação tributária federal vigente;

II — os segurados contribuinte individual e facultativo estão obrigados a recolher sua contribuição por iniciativa própria, até o dia quinze do mês seguinte ao da competência; *(Redação dada pela Lei n. 9.876, de 26.1999, DOU 26.9.11).*

III — a empresa adquirente, consumidora ou consignatária ou a cooperativa são obrigadas a recolher a contribuição de que trata o art. 25 até o dia 20 (vinte) do mês subsequente ao da operação de venda ou consignação da produção, independentemente de essas operações terem sido realizadas diretamente com o produtor ou com intermediário pessoa física, na forma estabelecida em regulamento; *(Redação dada pela Lei n. 11.933, de 28.4.99, DOU 29.4.99).* .

IV — a empresa adquirente, consumidora ou consignatária ou a cooperativa ficam sub-rogadas nas obrigações da pessoa física de que trata a alínea "a" do inciso V do art. 12 e do segurado especial pelo cumprimento das obrigações do art. 25 desta Lei, independentemente de as operações de venda ou consignação terem sido realizadas diretamente com o produtor ou com intermediário pessoa física, exceto no caso do inciso X deste artigo, na forma estabelecida em regulamento; *(Redação dada pela Lei n. 9.528, de 10.12.97, DOU 11.12.97)*

V — o empregador doméstico está obrigado a arrecadar a contribuição do segurado empregado a seu serviço e a recolhê-la, assim como a parcela a seu cargo, no prazo referido no inciso II deste artigo; *(Redação dada pela Lei n. 8.444, de 20.7.92)*

VI — o proprietário, o incorporador definido na Lei n. 4.591, de 16 de dezembro de 1964, o dono da obra ou condômino da unidade imobiliária, qualquer que seja a forma de contratação da construção, reforma ou acréscimo, são solidários com o construtor, e estes com a subempreiteira, pelo cumprimento das obrigações para com a Seguridade Social, ressalvado o seu direito regressivo contra o executor ou contratante da obra e admitida a retenção de importância a este devida para garantia do cumprimento dessas obrigações, não se aplicando, em qualquer hipótese, o benefício de ordem; *(Redação dada pela Lei 9.528, de 10.12.97, DOU 11.12.97)*

VII — exclui-se da responsabilidade solidária perante a Seguridade Social o adquirente de prédio ou unidade imobiliária que realizar a operação com empresa de comercialização ou incorporador de imóveis, ficando estes solidariamente responsáveis com o construtor;

VIII — nenhuma contribuição à Seguridade Social é devida se a construção residencial unifamiliar, destinada ao uso próprio, de tipo econômico, for executada sem mão de obra assalariada, observadas as exigências do regulamento;

IX — as empresas que integram grupo econômico de qualquer natureza respondem entre si, solidariamente, pelas obrigações decorrentes desta Lei;

X — a pessoa física de que trata a alínea "a" do inciso V do art. 12 e o segurado especial são obrigados a recolher a contribuição de que trata o art. 25 desta Lei no prazo estabelecido no inciso III deste artigo, caso comercializem a sua produção: *(Inciso alterado e alíneas acrescentadas pela Lei 9.528, de 10.12.97, DOU 11.12.97)*

a) no exterior;

b) diretamente, no varejo, ao consumidor pessoa física;

c) à pessoa física de que trata a alínea "a" do inciso V do art. 12;

d) ao segurado especial;

XI — aplica-se o disposto nos incisos III e IV deste artigo à pessoa física não produtor rural que adquire produção para venda no varejo a consumidor pessoa física. *(Inciso acrescentado pela Lei n. 9.528, de 10.12.97, DOU 11.12.97)*

XII – sem prejuízo do disposto no inciso X do caput deste artigo, o produtor rural pessoa física e o segurado especial são obrigados a recolher, diretamente, a contribuição incidente sobre a receita bruta proveniente: *(Incluído pela Lei n. 11.718, de 20.06.08, DOU 23.6.18).*

a) da comercialização de artigos de artesanato elaborados com matéria-prima produzida pelo respectivo grupo familiar; *(Incluído pela Lei n. 11.718, de 20.6.08, DOU 23.6.08).*

b) de comercialização de artesanato ou do exercício de atividade artística, observado o disposto nos incisos VII e VIII do § 10 do art. 12 desta Lei; e *(Acrescentado pela Lei n. 11.718, de 20.06.08, DOU 23.6.08).*

c) de serviços prestados, de equipamentos utilizados e de produtos comercializados no imóvel rural, desde que em atividades turística e de entretenimento desenvolvidas no próprio imóvel, inclusive hospedagem, alimentação, recepção, recreação e atividades pedagógicas, bem como taxa de visitação e serviços especiais; *(Acrescentado pela Lei n. 11.718, de 20.6.08, DOU 23.6.08).*

XIII – o segurado especial é obrigado a arrecadar a contribuição de trabalhadores a seu serviço e a recolhê-la no prazo referido na alínea *b* do inciso I do caput deste artigo. *(Acrescentado pela Lei n. 11.718, de 20.06.08, DOU 23.6. 08).*

§ 1º *Revogado pela Lei n. 9.032, de 28.4.95.*

§ 2º Se não houver expediente bancário nas datas indicadas: *(Redação dada pela Lei n. 11.933, 28.4.09, DOU 29.4.09).*

I — nos incisos II e V do caput deste artigo, o recolhimento deverá ser efetuado até o dia útil imediatamente posterior; e *(Incluído pela Lei n. 11.933, de 28.4.09, DOU 29.4.09).*

II — na alínea *b* do inciso I e nos incisos III, X e XIII do caput deste artigo, até o dia útil imediatamente anterior. *(Incluído pela Lei n. 11.933, de 28.4.09, 29.4.09)*

§ 3º Aplica-se à entidade sindical e à empresa de origem o disposto nas alíneas "a" e "b" do inciso I, relativamente à remuneração do segurado referido no § 5º do art. 12. *(Parágrafo acrescentado pela Lei n. 9.528, de 10.12.97, DOU 11.12.97).*

§ 4º Na hipótese de o contribuinte individual prestar serviço a uma ou mais empresas, poderá deduzir, da sua contribuição mensal, quarenta e cinco por cento da contribuição da empresa, efetivamente recolhida ou declarada, incidente sobre a remuneração que esta lhe tenha pago ou creditado, limitada a dedução a nove por cento do respectivo salário de contribuição. *(Acrescentado pela Lei n. 9.876, de 26.9.99, DOU 29.9.99, ed. extra).*

§ 5º Aplica-se o disposto no § 4º ao cooperado que prestar serviço a empresa por intermédio de cooperativa de trabalho. *(Acrescentado pela Lei n. 9.876, de 26.9.11, DOU 29.9.99).*

§ 6º O empregador doméstico poderá recolher a contribuição do segurado empregado a seu serviço e a parcela a seu cargo relativas à competência novembro até o dia 20 de dezembro, juntamente com a contribuição referente ao 13º (décimo terceiro) salário, utilizando-se de um único documento de arrecadação. *(Acrescentado pela Lei n. 11.324, de 19.7.06, DOU 20.6.06).*

§ 7º A empresa ou cooperativa adquirente, consumidora ou consignatária da produção fica obrigada a fornecer ao segurado especial cópia do documento fiscal de entrada da mercadoria, para fins de comprovação da operação e da respectiva contribuição previdenciária. *(Acrescentado pela Lei n. 11.718, de 20.6.08, DOU 23.6.08).*

§ 8º Quando o grupo familiar a que o segurado especial estiver vinculado não tiver obtido, no ano, por qualquer motivo, receita proveniente de comercialização de produção deverá comunicar a ocorrência à Previdência Social, na forma do regulamento. *(Acrescentado pela Lei n. 11.718, de 20.6.08, DOU 23.6.08).*

§ 9º Quando o segurado especial tiver comercializado sua produção do ano anterior exclusivamente com empresa adquirente, consignatária ou cooperativa, tal fato deverá ser comunicado à Previdência Social pelo respectivo grupo familiar. *(Incluído pela Lei n. 11.718, de 20.6.08, DOU 23.6.08).*

Art. 31. A empresa contratante de serviços executados mediante cessão de mão de obra, inclusive em regime de trabalho temporário, deverá reter 11% (onze por cento) do valor bruto da nota fiscal ou fatura de prestação de serviços e recolher, em nome da empresa cedente da mão de obra, a importância retida até o dia 20 (vinte) do mês subsequente ao da emissão da respectiva nota fiscal ou fatura, ou até o dia útil imediatamente anterior se não houver expediente bancário naquele dia, observado o disposto no § 5o do art. 33 desta Lei. *(Redação dada pela Lei n. 11.933, de 28.4.09, DOU 29.4.09). (Produção de efeitos).*

§ 1º O valor retido de que trata o caput deste artigo, que deverá ser destacado na nota fiscal ou fatura de prestação de serviços, poderá ser compensado por qualquer estabelecimento da empresa cedente da mão de obra, por ocasião do recolhimento das contribuições destinadas à Seguridade Social devidas sobre a folha de pagamento dos seus segurados. *(Redação dada pela Lei n. 11.941, de 27.5.09, DOU 28.5.09)*

§ 2º Na impossibilidade de haver compensação integral na forma do parágrafo anterior, o saldo remanescente será objeto de restituição. *(Redação dada pela Lei n. 9.711, de 20.1198, DOU 21.11.98).*

§ 3º Para os fins desta Lei, entende-se como cessão de mão de obra a colocação à disposição do contratante, em suas dependências ou nas de terceiros, de segurados que realizem serviços contínuos, relacionados ou não com a atividade-fim da empresa, quaisquer que sejam a natureza e a forma de contratação. *(Redação dada pela Lei n. 9.711, de 20.11.98, DOU 21.11.98).*

§ 4º Enquadram-se na situação prevista no parágrafo anterior, além de outros estabelecidos em regulamento, os seguintes serviços: *(Redação dada pela Lei n. 9.711, de 20.11.98, DOU 21.11.98).*

I — limpeza, conservação e zeladoria; *(Acrescentado pela Lei n. 9.711, de 20.11.98, DOU 21.11.98).*

II — vigilância e segurança; *(Acrescentado pela Lei n. 9.711, de 20.11.98, DOU 21.11.98).*

III — empreitada de mão de obra; *(Acrescentado pela Lei n. 9.711, de 20.11.98, DOU 21.11.98).*

IV — contratação de trabalho temporário na forma da Lei n. 6.019, de 3 de janeiro de 1974. *Acrescentado pela Lei n. 9.711, de 20.11.98, DOU 21.11.98).*

§ 5º O cedente da mão de obra deverá elaborar folhas de pagamento distintas para cada contratante. (Acrescentado pela Lei n. 9.711, de 20.11.98, DOU 21.11.98).

§ 6º Em se tratando de retenção e recolhimento realizados na forma do caput deste artigo, em nome de consórcio, de que tratam os arts. 278 e 279 da Lei n. 6.404, de 15 de dezembro de 1976, aplica-se o disposto em todo este artigo, observada a participação de cada uma das empresas consorciadas, na forma do respectivo ato constitutivo. *(Incluído pela Lei n. 11.941, de 27.5.09, DOU 28.5.09)*

Art. 32. A empresa é também obrigada a:

I — preparar folhas de pagamento das remunerações pagas ou creditadas a todos os segurados a seu serviço, de acordo com os padrões e normas estabelecidos pelo órgão competente da Seguridade Social;

II — lançar mensalmente em títulos próprios de sua contabilidade, de forma discriminada, os fatos geradores de todas as contribuições, o montante das quantias descontadas, as contribuições da empresa e os totais recolhidos;

III — prestar à Secretaria da Receita Federal do Brasil todas as informações cadastrais, financeiras e contábeis de seu interesse, na forma por ela estabelecida, bem como os esclarecimentos necessários à fiscalização; *(Redação dada pela Lei n. 11.941, de 27.5.09, DOU 28.5.09)*

IV — declarar à Secretaria da Receita Federal do Brasil e ao Conselho Curador do Fundo de Garantia do Tempo de Serviço — FGTS, na forma, prazo e condições estabelecidos por esses órgãos, dados relacionados a fatos geradores, base de cálculo e valores devidos da contribuição previdenciária e outras informações de interesse do INSS ou do Conselho Curador do FGTS; *(Redação dada pela Lei n. 11.941, de 27.5.09, DOU 28.5.09)*

V — *(VETADO) (Incluído pela Lei n. 10.403, de 8.1.02, DOU 9.2.02).*

VI — comunicar, mensalmente, aos empregados, por intermédio de documento a ser definido em regulamento, os valores recolhidos sobre o total de sua remuneração ao INSS. *(Incluído pela Lei n. 12.692, de 24.7.12, DOU 25.7.12)*

§ 1º (Revogado). *(Redação dada pela Lei n. 11.941, de 27.5.09, DOU 28.5.09)*

§ 2º A declaração de que trata o inciso IV do caput deste artigo constitui instrumento hábil e suficiente para a exigência do crédito tributário, e suas informações comporão a base de dados para fins de cálculo e concessão dos benefícios previdenciários. *(Redação dada pela Lei n. 11.941, de 27.5.09, DOU 28.5.09)*

§ 3º (Revogado). *(Redação dada pela Lei n. 11.941, 27.5.09, DOU 28.5.09)*

§ 4º (Revogado). *(Redação dada pela Lei n. 11.941, de 27.5.09, DOU 28.5.09)*

§ 5º (Revogado). *(Redação dada pela Lei n. 11.941, de 27.5.09, DOU 28.5.09)*

§ 6º (Revogado). *(Redação dada pela Lei n. 11.941, de 27.5.09, DOU 28.5.09)*

§ 7º (Revogado). *(Redação dada pela Lei n. 11.941, de 27.5.09, DOU 28.5.09)*

§ 8º (Revogado). *(Redação dada pela Lei n. 11.941, de 27.5.09, DOU 28.5.09)*

§ 9º A empresa deverá apresentar o documento a que se refere o inciso IV do caput deste artigo ainda que não ocorram fatos geradores de contribuição previdenciária, aplicando-se, quando couber, a penalidade prevista no art. 32-A desta Lei.

§ 10. O descumprimento do disposto no inciso IV do caput deste artigo impede a expedição da certidão de prova de regularidade fiscal perante a Fazenda Nacional. *(Redação dada pela Lei n. 11.941, de 27.5.09, DOU 28.5.09)*

§ 11. Em relação aos créditos tributários, os documentos comprobatórios do cumprimento das obrigações de que trata este artigo devem ficar arquivados na empresa até que ocorra a prescrição relativa aos créditos decorrentes das operações a que se refiram. *(Redação dada pela Lei n. 11.941, de 27.5.09, DOU 28.5.09)*

§ 12. *(VETADO). (Incluído pela Lei n. 12.692, de 2012)*

Art. 32-A. O contribuinte que deixar de apresentar a declaração de que trata o inciso IV do caput do art. 32 desta Lei no prazo fixado ou que a apresentar com incorreções ou omissões será intimado a apresentá-la ou a prestar esclarecimentos e sujeitar-se-á às seguintes multas: *(Acrescentado pela Lei n. 11.941, de 27.5.09, DOU 28.5.09).*

I — de R$ 20,00 (vinte reais) para cada grupo de 10 (dez) informações incorretas ou omitidas; e *(Acrescentado pela Lei n. 11.941, de 27.5.09, DOU 28.5.09).*

II — de 2% (dois por cento) ao mês-calendário ou fração, incidentes sobre o montante das contribuições informadas, ainda que integralmente pagas, no caso de falta de entrega da declaração ou entrega após o prazo, limitada a 20% (vinte por cento), observado o disposto no § 3º deste artigo. *(Acrescentado pela Lei n. 11.941, de 27.5.09, DOU 28.5.09).*

§ 1º Para efeito de aplicação da multa prevista no inciso II do caput deste artigo, será considerado como termo inicial o dia seguinte ao término do prazo fixado para entrega da declaração e como termo final a data da efetiva entrega ou, no caso de não-apresentação, a data da lavratura do auto de infração ou da notificação de lançamento. *(Acrescentado pela Lei n. 11.941, de 27.5.09, DOU 28.5.09).*

§ 2º Observado o disposto no § 3º deste artigo, as multas serão reduzidas: *(Acrescentado pela Lei n. 11.941, de 27.5.09, DOU 28.5.09).*

I — à metade, quando a declaração for apresentada após o prazo, mas antes de qualquer procedimento de ofício; ou *(Acrescentado pela Lei n. 11.941, de 27.5.09, DOU 28.5.09).*

II — a 75% (setenta e cinco por cento), se houver apresentação da declaração no prazo fixado em intimação. *(Acrescentado pela Lei n. 11.941, de 27.5.09, DOU 28.5.09).*

§ 3º A multa mínima a ser aplicada será de: *(Acrescentado pela Lei n. 11.941, de 27.5.09, DOU 28.5.09).*

I — R$ 200,00 (duzentos reais), tratando-se de omissão de declaração sem ocorrência de fatos geradores de contribuição previdenciária; e *(Acrescentado pela Lei n. 11.941, de 27.5.09, DOU 28.5.09).*

II — R$ 500,00 (quinhentos reais), nos demais casos. *(Acrescentado pela Lei n. 11.941, 27.5.09, DOU 28.5.09).*

Art. 32-B. Os órgãos da administração direta, as autarquias, as fundações e as empresas públicas da União, dos Estados, do Distrito Federal e dos Municípios, cujas Normas Gerais de Direito Financeiro para elaboração e controle dos orçamentos estão definidas pela Lei n. 4.320, de 17 de março de 1964, e pela Lei Complementar n. 101, de 4 de maio de 2000, ficam obrigados, na forma estabelecida pela Secretaria da Receita Federal do Brasil do Ministério da Fazenda, a apresentar: *(Incluído pela Lei n. 12.810, de 15.5.13, DOU 16.5.13)*

I — a contabilidade entregue ao Tribunal de Controle Externo; e *(Incluído pela Lei n. 12.810, de 15.5.13, DOU 16.5.13)*

II — a folha de pagamento. *(Incluído pela Lei n. 12.810, de 15.5.13, DOU 16.5.13)*

PARÁGRAFO ÚNICO. As informações de que trata o caput deverão ser apresentadas até o dia 30 de abril do ano seguinte ao encerramento do exercício. *(Incluído pela Lei n. 12.810, de 15.5.13, DOU 16.5.13))*

Art. 32-C. *(Vide Lei n. 12.873, de 2013, 24.10.13, DOU 25.10.13) (Vigência)*

Art. 33. À Secretaria da Receita Federal do Brasil compete planejar, executar, acompanhar e avaliar as atividades relativas à tributação, à fiscalização, à arrecadação, à cobrança e ao recolhimento das contribuições sociais previstas no Parágrafo único do art. 11 desta Lei, das contribuições incidentes a título de substituição e das devidas a outras entidades e fundos. *(Redação dada pela Lei n. 11.941, de 27.5.09, DOU 28.5.09).*

§ 1º É prerrogativa da Secretaria da Receita Federal do Brasil, por intermédio dos Auditores-Fiscais da Receita Federal do Brasil, o exame da contabilidade das empresas, ficando obrigados a prestar todos os esclarecimentos e informações solicitados o segurado e os terceiros responsáveis pelo recolhimento das contribuições previdenciárias e das contribuições devidas a outras entidades e fundos. *(Redação dada pela Lei n. 11.941, de 27.5.09, DOU 28.5.09).*

§ 2º A empresa, o segurado da Previdência Social, o serventuário da Justiça, o síndico ou seu representante, o comissário e o liquidante de empresa em liquidação judicial ou extrajudicial são obrigados a exibir todos os documentos e livros relacionados com as contribuições previstas nesta Lei. *(Redação dada pela Lei n. 11.941, de 27.5.09, DOU 28.5.09).*

§ 3º Ocorrendo recusa ou sonegação de qualquer documento ou informação, ou sua apresentação deficiente, a Secretaria da Receita Federal do Brasil pode, sem prejuízo da penalidade cabível, lançar de ofício a importância devida. *(Redação dada pela Lei n. 11.941, de 27.5.09, DOU 28.5.09).*

§ 4º Na falta de prova regular e formalizada pelo sujeito passivo, o montante dos salários pagos pela execução de obra de construção civil pode ser obtido mediante cálculo da mão de obra empregada, proporcional à área construída, de acordo com critérios estabelecidos pela Secretaria da Receita Federal do Brasil, cabendo ao proprietário, dono da obra, condômino da unidade imobiliária ou d empresa corresponsável o ônus da prova em contrário. *(Redação dada pela Lei n. 11.941, de 27.5.09, DOU 28.5.09).*

§ 5º O desconto de contribuição e de consignação legalmente autorizadas sempre se presume feito oportuna e regularmente pela empresa a isso obrigada, não lhe sendo lícito alegar omissão para se eximir do recolhimento, ficando diretamente responsável pela importância que deixou de receber ou arrecadou em desacordo com o disposto nesta Lei.

§ 6º Se, no exame da escrituração contábil e de qualquer outro documento da empresa, a fiscalização constatar que a contabilidade não registra o movimento real de remuneração dos segurados a seu serviço, do faturamento e do lucro, serão apuradas, por aferição indireta, as contribuições efetivamente devidas, cabendo à empresa o ônus da prova em contrário.

§ 7º O crédito da seguridade social é constituído por meio de notificação de lançamento, de auto de infração e de confissão de valores devidos e não recolhidos pelo contribuinte. *(Redação dada pela Lei n. 11.941, de 27.5.09, DOU 28.5.09).*

§ 8º Aplicam-se às contribuições sociais mencionadas neste artigo as presunções legais de omissão de receita previstas nos §§ 2º e 3º do art. 12 do Decreto-Lei n. 1.598, de 26 de dezembro de 1977, e nos arts. 40, 41 e 42 da Lei n. 9.430, de 27 de dezembro de 1996. *(Acrescentado pela Lei n. 11.941, 27.5.09, DOU 28.5.09).*

Art. 34. *(Revogado pela Lei n. 11.941, de 27.5.09, DOU 28.5.09)*

Art. 35. Os débitos com a União decorrentes das contribuições sociais previstas nas alíneas *a*, *b* e *c* do parágrafo único do art. 11 desta Lei, das contribuições instituídas a título de substituição e das contribuições devidas a terceiros, assim entendidas outras entidades e fundos, não pagos nos prazos previstos em legislação, serão acrescidos de multa de mora e juros de mora, nos termos do art. 61 da Lei n. 9.430, de 27 de dezembro de 1996. *(Redação dada pela Lei n. 11.941, 27.5.09, DOU 28.5.09).*

I — (revogado): *(Redação dada pela Lei n. 11.941, de 27.5.09, DOU 28.5.09).*

a) (revogada); *(Redação dada pela Lei n. 11.941, de 27.5.09, DOU 28.5.09).*

b) (revogada); *(Redação dada pela Lei n. 11.941, de 27.5.09, DOU 28.5.09).*

c) (revogada); *(Redação dada pela Lei n. 11.941, de 27.5.09, DOU 28.5.09).*

II — (revogado): *(Redação dada pela Lei n. 11.941, de 27.5.09, DOU 28.5.09).*

a) (revogada); *(Redação dada pela Lei n. 11.941, de 27.5.09, DOU 28.5.09).*

b) (revogada); *(Redação dada pela Lei n. 11.941, de 27.5.09, DOU 28.5.09).*

c) (revogada); *(Redação dada pela Lei n. 11.941, de 27.5.09, DOU 28.5.09).*

d) (revogada); *(Redação dada pela Lei n. 11.941, de 27.5.09, DOU 28.5.09).*

III — (revogado): *(Redação dada pela Lei n. 11.941, de 27.5.09, DOU 28.5.09).*

a) (revogada); *(Redação dada pela Lei n. 11.941, de 27.5.09, DOU 28.5.09).*

b) (revogada); *(Redação dada pela Lei n. 11.941, de 27.5.09, DOU 28.5.09).*

c) (revogada); *(Redação dada pela Lei n. 11.941, de 27.5.09, DOU 28.5.09).*

d) (revogada). *(Redação dada pela Lei n. 11.941, de 27.5.09, DOU 28.5.09).*

§ 1º (Revogado). *(Redação dada pela Lei n. 11.941, de 27.5.09, DOU 28.5.09).*

§ 2º (Revogado). *(Redação dada pela Lei n. 11.941, de 27.5.09, DOU 28.5.09).*

§ 3º (Revogado). *(Redação dada pela Lei n. 11.941, de 27.5.09, DOU 28.5.09).*

§ 4º (Revogado). *(Redação dada pela Lei n. 11.941, de 27.5.09, DOU 28.5.09).*

Art. 35-A. Nos casos de lançamento de ofício relativos às contribuições referidas no art. 35 desta Lei, aplica-se o disposto no art. 44 da Lei n. 9.430, de 27 de dezembro de 1996. *(Acrescentada pela Lei n. 11.941, de 27.5.09, DOU 28.5.09).*

Art. 36. *(Revogado pela Lei n. 8.218, de 29.8.91, 30.8.91).*

Art. 37. Constatado o não-recolhimento total ou parcial das contribuições tratadas nesta Lei, não declaradas na forma do art. 32 desta Lei, a falta de pagamento de benefício reembolsado ou o descumprimento de obrigação acessória, será lavrado auto de infração ou notificação de lançamento. *(Redação dada pela Lei n. 11.941, de 27.5.09, DOU 28.5.09).*

§ 1º (Revogado). *(Redação dada pela Lei n. 11.941, de 27.5.09, DOU 28.5.09).*

§ 2º (Revogado) *(Redação dada pela Lei n. 11.941, de 27.5.09, DOU 28.5.09).*

Art. 38. *(Revogado pela Lei n. 11.941, de 27.5.09, DOU 28.5.09)*

Art. 39. O débito original e seus acréscimos legais, bem como outras multas previstas em lei, constituem dívida ativa da União, promovendo-se a inscrição em livro próprio daquela resultante das contribuições de que tratam as alíneas *a*, *b* e *c* do parágrafo único do art. 11 desta Lei. *(Redação dada pela Lei n. 11.457, de 16.3.07, DOU 19.3.07).*

§ 1º *(Revogado pela Lei n. 11.501, de 11.7.07, DOU 12.7.07).*

§ 2º É facultado aos órgãos competentes, antes de ajuizar a cobrança da dívida ativa de que trata o *caput* deste artigo, promover o protesto de título dado em garantia, que será recebido **pro solvendo**. *(Redação dada pela Lei n. 11.457, de 16.3.07, DOU 19.3.07).*

§ 3º Serão inscritas como dívida ativa da União as contribuições que não tenham sido recolhidas ou parceladas resultantes das informações prestadas no documento a que se refere o inciso IV do art. 32 desta Lei. *(Redação dada pela Lei n. 11.457, de 16.3.07, DOU 19.3.07)*

Art. 40. (*VETADO*).

Art. 41. *(Revogado pela Lei n. 11.941, de 27.5.09, DOU 28.5.09)*

Art. 42. Os administradores de autarquias e fundações públicas, criadas e mantidas pelo Poder Público, de empresas públicas e de sociedades de economia mista sujeitas ao controle da União, dos Estados, do Distrito Federal ou dos Municípios, que se encontrarem em mora, por mais de 30 (trinta) dias, no recolhimento das contribuições previstas nesta Lei, tornam-se solidariamente responsáveis pelo respectivo pagamento, ficando ainda sujeitos às proibições do art. 1º e às sanções dos arts. 4º e 7º do Decreto-lei n. 368, de 19 de dezembro de 1968.

Art. 43. Nas ações trabalhistas de que resultar o pagamento de direitos sujeitos à incidência de contribuição previdenciária, o juiz, sob pena de responsabilidade, determinará o imediato recolhimento das importâncias devidas à Seguridade Social. *(Redação dada pela Lei n. 8.620, de 5.1.93, DOU 6.1.93)*

§ 1º Nas sentenças judiciais ou nos acordos homologados em que não figurarem, discriminadamente, as parcelas legais relativas às contribuições sociais, estas incidirão sobre o valor total apurado em liquidação de sentença ou sobre o valor do acordo homologado. *(Incluído pela Lei n. 11.941, de 27.5.09, DOU 28.5.09).*

§ 2º Considera-se ocorrido o fato gerador das contribuições sociais na data da prestação do serviço. *(Incluído pela Lei n. 11.941, de 27.5.09, DOU 28.5.09).*

§ 3º As contribuições sociais serão apuradas mês a mês, com referência ao período da prestação de serviços, mediante a aplicação de alíquotas, limites máximos do salário de contribuição e acréscimos legais moratórios vigentes relativamente a cada uma das competências abrangidas, devendo o recolhimento ser efetuado no mesmo prazo em que devam ser pagos os créditos encontrados em liquidação de sentença ou em acordo homologado, sendo que nesse último caso o recolhimento será feito em tantas parcelas quantas as previstas no acordo, nas mesmas datas em que sejam exigíveis e proporcionalmente a cada uma delas. *(Incluído pela Lei n. 11.941, de 27.5.09, DOU 28.5.09).*

§ 4º No caso de reconhecimento judicial da prestação de serviços em condições que permitam a aposentadoria especial após 15 (quinze), 20 (vinte) ou 25 (vinte e cinco) anos de contribuição, serão devidos os acréscimos de contribuição de que trata o § 6º do art. 57 da Lei n. 8.213, de 24 de julho de 1991. *(Acrescentado pela Lei n. 11.941, de 27.5.09, DOU 28.5.09).*

§ 5º Na hipótese de acordo celebrado após ter sido proferida decisão de mérito, a contribuição será calculada com base no valor do acordo. *(Acrescentado pela Lei n. 11.941, de 27.5.09, DOU 28.5.09).*

§ 6º Aplica-se o disposto neste artigo aos valores devidos ou pagos nas Comissões de Conciliação Prévia de que trata a Lei n. 9.958, de 12 de janeiro de 2000. *(Acrescentado pela Lei n. 11.941, de 27.5.09, DOU 28.5.09).*

Art. 44. *(Revogado pela Lei n. 11.501, de 2007).*

Art. 45. *(Revogado pela Lei Complementar n. 128, de 2008)*

Art. 45-A. O contribuinte individual que pretenda contar como tempo de contribuição, para fins de obtenção de benefício no Regime Geral de Previdência Social ou de contagem recíproca do tempo de contribuição, período de atividade remunerada alcançada pela decadência deverá indenizar o INSS. *(Incluído pela Lei Complementar n. 128, de 2008)*

§ 1º O valor da indenização a que se refere o caput deste artigo e o § 1º do art. 55 da Lei n. 8.213, de 24 de julho de 1991, corresponderá a 20% (vinte por cento): *(Incluído pela Lei Complementar n. 128, de 2008)*

I — da média aritmética simples dos maiores salários-de-contribuição, reajustados, correspondentes a 80% (oitenta por cento) de todo o período contributivo decorrido desde a competência julho de 1994; ou *(Incluído pela Lei Complementar n. 128, de 2008)*

II — da remuneração sobre a qual incidem as contribuições para o regime próprio de previdência social a que estiver filiado o interessado, no caso de indenização para fins da contagem recíproca de que tratam os arts. 94 a 99 da Lei n. 8.213, de 24 de julho de 1991, observados o limite máximo previsto no art. 28 e o disposto em regulamento. *(Incluído pela Lei Complementar n. 128, de 2008)*

§ 2º Sobre os valores apurados na forma do § 1º deste artigo incidirão juros moratórios de 0,5% (cinco décimos por cento) ao mês, capitalizados anualmente, limitados ao percentual máximo de 50% (cinqüenta por cento), e multa de 10% (dez por cento). *(Incluído pela Lei Complementar n. 128, de 2008)*

§ 3º O disposto no § 1º deste artigo não se aplica aos casos de contribuições em atraso não alcançadas pela decadência do direito de a Previdência constituir o respectivo crédito, obedecendo-se, em relação a elas, as disposições aplicadas às empresas em geral. *(Incluído pela Lei Complementar n. 128, de 2008)*

Art. 46. *(Revogado pela Lei Complementar n. 128, de 2008)*

....

Art. 80. Fica o Instituto Nacional do Seguro Social — INSS obrigado a:

I — enviar às empresas e aos seus segurados, quando solicitado, extrato relativo ao recolhimento das suas contribuições; *(Redação pela Lei n. 12.692, de 2012)*

II — *(Revogado pela Lei n. 11.941, de 27.5.09, DOU 28.5.09)*

III — emitir e enviar aos beneficiários o Aviso de Concessão de Benefício, além da memória de cálculo do valor dos benefícios concedidos;

IV — reeditar versão atualizada, nos termos do Plano de Benefícios, da Carta dos Direitos dos Segurados;

V — divulgar, com a devida antecedência, através dos meios de comunicação, alterações porventura realizadas na forma de contribuição das empresas e segurados em geral;

VI — descentralizar, progressivamente, o processamento eletrônico das informações, mediante extensão dos programas de informatização de postos de atendimento e de Regiões Fiscais.

VII — disponibilizará ao público, inclusive por meio de rede pública de transmissão de dados, informações atualizadas sobre as receitas e despesas do regime geral de previdência social, bem como os critérios e parâmetros adotados para garantir o equilíbrio financeiro e atuarial do regime. *(Incluído pela Lei n. 10.887, de 18.6.04, DOU 21.6.04).*

....

Art. 91. Mediante requisição da Seguridade Social, a empresa é obrigada a descontar, da remuneração paga aos segurados a seu serviço, a importância proveniente de dívida ou responsabilidade por eles contraída junto à Seguridade Social, relativa a benefícios pagos indevidamente.

....

Art. 104. Esta Lei entrará em vigor na data de sua publicação.

Art. 105. Revogam-se as disposições em contrário.

Brasília, em 24 de julho de 1991; 170º da Independência e 103º da República.

Fernando Collor
Antonio Magri

LEI N. 8.213, DE 24 DE JULHO DE 1991

(DOU 25.7.91 — REEDITADA EM 11.4.96)

DISPÕE SOBRE OS PLANOS DE BENEFÍCIOS DA PREVIDÊNCIA SOCIAL E DÁ OUTRAS PROVIDÊNCIAS(*)

V. Lei n. 9.983, de 14.7.00, p. 439

Art. 1º A Previdência Social, mediante contribuição, tem por fim assegurar aos seus beneficiários meios indispensáveis de manutenção, por motivo de incapacidade, desemprego involuntário, idade avançada, tempo de serviço, encargos familiares e prisão ou morte daqueles de quem dependiam economicamente.

Art. 2º A Previdência Social rege-se pelos seguintes princípios e objetivos:

I — universalidade de participação nos planos previdenciários;

II — uniformidade e equivalência dos benefícios e serviços às populações urbanas e rurais;

III — seletividade e distributividade na prestação dos benefícios;

IV — cálculo dos benefícios considerando-se os salários de contribuição corrigidos monetariamente;

V — irredutibilidade do valor dos benefícios de forma a preservar-lhes o poder aquisitivo;

VI — valor da renda mensal dos benefícios substitutos do salário de contribuição ou do rendimento do trabalho do segurado não inferior ao do salário mínimo;

VII — previdência complementar facultativa, custeada por contribuição adicional;

VIII — caráter democrático e descentralizado da gestão administrativa, com a participação do governo e da comunidade, em especial de trabalhadores em atividade, empregadores e aposentados.

PARÁGRAFO ÚNICO. A participação referida no inciso VIII deste artigo será efetivada a nível federal, estadual e municipal.

....

DO REGIME GERAL DE PREVIDÊNCIA SOCIAL

CAPÍTULO I

DOS BENEFICIÁRIOS

Art. 10. Os beneficiários do Regime Geral de Previdência Social classificam-se como segurados e dependentes, nos termos das Seções I e II deste capítulo.

SEÇÃO I

Dos Segurados

Art. 11. São segurados obrigatórios da Previdência Social as seguintes pessoas físicas: *(Redação dada pela Lei n. 8.647, de 1993)*

I — como empregado: *(Redação dada pela Lei n. 8.647, de 1993)*

a) aquele que presta serviço de natureza urbana ou rural à empresa, em caráter não eventual, sob sua subordinação e mediante remuneração, inclusive como diretor empregado;

b) aquele que, contratado por empresa de trabalho temporário, definida em legislação específica, presta serviço para atender a necessidade transitória de substituição de pessoal regular e permanente ou a acréscimo extraordinário de serviços de outras empresas;

c) o brasileiro ou o estrangeiro domiciliado e contratado no Brasil para trabalhar como empregado em sucursal ou agência de empresa nacional no exterior;

d) aquele que presta serviço no Brasil a missão diplomática ou a repartição consular de carreira estrangeira e a órgãos a elas subordinados, ou a membros dessas missões e repartições, excluídos o não-brasileiro sem residência permanente no Brasil e o brasileiro amparado pela legislação previdenciária do país da respectiva missão diplomática ou repartição consular;

e) o brasileiro civil que trabalha para a União, no exterior, em organismos oficiais brasileiros ou internacionais dos quais o Brasil seja membro efetivo, ainda que lá domiciliado e contratado, salvo se segurado na forma da legislação vigente do país do domicílio;

f) o brasileiro ou estrangeiro domiciliado e contratado no Brasil para trabalhar como empregado em empresa domiciliada no exterior, cuja maioria do capital votante pertença a empresa brasileira de capital nacional;

g) o servidor público ocupante de cargo em comissão, sem vínculo efetivo com a União, Autarquias, inclusive em regime especial, e Fundações Públicas Federais. *(Incluída pela Lei n. 8.647, de 1993)*

h) o exercente de mandato eletivo federal, estadual ou municipal, desde que não vinculado a regime próprio de previdência social ; *(Incluída pela Lei n. 9.506, de 1997)*

i) o empregado de organismo oficial internacional ou estrangeiro em funcionamento no Brasil, salvo quando coberto por regime próprio de previdência social; *(Incluída pela Lei n. 9.876, de 26.11.99)*

j) o exercente de mandato eletivo federal, estadual ou municipal, desde que não vinculado a regime próprio de previdência social; *(Incluído pela Lei n. 10.887, de 2004)*

II — como empregado doméstico: aquele que presta serviço de natureza contínua a pessoa ou família, no âmbito residencial desta, em atividades sem fins lucrativos;

III — *(Revogado pela Lei n. 9.876, de 26.11.1999)*

IV — *(Revogado pela Lei n. 9.876, de 26.11.1999)*

a) ; *(Revogado pela Lei n. 9.876, de 26.11.1999)*

b) *(Revogado pela Lei n. 9.876, de 26.11.1999)*

V — como contribuinte individual: *(Redação dada pela Lei n. 9.876, de 26.11.99)*

a) a pessoa física, proprietária ou não, que explora atividade agropecuária, a qualquer título, em caráter permanente ou temporário, em área superior a 4 (quatro) módulos fiscais; ou, quando em área igual ou inferior a 4 (quatro) módulos fiscais ou atividade pesqueira, com auxílio de empregados ou por intermédio de prepostos; ou ainda nas hipóteses dos §§ 9º e 10 deste artigo; *(Redação dada pela Lei n. 11.718, de 2008)*

b) a pessoa física, proprietária ou não, que explora atividade de extração mineral — garimpo, em caráter permanente ou temporário, diretamente ou por intermédio de prepostos, com ou sem o auxílio de empregados, utilizados a qualquer título, ainda que de forma não contínua; *(Redação dada pela Lei n. 9.876, de 26.11.99)*

c) o ministro de confissão religiosa e o membro de instituto de vida consagrada, de congregação ou de ordem religiosa; *(Redação dada pela Lei n. 10.403, de 8.1.2002)*

d) *(Revogado pela Lei n. 9.876, de 26.11.1999)*

e) o brasileiro civil que trabalha no exterior para organismo oficial internacional do qual o Brasil é membro efetivo, ainda que lá domiciliado e contratado, salvo quando coberto por regime próprio de previdência social; *(Redação dada pela Lei n. 9.876, de 26.11.99)*

f) o titular de firma individual urbana ou rural, o diretor não empregado e o membro de conselho de administração de sociedade anônima, o sócio solidário, o sócio de indústria, o sócio gerente e o sócio cotista que recebam remuneração decorrente de seu trabalho em empresa urbana ou rural, e o associado eleito para cargo de direção em cooperativa, associação ou entidade de qualquer natureza ou finalidade, bem como o síndico ou administrador eleito para exercer atividade de direção condominial, desde que recebam remuneração; *(Incluído pela Lei n. 9.876, de 26.11.99)*

g) quem presta serviço de natureza urbana ou rural, em caráter eventual, a uma ou mais empresas, sem relação de emprego; *(Incluído pela Lei n. 9.876, de 26.11.99)*

h) a pessoa física que exerce, por conta própria, atividade econômica de natureza urbana, com fins lucrativos ou não; *(Incluído pela Lei n. 9.876, de 26.11.99)*

VI — como trabalhador avulso: quem presta, a diversas empresas, sem vínculo empregatício, serviço de natureza urbana ou rural definidos no Regulamento;

VII — como segurado especial: a pessoa física residente no imóvel rural ou em aglomerado urbano ou rural próximo a ele que, individualmente ou em regime de economia familiar, ainda que com o auxílio eventual de terceiros, na condição de: *(Redação dada pela Lei n. 11.718, de 2008)*

a) produtor, seja proprietário, usufrutuário, possuidor, assentado, parceiro ou meeiro outorgados, comodatário ou arrendatário rurais, que explore atividade: *(Incluído pela Lei n. 11.718, de 2008)*

1. agropecuária em área de até 4 (quatro) módulos fiscais; *(Incluído pela Lei n. 11.718, de 2008)*

2. de seringueiro ou extrativista vegetal que exerça suas atividades nos termos do inciso XII do caput do art. 2º da Lei n. 9.985, de 18 de julho de 2000, e faça dessas atividades o principal meio de vida; *(Incluído pela Lei n. 11.718, de 2008)*

b) pescador artesanal ou a este assemelhado que faça da pesca profissão habitual ou principal meio de vida; e *(Incluído pela Lei n. 11.718, de 2008)*

c) cônjuge ou companheiro, bem como filho maior de 16 (dezesseis) anos de idade ou a este equiparado, do segurado de que tratam as alíneas a e *b* deste inciso, que, comprovadamente, trabalhem com o grupo familiar respectivo. *(Incluído pela Lei n. 11.718, de 2008)*

§ 1º Entende-se como regime de economia familiar a atividade em que o trabalho dos membros da família é indispensável à própria subsistência e ao desenvolvimento socioeconômico do núcleo familiar e é exercido em condições de mútua dependência e colaboração, sem a utilização de empregados permanentes. *(Redação dada pela Lei n. 11.718, de 2008)*

§ 2º Todo aquele que exercer, concomitantemente, mais de uma atividade remunerada sujeita ao Regime Geral de Previdência Social é obrigatoriamente filiado em relação a cada uma delas.

§ 3º O aposentado pelo Regime Geral de Previdência Social — RGPS que estiver exercendo ou que voltar a exercer atividade abrangida por este Regime é segurado obrigatório em relação a essa atividade, ficando sujeito às contribuições de que trata a *Lei n. 8.212, de 24 de julho de 1991*, para fins de custeio da Seguridade Social. *(Incluído pela Lei n. 9.032, de 1995)*

§ 4º O dirigente sindical mantém, durante o exercício do mandato eletivo, o mesmo enquadramento no Regime Geral de Previdência Social-RGPS de antes da investidura. *(Incluído pela Lei n. 9.528, de 1997)*

§ 5º Aplica-se o disposto na alínea *g* do inciso I do *caput* ao ocupante de cargo de Ministro de Estado, de Secretário Estadual, Distrital ou Municipal, sem vínculo efetivo com a União, Estados, Distrito Federal e Municípios, suas autarquias, ainda que em regime especial, e fundações. *(Incluído pela Lei n. 9.876, de 26.11.99)*

§ 6º Para serem considerados segurados especiais, o cônjuge ou companheiro e os filhos maiores de 16 (dezesseis) anos ou os a estes equiparados deverão ter participação ativa nas atividades rurais do grupo familiar. *(Incluído pela Lei n. 11.718, de 2008)*

§ 7º O grupo familiar poderá utilizar-se de empregados contratados por prazo determinado ou de trabalhador de que trata a alínea *g* do inciso V do caput, à razão de no máximo 120 (cento e vinte) pessoas por dia no ano civil, em períodos corridos ou intercalados ou, ainda, por tempo equivalente em horas de trabalho, não sendo computado nesse prazo o período de afastamento em decorrência da percepção de auxílio-doença. *(Redação dada pela Lei n. 12.873, 24.10.13, DOU 25.10.13)*

§ 8º Não descaracteriza a condição de segurado especial: *(Incluído pela Lei n. 11.718, de 2008)*

I — a outorga, por meio de contrato escrito de parceria, meação ou comodato, de até 50% (cinquenta por cento) de imóvel rural cuja área total não seja superior a 4 (quatro) módulos fiscais, desde que outorgante e outorgado continuem a exercer a respectiva atividade, individualmente ou em regime de economia familiar; *(Incluído pela Lei n. 11.718, de 2008)*

II — a exploração da atividade turística da propriedade rural, inclusive com hospedagem, por não mais de 120 (cento e vinte) dias ao ano; *(Incluído pela Lei n. 11.718, de 2008)*

III — a participação em plano de previdência complementar instituído por entidade classista a que seja associado em razão da condição de trabalhador rural ou de produtor rural em regime de economia familiar; e *(Incluído pela Lei n. 11.718, de 2008)*

IV — ser beneficiário ou fazer parte de grupo familiar que tem algum componente que seja beneficiário de programa assistencial oficial de governo; *(Incluído pela Lei n. 11.718, de 2008)*

V — a utilização pelo próprio grupo familiar, na exploração da atividade, de processo de beneficiamento ou industrialização artesanal, na forma do § 11 do art. 25 da Lei n. 8.212, de 24 de julho de 1991; e *(Incluído pela Lei n. 11.718, de 2008)*

VI — a associação em cooperativa agropecuária; e *(Redação dada pela Lei n. 12.873, de 24.10.13, DOU 25.10.13)*

VII — a incidência do Imposto Sobre Produtos Industrializados — IPI sobre o produto das atividades desenvolvidas nos termos do § 12. *(Incluído pela Lei n. 12.873, de 24.10.13, DOU 25.10.13)*

§ 9º Não é segurado especial o membro de grupo familiar que possuir outra fonte de rendimento, exceto se decorrente de: *(Incluído pela Lei n. 11.718, de 2008)*

I — benefício de pensão por morte, auxílio-acidente ou auxílio-reclusão, cujo valor não supere o do menor benefício de prestação continuada da Previdência Social; *(Incluído pela Lei n. 11.718, de 2008)*

II — benefício previdenciário pela participação em plano de previdência complementar instituído nos termos do inciso IV do § 8º deste artigo; *(Incluído pela Lei n. 11.718, de 2008)*

III — exercício de atividade remunerada em período não superior a 120 (cento e vinte) dias, corridos ou intercalados, no ano civil, observado o disposto no § 13 do art. 12 da Lei n. 8.212, de 24 de julho de 1991; *(Redação dada pela Lei n. 12.873, de 2013)*

IV — exercício de mandato eletivo de dirigente sindical de organização da categoria de trabalhadores rurais; *(Incluído pela Lei n. 11.718, de 2008)*

V — exercício de mandato de vereador do Município em que desenvolve a atividade rural ou de dirigente de cooperativa rural constituída, exclusivamente, por segurados especiais, observado o disposto no § 13 do art. 12 da Lei n. 8.212, de 24 de julho de 1991; *(Incluído pela Lei n. 11.718, de 2008)*

VI — parceria ou meação outorgada na forma e condições estabelecidas no inciso I do § 8º deste artigo; *(Incluído pela Lei n. 11.718, de 2008)*

VII — atividade artesanal desenvolvida com matéria-prima produzida pelo respectivo grupo familiar, podendo ser utilizada matéria-prima de outra origem, desde que a renda mensal obtida na atividade não exceda ao menor benefício de prestação continuada da Previdência Social; e *(Incluído pela Lei n. 11.718, de 2008)*

VIII — atividade artística, desde que em valor mensal inferior ao menor benefício de prestação continuada da Previdência Social. *(Incluído pela Lei n. 11.718, de 2008)*

§ 10. O segurado especial fica excluído dessa categoria: *(Incluído pela Lei n. 11.718, de 2008)*

I — a contar do primeiro dia do mês em que: *(Incluído pela Lei n. 11.718, de 2008)*

a) deixar de satisfazer as condições estabelecidas no inciso VII do caput deste artigo, sem prejuízo do disposto no art. 15 desta Lei, ou exceder qualquer dos limites estabelecidos no inciso I do § 8º deste artigo; *(Incluído pela Lei n. 11.718, de 2008)*

b) enquadrar-se em qualquer outra categoria de segurado obrigatório do Regime Geral de Previdência Social, ressalvado o disposto nos incisos III, V, VII e VIII do § 9º e no § 12, sem prejuízo do disposto no art. 15; *(Redação dada pela Lei n. 12.873, de 24.10.13, DOU 25.10.13)*

Legislação Complementar

c) tornar-se segurado obrigatório de outro regime previdenciário; e *(Redação dada pela Lei n. 12.873, de 2013)*

d) participar de sociedade empresária, de sociedade simples, como empresário individual ou como titular de empresa individual de responsabilidade limitada em desacordo com as limitações impostas pelo § 12; *(Incluído pela Lei n. 12.873, de 2013) (Produção de efeito)*

II — a contar do primeiro dia do mês subseqüente ao da ocorrência, quando o grupo familiar a que pertence exceder o limite de: *(Incluído pela Lei n. 11.718, de 2008)*

a) utilização de terceiros na exploração da atividade a que se refere o § 7º deste artigo; *(Incluído pela Lei n. 11.718, de 2008)*

b) dias em atividade remunerada estabelecidos no inciso III do § 9º deste artigo; e *(Incluído pela Lei n. 11.718, de 2008)*

c) dias de hospedagem a que se refere o inciso II do § 8º deste artigo. *(Incluído pela Lei n. 11.718, de 2008)*

§ 11. Aplica-se o disposto na alínea *a* do inciso V do caput deste artigo ao cônjuge ou companheiro do produtor que participe da atividade rural por este explorada. *(Incluído pela Lei n. 11.718, de 2008)*

§ 12. A participação do segurado especial em sociedade empresária, em sociedade simples, como empresário individual ou como titular de empresa individual de responsabilidade limitada de objeto ou âmbito agrícola, agroindustrial ou agroturístico, considerada microempresa nos termos da Lei Complementar n. 123, de 14 de dezembro de 2006, não o exclui de tal categoria previdenciária, desde que, mantido o exercício da sua atividade rural na forma do inciso VII do caput e do § 1º, a pessoa jurídica componha-se apenas de segurados de igual natureza e sedie-se no mesmo Município ou em Município limítrofe àquele em que eles desenvolvam suas atividades. *(Incluído pela Lei n. 12.873, de 2013) (Produção de efeito)*

§ 13. (VETADO). *(Incluído pela Lei n. 12.873, de 2013) (Produção de efeito)*

Art. 12. O servidor civil ocupante de cargo efetivo ou o militar da União, dos Estados, do Distrito Federal ou dos Municípios, bem como o das respectivas autarquias e fundações, são excluídos do Regime Geral de Previdência Social consubstanciado nesta Lei, desde que amparados por regime próprio de previdência social. *(Redação dada pela Lei n. 9.876, de 26.11.99)*

§ 1º Caso o servidor ou o militar venham a exercer, concomitantemente, uma ou mais atividades abrangidas pelo Regime Geral de Previdência Social, tornar-se-ão segurados obrigatórios em relação a essas atividades. *(Incluído pela Lei n. 9.876, de 26.11.99)*

§ 2º Caso o servidor ou o militar, amparados por regime próprio de previdência social, sejam requisitados para outro órgão ou entidade cujo regime previdenciário não permita a filiação, nessa condição, permanecerão vinculados ao regime de origem, obedecidas as regras que cada ente estabeleça acerca de sua contribuição. *(Incluído pela Lei n. 9.876, de 26.11.99)*

Art. 13. É segurado facultativo o maior de 14 (quatorze) anos que se filiar ao Regime Geral de Previdência Social, mediante contribuição, desde que não incluído nas disposições do art. 11.

Art. 14. Consideram-se:

I — empresa — a firma individual ou sociedade que assume o risco de atividade econômica urbana ou rural, com fins lucrativos ou não, bem como os órgãos e entidades da administração pública direta, indireta ou fundacional;

II — empregador doméstico — a pessoa ou família que admite a seu serviço, sem finalidade lucrativa, empregado doméstico.

PARÁGRAFO ÚNICO. Equipara-se a empresa, para os efeitos desta Lei, o contribuinte individual em relação a segurado que lhe presta serviço, bem como a cooperativa, a associação ou entidade de qualquer natureza ou finalidade, a missão diplomática e a repartição consular de carreira estrangeiras. *(Redação dada pela Lei n. 9.876, de 26.11.99)*

Art. 15. Mantém a qualidade de segurado, independentemente de contribuições:

I — sem limite de prazo, quem está em gozo de benefício;

II — até 12 (doze) meses após a cessação das contribuições, o segurado que deixar de exercer atividade remunerada abrangida pela Previdência Social ou estiver suspenso ou licenciado sem remuneração;

III — até 12 (doze) meses após cessar a segregação, o segurado acometido de doença de segregação compulsória;

IV — até 12 (doze) meses após o livramento, o segurado retido ou recluso;

V — até 3 (três) meses após o licenciamento, o segurado incorporado às Forças Armadas para prestar serviço militar;

VI — até 6 (seis) meses após a cessação das contribuições, o segurado facultativo.

§ 1º O prazo do inciso II será prorrogado para até 24 (vinte e quatro) meses se o segurado já tiver pago mais de 120 (cento e vinte) contribuições mensais sem interrupção que acarrete a perda da qualidade de segurado.

§ 2º Os prazos do inciso II ou do § 1º serão acrescidos de 12 (doze) meses para o segurado desempregado, desde que comprovada essa situação pelo registro no órgão próprio do Ministério do Trabalho e da Previdência Social.

§ 3º Durante os prazos deste artigo, o segurado conserva todos os seus direitos perante a Previdência Social.

§ 4º A perda da qualidade de segurado ocorrerá no dia seguinte ao do término do prazo fixado no Plano de Custeio da Seguridade Social para recolhimento da contribuição referente ao mês imediatamente posterior ao do final dos prazos fixados neste artigo e seus parágrafos.

SEÇÃO II

Dos Dependentes

Art. 16. São beneficiários do Regime Geral de Previdência Social, na condição de dependentes do segurado:

I — o cônjuge, a companheira, o companheiro e o filho não emancipado, de qualquer condição, menor de 21 (vinte e um) anos ou inválido ou que tenha deficiência intelectual ou mental que o torne absoluta ou relativamente incapaz, assim declarado judicialmente; *(Redação dada pela Lei n. 12.470, de 2011)*

II — os pais;

III — o irmão não emancipado, de qualquer condição, menor de 21 (vinte e um) anos ou inválido ou que tenha deficiência intelectual ou mental que o torne absoluta ou relativamente incapaz, assim declarado judicialmente; *(Redação dada pela Lei n. 12.470, de 2011)*

IV — *(Revogada pela Lei n. 9.032, de 1995)*

§ 1º A existência de dependente de qualquer das classes deste artigo exclui do direito às prestações os das classes seguintes.

§ 2º O enteado e o menor tutelado equiparam-se a filho mediante declaração do segurado e desde que comprovada a dependência econômica na forma estabelecida no Regulamento. *(Redação dada pela Lei n. 9.528, de 1997)*

§ 3º Considera-se companheira ou companheiro a pessoa que, sem ser casada, mantém união estável com o segurado ou com a segurada, de acordo com o *§ 3º do art. 226 da Constituição Federal.*

§ 4º A dependência econômica das pessoas indicadas no inciso I é presumida e a das demais deve ser comprovada.

CAPÍTULO II
Das Prestações em Geral
SEÇÃO I
Das Espécies de Prestações

Art. 18. O Regime Geral de Previdência Social compreende as seguintes prestações, devidas inclusive em razão de eventos decorrentes de acidente do trabalho, expressas em benefícios e serviços:

I — quanto ao segurado:

a) aposentadoria por invalidez;

b) aposentadoria por idade;

c) aposentadoria por tempo de contribuição; *(Redação dada pela Lei Complementar n. 123, de 2006)*

d) aposentadoria especial;

e) auxílio-doença;

f) salário-família;

g) salário-maternidade;

h) auxílio-acidente;

i) *(Revogada pela Lei n. 8.870, de 1994)*

II — quanto ao dependente:

a) pensão por morte;

b) auxílio-reclusão;

III — quanto ao segurado e dependente:

a) *(Revogada pela Lei n. 9.032, de 1995)*

b) serviço social;

c) reabilitação profissional.

§ 1º Somente poderão beneficiar-se do auxílio-acidente os segurados incluídos nos incisos I, VI e VII do art. 11 desta Lei. *(Redação dada pela Lei n. 9.032, de 1995)*

§ 2º O aposentado pelo Regime Geral de Previdência Social — RGPS que permanecer em atividade sujeita a este Regime, ou a ele retornar, não fará jus a prestação alguma da Previdência Social em decorrência do exercício dessa atividade, exceto ao salário-família e à reabilitação profissional, quando empregado. *(Redação dada pela Lei n. 9.528, de 1997)*

§ 3º O segurado contribuinte individual, que trabalhe por conta própria, sem relação de trabalho com empresa ou equiparado, e o segurado facultativo que contribuam na forma do § 2º do art. 21 da Lei n. 8.212, de 24 de julho de 1991, não farão jus à aposentadoria por tempo de contribuição. *(Incluído pela Lei Complementar n. 123, de 2006)*

Art. 19. Acidente do trabalho é o que ocorre pelo exercício do trabalho a serviço da empresa ou pelo exercício do trabalho dos segurados referidos no inciso VII do art. 11 desta Lei, provocando lesão corporal ou perturbação funcional que cause a morte ou a perda ou redução, permanente ou temporária, da capacidade para o trabalho.

§ 1º A empresa é responsável pela adoção e uso das medidas coletivas e individuais de proteção e segurança da saúde do trabalhador.

§ 2º Constitui contravenção penal, punível com multa, deixar a empresa de cumprir as normas de segurança e higiene do trabalho.

§ 3º É dever da empresa prestar informações pormenorizadas sobre os riscos da operação a executar e do produto a manipular.

§ 4º O Ministério do Trabalho e da Previdência Social fiscalizará e os sindicatos e entidades representativas de classe acompanharão o fiel cumprimento do disposto nos parágrafos anteriores, conforme dispuser o Regulamento.

Art. 20. Consideram-se acidente do trabalho, nos termos do artigo anterior, as seguintes entidades mórbidas:

I — doença profissional, assim entendida a produzida ou desencadeada pelo exercício do trabalho peculiar a determinada atividade e constante da respectiva relação elaborada pelo Ministério do Trabalho e da Previdência Social;

II — doença do trabalho, assim entendida a adquirida ou desencadeada em função de condições especiais em que o trabalho é realizado e com ele se relacione diretamente, constante da relação mencionada no inciso I.

§ 1º Não são consideradas como doença do trabalho:

a) a doença degenerativa;

b) a inerente a grupo etário;

c) a que não produza incapacidade laborativa;

d) a doença endêmica adquirida por segurado habitante de região em que ela se desenvolva, salvo comprovação de que é resultante de exposição ou contato direto determinado pela natureza do trabalho.

§ 2º Em caso excepcional, constatando-se que a doença não incluída na relação prevista nos incisos I e II deste artigo resultou das condições especiais em que o trabalho é executado e com ele se relaciona diretamente, a Previdência Social deve considerá-la acidente do trabalho.

Art. 21. Equiparam-se também ao acidente do trabalho, para efeitos desta Lei:

I — o acidente ligado ao trabalho que, embora não tenha sido a causa única, haja contribuído diretamente para a morte do segurado, para redução ou perda da sua capacidade para o trabalho, ou produzido lesão que exija atenção médica para a sua recuperação;

II — o acidente sofrido pelo segurado no local e no horário do trabalho, em consequência de:

a) ato de agressão, sabotagem ou terrorismo praticado por terceiro ou companheiro de trabalho;

b) ofensa física intencional, inclusive de terceiro, por motivo de disputa relacionada ao trabalho;

c) ato de imprudência, de negligência ou de imperícia de terceiro ou de companheiro de trabalho;

d) ato de pessoa privada do uso da razão;

e) desabamento, inundação, incêndio e outros casos fortuitos ou decorrentes de força maior;

III — a doença proveniente de contaminação acidental do empregado no exercício de sua atividade;

IV — o acidente sofrido pelo segurado ainda que fora do local e horário de trabalho:

a) na execução de ordem ou na realização de serviço sob a autoridade da empresa;

b) na prestação espontânea de qualquer serviço à empresa para lhe evitar prejuízo ou proporcionar proveito;

c) em viagem a serviço da empresa, inclusive para estudo quando financiada por esta dentro de seus planos para melhor capacitação da mão de obra, independentemente do meio de locomoção utilizado, inclusive veículo de propriedade do segurado;

d) no percurso da residência para o local de trabalho ou deste para aquela, qualquer que seja o meio de locomoção, inclusive veículo de propriedade do segurado.

§ 1º Nos períodos destinados a refeição ou descanso, ou por ocasião da satisfação de outras necessidades fisiológicas, no local do trabalho ou durante este, o empregado é considerado no exercício do trabalho.

§ 2º Não é considerada agravação ou complicação de acidente do trabalho a lesão que, resultante de acidente de outra origem, se associe ou se superponha às consequências do anterior.

Art. 21-A. A perícia médica do INSS considerará caracterizada a natureza acidentária da incapacidade quando constatar ocorrência de nexo técnico epidemiológico entre o trabalho e o agravo, decorrente da relação entre a atividade da empresa e a entidade mórbida motivadora da incapacidade elencada na Classificação Internacional de Doenças — CID, em conformidade com o que dispuser o regulamento. *(Incluído pela Lei n. 11.430, de 2006)*

§ 1º A perícia médica do INSS deixará de aplicar o disposto neste artigo quando demonstrada a inexistência do nexo de que trata o caput deste artigo. *(Incluído pela Lei n. 11.430, de 2006)*

§ 2º A empresa poderá requerer a não aplicação do nexo técnico epidemiológico, de cuja decisão caberá recurso com efeito suspensivo, da empresa ou do segurado, ao Conselho de Recursos da Previdência Social. *(Incluído pela Lei n. 11.430, de 2006)*

Art. 22. A empresa deverá comunicar o acidente do trabalho à Previdência Social até o 1º (primeiro) dia útil seguinte ao da ocorrência e, em caso de morte, de imediato, à autoridade competente, sob pena de multa variável entre o limite mínimo e o limite máximo do salário de contribuição, sucessivamente aumentada nas reincidências, aplicada e cobrada pela Previdência Social.

§ 1º Da comunicação a que se refere este artigo receberão cópia fiel o acidentado ou seus dependentes, bem como o sindicato a que corresponda a sua categoria.

§ 2º Na falta de comunicação por parte da empresa, podem formalizá-la o próprio acidentado, seus dependentes, a entidade sindical competente, o médico que o assistiu ou qualquer autoridade pública, não prevalecendo nestes casos o prazo previsto neste artigo.

§ 3º A comunicação a que se refere o § 2º não exime a empresa de responsabilidade pela falta do cumprimento do disposto neste artigo.

§ 4º Os sindicatos e entidades representativas de classe poderão acompanhar a cobrança, pela Previdência Social, das multas previstas neste artigo.

§ 5º A multa de que trata este artigo não se aplica na hipótese do caput do art. 21-A. *(Incluído pela Lei n. 11.430, de 2006)*

Art. 23. Considera-se como dia do acidente, no caso de doença profissional ou do trabalho, a data do início da incapacidade laborativa para o exercício da atividade habitual, ou o dia da segregação compulsória, ou o dia em que for realizado o diagnóstico, valendo para este efeito o que ocorrer primeiro.

SEÇÃO II
Dos Períodos de Carência

Art. 24. Período de carência é o número mínimo de contribuições mensais indispensáveis para que o beneficiário faça jus ao benefício, consideradas a partir do transcurso do primeiro dia dos meses de suas competências.

PARÁGRAFO ÚNICO. Havendo perda da qualidade de segurado, as contribuições anteriores a essa data só serão computadas para efeito de carência depois que o segurado contar, a partir da nova filiação à Previdência Social, com, no mínimo, 1/3 (um terço) do número de contribuições exigidas para o cumprimento da carência definida para o benefício a ser requerido. *(Vide Medida Provisória n. 242, de 2005)*

Art. 25. A concessão das prestações pecuniárias do Regime Geral de Previdência Social depende dos seguintes períodos de carência, ressalvado o disposto no art. 26:

I — auxílio-doença e aposentadoria por invalidez: 12 (doze) contribuições mensais;

II — aposentadoria por idade, aposentadoria por tempo de serviço e aposentadoria especial: 180 contribuições mensais. *(Redação dada pela Lei n. 8.870, de 1994)*

III — salário-maternidade para as seguradas de que tratam os incisos V e VII do art. 11 e o art. 13: dez contribuições mensais, respeitado o disposto no parágrafo único do art. 39 desta Lei. *(Incluído pela Lei n. 9.876, de 26.11.99)*

PARÁGRAFO ÚNICO. Em caso de parto antecipado, o período de carência a que se refere o inciso III será reduzido em número de contribuições equivalente ao número de meses em que o parto foi antecipado. *(Incluído pela Lei n. 9.876, de 26.11.99)*

Art. 26. Independe de carência a concessão das seguintes prestações:

I — pensão por morte, auxílio-reclusão, salário-família e auxílio-acidente; *(Redação dada pela Lei n. 9.876, de 26.11.99)*

II — auxílio-doença e aposentadoria por invalidez nos casos de acidente de qualquer natureza ou causa e de doença profissional ou do trabalho, bem como nos casos de segurado que, após filiar-se ao Regime Geral de Previdência Social, for acometido de alguma das doenças e afecções especificadas em lista elaborada pelos Ministérios da Saúde e do Trabalho e da Previdência Social a cada três anos, de acordo com os critérios de estigma, deformação, mutilação, deficiência, ou outro fator que lhe confira especificidade e gravidade que mereçam tratamento particularizado;

III — os benefícios concedidos na forma do inciso I do art. 39, aos segurados especiais referidos no inciso VII do art. 11 desta Lei;

IV — serviço social;

V — reabilitação profissional.

VI — salário-maternidade para as seguradas empregada, trabalhadora avulsa e empregada doméstica. *(Incluído pela Lei n. 9.876, de 26.11.99)*

Art. 27. Para cômputo do período de carência, serão consideradas as contribuições:

I — referentes ao período a partir da data da filiação ao Regime Geral de Previdência Social, no caso dos segurados empregados e trabalhadores avulsos referidos nos incisos I e VI do art. 11;

II — realizadas a contar da data do efetivo pagamento da primeira contribuição sem atraso, não sendo consideradas para este fim as contribuições recolhidas com atraso referentes a competências anteriores, no caso dos segurados empregado doméstico, contribuinte individual, especial e facultativo, referidos, respectivamente, nos incisos II, V e VII do art. 11 e no art. 13. *(Redação dada pela Lei n. 9.876, de 26.11.99)*

....

SUBSEÇÃO V
Do Auxílio-Doença

Art. 59. O auxílio-doença será devido ao segurado que, havendo cumprido, quando for o caso, o período de carência exigido nesta Lei, ficar incapacitado para o seu trabalho ou para a sua atividade habitual por mais de 15 (quinze) dias consecutivos.

PARÁGRAFO ÚNICO. Não será devido auxílio-doença ao segurado que se filiar ao Regime Geral de Previdência Social já portador da doença ou da lesão invocada como causa para o benefício, salvo quando a incapacidade sobrevier por motivo de progressão ou agravamento dessa doença ou lesão.

Art. 60. O auxílio-doença será devido ao segurado empregado a contar do décimo sexto dia do afastamento da atividade, e, no caso dos demais segurados, a contar da data do início da incapacidade e enquanto ele permanecer incapaz. *(Redação dada pela Lei n. 9.876, de 26.11.99)*

§ 1º Quando requerido por segurado afastado da atividade por mais de 30 (trinta) dias, o auxílio-doença será devido a contar da data da entrada do requerimento.

§ 2º *(Revogado pela Lei n. 9.032, de 1995)*

§ 3º Durante os primeiros quinze dias consecutivos ao do afastamento da atividade por motivo de doença, incumbirá à empresa pagar ao segurado empregado o seu salário integral. *(Redação dada pela Lei n. 9.876, de 26.11.99)*

§ 4º A empresa que dispuser de serviço médico, próprio ou em convênio, terá a seu cargo o exame médico e o abono das faltas correpondentes ao período referido no § 3º, somente devendo encaminhar o segurado à perícia médica da Previdência Social quando a incapacidade ultrapassar 15 (quinze) dias.

Art. 61. O auxílio-doença, inclusive o decorrente de acidente do trabalho, consistirá numa renda mensal correspondente a 91% (noventa e um por cento) do salário de benefício, observado o disposto na Seção III, especialmente no art. 33 desta Lei. *(Redação dada pela Lei n. 9.032, de 1995)*

Art. 62. O segurado em gozo de auxílio-doença, insuscetível de recuperação para sua atividade habitual, deverá submeter-se a processo de reabilitação profissional para o exercício de outra atividade. Não cessará o benefício até que seja dado como habilitado para o desempenho de nova atividade que lhe garanta a subsistência ou, quando considerado não-recuperável, for aposentado por invalidez.

Art. 63. O segurado empregado em gozo de auxílio-doença será considerado pela empresa como licenciado.

PARÁGRAFO ÚNICO. A empresa que garantir ao segurado licença remunerada ficará obrigada a pagar-lhe durante o período de auxílio-doença a eventual diferença entre o valor deste e a importância garantida pela licença.

Art. 64. *(Revogado pela Lei n. 9.032, de 1995)*

Subseção VI
Do Salário-Família

Art. 65. O salário-família será devido, mensalmente, ao segurado empregado, exceto ao doméstico, e ao segurado trabalhador avulso, na proporção do respectivo número de filhos ou equiparados nos termos do § 2º do art. 16 desta Lei, observado o disposto no art. 66.

PARÁGRAFO ÚNICO. O aposentado por invalidez ou por idade e os demais aposentados com 65 (sessenta e cinco) anos ou mais de idade, se do sexo masculino, ou 60 (sessenta) anos ou mais, se do feminino, terão direito ao salário-família, pago juntamente com a aposentadoria.

Art. 66. O valor da cota do salário-família por filho ou equiparado de qualquer condição, até 14 (quatorze) anos de idade ou inválido de qualquer idade é de:

I — Cr$ 1.360,00 (um mil trezentos e sessenta cruzeiros), para o segurado com remuneração mensal não superior a Cr$ 51.000,00 (cinquenta e um mil cruzeiros); *(*)Nota: Valores atualizados pela Portaria MPAS n. 4.479, de 4.6.98 a partir de 1º.6.98, para respectivamente, R$ 8,65 (oito reais e sessenta e cinco centavos) e R$ 324, 45 (trezentos e vinte e quatro reais e quarenta e cinco centavos).*

II — Cr$ 170,00 (cento e setenta cruzeiros), para o segurado com remuneração mensal superior a Cr$ 51.000,00 (cinquenta e um mil cruzeiros). *(*)Nota: Valores atualizados pela Portaria MPAS n. 4.479, de 4.6.98 a partir de 1º.6.98, para respectivamente, R$ 1,07 (um real e sete centavos) e R$ 324,45 (trezentos e vinte e quatro reais e quarenta e cinco centavos).*

Art. 67. O pagamento do salário-família é condicionado à apresentação da certidão de nascimento do filho ou da documentação relativa ao equiparado ou ao inválido, e à apresentação anual de atestado de vacinação obrigatória e de comprovação de frequência à escola do filho ou equiparado, nos termos do regulamento. *(Redação dada pela Lei n. 9.876, de 26.11.99)*

Art. 68. As cotas do salário-família serão pagas pela empresa, mensalmente, junto com o salário, efetivando-se a compensação quando do recolhimento das contribuições, conforme dispuser o Regulamento.

§ 1º A empresa conservará durante 10 (dez) anos os comprovantes dos pagamentos e as cópias das certidões correspondentes, para exame pela fiscalização da Previdência Social.

§ 2º Quando o pagamento do salário não for mensal, o salário-família será pago juntamente com o último pagamento relativo ao mês.

Art. 69. O salário-família devido ao trabalhador avulso poderá ser recebido pelo sindicato de classe respectivo, que se incumbirá de elaborar as folhas correspondentes e de distribuí-lo.

Art. 70. A cota do salário-família não será incorporada, para qualquer efeito, ao salário ou ao benefício.

SUBSEÇÃO VII
Do Salário-Maternidade

Art. 71. O salário-maternidade é devido à segurada da Previdência Social, durante 120 (cento e vinte) dias, com início no período entre 28 (vinte e oito) dias antes do parto e a data de ocorrência deste, observadas as situações e condições previstas na legislação no que concerne à proteção à maternidade. *(Redação dada pala Lei n. 10.710, de 5.8.2003)*

PARÁGRAFO ÚNICO. *(Revogado pela Lei n. 9.528, de 1997)*

Art. 71-A. Ao segurado ou segurada da Previdência Social que adotar ou obtiver guarda judicial para fins de adoção de criança é devido salário-maternidade pelo período de 120 (cento e vinte) dias.

§ 1º O salário-maternidade de que trata este artigo será pago diretamente pela Previdência Social.

§ 2º Ressalvado o pagamento do salário-maternidade à mãe biológica e o disposto no art. 71-B, não poderá ser concedido o benefício a mais de um segurado, decorrente do mesmo processo de adoção ou guarda, ainda que os cônjuges ou companheiros estejam submetidos a Regime Próprio de Previdência Social. (NR) *(Redação do caput e parágrafos dada pela Lei n. 12.873, de 24.10.13, DOU 25.10.13)*

Art. 71-B. No caso de falecimento da segurada ou segurado que fizer jus ao recebimento do salário-maternidade, o benefício será pago, por todo o período ou pelo tempo restante a que teria direito, ao cônjuge ou companheiro sobrevivente que tenha a qualidade de segurado, exceto no caso do falecimento do filho ou de seu abandono, observadas as normas aplicáveis ao salário--maternidade.

§ 1º O pagamento do benefício de que trata o *caput* deverá ser requerido até o último dia do prazo previsto para o término do salário-maternidade originário.

§ 2º O benefício de que trata o *caput* será pago diretamente pela Previdência Social durante o período entre a data do óbito e o último dia do término do salário--maternidade originário e será calculado sobre:

I — a remuneração integral, para o empregado e trabalhador avulso;

II — o último salário de contribuição, para o empregado doméstico;

III — 1/12 (um doze avos) da soma dos 12 (doze) últimos salários de contribuição, apurados em um período não superior a 15 (quinze) meses, para o contribuinte individual, facultativo e desempregado; e

IV — o valor do salário mínimo, para o segurado especial.

§ 3º Aplica-se o disposto neste artigo ao segurado que adotar ou obtiver guarda judicial para fins de adoção. *(Redação do caput, parágrafos e incisos dada pela Lei n. 12.873, de 24.10.13, DOU 25.10.13)*

Art. 71-C. A percepção do salário-maternidade, inclusive o previsto no art. 71-B, está condicionada ao afastamento do segurado do trabalho ou da atividade desempenhada, sob pena de suspensão do benefício. *(Redação dada pela Lei n. 12.873, de 24.10.13, DOU 25.10.13)*

Art. 72. O salário-maternidade para a segurada empregada ou trabalhadora avulsa consistirá numa renda mensal igual a sua remuneração integral. *(Redação dada pela lei n. 9.876, de 26.11.99)*

§ 1º Cabe à empresa pagar o salário-maternidade devido à respectiva empregada gestante, efetivando-se a compensação, observado o disposto no art. 248 da Constituição Federal, quando do recolhimento das contribuições incidentes sobre a folha de salários e demais rendimentos pagos ou creditados, a qualquer título, à pessoa física que lhe preste serviço. *(Incluído pela Lei n. 10.710, de 5.8.2003)*

§ 2º A empresa deverá conservar durante 10 (dez) anos os comprovantes dos pagamentos e os atestados correspondentes para exame pela fiscalização da Previdência Social. *(Incluído pela Lei n. 10.710, de 5.8.2003)*

§ 3º O salário-maternidade devido à trabalhadora avulsa e à empregada do microempreendedor individual de que trata o art. 18-A da Lei Complementar n. 123, de 14 de dezembro de 2006, será pago diretamente pela Previdência Social. *(Redação dada pela Lei n. 12.470, de 31.8.11, DOU 1.9.11)*

Art. 73. Assegurado o valor de um salário-mínimo, o salário-maternidade para as demais seguradas, pago diretamente pela Previdência Social, consistirá: *(Redação dada pela Lei n. 10.710, de 5.8.2003)*

I — em um valor correspondente ao do seu último salário de contribuição, para a segurada empregada doméstica; *(Incluído pela lei n. 9.876, de 26.11.99, DOU 29.11.99)*

II — em um doze avos do valor sobre o qual incidiu sua última contribuição anual, para a segurada especial; *(Incluído pela lei n. 9.876, de 26.11.99, DOU 29.11.99)*

III — em um doze avos da soma dos doze últimos salários de contribuição, apurados em um período não superior a quinze meses, para as demais seguradas. *(Acrescentado pela lei n. 9.876, de 26.11.99, DOU 29.11.99)*

....

SUBSEÇÃO II
Da Habilitação e da Reabilitação Profissional

Art. 89. A habilitação e a reabilitação profissional e social deverão proporcionar ao beneficiário incapacitado parcial ou totalmente para o trabalho, e às pessoas portadoras de deficiência, os meios para a (re) educação e de (re)adaptação profissional e social indicados para participar do mercado de trabalho e do contexto em que vive.

PARÁGRAFO ÚNICO. A reabilitação profissional compreende:

a) o fornecimento de aparelho de prótese, órtese e instrumentos de auxílio para locomoção quando a perda ou redução da capacidade funcional puder ser atenuada por seu uso e dos equipamentos necessários à habilitação e reabilitação social e profissional;

b) a reparação ou a substituição dos aparelhos mencionados no inciso anterior, desgastados pelo uso normal ou por ocorrência estranha à vontade do beneficiário;

c) o transporte do acidentado do trabalho, quando necessário.

Art. 90. A prestação de que trata o artigo anterior é devida em caráter obrigatório aos segurados, inclusive aposentados e, na medida das possibilidades do órgão da Previdência Social, aos seus dependentes.

Art. 91. Será concedido, no caso de habilitação e reabilitação profissional, auxílio para tratamento ou exame fora do domicílio do beneficiário, conforme dispuser o Regulamento.

Art. 92. Concluído o processo de habilitação ou reabilitação social e profissional, a Previdência Social emitirá certificado individual, indicando as atividades que poderão ser exercidas pelo beneficiário, nada impedindo que este exerça outra atividade para a qual se capacitar.

Art. 93. A empresa com 100 (cem) ou mais empregados está obrigada a preencher de 2% (dois por cento) a 5% (cinco por cento) dos seus cargos com beneficiários reabilitados ou pessoas portadoras de deficiência, habilitadas, na seguinte proporção:

I — até 200 empregados..................................2%;

II — de 201 a 500..3%;

III — de 501 a 1.000......................................4%;

IV — de 1.001 em diante. ....5%.

§ 1º A dispensa de trabalhador reabilitado ou de deficiente habilitado ao final de contrato por prazo determinado de mais de 90 (noventa) dias, e a imotivada, no contrato por prazo indeterminado, só poderá ocorrer após a contratação de substituto de condição semelhante.

§ 2º O Ministério do Trabalho e da Previdência Social deverá gerar estatísticas sobre o total de empregados e as vagas preenchidas por reabilitados e deficientes habilitados, fornecendo-as, quando solicitadas, aos sindicatos ou entidades representativas dos empregados.

Art. 103. É de dez anos o prazo de decadência de todo e qualquer direito ou ação do segurado ou beneficiário para a revisão do ato de concessão de benefício, a contar do dia primeiro do mês seguinte ao do recebimento da primeira prestação ou, quando for o caso, do dia em que tomar conhecimento da decisão indeferitória definitiva no âmbito administrativo. *(Redação dada pela Lei n. 10.839, de 2004)*

PARÁGRAFO ÚNICO. Prescreve em cinco anos, a contar da data em que deveriam ter sido pagas, toda e qualquer ação para haver prestações vencidas ou quaisquer restituições ou diferenças devidas pela Previdência Social, salvo o direito dos menores, incapazes e ausentes, na forma do Código Civil. *(Incluído pela Lei n. 9.528, de 1997)*

Art. 103-A. O direito da Previdência Social de anular os atos administrativos de que decorram efeitos favoráveis para os seus beneficiários decai em dez anos, contados da data em que foram praticados, salvo comprovada má-fé. *(Incluído pela Lei n. 10.839, de 2004)*

§ 1º No caso de efeitos patrimoniais contínuos, o prazo decadencial contar-se-á da percepção do primeiro pagamento. *(Incluído pela Lei n. 10.839, de 2004)*

§ 2º Considera-se exercício do direito de anular qualquer medida de autoridade administrativa que importe impugnação à validade do ato. *(Incluído pela Lei n. 10.839, de 2004)*

Art. 104. As ações referentes à prestação por acidente do trabalho prescrevem em 5 (cinco) anos, observado o disposto no art. 103 desta Lei, contados da data:

I — do acidente, quando dele resultar a morte ou a incapacidade temporária, verificada esta em perícia médica a cargo da Previdência Social; ou

II — em que for reconhecida pela Previdência Social, a incapacidade permanente ou o agravamento das sequelas do acidente.

....

Art. 118. O segurado que sofreu acidente do trabalho tem garantida, pelo prazo mínimo de doze meses, a manutenção do seu contrato de trabalho na empresa, após a cessação do auxílio-doença acidentário, independentemente de percepção de auxílio-acidente.

....

Art. 120. Nos casos de negligência quanto às normas padrão de segurança e higiene do trabalho indicados para a proteção individual e coletiva, a Previdência Social proporá ação regressiva contra os responsáveis.

....

Brasília, em 24 de julho de 1991; 170º da Independência e 103º da República.

Fernando Collor
Antonio Magri

LEI N. 9.983, DE 14 DE JULHO DE 2000

(DOU 17.7.00)

ALTERA O DECRETO-LEI N. 2.848, DE 7 DE DEZEMBRO DE 1940 — CÓDIGO PENAL, E DÁ OUTRAS PROVIDÊNCIAS (CRIME CONTRA A PREVIDÊNCIA SOCIAL)

O PRESIDENTE DA REPÚBLICA,

Faço saber que o Congresso Nacional decreta e eu sanciono a seguinte Lei:

Art. 1º São acrescidos à Parte Especial do Decreto-lei n. 2.848, de 7 de dezembro de 1940 — Código Penal, os seguintes dispositivos:

"Apropriação indébita previdenciária"

"Art. 168-A. Deixar de repassar à previdência social as contribuições recolhidas dos contribuintes, no prazo e forma legal ou convencional:"

"Pena — reclusão, de 2 (dois) a 5 (cinco) anos, e multa."

"§ 1º Nas mesmas penas incorre quem deixar de:"

"I — recolher, no prazo legal, contribuição ou outra importância destinada à previdência social que tenha sido descontada de pagamento efetuado a segurados, a terceiros ou arrecadada do público;"

"II — recolher contribuições devidas à previdência social que tenham integrado despesas contábeis ou custos relativos à venda de produtos ou à prestação de serviços;"

"III — pagar benefício devido a segurado, quando as respectivas cotas ou valores já tiverem sido reembolsados à empresa pela previdência social."

"§ 2º É extinta a punibilidade se o agente, espontaneamente, declara, confessa e efetua o pagamento das contribuições, importâncias ou valores e presta as informações devidas à previdência social, na forma definida em lei ou regulamento, antes do início da ação fiscal."

"§ 3º É facultado ao juiz deixar de aplicar a pena ou aplicar somente a de multa se o agente for primário e de bons antecedentes, desde que:"

"I — tenha promovido, após o início da ação fiscal e antes de oferecida a denúncia, o pagamento da contribuição social previdenciária, inclusive acessórios; ou"

"II — o valor das contribuições devidas, inclusive acessórios, seja igual ou inferior àquele estabelecido pela previdência social, administrativamente, como sendo o mínimo para o ajuizamento de suas execuções fiscais."

"Inserção de dados falsos em sistema de informações"

"Art. 313-A. Inserir ou facilitar, o funcionário autorizado, a inserção de dados falsos, alterar ou excluir indevidamente dados corretos nos sistemas informatizados ou bancos de dados da Administração Pública com o fim de obter vantagem indevida para si ou para outrem ou para causar dano:"

"Pena — reclusão, de 2 (dois) a 12 (doze) anos, e multa."

"Modificação ou alteração não autorizada de sistema de informações"

"Art. 313-B. Modificar ou alterar, o funcionário, sistema de informações ou programa de informática sem autorização ou solicitação de autoridade competente:"

"Pena — detenção, de 3 (três) meses a 2 (dois) anos, e multa."

"Parágrafo único. As penas são aumentadas de um terço até a metade se da modificação ou alteração resulta dano para a Administração Pública ou para o administrado."

"Sonegação de contribuição previdenciária"

"Art. 337-A. Suprimir ou reduzir contribuição social previdenciária e qualquer acessório, mediante as seguintes condutas:"

"I — omitir de folha de pagamento da empresa ou de documento de informações previsto pela legislação previdenciária segurados empregado, empresário, trabalhador avulso ou trabalhador autônomo ou a este equiparado que lhe prestem serviços;"

"II — deixar de lançar mensalmente nos títulos próprios da contabilidade da empresa as quantias descontadas dos segurados ou as devidas pelo empregador ou pelo tomador de serviços;"

"III — omitir, total ou parcialmente, receitas ou lucros auferidos, remunerações pagas ou creditadas e demais fatos geradores de contribuições sociais previdenciárias:"

"Pena — reclusão, de 2 (dois) a 5 (cinco) anos, e multa."

"§ 1º É extinta a punibilidade se o agente, espontaneamente, declara e confessa as contribuições, importâncias ou valores e presta as informações devidas à previdência social, na forma definida em lei ou regulamento, antes do início da ação fiscal."

"§ 2º É facultado ao juiz deixar de aplicar a pena ou aplicar somente a de multa se o agente for primário e de bons antecedentes, desde que:"

"I — (*vetado*);"

"II — o valor das contribuições devidas, inclusive acessórios, seja igual ou inferior àquele estabelecido pela previdência social, administrativamente, como sendo o mínimo para o ajuizamento de suas execuções fiscais."

"§ 3º Se o empregador não é pessoa jurídica e sua folha de pagamento mensal não ultrapassa R$ 1.510,00 (um mil, quinhentos e dez reais), o juiz poderá reduzir a pena de um terço até a metade ou aplicar apenas a de multa."

"§ 4º O valor a que se refere o parágrafo anterior será reajustado nas mesmas datas e nos mesmos índices do reajuste dos benefícios da previdência social."

Art. 2º Os arts. 153, 296, 297, 325 e 327 do Decreto-lei n. 2.848, de 1940, passam a vigorar com as seguintes alterações:

"Art. 153. ...."

"§ 1º A. Divulgar, sem justa causa, informações sigilosas ou reservadas, assim definidas em lei, contidas ou não nos sistemas de informações ou banco de dados da Administração Pública:"

"Pena — detenção, de 1 (um) a 4 (quatro) anos, e multa."

"§ 1º (parágrafo único original)........................."

"§ 2º Quando resultar prejuízo para a Administração Pública, a ação penal será incondicionada."

"Art. 296. ...."

"§ 1º ...."

"III — quem altera, falsifica ou faz uso indevido de marcas, logotipos, siglas ou quaisquer outros símbolos utilizados ou identificadores de órgãos ou entidades da Administração Pública."

"Art. 297. ...."

"§ 3º Nas mesmas penas incorre quem insere ou faz inserir:"

"I — na folha de pagamento ou em documento de informações que seja destinado a fazer prova perante a previdência social, pessoa que não possua a qualidade de segurado obrigatório;"

"II — na Carteira de Trabalho e Previdência Social do empregado ou em documento que deva produzir efeito perante a previdência social, declaração falsa ou diversa da que deveria ter sido escrita;"

"III — em documento contábil ou em qualquer outro documento relacionado com as obrigações da empresa perante a previdência social, declaração falsa ou diversa da que deveria ter constado."

"§ 4º Nas mesmas penas incorre quem omite, nos documentos mencionados no § 3º, nome do segurado e seus dados pessoais, a remuneração, a vigência do contrato de trabalho ou de prestação de serviços."

"Art. 325. ...."

"§ 1º Nas mesmas penas deste artigo incorre quem:"

"I — permite ou facilita, mediante atribuição, fornecimento e empréstimo de senha ou qualquer outra forma, o acesso de pessoas não autorizadas a sistemas de informações ou banco de dados da Administração Pública;"

"II — se utiliza, indevidamente, do acesso restrito."

"§ 2º Se da ação ou omissão resulta dano à Administração Pública ou a outrem:"

"Pena — reclusão, de 2 (dois) a 6 (seis) anos, e multa."

"Art. 327. ...."

"§ 1º Equipara-se a funcionário público quem exerce cargo, emprego ou função em entidade paraestatal, e quem trabalha para empresa prestadora de serviço contratada ou conveniada para a execução de atividade típica da Administração Pública."

Art. 3º O art. 95 da Lei n. 8.212, de 24 de julho de 1991, passa a vigorar com a seguinte redação:

"Art. 95. *Caput*. Revogado."

"*a) (revogada)*;"

"b) *(revogada)*;"

"*c) (revogada)*;"

"*d) (revogada)*;"

"*e) (revogada)*;"

"*f) (revogada)*;"

"*g) (revogada)*;"

"*h)(revogada)*;"

"*i) (revogada)*;"

"*j) (revogada)*;"

"§ 1º *(revogada)*."

"§ 2º ...."

"*a)* ...."

"*b)* ...."

"*c)* ...."

"*d)* ...."

"*e)* ...."

"*f)* ...."

"§ 3º *(Revogado)*."

"§ 4º *(Revogado)*."

"§ 5º *(Revogado)*."

Art. 4º Esta Lei entra em vigor noventa dias após a data de sua publicação.

Brasília, 14 de julho de 2000; 179º da Independência e 112º da República.

Fernando Henrique Cardoso
José Gregori
Waldeck Ornélas

DECRETO N. 3.048, DE 6 DE MAIO DE 1999

(DOU 7.5.99)

APROVA O REGULAMENTO DA PREVIDÊNCIA SOCIAL, E DÁ OUTRAS PROVIDÊNCIAS SALÁRIO-FAMÍLIA — SALÁRIO-MATERNIDADE E AÇÕES TRABALHISTAS

....

CAPÍTULO I
DOS BENEFICIÁRIOS

Art. 8º São beneficiários do Regime Geral de Previdência Social as pessoas físicas classificadas como segurados e dependentes, nos termos das Seções I e II deste Capítulo.

SEÇÃO I
Dos Segurados

Art. 9º São segurados obrigatórios da previdência social as seguintes pessoas físicas:

I — como empregado:

a) aquele que presta serviço de natureza urbana ou rural a empresa, em caráter não eventual, sob sua subordinação e mediante remuneração, inclusive como diretor empregado;

b) aquele que, contratado por empresa de trabalho temporário, por prazo não superior a três meses, prorrogável, presta serviço para atender a necessidade transitória de substituição de pessoal regular e permanente ou a acréscimo extraordinário de serviço de outras empresas, na forma da legislação própria;

c) o brasileiro ou o estrangeiro domiciliado e contratado no Brasil para trabalhar como empregado no exterior, em sucursal ou agência de empresa constituída sob as leis brasileiras e que tenha sede e administração no País;

d) o brasileiro ou o estrangeiro domiciliado e contratado no Brasil para trabalhar como empregado em empresa domiciliada no exterior com maioria do capital votante pertencente a empresa constituída sob as leis brasileiras, que tenha sede e administração no País e cujo controle efetivo esteja em caráter permanente sob a titularidade direta ou indireta de pessoas físicas domiciliadas e residentes no País ou de entidade de direito público interno;

e) aquele que presta serviço no Brasil a missão diplomática ou a repartição consular de carreira estrangeira e a órgãos a elas subordinados, ou a membros dessas missões e repartições, excluídos o não-brasileiro sem residência permanente no Brasil e o brasileiro amparado pela legislação previdenciária do país da respectiva missão diplomática ou repartição consular;

f) o brasileiro civil que trabalha para a União no exterior, em organismos oficiais internacionais dos quais o Brasil seja membro efetivo, ainda que lá domiciliado e contratado, salvo se amparado por regime próprio de previdência social;

g) o brasileiro civil que presta serviços à União no exterior, em repartições governamentais brasileiras, lá domiciliado e contratado, inclusive o auxiliar local de que tratam os arts. 56 e 57 da Lei n. 11.440, de 29 de dezembro de 2006, este desde que, em razão de proibição legal, não possa filiar-se ao sistema previdenciário local; *(Redação dada pelo Decreto n. 6.722, de 30.12.08, DOU 31.12.08, Ed. extra).*

h) o bolsista e o estagiário que prestam serviços a empresa, em desacordo com a Lei n. 11.788, de 25 de setembro de 2008; *(Redação dada pelo Decreto n. 6.722, de 30.12.08, DOU 31.12.08, ED. EXTRA).*

i) o servidor da União, Estado, Distrito Federal ou Município, incluídas suas autarquias e fundações, ocupante, exclusivamente, de cargo em comissão declarado em lei de livre nomeação e exoneração;

j) o servidor do Estado, Distrito Federal ou Município, bem como o das respectivas autarquias e fundações, ocupante de cargo efetivo, desde que, nessa qualidade, não esteja amparado por regime próprio de previdência social;

l) o servidor contratado pela União, Estado, Distrito Federal ou Município, bem como pelas respectivas autarquias e fundações, por tempo determinado, para atender a necessidade temporária de excepcional interesse público, nos termos do inciso IX do art. 37 da Constituição Federal;

m) o servidor da União, Estado, Distrito Federal ou Município, incluídas suas autarquias e fundações, ocupante de emprego público;

n) (Revogada pelo Decreto n. 3.265, de 29.11.09, 30.11.99)

o) o escrevente e o auxiliar contratados por titular de serviços notariais e de registro a partir de 21 de novembro de 1994, bem como aquele que optou pelo Regime Geral de Previdência Social, em conformidade com a Lei n. 8.935, de 18 de novembro de 1994; e

p) o exercente de mandato eletivo federal, estadual ou municipal, desde que não vinculado a regime próprio de previdência social; *(Redação dada pelo Decreto n. 5.545, de 22.9.05, DOU 30.9.05)*

q) o empregado de organismo oficial internacional ou estrangeiro em funcionamento no Brasil, salvo quando coberto por regime próprio de previdência social; *(Incluída pelo Decreto n. 3.265, de 29.11.99, DOU 30.11.99)*

r) o trabalhador rural contratado por produtor rural pessoa física, na forma do art. 14-A da Lei nº 5.889, de 8 de junho de 1973, para o exercício de atividades de natureza temporária por prazo não superior a dois meses dentro do período de um ano; *(Incluído pelo Decreto n. 6.722, de 30.12.08, DOU 31.12.12, Ed. extra).*

II — como empregado doméstico — aquele que presta serviço de natureza contínua, mediante remuneração, a pessoa ou família, no âmbito residencial desta, em atividade sem fins lucrativos;

III e IV — (Revogados pelo Decreto n. 3.265, de 29.11.99, DOU 30.9.99)

....

VI — como trabalhador avulso — aquele que, sindicalizado ou não, presta serviço de natureza urbana ou rural, a diversas empresas, sem vínculo empregatício, com a intermediação obrigatória do órgão gestor de mão de obra, nos termos da Lei n. 8.630, de 25 de fevereiro de 1993, ou do sindicato da categoria, assim considerados:

a) o trabalhador que exerce atividade portuária de capatazia, estiva, conferência e conserto de carga, vigilância de embarcação e bloco;

b) o trabalhador de estiva de mercadorias de qualquer natureza, inclusive carvão e minério;

c) o trabalhador em alvarenga (embarcação para carga e descarga de navios);

d) o amarrador de embarcação;

e) o ensacador de café, cacau, sal e similares;

f) o trabalhador na indústria de extração de sal;

g) o carregador de bagagem em porto;

h) o prático de barra em porto;

i) o guindasteiro; e

j) o classificador, o movimentador e o empacotador de mercadorias em portos; e

....

Art. 12. Consideram-se:

I — empresa — a firma individual ou a sociedade que assume o risco de atividade econômica urbana ou rural, com fins lucrativos ou não, bem como os órgãos e as entidades da administração pública direta, indireta e fundacional; e

II — empregador doméstico — aquele que admite a seu serviço, mediante remuneração, sem finalidade lucrativa, empregado doméstico.

PARÁGRAFO ÚNICO. Equiparam-se a empresa, para os efeitos deste Regulamento: *(Redação dada pelo Decreto n. 3.265, de de 29.11.99, 30.11.99)*

I — o contribuinte individual, em relação a segurado que lhe presta serviço; *(Redação dada pelo Decreto n. 3.265, de 29.11.99, DOU 30.9.99)*

II — a cooperativa, a associação ou a entidade de qualquer natureza ou finalidade, inclusive a missão diplomática e a repartição consular de carreiras estrangeiras;

III — o operador portuário e o órgão gestor de mão de obra de que trata a Lei n. 8.630, de 1993; e

IV — o proprietário ou dono de obra de construção civil, quando pessoa física, em relação a segurado que lhe presta serviço.

....

SUBSEÇÃO VI

Do Salário-Família

Art. 81. O salário-família será devido, mensalmente, ao segurado empregado, exceto o doméstico, e ao trabalhador avulso que tenham salário de contribuição inferior ou igual a R$ 360,00 (trezentos e sessenta reais), na proporção do respectivo número de filhos ou equiparados, nos termos do art. 16, observado o disposto no art. 83.

Dispõe os arts. 4º e 7º da Portaria Interministerial MPS/MF n. 19, de 10.1.14, DOU 13.1.14) – Com efeitos financeiros a partir de 1.1.14.

....

Art. 4º O valor da cota do salário-família por filho ou equiparado de qualquer condição, até 14 (quatorze) anos de idade, ou inválido de qualquer idade, a partir de 1º de janeiro de 2014, é de:

I — R$ 35,00 (trinta e cinco reais) para o segurado com remuneração mensal não superior a R$ 682,50 (seiscentos e oitenta e dois reais e cinquenta centavos);

II — R$ 24,66 (vinte e quatro reais e sessenta e seis centavos) para o segurado com remuneração mensal superior a R$ 682,50 (seiscentos e oitenta e dois reais e cinquenta centavos) e igual ou inferior a R$ 1.025,81 (um mil e vinte e cinco reais e oitenta e um centavos).

§ 1º Para fins do disposto neste artigo, considera-se remuneração mensal do segurado o valor total do respectivo salário de contribuição, ainda que resultante da soma dos salários de contribuição correspondentes a atividades simultâneas.

§ 2º O direito à cota do salário-família é definido em razão da remuneração que seria devida ao empregado no mês, independentemente do número de dias efetivamente trabalhados.

§ 3º Todas as importâncias que integram o salário de contribuição serão consideradas como parte integrante da remuneração do mês, exceto o décimo terceiro salário e o adicional de férias previsto no inciso XVII do art. 7º da Constituição, para efeito de definição do direito à cota do salário-família.

§ 4º A cota do salário-família é devida proporcionalmente aos dias trabalhados nos meses de admissão e demissão do empregado.

....

Art. 7º A contribuição dos segurados empregado, inclusive o doméstico, e do trabalhador avulso, relativamente aos fatos geradores que ocorrerem a partir da competência janeiro de 2014, será calculada mediante a aplicação da correspondente alíquota, de forma não cumulativa, sobre o salário de contribuição mensal, de acordo com a tabela constante do Anexo II desta Portaria.

....

ANEXO II

TABELA DE CONTRIBUIÇÃO DOS SEGURADOS EMPREGADO, EMPREGADO DOMÉSTICO E TRABALHADOR AVULSO, PARA PAGAMENTO DE REMUNERAÇÃO A PARTIR DE 1º DE JANEIRO DE 2014.

SALÁRIO DE CONTRIBUIÇÃO (R$)	ALÍQUOTA PARA FINS DE RECOLHIMENTO AO INSS
até 1.317,07	8%
de 1.317,08 até 2.195,12	9%
de 2.195,13 até 4.390,24	11%

Art. 82. O salário-família será pago mensalmente:

I — ao empregado, pela empresa, com o respectivo salário, e ao trabalhador avulso, pelo sindicato ou órgão gestor de mão de obra, mediante convênio;

II — ao empregado e trabalhador avulso aposentados por invalidez ou em gozo de auxílio-doença, pelo Instituto Nacional do Seguro Social, juntamente com o benefício;

III — ao trabalhador rural aposentado por idade aos sessenta anos, se do sexo masculino, ou cinquenta e cinco anos, se do sexo feminino, pelo Instituto Nacional do Seguro Social, juntamente com a aposentadoria; e

IV — aos demais empregados e trabalhadores avulsos aposentados aos sessenta e cinco anos de idade, se do sexo masculino, ou sessenta anos, se do sexo feminino, pelo Instituto Nacional do Seguro Social, juntamente com a aposentadoria.

§ 1º No caso do inciso I, quando o salário do empregado não for mensal, o salário-família será pago juntamente com o último pagamento relativo ao mês.

§ 2º O salário-família do trabalhador avulso independe do número de dias trabalhados no mês, devendo seu pagamento corresponder ao valor integral da cota.

§ 3º Quando o pai e a mãe são segurados empregados ou trabalhadores avulsos, ambos têm direito ao salário-família.

§ 4º As cotas do salário-família, pagas pela empresa deverão ser deduzidas quando do recolhimento das contribuições sobre a folha de salário.

Art. 83. A partir de 1º de maio de 2004, o valor da cota do salário-família por filho ou equiparado de qualquer condição, até quatorze anos de idade ou inválido, é de:

I — R$ 20,00 (vinte reais), para o segurado com remuneração mensal não superior a R$ 390,00 (trezentos e noventa reais); e

II — R$ 14,09 (quatorze reais e nove centavos), para o segurado com remuneração mensal superior a R$ 390,00 (trezentos e noventa reais) e igual ou inferior a R$ 586,19 (quinhentos e oitenta e seis reais e dezenove centavos). (NR) (Redação dada pelo Decreto n. 5.545, de 22.9.05, DOU 23.9.05)

v. Nota constante do art. 81.

Art. 84. O pagamento do salário-família será devido a partir da data da apresentação da certidão de nascimento do filho ou da documentação relativa ao equiparado, estando condicionado à apresentação anual de atestado de vacinação obrigatória, até seis anos de idade, e de comprovação semestral de frequência à escola do filho ou equiparado, a partir dos sete anos de idade.

§ 1º A empresa deverá conservar, durante dez anos, os comprovantes dos pagamentos e as cópias das certidões correspondentes, para exame pela fiscalização do Instituto Nacional do Seguro Social, conforme o disposto no § 7º do art. 225.

§ 2º Se o segurado não apresentar o atestado de vacinação obrigatória e a comprovação de frequência escolar do filho ou equiparado, nas datas definidas pelo Instituto Nacional do Seguro Social, o benefício do salário-família será suspenso, até que a documentação seja apresentada.

§ 3º Não é devido salário-família no período entre a suspensão do benefício motivada pela falta de comprovação da frequência escolar e o seu reativamento, salvo se provada a frequência escolar regular no período.

§ 4º A comprovação de frequência escolar será feita mediante apresentação de documento emitido pela escola, na forma de legislação própria, em nome do aluno, onde consta o registro de frequência regular ou de atestado do estabelecimento de ensino, comprovando a regularidade da matrícula e frequência escolar do aluno." (NR) *(Artigo e parágrafos com redação dada pelo Decreto n. 3.265, de 29.11.99, DOU 30.11.99).*

Art. 85. A invalidez do filho ou equiparado maior de quatorze anos de idade deve ser verificada em exame médico-pericial a cargo da previdência social.

Art. 86. O salário-família correspondente ao mês de afastamento do trabalho será pago integralmente pela empresa, pelo sindicato ou órgão gestor de mão de obra, conforme o caso, e o do mês da cessação de benefício pelo Instituto Nacional do Seguro Social.

Art. 87. Tendo havido divórcio, separação judicial ou de fato dos pais, ou em caso de abandono legalmente caracterizado ou perda do pátrio-poder, o salário--família passará a ser pago diretamente àquele a cujo cargo ficar o sustento do menor, ou a outra pessoa, se houver determinação judicial nesse sentido.

Art. 88. O direito ao salário-família cessa automaticamente:

I — por morte do filho ou equiparado, a contar do mês seguinte ao do óbito;

II — quando o filho ou equiparado completar quatorze anos de idade, salvo se inválido, a contar do mês seguinte ao da data do aniversário;

III — pela recuperação da capacidade do filho ou equiparado inválido, a contar do mês seguinte ao da cessação da incapacidade; ou

IV — pelo desemprego do segurado.

Art. 89. Para efeito de concessão e manutenção do salário-família, o segurado deve firmar termo de responsabilidade, no qual se comprometa a comunicar à empresa ou ao Instituto Nacional do Seguro Social qualquer fato ou circunstância que determine a perda do direito ao benefício, ficando sujeito, em caso do não cumprimento, às sanções penais e trabalhistas.

Art. 90. A falta de comunicação oportuna de fato que implique cessação do salário-família, bem como a prática, pelo empregado, de fraude de qualquer natureza para o seu recebimento, autoriza a empresa, o Instituto Nacional do Seguro Social. o sindicato ou órgão gestor de mão de obra, conforme o caso, a descontar dos pagamentos de cotas devidas com relação a outros filhos ou, na falta delas, do próprio salário do empregado ou da renda mensal do seu benefício, o valor das cotas indevidamente recebidas, sem prejuízo das sanções penais cabíveis, observado o disposto no § 2º do art. 154.

Art. 91. O empregado deve dar quitação à empresa, sindicato ou órgão gestor de mão de obra de cada recebimento mensal do salário-família, na própria folha de pagamento ou por outra forma admitida, de modo que a quitação fique plena e claramente caracterizada.

Art. 92. As cotas do salário-família não serão incorporadas, para qualquer efeito, ao salário ou ao benefício.

SUBSEÇÃO VII

Do Salário-maternidade

Vide *Instrução Normativa n. 20, de 18.5.00, do Instituto Nacional do Seguro Social, publicada no DOU de 23.5.00, Seção 1, p. 15/23, artigos 86 a 97 e n. 33, de 31.7.00 (DOU 3.8.00), não publicadas nesta obra, que trata do requerimento e concessão do benefício de salário-maternidade via* Internet.

Art. 93. O salário-maternidade é devido à segurada da previdência social, durante cento e vinte dias, com início vinte e oito dias antes e término noventa e um dias depois do parto, podendo ser prorrogado na forma prevista no § 3º. (NR) *(Redação dada pelo Decreto n. 4.862, de 21.10.03, DOU de 22.10.03).*

§ 1º Para a segurada empregada, inclusive a doméstica, observar-se-á, no que couber, as situações e condições previstas na legislação trabalhista relativas à proteção à maternidade.

§ 2º Será devido o salário-maternidade à segurada especial, desde que comprove o exercício de atividade rural nos últimos dez meses imediatamente anteriores à data do parto ou do requerimento do benefício, quando requerido antes do parto, mesmo que de forma descontínua, aplicando-se, quando for o caso, o disposto no parágrafo único do art. 29. (NR) *(Redação dada pelo Decreto n. 5.545, de 22.9.05, DOU 23.9.05).*

§ 3º Em casos excepcionais, os períodos de repouso anterior e posterior ao parto podem ser aumentados de mais duas semanas, mediante atestado médico específico. (NR).(*)

§ 4º Em caso de parto antecipado ou não, a segurada tem direito aos cento e vinte dias previstos neste artigo.

§ 5º Em caso de aborto não criminoso, comprovado mediante atestado médico, a segurada terá direito ao salário-maternidade correspondente a duas semanas. (NR).(*)

§ 6º (Revogado pelo Decreto n. 4.032, de 26.11.01, DOU 27.11.01.

(*) Parágrafos 3º e 5º com redação dada pelo Decreto n. 3.668, de 22.11.00 (DOU 23.11.00).

Art. 93-A. O salário-maternidade é devido à segurada da Previdência Social que adotar ou obtiver guarda judicial para fins de adoção de criança com idade:

I — até um ano completo, por cento e vinte dias;

II — a partir de um ano até quatro anos completos, por sessenta dias; ou

III — a partir de quatro anos até completar oito anos, por trinta dias.

§ 1º O salário-maternidade é devido à segurada independentemente de a mãe biológica ter recebido o mesmo benefício quando do nascimento da criança.

§ 2º O salário-maternidade não é devido quando o termo de guarda não contiver a observação de que é para fins de adoção ou só contiver o nome do cônjuge ou companheiro.

§ 3º Para a concessão do salário-maternidade é indispensável que conste da nova certidão de nascimento da criança, ou do termo de guarda, o nome da segurada adotante ou guardiã, bem como, deste último, tratar-se de guarda para fins de adoção.

§ 4º Quando houver adoção ou guarda judicial para adoção de mais de uma criança, é devido um único salário-maternidade relativo à criança de menor idade, observando o disposto no art. 98.

§ 5º A renda mensal do salário-maternidade é calculada na forma do disposto nos arts. 94, 100 ou 101, de acordo com a forma de contribuição da segurada à Prevdência Social. *(NR)* (Artigo acrescentado pelo Decreto n. 4.729, de 9.6.03, DOU 10.6.03).

§ 6º O salário-maternidade de que trata este artigo é pago diretamente pela previdência social. (NR) *(Parágrafo acrescentado pelo Decreto n. 4.862, de 21.10.03, DOU 22.10.03).*

Art. 94. O salário-maternidade para a segurada empregada consiste numa renda mensal igual à sua remuneração integral e será pago pela empresa, efetivando-se a compensação, observado o disposto no art. 248 da Constituição, quando do recolhimento das contribuições incidentes sobre a folha de salários e demais rendimentos pagos ou creditados, a qualquer título, à pessoa física que lhe preste serviço, devendo aplicar-se à renda mensal do benefício o disposto no art. 198. *(Redação dada pelo Decreto n. 4.862, de 21.10.03, DOU 22.10.03).*

....

§ 3º A empregada deve dar quitação à empresa dos recolhimentos mensais do salário-maternidade na própria folha de pagamento ou por outra forma admitida, de modo que a quitação fique plena e claramente caracterizada. *(Parágrafo acrescentado pelo Decreto n. 4.862, de 21.10.03, DOU 22.10.03).*

§ 4º A empresa deve conservar, durante dez anos, os comprovantes dos pagamentos e os atestados ou certidões correspondentes para exame pela fiscalização do

INSS, conforme o disposto no § 7º do art. 225. (NR) *(Parágrafo acrescentado pela Decreto n. 4.862, de 21.10.03. DOU 22.10.03).*

Art. 95. Compete à interessada instruir o requerimento do salário-maternidade com os atestados médicos necessários.

PARÁGRAFO ÚNICO. Quando o benefício for requerido após o parto, o documento comprobatório é a Certidão de Nascimento, podendo, no caso de dúvida, a segurada ser submetida à avaliação pericial junto ao Instituto Nacional do Seguro Social. (NR) *(Redação do Decreto n. 3.668,. de 22.11.00, DOU 23.11.00).*

Art. 96. O início do afastamento do trabalho da segurada empregada será determinado com base em atestado médico ou certidão de nascimento do filho. (...) (NR) *(Redação dada pelo Decreto n. 4.862, de 21.10.03, DOU 22.10.03).*

§ 1º Quando a empresa dispuser de serviço médico próprio ou credenciado, o atestado deverá ser fornecido por aquele serviço médico. *(Redação dada pelo Decreto n. 3.265, de 29.11.99, DOU 30.11.99). (Revogado pelo Decreto n. 4729, de 9.6.03, DOU 10.6.2003)*

§ 2º O atestado deve indicar, além dos dados médicos necessários, Os períodos a que se referem o art. 93 e seus parágrafos, bem como a data do afastamento do trabalho. *(Redação dada pelo Decreto n. 4.862, de 21.10.03, DOU 22.10.03). (Revogado pelo Decreto n. 4729, de 9.6.03, DOU 10.6.2003)*

Art. 97. O salário-maternidade da segurada empregada será devido pela previdência social enquanto existir relação de emprego, observadas as regras quanto ao pagamento desse benefício pela empresa.

PARÁGRAFO ÚNICO. Durante o período de graça a que se refere o art. 13, a segurada desempregada fará jus ao recebimento do salário-maternidade nos casos de demissão antes da gravidez, ou, durante a gestação, nas hipóteses de dispensa por justa causa ou a pedido, situações em que o benefício será pago diretamente pela previdência social. (NR) *(Caput e parágrafo com a redação dada pelo Decreto n. 6.122, de 13.6.07, DOU 14.6.07)*

Art. 98. No caso de empregos concomitantes, a segurada fará jus ao salário-maternidade relativo a cada emprego.

Art. 99. Nos meses de início e término do salário-maternidade da segurada empregada, o salário-maternidade será proporcional aos dias de afastamento do trabalho.

Art. 100. O salário-maternidade da segurada trabalhadora avulsa, pago diretamente pela previdência social, consiste numa renda mensal igual à sua remuneração integral equivalente a um mês de trabalho, devendo aplicar-se à renda mensal do benefício o disposto no art. 198. (NR) *(Redação dada pelo Decreto n. 4.862, de 21.10.03, DOU 22.10.03).*

Art. 101. O salário-maternidade, observado o disposto nos arts. 35, 198, 199 ou 199-A, pago diretamente pela Previdência Social, consistirá: *(Redação dada pelo Decreto n. 6.722, de 30.12.08, DOU 31.12.08, Edição extra).*

I — em valor correspondente ao do seu último salário de contribuição, para a segurada empregada doméstica;

II — em um salário mínimo, para a segurada especial;

III — em um doze avos da soma dos doze últimos salários de contribuição, apurados em período não superior a quinze meses, para as seguradas contribuinte individual, facultativa e para as que mantenham a qualidade de segurada na forma do art. 13. *(Redação dada pelo Decreto n. 6.122, de 13.6.07, DOU 14.6.07)*

§ 1º *(Revogado pelo Decreto n. 3.265, de 29.11.99, DOU 30.11.99)*

§ 2º *(Revogado pelo Decreto n. 3.265, de 29.11.99, DOU 30.11.99)*

§ 3º O documento comprobatório para requerimento do salário-maternidade da segurada que mantenha esta qualidade é a certidão de nascimento do filho, exceto nos casos de aborto espontâneo, quando deverá ser apresentado atestado médico, e no de adoção ou guarda para fins de adoção, casos em que serão observadas as regras do art. 93-A, devendo o evento gerador do benefício ocorrer, em qualquer hipótese, dentro do período previsto no art. 13. (NR) *(Acrescentado pelo Decreto n. 6.122, de 13.6.07, DOU 14.6.07)*

Art. 102. O salário-maternidade não pode ser acumulado com benefício por incapacidade.

PARÁGRAFO ÚNICO. Quando ocorrer incapacidade em concomitância com o período de pagamento do salário-maternidade, o benefício por incapacidade, conforme o caso, deverá ser suspenso enquanto perdurar o referido pagamento, ou terá sua data de início adiada para o primeiro dia seguinte ao término do período de cento e vinte dias.

Art. 103. A segurada aposentada que retornar à atividade fará jus ao pagamento do salário-maternidade, de acordo com o disposto no art. 93.

....

Art. 255. A empresa será reembolsada pelo pagamento do valor bruto do salário-maternidade, observado o disposto no art. 248 da Constituição, incluída a gratificação natalina proporcional ao período da correspondente licença e das cotas do salário-família pago aos segurados a seu serviço, de acordo com este Regulamento, mediante dedução do respectivo valor, no ato do recolhimento das contribuições devidas, na forma estabelecida pelo INSS. *(Redação dada pelo Decreto n. 4.862, de 21.10.03, DOU 22.10.03).*

....

Art. 276. Nas ações trabalhistas de que resultar o pagamento de direitos sujeitos à incidência de contribuição previdenciária, o recolhimento das importâncias devidas à seguridade social será feito no dia dois do mês seguinte ao da liquidação da sentença.

§ 1º No caso do pagamento parcelado, as contribuições devidas à seguridade social serão recolhidas na mesma data e proporcionalmente ao valor de cada parcela.

§ 2º Nos acordos homologados em que não figurarem, discriminadamente, as parcelas legais de incidência da contribuição previdenciária, esta incidirá sobre o valor total do acordo homologado.

§ 3º Não se considera como discriminação de parcelas legais de incidência de contribuição previdenciária a fixação de percentual de verbas remuneratórias e indenizatórias constantes dos acordos homologados, aplicando-se, nesta hipótese, o disposto no parágrafo anterior.

§ 4º A contribuição do empregado no caso de ações trabalhistas será calculada, mês a mês, aplicando-se as alíquotas previstas no art. 198, observado o limite máximo do salário de contribuição.

§ 5º Na sentença ou acordo homologado, cujo valor da contribuição previdenciária devida for inferior ao limite mínimo permitido para recolhimento na Guia da Previdência Social, é autorizado o recolhimento dos valores devidos cumulativamente com as contribuições normais de mesma competência.

§ 6º O recolhimento das contribuições do empregado reclamante deverá ser feito na mesma inscrição em que são recolhidas as contribuições devidas pela empresa.

§ 7º Se da decisão resultar reconhecimento de vínculo empregatício, deverão ser exigidas as contribuições, tanto do empregador como do reclamante, para todo o período reconhecido, ainda que o pagamento das remunerações a ele correspondentes não tenham sido reclamadas na ação, tomando-se por base de incidência, na ordem, o valor da remuneração paga, quando conhecida, da remuneração paga a outro empregado de categoria ou função equivalente ou semelhante, do salário normativo da categoria ou do salário mínimo mensal, permitida a compensação das contribuições patronais eventualmente recolhidas.

§ 8º Havendo reconhecimento de vínculo empregatício para empregado doméstico, tanto as contribuições do segurado empregado como as do empregador deverão ser recolhidas na inscrição do trabalhador.

§ 9º É exigido o recolhimento da contribuição previdenciária de que trata o inciso II do art. 201, incidente sobre o valor resultante da decisão que reconhecer a ocorrência de prestação de serviço à empresa, mas não o vínculo empregatício, sobre o valor total da condenação ou do acordo homologado, independentemente da natureza da parcela e forma de pagamento. (NR) *(Parágrafos 5º ao 9º acrescentados pelo Decreto n. 4.032, de 26.11.01, DOU 27.11.01).*

Art. 277. A autoridade judiciária deverá velar pelo fiel cumprimento do disposto no artigo anterior, executando, de ofício, quando for o caso, as contribuições devidas, fazendo expedir notificação ao Instituto Nacional do Seguro Social, para dar-lhe ciência dos termos da sentença, do acordo celebrado ou da execução.

PARÁGRAFO ÚNICO. O Instituto Nacional do Seguro Social fornecerá, quando solicitados, as orientações e dados necessários ao cumprimento do que dispõe este artigo.

....

Art. 283. Por infração a qualquer dispositivo das Leis ns. 8.212 e 8.213, ambas de 1991, e 10.666, de 8 de maio de 2003, para a qual não haja penalidade expressamente cominada neste Regulamento, fica o responsável sujeito a multa variável de R$ 636,17 (seiscentos e trinta e seis reais e dezessete centavos) a R$ 63.617,35 (sessenta e três mil, seiscentos e dezessete reais e trinta e cinco centavos), conforme a gravidade da infração, aplicando-se-lhe o disposto nos arts. 290 a 292, e de acordo com os seguintes valores: *(Redação dada pelo Decreto n. 4.862, de 21.10.03, DOU 22.10.03).*

I — a partir de R$ 636,17 (seiscentos e trinta e seis reais e dezessete centavos) nas seguintes infrações:

a) deixar a empresa de preparar folha de pagamento das remunerações pagas, devidas ou creditadas a todos os segurados a seu serviço, de acordo com este Regulamento e com os demais padrões e normas estabelecidos pelo Instituto Nacional do Seguro Social;

b) deixar a empresa de se matricular no Instituto Nacional do Seguro Social, dentro de trinta dias contados da data do início de suas atividades, quando não sujeita a inscrição no Cadastro Nacional da Pessoa Jurídica;

c) deixar a empresa de descontar da remuneração paga aos segurados a seu serviço importância proveniente de dívida ou responsabilidade por eles contraída junto à seguridade social, relativa a benefícios pagos indevidamente;

d) deixar a empresa de matricular no Instituto Nacional do Seguro Social obra de construção civil de sua propriedade ou executada sob sua responsabilidade no prazo de trinta dias do início das respectivas atividades;

e) deixar o Titular de Cartório de Registro Civil de Pessoas Naturais de comunicar ao Instituto Nacional do Seguro Social, até o dia dez de cada mês, a ocorrência ou a não ocorrência de óbitos, no mês imediatamente anterior, bem como enviar informações inexatas, conforme o disposto no art. 228;

f) deixar o dirigente dos órgãos municipais competentes de prestar ao Instituto Nacional do Seguro Social as informações concernentes aos alvarás, habite-se ou documento equivalente, relativos a construção civil, na forma do art. 226; e

V — o valor da multa indicada no inciso II do art. 283 do RPS é de R$ 18.128,43 (dezoito mil, cento e vinte e oito reais e quarenta e três centavos);

g) deixar a empresa de efetuar os descontos das contribuições devidas pelos segurados a seu serviço; *(Acrescentado pelo Decreto n. 4.862, de 21.10.03, DOU 22.10.03).*

h) deixar a empresa de elaborar e manter atualizado perfil profissiográfico abrangendo as atividades desenvolvidas pelo trabalhador e de fornecer a este, quando da rescisão do contrato de trabalho, cópia autêntica deste documento; e (...) (NR) *(Acrescentado pelo Decreto n. 4.862, de 21.10.03, DOU 22.10.03).*

II — a partir de R$ 14.317,78 (quatorze mil trezentos e dezessete reais e setenta e oito centavos) nas seguintes infrações:

a) deixar a empresa de lançar mensalmente, em títulos próprios de sua contabilidade, de forma discriminada, os fatos geradores de todas as contribuições, o montante das quantias descontadas, as contribuições da empresa e os totais recolhidos;

....

n) deixar a empresa de manter laudo técnico atualizado com referência aos agentes nocivos existentes no ambiente de trabalho de seus trabalhadores ou emitir documento de comprovação de efetiva exposição em desacordo com o respectivo laudo; e *(Acrescentado pelo Decreto n. 6.722, de 30.12.08, DOU 31.12.08, Ed. extra)*

....

Nota: Dispõem os incisos IV e V, do art. 8º da Portaria Interministerial MPS/MF n. 19, de 10.1.14, DOU 11.1.14 — com efeitos financeiros a partir de 1.1.14.

IV — o valor da multa pela infração a qualquer dispositivo do RPS, para a qual não haja penalidade expressamente cominada no art. 283 do RPS, varia, conforme a gravidade da infração, de R$ 1.812,87 (um mil, oitocentos e doze reais e oitenta e sete centavos) a R$ 181.284,63 (cento e oitenta e um mil e duzentos e oitenta e quatro reais e sessenta e três centavos);

V — o valor da multa indicada no inciso II do art. 283 do RPS é de R$ 18.128,43 (dezoito mil, cento e vinte e oito reais e quarenta e três centavos);

....

Art. 341. Nos casos de negligência quanto às normas de segurança e saúde do trabalho indicadas para a proteção individual e coletiva, a previdência social proporá ação regressiva contra os responsáveis.

PARÁGRAFO ÚNICO. O Ministério do Trabalho e Emprego, com base em informações fornecidas trimestralmente, a partir de 1º de março de 2011, pelo Ministério da Previdência Social relativas aos dados de acidentes e doenças do trabalho constantes das comunicações de acidente de trabalho registradas no período, encaminhará à Previdência Social os respectivos relatórios de análise de acidentes do trabalho com indícios de negligência quanto às normas de segurança e saúde do trabalho que possam contribuir para a proposição de ações judiciais regressivas. (NR) *(Redação dada pelo Decreto n. 7.331, de 19.10.10, DOU 20.10.10).*

....

Legislação Complementar

INSTRUÇÃO NORMATIVA SIT/DDSST N. 88, DE 30 DE NOVEMBRO DE 2010

(DOU 1.11.10)

ESTABELECE DIRETRIZES PARA AS ANÁLISES DE ACIDENTES DE TRABALHO EFETUADAS POR AUDITOR-FISCAL DO TRABALHO E MODELO DE RELATÓRIO

A Secretária de Inspeção do Trabalho e a Diretora do Departamento de Segurança e Saúde no Trabalho, no exercício da competência prevista no inciso II do art. 14 do Anexo I do Decreto n. 5.063, de 3 de maio de 2004, que aprovou a estrutura regimental do Ministério do Trabalho e Emprego, e em face do disposto nos arts. 19, 20 e 21 da Lei n. 8.213, de 24 de julho de 1991, no art. 18 do Decreto n. 4.552, de 27 de dezembro de 2002, que aprovou o Regulamento da Inspeção do Trabalho, e nos arts. 339 e 341, parágrafo único, do Decreto n. 3.048, de 6 de maio de 1999, resolve:

Art. 1º Estabelecer diretrizes para a análise de acidentes de trabalho efetuadas pelos Auditores-Fiscais do Trabalho e os parâmetros mínimos para elaboração dos respectivos relatórios.

Art. 2º As análises de acidentes de trabalho serão determinadas ao Auditor-Fiscal do Trabalho — AFT, no âmbito de cada Superintendência Regional do Trabalho e Emprego — SRTE, por meio de Ordens de Serviço — OS, conforme dispõe o art. 16 do Decreto n. 4.552, de 2002.

PARÁGRAFO ÚNICO. Será prioridade a emissão de OS para a análise de acidentes de trabalho graves ou fatais.

Art. 3º Além da análise dos acidentes previstos no parágrafo único do art. 2º, podem ser realizadas ações fiscais para análise de outros acidentes de trabalho considerados relevantes pela SRTE, em face da necessidade de tomada de medidas de prevenção de novos eventos.

PARÁGRAFO ÚNICO. Os acidentes de trabalho ocorridos há mais de dois anos serão analisados em circunstâncias excepcionais e justificadas, independentemente da existência de solicitação, sem prejuízo da inclusão, no planejamento da SRTE, de ação fiscal visando à verificação da persistência dos fatores que ensejaram a sua ocorrência, em especial o potencial risco ao trabalhador.

Art. 4º Nas análises de acidentes de trabalho é recomendável que os AFTs utilizem como referência o Guia de Análise de Acidentes de Trabalho disponível na página eletrônica do Ministério do Trabalho e Emprego — MTE na rede mundial de computadores — internet.

Art. 5º As providências para as análises de acidente de trabalho deverão ser tomadas, a partir do conhecimento do evento, com a urgência requerida por cada caso, e as análises serão realizadas *in loco*, devendo o AFT:

I — investigar a existência de irregularidades e infrações relativas às Normas Regulamentadoras de Segurança e Saúde no Trabalho — NRs aprovadas pela Portaria MTb n. 3.214, de 8 de junho de 1978, especialmente as de ns. 1, 4, 5, 7 e 9, e a provável deficiência na capacitação dos trabalhadores ou outros aspectos de gestão de segurança e saúde do trabalho que influenciaram a ocorrência do evento;

II — investigar a influência de possíveis infrações decorrentes do descumprimento da legislação disciplinadora da jornada de trabalho e dos períodos de descanso na ocorrência do evento;

III — entrevistar os trabalhadores e outras pessoas direta ou indiretamente envolvidas para a apuração dos fatos;

IV — relatar as medidas de prevenção que poderiam ter evitado o evento indesejado, bem como as medidas de proteção, que poderiam ter reduzido as suas consequências;

Art. 6º Ao término da análise do acidente, o AFT elaborará relatório para entrega ao Chefe da Seção ou Setor de Segurança e Saúde no Trabalho da SRTE, emitido de acordo com o modelo previsto no Anexo desta Instrução Normativa.

§1º O relatório previsto no *caput* deverá ser digitado, ter redação clara, precisa e com ordem lógica e instruído com o maior número possível de elementos probatórios, podendo ser incluídos diagramas, esquemas, fotos, vídeos e outros recursos.

§ 2º Os Autos de Infração lavrados no contexto de ação fiscal de análise de acidente de trabalho devem especificar, em seu histórico, a ocorrência do evento.

Art. 7º A SRTE deverá encaminhar cópia integral do relatório circunstanciado e seus anexos à Procuradoria da União no Estado, em face do disposto no parágrafo único do art. 341 do Decreto n. 3.048, de 1999 e art. 120 da Lei n. 8.213, de 1991.

PARÁGRAFO ÚNICO. Cópia do relatório poderá ser encaminhada a outras entidades ou interessados que demonstrem legítimo interesse, nos termos das Leis n. 8.159 de 8 de janeiro de 1991 e n. 11.111, de 5 de maio de 2005 e Decreto n. 4.553, de 27 de dezembro de 2002.

Art. 8º Durante a análise de acidentes, as informações prestadas pelo empregador devem ser cotejadas com as demais circunstâncias que envolvem o evento, sempre que estiverem presentes, isolada ou conjuntamente, as seguintes situações:

I — indicação de suicídio ou morte natural como fator causal;

II — ausência de testemunhas;

III — falta de preservação do local da ocorrência;

IV — ocorrência em locais onde não existam postos de trabalho fixos, tais como estradas e áreas rurais;

V — participação determinante de fatores socioambientais, tais como violência urbana ou fenômenos meteorológicos.

Art. 9º Os relatórios de análise deverão ser inseridos pelo Chefe da Seção ou Setor de Segurança e Saúde no Trabalho ou pelo Coordenador do Projeto de Análise de Acidentes de Trabalho da SRTE, no Sistema de Referência em Análise e Prevenção de Acidentes de Trabalho — SIRENA, coordenado pelo Departamento de Segurança e Saúde no Trabalho — DSST e constante da rede informatizada do MTE no endereço: "\\Jade\sit\ ARQUIVOS SIT\Publico\SIRENA\Inserção de Análises de Acidentes pelas SRTE".

§ 1º Os dados deverão ser inseridos segundo o fator preponderante de morbidade e mortalidade, em uma das seguintes categorias:

I — agentes químicos, físicos e biológicos;

II — corrente elétrica;

III — impacto, contato, penetração;

IV — incêndio, explosão, queimadura;

V — máquinas, ferramentas e equipamentos;

VI — quedas;

VII — soterramento, desabamento, desmoronamento;

VIII — transporte;

IX — atos de violência; e

X — outros.

§ 2º A composição do nome do arquivo eletrônico com os dados a que se refere o §1º deve-se iniciar pela letra F, se fatal, G, se grave ou D, para demais casos, seguida do ano de ocorrência com quatro dígitos, da sigla da Unidade da Federação, e do número do Relatório de Inspeção com nove dígitos, quando for o caso. Exemplo: G2010DFXXXXXXXXX.

Art. 10. Esta Instrução Normativa entra em vigor na data de sua publicação.

Ruth Beatriz Vasconcelos Vilela
Secretária de Inspeção do Trabalho

Júnia Maria de Almeida Barreto
Diretora do Departamento de Segurança e Saúde no Trabalho

INSTRUÇÃO NORMATIVA RFB N. 971, DE 13 DE NOVEMBRO DE 2009

(DOU DE 17.11.09)

DISPÕE SOBRE NORMAS GERAIS DE TRIBUTAÇÃO PREVIDENCIÁRIA E DE ARRECADAÇÃO DAS CONTRIBUIÇÕES SOCIAIS DESTINADAS À PREVIDÊNCIA SOCIAL E AS DESTINADAS A OUTRAS ENTIDADES OU FUNDOS, ADMINISTRADAS PELA SECRETARIA DA RECEITA FEDERAL DO BRASIL (RFB)

....

CAPÍTULO VI
Da Reclamatória e do Dissídio Trabalhista

SEÇÃO I
Da Reclamatória Trabalhista

Art. 100. Decorrem créditos previdenciários das decisões proferidas pelos Juízes e Tribunais do Trabalho que:

I — condenem o empregador ou tomador de serviços ao pagamento de remunerações devidas ao trabalhador, por direito decorrente dos serviços prestados ou de disposição especial de lei;

II — reconheçam a existência de vínculo empregatício entre as partes, declarando a prestação de serviços de natureza não eventual, pelo empregado ao empregador, sob a dependência deste e mediante remuneração devida, ainda que já paga à época, no todo ou em parte, e determinando o respectivo registro em CTPS;

III — homologuem acordo celebrado entre as partes antes do julgamento da reclamatória trabalhista, pelo qual fique convencionado o pagamento de parcelas com incidência de contribuições sociais para quitação dos pedidos que a originaram, ou o reconhecimento de vínculo empregatício em período determinado, com anotação do mesmo em CTPS;

IV — reconheçam a existência de remunerações pagas no curso da relação de trabalho, ainda que não determinem o registro em CTPS ou o lançamento em folha de pagamento.

SEÇÃO II
Dos Procedimentos e dos Órgãos Competentes

Art. 101. Compete à Justiça do Trabalho, nos termos do inciso VIII do art. 114 da Constituição Federal, promover de ofício a execução dos créditos das contribuições previdenciárias devidas em decorrência de decisões condenatórias ou homologatórias por ela proferidas, devendo a fiscalização apurar e lançar o débito verificado em ação fiscal, relativo às: (NR) *(Redação dada pela Instrução Normativa n. 1.453, de 24.2.14, DOU 25.2.14)*

I — contribuições destinadas a outras entidades ou fundos, conforme disposto no art. 3º da Lei n. 11.457, de 2007, exceto aquelas executadas pelo Juiz do Trabalho;

II — contribuições incidentes sobre remunerações pagas durante o período trabalhado, com ou sem vínculo empregatício, quando, por qualquer motivo, não houver sido executada a cobrança pela Justiça do Trabalho.

Parágrafo único. O disposto no *caput* não implica dispensa do cumprimento, pelo sujeito passivo, das obrigações acessórias previstas na legislação previdenciária.

SEÇÃO III
Da Verificação dos Fatos Geradores e da Apuração dos Créditos

Art. 102. Serão adotadas como bases de cálculo:

I — quanto às remunerações objeto da condenação, os valores das parcelas remuneratórias consignados nos cálculos homologados de liquidação de sentença;

Legislação Complementar

II — quanto às remunerações objeto de acordo:

a) os valores das parcelas discriminadas como remuneratórias em acordo homologado ou, inexistindo estes;

b) o valor total consignado nos cálculos ou estabelecido no acordo;

III — quanto ao vínculo empregatício reconhecido, obedecida a seguinte ordem:

a) os valores mensais de remuneração do segurado empregado, quando conhecidos;

b) os valores mensais de remuneração pagos contemporaneamente a outro empregado de categoria ou função equivalente ou semelhante;

c) o valor do piso salarial, legal ou normativo da respectiva categoria profissional, vigente à época;

d) quando inexistente qualquer outro critério, o valor do salário mínimo vigente à época.

§ 1º Serão somados, para fins de composição da base de cálculo, os valores indicados nos incisos I e III ou II e III do *caput*, quando referentes às mesmas competências.

§ 2º A base de cálculo das contribuições sociais a cargo do reclamado não está sujeita a qualquer limitação, e para a sua apuração deverão ser excluídas apenas as parcelas que não integram a remuneração.

§ 3º As contribuições sociais a cargo do segurado empregado serão apuradas da seguinte forma:

I — as remunerações objeto da reclamatória trabalhista serão somadas ao salário de contribuição recebido à época, em cada competência;

II — com base no total obtido, fixar-se-á a alíquota e calcular-se-á a contribuição incidente, respeitado o limite máximo do salário de contribuição vigente em cada competência abrangida;

III — a contribuição a cargo do segurado já retida anteriormente será deduzida do valor apurado na forma do inciso II, observado o disposto no § 5º.

§ 4º Na competência em que ficar comprovado o desconto da contribuição a cargo do segurado empregado, sobre o limite máximo do salário de contribuição, deste não será descontada qualquer contribuição adicional incidente sobre a parcela mensal da sentença ou acordo.

§ 5º Cabe ao reclamado comprovar o recolhimento da contribuição anteriormente descontada do segurado reclamante, sob pena de comunicação à Delegacia ou Inspetoria da Receita Federal do Brasil, para apuração e constituição do crédito, nas formas previstas no Capítulo I do Título VII, e Representação Fiscal para Fins Penais.

§ 6º Quando a reclamatória trabalhista findar em acordo conciliatório ou em sentença, pelo qual não se reconheça qualquer vínculo empregatício entre as partes, o seu valor será considerado base de cálculo para a incidência das contribuições:

I — devidas pela empresa ou equiparado sobre as remunerações pagas ou creditadas a contribuinte individual que lhe prestou serviços;

II — devidas pelo contribuinte individual prestador de serviços, quando o reclamado se tratar de pessoa física, não equiparado à empresa. *(Redação dada pela Instrução Normativa n. 1.453, de 24.2.14, DOU 25.2.14)*

§ 7º Na hipótese de não reconhecimento de vínculo, deverá a empresa ou os equiparados à empresa, exceto os referidos no § 1º do art. 78, no pagamento das verbas definidas em acordo ou em sentença, reter a contribuição devida pelo segurado contribuinte individual prestador do serviço e recolhê-la juntamente com a contribuição a seu cargo, conforme disposto no art. 4º da Lei n. 10.666, de 2003.

§ 8º Não havendo a retenção da contribuição na forma do § 7º, o reclamado contratante de serviços é responsável pelo pagamento da referida contribuição, conforme disposto no art. 79.

Art. 103. Serão adotadas as competências dos meses em que foram prestados os serviços pelos quais a remuneração é devida, ou dos abrangidos pelo reconhecimento do vínculo empregatício, quando consignados nos cálculos de liquidação ou nos termos do acordo.

§ 1º Quando, nos cálculos de liquidação de sentença ou nos termos do acordo, a base de cálculo das contribuições sociais não estiver relacionada, mês a mês, ao período específico da prestação de serviços geradora daquela remuneração, as parcelas remuneratórias serão rateadas, dividindo-se seu valor pelo número de meses do período indicado na sentença ou no acordo, ou, na falta desta indicação, do período indicado pelo reclamante na inicial, respeitados os termos inicial e final do vínculo empregatício anotado em CTPS ou judicialmente reconhecido na reclamatória trabalhista.

§ 2º Se o rateio mencionado no § 1º envolver competências anteriores a janeiro de 1995, para a obtenção do valor originário relativo a cada competência, o valor da fração obtida com o rateio deve ser dividido por 0,9108 (nove mil cento e oito décimos de milésimos) — valor da Unidade Fiscal de Referência (UFIR), vigente em 1º de janeiro de 1997, a ser utilizado nos termos do art. 29 da Lei n. 10.522, de 19 de julho de 2002, dividindo-se em seguida o resultado dessa operação pelo Coeficiente em UFIR expresso na Tabela Prática Aplicada em Contribuições Previdenciárias elaborada pela RFB para aquela competência.

§ 3º Na hipótese de não reconhecimento de vínculo, e quando não fizer parte da sentença condenatória ou do acordo homologado a indicação do período em que foram prestados os serviços aos quais se refere o valor pactuado, será adotada a competência referente, respectivamente, à data da sentença ou da homologação do acordo, ou à data do pagamento, se este anteceder aquelas.

Art. 104. Serão adotadas as alíquotas, limites máximos de salário de contribuição, critérios de atualização monetária, taxas de juros de mora e valores de multas vigentes à época das competências apuradas na forma do art. 103.

Art. 105. Os fatos geradores de contribuições sociais decorrentes de reclamatória trabalhista deverão ser informados em GFIP, conforme orientações do Manual da GFIP, e as correspondentes contribuições sociais deverão ser recolhidas em documento de arrecadação identificado com código de pagamento específico para esse fim.

§ 1º O recolhimento das contribuições sociais devidas deve ser efetuado no mesmo prazo em que devam ser pagos os créditos encontrados em liquidação de sentença ou em acordo homologado, sendo que nesse último caso o recolhimento será feito em tantas parcelas quantas as previstas no acordo, nas mesmas datas em que sejam exigíveis e proporcionalmente a cada uma delas.

§ 2º Caso a sentença condenatória ou o acordo homologado seja silente quanto ao prazo em que devam ser pagos os créditos neles previstos, o recolhimento das contribuições sociais devidas deverá ser efetuado até o dia 20 (vinte) do mês seguinte ao da liquidação da sentença ou da homologação do acordo ou de cada parcela prevista no acordo, ou no dia útil imediatamente anterior, caso não haja expediente bancário no dia 20 (vinte).

§ 3º Se o valor total das contribuições apuradas em reclamatória trabalhista for inferior ao mínimo estabelecido pela RFB para recolhimento em documento de arrecadação da Previdência Social, este deverá ser recolhido juntamente com as demais contribuições devidas pelo sujeito passivo no mês de competência, ou no mês em que o valor mínimo para recolhimento for alcançado, caso não tenha outros fatos geradores no mês de competência, sem prejuízo da conclusão do processo.

§ 4º No caso de reconhecimento judicial da prestação de serviços em condições que permitam a aposentadoria especial após 15 (quinze), 20 (vinte) ou 25 (vinte e cinco) anos de contribuição, será devida a contribuição adicional de que trata o § 6º do art. 57 da Lei n. 8.213, de 1991.

§ 5º Na hipótese de acordo celebrado após ter sido proferida decisão de mérito, a contribuição será calculada com base no valor do acordo.

Art. 106. As contribuições sociais previdenciárias incidentes sobre a base de cálculo prevista no § 13 do art. 57 devem ser diretamente recolhidas pelo sujeito passivo, uma vez que não integram a cobrança de ofício realizada pela justiça trabalhista.

Seção IV
Da Comissão de Conciliação Prévia

Art. 107. Comissão de Conciliação Prévia é aquela instituída na forma da Lei n. 9.958, de 12 de janeiro de 2000, no âmbito da empresa ou do sindicato representativo da categoria, podendo ser constituída por grupos de empresas ou ter caráter intersindical, com o objetivo de promover a conciliação preventiva do ajuizamento de demandas de natureza trabalhista.

§ 1º Caso haja conciliação resultante da mediação pela Comissão de Conciliação Prévia, deverão ser recolhidas as contribuições incidentes sobre as remunerações cujo pagamento seja estipulado, bem como sobre os períodos de prestação de serviços em relação aos quais se reconheça o vínculo empregatício, observado o seguinte:

I — as contribuições serão apuradas pelos mesmos critérios previstos para os acordos celebrados entre as partes em reclamatórias trabalhistas, bem como os fatos geradores que lhes deram causa deverão ser declarados em GFIP, conforme a Seção III deste Capítulo;

II — o recolhimento será efetuado utilizando-se código de pagamento específico.

§ 2º Não sendo recolhidas espontaneamente as contribuições devidas, a RFB apurará e constituirá o crédito nas formas previstas no Capítulo I do Título VII.

SEÇÃO V
Da Convenção, do Acordo e do Dissídio Coletivos

Art. 108. Sobre os valores pagos em razão de acordos, convenções e dissídios coletivos de trabalho, de que tratam os arts. 611 e 616 da CLT, quando implicarem reajuste salarial, incide a contribuição previdenciária e contribuições devidas a outras entidades ou fundos.

§ 1º Ficando estabelecido o pagamento de parcelas retroativas ao mês da data-base da respectiva categoria profissional, os fatos geradores das contribuições deverão:

I — ser informados na GFIP da competência da celebração da convenção, do acordo ou do trânsito em julgado da sentença que decidir o dissídio, em código de recolhimento específico, observadas as orientações do Manual da GFIP;

II — constar em folha de pagamento distinta, elaborada nos termos do inciso III do art. 47, na qual fique identificado o valor da diferença de remuneração de cada mês.

§ 2º As contribuições decorrentes dos fatos geradores referidos no § 1º deverão ser recolhidas até o dia 20 (vinte) do mês seguinte ao da competência da celebração da convenção, do acordo ou do trânsito em julgado da sentença que decidir o dissídio, ou no dia útil imediatamente anterior, caso não haja expediente bancário no dia 20 (vinte).

§ 3º O recolhimento de que trata o § 2º será efetuado utilizando-se código de pagamento específico.

§ 4º Observado o prazo a que se refere o § 2º, não incidirão juros ou multas moratórias sobre os valores das contribuições calculadas na forma desta Seção.

§ 5º A contribuição do segurado será calculada mês a mês, considerando-se os valores originalmente pagos em cada competência, observada a alíquota e o limite máximo do salário de contribuição.

§ 6º Não sendo recolhidas espontaneamente as contribuições devidas, a RFB apurará e constituirá o crédito nas formas previstas no Capítulo I do Título VII.

....

PORTARIA N. 516 GM/MPS, DE 7 DE MAIO DE 2003

(DOU 8.5.03)

DISPÕE SOBRE CONTRIBUIÇÃO PREVIDENCIÁRIA POR MEIO DE EXECUÇÃO JUDICIAL (JUSTIÇA DO TRABALHO)

O MINISTRO DE ESTADO DA PREVIDÊNCIA SOCIAL, no uso das atribuições que lhe confere o art. 87, parágrafo único, inc. I e II da Constituição da República e tendo em vista o disposto no § 3º do art. 114 da Constituição da República e na Lei n. 10.035, de 25 de outubro de 2000, e

Considerando a imperatividade da norma representada pelo art. 141 do Código Tributário Nacional;

Considerando o Convênio de Cooperação Técnica firmado, em data de 19 de dezembro de 2002, entre o INSS e o Tribunal Superior do Trabalho;

Considerando que a natureza das normas jurídicas suprarreferidas recomenda regulamentação específica e destacada daquelas normas gerais de cobrança, arrecadação e recuperação de créditos decorrentes de contribuições previdenciárias não abrangidas pela execução fiscal trabalhista;

Considerando o primordial interesse neste tipo de receita previdenciária, bem como o seu especial incremento, resolve:

Art. 1º Os aspectos administrativos da determinação constitucional de cobrança da contribuição previdenciária por meio de execução de ofício, cuja iniciativa compete à Justiça do Trabalho, serão regidos pela presente norma.

§ 1º Não se incluem na regência desta norma os casos não disciplinados pelo § 3º do art. 114 da Constituição da República e pela Lei n. 10.035, de 25 de outubro de 2000, que serão tratados segundo a sistemática anterior a tais diplomas.

§ 2º A cobrança suprarreferida independe de lançamento fiscal e de inscrição de débito em dívida ativa e contém as competências abrangidas pela decisão de mérito ou pela decisão homologatória de acordo trabalhista.

Art. 2º Para automação de cobrança judicial do débito, de atuação advocatícia, de procedimentos de controle e de parcelamento de quantias devidas será mantido pelo INSS, sistema informatizado, preferencialmente em regime de cooperação com a Justiça do Trabalho.

Art. 3º No contexto da missão do INSS, a recuperação de crédito na execução fiscal trabalhista e o sistema referido no artigo anterior têm caráter estratégico e prioritário, devendo as unidades locais da Procuradoria Federal Especializada-INSS alocar para a finalidade o contingente disponível de procuradores, excluídas apenas as chefias, com divisão equitativa da demanda de serviço, sem prejuízo de outras funções advocatícias a serem desempenhadas por eles.

PARÁGRAFO ÚNICO. Nas procuradorias em que o contingente esteja todo investido em cargos de chefia, não se aplica a exclusão acima referida.

Art. 4º Os resultados da execução fiscal trabalhista constarão obrigatoriamente das estatísticas mensais e anuais da Procuradoria Federal Especializada — INSS, que velará pela exatidão dos respectivos dados. Constarão com a mesma obrigatoriedade informações, de cada unidade de procuradoria, sobre:

I — quantitativo individualizado de procuradores que oficiaram em execução fiscal trabalhista no período;

II — quantitativo individualizado de estagiários, contratados e servidores, estes por categorias funcional, que auxiliaram em matéria de execução fiscal trabalhista no período;

III — quantitativo, por espécie, de atos processuais produzidos e por qualquer motivo deixados de produzir no período;

IV — produtividade funcional auferida.

Art. 5º Para salvaguarda de direitos previdenciários (princípio da inversão do ônus da prova), as informações oriundas das ações de execução de ofício e processadas pelo Sistema de Execução Fiscal Trabalhista — SEFT de relevância ao CNIS serão a ele repassadas por alimentação direta da base de dados.

Art. 6º A sentença homologatória de cálculo da contribuição previdenciária devida supre a inexistência de lançamento administrativo (art. 142 CTN).

Art. 7º Os cálculos de liquidação, elaborados ou não pelo INSS, serão objeto de intransigente atuação advocatícia das Procuradorias Federais Especializadas — INSS, a partir dos parâmetros fixados na lei previdenciária, mormente quanto à apuração creditícia por competências devidas.

PARÁGRAFO ÚNICO. Homologados os cálculos, expedir-se-á, tão logo, Guia da Previdência Social — GPS.

Art. 8º A cobrança de créditos de terceiros, se não efetuada conjuntamente com a da contribuição previdenciária em execução de ofício, deverá ser precedida de cálculo administrativo, disto comunicando-se a Diretoria de Arrecadação, para os devidos fins de lançamento e cobrança.

PARÁGRAFO ÚNICO. Dependendo de aceitação pela Justiça do Trabalho e de expresso entendimento com o FNDE, os créditos deste, ainda que contra empresa com a qual mantenha convênio de cobrança, poderão ser cobrados exclusivamente pelo INSS, em se tratando de execução de ofício.

Art. 9º Para os efeitos do art. 54 da Lei n. 8.212, de 24 de julho de 1991, será estabelecido um valor-piso periódico para as execuções fiscais trabalhistas, como tal entendida a cifra que for igual ou inferior ao custo suportado pelo INSS na cobrança executiva.

§ 1º Só após completado o procedimento judicial de liquidação da obrigação previdenciária e o não pagamento espontâneo dela é que se fará o enquadramento do caso em face do valor-piso.

§ 2º Os montantes inferiores ao valor-piso não serão objeto de incontinente exigência, restando no aguardo (art. 792 CPC), em vista da indispensabilidade de créditos e da responsabilidade do agente (art. 141, última parte do Código Tributário Nacional), pelo prazo prescricional, de surgimento de outro débito do mesmo devedor ao qual seja acrescido para fim de cobrança judicial ou administrativa.

§ 3º Se o novo débito enquadrável segundo o valor-piso for suscitado em:

I — outra vara da mesma circunscrição judiciária, requerer-se-á reunião de execuções (art. 28 da Lei n. 6.830, de 22 de setembro de 1980);

II — outra circunscrição judiciária, requerer-se-á a execução por carta ao juízo da primeira distribuição.

§ 4º O valor-piso será revisto sempre que o custo atingir aumento igual ou superior a dez por cento.

§ 5º A fixação do valor-piso decorrerá de trabalho experto de levantamento, devidamente homologado pela Diretoria Colegiada do INSS, a quem caberá a iniciativa de revisão.

§ 6º O valor-piso, à conveniência dos interesses de recuperação, poderá ser regionalizado.

Art. 10. A existência de débito implicará, após o procedimento liquidatório, a inibição de fornecimento de certidão negativa ou positiva com efeito de negativa de débito (arts. 205 a 208 do Código Tributário Nacional, art. 47 da Lei n. 8.212, de 24 de julho de 1991), conforme as seguintes hipóteses:

I — em regra geral, a partir da data do vencimento assinado na respectiva GPS;

II — em caso de acordo trabalhista para pagamentos em parcela (§ 5º art. 13), a partir das datas judicialmente aprazadas.

PARÁGRAFO ÚNICO. Não haverá inibição se existir penhora suficiente, bem assim se a exigibilidade do crédito estiver suspensa.

Art. 11. O parcelamento administrativo aplicável aos débitos em execução fiscal trabalhista é o estabelecido no art. 38 e seus parágrafos da Lei n. 8.212, de 24 de julho de 1991 (regulamentados pelo art. 244 e parágrafos do Decreto n. 3.048 de 6 de maio de 1999), obedecida a disciplina do art. 155-A e respectivos parágrafos do Código Tributário Nacional.

§ 1º A parte do débito liquidado, a qual, por lei, for defeso parcelar (§ 1º do art. 38 da Lei n. 8.212, de 24 de julho de 1991), será executada independentemente de concessão de parcelamento.

§ 2º O parcelamento que puder ser feito pelo Sistema de Execução Fiscal Trabalhista não poderá sê-lo por nenhum outro sistema no âmbito da Previdência Social. Em ocorrendo esta última hipótese, o parcelamento será cancelado e refeito na forma ora estabelecida.

§ 3º O parcelamento inadimplido não será objeto de inscrição em dívida ativa e a confissão de dívida dele decorrente será levada à execução de ofício no juízo de origem.

§ 4º A concessão de parcelamento administrativo poderá ser objeto de delegação à Justiça do Trabalho (arts. 11 e 12 do Decreto-lei n. 200, de 25 de fevereiro de 1967), desde que observados os parâmetros e as regras adotadas pelo INSS.

§ 5º Não se confunde o parcelamento administrativo com aquele sobre pagamento de obrigação trabalhista e estabelecido em acordo homologado (inciso II do art. 12). Neste último caso, a contribuição previdenciária incidente será recolhida na mesma data, proporcionalmente ao valor de cada parcela acordada.

Art. 12. O Sistema de Execução Fiscal Trabalhista — SEFT, ora em desenvolvimento e produção parcial, que concretiza o cumprimento do previsto no art. 2º, deverá ser concluído o mais breve possível, de forma a resultar implantado com celeridade nos Tribunais Regionais do Trabalho e respectivas Varas, e convenientemente manutenido, como garantia de correta exação, de otimização de receita previdenciária e de ideal administração de justiça.

Art. 13. Os casos omissos serão objeto de indicação à Coordenação-Geral de Dívida Ativa da Procuradoria Federal Especializada — INSS para análise, solução ou encaminhamento de recomendação para completamento desta norma.

Art. 14. Esta Portaria entra em vigor na data de sua publicação, revogadas as disposições em contrário.

Ricardo Berzoini

PORTARIA CONJUNTA AGU/PGF N. 6, DE 18 DE JANEIRO DE 2013

(DOU 01.02.2013)

DISPÕE SOBRE AS AÇÕES REGRESSIVAS PREVIDENCIÁRIAS

O PROCURADOR-GERAL FEDERAL, no uso da competência de que trata os incisos I e VIII do § 2º do art. 11 da Lei n 10.480, de 2 de julho de 2002 e o PROCURADOR-CHEFE DA PROCURADORIA FEDERAL ESPECIALIZADA JUNTO AO INSTITUTO NACIONAL DO SEGURO SOCIAL, no uso das atribuições que lhe confere o artigo 27 do anexo I do Decreto n. 7.556, de 24 de agosto de 2011, e tendo em vista o disposto nos artigos 1º, III, 3º, I, 5º, 6º, 7º, XXVIII, 194 ao 196 da Constituição Federal, nos artigos 186 e 927 do Código Civil, nos artigos 120 e 121 da Lei n. 8.213, de 24 de julho de 1991, e as disposições do Código de Trânsito Brasileiro e do Código Penal, resolvem:

Art. 1º Disciplinar critérios e procedimentos relativos ao ajuizamento de ações regressivas previdenciárias pela Procuradoria-Geral Federal — PGF no exercício da representação do Instituto Nacional do Seguro Social — INSS.

CAPÍTULO I

DAS DISPOSIÇÕES PRELIMINARES

Art. 2º Considera-se ação regressiva previdenciária para os efeitos desta portaria conjunta a ação que tenha por objeto o ressarcimento ao INSS de despesas previdenciárias determinadas pela ocorrência de atos ilícitos.

Art. 3º Consideram-se despesas previdenciárias ressarcíveis as relativas ao pagamento, pelo INSS, de pensão por morte e de benefícios por incapacidade, bem como aquelas decorrentes do custeio do programa de reabilitação profissional.

Art. 4º Compreendem-se por atos ilícitos suscetíveis ao ajuizamento de ação regressiva os seguintes:

I — o descumprimento de normas de saúde e segurança do trabalho que resultar em acidente de trabalho;

II — o cometimento de crimes de trânsito na forma do Código de Trânsito Brasileiro;

III — o cometimento de ilícitos penais dolosos que resultarem em lesão corporal, morte ou perturbação funcional;

PARÁGRAFO ÚNICO. Consideram-se normas de saúde e segurança do trabalho, dentre outras, aquelas assim definidas na Consolidação das Leis do Trabalho, as normas regulamentadoras do Ministério do Trabalho e Emprego, normas de segurança afetas à atividade econômica, normas de segurança relativas à produção e utilização de máquinas, equipamentos e produtos, além de outras que forem determinadas por autoridades locais ou que decorrerem de acordos ou convenções coletivas de trabalho.

Art. 5º Do exame concreto de fatos e dos correspondentes argumentos jurídicos, outras hipóteses de responsabilização, incluindo crimes na modalidade culposa, poderão dar ensejo ao ajuizamento de ação regressiva.

PARÁGRAFO ÚNICO. O ajuizamento de ação regressiva nos casos de que trata este artigo dependerá de manifestação do respectivo órgão de execução da — PGF, que emitirá nota conclusiva e submeterá o caso à prévia avaliação da Coordenação-Geral de Cobrança e Recuperação de Créditos — CGCOB, estando ainda condicionado o ajuizamento à concordância da PFE-INSS.

CAPÍTULO II

Do Procedimento de Instrução Prévia — PIP

Art. 6º O procedimento de instrução prévia — PIP compreende o levantamento das informações, documentos previdenciários e constituição de prova da ocorrência dos ilícitos tratados nesta portaria, com vistas ao eventual ajuizamento da ação regressiva.

Legislação Complementar

Art. 7º O PIP será instaurado pelos órgãos de execução da PGF:

I — de ofício, em razão do conhecimento direto do caso;

II — mediante provocação interna, através de expedientes encaminhados pela CGCOB;

III — mediante provocação externa, decorrente do recebimento de representações e documentos provenientes de particulares ou órgãos públicos.

Art. 8º Cabe ao órgão de execução da PGF do local dos fatos instaurar e concluir o PIP.

Art. 9º A instauração ocorrerá por meio de portaria interna e a finalização por meio de nota, que deverá concluir pelo:

I — ajuizamento da ação regressiva; ou

II — não ajuizamento da ação regressiva, que se dará nos casos de:

a) não comprovação ou ausência de ato ilícito;

b) não comprovação ou ausência de dolo ou culpa;

c) não existência de nexo de causalidade entre a ação ou omissão ilícita e o evento que gerou a concessão de benefício previdenciário; ou

d) não concessão de benefício.

§ 1º Concluído o PIP sem o ajuizamento de ação regressiva em função da não concessão de benefício, o procurador federal responsável deverá solicitar ao INSS que realize marcação nos cadastros da vítima em sistemas específicos, para efeito de posterior informação ao órgão de execução da PGF a respeito de eventual concessão de benefício, fato que determinará a reabertura do procedimento.

§ 2º Estando pendente a concessão de benefício, inclusive nos casos de indeferimento discutido em instâncias recursais administrativas ou em instâncias judiciais, o PIP será sobrestado após a conclusão da instrução relativamente à conduta ilícita.

§ 3º Quando necessário e sem prejuízo do imediato ajuizamento da ação regressiva, o procurador federal responsável solicitará ao INSS, por meio eletrônico, a correção da espécie do benefício concedido, anexando-se a respectiva cópia ao PIP.

Art. 10. O PIP será formalizado com registro de Número Único de Protocolo — NUP e cadastramento no Sistema Integrado de Controle das Ações da União — SICAU.

Art. 11. Os órgãos de execução da PGF terão o prazo de 30 dias para instaurar o procedimento a partir do conhecimento dos fatos ou recebimento de provocação interna ou externa, e até 180 dias para conclusão após a instauração.

PARÁGRAFO ÚNICO. Os prazos fixados no caput poderão ser prorrogados, justificadamente e por meio de cota, mediante solicitação ao núcleo de cobrança da respectiva Procuradoria Federal no Estado ou Procuradoria Regional Federal.

Art. 12. Serão priorizados os PIP´s na ordem abaixo:

I — Quanto ao evento:

a) acidentes de trabalho;

b) acidente de trânsito;

c) demais fatos.

II — Quanto às consequências:

a) morte;

b) invalidez;

c) incapacidade decorrente de lesão ou doença envolvendo mais de uma vítima;

d) incapacidade decorrente de lesão ou doença de natureza grave.

Art. 13. As informações previdenciárias deverão ser obtidas mediante acesso aos sistemas previdenciários, e os documentos não disponíveis nos sistemas deverão ser solicitados diretamente ao INSS.

§ 1º Dos sistemas previdenciários, além dos dados básicos de concessão, de manutenção e histórico de créditos pelos valores brutos, deverão ser extraídas as seguintes informações:

I — no caso de pensão por morte: qualificação do segurado instituidor, dos dependentes e dados de eventual desdobramento do benefício;

II — no caso de benefício por incapacidade: qualificação do segurado, histórico médico e, no caso de acidente de trabalho, extrato da Comunicação de Acidente de Trabalho — CAT.

§ 2º Na hipótese de reabilitação profissional, deverão ser comprovadas as despesas realizadas mediante cópias dos procedimentos de aquisição de bens e serviços, e documentos de disponibilização ao segurado, bem como avaliada a expectativa de despesas futuras.

Art. 14. As provas da ocorrência do ato ilícito poderão ser obtidas, sem prejuízo de outros modos determinados pelas circunstâncias dos fatos, da seguinte forma:

I — no caso de acidente de trabalho, preferencialmente:

a) por encaminhamento espontâneo, ou mediante solicitação, de laudo de análise de acidente à Superintendência Regional do Trabalho e Emprego da localidade;

b) por solicitação aos órgãos do Ministério Público Estadual ou do Distrito Federal e Territórios, Ministério Público do Trabalho, Polícia Civil, Fundação Jorge Duprat Figueiredo de Saúde e Segurança do Trabalho — FUNDACENTRO, Sindicatos e outras entidades que porventura disponham de elementos probatórios;

c) por meio de pesquisas e requerimentos aos órgãos jurisdicionais da Justiça dos Estados ou Distrito Federal e Territórios, ou da Justiça do Trabalho a respeito de eventuais ações de indenização;

II — nos casos de crimes de trânsito, preferencialmente:

a) por encaminhamento espontâneo, ou mediante solicitação, de denúncias ao Ministério Público dos Estados ou do Distrito Federal e Territórios;

b) por encaminhamento espontâneo, ou mediante solicitação, de laudos e documentos aos órgãos responsáveis pela regulamentação e fiscalização do trânsito, bem como a polícia civil;

c) por meio de pesquisas e requerimentos aos órgãos jurisdicionais a respeito de eventuais ações de indenização;

III — nos demais casos, preferencialmente:

a) por encaminhamento espontâneo, ou mediante solicitação, de denúncias ao Ministério Público dos Estados ou do Distrito Federal e Territórios;

b) por meio de pesquisas e requerimentos aos órgãos jurisdicionais a respeito de eventuais ações de indenização;

PARÁGRAFO ÚNICO. Relativamente ao inciso I, os procuradores federais oficiantes na execução fiscal trabalhista deverão encaminhar aos órgãos responsáveis pelas ações regressivas previdenciárias as decisões judiciais de que tomarem conhecimento quando estas resultarem em condenação por descumprimento de normas de saúde e segurança do trabalho.

CAPÍTULO III

Do Ajuizamento

Art. 15. A ação regressiva será proposta quando estiverem presentes os elementos suficientes de prova da ocorrência do ato ilícito, da culpabilidade, do nexo causal e da realização de despesas previdenciárias.

Art. 16. A ação será ajuizada perante a Justiça Federal no foro do domicílio do réu.

§ 1º Quando o réu for pessoa jurídica e possuir estabelecimentos em lugares diferentes, o ajuizamento deverá ser realizado no foro do domicílio do estabelecimento onde tiver ocorrido o ato ilícito.

§ 2º Quando houver vários réus, será ajuizada a ação no foro do local do ilícito.

§ 3º Quando houver vários réus sem que nenhum deles tenha domicílio no local do ilícito, deverá será ajuizada a ação, preferencialmente, perante o foro daquele que tiver o domicílio mais próximo.

Art. 17. O órgão de execução do local do ajuizamento será responsável pela elaboração da petição inicial.

§ 1º No caso de o órgão de execução da PGF responsável pelo ajuizamento entender pela necessidade de complementação do procedimento, deverá encaminhá-lo à origem para adequação.

§ 2º Não havendo concordância quanto ao pedido de complementação de instrução, o processo deverá ser encaminhado ao núcleo de cobrança da respectiva PF ou PRF, com manifestação fundamentada, que decidirá a divergência.

§ 3º Na hipótese de o procurador federal responsável concluir pelo não ajuizamento, a nota conclusiva será submetida à aprovação de sua chefia imediata. No caso de não aprovação, o caso será submetido ao núcleo de cobrança da Procuradoria Federal-PF ou Procuradoria-Regional Federal-PRF respectiva, que decidirá a divergência.

§ 4º Na hipótese de o órgão de execução da PGF responsável pelo ajuizamento discordar da conclusão do procedimento do órgão de origem, deverá submeter o caso à decisão da respectiva PF ou PRF, com manifestação fundamentada.

§ 5º Os conflitos entre órgãos de execução subordinados a Procuradorias Regionais Federais distintas serão dirimidos pela CGCOB.

Art. 18. Havendo mais de um responsável pelo ato ilícito, o pólo passivo da ação regressiva será composto em litisconsórcio, formulando-se pretensão expressa no sentido da condenação solidária dos autores do dano.

PARÁGRAFO ÚNICO. A definição dos responsáveis deverá levar em conta as condutas imputadas a empregadores, tomadores de serviço, contratantes e cedentes de mão-de-obra e órgãos públicos para os quais, direta ou indiretamente, o segurado trabalhava.

Art. 19. A petição inicial deverá detalhar minuciosamente o ato ilícito, a culpabilidade, o nexo causal, e o dano, este caracterizado pelas despesas previdenciárias ocorridas e por ocorrer.

§ 1º Deverão ser enfatizadas as conclusões técnicas acerca do ato ilícito, com detalhamento das normas de saúde e segurança do trabalho, normas do código de trânsito, dispositivos do Código Penal, dentre outras, evitando-se meras remissões a documentos anexos.

§ 2º Não havendo a exata dimensão das despesas a serem realizadas com eventual processo de reabilitação profissional, far-se-á uso da possibilidade de elaboração de pedido genérico nos termos do inciso II do art. 286 do CPC.

Art. 20. O pedido de reparação deve ser integral, compreendendo:

I — prestações vencidas, atualizadas mediante a utilização dos valores brutos das mensalidades, empregando-se a taxa do Sistema Especial de Liquidação e de Custódia — SELIC, pela variação a partir do mês do pagamento;

II — prestações vincendas a serem pagas mensalmente ou de forma integral.

III — verbas sucumbenciais.

PARÁGRAFO ÚNICO. No caso de pagamento de prestações vincendas, deverá ser requerida a garantia de caução real ou fidejussória.

Art. 21. O valor da causa deverá corresponder ao total das despesas realizadas até o ajuizamento e o correspondente a uma prestação anual, que compreende a 12 parcelas mensais e ao abono anual.

Art. 22. Após ajuizamento a ação regressiva deverá ser cadastrada no SICAU, observados os parâmetros definidos pela CGCOB.

Art. 23. As importâncias recebidas por meio das ações regressivas deverão ser recolhidas por meio de guia de arrecadação com códigos específicos.

Legislação Complementar

DISPOSIÇÕES GERAIS

Art. 24. Incumbe à PFE-INSS e à CGCOB:

I — providenciar o acesso a todos os procuradores federais responsáveis pelas ações regressivas aos sistemas PLENUS, CNIS e SUIBE do INSS, ao sistema INFORMAR da Secretaria da Receita Federal, e ao sistema INFOSEG do Ministério da Justiça, a fim de viabilizar a realização de pesquisas estratégicas e estatísticas para subsidiar as atividades tratadas nesta portaria; e,

II — realizar levantamento semestral de benefícios oriundos de acidentes de trabalho, observada a ordem de prioridades estabelecida no art. 12. Parágrafo único. O resultado dos levantamentos do inciso II serão encaminhados à CGCOB, que procederá à distribuição das atividades pelos respectivos núcleos de cobrança de cada PRF.

Art. 25. A CGCOB procederá à orientação técnica dos órgãos de execução da PGF no que se refere às ações regressivas, em articulação com o Departamento de Contencioso e com a PFE/INSS.

Art. 26. No prazo de 30 dias da publicação desta portaria será constituído Núcleo de Estudos de Ações Regressivas Previdenciárias — NEARP, composto por quatro membros designados pela PFE-INSS e outros quatro pela CGCOB, destinado à realização de estudos estatísticos, ao desenvolvimento de teses e rotinas, monitoramento de acordos de cooperação técnica e acompanhamento de resultados.

§ 1º O NEARP será coordenado pelo Chefe da Divisão de Gerenciamento de Execuções Fiscais Trabalhistas e Ações Regressivas — DIGETRAB da CGCOB.

§ 2º A composição do núcleo será formalizada em ato conjunto da PFE-INSS e da CGCOB.

Art. 27. Os órgãos de execução da PGF designarão, sempre que possível, procuradores federais para atuar especificamente na instrução e ajuizamento das ações regressivas previdenciárias.

PARÁGRAFO ÚNICO. A PFE-INSS poderá indicar procuradores federais em exercício em suas unidades para colaborar com os demais órgãos de execução da PGF responsáveis pelas ações regressivas previdenciárias, sob a coordenação destes.

Art. 28. Os órgãos de execução da PGF deverão comunicar mensalmente à CGCOB, por meio eletrônico, o ajuizamento de ações regressivas, o respectivo trâmite atualizado, as decisões de natureza cautelar, sentenças, recursos e acórdãos.

Art. 29. Os recursos terão acompanhamento prioritário junto aos Tribunais Regionais e Superiores mediante comunicação do órgão de origem.

Art. 30. Os órgãos de execução da PGF adotarão as medidas necessárias à celebração de acordos de cooperação técnica perante os órgãos do Ministério Público Estadual ou do Distrito Federal e Territórios e do Trabalho, Superintendências Regionais do Trabalho e Emprego, Tribunais Regionais do Trabalho, e outros órgãos de âmbito regional ou local, com o objetivo de viabilizar as atividades previstas nesta portaria.

Art. 31. A CGCOB divulgará semestralmente as estatísticas relativas aos procedimentos de instrução prévia e às ações regressivas.

Art. 32. No que se refere a eventuais acordos a serem realizados às ações regressivas, deverão ser observadas as seguintes diretrizes:

I — aplica-se o art. 37-B da Lei n. 10.522, de 19 de julho de 2002 ao parcelamento do crédito pretendido por meio das ações regressivas;

II — aplicam-se os limites de alçada constantes da Portaria PGF que regulamenta a realização de acordos em processo judiciais;

III — os honorários advocatícios poderão ser objeto de parcelamento;

IV — havendo opção pelo recolhimento mensal das parcelas vincendas, deverá ser exigida adequada garantia, real ou fidejussória;

V — parcelas vencidas e vincendas deverão ser atualizadas pela SELIC, devendo ser avaliado o interesse em eventual recurso quando decisão judicial vier a fixar critério diverso;

Art. 33. Ficam revogadas a Portaria Conjunta PFE--INSS e CGCOB n. 1, de 20 de janeiro de 2009 e a Orientação Interna Conjunta PFE-INSS e CGCOB n. 1, de 9 de fevereiro de 2009.

Art. 34. Esta Portaria entra em vigor na data de sua publicação.

Marcelo de Siqueira Freitas

Procurador-Geral Federal

Alessandro A. Stefanutto

Procurador-Chefe da PFE-INSS

PORTARIA GM/MTE N. 589, DE 28 DE ABRIL DE 2014

(DOU 30.4.2014)

DISCIPLINAR AS MEDIDAS A SEREM ADOTADAS PELAS EMPRESAS EM RELAÇÃO À NOTIFICAÇÃO DE DOENÇAS E ACIDENTES DO TRABALHO

O MINISTRO DE ESTADO DO TRABALHO E EMPREGO, no uso das atribuições que lhe conferem o inciso II do parágrafo único do art. 87 da Constituição Federal;

Considerando o disposto no art. 169 da Consolidação das Leis do Trabalho, relativamente à notificação obrigatória das doenças profissionais e outras relacionadas ao trabalho, comprovadas ou objeto de suspeita;

Considerando que a Convenção n. 81 da Organização Internacional do Trabalho - OIT, promulgada pelo Decreto n. 41.721, de 25 de junho de 1957, estabelece em seu art. 14 que os acidentes do trabalho e os casos de doenças profissionais deverão ser notificados à inspeção do trabalho, nos casos e na forma determinada pela legislação nacional; e

Considerando o disposto no art. 20 da Lei n. 8.213, de 24 de julho de 1991, que trata da relação dos agravos que caracterizam doenças profissionais e o do trabalho, resolve:

Art. 1º Disciplinar as medidas a serem adotadas pelas empresas em relação à notificação de doenças e acidentes do trabalho.

Art. 2º Todo acidente fatal relacionado ao trabalho, inclusive as doenças do trabalho que resultem morte, deve ser comunicado à unidade do Ministério do Trabalho e Emprego mais próxima à ocorrência no prazo de até vinte e quatro horas após a constatação do óbito, além de informado no mesmo prazo por mensagem eletrônica ao Departamento de Segurança e Saúde no Trabalho, da Secretaria de Inspeção do Trabalho, no endereço dsst.sit@mte.gov.br contendo as informações listadas em anexo a esta norma.

Art. 3º A comunicação de que trata o art. 2º não suprime a obrigação do empregador de notificar todos os acidentes do trabalho e doenças relacionadas ao trabalho, com ou sem afastamento, comprovadas ou objeto de suspeita, mediante a emissão de Comunicação de Acidente de Trabalho - CAT apresentada ao órgão competente do Ministério da Previdência Social.

Art. 4º O Ministério do Trabalho e Emprego apresentará periodicamente ao Comitê Executivo criado pelo Decreto n. 7.602, de 7 de novembro de 2011, a relação de agravos que caracterizam doenças relacionadas ao trabalho, a ser publicada no dia 28 de abril seguinte, dia mundial de segurança e saúde no trabalho.

Esta Portaria entra em vigor na data de sua publicação.

Anexo

Empregador	
CNPJ, CEI ou CPF	
Endereço e telefone da empresa	
Número da CAT registrada	
Data de Óbito	
Nome do Acidentado	
Endereço do acidente	
Situação geradora do acidente	

Manoel Dias

LEI N. 9.029, DE 13 DE ABRIL DE 1995

(DOU 17.4.95 — Supl. Trab. LTr 31-056/95)

PROÍBE A EXIGÊNCIA DE ATESTADO DE GRAVIDEZ E ESTERILIZAÇÃO E OUTRAS PRÁTICAS DISCRIMINATÓRIAS, PARA EFEITOS ADMISSIONAIS OU DE PERMANÊNCIA DA RELAÇÃO JURÍDICA DE TRABALHO, E DÁ OUTRAS PROVIDÊNCIAS

V. Portaria GM/MTE n. 367, de 18.9.02 (DOU 19.9.02) que trata sobre denúncia de prática discriminatória por parte de empresa que recuse a contratação de empregado que tenha ingressado com ação judicial trabalhista (não publicada nesta obra)

O PRESIDENTE DA REPÚBLICA,

Faço saber que o Congresso Nacional decreta e eu sanciono a seguinte lei:

Art. 1º Fica proibida a adoção de qualquer prática discriminatória e limitativa para efeito de acesso a relação de emprego, ou sua manutenção, por motivo de sexo, origem, raça, cor, estado civil, situação familiar ou idade, ressalvadas, neste caso, as hipóteses de proteção ao menor previstas no inciso XXXIII do art. 7º da Constituição Federal.

Art. 2º Constituem crimes as seguintes práticas discriminatórias:

I — a exigência de teste, exame, perícia, laudo, atestado, declaração ou qualquer outro procedimento relativo à esterilização ou a estado de gravidez;

II — a adoção de quaisquer medidas, de iniciativa do empregador, que configurem:

a) indução ou instigamento à esterilização genética;

b) promoção do controle de natalidade, assim não considerado o oferecimento de serviços e de aconselhamento ou planejamento familiar, realizados através de instituições públicas ou privadas, submetidas às normas do Sistema Único de Saúde — SUS.

Pena: detenção de um a dois anos e multa.

PARÁGRAFO ÚNICO. São sujeitos ativos dos crimes a que se refere este artigo:

I — a pessoa física empregadora;

II — o representante legal do empregador, como definido na legislação trabalhista;

III — o dirigente, direto ou por delegação, de órgãos públicos e entidades das administrações públicas direta, indireta e fundacional de qualquer dos Poderes da União, dos Estados, do Distrito Federal e dos Municípios.

Art. 3º Sem prejuízo do prescrito no art. 2º e nos dispositivos legais que tipificam os crimes resultantes de preconceito de etnia, raça ou cor, as infrações do disposto nesta Lei são passíveis das seguintes cominações. *(Alterado pela Lei n. 12.288, de 20.7.10, DOU 21.7.10)*

I — multa administrativa de dez vezes o valor do maior salário pago pelo empregador, elevado em cinquenta por cento em caso de reincidência;

II — proibição de obter empréstimo ou financiamento junto a instituições financeiras oficiais.

Art. 4º O rompimento da relação de trabalho por ato discriminatório, nos moldes desta Lei, além do direito à reparação pelo dano moral, faculta ao empregado optar entre: *(Alterado pela Lei n. 12.288, de 20.7.10, DOU 21.7.10)*

I — a readmissão com ressarcimento integral de todo o período de afastamento, mediante pagamento das remunerações devidas, corrigidas monetariamente, acrescidas dos juros legais;

II — a percepção, em dobro, da remuneração do período de afastamento, corrigida monetariamente e acrescida dos juros legais.

Art. 5º Esta Lei entra em vigor na data de sua publicação.

Art. 6º Revogam-se as disposições em contrário.

Brasília, 13 de abril de 1995; 174º da Independência e 107º da República.

Fernando Henrique Cardoso
Paulo Paiva

Legislação Complementar

LEI N. 12.984, DE 2 DE JUNHO DE 2014

(DOU 3.6.14)

DEFINE O CRIME DE DISCRIMINAÇÃO DOS PORTADORES DO VÍRUS DA IMUNODEFICIÊNCIA HUMANA (HIV) E DOENTES DE AIDS

A PRESIDENTA DA REPÚBLICA

Faço saber que o Congresso Nacional decreta e eu sanciono a seguinte Lei:

Art. 1º Constitui crime punível com reclusão, de 1 (um) a 4 (quatro) anos, e multa, as seguintes condutas discriminatórias contra o portador do HIV e o doente de AIDS, em razão da sua condição de portador ou de doente:

I — recusar, procrastinar, cancelar ou segregar a inscrição ou impedir que permaneça como aluno em creche ou estabelecimento de ensino de qualquer curso ou grau, público ou privado;

II — negar emprego ou trabalho;

III — exonerar ou demitir de seu cargo ou emprego;

IV — segregar no ambiente de trabalho ou escolar;

V — divulgar a condição do portador do HIV ou de doente de AIDS, com intuito de ofender-lhe a dignidade;

VI — recusar ou retardar atendimento de saúde.

Art. 2º Esta Lei entra em vigor na data de sua publicação.

Brasília, 2 de junho de 2014; 193º da Independência e 126º da República.

Dilma Rousseff
José Eduardo Cardozo
Arthur Chioro
Ideli Salvatti

PORTARIA GM/MTE N. 1.246, DE 28 DE MAIO DE 2010

(DOU 31.5.10)

ORIENTAR AS EMPRESAS E OS TRABALHADORES EM RELAÇÃO À TESTAGEM RELACIONADA AO VÍRUS DA IMUNODEFICIÊNCIA ADQUIRIDA — HIV

O MINISTRO DO TRABALHO E EMPREGO, no uso das atribuições que lhe confere o inciso II do Parágrafo único do art. 87 da Constituição Federal;

Considerando que a Convenção da Organização Internacional do Trabalho — OIT n. 111, promulgada pelo Decreto n. 62.150, de 19 de janeiro de 1968, proibe todo tipo de discriminação no emprego ou profissão;

Considerando que a Lei n. 9.029, de 13 de abril de 1995, proibe a adoção de qualquer prática discriminatória e limitativa para efeito de acesso à relação de emprego ou a sua manutenção;

Considerando o previsto na ação programática constante do item j do Objetivo Estratégico VI do Eixo Orientador III do Programa Nacional de Direitos Humanos, aprovado pelo Decreto n. 7.037, de 22 de dezembro de 2009;

Considerando que a Portaria Interministerial n. 869, de 12 de agosto de 1992, proibe, no âmbito do Serviço Público Federal, a exigência de teste para detecção do vírus de imunodeficiência adquirida — HIV, tanto nos exames pré-admissionais quanto nos exames periódicos de saúde; e

Considerando que a Resolução n. 1.665 do Conselho Federal de Medicina, de 7 de maio de 2003, veda a realização compulsória de sorologia para o — HIV, resolve:

Art. 1º. Orientar as empresas e os trabalhadores em relação à testagem relacionada ao vírus da imunodeficiência adquirida — HIV.

Art. 2º. Não será permitida, de forma direta ou indireta, nos exames médicos por ocasião da admissão, mudança de função, avaliação periódica, retorno, demissão ou outros ligados à relação de emprego, a testagem do trabalhador quanto ao HIV.

PARÁGRAFO ÚNICO. O disposto no *caput* deste artigo não obsta que campanhas ou programas de prevenção da saúde estimulem os trabalhadores a conhecer seu estado sorológico quanto ao HIV por meio de orientações e exames comprovadamente voluntários, sem vínculo com a relação de trabalho e sempre resguardada a privacidade quanto ao conhecimento dos resultados.

Art. 3º. Esta Portaria entra em vigor na data de sua publicação.

Carlos Roberto Lupi

LEI N. 7.644, DE 18 DE DEZEMBRO DE 1987

(DOU 21.12.87)

DISPÕE SOBRE A REGULAMENTAÇÃO DA ATIVIDADE DE MÃE SOCIAL E DÁ OUTRAS PROVIDÊNCIAS

O PRESIDENTE DA REPÚBLICA, faço saber que o Congresso Nacional decreta e eu sanciono a seguinte Lei:

Art. 1º As instituições sem finalidade lucrativa, ou de utilidade pública de assistência ao menor abandonado, e que funcionem pelo sistema de casas-lares, utilizarão mães sociais visando a propiciar ao menor as condições familiares ideais ao seu desenvolvimento e reintegração social.

Art. 2º Considera-se mãe social, para efeito desta Lei, aquela que, dedicando-se à assistência ao menor abandonado, exerça o encargo em nível social, dentro do sistema de casas-lares.

Art. 3º Entende-se como casa-lar a unidade residencial sob responsabilidade de mãe social, que abrigue até 10 (dez) menores.

§ 1º As casas-lares serão isoladas, formando, quando agrupadas, uma aldeia assistencial ou vila de menores.

§ 2º A instituição fixará os limites de idade em que os menores ficarão sujeitos às casas-lares.

§ 3º Para os efeitos dos benefícios previdenciários, os menores residentes nas casas-lares e nas Casas da Juventude são considerados dependentes da mãe social a que foram confiados pela instituição empregadora.

Art. 4º São atribuições da mãe social:

I — propiciar o surgimento de condições próprias de uma família, orientando e assistindo os menores colocados sob seus cuidados;

II — administrar o lar, realizando e organizando as tarefas e ele pertinentes;

III — dedicar-se, com exclusividade, aos menores e à casa-lar que lhes forem confiadas.

PARÁGRAFO ÚNICO. A mãe social, enquanto no desempenho de suas atribuições, deverá residir, juntamente com os menores que lhe forem confiados, na casa--lar que lhe for destinada.

Art. 5º À mãe social ficam assegurados os seguintes direitos:

I — anotação na Carteira de Trabalho e Previdência Social;

II — remuneração, em valor não inferior ao salário mínimo;

III — repouso semanal remunerado de 24 (vinte e quatro) horas consecutivas;

IV — apoio técnico, administrativo e financeiro no desempenho de suas funções;

V — 30 (trinta) dias de férias anuais remuneradas nos termos do que dispõe o Capítulo IV, da Consolidação das Leis do Trabalho;

VI — benefícios e serviços previdenciários, inclusive, em caso de acidente do trabalho, na qualidade de segurada obrigatória;

VII — gratificação de Natal (13º salário);

VIII — Fundo de Garantia do Tempo de Serviço ou indenização, nos termos da legislação pertinente.

Art. 6º O trabalho desenvolvido pela mãe social é de caráter intermitente, realizando-se pelo tempo necessário ao desempenho de suas tarefas.

Art. 7º Os salários devidos à mãe social serão reajustados de acordo com as disposições legais aplicáveis, deduzido o percentual de alimentação fornecida pelo empregador.

Art. 8º A candidata ao exercício da profissão de mãe social deverá submeter-se à seleção e treinamento específicos, a cujo término será verificada sua habilitação.

§ 1º O treinamento será composto de um conteúdo teórico e de uma aplicação prática, esta sob forma de estágio.

§ 2º O treinamento e estágio a que se refere o parágrafo anterior não excederão de 60 (sessenta) dias, nem criarão vínculo empregatício de qualquer natureza.

§ 3º A estagiária deverá estar segurada contra acidentes pessoais e receberá alimentação, habitação e bolsa de ajuda para vestuário e despesas pessoais.

§ 4º O Ministério da Previdência e Assistência Social assegurará assistência médica e hospitalar à estagiária.

Art. 9º São condições para admissão como mãe social:

a) idade mínima de 25 (vinte e cinco) anos;

b) boa sanidade física e mental;

c) curso de primeiro grau, ou equivalente;

d) ter sido aprovada em treinamento e estágio exigidos por esta Lei;

e) boa conduta social;

f) aprovação em teste psicológico específico.

Art. 10. A instituição manterá mães sociais para substituir as efetivas durante seus períodos de afastamento do serviço.

§ 1º A mãe social substituta, quando não estiver em efetivo serviço de substituição, deverá residir na aldeia assistencial e cumprir tarefas determinadas pelo empregador.

§ 2º A mãe social, quando no exercício da substituição, terá direito à retribuição percebida pela titular e ficará sujeita ao mesmo horário de trabalho.

Art. 11. As instituições que funcionam pelo sistema de casas-lares manterão, além destas, Casas de Juventude, para jovens com mais de 13 anos de idade, os quais encaminharão ao ensino profissionalizante.

PARÁGRAFO ÚNICO. O ensino a que se refere o *caput* deste artigo poderá ser ministrado em comum, em cada aldeia assistencial ou em várias dessas aldeias assistenciais reunidas, ou ainda, em outros estabelecimentos de ensino, públicos ou privados, conforme julgar conveniente a instituição.

Art. 12. Caberá à administração de cada aldeia assistencial providenciar a colocação dos menores no mercado de trabalho, como estagiários, aprendizes ou como empregados, em estabelecimentos públicos ou privados.

PARÁGRAFO ÚNICO. As retribuições percebidas pelos menores nas condições mencionadas no *caput* deste artigo serão assim distribuídas e destinadas:

I — até 40% (quarenta por cento) para a casa-lar a que estiverem vinculados, revertidos no custeio de despesas com manutenção do próprio menor;

II — 40% (quarenta por cento) para o menor destinados a despesas pessoais;

III — até 30% (trinta por cento) para depósito em caderneta de poupança ou equivalente, em nome do menor, com assistência da instituição mantenedora, e que poderá ser levantado pelo menor a partir dos 18 (dezoito) anos de idade.

Art. 13. Extinto o contrato de trabalho, a mãe social deverá retirar-se da casa-lar que ocupava, cabendo à entidade empregadora providenciar a imediata substituição.

Art. 14. As mãe sociais ficam sujeitas às seguintes penalidades aplicáveis pela entidade empregadora:

I — advertência;

II — suspensão;

III — demissão.

PARÁGRAFO ÚNICO. Em caso de demissão sem justa causa, a mãe social será indenizada, na forma da legislação vigente, ou levantará os depósitos do Fundo de Garantia do Tempo de Serviço, com os acréscimos previstos em lei.

Art. 15. As casas-lares e as aldeias assistenciais serão mantidas exclusivamente com rendas próprias, doações, legados, contribuições e subvenções de entidades públicas ou privadas, vedada a aplicação em outras atividades que não sejam de seus objetivos.

Art. 16. Fica facultado a qualquer entidade manter casas-lares, desde que cumprido o disposto nesta Lei.

Art. 17. Por menor abandonado entende-se, para os efeitos desta Lei, o "menor em situação irregular" pela morte ou abandono dos pais, ou, ainda, pela incapacidade destes.

Art. 18. As instituições que mantenham ou coordenem o sistema de casas-lares para o atendimento gratuito de menores abandonados, registradas como tais no Conselho Nacional do Serviço Social, ficam isentas do recolhimento dos encargos patronais à previdência social.

Art. 19. Às relações do trabalho previstas nesta Lei, no que couber, aplica-se o disposto nos Capítulos I e IV do Título II, Seções IV, V e VI do Capítulo IV do Título III e nos Títulos IV e VII, todos da Consolidação das Leis do Trabalho — CLT.

Art. 20. Incumbe às autoridades competentes do Ministério do Trabalho e do Ministério da Previdência e Assistência Social, observadas as áreas de atuação, a fiscalização do disposto nesta Lei, competindo à Justiça do Trabalho dirimir as controvérsias entre empregado e empregador.

Art. 21. Esta Lei entra em vigor na data de sua publicação.

Art. 22. Revogam-se as disposições em contrário.

Brasília, em 18 de dezembro de 1987; 166º da Independência e 99º da República.

José Sarney

LEI N. 8.742, DE 7 DE DEZEMBRO DE 1993

(DOU 8.12.1993)

DISPÕE SOBRE A ORGANIZAÇÃO DA ASSISTÊNCIA SOCIAL E DÁ OUTRAS PROVIDÊNCIAS

V. Decreto n. 7.788, de 15.8.12 (DOU 16.8.12) que regulamenta o Fundo Nacional de Assistência Social, instituto pela Lei n. 8.742, de 7 de dezembro de 1993, e dá outras providências

O PRESIDENTE DA REPÚBLICA, faço saber que o Congresso Nacional decreta e eu sanciono a seguinte lei:

LEI ORGÂNICA DA ASSISTÊNCIA SOCIAL

CAPÍTULO I

DAS DEFINIÇÕES E DOS OBJETIVOS

Art. 1º A assistência social, direito do cidadão e dever do Estado, é Política de Seguridade Social não contributiva, que provê os mínimos sociais, realizada através de um conjunto integrado de ações de iniciativa pública e da sociedade, para garantir o atendimento às necessidades básicas.

Art. 2º A assistência social tem por objetivos: *(Redação dada pela Lei n. 12.435, de 6.7.11, DOU 7.7.11)*

I — a proteção social, que visa à garantia da vida, à redução de danos e à prevenção da incidência de riscos, especialmente: *(Redação dada pela Lei n. 12.435, de 6.7.11, DOU 7.7.11)*

a) a proteção à família, à maternidade, à infância, à adolescência e à velhice; *(Acrescentado pela Lei n. 12.435, 6.7.11, DOU 7.7.11)*

b) o amparo às crianças e aos adolescentes carentes; *(Acrescentado pela Lei n. 12.435, de 6.7.11, DOU 7.7.11)*

c) a promoção da integração ao mercado de trabalho; *(Acrescentado pela Lei n. 12.435, de 6.7.11, DOU 7.7.11)*

d) a habilitação e reabilitação das pessoas com deficiência e a promoção de sua integração à vida comunitária; e *(Acrescentado pela Lei n. 12.435, de 6.7.2011, DU 7.7.2011)*

e) a garantia de 1 (um) salário-mínimo de benefício mensal à pessoa com deficiência e ao idoso que comprovem não possuir meios de prover a própria manutenção ou de tê-la provida por sua família; *(Acrescentado pela Lei n. 12.435, de 6.7.11, DOU 7.7.11)*

II — a vigilância socioassistencial, que visa a analisar territorialmente a capacidade protetiva das famílias e nela a ocorrência de vulnerabilidades, de ameaças, de vitimizações e danos; *(Redação dada pela Lei n. 12.435, de 6.7.11, DOU 7.7.11)*

III — a defesa de direitos, que visa a garantir o pleno acesso aos direitos no conjunto das provisões socioassistenciais. *(Redação dada pela Lei n. 12.435, de 6.7.11, DOU 7.7.11)*

PARÁGRAFO ÚNICO. Para o enfrentamento da pobreza, a assistência social realiza-se de forma integrada às políticas setoriais, garantindo mínimos sociais e provimento de condições para atender contingências sociais e promovendo a universalização dos direitos sociais. *(Redação dada pela Lei n. 12.435, de 6.7.11, DOU 7.7.11)*

Art. 3º Consideram-se entidades e organizações de assistência social aquelas sem fins lucrativos que, isolada ou cumulativamente, prestam atendimento e assessoramento aos beneficiários abrangidos por esta Lei, bem como as que atuam na defesa e garantia de direitos. *(Redação dada pela Lei n. 12.435, de 6.7.11, DOU 7.7.11)*

§ 1º São de atendimento aquelas entidades que, de forma continuada, permanente e planejada, prestam serviços, executam programas ou projetos e concedem benefícios de prestação social básica ou especial, dirigidos às famílias e indivíduos em situações de vulnerabilidade ou risco social e pessoal, nos termos desta Lei, e respeitadas as deliberações do Conselho Nacional de Assistência Social (CNAS), de que tratam os incisos I e II do art. 18. *(Acrescentado pela Lei n. 12.435, de 6.7.11, DOU 7.7.11)*

§ 2º São de assessoramento aquelas que, de forma continuada, permanente e planejada, prestam serviços e executam programas ou projetos voltados prioritariamente para o fortalecimento dos movimentos sociais e das organizações de usuários, formação e capacitação de lideranças, dirigidos ao público da política de assistência social, nos termos desta Lei, e respeitadas as deliberações do CNAS, de que tratam os incisos I e II do art. 18. *(Acrescentado pela Lei n. 12.435, de 6.7.11, DOU 7.7.11)*

§ 3º São de defesa e garantia de direitos aquelas que, de forma continuada, permanente e planejada, prestam serviços e executam programas e projetos voltados prioritariamente para a defesa e efetivação dos direitos socioassistenciais, construção de novos direitos, promoção da cidadania, enfrentamento das desigualdades sociais, articulação com órgãos públicos de defesa de direitos, dirigidos ao público da política de assistência social, nos termos desta Lei, e respeitadas as deliberações do CNAS, de que tratam os incisos I e II do art. 18. *(Acrescentado pela Lei n. 12.435, de 6.7.11, DOU 7.7.11)*

CAPÍTULO II
DOS PRINCÍPIOS E DAS DIRETRIZES

SEÇÃO I
Dos Princípios

Art. 4º A assistência social rege-se pelos seguintes princípios:

I — supremacia do atendimento às necessidades sociais sobre as exigências de rentabilidade econômica;

II — universalização dos direitos sociais, a fim de tornar o destinatário da ação assistencial alcançável pelas demais políticas públicas;

III — respeito à dignidade do cidadão, à sua autonomia e ao seu direito a benefícios e serviços de qualidade, bem como à convivência familiar e comunitária, vedando-se qualquer comprovação vexatória de necessidade;

IV — igualdade de direitos no acesso ao atendimento, sem discriminação de qualquer natureza, garantindo-se equivalência às populações urbanas e rurais;

V — divulgação ampla dos benefícios, serviços, programas e projetos assistenciais, bem como dos recursos oferecidos pelo Poder Público e dos critérios para sua concessão.

SEÇÃO II
Das Diretrizes

Art. 5º A organização da assistência social tem como base as seguintes diretrizes:

I — descentralização político-administrativa para os Estados, o Distrito Federal e os Municípios, e comando único das ações em cada esfera de governo;

II — participação da população, por meio de organizações representativas, na formulação das políticas e no controle das ações em todos os níveis;

III — primazia da responsabilidade do Estado na condução da política de assistência social em cada esfera de governo.

....

CAPÍTULO IV
DOS BENEFÍCIOS, DOS SERVIÇOS, DOS PROGRAMAS E DOS PROJETOS DE ASSISTÊNCIA SOCIAL

SEÇÃO I
Do Benefício de Prestação Continuada

Art. 20. O benefício de prestação continuada é a garantia de um salário-mínimo mensal à pessoa com deficiência e ao idoso com 65 (sessenta e cinco) anos ou mais que comprovem não possuir meios de prover a própria manutenção nem de tê-la provida por sua família. *(Redação dada pela Lei n. 12.435, de 6.7.11, DOU 7.7.11)*

§ 1º Para os efeitos do disposto no *caput*, a família é composta pelo requerente, o cônjuge ou companheiro, os pais e, na ausência de um deles, a madrasta ou o padrasto, os irmãos solteiros, os filhos e enteados solteiros e os menores tutelados, desde que vivam sob o mesmo teto. *(Redação dada pela Lei n. 12.435, de 6.7.11, DOU 7.7.11)*

§ 2º Para efeito de concessão deste benefício, considera-se pessoa com deficiência aquela que tem impedimentos de longo prazo de natureza física, mental, intelectual ou sensorial, os quais, em interação com diversas barreiras, podem obstruir sua participação plena e efetiva na sociedade em igualdade de condições com as demais pessoas. *(Redação dada pela Lei n. 12.470, de 31.8.11, DOU 1.9.11)*

§ 3º Considera-se incapaz de prover a manutenção da pessoa com deficiência ou idosa a família cuja renda mensal *per capita* seja inferior a 1/4 (um quarto) do salário-mínimo. *(Redação dada pela Lei n. 12.435, de 6.7.11, DOU 7.7.11)*

§ 4º O benefício de que trata este artigo não pode ser acumulado pelo beneficiário com qualquer outro no âmbito da seguridade social ou de outro regime, salvo os da assistência médica e da pensão especial de natureza indenizatória. *(Redação dada pela Lei n. 12.435, de 6.7.11, DOU 7.7.11)*

§ 5º A condição de acolhimento em instituições de longa permanência não prejudica o direito do idoso ou da pessoa com deficiência ao benefício de prestação continuada. *(Redação dada pela Lei n. 12.435, de 6.7.11, DOU 7.7.11)*

§ 6º A concessão do benefício ficará sujeita à avaliação da deficiência e do grau de impedimento de que trata o § 2º, composta por avaliação médica e avaliação social realizadas por médicos peritos e por assistentes sociais do Instituto Nacional de Seguro Social — INSS. *(Redação dada pela Lei n. 12.470, de 31.8.11, DOU 1.9.11)*

§ 7º Na hipótese de não existirem serviços no município de residência do beneficiário, fica assegurado, na forma prevista em regulamento, o seu encaminhamento ao município mais próximo que contar com tal estrutura. *(Acrescentado pela Lei n. 9.720, de 30.11.98, DOU 1.12.98)*

§ 8º A renda familiar mensal a que se refere o § 3º deverá ser declarada pelo requerente ou seu representante legal, sujeitando-se aos demais procedimentos previstos no regulamento para o deferimento do pedido. *(Acrescentado pela Lei n. 9.720, de 30.11.98, DOU 1.12.98)*

§ 9º A remuneração da pessoa com deficiência na condição de aprendiz não será considerada para fins do cálculo a que se refere o § 3º deste artigo. *(Acrescentado pela Lei n. 12.470, de 31.8.11, DOU 1.9.11)*

§ 10. Considera-se impedimento de longo prazo, para os fins do § 2º deste artigo, aquele que produza efeitos pelo prazo mínimo de 2 (dois) anos. *(Acrescentado pela Lei n. 12.470, de 31.8.11, DOU 1.9.11)*

Art. 21. O benefício de prestação continuada deve ser revisto a cada 2 (dois) anos para avaliação da continuidade das condições que lhe deram origem. *(Vide Lei n. 9.720, de 30.11.98)*

§ 1º O pagamento do benefício cessa no momento em que forem superadas as condições referidas no caput, ou em caso de morte do beneficiário.

§ 2º O benefício será cancelado quando se constatar irregularidade na sua concessão ou utilização.

§ 3º O desenvolvimento das capacidades cognitivas, motoras ou educacionais e a realização de atividades não remuneradas de habilitação e reabilitação, entre outras, não constituem motivo de suspensão ou cessação do benefício da pessoa com deficiência. *(Acrescentado pela Lei n. 12.435, de 6.7.11, DOU 7.7.11)*

§ 4º A cessação do benefício de prestação continuada concedido à pessoa com deficiência não impede nova concessão do benefício, desde que atendidos os requisitos definidos em regulamento. *(Redação dada pela Lei n. 12.470, de 31.8.11, DOU 1.9.11)*

Art. 21-A. O benefício de prestação continuada será suspenso pelo órgão concedente quando a pessoa com deficiência exercer atividade remunerada, inclusive na condição de microempreendedor individual. *(Acrescentado pela Lei n. 12.470, de 31.8.11, DOU 1.9.11)*

§ 1º Extinta a relação trabalhista ou a atividade empreendedora de que trata o *caput* deste artigo e, quando for o caso, encerrado o prazo de pagamento do seguro-desemprego e não tendo o beneficiário adquirido direito a qualquer benefício previdenciário, poderá ser requerida a continuidade do pagamento do benefício suspenso, sem necessidade de realização de perícia médica ou reavaliação da deficiência e do grau de incapacidade para esse fim, respeitado o período de revisão previsto no *caput* do art. 21. *(Acrescentado pela Lei n. 12.470, de 31.8.11, DOU 1.9.11)*

§ 2º A contratação de pessoa com deficiência como aprendiz não acarreta a suspensão do benefício de prestação continuada, limitado a 2 (dois) anos o recebimento concomitante da remuneração e do benefício. *(Acrescentado pela Lei n. 12.470, de 31.8.11, DOU 1.9.11)*

SEÇÃO II
Dos Benefícios Eventuais

Art. 22. Entendem-se por benefícios eventuais as provisões suplementares e provisórias que integram organicamente as garantias do Suas e são prestadas aos cidadãos e às famílias em virtude de nascimento, morte, situações de vulnerabilidade temporária e de calamidade pública. *(Redação dada pela Lei n. 12.435, de 6.7.11, DOU 7.7.11)*

§ 1º A concessão e o valor dos benefícios de que trata este artigo serão definidos pelos Estados, Distrito Federal e Municípios e previstos nas respectivas leis orçamentárias anuais, com base em critérios e prazos definidos pelos respectivos Conselhos de Assistência Social. *(Redação dada pela Lei n. 12.435, de 6.7.11, DOU 7.7.11)*

§ 2º O CNAS, ouvidas as respectivas representações de Estados e Municípios dele participantes, poderá propor, na medida das disponibilidades orçamentárias das 3 (três) esferas de governo, a instituição de benefícios subsidiários no valor de até 25% (vinte e cinco por cento) do salário-mínimo para cada criança de até 6 (seis) anos de idade. *(Redação dada pela Lei n. 12.435, de 6.7.11, DOU 7.7.11)*

§ 3º Os benefícios eventuais subsidiários não poderão ser cumulados com aqueles instituídos pelas Leis n. 10.954, de 29 de setembro de 2004, e n. 10.458, de 14 de maio de 2002. *(Redação dada pela Lei n. 12.435, de 6.7.11, DOU 7.7.11)*

SEÇÃO III
Dos Serviços

Art. 23. Entendem-se por serviços socioassistenciais as atividades continuadas que visem à melhoria de vida da população e cujas ações, voltadas para as necessidades básicas, observem os objetivos, princípios e diretrizes estabelecidos nesta Lei. *(Redação dada pela Lei n. 12.435, de 2011)*

§ 1º O regulamento instituirá os serviços socioassistenciais. *(Acrescentado pela Lei n. 12.435, de 6.7.11, DOU 7.7.11)*

§ 2º Na organização dos serviços da assistência social serão criados programas de amparo, entre outros: *(Acrescentado pela Lei n. 12.435, de 2011)*

I — às crianças e adolescentes em situação de risco pessoal e social, em cumprimento ao disposto no art. 227 da Constituição Federal e na Lei n. 8.069, de 13 de julho de 1990 (Estatuto da Criança e do Adolescente); *(Acrescentado pela Lei n. 12.435, de 6.7.11, DOU 7.7.11)*

II — às pessoas que vivem em situação de rua. *(Acrescentado pela Lei n. 12.435, de 6.7.11, DOU 7.7.11)*

SEÇÃO IV
Dos Programas de Assistência Social

Art. 24. Os programas de assistência social compreendem ações integradas e complementares com objetivos, tempo e área de abrangência definidos para qualificar, incentivar e melhorar os benefícios e os serviços assistenciais.

§ 1º Os programas de que trata este artigo serão definidos pelos respectivos Conselhos de Assistência Social, obedecidos os objetivos e princípios que regem esta lei, com prioridade para a inserção profissional e social.

§ 2º Os programas voltados para o idoso e a integração da pessoa com deficiência serão devidamente articulados com o benefício de prestação continuada estabelecido no art. 20 desta Lei. *(Redação dada pela Lei n. 12.435, de 6.7.11, DOU 7.7.11)*

Art. 24-A. Fica instituído o Serviço de Proteção e Atendimento Integral à Família (Paif), que integra a proteção social básica e consiste na oferta de ações e serviços socioassistenciais de prestação continuada, nos Cras, por meio do trabalho social com famílias em situação de vulnerabilidade social, com o objetivo de prevenir o rompimento dos vínculos familiares e a violência no âmbito de suas relações, garantindo o direito à convivência familiar e comunitária. *(Acrescentado pela Lei n. 12.435, de 6.7.11, DOU 7.7.11)*

PARÁGRAFO ÚNICO. Regulamento definirá as diretrizes e os procedimentos do Paif. *(Acrescentado pela Lei n. 12.435, de 6.7.11, DOU 7.7.11)*

Art. 24-B. Fica instituído o Serviço de Proteção e Atendimento Especializado a Famílias e Indivíduos (Paefi), que integra a proteção social especial e consiste no apoio, orientação e acompanhamento a famílias e indivíduos em situação de ameaça ou violação de direitos, articulando os serviços socioassistenciais com as diversas políticas públicas e com órgãos do sistema de garantia de direitos. *(Acrescentado pela Lei n. 12.435, de 6.7.11, DOU 7.7.11)*

PARÁGRAFO ÚNICO. Regulamento definirá as diretrizes e os procedimentos do Paefi. *(Acrescentado pela Lei n. 12.435, de 6.7.11, DOU 7.7.11)*

Art. 24-C. Fica instituído o Programa de Erradicação do Trabalho Infantil (Peti), de caráter intersetorial, integrante da Política Nacional de Assistência Social, que, no âmbito do Suas, compreende transferências de renda, trabalho social com famílias e oferta de serviços socioeducativos para crianças e adolescentes que se encontrem em situação de trabalho. *(Acrescentado pela Lei n. 12.435, de 6.7.11, DOU 7.7.11)*

§ 1º O Peti tem abrangência nacional e será desenvolvido de forma articulada pelos entes federados, com a participação da sociedade civil, e tem como objetivo contribuir para a retirada de crianças e adolescentes com idade inferior a 16 (dezesseis) anos em situação de trabalho, ressalvada a condição de aprendiz, a partir de 14 (quatorze) anos. *(Acrescentado pela Lei n. 12.435, de 6.7.11, DOU 7.7.11)*

§ 2º As crianças e os adolescentes em situação de trabalho deverão ser identificados e ter os seus dados inseridos no Cadastro Único para Programas Sociais do Governo Federal (CadÚnico), com a devida identificação das situações de trabalho infantil. *(Acrescentado pela Lei n. 12.435, de 6.7.11, DOU 7.7.11)*

SEÇÃO V

Dos Projetos de Enfrentamento da Pobreza

Art. 25. Os projetos de enfrentamento da pobreza compreendem a instituição de investimento econômico-social nos grupos populares, buscando subsidiar, financeira e tecnicamente, iniciativas que lhes garantam meios, capacidade produtiva e de gestão para melhoria das condições gerais de subsistência, elevação do padrão da qualidade de vida, a preservação do meio-ambiente e sua organização social.

Art. 26. O incentivo a projetos de enfrentamento da pobreza assentar-se-á em mecanismos de articulação e de participação de diferentes áreas governamentais e em sistema de cooperação entre organismos governamentais, não governamentais e da sociedade civil.

....

CAPÍTULO VI

Das Disposições Gerais e Transitórias

....

Art. 40. Com a implantação dos benefícios previstos nos arts. 20 e 22 desta lei, extinguem-se a renda mensal vitalícia, o auxílio-natalidade e o auxílio-funeral existentes no âmbito da Previdência Social, conforme o disposto na Lei n. 8.213, de 24 de julho de 1991.

§1º A transferência dos beneficiários do sistema previdenciário para a assistência social deve ser estabelecida de forma que o atendimento à população não sofra solução de continuidade. *(Redação dada pela Lei n. 9.711, de 20.11.1998)*

§2º É assegurado ao maior de setenta anos e ao inválido o direito de requerer a renda mensal vitalícia junto ao INSS até 31 de dezembro de 1995, desde que atenda, alternativamente, aos requisitos estabelecidos nos incisos I, II ou III do §1º do art. 139 da Lei n.8.213, de 24 de julho de 1991. *(Redação dada pela Lei n. 9.711, de 20.11.1998)*

Art. 40-A. Os benefícios monetários decorrentes do disposto nos arts. 22, 24-C e 25 desta Lei serão pagos preferencialmente à mulher responsável pela unidade familiar, quando cabível. *(Acrescentado pela Lei n. 13.014, de 21.6.14, DOU 22.7.14)*

Art. 41. Esta lei entra em vigor na data da sua publicação.

Art. 42. Revogam-se as disposições em contrário.

Brasília, 7 de dezembro de 1993, 172º da Independência e 105º da República.

Itamar Franco

Legislação Complementar

LEI N. 11.340, DE 7 DE AGOSTO DE 2006

(DOU 8.8.06)

CRIA MECANISMOS PARA COIBIR A VIOLÊNCIA DOMÉSTICA E FAMILIAR CONTRA A MULHER, NOS TERMOS DO § 8º DO ART. 226 DA CONSTITUIÇÃO FEDERAL, DA CONVENÇÃO SOBRE A ELIMINAÇÃO DE TODAS AS FORMAS DE DISCRIMINAÇÃO CONTRA AS MULHERES E DA CONVENÇÃO INTERAMERICANA PARA PREVENIR, PUNIR E ERRADICAR A VIOLÊNCIA CONTRA A MULHER; DISPÕE SOBRE A CRIAÇÃO DOS JUIZADOS DE VIOLÊNCIA DOMÉSTICA E FAMILIAR CONTRA A MULHER; ALTERA O CÓDIGO DE PROCESSO PENAL, O CÓDIGO PENAL E A LEI DE EXECUÇÃO PENAL E DÁ OUTRAS PROVIDÊNCIAS

TÍTULO I

DISPOSIÇÕES PRELIMINARES

Art. 1º. Esta Lei cria mecanismos para coibir e prevenir a violência doméstica e familiar contra a mulher, nos termos do § 8º do art. 226 da Constituição Federal, da Convenção sobre a Eliminação de Todas as Formas de Violência contra a Mulher, da Convenção Interamericana para Prevenir, Punir e Erradicar a Violência contra a Mulher e de outros tratados internacionais ratificados pela República Federativa do Brasil; dispõe sobre a criação dos Juizados de Violência Doméstica e Familiar contra a Mulher; e estabelece medidas de assistência e proteção às mulheres em situação de violência doméstica e familiar.

Art. 2º. Toda mulher, independentemente de classe, raça, etnia, orientação sexual, renda, cultura, nível educacional, idade e religião, goza dos direitos fundamentais inerentes à pessoa humana, sendo-lhe asseguradas as oportunidades e facilidades para viver sem violência, preservar sua saúde física e mental e seu aperfeiçoamento moral, intelectual e social.

Art. 3º. Serão asseguradas às mulheres as condições para o exercício efetivo dos direitos à vida, à segurança, à saúde, à alimentação, à educação, à cultura, à moradia, ao acesso à justiça, ao esporte, ao lazer, ao trabalho, à cidadania, à liberdade, à dignidade, ao respeito e à convivência familiar e comunitária.

§ 1º O poder público desenvolverá políticas que visem garantir os direitos humanos das mulheres no âmbito das relações domésticas e familiares no sentido de resguardá-las de toda forma de negligência, discriminação, exploração, violência, crueldade e opressão.

§ 2º Cabe à família, à sociedade e ao poder público criar as condições necessárias para o efetivo exercício dos direitos enunciados no *caput*.

....

Art. 7º. São formas de violência doméstica e familiar contra a mulher, entre outras:

I — a violência física, entendida como qualquer conduta que ofenda sua integridade ou saúde corporal;

II — a violência psicológica, entendida como qualquer conduta que lhe cause dano emocional e diminuição da autoestima ou que lhe prejudique e perturbe o pleno desenvolvimento ou que vise degradar ou controlar suas ações, comportamentos, crenças e decisões, mediante ameaça, constrangimento, humilhação, manipulação, isolamento, vigilância constante, perseguição contumaz, insulto, chantagem, ridicularização, exploração e limitação do direito de ir e vir ou qualquer outro meio que lhe cause prejuízo à saúde psicológica e à autodeterminação;

III — a violência sexual, entendida como qualquer conduta que a constranja a presenciar, a manter ou a participar de relação sexual não desejada, mediante intimidação, ameaça, coação ou uso da força; que a induza a comercializar ou a utilizar, de qualquer modo, a sua sexualidade, que a impeça de usar qualquer método contraceptivo ou que a force ao matrimônio, à gravidez, ao aborto ou à prostituição, mediante coação, chantagem, suborno ou manipulação; ou que limite ou anule o exercício de seus direitos sexuais e reprodutivos;

IV — a violência patrimonial, entendida como qualquer conduta que configure retenção, subtração, destruição parcial ou total de seus objetos, instrumentos de trabalho, documentos pessoais, bens, valores e direitos ou recursos econômicos, incluindo os destinados a satisfazer suas necessidades;

V — a violência moral, entendida como qualquer conduta que configure calúnia, difamação ou injúria.

....

CAPÍTULO II

DA ASSISTÊNCIA À MULHER EM SITUAÇÃO DE VIOLÊNCIA DOMÉSTICA E FAMILIAR

Art. 9º. A assistência à mulher em situação de violência doméstica e familiar será prestada de forma articulada e conforme os princípios e as diretrizes previstos na Lei Orgânica da Assistência Social, no Sistema Único de Saúde, no Sistema Único de Segurança Pública, entre outras normas e políticas públicas de proteção, e emergencialmente quando for o caso.

....

§ 2º O juiz assegurará à mulher em situação de violência doméstica e familiar, para preservar sua integridade física e psicológica:

....

II — manutenção do vínculo trabalhista, quando necessário o afastamento do local de trabalho, por até seis meses.

....

DECRETO N. 8.086, DE 30 DE AGOSTO DE 2013

(DOU 30.8.2013)

INSTITUI O PROGRAMA MULHER — VIVER SEM VIOLÊNCIA E DÁ OUTRAS PROVIDÊNCIAS

A PRESIDENTA DA REPÚBLICA, no uso da atribuição que lhe confere o art. 84, *caput*, inciso VI, alínea "a", da Constituição,

DECRETA:

Art. 1º. Fica instituído o Programa Mulher: Viver sem Violência, que objetiva integrar e ampliar os serviços públicos existentes voltados às mulheres em situação de violência, mediante a articulação dos atendimentos especializados no âmbito da saúde, da justiça, da rede socioassistencial e da promoção da autonomia financeira.

§ 1º O Programa integra a Política Nacional de Enfrentamento à Violência contra as Mulheres e as ações de implementação do Pacto Nacional pelo Enfrentamento à Violência contra as Mulheres.

§ 2º A coordenação do Programa será de responsabilidade da Secretaria de Políticas para as Mulheres da Presidência da República.

§ 3º A ampliação e a integração dos serviços de que trata o *caput* deverá ser acompanhada da qualificação e da humanização do atendimento às mulheres em situação de violência.

Art. 2º. São diretrizes do Programa Mulher: Viver sem Violência:

I — integração dos serviços oferecidos às mulheres em situação de violência;

II — transversalidade de gênero nas políticas públicas;

III — corresponsabilidade entre os entes federados;

IV — fomento à autonomia das mulheres e à garantia da igualdade de direitos entre mulheres e homens;

V — atendimento humanizado e integral à mulher em situação de violência, observado o respeito aos princípios da dignidade da pessoa humana, da não discriminação e da não revitimização;

VI — disponibilização de transporte à mulher em situação de violência para o acesso aos serviços, quando não integrados, da rede especializada de atendimento;

VII — garantia e promoção de direitos das mulheres em situação de violência, em especial do acesso à justiça;

VIII — os eixos estruturantes do Pacto Nacional pelo Enfrentamento à Violência contra as Mulheres; e

IX — as diretrizes da Política Nacional de Enfrentamento à Violência contra as Mulheres.

Art. 3º. O Programa Mulher: Viver sem Violência será desenvolvido, principalmente, por meio das seguintes ações:

I — implementação das Casas da Mulher Brasileira, que consistem em espaços públicos onde se concentrarão os principais serviços especializados e multidisciplinares de atendimento às mulheres em situação de violência;

II — ampliação da Central de Atendimento à Mulher — Ligue 180;

III — organização, integração e humanização do atendimento às vitimas de violência sexual;

IV — ampliação dos Centros de Atendimento às Mulheres nas Regiões de Fronteiras Secas, que consistem em serviços especializados de atendimento às mulheres nos casos de violência de gênero, incluídos o tráfico de mulheres e as situações de vulnerabilidades provenientes do fenômeno migratório; e

V — promoção de campanhas continuadas de conscientização do enfrentamento à violência contra a mulher.

§ 1º Mediante articulação com órgãos e entidades públicas da União, dos Estados, do Distrito Federal e dos Municípios e com entidades do terceiro setor, as Casas da Mulher Brasileira e os Centros de Atendimento às Mulheres nas Regiões de Fronteiras Secas poderão contar com:

I — serviços de atendimento psicossocial;

II — alojamento de passagem;

III — orientação e direcionamento para programas de auxílio e promoção da autonomia econômica, de geração de trabalho, emprego e renda;

IV — integração com os serviços da rede de saúde e socioassistencial; e

V — a presença de órgãos públicos voltados para as mulheres, como as Delegacias Especializadas de Atendimento à Mulher, os Juizados e Varas Especializados de Violência Doméstica e Familiar contra a Mulher, as Promotorias Públicas Especializadas da Mulher e as Defensorias Públicas Especializadas da Mulher.

§ 2º As Casas da Mulher Brasileira e os Centros de Atendimento às Mulheres nas Regiões de Fronteiras Secas poderão ser mantidos pelos Estados, Distrito Federal e Municípios, com o apoio das instituições parceiras e da Secretaria de Políticas para as Mulheres da Presidência da República.

Art. 4º. Compete à Secretaria de Políticas para as Mulheres da Presidência da República:

I — coordenar a implantação e execução do Programa;

II — coordenar a execução das ações de que trata o art. 3º;

III — construir e equipar as Casas da Mulher Brasileira;

IV - promover a capacitação das equipes dos Centros de Atendimento à Mulher nas Regiões de Fronteiras Secas e das Casas da Mulher Brasileira nos temas referentes às relações sociais de gênero;

V — promover a articulação com os órgãos e entidades referidos nos §§ 1º e 2º do art. 3º, com o objetivo de assegurar a implementação e o cumprimento das metas do Programa;

VI — elaborar e divulgar os protocolos de atendimento, as normas técnicas e a padronização de atendimento das Casas da Mulher Brasileira e dos Centros de Atendimento às Mulheres nas Regiões de Fronteira Secas, com apoio dos órgãos e entidades participantes e colaboradores;

VII — apoiar, técnica e financeiramente, os entes federados na manutenção das Casas da Mulher Brasileira e dos Centros de Atendimento às Mulheres nas Regiões de Fronteira Secas; e

VIII — promover encontros dos Centros de Atendimento às Mulheres nas Regiões de Fronteiras Secas e das Casas da Mulher Brasileira com o objetivo de avaliar a implementação e execução do Programa.

Parágrafo único. A Secretaria de Políticas para as Mulheres da Presidência da República poderá convidar para participar da implementação do Programa outros órgãos e entidades públicos e privados, como o Conselho Nacional de Justiça, o Conselho Nacional do Ministério Público e o Conselho Nacional de Defensores Públicos-Gerais.

Art. 5º. Os Ministérios da Justiça, da Saúde, do Desenvolvimento Social e Combate à Fome e do Trabalho e Emprego atuarão de forma conjunta para a implementação do Programa com a Secretaria de Políticas para as Mulheres da Presidência da República.

Art. 6º. A Secretaria de Políticas para as Mulheres da Presidência da República poderá expedir atos complementares para a coordenação e gestão do Programa Mulher: Viver sem Violência.

Art. 7º. Este Decreto entra em vigor na data de sua publicação.

Brasília, 30 de agosto de 2013; 192º da Independência e 125º da República.

Dilma Rousseff
Márcia Pelegrini
Alexandre Rocha Santos Padilha
Miriam Belchior
Eleonora Menicucci de Oliveira

LEI N. 11.770, DE 9 DE SETEMBRO DE 2008

CRIA O PROGRAMA EMPRESA CIDADÃ, DESTINADO À PRORROGAÇÃO DA LICENÇA-MATERNIDADE MEDIANTE CONCESSÃO DE INCENTIVO FISCAL, E ALTERA A LEI N. 8.212, DE 24 DE JULHO DE 1991

O PRESIDENTE DA REPÚBLICA,

Faço saber que o Congresso Nacional decreta e eu sanciono a seguinte Lei:

Art. 1º É instituído o Programa Empresa Cidadã, destinado a prorrogar por 60 (sessenta) dias a duração da licença-maternidade prevista no inciso XVIII do *caput* do art. 7º da Constituição Federal.

§ 1º A prorrogação será garantida à empregada da pessoa jurídica que aderir ao Programa, desde que a empregada a requeira até o final do primeiro mês após o parto, e concedida imediatamente após a fruição da licença-maternidade de que trata o inciso XVIII do *caput* do art. 7º da Constituição Federal.

§ 2º A prorrogação será garantida, na mesma proporção, também à empregada que adotar ou obtiver guarda judicial para fins de adoção de criança.

Art. 2º É a administração pública, direta, indireta e fundacional, autorizada a instituir programa que garanta prorrogação da licença-maternidade para suas servidoras, nos termos do que prevê o art. 1º desta Lei.

Art. 3º Durante o período de prorrogação da licença-maternidade, a empregada terá direito à sua remuneração integral, nos mesmos moldes devidos no período de percepção do salário-maternidade pago pelo regime geral de previdência social.

Art. 4º No período de prorrogação da licença-maternidade de que trata esta Lei, a empregada não poderá exercer qualquer atividade remunerada e a criança não poderá ser mantida em creche ou organização similar.

PARÁGRAFO ÚNICO. Em caso de descumprimento do disposto no caput deste artigo, a empregada perderá o direito à prorrogação.

Art. 5º A pessoa jurídica tributada com base no lucro real poderá deduzir do imposto devido, em cada período de apuração, o total da remuneração integral da empregada pago nos 60 (sessenta) dias de prorrogação de sua licença-maternidade, vedada a dedução como despesa operacional.

PARÁGRAFO ÚNICO. (VETADO)

Art. 6º (VETADO)

Art. 7º O Poder Executivo, com vistas no cumprimento do disposto no inciso II do *caput* do art. 5º e nos arts. 12 e 14 da Lei Complementar n. 101, de 4 de maio de 2000, estimará o montante da renúncia fiscal decorrente do disposto nesta Lei e o incluirá no demonstrativo a que se refere o § 6º do art. 165 da Constituição Federal, que acompanhará o projeto de lei orçamentária cuja apresentação se der após decorridos 60 (sessenta) dias da publicação desta Lei.

Art. 8º Esta Lei entra em vigor na data de sua publicação, produzindo efeitos a partir do primeiro dia do exercício subsequente àquele em que for implementado o disposto no seu art. 7º.

Brasília, 9 de setembro de 2008; 187º da Independência e 120º da República.

Luiz Inácio Lula da Silva

Guido Mantega

Carlos Lupi

José Pimentel

LEI COMPLEMENTAR N. 146, DE 25 DE JUNHO DE 2014

(DOU 26.6.14, ED. EXTRA)

ESTENDE A ESTABILIDADE PROVISÓRIA PREVISTA NA ALÍNEA *B* DO INCISO II DO ART. 10 DO ATO DAS DISPOSIÇÕES CONSTITUCIONAIS TRANSITÓRIAS À TRABALHADORA GESTANTE, NOS CASOS DE MORTE DESTA, A QUEM DETIVER A GUARDA DE SEU FILHO

A PRESIDENTA DA REPÚBLICA

Faço saber que o Congresso Nacional decreta e eu sanciono a seguinte Lei Complementar:

Art. 1º O direito prescrito na alínea *b* do inciso II do art. 10 do Ato das Disposições Constitucionais Transitórias, nos casos em que ocorrer o falecimento da genitora, será assegurado a quem detiver a guarda do seu filho.

Art. 2º Esta Lei Complementar entra em vigor na data de sua publicação.

Brasília, 25 de junho de 2014; 193º da Independência e 126º da República.

Dilma Rousseff

José Eduardo Cardozo

DECRETO N. 7.052, DE 23 DE DEZEMBRO DE 2009

(DOU 24.12.09)

REGULAMENTA A LEI N. 11.770, DE 9 DE SETEMBRO DE 2008, QUE CRIA O PROGRAMA EMPRESA CIDADÃ, DESTINADO À PRORROGAÇÃO DA LICENÇA-MATERNIDADE, NO TOCANTE A EMPREGADAS DE PESSOAS JURÍDICAS

O PRESIDENTE DA REPÚBLICA, no uso da atribuição que lhe confere o art. 84, inciso IV, da Constituição, e tendo em vista o disposto na Lei n. 11.770, de 9 de setembro de 2008,

DECRETA:

Art. 1º Fica instituído o Programa Empresa Cidadã, destinado a prorrogar por sessenta dias a duração da licença-maternidade prevista no inciso XVIII do *caput* do art. 7º da Constituição e o correspondente período do salário-maternidade de que trata os arts. 71 e 71-A da Lei n. 8.213, de 24 de julho de 1991.

§ 1º Será beneficiada pelo Programa Empresa Cidadã a empregada da pessoa jurídica que aderir ao Programa, desde que a empregada requeira a prorrogação do salário-maternidade até o final do primeiro mês após o parto.

§ 2º A prorrogação a que se refere o § 1º iniciar-se-á no dia subsequente ao término da vigência do benefício de que tratam os arts. 71 e 71-A da Lei n. 8.213, de 1991.

§ 3º A prorrogação de que trata este artigo será devida, inclusive, no caso de parto antecipado.

Art. 2º O disposto no art. 1º aplica-se à empregada de pessoa jurídica que adotar ou obtiver guarda judicial para fins de adoção de criança, pelos seguintes períodos:

I — por sessenta dias, quando se tratar de criança de até um ano de idade;

II — por trinta dias, quando se tratar de criança a partir de um ano até quatro anos de idade completos; e

III — por quinze dias, quando se tratar de criança a partir de quatro anos até completar oito anos de idade.

Art. 3º As pessoas jurídicas poderão aderir ao Programa Empresa Cidadã, mediante requerimento dirigido à Secretaria da Receita Federal do Brasil.

Art. 4º Observadas as normas complementares a serem editadas pela Secretaria da Receita Federal do Brasil, a pessoa jurídica tributada com base no lucro real poderá deduzir do imposto devido, em cada período de apuração, o total da remuneração da empregada pago no período de prorrogação de sua licença-maternidade, vedada a dedução como despesa operacional.

PARÁGRAFO ÚNICO. A dedução de que trata o *caput* fica limitada ao valor do imposto devido em cada período de apuração.

Art. 5º No período de licença-maternidade e licença à adotante de que trata este Decreto, a empregada não poderá exercer qualquer atividade remunerada, salvo nos casos de contrato de trabalho simultâneo firmado previamente, e a criança não poderá ser mantida em creche ou organização similar.

PARÁGRAFO ÚNICO. Em caso de ocorrência de quaisquer das situações previstas no *caput*, a beneficiária perderá o direito à prorrogação.

Art. 6º A empregada em gozo de salário-maternidade na data de publicação deste Decreto poderá solicitar a prorrogação da licença, desde que requeira no prazo de até trinta dias.

Art. 7º A Secretaria da Receita Federal do Brasil e o Instituto Nacional do Seguro Social — INSS poderão expedir, no âmbito de suas competências, normas complementares para execução deste Decreto.

Art. 8º Este Decreto entra em vigor na data de sua publicação, produzindo efeitos a partir de 1º de janeiro de 2010.

Brasília, 23 de dezembro de 2009; 189º da Independência e 121º da República.

Luiz Inácio Lula da Silva

Guido Mantega

José Pimentel

INSTRUÇÃO NORMATIVA SRFB N. 991, DE 21 DE JANEIRO DE 2010

(DOU 22.1.10)

DISPÕE SOBRE O PROGRAMA EMPRESA CIDADÃ

O SECRETÁRIO DA RECEITA FEDERAL DO BRASIL, no uso da atribuição que lhe confere o inciso III do art. 261 do Regimento Interno da Secretaria da Receita Federal do Brasil, aprovado pela Portaria MF n. 125, de 4 de março de 2009, e tendo em vista o disposto na Lei n. 11.770, de 9 de setembro de 2008, no art. 16 da Lei n. 9.779, de 19 de janeiro de 1999, e no Decreto n. 7.052, de 23 de dezembro de 2009, resolve:

Art. 1º Será beneficiada pelo Programa Empresa Cidadã, instituído pelo Decreto n. 7.052, de 23 de dezembro de 2009, a empregada da pessoa jurídica que aderir ao Programa, desde que a empregada requeira a prorrogação do salário-maternidade até o final do 1º (primeiro) mês após o parto.

§ 1º A prorrogação do salário-maternidade de que trata o *caput*:

I — iniciar-se-á no dia subsequente ao término da vigência do benefício de que tratam os arts. 71 e 71-A da Lei n. 8.213, de 24 de julho de 1991;

II — será devida, inclusive, no caso de parto antecipado.

Art. 2º O disposto no art. 1º também aplica-se à empregada de pessoa jurídica que adotar ou obtiver guarda judicial para fins de adoção de criança, pelos seguintes períodos:

I — por 60 (sessenta) dias, quando se tratar de criança de até 1 (um) ano de idade;

II — por 30 (trinta) dias, quando se tratar de criança a partir de 1 (um) até 4 (quatro) anos de idade completos; e

III — por 15 (quinze) dias, quando se tratar de criança a partir de 4 (quatro) anos até completar 8 (oito) anos de idade.

Art. 3º A pessoa jurídica poderá aderir ao Programa Empresa Cidadã de que trata o art. 1º, mediante Requerimento de Adesão formulado em nome do estabelecimento matriz, pelo responsável perante o Cadastro Nacional da Pessoa Jurídica (CNPJ).

§ 1º O Requerimento de Adesão poderá ser formulado exclusivamente no sítio da Secretaria da Receita Federal do Brasil (RFB) na Internet, no endereço http://www.receita.fazenda.gov.br a partir do dia 25 de janeiro de 2010.

§ 2º Não produzirá efeito o requerimento formalizado por contribuinte que não se enquadre nas condições estabelecidas nesta Instrução Normativa.

§ 3º O acesso ao endereço eletrônico dar-se-á por meio de código de acesso, a ser obtido nos sítios da RFB na Internet, ou mediante certificado digital válido.

§ 4º A pessoa jurídica poderá cancelar sua adesão ao programa de que trata o caput, a qualquer tempo, por meio do sitio da RFB na Internet, no endereço mencionado no § 1º. *(Incluído pela Instrução Normativa RFB n. 1.292, de 20 de setembro de 2012)*

Art. 4º A pessoa jurídica tributada com base no lucro real poderá deduzir do Imposto sobre a Renda da Pessoa Jurídica (IRPJ) devido, em cada período de apuração, o total da remuneração da empregada pago no período de prorrogação de sua licença-maternidade, vedada a dedução como despesa operacional.

§ 1º A dedução de que trata o *caput* fica limitada ao valor do IRPJ devido com base:

I — no lucro real trimestral; ou,

II — no lucro real apurado no ajuste anual.

§ 2º A dedução de que trata o *caput* também se aplica ao IRPJ determinado com base no lucro estimado.

§ 3º O valor deduzido do IRPJ com base no lucro estimado de que trata o § 2º:

I — não será considerado IRPJ pago por estimativa; e

II — deve compor o valor a ser deduzido do IRPJ devido no ajuste anual.

§ 4º O disposto nos incisos I e II do § 3º aplica-se aos casos de despesas da remuneração da empregada pagas no período de prorrogação de sua licença-maternidade, deduzidas do IRPJ devido com base em receita bruta e acréscimos ou com base no resultado apurado em balanço ou balancete de redução. *(Redação dada pela Instrução Normativa RFB n. 1.292, de 20 de setembro de 2012)*

§ 5º Para efeitos do disposto neste artigo, o valor total da remuneração da empregada, pago no período de prorrogação de sua licença-maternidade e registrado na escrituração comercial, deverá ser adicionado ao lucro líquido para fins de apuração do lucro real e da base de cálculo da Contribuição Social sobre o Lucro Líquido (CSLL). *(Redação dada pela Instrução Normativa RFB n. 1.292, de 20 de setembro de 2012)*

Art. 5º A pessoa jurídica tributada com base no lucro real que aderir ao Programa Empresa Cidadã, com o propósito de usufruir da dedução do IRPJ de que trata o art. 4º, deverá comprovar regularidade quanto à quitação de tributos federais e demais créditos inscritos em Dívida Ativa da União (DAU), ao final de cada ano-calendário em que fizer uso do benefício.

§ 1º O disposto no *caput* também se aplica à certificação de não estar inclusa a pessoa jurídica no Cadastro Informativo de Créditos não Quitados do Setor Público Federal (Cadin).

§ 2º A pessoa jurídica deverá manter em seu poder pelo prazo decadencial os comprovantes de regularidade quanto à quitação de tributos federais e demais créditos inscritos em DAU e quanto à certificação de não estar inclusa no Cadin.

Art. 6º No período de licença-maternidade e de licença à adotante de que tratam os arts. 1º e 2º, a empregada não poderá exercer qualquer atividade remunerada, salvo nos casos de contrato de trabalho simultâneo firmado previamente, e a criança não poderá ser mantida em creche ou organização similar.

PARÁGRAFO ÚNICO. Em caso de ocorrência de quaisquer das situações previstas no *caput*, a beneficiária perderá o direito à prorrogação.

Art. 7º A empregada em gozo de salário-maternidade na data de publicação do Decreto n. 7.052, de 2009, poderá solicitar a prorrogação da licença-maternidade ou licença à adotante, desde que requeira no prazo de até 30 (trinta) dias.

PARÁGRAFO ÚNICO. A prorrogação da licença de que trata o *caput* produz efeitos a partir de 1º de janeiro de 2010.

Art. 8º Para fazer uso da dedução do IRPJ devido de que trata o art. 4º, a pessoa jurídica que aderir ao Programa Empresa Cidadã fica obrigada a controlar contabilmente os gastos com custeio da prorrogação da licença-maternidade ou da licença à adotante, identificando de forma individualizada os gastos por empregada que requeira a prorrogação.

Art. 9º Esta Instrução Normativa entra em vigor na data de sua publicação.

Otacílio Dantas Cartaxo

LEI N. 12.288, DE 20 DE JULHO DE 2010

(DOU 21.7.10)

INSTITUI O ESTATUTO DA IGUALDADE RACIAL; ALTERA AS LEIS NS. 7.716, DE 5 DE JANEIRO DE 1989, 9.029, DE 13 DE ABRIL DE 1995, 7.347, DE 24 DE JULHO DE 1985, E 10.778, DE 24 DE NOVEMBRO DE 2003

O PRESIDENTE DA REPÚBLICA, faço saber que o Congresso Nacional decreta e eu sanciono a seguinte Lei:

TÍTULO I
DISPOSIÇÕES PRELIMINARES

Art. 1º Esta Lei institui o Estatuto da Igualdade Racial, destinado a garantir à população negra a efetivação da igualdade de oportunidades, a defesa dos direitos étnicos individuais, coletivos e difusos e o combate à discriminação e às demais formas de intolerância étnica.

PARÁGRAFO ÚNICO. Para efeito deste Estatuto, considera-se:

I — discriminação racial ou étnico-racial: toda distinção, exclusão, restrição ou preferência baseada em raça, cor, descendência ou origem nacional ou étnica que tenha por objeto anular ou restringir o reconhecimento, gozo ou exercício, em igualdade de condições, de direitos humanos e liberdades fundamentais nos campos político, econômico, social, cultural ou em qualquer outro campo da vida pública ou privada;

II — desigualdade racial: toda situação injustificada de diferenciação de acesso e fruição de bens, serviços e oportunidades, nas esferas pública e privada, em virtude de raça, cor, descendência ou origem nacional ou étnica;

III — desigualdade de gênero e raça: assimetria existente no âmbito da sociedade que acentua a distância social entre mulheres negras e os demais segmentos sociais;

IV — população negra: o conjunto de pessoas que se autodeclaram pretas e pardas, conforme o quesito cor ou raça usado pela Fundação Instituto Brasileiro de Geografia e Estatística (IBGE), ou que adotam autodefinição análoga;

V — políticas públicas: as ações, iniciativas e programas adotados pelo Estado no cumprimento de suas atribuições institucionais;

VI — ações afirmativas: os programas e medidas especiais adotados pelo Estado e pela iniciativa privada para a correção das desigualdades raciais e para a promoção da igualdade de oportunidades.

Art. 2º É dever do Estado e da sociedade garantir a igualdade de oportunidades, reconhecendo a todo cidadão brasileiro, independentemente da etnia ou da cor da pele, o direito à participação na comunidade, especialmente nas atividades políticas, econômicas, empresariais, educacionais, culturais e esportivas, defendendo sua dignidade e seus valores religiosos e culturais.

Art. 3º Além das normas constitucionais relativas aos princípios fundamentais, aos direitos e garantias fundamentais e aos direitos sociais, econômicos e culturais, o Estatuto da Igualdade Racial adota como diretriz político-jurídica a inclusão das vítimas de desigualdade étnico-racial, a valorização da igualdade étnica e o fortalecimento da identidade nacional brasileira.

Art. 4º A participação da população negra, em condição de igualdade de oportunidade, na vida econômica, social, política e cultural do País será promovida, prioritariamente, por meio de:

I — inclusão nas políticas públicas de desenvolvimento econômico e social;

II — adoção de medidas, programas e políticas de ação afirmativa;

III — modificação das estruturas institucionais do Estado para o adequado enfrentamento e a superação das desigualdades étnicas decorrentes do preconceito e da discriminação étnica;

IV — promoção de ajustes normativos para aperfeiçoar o combate à discriminação étnica e às desigualdades étnicas em todas as suas manifestações individuais, institucionais e estruturais;

V — eliminação dos obstáculos históricos, socioculturais e institucionais que impedem a representação da diversidade étnica nas esferas pública e privada;

VI — estímulo, apoio e fortalecimento de iniciativas oriundas da sociedade civil direcionadas à promoção da igualdade de oportunidades e ao combate às desigualdades étnicas, inclusive mediante a implementação de incentivos e critérios de condicionamento e prioridade no acesso aos recursos públicos;

VII — implementação de programas de ação afirmativa destinados ao enfrentamento das desigualdades étnicas no tocante à educação, cultura, esporte e lazer, saúde, segurança, trabalho, moradia, meios de comunicação de massa, financiamentos públicos, acesso à terra, à Justiça, e outros.

PARÁGRAFO ÚNICO. Os programas de ação afirmativa constituir-se-ão em políticas públicas destinadas a reparar as distorções e desigualdades sociais e demais práticas discriminatórias adotadas, nas esferas pública e privada, durante o processo de formação social do País.

Art. 5º Para a consecução dos objetivos desta Lei, é instituído o Sistema Nacional de Promoção da Igualdade Racial (Sinapir), conforme estabelecido no Título III.

TÍTULO II
DOS DIREITOS FUNDAMENTAIS

CAPÍTULO I
DO DIREITO À SAÚDE

Art. 6º O direito à saúde da população negra será garantido pelo poder público mediante políticas universais, sociais e econômicas destinadas à redução do risco de doenças e de outros agravos.

§ 1º O acesso universal e igualitário ao Sistema Único de Saúde (SUS) para promoção, proteção e recuperação da saúde da população negra será de responsabilidade dos órgãos e instituições públicas federais, estaduais, distritais e municipais, da administração direta e indireta.

§ 2º O poder público garantirá que o segmento da população negra vinculado aos seguros privados de saúde seja tratado sem discriminação.

Legislação Complementar

Art. 7º O conjunto de ações de saúde voltadas à população negra constitui a Política Nacional de Saúde Integral da População Negra, organizada de acordo com as diretrizes abaixo especificadas:

I — ampliação e fortalecimento da participação de lideranças dos movimentos sociais em defesa da saúde da população negra nas instâncias de participação e controle social do SUS;

II — produção de conhecimento científico e tecnológico em saúde da população negra;

III — desenvolvimento de processos de informação, comunicação e educação para contribuir com a redução das vulnerabilidades da população negra.

Art. 8º Constituem objetivos da Política Nacional de Saúde Integral da População Negra:

I — a promoção da saúde integral da população negra, priorizando a redução das desigualdades étnicas e o combate à discriminação nas instituições e serviços do SUS;

II — a melhoria da qualidade dos sistemas de informação do SUS no que tange à coleta, ao processamento e à análise dos dados desagregados por cor, etnia e gênero;

III — o fomento à realização de estudos e pesquisas sobre racismo e saúde da população negra;

IV — a inclusão do conteúdo da saúde da população negra nos processos de formação e educação permanente dos trabalhadores da saúde;

V — a inclusão da temática saúde da população negra nos processos de formação política das lideranças de movimentos sociais para o exercício da participação e controle social no SUS.

PARÁGRAFO ÚNICO. Os moradores das comunidades de remanescentes de quilombos serão beneficiários de incentivos específicos para a garantia do direito à saúde, incluindo melhorias nas condições ambientais, no saneamento básico, na segurança alimentar e nutricional e na atenção integral à saúde.

CAPÍTULO II
DO DIREITO À EDUCAÇÃO, À CULTURA, AO ESPORTE E AO LAZER

Seção I
DISPOSIÇÕES GERAIS

Art. 9º A população negra tem direito a participar de atividades educacionais, culturais, esportivas e de lazer adequadas a seus interesses e condições, de modo a contribuir para o patrimônio cultural de sua comunidade e da sociedade brasileira.

Art. 10. Para o cumprimento do disposto no art. 9º, os governos federal, estaduais, distrital e municipais adotarão as seguintes providências:

I — promoção de ações para viabilizar e ampliar o acesso da população negra ao ensino gratuito e às atividades esportivas e de lazer;

II — apoio à iniciativa de entidades que mantenham espaço para promoção social e cultural da população negra;

III — desenvolvimento de campanhas educativas, inclusive nas escolas, para que a solidariedade aos membros da população negra faça parte da cultura de toda a sociedade;

IV — implementação de políticas públicas para o fortalecimento da juventude negra brasileira.

SEÇÃO II
DA EDUCAÇÃO

Art. 11. Nos estabelecimentos de ensino fundamental e de ensino médio, públicos e privados, é obrigatório o estudo da história geral da África e da história da população negra no Brasil, observado o disposto na Lei n. 9.394, de 20 de dezembro de 1996.

§ 1º Os conteúdos referentes à história da população negra no Brasil serão ministrados no âmbito de todo o currículo escolar, resgatando sua contribuição decisiva para o desenvolvimento social, econômico, político e cultural do País.

§ 2º O órgão competente do Poder Executivo fomentará a formação inicial e continuada de professores e a elaboração de material didático específico para o cumprimento do disposto no *caput* deste artigo.

§ 3º Nas datas comemorativas de caráter cívico, os órgãos responsáveis pela educação incentivarão a participação de intelectuais e representantes do movimento negro para debater com os estudantes suas vivências relativas ao tema em comemoração.

Art. 12. Os órgãos federais, distritais e estaduais de fomento à pesquisa e à pós-graduação poderão criar incentivos a pesquisas e a programas de estudo voltados para temas referentes às relações étnicas, aos quilombos e às questões pertinentes à população negra.

Art. 13. O Poder Executivo federal, por meio dos órgãos competentes, incentivará as instituições de ensino superior públicas e privadas, sem prejuízo da legislação em vigor, a:

I — resguardar os princípios da ética em pesquisa e apoiar grupos, núcleos e centros de pesquisa, nos diversos programas de pós-graduação que desenvolvam temáticas de interesse da população negra;

II — incorporar nas matrizes curriculares dos cursos de formação de professores temas que incluam valores concernentes à pluralidade étnica e cultural da sociedade brasileira;

III — desenvolver programas de extensão universitária destinados a aproximar jovens negros de tecnologias avançadas, assegurado o princípio da proporcionalidade de gênero entre os beneficiários;

IV — estabelecer programas de cooperação técnica, nos estabelecimentos de ensino públicos, privados e comunitários, com as escolas de educação infantil, ensino fundamental, ensino médio e ensino técnico, para a formação docente baseada em princípios de equidade, de tolerância e de respeito às diferenças étnicas.

Art. 14. O poder público estimulará e apoiará ações socioeducacionais realizadas por entidades do movimento negro que desenvolvam atividades voltadas para a inclusão social, mediante cooperação técnica, intercâmbios, convênios e incentivos, entre outros mecanismos.

Art. 15. O poder público adotará programas de ação afirmativa.

Art. 16. O Poder Executivo federal, por meio dos órgãos responsáveis pelas políticas de promoção da igualdade e de educação, acompanhará e avaliará os programas de que trata esta Seção.

Seção III

DA CULTURA

Art. 17. O poder público garantirá o reconhecimento das sociedades negras, clubes e outras formas de manifestação coletiva da população negra, com trajetória histórica comprovada, como patrimônio histórico e cultural, nos termos dos arts. 215 e 216 da Constituição Federal.

Art. 18. É assegurado aos remanescentes das comunidades dos quilombos o direito à preservação de seus usos, costumes, tradições e manifestos religiosos, sob a proteção do Estado.

PARÁGRAFO ÚNICO. A preservação dos documentos e dos sítios detentores de reminiscências históricas dos antigos quilombos, tombados nos termos do § 5º do art. 216 da Constituição Federal, receberá especial atenção do poder público.

Art. 19. O poder público incentivará a celebração das personalidades e das datas comemorativas relacionadas à trajetória do samba e de outras manifestações culturais de matriz africana, bem como sua comemoração nas instituições de ensino públicas e privadas.

Art. 20. O poder público garantirá o registro e a proteção da capoeira, em todas as suas modalidades, como bem de natureza imaterial e de formação da identidade cultural brasileira, nos termos do art. 216 da Constituição Federal.

PARÁGRAFO ÚNICO. O poder público buscará garantir, por meio dos atos normativos necessários, a preservação dos elementos formadores tradicionais da capoeira nas suas relações internacionais.

SEÇÃO IV

DO ESPORTE E LAZER

Art. 21. O poder público fomentará o pleno acesso da população negra às práticas desportivas, consolidando o esporte e o lazer como direitos sociais.

Art. 22. A capoeira é reconhecida como desporto de criação nacional, nos termos do art. 217 da Constituição Federal.

§ 1º A atividade de capoeirista será reconhecida em todas as modalidades em que a capoeira se manifesta, seja como esporte, luta, dança ou música, sendo livre o exercício em todo o território nacional.

§ 2º É facultado o ensino da capoeira nas instituições públicas e privadas pelos capoeiristas e mestres tradicionais, pública e formalmente reconhecidos.

CAPÍTULO III

DO DIREITO À LIBERDADE DE CONSCIÊNCIA E DE CRENÇA E AO LIVRE EXERCÍCIO DOS CULTOS RELIGIOSOS

Art. 23. É inviolável a liberdade de consciência e de crença, sendo assegurado o livre exercício dos cultos religiosos e garantida, na forma da lei, a proteção aos locais de culto e a suas liturgias.

Art. 24. O direito à liberdade de consciência e de crença e ao livre exercício dos cultos religiosos de matriz africana compreende:

I — a prática de cultos, a celebração de reuniões relacionadas à religiosidade e a fundação e manutenção, por iniciativa privada, de lugares reservados para tais fins;

II — a celebração de festividades e cerimônias de acordo com preceitos das respectivas religiões;

III — a fundação e a manutenção, por iniciativa privada, de instituições beneficentes ligadas às respectivas convicções religiosas;

IV — a produção, a comercialização, a aquisição e o uso de artigos e materiais religiosos adequados aos costumes e às práticas fundadas na respectiva religiosidade, ressalvadas as condutas vedadas por legislação específica;

V — a produção e a divulgação de publicações relacionadas ao exercício e à difusão das religiões de matriz africana;

VI — a coleta de contribuições financeiras de pessoas naturais e jurídicas de natureza privada para a manutenção das atividades religiosas e sociais das respectivas religiões;

VII — o acesso aos órgãos e aos meios de comunicação para divulgação das respectivas religiões;

VIII — a comunicação ao Ministério Público para abertura de ação penal em face de atitudes e práticas de intolerância religiosa nos meios de comunicação e em quaisquer outros locais.

Art. 25. É assegurada a assistência religiosa aos praticantes de religiões de matrizes africanas internados em hospitais ou em outras instituições de internação coletiva, inclusive àqueles submetidos a pena privativa de liberdade.

Art. 26. O poder público adotará as medidas necessárias para o combate à intolerância com as religiões de matrizes africanas e à discriminação de seus seguidores, especialmente com o objetivo de:

I — coibir a utilização dos meios de comunicação social para a difusão de proposições, imagens ou abordagens que exponham pessoa ou grupo ao ódio ou ao desprezo por motivos fundados na religiosidade de matrizes africanas;

II — inventariar, restaurar e proteger os documentos, obras e outros bens de valor artístico e cultural, os monumentos, mananciais, flora e sítios arqueológicos vinculados às religiões de matrizes africanas;

III — assegurar a participação proporcional de representantes das religiões de matrizes africanas, ao lado da representação das demais religiões, em comissões, conselhos, órgãos e outras instâncias de deliberação vinculadas ao poder público.

CAPÍTULO IV

DO ACESSO À TERRA E À MORADIA ADEQUADA

Seção I

DO ACESSO À TERRA

Art. 27. O poder público elaborará e implementará políticas públicas capazes de promover o acesso da população negra à terra e às atividades produtivas no campo.

Art. 28. Para incentivar o desenvolvimento das atividades produtivas da população negra no campo, o poder público promoverá ações para viabilizar e ampliar o seu acesso ao financiamento agrícola.

Art. 29. Serão assegurados à população negra a assistência técnica rural, a simplificação do acesso ao crédito agrícola e o fortalecimento da infraestrutura de logística para a comercialização da produção.

Art. 30. O poder público promoverá a educação e a orientação profissional agrícola para os trabalhadores negros e as comunidades negras rurais.

Art. 31. Aos remanescentes das comunidades dos quilombos que estejam ocupando suas terras é reconhecida a propriedade definitiva, devendo o Estado emitir-lhes os títulos respectivos.

Art. 32. O Poder Executivo federal elaborará e desenvolverá políticas públicas especiais voltadas para o desenvolvimento sustentável dos remanescentes das comunidades dos quilombos, respeitando as tradições de proteção ambiental das comunidades.

Art. 33. Para fins de política agrícola, os remanescentes das comunidades dos quilombos receberão dos órgãos competentes tratamento especial diferenciado, assistência técnica e linhas especiais de financiamento público, destinados à realização de suas atividades produtivas e de infraestrutura.

Art. 34. Os remanescentes das comunidades dos quilombos se beneficiarão de todas as iniciativas previstas nesta e em outras leis para a promoção da igualdade étnica.

Seção II
DA MORADIA

Art. 35. O poder público garantirá a implementação de políticas públicas para assegurar o direito à moradia adequada da população negra que vive em favelas, cortiços, áreas urbanas subutilizadas, degradadas ou em processo de degradação, a fim de reintegrá-las à dinâmica urbana e promover melhorias no ambiente e na qualidade de vida.

PARÁGRAFO ÚNICO. O direito à moradia adequada, para os efeitos desta Lei, inclui não apenas o provimento habitacional, mas também a garantia da infraestrutura urbana e dos equipamentos comunitários associados à função habitacional, bem como a assistência técnica e jurídica para a construção, a reforma ou a regularização fundiária da habitação em área urbana.

Art. 36. Os programas, projetos e outras ações governamentais realizadas no âmbito do Sistema Nacional de Habitação de Interesse Social (SNHIS), regulado pela Lei n. 11.124, de 16 de junho de 2005, devem considerar as peculiaridades sociais, econômicas e culturais da população negra.

PARÁGRAFO ÚNICO. Os Estados, o Distrito Federal e os Municípios estimularão e facilitarão a participação de organizações e movimentos representativos da população negra na composição dos conselhos constituídos para fins de aplicação do Fundo Nacional de Habitação de Interesse Social (FNHIS).

Art. 37. Os agentes financeiros, públicos ou privados, promoverão ações para viabilizar o acesso da população negra aos financiamentos habitacionais.

CAPÍTULO V
DO TRABALHO

Art. 38. A implementação de políticas voltadas para a inclusão da população negra no mercado de trabalho será de responsabilidade do poder público, observando-se:

I — o instituído neste Estatuto;

II — os compromissos assumidos pelo Brasil ao ratificar a Convenção Internacional sobre a Eliminação de Todas as Formas de Discriminação Racial, de 1965;

III — os compromissos assumidos pelo Brasil ao ratificar a Convenção n. 111, de 1958, da Organização Internacional do Trabalho (OIT), que trata da discriminação no emprego e na profissão;

IV — os demais compromissos formalmente assumidos pelo Brasil perante a comunidade internacional.

Art. 39. O poder público promoverá ações que assegurem a igualdade de oportunidades no mercado de trabalho para a população negra, inclusive mediante a implementação de medidas visando à promoção da igualdade nas contratações do setor público e o incentivo à adoção de medidas similares nas empresas e organizações privadas.

§ 1º A igualdade de oportunidades será lograda mediante a adoção de políticas e programas de formação profissional, de emprego e de geração de renda voltados para a população negra.

§ 2º As ações visando a promover a igualdade de oportunidades na esfera da administração pública far-se-ão por meio de normas estabelecidas ou a serem estabelecidas em legislação específica e em seus regulamentos.

§ 3º O poder público estimulará, por meio de incentivos, a adoção de iguais medidas pelo setor privado.

§ 4º As ações de que trata o *caput* deste artigo assegurarão o princípio da proporcionalidade de gênero entre os beneficiários.

§ 5º Será assegurado o acesso ao crédito para a pequena produção, nos meios rural e urbano, com ações afirmativas para mulheres negras.

§ 6º O poder público promoverá campanhas de sensibilização contra a marginalização da mulher negra no trabalho artístico e cultural.

§ 7º O poder público promoverá ações com o objetivo de elevar a escolaridade e a qualificação profissional nos setores da economia que contém com alto índice de ocupação por trabalhadores negros de baixa escolarização.

Art. 40. O Conselho Deliberativo do Fundo de Amparo ao Trabalhador (CODEFAT) formulará políticas, programas e projetos voltados para a inclusão da população negra no mercado de trabalho e orientará a destinação de recursos para seu financiamento.

Art. 41. As ações de emprego e renda, promovidas por meio de financiamento para constituição e ampliação de pequenas e médias empresas e de programas de geração de renda, contemplarão o estímulo à promoção de empresários negros.

PARÁGRAFO ÚNICO. O poder público estimulará as atividades voltadas ao turismo étnico com enfoque nos locais, monumentos e cidades que retratem a cultura, os usos e os costumes da população negra.

Art. 42. O Poder Executivo federal poderá implementar critérios para provimento de cargos em comissão e funções de confiança destinados a ampliar a participação de negros, buscando reproduzir a estrutura da distribuição étnica nacional ou, quando for o caso, estadual, observados os dados demográficos oficiais.

CAPÍTULO VI
DOS MEIOS DE COMUNICAÇÃO

Art. 43. A produção veiculada pelos órgãos de comunicação valorizará a herança cultural e a participação da população negra na história do País.

Art. 44. Na produção de filmes e programas destinados à veiculação pelas emissoras de televisão e em salas cinematográficas, deverá ser adotada a prática de conferir oportunidades de emprego para atores, figurantes e técnicos negros, sendo vedada toda e qualquer discriminação de natureza política, ideológica, étnica ou artística.

PARÁGRAFO ÚNICO. A exigência disposta no *caput* não se aplica aos filmes e programas que abordem especificidades de grupos étnicos determinados.

Art. 45. Aplica-se à produção de peças publicitárias destinadas à veiculação pelas emissoras de televisão e em salas cinematográficas o disposto no art. 44.

Art. 46. Os órgãos e entidades da administração pública federal direta, autárquica ou fundacional, as empresas públicas e as sociedades de economia mista federais deverão incluir cláusulas de participação de artistas negros nos contratos de realização de filmes, programas ou quaisquer outras peças de caráter publicitário.

§ 1º Os órgãos e entidades de que trata este artigo incluirão, nas especificações para contratação de serviços de consultoria, conceituação, produção e realização de filmes, programas ou peças publicitárias, a obrigatoriedade da prática de iguais oportunidades de emprego para as pessoas relacionadas com o projeto ou serviço contratado.

§ 2º Entende-se por prática de iguais oportunidades de emprego o conjunto de medidas sistemáticas executadas com a finalidade de garantir a diversidade étnica, de sexo e de idade na equipe vinculada ao projeto ou serviço contratado.

§ 3º A autoridade contratante poderá, se considerar necessário para garantir a prática de iguais oportunidades de emprego, requerer auditoria por órgão do poder público federal.

§ 4º A exigência disposta no *caput* não se aplica às produções publicitárias quando abordarem especificidades de grupos étnicos determinados.

TÍTULO III
DO SISTEMA NACIONAL DE PROMOÇÃO DA IGUALDADE RACIAL (SINAPIR)

CAPÍTULO I
DISPOSIÇÃO PRELIMINAR

Art. 47. É instituído o Sistema Nacional de Promoção da Igualdade Racial (Sinapir) como forma de organização e de articulação voltadas à implementação do conjunto de políticas e serviços destinados a superar as desigualdades étnicas existentes no País, prestados pelo poder público federal.

§ 1º Os Estados, o Distrito Federal e os Municípios poderão participar do Sinapir mediante adesão.

§ 2º O poder público federal incentivará a sociedade e a iniciativa privada a participar do Sinapir.

CAPÍTULO II
DOS OBJETIVOS

Art. 48. São objetivos do Sinapir:

I — promover a igualdade étnica e o combate às desigualdades sociais resultantes do racismo, inclusive mediante adoção de ações afirmativas;

II — formular políticas destinadas a combater os fatores de marginalização e a promover a integração social da população negra;

III — descentralizar a implementação de ações afirmativas pelos governos estaduais, distrital e municipais;

IV — articular planos, ações e mecanismos voltados à promoção da igualdade étnica;

V — garantir a eficácia dos meios e dos instrumentos criados para a implementação das ações afirmativas e o cumprimento das metas a serem estabelecidas.

CAPÍTULO III
DA ORGANIZAÇÃO E COMPETÊNCIA

Art. 49. O Poder Executivo federal elaborará plano nacional de promoção da igualdade racial contendo as metas, princípios e diretrizes para a implementação da Política Nacional de Promoção da Igualdade Racial (PNPIR).

§ 1º A elaboração, implementação, coordenação, avaliação e acompanhamento da PNPIR, bem como a organização, articulação e coordenação do Sinapir, serão efetivados pelo órgão responsável pela política de promoção da igualdade étnica em âmbito nacional.

§ 2º É o Poder Executivo federal autorizado a instituir fórum intergovernamental de promoção da igualdade étnica, a ser coordenado pelo órgão responsável pelas políticas de promoção da igualdade étnica, com o objetivo de implementar estratégias que visem à incorporação da política nacional de promoção da igualdade étnica nas ações governamentais de Estados e Municípios.

§ 3º As diretrizes das políticas nacional e regional de promoção da igualdade étnica serão elaboradas por órgão colegiado que assegure a participação da sociedade civil.

Art. 50. Os Poderes Executivos estaduais, distrital e municipais, no âmbito das respectivas esferas de competência, poderão instituir conselhos de promoção da igualdade étnica, de caráter permanente e consultivo, compostos por igual número de representantes de órgãos e entidades públicas e de organizações da sociedade civil representativas da população negra.

PARÁGRAFO ÚNICO. O Poder Executivo priorizará o repasse dos recursos referentes aos programas e atividades previstos nesta Lei aos Estados, Distrito Federal e Municípios que tenham criado conselhos de promoção da igualdade étnica.

CAPÍTULO IV
DAS OUVIDORIAS PERMANENTES E DO ACESSO À JUSTIÇA E À SEGURANÇA

Art. 51. O poder público federal instituirá, na forma da lei e no âmbito dos Poderes Legislativo e

Executivo, Ouvidorias Permanentes em Defesa da Igualdade Racial, para receber e encaminhar denúncias de preconceito e discriminação com base em etnia ou cor e acompanhar a implementação de medidas para a promoção da igualdade.

Art. 52. É assegurado às vítimas de discriminação étnica o acesso aos órgãos de Ouvidoria Permanente, à Defensoria Pública, ao Ministério Público e ao Poder Judiciário, em todas as suas instâncias, para a garantia do cumprimento de seus direitos.

PARÁGRAFO ÚNICO. O Estado assegurará atenção às mulheres negras em situação de violência, garantida a assistência física, psíquica, social e jurídica.

Art. 53. O Estado adotará medidas especiais para coibir a violência policial incidente sobre a população negra.

PARÁGRAFO ÚNICO. O Estado implementará ações de ressocialização e proteção da juventude negra em conflito com a lei e exposta a experiências de exclusão social.

Art. 54. O Estado adotará medidas para coibir atos de discriminação e preconceito praticados por servidores públicos em detrimento da população negra, observado, no que couber, o disposto na Lei n. 7.716, de 5 de janeiro de 1989.

Art. 55. Para a apreciação judicial das lesões e das ameaças de lesão aos interesses da população negra decorrentes de situações de desigualdade étnica, recorrer-se-á, entre outros instrumentos, à ação civil pública, disciplinada na Lei n. 7.347, de 24 de julho de 1985.

CAPÍTULO V
DO FINANCIAMENTO DAS INICIATIVAS DE PROMOÇÃO DA IGUALDADE RACIAL

Art. 56. Na implementação dos programas e das ações constantes dos planos plurianuais e dos orçamentos anuais da União, deverão ser observadas as políticas de ação afirmativa a que se refere o inciso VII do art. 4º desta Lei e outras políticas públicas que tenham como objetivo promover a igualdade de oportunidades e a inclusão social da população negra, especialmente no que tange a:

I — promoção da igualdade de oportunidades em educação, emprego e moradia;

II — financiamento de pesquisas, nas áreas de educação, saúde e emprego, voltadas para a melhoria da qualidade de vida da população negra;

III — incentivo à criação de programas e veículos de comunicação destinados à divulgação de matérias relacionadas aos interesses da população negra;

IV — incentivo à criação e à manutenção de microempresas administradas por pessoas autodeclaradas negras;

V — iniciativas que incrementem o acesso e a permanência das pessoas negras na educação fundamental, média, técnica e superior;

VI — apoio a programas e projetos dos governos estaduais, distrital e municipais e de entidades da sociedade civil voltados para a promoção da igualdade de oportunidades para a população negra;

VII — apoio a iniciativas em defesa da cultura, da memória e das tradições africanas e brasileiras.

§ 1º O Poder Executivo federal é autorizado a adotar medidas que garantam, em cada exercício, a transparência na alocação e na execução dos recursos necessários ao financiamento das ações previstas neste Estatuto, explicitando, entre outros, a proporção dos recursos orçamentários destinados aos programas de promoção da igualdade, especialmente nas áreas de educação, saúde, emprego e renda, desenvolvimento agrário, habitação popular, desenvolvimento regional, cultura, esporte e lazer.

§ 2º Durante os 5 (cinco) primeiros anos, a contar do exercício subsequente à publicação deste Estatuto, os órgãos do Poder Executivo federal que desenvolvem políticas e programas nas áreas referidas no § 1º deste artigo discriminarão em seus orçamentos anuais a participação nos programas de ação afirmativa referidos no inciso VII do art. 4º desta Lei.

§ 3º O Poder Executivo é autorizado a adotar as medidas necessárias para a adequada implementação do disposto neste artigo, podendo estabelecer patamares de participação crescente dos programas de ação afirmativa nos orçamentos anuais a que se refere o § 2º deste artigo.

§ 4º O órgão colegiado do Poder Executivo federal responsável pela promoção da igualdade racial acompanhará e avaliará a programação das ações referidas neste artigo nas propostas orçamentárias da União.

Art. 57. Sem prejuízo da destinação de recursos ordinários, poderão ser consignados nos orçamentos fiscal e da seguridade social para financiamento das ações de que trata o art. 56:

I — transferências voluntárias dos Estados, do Distrito Federal e dos Municípios;

II — doações voluntárias de particulares;

III — doações de empresas privadas e organizações não governamentais, nacionais ou internacionais;

IV — doações voluntárias de fundos nacionais ou internacionais;

V — doações de Estados estrangeiros, por meio de convênios, tratados e acordos internacionais.

TÍTULO IV
DISPOSIÇÕES FINAIS

Art. 58. As medidas instituídas nesta Lei não excluem outras em prol da população negra que tenham sido ou venham a ser adotadas no âmbito da União, dos Estados, do Distrito Federal ou dos Municípios.

Art. 59. O Poder Executivo federal criará instrumentos para aferir a eficácia social das medidas previstas nesta Lei e efetuará seu monitoramento constante, com a emissão e a divulgação de relatórios periódicos, inclusive pela rede mundial de computadores.

Art. 60. Os arts. 3º e 4º da Lei n. 7.716, de 1989, passam a vigorar com a seguinte redação:

"Art. 3º ....

(texto inserido na respectiva lei)

Art. 61. Os arts. 3º e 4º da Lei n. 9.029, de 13 de abril de 1995, passam a vigorar com a seguinte redação: *(texto inserido na respectiva lei)*

Art. 62. O art. 13 da Lei n. 7.347, de 1985, passa a vigorar acrescido do seguinte § 2º, renumerando-se o atual parágrafo único como § 1º: *(texto inserido na respectiva lei)*

Art. 63. O § 1º do art. 1º da Lei n. 10.778, de 24 de novembro de 2003, passa a vigorar com a seguinte redação: *(texto inserido na respectiva lei)*

Art. 64. O § 3º do art. 20 da Lei n. 7.716, de 1989, passa a vigorar acrescido do seguinte inciso III: *(texto inserido na respectiva lei)*

Art. 65. Esta Lei entra em vigor 90 (noventa) dias após a data de sua publicação. Brasília, 20 de julho de 2010; 189º da Independência e 122º da República.

Luiz Inácio Lula da Silva

Eloi Ferreira de Araújo

SISTEMA NACIONAL DE PROMOÇÃO DA IGUALDADE RACIAL — SINAPIR — REGULAMENTAÇÃO

(DOU 6.11.13)

DECRETO N. 8.136, DE 5 DE NOVEMBRO DE 2013 — APROVA O REGULAMENTO DO SISTEMA NACIONAL DE PROMOÇÃO DA IGUALDADE RACIAL — SINAPIR, INSTITUÍDO PELA LEI N. 12.288, DE 20 DE JULHO DE 2010

A PRESIDENTA DA REPÚBLICA, no uso da atribuição que lhe confere o art. 84, caput, inciso VI, da Constituição, e tendo em vista o disposto no art. 47 da Lei n. 12.288, de 20 de julho de 2010,

DECRETA:

Art. 1º Fica aprovado o regulamento do Sistema Nacional de Promoção da Igualdade Racial — Sinapir, na forma do Anexo.

Art. 2º Este Decreto entra em vigor na data de sua publicação.

Brasília, 5 de novembro de 2013; 192º da Independência e 125º da República.

Dilma Rousseff

Luiza Helena de Bairros

ANEXO

REGULAMENTO DO SISTEMA NACIONAL DE PROMOÇÃO DA IGUALDADE RACIAL

CAPÍTULO I

Da Definição e dos Marcos Regulatórios

SEÇÃO I

Da Definição

Art. 1º O Sistema Nacional de Promoção da Igualdade Racial — Sinapir, instituído pela Lei n. 12.288, de 20 de julho de 2010, constitui forma de organização e de articulação voltadas à implementação do conjunto de políticas e serviços destinados a superar as desigualdades raciais existentes no País, prestado pelo Poder Executivo federal.

§ 1º O Sinapir é um sistema integrado que visa a descentralizar e tornar efetivas as políticas públicas para o enfrentamento ao racismo e para a promoção da igualdade racial no País.

§ 2º O Sistema tem a função precípua de organizar e promover políticas de igualdade racial, compreendidas como conjunto de diretrizes, ações e práticas a serem observadas na atuação do Poder Público e nas relações entre o Estado e a sociedade.

Art. 2º O Sinapir será organizado por meio da definição de competências e responsabilidades específicas para a União e para os demais entes federados que aderirem ao Sistema.

§ 1º O funcionamento do Sistema deve assegurar que a ação de cada parte integrante observe a finalidade comum, garantida a participação da sociedade civil e o controle social das políticas públicas.

§ 2º Deverão ser adotadas estratégias para assegurar à política de igualdade racial prioridade no planejamento e no orçamento dos entes federados que aderirem ao Sinapir de modo a garantir o desenvolvimento de programas com impacto efetivo na superação das desigualdades raciais.

§ 3º O Sinapir deve garantir que a igualdade racial seja contemplada na formulação, implementação, monitoramento e avaliação de políticas públicas, em todas as esferas de governo.

SEÇÃO II

Dos Fundamentos Legais

Art. 3º São fundamentos legais do Sinapir:

I — Lei n. 12.288, de 20 de julho de 2010, que institui o Estatuto da Igualdade Racial, em cujo Título III (Capítulos I, II e III) foi instituído o Sinapir;

II — Convenção Internacional sobre a Eliminação de todas as Formas de Discriminação Racial, aprovada pelo Decreto Legislativo n. 23, de 21 de junho de 1967, ratificada pela República Federativa do Brasil em 27 de março de 1968 e promulgada pelo Decreto n. 65.810, de 8 de dezembro de 1969;

III — Política Nacional de Promoção da Igualdade Racial, instituída pelo Decreto n. 4.886, de 20 de novembro de 2003; e

IV — Plano Nacional de Promoção da Igualdade Racial — Planapir, aprovado pelo Decreto n. 6.872, de 4 de junho de 2009.

CAPÍTULO II

Dos Princípios e dos Objetivos

SEÇÃO I

Dos Princípios

Art. 4º São princípios do Sinapir:

I — desconcentração, que consiste no compartilhamento, entre os órgãos e entidades da administração pública federal, das responsabilidades pela execução e pelo monitoramento das políticas setoriais de igualdade racial;

II — descentralização, que se realiza na definição de competências e responsabilidades dos Estados, Distrito Federal e Municípios, de modo a permitir que as políticas de igualdade racial atendam as necessidades da população;

III — gestão democrática, que envolve a participação da sociedade civil na proposição, acompanhamento e realização de iniciativas, por meio dos conselhos e das conferências de Promoção da Igualdade Racial; e

IV — estímulo à adoção de medidas que favoreçam a promoção da igualdade racial pelos Poderes Legislativo e Judiciário, Ministério Público, Defensorias Públicas e iniciativa privada.

SEÇÃO II

Dos Objetivos

Art. 5º São objetivos do Sinapir, de acordo com o art. 48 da Lei n. 12.288, de 2010:

I — promover a igualdade étnica e o combate às desigualdades sociais resultantes do racismo, inclusive mediante a adoção de ações afirmativas;

II — formular políticas destinadas a combater os fatores de marginalização e a promover a integração social da população negra;

III — descentralizar a implementação de ações afirmativas pelos governos estaduais, distrital e municipais;

IV — articular planos, ações e mecanismos para promoção da igualdade étnica; e

V — garantir a eficácia dos meios e dos instrumentos criados para a implementação das ações afirmativas e o cumprimento das metas a serem estabelecidas.

CAPÍTULO III

Dos Instrumentos Gerenciais

Art. 6º Constituem instrumentos de gestão do Sinapir:

I — o Plano Nacional de Promoção da Igualdade Racial — Planapir, e os planos estaduais, distrital e municipais;

II — o Plano Plurianual de Governo; e

III — a Rede-Sinapir, a ser criada com o fim de promover:

a) a gestão de informação;

b) as condições para o monitoramento;

c) a avaliação do Sinapir; e

d) o acesso e o controle social.

Art. 7º A atuação da Rede-Sinapir deverá ser precedida de:

I — formação de cadastro nacional dos órgãos de políticas de promoção da igualdade racial, nas esferas estadual, distrital e municipal; e

II — desenvolvimento de portal na internet, com acesso diferenciado e voltado para a divulgação das ações dos diversos órgãos e entidades que compõem o Sinapir.

PARÁGRAFO ÚNICO. Simultaneamente ao funcionamento do Sistema, ocorrerão o aperfeiçoamento e a disseminação dos instrumentos e técnicas de avaliação e monitoramento das ações dos órgãos e entidades que compõe o Sinapir e a análise do impacto dessas ações nas condições de vida das populações negra, indígena e cigana.

CAPÍTULO IV

Da Estrutura do SINAPIR

SEÇÃO I

Da Estrutura

Art. 8º Integram a estrutura do Sinapir:

I — conferências de Promoção da Igualdade Racial — nacional, estaduais, distrital e municipais, que constituem instâncias formais de diálogo entre o setor público e a sociedade civil, visando a garantir a participação social na proposição, implementação e monitoramento das políticas públicas;

II — Conselho Nacional de Promoção da Igualdade Racial — CNPIR, de natureza consultiva, ao qual compete exercer o controle social, por meio do acompanhamento da implementação das políticas de promoção da igualdade racial, e contribuir para que sua execução esteja em conformidade com as diretrizes da Conferência Nacional de Promoção da Igualdade Racial;

III — Secretaria de Políticas de Promoção da Igualdade Racial da Presidência da República — SEPPIR-PR, responsável pela articulação ministerial e pela coordenação central do Sistema;

IV — Fórum Intergovernamental de Promoção da Igualdade Racial — Fipir, espaço de formação de pactos no âmbito do Sistema, constituído pela Secretaria de Políticas de Promoção da Igualdade Racial da Presidência da República e pelos órgãos de promoção da igualdade racial estaduais, distrital e municipais, responsáveis pela articulação da política nas suas esferas de governo; e

V — Ouvidoria Permanente em Defesa da Igualdade Racial do Poder Executivo, responsável pela interlocução imediata entre cidadãos e o Poder Público, a qual cabe funcionar como canal para o recebimento de opiniões e reclamações, a mediação de conflitos e o encaminhamento de denúncias de racismo e discriminação racial.

PARÁGRAFO ÚNICO. A implementação do Sistema em âmbito federal será feita pela Secretaria de Políticas de Promoção da Igualdade Racial da Presidência da República em conjunto com os Ministérios responsáveis pela execução de politicas setoriais de promoção igualdade racial.

Art. 9º As conferências devem ser realizadas a cada quatro anos, conforme cronograma a ser definido pela Secretaria de Políticas de Promoção da Igualdade Racial da Presidência da República, ouvido o Conselho Nacional de Promoção da Igualdade Racial.

Art. 10. Os órgãos estaduais de promoção da igualdade racial dos entes que aderirem ao Sinapir são responsáveis pela criação de fóruns estaduais de gestores municipais e pelo apoio ao seu funcionamento, a fim de assegurar a descentralização da política de promoção da igualdade racial e possibilitar a representação dos Municípios na instância de formação de pactos do Sinapir.

Art. 11. Fica instituído, no âmbito do Sinapir, o Fórum Intergovernamental de Promoção da Igualdade Racial — Fipir, com o objetivo de implementar estratégias para a incorporação da política nacional de promoção da igualdade étnico-racial às ações governamentais de Estados e Municípios.

§ 1º Ao Fipir competirá atuar como instância de formação de pactos entre os entes federados, com o fim de promover a igualdade racial e o enfrentamento ao racismo.

§ 2º O Fipir será composto por dirigentes responsáveis pela articulação e pela coordenação da política de promoção da igualdade racial da União, dos Estados, do Distrito Federal e da representação dos Municípios em cada Estado, escolhida no fórum estadual de gestores municipais.

§ 3º O regimento interno provisório do Fipir e as orientações gerais para o funcionamento dos fóruns estaduais de gestores municipais serão definidas em ato do Ministro de Estado Chefe da Secretaria de Políticas de Promoção da Igualdade Racial da Presidência da República.

§ 4º Uma vez que o Fipir e os fóruns estaduais de gestores municipais estejam compostos, respectivamente, por cinquenta por cento dos Estados e por cinquenta por cento dos Municípios com órgãos de promoção da igualdade racial, será elaborado o regimento interno de ambas as instâncias.

§ 5º Para a votação do regimento interno do Fipir, cada esfera da federação representada no fórum terá direito a um voto.

§ 6º Para fins do disposto no §5º, considera-se o Distrito Federal incluído na esfera estadual.

§ 7º A coordenação do Fipir compete à Secretaria de Políticas de Promoção da Igualdade Racial da Presidência da República, que proverá o apoio administrativo e os meios necessários ao seu funcionamento.

CAPÍTULO V

Da Adesão, Participação, Competências e Responsabilidades

SEÇÃO I

Da Adesão ao Sistema

Art. 12. São requisitos para adesão de Estados, Distrito Federal e Municípios ao Sinapir:

I — instituição e funcionamento de conselho voltado para a promoção da igualdade racial, composto por igual número de representantes de órgãos e entidades públicas e de organizações da sociedade civil; e

II — instituição e funcionamento de órgão de promoção da igualdade racial na estrutura administrativa.

PARÁGRAFO ÚNICO. Os Municípios poderão satisfazer as condições previstas nos incisos I e II do *caput* por meio de consórcios públicos, nos termos do art.26.

SEÇÃO II

Das Condições para a Participação de Estados, Distrito Federal e Municípios no Sinapir

Art. 13. Participam do Sinapir a União, representada pela Secretaria de Políticas de Promoção da Igualdade Racial da Presidência da República e pelos órgãos responsáveis pela execução de políticas setoriais de promoção da igualdade racial, e, os Estados, Distrito Federal e os Municípios que tenham aderido ao Sistema.

PARÁGRAFO ÚNICO. Ato do Ministro de Estado Chefe da Secretaria de Políticas de Promoção da Igualdade Racial da Presidência da República disciplinará os procedimentos a serem seguidos no processo de adesão ao Sinapir pelos entes federados, no prazo de noventa dias, contado da data de publicação deste Decreto.

Art. 14. São condições para a participação de Estados e Distrito Federal no Sinapir:

I — instituir e apoiar administrativa e financeiramente os conselhos estaduais e distrital voltados para a promoção da igualdade racial;

II — assegurar o funcionamento dos órgãos estaduais e distrital de promoção da igualdade racial, oferecendo condições administrativas e financeiras, observados os requisitos e as formas de gestão do Sinapir, nos termos do art. 14;

III — participar do Fórum Intergovernamental de Promoção da Igualdade Racial;

IV — organizar e coordenar fóruns estaduais de gestores municipais de promoção da igualdade racial;

V — elaborar e executar os planos estaduais e distrital de promoção da igualdade racial;

VI — apoiar os Municípios na criação de órgãos de promoção da igualdade racial e na elaboração e execução de seus planos;

VII — realizar conferências estaduais e distrital de promoção da igualdade racial e apoiar a realização de conferências municipais;

VIII — fortalecer os planos e programas decorrentes da Política Nacional de Promoção da Igualdade Racial; e

IX — executar a política estadual e distrital de promoção da igualdade racial, em conformidade com o que for pactuado no Sinapir.

PARÁGRAFO ÚNICO. Salvo as condições previstas nos incisos I e II do *caput*, as demais poderão ser satisfeitas concomitantemente à participação do Estado ou Distrito Federal no Sinapir.

Legislação Complementar

Art. 15. São condições para participação dos Municípios no Sinapir:

I — instituir e apoiar administrativa e financeiramente os conselhos municipais voltados para a promoção da igualdade racial;

II — assegurar o funcionamento dos órgãos municipais de promoção da igualdade racial, oferecendo condições administrativas e financeiras, observados os requisitos e as formas de gestão do Sinapir, nos termos do art. 14;

III — participar e contribuir para o fortalecimento dos fóruns estaduais de gestores municipais de promoção da igualdade racial;

IV — participar do Fórum Intergovernamental de Promoção da Igualdade Racial, por meio de representação do respectivo fórum estadual de gestores municipais;

V — elaborar e executar os planos municipais de promoção da igualdade racial;

VI — realizar as conferências municipais de promoção da igualdade racial; e municipal, em conformidade com o que for pactuado no Sinapir.

§ 1º Salvo as condições previstas nos incisos I e II do *caput*, as demais poderão ser satisfeitas concomitantemente à participação dos Municípios ao Sinapir.

§ 2º Os Municípios poderão satisfazer as condições para a participação no Sistema por meio de consórcios públicos, nos termos do art. 26.

Art. 16. Ato do Ministro de Estado Chefe da Secretaria de Políticas de Promoção da Igualdade Racial da Presidência da República, no prazo de noventa dias, contado da data de publicação deste Decreto, definirá as modalidades de gestão do Sistema.

PARÁGRAFO ÚNICO. A qualquer momento os entes federados poderão retirar-se do Sistema.

SEÇÃO III
Da Participação da Sociedade Civil no Sinapir

Art. 17. A sociedade civil participará do Sistema por meio dos conselhos voltados para a promoção da igualdade racial em âmbito nacional, estadual, distrital e municipal e das conferências de Promoção da Igualdade Racial.

Art. 18. A composição de grupos de trabalho, comitês ou outras instâncias para as quais a sociedade civil tenha representantes devidamente designados será considerada forma de participação no Sistema.

Art. 19. A execução pela sociedade civil de projetos específicos de promoção da igualdade racial e de enfrentamento ao racismo, de interesse da coletividade, financiados pelo Poder Público, também constitui forma de participação no Sinapir.

SEÇÃO IV
Das Competências e Responsabilidades da União

Art. 20. Compete à União coordenar o Sinapir e exercer as seguintes funções:

I — adotar políticas de fomento para a participação de Estados, Distrito Federal e Municípios no Sistema;

II — articular planos e programas a serem pactuados no âmbito do Sinapir e executados sob a coordenação dos órgãos de promoção da igualdade racial integrantes do Sistema;

III — fortalecer os planos e programas decorrentes da Política Nacional de Promoção da Igualdade Racial;

IV — apoiar os Estados, o Distrito Federal e os Municípios na criação de órgãos de promoção da igualdade racial e na implementação das políticas de promoção da igualdade racial;

V — executar a política de promoção da igualdade racial em âmbito federal, monitorá-la e criar instrumentos para aferir a sua eficácia;

VI — implementar o Plano Nacional de Promoção da Igualdade Racial — Planapir;

VII — realizar conferências nacionais de promoção da igualdade racial e apoiar a realização das conferências estaduais e distrital; e

VIII — apoiar o funcionamento da Ouvidoria Permanente de Promoção da Igualdade Racial no Poder Público federal.

CAPÍTULO VI
Do Mecanismo de Financiamento

Art. 21. Os entes que aderirem ao Sinapir devem assegurar, em seus orçamentos, recursos para a implementação das políticas de igualdade racial e promover medidas de transparência quanto à alocação desses recursos.

Art. 22. As políticas de promoção da igualdade racial e de enfrentamento ao racismo pactuadas no âmbito do Sistema serão cofinanciadas pela União e os Estados, Distrito Federal e Municípios que aderirem ao Sinapir.

Art. 23. O mecanismo de financiamento do Sinapir, em âmbito federal, compreende recursos oriundos:

I — do orçamento da Secretaria de Políticas de Promoção da Igualdade Racial da Presidência da República;

II — das ações orçamentárias previstas na lei orçamentária anual direcionadas à promoção da igualdade racial e enfrentamento ao racismo;

III — de doações voluntárias de particulares, de empresas privadas e de organizações não governamentais;

IV — de doações voluntárias de fundos nacionais e internacionais; e

V — de doações de Estados estrangeiros, por meio de convênios, tratados e acordos internacionais.

Art. 24. As transferências voluntárias de recursos federais para apoio à promoção da igualdade racial deverão priorizar os entes estaduais, distrital e municipais que tiverem aderido ao Sinapir.

PARÁGRAFO ÚNICO. A Secretaria de Políticas de Promoção da Igualdade Racial da Presidência da República poderá selecionar projetos de Estados, Distrito Federal e Municípios por editais, priorizados aqueles apresentados por entes que tiverem aderido ao Sinapir.

Art. 25. O apoio a iniciativas de organizações da sociedade civil será feito por meio de parcerias com entidades selecionadas mediante editais de chamamento público.

CAPÍTULO VII
Disposições Gerais

Art. 26. Os entes que quiserem aderir ao Sinapir poderão formar consórcios públicos para a implementação conjunta das políticas de promoção da igualdade racial.

Art. 27. A participação nas atividades do Fipir é considerada prestação de serviço público relevante, não remunerada.

Art. 28. Ato do Ministro de Estado Chefe da Secretaria de Políticas de Promoção da Igualdade Racial da Presidência da República disciplinará normas adicionais necessárias ao cumprimento do disposto neste Decreto.

Art. 29. Será criado no âmbito do Governo federal o Disque Igualdade Racial, sob responsabilidade da Secretaria de Políticas de Promoção da Igualdade Racial da Presidência da República, para receber denúncias de racismo e discriminação racial, em especial, as relacionadas à juventude negra, comunidades tradicionais de matriz africana, comunidades quilombolas e povos de cultura cigana.

PARÁGRAFO ÚNICO. Poderão ser celebradas com os Estados, Distrito Federal e Municípios integrantes do Sinapir parcerias para formação de rede nacional de atendimento às vítimas de discriminação racial.

LEI N. 2.757, DE 23 DE ABRIL DE 1956

(DOU 26.4.56 — LTr 20/182)

DISPÕE SOBRE A SITUAÇÃO DOS EMPREGADOS PORTEIROS, ZELADORES, FAXINEIROS E SERVENTES DE PRÉDIOS DE APARTAMENTOS RESIDENCIAIS

O PRESIDENTE DA REPÚBLICA,

Faço saber que o Congresso Nacional decreta e eu sanciono a seguinte Lei:

Art. 1º São excluídos das disposições da letra *a* do art. 7º do Decreto-lei n. 5.452, de 1º de maio de 1943, e do art. 1º do Decreto-lei n. 3.078, de 27 de fevereiro de 1941, os empregados porteiros, zeladores, faxineiros e serventes de prédios de apartamentos residenciais, desde que a serviço da administração do edifício e não de cada condômino em particular.

Art. 2º São considerados representantes dos empregadores nas reclamações ou dissídios movimentados na Justiça do Trabalho os síndicos eleitos entre os condôminos.

Art. 3º Os condôminos responderão, proporcionalmente, pelas obrigações previstas nas leis trabalhistas, inclusive as judiciais e extrajudiciais.

Art. 4º Esta Lei entrará em vigor na data de sua publicação, revogadas as disposições em contrário.

Rio de Janeiro, em 23 de abril de 1956; 135º da Independência e 68º da República.

Juscelino Kubitschek — Nereu Ramos — Parsifal Barroso

LEI N. 9.504, DE 30 DE SETEMBRO DE 1997

(DOU 1.10.97)

ESTABELECE NORMAS PARA AS ELEIÇÕES

O VICE PRESIDENTE DA REPÚBLICA no exercício do cargo de PRESIDENTE DA REPÚBLICA

Faço saber que o Congresso Nacional decreta e eu sanciono a seguinte Lei:

....

Das Condutas Vedadas aos Agentes Públicos em Campanhas Eleitorais

Art. 73. São proibidas aos agentes públicos, servidores ou não, as seguintes condutas tendentes a afetar a igualdade de oportunidades entre candidatos nos pleitos eleitorais:

I — ceder ou usar, em benefício de candidato, partido político ou coligação, bens móveis ou imóveis pertencentes à administração direta ou indireta da União, dos Estados, do Distrito Federal, dos Territórios e dos Municípios, ressalvada a realização de convenção partidária;

II — usar materiais ou serviços, custeados pelos Governos ou Casas Legislativas, que excedam as prerrogativas consignadas nos regimentos e normas dos órgãos que integram;

III — ceder servidor público ou empregado da administração direta ou indireta federal, estadual ou municipal do Poder Executivo, ou usar de seus serviços, para comitês de campanha eleitoral de candidato, partido político ou coligação, durante o horário de expediente normal, salvo se o servidor ou empregado estiver licenciado;

IV — fazer ou permitir uso promocional em favor de candidato, partido político ou coligação, de distribuição gratuita de bens e serviços de caráter social custeados ou subvencionados pelo Poder Público;

V — nomear, contratar ou de qualquer forma admitir, demitir sem justa causa, suprimir ou readaptar vantagens ou por outros meios dificultar ou impedir o exercício funcional e, ainda, *ex officio*, remover, transferir ou exonerar servidor público, na circunscrição do pleito, nos três meses que o antecedem e até a posse dos eleitos, sob pena de nulidade de pleno direito, ressalvados:

a) a nomeação ou exoneração de cargos em comissão e designação ou dispensa de funções de confiança;

b) a nomeação para cargos do Poder Judiciário, do Ministério Público, dos Tribunais ou Conselhos de Contas e dos órgãos da Presidência da República;

c) a nomeação dos aprovados em concursos públicos homologados até o início daquele prazo;

d) a nomeação ou contratação necessária à instalação ou ao funcionamento inadiável de serviços públicos essenciais, com prévia e expressa autorização do Chefe do Poder Executivo;

e) a transferência ou remoção *ex officio* de militares, policiais civis e de agentes penitenciários;

VI — nos três meses que antecedem o pleito:

....

§ 1º Reputa-se agente público, para os efeitos deste artigo, quem exerce, ainda que transitoriamente ou sem remuneração, por eleição, nomeação, designação, contratação ou qualquer outra forma de investidura ou vínculo, mandato, cargo, emprego ou função nos órgãos ou entidades da administração pública direta, indireta, ou fundacional.

....

§ 4º O descumprimento do disposto neste artigo acarretará a suspensão imediata da conduta vedada, quando for o caso, e sujeitará os responsáveis a multa no valor de cinco a cem mil UFIR.

§ 5º Nos casos de descumprimento do disposto nos incisos do caput e no § 10, sem prejuízo do disposto no § 4º, o candidato beneficiado, agente público ou não, ficará sujeito à cassação do registro ou do diploma. *(Redação dada pela Lei n. 12.034, de 29.9.09, DOU 30.9.09)*

§ 6º As multas de que trata este artigo serão duplicadas a cada reincidência.

§ 7º As condutas enumeradas no *caput* caracterizam, ainda, atos de improbidade administrativa, a que se refere o *art. 11, inciso I, da Lei n. 8.429, de 2 de junho de 1992*, e sujeitam-se às disposições daquele diploma legal, em especial às cominações do art. 12, inciso III.

§ 8º Aplicam-se as sanções do § 4º aos agentes públicos responsáveis pelas condutas vedadas e aos partidos, coligações e candidatos que delas se beneficiarem.

....

Art. 100. A contratação de pessoal para prestação de serviços nas campanhas eleitorais não gera vínculo empregatício com o candidato ou partido contratantes.

....

LEI N. 3.207, DE 18 DE JULHO DE 1957

(DOU 22.7.57 — LTr 21/229)

REGULAMENTA AS ATIVIDADES DOS EMPREGADOS VENDEDORES-VIAJANTES OU PRACISTAS

O PRESIDENTE DA REPÚBLICA,

Faço saber que o Congresso Nacional decreta e eu sanciono a seguinte Lei:

Art. 1º As atividades dos empregados vendedores-viajantes ou pracistas, serão reguladas pelos preceitos desta Lei, sem prejuízo das normas estabelecidas na Consolidação das Leis do Trabalho Decreto-lei n. 5.452, de 1º de maio de 1943 no que lhe for aplicável.

Art. 2º O empregado vendedor terá direito à comissão avençada sobre as vendas que realizar. No caso de lhe ter sido reservada, expressamente, com exclusividade, uma zona de trabalho, terá esse direito sobre as vendas ali realizadas diretamente pela empresa ou por um preposto desta.

§ 1º A zona de trabalho do empregado vendedor poderá ser ampliada ou restringida de acordo com a necessidade da empresa, respeitados os dispositivos desta Lei quanto à irredutibilidade da remuneração.

§ 2º Sempre que, por conveniência da empresa empregadora, for o empregado viajante transferido da zona de trabalho, com redução de vantagens, ser-lhe-á assegurado, como mínimo de remuneração, um salário correspondente à média dos 12 (doze) últimos meses, anteriores à transferência.

Art. 3º A transação será considerada aceita se o empregador não a recusar por escrito, dentro de 10 (dez) dias, contados da data da proposta. Tratando-se de transação a ser concluída com comerciante ou empresa estabelecida noutro Estado ou no estrangeiro, o prazo para aceitação ou recusa da proposta de venda será de 90 (noventa) dias, podendo, ainda, ser prorrogado, por tempo determinado, mediante comunicação escrita feita ao empregado.

Art. 4º O pagamento de comissões e percentagem deverá ser feito mensalmente, expedindo a empresa, no fim de cada mês, a conta respectiva com as cópias das faturas correspondentes aos negócios concluídos.

PARÁGRAFO ÚNICO. Ressalva-se às partes interessadas fixar outra época para o pagamento de comissões e percentagens, o que, no entanto, não poderá exceder a um trimestre, contado da aceitação do negócio, sendo sempre obrigatória a expedição, pela empresa, da conta referida neste artigo.

Art. 5º Nas transações em que a empresa se obrigar por prestações sucessivas, o pagamento das comissões e percentagens será exigível de acordo com a ordem de recebimento das mesmas.

Art. 6º A cessação das relações de trabalho, ou a inexecução voluntária do negócio pelo empregador, não prejudicará a percepção das comissões e percentagens devidas.

Art. 7º Verificada a insolvência do comprador, cabe ao empregador o direito de estornar a comissão que houver pago.

Art. 8º Quando for prestado serviço de inspeção e fiscalização pelo empregado vendedor, ficará a empresa vendedora obrigada ao pagamento adicional de 1/10 (um décimo) da remuneração atribuída ao mesmo.

Art. 9º O empregado vendedor-viajante não poderá permanecer em viagem por tempo superior a 6 (seis) meses consecutivos. Em seguida a cada viagem haverá um intervalo para descanso, calculado na base de 3 (três) dias por mês da viagem realizada, não podendo, porém, ultrapassar o limite de 15 (quinze) dias.

Art. 10. Caracterizada a relação de emprego, aplicam-se os preceitos desta Lei a quantos exercerem funções iguais, semelhantes ou equivalentes aos empregados-viajantes, embora sob outras designações.

Art. 11. Esta Lei entrará em vigor na data de sua publicação, revogadas as disposições em contrário.

Rio de Janeiro, em 18 de julho de 1957; 136º da Independência e 69º da República.

Juscelino Kubitschek
Parsifal Barroso

LEI N. 3.270, DE 30 DE SETEMBRO DE 1957

(DOU 3.10.57 — LTr 21/349)

FIXA EM 6 (SEIS) O NÚMERO DE HORAS DE TRABALHO DIÁRIO DOS CABINEIROS DE ELEVADOR E DÁ OUTRAS PROVIDÊNCIAS

O PRESIDENTE DA REPÚBLICA,

Faço saber que o Congresso Nacional decreta e eu sanciono a seguinte Lei:

Art. 1º É fixado em 6 (seis) o número de horas de trabalho diário dos cabineiros de elevador.

PARÁGRAFO ÚNICO. É vedado a empregador e empregado qualquer acordo visando ao aumento das horas de trabalho fixadas no art. 1º desta Lei.

Art. 2º Esta Lei entrará em vigor na data de sua publicação, revogadas as disposições em contrário.

Rio de Janeiro, em 30 de setembro de 1957; 136º da Independência e 69º da República.

Juscelino Kubitschek
Parsifal Barroso

LEI N. 3.857, DE 22 DE DEZEMBRO DE 1960

CRIA A ORDEM DOS MÚSICOS DO BRASIL E DISPÕE SOBRE A REGULAMENTAÇÃO DO EXERCÍCIO DA PROFISSÃO DE MÚSICO E DÁ OUTRAS PROVIDÊNCIAS

....

CAPÍTULO III
Da Duração do Trabalho

Art. 41. A duração normal do trabalho dos músicos não poderá exceder de 5 (cinco) horas, excetuados os casos previstos nesta Lei.

§ 1º O tempo destinado aos ensaios será computado no período de trabalho.

§ 2º Com exceção do destinado à refeição, que será de 1 (uma hora), os demais intervalos que se verificarem, na duração normal do trabalho ou nas prorrogações, serão computados como de serviço efetivo.

Art. 42. A duração normal do trabalho poderá ser elevada:

I — a 6 (seis) horas, nos estabelecimentos de diversões públicas, tais como: caberés, boates, *dancings*, táxi-*dancings*, salões de danças e congêneres, onde atuem 2 (dois) ou mais conjuntos;

II — excepcionalmente, a 7 (sete) horas, nos casos de força maior, ou festejos populares e serviço reclamado pelo interesse nacional.

§ 1º A hora de prorrogação, nos casos previstos no item II deste artigo, será remunerada com o dobro do valor do salário normal.

§ 2º Em todos os casos de prorrogação do período normal de trabalho, haverá, obrigatoriamente, um intervalo para repouso de 30 (trinta) minutos, no mínimo.

§ 3º As prorrogações de caráter permanente deverão ser precedidas de homologação da autoridade competente.

Art. 43. Nos espetáculos de ópera, bailado e teatro musicado, a duração normal do trabalho, para fins de ensaios, poderá ser dividida em 2 (dois) períodos, separados por intervalo de várias horas, em benefício do rendimento artístico e desde que a tradição e a natureza do espetáculo assim o exijam.

PARÁGRAFO ÚNICO. Nos ensaios gerais, destinados à censura oficial, poderá ser excedida a duração normal do trabalho.

Art. 44. Nos espetáculos de teatro musicado, como revista, opereta e outros gêneros semelhantes, os músicos receberão uma diária por sessão excedente das normais.

Art. 45. O músico das empresas nacionais de navegação terá um horário especial de trabalho, devendo participar, obrigatoriamente, de orquestra ou como solista:

a) nas horas do almoço ou jantar;

b) das 21 (vinte e uma) às 22 (vinte e duas) horas;

c) nas entradas e saídas dos portos, desde que esse trabalho seja executado depois das 7 (sete) e antes das 22 (vinte e duas) horas.

PARÁGRAFO ÚNICO. O músico de que trata este artigo ficará dispensado de suas atividades durante as permanências das embarcações nos portos, desde que não haja passageiros a bordo.

Art. 46. A cada período de 6 (seis) dias consecutivos de trabalho corresponderá 1 (um) dia de descanso obrigatório e remuneração, que constará do quadro de horário afixado pelo empregador.

Art. 47. Em seguida a cada período diário de trabalho, haverá um intervalo de 11 (onze) horas, no mínimo, destinado ao repouso.

Art. 48. O tempo em que o músico estiver à disposição do empregador será computado como de trabalho efetivo.

CAPÍTULO IV

Do Trabalho dos Músicos Estrangeiros

Art. 49. As orquestras, os conjuntos musicais, os cantores e concertistas estrangeiros só poderão exibir-se no Território Nacional, a juízo do Ministério do Trabalho e pelo prazo máximo de 90 (noventa) dias depois de legalizada sua permanência no País, na forma da legislação vigente.

§ 1º As orquestras, os conjuntos musicais e os cantores de que trata este artigo só poderão exibir-se:

a) em teatros, como atração artística;

b) em empresas de radiodifusão e de televisão, em cassinos, boates e demais estabelecimentos de diversão, desde que tais empresas ou estabelecimentos contratem igual número de profissionais brasileiros pagando-lhes remuneração de igual valor.

§ 2º Ficam dispensados da exigência constante da parte final da alínea *b*, do parágrafo anterior, as empresas e os estabelecimentos que mantenham orquestras, conjuntos, cantores e concertistas nacionais.

§ 3º As orquestras, os conjuntos musicais, os cantores e concertistas de que trata este artigo não poderão exercer atividades profissionais diferentes daquelas para o exercício das quais tenham vindo ao País.

Art. 50. Os músicos estrangeiros aos quais se refere o § 2º do art. 1º desta Lei poderão trabalhar sem o registro na Ordem dos Músicos do Brasil, criada pelo art. 27, desde que tenham sido contratados na forma do art. 7º, alínea *d*, do Decreto-lei n. 7.967, de 18 de setembro de 1945.

Art. 51. Terminados os prazos contratuais e desde que não haja acordo em contrário, os empresários ficarão obrigados a reconduzir os músicos estrangeiros aos seus pontos de origem.

Art. 52. Os músicos devidamente registrados no País só trabalharão nas orquestras estrangeiras, em caráter provisório e em caso de força maior ou de enfermidade comprovada de qualquer dos componentes das mesmas, não podendo o substituto, em nenhuma hipótese, perceber proventos inferiores aos do substituído.

Art. 53. Os contratos celebrados com os músicos estrangeiros somente serão registrados no órgão competente do Ministério do Trabalho, depois de provada a realização do pagamento pelo contratante da taxa de 10% (dez por cento), sobre o valor do contrato e o recolhimento da mesma ao Banco do Brasil em nome da Ordem dos Músicos do Brasil e do sindicato local, em partes iguais.

PARÁGRAFO ÚNICO. No caso de contratos celebrados com base, total ou parcialmente, em percentagens de bilheteria, o recolhimento previsto será feito imediatamente após o término de cada espetáculo.

CAPÍTULO V

Da Fiscalização do Trabalho

Art. 54. Para os efeitos da execução e, consequentemente, da fiscalização do trabalho dos músicos, os empregadores são obrigados:

a) a manter afixado, em lugar visível, no local de trabalho, quadro discriminativo do horário dos músicos em serviço;

b) a possuir livro de registro de empregados destinados às anotações relativas à identidade, inscrição na Ordem dos Músicos do Brasil, número da carteira profissional, data de admissão e saída, condições de trabalho, férias e obrigações da lei de acidentes do trabalho, nacionalização, além de outras estipuladas em lei.

Art. 55. A fiscalização do trabalho dos músicos, ressalvada a competência privativa da Ordem dos Músicos do Brasil quanto ao exercício profissional, compete, no Distrito Federal, ao Departamento Nacional do Trabalho, e, nos Estados e Territórios, às respectivas Delegacias Regionais, obedecidas as normas fixadas pelos arts. 626 e seguintes da Consolidação das Leis do Trabalho.

CAPÍTULO VI

Das Penalidades

Art. 56. O infrator de qualquer dispositivo desta Lei será punido com a multa de Cr$ 1.000,00 (um mil cruzeiros) a Cr$ 10.000,00 (dez mil cruzeiros), de acordo com a gravidade da infração e a juízo da autoridade competente, aplicada em dobro, na reincidência.

Art. 57. A oposição do empregado, sob qualquer pretexto, à fiscalização dos preceitos desta Lei constitui infração grave, passível de multa de Cr$ 10.000,00 (dez mil cruzeiros) aplicada em dobro, na reincidência.

PARÁGRAFO ÚNICO. No caso de habitual infração dos preceitos desta Lei será agravada a penalidade, podendo, inclusive, ser determinada a interdição do estabelecimento ou suspensão da atividade exercida em qualquer local pelo empregador.

Art. 58. O processo de autuação por motivo de infração dos dispositivos reguladores do trabalho do músico, constantes desta Lei, assim como os dos recursos apresentados pelas partes autuadas, obedecerá às normas constantes do Título VII da Consolidação das Leis do Trabalho.

CAPÍTULO VII

Disposições Gerais e Transitórias

Art. 59. Consideram-se empresas empregadoras para os efeitos desta Lei:

a) os estabelecimentos comerciais, teatrais e congêneres, bem como as associações recreativas, sociais ou desportivas;

b) os estúdios de gravação, radiodifusão, televisão ou filmagem;

c) as companhias nacionais de navegação;

d) toda organização ou instituição que explore qualquer gênero de diversão, franqueada ao público, ou privativa de associados.

Art. 60. Aos músicos profissionais aplicam-se todos os preceitos de legislação de assistência e proteção do trabalho, assim como da Previdência Social.

Art. 61. Para os fins desta Lei, não será feita nenhuma distinção ente o trabalho do músico e do artista músico a que se refere o Decreto n. 5.492, de 16 de julho de 1928, e seu Regulamento, desde que este profissional preste serviço efetivo ou transitório a empregador, sob a dependência deste e mediante qualquer forma de remuneração ou salário, inclusive *cachet*, pago com continuidade.

Art. 62. Salvo o disposto no art. 1º, § 2º, será permitido o trabalho do músico estrangeiro, respeitadas as exigências desta Lei, desde que não exista no País profissional habilitado na especialidade.

Art. 63. Os contratantes de quaisquer espetáculos musicais deverão preencher os necessários requisitos legais e efetuar, no ato do contrato, um depósito no Banco do Brasil, à ordem da autoridade competente do Ministério do Trabalho, da importância igual a uma semana dos ordenados de todos os profissionais contratados.

§ 1º Quando não houver na localidade agência do Banco do Brasil, o depósito será efetuado na Coletoria Federal.

§ 2º O depósito a que se refere este artigo somente poderá ser levantado por ordem da autoridade competente do Ministério do Trabalho, mediante provas de quitação do pagamento das indenizações decorrentes das leis de proteção ao trabalho, das taxas de seguro sobre acidentes do trabalho, das contribuições de Previdência Social e de outras estabelecidas por lei.

Art. 64. Os músicos serão segurados obrigatórios do Instituto Nacional de Previdência Social, excetuados os das empresas de navegação, que se filiarão ao Instituto de Aposentadoria e Pensões dos Marítimos.

§ 1º Os músicos cuja atividade for exercida sem vínculo de emprego contribuirão, obrigatoriamente, sobre salário-base fixado, em cada região do País, de acordo com o padrão de vida local, pelo Ministro do Trabalho, mediante proposta do Instituto e ouvido o Serviço Atuarial do Ministério.

§ 2º O salário-base será fixado para vigorar por 1 (um) ano, considerando-se prorrogado por mais 1 (um) ano, se finda a vigência, não houver sido alterado.

Art. 65. Na aplicação dos dispositivos legais relativos à nacionalização do trabalho, será apenas computado, quanto às orquestras, o total dos músicos a serviço da empresa, para os efeitos do art. 354 e respectivo parágrafo único, da Consolidação das Leis do Trabalho.

Art. 66. Todo contrato de músicos profissionais, ainda que por tempo determinado e a curto prazo, seja qual for a modalidade da remuneração, obriga ao desconto e recolhimento das contribuições de Previdência Social e do Imposto Sindical, por parte dos contratantes.

Art. 67. Os componentes das orquestras ou conjuntos estrangeiros não se poderão fazer representar por substitutos, sem a prévia concordância do contratante, salvo motivo de força maior, devidamente comprovado, importando em inadimplemento contratual a ausência ao trabalho sem o consentimento referido.

Art. 68. Nenhum contrato de músico, orquestra ou conjunto nacional e estrangeiro será registrado sem o comprovante do pagamento do Imposto Sindical devido em razão de contrato anterior.

Art. 69. Os contratos dos músicos deverão ser encaminhados, para fins de registro, ao órgão competente do Ministério do Trabalho, diretamente pelos interessados ou pelos respectivos órgãos de classe, que poderão apresentar as impugnações que julgarem cabíveis.

Art. 70. Serão nulos de pleno direito quaisquer acordos destinados a burlar os dispositivos desta Lei, sendo vedado por motivo de sua vigência, aos empregadores, rebaixar salários ou demitir empregados.

Art. 71. A presente Lei entrará em vigor na data de sua publicação.

Art. 72. Revogam-se as disposições em contrário.

Brasília, 22 de dezembro de 1960; 139º da Independência e 72º da República.

Juscelino Kubitschek

LEI N. 3.999, DE 15 DE DEZEMBRO DE 1961

(DOU 21.12.61 — LTr 26/79)

ALTERA O SALÁRIO MÍNIMO DOS MÉDICOS E CIRURGIÕES-DENTISTAS

V. Lei n. 6.932, de 7 de julho de 1981 (DOU 9.7.81) que dispõe sobre as atividades do médico residente e dá outras providências (não publicada nesta obra)

O PRESIDENTE DA REPÚBLICA,

Faço saber que o Congresso Nacional decreta e eu sanciono a seguinte Lei:

Art. 1º O salário mínimo dos médicos passa a vigorar nos níveis e da forma estabelecida na presente Lei.

Art. 2º A classificação de atividades ou tarefas, desdobrando-se por funções, será a seguinte:

a) médicos (seja qual for a especialidade);

b) auxiliares (auxiliar de laboratorista e radiologista e internos).

Art. 3º Não se compreende na classificação de atividades ou tarefas previstas nesta Lei (obrigando ao pagamento de remuneração) o estágio efetuado para especialização ou melhoria de tirocínio desde que não exceda ao prazo máximo de seis meses e permita a sucessão regular no quadro de beneficiados.

Art. 4º É salário mínimo dos médicos a remuneração mínima permitida por lei, pelos serviços profissionais prestados por médicos, com relação de emprego, a pessoas físicas ou jurídicas de direito privado.

Art. 5º Fica fixado o salário mínimo dos médicos em quantia igual a três vezes e o dos auxiliares a duas vezes mais o salário mínimo comum das regiões ou sub-regiões em que exercerem a profissão.

Art. 6º O disposto no art. 5º aplica-se aos médicos que, não sujeitos ao horário previsto na alínea *a* do art. 8º, prestam assistência domiciliar por conta de pessoas físicas ou jurídicas de direito privado, como empregados destas, mediante remuneração por prazo determinado.

Art. 7º Sempre que forem alteradas as tabelas do salário mínimo comum, nas localidades onde o salário mínimo geral corresponder a valor inferior à metade da soma do mais alto e do mais baixo salário mínimo em vigor no país, o salário mínimo dos médicos será reajustado para valor correspondente a três vezes e o dos auxiliares para duas vezes mais esta metade.

Art. 8º A duração normal do trabalho, salvo acordo escrito que não fira de modo algum o disposto no artigo 12, será:

a) para médicos, no mínimo de duas horas e no máximo de quatro horas diárias;

b) para os auxiliares será de quatro horas diárias.

§ 1º Para cada noventa minutos de trabalho gozará o médico de um repouso de dez minutos.

§ 2º Aos médicos e auxiliares que contratarem com mais de um empregador, é vedado o trabalho além de seis horas diárias.

§ 3º Mediante acordo escrito, ou por motivo de força maior, poderá ser o horário normal acrescido de horas suplementares em número não excedente de duas.

§ 4º A remuneração da hora suplementar não será nunca inferior a 25% (vinte e cinco por cento) à da hora normal.

Art. 9º O trabalho noturno terá remuneração superior à do diurno e, para esse efeito, sua remuneração terá um acréscimo de 20% (vinte por cento), pelo menos sobre a hora diurna.

Art. 10. O profissional, designado para servir fora da cidade ou vila para qual tenha sido contratado não poderá:

a) perceber importância inferior a do nível mínimo de remuneração que vigore naquela localidade;

b) sofrer redução, caso se observe nível inferior.

Art. 11. As modificações futuras de critério territorial para a fixação dos salários mínimos comuns em tabelas, aproveitarão, também, para os dos médicos.

Art. 12. Na hipótese do ajuste ou contrato de trabalho ser concluído à base-hora, o total da remuneração devida não poderá perfazer quantia inferior a 25 (vinte e cinco) vezes o valor da soma das 2 (duas) primeiras horas conforme o valor horário calculado para a respectiva localidade.

Art. 13. São aplicáveis ao salário mínimo dos médicos as disposições de caráter geral, sobre o salário mínimo, constantes do Decreto-lei n. 5.452, de 1º de maio de 1943 (CLT).

Art. 14. A aplicação da presente Lei não poderá ser motivo de redução de salário, nem prejudicará a situação de direito adquirido.

Art. 15. Os cargos ou funções de chefias de serviços médicos, somente poderão ser exercidos por médicos devidamente habilitados na forma da lei.

Art. 16. A partir da vigência da presente Lei, o valor das indenizações estatuídas na CLT, que venham a ser devidas, será desde logo calculado e pago de conformidade com os níveis de remuneração nela fixados.

Art. 17. Revogado pelo Decreto-lei n. 66, de 21.11.66, DOU 22.11.66.

Art. 18. Aos médicos que exercem a profissão como empregados de mais de um empregador é permitido contribuir, cumulativamente, na base dos salários efetivamente recebidos nos diversos empregos, até o máximo de dez vezes o maior salário mínimo geral vigente para os trabalhadores não abrangidos por esta Lei, cabendo aos respectivos empregadores recolher as suas cotas, na proporção dos salários pagos.

Art. 19. As instituições de fins beneficentes e caritativos, que demonstrem não poder suportar o pagamento dos níveis mínimos de salários instituídos na presente Lei, será facultado requerer ao Conselho Nacional do Serviço Social, isenção total ou redução dos mesmos salários.

§ 1º A isenção para ser concedida, deve subordinar-se à audiência do órgão sindical e da Associação Médica Brasileira por intermédio de sua federada regional e bem assim do Serviço de Estatística da Previdência e Trabalho, do Ministério do Trabalho e Previdência Social.

§ 2º A isenção poderá ser declarada em cada caso, na fase de execução da sentença proferida em litígio trabalhista, pelo Juízo ou Tribunal competente, podendo, contudo, a execução ser reaberta, independente de qualquer prazo prescricional, sempre que o interessado prove alteração superveniente das condições econômicas da instituição.

Art. 20. Os benefícios desta Lei estendem-se aos profissionais da medicina e seus auxiliares que trabalham ou venham a trabalhar em organizações industriais e agrícolas, localizadas em zonas urbanas e rurais.

§ 1º As empresas que já tenham serviço médico-social organizado, conservarão seus médicos e auxiliares com as vantagens decorrentes desta Lei, levando-se em consideração o tempo de serviço, as distâncias e outros fatores que possam influir na organização do horário, de acordo com as necessidades do serviço.

Art. 21. São automaticamente nulos todos os contratos de trabalho que, de qualquer forma, visem a elidir a presente Lei.

Art. 22. As disposições desta Lei são extensivas aos cirurgiões-dentistas, inclusive aos que trabalham em organizações sindicais.

Art. 23. Esta Lei entrará em vigor na data de sua publicação, revogadas as disposições em contrário.

Brasília, em 21 de dezembro de 1961; 140º da Independência e 73º da República.

João Goulart

Tancredo Neves

Souto Maior

A. Franco Montoro

LEI N. 4.886, DE 9 DE DEZEMBRO DE 1965

(DOU 10.12.65 — LTr 29/617)

(ALTERADA PELA LEI N. 8.420, DE 8.5.92, DOU 15.5.92, LTr 56-06/697)(*)

REGULA AS ATIVIDADES DOS REPRESENTANTES COMERCIAIS AUTÔNOMOS

O PRESIDENTE DA REPÚBLICA,

Faço saber que o Congresso Nacional decreta e eu sanciono a seguinte Lei:

Art. 1º Exerce a representação comercial autônoma a pessoa jurídica ou pessoa física, sem relação de emprego, que desempenha, em caráter não eventual por conta de uma ou mais pessoas, a mediação para a realização de negócios mercantis, agenciando propostas ou pedidos, para, transmiti-los aos representados, praticando ou não atos relacionados com a execução dos negócios.

PARÁGRAFO ÚNICO. Quando a representação comercial incluir poderes atinentes ao mandato mercantil, serão aplicáveis, quanto ao exercício deste, os preceitos próprios da legislação comercial.

Art. 2º É obrigatório o registro dos que exerçam a representação comercial autônoma nos Conselhos Regionais criados pelo art. 6º desta Lei.

PARÁGRAFO ÚNICO. As pessoas que, na data da publicação da presente Lei, estiverem no exercício da atividade deverão registrar-se nos Conselhos Regionais, no prazo de 90 dias a contar da data em que estes forem instalados.

Art. 3º O candidato a registro como representante comercial deverá apresentar:

a) prova de identidade;

b) prova de quitação com o serviço militar, quando a ele obrigado;

c) prova de estar em dia com as exigências da legislação eleitoral;

d) folha corrida de antecedentes expedida pelos cartórios criminais das comarcas em que o registrado houver sido domiciliado nos últimos dez (10) anos;

e) quitação com o imposto sindical.

§ 1º O estrangeiro é desobrigado da apresentação dos documentos constantes das alíneas *b* e *c* deste artigo.

§ 2º Nos casos de transferência ou de exercício simultâneo da profissão, em mais de uma região, serão feitas as devidas anotações na carteira profissional do interessado, pelos respectivos Conselhos Regionais.

§ 3º As pessoas jurídicas deverão fazer prova de sua existência legal.

Art. 4º Não pode ser representante comercial:

a) o que não pode ser comerciante;

b) o falido não reabilitado;

(*) Redação dos arts. 24, 25 e parágrafo único; 27, *caput*, incisos *d*, *j* e §§; art. 31 e parágrafo único; art. 32 e §§; § 3º do art. 33; art. 39; arts. 41 a 47, dada pela Lei n. 8.420, de 8.5.92 (DOU 11.5.92), LTr 56-06/697.

Legislação Complementar

c) o que tenha sido condenado por infração penal de natureza infamante, tais como falsidade, estelionato, apropriação indébita, contrabando, roubo, furto, lenocínio ou crimes também punidos com a perda de cargo público;

d) que estiver com seu registro comercial cancelado como penalidade.

Art. 5º Somente será devida remuneração, como mediador de negócios comerciais, a representante comercial devidamente registrado.

Art. 6º São criados o Conselho Federal e os Conselhos Regionais dos Representantes Comerciais, aos quais incumbirá a fiscalização do exercício da profissão, na forma desta Lei.

PARÁGRAFO ÚNICO. É vedado aos Conselhos Federal e Regionais dos Representantes Comerciais, desenvolverem quaisquer atividades não compreendidas em suas finalidades previstas nesta Lei, inclusive as de caráter político e partidárias.

Art. 7º O Conselho Federal instalar-se-á dentro de 90 (noventa) dias, a contar da vigência da presente Lei, no Estado da Guanabara, onde funcionará provisoriamente, transferindo-se para a Capital da República, quando estiver em condições de fazê-lo, a juízo da maioria dos Conselhos Regionais.

§ 1º O Conselho Federal será presidido por um dos seus membros na forma que dispuser o regimento interno do Conselho, cabendo-lhe além do próprio voto, o de qualidade, no caso de empate.

§ 2º A renda do Conselho Federal será constituída de 20% (vinte por cento) da renda bruta dos Conselhos Regionais.

Art. 8º O Conselho Federal será composto de representantes comerciais de cada Estado, eleitos pelos Conselhos Regionais, dentre seus membros, cabendo a cada Conselho Regional a escolha de 2 (dois) delegados.

Art. 9º Compete ao Conselho Federal determinar o número dos Conselhos Regionais, o qual não poderá ser superior a um por Estado, Território Federal e Distrito Federal, e estabelecer-lhes as bases territoriais.

Art. 10. Compete, privativamente, ao Conselho Federal:

I — elaborar o seu regimento interno; *(Renumerado pela Lei n. 12.246, de 2010).*

II — dirimir as dúvidas suscitadas pelos Conselhos Regionais; *(Renumerado pela Lei n. 12.246, de 2010).*

III — aprovar os regimentos internos dos Conselhos Regionais; *(Renumerado pela Lei n. 12.246, de 2010).*

IV — julgar quaisquer recursos relativos às decisões dos Conselhos Regionais; *(Renumerado pela Lei n. 12.246, de 2010).*

V — baixar instruções para a fiel observância da presente Lei; *(Renumerado pela Lei n. 12.246, de 2010).*

VI — elaborar o Código de Ética Profissional; *(Renumerado pela Lei n. 12.246, de 2010).*

VII — resolver os casos omissos. *(Renumerado pela Lei n. 12.246, de 2010).*

VIII — fixar, mediante resolução, os valores das anuidades e emolumentos devidos pelos representantes comerciais, pessoas físicas e jurídicas, aos Conselhos Regionais dos Representantes Comerciais nos quais estejam registrados, observadas as peculiaridades regionais e demais situações inerentes à capacidade contributiva da categoria profissional nos respectivos Estados e necessidades de cada entidade, e respeitados os seguintes limites máximos: *(Redação dada pela Lei n. 12.246, de 27.5.10, DOU 28.5.10).*

a) anuidade para pessoas físicas — até R$ 300,00 (trezentos reais); *(Redação dada pela Lei n. 12.246, de 27.5.10, DOU 28.5.10).*

b) (VETADO);

c) anuidade para pessoas jurídicas, de acordo com as seguintes classes de capital social: *(Redação dada pela Lei n. 12.246, de 27.5.10, DOU 28.5.10).*

1. de R$ 1,00 (um real) a R$ 10.000,00 (dez mil reais) — até R$ 350,00 (trezentos e cinquenta reais); *(Redação dada pela Lei n. 12.246, de 27.5.10, DOU 28.5.10).*

2. de R$ 10.000,01 (dez mil reais e um centavo) a R$ 50.000,00 (cinquenta mil reais) — até R$ 420,00 (quatrocentos e vinte reais); *(Redação dada pela Lei n. 12.246, de 27.5.10, DOU 28.5.10).*

3. de R$ 50.000,01 (cinquenta mil reais e um centavo) a R$ 100.000,00 (cem mil reais) — até R$ 504,00 (quinhentos e quatro reais); *(Redação dada pela Lei n. 12.246, de 27.5.10, DOU 28.5.10).*

4. de R$ 100.000,01 (cem mil reais e um centavo) a R$ 300.000,00 (trezentos mil reais) — até R$ 604,00 (seiscentos e quatro reais); *(Redação dada pela Lei n. 12.246, de 27.5.10, DOU 28.5.10).*

5. de R$ 300.000,01 (trezentos mil reais e um centavo) a R$ 500.000,00 (quinhentos mil reais) — até R$ 920,00 (novecentos e vinte reais); *(Redação dada pela Lei n. 12.246, de 27.5.10, DOU 28.5.10).*

6. acima de R$ 500.000,00 (quinhentos mil reais) — até R$ 1.370,00 (mil, trezentos e setenta reais); *(Redação dada pela Lei n. 12.246, de 27.5.10, DOU 28.5.10).*

d) (VETADO);

e) (VETADO).

§ 1º (Suprimido)

§ 2º Os valores correspondentes aos limites máximos estabelecidos neste artigo serão corrigidos anualmente pelo índice oficial de preços ao consumidor. *(Redação dada pela Lei n. 12.246, de 27.5.10, DOU 28.5.10).*

§ 3º O pagamento da anuidade será efetuado pelo representante comercial, pessoa física ou jurídica, até o dia 31 de março de cada ano, com desconto de 10% (dez por cento), ou em até 3 (três) parcelas, sem descontos, vencendo-se a primeira em 30 de abril, a segunda em 31 de agosto e a terceira em 31 de dezembro de cada ano. *(Redação dada pela Lei n. 12.246, de 27.5.10, DOU 28.5.10).*

§ 4º Ao pagamento antecipado será concedido desconto de 20% (vinte por cento) até 31 de janeiro e 15% (quinze por cento) até 28 de fevereiro de cada ano. *(Redação dada pela Lei n. 12.246, de 27.5.10, DOU 28.5.10).*

§ 5º As anuidades que forem pagas após o vencimento serão acrescidas de 2% (dois por cento) de multa, 1% (um por cento) de juros de mora por mês de atraso e atualização monetária pelo índice oficial de preços ao consumidor. *(Redação dada pela Lei n. 12.246, de 27.5.10, DOU 28.5.10).*

§ 6º A filial ou representação de pessoa jurídica instalada em jurisdição de outro Conselho Regional que não o da sua sede pagará anuidade em valor que não exceda a 50% (cinquenta por cento) do que for pago pela matriz. *(Redação dada pela Lei n. 12.246, de 27.5.10, DOU 28.5.10).*

§ 7º (VETADO)

§ 8º (VETADO)

§ 9º O representante comercial pessoa física, como responsável técnico de pessoa jurídica devidamente registrada no Conselho Regional dos Representantes Comerciais, pagará anuidade em valor correspondente a 50% (cinquenta por cento) da anuidade devida pelos demais profissionais autônomos registrados no mesmo Conselho. (NR) *(Redação dada pela Lei n. 12.246, de 27.5.10, DOU 28.5.10).*

PARÁGRAFO ÚNICO. Suprimido pela Lei n. 8.420, de 8.5.92.

Art. 11. Dentro de 60 (sessenta) dias, contados da vigência da presente Lei, serão instalados os Conselhos Regionais correspondentes aos Estados onde existirem órgãos sindicais de representação da classe dos representantes comerciais, atualmente reconhecidos pelo Ministério do Trabalho e Previdência Social.

Art. 12. Os Conselhos Regionais terão a seguinte composição:

a) 2/3 (dois terços) de seus membros serão constituídos pelo Presidente do mais antigo sindicato da classe do respectivo Estado e por diretores de sindicatos da classe do mesmo Estado, eleitos estes em assembleia geral;

b) 1/3 (um terço) formado de representantes comerciais no exercício efetivo da profissão, eleitos em assembleia geral realizada no sindicato da classe.

§ 1º A secretaria do sindicato incumbido da realização das eleições organizará cédula única por ordem alfabética dos candidatos, destinada à votação.

§ 2º Se os órgãos sindicais de representação da classe não tomarem as providências previstas quanto à instalação dos Conselhos Regionais, o Conselho Federal determinará, imediatamente, a sua constituição, mediante eleições em assembleia geral, com a participação dos representantes comerciais no exercício efetivo da profissão no respectivo Estado.

§ 3º Havendo, num mesmo Estado, mais de um sindicato de representantes comerciais, as eleições a que se refere este artigo se processarão na sede do sindicato de classe situado na Capital e, na sua falta, na sede do mais antigo.

§ 4º O Conselho Regional será presidido por um dos seus membros na forma que dispuser o seu regimento interno, cabendo-lhe, além do próprio voto, o da qualidade, no caso de empate.

§ 5º Os Conselhos Regionais terão no máximo trinta (30) membros e no mínimo, o número que for fixado pelo Conselho Federal.

Art. 13. Os mandatos dos membros do Conselho Federal e dos Conselhos Regionais serão de três (3) anos.

§ 1º Todos os mandatos serão exercidos gratuitamente.

§ 2º A aceitação do cargo de Presidente, Secretário ou Tesoureiro importará na obrigação de residir na localidade em que estiver sediado o respectivo Conselho.

Art. 14. O Conselho Federal e os Conselhos Regionais serão administrados por uma Diretoria que não poderá exceder a 1/3 (um terço) dos seus integrantes.

Art. 15. Os Presidentes dos Conselhos Federal e Regionais completarão o prazo do seu mandato caso sejam substituídos na presidência do sindicato.

Art. 16. Constituem renda dos Conselhos Regionais as contribuições e multas devidas pelos representantes comerciais, pessoas físicas ou jurídicas neles registrados.

Art. 17. Compete aos Conselhos Regionais:

a) elaborar o seu regimento interno, submetendo-o à apreciação do Conselho Federal;

b) decidir sobre os pedidos de registro de representantes comerciais, pessoas físicas ou jurídicas, na conformidade desta Lei;

c) manter o cadastro profissional;

d) expedir as carteiras profissionais e anotá-las, quando necessário;

e) impor as sanções disciplinares previstas nesta Lei, mediante a feitura de processo adequado de acordo com o disposto no artigo 18;

f) arrecadar, cobrar e executar as anuidades e emolumentos devidos pelos representantes comerciais, pessoas físicas e jurídicas, registrados, servindo como título executivo extrajudicial a certidão relativa aos seus créditos. *(Alterado pela Lei n. 12.246, de 27.5.10, DOU 28.5.10).*

PARÁGRAFO ÚNICO. Suprimido pela Lei n. 8.420, de 8.5.92.

Art. 18. Compete aos Conselhos Regionais aplicar ao representante comercial faltoso, as seguintes penas disciplinares:

a) advertência, sempre sem publicidade;

b) multa até a importância equivalente ao maior salário mínimo vigente no País;

c) suspensão do exercício profissional, até um (1) ano;

d) cancelamento do registro, com apreensão da carteira profissional.

§ 1º No caso de reincidência ou de falta manifestamente grave, o representante comercial poderá ser suspenso do exercício de sua atividade ou ter cancelado o seu registro.

§ 2º As penas disciplinares serão aplicadas após processo regular, sem prejuízo, quando couber, da responsabilidade civil ou criminal.

§ 3º O acusado deverá ser citado, inicialmente, dando-se-lhe ciência do inteiro teor da denúncia ou queixa, sendo-lhe assegurado, sempre, o amplo direito de defesa, por si ou por procurador regularmente constituído.

§ 4º O processo disciplinar será presidido por um dos membros do Conselho Regional, ao qual incumbirá coligir as provas necessárias.

§ 5º Encerradas as provas de iniciativa da autoridade processante, ao acusado será dado requerer e produzir as suas próprias provas, após o que lhe será assegurado o direito de apresentar por escrito, defesa final e o de sustentar, oralmente, suas razões na sessão do julgamento.

§ 6º Da decisão dos Conselhos Regionais caberá recurso voluntário, com efeito suspensivo, para o Conselho Federal.

Art. 19. Constituem faltas no exercício da profissão de representante comercial:

a) prejudicar, por dolo ou culpa, os interesses confiados aos seus cuidados;

b) auxiliar ou facilitar, por qualquer meio, o exercício da profissão aos que estiverem proibidos, impedidos ou não habilitados a exercê-la;

c) promover ou facilitar negócios ilícitos, bem como quaisquer transações que prejudiquem interesse da Fazenda Pública;

d) violar o sigilo profissional;

e) negar ao representado as competentes prestações de contas, recibos de quantias ou documentos que lhe tiverem sido entregues, para qualquer fim;

f) recusar a apresentação da carteira profissional, quando solicitada por quem de direito.

Art. 20. Observados os princípios desta Lei, o Conselho Federal dos Representantes Comerciais expedirá instruções relativas à aplicação das penalidades em geral e, em particular, aos casos em que couber imposições da pena de multa.

Art. 21. As repartições federais, estaduais e municipais, ao receberem tributos relativos à atividade do representante comercial, pessoa física ou jurídica, exigirão prova de seu registro no Conselho Regional da respectiva região.

Art. 22. Da propaganda deverá constar, obrigatoriamente, o número da carteira profissional.

PARÁGRAFO ÚNICO. As pessoas jurídicas farão constar também da propaganda, além do número da carteira do representante comercial responsável, o seu próprio número de registro no Conselho Regional.

Art. 23. O exercício financeiro dos Conselhos Federal e Regionais coincidirá com o ano civil.

Art. 24. As Diretorias dos Conselhos Regionais prestarão contas da sua gestão ao próprio Conselho, até o dia 15 de fevereiro de cada ano.

Art. 25. Os Conselhos Regionais prestarão contas até o último dia do mês de fevereiro de cada ano ao Conselho Federal.

PARÁGRAFO ÚNICO. A Diretoria do Conselho Federal prestará contas, ao respectivo plenário até o último dia do mês de março de cada ano.

Art. 26. Os sindicatos incumbidos do processamento das eleições, a que se refere o art. 12, deverão tomar, dentro do prazo de trinta (30) dias, a contar da publicação desta Lei, as providências necessárias à instalação dos Conselhos Regionais dentro do prazo previsto na art. 11.

Art. 27. Do contrato de representação comercial, além dos elementos comuns e outros a juízo dos interessados, constarão, obrigatoriamente:

a) condições e requisitos gerais da representação;

b) indicação genérica ou específica dos produtos ou artigos objeto da representação;

c) prazo certo ou indeterminado da representação;

d) indicação da zona ou zonas em que será exercida a representação;

e) garantia ou não, parcial ou total, ou por certo prazo, da exclusividade de zona ou setor de zona;

f) retribuição e época do pagamento, pelo exercício da representação, dependente da efetiva realização dos negócios, e recebimento, ou não pelo representado, dos valores respectivos;

g) os casos em que se justifique a restrição de zona concedida com exclusividade;

h) obrigações e responsabilidades das partes contratantes;

i) exercício exclusivo ou não da representação a favor do representado;

j) indenização devida ao representante, pela rescisão do contrato fora dos casos previstos no art. 35, cujo montante não poderá ser inferior 1/12 (um doze avos) do total da retribuição auferida durante o tempo em que exerceu a representação.

§ 1º Na hipótese de contrato a prazo certo, a indenização corresponderá à importância equivalente à média mensal da retribuição auferida até a data da rescisão, multiplicada pela metade dos meses resultantes do prazo contratual.

§ 2º O contrato com prazo determinado, uma vez prorrogado o prazo inicial, tácita ou expressamente, torna-se a prazo indeterminado.

§ 3º Considera-se por prazo indeterminado todo contrato que suceder, dentro de seis meses, a outro contrato, com ou sem determinação de prazo.

Art. 28. O representante comercial fica obrigado a fornecer ao representado, segundo as disposições do contrato ou, sendo este omisso, quando lhe for solicitado, informações detalhadas sobre o andamento dos negócios a seu cargo, devendo dedicar-se à representação, de modo a expandir os negócios do representado e promover os seus produtos.

Art. 29. Salvo autorização expressa, não poderá o representante conceder abatimentos, descontos ou dilações, nem agir em desacordo com as instruções do representado.

Art. 30. Para que o representante possa exercer a representação em juízo, em nome do representado, requer-se mandato expresso. Incumbir-lhe-á, porém, tomar conhecimento das reclamações atinentes aos negócios, transmitindo-as ao representado e sugerindo as providências acauteladoras do interesse deste.

PARÁGRAFO ÚNICO. O representante, quanto aos atos que praticar, responde segundo as normas do contrato e, sendo este omisso, na conformidade do direito comum.

Art. 31. Prevendo o contrato de representação a exclusividade de zona ou zonas, ou quando este for omisso, fará jus o representante à comissão pelos negócios aí realizados, ainda que diretamente pelo representado ou por intermédio de terceiros.

PARÁGRAFO ÚNICO. A exclusividade de representação não se presume na ausência de ajustes expressos.

Art. 32. O representante comercial adquire o direito às comissões quando do pagamento dos pedidos ou propostas.

§ 1º O pagamento das comissões deverá ser efetuado até o dia 15 do mês subsequente ao da liquidação da fatura, acompanhada das respectivas cópias das notas fiscais.

§ 2º As comissões pagas fora do prazo previsto no parágrafo anterior deverão ser corrigidas monetariamente.

§ 3º É facultado ao representante comercial emitir títulos de créditos para cobrança de comissões.

§ 4º As comissões deverão ser calculadas pelo valor total das mercadorias.

§ 5º Em caso de rescisão injusta do contrato por parte do representado, a eventual retribuição pendente, gerada por pedidos em carteira ou em fase de execução e recebimento, terá vencimento na data da rescisão.

§ 6º (Vetado).

§ 7º São vedadas na representação comercial alterações que impliquem, direta ou indiretamente, a diminuição da média dos resultados auferidos pelo representante nos últimos seis meses de vigência.

Art. 33. Não sendo previstos, no contrato de representação os prazos para recusa das propostas ou pedidos, que hajam sido entregues pelo representante, acompanhados dos requisitos exigíveis, ficará o representado obrigado a creditar-lhe a respectiva comissão, se não manifestar a recusa, por escrito, nos prazos de 15, 30, 60 ou 120 dias, conforme se trate de comprador domiciliado, respectivamente, na mesma praça, em outra do mesmo Estado, em outro Estado ou no estrangeiro.

§ 1º Nenhuma retribuição será devida ao representante comercial, se a falta de pagamento resultar de insolvência do comprador, bem como se o negócio vier a ser por ele desfeito ou for sustada a entrega de mercadorias devido à situação comercial do comprador, capaz de comprometer ou tornar duvidosa a liquidação.

§ 2º Salvo ajuste em contrário, as comissões devidas serão pagas mensalmente, expedindo o representado a conta respectiva, conforme cópias das faturas remetidas aos compradores, no respectivo período.

§ 3º Os valores das comissões para efeito tanto do pré-aviso como da indenização, prevista nesta Lei, deverão ser corrigidos monetariamente.

Art. 34. A denúncia, por qualquer das partes, sem causa justificada do contrato de representação ajustado por tempo indeterminado e que haja vigorado por mais de seis meses, obriga o denunciante, salvo outra garantia prevista no contrato, à concessão de pré-aviso, com antecedência mínima de trinta dias, ou ao pagamento de importância igual a 1/3 (um terço) das comissões auferidas pelo representante, nos três meses anteriores.

Art. 35. Constituem motivos justos para rescisão do contrato de representação comercial, pelo representado:

a) a desídia do representante no cumprimento das obrigações decorrentes do contrato;

b) a prática de atos que importem em descrédito comercial do representado;

c) a falta de cumprimento de quaisquer obrigações inerentes ao contrato de representação comercial;

d) a condenação definitiva por crime considerado infamante;

e) força maior.

Art. 36. Constituem motivos justos para rescisão do contrato de representação comercial, pelo representante:

a) redução de esfera de atividade do representante em desacordo com as cláusulas do contrato;

b) a quebra, direta ou indireta, da exclusividade se prevista no contrato;

c) a fixação abusiva de preços em relação à zona do representante, com o exclusivo escopo de impossibilitar-lhe a ação regular;

d) o não pagamento de sua retribuição na época devida;

e) força maior.

Art. 37. Somente ocorrendo motivo justo para a rescisão do contrato, poderá o representado reter comissões devidas ao representante, com o fim de ressarcir-se de danos por este causados e, bem assim, nas hipóteses previstas no art. 35, a título de compensação.

Art. 38. Não serão prejudicados os direitos dos representantes comerciais quando, a título de cooperação, desempenhem, temporariamente, a pedido do representado, encargos ou atribuições diversos dos previstos no contrato de representação.

Art. 39. Para julgamento das controvérsias que surgirem entre representante e representado é competente a Justiça Comum e o Foro do domicílio do representante, aplicando-se o procedimento sumaríssimo previsto no art. 275 do Código de Processo Civil, ressalvada a competência do Juizado de Pequenas Causas.

Art. 40. Dentro de 180 (cento e oitenta) dias da publicação da presente Lei serão formalizadas, entre representado e representante, em documento escrito, as condições das representações comerciais vigentes.

PARÁGRAFO ÚNICO. A indenização devida pela rescisão dos contratos de representação comercial vigentes na data desta Lei, fora dos casos previstos, no art. 35 e quando as partes não tenham usado da faculdade prevista neste artigo, será calculada, sobre a retribuição percebida, pelo representante, nos últimos cinco anos anteriores à vigência desta Lei.

Art. 41. Ressalvada expressa vedação contratual, o representante comercial poderá exercer sua atividade para mais de uma empresa e empregá-la em outros mistéres ou ramos de negócios.

Art. 42. Observadas as disposições constantes do artigo anterior, é facultado ao representante contratar com outros representantes comerciais a execução dos serviços relacionados com a representação.

§ 1º Na hipótese deste artigo, o pagamento das comissões a representante comercial contratado dependerá da liquidação da conta de comissão devida pelo representando ao representante contratante.

§ 2º Ao representante contratado, no caso de rescisão de representação, será devida pelo representante contratante a participação no que houver recebido da representada a título de indenização e aviso prévio, proporcionalmente às retribuições auferidas pelo representante contratado na vigência do contrato.

§ 3º Se o contrato referido no *caput* deste artigo for rescindido sem motivo justo pelo representante contratante, o representante contratado fará jus ao aviso prévio e indenização na forma da lei.

§ 4º Os prazos de que trata o art. 33 desta Lei são aumentados em dez dias quando se tratar de contrato realizado entre representantes comerciais.

Art. 43. É vedada no contrato de representação comercial a inclusão de cláusulas *del credere*.

Art. 44. No caso de falência do representado as importâncias por ele devidas ao representante comercial, relacionadas com a representação, inclusive comissões vencidas e vincendas, indenização e aviso prévio, serão considerados créditos da mesma natureza dos créditos trabalhistas.

PARÁGRAFO ÚNICO. Prescreve em cinco anos a ação do representante comercial para pleitear a retribuição que lhe é devida e os demais direitos que lhe são garantidos por esta Lei.

Art. 45. Não constitui motivo justo para rescisão do contrato de representação comercial o impedimento temporário do representante comercial que estiver em gozo do benefício de auxílio-doença concedido pela Previdência Social.

Art. 46. Os valores a que se referem a alínea *j* do art. 27, o § 5º do art. 32 e o art. 34 desta Lei serão corrigidos monetariamente com base na variação dos BTNs ou por outro indexador que venha a substituí-los e legislação ulterior aplicável à matéria.

Art. 47. Compete ao Conselho Federal dos Representantes Comerciais fiscalizar a execução da presente Lei.

PARÁGRAFO ÚNICO. Em caso de inobservância das prescrições legais, caberá intervenção do Conselho Federal nos Conselhos Regionais por decisão da Diretoria do primeiro, *ad referendum* da reunião plenária, assegurado, em qualquer caso, o direito de defesa. A intervenção cessará quando do cumprimento da Lei.

Art. 48. Esta Lei entra em vigor na data de sua publicação.

Art. 49. Revogam-se as disposições em contrário.

Brasília, 9 de dezembro de 1965; 144º da Independência e 77º da República.

H. Castello Branco — Walter Peracchi Barcellos — Octávio Bulhões

LEI N. 4.950-A, DE 22 DE ABRIL DE 1966(*)

(DOU 29.4.66 — LTr 30/345)

DISPÕE SOBRE A REMUNERAÇÃO DE PROFISSIONAIS DIPLOMADOS EM ENGENHARIA, QUÍMICA, ARQUITETURA, AGRONOMIA E VETERINÁRIA

Faço saber que o Congresso Nacional aprovou e manteve após veto presidencial, e eu, Auro Moura Andrade, Presidente do Senado Federal, de acordo com o disposto no § 4º, do art. 70 da Constituição Federal, promulgo a seguinte Lei:

Art. 1º O salário mínimo dos diplomados pelos cursos regulares superiores mantidos pelas Escola de Engenharia, de Química, de Arquitetura, de Agronomia e de Veterinária é o fixado pela presente Lei.

Art. 2º O salário mínimo fixado pela presente Lei é a remuneração mínima obrigatória por serviços prestados pelos profissionais definidos no art. 1º, com relação de emprego ou função, qualquer que seja a fonte pagadora.

Art. 3º Para os efeitos desta Lei, as atividades ou tarefas desempenhadas pelos profissionais enumerados no art. 1º, são classificadas em:

a) atividades ou tarefas com exigência de 6 (seis) horas diárias de serviço;

b) atividades ou tarefas com exigência de mais de 6 (seis) horas diárias de serviço.

PARÁGRAFO ÚNICO. A jornada de trabalho é fixada no contrato de trabalho ou determinação legal vigente.

Art. 4º Para os efeitos desta Lei os profissionais citados na art. 1º são classificados em:

a) diplomados pelos cursos regulares superiores mantidos pelas Escolas de Engenharia, de Química, de Arquitetura, de Agronomia e de Veterinária com curso universitário de 4 (quatro) anos ou mais;

b) diplomados pelos cursos regulares superiores mantidos pelas Escolas de Engenharia, de Química, de Arquitetura, de Agronomia e de Veterinária com curso universitário de menos de 4 (quatro) anos.

Art. 5º Para a execução das atividades e tarefas classificadas na alínea *a* do art. 3º, fica fixado o salário-base mínimo de 6 (seis) vezes o maior salário mínimo comum vigente no País, para os profissionais relacionados na alínea *a* do art. 4º, e de 5 (cinco) vezes o maior salário mínimo comum vigente no País, para os profissionais da alínea *b* do art. 4º.

Art. 6º Para a execução de atividades e tarefas classificadas na alínea *b* do art. 3º, a fixação do salário-base mínimo será feita tomando-se por base o custo da hora fixado no art. 5º desta Lei, acrescidas de 25% as horas excedentes das 6 (seis) diárias de serviços.

Art. 7º A remuneração do trabalho noturno será feita na base da remuneração do trabalho diurno, acrescido de 25% (vinte e cinco por cento).

Art. 8º Esta Lei entrará em vigor na data de sua publicação, revogadas as disposições em contrário.

Brasília, 22 de abril de 1966; 145º da Independência e 78º da República.

Auro Moura Andrade — Presidente do Senado Federal

LEI N. 5.811, DE 10 DE OUTUBRO DE 1972

(DOU 16.10.72 — LTr 36/923)

DISPÕE SOBRE O REGIME DE TRABALHO DOS EMPREGADOS NAS ATIVIDADES DE EXPLORAÇÃO, PERFURAÇÃO, PRODUÇÃO E REFINAÇÃO DE PETRÓLEO, INDUSTRIALIZAÇÃO DO XISTO, INDÚSTRIA PETROQUÍMICA E TRANSPORTE DE PETRÓLEO E SEUS DERIVADOS POR MEIO DE DUTOS

O PRESIDENTE DA REPÚBLICA,

Faço saber que o Congresso Nacional decreta e eu sanciono a seguinte Lei:

Art. 1º O regime de trabalho regulado nesta lei é aplicável aos empregados que prestam serviços em atividades de exploração, perfuração, produção e refinação de petróleo bem como na industrialização do xisto, na indústria petroquímica e no transporte de petróleo e seus derivados por meio de dutos.

Art. 2º Sempre que for imprescindível à continuidade operacional o empregado será mantido em seu posto de trabalho em regime de revezamento.

§ 1º O regime de revezamento em turno de 8 (oito) horas será adotado nas atividades previstas no art. 1º, ficando a utilização do turno de 12 (doze) horas restrita às seguintes situações especiais:

a) atividades de exploração, perfuração, produção e transferência de petróleo no mar;

b) atividades de exploração, perfuração e produção de petróleo em áreas terrestres distantes ou de difícil acesso.

§ 2º Para garantir a normalidade das operações ou para atender a imperativos de segurança industrial, poderá ser exigida mediante o pagamento previsto no item II do art. 3º, a disponibilidade do empregado no local de trabalho ou nas suas proximidades durante o intervalo destinado a repouso e alimentação.

Art. 3º Durante o período em que o empregado permanecer no regime de revezamento em turno de 8 (oito) horas, ser-lhe-ão assegurados os seguintes direitos:

I — pagamento do adicional de trabalho noturno na forma do art. 73 da Consolidação das Leis do Trabalho;

II — pagamento em dobro da hora de repouso e alimentação suprimida nos termos do § 2º do art. 2º;

III — alimentação gratuita, no posto de trabalho, durante o turno em que estiver em serviço;

IV — transporte gratuito para o local de trabalho;

V — direito a repouso de 24 (vinte de quatro) horas consecutivas para cada 3 (três) turnos trabalhados.

PARÁGRAFO ÚNICO. Para os empregados que já venham percebendo habitualmente da empresa pagamento à conta de horas de repouso e alimentação ou de trabalho noturno os respectivos valores serão compensados nos direitos a que se referem os itens I e II deste artigo.

Art. 4º Ao empregado que trabalhe no regime de revezamento em turno de 12 (doze) horas, ficam assegurados, além dos já previstos nos itens I, II, III e IV do art. 3º, os seguintes direitos:

I — alojamento coletivo gratuito e adequado ao seu descanso e higiene;

II — repouso de 24 (vinte e quatro) horas consecutivas para cada turno trabalhado.

Art. 5º Sempre que for imprescindível à continuidade operacional durante as 24 (vinte e quatro) horas do dia, o empregado com responsabilidade de supervisão das operações previstas no art. 1º, ou engajado em trabalhos de geologia de poço, ou ainda, em trabalhos de apoio operacional às atividades enumeradas nas alíneas *a* e *b* do § 1º, do art. 2º, poderá ser mantido no regime de sobreaviso.

§ 1º Entende-se por regime de sobreaviso aquele em que o empregado permanece à disposição do empregador por um período de 24 (vinte e quatro) horas para prestar assistência aos trabalhos normais ou atender a necessidades ocasionais de operação.

§ 2º Em cada jornada de sobreaviso o trabalho efetivo não excederá de 12 (doze) horas.

Art. 6º Durante o período em que permanecer no regime de sobreaviso, serão assegurados ao empregado, além dos já previstos nos itens III e IV do art. 3º e I do art. 4º, os seguintes direitos:

I — repouso de 24 (vinte e quatro) horas consecutivas para cada período de 24 (vinte e quatro) horas em que permanecer de sobreaviso;

II — remuneração adicional correspondente a, no mínimo, 20% (vinte por cento) do respectivo salário básico para compensar a eventualidade de trabalho noturno ou a variação de horário para repouso e alimentação.

PARÁGRAFO ÚNICO. Considera-se salário básico a importância fixa mensal correspondente à retribuição do trabalho prestado pelo empregado na jornada normal de trabalho, antes do acréscimo de vantagens, incentivos ou benefícios a qualquer título.

Art. 7º A concessão de repouso na forma dos itens V do art. 3º, II do art. 4º e I do art. 6º

Legislação Complementar

(*) A Lei n. 5.194, de 24.12.66 (DOU 27.12.66 e retif. 4.1.67 — LTr 31/61) que regulou o exercício das profissões de Engenheiro, Arquiteto e Engenheiro Agrônomo, dispôs em seu:

"Art. 82. As remunerações iniciais de engenheiros, arquitetos e engenheiros agrônomos, qualquer que seja a fonte pagadora, não poderão ser inferiores a 6 (seis) vezes o salário mínimo da respectiva região".

Este dispositivo, que havia sido vetado pelo Sr. Presidente da República, foi mantido pelo Congresso Nacional (DOU 24.4.67 — LTr 31/252).

A Lei n. 241, de 28.2.67 — (DOU 28.2.67 — LTr 31/112) incluiu os engenheiros de operação entre os profissionais abrangidos pela Lei n. 5.194.

A Resolução n. 12, de 7.7.71 do Senado Federal (DOU 8.6.71 — LTr 35/498) suspendeu, por inconstitucionalidade, a execução da Lei n. 4.950-A, em relação aos servidores públicos sujeitos ao regime estatutário.

quita a obrigação patronal relativa ao repouso semanal remunerado de que trata a Lei n. 605, de 5 de janeiro de 1949.

Art. 8º O empregado não poderá pemanecer em serviço, no regime de revezamento previsto para as situações especiais de que tratam as alíneas *a* e *b* do § 1º do art. 2º, nem no regime estabelecido no art. 5º, por período superior a 15 (quinze) dias consecutivos.

Art. 9º Sempre que, por iniciativa do empregador, for alterado o regime de trabalho do empregado, com a redução ou supressão das vantagens inerentes aos regimes instituídos nesta lei, ser-lhe-á assegurado o direito à percepção de uma indenização.

PARÁGRAFO ÚNICO. A indenização de que trata o presente artigo corresponderá a um só pagamento, igual à média das vantagens previstas nesta lei, percebidas nos últimos 12 (doze) meses anteriores à mudança, para cada ano ou fração igual ou superior a 6 (seis) meses de permanência no regime de revezamento ou de sobreaviso.

Art. 10. A variação de horário, em escalas de revezamento diurno, noturno ou misto, será estabelecida pelo empregador com obediência aos preceitos desta lei.

PARÁGRAFO ÚNICO. Não constituirá alteração ilícita a exclusão do empregado do regime de revezamento, cabendo-lhe exclusivamente, nesta hipótese, o pagamento previsto no art. 9º.

Art. 11. Os atuais regimes de trabalho nas atividades previstas no art. 1º, bem como as vantagens a eles inerentes serão ajustados às condições estabelecidas nesta lei, de forma que não ocorra redução de remuneração.

PARÁGRAFO ÚNICO. A aplicação do disposto neste artigo, ao empregado que cumpra jornada inferior à 8 (oito) horas dependerá de acordo individual ou coletivo, assegurados, em tal caso, exclusivamente, os direitos constantes desta lei.

Art. 12. As disposições desta lei se aplicam a situações análogas definidas em regulamento.

Art. 13. Esta lei entrará em vigor na data de sua publicação, revogadas as disposições em contrário.

Brasília, 11 de outubro de 1972; 151º da Independência e 84º da República.

Emílio G. Médici
Júlio Barata

LEI N. 5.859, DE 11 DE DEZEMBRO DE 1972

(DOU 12.12.72 — LTr 37/101)

(V. CF, art. 7º, parágrafo único, p. 30)

DISPÕE SOBRE A PROFISSÃO DE EMPREGADO DOMÉSTICO, E DÁ OUTRAS PROVIDÊNCIAS

O PRESIDENTE DA REPÚBLICA, faço saber que o Congresso Nacional decreta e eu sanciono a seguinte Lei:

Art. 1º Ao empregado doméstico, assim considerado aquele que presta serviços de natureza contínua e de finalidade não lucrativa à pessoa ou à família no âmbito residencial destas, aplica-se o disposto nesta Lei.

Art. 2º Para admissão ao emprego deverá o empregado doméstico apresentar:

I — Carteira de Trabalho e Previdência Social;

II — Atestado de boa conduta;

III — Atestado de saúde, a critério do empregador.

Art. 2º-A. É vedado ao empregador doméstico efetuar descontos no salário do empregado por fornecimento de alimentação, vestuário, higiene ou moradia.

§ 1º Poderão ser descontadas as despesas com moradia de que trata o *caput* deste artigo quando essa se referir a local diverso da residência em que ocorrer a prestação de serviço, e desde que essa possibilidade tenha sido expressamente acordada entre as partes.

§ 2º As despesas referidas no *caput* deste artigo não têm natureza salarial nem se incorporam à remuneração para quaisquer efeitos. *(Artigo e parágrafos acrescentados pela Lei n. 11.324, de 19.7.06, DOU 20.7.06)*

Art. 3º. O empregado doméstico terá direito a férias anuais remuneradas de 30 (trinta) dias com, pelo menos, 1/3 (um terço) a mais que o salário normal, após cada período de 12 (doze) meses de trabalho, prestado à mesma pessoa ou família. (NR) *(Redação dada pela Lei n. 11.324, de 19.7.06, DOU 20.7.06)*

Nota:

De acordo com o art. 5º da Lei n. 11.324, de 19.7.06, "o disposto no art. 3º da Lei n. 5.859, de 11 de dezembro de 1972, com a redação dada por esta Lei, aplica-se aos períodos aquisitivos iniciados após a data de publicação desta Lei".

Art. 3º-A. É facultada a inclusão do empregado doméstico no Fundo de Garantia do Tempo de Serviço — FGTS, de que trata a Lei n. 8.036, de 11 de maio de 1990, mediante requerimento do empregador, na forma do regulamento. *(Artigo incluído pela Lei n. 10.208, de 23.3.2001).*

Art. 4º Aos empregados domésticos são assegurados os benefícios e serviços da Lei Orgânica da Previdência Social na qualidade de segurados obrigatórios.

Art. 4º-A. É vedada a dispensa arbitrária ou sem justa causa da empregada doméstica gestante desde a confirmação da gravidez até 5 (cinco) meses após o parto. *(Artigo acrescentado pela Lei n. 11.324, de 19.7.06, DOU 20.7.06)*

Art. 5º Os recursos para o custeio do plano de prestações provirão das contribuições abaixo, a serem recolhidas pelo empregador até o último dia do mês seguinte àquele a que se referirem e incidentes sobre o valor do salário mínimo da região:

I — 8% (oito por cento) do empregador;

II — 8%, 9% e 11% do empregado doméstico.

§ 1º O salário de contribuição para o empregado doméstico que receber salário superior ao mínimo vigente incidirá sobre a remuneração constante do contrato de trabalho registrado em sua Carteira de Trabalho e Previdência Social, até o limite de 3 (três) salários mínimos regionais *(Redação dada pela Lei n. 6.887, de 10.12.80, DOU 11.12.80).*

§ 2º A falta de recolhimento, na época própria, das contribuições previstas neste artigo sujeitará o responsável ao pagamento do juro moratório de 1% (um por cento) ao mês, além da multa variável de 10% (dez por cento) a 50% (cinquenta por cento) do valor do débito *(Redação dada pela Lei n. 6.887, de 10.12.80, DOU 11.12.80).*

Notas:

1) Prazo para o recolhimento da contribuição previdenciária. V. inciso II, do art. 30, da Lei n. 8.212/91, com a redação dada pela Lei n. 9.876, de 26.11.99 (DOU 29.11.99) que dispõe: "II — os segurados contribuinte individual e facultativo estão obrigados a recolher sua contribuição por iniciativa própria, até o dia quinze do mês seguinte ao da competência;" (NR).

2) Contribuição do empregador doméstico de 12% (art. 24, da Lei n. 8.212/91, assim disposto: A contribuição do empregador doméstico é de 12% (doze por cento) do salário de contribuição do empregado doméstico a seu serviço).

3) Contribuição do empregado doméstico de 8%, 9% e 11%. Ter presente a Portaria MPS e MF n. 2, de 6 de janeiro de 2012, DOU 9.1.12, que estabelece os limites de incidência de contribuição previdenciária a vigorar a partir de 1 de janeiro de 2012, a saber:

TABELA DE CONTRIBUIÇÃO DOS SEGURADOS EMPREGADO, EMPREGADO DOMÉSTICO E TRABALHADOR AVULSO, PARA PAGAMENTO DE REMUNERAÇÃO A PARTIR DE 1º DE JANEIRO DE 2012

SALÁRIO DE CONTRIBUIÇÃO (R$)	*ALÍQUOTA PARA FINS DE RECOLHIMENTO AO INSS*
até 1.174,86	**8,00%**
de 1.174,87 até 1.985,10	**9,00%**
de 1.958,11 até 3.916,20	**11,00%**

"O empregador doméstico poderá recolher a contribuição do segurado empregado a seu serviço e a parcela a seu cargo relativas à competência novembro até o dia 20 de dezembro, juntamente com a contribuição referente ao 13º (décimo terceiro) salário, utilizando-se de um único documento de arrecadação." (NR) (Lei n. 8.212, de 24.7.01, art. 30, § 6º. Parágrafo acrescentado pela Lei n. 11.324, de 19.7.06, DOU 20.07.06)

Quanto ao imposto de renda, dedução com gastos do empregado doméstico, ver o disposto na Lei n. 9.250, de 26.12.95, com as modificações introduzidas no seu art. 12, pela Lei n. 12.469, de 26.8.11, DOU 29.8.11, a seguir transcrito.

"Art. 12

....

VII — até o exercício de 2015, ano-calendário de 2014, a contribuição patronal paga à Previdência Social pelo empregador doméstico incidente sobre o valor da remuneração do empregado.

....

§ 3º A dedução de que trata o inciso VII do caput deste artigo:

I — está limitada: a) a 1 (um) empregado doméstico por declaração, inclusive no caso da declaração em conjunto; b) ao valor recolhido no ano-calendário a que se referir a declaração;

II — aplica-se somente ao modelo completo de Declaração de Ajuste Anual;

III — não poderá exceder: a) ao valor da contribuição patronal calculada sobre 1 (um) salário mínimo mensal, sobre o 13º (décimo terceiro) salário e sobre a remuneração adicional de férias, referidos também a 1 (um) salário mínimo; b) ao valor do imposto apurado na forma do art. 11 desta Lei, deduzidos os valores de que tratam os incisos I a III do caput deste artigo;

IV — fica condicionada à comprovação da regularidade do empregador doméstico perante o Regime Geral de Previdência Social quando se tratar de contribuinte individual." (NR)

....

Art. 8º Esta Lei entra em vigor na data de sua publicação, produzindo efeitos em relação às contribuições patronais pagas a partir do mês de janeiro de 2006."

Art. 6º Não serão devidas quaisquer das contribuições discriminadas nos itens II a VII da Tabela constante do artigo 3º do Decreto n. 60.466, de 14 de março de 1967.

Art. 6º-A. O empregado doméstico que for dispensado sem justa causa fará jus ao benefício do seguro-desemprego, de que trata a Lei n. 7.998, de 11 de janeiro de 1990, no valor de um salário mínimo, por um período máximo de três meses, de forma contínua ou alternada. *(Artigo incluído pela Lei n. 10.208. de 23.3.2001).*

§ 1º O benefício será concedido ao empregado inscrito no FGTS que tiver trabalhado como doméstico por um período mínimo de quinze meses nos últimos vinte e quatro meses contados da dispensa sem justa causa. *(Parágrafo incluído pela Lei n. 10.208, de 23.3.2001).*

§ 2º Considera-se justa causa para os efeitos desta Lei as hipóteses previstas no art. 482, com exceção das alíneas *c* e *g* e do seu parágrafo único, da Consolidação das Leis do Trabalho. *(Parágrafo incluído pela Lei n. 10.208, de 23.3.2001). (NR)*

Art. 6º-B. Para se habilitar ao benefício, o trabalhador deverá apresentar ao órgão competente do Ministério do Trabalho e Emprego: *(Artigo incluído pela Lei n. 10.208, de 23.3.2001).*

I — Carteira de Trabalho e Previdência Social, na qual deverão constar a anotação do contrato de trabalho doméstico e a data da dispensa, de modo a comprovar o vínculo empregatício, como empregado doméstico, durante pelo menos quinze meses nos últimos vinte e quatro meses; *(Inciso incluído pela Lei n. 10.208, de 23.3.2001).*

II — termo de rescisão do contrato de trabalho atestando a dispensa sem justa causa; *(Inciso incluído pela Lei n. 10.208, de 23.3.2001).*

III — comprovantes do recolhimento da contribuição previdenciária e do FGTS, durante o período referido no inciso I, na condição de empregado doméstico; *(Inciso incluído pela Lei n. 10.208, de 23.3.2001).*

IV — declaração de que não está em gozo de nenhum benefício de prestação continuada da Previdência Social, exceto auxílio-acidente e pensão por morte; e *(inciso incluído pela Lei n. 10.208, de 23.3.2001).*

V — declaração de que não possui renda própria de qualquer natureza suficiente à sua manutenção e de sua família. *(Inciso incluído pela Lei n. 10.208, de 23.3.2001).*

Art. 6º-C. O seguro-desemprego deverá ser requerido de sete a noventa dias contados da data da dispensa. *(Artigo incluído pela Lei n. 10.208, de 23.3.2001).*

Art. 6º-D. Novo seguro-desemprego só poderá ser requerido a cada período de dezesseis meses decorridos da dispensa que originou o benefício anterior. *(Artigo incluído pela Lei n. 10.208, de 23.3.2001).*

Art. 6º-E. As multas e os valores fixados para as infrações previstas na Consolidação das Leis do Trabalho — CLT, aprovada pelo Decreto-Lei n. 5.452, de 1º de maio de 1943, aplicam-se, no que couber, às infrações ao disposto nesta Lei.

§ 1º A gravidade será aferida considerando-se o tempo de serviço do empregado, a idade, o número de empregados e o tipo da infração.

§ 2º A multa pela falta de anotação da data de admissão e da remuneração do empregado doméstico na Carteira de Trabalho e Previdência Social será elevada em pelo menos 100% (cem por cento).

§ 3º O percentual de elevação da multa de que trata o § 2º deste artigo poderá ser reduzido se o tempo de serviço for reconhecido voluntariamente pelo empregador, com a efetivação das anotações pertinentes e o recolhimento das contribuições previdenciárias devidas.

§ 4º (VETADO). *(Artigo e parágrafos acrescentados pela Lei n. 12.964, de 8.4.14, DOU 9.4.14)*

Art. 7º Esta Lei será regulamentada no prazo de 90 (noventa) dias vigorando 30 (trinta) dias após a publicação do seu regulamento.

Art. 8º Revogam-se as disposições em contrário.

Brasília, 11 de dezembro de 1972; 151º da Independência e 84º da República.

Emílio G. Médici
Júlio Barata

DECRETO N. 71.885, DE 9 DE MARÇO DE 1973

(DOU 9.3.73 — LTr 37/302)

APROVA O REGULAMENTO DA LEI N. 5.859, DE 11.12.1972, QUE DISPÕE SOBRE A PROFISSÃO DE EMPREGADO DOMÉSTICO, E DÁ OUTRAS PROVIDÊNCIAS

O PRESIDENTE DA REPÚBLICA, usando da atribuição que lhe confere o art. 81, item III, da Constituição, e tendo em vista o disposto no art. 7º da Lei n. 5.859, de 11 de dezembro de 1972, decreta:

Art. 1º São assegurados aos empregados domésticos os benefícios e serviços da Lei Orgânica da Previdência Social, na conformidade da Lei n. 5.859, de 11 de dezembro de 1972.

Art. 2º Excetuando o capítulo referente a férias, não se aplicam aos empregados domésticos as demais disposições da Consolidação das Leis do Trabalho.

PARÁGRAFO ÚNICO. As divergências entre empregado e empregador doméstico relativas a férias e anotações na Carteira do Trabalho e Previdência Social, ressalvada a competência da Justiça do Trabalho, serão dirimidas pela Delegacia Regional do Trabalho.

Art. 3º Para os fins constantes da Lei n. 5.859, de 11 de dezembro de 1972, considera-se:

I — empregado doméstico aquele que presta serviços de natureza contínua e de finalidade não lucrativa à pessoa ou à família, no âmbito residencial destas;

II — empregador doméstico a pessoa ou família que admita a seu serviço empregado doméstico.

Art. 4º O empregado doméstico, ao ser admitido no emprego, deverá apresentar os seguintes documentos:

I — Carteira de Trabalho e Previdência Social;

II — Atestado de boa conduta, emitido por autoridade policial, ou por pessoa idônea, a juízo do empregador;

III — Atestado de saúde, subscrito por autoridade médica responsável, a critério do empregador doméstico.

Art. 5º Na Carteira de Trabalho e Previdência Social do empregado doméstico serão feitas, pelo respectivo empregador, as seguintes anotações:

I — data de admissão;

II — salário mensal ajustado;

III — início e término das férias;

IV — data da dispensa.

Art. 6º Após cada período contínuo de 12 (doze) meses de trabalho prestado à mesma pessoa ou família, a partir da vigência deste regulamento, o empregado doméstico fará jus a férias remuneradas, nos termos da Consolidação das Leis do Trabalho, de 20 (vinte) dias úteis, ficando a critério do empregador doméstico a fixação do período correspondente.

Art. 7º Filiam-se à Previdência Social, como segurados obrigatórios, os que trabalhavam como empregados domésticos no território nacional, na forma do disposto na alínea I do artigo 3º deste regulamento.

Art. 8º O limite de 60 anos para filiação à Previdência Social, previsto no artigo 4º do Decreto-lei n. 710, de 28 de julho de 1969, não se aplica ao empregado doméstico que:

I — inscrito como segurado facultativo para todos os efeitos, nessa qualidade já vinha contribuindo na forma da legislação anterior;

II — já sendo segurado obrigatório, tenha adquirido ou venha a adquirir a condição de empregado doméstico, após se desligar de emprego ou atividade de que decorria aquela situação.

Art. 9º Considerar-se-á inscrito para os efeitos da Lei n. 5.859, de 11 de dezembro de 1972, o empregado doméstico que se qualificar junto ao Instituto Nacional de Previdência Social, mediante apresentação da Carteira de Trabalho e Previdência Social.

§ 1º Os empregados domésticos, inscritos como segurados facultativos, passam, a partir da vigência deste regulamento, à condição de segurados obrigatórios, independentemente de nova inscrição.

§ 2º A inscrição dos dependentes incumbe ao próprio segurado e será feita, sempre que possível, no ato de sua inscrição.

Art. 10. O auxílio-doença e a aposentadoria por invalidez do empregado doméstico serão devidos a contar da data de entrada do respectivo requerimento.

Art. 11. O custeio das prestações a que se refere o presente regulamento será atendido pelas seguintes contribuições:

I — do segurado, em percentagem correspondente a 8% (oito por cento) do seu salário de contribuição, assim considerado, para os efeitos deste regulamento, o valor do salário mínimo regional;

II — do empregador doméstico, em quantia igual à que for devida pelo segurado.

PARÁGRAFO ÚNICO. Quando a admissão, dispensa e afastamento do empregado doméstico ocorrer no curso do mês, a contribuição incidirá sobre 1/30 (um trinta avos) do salário mínimo regional por dia de trabalho efetivamente prestado.

Art. 12. O recolhimento das contribuições a cargo do empregador doméstico, será realizado na forma das instruções a serem baixadas pelo Instituto Nacional de Previdência Social, em formulário próprio, individualizado por empregado doméstico.

PARÁGRAFO ÚNICO. Não recolhendo na época própria as contribuições a seu cargo, ficará o empregador doméstico sujeito às penalidades previstas no artigo 165 do Regulamento Geral da Previdência Social, aprovado pelo Decreto n. 60.501, de 14 de março de 1969.

Art. 13. Aplica-se ao empregado doméstico e respectivo empregador, no que couber, o disposto no Regulamento Geral da Previdência Social, aprovado pelo Decreto n. 60.501, de 14 de março de 1969.

Art. 14. O Ministro do Trabalho e Previdência Social baixará as instruções necessárias à execução do presente regulamento.

Art. 15. O presente regulamento entrará em vigor 30 (trinta) dias após sua publicação, revogadas as disposições em contrário.

Brasília, 9 de março de 1973, 152º da Independência e 85º da República.

Emílio G. Médici
Júlio Barata

INSTRUÇÃO NORMATIVA MTE/SIT N. 110, DE 6 DE AGOSTO DE 2014

(DOU 7.8.14)

DISPÕE SOBRE OS PROCEDIMENTOS DE FISCALIZAÇÃO DO CUMPRIMENTO DAS NORMAS RELATIVAS À PROTEÇÃO AO TRABALHO DOMÉSTICO

O SECRETÁRIO DE INSPEÇÃO DO TRABALHO, no exercício da competência prevista nos incisos I e XIII do art. 1º, do Anexo VI, da Portaria n. 483, de 15 de setembro de 2004, considerando a previsão contida no art. 30, caput, do Decreto n. 4.552, de 27 de dezembro de 2002, e o disposto no inciso II do art. 11 da Portaria n. 546, de 11 de março de 2010, com a redação dada pela Portaria n. 287, de 27 de fevereiro de 2014, resolve:

Art. 1º A verificação do cumprimento das normas de proteção ao trabalho doméstico, de que trata a Lei n. 5.859, de 11 de dezembro de 1972, com a redação da Lei n. 12.964, de 8 de abril de 2014, será realizada por Auditor Fiscal do Trabalho — AFT, preferencialmente mediante procedimento de fiscalização indireta.

PARÁGRAFO ÚNICO. Considera-se fiscalização indireta a realizada por meio de sistema de notificações para apresentação de documentos nas unidades descentralizadas do Ministério do Trabalho e Emprego — MTE.

Art. 2º A fiscalização indireta será iniciada mediante a emissão de notificação por via postal, com Aviso de Recebimento — AR, que liste a documentação a ser apresentada e indique dia, hora e unidade descentralizada do MTE para a apresentação dos referidos documentos, fazendo-se constar expressamente a advertência de que o desatendimento à notificação acarretará a lavratura dos autos de infração cabíveis.

§ 1º Constará necessariamente da lista de documentos a ser apresentada, em relação a cada empregado doméstico, cópia da Carteira de Trabalho e Previdência Social (CTPS) onde conste a identificação do mesmo, a anotação do contrato de trabalho doméstico e as condições especiais, se houver, de modo a comprovar a formalização do vínculo empregatício.

§ 2º Em caso de impossibilidade de comparecimento, o empregador poderá fazer-se representar, independentemente de carta de preposição, por pessoa da família que seja maior de dezoito anos e capaz, resida no local onde ocorra a prestação de serviços pelo empregado doméstico e apresente a documentação requerida.

§ 3º Comparecendo o empregador ou representante e sendo ou não apresentada a documentação requerida na notificação, caberá ao Auditor-Fiscal do Trabalho responsável pela fiscalização a análise do caso concreto e a adoção dos procedimentos fiscais cabíveis.

§ 4º Na hipótese de fiscalização iniciada por denúncia, o AFT deverá guardar sigilo a esse respeito, bem como quanto à identidade do denunciante, em obediência ao disposto na alínea c do art. 15 da Convenção n. 81 da Organização Internacional do Trabalho, promulgada pelo Decreto n. 41.721, de 25 de junho de 1957.

Art. 3º Caso o empregador, notificado para apresentação de documentos, não compareça no dia e hora determinados, o AFT deverá lavrar auto de infração capitulado no § 3º ou no § 4º do art. 630 da CLT, ao qual anexará via original da notificação emitida e, se for o caso, do AR que comprove o recebimento da respectiva notificação, independentemente de outras autuações ou procedimentos fiscais cabíveis.

Art. 4º Em caso de necessidade de fiscalização do local de trabalho, o AFT, após apresentar sua Carteira de Identidade Fiscal (CIF) e em observância ao mandamento constitucional da inviolabilidade do domicílio, dependerá de consentimento expresso e escrito do empregador para ingressar na residência onde ocorra a prestação de serviços por empregado doméstico.

PARÁGRAFO ÚNICO. Considera-se empregador, para fins do consentimento previsto no caput, qualquer pessoa capaz, pertencente à família para a qual o empregado doméstico preste serviços, que esteja responsável pela residência onde ocorra a prestação, no momento da inspeção a ser realizada por AFT.

Art. 5º O vínculo de emprego doméstico declarado em decisão judicial transitada em julgado, comunicado oficialmente por órgão da Justiça do Trabalho deverá ser considerado como prova documental a ser auditada no procedimento de fiscalização de que trata esta Instrução Normativa e servirá como elemento de convicção à eventual lavratura dos correspondentes autos de infração.

Art. 6º Esta Instrução Normativa entra em vigor na data de sua publicação.

Paulo Sérgio de Almeida

DECRETO N. 3.361, DE 10 DE FEVEREIRO DE 2000

(DOU 11.2.00)

REGULAMENTA DISPOSITIVOS DA LEI N. 5.859, DE 11 DE DEZEMBRO DE 1972, QUE DISPÕE SOBRE A PROFISSÃO DE EMPREGADO DOMÉSTICO, PARA FACULTAR O ACESSO DO EMPREGADO DOMÉSTICO AO FUNDO DE GARANTIA DO TEMPO DE SERVIÇO — FGTS E AO PROGRAMA DO SEGURO-DESEMPREGO

V. CIRCULAR MF/CEF N. 187, DE 11.2.00, DOU 15.2.00, QUE ESTABELECE PROCEDIMENTOS PERTINENTES AO RECOLHIMENTO DOS DEPÓSITOS DE FGTS NA CONTA VINCULADA DO EMPREGADO DOMÉSTICO, REFERENTE AO CONTRATO DE TRABALHO FIRMADO NOS TERMOS DA LEI N. 5.859/72, DE 18.12.72 (NÃO PUBLICADA NESTA OBRA)

V. TAMBÉM INSTRUÇÃO NORMATIVA DO MPAS/INSS N. 23, DE 31.5.00 DOU 1º.6.00, (NÃO PUBLICADA NESTA OBRA)

O PRESIDENTE DA REPÚBLICA, no uso da atribuição que lhe confere o art. 84, inciso IV, da Constituição, e tendo em vista o disposto na Lei n. 5.859, de 11 de dezembro de 1972, com as alterações introduzidas pela Medida Provisória n. 1.986-2, de 10 de fevereiro de 2000, decreta:

Art. 1º O empregado doméstico poderá ser incluído no Fundo de Garantia do Tempo de Serviço — FGTS, de que trata a Lei n. 8.036, de 11 de maio de 1990, mediante requerimento do empregador, a partir da competência março do ano 2000.

§ 1º Para efeito deste Decreto, o requerimento consistirá na apresentação da guia de recolhimento do FGTS, devidamente preenchida e assinada pelo empregador, na Caixa Econômica Federal — CEF ou na rede arrecadadora a ela conveniada.

§ 2º Efetivado o primeiro depósito na conta vinculada, o empregado doméstico será automaticamente incluído no FGTS.

Art. 2º A inclusão do empregado doméstico no FGTS é irretratável com relação ao respectivo vínculo contratual e sujeita o empregador às obrigações e penalidades previstas na Lei n. 8.036, de 1990.

Art. 3º O benefício do seguro-desemprego de que trata a Lei n. 5.859, de 11 de dezembro de 1972, será concedido ao trabalhador, vinculado ao FGTS, que tiver trabalhado como doméstico por um período mínimo de quinze meses nos últimos vinte e quatro meses, contados da data de sua dispensa sem justa causa.

Art. 4º Para se habilitar ao seguro-desemprego, o trabalhador deverá apresentar ao órgão competente do Ministério do Trabalho e Emprego:

I — Carteira de Trabalho e Previdência Social, na qual deverá constar a anotação do contrato de trabalho doméstico e a data da dispensa, de modo a comprovar o vínculo empregatício, como empregado doméstico, durante pelo menos quinze meses nos últimos vinte e quatro meses;

II — termo de rescisão do contrato de trabalho atestando a dispensa sem justa causa;

III — comprovantes do recolhimento da contribuição previdenciária e do FGTS, durante o período referido no inciso I, na condição de empregado doméstico;

IV — declaração de que não está em gozo de nenhum benefício de prestação continuada da Previdência Social, exceto auxílio-acidente e pensão por morte; e

V — declaração de que não possui renda própria de qualquer natureza, suficiente à sua manutenção e de sua família.

§ 1º Na contagem do tempo de serviço de que trata o inciso I deste artigo, serão considerados os meses em que foram efetuados depósitos no FGTS, em nome do trabalhador como empregado doméstico, por um ou mais empregadores.

§ 2º Considera-se um mês de atividade, para efeito do inciso I deste artigo, a fração igual ou superior a quinze dias.

Art. 5º O valor do benefício do seguro-desemprego do empregado doméstico corresponderá a um salário mínimo e será concedido por um período máximo de três meses, de forma contínua ou alternada, a cada período aquisitivo de dezesseis meses.

PARÁGRAFO ÚNICO. O benefício do seguro-desemprego só poderá ser requerido novamente a cada período de dezesseis meses decorridos da dispensa que originou o benefício anterior, desde que satisfeitas as condições estabelecidas no artigo anterior.

Art. 6º A CEF definirá os procedimentos operacionais necessários à inclusão do empregado doméstico e seu empregador no FGTS.

Art. 7º Caberá ao Conselho Deliberativo do Fundo de Amparo ao Trabalhador — CODEFAT, mediante resolução, estabelecer as medidas operacionais que se fizerem necessárias à concessão do benefício do seguro-desemprego.

Art. 8º Este Decreto entra em vigor na data de sua publicação.

Brasília, 10 de fevereiro de 2000; 179º da Independência e 112º da República.

Fernando Henrique Cardoso

Francisco Dornelles

LEI N. 5.889, DE 8 DE JUNHO DE 1973

(DOU 11.6.73 — LTr 37/659)

(V. CF, art. 7º — p. 30)

ESTATUI NORMAS REGULADORAS DO TRABALHO RURAL E DÁ OUTRAS PROVIDÊNCIAS

O PRESIDENTE DA REPÚBLICA,

Faço saber que o Congresso Nacional decreta e eu sanciono a seguinte Lei:

Art. 1º As relações de trabalho rural serão reguladas por esta Lei e, no que com ela não colidirem, pelas normas da Consolidação das Leis do Trabalho, aprovada pelo Decreto-lei n. 5.452, de 1º de maio de 1943.

PARÁGRAFO ÚNICO. Observadas as peculiaridades do trabalho rural a ele também se aplicam as Leis ns. 605, de 5 de janeiro de 1940; 4.090, de 13 de julho de 1962; 4.725, de 13 de julho de 1965; com as alterações da Lei n. 4.903, de 16 de dezembro de 1965, e os Decretos-leis ns. 15, de 29 de julho de 1966; 17, de 22 de agosto de 1966 e 368, de 19 de dezembro de 1968. Todos estes dispositivos legais estão nesta obra — (ver Índice Cumulativo).

Art. 2º Empregado rural é toda pessoa física que, em propriedade rural ou prédio rústico, presta serviços de natureza não eventual a empregador rural, sob a dependência deste e mediante salário.

Art. 3º Considera-se empregador rural, para os efeitos desta Lei, a pessoa física ou jurídica, proprietária ou não, que explore atividade agroeconômica, em caráter permanente ou temporário, diretamente ou através de prepostos e com auxílio de empregados.

§ 1º Inclui-se na atividade econômica, referida no *caput* deste artigo, a exploração industrial em estabelecimento agrário não compreendido na Consolidação das Leis do Trabalho.

§ 2º Sempre que uma ou mais empresas, embora tendo cada uma delas personalidade jurídica própria, estiverem sob direção, controle ou administração de outra, ou ainda quando, mesmo guardando cada uma sua autonomia, integrem grupo econômico ou financeiro rural, serão responsáveis solidariamente nas obrigações decorrentes da relação de emprego.

Lei n. 10.256, de 9 de julho de 2001, DOU 10.7.01

Art. 25-A. Equipara-se ao empregador rural pessoa física o consórcio simplificado de produtores rurais, formado pela união de produtores rurais pessoas físicas, que outorgar a um deles poderes para contratar, gerir e demitir trabalhadores para prestação de serviços, exclusivamente, aos seus integrantes, mediante documento registrado em cartório de títulos e documentos.

§ 1º O documento de que trata o caput *deverá conter a identificação de cada produtor, seu endereço pessoal e o de sua propriedade rural, bem como o respectivo registro no Instituto Nacional de Colonização e Reforma Agrária — INCRA ou informações relativas a parceria, arrendamento ou equivalente e a matrícula no Instituto Nacional do Seguro Social — INSS de cada um dos produtores rurais.*

§ 2º O consórcio deverá ser matriculado no INSS em nome do empregador a quem hajam sido outorgados os poderes, na forma do regulamento.

§ 3º Os produtores rurais integrantes do consórcio de que trata o caput *serão responsáveis solidários em relação às obrigações previdenciárias.*

Art. 4º Equipara-se ao empregador rural, a pessoa física ou jurídica que, habitualmente, em caráter profissional, e por conta de terceiros, execute serviços de natureza agrária, mediante utilização do trabalho de outrem.

Art. 5º Em qualquer trabalho contínuo de duração superior a seis horas, será obrigatória a concessão de um intervalo para repouso ou alimentação, observados os usos e costumes da região, não se computando este intervalo na duração do trabalho. Entre duas jornadas de trabalho haverá um período mínimo de onze horas consecutivas para descanso.

Art. 6º Nos serviços caracteristicamente intermitentes, não serão computados como de efetivo exercício, os intervalos entre uma e outra parte da execução da tarefa diária, desde que tal hipótese seja expressamente ressalvada na Carteira de Trabalho e Previdência Social.

Art. 7º Para os efeitos desta Lei, considera-se trabalho noturno o executado entre as vinte e uma horas de um dia e as cinco horas do dia seguinte, na lavoura, e entre as vinte horas de um dia e as quatro horas do dia seguinte, na atividade pecuária.

PARÁGRAFO ÚNICO. Todo trabalho noturno será acrescido de 25% (vinte e cinco por cento) sobre a remuneração normal.

Art. 8º Ao menor de 18 anos é vedado o trabalho noturno.

Art. 9º Salvo as hipóteses de autorização legal ou decisão judiciária, só poderão ser descontadas do empregado rural as seguintes parcelas, calculadas sobre o salário mínimo:

a) até o limite de 20% (vinte por cento) pela ocupação da morada;

b) até o limite 25% (vinte e cinco por cento) pelo fornecimento de alimentação sadia e farta, atendidos os preços vigentes na região;

c) adiantamentos em dinheiro.

§ 1º As deduções acima especificadas deverão ser previamente autorizadas, sem o que serão nulas de pleno direito.

§ 2º Sempre que mais de um empregado residir na mesma morada, o desconto, previsto na letra "a" deste artigo, será dividido proporcionalmente ao número de empregados, vedada, em qualquer hipótese, a moradia coletiva de famílias.

§ 3º Rescindido ou findo o contrato de trabalho, o empregado será obrigado a desocupar a casa dentro de trinta dias.

§ 4º O Regulamento desta Lei especificará os tipos de morada para fins de dedução.

§ 5º A cessão pelo empregador, de moradia e de sua infraestrutura básica, assim como, bens destinados à produção para sua subsistência e de sua família, não integram o salário do trabalhor rural, desde que caracterizados como tais, em contrato escrito celebrado entre as partes, com testemunhas e notificação obrigatória ao respectivo sindicato de trabalhadores rurais. *(Parágrafo acrescentado pela Lei n. 9.300, de 29.8.96, DOU 30.8.96).*

Art. 10. A prescrição dos direitos assegurados por esta Lei aos trabalhadores rurais só ocorrerá após dois anos de cessação do contrato de trabalho.

PARÁGRAFO ÚNICO. Contra o menor de dezoito anos não ocorre qualquer prescrição.

— vide art. 7º, XXIX da Constituição Federal, com a redação dada pela Emenda Constitucional n. 28, de 25.5.00 (DOU 26.5.00 e Retif. DOU 29.5.00).

Art. 11. Ao empregado rural maior de dezesseis anos é assegurado salário mínimo igual ao do empregado adulto.

PARÁGRAFO ÚNICO. Ao empregado menor de dezesseis anos é assegurado salário mínimo fixado em valor correspondente à metade do salário mínimo estabelecido para o adulto.

Art. 12. Nas regiões em que se adota a plantação subsidiária ou intercalar (cultura secundária), a cargo do empregado rural, quando autorizada ou permitida, será objeto de contrato em separado.

PARÁGRAFO ÚNICO. Embora devendo integrar o resultado anual a que tiver direito o empregado rural, a plantação subsidiária ou intercalar não poderá compor a parte correspondente ao salário mínimo na remuneração geral do empregado, durante o ano agrícola.

Art. 13. Nos locais de trabalho rural serão observadas as normas de segurança e higiene estabelecidas em portaria do Ministro do Trabalho e Previdência Social.

V. Portaria n. 86, de 3.3.05, DOU 4.3.05, que aprova a Norma Regulamentadora de Segurança e Saúde no Trabalho na Agricultura, Pecuária, Silvicultura, Exploração Florestal e Aquicultura, (não publicada nesta obra).

Art. 14. Expirado normalmente o contrato, a empresa pagará ao safrista, a título de indenização do tempo de serviço, importância correspondente a 1/12 (um doze avos) do salário mensal, por mês de serviço ou fração superior a 14 (quatorze) dias.

PARÁGRAFO ÚNICO. Considera-se contrato de safra o que tenha sua duração dependente de variações estacionais da atividade agrária.

Art. 14-A. O produtor rural pessoa física poderá realizar contratação de trabalhador rural por pequeno prazo para o exercício de atividades de natureza temporária. *(Acrescentado pela Lei n. 11.718, de 20.6.08, DOU 23.6.08)*

§ 1º A contratação de trabalhador rural por pequeno prazo que, dentro do período de 1 (um) ano, superar 2 (dois) meses fica convertida em contrato de trabalho por prazo indeterminado, observando-se os termos da legislação aplicável. *(Acrescentado pela Lei n. 11.718, de 20.6.08, DOU 23.6.08)*

§ 2º A filiação e a inscrição do trabalhador de que trata este artigo na Previdência Social decorrem, automaticamente, da sua inclusão pelo empregador na Guia de Recolhimento do Fundo de Garantia do Tempo de Serviço e Informações à Previdência Social – GFIP, cabendo à Previdência Social instituir mecanismo que permita a sua identificação. *(Acrescentado pela Lei n. 11.718, de 20.6.08, DOU 23.6.08)*

§ 3º O contrato de trabalho por pequeno prazo deverá ser formalizado mediante a inclusão do trabalhador na GFIP, na forma do disposto no § 2º deste artigo, e:

I — mediante a anotação na Carteira de Trabalho e Previdência Social e em Livro ou Ficha de Registro de Empregados; ou

II — mediante contrato escrito, em 2 (duas) vias, uma para cada parte, onde conste, no mínimo:

a) expressa autorização em acordo coletivo ou convenção coletiva;

b) identificação do produtor rural e do imóvel rural onde o trabalho será realizado e indicação da respectiva matrícula;

c) identificação do trabalhador, com indicação do respectivo Número de Inscrição do Trabalhador – NIT. *(Acrescentado pela Lei n. 11.718, de 20.6.08, DOU 23.6.08)*

§ 4º A contratação de trabalhador rural por pequeno prazo só poderá ser realizada por produtor rural pessoa física, proprietário ou não, que explore diretamente atividade agroeconômica. *(Acrescentado pela Lei n. 11.718, de 20.6.08, DOU 23.6.08)*

§ 5º A contribuição do segurado trabalhador rural contratado para prestar serviço na forma deste artigo é de 8% (oito por cento) sobre o respectivo salário de contribuição definido no inciso I do *caput* do art. 28 da Lei n. 8.212, de 24 de julho de 1991. *(Acrescentado pela Lei n. 11.718, de 20.6.08, DOU 23.6.08)*

§ 6º A não inclusão do trabalhador na GFIP pressupõe a inexistência de contratação na forma deste artigo, sem prejuízo de comprovação, por qualquer meio admitido em direito, da existência de relação jurídica diversa. *(Acrescentado pela Lei n. 11.718, de 20.6.08, DOU 23.6.08)*

§ 7º Compete ao empregador fazer o recolhimento das contribuições previdenciárias nos termos da legislação vigente, cabendo à Previdência Social e à Receita Federal do Brasil instituir mecanismos que facilitem o acesso do trabalhador e da entidade sindical que o representa às informações sobre as contribuições recolhidas. *(Acrescentado pela Lei n. 11.718, de 20.6.08, DOU 23.6.08)*

§ 8º São assegurados ao trabalhador rural contratado por pequeno prazo, além de remuneração equivalente à do trabalhador rural permanente, os demais direitos de natureza trabalhista. *(Acrescentado pela Lei n. 11.718, de 20.6.08, DOU 23.6.08)*

§ 9º Todas as parcelas devidas ao trabalhador de que trata este artigo serão calculadas dia a dia e pagas diretamente a ele mediante recibo. *(Acrescentado pela Lei n. 11.718, de 20.6.08, DOU 23.6.08)*

§ 10. O Fundo de Garantia do Tempo de Serviço – FGTS deverá ser recolhido e poderá ser levantado nos termos da Lei n. 8.036, de 11 de maio de 1990. *(Acrescentado pela Lei n. 11.718, de 20.6.08, DOU 23.6.08)*

Art. 15. Durante o prazo do aviso prévio, se a rescisão tiver sido promovida pelo empregador, o empregado rural terá direito a um dia por semana, sem prejuízo do salário integral, para procurar outro trabalho.

Art. 16. Toda propriedade rural, que mantenha a seu serviço ou trabalhando em seus limites mais de cinquenta famílias de trabalhadores de qualquer natureza, é obrigada a possuir e conservar em funcionamento escola primária, inteiramente gratuita, para os filhos destes, com tantas classes quantos sejam os filhos destes, com tantas classes quantos sejam os grupos de quarenta crianças em idade escolar.

PARÁGRAFO ÚNICO. A matrícula da população em idade escolar será obrigatória, sem qualquer outra exigência, além da certidão de nascimento, para cuja obtenção o empregador proporcionará todas as facilidades aos responsáveis pelas crianças.

Art. 17. As normas da presente Lei são aplicáveis, no que couber, aos trabalhadores rurais não compreendidos na definição do artigo 2º, que prestem serviços a empregador rural.

Art. 18. As infrações aos dispositivos desta Lei serão punidas com multa de R$ 380,00 (trezentos e oitenta reais) por empregado em situação irregular.

§ 1º As infrações aos dispositivos da Consolidação das Leis do Trabalho — CLT e legislação esparsa, cometidas contra o trabalhador rural, serão punidas com as multas nelas previstas.

§ 2º As penalidades serão aplicadas pela autoridade competente do Ministério do Trabalho e Emprego, de acordo com o disposto no Título VII da CLT.

§ 3º A fiscalização do Ministério do Trabalho e Emprego exigirá dos empregadores rurais ou produtores equiparados a comprovação do recolhimento da Contribuição Sindical Rural das categorias econômica e profissional. (NR)

(Caput e parágrafos com redação pela MP n. 2.164-41, de 24.8.01, DOU de 27.8.01).

Art. 19. O enquadramento e a contribuição sindical rurais continuam regidos pela legislação ora em vigor; o seguro social e o seguro contra acidente do trabalho rurais serão regulados por lei especial.

Art. 20. Lei especial disporá sobre a aplicação ao trabalhador rural, no que couber, do regime do Fundo de Garantia do Tempo de Serviço.

Art. 21. Esta Lei entra em vigor na data de sua publicação, revogadas as disposições em contrário, em especial a Lei n. 4.214, de 2 de março de 1963, e o Decreto-lei n. 761, de 14 de agosto de 1969.

Brasília, 8 de junho de 1973, 152º da Independência e 85º da República.

Emílio G. Médici — Júlio Barata

DECRETO N. 73.626, DE 12 DE FEVEREIRO DE 1974

(DOU 14.2.74 — LTr 38/161)

APROVA REGULAMENTO DA LEI N. 5.889, DE 8 DE JUNHO DE 1973 (ESTATUI NORMAS REGULADORAS DO TRABALHO RURAL)

O PRESIDENTE DA REPÚBLICA, no uso da atribuição que lhe confere o artigo 81, item III, da Constituição, e tendo em vista a Lei n. 5.889, de 8 de junho de 1973, decreta:

Art. 1º É aprovado o anexo Regulamento, assinado pelo Ministro do Trabalho e Previdência Social, disciplinando a aplicação das normas concernentes às relações individuais e coletivas de trabalho rural, estatuídas pela Lei n. 5.889, de 8 de junho de 1973.

Art. 2º O presente Decreto entrará em vigor na data de sua publicação, revogadas as disposições em contrário.

Brasília, 12 de fevereiro de 1974; 153º da Independência e 86º da República.

Emílio G. Médici — Júlio Barata

REGULAMENTO DAS RELAÇÕES INDIVIDUAIS E COLETIVAS DE TRABALHO RURAL

Art. 1º Este Regulamento disciplina a aplicação das normas concernentes às relações individuais e coletivas de trabalho rural estatuídas pela Lei n. 5.889, de 8 de junho de 1973.

Art. 2º Considera-se empregador rural, para os efeitos deste Regulamento, a pessoa física ou jurídica, proprietária ou não, que explore atividade agroeconômica, em caráter permanente ou temporário, diretamente ou através de prepostos e com auxílio de empregados.

§ 1º Equipara-se ao empregador rural a pessoa física ou jurídica que, habitualmente, em caráter profissional, e por conta de terceiros, execute serviços de natureza agrária, mediante utilização do trabalho de outrem.

§ 2º Sempre que uma ou mais empresas, embora tendo cada uma delas personalidade jurídica própria, estiverem sob direção, controle ou administração de outra, ou ainda quando, mesmo guardando cada uma sua autonomia, integrem grupo econômico ou financeiro rural, serão responsáveis solidariamente nas obrigações decorrentes da relação de emprego.

§ 3º Inclui-se na atividade econômica referida no *caput* deste artigo, a exploração industrial em estabelecimento agrário.

§ 4º Consideram-se como exploração industrial em estabelecimento agrário, para os fins do parágrafo anterior, as atividades que compreendem o primeiro tratamento dos produtos agrários *in natura* sem transformá-los em sua natureza, tais como:

I — o beneficiamento, a primeira modificação e o preparo dos produtos agropecuários e hortigranjeiros e das matérias-primas de origem animal ou vegetal para posterior venda ou industrialização;

II — o aproveitamento dos subprodutos oriundos das operações de preparo e modificação dos produtos *in natura*, referidas no item anterior.

§ 5º Para os fins previstos no § 3º, não será considerada indústria rural aquela que, operando a primeira transformação do produto agrário, altere a sua natureza, retirando-lhe a condição de matéria-prima.

Art. 3º Empregado rural é toda pessoa física que, em propriedade rural ou prédio rústico, presta serviços de natureza não-eventual a empregador rural, sob a dependência deste e mediante salário.

Art. 4º Nas relações de trabalho rural aplicam-se os artigos 4º a 6º; 8º a 10; 13 a 19; 21; 25 a 29; 31 a 34; 36 a 44; 48 a 50; 62, alínea *b*; 67 a 70; 74; 76; 78 e 79; 83; 84; 86; 116 a 118; 124 a 126; 129 a 133; 134, alíneas *a*, c, d, e e *f*; 135 a 142; parágrafo único do artigo 143; 144; 147; 359; 366; 372; 377; 379; 387 a 396; 399; 402; 403; 405 *caput*, § 5º; 407 a 410; 414 a 427; 437; 439; 441 a 457; 458 *caput* e § 2º; 459 a 479; 480 *caput* e § 1º; 481 a 487; 489 a 504; 511 a 535; 537 a 552; 553 *caput* e alíneas *b*, c, d e *e*, e §§ 1º e 2º; 554 a 562; 564 a 566; 570 *caput*, 601 a 603; 605 a 629; 630 *caput* e §§ 1º; 2º; 3º; 4º; 5º; 7º e 8º; 631 a 685; 687 a 690; 693; 694; 696; 697; 699 a 702; 707 a 721; 722 *caput*, alíneas *b* e *c* e §§ 1º, 2º e 3º; 723 a 725; 727 a 733; 735 a 754; 763 a 914, da Consolidação das Leis do Trabalho, aprovada pelo Decreto-lei n. 5.452, de 1º de maio de 1943, com suas alterações. *(Nota: Os arts. 129 a 153, que tratam das férias, tiveram sua redação alterada pelo Dec.-lei n. 1.535, de 13.4.77, DOU 13.4.77).*

PARÁGRAFO ÚNICO. Aplicam-se, igualmente, nas relações de trabalho rural:

I — os artigos 1º; 2º *caput* e alínea *a*; 4º; 5º (este com as limitações do Decreto-lei n. 86, de 27 de dezembro de 1966); 6º; 7º; 8º; 9º; 10; 11; 12; 13; 14; 15; 16 do Regulamento da Lei n. 605, de 5 de janeiro de 1949, aprovado pelo Decreto n. 27.048 de 12 de agosto de 1949;

II — os artigos 1º; 2º; 3º; 4º; 5º; 6º; 7º, do Regulamento da Lei n. 4.090, de 13 de agosto de 1962, com as alterações da Lei n. 4.749, de 12 de agosto de 1965, aprovado pelo Decreto n. 57.155, de 3 de novembro de 1965;

III — os artigos 1º; 2º; 3º; 6º; 11; 12, da Lei n. 4.725, de 13 de julho de 1965, com as alterações da Lei n. 4.903, de 16 de dezembro de 1965;

IV — os artigos 1º; 2º; 3º; 5º; 7º; 8º; 9º; 10, do Decreto-lei n. 15, de 29 de julho de 1966, com a redação do Decreto-lei n. 17, de 22 de agosto de 1966.

Art. 5º Os contratos de trabalho, individuais ou coletivos, estipularão, conforme os usos, praxes e costumes de cada região, o início e o término normal de jornada de trabalho, que não poderá exceder de 8 (oito) horas por dia.

§ 1º Será obrigatória, em qualquer trabalho contínuo de duração superior a 6 (seis) horas, a concessão de um intervalo mínimo de 1 (uma) hora para repouso ou alimentação, observados os usos e costumes da região.

§ 2º Os intervalos para repouso ou alimentação não serão computados na duração do trabalho.

Art. 6º Entre duas jornadas de trabalho haverá um período mínimo de 11 (onze) horas consecutivas para descanso.

Art. 7º A duração normal do trabalho poderá ser acrescida de horas suplementares, em número não excedente de 2 (duas), mediante acordo escrito entre o empregador e o empregado ou mediante contrato prévio coletivo de trabalho, observado o disposto no artigo anterior.

§ 1º Do acordo ou do contrato coletivo de trabalho deverá constar, obrigatoriamente, a importância da remuneração da hora suplementar que será, pelo menos, 20% (vinte por cento) superior à da hora normal.

§ 2º Poderá ser dispensado o acréscimo de salário se, por força de acordo ou contrato coletivo, o excesso de horas em um dia for compensado pela correspondente redução em outro dia, de maneira que não exceda o horário normal de trabalho.

Art. 8º A duração da jornada de trabalho poderá exceder do limite legal ou convencionado para terminar serviços que, pela sua natureza, não possam ser adiados, ou para fazer face a motivo de força maior.

§ 1º O excesso, nos casos deste artigo, poderá ser exigido independentemente de acordo ou contrato coletivo e deverá ser comunicado, dentro de 10 (dez) dias, à Delegacia Regional do Trabalho, ou, antes desse prazo, justificado aos agentes fiscais, sem prejuízo daquela comunicação.

§ 2º Nos casos de excesso de horário por motivo de força maior, a remuneração da hora excedente não será inferior à da hora normal. Nos demais casos de excesso previsto neste artigo, a remuneração será, pelo menos, 25% (vinte e cinco por cento) superior à da hora normal, e o trabalho não poderá exceder de 12 (doze) horas.

Art. 9º A duração da jornada de trabalho poderá igualmente exceder do limite legal ou convencionado, até o máximo de 2 (duas) horas, durante o número de dias necessários, para compensar interrupções do trabalho decorrentes de causas acidentais ou de força maior, desde que a jornada diária não exceda de 10 (dez) horas.

PARÁGRAFO ÚNICO. A prorrogação a que se refere este artigo não poderá exceder de 45 (quarenta e cinco) dias por ano, condicionada à prévia autorização da autoridade competente.

Art. 10. Nos serviços intermitentes não serão computados, como de efetivo exercício, os intervalos entre uma e outra parte da execução da tarefa diária, devendo essa característica ser expressamente ressalvada na Carteira de Trabalho e Previdência Social.

PARÁGRAFO ÚNICO. Considera-se serviço intermitente aquele que, por sua natureza, seja normalmente executado em duas ou mais etapas diárias distintas, desde que haja interrupção do trabalho de, no mínimo 5 (cinco) horas, entre uma e outra parte da execução da tarefa.

Art. 11. Todo trabalho noturno acarretará acréscimo de 25% (vinte e cinco por cento) sobre a remuneração normal da hora diurna.

PARÁGRAFO ÚNICO. Considera-se trabalho noturno, para os efeitos deste artigo, o executado entre as 21 (vinte e uma) horas de um dia e as 5 (cinco) horas do dia seguinte, na lavoura e entre as 20 (vinte) horas de um dia e as 4 (quatro horas) do dia seguinte, na atividade pecuária.

Art. 12. Ao menor de 18 (dezoito) anos é vedado o trabalho noturno.

Art. 13. Ao menor de 12 (doze) anos é proibido qualquer trabalho.

Art. 14. As normas referentes à jornada de trabalho, trabalho noturno, trabalho do menor e outras compatíveis com a modalidade das respectivas atividades aplicam-se aos avulsos e outros trabalhadores rurais que, sem vínculo de emprego, prestam serviços a empregadores rurais.

Art. 15. Ao empregado maior de 16 (dezesseis) anos é assegurado salário mínimo regional de adulto.

PARÁGRAFO ÚNICO. Ao empregado menor de 16 (dezesseis) anos é assegurado salário mínimo igual à metade do salário mínimo regional de adulto.

Art. 16. Além das hipóteses de determinação legal ou decisão judicial, somente poderão ser efetuados no salário do empregado os seguintes descontos:

I — até o limite de 20% (vinte por cento) do salário mínimo regional, pela ocupação da morada;

II — até o limite de 25% (vinte e cinco por cento) do salário mínimo regional, pelo fornecimento de alimentação;

III — valor de adiantamento em dinheiro.

§ 1º As deduções especificadas nos itens I, II e III deverão ser previamente autorizadas pelo empregado, sem o que serão nulas de pleno direito.

§ 2º Para os fins a que se refere o item I deste artigo, considera-se morada, a habitação fornecida pelo empregador, a qual, atendendo as condições peculiares de cada região, satisfaça os requisitos de salubridade e higiene estabelecidos em normas expedidas pelas Delegacias Regionais do Trabalho.

Art. 17. Sempre que mais de um empregado residir na mesma morada, o valor correspondente ao percentual do desconto previsto no item I, do artigo 15, será dividido igualmente pelo número total de ocupantes. *(Nota da Editora: O texto original faz referência ao artigo 15, embora o correto seja o item I do artigo 16).*

PARÁGRAFO ÚNICO. É vedada, em qualquer hipótese, a moradia coletiva de famílias.

Art. 18. Rescindido ou findo o contrato de trabalho, o empregado será obrigado a desocupar a morada fornecida pelo empregador dentro de 30 (trinta) dias.

Art. 19. Considera-se safreiro ou safrista o trabalhador que se obriga à prestação de serviços mediante contrato de safra.

PARÁGRAFO ÚNICO. Contrato de safra é aquele que tenha sua duração dependente de variações estacionais das atividades agrárias, assim entendidas as tarefas normalmente executadas no período compreendido entre o preparo do solo para o cultivo e a colheita.

Art. 20. Expirado, normalmente o contrato de safra, o empregador pagará ao safreiro, a título de indenização do tempo de serviço, a importância correspondente a 1/12 (um doze avos) do salário mensal, por mês de serviço ou fração superior a 14 (quatorze) dias.

Art. 21. Não havendo prazo estipulado, a parte que, sem justo motivo, quiser rescindir o contrato de trabalho, deverá avisar à outra da sua resolução com a antecedência mínima de:

I — 8 (oito) dias, se o pagamento for efetuado por semana ou tempo inferior;

II — 30 (trinta) dias, se o pagamento for efetuado por quinzena ou mês, ou se o empregador contar mais de 12 (doze) meses de serviço na empresa.

Art. 22. Durante o prazo do aviso prévio, se a rescisão tiver sido promovida pelo empregador, o empregado rural terá direito a 1 (um) dia por semana, sem prejuízo do salário integral, para procurar outro emprego.

Art. 23. A aposentadoria por idade concedida ao empregado rural, na forma da Lei Complementar n. 11, de 25 de maio de 1971, e sua regulamentação, não acarretará rescisão do respectivo contrato de trabalho, nem constituirá justa causa para a dispensa.

PARÁGRAFO ÚNICO. Constitui justa causa para rescisão do contrato de trabalho, além das apuradas em inquérito administrativo processado pelo Ministério do Trabalho e Previdência Social, a incapacidade total e permanente, resultante de idade avançada, enfermidade ou lesão orgânica comprovada mediante perícia médica a cargo da Delegacia Regional do Trabalho.

Art. 24. Aplicam-se ao empregado e empregador rural as normas referentes ao enquadramento e contribuição sindical, constantes do Decreto-lei n. 1.166, de 15 de abril de 1971.

Art. 25. A plantação subsidiária ou intercalar (cultura secundária), a cargo do empregado, quando de interesse também do empregador, será objeto de contrato em separado.

§ 1º Se houver necessidade de utilização de safreiros nos casos previstos neste artigo, os encargos decorrentes serão sempre de responsabilidade do empregador.

§ 2º O resultado anual a que tiver direito o empregado rural, quer em dinheiro, quer em produto *in natura*, não poderá ser computado como parte correspondente ao salário mínimo na remuneração geral do empregado durante o ano agrícola.

Art. 26. O empregador rural que tiver a seu serviço, nos limites de sua propriedade, mais de 50 (cinquenta) trabalhadores de qualquer natureza, com família, é obrigado a possuir e conservar em funcionamento escola primária, inteiramente gratuita, para os menores dependentes, com tantas classes quantos sejam os grupos de 40 (quarenta) crianças em idade escolar.

Art. 27. A prescrição dos direitos assegurados aos trabalhadores rurais só ocorrerá após 2 (dois) anos da rescisão ou término do contrato de trabalho.

— ver art. 7º, XXIX, da CF, p. 30

PARÁGRAFO ÚNICO. Contra o menor de 18 (dezoito) anos não corre qualquer prescrição.

Art. 28. O Ministro do Trabalho e Previdência Social estabelecerá, através de Portaria, as normas de segurança e higiene do trabalho a serem observadas nos locais de trabalho rural.

Art. 29. As infrações aos dispositivos deste regulamento e aos da Consolidação das Leis do Trabalho, salvo as do Título IV, Capítulos I, III, IV, VIII e IX, serão punidas com multa de 1/10 (um décimo) do salário mínimo regional de 10 (dez) salários mínimos regionais, segundo a natureza da infração e sua gravidade, aplicada em dobro nos casos de reincidência, oposição à fiscalização ou desacato à autoridade, sem prejuízo de outras sanções cabíveis.

§ 1º A falta de registro de empregados ou o seu registro em livros ou fichas não-rubricadas e legalizadas, na forma do artigo 42, da Consolidação das Leis do Trabalho, sujeitará a empresa infratora à multa de 1 (um) salário mínimo regional por empregado em situação irregular.

§ 2º Tratando-se de infrator primário, a penalidade prevista neste artigo não excederá de 4 (quatro) salários mínimos regionais.

§ 3º As penalidades serão aplicadas pela autoridade competente do Ministério do Trabalho e Previdência Social, de acordo com o disposto no Título VII, da Consolidação das Leis do Trabalho.

Art. 30. Aquele que recusar o exercício da função de vogal de Vara do Trabalho ou de juiz representante classista do Tribunal Regional, sem motivo justificado, incorrerá nas penas de multa previstas no artigo anterior, além da suspensão do direito de representação profissional por 2 (dois) a 5 (cinco) anos.

Júlio Barata

DECRETO N. 7.943, DE 5 DE MARÇO DE 2013

(DOU 6.3.13)

INSTITUI A POLÍTICA NACIONAL PARA OS TRABALHADORES RURAIS EMPREGADOS

A PRESIDENTA DA REPÚBLICA, no uso da atribuição que lhe confere o art. 84, *caput*, inciso VI, alínea "a", da Constituição,

DECRETA:

Art. 1º Fica instituída a Política Nacional para os Trabalhadores Rurais Empregados — PNATRE, com a finalidade de fortalecer os direitos sociais e a proteção social dos trabalhadores rurais empregados.

Art. 2º Para fins deste Decreto, considera-se trabalhador rural empregado a pessoa física prestadora de serviços remunerados e de natureza não eventual a empregador rural, sob a dependência deste, contratada por prazo indeterminado, determinado e de curta duração.

Art. 3º São princípios da PNATRE:

I — a dignidade da pessoa humana;

II — a garantia de direitos; e

III — o diálogo social.

Art. 4º São diretrizes da PNATRE:

I — revisar a legislação para articular as ações de promoção e proteção social aos trabalhadores rurais empregados;

II — fomentar a formalização e o aprimoramento das relações de trabalho que envolvam os trabalhadores rurais empregados;

III — promover o diálogo permanente e qualificado entre entidades e órgãos públicos e sociedade civil;

IV — aperfeiçoar as políticas de saúde, habitação, previdência e segurança destinadas aos trabalhadores rurais empregados;

V — fortalecer as políticas destinadas à educação formal e à capacitação profissional dos trabalhadores rurais empregados, para possibilitar a conciliação entre trabalho e estudo;

VI — integrar as políticas públicas federais, estaduais e municipais direcionadas aos trabalhadores rurais empregados;

VII — fortalecer as políticas públicas direcionadas à igualdade de gênero, raça e etnia nas relações de trabalho que envolvam os trabalhadores rurais empregados;

VIII — fortalecer as políticas públicas direcionadas à juventude que garantam acesso ao trabalho, sem prejuízo do direito à educação, à saúde, ao esporte e ao lazer;

IX — combater o trabalho infantil; e

X — articular-se com os Estados, o Distrito Federal, os Municípios e a sociedade civil para garantir a implementação da PNATRE.

Art. 5º São objetivos da PNATRE:

I — integrar e articular as políticas públicas direcionadas aos trabalhadores rurais empregados;

II — promover e ampliar a formalização nas relações de trabalho dos trabalhadores rurais empregados;

III — promover a reinserção produtiva dos trabalhadores rurais empregados que perderam seus postos de trabalho, gerando oportunidades de trabalho e renda;

IV — intensificar a fiscalização das relações de trabalho rural;

V — minimizar os efeitos do impacto das inovações tecnológicas na redução de postos de trabalho no meio rural;

VI — promover a alfabetização, a escolarização, a qualificação e a requalificação profissional aos trabalhadores rurais empregados;

VII — promover a saúde, a proteção social e a segurança dos trabalhadores rurais empregados;

VIII — promover estudos e pesquisas integrados e permanentes sobre os trabalhadores rurais empregados;

IX — ampliar as condições de trabalho decente para permanência de jovens no campo; e

X — combater práticas que caracterizem trabalho infantil.

Art. 6º Fica instituída a Comissão Nacional dos Trabalhadores Rurais Empregados — CNATRE, com a finalidade de gerir a PNATRE;

§ 1º A CNATRE terá a seguinte composição:

I — um representante, titular e suplente, dos seguintes órgãos:

a) Ministério do Trabalho e Emprego, que o coordenará;

b) Secretaria-Geral da Presidência da República;

c) Ministério da Agricultura, Pecuária e Abastecimento;

d) Ministério da Educação;

e) Ministério da Previdência Social;

f) Ministério do Desenvolvimento Social e Combate à Fome;

g) Ministério da Saúde;

h) Ministério do Desenvolvimento Agrário;

i) Secretaria de Relações Institucionais da Presidência da República;

j) Secretaria de Políticas para as Mulheres da Presidência da República; e

l) Secretaria de Direitos Humanos da Presidência da República.

II — Até cinco representantes da sociedade civil e seus suplentes.

§ 2º O prazo para instalação da CNATRE será de sessenta dias, contado da data de publicação deste Decreto.

§ 3º Os representantes da Comissão serão indicados pelos Secretários-Executivos dos órgãos integrantes no prazo de trinta dias, contado da data de publicação deste Decreto, e designados por ato do Ministro de Estado do Trabalho e Emprego.

§ 4º Ato conjunto dos Ministros de Estado do Trabalho e Emprego e da Secretaria-Geral da Presidência da

República disporá sobre o funcionamento da CNATRE, sobre os critérios para definição dos representantes da sociedade civil e sua forma de designação.

§ 5º Poderão participar das reuniões da CNATRE, a convite de sua coordenação, especialistas e representantes de órgãos e entidades públicas ou privadas que exerçam atividades relacionadas ao tema.

§ 6º A participação na CNATRE será considerada prestação de serviço público relevante, não remunerada.

Art. 7º Compete à CNATRE:

I — articular e promover o diálogo entre entidades e órgãos públicos e sociedade civil para a implementação das ações no âmbito da PNATRE;

II — estabelecer outras diretrizes e objetivos da PNATRE;

III — propor alterações para aprimorar, acompanhar e monitorar as ações de seu Comitê Executivo;

IV — estabelecer critérios para elaboração dos planos de trabalho do Comitê-Executivo; e

V — aprovar os planos de trabalho apresentados pelo Comitê- Executivo.

Art. 8º A CNATRE terá um Comitê-Executivo, integrado por um representante, titular e suplente, dos seguintes órgãos:

I — Ministério do Trabalho e Emprego, que o coordenará;

II — Ministério da Educação;

III — Ministério da Previdência Social; e

IV — Ministério do Desenvolvimento Social e Combate à Fome.

Art. 9º Compete ao Comitê-Executivo da CNATRE:

I — elaborar plano de trabalho para execução de ações da PNATRE;

II — coordenar e supervisionar a execução de ações da PNATRE;

III — coordenar e supervisionar o a execução do plano de trabalho;

IV — elaborar relatório de atividades desenvolvidas no âmbito da PNATRE, e encaminhá-lo à CNATRE; e

V — disponibilizar periodicamente informações sobre as ações implementadas no âmbito da PNATRE.

Art. 10. O Ministério do Trabalho e Emprego exercerá a função de Secretaria-Executiva da CNATRAE e providenciará suporte técnico e administrativo ao seu funcionamento.

Art. 11. Este Decreto entra em vigor na data de sua publicação.

Brasília, 5 de março de 2013; 192º da Independência e 125º da República.

Dilma Rousseff
Carlos Daudt Brizola
Tereza Campello
Gilberto José Spier Vargas
Gilberto Carvalho

LEI N. 6.094, DE 30 DE AGOSTO DE 1974

(DOU 2.9.74)

DEFINE, PARA FINS DE PREVIDÊNCIA SOCIAL, A ATIVIDADE DE AUXILIAR DE CONDUTOR AUTÔNOMO DE VEÍCULO RODOVIÁRIO, E DÁ OUTRAS PROVIDÊNCIAS

O PRESIDENTE DA REPÚBLICA, faço saber que o CONGRESSO NACIONAL decreta e eu sanciono a seguinte Lei:

Art. 1º É facultada ao Condutor Autônomo de Veículo Rodoviário a cessão do seu automóvel, em regime de colaboração, no máximo a dois outros profissionais.

§ 1º Os auxiliares de condutores autônomos de veículos rodoviários contribuirão para o Regime Geral de Previdência Social de forma idêntica à dos contribuintes individuais *(Redação dada pela Lei n. 12.765, de 27.12.12, DOU 28.12.12). (Obs. A Lei n. 12.765, de 27.12.12, entrou em vigor após decorridos 90 (noventa) dias da data de sua publicação oficial)*

§ 2º O contrato que rege as relações entre o autônomo e os auxiliares é de natureza civil, não havendo qualquer vínculo empregatício nesse regime de trabalho *(Redação dada pela Lei n. 12.765, de 27.12.12, DOU 28.12.12).*

§ 3º As autoridades estaduais competentes fornecerão ao motorista colaborador identidade que o qualifique como tal.

§ 4º A identidade será fornecida mediante requerimento do interessado, com a concordância do proprietário do veículo.

Art. 2º Esta Lei entrará em vigor na data de sua publicação, revogadas as disposições em contrário.

Brasília, 30 de agosto de 1974; 153º da Independência e 86º da República.

Ernesto Geisel
L. G. do Nascimento e Silva

PORTARIA GM/MTE N. 1.964, DE 1º DE DEZEMBRO DE 1999

(DOU 2.12.99)

RESOLVE QUE AS DELEGACIAS REGIONAIS DO TRABALHO DEVERÃO DAR AMPLA DIVULGAÇÃO AO MODELO DE CONTRATAÇÃO RURAL DENOMINADO "CONSÓRCIO DE EMPREGADORES RURAIS", ESTIMULANDO, PARA TANTO, O DEBATE ENTRE PRODUTORES E TRABALHADORES RURAIS, POR MEIO DE SUAS ENTIDADES ASSOCIATIVAS OU SINDICAIS

***Vide* nota do art. 3º da Lei n. 5.889, de 8.6.73, p. 495**

O MINISTRO DE ESTADO DO TRABALHO E EMPREGO, no uso das atribuições que lhe confere o inciso I do parágrafo único do art. 87 da Constituição Federal, tendo em vista o disposto no art. 7º dessa Carta e, ainda, considerando a necessidade de orientação aos Auditores-Fiscais do Trabalho quanto à fiscalização em propriedades rurais em que haja prestação de trabalho subordinado a um "Condomínio de Empregadores" (ou "Pluralidade de Empregadores Rurais", ou "Registro de Empregadores em Nome Coletivo de Empregadores" ou "Consórcio de Empregadores Rurais"), resolve:

Art. 1º As Delegacias Regionais do Trabalho deverão dar ampla divulgação ao modelo de contratação rural denominado "Consórcio de Empregadores Rurais", estimulando, para tanto, o debate entre produtores e trabalhadores rurais, por meio de suas entidades associativas ou sindicais.

PARÁGRAFO ÚNICO. Para os fins do disposto nesta Portaria, considera-se "Consórcio de Empregadores Rurais" a união de produtores rurais, pessoas físicas, com a finalidade única de contratar empregados rurais.

Art. 2º O Auditor-Fiscal do Trabalho, quando da fiscalização em propriedade rural em que haja prestação de trabalho a produtores rurais consorciados, procederá a levantamento físico objetivando identificar os trabalhadores encontrados em atividade, fazendo distinção entre os empregados diretos do produtor e aqueles comuns ao grupo consorciado.

Art. 3º Feito o levantamento físico e tendo o Auditor-Fiscal do Trabalho identificado trabalhadores contratados por "Consórcio de Empregadores Rurais", deverá solicitar os seguintes documentos, que deverão estar centralizados no local de administração do Consórcio:

I — matrícula coletiva — CEI (Cadastro Específico do INSS) — deferida pelo Instituto Nacional do Seguro Social — INSS;

II — pacto de solidariedade, consoante previsto no art. 896 do Código Civil, devidamente registrado em cartório;

III — documentos relativos à administração do Consórcio, inclusive de outorga de poderes pelos produtores a um deles ou a um gerente/administrador para contratar e gerir a mão de obra a ser utilizada nas propriedades integrantes do grupo;

IV — livro, ficha ou sistema eletrônico de registro de empregados;

V — demais documentos necessários à atuação fiscal.

§ 1º O nome especificado na matrícula referida no inciso I deverá constar corno empregador no registro do em-pregado e em todos os documentos decorrentes do contrato único de prestação de trabalho entre cada trabalhador e os produtores rurais consorciados.

§ 2º No pacto de solidariedade, onde os produtores rurais se responsabilizarão solidariamente pelas obrigações trabalhistas e previdenciárias decorrentes da contratação dos trabalhadores comuns, deverá constar a identificação de todos os consorciados com nome completo, CPF, documento de identidade, matrícula CEI individual endereço e domicílio, além do endereço das propriedades rurais onde os trabalhadores exercerão atividades.

Art. 4º Constatada a violação de preceito legal pelo "Consórcio de Empregadores Rurais", deverá o Auditor-Fiscal do Trabalho lavrar o competente auto de infração em nome contido na CEI coletiva citando, ainda, o CPF do produtor que encabeça a matrícula e fazendo constar no corpo desta peça as informações necessárias à caracterização da prestação de trabalho a produtores consorciados.

§ 1º O Auditor-Fiscal do Trabalho deverá, sempre que possível, juntar ao auto de infração a cópia da CEI coletiva e do pacto de solidariedade, a fim de garantir a perfeita identificação de todos os produtores rurais.

§ 2º A infração ao art. 41, *caput*, da Consolidação das Leis do Trabalho ensejará a lavratura do competente auto de infração em nome do proprietário ou possuidor da propriedade em que o empregado sem registro for encontrado em atividade.

Art. 5º Esta Portaria entra em vigor na data de sua publicação.

Francisco Dornelles

INSTRUÇÃO NORMATIVA SIT/MTE N. 76, DE 15 DE MAIO DE 2009

(DOU 18.5.09)

DISPÕE SOBRE PROCEDIMENTOS PARA A FISCALIZAÇÃO DO TRABALHO RURAL

A SECRETÁRIA DE INSPEÇÃO DO TRABALHO, no exercício de sua competência, prevista no art. 14, XIII do Decreto n. 5.063, de 3 de maio de 2004, resolve:

Editar a presente Instrução Normativa sobre procedimentos que deverão ser adotados na fiscalização do trabalho rural.

DO PLANEJAMENTO DAS AÇÕES FISCAIS

Art. 1º As Superintendências Regionais do Trabalho (SRTE), por intermédio de suas estruturas de fiscalização, deverão, obrigatoriamente, incluir no planejamento anual as estratégias de ação relativas às inspeções nas atividades rurais.

§1º O planejamento deverá ser precedido de diagnóstico para a identificação dos focos de recrutamento de trabalhadores, das atividades econômicas rurais e sua sazonalidade, bem como das peculiaridades locais.

§ 2º O diagnóstico, elaborado com base em dados obtidos junto a órgãos e instituições governamentais, deverá ser subsidiado também por informações oriundas do Ministério Público do Trabalho, dos sindicatos de trabalhadores rurais e outras organizações não governamentais.

§ 3º O planejamento deverá direcionar com prioridade as ações para os focos de recrutamento de trabalhadores; para as atividades econômicas intensivas em mão de obra e para aquelas com maior incidência de agravos à saúde do trabalhador.

Art. 2º A proposta de planejamento deverá ser encaminhada à consulta da representação dos trabalhadores rurais que integra a Comissão de Colaboração com a Inspeção do Trabalho (CCIT) e de representantes do Ministério Público do Trabalho, Polícia Federal e Polícia Rodoviária Federal, com o intuito de colher informações para a versão final do documento.

Art. 3º As SRTE poderão instituir, por intermédio de portaria, grupos especiais permanentes de fiscalização para implementar as ações fiscais nas atividades rurais ou constituir equipes especiais para cada operação.

§ 1º No caso dos grupos especiais permanentes, as chefias de fiscalização e de segurança e saúde no trabalho designarão, de comum acordo, um coordenador dentre os integrantes do grupo.

§ 2º A chefia buscará garantir que cada grupo ou equipe de fiscalização seja integrado por, no mínimo, três auditores fiscais do trabalho, preferencialmente compondo uma equipe com formação multidisciplinar.

§ 3º Os grupos e/ou equipes de fiscalização também deverão, a cada operação, ter um coordenador indicado de comum acordo pelas chefias de fiscalização e de segurança e saúde no trabalho.

Art. 4º Para a definição da estratégia a ser utilizada na ação fiscal, quando necessário, serão ouvidos previamente o Ministério Público do Trabalho, a Polícia Federal e/ou a Polícia Rodoviária Federal.

Art. 5º Na fase de execução da ação fiscal, após avaliação do grupo ou equipe, deverá ser garantida a participação da Polícia Federal, da Polícia Rodoviária Federal, da Polícia Militar ou da Policia Civil, por intermédio de solicitação direta da autoridade regional ou da chefia de fiscalização.

Art. 6º O Superintendente Regional do Trabalho e Emprego é responsável pela manutenção da frota de veículos de uso da fiscalização rural, devendo garantir a sua pronta disponibilização para a realização das ações fiscais previstas no planejamento.

PARÁGRAFO ÚNICO. Os recursos necessários ao licenciamento anual e à manutenção dos veículos de uso exclusivo da fiscalização deverão ser solicitados em tempo hábil à Secretaria de Inspeção do Trabalho, com cópias dos respectivos orçamentos.

Art. 7º Para subsidiar a execução das ações de fiscalização do trabalho rural, deverão ser observadas as normas previstas na Portaria n. 3.311, de 29 de novembro de 1989; no item 1.7, alínea *d*, da Norma Regulamentadora n. 1, aprovada pela Portaria n. 6, de 9 de março de 1983, e no item 31.3.3, alínea *k*, da Norma Regulamentadora n. 31, aprovada pela Portaria n. 86, de 3 de março de 2005.

Art. 8º A ação fiscal será iniciada com a verificação do cumprimento dos preceitos básicos da legislação trabalhista, destacando-se aqueles relativos às condições de segurança e saúde no trabalho, ao registro, à jornada, ao salário e ao FGTS.

Art. 9º No caso de constatação de risco grave e iminente para o trabalhador, o auditor fiscal do trabalho deverá adotar os procedimentos legais para interdição do estabelecimento, setor de serviço, máquina ou equipamento, conforme dispõe o art. 161 da CLT e a Norma Regulamentadora n. 3, aprovada pela Portaria Ministerial MTb n. 06, de 9 de março de 1983.

Art. 10. Ao identificar a ocorrência de aliciamento, terceirização ilegal ou qualquer forma irregular de intermediação de mão de obra, o auditor fiscal do trabalho procederá às autuações pertinentes e informará os fatos e circunstâncias em seu relatório para adoção de providências subsequentes.

Art. 11. Havendo identificação de trabalho análogo ao de escravo em ação fiscal rotineira, o auditor fiscal do trabalho ou grupo/equipe especial de fiscalização comunicará imediatamente o fato à chefia da fiscalização, por qualquer meio, e adotará os procedimentos previstos nos arts. 19 a 22 desta Instrução.

Art. 12. Quando constatar trabalho de crianças e adolescentes menores de 16 anos ou adolescentes entre 16 e 18 anos em atividades noturnas, insalubres, perigosas ou naquelas listadas no Decreto n. 6.481, de 12 de junho de 2008, o auditor fiscal do trabalho deverá observar o disposto na Instrução Normativa própria, bem como fazer constar do histórico do auto de infração a situação encontrada.

Art. 13. Concluída a ação fiscal, o coordenador do grupo/equipe especial de fiscalização encaminhará à chefia imediata, no prazo de cinco (5) dias úteis, contado do término da ação fiscal, relatório padrão contendo a identificação das empresas inspecionadas, descrição das situações encontradas, as providências adotadas, os resultados obtidos, cópias dos autos de infração lavrados, notificações emitidas e outros documentos e provas coletadas.

Art. 14. As autoridades regionais, as chefias e os auditores fiscais do trabalho em sua atividade de inspeção rural orientarão os empregadores e trabalhadores e suas respectivas representações sindicais sobre a importância da utilização dos serviços públicos de intermediação de mão de obra no âmbito do Sistema Nacional de Emprego (SINE).

DAS AÇÕES FISCAIS EM REFLORESTAMENTOS E CARVOARIAS

Art. 15. No caso de ações fiscais em exploração de madeira e produção de carvão vegetal, o grupo ou equipe de fiscalização deverá estar atento para a ocorrência de possíveis fraudes que visem a encobrir a natureza da relação laboral.

PARÁGRAFO ÚNICO. Havendo informações da existência de ilícitos relacionados à posse de terra ou a crimes ambientais, a fiscalização consultará previamente representantes do Instituto Brasileiro do Meio Ambiente (IBAMA), Instituto Nacional de Colonização e Reforma Agrária (INCRA) e/ou Fundação Nacional do Indio (FUNAI) sobre a regularidade da propriedade dos fiscalizados.

Art. 16. A responsabilidade decorrente da relação de emprego poderá ser estabelecida diretamente com o proprietário da terra, com o posseiro ou arrendatário ou com o comprador do produto da atividade de reflorestamento e/ou carvoejamento, dependendo da situação fática encontrada e da objetiva identificação dos pressupostos configuradores dessa relação, a partir da verificação do contrato realidade.

PARÁGRAFO ÚNICO. O procedimento acima deverá ser observado inclusive quando das ações nos assentamentos rurais, com comunicação dos resultados ao INCRA, ao IBAMA, ao Ministério Público do Trabalho e ao Ministério Público Federal.

Art. 17. Havendo, no curso da fiscalização, a constatação da inexistência de Licença Ambiental (LA) e do Documento de Origem Florestal (DOF) ou irregularidade nesses documentos, o coordenador do grupo e/ou equipe deverá comunicar o fato imediatamente aos órgãos competentes na matéria.

Art. 18. Nos casos em que ocorrer a identificação de trabalhadores submetidos à condição de trabalho análoga à de escravo, deverão ser obedecidos os procedimentos previstos nos arts. 19 a 22.

DAS AÇÕES FISCAIS PARA O COMBATE AO TRABALHO ANÁLOGO AO DE ESCRAVO

Art. 19. As ações fiscais para erradicação do trabalho análogo ao de escravo serão coordenadas pela Secretaria de Inspeção do Trabalho, que poderá realizá-las diretamente, por intermédio das equipes do grupo especial de fiscalização móvel ou por intermédio de grupos/equipes especiais de fiscalização rural, organizados no âmbito das SRTE.

Art. 20. Sempre que a SRTE receber denúncia que relate a existência de trabalhadores reduzidos à condição análoga à de escravo e decidir pela realização de ação fiscal local para a apuração dos fatos, esta deverá ser precedida da devida comunicação à Secretaria de Inspeção do Trabalho.

Art. 21. As ações fiscais deverão contar com a participação de representante da Polícia Federal, ou da Policia Rodoviária Federal, ou da Policia Militar ou da Policia Civil.

§ 1º O Superintendente Regional do Trabalho e Emprego ou a chefia de fiscalização deverá providenciar a participação de membros de um dos órgãos mencionados no *caput*, bem como enviar ao Ministério Público do Trabalho e à Advocacia Geral da União — (AGU) comunicação sobre a operação, para que estas instituições avaliem a conveniência de integrá-la.

§ 2º A constatação inequívoca de trabalho análogo ao de escravo ensejará a adoção dos procedimentos previstos no art. 2º-C, §§ 1º e 2º, da Lei n. 7.998, de 11 de janeiro de 1990, dando causa à rescisão indireta dos contratos de trabalho.

§ 3º O coordenador do grupo/equipe especial notificará o empregador para que providencie a imediata paralisação das atividades; a regularização dos contratos; a anotação nas Carteiras de Trabalho e Previdência Social (CTPS); as rescisões contratuais; o pagamento dos créditos trabalhistas; o recolhimento do FGTS; bem como para que tome as providências para o retorno dos trabalhadores aos locais de origem.

§ 4º Caberá ao coordenador, devidamente credenciado, o correto preenchimento, sob pena de responsabilidade, dos Requerimentos do Seguro-Desemprego do Trabalhador Resgatado, entregando a via própria ao interessado e outra à chefia imediata juntamente com o relatório a ser encaminhado à SIT.

Art. 22. No prazo de cinco (5) dias úteis após o encerramento da ação fiscal, o coordenador de grupo e/ou equipe deverá elaborar relatório na forma dos manuais e orientações da SIT e encaminhá-lo à chefia da fiscalização, que o encaminhará à SIT no prazo máximo de 5 (cinco) dias úteis a contar da data de seu recebimento.

DO RECRUTAMENTO DE TRABALHADORES

Art. 23. Para o transporte de trabalhadores recrutados para trabalhar em localidade diversa da sua origem é necessária a comunicação do fato às SRTE por intermédio da Certidão Declaratória de Transporte de Trabalhadores (CDTT).

PARÁGRAFO ÚNICO. O aliciamento e transporte de trabalhadores para localidade diversa de sua origem constitui, em tese, crime previsto no art. 207 do Código Penal.

Art. 24. A CDTT será preenchida em modelo próprio, conforme Anexo I, nela constando:

I) A identificação da razão social e o CNPJ da empresa contratante ou nome do empregador e seu CEI e CPF;

II) O endereço completo da sede do contratante e a indicação precisa do local de prestação dos serviços;

III) Os fins e a razão do transporte dos trabalhadores;

IV) O número total de trabalhadores recrutados;

V) As condições pactuadas de alojamento, alimentação e retorno à localidade de origem do trabalhador;

VI) O salário contratado;

VII) A data de embarque e o destino;

VIII) A identificação da empresa transportadora e dos condutores dos veículos;

IX) A assinatura do empregador ou seu preposto.

§ 1º O empregador poderá optar por realizar os exames médicos admissionais na localidade onde será prestado o serviço, caso não haja serviço médico adequado no local da contratação, desde que tal providência ocorra antes do início da atividade laboral.

§ 2º Na hipótese de o trabalhador não ser considerado apto para o trabalho, o empregador será responsável pelo custeio das despesas de transporte até o local de origem, bem como pelo pagamento das verbas salariais decorrentes do encerramento antecipado do contrato de trabalho.

Art. 25. A CDTT deverá ser devidamente preenchida e entregue nas unidades descentralizadas do MTE (Superintendências Regionais do Trabalho e Emprego ou Gerências Regionais do Trabalho e Emprego) da circunscrição dos trabalhadores recrutados, acompanhada de:

I) Cópia da inscrição no CNPJ ou CEI e CPF do empregador;

II) Procuração original ou cópia autenticada, concedendo poderes ao procurador para recrutar, contratar trabalhadores e proceder ao encaminhamento da CDTT junto à SRTE;

III) Cópia do contrato social do empregador, quando se tratar de pessoa jurídica;

IV) Cópias do documento de identidade do procurador e das habilitações dos condutores dos veículos;

V) Cópias dos contratos individuais de trabalho,

VI) Cópia do certificado de registro para fretamento da empresa transportadora, emitido pela Agência Nacional de Transportes Terrestres (ANTT);

VII) Relação nominal dos trabalhadores recrutados, com os números da CTPS e do PIS.

PARÁGRAFO ÚNICO. A CDTT poderá, excepcionalmente, ser protocolada fora das dependências da unidade do MTE, desde que em local definido pela chefia da fiscalização e por servidor especialmente designado para esse fim.

Art. 26. Estando a documentação completa, a SRTE receberá uma via da CDTT, devolvendo outra via ao empregador, devidamente protocolada.

§ 1º A SRTE formará processo a partir do recebimento da documentação, conferindo a regularidade do CNPJ na página da Secretaria da Receita Federal, encaminhando-o à SRTE da circunscrição onde ocorrerá a prestação dos serviços para que a situação seja analisada e ocorra, quando necessário, o devido acompanhamento *in loco* das condições de trabalho.

§ 2º A guarda da CDTT, documento de valor primário, deverá ser feita em arquivos intermediários por pelo menos um ano.

§ 3º A SRTE de origem dos trabalhadores enviará cópia da CDTT ao Sindicato dos Trabalhadores Rurais, acompanhada da relação nominal dos trabalhadores recrutados, e a entidade, se assim entender, dará ciência ao sindicato da localidade de destino.

§ 4º A SRTE encaminhará trimestralmente à SIT dados estatísticos referentes ao número de CDTT recebidas, atividades econômicas dos empregadores, número de trabalhadores transportados, municípios de recrutamento e destino dos trabalhadores.

Art. 27. O empregador, ou seu preposto, deverá, durante a viagem, manter no veículo de transporte dos trabalhadores a cópia da CDTT e, posteriormente, no local da prestação de serviços à disposição da fiscalização, juntamente com a cópia da relação nominal dos trabalhadores recrutados.

§ 1º Identificado o transporte de trabalhadores sem a CDTT, o auditor fiscal do trabalho comunicará o fato imediatamente à Polícia Rodoviária Federal, diretamente ou através de sua chefia imediata, ao tempo em que adotará as medidas legais cabíveis e providenciará relatório contendo a identificação do empregador, dos trabalhadores e demais dados relativos aos fatos apurados.

§ 2º A Chefia da fiscalização encaminhará o relatório ao Ministério Público Federal para as providencias aplicáveis ao aliciamento e transporte irregular de trabalhadores.

DA AVALIAÇÃO DOS RESULTADOS

Art. 28. A SRTE deverá promover, no mínimo, uma reunião semestral com os coordenadores dos grupos e/ou equipes para avaliação dos resultados quantitativos e qualitativos das ações e eventual alteração das estratégias e processos de trabalho.

Art. 29. Esta Instrução Normativa entra em vigor na data de sua publicação, ficando revogada a Instrução Normativa n. 65, de 19 de julho de 2006, publicada na Seção I do Diário Oficial da União, de 21 de julho 2006.

Ruth Beatriz Vasconcelos Vilela

Legislação Complementar

PORTARIA INTERMINISTERIAL N. 2, DE 2 DE ABRIL DE 2014, DO MINISTRO DE ESTADO DO TRABALHO E EMPREGO E DO MINISTRO DE ESTADO CHEFE DA SECRETARIA GERAL DA PRESIDÊNCIA DA REPÚBLICA

(DOU 4.4.14)

O MINISTRO DE ESTADO DO TRABALHO E EMPREGO E O MINISTRO DE ESTADO CHEFE DA SECRETARIA GERAL DA PRESIDÊNCIA DA REPÚBLICA, no uso da atribuição que lhes confere o inciso II do parágrafo único do art. 87 da Constituição Federal, e tendo em vista o disposto no Decreto n. 7.943, de 05 de março de 2013, resolvem:

Art. 1º Instituir o Plano Nacional dos Trabalhadores Rurais Empregados — PLANATRE, com a finalidade de implementar ações no âmbito da Política Nacional para os Trabalhadores Rurais Empregados — PNATRE, que contribuam com a implementação de programas e ações para fortalecer os direitos sociais e a proteção social dos Trabalhadores Rurais Empregados.

Art. 2º A consecução dos objetivos do PLANATRE dar-se-á por intermédio da execução das ações descritas no Anexo, de acordo com os seguintes eixos de atuação:

I — Capacitação profissional e ampliação da escolarização;

II — Universalização de direitos;

III — Criação de oportunidades para geração de trabalho; e

IV — Saúde, assistência social e segurança do trabalhador e trabalhadora.

Art. 3º São objetivos específicos do PLANATRE:

I — integrar e articular as políticas públicas direcionadas aos trabalhadores rurais empregados;

II — promover e ampliar a formalização nas relações de trabalho dos trabalhadores rurais empregados;

III — promover a reinserção produtiva dos trabalhadores rurais empregados que perderam seus postos de trabalho, gerando oportunidades de trabalho e renda;

IV — intensificar a fiscalização das relações de trabalho rural;

V — minimizar os efeitos do impacto das inovações tecnológicas na redução de postos de trabalho no meio rural;

VI — promover a alfabetização, a escolarização, a qualificação e a requalificação profissional aos trabalhadores rurais empregados;

VII — promover a saúde, a proteção social e a segurança dos trabalhadores rurais empregados;

VIII — promover estudos e pesquisas integrados e permanentes sobre os trabalhadores rurais empregados;

IX — ampliar as condições de trabalho decente para permanência de jovens no campo; e Ministério do Trabalho e Emprego .

X — combater práticas que caracterizem trabalho infantil.

Art. 4º São beneficiários do PLANATRE todos os trabalhadores rurais empregados, considerados como tais aqueles que são pessoas físicas prestadoras de serviços remunerados e de natureza não eventual a empregador rural, sob a dependência deste, contratada por prazo indeterminado, determinado e de curta duração.

Art. 5º O PLANATRE deverá ser revisado e atualizado por ocasião da elaboração do Plano Plurianual.

Art. 6º A Comissão Nacional dos Trabalhadores Rurais Empregados — CNATRE é responsável pela articulação junto aos órgãos e entidades do Poder Executivo Federal para implementação da PNATRE.

Art. 7º Esta portaria entra em vigor na data de sua publicação.

Manoel Dias
Ministro de Estado do Trabalho Emprego

Gilberto Carvalho
Ministro de Estado Chefe da Secretaria-Geral da Presidência da República

(os anexos da referida Portaria encontram-se publicados às páginas 130 a 134, do DOU de 4.4.14).

LEI N. 6.224, DE 14 DE JULHO DE 1975

(DOU 15.7.75)

REGULA O EXERCÍCIO DA PROFISSÃO DE PROPAGANDISTA E VENDEDOR DE PRODUTOS FARMACÊUTICOS, E DÁ OUTRAS PROVIDÊNCIAS

O PRESIDENTE DA REPÚBLICA,

Faço saber que o Congresso Nacional decreta e eu sanciono a seguinte Lei:

Art. 1º Considera-se propagandista e vendedor de produtos farmacêuticos aquele que exerce função remunerada nos serviços de propaganda e venda de produtos químico-farmacêuticos e biológicos, nos consultórios (VETADO) empresas, farmácias, drogarias e estabelecimentos de serviços médicos, odontológicos, médicos veterinários e hospitalares, públicos e privados.

PARÁGRAFO ÚNICO. Considera-se, ainda, propagandista e vendedor de produtos farmacêuticos aquele que, além das atividades previstas neste artigo, realiza promoção de vendas, cobrança ou outras atividades acessórias.

Art. 2º O propagandista e vendedor de produtos farmacêuticos somente poderá exercer função diferente daquela para a qual for contratado, quando, previamente, e com a sua anuência expressa, proceder-se à respectiva anotação na Carteira Profissional.

PARÁGRAFO ÚNICO. O propagandista e vendedor de produtos farmacêuticos, chamado a ocupar cargo diverso do constante do seu contrato, terá direito à percepção do salário correspondente ao novo cargo, bem como à vantagem do tempo de serviço, para todos os efeitos legais, e ainda, ao retorno à função anterior com as vantagens outorgadas à função que exercia.

Art. 3º É vedado o exercício da profissão de propagandista e vendedor de produtos farmacêuticos ao menor de 18 (dezoito) anos.

Art. 4º As infrações à presente Lei, para as quais não esteja prevista penalidade específica, serão punidas de acordo com os critérios fixados, para casos semelhantes, na Consolidação das Leis do Trabalho.

Art. 5º Esta Lei entrará em vigor na data de sua publicação, revogadas as disposições em contrário.

Ernesto Geisel — Presidente da República
Arnaldo Prieto

LEI N. 9.615, DE 24 DE MARÇO DE 1998

(DOU 25.398)

INSTITUI NORMAS GERAIS SOBRE DESPORTO E DÁ OUTRAS PROVIDÊNCIAS

O PRESIDENTE DA REPÚBLICA

Faço saber que o Congresso Nacional decreta e eu sanciono a seguinte Lei:

CAPÍTULO I
Disposições Iniciais

Art. 1º O desporto brasileiro abrange práticas formais e não-formais e obedece às normas gerais desta Lei, inspirado nos fundamentos constitucionais do Estado Democrático de Direito.

§ 1º A prática desportiva formal é regulada por normas nacionais e internacionais e pelas regras de prática desportiva de cada modalidade, aceitas pelas respectivas entidades nacionais de administração do desporto.

§ 2º A prática desportiva não-formal é caracterizada pela liberdade lúdica de seus praticantes.

CAPÍTULO II
Dos Princípios Fundamentais

Art. 2º O desporto, como direito individual, tem como base os princípios:

I — da soberania, caracterizado pela supremacia nacional na organização da prática desportiva;

II — da autonomia, definido pela faculdade e liberdade de pessoas físicas e jurídicas organizarem-se para a prática desportiva;

III — da democratização, garantido em condições de acesso às atividades desportivas sem quaisquer distinções ou formas de discriminação;

IV — da liberdade, expresso pela livre prática do desporto, de acordo com a capacidade e interesse de cada um, associando-se ou não a entidade do setor;

V — do direito social, caracterizado pelo dever do Estado em fomentar as práticas desportivas formais e não-formais;

VI — da diferenciação, consubstanciado no tratamento específico dado ao desporto profissional e não-profissional;

VII — da identidade nacional, refletido na proteção e incentivo às manifestações desportivas de criação nacional;

VIII — da educação, voltado para o desenvolvimento integral do homem como ser autônomo e participante, e fomentado por meio da prioridade dos recursos públicos ao desporto educacional;

IX — da qualidade, assegurado pela valorização dos resultados desportivos, educativos e dos relacionados à cidadania e ao desenvolvimento físico e moral;

X — da descentralização, consubstanciado na organização e funcionamento harmônicos de sistemas desportivos diferenciados e autônomos para os níveis federal, estadual, distrital e municipal;

XI — da segurança, propiciado ao praticante de qualquer modalidade desportiva, quanto a sua integridade física, mental ou sensorial;

XII — da eficiência, obtido por meio do estímulo à competência desportiva e administrativa.

PARÁGRAFO ÚNICO. A exploração e a gestão do desporto profissional constituem exercício de atividade econômica sujeitando-se, especificamente, à observância dos princípios:(*)

I — da transparência financeira e administrativa;(*)

II — da moralidade na gestão desportiva;(*)

III — da responsabilidade social de seus dirigentes;(*)

IV — do tratamento diferenciado em relação ao desporto não profissional; e(*)

V — da participação na organização desportiva do País.(*)

(Parágrafo único e incisos acrescentados pela Lei n. 10.672, de 15.5.03, DOU 16.5.03).

CAPÍTULO III
Da Natureza e das Finalidades do Desporto

Art. 3º O desporto pode ser reconhecido em qualquer das seguintes manifestações:

I — desporto educacional, praticado nos sistemas de ensino e em formas assistemáticas de educação, evitando-se a seletividade, a hipercompetitividade de seus praticantes, com a finalidade de alcançar o desenvolvimento integral do indivíduo e a sua formação para o exercício da cidadania e a prática do lazer;

II — desporto de participação, de modo voluntário, compreendendo as modalidades desportivas praticadas com a finalidade de contribuir para a integração dos praticantes na plenitude da vida social, na promoção da saúde e educação e na preservação do meio ambiente;

III — desporto de rendimento, praticado segundo normas gerais desta Lei e regras de prática desportiva, nacionais e internacionais, com a finalidade de obter resultados e integrar pessoas e comunidades do País e estas com as de outras nações.

PARÁGRAFO ÚNICO. O desporto de rendimento pode ser organizado e praticado:

I — de modo profissional, caracterizado pela remuneração pactuada em contrato formal de trabalho entre o atleta e a entidade de prática desportiva;

II — de modo não-profissional, identificado pela liberdade de prática e pela inexistência de contrato de trabalho, sendo permitido o recebimento de incentivos materiais e de patrocínio. *(Redação dada pela Lei n. 9.981, 14.7.00, DOU 17.7.00).*

a) (revogada); (Redação dada pela Lei n. 9.981, 14.7.00, DOU 17.7.00).

b) (revogada). (Redação dada pela Lei n. 9.981, 14.7.00, DOU 17.7.00).

....

CAPÍTULO V
Da Prática Desportiva Profissional

Art. 26. Atletas e entidades de prática desportiva são livres para organizar a atividade profissional, qualquer que seja sua modalidade, respeitados os termos desta Lei.

PARÁGRAFO ÚNICO. Considera-se competição profissional para os efeitos desta Lei aquela promovida para obter renda e disputada por atletas profissionais cuja remuneração decorra de contrato de trabalho desportivo. *(Incluído pela Lei n. 10.672, de 15.5.03, DOU 16.5.03)*

Art. 27. As entidades de prática desportiva participantes de competições profissionais e as entidades de administração de desporto ou ligas em que se organizarem, independentemente da forma jurídica adotada, sujeitam os bens particulares de seus dirigentes ao disposto no art. 50 da Lei n. 10.406, de 10 de janeiro de 2002, além das sanções e responsabilidades previstas no *caput* do art. 1.017 da Lei n. 10.406, de 10 de janeiro de 2002, na hipótese de aplicarem créditos ou bens sociais da entidade desportiva em proveito próprio ou de terceiros. *(Redação dada pela Lei n. 10.672, de 15.5.03, DOU 16.5.03)*

§ 1º (Revogado pela Lei n. 9.981, de 14.7.00, DOU 17.7.00).

§ 2º A entidade a que se refere este artigo não poderá utilizar seus bens patrimoniais, desportivos ou sociais para integralizar sua parcela de capital ou oferecê-los como garantia, salvo com a concordância da maioria absoluta da assembleia-geral dos associados e na conformidade do respectivo estatuto. *(Incluído pela Lei n. 9.981, de 14.7.00, DOU 17.7.00).*

§ 3º (Revogado pela Lei n. 10.672, de 15.5.03, DOU 16.5.03)

§ 4º (Revogado pela Lei n. 10.672, de 15.5.03, DOU 16.5.03)

§ 5º O disposto no art. 23 aplica-se, no que couber, às entidades a que se refere o *caput* deste artigo. *(Incluído pela Lei n. 10.672, de 15.5.03, DOU 16.5.0303)*

§ 6º Sem prejuízo de outros requisitos previstos em lei, as entidades de que trata o caput deste artigo somente poderão obter financiamento com recursos públicos ou fazer jus a programas de recuperação econômico-financeiros se, cumulativamente, atenderem às seguintes condições: *(Redação dada pela Lei n. 12.395, de 16.3.11, DOU 17.3.11).*

I — realizar todos os atos necessários para permitir a identificação exata de sua situação financeira; *(Incluído pela Lei n. 10.672, de 15.5.03, DOU 16.5.03)*

II — apresentar plano de resgate e plano de investimento; *(Incluído pela Lei n. 10.672, de 15.5.03, DOU 16.5.03)*

III — garantir a independência de seus conselhos de fiscalização e administração, quando houver; *(Incluído pela Lei n. 10.672, de 15.5.03, DOU 16.5.03)*

IV — adotar modelo profissional e transparente; e *(Incluído pela Lei n. 10.672, de 15.503, DOU 16.5.03)*

V — apresentar suas demonstrações financeiras, juntamente com os respectivos relatórios de auditoria, nos termos definidos no inciso I do art. 46-A desta Lei. *(Redação dada pela Lei n. 12.395, de 16.3.11, DOU 17.3.11).*

§ 7º Os recursos do financiamento voltados à implementação do plano de resgate serão utilizados: *(Incluído pela Lei n. 10.672, de 15.5.03, DOU 16.5.03)*

I — prioritariamente, para quitação de débitos fiscais, previdenciários e trabalhistas; e *(Incluído pela Lei n. 10.672, de 15.5.03, DOU 16.5.03)*

II — subsidiariamente, para construção ou melhoria de estádio próprio ou de que se utilizam para mando de seus jogos, com a finalidade de atender a critérios de segurança, saúde e bem estar do torcedor. *(Incluído pela Lei n. 10.672, de 15.5.03, DOU 16.5.03)*

§ 8º Na hipótese do inciso II do § 7º, a entidade de prática desportiva deverá apresentar à instituição financiadora o orçamento das obras pretendidas. *(Incluído pela Lei n 10.672, de 15.5.03, DOU 16.5.03)*

§ 9º É facultado às entidades desportivas profissionais constituírem-se regularmente em sociedade empresária, segundo um dos tipos regulados nos arts. 1.039 a 1.092 da Lei n. 10.406, de 10 de janeiro de 2002 — Código Civil. *(Incluído pela Lei n. 10.672, de 15.5.03, DOU 16.5.03)*

§ 10. Considera-se entidade desportiva profissional, para fins desta Lei, as entidades de prática desportiva envolvidas em competições de atletas profissionais, as ligas em que se organizarem e as entidades de administração de desporto profissional. *(Incluído pela Lei n. 10.672, de 15.5.03, DOU 16.5.03)*

§ 11. Os administradores de entidades desportivas profissionais respondem solidária e ilimitadamente pelos atos ilícitos praticados, de gestão temerária ou contrários ao previsto no contrato social ou estatuto, nos termos da Lei n. 10.406, de 10 de janeiro de 2002 — Código Civil. *(Redação dada pela Lei n 12.395, de 16.3.11, DOU 17.3.11).*

§ 12. *(VETADO)* *(Incluído pela Lei n. 10.672, de 15.5.03, DOU 16.5.03)*

§ 13. Para os fins de fiscalização e controle do disposto nesta Lei, as atividades profissionais das entidades de que trata o *caput* deste artigo, independentemente da forma jurídica sob a qual estejam constituídas, equiparam-se às das sociedades empresárias. *(Redação dada pela Lei n 12.395, de 16.3.11, DOU 17.3.11).*

Art. 27-A. Nenhuma pessoa física ou jurídica que, direta ou indiretamente, seja detentora de parcela do capital com direito a voto ou, de qualquer forma, participe da administração de qualquer entidade de prática desportiva poderá ter participação simultânea no capital social ou na gestão de outra entidade de prática desportiva disputante da mesma competição profissional. *(Incluído pela Lei n 9.981, de 14.7.00, DOU 17.7.00)*

§ 1º É vedado que duas ou mais entidades de prática desportiva disputem a mesma competição profissional das primeiras séries ou divisões das diversas modalidades desportivas quando: *(Incluído pela Lei n. 9.981, de 14.7.00, DOU 17.7.00)*

a) uma mesma pessoa física ou jurídica, direta ou indiretamente, através de relação contratual, explore, controle ou administre direitos que integrem seus patrimônios; ou, *(Incluído pela Lei n. 9.981, de 14.7.00, DOU 17.7.00)*

b) uma mesma pessoa física ou jurídica, direta ou indiretamente, seja detentora de parcela do capital com direito a voto ou, de qualquer forma, participe da administração de mais de uma sociedade ou associação que explore, controle ou administre direitos que integrem os seus patrimônios. *(Incluído pela Lei n. 9.981, de 14.7.00, DOU 17.7.00)*

§ 2º A vedação de que trata este artigo aplica-se: *(Incluído pela Lei n 9.981, de 14.7.00, DOU 17.7.00)*

a) ao cônjuge e aos parentes até o segundo grau das pessoas físicas; e *(Incluído pela Lei n. 9.981, de 14.7.00, DOU 17.7.00)*

b) às sociedades controladoras, controladas e coligadas das mencionadas pessoas jurídicas, bem como a fundo de investimento, condomínio de investidores ou outra forma assemelhada que resulte na participação concomitante vedada neste artigo. *(Incluído pela Lei n 9.981, de 14.7.00, DOU 17.7.00)*

§ 3º Excluem-se da vedação de que trata este artigo os contratos de administração e investimentos em estádios, ginásios e praças desportivas, de patrocínio, de licenciamento de uso de marcas e símbolos, de publicidade e de propaganda, desde que não importem na administração direta ou na co-gestão das atividades desportivas profissionais das entidades de prática desportiva, assim como os contratos individuais ou coletivos que sejam celebrados entre as detentoras de concessão, permissão ou autorização para exploração de serviços de radiodifusão sonora e de sons e imagens, bem como de televisão por assinatura, e entidades de prática desportiva para fins de transmissão de eventos desportivos. *(Incluído pela Lei n. 9.981, de 14.7.00, DOU 17.7.00)*

§ 4º A infringência a este artigo implicará a inabilitação da entidade de prática desportiva para percepção dos benefícios de que trata o art. 18 desta Lei. *(Redação dada pela Lei n. 10.672, de 15.5.03, DOU 16.5.03)*

§ 5º As empresas detentoras de concessão, permissão ou autorização para exploração de serviço de radiodifusão sonora e de sons e imagens, bem como de televisão por assinatura, ficam impedidas de patrocinar ou veicular sua própria marca, bem como a de seus canais e dos títulos de seus programas, nos uniformes de competições das entidades desportivas. *(Redação dada pela Lei n. 10.672, de 15.5.03, DOU 16.5.03)*

§ 6º A violação do disposto no § 5º implicará a eliminação da entidade de prática desportiva que lhe deu causa da competição ou do torneio em que aquela se verificou, sem prejuízo das penalidades que venham a ser aplicadas pela Justiça Desportiva. *(Incluído pela Lei n. 10.672, de 15.5.03, DOU 16.5.03)*

Art. 27-B. São nulas de pleno direito as cláusulas de contratos firmados entre as entidades de prática desportiva e terceiros, ou entre estes e atletas, que possam intervir ou influenciar nas transferências de atletas ou, ainda, que interfiram no desempenho do atleta ou da entidade de prática desportiva, exceto quando objeto de acordo ou convenção coletiva de trabalho. *(Incluído pela Lei n. 12.395, de 16.3.11, DOU 17.3.11).*

Art. 27-C. São nulos de pleno direito os contratos firmados pelo atleta ou por seu representante legal com agente desportivo, pessoa física ou jurídica, bem como as cláusulas contratuais ou de instrumentos procuratórios que: *(Incluído pela Lei n. 12.395, de 16.3.11, DOU 17.3.11).*

I — resultem vínculo desportivo; *(Incluído pela Lei n. 12.395, de 16.3.11, DOU 17.3.11).*

II — impliquem vinculação ou exigência de receita total ou parcial exclusiva da entidade de prática desportiva, decorrente de transferência nacional ou internacional de atleta, em vista da exclusividade de que trata o inciso I do art. 28; *(Incluído pela Lei n. 12.395, de 16.3.11, DOU 17.3.11).*

III — restrinjam a liberdade de trabalho desportivo; *(Incluído pela Lei n 12.395, de 16.3.11, DOU 17.3.11).*

IV — estabeleçam obrigações consideradas abusivas ou desproporcionais; *(Incluído pela Lei n. 12.395, de 16.3.11, DOU 17.3.11).*

V — infrinjam os princípios da boa-fé objetiva ou do fim social do contrato; ou *(Incluído pela Lei n. 12.395, de 16.3.11, DOU 17.3.11).*

VI — versem sobre o gerenciamento de carreira de atleta em formação com idade inferior a 18 (dezoito) anos. *(Incluído pela Lei n. 12.395, de 16.3.11, DOU 17.3.11).*

Art. 28. A atividade do atleta profissional é caracterizada por remuneração pactuada em contrato especial de trabalho desportivo, firmado com entidade de prática desportiva, no qual deverá constar, obrigatoriamente: *(Redação dada pela Lei n 12.395, de 16.3.11, DOU 17.3.11).*

I — cláusula indenizatória desportiva, devida exclusivamente à entidade de prática desportiva à qual está vinculado o atleta, nas seguintes hipóteses: *(Incluído pela Lei n. 12.395, de 16.3.11, DOU 17.3.11).*

a) transferência do atleta para outra entidade, nacional ou estrangeira, durante a vigência do contrato especial de trabalho desportivo; ou *(Incluído pela Lei n. 12.395, de 16.3.11, DOU 17.3.11).*

b) por ocasião do retorno do atleta às atividades profissionais em outra entidade de prática desportiva, no prazo de até 30 (trinta) meses; e *(Incluído pela Lei n. 12.395, de 16.3.11, DOU 17.3.11).*

II — cláusula compensatória desportiva, devida pela entidade de prática desportiva ao atleta, nas hipóteses dos incisos III a V do § 5º; *(Incluído pela Lei n 12.395, de 16.3.11, DOU 17.3.11).*

§ 1º O valor da cláusula indenizatória desportiva a que se refere o inciso I do *caput* deste artigo será livremente pactuado pelas partes e expressamente quantificado no instrumento contratual: *(Redação dada pela Lei n. 12.395, de 16.3.11, DOU 17.3.11).*

I — até o limite máximo de 2.000 (duas mil) vezes o valor médio do salário contratual, para as transferências nacionais; e *(Incluído pela Lei n. 12.395, de 16.3.11, DOU 17.3.11).*

II — sem qualquer limitação, para as transferências internacionais. *(Incluído pela Lei n. 12.395, de 16.3.11, DOU 17.3.11).*

§ 2º São solidariamente responsáveis pelo pagamento da cláusula indenizatória desportiva de que trata o inciso I do *caput* deste artigo o atleta e a nova entidade de prática desportiva empregadora. *(Redação dada pela Lei n 12.395, de 16.3.11, DOU 17.3.11).*

I — (Revogado pela Lei n. 12.395, de 16.3.11, DOU 17.3.11).

II — (Revogado pela Lei n. 12.395, de 16.3.11, DOU 17.3.11).

III — (Revogado pela Lei n. 12.395, de 16.3.11, DOU 17.3.11).

§ 3º O valor da cláusula compensatória desportiva a que se refere o inciso II do *caput* deste artigo será livremente pactuado entre as partes e formalizado no contrato especial de trabalho desportivo, observando-se, como limite máximo, 400 (quatrocentas) vezes o valor do salário mensal no momento da rescisão e, como limite mínimo, o valor total de salários mensais a que teria direito o atleta até o término do referido contrato. *(Redação dada pela Lei n. 12.395, de 16.3.11, DOU 17.3.11).*

§ 4º Aplicam-se ao atleta profissional as normas gerais da legislação trabalhista e da Seguridade Social, ressalvadas as peculiaridades constantes desta Lei, especialmente as seguintes: *(Redação dada pela Lei n. 12.395, de 16.3.11, DOU 17.3.11).*

I — se conveniente à entidade de prática desportiva, a concentração não poderá ser superior a 3 (três) dias consecutivos por semana, desde que esteja programada qualquer partida, prova ou equivalente, amistosa ou oficial, devendo o atleta ficar à disposição do empregador por ocasião da realização de competição fora da localidade onde tenha sua sede; *(Redação dada pela Lei n. 12.395, de 16.3.11, DOU 17.3.11).*

II — o prazo de concentração poderá ser ampliado, independentemente de qualquer pagamento adicional, quando o atleta estiver à disposição da entidade de administração do desporto; *(Redação dada pela Lei n. 12.395, de 16.3.11, DOU 17.3.11).*

III — acréscimos remuneratórios em razão de períodos de concentração, viagens, pré-temporada e participação do atleta em partida, prova ou equivalente, conforme previsão contratual; *(Redação dada pela Lei n. 12.395, de 16.3.11, DOU 17.3.11).*

IV — repouso semanal remunerado de 24 (vinte e quatro) horas ininterruptas, preferentemente em dia subsequente à participação do atleta na partida, prova ou equivalente, quando realizada no final de semana; *(Redação dada pela Lei n. 12.395, de 16.3.11, DOU 17.3.11).*

V — férias anuais remuneradas de 30 (trinta) dias, acrescidas do abono de férias, coincidentes com o recesso das atividades desportivas; *(Incluído pela Lei n. 12.395, de 16.3.11, DOU 17.3.11).*

VI — jornada de trabalho desportiva normal de 44 (quarenta e quatro) horas semanais. *(Incluído pela Lei n. 12.395, de 16.3.11, DOU 17.3.11).*

§ 5º O vínculo desportivo do atleta com a entidade de prática desportiva contratante constitui-se com o registro do contrato especial de trabalho desportivo na entidade de administração do desporto, tendo natureza acessória ao respectivo vínculo empregatício, dissolvendo-se, para todos os efeitos legais: *(Redação dada pela Lei n. 12.395, de 16.3.11, DOU 17.3.11).*

I — com o término da vigência do contrato ou o seu distrato; *(Incluído pela Lei n. 12.395, de 16.3.11, DOU 17.3.11).*

II — com o pagamento da cláusula indenizatória desportiva ou da cláusula compensatória desportiva; *(Incluído pela Lei n. 12.395, de 16.3.11, DOU 17.3.11).*

III — com a rescisão decorrente do inadimplemento salarial, de responsabilidade da entidade de prática desportiva empregadora, nos termos desta Lei; *(Incluído pela Lei n. 12.395, de 16.3.11, DOU 17.3.11).*

IV — com a rescisão indireta, nas demais hipóteses previstas na legislação trabalhista; e *(Incluído pela Lei n. 12.395, de 16.3.11, DOU 17.3.11).*

V — com a dispensa imotivada do atleta. *(Incluído pela Lei n. 12.395, de 16.3.11, DOU 17.3.11).*

§ 6º (Revogado pela Lei n. 10.672, de 2003).

§ 7º A entidade de prática desportiva poderá suspender o contrato especial de trabalho desportivo do atleta profissional, ficando dispensada do pagamento da remuneração nesse período, quando o atleta for impedido de atuar, por prazo ininterrupto superior a 90 (noventa) dias, em decorrência de ato ou evento de sua exclusiva responsabilidade, desvinculado da atividade profissional, conforme previsto no referido contrato. *(Redação dada pela Lei n. 12.395, de 16.3.11, DOU 17.3.11).*

§ 8º O contrato especial de trabalho desportivo deverá conter cláusula expressa reguladora de sua prorrogação automática na ocorrência da hipótese prevista no § 7º deste artigo. *(Incluído pela Lei n. 12.395, de 16.3.11, DOU 17.3.11).*

§ 9º Quando o contrato especial de trabalho desportivo for por prazo inferior a 12 (doze) meses, o atleta profissional terá direito, por ocasião da rescisão contratual por culpa da entidade de prática desportiva empregadora, a tantos doze avos da remuneração mensal quantos forem os meses da vigência do contrato, referentes a férias, abono de férias e 13º (décimo terceiro) salário. *(Incluído pela Lei n. 12.395, de 16.3.11, DOU 17.3.11).*

§ 10. Não se aplicam ao contrato especial de trabalho desportivo os arts. 479 e 480 da Consolidação das Leis do Trabalho — CLT, aprovada pelo Decreto-lei n. 5.452, de 1º de maio de 1943. *(Incluído pela Lei n. 12.395, de 16.3.11, DOU 17.3.11).*

Art. 28-A. Caracteriza-se como autônomo o atleta maior de 16 (dezesseis) anos que não mantém relação empregatícia com entidade de prática desportiva, auferindo rendimentos por conta e por meio de contrato de natureza civil. *(Incluído pela Lei n. 12.395, de 16.3.11, DOU 17.3.11).*

§ 1º O vínculo desportivo do atleta autônomo com a entidade de prática desportiva resulta de inscrição para participar de competição e não implica reconhecimento de relação empregatícia. *(Incluído pela Lei n. 12.395, de 16.3.11, DOU 17.3.11).*

§ 2º A filiação ou a vinculação de atleta autônomo a entidade de administração ou a sua integração a delegações brasileiras partícipes de competições internacionais não caracteriza vínculo empregatício. *(Incluído pela Lei n. 12.395, de 16.3.11, DOU 17.3.11).*

§ 3º O disposto neste artigo não se aplica às modalidades desportivas coletivas. *(Incluído pela Lei n. 12.395, de 16.3.11, DOU 17.3.11).*

Art. 29. A entidade de prática desportiva formadora do atleta terá o direito de assinar com ele, a partir de 16 (dezesseis) anos de idade, o primeiro contrato especial de trabalho desportivo, cujo prazo não poderá ser superior a 5 (cinco) anos. *(Redação dada pela Lei n. 12.395, de 16.3.11, DOU 17.3.11).*

PARÁGRAFO ÚNICO. (VETADO)

§ 2º É considerada formadora de atleta a entidade de prática desportiva que: *(Redação dada pela Lei n. 12.395, de 16.3.11, DOU 17.3.11).*

I — forneça aos atletas programas de treinamento nas categorias de base e complementação educacional; e *(Incluído pela Lei n. 12.395, de 16.3.11, DOU 17.3.11).*

II — satisfaça cumulativamente os seguintes requisitos: *(Incluído pela Lei n. 12.395, de 16.3.11, DOU 17.3.11).*

a) estar o atleta em formação inscrito por ela na respectiva entidade regional de administração do desporto há, pelo menos, 1 (um) ano; *(Incluído pela Lei n. 12.395, de 16.3.11, DOU 17.3.11).*

b) comprovar que, efetivamente, o atleta em formação está inscrito em competições oficiais; *(Incluído pela Lei n. 12.395, de 16.3.11, DOU 17.3.11).*

c) garantir assistência educacional, psicológica, médica e odontológica, assim como alimentação, transporte e convivência familiar; *(Incluído pela Lei n. 12.395, de 16.3.11, DOU 17.3.11).*

d) manter alojamento e instalações desportivas adequados, sobretudo em matéria de alimentação, higiene, segurança e salubridade; *(Incluído pela Lei n. 12.395, de 16.3.11, DOU 17.3.11).*

e) manter corpo de profissionais especializados em formação técnico desportiva; *(Incluído pela Lei n. 12.395, de 16.3.11, DOU 17.3.11).*

f) ajustar o tempo destinado à efetiva atividade de formação do atleta, não superior a 4 (quatro) horas por dia, aos horários do currículo escolar ou de curso profissionalizante, além de propiciar-lhe a matrícula escolar, com exigência de frequência e satisfatório aproveitamento; *(Incluído pela Lei n. 12.395, de 16.3.11, DOU 17.3.11).*

g) ser a formação do atleta gratuita e a expensas da entidade de prática desportiva; *(Incluído pela Lei n. 12.395, de 16.3.11, DOU 17.3.11).*

h) comprovar que participa anualmente de competições organizadas por entidade de administração do desporto em, pelo menos, 2 (duas) categorias da respectiva modalidade desportiva; e *(Incluído pela Lei n. 12.395, de 16.3.11, DOU 17.3.11).*

i) garantir que o período de seleção não coincida com os horários escolares. *(Incluído pela Lei n. 12.395, de 16.3.11, DOU 17.3.11).*

§ 3º A entidade nacional de administração do desporto certificará como entidade de prática desportiva formadora aquela que comprovadamente preencha os requisitos estabelecidos nesta Lei. *(Redação dada pela Lei n. 12.395, de 16.3.11, DOU 17.3.11).*

§ 4º O atleta não profissional em formação, maior de quatorze e menor de vinte anos de idade, poderá receber auxílio financeiro da entidade de prática desportiva formadora, sob a forma de bolsa de aprendizagem livremente pactuada mediante contrato formal, sem que seja gerado vínculo empregatício entre as partes. *(Incluído pela Lei n. 10.672, de 15.5.03, DOU 16.5.03).*

§ 5º A entidade de prática desportiva formadora fará jus a valor indenizatório se ficar impossibilitada de assinar o primeiro contrato especial de trabalho desportivo por oposição do atleta, ou quando ele se vincular, sob qualquer forma, a outra entidade de prática desportiva, sem autorização expressa da entidade de prática desportiva formadora, atendidas as seguintes condições: *(Redação dada pela Lei n. 12.395, de 16.3.11, DOU 17.3.11).*

I — o atleta deverá estar regularmente registrado e não pode ter sido desligado da entidade de prática desportiva formadora; *(Incluído pela Lei n. 12.395, de 16.3.11, DOU 17.3.11).*

II — a indenização será limitada ao montante correspondente a 200 (duzentas) vezes os gastos comprovadamente efetuados com a formação do atleta, especificados no contrato de que trata o § 4º deste artigo; *(Incluído pela Lei n. 12.395, de 16.3.11, DOU 17.3.11).*

III — o pagamento do valor indenizatório somente poderá ser efetuado por outra entidade de prática desportiva e deverá ser efetivado diretamente à entidade de prática desportiva formadora no prazo máximo de 15 (quinze) dias, contados da data da vinculação do atleta à nova entidade de prática desportiva, para efeito de permitir novo registro em entidade de administração do desporto. *(Incluído pela Lei n. 12.395, de 16.3.11, DOU 17.3.11).*

§ 6º O contrato de formação desportiva a que se refere o § 4º deste artigo deverá incluir obrigatoriamente: *(Redação dada pela Lei n. 12.395, de 16.3.11, DOU 17.3.11).*

I — identificação das partes e dos seus representantes legais; *(Redação dada pela Lei n. 12.395, de 16.3.11, DOU 17.3.11).*

II — duração do contrato; *(Redação dada pela Lei n. 12.395, de 2011).*

III — direitos e deveres das partes contratantes, inclusive garantia de seguro de vida e de acidentes pessoais para cobrir as atividades do atleta contratado; e *(Redação dada pela Lei n. 12.395, de 16.3.11, DOU 17.3.11).*

IV — especificação dos itens de gasto para fins de cálculo da indenização com a formação desportiva. *(Redação dada pela Lei n. 12.395, de 16.3.11, DOU 17.3.11).*

§ 7º A entidade de prática desportiva formadora e detentora do primeiro contrato especial de trabalho desportivo com o atleta por ela profissionalizado terá o direito de preferência para a primeira renovação deste contrato, cujo prazo não poderá ser superior a 3 (três) anos, salvo se para equiparação de proposta de terceiro. *(Redação dada pela Lei n. 12.395, de 16.3.11, DOU 17.3.11).*

I — (Revogado pela Lei n. 12.395, de 16.3.11, DOU 17.3.11).

II — (Revogado pela Lei n. 12.395, de 16.3.11, DOU 17.3.11).

III — (Revogado pela Lei n. 12.395, de 16.3.11, DOU 17.3.11).

IV — (Revogado pela Lei n. 12.395, de 16.3.11, DOU 17.3.11).

V — (Revogado pela Lei n. 12.395, de 16.3.11, DOU 17.3.11).

§ 8º Para assegurar seu direito de preferência, a entidade de prática desportiva formadora e detentora do primeiro contrato especial de trabalho desportivo deverá apresentar, até 45 (quarenta e cinco) dias antes do término do contrato em curso, proposta ao atleta, de cujo teor deverá ser cientificada a correspondente entidade regional de administração do desporto, indicando as novas condições contratuais e os salários ofertados, devendo o atleta apresentar resposta à entidade de prática desportiva formadora, de cujo teor deverá ser notificada a referida entidade de administração, no prazo de 15 (quinze) dias contados da data do recebimento da proposta, sob pena de aceitação tácita. *(Incluído pela Lei n. 12.395, de 16.3.11, DOU 17.3.11).*

§ 9º Na hipótese de outra entidade de prática desportiva resolver oferecer proposta mais vantajosa a atleta vinculado à entidade de prática desportiva que o formou, deve-se observar o seguinte: *(Incluído pela Lei n. 12.395, de 16.3.11, DOU 17.3.11).*

I — a entidade proponente deverá apresentar à entidade de prática desportiva formadora proposta, fazendo dela constar todas as condições remuneratórias; *(Incluído pela Lei n. 12.395, de 16.3.11, DOU 17.3.11).*

II — a entidade proponente deverá dar conhecimento da proposta à correspondente entidade regional de administração; e *(Incluído pela Lei n. 12.395, de 16.3.11, DOU 17.3.11).*

III — a entidade de prática desportiva formadora poderá, no prazo máximo de 15 (quinze) dias, a contar do recebimento da proposta, comunicar se exercerá o direito de preferência de que trata o § 7º, nas mesmas condições oferecidas. *(Incluído pela Lei n. 12.395, de 16.3.11, DOU 17.3.11).*

§ 10. A entidade de administração do desporto deverá publicar o recebimento das propostas de que tratam os §§ 7º e 8º, nos seus meios oficiais de divulgação, no prazo de 5 (cinco) dias contados da data do recebimento. *(Incluído pela Lei n. 12.395, de 16.3.11, DOU 17.3.11).*

§ 11. Caso a entidade de prática desportiva formadora oferte as mesmas condições, e, ainda assim, o atleta se oponha à renovação do primeiro contrato especial de trabalho desportivo, ela poderá exigir da nova entidade de prática desportiva contratante o valor indenizatório correspondente a, no máximo, 200 (duzentas) vezes o valor do salário mensal constante da proposta. *(Incluído pela Lei n. 12.395, de 16.3.11, DOU 17.3.11).*

§ 12. A contratação do atleta em formação será feita diretamente pela entidade de prática desportiva formadora, sendo vedada a sua realização por meio de terceiros. *(Incluído pela Lei n. 12.395, de 16.3.11, DOU 17.3.11).*

§ 13. A entidade de prática desportiva formadora deverá registrar o contrato de formação desportiva do atleta em formação na entidade de administração da respectiva modalidade desportiva. *(Incluído pela Lei n. 12.395, de 16.3.11, DOU 17.3.11).*

Art. 29-A. Sempre que ocorrer transferência nacional, definitiva ou temporária, de atleta profissional, até 5% (cinco por cento) do valor pago pela nova entidade de prática desportiva serão obrigatoriamente distribuídos entre as entidades de práticas desportivas que contribuíram para a formação do atleta, na proporção de: *(Incluído pela Lei n. 12.395, de 16.3.11, DOU 17.3.11).*

I — 1% (um por cento) para cada ano de formação do atleta, dos 14 (quatorze) aos 17 (dezessete) anos de idade, inclusive; e *(Incluído pela Lei n. 12.395, de 16.3.11, DOU 17.3.11).*

II — 0,5% (meio por cento) para cada ano de formação, dos 18 (dezoito) aos 19 (dezenove) anos de idade, inclusive. *(Incluído pela Lei n. 12.395, de 16.3.11, DOU 17.3.11).*

§ 1º Caberá à entidade de prática desportiva cessionária do atleta reter do valor a ser pago à entidade de prática desportiva cedente 5% (cinco por cento) do valor acordado para a transferência, distribuindo-os às entidades de prática desportiva que contribuíram para a formação do atleta. *(Incluído pela Lei n. 12.395, de 16.3.11, DOU 17.3.11).*

§ 2º Como exceção à regra estabelecida no § 1º deste artigo, caso o atleta se desvincule da entidade de prática desportiva de forma unilateral, mediante pagamento da cláusula indenizatória desportiva prevista no inciso I do

Legislação Complementar

art. 28 desta Lei, caberá à entidade de prática desportiva que recebeu a cláusula indenizatória desportiva distribuir 5% (cinco por cento) de tal montante às entidades de prática desportiva responsáveis pela formação do atleta. *(Incluído pela Lei n. 12.395, de 16.3.11, DOU 17.3.11).*

§ 3º O percentual devido às entidades de prática desportiva formadoras do atleta deverá ser calculado sempre de acordo com certidão a ser fornecida pela entidade nacional de administração do desporto, e os valores distribuídos proporcionalmente em até 30 (trinta) dias da efetiva transferência, cabendo-lhe exigir o cumprimento do que dispõe este parágrafo. *(Incluído pela Lei n. 12.395, de 16.3.11, DOU 17.3.11).*

Art. 30. O contrato de trabalho do atleta profissional terá prazo determinado, com vigência nunca inferior a três meses nem superior a cinco anos. *(Redação dada pela Lei n. 9.981, de 14.7.00, DOU 17.7.00)*

PARÁGRAFO ÚNICO. Não se aplica ao contrato especial de trabalho desportivo do atleta profissional o disposto nos arts. 445 e 451 da Consolidação das Leis do Trabalho — CLT, aprovada pelo Decreto-lei n. 5.452, de 1º de maio de 1943. *(Redação dada pela Lei n. 12.395, de 16.3.11, DOU 17.3.11).*

Art. 31. A entidade de prática desportiva empregadora que estiver com pagamento de salário de atleta profissional em atraso, no todo ou em parte, por período igual ou superior a 3 (três) meses, terá o contrato especial de trabalho desportivo daquele atleta rescindido, ficando o atleta livre para se transferir para qualquer outra entidade de prática desportiva de mesma modalidade, nacional ou internacional, e exigir a cláusula compensatória desportiva e os haveres devidos. *(Redação dada pela Lei n. 12.395, de 16.3.11, DOU 17.3.11).*

§ 1º São entendidos como salário, para efeitos do previsto no *caput*, o abono de férias, o décimo terceiro salário, as gratificações, os prêmios e demais verbas inclusas no contrato de trabalho.

§ 2º A mora contumaz será considerada também pelo não recolhimento do FGTS e das contribuições previdenciárias.

§ 3º (Revogado pela Lei n. 12.395, de 16.3.11, DOU 17.3.11).

§ 4º (Incluído e vetado pela Lei n. 10.672, de 15.5.03, DOU 16.5.03).

Art. 32. É lícito ao atleta profissional recusar competir por entidade de prática desportiva quando seus salários, no todo ou em parte, estiverem atrasados em dois ou mais meses;

Art. 33. (Revogado pela Lei n. 12.395, de 16.3.11, DOU 17.3.11).

Art. 34. São deveres da entidade de prática desportiva empregadora, em especial: *(Redação dada pela Lei n. 9.981, de 14.7.00, DOU 17.7.00)*

I — registrar o contrato especial de trabalho desportivo do atleta profissional na entidade de administração da respectiva modalidade desportiva; *(Redação dada pela Lei n. 12.395, de 16.3.11, DOU 17.3.11).*

II — proporcionar aos atletas profissionais as condições necessárias à participação nas competições desportivas, treinos e outras atividades preparatórias ou instrumentais; *(Incluído pela Lei n. 9.981, de 14.7.00, DOU 17.7.00)*

III — submeter os atletas profissionais aos exames médicos e clínicos necessários à prática desportiva. *(Incluído pela Lei n. 9.981, de 14.7.00, DOU 17.7.00)*

Art. 35. São deveres do atleta profissional, em especial: *(Redação dada pela Lei n. 9.981, de 14.7.00, DOU 17.7.00)*

I — participar dos jogos, treinos, estágios e outras sessões preparatórias de competições com a aplicação e dedicação correspondentes às suas condições psicofísicas e técnicas; *(Incluído pela Lei n. 9.981, de 14.7.00, DOU 17.7.00)*

II — preservar as condições físicas que lhes permitam participar das competições desportivas, submetendo-se aos exames médicos e tratamentos clínicos necessários à prática desportiva; *(Incluído pela Lei n. 9.981, de 14.7.00, DOU 17.7.00)*

III — exercitar a atividade desportiva profissional de acordo com as regras da respectiva modalidade desportiva e as normas que regem a disciplina e a ética desportivas. *(Incluído pela Lei n. 9.981, de 14.7.00, DOU 17.7.00)*

Art. 36. (Revogado pela Lei n. 9.981, de 14.7.00, DOU 17.7.00).

Art. 37. (Revogado pela Lei n. 9.981, de 14.7.00, DOU 17.7.00).

Art. 38. Qualquer cessão ou transferência de atleta profissional ou não profissional depende de sua formal e expressa anuência. *(Redação dada pela Lei n. 9.981, de 14.7.00, DOU 17.7.00)*

Art. 39. O atleta cedido temporariamente a outra entidade de prática desportiva que tiver os salários em atraso, no todo ou em parte, por mais de 2 (dois) meses, notificará a entidade de prática desportiva cedente para, querendo, purgar a mora, no prazo de 15 (quinze) dias, não se aplicando, nesse caso, o disposto no caput do art. 31 desta Lei. *(Redação dada pela Lei n. 12.395, de 16.3.11, DOU 17.3.11).*

§ 1º O não pagamento ao atleta de salário e contribuições previstas em lei por parte da entidade de prática desportiva cessionária, por 2 (dois) meses, implicará a rescisão do contrato de empréstimo e a incidência da cláusula compensatória desportiva nele prevista, a ser paga ao atleta pela entidade de prática desportiva cessionária. *(Incluído pela Lei n. 12.395, 16.3.11, DOU 17.3.11).*

§ 2º Ocorrendo a rescisão mencionada no § 1º deste artigo, o atleta deverá retornar à entidade de prática desportiva cedente para cumprir o antigo contrato especial de trabalho desportivo. *(Incluído pela Lei n. 12.395, 16.3.11, DOU 17.3.11).*

Art. 40. Na cessão ou transferência de atleta profissional para entidade de prática desportiva estrangeira observar-se-ão as instruções expedidas pela entidade nacional de título.

§ 1º As condições para transferência do atleta profissional para o exterior deverão integrar obrigatoriamente os contratos de trabalho entre o atleta e a entidade de prática desportiva brasileira que o contratou. *(Renumerado do Parágrafo Único para § 1º pela Lei n. 10.672, de 15.5.03, DOU 16.5.03)*

§ 2º O valor da cláusula indenizatória desportiva internacional originalmente pactuada entre o atleta e a entidade de prática desportiva cedente, independentemente do pagamento da cláusula indenizatória desportiva nacional, será devido a esta pela entidade de prática desportiva cessionária caso esta venha a concretizar transferência internacional do mesmo atleta, em prazo inferior a 3 (três) meses, caracterizando o conluio com a entidade de prática desportiva estrangeira. *(Redação dada pela Lei n. 12.395, 16.3.11, DOU 17.3.11).*

Art. 41. A participação de atletas profissionais em seleções será estabelecida na forma como acordarem a entidade de administração convocante e a entidade de prática desportiva cedente.

§ 1º A entidade convocadora indenizará a cedente dos encargos previstos no contrato de trabalho, pelo período em que durar a convocação do atleta, sem prejuízo de eventuais ajustes celebrados entre este e a entidade convocadora.

§ 2º O período de convocação estender-se-á até a reintegração do atleta à entidade que o cedeu, apto a exercer sua atividade.

Art. 42. Pertence às entidades de prática desportiva o direito de arena, consistente na prerrogativa exclusiva de negociar, autorizar ou proibir a captação, a fixação, a emissão, a transmissão, a retransmissão ou a reprodução de imagens, por qualquer meio ou processo, de espetáculo desportivo de que participem. *(Redação dada pela Lei n. 12.395, 16.3.11, DOU 17.3.11).*

§ 1º Salvo convenção coletiva de trabalho em contrário, 5% (cinco por cento) da receita proveniente da exploração de direitos desportivos audiovisuais serão repassados aos sindicatos de atletas profissionais, e estes distribuirão, em partes iguais, aos atletas profissionais participantes do espetáculo, como parcela de natureza civil. *(Redação dada pela Lei n. 12.395, 16.3.11, DOU 17.3.11).*

§ 2º O disposto neste artigo não se aplica à exibição de flagrantes de espetáculo ou evento desportivo para fins exclusivamente jornalísticos, desportivos ou educativos, respeitadas as seguintes condições: *(Redação dada pela Lei n. 12.395, 16.3.11, DOU 17.3.11).*

I — a captação das imagens para a exibição de flagrante de espetáculo ou evento desportivo dar-se-á em locais reservados, nos estádios e ginásios, para não detentores de direitos ou, caso não disponíveis, mediante o fornecimento das imagens pelo detentor de direitos locais para a respectiva mídia; *(Incluído pela Lei n. 12.395, 16.3.11, DOU 17.3.11).*

II — a duração de todas as imagens do flagrante do espetáculo ou evento desportivo exibidas não poderá exceder 3% (três por cento) do total do tempo de espetáculo ou evento; *(Incluído pela Lei n. 12.395, 16.3.11, DOU 17.3.11).*

III — é proibida a associação das imagens exibidas com base neste artigo a qualquer forma de patrocínio, propaganda ou promoção comercial. *(Incluído pela Lei n. 12.395, 16.3.11, DOU 17.3.11).*

§ 3º O espectador pagante, por qualquer meio, de espetáculo ou evento desportivo equipara-se, para todos os efeitos legais, ao consumidor, nos termos do art. 2º da Lei n. 8.078, de 11 de setembro de 1990.

Art. 43. É vedada a participação em competições desportivas profissionais de atletas não profissionais com idade superior a vinte anos. *(Redação dada pela Lei n. 9.981, de 14.7.00, DOU 17.7.00)*

Art. 44. É vedada a prática do profissionalismo, em qualquer modalidade, quando se tratar de:

I — desporto educacional, seja nos estabelecimentos escolares de 1º e 2º graus ou superiores;

II — desporto militar;

III — menores até a idade de dezesseis anos completos.

Art. 45. As entidades de prática desportiva são obrigadas a contratar seguro de vida e de acidentes pessoais, vinculado à atividade desportiva, para os atletas profissionais, com o objetivo de cobrir os riscos a que eles estão sujeitos. *(Redação dada pela Lei n 12.395, de 16.3.11, DOU 17.3.11).*

§ 1º A importância segurada deve garantir ao atleta profissional, ou ao beneficiário por ele indicado no contrato de seguro, o direito a indenização mínima correspondente ao valor anual da remuneração pactuada. *(Incluído pela Lei n. 12.395, de 16.3.11, DOU 17.3.11).*

§ 2º A entidade de prática desportiva é responsável pelas despesas médico-hospitalares e de medicamentos necessários ao restabelecimento do atleta enquanto a seguradora não fizer o pagamento da indenização a que se refere o § 1º deste artigo. *(Incluído pela Lei n. 12.395, de 16.3.11, DOU 17.3.11).*

Art. 46. Ao estrangeiro atleta profissional de modalidade desportiva, referido no inciso V do art. 13 da Lei n. 6.815, de 19 de agosto de 1980, poderá ser concedido visto, observadas as exigências da legislação específica, por prazo não excedente a 5 (cinco) anos e correspondente à duração fixada no respectivo contrato especial de trabalho desportivo, permitida uma única renovação. *(Redação dada pela Lei n. 12.395, de 16.3.11, DOU 17.3.11).*

§ 1º É vedada a participação de atleta de nacionalidade estrangeira como integrante de equipe de competição de entidade de prática desportiva nacional nos campeonatos oficiais quando o visto de trabalho temporário recair na hipótese do inciso III do art. 13 da Lei n. 6.815, de 19 de agosto de 1980. *(Redação dada pela Lei n. 12.395, de 16.3.11, DOU 17.3.11).*

§ 2º A entidade de administração do desporto será obrigada a exigir da entidade de prática desportiva o comprovante do visto de trabalho do atleta de nacionalidade estrangeira fornecido pelo Ministério do Trabalho e Emprego, sob pena de cancelamento da inscrição desportiva. *(Redação dada pela Lei n. 12.395, de 16.3.11, DOU 17.3.11).*

Art. 46-A. As ligas desportivas, as entidades de administração de desporto e as de prática desportiva envolvidas em qualquer competição de atletas profissionais, independentemente da forma jurídica adotada, ficam obrigadas a: *(Incluído pela Lei n. 10.672, de 15.5.03, DOU 16.5.03)*

I — elaborar suas demonstrações financeiras, separadamente por atividade econômica, de modo distinto das atividades recreativas e sociais, nos termos da lei e de acordo com os padrões e critérios estabelecidos pelo Conselho Federal de Contabilidade, e, após terem sido submetidas a auditoria independente, providenciar sua publicação, até o último dia útil do mês de abril do ano subsequente, por período não inferior a 3 (três) meses, em sítio eletrônico próprio e da respectiva entidade de administração ou liga desportiva; *(Redação dada pela Lei n. 12.395, de 16.3.11, DOU 17.3.11).*

II — apresentar suas contas juntamente com os relatórios da auditoria de que trata o inciso I ao Conselho Nacional do Esporte — CNE, sempre que forem beneficiárias de recursos públicos, na forma do regulamento. *(Incluído pela Lei n. 10.672, de 15.5.03, DOU 16.5.03)*

§ 1º Sem prejuízo da aplicação das penalidades previstas na legislação tributária, trabalhista, previdenciária, cambial, e das consequentes responsabilidades civil e penal, a infringência a este artigo implicará: *(Incluído pela Lei n. 10.672, de 15.5.03, DOU 16.5.03)*

I — para as entidades de administração do desporto e ligas desportivas, a inelegibilidade, por dez anos, de seus dirigentes para o desempenho de cargos ou funções eletivas ou de livre nomeação, em quaisquer das entidades ou órgãos referidos no parágrafo único do art. 13 desta Lei; *(Incluído pela Lei n. 10.672, de 15.5.03, DOU 16.5.03)*

II — para as entidades de prática desportiva, a inelegibilidade, por cinco anos, de seus dirigentes para cargos ou funções eletivas ou de livre nomeação em qualquer entidade ou empresa direta ou indiretamente vinculada às competições profissionais da respectiva modalidade desportiva. *(Incluído pela Lei n. 10.672, de 15.5.03, DOU 16.5.03)*

§ 2º As entidades que violarem o disposto neste artigo ficam ainda sujeitas: *(Incluído pela Lei n. 10.672, de 15.5.03, DOU 16.5.03)*

I — ao afastamento de seus dirigentes; e *(Incluído pela Lei n. 10.672, de 15.5.03, DOU 16.5.03)*

Legislação Complementar

II — à nulidade de todos os atos praticados por seus dirigentes em nome da entidade, após a prática da infração, respeitado o direito de terceiros de boa-fé. *(Redação dada pela Lei n. 12.395, de 16.3.11, DOU 17.3.11).*

§ 3º Os dirigentes de que trata o § 2º serão sempre: *(Incluído pela Lei n. 10.672, de 15.5.03, DOU 16.5.03)*

I — o presidente da entidade, ou aquele que lhe faça as vezes; e *(Incluído pela Lei n. 10.672, de 15.5.03, DOU 16.5.03)*

II — o dirigente que praticou a infração ainda que por omissão. *(Incluído pela Lei n. 10.672, de 15.5.03, DOU 16.5.03)*

§ 4º (Incluído e vetado pela Lei n. 10.672, de 15.5.03, DOU 16.5.03).

CAPÍTULO VI

Da Ordem Desportiva

Art. 47. No âmbito de suas atribuições, os Comitês Olímpico e Paraolímpico Brasileiros e as entidades nacionais de administração do desporto têm competência para decidir, de ofício ou quando lhes forem submetidas pelos seus filiados, as questões relativas ao cumprimento das normas e regras de prática desportiva.

Art. 48. Com o objetivo de manter a ordem desportiva, o respeito aos atos emanados de seus poderes internos, poderão ser aplicadas, pelas entidades de administração do desporto e de prática desportiva, as seguintes sanções:

I — advertência;

II — censura escrita;

III — multa;

IV — suspensão;

V — desfiliação ou desvinculação.

§ 1º A aplicação das sanções previstas neste artigo não prescinde do processo administrativo no qual sejam assegurados o contraditório e a ampla defesa.

§ 2º As penalidades de que tratam os incisos IV e V deste artigo somente poderão ser aplicadas após decisão definitiva da Justiça Desportiva.

CAPÍTULO VII

Da Justiça Desportiva

Art. 49. A Justiça Desportiva a que se referem os §§ 1º e 2º do art. 217 da Constituição Federal e o art. 33 da Lei n. 8.028, de 12 de abril de 1990, regula-se pelas disposições deste Capítulo.

Art. 50. A organização, o funcionamento e as atribuições da Justiça Desportiva, limitadas ao processo e julgamento das infrações disciplinares e às competições desportivas, serão definidos nos Códigos de Justiça Desportiva, facultando-se às ligas constituir seus próprios órgãos judicantes desportivos, com atuação restrita às suas competições. *(Redação dada pela Lei n. 12.395, de 16.3.11, DOU 17.3.11).*

§ 1º As transgressões relativas à disciplina e às competições desportivas sujeitam o infrator a:

I — advertência;

II — eliminação;

III — exclusão de campeonato ou torneio;

IV — indenização;

V — interdição de praça de desportos;

VI — multa;

VII — perda do mando do campo;

VIII — perda de pontos;

IX — perda de renda;

X — suspensão por partida;

XI — suspensão por prazo.

§ 2º As penas disciplinares não serão aplicadas aos menores de quatorze anos.

§ 3º As penas pecuniárias não serão aplicadas a atletas não-profissionais.

§ 4º Compete às entidades de administração do desporto promover o custeio do funcionamento dos órgãos da Justiça Desportiva que funcionem junto a si. *(Incluído pela Lei n. 9.981, de 14.7.00, DOU 17.7.00)*

Art. 51. O disposto nesta Lei sobre Justiça Desportiva não se aplica aos Comitês Olímpico e Paraolímpico Brasileiros.

Art. 52. Os órgãos integrantes da Justiça Desportiva são autônomos e independentes das entidades de administração do desporto de cada sistema, compondo-se do Superior Tribunal de Justiça Desportiva, funcionando junto às entidades nacionais de administração do desporto; dos Tribunais de Justiça Desportiva, funcionando junto às entidades regionais da administração do desporto, e das Comissões Disciplinares, com competência para processar e julgar as questões previstas nos Códigos de Justiça Desportiva, sempre assegurados a ampla defesa e o contraditório. *(Redação dada pela Lei n. 9.981, de 14.7.00, DOU 17.7.00)*

§ 1º Sem prejuízo do disposto neste artigo, as decisões finais dos Tribunais de Justiça Desportiva são impugnáveis nos termos gerais do direito, respeitados os pressupostos processuais estabelecidos nos §§ 1º e 2º do art. 217 da Constituição Federal.

§ 2º O recurso ao Poder Judiciário não prejudicará os efeitos desportivos validamente produzidos em consequência da decisão proferida pelos Tribunais de Justiça Desportiva.

Art. 53. No Superior Tribunal de Justiça Desportiva, para julgamento envolvendo competições interestaduais ou nacionais, e nos Tribunais de Justiça Desportiva, funcionarão tantas Comissões Disciplinares quantas se fizerem necessárias, compostas cada qual de 5 (cinco) membros que não pertençam aos referidos órgãos judicantes, mas sejam por estes escolhidos. *(Redação dada pela Lei n. 12.395, de 16.3.11, DOU 17.3.11).*

§ 1º *(VETADO).*

§ 2º A Comissão Disciplinar aplicará sanções em procedimento sumário, assegurados a ampla defesa e o contraditório.

§ 3º Das decisões da Comissão Disciplinar caberá recurso ao Tribunal de Justiça Desportiva e deste ao Superior Tribunal de Justiça Desportiva, nas hipóteses previstas nos respectivos Códigos de Justiça Desportiva. *(Redação dada pela Lei n. 9.981, de 14.7.00, DOU 17.7.00*

§ 4º O recurso ao qual se refere o parágrafo anterior será recebido e processado com efeito suspensivo quando a penalidade exceder de duas partidas consecutivas ou quinze dias.

Art. 54. O membro do Tribunal de Justiça Desportiva exerce função considerada de relevante interesse público e, sendo servidor público, terá abonadas suas faltas, computando-se como de efetivo exercício a participação nas respectivas sessões.

Art. 55. O Superior Tribunal de Justiça Desportiva e os Tribunais de Justiça Desportiva serão compostos por nove membros, sendo: *(Redação dada pela Lei n. 9.981, de 14.7.00, DOU 17.7.00)*

I — dois indicados pela entidade de administração do desporto; *(Redação dada pela Lei n. 9.981, de 14.7.00, DOU 17.7.00)*

II — dois indicados pelas entidades de prática desportiva que participem de competições oficiais da divisão principal; *(Redação dada pela Lei n. 9.981, de 14.7.00, DOU 17.7.00)*

III — dois advogados com notório saber jurídico desportivo, indicados pela Ordem dos Advogados do Brasil; *(Redação dada pela Lei n. 9.981, de 14.7.00, DOU 17.7.00)*

IV — 1 (um) representante dos árbitros, indicado pela respectiva entidade de classe; *(Redação dada pela Lei n. 12.395, de 16.3.11, DOU 17.3.11).*

V — 2 (dois) representantes dos atletas, indicados pelas respectivas entidades sindicais. *(Redação dada pela Lei n. 12.395, de 16.3.11, DOU 17.3.11).*

§ 1º (Revogado). *(Redação dada pela Lei n. 9.981, de 14.7.00, DOU 17.7.00)*

§ 2º O mandato dos membros dos Tribunais de Justiça Desportiva terá duração máxima de quatro anos, permitida apenas uma recondução. *(Redação dada pela Lei n. 9.981, de 14.7.00, DOU 17.7.00)*

§ 3º É vedado aos dirigentes desportivos das entidades de administração e das entidades de prática o exercício de cargo ou função na Justiça Desportiva, exceção feita aos membros dos conselhos deliberativos das entidades de prática desportiva. *(Redação dada pela Lei n. 9.981, de 14.7.00, DOU 17.7.00)*

§ 4º Os membros dos Tribunais de Justiça Desportiva poderão ser bacharéis em Direito ou pessoas de notório saber jurídico, e de conduta ilibada. *(Redação dada pela Lei n. 9.981, de 14.7.00, DOU 17.7.00)*

§ 5º (VETADO). *(Incluído pela Lei n. 12.395, de 16.3.11, DOU 17.3.11).*

....

CAPÍTULO X
Disposições Gerais

Art. 82. Os dirigentes, unidades ou órgãos de entidades de administração do desporto, inscritas ou não no registro de comércio, não exercem função delegada pelo Poder Público, nem são consideradas autoridades públicas para os efeitos desta Lei.

Art. 82-A. As entidades de prática desportiva de participação ou de rendimento, profissional ou não profissional, promoverão obrigatoriamente exames periódicos para avaliar a saúde dos atletas, nos termos da regulamentação. *(Incluído pela Lei n. 12.346, de 2010) (Vigência)*

Art. 83. As entidades desportivas internacionais com sede permanente ou temporária no País receberão dos poderes públicos o mesmo tratamento dispensado às entidades nacionais de administração do desporto.

Art. 84. Será considerado como efetivo exercício, para todos os efeitos legais, o período em que o atleta servidor público civil ou militar, da Administração Pública direta, indireta, autárquica ou fundacional, estiver convocado para integrar representação nacional em treinamento ou competição desportiva no País ou no exterior. *(Redação dada pela Lei n. 9.981, de 14.7.00, DOU 17.7.00)*

§ 1º O período de convocação será definido pela entidade nacional de administração da respectiva modalidade desportiva, cabendo a esta ou aos Comitês Olímpico ou Paraolímpico Brasileiros fazer a devida comunicação e solicitar ao Ministério do Esporte a competente liberação do afastamento do atleta, árbitro e assistente, cabendo ao referido Ministério comunicar a ocorrência ao órgão de origem do servidor ou militar. *(Redação dada pela Lei n. 12.395, de 16.3.11, DOU 17.3.11).*

§ 2º O disposto neste artigo aplica-se, também, aos profissionais especializados e dirigentes, quando indispensáveis à composição da delegação.

Art. 84-A. Todos os jogos das seleções brasileiras de futebol, em competições oficiais, deverão ser exibidos, pelo menos, em uma rede nacional de televisão aberta, com transmissão ao vivo, inclusive para as cidades brasileiras nas quais os mesmos estejam sendo realizados. *(Incluído pela Lei n. 9.981, de 14.7.00, DOU 17.7.00)*

PARÁGRAFO ÚNICO. As empresas de televisão de comum acordo, ou por rodízio, ou por arbitramento, resolverão como cumprir o disposto neste artigo, caso nenhuma delas se interesse pela transmissão. O órgão competente fará o arbitramento. *(Incluído pela Lei n. 9.981, de 14.7.00, DOU 17.7.00)*

Art. 85. Os sistemas de ensino da União, dos Estados, do Distrito Federal e dos Municípios, bem como as instituições de ensino superior, definirão normas específicas para verificação do rendimento e o controle de freqüência dos estudantes que integrarem representação desportiva nacional, de forma a harmonizar a atividade desportiva com os interesses relacionados ao aproveitamento e à promoção escolar.

Art. 86. É instituído o Dia do Desporto, a ser comemorado no dia 23 de junho, Dia Mundial do Desporto Olímpico.

Art. 87. A denominação e os símbolos de entidade de administração do desporto ou prática desportiva, bem como o nome ou apelido desportivo do atleta profissional, são de propriedade exclusiva dos mesmos, contando com a proteção legal, válida para todo o território nacional, por tempo indeterminado, sem necessidade de registro ou averbação no órgão competente.

PARÁGRAFO ÚNICO. A garantia legal outorgada às entidades e aos atletas referidos neste artigo permite-lhes o uso comercial de sua denominação, símbolos, nomes e apelidos.

Art. 87-A. O direito ao uso da imagem do atleta pode ser por ele cedido ou explorado, mediante ajuste contratual de natureza civil e com fixação de direitos, deveres e condições inconfundíveis com o contrato especial de trabalho desportivo. *(Incluído pela Lei n. 12.395, de 16.3.11, DOU 17.3.11).*

Art. 88. Os árbitros e auxiliares de arbitragem poderão constituir entidades nacionais, estaduais e do Distrito Federal, por modalidade desportiva ou grupo de modalidades, objetivando o recrutamento, a formação e a prestação de serviços às entidades de administração do desporto. *(Redação dada pela Lei n. 12.395, de 16.3.11, DOU 17.3.11).*

PARÁGRAFO ÚNICO. Independentemente da constituição de sociedade ou entidades, os árbitros e seus auxiliares não terão qualquer vínculo empregatício com as entidades desportivas diretivas onde atuarem, e sua remuneração como autônomos exonera tais entidades de quaisquer outras responsabilidades trabalhistas, securitárias e previdenciárias.

Art. 89. Em campeonatos ou torneios regulares com mais de uma divisão, as entidades de administração do desporto determinarão em seus regulamentos o princípio do acesso e do descenso, observado sempre o critério técnico.

Art. 89-A. As entidades responsáveis pela organização de competições desportivas profissionais deverão disponibilizar equipes para atendimento de emergências entre árbitros e atletas, nos termos da regulamentação. *(Incluído pela Lei n. 12.346, de 2010) (Vigência)*

Art. 90. É vedado aos administradores e membros de conselho fiscal de entidade de prática desportiva o exercício de cargo ou função em entidade de administração do desporto.

Art. 90-A. (Incluído e vetado pela Lei n. 10.672, de 15.5.03, DOU 16.5.03).

Art. 90-B. (Incluído e vetado pela Lei n. 10.672, de 15.5.03, DOU 16.5.03).

Art. 90-C. As partes interessadas poderão valer-se da arbitragem para dirimir litígios relativos a direitos patrimoniais disponíveis, vedada a apreciação de matéria referente à disciplina e à competição desportiva. *(Incluído pela Lei n. 12.395, de 16.3.11, DOU 17.3.11).*

PARÁGRAFO ÚNICO. A arbitragem deverá estar prevista em acordo ou convenção coletiva de trabalho e só poderá ser instituída após a concordância expressa de ambas as partes, mediante cláusula compromissória ou compromisso arbitral. *(Incluído pela Lei n. 12.395, de 16.3.11, DOU 17.3.11).*

Art. 90-D. Os atletas profissionais poderão ser representados em juízo por suas entidades sindicais em ações relativas aos contratos especiais de trabalho desportivo mantidos com as entidades de prática desportiva. *(Incluído pela Lei n. 12.395, de 16.3.11, DOU 17.3.11).*

Art. 90-E. O disposto no § 4º do art. 28 quando houver vínculo empregatício aplica-se aos integrantes da comissão técnica e da área de saúde. *(Incluído pela Lei n. 12.395, de 16.3.11, DOU 17.3.11).*

Art. 90-F. Os profissionais credenciados pelas Associações de Cronistas Esportivos quando em serviço têm acesso a praças, estádios e ginásios desportivos em todo o território nacional, obrigando-se a ocupar locais a eles reservados pelas respectivas entidades de administração do desporto. *(Incluído pela Lei n. 12.395, de 16.3.11, DOU 17.3.11).*

CAPÍTULO XI
Disposições Transitórias

Art. 91. (Vetado) *(Lei n. 12.395, de 16.3.11, DOU 17.3.11).*

Art. 92. Os atuais atletas profissionais de futebol, de qualquer idade, que, na data de entrada em vigor desta Lei, estiverem com passe livre, permanecerão nesta situação, e a rescisão de seus contratos de trabalho dar-se-á nos termos dos arts. 479 e 480 da CLT.

Art. 93. O disposto no art. 28, § 2º, desta Lei somente produzirá efeitos jurídicos a partir de 26 de março de 2001, respeitados os direitos adquiridos decorrentes dos contratos de trabalho e vínculos desportivos de atletas profissionais pactuados com base na legislação anterior. *(Redação dada pela Lei n. 9.981, de 14.7.00, DOU 17.7.00)*

PARÁGRAFO ÚNICO. (VETADO) (Incluído e vetado pela Lei n. 9.981, de 14.7.00, DOU 17.7.00)

Art. 94. O disposto nos arts. 27, 27-A, 28, 29, 29-A, 30, 39, 43, 45 e no § 1º do art. 41 desta Lei será obrigatório exclusivamente para atletas e entidades de prática profissional da modalidade de futebol. *(Redação dada pela Lei n. 12.395, de 16.3.11, DOU 17.3.11).*

PARÁGRAFO ÚNICO. É facultado às demais modalidades desportivas adotar os preceitos constantes dos dispositivos referidos no *caput* deste artigo. *(Incluído pela Lei n. 9.981, de 14.7.00, DOU 17.7.00)*

Art. 94-A. O Poder Executivo regulamentará o disposto nesta Lei, inclusive a distribuição dos recursos, gradação das multas e os procedimentos de sua aplicação. *(Incluído pela Lei n. 9.981, de 2000)*

Art. 95. Esta Lei entra em vigor na data de sua publicação.

Art. 96. São revogados, a partir da vigência do disposto no § 2 º do art. 28 desta Lei, os incisos II e V e os §§ 1º e 3º do art. 3º, os arts. 4º, 6º, 11 e 13, o § 2º do art. 15, o parágrafo único do art. 16 e os arts. 23 e 26 da Lei n. 6.354, de 2 de setembro de 1976; são revogadas, a partir da data de publicação desta Lei, as Leis ns. 8.672, de 6 de julho de 1993, e 8.946, de 5 de dezembro de 1994.

Brasília, 24 de março de 1998; 177º da Independência e 110º da República.

Fernando Henrique Cardoso
Iris Rezende
Pedro Malan
Paulo Renato Souza
Paulo Paiva
Reinhold Stephanes
Edson Arantes do Nascimento

DECRETO N. 7.984, DE 8 DE ABRIL DE 2013

(DOU 9.4.2013)

REGULAMENTA A LEI N. 9.615, DE 24 DE MARÇO DE 1998, QUE INSTITUI NORMAS GERAIS SOBRE DESPORTO

A PRESIDENTA DA REPÚBLICA, no uso da atribuição que lhe confere o art. 84, *caput*, inciso IV, da Constituição, e tendo em vista o disposto na Lei n. 9.615, de 24 de março de 1998,

DECRETA:

Art. 1º Este Decreto regulamenta a Lei n. 9.615, de 24 de março de 1998, que institui normas gerais sobre desporto.

CAPÍTULO I

DISPOSIÇÕES PRELIMINARES

Art. 2º O desporto brasileiro abrange práticas formais e não formais e tem como base os princípios dispostos no art. 2º da Lei n. 9.615, de 1998.

§ 1º A prática desportiva formal é regulada por normas nacionais e internacionais e pelas regras de prática desportiva de cada modalidade, aceitas pelas respectivas entidades nacionais de administração do desporto

§ 2º A prática desportiva não-formal é caracterizada pela liberdade lúdica de seus praticantes.

Art. 3º O desporto pode ser reconhecido nas seguintes manifestações:

I — desporto educacional ou esporte-educação, praticado na educação básica e superior e em formas assistemáticas de educação, evitando-se a seletividade, a competitividade excessiva de seus praticantes, com a finalidade de alcançar o desenvolvimento integral do indivíduo e a sua formação para o exercício da cidadania e a prática do lazer;

II — desporto de participação, praticado de modo voluntário, caracterizado pela liberdade lúdica, com a finalidade de contribuir para a integração dos praticantes na plenitude da vida social, a promoção da saúde e da educação, e a preservação do meio ambiente; e

III — desporto de rendimento, praticado segundo as disposições da Lei n. 9.615, de 1998, e das regras de prática desportiva, nacionais e internacionais, com a finalidade de obter resultados de superação ou de performance relacionados aos esportes e de integrar pessoas e comunidades do País e de outras nações.

§ 1º O desporto educacional pode constituir-se em:

I — esporte educacional, ou esporte formação, com atividades em estabelecimentos escolares e não escolares, referenciado em princípios socioeducativos como inclusão, participação, cooperação, promoção à saúde, coeducação e responsabilidade; e

II — esporte escolar, praticado pelos estudantes com talento esportivo no ambiente escolar, visando à formação cidadã, referenciado nos princípios do desenvolvimento esportivo e do desenvolvimento do espírito esportivo, podendo contribuir para ampliar as potencialidades para a prática do esporte de rendimento e promoção da saúde.

§ 2º O esporte escolar pode ser praticado em competições, eventos, programas de formação, treinamento, complementação educacional, integração cívica e cidadã, realizados por:

I — Confederação Brasileira de Desporto Escolar — CBDE, Confederação Brasileira de Desporto Universitário — CBDU, ou entidades vinculadas, e instituições públicas ou privadas que desenvolvem programas educacionais; e

II — instituições de educação de qualquer nível.

Art. 4º O desporto de rendimento pode ser organizado e praticado:

I — de modo profissional, caracterizado pela remuneração pactuada em contrato especial de trabalho desportivo entre o atleta e a entidade de prática desportiva empregadora; e

II — de modo não profissional, identificado pela liberdade de prática e pela inexistência de contrato especial de trabalho desportivo, sendo permitido o recebimento de incentivos materiais e de patrocínio.

PARÁGRAFO ÚNICO. Consideram-se incentivos materiais, na forma disposta no inciso II do *caput*, entre outros:

I — benefícios ou auxílios financeiros concedidos a atletas na forma de bolsa de aprendizagem, prevista no § 4º do art. 29 da Lei n. 9.615, de 1998;

II — Bolsa-Atleta, prevista na Lei n. 10.891, de 9 de julho de 2004;

III — bolsa paga a atleta por meio de recursos dos incentivos previstos na Lei n. 11.438, de 29 de dezembro de 2006, ressalvado o disposto em seu art. 2º, § 2º; e

IV — benefícios ou auxílios financeiros similares previstos em normas editadas pelos demais entes federativos.

CAPÍTULO II

DOS SISTEMAS DO DESPORTO

SEÇÃO I

Do Sistema Brasileiro do Desporto

Art. 5º O Sistema Brasileiro do Desporto compreende:

I — o Ministério do Esporte;

II — o Conselho Nacional do Esporte — CNE; e

III — o Sistema Nacional do Desporto e os sistemas de desporto dos Estados, do Distrito Federal e dos Municípios, organizados de forma autônoma e em regime de colaboração, integrados por vínculos de natureza técnica específicos de cada modalidade desportiva.

§ 1º O Sistema Brasileiro do Desporto tem por objetivo garantir a prática desportiva regular e melhorar o seu padrão de qualidade

§ 2º Poderão ser incluídas no Sistema Brasileiro de Desporto as pessoas jurídicas que desenvolvam práticas não formais, promovam a cultura e as ciências do desporto e formem e aprimorem especialistas, consultado o Conselho Nacional do Esporte.

SEÇÃO II

Do Sistema Nacional do Desporto

Art. 6º O Sistema Nacional do Desporto tem por finalidade promover e aprimorar as práticas desportivas de rendimento, e é composto pelas entidades indicadas no parágrafo único do art. 13 da Lei n. 9.615, de 1998.

PARÁGRAFO ÚNICO. O Comitê Olímpico Brasileiro — COB, o Comitê Paraolímpico Brasileiro — CPB, a Confederação Brasileira de Clubes — CBC e as entidades nacionais de administração do desporto a eles filiadas ou vinculadas constituem subsistema específico do Sistema Nacional do Desporto.

SEÇÃO III

Dos Sistemas de Desporto dos Estados, do Distrito Federal e dos Municípios

Art. 7º Os sistemas de desporto constituídos pelos Estados e pelo Distrito Federal observarão o disposto na Lei n. 9.615, de 1998, e neste Decreto.

PARÁGRAFO ÚNICO. A constituição de sistemas próprios de desporto pelos Municípios é facultativa e deve observar o disposto na Lei n. 9.615, de 1998, neste Decreto e, no que couber, na legislação estadual.

Art. 8º A relação entre o Sistema Brasileiro do Desporto e os sistemas de desporto dos Estados, do Distrito Federal e dos Municípios observará o princípio da descentralização, com organização e funcionamento harmônicos de sistemas desportivos diferenciados e autônomos de cada ente federativo.

CAPÍTULO III

DO CONSELHO NACIONAL DO ESPORTE

Art. 9º O Conselho Nacional do Esporte — CNE é órgão colegiado de deliberação, normatização e assessoramento, diretamente vinculado ao Ministro de Estado do Esporte e parte integrante do Sistema Brasileiro de Desporto.

PARÁGRAFO ÚNICO. O CNE tem por objetivo buscar o desenvolvimento de programas que promovam a massificação planejada da atividade física para toda a população e a melhoria do padrão de organização, gestão, qualidade e transparência do desporto nacional.

Art. 10. O CNE será composto por vinte e dois membros indicados pelo Ministro de Estado do Esporte, que o presidirá.

§ 1º Na escolha dos membros do CNE deverão ser observados os critérios de representatividade dos componentes do Sistema Brasileiro do Desporto e de capacidade de formulação de políticas públicas na área do esporte.

§ 2º São membros natos do CNE o Ministro de Estado do Esporte, o Secretário-Executivo e os Secretários Nacionais do Ministério do Esporte.

§ 3º Caberá ao Ministro de Estado do Esporte expedir ato normativo próprio para especificar a composição do CNE.

§ 4º À exceção dos membros natos, os membros do CNE e seus suplentes serão designados para um mandato de dois anos, permitida uma recondução consecutiva.

§ 5º O Presidente do CNE poderá convidar outras entidades de prática desportiva a participarem do colegiado, sem direito a voto.

§ 6º A atividade de membro do CNE é considerada prestação de serviço público relevante, não remunerada.

§ 7º O Ministro de Estado do Esporte poderá adotar providências que dependam de deliberação do CNE, que serão posteriormente submetidas à homologação pelo colegiado.

Art. 11. Compete ao CNE:

I — zelar pela aplicação dos princípios constantes da Lei n. 9.615, de 1998;

II — oferecer subsídios técnicos à elaboração do Plano Nacional do Desporto e contribuir para a implementação de suas diretrizes e estratégias;

III — estabelecer diretrizes, apreciar e aprovar os programas de inclusão social através do esporte;

IV — propor diretrizes para a integração entre o esporte e outros setores socioeconômicos;

V — emitir pareceres e recomendações sobre questões desportivas nacionais;

VI — aprovar os Códigos de Justiça Desportiva e suas alterações, com as peculiaridades de cada modalidade;

VII — expedir diretrizes para o controle de substâncias e métodos proibidos na prática desportiva;

VIII — propor mecanismos para prevenção de atividades que visem fraudar resultados de competições desportivas;

IX — propor ações para incentivar boas práticas de gestão corporativa, de equilíbrio financeiro, de competitividade desportiva e de transparência na administração do desporto nacional;

X — apoiar projetos que democratizem o acesso da população à atividade física e às práticas desportivas;

XI — propor seu regimento interno, para aprovação do Ministro de Estado do Esporte; e

XII — exercer outras atribuições previstas na legislação.

§ 1º O Ministério do Esporte prestará apoio técnico e administrativo ao CNE.

§ 2º Para o atendimento ao disposto no inciso VII do *caput*, o CNE aprovará o Código Brasileiro de Justiça Desportiva para o Desporto de Rendimento — CBJD e o Código Brasileiro de Justiça Desportiva para o Desporto Educacional — CBJDE.

CAPÍTULO IV

DAS LIGAS DESPORTIVAS

Art. 12. As ligas desportivas nacionais e regionais de que trata o art. 20 da Lei n. 9.615, de 1998, são pessoas jurídicas de direito privado, com ou sem fins lucrativos, dotadas de autonomia de organização e funcionamento, com competências definidas em estatutos.

PARÁGRAFO ÚNICO. As ligas desportivas constituídas na forma da lei integram o Sistema Nacional do Desporto.

Art. 13. As ligas constituídas com finalidade de organizar, promover ou regulamentar competições nacionais ou regionais, envolvendo atletas profissionais, equiparam-se, nos termos do § 6º do art. 20 da Lei n. 9.615, de 1998, às entidades de administração do desporto, devendo em seus estatutos observar as mesmas exigências a estas previstas.

§ 1º Os estatutos das ligas, independente da circunstância de equiparação às entidades de administração do desporto, deverão prever a inelegibilidade de seus dirigentes para o desempenho de cargos ou funções eletivas de livre nomeação, conforme o art. 23, *caput*, inciso II, da Lei n. 9.615, de 1998.

§ 2º As ligas, as entidades a elas filiadas ou vinculadas, independente da equiparação às entidades de administração do desporto, e os atletas que participam das competições por elas organizadas subordinam-se às regras de proteção à saúde e à segurança dos praticantes, inclusive as estabelecidas pelos organismos intergovernamentais e entidades internacionais de administração do desporto.

Art. 14. São requisitos mínimos para a admissão e a permanência de entidade de prática desportiva como filiada à liga desportiva:

I — fornecer cópia atualizada de seus estatutos com certidão do Cartório de Registro Civil das Pessoas Jurídicas;

II — apresentar ata da eleição dos dirigentes e dos integrantes da Diretoria ou do Conselho de Administração, comunicando imediatamente à liga qualquer alteração promovida nas suas instâncias diretivas;

III — comunicar imediatamente à liga quaisquer modificações estatutárias ou sociais;

IV — fornecer à liga as informações por ela solicitadas, conforme prazo estabelecido;

V — depositar, se exigido pela liga, aval ou fiança bancária no prazo e na forma estabelecidos, para assegurar o cumprimento das resoluções e dos acordos econômicos da liga;

VI — permitir auditorias externas determinadas pela liga, realizadas por pessoas físicas ou jurídicas;

VII — remeter para ciência da liga cópias dos contratos com repercussão econômico-desportiva no relacionamento com a liga, informando os direitos cedidos, transferidos ou dados em garantia; e

VIII — manter seu estatuto atualizado, na forma registrada em Cartório, disponível para conhecimento público em sítio eletrônico, atualizado.

CAPÍTULO V
DO PLANO NACIONAL DO DESPORTO

Art. 15. Cumpre ao Ministério do Esporte propor à Presidência da República o Plano Nacional do Desporto — PND, decenal, ouvido o CNE e observado o disposto no art. 217 da Constituição.

Art. 16. O PND deverá:

I — conter análise da situação nacional do desenvolvimento do desporto;

II — definir diretrizes para sua aplicação;

III — consolidar programas e ações relacionados às diretrizes e indicar as prioridades, metas e requisitos para sua execução;

IV — explicitar as responsabilidades dos órgãos e entidades da União e os mecanismos de integração e coordenação com os integrantes do Sistema Brasileiro do Desporto; e

V — definir mecanismos de monitoramento e de avaliação.

PARÁGRAFO ÚNICO. A elaboração do PND contará com a participação de outros ministérios em suas respectivas áreas de competência.

CAPÍTULO VI
DOS RECURSOS DO DESPORTO
SEÇÃO I
Das Condições Gerais para Repasses de Recursos Públicos

Art. 17. Os recursos do Ministério do Esporte serão aplicados conforme o Plano Nacional do Desporto — PND, observado o disposto na Lei n. 9.615, de 1998, neste Decreto e em outras normas aplicáveis à espécie

PARÁGRAFO ÚNICO. Enquanto não instituído o PND, o Ministério do Esporte destinará os recursos conforme as leis orçamentárias vigentes.

Art. 18. As transferências voluntárias da União aos entes federativos serão precedidas da análise quanto ao cumprimento, por estes, do disposto na Lei n. 9.615, de 1998.

Art. 19. Somente serão beneficiadas com recursos oriundos de isenções e benefícios fiscais e repasses de outros recursos da administração federal direta e indireta, nos termos do inciso II do *caput* do art. 217 da Constituição, as entidades do Sistema Nacional do Desporto que preencherem os requisitos estabelecidos nos art. 18, 22, 23 e 24 da Lei n. 9.615, de 1998, e neste Decreto.

PARÁGRAFO ÚNICO. A verificação do cumprimento das exigências contidas nos incisos I a V do *caput* do art. 18 da Lei n. 9.615, de 1998, será de responsabilidade do Ministério do Esporte, que analisará a documentação fornecida pela entidade.

Art. 20. A aplicação dos recursos financeiros de que tratam o art. 9º e o inciso VI do *caput* do art. 56 da Lei n. 9.615, de 1998, destinados ao Comitê Olímpico Brasileiro — COB e ao Comitê Paralímpico Brasileiro — CPB, sujeita-se aos princípios gerais da administração pública mencionados no *caput* do art. 37 da Constituição.

§ 1º A observância dos princípios gerais da administração pública estende-se à aplicação, pela Confederação Brasileira de Clubes — CBC, dos recursos previstos no art. 56, *caput*, inciso VIII, da Lei n. 9.615, de 1998.

§ 2º Os recursos citados no *caput* e § 1º serão repassados diretamente pela Caixa Econômica Federal ao COB, ao CPB e à CBC.

§ 3º Os recursos poderão ser geridos diretamente ou de forma descentralizada, total ou parcialmente, por meio de ajustes com outras entidades, que deverão apresentar plano de trabalho e observar os princípios gerais da administração pública.

§ 4º A descentralização prevista no § 3º não poderá beneficiar entidades em situação irregular perante a União, os Estados, o Distrito Federal e os Municípios.

§ 5º A comprovação de regularidade no âmbito federal será feita mediante apresentação pela entidade de certidão negativa ou certidão positiva com efeito de negativa de débitos relativos aos tributos administrados pela Secretaria da Receita Federal do Brasil e à dívida ativa da União, certificado de regularidade do Fundo de Garantia do Tempo de Serviço — FGTS e de regularidade em face do Cadastro Informativo de Créditos não Quitados do Setor Público Federal — CADIN; e

§ 6º A comprovação da situação de regularidade referida no §5º, será exigida periodicamente, em intervalos que serão estabelecidos por ato do Ministro de Estado do Esporte, sem prejuízo da observância das normas legais e regulamentares aplicáveis

Art. 21. Os recursos a que se referem o *caput* e o § 1º do art. 20 serão aplicados em programas e projetos de:

I — fomento, desenvolvimento e manutenção do desporto;

II — formação de recursos humanos;

III — preparação técnica, manutenção e locomoção de atletas; e

IV — participação em eventos esportivos.

PARÁGRAFO ÚNICO. Para efeito do disposto neste Decreto, considera- se:

I — fomento, desenvolvimento e manutenção do desporto — promoção das práticas desportivas a que se refere o art. 217 da Constituição;

II — formação de recursos humanos — capacitação, instrução, educação, treinamento e habilitação na área do desporto, por cursos, palestras, congressos, seminários, exposições e outras formas de difusão de conhecimento, além de pesquisas e desenvolvimento de técnicas e práticas técnico-científicas ligadas ao esporte olímpico e paralímpico, em manifestações desportivas previstas no art. 3º da Lei n. 9.615, de 1998;

III — preparação técnica, manutenção e locomoção de atletas — preparo, sustentação e transporte de atletas, além de:

a) aquisição e locação de equipamentos desportivos para atletas, técnicos e outros profissionais;

b) serviços de profissionais de saúde para atletas, técnicos e outros profissionais;

c) alimentação e nutrição para atletas, técnicos e outros profissionais;

d) moradia e hospedagem para atletas, técnicos e outros profissionais, e

e) custos com serviços administrativos referentes às atividades de preparação técnica, manutenção e locomoção de atletas; e

IV — participação de atletas em eventos esportivos — efetivação do deslocamento, da alimentação e da acomodação de atletas, técnicos, pessoal de apoio e dirigentes, inclusive gastos com premiações.

Art. 22. Ato do Ministro de Estado do Esporte definirá limite de utilização dos recursos a que se referem o *caput* e o § 1º do art. 20 para realização de despesas administrativas necessárias ao cumprimento das metas pactuadas pelas entidades.

PARÁGRAFO ÚNICO. Os instrumentos de repasse de recursos para as entidades ou para as descentralizações deverão observar o limite referido no *caput*.

SEÇÃO II

Do Acompanhamento da Aplicação dos Recursos Repassados ao COB, CPB E À CBC

Art. 23. Serão publicados no Diário Oficial da União no prazo máximo de cento e vinte dias, pelo COB, pelo CPB e pela CBC, contado da data de publicação deste Decreto, atos disciplinando:

I — procedimentos para a descentralização dos recursos e a respectiva prestação de contas; e

II — critérios e limites para despesas administrativas necessárias ao cumprimento do objeto pactuado a serem realizadas com recursos descentralizados pelas entidades beneficiadas e daqueles referentes a passagens, hospedagem, transporte e alimentação dos dirigentes e funcionários das entidades mencionadas no *caput* e das conveniadas, observado o disposto no art. 22.

Art. 24. Os atos sobre procedimentos de que trata o inciso I do art. 23 deverão estabelecer que as despesas realizadas com recursos oriundos da Lei n. 9.615 de 1998, estejam de acordo com plano de trabalho previamente aprovado, que deverá conter, no mínimo:

I — razões que justifiquem o repasse dos recursos;

II — descrição detalhada do objeto a ser executado, com especificação completa do bem a ser produzido ou adquirido e, no caso de obras, instalações ou serviços, o projeto básico, com elementos necessários e suficientes para caracterizar, de modo preciso, a obra, instalação ou serviço objeto do convênio, sua viabilidade técnica, custo, fases ou etapas, e prazos de execução;

III — descrição das metas a serem atingidas, qualitativas e quantitativas;

IV — etapas ou fases da execução do objeto, com previsões de início e de fim;

V — plano de aplicação dos recursos a serem desembolsados pelo COB, pelo CPB e pela CBC, para cada atividade, projeto ou evento;

VI — cronograma de desembolso; e

VII — declaração expressa do proponente, sob as penas do art. 299 do Código Penal, de que não se encontra em mora e nem em débito junto a qualquer órgão ou entidade da administração pública federal.

§ 1º Os atos de que trata o *caput* deverão definir, expressa e obrigatoriamente, cláusulas que constarão dos instrumentos de formalização de repasse dos recursos, estabelecendo:

I — objeto e seus elementos característicos, com descrição detalhada, objetiva e precisa do que se pretende realizar ou obter, em consonância com o plano de trabalho;

II — obrigação de cada um dos partícipes;

III — vigência, fixada de acordo com o prazo previsto para a execução do objeto e em função das metas estabelecidas;

IV — prerrogativa, por parte do COB, do CPB e da CBC, de exercer o controle e a fiscalização sobre a execução do objeto;

V — prerrogativa, por parte do COB, do CPB e da CBC, de assumir ou transferir a responsabilidade pela gestão dos recursos para outra entidade, no caso de paralisação ou de fato relevante superveniente, de modo a evitar a descontinuidade das ações;

VI — sistemática de liberação de recursos, conforme cronograma de desembolso constante do plano de trabalho, com previsão de aguardar a ordem de início;

VII — obrigatoriedade, por parte das entidades beneficiadas com os recursos descentralizados pelo COB, pelo CPB e pela CBC, de observar o regulamento de compras e contratações de que trata o art. 28;

VIII — apresentação de relatórios de execução físico-financeira e de prestação de contas dos recursos recebidos, no prazo máximo de sessenta dias, contado da data do término da vigência prevista no plano de trabalho;

IX — definição, na data do término da vigência prevista no plano de trabalho, do direito de propriedade dos bens remanescentes adquiridos, produzidos, transformados ou construídos;

X — faculdade aos partícipes para denunciar ou rescindir, a qualquer tempo, os ajustes celebrados, com responsabilidade pelas obrigações decorrentes do período em que vigoraram os instrumentos, e reconhecimento dos benefícios adquiridos, quando for o caso;

XI — obrigatoriedade de restituição, ao final do prazo de vigência dos ajustes, de eventual saldo de recursos para as contas bancárias específicas do COB, do CPB e da CBC, inclusive rendimentos de aplicações financeiras;

XII — obrigatoriedade de restituição ao COB, ao CPB e à CBC dos valores transferidos, atualizados monetariamente e acrescidos de juros legais desde a data do recebimento, na forma da legislação aplicável aos débitos com a Fazenda Nacional, nos seguintes casos:

a) quando não for executado o objeto pactuado;

b) quando não forem apresentadas, nos prazos exigidos, as prestações de contas; ou

c) quando os recursos forem utilizados em finalidade diversa da estabelecida no plano de trabalho;

XIII — obrigatoriedade de recolher à conta do COB, do CPB e da CBC os rendimentos de aplicações financeiras referentes ao período entre a liberação do recurso e a sua utilização, quando não comprovar o seu emprego na execução do objeto; e

XIV — obrigatoriedade de movimentar os valores em conta bancária específica vinculada ao rajuste *(acreditamos que há erro material no texto publicado, pois tudo indica que a expressão correta é ajuste)*

§ 2º Os atos de que trata o *caput* deverão consignar a vedação de inclusão, tolerância ou admissão, nos ajustes, sob pena de nulidade e responsabilidade dos envolvidos, de cláusulas ou condições que prevejam ou permitam:

I — despesas a título de taxa de administração, de gerencia ou similar;

II — pagamento, a qualquer título, a servidor ou empregado público;

III — utilização dos recursos em finalidade diversa da estabelecida no respectivo instrumento, ainda que em caráter de emergência;

IV — realização de despesas em data anterior ou posterior à vigência do ajuste;

V — atribuição de vigência ou de efeitos financeiros retroativos;

VI — realização de despesas com multa, juros ou correção monetária, inclusive referente a pagamentos ou recolhimentos fora dos prazos;

VII — transferência de recursos para associações de servidores ou quaisquer entidades congêneres;

VIII — realização de despesas com publicidade, salvo as de caráter educativo ou de orientação social, e nas quais não constem nomes, símbolos ou imagens que caracterizem promoção pessoal de autoridades ou servidores públicos;

IX — descentralização de recursos para entidades cujo objeto social não se relacione com as características do plano estratégico de aplicação de recursos; e

X — descentralização de recursos para entidades que não disponham de condições técnicas para executar o objeto ajustado

Art. 25. Para o acompanhamento da aplicação dos recursos nos programas e projetos referidos no § 3º do art. 56 da Lei n. 9.615, de 1998, o COB, o CPB e a CBC disponibilizarão ao Tribunal de Contas da União, ao Ministério do Esporte e ao Ministério da Educação, por meio físico e eletrônico, quadro-resumo da receita e da utilização dos recursos, subdivididos por exercício financeiro, discriminando:

I — valores mensais arrecadados;

II — aplicações diretas, com a discriminação dos recursos aplicados por projetos e programas contemplados; e

III — valores despendidos pelo COB, pelo CPB e pelas entidades beneficiadas com os recursos descentralizados, por grupos de despesa, consolidados conforme disciplinado em ato do Ministro de Estado do Esporte.

Art. 26. O COB, o CPB e a CBC deverão encaminhar ao Ministério do Esporte cópia da documentação remetida em atendimento às normas do Tribunal de Contas da União, em relação a aplicação dos recursos a eles repassados.

Art. 27. Nas hipóteses em que haja opção pela gestão descentralizada dos recursos recebidos, a entidade beneficiada prestará contas e o concedente responderá de forma subsidiária pelas omissões, irregularidades e utilização dos recursos por parte da entidade beneficiada, competindo a esta a obrigação de prestar contas.

Art. 28. O COB, o CPB e a CBC disponibilizarão, em seus sítios eletrônicos o regulamento próprio de compras e contratações, para fins de aplicação direta e indireta dos recursos para obras, serviços, inclusive de publicidade, compras, alienações e locações, conforme o disposto no art. 56-A, § 2º, inciso V, da Lei n. 9.615, de 1998.

PARÁGRAFO ÚNICO. O regulamento a que se refere o *caput* deverá atender aos princípios da legalidade, impessoalidade, moralidade, publicidade, eficiência, igualdade, e do julgamento objetivo e dos que lhes são correlatos, tendo por finalidade apara seleção da proposta mais vantajosa.

Art. 29. Dos totais dos recursos correspondentes ao COB, ao CPB e à CBC:

I — dez por cento serão destinados ao desporto escolar, em programação definida conjuntamente com a Confederação Brasileira do Desporto Escolar — CBDE; e

II — cinco por cento serão destinados ao desporto universitário, em programação definida conjuntamente com a Confederação Brasileira do Desporto Universitário — CBDU.

§ 1º Para os fins deste Decreto, considera-se desporto escolar aquele praticado por estudantes regularmente matriculados nos ensinos fundamental ou médio, e desporto universitário aquele praticado por estudantes regularmente matriculados em cursos de educação superior.

§ 2º Consideram-se despesas com desporto escolar e desporto universitário aquelas decorrentes das ações de que trata o parágrafo único do art. 21.

§ 3º O COB, o CPB e a CBC poderão gerir, diretamente e em conjunto com a CBDE ou a CBDU, ou de forma descentralizada, por meio de ajuste, os percentuais de que tratam os incisos I e II do *caput*.

§ 4º Do total dos valores destinados ao desporto escolar e ao desporto universitário ao menos cinquenta por cento serão efetivamente empregados nas principais competições nacionais realizadas diretamente pela CBDE e pela CBDU, respectivamente.

§ 5º Não se aplica ao CPB o disposto no § 4º.

§ 6º As competições nacionais paraolímpicas de desporto escolar e de desporto universitário poderão ser promovidas conjuntamente em um único evento, caso impossível a realização em separado.

Art. 30. A CBC observará a aplicação em atividades paradesportivas de quantidade mínima de quinze por cento dos recursos repassados nos termos do § 1º do art. 20.

SEÇÃO III
Do Contrato de Desempenho

Art. 31. É condição para o recebimento dos recursos públicos federais que o COB, o CPB e as entidades nacionais de administração do desporto celebrem contrato de desempenho com o Ministério do Esporte.

§ 1º Contrato de desempenho é o instrumento firmado entre o Ministério do Esporte e as entidades de que trata o *caput*, para o fomento público e a execução de atividades relacionadas ao Plano Nacional do Desporto, mediante o cumprimento de metas e de resultados fixados no correspondente contrato.

§ 2º O contrato de desempenho terá as seguintes cláusulas essenciais:

I — a do objeto, que conterá a especificação do programa de trabalho proposto pela entidade;

II — a de estipulação das metas e dos resultados a serem atingidos prazos de execução ou cronograma;

III — a de critérios objetivos de avaliação de desempenho, com indicadores de resultado;

IV — a que estabelece as obrigações da entidade, entre as quais:

a) apresentar ao Ministério do Esporte, ao término de cada exercício, relatório sobre a execução do objeto, contendo comparativo específico das metas propostas com os resultados alcançados, e prestação de contas dos gastos e receitas; e

b) elaborar regulamento próprio para a contratação de obras, serviços e compras com recursos públicos, observados os princípios da legalidade, impessoalidade, moralidade, publicidade, economicidade e eficiência; e

V — a de obrigatoriedade de publicação, pelo Ministério do Esporte, no Diário Oficial da União, de seu extrato e de demonstrativo da sua execução física e financeira, conforme modelo simplificado contendo os dados principais da documentação obrigatória referida no inciso IV do *caput*, sob pena de não liberação dos recursos.

§ 3º A celebração do contrato de desempenho condiciona-se à aprovação pelo Ministério do Esporte:

I — de programa de trabalho, apresentado pela entidade na forma definida em ato do Ministro de Estado do Esporte, quanto à compatibilidade com o PND; e

II — de plano estratégico de aplicação de recursos, apresentado pela entidade considerando o ciclo olímpico ou paraolímpico de quatro anos, em que deverão constar a estratégia de base, as diretrizes, os objetivos, os indicadores e as metas.

§ 4º O plano estratégico de aplicação de recursos referido no § 3º, suas revisões e avaliações integrarão o contrato de desempenho.

§ 5º O ciclo olímpico e paraolímpico é o período de quatro anos compreendido entre a realização de dois Jogos Olímpicos ou dois Jogos Paraolímpicos, de verão ou de inverno, ou o que restar até a realização dos próximos Jogos Olímpicos ou Jogos Paraolímpicos.

§ 6º A verificação do cumprimento do contrato de desempenho será de responsabilidade do Ministério do Esporte, conforme indicadores mínimos para considerar satisfatória a sua execução, previstos no próprio instrumento contratual.

§ 7º O Ministério do Esporte poderá designar comissão técnica temática de acompanhamento e avaliação do cumprimento do contrato de desempenho e do plano estratégico de aplicação de recursos, que emitirá parecer sobre os resultados alcançados, em subsídio aos processos de fiscalização e prestação de contas sob sua responsabilidade perante os órgãos de controle interno e externo do Poder Executivo.

§ 8º O descumprimento injustificado de cláusulas do contrato de desempenho ou a inadmissão, pelo Ministério do Esporte, da justificativa apresentada pela entidade que o descumpriu constituem causas para rescisão, sem prejuízo de outras medidas administrativas.

§ 9º O contrato de desempenho especificará cláusulas cujo descumprimento acarretará rescisão do ajuste, de forma isolada ou não, estabelecidos critérios objetivos que permitam a aferição quanto ao cumprimento.

§ 10. O conteúdo integral dos contratos de desempenho será disponibilizado no sitio eletrônico do Ministério do Esporte, sem prejuízo de que a entidade os disponibilize em seu sitio eletrônico.

§ 11. É facultado a entidades não referidas no *caput* propor ao Ministério do Esporte firmar o contrato de desempenho.

Art. 32. Para a celebração do contrato de desempenho será exigido das entidades que sejam regidas por estatutos que disponham expressamente sobre:

I — observância dos princípios da legalidade, impessoalidade, moralidade, publicidade, economicidade e eficiência;

II — adoção de práticas de gestão administrativa necessárias e suficientes a coibir a obtenção, de forma individual ou coletiva, de benefícios ou vantagens pessoais em decorrência da participação no processo decisório;

III — constituição de conselho fiscal ou órgão equivalente, dotado de competência para opinar sobre os relatórios de desempenho financeiro e contábil e sobre as operações patrimoniais realizadas, emitindo pareceres para os órgãos superiores da entidade;

IV — funcionamento autônomo e regular dos órgãos de Justiça Desportiva referentes à respectiva modalidade, inclusive quanto a não existência de aplicação de sanções disciplinares através de mecanismos estranhos a esses órgãos, ressalvado o disposto no art. 51 da Lei n. 9.615, de 1998;

V — prestação de contas, com a observância, no mínimo:

a) dos princípios fundamentais de contabilidade, de acordo com os critérios estabelecidos pelo Conselho Federal de Contabilidade;

b) da publicidade, no encerramento do exercício fiscal, do relatório de atividades e das demonstrações financeiras da entidade, incluindo-se as certidões negativas de débitos com o Instituto Nacional do Seguro Social — INSS e com o FGTS, além da Certidão Negativa de Débitos Trabalhistas — CNDT, à disposição para exame de qualquer cidadão.

PARÁGRAFO ÚNICO. O Ministério do Esporte verificará, previamente, o regular funcionamento da entidade e a compatibilidade do seu estatuto com o disposto neste Decreto.

Art. 33. O requerimento para celebração de contrato de desempenho observará modelo disponibilizado no sítio eletrônico do Ministério do Esporte e será instruído com cópias autenticadas dos seguintes documentos das entidades:

I — estatuto atualizado, com a certidão do Cartório de Registro Civil das Pessoas Jurídicas;

II — ata da eleição dos dirigentes, integrantes da Diretoria ou do Conselho de Administração;

III — balanço patrimonial e demonstração do resultado do exercício;

IV — comprovante de inscrição no Cadastro Geral de Contribuintes — CGC/Cadastro Nacional da Pessoa Jurídica — CNPJ; e

V — comprovantes da regularidade jurídica e fiscal perante a Receita Federal do Brasil e o FGTS, além da CNDT.

PARÁGRAFO ÚNICO. O Ministério do Esporte deverá verificar a regularidade dos documentos citados no *caput.*

Art. 34. O Ministério do Esporte, no prazo de trinta dias contado do recebimento do requerimento, se manifestará sobre a celebração do contrato de desempenho.

§ 1º A decisão será publicada em sítio eletrônico, no prazo máximo de dez dias.

§ 2º No caso de indeferimento, o Ministério do Esporte notificará a entidade proponente das razões da negativa.

§ 3º A entidade com requerimento indeferido poderá reapresentá-lo a qualquer tempo, desde que suprida a causa da negativa

Art. 35. A alteração nos estatutos que implique descumprimento de exigência elencada no art. 32, ou fato que implique mudança nas condições estabelecidas no ato da contratação, darão causa à rescisão do contrato de desempenho por parte do Ministério do Esporte, salvo se, sob consulta, aceitar a alteração.

§ 1º O contratante deverá comunicar ao Ministério do Esporte a respeito da alteração de que trata o *caput* no prazo de dez dias, contado da data em que registrada em cartório ou da ocorrência do fato que houver implicado mudança das condições.

§ 2º O Ministério do Esporte deverá decidir a respeito da rescisão do contrato no prazo de trinta dias, contado da data em que recebida a comunicação de que trata o § 1º, período em que repasses de recursos referentes ao contrato de desempenho ficarão suspensos.

SEÇÃO IV

Da Destinação dos Recursos aos Entes Federados

Art. 36. Um terço dos recursos previstos no inciso II do *caput* do art. 6º da Lei n. 9.615, de 1998, será repassado às Secretarias de Esporte dos Estados e do Distrito Federal ou, se inexistentes, a órgãos ou entidades com atribuições semelhantes.

§ 1º Os recursos previstos no *caput* serão repassados proporcionalmente ao montante das apostas efetuadas em cada unidade da Federação e pelo menos cinquenta por cento do montante recebido será destinado a projetos apresentados pelos Municípios ou, na falta de projetos, em ações governamentais em benefício dos Municípios.

§ 2º Os recursos do repasse serão aplicados em atividades finalísticas do esporte, com prioridade para jogos escolares de esportes olímpicos e paraolímpicos, admitida também sua aplicação em outras áreas do desporto educacional e no e apoio ao desporto para pessoas com deficiência, observado o disposto no PND.

§ 3º Os jogos escolares mencionados no § 2º visarão à preparação e à classificação de atletas para competição nacional de desporto educacional.

§ 4º A destinação aos Municípios de que trata o § 1º será regulamentada por cada Estado, observando:

I — a distribuição dos recursos entre as diversas regiões de cada Estado;

II — a adequação dos projetos apresentados ao PND e

III — a publicação de edital ou outro meio que proporcione a ciência de todas as administrações municipais quanto ao prazo para apresentação de projetos.

Art. 37. Além das atividades voltadas ao desporto de participação, são consideradas atividades finalísticas do esporte, para fins do disposto no art. 36, § 2º:

I — subvenção direta ao estudante que atue em competições voltadas ao esporte escolar, assim como à comissão técnica responsável por sua preparação;

II — custeio de transporte e de hospedagem de atletas, árbitros e comissão técnica de equipes de esporte escolar para atividades e eventos de treinamento e de competições nacionais e internacionais;

III — aquisição de equipamentos e uniformes para treinamento e competição de esporte escolar;

IV — custeio de profissionais, equipamentos, suplementos e medicamentos utilizados na recuperação e prevenção de lesões de atletas de esporte escolar; e

V — construção, ampliação, manutenção e recuperação de instalações esportivas destinadas ao desporto educacional e de participação.

§ 1º A comissão técnica de equipes desportivas inclui treinador, assistentes técnicos, preparadores físicos, profissionais de saúde e quaisquer outros membros cuja atuação contribua diretamente na preparação, aperfeiçoamento, manutenção e recuperação técnica e física dos atletas de esporte escolar.

§ 2º As despesas observarão critérios de economicidade e as necessidades de conforto indispensáveis à manutenção de boas condições físicas dos atletas do desporto educacional ou de maior eficiência na logística de treinamento e de competição.

§ 3º Não será permitida a destinação de recursos para obrigações do ente federado referentes a pessoal e encargos sociais, ou qualquer despesa com a folha de pagamento.

CAPÍTULO VII
DA ORDEM DESPORTIVA

Art. 38. A aplicação de qualquer penalidade prevista nos incisos IV ou V do *caput* do art. 48 da Lei n. 9.615, de 1998, exige decisão definitiva da Justiça Desportiva, limitada às questões que envolvam infrações disciplinares e competições desportivas, em observância ao disposto no § 1º do art. 217 da Constituição.

Art. 39. Na aplicação das penalidades por violação da ordem desportiva, previstas no art. 48 da Lei n. 9.615, de 1998, além da garantia do contraditório e ampla defesa, devem ser observados os princípios da proporcionalidade e da razoabilidade.

CAPÍTULO VIII
DA JUSTIÇA DESPORTIVA

Art. 40. A Justiça Desportiva regula-se pela Lei n. 9.615, de 1998, por este Decreto e pelo disposto no CBJD ou CBJDE, respectivamente observados os seguintes princípios:

I — ampla defesa;

II — celeridade;

III — contraditório;

IV — economia processual;

V — impessoalidade;

VI — independência;

VII — legalidade;

VIII — moralidade;

IX — motivação;

X — oficialidade;

XI — oralidade;

XII — proporcionalidade;

XIII — publicidade;

XIV — razoabilidade;

XV — devido processo legal;

XVI — tipicidade desportiva;

XVII — prevalência, continuidade e estabilidade das competições; e

XVIII — espírito desportivo

Art. 41. Os órgãos integrantes da Justiça Desportiva, autônomos e independentes das entidades de administração do desporto de cada sistema, são os Superiores Tribunais de Justiça Desportiva — STJD, perante as entidades nacionais de administração do desporto; os Tribunais de Justiça Desportiva — TJD, perante as entidades regionais da administração do desporto, e as Comissões Disciplinares, com competência para processar e julgar questões previstas nos Códigos de Justiça Desportiva, assegurados a ampla defesa e o contraditório.

§ 1º Os tribunais plenos dos STJD e dos TJD serão compostos por nove membros:

I — dois indicados pela entidade de administração do desporto;

II — dois indicados pelas entidades de prática desportiva que participem de competições oficiais da divisão principal, por decisão em reunião convocada pela entidade de administração do desporto para esse fim;

III — dois advogados com notório saber jurídico desportivo, indicados pela Ordem dos Advogados do Brasil;

IV — um representante dos árbitros, indicado pela entidade de classe;

V — dois representantes dos atletas, indicados pelas entidades sindicais.

§ 2º Para os fins dispostos nos incisos IV e V do § 1º na hipótese de inexistência de entidade regional, caberá à entidade nacional a indicação.

CAPÍTULO IX
DA PRÁTICA DESPORTIVA PROFISSIONAL

SEÇÃO I
Da Atividade Profissional

Art. 42. É facultado às entidades desportivas profissionais, inclusive às de prática de futebol profissional, constituírem-se como sociedade empresária, segundo um dos tipos regulados pelos arts. 1.039 a 1.092 da Lei n. 10.406, de 10 de janeiro de 2002 — Código Civil.

SEÇÃO II
Da Competição Profissional

Art. 43. Considera-se competição profissional aquela promovida para obter renda e disputada por atletas profissionais cuja remuneração decorra de contrato especial de trabalho desportivo.

PARÁGRAFO ÚNICO. Entende-se como renda a receita auferida pelas entidades previstas no § 10 do art. 27 da Lei n. 9.615, de 1998, na organização e realização de competição desportiva com a venda de ingressos, patrocínio e negociação dos direitos audiovisuais do evento desportivo, entre outros.

SEÇÃO III

Do Atleta Profissional

Art. 44. A atividade do atleta profissional é caracterizada por remuneração pactuada em contrato especial de trabalho desportivo, firmado com entidade de prática desportiva, na forma da Lei n. 9.615, de 1998, e, de forma complementar e no que for compatível, pelas das normas gerais da legislação trabalhista e da seguridade social.

§ 1º O contrato especial de trabalho desportivo fixará as condições e os valores para as hipóteses de aplicação da cláusula indenizatória desportiva ou da cláusula compensatória desportiva, previstas no art. 28 da Lei n. 9.615, de 1998.

§ 2º O vínculo desportivo do atleta com a entidade de prática desportiva previsto no § 5º do art. 28 da Lei n. 9.615, de 1998, não se confunde com o vínculo empregatício e não é condição para a caracterização da atividade de atleta profissional.

SEÇÃO IV

Do Direito de Imagem do Atleta

Art. 45. O direito ao uso da imagem do atleta, disposto no art. 87-A da Lei n. 9.615, de 1998, pode ser por ele cedido ou explorado, por ajuste contratual de natureza civil e com fixação de direitos, deveres e condições inconfundíveis com o contrato especial de trabalho desportivo.

§ 1º O ajuste de natureza civil referente ao uso da imagem do atleta não substitui o vínculo trabalhista entre ele e a entidade de prática desportiva e não depende de registro em entidade de administração do desporto.

§ 2º Serão nulos de pleno direito os atos praticados através de contrato civil de cessão da imagem com o objetivo de desvirtuar, impedir ou fraudar as garantias e direitos trabalhistas do atleta.

SEÇÃO V

Direito de Arena

Art. 46. Para fins do disposto no § 1º do art. 42 da Lei n. 9.615, de 1998, a respeito do direito de arena, o percentual de cinco por cento devido aos atletas profissionais será repassado pela emissora detentora dos direitos de transmissão diretamente às entidades sindicais de âmbito nacional da modalidade, regularmente constituídas.

PARÁGRAFO ÚNICO. O repasse pela entidade sindical aos atletas profissionais participantes do espetáculo deverá ocorrer no prazo de sessenta dias.

SEÇÃO VI

Do Atleta Autônomo

Art. 47. Caracteriza-se como autônomo o atleta maior de dezesseis anos sem relação empregatícia com entidade de prática desportiva que se dedica à prática desportiva de modalidade individual, com objetivo econômico e por meio de contrato de natureza civil.

§ 1º A atividade econômica do atleta autônomo é caracterizada quando há:

I — remuneração decorrente de contrato de natureza civil firmado entre o atleta e a entidade de prática desportiva;

II — premiação recebida pela participação em competição desportiva; ou

III — incentivo financeiro proveniente de divulgação de marcas ou produtos do patrocinador.

§ 2º O atleta autônomo enquadra-se como contribuinte individual no Regime Geral de Previdência Social — RGPS.

SEÇÃO VII

Do Contrato de Formação Desportiva

Art. 48. O atleta não profissional em formação, maior de quatorze e menor de vinte anos de idade, poderá receber auxílio financeiro da entidade de prática desportiva formadora, sob a forma de bolsa de aprendizagem livremente pactuada por contrato de formação desportiva, a que se refere o § 4º do art. 29 da Lei n. 9.615, de 1998, sem vínculo empregatício entre as partes.

Art. 49. Caracteriza-se como entidade de prática desportiva formadora, certificada pela entidade nacional de administração da modalidade, aquela que assegure gratuitamente ao atleta em formação, sem prejuízo das demais exigências dispostas na Lei n. 9.615, de 1998, o direito a:

I — programas de treinamento nas categorias de base e formação educacional exigível e adequada, enquadrando-o na equipe da categoria correspondente a sua idade;

II — alojamento em instalações desportivas apropriadas à sua capacitação técnica na modalidade, quanto a alimentação, higiene, segurança e saúde;

III — conhecimentos teóricos e práticos de educação física, condicionamento e motricidade, por meio de um corpo de profissionais habilitados e especializados, norteados por programa de formação técnico-desportiva, compatível com o desenvolvimento físico, moral e psicológico do atleta;

IV — matrícula escolar e presença às aulas da educação básica ou de formação técnica em que estiver matriculado, ajustando o tempo destinado à efetiva atividade de formação do atleta, não superior a quatro horas diárias, aos horários estabelecidos pela instituição educacional, e exigindo do atleta satisfatório aproveitamento escolar;

V — assistência educacional e integral à saúde;

VI — alimentação com acompanhamento de nutricionista, assistência de fisioterapeuta e demais profissionais qualificados na formação física e motora, além da convivência familiar adequada;

VII — pagamento da bolsa de aprendizagem até o décimo dia útil do mês subsequente ao vencido;

VIII apólice de seguro de vida e de acidentes pessoais para cobrir as atividades de formação desportiva, durante toda a vigência do contrato, incluindo como beneficiários da apólice de seguro os indicados pelo atleta em formação;

IX — período de descanso de trinta dias consecutivos e ininterruptos, com a garantia de recebimento dos incentivos previstos na Lei coincidente com as férias escolares regulares;

X — registro do atleta em formação na entidade de administração do desporto e inscrição do atleta em formação nas competições oficiais de sua faixa etária promovidas pela entidade; e

XI — transporte.

Art. 50. O contrato de formação desportiva deve conter os elementos mínimos previstos no § 6º do art. 29 da Lei n. 9.615, de 1998, e visa propiciar ao atleta:

I — capacitação técnico-educacional específica para sua modalidade desportiva;

II — conhecimentos teóricos e práticos de atividade física, condicionamento e motricidade;

III — conhecimentos específicos de regras, legislação, fundamentos e comportamento do atleta de sua modalidade;

IV — conhecimentos sobre civismo, ética, comportamento e demais informações necessárias à futura formação de atleta desportivo profissional; e

V — preparação para firmar o primeiro contrato especial de trabalho desportivo, norteado pelo programa de formação técnicoprofissional, compatível com o desenvolvimento físico e psicológico.

Art. 51. O contrato de formação desportiva poderá conter as seguintes obrigações do atleta:

I — observar as cláusulas do contrato de formação desportiva;

II — cumprir o programa de treinamento e o horário de capacitação determinados pela entidade formadora;

III — assistir às aulas teóricas e práticas programadas pela entidade formadora, com satisfatório aproveitamento;

IV — apresentar-se nas competições desportivas preparatórias e oficiais, nas condições, horários e locais estabelecidos pela entidade de prática desportiva contratante;

V — permanecer, sempre que necessário, em regime de concentração, observado o limite semanal de três dias consecutivos;

VI — assistir às aulas da instituição educacional em que matriculado e apresentar frequência e aproveitamento satisfatórios; e

VII — respeitar as normas internas da entidade formadora.

Art. 52. Caberá à entidade de administração do desporto responsável pela certificação de entidade de prática desportiva formadora:

I — fixar as normas e requisitos para a outorga da certificação;

II — estabelecer tipologias e prazos de validade da certificação;

III — uniformizar um modelo de contrato de formação desportiva; e

IV — padronizar as bases de cálculo dos custos diretos ou indiretos das entidades formadoras.

PARÁGRAFO ÚNICO. Atendidos os requisitos, a entidade de administração do desporto não negará a certificação da entidade de prática desportiva formadora, assim como do registro do contrato de formação desportiva.

CAPÍTULO X

ASSISTÊNCIA SOCIAL E EDUCACIONAL A ATLETAS PROFISSIONAIS, EX-ATLETAS E ATLETAS EM FORMAÇÃO

Art. 53. Assistência social e educacional será prestada pela Federação das Associações de Atletas Profissionais — FAAP, ou pela Federação Nacional dos Atletas Profissionais de Futebol — FENAPAF, na forma do art. 57 da Lei n. 9.615, de 1998, com a concessão dos seguintes benefícios:

I — aos atletas profissionais: assistência financeira, para os casos de atletas desempregados ou que tenham deixado de receber regularmente seus salários por um período igual ou superior a quatro meses;

II — aos ex-atletas:

a) assistência financeira mensal ao incapacitado para o trabalho, desde que a restrição decorra de lesões ou atividades ocorridas quando ainda era atleta; e

b) assistência financeira mensal em caso de comprovada ausência de fonte de renda que garanta a sobrevivência ao ex-atleta; e

III — aos atletas em formação, aos atletas profissionais e aos ex-atletas: custeio total ou parcial dos gastos com educação formal.

§ 1º A FAAP e a FENAPAF deverão elaborar demonstrações financeiras dos recursos cuja fonte seja a prevista no art. 57 da Lei n. 9.615, de 1998, referentes a cada exercício fiscal, de acordo com padrões e critérios estabelecidos pelo Conselho Federal de Contabilidade, e, após submetidas à auditoria independente, publicarão as demonstrações em seu sítio eletrônico, até o último dia útil do mês de abril do ano subsequente.

§ 2º Qualquer pessoa poderá requerer, por escrito, a prestação de contas referente aos valores recebidos e empregados na assistência social e educacional aos atletas profissionais, aos ex-atletas e aos atletas em formação, cujos documentos serão disponibilizados no prazo de dez dias úteis.

Art. 54. As contribuições devidas à FAAP e à FENAPAF, na forma do art. 57 da Lei n. 9.615, de 1998, se não recolhidas nos prazos fixados, sujeitam-se à cobrança administrativa e judicial, com atualização dos valores devidos até a data do efetivo recolhimento.

Art. 55. As entidades de prática desportiva e de administração do desporto responsáveis pela arrecadação, pelo recolhimento dos valores referidos no art. 57 da Lei n. 9.615, de 1998, e pelo registro dos contratos desportivos deverão prestar à FAAP e à FENAPAF todas as informações financeiras, cadastrais e de registro necessárias à verificação, controle e fiscalização das contribuições devidas.

Art. 56. A entidade responsável pelo registro do contrato de trabalho do atleta profissional e pelo registro de transferência de atleta profissional a outra entidade desportiva deverá exigir, quando de sua efetivação, o comprovante do recolhimento das contribuições fixadas no art. 57 da Lei n. 9.615, de 1998.

PARÁGRAFO ÚNICO. As entidades nacionais de administração do desporto deverão informar à FAAP e à

FENAPAF a relação dos atletas e das entidades de prática desportiva que não atenderem ao disposto no *caput.*

CAPÍTULO XI
DISPOSIÇÕES FINAIS E TRANSITÓRIAS

Art. 57. Ato conjunto dos Ministros de Estado do Esporte, da Defesa e do Planejamento, Orçamento e Gestão estabelecerá normas e prazos para efetivar a liberação de servidores públicos que atuam como atletas, árbitros, assistentes, profissionais especializados e dirigentes integrantes de representação nacional convocados para treinamento ou para competição desportiva no País ou no exterior.

Art. 58. O Ministério da Defesa deverá ser previamente consultado nas questões de desporto militar ou programas governamentais cujas atividades esportivas incluam a participação das Forças Armadas.

Art. 59. Para os efeitos do art. 84-A da Lei n. 9.615, de 1998, a obrigatoriedade de transmissão de jogo envolve partida disputada em competição oficial por ambas seleções principais brasileiras de futebol, masculina e feminina, da categoria principal.

Art. 60. No prazo de cento e oitenta dias da data da entrada em vigor deste Decreto, o Conselho Nacional do Esporte — CNE aprovará o Código Brasileiro de Justiça Desportiva para o Desporto Educacional — CBJDE, ouvidas a CBDE e a CBDU.

Art. 61. O atleta não profissional que perceba incentivos materiais na forma de bolsa, conforme disposto no art. 4º, parágrafo único, não será considerado contribuinte obrigatório do RGPS.

Art. 62. A participação de árbitros e auxiliares de arbitragem em competições, partidas, provas ou equivalente, de qualquer modalidade desportiva, obedecerá às regras e aos regulamentos da entidade de administração, a qual, no exercício de sua autonomia, fará inclusão ou exclusão de nomes nas relações regionais, nacionais ou internacionais.

Art. 63. A exclusividade prevista no art. 15, § 2º, da Lei n. 9.615, de 1998, implica proibição à imitação e à reprodução, no todo, em parte ou com acréscimo, de signos graficamente distintivos, bandeiras, lemas, emblemas e hinos utilizados pelo Comitê Olímpico Internacional — COI, pelo Comitê Paralímpico Internacional — IPC, pelo COB e pelo CPB.

§ 1º As proibições referidas no *caput* abrangem abreviações e variações e ainda aquelas igualmente relacionadas que, porventura, venham a ser criadas dentro dos mesmos objetivos.

§ 2º Em relação ao COI e ao IPC, a exclusividade de que trata o *caput* deverá observar o disposto no inciso I do parágrafo único do art. 6º e no art. 16 da Lei n. 12.035, de 1º de outubro de 2009.

§ 3º Excetuam-se do disposto neste artigo os usos formalmente autorizados pelo COB, CPB, COI ou IPC.

Art. 64. Ao COB e ao CPB aplicam-se as disposições constantes do inciso I do *caput* do art. 23 da Lei n. 9.615, de 1998, acerca da instituição do Tribunal de Justiça Desportiva, quando estiverem atuando na administração de modalidade desportiva em substituição a entidade nacional de administração do desporto.

Art. 65. Para fins do disposto no § 1º do art. 9º da Lei n. 9.615, de 1998, entende-se por Jogos Olímpicos os jogos de verão e os jogos de inverno, organizados pelo COI ou pelo IPC.

Art. 66. As normas e os procedimentos complementares necessários à execução deste Decreto serão definidos em ato do Ministro de Estado do Esporte.

Art. 67. Este Decreto entra em vigor trinta dias após a data de sua publicação.

Art. 68. Revogam-se:

I — o Decreto n. 3.659, de 14 de novembro de 2000;

II — o Decreto n. 3.944, de 28 de setembro de 2001;

III — o Decreto n. 4.201, de 18 de abril de 2002;

IV — o Decreto n. 5.139, de 12 de julho de 2004; e

V — o Decreto n. 6.297, de 11 de dezembro de 2007.

Brasília, 8 de abril de 2013; 192º da Independência e 125º da República.

Dilma Rousseff
Aldo Rebelo

LEI N. 6.556, DE 5 DE SETEMBRO DE 1978

(DOU 5.9.78 — LTr 42/1305)

DISPÕE SOBRE A ATIVIDADE DE SECRETÁRIO E DÁ OUTRAS PROVIDÊNCIAS

O PRESIDENTE DA REPÚBLICA,

Faço saber que o Congresso Nacional decreta e eu sanciono a seguinte Lei:

Art. 1º O exercício da atividade de Secretário, com as atribuições previstas na Lei, será permitido ao portador de certificado de conclusão do curso regular de Secretariado, em nível de 2º grau.

Art. 2º Poderá beneficiar-se da prerrogativa do artigo anterior o profissional que conte dois ou mais anos de atividades próprias de Secretário, na data da vigência desta Lei, e que apresente certificado de curso a nível de 2º grau.

Art. 3º São atribuições do Secretário:

a) executar tarefas relativas à anotação e redação, inclusive em idiomas estrangeiros;

b) datilografar e organizar documentos;

c) outros serviços de escritório, tais como: recepção, registro de compromissos e informações, principalmente junto a cargos diretivos da organização.

PARÁGRAFO ÚNICO. O Secretário procederá segundo normas específicas rotineiras, ou de acordo com seu próprio critério, visando a assegurar e agilizar o fluxo dos trabalhos administrativos da empresa.

Art. 4º O disposto nesta Lei aplica-se à iniciativa privada, às empresas com maioria de ações do Estado ou da União, às empresas públicas e às fundações.

PARÁGRAFO ÚNICO. O disposto nesta Lei não se aplica à administração direta e às autarquias da União.

Art. 5º O regulamento desta Lei disporá sobre as modalidades de Secretariado, definindo categorias e hierarquia salarial, inclusive para os fins previstos do art. 6º.

Art. 6º O exercício da atividade de Secretário depende de registro na Delegacia Regional do Trabalho.

PARÁGRAFO ÚNICO. O Ministério do Trabalho expedirá instruções sobre o registro referido neste artigo.

Art. 7º Na Carteira de Trabalho e Previdência Social deverá ser anotada a categoria de Secretário, dentre aquelas mencionadas no regulamento.

Art. 8º Esta Lei entrará em vigor na data de sua publicação.

Art. 9º Revogam-se as disposições em contrário.

Brasília, em 5 de setembro de 1978; 157º da Independência e 90º da República.

Ernesto Geisel
Arnaldo Prieto

LEI N. 6.586, DE 6 DE NOVEMBRO DE 1978

(DOU. 7.11.78 — LTr 42/1501)

CLASSIFICA O COMERCIANTE AMBULANTE PARA FINS TRABALHISTAS E PREVIDENCIÁRIOS

O PRESIDENTE DA REPÚBLICA,

Faço saber que o Congresso Nacional decreta e eu sanciono a seguinte Lei:

Art. 1º Considera-se comerciante ambulante aquele que, pessoalmente, por conta própria e a seus riscos, exerce pequena atividade comercial em via pública, ou de porta em porta.

Art. 2º Não se considera comerciante ambulante, para os fins desta Lei, aquele que exerce suas atividades em condições que caracterizem a existência de relação de emprego com o fornecedor dos produtos.

Art. 3º Aplica-se ao comerciante de que trata esta Lei o disposto no parágrafo único do art. 1º do Decreto-lei n. 486, de 3 de março de 1969.

Art. 4º É obrigatória a inscrição do comerciante ambulante como segurado da previdência social, na categoria de autônomo.

Art. 5º Mediante convênio com as entidades do Sistema Nacional de Previdência e Assistência Social — SINPAS, os sindicatos respectivos poderão efetuar a inscrição e recolhimento das contribuições, bem assim a prestação de serviços previdenciários ao comerciante ambulante.

Art. 6º Constará do convênio, de que trata o artigo anterior, o prazo para transferência ao Instituto de Administração Financeira da Previdência e Assistência Social — IAPAS das contribuições previdenciárias recolhidas por intermédio dos sindicatos.

Art. 7º A falta de transferência a que se refere o artigo anterior, pelos sindicatos, na época ajustada, das quantias recebidas do comerciante ambulante caracteriza o crime de apropriação indébita e sujeita o faltoso a pagar os acréscimos de juros de mora, correção monetária e multa moratória nos mesmos limites, prazos, condições, regalias e garantias das contribuições devidas pelas empresas.

Art. 8º As disposições desta Lei não se aplicam às atividades que, embora exercidas em vias ou logradouros públicos, sejam objeto de legislação específica.

Art. 9º Esta Lei entrará em vigor na data de sua publicação.

Art. 10. Revogam-se as disposições em contrário.

Brasília, em 6 de novembro de 1978; 178º da Independência e 90º da República.

Ernesto Geisel

Arnaldo Prieto

L. G. do Nascimento e Silva

LEI N. 6.615, DE 16 DE DEZEMBRO DE 1978

(DOU 19.12.1978)

DISPÕE SOBRE A REGULAMENTAÇÃO DA PROFISSÃO DE RADIALISTA E DÁ OUTRAS PROVIDÊNCIAS

O PRESIDENTE DA REPÚBLICA ,

Faço saber que o CONGRESSO NACIONAL decreta e eu sanciono a seguinte Lei:

Art. 1º O exercício da profissão de Radialista é regulado pela presente Lei.

Art. 2º Considera-se Radialista o empregado de empresa de radiodifusão que exerça uma das funções em que se desdobram as atividades mencionadas no art. 4º.

Art. 3º Considera-se empresa de radiodifusão, para os efeitos desta Lei, aquela que explora serviços de transmissão de programas e mensagens, destinada a ser recebida livre e gratuitamente pelo público em geral, compreendendo a radiodifusão sonora (rádio) e radiodifusão de sons e imagens (televisão).

PARÁGRAFO ÚNICO. Considera-se, igualmente, para os efeitos desta lei, empresa de radiodifusão:

a) a que explore serviço de música funcional ou ambiental e outras que executem, por quaisquer processos, transmissões de rádio ou de televisão;

b) a que se dedique, exclusivamente, à produção de programas para empresas de radiodifusão;

c) a entidade que execute serviços de repetição ou de retransmissão de radiodifusão;

d) a entidade privada e a fundação mantenedora que executem serviços de radiodifusão, inclusive em circuito fechado de qualquer natureza;

e) as empresas ou agências de qualquer natureza destinadas, em sua finalidade, a produção de programas, filmes e dublagens, comerciais ou não, para serem divulgados através das empresas de radiodifusão.

Art. 4º A profissão de Radialista compreende as seguintes atividades:

I — Administração;

II — Produção;

III — Técnica.

§ 1º — As atividades de administração compreendem somente as especializadas, peculiares às empresas de radiodifusão.

§ 2º — As atividades de produção se subdividem nos seguintes setores:

a) autoria;

b) direção;

c) produção;

d) interpretação;

e) dublagem;

f) locução

g) caracterização;

h) cenografia.

§ 3º — As atividades técnicas se subdividem nos seguintes setores:

a) direção;

b) tratamento e registros sonoros;

c) tratamento e registros visuais;

d) montagem e arquivamento;

e) transmissão de sons e imagens;

f) revelação e copiagem de filmes;

g) artes plásticas e animação de desenhos e objetos;

h) manutenção técnica.

§ 4º — As denominações e descrições das funções em que se desdobram as atividades e os setores mencionados nos parágrafos anteriores constarão do regulamento.

Art. 5º Não se incluem no disposto nesta Lei os Atores e Figurantes que prestam serviços a empresas de radiodifusão.

Art. 6º O exercício da profissão de Radialista requer prévio registro na Delegacia Regional do Trabalho do Ministério do Trabalho, qual terá validade em todo o território nacional.

PARÁGRAFO ÚNICO. O pedido de registro, de que trata este artigo, poderá ser encaminhado através do sindicato representativo da categoria profissional ou da federação respectiva.

Art. 7º Para registro do Radialista, é necessário a apresentação de:

Legislação Complementar

I — diploma de curso superior, quando existente para as funções em que se desdobram as atividades de Radialista, fornecido por escola reconhecida na forma da lei; ou

II — diploma ou certificado correspondente às habilitações profissionais ou básicas de 2º Grau, quando existente para as funções em que se desdobram as atividades de Radialista, fornecido por escola reconhecida na forma da lei; ou

III — atestado de capacitação profissional conforme dispuser a regulamentação desta Lei.

Art 8º. O contrato de trabalho, quando por tempo determinado, deverá ser registrado no Ministério do Trabalho, até a véspera da sua vigência, e conter, obrigatoriamente:

I — a qualificação completa das partes contrates;

II — prazo de vigência;

III — a natureza do serviço;

IV — o local em que será prestado o serviço;

V — cláusula relativa a exclusividade e transferibilidade;

VI — a jornada de trabalho, com especificação do horário e intervalo de repouso;

VII — a remuneração e sua forma de pagamento;

VIII — especificação quanto à categoria de transporte e hospedagem assegurada em caso de prestação de serviços fora do local onde foi contratado;

IX — dia de folga semanal;

X — número da Carteira de Trabalho e Previdência Social.

§ 1º — O contrato de trabalho de que trata este artigo será visado pelo sindicato representativo da categoria profissional ou pela federação respectiva, como condição para registro no Ministério do Trabalho.

§ 2º — A entidade sindical deverá visar ou não o contrato, no prazo máximo de 2 (dois) dias úteis, findos os quais ele poderá ser registrado no Ministério do Trabalho, se faltar a manifestação sindical.

§ 3º — Da decisão da entidade sindical que negar o visto, caberá recurso para o Ministério do Trabalho.

Art. 9º No caso de se tratar de rede de radiodifusão, de propriedade ou controle de um mesmo grupo, deverá ser mencionado na Carteira de Trabalho e Previdência Social o nome da emissora na qual será prestado o serviço.

PARÁGRAFO ÚNICO. Quando se tratar de emissora de Onda Tropical pertencente à mesma concessionária e que transmita simultânea, integral e permanentemente a programação de emissora de Onda Média, serão mencionados os nomes das duas emissoras.

Art. 10. Para contratação de estrangeiro, domiciliado no exterior, exigir-se-á prévio recolhimento de importância equivalente a 10% (dez por cento) do valor total do ajuste à Caixa Econômica Federal, a título de contribuição sindical, em nome da entidade sindical da categoria profissional.

Art. 11. A utilização de profissional, contratado por agência de locação de mão de obra, obrigará o tomador de serviço, solidariamente, pelo cumprimento das obrigações legais e contratuais, se se caracterizar a tentativa pelo tomador de serviço, de utilizar a agência para fugir às responsabilidades e obrigações decorrentes desta Lei ou do contrato de trabalho.

Art. 12. Nos contratos de trabalho por tempo determinado, para produção de mensagens publicitárias, feitas para rádio e televisão, constará obrigatoriamente do contrato de trabalho:

I — o nome do produtor, do anunciante e, se hover, da agência de publicidade para quem a mensagem é produzida;

II — o tempo de exploração comercial da mensagem;

III — o produto a ser promovido;

IV — os meios de comunicação através dos quais a mensagem será exibida;

V — o tempo de duração da mensagem e suas caracterfsticas.

Art. 13. Na hipótese de exercício de funções acumuladas dentro de um mesmo setor em que se desdobram as atividades mencionadas no art. 4º, será assegurado ao Radialista um adicional mínimo de:

I — 40% (quarenta por cento), pela função acumulada, tomando-se por base a função melhor remunerada, nas emissoras de potência igual ou superior a 10 (dez) quilowatts e, nas empresas equiparadas segundo o parágrafo único do art. 3º;

II — 20% (vinte por cento), pela função acumulada, tomando-se por base a função melhor remunerada, nas emissoras de potência inferior a 10 (dez) quilowatts e, superior a 1 (um) quilowatt;

III — 10% (dez por cento), pela função acumulada, tomando-se por base a função melhor remunerada, nas emissoras de potência igual ou inferior a 1 (um) quilowatt.

Art. 14. Não será permitido, por força de um só contrato de trabalho, o exercício para diferentes setores, dentre os mencionados no art. 4º.

Art. 15. Quando o exercício de qualquer função for acumulado com responsabilidade de chefia, o Radialista fará jus a um acréscimo de 40% (quarenta por cento) sobre o salário.

Art. 16. Na hipótese de trabalho executado fora do local constante do contrato de trabalho, correrão à conta do empregador, além do salário, as despesas de transportes e de alimentação e hospedagem, até o respectivo retorno.

Art. 17. Não será permitida a cessão ou promessa de cessão dos direitos de autor e dos que lhes são conexos, de que trata a Lei n. 5.988, de 14 de dezembro de 1973, decorrentes da prestação de serviços profissionais.

PARÁGRAFO ÚNICO. Os direitos autorais e conexos dos profissionais serão devidos em decorrência de cada exibição da obra.

Art. 18. A duração normal do trabalho do Radialista é de:

I — 5 (cinco) horas para os setores de autoria e de locução;

II — 6 (seis) horas para os setores de produção, interpretação, dublagem, tratamento e registros sonoros, tratamento e registros visuais, montagem e arquivamento, transmissão de sons e imagens, revelação e copiagem de filmes, artes plásticas e animação de desenhos e objetos e manutenção técnica;

III — 7 (sete) horas para os setores de cenografia e caracterização, deduzindo-se desse tempo 20 (vinte) minutos para descanso, sempre que se verificar um esforço contínuo de mais de 3 (três) horas;

IV — 8 (oito) horas para os demais setores.

PARÁGRAFO ÚNICO. O trabalho prestado, além das limitações diárias previstas nos itens acima, será considerado trabalho extraordinário, aplicando-lhe o disposto nos arts. 59 a 61 da Consolidação das Leis do Trabalho (CLT).

Art. 19. Será considerado como serviço efetivo o período em que o Radialista permanecer à disposição do empregador.

Art. 20. Assegurada ao Radialista uma folga semanal remunerada de 24 (vinte e quatro) horas consecutivas, de preferência aos domingos.

PARÁGRAFO ÚNICO. As empresas organizarão escalas de revezamento de maneira a favorecer o empregado com um repouso dominical mensal, pelo menos, salvo quando, pela natureza do serviço, a atividade do Radialista for desempenhada habitualmente aos domingos.

Art. 21. A jornada de trabalho dos Radialistas, que prestem serviços em condições de insalubridade ou periculosidade, poderá ser organizada em turnos, respeitada a duração semanal do trabalho, desde que previamente autorizado pelo Ministério do Trabalho.

Art. 22. A cláusula de exclusividade não impedirá o Radialista de prestar serviços a outro empregador, desde que em outro meio de comunicação, e sem que se caracterize prejuízo para o primeiro contratante.

Art. 23. Os textos destinados a memorização, juntamente com o roteiro da gravação ou plano de trabalho, deverão ser entregues ao profissional com antecedência mínima de 24 (vinte e quatro) horas, em relação ao início dos trabalhos.

Art. 24. Nenhum profissional será obrigado a participar de qualquer trabalho que coloque em risco sua integridade física ou moral.

Art. 25. O fornecimento de guarda-roupa de mais recursos indispensáveis ao cumprimento das tarefas contratuais será de responsabilidade do empregador.

Art. 26. A empresa não poderá obrigar o Radialista a fazer uso de uniformes durante o desempenho de suas funções, que contenham símbolos, marcas ou qualquer mensagem de caráter publicitário.

PARÁGRAFO ÚNICO. Não se incluem nessa proibição os símbolos ou marcas identificadores do empregador.

Art. 27. As infrações ao disposto nesta Lei serão punidas com multa de 2 (duas) a 20 (vinte) vezes o maior valor de referência previsto no art. 2º, parágrafo único, da Lei n. 6.205, de 29 de abril de 1975, calculada a razão de um valor de referência por empregado em situação irregular.

PARÁGRAFO ÚNICO. Em caso de reincidência, embaraço ou resistência à fiscalização, emprego de artifício ou simulação com objetivo de fraudar a lei, a multa será aplicada em seu valor máximo.

Art. 28. O empregador punido na forma do artigo anterior, enquanto não regularizar a situação que deu causa à autuação, e não recolher a multa aplicada, após esgotados os recursos cabíveis não poderá receber benefício, incentivo ou subvenção concedidos por órgãos públicos.

Art. 29. É assegurado o registro, a que se refere o art. 6º, ao Radialista que, até a data da publicação desta Lei, tenha exercido, comprovadamente, a respectiva profissão.

Art. 30. Aplicam-se ao Radialista as normas da legislação do trabalho, exceto naquilo que for incompatível com as disposições desta Lei.

Art. 31. São inaplicáveis a órgãos da Administração Pública, direta ou indireta, as disposições constantes do § 1º do art. 8º e do art. 10 desta Lei.

Art. 32. O Poder Executivo expedirá o regulamento desta Lei.

Art. 33. Esta Lei entrará em vigor 90 (noventa) dias após sua publicação.

Art. 34. Revogam-se as disposições em contrário.

Brasília, em 16 de dezembro de 1978; 157º da Independência e 90º da República.

Ernesto Geisel
Arnaldo Prieto

Legislação Complementar

DECRETO N. 84.134, DE 30 DE OUTUBRO DE DE 1979

(DOU 31.10.1979)

REGULAMENTA A LEI N. 6.615, DE 16 DE DEZEMBRO DE 1978

O PRESIDENTE DA REPÚBLICA, usando da atribuição que lhe confere o artigo 81, item III, da Constituição, e tendo em vista o disposto no artigo 32 da Lei n. 6.615, de 16 de dezembro de 1978,

DECRETA:

Art. 1º O exercício da profissão de Radialista é regulado pela Lei n. 6.615, de 16 de dezembro de 1978, na forma deste Regulamento.

Art. 2º Considera-se Radialista o empregado de empresa de radiodifusão que exerça função estabelecida no anexo deste Regulamento.

Art. 3º Considera-se empresa de radiodifusão, para os efeitos deste Regulamento, aquela que explora serviços de transmissão de programas e mensagens, destinada a ser recebida livre e gratuitamente pelo público em geral, compreendendo a radiodifusão sonora (rádio) e radiodifusão de sons e imagens (televisão).

PARÁGRAFO ÚNICO. Considera-se, igualmente, para os efeitos deste Regulamento, empresa de radiodifusão:

a) a que explore serviço de música funcional ou ambiental e outras que executem, por quaisquer processos, transmissão de rádio ou de televisão;

b) a que se dedique, exclusivamente, à produção de programas para empresas de radiodifusão;

c) a entidade que execute serviços de repetição ou de retransmissão de radiodifusão;

d) a entidade privada e a fundação mantenedora que executem serviços de radiodifusão, inclusive em circuito fechado de qualquer natureza;

e) as empresas ou agências de qualquer natureza destinadas, em sua finalidade, à produção de programas, filmes e dublagens, comerciais ou não, para serem divulgados através das empresas de radiodífusão.

Art. 4º A profissão de Radialista compreende as seguintes atividades:

I — Administração;

II — Produção;

III — Técnica.

§ 1º As atividades de administração compreendem as especializadas, peculiares às empresas de radiodifusão.

§ 2º As atividades de produção se subdividem nos seguintes setores:

a) autoria;

b) direção;

c) produção;

d) interpretação;

e) dublagem;

f) locução;

g) caracterização;

h) cenografia.

§ 3º As atividades técnicas se subdividem nos seguintes setores:

a) direção;

b) tratamento e registros sonoros;

c) tratamento e registros, visuais;

d) montagem e arquivamento;

e) transmissão de sons e imagens;

f) revelação e copiagem de filmes;

g) artes plásticas e animação de desenhos e objetos;

h) manutenção técnica.

§ 4º As denominações e descrições das funções em que se desdobram as atividades e os setores mencionados nos parágrafos anteriores, constam do Quadro anexo a este Regulamento.

Art. 5º Não se incluem no disposto neste Regulamento os Atores e Figurantes que prestam serviços a empresas de radiodifusão.

Art. 6º O exercício da profissão de Radialista requer prévio registro na Delegacia Regional do Trabalho do Ministério do Trabalho, o qual terá validade em todo o território nacional.

PARÁGRAFO ÚNICO. O pedido de registro de que trata este artigo poderá ser encaminhado através do sindicato representativo da categoria profissional ou da federação respectiva.

Art. 7º Para registro do Radialista é necessária a apresentação de:

I — diploma de curso superior, quando existente, para as funções em que se desdobram as atividades de Radialista, fornecido por escola reconhecida na forma da lei; ou

II — diploma ou certificado correspondente às habilitações profissionais ou básicas de 2º Grau, quando existente para as funções em que se desdobram as atividades de Radialista, fornecido por escola reconhecida na forma da lei; ou

III — atestado de capacitação profissional.

Art. 8º O atestado mencionado no inciso III do artigo anterior será emitido pela Delegacia Regional do Trabalho, a requerimento do interessado, instruído com certificado de conclusão de treinamento para função constante do quadro anexo a este regulamento. O certificado deverá ser fornecido por unidade integrante do Sistema Nacional de Formação de Mão de obra, credenciada pelo

Conselho Federal de Mão de obra ou por entidade da Administração Pública, direta ou indireta, que tenha por objetivo, previsto em lei, promover e estimular a formação e o treinamento de pessoal especializado, necessário às atividades de radiodifusão. *(Redação dada pelo Decreto n. 95.684, de 28.1.88, DOU 29.1.88)*

§ 1º Comprovada a impossibilidade do treinamento por falta ou insuficiência, no município, de curso especializado em formação para as funções em que se desdobram as atividades de radialista, em número que atenda às necessidades de mão-de-obra das empresas de radiodifusão, a Delegacia Regional do Trabalho emitirá o atestado de capacitação profissional (art. 7°, III), mediante apresentação de certificado de aptidão profissional, fornecido por uma das entidades abaixo, na seguinte ordem: *(Redação dada pelo Decreto n. 95.684, de 28.1.88, DOU 29.1.88)*

a) sindicato representativo da categoria profissional; *(Acrescentado pelo Decreto n. 95.684, de 28.1.88, DOU 29.1.88)*

b) sindicato representativo de empresas de radiodifusão; *(Acrescentado pelo Decreto n. 95.684, de 28.1.88, DOU 29.1.88)*

c) empresa de radiodifusão. *(Acrescentado pelo Decreto n. 95.684, de 28.1.88, DOU 29.1.88)*

§ 2° Para efeito do parágrafo anterior, o interessado será admitido na empresa como empregado-iniciante, para um período de capacitação, de até seis meses. *(Redação dada pelo Decreto n. 95.684, de 28.1.88, DOU 29.1.88)*

§ 3° Se o treinamento for concluído com aproveitamento, a empresa encaminhará o empregado à Delegacia Regional do Trabalho, com o respectivo certificado de aptidão profissional, para o fim previsto no § 1°. *(Redação dada pelo Decreto n. 95.684, de 28.1.88, DOU 29.1.88)*

Art. 9º 0 registro de Radialista será efetuado pela Delegacia Regional do Trabalho do Ministério do Trabalho, a requerimento do interessado, instruído com os seguintes documentos:

I — diploma, certificado ou atestado mencionados no artigo 7º;

II — Carteira de Trabalho e Previdência Social.

PARÁGRAFO ÚNICO. Revogado pelo Decreto n. 94.447, de 16.6.87, DOU 17.6.87.

Art. 10. O Contrato de Trabalho, quando por prazo determinado, deverá ser registrado, a requerimento do empregador, no órgão regional do Ministério do Trabalho, até a véspera do início da sua vigência, e conterá, obrigatoriamente:

I — a qualificação completa das partes contratantes;

II — o prazo de vigência;

III — a natureza do serviço;

IV — o local em que será prestado o serviço;

V — cláusula relativa a exclusividade e transferibilidade;

VI — a jornada de trabalho, com especificação do horário e intervalo de repouso;

VII — a remuneração e sua forma de pagamento;

VIII — especificação quanto à categoria de transporte e hospedagem assegurada em caso de prestação de serviços fora do local onde foi contratado;

IX — dia de folga semanal;

X — número da Carteira de Trabalho e Previdência Social;

XI — condições especiais, se houver.

§ 1º O contrato de trabalho de que trata este artigo será visado pelo Sindicato representativo da categoria profissional ou pela federação respectiva, como condição para registro no Ministério do Trabalho.

§ 2º A entidade sindical visará ou não o contrato, no prazo máximo de 2 (dois) dias úteis, findos os quais poderá ser registrado, independentemente de manifestação da entidade sindical, se não estiver em desacordo com a Lei ou com este Regulamento.

§ 3º Da decisão da entidade sindical que negar o visto caberá recurso para o Ministério do Trabalho.

Art. 11. O requerimento do registro deverá ser instruído com 2 (duas) vias do instrumento do contrato de trabalho, visadas pelo Sindicato representativo da categoria profissional e, subsidiariamente, pela Federação respectiva.

Art. 12. No caso de se tratar de rede de radiodifusão de propriedade ou controle de um mesmo grupo, deverá ser indicada na Carteira de Trabalho e Previdência Social a emissora na qual será prestado o serviço.

PARÁGRAFO ÚNICO. Quando se tratar de emissora de Onda Tropical pertencente a mesma concessionária e que transmita simultânea, integral e permanentemente a programação de emissora de Onda Média, far-se-á no mencionado documento a indicação das emissoras.

Art. 13. Para contratação de estrangeiro, domiciliado no exterior, exigir-se-á prévio recolhimento à Caixa Econômica Federal, de importância equivalente a 10% (dez por cento) do valor total do ajuste, a título de contribuição sindical, em nome da entidade da categoria profissional.

Art. 14. A utilização de profissional contratado por agência de locação de mão de obra obrigará o tomador de serviço, solidariamente, pelo cumprimento das obrigações legais e contratuais, se se caracterizar a tentativa, pelo tomador de serviço, de utilizar a agência para fugir às responsabilidades e obrigações decorrentes da Lei, deste Regulamento ou do contrato de trabalho.

Art. 15. Nos contratos de trabalho por prazo determinado, para produção de mensagens publicitárias, feitas para rádio e televisão, constará obrigatoriamente:

I — o nome do produtor, do anunciante e, se houver, da agência de publicidade para a qual a mensagem é produzida;

II — o tempo de exploração comercial da mensagem;

III — o produto a ser promovido;

IV — os meios de comunicação através dos quais a mensagem será exibida;

V — o tempo de duração da mensagem e suas características.

Art. 16. Na hipótese de acumulação de funções dentro de um mesmo Setor em que se desdobram as atividades mencionadas no artigo 4º, será assegurado ao Radialista um adicional mínimo de:

I — 40% (quarenta por cento), pela função acumulada, tomando-se por base a função melhor remunerada, nas emissoras de potência igual ou superior a 10 (dez) quilowatts bem como nas empresas discriminadas no parágrafo único do artigo 3º;

II — 20% (vinte por cento), pela função acumulada, tomando-se por base a função melhor remunerada, nas emissoras de potência inferior a 10 (dez) quilowatts e superior a.1 (um) qui lowatt;

III — 10% (dez por cento), pela função acumulada, tomando-se por base a função melhor remunerada, nas emissoras de potência Igual ou Inferior a 1 (um) quilowatt.

PARÁGRAFO ÚNICO. Não será permitido, por força de um só contrato de trabalho, o exercício para diferentes setores dentre os mencionados no artigo 4º.

Art. 17. Quando o exercício de qualquer função for acumulado com responsabilidade de chefia, o Radialista fará jus a um acréscimo de 40% (quarenta por cento) sobre o salário.

PARÁGRAFO ÚNICO. Cessada a responsabilidade de chefia, automaticamente deixará de ser devido o acréscimo salarial.

Art. 18. Na hipótese de trabalho executado fora do local mencionado no contrato de trabalho, correrão à conta do empregador, além do salário, as despesas de transporte, de alimentação e de hospedagem, até o respectivo retorno.

Art. 19. Não será permitida a cessão ou promessa de cessão dos direitos de autor e dos que lhes são conexos, de que trata a Lei n. 5.988, de 14 de dezembro de 1973, decorrentes da prestação de serviços profissionais.

PARÁGRAFO ÚNICO. Os direitos autorais e conexos dos profissionais serão devidos em decorrência de cada exibição da obra.

Art. 20. A duração normal do trabalho do Radialista é de:

I — 5 (cinco) horas para os setores de autoria e de locução;

II — 6 (seis) horas para os setores de produção, interpretação, dublagem, tratamento e registros sonoros, tratamento e registros visuais, montagem e arquivamento, transmissão de sons e imagens, revelação e copiagem de filmes, artes plásticas e animação de desenhos e objetos e manutenção técnica;

III — 7 (sete) horas para os setores de cenografia e caracterização, deduzindo-se desse tempo 20 (vinte) minutos para descanso, sempre que se verificar um esforço contínuo de mais de 3 (três) horas;

IV — 8 (oito) horas para os demais setores.

PARÁGRAFO ÚNICO. O trabalho prestado além das limitações diárias previstas nos itens acima será considerado extraordinário, aplicando-se-lhe o disposto nos artigos pertinentes da Consolidação das Leis do Trabalho (CLT).

Art. 21. Será considerado como serviço efetivo o período em que o Radialista permanecer à disposição do empregador.

Art. 22. É assegurada ao Radialista uma folga semanal remunerada de 24 (vinte e quatro) horas consecutivas, de preferência aos domingos.

PARÁGRAFO ÚNICO. As empresas organizarão escalas de revezamento de maneira a favorecer o empregado com um repouso dominical mensal, pelo menos, salvo quando, pela natureza do serviço, a atividade do Radialista for desempenhada habitualmente aos domingos.

Art. 23. A jornada de trabalho dos Radialistas que prestem serviços em condições de insalubridade ou periculosidade poderá ser organizada em turnos, respeitada a duração semanal do trabalho, desde que previamente autorizada pelo Ministério do Trabalho.

Art. 24. A cláusula de exclusividade não impedirá o Radialista de prestar serviços a outro empregador, desde que em outro meio de comunicação e sem que se caracterize prejuízo para o primeiro contratante.

Art. 25. Os textos destinados à memorização, juntamente com o roteiro da gravação ou plano de trabalho, deverão ser entregues ao profissional com antecedência mínima de 24 (vinte e quatro) horas, em relação ao início dos trabalhos.

Art. 26. Nenhum profissional será obrigado a participar de qualquer trabalho que coloque em risco sua integridade física ou moral.

Art. 27. O fornecimento de guarda-roupa e demais recursos Indispensáveis ao cumprimento das tarefas contratuais será de responsabilidade do empregador.

Art. 28. A empresa não poderá obrigar o Radialista, durante o desempenho de suas funções, a fazer uso de uniformes que contenham símbolos, marcas ou qualquer mensagem de caráter publicitário.

PARÁGRAFO ÚNICO. Não se incluem nessa proibição os símbolos ou marcas Identificadores do empregador.

Art. 29. As infrações ao disposto na Lei e neste Regulamento serão punidas com multa de 2 (duas) a 20 (vinte) vezes o maior valor de referência previsto no artigo 2º, parágrafo único, da Lei n. 6.205, de 29 de abril de 1975, calculada à razão de um valor de referência por empregado em situação irregular.

PARÁGRAFO ÚNICO. Em caso de reincidência, embaraço ou resistência à fiscalização, emprego de artifício ou simulação com objetivo de fraudar a Lei a multa será aplicada em seu valor máximo.

Art. 30. O empregador punido na forma do artigo anterior, enquanto não regularizar a situação que deu causa à autuação e não recolher a multa aplicada, após esgotados os recursos cabíveis, não poderá receber qualquer benefício, incentivo ou subvenção concedidos por órgãos públicos.

Art 31. É assegurado o registro a que se refere o artigo 6º, ao Radialista que, até 19 de dezembro de 1978, tenha exercido, comprovadamente, a respectiva profissão.

PARÁGRAFO ÚNICO. O registro de que se trata este artigo deverá ser requerido pelo interessado ao órgão regional Ministério do Trabalho.

Art. 32. Aplicam-se ao Radialista as normas da legislação do trabalho, exceto naquilo que for incompatível com as disposições da Lei n. 6.615, de 16 de dezembro de 1978.

Art. 33. São inaplicáveis aos órgãos da Administração Pública, direta ou indireta, as disposições constantes § 1º do artigo 10 e do artigo 13 deste Regulamento.

Art. 34. A alteração do Quadro anexo a este Regulamento será proposta, sempre que necessária, pelo Ministério do Trabalho, de ofício ou em decorrência de representação das entidades de classe.

Art. 35. Aos Radialistas empregados de entidades sujeitas às normas legais que regulam a acumulação de cargos, empregos ou funções na Administração Pública não se aplicam as disposições do artigo 16.

Art. 36. Este Decreto entrará em vigor na data da sua publicação, revogadas as disposições em contrário.

Brasília, 30 de outubro de 1979; 158º da Independência e 91º da República.

João Figueiredo
Murillo Macêdo
H. C. Mattos

QUADRO ANEXO AO DECRETO N. 84.134 DE 30 DE OUTUBRO DE 1979

TÍTULOS E DESCRIÇÕES DAS FUNÇÕES EM QUE SE DESDOBRAM AS ATIVIDADES DOS RADIALISTAS

I — ADMINISTRAÇÃO

1) RÁDIO — TV FISCAL

Fiscaliza as transmissões ouvindo-as e vendo-as, elaborando o relatório sequencial de tudo o que vai ao ar, principalmente a publicidade.

II — PRODUÇÃO

A — AUTORIA

1) AUTOR — ROTEIRISTA

Escreve original ou roteiros para a realização de programas ou séries de programas. Adaptam originais de terceiros transformando-os em programas.

B — DIREÇÃO

1) DIRETOR ARTÍSTICO OU DE PRODUÇÃO

Responsável pela execução dos programas, supervisiona o processo de recrutamento e seleção do pessoal necessário, principalmente quanto à escolha dos produtores e coordenadores de programas. Depois de prontos coloca os programas à disposição do Diretor de Programa.

2) DIRETOR DE PROGRAMAÇÃO

Responsável final pela emissão dos programas transmitidos pela emissora, tendo em vista sua qualidade e a adequação dos horários de transmissão.

3) DIRETOR ESPORTIVO

Responsável pela produção e transmissão dos programas e eventos esportivos. Desempenha, eventualidade, funções de locução durante os referidos eventos.

4) DIRETOR MUSICAL

Responsável pela produção musical da programação, trabalhando em harmonia com o produtor de programas na transmissão e/ou gravação de números e/ou espetáculos musicais.

5) DIRETOR DE PROGRAMAS

Responsável pela execução de um ou mais programas individuais, conforme lhe for atribuído pela Direção Artística ou de Produção, sendo também responsável pela totalidade das providências que resultam na elaboração do programa deixando-o pronto a ser transmitido ou gravado.

C — PRODUÇÃO

1) ASSISTENTE DE ESTÚDIO

Responsável pela ordem e sequência de encenação, programa ou gravação dentro de estúdio, coordena os trabalhos e providência para que a orientação do diretor do programa ou do diretor de imagens seja cumprida providencia cartões, ordens e sinais dentro do estúdio que permitam emissão ou gravação do programa.

2) ASSISTENTE DE PRODUÇÃO

Responsável pela obtenção dos meios materiais necessários à realização de programas, assessora o coordenador de produção durante os ensaios, encenação ou gravação dos programas. Convoca os elementos envolvidos no programa a ser produzido.

3) Operador de Câmera de Unidade Portátil Externa

(Redação dada pelo Decreto n. 94.447, de 16.6.87, DOU 17.6.87)

Encarrega-se da gravação de matéria distribuída pelo Supervisor de Operações, planifica e orienta o entrevistador, repórter e o iluminador no que se refere aos aspectos técnicos de seu trabalho. Suas atividades envolvem tanto a gravação como a geração de som e imagem, através de equipamento eletrônico portátil de TV. *(Redação dada pelo Decreto n. 94.447, de 16.6.87, DOU 17.6.87)*

4) AUXILIAR DE DISCOTECÁRIO

Auxilia o discotecário e o discotecário programador no desempenho de suas atividades. Responsável pelos fichários de controle, catálogos e roteiros dos programas musicais, sob orientação do discotecário programador. Remete e recebe dos setores competentes o material da discoteca, em consonância com o encarregado de tráfego. Distribui, nos arquivos ou estantes próprias, os discos, fitas e cartuchos, zelando pelo material e equipamentos do acervo da discoteca.

5) AUXILIAR DE OPERADOR DE CÂMERA DE UNIDADE PORTÁTIL EXTERNA *(Redação dada pelo Decreto n. 94.447, de 16.6.87, 17.6.87)*

Encarrega-se do bom estado do equipamento e da sua montagem, e auxilia o operador de câmera na iluminação e na tomada de cenas. *(Redação dada pelo Decreto n. 94.447, de 16.6.87, 17.6.87)*

Suas atividades envolvem tanto a filmagem como a geração de som e imagem através de equipamento eletrônico portátil de TV (UPJ).

6) CONTINUISTA

Dá continuidade às cenas de programas, acompanhamento a sua gravação e providenciando para que cada cena seja retomada no mesmo ponto e da mesma maneira em que foi interrompida.

7) CONTRARREGRA

Realiza tarefas de apoio à produção, providenciando e obtenção e guarda de todos os objetos móveis necessários a produção.

8) COORDENADOR DE PRODUÇÃO

Responsável pela obtenção dos recursos materiais necessários à realização dos programas, bem como locais de encenação ou gravação, pela disponibilidade dos estúdios e das locações, inclusive instalação e renovação de cenários. Planeja e providencia os elementos necessários à produção juntamente com o produtor executivo, substituído-o em suas ausências.

9) COORDENADOR DE PROGRAMAÇÃO

Coordena as operações relativas à execução dos programas; prepara os mapas de programação estabelecendo horários e a sequência de transmissão, inclusive é adequada inserção dos comerciais para cumprimento das determinações legais que regulam a matéria.

10) DIRETOR DE IMAGENS (TV)

Selecione as imagens e efeitos que devem ser transmitidos e/ou gravados orientando as câmeras quanto ao seu posicionamento e ângulo de tomadas. Coordena os trabalhos de som, imagens, gravação, telecine, efeitos, etc., supervisionado e dirigindo toda a equipe operacional durante os trabalhos.

11) DISCOTECÁRIO

Organiza e dirige os trabalhos de guarda e localização de discos, fitas e cartuchos, mantendo todo o material devidamente fichado para uso imediato pelos produtores.

12) DISCOTECÁRIO-PROGRAMADOS

Organiza e programa as condições constituídas por gravações. Observa o tempo e a cronometragem das gravações, nem como dos programas onde serão inseridas, trabalhando em estreito relacionamento com o discotecário e produtores musicais.

13) ENCARREGADO DE TRÁFEGO

Organiza e dirige o tráfego de programas entre praças, emissoras, departamentos, etc., controlando o destino e a restituição dos programas que saírem, nos prazos previstos.

14) FOTÓGRAFO

Executa todos os trabalhos de fotografia necessários à produção e à programação; seleciona material e equipamento adequados para cada tipo de trabalho; exerce sua atividade em estreito relacionamento com o pessoal de laboratório e com os montadores.

15) PRODUTOR EXECUTIVO

Organiza e produz programas de rádio ou televisão de qualquer gênero, inclusive telenoticioso ou esportivo, supervisionando a utilização de todos os recursos neles empregados.

16) ROTEIRISTA DE INTERVALOS COMERCIAIS

Elabora a programação dos intervalos comerciais das emissoras, distribuindo as mensagens comerciais ou publicitárias de acordo com a direção comercial da emissora.

17) ENCARREGADO DE CINEMA

Organiza a exibição de filmes, assim como a sua entrega pelo fornecedor, verificando sua qualidade técnica antes e depois da exibição.

18) FILMOTECÁRIO

Organiza e dirige os trabalhos de guarda e localização de filmes e videoteipes, mantendo em ordem o fichário para uso imediato dos produtores.

19) EDITOR DE VIDEOTEIPE (VT)

Edita os programas gravados em videoteipes (VT).

D — INTERPRETAÇÃO

1) COORDENADOR DE ELENCO

Responsável pela localização e convocação do elenco distribuição do material aos atores e figurantes e por todas as providências e cuidados exigidos pelo elenco que não sejam de natureza artística.

E — DUBLAGEM

1) ENCARREGADO DO TRÁFEGO

Recebe, cataloga e encaminha às respectivas seções o material do filme a ser dublado, mantendo os necessários controles. Organiza, controle e matem sob sua guarda esse material em arquivos apropriados, coordenando os trabalhos de revisão e reparos das cópias.

2) MARCADOR DE ÓTIPO

Marca o filme, indicando as partes em que será dividido, numerando-as de acordo com a ordem constante no ¿script¿.

CORTADOR DE ÓTIPO E MAGNÉTICO

Corta o filme nas partes marcadas, cola as pontas de sincronismo e faz os anéis de magnético; recupera o magnético para novo uso.

4) OPERADOR DE SOM DE ESTÚDIO

Opera o equipamento de som no estúdio: microfone, mesa, equalizadora, máquina sincrônica gravadora de som e demais equipamentos relacionados com o som e sua retranscrição para cópias.

5) PROJECIONISTA DE ESTÚDIO

Opera projetor cinematográfico de estúdio de som, tanto nos estúdios de gravação como os de mixagem.

6) REMONTADOR DE ÓTICO E MAGNÉTICO

Após a dublagem do filme, une os anéis de ótico e de magnético, reconstruindo o filme em sua forma original, fazendo a revisão da cópia de trabalho.

7) EDITOR DE SINCRONISMO

Opera a moviola ou equipamento correspondente, colocando o diálogo gravado em sincronismo com a imagem, revisando as bandas de músicas e efeitos.

8) CONTRARREGRA/SONOPLASTA

Faz a complementação dos ruídos e efeitos sonoros que faltam na banda do rolo de fita magnética com musicas e efeitos sonoros (M. E).

9) OPERADOR DE MIXAGEM

Opera máquinas gravadoras e reprodutoras de som, mesa equalizadora e mixadora, passando para uma única banda os sons derivados das bandas de diálogo, M. E. e contrarregra, revisando a cópia final.

10) DIRETOR DE DUBLAGEM *(Acrescentado pelo Decreto n. 94.447, de 16.6.87, DOU 17.6.87)*

Assiste ao filme e sugere a escalação do elenco para a sua dublagem; esquematiza a produção; programa os horários de trabalho; orienta a interpretação e o sincronismo do Ator ou de outrem sobre sua imagem. *(Acrescentado pelo Decreto n. 94.447, de 16.6.87, DOU 17.6.87)*

F — LOCUÇÃO

1) LOCUTOR — ANUNCIADOR

Faz leitura de textos comerciais ou não nos intervalos da programação, anuncia sequência da programação, informações diversas e necessárias à conversão e sequência da programação.

2) LOCUTOR-APRESENTADOR-ANIMADOR

Apresentador e anuncia programas de rádio ou televisão realizando entrevistas e promovendo jogos, brincadeiras, competições e perguntas peculiares ao estúdio ou auditório de rádio ou televisão.

3) LOCUTOR COMENTARISTA ESPORTIVO

Comenta os eventos esportivos em rádio ou televisão, em todos os seus aspectos técnicos e esportivos.

4) LOCUTOR ESPORTIVO

Narra e eventualmente comenta os eventos esportivos em rádio ou televisão, transmitindo as informações comerciais que lhe forem atribuídas. Participa de debates e mesas-redondas.

5) LOCUTOR NOTICIARISTA DE RÁDIO

Lê programas noticiosos de rádio, cujos textos são previamente preparados pelo setor de redação.

6) LOCUTOR NOTICIARISTA DE TELEVISÃO

Lê programas noticiosos de televisão, cujos textos são previamente preparados pelo setor de redação.

7) LOCUTOR ENTREVISTADOR

Expõe e narra fatos, realiza entrevistas pertinentes aos fatos narrados.

G — CARACTERIZAÇÃO

1) CABELEIREIRO

Propõe e executam penteados para intérpretes e participantes de programas de televisão, responsáveis pela guarda e conservação de seus instrumentos de trabalho.

2) CAMAREIRO

Assiste os intérpretes e participantes no que se refere à utilização da roupagem exigida pelos programas, retirando-o do seu depósito e cuidado do seu aspecto e guarda até sua devolução.

3) COSTUREIRO

Confecciona as roupas conforme solicitadas pelo figurinista, reforma e conserta peças, adaptando-as às necessidades da produção, faz os acabamentos próprios nas confecções.

4) GUARDA-ROPEIRO

Guarda e conserva todas as roupas que lhe forem confiadas, providenciando sua manutenção e fornecimento quando requerido.

5) FIGURINISTA

Cria e desenha as roupas necessárias à produção e supervisiona sua confecção.

6) MAQUILADOR

Executa a maquilagem dos intérpretes, apresentadores e participantes dos programas de televisão, responsável pela guarda e manutenção dos seus instrumentos de trabalho.

H) CENOGRAFIA

1) ADERECISTA

Providencia, inclusive confeccionando, todo e qualquer tipo de adereço materiais necessários de acordo com as solicitações e especificações do setor competente, adequando as peças confeccionadas à linha do cenário.

2) CENOTÉCNICO

Responsável pela construção e montagem dos cenários, de acordo com as especificações determinadas pela produção.

3) DECORADOR

Decora o cenário a partir da ideia preestabelecida pelo diretor artístico ou de produção. Seleciona os mobiliários necessários à decoração, procurando ambientá-lo ao espírito do programa produzido.

4) CORTINEIRO-ESTOFADOR

Confecciona e conserta as cortinas, tapetes e estofados necessários à produção.

5) CARPINTEIRO

Prepara material em madeira para cenografia e outras destinações.

6) PINTOR — Pintor Artístico *(Redação dada pelo Decreto n. 94.447, de 16.6.87, DOU 17.6.87)*

Executa o trabalho de pintura dos cenários, de acordo com as exigências da produção ou a pintura artística dos cenários; prepara cartazes para utilização nos cenários; amplia quadros e telas; zela pela guarda e conservação dos materiais e instrumentos de trabalho, indispensáveis à execução de sua tarefa. *(Redação dada pelo Decreto n. 94.447, de 16.6.87, DOU 17.6.87)*

7) MAQUINISTA

Monta, desmonta e transporta os cenários, conforme orientação do cenotécnico.

8) CENÓGRAFO *(Acrescentado pelo Decreto n. 94.447, de 16.6.87, DOU 17.6.87)*

Projeta o cenário, de acordo com o produtor e o Diretor de Programa; executa plantas baixa e alta do cenário; desenha os detalhes em escala para execução do cenário; indica as cores do cenário; orienta e dirige a montagem dos cenários e orienta o contrarregra quanto aos adereços necessários ao cenário. *(Acrescentado pelo Decreto n. 94.447, de 16.6.87, DOU 17.6.87)*

9) MAQUETISTA *(Acrescentado pelo Decreto n. 94.447, de 16.6.87, DOU 17.6.87)*

Desenha e executa maqueta para efeito de cena. *(Incluído pelo Decreto n. 94.447, de 1987)*

III — TÉCNICA

A — DIREÇÃO

Responsável pelo bom funcionamento de todos os equipamentos em operação necessários às emissões, gravações, transporte e recepção de sinais e transmissões de uma emissora de rádio ou televisão.

2) SUPERVISOR DE OPERAÇÃO

Responsável pelo fornecimento à produção dos meios técnicos, equipamentos e operadores, a fim de possibilitar a realização dos programas.

B — TRATAMENTO E REGISTROS SONOROS

1) OPERADOR DE ÁUDIO

Opera a mesa de áudio durante gravações e transmissões, respondendo por sua qualidade.

2) OPERADOR DE MICROFONE

Cuida da transmissão através de microfones dos estúdios ou externas de televisão, até as mesas controladoras, sob as instruções do diretor de imagens ou do operador de áudio.

3) OPERADOR DE RÁDIO

Opera a mesa de emissora de rádio. Coordena e é responsável pela emissão dos programas e comerciais no ar, de acordo com o roteiro de programação. Recebem transmissão externa e equaliza os sons.

4) SONOPLASTA

Responsável pela gravação de textos, músicas, vinhetas, comerciais, etc., para ser utilizada na programação, encarregado-se da manutenção dos níveis de áudio, equalização e qualidade do som.

C — TRATAMENTO E REGISTROS VISUAIS

1) OPERADOR DE CONTROLE MESTRE (MASTER)

Opera o controle mestre de uma emissora, seleciona e comuta diversos canais de alimentação, conforme roteiro de programação e comerciais preestabelecidos.

2) AUXILIAR DE ILUMINADOR

Prestador auxílio direto ao iluminador na operação dos equipamentos. Cuida da limpeza e conservação dos equipamentos, materiais e instrumentos indispensáveis ao desempenho da função.

3) EDITOR DE VIDEOTEIPE

Edita os programas gravados em videoteipe; maneja as máquinas operadoras durante a montagem final e edição; ajusta as máquinas; determina, conforme orientação do diretor do programa, o melhor ponto de edição.

4) ILUMINADOR

Coordena e opera todo o sistema de iluminação de estúdios ou de externas, zelando pela segurança e bom funcionamento do equipamento. Elabora o plano de iluminação de cada programa ou série de programas.

5) OPERADOR DE CABO

Auxilia o operador de câmera na movimentação e deslocamento das câmeras, inclusive pela movimentação dos cabos. Cuida da limpeza e manutenção dos cabos e outros equipamentos da câmera.

6) OPERADOR DE CÂMERA

Opera as câmeras inclusive as portáteis ou semiportáteis, sob orientação técnica do diretor de imagens.

7) OPERADOR DE MÁQUINA DE CARACTERES

Opera os caracteres nos programas gravados, filmes, vinhetas, chamadas, conforme roteiro da produção.

8) OPERADOR DE TELECINE

Opera projetores de telecine, municiando-os de acordo com as necessidades de utilização; efetua ajustes operacionais nos projetos (foco, filamento e enquadramento).

9) OPERADOR DE VÍDEO

Responsável pela qualidade de imagem no vídeo, operando os controles, aumentando ou diminuindo o vídeo e pedestal, alinhando as câmeras, colocando os filtros adequados e corrigindo as aberturas de diafragma.

10) OPERADOR DE VÍDEOTEIPE (VT)

Opera as máquinas de gravação e reprodução dos programas em videoteipe, mantendo responsabilidade direta sobre os controles indispensáveis à gravação e reprodução.

D — MONTAGEM E ARQUIVAMENTO

1) ALMOXARIFE TÉCNICO

Controla e mantém sob sua guarda rodo o material em estoque, necessário à técnica, organizado fichários e arquivos referentes aos equipamentos e componentes eletrônicos. Controla entrada e saída do material.

2) ARQUIVISTA DE TEIPES

Arquiva os teipes, zela pela conservação das fitas, áudios-clipe e videoteipes, organiza fichários e distribui o material para os setores solicitantes, controlando sua saída e devolução.

3) MONTADOR DE FILMES

Responsável pela montagem de filmes. Faz projeções, corte e remontagem dos filmes depois de exibidos.

E — TRANSMISSÃO DE SONS E IMAGENS

1) OPERADOR DE TRANSMISSOR DE RÁDIO

Opera transmissores de rádio para recepção geral em todas as frequências em que operem os rádios comerciais e não comerciais. Ajusta equipamentos mantém níveis de modulação; faz leituras de instrumentos; executa manobras de substituição de transmissores; faz permanente monitoragem do sinal de áudio irradiando.

2) OPERADOR DE TRANSMISSORES DE TELEVISÃO

Opera os transmissores ou equipamentos de estação repetidora de televisão, efetua testes de áudio e vídeo com os estúdios, mantém a modificação de áudio e vídeo dentro dos padrões estabelecidos; faz leituras dos instrumentos e executa manobra de substituição de transmissores, aciona gerador de corrente alternada, quando necessário; faz permanente monitoragem dos sinais de áudio e vídeo irradiados.

3) TÉCNICO DE EXTERNAS

Responsável pela conexão entre o local da cena ou evento externo e o estúdio, a pontos intermediários ou a locais de gravação designados.

F — REVELAÇÃO E COPIAGEM DE FILMES

1) TÉCNICO LABORATORISTA

Realiza os trabalhos necessários à revelação e copiagem de filmes.

2) SUPERVISOR TÉCNICO DE LABORATÓRIO

Supervisiona os serviços dos técnicos laboratoriais; relaciona os filmes e fotos que estão sob responsabilidade do seu setor, anotando sua origem e promovendo a sua devolução. Supervisiona a conservação e estoque do material do laboratório.

G — ARTES PLÁSTICAS E ANIMAÇÃO DE DESENHOS E OBJETIVOS

1) DESENHISTA

Executa desenhos, contornos e letras necessários à confecção de ¿slides¿, vinhetas e outros trabalhos gráficos para a produção de programas.

H — MANUTENÇÃO TÉCNICA

1) ELETRICISTA

Instala e mantém circuitos elétricos necessários ao funcionamento dos equipamentos da emissora. Procede à manutenção prevista e corretiva dos sistemas elétricos instalados.

2) TÉCNICO DE MANUTENÇÃO ELETROTÉCNICA

Realiza a manutenção elétrica dos equipamentos, cabine de força e grupos geradores de energia em rádio e televisão.

3) MECÂNICO

Faz a manutenção dos equipamentos mecânicos, inclusive motores; substitui ou recupera peças dos equipamentos. Responsável por instalação e manutenção mecânica de torres e antenas.

4) TÉCNICO DE AR CONDICIONADO

Realiza a manutenção dos equipamentos de ar condicionado, mantendo a refrigeração dos ambientes nos níveis exigidos.

5) TÉCNICO DE ÁUDIO

Procede à manutenção de toda a aparelhagem de áudio; efetua montagens e testes de equipamentos de áudio, mantendo-os dentro dos padrões estabelecidos.

6) TÉCNICO DE MANUTENÇÃO DE RÁDIO

Responsável pelo setor de manutenção dos equipamentos de radiodifusão sonora, assim como de todos os seus acessórios.

7) TÉCNICO DE MANUTENÇÃO DE TELEVISÃO

Responsável pela manutenção dos equipamentos de radiodifusão sonora e de imagem, assim como todos os seus acessórios.

8) TÉCNICO DE ESTAÇÃO RETRANSMISSORA E REPETIDORA DE TELEVISÃO

Faz a manutenção e consertos dos equipamentos de estação repetidora de televisão ou retransmissora de rádio, conforme orientação do operador da estação.

9) TÉCNICO DE VÍDEO

Responde pelo funcionamento de todo os equipamentos operacional de vídeo, bem como pela instalação e reparos da aparelhagem, executando sua manutenção preventiva. Montam equipamentos, testa sistemas e dá apoio técnico à operação.

João Figueiredo
H. C. Mattos

LEI N. 7.183, DE 5 DE ABRIL DE 1984

(DOU 6.4.84)

REGULA O EXERCÍCIO DA PROFISSÃO DE AERONAUTA E DÁ OUTRAS PROVIDÊNCIAS

CAPÍTULO I

Das Disposições Preliminares

SEÇÃO I

Da Aeronauta e da sua Classificação

Art. 1º O exercício de profissão de aeronauta é regulado pela presente Lei.

Art. 2º Aeronauta é o profissional habilitado pelo Ministério da Aeronáutica, que exerce atividade a bordo de aeronave civil nacional, mediante contrato de trabalho.

PARÁGRAFO ÚNICO. Considera-se também aeronauta, para os efeitos desta Lei, quem exerce atividade a bordo de aeronave estrangeira, em virtude de contrato de trabalho regido pelas leis brasileiras.

Art. 3º Ressalvados os casos previstos no Código Brasileiro do Ar, a profissão de aeronauta é privativa de brasileiros.

PARÁGRAFO ÚNICO. As empresas brasileiras que operam em linhas internacionais poderão utilizar comissários estrangeiros, desde que o número destes não exceda a 1/3 (um terço) dos comissários existentes a bordo da aeronave.

Art. 4º O aeronauta no exercício de função específica a bordo de aeronave, de acordo com as prerrogativas da licença de que é titular, tem a designação de tripulante.

Art. 5º O aeronauta de empresa de transporte aéreo regular que se deslocar, a serviço desta, sem exercer função a bordo de aeronave tem a designação de tripulante extra.

PARÁGRAFO ÚNICO. O aeronauta de empresa de transporte aéreo não regular ou serviço especializado tem a designação de tripulante extra somente quando se deslocar em aeronave da empresa, a serviço desta.

Art. 6º São tripulantes:

a) Comandante: piloto responsável pela operação e segurança da aeronave — exerce a autoridade que a legislação aeronáutica lhe atribui;

b) Copiloto: piloto que auxilia o Comandante na operação da aeronave;

c) Mecânico de Voo: auxiliar do Comandante, encarregado da operação e controle de sistemas diversos conforme especificação dos manuais técnicos da aeronave;

d) Navegador: auxiliar do Comandante, encarregado da navegação da aeronave quando a rota e o equipamento o exigirem, a critério do órgão competente do Ministério da Aeronáutica;

e) Radioperador de Voo: auxiliar do Comandante, encarregado do serviço de radiocomunicações nos casos previstos pelo órgão competente do Ministério da Aeronáutica; e

f) Comissário: é o auxiliar do Comandante, encarregado do cumprimento das normas relativas à segurança e atendimento dos passageiros a bordo e da guarda de bagagens, documentos, valores e malas postais que lhe tenham sido confiados pelo Comandante.

§ 1º A guarda dos valores fica condicionada à existência de local apropriado e seguro na aeronave, sendo responsabilidade do empregador atestar a segurança do local.

§ 2º A guarda de cargas e malas postais em terra somente será confiada ao comissário quando no local inexistir serviço próprio para essa finalidade.

Art. 7º Consideram-se também tripulantes, para os efeitos desta Lei, os operadores de equipamentos especiais instalados em aeronaves homologadas para serviços aéreos especializados, devidamente autorizados pelo Ministério da Aeronáutica.

SEÇÃO II

Das Tripulações

Art. 8º Tripulação é o conjunto de tripulantes que exercem função a bordo de aeronave.

Art. 9º Uma tripulação poderá ser: mínima, simples, composta e de revezamento.

Art. 10. Tripulação mínima é a determinada na forma da certificação de tipo de aeronave e a constante do seu manual de operação, homologada pelo órgão competente do Ministério da Aeronáutica, sendo permitida sua utilização em voos: locais de instrução, de experiência, de vistoria e de traslado.

Art. 11. Tripulação simples é a constituída basicamente de uma tripulação mínima acrescida, quando for o caso, dos tripulantes necessários à realização do voo.

Art. 12. Tripulação composta é a constituída basicamente de uma tripulação simples, acrescida de um piloto qualificado a nível de piloto em comando, um mecânico de voo, quando o equipamento assim o exigir, e o mínimo de 25% (vinte e cinco por cento) do número de comissários.

PARÁGRAFO ÚNICO. Aos tripulantes acrescidos à tripulação simples serão asseguradas, pelo empregador, poltronas reclináveis.

Art. 13. Tripulação de revezamento é a constituída basicamente de uma tripulação simples, acrescida de mais um piloto qualificado em nível de piloto em comando, um copiloto, um mecânico de voo, quando o equipamento assim o exigir, e de 50% (cinquenta por cento) do número de comissários.

PARÁGRAFO ÚNICO. Aos pilotos e mecânicos de voo acrescidos à tripulação simples serão asseguradas, pelo empregador, acomodações para o descanso horizontal e, para os comissários, número de assentos reclináveis igual à metade do seu número com aproximação para o inteiro superior.

Art. 14. O órgão competente do Ministério da Aeronáutica, considerando o interesse da segurança de voo, as características da rota e do voo, e a programação a ser cumprida, poderá determinar a composição da tripulação ou as modificações que se tornarem necessárias.

Art. 15. As tripulações compostas ou de revezamento só poderão ser empregadas em voos internacionais e nas seguintes hipóteses:

a) mediante programação;

b) para atender a atrasos ocasionados por condições meteorológicas ou por trabalhos de manutenção; e

c) em situações excepcionais, mediante autorização do Ministério da Aeronáutica.

PARÁGRAFO ÚNICO. Uma tripulação composta poderá ser utilizada em voos domésticos para atender a atrasos ocasionados por condições meteorológicas desfavoráveis ou por trabalhos de manutenção.

Art. 16. Um tipo de tripulação só poderá ser transformado na origem do voo e até o limite de 3 (três) horas, contadas a partir da apresentação da tripulação previamente escalada.

PARÁGRAFO ÚNICO. A contagem de tempo para limite da jornada será a partir da hora da apresentação da tripulação original ou do tripulante de reforço, considerando o que ocorrer primeiro.

CAPÍTULO II

Do Regime de Trabalho

SEÇÃO I

Da Escala de Serviço

Art. 17. A determinação para a prestação de serviço dos aeronautas, respeitados os períodos de folgas e repousos regulamentares, será feita:

a) por intermédio de escala especial ou de convocação, para realização de cursos, exames relacionados com o adestramento e verificação de proficiência técnica;

b) por intermédio de escala, no mínimo semanal, divulgada com antecedência mínima de 2 (dois) dias para a primeira semana de cada mês e 7 (sete) dias para as semanas subsequentes, para os voos de horário, serviços de reserva, sobreaviso e folga; e

c) mediante convocação, por necessidade de serviço.

Art. 18. A escala deverá observar, como princípio, a utilização do aeronauta em regime de rodízio e em turnos compatíveis com a higiene e segurança do trabalho.

Art. 19. É de responsabilidade do aeronauta manter em dia seus certificados de habilitação técnica e de capacidade física estabelecidos na legislação em vigor, cabendo-lhe informar ao serviço de escala, com antecedência de 30 (trinta) dias, as respectivas datas de vencimento, a fim de que lhe seja possibilitada a execução dos respectivos exames.

SEÇÃO II

Da Jornada de Trabalho

Art. 20. Jornada é a duração do trabalho do aeronauta, contada entre a hora da apresentação no local de trabalho e a hora em que o mesmo é encerrado.

§ 1º A jornada na base domiciliar será contada a partir da hora de apresentação do aeronauta no local de trabalho.

§ 2º Fora da base domiciliar, a jornada será contada a partir da hora de apresentação do aeronauta no local estabelecido pelo empregador.

§ 3º Nas hipóteses previstas nos parágrafos anteriores, a apresentação no aeroporto não deverá ser inferior a 30 (trinta) minutos da hora prevista para o início do voo.

§ 4º A jornada será considerada encerrada 30 (trinta) minutos após a parada final dos motores.

Art. 21. A duração da jornada de trabalho do aeronauta será de:

a) 11 (onze) horas, se integrante de uma tripulação mínima ou simples;

b) 14 (quatorze) horas, se integrante de uma tripulação composta; e

c) 20 (vinte) horas, se integrante de uma tripulação de revezamento.

§ 1º Nos voos de empresa de táxi-aéreo, de serviços especializados, de transporte aéreo regional ou em voos internacionais regionais de empresas de transporte aéreo regular realizados por tripulação simples, se houver interrupção programada da viagem por mais 4 (quatro) horas consecutivas, e for proporcionado pelo empregador acomodações adequadas para repouso dos tripulantes, a jornada terá a duração acrescida da metade do tempo de interrupção, mantendo-se inalterados os limites prescritos na alínea *a*, do art. 29, desta Lei.

§ 2º Nas operações com helicópteros a jornada poderá ter a duração acrescida de até 1 (uma) hora para atender exclusivamente a trabalhos de manutenção.

Art. 22. Os limites da jornada de trabalho poderão ser ampliados de 60 (sessenta) minutos, a critério exclusivo do Comandante da aeronave e nos seguintes casos:

a) inexistência, em local de escala regular, de acomodações apropriadas para o repouso da tripulação e dos passageiros;

b) espera demasiadamente longa, em local de espera regular intermediária, ocasionada por condições meteorológicas desfavoráveis ou por trabalho de manutenção; e

c) por imperiosa necessidade.

§ 1º Qualquer ampliação dos limites das horas de trabalho deverá ser comunicada pelo Comandante ao empregador, 24 (vinte e quatro) horas após a viagem, o qual, no prazo de 15 (quinze) dias, a submeterá à apreciação do Ministério da Aeronáutica.

§ 2º Para as tripulações simples, o trabalho noturno não excederá de 10 (dez) horas.

§ 3º Para as tripulações simples nos horários mistos, assim entendidos os que abrangem períodos diurnos e noturnos, a hora de trabalho noturno será computada como de 52 (cinquenta e dois) minutos e 30 (trinta) segundos.

Art. 23. A duração do trabalho do aeronauta, computado os tempos de voo, de serviço em terra durante a viagem, de reserva e de 1/3 (um terço) do sobreaviso, assim como o tempo do deslocamento, como tripulante extra, para assumir voo ou retornar à base após o voo e os tempos de adestramento em simulador, não excederá a 60 (sessenta) horas semanais e 176 (cento e setenta e seis) horas mensais.

§ 1º O limite semanal estabelecido neste artigo não se aplica ao aeronauta que estiver sob o regime estabelecido no art. 24 desta Lei.

§ 2º O tempo gasto no transporte terrestre entre o local de repouso ou da apresentação, e vice-versa, ainda que em condução fornecida pela empresa, na base do aeronauta ou fora dela, não será computado como de trabalho para fins desta Lei.

Art. 24. Para o aeronauta pertencente à empresa de táxi-aéreo ou serviços especializados, o período máximo de trabalho consecutivo será de 21 (vinte e um) dias, contados do dia de saída do aeronauta de sua base contratual até o dia do regresso à mesma, observado o disposto no art. 34 desta Lei.

PARÁGRAFO ÚNICO. O período consecutivo de trabalho, no local de operação, não poderá exceder a 17 (dezessete) dias.

SEÇÃO III

Do Sobreaviso e Reserva

Art. 25. Sobreaviso é o período de tempo não excedente a 12 (doze) horas, em que o aeronauta permanece em local de sua escolha, à disposição do empregador, devendo apresentar-se no aeroporto ou outro local determinado, até 90 (noventa) minutos após receber comunicação para o início de nova tarefa.

§ 1º O número de sobreavisos que o aeronauta poderá concorrer não deverá exceder a 2 (dois) semanais ou 8 (oito) mensais.

§ 2º O número de sobreavisos estabelecidos no parágrafo anterior não se aplica aos aeronautas de empresas de táxi-aéreo ou serviço especializado.

Art. 26. Reserva é o período de tempo em que o aeronauta permanece, por determinação do empregador, em local de trabalho à sua disposição.

§ 1º O período de reserva para aeronautas de empresas de transporte aéreo regular não excederá de 6 (seis) horas.

§ 2º O período de reserva para aeronautas de empresas de táxi-aéreo ou de serviços especializados não excederá de 10 (dez) horas.

§ 3º Prevista a reserva, por prazo superior a 3 (três) horas, o empregador deverá assegurar ao aeronauta acomodações adequadas para o seu descanso.

SEÇÃO IV

Das Viagens

Art. 27. Viagem é o trabalho realizado pelo tripulante, contado desde a saída de sua base até o regresso à mesma.

§ 1º Uma viagem pode compreender uma ou mais jornadas.

§ 2º É facultado ao empregador fazer com que o tripulante cumpra uma combinação de voos, passando por sua base, sem ser dispensado do serviço, desde que obedeça à programação prévia, observadas as limitações estabelecidas nesta Lei.

§ 3º Pode o empregador exigir do tripulante uma complementação de voo para atender à realização ou à conclusão de serviços inadiáveis, sem trazer prejuízo da sua programação subsequente, respeitadas as demais disposições desta Lei.

SEÇÃO V

Dos Limites de Voo e de Pouso

Art. 28. Denomina-se "hora de voo" ou "tempo de voo" o período compreendido entre o início do deslocamento, quando se tratar de aeronave de asa fixa, ou entre a "partida" dos motores, quando se tratar de aeronave de asa rotativa, em ambos os casos para fins de decolagem até o momento em que, respectivamente, se imobiliza ou se efetua o "corte" dos motores, ao término do voo (calço-a-calço).

Art. 29. Os limites de voo e pousos permitidos para uma jornada serão os seguintes:

a) 9 (nove) horas e 30 (trinta) minutos de voo e 5 (cinco) pousos, na hipótese de integrante de tripulação mínima ou simples;

b) 12 (doze) horas de voo e 6 (seis) pousos, na hipótese de integrante de tripulação composta;

c) 15 (quinze) horas de voo e 4 (quatro) pousos, na hipótese de integrante de tripulação de revezamento; e

d) 8 (oito) horas sem limite de pousos, na hipótese de integrante de tripulação de helicópteros.

§ 1º O número de pousos, na hipótese da alínea *a* deste artigo, poderá ser estendido a 6 (seis), a critério do empregador; neste caso o repouso que precede a jornada deverá ser aumentado de 1 (uma) hora.

§ 2º Em caso de desvio para alternativa, é permitido o acréscimo de mais 1 (um) pouso aos limites estabelecidos nas alíneas *a*, *b* e *c* deste artigo.

§ 3º As empresas de transporte aéreo regional que operam com aeronaves convencionais e turboélice poderão acrescentar mais 4 (quatro) pousos, aos limites estabelecidos neste artigo.

§ 4º Os limites de pousos estabelecidos nas alíneas *a*, *b* e *c* deste artigo, não serão aplicados às empresas de táxi aéreo e de serviços especializados.

§ 5º O Ministério da Aeronáutica, tendo em vista as peculiaridades dos diferentes tipos de operação, poderá reduzir os limites estabelecidos na alínea *d* deste artigo.

Art. 30. Os limites de tempo de voo do tripulante não poderão exceder em cada mês, trimestre ou ano, respectivamente:

a) em aviões convencionais: 100 — 270 — 1.000 horas;

b) em aviões turboélices: 100 — 255 — 935 horas;

c) em aviões a jato: 85 — 230 — 850 horas; e

d) em helicópteros: 90 — 260 — 960 horas.

§ 1º Quando o aeronauta tripular diferentes tipos de aeronave será observado o menor limite.

§ 2º Os limites de tempo de voo para aeronautas de empresas de transporte aéreo regular, em espaço inferior a 30 (trinta) dias serão proporcionais ao limite mensal mais 10 (dez) horas.

Art. 31. As horas realizadas como tripulante extra serão computadas para os limites de jornada, semanais e mensais de trabalho, não sendo as mesmas consideradas para os limites de horas de voo previstos no art. 30 desta Lei.

SEÇÃO VI

Dos Períodos de Repouso

Art. 32. Repouso é o espaço de tempo ininterrupto após uma jornada, em que o tripulante fica desobrigado da prestação de qualquer serviço.

Art. 33. São assegurados ao tripulante, fora de sua base domiciliar, acomodações para seu repouso, transporte ou ressarcimento deste, entre o aeroporto e o local de repouso e vice-versa.

§ 1º O previsto neste artigo não será aplicado ao aeronauta de empresas de táxi-aéreo ou de serviços especializados quando o custeio do transporte e hospedagem, ou somente esta, for por elas ressarcido.

§ 2º Quando não houver disponibilidade de transporte ao término da jornada, o período de repouso será computado a partir da colocação do mesmo à disposição da tripulação.

Art. 34. O repouso terá a duração diretamente relacionada ao tempo da jornada anterior, observando-se os seguintes limites:

a) 12 (doze) horas de repouso, após jornada de até 12 (doze) horas;

b) 16 (dezesseis) horas de repouso, após jornada de mais de 12 (doze) horas e até 15 (quinze) horas; e

c) 24 (vinte e quatro) horas de repouso, após jornada de mais de 15 (quinze) horas.

Art. 35. Quando ocorrer o cruzamento de 3 (três) ou mais fusos horários em um dos sentidos da viagem, o tripulante terá, na sua base domiciliar, o repouso acrescido de 2 (duas) horas por fuso cruzado.

Art. 36. Ocorrendo o regresso de viagem de uma tripulação simples entre 23:00 (vinte e três) e 6:00 (seis) horas, tendo havido pelo menos 3 (três) horas de jornada, o tripulante não poderá ser escalado para trabalho dentro desse espaço de tempo no período noturno subsequente.

SEÇÃO VII

Da Folga Periódica

Art. 37. Folga é o período de tempo não inferior a 24 (vinte e quatro) horas consecutivas em que o aeronauta, em sua base contratual, sem prejuízo de remuneração, está desobrigado de qualquer atividade relacionada com seu trabalho.

§ 1º A folga deverá ocorrer, no máximo, após o sexto período consecutivo de até 24 (vinte e quatro) horas à disposição do empregador, contado a partir da sua apresentação, observados os limites estabelecidos nos arts. 21 e 34 desta Lei.

§ 2º No caso de voos internacionais de longo curso, que não tenham sido previamente programados, o limite previsto no parágrafo anterior poderá ser ampliado de 24 (vinte e quatro) horas, ficando o empregador obrigado a conceder ao tripulante mais 48 (quarenta e oito) horas de folga além das previstas no art. 34 desta Lei.

§ 3º A folga do tripulante que estiver sob o regime estabelecido no art. 24 desta Lei será igual ao período despendido no local da operação, menos 2 (dois) dias.

Art. 38. O número de folgas não será inferior a 8 (oito) períodos de 24 (vinte e quatro) horas por mês.

§ 1º Do número de folgas estipulado neste artigo, serão concedidos 2 (dois) períodos consecutivos de 24 (vinte e quatro) horas devendo pelo menos um destes incluir um sábado ou um domingo.

§ 2º A folga só terá início após a conclusão do repouso da jornada.

Art. 39. Quando o tripulante for designado para curso fora da base, sua folga poderá ser gozada nesse local, devendo a empresa assegurar, no regresso, uma licença remunerada de 1 (um) dia para cada 15 (quinze) dias fora da base.

PARÁGRAFO ÚNICO. A licença remunerada não deverá coincidir com sábado, domingo ou feriado, se a permanência do tripulante fora da base for superior a 30 (trinta) dias.

CAPÍTULO III
Da Remuneração e das Concessões

SEÇÃO I
Da Remuneração

Art. 40. Ressalvada a liberdade contratual, a remuneração do aeronauta corresponderá à soma das quantias por ele percebidas da empresa.

PARÁGRAFO ÚNICO. Não se consideram integrantes da remuneração as importâncias pagas pela empresa a título de ajudas de custo, assim como as diárias de hospedagem, alimentação e transporte.

Art. 41. A remuneração da hora de voo noturno, assim como as horas de voo como tripulante extra, será calculada na forma da legislação em vigor, observados os acordos e condições contratuais.

§ 1º Considera-se voo noturno o realizado entre o pôr e o nascer do sol.

§ 2º A hora do voo noturno para efeito de remuneração é contada à razão de 52'30" (cinquenta e dois minutos e trinta segundos).

Art. 42. As frações de hora serão computadas para efeito de remuneração.

SEÇÃO II
Da Alimentação

Art. 43. Durante a viagem, o tripulante terá direito à alimentação, em terra ou em voo, de acordo com as instruções técnicas dos Ministérios do Trabalho e da Aeronáutica.

§ 1º A alimentação assegurada ao tripulante deverá:

a) quando em terra, ter a duração mínima de 45' (quarenta e cinco minutos) e a máxima de 60´ (sessenta minutos); e

b) quando em vôo, ser servida com intervalos máximos de 4 (quatro) horas.

§ 2º Para tripulante de helicópteros a alimentação será servida em terra ou a bordo de unidades marítimas, com duração de 60' (sessenta minutos), período este que não será computado na jornada de trabalho.

§ 3º Nos voos realizados no período de 22:00 (vinte e duas) às 6:00 (seis) horas, deverá ser servida uma refeição se a duração do voo for igual ou superior a 3 (três) horas.

Art. 44. É assegurada alimentação ao aeronauta na situação de reserva ou em cumprimento de uma programação de treinamento entre 12:00 (doze) e 14:00 (quatorze) horas, e entre 19:00 (dezenove) e 21:00 (vinte e uma) horas, com duração de 60' (sessenta minutos).

§ 1º Os intervalos para alimentação não serão computados na duração da jornada de trabalho.

§ 2º Os intervalos para alimentação de que trata este artigo não serão observados, na hipótese de programação de treinamento em simulador.

SEÇÃO III
Da Assistência Médica

Art. 45. Ao aeronauta em serviço fora da base contratual, a empresa deverá assegurar assistência médica em casos de urgência, bem como remoção por via aérea, de retorno à base ou ao local de tratamento.

SEÇÃO IV
Do Uniforme

Art. 46. O aeronauta receberá gratuitamente da empresa, quando não forem de uso comum, as peças de uniforme e os equipamentos exigidos para o exercício de sua atividade profissional, estabelecidos por ato da autoridade competente.

SEÇÃO V
Das Férias

Art. 47. As férias anuais do aeronauta serão de 30 (trinta) dias.

Art. 48. A concessão de férias será participada ao aeronauta, por escrito, com a antecedência mínima de 30 (trinta) dias, devendo o empregado assinar a respectiva notificação.

Art. 49. A empresa manterá atualizado um quadro de concessão de férias, devendo existir um rodízio entre os tripulantes do mesmo equipamento quando houver concessão nos meses de janeiro, fevereiro, julho e dezembro.

Art. 50. Ressalvados os casos de rescisão de contrato, as férias não poderão se converter em abono pecuniário.

CAPÍTULO IV
Das Transferências

Art. 51. Para efeito de transferência, provisória ou permanente, considera-se base do aeronauta a localidade onde o mesmo está obrigado a prestar serviços e na qual deverá ter domicílio.

§ 1º Entende-se como:

a) transferência provisória, o deslocamento do aeronauta de sua base, por período mínimo de 30 (trinta) dias e não superior a 120 (cento e vinte) dias, para prestação de serviços temporários, sem mudança de domicílio, à qual retorna tão logo cesse a incumbência que lhe foi cometida; e

b) transferência permanente, o deslocamento do aeronauta de sua base, por período superior a 120 (cento e vinte) dias, com mudança de domicílio.

§ 2º Após cada transferência provisória o aeronauta deverá permanecer na sua base pelo menos 180 (cento e oitenta) dias.

§ 3º O interstício entre transferências permanentes será de 2 (dois) anos.

§ 4º Na transferência provisória serão assegurados ao aeronauta acomodações, alimentação e transporte a serviço e, ainda, transporte aéreo de ida e volta, e no regresso uma licença remunerada de 2 (dois) dias para o primeiro mês, mais 1 (um) dia para cada mês ou fração subsequente, sendo que no mínimo 2 (dois) dias não deverão coincidir com o sábado, domingo ou feriado.

§ 5º Na transferência permanente serão assegurados ao aeronauta pela empresa:

a) uma ajuda de custo, para fazer face às despesas de instalação na nova base, não inferior a 4 (quatro) vezes o valor do salário mensal, calculado o salário variável por sua taxa atual multiplicada pela média do correspondente trabalho, em horas ou quilômetros de voo, nos últimos 12 (doze) meses;

b) o transporte aéreo para si e seus dependentes;

c) a translação da respectiva bagagem; e

d) uma dispensa de qualquer atividade relacionada com o trabalho pelo período de 8 (oito) dias, a ser fixado por sua opção, com aviso prévio de 8 (oito) dias, à empresa, dentro dos 60 (sessenta) dias seguintes à sua chegada à nova base.

§ 6º Na forma que dispuser o regulamento desta Lei, poderá ser a transferência provisória transformada em transferência permanente.

Art. 52. O aeronauta deverá ser notificado pelo empregador com a antecedência mínima de 60 (sessenta) dias na transferência permanente e 15 (quinze) dias na provisória.

CAPÍTULO V

Das Disposições Finais

Art. 53. Além dos casos previstos nesta Lei, as responsabilidades do aeronauta são definidas no Código Brasileiro do Ar, nas leis e regulamentos em vigor e no que decorrer do contrato de trabalho, acordos e convenções internacionais.

Art. 54. Os tripulantes das aeronaves das categorias administrativa e privada de indústria e comércio ficam equiparados, para os efeitos desta Lei, aos de aeronaves empregadas em serviços de táxi-aéreo.

Art. 55. Os Ministros de Estado do Trabalho e da Aeronáutica expedirão as instruções que se tornarem necessárias à execução desta Lei.

Art. 56. Esta Lei entra em vigor na data de sua publicação.

Art. 57. Revogam-se as disposições em contrário.

Brasília, 5 de abril de 1984; 163º da Independência e 96º da República.

João Figueiredo

LEI N. 7.290, DE 19 DE DEZEMBRO DE 1984

(DOU 20.12.84)

DEFINE A ATIVIDADE DO TRANSPORTADOR RODOVIÁRIO AUTÔNOMO DE BENS, E DÁ OUTRAS PROVIDÊNCIAS

O PRESIDENTE DA REPÚBLICA,

Faço saber que o Congresso Nacional decreta e eu sanciono a seguinte Lei:

Art. 1º Considera-se Transportador Rodoviário Autônomo de Bens a pessoa física proprietário ou coproprietário de 1 (um) só veículo, sem vínculo empregatício, devidamente cadastrado em órgão disciplinar competente, que, com seu veículo contrate serviço de transporte a frete, de carga ou de passageiro, em caráter eventual ou continuado, com empresa de transporte rodoviário de bens, ou diretamente com os usuários desse serviço.

Art. 2º A prestação de serviços de que trata o artigo anterior compreende o transporte efetuado pelo contratado ou seu preposto, em vias públicas ou rodovias.

Art. 3º Esta Lei entra em vigor na data de sua publicação.

Art. 4º Revogam-se as disposições em contrário.

Brasília, em 19 de novembro de 1984; 163º da Independência e 96º da República.

João Figueiredo — Presidente da República
Cloraldino Soares Severo

LEI N. 7.377, DE 30 DE SETEMBRO DE 1985

(DOU 1º.10.85 — LTr 49-10/1268)

DISPÕE SOBRE O EXERCÍCIO DA PROFISSÃO DE SECRETÁRIO

O PRESIDENTE DA REPÚBLICA,

Faço saber que o Congresso Nacional decreta e eu sanciono a seguinte Lei:

Art. 1º O exercício da profissão de Secretário é regulado pela presente Lei.

Art. 2º Para os efeitos desta Lei, é considerado:

I — Secretário-Executivo:

a) o profissional diplomado no Brasil por curso superior de Secretariado, legalmente reconhecido, ou diplomado no exterior por curso superior de Secretariado cujo diploma seja revalidado na forma da lei;

b) portador de qualquer diploma de nível superior que, na data de início da vigência desta Lei, houver comprovado, através de declarações de empregadores, o exercício efetivo, durante pelo menos trinta e seis meses, das atribuições mencionadas no art. 4º desta Lei. *(Alterado pela L. n. 9.261, de 10.1.96).*

II — Técnico em Secretariado:

a) o profissional portador de certificado de conclusão de curso de Secretariado, em nível de 2º grau;

b) o portador de certificado de conclusão do 2º grau que, na data da vigência desta Lei, houver comprovado, através de declarações de empregadores, o exercício efetivo, durante pelo menos trinta meses, das atribuições mencionadas no art. 5º desta Lei. *(Alterado pela L. n. 9.261, de 10.1.96).*

Art. 3º É assegurado o direito ao exercício da profissão aos que, embora não habilitados nos termos do artigo anterior, contem pelo menos cinco anos ininterruptos ou dez anos intercalados de exercício de atividades próprias de secretaria, na data da vigência desta Lei. *(Alterado pela L. n. 9.261, de 10.1.96).*

Art. 4º São atribuições do Secretário-Executivo:

I — planejamento, organização e direção de serviços de secretaria;

II — assistência e assessoramento direto a executivos;

III — coleta de informações para a consecução de objetivos e metas de empresas;

IV — redação de textos profissionais especializados, inclusive em idioma estrangeiro;

V — interpretação e sintetização de textos e documentos;

VI — taquigrafia de ditados, discursos, conferências, palestras de explanações, inclusive em idioma estrangeiro;

VII — versão e tradução em idioma estrangeiro, para atender às necessidades de comunicação da empresa;

VIII — registro e distribuição de expedientes e outras tarefas correlatas;

IX — orientação da avaliação e seleção da correspondência para fins de encaminhamento à chefia;

X — conhecimentos protocolares.

Art. 5º São atribuições do Técnico em Secretariado:

I — organização e manutenção dos arquivos de secretaria;

II — classificação, registro e distribuição da correspondência;

III — redação e datilografia de correspondência ou documentos de rotina, inclusive em idioma estrangeiro;

IV — execução de serviços típicos de escritório, tais como recepção, registro de compromissos, informações e atendimento telefônico.

Art. 6º O exercício da profissão de Secretário requer prévio registro na Delegacia Regional do Trabalho do Ministério do Trabalho e far-se-á mediante a apresentação de documento comprobatório de conclusão dos cursos previstos nos incisos I e II do art. 2º desta Lei e da Carteira de Trabalho e Previdência Social — CTPS.

PARÁGRAFO ÚNICO. No caso dos profissionais incluídos no art. 3º, a prova da atuação será feita por meio de anotações na Carteira de Trabalho e Previdência Social ou através de declarações das empresas nas quais os profissionais tenham desenvolvido suas respectivas atividades, discriminando as atribuições a serem confrontadas com os elencos especificados nos arts. 4º e 5º. *(Redação dada pela L. n. 9.261, de 10.1.96).*

Art. 7º Esta Lei entra em vigor na data de sua publicação.

Art. 8º Revogam-se as disposições em contrário.

Brasília, em 30 de setembro de 1985; 164º da Independência e 97º da República.

José Sarney
Almir Pazzianotto

Legislação Complementar

LEI N. 7.394, DE 29 DE OUTUBRO DE 1985

(DOU 30.10.85 — LTr 49/1380)

REGULA O EXERCÍCIO DA PROFISSÃO DE TÉCNICO EM RADIOLOGIA E DÁ OUTRAS PROVIDÊNCIAS

O PRESIDENTE DA REPÚBLICA,

Faço saber que o Congresso Nacional decreta e eu sanciono a seguinte Lei:

Art. 1º Os preceitos desta Lei regulam o exercício da profissão de Técnico em Radiologia, conceituando-se como tal todos os Operadores de Raios X que, profissionalmente, executam as técnicas:

I — radiológica, no setor de diagnósticos;

II — radioterápica, no setor de terapia;

III — radioisotópica, no setor de radioisótopos;

IV — industrial, no setor industrial;

V — de medicina nuclear.

Art. 2º São condições para o exercício da profissão de Técnico em Radiologia:

I — ser portador de certificado de conclusão do ensino médio e possuir formação profissional mínima de nível técnico em Radiologia; *(Redação dada pela Lei n. 10.508, de 10.7.02, DOU 11.7.02).*

II — possuir diploma de habilitação profissional, expedido por Escola Técnica de Radiologia, registrado no órgão federal (vetado).

PARÁGRAFO ÚNICO. (Vetado).

Art. 3º Toda entidade, seja de caráter público ou privado, que se propuser a instituir Escola Técnica de Radiologia, deverá solicitar o reconhecimento prévio (vetado).

Art. 4º As Escolas Técnicas de Radiologia só poderão ser reconhecidas se apresentarem condições de instalação satisfatórias e corpo docente de reconhecida idoneidade profissional, sob a orientação de Físico Tecnólogo, Médico Especialista e Técnico em Radiologia.

§ 1º Os programas serão elaborados pela autoridade federal competente e válidos para todo o território nacional, sendo sua adoção indispensável ao reconhecimento de tais cursos.

§ 2º Em nenhuma hipótese poderá ser matriculado candidato que não comprovar a conclusão de curso em nível de 2º grau ou equivalente.

§ 3º O ensino das disciplinas será ministrado em aulas teóricas, práticas e estágios a serem cumpridos, no último ano do currículo escolar, de acordo com a especialidade escolhida pelo aluno.

Art. 5º Os centros de estágio serão constituídos pelos serviços de saúde e de pesquisa físicas, que ofereçam condições essenciais à prática da profissão na especialidade requerida.

Art. 6º A admissão à primeira série da Escola Técnica de Radiologia dependerá:

I — do cumprimento do disposto no § 2º do art. 4º desta Lei;

II — de aprovação em exame de saúde, obedecidas as condições estatuídas no parágrafo único do art. 46 do Decreto n. 29.155, de 17 de janeiro de 1951.

Art. 7º As Escolas Técnicas de Radiologia existentes, ou a serem criadas deverão remeter ao órgão competente (vetado), para fins de controle e fiscalização de registros, cópia da ata relativa aos exames finais, na qual constem os nomes dos alunos aprovados e as médias respectivas.

Art. 8º Os diplomas expedidos por Escolas Técnicas de Radiologia, devidamente reconhecidos, têm âmbito nacional e validade para o registro de que trata o inciso II do art. 2º desta Lei.

PARÁGRAFO ÚNICO. Concedido o diploma, fica o Técnico em Radiologia obrigado a registrá-lo, nos termos desta Lei.

Art. 9º *(Vetado).*

Art. 10. Os trabalhos de supervisão das aplicações de técnicas em radiologia, em seus respectivos setores, são da competência do Técnico em Radiologia.

Art. 11. Ficam assegurados todos os direitos aos denominados Operadores de Raios X, devidamente registrados no órgão competente (vetado), que adotarão a denominação referida no art. 1º desta Lei.

§ 1º Os profissionais que se acharem devidamente registrados na Divisão Nacional de Vigilância Sanitária de Medicamentos — DIMED, não possuidores de certificado de conclusão de curso em nível de 2º grau, poderão matricular-se nas escolas criadas, na categoria de ouvinte, recebendo ao terminar o curso, certificado de presença, observadas as exigências regulamentares das Escolas de Radiologia.

§ 2º Os dispositivos desta Lei aplicam-se, no que couber, aos Auxiliares de Radiologia que trabalham com câmara clara e escura.

Art. 12. Ficam criados o Conselho Nacional e os Conselhos Regionais de Técnicos em Radiologia (vetado), que funcionarão nos mesmos moldes dos Conselhos Federal e Regionais de Medicina, obedecida igual sistemática para sua estrutura, e com as mesmas finalidades de seleção disciplinar e defesa da classe dos Técnicos em Radiologia.

Art. 13. *(Vetado).*

Art. 14. A jornada de trabalho dos profissionais abrangidos por esta Lei será de 24 (vinte e quatro) horas semanais (vetado).

Art. 15. (*Vetado*).

Art. 16. O salário mínimo dos profissionais que executam as técnicas definidas no art. 1º desta Lei, será equivalente a dois salários mínimos profissionais da região, incidindo sobre esses vencimentos 40% (quarenta por cento) de risco de vida e insalubridade.

Art. 17. O Poder Executivo regulamentará esta Lei no prazo de até 180 (cento e oitenta) dias.

Art. 18. Esta Lei entra em vigor na data de sua publicação.

Art. 19. Revogam-se as disposições em contrário.

Brasília, em 29 de outubro de 1985; 164º da Independência e 97º da República.

José Sarney
Almir Pazzianotto Pinto

DECRETO N. 92.790, DE 17 DE JUNHO DE 1986

(DOU 18.6.86)

REGULAMENTA A LEI N. 7.394, DE 29.10.1985, QUE REGULA O EXERCÍCIO DA PROFISSÃO DE TÉCNICO EM RADIOLOGIA E DÁ OUTRAS PROVIDÊNCIAS

O PRESIDENTE DA REPÚBLICA, usando da atribuição que lhe confere o art. 81, item III, da Constituição, e tendo em vista o disposto no art. 17 da Lei n. 7.394, de 29 de outubro de 1985, decreta:

Art. 1º O exercício da profissão de Técnico em Radiologia fica regulado pelo disposto neste Decreto, nos termos da Lei n. 7.394, de 29 de outubro de 1955.

Art. 2º São Técnicos em Radiologia os profissionais de Raios X, que executam as técnicas:

I — radiológicos, no setor de diagnóstico;

II — radioterápicas, no setor de terapia;

III — radioisotópicas, no setor de radioisotópos;

IV — industriais, no setor industrial;

V — de medicina nuclear.

Art. 3º O exercício da profissão de Técnico em Radiologia é permitido:

I — aos portadores de certificado de conclusão de 1º e 2º graus, ou equivalente, que possuam formação profissional por intermédio de Escola Técnica de Radiologia, com no mínimo de três anos de duração.

II — aos portadores de diploma de habilitação profissional, expedido por Escola Técnica de Radiologia, registrado no Ministério da Educação.

Art. 4º Para se instalarem, as Escolas Técnicas de Radiologia precisam ser previamente reconhecidas pelo Ministério da Educação.

Art. 5º As Escolas Técnicas de Radiologia só poderão ser reconhecidas se apresentarem condições de instalação satisfatórias e corpo docente de reconhecida idoneidade profissional, sob a orientação de Físico Tecnólogo, Médico Especialista e Técnico em Radiologia.

§ 1º Os programas serão elaborados pelo Conselho Federal de Educação e válidos para todo o território nacio-nal, sendo sua adoção indispensável ao reconhecimento de tais cursos.

§ 2º Em nenhuma hipótese poderá ser matriculado candidato que não comprovar a conclusão de curso de nível de 2º grau ou equivalente.

§ 3º O ensino das disciplinas será ministrado em aulas teóricas, práticas e estágios a serem cumpridos, no último ano do currículo escolar, de acordo com a especialidade escolhida pelo aluno.

Art. 6º Os centros de estágio serão constituídos pelos serviços de saúde e de pesquisa físicas, que ofereçam condições essenciais à prática da profissão na especialidade requerida.

Art. 7º A admissão à primeira série da Escola Técnica de Radiologia dependerá:

I — do cumprimento do disposto no § 2º do art. 5º deste Decreto;

II — da aprovação em exame de sanidade e capacidade física, o qual incluirá, obrigatoriamente, o exame hematológico.

PARÁGRAFO ÚNICO. Salvo decisão médica em contrário, não poderão ser admitidas em serviços de terapia de rádio nem de rádom as pessoas de pele seca, com tendência a fissuras, e com verrugas, assim como as de baixa acuidade visual não corrigível pelo uso de lentes.

Art. 8º As Escolas Técnicas de Radiologia existentes, ou a serem criadas, deverão remeter ao Conselho Federal de Educação, para fins de controle e fiscalização de registros, cópia da ata relativa aos exames finais, na qual constem os nomes dos alunos aprovados e as médias respectivas.

Art. 9º Os diplomas expedidos por Escolas Técnicas de Radiologia, devidamente reconhecidas, têm âmbito nacional e validade para o registro de que trata o item II do art. 3º deste Decreto.

PARÁGRAFO ÚNICO. Concedido o diploma, fica o Técnico em Radiologia obrigado a registrá-lo, nos termos deste Decreto.

Art. 10. Os trabalhos de supervisão da aplicação de técnicas em radiologia, em seus respectivos setores, são da competência do Técnico em Radiologia.

Art. 11. Ficam assegurados todos os direitos aos denominados Operadores de Raios X, devidamente registrados na Delegacia Regional do Trabalho, os quais adotarão a denominação referida no art. 1º deste Decreto.

§ 1º Os profissionais que se acham devidamente registrados na Divisão Nacional de Vigilância Sanitária e Medicamentos — DIMEP, não possuidores do certificado de conclusão de curso em nível de 2º grau, poderão, matricular-se nas escolas criadas, na categoria de ouvinte, recebendo, ao terminar o curso, certificado de presença, observadas as exigências regulamentares das Escolas de Radiologia.

§ 2º Os dispositivos deste Decreto aplicam-se, no que couber, aos Auxiliares de Radiologia que trabalham com câmara clara e escura.

Art. 12. Os Conselhos Nacional e Regionais de Técnicos em Radiologia, criados pelo art. 12 da Lei n. 7.394, de 29 de outubro de 1985, constituem, em seu conjunto, uma autarquia, sendo cada um deles dotados de personalidade jurídica de Direito Público.

Art. 13. O Conselho Nacional e os Conselhos Regionais de Técnicos em Radiologia são os órgãos supervisores da ética profissional, visando ao aperfeiçoamento da profissão e à valorização dos profissionais.

Art. 14. O Conselho Nacional, ao qual ficam subordinados os Conselhos Regionais, terá sede no Distrito Federal e jurisdição em todo o território nacional.

§ 1º Os Conselhos Regionais terão sede nas Capitais dos Estados, Territórios e no Distrito Federal.

§ 2º A jurisdição de um Conselho Regional poderá abranger mais de um Estado, se as conveniências assim o indicarem.

Art. 15. O Conselho Nacional de Técnicos em Radiologia compor-se-á de nove membros, eleitos juntamente com outros tantos suplentes, todos de nacionalidade brasileira.

PARÁGRAFO ÚNICO. A duração dos mandatos dos membros do Conselho Nacional de Técnicos em Radiologia será de cinco anos.

Art. 16. São atribuições do Conselho Nacional:

I — organizar o seu regimento interno;

II — aprovar os regimentos, internos organizados pelos Conselhos Regionais;

III — instalar os Conselhos Regionais de Técnicos em Radiologia, definindo sede e jurisdição, bem como promovendo a eleição de seus membros e lhes dando posse.

IV — votar e alterar o código de ética profissional, ouvidos os Conselhos Regionais;

V — promover quaisquer diligências ou verificações, relativas ao funcionamento dos Conselhos Regionais, nos Estados ou Territórios e Distrito Federal, e adotar, quando necessárias, providências convenientes a bem de sua eficiência e regularidade, inclusive a designação de diretoria provisória.

Art. 17. A diretoria do Conselho Nacional de Técnicos em Radiologia será composta de presidente, secretário e tesoureiro.

Art. 18. *(Revogado pelo Decreto n. 5.211, de 22.9.04, DOU 23.9.04).*

Art. 19. A renda do Conselho Nacional será constituída de:

I — um terço das anuidades cobradas pelos Conselhos Regionais;

II — um terço da taxa de expedição das carteiras profissionais;

III — um terço das muitas aplicadas pelos Conselhos Regionais;

IV — doações e legados;

V — subvenções oficiais;

VI — bens e valores adquiridos.

Art. 20. A eleição para o primeiro Conselho Nacional de Técnicos em Radiologia será promovida pela Federação das Associações dos Técnicos em Radiologia dos Estados do Brasil.

PARÁGRAFO ÚNICO. A eleição efetuar-se-á por processo que permita o exercício do voto a todos os profissionais inscritos, sem que lhes seja necessário o afastamento do seu loal de trabalho.

Art. 21. Enquanto não for elaborado e aprovado, pelo Conselho Nacional de Técnicos em Radiologia, o código de ética profissional, vigorará o Código de Ética do Técnico em Radiologia, elaborado e aprovado por unanimidade, na Assembleia Geral Ordinária da Federação das Associações dos Técnicos em Radiologia dos Estados do Brasil, em 10 de julho de 1971.

Art. 22. Os Conselhos Regionais de Técnicos em Radiologia compor-se-ão de nove membros, eleitos juntamente com outros tantos suplentes, todos de nacionalidade brasileira.

PARÁGRAFO ÚNICO. Os Conselhos Regionais de Técnicos em Radiologia, serão organizados à semelhança do Conselho Nacional.

Art. 23. Compete aos Conselhos Regionais:

I — deliberar sobre a inscrição e cancelamento no quadro do Conselho;

II — manter um registro dos Técnicos em Radiologia, legalmente habilitados, com exercício na respectiva Região;

III — fiscalizar o exercício da profissão de Técnico em Radiologia;

IV — conhecer, apreciar e decidir os assuntos atinentes à ética profissional, impondo as penalidades que couberem;

V — elaborar a proposta de seu regimento interno, submetendo-a à aprovação do Conselho Nacional;

VI — expedir carteira profissional;

VII — velar pela conservação da honra e da independência do Conselho e pelo livre exercício legal dos direitos dos radiologistas;

VIII — promover, por todos os meios ao seu alcance, o perfeito desempenho técnico e moral da profissão e o prestígio e bom conceito da Radiologia, e dos profissionais que a exerçam;

IX — publicar relatórios anuais de seus trabalhos e a relação dos profissionais registrados;

X — exercer os de jurisdição que por lei lhes sejam cometidos;

XI — representar ao Conselho Nacional de Técnicos em Radiologia sobre providências necessárias para a regularidade dos serviços e da fiscalização do exercício da profissão.

Art. 24. A renda dos Conselhos Regionais será constituída de:

I — taxa de inscrição;

II — dois terços da taxa de expedição de carteiras profissionais;

III — dois terços da anuidade paga pelos membros neles inscritos;

IV — dois terços das multas aplicadas;

V — doações e legados;

VI — subvenções oficiais;

VII — bens e valores adquiridos.

Art. 25. As penas disciplinares aplicáveis pelos Conselhos Regionais aos seus membros são as seguintes:

I — advertência confidencial em aviso reservado;

II — censura confidencial em aviso reservado;

III — censura pública;

IV — suspensão do exercício profissional até trinta dias;

V — cassação do exercício profissional, *ad referendum* do Conselho Nacional.

Art. 26. Em matéria disciplinar, o Conselho Regional deliberará de ofício.

Art. 27. Da imposição de qualquer penalidade caberá recurso, no prazo de trinta dias, contados da ciência, para o Conselho Nacional.

Art. 28. Além do recurso previsto no artigo anterior, não caberá qualquer outro de natureza administrativa.

Art. 29. O voto é pessoal e obrigatório em toda eleição, salvo doença ou ausência comprovadas plenamente.

§ 1º As deliberações serão tomadas por maioria de votos dos presentes.

§ 2º Os radiologistas que se encontrem fora da sede das eleições por ocasião destas, poderão dar seu voto em dupla sobrecarga, opaca, fechada e remetida pelo correio correto, sob registro, por ofício com firma reconhecida, ao Presidente do Conselho Regional.

§ 3º Serão computadas as cédulas recebidas, com as formalidades do parágrafo precedente, até o momento em que se encerre a votação. A sobrecarta maior aberta pelo Presidente do Conselho , que depositará a sobrecarta menor na urna, sem violar o segredo do voto.

§ 4º As eleições serão anunciadas no órgão oficial e em jornal de grande circulação, com trinta dias de antecedência.

Art. 30. A jornada de trabalho dos profissionais abrangidos por este Decreto será de vinte e quatro horas semanais.

Art. 31. O salário mínimo dos profissionais, que executam as técnicas definidas no art. 1º deste Decreto, será equivalente a dois salários mínimos profissionais da região, incidindo sobre esses vencimentos quarenta por cento de risco de vida e insalubridade.

Art. 32. Este Decreto entrará em vigor na data de sua publicação.

Art. 33. Revogam-se as disposições em contrário.

Brasília, 17 de junho de 1986; 165º da Independência e 98º da República.

José Sarney

Almir Pazzianotto Pinto

LEI N. 8.650, DE 22 DE ABRIL DE 1993

(DOU 23.4.93)

TREINADOR PROFISSIONAL DE FUTEBOL — RELAÇÃO DE TRABALHO
DISPÕE SOBRE AS RELAÇÕES DE TRABALHO DO TREINADOR PROFISSIONAL DE FUTEBOL E DÁ OUTRAS PROVIDÊNCIAS

O PRESIDENTE DA REPÚBLICA,

Faço saber que o Congresso Nacional decreta e eu sanciono a seguinte Lei:

Art. 1º A associação desportiva ou clube de futebol é considerado empregador quando, mediante qualquer modalidade de remuneração, utiliza os serviços de Treinador Profissional de Futebol, na forma definida nesta Lei.

Art. 2º O Treinador Profissional de Futebol é considerado empregado quando especificamente contratado por clube de futebol ou associação desportiva, com a finalidade de treinar atletas de futebol profissional ou amador, ministrando-lhes técnicas e regras de futebol, com o objetivo de assegurar-lhes conhecimentos táticos e técnicos suficientes para a prática desse esporte.

Art. 3º O exercício da profissão de Treinador Profissional de Futebol ficará assegurado preferencialmente:

I — aos portadores de diploma expedido por Escolas de Educação Física ou entidades análogas, reconhecidas na forma da lei;

II — aos profissionais que, até a data do início da vigência desta Lei, hajam, comprovadamente, exercido cargos ou funções de treinador de futebol por prazo não inferior a seis meses, como empregado ou autônomo, em clubes ou associações filiadas às Ligas ou Federações, em todo o território nacional.

Art. 4º São direitos do Treinador Profissional de Futebol:

I — ampla e total liberdade na orientação técnica e tática da equipe de futebol;

II — apoio e assistência moral e material assegurada pelo empregador, para que possa bem desempenhar suas atividades;

III — exigir do empregador o cumprimento das determinações dos órgãos desportivos atinente ao futebol profissional.

Art. 5º São deveres do Treinador Profissional de Futebol:

I — zelar pela disciplina dos atletas sob sua orientação, acatando e fazendo acatar as determinações dos órgãos técnicos do empregador;

II — manter o sigilo profissional.

Art. 6º Na anotação do contrato de trabalho na Carteira Profissional deverá, obrigatoriamente, constar:

I — o prazo de vigência, em nenhuma hipótese, poderá ser superior a dois anos;

II — o salário, as gratificações, os prêmios, as bonificações, o valor das luvas, caso ajustadas, bem como a forma, tempo e lugar de pagamento.

PARÁGRAFO ÚNICO. O contrato de trabalho será registrado, no prazo improrrogável de dez dias, no Conselho Regional de Desportos e na Federação ou Liga à qual o clube ou associação for filiado.

Art. 7º Aplicam-se ao Treinador Profissional de Futebol as legislações do trabalho e da previdência social, ressalvadas as incompatibilidades com as disposições desta Lei.

Art. 8º Esta Lei entra em vigor na data de sua publicação.

Art. 9º Revogam-se as disposições em contrário.

Brasília, 22 de abril de 1993; 172º da Independência e 105º da República.

Itamar Franco
Walter Barelli

LEI N. 8.662, DE 7 DE JUNHO DE 1993

(DOU 8.6.93 — LTr 57-07/883)

DISPÕE SOBRE A PROFISSÃO DE ASSISTENTE SOCIAL E DÁ OUTRAS PROVIDÊNCIAS

V. Resolução n. 493 de 21.8.06 do Conselho Federal de Serviço Social que dispõe sobre as condições éticas técnicas do exercício profissional do assistente social (não publicada nesta obra)

O PRESIDENTE DA REPÚBLICA,

Faço saber que o Congresso Nacional decreta e eu sanciono a seguinte Lei:

Art. 1º É livre o exercício da profissão de Assistente Social em todo o território nacional, observadas as condições estabelecidas nesta Lei.

Art. 2º Somente poderão exercer a profissão de Assistente Social:

I — os possuidores de diploma em curso de graduação em Serviço Social, oficialmente reconhecido, expedido por estabelecimento de ensino superior existente no País, devidamente registrado no órgão competente;

II — os possuidores de diploma de curso superior em Serviço Social, em nível de graduação ou equivalente, expedido por estabelecimento de ensino sediado em países estrangeiros, conveniado ou não com o governo brasileiro, desde que devidamente revalidado e registrado em órgão competente no Brasil;

III — os agentes sociais, qualquer que seja sua denominação com funções nos vários órgãos públicos, segundo o disposto no art. 14 e seu parágrafo único da Lei n. 1.889, de 13 de junho de 1953.

PARÁGRAFO ÚNICO. O exercício da profissão de Assistente Social requer prévio registro nos Conselhos Regionais que tenham jurisdição sobre a área de atuação do interessado nos termos desta Lei.

Art. 3º A designação profissional de Assistente Social é privativa dos habilitados na forma da legislação vigente.

Art. 4º Constituem competências do Assistente Social:

I — elaborar, implementar, executar e avaliar políticas sociais junto a órgãos da administração pública, direta ou indireta, empresas, entidades e organizações populares;

II — elaborar, coordenar, executar e avaliar planos, programas e projetos que sejam do âmbito de atuação do Serviço Social com participação da sociedade civil;

III — encaminhar providências, e prestar orientação social a indivíduos, grupos e à população;

IV — (vetado);

V — orientar indivíduos e grupos de diferentes segmentos sociais no sentido de identificar recursos e de fazer uso dos mesmos no atendimento e na defesa de seus direitos;

VI — planejar, organizar e administrar benefícios e Serviços Sociais;

VII — planejar, executar e avaliar pesquisas que possam contribuir para a análise da realidade social e para subsidiar ações profissionais;

VIII — prestar assessoria e consultoria a órgãos da administração pública direta e indireta, empresas privadas e outras entidades, com relação às matérias relacionadas no inciso II deste artigo;

IX — prestar assessoria e apoio aos movimentos sociais em matéria relacionada às políticas sociais, no exercício e na defesa dos direitos civis, políticos e sociais da coletividade;

X — planejamento, organização e administração de Serviços Sociais e de Unidade de Serviço Social;

XI — realizar estudos socioeconômicos com os usuários para fins de benefícios e serviços sociais junto a órgãos da administração pública direta e indireta, empresas privadas e outras entidades;

Art. 5º Constituem atribuições privativas do Assistente Social:

I — coordenar, elaborar, executar, supervisionar e avaliar estudos, pesquisas, planos, programas e projetos na área do Serviço Social;

II — planejar, organizar e administrar programas e projetos em Unidade de Serviço Social;

III — assessoria e consultoria e órgãos da administração pública direta e indireta, empresas privadas e outras entidades, em matéria de Serviço Social;

IV — realizar vistorias, perícias técnicas, laudos periciais, informações e pareceres sobre a matéria de Serviço Social;

V — assumir, no magistério de Serviço Social, tanto em nível de graduação como de pós-graduação, disciplinas e funções que exijam conhecimentos próprios e adquiridos em curso de formação regular;

VI — treinamento, avaliação e supervisão direta de estagiários de Serviço Social;

VII — dirigir e coordenar Unidades de Ensino e Cursos de Serviço Social, de graduação e pós-graduação;

VIII — dirigir e coordenar associações, núcleos, centros de estudo e de pesquisa em Serviço Social;

IX — elaborar provas, presidir e compor bancas de exames e comissões julgadoras de concursos ou outras formas de seleção para Assistentes Sociais, ou onde sejam aferidos conhecimentos inerentes ao Serviço Social.

X — coordenar seminários, encontros, congressos e eventos assemelhados sobre assuntos de Serviço Social;

XI — fiscalizar o exercício profissional através dos Conselhos Federal e Regionais;

XII — dirigir serviços técnicos de Serviço Social em entidades públicas ou privadas;

XIII — ocupar cargos e funções de direção e fiscalização da gestão financeira em órgãos e entidades representativas da categoria profissional.

Art. 5º-A. A duração do trabalho do Assistente Social é de 30 (trinta) horas semanais. *(Acrescentado pela Lei n. 12.317, de 26.8.10, DOU 27.8.10).*

Nota. A Lei n. 12.317, de 26.8.10, que reduziu a jornada de trabalho do Assistente Social estabelece no seu art. 2º que "Aos profissionais com contrato de trabalho em vigor na data de publicação desta Lei é garantida a adequação da jornada de trabalho, vedada a redução do salário.

Art. 6º São alteradas as denominações do atual Conselho Federal de Assistentes Sociais — CFAS e dos Conselhos Regionais de Assistentes Sociais — CRAS, para, respectivamente, Conselho Federal de Serviço Social — CFESS e Conselhos Regionais de Serviço Social — CRESS.

Art. 7º O Conselho Federal de Serviço Social — CFESS e os Conselhos Regionais de Serviço Social — CRESS constituem em seu conjunto uma entidade com personalidade jurídica e forma federativa, com o objetivo básico de disciplinar e defender o exercício da profissão de Assistente Social em todo o território nacional.

§ 1º Os Conselhos Regionais de Serviço Social — CRESS são dotados de autonomia administrativa e financeira, sem prejuízo de sua vinculação ao Conselho Federal, nos termos da legislação em vigor.

§ 2º Cabe ao Conselho Federal de Serviço Social — CFESS e aos Conselhos Regionais de Serviço Social — CRESS, representar, em juízo e fora dele, os interesses gerais e individuais dos Assistentes Sociais, no cumprimento desta Lei.

Art. 8º Compete ao Conselho Federal de Serviço Social — CFESS, na qualidade de órgão normativo de grau superior, o exercício das seguintes atribuições:

I — orientar, disciplinar, normatizar, fiscalizar e defender o exercício da profissão de Assistente Social, em conjunto com o CRESS;

II — assessorar os CRESS sempre que se fizer necessário;

III — aprovar os Regimentos Internos dos CRESS no fórum máximo de deliberação do conjunto CFESS/ CRESS;

IV — aprovar o Código de Ética Profissional dos Assistentes Sociais juntamente com os CRESS, no fórum máximo de deliberação do conjunto CFESS/CRESS;

V — funcionar como Tribunal Superior de Ética Profissional;

VI — julgar, em última instância, os recursos contra as sanções impostas pelos CRESS;

VII — estabelecer os sistemas de registro dos profissionais habilitados;

VIII — prestar assessoria técnico-consultiva aos organismos públicos ou privados, em matéria de Serviço Social;

IX — (vetado).

Art. 9º O fórum máximo de deliberação da profissão para os fins desta Lei dar-se-á nas reuniões conjuntas dos Conselhos Federal e Regionais que inclusive fixarão os limites de sua competência e sua forma de convocação.

Art. 10. Compete aos CRESS, em suas respectivas áreas de jurisdição, na qualidade de órgão executivo e de primeira instância, o exercício das seguintes atribuições:

I — organizar e manter o registro profissional dos Assistentes Sociais e o cadastro das instituições e obras sociais públicas e privadas, ou de fins filantrópicos;

II — fiscalizar e disciplinar o exercício da profissão de Assistente Social na respectiva região;

III — expedir carteiras profissionais de Assistentes Sociais, fixando a respectiva taxa;

IV — zelar pela observância do Código de Ética Profissional, funcionando como Tribunais Regionais de Ética Profissional;

V — aplicar as sanções previstas no Código de Ética Profissional;

VI — fixar, em assembleia da categoria, as anuidades que devem ser pagas pelos Assistentes Sociais;

VII — elaborar o respectivo Regimento Interno e submetê-lo a exame e aprovação do fórum máximo de deliberação do conjunto CFESS/CRESS.

Art. 11. O Conselho Federal de Serviço Social — CFESS terá sede e foro no Distrito Federal.

Art. 12. Em cada capital de Estado, de Território e no Distrito Federal, haverá um Conselho Regional de Serviço Social — CRESS denominado segundo a sua jurisdição, a qual alcançará, respectivamente, a do Estado, e do Território e a do Distrito Federal.

§ 1º Nos Estados ou Territórios em que os profissionais que neles atuam não tenham possibilidade de instalar um Conselho Regional, deverá ser constituída uma delegacia subordinada ao Conselho Regional que oferecer melhores condições de comunicação, fiscalização e orientação, ouvido o órgão regional e com homologação do Conselho Federal.

§ 2º Os Conselhos Regionais poderão constituir, dentro de sua própria área de jurisdição, delegacias seccionais para desempenho de suas atribuições executivas e de primeira instância nas regiões em que forem instalados, desde que a arrecadação proveniente dos profissionais nelas atuantes seja suficiente para sua própria manutenção.

Art. 13. A inscrição nos Conselhos Regionais sujeita os Assistentes Sociais ao pagamento das contribuições compulsórias (anuidades), taxas e demais emolumentos que forem estabelecidos em regulamentação baixada pelo Conselho Federal, em deliberação conjunta com os Conselhos Regionais.

Art. 14. Cabe às Unidades de Ensino credenciar e comunicar aos Conselhos Regionais de sua jurisdição os campos de estágio de seus alunos e designar os Assistentes Sociais responsáveis por sua supervisão.

PARÁGRAFO ÚNICO. Somente os estudantes de Serviço Social, sob supervisão direta de Assistente Social em pleno gozo de seus direitos profissionais, poderão realizar estágio de Serviço Social.

Art. 15. É vedado o uso da expressão "Serviço Social" por quaisquer pessoas de direito público ou privado que não desenvolvam atividades previstas nos arts. 4º e 5º desta Lei.

PARÁGRAFO ÚNICO. As pessoas de direito público ou privado que se encontrem na situação mencionada neste artigo terão o prazo de noventa dias, a contar da data da vigência desta Lei, para processarem as modificações que se fizerem necessárias a seu integral cumprimento, sob pena das medidas judiciais cabíveis.

Art. 16. Os CRESS aplicarão as seguintes penalidades aos infratores dos dispositivos desta Lei:

I — multa no valor de uma a cinco vezes a anuidade vigente;

II — suspensão de um a dois anos de exercício da profissão ao Assistente Social que, no âmbito de sua atuação, deixar de cumprir disposições do Código de Ética, tendo em vista a gravidade da falta;

III — cancelamento definitivo do registro, nos casos de extrema gravidade ou de reincidência contumaz.

§ 1º Provada a participação ativa ou conivência de empresas, entidades, instituições ou firmas individuais nas infrações a dispositivos desta Lei pelos profissionais delas dependentes, serão estas também passíveis das multas aqui estabelecidas, na proporção de sua responsabilidade, sob pena das medidas judiciais cabíveis.

§ 2º No caso de reincidência na mesma infração no prazo de dois anos, a multa cabível será elevada ao dobro.

Art. 17. A Carteira de Identificação Profissional expedida pelos Conselhos Regionais de Serviço Social — CRESS, servirá de prova para fins de exercício profissional e de Carteira de Identidade Pessoal, e terá fé pública em todo o território nacional.

Art. 18. As organizações que se registrarem nos CRESS receberão um certificado que as habilitará a atuar na área de Serviço Social.

Art. 19. O Conselho Federal de Serviço Social — CFESS será mantido:

I — por contribuições, taxas e emolumentos arrecadados pelos CRESS, em percentual a ser definido pelo fórum máximo instituído pelo art. 9º desta Lei;

II — por doações e legados;

III — por outras rendas.

Art. 20. O Conselho Federal de Serviço Social — CFESS e os Conselhos Regionais de Serviço Social — CRESS contarão cada um com nove membros efetivos: Presidente, Vice-Presidente, dois Secretários, dois Tesoureiros e três membros do Conselho Fiscal, e nove suplentes, eleitos dentre os Assistentes Sociais, por via direta, para um mandato de três anos, de acordo com as normas estabelecidas em Código Eleitoral aprovado pelo fórum instituído pelo art. 9º desta Lei.

PARÁGRAFO ÚNICO. As delegacias seccionais contarão com três membros efetivos: um Delegado, um Secretário e um Tesoureiro, e três suplentes, eleitos dentre os Assistentes Sociais da área de sua jurisdição, nas condições previstas neste artigo.

Art. 21. (Vetado).

Art. 22. O Conselho Federal e os Conselhos Regionais terão legitimidade para agir contra qualquer pessoa que infringir as disposições que digam respeito às prerrogativas, à dignidade e ao prestígio da profissão de Assistente Social.

Art. 23. Esta Lei entra em vigor na data de sua publicação.

Art. 24. Revogam-se as disposições em contrário e, em especial, a Lei n. 3.252, de 27 de agosto de 1957.

Brasília, 7 de junho de 1993, 172º da Independência e 105º da República.

Itamar Franco
Walter Barelli

LEI N. 6.932, DE 7 DE JULHO DE 1981

(DOU 9.7.1981)

DISPÕE SOBRE AS ATIVIDADES DO MÉDICO RESIDENTE E DÁ OUTRAS PROVIDÊNCIAS

O PRESIDENTE DA REPÚBLICA, Faço saber que o Congresso Nacional decreta e eu sanciono a seguinte Lei:

....

Art. 4º Ao médico-residente é assegurada bolsa no valor de R$ 2.384,82 (dois mil, trezentos e oitenta e quatro reais e oitenta e dois centavos), em regime especial de treinamento em serviço de sessenta horas semanais. *(Redação dada pela Lei n. 12.514, de 28.10.11, DOU 31.10.11)*

§ 1º O médico-residente é filiado ao Regime Geral de Previdência Social — RGPS como contribuinte individual. *(Redação dada pela Lei n. 12.514, de 28.10.11, DOU 31.10.11)*

§ 2º O médico-residente tem direito, conforme o caso, à licença-paternidade de cinco dias ou à licença-maternidade de cento e vinte dias. *(Redação dada pela Lei n. 12.514, de 28.10.11, DOU 31.10.11)*

§ 3º A instituição de saúde responsável por programas de residência médica poderá prorrogar, nos termos da Lei n. 11.770, de 9 de setembro de 2008, quando requerido pela médica-residente, o período de licença-maternidade em até sessenta dias. *(Redação dada pela Lei n. 12.514, de 28.10.11, DOU 31.10.11)*

§ 4º O tempo de residência médica será prorrogado por prazo equivalente à duração do afastamento do médico-residente por motivo de saúde ou nas hipóteses dos §§ 2º e 3º. *(Redação dada pela Lei n. 12.514, de 28.10.11, DOU 31.10.11)*

§ 5º A instituição de saúde responsável por programas de residência médica oferecerá ao médico-residente, durante todo o período de residência: *(Redação dada pela Lei n. 12.514, de 28.10.11, DOU 31.10.11)*

I — condições adequadas para repouso e higiene pessoal durante os plantões. *(Acrescentado pela Lei n. 12.514, de 28.10.11, DOU 31.10.11)*

II — alimentação; e *(Acrescentado pela Lei n. 12.514, de 28.10.11, DOU 31.10.11)*

III — moradia, se, nos termos do regulamento, comprovada a necessidade. *(Incluído pela Medida Provisória nº 536, de 2011) (Acrescentado pela Lei n. 12.514, de 28.10.11, DOU 31.10.11)*

§ 6º O valor da bolsa do médico-residente poderá ser objeto de revisão anual." (NR) *(Acrescentado pela Lei n. 12.514, de 28.10.11, DOU 31.10.11)*

Art. 5º Os programas dos cursos de Residência Médica respeitarão o máximo de 60 (sessenta) horas semanais, nelas incluídas um máximo de 24 (vinte e quatro) horas de plantão.

§ 1º O médico residente fará jus a um dia de folga semanal e a 30 (trinta) dias consecutivos de repouso, por ano de atividade.

§ 2º Os programas dos cursos de Residência Médica compreenderão, num mínimo de 10% (dez por cento) e num máximo de 20% (vinte por cento) de sua carga horária, atividades teórico-práticas, sob a forma de sessões atualizadas, seminários, correlações clínico-patológicas ou outras, de acordo com os programas pré-estabelecidos.

Art. 6º Os programas de Residência Médica credenciados na forma desta Lei conferirão títulos de especialistas em favor dos médicos residentes neles habilitados, os quais constituirão comprovante hábil para fins legais junto ao sistema federal de ensino e ao Conselho Federal de Medicina.

Art. 7º A interrupção do programa de Residência Médica por parte do médico residente, seja qual for a causa, justificada ou não, não o exime da obrigação de, posteriormente, completar a carga horária total de atividade prevista para o aprendizado, a fim de obter o comprovante referido no artigo anterior, respeitadas as condições iniciais de sua admissão.

....

Art. 9º Esta Lei será regulamentada no prazo de 90 (noventa) dias contados de sua publicação.

Art. 10. Esta Lei entrará em vigor na data de sua publicação.

Art. 11. Revogam-se as disposições em contrário.

Brasília, em 07 de julho de 1981; 160º da Independência e 93º da República.

João Figueiredo
Rubem Ludwig
Murilo Macêdo
Waldir Mendes Arcoverde
Jair Soares

LEI N. 8.856, DE 1º DE MARÇO DE 1994

(DOU 2.3.94)

FIXA A JORNADA DE TRABALHO DOS PROFISSIONAIS FISIOTERAPEUTA E TERAPEUTA OCUPACIONAL

O PRESIDENTE DA REPÚBLICA,

Faço saber que o Congresso Nacional decreta e eu sanciono a seguinte Lei:

Art. 1º Os profissionais Fisioterapeuta e Terapeuta Ocupacional ficarão sujeitos à prestação máxima de 30 horas semanais de trabalho.

Art. 2º Esta Lei entra em vigor na data de sua publicação.

Art. 3º Revogam-se as disposições em contrário.

Brasília, 1º de março de 1994. 173º da Independência e 106º da República.

Itamar Franco — Walter Barelli

LEI N. 8.906, DE 4 DE JULHO DE 1994

(DOU 5.7.94)

DISPÕE SOBRE O ESTATUTO DA ADVOCACIA E A ORDEM DOS ADVOGADOS DO BRASIL — OAB

O PRESIDENTE DA REPÚBLICA,

Faço saber que o Congresso Nacional decreta e eu sanciono a seguinte Lei:

TÍTULO I
Da Advocacia

CAPÍTULO I
Da Atividade de Advocacia

Art. 1º São atividades privativas de advocacia:

I — a postulação a ~~qualquer~~ órgão do Poder Judiciário e aos juizados especiais; (Vide ADIN 1.127-8, STF, DOU 26.5.06, que declarou a inconstitucionalidade da expressão "qualquer" constante deste inciso)

II — as atividades de consultoria, assessoria e direção jurídicas.

§ 1º Não se inclui na atividade privativa de advocacia a impetração de habeas corpus em qualquer instância ou tribunal.

§ 2º Os atos e contratos constitutivos de pessoas jurídicas, sob pena de nulidade, só podem ser admitidos a registro, nos órgãos competentes, quando visados por advogados.

V. Lei Complementar n. 123, de 14.12.06. Art. 9º, § 2º — microempresas e empresas de pequeno porte

§ 3º É vedada a divulgação de advocacia em conjunto com outra atividade.

Art. 2º O advogado é indispensável à administração da justiça.

§ 1º No seu ministério privado, o advogado presta serviço público e exerce função social.

§ 2º No processo judicial, o advogado contribui, na postulação de decisão favorável ao seu constituinte, ao convencimento do julgador, e seus atos constituem múnus público.

§ 3º No exercício da profissão, o advogado é inviolável por seus atos e manifestações, nos limites desta lei.

Art. 3º O exercício da atividade de advocacia no território brasileiro e a denominação de advogado são privativos dos inscritos na Ordem dos Advogados do Brasil (OAB),

§ 1º Exercem atividade de advocacia, sujeitando-se ao regime desta lei, além do regime próprio a que se subordinem, os integrantes da Advocacia-Geral da União, da Procuradoria da Fazenda Nacional, da Defensoria Pública e das Procuradorias e Consultorias Jurídicas dos Estados, do Distrito Federal, dos Municípios e das respectivas entidades de administração indireta e fundacional.

§ 2º O estagiário de advocacia, regularmente inscrito, pode praticar os atos previstos no art. 1º, na forma do regimento geral, em conjunto com advogado e sob responsabilidade deste.

Art. 4º São nulos os atos privativos de advogado praticados por pessoa não inscrita na OAB, sem prejuízo das sanções civis, penais e administrativas.

PARÁGRAFO ÚNICO. São também nulos os atos praticados por advogado impedido — no âmbito do impedimento — suspenso, licenciado ou que passar a exercer atividade incompatível com a advocacia.

Art. 5º O advogado postula, em juízo ou fora dele, fazendo prova do mandato.

§ 1º O advogado, afirmando urgência, pode atuar sem procuração, obrigando-se a apresentá-la no prazo de quinze dias, prorrogável por igual período.

§ 2º A procuração para o foro em geral habilita o advogado a praticar todos os atos judiciais, em qualquer juízo ou instância, salvo os que exijam poderes especiais.

§ 3º O advogado que renunciar ao mandato continuará, durante os dez dias seguintes à notificação da renúncia, a representar o mandante, salvo se for substituído antes do término desse prazo.

CAPÍTULO II
Dos Direitos do Advogado

Art. 6º Não há hierarquia nem subordinação entre advogados, magistrados e membros do Ministério Público, devendo todos tratar-se com consideração e respeito recíprocos.

PARÁGRAFO ÚNICO. As autoridades, os servidores públicos e os serventuários da justiça devem dispensar ao advogado, no exercício da profissão, tratamento compatível com a dignidade da advocacia e condições adequadas a seu desempenho.

Art. 7º São direitos do advogado:

I — exercer, com liberdade, a profissão em todo o território nacional;

II — a inviolabilidade de seu escritório ou local de trabalho, bem como de seus instrumentos de trabalho, de sua correspondência escrita, eletrônica, telefônica e telemática, desde que relativas ao exercício da advocacia; *(Redação dada pela Lei n. 11.767, de 7.8.08, DOU 8.8.08)*

III — comunicar-se com seus clientes, pessoal e reservadamente, mesmo sem procuração, quando estes se acharem presos, detidos ou recolhidos em estabelecimentos civis ou militares, ainda que considerados incomunicáveis;

IV — ter a presença de representante da OAB, quando preso em flagrante, por motivo ligado ao exercício da advocacia, para lavratura do auto respectivo, sob pena de nulidade e, nos demais casos, a comunicação expressa à seccional da OAB;

V — não ser recolhido preso, antes de sentença transitada em julgado, senão em sala de Estado Maior, com instalações e comodidades condignas, ~~assim reconhecidas pela OAB,~~ e, na sua falta, em prisão domiciliar; (Vide ADIN 1.127-8, STF, DOU 26.5.06 que declarou inconstitucional a expressão "assim reconhecidas pela OAB", constante deste inciso)

VI — ingressar livremente:

a) nas salas de sessões dos tribunais, mesmo além dos cancelos que separam a parte reservada aos magistrados;

b) nas salas e dependências de audiências, secretarias, cartórios, ofícios de justiça, serviços notariais e de registro, e, no caso de delegacias e prisões, mesmo fora da hora de expediente e independentemente da presença de seus titulares;

c) em qualquer edifício ou recinto em que funcione repartição judicial ou outro serviço público onde o advogado deva praticar ato ou colher prova ou informação útil ao exercício da atividade profissional, dentro do expediente ou fora dele, e ser atendido, desde que se ache presente qualquer servidor ou empregado;

d) em qualquer assembleia ou reunião de que participe ou possa participar o seu cliente, ou perante a qual este deva comparecer, desde que munido de poderes especiais;

VII — permanecer sentado ou em pé e retirar-se de quaisquer locais indicados no inciso anterior, independentemente de licença;

VIII — dirigir-se diretamente aos magistrados nas salas e gabinetes de trabalho, independentemente de horário previamente marcado ou outra condição, observando-se a ordem de chegada;

~~IX — sustentar oralmente as razões de qualquer recurso ou processo, nas sessões de julgamento, após o voto do relator, em instância judicial ou administrativa, pelo prazo de quinze minutos, salvo se prazo maior for concedido;~~ *Vide ADINs ns. 1.105-7 e 1.127-8, de 17.5.06. Este dispositivo foi declarado inconstitucional pelo STF*

X — usar da palavra, pela ordem, em qualquer juízo ou tribunal, mediante intervenção sumária, para esclarecer equívoco ou dúvida surgida em relação a fatos, documentos ou afirmações que influam no julgamento, bem como para replicar acusação ou censura que lhe forem feitas;

XI — reclamar, verbalmente ou por escrito, perante qualquer juízo, tribunal ou autoridade, contra a inobservância de preceito de lei, regulamento ou regimento;

XII — falar, sentado ou em pé, em juízo, tribunal ou órgão de deliberação coletiva da Administração Pública ou do Poder Legislativo;

XIII — examinar, em qualquer órgão dos Poderes Judiciário e Legislativo, ou da Administração Pública em geral, autos de processos findos ou em andamento, mesmo sem procuração, quando não estejam sujeitos a sigilo, assegurada a obtenção de cópias, podendo tomar apontamentos;

XIV — examinar em qualquer repartição policial, mesmo sem procuração, autos de flagrante e de inquérito, findos ou em andamento, ainda que conclusos à autoridade, podendo copiar peças e tomar apontamentos;

XV — ter vista dos processos judiciais ou administrativos de qualquer natureza, em cartório ou na repartição competente, ou retirá-los pelos prazos legais;

XVI — retirar autos de processos findos, mesmo sem procuração, pelo prazo de dez dias;

XVII — ser publicamente desagravado, quando ofendido no exercício da profissão ou em razão dela;

XVIII — usar os símbolos privativos da profissão de advogado;

XIX — recusar-se a depor como testemunha em processo no qual funcionou ou deva funcionar, ou sobre fato relacionado com pessoa de quem seja ou foi advogado, mesmo quando autorizado ou solicitado pelo constituinte, bem como sobre fato que constitua sigilo profissional;

XX — retirar-se do recinto onde se encontre aguardando pregão para ato judicial, após trinta minutos do horário designado e ao qual ainda não tenha comparecido a autoridade que deva presidir a ele, mediante comunicação protocolizada em juízo.

§ 1º Não se aplica o disposto nos incisos XV e XVI:

1) aos processos sob regime de segredo de justiça;

2) quando existirem nos autos documentos originais de difícil restauração ou ocorrer circunstância relevante que justifique a permanência dos autos no cartório, secretaria ou repartição, reconhecida pela autoridade em despacho motivado, proferido de ofício, mediante representação ou a requerimento da parte interessada;

3) até o encerramento do processo, ao advogado que houver deixado de devolver os respectivos autos no prazo legal, e só o fizer depois de intimado.

§ 2º O advogado tem imunidade profissional, não constituindo injúria, difamação ou desacato puníveis qualquer manifestação de sua parte, no exercício de sua atividade, em juízo ou fora dele, sem prejuízo das sanções disciplinares perante a OAB, pelos excessos que cometer.

(Vide ADIN 1.127-8, STF DOU 26.5.06, que declarou inconstitucional a expressão "ou desacato" constante deste artigo).

§ 3º O advogado somente poderá ser preso em flagrante, por motivo de exercício da profissão, em caso de crime inafiançável, observado o disposto no inciso IV deste artigo.

§ 4º O Poder Judiciário e o Poder Executivo devem instalar, em todos os juizados, fóruns, tribunais, delegacias de polícia e presídios, salas especiais permanentes para os advogados, com uso ~~e controle~~ assegurados à OAB. (Vide ADIN 1.127-8, STF, DOU 26.5.06, que declarou inconstitucional a expressão "e controle" constante deste artigo).

§ 5º No caso de ofensa a inscrito na OAB, no exercício da profissão ou de cargo ou função de órgão da OAB, o conselho competente deve promover o desagravo público do ofendido, sem prejuízo da responsabilidade criminal em que incorrer o infrator.

§ 6º Presentes indícios de autoria e materialidade da prática de crime por parte de advogado, a autoridade judiciária competente poderá decretar a quebra da inviolabilidade de que trata o inciso II do *caput* deste artigo, em decisão motivada, expedindo mandado de busca e apreensão, específico e pormenorizado, a ser cumprido na presença de representante da OAB, sendo, em qualquer hipótese, vedada a utilização dos documentos, das mídias e dos objetos pertencentes a clientes do advogado averiguado, bem como dos demais instrumentos de trabalho que contenham informações sobre clientes. *(Acrescentado pela Lei n. 11.767, de 8.7.08, DOU 8.8.08)*

§ 7º A ressalva constante do § 6º deste artigo não se estende a clientes do advogado averiguado que estejam sendo formalmente investigados como seus partícipes ou co-autores pela prática do mesmo crime que deu causa à quebra da inviolabilidade. *(Acrescentado pela Lei n. 11.767, de 7.8.08, DOU 8.8.08)*

§ 8º (VETADO) *(acrescentado pela Lei n. 11.767, de 7.8.08, DOU 8.8.08 e vetado)*

§ 9º (VETADO) *(Acresentado pela Lei n. 11.767, de 7.8.08, DOU 8.8.08 e vetado)*

CAPÍTULO III

Da Inscrição

Art. 8º Para inscrição como advogado é necessário:

I — capacidade civil;

II — diploma ou certidão de graduação em direito, obtido em instituição de ensino oficialmente autorizada e credenciada;

III — título de eleitor e quitação do serviço militar, se brasileiro;

IV — aprovação em Exame de Ordem;

V — não exercer atividade incompatível com a advocacia;

VI — idoneidade moral;

VII — prestar compromisso perante o conselho.

§ 1º O Exame da Ordem é regulamentado em provimento do Conselho Federal da OAB.

§ 2º O estrangeiro ou brasileiro, quando não graduado em direito no Brasil, deve fazer prova do título de graduação, obtido em instituição estrangeira, devidamente revalidado, além de atender aos demais requisitos previstos neste artigo.

§ 3º A inidoneidade moral, suscitada por qualquer pessoa, deve ser declarada mediante decisão que obtenha no mínimo dois terços dos votos de todos os membros do conselho competente, em procedimento que observe os termos do processo disciplinar.

§ 4º Não atende ao requisito de idoneidade moral aquele que tiver sido condenado por crime infamante, salvo reabilitação judicial.

Art. 9º Para inscrição como estagiário é necessário:

I — preencher os requisitos mencionados nos incisos I, III, V, VI e VII do art. 8º;

II — ter sido admitido em estágio profissional de advocacia.

§ 1º O estágio profissional de advocacia, com duração de dois anos, realizado nos últimos anos do curso jurídico, pode ser mantido pelas respectivas instituições de ensino superior pelos Conselhos da OAB, ou por setores, órgãos jurídicos e escritórios de advocacia credenciados pela OAB, sendo obrigatório o estudo deste Estatuto e do Código de Ética e Disciplina.

§ 2º A inscrição do estagiário é feita no Conselho Seccional em cujo território se localize seu curso jurídico.

§ 3º O aluno de curso jurídico que exerça atividade incompatível com a advocacia pode freqüentar o estágio ministrado pela respectiva instituição de ensino superior, para fins de aprendizagem, vedada a inscrição na OAB.

§ 4º O estágio profissional poderá ser cumprido por bacharel em Direito que queira se inscrever na Ordem.

Art. 10 A inscrição principal do advogado deve ser feita no Conselho Seccional em cujo território pretende estabelecer o seu domicílio profissional, na forma do regulamento geral.

§ 1º Considera-se domicílio profissional a sede principal da atividade de advocacia, prevalecendo, na dúvida, o domicílio da pessoa física do advogado.

§ 2º Além da principal, o advogado deve promover a inscrição suplementar nos Conselhos Seccionais em cujos territórios passar a exercer habitualmente a profissão considerando-se habitualidade a intervenção judicial que exceder de cinco causas por ano.

§ 3º No caso de mudança efetiva de domicílio profissional para outra unidade federativa, deve o advogado requerer a transferência de sua inscrição para o Conselho Seccional correspondente.

§ 4º O Conselho Seccional deve suspender o pedido de transferência ou de inscrição suplementar, ao verificar a existência de vício ou ilegalidade na inscrição principal, contra ela representando ao Conselho Federal.

Art. 11. Cancela-se a inscrição do profissional que:

I — assim o requerer;

II — sofrer penalidade de exclusão;

III — falecer;

IV — passar a exercer, em caráter definitivo, atividade incompatível com a advocacia;

V — perder qualquer um dos requisitos necessários para inscrição.

§ 1º Ocorrendo uma das hipóteses dos incisos II, III e IV, o cancelamento deve ser promovido, de ofício, pelo conselho competente ou em virtude de comunicação por qualquer pessoa.

§ 2º Na hipótese de novo pedido de inscrição — que não restaura o número de inscrição anterior — deve o interessado fazer prova dos requisitos dos incisos I, V, VI e VII do art. 8º.

§ 3º Na hipótese do inciso II deste artigo, o novo pedido de inscrição também deve ser acompanhado de provas de reabilitação.

Art. 12. Licencia-se o profissional que:

I — assim o requerer, por motivo justificado;

II — passar a exercer, em caráter temporário, atividade incompatível com o exercício da advocacia;

III — sofrer doença mental considerada curável.

Art. 13. O documento de identidade profissional, na forma prevista no regulamento geral, é de uso obrigatório no exercício da atividade de advogado ou de estagiário e constitui prova de identidade civil para todos os fins legais.

Art. 14. É obrigatória a indicação do nome e do número de inscrição em todos os documentos assinados pelo advogado, no exercício de sua atividade.

PARÁGRAFO ÚNICO. É vedado anunciar ou divulgar qualquer atividade relacionada com o exercício da advocacia ou o uso da expressão escritório de advocacia, sem indicação expressa do nome e do número de inscrição dos advogados que o integrem ou o número de registro da sociedade de advogados na OAB.

CAPÍTULO IV

Da Sociedade de Advogados

Art. 15. Os advogados podem reunir-se em sociedade civil de prestação de serviço de advocacia, na forma disciplinada nesta lei e no regulamento geral.

§ 1º A sociedade de advogados adquire personalidade jurídica com o registro aprovado dos seus atos constitutivos no Conselho Seccional da OAB em cuja base territorial tiver sede.

§ 2º Aplica-se à sociedade de advogados o Código de Ética e Disciplina, no que couber.

§ 3º As procurações devem ser outorgadas individualmente aos advogados e indicar a sociedade de que façam parte.

§ 4º Nenhum advogado pode integrar mais de uma sociedade de advogados, com sede ou filial na mesma área territorial do respectivo Conselho Seccional.

§ 5º O ato de constituição de filial deve ser averbado no registro da sociedade e arquivado junto ao Conselho Seccional onde se instalar, ficando os sócios obrigados à inscrição suplementar.

§ 6º Os advogados sócios de uma mesma sociedade profissional não podem representar em juízo clientes de interesses opostos.

Art. 16 Não são admitidas a registro, nem podem funcionar, as sociedades de advogados que apresentem forma ou características mercantis, que adotem denominação de fantasia, que realizem atividades estranhas à advocacia, que incluam sócio não inscrito como advogado ou totalmente proibido de advogar.

§ 1º A razão social deve ter, obrigatoriamente, o nome de, pelo menos, um advogado responsável pela sociedade, podendo permanecer o de sócio falecido, desde que prevista tal possibilidade no ato constitutivo.

§ 2º O licenciamento do sócio para exercer atividade incompatível com a advocacia em caráter temporário deve ser averbado no registro da sociedade, não alterando sua constituição.

§ 3º É proibido o registro, nos cartórios de registro civil de pessoas jurídicas e nas juntas comerciais, de sociedade que inclua, entre outras finalidades, a atividade de advocacia.

Art. 17. Além da sociedade, o sócio responde subsidiária e ilimitadamente pelos danos causados aos clientes por ação ou omissão no exercício da advocacia, sem prejuízo da responsabilidade disciplinar em que possa incorrer.

CAPÍTULO V

Do Advogado Empregado

V. arts. 4º e 5º da Lei n. 9.527, de 10.12.97, abaixo reproduzidos:(*)

Art. 18. A relação de emprego, na qualidade de advogado, não retira a isenção técnica nem reduz a independência profissional inerentes à advocacia.

PARÁGRAFO ÚNICO. O advogado empregado não está obrigado à prestação de serviços profissionais de interesse pessoal dos empregadores, fora da relação de emprego.

Art. 19. O salário mínimo profissional do advogado será fixado em sentença normativa, salvo se ajustado em acordo ou convenção coletiva de trabalho.

Art. 20. A jornada de trabalho do advogado empregado, no exercício da profissão, não poderá exceder a duração diária de quatro horas contínuas e a de vinte horas semanais, salvo acordo ou convenção coletiva ou em caso de dedicação exclusiva.

§ 1º Para efeitos deste artigo, considera-se como período de trabalho o tempo em que o advogado estiver à disposição do empregador, aguardando ou executando ordens, no seu escritório ou em atividades externas, sendo-lhe reembolsadas as despesas feitas com transporte, hospedagem e alimentação.

§ 2º As horas trabalhadas que excederem a jornada normal são remuneradas por um adicional não inferior a cem por cento sobre o valor da hora normal, mesmo havendo contrato escrito.

§ 3º As horas trabalhadas no período das vinte horas de um dia até as cinco horas do dia seguinte são remuneradas como noturnas, acrescidas do adicional de vinte e cinco por cento.

(*) Lei n. 9.527, de 10.12.97:

Art. 4º As disposições constantes do Capítulo V, Título I, da Lei n. 8.906, de 4 de julho de 1994, não se aplicam à Administração Pública direta da União, dos Estados, do Distrito Federal e dos Municípios, bem como às autarquias, às fundações instituídas pelo Poder Público, às empresas públicas e às sociedades de economia mista.

Art. 5º Aos servidores ocupantes de cargo efetivo de advogado, assistente jurídico, procurador e demais integrantes do Grupo Jurídico, da Administração Pública Federal direta, autárquica, fundacional, empresas públicas e sociedades de economia mista serão concedidos trinta dias de férias anuais, a partir do período aquisitivo de 1997.

Art. 21. Nas causas em que for parte o empregador, ou pessoa por este representada, os honorários de sucumbência são devidos aos advogados empregados.

PARÁGRAFO ÚNICO. Os honorários de sucumbência, percebidos por advogado empregado de sociedade de advogados são partilhados entre ele e a empregadora, na forma estabelecida em acordo.

CAPÍTULO VI
Dos Honorários Advocatícios

Art. 22. A prestação de serviço profissional assegura aos inscritos na OAB o direito aos honorários convencionados, aos fixados por arbitramento judicial e aos de sucumbência.

§ 1º O advogado, quando indicado para patrocinar causa de juridicamente necessitado, no caso de impossibilidade da Defensoria Pública no local da prestação de serviço, tem direito aos honorários fixados pelo juiz, segundo tabela organizada pelo Conselho Seccional da OAB, e pagos pelo Estado.

§ 2º Na falta de estipulação ou de acordo, os honorários são fixados por arbitramento judicial, em remuneração compatível com o trabalho e o valor econômico da questão, não podendo ser inferiores aos estabelecidos na tabela organizada pelo Conselho Seccional da OAB.

§ 3º Salvo estipulação em contrário, um terço dos honorários é devido no início do serviço, outro terço até a decisão de primeira instância e o restante no final.

§ 4º Se o advogado fizer juntar aos autos o seu contrato de honorários antes de expedir-se o mandado de levantamento ou precatório, o juiz deve determinar que lhe sejam pagos diretamente, por dedução da quantia a ser recebida pelo constituinte, salvo se este provar que já os pagou.

§ 5º O disposto neste artigo não se aplica quando se tratar de mandato outorgado por advogado para defesa em processo oriundo de ato ou omissão praticada no exercício da profissão.

Art. 23. Os honorários incluídos na condenação, por arbitramento ou sucumbência, pertencem ao advogado, tendo este direito autônomo para executar a sentença nesta parte, podendo requerer que o precatório, quando necessário, seja expedido em seu favor.

Art. 24. A decisão judicial que fixar ou arbitrar honorários e o contrato escrito que os estipular são títulos executivos e constituem crédito privilegiado na falência, concordata, concurso de credores, insolvência civil e liquidação extrajudicial.

§ 1º A execução dos honorários pode ser promovida nos mesmos autos da ação em que tenha atuado o advogado, se assim lhe convier.

§ 2º Na hipótese de falecimento ou incapacidade civil do advogado, os honorários de sucumbência, proporcionais ao trabalho realizado, são recebidos por seus sucessores ou representantes legais.

§ 3º É nula qualquer disposição, cláusula, regulamento ou convenção individual ou coletiva que retire do advogado o direito ao recebimento dos honorários de sucumbência. *V. ADIn n. 1.194-4, de 20.5.09, STF, que assim decidiu "Ação direta de inconstitucionalidade conhecida em parte e, nessa parte, julgada parcialmente procedente para dar interpretação conforme ao art. 21 e seu parágrafo único e declarar a inconstitucionalidade do § 3º do art. 24, todos da Lei n. 8.906/1994".*

§ 4º O acordo feito pelo cliente do advogado e a parte contrária, salvo aquiescência do profissional, não lhe prejudica os honorários, quer os convencionados, quer os concedidos por sentença.

Art. 25. Prescreve em cinco anos a ação de cobrança de honorários de advogado, contado o prazo:

I — do vencimento do contrato, se houver;

II — do trânsito em julgado da decisão que os fixar;

III — da ultimação do serviço extrajudicial;

IV — da desistência ou transação;

V — da renúncia ou revogação do mandato.

Art. 25-A. Prescreve em cinco anos a ação de prestação de contas pelas quantias recebidas pelo advogado de seu cliente, ou de terceiros por conta dele (art. 34, XXI). *(Acrescentado pela Lei n. 11.902, de 12.1.09, DOU 13.1.09)*

Art. 26. O advogado substabelecido, com reserva de poderes, não pode cobrar honorários sem a intervenção daquele que lhe conferiu o substabelecimento.

CAPÍTULO VII
Das Incompatibilidades e Impedimentos

Art. 27. A incompatibilidade determina a proibição total, e o impedimento, a proibição parcial do exercício da advocacia.

Art. 28. A advocacia é incompatível, mesmo em causa própria, com as seguintes atividades:

I — chefe do Poder Executivo e membros da Mesa do Poder Legislativo e seus substitutos legais;

II — membros de órgãos do Poder Judiciário, do Ministério Público, dos tribunais e conselhos de contas, dos juizados especiais, da justiça de paz, juízes classistas, bem como de todos os que exerçam função de julgamento em órgãos de deliberação coletiva da administração pública direta e indireta; (Vide ADIN 1.127-8, STF DOU 26.5.06, a qual excluiu da sua abrangência os juízes eleitorais e seus suplentes não remunerados).

III — ocupantes de cargos ou funções de direção em Órgãos da Administração Pública direta ou indireta, em suas fundações e em suas empresas controladas ou concessionárias de serviço público;

IV — ocupantes de cargos ou funções vinculados direta ou indiretamente a qualquer órgão do Poder Judiciário e os que exercem serviços notariais e de registro;

V — ocupantes de cargos ou funções vinculados direta ou indiretamente a atividade policial de qualquer natureza;

VI — militares de qualquer natureza, na ativa;

VII — ocupantes de cargos ou funções que tenham competência de lançamento, arrecadação ou fiscalização de tributos e contribuições parafiscais;

VIII — ocupantes de funções de direção e gerência em instituições financeiras, inclusive privadas.

§ 1º A incompatibilidade permanece mesmo que o ocupante do cargo ou função deixe de exercê-lo temporariamente.

§ 2º Não se incluem nas hipóteses do inciso III os que não detenham poder de decisão relevante sobre interesses de terceiro, a juízo do conselho competente da OAB, bem como a administração acadêmica diretamente relacionada ao magistério jurídico.

Art. 29. Os Procuradores Gerais, Advogados Gerais, Defensores Gerais e dirigentes de órgãos jurídicos da Administração Pública direta, indireta e fundacional são exclusivamente legitimados para o exercício da advocacia vinculada à função que exerçam, durante o período da investidura.

Art. 30. São impedidos de exercer a advocacia:

I — os servidores da administração direta, indireta e fundacional, contra a Fazenda Pública que os remunere ou à qual seja vinculada a entidade empregadora;

II — os membros do Poder Legislativo, em seus diferentes níveis, contra ou a favor das pessoas jurídicas de direito público, empresas públicas, sociedades de economia mista, fundações públicas, entidades paraestatais ou empresas concessionárias ou permissionárias de serviço público.

PARÁGRAFO ÚNICO. Não se incluem nas hipóteses do inciso I os docentes dos cursos jurídicos.

CAPÍTULO VIII
Da Ética do Advogado

Art. 31. O advogado deve proceder de forma que o torne merecedor de respeito e que contribua para o prestígio da classe e da advocacia.

§ 1º O advogado, no exercício da profissão, deve manter independência em qualquer circunstância.

§ 2º Nenhum receio de desagradar a magistrado ou a qualquer autoridade, nem de incorrer em impopularidade, deve deter o advogado no exercício da profissão.

Art. 32. O advogado é responsável pelos atos que, no exercício profissional, praticar com dolo ou culpa.

PARÁGRAFO ÚNICO. Em caso de lide temerária, o advogado será solidariamente responsável com seu cliente, desde que coligado com este para lesar a parte contrária, o que será apurado em ação própria.

Art. 33. O advogado obriga-se a cumprir rigorosamente os deveres consignados no Código de Ética e Disciplina.

PARÁGRAFO ÚNICO. O Código de Ética e Disciplina regula os deveres do advogado para com a comunidade, o cliente, o outro profissional e, ainda, a publicidade, a recusa do patrocínio, o dever de assistência jurídica, o dever geral de urbanidade e os respectivos procedimentos disciplinares.

CAPÍTULO IX
Das Infrações e Sanções Disciplinares

Art. 34. Constitui infração disciplinar:

I — exercer a profissão, quando impedido de fazê-lo, ou facilitar, por qualquer meio, o seu exercício aos não inscritos, proibidos ou impedidos;

II — manter sociedade profissional fora das normas e preceitos estabelecidos nesta lei;

III — valer-se de agenciador de causas, mediante participação nos honorários a receber;

IV — angariar ou captar causas, com ou sem a intervenção de terceiros;

V — assinar qualquer escrito destinado a processo judicial ou para fim extrajudicial que não tenha feito, ou em que não tenha colaborado;

VI — advogar contra literal disposição de lei, presumindo-se a boa-fé quando fundamentado na inconstitucionalidade, na injustiça da lei ou em pronunciamento judicial anterior;

VII — violar, sem justa causa, sigilo profissional;

VIII — estabelecer entendimento com a parte adversa sem autorização do cliente ou ciência do advogado contrário;

IX — prejudicar, por culpa grave, interesse confiado ao seu patrocínio;

X — acarretar, conscientemente, por ato próprio, a anulação ou a nulidade do processo em que funcione;

XI — abandonar a causa sem justo motivo ou antes de decorridos dez dias da comunicação da renúncia;

XII — recusar-se a prestar, sem justo motivo, assistência jurídica, quando nomeado em virtude de impossibilidade da Defensoria Pública;

XIII — fazer publicar na imprensa, desnecessária e habitualmente, alegações forenses ou relativas a causas pendentes;

XIV — deturpar o teor de dispositivo de lei, de citação doutrinária ou de julgado, bem como de depoimentos, documentos e alegações da parte contrária, para confundir o adversário ou iludir o juiz da causa;

XV — fazer, em nome do constituinte, sem autorização escrita deste, imputação a terceiro de fato definido como crime;

XVI — deixar de cumprir, no prazo estabelecido, determinação emanada do órgão ou de autoridade da Ordem, em matéria da competência desta, depois de regularmente notificado;

XVII — prestar concurso a clientes ou a terceiros para realização de ato contrário à lei ou destinado a fraudá-la;

XVIII — solicitar ou receber de constituinte qualquer importância para aplicação ilícita ou desonesta;

XIX — receber valores, da parte contrária ou de terceiro, relacionados com o objeto do mandato, sem expressa autorização do constituinte;

XX — locupletar-se, por qualquer forma, à custa do cliente ou da parte adversa, por si ou interposta pessoa;

XXI — recusar-se, injustificadamente, a prestar contas ao cliente de quantias recebidas dele ou de terceiros por conta dele;

XXII — reter, abusivamente, ou extraviar autos recebidos com vista ou em confiança;

XXIII — deixar de pagar as contribuições, multas e preços de serviços devidos à OAB, depois de regularmente notificado a fazê-lo;

XXIV — incidir em erros reiterados que evidenciem inépcia profissional;

XXV — manter conduta incompatível com a advocacia;

XXVI — fazer falsa prova de qualquer dos requisitos para inscrição na OAB;

XXVII — tornar-se moralmente inidôneo para o exercício da advocacia;

XXVIII — praticar crime infamante;

XXIX — praticar, o estagiário, ato excedente de sua habilitação.

PARÁGRAFO ÚNICO. Inclui-se na conduta incompatível:

a) prática reiterada de jogo de azar, não autorizado por lei;

b) incontinência pública e escandalosa;

c) embriaguez ou toxicomania habituais.

Art. 35. As sanções disciplinares consistem em:

I — censura;

II — suspensão;

III — exclusão;

IV — multa.

PARÁGRAFO ÚNICO. As sanções devem constar dos assentamentos do inscrito, após o trânsito em julgado da decisão, não podendo ser objeto de publicidade a de censura.

Art. 36. A censura é aplicável nos casos de:

I — infrações definidas nos incisos I a XVI e XXIX do art. 34;

II — violação a preceito do Código de Ética e Disciplina;

III — violação a preceito desta lei, quando para a infração não se tenha estabelecido sanção mais grave.

PARÁGRAFO ÚNICO. A censura pode ser convertida em advertência, em ofício reservado, sem registro nos assentamentos do inscrito, quando presente circunstância atenuante.

Art. 37. A suspensão é aplicável nos casos de:

I — infrações definidas nos incisos XVII a XXV do art. 34;

II — reincidência em infração disciplinar.

§ 1º A suspensão acarreta ao infrator a interdição do exercício profissional, em todo o território nacional, pelo prazo de trinta dias a doze meses, de acordo com os critérios de individualização previstos neste capítulo.

§ 2º Nas hipóteses dos incisos XXI e XXIII do art. 34, a suspensão perdura até que satisfaça integralmente a dívida, inclusive com correção monetária.

§ 3º Na hipótese do inciso XXIV do art. 34, a suspensão perdura até que preste novas provas de habilitação.

Art. 38. A exclusão é aplicável nos casos de:

I — aplicação, por três vezes, de suspensão;

II — infrações definidas nos incisos XXVI a XXVIII do art. 34.

PARÁGRAFO ÚNICO. Para a aplicação da sanção disciplinar de exclusão, é necessária a manifestação favorável de dois terços dos membros do Conselho Seccional competente.

Art. 39. A multa, variável entre o mínimo correspondente ao valor de uma anuidade e o máximo de seu décuplo, é aplicável cumulativamente com a censura ou suspensão, em havendo circunstâncias agravantes.

Art. 40. Na aplicação das sanções disciplinares, são consideradas, para fins de atenuação, as seguintes circunstâncias, entre outras:

I — falta cometida na defesa de prerrogativa profissional;

II — ausência de punição disciplinar anterior;

III — exercício assíduo e proficiente de mandato ou cargo em qualquer órgão da OAB;

IV — prestação de relevantes serviços à advocacia ou à causa pública.

PARÁGRAFO ÚNICO. Os antecedentes profissionais do inscrito, as atenuantes, o grau de culpa por ele revelada, as circunstâncias e as conseqüências da infração são considerados para o fim de decidir:

a) sobre a conveniência da aplicação cumulativa da multa e de outra sanção disciplinar;

b) sobre o tempo de suspensão e o valor da multa aplicáveis.

Art. 41. É permitido ao que tenha sofrido qualquer sanção disciplinar requerer, um ano após seu cumprimento, a reabilitação, em face de provas efetivas de bom comportamento.

PARÁGRAFO ÚNICO. Quando a sanção disciplinar resultar da prática de crime, o pedido de reabilitação depende também da correspondente reabilitação criminal.

Art. 42. Fica impedido de exercer o mandato o profissional a quem forem aplicadas as sanções disciplinares de suspensão ou exclusão.

Art. 43. A pretensão à punibilidade das infrações disciplinares prescreve em cinco anos, contados da data da constatação oficial do fato.

§ 1º Aplica-se a prescrição a todo processo disciplinar paralisado por mais de três anos, pendente de despacho ou julgamento, devendo ser arquivado de ofício, ou a requerimento da parte interessada, sem prejuízo de serem apuradas as responsabilidades pela paralisação.

§ 2º A prescrição interrompe-se:

I — pela instauração de processo disciplinar ou pela notificação válida feita diretamente ao representado;

II — pela decisão condenatória recorrível de qualquer órgão julgador da OAB.

TÍTULO II
Da Ordem dos Advogados do Brasil

CAPÍTULO I
Dos Fins e da Organização

Art. 44. A Ordem dos Advogados do Brasil (OAB), serviço público, dotada de personalidade jurídica e forma federativa, tem por finalidade:

I — defender a Constituição, a ordem jurídica do Estado democrático de direito, os direitos humanos, a justiça social, e pugnar pela boa aplicação das leis, pela rápida administração da justiça e pelo aperfeiçoamento da cultura e das instituições jurídicas;

II — promover, com exclusividade, a representação, a defesa, a seleção e a disciplina dos advogados em toda a República Federativa do Brasil.

§ 1º A OAB não mantém com órgãos da Administração Pública qualquer vínculo funcional ou hierárquico.

§ 2º O uso da sigla OAB é privativo da Ordem dos Advogados do Brasil.

Art. 45. São órgãos da OAB:

I — o Conselho Federal;

II — os Conselhos Seccionais;

III — as Subseções;

IV — as Caixas de Assistência dos Advogados.

§ 1º O Conselho Federal, dotado de personalidade jurídica própria, com sede na capital da República, é o órgão supremo da OAB.

§ 2º Os Conselhos Seccionais, dotados de personalidade jurídica própria, têm jurisdição sobre os respectivos territórios dos Estados-membros, do Distrito Federal e dos Territórios.

§ 3º As Subseções são partes autônomas do Conselho Seccional, na forma desta lei e de seu ato constitutivo.

§ 4º As Caixas de Assistência dos Advogados, dotadas de personalidade jurídica própria, são criadas pelos Conselhos Seccionais, quando estes contarem com mais de mil e quinhentos inscritos.

§ 5º A OAB, por constituir serviço público, goza de imunidade tributária total em relação a seus bens, rendas e serviços.

§ 6º Os atos conclusivos dos órgãos da OAB, salvo quando reservados ou de administração interna, devem ser publicados na imprensa oficial ou afixados no fórum, na íntegra ou em resumo.

Art. 46. Compete à OAB fixar e cobrar, de seus inscritos, contribuições, preços de serviços e multas.

PARÁGRAFO ÚNICO. Constitui título executivo extrajudicial a certidão passada pela diretoria do Conselho competente, relativa a crédito previsto neste artigo.

Art. 47. O pagamento da contribuição anual à OAB isenta os inscritos nos seus quadros do pagamento obrigatório da contribuição sindical.

Art. 48. O cargo de conselheiro ou de membro de diretoria de órgão da OAB é de exercício gratuito e obrigatório, considerado serviço público relevante, inclusive para fins de disponibilidade e aposentadoria.

Art. 49. Os Presidentes dos Conselhos e das Subseções da OAB têm legitimidade para agir, judicial e extrajudicialmente, contra qualquer pessoa que infringir as disposições ou os fins desta lei.

PARÁGRAFO ÚNICO. As autoridades mencionadas no caput deste artigo têm, ainda, legitimidade para intervir, inclusive como assistentes, nos inquéritos e processos em que sejam indiciados, acusados ou ofendidos os inscritos na OAB.

Art. 50. Para os fins desta lei, os Presidentes dos Conselhos da OAB e das Subseções podem requisitar cópias de peças de autos e documentos a qualquer tribunal, magistrado, cartório e órgão da Administração Pública direta, indireta e fundacional. *Vide ADIN 1127-8, STF, 25.6.06, que assim entendeu em relação ao presente artigo "A requisição de cópias de peças e documentos a qualquer tribunal, magistrado, cartório ou órgão da Administração Pública direta, indireta ou fundacional pelos Presidentes do Conselho da OAB e das Subseções deve ser motivada, compatível com as finalidades da lei e precedida, ainda, do recolhimento dos respectivos custos, não sendo possível a requisição de documentos cobertos pelo sigilo.*

CAPÍTULO II
Do Conselho Federal

Art. 51. O Conselho Federal compõe-se:

I — dos conselheiros federais, integrantes das delegações de cada unidade federativa;

II — dos seus ex-presidentes, na qualidade de membros honorários vitalícios.

§ 1º Cada delegação é formada por três conselheiros federais.

§ 2º Os ex-presidentes têm direito apenas a voz nas sessões.

Art. 52. Os presidentes dos Conselhos Seccionais, nas sessões do Conselho Federal, têm lugar reservado junto à delegação respectiva e direito somente a voz.

Art. 53. O Conselho Federal tem sua estrutura e funcionamento definidos no Regulamento Geral da OAB.

§ 1º O Presidente, nas deliberações do Conselho, tem apenas o voto de qualidade.

§ 2º O voto é tomado por delegação, e não pode ser exercido nas matérias de interesse da unidade que represente.

§ 3º Na eleição para a escolha da Diretoria do Conselho Federal, cada membro da delegação terá direito a 1 (um) voto, vedado aos membros honorários vitalícios. *(Acrescentado pela Lei n. 11.179, de 22.9.05, DOU 23.9.05)*

Art. 54. Compete ao Conselho Federal:

I — dar cumprimento efetivo às finalidades da OAB;

II — representar, em juízo ou fora dele, os interesses coletivos ou individuais dos advogados;

III — velar pela dignidade, independência, prerrogativas e valorização da advocacia;

IV — representar, com exclusividade, os advogados brasileiros nos órgãos e eventos internacionais da advocacia;

V — editar e alterar o Regulamento Geral, o Código de Ética e Disciplina, e os Provimentos que julgar necessários;

VI — adotar medidas para assegurar o regular funcionamento dos Conselhos Seccionais;

VII — intervir nos Conselhos Seccionais, onde e quando constatar grave violação desta lei ou do regulamento geral;

VIII — cassar ou modificar, de ofício ou mediante representação, qualquer ato, de órgão ou autoridade da

Legislação Complementar

OAB, contrário a esta lei, ao regulamento geral, ao Código de Ética e Disciplina, e aos Provimentos, ouvida a autoridade ou o órgão em causa;

IX — julgar, em grau de recurso, as questões decididas pelos Conselhos Seccionais, nos casos previstos neste estatuto e no regulamento geral;

X — dispor sobre a identificação dos inscritos na OAB e sobre os respectivos símbolos privativos;

XI — apreciar o relatório anual e deliberar sobre o balanço e as contas de sua diretoria;

XII — homologar ou mandar suprir relatório anual, o balanço e as contas dos Conselhos Seccionais;

XIII — elaborar as listas constitucionalmente previstas, para o preenchimento dos cargos nos tribunais judiciários de âmbito nacional ou interestadual, com advogados que estejam em pleno exercício da profissão, vedada a inclusão de nome de membro do próprio Conselho ou de outro órgão da OAB;

XIV — ajuizar ação direta de inconstitucionalidade de normas legais e atos normativos, ação civil pública, mandado de segurança coletivo, mandado de injunção e demais ações cuja legitimação lhe seja outorgada por lei;

XV — colaborar com o aperfeiçoamento dos cursos jurídicos, e opinar, previamente, nos pedidos apresentados aos órgãos competentes para criação, reconhecimento ou credenciamento desses cursos;

XVI — autorizar, pela maioria absoluta das delegações, a oneração ou alienação de seus bens imóveis;

XVII — participar de concursos públicos, nos casos previstos na Constituição e na lei, em todas as suas fases, quando tiverem abrangência nacional ou interestadual;

XVIII — resolver os casos omissos neste estatuto.

PARÁGRAFO ÚNICO. A intervenção referida no inciso VII deste artigo depende de prévia aprovação por dois terços das delegações, garantido o amplo direito de defesa do Conselho Seccional respectivo, nomeando-se diretoria provisória para o prazo que se fixar.

Art. 55. A diretoria do Conselho Federal é composta de um Presidente, de um Vice-Presidente, de um Secretário-Geral, de um Secretário-Geral Adjunto e de um Tesoureiro.

§ 1º O Presidente exerce a representação nacional e internacional da OAB, competindo-lhe convocar o Conselho Federal, presidi-lo, representá-lo ativa e passivamente, em juízo ou fora dele, promover-lhe a administração patrimonial e dar execução às suas decisões.

§ 2º O regulamento geral define as atribuições dos membros da diretoria e a ordem de substituição em caso de vacância, licença, falta ou impedimento.

§ 3º Nas deliberações do Conselho Federal, os membros da diretoria votam como membros de suas delegações, cabendo ao Presidente, apenas, o voto de qualidade e o direito de embargar a decisão, se esta não for unânime.

CAPÍTULO III
Do Conselho Seccional

Art. 56. O Conselho Seccional compõe-se de conselheiros em número proporcional ao de seus inscritos, segundo critérios estabelecidos no regulamento geral.

§ 1º São membros honorários vitalícios os seus ex-presidentes, somente com direito a voz em suas sessões.

§ 2º O Presidente do Instituto dos Advogados local é membro honorário, somente com direito a voz nas sessões do Conselho.

§ 3º Quando presentes às sessões do Conselho Seccional, o Presidente do Conselho Federal, os Conselheiros Federais integrantes da respectiva delegação, o Presidente da Caixa de Assistência dos Advogados e os Presidentes das Subseções, têm direito a voz.

Art. 57. O Conselho Seccional exerce e observa, no respectivo território, as competências, vedações e funções atribuídas ao Conselho Federal, no que couber e no âmbito de sua competência material e territorial, e as normas gerais estabelecidas nesta lei, no regulamento geral, no Código de Ética e Disciplina, e nos Provimentos.

Art. 58. Compete privativamente ao Conselho Seccional:

I — editar seu regimento interno e resoluções;

II — criar as Subseções e a Caixa de Assistência dos Advogados;

III — julgar, em grau de recurso, as questões decididas por seu Presidente, por sua diretoria, pelo Tribunal de Ética e Disciplina, pelas diretorias das Subseções e da Caixa de Assistência dos Advogados;

IV — fiscalizar a aplicação da receita, apreciar o relatório anual e deliberar sobre o balanço e as contas de sua diretoria, das diretorias das Subseções e da Caixa de Assistência dos Advogados;

V — fixar a tabela de honorários, válida para todo o território estadual;

VI — realizar o Exame de Ordem;

VII — decidir os pedidos de inscrição nos quadros de advogados e estagiários;

VIII — manter cadastro de seus inscritos;

IX — fixar, alterar e receber contribuições obrigatórias, preços de serviços e multas;

X — participar da elaboração dos concursos públicos, em todas as suas fases, nos casos previstos na Constituição e nas leis, no âmbito do seu território;

XI — determinar, com exclusividade, critérios para o traje dos advogados, no exercício profissional;

XII — aprovar e modificar seu orçamento anual;

XIII — definir a composição e o funcionamento do Tribunal de Ética e Disciplina, e escolher seus membros;

XIV — eleger as listas, constitucionalmente previstas, para preenchimento dos cargos nos tribunais judiciários, no âmbito de sua competência e na forma do Provimento do Conselho Federal, vedada a inclusão de membros do próprio Conselho e de qualquer órgão da OAB;

XV — intervir nas Subseções e na Caixa de Assistência dos Advogados;

XVI — desempenhar outras atribuições previstas no regulamento geral.

Art. 59. A diretoria do Conselho Seccional tem composição idêntica e atribuições equivalentes às do Conselho Federal, na forma do regimento interno daquele.

CAPÍTULO IV

Da Subseção

Art. 60. A Subseção pode ser criada pelo Conselho Seccional, que fixa sua área territorial e seus limites de competência e autonomia.

§ 1º A área territorial da Subseção pode abranger um ou mais municípios, ou parte de município, inclusive da capital do Estado, contando com um mínimo de quinze advogados, nela profissionalmente domiciliados.

§ 2º A Subseção é administrada por uma diretoria, com atribuições e composição equivalentes às da diretoria do Conselho Seccional.

§ 3º Havendo mais de cem advogados, a Subseção pode ser integrada, também, por um conselho em número de membros fixado pelo Conselho Seccional.

§ 4º Os quantitativos referidos nos §§ 1º e 3º deste artigo podem ser ampliados, na forma do regimento interno do Conselho Seccional.

§ 5º Cabe ao Conselho Seccional fixar, em seu orçamento, dotações específicas destinadas à manutenção das Subseções.

§ 6º O Conselho Seccional, mediante o voto de dois terços de seus membros, pode intervir nas Subseções, onde constatar grave violação desta lei ou do regimento interno daquele.

Art. 61. Compete à Subseção, no âmbito de seu território:

I — dar cumprimento efetivo às finalidades da OAB;

II — velar pela dignidade, independência e valorização da advocacia, e fazer valer as prerrogativas do advogado;

III — representar a OAB perante os poderes constituídos;

IV — desempenhar as atribuições previstas no regulamento geral ou por delegação de competência do Conselho Seccional.

PARÁGRAFO ÚNICO. Ao Conselho da Subseção, quando houver, compete exercer as funções e atribuições do Conselho Seccional, na forma do regimento interno deste, e ainda:

a) editar seu regimento interno, a ser referendado pelo Conselho Seccional;

b) editar resoluções, no âmbito de sua competência;

c) instaurar e instruir processos disciplinares, para julgamento pelo Tribunal de Ética e Disciplina;

d) receber pedido de inscrição nos quadros de advogado e estagiário, instruindo e emitindo parecer prévio, para decisão do Conselho Seccional.

CAPÍTULO V

Da Caixa de Assistência dos Advogados

Art. 62. A Caixa de Assistência dos Advogados, com personalidade jurídica própria, destina-se a prestar assistência aos inscritos no Conselho Seccional a que se vincule.

§ 1º A Caixa é criada e adquire personalidade jurídica com a aprovação e registro de seu estatuto pelo respectivo Conselho Seccional da OAB, na forma do regulamento geral.

§ 2º A Caixa pode, em benefício dos advogados, promover a seguridade complementar.

§ 3º Compete ao Conselho Seccional fixar contribuição obrigatória devida por seus inscritos, destinada à manutenção do disposto no parágrafo anterior, incidente sobre atos decorrentes do efetivo exercício da advocacia.

§ 4º A diretoria da Caixa é composta de cinco membros, com atribuições definidas no seu regimento interno.

§ 5º Cabe à Caixa a metade da receita das anuidades recebidas pelo Conselho Seccional, considerado o valor resultante após as deduções regulamentares obrigatórias.

§ 6º Em caso de extinção ou desativação da Caixa, seu patrimônio se incorpora ao do Conselho Seccional respectivo.

§ 7º O Conselho Seccional, mediante voto de dois terços de seus membros, pode intervir na Caixa de Assistência dos Advogados, no caso de descumprimento de suas finalidades, designando diretoria provisória, enquanto durar a intervenção.

CAPÍTULO VI

Das Eleições e dos Mandatos

Art. 63. A eleição dos membros de todos os órgãos da OAB será realizada na segunda quinzena do mês de novembro, do último ano do mandato, mediante cédula única e votação direta dos advogados regularmente inscritos.

§ 1º A eleição, na forma e segundo os critérios e procedimentos estabelecidos no regulamento geral, é de comparecimento obrigatório para todos os advogados inscritos na OAB.

§ 2º O candidato deve comprovar situação regular junto à OAB, não ocupar cargo exonerável ad nutum, não ter sido condenado por infração disciplinar, salvo reabilitação, e exercer efetivamente a profissão há mais de cinco anos.

Art. 64. Consideram-se eleitos os candidatos integrantes da chapa que obtiver a maioria dos votos válidos.

§ 1º A chapa para o Conselho Seccional deve ser composta dos candidatos ao conselho e à sua diretoria e, ainda, à delegação ao Conselho Federal e à Diretoria da Caixa de Assistência dos Advogados para eleição conjunta.

§ 2º A chapa para a Subseção deve ser composta com os candidatos à diretoria, e de seu conselho quando houver.

Art. 65. O mandato em qualquer órgão da OAB é de três anos, iniciando-se em primeiro de janeiro do ano seguinte ao da eleição, salvo o Conselho Federal.

PARÁGRAFO ÚNICO. Os conselheiros federais eleitos iniciam seus mandatos em primeiro de fevereiro do ano seguinte ao da eleição.

Art. 66. Extingue-se o mandato automaticamente, antes do seu término, quando:

I — ocorrer qualquer hipótese de cancelamento de inscrição ou de licenciamento do profissional;

II — o titular sofrer condenação disciplinar;

III — o titular faltar, sem motivo justificado, a três reuniões ordinárias consecutivas de cada órgão deliberativo do conselho ou da diretoria da Subseção ou da Caixa de Assistência dos Advogados, não podendo ser reconduzido no mesmo período de mandato.

PARÁGRAFO ÚNICO. Extinto qualquer mandato, nas hipóteses deste artigo, cabe ao Conselho Seccional escolher o substituto, caso não haja suplente.

Art. 67. A eleição da Diretoria do Conselho Federal, que tomará posse no dia 1º de fevereiro, obedecerá às seguintes regras:

I — será admitido registro, junto ao Conselho Federal, de candidatura à presidência, desde seis meses até um mês antes da eleição;

II — o requerimento de registro deverá vir acompanhado do apoiamento de, no mínimo, seis Conselhos Seccionais;

III — até um mês antes das eleições, deverá ser requerido o registro da chapa completa, sob pena de cancelamento da candidatura respectiva;

IV — no dia 31 de janeiro do ano seguinte ao da eleição, o Conselho Federal elegerá, em reunião presidida pelo conselheiro mais antigo, por voto secreto e para mandato de 3 (três) anos, sua diretoria, que tomará posse no dia seguinte; (Redação dada pela Lei n. 11.179, de 22.9.05, DOU 23.9.05)

V — será considerada eleita a chapa que obtiver maioria simples dos votos dos Conselheiros Federais, presente a metade mais 1 (um) de seus membros. (Redação dada pela Lei n. 11.179, de 22.9.05, DOU 23.9.05)

PARÁGRAFO ÚNICO. Com exceção do candidato a Presidente, os demais integrantes da chapa deverão ser conselheiros federais eleitos.

TÍTULO III

Do Processo na OAB

CAPÍTULO I

Disposições Gerais

Art. 68. Salvo disposição em contrário, aplicam-se subsidiariamente ao processo disciplinar as regras da legislação processual penal comum e, aos demais processos, as regras gerais do procedimento administrativo comum e da legislação processual civil, nessa ordem.

Art. 69. Todos os prazos necessários à manifestação de advogados, estagiários e terceiros, nos processos em geral da OAB, são de quinze dias, inclusive para interposição de recursos.

§ 1º Nos casos de comunicação por ofício reservado, ou de notificação pessoal, o prazo se conta a partir do dia útil imediato ao da notificação do recebimento.

§ 2º Nos casos de publicação na imprensa oficial do ato ou da decisão, o prazo inicia-se no primeiro dia útil seguinte.

CAPÍTULO II

Do Processo Disciplinar

Art. 70. O poder de punir disciplinarmente os inscritos na OAB compete exclusivamente ao Conselho Seccional em cuja base territorial tenha ocorrido a infração, salvo se a falta for cometida perante o Conselho Federal.

§ 1º Cabe ao Tribunal de Ética e Disciplina, do Conselho Seccional competente, julgar os processos disciplinares, instruídos pelas Subseções ou por relatores do próprio conselho.

§ 2º A decisão condenatória irrecorrível deve ser imediatamente comunicada ao Conselho Seccional onde o representado tenha inscrição principal, para constar dos respectivos assentamentos.

§ 3º O Tribunal de Ética e Disciplina do Conselho onde o acusado tenha inscrição principal pode suspendê-lo preventivamente, em caso de repercussão prejudicial à dignidade da advocacia, depois de ouvi-lo em sessão especial para a qual deve ser notificado a comparecer, salvo se não atender à notificação. Neste caso, o processo disciplinar deve ser concluído no prazo máximo de noventa dias.

Art. 71. A jurisdição disciplinar não exclui a comum e, quando o fato constituir crime ou contravenção, deve ser comunicado às autoridades competentes.

Art. 72. O processo disciplinar instaura-se de ofício ou mediante representação de qualquer autoridade ou pessoa interessada.

§ 1º O Código de Ética e Disciplina estabelece os critérios de admissibilidade da representação e os procedimentos disciplinares.

§ 2º O processo disciplinar tramita em sigilo, até o seu término, só tendo acesso às suas informações as partes, seus defensores e a autoridade judiciária competente.

Art. 73. Recebida a representação, o Presidente deve designar relator, a quem compete a instrução do processo e o oferecimento de parecer preliminar a ser submetido ao Tribunal de Ética e Disciplina.

§ 1º Ao representado deve ser assegurado amplo direito de defesa, podendo acompanhar o processo em todos os termos, pessoalmente ou por intermédio de procurador, oferecendo defesa prévia após ser notificado, razões finais após a instrução e defesa oral perante o Tribunal de Ética e Disciplina, por ocasião do julgamento.

§ 2º Se, após a defesa prévia, o relator se manifestar pelo indeferimento liminar da representação, este deve ser decidido pelo Presidente do Conselho Seccional, para determinar seu arquivamento.

§ 3º O prazo para defesa prévia pode ser prorrogado por motivo relevante, a juízo do relator.

§ 4º Se o representado não for encontrado, ou for revel, o Presidente do Conselho ou da Subseção deve designar-lhe defensor dativo;

§ 5º É também permitida a revisão do processo disciplinar, por erro de julgamento ou por condenação baseada em falsa prova.

Art. 74. O Conselho Seccional pode adotar as medidas administrativas e judiciais pertinentes, objetivando a que o profissional suspenso ou excluído devolva os documentos de identificação.

CAPÍTULO III

Dos Recursos

Art. 75. Cabe recurso ao Conselho Federal de todas as decisões definitivas proferidas pelo Conselho Seccional, quando não tenham sido unânimes ou, sendo unânimes, contrariem esta lei, decisão do Conselho Federal ou de outro Conselho Seccional e, ainda, o regulamento geral, o Código de Ética e Disciplina e os Provimentos.

PARÁGRAFO ÚNICO. Além dos interessados, o Presidente do Conselho Seccional é legitimado a interpor o recurso referido neste artigo.

Art. 76. Cabe recurso ao Conselho Seccional de todas as decisões proferidas por seu Presidente, pelo Tribunal de Ética e Disciplina, ou pela diretoria da Subseção ou da Caixa de Assistência dos Advogados.

Art. 77. Todos os recursos têm efeito suspensivo, exceto quando tratarem de eleições (arts. 63 e seguintes), de suspensão preventiva decidida pelo Tribunal de Ética e Disciplina, e de cancelamento da inscrição obtida com falsa prova.

PARÁGRAFO ÚNICO. O regulamento geral disciplina o cabimento de recursos específicos, no âmbito de cada órgão julgador.

TÍTULO IV

Das Disposições Gerais e Transitórias

Art. 78. Cabe ao Conselho Federal da OAB, por deliberação de dois terços, pelo menos, das delegações, editar o regulamento geral deste estatuto, no prazo de seis meses, contados da publicação desta lei.

Art. 79. Aos servidores da OAB, aplica-se o regime trabalhista. (Vide ADIN 3026-4)

§ 1º Aos servidores da OAB, sujeitos ao regime da Lei n. 8.112, de 11 de dezembro de 1990, é concedido o direito de opção pelo regime trabalhista, no prazo de noventa dias a partir da vigência desta lei, sendo assegurado aos optantes o pagamento de indenização, quando da aposentadoria, correspondente a cinco vezes o valor da última remuneração.

§ 2º Os servidores que não optarem pelo regime trabalhista serão posicionados no quadro em extinção, assegurado o direito adquirido ao regime legal anterior.

Art. 80. Os Conselhos Federal e Seccionais devem promover trienalmente as respectivas Conferências, em data não coincidente com o ano eleitoral, e, periodicamente, reunião do colégio de presidentes a eles vinculados, com finalidade consultiva.

Art. 81. Não se aplicam aos que tenham assumido originariamente o cargo de Presidente do Conselho Federal ou dos Conselhos Seccionais, até a data da publicação desta lei, as normas contidas no Título II, acerca da composição desses Conselhos, ficando assegurado o pleno direito de voz e voto em suas sessões.

Art. 82. Aplicam-se as alterações previstas nesta lei, quanto a mandatos, eleições, composição e atribuições dos órgãos da OAB, a partir do término do mandato dos atuais membros, devendo os Conselhos Federal e Seccionais disciplinarem os respectivos procedimentos de adaptação.

PARÁGRAFO ÚNICO. Os mandatos dos membros dos órgãos da OAB, eleitos na primeira eleição sob a vigência desta lei, e na forma do Capítulo VI do Título II, terão início no dia seguinte ao término dos atuais mandatos, encerrando-se em 31 de dezembro do terceiro ano do mandato e em 31 de janeiro do terceiro ano do mandato, neste caso com relação ao Conselho Federal.

Art. 83. Não se aplica o disposto no art. 28, inciso II, desta lei, aos membros do Ministério Público que, na data de promulgação da Constituição, se incluam na previsão do art. 29, § 3º, do seu Ato das Disposições Constitucionais Transitórias.

Art. 84. O estagiário, inscrito no respectivo quadro, fica dispensado do Exame de Ordem, desde que comprove, em até dois anos da promulgação desta lei, o exercício e resultado do estágio profissional ou a conclusão, com aproveitamento, do estágio de Prática Forense e Organização Judiciária, realizado junto à respectiva faculdade, na forma da legislação em vigor.

Art. 85. O Instituto dos Advogados Brasileiros e as instituições a ele filiadas têm qualidade para promover perante a OAB o que julgarem do interesse dos advogados em geral ou de qualquer dos seus membros.

Art. 86. Esta lei entra em vigor na data de sua publicação.

Art. 87. Revogam-se as disposições em contrário, especialmente a Lei n. 4.215, de 27 de abril de 1963, a Lei n. 5.390, de 23 de fevereiro de 1968, o Decreto-Lei n. 505, de 18 de março de 1969, a Lei n. 5.681, de 20 de julho de 1971, a Lei n. 5.842, de 6 de dezembro de 1972, a Lei n. 5.960, de 10 de dezembro de 1973, a Lei n. 6.743, de 5 de dezembro de 1979, a Lei n. 6.884, de 9 de dezembro de 1980, a Lei n. 6.994, de 26 de maio de 1982, mantidos os efeitos da Lei n. 7.346, de 22 de julho de 1985.

Brasília, 4 de julho de 1994; 173º da Independência e 106º da República.

Itamar Franco
Alexandre de Paula Dupeyrat Martins

LEI N. 9.674, DE 25 DE JUNHO DE 1998

(DOU 26.6.98)

DISPÕE SOBRE O EXERCÍCIO DA PROFISSÃO DE BIBLIOTECÁRIO E DETERMINA OUTRAS PROVIDÊNCIAS

O PRESIDENTE DA REPÚBLICA,

Faço saber que o Congresso Nacional decreta e eu sanciono a seguinte Lei:

CAPÍTULO I
Da Profissão de Bibliotecário

Art. 1º O exercício da profissão de Bibliotecário, em todo o território nacional, somente é permitido quando atendidas as qualificações estabelecidas nesta Lei.

Parágrafo único. A designação "Bibliotecário", incluída no Quadro das Profissões Liberais, Grupo 19, da Consolidação das Leis do Trabalho, é privativa dos Bacharéis em Biblioteconomia.

Art. 2º *(Vetado).*

Art. 3º O exercício da profissão de Bibliotecário é privativo:

I — dos portadores de diploma de Bacharel em Biblioteconomia, expedido por instituições de ensino superior oficialmente reconhecidas, registradas nos órgãos competentes, de acordo com a legislação em vigor;

II — dos portadores de diploma de graduação em Biblioteconomia, conferido por instituições estrangeiras de ensino superior, reconhecidas pelas leis do país de origem, e revalidados no Brasil, de acordo com a legislação vigente;

III — dos amparados pela Lei n. 7.504, de 2 de julho de 1986.

CAPÍTULO II
Das Atividades Profissionais

Art. 4º O exercício da profissão de Bibliotecário, no âmbito das pessoas jurídicas de direito público e privado, é privativo dos Bacharéis em Biblioteconomia.

Art. 5º *(Vetado).*

CAPÍTULO III
Dos Conselhos de Biblioteconomia

Art. 6º *(Vetado).*

Art. 7º *(Vetado).*

Art. 8º *(Vetado).*

Art. 9º *(Vetado).*

Art. 10. *(Vetado).*

Art. 11. *(Vetado).*

Art. 12. *(Vetado).*

Art. 13. *(Vetado).*

Art. 14. *(Vetado).*

Art. 15. *(Vetado).*

Art. 16. *(Vetado).*

Art. 17. *(Vetado).*

Art. 18. *(Vetado).*

Art. 19. *(Vetado).*

Art. 20. *(Vetado).*

Art. 21. *(Vetado).*

Art. 22. *(Vetado).*

Art. 23. *(Vetado).*

CAPÍTULO IV
Da Finalidade e Competência do Conselho Federal de Biblioteconomia

Art. 24. *(Vetado).*

Art. 25. *(Vetado).*

CAPÍTULO V
Da Finalidade e Competência dos Conselhos Regionais de Biblioteconomia

Art. 26. *(Vetado).*

Art. 27. *(Vetado).*

Art. 28. *(Vetado).*

CAPÍTULO VI

Do Registro de Bibliotecários

Art. 29. O exercício da função de Bibliotecário é privativo dos Bibliotecários inscritos nos quadros do Conselho Regional da respectiva jurisdição, nos termos desta Lei.

§ 1º É obrigatória a citação do número de registros no Conselho Regional, em todos os documentos de responsabilidade profissional.

§ 2º *(Vetado).*

Art. 30. Ao profissional devidamente registrado no Conselho Regional serão fornecidas a carteira de identidade profissional e a cédula de identidade de Bibliotecário, que terão fé pública, nos termos da Lei.

CAPÍTULO VII

Do Registro das Pessoas Jurídicas

Art. 31. *(Vetado).*

Art. 32. *(Vetado).*

CAPÍTULO VIII

Do Cadastro das Pessoas Jurídicas

Art. 33. *(Vetado).*

§ 1º *(Vetado).*

§ 2º *(Vetado).*

§ 3º As Bibliotecas Públicas localizadas em Municípios com até dez mil habitantes e cujo acervo não ultrapasse a duzentos exemplares catalogados poderão funcionar sob a supervisão de um Técnico em Biblioteconomia, devidamente registrado perante o Conselho e, neste caso, deverão comunicar ao respectivo Conselho Regional de Biblioteconomia a criação, o funcionamento e a responsabilidade técnica da Biblioteca, para fins de anotação e controle, sendo isentas de qualquer taxa ou contribuição.

Art. 34. *(Vetado).*

CAPÍTULO IX

Das Anuidades, Taxas, Emolumentos, Multas e Renda

Art. 35. *(Vetado).*

Art. 36. *(Vetado).*

Art. 37. *(Vetado).*

CAPÍTULO X

Das Infrações, Penalidades e Recursos

Art. 38. A falta do competente registro, bem como do pagamento da anuidade, caracterizará o exercício ilegal da profissão de Bibliotecário.

Art. 39. Constituem infrações disciplinares:

I — exercer a profissão quando impedido de fazê-lo ou facilitar, por qualquer modo, o seu exercício a não registrados;

II — praticar, no exercício profissional, ato que a lei defina como crime ou contravenção penal;

III — não cumprir, no prazo estipulado, determinação emanada do Conselho Regional em matéria de competência deste, após regularmente notificado;

IV — deixar de pagar ao Conselho Regional, nos prazos previstos, as contribuições a que está obrigado;

V — faltar a qualquer dever profissional previsto nesta Lei;

VI — transgredir preceitos do Código de Ética Profissional.

Parágrafo único. As infrações serão apuradas levando-se em conta a natureza do ato e as circunstâncias de cada caso.

Art. 40. As penas disciplinares, consideradas a gravidade da infração cometida e a reincidência das mesmas, consistem em:

I — multa de um a cinquenta vezes o valor atualizado da anuidade;

II — advertência reservada;

III — censura pública;

IV — suspensão do exercício profissional de até três anos;

V — cassação do exercício profissional com a apreensão da carteira profissional.

§ 1º A pena de multa poderá ser combinada com qualquer das penalidades enumeradas neste artigo, podendo ser aplicada em dobro em caso de reincidência da mesma infração.

§ 2º A falta de pagamento da multa prevista neste Capítulo no prazo estipulado determinará a suspensão do exercício profissional, sem prejuízo da cobrança por via executiva.

§ 3º A suspensão por falta de pagamento de anuidades, taxas e multas somente cessará com o recolhimento da dívida, podendo estender-se a até três anos, decorridos os quais o profissional terá, automaticamente, cancelado seu registro, se não resgatar o débito, sem prejuízo da cobrança executiva.

§ 4º A pena de cassação do exercício profissional acarretará ao infrator a perda do direito de exercer a profissão, em todo o território nacional, com apreensão da carteira de identidade profissional.

§ 5º Ao infrator suspenso por débitos será admitida a reabilitação profissional mediante novo registro, satisfeitos, além das anuidades em débito, as multas e demais emolumentos e taxas cabíveis.

Art. 41. *(Vetado).*

Art. 42. Nenhuma penalidade será aplicada sem que tenha sido assegurado ao infrator amplo direito de defesa.

Art. 43. *(Vetado).*

Art. 44. Não caberá ao infrator outro recurso por via administrativa.

Art. 45. As denúncias só serão recebidas quando assinadas com a qualificação do denunciante e acompanhadas dos elementos comprobatórios do alegado, tramitando em caráter reservado, vedada a divulgação do nome do denunciante.

Art. 46. As pessoas não habilitadas que exercerem a profissão regulamentada nesta Lei estão sujeitas às penalidades previstas na Lei de Contravenções Penais e ao pagamento de multa, a ser definida pelo Conselho Federal.

CAPÍTULO XI

Das Disposições Gerais e Transitórias

Art. 47. São equivalentes, para todos os efeitos, os diplomas de Bibliotecário, de Bacharel em Biblioteconomia e de Bacharel em Biblioteconomia e Documentação, expedidos até a data desta Lei por escolas oficialmente reconhecidas e registradas nos órgãos competentes, de acordo com a legislação em vigor.

Art. 48. As pessoas não portadoras de diploma, que tenham exercido a atividade até 30 de janeiro de 1987, e que já estão devidamente registradas nos quadros dos Conselhos Regionais de Biblioteconomia, estão habilitadas no exercício da profissão.

Art. 49. *(Vetado).*

Art. 50. *(Vetado).*

Art. 51. *(Vetado).*

Art. 52. Esta Lei entra em vigor na data de sua publicação.

Art. 53. *(Vetado).*

Brasília, 25 de junho de 1998; 177º da Independência e 110º da República.

Fernando Henrique Cardoso

Renan Calheiros

Edward Amadeo

LEI N. 9.696, DE 1º DE SETEMBRO DE 1998

(DOU 2.9.98)

DISPÕE SOBRE A REGULAMENTAÇÃO DA PROFISSÃO DE EDUCAÇÃO FÍSICA E CRIA OS RESPECTIVOS CONSELHO FEDERAL E CONSELHOS REGIONAIS DE EDUCAÇÃO FÍSICA

O PRESIDENTE DA REPÚBLICA,

Faço saber que o Congresso Nacional decreta e eu sanciono a seguinte lei:

Art. 1º O exercício das atividades de Educação Física e a designação de Profissional de Educação Física é prerrogativa dos profissionais regularmente registrados nos Conselhos Regionais de Educação Física.

Art. 2º Apenas serão inscritos nos quadros dos Conselhos Regionais de Educação Física os seguintes profissionais:

I — os possuidores de diploma obtido em curso de Educação Física, oficialmente autorizado ou reconhecido;

II — os possuidores de diploma em Educação Física expedido por instituição de ensino superior estrangeira, revalidado na forma da legislação em vigor;

III — os que, até a data do início da vigência desta Lei, tenham comprovadamente exercido atividades próprias dos Profissionais de Educação Física, nos termos a serem estabelecidos pelo Conselho Federal de Educação Física.

Art. 3º Compete ao Profissional de Educação Física coordenar, planejar, programar, supervisionar, dinamizar, dirigir, organizar, avaliar e executar trabalhos, programas, planos e projetos, bem como prestar serviços de auditoria, consultoria e assessoria, realizar treinamentos especializados, participar de equipes multidisciplinares e interdisciplinares e elaborar informes técnicos, científicos e pedagógicos, todos nas áreas de atividades físicas e do desporto.

Art. 4º São criados o Conselho Federal e os Conselhos Regionais de Educação Física.

Art. 5º Os primeiros membros efetivos e suplentes do Conselho Federal de Educação Física serão eleitos para um mandato tampão de dois anos, em reunião das associações representativas de Profissionais de Educação Física, criadas nos termos da Constituição Federal, com personalidade jurídica própria, e das instituições superiores de ensino de Educação Física, oficialmente autorizadas ou reconhecidas, que serão convocadas pela Federação Brasileira das Associações dos Profissionais de Educação Física — FBAPEF, no prazo de até noventa dias após a promulgação desta Lei.

Art. 6º Esta Lei entra em vigor na data de sua publicação.

Fernando Henrique Cardoso

Edward Amadeo

LEI N. 11.476, DE 29 DE MAIO DE 2007

(DOU 30.5.07)

DISPÕE SOBRE A REGULAMENTAÇÃO DAS PROFISSÕES DE ENÓLOGO E TÉCNICO EM ENOLOGIA

O PRESIDENTE DA REPÚBLICA,

Faço saber que o Congresso Nacional decreta e eu sanciono a seguinte Lei:

Art. 1º. É livre, em todo o território nacional, o exercício das atividades ligadas à Enologia e à Viticultura, observadas as disposições desta Lei.

Art. 2º. Poderão exercer a profissão de Enólogo:

I — os possuidores de diplomas de nível superior em Enologia expedidos no Brasil por escolas oficiais ou reconhecidas pelo Governo Federal;

II — os possuidores de diplomas expedidos por escolas estrangeiras reconhecidas pelas leis de seu país e que forem revalidados no Brasil, de acordo com a legislação em vigor;

III — os possuidores de diploma de nível médio em Enologia e os alunos que ingressaram em curso deste nível até 29 de maio de 2007, desde que sejam diplomados em escolas oficiais, públicas ou privadas, reconhecidas ou credenciadas pelo poder público." (NR) *(Redação dada pela Lei n. 12.719 de 26.9.12, DOU 27.9.12)*

Art. 3º. Poderão exercer a profissão de Técnico em Enologia:

I — os possuidores de diplomas de nível médio em Enologia expedidos no Brasil por escolas oficiais ou reconhecidas na forma da lei;

II — os possuidores de diplomas de nível médio em Enologia expedidos por escolas estrangeiras e que forem revalidados no Brasil de acordo com a legislação em vigor.

Art. 4º. São atribuições do Enólogo e do Técnico em Enologia:

I — analisar as características físicas, químicas, botânicas, organolépticas e sanitárias da uva;

II — executar as diferentes etapas e os procedimentos do cultivo da videira;

III — manipular os equipamentos e materiais empregados nos procedimentos vitivinícolas;

IV — analisar os processos físicos, químicos, bioquímicos e microbiológicos inerentes à moderna tecnologia de vinificação;

V — aplicar a legislação vigente das atividades e dos produtos vitivinícolas;

VI — decidir e formular recomendações para o desdobramento satisfatório de todas as atividades técnicas na área de vitivinicultura;

VII — planejar e racionalizar operações agrícolas e industriais correspondentes na área vitivinícola;

VIII — prestar assistência técnica e promover atividades de extensão na área vitivinícola;

IX — executar a determinação analítica dos produtos vitivinícolas;

X — organizar e assessorar estabelecimentos vitivinícolas;

XI — organizar, dirigir e assessorar departamentos de controle de qualidade, de pesquisa e de fiscalização na área da vitivinicultura;

XII — identificar, avaliar e qualificar uvas, vinhos e derivados da uva e do vinho;

XIII — orientar e desenvolver projetos de produção e comercialização de produtos enológicos;

XIV — exercer atividades na área mercadológica da vitivinicultura;

XV — desenvolver e coordenar projetos, pesquisas e experimentações vitivinícolas;

XVI — desenvolver as empresas vitivinícolas, contribuindo para a modernização das técnicas de elaboração de vinhos;

XVII — atuar nas cantinas de vinificação, órgãos de pesquisa enológica e indústrias de bebidas, no controle e na fiscalização de vinhos e derivados da uva e do vinho;

XVIII — orientar os viticultores quanto aos aspectos técnicos para formar vinhedos de melhor produtividade e qualidade;

XIX — prestar assistência técnica na utilização e na comercialização de produtos e equipamentos técnicos enológicos;

XX — orientar os vitivinicultores quanto ao aproveitamento das variedades de uvas para elaboração de vinhos de melhor qualidade;

XXI — controlar e avaliar as características organolépticas da produção vinícola;

XXII — exercer magistério em curso superior na área de enologia e viticultura.

Art. 5º. São atribuições exclusivas do Enólogo:

I — exercer a responsabilidade técnica pela empresa vinícola, seus produtos e pelos laboratórios de análise enológica;

II — executar perícias exigidas em processos judiciais a título de prova e contraprova.

Art. 6º. As denominações de Enólogo e de Técnico em Enologia são reservadas exclusivamente aos profissionais referidos nesta Lei, ficando também incluídos os portadores de diplomas de Tecnólogo em Viticultura e Enologia, Técnico em Viticultura e Enologia e Técnico em Enologia.

Art. 7º. O exercício das atividades em nível profissional nas áreas de Enologia por pessoas não-habilitadas nos termos desta Lei caracteriza exercício ilegal da profissão.

Art. 8º. É permitida a um Enólogo a responsabilidade técnica por estabelecimentos cujo termo de contrato estabeleça a elaboração de produtos enquadrados dentro dos Padrões de Identidade e Qualidade - PIQs determinados pelo órgão oficial.

Art. 9º. O Poder Executivo regulamentará esta Lei no prazo de 90 (noventa) dias, a contar da data de sua publicação.

Art. 10. Esta Lei entra em vigor na data de sua publicação.

Brasília, 29 de maio de 2007; 186º da Independência e 119º da República.

Luiz Inácio Lula da Silva
Reinold Stephanes
Carlos Lupi

LEI N. 10.220, DE 11 DE ABRIL DE 2001

(DOU 12.4.01)

INSTITUI NORMAS GERAIS RELATIVAS À ATIVIDADE DE PEÃO DE RODEIO, EQUIPARANDO-O A ATLETA PROFISSIONAL

O PRESIDENTE DA REPÚBLICA,

Faço saber que o Congresso Nacional decreta e eu sanciono a seguinte Lei:

Art. 1º Considera-se atleta profissional o peão de rodeio cuja atividade consiste na participação, mediante remuneração pactuada em contrato próprio, em provas de destreza no dorso de animais equinos ou bovinos, em torneios patrocinados por entidades públicas ou privadas.

PARÁGRAFO ÚNICO. Entendem-se como provas de rodeios as montarias em bovinos e equinos, as vaquejadas e provas de laço, promovidas por entidades públicas ou privadas, além de outras atividades profissionais da modalidade organizadas pelos atletas e entidades dessa prática esportiva.

Art. 2º O contrato celebrado entre a entidade promotora das provas de rodeios e o peão, obrigatoriamente por escrito, deve conter:

I — a qualificação das partes contratantes;

II — o prazo de vigência, que será, no mínimo, de quatro dias e, no máximo, de dois anos;

III — o modo e a forma de remuneração, especificados o valor básico, os prêmios, as gratificações, e, quando houver, as bonificações, bem como o valor das luvas, se previamente convencionadas;

IV — cláusula penal para as hipóteses de descumprimento ou rompimento unilateral do contrato.

§ 1º É obrigatória a contratação, pelas entidades promotoras, de seguro de vida e de acidentes em favor do peão de rodeio, compreendendo indenizações por morte ou invalidez permanente no valor mínimo de cem mil reais, devendo este valor ser atualizado a cada período de doze meses contados da publicação desta Lei, com base na Taxa Referencial de Juros — TR.

§ 2º A entidade promotora que estiver com o pagamento da remuneração de seus atletas em atraso, por período superior a três meses, não poderá participar de qualquer competição, oficial ou amistosa.

§ 3º A apólice de seguro à qual se refere o § 1º deverá, também, compreender o ressarcimento de todas as despesas médicas e hospitalares decorrentes de eventuais acidentes que o peão vier a sofrer no interstício de sua jornada normal de trabalho, independentemente da duração da eventual internação, dos medicamentos e das terapias que assim se fizerem necessários.

Art. 3º O contrato estipulará, conforme os usos e costumes de cada região, o início e o término normal da jornada de trabalho, que não poderá exceder a oito horas por dia.

Art. 4º A celebração de contrato com maiores de dezesseis anos e menores de vinte e um anos deve ser precedida de expresso assentimento de seu responsável legal.

PARÁGRAFO ÚNICO. Após dezoito anos completos de idade, na falta ou negativa do assentimento do responsável legal, o contrato poderá ser celebrado diretamente pelas partes mediante suprimento judicial do assentimento.

Art. 5º *(Vetado).*

Art. 6º *(Vetado).*

Art. 7º Esta Lei entra em vigor na data de sua publicação.

Brasília, 11 de abril de 2001; 180º da Independência e 113º da República.

Fernando Henrique Cardoso
José Gregori
Francisco Dornelles
José Cechin
Carlos Melles

LEI N 11.685, DE 2 DE JUNHO DE 2008

(DOU 3.6.08)

INSTITUI O ESTATUTO DO GARIMPEIRO E DÁ OUTRAS PROVIDÊNCIAS

O VICE-PRESIDENTE DA REPÚBLICA, no exercício do cargo de Presidente da República,

Faço saber que o Congresso Nacional decreta e eu sanciono a seguinte Lei:

CAPÍTULO I

Disposições Preliminares

Art. 1º Fica instituído o Estatuto do Garimpeiro, destinado a disciplinar os direitos e deveres assegurados aos garimpeiros.

Art. 2º Para os fins previstos nesta Lei entende-se por:

I — garimpeiro: toda pessoa física de nacionalidade brasileira que, individualmente ou em forma associativa, atue diretamente no processo da extração de substâncias minerais garimpáveis;

II — garimpo: a localidade onde é desenvolvida a atividade de extração de substâncias minerais garimpáveis, com aproveitamento imediato do jazimento mineral, que, por sua natureza, dimensão, localização e utilização econômica, possam ser lavradas, independentemente de prévios trabalhos de pesquisa, segundo critérios técnicos do Departamento Nacional de Produção Mineral — DNPM; e

III — minerais garimpáveis: ouro, diamante, cassiterita, columbita, tantalita, wolframita, nas formas aluvionar, eluvional e coluvial, scheelita, demais gemas, rutilo, quartzo, berilo, muscovita, espodumênio, lepidolita, feldspato, mica e outros, em tipos de ocorrência que vierem a ser indicados, a critério do DNPM.

Art. 3º O exercício da atividade de garimpagem só poderá ocorrer após a outorga do competente título minerário, expedido nos termos do Decreto-lei n. 227, de 28 de fevereiro de 1967, e da Lei n. 7.805, de 18 de julho de 1989, sendo o referido título indispensável para a lavra e a primeira comercialização dos minerais garimpáveis extraídos.

CAPÍTULO II

Das Modalidades de Trabalho

Art. 4º Os garimpeiros realizarão as atividades de extração de substâncias minerais garimpáveis sob as seguintes modalidades de trabalho:

I — autônomo;

II — em regime de economia familiar;

III — individual, com formação de relação de emprego;

IV — mediante Contrato de Parceria, por Instrumento Particular registrado em cartório; e

V — em Cooperativa ou outra forma de associativismo.

CAPÍTULO III

Dos Direitos e Deveres do Garimpeiro

SEÇÃO I

Dos Direitos

Art. 5º As cooperativas de garimpeiros terão prioridade na obtenção da permissão de lavra garimpeira nas áreas nas quais estejam atuando, desde que a ocupação tenha ocorrido nos seguintes casos:

I — em áreas consideradas livres, nos termos do Decreto-lei n. 227, de 28 de fevereiro de 1967;

II — em áreas requeridas com prioridade, até a data de 20 de julho de 1989; e

III — em áreas onde sejam titulares de permissão de lavra garimpeira.

PARÁGRAFO ÚNICO. É facultado ao garimpeiro associar-se a mais de uma cooperativa que tenha atuação em áreas distintas.

Art. 6º As jazidas cujo título minerário esteja em processo de baixa no DNPM e que, comprovadamente, contenham, nos seus rejeitos, minerais garimpáveis que possam ser objeto de exploração garimpeira poderão ser tornadas disponíveis, por meio de edital, às cooperativas de garimpeiros, mediante a manifestação de interesse destas, conforme dispuser portaria do Diretor-Geral do DNPM.

Art. 7º As jazidas vinculadas a títulos minerários declarados caducos em conformidade com o art. 65 do Decreto-lei n. 227, de 28 de fevereiro de 1967, relativos a substâncias minerais garimpáveis que possam ser objeto de atividade garimpeira, poderão ser tornadas disponíveis, por meio de edital, às cooperativas de garimpeiros, mediante a manifestação de interesse destas, conforme dispuser portaria do Diretor-Geral do DNPM.

Art. 8º A critério do DNPM, será admitido o aproveitamento de substâncias minerais garimpáveis por cooperativas de garimpeiros em áreas de manifesto de mina e em áreas oneradas por alvarás de pesquisa e portarias de lavra, com autorização do titular, quando houver exeqüibilidade da lavra por ambos os regimes.

Art. 9º Fica assegurado ao garimpeiro, em qualquer das modalidades de trabalho, o direito de comercialização da sua produção diretamente com o consumidor final, desde que se comprove a titularidade da área de origem do minério extraído.

Art. 10. A atividade de garimpagem será objeto de elaboração de políticas públicas pelo Ministério de Minas e Energia destinadas a promover o seu desenvolvimento sustentável.

Art. 11. Fica assegurado o registro do exercício da atividade de garimpagem nas carteiras expedidas pelas cooperativas de garimpeiros.

SEÇÃO II

Dos Deveres do Garimpeiro

Art. 12. O garimpeiro, a cooperativa de garimpeiros e a pessoa que tenha celebrado Contrato de Parceria com garimpeiros, em qualquer modalidade de trabalho, ficam obrigados a:

I — recuperar as áreas degradadas por suas atividades;

II — atender ao disposto no Código de Mineração no que lhe couber; e

III — cumprir a legislação vigente em relação à segurança e à saúde no trabalho.

Art. 13. É proibido o trabalho do menor de 18 (dezoito) anos na atividade de garimpagem.

CAPÍTULO IV

Das Entidades de Garimpeiros

Art. 14. É livre a filiação do garimpeiro a associações, confederações, sindicatos, cooperativas ou outras formas associativas, devidamente registradas, conforme legislação específica.

Art. 15. As cooperativas, legalmente constituídas, titulares de direitos minerários deverão informar ao DNPM, anualmente, a relação dos garimpeiros cooperados, exclusivamente para fins de registro.

§ 1º A apresentação intempestiva ou que contenha informações inverídicas implicará multa de R$ 2.000,00 (dois mil reais), a ser aplicada pelo DNPM.

§ 2º No caso de reincidência, a multa será aplicada em dobro, podendo, no caso de não pagamento ou nova ocorrência, ensejar a caducidade do título.

CAPÍTULO V
Disposições Finais

Art. 16. O garimpeiro que tenha Contrato de Parceria com o titular de direito minerário deverá comprovar a regularidade de sua atividade na área titulada mediante apresentação de cópias autenticadas do contrato e do respectivo título minerário.

PARÁGRAFO ÚNICO. O contrato referido no *caput* deste artigo não será objeto de averbação no DNPM.

Art. 17. Fica o titular de direito minerário obrigado a enviar, anualmente, ao DNPM a relação dos garimpeiros que atuam em sua área, sob a modalidade de Contrato de Parceria, com as respectivas cópias desses contratos.

§ 1º A apresentação intempestiva ou que contenha informações inverídicas implicará multa de R$ 1.000,00 (mil reais), a ser aplicada pelo DNPM.

§ 2º No caso de reincidência, a multa será aplicada em dobro, podendo, no caso de não pagamento ou nova ocorrência, ensejar a caducidade do título.

Art. 18. É instituído o Dia Nacional do Garimpeiro a ser comemorado em 21 de julho.

Art. 19. Fica intitulado Patrono dos Garimpeiros o Bandeirante Fernão Dias Paes Leme.

Art. 20. Esta Lei entra em vigor na data de sua publicação.

Brasília, 2 de junho de 2008; 187º da Independência e 120º da República.

José Alencar Gomes da Silva
Carlos Lupi
Edison Lobão

LEI N. 11.760, DE 31 DE JULHO DE 2008

DISPÕE SOBRE O EXERCÍCIO DA PROFISSÃO DE OCEANÓGRAFO

O PRESIDENTE DA REPÚBLICA,

Faço saber que o Congresso Nacional decreta e eu sanciono a seguinte Lei:

Art. 1º É livre o exercício da profissão de Oceanógrafo aos portadores de diploma:

I — devidamente registrado de bacharel em curso de Oceanografia, expedido por instituição brasileira de ensino superior oficialmente reconhecida;

II — expedido por instituição estrangeira de ensino superior, revalidado na forma da lei, cujos cursos foram considerados equivalentes aos mencionados no inciso I do caput deste artigo.

PARÁGRAFO ÚNICO. É livre também o exercício da profissão de Oceanógrafo aos portadores de diploma de bacharel, devidamente registrado, em curso de Oceanologia expedido pela Fundação Universidade do Rio Grande.

Art. 2º É igualmente assegurado o livre exercício da profissão de Oceanógrafo aos que, embora não habilitados na forma do art. 1º desta Lei, sejam possuidores de diplomas registrados em curso superior de graduação em outras áreas de conhecimento ligadas às geociências, ciências exatas, naturais ou do mar, inclusive os diplomados pela Escola Naval, com aperfeiçoamento em hidrografia e que tenham exercido ou estejam exercendo atividades oceanográficas por um período de 5 (cinco) anos, em entidade pública ou privada, devidamente comprovadas perante o órgão competente do Ministério do Trabalho e Emprego.

PARÁGRAFO ÚNICO. Nas condições estabelecidas no *caput* deste artigo, o registro deve ser requerido no prazo máximo de 5 (cinco) anos, a contar da data de vigência desta Lei.

Art. 3º Os Oceanógrafos, sem prejuízo do exercício das mesmas atividades por outros profissionais, igualmente habilitados na forma da legislação vigente, poderão:

I — formular, elaborar, executar, fiscalizar e dirigir estudos, planejamento, projetos e/ou pesquisas científicas básicas e aplicadas, interdisciplinares ou não, que visem ao conhecimento e à utilização racional do meio marinho, em todos os seus domínios, realizando, direta ou indiretamente:

a) levantamento, processamento e interpretação das condições físicas, químicas, biológicas e geológicas do meio marinho, suas interações, bem como a previsão do comportamento desses parâmetros e dos fenômenos a eles relacionados;

b) desenvolvimento e aplicação de métodos, processos e técnicas de exploração, explotação, beneficiamento e controle dos recursos marinhos;

c) desenvolvimento e aplicação de métodos, processos e técnicas de preservação, monitoramento e gerenciamento do meio marinho;

d) desenvolvimento e aplicação de métodos, processos e técnicas oceanográficas relacionadas às obras, instalações, estruturas e quaisquer empreendimentos na área marinha;

II — orientar, dirigir, assessorar e prestar consultoria a empresas, fundações, sociedades e associações de classe, entidades autárquicas, privadas ou do poder público;

III — realizar perícias, emitir e assinar pareceres e laudos técnicos;

IV — dirigir órgãos, serviços, seções, grupos ou setores de oceanografia em entidades autárquicas, privadas ou do poder público.

PARÁGRAFO ÚNICO. Compete igualmente aos Oceanógrafos, ainda que não privativo ou exclusivo, o exercício de atividades ligadas à limnologia, aquicultura, processamento e inspeção dos recursos naturais de águas interiores.

Art. 4º Esta Lei entra em vigor na data de sua publicação.

Brasília, 31 de julho de 2008; 187º da Independência e 120º da República.

Luiz Inácio Lula da Silva
Carlos Lupi
Fernando Haddad
Altemir Gregolin

LEI N. 11.350, DE 5 DE OUTUBRO DE 2006

(DOU 6.10.06)

REGULAMENTA O § 5º DO ART. 198 DA CONSTITUIÇÃO, DISPÕE SOBRE O APROVEITAMENTO DE PESSOAL AMPARADO PELO PARÁGRAFO ÚNICO DO ART. 2º DA EMENDA CONSTITUCIONAL N. 51, DE 14 DE FEVEREIRO DE 2006, E DÁ OUTRAS PROVIDÊNCIAS

Obs: A presente Lei n. 13.026, de 3.9.14 (DOU 4.9.14), não publicada nesta obra, que altera as Leis ns. 10.410, de 11 de janeiro de 2002, que cria e disciplina a Carreira de Especialista em Meio Ambiente, e 11.357, de 19 de outubro de 2006, na parte em que dispõe sobre o Plano Especial de Cargos do Ministério do Meio Ambiente e do Instituto Brasileiro do Meio Ambiente — IBAMA; cria o Quadro em Extinção de Combate às Endemias; e autoriza a transformação dos empregos criados pelo art. 15 da Lei n· 11.350, de 5 de outubro de 2006, no cargo de Agente de Combate às Endemias. Abaixo, transcrevemos o art. 13 da mencionada lei que trata da jornada de trabalho do Agente de Combate às Endemias e disposições ligadas a transformações, extinção e vedação a redistribuição de cargos, as quais fazem remissões à Lei n. 8.112, de 11.12.90:

..

"Art. 13. Aplica-se aos ocupantes do cargo de Agente de Combate às Endemias a jornada de 40 (quarenta) horas semanais, prevista na Lei n. 8.112, de 11 de dezembro de 1990.

Art. 14. Os cargos transformados por esta Lei serão automaticamente extintos na ocorrência de quaisquer das hipóteses de vacância dispostas na Lei n. 8.112, de 11 de dezembro de 1990.

Art. 15. É vedada a redistribuição dos cargos de Agente de Combate às Endemias a outros órgãos da administração pública federal, independentemente do cumprimento das disposições do art. 37 da Lei n. 8.112, de 11 de dezembro de 1990.

..

Faço saber que o PRESIDENTE DA REPÚBLICA adotou a Medida Provisória n. 297, de 2006, que o Congresso Nacional aprovou, e eu, Renan Calheiros, Presidente da Mesa do Congresso Nacional, para os efeitos do disposto no art. 62 da Constituição Federal, com a redação dada pela Emenda Constitucional n. 32, combinado com o art. 12 da Resolução n. 1, de 2002-CN, promulgo a seguinte Lei:

Art. 1º. As atividades de Agente Comunitário de Saúde e de Agente de Combate às Endemias, passam a reger-se pelo disposto nesta Lei.

Art. 2º. O exercício das atividades de Agente Comunitário de Saúde e de Agente de Combate às Endemias, nos termos desta Lei, dar-se-á exclusivamente no âmbito do Sistema Único de Saúde - SUS, na execução das atividades de responsabilidade dos entes federados, mediante vínculo direto entre os referidos Agentes e órgão ou entidade da administração direta, autárquica ou fundacional.

Art. 3º. O Agente Comunitário de Saúde tem como atribuição o exercício de atividades de prevenção de doenças e promoção da saúde, mediante ações domiciliares ou comunitárias, individuais ou coletivas, desenvolvidas em conformidade com as diretrizes do SUS e sob supervisão do gestor municipal, distrital, estadual ou federal.

PARÁGRAFO ÚNICO. São consideradas atividades do Agente Comunitário de Saúde, na sua área de atuação:

I — a utilização de instrumentos para diagnóstico demográfico e sociocultural da comunidade;

II — a promoção de ações de educação para a saúde individual e coletiva;

III — o registro, para fins exclusivos de controle e planejamento das ações de saúde, de nascimentos, óbitos, doenças e outros agravos à saúde;

IV — o estímulo à participação da comunidade nas políticas públicas voltadas para a área da saúde;

V — a realização de visitas domiciliares periódicas para monitoramento de situações de risco à família; e

VI — a participação em ações que fortaleçam os elos entre o setor saúde e outras políticas que promovam a qualidade de vida.

Art. 4º. O Agente de Combate às Endemias tem como atribuição o exercício de atividades de vigilância, prevenção e controle de doenças e promoção da saúde, desenvolvidas em conformidade com as diretrizes do SUS e sob supervisão do gestor de cada ente federado.

Art. 5º. O Ministério da Saúde disciplinará as atividades de prevenção de doenças, de promoção da saúde, de controle e de vigilância a que se referem os arts. 3º e 4º e estabelecerá os parâmetros dos cursos previstos nos incisos II do art. 6º e I do art. 7º, observadas as diretrizes curriculares nacionais definidas pelo Conselho Nacional de Educação.

Art. 6º. O Agente Comunitário de Saúde deverá preencher os seguintes requisitos para o exercício da atividade:

I — residir na área da comunidade em que atuar, desde a data da publicação do edital do processo seletivo público;

II — haver concluído, com aproveitamento, curso introdutório de formação inicial e continuada; e

III — haver concluído o ensino fundamental.

§ 1º Não se aplica a exigência a que se refere o inciso III aos que, na data de publicação desta Lei, estejam exercendo atividades próprias de Agente Comunitário de Saúde.

§ 2º Compete ao ente federativo responsável pela execução dos programas a definição da área geográfica a que se refere o inciso I, observados os parâmetros estabelecidos pelo Ministério da Saúde.

Legislação Complementar

Art. 7º. O Agente de Combate às Endemias deverá preencher os seguintes requisitos para o exercício da atividade:

I — haver concluído, com aproveitamento, curso introdutório de formação inicial e continuada; e

II — haver concluído o ensino fundamental.

PARÁGRAFO ÚNICO. Não se aplica a exigência a que se refere o inciso II aos que, na data de publicação desta Lei, estejam exercendo atividades próprias de Agente de Combate às Endemias.

Art. 8º. Os Agentes Comunitários de Saúde e os Agentes de Combate às Endemias admitidos pelos gestores locais do SUS e pela Fundação Nacional de Saúde — FUNASA, na forma do disposto no § 4º do art. 198 da Constituição, submetem-se ao regime jurídico estabelecido pela Consolidação das Leis do Trabalho - CLT, salvo se, no caso dos Estados, do Distrito Federal e dos Municípios, lei local dispuser de forma diversa.

Art. 9º. A contratação de Agentes Comunitários de Saúde e de Agentes de Combate às Endemias deverá ser precedida de processo seletivo público de provas ou de provas e títulos, de acordo com a natureza e a complexidade de suas atribuições e requisitos específicos para o exercício das atividades, que atenda aos princípios de legalidade, impessoalidade, moralidade, publicidade e eficiência.

PARÁGRAFO ÚNICO. Caberá aos órgãos ou entes da administração direta dos Estados, do Distrito Federal ou dos Municípios certificar, em cada caso, a existência de anterior processo de seleção pública, para efeito da dispensa referida no parágrafo único do art. 2º da Emenda Constitucional n. 51, de 14 de fevereiro de 2006, considerando-se como tal aquele que tenha sido realizado com observância dos princípios referidos no *caput*.

Art. 9º-A O piso salarial profissional nacional é o valor abaixo do qual a União, os Estados, o Distrito Federal e os Municípios não poderão fixar o vencimento inicial das Carreiras de Agente Comunitário de Saúde e de Agente de Combate às Endemias para a jornada de 40 (quarenta) horas semanais.

§ 1º O piso salarial profissional nacional dos Agentes Comunitários de Saúde e dos Agentes de Combate às Endemias é fixado no valor de R$ 1.014,00 (mil e quatorze reais) mensais.

§ 2º A jornada de trabalho de 40 (quarenta) horas exigida para garantia do piso salarial previsto nesta Lei deverá ser integralmente dedicada a ações e serviços de promoção da saúde, vigilância epidemiológica e combate a endemias em prol das famílias e comunidades assistidas, dentro dos respectivos territórios de atuação, segundo as atribuições previstas nesta Lei.

Art. 9º-B (VETADO).

Art. 9º-C Nos termos do § 5º do art. 198 da Constituição Federal, compete à União prestar assistência financeira complementar aos Estados, ao Distrito Federal e aos Municípios, para o cumprimento do piso salarial de que trata o art. 9º-A desta Lei.

§ 1º Para fins do disposto no *caput* deste artigo, é o Poder Executivo federal autorizado a fixar em decreto os parâmetros referentes à quantidade máxima de agentes passível de contratação, em função da população e das peculiaridades locais, com o auxílio da assistência financeira complementar da União.

§ 2º A quantidade máxima de que trata o § 1º deste artigo considerará tão somente os agentes efetivamente registrados no mês anterior à respectiva competência financeira que se encontrem no estrito desempenho de suas atribuições e submetidos à jornada de trabalho fixada para a concessão do piso salarial.

§ 3º O valor da assistência financeira complementar da União é fixado em 95% (noventa e cinco por cento) do piso salarial de que trata o art. 9º-A desta Lei.

§ 4º A assistência financeira complementar de que trata o *caput* deste artigo será devida em 12 (doze) parcelas consecutivas em cada exercício e 1 (uma) parcela adicional no último trimestre.

§ 5º Até a edição do decreto de que trata o § 1º deste artigo, aplicar-se-ão as normas vigentes para os repasses de incentivos financeiros pelo Ministério da Saúde.

§ 6º Para efeito da prestação de assistência financeira complementar de que trata este artigo, a União exigirá dos gestores locais do SUS a comprovação do vínculo direto dos Agentes Comunitários de Saúde e dos Agentes de Combate às Endemias com o respectivo ente federativo, regularmente formalizado, conforme o regime jurídico que vier a ser adotado na forma do art. 8º desta Lei.

Art. 9º-D É criado incentivo financeiro para fortalecimento de políticas afetas à atuação de agentes comunitários de saúde e de combate às endemias.

§ 1º Para fins do disposto no *caput* deste artigo, é o Poder Executivo federal autorizado a fixar em decreto:

I — parâmetros para concessão do incentivo; e

II — valor mensal do incentivo por ente federativo.

§ 2º Os parâmetros para concessão do incentivo considerarão, sempre que possível, as peculiaridades do Município.

§ 3º (VETADO).

§ 4º (VETADO).

§ 5º (VETADO).

Art. 9º-E Atendidas as disposições desta Lei e as respectivas normas regulamentadoras, os recursos de que tratam os arts. 9º-C e 9º-D serão repassados pelo Fundo Nacional de Saúde (Funasa) aos fundos de saúde dos Municípios, Estados e Distrito Federal como transferências correntes, regulares, automáticas e obrigatórias, nos termos do disposto no art. 3º da Lei n. 8.142, de 28 de dezembro de 1990.

Art. 9º-F Para fins de apuração dos limites com pessoal de que trata a Lei Complementar n. 101, de 4 de maio de 2000, a assistência financeira complementar obrigatória prestada pela União e a parcela repassada como incentivo financeiro que venha a ser utilizada no pagamento de pessoal serão computadas como gasto de pessoal do ente federativo beneficiado pelas transferências.

Art. 9º-G Os planos de carreira dos Agentes Comunitários de Saúde e dos Agentes de Combate às Endemias deverão obedecer às seguintes diretrizes:

I — remuneração paritária dos Agentes Comunitários de Saúde e dos Agentes de Combate às Endemias;

II — definição de metas dos serviços e das equipes;

III — estabelecimento de critérios de progressão e promoção;

IV — adoção de modelos e instrumentos de avaliação que atendam à natureza das atividades, assegurados os seguintes princípios:

a) transparência do processo de avaliação, assegurando-se ao avaliado o conhecimento sobre todas as etapas do processo e sobre o seu resultado final;

b) periodicidade da avaliação;

c) contribuição do servidor para a consecução dos objetivos do serviço;

d) adequação aos conteúdos ocupacionais e às condições reais de trabalho, de forma que eventuais condições precárias ou adversas de trabalho não prejudiquem a avaliação;

e) direito de recurso às instâncias hierárquicas superiores.

(Os artigos 9º-A a 9º-G foram acrescentados pela Lei n. 12.994, de 17.6.2014, DOU 18.6.14)

Art. 10. A administração pública somente poderá rescindir unilateralmente o contrato do Agente Comunitário de Saúde ou do Agente de Combate às Endemias, de acordo com o regime jurídico de trabalho adotado, na ocorrência de uma das seguintes hipóteses:

I — prática de falta grave, dentre as enumeradas no art. 482 da Consolidação das Leis do Trabalho — CLT;

II — acumulação ilegal de cargos, empregos ou funções públicas;

III — necessidade de redução de quadro de pessoal, por excesso de despesa, nos termos da Lei n. 9.801, de 14 de junho de 1999; ou

IV — insuficiência de desempenho, apurada em procedimento no qual se assegurem pelo menos um recurso hierárquico dotado de efeito suspensivo, que será apreciado em trinta dias, e o prévio conhecimento dos padrões mínimos exigidos para a continuidade da relação de emprego, obrigatoriamente estabelecidos de acordo com as peculiaridades das atividades exercidas.

PARÁGRAFO ÚNICO. No caso do Agente Comunitário de Saúde, o contrato também poderá ser rescindido unilateralmente na hipótese de não-atendimento ao disposto no inciso I do art. 6º, ou em função de apresentação de declaração falsa de residência.

Art. 11. Fica criado, no Quadro de Pessoal da Fundação Nacional de Saúde — FUNASA, Quadro Suplementar de Combate às Endemias, destinado a promover, no âmbito do SUS, ações complementares de vigilância epidemiológica e combate a endemias, nos termos do inciso VI e parágrafo único do art. 16 da Lei n. 8.080, de 19 de setembro de 1990.

PARÁGRAFO ÚNICO. Ao Quadro Suplementar de que trata o *caput* aplica-se, no que couber, além do disposto nesta Lei, o disposto na Lei n. 9.962, de 22 de fevereiro de 2000, cumprindo-se jornada de trabalho de quarenta horas semanais.

Art. 12. Aos profissionais não-ocupantes de cargo efetivo em órgão ou entidade da administração pública federal que, em 14 de fevereiro de 2006, a qualquer título, se achavam no desempenho de atividades de combate a endemias no âmbito da FUNASA é assegurada a dispensa de se submeterem ao processo seletivo público a que se refere o § 4º do art. 198 da Constituição, desde que tenham sido contratados a partir de anterior processo de seleção pública efetuado pela FUNASA, ou por outra instituição, sob a efetiva supervisão da FUNASA e mediante a observância dos princípios a que se refere o *caput* do art. 9º.

§ 1º Ato conjunto dos Ministros de Estado da Saúde e do Controle e da Transparência instituirá comissão com a finalidade de atestar a regularidade do processo seletivo para fins da dispensa prevista no *caput*.

§ 2º A comissão será integrada por três representantes da Secretaria Federal de Controle Interno da Controladoria-Geral da União, um dos quais a presidirá, pelo Assessor Especial de Controle Interno do Ministério da Saúde e pelo Chefe da Auditoria Interna da FUNASA.

Art. 13. Os Agentes de Combate às Endemias integrantes do Quadro Suplementar a que se refere o art. 11 poderão ser colocados à disposição dos Estados, do Distrito Federal e dos Municípios, no âmbito do SUS, mediante convênio, ou para gestão associada de serviços públicos, mediante contrato de consórcio público, nos termos da Lei n. 11.107, de 6 de abril de 2005, mantida a vinculação à FUNASA e sem prejuízo dos respectivos direitos e vantagens.

Art. 14. O gestor local do SUS responsável pela contratação dos profissionais de que trata esta Lei disporá sobre a criação dos cargos ou empregos públicos e demais aspectos inerentes à atividade, observadas as especificidades locais.

Art. 15. Ficam criados cinco mil, trezentos e sessenta e cinco empregos públicos de Agente de Combate às Endemias, no âmbito do Quadro Suplementar referido no art. 11, com retribuição mensal estabelecida na forma do Anexo desta Lei, cuja despesa não excederá o valor atualmente despendido pela FUNASA com a contratação desses profissionais.

§ 1º A FUNASA, em até trinta dias, promoverá o enquadramento do pessoal de que trata o art. 12 na tabela salarial constante do Anexo desta Lei, em classes e níveis com salários iguais aos pagos atualmente, sem aumento de despesa.

§ 2º Aplica-se aos ocupantes dos empregos referidos no *caput* a indenização de campo de que trata o art. 16 da Lei n. 8.216, de 13 de agosto de 1991.

§ 3º Caberá à Secretaria de Recursos Humanos do Ministério do Planejamento, Orçamento e Gestão disciplinar o desenvolvimento dos ocupantes dos empregos públicos referidos no *caput* na tabela salarial constante do Anexo desta Lei.

Art. 16. É vedada a contratação temporária ou terceirizada de Agentes Comunitários de Saúde e de Agentes de Combate às Endemias, salvo na hipótese de combate a surtos epidêmicos, na forma da lei aplicável. (NR) *(Redação dada pela Lei n. 12.994, de 17.6.14 DOU 18.6.14)*

Art. 17. Os profissionais que, na data de publicação desta Lei, exerçam atividades próprias de Agente Comunitário de Saúde e Agente de Combate às Endemias, vinculados diretamente aos gestores locais do SUS ou a entidades de administração indireta, não investidos em cargo ou emprego público, e não alcançados pelo disposto no parágrafo único do art. 9º, poderão permanecer no exercício destas atividades, até que seja concluída a realização de processo seletivo público pelo ente federativo, com vistas ao cumprimento do disposto nesta Lei.

Art. 18. Os empregos públicos criados no âmbito da FUNASA, conforme disposto no art. 15 e preenchidos nos termos desta Lei, serão extintos, quando vagos.

Art. 19. As despesas decorrentes da criação dos empregos públicos a que se refere o art. 15 correrão à conta das dotações destinadas à FUNASA, consignadas no Orçamento Geral da União.

Art. 20. Esta Lei entra em vigor na data de sua publicação.

Art. 21. Fica revogada a Lei n. 10.507, de 10 de julho de 2002.

Brasília, 9 de junho de 2006; 185º da Independência e 118º da República.

Luiz Inácio Lula da Silva
José Agenor Álvares da Silva
Paulo Bernardo Silva

ANEXO II

TABELA DE VENCIMENTO BÁSICO
DOS CARGOS DE QUE TRATA O ART. 3º DESTA LEI Em R$

CLASSE	PADRÃO	VENCIMENTO BÁSICO — EFEITOS FINANCEIROS A PARTIR	
		do ingresso no Cargo público, nos termos do § 2º do art. 3º	de 1º de janeiro de 2015
ESPECIAL	V	3.233,91	3.492,24
	IV	3.205,54	3.463,88
	III	3.178,17	3.436,50
	II	3.139,12	3.397,45
	I	3.112,13	3.370,46
C	V	3.085,29	3.343,62
	IV	3.059,43	3.317,75
	III	3.033,71	3.292,05
	II	3.008,16	3.266,49
	I	2.972,22	3.230,56
B	V	2.947,03	3.205,36
	IV	2.922,80	3.181,13
	III	2.898,72	3.157,05
	II	2.874,78	3.133,11
	I	2.850,97	3.109,30
A	V	2.818,06	3.076,40
	IV	2.795,43	3.053,77
	III	2.772,93	3.031,27
	II	2.750,57	3.008,90
	I	2.729,87	2.988,15

(Anexo alterado pela Lei n. 13.026, de 3.9.14, DOU 4.9.14)

LEI N. 11.889, DE 24 DE DEZEMBRO DE 2008

(DOU 26.12.08)

REGULAMENTA O EXERCÍCIO DAS PROFISSÕES DE TÉCNICO EM SAÚDE BUCAL — TSB E DE AUXILIAR EM SAÚDE BUCAL — ASB

O PRESIDENTE DA REPÚBLICA Faço saber que o Congresso Nacional decreta e eu sanciono a seguinte Lei:

Art. 1º (VETADO)

Art. 2º (VETADO)

Art. 3º O Técnico em Saúde Bucal e o Auxiliar em Saúde Bucal estão obrigados a se registrar no Conselho Federal de Odontologia e a se inscrever no Conselho Regional de Odontologia em cuja jurisdição exerçam suas atividades.

§ 1º (VETADO)

§ 2º (VETADO)

§ 3º (VETADO)

§ 4º (VETADO)

§ 5º Os valores das anuidades devidas aos Conselhos Regionais pelo Técnico em Saúde Bucal e pelo Auxiliar em Saúde Bucal e das taxas correspondentes aos serviços e atos indispensáveis ao exercício das profissões não podem ultrapassar, respectivamente, 1/4 (um quarto) e 1/10 (um décimo) daqueles cobrados ao cirurgião-dentista.

Art. 4º (VETADO)

PARÁGRAFO ÚNICO. A supervisão direta será obrigatória em todas as atividades clínicas, podendo as atividades extraclínicas ter supervisão indireta.

Art. 5º Competem ao Técnico em Saúde Bucal, sempre sob a supervisão do cirurgião-dentista, as seguintes atividades, além das estabelecidas para os auxiliares em saúde bucal:

I — participar do treinamento e capacitação de Auxiliar em Saúde Bucal e de agentes multiplicadores das ações de promoção à saúde;

II — participar das ações educativas atuando na promoção da saúde e na prevenção das doenças bucais;

III — participar na realização de levantamentos e estudos epidemiológicos, exceto na categoria de examinador;

IV — ensinar técnicas de higiene bucal e realizar a prevenção das doenças bucais por meio da aplicação tópica do flúor, conforme orientação do cirurgião-dentista;

V — fazer a remoção do biofilme, de acordo com a indicação técnica definida pelo cirurgião-dentista;

VI — supervisionar, sob delegação do cirurgião-dentista, o trabalho dos auxiliares de saúde bucal;

VII — realizar fotografias e tomadas de uso odontológicos exclusivamente em consultórios ou clínicas odontológicas;

VIII — inserir e distribuir no preparo cavitário materiais odontológicos na restauração dentária direta, vedado o uso de materiais e instrumentos não indicados pelo cirurgião-dentista;

IX — proceder à limpeza e à antissepsia do campo operatório, antes e após atos cirúrgicos, inclusive em ambientes hospitalares;

X — remover suturas;

XI — aplicar medidas de biossegurança no armazenamento, manuseio e descarte de produtos e resíduos odontológicos;

XII — realizar isolamento do campo operatório;

XIII — exercer todas as competências no âmbito hospitalar, bem como instrumentar o cirurgião-dentista em ambientes clínicos e hospitalares.

§ 1º Dada a sua formação, o Técnico em Saúde Bucal é credenciado a compor a equipe de saúde, desenvolver atividades auxiliares em Odontologia e colaborar em pesquisas.

§ 2º (VETADO)

Art. 6º É vedado ao Técnico em Saúde Bucal:

I — exercer a atividade de forma autônoma;

II — prestar assistência direta ou indireta ao paciente, sem a indispensável supervisão do cirurgião-dentista;

III — realizar, na cavidade bucal do paciente, procedimentos não discriminados no art. 5º desta Lei; e

IV — fazer propaganda de seus serviços, exceto em revistas, jornais e folhetos especializados da área odontológica.

Art. 7º (VETADO)

Art. 8º (VETADO)

PARÁGRAFO ÚNICO. A supervisão direta se dará em todas as atividades clínicas, podendo as atividades extraclínicas ter supervisão indireta.

Art. 9º Compete ao Auxiliar em Saúde Bucal, sempre sob a supervisão do cirurgião-dentista ou do Técnico em Saúde Bucal:

I — organizar e executar atividades de higiene bucal;

II — processar filme radiográfico;

III — preparar o paciente para o atendimento;

IV — auxiliar e instrumentar os profissionais nas intervenções clínicas, inclusive em ambientes hospitalares;

V — manipular materiais de uso odontológico;

VI — selecionar moldeiras;

VII — preparar modelos em gesso;

VIII — registrar dados e participar da análise das informações relacionadas ao controle administrativo em saúde bucal;

IX — executar limpeza, assepsia, desinfeção e esterilização do instrumental, equipamentos odontológicos e do ambiente de trabalho;

X — realizar o acolhimento do paciente nos serviços de saúde bucal;

XI — aplicar medidas de biossegurança no armazenamento, transporte, manuseio e descarte de produtos e resíduos odontológicos;

XII — desenvolver ações de promoção da saúde e prevenção de riscos ambientais e sanitários;

XIII — realizar em equipe levantamento de necessidades em saúde bucal; e

XIV — adotar medidas de biossegurança visando ao controle de infecção.

Art. 10. É vedado ao Auxiliar em Saúde Bucal:

I — exercer a atividade de forma autônoma;

II — prestar assistência, direta ou indiretamente, a paciente, sem a indispensável supervisão do cirurgião-dentista ou do Técnico em Saúde Bucal;

III — realizar, na cavidade bucal do paciente, procedimentos não discriminados no art. 9º desta Lei; e

IV — fazer propaganda de seus serviços, mesmo em revistas, jornais ou folhetos especializados da área odontológica.

Art. 11. O cirurgião-dentista que, tendo Técnico em Saúde Bucal ou Auxiliar em Saúde Bucal sob sua supervisão e responsabilidade, permitir que esses, sob qualquer forma, extrapolem suas funções específicas responderá perante os Conselhos Regionais de Odontologia, conforme a legislação em vigor.

Art. 12. Esta Lei entra em vigor na data de sua publicação.

Brasília, 24 de dezembro de 2008; 187º da Independência e 120º da República.

Luiz Inácio Lula da Silva

Carlos Lupi

José Gomes Temporão

Legislação Complementar

LEI N. 10.556, DE 13 DE NOVEMBRO DE 2002

(DOU 14.11.02)

DISPÕE SOBRE A INCLUSÃO DOS CARGOS QUE ESPECIFICA NO PLANO DE CLASSIFICAÇÃO DE CARGOS, INSTITUÍDO PELA LEI N. 5.645, DE 10 DE DEZEMBRO DE 1970, ALTERA AS LEIS NS. 10.486, DE 4 DE JULHO DE 2002, E 5.662, DE 21 DE JUNHO DE 1971, E DÁ OUTRAS PROVIDÊNCIAS

Faço saber que o PRESIDENTE DA REPÚBLICA adotou a Medida Provisória n. 56, de 2002, que o Congresso Nacional aprovou, e eu, Ramez Tebet, Presidente da Mesa do Congresso Nacional, para os efeitos do disposto no art. 62 da Constituição Federal, com a redação dada pela Emenda Constitucional n. 32, de 2001, promulgo a seguinte Lei:

....

Art. 7º A Lei n. 5.662, de 21 de junho de 1971, passa a vigorar acrescida do seguinte art. 4º A:

"Art. 4º O disposto no art. 224 da Consolidação das Leis do Trabalho — CLT, aprovada pelo Decreto-lei n. 5.452, de 1º de maio de 1943, não se aplica aos empregados do Banco Nacional de Desenvolvimento Econômico e Social — BNDES e aos de suas subsidiárias.

PARÁGRAFO ÚNICO. A jornada de trabalho dos empregados do BNDES e de suas subsidiárias será de sete horas diárias, perfazendo um total de trinta e cinco horas de trabalho semanais, não podendo ser reduzida em qualquer hipótese." (NR)

Art. 8º O disposto na Seção I do Capítulo I do Título III da Consolidação das Leis do Trabalho — CLT, aprovada pelo Decreto-lei n. 5.452, de 1º de maio de 1943, não se aplica aos empregados da Financiadora de Estudos e Projetos — FINEP.

PARÁGRAFO ÚNICO. A jornada de trabalho dos empregados da FINEP será de oito horas diárias, perfazendo um total de quarenta horas de trabalho semanais, não podendo ser reduzida em qualquer hipótese.

Art. 9º Esta Lei entra em vigor na data de sua publicação.

Congresso Nacional, em 13 de novembro de 2002; 181º da Independência e 114º da República.

Senador Ramez Tebet
Presidente da Mesa do Congresso Nacional

LEI N. 11.901, DE 12 DE JANEIRO DE 2009

(DOU 13.1.09)

DISPÕE SOBRE A PROFISSÃO DE BOMBEIRO CIVIL E DÁ OUTRAS PROVIDÊNCIAS

O PRESIDENTE DA REPÚBLICA,

Faço saber que o Congresso Nacional decreta e eu sanciono a seguinte Lei:

Art. 1º O exercício da profissão de Bombeiro Civil reger-se-á pelo disposto nesta Lei.

Art. 2º Considera-se Bombeiro Civil aquele que, habilitado nos termos desta Lei, exerça, em caráter habitual, função remunerada e exclusiva de prevenção e combate a incêndio, como empregado contratado diretamente por empresas privadas ou públicas, sociedades de economia mista, ou empresas especializadas em prestação de serviços de prevenção e combate a incêndio.

§ 1º *(VETADO)*

§ 2º No atendimento a sinistros em que atuem, em conjunto, os Bombeiros Civis e o Corpo de Bombeiros Militar, a coordenação e a direção das ações caberão, com exclusividade e em qualquer hipótese, à corporação militar.

Art. 3º *(VETADO)*

Art. 4º As funções de Bombeiro Civil são assim classificadas:

I — Bombeiro Civil, nível básico, combatente direto ou não do fogo;

II — Bombeiro Civil Líder, o formado como técnico em prevenção e combate a incêndio, em nível de ensino médio, comandante de guarnição em seu horário de trabalho;

III — Bombeiro Civil Mestre, o formado em engenharia com especialização em prevenção e combate a incêndio, responsável pelo Departamento de Prevenção e Combate a Incêndio.

Art. 5º A jornada do Bombeiro Civil é de 12 (doze) horas de trabalho por 36 (trinta e seis) horas de descanso, num total de 36 (trinta e seis) horas semanais.

Art. 6º É assegurado ao Bombeiro Civil:

I — uniforme especial a expensas do empregador;

II — seguro de vida em grupo, estipulado pelo empregador;

III — adicional de periculosidade de 30% (trinta por cento) do salário mensal sem os acréscimos resultantes de gratificações, prêmios ou participações nos lucros da empresa;

IV — o direito à reciclagem periódica.

Art. 7º *(VETADO)*

Art. 8º As empresas especializadas e os cursos de formação de Bombeiro Civil, bem como os cursos técnicos de segundo grau de prevenção e combate a incêndio que infringirem as disposições desta Lei, ficarão sujeitos às seguintes penalidades:

I — advertência;

II — *(VETADO)*

III — proibição temporária de funcionamento;

IV — cancelamento da autorização e registro para funcionar.

Art. 9º As empresas e demais entidades que se utilizem do serviço de Bombeiro Civil poderão firmar convênios com os Corpos de Bombeiros Militares dos Estados, dos Territórios e do Distrito Federal, para assistência técnica a seus profissionais.

Art. 10. *(VETADO)*

Art. 11. Esta Lei entra em vigor na data de sua publicação.

Brasília, 12 de janeiro de 2009; 188º da Independência e 121º da República.

Luiz Inácio Lula da Silva
Tarso Genro
Carlos Lupi
João Bernardo de Azevedo Bringel
José Antonio Dias Toffol

LEI N. 11.959, DE 29 DE JUNHO DE 2009

DOU 30.6.09 E RETIF. DOU 7.7.09 (ATIVIDADE PESQUEIRA)

DISPÕE SOBRE A POLÍTICA NACIONAL DE DESENVOLVIMENTO SUSTENTÁVEL DA AQUICULTURA E DA PESCA, REGULA AS ATIVIDADES PESQUEIRAS, REVOGA A LEI N. 7.679, DE 23 DE NOVEMBRO DE 1988, E DISPOSITIVOS DO DECRETO-LEI N. 221, DE 28 DE FEVEREIRO DE 1967, E DÁ OUTRAS PROVIDÊNCIAS

O PRESIDENTE DA REPÚBLICA,

Faço saber que o Congresso Nacional decreta e eu sanciono a seguinte Lei:

CAPÍTULO I

Normas Gerais da Política Nacional de Desenvolvimento Sustentável da Aquicultura e da Pesca

Art. 1º Esta Lei dispõe sobre a Política Nacional de Desenvolvimento Sustentável da Aquicultura e da Pesca, formulada, coordenada e executada com o objetivo de promover:

I — o desenvolvimento sustentável da pesca e da aquicultura como fonte de alimentação, emprego, renda e lazer, garantindo-se o uso sustentável dos recursos pesqueiros, bem como a otimização dos benefícios econômicos decorrentes, em harmonia com a preservação e a conservação do meio ambiente e da biodiversidade;

II — o ordenamento, o fomento e a fiscalização da atividade pesqueira;

III — a preservação, a conservação e a recuperação dos recursos pesqueiros e dos ecossistemas aquáticos;

IV — o desenvolvimento socioeconômico, cultural e profissional dos que exercem a atividade pesqueira, bem como de suas comunidades.

CAPÍTULO II

Definições

Art. 2º Para os efeitos desta Lei, consideram-se:

I — recursos pesqueiros: os animais e os vegetais hidróbios passíveis de exploração, estudo ou pesquisa pela pesca amadora, de subsistência, científica, comercial e pela aquicultura;

II — aquicultura: a atividade de cultivo de organismos cujo ciclo de vida em condições naturais se dá total ou parcialmente em meio aquático, implicando a propriedade do estoque sob cultivo, equiparada à atividade agropecuária e classificada nos termos do art. 20 desta Lei;

III — pesca: toda operação, ação ou ato tendente a extrair, colher, apanhar, apreender ou capturar recursos pesqueiros;

IV — aquicultor: a pessoa física ou jurídica que, registrada e licenciada pelas autoridades competentes, exerce a aquicultura com fins comerciais;

V — armador de pesca: a pessoa física ou jurídica que, registrada e licenciada pelas autoridades competentes, apresta, em seu nome ou sob sua responsabilidade, embarcação para ser utilizada na atividade pesqueira pondo-a ou não a operar por sua conta;

VI — empresa pesqueira: a pessoa jurídica que, constituída de acordo com a legislação e devidamente registrada e licenciada pelas autoridades competentes, dedica-se, com fins comerciais, ao exercício da atividade pesqueira prevista nesta Lei;

VII — embarcação brasileira de pesca: a pertencente a pessoa natural residente e domiciliada no Brasil ou a pessoa jurídica constituída segundo as leis brasileiras, com sede e administração no País, bem como aquela sob contrato de arrendamento por empresa pesqueira brasileira;

VIII — embarcação estrangeira de pesca: a pertencente a pessoa natural residente e domiciliada no exterior ou a pessoa jurídica constituída segundo as leis de outro país, em que tenha sede e administração, ou, ainda, as embarcações brasileiras arrendadas a pessoa física ou jurídica estrangeira;

IX — transbordo do produto da pesca: fase da atividade pesqueira destinada à transferência do pescado e dos seus derivados de embarcação de pesca para outra embarcação;

X — áreas de exercício da atividade pesqueira: as águas continentais, interiores, o mar territorial, a plataforma continental, a zona econômica exclusiva brasileira, o alto-mar e outras áreas de pesca, conforme acordos e tratados internacionais firmados pelo Brasil, excetuando-se as áreas demarcadas como unidades de conservação da natureza de proteção integral ou como patrimônio histórico e aquelas definidas como áreas de exclusão para a segurança nacional e para o tráfego aquaviário;

XI — processamento: fase da atividade pesqueira destinada ao aproveitamento do pescado e de seus derivados, provenientes da pesca e da aquicultura;

XII — ordenamento pesqueiro: o conjunto de normas e ações que permitem administrar a atividade pesqueira, com base no conhecimento atualizado dos seus componentes biológico-pesqueiros, ecossistêmico, econômicos e sociais;

XIII — águas interiores: as baías, lagunas, braços de mar, canais, estuários, portos, angras, enseadas, ecossistemas de manguezais, ainda que a comunicação com o mar seja sazonal, e as águas compreendidas entre a costa e a linha de base reta, ressalvado o disposto em acordos e tratados de que o Brasil seja parte;

XIV — águas continentais: os rios, bacias, ribeirões, lagos, lagoas, açudes ou quaisquer depósitos de água não marinha, naturais ou artificiais, e os canais que não tenham ligação com o mar;

XV — alto-mar: a porção de água do mar não incluída na zona econômica exclusiva, no mar territorial ou nas águas interiores e continentais de outro Estado, nem nas águas arquipelágicas de Estado arquipélago;

XVI — mar territorial: faixa de 12 (doze) milhas marítimas de largura, medida a partir da linha de baixa-mar do litoral continental e insular brasileiro, tal como indicada nas cartas náuticas de grande escala, reconhecidas oficialmente pelo Brasil;

XVII — zona econômica exclusiva: faixa que se estende das 12 (doze) às 200 (duzentas) milhas marítimas, contadas a partir das linhas de base que servem para medir a largura do mar territorial;

XVIII — plataforma continental: o leito e o subsolo das áreas submarinas que se estendem além do mar territorial, em toda a extensão do prolongamento natural do território terrestre, até o bordo exterior da margem continental, ou até uma distância de 200 (duzentas) milhas marítimas das linhas de base, a partir das quais se mede a largura do mar territorial, nos casos em que o bordo exterior da margem continental não atinja essa distância;

XIX — defeso: a paralisação temporária da pesca para a preservação da espécie, tendo como motivação a reprodução e/ou recrutamento, bem como paralisações causadas por fenômenos naturais ou acidentes;

XX — (VETADO);

XXI — pescador amador: a pessoa física, brasileira ou estrangeira, que, licenciada pela autoridade competente, pratica a pesca sem fins econômicos;

XXII — pescador profissional: a pessoa física, brasileira ou estrangeira residente no País que, licenciada pelo órgão público competente, exerce a pesca com fins comerciais, atendidos os critérios estabelecidos em legislação específica.

CAPÍTULO III

Da Sustentabilidade do Uso dos Recursos Pesqueiros e da Atividade de Pesca

SEÇÃO I

Da Sustentabilidade do Uso dos Recursos Pesqueiros

Art. 3º Compete ao poder público a regulamentação da Política Nacional de Desenvolvimento Sustentável da Atividade Pesqueira, conciliando o equilíbrio entre o princípio da sustentabilidade dos recursos pesqueiros e a obtenção de melhores resultados econômicos e sociais, calculando, autorizando ou estabelecendo, em cada caso:

I — os regimes de acesso;

II — a captura total permissível;

III — o esforço de pesca sustentável;

IV — os períodos de defeso;

V — as temporadas de pesca;

VI — os tamanhos de captura;

VII — as áreas interditadas ou de reservas;

VIII — as artes, os aparelhos, os métodos e os sistemas de pesca e cultivo;

IX — a capacidade de suporte dos ambientes;

X — as necessárias ações de monitoramento, controle e fiscalização da atividade;

XI — a proteção de indivíduos em processo de reprodução ou recomposição de estoques.

§ 1º O ordenamento pesqueiro deve considerar as peculiaridades e as necessidades dos pescadores artesanais, de subsistência e da aquicultura familiar, visando a garantir sua permanência e sua continuidade.

§ 2º Compete aos Estados e ao Distrito Federal o ordenamento da pesca nas águas continentais de suas respectivas jurisdições, observada a legislação aplicável, podendo o exercício da atividade ser restrita a uma determinada bacia hidrográfica.

SEÇÃO II

Da Atividade Pesqueira

Art. 4º A atividade pesqueira compreende todos os processos de pesca, explotação e exploração, cultivo, conservação, processamento, transporte, comercialização e pesquisa dos recursos pesqueiros.

PARÁGRAFO ÚNICO. Consideram-se atividade pesqueira artesanal, para os efeitos desta Lei, os trabalhos de confecção e de reparos de artes e petrechos de pesca, os reparos realizados em embarcações de pequeno porte e o processamento do produto da pesca artesanal.

Art. 5º O exercício da atividade pesqueira somente poderá ser realizado mediante prévio ato autorizativo emitido pela autoridade competente, asseguradas:

I — a proteção dos ecossistemas e a manutenção do equilíbrio ecológico, observados os princípios de preservação da biodiversidade e o uso sustentável dos recursos naturais;

II — a busca de mecanismos para a garantia da proteção e da seguridade do trabalhador e das populações com saberes tradicionais;

III — a busca da segurança alimentar e a sanidade dos alimentos produzidos.

Art. 6º O exercício da atividade pesqueira poderá ser proibido transitória, periódica ou permanentemente, nos termos das normas específicas, para proteção:

I — de espécies, áreas ou ecossistemas ameaçados;

II — do processo reprodutivo das espécies e de outros processos vitais para a manutenção e a recuperação dos estoques pesqueiros;

III — da saúde pública;

IV — do trabalhador.

§ 1º Sem prejuízo do disposto no *caput* deste artigo, o exercício da atividade pesqueira é proibido:

I — em épocas e nos locais definidos pelo órgão competente;

II — em relação às espécies que devam ser preservadas ou espécimes com tamanhos não permitidos pelo órgão competente;

III — sem licença, permissão, concessão, autorização ou registro expedido pelo órgão competente;

IV — em quantidade superior à permitida pelo órgão competente;

V — em locais próximos às áreas de lançamento de esgoto nas águas, com distância estabelecida em norma específica;

VI — em locais que causem embaraço à navegação;

VII — mediante a utilização de:

a) explosivos;

b) processos, técnicas ou substâncias que, em contato com a água, produzam efeito semelhante ao de explosivos;

c) substâncias tóxicas ou químicas que alterem as condições naturais da água;

d) petrechos, técnicas e métodos não permitidos ou predatórios.

§ 2º São vedados o transporte, a comercialização, o processamento e a industrialização de espécimes provenientes da atividade pesqueira proibida.

Art. 7º O desenvolvimento sustentável da atividade pesqueira dar-se-á mediante:

I — a gestão do acesso e uso dos recursos pesqueiros;

II — a determinação de áreas especialmente protegidas;

III — a participação social;

IV — a capacitação da mão de obra do setor pesqueiro;

V — a educação ambiental;

VI — a construção e a modernização da infraestrutura portuária de terminais portuários, bem como a melhoria dos serviços portuários;

VII — a pesquisa dos recursos, técnicas e métodos pertinentes à atividade pesqueira;

VIII — o sistema de informações sobre a atividade pesqueira;

IX — o controle e a fiscalização da atividade pesqueira;

X — o crédito para fomento ao setor pesqueiro.

CAPÍTULO IV
Da Pesca

SEÇÃO I
Da Natureza da Pesca

Art. 8º Pesca, para os efeitos desta Lei, classifica-se como:

I — comercial:

a) artesanal: quando praticada diretamente por pescador profissional, de forma autônoma ou em regime de economia familiar, com meios de produção próprios ou mediante contrato de parceria, desembarcado, podendo utilizar embarcações de pequeno porte;

b) industrial: quando praticada por pessoa física ou jurídica e envolver pescadores profissionais, empregados ou em regime de parceria por cotas-partes, utilizando embarcações de pequeno, médio ou grande porte, com finalidade comercial;

II — não comercial:

a) científica: quando praticada por pessoa física ou jurídica, com a finalidade de pesquisa científica;

b) amadora: quando praticada por brasileiro ou estrangeiro, com equipamentos ou petrechos previstos em legislação específica, tendo por finalidade o lazer ou o desporto;

c) de subsistência: quando praticada com fins de consumo doméstico ou escambo sem fins de lucro e utilizando petrechos previstos em legislação específica.

SEÇÃO II
Das Embarcações de Pesca

Art. 9º Podem exercer a atividade pesqueira em áreas sob jurisdição brasileira:

I — as embarcações brasileiras de pesca;

II — as embarcações estrangeiras de pesca cobertas por acordos ou tratados internacionais firmados pelo Brasil, nas condições neles estabelecidas e na legislação específica;

III — as embarcações estrangeiras de pesca arrendadas por empresas, armadores e cooperativas brasileiras de produção de pesca, nos termos e condições estabelecidos em legislação específica.

§ 1º Para os efeitos desta Lei, consideram-se equiparadas às embarcações brasileiras de pesca as embarcações estrangeiras de pesca arrendadas por pessoa física ou jurídica brasileira.

§ 2º A pesca amadora ou esportiva somente poderá utilizar embarcações classificadas pela autoridade marítima na categoria de esporte e recreio.

Art. 10. Embarcação de pesca, para os fins desta Lei, é aquela que, permissionada e registrada perante as autoridades competentes, na forma da legislação específica, opera, com exclusividade, em uma ou mais das seguintes atividades:

I — na pesca;

II — na aquicultura;

III — na conservação do pescado;

IV — no processamento do pescado;

V — no transporte do pescado;

VI — na pesquisa de recursos pesqueiros.

§ 1º As embarcações que operam na pesca comercial se classificam em:

I — de pequeno porte: quando possui arqueação bruta — AB igual ou menor que 20 (vinte);

II — de médio porte: quando possui arqueação bruta — AB maior que 20 (vinte) e menor que 100 (cem);

III — de grande porte: quando possui arqueação bruta — AB igual ou maior que 100 (cem).

§ 2º Para fins creditícios, são considerados bens de produção as embarcações, as redes e os demais petrechos utilizados na pesca ou na aquicultura comercial.

§ 3º Para fins creditícios, são considerados instrumentos de trabalho as embarcações, as redes e os demais petrechos e equipamentos utilizados na pesca artesanal.

§ 4º A embarcação utilizada na pesca artesanal, quando não estiver envolvida na atividade pesqueira, poderá transportar as famílias dos pescadores, os produtos da pequena lavoura e da indústria doméstica, observadas as normas da autoridade marítima aplicáveis ao tipo de embarcação.

§ 5º É permitida a admissão, em embarcações pesqueiras, de menores a partir de 14 (catorze) anos de idade, na condição de aprendizes de pesca, observadas as legislações trabalhista, previdenciária e de proteção à criança e ao adolescente, bem como as normas da autoridade marítima.

Art. 11. As embarcações brasileiras de pesca terão, no curso normal de suas atividades, prioridades no acesso aos portos e aos terminais pesqueiros nacionais, sem prejuízo da exigência de prévia autorização, podendo a descarga de pescado ser feita pela tripulação da embarcação de pesca.

PARÁGRAFO ÚNICO. Não se aplicam à embarcação brasileira de pesca ou estrangeira de pesca arrendada por empresa brasileira as normas reguladoras do tráfego de cabotagem e as referentes à praticagem.

Art. 12. O transbordo do produto da pesca, desde que previamente autorizado, poderá ser feito nos termos da regulamentação específica.

§ 1º O transbordo será permitido, independentemente de autorização, em caso de acidente ou defeito mecânico que implique o risco de perda do produto da pesca ou seu derivado.

§ 2º O transbordo de pescado em área portuária, para embarcação de transporte, poderá ser realizado mediante autorização da autoridade competente, nas condições nela estabelecidas.

§ 3º As embarcações pesqueiras brasileiras poderão desembarcar o produto da pesca em portos de países que mantenham acordo com o Brasil e que permitam tais operações na forma do regulamento desta Lei.

§ 4º O produto pesqueiro ou seu derivado oriundo de embarcação brasileira ou de embarcação estrangeira de pesca arrendada à pessoa jurídica brasileira é considerado produto brasileiro.

Art. 13. A construção e a transformação de embarcação brasileira de pesca, assim como a importação ou arrendamento de embarcação estrangeira de pesca, dependem de autorização prévia das autoridades competentes, observados os critérios definidos na regulamentação pertinente.

§ 1º A autoridade competente poderá dispensar, nos termos da legislação específica, a exigência de que trata o *caput* deste artigo para a construção e transformação de embarcação utilizada nas pescas artesanal e de subsistência, atendidas as diretrizes relativas à gestão dos recursos pesqueiros.

§ 2º A licença de construção, de alteração ou de reclassificação da embarcação de pesca expedida pela autoridade marítima está condicionada à apresentação da Permissão Prévia de Pesca expedida pelo órgão federal competente, conforme parâmetros mínimos definidos em regulamento conjunto desses órgãos.

SEÇÃO III
Dos Pescadores

Art. 14. (VETADO)

Art. 15. (VETADO)

Art. 16. (VETADO)

Art. 17. (VETADO)

CAPÍTULO V
Da Aquicultura

Art. 18. O aquicultor poderá coletar, capturar e transportar organismos aquáticos silvestres, com finalidade técnico-científica ou comercial, desde que previamente autorizado pelo órgão competente, nos seguintes casos:

I — reposição de plantel de reprodutores;

II — cultivo de moluscos aquáticos e de macroalgas disciplinado em legislação específica.

Art. 19. A aquicultura é classificada como:

I — comercial: quando praticada com finalidade econômica, por pessoa física ou jurídica;

II — científica ou demonstrativa: quando praticada unicamente com fins de pesquisa, estudos ou demonstração por pessoa jurídica legalmente habilitada para essas finalidades;

III — recomposição ambiental: quando praticada sem finalidade econômica, com o objetivo de repovoamento, por pessoa física ou jurídica legalmente habilitada;

IV — familiar: quando praticada por unidade unifamiliar, nos termos da Lei n. 11.326, de 24 de julho de 2006;

V — ornamental: quando praticada para fins de aquariofilia ou de exposição pública, com fins comerciais ou não.

Art. 20. O regulamento desta Lei disporá sobre a classificação das modalidades de aquicultura a que se refere o art. 19, consideradas:

I — a forma do cultivo;

II — a dimensão da área explorada;

III — a prática de manejo;

IV — a finalidade do empreendimento.

PARÁGRAFO ÚNICO. As empresas de aquicultura são consideradas empresas pesqueiras.

Art. 21. O Estado concederá o direito de uso de águas e terrenos públicos para o exercício da aquicultura.

Art. 22. Na criação de espécies exóticas, é responsabilidade do aquicultor assegurar a contenção dos espécimes no âmbito do cativeiro, impedindo seu acesso às águas de drenagem de bacia hidrográfica brasileira.

PARÁGRAFO ÚNICO. Fica proibida a soltura, no ambiente natural, de organismos geneticamente modificados, cuja caracterização esteja em conformidade com os termos da legislação específica.

Art. 23. São instrumentos de ordenamento da aquicultura os planos de desenvolvimento da aquicultura, os parques e áreas aquícolas e o Sistema Nacional de Autorização de Uso de Águas da União para fins de aquicultura, conforme definidos em regulamentação específica.

PARÁGRAFO ÚNICO. A implantação de empreendimentos aquícolas em áreas de salinas, salgados, apicuns, restingas, bem como em todas e quaisquer áreas adjacentes a rios, lagoas, lagos, açudes, deverá observar o contido na Lei n. 4.771, de 15 de setembro de 1965 — Código Florestal, na Medida Provisória n. 2.166-67, de 24 de agosto de 2001, e nas demais legislações pertinentes que dispõem sobre as Áreas de Preservação Permanente — APP.

CAPÍTULO VI
Do Acesso aos Recursos Pesqueiros

Art. 24. Toda pessoa, física ou jurídica, que exerça atividade pesqueira bem como a embarcação de pesca devem ser previamente inscritas no Registro Geral da Atividade Pesqueira — RGP, bem como no Cadastro Técnico Federal — CTF na forma da legislação específica.

PARÁGRAFO ÚNICO. Os critérios para a efetivação do Registro Geral da Atividade Pesqueira serão estabelecidos no regulamento desta Lei.

Art. 25. A autoridade competente adotará, para o exercício da atividade pesqueira, os seguintes atos administrativos:

I — concessão: para exploração por particular de infraestrutura e de terrenos públicos destinados à exploração de recursos pesqueiros;

II — permissão: para transferência de permissão; para importação de espécies aquáticas para fins ornamentais e de aquicultura, em qualquer fase do ciclo vital; para construção, transformação e importação de embarcações de pesca; para arrendamento de embarcação estrangeira de pesca; para pesquisa; para o exercício de aquicultura em águas públicas; para instalação de armadilhas fixas em águas de domínio da União;

III — autorização: para operação de embarcação de pesca e para operação de embarcação de esporte e recreio, quando utilizada na pesca esportiva; e para a realização de torneios ou gincanas de pesca amadora;

IV — licença: para o pescador profissional e amador ou esportivo; para o aquicultor, para o armador de pesca; para a instalação e operação de empresa pesqueira;

V — cessão: para uso de espaços físicos em corpos d'água sob jurisdição da União, dos Estados e do Distrito Federal, para fins de aquicultura.

§ 1º Os critérios para a efetivação do Registro Geral da Atividade Pesqueira serão estabelecidos no regulamento desta Lei.

§ 2º A inscrição no RGP é condição prévia para a obtenção de concessão, permissão, autorização e licença em matéria relacionada ao exercício da atividade pesqueira.

Art. 26. Toda embarcação nacional ou estrangeira que se dedique à pesca comercial, além do cumprimento das exigências da autoridade marítima, deverá estar inscrita e autorizada pelo órgão público federal competente.

PARÁGRAFO ÚNICO. A inobservância do disposto no *caput* deste artigo implicará a interdição do barco até a satisfação das exigências impostas pelas autoridades competentes.

CAPÍTULO VII
Do Estímulo à Atividade Pesqueira

Art. 27. São considerados produtores rurais e beneficiários da política agrícola de que trata o art. 187 da Constituição Federal as pessoas físicas e jurídicas que desenvolvam atividade pesqueira de captura e criação de pescado nos termos desta Lei.

§ 1º Podem ser beneficiários do crédito rural de comercialização os agentes que desenvolvem atividades de transformação, processamento e industrialização de pescado, desde que atendido o disposto no § 1º do art. 49 da Lei n. 8.171, de 17 de janeiro de 1991.

§ 2º Fica o Poder Executivo autorizado a criar sistema nacional de informações sobre a pesca e a aquicultura, com o objetivo de coletar, agregar, intercambiar e disseminar informações sobre o setor pesqueiro e aquícola nacional.

Art. 28. As colônias de pescadores poderão organizar a comercialização dos produtos pesqueiros de seus associados, diretamente ou por intermédio de cooperativas ou outras entidades constituídas especificamente para esse fim.

Art. 29. A capacitação da mão de obra será orientada para o desenvolvimento sustentável da atividade pesqueira.

PARÁGRAFO ÚNICO. Cabe ao poder público e à iniciativa privada a promoção e o incentivo da pesquisa e capacitação da mão de obra pesqueira.

Art. 30. A pesquisa pesqueira será destinada a obter e proporcionar, de forma permanente, informações e bases científicas que permitam o desenvolvimento sustentável da atividade pesqueira.

§ 1º Não se aplicam à pesquisa científica as proibições estabelecidas para a atividade pesqueira comercial.

§ 2º A coleta e o cultivo de recursos pesqueiros com finalidade científica deverão ser autorizados pelo órgão ambiental competente.

§ 3º O resultado das pesquisas deve ser difundido para todo o setor pesqueiro.

CAPÍTULO VIII
Da Fiscalização e das Sanções

Art. 31. A fiscalização da atividade pesqueira abrangerá as fases de pesca, cultivo, desembarque, conservação, transporte, processamento, armazenamento e comercialização dos recursos pesqueiros, bem como o monitoramento ambiental dos ecossistemas aquáticos.

PARÁGRAFO ÚNICO. A fiscalização prevista no *caput* deste artigo é de competência do poder público federal, observadas as competências estadual, distrital e municipal pertinentes.

Art. 32. A autoridade competente poderá determinar a utilização de mapa de bordo e dispositivo de rastreamento por satélite, bem como de qualquer outro dispositivo ou procedimento que possibilite o monitoramento a distância e permita o acompanhamento, de forma automática e em tempo real, da posição geográfica e da profundidade do local de pesca da embarcação, nos termos de regulamento específico.

Art. 33. As condutas e atividades lesivas aos recursos pesqueiros e ao meio ambiente serão punidas na forma da Lei n. 9.605, de 12 de fevereiro de 1998, e de seu regulamento.

CAPITULO IX
Disposições Gerais

Art. 34. O órgão responsável pela gestão do uso dos recursos pesqueiros poderá solicitar amostra de material biológico oriundo da atividade pesqueira, sem ônus para o solicitante, com a finalidade de geração de dados e informações científicas, podendo ceder o material a instituições de pesquisa.

Art. 35. A autoridade competente, nos termos da legislação específica e sem comprometer os aspectos relacionados à segurança da navegação, à salvaguarda da vida humana e às condições de habitabilidade da embarcação, poderá determinar que os proprietários, armadores ou arrendatários das embarcações pesqueiras mantenham a bordo da embarcação, sem ônus para a referida autoridade, acomodações e alimentação para servir a:

I — observador de bordo, que procederá à coleta de dados, material para pesquisa e informações de interesse do setor pesqueiro, assim como ao monitoramento ambiental;

II — cientista brasileiro que esteja realizando pesquisa de interesse do Sistema Nacional de Informações da Pesca e Aquicultura.

Art. 36. A atividade de processamento do produto resultante da pesca e da aquicultura será exercida de acordo com as normas de sanidade, higiene e segurança, qualidade e preservação do meio ambiente e estará sujeita à observância da legislação específica e à fiscalização dos órgãos competentes.

PARÁGRAFO ÚNICO. (VETADO)

Art. 37. Esta Lei entra em vigor após decorridos 60 (sessenta) dias de sua publicação oficial.

Art. 38. Ficam revogados a Lei n. 7.679, de 23 de novembro de 1988, e os arts. 1º a 5º, 7º a 18, 20 a 28, 30 a 50, 53 a 92 e 94 a 99 do Decreto-lei n. 221, de 28 de fevereiro de 1967.

Brasília, 29 de junho de 2009; 188º da Independência e 121º da República.

Luiz Inácio Lula da Silva
Tarso Genro
Guido Mantega
Reinhold Stephanes
Carlos Lupi
Izabela Mônica Vieira Teixeira e
Altemir Gregolin

LEI N. 12.009, DE 29 DE JULHO DE 2009

(DOU 30.7.09)

REGULAMENTA O EXERCÍCIO DAS ATIVIDADES DOS PROFISSIONAIS EM TRANSPORTE DE PASSAGEIROS, "MOTOTAXISTA", EM ENTREGA DE MERCADORIAS E EM SERVIÇO COMUNITÁRIO DE RUA, E "MOTOBOY", COM O USO DE MOTOCICLETA, ALTERA A LEI N. 9.503, DE 23 DE SETEMBRO DE 1997, PARA DISPOR SOBRE REGRAS DE SEGURANÇA DOS SERVIÇOS DE TRANSPORTE REMUNERADO DE MERCADORIAS EM MOTOCICLETAS E MOTONETAS — MOTO-FRETE —, ESTABELECE REGRAS GERAIS PARA A REGULAÇÃO DESTE SERVIÇO E DÁ OUTRAS PROVIDÊNCIAS

O PRESIDENTE DA REPÚBLICA,

Faço saber que o Congresso Nacional decreta e eu sanciono a seguinte Lei:

Art. 1º Esta Lei regulamenta o exercício das atividades dos profissionais em transportes de passageiros, "mototaxista", em entrega de mercadorias e em serviço comunitário de rua, e "motoboy", com o uso de motocicleta, dispõe sobre regras de segurança dos serviços de transporte remunerado de mercadorias em motocicletas e motonetas — moto-frete —, estabelece regras gerais para a regulação deste serviço e dá outras providências.

Art. 2º Para o exercício das atividades previstas no art. 1º, é necessário:

I — ter completado 21 (vinte e um) anos;

II — possuir habilitação, por pelo menos 2 (dois) anos, na categoria;

III — ser aprovado em curso especializado, nos termos da regulamentação do Contran;

IV — estar vestido com colete de segurança dotado de dispositivos retrorrefletivos, nos termos da regulamentação do Contran.

PARÁGRAFO ÚNICO. Do profissional de serviço comunitário de rua serão exigidos ainda os seguintes documentos:

I — carteira de identidade;

II — título de eleitor;

III — cédula de identificação do contribuinte — CIC;

IV — atestado de residência;

V — certidões negativas das varas criminais;

VI — identificação da motocicleta utilizada em serviço.

Art. 3º São atividades específicas dos profissionais de que trata o art. 1º:

I — transporte de mercadorias de volume compatível com a capacidade do veículo;

II — transporte de passageiros.

PARÁGRAFO ÚNICO. (VETADO)

Art. 4º A Lei n. 9.503, de 23 de setembro de 1997, passa a vigorar acrescida do seguinte Capítulo XIII-A:

"CAPÍTULO XIII-A

DA CONDUÇÃO DE MOTO-FRETE

Art. 139-A. As motocicletas e motonetas destinadas ao transporte remunerado de mercadorias — moto-frete — somente poderão circular nas vias com autorização emitida pelo órgão ou entidade executivo de trânsito dos Estados e do Distrito Federal, exigindo-se, para tanto:

I — registro como veículo da categoria de aluguel;

II — instalação de protetor de motor mata-cachorro, fixado no chassi do veículo, destinado a proteger o motor e a perna do condutor em caso de tombamento, nos termos de regulamentação do Conselho Nacional de Trânsito — Contran;

III — instalação de aparador de linha antena corta-pipas, nos termos de regulamentação do Contran;

IV — inspeção semestral para verificação dos equipamentos obrigatórios e de segurança.

§ 1º A instalação ou incorporação de dispositivos para transporte de cargas deve estar de acordo com a regulamentação do Contran.

*§ 2º É proibido o transporte de combustíveis, produtos inflamáveis ou tóxicos e de galões nos veículos de que trata este artigo, com exceção do gás de cozinha e de galões contendo água mineral, desde que com o auxílio de **side-car**, nos termos de regulamentação do Contran.*

Art. 139-B. O disposto neste Capítulo não exclui a competência municipal ou estadual de aplicar as exigências previstas em seus regulamentos para as atividades de moto-frete no âmbito de suas circunscrições."

Art. 5º O art. 244 da Lei n. 9.503, de 23 de setembro de 1997, passa a vigorar com a seguinte redação:

"Art. 244...

VIII — transportando carga incompatível com suas especificações ou em desacordo com o previsto no § 2º do art. 139-A desta Lei;

IX — efetuando transporte remunerado de mercadorias em desacordo com o previsto no art. 139-A desta Lei ou com as normas que regem a atividade profissional dos mototaxistas:

Infração — grave;

Penalidade — multa;

Medida administrativa — apreensão do veículo para regularização.

§ 1º...NR.

Art. 6º A pessoa natural ou jurídica que empregar ou firmar contrato de prestação continuada de serviço com condutor de motofrete é responsável solidária por danos cíveis advindos do descumprimento das normas relativas ao exercício da atividade, previstas no art. 139-A da Lei n. 9.503, de 23 de setembro de 1997, e ao exercício da profissão, previstas no art. 2º desta Lei.

Art. 7º Constitui infração a esta Lei:

I — empregar ou manter contrato de prestação continuada de serviço com condutor de moto-frete inabilitado legalmente;

II — fornecer ou admitir o uso de motocicleta ou motoneta para o transporte remunerado de mercadorias, que esteja em desconformidade com as exigências legais.

PARÁGRAFO ÚNICO. Responde pelas infrações previstas neste artigo o empregador ou aquele que contrata serviço continuado de moto-frete, sujeitando-se à sanção relativa à segurança do trabalho prevista no art. 201 da Consolidação das Leis do Trabalho — CLT, aprovada pelo Decreto-Lei n. 5.452, de 1º de maio de 1943.

Art. 8º Os condutores que atuam na prestação do serviço de moto-frete, assim como os veículos empregados nessa atividade, deverão estar adequados às exigências previstas nesta Lei no prazo de até 365 (trezentos e sessenta e cinco) dias, contado da regulamentação pelo Contran dos dispositivos previstos no art. 139-A da Lei n. 9.503, de 23 de setembro de 1997, e no art. 2º desta Lei.

Art. 9º Esta Lei entra em vigor na data de sua publicação.

Brasília, 29 de julho de 2009; 188º da Independência e 121º da República.

Luiz Inácio Lula da Silva

Tarso Genro

Marcio Fortes de Almeida

Legislação Complementar

LEI N.12.436, DE 6 DE JULHO DE 2011

(DOU 7.7.2011)

VEDA O EMPREGO DE PRÁTICAS QUE ESTIMULEM O AUMENTO DE VELOCIDADE POR MOTOCICLISTAS PROFISSIONAIS

A PRESIDENTA DA REPÚBLICA, faço saber que o Congresso Nacional decreta e eu sanciono a seguinte Lei:

Art. 1º É vedado às empresas e pessoas físicas empregadoras ou tomadoras de serviços prestados por motociclistas estabelecer práticas que estimulem o aumento de velocidade, tais como:

I — oferecer prêmios por cumprimento de metas por números de entregas ou prestação de serviço;

II — prometer dispensa de pagamento ao consumidor, no caso de fornecimento de produto ou prestação de serviço fora do prazo ofertado para a sua entrega ou realização;

III — estabelecer competição entre motociclistas, com o objetivo de elevar o número de entregas ou de prestação de serviço.

Art. 2º Pela infração de qualquer dispositivo desta Lei, ao empregador ou ao tomador de serviço será imposta a multa de R$ 300,00 (trezentos reais) a R$ 3.000,00 (três mil reais).

PARÁGRAFO ÚNICO. A penalidade será sempre aplicada no grau máximo:

I — se ficar apurado o emprego de artifício ou simulação para fraudar a aplicação dos dispositivos desta Lei;

II — nos casos de reincidência.

Art. 3º Esta Lei entra em vigor na data de sua publicação.

Brasília, 6 de julho de 2011; 190º da Independência e 123º da República.

Dilma Rousseff

Carlos Lupi

LEI N. 12.023, DE 27 DE AGOSTO DE 2009

(DOU 28.8.09)

DISPÕE SOBRE AS ATIVIDADES DE MOVIMENTAÇÃO DE MERCADORIAS EM GERAL E SOBRE O TRABALHO AVULSO

O PRESIDENTE DA REPÚBLICA,

Faço saber que o Congresso Nacional decreta e eu sanciono a seguinte Lei:

Art. 1º As atividades de movimentação de mercadorias em geral exercidas por trabalhadores avulsos, para os fins desta Lei, são aquelas desenvolvidas em áreas urbanas ou rurais sem vínculo empregatício, mediante intermediação obrigatória do sindicato da categoria, por meio de Acordo ou Convenção Coletiva de Trabalho para execução das atividades.

PARÁGRAFO ÚNICO. A remuneração, a definição das funções, a composição de equipes e as demais condições de trabalho serão objeto de negociação entre as entidades representativas dos trabalhadores avulsos e dos tomadores de serviços.

Art. 2º São atividades da movimentação de mercadorias em geral:

I — cargas e descargas de mercadorias a granel e ensacados, costura, pesagem, embalagem, enlonamento, ensaque, arrasto, posicionamento, acomodação, reordenamento, reparação da carga, amostragem, arrumação, remoção, classificação, empilhamento, transporte com empilhadeiras, paletização, ova e desova de vagões, carga e descarga em feiras livres e abastecimento de lenha em secadores e caldeiras;

II — operações de equipamentos de carga e descarga;

III — pré-limpeza e limpeza em locais necessários à viabilidade das operações ou à sua continuidade.

PARÁGRAFO ÚNICO. (VETADO)

Art. 3º As atividades de que trata esta Lei serão exercidas por trabalhadores com vínculo empregatício ou em regime de trabalho avulso nas empresas tomadoras do serviço.

Art. 4º O sindicato elaborará a escala de trabalho e as folhas de pagamento dos trabalhadores avulsos, com a indicação do tomador do serviço e dos trabalhadores que participaram da operação, devendo prestar, com relação a estes, as seguintes informações:

I — os respectivos números de registros ou cadastro no sindicato;

II — o serviço prestado e os turnos trabalhados;

III — as remunerações pagas, devidas ou creditadas a cada um dos trabalhadores, registrando-se as parcelas referentes a:

a) repouso remunerado;

b) Fundo de Garantia por Tempo de Serviço;

c) 13º salário;

d) férias remuneradas mais 1/3 (um terço) constitucional;

e) adicional de trabalho noturno;

f) adicional de trabalho extraordinário.

Art. 5º São deveres do sindicato intermediador:

I — divulgar amplamente as escalas de trabalho dos avulsos, com a observância do rodízio entre os trabalhadores;

II — proporcionar equilíbrio na distribuição das equipes e funções, visando à remuneração em igualdade de condições de trabalho para todos e a efetiva participação dos trabalhadores não sindicalizados;

III — repassar aos respectivos beneficiários, no prazo máximo de 72 (setenta e duas) horas úteis, contadas a partir do seu arrecadamento, os valores devidos e pagos pelos tomadores do serviço, relativos à remuneração do trabalhador avulso;

IV — exibir para os tomadores da mão de obra avulsa e para as fiscalizações competentes os documentos que comprovem o efetivo pagamento das remunerações devidas aos trabalhadores avulsos;

V — zelar pela observância das normas de segurança, higiene e saúde no trabalho;

VI — firmar Acordo ou Convenção Coletiva de Trabalho para normatização das condições de trabalho.

§ 1º Em caso de descumprimento do disposto no inciso III deste artigo, serão responsáveis, pessoal e solidariamente, os dirigentes da entidade sindical.

§ 2º A identidade de cadastro para a escalação não será a carteira do sindicato e não assumirá nenhuma outra forma que possa dar ensejo à distinção entre trabalhadores sindicalizados e não sindicalizados para efeito de acesso ao trabalho.

Art. 6º São deveres do tomador de serviços:

I — pagar ao sindicato os valores devidos pelos serviços prestados ou dias trabalhados, acrescidos dos percentuais relativos a repouso remunerado, 13º salário e férias acrescidas de 1/3 (um terço), para viabilizar o pagamento do trabalhador avulso, bem como os percentuais referentes aos adicionais extraordinários e noturnos;

II — efetuar o pagamento a que se refere o inciso I, no prazo máximo de 72 (setenta e duas) horas úteis, contadas a partir do encerramento do trabalho requisitado;

III — recolher os valores devidos ao Fundo de Garantia por Tempo de Serviço, acrescido dos percentuais relativos ao 13º salário, férias, encargos fiscais, sociais e previdenciários, observando o prazo legal.

Art. 7º A liberação das parcelas referentes ao 13º salário e às férias, depositadas nas contas individuais vinculadas e o recolhimento do FGTS e dos encargos fiscais e previdenciários serão efetuados conforme regulamentação do Poder Executivo.

Art. 8º As empresas tomadoras do trabalho avulso respondem solidariamente pela efetiva remuneração do trabalho contratado e são responsáveis pelo recolhimento dos encargos fiscais e sociais, bem como das contribuições ou de outras importâncias devidas à Seguridade Social, no limite do uso que fizerem do trabalho avulso intermediado pelo sindicato.

Art. 9º As empresas tomadoras do trabalho avulso são responsáveis pelo fornecimento dos Equipamentos de Proteção Individual e por zelar pelo cumprimento das normas de segurança no trabalho.

Art. 10. A inobservância dos deveres estipulados nos arts. 5º e 6º sujeita os respectivos infratores à multa administrativa no valor de R$ 500,00 (quinhentos reais) por trabalhador avulso prejudicado.

PARÁGRAFO ÚNICO. O processo de fiscalização, notificação, autuação e imposição de multas reger-se-á pelo disposto no Título VII da Consolidação das Leis do Trabalho — CLT, aprovada pelo Decreto-lei n. 5.452, de 1º de maio de 1943.

Art. 11. Esta Lei não se aplica às relações de trabalho regidas pela Lei n. 8.630, de 25 de fevereiro de 1993, e pela Lei n. 9.719, de 27 de novembro de 1998.

Art. 12. Esta Lei entra em vigor 30 (trinta) dias após sua publicação.

Brasília, 27 de agosto de 2009; 188º da Independência e 121º da República.

Luiz Inácio Lula da Silva
Tarso Genro
José Antonio Dias Toffoli

LEI N. 12.198, DE 14 DE JANEIRO DE 2010

(DOU 15.1.10)

DISPÕE SOBRE O EXERCÍCIO DA PROFISSÃO DE REPENTISTA

O PRESIDENTE DA REPÚBLICA

Faço saber que o Congresso Nacional decreta e eu sanciono a seguinte Lei:

Art. 1º Fica reconhecida a atividade de Repentista como profissão artística.

Art. 2º Repentista é o profissional que utiliza o improviso rimado como meio de expressão artística cantada, falada ou escrita, compondo de imediato ou recolhendo composições de origem anônima ou da tradição popular.

Art. 3º Consideram-se repentistas, além de outros que as entidades de classe possam reconhecer, os seguintes profissionais:

I — cantadores e violeiros improvisadores;

II — os emboladores e cantadores de Coco;

III — poetas repentistas e os contadores e declamadores de causos da cultura popular;

IV — escritores da literatura de cordel.

Art. 4º Aos repentistas são aplicadas, conforme as especificidades da atividade, as disposições previstas nos arts. 41 a 48 da Lei n. 3.857, de 22 de dezembro de 1960, que dispõem sobre a duração do trabalho dos músicos.

Art. 5º A profissão de Repentista passa a integrar o quadro de atividades a que se refere o art. 577 da Consolidação das Leis do Trabalho — CLT, aprovada pelo Decreto-lei n. 5.452, de 1º de maio de 1943.

Art. 6º Esta Lei entra em vigor na data de sua publicação.

Brasília, 14 de janeiro de 2010; 189º da Independência e 122º da República.

Luiz Inácio Lula da Silva
Carlos Lupi

LEI N. 12.302, DE 2 DE AGOSTO DE 2010

(DOU 3.8.10)

REGULAMENTA O EXERCÍCIO DA PROFISSÃO DE INSTRUTOR DE TRÂNSITO

O PRESIDENTE DA REPÚBLICA, Faço saber que o Congresso Nacional decreta e eu sanciono a seguinte Lei:

Art. 1º Esta Lei regulamenta o exercício da profissão de Instrutor de Trânsito.

Art. 2º Considera-se instrutor de trânsito o profissional responsável pela formação de condutores de veículos automotores e elétricos com registro no órgão executivo de trânsito dos Estados e do Distrito Federal.

Art. 3º Compete ao instrutor de trânsito:

I — instruir os alunos acerca dos conhecimentos teóricos e das habilidades necessárias à obtenção, alteração, renovação da permissão para dirigir e da autorização para conduzir ciclomotores;

II — ministrar cursos de especialização e similares definidos em resoluções do Conselho Nacional de Trânsito — CONTRAN;

III — respeitar os horários preestabelecidos para as aulas e exames;

IV — frequentar os cursos de aperfeiçoamento ou de reciclagem promovidos pelos órgãos executivos de trânsito dos Estados ou do Distrito Federal;

V — orientar o aluno com segurança na aprendizagem de direção veicular.

PARÁGRAFO ÚNICO. Nas aulas práticas de direção veicular, o instrutor de trânsito somente poderá instruir candidatos à habilitação para a categoria igual ou inferior àquela em que esteja habilitado.

Art. 4º São requisitos para o exercício da atividade de instrutor de trânsito:

I — ter, no mínimo, 21 (vinte e um) anos de idade;

II — ter, pelo menos, 2 (dois) anos de efetiva habilitação legal para a condução de veículo e, no mínimo, 1 (um) ano na categoria D;

III — não ter cometido nenhuma infração de trânsito de natureza gravíssima nos últimos 60 (sessenta) dias;

IV — ter concluído o ensino médio;

V — possuir certificado de curso específico realizado pelo órgão executivo de trânsito;

VI — não ter sofrido penalidade de cassação da Carteira Nacional de Habilitação — CNH;

VII — ter participado de curso de direção defensiva e primeiros socorros.

PARÁGRAFO ÚNICO. É assegurado o direito ao exercício da profissão aos instrutores de trânsito que já estejam credenciados nos órgãos executivos de trânsito estaduais e do Distrito Federal na data de entrada em vigor desta Lei.

Art. 5º São deveres do instrutor de trânsito:

I — desempenhar com zelo e presteza as atividades de seu cargo;

II — portar, sempre, o crachá ou carteira de identificação profissional.

PARÁGRAFO ÚNICO. O crachá de que trata o inciso II do caput deste artigo será fornecido pelo órgão executivo de trânsito estadual ou do Distrito Federal.

Art. 6º É vedado ao instrutor de trânsito:

I — realizar propaganda contrária à ética profissional;

II — obstar ou dificultar a fiscalização do órgão executivo de trânsito estadual ou do Distrito Federal.

Art. 7º São direitos do instrutor de trânsito:

I — exercer com liberdade suas prerrogativas;

II — não ser punido sem prévia sindicância, sendo-lhe assegurado amplo direito de defesa;

III — denunciar às autoridades competentes, na forma cabível à espécie, o exercício ilegal da atividade;

IV — representar, perante as autoridades superiores, contra servidores públicos que, no desempenho dos cargos ou funções, praticarem atos que excedam seus deveres decorrentes da inobservância de dispositivos desta Lei;

V — apresentar às autoridades responsáveis pela instituição de normas e atos legais relativos a serviços e atribuições dos instrutores de trânsito sugestões, pareceres, opiniões e críticas que visem à simplificação e ao aperfeiçoamento do sistema de trânsito.

Art. 8º As penalidades aplicadas aos instrutores de trânsito obedecerão aos ditames previstos na Lei n. 9.503, de 23 de setembro de 1997 — Código de Trânsito Brasileiro.

Art. 9º Esta Lei entra em vigor na data de sua publicação.

Brasília, 2 de agosto de 2010; 189º da Independência e 122º da República.

Luiz Inácio Lula da Silva
Paulo Roberto dos Santos Pinto

LEI N. 12.319, DE 1º DE SETEMBRO DE 2010

(DOU 2.9.10)

REGULAMENTA A PROFISSÃO DE TRADUTOR E INTÉRPRETE DA LÍNGUA BRASILEIRA DE SINAIS — LIBRAS

O PRESIDENTE DA REPÚBLICA, faço saber que o Congresso Nacional decreta e eu sanciono a seguinte Lei:

Art. 1º Esta Lei regulamenta o exercício da profissão de Tradutor e Intérprete da Língua Brasileira de Sinais — LIBRAS.

Art. 2º O tradutor e intérprete terá competência para realizar interpretação das 2 (duas) línguas de maneira simultânea ou consecutiva e proficiência em tradução e interpretação da Libras e da Língua Portuguesa.

Art. 3º (VETADO)

Art. 4º A formação profissional do tradutor e intérprete de Libras — Língua Portuguesa, em nível médio, deve ser realizada por meio de:

I — cursos de educação profissional reconhecidos pelo Sistema que os credenciou;

II — cursos de extensão universitária; e

III — cursos de formação continuada promovidos por instituições de ensino superior e instituições credenciadas por Secretarias de Educação.

PARÁGRAFO ÚNICO. A formação de tradutor e intérprete de Libras pode ser realizada por organizações da sociedade civil representativas da comunidade surda, desde que o certificado seja convalidado por uma das instituições referidas no inciso III.

Art. 5º Até o dia 22 de dezembro de 2015, a União, diretamente ou por intermédio de credenciadas, promoverá, anualmente, exame nacional de proficiência em Tradução e Interpretação de Libras — Língua Portuguesa.

PARÁGRAFO ÚNICO. O exame de proficiência em Tradução e Interpretação de Libras — Língua Portuguesa deve ser realizado por banca examinadora de amplo conhecimento dessa função, constituída por docentes surdos, linguistas e tradutores e intérpretes de Libras de instituições de educação superior.

Art. 6º São atribuições do tradutor e intérprete, no exercício de suas competências:

I — efetuar comunicação entre surdos e ouvintes, surdos e surdos, surdos e surdos-cegos, surdos-cegos e ouvintes, por meio da Libras para a língua oral e vice-versa;

II — interpretar, em Língua Brasileira de Sinais — Língua Portuguesa, as atividades didático-pedagógicas e culturais desenvolvidas nas instituições de ensino nos níveis fundamental, médio e superior, de forma a viabilizar o acesso aos conteúdos curriculares;

III — atuar nos processos seletivos para cursos na instituição de ensino e nos concursos públicos;

IV — atuar no apoio à acessibilidade aos serviços e às atividades-fim das instituições de ensino e repartições públicas; e

V — prestar seus serviços em depoimentos em juízo, em órgãos administrativos ou policiais.

Art. 7º O intérprete deve exercer sua profissão com rigor técnico, zelando pelos valores éticos a ela inerentes, pelo respeito à pessoa humana e à cultura do surdo e, em especial:

I — pela honestidade e discrição, protegendo o direito de sigilo da informação recebida;

II — pela atuação livre de preconceito de origem, raça, credo religioso, idade, sexo ou orientação sexual ou gênero;

III — pela imparcialidade e fidelidade aos conteúdos que lhe couber traduzir;

IV — pelas postura e conduta adequadas aos ambientes que frequentar por causa do exercício profissional;

V — pela solidariedade e consciência de que o direito de expressão é um direito social, independentemente da condição social e econômica daqueles que dele necessitem;

VI — pelo conhecimento das especificidades da comunidade surda.

Art. 8º (VETADO)

Art. 9º (VETADO)

Art. 10. Esta Lei entra em vigor na data de sua publicação.

Brasília, 1º de setembro de 2010; 189º da Independência e 122º da República.

Luiz Inácio Lula da Silva
Luiz Paulo Teles Ferreira Barreto
Fernando Haddad
Carlos Lupi
Paulo de Tarso Vanucchi

Legislação Complementar

LEI N. 12.378, DE 31 DE DEZEMBRO DE 2010

DOU 31.12.10 (Edição extra)

REGULAMENTA O EXERCÍCIO DA ARQUITETURA E URBANISMO; CRIA O CONSELHO DE ARQUITETURA E URBANISMO DO BRASIL — CAU/BR E OS CONSELHOS DE ARQUITETURA E URBANISMO DOS ESTADOS E DO DISTRITO FEDERAL — CAUS; E DÁ OUTRAS PROVIDÊNCIAS

O PRESIDENTE DA REPÚBLICA, faço saber que o Congresso Nacional decreta e eu sanciono a seguinte Lei:

Âmbito de abrangência

Art. 1º O exercício da profissão de arquiteto e urbanista passa a ser regulado por esta Lei.

Atribuições de Arquitetos e Urbanistas

Art. 2º As atividades e atribuições do arquiteto e urbanista consistem em:

I — supervisão, coordenação, gestão e orientação técnica;

II — coleta de dados, estudo, planejamento, projeto e especificação;

III — estudo de viabilidade técnica e ambiental;

IV — assistência técnica, assessoria e consultoria;

V — direção de obras e de serviço técnico;

VI — vistoria, perícia, avaliação, monitoramento, laudo, parecer técnico, auditoria e arbitragem;

VII — desempenho de cargo e função técnica;

VIII — treinamento, ensino, pesquisa e extensão universitária;

IX — desenvolvimento, análise, experimentação, ensaio, padronização, mensuração e controle de qualidade;

X — elaboração de orçamento;

XI — produção e divulgação técnica especializada; e

XII — execução, fiscalização e condução de obra, instalação e serviço técnico.

PARÁGRAFO ÚNICO. As atividades de que trata este artigo aplicam-se aos seguintes campos de atuação no setor:

I — da Arquitetura e Urbanismo, concepção e execução de projetos;

II — da Arquitetura de Interiores, concepção e execução de projetos de ambientes;

III — da Arquitetura Paisagística, concepção e execução de projetos para espaços externos, livres e abertos, privados ou públicos, como parques e praças, considerados isoladamente ou em sistemas, dentro de várias escalas, inclusive a territorial;

IV — do Patrimônio Histórico Cultural e Artístico, arquitetônico, urbanístico, paisagístico, monumentos, restauro, práticas de projeto e soluções tecnológicas para reutilização, reabilitação, reconstrução, preservação, conservação, restauro e valorização de edificações, conjuntos e cidades;

V — do Planejamento Urbano e Regional, planejamento físico-territorial, planos de intervenção no espaço urbano, metropolitano e regional fundamentados nos sistemas de infraestrutura, saneamento básico e ambiental, sistema viário, sinalização, tráfego e trânsito urbano e rural, acessibilidade, gestão territorial e ambiental, parcelamento do solo, loteamento, desmembramento, remembramento, arruamento, planejamento urbano, plano diretor, traçado de cidades, desenho urbano, sistema viário, tráfego e trânsito urbano e rural, inventário urbano e regional, assentamentos humanos e requalificação em áreas urbanas e rurais;

VI — da Topografia, elaboração e interpretação de levantamentos topográficos cadastrais para a realização de projetos de arquitetura, de urbanismo e de paisagismo, foto-interpretação, leitura, interpretação e análise de dados e informações topográficas e sensoriamento remoto;

VII — da Tecnologia e resistência dos materiais, dos elementos e produtos de construção, patologias e recuperações;

VIII — dos sistemas construtivos e estruturais, estruturas, desenvolvimento de estruturas e aplicação tecnológica de estruturas;

IX — de instalações e equipamentos referentes à arquitetura e urbanismo;

X — do Conforto Ambiental, técnicas referentes ao estabelecimento de condições climáticas, acústicas, lumínicas e ergonômicas, para a concepção, organização e construção dos espaços;

XI — do Meio Ambiente, Estudo e Avaliação dos Impactos Ambientais, Licenciamento Ambiental, Utilização Racional dos Recursos Disponíveis e Desenvolvimento Sustentável.

Art. 3º Os campos da atuação profissional para o exercício da arquitetura e urbanismo são definidos a partir das diretrizes curriculares nacionais que dispõem sobre a formação do profissional arquiteto e urbanista nas quais os núcleos de conhecimentos de fundamentação e de conhecimentos profissionais caracterizam a unidade de atuação profissional.

§ 1º O Conselho de Arquitetura e Urbanismo do Brasil — CAU/BR especificará, atentando para o disposto no *caput*, as áreas de atuação privativas dos arquitetos e urbanistas e as áreas de atuação compartilhadas com outras profissões regulamentadas.

§ 2º Serão consideradas privativas de profissional especializado as áreas de atuação nas quais a ausência de formação superior exponha o usuário do serviço a qualquer risco ou danos materiais à segurança, à saúde ou ao meio ambiente.

§ 3º No exercício de atividades em áreas de atuação compartilhadas com outras áreas profissionais, o Conselho de Arquitetura e Urbanismo — CAU do Estado ou do Distrito Federal fiscalizará o exercício profissional da Arquitetura e Urbanismo.

§ 4º Na hipótese de as normas do CAU/BR sobre o campo de atuação de arquitetos e urbanistas contradizerem normas de outro Conselho profissional, a controvérsia será resolvida por meio de resolução conjunta de ambos os conselhos.

§ 5º Enquanto não editada a resolução conjunta de que trata o § 4º ou, em caso de impasse, até que seja resolvida a controvérsia, por arbitragem ou judicialmente, será aplicada a norma do Conselho que garanta ao profissional a maior margem de atuação.

Art. 4º O CAU/BR organizará e manterá atualizado cadastro nacional das escolas e faculdades de arquitetura e urbanismo, incluindo o currículo de todos os cursos oferecidos e os projetos pedagógicos.

Registro do arquiteto e urbanista no Conselho

Art. 5º Para uso do título de arquiteto e urbanista e para o exercício das atividades profissionais privativas correspondentes, é obrigatório o registro do profissional no CAU do Estado ou do Distrito Federal.

PARÁGRAFO ÚNICO. O registro habilita o profissional a atuar em todo o território nacional.

Art. 6º São requisitos para o registro:

I — capacidade civil; e

II — diploma de graduação em arquitetura e urbanismo, obtido em instituição de ensino superior oficialmente reconhecida pelo poder público.

§ 1º Poderão obter registro no CAU dos Estados e do Distrito Federal os portadores de diploma de graduação em Arquitetura e Urbanismo ou de diploma de arquiteto ou arquiteto e urbanista, obtido em instituição estrangeira de ensino superior reconhecida no respectivo país e devidamente revalidado por instituição nacional credenciada.

§ 2º Cumpridos os requisitos previstos nos incisos I e II do *caput,* poderão obter registro no CAU dos Estados ou do Distrito Federal, em caráter excepcional e por tempo determinado, profissionais estrangeiros sem domicílio no País.

§ 3º A concessão do registro de que trata o § 2º é condicionada à efetiva participação de arquiteto e urbanista ou sociedade de arquitetos, com registro no CAU Estadual ou no Distrito Federal e com domicílio no País, no acompanhamento em todas as fases das atividades a serem desenvolvidas pelos profissionais estrangeiros.

Art. 7º Exerce ilegalmente a profissão de arquiteto e urbanista a pessoa física ou jurídica que realizar atos ou prestar serviços, públicos ou privados, privativos dos profissionais de que trata esta Lei ou, ainda, que, mesmo não realizando atos privativos, se apresenta como arquiteto e urbanista ou como pessoa jurídica que atue na área de arquitetura e urbanismo sem registro no CAU.

Art. 8º A carteira profissional de arquiteto e urbanista possui fé pública e constitui prova de identidade civil para todos os fins legais.

Da Interrupção e do Cancelamento do registro profissional

Art. 9º É facultada ao profissional e à pessoa jurídica, que não estiver no exercício de suas atividades, a interrupção de seu registro profissional no CAU por tempo indeterminado, desde que atenda as condições regulamentadas pelo CAU/BR.

Sociedade de arquitetos e urbanistas

Art. 10. Os arquitetos e urbanistas, juntamente com outros profissionais, poder-se-ão reunir em sociedade de prestação de serviços de arquitetura e urbanismo, nos termos das normas de direito privado, desta Lei e do Regimento Geral do CAU/BR.

PARÁGRAFO ÚNICO. Sem prejuízo do registro e aprovação pelo órgão competente, a sociedade que preste serviços de arquitetura e urbanismo dever-se-á cadastrar no CAU da sua sede, o qual enviará as informações ao CAU/BR para fins de composição de cadastro unificado nacionalmente.

Art. 11. É vedado o uso das expressões "arquitetura" ou "urbanismo" ou designação similar na razão social ou no nome fantasia de sociedade que não possuir arquiteto e urbanista entre os sócios com poder de gestão ou entre os empregados permanentes.

Dos Acervos Técnicos

Art. 12. O acervo técnico constitui propriedade do profissional arquiteto e urbanista e é composto por todas as atividades por ele desenvolvidas, conforme discriminado nos arts. 2º e 3º, resguardando- se a legislação do Direito Autoral.

Art. 13. Para fins de comprovação de autoria ou de participação e de formação de acervo técnico, o arquiteto e urbanista deverá registrar seus projetos e demais trabalhos técnicos ou de criação no CAU do ente da Federação onde atue.

PARÁGRAFO ÚNICO. A qualificação técnica de sociedade com atuação nos campos da arquitetura e do urbanismo será demonstrada por meio dos acervos técnicos dos arquitetos e urbanistas comprovadamente a ela vinculados.

Art. 14. É dever do arquiteto e urbanista ou da sociedade de prestação de serviços de arquitetura e urbanismo indicar em documentos, peças publicitárias, placas ou outro elemento de comunicação dirigido a cliente, ao público em geral e ao CAU local:

I — o nome civil ou razão social do(s) autor(es) e executante(s) do serviço, completo ou abreviado, ou pseudônimo ou nome fantasia, a critério do profissional ou da sociedade de prestação de serviços de arquitetura e urbanismo, conforme o caso;

II — o número do registro no CAU local; e

III — a atividade a ser desenvolvida.

PARÁGRAFO ÚNICO. Quando se tratar de atividade desenvolvida por mais de um arquiteto e urbanista ou por mais de uma sociedade de prestação de serviços de arquitetura e urbanismo e não sendo especificados diferentes níveis de responsabilidade, todos serão considerados indistintamente coautores e corresponsáveis.

Art. 15. Aquele que implantar ou executar projeto ou qualquer trabalho técnico de criação ou de autoria de arquiteto e urbanista deve fazê-lo de acordo com as especificações e o detalhamento constantes do trabalho, salvo autorização em contrário, por escrito, do autor.

PARÁGRAFO ÚNICO. Ao arquiteto e urbanista é facultado acompanhar a implantação ou execução de projeto ou trabalho de sua autoria, pessoalmente ou por meio de preposto especialmente designado com a finalidade de averiguar a adequação da execução ao projeto ou concepção original.

Art. 16. Alterações em trabalho de autoria de arquiteto e urbanista, tanto em projeto como em obra dele resultante, somente poderão ser feitas mediante consentimento por escrito da pessoa natural titular dos direitos autorais, salvo pactuação em contrário.

§ 1º No caso de existência de coautoria, salvo pactuação em contrário, será necessária a concordância de todos os coautores.

§ 2º Em caso de falecimento ou de incapacidade civil do autor do projeto original, as alterações ou modificações poderão ser feitas pelo coautor ou, em não havendo coautor, por outro profissional habilitado, independentemente de autorização, que assumirá a responsabilidade pelo projeto modificado.

§ 3º Ao arquiteto e urbanista que não participar de alteração em obra ou trabalho de sua autoria é permitido o registro de laudo no CAU de seu domicílio, com o objetivo de garantir a autoria e determinar os limites de sua responsabilidade.

§ 4º Na hipótese de a alteração não ter sido concebida pelo autor do projeto original, o resultado final terá como coautores o arquiteto e urbanista autor do projeto original e o autor do projeto de alteração, salvo decisão expressa em contrário do primeiro, caso em que a autoria da obra passa a ser apenas do profissional que houver efetuado as alterações.

Ética

Art. 17. No exercício da profissão, o arquiteto e urbanista deve pautar sua conduta pelos parâmetros a serem definidos no Código de Ética e Disciplina do CAU/BR.

PARÁGRAFO ÚNICO. O Código de Ética e Disciplina deverá regular também os deveres do arquiteto e urbanista para com a comunidade, a sua relação com os demais profissionais, o dever geral de urbanidade e, ainda, os respectivos procedimentos disciplinares, observado o disposto nesta Lei.

Art. 18. Constituem infrações disciplinares, além de outras definidas pelo Código de Ética e Disciplina:

I — registrar projeto ou trabalho técnico ou de criação no CAU, para fins de comprovação de direitos autorais e formação de acervo técnico, que não haja sido efetivamente concebido, desenvolvido ou elaborado por quem requerer o registro;

II — reproduzir projeto ou trabalho técnico ou de criação, de autoria de terceiros, sem a devida autorização do detentor dos direitos autorais;

III — fazer falsa prova de quaisquer documentos exigidos para o registro no CAU;

IV — delegar a quem não seja arquiteto e urbanista a execução de atividade privativa de arquiteto e urbanista;

V — integrar sociedade de prestação de serviços de arquitetura e urbanismo sem nela atuar, efetivamente, com objetivo de viabilizar o registro da empresa no CAU, de utilizar o nome "arquitetura" ou "urbanismo" na razão jurídica ou nome fantasia ou ainda de simular para os usuários dos serviços de arquitetura e urbanismo a existência de profissional do ramo atuando;

VI — locupletar-se ilicitamente, por qualquer meio, às custas de cliente, diretamente ou por intermédio de terceiros;

VII — recusar-se, injustificadamente, a prestar contas a cliente de quantias que houver recebido dele, diretamente ou por intermédio de terceiros;

VIII — deixar de informar, em documento ou peça de comunicação dirigida a cliente, ao público em geral, ao CAU/BR ou aos CAUs, os dados exigidos nos termos desta Lei;

IX — deixar de observar as normas legais e técnicas pertinentes na execução de atividades de arquitetura e urbanismo;

X — ser desidioso na execução do trabalho contratado;

XI — deixar de pagar a anuidade, taxas, preços de serviços e multas devidos ao CAU/BR ou aos CAUs, quando devidamente notificado;

XII — não efetuar Registro de Responsabilidade Técnica quando for obrigatório.

Art. 19. São sanções disciplinares:

I — advertência;

II — suspensão entre 30 (trinta) dias e 1 (um) ano do exercício da atividade de arquitetura e urbanismo em todo o território nacional;

III — cancelamento do registro; e

IV — multa no valor entre 1 (uma) a 10 (dez) anuidades.

§ 1º As sanções deste artigo são aplicáveis à pessoa natural dos arquitetos e urbanistas.

§ 2º As sanções poderão ser aplicadas às sociedades de prestação de serviços com atuação nos campos da arquitetura e do urbanismo, sem prejuízo da responsabilização da pessoa natural do arquiteto e urbanista.

§ 3º No caso em que o profissional ou sociedade de arquitetos e urbanistas deixar de pagar a anuidade, taxas, preços de serviços e multas devidos ao CAU/BR ou aos CAUs, quando devidamente notificado, será aplicada suspensão até a regularização da dívida.

§ 4º A sanção prevista no inciso IV pode incidir cumulativamente com as demais.

§ 5º Caso constatado que a infração disciplinar teve participação de profissional vinculado ao conselho de outra profissão, será comunicado o conselho responsável.

Art. 20. Os processos disciplinares do CAU/BR e dos CAUs seguirão as regras constantes da Lei n. 9.784, de 29 de janeiro de 1999, desta Lei e, de forma complementar, das resoluções do CAU/BR.

Art. 21. O processo disciplinar instaura-se de ofício ou mediante representação de qualquer autoridade ou pessoa interessada.

§ 1º A pedido do acusado ou do acusador, o processo disciplinar poderá tramitar em sigilo, só tendo acesso às informações e documentos nele contidos o acusado, o eventual acusador e os respectivos procuradores constituídos.

§ 2º Após a decisão final, o processo tornar-se-á público.

Art. 22. Caberá recurso ao CAU/BR de todas as decisões definitivas proferidas pelos CAUs, que decidirá em última instância administrativa.

PARÁGRAFO ÚNICO. Além do acusado e do acusador, o Presidente e os Conselheiros do CAU são legitimados para interpor o recurso previsto neste artigo.

Art. 23. Prescreve em 5 (cinco) anos a pretensão de punição das sanções disciplinares, a contar da data do fato.

PARÁGRAFO ÚNICO. A prescrição interrompe-se pela intimação do acusado para apresentar defesa.

Criação e organização do CAU/BR e dos CAUs

Art. 24. Ficam criados o Conselho de Arquitetura e Urbanismo do Brasil — CAU/BR e os Conselhos de Arquitetura e Urbanismo dos Estados e do Distrito Federal — CAUs, como autarquias dotadas de personalidade jurídica de direito público, com autonomia administrativa e financeira e estrutura federativa, cujas atividades serão custeadas exclusivamente pelas próprias rendas.

§ 1º O CAU/BR e os CAUs têm como função orientar, disciplinar e fiscalizar o exercício da profissão de arquitetura e urbanismo, zelar pela fiel observância dos princípios de ética e disciplina da classe em todo o território nacional, bem como pugnar pelo aperfeiçoamento do exercício da arquitetura e urbanismo.

§ 2º O CAU/BR e o CAU do Distrito Federal terão sede e foro em Brasília.

§ 3º Cada CAU terá sede e foro na capital do Estado, ou de um dos Estados de sua área de atuação, a critério do CAU/BR.

Art. 25. O CAU/BR e os CAUs gozam de imunidade a impostos (art. 150, inciso VI, alínea *a*, da Constituição Federal).

Art. 26. O Plenário do Conselho do CAU/BR será constituído por:

I — 1 (um) Conselheiro representante de cada Estado e do Distrito Federal;

II — 1 (um) Conselheiro representante das instituições de ensino de arquitetura e urbanismo.

§ 1º Cada membro do CAU/BR terá 1 (um) suplente.

§ 2º Os Conselheiros do CAU/BR serão eleitos pelo voto direto e obrigatório dos profissionais do Estado que representam ou do Distrito Federal.

§ 3º O Presidente será eleito entre seus pares por maioria de votos dos conselheiros, em votação secreta, e terá direito apenas a voto de qualidade nas deliberações do CAU/BR.

§ 4º As instituições de ensino de arquitetura e urbanismo oficialmente reconhecidas serão representadas por 1 (um) conselheiro, por elas indicado, na forma do Regimento Geral do CAU/BR.

Art. 27. O CAU/BR tem sua estrutura e funcionamento definidos pelo seu Regimento Geral, aprovado pela maioria absoluta dos conselheiros federais.

PARÁGRAFO ÚNICO. A prerrogativa de que trata o *caput* será exercida com estrita observância às possibilidades efetivas de seu custeio com os recursos próprios do Conselho Federal de Arquitetura e Urbanismo, considerados ainda seus efeitos nos exercícios subsequentes.

Art. 28. Compete ao CAU/BR:

I — zelar pela dignidade, independência, prerrogativas e valorização da arquitetura e do urbanismo;

II — editar, alterar o Regimento Geral, o Código de Ética, as Normas Eleitorais e os provimentos que julgar necessários;

III — adotar medidas para assegurar o funcionamento regular dos CAUs;

IV — intervir nos CAUs quando constatada violação desta Lei ou do Regimento Geral;

V — homologar os regimentos internos e as prestações de contas dos CAUs;

VI — firmar convênios com entidades públicas e privadas, observada a legislação aplicável;

VII — autorizar a oneração ou a alienação de bens imóveis de sua propriedade;

VIII — julgar, em grau de recurso, as questões decididas pelos CAUs;

IX — inscrever empresas ou profissionais estrangeiros de arquitetura e urbanismo sem domicílio no País;

X — criar órgãos colegiados com finalidades e funções específicas;

XI — deliberar sobre assuntos administrativos e financeiros, elaborando programas de trabalho e orçamento;

XII — manter relatórios públicos de suas atividades;

XIII — representar os arquitetos e urbanistas em colegiados de órgãos públicos federais que tratem de questões de exercício profissional referentes à arquitetura e ao urbanismo;

XIV — aprovar e divulgar tabelas indicativas de honorários dos arquitetos e urbanistas;

XV — contratar empresa de auditoria para auditar o CAU/BR e os CAUs, conforme dispuser o Regimento Geral.

§ 1º O *quorum* necessário para a deliberação e aprovação das diferentes matérias será definido no Regimento.

§ 2º O exercício das competências enumeradas nos incisos V, VI, VII, X, XI e XV do *caput* terá como limite para seu efetivo custeio os recursos próprios do Conselho Federal de Arquitetura e Urbanismo, considerados os seus efeitos nos exercícios subsequentes, observadas as normas de ordem pública quanto à alienação de bens patrimoniais e à contratação de serviços.

Art. 29. Compete ao Presidente do CAU/BR, entre outras questões que lhe forem atribuídas pelo Regimento Geral do CAU/BR:

I — representar judicialmente e extrajudicialmente o CAU/BR;

II — presidir as reuniões do Conselho do CAU/BR, podendo exercer o voto de desempate;

III — cuidar das questões administrativas do CAU/BR, ouvindo previamente o Conselho quando exigido pelo Regimento Geral.

Art. 30. Constituem recursos do Conselho Federal de Arquitetura e Urbanismo — CAU/BR:

I — 20% (vinte por cento) da arrecadação prevista no inciso I do art. 37;

II — doações, legados, juros e receitas patrimoniais;

III — subvenções;

IV — resultados de convênios;

V — outros rendimentos eventuais.

PARÁGRAFO ÚNICO. A alienação de bens e a destinação de recursos provenientes de receitas patrimoniais serão aprovadas previamente pelo Plenário do Conselho Federal de Arquitetura e Urbanismo — CAU/BR.

Art. 31. Será constituído um CAU em cada Estado da Federação e no Distrito Federal.

§ 1º A existência de CAU compartilhado por mais de um Estado da Federação somente será admitida na hipótese em que o número limitado de inscritos inviabilize a instalação de CAU próprio para o Estado.

§ 2º A existência de CAU compartilhado depende de autorização do CAU/BR em decisão que será reavaliada, no máximo, a cada 6 (seis) anos.

Art. 32. O Plenário do CAU de cada Estado da Federação e do Distrito Federal é constituído de 1 (um) presidente e de conselheiros.

§ 1º Os conselheiros, e respectivos suplentes, serão eleitos na seguinte proporção:

I — até 499 (quatrocentos e noventa e nove) profissionais inscritos: 5 (cinco) conselheiros;

II — de 500 (quinhentos) a 1.000 (mil) profissionais inscritos: 7 (sete) conselheiros;

III — de 1.001 (mil e um) a 3.000 (três mil) profissionais inscritos: 9 (nove) conselheiros;

IV — acima de 3.000 (três mil) profissionais inscritos: 9 (nove) conselheiros mais 1 (um) para cada 1.000 (mil) inscritos ou fração, descontados os 3.000 (três mil) iniciais.

§ 2º O Presidente será eleito entre seus pares em Plenário pelo voto direto por maioria de votos dos conselheiros e terá direito apenas a voto de qualidade nas deliberações dos CAUs.

§ 3º Na hipótese de compartilhamento de CAU, nos termos do § 2º do art. 31:

I — as eleições serão realizadas em âmbito estadual;

II — o número de membros do conselho será definido na forma do § 1º; e

III — a divisão das vagas por Estado do Conselho compartilhado será feita segundo o número de profissionais inscritos no Estado, garantido o número mínimo de 1 (um) conselheiro por Estado.

Art. 33. Os CAUs terão sua estrutura e funcionamento definidos pelos respectivos Regimentos Internos, aprovados pela maioria absoluta dos conselheiros.

Art. 34. Compete aos CAUs:

I — elaborar e alterar os respectivos Regimentos Internos e demais atos administrativos;

II — cumprir e fazer cumprir o disposto nesta Lei, no Regimento Geral do CAU/BR, nos demais atos normativos do CAU/BR e nos próprios atos, no âmbito de sua competência;

III — criar representações e escritórios descentralizados no território de sua jurisdição, na forma do Regimento Geral do CAU/BR;

IV — criar colegiados com finalidades e funções específicas;

V — realizar as inscrições e expedir as carteiras de identificação de profissionais e pessoas jurídicas habilitadas, na forma desta Lei, para exercerem atividades de arquitetura e urbanismo, mantendo o cadastro atualizado;

VI — cobrar as anuidades, as multas e os Registros de Responsabilidade Técnica;

VII — fazer e manter atualizados os registros de direitos autorais, de responsabilidade e os acervos técnicos;

VIII — fiscalizar o exercício das atividades profissionais de arquitetura e urbanismo;

IX — julgar em primeira instância os processos disciplinares, na forma que determinar o Regimento Geral do CAU/BR;

X — deliberar sobre assuntos administrativos e financeiros, elaborando programas de trabalho e orçamento;

XI — sugerir ao CAU/BR medidas destinadas a aperfeiçoar a aplicação desta Lei e a promover o cumprimento de suas finalidades e a observância aos princípios estabelecidos;

XII — representar os arquitetos e urbanistas em colegiados de órgãos públicos estaduais e municipais que tratem de questões de exercício profissional referentes à arquitetura e ao urbanismo, assim como em órgãos não governamentais da área de sua competência;

XIII — manter relatórios públicos de suas atividades; e

XIV — firmar convênios com entidades públicas e privadas.

§ 1º O exercício das competências enumeradas nos incisos III, IV, X e XIV do *caput* terá como limite para seu efetivo custeio os recursos próprios do respectivo Conselho Regional de Arquitetura e Urbanismo, considerados os seus efeitos nos exercícios subsequentes, observadas as normas de ordem pública relativas à contratação de serviços e à celebração de convênios.

§ 2º Excepcionalmente, serão considerados recursos próprios os repasses recebidos do Conselho Federal de Arquitetura e Urbanismo pelo Conselho Regional de Arquitetura e Urbanismo, a conta do fundo especial a que se refere o art. 60.

Art. 35. Compete ao presidente do CAU, entre outras questões que lhe forem atribuídas pelo Regimento Geral do CAU/BR e pelo Regimento Interno do CAU respectivo:

I — representar judicialmente e extrajudicialmente o CAU;

II — presidir as reuniões do Conselho do CAU, podendo exercer o voto de desempate;

III — cuidar das questões administrativas do CAU, ouvindo previamente o Conselho quando exigido pelo Regimento Geral do CAU/BR ou pelo Regimento Interno do CAU respectivo.

Art. 36. É de 3 (três) anos o mandato dos conselheiros do CAU/BR e dos CAUs sendo permitida apenas uma recondução.

§ 1º O mandato do presidente será coincidente com o mandato do conselheiro.

§ 2º Perderá o mandato o conselheiro que:

I — sofrer sanção disciplinar;

II — for condenado em decisão transitada em julgado por crime relacionado com o exercício do mandato ou da profissão; ou

III — ausentar-se, sem justificativa, a 3 (três) reuniões do Conselho, no período de 1 (um) ano.

§ 3º O presidente do CAU/BR e os presidentes dos CAUs serão destituídos pela perda do mandato como conselheiro, nos termos do § 2º ou pelo voto de 3/5 (três quintos) dos conselheiros.

Art. 37. Constituem recursos dos Conselhos Regionais de Arquitetura e Urbanismo — CAUs:

I — receitas com anuidades, contribuições, multas, taxas e tarifas de serviços;

II — doações, legados, juros e rendimentos patrimoniais;

III — subvenções;

IV — resultados de convênios;

V — outros rendimentos eventuais.

Art. 38. Os presidentes do CAU/BR e dos CAUs prestarão, anualmente, suas contas ao Tribunal de Contas da União.

§ 1º Após aprovação pelo respectivo Plenário, as contas dos CAUs serão submetidas ao CAU/BR para homologação.

§ 2º As contas do CAU/BR, devidamente homologadas, e as dos CAUs serão submetidas à apreciação do Tribunal de Contas da União.

§ 3º Cabe aos presidentes do CAU/BR e de cada CAU a responsabilidade pela prestação de contas.

Art. 39. Cabe ao CAU/BR dirimir as questões divergentes entre os CAUs baixando normas complementares que unifiquem os procedimentos.

Art. 40. O exercício das funções de presidente e de conselheiro do CAU/BR e dos CAUs não será remunerado.

Art. 41. Os empregados do CAU/BR e dos demais CAUs Estaduais e do Distrito Federal serão contratados mediante aprovação em concurso público, sob o regime da Consolidação das Leis do Trabalho.

Anuidade devida para os CAUs

Art. 42. Os profissionais e as pessoas jurídicas inscritas no CAU pagarão anuidade no valor de R$ 350,00 (trezentos e cinquenta reais).

§ 1º Os valores das anuidades serão reajustados de acordo com a variação integral do Índice Nacional de Preços ao Consumidor — INPC, calculado pela Fundação Instituto Brasileiro de Geografia e Estatística — IBGE, nos termos de ato do CAU/BR.

§ 2º A data de vencimento, as regras de parcelamento e o desconto para pagamento à vista serão estabelecidos pelo CAU/BR.

§ 3º Os profissionais formados há menos de 2 (dois) anos e acima de 30 (trinta) anos de formados, pagarão metade do valor da anuidade.

§ 4º A anuidade deixará de ser devida após 40 (quarenta) anos de contribuição da pessoa natural.

Art. 43. A inscrição do profissional ou da pessoa jurídica no CAU não está sujeita ao pagamento de nenhum valor além da anuidade, proporcionalmente ao número de meses restantes no ano.

Art. 44. O não pagamento de anuidade no prazo, sem prejuízo da responsabilização pessoal pela violação ética, sujeita o infrator ao pagamento de multa de 20% (vinte por cento) sobre o valor devido e à incidência de correção com base na variação da Taxa Referencial do Sistema Especial de Liquidação e de Custódia — SELIC até o efetivo pagamento.

Registro de Responsabilidade Técnica — RRT

Art. 45. Toda realização de trabalho de competência privativa ou de atuação compartilhadas com outras profissões regulamentadas será objeto de Registro de Responsabilidade Técnica — RRT.

§ 1º Ato do CAU/BR detalhará as hipóteses de obrigatoriedade da RRT.

§ 2º O arquiteto e urbanista poderá realizar RRT, mesmo fora das hipóteses de obrigatoriedade, como meio de comprovação da autoria e registro de acervo.

Art. 46. O RRT define os responsáveis técnicos pelo empreendimento de arquitetura e urbanismo, a partir da definição da autoria e da coautoria dos serviços.

Art. 47. O RRT será efetuado pelo profissional ou pela pessoa jurídica responsável, por intermédio de seu profissional habilitado legalmente no CAU.

Art. 48. Não será efetuado RRT sem o prévio recolhimento da Taxa de RRT pela pessoa física do profissional ou pela pessoa jurídica responsável.

Art. 49. O valor da Taxa de RRT é, em todas as hipóteses, de R$ 60,00 (sessenta reais).

PARÁGRAFO ÚNICO. O valor referido no *caput* será atualizado, anualmente, de acordo com a variação integral do Índice Nacional de Preços ao Consumidor — INPC, calculado pela Fundação Instituto Brasileiro de Geografia e Estatística — IBGE, nos termos de ato do CAU/BR.

Art. 50. A falta do RRT sujeitará o profissional ou a empresa responsável, sem prejuízo da responsabilização pessoal pela violação ética e da obrigatoriedade da paralisação do trabalho até a regularização da situação, à multa de 300% (trezentos por cento) sobre o valor da Taxa de RRT não paga corrigida, a partir da autuação, com base na variação da Taxa Referencial do Sistema Especial de Liquidação e de Custódia — SELIC, acumulada mensalmente, até o último dia do mês anterior ao da devolução dos recursos, acrescido este montante de 1% (um por cento) no mês de efetivação do pagamento.

PARÁGRAFO ÚNICO. Não se aplica o disposto no *caput* no caso de trabalho realizado em resposta a situação de emergência se o profissional ou a pessoa jurídica diligenciar, assim que possível, na regularização da situação.

Da cobrança de valores pelos CAUs

Art. 51. A declaração do CAU de não pagamento de multas por violação da ética ou pela não realização de RRT, após o regular processo administrativo, constitui título executivo extrajudicial.

PARÁGRAFO ÚNICO. Na hipótese do *caput*, os valores serão executados na forma da Lei no 5.869, de 11 de janeiro de 1973 — Código de Processo Civil.

Art. 52. O atraso no pagamento de anuidade sujeita o responsável à suspensão do exercício profissional ou, no caso de pessoa jurídica, à proibição de prestar trabalhos na área da arquitetura e do urbanismo, mas não haverá cobrança judicial dos valores em atraso, protesto de dívida ou comunicação aos órgãos de proteção ao crédito.

Art. 53. A existência de dívidas pendentes não obsta o desligamento do CAU.

Art. 54. Os valores devidos aos CAUs referentes a multa por violação da ética, multa pela não realização de RRT ou anuidades em atraso, prescrevem no prazo de 5 (cinco) anos.

Instalação do CAU/BR e dos CAUs

Art. 55. Os profissionais com título de arquitetos e urbanistas, arquitetos e engenheiro arquiteto, com registro nos atuais Conselhos Regionais de Engenharia, Arquitetura e Agronomia — CREAs terão, automaticamente, registro nos CAUs com o título único de arquiteto e urbanista.

PARÁGRAFO ÚNICO. Os CREAs enviarão aos CAUs a relação dos arquitetos e urbanistas, arquitetos e engenheiro arquiteto inscritos, no prazo de 30 (trinta) dias da instalação do CAU, bem como os prontuários, dados profissionais, registros e acervo de todas as ARTs emitidas pelos profissionais e todos os processos em tramitação.

Art. 56. As Coordenadorias das Câmaras de Arquitetura dos atuais CREAs e a Coordenadoria Nacional das Câmaras de Arquitetura do atual CONFEA gerenciarão o processo de transição e organizarão o primeiro processo eleitoral para o CAU/BR e para os CAUs dos Estados e do Distrito Federal.

§ 1º Na primeira eleição para o CAU/BR o representante das instituições de ensino será estabelecido pela Coordenadoria Nacional das Câmaras de Arquitetura.

§ 2º A eleição para os conselheiros do CAU/BR e dos CAUs dar-se-á entre 3 (três) meses e 1 (um) ano da publicação desta Lei.

§ 3º Realizada a eleição e instalado o CAU/BR, caberá a ele decidir os CAUs que serão instalados no próprio Estado e os Estados que compartilharão CAU por insuficiência de inscritos.

§ 4º As entidades nacionais dos arquitetos e urbanistas participarão do processo de transição e organização do primeiro processo eleitoral.

Art. 57. Os atuais Conselhos Regionais de Engenharia, Arquitetura e Agronomia a contar da publicação desta Lei, passarão a depositar mensalmente em conta específica, 90% (noventa por cento) do valor das anuidades, das anotações de responsabilidade técnicas e de multas recebidas das pessoas físicas e jurídicas de arquitetos e urbanistas, arquitetos e engenheiros arquitetos até que ocorra a instalação do CAU/BR.

PARÁGRAFO ÚNICO. A quantia a que se refere o *caput* deverá ser usada no custeio do processo eleitoral de que trata o art. 56, sendo repassado o restante para o CAU/BR utilizar no custeio da sua instalação e da instalação dos CAUs.

Art. 58. (VETADO)

Art. 59. O CAU/BR e os CAUs poderão manter convênio com o CONFEA e com os CREAs, para compartilhamento de imóveis, de infraestrutura administrativa e de pessoal, inclusive da estrutura de fiscalização profissional.

Art. 60. O CAU/BR instituirá fundo especial destinado a equilibrar as receitas e despesas dos CAUs, exclusivamente daqueles que não conseguirem arrecadação suficiente para a manutenção de suas estruturas administrativas, sendo obrigatória a publicação dos dados de balanço e do planejamento de cada CAU para fins de acompanhamento e controle dos profissionais.

PARÁGRAFO ÚNICO. Resolução do CAU/BR, elaborada com a participação de todos os presidentes dos CAUs, regulamentará este artigo.

Art. 61. Em cumprimento ao disposto no inciso X do art. 28 e no inciso IV do art. 34, o CAU/BR instituirá colegiado permanente com participação das entidades nacionais dos arquitetos e urbanistas, para tratar das questões do ensino e do exercício profissional.

§ 1º No âmbito das unidades da federação os CAUs instituirão colegiados similares com participação das entidades regionais dos arquitetos e urbanistas.

§ 2º Fica instituída a Comissão Permanente de Ensino e Formação, no âmbito dos CAUs em todas as Unidades da

Federação que se articulará com o CAU/BR por intermédio do conselheiro federal representante das instituições de ensino superior.

Art. 62. O CAU/BR e os CAUs serão fiscalizados pelo Tribunal de Contas da União e auditados, anualmente, por auditoria independente e os resultados divulgados para conhecimento público.

Mútuas de assistência dos profissionais vinculados aos CAUs

Art. 63. Os arquitetos e urbanistas que por ocasião da publicação desta Lei se encontravam vinculados à Mútua de que trata a Lei n. 6.496, de 7 de dezembro de 1977, poder-se-ão se manter associados.

Adaptação do CONFEA e dos CREAs

Art. 64. O Conselho Federal de Engenharia, Arquitetura e Agronomia — CONFEA passa a se denominar Conselho Federal de Engenharia e Agronomia — CONFEA.

Art. 65. Os Conselhos Regionais de Engenharia, Arquitetura e Agronomia — CREAs passam a se denominar Conselhos Regionais de Engenharia e Agronomia — CREAs.

Adaptação das Leis ns. 5.194, de 1966, 6.496, de 1977

Art. 66. As questões relativas a arquitetos e urbanistas constantes das Leis ns. 5.194, de 24 de dezembro de 1966 e 6.496, de 7 de dezembro de 1977, passam a ser reguladas por esta Lei.

PARÁGRAFO ÚNICO. (VETADO)

Art. 67. (VETADO)

Vigência

Art. 68. Esta Lei entra em vigor:

I — quanto aos arts. 56 e 57, na data de sua publicação; e

II — quanto aos demais dispositivos, após a posse do Presidente e dos Conselheiros do CAU/BR.

Brasília, 31 de dezembro de 2010; 189º da Independência e 122º da República.

Luiz Inácio Lula da Silva
Luiz Paulo Teles Ferreira Barreto
Fernando Haddad
Carlos Lupi
Paulo Bernardo Silva

LEI N. 12.467, DE 26 DE AGOSTO DE 2011

(DOU 29.8.11)

DISPÕE SOBRE A REGULAMENTAÇÃO DO EXERCÍCIO DA PROFISSÃO DE SOMMELIER

A PRESIDENTA DA REPÚBLICA, faço saber que o Congresso Nacional decreta e eu sanciono a seguinte Lei:

Art. 1º Considera-se *sommelier*, para efeitos desta Lei, aquele que executa o serviço especializado de vinhos em empresas de eventos gastronômicos, hotelaria, restaurantes, supermercados e enotecas e em comissariaria de companhias aéreas e marítimas.

PARÁGRAFO ÚNICO. (VETADO).

Art. 2º *(VETADO).*

Art. 3º São atividades específicas do *sommelier:*

I — participar no planejamento e na organização do serviço de vinhos nos estabelecimentos referidos no art. 1º desta Lei;

II — assegurar a gestão do aprovisionamento e armazenagem dos produtos relacionados ao serviço de vinhos;

III — preparar e executar o serviço de vinhos;

IV — atender e resolver reclamações de clientes, aconselhando e informando sobre as características do produto;

V — ensinar em cursos básicos e avançados de profissionais *sommelier.*

Art. 4º Esta Lei entra em vigor na data de sua publicação.

Brasília, 26 de agosto de 2011; 190º da Independência e 123º da República.

Dilma Rousseff
José Eduardo Cardozo
Fernando Haddad
Luís Inácio Lucena Adams

LEI N. 12.468, DE 26 DE AGOSTO DE 2011

(DOU 29.8.11)

REGULAMENTA A PROFISSÃO DE TAXISTA; ALTERA A LEI N. 6.094, DE 30 DE AGOSTO DE 1974; E DÁ OUTRAS PROVIDÊNCIAS

A PRESIDENTA DA REPÚBLICA, faço saber que o Congresso Nacional decreta e eu sanciono a seguinte Lei:

Art. 1º Fica reconhecida, em todo o território nacional, a profissão de taxista, observados os preceitos desta Lei.

Art. 2º É atividade privativa dos profissionais taxistas a utilização de veículo automotor, próprio ou de terceiros, para o transporte público individual remunerado de passageiros, cuja capacidade será de, no máximo, 7 (sete) passageiros.

Art. 3º A atividade profissional de que trata o art. 1º somente será exercida por profissional que atenda integralmente aos requisitos e às condições abaixo estabelecidos:

I — habilitação para conduzir veículo automotor, em uma das categorias B, C, D ou E, assim definidas no art. 143 da Lei n. 9.503, de 23 de setembro de 1997;

II — curso de relações humanas, direção defensiva, primeiros socorros, mecânica e elétrica básica de veículos, promovido por entidade reconhecida pelo respectivo órgão autorizatário;

III — veículo com as características exigidas pela autoridade de trânsito;

IV — certificação específica para exercer a profissão, emitida pelo órgão competente da localidade da prestação do serviço;

V — inscrição como segurado do Instituto Nacional de Seguridade Social — INSS, ainda que exerça a profissão na condição de taxista autônomo, taxista auxiliar de condutor autônomo ou taxista locatário; e

VI — Carteira de Trabalho e Previdência Social — CTPS, para o profissional taxista empregado.

Art. 4º *(VETADO).*

Art. 5º São deveres dos profissionais taxistas:

I — atender ao cliente com presteza e polidez;

II — trajar-se adequadamente para a função;

III — manter o veículo em boas condições de funcionamento e higiene;

IV — manter em dia a documentação do veículo exigida pelas autoridades competentes;

V — obedecer à Lei n. 9.503, de 23 de setembro de 1997 — Código de Trânsito Brasileiro, bem como à legislação da localidade da prestação do serviço.

Art. 6º São direitos do profissional taxista empregado:

I — piso remuneratório ajustado entre os sindicatos da categoria;

II — aplicação, no que couber, da legislação que regula o direito trabalhista e da do regime geral da previdência social.

Art. 7º *(VETADO).*

Art. 8º Em Municípios com mais de 50.000 (cinquenta mil) habitantes é obrigatório o uso de taxímetro, anualmente auferido pelo órgão metrológico competente, conforme legislação em vigor.

Art. 9º Os profissionais taxistas poderão constituir entidades nacionais, estaduais ou municipais que os representem, as quais poderão cobrar taxa de contribuição de seus associados.

PARÁGRAFO ÚNICO. (VETADO).

Art. 10. *(VETADO).*

Art. 11. *(VETADO).*

Art. 12. *(VETADO).*

Art. 13. *(VETADO).*

Art. 14. *(VETADO).*

Art. 15. *(VETADO).*

Brasília, 26 de agosto de 2011; 190º da Independência e 123º da República.

Dilma Rousseff
José Eduardo Cardozo
Guido Mantega
Garibaldi Alves Filho
Luís Inácio Lucena Adams

Legislação Complementar

LEI N. 12.591, DE 18 DE JANEIRO DE 2012

(DOU 19.1.2012)

RECONHECE A PROFISSÃO DE TURISMÓLOGO E DISCIPLINA O SEU EXERCÍCIO

A PRESIDENTA DA REPÚBLICA

Faço saber que o Congresso Nacional decreta e eu sanciono a seguinte Lei:

Art. 1º (VETADO).

Art. 2º Consideram-se atividades do Turismólogo:

I — planejar, organizar, dirigir, controlar, gerir e operacionalizar instituições e estabelecimentos ligados ao turismo;

II — coordenar e orientar trabalhos de seleção e classificação de locais e áreas de interesse turístico, visando ao adequado aproveitamento dos recursos naturais e culturais, de acordo com sua natureza geográfica, histórica, artística e cultural, bem como realizar estudos de viabilidade econômica ou técnica;

III — atuar como responsável técnico em empreendimentos que tenham o turismo e o lazer como seu objetivo social ou estatutário;

IV — diagnosticar as potencialidades e as deficiências para o desenvolvimento do turismo nos Municípios, regiões e Estados da Federação;

V — formular e implantar prognósticos e proposições para o desenvolvimento do turismo nos Municípios, regiões e Estados da Federação;

VI — criar e implantar roteiros e rotas turísticas;

VII — desenvolver e comercializar novos produtos turísticos;

VIII — analisar estudos relativos a levantamentos socioeconômicos e culturais, na área de turismo ou em outras áreas que tenham influência sobre as atividades e serviços de turismo;

IX — pesquisar, sistematizar, atualizar e divulgar informações sobre a demanda turística;

X — coordenar, orientar e elaborar planos e projetos de *marketing* turístico;

XI — identificar, desenvolver e operacionalizar formas de divulgação dos produtos turísticos existentes;

XII — formular programas e projetos que viabilizem a permanência de turistas nos centros receptivos;

XIII — organizar eventos de âmbito público e privado, em diferentes escalas e tipologias;

XIV — planejar, organizar, controlar, implantar, gerir e operacionalizar empresas turísticas de todas as esferas, em conjunto com outros profissionais afins, como agências de viagens e turismo, transportadoras e terminais turísticos, organizadoras de eventos, serviços de animação, parques temáticos, hotelaria e demais empreendimentos do setor;

XV — planejar, organizar e aplicar programas de qualidade dos produtos e empreendimentos turísticos, conforme normas estabelecidas pelos órgãos competentes;

XVI — emitir laudos e pareceres técnicos referentes à capacitação ou não de locais e estabelecimentos voltados ao atendimento do turismo receptivo, conforme normas estabelecidas pelos órgãos competentes;

XVII — lecionar em estabelecimentos de ensino técnico ou superior;

XVIII — coordenar e orientar levantamentos, estudos e pesquisas relativamente a instituições, empresas e estabelecimentos privados que atendam ao setor turístico.

Art. 3º (VETADO).

Art. 4º (VETADO).

Art. 5º Esta Lei entra em vigor na data de sua publicação.

Brasília, 18 de janeiro de 2012; 191º da Independência e 124º da República.

Dilma Rousseff
José Eduardo Cardozo
Paulo Roberto dos Santos Pinto
Gastão Vieira
Luíz Inácio Lucena Adams

LEI N. 12.592, DE 18 DE JANEIRO DE 2012

(DOU 19.1.2012)

DISPÕE SOBRE O EXERCÍCIO DAS ATIVIDADES PROFISSIONAIS DE CABELEIREIRO, BARBEIRO, ESTETICISTA, MANICURE, PEDICURE, DEPILADOR E MAQUIADOR

A PRESIDENTA DA REPÚBLICA

Faço saber que o Congresso Nacional decreta e eu sanciono a seguinte Lei:

Art. 1º É reconhecido, em todo o território nacional, o exercício das atividades profissionais de Cabeleireiro, Barbeiro, Esteticista, Manicure, Pedicure, Depilador e Maquiador, nos termos desta Lei.

PARÁGRAFO ÚNICO. Cabeleireiro, Barbeiro, Esteticista, Manicure, Pedicure, Depilador e Maquiador são profissionais que exercem atividades de higiene e embelezamento capilar, estético, facial e corporal dos indivíduos.

Art. 2º (VETADO).

Art. 3º (VETADO).

Art. 4º Os profissionais de que trata esta Lei deverão obedecer às normas sanitárias, efetuando a esterilização de materiais e utensílios utilizados no atendimento a seus clientes.

Art. 5º É instituído o Dia Nacional do Cabeleireiro, Barbeiro, Esteticista, Manicure, Pedicure, Depilador e Maquiador, a ser comemorado em todo o País, a cada ano, no dia e mês coincidente com a data da promulgação desta Lei.

Art. 6º Esta Lei entra em vigor na data de sua publicação.

Brasília, 18 de janeiro de 2012; 191º da Independência e 124º da República.

Dilma Rousseff
José Eduardo Cardozo
Paulo Roberto dos Santos Pinto
Alexandre Rocha Santos Padilha
Rogério Sottili
Luiz Inácio Lucena Adams

LEI N. 12.790, DE 14 DE MARÇO DE 2013

(DOU 15.3.2013)

DISPÕE SOBRE A REGULAMENTAÇÃO DO EXERCÍCIO DA PROFISSÃO DE COMERCIÁRIO

A PRESIDENTA DA REPÚBLICA

Faço saber que o Congresso Nacional decreta e eu sanciono a seguinte Lei:

Art. 1º Aos comerciários, integrantes da categoria profissional de empregados no comércio, conforme o quadro de atividades e profissões do art. 577, combinado com o art. 511, ambos da Consolidação das Leis do Trabalho (CLT), aprovada pelo Decreto-Lei n. 5.452, de 1º de maio de 1943, aplicam-se os dispositivos da presente Lei, sem prejuízo das demais normas trabalhistas que lhes sejam aplicáveis.

Art. 2º Na Carteira de Trabalho e Previdência Social (CTPS), a atividade ou função desempenhada pelos empregados do comércio deverá ser especificada, desde que inexista a possibilidade de classificação por similaridade.

Art. 3º A jornada normal de trabalho dos empregados no comércio é de 8 (oito) horas diárias e 44 (quarenta e quatro) semanais.

§ 1º Somente mediante convenção coletiva ou acordo coletivo de trabalho poderá ser alterada a jornada normal de trabalho estabelecida no *caput* deste artigo.

§ 2º É admitida jornada de 6 (seis) horas para o trabalho realizado em turnos de revezamento, sendo vedada a utilização do mesmo empregado em mais de 1 (um) turno de trabalho, salvo negociação coletiva de trabalho.

Art. 4º O piso salarial será fixado em convenção ou acordo coletivo de trabalho, nos termos do inciso V do art. 7º da Constituição Federal.

Art. 5º (VETADO).

Art. 6º As entidades representativas das categorias econômica e profissional poderão, no âmbito da negociação coletiva, negociar a inclusão, no instrumento normativo, de cláusulas que instituam programas e ações de educação, formação e qualificação profissional.

Art. 7º É instituído o Dia do Comerciário, a ser comemorado no dia 30 de outubro de cada ano.

Art. 8º Esta Lei entra em vigor na data de sua publicação.

Brasília, 14 de março de 2013; 192º da Independência e 125º da República.

Dilma Rousseff
José Eduardo Cardozo
Guido Mantega
Carlos Daudt Brizola Gilberto Carvalho
Luís Inácio Lucena Adams

LEI N. 12.842, DE 10 DE JULHO DE 2013

(DOU 11.7.2013)

DISPÕE SOBRE O EXERCÍCIO DA MEDICINA

A PRESIDENTA DA REPÚBLICA

Faço saber que o Congresso Nacional decreta e eu sanciono a seguinte Lei:

Art. 1º O exercício da Medicina é regido pelas disposições desta Lei.

Art. 2º O objeto da atuação do médico é a saúde do ser humano e das coletividades humanas, em benefício da qual deverá agir com o máximo de zelo, com o melhor de sua capacidade profissional e sem discriminação de qualquer natureza.

PARÁGRAFO ÚNICO. O médico desenvolverá suas ações profissionais no campo da atenção à saúde para:

I — a promoção, a proteção e a recuperação da saúde;

II — a prevenção, o diagnóstico e o tratamento das doenças;

III — a reabilitação dos enfermos e portadores de deficiências.

Art. 3º O médico integrante da equipe de saúde que assiste o indivíduo ou a coletividade atuará em mútua colaboração com os demais profissionais de saúde que a compõem.

Art. 4º São atividades privativas do médico:

I — (VETADO);

II — indicação e execução da intervenção cirúrgica e prescrição dos cuidados médicos pré e pós-operatórios;

III — indicação da execução e execução de procedimentos invasivos, sejam diagnósticos, terapêuticos ou estéticos, incluindo os acessos vasculares profundos, as biópsias e as endoscopias;

IV — intubação traqueal;

V — coordenação da estratégia ventilatória inicial para a ventilação mecânica invasiva, bem como das mudanças necessárias diante das intercorrências clínicas, e do programa de interrupção da ventilação mecânica invasiva, incluindo a desintubação traqueal;

VI — execução de sedação profunda, bloqueios anestésicos e anestesia geral;

VII — emissão de laudo dos exames endoscópicos e de imagem, dos procedimentos diagnósticos invasivos e dos exames anatomopatológicos;

VIII — (VETADO);

IX — (VETADO);

X — determinação do prognóstico relativo ao diagnóstico nosológico;

XI — indicação de internação e alta médica nos serviços de atenção à saúde;

XII — realização de perícia médica e exames médico-legais, excetuados os exames laboratoriais de análises clínicas, toxicológicas, genéticas e de biologia molecular;

XIII — atestação médica de condições de saúde, doenças e possíveis sequelas;

XIV — atestação do óbito, exceto em casos de morte natural em localidade em que não haja médico.

§ 1º Diagnóstico nosológico é a determinação da doença que acomete o ser humano, aqui definida como interrupção, cessação ou distúrbio da função do corpo, sistema ou órgão, caracterizada por, no mínimo, 2 (dois) dos seguintes critérios:

I — agente etiológico reconhecido;

II — grupo identificável de sinais ou sintomas;

III — alterações anatômicas ou psicopatológicas.

§ 2º (VETADO).

§ 3º As doenças, para os efeitos desta Lei, encontram-se referenciadas na versão atualizada da Classificação Estatística Internacional de Doenças e Problemas Relacionados à Saúde.

§ 4º Procedimentos invasivos, para os efeitos desta Lei, são os caracterizados por quaisquer das seguintes situações:

I — (VETADO);

II — (VETADO);

III — invasão dos orifícios naturais do corpo, atingindo órgãos internos.

§ 5º Excetuam-se do rol de atividades privativas do médico:

I — (VETADO);

II — (VETADO);

III — aspiração nasofaringeana ou orotraqueal;

IV — (VETADO);

V — realização de curativo com desbridamento até o limite do tecido subcutâneo, sem a necessidade de tratamento cirúrgico;

VI — atendimento à pessoa sob risco de morte iminente;

VII — realização de exames citopatológicos e seus respectivos laudos;

VIII — coleta de material biológico para realização de análises clínico-laboratoriais;

IX — procedimentos realizados através de orifícios naturais em estruturas anatômicas visando à recuperação físico-funcional e não comprometendo a estrutura celular e tecidual.

§ 6º O disposto neste artigo não se aplica ao exercício da Odontologia, no âmbito de sua área de atuação.

§ 7º O disposto neste artigo será aplicado de forma que sejam resguardadas as competências próprias das profissões de assistente social, biólogo, biomédico, enfermeiro, farmacêutico, fisioterapeuta, fonoaudiólogo, nutricionista, profissional de educação física, psicólogo, terapeuta ocupacional e técnico e tecnólogo de radiologia.

Art. 5º São privativos de médico:

I — (VETADO);

II — perícia e auditoria médicas; coordenação e supervisão vinculadas, de forma imediata e direta, às atividades privativas de médico;

III — ensino de disciplinas especificamente médicas;

IV — coordenação dos cursos de graduação em Medicina, dos programas de residência médica e dos cursos de pós-graduação específicos para médicos.

PARÁGRAFO ÚNICO. A direção administrativa de serviços de saúde não constitui função privativa de médico.

Art. 6º A denominação de "médico" é privativa dos graduados em cursos superiores de Medicina, e o exercício da profissão, dos inscritos no Conselho Regional de Medicina com jurisdição na respectiva unidade da Federação.

Art. 7º Compreende-se entre as competências do Conselho Federal de Medicina editar normas para definir o caráter experimental de procedimentos em Medicina, autorizando ou vedando a sua prática pelos médicos.

PARÁGRAFO ÚNICO. A competência fiscalizadora dos Conselhos Regionais de Medicina abrange a fiscalização e o controle dos procedimentos especificados no *caput*, bem como a aplicação das sanções pertinentes em caso de inobservância das normas determinadas pelo Conselho Federal.

Art. 8º Esta Lei entra em vigor 60 (sessenta) dias após a data de sua publicação. Brasília, 10 de julho de 2013; 192º da Independência e 125º da República.

Dilma Rousseff
Guido Mantega
Manoel Dias
Alexandre Rocha Santos Padilha
Miriam Belchior
Gilberto Carvalho

LEI N. 12.871, DE 22 DE OUTUBRO DE 2013

(DOU 23.10.13)

INSTITUI O PROGRAMA MAIS MÉDICOS, ALTERA AS LEIS N. 8.745, DE 9 DE DEZEMBRO DE 1993, E N. 6.932, DE 7 DE JULHO DE 1981, E DÁ OUTRAS PROVIDÊNCIAS

Lei n. 12.871, de 22.10.13. Art. 18, § 4º. Dispõe que "Aplicam-se os arts. 30. 31 e 33, da Lei n. 6.815, de 19.8.1980"

A PRESIDENTA DA REPÚBLICA

Faço saber que o Congresso Nacional decreta e eu sanciono a seguinte Lei:

CAPÍTULO I
Disposições Gerais

Art. 1º É instituído o Programa Mais Médicos, com a finalidade de formar recursos humanos na área médica para o Sistema Único de Saúde (SUS) e com os seguintes objetivos:

I — diminuir a carência de médicos nas regiões prioritárias para o SUS, a fim de reduzir as desigualdades regionais na área da saúde;

II — fortalecer a prestação de serviços de atenção básica em saúde no País;

III — aprimorar a formação médica no País e proporcionar maior experiência no campo de prática médica durante o processo de formação;

IV — ampliar a inserção do médico em formação nas unidades de atendimento do SUS, desenvolvendo seu conhecimento sobre a realidade da saúde da população brasileira;

V — fortalecer a política de educação permanente com a integração ensino-serviço, por meio da atuação das instituições de educação superior na supervisão acadêmica das atividades desempenhadas pelos médicos;

VI — promover a troca de conhecimentos e experiências entre profissionais da saúde brasileiros e médicos formados em instituições estrangeiras;

VII — aperfeiçoar médicos para atuação nas políticas públicas de saúde do País e na organização e no funcionamento do SUS; e

VIII — estimular a realização de pesquisas aplicadas ao SUS.

Art. 2º Para a consecução dos objetivos do Programa Mais Médicos, serão adotadas, entre outras, as seguintes ações:

I — reordenação da oferta de cursos de Medicina e de vagas para residência médica, priorizando regiões de saúde com menor relação de vagas e médicos por habitante e com estrutura de serviços de saúde em condições de ofertar campo de prática suficiente e de qualidade para os alunos;

II — estabelecimento de novos parâmetros para a formação médica no País; e

III — promoção, nas regiões prioritárias do SUS, de aperfeiçoamento de médicos na área de atenção básica em saúde, mediante integração ensino-serviço, inclusive por meio de intercâmbio internacional.

CAPÍTULO II
Da Autorização para o Funcionamento de Cursos de Medicina

Art. 3º A autorização para o funcionamento de curso de graduação em Medicina, por instituição de educação superior privada, será precedida de chamamento público, e caberá ao Ministro de Estado da Educação dispor sobre:

I — pré-seleção dos Municípios para a autorização de funcionamento de cursos de Medicina, ouvido o Ministério da Saúde;

II — procedimentos para a celebração do termo de adesão ao chamamento público pelos gestores locais do SUS;

III — critérios para a autorização de funcionamento de instituição de educação superior privada especializada em cursos na área de saúde;

IV — critérios do edital de seleção de propostas para obtenção de autorização de funcionamento de curso de Medicina; e

V — periodicidade e metodologia dos procedimentos avaliatórios necessários ao acompanhamento e monitoramento da execução da proposta vencedora do chamamento público.

§ 1º Na pré-seleção dos Municípios de que trata o inciso I do caput deste artigo, deverão ser consideradas, no âmbito da região de saúde:

I — a relevância e a necessidade social da oferta de curso de Medicina; e

II — a existência, nas redes de atenção à saúde do SUS, de equipamentos públicos adequados e suficientes para a oferta do curso de Medicina, incluindo, no mínimo, os seguintes serviços, ações e programas:

a) atenção básica;

b) urgência e emergência;

c) atenção psicossocial;

d) atenção ambulatorial especializada e hospitalar; e

e) vigilância em saúde.

§ 2º Por meio do termo de adesão de que trata o inciso II do caput deste artigo, o gestor local do SUS compromete-se a oferecer à instituição de educação superior vencedora do chamamento público, mediante contrapartida a ser disciplinada por ato do Ministro de Estado da Educação, a estrutura de serviços, ações e programas de saúde necessários para a implantação e para o funcionamento do curso de graduação em Medicina.

§ 3º O edital previsto no inciso IV do caput deste artigo observará, no que couber, a legislação sobre licitações e contratos administrativos e exigirá garantia de proposta do participante e multa por inexecução total ou parcial do contrato, conforme previsto, respectivamente, no art. 56 e no inciso II do caput do art. 87 da Lei n. 8.666, de 21 de junho de 1993.

§ 4º O disposto neste artigo não se aplica aos pedidos de autorização para funcionamento de curso de Medicina protocolados no Ministério da Educação até a data de publicação desta Lei.

§ 5º O Ministério da Educação, sem prejuízo do atendimento aos requisitos previstos no inciso II do § 1º deste artigo, disporá sobre o processo de autorização de cursos de Medicina em unidades hospitalares que:

I — possuam certificação como hospitais de ensino;

II — possuam residência médica em no mínimo 10 (dez) especialidades; ou

III — mantenham processo permanente de avaliação e certificação da qualidade de seus serviços.

§ 6º O Ministério da Educação, conforme regulamentação própria, poderá aplicar o procedimento de chamamento público de que trata este artigo aos outros cursos de graduação na área de saúde.

§ 7º A autorização e a renovação de autorização para funcionamento de cursos de graduação em Medicina deverão considerar, sem prejuízo de outras exigências estabelecidas no Sistema Nacional de Avaliação da Educação Superior (Sinaes):

I — os seguintes critérios de qualidade:

a) exigência de infraestrutura adequada, incluindo bibliotecas, laboratórios, ambulatórios, salas de aula dotadas de recursos didático-pedagógicos e técnicos especializados, equipamentos especiais e de informática e outras instalações indispensáveis à formação dos estudantes de Medicina;

b) acesso a serviços de saúde, clínicas ou hospitais com as especialidades básicas indispensáveis à formação dos alunos;

c) possuir metas para corpo docente em regime de tempo integral e para corpo docente com titulação acadêmica de mestrado ou doutorado;

d) possuir corpo docente e técnico com capacidade para desenvolver pesquisa de boa qualidade, nas áreas curriculares em questão, aferida por publicações científicas;

II — a necessidade social do curso para a cidade e para a região em que se localiza, demonstrada por indicadores demográficos, sociais, econômicos e concernentes à oferta de serviços de saúde, incluindo dados relativos à:

a) relação número de habitantes por número de profissionais no Município em que é ministrado o curso e nos Municípios de seu entorno;

b) descrição da rede de cursos análogos de nível superior, públicos e privados, de serviços de saúde, ambulatoriais e hospitalares e de programas de residência em funcionamento na região;

c) inserção do curso em programa de extensão que atenda a população carente da cidade e da região em que a instituição se localiza.

CAPÍTULO III

Da Formação Médica no Brasil

Art. 4º O funcionamento dos cursos de Medicina é sujeito à efetiva implantação das diretrizes curriculares nacionais definidas pelo Conselho Nacional de Educação (CNE).

§ 1º Ao menos 30% (trinta por cento) da carga horária do internato médico na graduação serão desenvolvidos na Atenção Básica e em Serviço de Urgência e Emergência do SUS, respeitando-se o tempo mínimo de 2 (dois) anos de internato, a ser disciplinado nas diretrizes curriculares nacionais.

§ 2º As atividades de internato na Atenção Básica e em Serviço de Urgência e Emergência do SUS e as atividades de Residência Médica serão realizadas sob acompanhamento acadêmico e técnico, observado o art. 27 desta Lei.

§ 3º O cumprimento do disposto no caput e nos §§ 1º e 2º deste artigo constitui ponto de auditoria nos processos avaliativos do Sinaes.

Art. 5º Os Programas de Residência Médica de que trata a Lei n. 6.932, de 7 de julho de 1981, ofertarão anualmente vagas equivalentes ao número de egressos dos cursos de graduação em Medicina do ano anterior.

PARÁGRAFO ÚNICO. A regra de que trata o caput é meta a ser implantada progressivamente até 31 de dezembro de 2018.

Art. 6º Para fins de cumprimento da meta de que trata o art. 5º, será considerada a oferta de vagas de Programas de Residência Médica nas seguintes modalidades:

I — Programas de Residência em Medicina Geral de Família e Comunidade; e

II — Programas de Residência Médica de acesso direto, nas seguintes especialidades:

a) Genética Médica;

b) Medicina do Tráfego;

c) Medicina do Trabalho;

d) Medicina Esportiva;

e) Medicina Física e Reabilitação;

f) Medicina Legal;

g) Medicina Nuclear;

h) Patologia; e

i) Radioterapia.

Art. 7º O Programa de Residência em Medicina Geral de Família e Comunidade terá duração mínima de 2 (dois) anos.

§ 1º O primeiro ano do Programa de Residência em Medicina Geral de Família e Comunidade será obrigatório para o ingresso nos seguintes Programas de Residência Médica:

I — Medicina Interna (Clínica Médica);

II — Pediatria;

III — Ginecologia e Obstetrícia;

IV — Cirurgia Geral;

V — Psiquiatria;

VI — Medicina Preventiva e Social.

§ 2º Será necessária a realização de 1 (um) a 2 (dois) anos do Programa de Residência em Medicina Geral de Família e Comunidade para os demais Programas de Residência Médica, conforme disciplinado pela Comissão Nacional de Residência Médica (CNRM), excetuando-se os Programas de Residência Médica de acesso direto.

§ 3º O pré-requisito de que trata este artigo apenas será exigido quando for alcançada a meta prevista no parágrafo único do art. 5º, na forma do regulamento.

§ 4º Os Programas de Residência Médica estabelecerão processos de transição para implementação, integração e consolidação das mudanças curriculares, com o objetivo de viabilizar a carga horária e os conteúdos oferecidos no currículo novo e permitir o fluxo na formação de especialistas, evitando atrasos curriculares, repetições desnecessárias e dispersão de recursos.

§ 5º O processo de transição previsto no § 4º deverá ser registrado por meio de avaliação do currículo novo, envolvendo discentes de diversas turmas e docentes.

§ 6º Os Programas de Residência em Medicina Geral de Família e Comunidade deverão contemplar especificidades do SUS, como as atuações na área de Urgência e Emergência, Atenção Domiciliar, Saúde Mental, Educação Popular em Saúde, Saúde Coletiva e Clínica Geral Integral em todos os ciclos de vida.

§ 7º O Ministério da Saúde coordenará as atividades da Residência em Medicina Geral de Família e Comunidade no âmbito da rede saúde-escola.

Art. 8º As bolsas de Residência em Medicina Geral de Família e Comunidade poderão receber complementação financeira a ser estabelecida e custeada pelos Ministérios da Saúde e da Educação.

Art. 9º É instituída a avaliação específica para curso de graduação em Medicina, a cada 2 (dois) anos, com instrumentos e métodos que avaliem conhecimentos, habilidades e atitudes, a ser implementada no prazo de 2 (dois) anos, conforme ato do Ministro de Estado da Educação.

§ 1º É instituída avaliação específica anual para os Programas de Residência Médica, a ser implementada no prazo de 2 (dois) anos, pela CNRM.

§ 2º As avaliações de que trata este artigo serão implementadas pelo Instituto Nacional de Estudos e Pesquisas Educacionais Anísio Teixeira (Inep), no âmbito do sistema federal de ensino.

Art. 10. Os cursos de graduação em Medicina promoverão a adequação da matriz curricular para atendimento ao disposto nesta Lei, nos prazos e na forma definidos em resolução do CNE, aprovada pelo Ministro de Estado da Educação.

PARÁGRAFO ÚNICO. O CNE terá o prazo de 180 (cento e oitenta) dias, contado da data de publicação desta Lei, para submeter a resolução de que trata o caput ao Ministro de Estado da Educação.

Art. 11. A regulamentação das mudanças curriculares dos diversos programas de residência médica será realizada por meio de ato do Ministério da Educação, ouvidos a CNRM e o Ministério da Saúde.

SEÇÃO ÚNICA
Do Contrato Organizativo da Ação Pública Ensino-Saúde

Art. 12. As instituições de educação superior responsáveis pela oferta dos cursos de Medicina e dos Programas de Residência Médica poderão firmar Contrato Organizativo da Ação Pública Ensino-Saúde com os Secretários Municipais e Estaduais de Saúde, na qualidade de gestores, com a finalidade de viabilizar a reordenação da oferta de cursos de Medicina e de vagas de Residência Médica e a estrutura de serviços de saúde em condições de ofertar campo de prática suficiente e de qualidade, além de permitir a integração ensino-serviço na área da Atenção Básica.

§ 1º O Contrato Organizativo poderá estabelecer:

I — garantia de acesso a todos os estabelecimentos assistenciais sob a responsabilidade do gestor da área de saúde como cenário de práticas para a formação no âmbito da graduação e da residência médica; e

II — outras obrigações mútuas entre as partes relacionadas ao funcionamento da integração ensino-serviço, cujos termos serão levados à deliberação das Comissões Intergestores Regionais, Comissões Intergestores Bipartite e Comissão Intergestores Tripartite, ouvidas as Comissões de Integração Ensino-Serviço.

§ 2º No âmbito do Contrato Organizativo, caberão às autoridades mencionadas no caput, em acordo com a instituição de educação superior e os Programas de Residência Médica, designar médicos preceptores da rede de serviços de saúde e regulamentar a sua relação com a instituição responsável pelo curso de Medicina ou pelo Programa de Residência Médica.

§ 3º Os Ministérios da Educação e da Saúde coordenarão as ações necessárias para assegurar a pactuação de Contratos Organizativos da Ação Pública Ensino-Saúde.

CAPÍTULO IV
Do Projeto mais Médicos para o Brasil

Art. 13. É instituído, no âmbito do Programa Mais Médicos, o Projeto Mais Médicos para o Brasil, que será oferecido:

I — aos médicos formados em instituições de educação superior brasileiras ou com diploma revalidado no País; e

II — aos médicos formados em instituições de educação superior estrangeiras, por meio de intercâmbio médico internacional.

§ 1º A seleção e a ocupação das vagas ofertadas no âmbito do Projeto Mais Médicos para o Brasil observarão a seguinte ordem de prioridade:

I — médicos formados em instituições de educação superior brasileiras ou com diploma revalidado no País, inclusive os aposentados;

II — médicos brasileiros formados em instituições estrangeiras com habilitação para exercício da Medicina no exterior; e

III — médicos estrangeiros com habilitação para exercício da Medicina no exterior.

§ 2º Para fins do Projeto Mais Médicos para o Brasil, considera-se:

I — médico participante: médico intercambista ou médico formado em instituição de educação superior brasileira ou com diploma revalidado; e

II — médico intercambista: médico formado em instituição de educação superior estrangeira com habilitação para exercício da Medicina no exterior.

§ 3º A coordenação do Projeto Mais Médicos para o Brasil ficará a cargo dos Ministérios da Educação e da Saúde, que disciplinarão, por meio de ato conjunto dos Ministros de Estado da Educação e da Saúde, a forma de participação das instituições públicas de educação superior e as regras de funcionamento do Projeto, incluindo a carga horária, as hipóteses de afastamento e os recessos.

Art. 14. O aperfeiçoamento dos médicos participantes ocorrerá mediante oferta de curso de especialização por instituição pública de educação superior e envolverá atividades de ensino, pesquisa e extensão que terão componente assistencial mediante integração ensino-serviço.

§ 1º O aperfeiçoamento de que trata o caput terá prazo de até 3 (três) anos, prorrogável por igual período caso ofertadas outras modalidades de formação, conforme definido em ato conjunto dos Ministros de Estado da Educação e da Saúde.

§ 2º A aprovação do médico participante no curso de especialização será condicionada ao cumprimento de todos os requisitos do Projeto Mais Médicos para o Brasil e à sua aprovação nas avaliações periódicas.

§ 3º O primeiro módulo, designado acolhimento, terá duração de 4 (quatro) semanas, será executado na modalidade presencial, com carga horária mínima de 160 (cento e sessenta) horas, e contemplará conteúdo relacionado à legislação referente ao sistema de saúde brasileiro, ao funcionamento e às atribuições do SUS, notadamente da Atenção Básica em saúde, aos protocolos clínicos de atendimentos definidos pelo Ministério da Saúde, à língua portuguesa e ao código de ética médica.

§ 4º As avaliações serão periódicas, realizadas ao final de cada módulo, e compreenderão o conteúdo específico do respectivo módulo, visando a identificar se o médico participante está apto ou não a continuar no Projeto.

§ 5º A coordenação do Projeto Mais Médicos para o Brasil, responsável pelas avaliações de que tratam os §§ 1º a 4º, disciplinará, acompanhará e fiscalizará a programação em módulos do aperfeiçoamento dos médicos participantes, a adoção de métodos transparentes para designação dos avaliadores e os resultados e índices de aprovação e reprovação da avaliação, zelando pelo equilíbrio científico, pedagógico e profissional.

Art. 15. Integram o Projeto Mais Médicos para o Brasil:

I — o médico participante, que será submetido ao aperfeiçoamento profissional supervisionado;

II — o supervisor, profissional médico responsável pela supervisão profissional contínua e permanente do médico; e

III — o tutor acadêmico, docente médico que será responsável pela orientação acadêmica.

§ 1º São condições para a participação do médico intercambista no Projeto Mais Médicos para o Brasil, conforme disciplinado em ato conjunto dos Ministros de Estado da Educação e da Saúde:

I — apresentar diploma expedido por instituição de educação superior estrangeira;

II — apresentar habilitação para o exercício da Medicina no país de sua formação; e

III — possuir conhecimento em língua portuguesa, regras de organização do SUS e protocolos e diretrizes clínicas no âmbito da Atenção Básica.

§ 2º Os documentos previstos nos incisos I e II do § 1º sujeitam-se à legalização consular gratuita, dispensada a tradução juramentada, nos termos de ato conjunto dos Ministros de Estado da Educação e da Saúde.

§ 3º A atuação e a responsabilidade do médico supervisor e do tutor acadêmico, para todos os efeitos de direito, são limitadas, respectiva e exclusivamente, à atividade de supervisão médica e à tutoria acadêmica.

Art. 16. O médico intercambista exercerá a Medicina exclusivamente no âmbito das atividades de ensino, pesquisa e extensão do Projeto Mais Médicos para o Brasil, dispensada, para tal fim, nos 3 (três) primeiros anos de participação, a revalidação de seu diploma nos termos do § 2º do art. 48 da Lei n. 9.394, de 20 de dezembro de 1996.

§ 1º (VETADO).

§ 2º A participação do médico intercambista no Projeto Mais Médicos para o Brasil, atestada pela coordenação do Projeto, é condição necessária e suficiente para o exercício da Medicina no âmbito do Projeto Mais Médicos para o Brasil, não sendo aplicável o art. 17 da Lei n. 3.268, de 30 de setembro de 1957.

§ 3º O Ministério da Saúde emitirá número de registro único para cada médico intercambista participante do Projeto Mais Médicos para o Brasil e a respectiva carteira de identificação, que o habilitará para o exercício da Medicina nos termos do § 2º.

§ 4º A coordenação do Projeto comunicará ao Conselho Regional de Medicina (CRM) que jurisdicionar na área de atuação a relação de médicos intercambistas participantes do Projeto Mais Médicos para o Brasil e os respectivos números de registro único.

§ 5º O médico intercambista estará sujeito à fiscalização pelo CRM.

Art. 17. As atividades desempenhadas no âmbito do Projeto Mais Médicos para o Brasil não criam vínculo empregatício de qualquer natureza.

Art. 18. O médico intercambista estrangeiro inscrito no Projeto Mais Médicos para o Brasil fará jus ao visto temporário de aperfeiçoamento médico pelo prazo de 3 (três) anos, prorrogável por igual período em razão do disposto no § 1º do art. 14, mediante declaração da coordenação do Projeto.

§ 1º O Ministério das Relações Exteriores poderá conceder o visto temporário de que trata o caput aos dependentes legais do médico intercambista estrangeiro, incluindo companheiro ou companheira, pelo prazo de validade do visto do titular.

§ 2º Os dependentes legais do médico intercambista estrangeiro poderão exercer atividades remuneradas, com emissão de Carteira de Trabalho e Previdência Social (CTPS) pelo Ministério do Trabalho e Emprego.

§ 3º É vedada a transformação do visto temporário previsto neste artigo em permanente.

§ 4º Aplicam-se os arts. 30, 31 e 33 da Lei n. 6.815, de 19 de agosto de 1980, ao disposto neste artigo.

Art. 19. Os médicos integrantes do Projeto Mais Médicos para o Brasil poderão perceber bolsas nas seguintes modalidades:

I — bolsa-formação;

II — bolsa-supervisão; e

III — bolsa-tutoria.

§ 1º Além do disposto no caput, a União concederá ajuda de custo destinada a compensar as despesas de instalação do médico participante, que não poderá exceder a importância correspondente ao valor de 3 (três) bolsas-formação.

§ 2º É a União autorizada a custear despesas com deslocamento dos médicos participantes e seus dependentes legais, conforme dispuser ato conjunto dos Ministros de Estado do Planejamento, Orçamento e Gestão e da Saúde.

§ 3º Os valores das bolsas e da ajuda de custo a serem concedidas e suas condições de pagamento serão definidos em ato conjunto dos Ministros de Estado da Educação e da Saúde.

Art. 20. O médico participante enquadra-se como segurado obrigatório do Regime Geral de Previdência Social (RGPS), na condição de contribuinte individual, na forma da Lei n. 8.212, de 24 de julho de 1991.

PARÁGRAFO ÚNICO. São ressalvados da obrigatoriedade de que trata o caput os médicos intercambistas:

I — selecionados por meio de instrumentos de cooperação com organismos internacionais que prevejam cobertura securitária específica; ou

II — filiados a regime de seguridade social em seu país de origem, o qual mantenha acordo internacional de seguridade social com a República Federativa do Brasil.

Art. 21. Poderão ser aplicadas as seguintes penalidades aos médicos participantes do Projeto Mais Médicos para o Brasil que descumprirem o disposto nesta Lei e nas normas complementares:

I — advertência;

II — suspensão; e

III — desligamento das ações de aperfeiçoamento.

§ 1º Na hipótese do inciso III do caput, poderá ser exigida a restituição dos valores recebidos a título de bolsa, ajuda de custo e aquisição de passagens, acrescidos de atualização monetária, conforme definido em ato conjunto dos Ministros de Estado da Educação e da Saúde.

§ 2º Na aplicação das penalidades previstas neste artigo, serão consideradas a natureza e a gravidade da infração cometida, assegurados o contraditório e a ampla defesa.

§ 3º No caso de médico intercambista, o desligamento do Programa implicará o cancelamento do registro único no Ministério da Saúde e do registro de estrangeiro.

§ 4º Para fins do disposto no § 3º, a coordenação do Projeto Mais Médicos para o Brasil comunicará o desligamento do médico participante ao CRM e ao Ministério da Justiça.

Art. 22. As demais ações de aperfeiçoamento na área de Atenção Básica em saúde em regiões prioritárias para o SUS, voltadas especificamente para os médicos formados em instituições de educação superior brasileiras ou com diploma revalidado, serão desenvolvidas por meio de projetos e programas dos Ministérios da Saúde e da Educação.

§ 1º As ações de aperfeiçoamento de que trata o caput serão realizadas por meio de instrumentos de incentivo e mecanismos de integração ensino-serviço.

§ 2º O candidato que tiver participado das ações previstas no caput deste artigo e tiver cumprido integralmente aquelas ações, desde que realizado o programa em 1 (um) ano, receberá pontuação adicional de 10% (dez por cento) na nota de todas as fases ou da fase única do processo de seleção pública dos Programas de Residência Médica a que se refere o art. 2º da Lei n. 6.932, de 1981.

§ 3º A pontuação adicional de que trata o § 2º não poderá elevar a nota final do candidato para além da nota máxima prevista no edital do processo seletivo referido no § 2º deste artigo.

§ 4º O disposto nos §§ 2º e 3º terá validade até a implantação do disposto no parágrafo único do art. 5º desta Lei.

§ 5º Aplica-se o disposto nos arts. 17, 19, 20 e 21 aos projetos e programas de que trata o caput.

CAPÍTULO V
Disposições Finais

Art. 23. Para execução das ações previstas nesta Lei, os Ministérios da Educação e da Saúde poderão firmar acordos e outros instrumentos de cooperação com organismos internacionais, instituições de educação superior nacionais e estrangeiras, órgãos e entidades da administração pública direta e indireta da União, dos Estados, do Distrito Federal e dos Municípios, consórcios públicos e entidades privadas, inclusive com transferência de recursos.

Art. 24. São transformadas, no âmbito do Poder Executivo, sem aumento de despesa, 117 (cento e dezessete) Funções Comissionadas Técnicas (FCTs), criadas pelo art. 58 da Medida Provisória n. 2.229-43, de 6 de setembro de 2001, do nível FCT-13, em 10 (dez) cargos em comissão do Grupo-Direção e Assessoramento Superiores (DAS), sendo 2 (dois) DAS-5 e 8 (oito) DAS-4.

Art. 25. São os Ministérios da Saúde e da Educação autorizados a contratar, mediante dispensa de licitação, instituição financeira oficial federal para realizar atividades relacionadas aos pagamentos das bolsas de que trata esta Lei.

Art. 26. São a Empresa Brasileira de Serviços Hospitalares (EBSERH) e o Hospital de Clínicas de Porto Alegre (HCPA) autorizados a conceder bolsas para ações de saúde, a ressarcir despesas, a adotar outros mecanismos de incentivo a suas atividades institucionais e a promover as ações necessárias ao desenvolvimento do Programa Mais Médicos, observada a Lei n. 12.550, de 15 de dezembro de 2011.

Art. 27. Será concedida bolsa para atividades de preceptoria nas ações de formação em serviço nos cursos de graduação e residência médica ofertados pelas instituições federais de educação superior ou pelo Ministério da Saúde.

§ 1º Integram as diretrizes gerais para o processo de avaliação de desempenho para fins de progressão e de promoção de que trata o § 4º do art. 12 da Lei n. 12.772, de 28 de dezembro de 2012, a serem estabelecidas em ato do Ministério da Educação, o exercício profissional no SUS, na área de docência do professor, a preceptoria de que trata esta Lei e o exercício de atividade nos programas definidos como prioritários pelo Ministério da Saúde.

§ 2º Com vistas a assegurar a universalização dos programas de residência médica prevista no art. 5º desta Lei, poderão ser adotadas medidas que ampliem a formação de preceptores de residência médica.

Art. 28. Os médicos participantes e seus dependentes legais são isentos do pagamento das taxas e dos emolumentos previstos nos arts. 20, 33 e 131 da Lei n. 6.815, de 19 de agosto de 1980, e no Decreto-lei n. 2.236, de 23 de janeiro de 1985.

Art. 29. Para os efeitos do art. 26 da Lei n. 9.250, de 26 de dezembro de 1995, os valores percebidos a título de bolsa previstos nesta Lei e na Lei n. 11.129, de 30 de junho de 2005, não caracterizam contraprestação de serviços.

Art. 30. O quantitativo dos integrantes dos projetos e programas de aperfeiçoamento de que trata esta Lei observará os limites dos recursos orçamentários disponíveis.

§ 1º O quantitativo de médicos estrangeiros no Projeto Mais Médicos para o Brasil não poderá exceder o patamar máximo de 10% (dez por cento) do número de médicos brasileiros com inscrição definitiva nos CRMs.

§ 2º O SUS terá o prazo de 5 (cinco) anos para dotar as unidades básicas de saúde com qualidade de equipamentos e infraestrutura, a serem definidas nos planos plurianuais.

§ 3º As despesas decorrentes da execução dos projetos e programas previstos nesta Lei correrão à conta de dotações orçamentárias destinadas aos Ministérios da Educação, da Defesa e da Saúde, consignadas no orçamento geral da União.

Art. 31. Os Ministros de Estado da Educação e da Saúde poderão editar normas complementares para o cumprimento do disposto nesta Lei.

Art. 32. A Advocacia-Geral da União atuará, nos termos do art. 22 da Lei n. 9.028, de 12 de abril de 1995, na representação judicial e extrajudicial dos profissionais designados para a função de supervisor médico e de tutor acadêmico prevista nos incisos II e III do art. 15.

Art. 33. A Lei n. 8.745, de 9 de dezembro de 1993, passa a vigorar com as seguintes alterações:

As alterações já constam da respectiva lei." (NR)

Art. 34. O art. 1º da Lei n. 6.932, de 7 de julho de 1981, passa a vigorar acrescido dos seguintes §§ 3º, 4º e 5º:

"Art. 1º ....

§ 3º A Residência Médica constitui modalidade de certificação das especialidades médicas no Brasil.

§ 4º As certificações de especialidades médicas concedidas pelos Programas de Residência Médica ou pelas associações médicas submetem-se às necessidades do Sistema Único de Saúde (SUS).

§ 5º As instituições de que tratam os §§ 1º a 4º deste artigo deverão encaminhar, anualmente, o número de médicos certificados como especialistas, com vistas a possibilitar o Ministério da Saúde a formar o Cadastro Nacional de Especialistas e parametrizar as ações de saúde pública." (NR)

Art. 35. As entidades ou as associações médicas que até a data de publicação desta Lei ofertam cursos de especialização não caracterizados como Residência Médica encaminharão as relações de registros de títulos de especialistas para o Ministério da Saúde, para os fins previstos no § 5º do art. 1º da Lei n. 6.932, de 1981.

Art. 36. Esta Lei entra em vigor na data de sua publicação.

Brasília, 22 de outubro de 2013; 192º da Independência e 125º da República.

Dilma Rousseff
Aloizio Mercadante
Alexandre Rocha Santos Padilha
Miriam Belchior
Luís Inácio Lucena Adams

DECRETO N. 8.126, DE 22 DE OUTUBRO DE 2013

(DOU 23.10.13)

DISPÕE SOBRE A EMISSÃO DO REGISTRO ÚNICO E DA CARTEIRA DE IDENTIFICAÇÃO PARA OS MÉDICOS INTERCAMBISTAS PARTICIPANTES DO PROJETO MAIS MÉDICOS PARA O BRASIL, DE QUE TRATA A LEI N. 12.871, DE 22 DE OUTUBRO DE 2013

A PRESIDENTA DA REPÚBLICA, no uso da atribuição que lhe confere o art. 84, *caput*, inciso IV, da Constituição, e tendo em vista o disposto no art. 16 da Lei n. 12.871, de 22 de outubro de 2013,

DECRETA:

Art. 1º A inscrição do médico intercambista participante do Projeto Mais Médicos para o Brasil será realizada no Ministério da Saúde, nos termos do art. 16 da Lei n. 12.871, de 22 de outubro de 2013.

§ 1º O Ministério da Saúde emitirá número de registro único para cada médico intercambista e a respectiva carteira de identificação, que o habilitará para o exercício da medicina no âmbito do Projeto Mais Médicos para o Brasil.

§ 2º Ato do Ministro de Estado da Saúde disporá sobre os procedimentos para a emissão do registro único e da carteira de identificação previstos no § 1º, observados os requisitos previstos na Lei n. 12.871, de 2013.

§ 3º O Ministério da Saúde publicará o número de registro único de cada médico intercambista no Diário Oficial da União.

Art. 2º O médico intercambista exercerá a medicina exclusivamente no âmbito do Projeto Mais Médicos para o Brasil, na forma do disposto no art. 16 da Lei n. 12.871, de 2013.

PARÁGRAFO ÚNICO. A carteira de identificação do médico intercambista conterá mensagem expressa sobre a vedação ao exercício da medicina fora das atividades do Projeto Mais Médicos para o Brasil.

Art. 3º O médico intercambista estará sujeito à fiscalização pelo Conselho Regional de Medicina — CRM que jurisdicionar em sua área de atuação.

Art. 4º A Coordenação do Projeto Mais Médicos para o Brasil comunicará ao Conselho Regional de Medicina — CRM que jurisdicionar na área de atuação a relação de médicos intercambistas participantes do Projeto e os respectivos números de registro único.

§ 1º A comunicação de que trata o *caput* será acompanhada das seguintes informações:

I — dados pessoais do médico intercambista:

a) nome;

b) nacionalidade;

c) data de nascimento;

d) registro nacional de estrangeiro ou documento de identidade; e

e) Cadastro de Pessoa Física — CPF;

II — país em que o médico intercambista obteve o diploma expedido por instituição de educação superior estrangeira;

III — país em que o médico intercambista possui habilitação para o exercício da Medicina;

IV — data de validade do registro único; e

V — local de atuação do médico intercambista.

§ 2º A Coordenação do Projeto Mais Médicos para o Brasil comunicará ao CRM envolvido qualquer alteração relacionada ao local de atuação do médico intercambista.

Art. 5º A Coordenação do Projeto Mais Médicos para o Brasil comunicará ao Ministério da Saúde o desligamento do médico intercambista do Projeto para o imediato cancelamento de seu registro único e de sua carteira de identificação.

PARÁGRAFO ÚNICO. O desligamento de que trata o *caput* também deverá ser comunicado pela Coordenação do Projeto Mais Médicos para o Brasil ao CRM que jurisdicionar na área de atuação.

Art. 6º Ficam revogados os arts. 6º e 7º do Decreto n. 8.040, de 8 de julho de 2013.

Art. 7º Este Decreto entra em vigor na data de sua publicação.

Brasília, 22 de outubro de 2013; 192º da Independência e 125º da República.

Dilma Rousseff
Alexandre Rocha Santos Padilha

DECRETO N. 8.040, DE 8 DE JULHO DE 2013

(DOU 9.7.2013)

INSTITUI COMITÊ GESTOR E O GRUPO EXECUTIVO DO PROGRAMA MAIS MÉDICOS E DÁ OUTRAS PROVIDÊNCIAS

A PRESIDENTA DA REPÚBLICA, no uso da atribuição que lhe confere o art. 84, **caput**, incisos IV e VI, alínea "a", da Constituição, e tendo em vista o disposto na Medida Provisória n. 621, de 8 de julho de 2013

Art. 1º Fica instituído o Comitê Gestor do Programa Mais Médicos, de que trata a Medida Provisória n. 621, de 8 de julho de 2013.

§ 1º Compete ao Comitê Gestor, instância de caráter deliberativo, fixar metas e orientar a formulação, a implementação, o monitoramento e a avaliação do Programa Mais Médicos.

§ 2º O Comitê Gestor será composto pelos titulares dos seguintes órgãos:

I — Ministério da Saúde, que o coordenará;

II — Ministério da Educação;

III — Casa Civil da Presidência da República;e

IV — Ministério do Planejamento, Orçamento e Gestão.

§ 3º Os membros do Comitê Gestor indicarão seus suplentes, que deverão ocupar cargo de Secretário ou equivalente nos respectivos órgãos.

§ 4º O Comitê Gestor poderá convidar representantes de outros órgãos e entidades, públicos e privados, e especialistas em assuntos afetos ao tema, para participar de suas reuniões.

§ 5º O Comitê Gestor aprovará, por maioria absoluta, regimento interno que disporá sobre sua organização e funcionamento e sobre a atuação do Grupo Executivo.

§ 6º O regimento interno deverá ser publicado no Diário Oficial da União no prazo de noventa dias após a instalação do Comitê.

Art. 2º Fica instituído o Grupo Executivo do Programa Mais Médicos, vinculado ao Comitê Gestor.

§ 1º Compete ao Grupo Executivo assegurar, monitorar e avaliar a execução das ações a serem desenvolvidas no âmbito do Programa Mais Médicos, com base nas orientações emitidas pelo Comitê Gestor.

§ 2º O Grupo Executivo será composto por um representante de cada um dos órgãos a seguir indicados:

I — Ministério da Saúde, que o coordenará;

II — Ministério da Educação;

III — Ministério do Planejamento, Orçamento e Gestão; e

IV — Casa Civil da Presidência da República.

§ 3º Os membros titulares e suplentes do Grupo Executivo serão indicados pelos titulares dos órgãos representados e designados pelo Ministro de Estado da Saúde.

§ 4º O Grupo Executivo poderá convidar para participar das reuniões representantes de outros órgãos e entidades, públicos e privados, e especialistas em assuntos afetos ao tema, especialmente:

I — o Conselho Nacional de Secretários de Saúde — Conass;

II — o Conselho Nacional de Secretarias Municipais de Saúde — Conasems;

III — a Associação Nacional dos Dirigentes das Instituições Federais de Ensino Superior — Andifes;

IV — a Associação Brasileira de Educação Médica — Abem; e

V — as entidades associativas nacionais médicas e de estudantes de medicina.

Art. 3º A Advocacia-Geral da União e os Ministérios da Justiça, da Defesa e das Relações Exteriores auxiliarão o Comitê Gestor e seu Grupo Executivo no desempenho de suas funções, sempre que por estes solicitado.

Art. 4º O Ministério da Saúde exercerá a Secretaria-Executiva do Comitê Gestor e do Grupo Executivo e fornecerá o suporte administrativo para seu funcionamento.

Art. 5º A participação na composição do Comitê Gestor e do Grupo Executivo é considerada serviço público relevante e não enseja remuneração.

Art. 6º Revogado pelo Decreto n. 8.126, de 22.10.13, DOU 23.10.13.

Art. 7º Revogado pelo Decreto n. 8.126, de 22.10.13, DOU 23.10.13.

Art. 7º-A O supervisor e tutor acadêmico de que trata a Medida Provisória n. 621, de 2013, poderão ser representados judicial e extrajudicialmente pela Advocacia-Geral da União, nos termos do art. 22 da Lei n. 9.028, de 12 de abril de 1995. *(Acrescentado pelo Decreto n. 8.081, de 23.8.2013, DOU 26.8.2013, republicação no DOU 29.08.2013, por ter havido omissão no que foi republicado no DOU de 27.8.2013)*

Art. 8º Este Decreto entra em vigor na data de sua publicação.

Brasília, 8 de julho de 2013; 192º da Independência e 125º da República.

Dilma Rousseff
Aloizio Mercadante
Alexandre Rocha Santos Padilha
Miriam Belchior

(*) Caput, parágrafos, incisos e alíneas do art. 7º foram revogados pelo Decreto n. 8.126, de 22.10.13, DOU 23.10.13.

LEI N. 12.867, DE 10 DE OUTUBRO DE 2013

(DOU 11.10.2013)

REGULA A PROFISSÃO DE ÁRBITRO DE FUTEBOL E DÁ OUTRAS PROVIDÊNCIAS

A PRESIDENTA DA REPÚBLICA

Faço saber que o Congresso Nacional decreta e eu sanciono a seguinte Lei:

Art. 1º A profissão de árbitro de futebol é reconhecida e regulada por esta Lei, sem prejuízo das disposições não colidentes contidas na legislação vigente.

Art. 2º O árbitro de futebol exercerá atribuições relacionadas às atividades esportivas disciplinadas pela Lei n. 9.615, de 24 de março de 1998, destacando-se aquelas inerentes ao árbitro de partidas de futebol e as de seus auxiliares.

Art. 3º (VETADO).

Art. 4º É facultado aos árbitros de futebol organizar-se em associações profissionais e sindicatos.

Art. 5º É facultado aos árbitros de futebol prestar serviços às entidades de administração, às ligas e às entidades de prática da modalidade desportiva futebol.

Art. 6º Esta Lei entra em vigor na data de sua publicação.

Brasília, 10 de outubro de 2013; 192º da Independência e 125º da República.

Dilma Rousseff
Manuel Dias
Aldo Rebelo
Luís Inácio Lucena Adams

LEI N. 12.869, DE 15 DE OUTUBRO DE 2013

(DOU 16.10.13)

DISPÕE SOBRE O EXERCÍCIO DA ATIVIDADE E A REMUNERAÇÃO DO PERMISSIONÁRIO LOTÉRICO E DÁ OUTRAS PROVIDÊNCIAS

A PRESIDENTA DA REPÚBLICA

Faço saber que o Congresso Nacional decreta e eu sanciono a seguinte Lei:

Art. 1º Esta Lei estabelece critérios para a contratação e remuneração de permissionários lotéricos nesse regime e fixa outras providências relativamente às atividades econômicas complementares que vierem a ser por eles exercidas.

Art. 2º Para os fins desta Lei, considera-se:

I — permissão lotérica: a outorga, a título precário, mediante licitação, da prestação de serviços públicos feita pelo poder outorgante à pessoa física ou jurídica que demonstre capacidade para seu desempenho, por sua conta e risco, para comercializar todas as loterias federais e os produtos autorizados, bem como para atuar na prestação de serviços delegados pela outorgante, nos termos e condições definidos pela legislação e normas reguladoras vigentes;

II — outorgante de serviços lotéricos: a Caixa Econômica Federal (CEF) na forma da lei.

Art. 3º Os editais de licitação e os contratos firmados pela outorgante com os permissionários referidos no *caput* do art. 1º observarão, obrigatoriamente, as seguintes diretrizes operacionais e critérios de remuneração:

I — é admitida a conjugação da atividade do permissionário lotérico com outra atividade comercial quando prévia e expressamente autorizada pela outorgante, em função da aderência aos produtos de loterias, produtos conveniados e serviços;

II — a outorgante pode exigir que os permissionários atuem em atividades acessórias com exclusividade como forma de oferecer à sociedade serviços padronizados em todo o território nacional, incluindo a prestação de serviços como correspondente, de forma a não assumir idênticas obrigações com qualquer outra instituição financeira, sendo-lhes vedado prestar serviços que não aqueles previamente autorizados pela outorgante;

III — pela comercialização das modalidades de loterias, os permissionários farão jus a comissão estipulada pela outorgante, a qual incidirá sobre o preço de venda das apostas, deduzidos os repasses previstos em lei e respeitado o equilíbrio econômico-financeiro do produto lotérico;

IV — (VETADO);

V — a mudança de endereço e novas permissões ou credenciamentos sujeitar-se-ão à autorização da outorgante, que deverá observar o potencial para a venda das loterias federais e a demanda para atendimento da população local, comprovados por estudos técnicos;

VI — os contratos de permissão serão firmados pelo prazo de 20 (vinte) anos, com renovação automática por idêntico período, ressalvadas a rescisão ou a declaração de caducidade fundada em comprovado descumprimento das cláusulas contratuais, ou a extinção, nas situações previstas em lei.

PARÁGRAFO ÚNICO. Em caso de permissão de serviços lotéricos, o prazo de renovação referido no inciso VI deste artigo contar-se-á a partir do término do prazo de permissão, independentemente do termo inicial desta.

Art. 4º O exercício da atividade de permissionário lotérico não obsta o exercício de atividades complementares impostas ou autorizadas pela outorgante, nos termos e condições definidos pela legislação e normas reguladoras vigentes.

Art. 5º A Caixa Econômica Federal, como outorgante da permissão de serviços lotéricos e quando se enquadrar na condição de contratante de serviços de correspondente bancário:

I — prestará assistência e consultoria, fornecerá orientações e ministrará treinamentos e todas as demais instruções necessárias ao início e à manutenção das atividades do permissionário, bem como à implementação de inovações operacionais indispensáveis ao exercício da atividade e à melhoria na gestão e desempenho empresarial, ficando por conta do permissionário as despesas com transporte, alimentação, hospedagem e outras que não estiverem ligadas ao objeto do treinamento ou curso necessário;

II — (VETADO).

Art. 6º Esta Lei entra em vigor na data de sua publicação.

Brasília, 15 de outubro de 2013; 192º da Independência e 125º da República.

Dilma Rousseff
Guido Mantega
Miriam Belchior
Luís Inácio Lucena Adams

LEI N. 12.870, DE 15 DE OUTUBRO DE 2013

(DOU 16.10.13)

DISPÕE SOBRE O EXERCÍCIO DA ATIVIDADE PROFISSIONAL DE VAQUEIRO

A PRESIDENTA DA REPÚBLICA

Faço saber que o Congresso Nacional decreta e eu sanciono a seguinte Lei:

Art. 1º Fica reconhecida a atividade de vaqueiro como profissão.

Art. 2º Considera-se vaqueiro o profissional apto a realizar práticas relacionadas ao trato, manejo e condução de espécies animais do tipo bovino, bubalino, equino, muar, caprino e ovino.

Art. 3º Constituem atribuições do vaqueiro:

I — realizar tratos culturais em forrageiras, pastos e outras plantações para ração animal;

II — alimentar os animais sob seus cuidados;

III — realizar ordenha;

IV — cuidar da saúde dos animais sob sua responsabilidade;

V — auxiliar nos cuidados necessários para a reprodução das espécies, sob a orientação de veterinários e técnicos qualificados;

VI — treinar e preparar animais para eventos culturais e socioesportivos, garantindo que não sejam submetidos a atos de violência;

VII — efetuar manutenção nas instalações dos animais sob seus cuidados.

Art. 4º A contratação pelos serviços de vaqueiro é de responsabilidade do administrador, proprietário ou não, do estabelecimento agropecuário de exploração de animais de grande e médio porte, de pecuária de leite, de corte e de criação.

PARÁGRAFO ÚNICO. (VETADO).

Art. 5º Esta Lei entra em vigor na data de sua publicação.

Brasília, 15 de outubro de 2013; 192º da Independência e 125º da República.

Dilma Rousseff
Guido Mantega
Antônio Andrade
Manoel Dias
Gilberto Carvalho

LEI N. 7.853, DE 24 DE OUTUBRO DE 1989

(DOU 25.10.89)

DISPÕE SOBRE O APOIO ÀS PESSOAS PORTADORAS DE DEFICIÊNCIA, SUA INTEGRAÇÃO SOCIAL, SOBRE A COORDENADORIA NACIONAL PARA INTEGRAÇÃO DA PESSOA PORTADORA DE DEFICIÊNCIA — CORDE, INSTITUI A TUTELA JURISDICIONAL DE INTERESSES COLETIVOS OU DIFUSOS DESSAS PESSOAS, DISCIPLINA A ATUAÇÃO DO MINISTÉRIO PÚBLICO, DEFINE CRIMES, E DÁ OUTRAS PROVIDÊNCIAS

V. Decreto n. 6.949, de 25 de agosto de 2009 (DOU 26.8.09) que promulga a Convenção Internacional sobre os Direitos das Pessoas com Deficiência e seu Protocolo Facultativo, assinados em Nova York, em 30 de março de 2007. (Não publicada nesta obra)

O PRESIDENTE DA REPÚBLICA, faço saber que o Congresso Nacional decreta e eu sanciono a seguinte Lei:

Art. 1º Ficam estabelecidas normas gerais que asseguram o pleno exercício dos direitos individuais e sociais das pessoas portadoras de deficiências, e sua efetiva integração social, nos termos desta Lei.

§ 1º Na aplicação e interpretação desta Lei, serão considerados os valores básicos da igualdade de tratamento e oportunidade, da justiça social, do respeito à dignidade da pessoa humana, do bem-estar, e outros, indicados na Constituição ou justificados pelos princípios gerais de direito.

§ 2º As normas desta Lei visam garantir às pessoas portadoras de deficiência as ações governamentais necessárias ao seu cumprimento e das demais disposições constitucionais e legais que lhes concernem, afastadas as discriminações e os preconceitos de qualquer espécie, e entendida a matéria como obrigação nacional a cargo do Poder Público e da sociedade.

Art. 2º Ao Poder Público e seus órgãos cabe assegurar às pessoas portadoras de deficiência o pleno exercício de seus direitos básicos, inclusive dos direitos à educação, à saúde, ao trabalho, ao lazer, à previdência social, ao amparo à infância e à maternidade, e de outros que, decorrentes da Constituição e das leis, propiciem seu bem-estar pessoal, social e econômico.

PARÁGRAFO ÚNICO. Para o fim estabelecido no *caput* deste artigo, os órgãos e entidades da administração direta e indireta devem dispensar, no âmbito de sua competência e finalidade, aos assuntos objetos desta Lei, tratamento prioritário e adequado, tendente a viabilizar, sem prejuízo de outras, as seguintes medidas:

I — na área da educação:

a) a inclusão, no sistema educacional, da Educação Especial como modalidade educativa que abranja a educação precoce, a pré-escolar, as de 1º e 2º graus, a supletiva, a habilitação e reabilitação profissionais, com currículos, etapas e exigências de diplomação próprios;

b) a inserção, no referido sistema educacional, das escolas especiais, privadas e públicas;

c) a oferta, obrigatória e gratuita, da Educação Especial em estabelecimento público de ensino;

d) o oferecimento obrigatório de programas de Educação Especial a nível pré-escolar, em unidades hospitalares e congêneres nas quais estejam internados, por prazo igual ou superior a 1 (um) ano, educandos portadores de deficiência;

e) o acesso de alunos portadores de deficiência aos benefícios conferidos aos demais educandos, inclusive material escolar, merenda escolar e bolsas de estudo;

f) a matrícula compulsória em cursos regulares de estabelecimentos públicos e particulares de pessoas portadoras de deficiência capazes de se integrarem no sistema regular de ensino;

II — na área da saúde:

a) a promoção de ações preventivas, como as referentes ao planejamento familiar, ao aconselhamento genético, ao acompanhamento da gravidez, do parto e do puerpério, à nutrição da mulher e da criança, à identificação e ao controle da gestante e do feto de alto risco, à imunização, às doenças do metabolismo e seu diagnóstico e ao encaminhamento precoce de outras doenças causadoras de deficiência;

b) o desenvolvimento de programas especiais de prevenção de acidente do trabalho e de trânsito, e de tratamento adequado a suas vítimas;

c) a criação de uma rede de serviços especializados em reabilitação e habilitação;

d) a garantia de acesso das pessoas portadoras de deficiência aos estabelecimentos de saúde públicos e privados, e de seu adequado tratamento neles, sob normas técnicas e padrões de conduta apropriados;

e) a garantia de atendimento domiciliar de saúde ao deficiente grave não internado;

f) o desenvolvimento de programas de saúde voltados para as pessoas portadoras de deficiência, desenvolvidos com a participação da sociedade e que lhes ensejem a integração social;

III — na área da formação profissional e do trabalho:

a) o apoio governamental à formação profissional e a garantia de acesso aos serviços concernentes, inclusive aos cursos regulares voltados à formação profissional;

b) o empenho do Poder Público quanto ao surgimento e à manutenção de empregos, inclusive de tempo parcial, destinados às pessoas portadoras de deficiência que não tenham acesso aos empregos comuns;

c) a promoção de ações eficazes que propiciem a inserção, nos setores público e privado, de pessoas portadoras de deficiência;

d) a adoção de legislação específica que discipline a reserva de mercado de trabalho, em favor das pessoas portadoras de deficiência, nas entidades da Administração Pública e do setor privado, e que regulamente a organização de oficinas e congêneres integradas ao mercado de trabalho, e a situação, nelas, das pessoas portadoras de deficiência;

IV — na área de recursos humanos:

a) a formação de professores de nível médio para a Educação Especial, de técnicos de nível médio especializados na habilitação e reabilitação, e de instrutores para formação profissional;

b) a formação e qualificação de recursos humanos que, nas diversas áreas de conhecimento, inclusive de nível superior, atendam à demanda e às necessidades reais das pessoas portadoras de deficiências;

c) o incentivo à pesquisa e ao desenvolvimento tecnológico em todas as áreas do conhecimento relacionadas com a pessoa portadora de deficiência;

V — na área das edificações:

a) a adoção e a efetiva execução de normas que garantam a funcionalidade das edificações e vias públicas, que evitem ou removam os óbices às pessoas portadoras de deficiência, permitam o acesso destas a edifícios, a logradouros e a meios de transporte.

Art. 3º As ações civis públicas destinadas à proteção de interesses coletivos ou difusos das pessoas portadoras de deficiência poderão ser propostas pelo Ministério Público, pela União, Estados, Municípios e Distrito Federal; por associação constituída há mais de 1 (um) ano, nos termos da lei civil, autarquia, empresa pública, fundação ou sociedade de economia mista que inclua, entre suas finalidades institucionais, a proteção das pessoas portadoras de deficiência.

§ 1º Para instruir a inicial, o interessado poderá requerer às autoridades competentes as certidões e informações que julgar necessárias.

§ 2º As certidões e informações a que se refere o parágrafo anterior deverão ser fornecidas dentro de 15 (quinze) dias da entrega, sob recibo, dos respectivos requerimentos, e só poderão ser utilizadas para a instrução da ação civil.

§ 3º Somente nos casos em que o interesse público, devidamente justificado, impuser sigilo, poderá ser negada certidão ou informação.

§ 4º Ocorrendo a hipótese do parágrafo anterior, a ação poderá ser proposta desacompanhada das certidões ou informações negadas, cabendo ao juiz, após apreciar os motivos do indeferimento, e, salvo quando se tratar de razão de segurança nacional, requisitar umas e outras; feita a requisição, o processo correrá em segredo de justiça, que cessará com o trânsito em julgado da sentença.

§ 5º Fica facultado aos demais legitimados ativos habilitarem-se como litisconsortes nas ações propostas por qualquer deles.

§ 6º Em caso de desistência ou abandono da ação, qualquer dos colegitimados pode assumir a titularidade ativa.

Art. 4º A sentença terá eficácia de coisa julgada oponível *erga omnes*, exceto no caso de haver sido a ação julgada improcedente por deficiência de prova, hipótese em que qualquer legitimado poderá intentar outra ação com idêntico fundamento, valendo-se de nova prova.

§ 1º A sentença que concluir pela carência ou pela improcedência da ação fica sujeita ao duplo grau de jurisdição, não produzindo efeito senão depois de confirmada pelo tribunal.

§ 2º Das sentenças e decisões proferidas contra o autor da ação e suscetíveis de recurso, poderá recorrer qualquer legitimado ativo, inclusive o Ministério Público.

Art. 5º O Ministério Público intervirá obrigatoriamente nas ações públicas, coletivas ou individuais, em que se discutam interesses relacionados à deficiência das pessoas.

Art. 6º O Ministério Público poderá instaurar, sob sua presidência, inquérito civil, ou requisitar, de qualquer pessoa física ou jurídica, pública ou particular, certidões, informações, exame ou perícias, no prazo que assinalar, não inferior a 10 (dez) dias úteis.

§ 1º Esgotadas as diligências, caso se convença o órgão do Ministério Público da inexistência de elementos para a propositura de ação civil, promoverá fundamentadamente o arquivamento do inquérito civil, ou das peças informativas. Neste caso, deverá remeter a reexame os autos ou as respectivas peças, em 3 (três) dias, ao Conselho Superior do Ministério Público, que os examinará, deliberando a respeito, conforme dispuser seu Regimento.

§ 2º Se a promoção do arquivamento for reformada, o Conselho Superior do Ministério Público designará desde logo outro órgão do Ministério Público para o ajuizamento da ação.

Art. 7º Aplicam-se à ação civil pública prevista nesta Lei, no que couber, os dispositivos da Lei n. 7.347, de 24 de julho de 1985.

Art. 8º Constitui crime punível com reclusão de 1 (um) a 4 (quatro) anos, e multa:

I — recusar, suspender, procrastinar, cancelar ou fazer cessar, sem justa causa, a inscrição de aluno em estabelecimento de ensino de qualquer curso ou grau, público ou privado, por motivos derivados da deficiência que porta;

II — obstar, sem justa causa, o acesso de alguém a qualquer cargo público, por motivos derivados de sua deficiência;

III — negar, sem justa causa, a alguém, por motivos derivados de sua deficiência, emprego ou trabalho;

IV — recusar, retardar ou dificultar internação ou deixar de prestar assistência médico-hospitalar e ambulatorial, quando possível, à pessoa portadora de deficiência;

V — deixar de cumprir, retardar ou frustrar, sem justo motivo, a execução de ordem judicial expedida na ação civil a que alude esta Lei;

VI — recusar, retardar ou omitir dados técnicos indispensáveis à propositura da ação civil objeto desta Lei, quando requisitados pelo Ministério Público.

Art. 9º A Administração Pública Federal conferirá aos assuntos relativos às pessoas portadoras de deficiência tratamento prioritário e apropriado, para que lhes seja efetivamente ensejado o pleno exercício de seus direitos individuais e sociais, bem como sua completa integração social.

§ 1º Os assuntos a que alude este artigo serão objeto de ação, coordenada e integrada, dos órgãos da Administração Pública Federal, e incluir-se-ão em Política Nacional para Integração da Pessoa Portadora de Deficiência, na qual estejam compreendidos planos, programas e projetos sujeitos a prazos e objetivos determinados.

§ 2º Ter-se-ão como integrantes da Administração Pública Federal, para os fins desta Lei, além dos órgãos públicos, das autarquias, das empresas públicas e sociedades de economia mista, as respectivas subsidiárias e as fundações públicas.

Art. 10. A coordenação superior dos assuntos, ações governamentais e medidas referentes a pessoas portadoras de deficiência caberá à Secretaria Especial dos Direitos Humanos da Presidência da República. (NR) *(Redação dada pela Lei n. 11.958, de 26.6.09, DOU 29.9.09)*

PARÁGRAFO ÚNICO. Ao órgão a que se refere este artigo caberá formular a Política Nacional para a Integração da Pessoa Portadora de Deficiência, seus planos, programas e projetos e cumprir as instruções superiores que lhes digam respeito, com a cooperação dos demais órgãos públicos. *(Redação dada pela Lei n. 8.028, de 12.04.1990, DOU 13.04.1990).*

Art. 11. *Revogado pela Lei n. 8.028, de 12.4.90, DOU 13.4.90.*

Art. 12. Compete à CORDE:

I — coordenar as ações governamentais e medidas que se refiram às pessoas portadoras de deficiência;

II — elaborar os planos, programas e projetos subsumidos na Política Nacional para a Integração de Pessoa Portadora de Deficiência, bem como propor as providências necessárias a sua completa implantação e seu adequado desenvolvimento, inclusive as pertinentes a recursos e as de caráter legislativo;

III — acompanhar e orientar a execução, pela Administração Pública Federal, dos planos, programas e projetos mencionados no inciso anterior;

IV — manifestar-se sobre a adequação à Política Nacional para a Integração da Pessoa Portadora de Deficiência dos projetos federais a ela conexos, antes da liberação dos recursos respectivos;

V — manter, com os Estados, Municípios, Territórios, o Distrito Federal e o Ministério Público, estreito relacionamento, objetivando a concorrência de ações destinadas à integração social das pessoas portadoras de deficiência;

VI — provocar a iniciativa do Ministério Público, ministrando-lhe informações sobre fatos que constituam objeto da ação civil de que trata esta Lei, e indicando-lhe os elementos de convicção;

VII — emitir opinião sobre os acordos, contratos ou convênios firmados pelos demais órgãos da Administração Pública Federal, no âmbito da Política Nacional para a Integração da Pessoa Portadora de Deficiência;

VIII — promover e incentivar a divulgação e o debate das questões concernentes à pessoa portadora de deficiência, visando à conscientização da sociedade.

PARÁGRAFO ÚNICO. Na elaboração dos planos, programas e projetos a seu cargo, deverá a CORDE recolher, sempre que possível, a opinião das pessoas e entidades interessadas, bem como considerar a necessidade de efetivo apoio aos entes particulares voltados para a integração social das pessoas portadoras de deficiência.

Art. 13. *(Revogado pela Medida Provisória n. 2.216-37, 31.8.2001)*

§ 1º A composição e o funcionamento do Conselho Consultivo da CORDE serão disciplinados em ato do Poder Executivo. Incluir-se-ão no Conselho representantes de órgãos e de organizações ligados aos assuntos pertinentes à pessoa portadora de deficiência, bem como representante do Ministério Público Federal.

§ 2º Compete ao Conselho Consultivo:

I — opinar sobre o desenvolvimento da Política Nacional para Integração da Pessoa Portadora de Deficiência;

II — apresentar sugestões para o encaminhamento dessa política;

III — responder a consultas formuladas pela CORDE.

§ 3º O Conselho Consultivo reunir-se-á ordinariamente 1 (uma) vez por trimestre e, extraordinariamente, por iniciativa de 1/3 (um terço) de seus membros, mediante manifestação escrita, com antecedência de 10 (dez) dias, e deliberará por maioria de votos dos conselheiros presentes.

§ 4º Os integrantes do Conselho não perceberão qualquer vantagem pecuniária, salvo as de seus cargos de origem, sendo considerados de relevância pública os seus serviços.

§ 5º As despesas de locomoção e hospedagem dos conselheiros, quando necessárias, serão asseguradas pela CORDE.

Art. 14. *(Vetado).*

Art. 15. Para atendimento e fiel cumprimento do que dispõe esta Lei, será reestruturada a Secretaria de Educação Especial do Ministério da Educação, e serão instituídos, no Ministério do Trabalho, no Ministério da Saúde e no Ministério da Previdência e Assistência Social, órgãos encarregados da coordenação setorial dos assuntos concernentes às pessoas portadoras de deficiência.

Art. 16. O Poder Executivo adotará, nos 60 (sessenta) dias posteriores à vigência desta Lei, as providências necessárias à reestruturação e ao regular funcionamento da CORDE, como aquelas decorrentes do artigo anterior.

Art. 17. Serão incluídas no censo demográfico de 1990, e nos subsequentes, questões concernentes à problemática da pessoa portadora de deficiência, objetivando o conhecimento atualizado do número de pessoas portadoras de deficiência no País.

Art. 18. Os órgãos federais desenvolverão, no prazo de 12 (doze) meses contado da publicação desta Lei, as ações necessárias à efetiva implantação das medidas indicadas no art. 2º desta Lei.

Art. 19. Esta Lei entra em vigor na data de sua publicação.

Art. 20. Revogam-se as disposições em contrário.

Brasília, 24 de outubro de 1989; 168º da Independência e 101º da República

José Sarney — Presidente da República
João Batista de Abreu

DECRETO N. 3.298, DE 20 DE DEZEMBRO DE 1999

(DOU 21.12.99)

REGULAMENTA A LEI N. 7.853, DE 24 DE OUTUBRO DE 1989, DISPÕE SOBRE A POLÍTICA NACIONAL PARA A INTEGRAÇÃO DA PESSOA PORTADORA DE DEFICIÊNCIA, CONSOLIDA AS NORMAS DE PROTEÇÃO, E DÁ OUTRAS PROVIDÊNCIAS

O PRESIDENTE DA REPÚBLICA, no uso das atribuições que lhe confere o art. 84, incisos IV e VI, da Constituição, e tendo em vista o disposto na Lei n. 7.853, de 24 de outubro de 1989, decreta:

CAPÍTULO I

Das Disposições Gerais

Art. 1º A Política Nacional para a Integração da Pessoa Portadora de Deficiência compreende o conjunto de orientações normativas que objetivam assegurar o pleno exercício dos direitos individuais e sociais das pessoas portadoras de deficiência.

Art. 2º Cabe aos órgãos e às entidades do Poder Público assegurar à pessoa portadora de deficiência o pleno exercício de seus direitos básicos, inclusive dos direitos à educação, à saúde, ao trabalho, ao desporto, ao turismo, ao lazer, à previdência social, à assistência social, ao transporte, à edificação pública, à habitação, à cultura, ao amparo à infância e à maternidade, e de outros que, decorrentes da Constituição e das leis, propiciem seu bem-estar pessoal, social e econômico.

Art. 3º Para os efeitos deste Decreto, considera-se:

I — deficiência — toda perda ou anormalidade de uma estrutura ou função psicológica, fisiológica ou anatômica que gere incapacidade para o desempenho de atividade, dentro do padrão considerado normal para o ser humano;

II — deficiência permanente — aquela que ocorreu ou se estabilizou durante um período de tempo suficiente para não permitir recuperação ou ter probabilidade de que se altere, apesar de novos tratamentos; e

III — incapacidade — uma redução efetiva e acentuada da capacidade de integração social, com necessidade de equipamentos, adaptações, meios ou recursos especiais para que a pessoa portadora de deficiência possa receber ou transmitir informações necessárias ao seu bem-estar pessoal e ao desempenho de função ou atividade a ser exercida.

Art. 4º É considerada pessoa portadora de deficiência a que se enquadra nas seguintes categorias:

I — deficiência física — alteração completa ou parcial de um ou mais segmentos do corpo humano, acarretando o comprometimento da função física, apresentando-se sob a forma de paraplegia, paraparesia, monoplegia, monoparesia, tetraplegia, tetraparesia, triplegia, triparesia, hemiplegia, hemiparesia, ostomia, amputação ou ausência de membro, paralisia cerebral, membros com deformidade congênita ou adquirida, exceto as deformidades estéticas e as que não produzam dificuldades para o desempenho de funções; *(Redação dada pelo Decreto n. 5.296, de 2.12.04, DOU 3.12.04)*

II — deficiência auditiva — perda bilateral, parcial ou total de quarenta e um decibéis (dB) ou mais, aferida por audiograma nas frequências de 500Hz, 1.000Hz, 2.000Hz e 3.000Hz; *(Redação dada pelo Decreto n. 5.296, de 2.12.04, DOU 3.12.04)*

III — deficiência visual — cegueira, na qual a acuidade visual é igual ou menor que 0,05 no melhor olho, com a melhor correção óptica; a baixa visão, que significa acuidade visual entre 0,3 e 0,05 no melhor olho, com a melhor correção óptica; os casos nos quais a somatória da medida do campo visual em ambos os olhos for igual ou menor que 60°; ou a ocorrência simultânea de quaisquer das condições anteriores; *(Redação dada pelo Decreto n. 5.296, de 2.12.04, DOU 3.12.04)*

IV — deficiência mental — funcionamento intelectual significativamente inferior à média, com manifestação antes dos dezoito anos e limitações associadas a duas ou mais áreas de habilidades adaptativas, tais como:

a) comunicação;

b) cuidado pessoal;

c) habilidades sociais;

d) utilização dos recursos da comunidade *(Redação dada pelo Decreto n. 5.296, de 2.12.04, DOU 3.12.04)*

e) saúde e segurança;

f) habilidades acadêmicas;

g) lazer; e

h) trabalho;

V — deficiência múltipla — associação de duas ou mais deficiências.

CAPÍTULO II

Dos Princípios

Art. 5º A Política Nacional para a Integração da Pessoa Portadora de Deficiência, em consonância com o Programa Nacional de Direitos Humanos, obedecerá aos seguintes princípios:

I — desenvolvimento de ação conjunta do Estado e da sociedade civil, de modo a assegurar a plena integração da pessoa portadora de deficiência no contexto socioeconômico e cultural;

II — estabelecimento de mecanismos e instrumentos legais e operacionais que assegurem às pessoas portadoras de deficiência o pleno exercício de seus direitos básicos que, decorrentes da Constituição e das leis, propiciam o seu bem-estar pessoal, social e econômico; e

III — respeito às pessoas portadoras de deficiência, que devem receber igualdade de oportunidades na sociedade por reconhecimento dos direitos que lhes são assegurados, sem privilégios ou paternalismos.

CAPÍTULO III

Das Diretrizes

Art. 6º São diretrizes da Política Nacional para a Integração da Pessoa Portadora de Deficiência:

I — estabelecer mecanismos que acelerem e favoreçam a inclusão social da pessoa portadora de deficiência;

II — adotar estratégias de articulação com órgãos e entidades públicos e privados, bem assim com organismos internacionais e estrangeiros para a implantação desta Política;

III — incluir a pessoa portadora de deficiência, respeitadas as suas peculiaridades, em todas as iniciativas governamentais relacionadas à educação, à saúde, ao trabalho, à edificação pública, à previdência social, à assistência social, ao transporte, à habitação, à cultura, ao esporte e ao lazer;

IV — viabilizar a participação da pessoa portadora de deficiência em todas as fases de implementação dessa Política, por intermédio de suas entidades representativas;

V — ampliar as alternativas de inserção econômica da pessoa portadora de deficiência, proporcionando a ela qualificação profissional e incorporação no mercado de trabalho; e

VI — garantir o efetivo atendimento das necessidades da pessoa portadora de deficiência, sem o cunho assistencialista.

CAPÍTULO IV

Dos Objetivos

Art. 7º São objetivos da Política Nacional para a Integração da Pessoa Portadora de Deficiência:

I — o acesso, o ingresso e a permanência da pessoa portadora de deficiência em todos os serviços oferecidos à comunidade;

II — integração das ações dos órgãos e das entidades públicos e privados nas áreas de saúde, educação, trabalho, transporte, assistência social, edificação pública, previdência social, habitação, cultura, desporto e lazer, visando à prevenção das deficiências, à eliminação de suas múltiplas causas e à inclusão social;

III — desenvolvimento de programas setoriais destinados ao atendimento das necessidades especiais da pessoa portadora de deficiência;

IV — formação de recursos humanos para atendimento da pessoa portadora de deficiência; e

V — garantia da efetividade dos programas de prevenção, de atendimento especializado e de inclusão social.

CAPÍTULO V

Dos Instrumentos

Art. 8º São instrumentos da Política Nacional para a Integração da Pessoa Portadora de Deficiência:

I — a articulação entre entidades governamentais e não-governamentais que tenham responsabilidades quanto ao atendimento da pessoa portadora de deficiência, em nível federal, estadual, do Distrito Federal e municipal;

II — o fomento à formação de recursos humanos para adequado e eficiente atendimento da pessoa portadora de deficiência;

III — a aplicação da legislação específica que disciplina a reserva de mercado de trabalho, em favor da pessoa portadora de deficiência, nos órgãos e nas entidades públicos e privados;

IV — o fomento da tecnologia de bioengenharia voltada para a pessoa portadora de deficiência, bem como a facilitação da importação de equipamentos; e

V — a fiscalização do cumprimento da legislação pertinente à pessoa portadora de deficiência.

CAPÍTULO VI

Dos Aspectos Institucionais

Art. 9º Os órgãos e as entidades da Administração Pública Federal direta e indireta deverão conferir, no âmbito das respectivas competências e finalidades, tratamento prioritário e adequado aos assuntos relativos à pessoa portadora de deficiência, visando a assegurar-lhe o pleno exercício de seus direitos básicos e a efetiva inclusão social.

Art. 10. Na execução deste Decreto, a Administração Pública Federal direta e indireta atuará de modo integrado e coordenado, seguindo planos e programas, com prazos e objetivos determinados, aprovados pelo Conselho Nacional dos Direitos da Pessoa Portadora de Deficiência — CONADE.

Art. 11. Ao CONADE, criado no âmbito do Ministério da Justiça como órgão superior de deliberação colegiada, compete:

I — zelar pela efetiva implantação da Política Nacional para Integração da Pessoa Portadora de Deficiência;

II — acompanhar o planejamento e avaliar a execução das políticas setoriais de educação, saúde, trabalho, assistência social, transporte, cultura, turismo, desporto, lazer, política urbana e outras relativas à pessoa portadora de deficiência;

III — acompanhar a elaboração e a execução da proposta orçamentária do Ministério da Justiça, sugerindo as modificações necessárias à consecução da Política Nacional para Integração da Pessoa Portadora de Deficiência;

IV — zelar pela efetivação do sistema descentralizado e participativo de defesa dos direitos da pessoa portadora de deficiência;

V — acompanhar e apoiar as políticas e as ações do Conselho dos Direitos da Pessoa Portadora de Deficiência no âmbito dos Estados, do Distrito Federal e dos Municípios;

VI — propor a elaboração de estudos e pesquisas que objetivem a melhoria da qualidade de vida da pessoa portadora de deficiência;

VII — propor e incentivar a realização de campanhas visando à prevenção de deficiências e à promoção dos direitos da pessoa portadora de deficiência;

VIII — aprovar o plano de ação anual da Coordenadoria Nacional para Integração da Pessoa Portadora de Deficiência — CORDE;

IX — acompanhar, mediante relatórios de gestão, o desempenho dos programas e projetos da Política Nacional para Integração da Pessoa Portadora de Deficiência; e

X — elaborar o seu regimento interno.

....

CAPÍTULO VII

Da Equiparação de Oportunidades

Art. 15. Os órgãos e as entidades da Administração Pública Federal prestarão direta ou indiretamente à pessoa portadora de deficiência os seguintes serviços:

I — reabilitação integral, entendida como o desenvolvimento das potencialidades da pessoa portadora de deficiência, destinada a facilitar sua atividade laboral, educativa e social;

Legislação Complementar

II — formação profissional e qualificação para o trabalho;

III — escolarização em estabelecimentos de ensino regular com a provisão dos apoios necessários, ou em estabelecimentos de ensino especial; e

IV — orientação e promoção individual, familiar e social.

SEÇÃO I
Da Saúde

Art. 16. Os órgãos e as entidades da Administração Pública Federal direta e indireta responsáveis pela saúde devem dispensar aos assuntos objeto deste Decreto tratamento prioritário e adequado, viabilizando, sem prejuízo de outras, as seguintes medidas:

....

II — o desenvolvimento de programas especiais de prevenção de acidentes domésticos, de trabalho, de trânsito e outros, bem como o desenvolvimento de programa para tratamento adequado a suas vítimas;

III — a criação de rede de serviços regionalizados, descentralizados e hierarquizados em crescentes níveis de complexidade, voltada ao atendimento à saúde e reabilitação da pessoa portadora de deficiência, articulada com os serviços sociais, educacionais e com o trabalho;

....

Art. 19. Consideram-se ajudas técnicas, para os efeitos deste Decreto, os elementos que permitem compensar uma ou mais limitações funcionais motoras, sensoriais ou mentais da pessoa portadora de deficiência, com o objetivo de permitir-lhe superar as barreiras da comunicação e da mobilidade e de possibilitar sua plena inclusão social.

PARÁGRAFO ÚNICO. São ajudas técnicas:

....

III — equipamentos e elementos necessários à terapia e reabilitação da pessoa portadora de deficiência;

IV — equipamentos, maquinarias e utensílios de trabalho especialmente desenhados ou adaptados para uso por pessoa portadora de deficiência;

V — elementos de mobilidade, cuidado e higiene pessoal necessários para facilitar a autonomia e a segurança da pessoa portadora de deficiência;

VI — elementos especiais para facilitar a comunicação, a informação e a sinalização para pessoa portadora de deficiência;

VII — equipamentos e material pedagógico especial para educação, capacitação e recreação da pessoa portadora de deficiência;

VIII — adaptações ambientais e outras que garantam o acesso, a melhoria funcional e a autonomia pessoal;

....

SEÇÃO II
Do Acesso à Educação

....

Art. 28. O aluno portador de deficiência matriculado ou egresso do ensino fundamental ou médio, de instituições públicas ou privadas, terá acesso à educação profissional, a fim de obter habilitação profissional que lhe proporcione oportunidades de acesso ao mercado de trabalho.

§ 1º A educação profissional para a pessoa portadora de deficiência será oferecida nos níveis básico, técnico e tecnológico, em escola regular, em instituições especializadas e nos ambientes de trabalho.

§ 2º As instituições públicas e privadas que ministram educação profissional deverão, obrigatoriamente, oferecer cursos profissionais de nível básico à pessoa portadora de deficiência, condicionando a matrícula à sua capacidade de aproveitamento e não a seu nível de escolaridade.

§ 3º Entende-se por habilitação profissional o processo destinado a propiciar à pessoa portadora de deficiência, em nível formal e sistematizado, aquisição de conhecimentos e habilidades especificamente associados à determinada profissão ou ocupação.

§ 4º Os diplomas e certificados de cursos de educação profissional expedidos por instituição credenciada pelo Ministério da Educação ou órgão equivalente terão validade em todo o território nacional.

Art. 29. As escolas e instituições de educação profissional oferecerão, se necessário, serviços de apoio especializado para atender às peculiaridades da pessoa portadora de deficiência, tais como:

I — adaptação dos recursos instrucionais: material pedagógico, equipamento e currículo;

II — capacitação dos recursos humanos: professores, instrutores e profissionais especializados; e

III — adequação dos recursos físicos: eliminação de barreiras arquitetônicas, ambientais e de comunicação.

SEÇÃO III
Da Habilitação e da Reabilitação Profissional

Art. 30. A pessoa portadora de deficiência, beneficiária ou não do Regime Geral de Previdência Social, tem direito às prestações de habilitação e reabilitação profissional para capacitar-se a obter trabalho, conservá-lo e progredir profissionalmente.

Art. 31. Entende-se por habilitação e reabilitação profissional o processo orientado a possibilitar que a pessoa portadora de deficiência, a partir da identificação de suas potencialidades laborativas, adquira o nível suficiente de desenvolvimento profissional para ingresso e reingresso no mercado de trabalho e participar da vida comunitária.

Art. 32. Os serviços de habilitação e reabilitação profissional deverão estar dotados dos recursos necessários para atender toda pessoa portadora de deficiência, independentemente da origem de sua deficiência, desde que possa ser preparada para trabalho que lhe seja adequado e tenha perspectivas de obter, conservar e nele progredir.

Art. 33. A orientação profissional será prestada pelos correspondentes serviços de habilitação e reabilitação profissional, tendo em conta as potencialidades da pessoa portadora de deficiência, identificadas com base em relatório de equipe multiprofissional, que deverá considerar:

I — educação escolar efetivamente recebida e por receber;

II — expectativas de promoção social;

III — possibilidades de emprego existentes em cada caso;

IV — motivações, atitudes e preferências profissionais; e

V — necessidades do mercado de trabalho.

SEÇÃO IV
Do Acesso ao Trabalho

Art. 34. É finalidade primordial da política de emprego a inserção da pessoa portadora de deficiência no mercado de trabalho ou sua incorporação ao sistema produtivo mediante regime especial de trabalho protegido.

PARÁGRAFO ÚNICO. Nos casos de deficiência grave ou severa, o cumprimento do disposto no *caput* deste artigo poderá ser efetivado mediante a contratação das cooperativas sociais de que trata a Lei n. 9.867, de 10 de novembro de 1999.

Art. 35. São modalidades de inserção laboral da pessoa portadora de deficiência:

I — colocação competitiva: processo de contratação regular, nos termos da legislação trabalhista e previdenciária, que independe da adoção de procedimentos especiais para sua concretização, não sendo excluída a possibilidade de utilização de apoios especiais;

II — colocação seletiva: processo de contratação regular, nos termos da legislação trabalhista e previdenciária, que depende da adoção de procedimentos e apoios especiais para sua concretização; e

III — promoção do trabalho por conta própria: processo de fomento da ação de uma ou mais pessoas, mediante trabalho autônomo, cooperativado ou em regime de economia familiar, com vista à emancipação econômica e pessoal.

§ 1º As entidades beneficentes de assistência social, na forma da lei, poderão intermediar a modalidade de inserção laboral de que tratam os incisos II e III, nos seguintes casos:

I — na contratação para prestação de serviços, por entidade pública ou privada, da pessoa portadora de deficiência física, mental ou sensorial; e

II — na comercialização de bens e serviços decorrentes de programas de habilitação profissional de adolescente e adulto portador de deficiência em oficina protegida de produção ou terapêutica.

§ 2º Consideram-se procedimentos especiais os meios utilizados para a contratação de pessoa que, devido ao seu grau de deficiência, transitória ou permanente, exija condições especiais, tais como jornada variável, horário flexível, proporcionalidade de salário, ambiente de trabalho adequado às suas especificidades, entre outros.

§ 3º Consideram-se apoios especiais a orientação, a supervisão e as ajudas técnicas entre outros elementos que auxiliem ou permitam compensar uma ou mais limitações funcionais motoras, sensoriais ou mentais da pessoa portadora de deficiência, de modo a superar as barreiras da mobilidade e da comunicação, possibilitando a plena utilização de suas capacidades em condições de normalidade.

§ 4º Considera-se oficina protegida de produção a unidade que funciona em relação de dependência com entidade pública ou beneficente de assistência social, que tem por objetivo desenvolver programa de habilitação profissional para adolescente e adulto portador de deficiência, provendo-o com trabalho remunerado, com vista à emancipação econômica e pessoal relativa.

§ 5º Considera-se oficina protegida terapêutica a unidade que funciona em relação de dependência com entidade pública ou beneficente de assistência social, que tem por objetivo a integração social por meio de atividades de adaptação e capacitação para o trabalho de adolescente e adulto que devido ao seu grau de deficiência, transitória ou permanente, não possa desempenhar atividade laboral no mercado competitivo de trabalho ou em oficina protegida de produção.

§ 6º O período de adaptação e capacitação para o trabalho de adolescente e adulto portador de deficiência em oficina protegida terapêutica não caracteriza vínculo empregatício e está condicionado a processo de avaliação individual que considere o desenvolvimento biopsicossocial da pessoa.

§ 7º A prestação de serviços será feita mediante celebração de convênio ou contrato formal, entre a entidade beneficente de assistência social e o tomador de serviços, no qual constará a relação nominal dos trabalhadores portadores de deficiência colocados à disposição do tomador.

§ 8º A entidade que se utilizar do processo de colocação seletiva deverá promover, em parceria com o tomador de serviços, programas de prevenção de doenças profissionais e de redução da capacidade laboral, bem assim programas de reabilitação caso ocorram patologias ou se manifestem outras incapacidades.

Art. 36. A empresa com cem ou mais empregados está obrigada a preencher de dois a cinco por cento de seus cargos com beneficiários da Previdência Social reabilitados ou com pessoa portadora de deficiência habilitada, na seguinte proporção:

I — até duzentos empregados, dois por cento;

II — de duzentos e um a quinhentos empregados, três por cento;

III — de quinhentos e um a mil empregados, quatro por cento; ou

IV — mais de mil empregados, cinco por cento.

§ 1º A dispensa de empregado na condição estabelecida neste artigo, quando se tratar de contrato por prazo determinado, superior a noventa dias, e a dispensa imotivada, no contrato por prazo indeterminado, somente poderá ocorrer após a contratação de substituto em condições semelhantes.

§ 2º Considera-se pessoa portadora de deficiência habilitada aquela que concluiu curso de educação profissional de nível básico, técnico ou tecnológico, ou curso superior, com certificação ou diplomação expedida por instituição pública ou privada, legalmente credenciada pelo Ministério da Educação ou órgão equivalente, ou aquela com certificado de conclusão de processo de habilitação ou reabilitação profissional fornecido pelo Instituto Nacional do Seguro Social — INSS.

§ 3º Considera-se, também, pessoa portadora de deficiência habilitada aquela que, não tendo se submetido a processo de habilitação ou reabilitação, esteja capacitada para o exercício da função.

§ 4º A pessoa portadora de deficiência habilitada nos termos dos §§ 2º e 3º deste artigo poderá recorrer à intermediação de órgão integrante do sistema público de emprego, para fins de inclusão laboral na forma deste artigo.

§ 5º Compete ao Ministério do Trabalho e Emprego estabelecer sistemática de fiscalização, avaliação e controle das empresas, bem como instituir procedimentos e formulários que propiciem estatísticas sobre o número de empregados portadores de deficiência e de vagas preenchidas, para fins de acompanhamento do disposto no *caput* deste artigo.

Art. 37. Fica assegurado à pessoa portadora de deficiência o direito de se inscrever em concurso público, em igualdade de condições com os demais candidatos, para provimento de cargo cujas atribuições sejam compatíveis com a deficiência de que é portador.

§ 1º O candidato portador de deficiência, em razão da necessária igualdade de condições, concorrerá a todas as vagas, sendo reservado no mínimo o percentual de cinco por cento em face da classificação obtida.

§ 2º Caso a aplicação do percentual de que trata o parágrafo anterior resulte em número fracionado, este deverá ser elevado até o primeiro número inteiro subsequente.

Art. 38. Não se aplica o disposto no artigo anterior nos casos de provimento de:

I — cargo em comissão ou função de confiança, de livre nomeação e exoneração; e

II — cargo ou emprego público integrante de carreira que exija aptidão plena do candidato.

Art. 39. Os editais de concursos públicos deverão conter:

I — o número de vagas existentes, bem como o total correspondente à reserva destinada à pessoa portadora de deficiência;

II — as atribuições e tarefas essenciais dos cargos;

III — previsão de adaptação das provas, do curso de formação e do estágio probatório, conforme a deficiência do candidato; e

IV — exigência de apresentação, pelo candidato portador de deficiência, no ato da inscrição, de laudo médico atestando a espécie e o grau ou nível da deficiência, com expressa referência ao código correspondente da Classificação Internacional de Doença — CID, bem como a provável causa da deficiência.

Art. 40. É vedado à autoridade competente obstar a inscrição de pessoa portadora de deficiência em concurso público para ingresso em carreira da Administração Pública Federal direta e indireta.

§ 1º No ato da inscrição, o candidato portador de deficiência que necessite de tratamento diferenciado nos dias do concurso deverá requerê-lo, no prazo determinado em edital, indicando as condições diferenciadas de que necessita para a realização das provas.

§ 2º O candidato portador de deficiência que necessitar de tempo adicional para realização das provas deverá requerê-lo, com justificativa acompanhada de parecer emitido por especialista da área de sua deficiência, no prazo estabelecido no edital do concurso.

Art. 41. A pessoa portadora de deficiência, resguardadas as condições especiais previstas neste Decreto, participará de concurso em igualdade de condições com os demais candidatos no que concerne:

I — ao conteúdo das provas;

II — à avaliação e aos critérios de aprovação;

III — ao horário e ao local de aplicação das provas; e

IV — à nota mínima exigida para todos os demais candidatos.

Art. 42. A publicação do resultado final do concurso será feita em duas listas, contendo, a primeira, a pontuação de todos os candidatos, inclusive a dos portadores de deficiência, e a segunda, somente a pontuação destes últimos.

Art. 43. O órgão responsável pela realização do concurso terá a assistência de equipe multiprofissional composta de três profissionais capacitados e atuantes nas áreas das deficiências em questão, sendo um deles médico, e três profissionais integrantes da carreira almejada pelo candidato.

§ 1º A equipe multiprofissional emitirá parecer observando:

I — as informações prestadas pelo candidato no ato da inscrição;

II — a natureza das atribuições e tarefas essenciais do cargo ou da função a desempenhar;

III — a viabilidade das condições de acessibilidade e as adequações do ambiente de trabalho na execução das tarefas;

IV — a possibilidade de uso, pelo candidato, de equipamentos ou outros meios que habitualmente utilize; e

V — a CID e outros padrões reconhecidos nacional e internacionalmente.

§ 2º A equipe multiprofissional avaliará a compatibilidade entre as atribuições do cargo e a deficiência do candidato durante o estágio probatório.

Art. 44. A análise dos aspectos relativos ao potencial de trabalho do candidato portador de deficiência obedecerá ao disposto no art. 20 da Lei n. 8.112, de 11 de dezembro de 1990.

Art. 45. Serão implementados programas de formação e qualificação profissional voltados para a pessoa portadora de deficiência no âmbito do Plano Nacional de Formação Profissional — PLANFOR.

PARÁGRAFO ÚNICO. Os programas de formação e qualificação profissional para pessoa portadora de deficiência terão como objetivos:

I — criar condições que garantam a toda pessoa portadora de deficiência o direito a receber uma formação profissional adequada;

II — organizar os meios de formação necessários para qualificar a pessoa portadora de deficiência para a inserção competitiva no mercado laboral; e

III — ampliar a formação e qualificação profissional sob a base de educação geral para fomentar o desenvolvimento harmônico da pessoa portadora de deficiência, assim como para satisfazer as exigências derivadas do progresso técnico, dos novos métodos de produção e da evolução social e econômica.

....

CAPÍTULO VIII

Da Política de Capacitação de Profissionais Especializados

Art. 49. Os órgãos e as entidades da Administração Pública Federal direta e indireta, responsáveis pela formação de recursos humanos, devem dispensar aos assuntos objeto deste Decreto tratamento prioritário e adequado, viabilizando, sem prejuízo de outras, as seguintes medidas:

I — formação e qualificação de professores de nível médio e superior para a educação especial, de técnicos de nível médio e superior especializados na habilitação e reabilitação, e de instrutores e professores para a formação profissional;

II — formação e qualificação profissional, nas diversas áreas de conhecimento e de recursos humanos que atendam às demandas da pessoa portadora de deficiência; e

III — incentivo à pesquisa e ao desenvolvimento tecnológico em todas as áreas do conhecimento relacionadas com a pessoa portadora de deficiência.

....

CAPÍTULO XI
Das Disposições Finais e Transitórias

Art. 56. A Secretaria de Estado dos Direitos Humanos, com base nas diretrizes e metas do Plano Plurianual de Investimentos, por intermédio da CORDE, elaborará, em articulação com outros órgãos e entidades da Administração Pública Federal, o Plano Nacional de Ações Integradas na Área das Deficiências.

Art. 57. Fica criada, no âmbito da Secretaria de Estado dos Direitos Humanos, comissão especial, com a finalidade de apresentar, no prazo de cento e oitenta dias, a contar de sua constituição, propostas destinadas a:

I — implementar programa de formação profissional mediante a concessão de bolsas de qualificação para a pessoa portadora de deficiência, com vistas a estimular a aplicação do disposto no art. 36; e

II — propor medidas adicionais de estímulo à adoção de trabalho em tempo parcial ou em regime especial para a pessoa portadora de deficiência.

PARÁGRAFO ÚNICO. A comissão especial de que trata o *caput* deste artigo será composta por um representante de cada órgão e entidade a seguir indicados:

I — CORDE;

II — CONADE;

III — Ministério do Trabalho e Emprego;

IV — Secretaria de Estado de Assistência Social do Ministério da Previdência e Assistência Social;

V — Ministério da Educação;

VI — Ministério dos Transportes;

VII — Instituto de Pesquisa Econômica Aplicada; e

VIII — INSS.

Art. 58. A CORDE desenvolverá, em articulação com órgãos e entidades da Administração Pública Federal, programas de facilitação da acessibilidade em sítios de interesse histórico, turístico, cultural e desportivo, mediante a remoção de barreiras físicas ou arquitetônicas que impeçam ou dificultem a locomoção de pessoa portadora de deficiência ou com mobilidade reduzida.

Art. 59. Este Decreto entra em vigor na data da sua publicação.

Art. 60. Ficam revogados os Decretos ns. 93.481, de 29 de outubro de 1986, 914, de 6 de setembro de 1993, 1.680, de 18 de outubro de 1995, 3.030, de 20 de abril de 1999, o § 2º do art. 141 do Regulamento da Previdência Social, aprovado pelo Decreto n. 3.048, de 6 de maio de 1999, e o Decreto n. 3.076, de 1º de junho de 1999.

Brasília, 20 de dezembro de 1999; 178º da Independência e 111º da República.

Fernando Henrique Cardoso
José Carlos Dias

Legislação Complementar

DECRETO N. 6.949, DE 25 DE AGOSTO DE 2009

(DOU 26.8.09)

PROMULGA A CONVENÇÃO INTERNACIONAL SOBRE OS DIREITOS DAS PESSOAS COM DEFICIÊNCIA E SEU PROTOCOLO FACULTATIVO, ASSINADOS EM NOVA YORK, EM 30 DE MARÇO DE 2007

Artigo 1
Propósito

O propósito da presente Convenção é promover, proteger e assegurar o exercício pleno e eqüitativo de todos os direitos humanos e liberdades fundamentais por todas as pessoas com deficiência e promover o respeito pela sua dignidade inerente.

Pessoas com deficiência são aquelas que têm impedimentos de longo prazo de natureza física, mental, intelectual ou sensorial, os quais, em interação com diversas barreiras, podem obstruir sua participação plena e efetiva na sociedade em igualdades de condições com as demais pessoas.

Artigo 2
Definições

Para os propósitos da presente Convenção:

"Comunicação" abrange as línguas, a visualização de textos, o braille, a comunicação tátil, os caracteres ampliados, os dispositivos de multimídia acessível, assim como a linguagem simples, escrita e oral, os sistemas auditivos e os meios de voz digitalizada e os modos, meios e formatos aumentativos e alternativos de comunicação, inclusive a tecnologia da informação e comunicação acessíveis;

"Língua" abrange as línguas faladas e de sinais e outras formas de comunicação não-falada;

"Discriminação por motivo de deficiência" significa qualquer diferenciação, exclusão ou restrição baseada em deficiência, com o propósito ou efeito de impedir ou impossibilitar o reconhecimento, o desfrute ou o exercício, em igualdade de oportunidades com as demais pessoas, de todos os direitos humanos e liberdades fundamentais nos âmbitos político, econômico, social, cultural, civil ou qualquer outro. Abrange todas as formas de discriminação, inclusive a recusa de adaptação razoável;

"Adaptação razoável" significa as modificações e os ajustes necessários e adequados que não acarretem ônus desproporcional ou indevido, quando requeridos em cada caso, a fim de assegurar que as pessoas com deficiência possam gozar ou exercer, em igualdade de oportunidades com as demais pessoas, todos os direitos humanos e liberdades fundamentais;

"Desenho universal" significa a concepção de produtos, ambientes, programas e serviços a serem usados, na maior medida possível, por todas as pessoas, sem necessidade de adaptação ou projeto específico. O "desenho universal" não excluirá as ajudas técnicas para grupos específicos de pessoas com deficiência, quando necessárias.

Artigo 3

Princípios gerais

Os princípios da presente Convenção são:

a) O respeito pela dignidade inerente, a autonomia individual, inclusive a liberdade de fazer as próprias escolhas, e a independência das pessoas;

b) A não-discriminação;

c) A plena e efetiva participação e inclusão na sociedade;

d) O respeito pela diferença e pela aceitação das pessoas com deficiência como parte da diversidade humana e da humanidade;

e) A igualdade de oportunidades;

f) A acessibilidade;

g) A igualdade entre o homem e a mulher;

h) O respeito pelo desenvolvimento das capacidades das crianças com deficiência e pelo direito das crianças com deficiência de preservar sua identidade.

Artigo 4

Obrigações gerais

1. Os Estados Partes se comprometem a assegurar e promover o pleno exercício de todos os direitos humanos e liberdades fundamentais por todas as pessoas com deficiência, sem qualquer tipo de discriminação por causa de sua deficiência. Para tanto, os Estados Partes se comprometem a:

a) Adotar todas as medidas legislativas, administrativas e de qualquer outra natureza, necessárias para a realização dos direitos reconhecidos na presente Convenção;

b) Adotar todas as medidas necessárias, inclusive legislativas, para modificar ou revogar leis, regulamentos, costumes e práticas vigentes, que constituírem discriminação contra pessoas com deficiência;

c) Levar em conta, em todos os programas e políticas, a proteção e a promoção dos direitos humanos das pessoas com deficiência;

d) Abster-se de participar em qualquer ato ou prática incompatível com a presente Convenção e assegurar que as autoridades públicas e instituições atuem em conformidade com a presente Convenção;

e) Tomar todas as medidas apropriadas para eliminar a discriminação baseada em deficiência, por parte de qualquer pessoa, organização ou empresa privada;

f) Realizar ou promover a pesquisa e o desenvolvimento de produtos, serviços, equipamentos e instalações com desenho universal, conforme definidos no Artigo 2 da presente Convenção, que exijam o mínimo possível de adaptação e cujo custo seja o mínimo possível, destinados a atender às necessidades específicas de pessoas com deficiência, a promover sua disponibilidade e seu uso e a promover o desenho universal quando da elaboração de normas e diretrizes;

g) Realizar ou promover a pesquisa e o desenvolvimento, bem como a disponibilidade e o emprego de novas tecnologias, inclusive as tecnologias da informação e comunicação, ajudas técnicas para locomoção, dispositivos e tecnologias assistivas, adequados a pessoas com deficiência, dando prioridade a tecnologias de custo acessível;

h) Propiciar informação acessível para as pessoas com deficiência a respeito de ajudas técnicas para locomoção, dispositivos e tecnologias assistivas, incluindo novas tecnologias bem como outras formas de assistência, serviços de apoio e instalações;

i) Promover a capacitação em relação aos direitos reconhecidos pela presente Convenção dos profissionais e equipes que trabalham com pessoas com deficiência, de forma a melhorar a prestação de assistência e serviços garantidos por esses direitos.

2. Em relação aos direitos econômicos, sociais e culturais, cada Estado Parte se compromete a tomar medidas, tanto quanto permitirem os recursos disponíveis e, quando necessário, no âmbito da cooperação internacional, a fim de assegurar progressivamente o pleno exercício desses direitos, sem prejuízo das obrigações contidas na presente Convenção que forem imediatamente aplicáveis de acordo com o direito internacional.

3. Na elaboração e implementação de legislação e políticas para aplicar a presente Convenção e em outros processos de tomada de decisão relativos às pessoas com deficiência, os Estados Partes realizarão consultas estreitas e envolverão ativamente pessoas com deficiência, inclusive crianças com deficiência, por intermédio de suas organizações representativas.

4. Nenhum dispositivo da presente Convenção afetará quaisquer disposições mais propícias à realização dos direitos das pessoas com deficiência, as quais possam estar contidas na legislação do Estado Parte ou no direito internacional em vigor para esse Estado. Não haverá nenhuma restrição ou derrogação de qualquer dos direitos humanos e liberdades fundamentais reconhecidos ou vigentes em qualquer Estado Parte da presente Convenção, em conformidade com leis, convenções, regulamentos ou costumes, sob a alegação de que a presente Convenção não reconhece tais direitos e liberdades ou que os reconhece em menor grau.

5. As disposições da presente Convenção se aplicam, sem limitação ou exceção, a todas as unidades constitutivas dos Estados federativos.

Artigo 5

Igualdade e não-discriminação

1. Os Estados Partes reconhecem que todas as pessoas são iguais perante e sob a lei e que fazem jus, sem qualquer discriminação, a igual proteção e igual benefício da lei.

2. Os Estados Partes proibirão qualquer discriminação baseada na deficiência e garantirão às pessoas com deficiência igual e efetiva proteção legal contra a discriminação por qualquer motivo.

3. A fim de promover a igualdade e eliminar a discriminação, os Estados Partes adotarão todas as medidas apropriadas para garantir que a adaptação razoável seja oferecida.

4. Nos termos da presente Convenção, as medidas específicas que forem necessárias para acelerar ou alcançar a efetiva igualdade das pessoas com deficiência não serão consideradas discriminatórias.

Artigo 6

Mulheres com deficiência

1. Os Estados Partes reconhecem que as mulheres e meninas com deficiência estão sujeitas a múltiplas formas de discriminação e, portanto, tomarão medidas para assegurar às mulheres e meninas com deficiência o pleno e igual exercício de todos os direitos humanos e liberdades fundamentais.

2. Os Estados Partes tomarão todas as medidas apropriadas para assegurar o pleno desenvolvimento, o avanço e o empoderamento das mulheres, a fim de garantir-lhes o exercício e o gozo dos direitos humanos e liberdades fundamentais estabelecidos na presente Convenção.

Artigo 7

Crianças com deficiência

1. Os Estados Partes tomarão todas as medidas necessárias para assegurar às crianças com deficiência o pleno exercício de todos os direitos humanos e liberdades fundamentais, em igualdade de oportunidades com as demais crianças.

2. Em todas as ações relativas às crianças com deficiência, o superior interesse da criança receberá consideração primordial.

3. Os Estados Partes assegurarão que as crianças com deficiência tenham o direito de expressar livremente sua opinião sobre todos os assuntos que lhes disserem respeito, tenham a sua opinião devidamente valorizada de acordo com sua idade e maturidade, em igualdade de oportunidades com as demais crianças, e recebam atendimento adequado à sua deficiência e idade, para que possam exercer tal direito.

Artigo 8

Conscientização

1.Os Estados Partes se comprometem a adotar medidas imediatas, efetivas e apropriadas para:

a) Conscientizar toda a sociedade, inclusive as famílias, sobre as condições das pessoas com deficiência e fomentar o respeito pelos direitos e pela dignidade das pessoas com deficiência;

b) Combater estereótipos, preconceitos e práticas nocivas em relação a pessoas com deficiência, inclusive aqueles relacionados a sexo e idade, em todas as áreas da vida;

c) Promover a conscientização sobre as capacidades e contribuições das pessoas com deficiência.

2.As medidas para esse fim incluem:

a) Lançar e dar continuidade a efetivas campanhas de conscientização públicas, destinadas a:

i) Favorecer atitude receptiva em relação aos direitos das pessoas com deficiência;

ii) Promover percepção positiva e maior consciência social em relação às pessoas com deficiência;

iii) Promover o reconhecimento das habilidades, dos méritos e das capacidades das pessoas com deficiência e de sua contribuição ao local de trabalho e ao mercado laboral;

b) Fomentar em todos os níveis do sistema educacional, incluindo neles todas as crianças desde tenra idade, uma atitude de respeito para com os direitos das pessoas com deficiência;

c) Incentivar todos os órgãos da mídia a retratar as pessoas com deficiência de maneira compatível com o propósito da presente Convenção;

d) Promover programas de formação sobre sensibilização a respeito das pessoas com deficiência e sobre os direitos das pessoas com deficiência.

Artigo 9

Acessibilidade

1. A fim de possibilitar às pessoas com deficiência viver de forma independente e participar plenamente de todos os aspectos da vida, os Estados Partes tomarão as medidas apropriadas para assegurar às pessoas com deficiência o acesso, em igualdade de oportunidades com as demais pessoas, ao meio físico, ao transporte, à informação e comunicação, inclusive aos sistemas e tecnologias da informação e comunicação, bem como a outros serviços e instalações abertos ao público ou de uso público, tanto na zona urbana como na rural. Essas medidas, que incluirão a identificação e a eliminação de obstáculos e barreiras à acessibilidade, serão aplicadas, entre outros, a:

a) Edifícios, rodovias, meios de transporte e outras instalações internas e externas, inclusive escolas, residências, instalações médicas e local de trabalho;

b) Informações, comunicações e outros serviços, inclusive serviços eletrônicos e serviços de emergência.

2. Os Estados Partes também tomarão medidas apropriadas para:

a) Desenvolver, promulgar e monitorar a implementação de normas e diretrizes mínimas para a acessibilidade das instalações e dos serviços abertos ao público ou de uso público;

b) Assegurar que as entidades privadas que oferecem instalações e serviços abertos ao público ou de uso público levem em consideração todos os aspectos relativos à acessibilidade para pessoas com deficiência;

c) Proporcionar, a todos os atores envolvidos, formação em relação às questões de acessibilidade com as quais as pessoas com deficiência se confrontam;

d) Dotar os edifícios e outras instalações abertas ao público ou de uso público de sinalização em braille e em formatos de fácil leitura e compreensão;

e) Oferecer formas de assistência humana ou animal e serviços de mediadores, incluindo guias, ledores e intérpretes profissionais da língua de sinais, para facilitar o acesso aos edifícios e outras instalações abertas ao público ou de uso público;

f) Promover outras formas apropriadas de assistência e apoio a pessoas com deficiência, a fim de assegurar a essas pessoas o acesso a informações;

g) Promover o acesso de pessoas com deficiência a novos sistemas e tecnologias da informação e comunicação, inclusive à Internet;

h) Promover, desde a fase inicial, a concepção, o desenvolvimento, a produção e a disseminação de sistemas e tecnologias de informação e comunicação, a fim de que esses sistemas e tecnologias se tornem acessíveis a custo mínimo.

Artigo 10

Direito à vida

Os Estados Partes reafirmam que todo ser humano tem o inerente direito à vida e tomarão todas as medidas necessárias para assegurar o efetivo exercício desse direito pelas pessoas com deficiência, em igualdade de oportunidades com as demais pessoas.

Artigo 11

Situações de risco e emergências humanitárias

Em conformidade com suas obrigações decorrentes do direito internacional, inclusive do direito humanitário internacional e do direito internacional dos direitos humanos, os Estados Partes tomarão todas as medidas necessárias para assegurar a proteção e a segurança das pessoas com deficiência que se encontrarem em situações de risco, inclusive situações de conflito armado, emergências humanitárias e ocorrência de desastres naturais.

Artigo 12

Reconhecimento igual perante a lei

1. Os Estados Partes reafirmam que as pessoas com deficiência têm o direito de ser reconhecidas em qualquer lugar como pessoas perante a lei.

2. Os Estados Partes reconhecerão que as pessoas com deficiência gozam de capacidade legal em igualdade de condições com as demais pessoas em todos os aspectos da vida.

3. Os Estados Partes tomarão medidas apropriadas para prover o acesso de pessoas com deficiência ao apoio que necessitarem no exercício de sua capacidade legal.

4. Os Estados Partes assegurarão que todas as medidas relativas ao exercício da capacidade legal incluam salvaguardas apropriadas e efetivas para prevenir abusos, em conformidade com o direito internacional dos direitos humanos. Essas salvaguardas assegurarão que as medidas relativas ao exercício da capacidade legal respeitem os direitos, a vontade e as preferências da pessoa, sejam isentas de conflito de interesses e de influência indevida, sejam proporcionais e apropriadas às circunstâncias da pessoa, se apliquem pelo período mais curto possível e sejam submetidas à revisão regular por uma autoridade ou órgão judiciário competente, independente e imparcial. As salvaguardas serão proporcionais ao grau em que tais medidas afetarem os direitos e interesses da pessoa.

5. Os Estados Partes, sujeitos ao disposto neste Artigo, tomarão todas as medidas apropriadas e efetivas para assegurar às pessoas com deficiência o igual direito de possuir ou herdar bens, de controlar as próprias finanças e de ter igual acesso a empréstimos bancários, hipotecas e outras formas de crédito financeiro, e assegurarão que as pessoas com deficiência não sejam arbitrariamente destituídas de seus bens.

Artigo 13

Acesso à justiça

1. Os Estados Partes assegurarão o efetivo acesso das pessoas com deficiência à justiça, em igualdade de condições com as demais pessoas, inclusive mediante a provisão de adaptações processuais adequadas à idade, a fim de facilitar o efetivo papel das pessoas com deficiência como participantes diretos ou indiretos, inclusive como testemunhas, em todos os procedimentos jurídicos, tais como investigações e outras etapas preliminares.

2. A fim de assegurar às pessoas com deficiência o efetivo acesso à justiça, os Estados Partes promoverão a capacitação apropriada daqueles que trabalham na área de administração da justiça, inclusive a polícia e os funcionários do sistema penitenciário.

Artigo 14

Liberdade e segurança da pessoa

1. Os Estados Partes assegurarão que as pessoas com deficiência, em igualdade de oportunidades com as demais pessoas:

a) Gozem do direito à liberdade e à segurança da pessoa; e

b) Não sejam privadas ilegal ou arbitrariamente de sua liberdade e que toda privação de liberdade esteja em conformidade com a lei, e que a existência de deficiência não justifique a privação de liberdade.

2. Os Estados Partes assegurarão que, se pessoas com deficiência forem privadas de liberdade mediante algum processo, elas, em igualdade de oportunidades com as demais pessoas, façam jus a garantias de acordo com o direito internacional dos direitos humanos e sejam tratadas em conformidade com os objetivos e princípios da presente Convenção, inclusive mediante a provisão de adaptação razoável.

Artigo 15

Prevenção contra tortura ou tratamentos ou penas cruéis, desumanos ou degradantes

1. Nenhuma pessoa será submetida à tortura ou a tratamentos ou penas cruéis, desumanos ou degradantes. Em especial, nenhuma pessoa deverá ser sujeita a experimentos médicos ou científicos sem seu livre consentimento.

2. Os Estados Partes tomarão todas as medidas efetivas de natureza legislativa, administrativa, judicial ou outra para evitar que pessoas com deficiência, do mesmo modo que as demais pessoas, sejam submetidas à tortura ou a tratamentos ou penas cruéis, desumanos ou degradantes.

Artigo 16

Prevenção contra a exploração, a violência e o abuso

1. Os Estados Partes tomarão todas as medidas apropriadas de natureza legislativa, administrativa, social, educacional e outras para proteger as pessoas com deficiência, tanto dentro como fora do lar, contra todas as formas de exploração, violência e abuso, incluindo aspectos relacionados a gênero.

2. Os Estados Partes também tomarão todas as medidas apropriadas para prevenir todas as formas de exploração, violência e abuso, assegurando, entre outras coisas, formas apropriadas de atendimento e apoio que levem em conta o gênero e a idade das pessoas com deficiência e de seus familiares e atendentes, inclusive mediante a provisão de informação e educação sobre a maneira de evitar, reconhecer e denunciar casos de exploração, violência e abuso. Os Estados Partes assegurarão que os serviços de proteção levem em conta a idade, o gênero e a deficiência das pessoas.

3. A fim de prevenir a ocorrência de quaisquer formas de exploração, violência e abuso, os Estados Partes assegurarão que todos os programas e instalações destinados a atender pessoas com deficiência sejam efetivamente monitorados por autoridades independentes.

4. Os Estados Partes tomarão todas as medidas apropriadas para promover a recuperação física, cognitiva e psicológica, inclusive mediante a provisão de serviços de proteção, a reabilitação e a reinserção social de pessoas com deficiência que forem vítimas de qualquer forma de exploração, violência ou abuso. Tais recuperação e reinserção ocorrerão em ambientes que promovam a saúde, o bem-estar, o auto-respeito, a dignidade e a autonomia da pessoa e levem em consideração as necessidades de gênero e idade.

5. Os Estados Partes adotarão leis e políticas efetivas, inclusive legislação e políticas voltadas para mulheres e crianças, a fim de assegurar que os casos de exploração, violência e abuso contra pessoas com deficiência sejam identificados, investigados e, caso necessário, julgados.

Artigo 17

Proteção da integridade da pessoa

Toda pessoa com deficiência tem o direito a que sua integridade física e mental seja respeitada, em igualdade de condições com as demais pessoas.

Artigo 18

Liberdade de movimentação e nacionalidade

1.Os Estados Partes reconhecerão os direitos das pessoas com deficiência à liberdade de movimentação, à liberdade de escolher sua residência e à nacionalidade, em igualdade de oportunidades com as demais pessoas, inclusive assegurando que as pessoas com deficiência:

a) Tenham o direito de adquirir nacionalidade e mudar de nacionalidade e não sejam privadas arbitrariamente de sua nacionalidade em razão de sua deficiência.

b) Não sejam privadas, por causa de sua deficiência, da competência de obter, possuir e utilizar documento comprovante de sua nacionalidade ou outro documento de identidade, ou de recorrer a processos relevantes, tais como procedimentos relativos à imigração, que forem necessários para facilitar o exercício de seu direito à liberdade de movimentação.

c) Tenham liberdade de sair de qualquer país, inclusive do seu; e

d) Não sejam privadas, arbitrariamente ou por causa de sua deficiência, do direito de entrar no próprio país.

2.As crianças com deficiência serão registradas imediatamente após o nascimento e terão, desde o nascimento, o direito a um nome, o direito de adquirir nacionalidade e, tanto quanto possível, o direito de conhecer seus pais e de ser cuidadas por eles.

Artigo 19

Vida independente e inclusão na comunidade

Os Estados Partes desta Convenção reconhecem o igual direito de todas as pessoas com deficiência de viver na comunidade, com a mesma liberdade de escolha que as demais pessoas, e tomarão medidas efetivas e apropriadas para facilitar às pessoas com deficiência o pleno gozo desse direito e sua plena inclusão e participação na comunidade, inclusive assegurando que:

a) As pessoas com deficiência possam escolher seu local de residência e onde e com quem morar, em igualdade de oportunidades com as demais pessoas, e que não sejam obrigadas a viver em determinado tipo de moradia;

b) As pessoas com deficiência tenham acesso a uma variedade de serviços de apoio em domicílio ou em instituições residenciais ou a outros serviços comunitários de apoio, inclusive os serviços de atendentes pessoais que forem necessários como apoio para que as pessoas com deficiência vivam e sejam incluídas na comunidade e para evitar que fiquem isoladas ou segregadas da comunidade;

c) Os serviços e instalações da comunidade para a população em geral estejam disponíveis às pessoas com deficiência, em igualdade de oportunidades, e atendam às suas necessidades.

Artigo 20

Mobilidade pessoal

Os Estados Partes tomarão medidas efetivas para assegurar às pessoas com deficiência sua mobilidade pessoal com a máxima independência possível:

a) Facilitando a mobilidade pessoal das pessoas com deficiência, na forma e no momento em que elas quiserem, e a custo acessível;

b) Facilitando às pessoas com deficiência o acesso a tecnologias assistivas, dispositivos e ajudas técnicas de qualidade, e formas de assistência humana ou animal e de mediadores, inclusive tornando-os disponíveis a custo acessível;

c) Propiciando às pessoas com deficiência e ao pessoal especializado uma capacitação em técnicas de mobilidade;

d) Incentivando entidades que produzem ajudas técnicas de mobilidade, dispositivos e tecnologias assistivas a levarem em conta todos os aspectos relativos à mobilidade de pessoas com deficiência.

Artigo 21

Liberdade de expressão e de opinião e acesso à informação

Os Estados Partes tomarão todas as medidas apropriadas para assegurar que as pessoas com deficiência possam exercer seu direito à liberdade de expressão e opinião, inclusive à liberdade de buscar, receber e compartilhar informações e idéias, em igualdade de oportunidades com as demais pessoas e por intermédio de todas as formas de comunicação de sua escolha, conforme o disposto no Artigo 2 da presente Convenção, entre as quais:

a) Fornecer, prontamente e sem custo adicional, às pessoas com deficiência, todas as informações destinadas ao público em geral, em formatos acessíveis e tecnologias apropriadas aos diferentes tipos de deficiência;

b) Aceitar e facilitar, em trâmites oficiais, o uso de línguas de sinais, braille, comunicação aumentativa e alternativa, e de todos os demais meios, modos e formatos acessíveis de comunicação, à escolha das pessoas com deficiência;

c) Urgir as entidades privadas que oferecem serviços ao público em geral, inclusive por meio da Internet, a fornecer informações e serviços em formatos acessíveis, que possam ser usados por pessoas com deficiência;

d) Incentivar a mídia, inclusive os provedores de informação pela Internet, a tornar seus serviços acessíveis a pessoas com deficiência;

e) Reconhecer e promover o uso de línguas de sinais.

Artigo 22

Respeito à privacidade

1. Nenhuma pessoa com deficiência, qualquer que seja seu local de residência ou tipo de moradia, estará sujeita a interferência arbitrária ou ilegal em sua privacidade, família, lar, correspondência ou outros tipos de comunicação, nem a ataques ilícitos à sua honra e reputação. As pessoas com deficiência têm o direito à proteção da lei contra tais interferências ou ataques.

2. Os Estados Partes protegerão a privacidade dos dados pessoais e dados relativos à saúde e à reabilitação de pessoas com deficiência, em igualdade de condições com as demais pessoas.

Artigo 23

Respeito pelo lar e pela família

1. Os Estados Partes tomarão medidas efetivas e apropriadas para eliminar a discriminação contra pessoas com deficiência, em todos os aspectos relativos a casamento, família, paternidade e relacionamentos, em igualdade de condições com as demais pessoas, de modo a assegurar que:

a) Seja reconhecido o direito das pessoas com deficiência, em idade de contrair matrimônio, de casar-se e estabelecer família, com base no livre e pleno consentimento dos pretendentes;

b) Sejam reconhecidos os direitos das pessoas com deficiência de decidir livre e responsavelmente sobre o número de filhos e o espaçamento entre esses filhos e de ter acesso a informações adequadas à idade e a educação em matéria de reprodução e de planejamento familiar, bem como os meios necessários para exercer esses direitos.

c) As pessoas com deficiência, inclusive crianças, conservem sua fertilidade, em igualdade de condições com as demais pessoas.

2. Os Estados Partes assegurarão os direitos e responsabilidades das pessoas com deficiência, relativos à guarda, custódia, curatela e adoção de crianças ou instituições semelhantes, caso esses conceitos constem na legislação nacional. Em todos os casos, prevalecerá o superior interesse da criança. Os Estados Partes prestarão a devida assistência às pessoas com deficiência para que essas pessoas possam exercer suas responsabilidades na criação dos filhos.

3. Os Estados Partes assegurarão que as crianças com deficiência terão iguais direitos em relação à vida familiar. Para a realização desses direitos e para evitar ocultação, abandono, negligência e segregação de crianças com deficiência, os Estados Partes fornecerão prontamente informações abrangentes sobre serviços e apoios a crianças com deficiência e suas famílias.

4. Os Estados Partes assegurarão que uma criança não será separada de seus pais contra a vontade destes, exceto quando autoridades competentes, sujeitas a controle jurisdicional, determinarem, em conformidade com as leis e procedimentos aplicáveis, que a separação é necessária, no superior interesse da criança. Em nenhum caso, uma criança será separada dos pais sob alegação de deficiência da criança ou de um ou ambos os pais.

5. Os Estados Partes, no caso em que a família imediata de uma criança com deficiência não tenha condições de cuidar da criança, farão todo esforço para que cuidados alternativos sejam oferecidos por outros parentes e, se isso não for possível, dentro de ambiente familiar, na comunidade.

Artigo 24

Educação

1. Os Estados Partes reconhecem o direito das pessoas com deficiência à educação. Para efetivar esse direito sem discriminação e com base na igualdade de oportunidades, os Estados Partes assegurarão sistema educacional inclusivo em todos os níveis, bem como o aprendizado ao longo de toda a vida, com os seguintes objetivos:

a) O pleno desenvolvimento do potencial humano e do senso de dignidade e auto-estima, além do fortalecimento do respeito pelos direitos humanos, pelas liberdades fundamentais e pela diversidade humana;

b) O máximo desenvolvimento possível da personalidade e dos talentos e da criatividade das pessoas com deficiência, assim como de suas habilidades físicas e intelectuais;

c) A participação efetiva das pessoas com deficiência em uma sociedade livre.

2. Para a realização desse direito, os Estados Partes assegurarão que:

a) As pessoas com deficiência não sejam excluídas do sistema educacional geral sob alegação de deficiência e que as crianças com deficiência não sejam excluídas do ensino primário gratuito e compulsório ou do ensino secundário, sob alegação de deficiência;

b) As pessoas com deficiência possam ter acesso ao ensino primário inclusivo, de qualidade e gratuito, e ao ensino secundário, em igualdade de condições com as demais pessoas na comunidade em que vivem;

c) Adaptações razoáveis de acordo com as necessidades individuais sejam providenciadas;

d) As pessoas com deficiência recebam o apoio necessário, no âmbito do sistema educacional geral, com vistas a facilitar sua efetiva educação;

e) Medidas de apoio individualizadas e efetivas sejam adotadas em ambientes que maximizem o desenvolvimento acadêmico e social, de acordo com a meta de inclusão plena.

3.Os Estados Partes assegurarão às pessoas com deficiência a possibilidade de adquirir as competências práticas e sociais necessárias de modo a facilitar às pessoas com deficiência sua plena e igual participação no sistema de ensino e na vida em comunidade. Para tanto, os Estados Partes tomarão medidas apropriadas, incluindo:

a) Facilitação do aprendizado do braille, escrita alternativa, modos, meios e formatos de comunicação aumentativa e alternativa, e habilidades de orientação e mobilidade, além de facilitação do apoio e aconselhamento de pares;

b) Facilitação do aprendizado da língua de sinais e promoção da identidade lingüística da comunidade surda;

c) Garantia de que a educação de pessoas, em particular crianças cegas, surdocegas e surdas, seja ministrada nas línguas e nos modos e meios de comunicação mais adequados ao indivíduo e em ambientes que favoreçam ao máximo seu desenvolvimento acadêmico e social.

4. A fim de contribuir para o exercício desse direito, os Estados Partes tomarão medidas apropriadas para empregar professores, inclusive professores com deficiência, habilitados para o ensino da língua de sinais e/ou do braille, e para capacitar profissionais e equipes atuantes em todos os níveis de ensino. Essa capacitação incorporará a conscientização da deficiência e a utilização de modos, meios e formatos apropriados de comunicação aumentativa e alternativa, e técnicas e materiais pedagógicos, como apoios para pessoas com deficiência.

5. Os Estados Partes assegurarão que as pessoas com deficiência possam ter acesso ao ensino superior em geral, treinamento profissional de acordo com sua vocação, educação para adultos e formação continuada, sem discriminação e em igualdade de condições. Para tanto, os Estados Partes assegurarão a provisão de adaptações razoáveis para pessoas com deficiência.

Artigo 25

Saúde

Os Estados Partes reconhecem que as pessoas com deficiência têm o direito de gozar do estado de saúde mais elevado possível, sem discriminação baseada na deficiência. Os Estados Partes tomarão todas as medidas apropriadas para assegurar às pessoas com deficiência o acesso a serviços de saúde, incluindo os serviços de reabilitação, que levarão em conta as especificidades de gênero. Em especial, os Estados Partes:

a) Oferecerão às pessoas com deficiência programas e atenção à saúde gratuitos ou a custos acessíveis da mesma variedade, qualidade e padrão que são oferecidos às demais pessoas, inclusive na área de saúde sexual e reprodutiva e de programas de saúde pública destinados à população em geral;

b) Propiciarão serviços de saúde que as pessoas com deficiência necessitam especificamente por causa de sua deficiência, inclusive diagnóstico e intervenção precoces, bem como serviços projetados para reduzir ao máximo e prevenir deficiências adicionais, inclusive entre crianças e idosos;

c) Propiciarão esses serviços de saúde às pessoas com deficiência, o mais próximo possível de suas comunidades, inclusive na zona rural;

d) Exigirão dos profissionais de saúde que dispensem às pessoas com deficiência a mesma qualidade de serviços dispensada às demais pessoas e, principalmente, que obtenham o consentimento livre e esclarecido das pessoas com deficiência concernentes. Para esse fim, os Estados Partes realizarão atividades de formação e definirão regras éticas para os setores de saúde público e privado, de modo a conscientizar os profissionais de saúde acerca dos direitos humanos, da dignidade, autonomia e das necessidades das pessoas com deficiência;

e) Proibirão a discriminação contra pessoas com deficiência na provisão de seguro de saúde e seguro de vida, caso tais seguros sejam permitidos pela legislação nacional, os quais deverão ser providos de maneira razoável e justa;

f) Prevenirão que se negue, de maneira discriminatória, os serviços de saúde ou de atenção à saúde ou a administração de alimentos sólidos ou líquidos por motivo de deficiência.

Artigo 26

Habilitação e reabilitação

1. Os Estados Partes tomarão medidas efetivas e apropriadas, inclusive mediante apoio dos pares, para pos-

sibilitar que as pessoas com deficiência conquistem e conservem o máximo de autonomia e plena capacidade física, mental, social e profissional, bem como plena inclusão e participação em todos os aspectos da vida. Para tanto, os Estados Partes organizarão, fortalecerão e ampliarão serviços e programas completos de habilitação e reabilitação, particularmente nas áreas de saúde, emprego, educação e serviços sociais, de modo que esses serviços e programas:

a) Comecem no estágio mais precoce possível e sejam baseados em avaliação multidisciplinar das necessidades e pontos fortes de cada pessoa;

b) Apóiem a participação e a inclusão na comunidade e em todos os aspectos da vida social, sejam oferecidos voluntariamente e estejam disponíveis às pessoas com deficiência o mais próximo possível de suas comunidades, inclusive na zona rural.

2. Os Estados Partes promoverão o desenvolvimento da capacitação inicial e continuada de profissionais e de equipes que atuam nos serviços de habilitação e reabilitação.

3. Os Estados Partes promoverão a disponibilidade, o conhecimento e o uso de dispositivos e tecnologias assistivas, projetados para pessoas com deficiência e relacionados com a habilitação e a reabilitação.

Artigo 27

Trabalho e emprego

1. Os Estados Partes reconhecem o direito das pessoas com deficiência ao trabalho, em igualdade de oportunidades com as demais pessoas. Esse direito abrange o direito à oportunidade de se manter com um trabalho de sua livre escolha ou aceitação no mercado laboral, em ambiente de trabalho que seja aberto, inclusivo e acessível a pessoas com deficiência. Os Estados Partes salvaguardarão e promoverão a realização do direito ao trabalho, inclusive daqueles que tiverem adquirido uma deficiência no emprego, adotando medidas apropriadas, incluídas na legislação, com o fim de, entre outros:

a) Proibir a discriminação baseada na deficiência com respeito a todas as questões relacionadas com as formas de emprego, inclusive condições de recrutamento, contratação e admissão, permanência no emprego, ascensão profissional e condições seguras e salubres de trabalho;

b) Proteger os direitos das pessoas com deficiência, em condições de igualdade com as demais pessoas, às condições justas e favoráveis de trabalho, incluindo iguais oportunidades e igual remuneração por trabalho de igual valor, condições seguras e salubres de trabalho, além de reparação de injustiças e proteção contra o assédio no trabalho;

c) Assegurar que as pessoas com deficiência possam exercer seus direitos trabalhistas e sindicais, em condições de igualdade com as demais pessoas;

d) Possibilitar às pessoas com deficiência o acesso efetivo a programas de orientação técnica e profissional e a serviços de colocação no trabalho e de treinamento profissional e continuado;

e) Promover oportunidades de emprego e ascensão profissional para pessoas com deficiência no mercado de trabalho, bem como assistência na procura, obtenção e manutenção do emprego e no retorno ao emprego;

f) Promover oportunidades de trabalho autônomo, empreendedorismo, desenvolvimento de cooperativas e estabelecimento de negócio próprio;

g) Empregar pessoas com deficiência no setor público;

h) Promover o emprego de pessoas com deficiência no setor privado, mediante políticas e medidas apropriadas, que poderão incluir programas de ação afirmativa, incentivos e outras medidas;

i) Assegurar que adaptações razoáveis sejam feitas para pessoas com deficiência no local de trabalho;

j) Promover a aquisição de experiência de trabalho por pessoas com deficiência no mercado aberto de trabalho;

k) Promover reabilitação profissional, manutenção do emprego e programas de retorno ao trabalho para pessoas com deficiência.

2.Os Estados Partes assegurarão que as pessoas com deficiência não serão mantidas em escravidão ou servidão e que serão protegidas, em igualdade de condições com as demais pessoas, contra o trabalho forçado ou compulsório.

Artigo 28

Padrão de vida e proteção social adequados

1. Os Estados Partes reconhecem o direito das pessoas com deficiência a um padrão adequado de vida para si e para suas famílias, inclusive alimentação, vestuário e moradia adequados, bem como à melhoria contínua de suas condições de vida, e tomarão as providências necessárias para salvaguardar e promover a realização desse direito sem discriminação baseada na deficiência.

2. Os Estados Partes reconhecem o direito das pessoas com deficiência à proteção social e ao exercício desse direito sem discriminação baseada na deficiência, e tomarão as medidas apropriadas para salvaguardar e promover a realização desse direito, tais como:

a) Assegurar igual acesso de pessoas com deficiência a serviços de saneamento básico e assegurar o acesso aos serviços, dispositivos e outros atendimentos apropriados para as necessidades relacionadas com a deficiência;

b) Assegurar o acesso de pessoas com deficiência, particularmente mulheres, crianças e idosos com deficiência, a programas de proteção social e de redução da pobreza;

c) Assegurar o acesso de pessoas com deficiência e suas famílias em situação de pobreza à assistência do Estado em relação a seus gastos ocasionados pela deficiência, inclusive treinamento adequado, aconselhamento, ajuda financeira e cuidados de repouso;

d) Assegurar o acesso de pessoas com deficiência a programas habitacionais públicos;

e) Assegurar igual acesso de pessoas com deficiência a programas e benefícios de aposentadoria.

Artigo 29

Participação na vida política e pública

Os Estados Partes garantirão às pessoas com deficiência direitos políticos e oportunidade de exercê-los em condições de igualdade com as demais pessoas, e deverão:

a) Assegurar que as pessoas com deficiência possam participar efetiva e plenamente na vida política e pública, em igualdade de oportunidades com as demais pessoas, diretamente ou por meio de representantes livremente escolhidos, incluindo o direito e a oportunidade de votarem e serem votadas, mediante, entre outros:

i) Garantia de que os procedimentos, instalações e materiais e equipamentos para votação serão apropriados, acessíveis e de fácil compreensão e uso;

ii) Proteção do direito das pessoas com deficiência ao voto secreto em eleições e plebiscitos, sem intimidação, e a candidatar-se nas eleições, efetivamente ocupar cargos eletivos e desempenhar quaisquer funções públicas em todos os níveis de governo, usando novas tecnologias assistivas, quando apropriado;

iii) Garantia da livre expressão de vontade das pessoas com deficiência como eleitores e, para tanto, sempre que necessário e a seu pedido, permissão para que elas sejam auxiliadas na votação por uma pessoa de sua escolha;

b) Promover ativamente um ambiente em que as pessoas com deficiência possam participar efetiva e plenamente na condução das questões públicas, sem discriminação e em igualdade de oportunidades com as demais pessoas, e encorajar sua participação nas questões públicas, mediante:

i) Participação em organizações não-governamentais relacionadas com a vida pública e política do país, bem como em atividades e administração de partidos políticos;

ii) Formação de organizações para representar pessoas com deficiência em níveis internacional, regional, nacional e local, bem como a filiação de pessoas com deficiência a tais organizações.

Artigo 30

Participação na vida cultural e em recreação, lazer e esporte

1. Os Estados Partes reconhecem o direito das pessoas com deficiência de participar na vida cultural, em igualdade de oportunidades com as demais pessoas, e tomarão todas as medidas apropriadas para que as pessoas com deficiência possam:

a) Ter acesso a bens culturais em formatos acessíveis;

b) Ter acesso a programas de televisão, cinema, teatro e outras atividades culturais, em formatos acessíveis; e

c) Ter acesso a locais que ofereçam serviços ou eventos culturais, tais como teatros, museus, cinemas, bibliotecas e serviços turísticos, bem como, tanto quanto possível, ter acesso a monumentos e locais de importância cultural nacional.

2. Os Estados Partes tomarão medidas apropriadas para que as pessoas com deficiência tenham a oportunidade de desenvolver e utilizar seu potencial criativo, artístico e intelectual, não somente em benefício próprio, mas também para o enriquecimento da sociedade.

3. Os Estados Partes deverão tomar todas as providências, em conformidade com o direito internacional, para assegurar que a legislação de proteção dos direitos de propriedade intelectual não constitua barreira excessiva ou discriminatória ao acesso de pessoas com deficiência a bens culturais.

4. As pessoas com deficiência farão jus, em igualdade de oportunidades com as demais pessoas, a que sua identidade cultural e linguística específica seja reconhecida e apoiada, incluindo as línguas de sinais e a cultura surda.

5. Para que as pessoas com deficiência participem, em igualdade de oportunidades com as demais pessoas, de atividades recreativas, esportivas e de lazer, os Estados Partes tomarão medidas apropriadas para:

a) Incentivar e promover a maior participação possível das pessoas com deficiência nas atividades esportivas comuns em todos os níveis;

b) Assegurar que as pessoas com deficiência tenham a oportunidade de organizar, desenvolver e participar em atividades esportivas e recreativas específicas às deficiências e, para tanto, incentivar a provisão de instrução, treinamento e recursos adequados, em igualdade de oportunidades com as demais pessoas;

c) Assegurar que as pessoas com deficiência tenham acesso a locais de eventos esportivos, recreativos e turísticos;

d) Assegurar que as crianças com deficiência possam, em igualdade de condições com as demais crianças, participar de jogos e atividades recreativas, esportivas e de lazer, inclusive no sistema escolar;

e) Assegurar que as pessoas com deficiência tenham acesso aos serviços prestados por pessoas ou entidades envolvidas na organização de atividades recreativas, turísticas, esportivas e de lazer.

Artigo 31

Estatísticas e coleta de dados

1. Os Estados Partes coletarão dados apropriados, inclusive estatísticos e de pesquisas, para que possam formular e implementar políticas destinadas a por em prática a presente Convenção. O processo de coleta e manutenção de tais dados deverá:

a) Observar as salvaguardas estabelecidas por lei, inclusive pelas leis relativas à proteção de dados, a fim de assegurar a confidencialidade e o respeito pela privacidade das pessoas com deficiência;

b) Observar as normas internacionalmente aceitas para proteger os direitos humanos, as liberdades fundamentais e os princípios éticos na coleta de dados e utilização de estatísticas.

2. As informações coletadas de acordo com o disposto neste Artigo serão desagregadas, de maneira apropriada, e utilizadas para avaliar o cumprimento, por parte dos Estados Partes, de suas obrigações na presente Convenção e para identificar e enfrentar as barreiras com as quais as pessoas com deficiência se deparam no exercício de seus direitos.

3. Os Estados Partes assumirão responsabilidade pela disseminação das referidas estatísticas e assegurarão que elas sejam acessíveis às pessoas com deficiência e a outros.

Artigo 32

Cooperação internacional

1. Os Estados Partes reconhecem a importância da cooperação internacional e de sua promoção, em apoio aos esforços nacionais para a consecução do propósito e dos objetivos da presente Convenção e, sob este aspecto, adotarão medidas apropriadas e efetivas entre os Estados e, de maneira adequada, em parceria com organizações internacionais e regionais relevantes e com a sociedade civil e, em particular, com organizações de pessoas com deficiência. Estas medidas poderão incluir, entre outras:

a) Assegurar que a cooperação internacional, incluindo os programas internacionais de desenvolvimento, sejam inclusivos e acessíveis para pessoas com deficiência;

b) Facilitar e apoiar a capacitação, inclusive por meio do intercâmbio e compartilhamento de informações, experiências, programas de treinamento e melhores práticas;

c) Facilitar a cooperação em pesquisa e o acesso a conhecimentos científicos e técnicos;

d) Propiciar, de maneira apropriada, assistência técnica e financeira, inclusive mediante facilitação do acesso a tecnologias assistivas e acessíveis e seu compartilhamento, bem como por meio de transferência de tecnologias.

2. O disposto neste Artigo se aplica sem prejuízo das obrigações que cabem a cada Estado Parte em decorrência da presente Convenção.

Artigo 33

Implementação e monitoramento nacionais

1.Os Estados Partes, de acordo com seu sistema organizacional, designarão um ou mais de um ponto focal no âmbito do Governo para assuntos relacionados com a implementação da presente Convenção e darão a devida consideração ao estabelecimento ou designação de um mecanismo de coordenação no âmbito do Governo, a fim de facilitar ações correlatas nos diferentes setores e níveis.

2.Os Estados Partes, em conformidade com seus sistemas jurídico e administrativo, manterão, fortalecerão, designarão ou estabelecerão estrutura, incluindo um ou mais de um mecanismo independente, de maneira apropriada, para promover, proteger e monitorar a implementação da presente Convenção. Ao designar ou estabelecer tal mecanismo, os Estados Partes levarão em conta os princípios relativos ao status e funcionamento das instituições nacionais de proteção e promoção dos direitos humanos.

3. A sociedade civil e, particularmente, as pessoas com deficiência e suas organizações representativas serão envolvidas e participarão plenamente no processo de monitoramento.

Artigo 34

Comitê sobre os Direitos das Pessoas com Deficiência

1. Um Comitê sobre os Direitos das Pessoas com Deficiência (doravante denominado "Comitê") será estabelecido, para desempenhar as funções aqui definidas.

2. O Comitê será constituído, quando da entrada em vigor da presente Convenção, de 12 peritos. Quando a presente Convenção alcançar 60 ratificações ou adesões, o Comitê será acrescido em seis membros, perfazendo o total de 18 membros.

3. Os membros do Comitê atuarão a título pessoal e apresentarão elevada postura moral, competência e experiência reconhecidas no campo abrangido pela presente Convenção. Ao designar seus candidatos, os Estados Partes são instados a dar a devida consideração ao disposto no Artigo 4.3 da presente Convenção.

4. Os membros do Comitê serão eleitos pelos Estados Partes, observando-se uma distribuição geográfica eqüitativa, representação de diferentes formas de civilização e dos principais sistemas jurídicos, representação equilibrada de gênero e participação de peritos com deficiência.

5. Os membros do Comitê serão eleitos por votação secreta em sessões da Conferência dos Estados Partes, a partir de uma lista de pessoas designadas pelos Estados Partes entre seus nacionais. Nessas sessões, cujo quorum será de dois terços dos Estados Partes, os candidatos eleitos para o Comitê serão aqueles que obtiverem o maior número de votos e a maioria absoluta dos votos dos representantes dos Estados Partes presentes e votantes.

6. A primeira eleição será realizada, o mais tardar, até seis meses após a data de entrada em vigor da presente Convenção. Pelo menos quatro meses antes de cada eleição, o Secretário-Geral das Nações Unidas dirigirá carta aos Estados Partes, convidando-os a submeter os nomes de seus candidatos no prazo de dois meses. O Secretário-Geral, subsequentemente, preparará lista em ordem alfabética de todos os candidatos apresentados, indicando que foram designados pelos Estados Partes, e submeterá essa lista aos Estados Partes da presente Convenção.

7. Os membros do Comitê serão eleitos para mandato de quatro anos, podendo ser candidatos à reeleição uma única vez. Contudo, o mandato de seis dos membros eleitos na primeira eleição expirará ao fim de dois anos; imediatamente após a primeira eleição, os nomes desses seis membros serão selecionados por sorteio pelo presidente da sessão a que se refere o parágrafo 5 deste Artigo.

8. A eleição dos seis membros adicionais do Comitê será realizada por ocasião das eleições regulares, de acordo com as disposições pertinentes deste Artigo.

9. Em caso de morte, demissão ou declaração de um membro de que, por algum motivo, não poderá continuar a exercer suas funções, o Estado Parte que o tiver indicado designará um outro perito que tenha as qualificações e satisfaça aos requisitos estabelecidos pelos dispositivos pertinentes deste Artigo, para concluir o mandato em questão.

10. O Comitê estabelecerá suas próprias normas de procedimento.

11. O Secretário-Geral das Nações Unidas proverá o pessoal e as instalações necessários para o efetivo desempenho das funções do Comitê segundo a presente Convenção e convocará sua primeira reunião.

12. Com a aprovação da Assembleia Geral, os membros do Comitê estabelecido sob a presente Convenção receberão emolumentos dos recursos das Nações Unidas, sob termos e condições que a Assembleia possa decidir, tendo em vista a importância das responsabilidades do Comitê.

13. Os membros do Comitê terão direito aos privilégios, facilidades e imunidades dos peritos em missões das Nações Unidas, em conformidade com as disposições pertinentes da Convenção sobre Privilégios e Imunidades das Nações Unidas.

Artigo 35

Relatórios dos Estados Partes

1. Cada Estado Parte, por intermédio do Secretário-Geral das Nações Unidas, submeterá relatório abrangente sobre as medidas adotadas em cumprimento de suas obrigações estabelecidas pela presente Convenção e sobre o progresso alcançado nesse aspecto, dentro do período de dois anos após a entrada em vigor da presente Convenção para o Estado Parte concernente.

2. Depois disso, os Estados Partes submeterão relatórios subsequentes, ao menos a cada quatro anos, ou quando o Comitê o solicitar.

3. O Comitê determinará as diretrizes aplicáveis ao teor dos relatórios.

4. Um Estado Parte que tiver submetido ao Comitê um relatório inicial abrangente não precisará, em relatórios subseqüentes, repetir informações já apresentadas. Ao elaborar os relatórios ao Comitê, os Estados Partes são instados a fazê-lo de maneira franca e transparente e a levar em consideração o disposto no Artigo 4.3 da presente Convenção.

5. Os relatórios poderão apontar os fatores e as dificuldades que tiverem afetado o cumprimento das obrigações decorrentes da presente Convenção.

Artigo 36

Consideração dos relatórios

1. Os relatórios serão considerados pelo Comitê, que fará as sugestões e recomendações gerais que julgar pertinentes e as transmitirá aos respectivos Estados Partes. O Estado Parte poderá responder ao Comitê com as informações que julgar pertinentes. O Comitê poderá pedir informações adicionais ao Estados Partes, referentes à implementação da presente Convenção.

2. Se um Estado Parte atrasar consideravelmente a entrega de seu relatório, o Comitê poderá notificar esse Estado de que examinará a aplicação da presente Convenção com base em informações confiáveis de que disponha,

a menos que o relatório devido seja apresentado pelo Estado dentro do período de três meses após a notificação. O Comitê convidará o Estado Parte interessado a participar desse exame. Se o Estado Parte responder entregando seu relatório, aplicar-se-á o disposto no parágrafo 1 do presente artigo.

3. O Secretário-Geral das Nações Unidas colocará os relatórios à disposição de todos os Estados Partes.

4. Os Estados Partes tornarão seus relatórios amplamente disponíveis ao público em seus países e facilitarão o acesso à possibilidade de sugestões e de recomendações gerais a respeito desses relatórios.

5. O Comitê transmitirá às agências, fundos e programas especializados das Nações Unidas e a outras organizações competentes, da maneira que julgar apropriada, os relatórios dos Estados Partes que contenham demandas ou indicações de necessidade de consultoria ou de assistência técnica, acompanhados de eventuais observações e sugestões do Comitê em relação às referidas demandas ou indicações, a fim de que possam ser consideradas.

Artigo 37

Cooperação entre os Estados Partes e o Comitê

1. Cada Estado Parte cooperará com o Comitê e auxiliará seus membros no desempenho de seu mandato.

2. Em suas relações com os Estados Partes, o Comitê dará a devida consideração aos meios e modos de aprimorar a capacidade de cada Estado Parte para a implementação da presente Convenção, inclusive mediante cooperação internacional.

Artigo 38

Relações do Comitê com outros órgãos

A fim de promover a efetiva implementação da presente Convenção e de incentivar a cooperação internacional na esfera abrangida pela presente Convenção:

a) As agências especializadas e outros órgãos das Nações Unidas terão o direito de se fazer representar quando da consideração da implementação de disposições da presente Convenção que disserem respeito aos seus respectivos mandatos. O Comitê poderá convidar as agências especializadas e outros órgãos competentes, segundo julgar apropriado, a oferecer consultoria de peritos sobre a implementação da Convenção em áreas pertinentes a seus respectivos mandatos. O Comitê poderá convidar agências especializadas e outros órgãos das Nações Unidas a apresentar relatórios sobre a implementação da Convenção em áreas pertinentes às suas respectivas atividades;

b) No desempenho de seu mandato, o Comitê consultará, de maneira apropriada, outros órgãos pertinentes instituídos ao amparo de tratados internacionais de direitos humanos, a fim de assegurar a consistência de suas respectivas diretrizes para a elaboração de relatórios, sugestões e recomendações gerais e de evitar duplicação e superposição no desempenho de suas funções.

Artigo 39

Relatório do Comitê

A cada dois anos, o Comitê submeterá à Assembleia Geral e ao Conselho Econômico e Social um relatório de suas atividades e poderá fazer sugestões e recomendações gerais baseadas no exame dos relatórios e nas informações recebidas dos Estados Partes. Estas sugestões e recomendações gerais serão incluídas no relatório do Comitê, acompanhadas, se houver, de comentários dos Estados Partes.

Artigo 40

Conferência dos Estados Partes

1. Os Estados Partes reunir-se-ão regularmente em Conferência dos Estados Partes a fim de considerar matérias relativas à implementação da presente Convenção.

2. O Secretário-Geral das Nações Unidas convocará, dentro do período de seis meses após a entrada em vigor da presente Convenção, a Conferência dos Estados Partes. As reuniões subseqüentes serão convocadas pelo Secretário-Geral das Nações Unidas a cada dois anos ou conforme a decisão da Conferência dos Estados Partes.

Artigo 41

Depositário

O Secretário-Geral das Nações Unidas será o depositário da presente Convenção.

Artigo 42

Assinatura

A presente Convenção será aberta à assinatura de todos os Estados e organizações de integração regional na sede das Nações Unidas em Nova York, a partir de 30 de março de 2007.

Artigo 43

Consentimento em comprometer-se

A presente Convenção será submetida à ratificação pelos Estados signatários e à confirmação formal por organizações de integração regional signatárias. Ela estará aberta à adesão de qualquer Estado ou organização de integração regional que não a houver assinado.

Artigo 44

Organizações de integração regional

1. "Organização de integração regional" será entendida como organização constituída por Estados soberanos de determinada região, à qual seus Estados membros tenham delegado competência sobre matéria abrangida pela presente Convenção. Essas organizações declararão, em seus documentos de confirmação formal ou adesão, o alcance de sua competência em relação à matéria abrangida pela presente Convenção. Subsequentemente, as organizações informarão ao depositário qualquer alteração substancial no âmbito de sua competência.

2. As referências a "Estados Partes" na presente Convenção serão aplicáveis a essas organizações, nos limites da competência destas.

3. Para os fins do parágrafo 1 do Artigo 45 e dos parágrafos 2 e 3 do Artigo 47, nenhum instrumento depositado por organização de integração regional será computado.

4. As organizações de integração regional, em matérias de sua competência, poderão exercer o direito de voto na Conferência dos Estados Partes, tendo direito ao mesmo número de votos quanto for o número de seus Estados membros que forem Partes da presente Convenção. Essas organizações não exercerão seu direito de voto, se qualquer de seus Estados membros exercer seu direito de voto, e vice-versa.

Artigo 45

Entrada em vigor

1. A presente Convenção entrará em vigor no trigésimo dia após o depósito do vigésimo instrumento de ratificação ou adesão.

2. Para cada Estado ou organização de integração regional que ratificar ou formalmente confirmar a presente

Convenção ou a ela aderir após o depósito do referido vigésimo instrumento, a Convenção entrará em vigor no trigésimo dia a partir da data em que esse Estado ou organização tenha depositado seu instrumento de ratificação, confirmação formal ou adesão.

Artigo 46

Reservas

1. Não serão permitidas reservas incompatíveis com o objeto e o propósito da presente Convenção.

2. As reservas poderão ser retiradas a qualquer momento.

Artigo 47

Emendas

1.Qualquer Estado Parte poderá propor emendas à presente Convenção e submetê-las ao Secretário-Geral das Nações Unidas. O Secretário-Geral comunicará aos Estados Partes quaisquer emendas propostas, solicitando-lhes que o notifiquem se são favoráveis a uma Conferência dos Estados Partes para considerar as propostas e tomar decisão a respeito delas. Se, até quatro meses após a data da referida comunicação, pelo menos um terço dos Estados Partes se manifestar favorável a essa Conferência, o Secretário-Geral das Nações Unidas convocará a Conferência, sob os auspícios das Nações Unidas. Qualquer emenda adotada por maioria de dois terços dos Estados Partes presentes e votantes será submetida pelo Secretário-Geral à aprovação da Assembleia Geral das Nações Unidas e, posteriormente, à aceitação de todos os Estados Partes.

2. Qualquer emenda adotada e aprovada conforme o disposto no parágrafo 1 do presente artigo entrará em vigor no trigésimo dia após a data na qual o número de instrumentos de aceitação tenha atingido dois terços do número de Estados Partes na data de adoção da emenda. Posteriormente, a emenda entrará em vigor para todo Estado Parte no trigésimo dia após o depósito por esse Estado do seu instrumento de aceitação. A emenda será vinculante somente para os Estados Partes que a tiverem aceitado.

3. Se a Conferência dos Estados Partes assim o decidir por consenso, qualquer emenda adotada e aprovada em conformidade com o disposto no parágrafo 1 deste Artigo, relacionada exclusivamente com os artigos 34, 38, 39 e 40, entrará em vigor para todos os Estados Partes no trigésimo dia a partir da data em que o número de instrumentos de aceitação depositados tiver atingido dois terços do número de Estados Partes na data de adoção da emenda.

Artigo 48

Denúncia

Qualquer Estado Parte poderá denunciar a presente Convenção mediante notificação por escrito ao Secretário-Geral das Nações Unidas. A denúncia tornar-se-á efetiva um ano após a data de recebimento da notificação pelo Secretário-Geral.

Artigo 49

Formatos acessíveis

O texto da presente Convenção será colocado à disposição em formatos acessíveis.

Artigo 50

Textos autênticos

Os textos em árabe, chinês, espanhol, francês, inglês e russo da presente Convenção serão igualmente autênticos.

EM FÉ DO QUE os plenipotenciários abaixo assinados, devidamente autorizados para tanto por seus respectivos governos, firmaram a presente convenção.

LEI COMPLEMENTAR N. 142, DE 8 DE MAIO DE 2013

(DOU 9.5.2013)

REGULAMENTA O § 1º DO ART. 201 DA CONSTITUIÇÃO FEDERAL, NO TOCANTE À APOSENTADORIA DA PESSOA COM DEFICIÊNCIA SEGURADA DO REGIME GERAL DE PREVIDÊNCIA SOCIAL — RGPS

A PRESIDENTA DA REPÚBLICA

Faço saber que o Congresso Nacional decreta e eu sanciono a seguinte Lei Complementar:

Art. 1º Esta Lei Complementar regulamenta a concessão de aposentadoria da pessoa com deficiência segurada do Regime Geral de Previdência Social — RGPS de que trata o § 1º do art. 201 da Constituição Federal.

Art. 2º Para o reconhecimento do direito à aposentadoria de que trata esta Lei Complementar, considera-se pessoa com deficiência aquela que tem impedimentos de longo prazo de natureza física, mental, intelectual ou sensorial, os quais, em interação com diversas barreiras, podem obstruir sua participação plena e efetiva na sociedade em igualdade de condições com as demais pessoas.

Art. 3º É assegurada a concessão de aposentadoria pelo RGPS ao segurado com deficiência, observadas as seguintes condições:

I — aos 25 (vinte e cinco) anos de tempo de contribuição, se homem, e 20 (vinte) anos, se mulher, no caso de segurado com deficiência grave;

II — aos 29 (vinte e nove) anos de tempo de contribuição, se homem, e 24 (vinte e quatro) anos, se mulher, no caso de segurado com deficiência moderada;

III — aos 33 (trinta e três) anos de tempo de contribuição, se homem, e 28 (vinte e oito) anos, se mulher, no caso de segurado com deficiência leve; ou

IV — aos 60 (sessenta) anos de idade, se homem, e 55 (cinquenta e cinco) anos de idade, se mulher, independentemente do grau de deficiência, desde que cumprido tempo mínimo de contribuição de 15 (quinze) anos e comprovada a existência de deficiência durante igual período.

PARÁGRAFO ÚNICO. Regulamento do Poder Executivo definirá as deficiências grave, moderada e leve para os fins desta Lei Complementar.

Art. 4º A avaliação da deficiência será médica e funcional, nos termos do Regulamento.

Art. 5º O grau de deficiência será atestado por perícia própria do Instituto Nacional do Seguro Social — INSS, por meio de instrumentos desenvolvidos para esse fim.

Art. 6º A contagem de tempo de contribuição na condição de segurado com deficiência será objeto de comprovação, exclusivamente, na forma desta Lei Complementar.

§ 1º A existência de deficiência anterior à data da vigência desta Lei Complementar deverá ser certificada, inclusive quanto ao seu grau, por ocasião da primeira avaliação, sendo obrigatória a fixação da data provável do início da deficiência.

§ 2º A comprovação de tempo de contribuição na condição de segurado com deficiência em período anterior à entrada em vigor desta Lei Complementar não será admitida por meio de prova exclusivamente testemunhal.

Art. 7º Se o segurado, após a filiação ao RGPS, tornar-se pessoa com deficiência, ou tiver seu grau de deficiência alterado, os parâmetros mencionados no art. 3º serão proporcionalmente ajustados, considerando-se o número de anos em que o segurado exerceu atividade laboral sem deficiência e com deficiência, observado o grau de deficiência correspondente, nos termos do regulamento a que se refere o parágrafo único do art. 3º desta Lei Complementar.

Art. 8º A renda mensal da aposentadoria devida ao segurado com deficiência será calculada aplicando-se sobre o salário de benefício, apurado em conformidade com o disposto no art. 29 da Lei n. 8.213, de 24 de julho de 1991, os seguintes percentuais:

I — 100% (cem por cento), no caso da aposentadoria de que tratam os incisos I, II e III do art. 3º; ou

II — 70% (setenta por cento) mais 1% (um por cento) do salário de benefício por grupo de 12 (doze) contribuições mensais até o máximo de 30% (trinta por cento), no caso de aposentadoria por idade.

Art. 9º Aplicam-se à pessoa com deficiência de que trata esta Lei Complementar:

I — o fator previdenciário nas aposentadorias, se resultar em renda mensal de valor mais elevado;

II — a contagem recíproca do tempo de contribuição na condição de segurado com deficiência relativo à filiação ao RGPS, ao regime próprio de previdência do servidor público ou a regime de previdência militar, devendo os regimes compensar-se financeiramente;

III — as regras de pagamento e de recolhimento das contribuições previdenciárias contidas na Lei n. 8.212, de 24 de julho de 1991;

IV — as demais normas relativas aos benefícios do RGPS;

V — a percepção de qualquer outra espécie de aposentadoria estabelecida na Lei n. 8.213, de 24 de julho de 1991, que lhe seja mais vantajosa do que as opções apresentadas nesta Lei Complementar.

Art. 10. A redução do tempo de contribuição prevista nesta Lei Complementar não poderá ser acumulada, no tocante ao mesmo período contributivo, com a redução assegurada aos casos de atividades exercidas sob condições especiais que prejudiquem a saúde ou a integridade física.

Art. 11. Esta Lei Complementar entra em vigor após decorridos 6 (seis) meses de sua publicação oficial.

Brasília, 8 de maio de 2013; 192º da Independência e 125º da República.

Dilma Rousseff
Miriam Belchior
Garibaldi Alves Filho
Maria do Rosário Nunes

INSTRUÇÃO NORMATIVA N. 98, DA SIT/MTE, DE 15 DE AGOSTO DE 2012

(DOU 16.8.12 E RETIFICADA DOU 22.8.12)

DISPÕE SOBRE PROCEDIMENTOS DE FISCALIZAÇÃO DO CUMPRIMENTO, POR PARTE DOS EMPREGADORES, DAS NORMAS DESTINADAS À INCLUSÃO NO TRABALHO DAS PESSOAS COM DEFICIÊNCIA E BENEFICIÁRIOS DA PREVIDÊNCIA SOCIAL REABILITADOS

A Secretária de Inspeção do Trabalho no uso da competência prevista no inciso XIII do art. 14 do Anexo I do Decreto n. 5.063, de 3 de maio de 2004, e em face do disposto no art. 36 do Decreto n. 3.298, de 20 de dezembro de 1999, resolve:

Art. 1º Estabelecer os procedimentos da fiscalização da inclusão de pessoas com deficiência e beneficiários da Previdência Social reabilitados no mercado de trabalho, com vistas a assegurar o exercício pleno e equânime do direito ao trabalho e a promoção do respeito à dignidade da pessoa humana, conforme estabelece a Convenção sobre os Direitos das Pessoas com Deficiência e seu Protocolo Facultativo, promulgados por meio do Decreto n. 6.949, de 25 de agosto de 2009.

SEÇÃO I

Da Fiscalização da Reserva Legal de Cargos para Pessoa com Deficiência

Art. 2º As Superintendências Regionais do Trabalho e Emprego — SRTE, por meio da Auditoria Fiscal do Trabalho, devem realizar ações de fiscalização do cumprimento da reserva de cargos para pessoas com deficiência ou reabilitadas, na forma do art. 93 da Lei n. 8.213, de 24 de julho de 1991, observadas as diretrizes da Secretaria de Inspeção do Trabalho.

§1º A execução, coordenação, monitoramento e avaliação das ações fiscais serão realizados por meio do

Projeto Estadual de Inclusão no Mercado de Trabalho de Pessoas com Deficiência ou Reabilitadas, observados o planejamento aprovado pelas chefias de fiscalização e as diretrizes da Secretaria de Inspeção do Trabalho.

§2° As coordenações nacional e estaduais do Projeto devem se articular com as entidades e instituições públicas e privadas atuantes na inclusão de pessoas com deficiência ou reabilitadas.

Art. 3º A ação fiscal para a verificação do cumprimento da reserva legal de cargos competirá à SRTE em cuja circunscrição territorial estiver instalada a matriz da empresa, na modalidade direta ou indireta, abrangendo todos os estabelecimentos, inclusive aqueles situados em outras Unidades da Federação — UF.

§1º Constatado indício de descumprimento da reserva legal, a fiscalização poderá ser centralizada, excepcionalmente, por outra SRTE em cuja circunscrição exista estabelecimento da empresa.

§2º Para a centralização prevista no §1º, o Auditor Fiscal do Trabalho — AFT que constatou a situação deve solicitar, por meio do Sistema Federal de Inspeção do Trabalho — SFIT, autorização à Superintendência Regional do Trabalho e Emprego da localidade em que se encontra a matriz da empresa, e dar ciência do fato ao coordenador de projeto de sua SRTE.

§3º Autorizada a centralização, o AFT solicitante será responsável pela fiscalização da matriz e de todos os estabelecimentos da empresa, inclusive os localizados nas demais UF.

§4º Caso não seja autorizada a centralização, o AFT deve se abster de fiscalizar o cumprimento da reserva de cargos para pessoas com deficiência ou reabilitadas e encaminhar relatório circunstanciado à SRTE do estado em que se situa a matriz da empresa, na hipótese de ser constatada irregularidade grave na inclusão dos trabalhadores com deficiência ou reabilitadas.

Art. 4º Independentemente da existência de ação fiscal centralizada em andamento, qualquer estabelecimento poderá ser fiscalizado pela SRTE da sua circunscrição, relativamente a eventuais irregularidades quanto a outras normas de proteção ao trabalho, inclusive as relativas às pessoas com deficiência ou reabilitadas.

Art. 5º O AFT deve verificar se a empresa com cem ou mais empregados preenche o percentual de dois a cinco por cento de seus cargos com pessoas com deficiência ou com beneficiários reabilitados da Previdência Social, na seguinte proporção:

I — de cem a duzentos empregados, dois por cento;

II — de duzentos e um a quinhentos empregados, três por cento;

III — de quinhentos e um a mil empregados, quatro por cento;

IV — mais de mil empregados, cinco por cento.

§1º Para efeito de aferição dos percentuais dispostos no caput, será considerado o número de empregados da totalidade dos estabelecimentos da empresa.

§2º Para as empresas que apresentem variações sazonais no quantitativo de empregados, a fiscalização poderá utilizar, para a composição da base de cálculo da cota a ser cumprida, a média aritmética da totalidade de empregados existentes ao final de cada um dos doze últimos meses.

§3º As frações de unidade no cálculo de que trata o caput darão lugar à contratação de mais um trabalhador.

Art. 6º Nas ações fiscais para aferição do cumprimento da reserva legal de cargos, o AFT deve verificar se as dispensas dos empregados reabilitados ou com deficiência, ao final de contrato por prazo determinado superior a noventa dias, ou as dispensas imotivadas, nos contratos a prazo indeterminado, ocorreram mediante contratação prévia de substituto de condição semelhante, salvo quando a empresa mantiver atendido o cumprimento da reserva de cargos.

SEÇÃO II

Da Inclusão da Pessoa Com Deficiência

Art. 7º A caracterização da condição de pessoa com deficiência dar-se-á com base no Decreto n. 3.298, de 20 de dezembro de 1999, observados os dispositivos da Convenção sobre os Direitos da Pessoa com Deficiência.

PARÁGRAFO ÚNICO. Os empregados com contratos de trabalho celebrados antes das alterações promovidas pelo Decreto n. 5.296, de 2004, e que foram comprovadamente caracterizados com deficiência auditiva para fins de cumprimento da reserva legal de cargos segundo os critérios legais vigentes à época, serão considerados pessoas com deficiência pela fiscalização até a rescisão de seu contrato de trabalho.

Art. 8º Para fins de comprovação do enquadramento do empregado como pessoa com deficiência é necessária a apresentação de laudo elaborado por profissional de saúde de nível superior, preferencialmente habilitado na área de deficiência relacionada ou em saúde do trabalho, que deve contemplar as seguintes informações e requisitos mínimos:

I — identificação do trabalhador;

II — referência expressa quanto ao enquadramento nos critérios estabelecidos na legislação pertinente;

III — identificação do tipo de deficiência;

IV — descrição detalhada das alterações físicas, sensoriais, intelectuais e mentais e as interferências funcionais delas decorrentes;

V — data, identificação, número de inscrição no conselho regional de fiscalização da profissão correspondente e assinatura do profissional de saúde; e

VI — concordância do trabalhador para divulgação do laudo à Auditoria-Fiscal do Trabalho e ciência de seu enquadramento na reserva legal.

PARÁGRAFO ÚNICO. Nas hipóteses de deficiência auditiva, visual, intelectual ou mental serão exigidos, respectivamente, exame audiológico — audiometria, exame oftalmológico — acuidade visual com correção e campo visual, se for o caso, e avaliação intelectual ou mental especializada.

Art. 9º A comprovação do enquadramento na condição de segurado reabilitado da Previdência

Social será realizada com a apresentação do Certificado de Reabilitação Profissional emitido pelo Instituto Nacional de Seguridade Social — INSS.

Art. 10. O AFT deve verificar, na Relação Anual de Informações Sociais — RAIS e no Cadastro Geral de Empregados e Desempregados — CAGED, a exatidão das informações prestadas referentes aos empregados com deficiência e reabilitados, inclusive quanto ao tipo de deficiência, e ainda a eventual condição de aprendiz e exigirá a regularização, caso identificado erro ou omissão quanto a essas informações.

PARÁGRAFO ÚNICO. Na hipótese de o empregado adquirir a deficiência ou a condição de reabilitado no curso do contrato de trabalho, o AFT deve orientar o empregador para fazer constar essa informação na RAIS, a partir do ano da ocorrência, e no CAGED, no caso de transferência ou desligamento do empregado.

Art. 11. No intuito de coibir práticas discriminatórias, o AFT deve verificar se está sendo garantido o direito ao trabalho das pessoas com deficiência ou reabilitadas, em condições de igualdade de oportunidades com as demais pessoas, com respeito a todas as questões relacionadas ao emprego, observando, dentre outros aspectos:

I — garantia de acesso às etapas de recrutamento, seleção, contratação e admissão, capacitação e ascensão profissional, sem ocorrência de exclusões de pessoas com base, a priori, na deficiência ou na condição de reabilitado;

II — distribuição, pela empresa, dos empregados com deficiência ou reabilitados nos diversos cargos, funções, postos de trabalho, setores e estabelecimentos, preferencialmente de forma proporcional, tendo como parâmetro as reais potencialidades individuais e as habilidades requeridas para a atividade;

III — manutenção no emprego;

IV — jornada de trabalho não diferenciada, salvo exceção prevista no § 2º do art. 35 do Decreto n. 3.298, de 1999;

V — remuneração equitativa;

VI — acessibilidade ampla; e

VII — condições de saúde e segurança adaptadas às necessidades dos empregados.

Art. 12. Quando do exame dos programas relativos à saúde e segurança, tais como o Programa de Prevenção de Riscos Ambientais — PPRA e o Programa de Controle Médico de Saúde Ocupacional — PCMSO, o AFT deve verificar se foram contempladas as medidas necessárias para garantir aos trabalhadores com deficiência e reabilitados condições de trabalho seguras e saudáveis e, da mesma maneira, verificar se a Comissão Interna de Prevenção de Acidentes — CIPA, quando obrigatória, acompanha a inclusão desses trabalhadores, inclusive documentando em ata esse acompanhamento.

Art. 13. Caberá ao AFT verificar se no processo de inclusão da pessoa com deficiência ou reabilitada a empresa promoveu as modificações dos postos de trabalho, da organização do trabalho e as condições ambientais, em conformidade com as necessidades do trabalhador, com garantia desde a acessibilidade arquitetônica até adaptações específicas de mobiliários, máquinas e equipamentos, dispositivos de segurança, utilização de tecnologias assistivas, ajudas técnicas, facilitação de comunicação, apoios e capacitação específica, dentre outros, de modo a eliminar as barreiras porventura existentes.

PARÁGRAFO ÚNICO. O AFT deve verificar a adaptação das condições de trabalho às características psicofisiológicas dos trabalhadores, de modo a proporcionar o máximo de conforto, segurança e desempenho eficiente, conforme estabelece a Norma Regulamentadora 17 — Ergonomia.

Art. 14. Havendo lavratura de autos de infração por desrespeito às normas protetivas do trabalho das pessoas com deficiência ou reabilitadas, o AFT deve:

I — consignar no histórico do auto de infração, na hipótese de não preenchimento integral da reserva legal prevista no caput do art. 93 da Lei n. 8.213, de 1991, o montante de pessoas com deficiência ou reabilitadas que deixaram de ser contratadas e o número de empregados que serviu de base para a aplicação do percentual legal, conforme previsto no art. 5º;

II — consignar no histórico do auto de infração, na hipótese de dispensa de empregado com deficiência ou reabilitado sem a antecedente contratação de substituto de condição semelhante, por término de contrato por prazo determinado superior a noventa dias, ou por dispensa imotivada, relativamente a contrato por prazo indeterminado, os nomes daqueles empregados dispensados e o número total de trabalhadores da empresa fiscalizada;

III — fundamentar o auto de infração, na hipótese de caracterização de prática discriminatória, conforme o caso, no disposto no inciso IV do art. 3º e no inciso IV e caput do art. 5º da Constituição Federal; nos arts. 2 e 27 da Convenção sobre os Direitos da Pessoa com Deficiência; no art. 1º da Lei n. 9.029, de 13 de abril de 1995; nos arts. 8º e 373-A da Consolidação das Leis do Trabalho — CLT, aprovada pelo Decreto-lei n. 5.452, de 1º de maio de 1943, e demais normas aplicáveis.

SEÇÃO III

Da Aprendizagem Profissional da Pessoa com Deficiência

Art. 15. O AFT deve incentivar as empresas e outras instituições para que promovam a participação das pessoas com deficiência nos programas de aprendizagem profissional, inclusive as beneficiárias do Benefício de Prestação Continuada — BPC da Lei Orgânica da Assistência Social — LOAS, com o objetivo de sua posterior contratação por prazo indeterminado, observando que:

I — as instituições públicas e privadas, que ministram educação profissional devem disponibilizar cursos profissionais de nível básico para as pessoas com deficiência, conforme prevê o §2º do art. 28 do Decreto n. 3.298, de 1999;

II — os programas de aprendizagem profissional, em suas atividades teóricas e práticas, devem promover as adaptações e as medidas de apoio individualizadas, de forma a atender às necessidades de inclusão de todos os aprendizes;

III — para o aprendiz com deficiência devem ser consideradas, sobretudo, as habilidades e as competências relacionadas com a profissionalização e não a sua escolaridade;

IV — não há previsão de idade máxima para contratação da pessoa com deficiência como aprendiz, apenas o limite mínimo de quatorze anos, observadas as disposições legais de proteção ao trabalho dos adolescentes; e

V — as empresas poderão contratar aprendizes até o limite de quinze por cento das funções que demandem formação profissional.

SEÇÃO IV

Do Procedimento Especial para a Ação Fiscal da Inclusão de Pessoas com Deficiência ou Reabilitadas

Art. 16. Constatados motivos relevantes que impossibilitam ou dificultam o cumprimento da reserva legal de cargos para pessoas com deficiência ou reabilitadas, poderá ser instaurado o procedimento especial para ação fiscal, por empresa ou setor econômico, previsto no art. 627-A da CLT e nos arts. 27 a 29 do Decreto n. 4.552, de 27 de dezembro de 2002, observadas as disposições desta Instrução Normativa e da Instrução Normativa n. 23, de 23 de maio de 2001.

PARÁGRAFO ÚNICO. O procedimento especial para a ação fiscal da inclusão de pessoa com deficiência ou reabilitada será instaurado pelo AFT, com anuência do coordenador do Projeto e da chefia imediata.

Art. 17. O procedimento especial para a ação fiscal poderá resultar na lavratura de termo de compromisso, no qual serão estipuladas as obrigações assumidas pelas empresas ou setores econômicos compromissados e os prazos para seu cumprimento.

§ 1º Nas reuniões concernentes ao processo de discussão e elaboração do termo de compromisso é permitida a participação de entidades e instituições atuantes na inclusão das pessoas com deficiência, bem como entidades representativas das categorias dos segmentos econômicos e profissionais.

§ 2º O termo de compromisso deve conter, no mínimo, as seguintes obrigações por parte dos compromissados:

I — proibição de discriminação baseada na deficiência, com respeito às questões relacionadas com as formas de emprego, de acordo com o especificado no art. 11;

II — identificação das barreiras porventura existentes e promoção da acessibilidade em suas diversas formas, respeitadas as necessidades de cada pessoa;

III — promoção de campanhas internas de valorização da diversidade humana e de combate à discriminação e ao assédio;

IV — promoção de qualificação profissional da pessoa com deficiência ou reabilitada, preferencialmente na modalidade de aprendizagem; e

V — impossibilidade de dispensa de trabalhador reabilitado ou com deficiência, sem a prévia contratação de substituto de condição semelhante, na hipótese de término de contrato por prazo determinado de mais de noventa dias, ou dispensa imotivada em contrato por prazo indeterminado.

§ 3º O prazo máximo do termo de compromisso será de doze meses, excetuado o caso em que o cumprimento da reserva legal esteja condicionado ao desenvolvimento de programas de aprendizagem profissional de pessoas com deficiência, nos termos do art. 429 da CLT, caso em que o prazo máximo será de vinte e quatro meses.

§ 4º Em caráter excepcional, e em face de projetos específicos de inclusão e qualificação profissional ou dificuldades comprovadamente justificadas, os prazos estipulados no § 3º poderão ser ampliados, com observância aos procedimentos estabelecidos pelas normas de regência.

§ 5º O termo de compromisso deve estabelecer metas e cronogramas para o cumprimento da reserva legal de forma gradativa, devendo a empresa, a cada etapa estipulada, apresentar variação positiva do percentual de preenchimento e, ao final do prazo, comprovar o cumprimento integral da reserva legal estipulada no art. 93 da Lei n. 8.213, de 1991, e dos demais compromissos assumidos.

§ 6º Durante o prazo fixado no termo de compromisso, devem ser feitas fiscalizações nas empresas, a fim de ser verificado o seu cumprimento, sem prejuízo da ação fiscal relativa a atributos não contemplados no referido termo.

§ 7° Frustrado o procedimento especial para a ação em face de não atendimento da convocação, recusa de firmar termo de compromisso, descumprimento de qualquer cláusula compromissada, devem ser lavrados, de imediato, os respectivos autos de infração, e poderá ser encaminhado relatório circunstanciado ao Ministério Público do Trabalho e demais órgãos competentes.

SEÇÃO V

Dos Concursos Públicos

Art. 18. Nas ações fiscais realizadas nos entes Administração Pública que contratem sob o regime celetista, o AFT deve verificar o cumprimento da reserva de cargos prevista no art. 93 da Lei n. 8.213, de 1991, e o disposto no §1º do art. 37 do Decreto n. 3.298, de 1999.

Art. 19. Cabe ao AFT verificar a disponibilização, nos concursos públicos para contratação de empregados regidos pela CLT, do percentual mínimo de cinco por cento das vagas de cada cargo para pessoas com deficiência, visando à necessaria igualdade de oportunidades, de acordo com o art. 37 do Decreto n. 3.298, de 1999.

§1º Caso a aplicação do percentual de que trata o caput resulte em número fracionado, este deve ser elevado até o primeiro número inteiro subsequente, de acordo com o § 2º do art. 37 do Decreto n. 3.298, de 1999.

§2º As pessoas com deficiência possuem direito de acesso a todos os cargos públicos, inclusive àqueles exercidos em condições de periculosidade, insalubridade, exposição a riscos e situações de emergência, ressalvados os expressamente afastados por lei federal que regule o exercício de profissão regulamentada, de acordo com o art. 40 do Decreto n. 3.298, de 1999.

§3º A avaliação da compatibilidade entre as atribuições do cargo e a deficiência do candidato será realizada por equipe multiprofissional, composta de três profissionais capacitados e atuantes nas áreas das deficiências em questão, sendo um deles médico, e três profissionais integrantes da carreira almejada pelo candidato, durante o estágio probatório, considerando as ajudas técnicas e demais adaptações necessárias ao posto de trabalho, de acordo com o art. 43 do Decreto n. 3.298, de 1999.

Art. 20. O AFT deve verificar se em todo o processo seletivo, na fase de contratação e no estágio probatório, estão sendo observadas, no mínimo, as seguintes disposições previstas no art. 39 do Decreto n. 3.298, de 1999:

I — se consta do edital o número de vagas, o total correspondente à reserva destinada à pessoa com deficiência, discriminadas por cargo e localidade, assim como as atribuições e tarefas essenciais dos cargos;

II — se há previsão no edital de adaptação das provas, do curso de formação e do estágio probatório, conforme a necessidade do candidato, por exemplo: ledor, prova ampliada, material audiovisual adaptado, auxílio para transcrição de gabaritos, mobiliário adaptado, material em Braile, sintetizador de voz, sala de mais fácil acesso, intérprete de libras, tempo adicional e outros apoios;

III — se há previsão no edital de que o laudo comprobatório da deficiência possa utilizar parâmetros internacionalmente utilizados, não se restringindo aos da Classificação Internacional de Doenças — CID.

IV — se a publicação do resultado final do concurso será realizada em duas listas: a primeira, com a pontuação de todos os candidatos, inclusive aqueles com deficiência, e a segunda, somente com a pontuação destes últimos.

PARÁGRAFO ÚNICO. O AFT deve verificar os pareceres da equipe multiprofissional, emitidos em todas as etapas previstas, conforme previsto no art. 19 desta IN e observando as disposições do art. 43 do Decreto n. 3.298, de 1999 e demais diplomas legais aplicáveis.

Art. 21. Fica revogada a Instrução Normativa n. 20, de 26 de janeiro de 2001.

Art. 22. Esta Instrução Normativa entra em vigor na data de sua publicação.

Vera Lúcia Ribeiro de Albuquerque

LEI N. 12.764, DE 27 DE DEZEMBRO DE 2012

(DOU 28.12.12)

INSTITUI A POLÍTICA NACIONAL DE PROTEÇÃO DOS DIREITOS DA PESSOA COM TRANSTORNO DO ESPECTRO AUTISTA; E ALTERA O § 3º DO ART. 98 DA LEI N. 8.112, DE 11 DE DEZEMBRO DE 1990

A PRESIDENTA DA REPÚBLICA

Faço saber que o Congresso Nacional decreta e eu sanciono a seguinte Lei:

Art. 1º Esta Lei institui a Política Nacional de Proteção dos Direitos da Pessoa com Transtorno do Espectro Autista e estabelece diretrizes para sua consecução.

§ 1º Para os efeitos desta Lei, é considerada pessoa com transtorno do espectro autista aquela portadora de síndrome clínica caracterizada na forma dos seguintes incisos I ou II:

I — deficiência persistente e clinicamente significativa da comunicação e da interação sociais, manifestada por deficiência marcada de comunicação verbal e não verbal usada para interação social; ausência de reciprocidade social; falência em desenvolver e manter relações apropriadas ao seu nível de desenvolvimento;

II — padrões restritivos e repetitivos de comportamentos, interesses e atividades, manifestados por comportamentos motores ou verbais estereotipados ou por comportamentos sensoriais incomuns; excessiva aderência a rotinas e padrões de comportamento ritualizados; interesses restritos e fixos.

§ 2º A pessoa com transtorno do espectro autista é considerada pessoa com deficiência, para todos os efeitos legais.

Art. 2º São diretrizes da Política Nacional de Proteção dos Direitos da Pessoa com Transtorno do Espectro Autista:

I — a intersetorialidade no desenvolvimento das ações e das políticas e no atendimento à pessoa com transtorno do espectro autista;

II — a participação da comunidade na formulação de políticas públicas voltadas para as pessoas com transtorno do espectro autista e o controle social da sua implantação, acompanhamento e avaliação;

III — a atenção integral às necessidades de saúde da pessoa com transtorno do espectro autista, objetivando o diagnóstico precoce, o atendimento multiprofissional e o acesso a medicamentos e nutrientes;

IV — (VETADO);

V — o estímulo à inserção da pessoa com transtorno do espectro autista no mercado de trabalho, observadas as peculiaridades da deficiência e as disposições da Lei n. 8.069, de 13 de julho de 1990 (Estatuto da Criança e do Adolescente);

VI — a responsabilidade do poder público quanto à informação pública relativa ao transtorno e suas implicações;

VII — o incentivo à formação e à capacitação de profissionais especializados no atendimento à pessoa com transtorno do espectro autista, bem como a pais e responsáveis;

VIII — o estímulo à pesquisa científica, com prioridade para estudos epidemiológicos tendentes a dimensionar a magnitude e as características do problema relativo ao transtorno do espectro autista no País.

PARÁGRAFO ÚNICO. Para cumprimento das diretrizes de que trata este artigo, o poder público poderá firmar contrato de direito público ou convênio com pessoas jurídicas de direito privado.

Art. 3º São direitos da pessoa com transtorno do espectro autista:

I — a vida digna, a integridade física e moral, o livre desenvolvimento da personalidade, a segurança e o lazer;

II — a proteção contra qualquer forma de abuso e exploração;

III — o acesso a ações e serviços de saúde, com vistas à atenção integral às suas necessidades de saúde, incluindo:

a) o diagnóstico precoce, ainda que não definitivo;

b) o atendimento multiprofissional;

c) a nutrição adequada e a terapia nutricional;

d) os medicamentos;

e) informações que auxiliem no diagnóstico e no tratamento;

IV — o acesso:

a) à educação e ao ensino profissionalizante;

b) à moradia, inclusive à residência protegida;

c) ao mercado de trabalho;

d) à previdência social e à assistência social.

PARÁGRAFO ÚNICO. Em casos de comprovada necessidade, a pessoa com transtorno do espectro autista incluída nas classes comuns de ensino regular, nos termos do inciso IV do art. 2o, terá direito a acompanhante especializado.

Art. 4º A pessoa com transtorno do espectro autista não será submetida a tratamento desumano ou degradante, não será privada de sua liberdade ou do convívio familiar nem sofrerá discriminação por motivo da deficiência.

PARÁGRAFO ÚNICO. Nos casos de necessidade de internação médica em unidades especializadas, observar-se-á o que dispõe o art. 4º da Lei n. 10.216, de 6 de abril de 2001.

Art. 5º A pessoa com transtorno do espectro autista não será impedida de participar de planos privados de assistência à saúde em razão de sua condição de pessoa com deficiência, conforme dispõe o art. 14 da Lei n. 9.656, de 3 de junho de 1998.

Art. 6º (VETADO).

Art. 7º O gestor escolar, ou autoridade competente, que recusar a matrícula de aluno com transtorno do espectro autista, ou qualquer outro tipo de deficiência, será punido com multa de 3 (três) a 20 (vinte) salários-mínimos.

§ 1º Em caso de reincidência, apurada por processo administrativo, assegurado o contraditório e a ampla defesa, haverá a perda do cargo.

§ 2º (VETADO).

Art. 8º Esta Lei entra em vigor na data de sua publicação.

Brasília, 27 de dezembro de 2012; 191º da Independência e 124º da República.

Dilma Rousseff
José Henrique Paim Fernandes
Miriam Belchior

Nota: O artigo 6º, o qual alterava o artigo 98, da Lei 8.112, de 11.12.90 (Regime Jurídico dos Servidores Públicos) foi vetado pela Presidência da República. Abaixo, o texto vetado e as razões do veto:

"Art. 6º. O § 3º do art. 98 da Lei n. 8.112, de 11 de dezembro de 1990, passa a vigorar com a seguinte redação:

'Art. 98.

§ 3º A concessão de horário especial de que trata o § 2º estende-se ao servidor que tenha sob sua responsabilidade e sob seus cuidados cônjuge, filho ou dependente com deficiência.' (NR)"

Razões do veto

"Ao alterar o § 3º do art. 98 da Lei n. 8.112, de 11 de dezembro de 1990, a proposta viola o art. 61, § 1º, inciso II, alínea 'c' da Constituição Federal."

LEI N. 7.102, DE 20 DE JUNHO DE 1983

(DOU 21.6.83 — LTr 47-7/849)

DISPÕE SOBRE SEGURANÇA PARA ESTABELECIMENTOS FINANCEIROS, ESTABELECE NORMAS PARA CONSTITUIÇÃO E FUNCIONAMENTO DAS EMPRESAS PARTICULARES QUE EXPLORAM SERVIÇOS DE VIGILÂNCIA E DE TRANSPORTE DE VALORES E DÁ OUTRAS PROVIDÊNCIAS

V. Decreto n. 89.056, de 24.11.83 (DOU 25.11.83) que regulamenta a Lei n. 7.102, de 20.6.83, e que "dispõe sobre segurança para estabelecimentos financeiros, estabelece normas para constituição e funcionamento das empresas particulares que exploram serviços de vigilância e de transporte de valores e dá outras providências, bem como o Decreto n. 1.592, de 10.8.95, (DOU 11.8.95), que altera dispositivos do Decreto n. 89.056 (não publicados na presente obra)

V. Portaria n. 387/06. DG/Departamento de Policia Federal, de 28 de agosto de 2006, DOU 1.9.06 e as alterações subsequentes. Referida Portaria disciplina, em todo o território nacional, as atividades de segurança privada, armada ou desarmada, desenvolvidas pelas empresas especializadas, pelas que possuem serviço orgânico de segurança e pelos profissionais que nelas atuam, bem como regula a fiscalização dos planos de segurança dos estabelecimentos financeiros. (não publicada nesta obra)

O PRESIDENTE DA REPÚBLICA,

Faço saber que o Congresso Nacional decreta e eu sanciono a seguinte Lei:

Art. 1º É vedado o funcionamento de qualquer estabelecimento financeiro onde haja guarda de valores ou movimentação de numerário, que não possua sistema de segurança com parecer favorável à sua aprovação, elaborado pelo Ministério da Justiça, na forma da Lei(*)(**).

§ 1º Os estabelecimentos financeiros referidos neste artigo compreendem bancos oficiais ou privados, caixas econômicas, sociedades de crédito, associações de poupança, suas agências, postos de atendimento, subagências e seções, assim como as cooperativas singulares de crédito e suas respectivas dependências. *(Alterado pela Lei n. 11.718, de 20 junho de 2008 — DOU 23.6.2008)*

§ 2º O Poder Executivo estabelecerá, considerando a reduzida circulação financeira, requisitos próprios de segurança para as cooperativas singulares de crédito e suas dependências que contemplem, entre outros, os seguintes procedimentos: *(Alterado pela Lei n. 11.718, de 20 junho de 2008 — DOU 23.6.2008)*

I — dispensa de sistema de segurança para o estabelecimento de cooperativa singular de crédito que se situe dentro de qualquer edificação que possua estrutura de segurança instalada em conformidade com o art. 2º desta Lei; *(Alterado pela Lei n. 11.718, de 20 junho de 2008 — DOU 23.6.2008)*

II — necessidade de elaboração e aprovação de apenas um único plano de segurança por cooperativa singular de crédito, desde que detalhadas todas as suas dependências; *(Alterado pela Lei n. 11.718, de 20 junho de 2008 — DOU 23.6.2008)*

III — dispensa de contratação de vigilantes, caso isso inviabilize economicamente a existência do estabelecimento. *(Alterado pela Lei n. 11.718, de 20 junho de 2008 — DOU 23.6.2008)*

§ 3º Os processos administrativos em curso no âmbito do Departamento de Polícia Federal observarão os requisitos próprios de segurança para as cooperativas singulares de crédito e suas dependências *(Alterado pela Lei n. 11.718, de 20 junho de 2008 — DOU 23.6.2008)*

Art. 2º O sistema de segurança referido no artigo anterior inclui pessoas adequadamente preparadas, assim chamadas vigilantes; alarme capaz de permitir, com segurança, comunicação entre o estabelecimento financeiro e outro da mesma instituição, empresa de vigilância ou órgão policial mais próximo; e, pelo menos, mais um dos seguintes dispositivos:

I — equipamentos elétricos, eletrônicos e de filmagens que possibilitem a identificação dos assaltantes;

II — artefatos que retardem a ação dos criminosos, permitindo sua perseguição, identificação ou captura; e

III — cabina blindada com permanência ininterrupta de vigilante durante o expediente para o público e enquanto houver movimentação de numerário no interior do estabelecimento.

PARÁGRAFO ÚNICO. (Revogado pela Lei n. 9.017/95).

Art. 3º A vigilância ostensiva e o transporte de valores serão executados:

I — por empresa especializada contratada; ou

II — pelo próprio estabelecimento financeiro, desde que organizado e preparado para tal fim, com pessoal próprio, aprovado em curso de formação de vigilante autorizado pelo Ministério da Justiça e cujo sistema de segurança tenha parecer favorável à sua aprovação emitido pelo Ministério da Justiça.

PARÁGRAFO ÚNICO. Nos estabelecimentos financeiros estaduais, o serviço de vigilância ostensiva poderá ser desempenhado pelas Polícias Militares, a critério do Governo da respectiva Unidade da Federação(**).

....

Art. 10. São consideradas como segurança privada as atividades desenvolvidas em prestação de serviços com a finalidade de:

I — proceder à vigilância patrimonial das instituições financeiras e de outros estabelecimentos, públicos ou privados, bem como à segurança de pessoas físicas;

II — realizar o transporte de valores ou garantir o transporte de qualquer outro tipo de carga.

§ 1º Os serviços de vigilância e de transporte de valores poderão ser executados por uma mesma empresa.

§ 2º As empresas especializadas em prestação de serviços de segurança, vigilância e transporte de valo-

(*) Modificações introduzidas pela Lei n. 8.863, de 28.3.94 (DOU 29.3.94).

(**) Modificações introduzidas pela Lei n. 9.017, de 30.3.95 (31.3.95).

res, constituídas sob a forma de empresas privadas, além das hipóteses previstas nos incisos do *caput* deste artigo, poderão se prestar ao exercício das atividades de segurança privada a pessoas; a estabelecimentos comerciais, industriais, de prestação de serviços e residenciais; a entidades sem fins lucrativos; e órgãos e empresas públicas.

§ 3º Serão regidas por esta Lei, pelos regulamentos dela decorrentes e pelas disposições da legislação civil, comercial, trabalhista, previdenciária e penal, as empresas definidas no parágrafo anterior.

§ 4º As empresas que tenham objeto econômico diverso da vigilância ostensiva e do transporte de valores, que utilizem pessoal de quadro funcional próprio, para execução dessas atividades, ficam obrigadas ao cumprimento do disposto nesta Lei e demais legislações pertinentes(*).

....

Art. 15. Vigilante, para os efeitos desta Lei, é o empregado contratado para a execução das atividades definidas nos incisos I e II do *caput* e §§ 2º, 3º e 4º do art. 10.(*)

Art. 16. Para o exercício da profissão, o vigilante preencherá os seguintes requisitos:

I — ser brasileiro;

II — ter idade mínima de 21 (vinte e um) anos;

III — ter instrução correspondente à quarta série do primeiro grau;

IV — ter sido aprovado em curso de formação de vigilante, realizado em estabelecimento com funcionamento autorizado nos termos desta lei(*);

V — ter sido aprovado em exame de saúde física, mental e psicotécnico;

VI — não ter antecedentes criminais registrados; e

VII — estar quite com as obrigações eleitorais e militares.

PARÁGRAFO ÚNICO. O requisito previsto no inciso III deste artigo não se aplica aos vigilantes admitidos até a publicação da presente lei.

Art. 17. O exercício da profissão de vigilante requer prévio registro no Departamento de Polícia Federal, que se fará após a apresentação dos documentos comprobatórios das situações enumeradas no art. 16. (NR). (*Redação dada pela MP n. 2.184-23, de 24.8.01, DOU 25.8.01*).

Art. 18. O vigilante usará uniforme somente quando em efetivo serviço.

Art. 19. É assegurado ao vigilante:

I — uniforme especial às expensas da empresa a que se vincular;

II — porte de arma, quando em serviço;

III — prisão especial por ato decorrente do serviço;

IV — seguro de vida em grupo, feito pela empresa empregadora.

Art. 20. Cabe ao Ministério de Justiça, por intermédio de seu órgão competente ou mediante convênio com as Secretarias de Segurança Pública dos Estados e Distrito Federal:

I — conceder autorização para o funcionamento:

a) das empresas emprecializadas em serviços de vigilância;

b) das empresas especializadas em transporte de valores; e

c) dos cursos de formação de vigilantes;

II — fiscalizar as empresas e os cursos mencionados no inciso anterior;

III — aplicar às empresas e aos crusos a que se refere o inciso I deste artigo as penalidades previstas no art. 23 desta Lei;

IV — aprovar uniforme;

V — fixar o currículo dos cursos de formação de vigilantes;

VI — fixar o número de vigilantes das empresas especializadas em cada unidade da Federação;

VII — fixar a natureza e a quantidade de armas de propriedade das empresas especializadas e dos estabelecimentos financeiros;

VIII — autorizar a aquisição e a posse de armas e munições; e

IX — fiscalizar e controlar o armamento e a munição utilizados;

X — rever anualmente a autorização de funcionamento das empresas elencadas no inciso I deste artigo(*).

PARÁGRAFO ÚNICO. As competências previstas nos incisos I e V deste artigo não serão objeto de convênio(**).

Art. 21. As armas destinadas ao uso dos vigilantes serão de propriedade e responsabilidade:

I — das empresas especializadas;

II — dos estabelecimentos financeiros quando dispuserem de serviço organizado de vigilância, ou mesmo quando contratarem empresas especializadas.

Art. 22. Será permitido ao vigilante, quando em serviço, portar revólver calibre 32 ou 38 e utilizar cassetete de madeira ou de borracha.

PARÁGRAFO ÚNICO. Os vigilantes, quando empenhados em transporte de valores, poderão também utilizar espingarda de uso permitido, de calibre 12, 16 ou 20, de fabricação nacional.

Art. 23. As empresas especializadas e os cursos de formação de vigilantes que infringirem disposições desta lei ficarão sujeitas às seguintes penalidades, aplicáveis pelo Ministério da Justiça, ou, mediante convênio, pelas Secretarias de Segurança Pública, conforme a gravidade da infração, levando-se em conta a reincidência e a condição econômica do infrator:

I — advertência;

II — multa de quinhentas até cinco mil UFIR;(**)

III — proibição temporária de funcionamento; e

IV — cancelamento do registro para funcionar.

PARÁGRAFO ÚNICO. Incorrerão nas penas previstas neste artigo as empresas e os estabelecimentos financeiros responsáveis pelo extravio de armas e munições.

(*) Modificações introduzidas pela Lei n. 8.863, de 28.3.94 (DOU 29.3.94).

(**) Modificações introduzidas pela Lei n. 9.017, de 30.3.95 (DOU 31.3.95).

Legislação Complementar

Art. 24. As empresas já em funcionamento deverão proceder à adaptação de suas atividades aos preceitos desta Lei no prazo de 180 (cento e oitenta) dias, a contar da data em que entrar em vigor o regulamento da presente Lei, sob pena de terem suspenso seu funcionamento até que comprovem essa adaptação.

Art. 25. O Poder Executivo regulamentará esta lei no prazo de 90 (noventa) dias a contar da data de sua publicação.

Art. 26. Esta Lei entra em vigor na data de sua publicação.

Art. 27. Revogam-se os Decretos-leis n. 1.034, de 21 de outubro de 1969, e n. 1.103, de 6 de abril de 1970, e as demais disposições em contrário.

Brasília, em 20 de junho de 1983; 162º da Independência e 95º da República.

João Figueiredo
Ibrahim Abi-Ackel

LEI N. 4.923, DE 23 DE DEZEMBRO DE 1965

(DOU 29.12.65)

INSTITUI O CADASTRO PERMANENTE DAS ADMISSÕES E DISPENSAS DE EMPREGADOS, ESTABELECE MEDIDAS CONTRA O DESEMPREGO E DE ASSISTÊNCIA AOS DESEMPREGADOS, E DÁ OUTRAS PROVIDÊNCIAS(*)

V. Portaria n. 339, do MTE (GM) de 23.8.02 (DOU 26.8.02) que institui Comissão Técnica denominada Observatório do Mercado de Trabalho e dá outras providências (V. LTr 66-09/1122)

O PRESIDENTE DA REPÚBLICA, Faço saber que o Congresso Nacional decreta e eu sanciono a seguinte lei

Art. 1º Fica instituído, em caráter permanente, no Ministério do Trabalho e Previdência Social, o registro das admissões e dispensas de empregados nas empresas abrangidas pelo sistema da CLT.

§ 1º As empresas que dispensarem ou admitirem empregados ficam obrigadas a fazer a respectiva comunicação às Delegacias Regionais do Trabalho, mensalmente, até o dia sete do mês subsequente ou como estabelecido em regulamento, em relação nominal por estabelecimento, da qual constará também a indicação da Carteira de Trabalho e Previdência Social ou, para os que ainda não a possuírem, nos termos da lei, os dados indispensáveis à sua identificação pessoal.

§ 2º O cumprimento do prazo fixado no § 1º será exigido a partir de 1º de janeiro de 2001. (NR) *(Parágrafos acrescentados pela MP 2.164-41, de 24.8.01, DOU 27.8.01).*

Art. 2º A empresa que, em face de conjuntura econômica, devidamente comprovada, se encontrar em condições que recomendem, transitoriamente, a redução da jornada normal ou do número de dias do trabalho, poderá fazê-lo, mediante prévio acordo com a entidade sindical representativa dos seus empregados, homologado pela Delegacia Regional do Trabalho, por prazo certo, não excedente de 3 (três) meses, prorrogável, nas mesmas condições, se ainda indispensável, e sempre de modo que a redução do salário mensal resultante não seja superior a 25% (vinte e cinco por cento) do salário contratual, respeitado o salário mínimo regional e reduzidas proporcionalmente a remuneração e as gratificações de gerentes e diretores.

§ 1º Para o fim de deliberar sobre o acordo, a entidade sindical profissional convocará assembleia geral dos empregados diretamente interessados, sindicalizados ou não, que decidirão por maioria de votos, obedecidas as normas estatutárias.

§ 2º Não havendo acordo, poderá a empresa submeter o caso à Justiça do Trabalho, por intermédio da Vara ou, em sua falta, do Juiz de Direito, com jurisdição na localidade. Da decisão de primeira instância caberá recurso ordinário, no prazo de 10 (dez) dias, para o Tribunal Regional do Trabalho da correspondente Região, sem efeito suspensivo.

§ 3º A redução de que trata o artigo não é considerada alteração unilateral do contrato individual de trabalho para os efeitos do disposto no art. 468 da CLT.

Art. 3º As empresas que tiverem autorização para redução de tempo de trabalho, nos termos do art. 2º e seus parágrafos, não poderão, até 6 (seis) meses depois da cessação desse regime, admitir novos empregados, antes de readmitirem os que tenham sido dispensados pelos motivos que hajam justificado a citada redução ou comprovarem que não atenderam, no prazo de 8 (oito) dias, ao chamado para a readmissão.

§ 1º O empregador notificará diretamente o empregado para reassumir o cargo, ou, por intermédio da sua entidade sindical, se desconhecida sua localização, correndo o prazo de 8 (oito) dias a partir da data do recebimento da notificação pelo empregado ou pelo órgão de classe, conforme o caso.

§ 2º O disposto neste artigo não se aplica aos cargos de natureza técnica.

Art. 4º É igualmente vedado às empresas mencionadas no art. 3º, nas condições e prazo nele contidos, trabalhar em regime de horas extraordinárias, ressalvadas estritamente as hipóteses previstas no art. 61, e seus §§ 1º e 2º, da CLT.

....

Art. 10. A falta da comunicação a que se refere o parágrafo único do art. 1º desta Lei, no prazo ali estipulado, importará na aplicação automática de multa no valor de 1/3 (um terço) do salário mínimo regional, por empregado, de competência da Delegacia Regional do Trabalho.

(*) V. Portaria n. 561, do MTE de 5.9.01, DOU 6.9.01, Seção 1, que estabelece o procedimento de entrega, por meio eletrônico (Internet e Disquete) do Cadastro Geral de Empregos e Desempregados — CAGED, a partir da competência de novembro de 2001, com a utilização do Aplicativo do CAGED Informatizado — ACI ou outro aplicativo fornecido pelo Ministério do Trabalho e Emprego — MTE (não publicada nesta obra).

PARÁGRAFO ÚNICO. A multa prevista no artigo ficará reduzida para 1/9 (um nono) e 1/6 (um sexto) do salário mínimo regional por empregado, quando, antes de qualquer procedimento fiscal por parte do Ministério do Trabalho e Previdência Social, a comunicação for feita, respectivamente, dentro de 30 (trinta) ou 60 (sessenta) dias após o término do prazo fixado.

Art. 11. A empresa que mantiver empregado, não registrado, nos termos do art. 41 e seu parágrafo único da CLT, incorrerá na multa de valor igual a 1 (um) salário mínimo regional, por trabalhador não registrado, acrescido de igual valor em cada reincidência.

....

Art. 14. Esta Lei entra em vigor na data de sua publicação.

Art. 15. Revogam-se as disposições em contrário.

Brasília, 23 de dezembro de 1965; 144º da Independência e 77º da República.

H. Castello Branco
Octávio Gouveia de Bulhões
Walter Perachi Barcellos

PORTARIA GM/MTE N. 768, DE 28 DE MAIO DE 2014

(DOU 29.5.14)

O MINISTRO DE ESTADO DO TRABALHO E EMPREGO, no uso da atribuição que lhe confere o inciso II do parágrafo único do art. 87 da Constituição e tendo em vista o disposto no artigo 1º da Lei n. 4.923, de 23 de dezembro de 1965 e no art. 24 da Lei n. 7.998, de 11 de janeiro 1990, resolve:

Art. 1º Aprovar instruções para a prestação de informações pelo empregador, relativas a movimentações de empregados, para fins do:

I — Cadastro Geral de Empregados e Desempregados — CAGED, instituído pela Lei n. 4.923, de 23 de dezembro de 1965;

II — Seguro-Desemprego, nos termos do art. 7º, inciso I, e art. 24 da Lei n. 7.998, de 11 de janeiro de 1990.

Art. 2º O Aplicativo do CAGED Informatizado — ACI deve ser utilizado para gerar e ou analisar o arquivo do CAGED, pelas empresas nas quais tenha ocorrido movimentação de empregados regidos pela Consolidação das Leis do Trabalho — CLT.

§ 1º O arquivo gerado deve ser enviado ao MTE via Internet. A cópia do arquivo, o recibo de entrega e o Extrato da Movimentação Processada, devem ser mantidos no estabelecimento a que se referem, pelo prazo de 5 anos a contar da data do envio, para fins de comprovação perante a fiscalização do trabalho.

§ 2º O Extrato da Movimentação Processada estará disponível para impressão, na Internet, após o dia 20 de cada mês no endereço www.mte.gov.br, opção CAGED.

§ 3º Art. 2º As empresas que possuem mais de um estabelecimento devem remeter ao MTE arquivos específicos a cada estabelecimento.

Art. 3º É obrigatória a utilização de certificado digital válido, padrão ICP Brasil, para a transmissão das informações de que trata o art. 1º, por todos os estabelecimentos que possuam vinte empregados ou mais no primeiro dia do mês de movimentação.

PARÁGRAFO ÚNICO. As declarações poderão ser transmitidas com o certificado digital de pessoa jurídica, emitido em nome do estabelecimento, ou com certificado digital do responsável pela entrega da declaração, sendo este o e-CPF ou o e-CNPJ.

Art. 4º As informações prestadas fora do prazo deverão ser declaradas obrigatoriamente com a utilização de certificado digital válido.

Art. 5º As informações de que trata o inciso I do art. 1º desta Portaria deverão ser prestadas ao Ministério do Trabalho e Emprego — MTE até o dia sete do mês subsequente àquele em que ocorreu a movimentação de empregados.

Art. 6º Para os fins a que se refere o inciso II do art. 1º, as informações relativas a admissões deverão ser prestadas:

I — na data de início das atividades do empregado, quando este estiver em percepção do Seguro-Desemprego ou cujo requerimento esteja em tramitação;

II — na data do registro do empregado, quando o mesmo decorrer de ação fiscal conduzida por Auditor-Fiscal do Trabalho.

§ 1º As informações a que se refere este artigo suprirão os fins referidos no inciso I do art. 1º, o que dispensará a obrigação a que se refere o art. 5º, relativamente às admissões informadas.

§ 2º O Ministério do Trabalho e Emprego disponibilizará, em seu sítio na Internet, a situação do trabalhador relativa ao Seguro-Desemprego, para consulta pelo empregador e pelo responsável designado por este.

Art. 7º O empregador que não prestar as informações no prazo previsto nos arts. 5º e 6º, omitir informações ou prestar declaração falsa ou inexata, ficará sujeito às multas previstas nas leis de números 4.923, de 1965 e 7.998, de 1990.

PARÁGRAFO ÚNICO. Além das penalidades administrativas, os responsáveis por meios fraudulentos na habilitação ou na percepção do Seguro-Desemprego serão punidos civil e criminalmente, nos termos da lei.

Art. 8º Esta Portaria entra em vigor no prazo de sessenta dias da data de sua publicação.

Art. 9º Revogam-se as Portarias n. 235, de 14 de março de 2003 e a Portaria n. 2.124, de 20 de dezembro de 2012.

DECRETO N. 61.799, DE 30 DE NOVEMBRO DE 1967

(DOU 5.12.67 — LTr 31/694)

DISPÕE SOBRE CREDENCIAMENTO PARA RUBRICAR E PROCEDER AO REGISTRO DOS LIVROS OU FICHAS DE EMPREGADOS DE EMPRESAS E DÁ OUTRAS PROVIDÊNCIAS

O PRESIDENTE DA REPÚBLICA, no uso de suas atribuições constantes do art. 83, II, da Constituição e tendo em vista o disposto no art. 42 da Consolidação das Leis do Trabalho, com a redação introduzida pelo Decreto-lei n. 229, de 28 de fevereiro de 1967, decreta:

Art. 1º Nas localidades em que estejam instaladas Delegacias Regionais do Trabalho, Seções ou Postos de Fiscalização das mesmas repartições, ou de repartições estaduais autorizadas por convênios a fiscalizarem o cumprimento da legislação trabalhista, ficam credenciados a rubricar e proceder ao registro dos livros ou fichas de empregados das empresas ali sediadas as seguintes autoridades, em ordem preferencial:

a) autoridade local da Previdência Social;

b) exator federal do respectivo Município;

c) agente do IBGE junto à Prefeitura local.

PARÁGRAFO ÚNICO. Os serviços a que se referem este artigo serão gratuitos, considerando-se falta grave a cobrança de qualquer taxa ou emolumento para sua prestação.

Art. 2º Qualquer autoridade que proceda ao registro e rubrica de livro ou fichas de empregados deverá enviar, até o dia 15 (quinze) do mês subsequente, ao Departamento Nacional de Mão de Obra, para fins estatísticos, uma relação dos registros efetuados no mês anterior.

PARÁGRAFO ÚNICO. Para os efeitos deste artigo o Departamento Nacional de Mão de Obra remeterá às autoridades citadas nas alíneas "a", "b" e "c" do art. 1º, que o solicitarem, material de expediente e de correspondência, além de lhes prestar todos os esclarecimentos necessários ao bom desempenho da tarefa.

Art. 3º O presente decreto entrará em vigor 30 (trinta) dias após a sua publicação.

Brasília, 30 de novembro de 1967; 146º da Independência e 79º da República.

A. Costa e Silva
Jarbas G. Passarinho
Fernando Ribeiro do Val
Hélio Beltrão

DECRETO N. 76.900, DE 23 DE DEZEMBRO DE 1975

(DOU 24.12.75 — LTr 40/398)

INSTITUI A RELAÇÃO ANUAL DE INFORMAÇÕES SOCIAIS — RAIS E DÁ OUTRAS PROVIDÊNCIAS

V. Portaria GM/MTE n. 2.072, de 31 de dezembro de 2013 (DOU 3.1.2014), que aprova instruções para a declaração da Relação Anual de Informações Sociais — RAIS ano-base 2013 (não publicada nesta obra)

O PRESIDENTE DA REPÚBLICA, usando das atribuições que lhe confere o artigo 81, itens III e V, da Constituição,

Decreta:

Art. 1º Fica instituída a Relação Anual de Informações Sociais — RAIS, a ser preenchida pelas empresas, contendo elementos destinados a suprir as necessidades de controle, estatística e informações das entidades governamentais da área social.

PARÁGRAFO ÚNICO. A RAIS deverá conter as informações periodicamente solicitadas pelas instituições vinculadas aos Ministérios da Fazenda, Trabalho, Interior e Previdência e Assistência Social, especialmente no tocante:

a) ao cumprimento da legislação relativa ao Programa de Integração Social (PIS) e ao Programa de Formação do Patrimônio do Servidor Público (PASEP), sob a supervisão da Caixa Econômica Federal;

b) às exigências da legislação de nacionalização do trabalho;

c) ao fornecimento de subsídios para controle dos registros relativos ao Fundo de Garantia do Tempo de Serviço (FGTS);

d) ao estabelecimento de um sistema de controle central da arrecadação e da concessão de benefícios por parte do Instituto Nacional de Previdência Social (INPS);

e) à coleta de dados indispensáveis aos estudos técnicos, de natureza estatística e atuarial, dos serviços especializados dos Ministérios citados.

Art. 2º A RAIS identificará: a empresa, pelo número de inscrição no Cadastro Geral de Contribuintes (CGC) do Ministério da Fazenda; e o empregado, pelo número de inscrição no Programa de Integração Social (PIS).

PARÁGRAFO ÚNICO. O INPS promoverá diretamente o cadastramento dos empregadores não sujeitos à inscrição no CGC, bem como dos trabalhadores autônomos, utilizando para estes a mesma sistemática de numeração usada no cadastro do PIS/PASEP.

Art. 3º As contribuições destinadas ao INPS e ao PIS, bem como os depósitos relativos ao FGTS, serão recolhidos mediante instrumento único, respeitadas as peculiaridades de cada sistema.

§ 1º O instrumento único será constituído pelas guias de recolhimento dos sistemas que o integram, podendo ser recolhidas separada ou conjuntamente, até o último dia previsto na legislação específica.

§ 2º Os valores recebidos pelo banco arrecadador serão registrados separadamente, observadas as instruções baixadas pelas entidades em favor das quais forem eles creditados.

Art. 4º A RAIS substituirá a Relação Anual de Salários (RAS), já em utilização pela Caixa Econômica Federal e pelo INPS, para o cumprimento do previsto nas alíneas *a* e *d*, do parágrafo único, do art. 1º.

§ 1º O processamento da RAIS será executado pelo Serviço Federal de Processamento de Dados (SERPRO), mediante convênios com os órgãos usuários, até a fase de geração do cadastro final, cabendo a estes a responsabilidade no processamento subsequente para suas finalidades específicas.

§ 2º Definidas as informações adicionais necessárias ao atendimento das alíneas *b*, *c* e *e* do parágrafo único do art. 1º, caberá à Caixa Econômica Federal e à Empresa de Processamento de Dados da Previdência Social (DATAPREV), ouvido o SERPRO, determinar as alterações do sistema, de modo a preservar sua operacionalidade.

Art. 5º Será criada uma Comissão Interministerial, encarregada de elaborar codificação para o preenchimento dos claros da RAIS, em conformidade com as normas estabelecidas pela Fundação Instituto Brasileiro de Geografia e Estatística (IBGE).

Art. 6º Até dezembro de 1976 os Ministérios da área social deverão:

a) promover estudos no sentido de adaptar seus serviços à sistemática estabelecida neste Decreto, propondo as medidas que se tornarem necessárias à maior rapidez e eficiência no controle das operações a seu cargo; e

b) baixar, após a implantação do sistema aos atos necessários à dispensa do fornecimento por parte das empresas, dos elementos atualmente exigidos por força de atos normativos ou outros expedidos pelos órgãos interessados, valendo a apresentação da RAIS para o cumprimento das obrigações previstas no inciso III do art. 80 da Lei n. 3.807, de 26 de agosto de 1960, com a redação dada pelo Decreto-lei n. 66, de 21 de dezembro de 1966.

PARÁGRAFO ÚNICO. O disposto neste artigo não se aplica às informações que devam ser prestadas pelas empresas, necessárias à individualização dos depósitos mensais para o FGTS.

Art. 7º A RAIS será obrigatória, para as empresas a partir do exercício de 1977, e sempre relativa ao ano-base anterior.

Art. 8º Este Decreto entrará em vigor na data de sua publicação, revogadas as disposições em contrário.

Brasília, 23 de dezembro de 1975; 145º da Independência e 87º da República. *Ernesto Geisel — Mário Henrique Simonsen — Arnaldo Prieto — João Paulo dos Reis Velloso — Maurício Rangel Reis — L. G. do Nascimento e Silva*

Legislação Complementar

LEI N. 9.601, DE 21 DE JANEIRO DE 1998(*)

(DOU 22.1.98 — LTr 62-01/143)

DISPÕE SOBRE O CONTRATO DE TRABALHO POR PRAZO DETERMINADO E DÁ OUTRAS PROVIDÊNCIAS

O PRESIDENTE DA REPÚBLICA,

Faço saber que o Congresso Nacional decreta e eu sanciono a seguinte lei:

Art. 1º As convenções e os acordos coletivos de trabalho poderão instituir contrato de trabalho por prazo determinado, de que trata o art. 443 da Consolidação das Leis do Trabalho — CLT, independentemente das condições estabelecidas em seu § 2º, em qualquer atividade desenvolvida pela empresa ou estabelecimento, para admissões que representem acréscimo no número de empregados.

§ 1º As partes estabelecerão, na convenção ou acordo coletivo referido neste artigo:

I — a indenização para as hipóteses de rescisão antecipada do contrato de que trata este artigo, por iniciativa do empregador ou do empregado, não se aplicando o disposto nos arts. 479 e 480 da CLT;

II — as multas pelo descumprimento de suas cláusulas.

§ 2º Não se aplica ao contrato de trabalho previsto neste artigo o disposto no art. 451 da CLT.

§ 3º (Vetado).

§ 4º São garantidas as estabilidades provisórias da gestante; do dirigente sindical, ainda que suplente; do empregado eleito para cargo de direção de comissões internas de prevenção de acidentes; do empregado acidentado, nos termos do art. 118 da Lei n. 8.213, de 24 de julho de 1991, durante a vigência do contrato por prazo determinado, que não poderá ser rescindido antes do prazo estipulado pelas partes.

Art. 2º Para os contratos previstos no artigo 1º, são reduzidas, por sessenta meses, a contar da data de publicação desta lei. (NR) *(Redação alterada pela MP n. 2.164-41, 24.8.01, DOU 27.8.01).*

I — a cinquenta por cento de seu valor vigente em 1º de janeiro de 1996, as alíquotas das contribuições sociais destinadas ao Serviço Social da Indústria — SESI, Serviço Social do Comércio — SESC, Serviço Social de Transporte — SEST, Serviço Nacional de Aprendizagem Industrial —

(*) Regul. pelo D. 2.490 — V. p. 643.

SENAI, Serviço Nacional de Aprendizagem Comercial — SENAC, Serviço Nacional de Aprendizagem do Transporte — SENAT, Serviço Brasileiro de Apoio às Micro e Pequenas Empresas — SEBRAE e Instituto Nacional de Colonização e Reforma Agrária — INCRA, bem como ao salário educação e para o financiamento do seguro de acidente do trabalho;

II — para dois por cento, a alíquota da contribuição para o Fundo de Garantia do Tempo de Serviço — FGTS, de que trata a Lei n. 8.036, de 11 de maio de 1990.

PARÁGRAFO ÚNICO. As partes estabelecerão, na convenção ou acordo coletivo, obrigação de o empregador efetuar, sem prejuízo do disposto no inciso II deste artigo, depósitos mensais vinculados, a favor do empregado, em estabelecimento bancário, com periodicidade determinada de saque.

Art. 3º O número de empregados contratados nos termos do art. 1º desta lei observará o limite estabelecido no instrumento decorrente da negociação coletiva, não podendo ultrapassar os seguintes percentuais, que serão aplicados cumulativamente:

I — cinquenta por cento do número de trabalhadores, para a parcela inferior a cinquenta empregados;

II — trinta e cinco por cento do número de trabalhadores, para a parcela entre cinquenta e cento e noventa e nove empregados; e

III — vinte por cento do número de trabalhadores, para a parcela acima de duzentos empregados.

PARÁGRAFO ÚNICO. As parcelas referidas nos incisos deste artigo serão calculadas sobre a média aritmética mensal do número de empregados contratados por prazo indeterminado do estabelecimento, nos seis meses imediatamente anteriores ao da data de publicação desta lei.

Art. 4º As reduções previstas no art. 2º serão asseguradas desde que, no momento da contratação:

I — o empregador esteja adimplente junto ao Instituto Nacional do Seguro Social — INSS e ao Fundo de Garantia do Tempo de Serviço — FGTS.

II — o contrato de trabalho por prazo determinado e a relação mencionada no § 3º deste artigo tenham sido depositados no Ministério do Trabalho.

§ 1º As reduções referidas neste artigo subsistirão enquanto:

I — o quadro de empregados e a respectiva folha salarial, da empresa ou estabelecimento, forem superiores às respectivas médias mensais dos seis meses imediatamente anteriores ao da data de publicação desta lei; e

II — o número de empregados contratados por prazo indeterminado for, no mínimo, igual à média referida no parágrafo único do art. 3º.

§ 2º O Ministério do Trabalho tornará disponíveis ao INSS e ao Agente Operador do FGTS as informações constantes da convenção ou acordo coletivo de que trata o art. 1º e do contrato de trabalho depositado, necessárias ao controle do recolhimento das contribuições mencionadas, respectivamente, nos incisos I e II do art. 2º desta Lei.

§ 3º O empregador deverá afixar, no quadro de avisos da empresa, cópias do instrumento normativo mencionado no art. 1º e da relação dos contratados, que conterá, dentre outras informações, o nome do empregado, o número da Carteira de Trabalho e Previdência Social, o número de inscrição do trabalhador no Programa de Integração Social — PIS e as datas de início e de término do contrato por prazo determinado.

§ 4º O Ministro do Trabalho disporá sobre as variáveis a serem consideradas e a metodologia de cálculo das médias aritméticas mensais de que trata o § 1º deste artigo.

Art. 5º As empresas que, a partir da data de publicação desta lei, aumentarem seu quadro de pessoal em relação à média mensal do número de empregos no período de referência mencionado no artigo anterior terão preferência na obtenção de recursos no âmbito dos programas executados pelos estabelecimentos federais de crédito, especialmente junto ao Banco Nacional de Desenvolvimento Econômico e Social — BNDES.

Art. 6º O art. 59 da Consolidação das Leis do Trabalho — CLT passa a vigorar com a seguinte redação:

Alteração já feita no art. 59 da CLT.

Art. 7º O descumprimento, pelo empregador, do disposto nos arts. 3º e 4º desta lei sujeita-o à multa de quinhentas Unidades Fiscais de Referência — UFIRs, por trabalhador contratado nos moldes do art. 1º, que se constituirá receita adicional do Fundo de Amparo ao Trabalhador — FAT de que trata a Lei n. 7.998, de 11 de janeiro de 1990.

V. art. 29, § 3º, da Lei n. 10.522, de 19.7.02, DOU 22.7.02, que extinguiu a UFIR. (não publicada nesta obra)

Art. 8º O Poder Executivo regulamentará esta lei no prazo de trinta dias, contado a partir da data de sua publicação.

Art. 9º Esta Lei entra em vigor na data de sua publicação.

Art. 10. Revogam-se as disposições em contrário.

Brasília, 21 de janeiro de 1998; 177º da Independência e 110º da República.

Fernando Henrique Cardoso
Paulo Paiva

DECRETO N. 2.490, DE 4 DE FEVEREIRO DE 1998

(DOU 5.2.98)

REGULAMENTA A LEI N. 9.601, DE 21 DE JANEIRO DE 1998, QUE DISPÕE SOBRE O CONTRATO DE TRABALHO POR PRAZO DETERMINADO, E DÁ OUTRAS PROVIDÊNCIAS

O PRESIDENTE DA REPÚBLICA, no uso da atribuição que lhe confere o art. 84, inciso IV, da Constituição, e tendo em vista o disposto na Lei n. 9.601, de 21 de janeiro de 1998,

Decreta:

Art. 1º As convenções e os acordos coletivos de trabalho poderão instituir contrato de trabalho por prazo determinado, de que trata o art. 443 da Consolidação das Leis do Trabalho — CLT, independentemente das condições estabelecidas em seu § 2º, em qualquer atividade desenvolvida pela empresa ou estabelecimento, para admissões que representem acréscimo no número de empregados.

PARÁGRAFO ÚNICO. É vedada a contratação de empregados por prazo determinado, na forma do *caput*, para substituição de pessoal regular e permanente contratado por prazo indeterminado.

Art. 2º Fica o empregador obrigado a anotar na Carteira de Trabalho e Previdência Social — CTPS do empregado a sua condição de contratado por prazo determinado, com indicação do número da lei de regência, e a discriminar em separado na folha de pagamento tais empregados.

Art. 3º Em relação ao mesmo empregado, o contrato por prazo determinado na forma da Lei n. 9.601, de 21 de janeiro de 1998, será de no máximo dois anos, permitindo-se, dentro deste período, sofrer sucessivas prorrogações, sem acarretar o efeito previsto no art. 451 da CLT.

PARÁGRAFO ÚNICO. O contrato por prazo determinado poderá ser sucedido por outro por prazo indeterminado.

Art. 4º Os depósitos mensais vinculados previstos no art. 2º, parágrafo único, da Lei n. 9.601/98, serão estipulados pelas partes nas convenções ou acordos coletivos.

§ 1º As partes deverão pactuar sobre o valor dos depósitos mensais vinculados, o estabelecimento bancário receptor, a periodicidade de saque e as demais condições inerentes.

§ 2º O pacto acerca dos depósitos mensais vinculados não desonera o empregador de efetuar os depósitos para o Fundo de Garantia do Tempo de Serviço — FGTS.

§ 3º Os depósitos de que trata o *caput* deste artigo não têm natureza salarial.

Art. 5º A média aritmética prevista no art. 3º, parágrafo único, da Lei n. 9.601/98, abrangerá o período de 1º de julho a 31 de dezembro de 1997.

§ 1º Para se alcançar a média aritmética, adotar-se-ão os seguintes procedimentos:

a) apurar-se-á a média mensal, somando-se o número de empregados com vínculo empregatício por prazo indeterminado de cada dia do mês e dividindo-se o seu somatório pelo número de dias do mês respectivo;

b) apurar-se-á a média semestral pela soma das médias mensais dividida por seis.

§ 2º Os estabelecimentos instalados ou os que não possuem empregados contratados por prazo indeterminado a partir de 1º de julho de 1997 terão sua média aritmética aferida contando-se o prazo de seis meses a começar do primeiro dia do mês subsequente a data da primeira contratação por prazo indeterminado.

Art. 6º Fixada a média semestral, para se alcançar o número máximo de empregados que poderão ser contratados na modalidade do contrato por prazo determinado nos termos da Lei n. 9.601/98, proceder-se-á da seguinte forma:

I — para estabelecimentos com média semestral até 49 empregados, aplicar-se-á o percentual de cinquenta por cento;

II — para estabelecimentos com média semestral de 50 a 199 empregados, subtrair-se-á 49 empregados, aplicando-se o percentual de 35% sobre o remanescente, somando-se ao resultado 24,5 empregados;

III — para estabelecimentos com média semestral igual ou superior a duzentos empregados, subtrair-se-á 199 empregados e aplicar-se-á o percentual de vinte por cento sobre o remanescente, somando-se ao resultado 77 empregados.

PARÁGRAFO ÚNICO. No resultado obtido nos termos deste artigo, as frações decimais até quatro décimos serão desprezadas, considerando-se o número inteiro, e para as frações decimais iguais ou superiores a cinco décimos considerar-se-á o número inteiro imediatamente superior.

Art. 7º A redução de alíquotas prevista no art. 2º da Lei n. 9.601/98, será assegurada mediante depósito no órgão regional do Ministério do Trabalho do contrato escrito firmado entre empregado e empregador.

§ 1º Para efetuar o depósito, o interessado apresentará os seguintes documentos:

a) requerimento de depósito, dirigido ao Delegado Regional do Trabalho, onde o empregador declarará, sob as penas da lei, que no momento da contratação se encontra adimplente junto ao Instituto Nacional do Seguro Social — INSS e FGTS e que as admissões representam acréscimo no número de empregados e obedecem aos percentuais legais;

b) cópia da convenção ou acordo coletivo;

c) segunda via dos contratos de trabalho por prazo determinado;

d) relação dos empregados contratados, que conterá, dentre outras informações, o número da CTPS, o número de inscrição do trabalhador no Programa de Integração Social — PIS e as datas de início e de término do contrato especial por prazo determinado.

§ 2º Para a prorrogação do contrato de trabalho, exigir-se-á depósito do novo instrumento no órgão regional do Ministério do Trabalho.

Art. 8º O Ministério do Trabalho, por intermédio de cada Delegacia Regional do Trabalho, comunicará mensalmente ao órgão regional do INSS e ao agente operador do FGTS, para fins de controle do recolhimento das contribuições mencionadas nos incisos I e II do art. 2º da Lei n. 9.601/98, os dados disponíveis nos contratos depositados, principalmente:

I — qualificação da empresa;

II — nome, número da CTPS e número do PIS do empregado;

III — data de início e de término dos contratos de trabalho;

IV — outras informações relevantes da convenção ou acordo coletivo.

Art. 9º Os sindicatos ou empregados prejudicados poderão denunciar ao órgão regional do Ministério do Trabalho situações de descumprimento da Lei n. 9.601/98.

Art. 10. A inobservância de quaisquer dos requisitos previstos na Lei n. 9.601/98 e neste Decreto descaracteriza o contrato por prazo determinado na forma do art. 1º da referida lei, que passa a gerar os efeitos próprios dos contratos por prazo indeterminado.

Art. 11. Caberá à fiscalização do Ministério do Trabalho e do INSS, no âmbito de suas competências, observar o fiel cumprimento das disposições contidas na Lei n. 9.601/98 e neste Decreto.

Art. 12. As penalidades previstas no art. 7º da Lei n. 9.601/98, serão aplicadas pela autoridade competente do Ministério do Trabalho, de acordo com o disposto no Título VII da CLT, e pela autoridade competente do INSS, de acordo com o Decreto n. 2.173, de 5 de março de 1997.

Art. 13. Caberá ao INSS e ao agente operador do FGTS expedir atos normativos referentes aos recolhimentos da sua área de competência, previstos nos incisos I e II do art. 2º da Lei n. 9.601/98.

Art. 14. Este Decreto entra em vigor na data de sua publicação.

Brasília, 4 de fevereiro de 1998; 177º da Independência e 110º da República.

Fernando Henrique Cardoso

PORTARIA N. 207 DO MTE DE 31 DE MARÇO DE 1998

(DOU 1.4.98)

BAIXA INSTRUÇÕES SOBRE A FORMA DE CÁLCULO DAS MÉDIAS PREVISTAS NOS ARTS. 3º E 4º DA LEI N. 9.601, DE 21 DE JANEIRO DE 1998, QUE "DISPÕE SOBRE O CONTRATO DE TRABALHO POR PRAZO DETERMINADO E DÁ OUTRAS PROVIDÊNCIAS", E ESTABELECE PROCEDIMENTOS RELATIVOS AO DEPÓSITO DO REFERIDO CONTRATO E SUA FISCALIZAÇÃO

O MINISTRO DE ESTADO DO TRABALHO — Interino, usando das atribuições que lhe confere o inciso IV do artigo 87 da Constituição Federal, e nos termos da Lei n. 9.601, de 21 de janeiro de 1998, e do Decreto n. 2.490, de 4 de fevereiro de 1998, resolve:

Art. 1º Para o cálculo da média mensal do número de empregados contratados por prazo indeterminado existentes no estabelecimento, a que se refere o artigo 5º, § 1º, alínea "a" do Decreto n. 2.490, de 4 de fevereiro de 1998, considerar-se-á a contagem de todos os dias do mês, trabalhados ou não.

Art. 2º Para que subsista a redução das alíquotas previstas no artigo 2º da Lei n. 9.601, de 21 de janeiro de 1998, com a regulamentação dada pelo Decreto n. 2.490/98, deverão ser satisfeitas as seguintes condições:

I — o quadro de empregados contratados por prazo indeterminado existentes no estabelecimento no mês de referência deverá:

a) ser calculado somando-se o número de empregados contratados por prazo indeterminado existentes no estabelecimento durante o mês, levando-se em conta todos os dias, e dividindo-se pelo número total de dias do mês, trabalhados ou não;

b) manter-se igual ou superar a média semestral de empregados contratados por prazo indeterminado calculada na forma do artigo 5º do Decreto n. 2.490/98 e do artigo 1º desta Portaria;

II — a folha salarial relativa aos empregados contratados por prazo indeterminado existentes no estabelecimento no mês de referência deverá ser superior à folha salarial média semestral.

§ 1º A folha salarial média semestral será calculada somando-se as folhas salariais relativas aos empregados contratados por prazo indeterminado existentes no estabelecimento dos meses considerados para cálculo da média de empregados, a que se refere o artigo 5º do Decreto n. 2.490/98, e dividindo-se por seis.

§ 2º A folha salarial média semestral, calculada na forma do § 1º deste artigo, e a folha salarial do mês de referência incluem os valores referentes à remuneração paga aos empregados e excluem os referentes ao terço constitucional, abono pecuniário, gratificação natalina e verbas rescisórias indenizatórias.

Art. 3º A redução de que trata o artigo 2º da Lei n. 9.601/98 será assegurada, atendidas as demais condições legais, mediante depósito, no órgão regional do Ministério do Trabalho, do contrato escrito firmado entre empregado e empregador.

§ 1º O empregador ou seu preposto deverá apresentar, no ato do depósito, os seguintes documentos:

I — requerimento para depósito, em formulário próprio, nos termos do Anexo I a esta Portaria, em três vias, dirigido ao Delegado Regional do Trabalho, onde o empregador declarará, sob as penas da lei, que no momento da contratação se encontra adimplente junto ao Instituto Nacional do Seguro Social — INSS e ao Fundo de Garantia do Tempo de Serviço — FGTS e que as admissões representam acréscimo no número de empregados e obedecem aos percentuais legais;

II — 3 cópias da convenção ou do acordo coletivo que autorizou a contratação;

III — segunda via dos contratos de trabalho por prazo determinado;

IV — relação dos empregados contratados, em formulário próprio, em conformidade com o Anexo II a esta Portaria, apresentado em três vias.

§ 2º A apresentação dos documentos mencionados no parágrafo anterior deverá ser precedida pelo depósito da convenção ou acordo coletivo nos termos do Título VI, arts. 611 a 625, da Consolidação das Leis do Trabalho.

Art. 4º O requerimento para depósito dos contratos de trabalho por prazo determinado acompanhado dos demais documentos previstos no § 1º do art. 3º desta Portaria, será recebido pelos órgãos regionais do Ministério do Trabalho no seu setor de protocolo, que o encaminhará à Divisão, ao Serviço ou à Seção de Fiscalização do Trabalho.

Art. 5º A chefia da fiscalização encaminhará mensalmente, ao agente operador do FGTS e ao INSS, as segundas e terceiras vias, respectivamente, dos documentos relacionados nos incisos I, II e IV do § 1º, do art. 3º desta Portaria.

Art. 6º À Divisão, ao Serviço ou à Seção de Fiscalização do Trabalho compete:

I — manter arquivo próprio, diferente daquele utilizado para depósito da convenção ou acordo coletivo na Divisão ou no Serviço de Relações do Trabalho, organizado com numeração de controle sequencial por estabelecimento, para os contratos de trabalho por prazo determinado, em conformidade com a Lei n. 9.601/98;

II — analisar a documentação referente ao requerimento de depósito mencionado no art. 3º desta Portaria, quanto aos pressupostos legais para a validade do contrato.

§ 1º Será imediatamente determinada ação fiscal no estabelecimento empregador que deixar de apresentar quaisquer documentos exigidos no art. 3º, § 1º, desta Portaria.

§ 2º Havendo autuação por infração às disposições da Lei n. 9.601/98, a Chefia da Fiscalização encaminhará comunicação aos seguintes órgãos ou entidades:

I — Ministério Público do Trabalho, nos termos da Lei n. 7.347, de 5 de julho de 1985, e da Lei Complementar n. 75, de 20 de maio de 1993, instruída a comunicação com cópia do respectivo auto de infração, após sua decisão em última instância administrativa;

II — Agente Operador do FGTS, noticiando que o empregador não faz jus à redução de alíquota prevista no inciso II do art. 2º da Lei n. 9.601/98;

III — Instituto Nacional do Seguro Social — INSS, se observado qualquer indício de descumprimento do inciso I do art. 4º da Lei n. 9.601/98.

Art. 7º Esta Portaria entra em vigor na data de sua publicação.

Antonio Augusto Junho Anastasia

FORMULÁRIO PARA DEPÓSITO DE CONTRATO

N. DO PROTOCOLO	DORG	DATA DO PROTOCOLO DIA MÊS ANO

CGC	CB	CNAE/95

RAZÃO SOCIAL
NOME DE FANTASIA
ENDEREÇO

BAIRRO	CIDADE

CEP	UF	TELEFONE PARA CONTATO

MÉDIA DE EMPREGADOS DO ESTABELECIMENTO

PERÍODO INICIAL MÊS ANO	PERÍODO FINAL MÊS ANO	DATA 1º CONTRATO POR PRAZO INDETERMINADO NO ESTABELECIMENTO Informar somente para Estabelecimentos novos ou Sem empregados em 01/07/1997	DIA MÊS ANO	CNAE/95

1º MÊS	2º MÊS	3º MÊS	4º MÊS	5º MÊS	6º MÊS

INSTRUMENTO NORMATIVO QUE AUTORIZA A CONTRATAÇÃO

INSTRUMENTO CONVENÇÃO COLETIVA	ACORDO COLETIVO	DEPÓSITO NO MTB SOB N.
INÍCIO DA VIGÊNCIA DIA MÊS ANO	FIM DA VIGÊNCIA DIA MÊS ANO	N. DE CONTRATOS PERMITIDOS Só informar quando INFERIOR ao máximo legal

QUANTIDADE DE CONTRATOS DO DEPÓSITO

DESTE DEPÓSITO	DEPÓSITOS ANTERIORES	CONTRATOS PRORROGADOS

O estabelecimento acima identificado, com fundamento no art. 4º, inciso II da Lei n. 9.601, de 21 de janeiro de 1998, requer ao Sr. Delegado Regional do Trabalho o depósito(s) do(s) contrato(s) especial(is) por prazo determinado, declarando estar em dia com suas contribuições previdenciárias e para com o Fundo de Garantia por Tempo de Serviço, bem como ter respeitado os limites impostos no art. 3º da referida Lei e certificando como verdadeiras todas as informações prestadas no presente ato, sob as penas do art. 299 do Código Penal Brasileiro.

DEPOSITANTE

DATA	ASSINATURA DO RESPONSÁVEL/CARIMBO

1ª via - MTb; 2ª via - CEF; 3ª via - INSS

ANEXO II

RELAÇÃO DE EMPREGADOS CONTRATADOS POR PRAZO DETERMINADO (Lei n. 9.601/98)

Fls. __/__

Nome do Empregado	N. da CTPS	N. do PIS/PASEP	Data do Início do Contrato	Data do Término do Contrato	Prorrogação (Sim/Não)
1)					
2)					
3)					
4)					
5)					
6)					
7)					
8)					
9)					
10)					
11)					
12)					
13)					
14)					
15)					
16)					
17)					
18)					
19)					
20)					

(*) Em caso de prorrogação do contrato de trabalho, informar a primeira data de contratação do empregado.

ORIENTAÇÃO NORMATIVA MPAS/INSS N. 5, DE 20 DE MARÇO DE 1998

(DOU 30.3.98)

DISPÕE SOBRE PROCEDIMENTOS A SEREM OBSERVADOS PELAS EMPRESAS QUE OPTAREM PELA CONTRATAÇÃO DE EMPREGADOS POR PRAZO DETERMINADO

Fundamentação Legal:

Lei n. 8.212, de 24 de julho de 1991; Lei n. 9.601, de 21 de janeiro de 1998; Decreto n. 2.173, de 5 de março de 1997; Decreto n. 2.490, de 4 de fevereiro de 1998; e Ordem de Serviço INSS/DAF n. 170, de 20 de agosto de 1997.

O Coordenador-Geral de Arrecadação do Instituto Nacional do Seguro Social — INSS, no uso das atribuições que lhe confere o art. 183, inciso II, do Regimento Interno do INSS, aprovado pela Portaria MPS/GM n. 458, de 24 de setembro de 1992, considerando as alterações introduzidas pela Lei n. 9.601/98 que dispôs sobre o contrato de trabalho por prazo determinado, considerando os requisitos legais exigidos para usufruir dos benefícios concedidos pela Lei n. 9.601/98, considerando a necessidade de disciplinar a forma de preenchimento da Guia de Recolhimento da Previdência Social — GRPS, resolve:

1. A Lei n. 9.601, de 21 de janeiro de 1998, ao dispor sobre o contrato de trabalho por prazo determinado, reduziu por dezoito meses, a contar de 22 de janeiro de 1998, em cinquenta por cento as alíquotas destinadas ao Serviço Social da Indústria — SESI, Serviço Social do Comércio — SESC, Serviço Social do Transporte — SEST, Serviço Nacional de Aprendizagem Industrial — SENAI, Serviço Nacional de Aprendizagem Comercial — SENAC, Serviço Nacional de Aprendizagem do Transporte — SENAT, Serviço Brasileiro de Apoio às Micro e Pequenas Empresas SEBRAE e Instituto Nacional de Colonização e Reforma Agrária — INCRA, bem como ao Salário-Educação e para o financiamento dos benefícios concedidos em razão do grau de incapacidade laborativa decorrente dos riscos ambientais do trabalho.

2. A empresa, no momento da contratação, deverá estar adimplente com as contribuições previdenciárias.

3. Deverá ser elaborada folha de pagamento distinta, para os empregados contratados por prazo determinado.

4. O recolhimento das contribuições incidentes sobre a remuneração desses empregados será efetuado juntamente com as contribuições dos demais empregados, com os mesmos códigos de FPAS, de Terceiros e SAT que a empresa vem utilizando.

4.1 — As contribuições destinadas ao SAT e a Terceiros serão apuradas separadamente em conformidade com as folhas de pagamento, e após consolidadas para inserção na GRPS nos respectivos campos (Empresa e Terceiros).

5. No campo 8 da GRPS — Outras Informações — deverá constar em separado o número de empregados e o valor total da folha de salário de contribuição dos admitidos nesta espécie de contrato.

6. Esta Orientação Normativa entrará em vigor na data de sua publicação.

João Donadon

DECRETO N. 97.936, DE 10 DE JULHO DE 1989

(DOU 11.7.89 — LTr 53/871)

INSTITUI O CADASTRO NACIONAL DO TRABALHADOR E DÁ OUTRAS PROVIDÊNCIAS

O PRESIDENTE DA REPÚBLICA, usando das atribuições que lhe confere o art. 84, inciso IV, da Constituição, decreta:

Art. 1º Fica instituído o Cadastro Nacional do Trabalhador — CNT, destinado a registrar informações de interesse do trabalhador, do Ministério do Trabalho e da Previdência Social — MTPS e da Caixa Econômica Federal — CEF. *(Redação dada pelo Decreto n. 99.378, de 11.7.90, LTr 54-8/1032).*

Art. 2º O CNT, composto pelo sistema de identificação do trabalhador e pelo sistema de coleta de informações sociais, compreenderá os trabalhadores:

I — já inscritos no Programa de Integração Social — PIS e no Programa de Formação do Patrimônio do Servidor Público — PASEP;

II — cadastrados no sistema de contribuinte individual da Previdência Social;

III — que vierem a ser cadastrados no CNT.

PARÁGRAFO ÚNICO. A organização inicial do CNT será feita a partir de informações constantes dos Cadastros do PIS e do PASEP.

Art. 3º Para efeito de identificação do trabalhador junto ao CNT ficam instituídos:

I — o Número de Identificação do Trabalhador — NIT;

II — o Documento de Cadastramento do Trabalhador — DCT.

§ 1º O DCT substituirá a Ficha de Declaração de que trata o § 2º do art. 13 da Consolidação das Leis do Trabalho — CLT.

§ 2º O DCT será preenchido:

a) pelos postos competentes, a cada emissão da Carteira do Trabalho e Previdência Social — CTPS;

b) no caso de contribuintes individuais, pela Previdência Social, que poderá utilizar-se dos serviços da rede bancária.

§ 3º Os órgãos e entidades da Administração Pública, identificarão os trabalhadores do serviço público não regidos pela CLT, ainda não inscritos no CNT.

§ 4º A cada trabalhador será atribuído um NIT, que lhe facultará o acesso às informações referentes aos seus direitos trabalhistas e previdenciários.

Art. 4º A coleta de informações sociais será feita por meio do Documento de Informações Sociais — DIS, a ser preenchido pelos empregadores, que deverão:

I — identificar-se pelo número de inscrição no Cadastro Geral de Contribuintes do Ministério da Fazenda — CGC/MF;

II — identificar cada trabalhador pelo respectivo NIT.

§ 1º O empregador não inscrito no CGC/MF se identificará na forma a ser disciplinada pelo Grupo Gestor no CNT (art. 6º).

§ 2º O DIS conterá informações relativas:

a) à nacionalização do trabalho (CLT, art. 360);

b) ao controle dos registros relativos ao Fundo de Garantia do Tempo de Serviço — FGTS (Lei n. 5.107, de 13 de setembro de 1966);

c) ao salário de contribuição do trabalhador, para concessão e manutenção de benefícios por parte da Previdência Social;

d) ao pagamento do abono previsto pelo § 3º do art. 239 da Constituição;

e) ao pagamento e controle do seguro-desemprego (Decreto-lei n. 2.284, de 10 de março de 1986);

f) à admissão e dispensa de empregados (Lei n. 4.923, de 23 de dezembro de 1965).

§ 3º As informações sociais referentes aos trabalhadores contribuintes individuais da Previdência Social serão prestadas ao CNT pelo MPAS.

Art. 5º O DIS substituirá os seguintes documentos:

I — Relação Anual de Informações Sociais — RAIS (Decreto n. 76.900, de 23 de dezembro de 1975);

II — formulário de comunicação de admissão e dispensa (Lei n. 4.923, de 1965);

III — Relação de Empregados — RE (Lei n. 5.107, de 1966);

IV — Relação de Salários de Contribuições — RSC da Previdência Social;

V — Comunicação de Dispensa — CD (Decreto n. 92.608, de 30 de abril de 1986).

Art. 6º Fica criado o Grupo do CNT, encarregado de administrar e fiscalizar a implantação e a operação do CNT, sob a Presidência do Secretário da Administração Federal, com a seguinte composição:

I — um representante do Ministério do Trabalho e da Previdência Social — MTPS;

II — um representante da Caixa Econômica Federal — CEF;

III — um representante dos trabalhadores;

IV — um representante dos empregadores.

PARÁGRAFO ÚNICO. O Regimento Interno, aprovado pelo Secretário da Administração Federal, disporá sobre o funcionamento do Grupo Gestor do CNT. *(Redação dada pelo Decreto s/n. de 25.6.91, LTr 55-7/869).*

Art. 7º O Ministério do Trabalho e da Previdência Social, por intermédio da Empresa de Processamento de Dados da Previdência Social (DATAPREV) e a Caixa Econômica Federal (CEF), atenderão as despesas comuns do CNT com dotações ou recursos próprios, em partes iguais, podendo, para tanto, celebrar contratos e convênios. (*Redação dada pelo Decreto n. 99.378, de 1990).*

PARÁGRAFO ÚNICO. O Grupo Gestor do CNT poderá celebrar convênio com o Serviço Federal de Processamento de Dados — SERPRO para o processamento do CNT, bem assim utilizar-se dos serviços da rede bancária.

Art. 8º Pelo descumprimento do disposto no art. 4º deste Decreto, os infratores estarão sujeitos, conforme a infração, às penalidades previstas nos seguintes dispositivos legais:

I — art. 364 da CLT;

II — art. 10 da Lei n. 4.923, de 1965.

PARÁGRAFO ÚNICO. No caso de mais de uma infração, as respectivas penalidades serão aplicadas cumulativamente.

Art. 9º As contribuições devidas à Previdência Social, ao Programa de Integração Social PIS, ao Programa de Formação do Patrimônio do Servidor Público — PASEP, bem assim os depósitos relativos ao Fundo de Garantia do Tempo de Serviço — FGTS, continuarão a ser recolhidos mediante documento próprio.

Art. 10. O Secretário da Administração Federal, expedirá as instruções necessárias à execução do disposto neste Decreto. *(Redação dada pelo Decreto s/n. de 25.6.91, LTr 55-7/869).*

Art. 11. Este Decreto entra em vigor na data de sua publicação.

Art. 12. Revogam-se as disposições em contrário.

Brasília, 10 de julho de 1989; 168º da Independência e 101º da República.

José Sarney — Maílson Ferreira da Nóbrega — Dorothea Werneck — Jáder Fontenelle Barbalho

PORTARIA MTPS/GM N. 3.626, DE 13 DE NOVEMBRO DE 1991

(DOU 14.11.91 — LTr 55-12/1460)

DISPÕE SOBRE O REGISTRO DE EMPREGADOS, AS ANOTAÇÕES NA CARTEIRA DE TRABALHO E PREVIDÊNCIA SOCIAL E O REGISTRO DE HORÁRIO DE TRABALHO

O MINISTRO DE ESTADO DO TRABALHO E DA PREVIDÊNCIA SOCIAL, usando das atribuições que lhe confere o art. 913 da Consolidação das Leis do Trabalho;

Considerando o disposto nos arts. 29, 41 e 74 da mesma Consolidação das Leis do Trabalho, com as alterações da Lei n. 7.855, de 24 de outubro de 1989, resolve:

CAPÍTULO I

Do Registro de Empregados

Art. 1º *Revogado pela Portaria GM/MTE n. 41, de 28.3.07, DOU 30.3.07.*

Art. 2º *Revogado pela Portaria GM/MTE n. 41, de 28.3.07, DOU 30.3.07.*

Art. 3º O empregador poderá utilizar controle único e centralizado dos documentos sujeitos à inspeção do trabalho, à exceção do registro de empregados, do registro de horário de trabalho e do Livro de Inspeção do Trabalho, que deverão permanecer em cada estabelecimento.

§ 1º A exibição dos documentos passíveis de centralização deverá ser feita no prazo de 2 (dois) a 8 (oito) dias, segundo determinação do agente da inspeção do trabalho.

§ 2º *Revogado pela Portaria GM/MTE n. 41, de 28.3.07, DOU 30.3.07.*

§ 3º *Revogado pela Portaria GM/MTE n. 41, de 28.3.07, DOU 30.3.07.*

CAPÍTULO II

Do Registro Informatizado de Empregados

Capítulo revogado pela Portaria MTb/GM n. 1.121, de 8.11.95.

Art. 4º a 10. *Revogados pela Portaria MTb/GM n. 1.121, de 8.11.95.*

CAPÍTULO III

Das Anotações na Carteira de Trabalho e Previdência Social

Art. 11. *Revogado pela Portaria GM/MTE n. 41, de 28.3.07, DOU 30.3.07.*

Art. 12. *Revogado pela Portaria GM/MTE n. 41, de 28.3.07, DOU 30.3.07.*

Art. 12-A. *Revogado pela Portaria GM/MTE n. 41, de 28.3.07, DOU 30.3.07.*

CAPÍTULO IV

Do Registro de Horário de Trabalho

Art. 13. A empresa que adotar registros manuais, mecânicos ou eletrônicos individualizados de controle de horário de trabalho, contendo a hora de entrada e de saída, bem como a pré-assinalação do período de repouso ou alimentação, fica dispensada do uso de quadro de horário (artigo 74 da CLT).

PARÁGRAFO ÚNICO. Quando a jornada de trabalho for executada integralmente fora do estabelecimento do empregador, o horário de trabalho constará também de ficha, papeleta ou registro de ponto, que ficará em poder do empregado.

Art. 14. Permanece como modelo único de quadro de horário de trabalho o aprovado pela Portaria n. 576, de 6 de janeiro de 1941.

CAPÍTULO V

Disposições Finais

Art. 15. Esta Portaria entra em vigor na data de sua publicação, revogadas as Portarias ns.5, de 21 de janeiro de 1944; 161, de 11 de outubro de 1946; 3, de 7 de janeiro de 1952; 43, de 19 de abril de 1956; 308, de 1º de outubro de 1962; GB-195, de 10 de maio de 1968; 96, de 26 de março de 1969; 3.378, de 14 de dezembro de 1971; 3.560, de 10 de outubro de 1979; 3.088, de 28 de abril de 1980; 3.162, de 8 de setembro de 1982; 3.163, de 8 de setembro de 1982; 3.081, de 11 de abril de 1984; 3.082, de 11 de abril de 1984; 3.022, de 7 de janeiro de 1985; 3.035, de 26 de fevereiro de 1985; 3.044, de 8 de março de 1985; 3.288, de 23 de setembro de 1987 e demais disposições em contrário.

Antonio Magri

PORTARIA GM/MTE N. 373, DE 25 DE FEVEREIRO DE 2011

(DOU 28.2.11)

DISPÕE SOBRE A POSSIBILIDADE DE ADOÇÃO PELOS EMPREGADORES DE SISTEMAS ALTERNATIVOS DE CONTROLE DE JORNADA DE TRABALHO

O MINISTRO DE ESTADO DO TRABALHO E EMPREGO, no uso das atribuições que lhe conferem o inciso II do parágrafo único do art. 87 da Constituição Federal e os arts. 74, § 2º, e 913 da Consolidação das Leis do Trabalho, aprovada pelo Decreto-lei n. 5.452, de 1º de maio de 1943, resolve:

Art. 1º Os empregadores poderão adotar sistemas alternativos de controle da jornada de trabalho, desde que autorizados por Convenção ou Acordo Coletivo de Trabalho.

§ 1º O uso da faculdade prevista no *caput* implica a presunção de cumprimento integral pelo empregado da jornada de trabalho contratual, convencionada ou acordada, vigente no estabelecimento.

§ 2º Deverá ser disponibilizada ao empregado, até o momento do pagamento da remuneração referente ao período em que está sendo aferida a frequência, a informação sobre qualquer ocorrência que ocasione alteração de sua remuneração em virtude da adoção de sistema alternativo.

Art. 2º Os empregadores poderão adotar sistemas alternativos eletrônicos de controle de jornada de trabalho, mediante autorização em Acordo Coletivo de Trabalho.

Art. 3º Os sistemas alternativos eletrônicos não devem admitir:

I — restrições à marcação do ponto;

II — marcação automática do ponto;

III — exigência de autorização prévia para marcação de sobrejornada; e

IV — a alteração ou eliminação dos dados registrados pelo empregado.

§1º Para fins de fiscalização, os sistemas alternativos eletrônicos deverão:

I — estar disponíveis no local de trabalho;

II — permitir a identificação de empregador e empregado; e

III — possibilitar, através da central de dados, a extração eletrônica e impressa do registro fiel das marcações realizadas pelo empregado.

Art. 3º Fica constituído Grupo de Trabalho com a finalidade de elaborar estudos com vistas à revisão e ao aperfeiçoamento do Sistema de Registro Eletrônico de Ponto — SREP.

Art. 4º Em virtude do disposto nesta Portaria, o início da utilização obrigatória do Registrador Eletrônico de Ponto — REP, previsto no art. 31 da Portaria n. 1510, de 21 de agosto de 2009, será no dia 1º de setembro de 2011.

Art. 5º Revoga-se a Portaria n. 1.120, de 08 de novembro de 1995.

Art. 6º Esta Portaria entra em vigor na data de sua publicação.

Carlos Roberto Lupi

PORTARIA GM/MTE N. 1.510, DE 21 DE AGOSTO DE 2009

(DOU 25.8.09)

RESOLVE DISCIPLINAR O REGISTRO DE PONTO E A UTILIZAÇÃO DO SISTEMA DE REGISTRO DE PONTO ELETRÔNICO - SREP

V. Portaria n. 793, GM/MTE, de 27 de abril de 2011 (DOU 28.4.11), que disciplina a utilização da certificação digital para assinatura eletrônica dos "Atestados Técnicos e Termos de Responsabilidade" previstos nos arts. 17 e 18 da Portaria MTE n. 1.510/2009. (não publicada nesta obra)

O MINISTRO DE ESTADO DO TRABALHO E EMPREGO, no uso das atribuições que lhe conferem o inciso II do parágrafo único do art. 87 da Constituição Federal e os arts. 74, § 2º, e 913 da Consolidação das Leis do Trabalho, aprovada pelo Decreto-lei n. 5.452, de 1º de maio de 1943, resolve:

Art. 1º Disciplinar o registro eletrônico de ponto e a utilização do Sistema de Registro Eletrônico de Ponto — SREP.

PARÁGRAFO ÚNICO. Sistema de Registro Eletrônico de Ponto — SREP — é o conjunto de equipamentos e programas informatizados destinado à anotação por meio eletrônico da entrada e saída dos trabalhadores das empresas, previsto no art. 74 da Consolidação das Leis do Trabalho — CLT, aprovada pelo Decreto-lei n. 5.452, de 1º de maio de 1943.

Art. 2º O SREP deve registrar fielmente as marcações efetuadas, não sendo permitida qualquer ação que desvirtue os fins legais a que se destina, tais como:

I — restrições de horário à marcação do ponto;

II — marcação automática do ponto, utilizando-se horários predeterminados ou o horário contratual;

III — exigência, por parte do sistema, de autorização prévia para marcação de sobrejornada; e

IV — existência de qualquer dispositivo que permita a alteração dos dados registrados pelo empregado.

Art. 3º Registrador Eletrônico de Ponto — REP é o equipamento de automação utilizado exclusivamente para o registro de jornada de trabalho e com capacidade para emitir documentos fiscais e realizar controles de natureza fiscal, referentes à entrada e à saída de empregados nos locais de trabalho.

PARÁGRAFO ÚNICO. Para a utilização de Sistema de Registro Eletrônico de Ponto é obrigatório o uso do REP no local da prestação do serviço, vedados outros meios de registro.

Art. 4º O REP deverá apresentar os seguintes requisitos:

I — relógio interno de tempo real com precisão mínima de um minuto por ano com capacidade de funcionamento ininterrupto por um período mínimo de mil quatrocentos e quarenta horas na ausência de energia elétrica de alimentação;

II — mostrador do relógio de tempo real contendo hora, minutos e segundos;

III — dispor de mecanismo impressor em bobina de papel, integrado e de uso exclusivo do equipamento, que permita impressões com durabilidade mínima de cinco anos;

IV — meio de armazenamento permanente, denominado Memória de Registro de Ponto — MRP, onde os dados armazenados não possam ser apagados ou alterados, direta ou indiretamente;

V — meio de armazenamento, denominado Memória de Trabalho — MT, onde ficarão armazenados os dados necessários à operação do REP;

VI — porta padrão USB externa, denominada Porta Fiscal, para pronta captura dos dados armazenados na MRP pelo Auditor-Fiscal do Trabalho;

VII — para a função de marcação de ponto, o REP não deverá depender de qualquer conexão com outro equipamento externo; e

VIII — a marcação de ponto ficará interrompida quando for feita qualquer operação que exija a comunicação do REP com qualquer outro equipamento, seja para carga ou leitura de dados.

Art. 5º Os seguintes dados deverão ser gravados na MT:

I — do empregador: tipo de identificador do empregador, CNPJ ou CPF; identificador do empregador; CEI, caso exista; razão social; e local da prestação do serviço; e

II — dos empregados que utilizam o REP: nome, PIS e demais dados necessários à identificação do empregado pelo equipamento.

Art. 6º As seguintes operações deverão ser gravadas de forma permanente na MRP:

I — inclusão ou alteração das informações do empregador na MT, contendo os seguintes dados: data e hora da inclusão ou alteração; tipo de operação; tipo de identificador do empregador, CNPJ ou CPF; identificador do empregador; CEI, caso exista; razão social; e local da prestação do serviço;

II — marcação de ponto, com os seguintes dados: número do PIS, data e hora da marcação;

III — ajuste do relógio interno, contendo os seguintes dados: data antes do ajuste, hora antes do ajuste, data ajustada, hora ajustada; e

IV — inserção, alteração e exclusão de dados do empregado na MT, contendo: data e hora da operação, tipo de operação, número do PIS e nome do empregado.

PARÁGRAFO ÚNICO. Cada registro gravado na MRP deve conter Número Sequencial de Registro — NSR consistindo em numeração sequencial em incrementos unitários, iniciando-se em 1 na primeira operação do REP.

Art. 7º O REP deverá prover as seguintes funcionalidades:

I — marcação de Ponto, composta dos seguintes passos:

a) receber diretamente a identificação do trabalhador, sem interposição de outro equipamento;

b) obter a hora do Relógio de Tempo Real;

c) registrar a marcação de ponto na MRP; e

d) imprimir o comprovante do trabalhador.

II — geração do Arquivo-Fonte de Dados — AFD, a partir dos dados armazenados na MRP;

III — gravação do AFD em dispositivo externo de memória, por meio da Porta Fiscal;

IV — emissão da Relação Instantânea de Marcações com as marcações efetuadas nas vinte e quatro horas precedentes, contendo:

a) cabeçalho com Identificador e razão social do empregador, local de prestação de serviço, número de fabricação do REP;

b) NSR;

c) número do PIS e nome do empregado; e

d) horário da marcação.

Art. 8º O registro da marcação de ponto gravado na MRP consistirá dos seguintes campos:

I — NSR;

II — PIS do trabalhador;

III — data da marcação; e

IV — horário da marcação, composto de hora e minutos.

Art. 9º O Arquivo-Fonte de Dados será gerado pelo REP e conterá todos os dados armazenados na MRP, segundo formato descrito no Anexo I.

Art. 10. O REP deverá atender aos seguintes requisitos:

I — não permitir alterações ou apagamento dos dados armazenados na Memória de Registro de Ponto;

II — ser inviolável de forma a atender aos requisitos do art. 2º;

III — não possuir funcionalidades que permitam restringir as marcações de ponto;

IV — não possuir funcionalidades que permitam registros automáticos de ponto; e

V — possuir identificação do REP gravada de forma indelével na sua estrutura externa, contendo CNPJ e nome do fabricante, marca, modelo e número de fabricação do REP.

PARÁGRAFO ÚNICO. O número de fabricação do REP é o número exclusivo de cada equipamento e consistirá na junção sequencial do número de cadastro do fabricante no MTE, número de registro do modelo no MTE e número série único do equipamento.

Art. 11. Comprovante de Registro de Ponto do Trabalhador é um documento impresso para o empregado acompanhar, a cada marcação, o controle de sua jornada de trabalho, contendo as seguintes informações:

I — cabeçalho contendo o título "Comprovante de Registro de Ponto do Trabalhador";

II — identificação do empregador contendo nome, CNPJ/CPF e CEI, caso exista;

III — local da prestação do serviço;

IV — número de fabricação do REP;

V — identificação do trabalhador contendo nome e número do PIS;

VI — data e horário do respectivo registro; e

VII — NSR.

§ 1º A impressão deverá ser feita em cor contrastante com o papel, em caracteres legíveis com a densidade horizontal máxima de oito caracteres por centímetro e o caractere não poderá ter altura inferior a três milímetros *(Redação dada pela Portaria n. 2.233, de 17.11.09, DOU 18.11.09)*

§ 2º O empregador deverá disponibilizar meios para a emissão obrigatória do Comprovante de Registro de Ponto do Trabalhador no momento de qualquer marcação de ponto.

Art. 12. O "Programa de Tratamento de Registro de Ponto" é o conjunto de rotinas informatizadas que tem por função tratar os dados relativos à marcação dos horários de entrada e saída, originários exclusivamente do AFD, gerando o relatório "Espelho de Ponto Eletrônico", de acordo com o anexo II, o Arquivo Fonte de Dados Tratados — AFDT e Arquivo de Controle de Jornada para Efeitos Fiscais — ACJEF, de acordo com o Anexo I.

PARÁGRAFO ÚNICO. A função de tratamento dos dados se limitará a acrescentar informações para complementar eventuais omissões no registro de ponto ou indicar marcações indevidas.

Art. 13. O fabricante do REP deverá se cadastrar junto ao Ministério do Trabalho e Emprego, e solicitar o registro de cada um dos modelos de REP que produzir.

Art. 14. Para o registro do modelo do REP no MTE o fabricante deverá apresentar "Certificado de Conformidade do REP à Legislação" emitido por órgão técnico credenciado e "Atestado Técnico e Termo de Responsabilidade" previsto no art. 17.

Art. 15. Qualquer alteração no REP certificado, inclusive nos programas residentes, ensejará novo processo de certificação e registro.

Art. 16. Toda a documentação técnica do circuito eletrônico, bem como os arquivos fontes dos programas residentes no equipamento, deverão estar à disposição do Ministério do Trabalho e Emprego, Ministério Público do Trabalho e Justiça do Trabalho, quando solicitado.

Art. 17. O fabricante do equipamento REP deverá fornecer ao empregador usuário um documento denominado "Atestado Técnico e Termo de Responsabilidade" assinado pelo responsável técnico e pelo responsável legal pela empresa, afirmando expressamente que o equipamento e os programas nele embutidos atendem às determinações desta portaria, especialmente que:

I — não possuem mecanismos que permitam alterações dos dados de marcações de ponto armazenados no equipamento;

II — não possuem mecanismos que restrinjam a marcação do ponto em qualquer horário;

III — não possuem mecanismos que permitam o bloqueio à marcação de ponto; e

IV — possuem dispositivos de segurança para impedir o acesso ao equipamento por terceiros.

§ 1º No "Atestado Técnico e Termo de Responsabilidade" deverá constar que os declarantes estão cientes das consequências legais, cíveis e criminais, quanto à falsa declaração, falso atestado e falsidade ideológica.

§ 2º O empregador deverá apresentar o documento de que trata este artigo à Inspeção do Trabalho, quando solicitado.

Art. 18. O fabricante do programa de tratamento de registro de ponto eletrônico deverá fornecer ao consumidor do seu programa um documento denominado "Atestado Técnico e Termo de Responsabilidade" assinado pelo responsável técnico pelo programa e pelo responsável legal pela empresa, afirmando expressamente que seu programa atende às determinações desta portaria, especialmente que não permita:

I — alterações no AFD; e

II — divergências entre o AFD e os demais arquivos e relatórios gerados pelo programa.

§ 1º A declaração deverá constar ao seu término que os declarantes estão cientes das consequências legais, cíveis e criminais, quanto à falsa declaração, falso atestado e falsidade ideológica.

§ 2º Este documento deverá ficar disponível para pronta apresentação à Inspeção do Trabalho.

Art. 19. O empregador só poderá utilizar o Sistema de Registro Eletrônico de Ponto se possuir os atestados emitidos pelos fabricantes dos equipamentos e programas utilizados, nos termos dos artigos 17, 18, 26 e 30-A desta Portaria. *(Redação dada pela Portaria n. 1.001, de 6.5.10, DOU 7.5.10).*

Art. 20. O empregador usuário do Sistema de Registro Eletrônico de Ponto deverá se cadastrar no MTE via internet informando seus dados, equipamentos e softwares utilizados.

Art. 21. O REP deve sempre estar disponível no local da prestação do trabalho para pronta extração e impressão de dados pelo Auditor-Fiscal do Trabalho.

Legislação Complementar

Art. 22. O empregador deverá prontamente disponibilizar os arquivos gerados e relatórios emitidos pelo "Programa de Tratamento de Dados do Registro de Ponto" aos Auditores-Fiscais do Trabalho.

Art. 23. O MTE credenciará órgãos técnicos para a realização da análise de conformidade técnica dos equipamentos REP à legislação.

§ 1º Para se habilitar ao credenciamento, o órgão técnico pretendente deverá realizar pesquisa ou desenvolvimento e atuar nas áreas de engenharia eletrônica ou de tecnologia da informação e atender a uma das seguintes condições:

I — ser entidade da administração pública direta ou indireta; e

II — ser entidade de ensino, pública ou privada, sem fins lucrativos.

§ 2º O órgão técnico interessado deverá requerer seu credenciamento ao MTE mediante apresentação de:

I — documentação comprobatória dos requisitos estabelecidos no § 1º;

II — descrição detalhada dos procedimentos que serão empregados na análise de conformidade de REP, observando os requisitos estabelecidos pelo MTE;

III — cópia reprográfica de termo de confidencialidade celebrado entre o órgão técnico pretendente ao credenciamento e os técnicos envolvidos com a análise; e

IV — indicação do responsável técnico e do responsável pelo órgão técnico.

Art. 24. O órgão técnico credenciado:

I — deverá apresentar cópia reprográfica do termo de confidencialidade de que trata o inciso III do § 2º do art. 23, sempre que novo técnico estiver envolvido com o processo de análise de conformidade técnica do REP;

II — não poderá utilizar os serviços de pessoa que mantenha ou tenha mantido vínculo nos últimos dois anos com qualquer fabricante de REP, ou com o MTE; e

III — deverá participar, quando convocado pelo MTE, da elaboração de especificações técnicas para estabelecimento de requisitos para desenvolvimento e fabricação de REP, sem ônus para o MTE.

Art. 25. O credenciamento do órgão técnico poderá ser:

I — cancelado a pedido do órgão técnico;

II — suspenso pelo MTE por prazo não superior a noventa dias; e

III — cassado pelo MTE.

Art. 26. O "Certificado de Conformidade do REP à Legislação" será emitido pelo órgão técnico credenciado contendo no mínimo as seguintes informações:

I — declaração de conformidade do REP à legislação aplicada;

II — identificação do fabricante do REP;

III — identificação da marca e modelo do REP;

IV — especificação dos dispositivos de armazenamento de dados utilizados;

V — descrição do sistemas que garantam a inviolabilidade do equipamento e integridade dos dados armazenados;

VI — data do protocolo do pedido no órgão técnico;

VII — número sequencial do "Certificado de Conformidade do REP à Legislação" no órgão técnico certificador;

VIII — identificação do órgão técnico e assinatura do responsável técnico e do responsável pelo órgão técnico, conforme inciso IV do § 2º do art. 23; e

IX — documentação fotográfica do equipamento certificado.

Art. 27. Concluída a análise, não sendo constatada desconformidade, o órgão técnico credenciado emitirá "Certificado de Conformidade do REP à Legislação", nos termos do disposto no art. 26.

Art. 28. O descumprimento de qualquer determinação ou especificação constante desta Portaria descaracteriza o controle eletrônico de jornada, pois este não se prestará às finalidades que a Lei lhe destina, o que ensejará a lavratura de auto de infração com base no art. 74, § 2º, da CLT, pelo Auditor-Fiscal do Trabalho.

Art. 29. Comprovada a adulteração de horários marcados pelo trabalhador ou a existência de dispositivos, programas ou subrotinas que permitam a adulteração dos reais dados do controle de jornada ou parametrizações e bloqueios na marcação, o Auditor-Fiscal do Trabalho deverá apreender documentos e equipamentos, copiar programas e dados que julgar necessários para comprovação do ilícito.

§ 1º O Auditor-Fiscal do Trabalho deverá elaborar relatório circunstanciado, contendo cópia dos autos de infração lavrados e da documentação apreendida.

§ 2º A chefia da fiscalização enviará o relatório ao Ministério Público do Trabalho e outros órgãos que julgar pertinentes.

Art. 30. O Ministério do Trabalho e Emprego criará os cadastros previstos nesta Portaria, com parâmetros definidos pela Secretaria de Inspeção do Trabalho — SIT.

Art. 30-A. Equipara-se ao fabricante nacional, para efeitos desta Portaria, o importador que legalmente introduzir no Brasil o equipamento REP. *(Redação dada pela Portaria MTE n. 1.001, de 6.5.2010, DOU 7.5.2010).*

§ 1º Considera-se importador, para efeitos desta Portaria, o responsável pela introdução do equipamento REP no Brasil, pessoa jurídica regularmente constituída sob as leis brasileiras, apta a assumir as responsabilidades decorrentes da comercialização do produto e das determinações e especificações previstas nesta Portaria. *(Redação dada pela Portaria MTE n. 1.001, de 6.5.2010, DOU 7.5.2010).*

§ 2º O manual do usuário, o "Termo de Responsabilidade e Atestado Técnico", documentação técnica e as informações constantes no corpo do equipamento REP importado, deverão ser redigidos em língua portuguesa. (NR) *(Redação dada pela Portaria MTE n. 1.001, de 6.5.2010, DOU 7.5.2010).*

Art. 31. Esta Portaria entra em vigor na data de sua publicação, exceto quanto à utilização obrigatória do REP, que entrará em vigor após doze meses contados da data de sua publicação.

PARÁGRAFO ÚNICO. Enquanto não for adotado o REP, o Programa de Tratamento de Registro de Ponto poderá receber dados em formato diferente do especificado no anexo I para o AFD, mantendo-se a integridade dos dados originais.

PORTARIA N. 2.686, DE 27 DE DEZEMBRO DE 2011 (DOU 28.12.11)

O Ministro de Estado do Trabalho e Emprego Interino, no uso das atribuições que lhe conferem o inciso II do parágrafo único do art. 87 da Constituição Federal e os arts. 74, § 2º, e 913 da Consolidação das Leis do Trabalho, aprovada pelo Decreto-lei n. 5.452, de 1º de maio de 1943, considerando o disposto na Portaria n. 1979, de 30 de setembro de 2011 e as dificuldades operacionais ainda não superadas em alguns segmentos da economia para implantação do Sistema de Registro Eletrônico de Ponto - SREP, resolve:

Art. 1º — O art. 31 da Portaria n. 1.510, de 21 de agosto de 2009, somente produzirá efeitos:

I — A partir de 2 de abril de 2012, para as empresas que exploram atividades na indústria, no comércio em geral, no setor de serviços, incluindo, entre outros, os setores financeiro, de transportes, de construção, de comunicações, de energia, de saúde e de educação;

II — A partir de 1º de junho de 2012, para as empresas que exploram atividade agroeconômica nos termos da Lei n. 5.889, de 8 de julho de 1973;

III — A partir de 3 de setembro de 2012, para as microempresas e empresas de pequeno porte, definidas na forma da Lei Complementar n. 126/2006.

Art. 2º — Esta portaria entra em vigor na data de sua publicação.

Paulo Roberto dos Santos Pinto

Carlos Roberto Lupi

Nota: Os anexos a que se referem a supracitada Portaria encontram-se publicados no DOU de 25.8.09 com alterações de anexos procedidas na Portaria 2.233, de 17.11.09, os quais se encontram publicados no DOU de 18.11.09.

INSTRUÇÃO NORMATIVA GM/MTE N. 85, DE 26 DE JULHO DE 2010

(DOU 27.7.10)

DISCIPLINA A FISCALIZAÇÃO DO SISTEMA DE REGISTRO ELETRÔNICO DE PONTO — SREP, REGULAMENTADO PELA PORTARIA N. 1.510, DE 21 DE AGOSTO DE 2009, E FIXA PRAZO PARA O CRITÉRIO DA DUPLA VISITA EM RELAÇÃO À OBRIGATORIEDADE DA UTILIZAÇÃO DO EQUIPAMENTO NELA PREVISTO

O MINISTRO DE ESTADO DO TRABALHO E EMPREGO, no uso das atribuições conferidas pelo art. 913, *caput*, da Consolidação das Leis do Trabalho — CLT, aprovada pelo Decreto-lei n. 5.452, de 1º de maio de 1943, resolve:

Art. 1º Estabelecer procedimentos a serem observados, pelos Auditores-Fiscais do Trabalho, na fiscalização dos estabelecimentos que adotam o Sistema de Registro Eletrônico de Ponto — SREP, regulamentado pela Portaria n. 1.510, de 21 de agosto de 2009.

Art. 2º Nas fiscalizações efetuadas nos estabelecimentos que utilizam o controle eletrônico de ponto, é obrigatória a verificação dos requisitos do SREP, quando do exame da regularidade dos atributos "jornada" e/ou "descanso" e seus impactos nos atributos "salário" e Fundo de Garantia do Tempo de Serviço — "FGTS".

Art. 3º Durante a verificação física, o Auditor-Fiscal do Trabalho — AFT deverá colher dos empregados informações sobre o uso diário do sistema de controle da jornada utilizado pelo empregador, bem como orientá-los e dirimir dúvidas eventualmente manifestadas, nos termos do inc. II do art. 18 do Regulamento da Inspeção do Trabalho — RIT, aprovado pelo Decreto n. 4.552, de 27 de dezembro de 2002.

Art. 4º Deverá ser dada especial atenção à verificação da regularidade dos bancos de horas, mediante exame do seu sistema de controle, da previsão e autorização em instrumento coletivo, bem como dos critérios de compensação, prazo de validade e a quitação ou compensação das horas extraordinárias neles consignadas.

Art. 5º O Auditor-Fiscal do Trabalho deverá atentar para o fato de que cada Registrador Eletrônico de Ponto — REP somente poderá conter empregados do mesmo empregador, excetuados os seguintes casos:

I — registro de jornada do trabalhador temporário regido pela Lei n. 6.019, de 3 de janeiro de 1974 no REP do tomador de serviços, posto que a subordinação direta por este exercida obriga-o a atender ao disposto no § 2º do art. 74 da CLT em relação ao referido trabalhador, sem prática discriminatória em comparação aos demais empregados; e

II — empresas de um mesmo grupo econômico, nos termos do § 2º do art. 2º da CLT, que podem determinar a consignação das marcações de ponto no mesmo REP dos seus empregados que compartilhem o mesmo local de trabalho ou que estejam trabalhando em outra empresa do mesmo grupo econômico.

PARÁGRAFO ÚNICO. Ocorrendo alguma das situações mencionadas nos incs. I e II do *caput*, o Programa de Tratamento de Registro de Ponto deverá identificar o empregado e considerar as respectivas marcações para o controle de ponto da empresa empregadora.

Art. 6º O empregador usuário do SREP deverá ser notificado pelo Auditor-Fiscal do Trabalho para a apresentação dos seguintes documentos:

I — Termo de Responsabilidade e Atestado Técnico emitido pelo fabricante do Programa de Tratamento de Registro de Ponto utilizado pelo empregador, nos termos do art. 18, e seus parágrafos, da Portaria n. 1.510, de 2009;

II — Termo de Responsabilidade e Atestado Técnico emitido pelo fabricante do REP, nos termos do art. 17, e seus parágrafos, da Portaria n. 1.510, de 2009; e

III — Espelho de Ponto Eletrônico emitido pelo Programa de Tratamento de Registro de Ponto, nos termos do art. 12 e anexo II da Portaria n. 1.510, de 2009, relativo ao período a ser fiscalizado.

§ 1º Deverá ser conferida pelo Auditor-Fiscal do Trabalho a correspondência entre o equipamento REP e o Programa de Tratamento de Registro de Ponto utilizados pelo empregador com os modelos declarados nos termos de responsabilidade e atestados técnicos apresentados, com observância do nome do fabricante do REP, modelo e número da atualização, se houver.

§ 2º O Auditor-Fiscal do Trabalho deverá verificar se os termos de responsabilidade e atestados técnicos referentes aos REP e ao Programa de Tratamento de Registro de Ponto utilizados estão em conformidade com as determinações dos arts. 17 e 18, respectivamente, da Portaria n. 1.510, de 2009.

Art. 7º O empregador usuário do SREP deverá ser notificado pelo Auditor-Fiscal do Trabalho para fornecimento dos seguintes arquivos, em meio eletrônico:

I — Arquivo Fonte de Dados Tratados — AFDT, gerado pelo Programa de Tratamento de Registro de Ponto, nos termos do art. 12 da Portaria n. 1.510, de 2009, com o leiaute determinado no Anexo I, item 2, relativo ao período a ser fiscalizado; e

II — Arquivo de Controle de Jornada para Efeitos Fiscais — ACJEF, gerado pelo Programa de Tratamento de Registro de Ponto, nos termos do art. 12 da Portaria n. 1.510, de 2009, com o leiaute determinado no Anexo I, item 3, relativo ao período a ser fiscalizado.

Art. 8º O registro do modelo de REP utilizado pela empresa deverá ser conferido pelo Auditor-Fiscal do Trabalho na página eletrônica do MTE na internet.

Art. 9º O Auditor-Fiscal do Trabalho deverá verificar se o modelo do Programa de Tratamento de Registro de Ponto e os números de série dos REPs utilizados correspondem às informações declaradas pelo empregador no Cadastro de Sistema de Registro Eletrônico de Ponto — CAREP na página eletrônica do MTE na internet.

Art. 10. Deverá ser verificado pelo Auditor-Fiscal do Trabalho se os REPs utilizados pelo empregador possuem as seguintes funcionalidades à disposição dos empregados e da inspeção do trabalho:

I — emissão e disponibilização do comprovante para o empregado, por meio de seu livre acesso ao REP;

II — impressão da Relação Instantânea das Marcações pelo Auditor-Fiscal do Trabalho, com todas as marcações efetuadas nas vinte e quatro horas precedentes; e

III — livre acesso, pelo Auditor-Fiscal do Trabalho, à porta fiscal para apropriação dos dados da Memória de Registro de Ponto — MRP.

Art. 11. Será capturado pelo Auditor-Fiscal do Trabalho o Arquivo-Fonte de Dados — AFD gerado a partir dos dados armazenados na MRP, de todos os REPs necessários ao objetivo da ação fiscal, com ciência do fato de que os empregados podem registrar ponto em qualquer REP existente na empresa, desde que devidamente cadastrados.

PARÁGRAFO ÚNICO. Havendo necessidade, o Auditor-Fiscal do Trabalho poderá emitir a Relação Instantânea das Marcações, que o auxiliará na verificação física, podendo fazer a checagem entre as informações constantes no comprovante do empregado com as da relação instantânea, além do efetivo horário em que o empregado foi encontrado trabalhando.

Art. 12. O aplicativo disponibilizado pela Secretaria de Inspeção do Trabalho para uso exclusivo dos Auditores-Fiscais do Trabalho é o instrumento hábil para a validação e o cruzamento de dados entre os arquivos AFD, AFDT e ACJEF.

§ 1º O Auditor-Fiscal do Trabalho deverá analisar as marcações de ponto para identificação de eventuais irregularidades, tais como ausência e/ou redução de intervalos intrajornada e interjornada, realização de horas extras além do limite legal, horas extras sem acordo, horas extras sem a remuneração devida ou sem compensação, não concessão do descanso semanal remunerado, entre outros aspectos relativos aos limites da jornada e respectivos períodos de descanso.

§ 2º Para a análise prevista no § 1º, o Auditor-Fiscal do Trabalho deverá utilizar, além do aplicativo disponibilizado pela SIT, outras fontes de dados e sistemas oficiais.

Art. 13. O descumprimento de qualquer determinação ou especificação constante da Portaria n. 1.510, de 2009, descaracteriza o controle eletrônico de jornada, pois este não se prestará às finalidades que a CLT lhe destina.

§ 1º A infração a qualquer determinação ou especificação constante da Portaria n. 1.510, de 2009, ensejará a lavratura de auto de infração pelo Auditor-Fiscal do Trabalho, com base no art. 74, § 2º, da CLT.

§ 2º Comprovada a adulteração de horários marcados pelo trabalhador ou a existência de dispositivos, programas ou sub-rotinas que permitam a adulteração dos reais dados do controle de jornada ou parametrizações e bloqueios na marcação, o Auditor-Fiscal do Trabalho deverá tomar as seguintes providências:

I — apreender documentos e equipamentos que julgar necessários para comprovação do ilícito, conforme Instrução Normativa n. 28, de 27 de fevereiro de 2002;

II — copiar os arquivos eletrônicos que julgar necessários para comprovação do ilícito; e

III — elaborar relatório circunstanciado, contendo cópia dos autos de infração lavrados e da documentação apreendida, para a chefia técnica imediata, que enviará o relatório ao Ministério Público do Trabalho e a outros órgãos que julgar pertinentes.

Art. 14. Deverão ser incluídos nas Ordens de Serviço os atributos "jornada" e "descanso", especialmente para verificação dos impactos de eventuais irregularidades na saúde e segurança do trabalhador.

PARÁGRAFO ÚNICO. A regra do *caput* poderá ser excetuada onde o planejamento da fiscalização for com ela incompatível.

Art. 15. Deverá ser observado o critério da dupla visita em relação à obrigatoriedade da utilização do REP nas ações fiscais iniciadas até 25 de novembro de 2010, nos termos do art. 23 do RIT.

§ 1º A dupla visita no período mencionado no *caput* será formalizada em notificação que fixará prazo de trinta a noventa dias, a critério do Auditor-Fiscal do Trabalho.

§ 2º O prazo concedido deverá ser consignado, juntamente com breve relato da situação encontrada, nas informações complementares do respectivo Relatório de Inspeção — RI no Sistema Federal de Inspeção do Trabalho — SFIT.

§ 3º Não havendo a regularização quanto à utilização do REP após o decurso do prazo fixado, o Auditor-Fiscal do Trabalho deverá autuar o empregador e elaborar relatório circunstanciado, com cópia dos autos de infração, a ser entregue para a chefia técnica imediata, que enviará o relatório ao Ministério Público do Trabalho.

§ 4º O Auditor-Fiscal do Trabalho não poderá encerrar a ação fiscal sem concluir a fiscalização da obrigatoriedade da utilização do REP, seja com a regularização ou com a autuação devida.

Art. 16. Os dispositivos da Portaria n. 1.510, de 2009, referentes ao REP só serão aplicáveis a partir de 26 de agosto de 2010, data de início de sua obrigatoriedade.

Art. 17. Esta instrução normativa entra em vigor na data de sua publicação oficial.

Carlos Roberto Lupi

INSTRUÇÃO NORMATIVA N. 64, DA SIT/MTE, DE 25 DE ABRIL DE 2006

(DOU 26.4.06)

DISPÕE SOBRE A FISCALIZAÇÃO DO TRABALHO EM EMPRESAS QUE OPERAM COM TURNOS ININTERRUPTOS DE REVEZAMENTO

A SECRETÁRIA DE INSPEÇÃO DO TRABALHO, no exercício de sua competência, prevista no art. 14, XIII do Decreto n. 5.063, de 03 de maio de 2004, resolve:

Art. 1º O Auditor Fiscal do Trabalho — AFT deverá observar o disposto nesta instrução normativa quando da fiscalização de jornada dos trabalhadores que laboram em empresas que operam com turnos ininterruptos de revezamento.

Art. 2º Considera-se trabalho em turno ininterrupto de revezamento aquele prestado por trabalhadores que se revezam nos postos de trabalho nos horários diurno e noturno em empresa que funcione ininterruptamente ou não.

Art. 3º Para fins de fiscalização da jornada normal de trabalho em turnos ininterruptos de revezamento, o AFT deverá verificar o limite de seis horas diárias, trinta e seis horas semanais e cento e oitenta horas mensais.

§ 1º Na hipótese de existir convenção ou acordo coletivos estabelecendo jornada superior à mencionada no *caput*, cabe ao AFT encaminhar cópia do documento à chefia imediata com proposta de análise de sua legalidade pelo Serviço de Relações do Trabalho — SERET, da unidade.

§ 2º Na hipótese de trabalho extraordinário, o AFT deverá observar também se estas horas foram remuneradas acrescidas do respectivo adicional.

Art. 4º Caso o AFT encontre trabalhadores, antes submetidos ao sistema de turno ininterrupto de revezamento, laborando em turnos fixados pela empresa, deverá observar com atenção e rigor as condições de segurança e saúde do trabalhador, especialmente daqueles cujo turno fixado for o noturno.

PARÁGRAFO ÚNICO. Neste caso, deverá o AFT verificar se o aumento de carga horária foi acompanhado do respectivo acréscimo salarial proporcional e respectivo adicional noturno, quando devido.

Art. 5º Esta Instrução Normativa entra em vigor na data de sua publicação

Ruth Beatriz v. Vilela

PORTARIA N. 412, DO MTE, DE 20 DE SETEMBRO DE 2007

(DOU 21.9.07)

DISCIPLINA A ALTERAÇÃO NA JORNADA E NO HORÁRIO DE TRABALHO DOS EMPREGADOS QUE TRABALHEM EM REGIME DE TURNOS ININTERRUPTOS DE REVEZAMENTO

O MINISTÉRIO DE ESTADO DO TRABALHO E EMPREGO, no uso das suas atribuições legais e tendo em vista o disposto no art. 87, parágrafo único, inciso II, da Constituição e no art. 913 da Consolidação das Leis do Trabalho, aprovada pelo Decreto-lei n. 5.452, de 1º de maio de 1943, resolve:

Art. 1º Considera-se ilícita a alteração da jornada e do horário de trabalho dos empregados que trabalhem em regime de turnos ininterruptos de revezamento, salvo mediante convenção ou acordo coletivo de trabalho.

PARÁGRAFO ÚNICO. A não observância do disposto no *caput* implica infração ao disposto nos arts. 444 e 468 da Consolidação das Leis do Trabalho, aprovada pelo Decreto-lei n. 5.452, de 1º de maio de 1943 e enseja a aplicação da multa estabelecida no art. 510 daquele diploma legal.

Art. 2º Esta Portaria entra em vigor na data de sua publicação.

Carlos Lupi

Legislação Complementar

INSTRUÇÃO NORMATIVA N. 70, DA SIT/MTE, DE 13 DE AGOSTO DE 2007

(DOU 14.8.07)

DISPÕE SOBRE OS PROCEDIMENTOS DA FISCALIZAÇÃO DAS CONDIÇÕES DO TRABALHO, SEGURANÇA E SAÚDE DE VIDA A BORDO DE EMBARCAÇÕES NACIONAIS E ESTRANGEIRAS

A SECRETÁRIA DE INSPEÇÃO DO TRABALHO, no exercício de sua competência regimental, prevista na Portaria Ministerial n. 483, de 15 de setembro de 2004, Anexo VI, art. 1º, inciso XIII e de acordo com o disposto na Portaria/MTE n. 210, de 30 de abril de 1999 e nas Resoluções Normativas RN-59/04; RN-71/06 e RN-72/06 do Conselho Nacional de Imigração — CNIg, resolve:

Das Disposições Gerais

Art. 1º Compete às Coordenações Nacional e Regionais de Inspeção do Trabalho Portuário e Aquaviário promover a fiscalização das condições do trabalho, segurança e saúde e de vida a bordo de embarcação comercial nacional ou estrangeira, utilizada na navegação marítima, fluvial ou lacustre.

PARÁGRAFO ÚNICO. Consideram-se condições de trabalho e de vida a bordo, entre outras, àquelas relativas às normas de manutenção e limpeza das áreas de alojamento e trabalho a bordo, à idade mínima, aos contratos de engajamento, à alimentação e ao serviço de quarto, ao alojamento da tripulação, à contratação, à lotação, ao nível de qualificação, às horas de trabalho, aos atestados médicos, à prevenção de acidentes de trabalho, aos cuidados médicos, ao bem estar social e questões afins e à repatriação.

SEÇÃO I
Da Ação Fiscal em Embarcação Nacional

Art. 2º Quando se tratar de embarcação comercial nacional, onde será sempre observada a legislação trabalhista nacional mesmo nos contratos de trabalho de marítimos estrangeiros, o Auditor-Fiscal do Trabalho AFT deverá observar o cumprimento das normas contidas na Convenção n. 147 e seus anexos, as disposições da Consolidação das Leis do Trabalho — CLT, a legislação complementar pertinente, os acordos e convenções coletivas de trabalho e a Norma Regulamentadora de Segurança e Saúde no Trabalho Aquaviário — NR-30 e seus anexos.

PARÁGRAFO ÚNICO. Às violações das normas legais deve corresponder a lavratura de autos de infração, conforme ementário.

SEÇÃO II
Da Ação Fiscal em Embarcação de Bandeira Estrangeira

Art. 3º O Auditor-Fiscal do Trabalho deverá, na ação fiscal em embarcações de bandeira estrangeira, observar as diretrizes sobre procedimentos de inspeção das condições de trabalho a bordo de embarcações, adotadas pela Reunião Tripartite de Peritos, convocada pela OIT em 1989, constantes nos arts. 4º a 10.

Art. 4º Nas situações como as dispostas no art. 4º da Portaria n. 210, de 1999, as queixas de um membro da tripulação, de um sindicato ou de qualquer pessoa ou organização interessada nas condições contratuais de trabalho, ou ainda, quando um AFT observar claro indício de irregularidade, a Coordenação Regional, deverá proceder à ação imediata de inspeção da embarcação.

PARÁGRAFO ÚNICO. A equipe de fiscalização formada para a verificação de qualquer um desses casos, deverá ser constituída por Auditores-Fiscais do Trabalho com formação multidisciplinar.

Art. 5º Quando a denúncia for sobre embarcação ainda não atracada, a ação fiscal deverá ser precedida de investigação no sentido de obter com as empresas e órgãos responsáveis as seguintes informações:

I — o Agente Marítimo autorizado, o nome, a classe e a bandeira da embarcação;

II — se foi solicitada e se foi concedida a autorização definida como Livre Prática na Resolução da Diretoria Colegiada da ANVISA-RDC n. 217 de 21 de novembro de 2001, que é condição necessária para o acesso do AFT a bordo;

III — dados sobre a última vistoria efetuada pela Diretoria de Portos e Costas (Controle do Estado do Porto), junto à Capitania dos Portos;

IV — a previsão da data de atracação e desatracação, bem como o cais e berço que o navio irá ocupar no porto.

Art. 6º No navio atracado ou em área de fundeio, após a observância do disposto nos incisos I a IV do art. 5º, a ação fiscal deve determinar, inicialmente, a procedência e a seriedade das provas ou queixas, em consulta com o comandante ou na sua ausência, com o substituto imediato.

Art. 7º Se considerada justificada uma inspeção, deverão ser solicitados os documentos e certificados emitidos pelas sociedades classificadoras relativos à embarcação, conforme o objeto da denúncia, sendo indispensáveis o registro do navio, a lista de tripulantes (crew list), os dados gerais do navio (ship particulars), os contratos de engajamento dos tripulantes (contract of employment), o certificado de tripulação mínima de segurança (minimum safe manning certificate) e a lista de recibos do último pagamento efetuado à tripulação (crew payroll).

Art. 8º Quanto às condições de segurança e saúde, dependendo da denúncia, será efetuada a verificação física dos alojamentos, cozinha, câmaras frigoríficas e a quantidade e qualidade dos alimentos, bem como a provisão de água potável, que deverão ser compatíveis com o tempo de permanência do navio no porto e a duração da viagem até o próximo porto.

Art. 9º Caso a denúncia ou irregularidade seja confirmada, o agente de navegação autorizado pelo armador e o comandante deverão ser notificados para o saneamento da situação irregular encontrada, conforme preconizado no art. 4º, IV, da Portaria MTE n. 210, de 1999.

Art. 10. Se não atendidas as notificações expedidas, seja de âmbito contratual, salarial ou de condição ambiental de trabalho e de vida a bordo que possa causar acidente do trabalho ou doença profissional com lesão grave à integridade física do trabalhador, deverão ser adotados os seguintes procedimentos:

I — as questões relativas às condições de segurança, saúde e higiene do trabalho que possam causar grave e iminente risco à tripulação deverão ser comunicadas formalmente ao mais próximo representante consular do país da bandeira (art. 4º, VI da Portaria MTE n. 210, de 1999) e à autoridade marítima, com a descrição da situação encontrada e solicitação do impedimento do despacho do navio, com a conseqüente retenção do navio, na forma do que prevêem a Portaria Interministerial n. 80/2002 e a NORMAM 08 até a solução do problema;

II — nos casos de irregularidade de origem contratual ou salarial e condição de segurança, higiene e saúde do trabalho de menor gravidade, esgotadas todas as formas de solução e coletadas as provas documentais possíveis, o AFT deverá elaborar o relatório circunstanciado de que trata o art. 11.

III — os casos que ensejarem repatriação, como aqueles de contratos de engajamento vencidos ou de outras circunstâncias elencadas no art. 2º da Convenção n. 166 da OIT, ratificada pelo Decreto n. 2.670 de 15 de julho de 1998, ensejarão comunicação, por ofício, à Superintendência Regional da Policia Federal, além da adoção dos procedimentos supramencionados;

IV — quando a tripulação se encontrar em greve (strike), a fiscalização do trabalho deverá buscar todos os meios de mediar o conflito procurando garantir os direitos dos trabalhadores envolvidos, inclusive o próprio direito à greve.

Art. 11. Ao fim de qualquer ação fiscal deverá ser elaborado um relatório circunstanciado em que constem as ações tomadas e o resultado, procedendo-se a remessa de cópia do mesmo à Coordenação Nacional de Inspeção do Trabalho Portuário e Aquaviário, bem como à chefia de fiscalização regional. Quando não atendidas itens considerados relevantes pelo agente fiscal, deverá ser proposto o encaminhamento do relatório à Assessoria Internacional do MTE, para as providências cabíveis.

SUBSEÇÃO I

Da Ação Fiscal em Embarcação Comercial Estrangeira Operando em Águas Jurisdicionais Brasileiras — AJB

Art. 12. Tratando-se de embarcação estrangeira que esteja operando em águas jurisdicionais brasileiras, por força de contrato de afretamento ou de prestação de serviços ou de riscos, celebrado com empresa brasileira e, havendo queixa de claro indício de irregularidade formulada por um membro da tripulação, um sindicato ou por qualquer pessoa ou organização interessada nas condições de trabalho, ou ainda, atendendo ao planejamento da Secretaria de Inspeção do Trabalho e das chefias de fiscalização regionais, será iniciada ação fiscal pela Coordenação Regional do local.

Art. 13. A Coordenação Regional procederá às diligências necessárias à apuração da denúncia ou da irregularidade, adotará os procedimentos seguintes e elaborará relatório circunstanciado:

I — verificar o tipo de navegação em que a embarcação opera: se de longo curso, cabotagem, apoio marítimo, navegação interior de percurso nacional ou navegação interior de percurso internacional;

II — solicitar o Certificado de Autorização de Afretamento — CAA, emitido pelo Departamento de Marinha Mercante — DMM, do Ministério dos Transportes, caso esteja na navegação de cabotagem, apoio marítimo ou na navegação interior de percurso nacional;

III — verificar os tipos de vistos de permanência dos tripulantes estrangeiros;

IV — solicitar para as embarcações de longo curso ou de navegação interior de percurso internacional que são dispensadas de possuir o CAA e seus tripulantes de possuírem vistos específicos, que seja apresentada a comprovação de que também frequentam portos estrangeiros, o que pode ser verificado no Diário de Navegação;

V — quando comprovado pelo CAA que a embarcação estrangeira está na navegação de cabotagem, apoio marítimo ou na navegação interior de percurso nacional, deverá ser solicitada a autorização de trabalho de todos os tripulantes estrangeiros bem como os respectivos vistos.

VI — quanto à contratação de trabalhadores brasileiros para essas embarcações estrangeiras que operam em águas jurisdicionais brasileiras, deverão ser aplicadas as disposições da RN-59/04 para os barcos de pesca, da RN-71/06 para as embarcações de turismo e da RN-72/06 para as embarcações ou plataformas de bandeira estrangeira, observando os prazos previstos nas Resoluções Normativas citadas, ou outros prazos estabelecidos pela Coordenação Geral de Imigração — CGIg/MTE, em conformidade com resoluções do Conselho Nacional de Imigração — CNIg:

a) nas embarcações estrangeiras de pesca, arrendadas por empresa brasileira, deverá haver tripulantes brasileiros contratados sob legislação nacional numa proporção de 2/3 (dois terços) da tripulação, nos diversos níveis técnicos e de atividades, e os tripulantes estrangeiros deverão estar contratados pela empresa arrendatária da embarcação, também sob legislação nacional;

b) no caso de tripulantes e outros profissionais que exerçam atividade remunerada a bordo de navio de cruzeiro aquaviário na costa brasileira, na bacia amazônica ou demais águas interiores, os vistos e autorizações de trabalho são aqueles definidos na Resolução Normativa n. 71 do CNIg, de 5 de setembro de 2006 e, no que tange à contratação de tripulantes brasileiros, conforme dispõe o art. 7º dessa Resolução, deverá ser verificado no Diário de Navegação ou nos controles da autoridade marítima, se a embarcação está em águas jurisdicionais brasileiras há mais de 30 (trinta) dias e, nesse caso, se a embarcação conta com um mínimo de 25% (vinte e cinco por cento) de brasileiros em vários níveis técnicos e em diversas atividades a serem definidas pelo armador ou pela empresa representante do mesmo;

c) em relação a embarcações e plataformas estrangeiras que operem em águas jurisdicionais brasileiras por prazo superior a noventa dias contínuos, observar que sejam aplicadas as normas do art. 3º da Resolução Normativa n. 72/06 do CNIg em relação à admissão de marítimos e outros profissionais brasileiros:

1. para embarcações utilizadas na navegação de apoio marítimo, assim definida aquela realizada para o apoio logístico a embarcações e instalações, que atuem nas atividades de pesquisa e lavra de minerais e hidrocarbonetos:

1.1. a partir de noventa dias de operação, deverá contar com um terço de brasileiros do total de profissionais existentes a bordo, em todos os níveis técnicos e em todas as atividades, de caráter contínuo;

1.2. a partir de cento e oitenta dias de operação, deverá contar com um meio de brasileiros do total de profissionais existentes a bordo, em todos os níveis técnicos e em todas as atividades, de caráter contínuo; e

1.3. a partir de trezentos e sessenta dias de operação, deverá contar com dois terços de brasileiros do total de profissionais existentes a bordo, em todos os níveis técnicos e em todas as atividades, de caráter contínuo.

2. para embarcações de exploração ou prospecção, assim como plataformas, definidas as instalações ou estruturas, fixas ou flutuantes, destinadas às atividades direta ou indiretamente relacionadas com a pesquisa, exploração e explotação dos recursos oriundos do leito das águas interiores e seu subsolo ou do mar, inclusive da plataforma continental e seu subsolo:

2.1. a partir de cento e oitenta dias de operação, deverá contar com um quinto de brasileiros do total de profissionais existentes a bordo;

2.2. a partir de trezentos e sessenta dias de operação, deverá contar com um terço de brasileiros do total de profissionais existentes a bordo; e

2.3. a partir de setecentos e vinte dias de operação, deverá contar com dois terços de brasileiros do total de profissionais existentes a bordo.

3. para embarcações utilizadas na navegação de cabotagem, definida como aquela realizada entre portos ou pontos do território brasileiro, utilizando a via marítima ou esta e as vias navegáveis interiores:

3.1. a partir de noventa dias de operação, deverá contar com um quinto de marítimos brasileiros, arredondando-se para o inteiro subsequente, em caso de fração igual ou maior que cinco décimos, em cada nível técnico (oficiais, graduados e não-graduados) e em cada ramo de atividade (convés e máquinas) de caráter contínuo; e

3.2. a partir de cento e oitenta dias de operação, deverá contar com um terço de marítimos brasileiros, arredondando-se para o inteiro subsequente, em caso de fração igual ou maior que cinco décimos, em cada nível técnico (oficiais, graduados e não-graduados) e em cada ramo de atividade (convés e máquinas) de caráter contínuo.

Das Disposições Finais

Art. 14. Caso descumprido o disposto nas Resoluções Normativas do CNIg, inclusive em relação à admissão de trabalhadores brasileiros, deverá ser lavrado Auto de Infração em desfavor da empresa brasileira contratante da embarcação estrangeira, por infração ao art. 444 da CLT (ementa 001139-8).

Art. 15. O relatório de que trata o *caput* art. 13 deverá ser acompanhado de cópia de eventuais Autos de Infração e encaminhado Coordenação Nacional de Inspeção do Trabalho Portuário e Aquaviário, com cópia à chefia de fiscalização regional.

Art. 16. A Secretaria de Inspeção do Trabalho poderá convocar, através das chefias de fiscalização, os integrantes das Coordenações Regionais para compor o Grupo Especial Móvel de que trata a Portaria MTb n. 1.115/96 para executarem também atividades de fiscalização do trabalho aquaviário.

Art. 17. Esta Instrução Normativa entra em vigor na data de sua publicação.

Art. 18. Revoga-se a Instrução Normativa n. 19, de 27 de setembro de 2000, publicada no Diário Oficial da União de 28 de setembro de 2000, Seção I página 9.

Ruth Beatriz Vasconcelos Vilela

PORTARIA GM/MTE N. 41, DE 28 DE MARÇO DE 2007

(DOU 30.3.07)

DISCIPLINA O REGISTRO E A ANOTAÇÃO DE CARTEIRA DE TRABALHO E PREVIDÊNCIA SOCIAL DE EMPREGADOS

O MINISTRO DE ESTADO DO TRABALHO E EMPREGO, no uso da competência que lhe confere o art. 87, parágrafo único, incisos I e II da Constituição, resolve:

Art. 1º Proibir ao empregador que, na contratação ou na manutenção do emprego do trabalhador, faça a exigência de quaisquer documentos discriminatórios ou obstativos para a contratação, especialmente certidão negativa de reclamatória trabalhista, teste, exame, perícia, laudo, atestado ou declaração relativos à esterilização ou a estado de gravidez.

Art. 2º O registro de empregados de que trata o art. 41 da CLT conterá as seguintes informações:

I — nome do empregado, data de nascimento, filiação, nacionalidade e naturalidade;

II — número e série da Carteira de Trabalho e Previdência Social — CTPS;

III — número de identificação do cadastro no Programa de Integração Social — PIS ou no Programa de Formação do Patrimônio do Serviço Público — PASEP;

IV — data de admissão;

V — cargo e função;

VI — remuneração;

VII — jornada de trabalho;

VIII — férias; e

IX — acidente do trabalho e doenças profissionais, quando houver.

PARÁGRAFO ÚNICO. O registro de empregado deverá estar atualizado e obedecer à numeração sequencial por estabelecimento.

Art. 3º O empregador poderá adotar controle único e centralizado do registro de empregados, desde que os empregados portem cartão de identificação contendo seu nome completo, número de inscrição no PIS/PASEP, horário de trabalho e cargo ou função.

§ 1º O registro de empregados de prestadores de serviços poderá permanecer na sede da contratada caso atendida a exigência contida no caput deste artigo.

§ 2º A exibição dos documentos passíveis de centralização deverá ser feita no prazo de dois a oito dias, a critério do Auditor Fiscal do Trabalho.

Art. 4º O empregador poderá efetuar o registro de empregados em sistema informatizado que garanta a segurança, inviolabilidade, manutenção e conservação das informações e que:

I — mantenha registro individual em relação a cada empregado;

II — mantenha registro original, individualizado por empregado, acrescentando-lhe as retificações ou averbações, quando for o caso; e

III — assegure, a qualquer tempo, o acesso da fiscalização trabalhista às informações, por meio de tela, impressão de relatório e meio magnético.

§ 1º O sistema deverá conter rotinas autoexplicativas, para facilitar o acesso e o conhecimento dos dados registrados.

§ 2º As informações e relatórios deverão conter data e hora do lançamento, atestada a sua veracidade por meio de rubrica e identificação do empregador ou de seu representante legal nos documentos impressos.

§ 3º O sistema deverá possibilitar à fiscalização o acesso às informações e dados dos últimos doze meses.

§ 4º As informações anteriores a doze meses poderão ser apresentadas no prazo de dois a oito dias via terminal de vídeo ou relatório ou por meio magnético, a critério do Auditor Fiscal do Trabalho.

Art. 5º O empregador anotará na CTPS do empregado, no prazo de 48 horas contadas da admissão, os seguintes dados:

I — data de admissão;

II — remuneração; e

III — condições especiais do contrato de trabalho, caso existentes.

§ 1º As demais anotações deverão ser realizadas nas oportunidades mencionadas no art. 29 da CLT.

§ 2º As anotações poderão ser feitas mediante o uso de carimbo ou etiqueta gomada, bem como de qualquer meio mecânico ou eletrônico de impressão, desde que autorizado pelo empregador ou seu representante legal.

Art. 6º O empregador poderá adotar ficha de anotações, exceto quanto às datas de admissão e de extinção do contrato de trabalho, que deverão ser anotadas na própria CTPS.

PARÁGRAFO ÚNICO. O empregado poderá, a qualquer tempo, solicitar a atualização e o fornecimento, impressos, de dados constantes na ficha de anotações.

Art. 7º As anotações deverão ser feitas sem abreviaturas, ressalvando-se, ao final de cada assentamento, as emendas, entrelinhas, rasuras ou qualquer circunstância que possa gerar dúvida.

Art. 8º É vedado ao empregador efetuar anotações que possam causar dano à imagem do trabalhador, especialmente referentes a sexo ou sexualidade, origem, raça, cor, estado civil, situação familiar, idade, condição de autor em reclamações trabalhistas, saúde e desempenho profissional ou comportamento.

Art. 9º Esta portaria entra em vigor na data de sua publicação.

Art. 10. Revogam-se as Portarias ns. 3.024, de 22 de janeiro de 1992; 402, de 18 de abril de 1995; 1.121, de 8 de novembro de 1995; 739, de 29 de agosto de 1997; 628, de 10 de agosto de 2000; 376, de 18 de setembro de 2002 e os arts. 1º e 2º, §§ 2º e 3º do art. 3º; e arts. 11, 12 e 12-A da Portaria n. 3.626, de novembro de 1991.

Luiz Marinho

Legislação Complementar

PORTARIA GM/MTE N. 1.129, DE 23 DE JULHO DE 2014

(DOU 24.7.14)

APROVA INSTRUÇÕES PARA A PRESTAÇÃO DE INFORMAÇÕES PELO EMPREGADOR, RELATIVAS A MOVIMENTAÇÕES DE EMPREGADOS

O MINISTRO DE ESTADO DO TRABALHO E EMPREGO, no uso da atribuição que lhe confere o inciso II do parágrafo único do art. 87 da Constituição e tendo em vista o disposto no art. 1º da Lei n. 4.923, de 23 de dezembro de 1965 e no art. 24 da Lei n. 7.998, de 11 de janeiro 1990, resolve:

Art. 1º Aprovar instruções para a prestação de informações pelo empregador, relativas a movimentações de empregados, para fins do:

I — Cadastro Geral de Empregados e Desempregados — CAGED, instituído pela Lei n. 4.923, de 23 de dezembro de 1965;

II — Seguro-Desemprego, nos termos do art. 7º, inciso I, e art. 24 da Lei n. 7.998, de 11 de janeiro de 1990.

Art. 2º O Aplicativo do CAGED Informatizado — ACI deve ser utilizado para gerar e ou analisar o arquivo do CAGED, pelas empresas nas quais tenha ocorrido movimentação de empregados regidos pela Consolidação das Leis do Trabalho — CLT.

§ 1º O arquivo gerado deve ser enviado ao MTE via Internet. A cópia do arquivo, o recibo de entrega e o Extrato da Movimentação Processada, devem ser mantidos no estabelecimento a que se referem, pelo prazo de 5 anos a contar da data do envio, para fins de comprovação perante a fiscalização do trabalho.

§ 2º O Extrato da Movimentação Processada estará disponível para impressão, na Internet, após o dia 20 de cada mês no endereço www.mte.gov.br, opção CAGED.

§ 3º Art. 2º As empresas que possuem mais de um estabelecimento devem remeter ao MTE arquivos específicos a cada estabelecimento.

Art. 3º É obrigatória utilização de certificado digital válido, padrão ICP Brasil, para a transmissão das informações de que trata o art. 1º, por todos os estabelecimentos que possuam vinte empregados ou mais no primeiro dia do mês de movimentação.

PARÁGRAFO ÚNICO — As declarações poderão ser transmitidas com o certificado digital de pessoa jurídica, emitido em nome do estabelecimento, ou com certificado digital do responsável pela entrega da declaração, sendo este o e-CPF ou o e-CNPJ.

Art. 4º As informações prestadas fora do prazo deverão ser declaradas obrigatoriamente com a utilização de certificado digital válido.

Art. 5º As informações de que trata o inciso I do art. 1º desta Portaria deverão ser prestadas ao Ministério do Trabalho e Emprego — MTE até o dia sete do mês subsequente àquele em que ocorreu a movimentação de empregados.

Art. 6º Para os fins a que se refere o inciso II do art. 1º, as informações relativas a admissões deverão ser prestadas:

I — na data de início das atividades do empregado, quando este estiver em percepção do Seguro-Desemprego ou cujo requerimento esteja em tramitação;

II — na data do registro do empregado, quando o mesmo decorrer de ação fiscal conduzida por Auditor-Fiscal do Trabalho.

§ 1º As informações a que se refere este artigo suprirão os fins referidos no inciso I do art. 1º, o que dispensará a obrigação a que se refere o art. 5º, relativamente às admissões informadas.

§ 2º O Ministério do Trabalho e Emprego disponibilizará, em seu sítio na Internet, a situação do trabalhador relativa ao Seguro-Desemprego, para consulta pelo empregador e pelo responsável designado por este.

Art. 7º O empregador que não prestar as informações no prazo previsto nos arts. 5º e 6º, omitir informações ou prestar declaração falsa ou inexata, ficará sujeito às multas previstas nas Leis de ns. 4.923, de 1965 e 7.998, de 1990.

PARÁGRAFO ÚNICO. Além das penalidades administrativas, os responsáveis por meios fraudulentos na habilitação ou na percepção do Seguro-Desemprego serão punidos civil e criminalmente, nos termos da lei.

Art. 8º Esta Portaria entra em vigor no prazo de sessenta dias da data de sua publicação.

Art. 9º Revogam-se as Portarias n. 235, de 14 de março de 2003 e a Portaria n. 2.124, de 20 de dezembro de 2012.

Manoel Dias

PORTARIA GM/MTE N. 1.095, DE 19 DE MAIO DE 2010

(DOU 20.5.10)

DISCIPLINA OS REQUISITOS PARA A REDUÇÃO DO INTERVALO INTRAJORNADA

O MINISTRO DE ESTADO DO TRABALHO E EMPREGO, no uso da competência que lhe confere o art. 87, parágrafo único, incisos I e II da Constituição, resolve:

Art. 1º A redução do intervalo intrajornada de que trata o art. 71, § 3º, da Consolidação das Leis do Trabalho — CLT poderá ser deferida por ato de autoridade do Ministério do Trabalho e Emprego quando prevista em convenção ou acordo coletivo de trabalho, desde que os estabelecimentos abrangidos pelo seu âmbito de incidência atendam integralmente às exigências concernentes à organização dos refeitórios, e quando os respectivos empregados não estiverem sob regime de trabalho prorrogado a horas suplementares.

§ 1º Fica delegada, privativamente, aos Superintendentes Regionais do Trabalho e Emprego a competência para decidir sobre o pedido de redução de intervalo para repouso ou refeição.

§ 2º Os instrumentos coletivos que estabeleçam a possibilidade de redução deverão especificar o período do intervalo intrajornada.

§ 3º Não será admitida a supressão, diluição ou indenização do intervalo intrajornada, respeitado o limite mínimo de trinta minutos.

Art. 2º O pedido de redução do intervalo intrajornada formulado pelas empresas com fulcro em instrumento coletivo far-se-ão acompanhar de cópia deste e serão dirigidos ao Superintendente Regional do Trabalho e Emprego, com a individualização dos estabelecimentos que atendam os requisitos indicados no *caput* do art. 1º desta Portaria, vedado o deferimento de pedido genérico.

§ 1º Deverá também instruir o pedido, conforme modelo previsto no anexo desta Portaria, documentação que ateste o cumprimento, por cada estabelecimento, dos requisitos previstos no *caput* do art. 1º desta Portaria.

§ 2º O Superintendente Regional do Trabalho e Emprego poderá deferir o pedido formulado, independentemente de inspeção prévia, após verificar a regularidade das condições de trabalho nos estabelecimentos pela análise da documentação apresentada, e pela extração de dados do Sistema Federal de Inspeção do Trabalho, da Relação Anual de Informações Sociais — RAIS e do Cadastro Geral de Empregados e Desempregados — CAGED.

Art. 3º O ato de que trata o art. 1º desta Portaria terá a vigência máxima de dois anos e não afasta a competência dos agentes da Inspeção do Trabalho de verificar, a qualquer tempo, *in loco*, o cumprimento dos requisitos legais.

PARÁGRAFO ÚNICO. O descumprimento dos requisitos torna sem efeito a redução de intervalo, procedendo-se às autuações por descumprimento do previsto no *caput* do art. 71 da CLT, bem como das outras infrações que forem constatadas.

Art. 4º Esta portaria entra em vigor na data de sua publicação.

Art. 5º Revoga-se a Portaria n. 42, de 28 de março de 2007.

Carlos Roberto Lupi

INSTRUÇÃO NORMATIVA N. 91 SIT/MTE, DE 5 DE OUTUBRO DE 2011

(DOU 6.10.11 e retificação DOU 13.10.11)

DISPÕE SOBRE A FISCALIZAÇÃO PARA A ERRADICAÇÃO DO TRABALHO EM CONDIÇÃO ANÁLOGA À DE ESCRAVO E DÁ OUTRAS PROVIDÊNCIAS

A SECRETÁRIA DE INSPEÇÃO DO TRABALHO, no exercício da competência prevista no inciso XIII do art. 14 do Anexo I do Decreto n. 5.063, de 3 de maio de 2004, resolve:

Editar a presente Instrução Normativa sobre procedimentos que deverão ser adotados em relação à fiscalização para a erradicação do trabalho em condição análoga à de escravo.

Art. 1º O trabalho realizado em condição análoga à de escravo, sob todas as formas, constitui atentado aos direitos humanos fundamentais e fere a dignidade humana, sendo dever do Auditor-Fiscal do Trabalho colaborar para a sua erradicação.

DO ÂMBITO DE APLICAÇÃO DA PRESENTE INSTRUÇÃO NORMATIVA

Art. 2º Serão observados pelos Auditores-Fiscais do Trabalho, na fiscalização para a erradicação do trabalho em condição análoga à de escravo, em qualquer atividade econômica urbana, rural ou marítima, e para qualquer trabalhador, nacional ou estrangeiro, os procedimentos previstos na presente Instrução Normativa.

Art. 3º Para os fins previstos na presente Instrução Normativa, considera-se trabalho realizado em condição análoga à de escravo a que resulte das seguintes situações, quer em conjunto, quer isoladamente:

I — A submissão de trabalhador a trabalhos forçados;

II — A submissão de trabalhador a jornada exaustiva;

III — A sujeição de trabalhador a condições degradantes de trabalho;

IV — A restrição da locomoção do trabalhador, seja em razão de dívida contraída, seja por meio do cerceamento do uso de qualquer meio de transporte por parte do trabalhador, ou por qualquer outro meio com o fim de retê-lo no local de trabalho;

V — A vigilância ostensiva no local de trabalho por parte do empregador ou seu preposto, com o fim de retê-lo no local de trabalho;

VI — A posse de documentos ou objetos pessoais do trabalhador, por parte do empregador ou seu preposto, com o fim de retê-lo no local de trabalho.

§ 1º As expressões referidas nos incisos de I a VI deverão ser compreendidas na forma a seguir:

a) "trabalhos forçados" — todas as formas de trabalho ou de serviço exigidas de uma pessoa sob a ameaça de sanção e para o qual não se tenha oferecido espontaneamente, assim como aquele exigido como medida de coerção, de educação política, de punição por ter ou expressar opiniões políticas ou pontos de vista ideologicamente opostos ao sistema político, social e econômico vigente, como método de mobilização e de utilização da mão de obra para fins de desenvolvimento econômico, como meio para disciplinar a mão de obra, como punição por participação em greves ou como medida de discriminação racial, social, nacional ou religiosa;

b) "jornada exaustiva" — toda jornada de trabalho de natureza física ou mental que, por sua extensão ou intensidade, cause esgotamento das capacidades corpóreas e produtivas da pessoa do trabalhador, ainda que transitória e temporalmente, acarretando, em consequência, riscos a sua segurança e/ou a sua saúde;

c) "condições degradantes de trabalho" — todas as formas de desrespeito à dignidade humana pelo descumprimento aos direitos fundamentais da pessoa do trabalhador, notadamente em matéria de segurança e saúde, e que, em virtude do trabalho, venha a ser tratada pelo empregador, por preposto ou mesmo por terceiros, como coisa e não como pessoa;

d) "restrição da locomoção do trabalhador" — todo tipo de limitação imposta ao trabalhador a seu direito fundamental de ir e vir ou de dispor de sua força de trabalho, inclusive o de encerrar a prestação do trabalho, em razão de dívida, por meios diretos ou indiretos, por meio de coerção física ou moral, fraude ou outro meio ilícito de submissão;

e) "cerceamento do uso de qualquer meio de transporte com o objetivo de reter o trabalhador" — toda forma de limitação do uso de transporte, particular ou público, utilizado pelo trabalhador para se locomover do trabalho para outros locais situados fora dos domínios patronais, incluindo sua residência, e vice-versa;

f) "vigilância ostensiva no local de trabalho" — todo tipo ou medida de controle empresarial exercida sobre a pessoa do trabalhador, com o objetivo de retê-lo no local de trabalho;

g) "posse de documentos ou objetos pessoais do trabalhador" — toda forma de apoderamento ilícito de documentos ou objetos pessoais do trabalhador, com o objetivo de retê-lo no local de trabalho;

§ 2º Ao identificar qualquer infração que possa caracterizar uma ou mais das hipóteses previstas nos incisos I a VI do *caput*, o Auditor-Fiscal do Trabalho deverá lavrar os respectivos autos de infração, indicando de forma explícita no corpo de cada auto que aquela infração, vista em conjunto com as demais, caracteriza trabalho realizado em condição análoga à de escravo.

§ 3º O Auditor-Fiscal do Trabalho deverá enumerar também, no corpo de cada auto de infração lavrado, a quantidade de Requerimentos do Seguro-Desemprego do Trabalhador Resgatado emitidos.

Art. 4º A constatação administrativa de trabalho em condição análoga à de escravo realizada pelo Auditor-Fiscal do Trabalho, bem como os atos administrativos dela decorrentes, independem do reconhecimento no âmbito criminal.

Art. 5º O Auditor-Fiscal do Trabalho, ao concluir pela existência de trabalho em condição análoga à de escravo, tomará todas as medidas indicadas nos artigos 13 e 14, da presente Instrução Normativa.

Art. 6º O disposto nesta Instrução Normativa é aplicável aos casos nos quais o Auditor-Fiscal do Trabalho identifique tráfico de pessoas para fins de exploração de trabalho em condição análoga à de escravo, uma vez presente qualquer das hipóteses previstas nos incisos I a VI do art. 3º, desta Instrução Normativa.

§ 1º Considera-se tráfico de pessoas para fins de exploração de trabalho em condição análoga à de escravo, conforme definido no Protocolo Adicional à Convenção das Nações Unidas contra o Crime Organizado Transnacional Relativo à Prevenção, Repressão e Punição do Tráfico de Pessoas, em especial Mulheres e Crianças, promulgado por meio do Decreto n. 5.017, de 12 de março de 2004, "o recrutamento, o transporte, a transferência, o alojamento ou o acolhimento de pessoas, recorrendo à ameaça ou uso da força ou a outras formas de coação, ao rapto, à fraude, ao engano, ao abuso de autoridade ou à situação de vulnerabilidade ou à entrega ou aceitação de pagamentos ou benefícios para obter o consentimento de uma pessoa que tenha autoridade sobre outra para fins de exploração que incluirá, no mínimo, a exploração do trabalho ou serviços forçados, escravatura ou práticas similares à escravatura ou a servidão".

§ 2º Os casos de tráfico de trabalhadores estrangeiros em situação migratória irregular para fins de exploração de trabalho em condição análoga à de escravo que venham a ser identificados pelos Auditores-Fiscais do Trabalho deverão ser encaminhados para concessão do visto permanente ou permanência no Brasil, de acordo com o que determina a Resolução Normativa n. 93, de 21 de dezembro de 2010, do Conselho Nacional de Imigração — CNIg, além de todos os demais procedimentos previstos nos artigos 13 e 14, desta Instrução Normativa.

§ 3º O encaminhamento referido na alínea anterior será efetuado mediante ofício da chefia superior, nos termos do art. 18, II, da Portaria n. 546, de 11 de março de 2010, com a indicação dos trabalhadores estrangeiros irregulares, endereçado ao Ministério da Justiça e devidamente instruído com parecer técnico de um dos seguintes órgãos, de acordo com sua competência:

I — Secretaria Nacional de Justiça do Ministério da Justiça;

II — Núcleos de Enfrentamento ao Tráfico de Pessoas;

III — Postos Avançados de serviços de recepção a brasileiros (as) deportados (as) e não admitidos (as) nos principais pontos de entrada e saída do País;

IV — Secretaria de Direitos Humanos da Presidência da República; e

V — Serviços que prestem atendimento a vítimas de violência e de tráfico de pessoas.

DAS AÇÕES FISCAIS PARA A ERRADICAÇÃO DO TRABALHO EM CONDIÇÃO ANÁLOGA À DE ESCRAVO

Art. 7º As ações fiscais para erradicação do trabalho em condição análoga à de escravo serão coordenadas pela Secretaria de Inspeção do Trabalho, que poderá realizá-las diretamente, por intermédio das equipes do grupo especial de fiscalização móvel, ou por intermédio de grupos/equipes de fiscalização organizados no âmbito das Superintendências Regionais do Trabalho e Emprego — SRTE por meio da chefia superior, nos termos do art. 18, II, da Portaria n. 546, de 11 de março de 2010.

Art. 8º Sempre que a SRTE, por meio da chefia superior, nos termos do art. 18, II, da Portaria n. 546, de 11 de março de 2010, receber denúncia que relate a existência de trabalhadores reduzidos à condição análoga à de escravo e decidir pela realização de ação fiscal local para a apuração dos fatos, deverá antes de iniciar a inspeção comunicar à Secretaria de Inspeção do Trabalho.

Art. 9º A Secretaria de Inspeção do Trabalho e as SRTE, por meio da chefia superior, nos termos do art. 18, II, da Portaria n. 546, de 11 de Março de 2010, realizarão diagnósticos das atividades econômicas com incidência de trabalho em condições análogas à de escravo, que servirão de base para a elaboração do planejamento e desenvolvimento das ações fiscais.

PARÁGRAFO ÚNICO. Serão realizadas anualmente reuniões para análise crítica da execução e monitoramento das ações planejadas durante o ano.

Art. 10. A SRTE, por meio da chefia superior, nos termos do art. 18, II, da Portaria n. 546, de 11 de março de 2010, deverá buscar a articulação e a integração com os órgãos e/ou entidades que compõem as Comissões Estaduais de Erradicação do Trabalho Escravo — COETRAEs, e os Comitês Estaduais de Enfrentamento ao Tráfico de Pessoas, no âmbito de cada estado da federação e o Distrito Federal.

PARÁGRAFO ÚNICO. A articulação prevista no *caput* do presente artigo visará à elaboração de diagnósticos e à eleição de prioridades que irão compor o planejamento a que se refere o artigo 9º desta instrução e, em particular, à viabilização de outras medidas que estejam fora do âmbito administrativo de responsabilidade do Auditor-Fiscal do Trabalho.

Art. 11. A eleição de prioridades que irão compor o planejamento previsto no artigo 9º desta instrução deverá conter a indicação de setores de atividade econômica a serem fiscalizados e a programação dos recursos humanos e materiais necessários à execução das fiscalizações, além da identificação de ações a serem desenvolvidas em conjunto com os parceiros referidos no artigo anterior.

Art. 12. As ações fiscais deverão contar com a participação de representantes da Polícia Federal, ou Polícia Rodoviária Federal, ou Polícia Militar, ou Polícia Civil, ou outra autoridade policial.

§ 1º A chefia superior, nos termos do art. 18, II, da Portaria n. 546, de 11 de março de 2010, deverá oficiar, visando à participação de membros de um dos órgãos mencionados no *caput*, bem como enviar à Advocacia Geral da União (AGU), ao Ministério Público Federal (MPF), ao Ministério Público do Trabalho (MPT) e à Defensoria Pública da União (DPU) comunicação prévia sobre a operação, para que essas instituições avaliem a conveniência de integrá-la.

§ 2º Caso o coordenador da operação entenda prescindível o auxílio da força policial poderá ser dispensada a participação das autoridades mencionadas no *caput* deste artigo, desde que haja a anuência da chefia superior.

Art. 13. A constatação de trabalho em condição análoga à de escravo ensejará a adoção dos procedimentos previstos no artigo 2º — C, §§ 1º e 2º, da Lei n. 7.998, de 11 de janeiro de 1990, devendo o Auditor-Fiscal do Trabalho resgatar o trabalhador que estiver submetido a essa condição e emitir o Requerimento do Seguro--desemprego do Trabalhador Resgatado.

Art. 14. O Auditor-Fiscal do Trabalho, ao concluir pela constatação de trabalho em condição análoga à de escravo, determinará que o empregador ou preposto tome as seguintes providências:

I — A imediata paralisação das atividades dos empregados encontrados em condição análoga à de escravo;

II — A regularização dos contratos de trabalho;

III — O pagamento dos créditos trabalhistas por meio dos competentes Termos de Rescisões de Contrato de Trabalho;

IV — O recolhimento do FGTS e da Contribuição Social;

V — O cumprimento das obrigações acessórias ao contrato de trabalho, bem como tome as providências para o retorno dos trabalhadores aos locais de origem ou para rede hoteleira, abrigo público ou similar, quando for o caso.

§ 1º Os autos de infração lavrados em decorrência desta ação descreverão minuciosamente os fatos e serão conclusivos a respeito da existência de trabalho em condição análoga à de escravo, de acordo com o previsto nos §§ 2º e 3º, do art. 3º, desta Instrução Normativa.

§ 2º Em caso de não recolhimento do FGTS e Contribuição Social, deverão ser lavradas as competentes Notificações para Recolhimento (NFGC e NRFC).

§ 3º Em caso de descumprimento das determinações contidas nos incisos I, II, III ou V, o Auditor-Fiscal do Trabalho relatará o fato imediatamente à Chefia da Fiscalização para que informe a Advocacia- Geral da União (AGU), o Ministério Público do Trabalho (MPT) ou a Defensoria Pública da União (DPU), a fim de que tomem as medidas judiciais cabíveis.

§ 4º Caso seja constatada situação de grave e iminente risco à segurança e/ou à saúde do trabalhador, serão tomadas as medidas previstas em lei.

Art. 15. Pela sua natureza e gravidade, conforme o art. 1º desta Instrução Normativa, nos casos em que for constatado trabalho em condição análoga à de escravo, a lavratura de autos de infração sobrepõe-se a quaisquer critérios de auditoria fiscal utilizados em outras ações.

Art. 16. Os autos de infração e Notificações Fiscais para Recolhimento de FGTS e Contribuição Social decorrentes das ações fiscais em que se constate a existência de trabalho em condição análoga à de escravo serão autuados e identificados por meio de capas diferenciadas e terão prioridade de tramitação.

Art. 17. Caberá ao Auditor-Fiscal do Trabalho, devidamente credenciado junto à Secretaria de Políticas Públicas e Emprego, o preenchimento da Comunicação de Dispensa do Trabalhador Resgatado — CDTR, entregando a via própria ao interessado e outra à chefia imediata a ser encaminhada à Secretaria de Inspeção do Trabalho.

§1º Cópia do Requerimento do Seguro-Desemprego do Trabalhador Resgatado deve ser mantida anexa ao relatório encaminhado à Secretaria de Inspeção do Trabalho.

Art. 18. No prazo de cinco dias úteis após o encerramento da ação fiscal, o coordenador de grupo e/ou equipe deverá elaborar o competente relatório de fiscalização e entregá-lo à Chefia da Fiscalização imediata, que deverá verificar a adequação de todos os dados e informações nele inseridos, para posterior encaminhamento à SIT, no prazo máximo de cinco dias úteis a contar da data de seu recebimento.

DOS CRITÉRIOS TÉCNICOS PARA A INCLUSÃO DO INFRATOR NO CADASTRO DE EMPREGADORES QUE TENHAM MANTIDO TRABALHADORES EM CONDIÇÕES ANÁLOGAS À DE ESCRAVO

Art. 19. Os critérios para a inclusão de infrator no Cadastro de Empregadores que tenham Mantido Trabalhadores em Condições Análogas à de Escravo são de natureza técnico-administrativa e vinculados ao cumprimento dos requisitos contidos na Portaria Interministerial n. 2, de 12 de maio de 2011.

Art. 20. A inclusão do nome do infrator no Cadastro ocorrerá após decisão administrativa final relativa ao auto de infração lavrado em decorrência de ação fiscal em que tenha havido a identificação de trabalhadores submetidos à condição análoga à de escravo.

Art. 21. A Fiscalização do Trabalho monitorará pelo período de dois anos após a inclusão do nome do infrator no Cadastro para verificação da regularidade das condições de trabalho, devendo, após esse período, caso não haja reincidência, proceder sua exclusão do Cadastro.

§ 1º A exclusão do nome do infrator do Cadastro ficará condicionada ao pagamento das multas resultantes da ação fiscal, bem como, da comprovação da quitação de eventuais débitos trabalhistas e previdenciários, sem prejuízo do decurso de prazo a que se refere o caput do presente artigo.

Art. 22. A presente instrução normativa entra em vigor na data de sua publicação.

Vera Lucia Ribeiro de Albuquerque

PORTARIA N. 3.158, DE 18 DE MAIO DE 1971

(DOU 24.5.71 — LTr 35/488)

DISPÕE SOBRE A OBRIGATORIEDADE DO LIVRO DE "INSPEÇÃO DO TRABALHO"

O MINISTRO DE ESTADO DO TRABALHO E PREVIDÊNCIA SOCIAL, usando das atribuições que lhe confere o art. 913, da Consolidação das Leis do Trabalho, aprovada pelo Decreto-lei n. 5.452, de 1º de maio de 1943,

Considerando que os §§ 1º e 2º do art. 628, da Consolidação das Leis do Trabalho, com a redação dada pelo Decreto-lei n. 229, de 28 de fevereiro de 1967, prevêem a existência de um livro denominado "Inspeção do Trabalho", para o registro das inspeções efetuadas;

Considerando que os mesmos dispositivos estabelecem que referido livro deverá ter seu modelo aprovado por Portaria Ministerial, resolve:

Art. 1º Ficam as empresas ou empregadores sujeitos à inspeção do trabalho, obrigados a manter um livro de "Inspeção do Trabalho", de acordo com as seguintes especificações:

a) o livro deverá ser encadernado, em cor escura, tamanho 22cm x 33cm;

b) conterá o livro 100 (cem) folhas numeradas tipograficamente, em papel branco acetinado, encorpado e pautado, conforme modelo n. 1, que acompanha esta Portaria;

c) as folhas 1 (um) e 100 (cem) conterão, respectivamente, os termos de abertura e encerramento, efetuados pela empresa ou empregador, conforme modelos ns. 2 e 3.

Art. 2º Os Agentes da Inspeção do Trabalho relacionados nas alíneas de *a* e *d*, do inciso II, do art. 2º do Decreto n. 55.841, de 15 de março de 1965, quando de sua visita ao estabelecimento empregador, autenticarão o Livro de Inspeção do Trabalho que ainda não tiver sido autenticada, sendo desnecessária a autenticação pela unidade regional do Ministério do Trabalho. *(Redação dada pela Portaria n. 402, de 28.4.1995).*

PARÁGRAFO ÚNICO. *(Revogado pela Portaria n. 402, de 28.4.1995).*

Art. 3º As empresas ou empregadores que mantiverem mais de um estabelecimento, filial ou sucursal, deverão possuir tantos livros "Inspeção do Trabalho" quantos forem seus estabelecimentos.

Art. 4º Os agentes encarregados da inspeção das normas de proteção ao trabalho obedecerão às instruções constantes do Anexo I, na ocasião da inspeção efetuada.

Art. 5º O não cumprimento dos dispositivos da presente Portaria configurará infração dos arts. 628 e 630, da Consolidação das Leis do Trabalho, conforme o responsável, sujeitando-se este às penalidades previstas nos §§ 3º, do art. 628 e 6º do art. 630, do referido diploma legal.

Art. 6º A presente Portaria entrará em vigor 60 (sessenta) dias após a sua publicação.

Júlio Barata

ANEXO I

Instruções a que se refere o art. 4º da Portaria Ministerial n. 3,158, de 18 de maio de 1971.

1) O Termo de Registro da Inspeção do Trabalho deverá ser lavrado pelo Agente da Inspeção do Trabalho que proceder à visita. Quando for mais de um Agente a fazê-la, um deles se encarregará da lavratura do Termo, assinando-o ambos.

2) Nesse Termo deverão ficar consignadas todas as irregularidades encontradas no estabelecimento visitado, relacionando-as nos itens, que se contêm no corpo do mesmo.

3) *(Revogado pela Portaria n. 3.006, de 7.1.1982, DO 12.1.1982).*

4) Lavrado o auto, procederá o Agente à entrega de sua primeira via à repartição competente, dentro do prazo de 48 horas.

5) Quando da visita procedida não for encontrada qualquer irregularidade, o agente riscará no corpo do Termo todas as linhas em branco.

6) Quando forem apreendidos materiais e substâncias utilizadas, lavrará o Agente o competente Termo de apreensão na forma do Modelo n. 4.

7) Os casos omissos serão dirimidos pelo Delegado Regional do Trabalho, com recurso para o Diretor-Geral do Departamento Nacional do Trabalho.

MODELO N. 1

TERMO DE REGISTRO DE INSPEÇÃO

Data: .../.../... Hora de início: ...

Término: ....

Nome do Agente da Inspeção do Trabalho: ....

....

Matrícula: .... Cargo ou função: ....

Documentos exigidos: ....

1 — Livro ou Fichas de Registro de Empregados ( )

2 — Comprovante da Contribuição Sindical (Patronal) — Ano ( )

3 — Comprovante da Contribuição Sindical (Empregados) — Ano ( )

4 — Relação dos Empregados que recolheram a Contribuição Sindical ( )

5 — Relação de Empregados (Lei de 2/3) — Ano ( )

6 — Cadastro Permanente de Admissões e Dispensas ( )

7 — Relação de Empregados Menores — Ano ( )

8 — Acordo para Prorrogação da Duração do Trabalho ( )

9 — Acordo para Compensação da Duração do Trabalho ( )

10 — Escala de revezamento ( )

11 — Ficha ou Papeleta de Horário de Serviço Externo ( )

12 — Recibo de Férias — Ano ( )

13 — Folhas de Pagamento ( )

14 — Atestados Médicos de Admissão dos Empregados ( )

15 — Convênio de Aprendizagem com o SENAI ou SENAC ( )

16 — E mais:

.... ( )

.... ( )

.... ( )

Prazos concedidos: ....

....

Irregularidades encontradas: ....

....

....

Autos de Infração lavrados: ....

....

....

Orientação dada: ....

....

N. de empregados em atividade: ....

....

....

Maiores: .... Menores: .... Mulheres: ....

MODELO N. 2

Agente da Inspeção do Trabalho

LIVRO DA INSPEÇÃO DO TRABALHO

TERMO DE ABERTURA

Contém o presente livro 100 folhas, numeradas tipograficamente de 1 a 100 e servirá para Registro da Inspeção do Trabalho, na conformidade do § 1º, art. 628 da Consolidação das Leis do Trabalho, aprovada pelo Decreto-lei n. 5.452, de 1º de maio de 1943 e alterada pelo Decreto-lei n. 5.452, de 1º de maio de 1943 e alterado pelo Decreto-lei n. 229, de 28 de fevereiro de 1967.

Este livro destina-se ao estabelecimento de ....

....

sito na Rua .... n. ....

Matrícula no INPS n. .... CGC n. ....

e está devidamente autenticado em todas as suas folhas, para os efeitos legais.

Data

Empregador

MODELO N. 3

LIVRO DA INSPEÇÃO DO TRABALHO
TERMO DE ENCERRAMENTO

Este livro, preenchidas as suas 100 folhas, fica nesta data encerrada.

Data:

....

Empregador ou preposto

MODELO N. 4

TERMO DE APREENSÃO

Às ....horas e .... minutos do dia .... de 19 ...., eu, abaixo-assinado, legalmente investido nas funções de Agente de Inspeção do Trabalho, com exercício .... fiscalizando .... situado ...... n. .... CGC n. .... Matrícula no INPS n. ..... apreendi, com base na alínea "c" do art. 8º do Regulamento da Inspeção do Trabalho, aprovado pelo Decreto n. 55.841, de 15 de março de 1965, para análise, as amostras de materiais e substâncias utilizadas, a seguir discriminadas .... tendo, consequentemente, lavrado o presente termo, em duas vias, entregando a segunda ao interessado, mediante recibo passado na primeira delas, a fim de remetê-la à autoridade competente.

....

Agente da Inspeção do Trabalho — Nome e matrícula

INSTRUÇÃO NORMATIVA SIT/MTE N. 107, DE 22 DE MAIO DE 2014

(DOU 23.5.14)

DISPÕE SOBRE PROCEDIMENTOS DA INSPEÇÃO DO TRABALHO NA FISCALIZAÇÃO DO REGISTRO DE EMPREGADOS, COM VISTAS À REDUÇÃO DA INFORMALIDADE

O SECRETÁRIO DE INSPEÇÃO DO TRABALHO, no exercício de sua competência, prevista pelo art. 14, XIII do Anexo I do Decreto n. 5.063, de 03 de maio de 2004 e considerando o disposto no art. 11, inciso II da Lei n. 10.593, de 6 de dezembro de 2002, que estabelece a prerrogativa da Inspeção do Trabalho de atuar na redução dos índices de informalidade, resolve:

Art. 1º O Auditor Fiscal do Trabalho — AFT, na fiscalização do atributo Registro de Empregados, deve observar o disposto nesta instrução normativa.

Art. 2º Cabe à Secretaria de Inspeção do Trabalho — SIT definir os projetos nos quais deve ser obrigatória, em todas as ações fiscais, a inclusão dos atributos relacionados da formalização do vínculo de emprego nas ordens de serviço — OS.

PARÁGRAFO ÚNICO. Para o planejamento das ações fiscais devem ser considerados prioritários os estabelecimentos com maior probabilidade da existência de empregados sem registro, conforme cruzamento e análise de informações disponíveis em bancos de dados oficiais.

Art. 3º A chefia de fiscalização deve dimensionar a equipe de AFT destinada à fiscalização em função dos indícios de informalidade e das peculiaridades do local a ser fiscalizado.

Art. 4º Nas fiscalizações do atributo Registro de Empregados o AFT deve:

I — realizar pesquisas e investigações prévias nos sistemas de informações disponíveis em relação ao empregador a ser fiscalizado;

II — verificar a existência de empregados em atividade no local de trabalho, podendo valer-se de entrevistas, controles de jornada e outros meios que julgar necessários à sua identificação;

III — averiguar a existência de documentos ou outros meios que comprovem a existência de vínculo empregatício com outros empregados que não estejam no local de trabalho no momento da verificação prevista no inciso anterior;

IV — lavrar o auto de infração capitulado no art. 41, *caput*, da Consolidação das Leis do Trabalho — SIT quando constatar a admissão de empregado sem o respectivo registro;

V — notificar o empregador para apresentar os documentos que comprovem a formalização dos vínculos de emprego constatados, informando-o de que o não cumprimento da notificação implicará na sujeição do infrator a reiterada ação fiscal, nos termos do art. 26 do Regulamento da Inspeção do Trabalho, aprovado pelo Decreto n. 4.552, de 27 de dezembro de 2002, sem prejuízo da adoção de outras medidas legais cabíveis.

§ 1º A notificação referida no inciso V será emitida conforme modelo constante do anexo a esta Portaria.

§ 2º Para os procedimentos a que se refere o inciso V o AFT poderá adotar a fiscalização mista definida no art. 30, §3º, do Decreto n. 4.552, de 27 de dezembro de 2002.

Art. 5º Os processos de autos de infração capitulados no art. 41, caput, da Consolidação das Leis do Trabalho terão prioridade de tramitação em todas as instâncias administrativas.

Art. 6º As chefias de fiscalização e os Auditores-Fiscais do Trabalho observarão as orientações expedidas pela Secretaria de Inspeção do Trabalho para adaptar o planejamento anual aos procedimentos desta Instrução Normativa no prazo de 60 dias contados da data de sua publicação.

Art. 7º Esta Instrução Normativa entra em vigor na data de sua publicação.

Paulo Sérgio de Almeida

ANEXO

SERVIÇO PÚBLICO FEDERAL MINISTÉRIO
DO TRABALHO E EMPREGO SECRETARIA
DE INSPEÇÃO DO TRABALHO

NOTIFICAÇÃO PARA COMPROVAÇÃO DE REGISTRO DE EMPREGADO (NCRE) N. ________ Empregador: CNPJ/CPF: Endereço: Com fundamento no disposto no art. 11 da Lei n. 10.593, de 6 de dezembro de 2002, fica V.S. notificado a comprovar, no dia ___/___/___, às _____ horas, no órgão deste Ministério abaixo especificado, os registros dos empregados referidos no auto de infração n. _________, lavrado em seu desfavor, por meio do respectivo arquivo e comprovante de transmissão de suas admissões ao CAGED (Cadastro Geral de Empregados e Desempregados). Fica V.S. informado, com fundamento no disposto no caput do art. 26 do Regulamento da Inspeção do Trabalho (RIT), aprovado pelo Decreto n. 4.552, de 27 de dezembro de 2002, que estará sujeito a reiterada ação fiscal, em caso de descumprimento da presente notificação. Órgão do MTE: Endereço: (Local e data) ______________________________ (Nome) Auditor-Fiscal do Trabalho — CIF n. Recebi, nesta data, a segunda via deste documento. ___/___/___

____

Empregador ou preposto

PORTARIA MTb/GM N. 3.296, DE 3 DE SETEMBRO DE 1986

(DOU 5.9.86)

AUTORIZA AS EMPRESAS E EMPREGADORES A ADOTAR O SISTEMA DE REEMBOLSO-CRECHE, EM SUBSTITUIÇÃO À EXIGÊNCIA CONTIDA NO § 1º DO ART. 389 DA CLT

O MINISTRO DE ESTADO DO TRABALHO, no uso das atribuições que lhe confere o art. 913 da Consolidação das Leis do Trabalho — CLT, aprovada pelo Decreto-lei n. 5.452, de 1º de maio de 1943, e

Considerando o disposto no art. 444 da CLT, que permite às partes estipularem condições de trabalho que não contrariem as normas de proteção;

Considerando as negociações coletivas, que têm preconizado a concessão do benefício reembolso-creche, objetivando assegurar o direito contido no art. 389, § 1º, da CLT, a toda empregada-mãe, independentemente da idade e do número de mulheres empregadas no estabelecimento;

Considerando as inúmeras consultas das empresas abrangidas pelos acordos e convenções coletivas sobre a validade da estipulação do benefício, em relação à fiscalização trabalhista, no tocante ao cumprimento art. 389, § 1º, da CLT;

Considerando as autorizações deste Ministério para a implantação do sistema, visando à apreciação de seu funcionamento e os resultados satisfatórios decorrentes da extensão do direito além da obrigação legal,

Resolve:

Art. 1º Ficam as empresas e empregadores autorizados a adotar o sistema de reembolso creche, em substituição à exigência contida no § 1º do art. 389, da CLT, desde que obedeçam às seguintes exigências:

I — o reembolso-creche deverá cobrir, integralmente, as despesas efetuadas com o pagamento da creche de livre escolha da empregada-mãe, ou outra modalidade de prestação de serviço desta natureza, pelo menos até os seis meses de idade da criança, nas condições, prazos e valor estipulados em acordo ou convenção coletiva, sem prejuízo do cumprimento dos demais preceitos de prestação à maternidade;(*)

II — o benefício deverá ser concedido a toda empregada-mãe, independente do número de mulheres do estabelecimento, e sem prejuízo do cumprimento dos demais preceitos de proteção à maternidade;

III — as empresas e empregadores deverão dar ciência às empregadas da existência do sistema e dos procedimentos necessários para a utilização do benefício com a afixação de avisos em locais visíveis e de fácil acesso para os empregados;

IV — o reembolso-creche deverá ser efetuado até o 3º (terceiro) dia útil da entrega do comprovante das despesas efetuadas, pela empregada-mãe, com a mensalidade da creche.

Art. 2º A implantação do sistema de reembolso-creche dependerá de prévia estipulação em acordo ou convenção coletiva.

PARÁGRAFO ÚNICO. A exigência não se aplica aos órgãos públicos e às instituições paraestatais referidas no *caput* do art. 566, da CLT.

Art. 3º As empresas e empregadores deverão comunicar à Delegacia Regional do Trabalho a adoção do sistema de reembolso-creche, remetendo-lhe cópia do documento explicativo do seu funcionário.

Art. 4º Esta Portaria entrará em vigor na data de sua publicação.

Almir Pazzianotto Pinto

(*) Alteração pela Portaria MTb/GM n. 670, de 20.8.97, publicada no DOU 21.8.97.

Legislação Complementar

INSTRUÇÃO NORMATIVA SRT/MTE N 16, DE 15 DE OUTUBRO DE 2013

(DOU 16.10.13)

DISPÕE SOBRE O DEPÓSITO, REGISTRO E ARQUIVO DE CONVENÇÕES E ACORDOS COLETIVOS DE TRABALHO NOS ÓRGÃOS DO MINISTÉRIO DO TRABALHO E EMPREGO E SOBRE A SOLICITAÇÃO DE MEDIAÇÃO COLETIVA DE CONFLITOS TRABALHISTAS

O SECRETÁRIO DE RELAÇÕES DO TRABALHO, no uso das atribuições que lhe conferem o art. 17, incisos II e III, do Anexo I ao Decreto n. 5.063, de 3 de maio de 2004 e o art. 1º, incisos II e III, do Anexo VII à Portaria n. 483, de 15 de setembro de 2004, resolve:

Art. 1º Disciplinar os procedimentos para depósito, registro e arquivo de convenções e acordos coletivos de trabalho e seus respectivos termos aditivos nos órgãos do Ministério do Trabalho e Emprego — MTE, e para a solicitação de mediação coletiva de conflitos trabalhistas.

CAPÍTULO I

Da Solicitação de Depósito, Registro e Arquivo de Convenções e Acordos Coletivos de Trabalho

Art. 2º Para os fins desta Instrução Normativa considera-se:

I — Instrumento coletivo: convenção ou acordo coletivo de trabalho e seus respectivos termos aditivos, previstos no art. 611 e seguintes da CLT;

II — Depósito: ato de entrega do requerimento de registro do instrumento transmitido via internet, por meio do Sistema MEDIADOR, no protocolo dos órgãos do MTE, para fins de registro;

III — Registro: ato administrativo de assentamento da norma depositada;

IV — Arquivo sem registro: situação em que o processo não atende aos requisitos previstos nesta Instrução Normativa;

V — Signatário: pessoa legitimada a firmar o instrumento coletivo;

VI — Solicitante: pessoa legitimada a solicitar o registro no Sistema MEDIADOR;

VII — CNES — Cadastro Nacional de Entidades Sindicais.

Art. 3º Os requerimentos de registro de convenções e acordos coletivos de trabalho e seus respectivos termos aditivos deverão ser efetuados por meio do Sistema MEDIADOR, disponível no endereço eletrônico do MTE na internet (www.mte.gov.br), observados os requisitos formais e de legitimidade previstos na Consolidação das Leis do Trabalho — CLT, aprovada pelo Decreto-Lei n. 5.452, de 1º de maio de 1943 e nesta Instrução Normativa.

DA ELABORAÇÃO

Art. 4º Os instrumentos coletivos de trabalho deverão observar as disposições do Título VI da CLT, os requisitos de validade dos atos e negócios jurídicos em geral e demais normas vigentes.

Art. 5º O Sistema MEDIADOR permitirá apenas a elaboração de instrumento coletivo cuja(s) entidade(s) sindical(is) signatária(s) esteja(m) devidamente cadastrada(s) e atualizada(s) no CNES.

Art. 6º O Sistema MEDIADOR extrairá do CNES as informações das entidades sindicais signatárias referentes à base territorial, ao mandato de diretoria, à legitimidade de representação dos dirigentes sindicais, conforme o grupo a que pertençam, se empregado ou empregador.

§ 1º Tratando-se de convenção coletiva, o Sistema MEDIADOR fará o cruzamento das bases territoriais das entidades sindicais signatárias e exibirá a base territorial comum entre as partes.

§ 2º Quando se tratar de acordo coletivo, o Sistema MEDIADOR exibirá toda a base territorial da(s) entidade(s) sindical(is) signatária(s).

§ 3º Quando os dados de diretoria de qualquer entidade sindical signatária estiverem desatualizados no CNES, o Sistema MEDIADOR não permitirá a transmissão do instrumento coletivo, que ficará aguardando atualização das informações, observando-se o disposto no parágrafo único do art. 8º desta Instrução Normativa.

§ 4º As Federações ou, na falta destas, as Confederações representativas de categorias econômicas ou profissionais são legítimas para celebrar instrumento coletivo de trabalho para reger as relações das categorias a elas vinculadas ou filiadas, quando:

I — Inorganizadas em sindicatos, no âmbito de suas representações, conforme o § 2º do art. 611 da CLT;

II — Houver recusa de pactuação pela entidade sindical respectiva, conforme o § 1º do art. 617 da CLT;

III — Comprovadamente autorizadas pelas respectivas entidades sindicais representadas para pactuar em seu nome.

Art. 7º As cláusulas do instrumento coletivo em elaboração deverão ser inseridas sem numeração e separadamente, sendo necessário informar para cada cláusula o Grupo, Sub-Grupo e o título específico a que pertence.

Art. 8º Concluída a elaboração do instrumento coletivo no Sistema MEDIADOR, deverá ser feita sua transmissão.

PARÁGRAFO ÚNICO. Os instrumentos coletivos em elaboração no Sistema MEDIADOR que permanecerem pendentes de transmissão por mais de 60 dias, a contar da sua última movimentação, serão arquivados automaticamente.

Art. 9º Após a transmissão a que se refere o art. 8º desta IN, o Sistema MEDIADOR gerará o requerimento de registro do instrumento coletivo, que deverá ser assinado pelos solicitantes.

Art. 10. Serão permitidas alterações no instrumento coletivo:

I — Durante a sua fase de elaboração, por acesso direto ao formulário do sistema;

II — Após a sua transmissão e registro, desde que formalizadas mediante Termo Aditivo, ao qual se aplicam todas as regras da negociação e celebração do instrumento coletivo a que se refere.

DO TERMO ADITIVO

Art. 11. Poderá ser elaborado Termo Aditivo pelas partes signatárias do instrumento coletivo, seja para alterá-lo ou complementá-lo, o qual deverá também ser incluído no sistema MEDIADOR.

Art. 12. Aplicam-se ao Termo Aditivo todas as regras previstas nesta IN para inclusão e solicitação de registros dos instrumentos coletivos a que se refere.

DO PROTOCOLO

Art. 13. O requerimento de registro, emitido por meio do Sistema MEDIADOR, deverá ser protocolado em qualquer unidade do MTE.

DA ANÁLISE

Art. 14. O requerimento de registro será analisado:

I — pela Secretaria de Relação do Trabalho, quando se tratar de instrumento coletivo com abrangência nacional ou interestadual; e

II — pelo Serviço/Seção de Relações do Trabalho da unidade descentralizada do MTE da Unidade Federativa abrangida pelo instrumento coletivo, nos demais casos.

DAS RETIFICAÇÕES

Art. 15. Após o protocolo, as solicitações de registro de instrumento coletivo serão passíveis de retificação nas seguintes situações:

I — Rasura no requerimento de registro;

II — Ausência de assinatura no requerimento de registro;

III — Requerimento de registro diverso do original;

IV — Ausência de comprovação, por Federação ou Confederação, de outorga para negociar em nome da entidade sindical que lhe é vinculada, na hipótese do inc.III do § 4º do art.6º desta IN;

V — Ausência de comprovação de representação válida e legítima do solicitante;

VI — Indicação de categoria não representada pelos signatários.

§ 1º A outorga de que trata o inciso IV deste artigo pode ser comprovada mediante previsão de delegação da entidade representada constante de seu estatuto, ou de ata de assembléia da categoria que aprove a referida representação.

§ 2º As partes signatárias serão notificadas para sanar as irregularidades, permanecendo o processo na situação "aguardando retificação" até que se verifiquem as correções necessárias.

DO ARQUIVAMENTO SEM REGISTRO

Art. 16. As solicitações serão arquivadas sem o devido registro do instrumento coletivo nas seguintes situações:

I — Instrumento elaborado sem observância ao disposto no artigo 6º desta IN;

II — Instrumento coletivo inserido no Sistema MEDIADOR sem formatação de texto, de forma que impossibilite sua leitura;

III — Quando expirada a vigência de instrumento coletivo pendente de retificação, sem que tenham sido efetuadas as retificações necessárias; ou

IV — Quando a solicitação de registro se referir a instrumento coletivo com vigência expirada.

DA CONSULTA

Art. 17. Os instrumentos coletivos registrados ficarão disponíveis para consulta de qualquer interessado na página eletrônica do MTE (www.mte.gov.br).

CAPÍTULO II

Da Solicitação de Mediação de Negociação Coletiva de Natureza Trabalhista

Art. 18. Poderá ser solicitar mediação de negociação coletiva de natureza trabalhista, nos casos de:

I — Pactuação de instrumento coletivo de trabalho;

II — Descumprimento de norma contida em instrumento coletivo;

ou

III — Descumprimento de legislação trabalhista.

Art. 19. As solicitações de mediação coletiva de natureza trabalhista deverão ser efetuadas por meio do Sistema MEDIADOR, disponível no endereço eletrônico do MTE na internet(www.mte.gov.br), por qualquer das partes interessadas, observados os requisitos formais e de legitimidade previstos nesta Instrução Normativa.

Art. 20. A solicitação de mediação deverá ser dirigida:

I — Ao Serviço/Seção de Relações do Trabalho da unidade descentralizada do MTE correspondente, quando se tratar de negociação de âmbito municipal, intermunicipal ou estadual; ou

II — À Secretaria de Relações do Trabalho do Ministério do Trabalho e Emprego, na hipótese de negociação de âmbito nacional ou interestadual.

Art. 21. Para efeitos de verificação de legitimidade das partes para negociar, o Sistema MEDIADOR extrairá do CNES as informações das entidades sindicais, referentes à base territorial, mandato de diretoria e identificação dos dirigentes sindicais.

Art. 22. O solicitante deverá preencher o "Formulário de solicitação de mediação" disponível no Sistema MEDIADOR, conforme as instruções nele constantes, e, após, transmiti-lo através do mesmo sistema.

Art. 23. Concluída a transmissão, o sistema MEDIADOR emitirá o "Requerimento de mediação", o qual deverá ser protocolado em até sessenta dias na unidade do MTE selecionada pelo solicitante.

PARÁGRAFO ÚNICO. O requerimento de que trata o caput desteartigo deve ser assinado pelo solicitante.

Art. 24. As solicitações deverão ser analisadas pelo órgão do MTE correspondente, no prazo de até trinta dias do seu recebimento.

PARÁGRAFO ÚNICO. Entendendo que, face à importância do tema ou ao impacto social da mediação, o Serviço/Seção de Relações do Trabalho da unidade descentralizada do MTE poderá solicitar que mediações a ele solicitadas sejam realizadas pela Secretaria de Relações do Trabalho, a qual analisará a proposta.

Art. 25. Deferida a solicitação, o órgão do MTE correspondente realizará o agendamento da mediação e fará a devida comunicação às partes envolvidas.

Art. 26. O não comparecimento injustificado da parte solicitante à reunião de mediação ensejará o arquivamento do processo, exceto se a outra solicitar a sua continuidade.

Art. 27. As fases de tramitação do processo de solicitação de mediação ficarão disponíveis no Sistema MEDIADOR.

CAPÍTULO III

DAS DISPOSIÇÕES GERAIS

Art. 28. Os casos omissos serão resolvidos pela SRT.

Art. 29. Esta Instrução Normativa entra em vigor na data de sua publicação, revogando-se a Instrução Normativa SRT n. 11, de 24 de março de 2009.

Manoel Messias Nascimento Melo

PORTARIA MTE/GM N. 925, DE 28 DE SETEMBRO DE 1995

(DOU 29.9.95 — LTr 59-10/1437)

DISPÕE SOBRE A FISCALIZAÇÃO DO TRABALHO NA EMPRESA TOMADORA DE SERVIÇO DE SOCIEDADE COOPERATIVA

O MINISTRO DE ESTADO DO TRABALHO, no uso das atribuições legais que lhe confere o inciso IV do art. 87 da Constituição Federal,

Considerando que a Constituição Federal nos arts. 5º, inciso XVII e 174, § 4º, estimula a criação de sociedade cooperativa e recepciona, em parte, a Lei n. 5.764, de 16 de dezembro de 1971;

Considerando que a Lei n. 8.949, de 9 de dezembro de 1994, acrescentou parágrafo único ao art. 442 da Consolidação das Leis do Trabalho — CLT, estabelecendo que não há vínculo empregatício entre a sociedade cooperativa e seus cooperados, nem entre estes e a empresa tomadora de serviços; e

Considerando que, em face desta nova orientação legal, impõe-se a necessidade de a Fiscalização do Trabalho, no desempenho de suas atribuições legais, observar o que determinam os arts. 3º e 9º da CLT, resolve:

Art. 1º O Agente da Inspeção do Trabalho, quando da fiscalização na empresa tomadora de serviços de sociedade cooperativa, no meio urbano ou rural, procederá levantamento físico objetivando detectar a existência dos requisitos da relação de emprego entre a empresa tomadora e os cooperados, nos termos do art. 3º da CLT.

§ 1º Presentes os requisitos do art. 3º da CLT, ensejará a lavratura de auto de infração.

§ 2º Sem prejuízo do disposto neste artigo e seu § 1º, o Agente da Inspeção do Trabalho verificará junto à sociedade cooperativa se a mesma se enquadra no regime jurídico estabelecido pela Lei n. 5.764, de 16 de dezembro de 1971, mediante a análise das seguintes características:

a) número mínimo de vinte associados;

b) capital variável, representado por quotas-partes, para cada associado, inacessíveis a terceiros, estranhos à sociedade;

c) limitação do número de quota-partes para cada associado;

d) singularidade de voto, podendo as cooperativas centrais, federações e confederações de cooperativas, exceção feita às de crédito, optar pelo critério de proporcionalidade;

e) *quorum* para as assembleias, baseado no número de associado e não no capital;

f) retorno das sobras líquidas do exercício, proporcionalmente às operações realizadas pelo associado;

g) prestação de assistência ao associado; e

h) fornecimento de serviços a terceiros atendendo a seus objetivos sociais.

Art. 2º Constatada a ausência das características da sociedade cooperativa, deverá o Agente da Inspeção do Trabalho comunicar o fato, por escrito, à chefia imediata.

PARÁGRAFO ÚNICO. Recebida a comunicação, a chefia imediata, quando for o caso, apresentará denúncia à Procuradoria Regional do Trabalho, conforme previsto no art. 6º da Lei n. 7.347, de 24 de julho de 1985 e incisos I, III e IV do art. 83, da Lei Complementar n. 75, de 20 de maio de 1993.

Art. 3º Esta Portaria entrará em vigor na data de sua publicação.

Paulo Paiva

INSTRUÇÃO NORMATIVA SIT/MTE N. 89, DE 2 DE MARÇO DE 2011

(DOU 3.3.11 e RETIFICADA DOU 4.3.11)

ESTABELECE PROCEDIMENTOS PARA APREENSÃO E GUARDA DE DOCUMENTOS, LIVROS, MATERIAIS, EQUIPAMENTOS E ASSEMELHADOS POR AUDITOR- FISCAL DO TRABALHO E APROVA MODELOS DE AUTO DE APREENSÃO, TERMO DE GUARDA E TERMO DE DEVOLUÇÃO

A SECRETÁRIA DE INSPEÇÃO DO TRABALHO, no exercício da competência prevista no inciso XIII do art. 14 do Anexo I do Decreto n. 5.063, de 3 de maio de 2004, e em face do disposto no inciso VI do art. 11 da Lei n. 10.593, de 6 de dezembro de 2002, e nos incisos VII, XII e XX do art. 18 do Decreto n. 4.552, de 6 de dezembro de 2002, que aprovou o Regulamento da Inspeção do Trabalho, resolve:

Art. 1º Estabelecer os procedimentos para a apreensão, guarda e devolução de materiais, livros, papéis, arquivos, documentos e assemelhados de empregadores por Auditor-Fiscal do Trabalho — AFT.

§1º A apreensão tem por finalidade a verificação e constituição de prova material de fraudes, irregularidades e indícios de crime, ou a análise e instrução de processos administrativos, nas hipóteses em que o acesso ou a posse do empregador possa prejudicar a apuração das irregularidades ou o objeto seja indício de crime.

§ 2º Consideram-se assemelhados e passíveis de apreensão, quaisquer que sejam o seu conteúdo, os objetos físicos, documentos e arquivos constantes de dispositivos móveis de armazenamento de dados, por meios magnéticos ou eletrônicos, mídias, discos rígidos de computadores e seus respectivos gabinetes, substâncias, rótulos, fitas, urnas e outros que, a critério do Auditor-Fiscal do Trabalho, sejam necessários à apuração da irregularidade.

§ 3º A apuração poderá ser feita por meio do exame da contabilidade da empresa conforme disposto no inciso VI do art. 11 da Lei n. 10.593, de 6 de dezembro de 2002, conjugado com os arts. 190 e 193 da Lei n. 10.406, de 10 de janeiro de 2002, que institui o Código Civil.

Art. 2º A apreensão pode ser determinada em Ordem de Serviço emitida pela chefia imediata ou por ação imediata do Auditor-Fiscal do Trabalho e deve constar de Auto de Apreensão e Guarda, conforme modelo previsto no Anexo I e de relatório circunstanciado, em que devem ser descritos os motivos da apreensão e outras informações julgadas necessárias.

Art. 3º O Auto de Apreensão e Guarda a ser lavrado pelo Auditor-Fiscal do Trabalho em cada apreensão, que deve conter, no mínimo:

I — nome ou razão social, endereço e n. do Cadastro Nacional da Pessoa Jurídica — CNPJ, do Cadastro de Pessoa Física — CPF ou Cadastro de Específico do INSS — CEI do autuado;

II — local, data e hora da apreensão e lavratura do auto;

III — descrição dos objetos apreendidos, com indicação de suas características aparentes;

IV — indicação das irregularidades, motivos ou indícios de irregularidades que ensejaram a apreensão;

V — identificação e assinatura do Auditor-Fiscal do Trabalho autuante;

VI — assinatura e identificação do autuado;

VII — endereço da Superintendência Regional do Trabalho e Emprego, da Gerência Regional do Trabalho e Emprego ou da Agência Regional do Trabalho em que os objetos apreendidos ficarão depositados; e

VIII — informação de que o autuado poderá solicitar, por escrito, cópias dos documentos apreendidos, que serão fornecidos contra recibo.

§ 1º O Auto de Apreensão e Guarda deve ser emitido em três vias, sendo a primeira via para dar início ao processo administrativo previsto no art. 6º, a segunda via para ser entregue ao autuado e a terceira via para controle do Auditor Fiscal do Trabalho autuante.

§ 2º Os documentos apreendidos devem ser visados e datados, exceto os livros oficiais.

§ 3º O Auditor Fiscal do Trabalho poderá promover o lacre de gavetas, armários e arquivos, bem como de quaisquer volumes que sirvam para a guarda dos objetos, quando não for possível removê-los ou encerrar o levantamento para apreensão naquela visita fiscal.

Art. 4º A primeira via do Auto de Apreensão e Guarda deve ser entregue pelo Auditor Fiscal do Trabalho à chefia imediata, juntamente com os materiais, livros, papéis, arquivos, documentos e assemelhados apreendidos.

Art. 5º Cabe à chefia imediata a responsabilidade pela guarda, proteção e conservação dos materiais, livros, papéis, arquivos, documentos e assemelhados que lhe forem entregues, devendo ser lavrado, na ocasião do recebimento, o Termo de Recebimento e Guarda previsto no Anexo II desta Portaria.

PARÁGRAFO ÚNICO. O Termo de Recebimento e Guarda deve ser lavrado em três vias, sendo a primeira para instrução do processo administrativo previsto no art. 6º, a segunda via para o Auditor-Fiscal do Trabalho que lavrou o Auto de Apreensão e Guarda e entregou os materiais, livros, papéis, arquivos, documentos e assemelhados apreendidos, e a terceira para controle da chefia imediata.

Art. 6º O Auto de Apreensão e Guarda deve ser protocolizado para formação de processo administrativo, em que devem ser juntados o Termo de Recebimento e Guarda e cópia de todas as ocorrências referentes ao procedimento de apreensão, inclusive da ordem de serviço, dos autos de infração e termos lavrados.

PARÁGRAFO ÚNICO. É facultado ao autuado o recebimento, mediante recibo, de cópia de todo o processo administrativo e dos documentos apreendidos, desde que a solicite por escrito, devendo a solicitação e o recibo ser anexados ao processo.

Art. 7º A ação fiscal será reiniciada pelo Auditor Fiscal do Trabalho autuante no prazo máximo de trinta dias contados da data de lavratura do Auto de Apreensão, que pode ser prorrogado por mais trinta dias, a critério da chefia imediata.

§ 1º Quando houver lacre previsto no § 3º do art. 3º, a ação fiscal deve ser reiniciada no prazo máximo de setenta e duas horas a partir da efetivação do lacre, cuja abertura será efetuada pelo Auditor- Fiscal do Trabalho autuante, podendo dela participar o autuado, seu representante legal ou preposto, devidamente identificados e munidos de mandato.

§ 2º Para reinício da ação fiscal ou exame dos materiais, livros, papéis, arquivos, documentos e assemelhados apreendidos, o Auditor-Fiscal do Trabalho deve solicitá-los à chefia imediata, e recebê-los por meio de Termo de Recebimento e Guarda.

Art. 8º O exame dos materiais, livros, papéis, arquivos, documentos e assemelhados apreendidos deve ser feito pelo Auditor Fiscal do Trabalho nas dependências da Superintendência Regional do Trabalho e Emprego, da Gerência Regional do Trabalho e Emprego ou da Agência Regional do Trabalho em que estejam depositados.

§ 1º Caso entenda necessário para seu exame, o Auditor- Fiscal do Trabalho pode solicitar à chefia imediata diligências, laudos técnicos e periciais, elaborados pelas autoridades competentes, inclusive a degravação de arquivos magnéticos.

§ 2º Os materiais, livros, papéis, arquivos, documentos e assemelhados examinados e considerados desnecessários para instrução de processo administrativo ou comunicação às autoridades competentes devem ser devolvidos ao autuado em no máximo setenta e duas horas após o exame.

Art. 9º Após o encerramento da ação fiscal, devem ser tomadas as seguintes providências quanto aos materiais, livros, papéis, arquivos, documentos e assemelhados examinados:

I — havendo constatação de indícios de crime, cabe à chefia responsável pela sua guarda encaminhá-los às autoridades competentes para as providências que julgarem necessárias, por meio de ofício, cuja cópia deve ser anexada ao processo administrativo; e

II — deve ser providenciada, no prazo máximo de noventa dias da lavratura do Auto de Apreensão e Guarda ou setenta e duas horas após o encerramento da ação fiscal, a devolução ao autuado dos documentos que não foram encaminhados na forma § 2º do art. 8º ou do inciso I deste artigo.

§ 1º Para a devolução prevista no inciso II do *caput*, o autuado deve ser notificado via postal, com anexação do Aviso de Recebimento — AR ao processo administrativo, para comparecimento na Superintendência Regional do Trabalho e Emprego, na Gerência Regional do Trabalho e Emprego ou na Agência Regional do Trabalho em que se encontram os materiais, livros, papéis, arquivos, documentos e assemelhados apreendidos.

§ 2º A devolução a que se refere no inciso II do *caput* deve ser efetuada por meio do Termo de Devolução previsto no Anexo III, a ser assinado pelo Auditor-Fiscal do Trabalho, pela chefia imediata e pelo autuado, seu representante legal ou preposto.

§ 3º Em caso de não comparecimento do autuado, os materiais, livros, papéis, arquivos, documentos e assemelhados devem lhe ser encaminhados via postal, no prazo de dez dias do recebimento da notificação, com anexação do Aviso de Recebimento ao processo administrativo.

§ 4º O processo administrativo deve ser arquivado após o encerramento da ação fiscal e dos procedimentos previstos neste artigo.

Art. 10. A constatação de rompimento do lacre pelo autuado ou seu representante, sem autorização escrita do Auditor-Fiscal do Trabalho autuante, deve ser comunicada às autoridades competentes para apuração de crime.

Art. 11. Os empregadores que utilizam sistemas eletrônicos de dados para registro dos fatos relacionados ao cumprimento da legislação trabalhista e fazendária devem manter os respectivos arquivos digitais e sistemas à disposição da fiscalização do trabalho nos prazos previstos na legislação, observada a prescrição trintenária relativa ao Fundo de Garantia do Tempo de Serviço — FGTS.

Art. 12. Revoga-se a Instrução Normativa n. 28, de 27 de fevereiro de 2002.

Art. 13. Esta instrução entra em vigor na data de sua publicação.

Vera Lúcia Ribeiro de Albuquerque

Nota: Os anexos a que se referem a presente Instrução Normativa estão publicados no Diário Oficial da União de 3.3.11, às paginas 67/68.

INSTRUÇÃO NORMATIVA SIT/MTE N. 90, DE 28 DE ABRIL DE 2011

(DOU 29.4.11)

DISPÕE SOBRE O RECRUTAMENTO DE TRABALHADORES URBANOS E O SEU TRANSPORTE PARA LOCALIDADE DIVERSA DE SUA ORIGEM

A SECRETÁRIA DE INSPEÇÃO DO TRABALHO, no exercício de sua competência, prevista no art. 14, XIII do Decreto n. 5.063, de 03 de maio de 2004, resolve:

Editar a presente Instrução Normativa sobre procedimentos que deverão ser adotados em relação ao recrutamento de trabalhadores em localidade diversa de sua origem.

Art. 1º Para o transporte de trabalhadores contratados em qualquer atividade econômica urbana, recrutados para trabalhar em localidade diversa da sua origem, é necessária a comunicação do fato ao órgão local do Ministério do Trabalho e Emprego — MTE por intermédio da Certidão Declaratória de Transporte de Trabalhadores — CDTT, na forma do Anexo I.

§ 1º Considera-se para a localidade diversa de sua origem o recrutamento que implique a mudança transitória, temporária ou definitiva de residência do trabalhador.

§ 2º O aliciamento e o transporte irregular de trabalhadores para localidade diversa de sua origem constituem, em tese, o crime previsto no art. 207, do Decreto-lei n. 2.848, de 7 de dezembro de 1940 — Código Penal, quando se tratar de trabalhador nacional, e o crime previsto no art. 125, inciso XII, da Lei n. 6.815, de 19 de agosto de 1980, quando se tratar de trabalhador estrangeiro.

Art. 2º A CDTT será preenchida em modelo próprio, conforme Anexo I, nela constando:

I) a identificação da razão social e o n. no Cadastro Nacional da Pessoa Jurídica — CNPJ da empresa contratante ou nome do empregador e seu número no Cadastro Específico do INSS — CEI e número no Cadastro de Pessoa Física — CPF;

II) a identificação da razão social e o número no Cadastro Nacional da Pessoa Jurídica — CNPJ ou nome do empregador e seu número no Cadastro Específico do INSS — CEI e número no Cadastro de Pessoa Física — CPF da (as) tomadora (as), quando se tratar de contratação de trabalhadores para atender à demanda ocasionada em virtude de subcontratação de obras ou de serviços;

III) o endereço completo da sede do contratante e a indicação precisa do local de prestação dos serviços;

IV) os fins e a razão do transporte dos trabalhadores;

V) o número total de trabalhadores recrutados;

VI) as condições pactuadas de alojamento, alimentação e retorno à localidade de origem do trabalhador;

VII) o salário contratado;

VIII) a data de embarque e o destino;

IX) a identificação da empresa transportadora e dos condutores dos veículos;

X) a assinatura do empregador ou seu preposto.

§1º O empregador poderá optar por realizar os exames médicos admissionais na localidade onde será prestado o serviço, caso não haja serviço médico adequado no local da contratação, desde que tal providência ocorra antes do início da atividade laboral.

§ 2º Na hipótese de o trabalhador não ser considerado apto para o trabalho, o empregador será responsável pelo custeio das despesas de transporte até o local de origem, bem como pelo pagamento das verbas salariais decorrentes do encerramento antecipado do contrato de trabalho.

Art. 3º A CDTT deverá ser devidamente preenchida e entregue nas unidades descentralizadas do MTE, ou seja, nas Superintendências Regionais do Trabalho e Emprego — SRTE — ou nas Gerências Regionais do Trabalho e Emprego — GRTE da circunscrição dos trabalhadores recrutados, acompanhada de:

I) cópia da inscrição no CNPJ ou CEI e CPF do empregador;

II) procuração original ou cópia autenticada, concedendo poderes ao procurador para recrutar, contratar trabalhadores e proceder ao encaminhamento da CDTT junto à SRTE;

III) cópia do contrato social do empregador, quando se tratar de pessoa jurídica;

IV) cópias do documento de identidade do procurador e das habilitações dos condutores dos veículos;

V) cópias dos contratos individuais de trabalho,

VI) cópia do certificado de registro para fretamento da empresa transportadora, emitido pela Agência Nacional de Transportes Terrestres — ANTT ou do comprovante de custeio por parte do empregador de transporte terrestre, aéreo ou fluvial efetuado por linhas regulares;

VII) relação nominal dos trabalhadores recrutados, com os números da Carteira de Trabalho e Previdência Social — CTPS, e do Programa de Integração Social — PIS.

PARÁGRAFO ÚNICO. A CDTT poderá, excepcionalmente, ser protocolada fora das dependências da unidade do MTE, desde que em local definido pela chefia da fiscalização e por servidor especialmente designado para esse fim.

Art. 4º Estando a documentação completa, a SRTE receberá uma via da CDTT, devolvendo outra via ao empregador, devidamente protocolada.

§1º A SRTE formará processo a partir do recebimento da documentação, conferindo a regularidade do CNPJ na página da Secretaria da Receita Federal, encaminhando-o à SRTE da circunscrição onde ocorrerá a prestação dos serviços para que a situação seja analisada e, quando necessário, ocorra o devido acompanhamento "in loco" das condições de trabalho.

§ 2º A SRTE de origem dos trabalhadores enviará cópia da CDTT ao Sindicato dos Trabalhadores da categoria respectiva, acompanhada da relação nominal dos trabalhadores recrutados, e a entidade, se assim entender, dará ciência ao sindicato da localidade de destino.

§ 3º A SRTE encaminhará trimestralmente à SIT dados estatísticos referentes ao número de CDTT recebidas, atividades econômicas dos empregadores, número de trabalhadores transportados, municípios de recrutamento e destino dos trabalhadores.

Art. 5º O empregador, ou seu preposto, deverá manter à disposição da fiscalização, durante a viagem, no veículo de transporte dos trabalhadores, e, posteriormente, no local da prestação de serviços, cópia da CDTT, juntamente com a cópia da relação nominal dos trabalhadores recrutados.

§ 1º Identificado o transporte de trabalhadores sem a CDTT, o auditor fiscal do trabalho comunicará o fato imediatamente à Polícia Rodoviária Federal e Polícia Rodoviária Estadual, diretamente ou através de sua chefia imediata, ao tempo em que adotará as medidas legais cabíveis e providenciará relatório contendo a identificação do empregador, dos trabalhadores e demais dados relativos aos fatos apurados.

§ 2º A chefia da fiscalização encaminhará o relatório ao Ministério Público Federal e ao Ministério Público do Trabalho para as providências aplicáveis ao aliciamento e transporte irregular de trabalhadores.

Vera Lucia Ribeiro de Albuquerque

***Nota:** O anexo I a que se refere a presente Instrução Normativa acha-se publicado à página 112, do DOU de 29.4.11.*

PORTARIA N. 1 DO MTE/SRT, DE 25 DE MAIO DE 2006

(DOU 26.5.06)

APROVA EMENTAS NORMATIVAS DA SECRETARIA DE RELAÇÕES DO TRABALHO

O SECRETÁRIO DE RELAÇÕES DO TRABALHO DO MINISTÉRIO DO TRABALHO E EMPREGO, no uso das atribuições previstas no art. 17 do Decreto n. 5.063, de 3 de maio de 2004 e no Anexo VII, do art. 1º da Portaria n. 483, de 15 de setembro de 2004;

Considerando a necessidade dar maior eficiência ao atendimento ao público prestado pelas Delegacias Regionais do Trabalho por meio da padronização dos procedimentos administrativos; e

Considerando as orientações e entendimentos normativos emanados desta Secretaria, resolve:

Art. 1º Aprovar as Ementas constantes do Anexo, com orientações que deverão ser adotadas pelos órgãos regionais do Ministério do Trabalho e Emprego em seus procedimentos internos e no atendimento ao público.

Art. 2º Revogar a Portaria n. 1, de 22 de março de 2002 e a Instrução de Serviço n. 1, de 17 de junho de 1999.

Art. 3º Esta Portaria entra em vigor na data de sua publicação.

Mario dos Santos Barbosa

Anexo

Ementa n. 1

Homologação. Empregado emancipado. Não é necessária a assistência por responsável legal, na homologação da rescisão contratual, ao empregado adolescente que comprove ter sido emancipado.

Ref.: art. 439 da CLT e art. 5º do Código Civil.

Ementa n. 2

Homologação. Aposentadoria. É devida a assistência prevista no § 1º, do art. 477, da CLT, na ocorrência da aposentadoria espontânea acompanhada do afastamento do empregado. A assistência não é devida na aposentadoria por invalidez.

Ref.: art. 477, § 1º, da CLT; art. 4º, da IN n. 3, de 2002; STF RE 449.420-5/PR. *(Redação dada pela Portaria n. 3, da SRT/MTE, de 9.11.06 DOU 13.11.06).*

Ementa n. 3

Homologação. Empregado falecido. No caso de falecimento de empregado, é devida a homologação e a assistência na rescisão do contrato de trabalho aos beneficiários habilitados perante o órgão previdenciário ou assim reconhecidos judicialmente, porque a estes se transferem todos os direitos do *de cujus*.

Ref.: art. 477, § 1º, da CLT; Lei n. 6.858, de 1980; art. 4º da IN n. 3, de 2002.

Ementa n. 4

Homologação. Impedimentos. As seguintes circunstâncias, se não sanadas no decorrer da assistência, impedem o assistente do Ministério do Trabalho e Emprego de efetuar a homologação, ainda que o empregado com ela concorde:

I — a irregularidade na representação das partes;

II — a existência de garantia de emprego, no caso de dispensa sem justa causa;

III — a suspensão contratual;

IV — a inaptidão do trabalhador declarada no atestado de saúde ocupacional (ASO);

V — a fraude caracterizada;

VI — a falta de apresentação de todos os documentos necessários;

VII — a falta de apresentação de prova idônea dos pagamentos rescisórios;

VIII — a recusa do empregador em pagar pelo menos parte das verbas rescisórias.

Ref.: CLT; NR-07; IN n. 3, de 2002.

Ementa n. 5

Homologação. Falta de pagamento de verba rescisória devida. O agente que estiver prestando a assistência rescisória deverá informar o trabalhador quanto à existência de irregularidades. Após a ciência, se o empregado concordar com a rescisão, exceto nas circunstâncias relacionadas na Ementa n. 4, o agente não poderá obstá-la. Tanto a irregularidade quanto a anuência do trabalhador deverão estar especificamente ressalvadas no verso do Termo de Rescisão de Contrato de Trabalho — TRCT. Se o assistente for Auditor-Fiscal do Trabalho, deverá lavrar o auto de infração cabível, consignando que o mesmo foi lavrado no ato homologatório. Se o assistente não for Auditor Fiscal do Trabalho, deverá comunicar a irregularidade ao setor de fiscalização para os devidos fins.

Ref.: arts. 14 e 39, da IN n. 3, de 2002.

Ementa n. 6

Homologação. Meios de prova dos pagamentos. A assistência ao empregado na rescisão do contrato de trabalho compreende os seguintes atos: informar direitos e deveres aos interessados; conciliar controvérsias; conferir os reflexos financeiros decorrentes da extinção do contrato; e zelar pela quitação dos valores especificados no Termo de Rescisão do Contrato de Trabalho. Dada a natureza de ato vinculado da assistência, o agente somente deve admitir os meios de prova de quitação previstos em lei ou normas administrativas aplicáveis, quais sejam: o pagamento em dinheiro ou cheque administrativo no ato da assistência; a comprovação da transferência dos valores, para a conta-corrente do empregado, por meio eletrônico, por depósito bancário, ou ordem bancária de pagamento ou de crédito.

Ref.: art. 477, § 4º, da CLT e art. 36 da IN n. 3, de 2002.

Ementa n. 7

Homologação. Depósito bancário. Multas. Não são devidas as multas previstas no § 8º, do art. 477, da CLT quando o pagamento integral das verbas rescisórias, realizado por meio de depósito bancário em conta-corrente do empregado, tenha observado o prazo previsto no § 6º, do art. 477, da CLT. Se o depósito for efetuado mediante cheque, este deve ser compensado no referido prazo legal. Em qualquer caso, o empregado deve ser, comprovadamente, informado desse depósito. Este entendimento não se aplica às hipóteses em que o pagamento das verbas rescisórias deve ser feito necessariamente em dinheiro, como por exemplo, na rescisão do contrato do empregado analfabeto ou adolescente e na efetuada pelo grupo móvel de fiscalização.

Ref.: art. 477, §§ 6º e 8º da CLT; e art. 36, da IN n. 3, de 2002.

Ementa n. 8

Homologação. Assistência. Competência residual. A assistência na rescisão de contrato de trabalho será prestada preferencialmente pela entidade sindical representativa da categoria profissional, restando ao Ministério do Trabalho e Emprego competência para atender os trabalhadores quando a categoria não tiver representação sindical na localidade ou quando houver recusa ou cobrança indevida de valores pelo sindicato para prestar a assistência, incluindo-se a exigência do pagamento de contribuições de qualquer natureza.

Ref.: art. 477, § 1º, da CLT; e art. 6º da IN n. 3, de 2002.

Ementa n. 9

Homologação. Federação de trabalhadores. Competência. As federações de trabalhadores são competentes para prestar a assistência prevista no § 1º, do art. 477, da CLT, nas localidades onde a categoria profissional não estiver organizada em sindicato.

Ref.: art. 477, § 1º e art. 611, § 2º, da CLT.

Ementa n. 10

Assistência. Rescisão. Competência dos servidores. A assistência e a homologação de rescisão do contrato de trabalho somente poderão ser prestadas por servidor não integrante da carreira de auditor-fiscal do trabalho quando devidamente autorizado por portaria específica do Delegado Regional do Trabalho. Servidores cedidos de outros órgãos públicos, trabalhadores terceirizados e estagiários não poderão ser autorizados a prestar assistência e homologação de rescisão de contrato de trabalho.

Ref.: art. 477, § 1º, da CLT e art. 8º da IN n. 3, de 2002.

Ementa n. 11

Homologação. Aviso prévio. O período do aviso prévio, mesmo indenizado, é considerado tempo de serviço para todos os efeitos legais. Dessa forma se, quando computado esse período, resultar mais de um ano de serviço do empregado, deverá ser realizada a assistência à rescisão do contrato de trabalho prevista no § 1º, do art. 477, da Consolidação das Leis do Trabalho.

Ref.: art. 477, § 1º, e art. 487, § 1º, da CLT.

Ementa n. 12

Homologação. Contagem do prazo. O prazo de um ano e um dia de trabalho, a partir do qual se torna necessária a prestação de assistência na rescisão do contrato de trabalho, deve ser contado pelo calendário comum, incluindo-se o dia em que se iniciou a prestação do trabalho. A assistência será devida, portanto, se houver prestação de serviço até o mesmo dia do começo, no ano seguinte.

Ref.: art.132, § 3º, do CC.

Ementa n. 13

Homologação. TRCT. Os comandos, determinações e especificações técnicas referentes ao Termo de Rescisão do Contrato de Trabalho, aprovado pela Portaria n. 302, de 26 de junho de 2002, não comportam alterações ou supressões, ressalvadas as permitidas na própria regulamentação.

Ref.: art. 477 da CLT e Portaria n. 302, de 2002.

Ementa n. 14

Homologação. TRCT. Identificação do órgão homologador. Devem constar, no campo 63 do TRCT, o nome, endereço e telefone do órgão que prestou assistência ao empregado na rescisão do contrato de trabalho. Tratando-se de entidade sindical, deverá ser informado também o número de seu registro no Ministério do Trabalho e Emprego.

Ref.: Portaria SRT n. 302, de 2002

Ementa n. 15

Homologação. Aposentadoria por tempo de serviço. Multa de quarenta por cento do FGTS. Na rescisão do contrato de trabalho de empregado que continuou na empresa após a aposentadoria espontânea, será exigida a comprovação do recolhimento da multa de quarenta por cento do FGTS apenas sobre os depósitos fundiários posteriores à aposentadoria. Se o empregado entender devida a multa sobre a totalidade do seu tempo de serviço na empresa, deverá ser feita ressalva específica no Termo de Rescisão do Contrato de Trabalho.

Ref.: art. 453, da CLT, art. 18, da Lei n. 8.036, de 1990; e Orientação Jurisprudencial n. 177 do TST. *(Revogada pela Portaria n. 3, da SRT/MTE, de 9.11.06 DOU 13.11.06).*

Ementa n. 16

Homologação. Perfil Profissiográfico Previdenciário. Não compete aos assistentes do MTE exigir a apresentação do Perfil Profissiográfico Previdenciário — PPP, previsto na Lei n. 8.213, de 1991 e no Decreto n. 3.048, de 1999, no ato da assistência e homologação das rescisões de contrato de trabalho, uma vez que tal exigência é de competência da Auditoria-Fiscal da Previdência Social.

Ref.: art. 58, §4º, da Lei n. 8.213, de 1991; art. 68, § 2º, do Decreto n. 3.048, de 1999; e Informação CGRT/SRT n. 12, de 2004.

Ementa n. 17

Homologação. Empresa em processo de recuperação judicial. As empresas em processo de recuperação judicial não têm privilégios ou prerrogativas em relação à homologação das rescisões de contrato de trabalho. Portanto, devem atender a todas as exigências da legislação em vigor.

Ref.: art. 6º da Lei n. 11.101, de 2005 e art. 477 da CLT.

Ementa n. 18

Homologação. Extinção da empresa. Não compete aos órgãos do Ministério do Trabalho e Emprego a homologação de rescisão de contrato de trabalho de empregado com garantia de emprego cuja dispensa se fundamente em extinção da empresa, diante da dificuldade de comprovação da veracidade dessa informação. *(Revogada pela Portaria SRT/MTE n. 9, de 14.4.11, DOU 15.4.11)*

Ref.: art. 8º, VIII, da CF; Art. 10, II, do ADCT; art. 492 a 500 da CLT; Livro II do Código Civil.

Ementa n. 19

Homologação. Art. 9º da Lei n. 7.238, de 1984. Indenização adicional. Contagem do prazo do aviso prévio. É devida ao empregado, dispensado sem justa causa no período de 30 dias que antecede a data-base de sua categoria, indenização equivalente ao seu salário mensal. I — Será devida a indenização em referência se o término do aviso prévio trabalhado ou a projeção do aviso prévio indenizado se verificar em um dos dias do trintídio; II — O empregado não terá direito à indenização se o término do aviso prévio ocorrer após ou durante a data-base e fora do trintídio, no entanto, fará jus aos complementos rescisórios decorrentes da norma coletiva celebrada.

Ref.: art. 9º, da Lei n. 7.238, de 1984, e art. 487, § 1º, da CLT.

Ementa n. 20

Homologação. Aviso prévio cumprido em casa. Falta de previsão legal. Efeitos. Inexiste a figura jurídica do "aviso prévio cumprido em casa". O aviso prévio ou é trabalhado ou indenizado. A dispensa do empregado de trabalhar no período de aviso prévio implica a necessidade de quitação das verbas rescisórias até o décimo dia, contado da data da notificação da dispensa, nos termos do § 6º, alínea "b", do art. 477, da CLT.

Ref.: art. 477, § 6º, "b" e art. 487, § 1º, da CLT; Orientação Jurisprudencial n. 14 do TST.

Ementa n. 21

Homologação. Aviso prévio. Contagem do prazo. O prazo do aviso prévio conta-se excluindo o dia da notificação e incluindo o dia do vencimento. A contagem do período de trinta dias será feita independentemente de o dia seguinte ao da notificação ser útil ou não, bem como do horário em que foi feita a notificação no curso da jornada.

Ref.: art. 487 da CLT; art. 132 do CC; e Súmula n. 380 do TST

Ementa n. 22

Homologação. Aviso prévio indenizado. Prazo para pagamento. No aviso prévio indenizado, o prazo para pagamento das verbas rescisórias deve ser contado excluindo-se o dia da notificação e incluindo-se o do vencimento.

Ref.: art. 477, § 6º, "b" da CLT; art. 132 do CC; e Orientação Jurisprudencial n. 162 da SBDI-1/TST.

Ementa n. 23

Homologação. Aviso prévio. Dispensa do cumprimento. Prazo. No pedido de demissão, se o empregador aceitar a solicitação do trabalhador de dispensa de cumprimento do aviso prévio, não haverá o dever de indenização pelo empregador, nem de cumprimento pelo trabalhador. A quitação das verbas rescisórias será feita até o décimo dia, contado do pedido de demissão ou do pedido de dispensa do cumprimento do aviso prévio.

Ref.: art. 477, § 6º, "b" da CLT.

Ementa n. 24

Homologação. Aviso prévio. Dispensa do empregado durante o cumprimento do aviso. Prazo para pagamento. Quando, no curso do aviso prévio, o trabalhador for dispensado pelo empregador do seu cumprimento, o prazo para o pagamento das verbas rescisórias será o que ocorrer primeiro: o décimo dia, a contar da dispensa do cumprimento, ou o primeiro dia útil após o término do cumprimento do aviso prévio.

Ref.: art. 477, § 6º, da CLT.

Ementa n. 25

Homologação. Aviso prévio. Contrato por prazo determinado. Nos contratos por prazo determinado, só haverá direito a aviso prévio quando existir cláusula assecuratória do direito recíproco de rescisão antecipada, uma vez que, neste caso, aplicam-se as regras da rescisão dos contratos por prazo indeterminado.

Ref.: art. 7º, XXI, da CF; arts. 477 e 481 da CLT.

Ementa n. 26

Homologação. Rescisão de contrato de trabalho. Descanso semanal remunerado. Nos contratos por prazo indeterminado, será devido o pagamento do descanso semanal remunerado por ocasião da rescisão do contrato de trabalho nas seguintes hipóteses: quando o descanso for aos domingos e a carga horária semanal tiver sido cumprida integralmente; quando o prazo do aviso prévio terminar em sábado ou sexta-feira e o sábado for compensado; quando existir escala de revezamento e o prazo do aviso prévio se encerrar no dia anterior ao do descanso previsto.

Ref.:arts. 67 e 385 da CLT; Lei n. 605, de 1949, e Decreto n. 27.048, de 1949.

Ementa n. 27

Homologação. Rescisão de contrato de trabalho. Férias. Parcelas variáveis. Cálculo. Ressalvada norma mais favorável, o cálculo da média das parcelas variáveis incidentes sobre as férias será efetuado das seguintes formas: I — com base no período aquisitivo, aplicando-se o valor do salário devido na data da rescisão; II — quando pago por hora ou tarefa, com base na média quantitativa do período aquisitivo, aplicando-se o valor do salário devido na data da rescisão; III — se o salário for pago por porcentagem, comissão ou viagem, com base na média dos salários percebidos nos doze meses que precederam seu pagamento ou rescisão contratual.

Ref.: arts. 7º, VII e XVII, da CF; art. 142 da CLT; Súmula n. 199 do STF; e Enunciado n. 149 do TST.

Ementa n. 28

Capacidade sindical. Comprovação. A capacidade sindical, necessária para a negociação coletiva, para a celebração de convenções e acordos coletivos do trabalho, para a participação em mediação coletiva no âmbito do Ministério do Trabalho e Emprego e para a prestação de assistência à rescisão de contrato de trabalho, é comprovada, exclusivamente, por meio do registro sindical no Cadastro Nacional de Entidades Sindicais deste Ministério.

Ref.: art. 8º, I, da CF; art. 611 da CLT; IN n. 1, de 2004; e Portaria MTE n. 343, de 2000.

Ementa n. 29

Convenção ou acordo coletivo de trabalho. Depósito e registro. Análise das cláusulas. O Ministério do Trabalho e Emprego não tem competência para negar validade a instrumento coletivo de trabalho que obedeceu aos requisitos formais previstos em lei, em face do caráter normativo conferido a esses instrumentos pelo art. 611 da Consolidação das Leis do Trabalho. Sua competência restringe-se ao registro e o arquivo das convenções e acordos coletivos depositados. A análise de mérito, efetuada após o registro dos instrumentos, visa apenas a identificar cláusulas com indícios de ilegalidade para fim de regularização administrativa ou encaminhamento ao Ministério Público do Trabalho.

Ref.: art. 7º, XXVI, da CF; arts. 611 e 614 da CLT; IN n. 1, de 2004.

Ementa n. 30

Convenção ou acordo coletivo de trabalho. Participação de entidade sindical. É obrigatória a participação dos sindicatos nas negociações coletivas de trabalho. Excepcionalmente, no caso de recusa do sindicato, a negociação poderá ser feita pela federação ou pela confederação respectiva, ou mesmo diretamente pelos próprios empregados, desde que respeitadas as formalidades previstas no art. 617 da CLT, quais sejam:

I — ciência por escrito, ao sindicato profissional, do interesse dos empregados em firmar acordo coletivo com uma ou mais empresas, para que assuma, em oito dias, a direção dos entendimentos entre os interessados;

II — não se manifestando o sindicato no prazo mencionado, os empregados darão ciência do fato à federação respectiva e, na sua inexistência ou falta de manifestação, à correspondente confederação, para que no mesmo prazo assuma a direção da negociação;

III — esgotados os prazos acima, poderão os interessados prosseguir diretamente na negociação. Em qualquer caso, a iniciativa da negociação deverá ser sempre dos trabalhadores da empresa.

Ref.: art. 8º, VI, da CF; arts. 611 e 617 da CLT. *(Revogada pela Portaria n. 3, da SRT/MTE, de 9.11.06 DOU 13.11.06).*

Ementa n. 31

Convenção ou acordo coletivo de trabalho. Prazo para depósito. Somente será efetuado o registro administrativo do instrumento coletivo depositado dentro do prazo de vigência. O saneamento de irregularidade de natureza formal que tenha impedido o registro do instrumento também deverá ocorrer dentro do prazo de vigência do instrumento, sob pena de arquivamento do processo.

Ref.: arts. 613 e 614 da CLT; e art. 4º, § 5º, da IN n. 1, de 2004.

Ementa n. 32

Comissão de Conciliação Prévia — CCP e Núcleo Intersindical de Conciliação Trabalhista — NINTER. Assistência ao empregado na rescisão do contrato de trabalho. A Comissão de Conciliação Prévia — CCP e o Núcleo Intersindical de Conciliação Trabalhista — NINTER não têm competência para a assistência e homologação de rescisão de contrato de trabalho de empregado com mais de um ano de serviço. O termo de conciliação celebrado no âmbito da CCP e NINTER possui natureza de título executivo extrajudicial, o qual não está sujeito à homologação prevista no art. 477 da CLT.

Ref.: art. 477, § 1º e art. 625-E, parágrafo único, da CLT.

Ementa n. 33

Comissão de Conciliação Prévia. CCP e Núcleo Intersindical de Conciliação Trabalhista. NINTER. Descumprimento de prazo para pagamento das verbas rescisórias.

I — Os prazos para pagamento das verbas rescisórias são determinados pelo § 6º, do art. 477, da Consolidação das Leis do Trabalho. II — A formalização de demanda, pelo empregado, nos termos do § 1º, do art. 625-D, da CLT, após os prazos acima referidos, em virtude da não quitação das verbas rescisórias, implica a imposição da penalidade administrativa prevista no § 8º, do art. 477, da CLT, independentemente do acordo que vier a ser firmado.

Ref.: art. 477, §§ 6º e 8º, e art. 625-D, § 1º, da CLT.

Ementa n. 34

Comissão de Conciliação Prévia — CCP e Núcleo Intersindical de Conciliação Trabalhista — NINTER. FGTS. Não produz efeitos o acordo firmado no âmbito de CCP e NINTER transacionando o pagamento diretamente ao empregado da contribuição do FGTS e da multa de quarenta por cento, prevista no § 1º, do art. 18, da Lei n. 8.036, de 11 de maio de 1990, incidentes sobre os valores acordados ou devidos na duração do vínculo empregatício, dada a natureza jurídica de ordem pública da legislação respectiva.

Ref.: arts. 18 e 23 da Lei n. 8.036, de 11 de maio de 1990; arts. 625-A e 625-H da CLT.

Ementa n. 35

Mediação de conflitos coletivos de trabalho. Abrangência. A mediação de conflitos coletivos de trabalho, realizada pelo Ministério do Trabalho e Emprego, abrange controvérsias envolvendo a celebração de convenção ou acordo coletivo de trabalho, descumprimento e divergências de interpretação desses instrumentos normativos ou de norma legal e conflitos intersindicais relativos à representação legal das categorias.

Ref.: art. 11, da Lei n. 10.192, de 14 de dezembro de 2001; art. 4º, da Lei n. 10.101, de 19 de dezembro de 2000; art. 2º, do Decreto n. 1.256, de 1994; art. 2º, do Decreto n. 1.572, de 28 de julho de 1995; art. 7º, da Portaria n. 343, de 23 de maio de 2000.

Ementa n. 36

Mediação de conflitos coletivos de trabalho. Condição funcional do mediador público. A mediação prevista no Decreto n. 1.572, de 1995, somente pode ser exercida por servidor integrante do quadro funcional do Ministério do Trabalho e Emprego.

Ref.: art. 11, da Lei n. 10.192, de 14 de dezembro de 2001; e art. 2º, do Decreto n. 1.572, de 28 de julho de 1995.

Ementa n. 37

Mediação de conflitos coletivos de trabalho. Transação de direitos indisponíveis. Vedação. Na mediação decorrente de descumprimento de norma legal ou convencional, os direitos indisponíveis não poderão ser objeto de transação. Caso as partes não compareçam ou não cheguem a um acordo para a regularização da situação, o processo poderá ser encaminhado à Seção de Fiscalização do Trabalho para as providências cabíveis.

Ref.: art. 11, da Lei n. 10.192, de 14 de dezembro de 2001; e arts. 2º e 6º, do Decreto n. 1.572, de 28 de julho de 1995.

Ementa n. 38

Trabalho temporário. Prorrogação do contrato. Local de recebimento do pedido. Os pedidos de prorrogação do contrato de trabalho temporário devem ser protocolizados no órgão do Ministério do Trabalho e Emprego do local da prestação do serviço. Pedidos protocolizados em local diverso devem ser recebidos e encaminhados para o órgão regional responsável pela análise.

Ref.: Lei n. 6.019, de 1974; Portaria n. 574, de 2007;

Notas técnicas/CGRT/SRT/n. 114/2007 e 135/2008.

Ementa n. 39

Trabalho temporário. Prorrogação do contrato. Prazos para o pedido e análise. O prazo para protocolização do pedido de prorrogação do contrato de trabalho temporário é de até quinze dias antes da data do término do contrato original, e o seu descumprimento enseja indeferimento do pedido. O prazo de cinco dias para análise do pedido de prorrogação começa a ser contado no dia seguinte da entrada do processo na Seção de Relações do Trabalho da Superintendência Regional do Trabalho e Emprego ou Setor de Relações do Trabalho da Gerência Regional do Trabalho e Emprego responsável pela análise do pedido.

Ref.: Lei n. 6.019, de 1974; Portaria n. 574, de 2007;

Nota técnica/CGRT/SRT/n. 135/2008.

Ementa n. 40

Trabalho temporário. Prorrogação do contrato. Documentos. Ao pedido de prorrogação do contrato de trabalho temporário, é essencial, para fundamentar a decisão do órgão regional, a juntada dos seguintes documentos: i) cópia do contrato original, para comparação dos dados e verificação da tempestividade do pedido; ii) documentos que comprovem as circunstâncias previstas nos incisos I e II do parágrafo único do art. 2º da Portaria n. 574, de 2007. As circunstâncias que não exigem prova documental podem ser somente declaradas. O servidor deve confirmar o registro da empresa de trabalho temporário no SIRETT — Sistema de Registro de Empresa de Trabalho Temporário.

Ref.: Lei n. 6.019, de 1974; Portaria n. 574, de 2007;

Notas técnicas/CGRT/SRT/n. 114/2007 e 135/2008

PRECEDENTES ADMINISTRATIVOS DA SECRETARIA DE INSPEÇÃO DO TRABALHO/MTE

OS PRECEDENTES ADMINISTRATIVOS DE NS. 1 A 11 FORAM APROVADOS PELO ATO DECLARATÓRIO N. 1, DE 20.10.00, DOU 22.11.00; OS DE NS. 12 A 20, PELO ATO DECLARATÓRIO N. 2, DE 19.1.01, DOU 24.1.01; OS DE NS. 21 A 30 PELO ATO DECLARATÓRIO N. 3, DE 29.5.01, DOU 30.5.01; O ATO DECLARATÓRIO N. 4, DE 21.2.02, DOU 22.2.02, APROVA, REVISA E CONSOLIDA OS PRECEDENTES ADMINISTRATIVOS DE 01 A 30 E AUMENTA O SEU NÚMERO PARA 50. O ATO DECLARATÓRIO N. 6, DE 16.12.02, DOU 20.12.02, REVOGA OS DE NS. 12 E 13 E ACRESCENTA OS DE NS. 51 A 60. OS DE NS. 61 A 70 FORAM ACRESCENTADOS PELO ATO DECLARATÓRIO N. 9, DE 25.5.05, DOU 27.5.05

TODOS ESTES ATOS DECLARATÓRIOS FORAM APROVADOS PELO DEPARTAMENTO DE FISCALIZAÇÃO DO TRABALHO DO MINISTÉRIO DO TRABALHO E EMPREGO

ATO DECLARATÓRIO N. 10, DE 3.8.09, DOU 4.8.09, APROVA OS PRECEDENTES ADMINISTRATIVOS NS. 71 A 100 E CANCELA OS NS. 5, 16, 20, 26, 32, 46, 47, 48, 60 E 67 E FINALMENTE O ATO DECLARATÓRIO N. 12, DE 10.8.11 (DOU 9.9.11) QUE ALTERA OS PRECEDENTES ADMINISTRATIVOS NS. 42,45 E 74 E APROVA O PRECEDENTE ADMINISTRATIVO N. 101

ATO DECLARATÓRIO N. 13, DE 13 DE JULHO DE 2013 (DOU 16.7.13), ALTERA OS PRECEDENTES ADMINISTRATIVOS NS. 1, 72 E 74, E APROVA O PRECEDENTE ADMINISTRATIVO N. 102

ATO DECLARATÓRIO N. 14, DE 21 DE JANEIRO DE 2014 (DOU 24.1.14) APROVA O PRECEDENTE ADMINISTRATIVO N. 103

O DIRETOR DO DEPARTAMENTO DE FISCALIZAÇÃO DO TRABALHO, no uso de sua competência regimental, resolve:

I — aprovar os precedentes administrativos de n. 31 a n. 50, resultantes de posicionamentos firmados na Coordenação Geral de Normatização e Análise de Recursos;

II — revisar os precedentes de n. 01 a n. 30;

III — consolidar todos os precedentes administrativos aprovados, conforme anexo I deste ato;

IV — os precedentes administrativos em anexo deverão orientar a ação dos Auditores Fiscais do Trabalho no exercício de suas atribuições.

Leonardo Soares de Oliveira

ANEXO I

PRECEDENTE ADMINISTRATIVO N. 1

FGTS. Parcelamento. Falta de recolhimento do percentual de 8% sobre parte da remuneração devida. I — A comprovação do recolhimento integral do débito apurado antes da emissão da NDFG, NFGC ou NRFC, ou da data de apuração da NDFC, acarreta sua declaração de improcedência. II — O parcelamento concedido antes da emissão da notificação, relativo às competências nela apuradas, não caracteriza sua improcedência, exceto se: a) A notificação for emitida na vigência das Instruções Normativas ns. 17/2000 e 25/2001, e o débito apurado for idêntico ao confessado. b) A notificação for emitida na vigência da Instrução Normativa n. 84/2010 e o débito apurado for idêntico ou inferior ao confessado, ou se houver débito de contribuição social não parcelado.

Referência Normativa: Art. 23, *caput*, da Lei n. 8.036/90, no art. 1º da Lei n. 8.844/94, no art. 3º da Lei Complementar n. 110/2001, art. 28, §§ 4º e 5º, da Instrução Normativa n. 99/2012 e art. 20 da Instrução Normativa n. 17/2000, art. 30 da Instrução Normativa n. 25/2001, art. 26 da Instrução Normativa n. 84/2010

PRECEDENTE ADMINISTRATIVO N. 2

Revogado pelo Ato Declaratório n. 5, de 27.6.02, DOU 28.6.02.

PRECEDENTE ADMINISTRATIVO N. 3

FGTS. Vale-transporte. Falta de recolhimento do percentual de 8% sobre parte da remuneração devida. O vale-transporte não terá natureza salarial, não se incorporará à remuneração para quaisquer efeitos e tampouco constituirá base de incidência do FGTS, desde que fornecido de acordo com o disposto no art. 2º, II da Lei n. 7.418/85. O vale-transporte pago em dinheiro tem natureza salarial e repercussão no FGTS.

Referência Normativa: art. 2º e alíneas, da Lei n. 7.418/85 e arts. 5º e 6º do Decreto n. 95.247/87.

PRECEDENTE ADMINISTRATIVO N. 4

FGTS. Depósito após lavratura da Notificação para Depósito do FGTS — NDFG. A defesa a auto de infração lavrado por deixar o empregador de efetuar os depósitos fundiários, com os acréscimos legais, após notificado pela fiscalização, deve limitar-se à comprovação de parcelamento ou pagamento correspondente. A discussão acerca do mérito sobre a existência ou acerto do débito apurado encerra-se com o processo de Notificação para Depósito do FGTS — NDFG que lhe deu origem.

Referência Normativa: art. 23, § 1º, inciso V da Lei n. 8.036, de 1990.

PRECEDENTE ADMINISTRATIVO N. 5

Cancelado pelo Ato Declaratório n. 10, de 3.8.09, (DOU 4.8.09).

PRECEDENTE ADMINISTRATIVO N. 6

FGTS. Gratificação. Falta de recolhimento do percentual de 8% sobre parte da remuneração devida. A gratificação, bem como comissões, percentagens ou abonos pagos pelo empregador, integram o salário. Consequentemente, são base de cálculo para o FGTS.

Referência Normativa: art. 457 e 458, CLT; Lei n. 8.036/90, art. 15.

PRECEDENTE ADMINISTRATIVO N. 7

Recurso administrativo. Intempestividade. Depósito recursal dentro do prazo. Não é suficiente para o conhecimento do recurso a efetivação do depósito dentro do prazo legal. É necessário que também o recurso administrativo seja aviado no decêndio legal.

Referência Normativa: art. 636 *caput* e § 1º da CLT e art. 33 da Portaria n. 148, de 25 de janeiro de 1996.

PRECEDENTE ADMINISTRATIVO N. 8

Registro. Representante comercial. Para a caracterização de atividade autônoma do representante comercial, é imprescindível a comprovação de sua inscrição no Conselho respectivo.

Referência Normativa: art. 41, *caput* da CLT.

PRECEDENTE ADMINISTRATIVO N. 9

Autorização para o trabalho em feriados nacionais e religiosos via acordo coletivo ou convenção coletiva de trabalho. Necessidade de prévia permissão da autoridade competente em matéria de trabalho. Os acordos coletivos ou convenções coletivas de trabalho podem estabelecer as regras de remuneração e/ou compensação para o trabalho em dias feriados, mas não são instrumentos hábeis para afastar a competência da autoridade em matéria de trabalho para exercer o controle do trabalho em tais dias.

Referência Normativa: art. 70 da CLT.

PRECEDENTE ADMINISTRATIVO N. 10

Jornada. Telefonista de mesa. Independente do ramo de atividade do empregador, aplica-se o disposto no art. 227 da CLT, e seus parágrafos, ao exercente das funções de telefonista: jornada de seis horas diárias. Inteligência do Enunciado n. 178 do Tribunal Superior do Trabalho — TST.

Referência Normativa: art. 227 da CLT.

PRECEDENTE ADMINISTRATIVO N. 11

Inspeção do trabalho. Rol não taxativo quanto aos documentos necessários à inspeção do trabalho. Fitas do caixa bancário. Fitas do caixa bancário são considerados documentos necessários à inspeção do trabalho. O sigilo das informações financeiras é da responsabilidade do Auditor Fiscal do Trabalho, que também, por lei, deve guardar sigilo profissional.

Referência Normativa: art. 630, §§ 3º e 4º da CLT c/c art. 6º do Regulamento da Inspeção do Trabalho — RIT, aprovado pelo Decreto n. 55.841, de 1965.

PRECEDENTE ADMINISTRATIVO N. 12

Revogado pelo Ato Declaratório n. 6, de 16.12.02 (DOU 20.12.02)

PRECEDENTE ADMINISTRATIVO N. 13

Revogado pelo Ato Declaratório n. 6, de 6.12.02 (DOU 20.12.02)

PRECEDENTE ADMINISTRATIVO N. 14

Multa. Valor sem expressão econômica. Processamento regular obrigatório. A impossibilidade de impor multa ao infrator em virtude da desatualização ou inexpressividade de seu valor, não obsta o processamento regular do auto de infração e sua declaração de subsistência, uma vez que o instituto da reincidência e a possibilidade de ulterior atualização daquele valor impedem-lhe pronto arquivamento.

PRECEDENTE ADMINISTRATIVO N. 15

Salário. Empregador e equiparados. Entidades sem fins lucrativos. Prazo legal. Equiparam-se ao empregador, para os efeitos da relação de emprego, as pessoas e entidades referidas no § 1º do art. 2º da CLT. A partir do momento em que a instituição sem fins lucrativos contrata empregados, assume todas as obrigações dessa relação jurídica, não podendo repassar aos seus empregados o risco de sua atividade. Os salários, portanto, devem ser pagos no prazo legal, sob pena de imposição de sanção administrativa.

Referência Normativa: art. 2º § 1º da CLT.

PRECEDENTE ADMINISTRATIVO N. 16

Cancelado pelo Ato Declaratório n. 10, de 3.8.09, (DOU 4.8.09).

PRECEDENTE ADMINISTRATIVO N. 17

Descanso. Trabalho em feriados. Decisão judicial. São insubsistentes os autos lavrados contra empregadores amparados por decisão judicial que os permita manter trabalhadores em atividade em dias feriados.

PRECEDENTE ADMINISTRATIVO N. 18

FGTS. Notificação para depósito do FGTS. Notificação para depósito do FGTS — NDFG. Pagamentos posteriores ao levantamento. A quitação de valores relativos a competências levantadas em Notificação para Depósito do FGTS — NDFG não acarreta sua improcedência. Cabe ao Agente Operador do Fundo, Caixa Econômica Federal — CEF deduzir os valores pagos *a posteriori*, quando da verificação de quitação do débito.

PRECEDENTE ADMINISTRATIVO N. 19

FGTS. Notificação para depósito do FGTS — NDFG. Parcelamento não formalizado. Não obsta a lavratura da Notificação para Depósito do FGTS — NDFG processo de parcelamento em andamento junto ao Agente Operador do Fundo, Caixa Econômica Federal — CEF, ainda sem a devida formalização.

Referência Normativa: art. 20 § 4º da IN/SIT/MTE n. 17, de 31 de julho de 2000.

PRECEDENTE ADMINISTRATIVO N. 20

Cancelado pelo Ato Declaratório n. 10, de 3.8.09, (DOU 4.8.09).

PRECEDENTE ADMINISTRATIVO N. 21

CTPS. Inutilização. Ao lançar na Carteira de Trabalho e Previdência Social — CTPS anotações prejudiciais ao trabalhador, a empresa tornou aquele documento inútil para uso, mesmo que objetivamente apenas uma das folhas tenha sido inutilizada. Autuação procedente.

Referência Normativa: art. 52 da CLT.

PRECEDENTE ADMINISTRATIVO N. 22

Inspeção do trabalho. Livre acesso. A prerrogativa do Auditor Fiscal do Trabalho — AFT de ter livre acesso a todas as dependências dos estabelecimentos sujeitos ao regime da legislação trabalhista compreende não só o direito de ingressar mas também o de permanecer no local, para o exercício de sua ação fiscal.

Referência Normativa: art. 630 § 3º da CLT.

PRECEDENTE ADMINISTRATIVO N. 23

Jornada. Controle alternativo. Os sistemas alternativos de controle de jornada só podem ser utilizados quando autorizados por convenção ou acordo coletivo.

Referência Normativa: art. 7º XXVI da Constituição Federal, art. 74 § 2º da CLT e Portaria n. 1.120, de 8 de novembro de 1995.

PRECEDENTE ADMINISTRATIVO N. 24

Registro. Autenticação de livro, folha ou sistema eletrônico. Após a edição da Portaria n. 739, de 29 de agosto de 1997, descabe autuação por falta de autenticação do sistema de registro de empregados, no prazo legal, uma vez autorizada a autenticação pelo Auditor-Fiscal do Trabalho quando de sua visita fiscal. A partir da revogação do art. 42 da CLT, a obrigação legal de autenticação deixou de existir.

Referência Normativa: art. 42 CLT, art. 2º § 2º da Portaria n. 739 de 29 de agosto de 1997 e Lei n. 10.243, de 19 de junho de 2001.

PRECEDENTE ADMINISTRATIVO N. 25

Gratificação natalina. Prazo. A lei dispõe que o prazo para pagamento da gratificação natalina é o dia 20 de dezembro de cada ano. Recaindo o dia 20 em domingo ou feriado, o pagamento deve ser antecipado. Não há que se falar em prorrogação para o primeiro dia útil subsequente.

Referência Normativa: art. 1º da Lei n. 4.749, de 12 de agosto de 1965.

PRECEDENTE ADMINISTRATIVO N. 26

Cancelado pelo Ato Declaratório n. 10, de 3.8.09, (DOU 4.8.09).

PRECEDENTE ADMINISTRATIVO N. 27

Rescisão contratual. Homologação. Entidades públicas. A União, os Estados e os Municípios, as autarquias e as fundações de direito público que não explorem atividade econômica não estão sujeitos à assistência mencionada no art. 477 da CLT, face à presunção de legitimidade de seus atos.

Referência Normativa: art. 1º, I do Dec-lei n. 779, de 21 de agosto de 1969 e art. 477 CLT.

PRECEDENTE ADMINISTRATIVO N. 28

Rescisão contratual. Pagamento de verbas fora do prazo legal. O pagamento da multa em favor do empregado não exime o autuado da multa administrativa, uma vez que são penalidades distintas: a primeira beneficia o empregado, enquanto a segunda destina-se ao Poder Público.

Referência Normativa: art. 477 § 8º da CLT.

PRECEDENTE ADMINISTRATIVO N. 29

Jornada. Bancários. Prorrogação de jornada. Intervalo para repouso ou alimentação. Ao estabelecer que a jornada normal de seis horas dos bancários poderá ser excepcionalmente prorrogada até oito horas diárias, observados os preceitos gerais sobre duração do trabalho, o art. 225 da CLT atraiu a incidência da regra do art. 71 do mesmo diploma, que prevê a obrigatoriedade de concessão de intervalo para repouso ou alimentação de, no mínimo uma e, no máximo, duas horas.

Referência Normativa: art. 71 e art. 225, ambos da CLT.

PRECEDENTE ADMINISTRATIVO N. 30

Jornada. Prorrogação. Convenção ou acordo coletivo. A mera inserção em acordo ou convenção coletiva de cláusula com previsão de percentuais acima de cinquenta por cento para a remuneração das horas extraordinárias, por si só, não autoriza o elastecimento da jornada normal de trabalho. Imprescindível autorização expressa, pois o acessório, exigido pelo § 1º do art. 59, não substitui o principal, cuja obrigação decorre do *caput*.

Referência Normativa: art. 59 da CLT.

PRECEDENTE ADMINISTRATIVO N. 31

Jornada. Prorrogação. Necessidade imperiosa. I — Os serviços inadiáveis ou cuja inexecução possa acarretar prejuízos manifestos autorizam a prorrogação da jornada apenas até 12 horas, caracterizando-se como tais aqueles que, por impossibilidade decorrente de sua própria natureza, não podem ser paralisados num dia e retomados no seguinte, sem ocasionar prejuízos graves e imediatos. II — Se a paralisação é apenas inconveniente, por acarretar atrasos ou outros transtornos, a necessidade de continuação do trabalho não se caracteriza como imperiosa e o excesso de jornada não se justifica.

Referência Normativa: art. 59, *caput*, e art. 61 da Consolidação das Leis do Trabalho — CLT.

PRECEDENTE ADMINISTRATIVO N. 32

Cancelado pelo Ato Declaratório n. 10, de 3.8.09, (DOU 4.8.09).

PRECEDENTE ADMINISTRATIVO N. 33

Jornada. Prorrogação. Efeitos do pagamento relativo ao trabalho extraordinário. O pagamento do adicional por serviço extraordinário não elide a infração pela prorrogação de jornada além dos limites legais ou convencionais, uma vez que o serviço extraordinário deve ser remunerado, independentemente de sua licitude. Isso porque as normas limitadoras da jornada visam a evitar males ao trabalhador, protegendo-lhe a saúde e o bem-estar, não se prestando a retribuição pecuniária como substituta da proteção ao bem jurídico.

Referência Normativa: art. 59 da Consolidação das Leis do Trabalho — CLT.

PRECEDENTE ADMINISTRATIVO N. 34

FGTS. Cesta básica. Falta de recolhimeno do percentual de 8% sobre parte da remuneração devida. O valor pago pelo empregador ao empregado a título de cesta básica ou outro fornecimento de alimentação realizado à margem do Programa de Alimentação do Trabalhador — PAT deve compor a base de cálculo do FGTS, pois se trata de salário *in natura*.

Referência Normativa: art. 458 da Consolidação das Leis do Trabalho — CLT e Lei n. 6.321, de 14 de abril de 1976.

PRECEDENTE ADMINISTRATIVO N. 35

Salário. Pagamento fora do prazo legal. Dificuldades econômicas. Dificuldades econômicas do empregador, decorrentes de inadimplemento contratual de clientes, retração de mercado ou de outros transtornos inerentes à atividade empreendedora, não autorizam o atraso no pagamento de salários, uma vez que, salvo exceções expressamente previstas em lei, os riscos do negócio devem ser suportados exclusivamente pelo empregador.

Referência Normativa: art. 2º e art. 459, § 1º, da Consolidação das Leis do Trabalho — CLT.

PRECEDENTE ADMINISTRATIVO N. 36

Registro de empregados. Empresa pública e sociedade de economia mista. Autuação capitulada no art. 41 da Consolidação das Leis do Trabalho — CLT. Legalidade. I — A autuação por falta de registro de empregados em empresas públicas e sociedades de economia mista não contraria o dispositivo constitucional que veda a contratação sem prévia aprovação em concurso público, tampouco as reiteradas decisões judiciais que declaram a nulidade das contratações irregulares. II — Cabe ao Auditor-Fiscal do Trabalho verificar o cumprimento da obrigação legal de formalização do vínculo de emprego quando houver trabalho subordinado e, descumprida a norma, proceder à autuação por falta de registro, independentemente do motivo pelo qual o contrato não se formalizou ou da existência de efeitos contratuais de cunho material e patrimonial, questões cujo controle está afeto a outros órgãos do Executivo e ao Poder Judiciário.

Referência Normativa: arts. 2º, 3º, 41 e 626 da CLT; arts. 37 e 173 da Constituição Federal de 1988.

PRECEDENTE ADMINISTRATIVO N. 37

Rescisão. Ajuizamento da ação de consignação fora do prazo legal para pagamento das verbas rescisórias. A propositura fora do prazo legal de ação judicial de consignação em pagamento para pagamento das verbas rescisórias não afasta a mora da empresa autuada em relação ao prazo legal para cumprimento da obrigação.

Referência Normativa: art. 477 da Consolidação das Leis do Trabalho — CLT.

PRECEDENTE ADMINISTRATIVO N. 38

Inspeção do trabalho. Acompanhamento da ação fiscal por representantes dos trabalhadores. Os empregadores estão obrigados a franquear seus estabelecimentos à visita de representantes dos trabalhadores que acompanhem ação de inspeção trabalhista das condições de segurança e saúde do trabalhador.

Referência Normativa: art. 200 da Consolidação das Leis do Trabalho — CLT e Portaria n. 3.214, de 8 de junho de 1978, Norma Regulamentadora — NR 1, item 1.7 alínea *d*.

PRECEDENTE ADMINISTRATIVO N. 39

Empregados em tabelionatos. Natureza jurídica do vínculo. É de natureza celetista o vínculo dos empregados em tabelionatos contratados após a edição da Lei n. 8.935, de 18 de novembro de 1994, bem como o dos servidores admitidos antes da Constituição Federal de 1988 em regime estatutário ou especial que tenham feito opção expressa pelo regime.

Referência Normativa: art. 236 da Constituição Federal de 1988, art. 32 do Ato das Disposições Constitucionais Transitórias, Lei n. 8.935, de 18 de novembro de 1994, Lei n. 9.534, de 10 de dezembro de 1997, Lei n. 9.812, de 10 de agosto de 1999.

PRECEDENTE ADMINISTRATIVO N. 40

Inspeção do trabalho. Documentos sujeitos à fiscalização. Transferência de empregado. Os documentos sujeitos a inspeção devem permanecer no local de trabalho do empregado. Em caso de ser o empregado deslocado para prestar serviço em outro estabelecimento da empresa, devem acompanhá-lo para o novo local de trabalho o seu controle de jornada e seus registros funcionais, onde será anotada a respectiva transferência.

Referência Normativa: art. 630 § 4º da Consolidação das Leis do Trabalho — CLT e art. 3º da Portaria n. 1.121, de 8 de novembro de 1995.

PRECEDENTE ADMINISTRATIVO N. 41

Remuneração. Repouso semanal remunerado. Incidência do adicional noturno. I — Cabível a repercussão do adicional noturno nos cálculos do repouso semanal remunerado de empregado que tem salário pago na base da unidade dia ou mensalistas e quinzenalistas cujo trabalho não seja exclusivamente noturno. II — Para os empregados mensalistas ou quinzenalistas que cumprem jornada exclusivamente noturna, o salário acrescido do adicional de 20% já inclui a remuneração do repouso.

Referência Normativa: art. 73 da CLT; art. 7º da Lei n. 605, de 5 de janeiro de 1949.

PRECEDENTE ADMINISTRATIVO N. 42

Jornada. Obrigatoriedade de controle. Os empregadores não sujeitos à obrigação legal de manter sistema de controle de jornada de seus empregados, mas que deles se utilizam, devem zelar para que os mesmos obedeçam à regulamentação específica, eventualmente existente para a modalidade que adotarem. Caso o Auditor Fiscal do Trabalho tenha acesso a tal controle, poderá dele extrair elementos de convicção para autuação por infrações, já que o documento existe e é meio de prova hábil a contribuir na sua convicção. *(Alterado pelo Ato Declaratório n. 12, de 10.8.11, DOU 9.9.11).*

Referência Normativa: art. 74 da Consolidação das Leis do Trabalho — CLT.

PRECEDENTE ADMINISTRATIVO N. 43

Inspeção do trabalho. Documentos sujeitos a inspeção. Apresentação parcial. A alegação em defesa de que não foi exibida ao Auditor Fiscal do Trabalho apenas parte dos documentos mencionados no auto de infração acarreta a procedência total da autuação, uma vez que a infração ao art. 630 §§ 3º e 4º da Consolidação das Leis do Trabalho — CLT não comporta subsistência parcial.

Referência Normativa: art. 630 §§ 3º e 4º da Consolidação das Leis do Trabalho — CLT.

PRECEDENTE ADMINISTRATIVO N. 44

Inspeção do trabalho. Competência dos auditores-fiscais do trabalho médicos e engenheiros. Os Auditores Fiscais do Trabalho médicos e engenheiros têm competência para lavrar auto de infração capitulado no art. 41 da CLT, ao constatarem falta de registro de empregado.

Referência Normativa: Medida Provisória n. 2.175-29, de 24 de agosto de 2001.

PRECEDENTE ADMINISTRATIVO N. 45

Domingos e feriados. Comércio varejista em geral. I — O comércio em geral pode manter empregados trabalhando aos domingos, independentemente de convenção ou acordo coletivo e de autorização municipal. *(Alterado pelo Ato Declaratório n. 12, de 10.8.11, DOU 9.9.11).* II — Revogado pelo Ato Declaratório n. 7, de 12 de junho de 2003. III — Por sua vez, a abertura do comércio aos domingos é de competência municipal e a verificação do cumprimento das normas do município incumbe à fiscalização de posturas local. IV — O comércio em geral pode manter empregados trabalhando em feriados, desde que autorizado em convenção coletiva de trabalho. *(Alterado pelo Ato Declaratório n. 12, de 10.8.11, DOU 9.9.11).* V — Os shopping centers, mercados, supermercados, hipermercados e congêneres estão compreendidos na categoria "comércio em geral" referida pela Lei n. 10.101/2000, com redação dada pela Lei n. 11.603/2007. *(Alterado pelo Ato Declaratório n. 12, de 10.8.11, DOU 9.9.11)*

Referência Normativa: Lei n. 11.603 de 5 de dezembro de 2007, que altera e acrescenta dispositivos ao art. 6º da Lei n. 10.101 de 19 de dezembro de 2000.

PRECEDENTE ADMINISTRATIVO N. 46

Cancelado pelo Ato Declaratório n. 10, de 3.8.09, (DOU 4.8.09).

PRECEDENTE ADMINISTRATIVO N. 47

Cancelado pelo Ato Declaratório n. 10, de 3.8.09, (DOU 4.8.09).

PRECEDENTE ADMINISTRATIVO N. 48

Cancelado pelo Ato Declaratório n. 10, de 3.8.09, (DOU 4.8.09).

PRECEDENTE ADMINISTRATIVO N. 49

Jornada. Controle. Gerentes. O empregador não está desobrigado de controlar a jornada de empregado que detenha simples título de gerente, mas que não possua poderes de gestão nem perceba gratificação de função superior a 40% do salário efetivo.

Referência Normativa: art. 62, II e parágrafo único e art. 72 § 2º da Consolidação das Leis do Trabalho — CLT.

PRECEDENTE ADMINISTRATIVO N. 50

Remuneração. Diárias de viagem que excedem 50% do salário. Natureza jurídica. É ônus do empregador afastar a presunção de que as diárias de viagem que excedam a 50% do salário do empregado têm natureza salarial, pela comprovação de que o empregado presta contas de suas despesas, recebendo os valores a título de ressarcimento.

Referência Normativa: art. 457, § 2º da Consolidação das Leis do Trabalho — CLT e Instrução Normativa n. 8, de 1º de novembro de 1991.

PRECEDENTE ADMINISTRATIVO N. 51

Inspeção do Trabalho. Notificação para apresentação de documentos. Revisão do precedente administrativo n. 12. Notificação para apresentação de documentos em dia certo, sem indicação de hora, caracteriza infração somente quando transcorrer completamente o dia sem a devida apresentação.

Referência Normativa: art. 630 § 4º, da CLT.

PRECEDENTE ADMINISTRATIVO N. 52

Inspeção do Trabalho. Notificação para apresentação de documentos. A expressão "a partir de" constante da notificação para apresentação de documentos indica o horário a partir do qual, no dia assinalado, o Auditor-Fiscal comparecerá para inspecioná-los. Ao empregador cabe disponibilizar os documentos no dia assinalado e no horário constante da notificação e, a partir daquele horário, mantê-los disponíveis para exame.

Referência Normativa: art. 630 § 4º, da CLT.

PRECEDENTE ADMINISTRATIVO N. 53

Embaraço ou resistência. Capitulação e base legal. O art. 630, § 6º é base legal para aplicação de sanção pela infração ao art. 630, §§ 3º, 4º e 5º, além de ser explicativo quanto à configuração de embaraço ou resistência. Embaraço e resistência não são infrações autônomas capituláveis no art. 630 § 6º, mas apenas circunstâncias que agravam a sanção.

Referência Normativa: art. 630 da CLT e art. 5º da Lei n. 7.855, de 24 de outubro de 1989.

PRECEDENTE ADMINISTRATIVO N. 54

FGTS. Deixar de recolher FGTS após notificado pela fiscalização. Caracteriza-se a infração prevista no art. 23, § 1º, inciso V da Lei n. 8.036, de 11 de maio de 1990, a partir do momento em que se tornou definitiva decisão administrativa proferida em notificação de débito, sem que o notificado tenha recolhido o valor devido.

Referência Normativa: art. 23, § 1º, inciso V da Lei n. 8.036, de 11 de maio de 1990.

PRECEDENTE ADMINISTRATIVO N. 55

Jornada. Fixação de limite especial. Turnos ininterruptos de revezamento. Para a caracterização de trabalho em turnos ininterruptos de revezamento é necessária a constante alternância de horários de trabalho.

Referência Normativa: art. 58 da CLT; art. 7º, inciso XIV da Constituição Federal.

PRECEDENTE ADMINISTRATIVO N. 56

Auto de infração. Presunção de veracidade. A presunção de veracidade do auto de infração não desobriga o Fiscal de demonstrar os fatos que o levaram a concluir pela existência do ilícito trabalhista.

Referência Normativa: art. 9º, inciso IV, da Portaria n. 148, de 25 de janeiro de 1996.

PRECEDENTE ADMINISTRATIVO N. 57

Contribuição Sindical. Recolhida a contribuição sindical, descabe ao Auditor Fiscal exigir recolhimento para outro sindicato, sob o fundamento de enquadramento sindical incorreto. É direito constitucionalmente assegurado a livre associação.

Referência Normativa: art. 8º da Constituição Federal; art. 545 da CLT.

PRECEDENTE ADMINISTRATIVO N. 58

FGTS. Levantamento de débito. Contrato com a administração pública declarado nulo. Procedente débito levantado referente a FGTS devido a trabalhador cujo contrato foi declarado nulo, com manutenção do direito ao salário, após 27.8.2001, data de introdução do art. 19-A na Lei n. 8.036, de 11 de maio de 1990, pela Medida Provisória n. 2.164-41, de 24 de agosto de 2001.

Referência Normativa: art. 19-A da Lei n. 8.036, de maio de 1990; art. 37 § 2º da Constituição Federal.

PRECEDENTE ADMINISTRATIVO N. 59

Registro. Contrato de Trabalho. Grupo Econômico. O trabalho prestado pelo empregado a várias empresas do mesmo grupo econômico configura apenas um contrato de trabalho, sendo desnecessário o registro do empregado em cada uma das empresas. Autuação improcedente.

Referência Normativa: art. 2º, § 2º e art. 41 ambos da CLT.

PRECEDENTE ADMINISTRATIVO N. 60

Cancelado pelo Ato Declaratório n. 10, de 3.8.09, (DOU 4.8.09).

PRECEDENTE ADMINISTRATIVO N. 61

Estágio. Requisitos Legais. Descumprimento. I — A existência de termo de compromisso e a compatibilidade da jornada de estágio com o horário escolar do aluno não são elementos suficientes para a configuração da regularidade do contrato de estágio, uma vez que devem ser atendidos todos os requisitos legais, em especial a complementação do ensino e da aprendizagem. II — Os estágios devem ser planejados, executados, acompanhados e avaliados em conformidade com os currículos, programas e calendários escolares. III — Presentes os elementos da relação de emprego sob a roupagem do contrato de estágio, procede a descaracterização dessa contratação especial.

Referência Normativa: Lei n. 6.494/77 e Decreto n. 87.497/82

PRECEDENTE ADMINISTRATIVO N. 62

Segurança e Saúde no Trabalho. Autuação. Capitulação legal. Descabe autuação capitulada no art. 200 da CLT, uma vez que tal dispositivo não encerra qualquer comando dirigido ao empregador, mas apenas consigna autorização legal para expedição de normas pelo Ministério do Trabalho e Emprego.

Referência Normativa: art. 200 da CLT.

PRECEDENTE ADMINISTRATIVO N. 63

Jornada. Redução do intervalo intrajornada. A existência de acordo coletivo com previsão de intervalo para repouso ou alimentação inferior ao limite mínimo legal não é suficiente para que seja considerada regular a jornada de trabalho. O acordo coletivo é apenas um dos requisitos para a imprescindível autorização, pelo Ministro do Trabalho e Emprego ou autoridade delegada, da redução do intervalo para menos de uma hora.

Referência Normativa: art. 71 da CLT e Portaria/ MTb n. 3.116, de 5 de abril de 1989.

PRECEDENTE ADMINISTRATIVO N. 64

Processual. Revelia. Direito de defesa. A revelia na fase de defesa não tem como consequência a confissão ficta em relação à matéria de fato. O autuado pode, mesmo revel na fase de defesa, interpor recurso contra a decisão regional, inclusive com apresentação de documentos.

Referência Normativa: art. 635 da CLT e art. 34 c/c art. 23 da Portaria n. 148, de 25 de janeiro de 1996.

PRECEDENTE ADMINISTRATIVO N. 65

Rurícula. Contrato de Safra. Indenização ao término do contrato. FGTS. Compatibilidade. O art. 14 da Lei n. 5.889, de 8 de junho de 1973, foi recepcionado pela Constituição Federal de 1988, devendo tal indenização ser cumulada com o percentual do FGTS devido na dispensa. No contrato de safra se permite uma dualidade de regimes, onde o acúmulo de direitos corresponde a um plus concedido ao safrista. Não há que se falar, portanto, em *bis in idem* ao empregador rural.

Referência Normativa: art. 14 da Lei n. 5.889, de 8 de junho de 1973 e art. 13, inciso IX da Instrução Normativa/ SIT n. 25, de 20 de dezembro de 2001.

PRECEDENTE ADMINISTRATIVO N. 66

Segurança no trabalho. Construção civil. Campo de aplicação da NR-18. Os comandos constantes da Norma Regulamentadora NR-18 não se dirigem exclusivamente aos empregadores cujo objeto social é a construção civil e que, portanto, enquadram-se nos Códigos de Atividade Específica constantes do Quadro I da Norma Regulamentadora - NR 4. As obrigações se estendem aos empregadores que realizem atividades ou serviços de demolição, reparo, pintura, limpeza e manutenção de edifícios em geral, de qualquer número de pavimentos ou tipo de construção, de urbanização e paisagismo, independentemente de seu objeto social.

Referência Normativa: Item 18.1.2 da Norma Regulamentadora NR-18.

PRECEDENTE ADMINISTRATIVO N. 67

Cancelado pelo Ato Declaratório n. 10, de 3.8.09, (DOU 4.8.09).

PRECEDENTE ADMINISTRATIVO N. 68

Empregado sem registro. Adolescente menor de 16 anos. Autuação. I — Improcede autuação por falta de registro de adolescente menor de 16 anos, uma vez que não se pode impor sanção ao empregador por descumprir formalidade de contratação de pessoa que, de acordo com disposição constitucional, não pode ser contratado como empregado. II — A infração portanto, não ocorreu ao dispositivo que determina o registro de empregado, mas ao dispositivo que proíbe o trabalho de menores de 16 anos, salvo na condição de aprendiz e a partir dos 14 anos.

Referência Normativa: art. 7º, XXXIII da Constituição Federal, art. 41 e 403 da CLT.

PRECEDENTE ADMINISTRATIVO N. 69

Empregado sem registro. Parentesco com o proprietário da empresa. Parentesco entre empregador e empregado não é fato impeditivo da caracterização da relação laboral, cuja configuração se dá pela presença dos elementos contidos na lei.

Referência Normativa: art. 3º da CLT.

PRECEDENTE ADMINISTRATIVO N. 70

Segurança e saúde no trabalho. Dimensionamento dos serviços especializados em engenharia de segurança e em medicina do trabalho — SESMT. Enquadradamento no cadastro nacional de atividades econômicas — CNAE. O dimensionamento do SESMT deve estar de acordo com o grau de risco da atividade efetivamente realizada no estabelecimento, que pode ser constatada em inspeção do trabalho. Irregular o dimensionamento que considerou o grau de risco correspondente ao CNAE declarado pelo empregador mas se mostrou inadequado ao risco constatado no local de trabalho. Autuação procedente.

Referência Normativa: Item 4.2 da Norma Regulamentadora NR-4.

PRECEDENTE ADMINISTRATIVO N. 71

Inspeção do trabalho. Notificação de empresas autorizadas a centralizar documentos. Critério para contagem dos prazos concedidos. Revisão do Precedente Administrativo n. 16. Quando aplicável concessão de prazo para exibição de documentos, não inferior a dois nem superior a oito dias, sua contagem deve se dar com exclusão do dia do início e inclusão do dia do término, sendo irrelevante o horário em que se procedeu à notificação. Desnecessária observância do prazo para as notificações posteriores à anteriormente emitida e não cumprida pelo administrado.

Referência Normativa: art. 3º Portaria n. 3.626/91 e art. 3º Portaria 41/2007

PRECEDENTE ADMINISTRATIVO N. 72

Processual. Notificação de débito. Comprovação de pagamento anterior. Revisão dos precedentes administrativos n. 20 e 72. I — A existência de recolhimentos anteriores

Legislação Complementar

à data de emissão ou de apuração da notificação, não considerados, torna obrigatório seu abatimento, para convalidação do ato administrativo, mesmo após encerrado o contencioso administrativo, na forma prevista na instrução normativa vigente. II — Se o saneamento do débito é demandado após encerramento do contencioso, em razão de devolução do processo pela CAIXA apenas e estritamente para fins de dedução de guias anteriores, o analista deverá propor a emissão de termo necessário para ajuste de liquidez da decisão definitiva, o qual, após acolhido pela autoridade competente, ensejará remessa dos autos para continuidade da inscrição ou cobrança, sem prejuízo da ciência do empregador a respeito.

Referência Normativa: art. 61 e 65 da Instrução Normativa n. 99/2012 e art. 55 da Lei n. 9.784/1999.

PRECEDENTE ADMINISTRATIVO N. 73

Jornada. Telefonista. Telemarketing. Revisão do Precedente Administrativo n. 26. Estende-se ao operador de telemarketing a proteção prevista no art. 227 da CLT. O tempo de efetivo labor em teleatendimento deve ser de, no máximo, 6 horas diárias. Essa exigência não prejudica a existência de jornadas de duração superior, nos termos da legislação, desde que o restante da jornada seja ocupado com outras tarefas e que se respeitem as pausas obrigatórias diárias previstas no Anexo II da NR-17 e o limite semanal de 36 horas de teleatendimento/telemarketing.

Referência Normativa: art. 227 da CLT e itens 5.3 e 5.3.1 do Anexo II da NR -17 da Portaria n. 09, de 30.3.2007.

PRECEDENTE ADMINISTRATIVO N. 74

Processual. Auto de infração e notificação de débito de FGTS e Contribuição social. Requisitos de admissibilidade. Caráter material de recurso. Revisão do precedente administrativo n. 32. I — O recurso administrativo interposto em processo iniciado por auto de infração não deve ter seu mérito analisado quando careça de quaisquer requisitos de admissibilidade. O mesmo se aplica à defesa. (INALTERADO) II — Aplica-se o disposto no item I ao processo iniciado por notificação de débito, exceto se houver recolhimentos de FGTS ou Contribuição Social anteriores à data de emissão ou apuração do débito, e que não tenham sido considerados, dada a necessidade de haver certeza e liquidez quanto ao débito apurado. A exceção alcança também as hipóteses em que se comprova parcelamento anterior, desde que assim previsto nas instruções normativas vigentes ao tempo da emissão da notificação, conforme Precedente Administrativo n. 01. III — Não será recebida como recurso a manifestação do interessado que seja desprovida de argumentos que materialmente possam ser caracterizados como recursais. Assim, caso a peça recursal não apresente razões legais ou de mérito demonstrando precisamente os fundamentos de inconformismo do recorrente em relação à decisão recorrida, não terá seu mérito analisado. (INALTERADO) IV — O juízo de admissibilidade formal e material dos recursos interpostos em instância administrativa é feito pela autoridade regional. Caso seja negado seguimento ao recurso pela autoridade regional pela ocorrência das hipóteses. (INALTERADO)

Referência Normativa: artigos 629, § 3º e 636 da CLT, artigos 56 e 60 da Lei n. 9.784/1999, artigos 14, 24, 33 e 34 da Portaria n. 148/1996, artigo 9º do anexo VI da Portaria n. 483/2004 e art. 23, *caput*, da Lei n. 8.036/90, no art. 1º da Lei n. 8.844/94 e no art. 3º da Lei Complementar n. 110/2001

PRECEDENTE ADMINISTRATIVO N. 75

Inspeção do trabalho. Autuação por não apresentação de documentos. Improcedência. Revisão do Precedente Administrativo n. 60. O auto de infração lavrado por falta de apresentação de documentos será improcedente quando: I — for lavrado por descumprimento da obrigação específica; II — o próprio autuante demonstrar, no corpo do auto de infração, o não cumprimento da referida obrigação ou; III — por outro dado constante do processo, inclusive alegações da defesa, fique demonstrado que o fato gerador é o descumprimento da obrigação e não a ausência do documento relativo àquela obrigação.

Referência Normativa: art. 630 §§ 3º e 4º , da CLT

PRECEDENTE ADMINISTRATIVO N. 76

Adicional de insalubridade. Reflexo sobre horas extras. Revisão do Precedente Administrativo n. 67. A remuneração do trabalho extraordinário realizado em condições insalubres deve ter como base de cálculo o salário normal acrescido do adicional de insalubridade.

Referência Normativa: art. 59, § 1º e art. 192 da CLT.

PRECEDENTE ADMINISTRATIVO N. 77

Prescrição. Processo administrativo paralisado em virtude do desaparecimento dos autos. O afastamento da prescrição administrativa de que trata a Lei n. 9.873/99 somente pode ocorrer nos casos expressamente previstos na legislação. Dessa forma, incide a prescrição prevista no art. 1º, § 1º desta norma no processo administrativo paralisado em virtude do desaparecimento dos autos, tendo em vista que tal fato não se enquadra dentre as hipóteses de interrupção ou suspensão da prescrição previstas nessa lei.

Referência Normativa: art. 2º e 3º da Lei n. 9.873/99.

PRECEDENTE ADMINISTRATIVO N. 78

Registros de ponto. Marcação incorreta. Defeito em relógio. Falha de sistema. O controle de registro de jornada é responsabilidade do empregador. Assim sendo, se houve marcação incorreta do ponto, responde o autuado pela falta cometida, por culpa in vigilando, vez que o empregador é dotado legalmente de poder diretivo e disciplinar para cumprir e fazer cumprir as disposições do estatuto celetizado.

Referência Normativa: art. 74, § 2º da CLT

PRECEDENTE ADMINISTRATIVO N. 79

Intervalos intra e interjornadas e descanso semanal. Descumprimento. Necessidade imperiosa. Inaplicabilidade art. 61 da CLT. A ocorrência de necessidade imperiosa não autoriza o descumprimento do intervalo mínimo de onze horas consecutivas para descanso entre duas jornadas de trabalho, tampouco a não concessão do descanso semanal de vinte e quatro horas consecutivas, ou ainda a não concessão do intervalo mínimo intrajornada.

Referência Normativa: art. 66 e 67, *caput* e 71, *caput*, da CLT

PRECEDENTE ADMINISTRATIVO N. 80

Vale-transporte. Não concessão para deslocamento do empregado no período do intervalo intrajornada. Infração inexistente. Não se depreende da Lei n. 7.418/85, alterada pela Lei n. 7.619/87, que o empregador esteja obrigado ao fornecimento do vale-transporte para a ida e retorno do empregado à sua residência para refeição.

Referência Normativa: art. 4º da Lei n. 7.418/1985.

PRECEDENTE ADMINISTRATIVO N. 81

Regime de compensação. Jornada de trabalho 12 x 36 horas. Admissibilidade. Não obstante a limitação do art. 59, *caput*, da CLT, admite-se o regime de compensação 12 x 36, quando previsto em convenção coletiva e praticado em atividade que não exige esforço constante e intenso, devido às vantagens que proporciona ao trabalhador: descanso de 36 horas entre as jornadas, menor número de deslocamentos residência-trabalho-residência, duração do trabalho semanal inferior a 44 horas.

Referência Normativa: art. 7º, XIII da Constituição Federal

PRECEDENTE ADMINISTRATIVO N. 82

Jornada. Intervalo para repouso e alimentação. Não cumulatividade. Os intervalos para repouso e alimentação previstos no art. 71, *caput* e § 1º não são cumulativos, inexistindo obrigação legal de concessão de dois intervalos. A expressão "trabalho contínuo" deve ser entendida como jornada diária e não como períodos individuais que antecedem ou sucedem o horário de repouso. Ainda que o segundo período da jornada diária do empregado, após o intervalo concedido, seja superior a seis horas, o empregador não está obrigado a conceder-lhe novo intervalo.

Referência Normativa: art. 71, *caput* e § 1º da CLT.

PRECEDENTE ADMINISTRATIVO N. 83

Salário mínimo e piso salarial. Aprendizes. Aplicabilidade. A lei garante ao aprendiz o direito ao salário mínimo, e não ao piso salarial, salvo quando lhe for expresssamente assegurada condição mais favorável, seja pela lei, por contrato coletivo ou por liberalidade do empregador.

Referência Normativa: art. 7º, IV e V da CF e art. 428, § 2º, da CLT

PRECEDENTE ADMINISTRATIVO N. 84

Jornada. Intervalo interjornadas de 11 horas e descanso semanal de 24 horas. O intervalo interjornada corresponde ao lapso temporal de 11 horas consecutivas que deve separar uma jornada e outra de trabalho. Tal intervalo não se confunde ou se compensa com o descanso semanal remunerado, de 24 horas consecutivas. Entre módulos semanais somam-se os dois intervalos: 11 horas (entre dias) e 24 horas (entre semanas), totalizando, pois, 35 horas.

Referência Normativa: art. 66 e art. 67 da CLT.

PRECEDENTE ADMINISTRATIVO N. 85

Parentesco. Relação de emprego. Possibilidade. A caracterização da relação de emprego pode ser estabelecida entre familiares, não sendo o parentesco fator impeditivo da configuração do vínculo empregatício.

Referência Normativa: art. 3º da CLT.

PRECEDENTE ADMINISTRATIVO N. 86

Salário. Pagamento por depósito bancário. Se o salário é depositado em conta bancária, o comprovante de depósito substitui o recibo de pagamento. A empresa fica obrigada, apenas, a entregar ao trabalhador um contracheque ou demonstrativo de pagamento, em que se discriminem as parcelas salariais.

Referência Normativa: art. 464, parágrafo único da CLT.

PRECEDENTE ADMINISTRATIVO N. 87

Rescisão. Multas pelo atraso. Duas consequências decorrem da inobservância ao § 6º do art. 477 da CLT, quais sejam, uma multa a título de penalidade pela irregularidade e outra multa em favor do empregado lesado, equivalente ao seu salário. Estatuindo a própria lei duas consequências pecuniárias, absolutamente distintas em termos de natureza jurídica, finalidade e destinatário, completamente descabida é a tese de improcedência do auto de infração por já ter sido recolhida a multa de um salário em favor do empregado.

Referência Normativa: art. 477, § 6º da CLT.

PRECEDENTE ADMINISTRATIVO N. 88

Infração trabalhista. Regularização após a autuação. A regularização, após a autuação, de situação irregular constatada durante fiscalização não descaracteriza a infração, tampouco acarreta a improcedência do auto.

PRECEDENTE ADMINISTRATIVO N. 89

FGTS. Assistência médica. Não incidência. Não incide FGTS sobre parcela relativa a "assistência médica".

Referência Normativa: art. 458 da CLT.

PRECEDENTE ADMINISTRATIVO N. 90

Jornada. Gerentes e ocupantes de cargos de confiança em bancos. Controle. Os gerentes ou ocupantes de cargos de confiança não estão dispensados do ponto, apesar de não terem direito à jornada de seis horas. Somente o gerente bancário com amplos poderes de mando e gestão — o gerente-geral — a quem todos os outros gerentes, direta ou indiretamente, estão subordinados, é que está dispensado do ponto, por força do art. 62, II, da CLT.

Referência Normativa: art. 224 e art. 62, II da CLT.

PRECEDENTE ADMINISTRATIVO N. 91

Norma Regulamentadora n. 1. Disposições legais e regulamentares sobre segurança e saúde no trabalho. Abrangência. A competência da Inspeção do Trabalho consiste na verificação do cumprimento da legislação trabalhista. Medidas de proteção da saúde e segurança previstas em Instrução Técnica do Corpo de Bombeiros Militar, sem o correspondente específico na legislação trabalhista, mas que são aplicáveis e necessárias no ambiente de trabalho, devem ser previamente notificadas para cumprimento, em atenção ao dever de prever e controlar os riscos estabelecido na NR n. 9.

Referência Normativa: subitem 1.7, alínea *a* da NR n. 1 c/c subitem 9.1.1 da NR n. 9.

PRECEDENTE ADMINISTRATIVO N. 92

Autuação. Citação de pelo menos um empregado. Desnecessidade. Infração à coletividade dos trabalhadores. Não é necessária citação de pelo menos um empregado em situação irregular na caracterização de infração que atinge a coletividade dos trabalhadores, pois todos aqueles que laboram no local de trabalho estão em situação irregular.

PRECEDENTE ADMINISTRATIVO N. 93

Programa de Controle Médico de Saúde Ocupacional — PCMSO. Ações de saúde. Autuação. Necessidade de notificação prévia. A autuação por ausência de ações de saúde no planejamento do PCMSO não previstas em Norma Regulamentadora, depende de notificação prévia que especifique as ações de saúde adequadas ao trabalho desenvolvido e ao ambiente laboral, tendo em vista a generalidade do dispositivo normativo.

Referência Normativa: subitem 7.4.6 da NR n. 7.

PRECEDENTE ADMINISTRATIVO N. 94

Programa de Controle Médico de Saúde Ocupacional — PCMSO. Elaboração. Médico do trabalho não integrante do serviço especializado em engenharia de segurança e em medicina do trabalho. O PCMSO, desde que atendidos os requisitos normativos, pode ser elaborado por qualquer médico do trabalho, não havendo obrigatoriedade de ser integrante do SESMT, nem mesmo de ser empregado. Quando houver SESMT com médico, ele é quem deve coordenar e executar o PCMSO.

PRECEDENTE ADMINISTRATIVO N. 95

Programa de Prevenção de Riscos Ambientais — PPRA. Riscos mecânicos e ergonômicos. Os riscos mecânicos e ergonômicos não são de previsão obrigatória no PPRA.

Referência Normativa: subitem 9.1.5 da NR n. 9.

PRECEDENTE ADMINISTRATIVO N. 96

Cancelado pelo Ato Declaratório n. 11, de 25.11.09, DOU 26.11.09.

PRECEDENTE ADMINISTRATIVO N. 97

Comissão Interna de Prevenção de Acidentes — CIPA. Dimensionamento. Atividade considerada para determinação do grupo. Para fins de dimensionamento de CIPA, a atividade considerada na determinação do grupo deve ser aquela efetivamente desenvolvida no estabelecimento, ainda que outro código de Classificação Nacional de Atividade Econômica conste do Cadastro Nacional de Pessoa Jurídica, mesmo que resulte no aumento ou redução do dimensionamento ou desobrigação de constituição da Comissão.

Referência Normativa: item 5.6 da NR n. 5.

PRECEDENTE ADMINISTRATIVO N. 98

Comissão Interna de Prevenção de Acidentes — CIPA. Não adoção das recomendações da CIPA. Regular funcionamento. A não adoção pelo empregador das recomendações da CIPA não significa infração ao dever de mantê-la em regular funcionamento.

PRECEDENTE ADMINISTRATIVO N. 99

Equipamento de Proteção Individual — EPI. Uniforme. O uniforme simples não é considerado EPI, pois sua finalidade é servir de vestimenta para o trabalho e não proteger o trabalhador de acidentes ou exposição a agentes nocivos. O não fornecimento de uniforme pode configurar transferência indevida do custo da atividade econômica ao empregado e não infração à Norma Regulamentadora n. 6.

PRECEDENTE ADMINISTRATIVO N. 100

Serviço especializado em engenharia de segurança e em medicina do trabalho. Registro. Atualização. Tendo em vista que o SESMT é constituído de pessoas, a substituição de profissionais não significa mera atualização, mas constituição de novo SESMT, principalmente quando há redimensionamento do Serviço, que deve ser comunicado de imediato ao MTE como se de novo registro se tratasse. Interpretação do item 4.17 da NR n. 4.

PRECEDENTE ADMINISTRATIVO N. 101

FGTS. Levantamento de débito. Acordos judiciais. Não exclusão do débito. Aplicação da IN n. 84/2010. Notificações de débito lavradas na vigência da IN n. 25/2001. I — Os débitos de FGTS acordados judicialmente em ação na qual a União e a CAIXA não foram chamadas para se manifestarem, não devem ser excluídos das NFGC/NFRC lavradas pelos Auditores Fiscais do Trabalho, pois seus atos não são alcançados pelos limites da coisa julgada feita pela sentença que homologou o acordo. II — As notificações de débito de FGTS lavradas durante a vigência da IN n. 25/2001 em que foram excluídos valores acordados judicialmente, devem ser analisadas conforme os procedimentos nela previstos, pois constituem atos administrativos praticados consoantes interpretação e normatização sobre o tema à época de sua lavratura. *(Ato Declaratório n. 12, de 10.8.11, DOU 9.9.11)*

Referência Normativa: art. 472 do CPC; arts. 15, 25 e 26 da Lei n. 8.036, de maio de 1990. Art. 2º, parágrafo único, XIII, da Lei n. 9.784, de janeiro de 1999 e art. 34 da IN n. 25, de dezembro de 2001.

PRECEDENTE ADMINISTRATIVO N. 102

Auto de infração. Local de lavratura. O conceito de local de inspeção abrange aquele onde os Auditores Fiscais do Trabalho executam atos de inspeção e verificam os atributos trabalhistas por meio de análise de documentos ou sistemas informatizados, conforme procedimento de fiscalização previsto em normas expedidas pela autoridade nacional competente em matéria de inspeção do trabalho.

Referência Normativa: Art. 629, § 1º da CLT. Arts. 20, 24, 25 e 30 do Decreto n. 4.552, de 27 de dezembro de 2002. Art. 7º da Portaria n. 148, de 25 de janeiro de 1996. Art. 43 da Instrução Normativa n. 99, de 23 de agosto de 2012.

PRECEDENTE ADMINISTRATIVO N. 103

Interposição de embargos de declaração e outros recursos sem previsão expressa no Título VII da CLT. Inadmissibilidade. Os processos administrativos de autos de infrações e de notificações de débito de FGTS e CS estão sujeitos a duas instâncias administrativas: defesa e recurso. Após o encerramento do contencioso administrativo, não deverão ser conhecidos embargos de declaração ou outros recursos sem previsão expressa na legislação específica.

Referência Normativa: Título VII da Consolidação das Leis do Trabalho e Portaria n. 148, de 25 de janeiro de 1996.

LEI N. 7.855, DE 24 DE OUTUBRO DE 1989

(DOU 26.10.89 — LTr 53/1418)

ALTERA A CONSOLIDAÇÃO DAS LEIS DO TRABALHO, ATUALIZA OS VALORES DAS MULTAS TRABALHISTAS, AMPLIA SUA APLICAÇÃO, INSTITUI O PROGRAMA DE DESENVOLVIMENTO DO SISTEMA FEDERAL DE INSPEÇÃO DO TRABALHO E DÁ OUTRAS PROVIDÊNCIAS

O PRESIDENTE DA REPÚBLICA,

Faço saber que o Congresso Nacional decreta e eu sanciono a seguinte Lei:

Art. 1º A Consolidação das Leis do Trabalho, aprovada pelo Decreto-lei n. 5.452, de 1º de maio de 1943 (CLT), passa a vigorar com as seguintes alterações. *(As alterações trazidas pelo art. 1º desta lei nos arts. 16, 29, 41, 42, 74, 153, 168, 317,459 e 477 já estão inseridas nos respectivos artigos da CLT).*

Art. 2º O valor das multas administrativas decorrentes da violação das normas trabalhistas, previstas na CLT e legislação extravagante, será, na data da publicação desta Lei, triplicado e, em seguida, expresso em quantidade de BTN.

PARÁGRAFO ÚNICO. O disposto neste artigo não se aplica às multas constantes do Capítulo V do Título II da CLT, que terão seus valores convertidos em quantidades de BTNs, nem às previstas nos arts. 153 e 477, § 8º, com a redação dada por esta Lei.

Art. 3º Acarretarão a aplicação de multa de 160 BTNs, por trabalhador prejudicado, dobrada no caso de reincidência, as infrações ao disposto:

I — na Lei n. 4.090, de 13 de julho de 1962, que dispõe sobre a Gratificação de Natal;

II — na Lei n. 5.811, de 11 de outubro de 1972, que dispõe sobre o regime de trabalho nas atividades petrolíferas;

III — na Lei n. 6.019, de 3 de janeiro de 1974, que dispõe sobre o trabalho temporário nas empresas urbanas;

IV — na Lei n. 7.183, de 5 de abril de 1984, que regula o exercício da profissão de aeronauta;

V — na Lei n. 7.418, de 16 de dezembro de 1985, alterada pela Lei n. 7.619, de 30 de setembro de 1987, que instituiu o Vale-Transporte; e

VI — no Decreto-lei n. 2.284, de 10 de março de 1986, que instituiu o Seguro-Desemprego.

Art. 4º O salário pago fora dos prazos previstos em lei, acordos ou convenções coletivas e sentenças normativas sujeitará o infrator à multa administrativa de 160 BTNs por trabalhador prejudicado, salvo motivo de força maior (art. 501 da CLT).

Art. 5º As multas previstas na legislação trabalhista serão, quando for o caso, e sem prejuízo das demais cominações legais, agravadas até o grau máximo, nos casos de artifício, ardil, simulação, desacato, embaraço ou resistência à ação fiscal, levando-se em conta, além das circunstâncias atenuantes ou agravantes, a situação econômico-financeira do infrator e os meios a seu alcance para cumprir a lei.

Art. 6º O valor das multas não recolhidas no previsto no § 3º do art. 636 da CLT será atualizado monetariamente pelo BTN Fiscal, acrescido de juros de mora de um por cento ao mês calendário, na forma da legislação aplicada aos tributos federais, até a data do seu efetivo pagamento.

§ 1º Não será considerado reincidente o empregador que não for novamente autuado por infração ao mesmo dispositivo, decorridos dois anos da imposição da penalidade.

§ 2º A fiscalização, a autuação e o processo de imposição das multas reger-se-ão pelo Título VII da CLT.

§ 3º Será observado o critério de dupla visita nas empresas com até dez empregados, salvo quando for constatada infração por falta de registro de empregado, anotação da sua Carteira de Trabalho e Previdência Social e na ocorrência de fraude, resistência ou embaraço à fiscalização.

§ 4º Na empresa que for autuada, após obedecido o disposto no parágrafo anterior, não será mais observado o critério da dupla visita em relação ao dispositivo infringido.

Art. 7º Fica instituído o Programa de Desenvolvimento do Sistema Federal de Inspeção do Trabalho, destinado a promover e desenvolver as atividades de inspeção das normas de proteção, segurança e medicina do trabalho.

§ 1º O Ministro de Estado do Trabalho estabelecerá os princípios norteadores do programa que terá como objetivo principal assegurar o reconhecimento do vínculo empregatício do trabalhador e os direitos dele decorrentes e, para maior eficiência em sua operacionalização, fará observar o critério de rodízios dos agentes de Inspeção do Trabalho na forma prevista no Regulamento da Inspeção do Trabalho.

§ 2º O deferimento da gratificação a que se refere o Decreto-lei n. 2.357, de 28 de agosto de 1987, com as alterações introduzidas pelos artigos 11 e 12 do Decreto-lei n. 2.365, de 27 de outubro de 1987, é estendido aos servidores pertencentes às seguintes categorias funcionais integrantes do Grupo Outras Atividades de Nível Superior (NS 900), instituído na conformidade da Lei n. 5.645, de 10 de dezembro de 1970:

a) Fiscal do Trabalho — Códigos NS-933 e LT-NS-933;

b) Médico do Trabalho — Códigos NS-903 e LT-NS 903, quando no efetivo exercício de funções de inspeção de medicina do trabalho;

c) Engenheiro — Códigos NS-916 e LT-NS-916, quando no efetivo exercício de funções de inspeção da segurança do trabalho; e

d) Assistente Social — Códigos NS-930 e LT-NS930, quando no efetivo exercício de funções de inspeção do trabalho das mulheres e menores.

§ 3º A gratificação de que trata o parágrafo anterior será atribuída até o máximo de 2.800 pontos por servidor, correspondendo cada ponto a 0,285% do respectivo vencimento básico, mediante ato do Ministro de Estado do Trabalho, que fixará a pontuação proporcionalmente à jornada legal de trabalho das referidas categorias.

Art. 8º O § 1º do artigo 5º da Lei n. 7.418, de 16 de dezembro de 1985, modificado pela Lei

Legislação Complementar

n. 7.619, de 30 de setembro de 1987, passa a ter a seguinte redação: Já incluso na respectiva Lei, p. 639.

Art. 9º (*Vetado*).

Art. 10. Os efeitos financeiros decorrentes da publicação desta Lei terão início em 1º de outubro de 1989.

Art. 11. As despesas com a execução do disposto nesta Lei correrão à conta das dotações próprias constantes do Orçamento Geral da União.

Art. 12. Esta Lei entra em vigor na data de sua publicação.

Art. 13. Revogam-se o parágrafo único do art. 16, os arts. 18, 19, 27, 28, 43, 44, 324, 374, 375, 378, 379, 380, 387, 418 e 446 da CLT e demais disposições em contrário.

Brasília, em 24 de outubro de 1989; 168º da Independência e 102º da República.

José Sarney
Dorothea Werneck

LEI N. 11.457, DE 16 DE MARÇO DE 2007

(DOU 19.3.07)

DISPÕE SOBRE A ADMINISTRAÇÃO TRIBUTÁRIA FEDERAL; ALTERA AS LEIS NS. 10.593, DE 6 DE DEZEMBRO DE 2002, 10.683, DE 28 DE MAIO DE 2003, 8.212, DE 24 DE JULHO DE 1991, 10.910, DE 15 DE JULHO DE 2004, O DECRETO-LEI N. 5.452, DE 1º MAIO DE 1943, E O DECRETO N. 70.235, DE 6 DE MARÇO DE 1972; REVOGA DISPOSITIVOS DAS LEIS NS. 8.212, DE 24 DE JULHO DE 1991, 10.593, DE 6 DE DEZEMBRO DE 2002, 10.910, DE 15 DE JULHO DE 2004, 11.098, DE 13 DE JANEIRO DE 2005, E 9.317, DE 5 DE DEZEMBRO DE 1996; E DÁ OUTRAS PROVIDÊNCIAS

ACRESCENTA O ART. 20-A NA LEI N. 10.593, DE 6.12.02, COMO SEGUE:

"Art. 20-A. O Poder Executivo regulamentará a forma de transferência de informações entre a Secretaria da Receita Federal do Brasil e a Secretaria de Inspeção do Trabalho para o desenvolvimento coordenado das atribuições a que se referem os arts. 6º e 11 desta Lei."

INSTRUÇÃO NORMATIVA SIT N. 105, DE 23 DE ABRIL DE 2014

(DOU 24.4.14)

DISPÕE SOBRE OS PROCEDIMENTOS DE FISCALIZAÇÃO INDIRETA

O SECRETÁRIO DE INSPEÇÃO DO TRABALHO, no exercício da competência prevista nos incisos I, VI e XIII do art. 1º, do Anexo VI, da Portaria n. 483, de 15 de setembro de 2004, considerando a previsão contida no art. 30, caput, do Decreto n. 4.552, de 27 de dezembro de 2002, e o disposto no inciso II do art. 11 da Portaria n. 546, de 11 de março de 2010, com a redação dada pela Portaria n. 287, de 27 de fevereiro de 2014, resolve:

Art. 1º Estabelecer normas relacionadas ao procedimento de fiscalização indireta no âmbito da Inspeção do Trabalho.

Art. 2º Considera-se fiscalização indireta aquela que envolve apenas análise documental, a partir de notificações aos empregadores, por via postal ou outro meio de comunicação, mediante a comprovação do recebimento, para apresentação de documentos ou para comprovação de cumprimento de obrigações, nas unidades descentralizadas do Ministério do Trabalho e Emprego — MTE, ou através de envio eletrônico de informações, em data e horário definidos.

§1º A fiscalização indireta decorre da constatação de indício de descumprimento de obrigação trabalhista, utilizando-se de ferramentas informatizadas para coleta, cruzamento e análise de dados, arquivos ou outros documentos.

§2º A fiscalização indireta pode ser:

I — Presencial: aquela que exige o comparecimento do empregador ou seu preposto à unidade descentralizada do MTE; ou

II — Eletrônica: aquela que dispensa o comparecimento do empregador ou seu preposto, exigindo apenas a apresentação de documentos em meio digital, via correio eletrônico institucional, à unidade descentralizada do MTE.

Art. 3º Para a fiscalização indireta, o empregador deve ser notificado por meio de:

I — Notificação para Apresentação de Documentos — NAD, quando na modalidade presencial; ou

II — Notificação para Comprovação do Cumprimento de Obrigações Trabalhistas — NCO, quando na modalidade eletrônica.

§ 1º A notificação emitida, em ambas as modalidades, deve ser encaminhada via postal com Aviso de Recebimento — AR, ou outro meio que assegure a comprovação do recebimento, e conter, necessariamente:

I — a identificação do empregador; e

II — os documentos necessários à comprovação do cumprimento da obrigação trabalhista.

§ 2º Além do disposto no parágrafo anterior, a NCO deve conter:

I — a indicação do correio eletrônico institucional a ser utilizado pelo empregador para comprovação de cumprimento de obrigações trabalhistas; e

II — a informação de que os documentos digitais enviados somente serão considerados recebidos se houver uma confirmação de recebimento do órgão fiscalizador.

§ 3º Considera-se notificado o empregador cuja correspondência tenha sido recebida no seu endereço, ou equivalente, conforme comprovante de recebimento.

§ 4º Na hipótese de devolução da notificação, o setor competente pode notificar novamente o empregador, nas modalidades presencial ou eletrônica, ou encaminhar o procedimento para a fiscalização direta.

Art. 4º A análise dos documentos enviados em meio digital, a verificação do cumprimento de obrigações ou o atendimento aos empregadores notificados deve ser realizado por Auditor Fiscal do Trabalho — AFT designado pela chefia imediata ou superior por meio de Ordem de Serviço — OS.

§1º A chefia competente deve disponibilizar ao AFT designado nos termos do caput cópia da notificação, ou as informações necessárias ao desenvolvimento da ação fiscal, com antecedência mínima de dez dias da data para o cumprimento da obrigação, a apresentação de documentos ou o comparecimento à unidade descentralizada do MTE, além do comprovante de recebimento da notificação, quando necessário.

§ 2º O AFT deve confirmar o recebimento dos documentos através de envio de mensagem eletrônica ao empregador, utilizando correio eletrônico institucional.

§3º Na modalidade presencial, o atendimento dos empregadores notificados deve ser realizado observando-se um intervalo mínimo de trinta minutos entre agendamentos.

§4º No caso do parágrafo anterior, a critério do AFT, outros atendimentos poderão ser agendados para continuidade da fiscalização.

Art. 5º Caso o empregador, notificado nos termos do art. 3º, não compareça no dia e hora determinados, ou não envie os documentos exigidos na notificação na forma requerida, o AFT deve lavrar auto de infração capitulado no art. 630, §§ 3º ou 4º, da CLT, que deve ser obrigatoriamente acompanhado da via original do AR ou de outro documento que comprove o recebimento da respectiva notificação, independentemente de outras autuações ou procedimentos fiscais cabíveis.

PARÁGRAFO ÚNICO. Caso haja, via correio eletrônico institucional, solicitação subsequente para apresentação de documentos, no curso da mesma ação fiscal, os eventuais autos de infração lavrados conforme art. 630, §§ 3º ou 4º, da CLT, deverão ser acompanhados de cópia impressa da mensagem de correio eletrônico na qual o AFT solicitou tais documentos, com confirmação de entrega.

Art. 6º Esta Instrução Normativa entra em vigor na data de sua publicação.

Paulo Sérgio de Almeida

LEI N. 605, DE 5 DE JANEIRO DE 1949

(DOU 14.1.49 — LTr 13/45)

(V. CF, art. 7º, XV — p. 30)

(V. Lei n. 10.101, de 19.12.00 arts. 6º, 6ºA E 6ºB, p. 798)

DISPÕE SOBRE O REPOUSO SEMANAL REMUNERADO E O PAGAMENTO DE SALÁRIO, NOS DIAS FERIADOS CIVIS E RELIGIOSOS

O PRESIDENTE DA REPÚBLICA,

Faço saber que o Congresso Nacional decreta e eu sanciono a seguinte Lei:

Art. 1º Todo empregado tem direito ao repouso semanal remunerado de vinte e quatro horas consecutivas, preferentemente aos domingos e, nos limites das exigências técnicas das empresas, nos feriados civis e religiosos, de acordo com a tradição local.

Art. 2º Entre os empregados a que se refere esta lei, incluem-se os trabalhadores rurais, salvo os que operem em qualquer regime de parceria, meação, ou forma semelhante de participação na produção.

Art. 3º O regime desta Lei será extensivo àqueles que, sob forma autônoma, trabalhem agrupados, por intermédio de Sindicato, Caixa Portuária, ou entidade congênere. A remuneração do repouso obrigatório, neste caso, consistirá no acréscimo de um sexto (1/6) calculado sobre os salários efetivamente percebidos pelo trabalhador e paga juntamente com os mesmos.

Art. 4º É devido o repouso semanal remunerado, nos termos desta Lei, aos trabalhadores das autarquias e de empresas industriais, ou sob administração da União, dos Estados e dos Municípios, ou incorporados nos seus patrimônios, que não estejam subordinados ao regime do funcionalismo público.

Art. 5º Esta Lei não se aplica às seguintes pessoas:

a) (Revogado pela Lei n. 11.324, de 19.7.06, DOU 20.7.06.

b) aos funcionários públicos da União, dos Estados e dos Municípios, e aos respectivos extranumerários em serviços nas próprias repartições;

c) aos servidores de autarquias paraestatais, desde que sujeitos a regime próprio de proteção ao trabalho que lhes assegure situação análoga à dos funcionários públicos.

PARÁGRAFO ÚNICO. São exigências técnicas, para os efeitos desta Lei, as que, pelas condições peculiares às atividades da empresa, ou em razão do interesse público, tornem indispensável a continuidade do serviço.

Art. 6º Não será devida a remuneração quando, sem motivo justificado, o empregado não tiver trabalhado durante toda a semana anterior, cumprindo integralmente o seu horário de trabalho.

§ 1º São motivos justificados:

a) os previstos no art. 473 e seu parágrafo único da Consolidação das Leis do Trabalho;

b) a ausência do empregado, devidamente justificada, a critério da administração do estabelecimento;

c) a paralisação do serviço nos dias em que, por conveniência do empregador, não tenha havido trabalho;

d) ausência do empregado, até três dias consecutivos, em virtude de seu casamento;

e) a falta ao serviço com fundamento na lei sobre acidente do trabalho;

f) a doença do empregado, devidamente comprovada.

§ 2º A doença será comprovada mediante atestado de médico da instituição da previdência social a que estiver filiado o empregado, e, na falta deste e sucessivamente, de médico do Serviço Social do Comércio ou da Indústria; de médico da empresa ou por ela designado; de médico a serviço de repartição federal, estadual ou municipal, incumbido de assuntos de higiene ou de saúde pública; ou não existindo estes, na localidade em que trabalhar, de médico de sua escolha. *(Redação dada pela Lei n. 2.761, de 26.4.56).*

§ 3º Nas empresas em que vigorar regime de trabalho reduzido, a frequência exigida corresponderá ao número de dias em que o empregado tiver de trabalhar.

Art. 7º A remuneração do repouso semanal corresponderá:

a) para os que trabalham por dia, semana, quinzena ou mês, à de um dia de serviço, computadas as horas extraordinárias habitualmente prestadas;

b) para os que trabalham por hora, à de sua jornada normal de trabalho, computadas as horas extraordinárias habitualmente prestadas. *(A redação das alíneas "a" e "b" foi alterada pela Lei n. 7.415, de 9.12.85, DOU 10.12.85);*

c) para os que trabalham por tarefa ou peça, o equivalente ao salário correspondente às tarefas ou peças feitas durante a semana, no horário normal de trabalho, dividido pelos dias de serviço efetivamente prestados ao empregador;

d) para o empregado em domicílio, o equivalente ao quociente da divisão por 6 (seis) da importância total da sua produção na semana.

§ 1º Os empregados cujos salários não sofram descontos por motivo de feriados civis ou religiosos são considerados já remunerados nesses mesmos dias de repouso, conquanto tenham direito à remuneração dominical.

§ 2º Consideram-se já remunerados os dias de repouso semanal do empregado mensalista ou quinzenalista, cujo cálculo de salário mensal ou quinzenal, ou cujos descontos por faltas sejam efetuados na base do número de dias do mês ou de 30 (trinta) e 15 (quinze) diárias, respectivamente.

Art. 8º Excetuados os casos em que a execução do serviço for imposta pelas exigências técnicas das empresas, é vedado o trabalho em dias feriados civis e religiosos, garantida, entretanto, aos empregados a remuneração respectiva, observados os dispositivos dos arts. 6º e 7º desta Lei.

Art. 9º Nas atividades em que não for possível, em virtude das exigências técnicas das empresas, a suspensão do trabalho, nos dias feriados civis e religiosos, a remuneração será paga em dobro, salvo se o empregador determinar outro dia de folga.

Art. 10. Na verificação das exigências técnicas a que se referem os artigos anteriores, ter-se-ão em vista as de ordem econômica; permanentes ou ocasionais, bem como as peculiaridades locais.

PARÁGRAFO ÚNICO. O Poder Executivo, em decreto especial ou no regulamento que expedir para fiel execução desta Lei, definirá as mesmas exigências e especificará, tanto quanto possível as empresas a elas sujeitas, ficando desde já incluídas entre elas as de serviços públicos e de transporte.

Art. 11. Revogado pelo art. 4º da Lei n. 9.093, de 12.9.95 (DOU 13.9.95).

LEI N. 9.093, DE 12.9.95

(DOU 13.9.95)

DISPÕE SOBRE FERIADOS

O Presidente da República.

Faço saber que o Congresso Nacional decreta e eu sanciono a seguinte Lei:

Art. 1º São feriados civis:

I — os declarados em lei federal;

II — a data magna do Estado fixada em lei estadual.

III — os dias do início e do término do ano do centenário de fundação do Município, fixados em lei municipal. *(Inciso acrescentado pela Lei n. 9.335, 10.12.96, DOU 11.12.96).*

Art. 2º São feriados religiosos os dias de guarda, declarados em lei municipal, de acordo com a tradição local e em número não superior a quatro, neste incluída a Sexta-Feira da Paixão.

Art. 3º Esta Lei entra em vigor na data de sua publicação.

Art. 4º Revogam-se as disposições em contrário, especialmente o art. 11 da Lei n. 605, de 5 de janeiro de 1949.

Brasília, 12 de setembro de 1995; 174º da Independência e 107º da República.

Fernando Henrique Cardoso

Nelson A. Jobim

Art. 12. As infrações ao disposto nesta Lei serão punidas, com multa de R$ 40,25 (quarenta reais e vinte e cinco centavos) a R$ 4.025,33 (quatro mil e vinte e cinco reais e trinta e três centavos), segundo a natureza da infração, sua extensão e a intenção de quem a praticou, aplicada em dobro no caso de reincidência e oposição à fiscalização ou desacato à autoridade. (NR) *(Redação dada pela Lei n. 12.544, de 8.12.11, DOU 9.12.11)*

Art. 13. Serão originariamente competentes, para a imposição das multas de que trata a presente Lei, os delegados regionais do Ministério do Trabalho, e, nos Estados, onde houver delegação de atribuições, a autoridade delegada.

Art. 14. A fiscalização da execução da presente Lei, o processo de autuação dos seus infratores, os recursos e a cobrança das multas reger-se-ão pelo disposto no Título VII da Consolidação das Leis do Trabalho.

Art. 15. A presente Lei entrará em vigor na data da sua publicação.

Art. 16. Revogam-se as disposições em contrário.

Rio de Janeiro, 5 de janeiro de 1949; 128º da Independência e 61º da República.

Eurico G. Dutra — Adroaldo Mesquita da Costa — Sílvio de Noronha — Canrobert P. da Costa — Raul Fernandes — Corrêa e Castro — Clóvis Pestana — Daniel de Carvalho — Clemente Mariani — Honório Monteiro — Armando Trompowsky

LEI N. 662, DE 6 DE ABRIL DE 1949(*)

(DOU 13.4.49 — LTr 13/243)

DECLARA FERIADOS NACIONAIS OS DIAS 1º DE JANEIRO, 1º DE MAIO, 7 DE SETEMBRO, 15 DE NOVEMBRO E 25 DE DEZEMBRO

O PRESIDENTE DA REPÚBLICA,

Faço saber que o Congresso Nacional decreta e eu sanciono a seguinte lei:

Art. 1º São feriados nacionais os dias 1º de janeiro, 21 de abril, 1º de maio, 7 de setembro, 2 de novembro, 15 de novembro e 25 de dezembro. *(Redação dada pela Lei n. 10.607, de 19.12.02, DOU 20.12.02).*

Art. 2º Só serão permitidas, nos feriados nacionais, atividades privadas e administrativas absolutamente indispensáveis.

(*) Já incluído o disposto na Lei n. 10.607, de 19.12.02 (DOU 20.12.02) que dá nova redação ao art. 1º da Lei n. 605/49 para acrescentar os dias 21 de abril e 2 de novembro como feriados nacionais

Art. 3º Os chamados "pontos facultativos", que os Estados, Distrito Federal ou os Municípios decretarem, não suspenderão as horas normais do ensino, nem prejudicarão os atos da vida forense, dos tabeliães e dos cartórios de registro.

Art. 4º Esta Lei entrará em vigor na data de sua publicação, revogadas as disposições em contrário.

Rio de Janeiro, 6 de abril de 1949; 128º da Independência e 61º da República. *Eurico G. Dutra — Adroaldo Mesquita da Costa — Sylvio de Noronha — Newton Cavalcanti — Raul Fernandes — Corrêa e Castro — Clóvis Pestana — Daniel de Carvalho — Clemente Mariani — Honório Monteiro — Armando Trompowsky*

DECRETO N. 27.048, DE 12 DE AGOSTO DE 1949

(DOU 16.8.49 — LTr 13/411)

APROVA O REGULAMENTO DA LEI N. 605, DE 5 DE JANEIRO DE 1949, QUE DISPÕE SOBRE O REPOUSO REMUNERADO E O PAGAMENTO DE SALÁRIO NOS DIAS FERIADOS CIVIS E RELIGIOSOS

(V. Lei n. 10.101, de 19.12.00 arts. 6º, 6ºA E 6ºB, p. 798)

O PRESIDENTE DA REPÚBLICA, usando da atribuição que lhe confere o art. 87, n. 1, da Constituição, nos termos do art. 10, parágrafo único, da Lei n. 605, de 5 de janeiro de 1949, decreta:

Art. 1º Fica aprovado o regulamento que a este acompanha, assinado pelo Ministro de Estado dos Negócios do Trabalho, Indústria e Comércio, pelo qual reger-se-á a execução da Lei n. 605, de 5 de janeiro de 1949.

Art. 2º Revogam-se as disposições em contrário.

Rio de Janeiro, 12 de agosto de 1949; 128º da Independência e 61º da República.

Eurico G. Dutra
Honório Monteiro

Regulamento a que se refere o Decreto n. 27.048, de 12 de agosto de 1949

Art. 1º Todo empregado tem direito a repouso remunerado, num dia de cada semana, preferentemente aos domingos, nos feriados civis e nos religiosos, de acordo com a tradição local, salvo as exceções previstas neste regulamento.

Art. 2º As disposições do presente regulamento são extensivas:

a) aos trabalhadores rurais, salvo os que trabalhem em regime de parceria agrícola, meação ou forma semelhante de participação na produção;

b) aos trabalhadores que, sob forma autônoma, trabalhem agrupados, por intermédio de sindicato, caixa portuária ou entidade congênere, tais como estivadores, consertadores, conferentes e assemelhados;

c) aos trabalhadores das entidades autárqulcas, dos serviços industriais da União, dos Estados, dos Municípios e dos Territórios, e das empresas por estes administradas ou incorporadas, desde que não estejam sujeitos ao regime dos funcionários ou extranumerários ou não tenham regime de proteção ao trabalho, que lhes assegure situação análogas à daqueles servidores públicos.

Art. 3º O presente regulamento não se aplica:

a) aos empregados domésticos, assim considerados os que prestam serviço de natureza não econômica a pessoa ou a família, no âmbito residencial destas;

— V. artigo 5º da Lei n. 605, de 5.1.49, revogado pela Lei n. 11.324, de 19.7.06, DOU 20.7.06.

b) aos funcionários da União, dos Estados, dos Municípios e dos Territórios, bem como aos respectivos extranumerários, em serviço nas próprias repartições.

Art. 4º O repouso semanal remunerado será de vinte e quatro horas consecutivas.

Art. 5º São feriados civis, e como tais obrigam ao repouso remunerado em todo território nacional, aqueles que a lei determinar. *(V. relação dos feriados nacionais inserida na nota ao art. 11 da Lei n. 605/49).*

PARÁGRAFO ÚNICO. Será também obrigatório o repouso remunerado nos dias feriados locais, até o máximo de quatro, incluída a Sexta-Feira da Paixão, desde que declarados como tais por lei municipal, cabendo à autoridade regional competente em matéria de trabalho expedir os atos necessários à observância do repouso remunerado nesses dias. *(Nota: Este parágrafo foi reproduzido com a alteração decorrente do Dec.-lei n. 86, de 27.12.66, que deu nova redação ao art. 11 da Lei n. 605/49, reduzindo para quatro o número de feriados municipais).*

Art. 6º Excetuados os casos em que a execução dos serviços for imposta pelas exigências técnicas das empresas, é vedado o trabalho nos dias de repouso a que se refere o art. 1º, garantida, entretanto, a remuneração respectiva.

§ 1º Constituem exigências técnicas, para os efeitos deste regulamento, aquelas que, em razão do interesse público, ou pelas condições peculiares às atividades da empresa ou ao local onde as mesmas se exercitarem, tornem indispensável a continuidade do trabalho, em todos ou alguns dos respectivos serviços.

§ 2º Nos serviços que exijam trabalho em domingo, com exceção dos elencos teatrais e congêneres, será estabelecida escala de revezamento, previamente organizada e de quadro sujeito à fiscalização.

§ 3º Nos serviços em que for permitido o trabalho nos feriados civis e religiosos, a remuneração dos empregados que trabalharem nesses dias será paga em dobro, salvo se a empresa determinar outro dia de folga.

Art. 7º É concedida, em caráter permanente e de acordo com o disposto no § 1º do art. 6º, permissão para o trabalho nos dias de repouso a que se refere o art. 1º, nas atividades constantes da relação anexa ao presente regulamento.

§ 1º Os pedidos de permissão para quaisquer outras atividades, que se enquadrem no § 1º do art. 6º, serão apresentados às autoridades regionais referidas no art. 16, que os encaminharão ao Ministro do Trabalho, Indústria e Comércio, devidamente informados.

§ 2º A permissão dar-se-á por decreto do Poder Executivo.

Art. 8º Fora dos casos previstos no artigo anterior, admitir-se-á, excepcionalmente, o trabalho em dia de repouso:

a) quando ocorrer motivo de força maior, cumprindo à empresa justificar a ocorrência perante a autoridade regional a que se refere o art. 15, no prazo de 10 dias;

b) quando, para atender à realização ou conclusão de serviços inadiáveis ou cuja inexecução possa acarretar prejuízo manifesto, a empresa obtiver da autoridade regional referida no art. 15, autorização prévia, com discriminação do período autorizado, o qual, de cada vez, não excederá de 60 dias, cabendo neste caso a remuneração em dobro, na forma e com a ressalva constante do art. 6º, § 3º.

Art. 9º Nos dias de repouso, em que for permitido o trabalho, é vedada às empresas a execução de serviços que se não enquadrem nos motivos determinantes da permissão.

Art. 10. A remuneração dos dias de repouso obrigatório, tanto o do repouso semanal como aqueles correspondentes aos feriados, integrará o salário para todos os efeitos legais e com ele deverá ser paga.

§ 1º A remuneração do dia de repouso corresponderá, qualquer que seja a forma de pagamento do salário:

a) para os contratados por semana, dia ou hora, à de um dia normal de trabalho, não computadas as horas extraordinárias;

b) para os contratados por tarefa ou peça, ao equivalente ao salário correspondente às tarefas ou peças executadas durante a semana, no horário normal de trabalho, dividido pelos dias de serviço efetivamente prestado ao empregador;

c) para os trabalhadores rurais, que trabalham por tarefa predeterminada, ao quociente da divisão do salário convencionado pelo número de dias fixados para a respectiva execução.

§ 2º A remuneração prevista na alínea "a" será devida aos empregados contratados por mês ou quinzena, cujo cálculo de salário mensal ou quinzenal, ou cujos descontos por faltas ao serviço sejam efetuados em base inferior a 30 (trinta) ou 15 (quinze) dias respectivamente.

Art. 11. Perderá a remuneração do dia de repouso o trabalhador que sem motivo justificado ou em virtude de punição disciplinar, não tiver trabalhado durante toda a semana, cumprindo integralmente o seu horário de trabalho.

§ 1º Nas empresas em que vigorar regime de trabalho reduzido, a frequência exigida corresponderá ao número de dias em que houver trabalho.

§ 2º Não prejudicarão a frequência exigida as ausências decorrentes de férias.

§ 3º Não serão acumuladas a remuneração do repouso semanal e a do feriado civil ou religioso, que recaírem no mesmo dia.

§ 4º Para os efeitos do pagamento da remuneração, entende-se como semana o período de segunda-feira a domingo, anterior à semana em que recair o dia de repouso definido no art. 1º.

Art. 12. Constituem motivos justificados:

a) os previstos no art. 473, e seu parágrafo, da Consolidação das Leis do Trabalho;

b) a ausência do empregado, justificada, a critério da administração do estabelecimento, mediante documento por esta fornecido;

c) a paralisação do serviço nos dias em que, por conveniência do empregador, não tenha havido trabalho;

d) a falta ao serviço, com fundamento na Lei de Acidentes do Trabalho;

e) a ausência do empregado, até três dias consecutivos, em virtude de seu casamento;

f) a doença do empregado, devidamente comprovada, até 15 dias, caso em que a remuneração corresponderá a dois terços da fixada no art. 10.

§ 1º A doença será comprovada mediante atestado passado por médico da empresa ou por ela designado e pago.

§ 2º Não dispondo a empresa de médico, da instituição de previdência a que esteja filiado o empregado, por médico do Serviço Social da Indústria ou do Serviço Social do Comércio, por médico de repartição federal, estadual ou municipal, incumbido de assunto de higiene ou saúde, ou, inexistindo na localidade médicos nas condições acima especificados, por médico do sindicato a que pertença o empregado ou por profissional da escolha deste.

§ 3º As entradas no serviço, verificadas com atraso, em decorrência de acidentes de transportes, quando devidamente comprovadas mediante atestado da empresa concessionária, não acarretarão, para o trabalhador, a aplicação do disposto no art. 11.

Art. 13. Para os efeitos da legislação do trabalho e das contribuições e benefícios da previdência social, passará a ser calculado na base de trinta dias ou duzentas e quarenta horas o mês que, anteriormente, o era na base de vinte e cinco dias ou duzentas horas.

Art. 14. As infrações ao disposto na Lei n. 605, de 5 de janeiro de 1949, ou neste regulamento, serão punidas, segundo o caráter e a gravidade, com multa de cem a cinco mil cruzeiros.

Art. 15. São originariamente competentes para a imposição das multas de que trata este regulamento as autoridades regionais do trabalho: no Distrito Federal, o Diretor da Divisão de Fiscalização do Departamento Nacional do Trabalho; nos Estados, os Delegados Regionais do Trabalho; e, nos Estados onde houver delegação de atribuições, a autoridade delegada.

Art. 16. A fiscalização da execução do presente regulamento, bem como o processo de autuação de seus infratores, reger-se-ão pelo disposto no Título VII da Consolidação das Leis do Trabalho.

Art. 17. O presente regulamento entrará em vigor na data de sua publicação.

Rio de Janeiro, 12 de agosto de 1949.

Honório Monteiro

Relação a que se refere o art. 7º com a redação dada pelo Decreto n. 94.591, de 10.7.87

(DOU 13.7.87)

I — INDÚSTRIA

1) Laticínios (excluídos os serviços de escritório).
2) Frio industrial, fabricação e distribuição de gelo (excluídos os serviços de escritório).
3) Purificação e distribuição de água (usinas e filtros), (excluídos os serviços de escritório).
4) Produção e distribuição de energia elétrica (excluídos os serviços de escritório).
5) Produção e distribuição de gás (excluídos os serviços de escritório).
6) Serviços de esgotos (excluídos os serviços de escritório).
7) Confecção de coroas de flores naturais.
8) Pastelaria, confeitaria e panificação em geral.
9) Indústria do malte (excluídos os serviços de escritório).
10) Indústria do cobre eletrolítico, de ferro (metalúrgica) e do vidro (excluídos os serviços de escritório).
11) Turmas de emergência nas empresas industriais, instaladoras e conservadoras de elevadores e cabos aéreos.
12) Trabalhos em curtumes (excluídos os serviços de escritório).
13) Alimentação de animais destinados à realização de pesquisas para preparo de soro e outros produtos farmacêuticos.
14) Siderurgia, fundição, forjaria, usinagem (fornos acesos permanentemente) — (excluídos os serviços de escritório).
15) Lubrificação e reparos do aparelhamento industrial (turma de emergência).
16) Indústria moageira (excluídos os serviços de escritório).
17) Usinas de açúcar e de álcool (com exclusão de oficinas mecânicas, almoxarifados e escritórios).
18) Indústria do papel de imprensa (excluídos os serviços de escritório).
19) Indústria de vidro (excluídos os serviços de escritório).
20) Indústria de cimento em geral, excluídos os serviços de escritório. (Incluído pelo Decreto n. 29.553, de 1951) (Revogado pelo Decreto de 10.5.1991)
21) Indústria do refino do petróleo. (Incluído pelo Decreto n 61.146, de 1967). (Revogado pelo Decreto de 10.5.1991)
22) Comércio varejista em geral. (Incluído pelo Decreto n. 91.100, de 1983) (Revogado pelo Decreto n. 91.164, de 1985)
23) Indústria Petroquímica, excluídos os serviços de escritório. (Incluído pelo Decreto n. 94.709, de 1987) (Revogado pelo Decreto de 10.5.1991)

II — COMÉRCIO

1) Varejistas de peixe.
2) Varejistas de carnes frescas e caça.
3) Venda de pão e biscoitos.
4) Varejistas de frutas e verduras.
5) Varejistas de aves e ovos.
6) Varejistas de produtos farmacêuticos (farmácias, inclusive manipulação de receituário).
7) Flores e coroas.
8) Barbearias (quando funcionando em recinto fechado ou fazendo parte do complexo do estabelecimento ou atividade, mediante acordo expresso com os empregados).
9) Entrepostos de combustíveis, lubrificantes e acessórios para automóveis (postos de gasolina).

Legislação Complementar

10) Locadores de bicicletas e similares.

11) Hotéis e similares (restaurantes, pensões, bares, cafés, confeitarias, leiterias, sorveterias e bombonerias).

12) Hospitais, clínicas, casas de saúde e ambulatórios.

13) Casas de diversões (inclusive estabelecimento esportivo em que o ingresso seja pago).

14) Limpeza e alimentação de animais em estabelecimentos de avicultura.

15) Feiras livres e mercados, inclusive os transportes inerentes aos mesmos.

16) Porteiros e cabineiros de edifícios residenciais.

17) Serviço de propaganda dominical.

18) Comércio de artigos regionais nas estâncias hidrominerais.

19) Comércio em portos, aeroportos, estradas, estações rodoviárias e ferroviárias.

20) Comércio em hotéis.

21) Agências de turismo, locadoras de veículos e embarcações.

22) Comércio em postos de combustíveis.

23) Comércio em feiras e exposições.

III — TRANSPORTES

1) Serviços portuários.

2) Navegação (inclusive escritórios unicamente para atender a serviços de navios).

3) Trânsito marítimo de passageiros (exceto serviços de escritório).

4) Serviço propriamente de transportes (excluídos os transportes de carga urbanos e os escritórios e oficinas, salvo as de emergência).

5) Serviços de transportes aéreos (excluídos os departamentos não ligados diretamente ao tráfego aéreo).

6) Transporte interestadual (rodoviário), inclusive limpeza e lubrificação dos veículos.

7) Transporte de passageiros por elevadores e cabos aéreos.

IV — COMUNICAÇÕES E PUBLICIDADE

1) Empresas de comunicações telegráficas, radiotelegráficas e telefônicas (excluídos os serviços de escritório e oficinas, salvo as de emergência).

2) Empresas de radiodifusão, televisão de jornais e revistas (excluídos os escritórios).

3) Distribuidores e vendedores de jornais e revistas (bancas e ambulantes).

4) Anúncios em bondes e outros veículos (turma de emergência).

V — EDUCAÇÃO E CULTURA

1) Estabelecimentos de ensino (internatos, excluídos os serviços de escritório e magistério).

2) Empresas teatrais (excluídos os serviços de escritório).

3) Biblioteca (excluídos os serviços de escritório).

4) Museus (excluídos os serviços de escritório).

5) Empresas exibidoras cinematográficas (excluídos os serviços de escritório).

6) Empresas de orquestras.

7) Cultura física (excluídos os serviços de escritório).

8) Instituições de culto religioso.

VI — SERVIÇOS FUNERÁRIOS

1) Estabelecimentos e entidades que executem serviços funerários.

VII — AGRICULTURA E PECUÁRIA

1) Limpeza e alimentação de animais em propriedades agropecuárias.

2) Execução de serviços especificados nos itens anteriores desta relação.

3) colheita, beneficiamento, lavagem e transporte de hortaliças, legumes e frutas. (NR) *(Acrescentado pelo Decreto n. 7.421, de 31.12.10, DOU 31.12.10, ed. Extra)*

LEI N. 6.802, DE 30 DE JUNHO DE 1980

(DOU 1º.7.80 — LTr 44-7/921)

DECLARA FERIADO NACIONAL O DIA 12 DE OUTUBRO, CONSAGRADO À NOSSA SENHORA APARECIDA, PADROEIRA DO BRASIL

O PRESIDENTE DA REPÚBLICA,

Faço saber que o Congresso Nacional decreta e eu sanciono a seguinte Lei:

Art. 1º É declarado feriado nacional o dia 12 de outubro, para culto público e oficial à Nossa Senhora Aparecida, Padroeira do Brasil.

Art. 2º Esta Lei entrará em vigor na data de sua publicação.

Brasília, em 30 de junho de 1980; 159º da Independência e 92º da República.

João Figueiredo

Ibrahim Abi-Ackel

PORTARIA GM/MTE N. 375, DE 21 DE MARÇO DE 2014

(DOU 24.3.2014)

O MINISTRO DE ESTADO DO TRABALHO E EMPREGO, usando da competência que lhe foi atribuída pelo art. 87, parágrafo único, incisos I e II da Constituição Federal, pelo art. 913 da Consolidação das Leis do Trabalho e pelo artigo 1º do Decreto n. 83.842, de 14 de agosto de 1979, resolve:

Art. 1º Subdelegar competência aos Superintendentes Regionais do Trabalho e Emprego para decidir sobre os pedidos de autorização para o trabalho aos domingos e nos dias feriados civis e religiosos.

Art. 2º Os pedidos de autorização de que trata o artigo 1º, deverão ser protocolizados nas Superintendências Regionais do Trabalho e Emprego e serão instruídos com os seguintes documentos:

a) laudo técnico elaborado por instituição Federal, Estadual ou Municipal, indicando as necessidades de ordem técnica e os setores que exigem a continuidade do trabalho, com validade de 04 (quatro) anos;

b) acordo coletivo de trabalho ou anuência expressa de seus empregados, manifestada com a assistência da respectiva entidade sindical; e

c) escala de revezamento, observado o disposto na Portaria Ministerial n. 417, de 10 de junho de 1966.

Art. 3º O Superintendente Regional do Trabalho e Emprego poderá deferir o pedido formulado, independentemente de inspeção prévia, após verificar a regularidade das condições de trabalho nos estabelecimentos pela análise da documentação apresentada, e pela extração de dados do Sistema Federal de Inspeção do Trabalho — SFIT, da Relação Anual de Informações Sociais — RAIS e do Cadastro Geral de Empregados e Desempregados — CAGED.

§ 1º. Em caso de existência de irregularidades nos atributos jornada ou descanso ou normas de segurança e saúde no trabalho apuradas nos últimos cinco anos no SFIT, o pedido será sobrestado, condicionando-se posterior decisão à realização de inspeção no empregador, a fim de se verificar se ainda persistem as irregularidades anteriormente apontadas.

§ 2º A Superintendência do Trabalho e Emprego, por intermédio de seu órgão de fiscalização do trabalho, incluirá as empresas que obtiverem autorização nos termos do caput do presente artigo, no planejamento de fiscalização, efetuando o cancelamento da respectiva autorização em caso de constatação das irregularidades mencionadas no parágrafo anterior.

§3º Não será deferido o pedido de que trata o caput quando se tratar de empresa com histórico de reincidência em irregularidades nos atributos jornada, descanso ou normas de segurança e saúde do trabalho, apuradas nos últimos cinco anos nos termos do §1º.

Art. 4º As autorizações serão concedidas pelo prazo de até 02 (dois) anos, renováveis por igual período.

PARÁGRAFO ÚNICO. Os pedidos de renovação deverão ser formalizados com antecedência mínima de 03(três) meses antes do término da autorização, observados os requisitos das alíneas "a", "b" e "c" do art. 2º e do art. 3º.

Art. 5º As portarias de autorização e as de renovação deverão ser publicadas no Diário Oficial da União.

Art. 6º Esta Portaria entrará em vigor na data de sua publicação.

Art. 7º Revoga-se a Portaria n. 3118, de 03 de abril de 1989.

Manoel Dias

INSTRUÇÃO NORMATIVA SRT/MTE N. 15, DE 14 DE JULHO DE 2010

(DOU 15.7.10)

ESTABELECE PROCEDIMENTOS PARA ASSISTÊNCIA E HOMOLOGAÇÃO NA RESCISÃO DE CONTRATO DE TRABALHO

A SECRETÁRIA DE RELAÇÕES DO TRABALHO DO MINISTÉRIO DO TRABALHO E EMPREGO, no uso da atribuição que lhe confere o art. 5º, inciso IX, do Regimento Interno da Secretaria de Relações do Trabalho, aprovado pela Portaria Ministerial n. 483, de 15 de setembro de 2004, e tendo em vista o disposto nas Portarias n. 1.620 e n. 1.621, de 14 de julho de 2010, resolve:

CAPÍTULO I

Seção I

Disposições preliminares

Art. 1º A assistência na rescisão de contrato de trabalho, prevista no § 1º do art. 477 da Consolidação das Leis do Trabalho — CLT, aprovada pelo Decreto-lei n. 5.452, de 1º de maio de 1943, obedecerá ao disposto nesta Instrução Normativa.

Art. 2º Na assistência à rescisão do contrato de trabalho, o Sistema Homolognet, instituído pela Portaria n. 1.620, de 14 de julho de 2010, será utilizado gradualmente, conforme sua implantação nas Superintendências Regionais do Trabalho e Emprego, Gerências Regionais do Trabalho e Emprego e Agências Regionais.

§ 1º Nas rescisões contratuais em que não for adotado o Homolognet, será utilizado o Termo de Rescisão de Contrato de Trabalho — TRCT previsto no Anexo I da Portaria n. 1.621, de 14 de julho de 2010.

§ 2º Quando for adotado o Homolognet, serão utilizados os seguintes documentos:

I — Termo de Rescisão de Contrato de Trabalho, previsto no Anexo II da Portaria n. 1.621, de 2010;

II — Termo de Homologação sem ressalvas, previsto no Anexo III da Portaria n. 1.621, de 2010;

III — Termo de Homologação com ressalvas, previsto no Anexo IV da Portaria n. 1.621, de 2010;

IV — Termo de Comparecimento de uma das partes;

V — Termo de Comparecimento de ambas as partes, sem homologação da rescisão em face de discordância quanto aos valores constantes no TRCT; e

VI — Termo de Compromisso de Retificação do TRCT.

Art. 3º O empregador, ao utilizar o Homolognet, deverá acessar o Sistema por meio do portal do MTE na internet: www.mte.gov.br, cadastrar-se previamente e:

I — incluir os dados relativos ao contrato de trabalho e demais dados solicitados pelo Sistema;

II — informar-se com o órgão local do MTE, para verificar a necessidade de agendamento da homologação; e

III — dirigir-se ao órgão local do MTE, munido dos documentos previstos no art. 22 desta Instrução Normativa.

SEÇÃO II
Disposições gerais

Art. 4º A assistência na rescisão de contrato de trabalho tem por objetivo orientar e esclarecer empregado e empregador acerca do cumprimento da lei, bem como zelar pelo efetivo pagamento das parcelas rescisórias, e é devida:

I — nos contratos de trabalho firmados há mais de um ano;

II — quando o cômputo do aviso prévio indenizado resultar em mais de um ano de serviço; e

III — na hipótese de aposentadoria em que ocorra rescisão de contrato de trabalho que se enquadre nos incs. I e II deste artigo.

PARÁGRAFO ÚNICO. Conta-se o prazo de um ano e um dia de trabalho pelo calendário comum, incluindo-se o dia em que se iniciou a prestação do trabalho.

Art. 5º Não é devida a assistência na rescisão de contrato de trabalho em que são partes a União, os estados, os municípios, suas autarquias e fundações de direito público, e empregador doméstico, ainda que optante do Fundo de Garantia do Tempo de Serviço — FGTS.

CAPÍTULO II
SEÇÃO I
Da competência

Art. 6º São competentes para prestar a assistência na rescisão do contrato de trabalho:

I — o sindicato profissional da categoria do local onde o empregado laborou ou a federação que represente categoria inorganizada;

II — o servidor público em exercício no órgão local do MTE, capacitado e cadastrado como assistente no Homolognet; e

III — na ausência dos órgãos citados nos incs. I e II deste artigo na localidade, o representante do Ministério Público ou o Defensor Público e, na falta ou impedimentos destes, o Juiz de Paz.

Art. 7º Em função da proximidade territorial, poderão ser prestadas assistências em circunscrição diversa do local da prestação dos serviços ou da celebração do contrato de trabalho, desde que autorizadas por ato conjunto dos respectivos Superintendentes Regionais do Trabalho e Emprego.

SEÇÃO II
Dos procedimentos

Art. 8º Diante das partes, cabe ao assistente:

I — inquirir o empregado e confirmar a veracidade dos dados contidos no TRCT; e

II — verificar a existência de dados não lançados no TRCT, observados os prazos previstos no inc. XXIX do art. 7º da Constituição Federal.

PARÁGRAFO ÚNICO. O assistente deverá esclarecer às partes que:

I — a homologação de rescisão por justa causa não implica a concordância do empregado com os motivos ensejadores da dispensa; e

II — a quitação do empregado refere-se somente ao exato valor de cada verba especificada no TRCT.

Art. 9º São itens de verificação obrigatória pelo assistente:

I — a regularidade da representação das partes;

II — a existência de causas impeditivas à rescisão;

III — a observância dos prazos legais ou, em hipóteses mais favoráveis, dos prazos previstos em convenção ou acordo coletivo de trabalho ou sentença normativa;

IV — a regularidade dos documentos apresentados;

V — a correção das informações prestadas pelo empregador;

VI — o efetivo pagamento das verbas devidas;

VII — o efetivo recolhimento dos valores a título de FGTS e de Contribuição Social, prevista no art. 1º, da Lei Complementar n. 110, de 29 de junho de 2001, devidos na vigência do contrato de trabalho;

VIII — o efetivo pagamento, na rescisão sem justa causa, da indenização do FGTS, na alíquota de 40% (quarenta por cento), e da Contribuição Social, na alíquota de 10% (dez por cento), incidentes sobre o montante de todos os depósitos de FGTS devidos na vigência do contrato de trabalho, atualizados monetariamente e acrescidos dos respectivos juros remuneratórios, não se deduzindo, para o cálculo, saques ocorridos; e

IX — indícios de qualquer tipo de fraude, especialmente a rescisão contratual que vise somente ao saque de FGTS e à habilitação ao Seguro-Desemprego.

Art. 10. No caso de incorreção ou omissão de parcela devida, o assistente deve solucionar a falta ou a controvérsia, por meio de orientação e esclarecimento às partes.

§ 1º Quando a incorreção relacionar-se a dados do contrato de trabalho ou do empregado, tais como tipo do contrato de trabalho, categoria profissional, causa de afastamento, data de admissão e afastamento, percentual de pensão alimentícia a ser retida na rescisão, data do aviso prévio, dentre outros, o TRCT deverá ser retificado pelo empregador, devendo o assistente lavrar o Termo de Compromisso de Retificação do TRCT.

§ 2º Havendo incorreções não sanadas, o assistente deve comunicar o fato ao setor de fiscalização do trabalho do órgão para as devidas providências.

§ 3º Desde que haja concordância do empregado, a incorreção de parcelas ou valores lançados no TRCT não impede a homologação da rescisão, devendo o assistente consignar as devidas ressalvas no Homolognet.

Art. 11. Na correção dos dados ou na hipótese do § 3º do art. 10 desta Instrução Normativa, será impresso o Termo de Homologação gerado pelo Homolognet, que deverá ser assinado pelas partes ou seus prepostos e pelo assistente.

PARÁGRAFO ÚNICO. Devem constar das ressalvas:

I — parcelas e complementos não pagos e não constantes do TRCT;

II — matéria não solucionada, nos termos desta Instrução Normativa;

III — a expressa concordância do empregado em formalizar a homologação e

IV — quaisquer fatos relevantes para assegurar direitos e prevenir responsabilidades do assistente.

SEÇÃO III
Dos impedimentos

Art. 12. São circunstâncias impeditivas da homologação:

I — nas rescisões de contrato de trabalho por iniciativa do empregador, quando houver estabilidade do empregado decorrente de:

a) gravidez da empregada, desde a sua confirmação até cinco meses após o parto;

b) candidatura para o cargo de direção de Comissões Internas de Prevenção de Acidentes — CIPA, desde o registro da candidatura e, se eleito, ainda que suplente, até um ano após o final do mandato;

c) candidatura do empregado sindicalizado a cargo de direção ou representação sindical, desde o registro da candidatura e, se eleito, ainda que suplente, até um ano após o final do mandato;

d) garantia de emprego dos representantes dos empregados, titulares ou suplentes, em Comissão de Conciliação Prévia — CCP, instituída no âmbito da empresa, até um ano após o final do mandato;

e) demais garantias de emprego decorrentes de lei, convenção ou acordo coletivo de trabalho ou sentença normativa;

II — suspensão contratual, exceto na hipótese prevista no § 5º do art. 476-A da CLT;

III — irregularidade da representação das partes;

IV — insuficiência de documentos ou incorreção não sanável;

V — falta de comprovação do pagamento das verbas devidas;

VI — atestado de saúde ocupacional — ASO com declaração de inaptidão; e

VII — a constatação de fraude, nos termos do inciso IX do art. 9º desta Instrução Normativa.

SEÇÃO IV
Das partes

Art. 13. É obrigatória a presença de empregado e empregador para que seja prestada a assistência à rescisão contratual.

§ 1º Tratando-se de empregado com idade inferior a dezoito anos, será obrigatória a presença e a assinatura de seu representante legal no Termo de Homologação, exceto para os emancipados nos termos da lei civil.

§ 2º O empregador poderá ser representado por procurador legalmente habilitado ou preposto designado por carta de preposição em que conste referência à rescisão a ser homologada e os poderes para assinatura dos documentos na presença do assistente.

§ 3º O empregado poderá ser representado, excepcionalmente, por procurador legalmente constituído em procuração com poderes expressos para receber e dar quitação e com firma reconhecida em cartório.

Art. 14. No caso de morte do empregado, a assistência na rescisão contratual será prestada aos beneficiários habilitados perante o órgão previdenciário, reconhecidos judicialmente ou previstos em escritura pública lavrada nos termos do art. 982 do Código de Processo Civil, desde que dela constem os dados necessários à identificação do beneficiário e à comprovação do direito, conforme o art. 21 da Resolução n. 35, de 24 de abril de 2007, do Conselho Nacional de Justiça, e o art. 2º do Decreto n. 85.845, de 26 de março de 1981.

SEÇÃO V
Do aviso prévio

Art. 15. O direito ao aviso prévio é irrenunciável pelo empregado, salvo se houver comprovação de que ele obteve novo emprego.

Art. 16. O período referente ao aviso prévio, inclusive quando indenizado, integra o tempo de serviço para todos os efeitos legais.

Art. 17. Quando o aviso prévio for indenizado, a data da saída a ser anotada na Carteira de Trabalho e Previdência Social — CTPS deve ser:

I — na página relativa ao Contrato de Trabalho, a do último dia da data projetada para o aviso prévio indenizado; e

II — na página relativa às Anotações Gerais, a data do último dia efetivamente trabalhado.

PARÁGRAFO ÚNICO. No TRCT, a data de afastamento a ser consignada será a do último dia efetivamente trabalhado.

Art. 18. Caso o empregador não permita que o empregado permaneça em atividade no local de trabalho durante o aviso prévio, na rescisão deverão ser obedecidas as mesmas regras do aviso prévio indenizado.

Art. 19. É inválida a comunicação do aviso prévio na fluência de garantia de emprego e de férias.

SUBSEÇÃO I
Da contagem dos prazos do aviso prévio

Art. 20. O prazo de trinta dias correspondente ao aviso prévio conta-se a partir do dia seguinte ao da comunicação, que deverá ser formalizada por escrito.

PARÁGRAFO ÚNICO. No aviso prévio indenizado, quando o prazo previsto no art. 477, § 6º, alínea "b" da CLT recair em dia não útil, o pagamento poderá ser feito no próximo dia útil.

Art. 21. Quando o aviso prévio for cumprido parcialmente, o prazo para pagamento das verbas rescisórias ao empregado será de dez dias contados a partir da dispensa de cumprimento do aviso prévio, salvo se o termo final do aviso ocorrer primeiramente.

SEÇÃO VI
Dos documentos

Art. 22. Para a assistência, é obrigatória a apresentação dos seguintes documentos:

I — Termo de Rescisão de Contrato de Trabalho — TRCT, em quatro vias;

II — Carteira de Trabalho e Previdência Social — CTPS, com as anotações atualizadas;

III — Livro ou Ficha de Registro de Empregados;

IV — notificação de demissão, comprovante de aviso prévio ou pedido de demissão;

V — extrato para fins rescisórios da conta vinculada do empregado no FGTS, devidamente atualizado, e guias de recolhimento das competências indicadas como não localizadas na conta vinculada;

VI — guia de recolhimento rescisório do FGTS e da Contribuição Social, nas hipóteses do art. 18 da Lei n. 8.036, de 11 de maio de 1990, e do art. 1º da Lei Complementar n. 110, de 29 de junho de 2001;

VII — Comunicação da Dispensa — CD e Requerimento do Seguro-Desemprego, nas rescisões sem justa causa;

VIII — Atestado de Saúde Ocupacional Demissional, ou Periódico, durante o prazo de validade, atendidas as formalidades especificadas na Norma Regulamentadora — NR 7, aprovada pela Portaria n. 3.214, de 8 de junho de 1978, e alterações posteriores;

IX — documento que comprove a legitimidade do representante da empresa;

X — carta de preposto e instrumentos de mandato que, nos casos previstos nos §§ 2º e 3º do art. 13 e no art. 14 desta Instrução Normativa, serão arquivados no órgão local do MTE que efetuou a assistência juntamente com cópia do Termo de Homologação;

XI — prova bancária de quitação quando o pagamento for efetuado antes da assistência;

XII — o número de registro ou cópia do instrumento coletivo de trabalho aplicável; e

XIII — outros documentos necessários para dirimir dúvidas referentes à rescisão ou ao contrato de trabalho.

SEÇÃO VII
Do pagamento

Art. 23. O pagamento das verbas rescisórias constantes do TRCT será efetuado em dinheiro ou em cheque administrativo, no ato da assistência.

§ 1º O pagamento poderá ser feito, dentro dos prazos estabelecidos no § 6º do art. 477 da CLT, por meio de ordem bancária de pagamento, ordem bancária de crédito, transferência eletrônica ou depósito bancário em conta corrente ou poupança do empregado, facultada a utilização da conta não movimentável — conta salário, prevista na Resolução n. 3.402, de 6 de setembro de 2006, do Banco Central do Brasil.

§ 2º Para fins do disposto no § 1º deste artigo:

I — o estabelecimento bancário deverá se situar na mesma cidade do local de trabalho; e

II — o empregador deve comprovar que nos prazos legais ou previstos em convenção ou acordo coletivo de trabalho o empregado foi informado e teve acesso aos valores devidos.

§ 3º O pagamento das verbas rescisórias será efetuado somente em dinheiro na assistência à rescisão contratual de empregado não alfabetizado, ou na realizada pelos Grupos Especiais de Fiscalização Móvel, instituídos pela Portaria MTE n. 265, de 6 de junho de 2002.

CAPÍTULO III
SEÇÃO I
Disposições finais e transitórias

Art. 24. Não comparecendo uma das partes, ou na falta de homologação da rescisão em face de discordância quanto aos valores, o assistente emitirá os Termos de Comparecimento gerados pelo Homolognet.

Art. 25. Havendo homologação do TRCT, os Termos de Homologação serão assinados pelas partes e pelo assistente e, juntamente com as vias do TRCT, terão a seguinte destinação:

I — três vias para o empregado;

II — uma via para o empregador.

Art. 26. A assistência prestada nas homologações de rescisões de contrato sem utilização do Homolognet obedecerá, no que couber, ao disposto nesta Instrução Normativa, devendo ser observado:

I — o servidor público em exercício no órgão local do MTE, mediante ato próprio do Superintendente Regional do Trabalho e Emprego, ficará autorizado a prestar assistência na rescisão do contrato de trabalho;

II — em caso de incorreção de parcelas ou valores lançados no TRCT, o assistente deverá consignar as devidas ressalvas no verso;

III — é obrigatória a apresentação do demonstrativo de parcelas variáveis consideradas para fins de cálculo dos valores devidos na rescisão contratual e de cópia do instrumento coletivo aplicável;

IV — o assistente deverá conferir manualmente os valores das verbas rescisórias.

Art. 27. Esta Instrução Normativa entra em vigor na data de sua publicação.

Art. 28. Fica revogada a Instrução Normativa n. 3, de 21 de junho de 2002.

Zilmara David de Alencar

PORTARIA GM/MTE N. 1.621, DE 14 DE JULHO DE 2010

(DOU 15.7.10)

APROVA MODELOS DE TERMOS DE RESCISÃO DE CONTRATO DE TRABALHO E TERMOS DE HOMOLOGAÇÃO

Obs. A Portaria GM/MTE n. 1.620, de 14.7.10, DOU 15.7.10), institui o Sistema Homolognet para fins da assistência prevista no § 1º do art. 477 da CLT, a ser utilizado conforme instruções expedidas pela Secretaria de Relações do Trabalho — SRT (não publicada nesta obra)

O MINISTRO DE ESTADO DO TRABALHO E EMPREGO, no uso das atribuições que lhe conferem o art. 87, parágrafo único, inc. II, da Constituição Federal, e tendo em vista o disposto no art. 913 da Consolidação das Leis do Trabalho — CLT, aprovada pelo Decreto-lei n. 5.452, de 1º de maio de 1943, resolve:

Art. 1º Aprovar os modelos de Termos de Rescisão de Contrato de Trabalho — TRCT e Termos de Homologação, que devem ser utilizados como instrumentos de quitação das verbas devidas nas rescisões de contrato de trabalho.

Art. 2º Nas rescisões de contrato de trabalho em que não for utilizado o sistema Homolognet, deverão ser utilizados os seguintes documentos:

I — TRCT previsto no Anexo I desta Portaria, impresso em 2 (duas) vias, sendo uma para o empregador e outra para o empregado, acompanhado do Termo de Quitação de Rescisão do Contrato de Trabalho, previsto no Anexo VI, impresso em quatro vias, sendo uma para o empregador e três para o empregado, destinadas ao saque do FGTS e solicitação do seguro-desemprego, nas rescisões de contrato de trabalho em que não é devida assistência e homologação; e

II — TRCT previsto no Anexo I desta Portaria, impresso em 2 (duas) vias, sendo uma para o empregador e outra para o empregado, acompanhado do Termo de Homologação de Rescisão do Contrato de Trabalho, previsto no anexo VII, impresso em quatro vias, sendo uma para o empregador e três para o empregado, destinadas ao saque do FGTS e solicitação do seguro-desemprego, nas rescisões de contrato de trabalho em que é devida a assistência e homologação.

PARÁGRAFO ÚNICO. O TRCT previsto no Anexo I desta Portaria deve ser utilizado nas rescisões de contrato de trabalho doméstico. *(Redação do caput e incisos dada pela Portaria MTE n. 1.057, de 6.7.12, DOU 9.7.12)*

Art. 3º Serão gerados pelo Homolognet, os seguintes documentos anexos a esta Portaria:

I — Termo de Rescisão de Contrato de Trabalho — Anexo II;

II — Termo de Homologação sem ressalvas — Anexo III; e

III — Termo de Homologação com ressalvas — Anexo IV.

IV — Termo de Quitação de Rescisão do Contrato de Trabalho — Anexo V. *(Redação dada pela Portaria MTE n. 1.057, de 6.7.12, DOU 9.7.12)*

PARÁGRAFO ÚNICO. O TRCT previsto no Anexo II desta Portaria deverá ser impresso em 2 (duas) vias, sendo uma para o empregador e outra para o empregado, e os demais Termos deverão ser impressos em quatro vias, sendo uma para o empregador e três para o empregado.

Art. 4º É facultada a confecção dos Termos previstos nesta Portaria com a inserção de rubricas, de acordo com as necessidades do empregador, desde que respeitada a sequência numérica de campos estabelecida nas Instruções de Preenchimento, previstas no Anexo VIII, e a distinção de quadros de pagamentos e deduções". *(Redação dada oeka Portaria MTE n. 1.057, de 6.7.12, DOU 9.7.12)*

Art. 5º Os documentos previstos nesta Portaria poderão ser impressos em verso e anverso.

Art. 6º Esta Portaria entra em vigor na data de sua publicação.

Art. 7º Revoga-se a Portaria n. 302, de 26 de junho de 2002, sendo permitida a utilização, até o dia 31 de dezembro de 2010, do TRCT por ela aprovado.

Carlos Roberto Lupi

Obs.: 1) Os anexos referidos pela Portaria supracitada encontram-se publicados às páginas 109 a 118 do Diário Oficial da União de 9.7.12, Seção 1.

2) Dispõe o art. 2º da Portaria n. 1057, de 6.7.12 que: "Serão aceitos, até 31 de outubro de 2012, termos de rescisão de contrato de trabalho elaborados pela empresa, desde que deles constem os campos de TRCT aprovado na Portaria n. 1.621, de 2010"

PORTARIA N. 3.281, DE 7 DE DEZEMBRO DE 1984

(DOU 12.12.84 — LTr 49-1/106)

DISPÕE SOBRE O PAGAMENTO DE SALÁRIOS E FÉRIAS POR MEIO DE CHEQUE

O MINISTRO DE ESTADO DO TRABALHO, no uso das atribuições que lhe confere o art. 913, da Consolidação das Leis do Trabalho, e

Considerando que os arts. 145, 463 e 465 da Consolidação das Leis do Trabalho objetivam proteger os interesses imediatos do trabalhador quando do pagamento de seus salários e férias, a fim de que possa dispor de todo o seu tempo após o término do horário de trabalho, para atividades desvinculadas dos interesses empresariais;

Considerando que o pagamento do salário em cheque não contraria lei federal;

Considerando que a utilização de cheque constitui um dos imperativos da vida moderna;

Considerando, ainda, que se torna imprescindível a adaptação da lei à evolução tecnológica, desde que não contrarie os princípios que a inspiraram, resolve:

Art. 1º As empresas situadas em perímetro urbano poderão efetuar o pagamento dos salários e da remuneração das férias através de conta bancária, aberta para este fim em nome de cada empregado e com o consentimento deste, em estabelecimento de crédito próximo ao local de trabalho, ou em cheque emitido diretamente pelo empregador em favor do empregado, salvo se o trabalhador for analfabeto, quando o pagamento somente poderá ser efetuado em dinheiro.

PARÁGRAFO ÚNICO. As condições de funcionamento do sistema previsto neste artigo serão estipuladas em convênios entre a empresa e o estabelecimento de crédito, de modo a que o empregado possa utilizar a importância depositada de conformidade com o disposto nos arts. 145, 459, parágrafo único, e 465, todos da Consolidação das Leis do Trabalho.

Art. 2º Os pagamentos efetuados na forma do art. 1º obrigam o empregador a assegurar ao empregado:

a) horário que permita o desconto imediato do cheque;

b) transporte, caso o acesso ao estabelecimento de crédito exija a utilização do mesmo;

c) condição que impeça qualquer atraso no recebimento dos salários e da remuneração das férias.

Art. 3º Esta Portaria entrará em vigor na data de sua publicação, revogadas as disposições em contrário, especialmente a Portaria n. 3.245, de 28 de julho de 1971.

Murillo Macêdo

PORTARIA GM/MTE N. 329, DE 14 DE AGOSTO DE 2002

(DOU 15.8.02 e republicada em 20.8.02, por ter saído com incorreção)

ESTABELECE PROCEDIMENTOS PARA A INSTALAÇÃO E O FUNCIONAMENTO DAS COMISSÕES DE CONCILIAÇÃO PRÉVIA E NÚCLEOS INTERSINDICAIS DE CONCILIAÇÃO TRABALHISTA

V. Portaria n. 264, de 5.6.02 (DOU 7.6.02) que fixa, no âmbito do MTE, normas para acompanhamento e levantamento de dados relacionados ao funcionamento das Comissões de Conciliação Prévia, bem como para a fiscalização do trabalho quanto ao FGTS e contribuições sociais em decorrência de conciliação (não publicada nesta obra)

V. Portaria n. 2, de 12.7.02 (DOU 15.7.02) com republicação em 18.7.02, por ter saído com incorreção que dispõe sobre a forma de produção de dados estatísticos, levantamentos e identificações de irregularidades no funcionamento das Comissões de Conciliação Prévia e dá outras providências (não publicada nesta obra)

O MINISTRO DE ESTADO DO TRABALHO E EMPREGO, no uso das atribuições que lhe conferem o art. 87, parágrafo único, II, da Constituição Federal, e o art. 913 da Consolidação das Leis do Trabalho — CLT, aprovada pelo Decreto-lei n. 5.452, de 10 de maio de 1943; e

Considerando o disposto nos arts. 625-A a 625-H da CLT, com a redação dada pela Lei n. 9.958, de 12 de janeiro de 2000.

Considerando a relevante finalidade das Comissões de Conciliação Prévia, como fator de prevenção e solução extrajudicial de conflitos;

Considerando a necessidade de se traçarem instruções dirigidas às Comissões de Conciliação Prévia com vistas a garantir a legalidade, a efetividade e a transparência dos seus atos, bem como resguardar os direitos sociais e trabalhistas previstos na Constituição Federal, na CLT e legislação esparsa; e

Considerando as sugestões do Grupo de Trabalho, organizado em configuração tripartite, com a finalidade de promover ações conjuntas visando ao aprimoramento dos mecanismos de funcionamento, acompanhamento e avaliação das Comissões de Conciliação Prévia, resolve:

Art. 1º A Comissão de Conciliação Prévia instituída no âmbito do sindicato terá sua constituição e funcionamento definidos em convenção ou acordo coletivo de trabalho.

PARÁGRAFO ÚNICO. A Comissão conciliará exclusivamente conflitos que envolvam trabalhadores pertencentes à categoria profissional e à base territorial das entidades sindicais que as tiverem instituído.

Art. 2º A Comissão instituída no âmbito da empresa ou grupo de empresas destina-se a conciliar conflitos envolvendo os respectivos empregados e empregadores.

PARÁGRAFO ÚNICO. A escolha de representantes dos empregados da Comissão instituída no âmbito da empresa será por meio de eleição, fiscalizada pelo sindicato da categoria profissional.

Art. 3º A instalação da sessão de conciliação pressupõe a existência de conflito trabalhista, não se admitindo a utilização da Comissão de Conciliação Prévia como órgão de assistência e homologação de rescisão contratual.

PARÁGRAFO ÚNICO. A competência para prestar assistência ao trabalhador na rescisão contratual é do sindicato da categoria e da autoridade do Ministério do Trabalho e Emprego, nos termos do art. 477 da CLT.

Art. 4º A submissão de demanda de natureza trabalhista à Comissão de Conciliação Prévia é obrigatória quando houver Comissão instituída no âmbito da empresa ou do sindicato da categoria, na localidade da prestação de serviços do trabalhador.

Art. 5º A Comissão deverá comunicar, à Seção ou ao Setor de Relações do Trabalho das Delegacias Regionais do Trabalho do Ministério do Trabalho e Emprego, a instituição, o local de funcionamento, a composição e o início das atividades. *(Revogado pela Portaria MTE n. 617, de 19.3.10, DOU 22.3.10)*

Art 6º A Comissão de Conciliação Prévia deverá dispor sobre a produção e guarda dos documentos relativos aos procedimentos de tentativa e de conciliação prévia trabalhista.

PARÁGRAFO ÚNICO. Todos os documentos produzidos no processo de conciliação, desde a formulação da demanda até seu resultado final, frustrado ou não, deverão ser arquivados pela Comissão, pelo período de 5 (cinco) anos.

Art. 7º A Comissão deve se abster de utilizar, nos seus documentos, símbolos oficiais, como o Selo e as Armas da República, que são de uso exclusivo da Administração Pública Federal, nos termos da Lei n. 5.700, de 10 de setembro de 1971.

Art. 8º O local e o horário de funcionamento da Comissão devem ser amplamente divulgados para conhecimento público.

Art. 9º A paridade de representação na Comissão de Conciliação Prévia será mantida no funcionamento da sessão de conciliação.

Art. 10. A forma de custeio da Comissão será regulada no ato de sua instituição, em função da previsão de custos, observados os princípios da razoabilidade e da gratuidade ao trabalhador.

§ 1º A Comissão não pode constituir fonte de renda para as entidades sindicais.

§ 2º Não serão adotados, para o custeio das Comissões, os seguintes critérios:

I — cobrança do trabalhador de qualquer pagamento pelo serviço prestado;

II — cobrança de remuneração vinculada ao resultado positivo da conciliação;

III — cobrança de remuneração em percentual do valor pleiteado ou do valor conciliado.

V — cobrança de remuneração vinculada ao número de demandas propostas. *(Inciso acrescentado pela Portaria n. 230, de 21.5.04, DOU 24.5.04)*(*)

§ 3º Os membros da comissão não podem perceber qualquer remuneração ou gratificação com base nos acordos firmados, no número de demandas propostas perante a comissão, no valor do pedido ou do acordo e no resultado da demanda. *(Redação dada pela Portaria n. 230, de 21.5.04, DOU 24.5.04)*

§ 4º O custeio da Comissão de empresa ou empresas é de exclusiva responsabilidade dessas.

Art. 11. A conciliação deverá cingir-se a conciliar direitos ou parcelas controversas.

PARÁGRAFO ÚNICO. Não pode ser objeto de transação o percentual devido a título de FGTS, inclusive a multa de 40% sobre todos os depósitos devidos durante a vigência do contrato de trabalho, nos termos da Lei n. 8.036, de 11 de maio de 1990.

Art. 12. O convite de comparecimento à sessão de conciliação deve ser acompanhado de cópia da demanda.

Art. 13. As partes devem ser informadas, no convite e ao início da sessão de conciliação, de que:

I — a Comissão tem natureza privada e não integra o Poder Judiciário;

II — o serviço é gratuito para o trabalhador;

III — a tentativa de conciliação é obrigatória, mas o acordo é facultativo;

IV — o não comparecimento do representante da empresa ou a falta de acordo implica tão somente a frustração da tentativa de conciliação e viabiliza o acesso à Justiça do Trabalho;

V — as partes podem ser acompanhadas de pessoa de sua confiança;

VI — a quitação passada pelo Empregado no termo de conciliação firmado perante a Comissão de Conciliação Prévia somente refere aos direitos expressamente reclamados pelo mesmo na demanda, independentemente de ressalvas; *(Redação dada pela Portaria n. 230, de 21.5.04, DOU 24.5.04)*

VII — aos direitos objeto da conciliação poderá ser dada quitação total, devendo-se ressalvar as parcelas referentes a esses em relação às quais não se tenha atingido a conciliação; *(Redação dada pela Portaria n. 230, de 21.5.04, DOU 24.5.04)*

VIII — o termo de acordo constitui título executivo extrajudicial, sujeito, no caso de descumprimento, à execução na Justiça do Trabalho;

IX — as partes podem ser atendidas em separado pelos respectivos membros representantes para esclarecimentos necessários, assegurando-se a transparência do processo de conciliação.

Art. 14. Caso a conciliação não prospere, será fornecida ao Empregado e ao Empregador declaração da tentativa conciliatória frustrada, com a descrição de seu objeto, firmada pelos membros da Comissão.

Art. 15. A conciliação deverá ser reduzida a termo, que será assinado em todas as vias

(*) Entendemos que seria correto inciso IV, mas preferimos manter a redação publicada no DOU de 24.5.04.

Legislação Complementar

pelas partes e membros da Comissão, fornecendo-se cópias aos interessados.

PARÁGRAFO ÚNICO. O termo de conciliação deverá ser circunstanciado, especificando direitos, parcelas e respectivos valores, ressalvas, bem como outras matérias objeto da conciliação.

Art. 16. As instruções constantes desta Portaria aplicam-se aos Núcleos Intersindicais de Conciliação Trabalhista.

Art. 17. Esta Portaria entra em vigor na data de sua publicação.

Paulo Jobim Filho

DECRETO N. 3.197, DE 5 DE OUTUBRO DE 1999 — ORGANIZAÇÃO INTERNACIONAL DO TRABALHO — OIT — CONVENÇÃO N.132 — FÉRIAS ANUAIS REMUNERADAS

(DOU 6.10.99)

PROMULGA A CONVENÇÃO N.132 DA ORGANIZAÇÃO INTERNACIONAL DO TRABALHO — OIT SOBRE FÉRIAS ANUAIS REMUNERADAS (REVISTA EM 1970), CONCLUÍDA EM GENEBRA, EM 24 DE JUNHO DE 1970

O PRESIDENTE DA REPÚBLICA, no uso da atribuição que lhe confere o art. 84, inciso VIII, da Constituição,

Considerando que a Convenção n. 132 da Organização Internacional do Trabalho — OIT sobre Férias Anuais Remuneradas (revista em 1970) foi concluída em Genebra, em 24 de junho de 1970;

Considerando que o Congresso Nacional aprovou o Ato multilateral em epígrafe por meio do Decreto Legislativo n. 47, de 23 de setembro de 1981;

Considerando que o Ato em tela entrou em vigor internacional em 30 de junho de 1973;

Considerando que o Governo brasileiro depositou o Instrumento de Ratificação da referida Convenção em 23 de setembro de 1998, passando a mesma a vigorar, para o Brasil, em 23 de setembro de 1999, decreta:

Art. 1º A Convenção n. 132 da Organização Internacional do Trabalho — OIT, sobre Férias Anuais Remuneradas (revista em 1970), concluída em Genebra, em 24 de junho de 1970, apensa por cópia a este decreto, deverá ser executada e cumprida tão inteiramente como nela se contém.

Art. 2º Este decreto entra em vigor na data de sua publicação.

Brasília, 5 de outubro de 1999; 178º da Independência e 111º da República.

Fernando Henrique Cardoso
Luiz Felipe Lampreia

Convenção n. 132 da OIT

Convenção sobre Férias Anuais Remuneradas (Revista em 1970)

A Conferência Geral da Organização Internacional do Trabalho,

Convocada em Genebra pela Administração da Repartição Internacional do Trabalho, e tendo-se reunido em sua Quinquagésima-Quarta Sessão em 3 de junho de 1970, e

Tendo decidido adotar diversas propostas relativas a férias remuneradas, assunto que constitui o quarto item da agenda da sessão, e

Tendo determinado que estas propostas tomarão a forma de uma Convenção Internacional, adota, em 24 de junho de 1970, a seguinte Convenção que será denominada Convenção sobre Férias Remuneradas (revista), 1970:

Artigo 1

As disposições da presente Convenção, caso não sejam postas em execução por meio de acordos coletivos, sentenças arbitrais ou decisões judiciais, seja por organismos oficiais de fixação de salários, seja por qualquer outra maneira conforme a prática nacional e considerada apropriada, levando-se em conta as condições próprias de cada pais, deverão ser aplicadas através de legislação nacional.

Artigo 2

1. A presente Convenção aplicar-se-á a todas as pessoas empregadas, à exceção dos marítimos.

2. Quando necessário, a autoridade competente ou qualquer órgão apropriado de cada país poderá, após consulta às organizações de empregadores e de trabalhadores interessadas, onde existirem, proceder à exclusão do âmbito da Convenção de categorias determinadas de pessoas empregadas, desde que sua aplicação cause problemas particulares de execução ou de natureza constitucional ou legislativa de certa importância.

3. Todo Membro que ratifique a Convenção deverá, no primeiro relatório sobre sua aplicação, o qual ele é obrigado a apresentar em virtude do art. 22 da Constituição da Organização Internacional do Trabalho, indicar, com base em motivos expostos, as categorias que tenham sido objeto de exclusão em decorrência do parágrafo 2 deste Artigo, e expor nos relatórios ulteriores o estado de sua legislação e de sua prática quanto às mencionadas categorias, precisando em que medida a Convenção foi executada ou ele se propõe a executar em relação às categorias em questão.

Artigo 3

1. Toda pessoa a quem se aplique a presente Convenção terá direito a férias anuais remuneradas de duração mínima determinada.

2. Todo Membro que ratifique a Convenção deverá especificar a duração das férias em uma declaração apensa à sua ratificação.

3. A duração das férias não deverá em caso algum ser inferior a 3 (três) semanas de trabalho, por 1 (um) ano de serviço.

4. Todo Membro que tiver ratificado a Convenção poderá informar ao Diretor-Geral da Repartição Internacional do Trabalho, por uma declaração ulterior, que ele aumenta a duração do período de férias especificado no momento de sua ratificação.

Artigo 4

1. Toda pessoa que tenha completado, no curso de 1 (um) ano determinado, um período de serviço de duração inferior ao período necessário à obtenção de direito à totalidade das férias prescritas no Artigo terceiro acima terá direito, nesse ano, a férias de duração proporcionalmente reduzidas.

2. Para os fins deste Artigo o termo "ano" significa ano civil ou qualquer outro período de igual duração fixado pela autoridade ou órgão apropriado do país interessado.

Artigo 5

1. Um período mínimo de serviço poderá ser exigido para a obtenção de direito a um período de férias remuneradas anuais.

2. Cabe à autoridade competente e ao órgão apropriado do pais interessado fixar a duração mínima de tal período de serviço, que não deverá em caso algum ultrapassar 6 (seis) meses.

3. O modo de calcular o período de serviço para determinar o direito a férias será fixado pela autoridade competente ou pelo órgão apropriado de cada país.

4. Nas condições a serem determinadas pela autoridade competente ou pelo órgão apropriado de cada país, as faltas ao trabalho por motivos independentes da vontade individual da pessoa empregada interessada tais como faltas devidas a doenças, a acidente, ou à licença para gestante, não poderão ser computadas como parte das férias remuneradas anuais mínimas previstas no parágrafo 3 do Artigo 3 da presente Convenção.

Artigo 6

Os dias feriados oficiais ou costumeiros, quer se situem ou não dentro do período de férias anuais, não serão computados como parte do período mínimo de férias anuais remuneradas previsto no parágrafo 3 do Artigo 3 acima.

2. Em condições a serem determinadas pela autoridade competente ou pelo órgão apropriado de cada país, os períodos de incapacidade para o trabalho resultantes de doença ou de acidentes não poderão ser computados como parte do período mínimo de férias anuais remuneradas previsto no parágrafo 3, do Artigo 3 da presente Convenção.

Artigo 7

1. Qualquer pessoa que entre em gozo do período de férias previsto na presente Convenção deverá receber, em relação ao período global, pelo menos a sua remuneração média ou normal (incluindo-se a quantia equivalente a qualquer parte dessa remuneração em espécie, e que não seja de natureza permanente, ou seja concedida quer o indivíduo esteja em gozo de férias ou não), calculada de acordo com a forma a ser determinada pela autoridade competente ou órgão responsável de cada país.

2. As quantias devidas em decorrência do parágrafo 1 acima deverão ser pagas à pessoa em questão antes do período de férias, salvo estipulação em contrário contida em acordo que vincule a referida pessoa e seu empregador.

Artigo 8

1. O fracionamento do período de férias anuais remuneradas pode ser autorizado pela autoridade competente ou pelo órgão apropriado de cada país.

2. Salvo estipulação em contrário contida em acordo que vincule o empregador e a pessoa empregada em questão, e desde que a duração do serviço desta pessoa lhe dê direito, a tal período de férias, uma das frações do referido período deverá corresponder pelo menos a duas semanas de trabalho ininterruptos.

Artigo 9

1. A parte ininterrupta do período de férias anuais remuneradas mencionada no parágrafo 2 do Artigo 8 da presente Convenção deverá ser outorgada e gozada dentro de no máximo 1 (um) ano, e o resto do período de férias anuais remuneradas dentro dos próximos 18 (dezoito) meses, no máximo, a contar do término do ano em que foi adquirido o direito de gozo de férias.

2. Qualquer parte do período de férias anuais que exceder o mínimo previsto poderá ser postergada com o consentimento da pessoa empregada em questão, por um período limitado além daquele fixado no parágrafo 1 deste Artigo.

3. O período mínimo de férias e o limite de tempo referidos no parágrafo 2 deste Artigo serão determinados pela autoridade competente após consulta às organizações de empregadores e trabalhadores interessadas, ou através de negociação coletiva ou por qualquer outro modo conforme a prática nacional, sendo levadas em conta as condições próprias de cada país.

Artigo 10

1. A ocasião em que as férias serão gozadas será determinada pelo empregador, após consulta à pessoa empregada interessada em questão ou seus representantes, a menos que seja fixada por regulamento, acordo coletivo, sentença arbitral ou qualquer outra maneira conforme a prática nacional.

2. Para fixar a ocasião do período de gozo das férias serão levadas em conta as necessidades do trabalho e as possibilidades de repouso e diversão ao alcance da pessoa empregada.

Artigo 11

Toda pessoa empregada que tenha completado o período mínimo de serviço que pode ser exigido de acordo com o parágrafo 1 do Artigo 5 da presente Convenção deverá ter direito, em caso de cessação da relação empregatícia, ou a um período de férias remuneradas proporcional à duração do período de serviço pelo qual ela não gozou ainda tais férias, ou a uma indenização compensatória, ou a um crédito de férias equivalente.

Artigo 12

Todo acordo relativo ao abandono do direito ao período mínimo de férias anuais remuneradas previsto no parágrafo 3 do Artigo 3 da presente Convenção ou relativo à renúncia ao gozo das férias mediante indenização ou de qualquer outra forma será, dependendo das condições nacionais, nulo de pleno direito ou proibido.

Artigo 13

A autoridade competente ou o órgão apropriado de cada país poderá adotar regras particulares em relação aos casos em que uma pessoa empregada exerça, durante suas férias, atividades remuneradas incompatíveis com o objetivo dessas férias.

Artigo 14

Medidas efetivas apropriadas aos meios pelos quais se dará efeito às disposições da presente Convenção devem ser tomadas através de uma inspeção adequada ou de qualquer outra forma, a fim de assegurar a boa aplicação e o respeito às regras ou disposições relativas às férias remuneradas.

Artigo 15

1. Todo Membro pode depositar as obrigações da presente Convenção separadamente:

a) em relação às pessoas empregadas em setores econômicos diversos da agricultura;

b) em relação às pessoas empregadas na agricultura.

2. Todo Membro precisará, em sua ratificação, se aceita as obrigações da Convenção em relação às pessoas indicadas na alínea "a" do parágrafo 1 acima ou em relação às pessoas mencionadas na alínea "b" do referido parágrafo, ou em relação a ambas categorias.

3. Todo Membro que na ocasião da sua ratificação não tiver aceitado as obrigações da presente Convenção, senão em relação às pessoas mencionadas na alínea "a" ou senão em relação às pessoas mencionadas na alínea "b" do parágrafo 1 acima, poderá, ulteriormente, notificar ao Diretor-Geral da Repartição Internacional do Trabalho que aceita as obrigações da Convenção em relação a todas as pessoas a que se aplica a presente Convenção.

Artigo 16

A presente Convenção contém revisão da Convenção sobre Férias Remuneradas, 1936, e a Convenção sobre Férias Remuneradas (Agricultura), 1952, nos seguintes termos:

a) a aceitação das obrigações da presente Convenção em relação às pessoas empregadas nos setores econômicos diversos da agricultura, por um Membro que é parte da Convenção sobre Férias Remuneradas, 1936, acarreta, de pleno direito, a denúncia imediata desta última Convenção;

b) a aceitação das Obrigações da presente Convenção sobre Férias Remuneradas (Agricultura), 1952, acarreta, de pleno direito, a denúncia imediata desta última Convenção;

c) a entrada em vigor da presente Convenção não coloca obstáculo à ratificação da Convenção sobre Férias Remuneradas (Agricultura), 1952.

Artigo 17

As ratificações formais da presente Convenção serão comunicadas ao Diretor-Geral da Repartição Internacional do Trabalho, para fins de registro.

Artigo 18

1. A presente Convenção não vincula senão os Membros da Organização Internacional do Trabalho cuja ratificação tenha sido registrada pelo Diretor-Geral.

2. Ela entrará em vigor 12 (doze) meses após o registro pelo Diretor-Geral, das ratificações de dois Membros.

3. Subsequentemente a presente Convenção entrará em vigor para cada Membro 12 (doze) meses após a data do registro de sua ratificação.

Artigo 19

1. Todo Membro que tiver ratificado a presente Convenção poderá denunciá-la ao término de um período de 10 (dez) anos contados da data da entrada em vigor inicial da Convenção por um ato comunicado ao Diretor-Geral da Repartição Internacional do Trabalho e por ele registrado. A denúncia só terá efeito 1 (um) ano após ter sido registrada.

2. Todo Membro que tenha ratificado a presente Convenção e que, dentro de 1(um) ano após o término do período de 10 (dez) anos mencionado no parágrafo precedente, não tenha feito uso do seu direito de denúncia previsto por este Artigo, estará vinculado por um novo período de 10 (dez) anos e, subsequentemente, poderá denunciar a presente Convenção ao término de cada período de 10 (dez) anos nas condições previstas neste Artigo.

Artigo 20

1. O Diretor-Geral da Repartição Internacional do Trabalho notificará a todos os Membros da Organização Internacional do Trabalho do registro de todas as ratificações e denúncias que lhe forem comunicadas pelos Membros da Organização

2. Quando notificar os Membros da Organização sobre o registro da segunda ratificação a ele comunicada, o Diretor-Geral deverá chamar a atenção dos Membros da Organização para a data da entrada em vigor da presente Convenção.

Artigo 21

O Diretor-Geral da Repartição Internacional do Trabalho comunicará ao Secretário-Geral da Organização das Nações Unidas, para fins de registro, de acordo com o Artigo 102 da Carta das Nações Unidas, informações completas sobre todas as ratificações e atos de denúncias registrados por ele de acordo as disposições dos Artigos precedentes.

Artigo 22

Quando julgar necessário, o Corpo Dirigente da Repartição Internacional do Trabalho apresentará à Conferência Geral um relatório sobre a aplicação da presente Convenção e examinará a conveniência de colocar na agenda da conferência a questão de sua revisão total ou parcial.

Artigo 23

1. No caso de a Conferência adotar uma nova Convenção que revise a presente convenção, e a menos que a nova Convenção disponha em contrário:

a) a ratificação por um Membro da nova Convenção, contendo a revisão, acarreta a denúncia imediata da presente Convenção, não obstante as disposições do Artigo 19 acima, se e quando a nova Convenção entra em vigor;

b) a partir da data da entrada em vigor da nova Convenção que contém a revisão, será vedada a ratificação da presente Convenção pelos Membros.

2. A presente Convenção, em todo caso, será mantida em vigor, quanto a sua forma e conteúdo, em relação aos membros que houverem ratificado mas não houverem ratificado a Convenção revisora.

Os textos em francês e em inglês do texto da presente Convenção fazem igualmente fé.

O texto que precede é o texto autêntico da Convenção devidamente adotada na Conferência Geral da Organização do Trabalho, em sua quinquagésima quarta sessão, realizada em Genebra e declarada encerrada a vinte e cinco de junho de 1970.

Em fé do que apuserem suas assinaturas, no dia vinte e cinco de junho de 1970.

V. Manickavasagam, O Presidente da Conferência.
Wilfred Jenks, O Diretor-Geral da Repartição Internacional do Trabalho.

PORTARIA MINISTERIAL N. 19, DE 31 DE JANEIRO DE 1952

(DOU 5.2.52)

ALTERA TABELA PARA DESCONTO DO PESO DA ALIMENTAÇÃO(*)

O MINISTRO DE ESTADO DOS NEGÓCIOS DO TRABALHO, INDÚSTRIA E COMÉRCIO, usando da atribuição que lhe confere o art. 126 da Consolidação das Leis do Trabalho,

Resolve substituir a tabela que acompanhou a Portaria Ministerial n. SCm 318, de 26 de janeiro de 1940, pela tabela anexa na qual, à vista da que foi expedida com o Decreto n. 30.342, de 24 de dezembro de 1951, na conformidade do seu art. 1º, é determinado o desconto do peso da alimentação fixado aos trabalhadores em relação ao salário mínimo.

Segadas Vianna

TABELA ANEXA À PORTARIA MINISTERIAL N. 19, DE 31 DE JANEIRO DE 1952

Percentagem	ESTADOS	1ª refeição	2ª almoço	3ª lanche	4ª jantar	Total
43%	Amazonas, Território Federal de Rondônia e Território Federal de Roraima	4%	18%	4%	17%	43%
43%	São Paulo	4%	18%	4%	17%	43%
44%	Rio Grande do Sul	4%	18%	4%	18%	44%
49%	Maranhão	5%	20%	5%	19%	49%
49%	Mato Grosso	5%	20%	5%	19%	49%
50%	Rio de Janeiro	5%	20%	5%	20%	50%
50%	Acre	5%	20%	5%	20%	50%
50%	Distrito Federal	5%	20%	5%	20%	50%
51%	Pará e Território Federal do Amapá	5%	21%	5%	20%	51%
51%	Ceará	5%	21%	5%	20%	51%
51%	Espírito Santo	5%	21%	5%	20%	51%
51%	Goiás	5%	21%	5%	20%	51%
53%	Piauí	5%	22%	5%	21%	53%
53%	Sergipe	5%	22%	5%	21%	53%
54%	Bahia	5%	22%	5%	22%	54%
54%	Minas Gerais	5%	22%	5%	22%	54%
55%	Rio Grande do Norte	6%	22%	5%	22%	55%
55%	Paraíba	6%	22%	5%	22%	55%
55%	Pernambuco e Território Federal de Fernando de Noronha	6%	22%	5%	22%	55%
55%	Paraná	6%	22%	5%	22%	55%
56%	Alagoas	6%	23%	5%	23%	56%
57%	Santa Catarina	6%	23%	5%	23%	57%

(*) *O zoneamento e os percentuais originais desta Portaria foram alterados de acordo com o Decreto que fixou os novos níveis de salário mínimo, adiante reproduzido.*

LEI N. 3.030, DE 19 DE DEZEMBRO DE 1956

(DOU 19.12.56)

DETERMINA QUE NÃO PODERÃO EXCEDER DE 25% DO SALÁRIO MÍNIMO OS DESCONTOS POR FORNECIMENTO DE ALIMENTAÇÃO, QUANDO PREPARADA PELO PRÓPRIO EMPREGADOR

O PRESIDENTE DA REPÚBLICA,

Faço saber que o Congresso Nacional decreta e eu sanciono a seguinte Lei:

Art. 1º Para os efeitos do art. 82 do Decreto-lei n. 5.452, de 1º de maio de 1943 (Consolidação das Leis do Trabalho), os descontos por fornecimento de alimentação, quando preparada pelo próprio empregador, não poderão exceder de 25% (vinte e cinco por cento) do salário mínimo.

Art. 2º A disposição do art. 1º será aplicada aos trabalhadores em geral, desde que as refeições sejam preparadas e fornecidas no próprio estabelecimento empregador.

Art. 3º Esta Lei entrará em vigor na data de sua publicação, revogadas as disposições em contrário.

Rio de Janeiro, 19 de dezembro de 1956; 135º da Independência e 68º da República.

Juscelino Kubitschek — Parsifal Barroso

LEI N. 6.321, DE 14 DE ABRIL DE 1976

(DOU 19.4.76)

DISPÕE SOBRE A DEDUÇÃO, DO LUCRO TRIBUTÁVEL, PARA FINS DO IMPOSTO SOBRE A RENDA DAS PESSOAS JURÍDICAS, DO DOBRO DAS DESPESAS REALIZADAS EM PROGRAMAS DE ALIMENTAÇÃO DO TRABALHADOR

O PRESIDENTE DA REPÚBLICA,

Faço saber que o Congresso Nacional decreta e eu sanciono a seguinte Lei:

Art. 1º As pessoas jurídicas poderão deduzir, do lucro tributável para fins do imposto sobre a renda, o dobro das despesas comprovadamente realizadas no período-base, em programas de alimentação do trabalhador, previamente aprovados pelo Ministério do Trabalho na forma em que dispuser o Regulamento desta Lei.

§ 1º A dedução a que se refere o *caput* deste artigo não poderá exceder, em cada exercício financeiro, isoladamente, a 5% (cinco por cento) e cumulativamente com a dedução de que trata a Lei n. 6.297, de 15 de dezembro de 1975, a 10% (dez por cento) do lucro tributável.

§ 2º As despesas não deduzidas no exercício financeiro correspondente poderão ser transferidas para dedução nos dois exercícios financeiros subsequentes.

Art. 2º Os programas de alimentação a que se refere o artigo anterior deverão conferir prioridade ao atendimento dos trabalhadores de baixa renda e limitar-se-ão aos contratados pela pessoa jurídica beneficiária.

§ 1º O Ministério do Trabalho articular-se-á com o Instituto Nacional de Alimentação e Nutrição — INAN, para efeito do exame e aprovação dos programas a que se refere a presente Lei.

§ 2º As pessoas jurídicas beneficiárias do Programa de Alimentação do Trabalhador — PAT poderão estender o benefício previsto nesse Programa aos trabalhadores por elas dispensados, no período de transição para um novo emprego, limitada a extensão ao período de seis meses. (NR) *(Parágrafo acrescentado pela Medida Provisória n. 2.164-41, de 24.8.01, DOU 27.8.01 e transformando o parágrafo único em primeiro).*

§ 3º As pessoas jurídicas beneficiárias do Programa de Alimentação do Trabalhador — PAT poderão estender o benefício previsto nesse programa aos empregados que estejam com o contrato suspenso para participação em curso ou programa de qualificação profissional, limitada essa extensão ao período de cinco meses. (NR) *(Parágrafo acrescentado pela Medida Provisória n. 2.164-41, de 24.8.01, DOU 27.8.01).*

Art. 3º Não se inclui como salário de contribuição a parcela paga *in natura*, pela empresa, nos programas de alimentação aprovados pelo Ministério do Trabalho.

Art. 4º O Poder Executivo regulamentará a presente Lei no prazo de 60 (sessenta) dias.

Art. 5º Esta Lei entrará em vigor na data de sua publicação, revogadas as disposições em contrário.

Brasília, 14 de abril de 1976; 155º da Independência e 88º da República.

Ernesto Geisel — Mário Henrique Simonsen — Arnaldo Prieto — Paulo de Almeida Machado

DECRETO N. 5, DE 14 DE JANEIRO DE 1991

(DOU 15.1.91)

REGULAMENTA A LEI N. 6.321, DE 14 DE ABRIL DE 1976, QUE TRATA DO PROGRAMA DE ALIMENTAÇÃO DO TRABALHADOR, REVOGA O DECRETO N. 78.676, DE 8 DE NOVEMBRO DE 1976 E DÁ OUTRAS PROVIDÊNCIAS

O PRESIDENTE DA REPÚBLICA, no uso da atribuição que lhe confere o artigo 84, inciso IV, da Constituição,

Decreta:

Art. 1º A pessoa jurídica poderá deduzir, do imposto de renda devido, valor equivalente à aplicação da alíquota cabível do imposto de renda sobre a soma das despesas de custeio realizadas, no período-base, em Programas de Alimentação do Trabalhador, previamente aprovados pelo Ministério do Trabalho e da Previdência Social — MTPS, nos termos deste regulamento.

§ 1º As despesas realizadas durante o período-base da pessoa jurídica, além de constituírem custo operacional, poderão ser consideradas em igual montante para o fim previsto neste artigo.

§ 2º A dedução do imposto sobre a renda estará limitada a 5% (cinco por cento) do imposto devido em cada exercício, podendo o eventual excesso ser transferido para dedução nos 2 (dois) exercícios subsequentes. *(Redação dada pelo Dec. n. 349, de 21.11.91, DOU 22.11.91).*

§ 3º As despesas de custeio admitidas na base de cálculo de incentivo são aquelas que vierem a constituir o custo direto e exclusivo do serviço de alimentação, podendo ser considerados, além da matéria-prima, mão de obra, encargos decorrentes de salários, asseio e os gastos de energia diretamente relacionados ao preparo e à distribuição das refeições.

§ 4º Para os efeitos deste Decreto, entende-se como prévia aprovação pelo Ministério do Trabalho e da Previdência Social, a apresentação de documento hábil a ser definido em Portaria dos Ministros do Trabalho e Previdência Social, da Economia, Fazenda e Planejamento e da Saúde.

Art. 2º Para os efeitos do art. 2º da Lei n. 6.321, de 14 de abril de 1976, os trabalhadores de renda mais elevada poderão ser incluídos no programa de alimentação, desde que esteja garantido o atendimento da totalidade dos trabalhadores contratados pela pessoa jurídica beneficiária que percebam até 5 (cinco) salários mínimos.

§ 1º A participação do trabalhador fica limitada a 20% (vinte por cento) do custo direto da refeição.

§ 2º A quantificação do custo direto da refeição far-se-á conforme o período de execução do Programa aprovado pelo Ministério do Trabalho e da Previdência Social, limitado ao máximo de 12 (doze) meses. *(§§ acrescidos pelo Dec. n. 349, de 21.11.91, DOU 22.11.91).*

Art. 3º Os Programas de Alimentação do Trabalhador deverão propiciar condições de avaliação do teor nutritivo da alimentação.

Art. 4º Para a execução dos programas de alimentação do trabalhador a pessoa jurídica beneficiária pode manter serviço próprio de refeições, distribuir alimentos e firmar convênio com entidades fornecedoras de alimentação coletiva, sociedades civis, sociedades comerciais e sociedades cooperativas. *(Dec. n. 2.101, de 23.12.96).*

PARÁGRAFO ÚNICO. A pessoa jurídica beneficiária será responsável por quaisquer irregularidades resultantes dos programas executados na forma deste artigo.

Art. 5º A pessoa jurídica que custear em comum as despesas definidas no art. 4º, poderá beneficiar-se da dedução prevista na Lei n. 6.321, de 14 de abril de 1976, pelo critério de rateio do custo total da alimentação.

Art. 6º Nos Programas de Alimentação do Trabalhador — PAT, previamente aprovados pelo Ministério do Trabalho e da Previdência Social, a parcela paga *in natura* pela empresa não tem natureza salarial, não se incorpora à remuneração para quaisquer efeitos, não constitui base de incidência de contribuição previdenciária ou do Fundo de Garantia do Tempo de Serviço e nem se configura como rendimento tributável do trabalhador.

Art. 7º A pessoa jurídica deverá destacar contabilmente, com subtítulos por natureza de gastos, as despesas constantes do programa de alimentação do trabalhador.

Art. 8º A execução inadequada dos Programas de Alimentação do Trabalhador ou o desvio ou desvirtuamento de suas finalidades acarretarão a perda do incentivo fiscal e a aplicação das penalidades cabíveis.

PARÁGRAFO ÚNICO. Na hipótese de infringência de dispositivos deste regulamento, as autoridades incumbidas da fiscalização no âmbito dos Ministérios do Trabalho e da Previdência Social, da Economia, Fazenda e Planejamento, e da Saúde aplicarão as penalidades cabíveis no âmbito de suas competências.

Art. 9º O Ministério do Trabalho e da Previdência Social expedirá instruções dispondo sobre a aplicação deste Decreto.

Art. 10. Este Decreto entra em vigor na data de sua publicação.

Art. 11. Revogam-se o Decreto n. 78.676, de 8 de novembro de 1976, e demais disposições em contrário.

Brasília, 14 de janeiro de 1991; 170º da Independência e 103º da República.

Fernando Collor

Antônio Magri

PORTARIA INTERMINISTERIAL MTE N. 5, DE 30 DE NOVEMBRO DE 1999

(DOU 3.12.99)

DISPÕE QUE O DEPARTAMENTO DE SEGURANÇA E SAÚDE NO TRABALHO, É O ÓRGÃO GESTOR DO PROGRAMA DE ALIMENTAÇÃO DO TRABALHADOR — PAT E REVOGA A PORTARIA INTERMINISTERIAL N. 3, DE 11 DE NOVEMBRO DE 1998

V. Instrução Normativa RFB n. 971, de 13.11.09, DOU 17.11.09, especificamente o Capítulo V, Do Programa de Alimentação do Trabalhador, arts. 498 a 504, os quais tratam sobre a inscrição, execução, natureza jurídico do benefício, salarial e não salarial e outras providências lá especificadas (não publicada nesta obra)

V. Portaria SIT/MTE n. 34, de 7.12.07, DOU 10.12.07, que dispõe sobre o recadastramento das pessoas jurídicas fornecedoras, prestadoras de serviços de alimentação coletiva e beneficiárias do Programa de Alimentação do Trabalhador (PAT). (não publicada nesta obra)

Os MINISTROS DE ESTADO DO TRABALHO E EMPREGO, DA FAZENDA E DA SAÚDE, no uso da competência que lhes confere o § 4º do art. 1º do Decreto n. 5, de 14 de janeiro de 1991, resolvem:

Art. 1º O Departamento de Segurança e Saúde no Trabalho, da Secretaria de Inspeção do Trabalho do Ministério do Trabalho e Emprego, é o órgão gestor do Programa de Alimentação do Trabalhador — PAT.

Art. 2º Portaria específica do Ministério do Trabalho e Emprego determinará o modo de efetuar a adesão ao PAT. (NR) *(Redação dada pela Portaria Interministerial n. 70, de 22.7.08, DOU 23.7.08)*

§§ 1º e 2º Revogados pela Portaria Interministerial n. 70, dos Ministros do MTE, da Fazenda, da Saúde, da Previdência Social, e do Desenvolvimento Social e Combate a Fome de 22.7.08, DOU 23.7.08.

Art. 3º A adesão ao PAT poderá ser efetuada a qualquer tempo e terá validade a partir da data de registro do formulário de adesão na ECT, por prazo indeterminado, podendo ser cancelada por iniciativa da empresa beneficiária ou pelo Ministério do Trabalho e Emprego, em razão da execução inadequada do Programa.

PARÁGRAFO ÚNICO. Excepcionalmente, para o ano 2000, a validade mencionada no *caput* deste artigo será retroativa a 1º de janeiro para as empresas que aderirem ao PAT até 31 de março do mesmo ano.

Art. 4º Revogado pela Portaria Interministerial n. 70, dos Ministros do MTE, da Fazenda, da Saúde, da Previdência Social, e do Desenvolvimento Social e Combate a Fome de 22.7.08, DOU 23.7.08)

Art. 5º Os programas de alimentação do trabalhador deverão propiciar condições de avaliação do teor nutritivo da alimentação, conforme disposto no art. 3º do Decreto n. 5, de 14 de janeiro de 1991

§ 1º Entende-se por alimentação saudável, o direito humano a um padrão alimentar adequado às necessidades biológicas e sociais dos indivíduos, respeitando os princípios da variedade, da moderação e do equilíbrio, dando-se ênfase aos alimentos regionais e respeito ao seu significado socioeconômico e cultural, no contexto da Segurança Alimentar e Nutricional.

§ 2º As pessoas jurídicas participantes do Programa de Alimentação do Trabalhador — PAT, mediante prestação de serviços próprios ou de terceiros, deverão assegurar qualidade e quantidade da alimentação fornecida aos trabalhadores, de acordo com esta Portaria, cabendo-lhes a responsabilidade de fiscalizar o disposto neste artigo.

§3º Os parâmetros nutricionais para a alimentação do trabalhador estabelecidos nesta Portaria deverão ser calculados com base nos seguintes valores diários de referência para macro e micronutrientes:

Nutrientes	Valores diários
Valor Energético Total	2000 calorias
CARBOIDRATO	55 -75%
PROTEÍNA	10-15%
GORDURA TOTAL	15-30%
GORDURA SATURADA	< 10%
FIBRA	> 25 g
SÓDIO	≤ 2400mg

I — as refeições principais (almoço, jantar e ceia) deverão conter de seiscentas a oitocentas calorias, admitindo-se um acréscimo de vinte por cento (quatrocentos calorias) em relação ao Valor Energético Total — VET de de duas mil calorias por dia e deverão corresponder a faixa de 30-40% (trinta a quarenta por cento) do VET diário;

II — as refeições menores (desjejum e lanche) deverão conter de trezentas a quatrocentas calorias, admitindo-se um acréscimo de vinte por cento (quatrocentas calorias) em relação ao Valor Energético Total de duas mil calorias por dia e deverão corresponder a faixa de 15 - 20 % (quinze a vinte por cento) do VET diário;

III — as refeições principais e menores deverão seguir a seguinte distribuição de macronutrientes, fibra e sódio: e

IV — o percentual protéico — calórico (NdPCal) das refeições deverá ser de no mínimo 6% (seis por cento) e no máximo 10 % (dez por cento).

§ 4º Os estabelecimentos vinculados ao PAT deverão promover educação nutricional, inclusive mediante a disponibilização, em local visível ao público, de sugestão de cardápio saudável aos trabalhadores, em conformidade com o § 3º deste artigo.

§ 5º A análise de outros nutrientes poderá ser realizada, desde que não seja substituída a declaração dos nutrientes solicitados como obrigatórios.

§ 6º Independente da modalidade adotada para o provimento da refeição, a pessoa jurídica beneficiária poderá oferecer aos seus trabalhadores uma ou mais refeições diárias.

§ 7º O cálculo do VET será alterado, em cumprimento às exigências laborais, em benefício da saúde do trabalhador, desde que baseado em estudos de diagnóstico nutricional.

§ 8º Quando a distribuição de gêneros alimentícios constituir benefício adicional àqueles referidos nos incisos I, II e III do § 3º deste artigo, os índices de NdPCal e percentuais de macro e micronutrientes poderão deixar de obedecer aos parâmetros determinados nesta Portaria, com exceção do sódio e das gorduras saturadas.

§ 11. As empresas fornecedoras e prestadoras de serviços de alimentação coletiva do PAT, bem como as pessoas jurídicas beneficiárias na modalidade autogestão deverão possuir responsável técnico pela execução do programa.

§ 12. O responsável técnico do PAT é o profissional legalmente habilitado em Nutrição, que tem por compromisso a correta execução das atividades nutricionais do programa, visando à promoção da alimentação saudável ao trabalhador. (NR *(Artigo alterado pela Portaria Interministerial n. 66, de 25.8.06, DOU 28.8.06)*

Art. 6º Esta Portaria entrará em vigor na data de sua publicação.

Refeições	carboidratos (%)	proteínas (%)	gorduras totais (%)	gorduras saturadas (%)	fibras (g)	sódio (mg)
desjejum/ lanche	60	15	25	<10	4-5	360-480
Almoço/ jantar/ ceia	60	15	25	<10	7-10	720-960

§ 9º As empresas beneficiárias deverão fornecer aos trabalhadores portadores de doenças relacionadas à alimentação e nutrição, devidamente diagnosticadas, refeições adequadas e condições amoldadas ao PAT, para tratamento de suas patologias, devendo ser realizada avaliação nutricional periódica destes trabalhadores.

§ 10. Os cardápios deverão oferecer, pelo menos, uma porção de frutas e uma porção de legumes ou verduras, nas refeições principais (almoço, jantar e ceia) e pelo menos uma porção de frutas nas refeições menores (desjejum e lanche).

Art. 7º Fica revogada a Portaria Interministerial n. 3, de 11 de novembro de 1998 e outras disposições em contrário.

Francisco Dornelles, Ministro de Estado do Trabalho e Emprego

Pedro Sampaio Malan, Ministro de Estado da Fazenda

José Serra, Ministro de Estado da Saúde

Legislação Complementar

PORTARIA N. 3, DA SIT/MTE, DE 1º DE MARÇO DE 2002

(DOU 5.3.02)

BAIXA INSTRUÇÕES SOBRE A EXECUÇÃO DO PROGRAMA DE ALIMENTAÇÃO DO TRABALHADOR — PAT

A SECRETÁRIA DE INSPEÇÃO DO TRABALHO E O DIRETOR DO DEPARTAMENTO DE SEGURANÇA E SAÚDE NO TRABALHO, no uso de suas atribuições legais, considerando o disposto no art. 9º, do Decreto n. 05, de 14 de janeiro de 1991, resolvem:

I — Do Objetivo do Programa de Alimentação do Trabalhador — PAT

Art. 1º O Programa de Alimentação do Trabalhador — PAT, instituído pela Lei n. 6.321, de 14 de abril de 1976, tem por objetivo a melhoria da situação nutricional dos trabalhadores, visando a promover sua saúde e prevenir as doenças profissionais.

I-A — Da Inscrição e do Registro(*)(**)

II — Das Pessoas Jurídicas Beneficiárias

Art. 2º Para inscrever-se no Programa e usufruir dos benefícios fiscais, a pessoa jurídica deverá requerer a sua inscrição à Secretaria de Inspeção do Trabalho — SIT, através do Departamento de Segurança e Saúde no Trabalho — DSST, do Ministério do Trabalho e Emprego — MTE, em impresso próprio para esse fim a ser adquirido na Empresa Brasileira de Correios e Telégrafos — ECT ou por meio eletrônico utilizando o formulário constante da página do Ministério do Trabalho e Emprego na INTERNET (www.mte.gov.br). *(Revogado pela Portaria SIT/MTE n. 335, de 12.9.12, DOU 17.9.12)*(*)

§ 1º A cópia do formulário e o respectivo comprovante oficial de postagem ao DSST/SIT ou o comprovante da adesão via INTERNET deverá ser mantida nas dependências da empresa, matriz e filiais, à disposição da fiscalização federal do trabalho. *(Revogado pela Portaria SIT/MTE n. 335, de 12.9.12, DOU 17.9.12)*(*)

§ 2º A documentação relacionada aos gastos com o Programa e aos incentivos dele decorrentes será mantida à disposição da fiscalização federal do trabalho, de modo a possibilitar seu exame e confronto com os registros contábeis e fiscais exigidos pela legislação. *(Revogado pela Portaria SIT/MTE n. 335, de 12.9.12, DOU 17.9.12)*(*)

§ 3º A pessoa jurídica beneficiária ou prestadora de serviços de alimentação coletiva registrada no Programa

(*) Seção acrescida pela Portaria SIT/MTE n. 335, de 12.9.12, DOU 17.9.12
(**) Seção revogada pela Portaria SIT/DDSST n. 343, de 18.2.13, DOU 20.2.13

de Alimentação do Trabalhador deve atualizar os dados constantes de seu registro sempre que houver alteração de informações cadastrais, sem prejuízo da obrigatoriedade de prestar informações anualmente a este Ministério por meio da Relação Anual de Informações Sociais — RAIS. *(Redação dada pela Portaria n. 61, da SIT/MTE, de 28.10.03, DOU 31.10.03) (Revogado pela Portaria SIT/MTE n. 335, de 12.9.12, DOU 17.9.12)*(*)

Art. 3º As pessoas jurídicas beneficiárias poderão incluir no Programa trabalhadores de renda mais elevada, desde que esteja garantido o atendimento da totalidade dos trabalhadores que percebam até cinco salários mínimos, independentemente da duração da jornada de trabalho.

PARÁGRAFO ÚNICO. O benefício concedido aos trabalhadores que percebam até cinco salários mínimos não poderá, sob qualquer pretexto, ter valor inferior àquele concedido aos de rendimento mais elevado.

Art. 4º A participação financeira do trabalhador fica limitada a 20% (vinte por cento) do custo direto da refeição.

PARÁGRAFO ÚNICO. A documentação relacionada aos dispêndios referentes à execução do PAT e à fruição dos incentivos fiscais deve ser mantida à disposição dos órgãos de fiscalização, de modo a possibilitar seu exame e confronto com os registros contábeis e fiscais exigidos pela legislação. *(Redação dada pela Portaria SIT/MTE n. 335, de 12.9.12, DOU 17.9.12) (Revogado pela Portaria SIT/DDSST n. 343, de 18.2.13, DOU 20.2.13)*

Art. 5º Os programas de alimentação do trabalhador deverão propiciar condições de avaliação do teor nutritivo da alimentação, conforme disposto no art. 3º do Decreto n. 5, de 14 de janeiro de 1991. *(Alterado pela Portaria SIT/DDSST n. 193, de 5.12.06, DOU 7.12.06)*

§ 1º Entende-se por alimentação saudável, o direito humano a um padrão alimentar adequado às necessidades biológicas e sociais dos indivíduos, respeitando os princípios da variedade, da moderação e do equilíbrio, dando-se ênfase aos alimentos regionais e respeito ao seu significado socioeconômico e cultural, no contexto da Segurança Alimentar e Nutricional. *(Alterado pela Portaria SIT/DDSST n. 193, de 5.12.06, DOU 7.12.06)*

§ 2º As pessoas jurídicas participantes do Programa de Alimentação do Trabalhador — PAT, mediante prestação de serviços próprios ou de terceiros, deverão assegurar qualidade e quantidade da alimentação fornecida aos trabalhadores, de acordo com esta Portaria, cabendo-lhes a responsabilidade de fiscalizar o disposto neste artigo. *(Alterado pela Portaria SIT/DDSST n. 193, de 5.12.06, DOU 7.12.06)*

§ 3º Os parâmetros nutricionais para a alimentação do trabalhador estabelecidos nesta Portaria deverão ser calculados com base nos seguintes valores diários de referência para macro e micronutrientes: *(Alterado pela Portaria SIT/DDSST n. 193, de 5.12.06, DOU 7.12.06)*

NUTRIENTES	VALORES DIÁRIOS
VALOR ENERGÉTICO TOTAL	2000 CALORIAS
CARBOIDRATO	55-75%
PROTEÍNA	10-15%
GORDURA TOTAL	15-30%
GORDURA SATURADA	<10%
FIBRA	>25g
SÓDIO	≤2400mg

I — as refeições principais (almoço, jantar e ceia) deverão conter de seiscentas a oitocentas calorias, admitindo-se um acréscimo de vinte por cento (quatrocentas calorias) em relação ao Valor Energético Total — VET de duas mil calorias por dia e deverão corresponder a faixa de 30-40% (trinta a quarenta por cento) do VET diário; *(Alterado pela Portaria SIT/DDSST n. 193, de 5.12.06, DOU 7.12.06)*

II — as refeições menores (desjejum e lanche) deverão conter de trezentas a quatrocentas calorias, admitindo-se um acréscimo de vinte por cento (quatrocentas calorias) em relação ao Valor Energético Total de duas mil calorias por dia e deverão corresponder a faixa de 15-20 % (quinze a vinte por cento) do VET diário; *(Alterado pela Portaria SIT/DDSST n. 193, de 5.12.06, DOU 7.12.06)*

III — as refeições principais e menores deverão seguir a seguinte distribuição de macronutrientes, fibra e sódio: e. *(Alterado pela Portaria SIT/DDSST n. 193, de 5.12.06, DOU 7.12.06)*

Refeições	Carboidratos (%)	Proteínas (%)	gorduras totais (%)	gorduras tsaturadas (%)	fibras (%)	sódio (%)
desjejum/ lanche	60	15	25	<10	45	360-430
almoço/ jantar/ceia	60	15	25	<10	7-10	720-960

IV — o percentual protéico — calórico (NdPCal) das refeições deverá ser de no mínimo 6% (seis por cento) e no máximo 10 % (dez por cento). *(Alterado pela Portaria SIT/DDSST n. 193, de 5.12.06, DOU 7.12.06)*

§ 4º Os estabelecimentos vinculados ao PAT deverão promover educação nutricional, inclusive mediante a disponibilização, em local visível ao público, de sugestão de cardápio saudável aos trabalhadores, em conformidade com o § 3º deste artigo. *(Acrescentado pela Portaria SIT/DDSST n. 193, de 5.12.06, DOU 7.12.06)*

§ 5º A análise de outros nutrientes poderá ser realizada, desde que não seja substituída a declaração dos nutrientes solicitados como obrigatórios. *(Acrescentado pela Portaria SIT/DDSST n. 193, de 5.12.06, DOU 7.12.06)*

§ 6º Independente da modalidade adotada para o provimento da refeição, a pessoa jurídica beneficiária poderá oferecer aos seus trabalhadores uma ou mais refeições diárias. *(Acrescentado pela Portaria SIT/DDSST n. 193, de 5.12.06, DOU 7.12.06)*

§ 7º O cálculo do VET será alterado, em cumprimento às Exigências laborais, em benefício da saúde do trabalhador, desde que baseado em estudos de diagnóstico nutricional. *(Acrescentado pela Portaria SIT/DDSST n. 193, de 5.12.06, DOU 7.12.06)*

§ 8º Quando a distribuição de gêneros alimentícios constituir benefício adicional àqueles referidos nos incisos I, II e III do § 3º deste artigo, os índices de NdPCal e percentuais de macro e micronutrientes poderão deixar de obedecer aos parâmetros determinados nesta Portaria, com exceção do sódio e das gorduras saturadas. *(Acrescentado pela Portaria SIT/DDSST n. 193, de 5.12.06, DOU 7.12.06)*

§ 9º As empresas beneficiárias deverão fornecer aos trabalhadores portadores de doenças relacionadas à alimentação e nutrição, devidamente diagnosticadas, refeições adequadas e condições amoldadas ao PAT, para tratamento de suas patologias, devendo ser realizada avaliação nutricional periódica destes trabalhadores. *(Acrescentado pela Portaria SIT/DDSST n. 193, de 5.12.06, DOU 7.12.06)*

§ 10 Os cardápios deverão oferecer, pelo menos, uma porção de frutas e uma porção de legumes ou verduras, nas refeições principais (almoço, jantar e ceia) e pelo menos uma porção de frutas nas refeições menores (desjejum e lanche). *(Acrescentado pela Portaria SIT/DDSST n. 193, de 5.12.06, DOU 7.12.06)*

(*) Vigência do caput e parágrafos restaurada pela Portaria SIT/DSST n. 343, de 18.2.13, DOU 20.2.13.

§ 11 As empresas fornecedoras e prestadoras de serviços de alimentação coletiva do PAT, bem como as pessoas jurídicas beneficiárias na modalidade autogestão deverão possuir responsável técnico pela execução do programa. *(Acrescentado pela Portaria SIT/DDSST n. 193, de 5.12.06, DOU 7.12.06)*

§ 12 O responsável técnico do PAT é o profissional legalmente habilitado em Nutrição, que tem por compromisso a correta execução das atividades nutricionais do programa, visando à promoção da alimentação saudável ao trabalhador." (NR) *(Acrescentado pela Portaria SIT/DDSST n. 193, de 5.12.06, DOU 7.12.06)*

Art. 6º É vedado à pessoa jurídica beneficiária:

I — suspender, reduzir ou suprimir o benefício do Programa a título de punição ao trabalhador;

II — utilizar o Programa, sob qualquer forma, como premiação; e,

III — utilizar o Programa em qualquer condição que desvirtue sua finalidade.

Art. 7º Todas as empresas participantes do Programa de Alimentação do Trabalhador — PAT, beneficiárias, fornecedoras ou prestadoras de serviço de alimentação coletiva e respectivas associações de classe, deverão promover a realização de atividades de conscientização e de educação alimentar para os trabalhadores, além de divulgação sobre métodos de vida saudável, seja mediante campanhas, seja por meio de programas de duração continuada.

III — Das Modalidades de Execução do PAT

Art. 8º Para a execução do PAT, a pessoa jurídica beneficiária poderá manter serviço próprio de refeições ou distribuição de alimentos, inclusive não preparados, bem como firmar convênios com entidades que forneçam ou prestem serviços de alimentação coletiva, desde que essas entidades sejam credenciadas pelo Programa e se obriguem a cumprir o disposto na legislação do PAT e nesta Portaria, condição que deverá constar expressamente do texto do convênio entre as partes interessadas.

Art. 9º As empresas produtoras de cestas de alimentos e similares, que fornecem componentes alimentícios devidamente embalados e registrados nos órgãos competentes, para transporte individual, deverão comprovar atendimento legislação vigente. *(Redação dada pela Portaria n. 61, da SIT/MTE, de 28.10.03, DOU 31.10.03)*

Art. 10. Quando a pessoa jurídica beneficiária fornecer a seus trabalhadores documentos de legitimação (impressos, cartões eletrônicos, magnéticos ou outros oriundos de tecnologia adequada) que permitam a aquisição de refeições ou de gêneros alimentícios em estabelecimentos comerciais, o valor do documento deverá ser suficiente para atender às exigências nutricionais do PAT.

PARÁGRAFO ÚNICO. Cabe à pessoa jurídica beneficiária orientar devidamente seus trabalhadores sobre a correta utilização dos documentos referidos neste artigo.

IV — Das Pessoas Jurídicas Fornecedoras e das Prestadoras de Serviços de Alimentação Coletiva

Art. 11. As pessoas jurídicas que pretendam credenciar-se como fornecedoras ou prestadoras de serviços de alimentação coletiva deverão requerer seu registro no PAT mediante preenchimento de formulário próprio oficial, conforme modelo anexo a esta Portaria, o qual se encontra também na página eletrônica do Ministério do Trabalho e Emprego — MTE na INTERNET, e que, após preenchido, deverá ser encaminhado com a documentação nele especificada ao Departamento de Segurança e Saúde no Trabalho — DSST, da Secretaria de Inspeção do Trabalho — SIT, por intermédio da Delegacia Regional do Trabalho local ou diretamente pela INTERNET. *(Revogado pela Portaria SIT/MTE n. 335, de 12.9.12, DOU 17.9.12)*

PARÁGRAFO ÚNICO. As empresas prestadoras de serviços de alimentação coletiva deverão encaminhar o formulário e a documentação nele especificada exclusivamente por intermédio da Delegacia Regional do Trabalho local. *(Revogado pela Portaria SIT/MTE n. 335, de 12.9.12, DOU 17.9.12). (Vigência restaurada pela Portaria SIT/DSST n. 343, de 18.2.13, DOU 20.2.13)*

Art. 12. A pessoa jurídica será registrada no PAT nas seguintes categorias:

I — fornecedora de alimentação coletiva:

a) operadora de cozinha industrial e fornecedora de refeições preparadas transportadas;

b) administradora de cozinha da contratante;

c) fornecedora de cestas de alimento e similares, para transporte individual.

II — prestadora de serviço de alimentação coletiva:

a) administradora de documentos de legitimação para aquisição de refeições em restaurantes e estabelecimentos similares (refeição convênio);

b) administradora de documentos de legitimação para aquisição de gêneros alimentícios em estabelecimentos comerciais (alimentação convênio).

Parágrafo único. O registro poderá ser concedido nas duas modalidades aludidas no inciso II, sendo, neste caso, obrigatória a emissão de documentos de legitimação distintos.

V — Da Operação das Pessoas Jurídicas Prestadoras de Serviços de Alimentação Coletiva

Art. 13. Cabe às prestadoras de serviços de alimentação coletiva:

I — garantir que os restaurantes e outros estabelecimentos por elas credenciados se situem nas imediações dos locais de trabalho;

II — garantir que os documentos de legitimação para aquisição de refeições ou gêneros alimentícios sejam diferenciados e regularmente aceitos pelos estabelecimentos credenciados, de acordo com a finalidade expressa no documento;

III — reembolsar ao estabelecimento comercial credenciado os valores dos documentos de legitimação, mediante depósito na conta bancária em nome da empresa credenciada, expressamente indicada para esse fim;

IV — cancelar o credenciamento dos estabelecimentos comerciais que não cumprirem as exigências sanitárias e nutricionais e, ainda, que, por ação ou omissão, concorrerem para o desvirtuamento do PAT mediante o uso indevido dos documentos de legitimação ou outras práticas irregulares, especialmente:

a) a troca do documento de legitimação por dinheiro em espécie ou por mercadorias, serviços ou produtos não compreendidos na finalidade do PAT;

b) a exigência de qualquer tipo de ágio ou a imposição de descontos sobre o valor do documento de legitimação;

c) o uso de documentos de legitimação que lhes forem apresentados para qualquer outro fim que não o de reembolso direto junto à prestadora do serviço, emissora do documento, vedada a utilização de quaisquer intermediários.

Art. 14. Poderá ser cancelado o registro da pessoa jurídica fornecedora ou prestadora de serviços de alimentação coletiva que:

I — deixar de cumprir obrigações legítimas de reembolso à rede de estabelecimentos comerciais junto a ela credenciados; ou

II — deixar de garantir a emissão de documento de legitimação impresso em papel, quando esta modalidade estiver estabelecida em contrato com a empresa beneficiária. *(Redação dada pela Portaria n. 61, da SIT/MTE, de 28.10.03, DOU 31.10.03).*

Art. 15. As prestadoras de serviços de alimentação coletiva deverão manter atualizados os cadastros de todos os estabelecimentos comerciais junto a elas credenciados, em documento que contenha as seguintes informações:

I — categoria do estabelecimento credenciado, com indicação de que:

a) comercializa refeições (restaurante, lanchonete, bar ou similar); ou

b) comercializa gêneros alimentícios (supermercados, armazém, mercearia, açougue, peixaria, hortimercado, comércio de laticínios e/ou frios, padaria, etc.).

II — capacidade instalada de atendimento, com informação do número máximo de refeições/dia, medida da área de atendimento ao público, número de mesas, cadeiras ou bancos e o número de lugares possíveis em balcão, no caso do inciso I, alínea "a";

III — capacidade instalada de atendimento, com indicação da área e equipamento, como caixa registradora e outros, de modo a permitir que se verifique o porte do estabelecimento, no caso do inciso I, alínea *b*.

PARÁGRAFO ÚNICO. Cabe às prestadoras de serviços de alimentação coletiva proceder à verificação *in loco* das informações prestadas pelos estabelecimentos comerciais credenciado devendo o documento de cadastramento ficar à disposição da fiscalização federal do trabalho.

VI — Dos Documentos de Legitimação

Art. 16. O fornecimento de documentos de legitimação, para as finalidades previstas no art.10, é atribuição exclusiva das empresas prestadoras de serviço de alimentação coletiva, credenciadas de conformidade com o disposto nesta Portaria.

PARÁGRAFO ÚNICO. A pessoa jurídica beneficiária celebrará contrato com a prestadora de serviço de alimentação coletiva visando ao fornecimento dos documentos de legitimação mencionados no *caput,* que poderão ser na forma impressa, na de cartões eletrônicos ou magnéticos, ou outra forma que se adeque à utilização na rede de estabelecimentos conveniados.

Art. 17. Nos documentos de legitimação de que trata o artigo anterior deverão constar:

I — razão ou denominação social da pessoa jurídica beneficiária;

II — numeração contínua, em sequência ininterrupta, vinculada à pessoa jurídica beneficiária;

III — valor em moeda corrente no País, para os documentos impressos;

IV — nome, endereço e CGC da prestadora de serviço de alimentação coletiva;

V — prazo de validade, não inferior a 30 dias, nem superior a 15 meses, para os documentos impressos;

VI — a expressão "válido somente para refeições" ou "válido somente para aquisição de gêneros alimentícios", conforme o caso.

§ 1º Na emissão dos documentos de legitimação deverão ser adotados mecanismos que assegurem proteção contra falsificação.

§ 2º Os documentos de legitimação destinados à aquisição de refeição ou de gêneros alimentícios serão distintos e aceitos pelos estabelecimentos conveniados, de acordo com a finalidade expressa em cada um deles, sendo vedada a utilização de instrumento único.

§ 3º A pessoa jurídica beneficiária deverá exigir que cada trabalhador firme uma declaração, que será mantida à disposição da fiscalização federal do trabalho, acusando o recebimento dos documentos de legitimação, na qual deverá constar a numeração e a identificação da espécie dos documentos entregues.

§ 4º Quando os documentos de legitimação previstos nesta Portaria forem concedidos sob a forma de cartões magnéticos ou eletrônicos, a pessoa jurídica beneficiária deverá obter de cada trabalhador uma única declaração de recebimento do cartão, que será mantida à disposição da fiscalização federal do trabalho, e servirá como comprovação da concessão do benefício.

§ 5º Quando os documentos de legitimação previstos nesta Portaria forem concedidos sob a forma de cartões magnéticos ou eletrônicos, o valor do benefício será comprovado mediante a emissão de notas fiscais pelas empresas prestadoras de serviços de alimentação coletiva, além dos correspondentes contratos celebrados entre estas e as pessoas jurídicas beneficiárias.

§ 6º Os documentos de legitimação, sejam impressos ou na forma de cartões eletrônicos ou magnéticos, destinam-se exclusivamente às finalidades do Programa de Alimentação do Trabalhador, sendo vedada sua utilização para outros fins.

§ 7º A validade do cartão magnético e/ou eletrônico, pelas suas características operacionais, poderá ser de até cinco anos.

Art. 18. Em caso de utilização a menor do valor do documento de legitimação, o estabelecimento comercial deverá fornecer ao trabalhador um contravale com a diferença, vedada a devolução em moeda corrente.

VII — Das Disposições Finais

Art. 19. A execução inadequada do Programa de Alimentação do Trabalhador — PAT acarretará o cancelamento da inscrição no Ministério do Trabalho e Emprego, com a consequente perda do incentivo fiscal, sem prejuízo do disposto no art. 8º, parágrafo único, do Decreto n. 05, de 14 de janeiro de 1991.

Art. 20. O Ministério do Trabalho e Emprego, através da Secretaria de Inspeção do Trabalho, emitirá Instrução Normativa relativa à fiscalização do cumprimento da legislação de sustento do Programa de Alimentação junto às empresas inscritas e registradas no mesmo. *(Redação dada pela Portaria n. 08, de 16 de abril de 2002)*

Art. 21. As dúvidas e casos omissos serão dirimidos pelo DSST/SIT/MTE.

Art. 22. Esta portaria entra em vigor na data de sua publicação.

Art. 23. Revogam-se a Portaria MTb n. 87, de 28 de janeiro de 1997 e demais disposições em contrário.

Vera Olímpia Gonçalves
Secretária de Inspeção do Trabalho
Juarez Correia Barros Júnior
Diretor do Departamento de Segurança e Saúde no Trabalho

MINISTÉRIO DO TRABALHO E EMPREGO SECRETARIA DE INSPEÇÃO DO TRABALHO DEPARTAMENTRO DE SEGURANÇA E SAÚDE NO TRABALHO
Coordenação-Geral Programa de Alimentação do Trabalhador (LEI N. 6321/76)

REGISTRO NO PAT
NÚMERO ______
DATA ___/___/___

1 — IDENTIFICAÇÃO DA EMPRESA FORNECEDORA E/OU PRESTADORA DE SERVIÇO DE ALIMENTAÇÃO COLETIVA		
1.1 — Razão Social		
1.2 — Endereço (Rua, n., etc.)		
	1.3 — Bairro	
1.4 — Município	1.5 — UF	1.6 — Telefone
1.7 — CEP	1.8 — CGC da Matriz	

2 — Identificação do Serviço de Alimentação

2.1. Cozinha industrial para distribuição de refeições prontas
2.2. Administração de cozinhas e refeitórios
2.3. Refeição-convênio
2.4. Alimentação-convênio
2.5. Cesta de alimentos

INFORMAÇÕES DE ORDEM GENÉRICA

A empresa poderá buscar orientação diretamente no Ministério do Trabalho e Emprego, Edifício Anexo — Ala "B" — 1º Andar — Sala 107 — Brasília-DF ou nas Delegacias Regionais do Trabalho e Emprego.

— A empresa fornecedora e/ou prestadora de serviços de alimentação coletiva responsabilizar-se-á pelo cumprimento da legislação do PAT.

— A ficha deve ser apresentada em 1 (uma) via original, adquirida e protocolizada na DRT ou no PAT-DF e acompanhada de carta de encaminhamento, elaborada em papel timbrado, de acordo com o modelo abaixo.

Observações:

A EMPRESA DEVERÁ ANEXAR:

— Modelo de documento de refeição-convênio (frente e verso), para as prestadoras de serviço de refeição coletiva.

— Modelo de documento da alimentação-convênio (frente e verso), para as prestadoras de serviço de alimentação coletiva.

— Nome(s) do(s) profissional(ais) legalmente habilitado(s) em Nutrição responsável(eis) técnico(s), número e região do respectivo Conselho Regional, para qualquer modalidade do serviço de alimentação coletiva.

MODELO DE CARTA PARA SOLICITAÇÃO DE REGISTRO

(Use papel timbrado da empresa)

______________, ______ de ____________ de ________

À Secretaria de Inspeção do Trabalho
Departamento Segurança e Saúde no Trabalho
Coordenação-Geral Programa de Alimentação do Trabalhador
Ministério do Trabalho e Emprego
Brasília-DF

____, (nome da empresa)
solicita o registro para fins de prestação de serviços a pessoas jurídicas, nos termos da legislação que rege a matéria. Declara que o profissional responsável técnico é ________________________________ (nome)
inscrito no CR________ sob o n. __________.
(Região)

Atenciosamente,

Nome: ______________________
Cargo: ______________________
E-mail: ______________________

____
Assinatura

Legislação Complementar

INSTRUÇÃO NORMATIVA N. 96 DA SIT/MTE, DE 16 DE JANEIRO DE 2012

(DOU 17.01.2012)

DISPÕE SOBRE PROCEDIMENTOS PARA A DIVULGAÇÃO E FISCALIZAÇÃO DO CUMPRIMENTO DA LEGISLAÇÃO DO PROGRAMA DE ALIMENTAÇÃO DO TRABALHADOR — PAT

A SECRETÁRIA DE INSPEÇÃO DO TRABALHO, no exercício da competência prevista no art. 14, inciso XIII, do Anexo I do Decreto n. 5.063, de 3 de maio de 2004, resolve:

PLANEJAMENTO DAS AÇÕES

Art. 1º As Superintendências Regionais do Trabalho e Emprego — SRTE devem incluir no seu planejamento ações de divulgação e de fiscalização do cumprimento da legislação do Programa de Alimentação do Trabalhador — PAT.

Art. 2º O planejamento deve contemplar empregadores inscritos e não inscritos no PAT, especialmente empresas de médio e grande porte.

Art. 3º As atividades de fiscalização dos empregadores inscritos no PAT podem ser organizadas em projeto especifico ou executadas no contexto de outros projetos, desde que atendido o número mínimo anual de empresas fiscalizadas definido pela Secretaria de Inspeção do Trabalho — SIT.

Art. 4º As ações de divulgação devem visar aos empregadores não inscritos no Programa.

EXECUÇÃO DAS AÇÕES

Art. 5º Nas ações fiscais de investigação da regularidade do cumprimento da legislação do PAT, deve o Auditor-Fiscal do Trabalho — AFT verificar, no mínimo, se:

I. há atendimento a todos os empregados da faixa salarial prioritária, correspondente a rendimentos de valor equivalente a até cinco salários mínimos, sempre que houver inclusão, no Programa, de trabalhador de rendimento mais elevado;

II. o benefício concedido aos empregados da faixa salarial prioritária tem valor igual ou superior ao concedido aos trabalhadores de rendimento mais elevado;

III. o valor cobrado ao conjunto dos trabalhadores atendidos no Programa não ultrapassa vinte por cento do montante do custo direto e exclusivo dos benefícios concedidos, considerando-se o período de apuração;

IV. o empregador se abstém de utilizar o PAT de forma a premiar ou punir os trabalhadores;

V. são observados os indicadores paramétricos do valor calórico e da composição nutricional dos alimentos disponibilizados aos trabalhadores;

VI. há profissional legalmente habilitado em nutrição indicado pelo empregador como responsável técnico pelo Programa, no caso de autogestão;

VII. o fornecedor ou o prestador de serviço de alimentação coletiva contratado pelo empregador estão regularmente registrados no Programa, no caso de terceirização.

Art. 6º Independentemente da constatação de irregularidades, as informações referentes ao cumprimento dos itens listados no artigo 5º devem ser consolidadas pelo AFT em formulário-padrão disponível para acesso na rede mundial de computadores, no endereço eletrônico http:// portal. mte. gov. br/ pat.

Art. 7º Sem prejuízo de outras ações direcionadas ao público em geral, as ações de divulgação do PAT devem visar preferencialmente a empregadores integrantes dos setores econômicos em relação aos quais se tenham apurado indícios de fornecimento de alimentação ou de benefício equivalente aos trabalhadores.

PROCESSO ADMINISTRATIVO DE CANCELAMENTO DA INSCRIÇÃO OU DO REGISTRO

Art. 8º No caso de constatação de irregularidades no cumprimento da legislação do PAT, deve o AFT lavrar relatório circunstanciado, em duas vias, propondo o cancelamento da inscrição da empresa beneficiária no Programa, o qual deverá conter:

I. identificação do empregador com nome, inscrição no Cadastro Nacional da Pessoa Jurídica — CNPJ ou Cadastro de Pessoa Física — CPF, código na Classificação Nacional de Atividades Econômicas — CNAE e endereço completo dos estabelecimentos abrangidos pela ação fiscal;

II. descrição clara dos fatos considerados como infração;

III. citação expressa dos dispositivos normativos considerados infringidos;

IV. delimitação do período em que persistiram as irregularidades, com indicação precisa dos respectivos termo inicial e final;

V. assinatura e identificação do AFT, contendo nome, cargo e número da Carteira de Identidade Fiscal — CIF.

Art. 9º Constatando-se a corresponsabilidade do fornecedor ou do prestador de serviço de alimentação coletiva contratado pelo empregador na prática das irregularidades, deve ser também proposto o cancelamento do respectivo registro no PAT, em relatório apartado e elaborado nos moldes previstos no artigo 8º.

Art. 10. O relatório deve ser entregue, mediante protocolo, à seção, setor ou núcleo de segurança e saúde no trabalho da SRTE ou seção ou setor de inspeção do trabalho da Gerência Regional do Trabalho e Emprego — GRTE com competência fiscal sobre o estabelecimento inspecionado, para formação de processo administrativo, do qual constituirá peça inaugural.

Art. 11. A unidade responsável pelo recebimento deve, no prazo máximo de dez dias, notificar o interessado da instauração do processo, devendo o respectivo termo indicar os dispositivos normativos considerados infringidos, o prazo para a apresentação de defesa e o local para a sua entrega.

§ 1º A notificação via postal deve ser feita com aviso de recebimento — AR.

§ 2º Não sendo localizado o empregador nos endereços registrados nos cadastros oficiais, deve-se promover sua notificação por edital, em conformidade com o art. 26, § 4º, da Lei n. 9.784, de 29 de janeiro de 1999.

§ 3º Ressalvado o caso do § 2º deste artigo, o termo de notificação será acompanhado de cópia integral do relatório a que se refere o artigo 8º ou 9º, conforme o caso, assim como dos documentos que o instruem.

Art. 12. O interessado tem prazo de dez dias para apresentação de defesa, contados da notificação, observadas as regras do artigo 16 da Portaria MTb n. 148, de 25 de janeiro de 1996.

Art. 13. A autoridade regional, ainda que não apresentada defesa, deve distribuir o processo para análise e elaboração de proposta de decisão.

§ 1º O analista poderá, mediante despacho fundamentado e diante dos argumentos apresentados pelo defendente, solicitar a manifestação do autor do relatório, o qual terá o prazo de dez dias para fazê-lo.

§ 2º No caso do § 1º deste artigo, o interessado será cientificado do inteiro teor da manifestação, e terá o prazo de dez dias para apresentar novas razões, se entender necessário.

Art. 14. Instruído com a proposta de decisão, o processo será encaminhado ao Departamento de Segurança e Saúde no Trabalho — DSST, que decidirá sobre o acolhimento da proposta.

PARÁGRAFO ÚNICO. O DSST comunicará a decisão ao interessado aplicando-se, no que couber, as regras do art. 11.

Art. 15. Da decisão que aplicar penalidade cabe recurso ao Secretário da Inspeção do Trabalho, no prazo de dez dias.

PARÁGRAFO ÚNICO. Compete ao DSST a elaboração de proposta de decisão sobre o recurso e a comunicação da decisão final ao interessado.

Art. 16. O cancelamento da inscrição ou do registro determinados por decisão administrativa irrecorrível deve ser formalizado em Portaria específica da SIT, que indicará o período de aplicação da medida e será publicada no Diário Oficial da União.

PARÁGRAFO ÚNICO. A Coordenação do Programa de Alimentação do Trabalhador — COPAT enviará cópia da Portaria à Superintendência Regional do Trabalho e Emprego com competência fiscal sobre a matriz da empresa e à Secretaria da Receita Federal do Brasil, para providências de sua competência.

Art. 17. O pedido de nova inscrição ou registro deve ser apresentado na unidade administrativa do Ministério do Trabalho e Emprego — MTE com competência fiscal sobre o estabelecimento requerente, acompanhado das provas do saneamento das irregularidades determinantes da decisão do cancelamento.

§ 1º A nova inscrição apenas poderá ser requerida pelo estabelecimento matriz.

§ 2º A autoridade regional deve avaliar a necessidade de realização de ação fiscal para atestar a regularização e, independentemente dessa providência, distribuirá o processo para a elaboração de proposta de decisão.

§ 3º O processo, devidamente instruído com a proposta de decisão, deve ser encaminhado ao DSST para análise do pedido.

DISPOSIÇÕES FINAIS

Art. 18. Aos procedimentos relativos ao trâmite dos processos de cancelamento e de solicitação de nova inscrição ou registro, aplicam- se subsidiariamente as regras previstas na Portaria MTb n. 148, de 25 de janeiro de 1996.

Art. 19. Fica aprovado o formulário-padrão anexo a esta Instrução Normativa.(*)

Art. 20. Revoga-se a Instrução Normativa n. 83, de 28 de maio de 2010, e as demais disposições em contrário.

Art. 21. Esta Instrução Normativa entra em vigor na data de sua publicação.

Vera Lúcia Ribeiro de Albuquerque

(*) O formulário-padrão aprovado no art. 19 da mencionada Instrução Normativa acha-se publicado à p. 56, do DOU de 17.1.12.

LEI N. 2.959, DE 17 DE NOVEMBRO DE 1956

(DOU 21.11.56 — LTr 20/461)

ALTERA O DECRETO-LEI N. 5.452, DE 1º DE MAIO DE 1943 (CONSOLIDAÇÃO DAS LEIS DO TRABALHO), E DISPÕE SOBRE OS CONTRATOS POR OBRA OU SERVIÇO CERTO

O PRESIDENTE DA REPÚBLICA,

Faço saber que o Congresso Nacional decreta e eu sanciono a seguinte Lei:

Art. 1º No contrato individual de trabalho por obra certa, as inscrições na carteira profissional do empregado serão feitas pelo construtor, desse modo constituído em empregador, desde que exerça a atividade em caráter permanente.

Art. 2º Rescindido o contrato de trabalho em face do término da obra ou serviço, tendo o empregado mais de 12 (doze) meses de serviço, ficar-lhe-á assegurada a indenização por tempo de trabalho na forma do art. 478 da Consolidação das Leis do Trabalho, com 30% (trinta por cento) de redução.

Art. 3º O empregador que deixar de atender a exigência do art. 1º desta lei ficará sujeito à multa de Cr$ 500,00 (quinhentos cruzeiros) a Cr$ 5.000,00 (cinco mil cruzeiros), além da suspensão de suas atividades até que satisfaça a obrigação legal.

Art. 4º Esta Lei entrará em vigor na data de sua publicação, revogadas as disposições em contrário.

Rio de Janeiro, em 17 de novembro de 1956; 135º da Independência e 68º da República.

Juscelino Kubitschek — Parsifal Barroso

DECRETO-LEI N. 368, DE 19 DE DEZEMBRO DE 1968

(DOU 20.12.68 — LTr 33/103)

DISPÕE SOBRE EFEITOS DE DÉBITOS SALARIAIS E DÁ OUTRAS PROVIDÊNCIAS

O PRESIDENTE DA REPÚBLICA, usando da atribuição que lhe confere o parágrafo 1º do art. 2º do Ato Institucional n. 5, de 13 de dezembro de 1968, decreta:

Art. 1º A empresa em débito salarial com seus empregados não poderá:

I — pagar honorário, gratificação, *pro labore* ou qualquer outro tipo de retribuição ou retirada a seus diretores, sócios, gerentes ou titulares de firma individual;

II — distribuir quaisquer lucros, bonificações, dividendos ou interesses a seus sócios, titulares, acionistas, ou membros de órgãos dirigentes, fiscais ou consultivos;

III — ser dissolvida.

PARÁGRAFO ÚNICO. Considera-se em débito salarial a empresa que não paga, no prazo e nas condições da lei ou contrato, o salário devido a seus empregados.

Art. 2º A empresa em mora contumaz relativamente a salários não poderá, além do disposto no art. 1º, ser favorecida com qualquer benefício de natureza fiscal, tributária, ou financeira, por parte de órgãos da União, dos Estados ou dos Municípios, ou de que estes participem.

§ 1º Considera-se mora contumaz o atraso ou sonegação de salários devidos aos empregados, por período igual ou superior a três meses, sem motivo grave e relevante, excluídas as causas pertinentes ao risco do empreendimento.

§ 2º Não se incluem na proibição do artigo as operações de crédito destinadas à liquidação dos débitos salariais existentes, o que deverá ser expressamente referido em documento firmado pelo responsável legal da empresa, como justificação do crédito.

Art. 3º A mora contumaz e a infração ao artigo 1º serão apuradas mediante denúncia de empregado da empresa ou entidade sindical da respectiva categoria profissional, pela Delegacia Regional do Trabalho, em processo sumário, assegurada ampla defesa ao interessado.

§ 1º Encerrado o processo, o Delegado Regional do Trabalho submeterá ao Ministro do Trabalho e Previdência Social parecer conclusivo para decisão.

§ 2º A decisão que concluir pela mora contumaz será comunicada às autoridades fazendárias locais pelo Delegado Regional do Trabalho, sem prejuízo da comunicação que deverá ser feita ao Ministro da Fazenda.

Art. 4º Os diretores, sócios, gerentes, membros de órgãos fiscais ou consultivos, titulares de firma individual ou quaisquer outros dirigentes de empresa responsável pela infração do disposto no art. 1º, incisos I e II, estarão sujeitos à pena de detenção de um mês a um ano.

PARÁGRAFO ÚNICO. Apurada a infração prevista neste artigo, o Delegado Regional do Trabalho representará, sob pena de responsabilidade, ao Ministério Público, para a instauração da competente ação penal.

Art. 5º No caso do inciso III do art. 1º, a empresa requererá a expedição de Certidão Negativa de Débito Salarial, a ser passada pela Delegacia Regional do Trabalho mediante prova bastante do cumprimento, pela empresa, das obrigações salariais respectivas.

Art. 6º Considera-se salário devido, para os efeitos deste Decreto-lei, a retribuição de responsabilidade direta da Empresa, inclusive comissões, percentagens, gratificações, diárias para viagens e abonos, quando a sua liquidez e certeza não sofram contestação nem estejam pendentes de decisão judicial.

Art. 7º As infrações descritas no art. 1º, incisos I e II e seu parágrafo único, sujeitam a empresa infratora à multa variável de dez a cinquenta por cento do débito salarial, a ser aplicada pelo Delegado Regional do Trabalho, mediante o processo previsto nos arts. 626 e seguintes da Consolidação das Leis do Trabalho, sem prejuízo da responsabilidade criminal das pessoas implicadas.

Art. 8º O Ministério do Trabalho e Previdência Social, expedirá as instruções necessárias à execução deste Decreto-lei.

Art. 9º Este Decreto-lei entrará em vigor na data de sua publicação, revogadas as disposições em contrário.

Brasília, 19 de dezembro de 1968; 147º da Independência e 80º da República.

A. Costa e Silva — Antônio Delfim Netto — Jarbas G. Passarinho — Hélio Beltrão

PORTARIA GM/MTb N. 1.061, DE 1º DE NOVEMBRO DE 1996

(DOU 5.11.96)

INSTITUI PROCEDIMENTOS PARA A ORGANIZAÇÃO E TRAMITAÇÃO DOS PROCESSOS DE DÉBITO SALARIAL, MORA DO FUNDO DE GARANTIA POR TEMPO DE SERVIÇO — FGTS, MORA CONTUMAZ SALARIAL E MORA CONTUMAZ DO FUNDO DE GARANTIA POR TEMPO DE SERVIÇO — FGTS E DÁ OUTRAS PROVIDÊNCIAS

O MINISTRO DE ESTADO DO TRABALHO, no uso de suas atribuições legais, e

Considerando o elevado índice de denúncias de atraso de pagamento de salários e do recolhimento do FGTS, com considerável prejuízo ao trabalhador; e

Considerando a necessidade de se estabelecer procedimentos para a perfeita instrução dos processos de débito salarial, mora do FGTS, mora contumaz salarial e mora contumaz do FGTS, a que se referem o Decreto-lei n. 368, de 11 de dezembro de 1968, a Lei n. 8.036, de 11 de maio de 1990, artigo 15 combinado com o artigo 22, e o Regulamento do FGTS, aprovado pelo Decreto n. 99.684, de 8 de novembro de 1990, artigos 50 a 52, resolve:

Art. 1º Baixar normas sobre a organização e a tramitação dos processos de débito salarial, mora do FGTS, mora contumaz salarial e mora contumaz do FGTS.

DAS DEFINIÇÕES

Art. 2º Para os efeitos desta Portaria, considera-se:

a) débito salarial — o não pagamento de salários no prazo legal e por período inferior a três meses; (Consolidação das Leis do Trabalho — CLT, artigo 459, § 1º)

b) mora do FGTS — o não recolhimento das parcelas devidas ao Fundo, no prazo legal, por período inferior a três meses; (Lei n. 8.036/90, artigo 15)

c) mora contumaz salarial — o atraso ou sonegação de salários devidos aos empregados, por período igual ou superior a três meses, sem motivo grave ou relevante, excluídas as causas pertinentes ao risco da atividade econômica; (Decreto-lei n. 368/68, artigo 2º, § 1º)

d) mora contumaz do FGTS — o não recolhimento de valores devidos ao FGTS, por período igual ou superior a três meses, sem motivo grave ou relevante, excluídas as causas pertinentes ao risco do empreendimento. (Decreto n. 99.684/90, artigo 51, § 1º)

Art. 3º O processo de débito salarial, mora do FGTS, mora contumaz salarial e mora contumaz do FGTS iniciar-se-á por denúncia do empregado ou da entidade sindical representativa da categoria, assinada pelo seu presidente e, ainda, incidentalmente por relatório da fiscalização, originário de denúncia feita pelas mesmas partes.

PARÁGRAFO ÚNICO. A denúncia deverá ser apresentada por escrito, em duas vias, contendo os seguintes requisitos:

a) a qualificação do denunciante, e se possível, quando se tratar de empregado, o número e a série de sua Carteira de Trabalho;

b) a indicação do denunciado;

c) o fato objeto da denúncia;

d) a data e assinatura do denunciante.

DA CONSTATAÇÃO DA IRREGULARIDADE

Art. 4º Recebida a denúncia, a chefia da Divisão de Fiscalização do Trabalho emitirá Ordem de Serviço, no prazo máximo de quarenta e oito horas, designando fiscal do trabalho para a verificação acerca do teor da mesma, e constatada a irregularidade será lavrado o respectivo Auto de Infração com fundamento nos artigos 459, § 1º da CLT ou artigo 23, § 1º, inciso I da Lei n. 8.036/90, conforme for o caso.

Art. 5º Concluída a fiscalização, o fiscal do trabalho apresentará em quarenta e oito horas, relatório circunstanciado contendo o seguinte:

a) a qualificação e o endereço da empresa;

b) a qualificação e o endereço dos sócios da empresa;

c) o período do atraso dos salários ou da falta de recolhimento do FGTS;

d) comprovantes de pagamentos de honorários, gratificações, *pro labore* ou qualquer outro tipo de retribuição ou retirada, feitos a seus diretores, sócios, gerentes ou titulares no período citado no item anterior;

e) fundamentação específica do fato constatado, tratando-se de débito salarial, mora do FGTS, mora contumaz do salário ou mora contumaz do FGTS;

f) cópia do contrato ou estatuto social da empresa;

g) cópia autenticada do Auto de Infração, que deverá ser processado em apenso.

DA FORMALIZAÇÃO DO PROCESSO

Art. 6º A chefia da Divisão da Fiscalização do Trabalho, de posse do relatório da ação fiscal executada, determinará a formalização do processo, no prazo de quarenta e oito horas e, sendo procedente a denúncia, em igual prazo, notificará a empresa para que apresente sua defesa.

§ 1º A defesa, formalizada por escrito e instruída com os documentos que a fundamentarem, será apresentada à Delegacia Regional do Trabalho, no prazo de dez dias, contados do recebimento da notificação.

§ 2º Não constatada a irregularidade pela Fiscalização, a chefia da Divisão de Fiscalização do Trabalho, sem prejuízo de novas diligências, proporá ao Delegado Regional do Trabalho o arquivamento do processo.

Art. 7º O não oferecimento de defesa no prazo fixado no artigo 6º, § 1º, importará em revelia, podendo o Delegado Regional do Trabalho dispensar diligências e concluir o processo para decisão.

Art. 8º O Delegado Regional do Trabalho determinará de ofício ou a requerimento do interessado, a realização de diligências que lhe parecerem necessárias à elucidação de fatos a serem apurados, inclusive a oitiva de testemunhas, indeferindo as que considerar procrastinatórias.

Art. 9º Após encerradas as diligências, a chefia da Divisão de Fiscalização do Trabalho, no prazo de oito dias, dará parecer conclusivo a ser submetido à aprovação do Delegado Regional do Trabalho.

PARÁGRAFO ÚNICO. O parecer conclusivo deverá conter o resumo dos fatos denunciados e das razões da defesa, a apreciação das provas, os fundamentos da convicção e a conclusão pela procedência ou não da denúncia.

Art. 10. O Delegado Regional do Trabalho encaminhará o processo, no prazo de oito dias, à decisão do Senhor Ministro do Trabalho.

Art. 11. Constatada a infração prevista no art. 1º, incisos I e II, do Decreto-lei n. 368/68 e no art. 50, incisos I e II, do Decreto n. 99.684/90, o Delegado Regional do Trabalho representará, sob pena de responsabilidade, ao Ministério Público, para a instauração da competente ação penal.

DA DECISÃO

Art. 12. O Ministro do Trabalho, antes de proferir sua decisão, poderá determinar diligências complementares.

Art. 13. Da decisão do processo será dada ciência às partes interessadas, pelo Delegado Regional do Trabalho.

Art. 14. Após a decisão do processo, o Delegado Regional do Trabalho, se for o caso, no prazo de quarenta e oito horas, notificará a empresa para o pagamento da multa, no prazo de dez dias, sob pena de encaminhamento do processo à cobrança judicial.

Art. 15. Da decisão que concluir pela mora contumaz salarial ou do FGTS, será expedida comunicação ao Senhor Ministro da Fazenda pelo Ministro do Trabalho e às autoridades fazendárias locais municipal, estadual e federal, pelo Delegado Regional do Trabalho.

DAS DISPOSIÇÕES FINAIS

Art. 16. Para os procedimentos previstos nesta Portaria aplicar-se-á, subsidiariamente, a Portaria n. 148, de 25 de janeiro de 1996.

Art. 17. A dissolução da empresa ficará condicionada à emissão de Certidão Negativa de Débito Salarial, pela Delegacia Regional do Trabalho, mediante prova bastante do cumprimento pela empresa de suas obrigações salariais.

§ 1º Para a expedição da Certidão Negativa de Débito Salarial, a Delegacia Regional do Trabalho poderá consultar a entidade sindical da categoria profissional dos empregados da requerente quanto à inexistência de débitos salariais.

§ 2º A Certidão de que trata este artigo será gratuita e terá validade por trinta dias contados de sua expedição.

Art. 18. Esta Portaria entra em vigor na data de sua publicação, revogada a Portaria n. 3.035, de 15 de janeiro de 1969, e a Portaria n. 734, de 9 de junho de 1993.

Paulo Paiva

DECRETO-LEI N. 691, DE 18 DE JULHO DE 1969

(DOU 21.7.69 E 23.7.69 — LTr 33/438)

DISPÕE SOBRE A NÃO APLICAÇÃO, AOS CONTRATOS DE TÉCNICOS ESTRANGEIROS, COM ESTIPULAÇÃO DE PAGAMENTO DE SALÁRIOS EM MOEDA ESTRANGEIRA, DE DIVERSAS DISPOSIÇÕES DA LEGISLAÇÃO TRABALHISTA, E DÁ OUTRAS PROVIDÊNCIAS

O PRESIDENTE DA REPÚBLICA, no uso da atribuição que lhe confere o § 1º do art. 2º do Ato Institucional n. 5, de 13 de dezembro de 1968, decreta:

Art. 1º Os contratos de técnicos estrangeiros domiciliados ou residentes no exterior, para execução, no Brasil, de serviços especializados, em caráter provisório, com estipulação de salários, em moeda estrangeira, serão, obrigatoriamente, celebrados por prazo determinado e prorrogáveis sempre a termo certo, ficando excluídos da aplicação do disposto nos arts. 451, 452, 453 do Capítulo VII do Título IV da Consolidação das Leis do Trabalho e na Lei n. 5.107, de 13 de setembro de 1966, com as alterações do Decreto-lei n. 20, de 14 de setembro de 1966, e legislação subsequente.

PARÁGRAFO ÚNICO. A rescisão dos contratos de que trata este artigo reger-se-á pelas normas estabelecidas nos arts. 479, 480, e seu § 1º, e 481 da Consolidação das Leis do Trabalho.

Art. 2º Aos técnicos estrangeiros contratados nos termos deste Decreto-lei serão assegurados, além das vantagens previstas no contrato, apenas as garantias relativas a salário mínimo, repouso semanal remunerado, férias anuais, duração, higiene e segurança do trabalho, seguro contra acidente do trabalho e previdência social deferidas ao trabalhador que perceba salário exclusivamente em moeda nacional.

PARÁGRAFO ÚNICO. É vedada a estipulação contratual de participação nos lucros da empresa.

Art. 3º A taxa de conversão da moeda estrangeira será, para todos os efeitos, a da data do vencimento da obrigação.

Art. 4º A competência para dirimir as controvérsias oriundas das relações estabelecidas sob o regime deste Decreto-lei será da Justiça do Trabalho.

Art. 5º O presente Decreto-lei entrará em vigor na data de sua publicação, aplicando-se às relações em curso.

Art. 6º Revogam-se as disposições em contrário.

Brasília, 18 de julho de 1969; 148º da Independência e 81º da República.

A. Costa e Silva — Luís Antônio da Gama e Silva — Augusto Hamann Rademaker Grünewald — Aurélio de Lyra Tavares — José de Magalhães Pinto — Antônio Delfim Netto — Mário David Andreazza — Ruy Corrêa Lopes — Tarso Dutra — Jarbas G. Passarinho — Márcio de Souza e Mello — Romeu Honório Loures — Edmundo de Macedo Soares — Antônio Dias Leite Júnior — Hélio Beltrão — José Costa Cavalcanti — João Aristides Wiltgen

LEI N. 5.725, DE 27 DE OUTUBRO DE 1971

(DOU 29.10.71 — LTr 35/900)

ESTABELECE A PERMISSÃO DO DESCONTO DO SALÁRIO DO EMPREGADO DE PRESTAÇÕES RELATIVAS AO FINANCIAMENTO PARA AQUISIÇÃO DE UNIDADE HABITACIONAL, NO SISTEMA FINANCEIRO DA HABITAÇÃO

O PRESIDENTE DA REPÚBLICA,

Faço saber que o Congresso Nacional decreta e eu sanciono a seguinte Lei:

Art. 1º É permitido o desconto, no salário do empregado, das prestações correspondentes ao pagamento de dívidas contraídas para a aquisição de unidade habitacional, no Sistema Financeiro da Habitação.

Art. 2º O desconto a que se refere o artigo anterior será obrigatoriamente feito pelo empregador, a requerimento, por escrito, do empregado, constituindo garantia complementar na operação de financiamento.

PARÁGRAFO ÚNICO. Para os efeitos do art. 4º da Lei n. 1.046, de 2 de janeiro de 1950, e a nova redação que lhe foi dada pela Lei n. 2.853/56, poderão ser consignatárias as entidades integrantes do Sistema Financeiro da Habitação.

Art. 3º Os Ministérios do Interior e do Trabalho e Previdência Social expedirão as instruções de regulamento da presente Lei, que também se aplica aos contratos vigentes.

Art. 4º A presente Lei entra em vigor na data de sua publicação.

Art. 5º Revogam-se as disposições em contrário.

Brasília, 27 de outubro de 1971; 150º da Independência e 83º da República.

Emílio G. Médici

Júlio Barata

José Costa Cavalcanti

LEI N. 10.820, DE 17 DE DEZEMBRO DE 2003

(DOU 18.12.03)

DISPÕE SOBRE A AUTORIZAÇÃO PARA DESCONTO DE PRESTAÇÕES EM FOLHA DE PAGAMENTO, E DÁ OUTRAS PROVIDÊNCIAS

O PRESIDENTE DA REPÚBLICA,

Faço saber que o Congresso Nacional Decreta e eu sanciono a seguinte Lei:

Art. 1º Os empregados regidos pela Consolidação das Leis do Trabalho — CLT, aprovada pelo Decreto-lei n. 5.452, de 1º de maio de 1943, poderão autorizar, de forma irrevogável e irretratável, o desconto em folha de pagamento dos valores referentes ao pagamento de empréstimos, financiamentos e operações de arrendamento mercantil concedidos por instituições financeiras e sociedades de arrendamento mercantil, quando previsto nos respectivos contratos.

§ 1º O desconto mencionado neste artigo também poderá incidir sobre verbas rescisórias devidas pelo empregador, se assim previsto no respectivo contrato de empréstimo, financiamento ou arrendamento mercantil, até o limite de trinta por cento.

§ 2º O regulamento disporá sobre os limites de valor do empréstimo, da prestação consignável para os fins do *caput* e do comprometimento das verbas rescisórias para os fins do § 1º deste artigo.

Art. 2º Para os fins desta Lei, considera-se:

I — empregador, a pessoa jurídica assim definida pela legislação trabalhista;

II — empregado, aquele assim definido pela legislação trabalhista;

III — instituição consignatária, a instituição autorizada a conceder empréstimo ou financiamento ou realizar operação de arrendamento mercantil mencionada no *caput* do art. 1º;

IV — mutuário, empregado que firma com instituição consignatária contrato de empréstimo, financiamento ou arrendamento mercantil regulado por esta Lei; e

V — verbas rescisórias, as importâncias devidas em dinheiro pelo empregador ao empregado em razão de rescisão do seu contrato de trabalho.

§ 1º Para os fins desta Lei, são consideradas consignações voluntárias as autorizadas pelo empregado.

§ 2º No momento da contratação da operação, a autorização para a efetivação dos descontos permitidos nesta Lei observará, para cada mutuário, os seguintes limites:

I — a soma dos descontos referidos no art. 1º desta Lei não poderá exceder a trinta por cento da remuneração disponível, conforme definida em regulamento; e

II — o total das consignações voluntárias, incluindo as referidas no art. 1º, não poderá exceder a quarenta por cento da remuneração disponível, conforme definida em regulamento.

Art. 3º Para os fins desta Lei, são obrigações do empregador:

I — prestar ao empregado e à instituição consignatária, mediante solicitação formal do primeiro, as informações necessárias para a contratação da operação de crédito ou arrendamento mercantil;

II — tornar disponíveis aos empregados, bem como às respectivas entidades sindicais, as informações referentes aos custos referidos no § 2º; e

III — efetuar os descontos autorizados pelo empregado em folha de pagamento e repassar o valor à instituição consignatária na forma e no prazo previstos em regulamento.

§ 1º É vedado ao empregador impor ao mutuário e à instituição consignatária escolhida pelo empregado qualquer condição que não esteja prevista nesta Lei ou em seu regulamento para a efetivação do contrato e a implementação dos descontos autorizados.

§ 2º Observado o disposto em regulamento e nos casos nele admitidos, é facultado ao empregador descontar na folha de pagamento do mutuário os custos operacionais decorrentes da realização da operação objeto desta Lei.

§ 3º Cabe ao empregador informar, no demonstrativo de rendimentos do empregado, de forma discriminada, o valor do desconto mensal decorrente de cada operação de empréstimo, financiamento ou arrendamento, bem como os custos operacionais referidos no § 2º deste artigo.

§ 4º Os descontos autorizados na forma desta Lei e seu regulamento terão preferência sobre outros descontos da mesma natureza que venham a ser autorizados posteriormente.

Art. 4º A concessão de empréstimo, financiamento ou arrendamento mercantil será feita a critério da instituição consignatária, sendo os valores e demais condições objeto de livre negociação entre ela e o mutuário, observadas as demais disposições desta Lei e seu regulamento.

§ 1º Poderá o empregador, com a anuência da entidade sindical representativa da maioria dos empregados, sem ônus para estes, firmar, com instituições consignatárias, acordo que defina condições gerais e demais critérios a serem observados nos empréstimos, financiamentos ou arrendamentos que venham a ser realizados com seus empregados.

§ 2º Poderão as entidades e centrais sindicais, sem ônus para os empregados, firmar, com instituições consignatárias, acordo que defina condições gerais e demais critérios a serem observados nos empréstimos, financiamentos ou arrendamentos que venham a ser realizados com seus representados.

§ 3º Uma vez observados pelo empregado todos os requisitos e condições definidos no acordo firmado segundo o disposto no § 1º ou no § 2º, não poderá a instituição consignatária negar-se a celebrar o empréstimo, financiamento ou arrendamento mercantil.

§ 4º Para a realização das operações referidas nesta Lei é assegurado ao empregado o direito de optar por instituição consignatária que tenha firmado acordo com o empregador, com sua entidade sindical, ou qualquer outra instituição consignatária de sua livre escolha, ficando o empregador obrigado a proceder aos descontos e repasses por ele contratados e autorizados.

§ 5º No caso dos acordos celebrados nos termos do § 2º deste artigo, os custos de que trata o § 2º do art. 3º deverão ser negociados entre o empregador e a entidade sindical, sendo vedada a fixação de custos superiores aos previstos pelo mesmo empregador nos acordos referidos no § 1º deste artigo.

§ 6º Poderá ser prevista nos acordos referidos nos §§ 1º e 2º deste artigo, ou em acordo específico entre a instituição consignatária e o empregador, a absorção dos custos referidos no § 2º do art. 3º pela instituição consignatária.

§ 7º É vedada aos empregadores, entidades e centrais sindicais a cobrança de qualquer taxa ou exigência de contrapartida pela celebração ou pela anuência nos acordos referidos nos §§ 1º e 2º, bem como a inclusão neles de cláusulas que impliquem pagamento em seu favor, a qualquer título, pela realização das operações de que trata esta Lei, ressalvado o disposto no § 2º do art. 3º *(Redação dada pela Lei n. 10.820, de 17.12.03, DOU 18.12.03)*

Art. 5º O empregador será o responsável pelas informações prestadas, pela retenção dos valores devidos e pelo repasse às instituições consignatárias, o qual deverá ser realizado até o quinto dia útil após a data de pagamento, ao mutuário, de sua remuneração mensal.

§ 1º O empregador, salvo disposição contratual em sentido contrário, não será corresponsável pelo pagamento dos empréstimos, financiamentos e arrendamentos concedidos aos mutuários, mas responderá sempre, como devedor principal e solidário, perante a instituição consignatária, por valores a ela devidos, em razão de contratações por ele confirmadas na forma desta Lei e seu regulamento, que deixarem, por sua falha ou culpa, de serem retidos ou repassados.

§ 2º Na hipótese de comprovação de que o pagamento mensal do empréstimo, financiamento ou arrendamento foi descontado do mutuário e não foi repassado pelo empregador à instituição consignatária, fica ela proibida de incluir o nome do mutuário em qualquer cadastro de inadimplentes.

§ 3º Caracterizada a situação do § 2º, os representantes legais do empregador ficarão sujeitos à ação de depósito, na forma prevista no Capítulo II do Título I do Livro IV do Código de Processo Civil.

§ 4º No caso de falência do empregador, antes do repasse das importâncias descontadas dos mutuários, fica assegurado à instituição consignatária o direito de pedir, na forma prevista em lei, a restituição das importâncias retidas.

Art. 6º Os titulares de benefícios de aposentadoria e pensão do Regime Geral de Previdência Social poderão autorizar o Instituto Nacional do Seguro Social — INSS a proceder os descontos referidos no art. 1º desta Lei, bem como autorizar, de forma irrevogável e irretratável, que a instituição financeira na qual recebam seus benefícios retenha, para fins de amortização, valores referentes ao pagamento mensal de empréstimos, financiamentos e operações de arrendamento mercantil por ela concedidos, quando previstos em contrato, nas condições estabelecidas em regulamento, observadas as normas editadas pelo INSS. *(Redação dada pela Lei n. 10.953, de 27.9.04, DOU 28.09.04.)*

§ 1º Para os fins do *caput*, fica o INSS autorizado a dispor, em ato próprio, sobre:

I — as formalidades para habilitação das instituições e sociedades referidas no art. 1º;

II — os benefícios elegíveis, em função de sua natureza e forma de pagamento;

III — as rotinas a serem observadas para a prestação aos titulares de benefícios em manutenção e às instituições consignatárias das informações necessárias à consecução do disposto nesta Lei;

IV — os prazos para o início dos descontos autorizados e para o repasse das prestações às instituições consignatárias;

V — o valor dos encargos a serem cobrados para ressarcimento dos custos operacionais a ele acarretados pelas operações; e

VI — as demais normas que se fizerem necessárias.

§ 2º Em qualquer circunstância, a responsabilidade do INSS em relação às operações referidas no *caput* deste artigo restringe-se à: *(Redação dada pela Lei n. 10.953, 27.9.04, DOU 28.9.04)*

I — retenção dos valores autorizados pelo beneficiário e repasse à instituição consignatária nas operações de desconto, não cabendo à autarquia responsabilidade solidária pelos débitos contratados pelo segurado; e

II — manutenção dos pagamentos do titular do benefício na mesma instituição financeira enquanto houver saldo devedor nas operações em que for autorizada a retenção, não cabendo à autarquia responsabilidade solidária pelos débitos contratados pelo segurado. *(Redação do parágrafo e incisos pela Lei n. 10.953, 27.9.04, DOU 28.9.04)*

§ 3º É vedado ao titular de benefício que realizar qualquer das operações referidas nesta Lei solicitar a alteração da instituição financeira pagadora, enquanto houver saldo devedor em amortização. *(Redação dada pela Lei n. 10.953, 27.9.04, DOU 28.9.04)*

§ 4º É facultada a transferência da consignação do empréstimo, financiamento ou arrendamento firmado pelo empregado na vigência do seu contrato de trabalho quando de sua aposentadoria, observadas as condições estabelecidas nesta Lei. *(Redação dada pela Lei n. 10.953, 27.9.04, DOU 28.9.04)*

§ 5º Os descontos e as retenções mencionados no *caput* deste artigo não poderão ultrapassar o limite de 30% (trinta por cento) do valor dos benefícios. *(Acrescentado pela Lei n. 10.953, 27.9.04, DOU 28.9.04)*

§ 6º A instituição financeira que proceder à retenção de valor superior ao limite estabelecido no § 5º deste artigo perderá todas as garantias que lhe são conferidas por esta Lei. *(Acrescentado pela Lei n. 10.953, 27.9.04, DOU 28.9.04)*

Art. 7º O art. 115 da Lei n. 8.213, de 24 de julho de 1991, passa a vigorar com as seguintes alterações:

"Art. 115. ....

....

VI — pagamento de empréstimos, financiamentos e operações de arrendamento mercantil concedidos por instituições financeiras e sociedades de arrendamento mercantil, públicas e privadas, quando expressamente autorizado pelo beneficiário, até o limite de trinta por cento do valor do benefício.

§ 1º Na hipótese do inciso II, o desconto será feito em parcelas, conforme dispuser o regulamento, salvo má-fé.

§ 2º Na hipótese dos incisos II e VI, haverá prevalência do desconto do inciso II." (NR)

Art. 8º O Poder Executivo regulamentará o disposto nesta Lei.

Art. 9º Esta Lei entra em vigor na data de sua publicação.

Brasília, 17 de dezembro de 2003; 182º da Independência e 115º da República.

Luiz Inácio Lula da Silva
Antônio Palocci Filho
Ricardo José Ribeiro Berzoini

DECRETO N. 4.840, DE 17 DE SETEMBRO DE 2003

(DOU 18.9.03)

REGULAMENTA A MEDIDA PROVISÓRIA N. 130, DE 17.9.03, QUE DISPÕE SOBRE A AUTORIZAÇÃO PARA DESCONTO DE PRESTAÇÕES EM FOLHA DE PAGAMENTO, E DÁ OUTRAS PROVIDÊNCIAS

Nota: A Medida Provisória n. 130, de 17.9.03 foi transformada na Lei n. 10.820, de 17.12.03, DOU 18.12.03, p. 720

O PRESIDENTE DA REPÚBLICA, no uso da atribuição que lhe confere o art. 84, inciso IV, da Constituição, e tendo em vista o disposto na Medida Provisória n. 130, de 17 de setembro de 2003,

Decreta:

Art. 1º Regem-se por este Decreto os procedimentos para autorização de desconto em folha de pagamento dos valores referentes ao pagamento das prestações de empréstimos, financiamentos e operações de arrendamento mercantil concedidos por instituições financeiras e sociedades de arrendamento mercantil a empregados regidos pela Consolidação das Leis do Trabalho, aprovada pelo Decreto-lei n. 5.452, de 1º de maio de 1943.

Art. 2º Para os fins deste Decreto, considera-se:

I — empregador, a pessoa jurídica assim definida pela legislação trabalhista;

II — empregado, aquele assim definido pela legislação trabalhista;

III — instituição consignatária, a instituição mencionada no art. 1º autorizada a conceder empréstimo ou financiamento ou realizar operação de arrendamento mercantil;

IV — mutuário, empregado que firma com instituição consignatária contrato de empréstimo, financiamento ou arrendamento mercantil regulado por este Decreto; e

V — verbas rescisórias, as importâncias devidas em dinheiro pelo empregador ao empregado em razão de rescisão do seu contrato de trabalho.

§ 1º Para os fins deste Decreto, considera-se remuneração básica a soma das parcelas pagas ou creditadas mensalmente em dinheiro ao empregado, excluídas:

I — diárias;

II — ajuda de custo;

III — adicional pela prestação de serviço extraordinário;

IV — gratificação natalina;

V — auxílio-natalidade;

VI — auxílio-funeral;

VII — adicional de férias;

VIII — auxílio-alimentação, mesmo se pago em dinheiro;

IX — auxílio-transporte, mesmo se pago em dinheiro; e

X — parcelas referentes a antecipação de remuneração de competência futura ou pagamento em caráter retroativo.

§ 2º Para os fins deste Decreto, considera-se remuneração disponível a parcela remanescente da remuneração básica após a dedução das consignações compulsórias, assim entendidas as efetuadas a título de:

I — contribuição para a Previdência Social oficial;

II — pensão alimentícia judicial;

III — imposto sobre rendimentos do trabalho;

IV — decisão judicial ou administrativa;

V — mensalidade e contribuição em favor de entidades sindicais;

VI — outros descontos compulsórios instituídos por lei ou decorrentes de contrato de trabalho.

§ 3º Para os fins deste Decreto, são consideradas consignações voluntárias as autorizadas pelo empregado e não relacionadas no § 2º.

Art. 3º No momento da contratação da operação, a autorização para a efetivação dos descontos permitidos neste Decreto observará, para cada mutuário, os seguintes limites:

I — a soma dos descontos referidos no art. 1º deste Decreto não poderá exceder a trinta por cento da remuneração disponível definida no § 2º do art. 2º; e

II — o total das consignações voluntárias, incluindo as referidas no art. 1º, não poderá exceder a quarenta por cento da remuneração disponível definida no § 2º do art. 2º.

Art. 4º A concessão de empréstimo, financiamento ou arrendamento será feita a critério da instituição consignatária, sendo os valores e demais condições objeto de livre negociação entre ela e o mutuário, observadas as demais disposições deste Decreto.

§ 1º Poderá o empregador, com a anuência da entidade sindical representativa da maioria dos empregados, firmar, com uma ou mais instituições consignatárias, acordo que defina condições gerais e demais critérios a serem observados nos empréstimos, financiamentos ou arrendamentos que venham a ser realizados com seus empregados.

§ 2º Poderão as entidades e centrais sindicais firmar, com uma ou mais instituições consignatárias, acordo que defina condições gerais e demais critérios a serem observados nos empréstimos, financiamentos ou arrendamentos que venham a ser realizados com seus representados.

§ 3º Uma vez observados pelo empregado todos os requisitos e condições definidos no acordo firmado segundo o disposto no § 1º ou no § 2º, não poderá a instituição concedente negar-se a celebrar o empréstimo, financiamento ou arrendamento mercantil.

§ 4º Para a realização das operações referidas neste Decreto, é assegurado ao empregado o direito de optar por instituição consignatária que tenha firmado acordo com o empregador, com sua entidade sindical, ou qualquer outra instituição consignatária de sua livre escolha, ficando o empregador obrigado a proceder aos descontos e repasses por ele contratados e autorizados.

§ 5º Os acordos mencionados nos §§ 1º e 2º poderão definir critérios mínimos, parâmetros e condições financeiras diferenciados por situação cadastral e demais características individuais do empregado.

§ 6º Dos acordos referidos no § 2º poderá constar, ainda, a diferenciação por empresa de critérios mínimos, parâmetros e condições financeiras.

§ 7º Os contratos de empréstimo, financiamento ou arrendamento celebrados ao amparo deste Decreto preverão obrigatoriamente prestações fixas ao longo de todo o período de amortização.

§7º-A. Nas hipóteses de concessão, ao amparo deste Decreto, de empréstimo ou financiamento imobiliário no âmbito do Sistema Financeiro da Habitação ou de outros sistemas ou programas destinados à aquisição de imóveis residenciais, as prestações e seus reajustamentos obedecerão às disposições contratuais celebradas entre as partes, sendo permitida a estipulação de prestações variáveis. *(Incluído pelo Decreto n. 5.892, de 12.9.06, DOU 13.9.06)*

§ 8º Os acordos referidos nos §§ 1º e 2º deste artigo poderão delegar à instituição consignatária a responsabilidade de receber, processar e encaminhar ao empregador as autorizações referidas no inciso III do § 3º do art. 5º.

Art. 5º Para os fins deste Decreto, são obrigações do empregador:

I — prestar ao empregado e à instituição consignatária, mediante solicitação formal do primeiro, as informações necessárias para a contratação da operação de crédito ou arrendamento mercantil, inclusive:

a) a data habitual de pagamento mensal do salário;

b) o total já consignado em operações preexistentes;

c) as demais informações necessárias para o cálculo da margem disponível para consignação;

II — tornar disponíveis aos empregados, bem assim às respectivas entidades sindicais, as informações referentes aos custos referidos no art. 10;

III — efetuar os descontos autorizados pelo empregado em folha de pagamento e repassar o valor à instituição consignatária na forma e prazo previstos em regulamento.

§ 1º É vedado ao empregador impor ao mutuário e à instituição consignatária qualquer condição que não esteja prevista neste Decreto para a efetivação do contrato e a implementação dos descontos autorizados.

§ 2º Os descontos autorizados na forma deste Decreto terão preferência sobre outros descontos da mesma natureza que venham a ser autorizados posteriormente.

§ 3º A liberação do crédito ao mutuário somente ocorrerá após:

I — a confirmação do empregador, por escrito ou por meio eletrônico certificado, quanto à possibilidade da realização dos descontos, em função dos limites referidos no art. 3º;

II — a assinatura, por escrito ou por meio eletrônico certificado, do contrato entre o mutuário e a instituição consignatária; e

III — a outorga ao empregador, por parte do mutuário, de autorização, em caráter irrevogável e irretratável, para a consignação das prestações contratadas em folha de pagamento.

§ 4º A autorização referida no inciso III do § 3º será outorgada por escrito ou por meio eletrônico certificado, podendo a instituição consignatária processar o documento e mantê-lo sob sua guarda, na condição de fiel depositária, transmitindo as informações ao empregador por meio seguro.

§ 5º Exceto quando diversamente previsto em contrato com a anuência do empregador, a efetivação do desconto em folha de pagamento do mutuário deverá ser iniciada pelo empregador no mínimo trinta dias e no máximo sessenta dias após o recebimento da autorização referida no inciso III do § 3º.

§ 6º A autorização referida no inciso III do § 3º é nula de pleno direito na hipótese da não liberação do crédito ou do bem arrendado ao mutuário no prazo máximo de cinco dias úteis contados da data da outorga.

§ 7º A repactuação do contrato de empréstimo, financiamento ou operação de arrendamento mercantil que implique alteração do número ou do valor das prestações consignadas em folha observará o procedimento referido no § 3º.

Art. 6º O empregador é o responsável pela retenção dos valores devidos e pelo repasse às instituições consignatárias, o qual deverá ser realizado até o quinto dia útil após a data de pagamento, ao mutuário, de sua remuneração mensal.

Art. 7º O empregador, salvo disposição contratual em sentido contrário, não será corresponsável pelo pagamento dos empréstimos, financiamentos ou arrendamentos concedidos aos mutuários, mas responderá sempre, como devedor principal e solidário, perante a instituição consignatária, por valores a ela devidos, em razão de contratações por ele confirmadas na forma deste Decreto, que deixarem, por sua falha ou culpa, de serem retidos ou repassados.

Art. 8º Caberá à instituição consignatária informar ao mutuário, por escrito ou meio eletrônico por ele indicado no ato da celebração do contrato, toda vez que o empregador deixar de repassar o valor exato do desconto mensal.

Art. 9º Na hipótese de comprovação de que o pagamento mensal do empréstimo, financiamento ou arrendamento foi descontado do mutuário e não foi repassado pelo empregador à instituição consignatária, fica ela proibida de incluir o nome do mutuário em qualquer cadastro de inadimplentes.

Art. 10. É facultado ao empregador descontar na folha de pagamento do mutuário os custos operacionais decorrentes da realização da operação objeto deste Decreto.

§ 1º Consideram-se custos operacionais do empregador:

I — tarifa bancária cobrada pela instituição financeira referente à transferência dos recursos da conta corrente do empregador para a conta corrente da instituição consignatária;

II — despesa com alteração das rotinas de processamento da folha de pagamento para realização da operação.

§ 2º As tarifas bancárias mencionadas no inciso I do § 1º deste artigo deverão ser iguais ou inferiores às praticadas pela instituição financeira mantenedora da conta corrente do empregador em transações da mesma natureza.

§ 3º Cabe ao empregador, mediante comunicado interno ou mediante solicitação de empregado ou de entidade sindical, dar publicidade aos seus empregados dos custos operacionais mencionados no § 1º deste artigo previamente à realização da operação de empréstimo ou financiamento, os quais serão mantidos inalterados durante todo o período de duração da operação.

§ 4º Poderá ser prevista nos acordos referidos nos §§ 1º e 2º do art. 4º, ou em acordo específico entre o empregador e a instituição consignatária, a absorção total ou parcial dos custos referidos no § 1º pela instituição consignatária, hipótese na qual não caberá o desconto na folha do mutuário.

§ 5º No caso dos acordos celebrados nos termos do § 2º do art. 4º, os custos de que trata o inciso II do § 1º deste artigo deverão ser negociados entre o empregador e a entidade sindical, vedada a cobrança de custos superiores aos previstos nos acordos celebrados pelo mesmo empregador nos termos do § 1º do art. 4º.

Art. 11. Cabe ao empregador informar no demonstrativo de rendimentos do empregado, de forma discriminada, o valor do desconto mensal decorrente de cada operação de empréstimo ou financiamento, bem como os custos operacionais definidos no art. 10 deste Decreto.

Art. 12. Até o integral pagamento do empréstimo ou financiamento, as autorizações dos descontos somente poderão ser canceladas mediante prévia aquiescência da instituição consignatária e do empregado.

Art. 13. Em caso de rescisão do contrato de trabalho do empregado antes do término da amortização do empréstimo, ressalvada disposição contratual em contrário, serão mantidos os prazos e encargos originalmente previstos, cabendo ao mutuário efetuar o pagamento mensal das prestações diretamente à instituição consignatária.

Art. 14. Na hipótese de entrada em gozo de benefício previdenciário temporário pelo mutuário, com suspensão do pagamento de sua remuneração por parte do empregador, cessa a obrigação deste efetuar a retenção e o repasse das prestações à instituição consignatária.

PARÁGRAFO ÚNICO. O contrato de empréstimo, financiamento ou operação de arrendamento mercantil celebrado nos termos deste Decreto conterá, obrigatoriamente, cláusula que regulamente as relações entre o mutuário e a instituição consignatária na situação prevista no *caput.*

Art. 15. O desconto da prestação para pagamento do empréstimo, financiamento ou arrendamento concedido com base neste Decreto será feito diretamente em folha de pagamento e o valor correspondente creditado a favor da instituição consignatária, independentemente de crédito e débito na conta corrente dos mutuários.

Art. 16. Os contratos de empréstimo, financiamento ou arrendamento de que trata este Decreto poderão prever a incidência de desconto de até trinta por cento das verbas rescisórias referidas no inciso V do art. 2º para a amortização total ou parcial do saldo devedor líquido para quitação na data de rescisão do contrato de trabalho do empregado.

§ 1º Para os fins do *caput*, considera-se saldo devedor líquido para quitação o valor presente das prestações vincendas na data da amortização, descontado à taxa de juros contratualmente fixada referente ao período não utilizado em função da quitação antecipada.

§ 2º Na hipótese referida no *caput*, deverá a instituição consignatária informar ao mutuário e ao empregador, por escrito ou meio eletrônico certificado, o valor do saldo devedor líquido para quitação.

§ 3º Quando o saldo devedor líquido para quitação exceder o valor comprometido das verbas rescisórias, caberá ao mutuário efetuar o pagamento do restante diretamente à instituição consignatária, assegurada a manutenção das condições de número de prestações vincendas e taxa de juros originais, exceto se houver previsão contratual em contrário.

§ 4º Havendo previsão de vinculação de verbas rescisórias em mais de um contrato, será observada a ordem cronológica das autorizações referidas no inciso III do § 3º do art. 5º.

Art. 17. É facultada a contratação pelo mutuário de seguro em favor da instituição consignatária, junto a ela própria ou a outra instituição de sua escolha, para cobertura do risco de inadimplência nas operações de que trata este Decreto em caso de morte, desemprego involuntário ou redução de rendimentos.

Art. 18. Este Decreto entra em vigor na data de sua publicação.

Brasília, 17 de setembro de 2003; 182º da Independência e 115º da República.

Luiz Inácio Lula da Silva

Antônio Palocci Filho

LEI N 12.761, DE 27 DE DEZEMBRO DE 2012

(DOU 27.12.12, ED. EXTRA)

INSTITUI O PROGRAMA DE CULTURA DO TRABALHADOR; CRIA O VALE-CULTURA; ALTERA AS LEIS NS. 8.212, DE 24 DE JULHO DE 1991, E 7.713, DE 22 DE DEZEMBRO DE 1988, E A CONSOLIDAÇÃO DAS LEIS DO TRABALHO — CLT, APROVADA PELO DECRETO-LEI N. 5.452, DE 1º DE MAIO DE 1943; E DÁ OUTRAS PROVIDÊNCIAS

A PRESIDENTA DA REPÚBLICA,

Faço saber que o Congresso Nacional decreta e eu sanciono a seguinte Lei:

Art. 1º Fica instituído, sob a gestão do Ministério da Cultura, o Programa de Cultura do Trabalhador, destinado a fornecer aos trabalhadores meios para o exercício dos direitos culturais e acesso às fontes da cultura.

Art. 2º O Programa de Cultura do Trabalhador tem os seguintes objetivos:

I — possibilitar o acesso e a fruição dos produtos e serviços culturais;

II — estimular a visitação a estabelecimentos culturais e artísticos; e

III — incentivar o acesso a eventos e espetáculos culturais e artísticos.

§ 1º Para os fins deste Programa, são definidos os serviços e produtos culturais da seguinte forma:

I — serviços culturais: atividades de cunho artístico e cultural fornecidas por pessoas jurídicas, cujas características se enquadrem nas áreas culturais previstas no § 2º; e

II — produtos culturais: materiais de cunho artístico, cultural e informativo, produzidos em qualquer formato ou mídia por pessoas físicas ou jurídicas, cujas características se enquadrem nas áreas culturais previstas no § 2º.

§ 2º Consideram-se áreas culturais para fins do disposto nos incisos I e II do § 1º:

I — artes visuais;

II — artes cênicas;

III — audiovisual;

IV — literatura, humanidades e informação;

V — música; e

VI — patrimônio cultural.

§ 3º O Poder Executivo poderá ampliar as áreas culturais previstas no § 2º.

Art. 3º Fica criado o vale-cultura, de caráter pessoal e intransferível, válido em todo o território nacional, para acesso e fruição de produtos e serviços culturais, no âmbito do Programa de Cultura do Trabalhador.

Art. 4º O vale-cultura será confeccionado e comercializado por empresas operadoras e disponibilizado aos usuários pelas empresas beneficiárias para ser utilizado nas empresas recebedoras.

Art. 5º Para os efeitos desta Lei, entende-se por:

I — empresa operadora: pessoa jurídica cadastrada no Ministério da Cultura, possuidora do Certificado de Inscrição no Programa de Cultura do Trabalhador e autorizada a produzir e comercializar o vale-cultura;

II — empresa beneficiária: pessoa jurídica optante pelo Programa de Cultura do Trabalhador e autorizada a distribuir o vale-cultura a seus trabalhadores com vínculo empregatício, *(Redação dada pela Lei n. 12.868, de 15.10.13, DOU 16.10.13)*

III — usuário: trabalhador com vínculo empregatício com a empresa beneficiária;

IV — empresa recebedora: pessoa jurídica habilitada pela empresa operadora para receber o vale-cultura como forma de pagamento de serviço ou produto cultural.

Art. 6º O vale-cultura será fornecido aos usuários pelas empresas beneficiárias e disponibilizado preferencialmente por meio magnético, com o seu valor expresso em moeda corrente, na forma do regulamento.

PARÁGRAFO ÚNICO. Somente será admitido o fornecimento do vale-cultura impresso quando comprovadamente inviável a adoção do meio magnético.

Art. 7º O vale-cultura deverá ser fornecido ao trabalhador que perceba até 5 (cinco) salários mínimos mensais.

PARÁGRAFO ÚNICO. Os trabalhadores com renda superior a 5 (cinco) salários mínimos poderão receber o vale-cultura, desde que garantido o atendimento à totalidade dos empregados com a remuneração prevista no *caput*, na forma que dispuser o regulamento.

Art. 8º O valor mensal do vale-cultura, por usuário, será de R$ 50,00 (cinquenta reais).

§ 1º O trabalhador de que trata o *caput* do art. 7º poderá ter descontado de sua remuneração o percentual máximo de 10% (dez por cento) do valor do vale-cultura, na forma definida em regulamento.

§ 2º Os trabalhadores que percebem mais de 5 (cinco) salários mínimos poderão ter descontados de sua remuneração, em percentuais entre 20% (vinte por cento) e 90% (noventa por cento) do valor do vale-cultura, de acordo com a respectiva faixa salarial, obedecido o disposto no parágrafo único do art. 7º e na forma que dispuser o regulamento.

§ 3º É vedada, em qualquer hipótese, a reversão do valor do vale-cultura em pecúnia.

§ 4º O trabalhador de que trata o art. 7º poderá optar pelo não recebimento do vale-cultura, mediante procedimento a ser definido em regulamento.

Art. 9º Os prazos de validade e condições de utilização do vale-cultura serão definidos em regulamento.

Art. 10. Até o exercício de 2017, ano-calendário de 2016, o valor despendido a título de aquisição do vale-cultura poderá ser deduzido do imposto sobre a renda devido pela pessoa jurídica beneficiária tributada com base no lucro real.

§ 1º A dedução de que trata o *caput* fica limitada a 1% (um por cento) do imposto sobre a renda devido, observado o disposto no § 4º do art. 3º da Lei n. 9.249, de 26 de dezembro de 1995.

§ 2º A pessoa jurídica inscrita no Programa de Cultura do Trabalhador como beneficiária, de que trata o inciso II do art. 5º, poderá deduzir o valor despendido a título de aquisição do vale-cultura como despesa operacional para fins de apuração do imposto sobre a renda, desde que tributada com base no lucro real.

§ 3º A pessoa jurídica deverá adicionar o valor deduzido como despesa operacional, de que trata o § 2º, para fins de apuração da base de cálculo da Contribuição Social sobre o Lucro Líquido — CSLL.

§ 4º As deduções de que tratam os §§ 1º e 2º somente se aplicam em relação ao valor do vale-cultura distribuído ao usuário.

§ 5º Revogado pela Lei n. 12.872, de 24.10.13, DOU 24.10.13, Ed. extra)

Art. 11. A parcela do valor do vale-cultura cujo ônus seja da empresa beneficiária:

I — não tem natureza salarial nem se incorpora à remuneração para quaisquer efeitos;

II — não constitui base de incidência de contribuição previdenciária ou do Fundo de Garantia do Tempo de Serviço — FGTS; e

III — não se configura como rendimento tributável do trabalhador.

Art. 12. A execução inadequada do Programa de Cultura do Trabalhador ou qualquer ação que acarrete desvio de suas finalidades pela empresa operadora ou pela empresa beneficiária acarretará cumulativamente:

I — cancelamento do Certificado de Inscrição no Programa de Cultura do Trabalhador;

II — pagamento do valor que deixou de ser recolhido relativo ao imposto sobre a renda, à contribuição previdenciária e ao depósito para o FGTS;

III — aplicação de multa correspondente a 2 (duas) vezes o valor da vantagem recebida indevidamente no caso de dolo, fraude ou simulação;

IV — perda ou suspensão de participação em linhas de financiamento em estabelecimentos oficiais de crédito pelo período de 2 (dois) anos;

V — proibição de contratar com a administração pública pelo período de até 2 (dois) anos; e

VI — suspensão ou proibição de usufruir de benefícios fiscais pelo período de até 2 (dois) anos.

Art. 13. O § 9º do art. 28 da Lei n. 8.212, de 24 de julho de 1991, passa a vigorar acrescido da seguinte alínea *y*:

"Art. 28...

§ 9º...

y) o valor correspondente ao vale-cultura. ...." (NR)

Art. 14. O § 2º do art. 458 da Consolidação das Leis do Trabalho — CLT, aprovada pelo Decreto-Lei n. 5.452, de 1º de maio de 1943, passa a vigorar acrescido do seguinte inciso VIII:

"Art. 458...

§ 2º...

VIII — o valor correspondente ao vale-cultura. ....(NR)

Art. 15. O art. 6º da Lei n. 7.713, de 22 de dezembro de 1988, passa a vigorar acrescido do seguinte inciso XXIII:

"Art. 6º ....

XXIII — o valor recebido a título de vale-cultura. ...."(NR)

Art. 16. O Poder Executivo regulamentará esta Lei no prazo de 60 (sessenta) dias, contados da data de sua publicação.

Art. 17. Esta Lei entra em vigor na data de sua publicação.

Brasília, 27 de dezembro de 2012; 191º da Independência e 124º da República.

Dilma Rousseff
Guido Mantega
Carlos Daudt Brizola
Marta Suplicy

DECRETO N. 8.084, DE 26 DE AGOSTO DE 2013

(DOU 27.08.2013)

REGULAMENTA A LEI N. 12.761, DE 27 DE DEZEMBRO DE 2012, QUE INSTITUI O PROGRAMA DE CULTURA DO TRABALHADOR E CRIA O VALE-CULTURA

A PRESIDENTA DA REPÚBLICA, no uso da atribuição que lhe confere o art. 84, *caput*, inciso IV, da Constituição, e tendo em vista o disposto na Lei n. 12.761, de 27 de dezembro de 2012,

DECRETA:

CAPÍTULO I

Disposições Gerais

Art. 1º Este Decreto regulamenta a Lei n. 12.761, de 27 de dezembro de 2012, que institui o Programa de Cultura do Trabalhador e cria o vale-cultura.

Art. 2º Para os efeitos deste Decreto, considera-se:

I — empresa operadora — pessoa jurídica cadastrada no Ministério da Cultura, possuidora do Certificado de Inscrição no Programa de Cultura do Trabalhador e autorizada a produzir e comercializar o vale-cultura;

II — empresa beneficiária — pessoa jurídica optante pelo Programa de Cultura do Trabalhador e autorizada a distribuir o vale-cultura a seus trabalhadores com vínculo empregatício;

III — empresa recebedora — pessoa jurídica habilitada pela empresa operadora para receber o vale-cultura como forma de pagamento de serviço ou produto cultural;

IV — usuário — trabalhador com vínculo empregatício com a empresa beneficiária que recebe o vale-cultura; e

V — taxa de administração — remuneração total cobrada das empresas beneficiárias e recebedoras pela empresa operadora como contrapartida pela produção e comercialização do vale-cultura, inclusive quanto a custos de operação e de reembolso.

PARÁGRAFO ÚNICO. Apenas fará jus aos incentivos fiscais previstos no art. 10 da Lei n. 12.761, de 2012, a empresa beneficiária cuja tributação do imposto sobre a renda seja feita com base no lucro real.

CAPÍTULO II

Da Gestão do Programa de Cultura do Trabalhador

Art. 3º Compete ao Ministério da Cultura, em articulação com os demais órgãos e entidades do Poder Executivo, a gestão do Programa de Cultura do Trabalhador, nos termos deste Decreto.

Art. 4º O cadastramento, a habilitação e a inscrição das empresas no Programa de Cultura do Trabalhador estão sujeitos às regras deste Capítulo.

Art. 5º O cadastramento da empresa operadora será feito no Ministério da Cultura e deverá observar, entre outros, aos seguintes requisitos:

I — inscrição regular no Cadastro Nacional da Pessoa Jurídica — CNPJ; e

II — qualificação técnica para produzir e comercializar o vale-cultura, observado o disposto no art. 6º da Lei n. 12.761, de 2012.

PARÁGRAFO ÚNICO. O Ministério da Cultura emitirá o Certificado de Inscrição no Programa de Cultura do Trabalhador à empresa regularmente cadastrada, e autorizará a produção e a comercialização do vale-cultura.

Art. 6º São deveres da empresa operadora:

I — observar limites de cobrança de taxa de administração;

II — apresentar ao Ministério da Cultura relatórios periódicos relativos a acesso e fruição de produtos e serviços culturais; e

III — tomar providências para que empresas recebedoras cumpram os deveres previstos no art. 9º, e inabilitá-las em caso de descumprimento.

Art. 7º A perda de quaisquer dos requisitos de que trata o art. 5º, posterior ao cadastramento, ou o descumprimento de quaisquer dos deveres previstos no art. 6º implica a perda da certificação da empresa operadora.

Art. 8º A habilitação da empresa recebedora será feita perante a empresa operadora e dependerá da comprovação de exercício de atividade econômica admitida, para fins do vale-cultura, pelo Ministério da Cultura.

Art. 9º São deveres da empresa recebedora:

I — receber o vale-cultura, exclusivamente para a comercialização de produtos e serviços culturais; e

II — disponibilizar as informações necessárias à elaboração dos relatórios de que trata o inciso II do *caput* do art. 6º.

Art. 10. A inscrição da empresa beneficiária será feita no Ministério da Cultura e deverá observar, entre outros, aos seguintes requisitos:

I — inscrição regular no CNPJ;

II — indicação de empresa operadora possuidora de Certificado de Inscrição no Programa de Cultura do Trabalhador; e

III — indicação do número de trabalhadores com vínculo empregatício, conforme a faixa de renda mensal.

Art. 11. São deveres da empresa beneficiária:

I — oferecer o vale-cultura nos termos do Capítulo III;

II — prestar ao Ministério da Cultura as informações referentes aos usuários, conforme faixa de renda mensal, e mantê-las atualizadas; e

III — divulgar e incentivar o acesso e a fruição de produtos e serviços culturais pelos usuários.

CAPÍTULO III
Da Oferta do Vale-Cultura

Art. 12. O vale-cultura deverá ser oferecido ao trabalhador com vínculo empregatício e que perceba até cinco salários mínimos mensais.

Art. 13. O fornecimento do vale-cultura aos trabalhadores com vínculo empregatício e renda superior a cinco salários mínimos mensais depende da comprovação da sua oferta a todos os trabalhadores de que trata o art. 12.

§ 1º A fiscalização do disposto no *caput* será feita pelo Ministério do Trabalho e Emprego quando de suas inspeções, conforme disposições estabelecidas pelas autoridades integrantes do Sistema Federal de Inspeção do Trabalho.

§ 2º Verificado o descumprimento do disposto no *caput*, o Ministério do Trabalho e Emprego comunicará o fato aos Ministérios da Cultura e da Fazenda, sem prejuízo da aplicação das sanções legais decorrentes de outras infrações trabalhistas.

Art. 14. O valor mensal do vale-cultura, por usuário, será de R$ 50,00 (cinquenta reais).

Art. 15. O trabalhador de que trata o art. 12 poderá ter descontado de sua remuneração os seguintes percentuais do valor do vale-cultura:

I — até um salário mínimo — dois por cento;

II — acima de um salário mínimo e até dois salários mínimos — quatro por cento;

III — acima de dois salários mínimos e até três salários mínimos — seis por cento;

IV — acima de três salários mínimos e até quatro salários mínimos — oito por cento; e

V — acima de quatro salários mínimos e até cinco salários mínimos — dez por cento.

Art. 16. O trabalhador de que trata o art. 13 terá descontado de sua remuneração os seguintes percentuais do valor do vale-cultura:

I — acima de cinco salários mínimos e até seis salários mínimos — vinte por cento;

II — acima de seis salários mínimos e até oito salários mínimos — trinta e cinco por cento;

III — acima de oito salários mínimos e até dez salários mínimos — cinquenta e cinco por cento;

IV — acima de dez salários mínimos e até doze salários mínimos — setenta por cento; e

V — acima de doze salários mínimos: noventa por cento.

Art. 17. O fornecimento do vale-cultura dependerá de prévia aceitação pelo trabalhador.

PARÁGRAFO ÚNICO. O trabalhador poderá reconsiderar, a qualquer tempo, a sua decisão sobre o recebimento do vale-cultura.

Art. 18. É vedada a reversão do valor do vale-cultura em dinheiro.

PARÁGRAFO ÚNICO. A vedação de que trata o **caput** compreende a entrega do valor do vale-cultura em dinheiro, a qualquer título, pelas empresas beneficiária, operadora e recebedora, ou a troca do vale-cultura em dinheiro pelo próprio trabalhador.

CAPÍTULO IV
Das Condições de Utilização do Vale-Cultura

Art. 19. Os créditos inseridos no cartão magnético do vale-cultura não possuem prazo de validade.

Art. 20. O vale-cultura deverá ser utilizado exclusivamente na aquisição de produtos e serviços culturais previstos no ato de que trata o inciso V do *caput* do art. 24.

CAPÍTULO V
Do Incentivo Fiscal

Art. 21. Até o exercício de 2017, ano-calendário de 2016, o valor despendido a título de aquisição do vale-cultura poderá ser deduzido do Imposto sobre a Renda da Pessoa Jurídica — IRPJ devido pela pessoa jurídica beneficiária tributada com base no lucro real.

§ 1º Observado o disposto no § 4º do art. 3º da Lei n. 9.249, de 26 de dezembro de 1995, a dedução de que trata o *caput* fica limitada a um por cento do IRPJ devido com base:

I — no lucro real trimestral; ou

II — no lucro real apurado no ajuste anual.

§ 2º O limite de dedução no percentual de um por cento do IRPJ devido de que trata o § 1º será considerado isoladamente e não se submeterá a limite conjunto com outras deduções do IRPJ a título de incentivo.

§ 3º O valor excedente ao limite de dedução de que tratam os §§ 1º e 2º não poderá ser deduzido do IRPJ devido em períodos de apuração posteriores.

§ 4º A pessoa jurídica beneficiária tributada com base no lucro real:

I — poderá deduzir o valor despendido a título de aquisição do vale-cultura como despesa operacional para fins de apuração do IRPJ; e

II — deverá adicionar o valor deduzido como despesa operacional, de que trata o inciso I, para fins de apuração da base de cálculo da Contribuição Social sobre o Lucro Líquido — CSLL.

§ 5º As deduções de que trata o *caput* e os §§ 1º a 4º:

I — somente se aplicam em relação ao valor do vale-cultura distribuído ao usuário no período de apuração do IRPJ; e

II — não abrangem a parcela descontada da remuneração do empregado, nos percentuais de que tratam os arts. 15 e 16, a título de vale-cultura.

Art. 22. O valor correspondente ao vale-cultura:

I — não integra o salário-de-contribuição de que trata o art. 28 da Lei n. 8.212, de 24 de julho de 1991; e

II — é isento do imposto sobre a renda das pessoas físicas.

PARÁGRAFO ÚNICO. A parcela do valor correspondente ao vale-cultura, cujo ônus seja da empresa beneficiária, não constitui base de incidência de contribuição previdenciária ou do Fundo de Garantia do Tempo de Serviço — FGTS.

CAPÍTULO VI

Das Penalidades

Art. 23. A execução inadequada do Programa de Cultura do Trabalhador ou a ação que acarrete o desvio ou desvirtuamento de suas finalidades resultarão na aplicação das penalidades previstas no art. 12 da Lei n. 12.761, de 2012.

PARÁGRAFO ÚNICO. Compete aos Ministérios da Cultura, do Trabalho e Emprego e da Fazenda a aplicação das penalidades cabíveis, no âmbito de suas competências, sem prejuízo de outras sanções previstas na legislação.

CAPÍTULO VII

Disposições Finais

Art. 24. Ato do Ministro de Estado da Cultura disporá sobre:

I — forma e procedimento de cadastramento de empresas operadoras e de emissão do Certificado de Inscrição no Programa de Cultura do Trabalhador previsto no art. 5º;

II — limites da taxa de administração prevista no inciso I do *caput* do art. 6º;

III — forma e conteúdo dos relatórios previstos no inciso II do *caput* do art. 6º e no inciso II do *caput* do art. 11;

IV — atividades econômicas admitidas previstas no art. 8º;

V — produtos e serviços culturais a que se referem o inciso I do *caput* do art. 9º e o art. 20; e

VI — modelos do cartão magnético e do impresso de que trata o art. 6º da Lei n. 12.761, de 2012.

Art. 25. Fica o Ministério da Cultura autorizado a ampliar as áreas culturais previstas no § 2º do art. 2º da Lei n. 12.761, de 2012.

Art. 26. Ato conjunto dos Ministros de Estado da Cultura, do Trabalho e Emprego e da Fazenda estabelecerá o compartilhamento das informações necessárias à implementação deste Decreto, respeitadas as hipóteses de sigilo legalmente previstas.

§ 1º O Ministério da Cultura deverá informar aos demais órgãos e entidades envolvidos sobre a execução inadequada, os desvios ou os desvirtuamentos das finalidades do Programa de Cultura do Trabalhador, para que sejam tomadas providências cabíveis em seus âmbitos de competência.

§ 2º O Ministério da Cultura deverá ser informado sobre a execução inadequada, os desvios ou os desvirtuamentos das finalidades do Programa, aferidos pelos demais órgãos e entidades durante suas respectivas atividades de fiscalização, para que sejam tomadas as providências cabíveis em seu âmbito de competência.

Art. 27. Este Decreto entra em vigor na data de sua publicação.

Brasília, 26 de agosto de 2013; 192º da Independência e 125º da República.

Dilma Rousseff
Guido Mantega
Manoel Dias
Marta Suplicy

Legislação Complementar

LEI N. 7.064, DE 6 DE DEZEMBRO DE 1982

(DOU 7.12, RETIF. 13.12.82 — LTr 47/91)

DISPÕE SOBRE A SITUAÇÃO DE TRABALHADORES CONTRATADOS OU TRANSFERIDOS PARA PRESTAR SERVIÇOS NO EXTERIOR

O PRESIDENTE DA REPÚBLICA,

Faço saber que o Congresso Nacional decreta e eu sanciono a seguinte Lei:

CAPÍTULO I

Introdução

Art. 1º Esta Lei regula a situação de trabalhadores contratados no Brasil ou transferidos por empregadores para prestar serviços no exterior. *(Redação dada pela Lei n. 11.962, de 3.7.09, DOU 6.7.09)*

PARÁGRAFO ÚNICO. Fica excluído do regime desta Lei o empregado designado para prestar serviços de natureza transitória, por período não superior a noventa (90) dias, desde que:

a) tenha ciência expressa dessa transitoriedade;

b) receba, além da passagem de ida e volta, diárias durante o período de trabalho no exterior, as quais, seja qual for o respectivo valor, não terão natureza salarial.

CAPÍTULO II

Da Transferência

Art. 2º Para os efeitos desta Lei, considera-se transferido:

I — o empregado, removido para o exterior, cujo contrato estava sendo executado no território brasileiro;

II — o empregado cedido à empresa sediada no estrangeiro, para trabalhar no exterior, desde que mantido o vínculo trabalhista com o empregador brasileiro;

III — o empregado contratado por empresa sediada no Brasil para trabalhar a seu serviço no exterior.

Art. 3º A empresa responsável pelo contrato de trabalho do empregado transferido assegurar-lhe-á, independentemente da observância da legislação do local da execução dos serviços:

I — os direitos previstos nesta Lei;

II — a aplicação da legislação brasileira de proteção ao trabalho, naquilo que não for incompatível com o disposto nesta Lei, quando mais favorável do que a legislação territorial, no conjunto de normas em relação a cada matéria.

PARÁGRAFO ÚNICO. Respeitadas as disposições especiais desta Lei, aplicar-se-á a legislação brasileira sobre Previdência Social, Fundo de Garantia do Tempo de Serviço (FGTS) e Programa de Integração Social (PIS/PASEP).

Art. 4º Mediante ajuste escrito, empregador e empregado fixarão os valores do salário-base e o do adicional de transferência.

§ 1º O salário-base ajustado na forma deste artigo fica sujeito aos reajustes e aumentos compulsórios previstos na legislação brasileira.

§ 2º O valor do salário-base não poderá ser inferior ao mínimo estabelecido para a categoria profissional do empregado.

§ 3º Os reajustes e aumentos compulsórios previstos no parágrafo primeiro incidirão exclusivamente sobre os valores ajustados em moeda nacional.

Art. 5º O salário-base do contrato será obrigatoriamente estipulado em moeda nacional, mas a remuneração devida durante a transferência do empregado, computado o adicional de que trata o artigo anterior, poderá, no todo ou em parte, ser pago no exterior, em moeda estrangeira.

§ 1º Por opção escrita do empregado, a parcela da remuneração a ser paga em moeda nacional poderá ser depositada em conta bancária.

§ 2º É assegurada ao empregado, enquanto estiver prestando serviços no exterior, a conversão e remessa dos correspondentes valores para o local de trabalho, observado o disposto em regulamento.

Art. 6º Após dois anos de permanência no exterior, será facultado ao empregado gozar anualmente férias no Brasil, correndo por conta da empresa empregadora, ou para a qual tenha sido cedido, o custeio da viagem.

§ 1º O custeio de que trata este artigo se estende ao cônjuge e aos demais dependentes do empregado com ele residentes.

§ 2º O disposto neste artigo não se aplicará ao caso de retorno definitivo do empregado antes da época do gozo das férias.

Art. 7º O retorno do empregado ao Brasil poderá ser determinado pela empresa quando:

I — não se tornar mais necessário ou conveniente o serviço do empregado no exterior;

II — der o empregado justa causa para a rescisão do contrato.

PARÁGRAFO ÚNICO. Fica assegurado ao empregado seu retorno ao Brasil, ao término do prazo de transferência ou, antes deste, da ocorrência das seguintes hipóteses:

a) após três anos de trabalho contínuo;

b) para atender à necessidade grave de natureza familiar, devidamente comprovada;

c) por motivo de saúde, conforme recomendação constante de laudo médico;

d) quando der o empregador justa causa para a rescisão do contrato;

e) na hipótese prevista no inciso I deste artigo.

Art. 8º Cabe à empresa o custeio do retorno do empregado.

PARÁGRAFO ÚNICO. Quando o retorno se verificar, por iniciativa do empregado, ou quando der justa causa para rescisão do contrato, ficará ele obrigado ao reembolso das respectivas despesas, ressalvados os casos previstos no parágrafo único do artigo anterior.

Art. 9º O período de duração da transferência será computado no tempo de serviço do empregado para todos os efeitos da legislação brasileira, ainda que a lei local de prestação do serviço considere essa prestação como resultante de um contrato autônomo e determine a liquidação dos direitos oriundos da respectiva cessação.

§ 1º Na hipótese de liquidação de direitos prevista neste artigo, a empresa empregadora fica autorizada a deduzir esse pagamento dos depósitos do FGTS em nome do empregado, existentes na conta vinculada de que trata o art. 2º da Lei n. 5.107, de 13 de setembro de 1966.

§ 2º Se o saldo da conta a que se refere o parágrafo anterior não comportar a dedução ali mencionada, a diferença poderá ser novamente deduzida do saldo dessa conta quando da cessação, no Brasil, do respectivo contrato de trabalho.

§ 3º As deduções acima mencionadas, relativamente ao pagamento em moeda estrangeira, serão calculadas mediante conversão em cruzeiros ao câmbio do dia em que se operar o pagamento.

§ 4º O levantamento pelo empregador, decorrente da dedução acima prevista, dependerá de homologação judicial.

Art. 10. O adicional de transferência, as prestações *in natura*, bem como quaisquer outras vantagens a que fizer jus o empregado em função de sua permanência no exterior, não serão devidas após seu retorno ao Brasil.

Art. 11. Durante a prestação de serviços no exterior não serão devidas, em relação aos empregados transferidos, as contribuições referentes a Salário-Educação, Serviço Social da Indústria, Serviço Social do Comércio, Serviço Nacional de Aprendizagem Comercial, Serviço Nacional de Aprendizagem Industrial e Instituto Nacional de Colonização e de Reforma Agrária.

CAPÍTULO III

Da Contratação por Empresa Estrangeira

Art. 12. A contratação de trabalhador, por empresa estrangeira, para trabalhar no exterior, está condicionada à prévia autorização do Ministério do Trabalho.

Art. 13. A autorização que se refere o art. 12 somente poderá ser dada à empresa de cujo capital participe, em pelo menos 5% (cinco por cento), pessoa jurídica domiciliada no Brasil.

Art. 14. Sem prejuízo da aplicação das leis do país da prestação dos serviços, no que respeita a direitos, vantagens e garantias trabalhistas e previdenciárias, a empresa estrangeira assegurará ao trabalhador os direitos a ele conferidos neste Capítulo.

Art. 15. Correrão obrigatoriamente por conta da empresa estrangeira as despesas de viagem de ida e volta do trabalhador ao exterior, inclusive a dos dependentes com ele residentes.

Art. 16. A permanência do trabalhador no exterior não poderá ser ajustada por período superior a 3 (três) anos, salvo quando for assegurado a ele e a seus dependentes o direito de gozar férias anuais no Brasil, com despesas de viagem pagas pela empresa estrangeira.

Art. 17. A empresa estrangeira assegurará o retorno no definitivo do trabalhador ao Brasil quando:

I — houver terminado o prazo de duração do contrato, ou for o mesmo rescindido;

II — por motivo de saúde do trabalhador, devidamente comprovado por laudo médico oficial que o recomende.

Art. 18. A empresa estrangeira manterá no Brasil procurador bastante com poderes especiais de representação, inclusive o de receber citação.

Art. 19. A pessoa jurídica domiciliada no Brasil a que alude o art. 13 será solidariamente responsável com a empresa estrangeira por todas as obrigações decorrentes da contratação do trabalhador.

Art. 20. O aliciamento de trabalhador domiciliado no Brasil, para trabalhar no exterior, fora do regime desta Lei, configurará o crime previsto no art. 206 do Código Penal Brasileiro.

CAPÍTULO IV

Disposições Comuns e Finais

Art. 21. As empresas de que trata esta Lei farão, obrigatoriamente, seguro de vida e acidentes pessoais a favor do trabalhador, cobrindo o período a partir do embarque para o exterior, até o retorno ao Brasil.

PARÁGRAFO ÚNICO. O valor do seguro não poderá ser inferior a 12 (doze) vezes o valor da remuneração mensal do trabalhador.

Art. 22. As empresas a que se refere esta Lei garantirão ao empregado, no local de trabalho no exterior ou próximo a ele, serviços gratuitos e adequados de assistência médica e social.

Art. 23. Serão regulamentadas no prazo de 90 (noventa) dias as disposições dos arts. 5º, § 2º; 9º, §§ 1º e 4º; e 12.

Art. 24. Esta Lei entra em vigor na data de sua publicação revogadas as disposições em contrário.

Brasília, em 6 de dezembro de 1982; 161º da Independência e 94º da República.

João Figueiredo — Murillo Macêdo — João Camilo Penna

Legislação Complementar

DECRETO N. 89.339, DE 31 DE JANEIRO DE 1984

(DOU 1º.2.84 e Retif. 2.2.84)

REGULAMENTA O DISPOSTO NOS ARTIGOS 5º, § 2º; 9º, §§ 1º A 4º E 12 DA LEI N. 7.064, DE 6 DE DEZEMBRO DE 1982, QUE DISPÕE SOBRE A SITUAÇÃO DOS TRABALHADORES CONTRATADOS OU TRANSFERIDOS PARA PRESTAR SERVIÇOS NO EXTERIOR

O PRESIDENTE DA REPÚBLICA, usando da atribuição que lhe confere o art. 81, inciso III da Constituição e tendo em vista o disposto no art. 23 da Lei n. 7.064, de 6 de dezembro de 1982, decreta:

Art. 1º O empregado contratado no Brasil ou transferido por empresa prestadora de serviços de engenharia, inclusive consultoria, projetos, obras, montagens, gerenciamento e congêneres, para prestar serviços no exterior, enquanto estiver prestando serviços no estrangeiro, poderá converter e remeter para o local de trabalho, no todo ou em parte, os valores correspondentes à remuneração paga em moeda nacional.

Art. 2º As remessas referidas no artigo 1º serão feitas através de instituição bancária autorizada a operar em câmbio, mediante requerimento escrito do empregado ou seu procurador, instruído com declaração da empresa empregadora indicando o valor da remuneração paga ao empregado, o local da prestação de serviços no exterior e os números da Carteira de Trabalho e de inscrição do empregado no cadastro de contribuintes.

PARÁGRAFO ÚNICO. As remessas a que se refere o artigo estarão sujeitas à fiscalização do Banco Central do Brasil.

Art. 3º Os valores pagos pela empresa empregadora prestadora dos serviços a que se refere o artigo 1º, na liquidação de direitos determinados pela lei do local da prestação de serviços no exterior, poderão ser deduzidos dos depósitos do Fundo de Garantia do Tempo de Serviço — FGTS — em nome do empregado, existentes na conta vinculada de que trata o art. 2º da Lei n. 5.107, de 13 setembro de 1965.

§ 1º O levantamento, pela empresa empregadora, dos valores correspondentes à liquidação de direitos, efetuada de conformidade com a lei do local da prestação de serviços no exterior, efetivar-se-á à vista do alvará expedido em decorrência da homologação judicial.

§ 2º A homologação dos valores a serem deduzidos dar-se-á mediante a apresentação, pela empresa empregadora, de cópia autêntica da documentação comprobatória da liquidação dos direitos do empregado no exterior, traduzida oficialmente.

§ 3º Requerida a homologação, o Juiz determinará ao Banco depositário da conta vinculada que informe, no prazo de 3 (três) dias úteis, o valor existente na conta vinculada do empregado, na data do pedido de homologação.

Art. 4º A homologação deverá consignar a importância, em moeda estrangeira, a ser deduzida e o alvará autorizará o levantamento do seu valor correspondente em cruzeiros, junto ao Banco depositário, que efetuará a conversão ao câmbio do dia em que efetivar o pagamento, utilizando o dólar dos Estados Unidos da América como moeda de conversão, nos casos em que a liquidação de direitos do empregado tenha sido efetuada em moeda com a qual o cruzeiro não tenha paridade direta.

PARÁGRAFO ÚNICO. A empresa empregadora deverá apresentar o alvará a que se refere o artigo no prazo de dois dias úteis da sua expedição, sob pena de correrem à sua conta as variações cambiais posteriores à data do alvará.

Art. 5º Caso o saldo existente na conta vinculada do FGTS, em nome do empregado, não seja suficiente para a dedução integral dos valores correspondentes aos direitos liquidados pela empresa no exterior, a diferença poderá ser levantada mediante nova dedução dessa conta, quando da cessação, no Brasil, do contrato de trabalho, mediante a expedição de novo alvará e independentemente de nova homologação.

Art. 6º A contratação de trabalhador por empresa estrangeira, para trabalhar no exterior, está condicionada à autorização do Ministério do Trabalho, nos termos de regulamento baixado pelo Ministro do Trabalho e observado o disposto no art. 7º deste Decreto.

Art. 7º A empresa requerente da autorização a que se refere o artigo 6º deverá comprovar:

I — sua existência jurídica, segundo as leis do país no qual é sediada;

II — a participação de pessoa jurídica domiciliada no Brasil, em pelo menos cinco por cento (5%) do seu capital social;

III — A existência de procurador legalmente constituído no Brasil, com poderes especiais de representação, inclusive o de receber citação;

IV — a solidariedade da pessoa jurídica a que se refere o inciso II deste artigo no cumprimento das obrigações da empresa estrangeira decorrentes da contratação do empregado.

Art. 8º Este Decreto entra em vigor na data da sua publicação, revogadas as disposições em contrário.

Brasília, aos 31 do mês de janeiro de 1984; 163º da Independência e 96º da República.

João Figueiredo — Maílson Ferreira da Nóbrega — Murillo Macêdo — João Camilo Penna — Mário David Andreazza

LEI N. 6.019, DE 3 DE JANEIRO DE 1974

(DOU 4.1.74 — LTr 38/59)

(V. Multas Administrativas, art. 3º, III, L. n. 7.855, 24.10.89, DOU 25.10.89, LTr 53/1418)

V. Instrução Normativa n. 14, da SRT/MTE de 17.11.09, que dispõe sobre registro de empresa de trabalho temporário, p. 740

DISPÕE SOBRE O TRABALHO TEMPORÁRIO NAS EMPRESAS URBANAS E DÁ OUTRAS PROVIDÊNCIAS

O PRESIDENTE DA REPÚBLICA,

Faço saber que o Congresso Nacional decreta e eu sanciono a seguinte Lei:

Art. 1º É instituído o regime de trabalho temporário, nas condições estabelecidas na presente Lei.

Art. 2º Trabalho temporário é aquele prestado por pessoa física a uma empresa, para atender à necessidade transitória de substituição de seu pessoal regular e permanente ou a acréscimo extraordinário de serviços.

Art. 3º É reconhecida a atividade da empresa de trabalho temporário que passa a integrar o plano básico do enquadramento sindical a que se refere o art. 577, da Consolidação das Leis do Trabalho.

Art. 4º Compreende-se como empresa de trabalho temporário a pessoa física ou jurídica urbana, cuja atividade consiste em colocar à disposição de outras empresas, temporariamente, trabalhadores, devidamente qualificados, por elas remunerados e assistidos.

Art. 5º O funcionamento da empresa de trabalho temporário dependerá de registro no Departamento Nacional de Mão de Obra do Ministério do Trabalho e Previdência Social.

Art. 6º O pedido de registro para funcionar deverá ser instruído com os seguintes documentos:

a) prova de constituição da firma e de nacionalidade brasileira de seus sócios, com o competente registro na Junta Comercial da localidade em que tenha sede;

b) prova de possuir capital social de no mínimo quinhentas vezes o valor do maior salário mínimo vigente no País;

c) prova de entrega da relação de trabalhadores a que se refere o artigo 360, da Consolidação das Leis do Trabalho, bem como apresentação do Certificado de Regularidade de Situação, fornecido pelo Instituto Nacional de Previdência Social;

d) prova do recolhimento da Contribuição Sindical;

e) prova da propriedade do imóvel-sede ou recibo referente ao último mês relativo ao contrato de locação;

f) prova de inscrição no Cadastro Geral de Contribuintes do Ministério da Fazenda.

PARÁGRAFO ÚNICO. No caso de mudança de sede ou de abertura de filiais, agências ou escritórios é dispensada a apresentação dos documentos de que trata este artigo, exigindo-se, no entanto, o encaminhamento prévio ao Departamento Nacional de Mão de Obra de comunicação por escrito, com justificativa e endereço da nova sede ou das unidades operacionais da empresa.

Art. 7º A empresa de trabalho temporário que estiver funcionando na data da vigência desta Lei terá o prazo de noventa dias para o atendimento das exigências contidas no artigo anterior.

PARÁGRAFO ÚNICO. A empresa infratora do presente artigo poderá ter o seu funcionamento suspenso, por ato do Diretor-Geral do Departamento Nacional de Mão de Obra, cabendo recurso ao Ministro de Estado, no prazo de dez dias, a contar da publicação do ato no *Diário Oficial da União.*

Art. 8º A empresa de trabalho temporário é obrigada a fornecer ao Departamento Nacional de Mão de Obra, quando solicitada, os elementos de informação julgados necessários ao estudo do mercado de trabalho.

Art. 9º O contrato entre a empresa de trabalho temporário e a empresa tomadora de serviço ou cliente deverá ser obrigatoriamente escrito e dele deverá constar expressamente o motivo justificador da demanda de trabalho temporário, assim como as modalidades de remuneração da prestação de serviço.

Art. 10. O contrato entre a empresa de trabalho temporário e a empresa tomadora ou cliente, com relação a um mesmo empregado, não poderá exceder de três meses, salvo autorização conferida pelo órgão local do Ministério do Trabalho e Previdência Social, segundo instruções a serem baixadas pelo Departamento Nacional de Mão de Obra.

Art. 11. O contrato de trabalho celebrado entre empresa de trabalho temporário e cada um dos assalariados colocados à disposição de uma empresa tomadora ou cliente será, obrigatoriamente, escrito e dele deverão constar, expressamente, os direitos conferidos aos trabalhadores por esta Lei.

PARÁGRAFO ÚNICO. Será nula de pleno direito qualquer cláusula de reserva, proibindo a contratação do trabalhador pela empresa tomadora ou cliente ao fim do prazo em que tenha sido colocado à sua disposição pela empresa de trabalho temporário.

Art. 12. Ficam assegurados ao trabalhador temporário os seguintes direitos:

a) remuneração equivalente à percebida pelos empregados da mesma categoria da empresa tomadora ou cliente calculados à base horária, garantida, em qualquer hipótese, a percepção do salário mínimo regional;

b) jornada de oito horas, remuneradas as horas extraordinárias não excedentes de duas, com acréscimo de 20% (vinte por cento);

c) férias proporcionais, nos termos do artigo 25 da Lei n. 5.017, de 13 de setembro de 1966;

d) repouso semanal remunerado;

e) adicional por trabalho noturno;

f) indenização por dispensa sem justa causa ou término normal do contrato correspondente a 1/12 (um doze avos) do pagamento recebido;

g) seguro contra acidente do trabalho;

h) proteção previdenciária nos termos do disposto na Lei Orgânica da Previdência Social, com as alterações introduzidas pela Lei n. 5.890, de 8 de junho de 1973 (art. 5º, item III, letra "c" do Decreto n. 72.771, de 6 de setembro de 1973).

§ 1º Registrar-se-á na Carteira de Trabalho e Previdência Social do trabalhador sua condição de temporário.

§ 2º A empresa tomadora ou cliente é obrigada a comunicar à empresa de trabalho temporário a ocorrência de todo acidente cuja vítima seja um assalariado posto à sua disposição, considerando-se local de trabalho para efeito da legislação específica, tanto aquele onde se efetua a prestação do trabalho, quanto a sede da empresa de trabalho temporário.

Art. 13. Constituem justa causa para rescisão do contrato do trabalhador temporário os atos e circunstâncias mencionadas nos artigos 482 e 483, da Consolidação das Leis do Trabalho, ocorrentes entre o trabalhador e a empresa de trabalho temporário ou entre aquele e a empresa cliente onde estiver prestando serviço.

Art. 14. As empresas de trabalho temporário são obrigadas a fornecer às empresas tomadoras ou clientes, a seu pedido, comprovante da regularidade de sua situação com o Instituto Nacional de Previdência Social.

Art. 15. A Fiscalização do Trabalho poderá exigir da empresa tomadora ou cliente a apresentação do contrato firmado com a empresa de trabalho temporário, e, desta última, o contrato firmado com o trabalhador bem como a comprovação do respectivo recolhimento das contribuições previdenciárias.

Art. 16. No caso de falência da empresa de trabalho temporário, a empresa tomadora ou cliente é solidariamente responsável pelo recolhimento das contribuições previdenciárias, no tocante ao tempo em que o trabalhador esteve sob suas ordens, assim como em referência ao mesmo período, pela remuneração e indenização previstas nesta Lei.

Art. 17. É defeso às empresas de prestação de serviço temporário a contratação de estrangeiros com visto provisório de permanência no País.

Art. 18. É vedado à empresa de trabalho temporário cobrar do trabalhador qualquer importância, mesmo a título de mediação, podendo apenas efetuar os descontos previstos em Lei.

PARÁGRAFO ÚNICO. A infração deste artigo importa no cancelamento do registro para funcionamento da empresa de trabalho temporário, sem prejuízo das sanções administrativas e penais cabíveis.

Art. 19. Competirá à Justiça do Trabalho dirimir os litígios entre as empresas de serviço temporário e seus trabalhadores.

Art. 20. Esta Lei entrará em vigor sessenta dias após sua publicação, revogadas as disposições em contrário.

Brasília, 3 de janeiro de 1974; 153º da Independência e 86º da República.

Emílio Garrastazu Médici — Alfredo Buzaid — Júlio Barata

DECRETO N. 73.841, DE 13 DE MARÇO DE 1974

(DOU 13.3.74 — LTr 38/251)

REGULAMENTA A LEI N. 6.019, DE 3 DE JANEIRO DE 1974, QUE DISPÕE SOBRE O TRABALHO TEMPORÁRIO

O PRESIDENTE DA REPÚBLICA, no uso da atribuição que lhe confere o art. 81, item III, da Constituição e tendo em vista a Lei n. 6.019, de 3 de janeiro de 1974, decreta:

CAPÍTULO I
Do Trabalho Temporário

Art. 1º Trabalho temporário é aquele prestado por pessoa física a uma empresa, para atender necessidade transitória de substituição de pessoal regular e permanente ou a acréscimo extraordinário de serviços.

CAPÍTULO II
Da Empresa de Trabalho Temporário

Art. 2º A empresa de trabalho temporário tem por finalidade colocar pessoal especializado, por tempo determinado, à disposição de outras empresas que dele necessite.

Art. 3º A empresa de trabalho temporário, pessoa física ou jurídica, será necessariamente urbana.

Art. 4º O funcionamento da empresa de trabalho temporário está condicionado a prévio registro no Departamento Nacional de Mão de Obra do Ministério do Trabalho e Previdência Social.

§ 1º O pedido de registro deve ser acompanhado dos seguintes documentos:

I — prova de existência da firma individual ou da constituição de pessoa jurídica, com o competente registro na Junta Comercial da localidade em que tenham sede;

II — prova de nacionalidade brasileira do titular ou dos sócios;

III — prova de possuir capital social integralizado de, no mínimo, 500 (quinhentas) vezes o valor do maior salário mínimo vigente no País, à época do pedido do registro;

IV — prova de propriedade do imóvel sede ou recibo referente ao último mês de aluguel;

V — prova de entrega da relação de trabalhadores a que se refere o art. 360 da Consolidação das Leis do Trabalho;

VI — prova de recolhimento da contribuição sindical;

VII — prova de inscrição no Cadastro Geral de Contribuintes do Ministério da Fazenda;

VIII — Certificado de Regularidade de Situação, fornecido pelo Instituto Nacional de Previdência Social.

§ 2º O pedido de registro a que se refere o parágrafo anterior é dirigido ao Diretor-Geral do Departamento Nacional de Mão de Obra e protocolado na Delegacia Regional do Trabalho no Estado em que se situe a sede da empresa.

Art. 5º No caso de mudança de sede ou de abertura de filiais, agências ou escritórios é dispensada a apresentação dos documentos de que trata o § 1º do artigo anterior, exigindo-se, no entanto, o encaminhamento prévio ao Departamento Nacional de Mão de Obra de comunicação por escrito com justificativa e endereço da nova sede ou das unidades operacionais da empresa.

Art. 6º No caso de alteração na constituição de empresa já registrada, seu funcionamento dependerá de prévia comunicação ao Departamento Nacional de Mão de Obra e apresentação dos documentos mencionados no item II do § 1º do art. 4º.

Art. 7º A empresa de trabalho temporário é obrigada a fornecer ao Departamento Nacional de Mão de Obra, quando solicitada, os elementos de informação julgados necessários ao estudo do mercado de trabalho.

Art. 8º Cabe à empresa de trabalho temporário remunerar e assistir aos trabalhadores temporários relativamente aos seus direitos, consignados nos artigos 17 a 20 deste Decreto.

Art. 9º A empresa de trabalho temporário fica obrigada a registrar na Carteira de Trabalho e Previdência Social do trabalhador, sua condição de temporário.

Art. 10. A empresa de trabalho temporário é obrigada a apresentar à empresa tomadora de serviço ou cliente, a seu pedido, Certificado de Regularidade de Situação, fornecido pelo Instituto Nacional de Previdência Social.

Art. 11. A empresa de trabalho temporário é obrigada a apresentar ao agente da fiscalização, quando solicitada, o contrato firmado com o trabalhador temporário, os comprovantes de recolhimento das contribuições previdenciárias, bem como os demais elementos probatórios do cumprimento das obrigações estabelecidas neste Decreto.

Art. 12. É vedado à empresa de trabalho temporário:

I — contratar estrangeiro portador de visto provisório de permanência no País;

II — ter ou utilizar em seus serviços trabalhador temporário, salvo o disposto no artigo 16 ou quando contratado com outra empresa de trabalho temporário.

Art. 13. Executados os descontos previstos em lei, é defeso à empresa de trabalho temporário exigir do trabalhador pagamento de qualquer importância, mesmo a título de mediação, sob pena de cancelamento do registro para funcionamento, sem prejuízo de outras sanções cabíveis.

CAPÍTULO III

Da Empresa Tomadora de Serviço ou Cliente

Art. 14. Considera-se empresa tomadora de serviço ou cliente, para os efeitos deste Decreto, a pessoa física ou jurídica que, em virtude de necessidade transitória de substituição de seu pessoal regular e permanente ou de acréscimo extraordinário de tarefas, contrate locação de mão de obra com empresa de trabalho temporário.

Art. 15. A empresa tomadora de serviço ou cliente é obrigada a apresentar ao agente da fiscalização, quando solicitada, o contrato firmado com a empresa de trabalho temporário.

CAPÍTULO IV

Do Trabalhador Temporário

Art. 16. Considera-se trabalhador temporário aquele contratado por empresa de trabalho temporário, para prestação de serviço destinado a atender à necessidade transitória de substituição de pessoal regular e permanente ou a acréscimo extraordinário de tarefas de outra empresa.

Art. 17. Ao trabalhador temporário são assegurados os seguintes direitos:

I — remuneração equivalente à percebida pelos empregados da mesma categoria da empresa tomadora ou cliente, calculada à base horária, garantido, em qualquer hipótese, o salário mínimo regional;

II — pagamento de férias proporcionais, em caso de dispensa sem justa causa ou término normal do contrato temporário de trabalho, calculado na base de 1/12 (um doze avos) do último salário percebido, por mês trabalhado, considerando-se como mês completo a fração igual ou superior a 15 (quinze) dias;

III — indenização do tempo de serviço em caso de dispensa sem justa causa, rescisão do contrato por justa causa do trabalhador ou término normal do contrato de trabalho temporário, calculada na base de 1/12 (um doze avos) do último salário percebido, por mês de serviço, considerando-se como mês completo a fração igual ou superior a 15 (quinze) dias;

IV — benefícios e serviços da previdência social, nos termos da Lei n. 3.807, de 26 de agosto de 1960, com as alterações introduzidas pela Lei n. 5.890, de 8 de junho de 1973, como segurado autônomo;

V — seguro de acidentes do trabalho, nos termos da Lei n. 5.316, de 14 de setembro de 1967.

Art. 18. A duração normal do trabalho, para os trabalhadores temporários é de, no máximo, 8 (oito) horas diárias, salvo disposições legais específicas concernentes a peculiaridades profissionais.

PARÁGRAFO ÚNICO. A duração normal do trabalho pode ser acrescida de horas suplementares, em número não excedente a 2 (duas), mediante acordo escrito entre a empresa de trabalho temporário e o trabalhador temporário, sendo a remuneração dessas horas acrescida de, pelo menos 20% (vinte por cento) em relação ao salário-hora normal.

Art. 19. O trabalho noturno terá remuneração superior a 20% (vinte por cento), pelo menos, em relação ao diurno.

Art. 20. É assegurado ao trabalhador temporário descanso semanal remunerado nos termos do disposto na Lei n. 605, de 5 de janeiro de 1949.

CAPÍTULO V
Do Contrato de Trabalho Temporário

Art. 21. A empresa de trabalho temporário é obrigada a celebrar contrato individual escrito de trabalho temporário com o trabalhador, no qual constem expressamente os direitos ao mesmo conferidos, decorrentes da sua condição de temporário.

Art. 22. É nula de pleno direito qualquer cláusula proibitiva da contratação do trabalhador pela empresa tomadora de serviço ou cliente.

Art. 23. Constituem justa causa para rescisão do contrato de trabalho temporário pela empresa:

I — ato de improbidade;

II — incontinência de conduta ou mau procedimento;

III — negociação habitual por conta própria ou alheia sem permissão da empresa de trabalho temporário ou da empresa tomadora de serviço ou cliente e quando constituir ato de concorrência a qualquer delas, ou prejudicial ao serviço;

IV — condenação criminal do trabalhador, passada em julgado, caso não tenha havido suspensão da execução da pena;

V — desídia no desempenho das respectivas funções;

VI — embriaguez habitual ou em serviço;

VII — violação de segredo da empresa de serviço temporário ou da empresa tomadora de serviço ou cliente;

VIII — ato de indisciplina ou insubordinação;

IX — abandono do trabalho;

X — ato lesivo da honra ou da boa fama praticado no serviço contra qualquer pessoa, ou ofensas físicas nas mesmas condições, salvo em caso de legítima defesa própria ou de outrem;

XI — ato lesivo da honra e boa fama ou ofensas físicas praticadas contra superiores hierárquicos, salvo em caso de legítima defesa própria ou de outrem;

XII — prática constante de jogo de azar;

XIII — atos atentatórios à segurança nacional, devidamente comprovados em inquérito administrativo.

Art. 24. O trabalhador pode considerar rescindido o contrato de trabalho temporário quando:

I — forem exigidos serviços superiores às suas forças, defesos por lei, contrários aos bons costumes ou alheios ao contrato;

II — for tratado pelos seus superiores hierárquicos com rigor excessivo;

III — correr perigo manifesto de mal considerável;

IV — não cumprir a empresa de trabalho temporário as obrigações do contrato;

V — praticar a empresa de trabalho temporário ou a empresa tomadora de serviço ou cliente, ou seus prepostos, contra ele ou pessoa de sua família, ato lesivo da honra e boa fama;

VI — for ofendido fisicamente por superiores hierárquicos da empresa de trabalho temporário ou da empresa tomadora de serviço ou cliente, ou seus prepostos, salvo em caso de legítima defesa própria ou de outrem;

VII — quando for reduzido seu trabalho, sendo este por peça ou tarefa, de forma a reduzir sensivelmente a importância dos salários;

VIII — falecer o titular da empresa de trabalho temporário constituída em firma individual.

§ 1º O trabalhador temporário poderá suspender a prestação dos serviços ou rescindir o contrato, quando tiver de desempenhar obrigações legais, incompatíveis com a continuação do serviço.

§ 2º Nas hipóteses dos itens IV e VII, deste artigo, poderá o trabalhador pleitear a rescisão do seu contrato de trabalho, permanecendo ou não no serviço até final decisão do processo.

Art. 25. Serão consideradas razões determinantes de rescisão, por justa causa, no contrato de trabalho temporário, os atos e circunstâncias mencionados nos artigos 23 e 24, ocorridos entre o trabalhador e a empresa de trabalho temporário e entre aquele e a empresa tomadora ou cliente, onde estiver prestando serviço.

CAPÍTULO VI
Do Contrato de Prestação de Serviço Temporário

Art. 26. Para a prestação de serviço temporário é obrigatória a celebração de contrato escrito entre a empresa de trabalho temporário e a empresa tomadora de serviço ou cliente, dele devendo constar expressamente:

I — o motivo justificador da demanda de trabalho temporário;

II — a modalidade de remuneração da prestação de serviço, onde estejam claramente discriminadas as parcelas relativas a salários e encargos sociais.

Art. 27. O contrato entre a empresa de trabalho temporário e a empresa tomadora ou cliente, com relação a um mesmo empregado, não poderá exceder de três meses, salvo autorização conferida pelo órgão local do Ministério do Trabalho, segundo instruções a serem baixadas pelo Departamento Nacional de Mão de Obra.

Art. 28. As alterações que se fizerem necessárias, durante a vigência do contrato de prestação de serviços, relativas à redução ou ao aumento do número de trabalhadores colocados à disposição da empresa tomadora de serviço ou cliente, deverão ser objeto de termo aditivo ao contrato, observado o disposto nos arts. 26 e 27.

CAPÍTULO VII
Disposições Gerais

Art. 29. Compete à Justiça do Trabalho dirimir os litígios entre as empresas de serviço temporário e seus trabalhadores.

Art. 30. No caso de falência da empresa de trabalho temporário, a empresa tomadora de serviço ou cliente é solidariamente responsável pelo recolhimento das contribuições previdenciárias no tocante ao tempo em que o trabalhador esteve sob suas ordens, assim como em referência ao mesmo período, pela remuneração e indenização previstas neste Decreto.

Art. 31. A contribuição previdenciária é devida na seguinte proporcionalidade:

I — do trabalhador temporário, no valor de 8% (oito por cento) do salário efetivamente percebido, observado o disposto no art. 224 do Regulamento aprovado pelo Decreto n. 72.771, de 6 de setembro de 1973;

II — da empresa de trabalho temporário, em quantia igual à devida pelo trabalhador.

Art. 32. É devida pela empresa de trabalho temporário a taxa relativa ao custeio das prestações por acidente do trabalho.

Art. 33. O recolhimento das contribuições previdenciárias, inclusive as do trabalhador temporário, bem como da taxa de contribuição do seguro de acidentes do trabalho, cabe à empresa de trabalho temporário, independentemente do acordo a que se refere o art. 237 do Regulamento aprovado pelo Decreto n. 72.771, de 6 de setembro de 1973, de conformidade com instruções expedidas pelo INPS.

Art. 34. Aplicam-se às empresas de trabalho temporário, no que se refere às suas relações com o trabalhador, e perante o INPS, as disposições da Lei n. 3.807, de 26 de agosto de 1960, com as alterações introduzidas pela Lei n. 5.890, de 8 de junho de 1973.

Art. 35. A empresa de trabalho temporário é obrigada a elaborar folha de pagamento especial para os trabalhadores temporários.

Art. 36. Para os fins da Lei n. 5.316, de 14 de setembro de 1967, considera-se local de trabalho para os trabalhadores temporários, tanto aquele onde se efetua a prestação do serviço, quanto a sede da empresa de trabalho temporário.

§ 1º A empresa tomadora de serviço ou cliente é obrigada a comunicar à empresa de trabalho temporário a ocorrência de acidente do trabalho cuja vítima seja trabalhador posto à sua disposição.

§ 2º O encaminhamento do acidentado ao Instituto Nacional de Previdência Social pode ser feito diretamente pela empresa tomadora de serviço ou cliente, de conformidade com normas expedidas por aquele Instituto.

Art. 37. Ao término normal do contrato de trabalho, ou por ocasião de sua rescisão, a empresa de trabalho temporário deve fornecer ao trabalhador temporário atestado, de acordo com modelo instituído pelo INPS.

PARÁGRAFO ÚNICO. O atestado a que se refere este artigo valerá, para todos os efeitos, como prova de tempo de serviço e salário de contribuição, podendo, em caso de dúvida ser exigida pelo INPS a apresentação pela empresa de trabalho temporário, dos documentos que serviram de base para emissão do atestado.

Art. 38. O disposto neste Decreto não se aplica aos trabalhadores avulsos.

CAPÍTULO VIII
Disposições Transitórias

Art. 39. A empresa de trabalho temporário, em funcionamento em 5 de março de 1974, data da vigência da Lei n. 6.019, de 3 de janeiro de 1974, fica obrigada a atender aos requisitos constantes do art. 4º deste Decreto até o dia 3 de junho de 1974, sob pena de suspensão de seu funcionamento, por ato do Diretor-Geral do Departamento Nacional de Mão de Obra.

PARÁGRAFO ÚNICO. Do ato do Diretor-Geral do Departamento Nacional de Mão de Obra que determinar a suspensão do funcionamento da empresa de trabalho temporário, nos termos deste artigo, cabe recurso ao Ministro do Trabalho, no prazo de 10 (dez) dias, a contar da data da publicação do ato no Diário Oficial.

Art. 40. Mediante proposta da Comissão de Enquadramento Sindical do Departamento Nacional do Trabalho, o Ministro do Trabalho incluirá as empresas de trabalho temporário e os trabalhadores temporários em categorias existentes ou criará categorias específicas no Quadro de Atividades e Profissões a que se refere o art. 577 da Consolidação das Leis do Trabalho.

Art. 41. O presente Decreto entrará em vigor na data de sua publicação, revogadas as disposições em contrário.

Brasília, 13 de março de 1974; 153º da Independência e 86º da República.

Emílio G. Médici

Júlio Barata

INSTRUÇÃO NORMATIVA MTb/GM N. 3, DE 29 DE AGOSTO DE 1997

(DOU 1º.9.97)

DISPÕE SOBRE A FISCALIZAÇÃO DO TRABALHO NAS EMPRESAS DE PRESTAÇÃO DE SERVIÇOS A TERCEIROS E EMPRESAS DE TRABALHO TEMPORÁRIO

O MINISTRO DE ESTADO DO TRABALHO, no uso das atribuições legais que lhe confere o inciso IV, do artigo 87, da Constituição Federal, e

Considerando a necessidade de uniformizar o procedimento da Fiscalização do Trabalho, frente às inovações introduzidas pelo Enunciado n. 331, do Tribunal Superior do Trabalho, que alterou o Enunciado n. 256, resolve:

Art. 1º Baixar as seguintes instruções a serem observadas pela Fiscalização do Trabalho.

I — Da Empresa de Prestação de Serviços a Terceiros

Art. 2º Para os efeitos desta Instrução Normativa, considera-se empresa de prestação de serviços a terceiros a pessoa jurídica de direito privado, de natureza comercial, legalmente constituída, que se destina a realizar determinado e específico serviço a outra empresa fora do âmbito das atividades-fim e normais para que se constituiu esta última.

§ 1º As relações entre a empresa de prestação de serviços a terceiros e a empresa contratante são regidas pela lei civil.

§ 2º As relações de trabalho entre a empresa de prestação de serviços a terceiros e seus empregados são disciplinadas pela Consolidação das Leis do Trabalho — CLT.

§ 3º Em se tratando de empresa de vigilância e de transporte de valores, as relações de trabalho estão reguladas pela Lei n. 7.102/83, e, subsidiariamente, pela CLT.

§ 4º Dependendo da natureza dos serviços contratados, a prestação dos mesmos poderá se desenvolver nas instalações físicas da empresa contratante ou em outro local por ela determinado.

§ 5º A empresa de prestação de serviços a terceiros contrata, remunera e dirige o trabalho realizado por seus empregados.

§ 6º Os empregados da empresa de prestação de serviços a terceiros não estão subordinados ao poder diretivo, técnico e disciplinar da empresa contratante.

Art. 3º Para os efeitos desta Instrução Normativa, considera-se contratante a pessoa física ou jurídica de direito público ou privado que celebrar contrato com empresas de prestação de serviços a terceiros com a finalidade de contratar serviços.

§ 1º A contratante e a empresa prestadora de serviços a terceiros devem desenvolver atividades diferentes e ter finalidades distintas.

§ 2º A contratante não pode manter trabalhador em atividade diversa daquela para a qual o mesmo fora contratado pela empresa de prestação de serviços a terceiros.

§ 3º Em se tratando de empresas do mesmo grupo econômico, onde a prestação de serviços se dê junto a uma delas, o vínculo empregatício se estabelece entre a contratante e o trabalhador colocado à sua disposição, nos termos do artigo 2º da CLT.

§ 4º O contrato de prestação de serviços a terceiros pode abranger o fornecimento de serviços, materiais e equipamentos.

Art. 4º O contrato celebrado entre a empresa prestadora de serviços a terceiros e pessoa jurídica de direito público é tipicamente administrativo, com efeitos civis, na conformidade do § 7º, artigo 10 do Decreto-lei n. 200/67 e da Lei n. 8.666/93.

PARÁGRAFO ÚNICO. Não gera vínculo de emprego com os Órgãos da Administração Pública Direta, Indireta ou Fundacional, a contratação irregular de trabalhador mediante empresa interposta, de acordo com o Enunciado n. 331, do Tribunal Superior do Trabalho.

Art. 5º Cabe à Fiscalização do Trabalho, quando da inspeção na empresa de prestação de serviços a terceiros ou na contratante, observar as disposições contidas nesta Instrução Normativa, especialmente no que se refere a:

a) registro de empregado — deve permanecer no local da prestação de serviços, para exame do contrato de trabalho e identificação do cargo para o qual o trabalhador foi contratado, salvo quando o empregado tiver cartão de identificação, tipo crachá, contendo nome completo, função, data de admissão e número do PIS-PASEP, hipótese em que a Fiscalização fará a verificação do registro na sede da empresa prestadora de serviços, caso esta sede se localize no Município onde está sendo realizada a ação fiscal;

b) horário de trabalho — o controle de jornada de trabalho deve ser feito no local da prestação de serviços. Tratando-se de trabalhador externo (papeleta) este controle deve permanecer na sede da empresa prestadora de serviços a terceiros;

c) atividade do trabalhador — o agente da inspeção do trabalho deve observar as tarefas executadas pelo trabalhador da empresa prestadora de serviços, a fim de constatar se estas não estão ligadas às atividades-fim e essenciais da contratante;

d) o contrato social — o agente da inspeção do trabalho deve examinar os contratos sociais da contratante e da empresa prestadora de serviços, com a finalidade de constatar se as mesmas se propõem a explorar as mesmas atividades-fim;

e) contrato de prestação de serviços — o agente da inspeção do trabalho deve verificar se há compatibilidade entre o objeto do contrato de prestação de serviços e as tarefas desenvolvidas pelos empregados da prestadora, com o objetivo de constatar se ocorre desvio de função de trabalhador.

PARÁGRAFO ÚNICO. Presentes os requisitos configuradores da relação de emprego entre a contratante e os empregados da empresa de prestação de serviços a terceiros ou desvio de função destes, lavrar-se-á, em desfavor da contratante, o competente auto de infração, pela caracterização do vínculo empregatício.

II — Da Empresa de Trabalho Temporário

Art. 6º Compreende-se como empresa de trabalho temporário a pessoa física ou jurídica urbana, cuja atividade consiste em colocar à disposição de outras empresas, temporariamente, trabalhadores devidamente qualificados, por estas remunerados e assistidos.

Art. 7º Considera-se trabalho temporário aquele prestado por pessoa física a uma empresa tomadora ou cliente, para atender à necessidade transitória de substituição de seu pessoal regular e permanente ou a acréscimo extraordinário de serviços.

§ 1º A empresa de trabalho temporário tem seu funcionamento condicionado ao registro no Ministério do Trabalho.

§ 2º As relações entre a empresa de trabalho temporário e seus assalariados são regidas pela Lei n. 6.019, de 3 de janeiro de 1974.

Art. 8º Considera-se empresa tomadora ou cliente a pessoa física ou jurídica urbana de direito público ou privado que celebrar contrato com empresa de trabalho temporário objetivando atender à necessidade transitória de substituição de seu pessoal, regular e permanente ou a demanda extraordinária de serviços.

Art. 9º Para os efeitos dos arts. 2º e 4º da Lei n. 6.019/74, considera-se, respectivamente:

I — acréscimo extraordinário de serviço, não só aquela demanda oriunda de fatores imprevisíveis, como também os denominados "picos de venda" ou "picos de produção";

II — trabalhador devidamente qualificado, o portador de aptidão genérica inerente a qualquer trabalhador, e não somente o técnico ou especializado.

Art. 10. As relações entre a empresa de trabalho temporário e a empresa tomadora ou cliente são regidas pela lei civil.

§ 1º A empresa de trabalho temporário transfere durante a vigência do contrato de trabalho o poder diretivo sobre os seus assalariados à empresa tomadora ou cliente.

§ 2º O trabalhador temporário pode atuar tanto na atividade-meio, quanto na atividade-fim da empresa tomadora ou cliente.

Art. 11. A empresa tomadora ou cliente exerce, durante a vigência do contrato firmado com a empresa de trabalho temporário, o poder disciplinar, técnico e diretivo sobre o assalariado colocado à sua disposição.

Art. 12. Incumbe à Fiscalização do Trabalho, quando da inspeção na empresa tomadora ou cliente, observar as disposições contidas nesta Instrução Normativa, especialmente, quanto à:

a) verificação de cláusula constante do contrato celebrado com a empresa de trabalho temporário, relativamente ao motivo justificador da demanda do trabalho temporário, bem como as modalidades de remuneração dessa contratação;

b) verificação no sentido de constatar se o contrato firmado entre a empresa contratante ou cliente e a empresa de trabalho temporário guarda consonância com o prazo de três meses em que é permitido o trabalhador temporário ficar à disposição da contratante ou cliente, salvo comunicação ao Órgão local do Ministério do Trabalho, nos termos da Portaria n. 1, de 2.7.97, da Secretaria de Relações do Trabalho, em que se permite a prorrogação automática do contrato, desde que o período total do mesmo não exceda seis meses; e

c) verificação, sempre que possível, de dados referentes ao trabalhador temporário, no sentido de constatar se o mesmo não está trabalhando, além do prazo previsto na alínea anterior, em âmbito da contratante, mediante sucessivas contratações, por empresas de trabalho temporário diversas, com o intuito de afastar a relação de emprego.

Art. 13. Cabe à Fiscalização do Trabalho exigir da empresa de trabalho temporário e da empresa tomadora ou cliente a perfeita observância da Lei n. 6.019/74, aplicando-se em caso de descumprimento a multa prevista no art. 3º da Lei n. 7.855/89, sem prejuízo do disposto no parágrafo único do art. 18, da referida Lei, quando for o caso.

Art. 14. Esta Instrução Normativa entrará em vigor na data de sua publicação, revogada a Instrução Normativa n. 7, de 21 de fevereiro de 1990.

Paulo Paiva

Legislação Complementar

INSTRUÇÃO NORMATIVA SRT/MTE N. 14, DE 17 DE NOVEMBRO DE 2009

(DOU 18.11.09)

DISPÕE SOBRE O REGISTRO DE EMPRESAS DE TRABALHO TEMPORÁRIO

O SECRETÁRIO DE RELAÇÕES DO TRABALHO DO MINISTÉRIO DO TRABALHO E EMPREGO, no uso da atribuição que lhe confere o inciso VIII do art. 17 do Anexo I ao Decreto n. 5.063, de 3 de maio de 2004, resolve:

Art. 1º Os procedimentos para o registro de empresa de trabalho temporário, previsto no art. 5º da Lei n. 6.019, de 3 de janeiro de 1974, e no art. 4º do Decreto n. 73.841, de 13 de março de 1974, e de alterações contratuais, mudança de sede ou abertura de filiais, agências ou escritórios, obedecerão ao disposto nesta Instrução Normativa.

Art. 2º A partir de 1º de dezembro de 2009, as solicitações de registro de empresa de trabalho temporário e de alterações contratuais, mudança de sede ou abertura de filiais, agências ou escritórios deverão ser feitas por meio do Sistema de Registro de Empresas de Trabalho Temporário — SIRETT.

Art. 3º Para solicitar registro de empresa de trabalho temporário, a empresa deverá acessar o SIRETT no endereço eletrônico do Ministério do Trabalho e Emprego — MTE na rede mundial de computadores — internet : www.mte.gov.br, preencher os dados e transmiti-los na forma requerida pelo Sistema.

PARÁGRAFO ÚNICO. Após a conclusão do preenchimento e a transmissão dos dados, a empresa deverá protocolizar a solicitação de registro gerada pelo SIRETT na unidade regional do MTE da localidade onde se situa sua sede, juntamente com cópia dos seguintes documentos:

I — requerimento de empresário ou do contrato social e suas alterações, ou versão consolidada, devidamente registrados na Junta Comercial, do qual conste o nome empresarial e o nome de fantasia, se houver;

II — comprovação de integralização do capital social previsto na alínea "b" do art. 6º da Lei n. 6.019, de 1974;

III — prova de entrega da Relação Anual de Informações Sociais — RAIS, positiva ou negativa;

IV — certidão negativa de débito previdenciário — CND;

V — prova de recolhimento da contribuição sindical patronal;

VI — prova de propriedade do imóvel sede ou contrato de locação firmado em nome da empresa de trabalho temporário, com autorização de sublocação, se for o caso, e eventuais aditamentos e comprovantes de prorrogação da locação, acompanhado do recibo de aluguel do mês imediatamente anterior à data do pedido;

VII — inscrição no Cadastro Nacional da Pessoa Jurídica — CNPJ, em que conste como atividade principal a locação de mão de obra temporária; e

VIII — identificação dos sócios, por meio dos seguintes documentos, dentre outros que se fizerem necessários:

a) para os sócios pessoas físicas, identificação pessoal que contenha o número da carteira de identidade e o número do Cadastro de Pessoa Física — CPF; e

b) para os sócios pessoas jurídicas, contrato social ou requerimento de empresário e inscrição no CNPJ.

Art. 4º A Seção ou Setor de Relações do Trabalho da unidade regional do MTE onde for protocolizada a solicitação verificará a instrução do processo com os documentos elencados no parágrafo único do art. 3º e o encaminhará à Divisão de Registro de Empresa de Trabalho Temporário da Coordenação-Geral de Relações do Trabalho da Secretaria de Relações do Trabalho.

Art. 5º Cabe à Divisão de Registro de Empresa de Trabalho Temporário analisar os documentos apresentados e verificar o cumprimento dos requisitos legais para o deferimento do pedido.

§ 1º Havendo falta ou irregularidade nos documentos previstos no parágrafo único do art. 3º, a Divisão de Registro de Empresa de Trabalho Temporário notificará a empresa para saneamento do processo no prazo máximo de dez dias.

§ 2º As irregularidades não sanadas ensejarão o indeferimento do pedido e o arquivamento do processo.

§ 3º O pedido de reconsideração, acompanhado de documentos que o fundamentem, deverá ser encaminhado diretamente à Divisão de Registro de Empresa de Trabalho Temporário.

Art. 6º Na observância da regularidade dos documentos, a proposta de deferimento será submetida ao Secretário de Relações do Trabalho.

PARÁGRAFO ÚNICO. Deferido o pedido, o processo será encaminhado à unidade regional do MTE onde foi protocolizada a solicitação, para entrega do certificado de registro à empresa de trabalho temporário, mediante recibo.

Art. 7º Havendo alteração contratual, mudança de sede ou abertura de filiais, agências ou escritórios, a empresa de trabalho temporário deverá seguir os procedimentos previstos no art. 2º e *caput* do art. 3º.

§ 1º A solicitação de alteração de dados gerada pelo SIRETT deverá ser protocolizada na unidade regional do MTE da localidade onde se situa sua sede ou filial, juntamente com cópia dos seguintes documentos:

I — requerimento de empresário ou contrato social e respectivas alterações ou versão consolidada devidamente registrados na Junta Comercial, do qual conste a mudança de sede ou abertura de filiais, agências ou escritórios;

II — inscrição no CNPJ, em que conste como atividade principal a locação de mão de obra temporária e o novo nome empresarial, endereço da sede ou da filial, agência ou escritório;

III — certificado de registro de empresa de trabalho temporário; e

IV — prova de propriedade do imóvel, conforme previsto no inciso VI do parágrafo único do art. 3º.

§ 2º Serão aplicados aos pedidos de que trata o *caput* os procedimentos previstos nos arts. 4º a 6º.

§ 3º O novo certificado deverá ser entregue à empresa de trabalho temporário pela Seção ou Setor de Relações do Trabalho da unidade regional do MTE onde foi efetuado o protocolo do pedido, mediante recibo e a devolução do certificado original para anexação aos autos.

Art. 8º No caso de extravio, perda, roubo ou inutilização do certificado original, a empresa poderá solicitar a emissão de segunda via por meio de requerimento dirigido à Divisão de Registro de Empresa de Trabalho Temporário, acompanhado de boletim de ocorrência policial, se for o caso.

Art. 9º O cancelamento do registro de empresa de trabalho temporário deverá ser solicitado na forma do art. 2º e *caput* do art. 3º, devendo acompanhar a solicitação de cancelamento os seguintes documentos:

I — cópia do requerimento de empresário ou do contrato social e suas alterações ou versão consolidada, devidamente registrados na Junta Comercial, do qual conste o nome empresarial e o nome de fantasia, se houver; e

II — original do certificado de registro de empresa de trabalho temporário.

Art. 10. O registro de empresa de trabalho temporário será cancelado de ofício, quando for comprovada cobrança de qualquer importância ao trabalhador, conforme parágrafo único do art. 18 da Lei n. 6.019, de 1974, observado o direito à ampla defesa.

Art. 11. As cópias deverão ser autenticadas ou apresentadas juntamente com os documentos originais para comparação pelo servidor da unidade regional do MTE que as receber, que nelas deverá consignar seu nome e matrícula.

Art. 12. Os processos serão arquivados na unidade regional do MTE em que foram protocolizados, devendo a Seção ou Setor de Relações do Trabalho anexar aos autos o certificado original previsto no § 3º do art. 7º.

Art. 13. A empresa de trabalho temporário fica autorizada a exercer suas atividades nas localidades onde possuir filiais, agências ou escritórios registrados no MTE.

PARÁGRAFO ÚNICO. As atividades poderão ser exercidas nas localidades onde não houver filial, agência ou escritório, desde que a empresa de trabalho temporário informe, no SIRETT, os dados de contrato firmado com a empresa tomadora ou cliente.

Art. 14. As fases dos procedimentos processuais ficarão disponíveis na página eletrônica do MTE na internet para acompanhamento pela empresa.

Art. 15. Esta Instrução Normativa entra em vigor na data de sua publicação.

Art. 16. Fica revogada a Instrução Normativa n. 7, de 22 de novembro de 2007, publicada no Diário Oficial da União de 22 de novembro de 2007.

Luiz Antonio de Medeiros

PORTARIA GM/MTE N. 789, DE 2 DE JUNHO DE 2014

(DOU 3.6.14)

ESTABELECE INSTRUÇÕES PARA O CONTRATO DE TRABALHO TEMPORÁRIO E O FORNECIMENTO DE DADOS RELACIONADOS AO ESTUDO DO MERCADO DE TRABALHO

O MINISTRO DE ESTADO DO TRABALHO E EMPREGO, no uso das atribuições que lhe confere o art. 87, parágrafo único, inciso II, da Constituição Federal, e tendo em vista o disposto nos arts. 8º a 10 da Lei n. 6.019, de 3 de janeiro de 1974, e no art. 27 do Decreto n. 73.841, de 13 de março de 1974, resolve:

Art. 1º Estabelecer instruções para o contrato de trabalho temporário por período superior a três meses e o fornecimento de dados relacionados ao estudo do mercado de trabalho.

I — AUTORIZAÇÃO PARA CELEBRAÇÃO DE CONTRATO DE TRABALHO TEMPORÁRIO POR PRAZO SUPERIOR A TRÊS MESES

Art. 2º Na hipótese legal de substituição transitória de pessoal regular e permanente, o contrato poderá ser pactuado por mais de três meses com relação a um mesmo empregado, nas seguintes situações:

I — quando ocorrerem circunstâncias, já conhecidas na data da sua celebração, que justifiquem a contratação de trabalhador temporário por período superior a três meses; ou

Legislação Complementar

II — quando houver motivo que justifique a prorrogação de contrato de trabalho temporário, que exceda o prazo total de três meses de duração.

PARÁGRAFO ÚNICO. Observadas as condições estabelecidas neste artigo, a duração do contrato de trabalho temporário, incluídas as prorrogações, não pode ultrapassar um período total de nove meses.

Art. 3º Na hipótese legal de acréscimo extraordinário de serviços, será permitida prorrogação do contrato de trabalho temporário por até três meses além do prazo previsto no art. 10 da Lei n. 6.019, de 3 de janeiro de 1974, desde que perdure o motivo justificador da contratação.

Art. 4º A empresa de trabalho temporário deverá solicitar as autorizações previstas nos arts. 2º e 3º desta Portaria por meio da página eletrônica do MTE, conforme instruções previstas no Sistema de Registro de Empresa de Trabalho Temporário — SIRETT, disponível no endereço *www.mte.gov.br.*

§ 1º Quando se tratar de celebração de contrato de trabalho temporário com prazo superior a três meses, a solicitação de autorização deve ser feita com antecedência mínima de cinco dias de seu início.

§ 2º Quando se tratar de prorrogação de contrato de trabalho temporário, a solicitação de autorização deve ser feita até cinco dias antes do termo final inicialmente previsto.

§ 3º Independe de autorização do órgão regional do MTE a prorrogação de contrato de trabalho temporário, quando, somada à duração inicial do contrato, este não exceder a três meses.

Art. 5º O requerimento das autorizações previstas no art. 2º e 3º desta Portaria será analisado pela Seção de Relações do Trabalho — SERET da Superintendência Regional do Trabalho e Emprego do Estado da Federação onde o trabalhador temporário prestará seus serviços.

§ 1º Compete ao Chefe da Seção de Relações do Trabalho, de forma fundamentada, decidir sobre a autorização solicitada.

§ 2º A competência estabelecida no § 1º deste artigo poderá ser delegada pela chefia aos servidores lotados na Seção de Relações do Trabalho da respectiva unidade.

§ 3º A decisão sobre a autorização constará de termo gerado pelo SIRETT, que será disponibilizado no próprio sistema.

Art. 6º Será denegada a autorização quando não preenchidas as condições previstas nesta Portaria.

§ 1º A concessão das autorizações previstas no art. 2º ou no art. 3º desta Portaria é realizada com base na análise formal e objetiva da documentação e das declarações prestadas pelos requerentes, não implicando responsabilidade da autoridade concedente caso as condições fáticas do contrato divirjam das informações prestadas pelo solicitante.

§ 2º Compete à Inspeção do Trabalho a verificação da regularidade das condições do contrato de trabalho temporário, inclusive quanto a seus motivos, a ser realizada de acordo com o planejamento de cada regional.

II — INFORMAÇÕES DESTINADAS AO ESTUDO DE MERCADO

Art. 7º Para fins de cumprimento do disposto no art. 8º da Lei n. 6.019, de 1974, as empresas de trabalho temporário deverão informar, até o dia sete de cada mês, os dados relativos aos contratos de trabalho temporário celebrados no mês anterior.

§ 1º As informações serão prestadas no SIRETT, por meio de preenchimento do formulário eletrônico ou pela transmissão de arquivo digital com formato padronizado.

§ 2º Em caso de prorrogação de contrato de trabalho temporário que independa de autorização, a empresa de trabalho temporário deverá informar a nova data de encerramento, por meio do SIRETT, até o último dia do período inicialmente pactuado.

§ 3º Em caso de rescisão antecipada do contrato de trabalho temporário, a empresa de trabalho temporário deverá informar a nova data de rescisão, por meio do SIRETT, em até dois dias após o término do contrato.

§ 4º A solicitação de autorização para contratação por período superior a três meses, prevista no art. 4º, supre a obrigação de informação contida no *caput* deste artigo.

III — DISPOSIÇÕES GERAIS

Art. 8º Para efeitos desta Portaria, considera-se:

I — Hipótese legal para a contratação de trabalho temporário: necessidade transitória de substituição de pessoal regular e permanente ou acréscimo extraordinário de serviços;

II — Motivo justificador: fato determinado que, no caso concreto, justifica a hipótese legal para a contratação de trabalho temporário.

Art. 9º A falta de envio das informações previstas no artigo 7º desta Portaria, bem como as incorreções ou omissões em sua prestação, consiste em infração ao art. 8º da Lei n. 6.019, de 1974, a ser apurada na forma do Título VII da Consolidação das Leis do Trabalho.

Art. 10. O contrato de trabalho temporário será considerado nulo de pleno direito, nos termos do artigo 9º da Consolidação das Leis do Trabalho, quando comprovada, pela Inspeção do Trabalho, a inexistência do motivo justificador da contratação nele indicado, sujeitando os infratores às cominações legais correspondentes.

Art. 11. A atividade de locação de mão de obra temporária é exclusiva da empresa de trabalho temporário e não pode ser transferida a terceiros.

Art. 12. Os casos omissos serão resolvidos pela Secretaria de Relações do Trabalho.

Art. 13. Fica revogada a Portaria n. 550, de 12 de março de 2010.

Art. 14. Esta portaria entra em vigor em 1º de julho de 2014.

Manoel Dias

LEI N. 9.608, DE 18 DE FEVEREIRO DE 1998

(DOU 19.2.98)

DISPÕE SOBRE O SERVIÇO VOLUNTÁRIO E DÁ OUTRAS PROVIDÊNCIAS

V. Lei n. 10.029, de 20.10.00 (DOU 23.10.00), que estabelece normas gerais para a prestação voluntária de serviços administrativos e de serviços auxiliares de saúde e de defesa civil nas Polícias Militares e nos Corpos de Bombeiros Militares e dá outras providências (Não publicada nesta obra)

V. Decreto n. 5.313, de 16.12.04, DOU 17.12.04, que regulamenta o art. 3º-A da Lei n. 9.608, de 18.02.98 (não publicado nesta obra)

O PRESIDENTE DA REPÚBLICA,

Faço saber que o Congresso Nacional decreta e eu sanciono a seguinte Lei:

Art. 1º Considera-se serviço voluntário, para fins desta Lei, a atividade não remunerada, prestada por pessoa física à entidade pública de qualquer natureza, ou à instituição privada de fins não lucrativos, que tenha objetivos cívicos, culturais, educacionais, científicos, recreativos ou de assistência social, inclusive mutualidade.

PARÁGRAFO ÚNICO. O serviço voluntário não gera vínculo empregatício, nem obrigação de natureza trabalhista, previdenciária ou afim.

Art. 2º O serviço voluntário será exercido mediante a celebração de termo de adesão entre a entidade, pública ou privada, e o prestador do serviço voluntário, dele devendo constar o objeto e as condições de seu exercício.

Art. 3º O prestador do serviço voluntário poderá ser ressarcido pelas despesas que comprovadamente realizar no desempenho das atividades voluntárias.

PARÁGRAFO ÚNICO. As despesas a serem ressarcidas deverão estar expressamente autorizadas pela entidade a que for prestado o serviço voluntário.

Art. 3º-A. Revogado pela Lei n. 11.692, de 10.6.08, DOU 11.6.08, a partir de 1º de janeiro de 2008.

Art. 4º Esta Lei entra em vigor na data de sua publicação.

Art. 5º Revogam-se as disposições em contrário.

Fernando Henrique Cardoso
Paulo Paiva

LEI N. 5.764, DE 16 DE DEZEMBRO DE 1971

(DOU 16.12.71)

DEFINE A POLÍTICA NACIONAL DE COOPERATIVISMO, INSTITUI O REGIME JURÍDICO DAS SOCIEDADES COOPERATIVAS, E DÁ OUTRAS PROVIDÊNCIAS

....

Art. 55. Os empregados de empresas que sejam eleitos diretores de sociedades cooperativas pelos mesmos criadas gozarão das garantias asseguradas aos dirigentes sindicais pelo artigo 543 da Consolidação das Leis do Trabalho (Decreto-lei n. 5.452, de 1º.5.43).

....

SEÇÃO V

Do Sistema Trabalhista

Art. 90. Qualquer que seja o tipo de cooperativa, não existe vínculo empregatício entre ela e seus associados.

Art. 91. As cooperativas igualam-se às demais empresas em relação aos seus empregados para os fins da legislação trabalhista e previdenciária.

LEI N. 9.867, DE 10 DE NOVEMBRO DE 1999

(DOU 11.11.99)

DISPÕE SOBRE A CRIAÇÃO E O FUNCIONAMENTO DE COOPERATIVAS SOCIAIS, VISANDO À INTEGRAÇÃO SOCIAL DOS CIDADÃOS, CONFORME ESPECIFICA

V. Decreto n. 3.298, de 20.12.99 (DOU 21.12.99, seção 1, p. 10, p. 614) que regulamenta a Lei n. 7.853, de 24.10.89. Artigo 34 e parágrafo único

O PRESIDENTE DA REPÚBLICA.

Faço saber que o Congresso Nacional decreta e eu sanciono a seguinte Lei:

Art. 1º As Cooperativas Sociais, constituídas com a finalidade de inserir as pessoas em desvantagem no mercado econômico, por meio do trabalho, fundamentam-se no interesse geral da comunidade em promover a pessoa humana e a integração social dos cidadãos, e incluem entre suas atividades:

I — a organização e gestão de serviços sociossanitários e educativos; e

Legislação Complementar

II — o desenvolvimento de atividades agrícolas, industriais, comerciais e de serviços.

Art. 2º Na denominação e razão social das entidades a que se refere o artigo anterior, é obrigatório o uso da expressão "Cooperativa Social", aplicando-se-lhes todas as normas relativas ao setor em que operarem, desde que compatíveis com os objetivos desta Lei.

Art. 3º Consideram-se pessoas em desvantagem, para os efeitos desta Lei:

I — os deficientes físicos e sensoriais;

II — os deficientes psíquicos e mentais, as pessoas dependentes de acompanhamento psiquiátrico permanente, e os egressos de hospitais psiquiátricos;

III — os dependentes químicos;

IV — os egressos de prisões;

V — *(vetado)*;

VI — os condenados a penas alternativas à detenção;

VII — os adolescentes em idade adequada ao trabalho e situação familiar difícil do ponto de vista econômico, social ou afetivo.

§ 1º *(Vetado)*.

§ 2º As Cooperativas Sociais organizarão seu trabalho, especialmente no que diz respeito a instalações, horários e jornadas, de maneira a levar em conta e minimizar as dificuldades gerais e individuais das pessoas em desvantagem que nelas trabalharem, e desenvolverão e executarão programas especiais de treinamento com o objetivo de aumentar-lhes a produtividade e a independência econômica e social.

§ 3º A condição de pessoa em desvantagem deve ser atestada por documentação proveniente de órgãos da administração pública, ressalvando-se o direito à privacidade.

Art. 4º O estatuto da Cooperativa Social poderá prever uma ou mais categorias de sócios voluntários, que lhe prestem serviços gratuitamente, e não estejam incluídos na definição de pessoas em desvantagem.

Art. 5º *(Vetado)*.

PARÁGRAFO ÚNICO. (Vetado).

Art. 6º Esta Lei entra em vigor na data de sua publicação.

Fernando Henrique Cardoso
José Carlos Dias
Francisco Dornelles
Waldeck Ornélas

DECRETO N. 8.163, DE 20 DE DEZEMBRO DE 2013

DOU 20.12.2013 (Ed. Extra)

INSTITUI O PROGRAMA NACIONAL DE APOIO AO ASSOCIATIVISMO E COOPERATIVISMO SOCIAL — PRONACOOP SOCIAL, E DÁ OUTRAS PROVIDÊNCIAS

A PRESIDENTA DA REPÚBLICA, no uso da atribuição que lhe confere o art. 84, *caput*, inciso VI, alínea "a", da Constituição,

DECRETA:

Art. 1º Fica instituído o Programa Nacional de Apoio ao Associativismo e ao Cooperativismo Social — Pronacoop Social, com a finalidade de planejar, coordenar, executar e monitorar as ações voltadas ao desenvolvimento das cooperativas sociais e dos empreendimentos econômicos solidários sociais.

PARÁGRAFO ÚNICO. O Pronacoop Social será desenvolvido pela União em parceria com Estados, Distrito Federal e Municípios, a iniciativa privada, e pessoas em situação de desvantagem, seus familiares e entidades de representação.

Art. 2º Para os fins deste Decreto, consideram-se:

I — cooperativas sociais — cooperativas cujo objetivo é promover a inserção social, laboral e econômica de pessoas em desvantagem, nos termos do art. 3º da Lei n. 9.867, de 10 de novembro de 1999; e

II — empreendimentos econômicos solidários sociais — organizações de caráter associativo que realizam atividades econômicas, cujos participantes sejam pessoas em desvantagem, nos termos do art. 3º da Lei n. 9.867, de 1999, e exerçam democraticamente a gestão das atividades e a alocação dos resultados.

Art. 3º São princípios do Pronacoop Social:

I — respeito à dignidade e independência da pessoa, inclusive a autonomia individual e coletiva;

II — não discriminação e promoção de igualdade de oportunidades;

III — participação e inclusão de pessoas em desvantagem na sociedade e respeito pela diferença como parte da diversidade humana;

IV — geração de trabalho e renda a partir da organização do trabalho com foco na autonomia e autogestão; V — articulação e integração de políticas públicas para a promoção do desenvolvimento local e regional; e

VI — coordenação de ações dos órgãos que desenvolvem políticas de geração de trabalho e renda para as pessoas em desvantagem.

Art. 4º São objetivos do Pronacoop Social:

I — incentivar a formalização dos empreendimentos econômicos solidários sociais em cooperativas sociais;

II — promover o fortalecimento institucional das cooperativas sociais e dos empreendimentos econômicos solidários sociais, e a qualificação e formação dos cooperados e associados;

III — promover o acesso ao crédito;

IV — promover o acesso a mercados e à comercialização da produção das cooperativas sociais e dos empreendimentos econômicos solidários sociais;

V — incentivar a formação de redes e cadeias produtivas constituídas por cooperativas sociais e empreendimentos econômicos solidários sociais; e

VI — monitorar e avaliar os resultados e alcances sociais e econômicos das políticas de apoio ao cooperativismo e ao associativismo social.

Art. 5º Serão utilizados os seguintes instrumentos para o cumprimento dos objetivos do Pronacoop Social:

I — programas de formação continuada que atendam às necessidades dos trabalhadores das cooperativas sociais e dos empreendimentos econômicos solidários sociais;

II — oferta de padrões tecnológicos e gerenciais para a condução de suas atividades;

III — capacitação tecnológica e gerencial de pessoas em situação de desvantagem que desejem ingressar ou formar cooperativas sociais e empreendimentos econômicos solidários sociais;

IV — linhas de crédito existentes ou a serem criadas, nos termos da lei;

V — abertura de canais de comercialização dos produtos e serviços, que possibilitem o acesso das cooperativas sociais e empreendimentos econômicos solidários sociais às compras públicas; e

VI — transferência de recursos, nos termos da legislação vigente.

PARÁGRAFO ÚNICO. O acesso dos empreendimentos econômicos solidários sociais aos instrumentos previstos nos incisos IV, V e VI do *caput* depende de sua constituição como pessoa jurídica.

Art. 6º O Pronacoop Social será coordenado por um Comitê Gestor, que terá as seguintes atribuições:

I — coordenar e acompanhar a implementação das ações previstas neste Decreto;

II — propor metas e normas operacionais para o Programa;

III — promover estratégias de articulação de programas, projetos e atividades voltadas ao desenvolvimento do cooperativismo e do associativismo social;

IV — propor ações de formação e capacitação em cooperativismo e associativismo social para técnicos e gestores que atuem junto às pessoas em situação de desvantagem;

V — propor critérios para aprovação de projetos, aplicação de recursos e avaliação dos resultados das cooperativas sociais e dos empreendimentos econômicos solidários sociais, observada a legislação em vigor;

VI — propor iniciativas para o acesso ao crédito;

VII — manter banco de dados atualizado do cooperativismo e do associativismo social no Brasil; e

VIII — propor adequações e aperfeiçoamentos ao marco legal das cooperativas sociais.

Art. 7º O Comitê Gestor do Pronacoop Social será composto por um representante, titular e suplente, dos seguintes órgãos:

I — Ministério do Trabalho e Emprego;

II — Ministério do Desenvolvimento Social e Combate à Fome;

III — Ministério da Saúde;

IV — Ministério da Justiça;

V — Secretaria de Direitos Humanos da Presidência da República; e

VI — Secretaria-Geral da Presidência da República.

§ 1º Serão convidados a compor o Comitê Gestor seis representantes de entidades da sociedade civil, de caráter nacional, a serem selecionadas segundo critérios objetivos previamente definidos em ato conjunto dos órgãos previstos nos incisos I a VI do *caput*.

§ 2º O Comitê Gestor será coordenado pela Secretaria Nacional de Economia Solidária do Ministério do Trabalho e Emprego.

§ 3º O regimento interno do Comitê Gestor disporá sobre sua organização e funcionamento, e será aprovado pela maioria absoluta de seus membros e publicado por portaria do Ministro de Estado do Trabalho e Emprego.

§ 4º O Comitê Gestor poderá convidar representantes de outros órgãos e entidades públicas ou instituições da sociedade civil para participar das reuniões.

§ 5º Os membros a que se referem os incisos I a VI do *caput* e seus suplentes serão indicados pelos titulares dos órgãos e designados por ato do Ministro de Estado do Trabalho e Emprego.

§ 6º Os membros a que se refere o § 1º e seus suplentes serão indicados pelos titulares das entidades e designados por ato do Ministro de Estado do Trabalho e Emprego.

§ 7º A participação dos membros do Comitê Gestor é considerada prestação de serviço público relevante e não será remunerada.

Art. 8º As despesas decorrentes da execução das ações e projetos do Pronacoop Social serão custeadas pelas dotações orçamentárias da União, consignadas anualmente nos orçamentos dos órgãos e entidades envolvidos no Programa, observados os limites de movimentação, de empenho e de pagamento da programação orçamentária e financeira anual.

PARÁGRAFO ÚNICO. As despesas necessárias ao funcionamento do Comitê Gestor serão custeadas por dotações orçamentárias consignadas no orçamento do Ministério do Trabalho e Emprego.

Art. 9º Este Decreto entra em vigor na datada de sua publicação.

Brasília, 20 de dezembro de 2013; 192º da Independência e 125º da República.

Dilma Rousseff
José Eduardo Cardozo
Manoel Dias
Alexandre Rocha Santos Padilha
Tereza Campello
Gilberto Carvalho
Maria do Rosário Nunes

LEI N. 12.690, DE 19 DE JULHO DE 2012

(DOU 20.6.12)

DISPÕE SOBRE A ORGANIZAÇÃO E O FUNCIONAMENTO DAS COOPERATIVAS DE TRABALHO; INSTITUI O PROGRAMA NACIONAL DE FOMENTO ÀS COOPERATIVAS DE TRABALHO — PRONACOOP; E REVOGA O PARÁGRAFO ÚNICO DO ART. 442 DA CONSOLIDAÇÃO DAS LEIS DO TRABALHO — CLT, APROVADA PELO DECRETO-LEI N. 5.452, DE 1º DE MAIO DE 1943. (VER. P. 1009)

LEI N. 7.410, DE 27 DE NOVEMBRO DE 1985

(DOU 28.11.85)

DISPÕE SOBRE A ESPECIALIZAÇÃO DE ENGENHEIROS E ARQUITETOS EM ENGENHARIA DE SEGURANÇA DO TRABALHO, A PROFISSÃO DE TÉCNICO DE SEGURANÇA DO TRABALHO, E DÁ OUTRAS PROVIDÊNCIAS

V. Decreto n. 92.530, de 7.4.86, que regulamenta mencionada lei, p. 747

O PRESIDENTE DA REPÚBLICA,

Faço saber que o Congresso Nacional decreta e eu sanciono a seguinte Lei:

Art. 1º O exercício da especialização de Engenheiro de Segurança do Trabalho será permitido, exclusivamente:

I — ao Engenheiro ou Arquiteto, portador de certificado de conclusão de curso de especialização em Engenharia de Segurança do Trabalho, a ser ministrado no País, em nível de pós-graduação;

II — ao portador de certificado de curso de especialização em Engenharia de Segurança do Trabalho, realizado em caráter prioritário, pelo Ministério do Trabalho;

III — ao possuidor de registro de Engenheiro de Segurança do Trabalho, expedido pelo Ministério do Trabalho, até a data fixada na regulamentação desta Lei.

PARÁGRAFO ÚNICO. O curso previsto no inciso I deste artigo terá o currículo fixado pelo Conselho Federal de Educação, por proposta do Ministério do Trabalho, e seu funcionamento determinará a extinção dos cursos de que trata o inciso II, na forma da regulamentação a ser expedida.

Art. 2º O exercício da profissão de Técnico de Segurança do Trabalho será permitido, exclusivamente:

I — ao portador de certificado de conclusão de curso de Técnico de Segurança do Trabalho, a ser ministrado no País em estabelecimentos de ensino de 2º Grau;

II — ao portador de certificado de conclusão de curso de Supervisor de Segurança do Trabalho, realizado em caráter prioritário pelo Ministério do Trabalho;

III — ao possuidor de registro de Supervisor de Segurança do Trabalho, expedido pelo Ministério do Trabalho, até a data fixada na regulamentação desta Lei.

PARÁGRAFO ÚNICO. O curso previsto no inciso I desta artigo terá o currículo fixado pelo Ministério da Educação, por proposta do Ministério do Trabalho, e seu funcionamento determinará a extinção dos cursos de que trata o inciso II, na forma da regulamentação a ser expedida.

Art. 3º O exercício da atividade de Engenheiros e Arquitetos na especialização de Engenharia de Segurança do Trabalho dependerá de registro em Conselho Regional de Engenheraria, Arquitetura e Agronomia, após a regulamentação desta Lei, e o de Técnico de Segurança do Trabalho, após o registro no Ministério do Trabalho.

Art. 4º O Poder Executivo regulamentará esta Lei no prazo de 120 (cento e vinte) dias, contados de sua publicação.

Art. 5º Esta Lei entra em vigor na data de sua publicação.

Art. 6º Revogam-se as disposições em contrário.

José Sarney — Presidente da República — *Almir Pazzianotto Pinto*

DECRETO N. 92.530, DE 9 DE ABRIL DE 1986

(DOU 10.4.86 — LTr 50/611)

REGULAMENTA A LEI N. 7.410, DE 27 DE NOVEMBRO DE 1985, QUE DISPÕE SOBRE A ESPECIALIZAÇÃO DE ENGENHEIROS E ARQUITETOS EM ENGENHARIA DE SEGURANÇA DO TRABALHO, A PROFISSÃO DE TÉCNICO DE SEGURANÇA DO TRABALHO, E DÁ OUTRAS PROVIDÊNCIAS

O PRESIDENTE DA REPÚBLICA, no uso da atribuição que lhe confere o art. 81, item III, da Constituição, e tendo em vista o disposto no art. 4º da Lei n. 7.410, de 27 de novembro de 1985, decreta:

Art. 1º O exercício da especialização de Engenheiro de Segurança do Trabalho é permitido, exclusivamente:

I — ao Engenheiro ou Arquiteto, portador de certificado de conclusão de curso de especialização em Engenharia de Segurança do Trabalho, em nível de pós-graduação;

II — ao portador de certificado de curso de especialização em Engenharia de Segurança do Trabalho, realizado em caráter prioritário, pelo Ministério do Trabalho;

III — ao possuidor de registro de Engenharia de Segurança do Trabalho, expedido pelo Ministério do Trabalho dentro de 180 dias da extinção do curso referido no item anterior.

Art. 2º O exercício da profissão de Técnico de Segurança do Trabalho é permitido, exclusivamente:

I — ao portador de certificado de conclusão de curso de Técnico de Segurança do Trabalho ministrado no País em estabelecimento de ensino do 2º grau;

II — ao portador de certificado de conclusão de curso Superior de Segurança do Trabalho, realizado em caráter prioritário pelo Ministério do Trabalho;

III — ao possuidor de registro de Supervisor de Segurança do Trabalho, expedido pelo Ministério do Trabalho até 180 dias da extinção do curso referido no item anterior.

Art. 3º O Ministério da Educação, dentro de 120 dias, por proposta do Ministério do Trabalho, fixará currículos básicos do curso de especialização de Engenharia de Segurança do Trabalho, e do curso de técnico em Segurança do Trabalho, previstos no item I do artigo 1º e no item I do art. 2º.

§ 1º O funcionamento dos cursos referidos neste artigo determinará a extinção dos cursos de que tratam o item II do art. 1º e o item II do art. 2º.

§ 2º Até que os cursos previstos neste artigo entrem em funcionamento, o Ministro do Trabalho poderá autorizar, em caráter excepcional, que tenham continuidade os recursos, mencionados no parágrafo precedente, os quais deverão adaptar-se aos currículos aprovados pelo Ministério da Educação.

Art. 4º As atividades dos Engenheiros e Arquitetos especializados em Engenharia de Segurança do Trabalho serão definidas pelo Conselho Federal de Engenharia, Arquitetura e Agronomia — CONFEA, no prazo de 60 dias após a fixação dos currículos de que trata o artigo 3º pelo Ministério da Educação, ouvida a Secretaria de Segurança e Medicina do Trabalho — SSMT.

Art. 5º O exercício da atividade de Engenheiros e Arquitetos na especialidade de Engenharia de Segurança do Trabalho, depende de registro no Conselho Regional de Engenharia, Arquitetura e Agronomia — CREA.

Art. 6º As atividades de Técnico de Segurança do Trabalho serão definidas pelo Ministério do Trabalho, no prazo de 60 dias, após a fixação do respectivo currículo escolar pelo Ministério da Educação, na forma do artigo 3º.

Art. 7º O exercício da profissão de técnico de Segurança do Trabalho depende de registro no Ministério do Trabalho.

Art. 8º O Ministério da Administração, em articulação com o Ministério do Trabalho, promoverá, no prazo de 90 dias a partir da vigência deste Decreto, estudos para a criação de categorias funcionais e os respectivos quadros do Grupo — Engenharia e Segurança do Trabalho.

Art. 9º Este Decreto entrará em vigor na data de sua publicação.

Art. 10. Revogam-se as disposições em contrário.

Brasília, em 9 de abril de 1986; 165º da Independência e 98º da República.

José Sarney
Almir Pazzianotto Pinto

PORTARIA GM/MTE N. 262, DE 29 DE MAIO DE 2008

(DOU 30.5.08)

PROFISSÃO — TÉCNICO DE SEGURANÇA — LEI N. 7.410, DE 27 DE NOVEMBRO DE 1985 — REGISTRO DE PROFISSÃO NO MTE

O MINISTRO DO TRABALHO E EMPREGO, no uso das atribuições que lhe conferem o inciso II do parágrafo único do art. 87 da Constituição Federal, o art. 3º da Lei n. 7.410, de 27 de novembro de 1985, e o art. 7º do Decreto n. 92.530, de 9 de abril de 1986, resolve:

Art. 1º O exercício da profissão do Técnico de Segurança do Trabalho depende de prévio registro no Ministério do Trabalho e Emprego.

Art. 2º O registro profissional será efetivado pelo Setor de Identificação e Registro Profissional das Unidades Descentralizadas do Ministério do Trabalho e Emprego, mediante requerimento do interessado, que poderá ser encaminhado pelo sindicato da categoria.

§ 1º O requerimento deverá estar acompanhado dos seguintes documentos:

I — Carteira de Trabalho e Previdência Social — CTPS, para lançamento do registro profissional;

II — cópia autenticada de documento comprobatório de atendimento aos requisitos constantes nos incisos I, II ou III do artigo 2º da Lei n. 7.410, de 27 de novembro de 1985;

III — cópia autenticada da Carteira de Identidade (RG); e

IV — cópia autenticada do comprovante de inscrição no Cadastro de Pessoa Física (CPF).

§ 2º A autenticação das cópias dos documentos dispostos nos incisos II, III e IV poderá ser obtida mediante apresentação dos originais para conferência na Unidade Descentralizada do Ministério do Trabalho e Emprego.

Art. 3º Permanecerão válidos os registros profissionais de técnico de segurança do trabalho emitidos pela Secretaria de Inspeção do Trabalho — SIT.

Art. 4º Os recursos interpostos em razão de indeferimento dos pedidos de registro pelas unidades descentralizadas serão analisados pelo Departamento de Segurança e Saúde no Trabalho — DSST, da SIT.

Art. 5º Esta Portaria entra em vigor na data de sua publicação.

Art. 6º Ficam revogadas a Portaria SNT n. 4, de 6 de fevereiro de 1992; a Portaria DNSST n. 01, de 19 de maio de 1992; e a Portaria SSST n. 13, de 20 de dezembro de 1995, que deu nova redação à Norma Regulamentadora — NR 27.

Carlos Lupi

DECRETO N. 93.412, DE 14 DE OUTUBRO DE 1986

(DOU 15.10.86 — LTr 50/1376)

REVOGA O DECRETO N. 92.212, DE 26.12.85, REGULAMENTA A LEI N. 7.369, DE 20 DE SETEMBRO DE 1985, QUE INSTITUI SALÁRIO ADICIONAL PARA EMPREGADOS DO SETOR DE ENERGIA ELÉTRICA, EM CONDIÇÕES DE PERICULOSIDADE E DÁ OUTRAS PROVIDÊNCIAS

O PRESIDENTE DA REPÚBLICA, usando da atribuição que lhe confere o artigo 81, item III, da Constituição, decreta:

Art. 1º São atividades em condições de periculosidade de que trata a Lei n. 7.369, de 20 de setembro de 1985, aquelas relacionadas no Quadro de Atividades/Área de Risco, anexo a este Decreto.

Art. 2º É exclusivamente suscetível de gerar direito à percepção da remuneração adicional de que trata o artigo 1º da Lei n. 7.369, de 20 de setembro de 1985, o exercício das atividades constantes do Quadro anexo, desde que o empregado, independentemente do cargo, categoria ou ramo da empresa:

I — permaneça habitualmente em área de risco, executando ou aguardando ordens, e em situação de exposição contínua, caso em que o pagamento adicional incidirá sobre o salário da jornada de trabalho integral;

II — ingresse, de modo intermitente e habitual, em área de risco, caso em que o adicional incidirá sobre o salário do tempo despendido pelo empregado na execução de atividade em condições de periculosidade ou do tempo à disposição do empregador, na forma do inciso I deste artigo.

§ 1º O ingresso ou a permanência eventual em área de risco não geram direito ao adicional de periculosidade.

§ 2º São equipamentos ou instalações elétricas em situação de risco aqueles de cujo contato físico ou exposição aos efeitos da eletricidade possam resultar incapacitação, invalidez permanente ou morte.

§ 3º O fornecimento pelo empregador dos equipamentos de proteção a que se refere o disposto no art. 166 da Consolidação das Leis do Trabalho ou a adoção de técnicas de proteção ao trabalhador, eximirão a empresa do pagamento do adicional, salvo quando não for eliminado o risco resultante da atividade do trabalhador em condições de periculosidade.

Art. 3º O pagamento do adicional de periculosidade não desobriga o empregador de promover as medidas de proteção ao trabalhador, destinadas à eliminação ou neutralização da periculosidade nem autoriza o empregado a desatendê-las.

Art. 4º Cessado o exercício da atividade ou eliminado o risco, o adicional de periculosidade poderá deixar de ser pago.

§ 1º A caracterização do risco ou da sua eliminação far-se-á através de perícia, observado o disposto no artigo 195 e parágrafos da Consolidação das Leis do Trabalho.

Art. 5º Os empregados que exercerem atividades em condições de periculosidade serão especialmente credenciados e portarão identificação adequada.

Art. 6º Este Decreto entra em vigor na data da sua publicação, revogados o Decreto n. 92.212, de 26 de dezembro de 1985 e demais disposições em contrário.

Brasília, em 14 de outubro de 1986; 165º da Independência e 98º da República.

José Sarney

Almir Pazzianotto Pinto

QUADRO DE ATIVIDADES/ÁREA DE RISCO (ANEXO DO DECRETO N. 93.412, DE 14.10.86)

Atividades	Áreas de Risco
1 — Atividade de Construção, Operação e Manutenção de redes de linhas aéreas de alta e baixa tensões integrantes de sistemas elétricos de potência, energizadas mas com possibilidade de energização, acidental ou por falha operacional, incluindo: 1.1. — Montagem, instalação, substituição, conservação, reparos, ensaios e testes de: verificação, inspeção, levantamento, supervisão e fiscalização: fusíveis, condutores, para-raios, postes, torres, chaves, muflas, isoladores, transformadores, capacitores, medidores, reguladores de tensão, religadores, seccionalizadores, carrier (onda portadora via linhas de transmissão), cruzetas, relé e braço de iluminação pública, aparelho de medição gráfica, bases de concretos ou alvenaria de torres, postes e estrutura de sustentação de redes e linhas aéreas e demais componentes das redes aéreas. 1.2. — Corte e poda de árvores. 1.3. — Ligações e cortes de Consumidores. 1.4. — Manobras aéreas e subterrâneas de redes e linhas. 1.5. — Manobras em subestações. 1.6. — Testes de curto em linhas de transmissão. 1.7. — Manutenção de fontes de alimentação de sistemas de comunicação. 1.8. — Leitura em consumidores de alta tensão. 1.9. — Aferição em equipamentos de medição. 1.10. — Medidas de resistências, lançamento e instalação de cabo contrapeso. 1.11. — Medidas de campo elétrico, rádio interferência e correntes induzidas. 1.12. — Testes elétricos em instalações de torceiros em faixas de linhas de transmissão (oleodutos, gasodutos, etc.). 1.13. — Pintura de estruturas e equipamentos. 1.14. — Verificação, inspeção, inclusive aérea, fiscalização, levantamento de dados e supervisão de serviços técnicos.	1 — Estruturas, condutores, e equipamentos de Linhas Aéreas de Transmissão, Subtransmissão e Distribuição, incluindo, plataformas e cestos aéreos para execução dos trabalhos. — Pátio e salas de operação de subestações. — Cabinas de distribuição. — Estruturas, condutores e equipamentos de redes de tração elétrica, incluindo escadas, plataformas e cestos aéreos usados para execução dos trabalhos.
2 — Atividades de construção, operação e manutenção de redes e linhas subterrâneas de alta e baixa tensões integrantes de sistemas elétricos de potência energizados ou desenergizados, mas com possibilidade de energização acidental ou por operacional, incluindo:	2 — Valas, bancos de dutos, canaletas, condutores, recintos internos de caixas, poços de inspeção, câmaras, galerias túneis, estruturas terminais e áreas de superfície correspondentes.

Legislação Complementar

Atividades	Áreas de Risco
2.1. — Montagem, instalação, substituição, manutenção e reparos de: barramentos, transformadores, disjuntores, chaves e seccionadoras, condensadores, chaves a óleo, transformadores para instrumentos, cabos subterrâneos e subaquáticos, painéis, circuitos elétricos, contatos, muflas e isoladores e demais componentes de redes subterrâneas.	— Áreas submersas em rios, lagos e mares.
2.2. — Construção civil, instalação, substituição, e limpeza de: valas, bancos de dutos, dutos, condutos, canaletas, galerias, túneis, caixas ou poços de inspeção, câmaras.	
2.3. — Medição, verificação, ensaios, testes, inspeção, fiscalização, levantamento de dados e supervisões de serviços técnicos.	
3 — As atividades de inspeção, testes, ensaios, calibração, medição e reparos em equipamentos e materiais elétricos, eletrônicos, eletromecânicos e de segurança individual e coletiva em sistemas elétricos de potência de alta e baixa tensão.	3 — Áreas das oficinas e laboratórios de testes e manutenção elétrica, eletrônica e eletromecânica onde são executados testes, ensaios, calibração e reparos de equipamentos energizados ou passíveis de energizamento acidental. — Sala de controle e casas de máquinas de usinas e unidades geradoras. — Pátios e salas de operação de subestações, inclusive consumidores. — Salas de ensaios elétricos de alta tensão. — Sala de controle dos centros de operação.
4 — Atividades de construção, operação e manutenção nas usinas, unidades geradoras, subestações e cabines de distribuição em operações integrantes de sistemas de potência, energizado ou desenergizado com possibilidade de voltar a funcionar ou energizar-se acidentalmente ou por falha operacional, incluindo:	4 — Pontos de medição e cabines de distribuição, inclusive de consumidores. — Salas de controles, casa de máquinas, barragens de usinas e unidades geradoras. — Pátios e salas de operações de subestações inclusive consumidores.
4.1. — Montagem, desmontagem, operação e conservação, de: medidores, relés, chaves disjuntores e religadores, caixas de controle, cabos de força, cabos de controle, barramentos, baterias e carregadores, transformadores, sistemas antincêndio e de resfriamento, bancos de capacitores, reatores, reguladores, equipamentos eletrônicos, eletrônicos mecânicos e eletroeletrônicos, painéis, para-raios, áreas de circulação, estruturas-suporte e demais instalações e equipamentos elétricos.	
4.2. — Construção de: valas de dutos; dutos, canaletas, bases de equipamentos, estruturas, condutos e demais instalações.	
4.3. — Serviços de limpeza, pintura e sinalização de instalações e equipamentos elétricos.	
4.4. — Ensaios testes, medições, supervisão, fiscalizações e levantamentos de circuitos e equipamentos elétricos, eletrônicos de telecomunicação e telecontrole.	
5 — Atividades de treinamento em equipamentos ou instalações energizadas, ou desenergizadas mas com possibilidade de energização acidental ou por falha operacional.	5 — Todas as áreas descritas nos itens anteriores.

DESPACHO DO MINISTRO DO TRABALHO MME N. 27000-2.699/86 DE 16 DE OUTUBRO DE 1986

(DOU 21.10.86 — LTr 50/1278)

PARECER DA CJ N. 173/86 — ESCLARECE QUANTO À ABRANGÊNCIA DA LEI N. 7.369, DE 20.9.85, QUE INSTITUI SALÁRIO ADICIONAL PARA OS EMPREGADOS DO SETOR DE ENERGIA ELÉTRICA, EM CONDIÇÕES DE PERICULOSIDADE

CONCLUSÃO DO PARECER CJ N. 173/86

Interessado: Companhia Vale do Rio Doce

Através do Aviso n. 161/86 o Sr. Consultor-Geral da República solicita manifestação da Consultoria Jurídica do Ministério do Trabalho sobre a abrangência da Lei n. 7.369, de 20.9.85, que instituiu salário adicional para os empregados do setor de energia elétrica, em condições de periculosidade.

4. De acordo com a Lei n. 7.369/85 o adicional é devido ao "empregado que exerce atividades no setor de energia elétrica, em condições de periculosidade".

A expressão utilizada não esclarece se setor de energia elétrica é a categoria profissional de eletricitários, se quer dizer atividade de qualquer empresa voltada para esse fim ou, ainda, se significa trabalho exercido por empregado de empresa geradora ou transmissora.

13. Desse modo é possível afirmar que o adicional de periculosidade instituído para o pessoal que trabalha no setor de energia elétrica não é devido a empregados de toda atividade, mas apenas daquelas expressamente incluídas na regulamentação e que estão resumidas acima.

Logo, é impróprio denominá-lo adicional de eletricitários, uma vez que dentre estes, apenas serão contemplados aqueles cujo trabalho exercer-se nas condições típicas descritas pela regulamentação, ficando excluídos todos os demais.

21. Quanto à fiscalização trabalhista, a sua ação encontra respaldo na Seção XVI do Capítulo V da Consolidação das Leis do Trabalho que prevê penalidade por infração aos dispositivos pertinentes ao adicional de periculosidade previsto no art. 193 para o trabalho com inflamável e explosivo, a que se acresceu, agora, a atividade em setor de energia elétrica.

É meu parecer.

Em 15 de outubro de 1986.

Amauri Mascaro Nascimento — Consultor Jurídico.

Despacho — Aprovo o Parecer da Consultoria Jurídica

Almir Pazzianotto Pinto

Legislação Complementar

LEI N. 10.833, DE 29 DE DEZEMBRO DE 2003

(DOU 30.12.2003 - Edição Extra)

ALTERA A LEGISLAÇÃO TRIBUTÁRIA FEDERAL E DÁ OUTRAS PROVIDÊNCIAS

CAPÍTULO II

Das outras disposições relativas à legislação tributária

....

Art. 28 Cabe à fonte pagadora, no prazo de 15 (quinze) dias da data da retenção de que trata o *caput* do art. 46 da Lei n. 8.541, de 23 de dezembro de 1992, comprovar, nos respectivos autos, o recolhimento do imposto de renda na fonte incidente sobre os rendimentos pagos em cumprimento de decisões da Justiça do Trabalho.

§ 1º Na hipótese de omissão da fonte pagadora relativamente à comprovação de que trata o *caput*, e nos pagamentos de honorários periciais, competirá ao Juízo do Trabalho calcular o imposto de renda na fonte e determinar o seu recolhimento à instituição financeira depositária do crédito.

§ 2º A não indicação pela fonte pagadora da natureza jurídica das parcelas objeto de acordo homologado perante a Justiça do Trabalho acarretará a incidência do imposto de renda na fonte sobre o valor total da avença.

§ 3º A instituição financeira deverá, na forma, prazo e condições estabelecidas pela Secretaria da Receita Federal, fornecer à pessoa física beneficiária o Comprovante de Rendimentos Pagos e de Retenção do Imposto de Renda na Fonte, bem como apresentar à Secretaria da Receita Federal declaração contendo informações sobre:

I — os pagamentos efetuados à reclamante e o respectivo imposto de renda retido na fonte, na hipótese do § 1º;

II — os honorários pagos a perito e o respectivo imposto de renda retido na fonte;

III — as importâncias pagas a título de honorários assistenciais de que trata o art. 16 da Lei n. 5.584, de 26 de junho de 1970;

IV — a indicação do advogado da reclamante.

....

INSTRUÇÃO NORMATIVA SRF N. 491, DE 12 DE JANEIRO DE 2005

(DOU 13.1.05)

DISPÕE SOBRE A INCIDÊNCIA DO IMPOSTO DE RENDA SOBRE OS RENDIMENTOS PAGOS EM CUMPRIMENTO DE DECISÕES DA JUSTIÇA FEDERAL E DA JUSTIÇA DO TRABALHO, DE QUE TRATAM OS ARTS. 27 E 28 DA LEI N. 10.833, DE 29.12.2003 E DÁ OUTRAS PROVIDÊNCIAS

O SECRETÁRIO DA RECEITA FEDERAL, no uso da atribuição que lhe confere o inciso III do art. 209 do Regimento Interno da Secretaria da Receita Federal, aprovado pela Portaria MF n. 259, de 24 de agosto de 2001, e tendo em vista o disposto nos arts. 27 e 28 da Lei n. 10.833, de 29 de dezembro de 2003, e na Lei n. 10.865, de 30 de abril de 2004, resolve:

Rendimentos Pagos por Decisão da Justiça Federal

Art. 1º O imposto de renda incidente sobre os rendimentos pagos em cumprimento de decisão da Justiça Federal, mediante precatório ou requisição de pequeno valor, deve ser retido na fonte pela instituição financeira responsável pelo pagamento e incidirá à alíquota de 3% (três por cento) sobre o montante pago, sem quaisquer deduções, no momento do pagamento ao beneficiário ou seu representante legal.

§ 1º Fica dispensada a retenção do imposto quando o beneficiário declarar à instituição financeira responsável pelo pagamento que os rendimentos recebidos são isentos ou não tributáveis, ou que, em se tratando de pessoa jurídica, esteja inscrita no Sistema Integrado de Pagamento de Impostos e Contribuições das Microempresas e das Empresas de Pequeno Porte (Simples).

§ 2º O imposto retido na fonte de acordo com o *caput* é:

I — considerado antecipação do imposto apurado na Declaração de Ajuste Anual do Imposto de Renda das pessoas físicas; ou

II — deduzido do apurado no encerramento do período de apuração ou na data da extinção, no caso de beneficiário pessoa jurídica.

§ 3º A instituição financeira deverá, na forma, prazo e condições estabelecidas pela Secretaria da Receita Federal, fornecer à pessoa física ou jurídica beneficiária o Comprovante de Rendimentos Pagos e de Retenção do Imposto de Renda na Fonte, bem como apresentar à Secretaria da Receita Federal declaração contendo informações sobre:

I — os pagamentos efetuados à pessoa física ou jurídica beneficiária e o respectivo imposto de renda retido na fonte;

II — os honorários pagos a perito e o respectivo imposto de renda retido na fonte;

III — a indicação do advogado da pessoa física ou jurídica beneficiária;

IV — o número do processo judicial, a vara e a seção ou subseção judiciária.

§ 4º O disposto neste artigo não se aplica aos depósitos efetuados pelos Tribunais Regionais Federais antes de 1º de fevereiro de 2004.

Art. 2º Para fins do disposto no § 1º do art. 1º, o beneficiário dos rendimentos deve apresentar à instituição financeira responsável pelo pagamento declaração, na forma do Anexo Único (*), assinada pelo próprio ou por seu representante legal.

PARÁGRAFO ÚNICO. A declaração de que trata o *caput* deve ser emitida em duas vias, devendo a instituição financeira responsável pelo pagamento arquivar a primeira via e devolver a segunda via ao interessado, como recibo.

Rendimentos Pagos por Decisão da Justiça do Trabalho

Art. 3º Cabe à fonte pagadora, no prazo de 15 (quinze) dias da data da retenção de que trata o *caput* do art. 46 da Lei n. 8.541, de 23 de dezembro de 1992, comprovar, nos respectivos autos, o recolhimento do imposto de renda na fonte incidente sobre os rendimentos pagos em cumprimento de decisão da Justiça do Trabalho.

§ 1º Na hipótese de omissão da fonte pagadora relativamente à comprovação de que trata o *caput*, e nos pagamentos de honorários periciais, competirá ao Juízo do Trabalho calcular o imposto de renda na fonte e determinar o seu recolhimento à instituição financeira depositária do crédito.

§ 2º A não indicação pela fonte pagadora da natureza jurídica das parcelas objeto de acordo homologado perante a Justiça do Trabalho acarretará a incidência do imposto de renda na fonte sobre o valor total da avença.

§ 3º A instituição financeira deve, na forma, prazo e condições estabelecidas pela Secretaria da Receita Federal, fornecer à pessoa física beneficiária o Comprovante de Rendimentos Pagos e de Retenção do Imposto de Renda na Fonte, bem como apresentar à Secretaria da Receita Federal declaração contendo informações sobre:

I — os pagamentos efetuados à reclamante e o respectivo imposto de renda retido na fonte, na hipótese do § 1º;

II — os honorários pagos a perito e o respectivo imposto de renda retido na fonte;

III — as importâncias pagas a título de honorários assistenciais de que trata o art. 16 da Lei n. 5.584, de 26 de junho de 1970;

IV — a indicação do advogado da reclamante;

V — o número do processo judicial, a vara e a cidade ou comarca.

Art. 4º Esta Instrução Normativa entra em vigor na data de sua publicação, produzindo efeitos a partir de 1º de janeiro de 2005.

Art. 5º Fica formalmente revogada, sem interrupção de sua força normativa, a Instrução Normativa SRF n. 392, de 30 de janeiro de 2004.

Jorge Antonio Deher Rachid

(*) *O anexo único referido nesta Instrução Normativa encontra-se publicado no respectivo Diário Oficial.*

LEI COMPLEMENTAR N. 7, DE 7 DE SETEMBRO DE 1970

(DOU 8.9.70 — LTr 34/685)

INSTITUI O PROGRAMA DE INTEGRAÇÃO SOCIAL

(V. CF, DG, art. 239, § 3º, p. 47)

V. Decreto n. 4.524, de 17.12.02 (DOU 18.12.02) que regulamenta a contribuição para o PIS/PASEP e a Cofins devidos pelas pessoas jurídicas em geral (não publicada nesta obra)

O PRESIDENTE DA REPÚBLICA,

Faço saber que o Congresso Nacional decreta e eu sanciono a seguinte Lei Complementar:

Art. 1º É instituído, na forma prevista nesta Lei, o Programa de Integração Social, destinado a promover a integração do empregado na vida e no desenvolvimento das empresas.

§ 1º Para os fins desta Lei, entende-se por empresa a pessoa jurídica, nos termos da legislação do Imposto de Renda, e por empregado todo aquele assim definido pela legislação trabalhista.

§ 2º A participação dos trabalhadores avulsos, assim definidos os que prestam serviços a diversas empresas, sem relação empregatícia, no Programa de Integração Social, far-se-á nos termos do Regulamento a ser baixado, de acordo com o art. 11 desta Lei.

Art. 2º O Programa de que trata o artigo anterior será executado mediante Fundo de Participação, constituído por depósitos efetuados pelas empresas na Caixa Econômica Federal.

PARÁGRAFO ÚNICO. A Caixa Econômica Federal poderá celebrar convênios com estabelecimentos da rede bancária nacional, para o fim de receber os depósitos a que se refere este artigo.

Art. 3º O Fundo de Participação será constituído por duas parcelas:

a) a primeira, mediante dedução do Imposto de Renda devido, na forma estabelecida no § 1º, deste artigo, processando-se o seu recolhimento ao Fundo juntamente com o pagamento do Imposto de Renda;

b) a segunda, com recursos próprios da empresa, calculados com base no faturamento, como segue:

1) no exercício de 1971, 0,15%;

2) no exercício de 1972, 0,25%;

3) no exercício de 1973, 0,40%;

4) no exercício de 1974 e subsequentes, 0,50%.

— De acordo com a Lei Complementar n. 17, de 12.12.73 (DOU 14.12.73), foi criado um adicional, como segue:

a) no exercício de 1975, 0,125%;

b) no exercício de 1976 e subsequentes, 0,25% dos incentivos fiscais previstos na legislação em vigor.

§ 1º A dedução a que se refere a alínea *a* deste artigo será feita sem prejuízo do direito de utilização dos incentivos fiscais previstos na legislação em vigor e calculada com base no valor do Imposto de Renda devido, nas seguintes proporções:

a) no exercício de 1971 ....> 2%;

b) no exercício de 1972 .... 3%;

c) no exercício de 1973 e subsequentes .... 5%.

§ 2º As instituições financeiras, sociedades seguradoras e outras empresas que não realizam operações de vendas de mercadorias participarão do Programa de Integração Social com uma contribuição ao Fundo de Participação de recursos próprios de valor idêntico do que for apurado na forma do parágrafo anterior.

§ 3º As empresas que a título de incentivos fiscais estejam isentas, ou venham a ser isentadas, do pagamento do Imposto de Renda, contribuirão para o Fundo de Participação, na base de cálculo como se aquele tributo fosse devido, obedecidas as percentagens previstas neste artigo.

§ 4º As entidades de fins não lucrativos, que tenham empregados assim definidos pela Legislação Trabalhista, contribuirão para o Fundo na forma da lei.

§ 5º A Caixa Econômica Federal resolverá os casos omissos, de acordo com os critérios fixados pelo Conselho Monetário Nacional.

Art. 4º O Conselho Monetário Nacional poderá alterar até 50% (cinquenta por cento), para mais ou para menos, os percentuais de contribuição de que trata o § 2º do art. 3º, tendo em vista a proporcionalidade das contribuições.

Art. 5º A Caixa Econômica Federal emitirá, em nome de cada empregado, uma Caderneta de Participação — Programa de Integração Social — movimentável na forma dos arts. 8º e 9º desta Lei.

Art. 6º A efetivação dos depósitos no Fundo correspondente à contribuição referida na alínea *b* do artigo 3º será processada mensalmente a partir de 1º de julho de 1971.

PARÁGRAFO ÚNICO. A contribuição de julho será calculada com base no faturamento de janeiro; a de agosto, com base no faturamento de fevereiro; e assim sucessivamente.

Art. 7º A participação do empregado no Fundo far-se-á mediante depósitos efetuados em contas individuais abertas em nome de cada empregado, obedecidos os seguintes critérios:

a) 50% (cinquenta por cento) do valor destinado ao Fundo será dividido em partes proporcionais ao montante de salários recebidos no período;

b) os 50% (cinquenta por cento) restantes serão divididos em partes proporcionais aos quinquênios de serviços prestados pelo empregado.

§ 1º Para os fins deste artigo, a Caixa Econômica Federal, com base nas informações fornecidas pelas empresas, no prazo de 180 (cento e oitenta) dias, contados da publicação desta Lei, organizará um cadastro geral dos participantes do Fundo, na forma que for estabelecida em regulamento.

§ 2º A omissão dolosa de nome de empregado entre os participantes do Fundo sujeitará a empresa à multa, em benefício do Fundo, no valor de 10 (dez) meses de salários, devidos ao empregado cujo nome houver sido omitido.

§ 3º Igual penalidade será aplicada em caso de declaração falsa sobre o valor do salário e do tempo de serviço do empregado na empresa.

Arts. 8º e 9º Revogados pela Lei Complementar n. 26, de 11.9.75.

Art. 10. As obrigações das empresas, decorrentes desta Lei, são de caráter exclusivamente fiscal, não gerando direitos de natureza trabalhista nem incidência de qualquer contribuição previdenciária em relação a quaisquer prestações devidas por lei ou por sentença judicial, ao empregado.

PARÁGRAFO ÚNICO. As importâncias incorporadas ao Fundo não se classificam como rendimento do trabalho, para qualquer efeito de Legislação Trabalhista, de Previdência Social ou Fiscal e não se incorporam aos salários ou gratificações, nem estão sujeitas ao imposto sobre a renda e proventos de qualquer natureza.

Art. 11. Dentro de 120 (cento e vinte) dias, a contar da vigência desta Lei, a Caixa Econômica Federal submeterá à aprovação do Conselho Monetário Nacional o Regulamento do Fundo, fixando as normas para o recolhimento e a distribuição dos recursos, assim como as diretrizes e os critérios para a sua aplicação.

PARÁGRAFO ÚNICO. O Conselho Monetário Nacional pronunciar-se-á, no prazo de 60 (sessenta) dias, a contar do seu recebimento, sobre o Projeto do Regulamento do Fundo.

Art. 12. As disposições desta Lei não se aplicam a quaisquer entidades integrantes da administração pública federal, estadual ou municipal, dos Territórios e do Distrito Federal, direta ou indireta, adotando-se, em todos os níveis, para efeito de conceituação, como entidades da Administração Indireta, os critérios constantes dos Decretos-leis ns. 200, de 25 de fevereiro de 1967, e 900, de 29 de setembro de 1969.

Art. 13. Esta Lei Complementar entrará em vigor na data de sua publicação.

Art. 14. Revogam-se as disposições em contrário.

Brasília, 7 de setembro de 1970; 149º da Independência e 82º da República.

Emílio G. Médici — Alfredo Buzaid — Adalberto de Barros Nunes — Orlando Geisel — Mário Gibson Barboza — Antônio Delfim Netto — Mário David Andreazza — L. F. Cirne Lima — Jarbas G. Passarinho — Júlio Barata — Márcio de Souza e Mello — F. Rocha Lagôa — Marcus Vinicius Patrini de Moraes — Antônio Dias Leite Júnior — João Paulo dos Reis Velloso — José Costa Cavalcanti — Hygino C. Corsetti

LEI COMPLEMENTAR N. 8, DE 3 DE DEZEMBRO DE 1970

(DOU 4.12.70 — LTr 35/36)

(V. CF, DG, art. 239, § 3º, p. 47)

INSTITUI O PROGRAMA DE FORMAÇÃO DO PATRIMÔNIO DO SERVIDOR PÚBLICO E DÁ OUTRAS PROVIDÊNCIAS

V. Decreto n. 4.524, de 17.12.02 (DOU 18.12.02), que regulamenta a contribuição para o PIS/PASEP e a Cofins devidos pelas pessoas jurídicas em geral (não publicada nesta obra)

O PRESIDENTE DA REPÚBLICA,

Faço saber que o Congresso Nacional decreta e eu sanciono a seguinte Lei Complementar:

Art. 1º É instituído, na forma prevista nesta Lei Complementar, o Programa de Formação do Patrimônio do Servidor Público.

Art. 2º A União, os Estados, os Municípios, o Distrito Federal e os Territórios contribuirão para o Programa, mediante recolhimento mensal ao Banco do Brasil, das seguintes parcelas:

I — União:

— 1% (um por cento) das receitas correntes efetivamente arrecadadas, deduzidas as transferências feitas a outras entidades da Administração Pública, a partir de 1º de julho de 1971; 1,5% (um e meio por cento), em 1972; e 2% (dois por cento), no ano de 1973 e subsequentes.

II — Estados, Municípios, Distrito Federal e Territórios:

a) 1% (um por cento) das receitas correntes próprias, deduzidas as transferências feitas a outras entidades da Administração Pública, a partir de 1º de julho de 1971; 1,5% (um e meio por cento), em 1972; e 2% (dois por cento), no ano de 1973 e subsequentes;

b) 2% (dois por cento) das transferências recebidas do Governo da União e dos Estados através do Fundo de Participações dos Estados, Distrito Federal e Municípios, a partir de 1º de julho de 1971.

PARÁGRAFO ÚNICO. Não recairá, em nenhuma hipótese sobre as transferências de que trata este artigo, mais de uma contribuição.

Art. 3º As autarquias, empresas públicas, sociedades de economia mista e fundações, da União, dos Estados, dos Municípios, do Distrito Federal e dos Territórios contribuirão para o Programa com 0,4% (quatro décimos por cento) da receita orçamentária, inclusive transferências e receita operacional, a partir de 1º de julho de 1971; 0,6% (seis décimos por cento), em 1972; e 0,8% (oito décimos por cento), no ano de 1973 e subsequentes.

Art. 4º As contribuições recebidas pelo Banco do Brasil serão distribuídas entre todos os servidores em atividade, civis e militares, da União, dos Estados, Municípios, Distrito Federal e Territórios, bem como das suas entidades da administração indireta e fundações, observados os seguintes critérios:

a) 50% proporcionais ao montante da remuneração percebida pelo servidor no período;

b) 50% em partes proporcionais aos quinquênios de serviços prestados pelo servidor.

PARÁGRAFO ÚNICO. A distribuição de que trata este artigo somente beneficiará os titulares, nas entidades mencionadas nesta Lei Complementar, de cargo ou função de provimento efetivo ou que possam adquirir estabilidade, ou de emprego de natureza não eventual, regido pela legislação trabalhista.

Art. 5º O Banco do Brasil S.A., ao qual competirá a administração do Programa, manterá contas individualizadas para cada servidor e cobrará uma comissão de serviço, tudo na forma que for estipulada pelo Conselho Monetário Nacional.

§ 1º Os depósitos a que se refere este artigo não estão sujeitos a imposto de renda ou contribuição previdenciária, nem se incorporam, para qualquer fim, à remuneração do cargo, função ou emprego.

§§ 2º a 5º Revogados pela Lei Complementar n. 26, de 11.9.75.

§ 6º O Banco do Brasil S.A. organizará o cadastro geral dos beneficiários desta Lei Complementar.

Art. 6º Revogado pela Lei Complementar n. 19, de 25.6.74.

Art. 7º As importâncias creditadas nas contas do Programa de Formação do Patrimônio do Servidor Público e do Programa de Integração Social são inalienáveis e impenhoráveis, e serão obrigatoriamente transferidas de um para outro, no caso de passar o servidor, pela alteração da relação de emprego, do setor público para o privado, e vice-versa.

Art. 8º A aplicação do disposto nesta Lei complementar aos Estados e Municípios, às suas entidades da Administração Indireta e fundações, bem como aos seus servidores, dependerá de norma legislativa estadual ou municipal.

Art. 9º Esta Lei Complementar entrará em vigor na data de sua publicação, revogadas as disposições em contrário.

Brasília, 3 de dezembro de 1970; 149º da Independência e 82º da República.

Emílio G. Médici — Alfredo Buzaid — Adalberto de Barros Nunes — Orlando Geisel — Jorge de Carvalho e Silva — Antônio Delfim Netto — Mário David Andreazza — L. F. Cirne Lima — Jarbas G. Passarinho — Júlio Barata — Márcio de Souza e Mello — F. Rocha Lagôa — Marcus Vinicius Pratini de Moraes — Antônio Dias Leite Júnior — João Paulo dos Reis Velloso — José Costa Cavalcanti — Hygino C. Corsetti

LEI COMPLEMENTAR N. 26, DE 11 DE SETEMBRO DE 1975

(DOU 12.9.75 — LTr 39/1091)

(V. CF, DG, art. 239, § 3º, p. 47)

ALTERA DISPOSIÇÕES DA LEGISLAÇÃO QUE REGULA O PROGRAMA DE INTEGRAÇÃO SOCIAL (PIS) E O PROGRAMA DE FORMAÇÃO DO PATRIMÔNIO DO SERVIDOR PÚBLICO (PASEP)

V. Medida Provisória n. 2.158-35, de 24.8.01 (DOU 27.8.01), não publicada nesta obra, que altera a legislação das contribuições para a Seguridade Social — Cofins, para os Programas de Integração Social e de Formação do Patrimônio do Servidor Público — PIS/PASEP e do Imposto sobre a Renda, e dá outras providências

V. Lei n. 10.312, de 27.11.01, não publicada nesta obra, que dispõe sobre a incidência das Contribuições para o PIS/PASEP e da Contribuição para o Financiamento da Seguridade Social nas operações de venda de gás natural e de carvão mineral

V. Lei n. 10.485, de 3.7.02 (DOU 4.7.02), que dispõe sobre a incidência das contribuições para os programas de Integração Social e de Formação do Patrimônio do Servidor Público (PISP/PASEP) e da Contribuição para o Financiamento da Seguridade Social (COFINS), nas hipóteses que menciona, e dá outras providências (não publicada nesta obra)

V. Lei n. 10.637, de 30.12.02 (DOU 2.12.02, Edição Extra) que dispõe sobre a não cumulatividade na cobrança da contribuição para os Programas de Integração Social (PIS) e de Formação do Patrimônio do Servidor Público (PASEP), nos casos que especifica; sobre o pagamento e o parcelamento de débitos tributários federais, a compensação de créditos fiscais, a declaração de inaptidão de inscrição de pessoas jurídicas, a legislação aduaneira, e dá outras providências

O PRESIDENTE DA REPÚBLICA,

Faço saber que o Congresso Nacional decreta e eu sanciono a seguinte Lei Complementar:

Art. 1º A partir do exercício financeiro a iniciar-se em 1º de julho de 1976, serão unificados, sob a denominação de PIS-PASEP, os fundos constituídos com os recursos do Programa de Integração Social — PIS e do Programa de Formação do Patrimônio do Servidor Público — PASEP, instituídos pelas Leis Complementares ns. 7 e 8, de 7 de setembro e de 3 de dezembro de 1970, respectivamente.

PARÁGRAFO ÚNICO. A unificação de que trata este artigo não afetará os saldos das contas individuais existentes em 30 de junho de 1976.

Art. 2º Ressalvado o disposto no parágrafo único deste artigo, são mantidos os critérios de participação dos empregados e servidores estabelecidos nos artigos 7º e 4º, respectivamente, das Leis Complementares ns. 7 e 8, referidas, passando a ser considerado, para efeito do cálculo dos depósitos efetuados nas contas individuais, o valor global dos recursos que passarem a integrar o PIS-PASEP.

Legislação Complementar

PARÁGRAFO ÚNICO. Aos participantes cadastrados há pelo menos cinco anos e que percebam salário mensal igual ou inferior a 5 (cinco) vezes o respectivo salário mínimo regional, será assegurado, ao final de cada exercício financeiro, depósito mínimo equivalente ao salário mínimo regional mensal, vigente, respeitada a disponibilidade de recursos.

Art. 3º Após a unificação determinada no artigo 1º, as contas individuais dos participantes passarão a ser creditadas:

a) pela correção monetária anual do saldo credor, obedecidos os índices aplicáveis às Obrigações Reajustáveis do Tesouro Nacional (ORTN);

b) pelos juros mínimos de 3% (três por cento) calculados anualmente sobre o saldo credor corrigido;

c) pelo resultado líquido adicional das operações realizadas com recursos do PIS-PASEP, deduzidas as despesas administrativas e as provisões de reserva cuja constituição seja indispensável.

Art. 4º As importâncias creditadas nas contas individuais dos participantes do PIS-PASEP são inalienáveis, impenhoráveis e, ressalvado o disposto nos parágrafos deste artigo, indisponíveis por seus titulares.

§ 1º Ocorrendo casamento, aposentadoria, transferência para a reserva remunerada, reforma ou invalidez do titular da conta individual, poderá ele receber o respectivo saldo, o qual, no caso de morte, será pago a seus dependentes, de acordo com a legislação da Previdência Social e com a legislação específica de servidores civis e militares ou, na falta daqueles, aos sucessores do titular, nos termos da lei civil. *(V. L. n. 6.858, 24.11.80, DOU 25.11.80 — LTr 44/1512).*

§ 2º Será facultada, no final de cada exercício financeiro posterior ao da abertura da conta individual, a retirada das parcelas correspondentes aos créditos de que tratam as alíneas *b* e *c* do art. 3º.

§ 3º Aos participantes cadastrados há pelo menos 5 (cinco) anos e que percebam salário mensal igual ou inferior a 5 (cinco) vezes o respectivo salário mínimo regional, será facultada, ao final de cada exercício financeiro, retirada complementar que permita perfazer valor igual ao do salário mínimo regional mensal vigente, respeitadas as disponibilidades de suas contas individuais.

Art. 5º É mantido, para os recursos do PIS-PASEP, inclusive aqueles a que se refere o art. 1º da Lei Complementar n. 17, de 12 de dezembro de 1973, o sistema de aplicação unificada estabelecido na Lei Complementar n. 19, de 25 de junho de 1974.

Art. 6º O Poder Executivo regulamentará esta Lei Complementar dentro de 120 (cento e vinte) dias, contados de sua publicação.

Art. 7º Esta Lei Complementar entrará em vigor em 1º de julho de 1976, revogados os artigos 8º e seu parágrafo, e 9º, e seus §§ 1º e 2º, da Lei Complementar n. 7, de 7 de setembro de 1970, e os §§ 2º, 3º, 4º e 5º do artigo 5º da Lei Complementar n. 8, de 3 de dezembro de 1970, e as demais disposições em contrário.

Brasília, 11 de setembro de 1975; 154º da Independência e 87º da República.

Ernesto Geisel — José Carlos Soares Freire — Alysson Paulinelli — Ney Braga — Arnaldo Prieto — Paulo de Almeida Machado — Severo Fagundes Gomes — João Paulo dos Reis Velloso — Maurício Rangel Reis — L. G. do Nascimento e Silva

DECRETO N. 4.751, DE 17 DE JUNHO DE 2003

(DOU 18.6.03)

DISPÕE SOBRE O FUNDO PIS-PASEP, CRIADO PELA LEI COMPLEMENTAR N. 26, DE 11 DE SETEMBRO DE 1975, SOB A DENOMINAÇÃO DE PIS-PASEP, E DÁ OUTRAS PROVIDÊNCIAS

O PRESIDENTE DA REPÚBLICA, no uso das atribuições que lhe confere o art. 84, incisos IV e VI, alínea *a*, da Constituição, e tendo em vista o disposto na Lei Complementar n. 26, de 11 de setembro de 1975,

Decreta:

Art. 1º O Fundo PIS-PASEP, criado pela Lei Complementar n. 26, de 11 de setembro de 1975, sob a denominação de PIS-PASEP, é um fundo contábil, de natureza financeira, e se subordina, no que couber, às disposições do art. 69 da Lei n. 4.728, de 14 de julho de 1965.

§ 1º O PIS-PASEP é constituído pelos valores do Fundo de Participação do Programa de Integração Social — PIS e do Fundo Único do Programa de formação do Patrimônio do Servidor Público — PASEP, existentes em 30 de junho de 1976 e apurados em balanços.

§ 2º O disposto no § 1º não afetará os saldos das contas individuais, existentes em 30 de junho de 1976, dos participantes e beneficiários dos respectivos Fundos.

Art. 2º Constituem recursos do PIS-PASEP:

I — juros, atualização monetária e multas devidas pelos contribuintes dos Programas, em decorrência da inobservância das obrigações a que estão sujeitos;

II — retorno, por via de amortização, de recursos aplicados em operações de empréstimos e financiamentos, incluído o total das receitas obtidas em tais operações;

III — resultado das operações financeiras realizadas, compreendendo, quando for o caso, multa contratual e honorários; e

IV — resultados das aplicações do Fundo de Participação Social — FPS, de que trata o Decreto n. 79.459, de 30 de março de 1977.

Art. 3º Os participantes do Fundo de Participação do PIS e os beneficiários do Fundo Único do PASEP, conforme qualificados na legislação pertinente aos respectivos Programas, passam a ser participantes do PIS-PASEP.

PARÁGRAFO ÚNICO. Os créditos provenientes da aplicação da atualização monetária, da incidência de juros, do resultado líquido adicional das operações realizadas e de qualquer outro benefício serão feitos exclusivamente na conta individual do participante.

Art. 4º No final de cada exercício financeiro, as contas individuais dos participantes do PIS-PASEP serão creditadas das quantias correspondentes:

I — à aplicação da atualização monetária sobre os respectivos saldos credores verificados ao término do exercício financeiro anterior;

II — à incidência de juros sobre os respectivos saldos credores atualizados, verificados ao término do exercício financeiro anterior; e

III — ao resultado líquido adicional das operações financeiras realizadas, verificado ao término do exercício financeiro anterior.

Art. 5º É facultada, no final de cada exercício financeiro posterior ao da abertura da conta individual, a retirada pelos participantes dos créditos correspondentes às parcelas a que se referem os incisos II e III do art. 4º, que tenham sido feitos nas respectivas contas individuais.

Art. 6º O exercício financeiro do PIS-PASEP corresponde ao período de 1º de julho de cada ano a 30 de junho do ano subsequente.

Art. 7º O PIS-PASEP será gerido por um Conselho Diretor, órgão colegiado constituído de sete membros efetivos e suplentes em igual número, com mandatos de dois anos, designados pelo Ministro de Estado da Fazenda, e terá a seguinte composição:

I — um representante titular e suplente do Ministério da Fazenda;

II — um representante titular e suplente do Ministério do Planejamento, Orçamento e Gestão;

III — um representante titular e suplente do Ministério do Desenvolvimento, Indústria e Comércio Exterior;

IV — um representante titular e suplente do Ministério do Trabalho e Emprego;

V — um representante titular e suplente da Secretaria do Tesouro Nacional do Ministério da Fazenda;

VI — um representante titular e suplente dos participantes do PIS; e

VII — um representante titular e suplente dos participantes do PASEP.

§ 1º Os representantes referidos nos incisos I a V serão indicados pelos titulares dos órgãos representados.

§ 2º Os representantes dos participantes do PIS serão escolhidos pelo Ministro de Estado do Trabalho e Emprego, mediante indicações das centrais sindicais, representando os trabalhadores da iniciativa privada.

§ 3º Os representantes dos servidores participantes do PASEP serão escolhidos pelo Ministro de Estado do Trabalho e Emprego, mediante indicações das centrais sindicais, representando os servidores públicos.

§ 4º O Conselho Diretor será coordenado pelo representante da Secretaria do Tesouro Nacional.

§ 5º O Coordenador do Conselho Diretor terá, além do voto normal, o voto de qualidade no caso de empate.

§ 6º O Conselho Diretor fica investido da representação ativa e passiva do PIS-PASEP, que será representado e defendido em juízo por Procurador da Fazenda Nacional.

Art. 8º No exercício da gestão do PIS-PASEP, compete ao Conselho Diretor:

I — elaborar e aprovar o plano de contas;

II — ao término de cada exercício financeiro:

a) calcular a atualização monetária do saldo credor das contas individuais dos participantes;

b) calcular a incidência de juros sobre o saldo credor atualizado das mesmas contas individuais;

c) constituir as provisões e reservas indispensáveis; e

d) levantar o montante das despesas de administração, apurar e atribuir aos participantes o resultado líquido adicional das operações realizadas;

III — autorizar, nas épocas próprias, que sejam feitos nas contas individuais dos participantes os créditos de que trata o art. 4º deste Decreto;

IV — aprovar anualmente o orçamento do PIS-PASEP e sua reformulação;

V — elaborar anualmente o balanço do PIS-PASEP, com os demonstrativos e o relatório;

VI — promover o levantamento de balancetes mensais;

VII — requisitar do Banco Nacional de Desenvolvimento Econômico e Social — BNDES as informações sobre os recursos do Fundo repassados, as aplicações realizadas e seus respectivos resultados;

VIII — prestar informações, fornecer dados e documentação e emitir parecer, por solicitação do Conselho Monetário Nacional e do Ministro de Estado da Fazenda, em relação ao PIS-PASEP, ao PIS e ao PASEP;

IX — autorizar, fixando as épocas próprias, o processamento das solicitações de saque e de retirada e os correspondentes pagamentos;

X — baixar normas operacionais necessárias à estruturação, organização e funcionamento do PIS-PASEP e compatíveis com a execução do PIS e do PASEP;

XI — emitir parecer sobre os balancetes mensais, balanços anuais e demais demonstrações contábeis e financeiras do PIS-PASEP;

XII — definir as tarifas de remuneração da Caixa Econômica Federal e do Banco do Brasil S.A., na qualidade de administradores do PIS e do PASEP, respectivamente; e

XIII — resolver os casos omissos, inclusive quanto aos pedidos de saques de quotas do PIS-PASEP.

Art. 9º Cabem à Caixa Econômica Federal, em relação ao PIS, as seguintes atribuições:

I — manter, em nome dos empregados e trabalhadores avulsos, as correspondentes contas individuais a que aludem o art. 5º da Lei Complementar n. 7, de 7 de setembro de 1970, e normas complementares;

II — creditar nas contas individuais, quando autorizada pelo Conselho Diretor, as parcelas e benefícios de que trata o art. 4º deste Decreto;

III — processar as solicitações de saque e de retirada e efetuar os correspondentes pagamentos, nas épocas próprias, quando autorizada pelo Conselho Diretor, na forma e para os fins previstos na Lei Complementar n. 26, de 1975, e neste Decreto;

IV — fornecer, nas épocas próprias e sempre que for solicitado, ao Conselho Diretor informações, dados e documentação, em relação a repasses de recursos, cadastro de empregados vinculados ao referido Programa, contas individuais de participantes e solicitações de saque e de retirada e seus correspondentes pagamentos; e

V — cumprir e fazer cumprir as normas operacionais baixadas pelo Conselho Diretor.

PARÁGRAFO ÚNICO. A Caixa Econômica Federal exercerá as atribuições previstas neste artigo de acordo com as normas, diretrizes e critérios estabelecidos pelo Conselho Diretor do PIS-PASEP, e com observância da Lei Complementar n. 26, de 1975, e das disposições deste Decreto.

Art. 10. Cabem ao Banco do Brasil S.A., em relação ao PASEP, as seguintes atribuições:

I — manter, em nome dos servidores e empregados, as contas individuais a que se refere o art. 5º da Lei Complementar n. 8, de 3 de dezembro de 1970;

II — creditar nas contas individuais, quando autorizado pelo Conselho Diretor, as parcelas e benefícios de que trata o art. 4º deste Decreto;

III — processar as solicitações de saque e de retirada e efetuar os correspondentes pagamentos, nas épocas próprias, quando autorizado pelo Conselheiro Diretor, na forma e para os fins previstos na Lei Complementar n. 26, de 1975, e neste Decreto;

IV — fornecer, nas épocas próprias e sempre que for solicitado, ao gestor do PIS-PASEP, informações, dados e documentação, em relação a repasses de recursos, cadastro de servidores e empregados vinculados ao referido Programa, contas individuais de participantes e solicitações de saque e de retirada e seus correspondentes pagamentos; e

V — cumprir e fazer cumprir as normas operacionais baixadas pelo gestor do PIS-PASEP.

PARÁGRAFO ÚNICO. O Banco do Brasil S.A. exercerá as atribuições previstas neste artigo de acordo com as normas, diretrizes e critérios estabelecidos pelo Conselho Diretor do PIS-PASEP, e com observância da Lei Complementar n. 26, de 1975, e das disposições deste Decreto.

Art. 11. A Caixa Econômica Federal, o Banco do Brasil S/A. e o BNDES prestarão ao Conselho Diretor todo apoio que for necessário à administração do PIS-PASEP.

Art. 12. Os dispêndios com a administração do PIS e do PASEP e com a administração do PIS-PASEP correrão por conta deste último Fundo, conforme for estabelecido pelo seu Conselho Diretor.

Art. 13. Compete ao Ministro de Estado da Fazenda aprovar o regimento interno do Conselho Diretor do Fundo PIS-PASEP, mediante proposta deste.

Art. 14. Este Decreto entra em vigor na data de sua publicação.

Art. 15. Ficam revogados os Decretos ns. 78.276, de 17 de agosto de 1976, 84.129, de 29 de outubro de 1979, e 93.200, de 1º de setembro de 1986.

Brasília, 17 de junho de 2003; 182º da Independência e 115º da República.

Luiz Inácio Lula da Silva

Bernard Appy

LEI N. 9.715, DE 25 DE NOVEMBRO DE 1998

(DOU 26.11.98)

DISPÕE SOBRE AS CONTRIBUIÇÕES PARA OS PROGRAMAS DE INTEGRAÇÃO SOCIAL E DE FORMAÇÃO DO PATRIMÔNIO DO SERVIDOR PÚBLICO — PIS/PASEP, E DÁ OUTRAS PROVIDÊNCIAS

Faço saber que o PRESIDENTE DA REPÚBLICA adotou a Medida Provisória n. 1.676-38, de 22 de outubro de 1998, que o Congresso Nacional aprovou, e eu, Antonio Carlos Magalhães, Presidente, para os efeitos do disposto no parágrafo único do artigo 62 da Constituição Federal, promulgo a seguinte lei:

Art. 1º Esta Lei dispõe sobre as contribuições para os Programas de Integração Social e de Formação do Patrimônio do Servidor Público — PIS/PASEP, de que tratam o artigo 239 da Constituição e as Leis Complementares n. 7, de 7 de setembro de 1970, e n. 8, de 3 de dezembro de 1970.

Art. 2º A contribuição para o PIS/PASEP será apurada mensalmente:

I — pelas pessoas jurídicas de direito privado e as que lhes são equiparadas pela legislação do imposto de renda, inclusive as empresas públicas e as sociedades de economia mista e suas subsidiárias, com base no faturamento do mês;

II — pelas entidades sem fins lucrativos definidas como empregadoras pela legislação trabalhista e as fundações, com base na folha de salários; *(Inciso revogado a partir de 28 de setembro de 1999 pela Medida Provisória n. 2.158-35, de 24.8.01 DOU 27.8.01).*

III — pelas pessoas jurídicas de direito público interno, com base no valor mensal das receitas correntes arrecadadas e das transferências correntes e de capital recebidas.

§ 1º As sociedades cooperativas, além da contribuição sobre a folha de pagamento mensal, pagarão, também, a contribuição calculada na forma do inciso I, em relação às receitas decorrentes de operações praticadas com não associados.

§ 2º Excluem-se do disposto no inciso II deste artigo os valores correspondentes à folha de pagamento das instituições ali referidas, custeadas com recursos originários dos Orçamentos Fiscal e da Seguridade Social.

§ 3º Para determinação da base de cálculo, não se incluem, entre as receitas das autarquias, os recursos classificados como receitas do Tesouro Nacional nos Orçamentos Fiscal e da Seguridade Social da União.

§ 4º Não se incluem, igualmente, na base de cálculo da contribuição das empresas públicas e das sociedades de economia mista, os recursos recebidos a título de repasse, oriundos do Orçamento Geral da União. *(Parágrafo revogado pela Medida Provisória n. 2.158-35, de 24.8.01, DOU 27.8.01).*

§ 5º O disposto nos §§ 2º, 3º e 4º somente se aplica a partir de 1º de novembro de 1996.

§ 6º A Secretaria do Tesouro Nacional efetuará a retenção da contribuição para o PIS/PASEP, devida sobre o valor das transferências de que trata o inciso III. (NR) *(Parágrafo acrescentado pela Medida Provisória n. 2.158-35, de 24.8.01, DOU 27.8.01).*

§ 7º Excluem-se do disposto no inciso III do *caput* deste artigo os valores de transferências decorrentes de convênio, contrato de repasse ou instrumento congênere com objeto definido. (NR) *(Parágrafo acrescentado pela Lei n. 12.810, de 15.5.2013, DOU 16.5.2013)*

Art. 3º Para os efeitos do inciso I do artigo anterior considera-se faturamento a receita bruta, como definida pela legislação do imposto de renda, proveniente da venda de bens nas operações de conta própria, do preço dos serviços prestados e do resultado auferido nas operações de conta alheia.

PARÁGRAFO ÚNICO. Na receita bruta não se incluem as vendas de bens e serviços canceladas, os descontos incondicionais concedidos, o Imposto sobre Produtos Industrializados — IPI, e o Imposto sobre Operações Relativas à Circulação de Mercadorias — ICMS, retido pelo vendedor dos bens ou prestador dos serviços na condição de substituto tributário.

Art. 4º Observado o disposto na Lei n. 9.004, de 16 de março de 1995, na determinação da base de cálculo da contribuição serão também excluídas as receitas correspondentes:

I — aos serviços prestados a pessoa jurídica domiciliada no exterior, desde que não autorizada a funcionar no Brasil, cujo pagamento represente ingresso de divisas;

II — ao fornecimento de mercadorias ou serviços para uso ou consumo de bordo em embarcações e aeronaves em tráfego internacional, quando o pagamento for efetuado em moeda conversível;

III — ao transporte internacional de cargas ou passageiros. *(Artigos e incisos revogados pela Medida Provisória n. 2.158-35, de 24.8.01, DOU 27.8.01).*

Art. 5º A contribuição mensal devida pelos fabricantes de cigarros, na condição de contribuintes e de substitutos dos comerciantes varejistas, será calculada sobre o preço fixado para venda do produto no varejo, multiplicado por um vírgula trinta e oito.

PARÁGRAFO ÚNICO. O Poder Executivo poderá alterar o coeficiente a que se refere este artigo.

Art. 6º A contribuição mensal devida pelos distribuidores de derivados de petróleo e álcool etílico hidratado para fins carburantes, na condição de substitutos dos comerciantes varejistas, será calculada sobre o menor valor, no País, constante da tabela de preços máximos fixados para venda a varejo, sem prejuízo da contribuição incidente sobre suas próprias vendas.

Art. 7º Para os efeitos do inciso III do artigo 2º, nas receitas correntes serão incluídas quaisquer receitas tributárias, ainda que arrecadadas, no todo ou em parte, por outra entidade da Administração Pública, e deduzidas as transferências efetuadas a outras entidades públicas.

Art. 8º A contribuição será calculada mediante a aplicação, conforme o caso, das seguintes alíquotas:

I — zero vírgula sessenta e cinco por cento sobre o faturamento;

II — um por cento sobre a folha de salários;

III — um por cento sobre o valor das receitas correntes arrecadadas e das transferências correntes e de capital recebidas.

Art. 9º À contribuição para o PIS/PASEP aplicam-se as penalidades e demais acréscimos previstos na legislação do imposto sobre a renda.

Art. 10. A administração e fiscalização da contribuição para o PIS/PASEP compete à Secretaria da Receita Federal.

Art. 11. O processo administrativo de determinação e exigência das contribuições para o PIS/PASEP, bem como o de consulta sobre a aplicação da respectiva legislação, serão regidos pelas normas do processo administrativo de determinação e exigência dos créditos tributários da União.

Art. 12. O disposto nesta Lei não se aplica às pessoas jurídicas de que trata o § 1º do art. 22 da Lei n. 8.212, de 24 de julho de 1991, que para fins de determinação da contribuição para o PIS/PASEP observarão legislação específica.

Art. 13. Às pessoas jurídicas que aufiram receita bruta exclusivamente da prestação de serviços, o disposto no inciso I do art. 2º somente se aplica a partir de 1º de março de 1996.

Art. 14. O disposto no inciso III do artigo 8º aplica-se às autarquias somente a partir de 1º de março de 1996.

Art. 15. A contribuição do Banco Central do Brasil para o PASEP terá como base de cálculo o total das receitas correntes arrecadadas e consideradas como fonte para atender às suas dotações constantes do Orçamento Fiscal da União.

PARÁGRAFO ÚNICO. O disposto neste artigo somente se aplica a partir de 1º de novembro de 1996.

Art. 16. O art. 7º da Lei n. 9.138, de 29 de novembro de 1995, passa a vigorar com as seguintes alterações:

"Art. 7º Os contratos de repasse de recursos do Fundo de Participação PIS/PASEP, do Fundo de Amparo ao Trabalhador — FAT, do Fundo de Defesa da Economia Cafeeira — FUNCAFÉ, dos Fundos Constitucionais de Financiamento do Norte, do Nordeste e do Centro-Oeste (FNO, FNE e FCO) e de outros fundos ou instituições oficiais federais, quando lastrearem dívidas de financiamentos rurais objeto do alongamento de que trata o artigo 5º, terão seus prazos de retorno e encargos financeiros devidamente ajustados às respectivas operações de alongamento.

PARÁGRAFO ÚNICO. O custo da equalização nessas operações de alongamento correrá à conta do respectivo fundo, excetuados os casos lastreados com recursos do Fundo de Participação PIS/PASEP e do Fundo de Amparo ao Trabalhador — FAT, em observância ao disposto no artigo 239, § 1º, da Constituição, para os quais o ônus da equalização será assumido pelo Tesouro Nacional." (NR)

Art. 17. Ficam convalidados os atos praticados com base na Medida Provisória n. 1.676-37, de 25 de setembro de 1998.

Art. 18. Esta Lei entra em vigor na data de sua publicação, aplicando-se aos fatos geradores ocorridos a partir de 1º de outubro de 1995.

Congresso Nacional, 25 de novembro de 1998. 177ª da Independência e 110ª da República.

Antonio Carlos Magalhães

LEI N. 7.998, DE 11 DE JANEIRO DE 1990

(DOU 12.1.90 — LTr 54/118)

REGULA O PROGRAMA DO SEGURO-DESEMPREGO, O ABONO SALARIAL, INSTITUI O FUNDO DE AMPARO AO TRABALHADOR — FAT E DÁ OUTRAS PROVIDÊNCIAS

V. Portaria Interministerial do MTE e da Fazenda n. 70, de 11.10.02 (DOU 14.10.02), que institui a Caixa Econômica Federal como agente operador do Seguro-desemprego, regulado pela Lei n. 7.998, de 11 de janeiro de 1990, e dá outras providências (não publicada nesta obra)

V. Resol. n. 306, do MTE, de 6.11.02 (DOU 18.12.02), que estabelece procedimento para a concessão do benefício do seguro-desemprego ao trabalhador resgatado da condição análoga a de escravo (não publicada nesta obra)

V. Resolução n. 560, de 28.11.07, DOU 4.12.07, do Conselho Deliberativo do Fundo de Amparo ao Trabalhador que estabelece regras para execução das ações integradas do Sistema Público de Emprego, Trabalho e Renda, no âmbito do Sistema Nacional de Emprego — SINE. (não publicada nesta obra)

V. Resolução n. 620, de 5 de novembro de 2009, DOU 9.11.09, que faculta a utilização de Requerimento do Seguro-Desemprego (RSD) e de Comunicação de Dispensa (CD), aprovado pela Resolução n. 608 de 2009, mediante o acesso ao Sistema Seguro-Desemprego — SDWEB

O PRESIDENTE DA REPÚBLICA,

Faço saber que o Congresso Nacional decreta e eu sanciono a seguinte Lei:

Art. 1º Esta Lei regula o Programa do Seguro-Desemprego e o abono de que tratam o inciso II do art. 7º, o inciso IV do art. 201 e o art. 239, da Constituição Federal, bem como institui o Fundo de Amparo ao Trabalhador — FAT.

Do Programa de Seguro-Desemprego

Art. 2º O Programa de Seguro-Desemprego tem por finalidade:

I — prover assistência financeira temporária ao trabalhador desempregado em virtude de dispensa sem justa causa, inclusive a indireta, e ao trabalhador comprovadamente resgatado de regime de trabalho forçado ou da condição análoga à de escravo. (NR) *(Redação dada pela L. n. 10.608, de 20.12.02, DOU 23.12.02).*

II — auxiliar os trabalhadores na busca ou preservação do emprego, promovendo, para tanto, ações integradas de orientação, recolocação e qualificação profissional. (NR) *(Alterado pela MP n. 2.164-41, de 24.8.01, DOU 27.8.01).*

Art. 2º-A Para efeito do disposto no inciso II do art. 2º, fica instituída a bolsa de qualificação profissional, a ser custeada pelo Fundo de Amparo ao Trabalhador — FAT, à qual fará jus o trabalhador que estiver com o contrato de trabalho suspenso em virtude de participação em curso ou programa de qualificação profissional oferecido pelo empregador, em conformidade com o disposto em convenção ou acordo coletivo celebrado para este fim." (NR)*(Artigo acrescentado pela Medida Provisória n. 2.164-41, de 24.8.01, DOU 27.8.01).*

Art. 2º-B Em caráter excepcional e pelo prazo de seis meses, os trabalhadores que estejam em situação de desemprego involuntário pelo período compreendido entre doze e dezoito meses, ininterruptos, e que já tenham sido beneficiados com o recebimento do Seguro-Desemprego, farão jus a três parcelas do benefício, correspondente cada uma a R$ 100,00 (cem reais).

§ 1º O período de doze a dezoito meses de que trata o *caput* será contado a partir do recebimento da primeira parcela do seguro-desemprego.

§ 2º O benefício poderá estar integrado a ações de qualificação profissional e articulado com ações de emprego a serem executadas nas localidades de domicílio do beneficiado.

§ 3º Caberá ao Conselho Deliberativo do Fundo de Amparo ao Trabalhador — CODEFAT o estabelecimento, mediante resolução, das demais condições indispensáveis ao recebimento do benefício de que trata este artigo, inclusive quanto à idade e domicílio do empregador ao qual o trabalhador estava vinculado, bem como os respectivos limites de comprometimento dos recursos do FAT. (NR) *(Artigo acrescentado pela Medida Provisória de n. 2.164-41, de 24.8.01, DOU 27.8.01).*

Art. 2º-C O trabalhador que vier a ser identificado como submetido a regime de trabalho forçado ou reduzido a condição análoga à de escravo, em decorrência de ação de fiscalização do Ministério do Trabalho e Emprego, será dessa situação resgatado e terá direito à percepção de três parcelas de seguro-desemprego no valor de um salário mínimo cada, conforme o disposto no § 2º deste artigo.

§ 1º O trabalhador resgatado nos termos do *caput* deste artigo será encaminhado, pelo Ministério do Trabalho e Emprego, para qualificação profissional e recolocação no mercado de trabalho, por meio do Sistema Nacional de Emprego — SINE, na forma estabelecida pelo Conselho Deliberativo do Fundo de Amparo ao Trabalhador — CODEFAT.

§ 2º Caberá ao CODEFAT, por proposta do Ministro de Estado do Trabalho e Emprego, estabelecer os procedimentos necessários ao recebimento do benefício previsto no *caput* deste artigo, observados os respectivos limites de comprometimento dos recursos do FAT, ficando vedado ao mesmo trabalhador o recebimento do benefício, em circunstâncias similares, nos doze meses seguintes à percepção da última parcela. *(NR) (Artigo e parágrafos acrescentados pela Lei n. 10.608, de 20.12.02, DOU 23.12.02).*

Art. 3º Terá direito à percepção do seguro-desemprego o trabalhador dispensado sem justa causa que comprove:

I — ter recebido salários de pessoa jurídica ou pessoa física a ela equiparada, relativos a cada um dos 6 (seis) meses imediatamente anteriores à data da dispensa;

II — ter sido empregado de pessoa jurídica ou pessoa física a ela equiparada ou ter exercido atividade legalmente reconhecida como autônoma, durante pelo menos 15 (quinze) meses nos últimos 24 (vinte e quatro) meses;

III — não estar em gozo de qualquer benefício previdenciário de prestação continuada, previsto no Regulamento dos Benefícios da Previdência Social, excetuado o auxílio-acidente e o auxílio suplementar previstos na Lei n. 6.367, de 19 de outubro de 1976, bem como o abono de permanência em serviço previsto na Lei n. 5.890, de 8 de junho de 1973;

IV — não estar em gozo do auxílio-desemprego; e

V — não possuir renda própria de qualquer natureza suficiente à sua manutenção e de sua família.

§ 1º A União poderá condicionar o recebimento da assistência financeira do Programa de Seguro-Desemprego à comprovação da matrícula e da frequência do trabalhador segurado em curso de formação inicial e continuada ou qualificação profissional, com carga horária mínima de 160 (cento e sessenta) horas. *(Acrescentado pela Lei n. 12.513, de 26.10.11, DOU 27.10.11)*

§ 2º O Poder Executivo regulamentará os critérios e requisitos para a concessão da assistência financeira do Programa de Seguro-Desemprego nos casos previstos no § 1º, considerando a disponibilidade de bolsas-formação no âmbito do Pronatec ou de vagas gratuitas na rede de educação profissional e tecnológica para o cumprimento da condicionalidade pelos respectivos beneficiários. *(Acrescentado pela Lei n. 12.513, de 26.10.11, DOU 27.10.11)*

§ 3º A oferta de bolsa para formação dos trabalhadores de que trata este artigo considerará, entre outros critérios, a capacidade de oferta, a reincidência no recebimento do benefício, o nível de escolaridade e a faixa etária do trabalhador. (NR) *(Acrescentado pela Lei n. 12.513, de 26.10.11, DOU 27.10.11)*

Art. 3º-A A periodicidade, os valores, o cálculo do número de parcelas e os demais procedimentos operacionais de pagamento da bolsa de qualificação profissional, nos termos do art. 2º-A desta lei, bem como os pré-requisitos para habilitação serão os mesmos adotados em relação ao benefício do seguro-desemprego, exceto quanto à dispensa sem justa causa. (NR) *(Artigo acrescentado pela Medida Provisória n. 2.164-41, de 24.8.01, DOU 27.8.01).*

Art. 4º O benefício do seguro-desemprego será concedido ao trabalhador desempregado, por um período máximo de 4 (quatro) meses, de forma contínua ou alternada, a cada período aquisitivo de 16 (dezesseis) meses, contados da data de dispensa que deu origem à primeira habilitação.

PARÁGRAFO ÚNICO. O benefício do seguro-desemprego poderá ser retomado a cada novo período aquisitivo, satisfeitas as condições arroladas no art. 3º desta Lei, à exceção do seu inciso II.

Art. 5º O valor do benefício será fixado, em Bônus do Tesouro Nacional — BTNs, devendo ser calculado segundo 3 (três) faixas salariais, observados os seguintes critérios:

I — até 300 (trezentos) BTNs, multiplicar-se-á o salário médio dos últimos 3 (três) meses pelo fator 0,8 (oito décimos);

II — de 300 (trezentos) a 500 (quinhentos) BTNs aplicar-se-á até o limite do inciso anterior, a regra nele contida e, no que exceder, o fator 0,5 (cinco décimos);

III — acima de 500 (quinhentos) BTNs, o valor do benefício será igual a 340 (trezentos e quarenta) BTNs.

§ 1º Para fins de apuração do benefício, será considerada a média dos salários dos últimos 3 (três) meses anteriores à dispensa, devidamente convertidos em BTN pelo valor vigente nos respectivos meses trabalhados.

§ 2º O valor do benefício não poderá ser inferior ao valor do salário mínimo.

§ 3º No pagamento dos benefícios, considerar-se-á:

I — o valor do BTN ou do salário mínimo do mês imediatamente anterior, para benefícios colocados à disposição do beneficiário até o dia 10 (dez) do mês;

II — o valor do BTN ou do salário mínimo do próprio mês, para benefícios colocados à disposição do beneficiário após o dia 10 (dez) do mês.

Art. 6º O seguro-desemprego é direito pessoal e intransferível do trabalhador, podendo ser requerido a partir do sétimo dia subsequente à rescisão do contrato de trabalho.

Art. 7º O pagamento do benefício do seguro-desemprego será suspenso nas seguintes situações:

I — admissão do trabalhador em novo emprego;

II — início de percepção de benefício de prestação continuada da Previdência Social, exceto o auxílio-acidente, o auxílio suplementar e o abono de permanência em serviço;

III — início de percepção de auxílio-desemprego.

Art. 7º-A O pagamento da bolsa de qualificação profissional será suspenso se ocorrer a rescisão do contrato de trabalho. (NR) *(Artigo acrescentado pela Medida Provisória n. 2.164-41, de 24.8.01, DOU 27.8.01).*

Art. 8º O benefício do seguro-desemprego será cancelado: *(Redação dada pela Lei n. 12.513, de 26.10.11, DOU 27.10.11)*

I — pela recusa por parte do trabalhador desempregado de outro emprego condizente com sua qualificação registrada ou declarada e com sua remuneração anterior; *(Redação dada pela Lei n. 12.513, de 26.10.11, DOU 27.10.11)*

II — por comprovação de falsidade na prestação das informações necessárias à habilitação; *(Redação dada pela Lei n. 12.513, de 26.10.11, DOU 27.10.11)*

III — por comprovação de fraude visando à percepção indevida do benefício do seguro-desemprego; ou: *(Redação dada pela Lei n. 12.513, de 26.10.11, DOU 27.10.11)*

IV — por morte do segurado. *(Redação dada pela Lei n. 12.513, de 26.10.11, DOU 27.10.11)*

§ 1º Nos casos previstos nos incisos I a III deste artigo, será suspenso por um período de 2 (dois) anos, ressalvado o prazo de carência, o direito do trabalhador à percepção do seguro-desemprego, dobrando-se este período em caso de reincidência. *(Acrescentado pela Lei n. 12.513, de 26.10.11, DOU 27.10.11)*

§ 2º O benefício poderá ser cancelado na hipótese de o beneficiário deixar de cumprir a condicionalidade de que trata o § 1º do art. 3º desta Lei, na forma do regulamento. (NR) *(Acrescentado pela Lei n. 12.513, de 26.10.11, DOU 27.10.11)*

Art. 8º-A O benefício da bolsa de qualificação profissional será cancelado nas seguintes situações:

I — fim da suspensão contratual e retorno ao trabalho;

II — por comprovação de falsidade na prestação das informações necessárias à habilitação;

III — por comprovação de fraude visando à percepção indevida da bolsa de qualificação profissional;

IV — por morte do beneficiário. (NR) *(Artigo acrescentado pela Medida Provisória n. 2.164-41, de 24.8.01, DOU 27.8.01).*[*]

Art. 8º-B Na hipótese prevista no § 5º do art. 476-A da Consolidação das Leis do Trabalho — CLT, as parcelas da bolsa de qualificação profissional que o empregado tiver recebido serão descontadas das parcelas do benefício do seguro-desemprego a que fizer jus, sendo-lhe garantido, no mínimo, o recebimento de uma parcela do seguro-desemprego. (NR) *(Artigo acrescentado pela Medida Provisória n. 2.164-41, de 24.8.01, DOU 27.8.01).*

Art. 8º-C Para efeito de habilitação ao Seguro-Desemprego, desconsiderar-se-á o período de suspensão contratual de que trata o art. 476-A da CLT, para o cálculo dos períodos de que tratam os incisos I e II do art. 3º desta Lei. (NR) *(Artigo acrescentado pela Medida Provisória n. 2.164-41, de 24.8.01, DOU 27.8.01).*

Do Abono Salarial

Art. 9º É assegurado o recebimento de abono salarial no valor de um salário mínimo vigente na data do respectivo pagamento, aos empregados que:

I — tenham percebido, de empregadores que contribuem para o Programa de Integração Social — PIS, ou para o Programa de Formação do Patrimônio do Servidor Público — PASEP, até 2 (dois) salários mínimos médios de remuneração mensal no período trabalhado e que tenham exercido atividade remunerada pelo menos durante 30 (trinta) dias no ano-base;

II — estejam cadastradas há pelo menos 5 (cinco) anos no Fundo de Participação PIS-PASEP ou no Cadastro Nacional do Trabalhador.

PARÁGRAFO ÚNICO. No caso de beneficiários integrantes do Fundo de Participação PIS-PASEP, serão computados no valor do abono salarial os rendimentos proporcionados pelas respectivas contas individuais.

Do Fundo de Amparo ao Trabalhador

Art. 10. É instituído o Fundo de Amparo ao Trabalhador (FAT), vinculado ao Ministério do Trabalho e Emprego, destinado ao custeio do Programa de Seguro-Desemprego, ao pagamento do abono salarial e ao financiamento de programas de educação profissional e tecnológica e de desenvolvimento econômico. *(Redação dada pela Lei n. 12.513, de 26.10.11, DOU 27.10.11)*

PARÁGRAFO ÚNICO. O FAT é um fundo contábil, de natureza financeira, subordinando-se, no que couber, à legislação vigente.

Art. 11. Constituem recursos do FAT:

I — o produto da arrecadação das contribuições devidas ao PIS e ao PASEP;

II — o produto dos encargos devidos pelos contribuintes, em decorrência da inobservância de suas obrigações;

III — a correção monetária e os juros devidos pelo agente aplicador dos recursos do Fundo, bem como pelos agentes pagadores, incidentes sobre o saldo dos repasses recebidos;

IV — o produto da arrecadação da contribuição adicional pelo índice de rotatividade, de que trata o § 4º do art. 239 da Constituição Federal;

V — outros recursos que lhe sejam destinados.

Art. 12. *(Vetado).*

Art. 13. *(Vetado).*

Art. 14. *(Vetado).*

Art. 15. Compete aos Bancos Oficiais Federais o pagamento das despesas relativas ao Programa do Seguro-Desemprego e ao Abono Salarial conforme normas a serem definidas pelos gestores do FAT.

PARÁGRAFO ÚNICO. Sobre o saldo de recursos não desembolsados, os agentes pagadores remunerarão o FAT, no mínimo com correção monetária.

Art. 16. Revogado — Lei n. 8.019/90.

Art. 17. Revogado — Lei n. 8.019/90.

Gestão

Art. 18. É instituído o Conselho Deliberativo do Fundo de Amparo ao Trabalhador — CODEFAT, composto por representação de trabalhadores, empregadores e órgãos e entidades governamentais, na forma estabelecida pelo Poder Executivo. (NR) *(Alterado pela MP 2.216-37, de 31.8.01, DOU 1º.9.01, ed. extra).*

§ 1º O mandato de cada Conselheiro é de 3 (três) anos.(*)

§ 2º Na primeira investidura, observar-se-á o seguinte:

I — 1/3 (um terço) dos representantes referidos nos incisos I e II do *caput* deste artigo será designado com mandato de 1 (um) ano; 1/3 (um terço), com mandato de 2 (dois) anos e 1/3 (um terço), com mandato de 3 (três) anos;

II — o representante do Ministério do Trabalho será designado com mandato de 3 (três) anos; o representante do Ministério da Previdência e Assistência Social, com mandato de 2 (dois) anos; o representante do BNDES, com mandato de 1 (um) ano.(*)

§ 3º Os representantes dos trabalhadores serão indicados pelas centrais sindicais e confederações de trabalhadores; e os representantes dos empregadores, pelas respectivas confederações.

§ 4º Compete ao Ministro do Trabalho a nomeação dos membros do CODEFAT.

§ 5º A Presidência do Conselho Deliberativo, anualmente renovada, será rotativa entre os seus membros.(*)

§ 6º Pela atividade exercida no CODEFAT seus membros não serão remunerados.

(*) (Os parágrafos 1º, 2º e 5º foram revogados pela MP n. 2.143-36, de 24.8.01, DOU 27.8.01).

Art. 19. Compete ao CODEFAT gerir o FAT e deliberar sobre as seguintes matérias:

I — *(vetado)*;

II — aprovar e acompanhar a execução do Plano de Trabalho Anual do Programa do Seguro-Desemprego e do Abono Salarial e os respectivos orçamentos;

III — deliberar sobre a prestação de conta e os relatórios de execução orçamentária e financeira do FAT;

IV — elaborar a proposta orçamentária do FAT, bem como suas alterações;

V — propor o aperfeiçoamento da legislação relativa ao seguro-desemprego e ao abono salarial e regulamentar os dispositivos desta Lei no âmbito de sua competência;

VI — decidir sobre sua própria organização, elaborando seu regimento interno;

VII — analisar relatórios do agente aplicador quanto à forma, prazo e natureza dos investimentos realizados;

VIII — fiscalizar a administração do Fundo, podendo solicitar informações sobre contratos celebrados ou em vias de celebração e quaisquer outros atos;

IX — definir indexadores sucedâneos no caso de extinção ou alteração daqueles referidos nesta Lei;

X — baixar instruções necessárias à devolução de parcelas do benefício do seguro-desemprego, indevidamente recebidas;

XI — propor alteração das alíquotas referentes às contribuições a que alude o art. 239 da Constituição Federal, com vistas a assegurar a viabilidade econômico-financeira do FAT.

XII — *(vetado);*

XIII — *(vetado);*

XIV — fixar prazos para processamento e envio ao trabalhador da requisição do benefício do seguro-desemprego, em função das possibilidades técnicas existentes, estabelecendo-se como objetivo o prazo de 30 (trinta) dias;

XV — *(vetado);*

XVI — *(vetado);*

XVII — deliberar sobre outros assuntos de interesse do FAT.

Art. 19-A. O Codefat poderá priorizar projetos das entidades integrantes do Sistema Nacional de Atendimento Socioeducativo (Sinase) desde que:

I — o ente federado de vinculação da entidade que solicita o recurso possua o respectivo Plano de Atendimento Socioeducativo aprovado;

II — as entidades governamentais e não governamentais integrantes do Sinase que solicitem recursos tenham se submetido à avaliação nacional do atendimento socioeducativo. *(Artigo e incisos acrescentados pela Lei n. 12.594, de 18.1.12, DOU 19.1.12).*

Art. 20. A Secretaria Executiva do Conselho Deliberativo será exercida pelo Ministério do Trabalho, e a ela caberão as tarefas técnico-administrativas relativas ao seguro-desemprego e ao abono salarial.

Art. 21. As despesas com a implantação, administração e operação do Programa de Seguro-Desemprego e de Abono Salarial, exceto as de pessoal, correrão por conta do FAT.

Art. 22. Os recursos do FAT integrarão o orçamento da seguridade social na forma da legislação pertinente.

Da Fiscalização e Penalidades

Art. 23. Compete ao Ministério do Trabalho a fiscalização do cumprimento do Programa de Seguro-Desemprego e do Abono Salarial.

Art. 24. Os trabalhadores e empregadores prestarão as informações necessárias, bem como atenderão às exigências para a concessão do seguro-desemprego e o pagamento do abono salarial, nos termos e prazos fixados pelo Ministério do Trabalho.

Art. 25. O empregador que infringir os dispositivos desta Lei estará sujeito a multas de 400 (quatrocentos) a 40.000 (quarenta mil) BTNs, segundo a natureza da infração, sua extensão e a intenção do infrator, a serem aplicadas em dobro, no caso de reincidência, oposição à fiscalização ou desacato à autoridade.

§ 1º Serão competentes para impor as penalidades as Delegacias Regionais do Trabalho, nos termos do Título VII da Consolidação das Leis do Trabalho — CLT.

§ 2º Além das penalidades administrativas já referidas, os responsáveis por meios fraudulentos na habilitação ou na percepção do seguro-desemprego serão punidos civil e criminalmente, nos termos desta Lei.

Das Disposições Finais e Transitórias

Art. 26. *(Vetado).*

Art. 27. A primeira investidura do CODEFAT dar-se-á no prazo de 30 (trinta) dias da publicação desta Lei.

Art. 28. No prazo de 30 (trinta) dias, as contribuições ao PIS e ao PASEP arrecadadas a partir de 5 de outubro de 1988 e não utilizadas nas finalidades previstas no art. 239 da Constituição Federal serão recolhidas como receita do FAT. *(Redação dada pela Lei n. 8.019, de 11.4.90, DOU 12.4.90).*

PARÁGRAFO ÚNICO. (Vetado).

Art. 29. *Revogado — Lei n. 8.019/90.*

Art. 30. O Poder Executivo regulamentará esta Lei no prazo de 90 (noventa) dias e apresentará projeto de lei regulamentando a contribuição adicional pelo índice de rotatividade, de que trata o § 4º do art. 239 da Constituição Federal, no prazo de 180 (cento e oitenta) dias.

Art. 31. Esta Lei entra em vigor na data de sua publicação.

Art. 32. Revogam-se as disposições em contrário.

Brasília, em 11 de janeiro de 1990; 169º da Independência e 102º da República.

José Sarney — Maílson Ferreira da Nóbrega — Dorothea Werneck — Jáder Fontenelle Barbalho

LEI N. 8.900, DE 30 DE JUNHO DE 1994

(DOU 1º.7.94)

DISPÕE SOBRE O BENEFÍCIO DO SEGURO-DESEMPREGO, ALTERA DISPOSITIVO DA LEI N. 7.998, DE 11 DE JANEIRO DE 1990, E DÁ OUTRAS PROVIDÊNCIAS

O PRESIDENTE DA REPÚBLICA,

Faço saber que o Congresso Nacional decreta e eu sanciono a seguinte Lei:

Art. 1º O art. 2º da Lei n. 7.998, de 11 de janeiro de 1990, passa a vigorar com a seguinte redação:

Redação incluída no texto da mencionada lei.

Art. 2º O benefício do seguro-desemprego será concedido ao trabalhador desempregado por um período máximo variável de 3 (três) a 5 (cinco) meses, de forma contínua ou alternada, a cada período aquisitivo, cuja duração será definida pelo CODEFAT.

§ 1º O benefício poderá ser retomado a cada novo período aquisitivo, observado o disposto no artigo anterior.

§ 2º A determinação do período máximo mencionado no *caput* deste artigo observará a seguinte relação entre o número de parcelas mensais do benefício do seguro-desemprego e o tempo de serviço do trabalhador nos 36 (trinta e seis) meses que antecederam a data de dispensa que deu origem ao requerimento do seguro-desemprego:

I — 3 (três) parcelas, se o trabalhador comprovar vínculo empregatício com pessoa jurídica ou pessoa física a ela equiparada, de no mínimo 6 (seis) meses e no máximo 11 (onze) meses, no período de referência;

II — 4 (quatro) parcelas, se o trabalhador comprovar vínculo empregatício com pessoa jurídica ou pessoa física a ela equiparada, de no mínimo 12 (doze) meses e no máximo 23 (vinte e três) meses, no período de referência;

III — 5 (cinco) parcelas, se o trabalhador comprovar vínculo empregatício com pessoa jurídica ou pessoa física a ela equiparada, de no mínimo 24 (vinte e quatro) meses, no período de referência.

§ 3º A fração igual ou superior a 15 (quinze) dias de trabalho será havida como mês integral, para os efeitos do parágrafo anterior.

§ 4º O período máximo de que trata o *caput* poderá ser excepcionalmente prolongado em até 2 (dois) meses, para grupos específicos de segurados, a critério do CODEFAT, desde que o gasto adicional representado por este prolongamento não ultrapasse, em cada semestre, 10% (dez por cento) do montante da Reserva Mínima de Liquidez, de que trata o § 2º do art. 9º da Lei n. 8.019, de 11 de abril de 1990, com a redação dada pelo art. 1º da Lei n. 8.352, de 28 de dezembro de 1991.(*)

§ 5º Na determinação do prolongamento do período máximo de percepção do benefício do seguro-desemprego, o CODEFAT observará, dentre outras variáveis, a evolução geográfica e setorial das taxas de desemprego no País e o tempo médio de desemprego de grupos específicos de trabalhadores.

Art. 3º Esta Lei entra em vigor na data de sua publicação.

Brasília, 30 de junho de 1994; 173º da Independência e 106º da República.

Itamar Franco
Marcelo Pimentel

(*) Res. MTb/CODEFAT n. 155, de 22.12.97.

RESOLUÇÃO CODEFAT N. 724, DE 18 DE DEZEMBRO DE 2013

DOU 23.12.13

DISPÕE SOBRE MEDIDAS PARA VIABILIZAR O EQUILÍBRIO FINANCEIRO DO FUNDO DE AMPARO AO TRABALHADOR — FAT

O Conselho Deliberativo do Fundo de Amparo ao Trabalhador — CODEFAT, no uso das atribuições que lhe confere o inciso V do art. 19 da Lei n. 7.998, de 11 de janeiro de 1990,

Considerando que para viabilizar o desenvolvimento sustentável do Brasil há necessidade da manutenção de taxas de juros de longo prazo reduzidas, tornando-se inadequadas propostas de ajustes do critério legal de remuneração dos recursos do FAT, de que trata a Lei n. 9.635, de 16.11.1996, que aumente a taxa de remuneração dos financiamentos de projetos de longo prazo;

Considerando que a Desvinculação de Receitas da União — DRU, de que trata a Emenda Constitucional n. 68, de 21.12.2011, vigerá até o final do exercício de 2015;

Considerando que a política de desonerações fiscais, com expressivo volume de renúncia de recursos da contribuição PIS/PASEP, é um importante instrumento para estimular a economia do Brasil; Considerando que a DRU e as desonerações reduziram drasticamente as fontes de recursos do FAT para cumprimento de suas obrigações constitucionais, com destaque para perdas de receitas da contribuição da arrecadação PIS/PASEP e de remunerações do Patrimônio do Fundo;

Considerando a necessidade de aprimoramento do Programa Seguro-Desemprego e dos sistemas de controle do pagamento de benefícios do seguro-desemprego;

Considerando o papel social do Fundo de Amparo ao Trabalhador e o alcance de suas políticas, beneficiando inclusive trabalhadores cujos empregadores não recolhem o PIS/PASEP;

Considerando que a falta de estrutura do Sistema Nacional de Emprego — SINE gera baixa eficiência do processo de qualificação e de intermediação de mão de obra dos trabalhadores, e o consequente aumento dos gastos com pagamento de benefícios do seguro-desemprego; e,

Considerando a necessidade de adoção de medidas para equilibrar as contas anuais do FAT, por meio de aumento de receitas, redução de despesas e melhoria de gestão, resolve:

Art. 1º Requerer aos Ministérios da Área Econômica do Governo Federal que:

I — Adotem providências para restituir ao FAT os recursos correspondentes: a) aos valores relativos aos descontos da arrecadação da contribuição PIS/PASEP, por DRU, a partir de 1º de janeiro de 2014; b) ao valor apurado pela Receita Federal do Brasil pelas desonerações tributárias da contribuição PIS/PASEP, a partir de 1º de janeiro de 2014;

II — Disponibilizem créditos orçamentários e recursos financeiros do Tesouro Nacional para a execução de despesas com pagamento de benefícios aos trabalhadores de empregadores pessoas físicas e aos trabalhadores que não tenham vínculo empregatício.

Art. 2º Determinar que, até o final do exercício de 2015, os pagamentos dos benefícios do Seguro-Desemprego, em quaisquer modalidades, serão efetuados por meio de conta simplificada ou conta poupança em favor do beneficiário, sem qualquer ônus para o trabalhador; ou, diretamente, em espécie, por meio de identificação em sistema biométrico, com vistas a garantir maior segurança ao exercício do direito pelo trabalhador, minimizando riscos de fraudes no pagamento dos benefícios.

Art. 3º Encaminhar ao Ministério do Trabalho e Emprego — MTE proposta de regulamentação do § 4º do art. 239 da Constituição Federal, que trata da instituição de contribuição adicional da empresa cujo índice de rotatividade da força de trabalho supere o índice médio da rotatividade do setor, a ser encaminhada à Casa Civil da Presidência da República.

Art. 4º Aprovar proposta do MTE/CODEFAT para fortalecimento do Sistema Público de Emprego, por meio da reestruturação da rede dos postos de atendimento ao trabalhador, com vistas à padronização e aumento da capacidade operacional do Sistema e à maior integração entre o pagamento de benefícios do seguro-desemprego, a qualificação profissional e a intermediação de mão de obra do trabalhador.

PARÁGRAFO ÚNICO. A proposta de que trata o caput desse artigo poderá ser consultada no Portal do MTE.

Art. 5º A proposta de que trata o artigo 2º será objeto de resolução específica deste Conselho.

Art. 6º Esta Resolução entra em vigor na data de sua publicação.

Quintino Marques Sever

RESOLUÇÃO CODEFAT N. 36, DE 22 DE SETEMBRO DE 1992

(DOU 5.10.92 — LTr 56-10/1279)

FACULTA ÀS EMPRESAS UTILIZAREM FORMULÁRIOS CONTÍNUOS PARA CONCESSÃO DO SEGURO-DESEMPREGO

O CONSELHO DELIBERATIVO DO FUNDO DE AMPARO AO TRABALHADOR — CODEFAT, no uso das atribuições que lhe confere o inciso V do artigo 19 da Lei n. 7.998, de 11 de janeiro de 1990, resolve:

Art. 1º Facultar às Empresas utilizarem formulários contínuos em substituição aos formulários instituídos pela Resolução n. 18, de 3 de julho de 1991.

Art. 2º Na hipótese do artigo anterior, as Empresas deverão observar as normas constantes na Resolução n. 18, que dispõem sobre as especificações técnicas do formulário.

Art. 3º Para confecção dos formulários contínuos, as Empresas poderão utilizar-se de sistema de processamento de dados próprio ou contratado, de acordo com o modelo e numeração específica, fornecidos pelo Ministério do Trabalho e da Administração, mediante autorização do Departamento Nacional de Emprego.

Art. 4º Esta Resolução entra em vigor na data de sua publicação, revogadas as disposições em contrário.

Santiago Ballesteros Filho, Presidente

RESOLUÇÃO MTb/CODEFAT N. 91, DE 14 DE SETEMBRO DE 1995

(DOU 20.9.95)

ESTABELECE PRAZO PARA RESTITUIÇÃO DAS PARCELAS DO SEGURO-DESEMPREGO INDEVIDAMENTE RECEBIDAS

O CONSELHO DELIBERATIVO DO FUNDO DE AMPARO AO TRABALHADOR — CODEFAT, no uso de suas atribuições legais e em face do disposto nos incisos V e X do art. 19, da Lei n. 7.998, de 11 de janeiro de 1990, e tendo em vista o necessário aprimoramento do Programa do Seguro-Desemprego, resolve:

Art. 1º Adotar o prazo de prescrição em cinco anos, para a restituição, pelos beneficiários do Seguro-Desemprego, das parcelas recebidas indevidamente.

Art. 2º O prazo de prescrição que trata o art. 1º desta Resolução, será contado a partir da data do efetivo pagamento do benefício, recebido indevidamente. *(Redação dada pela Resol. MTb n. 193, de 23.9.98, DOU 29.9.98).*

Art. 3º Esta Resolução entra em vigor na data de sua publicação.

Alencar Naul Rossi,
Presidente do Conselho

RESOLUÇÃO MTb/CODEFAT N. 199, DE 4 DE NOVEMBRO DE 1998

(DOU 9.11.98)

DISPÕE SOBRE PAGAMENTO DO BENEFÍCIO DO SEGURO-DESEMPREGO

O CONSELHO DELIBERATIVO DO FUNDO DE AMPARO AO TRABALHADOR — CODEFAT, no uso das atribuições que lhe confere o inciso V do artigo 19 da Lei n. 7.998, de 11 de janeiro de 1990, resolve:

Art. 1º Estabelecer as condições indispensáveis para que a partir de 1º de janeiro de 1999, os trabalhadores que estejam em situação de desemprego involuntário, pelo período compreendido entre doze e dezoito meses, ininterruptos, e que já tenham sido beneficiados com o seguro-desemprego, recebam três parcelas no valor de R$ 100,00 (cem reais) cada, do benefício instituído, em caráter excepcional e pelo prazo máximo de seis meses, nos termos do artigo 2ºB da Lei n. 7.998/90, com a redação dada pela Medida Provisória n. 1.726, de 3 de novembro de 1998.

PARÁGRAFO ÚNICO. O período de doze a dezoito meses de que trata o *caput* será contado a partir do recebimento da primeira parcela do seguro-desemprego.

Art. 2º Farão jus ao seguro-desemprego previsto nesta Resolução os trabalhadores com idade igual ou superior a trinta anos, cujo domicílio do empregador, ao qual esteve vinculado, quando da demissão que resultou no recebimento de parcelas anteriores do seguro-desemprego, estiver situado nas regiões metropolitanas de: São Paulo, Rio de Janeiro, Belo Horizonte, Belém, Salvador, Curitiba, Porto Alegre, Recife, Vitória e Fortaleza.

PARÁGRAFO ÚNICO. O benefício poderá estar integrado a ações de qualificação profissional e articulado com ações de emprego a serem executadas nas localidades de domicílio do beneficiado.

Art. 3º No momento do requerimento para o recebimento do seguro-desemprego de que trata esta Resolução o trabalhador deverá comprovar:

I — ter idade igual ou superior a trinta anos;

II — a data do pagamento da primeira parcela do benefício anteriormente recebido; e

III — o domicílio do último empregador.

§ 1º Onde houver posto de atendimento do Sistema Nacional de Emprego o trabalhador deverá comprovar, também, sua inscrição para participação em ações de qualificação profissional e de emprego.

§ 2º Fica o beneficiário do seguro-desemprego, ora concedido, dispensado da comprovação dos demais requisitos previstos para a percepção do benefício conforme estabelecido na Lei n. 7.998/90 e suas alterações.

Art. 4º O pagamento do benefício será suspenso ou cancelado na hipótese de ocorrência das situações previstas nos artigos 7º e 8º da Lei n. 7.998/90 e suas alterações.

Art. 5º Esta Resolução entra em vigor na data de sua publicação, revogadas as disposições em contrário.

Flávio Obino Filho

RESOLUÇÃO CODEFAT N. 591, DE 11 DE FEVEREIRO DE 2009

(DOU 12.2.09)

DISPÕE SOBRE O PAGAMENTO DA BOLSA DE QUALIFICAÇÃO PROFISSIONAL INSTITUÍDA PELA MEDIDA PROVISÓRIA N. 2.164-41, DE 2001, QUE ACRESCEU ARTIGOS À LEI N. 7.998, DE 1990

O CONSELHO DELIBERATIVO DO FUNDO DE AMPARO AO TRABALHADOR — CODEFAT, no uso das atribuições que lhe confere o inciso V, do artigo 19, da Lei n. 7.998, de 11 de janeiro de 1990, resolve:

Art. 1º Fará jus ao benefício bolsa de qualificação profissional, instituída pelo art. 8º da Medida Provisória n. 2.164-41, de 2001 que acresceu à Lei n. 7.998/90 os arts. 2º- A, 2º - B, 3º - A, 7º- A, 8º- A, 8º- B e 8º- C, o trabalhador, com contrato de trabalho suspenso, na forma prevista no art. 476-A da Consolidação das Leis do Trabalho - CLT, devidamente matriculado em curso ou programa de qualificação profissional oferecido pelo empregador.

Art. 2º A concessão do benefício bolsa de qualificação profissional de que trata o art. 1º desta Resolução, deverá observar em face do que preceitua o art. 3º- A, da Lei n. 7.998/90, a mesma periodicidade, valores, cálculo do número de parcelas, procedimentos operacionais e pré-requisitos para habilitação adotados para a obtenção do beneficio do seguro desemprego, exceto quanto à dispensa sem justa causa.

Art. 3º Para concessão do benefício de que trata o *caput* do art. 1º, o empregador deverá informar à Superintendência Regional do Trabalho e Emprego a suspensão do contrato de trabalho acompanhado dos seguintes documentos:

a) cópia da convenção ou do acordo coletivo celebrado para este fim;

b) relação dos trabalhadores a serem beneficiados pela medida;

c) plano pedagógico e medotológico contendo, no mínimo, objetivo, público alvo, estrutura curricular e carga horária.

§ 1º Caberá às Superintendências Regionais do Trabalho e Emprego, após homologar a Convenção ou o acordo coletivo, acompanhar a execução dos cursos e fiscalizar a concessão do benefício de que trata o caput do art. 1º desta Resolução.

§ 2º O benefício bolsa de qualificação profissional poderá ser requerido nos postos de atendimento do Ministério do Trabalho e Emprego.

Art. 4º Para requerer o benefício, o trabalhador deverá comprovar os requisitos previstos na Lei n. 7.998/90 e suas alterações, e apresentar os seguintes documentos:

I. cópia da convenção ou acordo coletivo celebrado para este fim;

II. Carteira de Trabalho e Previdência Social – CTPS, com a anotação da suspensão do contrato de trabalho;

III. Cópia de comprovante de inscrição em curso ou programa de qualificação profissional, oferecido pelo empregador, onde deverá constar a duração deste;

IV. documento de identidade e do CPF;

V. comprovante de inscrição no PIS;

Art. 5º O prazo para o trabalhador requerer o benefício bolsa de qualificação profissional será o período compreendido entre o início e fim da suspensão do contrato.

Art. 6º A primeira parcela do benefício bolsa de qualificação profissional será liberada trinta dias após a data de suspensão do contrato e as demais a cada trinta dias.

Art. 7º Caso ocorra demissão, após o período de suspensão do contrato de trabalho, as parcelas da bolsa de qualificação profissional que o empregado tiver recebido serão descontadas das parcelas do benefício do Seguro-Desemprego a que fizer jus, sendo-lhe garantido, no mínimo, o recebimento de uma parcela do benefício Seguro-Desemprego.

Art. 8º O pagamento do benefício bolsa de qualificação profissional será suspenso nas seguintes situações:

I. se ocorrer a rescisão do contrato de trabalho;

II. início de percepção de benefício de prestação continuada da Previdência Social, exceto auxílio-acidente e pensão por morte;

III. comprovada ausência do empregado nos cursos de qualificação, observada a frequência mínima de 75% (setenta e cinco por cento).

Art. 9º O benefício bolsa de qualificação profissional será cancelado, nas seguintes situações:

I. fim da suspensão contratual e retorno ao trabalho;

II. por comprovação de falsidade na prestação das informações necessárias à habilitação;

III. por comprovação de fraude com vistas à percepção indevida da bolsa; e,

IV. por morte do beneficiário.

Art. 10 Os cursos ou programas de qualificação a serem oferecidos pelo empregador deverão assegurar qualidade pedagógica, carga horária compatível, frequência mínima e estar relacionados com as atividades da empresa.

§ 1º Os cursos de qualificação profissional deverão observar a carga horária mínima de:

I. cento e vinte horas para contratos suspensos pelo período de dois meses;

II. cento e oitenta horas para contratos suspensos pelo período de três meses;

III. duzentas e quarenta horas para contratos suspensos pelo período de quatro meses;

IV. trezentas horas para contratos suspensos pelo período de cinco meses.

§ 2º Será exigida a frequência mínima de setenta e cinco por cento do total de horas letivas.

§ 3º Os cursos a serem oferecidos pelo empregador deverão estar relacionados, preferencialmente, com as atividades da empresa e observar:

I. mínimo de 85% (oitenta e cinco por cento) de ações formativas denominadas cursos ou laboratórios;

II. até 15% (quinze por cento) de ações formativas denominadas seminários e oficinas.

Art. 11. O prazo de carência (período aquisitivo) que trata o art. 4º da Lei n. 7.998, de 1990, para recebimento de um novo benefício será contado a partir da data de suspensão do contrato de trabalho.

Art. 12. Fica revogada a Resolução do CODEFAT n. 200, de 4 de novembro de 1998.

Art. 13. Esta resolução entra em vigor na data de sua publicação.

Luiz Fernando de Souza Emediato
Presidente do CODEFAT

RESOLUÇÃO CODEFAT N. 467, DE 21 DE DEZEMBRO DE 2005

(DOU 26.12.05)

ESTABELECE PROCEDIMENTOS RELATIVOS À CONCESSÃO DO SEGURO-DESEMPREGO

V. Resolução CODEFAT n. 619, de 5 de novembro de 2009, DOU 9.11.09, que dispõe sobre restituição de parcelas do benefício Seguro-Desemprego, inclusive mediante compensação. (Não publicada nesta obra)

O CONSELHO DELIBERATIVO DO FUNDO DE AMPARO AO TRABALHADOR — CODEFAT, no uso das atribuições que lhe confere o inciso V do art.19 da Lei n. 7.998, de 11 de janeiro de 1990, resolve:

Art. 1º Estabelecer critérios relativos à integração das ações de concessão do Seguro-Desemprego e de assistência aos trabalhadores dispensados face às alterações introduzidas na Lei n. 7.998/90 e na legislação trabalhista.

Art. 2º O Programa do Seguro-Desemprego tem por finalidade:

I — prover assistência financeira temporária ao trabalhador desempregado em virtude de dispensa sem justa causa, inclusive a indireta; e

II — auxiliar os trabalhadores na busca de emprego, promovendo, para tanto, ações integradas de orientação, recolocação e qualificação profissional.

Art. 3º Terá direito a perceber o Seguro-Desemprego o trabalhador dispensado sem justa causa, inclusive a indireta, que comprove:

I — ter recebido salários consecutivos no período de 6 (seis) meses imediatamente anteriores à data da dispensa, de uma ou mais pessoas jurídicas ou físicas equiparadas às jurídicas;

II — ter sido empregado de pessoa jurídica ou pessoa física equiparada à jurídica durante, pelo menos, 6 (seis) meses nos últimos 36 (trinta e seis) meses que antecederam a data de dispensa que deu origem ao requerimento do Seguro-Desemprego;

III — não estar em gozo de qualquer benefício previdenciário de prestação continuada, previsto no Regulamento de Benefícios da Previdência Social, excetuando o auxílio-acidente e a pensão por morte; e

IV — não possuir renda própria de qualquer natureza suficiente a sua manutenção e de sua família.

§ 1º Considera-se pessoa física equiparada à jurídica, os profissionais liberais inscritos no Cadastro Específico do Instituto Nacional do Seguro Social (CEI).

§ 2º Considera-se 1 (um) mês de atividade, para efeito do inciso II deste artigo, a fração igual ou superior a 15 (quinze) dias, nos termos da Consolidação das Leis do Trabalho.

Art. 4º A comprovação dos requisitos de que trata o artigo anterior deverá ser feita:

I — mediante as anotações da Carteira de Trabalho e Previdência Social — CTPS;

II — pela apresentação do Termo de Rescisão do Contrato de Trabalho — TRCT, homologado quando o período trabalhado for superior a 1 (um) ano;

III — mediante documento utilizado para levantamento dos depósitos do FGTS ou extrato comprobatório dos depósitos;

IV — pela apresentação da sentença judicial transitada em julgado, acórdão ou certidão judicial, onde conste os dados do trabalhador, da empresa e se o motivo da dispensa for sem justa causa; e

V — mediante verificação a cargo da Auditoria Fiscal do Trabalho, quando for o caso.

PARÁGRAFO ÚNICO. A comprovação dos demais requisitos será feita mediante declaração firmada pelo trabalhador, no Requerimento do Seguro-Desemprego — RSD.

Art. 5º O Seguro-Desemprego será concedido ao trabalhador desempregado, por um período máximo variável de 3 (três) a 5 (cinco) meses, de forma contínua ou alternada, a cada período aquisitivo de 16 (dezesseis) meses, observando-se a seguinte relação:

I — 3 (três) parcelas, se o trabalhador comprovar vínculo empregatício com pessoa jurídica ou pessoa física a ela equiparada de no mínimo 6 (seis) meses e no máximo 11 (onze) meses, nos últimos 36 (trinta e seis) meses;

II — 4 (quatro) parcelas, se o trabalhador comprovar vínculo empregatício com pessoa jurídica ou pessoa física a ela equiparada de no mínimo 12 (doze) meses e no máximo 23 (vinte e três) meses no período de referência; e

III — 5 (cinco) parcelas, se o trabalhador comprovar vínculo empregatício com pessoa jurídica ou pessoa física a ela equiparada, de no mínimo 24 (vinte e quatro) meses no período de referência.

§ 1º O período aquisitivo de que trata este artigo será contado da data de dispensa que deu origem à última habilitação, não podendo ser interrompido quando a concessão do benefício estiver em curso.

§ 2º A primeira dispensa que habilitar o trabalhador determinará o número de parcelas a que este terá direito no período aquisitivo.

Art. 6º A adesão a Planos de Demissão Voluntária ou similar não dará direito ao benefício, por não caracterizar demissão involuntária.

Art. 7º O valor do benefício será fixado em moeda corrente na data de sua concessão e corrigido anualmente por índice oficial, não podendo ser inferior ao valor do salário mínimo.

Art. 8º O valor do benefício do Seguro-Desemprego será calculado com base no art. 5º da Lei n. 7.998/90 e reajustado de acordo com a legislação em vigor.

Art. 9º Para fins de apuração do benefício, será considerada a média aritmética dos salários dos últimos 3 (três) meses de trabalho.

§ 1º O salário será calculado com base no mês completo de trabalho, mesmo que o trabalhador não tenha trabalhado integralmente em qualquer dos 3 (três) últimos meses.

§ 2º No caso de o trabalhador perceber salário fixo com parte variável, a composição do salário para o cálculo do Seguro-Desemprego tomará por base, ambas as parcelas.

§ 3º Quando o trabalhador perceber salário por quinzena, por semana, ou por hora, o valor do Seguro-Desemprego será calculado com base no que seria equivalente ao seu salário mensal, tomando-se por parâmetro, para essa equivalência, o mês de 30 (trinta) dias ou 220 (duzentos e vinte) horas, exceto para quem tem horário especial, inferior a 220 horas mensais, que será calculado com base no salário mensal.

§ 4º O valor do benefício será igual ao valor de unidades de moeda corrente, excluída as partes decimais.

Art. 10. Para o trabalhador em gozo de auxílio-doença ou convocado para prestação do serviço militar, bem assim na hipótese de não ter percebido do mesmo empregador os 3 (três) últimos salários, o valor do benefício basear-se-á na média dos 2 (dois) últimos ou, ainda, no valor do último salário.

Art. 11. O benefício Seguro-Desemprego é direito pessoal e intransferível, nos termos da Lei n. 7.998/1990, e será pago diretamente ao beneficiário, salvo em caso de morte do segurado, ausência, moléstia contagiosa e beneficiário preso, observadas as seguintes condições: *(Redação dada pela Resolução CODEFAT n. 665, de 26.5.11, DOU 30.5.11)*

I — morte do segurado, quando serão pagas parcelas vencidas até a data do óbito, aos sucessores, mediante apresentação de Alvará Judicial; *(Redação dada pela Resolução CODEFAT n. 665, de 26.5.11, DOU 30.5.11)*

II — grave moléstia do segurado, comprovada pela perícia médica do Instituto Nacional de Seguridade Social — INSS, quando serão pagas parcelas vencidas ao seu curador legalmente designado ou representante legal, mediante apresentação de Mandato outorgado por instrumento público, com finalidade específica para o benefício a ser recebido; *(Redação dada pela Resolução CODEFAT n. 665, de 26.5.11, DOU 30.5.11)*

III — moléstia contagiosa ou impossibilidade de locomoção, devidamente comprovada mediante perícia médica do Instituto Nacional de Seguridade Social — INSS, quando serão pagas parcelas vencidas a procurador designado em instrumento público, com poderes específicos para receber o benefício; *(Redação dada pela Resolução CODEFAT n. 665, de 26.5.11, DOU 30.5.11)*

IV — ausência civil, quando serão pagas parcelas vencidas ao curador designado pelo Juiz, mediante certidão judicial de nomeação do curador habilitado à prática do ato; *(Redação dada pela Resolução CODEFAT n. 665, de 26.5.11, DOU 30.5.11)*

V — beneficiário preso, impossibilitado de comparecer pessoalmente à instituição financeira responsável pelo pagamento, quando as parcelas vencidas serão pagas por meio de instrumento público com poderes específicos para o ato. *(Redação dada pela Resolução CODEFAT n 665, de 26.5.11, DOU 30.5.11)*

§ 1º O Requerimento do Seguro-Desemprego somente poderá ser firmado pelo trabalhador, admitindo-se, excepcionalmente, sua apresentação pelos representantes mencionados nos incisos I a V deste artigo, desde que instruído com os documentos mencionados nos arts. 4º e 5º da Resolução n. 253/2000, nos arts. 13 e 15 da Resolução n. 467/2005 e no art. 3º da Resolução n. 657/2010. *(Redação dada pela Resolução CODEFAT n. 665, de 26.5.11, DOU 30.5.11)*

§ 2º Em qualquer caso, o mandato deverá ser individual e outorgado por instrumento público, especificando a modalidade de benefício Seguro-Desemprego a qual o Requerimento faz referência e à dispensa que lhe deu causa, cujo direito foi adquirido pelo trabalhador em função de demissão sem justa causa, ou no caso do pescador artesanal relativo ao defeso a ser requerido, vedada sua utilização posterior para outros benefícios da mesma espécie. *(Redação dada pela Resolução CODEFAT n 665, de 26.5.11, DOU 30.5.11)*

Art. 12. A concessão do Seguro-Desemprego poderá ser retomada a cada novo período aquisitivo desde que, atendidas as condições estabelecidas no art. 3º desta Resolução.

Art. 13. O Requerimento do Seguro-Desemprego — RSD, e a Comunicação de Dispensa — CD devidamente preenchidas com as informações constantes da Carteira de Trabalho e Previdência Social, serão fornecidas pelo empregador no ato da dispensa, ao trabalhador dispensado sem justa causa.

Art. 14. Os documentos de que trata o artigo anterior deverão ser encaminhados pelo trabalhador a partir do 7º (sétimo) e até o 120º (centésimo vigésimo) dias subsequentes à data da sua dispensa ao Ministério do Trabalho e Emprego por intermédio dos postos credenciados das suas Delegacias, do Sistema Nacional de Emprego — SINE e Entidades Parceiras.

PARÁGRAFO ÚNICO. Nas localidades onde não existam os Órgãos citados no *caput* deste artigo, o Requerimento de Seguro-Desemprego — RSD poderá ser encaminhado por outra entidade autorizada pelo Ministério do Trabalho e Emprego.

Art. 15. O trabalhador, para requerer o benefício, deverá apresentar os seguintes documentos:

a) documento de identificação — Carteira de Identidade ou Certidão de Nascimento, Certidão de Casamento com o protocolo de requerimento da identidade (somente para recepção), Carteira Nacional de Habilitação (modelo novo), Carteira de Trabalho (modelo novo), Passaporte e Certificado de Reservista;

b) Cadastro de Pessoa Física — CPF

c) Carteira de Trabalho e Previdência Social;

d) documento de Identificação no Programa de Integração Social — PIS ou Programa de Formação do Patrimônio do Servidor Público — PASEP;

e) Requerimento do Seguro-Desemprego — RSD e Comunicação de Dispensa — CD;

f) Termo de Rescisão do Contrato de Trabalho — TRCT, homologado quando o período de vínculo for superior a 1 (um) ano;

g) Documentos de levantamento dos depósitos no Fundo de Garantia por Tempo de Serviço — FGTS ou extrato comprobatório dos depósitos; e

h) No caso do requerente não ter recebido as verbas rescisórias deverá apresentar certidão das Comissões de Conciliação Prévia/Núcleos Intersindicais (certidão da justiça ou relatório da fiscalização).

§ 1º No ato da entrega do requerimento, o agente credenciado junto ao Programa do Seguro-Desemprego conferirá os critérios de habilitação e fornecerá ao trabalhador comprovante de recepção.

§ 2º Se atendidos os requisitos de habilitação o Ministério do Trabalho e Emprego enviará a autorização de pagamento do benefício do Seguro-Desemprego ao agente pagador.

§ 3º Caso não sejam atendidos os critérios e na hipótese de não ser concedido o Seguro-Desemprego, o trabalhador será comunicado dos motivos do indeferimento.

§ 4º Do indeferimento do pedido do Seguro-Desemprego, caberá recurso ao Ministério do Trabalho e Emprego por intermédio das Delegacias Regionais do Trabalho, no prazo de 2 (dois) anos, contados a partir da data de dispensa que deu origem ao benefício, bem como para os casos de notificações, reemissões.

Art. 16. Ressalvados os casos previstos no art. 11, o pagamento do benefício poderá ser efetuado mediante crédito em Conta Simplificada ou Conta Poupança em favor de beneficiário correntista da Caixa Econômica Federal, sem qualquer ônus para o trabalhador, ou em espécie, por meio da apresentação do Cartão do Cidadão ou documentos abaixo relacionados: *(Redação dada pela Resolução CODEFAT n. 651, de 26.8.10, DOU 30.8.10)*

a) documento de identificação (Carteira de Identidade ou Carteira Nacional de Habilitação — Modelo novo ou Carteira de Identificação Profissional ou que contenha o número do PIS/PASEP); e

b) comprovante de inscrição no PIS/PASEP.

§ 1º Os pagamentos efetuados nas agências da CAIXA, sem utilização do Cartão do Cidadão ou mediante crédito em conta em favor de segurado correntista, terão sua comprovação por meio de autenticação em documento próprio ou registro eletrônico, arquivado na CAIXA, que deverá ficar à disposição do MTE durante o prazo de cinco anos. *(Redação dada pela Resolução CODEFAT n. 651, de 26.8.10, DOU 30.8.10)*

§ 2º Os pagamentos efetuados com a utilização do Cartão do Cidadão terão sua comprovação por meio do registro eletrônico da transação, ficando à disposição para consulta pelo MTE durante o prazo de 5 (cinco) anos.

§ 3º O Cartão do Cidadão será fornecido ao segurado pela CAIXA. No ato do cadastramento da senha o caixa executivo solicitará identificação pessoal do segurado, assinatura no formulário, "Termo de Responsabilidade para uso do Cartão/Senha do Cidadão" e cadastramento da senha, que é pessoal e intransferível.

§ 4º O valor a ser pago ao segurado corresponderá ao valor total da parcela disponível. Caso haja impedimento para o pagamento, será impresso comprovante contendo mensagem impeditiva (notificação), que ficará à disposição para consulta pelo MTE, durante o prazo de 5 (cinco) anos.

§5º O beneficiário que não desejar receber as parcelas do Seguro-Desemprego por meio de crédito em Conta Simplificada ou Conta Poupança deverá solicitar formalmente ao agente pagador a sua suspensão, por meio de agências bancárias, no prazo máximo de até dez dias após o recebimento da parcela. *(Acrescentado dada pela Resolução CODEFAT n. 651, de 26.8.10, DOU 30.8.10)*

§ 6º As parcelas creditadas indevidamente pelo agente pagador em conta corrente reverterão automaticamente ao Programa do Seguro-Desemprego. *(Acrescentado dada pela Resolução CODEFAT n. 651, de 26.8.10, DOU 30.8.10)*

Art. 17. O pagamento da primeira parcela corresponderá aos 30 (trinta) dias de desemprego, a contar da data da dispensa.

§ 1º O trabalhador fará jus ao pagamento integral das parcelas subsequentes para cada mês, por fração igual ou superior a 15 (quinze) dias de desemprego.

§ 2º A primeira parcela será liberada trinta dias após a data do requerimento e as demais a cada intervalo de 30 (trinta) dias, contados da emissão da parcela anterior.

§ 3º Em caso de liberação por recurso, a primeira parcela será liberada no lote imediatamente posterior ao processamento do recurso, desde que, a data do recurso tenha pelo menos 30 (trinta) dias da data do requerimento.

§ 4º Para os casos de processos judiciais em que são expedidos mandados judiciais para liberação do seguro-desemprego, as parcelas serão liberadas em um único lote.

Art. 18. O pagamento do Seguro-Desemprego será suspenso nas seguintes situações:

I — admissão do trabalhador em novo emprego; e

II — início de percepção de benefício de prestação continuada da Previdência Social, exceto o auxílio-acidente e a pensão por morte.

PARÁGRAFO ÚNICO. Será assegurado o direito ao recebimento do benefício e/ou retomada do saldo de parcelas quando ocorrer a suspensão motivada por reemprego em contrato temporário, experiência, tempo determinado, desde que o motivo da dispensa não seja a pedido ou por justa causa, observando que o término do contrato ocorra dentro do mesmo período aquisitivo e tenha pelo menos 1 (um) dia de desemprego de um contrato para outro.

Art. 19. O Seguro-Desemprego será cancelado:

I — pela recusa, por parte do trabalhador desempregado de outro emprego condizente com sua qualificação e remuneração anterior;

II — por comprovação da falsidade na prestação de informações necessárias à habilitação;

III — por comprovação de fraude visando à percepção indevida do benefício do Seguro-Desemprego; e

IV — por morte do segurado.

§ 1º Para efeito do Seguro-Desemprego, considerar-se-á emprego condizente com a vaga ofertada, aquele que apresente tarefas semelhantes ao perfil profissional do trabalhador, declarado/comprovado no ato do seu cadastramento.

§ 2º Para definição do salário compatível, deverá ser tomado como base o último salário recebido pelo trabalhador.

§ 3º No caso de recusa de novo emprego no ato do cadastramento, o benefício será cancelado.

§ 4º Caso o trabalhador seja convocado para um novo posto de trabalho e não atender à convocação por 3 (três) vezes consecutivas, o benefício será suspenso.

§ 5º Após o cancelamento do benefício em decorrência de recusa pelo trabalhador de novo emprego, o trabalhador poderá recorrer através de Proce sso Administrativo, no prazo de 2 (dois) anos contados a partir da data de dispensa que deu origem ao benefício.

§ 6º Nos casos previstos nos incisos I, II e III deste artigo, o Seguro-Desemprego será suspenso por 2 (dois) anos, dobrando-se este prazo em caso de reincidência.

Art. 20. O encaminhamento do trabalhador ao mercado de trabalho, no ato do requerimento, não representará impedimento na concessão do benefício nem afetará a sua tramitação, salvo por comprovação de reemprego e quando não houver resposta do encaminhamento para a vaga ofertada, no prazo de 30 (trinta) dias, a contar da data do requerimento.

Art. 21. Revogado pela Resolução CODEFAT n. 619, de 5.11.09, DOU 9.11.09

Art. 22. Nos casos de contrato em aberto na CTPS, o trabalhador poderá requerer o benefício do Seguro-Desemprego, desde que o empregador não seja localizado pela fiscalização do trabalho, nem apresente movimento há mais de 2 (dois) anos no CAGED, observando que o período relativo à situação de contrato em aberto, não será considerado para a contagem de tempo de serviço para fins de obtenção do Seguro-Desemprego.

Art. 23. Esta Resolução entra em vigor na data de sua pu blicação, ficando revogada a Resolução do CODEFAT n. 392, de 8 de julho de 2004.

Remigio Todeschinii
Presidente do Conselho

PORTARIA N. 193, DE 23 DE NOVEMBRO DE 2006

(DOU 27.11.06,)

FIXA PARÂMETROS PARA A GRADAÇÃO DA MULTA ADMINISTRATIVA VARIÁVEL PREVISTA NO ART. 25 DA LEI N. 7.998, DE 11 DE JANEIRO DE 1990, PELO NÃO CUMPRIMENTO DAS OBRIGAÇÕES RELATIVAS AO PROGRAMA DO SEGURO-DESEMPREGO

O MINISTRO DE ESTADO DO TRABALHO E EMPREGO, no uso da atribuição que lhe confere o art. 87, parágrafo único, inciso II, da Constituição, resolve:

Art. 1º. Fixar parâmetros para a gradação da multa administrativa variável prevista no art. 25 da Lei n. 7.998, de 11 de janeiro de 1990, pelo não cumprimento das obrigações relativas ao programa do seguro-desemprego.

Art. 2º. O empregador que, no ato da dispensa, deixar de fornecer ao empregado, devidamente preenchidos, o requerimento do seguro-desemprego — SD e a Comunicação de Dispensa — CD, ficará sujeito à multa prevista no art. 25 da Lei n. 7.998, de 1990, a ser cobrada em valores monetários a partir de R$ 425,64 (quatrocentos e vinte e cinco reais e sessenta e quatro centavos), por empregado prejudicado.

PARÁGRAFO ÚNICO. O valor monetário previsto no caput deste artigo deverá ser acrescido de percentuais, a critério da autoridade julgadora, na seguinte proporção:

I — até 20% — para empresas com até 25 empregados;

II — de 21% a 40% — para empresas com 25 a 50 empregados;

III — de 41% a 60% — para empresas com 51 a 100 empregados;

IV — de 61% a 80% — para empresas com 101 a 500 empregados; e

V — de 81% a 100% — para empresas com mais de 500 empregados.

Art. 3º. A aplicação das penalidades a que se refere esta Portaria fica sujeita às agravantes previstas no art. 5º da Lei n. 7.855, de 24 de outubro de 1989, e no art. 25 da Lei n. 7.998, de 1990.

Art. 4º. Esta Portaria entra em vigor na data de sua publicação.

Luiz Marinho

RESOLUÇÃO CODEFAT N. 253, DE 4 DE OUTUBRO DE 2000

(DOU 6.10.00)

ESTABELECE PROCEDIMENTOS PARA A CONCESSÃO DO BENEFÍCIO DO SEGURO-DESEMPREGO AO EMPREGADO DOMÉSTICO

V. Resolução CODEFAT n. 254, de 4 de outubro de 2000, DOU 6.10.00, que aprova modelos de formulários para concessão do benefício do seguro-desemprego ao empregado doméstico que trata a Medida Provisória n. 1.986-2, de 10 de fevereiro de 2000, e suas reedições. (Não publicada nesta obra)

O CONSELHO DELIBERATIVO DO FUNDO DE AMPARO AO TRABALHADOR — CODEFAT, no uso das atribuições que lhe confere o inciso V, do art. 19, da Lei n. 7.998, de 11 de janeiro de 1990 e o dispositivo na Lei n. 5.859, de 11 de dezembro de 1972, com as alterações introduzidas pela Medida Provisória n. 1.986-2, de 10 de fevereiro de 2000 e suas reedições, resolve:

Art. 1º Estabelecer critérios relativos à integração das ações de concessão do Seguro-Desemprego e de assistência aos empregados domésticos demitidos sem justa causa, que tenham exercido, com exclusividade, atividade como empregado doméstico, tendo em vista o disposto na Lei n. 5.859, de 11 de dezembro de 1972, com as alterações introduzidas pela Medida Provisória n. 1.986-2, de 10 de fevereiro de 2000 e suas reedições.

Art. 2º O Seguro-Desemprego do Empregado Doméstico tem por finalidade:

I — prover assistência financeira temporária ao empregado doméstico em virtude de dispensa sem justa causa;

II — auxiliar os empregados domésticos na busca de emprego, por meio das ações integradas de atendimento ao trabalhador.

Art. 3º Terá direito a perceber o Seguro-Desemprego o empregado doméstico, dispensado sem justa causa, que comprove:

I — ter sido empregado doméstico, por pelo menos quinze meses nos últimos vinte e quatro meses que antecedem à data da dispensa que deu origem ao requerimento do Seguro-Desemprego;

II — não estar em gozo de qualquer benefício previdenciário de prestação continuada, previsto no Regulamento de Benefícios da Previdência Social, excetuados auxílio-acidente e pensão por morte;

III — não possuir renda própria de qualquer natureza suficiente à sua manutenção e de sua família.

§ 1º Para efeito de contagem do tempo de serviço de que trata o inciso I, deste artigo, serão considerados os meses dos depósitos feitos no FGTS, em nome do empregado doméstico, por um ou mais empregadores.

§ 2º Considera-se um mês de atividade, para efeito do inciso I, deste artigo, a fração igual ou superior a quinze dias, nos termos da Consolidação das Leis do Trabalho.

Art. 4º Para habilitar-se ao benefício do Seguro-Desemprego o empregado doméstico deverá apresentar-se aos órgãos autorizados pelo Ministério do Trabalho e Emprego, com os seguintes documentos:

I — Carteira de Trabalho e Previdência Social, na qual deverá constar a anotação do contrato de trabalho doméstico e a data da dispensa, de modo a comprovar o vínculo empregatício de que trata o inciso I, do art. 3º, desta Resolução;

II — termo de rescisão do contrato de trabalho atestando a dispensa sem justa causa;

III — documento comprobatório de recolhimentos das contribuições previdenciárias e do Fundo de Garantia do Tempo de Serviço — FGTS, referente ao vínculo empregatício de empregado doméstico;

IV — declaração de que não está em gozo de nenhum benefício de prestação continuada da Previdência Social, exceto o auxílio-acidente e pensão por morte;

V — declaração de que não possui renda própria suficiente à sua manutenção e de sua família.

PARÁGRAFO ÚNICO. As declarações de que tratam os incisos IV e V, deste artigo, serão firmadas pelo trabalhador no documento de Requerimento do Seguro-Desemprego do Empregado Doméstico — RSDED e ser fornecido pelo Ministério do Trabalho e Emprego.

Art. 5º O empregado doméstico para habilitar-se ao Seguro-Desemprego deverá apresentar o número de inscrição de contribuinte individual do INSS, ou o número de inscrição no PIS-PASEP.

Art. 6º No ato do requerimento, o agente credenciado junto ao Programa Seguro-Desemprego, conferirá os critérios de habilitação e fornecerá ao trabalhador a Comunicação de Dispensa do Empregado Doméstico — CDED, devidamente preenchida.

Art. 7º O valor do benefício do Seguro-Desemprego do empregado doméstico corresponderá a um salário mínimo e será concedido por um período máximo de três meses, de forma contínua ou alternada, a cada período aquisitivo de dezesseis meses.

§ 1º O benefício do Seguro-Desemprego do Empregado Doméstico só poderá ser requerido novamente a cada período de dezesseis meses decorridos da dispensa que originou o benefício anterior, desde que, satisfeitas as condições estabelecidas no art. 4º, desta Resolução, observado o disposto no art. 6º D da Lei n. 5.859, de 11 de dezembro de 1972.

§ 2º O período aquisitivo de que trata o *caput* deste artigo será contado da data da dispensa que deu origem à última habilitação, não podendo ser interrompido quando a concessão do benefício estiver em curso.

Art. 8º O benefício Seguro-Desemprego é direito pessoal e intransferível, nos termos da Lei n. 7.998/1990, e será pago diretamente ao beneficiário, salvo em caso de morte do segurado, ausência, moléstia contagiosa e beneficiário preso, observadas as seguintes condições: *(Redação dada pela Resolução n 665, de 26.5.11, DOU 30.5.11)*

I — morte do segurado, quando serão pagas parcelas vencidas até a data do óbito, aos sucessores, mediante apresentação de Alvará Judicial; *(Redação dada pela Resolução n 665, de 26.5.11, DOU 30.5.11)*

II — grave moléstia do segurado, comprovada pela perícia médica do Instituto Nacional de Seguridade Social — INSS, quando serão pagas parcelas vencidas ao seu curador legalmente designado ou representante legal, mediante apresentação de Mandato outorgado por instrumento público, com finalidade específica para o benefício a ser recebido; *(Redação dada pela Resolução n 665, de 26.5.11, DOU 30.5.11)*

III — moléstia contagiosa ou impossibilidade de locomoção, devidamente comprovada mediante perícia médica do Instituto Nacional de Seguridade Social — INSS, quando serão pagas parcelas vencidas a procurador designado em instrumento público, com poderes específicos para receber o benefício; *(Redação dada pela Resolução n. 665/2011)*

IV — ausência civil, quando serão pagas parcelas vencidas ao curador designado pelo Juiz, mediante certidão judicial de nomeação do curador habilitado à prática do ato; *(Redação dada pela Resolução n 665, de 26.5.11, DOU 30.5.11)*

V — beneficiário preso, impossibilitado de comparecer pessoalmente à instituição financeira responsável pelo pagamento, quando as parcelas vencidas serão pagas por meio de instrumento público com poderes específicos para o ato. *(Redação dada pela Resolução n 665, de 26.5.11, DOU 30.5.11)*

§ 1º O Requerimento do Seguro-Desemprego somente poderá ser firmado pelo trabalhador, admitindo-se, excepcionalmente, sua apresentação pelos representantes mencionados nos incisos I a V deste artigo, desde que instruído com os documentos mencionados nos arts. 4º e 5º da Resolução n. 253/2000, nos arts. 13 e 15 da Resolução n. 467/2005 e no art. 3º da Resolução n. 657/2010. *(Redação dada pela Resolução n 665, de 26.5.11, DOU 30.5.11)*

§ 2º Em qualquer caso, o mandato deverá ser individual e outorgado por instrumento público, especificando a modalidade de benefício Seguro-Desemprego a qual o Requerimento faz referência e à dispensa que lhe deu causa, cujo direito foi adquirido pelo trabalhador em função de demissão sem justa causa, ou no caso do pescador artesanal relativo ao defeso a ser requerido, vedada sua utilização posterior para outros benefícios da mesma espécie. *(Redação dada pela Resolução n 665, de 26.5.11, DOU 30.5.11)*

Art. 9º O empregado doméstico terá do sétimo ao nonagésimo dia subsequentes à data de sua dispensa, para requerer o Seguro-Desemprego junto aos órgãos autorizados pelo Ministério do Trabalho e Emprego.

§ 1º O Ministério do Trabalho e Emprego encaminhará a autorização de pagamento do Seguro-Desemprego ao agente pagador do benefício.

§ 2º Na hipótese de não ser concedido o benefício do Seguro-Desemprego ao empregado doméstico, o Ministério do Trabalho e Emprego notificará o requerente quanto aos motivos do indeferimento.

§ 3º Ocorrendo indeferimento do pedido do Seguro-Desemprego, caberá recurso ao Ministério do Trabalho e Emprego, por intermédio de suas Delegacias, no prazo de até noventa dias, contados da data da ciência pelo interessado.

Art. 10. Ressalvados os casos previstos no art. 7º, desta Resolução, o trabalhador deverá comparecer no domicílio bancário, apresentando a seguinte documentação:

a) Carteira de Identidade;

b) Carteira de Trabalho e Previdência Social;

c) Documento de Identificação nos Programas PIS-PASEP ou o número da inscrição de contribuinte individual do INSS;

d) Comunicação de Dispensa do Empregado Doméstico — CDED.

§ 1º O agente pagador conferirá os critérios de habilitação e registrará o pagamento da parcela liberada na Carteira de Trabalho e Previdência Social.

§ 2º O comprovante de pagamento do benefício, ao empregado doméstico, será o Documento de Pagamento do Seguro-Desemprego — DSD, emitido pelo agente pagador.

Art. 11. O pagamento da primeira parcela corresponderá aos trinta dias de desemprego, a contar da data da dispensa.

§ 1º O trabalhador fará jus ao pagamento integral das parcelas subsequentes para cada mês, por fração igual ou superior a quinze dias de desemprego.

§ 2º A primeira parcela será liberada trinta dias após a data de requerimento e as demais a cada intervalo de trinta dias, contados da emissão da parcela anterior.

Art. 12. O pagamento do Seguro-Desemprego será suspenso nas seguintes situações:

I — admissão do empregado doméstico em novo emprego.

II — início de percepção de benefício de prestação continuada da Previdência Social, exceto o auxílio-acidente e pensão por morte.

PARÁGRAFO ÚNICO. Se o motivo da suspensão tiver sido por admissão em novo emprego, o empregado doméstico não fará jus ao recebimento integral do benefício, podendo receber parcela remanescente, desde que venha a ser novamente dispensado sem justa causa, até o último dia do período aquisitivo em vigor, prolongando-se este período, até a competência da última parcela.

Art. 13. O Seguro-Desemprego será cancelado:

I — pela recusa, por parte do empregado doméstico, de outro emprego condizente com sua qualificação e remuneração;

II — por comprovação de falsidade na prestação de informações à habilitação;

III — por comprovação de fraude visando à percepção indevida do benefício do Seguro-Desemprego;

IV — por morte do segurado.

§ 1º Para efeito do Seguro-Desemprego, considerar-se-á emprego condizente com a vaga ofertada, aquele que apresente tarefas semelhantes ao perfil profissional do trabalhador, declarado/comprovado no ato do seu cadastramento.

§ 2º No caso de salário compatível, deverá ser tomado como do piso salarial da categoria, a média do mercado baseado nos dados do Sistema Nacional de Emprego — SINE e salário pretendido no ato do cadastramento.

§ 3º No caso de recusa de novo emprego no ato do cadastramento o benefício será suspenso.

§ 4º Caso o trabalhador seja convocado para um novo posto de trabalho e não atenda à convocação por três vezes consecutivas o benefício será suspenso.

§ 5º O cancelamento do benefício em decorrência de recusa pelo trabalhador de novo emprego, poderá ocorrer após análise do órgão competente, da resposta do empregador e da declaração apresentada pelo trabalhador, contendo justificativa devidamente fundamentada para a recusa de novo emprego.

§ 6º Nos casos previstos nos incisos I, II e III, deste artigo, o Seguro-Desemprego do empregado doméstico será cancelado por dois anos, dobrando-se este prazo em caso de reincidência.

Art. 14. As parcelas do Seguro-Desemprego, recebidas indevidamente pelos segurados, serão restituídas mediante depósito em conta do Programa Seguro-Desemprego na Caixa Econômica Federal — CAIXA, por intermédio da utilização de documento próprio a ser fornecido pelo Ministério do Trabalho e Emprego.

PARÁGRAFO ÚNICO. O valor da parcela a ser restituída será corrigida de acordo com o valor do benefício vigente, na data da restituição.

Art. 15. Esta Resolução entra em vigor na data de sua publicação.

Paulo Jobim Filho,
Presidente do Conselho

Legislação Complementar

RESOLUÇÃO DO CODEFAT N. 592, DE 11 DE FEVEREIRO DE 2009

(DOU 13.2.09)

APROVA OS CRITÉRIOS TÉCNICOS QUE ORIENTARÃO O PROLONGAMENTO DO PRAZO DO BENEFÍCIO DO SEGURO-DESEMPREGO AOS SETORES MAIS ATINGIDOS PELO DESEMPREGO, IDENTIFICADOS PELO MTE POR MEIO DO CAGED

O CONSELHO DELIBERATIVO DO FUNDO DE AMPARO AO TRABALHADOR — CODEFAT, no uso das atribuições que lhe confere o inciso V, do art.19 da Lei n. 7.998, de 11 de janeiro de 1990, e tendo em vista o que estabelece o § 4º do art. 2º da Lei n. 8.900, de 30 de junho de 1994, resolve:

Art. 1º Aprovar os critérios técnicos que orientarão o prolongamento por até mais 2 (dois) meses a concessão do Seguro-Desemprego aos trabalhadores dispensados por empregadores dos setores identificados pelo MTE, por meio do Cadastro Geral de Empregados e Desempregados — CAGED, observadas as condições previstas no art. 2º da Lei n. 8.900/94.

PARÁGRAFO ÚNICO. O prolongamento de que trata o *caput* deste artigo poderá ser concedido, independentemente dos critérios técnicos estabelecidos nesta Resolução, aos trabalhadores demitidos por empregadores com domicílio em municípios que se encontrem em comprovada situação de emergência e calamidade pública. *(Redação dada pela Resolução n. 647, 7.7.10, DOU 8.7.10)*

Art. 2º Para fins de identificação dos beneficiários do seguro-desemprego, de que trata o art. 1º, serão utilizados os critérios a seguir elencados, tendo por referência os subsetores de atividades econômicas dispostos no § 3º deste artigo.

I – Serão realizadas comparações de comportamentos da evolução do emprego formal celetista de cada Unidade da Federação nos diversos subsetores, no horizonte de janeiro de 2003 até o mês de análise (ta), a saber:

a) saldo de geração de emprego do mês de análise em cada ano, do período de 2003 a 2009, para verificar se o saldo de ta é o menor entre os saldos do mesmo mês em todos os anos do referido período;

b) a mesma comparação de que trata a alínea "a" será feita com os saldos do acumulado do ano de referência até o mês ta, para todos os anos entre 2003 a 2009;

c) comportamento similar será feito mediante comparação dos saldos dos últimos doze meses para todos os anos entre 2003 a 2009;

d) comparação das somas dos saldos de *Ta* e *Ta-1*, também em todos os anos, para verificar se a soma dos dois meses mais recentes é menor do que a soma dos meses correspondentes em cada ano anterior;

e) a mesma comparação utilizada na alínea "d", considerando a soma dos saldos dos últimos três meses (*Ta, Ta-1* e *Ta-2*);

II — Serão realizadas estimativas, com a utilização da metodologia clássica de previsão de séries temporais, dos valores esperados, em cada um dos últimos doze meses, e será estabelecido umlimite mínimo para a diferença entre o valor estimado e o valor realizado, para fins de identificação dos subsetores cuja variação seja igual ou inferior a esse limite, em cada um dos últimos três meses.

§ 1º Com base em todas essas comparações, será emitido um relatório, para cada Unidade da Federação, com os subsetores que apresentarem as piores performances, considerando todos os critérios elencados acima.

§ 2º As Unidades da Federação *versus* subsetores que constarem do relatório de que trata o § 1º serão monitorados nos três meses subsequentes, para efeito de pagamento das parcelas adicionais, se confirmado o quadro desfavorável do emprego.

§ 3º Os Subsetores de Atividades Econômicas de que trata o caput do art. 2º são os seguintes:

a) Extrativa Mineral;

b) Indústria de Produtos Minerais não Metálicos;

c) Indústria Metalúrgica;

d) Indústria Mecânica;

e) Indústria Material Elétrico e Comunicação;

f) Indústria Material de Transporte;

g) Indústria Madeira e Mobiliário;

h) Indústria Papel, Papelão, Editoração;

i) Indústria Borracha, Fumo, Couros;

j) Indústria Química, Produtos Farmacêuticos Veterinários;

k) Indústria Têxtil, Vestuário;

l) Indústria de Calçados;

m) Indústria de Produtos Alimentícios e Bebidas;

n) Serviços Industriais de Utilidade Pública;

o) Construção Civil;

p) Comércio Varejista;

q) Comércio Atacadista;

r) Instituições Financeiras;

s) Serviços de Comércio de Administração de Imóveis e Técnicos-Profissionais;

t) Serviços de Transportes e Comunicações;

u) Serviços de Alojamento, Alimentação, Reparação e Manutenção;

v) Serviços Médicos e Odontológicos;

w) Ensino;

x) Administração Pública;

y) Agricultura, Silvicultura, Suinocultura, Piscicultura e outros similares.

Art. 3º Identificada a necessidade de prolongamento do prazo de concessão, o MTE submeterá aos Conselheiros as propostas específicas para exame e deliberação.

Parágrafo único. A proposta de que trata o *caput* deste artigo poderá conter eventuais ajustes nos critérios de que trata esta Resolução, para atender necessidades de adequações e aprimoramentos observadas ao longo do período de monitoramento, decorrentes da evolução conjuntural do mercado de trabalho e da disponibilidade orçamentária.

Art. 4º Fica a Secretaria Executiva do CODEFAT incumbida de dar conhecimento às Centrais Sindicais e às Patronais das concessões realizadas na forma estabelecida por esta Resolução.

Art. 5º Esta Resolução entra em vigor a partir da data de sua publicação.

Luiz Fernando de Souza Emediato
Presidente do Conselho

LEI N. 8.019, DE 11 DE ABRIL DE 1990

(DOU 12.4.90)

ALTERA A LEGISLAÇÃO DO FUNDO DE AMPARO AO TRABALHADOR — FAT E DÁ OUTRAS PROVIDÊNCIAS

O PRESIDENTE DA REPÚBLICA,

Faço saber que o Congresso Nacional decreta e eu sanciono a seguinte Lei:

Art. 1º A arrecadação decorrente das contribuições para o Programa de Integração Social — PIS, criado pela Lei Complementar n. 7, de setembro de 1970, e para o Programa de Formação do Patrimônio do Servidor Público — PASEP, criado pela Lei Complementar n. 8, de 3 de dezembro de 1970, será destinada, a cada ano, à cobertura integral das necessidades do Fundo de Amparo ao Trabalhador — FAT, de que trata o art. 10 da Lei n. 7.998, de 11 de janeiro de 1990.

Art. 2º Conforme estabelece o § 1º do art. 239 da Constituição Federal, pelo menos 40% da arrecadação mencionada no artigo anterior serão repassados ao Banco Nacional de Desenvolvimento Econômico e Social — BNDES, para aplicação em programas de desenvolvimento econômico.

§ 1º Os recursos repassados ao BNDES na forma do *caput* deste artigo serão corrigidos, mensalmente, pelo Índice de Preços ao Consumidor — IPC.

§§ 2º e 3º (Revogado pela Lei n. 9.365, de 16.12.1996)

§ 4º Correrá por conta dos BNDES o risco das operações financeiras realizadas com os recursos mencionados no *caput* deste artigo.

Art. 3º Os juros de que trata o § 2º do artigo anterior serão recolhidos ao FAT a cada semestre até o décimo dia útil subsequente a seu encerramento.

PARÁGRAFO ÚNICO. Ficam sujeitos à correção monetária, com base na variação do BTN Fiscal, os recursos não recolhidos nos prazos previstos neste artigo.

Art. 4º A arrecadação das contribuições ao PIS e ao PASEP será efetuada através de Documento de Arrecadação de Receitas Federais — DARF, nas condições estabelecidas pela legislação em vigor.

Art. 5º A alínea *b* do inciso IV do art. 69 da Lei n. 7.799, de 10 de julho de 1989, passa a vigorar com a seguinte redação:

"*b)* para o PIS e o PASEP, até o dia cinco do terceiro mês subsequente ao da ocorrência do fato gerador, exceção feita às modalidades especiais (Decreto-lei n. 2.445, de 29 de junho de 1988, arts. 7º e 8º), cujo prazo será o dia quinze do mês subsequente ao da ocorrência do fato gerador."

Art. 6º O Tesouro Nacional repassará mensalmente recursos ao FAT, de acordo com programação financeira para atender aos gastos efetivos daquele Fundo com seguro-desemprego, abono salarial e programas de desenvolvimento econômico do BNDES. (NR) *(Alterado pela Lei n. 10.199, de 14.2.01, DOU 16.2.01).*

Art. 7º Em caso de insuficiência de recursos para o Programa de Seguro-Desemprego e o pagamento do Abono Salarial, decorrente do efetivo aumento destas despesas, serão recolhidas ao FAT, pelo BNDES, a cada exercício, as seguintes parcelas dos saldos de recursos repassados para financiamento de programas de desenvolvimento econômico:

I — no primeiro e segundo exercícios, até 20%;

II — do terceiro ao quinto exercícios, até 10%;

III — a partir do sexto exercício, até 5%.

§ 1º Os percentuais referidos nos incisos do *caput* deste artigo incidirão sobre o saldo ao final do exercício anterior, assegurada a correção monetária até a data do recolhimento.

§ 2º Caberá ao CODEFAT definir as condições e os prazos de recolhimento de que trata o *caput* deste artigo.

Art. 8º A remuneração mencionada no parágrafo único do art. 15 da Lei n. 7.998, de 1990, constitui receita do FAT.

PARÁGRAFO ÚNICO. Compete ao CODEFAT estabelecer os prazos de recolhimento e o período-base de apuração da receita mencionada no *caput* deste artigo.

Art. 9º As disponibilidades financeiras do FAT poderão ser aplicadas em títulos do Tesouro Nacional, por intermédio do Banco Central do Brasil, e em depósitos especiais, remunerados e disponíveis para imediata movimentação, nas instituições financeiras oficiais federais de que trata o art. 15 da Lei n. 7.988, de 11 de janeiro de 1990.

§ 1º Parcela das disponibilidades financeiras do FAT constitui a Reserva Mínima de Liquidez, destinada a garantir, em tempo hábil, os recursos necessários ao pagamento das despesas referentes ao Programa do Seguro-Desemprego e do Abono de que trata o art. 239 da Constituição Federal.

§ 2º O montante da Reserva estabelecida no parágrafo anterior não pode ser inferior ao maior dentre os seguintes valores:

I — a diferença positiva, no exercício financeiro em curso, entre o produto da arrecadação das contribuições de que trata o art. 239 da Constituição Federal e o montante global dos pagamentos efetuados por conta das dotações orçamentárias para atender as despesas com o Programa do Seguro-Desemprego, com o Abono Salarial e com o Financiamento de Programas de Desenvolvimento Econômico a cargo do BNDES, custeados pela referida arrecadação;

II — o resultado da adição:

a) dos valores pagos a títulos de benefícios do seguro-desemprego nos seis meses anteriores, atualizados mês a mês pela variação do Índice Nacional de Preços ao Consumidor, calculado pela Fundação Instituto Brasileiro de Geografia e Estatística — IBGE, ou, na sua ausência, pela variação de índice definido pelo Conselho Deliberativo do Fundo de Amparo ao Trabalhador — CODEFAT, nos termos do inciso IX do art. 19 da Lei n. 7.998, de 11 de janeiro de 1990; e

b) de cinquenta por cento dos valores pagos a títulos e abono, nos termos do art. 9º da Lei n. 7.998, de 11 de janeiro de 1990, nos doze meses anteriores, atualizados na forma prevista na alínea anterior.

§ 3º Os recursos da Reserva Mínima de Liquidez somente poderão ser aplicados em títulos do Tesouro Nacional, por intermédio do Banco Central do Brasil.

§ 4º No exercício de 1991, as aplicações da parcela das disponibilidades financeiras que excederam o valor da Reserva Mínima de Liquidez em depósitos especiais no Banco do Brasil S/A., serão no montante mínimo de Cr$ 220.000.000.000,00 (duzentos e vinte bilhões de cruzeiros).

§ 5º Os depósitos especiais de que trata o *caput* deste artigo serão remunerados, no mínimo, pelos mesmos critérios e prazos aplicados aos depósitos das disponibilidades de caixa do Tesouro Nacional, conforme disposto no art. 5º da Lei n. 7.862, de 30 de outubro de 1989, com a redação dada pelo art. 8º da Lei n. 8.177, de 1º de março de 1991, ou, da sua ausência, pela remuneração média diária paga pelos títulos do Tesouro Nacional, acrescidos, em ambos os casos, de juros de cinco por cento ao ano, calculados *pro rata die.*

§ 6º O resultado da remuneração das disponibilidades financeiras de que trata este artigo constituirá receita do FAT. *(Redação art. 9º, §§ e incisos dada pela Lei n. 8.352, de 28.12.91, DOU 31.12.91).*

§ 7º O Banco Nacional de Desenvolvimento Econômico e Social — BNDES poderá utilizar recursos dos depósitos especiais referidos no *caput* deste artigo, para conceder financiamentos aos Estados e às entidades por eles direta ou indiretamente controladas, no âmbito de programas instituídos pelo Conselho Deliberativo do Fundo de Amparo ao Trabalhador — CODEFAT, tendo em vista as competências que lhe confere o art. 19 da Lei n. 7.998, de 11 de janeiro de 1990, e destinados à expansão do nível de emprego no País, podendo a União, mediante a apresentação de contragarantias adequadas, prestar garantias parciais a operações da espécie, desde que justificado em exposição de motivos conjunta dos Ministérios do Desenvolvimento, Indústria e Comércio Exterior e da Fazenda. (NR) *(Parágrafo acrescentado pela Lei n. 10.199, de 14.2.01, DOU 16.2.01).*

Art. 10. O art. 28 da Lei n. 7.998, de 1990, passa a ter a seguinte redação:

"Art. 28. (Incluído no texto da lei mencionada)."

Art. 11. Os recursos do PIS e do PASEP repassados ao BNDES, ao amparo do § 1º do art. 239 da Constituição Federal, antes da vigência da Lei n. 7.998, de 1990, acrescidos de correção monetária pela variação do IPC e de juros, de 5% ao ano, constituirão direitos do FAT e serão contabilizados na forma do disposto no art. 2º desta Lei.

Art. 12. O valor do abono a ser pago pelo FAT, nos casos de empregados participantes do Fundo de Participação PIS/PASEP, corresponderá à diferença entre o salário mínimo vigente na data do respectivo pagamento e os rendimentos de suas contas individuais, apurados na forma das alíneas *b* e *c* do art. 3º da Lei Complementar n. 26, de 11 de agosto de 1975.

PARÁGRAFO ÚNICO. O pagamento do rendimento das contas individuais mencionadas no *caput* deste artigo é de competência do Fundo de Participação PIS/PASEP.

Art. 13. A operacionalização do Programa Seguro-Desemprego, no que diz respeito às atividades de pré-triagem e habilitação de requerentes, auxílio aos requerentes e segurados na busca de novo emprego, bem assim às ações voltadas para reciclagem profissional, será executada prioritariamente em articulação com os Estados e Municípios, através do Sistema Nacional de Emprego — SINE, nos termos da lei.

PARÁGRAFO ÚNICO. O Ministério do Trabalho poderá requisitar servidores, técnicos e administrativos, da Administração Federal direta, das autarquias, das fundações públicas e do Governo do Distrito Federal, para o desempenho das tarefas previstas no *caput* deste artigo e no art. 20 da Lei n. 7.998, de 1990, ouvida a Secretaria de Planejamento e Coordenação da Presidência da República.

Art. 14. *(Vetado).*

Art. 15. Esta Lei entra em vigor na data de sua publicação.

Art. 16. Ficam revogados os arts. 16, 17 e 29 da Lei n. 7.998, de 1990, e demais disposições em contrário.

Brasília, em 11 de abril de 1990; 169º da Independência e 102º da República.

Fernando Collor — Zélia M. Cardoso de Mello — Antônio Magri

LEI N. 10.779, DE 25 DE NOVEMBRO DE 2003

(DOU 26.11.03)

DISPÕE SOBRE A CONCESSÃO DO BENEFÍCIO DE SEGURO-DESEMPREGO, DURANTE O PERÍODO DE DEFESO, AO PESCADOR PROFISSIONAL QUE EXERCE A ATIVIDADE PESQUEIRA DE FORMA ARTESANAL

V. Resolução n. 468, do Conselho Deliberativo do Fundo de Amparo ao Trabalhador de 21.12.05 (DOU 26.12.05) que estabelece e consolida critérios para a concessão do Seguro-Desemprego aos pescadores artesanais durante os períodos de defeso, instituído pela Lei n. 10.779, de 25 de novembro de 2003, e dá outras providências (não publicada nesta obra)

V. Resolução n. 469, do Conselho Deliberativo do Fundo de Amparo ao Trabalhador — CODEFAT, de 21.12.05 (DOU 26.12.05) que aprova formulário para a concessão do Seguro-Desemprego do Pescador Artesanal. (não publicada nesta obra)

O PRESIDENTE DA REPÚBLICA,

Faço saber que o Congresso Nacional decreta e eu sanciono a seguinte Lei:

Art. 1º O pescador profissional que exerça sua atividade de forma artesanal, individualmente ou em regime de economia familiar, ainda que com o auxílio eventual de parceiros, fará jus ao benefício de seguro-desemprego, no valor de um salário mínimo mensal, durante o período de defeso de atividade pesqueira para a preservação da espécie.

§ 1º Entende-se como regime de economia familiar o trabalho dos membros da mesma família, indispensável à própria subsistência e exercido em condições de mútua dependência e colaboração, sem a utilização de empregados.

§ 2º O período de defeso de atividade pesqueira é o fixado pelo Instituto Brasileiro do Meio Ambiente e dos Recursos Naturais Renováveis — IBAMA, em relação à espécie marinha, fluvial ou lacustre a cuja captura o pescador se dedique.

Art. 2º Para se habilitar ao benefício, o pescador deverá apresentar ao órgão competente do Ministério do Trabalho e Emprego os seguintes documentos:

I — registro de pescador profissional devidamente atualizado, emitido pela Secretaria Especial de Aquicultura e Pesca da Presidência da República, com antecedência mínima de um ano da data do início do defeso;

II — comprovante de inscrição no Instituto Nacional do Seguro Social — INSS como pescador, e do pagamento da contribuição previdenciária;

III — comprovante de que não está em gozo de nenhum benefício de prestação continuada da Previdência ou da Assistência Social, exceto auxílio-acidente e pensão por morte; e

IV — atestado da Colônia de Pescadores a que esteja filiado, com jurisdição sobre a área onde atue o pescador artesanal, que comprove:(*)

a) o exercício da profissão, na forma do art. 1º desta Lei;(*)

b) que se dedicou à pesca, em caráter ininterrupto, durante o período compreendido entre o defeso anterior e o em curso; e(*)

c) que não dispõe de outra fonte de renda diversa da decorrente da atividade pesqueira.(*)

PARÁGRAFO ÚNICO. O Ministério do Trabalho e Emprego poderá, quando julgar necessário, exigir outros documentos para a habilitação do benefício.

Art. 3º Sem prejuízo das sanções civis e penais cabíveis, todo aquele que fornecer ou beneficiar-se de atestado falso para o fim de obtenção do benefício de que trata esta Lei estará sujeito:

I — a demissão do cargo que ocupa, se servidor público;

II — a suspensão de sua atividade, com cancelamento do seu registro, por dois anos, se pescador profissional.

Art. 4º O benefício de que trata esta Lei será cancelado nas seguintes hipóteses:

I — início de atividade remunerada;

II — início de percepção de outra renda;

III — morte do beneficiário;

IV — desrespeito ao período de defeso; ou

V — comprovação de falsidade nas informações prestadas para a obtenção do benefício.

Art. 5º O benefício do seguro-desemprego a que se refere esta Lei será pago à conta do Fundo de Amparo ao Trabalhador — FAT, instituído pela Lei n. 7.998, de 11 de janeiro de 1990.

Art. 6º Esta Lei entra em vigor na data de sua publicação.

Art. 7º Fica revogada a Lei n. 8.287, de 20 de dezembro de 1991.

Brasília, 25 de novembro de 2003; 182ª da Independência e 115ª da República.

Luiz Inácio Lula da Silva

Jaques Wagner

(*) Nota: O Supremo Tribunal Federal considerou inconstitucional o disposto no inciso IV e suas alíneas, do art. 2º da Lei n. 10.779, de 25.11.03, conforme a seguinte ementa:

Ementa: Ação direta de inconstitucionalidade. Art. 2º, IV, "a", "b" e "c", da Lei n. 10.779/03. Filiação à colônia de pescadores para habilitação ao seguro-desemprego. Princípios da liberdade de associação e da liberdade sindical (arts. 5º, XX, e 8º, V, da Constituição Federal). 1. Viola os princípios constitucionais da liberdade de associação (art. 5º, inciso XX) e da liberdade sindical (art. 8º, inciso V), ambos em sua dimensão negativa, a norma legal que condiciona, ainda que indiretamente, o recebimento do benefício do seguro-desemprego à filiação do interessado a colônia de pescadores de sua região. 2. Ação direta julgada procedente. STF, ADI n. 3.464-DF, Julg. 29.10.08 – Rel. Min. Menezes Direito (DJe/STF n. 43, Div. 5.3.09)

DECRETO N. 7.721, DE 16 DE ABRIL DE 2012

(DOU 17.4.2012)

DISPÕE SOBRE O CONDICIONAMENTO DO RECEBIMENTO DA ASSISTÊNCIA FINANCEIRA DO PROGRAMA DE SEGURO-DESEMPREGO À COMPROVAÇÃO DE MATRÍCULA E FREQUÊNCIA EM CURSO DE FORMAÇÃO INICIAL E CONTINUADA OU DE QUALIFICAÇÃO PROFISSIONAL, COM CARGA HORÁRIA MÍNIMA DE CENTO E SESSENTA HORAS

A PRESIDENTA DA REPÚBLICA, no uso da atribuição que lhe confere o art. 84, *caput*, inciso IV, da Constituição, e tendo em vista o disposto no § 1º do art. 3º e no § 2º do art. 8º da Lei n. 7.998, de 11 de janeiro de 1990, e na Lei n. 12.513, de 26 de outubro de 2011,

DECRETA:

Art. 1º O recebimento de assistência financeira pelo trabalhador segurado que solicitar o benefício do Programa de Seguro- Desemprego a partir da segunda vez dentro de um período de dez anos poderá ser condicionado à comprovação de matrícula e frequência em curso de formação inicial e continuada ou de qualificação profissional, habilitado pelo Ministério da Educação, nos termos do art. 18 da Lei n. 12.513, de 26 de outubro de 2011, com carga horária mínima de cento e sessenta horas. *(Alterada pelo Decreto n. 8.118, de 10.10.13, DOU 11.10.13)*

PARÁGRAFO ÚNICO. O curso previsto no *caput* será ofertado por meio da Bolsa-Formação Trabalhador concedida no âmbito do Programa Nacional de Acesso ao Ensino Técnico e Emprego — PRONATEC, instituído pela Lei n. 12.513, de 2011, ou de vagas gratuitas na rede de educação profissional e tecnológica.

Art. 2º Compete ao Ministério da Educação:

I — ofertar vagas em cursos de formação inicial e continuada ou de qualificação profissional no âmbito do PRONATEC aos trabalhadores beneficiários do seguro-desemprego, considerando as vagas gratuitas disponíveis na rede de educação profissional e tecnológica; e

II — encaminhar periodicamente ao Ministério do Trabalho e Emprego informações acerca das matrículas e frequência de que trata o *caput* do art. 1º.

Art. 3º Compete ao Ministério do Trabalho e Emprego:

I — orientar e encaminhar os trabalhadores beneficiários do seguro-desemprego aos cursos de formação inicial e continuada ou de qualificação profissional ofertados nos termos deste Decreto;

II — fixar os requisitos para a definição do perfil do trabalhador, conforme estabelecido no inciso I do *caput* do art. 5º;

III — encaminhar ao Ministério da Educação informações sobre as características dos trabalhadores beneficiários do seguro-desemprego para subsidiar as atividades de formação e qualificação profissional desenvolvidas para atendimento desse público; e

IV — estabelecer os demais procedimentos necessários ao cumprimento da condicionalidade para o recebimento do benefício do seguro-desemprego previsto no *caput* do art. 1º.

Art. 4º A disponibilização de cursos de formação inicial e continuada ou de qualificação profissional pelas instituições ofertantes no âmbito do PRONATEC deverá ter como referência as informações do Ministério do Trabalho e Emprego e do Sistema Nacional de Emprego — SINE relativas ao perfil dos trabalhadores segurados de que trata o *caput* do art. 1º e às características locais do mercado de trabalho.

Art. 5º Não será exigida do trabalhador a condicionalidade de que trata o *caput* do art. 1º nas seguintes hipóteses:

I — inexistência de oferta de curso compatível com o perfil do trabalhador no município ou região metropolitana de domicílio do trabalhador, ou, ainda, em município limítrofe; e

II — apresentação pelo trabalhador de comprovante de matrícula e frequência mensal em outro curso de formação inicial e continuada ou de qualificação profissional com carga horária igual ou superior a cento e sessenta horas.

PARÁGRAFO ÚNICO. A condicionalidade de que trata o *caput* do art. 1º ainda poderá ser exigida caso o encerramento do curso de que trata o inciso II do *caput* ocorra enquanto o trabalhador estiver recebendo as parcelas do benefício seguro-desemprego.

Art. 6º O benefício do seguro-desemprego do trabalhador sujeito à condicionalidade de que trata o *caput* do art. 1o poderá ser cancelado nas seguintes situações:

I — recusa pelo trabalhador da pré-matrícula no curso de formação inicial e continuada ou de qualificação profissional ofertado;

II — não realização pelo trabalhador da matrícula efetiva na instituição de ensino, no prazo estabelecido; e

III — evasão do curso de formação inicial e continuada ou de qualificação profissional em que estiver matriculado.

§ 1º A pré-matrícula ou sua recusa exigirá assinatura de termo de ciência.

§ 2º A pré-matrícula ou sua recusa será realizada nas unidades do Ministério do Trabalho e Emprego ou integrantes do SINE.

§ 3º No caso de o trabalhador recusar-se a assinar o documento de que trata o § 1º, será lavrado termo assinado por duas testemunhas.

Art. 7º Atendidos prioritariamente os trabalhadores de que trata o art. 1º, havendo disponibilidade de Bolsas-Formação Trabalhador no âmbito do PRONATEC ou de vagas gratuitas na rede de educação profissional e tecnológica, estas poderão ser ofertadas aos demais beneficiários do seguro-desemprego, respeitados os níveis de escolaridade requeridos e os demais critérios de priorização estabelecidos no âmbito do PRONATEC.

Art. 8º Ato conjunto dos Ministros de Estado da Educação e do Trabalho e Emprego disciplinará:

I — as características dos cursos de formação inicial e continuada ou de qualificação profissional ofertados no âmbito deste Decreto; e

II — as demais condições, requisitos e normas necessárias para aplicação da condicionalidade prevista no *caput* do art. 1º

Art. 9º A oferta de Bolsa-Formação Trabalhador no âmbito do PRONATEC nos termos previstos neste Decreto fica condicionada à existência de dotação orçamentária.

Art. 10. Este Decreto entra em vigor na data de sua publicação.

Brasília,16 de abril de 2012; 191º da Independência e 124º da República.

Dilma Rousseff
Aloizio Mercadante
Paulo Roberto dos Santos Pinto

LEI N. 11.692, DE 10 DE JUNHO DE 2008

DISPÕE SOBRE O PROGRAMA NACIONAL DE INCLUSÃO DE JOVENS — PROJOVEM, INSTITUÍDO PELA LEI N. 11.129, DE 30 DE JUNHO DE 2005; ALTERA A LEI N. 10.836, DE 9 DE JANEIRO DE 2004; REVOGA DISPOSITIVOS DAS LEIS NS. 9.608, DE 18 DE FEVEREIRO DE 1998, 10.748, DE 22 DE OUTUBRO DE 2003, 10.940, DE 27 DE AGOSTO DE 2004, 11.129, DE 30 DE JUNHO DE 2005, E 11.180, DE 23 DE SETEMBRO DE 2005; E DÁ OUTRAS PROVIDÊNCIAS

V. Decreto n. 6.629, de 4.9.08, DOU 5.11.08, regulamenta o Programa Nacional de Inclusão de Jovens — Projovem, instituído pela Lei n. 11.129, de 30 de junho de 2005, e pela Lei n. 11.692, de 10 de junho de 2008, e dá outras providências. (não publicado nesta obra).

O PRESIDENTE DA REPÚBLICA, Faço saber que o Congresso Nacional decreta e eu sanciono a seguinte Lei:

Art. 1º O Programa Nacional de Inclusão de Jovens — Projovem, instituído pela Lei n. 11.129, de 30 de junho de 2005, passa a reger-se, a partir de 1º de janeiro de 2008, pelo disposto nesta Lei.

Art. 2º O Projovem, destinado a jovens de 15 (quinze) a 29 (vinte e nove) anos, com o objetivo de promover sua reintegração ao processo educacional, sua qualificação profissional e seu desenvolvimento humano, será desenvolvido por meio das seguintes modalidades:

I — Projovem Adolescente — Serviço Socioeducativo;

II — Projovem Urbano;

III — Projovem Campo — Saberes da Terra; e

IV — Projovem Trabalhador.

Art. 3º A execução e a gestão do Projovem dar-se-ão por meio da conjugação de esforços da Secretaria-Geral da Presidência da República e dos Ministérios da Educação, do Trabalho e Emprego e do Desenvolvimento Social e Combate à Fome, observada a intersetorialidade, sem prejuízo da participação de outros órgãos e entidades da administração pública federal.

§ 1º Fica instituído o Conselho Gestor do Projovem, coordenado pela Secretaria Nacional de Juventude da Secretaria-Geral da Presidência da República e composto pelos Secretários-Executivos dos Ministérios referidos no caput deste artigo e por 1 (um) Secretário Nacional representante de cada um desses Ministérios, a ser indicado pelo respectivo Ministro de Estado.

§ 2º O Projovem Adolescente — Serviço Socioeducativo será coordenado pelo Ministério do Desenvolvimento Social e Combate à Fome; o Projovem Urbano, pela Secretaria-Geral da Presidência da República; o Projovem Campo — Saberes da Terra, pelo Ministério da Educação; e o Projovem Trabalhador, pelo Ministério do Trabalho e Emprego.

§ 3º Cada modalidade do Projovem contará com 1 (um) comitê gestor, a ser instituído pelo órgão responsável por sua coordenação, assegurada nele a participação de representantes dos 3 (três) outros órgãos a que se refere o caput deste artigo.

Art. 4º Para a execução das modalidades tratadas no art. 2º desta Lei, a União fica autorizada a transferir recursos aos Estados, ao Distrito Federal e aos Municípios, sem a necessidade de convênio, acordo, contrato, ajuste ou instrumento congênere, mediante depósito em conta-corrente específica, sem prejuízo da devida prestação de contas da aplicação dos recursos.

§ 1º O montante dos recursos financeiros a que se refere esta Lei será repassado em parcelas e calculado com base no número de jovens atendidos, conforme disposto em regulamentação, e destina-se à promoção de ações de elevação da escolaridade e qualificação profissional dos jovens, bem como à contratação, remuneração e formação de profissionais.

§ 2º Os profissionais de que trata o § 1º deste artigo deverão ser contratados em âmbito local.

§ 3º Os órgãos responsáveis pela coordenação das modalidades do Projovem definirão, a cada exercício financeiro, a forma de cálculo, o número e o valor das parcelas a serem repassadas aos Estados, ao Distrito Federal e aos Municípios, bem como as orientações e instruções necessárias à sua execução, observado o montante de recursos disponíveis para este fim, constante da Lei Orçamentária Anual.

§ 4º Nas modalidades previstas nos incisos II e III do *caput* do art. 2º desta Lei, a transferência de recursos financeiros será executada pelo Fundo Nacional de Desenvolvimento da Educação — FNDE, vinculado ao Ministério da Educação, observada a necessária descentralização dos recursos orçamentários pelos órgãos de que trata o *caput* do art. 3º desta Lei.

§ 5º A modalidade de que trata o inciso I do *caput* do art. 2º desta Lei será ofertada pelo Município que a ela aderir, nos termos do regulamento, e cofinanciada pela União, Estados, Distrito Federal e Municípios por intermédio dos respectivos Fundos de Assistência Social, respeitado o limite orçamentário da União e os critérios de partilha estabelecidos pelo Conselho Nacional de Assistência Social, de acordo com o inciso IX do *caput* do art. 18 da Lei n. 8.742, de 7 de dezembro de 1993.

§ 6º Os saldos dos recursos financeiros recebidos pelos órgãos e entidades da administração pública federal, estadual, municipal e do Distrito Federal à conta do Projovem, existentes na conta-corrente específica a que se refere o caput deste artigo em 31 de dezembro de cada ano deverão ser aplicados no exercício subsequente, com estrita observância ao objeto de sua transferência, nos termos da legislação vigente.

Art. 5º Os Estados, o Distrito Federal, os Municípios e as entidades de direito público e privado sem fins lucrativos prestarão conta dos recursos recebidos do Projovem, na forma e prazo definidos em regulamento e nas demais disposições aplicáveis.

Art. 6º Fica a União autorizada a conceder auxílio financeiro, no valor de R$ 100,00 (cem reais) mensais, aos beneficiários do Projovem, nas modalidades previstas nos incisos II, III e IV do *caput* do art. 2º desta Lei, a partir do exercício de 2008.

§ 1º Na modalidade Projovem Urbano, poderão ser pagos até 20 (vinte) auxílios financeiros.

Legislação Complementar

§ 2º Na modalidade Projovem Campo — Saberes da Terra, poderão ser pagos até 12 (doze) auxílios financeiros.

§ 3º Na modalidade Projovem Trabalhador, poderão ser pagos até 6 (seis) auxílios financeiros.

§ 4º É vedada a cumulatividade da percepção do auxílio financeiro a que se refere o *caput* deste artigo com benefícios de natureza semelhante recebidos em decorrência de outros programas federais, permitida a opção por um deles.

Art. 7º O órgão responsável pelas modalidades do Projovem definirá o agente pagador entre uma instituição financeira oficial.

Art. 8º As despesas com a execução do Projovem observarão os limites de movimentação, de empenho e de pagamento da programação orçamentária e financeira anual.

PARÁGRAFO ÚNICO. O Poder Executivo deverá compatibilizar a quantidade de beneficiários de cada modalidade do Projovem com as dotações orçamentárias existentes.

Art. 9º O Projovem Adolescente — Serviço Socioeducativo, compreendido entre os serviços de que trata o art. 23 da Lei n. 8.742, de 7 de dezembro de 1993, tem como objetivos:

I — complementar a proteção social básica à família, criando mecanismos para garantir a convivência familiar e comunitária; e

II — criar condições para a inserção, reinserção e permanência do jovem no sistema educacional.

Art. 10. O Projovem Adolescente — Serviço Socioeducativo destina-se aos jovens de 15 (quinze) a 17 (dezessete) anos:

I — pertencentes a família beneficiária do Programa Bolsa Família — PBF;

II — egressos de medida socioeducativa de internação ou em cumprimento de outras medidas socioeducativas em meio aberto, conforme disposto na Lei n. 8.069, de 13 de julho de 1990 — Estatuto da Criança e do Adolescente;

III — em cumprimento ou egressos de medida de proteção, conforme disposto na Lei n. 8.069, de 13 de julho de 1990;

IV — egressos do Programa de Erradicação do Trabalho Infantil — PETI; ou

V — egressos ou vinculados a programas de combate ao abuso e à exploração sexual.

PARÁGRAFO ÚNICO. Os jovens a que se referem os incisos II a V do *caput* deste artigo devem ser encaminhados ao Projovem Adolescente — Serviço Socioeducativo pelos programas e serviços especializados de assistência social do Município ou do Distrito Federal ou pelo gestor de assistência social, quando demandado oficialmente pelo Conselho Tutelar, pela Defensoria Pública, pelo Ministério Público ou pelo Poder Judiciário.

Art. 11. O Projovem Urbano tem como objetivo elevar a escolaridade visando à conclusão do ensino fundamental, à qualificação profissional e ao desenvolvimento de ações comunitárias com exercício da cidadania, na forma de curso, conforme previsto no art. 81 da Lei n. 9.394, de 20 de dezembro de 1996.

Art. 12. O Projovem Urbano atenderá a jovens com idade entre 18 (dezoito) e 29 (vinte e nove) anos, que saibam ler e escrever e não tenham concluído o ensino fundamental.

Art. 13. Poderão ser realizadas parcerias com o Ministério da Justiça e com a Secretaria Especial dos Direitos Humanos da Presidência da República para implantação do Projovem Urbano nas unidades prisionais e nas unidades socioeducativas de privação de liberdade, respectivamente.

§ 1º O disposto no art. 4º desta Lei não será aplicado no caso das parcerias citadas no *caput* deste artigo, podendo ser realizado convênio, acordo, contrato, ajuste ou instrumento congênere.

§ 2º No caso das unidades socioeducativas de privação de liberdade, poderão participar do Projovem Urbano adolescentes em cumprimento de medidas socioeducativas de privação de liberdade que tenham idade mínima de 15 (quinze) anos.

§ 3º É assegurada aos jovens que iniciaram o Projovem Urbano nas unidades do sistema prisional ou nas unidades socioeducativas de privação de liberdade a continuidade do curso nas localidades onde existir o Programa.

Art. 14. O Projovem Campo — Saberes da Terra tem como objetivo elevar a escolaridade dos jovens da agricultura familiar, integrando a qualificação social e formação profissional, na forma do art. 81 da Lei n. 9.394, de 20 de dezembro de 1996, estimulando a conclusão do ensino fundamental e proporcionando a formação integral do jovem, na modalidade educação de jovens e adultos, em regime de alternância, nos termos do regulamento.

Art. 15. O Projovem Campo — Saberes da Terra atenderá a jovens com idade entre 18 (dezoito) e 29 (vinte e nove) anos, residentes no campo, que saibam ler e escrever, que não tenham concluído o ensino fundamental e que cumpram os requisitos previstos no art. 3º da Lei n. 11.326, de 24 de julho de 2006.

Art. 16. O Projovem Trabalhador tem como objetivo preparar o jovem para o mercado de trabalho e ocupações alternativas geradoras de renda, por meio da qualificação social e profissional e do estímulo à sua inserção.

Art. 17. O Projovem Trabalhador atenderá a jovens com idade entre 18 (dezoito) e 29 (vinte e nove) anos, em situação de desemprego e que sejam membros de famílias com renda mensal *per capita* de até 1 (um) salário mínimo, nos termos do regulamento.

Art. 18. Nas unidades da Federação e nos Municípios onde existirem programas similares e congêneres ao previsto no Projovem Trabalhador, o Ministério do Trabalho e Emprego buscará promover a articulação e a integração das ações dos respectivos Programas.

Art. 19. Na execução do Projovem Trabalhador, o Ministério do Trabalho e Emprego fica autorizado, mediante convênio, a efetuar transferências de contribuições corrente e de capital aos órgãos e entidades da administração pública federal, estadual e municipal, bem como a entidades de direito público e privado sem fins lucrativos, observada a legislação pertinente.

§ 1º O regulamento disporá sobre critérios objetivos de habilitação e seleção de entidades privadas sem fins lucrativos para serem executoras do Projovem.

§ 2º A habilitação e seleção das entidades referidas no § 1º deste artigo serão processadas em estrita conformidade com os princípios básicos da legalidade, da impessoalidade, da moralidade, da igualdade, da publicidade e do julgamento objetivo.

Art. 20. Os arts. 2º e 3º da Lei n. 10.836, de 9 de janeiro de 2004, passam a vigorar com a seguinte redação:

"Art. 2º ....

II — o benefício variável, destinado a unidades familiares que se encontrem em situação de pobreza e extrema pobreza e que tenham em sua composição gestantes, nutrizes, crianças entre 0 (zero) e 12 (doze) anos ou adolescentes até 15 (quinze) anos, sendo pago até o limite de 3 (três) benefícios por família;

III — o benefício variável, vinculado ao adolescente, destinado a unidades familiares que se encontrem em situação de pobreza ou extrema pobreza e que tenham em sua composição adolescentes com idade entre 16 (dezesseis) e 17 (dezessete) anos, sendo pago até o limite de 2 (dois) benefícios por família.

....

§ 2º O valor do benefício básico será de R$ 58,00 (cinquenta e oito reais) por mês, concedido a famílias com renda familiar mensal per capita de até R$ 60,00 (sessenta reais).

§ 3º Serão concedidos a famílias com renda familiar mensal per capita de até R$ 120,00 (cento e vinte reais), dependendo de sua composição:

I — o benefício variável no valor de R$ 18,00 (dezoito reais); e

II — o benefício variável, vinculado ao adolescente, no valor de R$ 30,00 (trinta reais).

§ 4º Os benefícios financeiros previstos nos incisos I, II e III do *caput* deste artigo poderão ser pagos cumulativamente às famílias beneficiárias, observados os limites fixados nos citados incisos II e III.

§ 5º A família cuja renda familiar mensal per capita esteja compreendida entre os valores estabelecidos no § 2º e no § 3º deste artigo receberá exclusivamente os benefícios a que se referem os incisos II e III do *caput* deste artigo, respeitados os limites fixados nesses incisos.

....

§ 11. Os benefícios a que se referem os incisos I, II e III do *caput* deste artigo serão pagos, mensalmente, por meio de cartão magnético bancário fornecido pela Caixa Econômica Federal, com a respectiva identificação do responsável, mediante o Número de Identificação Social — NIS, de uso do Governo Federal.

§ 12. Os benefícios poderão ser pagos por meio das seguintes modalidades de contas, nos termos de resoluções adotadas pelo Banco Central do Brasil:

I - contas-correntes de depósito à vista;

II — contas especiais de depósito à vista;

III — contas contábeis; e

IV — outras espécies de contas que venham a ser criadas.

....

...." (NR)

"Art. 3º ....

PARÁGRAFO ÚNICO. O acompanhamento da frequência escolar relacionada ao benefício previsto no inciso III do *caput* do art. 2º desta Lei considerará 75% (setenta e cinco por cento) de frequência, em conformidade com o previsto no inciso VI do *caput* do art. 24 da Lei n. 9.394, de 20 de dezembro de 1996." (NR)

Art. 21. Ato do Poder Executivo disporá sobre as demais regras de funcionamento de cada modalidade do Projovem, inclusive no que se refere ao estabelecimento de metas, à avaliação, ao monitoramento e ao controle social, e sobre os critérios adicionais a serem observados para o ingresso no Programa, bem como para a concessão, a manutenção e a suspensão do auxílio a que se refere o art. 6º desta Lei.

§ 1º Cumpridos os requisitos estabelecidos nesta Lei e na sua regulamentação, ficam asseguradas aos jovens com deficiência as condições que lhes possibilitem a efetiva participação no Projovem.

§ 2º Nos currículos dos cursos oferecidos nas modalidades de que trata o art. 2º desta Lei deverão ser incluídas noções básicas de comunicação oral e escrita em língua portuguesa, de matemática, de informática, de cidadania e de língua estrangeira.

Art. 22. O Poder Executivo deverá veicular dados e informações detalhados sobre a execução orçamentária e financeira dos Programas Projovem e Bolsa Família, tratados nesta Lei.

Art. 23. Esta Lei entra em vigor na data de sua publicação.

PARÁGRAFO ÚNICO. Aos beneficiários e executores dos Programas disciplinados nas Leis n. 10.748, de 22 de outubro de 2003, 11.129, de 30 de junho de 2005, e 11.180, de 23 de setembro de 2005, ficam assegurados, no âmbito do Projovem, os seus direitos, bem como o cumprimento dos seus deveres, nos termos dos convênios, acordos ou instrumentos congêneres firmados até 31 de dezembro de 2007.

Art. 24. Ficam revogados, a partir de 1º de janeiro de 2008:

I — o art. 3º-A da Lei n. 9.608, de 18 de fevereiro de 1998;

II — a Lei n. 10.748, de 22 de outubro de 2003;

III — os arts. 1º, 2º e 3º da Lei n. 10.940, de 27 de agosto de 2004;

IV — os arts. 1º a 8º da Lei n. 11.129, de 30 de junho de 2005; e

V - os arts. 1º a 10 da Lei n. 11.180, de 23 de setembro de 2005.

Brasília, 10 de junho de 2008; 187º da Independência e 120º da República.

Luiz Inácio Lula da Silva
Tarso Genro
Guido Mantega
Fernando Haddad
André Peixoto Figueiredo Lima
Paulo Bernardo Silva
Patrus Ananias
Dilma Rousseff
Luiz Soares Dulci

LEI N. 8.022, DE 12 DE ABRIL DE 1990

(DOU 13.4.90)

ALTERA O SISTEMA DE ADMINISTRAÇÃO DAS RECEITAS FEDERAIS, E DÁ OUTRAS PROVIDÊNCIAS

O PRESIDENTE DA REPÚBLICA, faço saber que o Congresso Nacional decreta e eu sanciono a seguinte lei:

Art. 1º É transferida para a Secretaria da Receita Federal a competência de administração das receitas arrecadadas pelo Instituto Nacional de Colonização e Reforma Agrária — INCRA, e para a Procuradoria-Geral da Fazenda Nacional a competência para a apuração, inscrição e cobrança da respectiva dívida ativa.

§ 1º A competência transferida neste artigo à Secretaria da Receita Federal compreende as atividades de tributação, arrecadação, fiscalização e cadastramento.

§ 2º O Incra manterá seu cadastramento para o atendimento de suas outras funções, conforme o estabelecido no art. 2º do Decreto n. 72.106, de 18 de abril de 1973, que regulamentou a Lei n. 5.868, de 12 de dezembro de 1972.

§ 3º No exercício de suas funções, poderá a Secretaria da Receita Federal realizar diligências nas propriedades rurais para confrontar as informações cadastrais prestadas pelos proprietários com as reais condições de exploração do imóvel.

§ 4º Caberá ao Poder Executivo, no prazo de cento e vinte dias a contar da vigência desta lei, regulamentar os dispositivos relativos ao Sistema Nacional de Cadastro Rural, promovendo as alterações decorrentes da transferência da administração do Imposto Territorial Rural à Secretaria da Receita Federal.

Art. 2º As receitas de que trata o art. 1º desta lei, quando não recolhidas nos prazos fixados, serão atualizadas monetariamente, na data do efetivo pagamento, nos termos do art. 61 da Lei n. 7.799, de 10 de julho de 1989, e cobradas pela União com os seguintes acréscimos:

I — juros de mora, na via administrativa ou judicial, contados do mês seguinte ao do vencimento, à razão de 1% (um por cento) ao mês e calculados sobre o valor atualizado, monetariamente, na forma da legislação em vigor;

II — multa de mora de 20% (vinte por cento) sobre o valor atualizado, monetariamente, sendo reduzida a 10% (dez por cento) se o pagamento for efetuado até o último dia útil do mês subsequente àquele em que deveria ter sido pago;

III — encargo legal de cobrança da Dívida Ativa de que trata o art. 1º do Decreto-lei n. 1.025, de 21 de outubro de 1969, e o art. 3º do Decreto-lei n. 1.645, de 11 de dezembro de 1978, quando for o caso.

PARÁGRAFO ÚNICO. Os juros de mora não incidem sobre o valor da multa de mora.

Art. 3º Aplica-se aos parcelamentos de débitos das receitas referidas no art. 1º desta lei, concedidos administrativamente, a legislação prevista para o parcelamento de débitos de qualquer natureza para com a Fazenda Nacional.

PARÁGRAFO ÚNICO. O disposto neste artigo aplica-se, também, aos parcelamentos de débitos relativos às contribuições de que tratam os Decretos-leis ns. 308, de 28 de fevereiro de 1967, e 1.712, de 14 de novembro de 1979, e do adicional previsto no Decreto-lei n. 1.952, de 15 de julho de 1982.

Art. 4º Os procedimentos administrativos de determinação e a exigência das receitas referidas no art. 1º desta lei, bem como os de consulta sobre a aplicação da respectiva legislação, serão regidos, no que couber, pelas normas expedidas nos termos do art. 2º do Decreto-lei n. 822, de 5 de setembro de 1969, e convalidadas pelo § 3º do art. 16 da Lei n. 7.739, de 16 de março de 1989.

§ 1º O disposto neste artigo aplica-se aos procedimentos em curso relativos aos créditos constituídos anteriormente à vigência da Medida Provisória n. 166, de 15 de março de 1990.

§ 2º Os órgãos do Departamento da Receita Federal enviarão às Procuradorias da Fazenda Nacional os demonstrativos de débitos das receitas a que se refere o art. 1º desta lei para fins de apuração e inscrição na Dívida Ativa da União.

Art. 5º A Secretaria da Administração Federal, em conjunto com o Ministério da Economia, Fazenda e Planejamento e o da Agricultura, estabelecerão as formas e condições para a realocação do pessoal, assim como a adaptação de cargos e funções de confiança decorrentes do que dispõe esta lei.

Art. 6º Esta lei entra em vigor na data de sua publicação.

Art. 7º Revogam-se as disposições em contrário.

Brasília, 12 de abril de 1990; 169º da Independência e 102º da República.

Fernando Collor
Zélia M. Cardoso de Mello

LEI N. 7.418, DE 16 DE DEZEMBRO DE 1985(*)

(DOU 17.12.85 — LTr 50-1/88)

INSTITUI O VALE-TRANSPORTE E DÁ OUTRAS PROVIDÊNCIAS

O PRESIDENTE DA REPÚBLICA,

Faço saber que o Congresso Nacional decreta e eu sanciono a seguinte Lei:

Art. 1º Fica instituído o vale-transporte (vetado) que o empregador, pessoa física ou jurídica, antecipará ao empregado para utilização efetiva em despesas de deslocamento residência-trabalho e vice-versa, através do sistema de transporte coletivo público, urbano ou intermunicipal e/ou interestadual com características semelhantes aos urbanos, geridos diretamente ou mediante concessão ou permissão de linhas regulares e com tarifas fixadas pela autoridade competente, excluídos os serviços seletivos e os especiais. *(Redação dada pela Lei n. 7.619, de 30.9.87. DOU 1.10.87).*

§ 1º Equiparam-se ao trabalhador referido no *caput* deste artigo, para os benefícios desta Lei, os servidores públicos da Administração Federal direta ou indireta. *(Revogado pela MP n. 2.165-36, de 23.8.01, DOU 24.8.01).*

Art. 2º O Vale-Transporte, concedido nas condições e limites definidos nesta Lei, no que se refere à contribuição do empregador:

a) não tem natureza salarial, nem se incorpora à remuneração para quaisquer efeitos;

b) não constitui base de incidência de contribuição previdenciária ou de Fundo de Garantia por Tempo de Serviço;

c) não se configura como rendimento tributável do trabalhador.

Art. 3º (Artigo renumerado pela Lei n. 7.619, de 30.9.1987) — *(Revogado pela Lei n. 9.532, de 10.12.97), V. Medida Provisória n. 2.189-49, de 23.8.01, DOU 24.8.01.*

Art. 4º A concessão do benefício ora instituído implica a aquisição pelo empregador dos Vales-Transporte necessários aos deslocamentos do trabalhador no percurso residência-trabalho e vice-versa, no serviço de transporte que melhor se adequar. (Artigo renumerado pela Lei n. 7.619, de 30.9.1987)

Parágrafo único — O empregador participará dos gastos de deslocamento do trabalhador com a ajuda de custo equivalente à parcela que exceder a 6% (seis por cento) de seu salário básico.

V. art. 10, da Medida Provisória n. 2.189/49, 23.8.01, DOU 24.8.01, que dispõe: "O art. 4º da Lei n. 7.418, de 1985, renumerado pelo art. 1º da Lei n. 7.619, de 1987, cujos efeitos são restabelecidos em virtude do disposto no inciso III deste artigo, permite a dedução dos correspondentes gastos como despesa operacional".

Art. 5º A empresa operadora do sistema de transporte coletivo público fica obrigada a emitir e a comercializar o Vale-Transporte, ao preço da tarifa vigente, colocando-o à disposição dos empregadores em geral e assumindo os custos dessa obrigação, sem repassá-los para a tarifa dos serviços.

§ 1º Nas regiões metropolitanas, aglomerações urbanas e microrregiões, será instalado, pelo menos, um posto de vendas para cada grupo de cem mil habitantes na localidade, que comercializarão todos os tipos de Vale-Transporte. *(Red. Lei n. 7.855/89).*

§ 2º Fica facultado à empresa operadora delegar a emissão e a comercialização do Vale-Transporte, bem como consorciar-se em central de vendas, para efeito e cumprimento do disposto nesta Lei.

§ 3º Para fins de cálculo do valor do Vale-Transporte, será adotada a tarifa integral do deslocamento do trabalhador, sem descontos, mesmo que previstos na legislação local.

Art. 6º O poder concedente fixará as sanções a serem aplicadas à empresa operadora que comercializar o vale diretamente ou através de delegação, no caso de falta ou insuficiência de estoque de Vales-Transporte necessários ao atendimento da demanda e ao funcionamento do sistema.

Art. 7º Ficam resguardados os direitos adquiridos do trabalhador, se superiores aos instituídos nesta Lei, vedada a cumulação de vantagens.

Art. 8º Asseguram-se os benefícios desta Lei ao empregador que proporcionar, por meios próprios ou contratados, em veículos adequados ao transporte coletivo, o deslocamento integral de seus trabalhadores.

Art. 9º Os Vales-Transporte anteriores perdem sua validade decorridos 30 (trinta) dias da data de reajuste tarifário.

Art. 10. O Poder Executivo regulamentará a presente Lei no prazo de 45 (quarenta e cinco) dias.

Art. 11. Esta Lei entra em vigor na data de sua publicação.

Art. 12. Revogam-se as disposições em contrário.

Brasília, em 16 de dezembro de 1985; 164º da Independência e 97º da República.

José Sarney

Affonso Camargo

Legislação Complementar

(*) Alterada pela Lei n. 7.619, de 30.9.1987, DOU 1º.10.87, LTr 51-11/1394, que revogou o § 2º do art. 1º e o art. 2º, renumerando-se os demais.

DECRETO N. 95.247, DE 17 DE NOVEMBRO DE 1987

(DOU 18.11.87 — LTr 51-12/1503)

REGULAMENTA A LEI N. 7.418, DE 16 DE DEZEMBRO DE 1985, QUE INSTITUI O VALE-TRANSPORTE, COM A ALTERAÇÃO DA LEI N. 7.619, DE 30 DE SETEMBRO DE 1987

O PRESIDENTE DA REPÚBLICA, no uso da atribuição que lhe confere o art. 81, item III, da Constituição e tendo em vista o disposto na Lei n. 7. 418, de 16 de dezembro de 1985, alterada pela Lei n. 7. 619, de 30 de setembro de 1987, decreta:

CAPÍTULO I

Dos Beneficiários e do Benefício do Vale-Transporte

Art. 1º São beneficiários do Vale-Transporte, nos termos da Lei n. 7. 418, de 16 de dezembro de 1985, os trabalhadores em geral, tais como: *(Redação dada pelo Decreto n. 2.880, de 15.12.1998, DOU 16.12.1998)*

I — os empregados, assim definidos no art. 3º da Consolidação das Leis do Trabalho;

II — os empregados domésticos, assim definidos na Lei n. 5. 859, de 11 de dezembro de 1972;

III — os trabalhadores de empresas de trabalho temporário, de que trata a Lei n. 6.019, de 3 de janeiro de 1974;

IV — os empregados a domicílio, para os deslocamentos indispensáveis à prestação do trabalho, percepção de salários e os necessários ao desenvolvimento das relações com o empregador;

V — os empregados do subempreiteiro, em relação a este e ao empreiteiro principal, nos termos do art. 455 da Consolidação das Leis do Trabalho;

VI — os atletas profissionais de que trata a Lei n. 6.354, de 2 de setembro de 1976;

PARÁGRAFO ÚNICO. Para efeito deste Decreto, adotar-se-á a denominação beneficiário para identificar qualquer uma das categorias mencionadas nos diversos incisos deste artigo.

Art. 2º O Vale-Transporte constitui benefício que o empregador antecipará ao trabalhador para utilização efetiva em despesas de deslocamento residência-trabalho e vice-versa.

PARÁGRAFO ÚNICO. Entende-se como deslocamento a soma de segmentos componentes da viagem do beneficiário, por um ou mais meios de transporte, entre sua residência e o local de trabalho.

Art. 3º O Vale-Transporte é utilizável em todas as formas de transporte coletivo público urbano ou ainda intermunicipal e interestadual com características semelhantes ao urbano, operado diretamente pelo poder público ou mediante delegação, em linhas regulares e com tarifas fixadas pela autoridade competente.

PARÁGRAFO ÚNICO. Excluem-se do disposto neste artigo os serviços seletivos e os especiais.

Art. 4º Está exonerado da obrigatoriedade do Vale-Transporte o empregador que proporcionar, por meios próprios ou contratados, em veículos adequados ao transporte coletivo, o deslocamento, residência-trabalho e vice-versa, de seus trabalhadores.

PARÁGRAFO ÚNICO. Caso o empregador forneça ao beneficiário transporte próprio ou fretado que não cubra integralmente os deslocamentos deste, o Vale-Transporte deverá ser aplicado para os segmentos da viagem não abrangidos pelo referido transporte.

Art. 5º É vedado ao empregador substituir o Vale-Transporte por antecipação em dinheiro ou qualquer outra forma de pagamento, ressalvado o disposto no parágrafo único deste artigo.

PARÁGRAFO ÚNICO. No caso de falta ou insuficiência de estoque de Vale-Transporte, necessário ao atendimento da demanda e ao funcionamento do sistema, o beneficiário será ressarcido pelo empregador, na folha de pagamento imediata, da parcela correspondente, quando tiver efetuado, por conta própria, a despesa para seu deslocamento.

Art. 6º O Vale-Transporte, no que se refere à contribuição do empregador:

I — não tem natureza salarial, nem se incorpora à remuneração do beneficiário para quaisquer efeitos;

II — não constitui base de incidência de contribuição previdenciária ou do Fundo de Garantia do Tempo de Serviço;

III — não é considerado para efeito de pagamento de Gratificação de Natal (Lei n. 4. 090, de 13 de julho de 1962, e art. 7º do Decreto-lei n. 2.310, de 22 de dezembro de 1986);

IV — não configura rendimento tributável do beneficiário.

CAPÍTULO II

Do Exercício do Direito do Vale-Transporte

Art. 7º Para exercício do direito de receber o Vale-Transporte o empregado informará ao empregador por escrito:

I — seu endereço residencial;

II — os serviços e meios de transporte mais adequados ao seu deslocamento residência-trabalho e vice-versa.

§ 1º A informação de que trata este artigo será atualizada anualmente ou sempre que ocorrer alteração das circunstâncias mencionadas nos itens I e II, sob pena de suspensão do benefício até o cumprimento dessa exigência.

§ 2º O beneficiário firmará compromisso de utilizar o Vale-Transporte exclusivamente para seu efetivo deslocamento residência-trabalho e vice-versa.

§ 3º A declaração falsa ou o uso indevido do Vale-Transporte constituem falta grave.

Art. 8º É vedada a acumulação do benefício com outras vantagens relativas ao transporte do beneficiário, ressalvado o disposto no parágrafo único do art. 4º deste Decreto.

Art. 9º O Vale-Transporte será custeado:

I — pelo beneficiário, na parcela equivalente a 6% (seis por cento) de seu salário básico ou vencimento, excluídos quaisquer adicionais ou vantagens;

II — pelo empregador, no que exceder à parcela referida no item anterior.

PARÁGRAFO ÚNICO. A concessão do Vale-Transporte autorizará o empregador a descontar, mensalmente do beneficiário que exercer o respectivo direito, o valor da parcela de que trata o item I deste artigo.

Art. 10. O valor da parcela a ser suportada pelo beneficiário será descontada proporcionalmente à quantidade de Vale-Transporte concedida para o período a que se refere o salário ou vencimento e por ocasião de seu pagamento, salvo estipulação em contrário, em convenção ou acordo coletivo de trabalho, que favoreça o beneficiário.

Art. 11. No caso em que a despesa com deslocamento do beneficiário for inferior a 6% (seis por cento) do salário básico ou vencimento, o empregado poderá optar pelo recebimento antecipado do Vale-Transporte, cujo valor será integralmente descontado por ocasião do pagamento do respectivo salário ou vencimento.

Art. 12. A base de cálculo para determinação da parcela a cargo do beneficiário será:

I — o salário básico ou vencimento mencionado no item I do art. 9º deste Decreto; e

II — o montante percebido no período para os trabalhadores remunerados por tarefa ou serviço feito ou quando se tratar de remuneração constituída exclusivamente de comissões, percentagens, gratificações, gorjetas ou equivalentes.

CAPÍTULO III
Da Operacionalização do Vale-Transporte

Art. 13. O poder concedente ou órgão de gerência com jurisdição sobre os serviços de transporte coletivo urbano, respeitada a lei federal, expedirá normas complementares para operacionalização do sistema do Vale-Transporte, acompanhando seu funcionamento e efetuando o respectivo controle.

Art. 14. A empresa operadora do sistema de transporte coletivo público fica obrigada a emitir e comercializar o Vale-Transporte ao preço da tarifa vigente, colocando-o à disposição dos empregadores em geral e assumindo os custos dessa obrigação, sem repassá-los para a tarifa dos serviços.

§ 1º A emissão e a comercialização do Vale-Transporte poderão também ser efetuadas pelo órgão de gerência ou pelo poder concedente, quando este tiver a competência legal para emissão de passes.

§ 2º Na hipótese do parágrafo precedente, é vedada a emissão e comercialização de Vale-Transporte simultaneamente pelo poder concedente e pelo órgão de gerência.

§ 3º A delegação ou transferência da atribuição de emitir e comercializar o Vale-Transporte não elide a proibição de repassar os custos respectivos para a tarifa dos serviços.

Art. 15. Havendo delegação da emissão e comercialização de Vale-Transporte, ou constituição de consórcio, as empresas operadoras submeterão os respectivos instrumentos ao poder concedente ou órgão de gerência, para homologação dos procedimentos instituídos.

Art. 16. Nas hipóteses do artigo anterior, as empresas operadoras permanecerão solidariamente responsáveis com a pessoa jurídica delegada ou pelos atos do consórcio, em razão de eventuais faltas ou falhas no serviço.

Art. 17. O responsável pela emissão e comercialização do Vale-Transporte deverá manter estoques compatíveis com os níveis de demanda.

Art. 18. A comercialização do Vale-Transporte dar-se-á em centrais ou postos de venda estrategicamente distribuídos na cidade onde serão utilizados.

PARÁGRAFO ÚNICO. Nos casos em que o sistema local de transporte público for operado por diversas empresas ou por meios diferentes, com ou sem integração, os postos de vendas referidos neste artigo deverão comercializar todos os tipos de Vale-Transporte.

Art. 19. A concessão do benefício obriga o empregador a adquirir Vale-Transporte em quantidade e tipo de serviço que melhor se adequar ao deslocamento do beneficiário.

PARÁGRAFO ÚNICO. A aquisição será feita antecipadamente e à vista, proibidos quaisquer descontos e limitada a quantidade estritamente necessária ao atendimento dos beneficiários.

Art. 20. Para cálculo do valor do Vale-Transporte, será adotada a tarifa integral, relativa ao deslocamento do beneficiário, por um ou mais meios de transporte, mesmo que a legislação local preveja descontos.

PARÁGRAFO ÚNICO. Para fins do disposto neste artigo, não são consideradas desconto as reduções tarifárias decorrentes de integração de serviços.

Art. 21. A venda do Vale-Transporte será comprovada mediante recibo sequencialmente numerado, emitido pela vendedora em duas vias, uma das quais ficará com a compradora, contendo:

I — o período a que se referem;

II — a quantidade de Vale-Transporte vendida e os beneficiários a quem se destina;

III — o nome, endereço e número de inscrição da compradora no Cadastro Geral de Contribuintes no Ministério da Fazenda — CGC/MF.

Art. 22. O Vale-Transporte poderá ser emitido conforme as peculiaridades e as conveniências locais, para a utilização por:

I — linha;

II — empresa;

III — sistema;

IV — outros níveis recomendados pela experiência local.

Art. 23. O responsável pela emissão e comercialização do Vale-Transporte poderá adotar a forma que melhor lhe convier à segurança e facilidade de distribuição.

PARÁGRAFO ÚNICO. O Vale-Transporte poderá ser emitido na forma de bilhetes simples ou múltiplos, talões, cartelas, fichas ou quaisquer processos similares.

Art. 24. Quando o Vale-Transporte for emitido para utilização num sistema determinado de transporte ou para valer entre duas ou mais operadoras, será de aceitação compulsória, nos termos de acordo a ser previamente firmado.

§ 1º O responsável pela emissão e comercialização do Vale-Transporte pagará às empresas operadoras os respectivos créditos no prazo de 24 horas, facultado às partes pactuar prazo maior.

§ 2º O responsável pela emissão e comercialização do Vale-Transporte deverá apresentar, mensalmente, demonstrativos financeiros dessa atividade, ao órgão de gerência que observará o disposto no art. 28.

Art. 25. As empresas operadoras são obrigadas a manter permanentemente um sistema de registro e controle de número de Vale-Transporte emitido, comercializado e utilizado, ainda que a atividade seja exercida por delegação ou por intermédio de consórcio.

Art. 26. No caso de alteração na tarifa de serviços, o Vale-Transporte poderá:

I — ser utilizado pelo beneficiário, dentro do prazo a ser fixado pelo poder concedente; e

II — ser trocado, sem ônus, pelo empregador, no prazo de trinta dias, contados da data em que a tarifa sofrer alteração.

CAPÍTULO IV

Dos Poderes Concedentes e Órgãos de Gerência

Art. 27. O poder concedente ou órgão de gerência, na área de sua jurisdição, definirá:

I — o transporte intermunicipal ou interestadual com características semelhantes ao urbano;

II — os serviços seletivos e os especiais.

Art. 28. O poder concedente ou órgão de gerência fornecerá, mensalmente, ao órgão federal competente, informações estatísticas que permitam avaliação nacional, em caráter permanente da utilização do Vale-Transporte.

Art. 29. As operadoras informarão, mensalmente, nos termos exigidos pelas normas locais, o volume de Vale-Transporte emitido, comercializado e utilizado, a fim de permitir a avaliação local do sistema além de outros dados que venham a ser julgados convenientes a esse objetivo.

Art. 30. Nos atos de concessão, permissão ou autorização serão previstas sanções às empresas operadoras que emitirem ou comercializarem o Vale-Transporte diretamente, por meio de delegação ou consórcio, em quantidade insuficiente ao atendimento da demanda.

PARÁGRAFO ÚNICO. As sanções serão estabelecidas em valor proporcional às quantidades solicitadas e não fornecidas, agravando-se em caso de reincidência.

CAPÍTULO V

Dos Incentivos Fiscais

Art. 31. O valor efetivamente pago e comprovado pelo empregador, pessoa jurídica, na aquisição de Vale-Transporte, poderá ser deduzido como despesa operacional, na determinação do lucro real, no período-base de competência da despesa.

Art. 32. Sem prejuízo da dedução prevista no artigo anterior, a pessoa jurídica empregadora poderá deduzir do Imposto de Renda devido, valor equivalente à aplicação da alíquota cabível do Imposto de Renda sobre o montante das despesas comprovadamente realizadas, no período-base, na concessão do Vale-Transporte.

PARÁGRAFO ÚNICO. A dedução a que se refere este artigo, em conjunto com as de que tratam as Leis n. 6. 297, de 15 de dezembro de 1975, e n. 6.321, de 14 de abril de 1976, não poderá reduzir o imposto devido em mais de 10% (dez por cento), observado o que dispõe o § 3º do art. 1º do Decreto-lei n. 1.704, de 23 de outubro de 1979, podendo o eventual excesso ser aproveitado nos dois exercícios subsequentes.

Art. 33. Ficam assegurados os benefícios de que trata este Decreto ao empregador que, por meios próprios ou contratados com terceiros, proporcionar aos seus trabalhadores o deslocamento residência-trabalho e vice-versa, em veículos adequados ao transporte coletivo, inclusive em caso de complementação do Vale-Transporte.

PARÁGRAFO ÚNICO. O disposto neste artigo não se aplica nas contratações de transporte diretamente com empregados, servidores, diretores, administradores e pessoas ligadas ao empregador.

Art. 34. A pessoa jurídica empregadora deverá registrar em contas específicas que possibilitem determinar, com clareza e exatidão em sua contabilidade, as despesas efetivamente realizadas na aquisição do Vale-Transporte ou, na hipótese do artigo anterior, os dispêndios e encargos com o transporte do beneficiário, tais como aquisição de combustível, manutenção, reparos e depreciação dos veículos próprios, destinados exclusivamente ao transporte dos empregados, bem assim os gastos com as empresas contratadas para esse fim.

PARÁGRAFO ÚNICO. A parcela de custo, equivalente a 6% (seis por cento) do salário básico do empregado que venha a ser recuperada pelo empregador, deverá ser deduzida do montante das despesas efetuadas no período-base, mediante lançamento a crédito das contas que registrem o montante dos custos relativos ao benefício concedido.

CAPÍTULO VI

Disposições Finais

Art. 35. Os atos de concessão, permissão e autorização vigentes serão revistos para cumprimento do disposto no art. 30 deste regulamento.

Art. 36. Este Decreto entra em vigor na data de sua publicação.

Art. 37. Revogam-se as disposições em contrário e em especial o Decreto n. 92.180, de 19 de dezembro de 1985.

Brasília, 17 de novembro de 1987; 166º da Independência e 99º da República.

José Sarney
Prisco Viana

LEI N. 6.708, DE 30 DE OUTUBRO DE 1979

(DOU 30.10.79 — LTr 43/1481)(*)

DISPÕE SOBRE A CORREÇÃO AUTOMÁTICA DOS SALÁRIOS, MODIFICA A POLÍTICA SALARIAL E DÁ OUTRAS PROVIDÊNCIAS

O PRESIDENTE DA REPÚBLICA,

Faço saber que o Congresso Nacional decreta e eu sanciono a saguinte Lei:

....

Art. 3º A correção dos valores monetários dos salários, na forma do artigo anterior, independerá de negociação coletiva e poderá ser reclamada, individualmente, pelos empregados.

§ 1º Para a correção a ser feita no mês, será utilizada a variação a que se refere o § 1º do art. 2º, publicada no mês anterior.

§ 2º Será facultado aos Sindicatos, independente da outorga de poderes dos integrantes da respectiva categoria profissional, apresentar reclamação na qualidade de substituto processual de seus associados, com o objetivo de assegurar a percepção dos valores salariais corrigidos na forma do artigo anterior.

Art. 4º A contagem de tempo para fins de correção salarial será feita a partir da data-base da categoria profissional.

§ 1º Entende-se por data-base, para fins desta Lei a data de início de vigência de acordo ou convenção coletiva, ou sentença normativa.

§ 2º Os empregados que não estejam incluídos numa das hipóteses do parágrafo anterior terão como data-base a data do seu último aumento ou reajustamento de salário, ou na falta desta, a data de início de vigência de seu contrato de trabalho.

Art. 5º O salário do empregado admitido após a correção salarial da categoria será atualizado na subsequente revisão proporcionalmente ao número de meses a partir da admissão.

PARÁGRAFO ÚNICO. A regra do artigo não se aplica às empresas que adotem quadro de pessoal organizado em carreira e em que a correção incida sobre os respectivos níveis ou classes de salários.

Art. 6º A correção do valor monetário dos salários dos empregados, que trabalham em regime de horário parcial, será calculada proporcionalmente à correção de seu salário por hora de trabalho.

PARÁGRAFO ÚNICO. Para o cálculo da correção do salário por hora de trabalho, aplicar-se-á o disposto no artigo 2º desta Lei, substituindo-se o salário do trabalhador pelo seu salário por hora de trabalho e o salário mínimo pelo salário mínimo/hora.

Art. 7º A correção monetária a que se referem os arts. 1º e 2º desta Lei não se estende às remunerações variáveis, percebidas com base em comissões percentuais preajustadas, aplicando-se, porém, à parte fixa do salário misto percebido pelo empregado assim remunerado.

Art. 8º A correção dos valores monetários dos salários de trabalhadores avulsos, negociados para grupos de trabalhadores, diretamente, pelas suas Entidades Sindicais, será procedida de acordo com o disposto no art. 2º desta Lei.

PARÁGRAFO ÚNICO. No caso de trabalhadores avulsos, cuja remuneração seja disciplinada pelo Conselho Nacional de Política Salarial, a data-base será a de sua última revisão salarial.

Art. 9º O empregado dispensado, sem justa causa, no período de 30 (trinta) dias que antecede a data de sua correção salarial, terá direito à indenização adicional equivalente a um salário mensal, seja ele, ou não, optante pelo Fundo de Garantia do Tempo de Serviço.(*)

Art. 10. Ficam mantidas as datas-base das categorias profissionais para efeito de negociações coletivas com finalidade de obtenção de aumentos de salários e do estabelecimento de cláusulas que regulem condições especiais de trabalho.

PARÁGRAFO ÚNICO. Os aumentos coletivos de salários serão ajustados por um ano, não podendo ocorrer revisão, a esse título, antes de vencido aquele prazo.

Art. 11. Além da correção prevista no artigo 2º, poderá ser estipulado por convenção, acordo coletivo ou sentença normativa, um acréscimo com fundamento no aumento da produtividade da categoria, tendo por limite a variação do produto real *per capita*, ocorrido no ano anterior e fixado por ato do Poder Executivo. *(Redação dada pelo Decreto-Lei n. 2.045, de 13.7.1983, DOU 14.7.1983) (Rejeitado pela Resolução/CN n. 1, de 1983)*

§ 1º Poderão ser estabelecidos percentuais diferentes para os empregados, segundo os níveis de remuneração.

§ 2º A convenção coletiva poderá fixar níveis diversos para o aumento dos salários, em empresas de diferentes portes, sempre que razões de caráter econômico justifiquem essa diversificação ou excluir as empresas que comprovarem sua incapacidade econômica para suportar esse aumento.

§ 3º Será facultado à empresa não excluída do campo de incidência do aumento determinado na forma deste artigo comprovar, na ação de cumprimento, sua incapacidade econômica, para efeito de sua exclusão ou colocação em nível compatível com suas possibilidades.

§ 4º As empresas empregadoras não poderão repassar, para os preços dos produtos ou serviços, o aumento de custo decorrente do aumento de salários a que se refere o *caput* deste artigo, salvo por resolução do Conselho Interministerial de Preços (CIP).

....

(*) A jurisprudência consolidou o entendimento da vigência do art. 9º desta Lei. Ver Súmula TST n. 306, Revista LTr 56-11/1316.

Legislação Complementar

Art. 13. Os adiantamentos ou abonos concedidos pelo empregador, antes ou após a vigência desta Lei, serão deduzidos da correção salarial.

....

Art. 15. Os empregados que integram categorias profissionais cujas datas-base estejam compreendidas nos meses de novembro de 1978 a abril de 1979 terão seus salários corrigidos na data de início de vigência desta Lei, no percentual de 22% (vinte e dois por cento) sobre o salário vigente na data-base, compensados os aumentos concedidos na forma do artigo 13 desta Lei.

§ 1º Os salários resultantes da correção a que se refere o *caput* deste artigo servirão como base para a nova correção a ser procedida na data-base.

§ 2º Os empregados cuja data-base ocorreu no último mês de maio anterior a esta Lei terão seus salários corrigidos no mês de novembro de 1979, por percentual equivalente à variação do Índice Nacional de Preços ao Consumidor, relativo ao semestre anterior ao mês de outubro.

§ 3º A correção inicial dos salários dos empregados a que se refere o § 2º do art. 4º desta Lei não poderá incidir sobre período superior a 6 (seis) meses, ainda que sua data-base ocorra antes de maio de 1979.

Art. 16. Os empregados integrados em categorias profissionais cuja data-base ocorra no mês de novembro terão, após corridos na forma do artigo anterior, os salários novamente corrigidos, no percentual equivalente ao da variação do Índice relativo ao semestre anterior ao mês de outubro de 1979, e que será publicado até o final do mês de novembro do mesmo ano.

Art. 17. O Poder Executivo poderá estabelecer, a partir de 1º de janeiro de 1981, periodicidade diversa da prevista no artigo 1º desta Lei.

Art. 18. O Poder Executivo, observada a legislação pertinente, ajustará a política do salário mínimo aos objetivos desta Lei.

Art. 19. A partir de 1º de maio de 1980, dar-se-á gradativa redução das regiões em que se subdivide o território nacional, a fim de que seja alcançada (VETADO) a unificação do salário mínimo no País.

Art. 20. As disposições da presente Lei não se aplicam aos servidores da União, dos Territórios, dos Estados e dos Municípios e de suas autarquias submetidas ao regime da Consolidação das Leis do Trabalho.

Art. 21. Fica revogada a Lei n. 6.147, de 29 de novembro de 1974, e demais disposições em contrário.

Art. 22. Esta Lei entrará em vigor no dia 1º de novembro de 1979, independentemente de sua regulamentação pelo Poder Executivo, no prazo de 90 (noventa) dias, a contar de sua publicação.

Brasília, em 30 de outubro de 1979, 158º da Independência e 91º da República.

João Baptista Figueiredo
Murillo Macêdo

LEI N. 7.238, DE 29 DE OUTUBRO DE 1984

(DOU 31.10.84 — LTr 48-11/1389)(*)

DISPÕE SOBRE A MANUTENÇÃO DA CORREÇÃO AUTOMÁTICA DOS SALÁRIOS, DE ACORDO COM O ÍNDICE NACIONAL DE PREÇOS AO CONSUMIDOR — INPC E REVOGA DISPOSITIVOS DO DECRETO-LEI N. 2.065, DE 26 DE OUTUBRO DE 1983

O PRESIDENTE DA REPÚBLICA,

Faço saber que o Congresso Nacional decreta e eu sanciono a seguinte Lei:

Art. 1º O valor monetário dos salários será corrigido semestralmente, de acordo com Índice Nacional de Preços ao Consumidor — INPC, variando o fator de aplicação na forma desta Lei.

Art. 2º A correção efetuar-se-á segundo a diversidade das faixas salariais e cumulativamente, observados os seguintes critérios:

I — até 3 (três) vezes o valor do salário mínimo, multiplicando-se o salário ajustado por um fator correspondente a 1.0 (uma unidade) da variação semestral do Índice Nacional de Preços ao Consumidor — INPC;

II — acima de 3 (três) salários mínimos aplicar-se-á, até o limite do inciso anterior, a regra nele contida e, no que exceder, o fator 0.8 (oito décimos).

§ 1º Para os fins deste artigo, o Poder Executivo publicará, mensalmente, a variação do Índice Nacional de Preços ao Consumidor — INPC, ocorrida nos seis meses anteriores.

§ 2º O Poder Executivo colocará à disposição da Justiça do Trabalho e das entidades sindicais, os elementos básicos utilizados para a fixação do Índice Nacional de Preços ao Consumidor — INPC.

Art. 3º A correção de valores monetários dos salários, na forma do artigo anterior, independerá de negociação coletiva e poderá ser reclamada, individualmente, pelos empregados.

§ 1º Para a correção a ser feita no mês, será utilizada a variação a que se refere o § 1º do art. 2º desta Lei, publicada no mês anterior.

§ 2º Será facultado aos sindicatos, independente da outorga de poderes dos integrantes da respectiva categoria profissional, apresentar reclamação na qualidade de substituto processual de seus associados, com o objetivo de assegurar a percepção dos valores salariais corrigidos na forma do artigo anterior.

Art. 4º A contagem de tempo para fins de correção salarial será feita a partir da data-base da categoria profissional.

§ 1º Entende-se por data-base, para fins desta Lei, a data de início de vigência de acordo ou convenção coletiva, ou sentença normativa.

§ 2º Os empregados que não estejam incluídos numa das hipóteses do parágrafo anterior terão como data-base a data do seu último aumento ou reajustamento de salário, ou, na falta desta, a data de início de vigência de seu contrato de trabalho.

Art. 5º O salário do empregado admitido após a correção salarial da categoria será atualizado na subsequente revisão, proporcionalmente ao número de meses a partir da admissão.

PARÁGRAFO ÚNICO. A regra deste artigo não se aplica às empresas que adotem quadro de pessoal organizado em carreira, no qual a correção incida sobre os respectivos níveis ou classes de salários.

Art. 6º A correção do valor monetário dos salários dos empregados que trabalham em regime de horário parcial, será calculada proporcionalmente à correção de seu salário por hora de trabalho.

§ 1º Para o cálculo da correção do salário por hora de trabalho, aplicar-se-á o disposto no art. 2º desta Lei, substituindo-se o salário do trabalhador pelo seu salário por hora de trabalho e o salário mínimo pelo salário mínimo-hora.

§ 2º (Vetado).

Art. 7º A correção monetária a que se referem os arts. 1º e 2º desta Lei não se estende às remunerações variáveis, percebidas com base em comissões percentuais pré-ajustadas, aplicando-se, porém, à parte fixa do salário misto percebido pelo empregado assim remunerado.

Art. 8º A correção dos valores monetários dos salários de trabalhadores avulsos, negociados para grupos de trabalhadores, diretamente, pelas suas entidades sindicais, será efetuada de acordo com o disposto no art. 2º desta Lei.

PARÁGRAFO ÚNICO. No caso de trabalhadores avulsos, cuja remuneração seja disciplinada pelo Conselho Nacional de Política Salarial — CNPS, a data-base será a de sua última revisão salarial.

Art. 9º O empregado dispensado, sem justa causa, no período de 30 (trinta) dias que antecede a data de sua correção salarial, terá direito à indenização adicional equivalente a um salário mensal, seja ele optante ou não pelo Fundo de Garantia do Tempo de Serviço — FGTS.

Art. 10. Ficam mantidas as datas-base das categorias profissionais, para efeito de negociações coletivas com finalidade de obtenção de aumentos de salários e de estabelecimento de cláusulas que regulem condições especiais de trabalho.

PARÁGRAFO ÚNICO. Os aumentos coletivos de salários serão reajustados por um ano, não podendo ocorrer revisão a esse título, antes de vencido aquele prazo.

Art. 11. Mediante convenção, acordo coletivo ou sentença normativa, fica ainda facultado complementar a correção de salário a que se refere o inciso II do art. 2º desta Lei até o limite de 100% (cem por cento).

§ 1º Poderão ser estabelecidos percentuais diferentes para os empregados, segundo os níveis de remuneração.

§ 2º A convenção coletiva poderá fixar níveis diversos para a correção e o aumento dos salários, em empresas de diferentes portes, sempre que razões de caráter econômico justificarem essa diversificação, ou excluir as empresas que comprovarem sua incapacidade econômica para suportar esse aumento.

§ 3º Será facultado à empresa não excluída do campo de incidência do aumento determinado na forma deste artigo, comprovar, na ação de cumprimento, sua incapacidade econômica, para efeito de sua exclusão ou colocação em nível compatível com suas possibilidades.

Art. 12. Parcela suplementar poderá ser negociada entre empregados e empregadores, por ocasião da data-base, com fundamento no acréscimo de produtividade da categoria, parcela essa que terá por limite superior, fixado pelo Poder Executivo, a variação do Produto Interno Bruto — PIB, real *per capita*.

Art. 13. As empresas não poderão repassar para os preços de seus produtos ou serviços a parcela suplementar de aumento salarial de que trata o artigo anterior, sob pena de:

I — suspensão temporária de concessão de empréstimo e financiamentos por instituições financeiras oficiais;

II — revisão de concessão de incentivos fiscais e de tratamentos tributários especiais.

Art. 14. Garantida a correção automática prevista no art. 2º , desta Lei, as empresas públicas, as sociedades de economia mista, as fundações instituídas ou mantidas pelo Poder Público, as entidades governamentais cujo regime de remuneração do pessoal não obedeça integralmente ao disposto na Lei n. 5.645, de 10 de dezembro de 1970, e legislação complementar, as empresas privadas subvencionadas pelo Poder Público, as concessionárias de serviços públicos federais e demais empresas sob controle direto ou indireto do Poder Público somente poderão celebrar contratos coletivos de trabalho, de natureza econômica, ou conceder aumentos coletivos de salários, nos termos das Resoluções do Conselho Nacional de Política Salarial — CNPS.

§ 1º As disposições deste artigo aplicam-se aos trabalhadores avulsos, cuja remuneração seja disciplinada pelo Conselho Nacional de Política Salarial.

§ 2º Quando se tratar de trabalhadores avulsos da orla marítima subordinados à Superintendência Nacional da Marinha Mercante — SUNAMAN, compete a esta rever os salários, inclusive taxas de produção.

§ 3º A inobservância das disposições deste artigo, por parte de dirigentes de entidades sujeitas à jurisdição do Tribunal de Contas da União, poderá, a critério da referida Corte, ser considerada ato irregular de gestão e acarretar, para os infratores, inabilitação temporária para o exercício de cargo em comissão ou função de confiança nos órgãos ou entidades da administração direta ou indireta e nas fundações sob supervisão ministerial.

§ 4º Na hipótese de dissídio coletivo que envolva entidade referida no *caput* deste artigo, quando couber e sob pena de inépcia, a petição inicial será acompanhada de parecer do Conselho Nacional de Política Salarial — CNPS, relativo à possibilidade, ou não, de acolhimento, sob aspectos econômico e financeiro da proposta de acordo.

§ 5º O parecer a que se refere o parágrafo anterior deverá ser substituído pela prova documental de que, tendo sido solicitado há mais de 30 (trinta) dias, não foi proferido pelo Conselho Nacional de Política Salarial — CNPS.

Art. 15. Às categorias cuja data-base tenha ocorrido nos últimos três meses anteriores à vigência desta Lei, será facultada a negociação de que trata o art. 11 quando da próxima correção automática semestral de salários, para viger no semestre subsequente.

Art. 16. Esta Lei entra em vigor na data de sua publicação.

Art. 17. Revogam-se as disposições em contrário, em especial os arts. 24 a 42 do Decreto-lei n. 2.065, de 26 de outubro de 1983.

Brasília em 29 de outubro de 1984; 163º da Independência e 96º da República.

João Figueiredo, Esther de Figueiredo Ferraz, Murillo Macêdo, Delfim Netto.

LEI N. 8.177, DE 1º DE MARÇO DE 1991

(DOU 4.3.91 — LTr 55-03/371)

ESTABELECE REGRAS PARA A DESINDEXAÇÃO DA ECONOMIA E DÁ OUTRAS PROVIDÊNCIAS

(Taxa Referencial Diária — Depósito Recursal)

O PRESIDENTE DA REPÚBLICA,

Faço saber que o Congresso Nacional decreta e eu sanciono a seguinte Lei:

Art. 1º O Banco Central do Brasil divulgará Taxa Referencial — TR, calculada a partir da remuneração mensal média líquida de impostos, dos depósitos a prazo fixo captados nos bancos comerciais, bancos de investimentos, bancos múltiplos com carteira comercial ou de investimentos, caixas econômicas, ou dos títulos públicos federais, estaduais e municipais, de acordo com metodologia a ser aprovada pelo Conselho Monetário Nacional, no prazo de sessenta dias, e enviada ao conhecimento do Senado Federal.

§ 1º A TR será mensalmente divulgada pelo Banco Central do Brasil, no máximo até o oitavo dia útil do mês de referência. *(Revogado pela Lei n. 8.660, de 28.5.93).*

§ 2º As instituições que venham a ser utilizadas como bancos de referência, dentre elas, necessariamente, as dez maiores do País, classificadas pelo volume de depósitos a prazo fixo, estão obrigadas a fornecer as informações de que trata este artigo, segundo normas estabelecidas pelo Conselho Monetário Nacional, sujeitando-se a instituição e seus administradores, no caso de infração às referidas normas, às penas estabelecidas no artigo 44 da Lei n. 4.595, de 31 de dezembro de 1964.

§ 3º Enquanto não aprovada a metodologia de cálculo de que trata este artigo, o Banco Central do Brasil fixará a TR.

Art. 2º O Banco Central do Brasil divulgará, para cada dia útil, a Taxa Referencial Diária TRD, correspondendo seu valor diário à distribuição *pro rata die* da TR fixada para o mês corrente.

§ 1º Enquanto não divulgada a TR relativa ao mês corrente, o valor da TRD será fixado pelo Banco Central do Brasil com base em estimativa daquela taxa.

§ 2º Divulgada a TR, a fixação da TRD nos dias úteis restantes do mês deve ser realizada de forma tal que a TRD acumulada entre o 1º dia útil do mês e o 1º dia útil do mês subsequente seja igual à TR do mês corrente.

Art. 3º Ficam extintos a partir de 1º de fevereiro de 1991:

I — o BTN fiscal instituído pela Lei n. 7.799, de 10 de julho de 1989;

II — o Bônus do Tesouro Nacional (BTN) de que trata o art. 5º da Lei n. 7.777, de 19 de junho de 1989, assegurada a liquidação dos títulos em circulação, nos seus respectivos vencimentos;

III — o Maior Valor de Referência (MVR) e as demais unidades de conta assemelhadas que são atualizadas, direta ou indiretamente, por índice de preços.

PARÁGRAFO ÚNICO. O valor do BTN e do BTN Fiscal destinado à conversão para cruzeiros dos contratos existentes na data de publicação da Medida Provisória que deu origem a esta Lei, assim como para efeitos fiscais, é de Cr$ 126,8621.

Art. 4º A partir da vigência da Medida Provisória que deu origem a esta Lei, a Fundação Instituto Brasileiro de Geografia e Estatística deixará de calcular o Índice de Reajustes de Valores Fiscais (IRVF) e o Índice da Cesta Básica (ICB), mantido o cálculo do Índice Nacional de Preços ao Consumidor (INPC).

....

Art. 9º A partir de fevereiro de 1991, incidirão juros de mora equivalentes à TRD sobre os débitos de qualquer natureza para com a Fazenda Nacional, com a Seguridade Social, com o Fundo de Participação PIS/PASEP, com o Fundo de Garantia do Tempo de Serviço — FGTS, e sobre os passivos de empresas concordatárias, em falência, e de instituições em regime de liquidação extrajudicial, intervenção e administração especial temporária. *(Redação dada pela Lei n. 8.218, de 29.8.91, DOU 30.8.91)*

....

Art. 12. Em cada período de rendimento, os depósitos de poupança serão remunerados:

I — como remuneração básica, por taxa correspondente à acumulação das TRD, no período transcorrido entre o dia do último crédito de rendimento, inclusive, e o dia do crédito de rendimento, exclusive;

II — como remuneração adicional, por juros de:

a) 0,5% (cinco décimos por cento) ao mês, enquanto a meta da taxa Selic ao ano, definida pelo Banco Central do Brasil, for superior a 8,5% (oito inteiros e cinco décimos por cento); ou

b) 70% (setenta por cento) da meta da taxa Selic ao ano, definida pelo Banco Central do Brasil, mensalizada, vigente na data de início do período de rendimento, nos demais casos. *(Inciso II com a redação dada pela Lei n. 12.703, de 7.8.12, DOU 8.8.12)*

§ 1º A remuneração será calculada sobre o menor saldo apresentado em cada período de rendimento.

§ 2º Para os efeitos do disposto neste artigo, considera-se período de rendimento:

I — para os depósitos de pessoas físicas e entidades sem fins lucrativos, o mês corrido, a partir da data de aniversário da conta de depósito de poupança;

II — para os demais depósitos, o trimestre corrido a partir da data de aniversário da conta de depósito de poupança.

§ 3º A data de aniversário da conta de depósito de poupança será o dia do mês de sua abertura, considerando-se a data de aniversário das contas abertas nos dias 29, 30 e 31 como o dia 1º do mês seguinte.

§ 4º O crédito dos rendimentos será efetuado:

I — mensalmente, na data de aniversário da conta, para os depósitos de pessoa física e de entidades sem fins lucrativos; e

II — trimestralmente, na data de aniversário no último mês do trimestre, para os demais depósitos.

§ 5º O Banco Central do Brasil divulgará as taxas resultantes da aplicação do contido nas alíneas *a* e *b* do inciso II do caput deste artigo. (NR) *(Redação dada pela 12.703, de 7.8.12, DOU 8.8.12)*

....

Art. 17. A partir de fevereiro de 1991, os saldos das contas do Fundo de Garantia do Tempo de Serviço (FGTS) passam a ser remunerados pela taxa aplicável à remuneração básica dos depósitos de poupança, com data de aniversário no dia 1º , observada a periodicidade mensal para remuneração.

PARÁGRAFO ÚNICO. As taxas de juros previstas na legislação em vigor do FGTS são mantidas e consideradas como adicionais à remuneração prevista neste artigo.

....

Art. 25. (Revogado pela Lei n. 9.365, de 16.12.96, DOU 18.12.96).

....

Art. 38. Os saldos das contas do Fundo de Participação PIS/PASEP e as obrigações emitidas pelo Fundo Nacional de Desenvolvimento — FND serão reajustados pela TR nas épocas estabelecidas na legislação pertinente.

Art. 39. Os débitos trabalhistas de qualquer natureza, quando não satisfeitos pelo empregador nas épocas próprias assim definidas em lei, acordo ou convenção coletiva, sentença normativa ou cláusula contratual sofrerão juros de mora equivalentes à TRD acumulada no período compreendido entre a data de vencimento da obrigação e o seu efetivo pagamento.

§ 1º Aos débitos trabalhistas constantes de condenação pela Justiça do Trabalho ou decorrentes dos acordos feitos em reclamatória trabalhista, quando não cumpridos nas condições homologadas ou constantes do termo de conciliação, serão acrescidos, nos juros de mora previstos no *caput*, juros de um por cento ao mês, contados do ajuizamento da reclamatória e aplicados *pro rata die*, ainda que não explicitados na sentença ou no termo de conciliação.

§ 2º Na hipótese de a data de vencimento das obrigações de que trata este artigo ser anterior a 1º de fevereiro de 1991, os juros de mora serão calculados pela composição entre a variação acumulada do BTN Fiscal no período compreendido entre a data de vencimento da obrigação e 31 janeiro de 1991, e a TRD acumulada entre 1º de fevereiro de 1991 e seu efetivo pagamento.

Art. 40. O depósito recursal de que trata o art. 889 da Consolidação das Leis do Trabalho fica limitado a Cr$ 20.000.000,00 (vinte milhões de cruzeiros), nos casos de interposição de recurso ordinário, e de Cr$ 40.000.000,00 (quarenta milhões de cruzeiros), em se tratando de recurso de revista, embargos infringentes e recursos extraordinários, sendo devida a cada novo recurso interposto no decorrer do processo.

§ 1º Em se tratando de condenação imposta em ação rescisória, o depósito recursal terá, como limite máximo, qualquer que seja o recurso, o valor de Cr$ 40.000.000,00 (quarenta milhões de cruzeiros).

§ 2º A exigência de depósito aplica-se, igualmente aos embargos, à execução e a qualquer recurso subsequente do devedor.

§ 3º O valor do recurso ordinário, quando interposto em dissídio coletivo, será equivalente ao quádruplo do previsto no *caput* deste artigo.

§ 4º Os valores previstos neste artigo serão reajustados bimestralmente pela variação acumulada do INPC do IBGE dos dois meses imediatamente anteriores. *(Redação do art. 40, §§ dada pela Lei n. 8.542, de 23.12.92, DOU 24.12.92, LTr 57-01/118).*

Art. 41. (Revogado pela Lei n. 9.126, de 10.11.95, DOU 13.11.95).

Art. 42. O Poder Executivo enviará ao Congresso Nacional, até 31 de março de 1991, projeto de lei dispondo sobre a atualização das demonstrações financeiras das pessoas jurídicas de que trata a Lei n. 7.799, de 10 de julho de 1989, em virtude da extinção do BTN e do BTN Fiscal.

Art. 43. Esta Lei entra em vigor na data de sua publicação.

Art. 44. Revogam-se o Decreto-lei n. 75, de 21 de novembro de 1966, e demais disposições em contrário.

Brasília, em 1 de março de 1991; 170º da Independência e 103º da República.

Fernando Collor

Zélia M. Cardoso de Mello

LEI N. 8.178, DE 1º DE MARÇO DE 1991

(DOU 4.3.91, retif. 20.3.91 — LTr 55-03/376)

ESTABELECE REGRAS SOBRE PREÇOS E SALÁRIOS E DÁ OUTRAS PROVIDÊNCIAS

O PRESIDENTE DA REPÚBLICA,

Faço saber que o Congresso Nacional decreta e eu sanciono a seguinte Lei:

Art. 1º Os preços de bens e serviços efetivamente praticados em 30 de janeiro de 1991 somente poderão ser majorados mediante prévia e expressa autorização do Ministério da Economia, Fazenda e Planejamento.

....

....

Art. 6º No mês de fevereiro de 1991, os salários serão reajustados e terão seus valores determinados de acordo com o disposto neste artigo.

§ 1º Os salários de fevereiro de 1991, exceto os vencimentos, soldos e demais remunerações e vantagens pecuniárias de servidores públicos civis e militares da Administração Pública Federal direta, autárquica e fundacional, e as rendas mensais de benefícios pagos pela Previdência Social ou pelo Tesouro Nacional, respeitado o princípio da irredutibilidade salarial, serão calculados na forma deste artigo, ficando, com esse reajustamento e com os decorrentes dos atos a que se refere o artigo 25 desta Lei, atualizados até 1º de março de 1991:

a) multiplicando-se o valor do salário recebido nos últimos doze meses pelo índice de remuneração, constante do Anexo desta Lei, correspondente ao dia do efetivo pagamento;

b) somando-se os valores obtidos na forma da alínea anterior e dividindo-se o resultado por doze.

§ 2º Nos casos em que o efetivo pagamento do salário tiver ocorrido após o quinto dia útil do mês subsequente ao da competência do salário, considerar-se-á esta data para efeito do disposto neste artigo.

§ 3º Na hipótese de adiantamento de salário, no todo ou em parte, far-se-á a multiplicação de que trata a alínea *a* do § 1º, utilizando-se o valor do índice de remuneração correspondente ao dia do efetivo pagamento de cada parcela adiantada.

§ 4º Sem prejuízo do direito do empregado à respectiva percepção, não serão computados, no cálculo do salário de fevereiro de 1991:

a) o décimo terceiro salário ou gratificação equivalente;

b) as parcelas de natureza não habitual;

c) o abono de férias;

d) as parcelas percentuais incidentes sobre o salário.

§ 5º As parcelas percentuais referidas na alínea *d* do parágrafo anterior serão aplicadas após o cálculo do valor do salário de fevereiro de 1991, na forma do § 1º deste artigo.

Art. 7º Os vencimentos, soldos e demais remunerações e vantagens pecuniárias de servidores públicos civis e militares da Administração Pública Federal, direta, autárquica e fundacional, bem como as rendas mensais de benefícios pagos pelo Tesouro Nacional, serão reajustados em nove vírgula trinta e seis por cento no mês de fevereiro de 1991.

Art. 8º Respeitado o princípio da irredutibilidade salarial, o empregador poderá efetuar, em fevereiro de 1991, ajustes nos salários de seus empregados, de modo a preservar a organização do pessoal em quadro de carreira.

Art. 9º A Política Salarial, no período de 1º de março de 1991 a 31 de agosto de 1991, compreenderá exclusivamente a concessão dos seguintes abonos, os quais não serão extensivos aos vencimentos, soldos e demais remunerações e vantagens pecuniárias de servidores públicos civis e militares da Administração Pública Federal, direta, autárquica e fundacional, e às rendas de benefícios pagos pela Previdência Social ou pelo Tesouro Nacional, ressalvado o disposto no § 6º deste artigo:

I — no mês de abril de 1991, Cr$ 3.000,00 (três mil cruzeiros);

II — nos meses de maio, junho e julho de 1991, a variação, em cruzeiros, do custo da cesta básica entre os meses de março e maio de 1991, acrescida de Cr$ 3.000,00 (três mil cruzeiros);

III — no mês de agosto de 1991, a variação, em cruzeiros, do custo da cesta básica entre os meses de março e agosto de 1991, acrescida de Cr$ 3.000,00 (três mil cruzeiros).

§ 1º Da aplicação do disposto neste artigo, da parcela do salário de março de 1991 que não exceder a Cr$ 170.000,00 (cento e setenta mil cruzeiros), não poderá resultar abono inferior aos seguintes percentuais:

a) dez por cento não cumulativos, em maio, junho e julho; e

b) vinte e um por cento em agosto.

§ 2º O valor da cesta básica, a que se referem os incisos II e III deste artigo, será de Cr$ 29.600,00 (vinte e nove mil e seiscentos cruzeiros), e a metodologia de aferição da variação de seu custo será definida pelo Ministério da Economia, Fazenda e Planejamento, que considerará a superveniência de variações na oferta de produtos em geral.

§ 3º O Ministério da Economia, Fazenda e Planejamento dará, previamente, conhecimento da metodologia de cálculo de aferição da variação do custo da cesta básica às entidades sindicais e ao Congresso Nacional.

§ 4º Os abonos de que trata este artigo poderão ser pagos até o dia 15 do mês subsequente ao mês em que eles são devidos.

§ 5º Os abonos-horas serão iguais ao quociente dos valores dos abonos mensais de que trata este artigo por duzentos e vinte, e os abonos diários, por trinta.

§ 6º No caso dos aposentados e pensionistas da Previdência Social, são assegurados os seguintes abonos:

a) nos meses de maio, junho e julho de 1991, para os benefícios não inferiores a Cr$ 17.000,00 (dezessete mil cruzeiros), o valor obtido pela aplicação do percentual da variação do índice do custo da cesta básica entre os meses de março e maio de 1991, sobre o valor do benefício em março de 1991; e para os benefícios inferiores a Cr$ 17.000,00 (dezessete mil cruzeiros), a variação, em cruzeiros, do custo da cesta básica entre os meses de março e maio de 1991, não podendo a soma do benefício e do abono ultrapassar o valor correspondente à soma do benefício de Cr$ 17.000,00 (dezessete mil cruzeiros) e do abono referente a esse benefício.

b) no mês de agosto de 1991, para os benefícios não inferiores a Cr$ 17.000,00 (dezessete mil cruzeiros), o valor obtido pela aplicação do percentual da variação do índice do custo da cesta básica entre os meses de março e agosto de 1991, sobre o valor do benefício em março de 1991; e para os benefícios inferiores a Cr$ 17.000,00 (dezessete mil cruzeiros), a variação, em cruzeiros, do custo da cesta básica, entre os meses de março e agosto de 1991, não podendo a soma do benefício e do abono ultrapassar o valor correspondente à soma do benefício de Cr$ 17.000,00 (dezessete mil cruzeiros), e do abono referente a esse benefício.

§ 7º Os abonos referidos neste artigo não serão incorporados, a qualquer título, aos salários, nem às rendas mensais de benefícios da Previdência Social, nem estarão sujeitos a quaisquer incidências de caráter tributário ou previdenciário.

Art. 10. (Revogado pela Lei n. 11.321, de 7.7.06, DOU 10.7.06)

Art. 11. É devido aos trabalhadores, no mês de agosto de 1990, um abono no valor de Cr$ 3.000,00 (três mil cruzeiros), desde que o valor do salário referente ao mês de agosto de 1990, somado ao valor do abono concedido, não ultrapasse a Cr$ 26.017,30 (vinte e seis mil, dezessete cruzeiros e trinta centavos).

§ 1º Se a soma referida neste artigo ultrapassar a Cr$ 26.017,30 (vinte e seis mil, dezessete cruzeiros e trinta centavos), o abono será reduzido de forma a garantir a condição estabelecida.

§ 2º Ao abono a que se refere este artigo aplica-se o disposto no § 7º do art. 9º.

§ 3º O abono de que trata este artigo não se aplica aos trabalhadores que o tenham recebido de acordo com o disposto no artigo 9º da Medida Provisória n. 199, de 26 de julho de 1990.

Art. 12. É devido aos trabalhadores, no mês de janeiro de 1991, um abono que será calculado nos seguintes termos:

I — excepcionalmente, no mês de janeiro de 1991, nenhum empregado receberá, entre remuneração e abono, uma quantia inferior a Cr$ 12.500,00 (doze mil e quinhentos cruzeiros);

II — deverá ser calculado para cada empregado e será o resultado da soma das seguintes parcelas:

a) cinco por cento da parcela da remuneração que exceder a Cr$ 60.000,00 (sessenta mil cruzeiros);

b) sete por cento da parcela da remuneração que exceder a Cr$ 36.000,00 (trinta e seis mil cruzeiros) e não exceda a Cr$ 60.000,00 (sessenta mil cruzeiros);

c) nove por cento da parcela da remuneração que exceder a Cr$ 12.000,00 (doze mil cruzeiros) e não exceda a Cr$ 36.000,00 (trinta e seis mil cruzeiros);

d) doze por cento da parcela da remuneração que não exceder a Cr$ 12.000,00 (doze mil cruzeiros);

III — a soma da remuneração e o abono não poderão exceder o valor equivalente a Cr$ 120.000,00 (cento e vinte mil cruzeiros);

IV — será pago, no máximo até o quinto dia útil do mês subseqüente ao da publicação desta Lei;

V — não será incorporado aos salários, a qualquer título;

VI — não estará sujeito a quaisquer incidências de caráter tributário ou previdenciário;

VII — não se aplica aos trabalhadores que o tenham recebido de acordo com o disposto no art. 10 da Medida Provisória n. 292, de 3 de janeiro de 1991.

....

....

Art. 18. O Índice de Salários Nominais Médios deverá ser calculado pela Fundação Instituto Brasileiro de Geografia e Estatística, com metodologia amplamente divulgada.

Art. 19. O disposto nesta Lei não se aplica:

I — à exceção do estipulado nos arts. 7º e 11, aos vencimentos, soldos e demais remunerações e vantagens pecuniárias de servidores públicos civis e militares da Administração Pública Federal, direta, autárquica e fundacional, e às rendas mensais de benefícios pagos pelo Tesouro Nacional; e

II — à exceção do estipulado nos arts. 9º, § 6º, e 11, às rendas mensais de benefícios pagos pela Previdência Social.

Art. 20. A inobservância dos preceitos contidos nesta Lei sujeitará o infrator à aplicação das sanções previstas na legislação relativa à defesa econômica, no que couber, em particular na Lei Delegada n. 4, de 26 de setembro de 1962, na Lei n. 8.137, de 27 de dezembro de 1990 e na Lei n. 8.158, de 8 de janeiro de 1991, sem prejuízo das demais cominações legais.

Art. 21. Os valores constantes na legislação em vigor expressos ou referenciados:

I — ao BTN ou BTN Fiscal, são convertidos pelo valor de Cr$ 126,8621;

II — ao MVR, são convertidos pelos valores fixados na tabela abaixo:

Valores (Cr$)	Regiões e Sub-Regiões (Tais como definidas pelo Decreto n. 75.679, de 29 de abril de 1975)
1.599,75	4ª, 5ª, 6ª, 7ª, 8ª, 9ª — 2ª sub-região, 10ª, 11ª, 12ª — 2ª sub-região
1.772,35	1ª, 2ª, 3ª, 9ª — 1ª sub-região, 12ª — 1ª sub-região, 20ª e 21ª
1.930,76	14ª, 17ª — 2ª sub-região, 18ª — 2ª sub-região
2.107,02	17ª — 1ª sub-região, 18ª — 1ª sub-região, 19ª
2.266,17	13ª, 15ª, 16ª, 22ª

III — aos índices de que trata o artigo 4º da Lei n. 8.177, de 1º de março de 1991, são atualizados, de acordo com a variação correspondente ao mês de janeiro de 1991.

Art. 22. Nas operações realizadas no mercado de capitais é admitida a utilização da TR e da TRD como base para a remuneração dos respectivos contratos somente quando não tenham prazo ou período de repactuação inferior a noventa dias.

Art. 23. Serão constituídas, no prazo de trinta dias, câmaras setoriais destinadas a analisar a estrutura de custos e preços em setores e cadeias produtivas específicas para assessorar o Ministro da Economia, Fazenda e Planejamento no monitoramento da flexibilização de preços.

§ 1º As competências e a abrangência das câmaras setoriais serão definidas pelo Ministro da Economia, Fazenda e Planejamento.

§ 2º As Câmaras serão compostas por membros designados por portaria do Ministro da Economia, Fazenda e Planejamento, representantes:

a) do Ministério da Economia, Fazenda e Planejamento;

b) dos empregadores dos respectivos setores produtivos;

c) dos trabalhadores dos respectivos setores produtivos ou das entidades sindicais nacionais.

Art. 24. O Ministro da Economia, Fazenda e Planejamento expedirá as instruções necessárias à execução do disposto nesta Lei.

Art. 25. São convalidados os atos praticados com base nas Medidas Provisórias ns. 193, de 25 de junho de 1990; 199, de 26 de julho de 1990; 211, de 24 de agosto de 1990, alterada pela Medida Provisória n. 219, de 4 de setembro de 1990; 234, de 26 de setembro de 1990; 256, de 26 de outubro de 1990; 273, de 28 de novembro de 1990, e 292, de 3 de janeiro de 1991.

Art. 26. O Poder Executivo, para efeito do pagamento do seguro-desemprego, de que trata a Lei n. 7.998, de 11 de janeiro de 1990, fica autorizado a suspender, total ou parcialmente, por tempo determinado:

I — a exigência de comprovação de emprego, durante pelo menos quinze meses nos últimos vinte e quatro meses, prevista no inciso II do artigo 3º da Lei n. 7.998, de 1990;

II — o período de carência de que trata o artigo 4º daquela lei.

PARÁGRAFO ÚNICO. O disposto neste artigo aplica-se às demissões, sem justa causa, ocorridas ou que venham a ocorrer entre 15 de março de 1990 e 15 de setembro de 1991.

Art. 27. É acrescido o parágrafo único ao artigo 10 da Lei n. 8.177, de 1º de março de 1991, com a seguinte redação:

PARÁGRAFO ÚNICO. Quando o contrato for celebrado por prazo superior a noventa dias é admitida a utilização da TR ou da TRD para remuneração dos valores das obrigações dele decorrentes.

Art. 28. O Poder Executivo, dentro de sessenta dias, encaminhará ao Congresso Nacional projeto de lei dispondo sobre a proteção do valor real dos vencimentos, soldos e demais remunerações e vantagens pecuniárias dos servidores públicos civis e militares, da Administração Pública Federal, direta, autárquica e fundacional.

Art. 29. Esta Lei entra em vigor na data de sua publicação.

Art. 30. Revogam-se as disposições em contrário, especialmente a Lei n. 8.030, de 12 de abril de 1990.

Brasília, em 1 de março de 1991; 170º da Independência e 103º da República.

Fernando Collor — Zélia M. Cardoso de Mello

ANEXO À LEI N. 8.178, DE 1º DE MARÇO DE 1991

	1990											1991	
Dia	Fev.	Mar.	Abr.	Mai.	Jun.	Jul.	Ago.	Set.	Out.	Nov.	Dez.	Jan.	Fev.
1	10.1927	5.5299	3.8190	3.5404	3.2317	2.8629	2.5546	2.2656	1.9838	1.7164	1.4509	1.2100	1.0000
2	9.9725	5.4642	3.8094	3.5300	3.2187	2.8515	2.5448	2.2555	1.9746	1.7068	1.4424	1.2026	1.0000
3	9.7571	5.3994	3.7997	3.5196	3.2057	2.8411	2.5349	2.2456	1.9654	1.6973	1.4340	1.1952	1.0000
4	9.5463	5.3353	3.7902	3.5092	3.1927	2.8307	2.5251	2.2357	1.9562	1.6878	1.4256	1.1879	1.0000
5	9.3401	5.2720	3.7806	3.4989	3.1798	3.8203	2.5154	2.2258	1.9471	1.6784	1.4173	1.1806	1.0000
6	9.1383	5.2094	3.7711	3.4887	3.1669	2.8100	2.5056	2.2160	1.9381	1.6690	1.4090	1.1734	1.0000
7	8.9409	5.1475	3.7616	3.4784	3.1541	2.7997	2.4959	2.2062	1.9290	1.6597	1.4008	1.1662	1.0000
8	8.7477	5.0864	3.7521	3.4682	3.1414	2.7895	2.4863	2.1964	1.9200	1.6504	1.3926	1.1590	1.0000
9	8.5588	5.0261	3.7426	3.4580	3.1287	2.7793	2.4767	2.1867	1.9111	1.6412	1.3845	1.1519	1.0000
10	8.3739	4.9664	3.7332	3.4478	3.1160	2.7691	2.4671	2.1771	1.9022	1.6320	1.3764	1.1449	1.0000
11	8.1930	4.9074	3.7238	3.4377	3.1034	2.7590	2.4576	2.1675	1.8933	1.6229	1.3684	1.1378	1.0000
12	8.0160	4.8492	3.7144	3.4276	3.0909	2.7489	2.4481	2.1579	1.8845	1.6139	1.3604	1.1309	1.0000
13	7.8428	4.7916	3.7050	3.4175	3.0784	2.7388	2.4386	2.1484	1.8757	1.6048	1.3524	1.1239	1.0000
14	7.6734	4.7348	3.6956	3.4075	3.0660	2.7288	2.4292	2.1389	1.8670	1.5959	1.3445	1.1170	1.0000
15	7.5076	4.6785	3.6863	3.3975	3.0536	2.7188	2.4198	2.1294	1.8583	1.5870	1.3367	1.1102	1.0000
16	7.3454	4.6230	3.6770	3.3875	3.0412	2.7089	2.4104	2.1200	1.8496	1.5781	1.3289	1.1034	1.0000
17	7.1868	4.5681	3.6678	3.3776	3.0289	2.6990	2.4011	2.1107	1.8410	1.5693	1.3211	1.0966	1.0000
18	7.0315	4.5139	3.6585	3.3676	3.0167	2.6891	2.3918	2.1013	1.8324	1.5605	1.3134	1.0899	1.0000
19	6.8796	4.4603	3.6493	3.3577	3.0045	2.6793	2.3826	2.0921	1.8239	1.5518	1.3057	1.0832	1.0000
20	6.7310	4.4074	3.6401	3.3479	2.9924	2.6695	2.3734	2.0828	1.8154	1.5431	1.2981	1.0766	1.0000
21	6.5856	4.3551	3.6309	3.3380	2.9803	2.6597	2.3642	2.0736	1.8069	1.5345	1.2905	1.0700	1.0000
22	6.4433	4.3034	3.6217	3.3282	2.9682	2.6500	2.3550	2.0645	1.7985	1.5259	1.2830	1.0634	1.0000
23	6.3041	4.2523	3.6126	3.3184	2.9562	2.6403	2.3459	2.0554	1.7901	1.5174	1.2755	1.0569	1.0000
24	6.1679	4.2018	3.6035	3.3087	2.9443	2.6306	2.3369	2.0463	1.7818	1.5089	1.2680	1.0504	1.0000
25	6.0347	4.1519	3.5944	3.2990	2.9324	2.6210	2.3278	2.0372	1.7735	1.5005	1.2606	1.0440	1.0000
26	5.9043	4.1026	3.5853	3.2893	2.9205	2.6114	2.3188	2.0282	1.7652	1.4921	1.2533	1.0376	1.0000
27	5.7768	4.0539	3.5763	3.2796	2.9087	2.6019	2.3099	2.0193	1.7570	1.4838	1.2460	1.0312	1.0000
28	5.6520	4.0058	3.5673	3.2700	2.8969	2.5924	2.3009	2.0104	1.7488	1.4755	1.2387	1.0249	1.0000
29	—	3.9583	3.5583	3.2604	2.8852	2.5829	2.2920	2.0015	1.7406	1.4673	1.2314	1.0186	—
30	—	3.9113	3.5493	3.2508	2.8736	2.5734	2.2832	1.9926	1.7325	1.4591	1.2243	1.0124	—
31	—	3.8649	—	3.2412	—	2.5640	2.2743	—	1.7245	—	1.2171	1.0062	—

POLÍTICA SALARIAL, A PARTIR DO PLANO CRUZADO

Decreto-lei n. 2.283, de 27.2.1986 (DOU 28.2.86) — Dispõe sobre a instituição da nova unidade do sistema monetário brasileiro, do Seguro-Desemprego e dá outras providências (LTr 50-3/358).

Decreto-lei n. 2.284, de 10.3.1986 (DOU 11.3.86) (retificado no DOU 12 e 13.3.86) — Mantém a nova unidade do sistema monetário brasileiro, o seguro-desemprego, amplia e consolida as medidas de combate à inflação (LTr 50-3/365).

Decreto-lei n. 2.311, de 23.12.1986 (DOU 24.12.86) — Dá nova redação ao parágrafo único do art. 6º e ao art. 12 do Decreto-lei n. 2.284, de 10.3.86 e ao § 3º do art. 2º do Decreto-lei n. 2.290, de 21.11.86 (LTr 51-2/246).

Decreto-lei n. 3.335, de 12.6.1987 (republicado no DOU 16.6.87) — Dispõe sobre o congelamento de preços e aluguéis, reajustes mensais de salários e vencimentos, institui a Unidade de Referência de Preços (URP) e dá outras providências. Ver também o Decreto-lei n. 2.336, de 15.6.87 (DOU 16.6.87) que altera a redação de dispositivos do Decreto-lei n. 2.335 (LTr 51-7/869).

Decreto-lei n. 2.337, de 18.6.1987 (DOU 19.6.87) — Altera os artigos 13 e 14 do Decreto-lei n. 2.335, de 12 de junho de 1987, e dá outras providências (LTr 51-7/890).

Decreto-lei n. 2.338, de 19.6.1987 (DOU 22.6.87) — Dispõe sobre o pagamento da remuneração de que tratam os artigos 3º, 4º e 7º do Decreto-lei n. 1.871, de 30 de novembro de 1982, que estabelece limite de retribuição dos servidores da Administração direta e indireta da União, do Distrito Federal e dos Territórios Federais (LTr 51-7/889).

Decreto-lei n. 2.339, de 26.6.1987 (DOU 29.6.87) — Altera o Decreto-lei n. 2.335, de 12 de junho de 1987, e dá outras providências (LTr 51-8/1019).

Decreto-lei n. 2.342, de 10.7.1987 (DOU 13.7.87) — Altera os arts. 13 e 14 do Decreto-lei n. 2.335, de 12 de junho de 1987 (LTr 51-8/1020).

Decreto-lei n. 2.343, de 10.7.1987 (DOU 13.7.87) — Acrescenta parágrafo ao art. 8º do Decreto-lei n. 2.335, de 12 de junho de 1987 (LTr 51-8/1004).

Decreto-lei n. 2.345, de 23.7.1987 (DOU 24.7.87) — Dá nova redação ao *caput* do art. 1º da Lei n. 6.782, de 19 de maio de 1980 (LTr 51-8/1030).

Decreto-lei n. 2.351, de 7.8.1987 (DOU 10.8.87) — Institui o Piso Nacional de Salários e o Salário Mínimo de Referência, e dá outras providências (LTr 51-9/1150).

Decreto-lei n. 2.352, de 7.8.1987 (DOU 10.8.87) — Concede abono salarial, e dá outras providências (LTr 51-9/1140).

Decreto-lei n. 2.423, de 7.4.1988 (DOU 8.4.88) — Estabelece critérios para o pagamento de gratificações e vantagens pecuniárias aos titulares de cargos e empregos da Administração Federal direta e autárquica, e dá outras providências (LTr 52-4/500).

Decreto-lei n. 2.425, de 7.4.1988 (republicado DOU 11.4.88) — Dispõe sobre critério de reajuste de vencimentos e salários do pessoal que especifica, e dá outras providências (LTr 52-5/616).

Decreto-lei n. 2.453, de 10.8.1988 (DOU 11.8.88) — Dispõe sobre a reposição, no mês de agosto de 1988, do reajuste mensal que especifica, e dá outras providências (LTr 52-9/1147).

Legislação Complementar

LEIS

Lei n. 7.686, de 2 de dezembro de 1988 (DOU 5.12.88) — Dispõe sobre a reposição, no mês de novembro de 1988, do reajuste que especifica, e dá outras providências (LTr 53-1/85).

Lei n. 7.730, de 31 de janeiro de 1989 (DOU 1º.2.89) — Institui o cruzado novo, determina congelamento de preços, estabelece regras de desindexação da economia, e dá outras providências (LTr 52-2/232).

Lei n. 7.737, de 28 de fevereiro de 1989 (DOU 01.03.89) — Dispõe sobre o reajuste compensatório dos estipêndios de que trata o art. 5º da Lei n. 7.730, de 31 de janeiro de 1989, e dá outras providências (LTr 53-4/507).

Lei n. 7.738, de 9 de março de 1989 (DOU 10.3.89) — Baixa normas complementares para execução da Lei n. 7.730, de 31 de janeiro de 1989, e dá outras providências (LTr 53-4/497).

Lei n. 7.747, de 4 de abril de 1989 (DOU 7.4.89) — Baixa normas complementares para a execução da Lei n. 7.730, de 31 de janeiro de 1989, e dá outras providências (LTr 53-5/624).

Lei n. 7.777, de 19 de junho de 1989 (DOU 20.6.89) — Expede normas de ajustamento do Programa de Estabilização Econômica de que trata a Lei n. 7.730, de 31 de janeiro de 1989, e dá outras providências (LTr 53-7/861).

Lei n. 7.788, de 3 de julho de 1989 (DOU 4.7.89) — Dispõe sobre a política salarial, e dá outras providências (LTr 53-7/854).

Lei n. 7.789, de 3 de julho de 1989 (DOU 4.7.89) — Dispõe sobre o salário mínimo (LTr 53-7/865).

Lei n. 8.030, de 12 de abril de 1990 (repub. DOU 17.4.90) — Institui nova sistemática para reajuste de preços e salários em geral, e dá outras providências (LTr 54-4/501). Revogada pela Lei n. 8.178, de 1º.3.1991.

Lei n. 8.177, de 1º de março de 1991 (DOU 4.3.91) — Estabelece regras para a desindexação da economia, e dá outras providências (LTr 55-3/371).

Lei n. 8.178, de 1º de março de 1991 (DOU 4.3.91) — Estabelece regras sobre preços e salários, e dá outras providências (LTr 55-3/376).

Lei n. 8.222, de 5.9.1991 (DOU 6.9.91) — Dispõe sobre a política nacional de salários, o salário mínimo, e dá outras providências (LTr 55-09/1145).

Lei n. 8.238, de 4.10.1991 (DOU 7.10.91) — Dispõe sobre a incorporação, aos salários, de que trata a Lei n. 8.178, de 1º.03.91, e dá outras providências (LTr 55-10/1272).

Lei n. 8.276, de 19.12.1991 (DOU 20.12.91) — Dispõe sobre a concessão de abono aos trabalhadores no mês de dezembro de 1991, e dá outras providências (LTr 56-01/104).

Lei n. 8.419, de 7.5.92 (DOU 8.5.92) — Dispõe sobre a política nacional de salários, e dá outras providências (LTr 56-05/638).

Lei n. 8.542, de 23.12.92 (DOU 24.12.92) — Dispõe sobre a política nacional de salários, e dá outras providências (LTr 57-01/118).

Lei n. 8.700, de 27.8.93 (DOU 30.8.93) — Dispõe sobre a política nacional de salários.

Lei n. 8.880, de 27.5.94 (DOU 27.5.94) — Dispõe sobre o Programa de Estabilização Econômica e o Sistema Monetário Nacional, institui a Unidade Real de Valor — URV, e dá outras providências.

Lei n. 10.192, de 14.2.01 (DOU 16.2.01) — Dispõe sobre medidas complementares ao Plano Real é dá outras providências.

LEI N. 8.542, DE 23 DE DEZEMBRO DE 1992

(DOU 24.12.92 — LTr 57-01/118)

DISPÕE SOBRE A POLÍTICA NACIONAL DE SALÁRIOS E DÁ OUTRAS PROVIDÊNCIAS

O VICE-PRESIDENTE DA REPÚBLICA no exercício do cargo de Presidente da República,

Faço saber que o Congresso Nacional decreta e eu sanciono a seguinte Lei:

Art. 1º A política nacional de salários, respeitado o princípio da irredutibilidade, tem por fundamento a livre negociação coletiva e reger-se-á pelas normas estabelecidas nesta Lei.

§ 1º As cláusulas dos acordos, convenções ou contratos coletivos de trabalho integram os contratos individuais de trabalho e somente poderão ser reduzidas ou suprimidas por posterior acordo, convenção ou contrato coletivo de trabalho. *(Revogado pela Lei n. 10.192, de 14.2.01, DOU 16.2.01).*

§ 2º As condições de trabalho bem como as cláusulas salariais, inclusive os aumentos reais ganhos de produtividade do trabalho e pisos salariais proporcionais à extensão e à complexidade do trabalho, serão fixados em contrato, convenção ou acordo coletivo de trabalho, laudo arbitral ou sentença normativa, observadas dentre outros fatores, a produtividade e a lucratividade do setor ou da empresa. *(Revogado pela Lei n. 10.192, de 14.2.01, DOU 16.2.01).*

Art. 2º Revogado pela L. n. 8.800, de 27.5.94.

Art. 3º Revogado pela L. n. 8.800, de 27.5.94.

Art. 4º Revogado pela L. n. 8.800, de 27.5.94.

Art. 5º Revogado pela L. n. 8.800, de 27.5.94.

Art. 6º Salário mínimo é a contraprestação mínima devida e paga diretamente pelo empregador a todo trabalhador, por jornada normal de trabalho, capaz de satisfazer, em qualquer região do País, às suas necessidades vitais básicas e às de sua família com moradia, alimentação, educação, saúde, lazer, vestuário, higiene, transporte e previdência social.

§ 1º O salário mínimo diário corresponderá a um trinta avos do salário mínimo mensal, e o salário mínimo horário a um duzentos e vinte avos do salário mínimo.

§ 2º Para os trabalhadores que tenham por disposição legal a jornada máxima diária de trabalho inferior a oito horas, o salário mínimo será igual ao definido no parágrafo anterior multiplicado por oito e dividido pelo máximo legal.

Art. 7º Revogado pela L. n. 8.800, de 27.5.94.

Art. 8º O art. 40 da Lei n. 8.177, de 1º de março de 1991, passa a vigorar com a seguinte redação:

"Art. 40. O depósito recursal de que trata o art. 889 da Consolidação das Leis do Trabalho fica limitado a Cr$ 20.000.000,00 (vinte milhões de cruzeiros), nos casos de interposição de recurso ordinário, e de Cr$ 40.000.000,00 (quarenta milhões de cruzeiros), em se tratando de recurso de revista, embargos infringentes e recursos extraordinários, sendo devida a cada novo recurso interposto no decorrer do processo.

§ 1º Em se tratando de condenação imposta em ação rescisória, o depósito recursal terá, como limite máximo, qualquer que seja o recurso, o valor de Cr$ 40.000.000,00 (quarenta milhões de cruzeiros).

§ 2º A exigência de depósito aplica-se, igualmente aos embargos à execução e a qualquer recurso subsequente do devedor.

§ 3º O valor do recurso ordinário, quando interposto em dissídio coletivo, será equivalente ao quádruplo do previsto no *caput* deste artigo.

§ 4º Os valores previstos neste artigo serão reajustados bimestralmente pela variação acumulada do INPC do IBGE dos dois meses imediatamente anteriores."

Art. 9º Revogado pela L. n. 8.800, de 27.5.94.

Art. 10. Revogado pela L. n. 8.700/93.

Art. 11. Esta Lei entra em vigor na data de sua publicação.

Art. 12. Revogam-se as disposições em contrário, especialmente a Lei n. 8.419, de 7 de maio de 1992, e o inciso II do art. 41 da Lei n. 8.213, de 24 de julho de 1991, mantidos os efeitos financeiros quanto ao reajuste dos benefícios em janeiro.

Brasília, 23 de dezembro de 1992; 171º da Independência e 104º da República.

Itamar Franco
Walter Barelli

LEI N. 8.716, DE 11 DE OUTUBRO DE 1993

(DOU 13.10.93)

DISPÕE SOBRE A GARANTIA DO SALÁRIO MÍNIMO E DÁ OUTRAS PROVIDÊNCIAS

O PRESIDENTE DA REPÚBLICA,

Faço saber que o Congresso Nacional decreta e eu sanciono a seguinte Lei:

Art. 1º Aos trabalhadores que perceberem remuneração variável, fixado por comissão, peça, tarefa ou outras modalidades, será garantido um salário mensal nunca inferior ao salário mínimo.

Art. 2º A garantia assegurada pelo artigo anterior estende-se também aos trabalhadores que perceberem salário misto, integrado por parte fixa e parte variável.

Art. 3º É vedado ao empregador fazer qualquer tipo de desconto em mês subsequente a título de compensação de eventuais complementações feitas em meses anteriores para cumprimento do disposto nos arts. 1º e 2º.

Art. 4º Esta Lei entra em vigor na data de sua publicação.

Art. 5º Revogam-se as disposições em contrário.

Brasília, 11 de outubro de 1993, 172º da Independência e 105º da República.

Itamar Franco — Walter Barelli

EVOLUÇÃO DO SALÁRIO MÍNIMO DESDE 1989

VIGÊNCIA	MOEDA	VALOR	NORMA LEGAL	DOU
1º.10.89	NCz$	381,73	Dec. n. 98.211/89	2.10.89
1º.11.89	NCz$	557,33	Dec. n. 98.346/89	31.10.89
1º.12.89	NCz$	788,18	Dec. n. 98.456/89	1º.12.89
1º.01.90	NCz$	1.283,95	Dec. n. 98.783/89	29.12.89
1º.2.90	NCz$	2.004,37	Dec. n. 98.900/90	1º.1.90
1º.3.90	NCz$	3.674,06	Dec. n. 98.985/90	1º.3.90
1º.4.90	Cr$	3.674,06	Port. n. 3.143/90	24.4.90
1º.5.90	Cr$	3.674,06	Port. n. 3.352/90	23.5.90
1º.6.90	Cr$	3.857,76	Port. n. 3.387/90	4.6.90
1º.7.90	Cr$	4.904,76	Port. n. 3.501/90	16.7.90
1º.8.90	Cr$	5.203,46	Port. n. 429/90	1º.8.90
1º.9.90	Cr$	6.056,31	Port. n. 3.588/90	3.9.90
1º.10.90	Cr$	6.425,14	Port. n. 3.628/90	1º.10.90
1º.11.90	Cr$	8.329,55	Port. n. 3.719/90	1º.11.90
1º.12.90	Cr$	8.836,87	Port. n. 3.787/90	3.12.90
1º.1.91	Cr$	12.325,50	Port. n. 3.828/90	31.12.91
1º.2.91	Cr$	15.895,46	MP n. 295/91	1º.2.91
1º.3.91	Cr$	17.000,00	Lei n. 8.178/91	4.3.91
1º.9.91	Cr$	42.000,00	Lei n. 8.222/91	6.9.91
1º.1.92	Cr$	96.037,33	Port. n. 42/92	21.1.92
1º.5.92	Cr$	230.000,00	Lei n. 8.419/92	8.5.92
1º.9.92	Cr$	522.186,94	Port. n. 601/92	31.8.92
1º.1.93	Cr$	1.250,700,00	Lei n. 8.542/92	24.12.92
1º.3.93	Cr$	1.709,400,00	Port. Interm. n. 4/93	1º.3.93
1º.5.93	Cr$	3.303,300,00	Port. Interm. n. 7/93	4.5.93
1º.7.93	Cr$	4.639,800,00	Port. Interm. n. 11/93	1º.8.93
1º.8.93	CR$	5.534,00	Port. Interm. n. 12/93	3.8.93
1º.9.93	CR$	9.606,00	Port. Interm. n. 14/93	2.9.93
1º.10.93	CR$	12.024,00	Port. Interm. 1n. 5/93	4.10.93
1º.11.93	CR$	15.021,00	Port. Interm. n. 17/93	3.11.93
1º.12.93	CR$	18.760,00	Port. Interm. n. 19/93	2.12.93
1º.1.94	CR$	32.882,00	Port Interm. n. 20/93	31.12.93
1º.2.94	CR$	42.829,00	Port Interm. n. 02/94	2.2.94
1º.3.94	URV	64,79	Port. Interm. n. 04/94	3.3.94
1º.7.94	R$	64,79	MP n. 542/94	30.6.94
1º.9.94	R$	70,00	MP n. 598/94	1º.9.94
1º.10.94	R$	70,00	MP n. 637/94	30.9.94
1º.11.94	R$	70,00	MP n. 679/94	28.10.94
1º.12.94	R$	70,00	MP n. 728/94	26.11.94

VIGÊNCIA	MOEDA	VALOR	NORMA LEGAL	DOU
1º.1.95	R$	70,00	MP n. 782/94	24.12.94
1º.2.95	R$	70,00	MP n. 848/95	23.1.95
1º.3.95	R$	70,00	MP n. 908/95	22.2.95
1º.4.95	R$	70,00	MP n. 951/95	24.3.95
1º.5.95	R$	100,00	Lei n. 9.032/95	29.4.95
1º.5.96	R$	112,00	Lei n. 9.971/00	19.5.00
1º.5.97	R$	120,00	Lei n. 9.971/00	19.5.00
1º.5.98	R$	130,00	Lei n. 9.971/00	19.5.00
1º.5.99	R$	136,00	Lei n. 9.971/00	19.5.00
1º.5.00	R$	151,00	Lei n. 9.971/00	19.5.00
1º.4.01	R$	180,00	MP n. 2.142/01	30.3.01
1º.4.02	R$	200,00	Lei n. 10.525/02	7.8.02
1º.4.03	R$	240,00	Lei n. 10.699/04	10.7.03
1º.5.04	R$	260,00	Lei n. 10.888/04	25.6.04
1º.5.05	R$	300,00	Lei n. 11.164/05	19.8.05
1º.4.06	R$	350,00	Lei n. 11.321/06	10.7.06
1º.4.07	R$	380,00	Lei n. 11.498/07	29.6.07
1º.3.08	R$	415,00	Lei n. 11.709/08	20.6.08
1º.2.09	RS	465,00	Lei n. 11.944/09	29.5.09
1º.1.10	R$	510,00	Lei n. 12.255/10	16.6.10
1º.1.11	R$	540 ,00	MP n. 516/10	31.12.10
1º.3.11	R$	545,00	Lei n. 12.382/11	28.2.11
1º.1.12	R$	622,00	Dec. n. 7.655/11	26.12.11
1º.1.13	R$	678,00	Dec. n. 7.872/12	26.12.12
1ª.1.14	R$	724,00	Dec. n. 8.166/13	24.12.13

LEI N. 10.101, DE 19 DE DEZEMBRO DE 2000

(DOU 20.12.00)

DISPÕE SOBRE A PARTICIPAÇÃO DOS TRABALHADORES NOS LUCROS OU RESULTADOS DA EMPRESA E DÁ OUTRAS PROVIDÊNCIAS

Faço saber que o PRESIDENTE DA REPÚBLICA adotou a Medida Provisória n. 1.982-77, de 2000, que o Congresso Nacional aprovou, e eu, Antonio Carlos Magalhães, Presidente, para os efeitos do disposto no parágrafo único do art. 62 da Constituição Federal, promulgo a seguinte Lei:

Art. 1º Esta Lei regula a participação dos trabalhadores nos lucros ou resultados da empresa como instrumento de integração entre o capital e o trabalho e como incentivo à produtividade, nos termos do art. 7º, inciso XI, da Constituição.

Art. 2º A participação nos lucros ou resultados será objeto de negociação entre a empresa e seus empregados, mediante um dos procedimentos a seguir descritos, escolhidos pelas partes de comum acordo:

I — comissão paritária escolhida pelas partes, integrada, também, por um representante indicado pelo sindicato da respectiva categoria; *(Redação dada pela Lei n. 12.832, de 20 de junho de 2013, DOU 21.6.13)*

II — convenção ou acordo coletivo.

§ 1º Dos instrumentos decorrentes da negociação deverão constar regras claras e objetivas quanto à fixação dos direitos substantivos da participação e das regras adjetivas, inclusive mecanismos de aferição das informações pertinentes ao cumprimento do acordado, periodicidade da distribuição, período de vigência e prazos para revisão do acordo podendo ser considerados, entre outros, os seguintes critérios e condições:

I — índices de produtividade, qualidade ou lucratividade da empresa;

II — programas de metas, resultados e prazos, pactuados previamente.

§ 2º O instrumento de acordo celebrado será arquivado na entidade sindical dos trabalhadores.

§ 3º Não se equipara a empresa, para os fins desta Lei:

I — a pessoa física;

II — a entidade sem fins lucrativos que, cumulativamente:

a) não distribua resultados, a qualquer título, ainda que indiretamente, a dirigentes, administradores ou empresas vinculadas;

b) aplique integralmente os seus recursos em sua atividade institucional e no País;

c) destine o seu patrimônio à entidade congênere ou ao poder público, em caso de encerramento de suas atividades;

d) mantenha escrituração contábil capaz de comprovar a observância dos demais requisitos deste inciso, e das normas fiscais, comerciais e de direito econômico que lhe sejam aplicáveis.

§ 4º Quando forem considerados os critérios e condições definidos nos incisos I e II do § 1º deste artigo:

I — a empresa deverá prestar aos representantes dos trabalhadores na comissão paritária informações que colaborem para a negociação;

II — não se aplicam as metas referentes à saúde e segurança no trabalho. (NR) *(Redação do parágrafo dada pela Lei n. 12.832, de 20 de junho de 2013, DOU 21.6.13)*

Art. 3º A participação de que trata o art. 2º não substitui ou complementa a remuneração devida a qualquer empregado, nem constitui base de incidência de qualquer encargo trabalhista, não se lhe aplicando o princípio da habitualidade.

§ 1º Para efeito de apuração do lucro real, a pessoa jurídica poderá deduzir como despesa operacional as participações atribuídas aos empregados nos lucros ou resultados, nos termos da presente Lei, dentro do próprio exercício de sua constituição.

§ 2º É vedado o pagamento de qualquer antecipação ou distribuição de valores a título de participação nos lucros ou resultados da empresa em mais de 2 (duas) vezes no mesmo ano civil e em periodicidade inferior a 1 (um) trimestre civil. *(Redação dada pela Lei n. 12.832, de 20 de junho de 2013, DOU 21.6.13)*

§ 3º Todos os pagamentos efetuados em decorrência de planos de participação nos lucros ou resultados, mantidos espontaneamente pela empresa, poderão ser compensados com as obrigações decorrentes de acordos ou convenções coletivas de trabalho atinentes à participação nos lucros ou resultados.

§ 4º A periodicidade semestral mínima referida no § 2º poderá ser alterada pelo Poder Executivo, até 31 de dezembro de 2000, em função de eventuais impactos nas receitas tributárias.

§ 5º A participação de que trata este artigo será tributada pelo imposto sobre a renda exclusivamente na fonte, em separado dos demais rendimentos recebidos, no ano do recebimento ou crédito, com base na tabela progressiva anual constante do Anexo e não integrará a base de cálculo do imposto devido pelo beneficiário na Declaração de Ajuste Anual. *(Redação dada pela Lei n. 12.832, de 20 de junho de 2013, DOU 21.6.13)*

§ 6º Para efeito da apuração do imposto sobre a renda, a participação dos trabalhadores nos lucros ou resultados da empresa será integralmente tributada com base na tabela progressiva constante do Anexo. *(Redação dada pela Lei n. 12.832, de 20 de junho de 2013, DOU 21.6.13)*

§ 7º Na hipótese de pagamento de mais de 1 (uma) parcela referente a um mesmo ano-calendário, o imposto deve ser recalculado, com base no total da participação nos lucros recebida no ano-calendário, mediante a utilização da tabela constante do Anexo, deduzindo-se do imposto assim apurado o valor retido anteriormente. *(Redação dada pela Lei n. 12.832, de 20 de junho de 2013, DOU 21.6.13)*

§ 8º Os rendimentos pagos acumuladamente a título de participação dos trabalhadores nos lucros ou resultados da empresa serão tributados exclusivamente na fonte, em separado dos demais rendimentos recebidos, sujeitando-se, também de forma acumulada, ao imposto sobre a renda com base na tabela progressiva constante do Anexo. *(Redação dada pela Lei n. 12.832, de 20 de junho de 2013, DOU 21.6.13)*

§ 9º Considera-se pagamento acumulado, para fins do § 8º, o pagamento da participação nos lucros relativa a mais de um ano-calendário. *(Redação dada pela Lei n. 12.832, de 20 de junho de 2013, DOU 21.6.13)*

§ 10. Na determinação da base de cálculo da participação dos trabalhadores nos lucros ou resultados, poderão ser deduzidas as importâncias pagas em dinheiro a título de pensão alimentícia em face das normas do Direito de Família, quando em cumprimento de decisão judicial, de acordo homologado judicialmente ou de separação ou divórcio consensual realizado por escritura pública, desde que correspondentes a esse rendimento, não podendo ser utilizada a mesma parcela para a determinação da base de cálculo dos demais rendimentos. *(Redação dada pela Lei n. 12.832, de 20 de junho de 2013, DOU 21.6.13)*

§ 11. A partir do ano-calendário de 2014, inclusive, os valores da tabela progressiva anual constante do Anexo serão reajustados no mesmo percentual de reajuste da Tabela Progressiva Mensal do imposto de renda incidente sobre os rendimentos das pessoas físicas. (NR) *(Redação dada pela Lei n. 12.832, de 20 de junho de 2013, DOU 21.6.13)*

Art. 4º Caso a negociação visando à participação nos lucros ou resultados da empresa resulte em impasse, as partes poderão utilizar-se dos seguintes mecanismos de solução de litígio:

I — mediação;

II — arbitragem de ofertas finais, utilizando-se, no que couber, os termos da Lei n. 9.307, de 23 de setembro de 1996. ...." (NR) *(Redação dada pela Lei n. 12.832, de 20 de junho de 2013, DOU 21.6.13)*

Art. 5º A participação de que trata o art. 1º desta Lei, relativamente aos trabalhadores em empresas estatais, observará diretrizes específicas fixadas pelo Poder Executivo.

PARÁGRAFO ÚNICO. Consideram-se empresas estatais as empresas públicas, sociedades de economia mista, suas subsidiárias e controladas e demais empresas em que a União, direta ou indiretamente, detenha a maioria do capital social com direito a voto.

Art. 6º. Fica autorizado o trabalho aos domingos nas atividades do comércio em geral, observada a legislação municipal, nos termos do art. 30, inciso I, da Constituição. *(Redação dada pela Lei n. 11.603, de 5.12.07, DOU 6.12.07)*

PARÁGRAFO ÚNICO. O repouso semanal remunerado deverá coincidir, pelo menos 1 (uma) vez no período máximo de 3 (três) semanas, com o domingo, respeitadas as demais normas de proteção ao trabalho e outras a serem estipuladas em negociação coletiva. (NR) *(Redação dada pela Lei n. 11.603, de 5.12.07, DOU 6.12.07)*

Art. 6º-A. É permitido o trabalho em feriados nas atividades do comércio em geral, desde que autorizado em convenção coletiva de trabalho e observada a legislação municipal, nos termos do art. 30, inciso I da Constituição Federal. *(Acrescentado pela Lei n. 11.603, de 5.12.07, DOU 6.12.07)*

Art. 6º-B. As infrações ao disposto nos arts. 6º e 6º-A desta Lei serão punidas com a multa prevista no art. 75 da Consolidação das Leis do Trabalho, aprovada pelo Decreto-lei n. 5.452, de 1º de maio de 1943. *(Acrescentado pela Lei n. 11.603, de 5.12.07, DOU 6.12.07)*

PARÁGRAFO ÚNICO. O processo de fiscalização, de autuação e de imposição de multas reger-se-á pelo disposto no Título VII da Consolidação das Leis do Trabalho. *(Acrescentado pela Lei n. 11.603, de 5.12.07, DOU 6.12.07)*

Art. 7º Ficam convalidados os atos praticados com base na Medida Provisória n. 1.982-76, de 26 de outubro de 2000.

Art. 8º Esta Lei entra em vigor na data de sua publicação.

Congresso Nacional, em 19 de dezembro de 2000; 179º da Independência e 112º da República.

Senador Antonio Carlos Magalhães, Presidente

ANEXO

(Incluído pela Lei n. 10.101, de 19 de dezembro de 2000)

PARTICIPAÇÃO NOS LUCROS

TABELA DE TRIBUTAÇÃO EXCLUSIVA NA FONTE

VALOR DO PLR ANUAL (EM R$)	ALÍQUOTA	PARCELA A DEDUZIR DO IR (EM R$)
de 0,00 a 6.000,00	0%	—
de 6.000,01 a 9.000,00	7,5%	450,00
de 9.000,01 a 12.000,00	15%	1.125,00
de 12.000,01 a 15.000,00	22,5%	2.025,00
acima de 15.000,00	27,5%	2.775,00

LEI COMPLEMENTAR N. 103, DE 14 DE JULHO DE 2000

(DOU 17.3.00)

AUTORIZA OS ESTADOS E O DISTRITO FEDERAL A INSTITUIR O PISO SALARIAL A QUE SE REFERE O INCISO V DO ART. 7º DA CONSTITUIÇÃO FEDERAL, POR APLICAÇÃO DO DISPOSTO NO PARÁGRAFO ÚNICO DO SEU ART. 22

O PRESIDENTE DA REPÚBLICA,

Faço saber que o Congresso Nacional decreta e eu sanciono a seguinte Lei Complementar:

Art. 1º Os Estados e o Distrito Federal ficam autorizados a instituir, mediante lei de iniciativa do Poder Executivo, o piso salarial de que trata o inciso V do art. 7º da Constituição Federal para os empregados que não tenham piso salarial definido em lei federal, convenção ou acordo coletivo de trabalho.

§ 1º A autorização de que trata este artigo não poderá ser exercida:

I — no segundo semestre do ano em que se verificar eleição para os cargos de Governador dos Estados e do Distrito Federal e de Deputados Estaduais e Distritais;

II — em relação à remuneração de servidores públicos municipais.

§ 2º O piso salarial a que se refere o *caput* poderá ser estendido aos empregados domésticos.

Art. 2º Esta Lei Complementar entra em vigor na data de sua publicação.

Brasília 14 de julho de 2000; 179º da Independência e 112º da República.

Fernando Henrique Cardoso
Pedro Malan
Francisco Dornelles
Waldeck Ornelas
Martus Tavares

LEI N. 8.880, DE 27 DE MAIO DE 1994

(DOU 28.5.94)

DISPÕE SOBRE O PROGRAMA DE ESTABILIZAÇÃO ECONÔMICA E O SISTEMA MONETÁRIO NACIONAL, INSTITUI A UNIDADE REAL DE VALOR — URV E DÁ OUTRAS PROVIDÊNCIAS

O PRESIDENTE DA REPÚBLICA,

Faço saber que o Congresso Nacional decreta e eu sanciono a seguinte Lei:

Art. 1º Fica instituída a Unidade Real de Valor — URV, dotada de curso legal para servir exclusivamente como padrão de valor monetário, de acordo com o disposto nesta Lei.

§ 1º A URV, juntamente com o Cruzeiro Real, integra o Sistema Monetário Nacional, continuando o Cruzeiro Real a ser utilizado como meio de pagamento dotado de poder liberatório, de conformidade com o disposto no art. 3º.

§ 2º A URV, no dia 1º de março de 1994, corresponde a CR$ 647,50 (seiscentos e quarenta e sete cruzeiros reais e cinquenta centavos).

....

Art. 17. A partir da primeira emissão do Real, o Instituto Brasileiro de Geografia e Estatística — IBGE calculará e divulgará, até o último dia útil de cada mês, o Índice de Preços ao Consumidor, série r — IPC-r, que refletirá a variação mensal do custo de vida em Real para uma população objeto composta por famílias com renda até oito salários mínimos.

§ 1º O Ministério da Fazenda e a Secretaria de Planejamento, Orçamento e Coordenação da Presidência da República regulamentarão o disposto neste artigo, observado que a abrangência geográfica do IPC-r não seja menor que a dos índices atualmente calculados pelo IBGE, e que o período de coleta seja compatível com a divulgação no prazo estabelecido no *caput*.

§ 2º Interrompida a apuração ou divulgação do IPC-r, caberá ao Ministro de Estado da Fazenda fixá-lo com base nos indicadores disponíveis, observada precedência em relação àqueles apurados por instituições oficiais de pesquisa.

§ 3º No caso do parágrafo anterior, o Ministro da Fazenda divulgará a metodologia adotada para a determinação do IPC-r.

§ 4º O IBGE calculará e divulgará o Índice de Reajuste do Salário Mínimo — IRSM, para os meses de março, abril, maio e junho de 1994, exclusivamente para os efeitos do disposto nos §§ 3º, 4º e 5º do art. 27.

§ 5º A partir de 1º de julho de 1994, o IBGE deixará de calcular e divulgar o IRSM. *(§§ 2º e 3º acima foram acrescentados pela Lei n. 9.069, de 29.6.95, que renumerou os anteriores §§ 2º e 3º para §§ 4º e 5º).*

Art. 18. O salário mínimo é convertido em URV em 1º de março de 1994, observado o seguinte:

I — dividindo-se o valor nominal, vigente nos meses de novembro e dezembro de 1993 e janeiro e fevereiro de 1994, pelo valor em cruzeiros reais do equivalente em URV do último dia desses meses, respectivamente, de acordo com o Anexo I desta Lei; e

II — extraindo-se a média aritmética dos valores resultantes do inciso anterior.

PARÁGRAFO ÚNICO. Da aplicação do disposto neste artigo não poderá resultar pagamento de salário inferior ao efetivamente pago ou devido, relativamente ao mês de fevereiro de 1994, em cruzeiros reais, de acordo com o art. 7º, inciso VI, da Constituição.

Art. 19. Os salários dos trabalhadores em geral serão convertidos em URV no dia 1º de março de 1994, observado o seguinte:

I — dividindo-se o valor nominal vigente nos meses de novembro e dezembro de 1993 e janeiro e fevereiro de 1994, pelo valor em cruzeiros reais do equivalente em URV, na data do efetivo pagamento, de acordo com o Anexo I desta Lei; e

II — extraindo-se a média aritmética dos valores resultantes do inciso anterior.

§ 1º Sem prejuízo do direito do trabalhador à respectiva percepção, não serão computados para fins do disposto nos incisos I e II do *caput* deste artigo:

a) o décimo terceiro salário ou gratificação equivalente;

b) as parcelas de natureza não habitual;

c) o abono de férias;

d) as parcelas percentuais incidentes sobre o salário;

e) as parcelas remuneratórias decorrentes de comissão, cuja base de cálculo não esteja convertida em URV.

§ 2º As parcelas percentuais referidas na alínea *d* do parágrafo anterior serão aplicadas após a conversão do salário em URV.

§ 3º As parcelas referidas na alínea *e* do § 1º serão apuradas de acordo com as normas aplicáveis e convertidas mensalmente em URV pelo valor desta na data do pagamento.

§ 4º Para os trabalhadores que receberam antecipação de parte do salário, à exceção de férias e décimo terceiro salário, cada parcela será computada na data de seu efetivo pagamento.

§ 5º Para os trabalhadores contratados há menos de quatro meses da data da conversão, a média de que trata este artigo será feita de modo a ser observado o salário atribuído ao cargo ou emprego ocupado pelo trabalhador na empresa, inclusive nos meses anteriores à contratação.

§ 6º Na impossibilidade da aplicação do disposto no § 5º, a média de que trata este artigo levará em conta apenas os salários referentes aos meses a partir da contratação.

§ 7º Nas empresas onde houver plano de cargos e salários, as regras de conversão constantes deste artigo, no que couber, serão aplicadas ao salário do cargo.

§ 8º Da aplicação do disposto neste artigo não poderá resultar pagamento de salário inferior ao efetivamente pago ou devido, relativamente ao mês de fevereiro de 1994, em cruzeiros reais, de acordo com o art. 7º, inciso VI, da Constituição.

§ 9º Convertido o salário em URV, na forma deste artigo, observado o disposto nos arts. 26 e 27 desta Lei, a periodicidade de correção ou reajuste passa a ser anual.

§ 10. O Poder Executivo reduzirá a periodicidade prevista no parágrafo anterior quando houver redução dos prazos de suspensão de que trata o art. 11 desta Lei.

Art. 20. Os benefícios mantidos pela Previdência Social são convertidos em URV em 1º de março de 1994, observado o seguinte:

I — dividindo-se o valor nominal, vigente nos meses de novembro e dezembro de 1993 e janeiro e fevereiro de 1994, pelo valor em cruzeiros reais do equivalente em URV do último dia desses meses, respectivamente, de acordo com o Anexo I desta Lei; e

II — extraindo-se a média aritmética dos valores resultantes do inciso anterior.

§ 1º Os valores expressos em cruzeiros reais nas Leis n. 8.212 e n. 8.213, ambas de 24 de julho de 1991, com os reajustes posteriores, são convertidos em URV, a partir de 1º de março de 1994, nos termos dos incisos I e II do *caput* deste artigo.

§ 2º Os benefícios de que trata o *caput* deste artigo, com data de início posterior a 30 de novembro de 1993, são convertidos em URV em 1º de março de 1994, mantendo-se constante a relação verificada entre o seu valor no mês de competência de fevereiro de 1994 e o teto do salário de contribuição, de que trata o art. 20 da Lei n. 8.212/91, no mesmo mês.

§ 3º Da aplicação do disposto neste artigo não poderá resultar pagamento de benefício inferior ao efetivamente pago, em cruzeiros reais, na competência de fevereiro de 1994.

§ 4º As contribuições para a Seguridade Social, de que tratam os artigos 20, 21, 22 e 24 da Lei n. 8.212/91, serão calculadas em URV e convertidas em UFIR nos termos do art. 53 da Lei n. 8.383, de 30 de dezembro de 1991, ou em cruzeiros reais na data do recolhimento, caso este ocorra antes do primeiro dia útil do mês subsequente ao de competência.

§ 5º Os valores das parcelas referentes a benefícios pagos com atraso pela Previdência Social, por sua responsabilidade, serão corrigidos monetariamente pelos índices previstos no art. 41, § 7º, da Lei n. 8.213/91, com as alterações da Lei n. 8.542, de 23 de dezembro de 1992, até o mês de fevereiro de 1994, e convertidas em URV, pelo valor em cruzeiros reais do equivalente em URV no dia 28 de fevereiro de 1994.

§ 6º A partir da primeira emissão do Real, os valores mencionados no parágrafo anterior serão corrigidos monetariamente pela variação acumulada do IPC-r entre o mês da competência a que refiram e o mês imediatamente anterior à competência em que for incluído o pagamento.

Art. 21. Nos benefícios concedidos com base na Lei n. 8.213/91, com data de início a partir de 1º de março de 1994, o salário de benefício será calculado nos termos do art. 29 da referida lei, tomando-se os salários de contribuição expressos em URV.

§ 1º Para os fins do disposto neste artigo, os salários de contribuição referentes às competências anteriores a março de 1994 serão corrigidos monetariamente até o mês de fevereiro de 1994 pelos índices previstos no art. 31 da Lei n. 8.213/91, com as alterações da Lei n. 8.542/92 e convertidos em URV, pelo valor em cruzeiros reais do equivalente em URV no dia 28 de fevereiro de 1994.

§ 2º A partir da primeira emissão do Real, os salários de contribuição computados no cálculo do salário de benefício, inclusive os convertidos nos termos do § 1º, serão corrigidos monetariamente mês a mês pela variação integral do IPC-r.

§ 3º Na hipótese da média apurada nos termos deste artigo resultar superior ao limite máximo do salário de contribuição vigente no mês de início do benefício, a diferença percentual entre esta média e o referido limite será incorporada ao valor do benefício juntamente com o primeiro reajuste do mesmo após a concessão, observado que nenhum benefício assim reajustado poderá superar o limite máximo do salário de contribuição vigente na competência em que ocorrer o reajuste.

Art. 22. Os valores das tabelas de vencimentos, soldos e salários e das tabelas de funções de confiança e gratificadas dos servidores civis e militares, são convertidos em URV em 1º de março de 1994, considerando o que determinam os arts. 37, XII, e 39, § 1º, da Constituição, observado o seguinte:

I — dividindo-se o valor nominal, vigente nos meses de novembro e dezembro de 1993 e janeiro e fevereiro de 1994, pelo valor em cruzeiros reais do equivalente em URV do último dia desses meses, respectivamente, de acordo com o Anexo I desta Lei, independentemente da data do pagamento;

II — extraindo-se a média aritmética dos valores resultantes do inciso anterior.

§ 1º O abono especial a que se refere a Medida Provisória n. 433, de 26 de fevereiro de 1994, será pago em cruzeiros reais e integrará, em fevereiro de 1994, o cálculo da média de que trata este artigo.

§ 2º Da aplicação do disposto neste artigo não poderá resultar pagamento de vencimentos, soldos ou salários inferiores aos efetivamente pagos ou devidos, relativamente ao mês de fevereiro de 1994, em cruzeiros reais, em obediência ao disposto nos arts. 37, inciso XV, e 95, inciso III, da Constituição.

§ 3º O disposto nos incisos I e II aplica-se ao salário-família e às vantagens pessoais nominalmente identificadas, de valor certo e determinado, percebidas pelos servidores e que não são calculadas com base no vencimento, soldo ou salário.

§ 4º As vantagens remuneratórias que tenham por base o estímulo à produtividade e ao desempenho, pagas conforme critérios específicos de apuração e cálculo estabelecidos em legislação específica, terão seus valores em cruzeiros reais convertidos em URV a cada mês com base no valor em URV do dia do pagamento.

§ 5º O disposto neste artigo aplica-se também aos servidores de todas as autarquias e fundações, qualquer que seja o regime jurídico de seu pessoal.

§ 6º Os servidores cuja remuneração não é fixada em tabela terão seus salários convertidos em URV nos termos dos incisos I e II do *caput* deste artigo.

§ 7º Observados, estritamente, os critérios fixados neste artigo, as tabelas de vencimentos e soldos dos servidores públicos civis e militares expressas em URV serão publicadas:

a) pelos Ministros de Estado Chefes da Secretaria da Administração Federal e do Estado Maior das Forças Armadas, cada qual em conjunto com o Ministro de Estado da Fazenda, para os servidores do Poder Executivo;

b) pelos dirigentes máximos dos respectivos órgãos, para os servidores dos Poderes Legislativo e Judiciário e do Ministério Público da União.

Art. 23. O disposto no art. 22 aplica-se aos proventos da inatividade e às pensões decorrentes do falecimento de servidor público civil e militar.

Art. 24. Nas deduções de antecipação de férias ou de parcela do décimo terceiro salário ou da gratificação natalina, será considerado o valor da antecipação, em URV ou equivalente em URV, na data do efetivo pagamento, ressalvado que o saldo a receber do décimo terceiro salário ou da gratificação natalina não poderá ser inferior à metade em URV.

Art. 25. Serão obrigatoriamente expressos em URV os demonstrativos de pagamento de salários em geral, vencimentos, soldos, proventos, pensões decorrentes do falecimento de servidor público civil e militar e benefícios previdenciários, efetuando-se a conversão para cruzeiros reais na data do crédito ou da disponibilidade dos recursos em favor dos credores daquelas obrigações.

§ 1º Quando, em razão de dificuldades operacionais não for possível realizar o pagamento em cruzeiros reais pelo valor da URV na data do crédito dos recursos, será adotado o seguinte procedimento:

I — a conversão para cruzeiros reais será feita pelo valor da URV do dia da emissão da ordem de pagamento, o qual não poderá ultrapassar os três dias úteis anteriores à data do crédito;

II — a diferença entre o valor, em cruzeiros reais, recebido na forma do inciso anterior e o valor, em cruzeiros reais, a ser pago nos termos deste artigo, será convertida em URV pelo valor desta na data do crédito ou da disponibilidade dos recursos, sendo paga na folha salarial subsequente.

§ 2º Os valores dos demonstrativos referidos neste artigo, relativamente ao mês de competência de fevereiro de 1994, serão expressos em cruzeiros reais.

Art. 26. Após a conversão dos salários para URV de conformidade com os arts. 19 e 27 desta Lei, continuam asseguradas a livre negociação e a negociação coletiva dos salários, observado o disposto nos §§ 1º e 2º do art. 1º da Lei n. 8.542, de 1992.

Art. 27. É assegurado aos trabalhadores, observado o disposto no art. 26, no mês da respectiva data-base, a revisão do salário resultante da aplicação do art. 19, observado o seguinte:

I — calculando-se o valor dos salários referentes a cada um dos doze meses imediatamente anteriores à data-base, em URV ou equivalente em URV, de acordo com a data da disponibilidade do crédito ou de efetivo pagamento; e

II — extraindo-se a média aritmética dos valores resultantes do inciso anterior.

§ 1º Na aplicação do disposto neste artigo, será observado o disposto nos §§ 1º e 2º do art. 19.

§ 2º Na hipótese de o valor decorrente da aplicação do disposto neste artigo resultar inferior ao salário vigente no mês anterior à data-base, será mantido o maior dos dois valores.

§ 3º Sem o prejuízo do disposto neste artigo é assegurada aos trabalhadores, no mês da primeira data-base de cada categoria, após 1º de julho de 1994, inclusive, reposição das perdas decorrentes da conversão dos salários para URV, apuradas da seguinte forma:

I — calculando-se os valores hipotéticos dos salários em cruzeiros reais nos meses de março, abril, maio e junho de 1994, decorrentes da aplicação dos reajustes e antecipações previstos na Lei n. 8.700, de 27 de agosto de 1993; e

II — convertendo-se os valores hipotéticos dos salários, calculados nos termos do inciso anterior, em URV, consideradas as datas habitualmente previstas para o efetivo pagamento, desconsiderando-se eventuais alterações de data de pagamento introduzidas a partir de março de 1994.

§ 4º O índice da reposição salarial de que trata o parágrafo anterior corresponderá à diferença percentual, se positiva, entre a soma dos quatro valores hipotéticos dos salários apurados na forma dos incisos I e II do parágrafo anterior e a soma dos salários efetivamente pagos em URV referentes aos meses correspondentes.

§ 5º Para os trabalhadores amparados por contratos, acordos ou convenções coletivas de trabalho e sentenças normativas que prevejam reajustes superiores aos assegurados pela Lei n. 8.700/93, os valores hipotéticos dos salários de que tratam os incisos I e II do § 3º serão apurados de acordo com as cláusulas dos instrumentos coletivos referidos neste parágrafo.

Art. 28. Os valores das tabelas de vencimentos, soldos e salários e as tabelas de funções de confiança e gratificadas dos servidores públicos civis e militares da União serão revistos em 1º de janeiro de 1995, observado o seguinte:

I — calculando-se o valor dos vencimentos, soldos e salários referentes a cada um dos doze meses de 1994, em URV ou equivalente em URV, dividindo-se os valores expressos em cruzeiros reais pelo equivalente em URV do último dia desses meses, respectivamente; e

II — extraindo-se a média aritmética dos valores resultantes do inciso anterior.

§ 1º Na aplicação do preceituado neste artigo, será observado o disposto nos §§ 2º a 7º do art. 22 e no art. 23 desta Lei.

§ 2º Na hipótese de o valor decorrente da aplicação do disposto neste artigo resultar inferior ao vencimento, soldo ou salário vigente no mês de dezembro de 1994, será mantido o maior dos dois valores.

§ 3º Fica o Poder Executivo autorizado a antecipar a data da revisão prevista no *caput* deste artigo, quando houver redução dos prazos de suspensão de que trata o art. 11 desta Lei.

Art. 29. *(Revogado pela Lei n. 9.711, de 29.11.98, DOU 21.11.98).*

Parágrafos 1º ao 6º *(Revogado pela Lei n. 9.711, de 20.11.98, DOU 21.11.98)*

Art. 30. Nas contratações efetuadas a partir de 28 de fevereiro de 1994, o salário será, obrigatoriamente, expresso em URV.

Art. 31. Na hipótese de ocorrência de demissões sem justa causa, durante a vigência da URV prevista nesta Lei, as verbas rescisórias serão acrescidas de uma indenização adicional equivalente a cinquenta por cento da última remuneração recebida.

Art. 32. Até a primeira emissão do Real, de que trata o *caput* do art. 2º, os valores das contribuições do Fundo de Garantia do Tempo de Serviço — FGTS, referidos no art. 15 da Lei n. 8.036, de 11 de maio de 1990, a partir da competência março de 94, serão apurados em URV no dia do pagamento do salário e convertidos em cruzeiros reais com base na URV do dia cinco do mês seguinte ao de competência.

PARÁGRAFO ÚNICO. As contribuições que não forem recolhidas na data prevista no art. 15 da Lei n. 8.036, de 1990, serão convertidas em cruzeiros reais com base na URV do dia sete do mês subsequente ao da competência e o valor resultante será acrescido de atualização monetária, *pro rata die*, calculada até o dia do efetivo recolhimento pelos critérios constantes da legislação pertinente e com base no mesmo índice de atualização monetária aplicável aos depósitos de poupança, sem prejuízo das demais cominações legais.

....

Art. 43. Observado o disposto nos §§ 3º e 4º do art. 17, no § 5º do art. 20, no § 1º do art. 21 e nos §§ 3º, 4º e 5º do art. 27 desta Lei, ficam revogados o art. 31 e o § 7º do art. 41 da Lei n. 8.213, de 24 de julho de 1991, os arts. 2º, 3º, 4º, 5º, 7º e 9º da Lei n. 8.542, de 23 de dezembro de 1992, a Lei n. 8.700, de 27 de agosto de 1993, os arts. 1º e 2º da Lei n. 8.676, de 13 de julho de 1993, e demais disposições em contrário.

Art. 44. Esta Lei entra em vigor na data de sua publicação.

Brasília, 27 de maio de 1994; 173º da Independência e 106º da República.

Itamar Franco — Alexandre de Paula Dupeyrat Martins — Rubens Ricupero — Marcelo Pimentel — Sérgio Cutolo dos Santos — Beni Veras — Arnaldo Leite Pereira — Romildo Canhim

ANEXO

UNIDADE REAL DE VALOR — URV

Comportamento no período de 1º de janeiro de 1993 a 1º de março de 1994
Metodologia de cálculo

As tabelas anexas apresentam o comportamento da Unidade Real de Valor em cruzeiros reais no período de 1º de janeiro de 1993 a 1º de março de 1994. Os valores diários mostrados nas tabelas foram calculados mediante a seguinte metodologia:

a) a Taxa de Variação Mensal da URV é determinada pela média aritmética das variações dos seguintes índices de preços:

I — Índice de Preços ao Consumidor — IPC da Fundação Instituto de Pesquisas Econômicas — FIPE da Universidade de São Paulo, apurado para a terceira quadrissemana;

II — Índice Nacional de Preços ao Consumidor Amplo — IPCA-E da Fundação Instituto Brasileiro de Geografia e Estatística — IBGE; e

III — Índice Geral de Preços do Mercado — IGP-M da Fundação Getúlio Vargas.

b) o valor da URV no último dia útil do mês em referência é o valor da URV no último dia útil do mês anterior corrigido pela Taxa de Variação mensal da URV conforme cálculo indicado no item *a*;

c) o valor da URV é corrigido a cada dia útil do mês em referência pelo Fator Diário equivalente à Taxa de Variação Mensal da URV. O valor da URV de um determinado dia é aquele obtido multiplicando-se o valor da URV do dia útil imediatamente anterior pelo Fator Diário;

d) o Fator Diário referido na alínea anterior é definido como a raiz de ordem *n* da soma de uma unidade à taxa de variação mensal da URV dividida por cem, onde *n* é o número de dias úteis do mês;

e) os valores da URV aos sábados, domingos e feriados se referem à cotação do primeiro dia útil imediatamente posterior.

URV calculada pela variação média do IPCA-E, FIPE (3 quad) e IGP-M (em cruzeiros reais)

URV em 1º de março de 1994: 647.50

Mês/Dia	Jan/93	Fev	Mar	Abr	Mai	Jun	Jul/93	Ago/93	Set/93	Out/93	Nov/93	Dez/93	Jan/94	Fev/94
1	13.01	16.63	21.01	26.49	33.88	43.78	56.81	74,30	98,51	132,65	178,97	241,65	333,17	466,66
2	13.01	16.85	21.22	26.84	33.88	44.33	57.51	74,30	99,91	134,65	181,68	245,02	333,17	475,31
3	13.01	17.07	21.43	27.19	33.88	44.88	58.21	75,26	101,33	134,65	181,68	248,45	333,17	484,11
4	13.01	17.30	21.64	27.19	34.30	45.44	58.21	76,22	102,77	134,65	184,44	251,92	338,52	493,09
5	13.17	17.53	21.86	27.19	34.72	46.01	58.21	77,20	102,77	136,68	187,24	251,92	343,95	502,23
6	13.33	17.76	22.08	27.55	35.14	46.01	58.92	78,19	102,77	138,75	190,09	251,92	349,47	502,23
7	13.49	17.76	22.08	27.91	35.58	46.01	59.65	79,19	104,24	140,84	190,09	255,44	355,09	502,23
8	13.66	17.76	22.08	28.27	36.01	46.59	60.38	79,19	104,24	142,96	190,09	259,01	360,79	511,53
9	13.83	18.00	22.30	28.27	36.01	47.17	61.12	79,19	105,72	145,12	192,98	262,62	360,79	521,01
10	13.83	18.23	22.52	28.27	36.01	47.76	61.87	80,21	107,22	145,12	195,91	266,29	360,79	530,67
11	13.83	18.48	22.75	28.27	36.45	47.76	61.87	81,24	108,75	145,12	198,88	270,01	366,58	540,51
12	14.00	18.72	22.98	28.27	36.90	48.35	61.87	82,28	108,75	147,31	201,90	270,01	372,47	550,52
13	14.17	18.97	23.21	28.64	37.35	48.35	62.62	83,34	108,75	147,31	204,97	270,01	378,45	550,52

Mês/Dia	Jan/93	Fev	Mar	Abr	Mai	Jun	Jul/93	Ago/93	Set/93	Out/93	Nov/93	Dez/93	Jan/94	Fev/94
14	14.35	18.97	23.21	29.02	37.81	48.35	63.39	84,41	110,30	149,53	204,97	273,79	384,2	550,52
15	14.52	18.97	23.21	29.39	38.28	48.96	64.17	84,41	111,87	151,78	204,97	277,61	390,70	550,52
16	14.70	19.22	23.44	29.78	38.28	49.57	64.95	84,41	113,46	154,07	204,97	281,49	390,70	550,52
17	14.70	19.47	23.67	30.17	38.28	50.19	65.75	85,49	115,07	154,07	208,08	285,42	390,70	560,73
18	14.70	19.73	23.91	30.17	38.75	50.82	65.75	86,59	116,71	154,07	211,24	289,41	396,97	571,12
19	14.88	19.99	24.15	30.17	39.22	51.45	65.75	87,70	116,71	156,39	214,45	289,41	403,35	581,70
20	15.06	20.26	24.39	30.56	39.70	51.45	66.55	88,83	116,71	158,75	217,71	289,41	409,82	581,70
21	15.25	20.26	24.39	30.96	40.19	51.45	67.37	88,97	118,37	161,15	217,71	293,45	416,40	581,70
22	15.44	20.26	24.39	30.96	40.68	52.09	68.19	89,97	120,06	163,58	217,71	297,55	423,09	592,48
23	15.63	20.26	24.64	31.37	40.68	52.75	69.03	89,97	121,77	166,04	221,02	301,71	423,09	603,46
24	15.63	20.26	24.88	31.78	40.68	53.40	69.87	91,12	123,50	166,04	224,37	305,92	423,09	614,65
25	15.63	20.53	25.13	31.78	41.18	54.07	69.87	92,29	125,26	166,04	227,78	310,20	429,88	626,04
26	15.82	20.80	25.38	31.78	41.69	54.75	69.87	93,48	125,26	168,55	231,24	310,20	436,78	637,64
27	16.01	21.01	25.64	32.19	42.20	54.75	70.73	94,68	125,26	171,09	234,75	310,20	443,80	637,64
28	16.21	21.01	25.64	32.61	42.72	54.75	71.60	95,89	127,04	173,67	234,75	314,53	450,92	637,64
29	16.41	-	25.64	33.04	43.24	55.43	72.47	95,89	128,85	176,29	234,75	318,93	458,6	-
30	16.63	-	25.89	33.47	43.24	56.12	73.36	95,89	130,68	178,97	238,32	323,38	458,16	-
31	16.63	-	26.15	-	43.24	-	74.30	97,12	-	178,97	-	327,90	458,16	-

Obs.: — Cotações em Cruzeiros Reais.

— Cotações para sábados, domingos e feriados referem-se à cotação do 1º dia útil posterior.

LEI N. 10.192, DE 14 DE FEVEREIRO DE 2001

(DOU 16.2.01)

DISPÕE SOBRE MEDIDAS COMPLEMENTARES AO PLANO REAL E DÁ OUTRAS PROVIDÊNCIAS (REAJUSTE DE SALÁRIO, NEGOCIAÇÃO COLETIVA E DISSÍDIO COLETIVO)

....

Art. 6º A Unidade Fiscal de Referência — UFIR, criada pela Lei n. 8.383, de 30 de dezembro de 1991, será reajustada:

I — semestralmente, durante o ano-calendário de 1996;

II — anualmente, a partir de 1º de janeiro de 1997.

PARÁGRAFO ÚNICO. A reconversão, para Real, dos valores expressos em UFIR, extinta em 27 de outubro de 2000, será efetuada com base no valor dessa Unidade fixado para o exercício de 2000.

Art. 7º Observado o disposto no artigo anterior, ficam extintas, a partir de 1º de julho de 1995, as unidades monetárias de conta criadas ou reguladas pelo Poder Público, exceto as unidades monetárias de conta fiscais estaduais, municipais e do Distrito Federal, que serão extintas a partir de 1º de janeiro de 1996.

§ 1º Em 1º de julho de 1995 e em 1º de janeiro de 1996, os valores expressos, respectivamente, nas unidades monetárias de conta extintas na forma do *caput* deste artigo serão convertidos em Real, com observância do disposto no art. 44 da Lei n. 9.069, de 1995, no que couber.

§ 2º Os Estados, o Distrito Federal e os Municípios poderão utilizar a UFIR nas mesmas condições e periodicidade adotadas pela União, em substituição às respectivas unidades monetárias de conta fiscais extintas.

Art. 8º A partir de 1º de julho de 1995, a Fundação Instituto Brasileiro de Geografia e Estatística — IBGE deixará de calcular e divulgar o IPC-r.

§ 1º Nas obrigações e contratos em que haja estipulação de reajuste pelo IPC-r, este será substituído, a partir de 1º de julho de 1995, pelo índice previsto contratualmente para este fim.

§ 2º Na hipótese de não existir previsão de índice de preços substituto, e caso não haja acordo entre as partes, deverá ser utilizada média de índices de preços de abrangência nacional, na forma de regulamentação a ser baixada pelo Poder Executivo.

Art. 9º É assegurado aos trabalhadores, na primeira data-base da respectiva categoria após julho de 1995, o pagamento de reajuste relativo à variação acumulada do IPC-r entre a última data-base, anterior a julho de 1995, e junho de 1995, inclusive.

Art. 10. Os salários e as demais condições referentes ao trabalho continuam a ser fixados e revistos, na respectiva data-base anual, por intermédio da livre negociação coletiva.

Art. 11. Frustrada a negociação entre as partes, promovida diretamente ou através de mediador, poderá ser ajuizada a ação de dissídio coletivo.

§ 1º O mediador será designado de comum acordo pelas partes ou, a pedido destas, pelo Ministério do Trabalho e Emprego na forma da regulamentação de que trata o parágrafo 5º deste artigo.

§ 2º A parte que se considerar sem as condições adequadas para, em situação de equilíbrio, participar da negociação direta, poderá, desde logo, solicitar ao Ministério do Trabalho e Emprego a designação de mediador, que convocará a outra parte.

§ 3º O mediador designado terá prazo de até trinta dias para a conclusão do processo de negociação, salvo acordo expresso com as partes interessadas.

§ 4º Não alcançado o entendimento entre as partes, ou recusando-se qualquer delas à mediação, lavrar-se-á ata contendo as causas motivadoras do conflito e as reivindicações de natureza econômica, documento que instruíra a representação para o ajuizamento do dissídio coletivo.

§ 5º O Poder Executivo regulamentara o disposto neste artigo.

Art. 12. No ajuizamento do dissídio coletivo, as partes deverão apresentar, fundamentadamente, suas propostas finais, que serão objeto de conciliação ou deliberação do Tribunal, na sentença normativa.

§ 1º A decisão que puser fim ao dissídio será fundamentada, sob pena de nulidade, deverá traduzir, em seu conjunto, a justa composição do conflito de interesse das partes, e guardar adequação com o interesse da coletividade.

§ 2º A sentença normativa deverá ser publicada no prazo de quinze dias da decisão do Tribunal.

Art. 13. No acordo ou convenção e no dissídio, coletivos, é vedada a estipulação ou fixação de cláusula de reajuste ou correção salarial automática vinculada a índice de preços.

§ 1º Nas revisões salariais na data-base anual, serão deduzidas as antecipações concedidas no período anterior à revisão.

§ 2º Qualquer concessão de aumento salarial a título de produtividade deverá estar amparada em indicadores objetivos.

Art. 14. O recurso interposto de decisão normativa da Justiça do Trabalho terá efeito suspensivo, na medida e extensão conferidas em despacho do Presidente do Tribunal Superior do Trabalho.

Art. 15. Permanecem em vigor as disposições legais relativas à correção monetária de débitos trabalhistas, de débitos resultantes de decisão judicial, de débitos relativos a ressarcimento em virtude de inadimplemento de obrigações contratuais e do passivo de empresas e instituições sob os regimes de concordata, falência, intervenção e liquidação extrajudicial.

....

LEI N. 12.382, DE 25 DE FEVEREIRO DE 2011

(DOU 28.2.11)

DISPÕE SOBRE O VALOR DO SALÁRIO MÍNIMO EM 2011 E A SUA POLÍTICA DE VALORIZAÇÃO DE LONGO PRAZO; DISCIPLINA A REPRESENTAÇÃO FISCAL PARA FINS PENAIS NOS CASOS EM QUE HOUVE PARCELAMENTO DO CRÉDITO TRIBUTÁRIO; ALTERA A LEI N. 9.430, DE 27 DE DEZEMBRO DE 1996; E REVOGA A LEI N. 12.255, DE 15 DE JUNHO DE 2010

A PRESIDENTA DA REPÚBLICA,

Faço saber que o Congresso Nacional decreta e eu sanciono a seguinte Lei:

Art. 1º O salário mínimo passa a corresponder ao valor de R$ 545,00 (quinhentos e quarenta e cinco reais).

PARÁGRAFO ÚNICO. Em virtude do disposto no *caput*, o valor diário do salário mínimo corresponderá a R$ 18,17 (dezoito reais e dezessete centavos) e o valor horário, a R$ 2,48 (dois reais e quarenta e oito centavos).

Art. 2º Ficam estabelecidas as diretrizes para a política de valorização do salário mínimo a vigorar entre 2012 e 2015, inclusive, a serem aplicadas em 1º de janeiro do respectivo ano.

§ 1º Os reajustes para a preservação do poder aquisitivo do salário mínimo corresponderão à variação do Índice Nacional de Preços ao Consumidor — INPC, calculado e divulgado pela Fundação Instituto Brasileiro de Geografia e Estatística — IBGE, acumulada nos doze meses anteriores ao mês do reajuste.

§ 2º Na hipótese de não divulgação do INPC referente a um ou mais meses compreendidos no período do cálculo até o último dia útil imediatamente anterior à vigência do reajuste, o Poder Executivo estimará os índices dos meses não disponíveis.

§ 3º Verificada a hipótese de que trata o § 2º, os índices estimados permanecerão válidos para os fins desta Lei, sem qualquer revisão, sendo os eventuais resíduos compensados no reajuste subsequente, sem retroatividade.

§ 4º A título de aumento real, serão aplicados os seguintes percentuais:

I — em 2012, será aplicado o percentual equivalente à taxa de crescimento real do Produto Interno Bruto — PIB, apurada pelo IBGE, para o ano de 2010;

II — em 2013, será aplicado o percentual equivalente à taxa de crescimento real do PIB, apurada pelo IBGE, para o ano de 2011;

III — em 2014, será aplicado o percentual equivalente à taxa de crescimento real do PIB, apurada pelo IBGE, para o ano de 2012; e

IV — em 2015, será aplicado o percentual equivalente à taxa de crescimento real do PIB, apurada pelo IBGE, para o ano de 2013.

§ 5º Para fins do disposto no § 4º, será utilizada a taxa de crescimento real do PIB para o ano de referência, divulgada pelo IBGE até o último dia útil do ano imediatamente anterior ao de aplicação do respectivo aumento real.

Art. 3º Os reajustes e aumentos fixados na forma do art. 2º serão estabelecidos pelo Poder Executivo, por meio de decreto, nos termos desta Lei.

PARÁGRAFO ÚNICO. O decreto do Poder Executivo a que se refere o *caput* divulgará a cada ano os valores mensal, diário e horário do salário mínimo decorrentes do disposto neste artigo, correspondendo o valor diário a um trinta avos e o valor horário a um duzentos e vinte avos do valor mensal.

Art. 4º Até 31 de dezembro de 2015, o Poder Executivo encaminhará ao Congresso Nacional projeto de lei dispondo sobre a política de valorização do salário mínimo para o período compreendido entre 2016 e 2019, inclusive.

Art. 5º O Poder Executivo constituirá grupo interministerial, sob coordenação do Ministério do Trabalho e Emprego, encarregado de definir e implementar sistemática de monitoramento e avaliação da política de valorização do salário mínimo.

PARÁGRAFO ÚNICO. O grupo a que se refere o *caput* identificará a cesta básica dos produtos adquiridos pelo salário mínimo e suas projeções futuras decorrentes do aumento de seu poder de compra, nos termos definidos em decreto.

....

Art. 7º Esta Lei entra em vigor no primeiro dia do mês subsequente à data de sua publicação.

Art. 8º Fica revogada a Lei n. 12.255, de 15 de junho de 2010.

Brasília, 25 de fevereiro de 2011; 190º da Independência e 123º da República.

Dilma Roussef
Guido Mantega
Carlos Lupi
Miriam Belchior
Garibaldi Alves Filho

DECRETO N 7.655, DE 23 DE DEZEMBRO DE 2011

(DOU 26.12.11)

REGULAMENTA A LEI N. 12.382, DE 25 DE FEVEREIRO DE 2011, QUE DISPÕE SOBRE O VALOR DO SALÁRIO MÍNIMO E A SUA POLÍTICA DE VALORIZAÇÃO DE LONGO PRAZO

A PRESIDENTA DA REPÚBLICA, no uso da atribuição que lhe confere o art. 84, inciso IV, da Constituição, e tendo em vista o disposto no art. 3º da Lei n. 12.382, de 25 de fevereiro de 2011,

Decreta:

Art. 1º A partir de 1º de janeiro de 2012, o salário mínimo será de R$ 622,00 (seiscentos e vinte e dois reais).

PARÁGRAFO ÚNICO. Em virtude do disposto no *caput,* o valor diário do salário mínimo corresponderá a R$ 20,73 (vinte reais e setenta e três centavos) e o valor horário, a R$ 2,83 (dois reais e oitenta e três centavos).

Art. 2º Este Decreto entra em vigor no dia 1º de janeiro de 2012.

Brasília, 23 de dezembro de 2011; 190º da Independência e 123º da República.

Dilma Roussef
Guido Mantega
Paulo Roberto dos Santos Pinto
Miriam Belchior
Garibaldi Alves Filho

Legislação Complementar

LEI N. 8.112, DE 11 DE DEZEMBRO DE 1990

(DOU 12.12.90 — LTr 55-1/95)

DISPÕE SOBRE O REGIME JURÍDICO DOS SERVIDORES PÚBLICOS CIVIS DA UNIÃO, DAS AUTARQUIAS E DAS FUNDAÇÕES PÚBLICAS FEDERAIS

(V. Medida Provisória n. 2.174-28, de 24.8.01, DOU 27.8.01, não publicada nesta obra, que institui, no âmbito do Poder Executivo da União, o Programa de Desligamento Voluntário – PDV, a jornada de trabalho reduzida com remuneração proporcional e a licença sem remuneração com pagamento de incentivo em pecúnia, destinados ao servidor da administração pública direta, autárquica e fundacional, bem como a Lei n. 12.998, de 18.6.14, DOU 20.6.14, que revogou os artigos 8º a 11 da referida Medida Provisória que tratava da licença incentivada sem remuneração e os artigos 18 a 20, da mesma MP que se referia aos incentivos à licença sem remuneração)

v. Decreto n. 5.707, de 23.02.06 (DOU 24.2.06) que institui a política e as diretrizes para o desenvolvimento de pessoal da administração pública federal direta, autárquica e fundacional, e regulamenta dispositivos da Lei nº 8.112, de 11 de dezembro de 1990 (não publicada nesta obra).

O PRESIDENTE DA REPÚBLICA,

Faço saber que o Congresso Nacional decreta e eu sanciono a seguinte Lei:

TÍTULO I

CAPÍTULO ÚNICO

Das Disposições Preliminares

Art. 1º Esta Lei institui o regime jurídico dos servidores públicos civis da União, das autarquias, inclusive as em regime especial, e das fundações públicas federais.

Art. 2º Para os efeitos desta Lei, servidor é a pessoa legalmente investida em cargo público.

Art. 3º Cargo público é o conjunto de atribuições e responsabilidades previstas na estrutura organizacional que devem ser cometidas a um servidor.

PARÁGRAFO ÚNICO. Os cargos públicos, acessíveis a todos os brasileiros, são criados por lei, com denominação própria e vencimento pago pelos cofres públicos, para provimento em caráter efetivo ou em comissão.

Art. 4º É proibida a prestação de serviços gratuitos, salvo os casos previstos em lei.

TÍTULO II
Do Provimento, Vacância, Remoção, Redistribuição e Substituição

CAPÍTULO I
Do Provimento

SEÇÃO I
Disposições Gerais

Art. 5º São requisitos básicos para investidura em cargo público:

I — a nacionalidade brasileira;

II — o gozo dos direitos políticos;

III — a quitação com as obrigações militares e eleitorais;

IV — o nível de escolaridade exigido para o exercício do cargo;

V — a idade mínima de dezoito anos;

VI — aptidão física e mental.

§ 1º As atribuições do cargo podem justificar a exigência de outros requisitos estabelecidos em lei.

§ 2º Às pessoas portadoras de deficiência é assegurado o direito de se inscrever em concurso público para provimento de cargo cujas atribuições sejam compatíveis com a deficiência de que são portadoras; para tais pessoas serão reservadas até 20% (vinte por cento) das vagas oferecidas no concurso.

§ 3º As universidades e instituições de pesquisa científica e tecnológica federais poderão prover seus cargos com professores, técnicos e cientistas estrangeiros, de acordo com as normas e os procedimentos desta Lei. *(Acrescentado pela L. n. 9.515, de 20.11.97, DOU 21.11.97).*

Art. 6º O provimento dos cargos públicos far-se-á mediante ato da autoridade competente de cada Poder.

Art. 7º A investidura em cargo público ocorrerá com a posse.

Art. 8º São formas de provimento de cargo público:

I — nomeação;

II — promoção;

V — readaptação;

VI — reversão;

VII — aproveitamento;

VIII — reintegração;

IX — recondução(*).

(*) Os incisos III e IV foram revogados pela Lei n. 9.527, de 10.12.97, DOU de 11.12.97.

SEÇÃO II
Da Nomeação

Art. 9º A nomeação far-se-á:

I — em caráter efetivo, quando se tratar de cargo isolado de provimento efetivo ou de carreira;

II — em comissão, inclusive na condição de interino, para cargos de confiança vagos.

PARÁGRAFO ÚNICO. O servidor ocupante de cargo em comissão ou de natureza especial poderá ser nomeado para ter exercício, interinamente, em outro cargo de confiança, sem prejuízo das atribuições do que atualmente ocupa, hipótese em que deverá optar pela remuneração de um deles durante o período da interinidade.

— Inc. II e parágrafo único alterados pela L. n. 9.527, de 10.12.97, DOU 11.12.97.

Art. 10. A nomeação para cargo de carreira ou cargo isolado de provimento efetivo depende de prévia habilitação em concurso público de provas ou de provas e títulos, obedecidos a ordem de classificação e o prazo de sua validade.

PARÁGRAFO ÚNICO. Os demais requisitos para o ingresso e o desenvolvimento do servidor na carreira, mediante promoção, serão estabelecidos pela lei que fixar as diretrizes do sistema de carreira na Administração Pública Federal e seus regulamentos. *(Alterado pela L. n. 9.527, de 10.12.97, DOU 11.12.97).*

SEÇÃO III
Do Concurso Público

Art. 11. O concurso será de provas ou de provas e títulos, podendo ser realizado em duas etapas, conforme dispuserem a lei e o regulamento do respectivo plano de carreira, condicionada a inscrição do candidato ao pagamento do valor fixado no edital, quando indispensável ao seu custeio, e ressalvadas as hipóteses de isenção nele expressamente previstas. *(Alterado pela L. n. 9.527, de 10.12.97, DOU 11.12.97).*

V. Decreto n. 6.593, de 2.10.08, DOU 3.1.08, que regulamenta o art. 11 da Lei n. 8.112, de 11 de dezembro de 1990, quanto à isenção de pagamento de taxa de inscrição em concursos públicos realizados no âmbito do Poder Executivo federal.

Art. 12. O concurso público terá validade de até 2 (dois) anos, podendo ser prorrogada uma única vez, por igual período.

§ 1º O prazo de validade do concurso e as condições de sua realização serão fixados em edital, que será publicado no Diário Oficial da União e em jornal diário de grande circulação.

§ 2º Não se abrirá novo concurso enquanto houver candidato aprovado em concurso anterior com prazo de validade não expirado.

SEÇÃO IV
Da Posse e do Exercício

Art. 13. A posse dar-se-á pela assinatura do respectivo termo, no qual deverão constar as atribuições, os deveres, as responsabilidades e os direitos inerentes ao cargo ocupado, que não poderão ser alterados unilateralmente, por qualquer das partes, ressalvados os atos de ofício previstos em lei.

§ 1º A posse ocorrerá no prazo de trinta dias contados da publicação do ato de provimento.

§ 2º Em se tratando de servidor, que esteja na data de publicação do ato de provimento, em licença prevista nos incisos I, III e V do art. 81, ou afastado nas hipóteses dos incisos I, IV, VI, VIII, alíneas *a*, *b*, *d*, *e* e *f*, IX e X do artigo 102, o prazo será contado do término do impedimento.

§ 3º A posse poderá dar-se mediante procuração específica.

§ 4º Só haverá posse nos casos de provimento de cargo por nomeação.

§ 5º No ato da posse, o servidor apresentará declaração de bens e valores que constituem seu patrimônio e declaração quanto ao exercício ou não de outro cargo, emprego ou função pública.

§ 6º Será tornado sem efeito o ato de provimento se a posse não ocorrer no prazo previsto no § 1º deste artigo.

— Redação dos §§ 1º, 2º e 4º dada pela Lei n. 9.527, de 10.12.97, DOU 11.12.07.

Art. 14. A posse em cargo público dependerá de prévia inspeção médica oficial.

PARÁGRAFO ÚNICO. Só poderá ser empossado aquele que for julgado apto física e mentalmente para o exercício do cargo.

Art. 15. Exercício é o efetivo desempenho das atribuições do cargo público ou da função de confiança.

§ 1º É de quinze dias o prazo para o servidor empossado em cargo público entrar em exercício, contados da data da posse.

§ 2º O servidor será exonerado do cargo ou será tornado sem efeito o ato de sua designação para função de confiança, se não entrar em exercício nos prazos previstos neste artigo, observado o disposto no art. 18.

§ 3º À autoridade competente do órgão ou entidade para onde for nomeado ou designado o servidor compete dar-lhe exercício.

§ 4º O início do exercício de função de confiança coincidirá com a data de publicação do ato de designação, salvo quando o servidor estiver em licença ou afastado por qualquer outro motivo legal, hipótese em que recairá no primeiro dia útil após o término do impedimento, que não poderá exceder a trinta dias da publicação.

— Alterado pela L. n. 9.527, de 10.12.97, DOU 11.12.97.

Art. 16. O início, a suspensão, a interrupção e o reinício do exercício serão registrados no assentamento individual do servidor.

PARÁGRAFO ÚNICO. Ao entrar em exercício, o servidor apresentará ao órgão competente os elementos necessários ao seu assentamento individual.

Art. 17. A promoção não interrompe o tempo de exercício, que é contado no novo posicionamento na carreira a partir da data de publicação do ato que promover o servidor. *(Redação dada pela Lei n. 9.527, de 10.12.97, DOU 11.12.07).*

Art. 18. O servidor que deva ter exercício em outro Município em razão de ter sido removido, redistribuído, requisitado, cedido ou posto em exercício provisório terá, no mínimo, dez e, no máximo, trinta dias de prazo contados da publicação do ato, para a retomada do efetivo desempenho das atribuições do cargo, incluído nesse prazo o tempo necessário para o deslocamento para a nova sede.

§ 1º Na hipótese de o servidor encontrar-se em licença ou afastado legalmente, o prazo a que se refere este artigo será contado a partir do término do impedimento.

§ 2º É facultado ao servidor declinar dos prazos estabelecidos no *caput*.

— Artigo e parágrafos alterados pela Lei n. 9.527, de 10.12.97.

Art. 19. Os servidores cumprirão jornada de trabalho fixada em razão das atribuições pertinentes aos respectivos cargos, respeitada a duração máxima do trabalho semanal de quarenta horas e observados os limites mínimo e máximo de seis horas e oito horas diárias, respectivamente.

§ 1º O ocupante de cargo em comissão ou função de confiança submete-se a regime de integral dedicação ao serviço, observado o disposto no art. 120, podendo ser convocado sempre que houver interesse da Administração. *(Alterado pela L. n. 9.527, de 10.12.97, DOU 11.12.97).*

§ 2º O disposto neste artigo não se aplica à duração de trabalho estabelecida em leis especiais. *(Redação do caput do art. 19 e § 2º dada pela Lei n. 8.270, de 17.12.91, DOU 19.12.91, LTr 56-01/126).*

V. Decreto n . 1.590, de 10.8.95, (DOU 11.8.95) e Decreto n. 4.836, de 9.9.03, DOU 10.9.03, que dispõem sobre a jornada de trabalho dos servidores da Administração Pública Federal direta, das autarquias e das fundações públicas federais (não publicados nesta obra).

Art. 20. Ao entrar em exercício, o servidor nomeado para cargo de provimento efetivo ficará sujeito a estágio probatório por período de 24 (vinte e quatro) meses, durante o qual a sua aptidão e capacidade serão objeto de avaliação para o desempenho do cargo, observados os seguintes fatores: *(período de 36 meses — Vide EC n. 19, de 4.6.98)*

I — assiduidade;

II — disciplina;

III — capacidade de iniciativa;

IV — produtividade;

V — responsabilidade.

§ 1º 4 (quatro) meses antes de findo o período do estágio probatório, será submetida à homologação da autoridade competente a avaliação do desempenho do servidor, realizada por comissão constituída para essa finalidade, de acordo com o que dispuser a lei ou o regulamento da respectiva carreira ou cargo, sem prejuízo da continuidade de apuração dos fatores enumerados nos incisos I a V do *caput* deste artigo. NR. *(Redação dada pela Lei n. 11.784, de 22.9.08, DOU 23.9.08, Ret. DOU de 2.10.08 e 31.10.08)*

§ 2º O servidor não aprovado no estágio probatório será exonerado ou, se estável, reconduzido ao cargo anteriormente ocupado, observado o disposto no parágrafo único do art. 29.

§ 3º O servidor em estágio probatório poderá exercer quaisquer cargos de provimento em comissão ou funções de direção, chefia ou assessoramento no órgão ou entidade de lotação, e somente poderá ser cedido a outro órgão ou entidade para ocupar cargos de Natureza Especial, cargos de provimento em comissão do Grupo-Direção e Assessoramento Superiores — DAS, de níveis 6, 5 e 4, ou equivalentes.(*)

§ 4º Ao servidor em estágio probatório somente poderão ser concedidas as licenças e os afastamentos previstos nos arts. 81, incisos I a IV, 94, 95 e 96, bem assim afastamento para participar de curso de formação decorrente de aprovação em concurso para outro cargo na Administração Pública Federal.(*)

§ 5º O estágio probatório ficará suspenso durante as licenças e os afastamentos previstos nos arts. 83, 84, § 1º, 86 e 96, bem assim na hipótese de participação em curso de formação, e será retomado a partir do término do impedimento.(*)

(*) Acrescentados pela L. n. 9.527, de 10.12.97, DOU 11.12.97.

Ver Emenda Constitucional n. 19, de 4.6.98, (art. 28 e art. 41 da CF/88).

SEÇÃO V

Da Estabilidade

Art. 21. O servidor habilitado em concurso público e empossado em cargo de provimento efetivo adquirirá estabilidade no serviço público ao completar 2 (dois) anos de efetivo exercício. *(Vide art. 41, da CF/88). (O prazo passou a ser de 3 anos pela EC n. 19).*

Art. 22. O servidor estável só perderá o cargo em virtude de sentença judicial transitada em julgado ou de processo administrativo disciplinar no qual lhe seja assegurada ampla defesa. *(Vide art. 41, da CF/88).*

Legislação Complementar

SEÇÃO VI

Da Transferência

Art. 23. Revogado pela Lei n. 9.527, de 10.12.97, DOU 11.12.97.

SEÇÃO VII

Da Readaptação

Art. 24. Readaptação é a investidura do servidor em cargo de atribuições e responsabilidades compatíveis com a limitação que tenha sofrido em sua capacidade física ou mental verificada em inspeção médica.

§ 1º Se julgado incapaz para o serviço público, o readaptando será aposentado.

§ 2º A readaptação será efetivada em cargo de atribuições afins, respeitada a habilitação exigida, nível de escolaridade e equivalência de vencimentos e, na hipótese de inexistência de cargo vago, o servidor exercerá suas atribuições como excedente, até a ocorrência de vaga.(*)

(*) Alterado pela L. n. 9.527, de 10.12.97, DOU 11.12.97.

SEÇÃO VIII

Da Reversão

Ver Decreto n. 3.644, não publicado nesta obra, de 30.10.00 (DOU 31.10.00), que regulamenta o instituto da reversão de que trata o art. 25 da Lei n. 8.112, de 11 de dezembro de 1990

Art. 25. Reversão é o retorno à atividade de servidor aposentado:

I — por invalidez, quando junta médica oficial declarar insubsistentes os motivos da aposentadoria; ou

II — no interesse da administração, desde que:

a) tenha solicitado a reversão;

b) a aposentadoria tenha sido voluntária;

c) estável quando na atividade;

d) a aposentadoria tenha ocorrido nos cinco anos anteriores à solicitação;

e) haja cargo vago.

§ 1º A reversão far-se-á no mesmo cargo ou no cargo resultante de sua transformação.

§ 2º O tempo em que o servidor estiver em exercício será considerado para concessão da aposentadoria.

§ 3º No caso do inciso I, encontrando-se provido o cargo, o servidor exercerá suas atribuições como excedente, até a ocorrência de vaga.

§ 4º O servidor que retornar à atividade por interesse da administração perceberá, em substituição aos proventos da aposentadoria, a remuneração do cargo que voltar a exercer, inclusive com as vantagens de natureza pessoal que percebia anteriormente à aposentadoria.

§ 5º O servidor de que trata o inciso II somente terá os proventos calculados com base nas regras atuais se permanecer pelo menos cinco anos no cargo.

§ 6º O Poder Executivo regulamentará o disposto neste artigo. (NR) *(Redação dada pela MP n. 2.225, de 4.9.01, DOU 5.9.01).*

Art. 26. Revogado pela MP n. 2.225, de 4.9.01 (DOU 5.9.01).

Art. 27. Não poderá reverter o aposentado que já tiver completado 70 (setenta) anos de idade.

SEÇÃO IX

Da Reintegração

Art. 28. A reintegração é a reinvestidura do servidor estável no cargo anteriormente ocupado, ou no cargo resultante de sua transformação, quando invalidada a sua demissão por decisão administrativa ou judicial, com ressarcimento de todas as vantagens.

§ 1º Na hipótese de o cargo ter sido extinto, o servidor ficará em disponibilidade, observado o disposto nos arts. 30 e 31.

§ 2º Encontrando-se provido o cargo, o seu eventual ocupante será reconduzido ao cargo de origem, sem direito à indenização ou aproveitado em outro cargo, ou, ainda, posto em disponibilidade.

SEÇÃO X

Da Recondução

Art. 29. Recondução é o retorno do servidor estável ao cargo anteriormente ocupado e decorrerá de:

I — inabilitação em estágio probatório relativo a outro cargo;

II — reintegração do anterior ocupante.

PARÁGRAFO ÚNICO. Encontrando-se provido o cargo de origem, o servidor será aproveitado em outro, observado o disposto no art. 30.

SEÇÃO XI

Da Disponibilidade e do Aproveitamento

Art. 30. O retorno à atividade de servidor em disponibilidade far-se-á mediante aproveitamento obrigatório em cargo de atribuições e vencimentos compatíveis com o anteriormente ocupado.

Art. 31. O órgão Central do Sistema de Pessoal Civil determinará o imediato aproveitamento de servidor em disponibilidade em vaga que vier a ocorrer nos órgãos ou entidades da administração pública federal.

PARÁGRAFO ÚNICO. Na hipótese prevista no § 3º do artigo 37, o servidor posto em disponibilidade poderá ser mantido sob responsabilidade do órgão central do Sistema de Pessoal Civil da Administração Federal — SIPEC, até o seu adequado aproveitamento em outro órgão ou entidade.(*)

(*) Acrescentado pela L. n. 9.527, de 10.12.97, DOU 11.12.97.

Art. 32. Será tornado sem efeito o aproveitamento e cassada a disponibilidade se o servidor não entrar em exercício no prazo legal, salvo doença comprovada por junta médica oficial.

CAPÍTULO II

Da Vacância

Art. 33. A vacância do cargo público decorrerá de:

I — exoneração;

II — demissão;

III — promoção;

VI — readaptação;

VII — aposentadoria;

VIII — posse em outro cargo inacumulável;

IX — falecimento.(*)

(*) Os incisos IV e V foram revogados pela Lei n. 9.527, de 10.12.97, DOU de 11.12.97.

Art. 34. A exoneração de cargo efetivo dar-se-á a pedido do servidor, ou de ofício.

PARÁGRAFO ÚNICO. A exoneração de ofício dar-se-á:

I — quando não satisfeitas as condições do estágio probatório;

II — quando, tendo tomado posse, o servidor não entrar em exercício no prazo estabelecido.

Art. 35. A exoneração de cargo em comissão e a dispensa de função de confiança dar-se-á:

I — a juízo da autoridade competente;

II — a pedido do próprio servidor.

— O parágrafo único do art. 35 foi revogado pela Lei n. 9.527, de 10.12.97, DOU de 11.12.97.

CAPÍTULO III

Da Remoção e da Redistribuição

SEÇÃO I

Da Remoção

Art. 36. Remoção é o deslocamento do servidor, a pedido ou de ofício, no âmbito do mesmo quadro, com ou sem mudança de sede.

PARÁGRAFO ÚNICO. Para fins do disposto neste artigo, entende-se por modalidades de remoção:

I — de ofício, no interesse da Administração;

II — a pedido, a critério da Administração;

III — a pedido, para outra localidade, independentemente do interesse da Administração:

a) para acompanhar cônjuge ou companheiro, também servidor público civil ou militar, de qualquer dos Poderes da União, dos Estados, do Distrito Federal e dos Municípios, que foi deslocado no interesse da Administração;

b) por motivo de saúde do servidor, cônjuge, companheiro ou dependente que viva às suas expensas e conste do seu assentamento funcional, condicionada à comprovação por junta médica oficial;

c) em virtude de processo seletivo promovido, na hipótese em que o número de interessados for superior ao número de vagas, de acordo com normas preestabelecidas pelo órgão ou entidade em que aqueles estejam lotados.

— Parágrafo único alterado pela L. n. 9.527, de 10.12.97, DOU 11.12.97.

SEÇÃO II

Da Redistribuição

Art. 37. Redistribuição é o deslocamento de cargo de provimento efetivo, ocupado ou vago no âmbito do quadro geral de pessoal, para outro órgão ou entidade do mesmo Poder, com prévia apreciação do órgão central do SIPEC, observados os seguintes preceitos:

I — interesse da administração;

II — equivalência de vencimentos;

III — manutenção da essência das atribuições do cargo;

IV — vinculação entre os graus de responsabilidade e complexidade das atividades;

V — mesmo nível de escolaridade, especialidade ou habilitação profissional;

VI — compatibilidade entre as atribuições do cargo e as finalidades institucionais do órgão ou entidade.

§ 1º A redistribuição ocorrerá *ex officio* para ajustamento de lotação e da força de trabalho às necessidades dos serviços, inclusive nos casos de reorganização, extinção ou criação de órgão ou entidade.

§ 2º A redistribuição de cargos efetivos vagos se dará mediante ato conjunto entre o órgão central do SIPEC e os órgãos e entidades da Administração Pública Federal envolvidos.

§ 3º Nos casos de reorganização ou extinção de órgão ou entidade, extinto o cargo ou declarada sua desnecessidade no órgão ou entidade, o servidor estável que não for redistribuído será colocado em disponibilidade, até seu aproveitamento na forma dos artigos 30 e 31.

§ 4º O servidor que não for redistribuído ou colocado em disponibilidade poderá ser mantido sob responsabilidade do órgão central do SIPEC, e ter exercício provisório, em outro órgão ou entidade, até seu adequado aproveitamento.

— Alterado pela L. n. 9.527, de 10.12.97, DOU 11.12.97.

CAPÍTULO IV

Da Substituição

Art. 38. Os servidores investidos em cargo ou função de direção ou chefia e os ocupantes de cargo de Natureza Especial terão substitutos indicados no regimento interno ou, no caso de omissão, previamente designados pelo dirigente máximo do órgão ou entidade.

§ 1º O substituto assumirá automática e cumulativamente, sem prejuízo do cargo que ocupa, o exercício do cargo ou função de direção ou chefia e os de Natureza Especial, nos afastamentos, impedimentos legais ou regulamentares do titular e na vacância do cargo, hipóteses em que deverá optar pela remuneração de um deles durante o respectivo período.

§ 2º O substituto fará jus à retribuição pelo exercício do cargo ou função de direção ou chefia ou de cargo de Natureza Especial, nos casos dos afastamentos ou impedimentos legais do titular, superiores a trinta dias consecutivos, paga na proporção dos dias de efetiva substituição, que excederem o referido período.

— Alterado pela L. n. 9.527, de 10.12.97, DOU 11.12.97.

Art. 39. O disposto no artigo anterior aplica-se aos titulares de unidades administrativas organizadas em nível de assessoria.

TÍTULO III

Dos Direitos e Vantagens

CAPÍTULO I

Do Vencimento e da Remuneração

— Ver Lei n. 10.331, de 18.12.01 (DOU 19.12.01) que regulamenta o inciso X do art. 37 da CF, que dispõe sobre a revisão geral e anual das remunerações e subsídios dos servidores públicos federais (não publicada nesta obra).

Art. 40. Vencimento é a retribuição pecuniária pelo exercício de cargo público, com valor fixado em lei.

PARÁGRAFO ÚNICO. Revogado a partir de 14.5.08 pela Lei n. 11.784, 22.9.08, DOU 23.9.08, retificada nos DOU 2.10.08 e 31.10.08.

Art. 41. Remuneração é o vencimento do cargo efetivo, acrescido das vantagens pecuniárias permanentes estabelecidas em lei.

§ 1º A remuneração do servidor investido em função ou cargo em comissão será paga na forma prevista no art. 62.

§ 2º O servidor investido em cargo em comissão de órgão ou entidade diversa da de sua lotação receberá a remuneração de acordo com o estabelecido no § 1º do art. 93.

Legislação Complementar

§ 3º O vencimento do cargo efetivo, acrescido das vantagens de caráter permanente, é irredutível.

§ 4º É assegurada a isonomia de vencimentos para cargos de atribuições iguais ou assemelhadas do mesmo Poder, ou entre servidores dos três Poderes, ressalvadas as vantagens de caráter individual e as relativas à natureza ou ao local de trabalho.

§ 5º Nenhum servidor receberá remuneração inferior ao salário mínimo. (NR) *(Acrescentado pela Lei n. 11.784, de 22.9.08, DOU 23.9.08, Ret. DOU de 2.10.08 e 31.10.08)*

Art. 42. Nenhum servidor poderá perceber, mensalmente, a título de remuneração, importância superior à soma dos valores percebidos como remuneração, em espécie, a qualquer título, no âmbito dos respectivos Poderes, pelos Ministros de Estado, por membros do Congresso Nacional e Ministros do Supremo Tribunal Federal.

PARÁGRAFO ÚNICO. Excluem-se do teto de remuneração as vantagens previstas nos incisos II a VII do art. 61.

V. Decreto n. 3.297, de 17.12.99 (DOU 20.12.99, Seção 1, p. 5).

Art. 43. Revogado pela Lei n. 9.624, de 2.4.98.

Art. 44. O servidor perderá:

I — a remuneração do dia em que faltar ao serviço, sem motivo justificado;

II — a parcela de remuneração diária, proporcional aos atrasos, ausências justificadas, ressalvadas as concessões de que trata o artigo 97, e saídas antecipadas, salvo na hipótese de compensação de horário, até o mês subsequente ao da ocorrência, a ser estabelecida pela chefia imediata.

PARÁGRAFO ÚNICO. As faltas justificadas decorrentes de caso fortuito ou de força maior poderão ser compensadas a critério da chefia imediata, sendo assim consideradas como efetivo exercício.

— Alterado pela L. n. 9.527, de 10.12.97, DOU 11.12.97.

Art. 45. Salvo por imposição legal, ou mandado judicial, nenhum desconto incidirá sobre a remuneração ou provento.

PARÁGRAFO ÚNICO. Mediante autorização do servidor, poderá haver consignação em folha de pagamento a favor de terceiros, a critério da administração e com reposição de custos, na forma definida em regulamento.

V. Decreto n. 6.386, de 29.2.08, DOU 29.2.08 (Ed. Extra) que regulamenta o art. 45 da Lei nº 8.112, de 11 de dezembro de 1990, e dispõe sobre o processamento das consignações em folha de pagamento no âmbito do Sistema Integrado de Administração de Recursos Humanos — SIAPE. Referido Decreto sofreu alterações em alguns dos seus dispositivos pelos Decretos ns. 6.574, de 19.9.08 (DOU 22.9.08) e 6.967, de 29.9.09 (DOU 30.9.09). (não publicados nesta obra)

Art. 46. As reposições e indenizações ao erário, atualizadas até 30 de junho de 1994, serão previamente comunicadas ao servidor ativo, aposentado ou ao pensionista, para pagamento, no prazo máximo de trinta dias, podendo ser parceladas, a pedido do interessado.

§ 1º O valor de cada parcela não poderá ser inferior ao correspondente a dez por cento da remuneração, provento ou pensão.

§ 2º Quando o pagamento indevido houver ocorrido no mês anterior ao do processamento da folha, a reposição será feita imediatamente, em uma única parcela.

§ 3º Na hipótese de valores recebidos em decorrência de cumprimento a decisão liminar, a tutela antecipada ou a sentença que venha a ser revogada ou rescindida, serão eles atualizados até a data da reposição. (NR) *(Redação dada ao caput e parágrafos pela MP n. 2.225, de 4.9.01, DOU 5.9.01).*

Art. 47. O servidor em débito com o erário, que for demitido, exonerado ou que tiver sua aposentadoria ou disponibilidade cassada, terá o prazo de sessenta dias para quitar o débito.

PARÁGRAFO ÚNICO. A não quitação do débito no prazo previsto implicará sua inscrição em dívida ativa. (NR) *(Artigo alterado pela MP n. 2.225, de 4.9.01, DOU 5.9.01).*

Art. 48. O vencimento, a remuneração e o provento não serão objeto de arresto, sequestro ou penhora, exceto nos casos de prestação de alimentos resultante de decisão judicial.

CAPÍTULO II

Das Vantagens

Art. 49. Além do vencimento, poderão ser pagas ao servidor as seguintes vantagens:

I — indenizações;

II — gratificações;

III — adicionais.

§ 1º As indenizações não se incorporam ao vencimento ou provento para qualquer efeito.

§ 2º As gratificações e os adicionais incorporam-se ao vencimento ou provento, nos casos e condições indicados em lei.

Art. 50. As vantagens pecuniárias não serão computadas, nem acumuladas, para efeito de concessão de quaisquer outros acréscimos pecuniários ulteriores, sob o mesmo título ou idêntico fundamento.

SEÇÃO I

Das Indenizações

Art. 51. Constituem indenizações ao servidor:

I — ajuda de custo;

II — diárias;

III — transporte.

IV — Auxílio-moradia. (NR) *(Inciso acrescentado pela Lei n. 11.355, de 19.10.06, DOU 20.10.06)*

Art. 52. Os valores das indenizações, estabelecidas nos incisos I e III do art. 51 desta Lei, assim como as condições para a sua concessão, serão estabelecidos em regulamento (NR) *(Redação dada Lei n. 11.355, de 19.10.06, DOU 20.10.06)*

SUBSEÇÃO I

Da Ajuda de Custo

V. Decreto n. 4.004, de 8.11.01, DOU 9.11.01, que dispõe sobre a concessão de ajuda de custo e de transporte aos servidores públicos civis da União, das autarquias e das fundações públicas federais, e dá outras providências. Referido Decreto sofreu alterações em alguns dos seus dispositivos pelo Decreto n. 4.063, de 26.12.01 (DOU 27.12.01).

Art. 53. A ajuda de custo destina-se a compensar as despesas de instalação do servidor que, no interesse do serviço, passar a ter exercício em nova sede, com mudança de domicílio em caráter permanente, vedado o duplo pagamento de indenização, a qualquer tempo, no caso de o cônjuge ou companheiro que detenha também a condição de servidor vier a ter exercício na mesma sede. *(Alterado pela L. n. 9.527, de 10.12.97, DOU 11.12.97).*

§ 1º Correm por conta da administração as despesas de transporte de servidor e de sua família, compreendendo passagem, bagagem e bens pessoais.

§ 2º À família do servidor que falecer na nova sede são assegurados ajuda de custo e transporte para a localidade de origem, dentro do prazo de 1 (um) ano, contado do óbito.

§ 3º Não será concedida ajuda de custo nas hipóteses de remoção previstas nos incisos II e III do parágrafo único do art. 36. (NR). *(Redação dada pela Lei n. 12.998, de 18.6.14, DOU 20.6.14)*

Art. 54. A ajuda de custo é calculada sobre a remuneração do servidor, conforme se dispuser em regulamento, não podendo exceder a importância correspondente a 3 (três) meses.

Art. 55. Não será concedida ajuda de custo ao servidor que se afastar do cargo, ou reassumi-lo, em virtude de mandato eletivo.

Art. 56. Será concedida ajuda de custo àquele que, não sendo servidor da União, for nomeado para cargo em comissão, com mudança de domicílio.

PARÁGRAFO ÚNICO. No afastamento previsto no inciso I do art. 93, a ajuda de custo será paga pelo órgão cessionário, quando cabível.

Art. 57. O servidor ficará obrigado a restituir a ajuda de custo quando, injustificadamente, não se apresentar na nova sede no prazo de 30 (trinta) dias.

SUBSEÇÃO II

Das Diárias

Art. 58. O servidor que, a serviço, afastar-se da sede em caráter eventual ou transitório para outro ponto do Território Nacional ou para o exterior, fará jus a passagens e diárias destinadas a indenizar as parcelas de despesas extraordinárias com pousada, alimentação e locomoção urbana, conforme dispuser o regulamento.

§ 1º A diária será concedida por dia de afastamento, sendo devida pela metade quando o deslocamento não exigir pernoite fora da sede, ou quando a União custear, por meio diverso, as despesas extraordinárias cobertas por diárias.(*)

§ 2º Nos casos em que o deslocamento da sede constituir exigência permanente do cargo, o servidor não fará jus a diárias.

§ 3º Também não fará jus a diárias o servidor que se deslocar dentro da mesma região metropolitana, aglomeração urbana ou microrregião, constituídas por Municípios limítrofes e regularmente instituídas, ou em áreas de controle integrado mantidas com países limítrofes, cuja jurisdição e competência dos órgãos, entidades e servidores brasileiros considera-se estendida, salvo se houver pernoite fora da sede, hipóteses em que as diárias pagas serão sempre as fixadas para os afastamentos dentro do Território Nacional.(*)

(*) Alterado pela L. n. 9.527, de 10.12.97, DOU 11.12.97.

Art. 59. O servidor que receber diárias e não se afastar da sede, por qualquer motivo, fica obrigado a restituí-las integralmente, no prazo de 5 (cinco) dias.

PARÁGRAFO ÚNICO. Na hipótese de o servidor retornar à sede em prazo menor do que o previsto para o seu afastamento, restituirá as diárias recebidas em excesso, no prazo previsto no *caput*.

SUBSEÇÃO III

Da Indenização de Transporte

Art. 60. Conceder-se-á indenização de transporte ao servidor que realizar despesas com a utilização de meio próprio de locomoção para a execução de serviços externos, por força das atribuições próprias do cargo, conforme se dispuser em regulamento.

V. Decreto n. 3.184, de 27 de setembro de 1999, que dispõe sobre a concessão de indenização de transporte aos servidores públicos da administração direta, autárquica e fundacional do Poder Executivo da União, de modo a estender a indenização para os ocupantes de cargos em comissão, com a nova redação dada ao artigo 1º pelo Decreto n. 7.132, de 19.3.10 (DOU 22.3.10)

SUBSEÇÃO IV

Do Auxílio-Moradia

Art. 60-A. O auxílio-moradia consiste no ressarcimento das despesas comprovadamente realizadas pelo servidor com aluguel de moradia ou com meio de hospedagem administrativo por empresa hoteleira, no prazo de 1 (um) mês após a comprovação da despesa pelo servidor.

Art. 60-B. Conceder-se-á auxílio-moradia ao servidor se atendidos os seguintes requisitos:

I — não exista imóvel funcional disponível para uso pelo servidor;

II — o cônjuge ou companheiro do servidor não ocupe imóvel;

III — o servidor ou seu cônjuge ou companheiro não seja ou tenha sido proprietário, promitente comprador, cessionário de imóvel no Município aonde for exercer o cargo, incluída a hipótese de lote edificado sem averbação de construção, nos 12 (doze) meses que antecederem a sua nomeação;

IV — nenhuma outra pessoa que resida com o servidor receba auxílio-moradia;

V — o servidor tenha se mudado do local de residência para ocupar cargo em comissão ou função de confiança do Grupo-direção e Assessoramento Superiores — DAS, níveis 4, 5 e 6, de Natureza Especial, de Ministro de Estado ou equivalentes;

VI — o Município no qual assuma o cargo em comissão ou função de confiança não se enquadre nas hipóteses previstas no § 3º do art. 58 desta Lei, em relação ao local de residência ou domicílio do servidor;

VII — o servidor não tenha sido domiciliado ou tenha residido no Município, nos últimos 12 (doze) meses, aonde for exercer o cargo em comissão ou função de confiança, desconsiderando-se prazo inferior a 60 (sessenta) dias dentro desse período; e

VIII — o deslocamento não tenha sido por força de alteração de lotação ou nomeação para cargo efetivo.

IX — o deslocamento tenha ocorrido após 30 de junho de 2006 *(Acrescentado pela Lei n. 11.490, de 20.6.07, DOU 21.6.07).*

PARÁGRAFO ÚNICO. Para fins do disposto no inciso VII do *caput* deste artigo, não será considerado o prazo no qual o servidor estava ocupando outro cargo em comissão relacionado no inciso V *(Acrescentado pela Lei n. 11.355 de 19.10.06, DOU 20.10.06)*

Art. 60-C. (Revogado pela Lei n. 12.998, de 18.6.14, DOU 20.6.14)

Legislação Complementar

Nota: O art. 158, da Lei n. 11.355, de 19.10.06, DOU 20.10.06, modificado pela Lei n. 11.490, de 20.6.07, DOU 21.6.07, dispõe:

Art. 158. Até 30 de junho de 2008, o valor do auxílio-moradia continuará sendo de, no máximo, R$ 1.800,00 (mil e oitocentos reais). (Redação dada pela Lei n. 11.490, de 20.6.07, DOU 21.6.07)

§ 1º Para fins do art. 60-C da Lei n. 8.112, de 11 de dezembro de 1990, não serão considerados os prazos de recebimento do auxílio-moradia anteriores à vigência da Medida Provisória n. 301, de 29 de junho de 2006.

§ 2º Ficam mantidos e convalidados os pagamentos realizados a título de auxílio-moradia com base no art. 1º do Decreto n. 1.840, de 20 de março de 1996, observado o disposto no caput do art. 60-C da Lei n. 8.112, de 11 de dezembro de 1990. (Redação dada pela Lei n. 11.490, de 20.06.07, DOU 21.6.07)

Art. 60-D. O valor mensal do auxílio-moradia é limitado a 25% (vinte e cinco por cento) do valor do cargo em comissão, função comissionada ou cargo de Ministro de Estado ocupado. *(Redação dada pela Lei n. 11.784, de 22.9.08, DOU 23.09.08, Ret. DOU de 2.10.08 e 31.10.08)*

§ 1º O valor do auxílio-moradia não poderá superar 25% (vinte e cinco por cento) da remuneração de Ministro de Estado. *(Acrescentado pela Lei n. 11.784, de 22.9.08, DOU 23.09.08, Ret. DOU de 2.10.08 e 31.10.08)*

§ 2º Independentemente do valor do cargo em comissão ou função comissionada, fica garantido a todos os que preencherem os requisitos o ressarcimento até o valor de R$ 1.800,00 (hum mil e oitocentos reais) *(Acrescentado pela Lei n. 11.784, de 22.9.08, DOU 23.09.08, Ret. DOU de 2.10.08 e 31.10.08)*

Art. 60-E. No caso de falecimento, exoneração, colocação de imóvel funcional à disposição do servidor ou aquisição de imóvel, o auxílio-moradia continuará sendo pago por um mês. *(Subseção e Artigo acrescentado pela Lei n. 11.355, de 19.10.06, DOU 20.10.06)*

SEÇÃO II

Das Gratificações e Adicionais

Art. 61. Além do vencimento e das vantagens previstas nesta Lei, serão deferidos aos servidores as seguintes retribuições, gratificações e adicionais:

I — retribuição pelo exercício de função de direção, chefia e assessoramento;

II — gratificação natalina;

III — adicional por tempo de serviço; *(Inciso revogado pela MP n. 2.225, de 4.9.01, DOU 5.9.01)*

IV — adicional pelo exercício de atividades insalubres, perigosas ou penosas;

V — adicional pela prestação de serviço extraordinário;

VI — adicional noturno;

VII — adicional de férias;

VIII — outros, relativos ao local ou à natureza do trabalho.

— Alterado pela L. n. 9.527, de 10.12.97, DOU 11.12.97.

IX — gratificação por encargo de curso ou concurso. (NR) *(Acrescentado pela Lei n. 11.314, de 3.7.06, DOU 4.7.06)*

SUBSEÇÃO I

Da Retribuição pelo Exercício de Função de Direção, Chefia e/ou Assessoramento

Art. 62. Ao servidor ocupante de cargo efetivo investido em função de direção, chefia ou assessoramento, cargo de provimento em comissão ou de Natureza Especial é devida retribuição pelo seu exercício.

PARÁGRAFO ÚNICO. Lei específica estabelecerá a remuneração dos cargos em comissão de que trata o inciso II do artigo 9º.

— Alterado pela L. n. 9.527, de 10.12.97, DOU 11.12.97.

Art. 62-A. Fica transformada em Vantagem Pessoal Nominalmente Identificada — VPNI a incorporação da retribuição pelo exercício de função de direção, chefia ou assessoramento, cargo de provimento em comissão ou de Natureza Especial a que se referem os arts. 3º e 10 da Lei n. 8.911, de 11 de julho de 1994, e o art. 3º da Lei n. 9.624, de 2 de abril de 1998.

PARÁGRAFO ÚNICO. A VPNI de que trata o *caput* deste artigo somente estará sujeita às revisões gerais de remuneração dos servidores públicos federais. (NR) *(Artigo e parágrafo acrescentado pela MP n. 2.225, de 4.9.01, DOU 5.9.01).*

SUBSEÇÃO II

Da Gratificação Natalina

Art. 63. A gratificação natalina corresponde a 1/12 (um doze avos) da remuneração a que o servidor fizer jus no mês de dezembro, por mês de exercício no respectivo ano.

PARÁGRAFO ÚNICO. A fração igual ou superior a 15 (quinze) dias será considerada como mês integral.

Art. 64. A gratificação será paga até o dia 20 (vinte) do mês de dezembro de cada ano.

PARÁGRAFO ÚNICO. (Vetado).

Art. 65. O servidor exonerado perceberá sua gratificação natalina, proporcionalmente aos meses de exercício, calculada sobre a remuneração do mês da exoneração.

Art. 66. A gratificação natalina não será considerada para cálculo de qualquer vantagem pecuniária.

SUBSEÇÃO III

Do Adicional por Tempo de Serviço

Art. 67. O adicional por tempo de serviço é devido à razão de cinco por cento a cada cinco anos de serviço público efetivo prestado à União, às autarquias e às fundações públicas federais, observado o limite máximo de 35% incidente exclusivamente sobre o vencimento básico do cargo efetivo, ainda que investido o servidor em função ou cargo de confiança.

PARÁGRAFO ÚNICO. O servidor fará jus ao adicional a partir do mês em que completar o quinquênio.

— Alterado pela L. n. 9.527, de 10.12.97, DOU 11.12.97.

— Artigo revogado pela MP n. 2.225, de 4.9.01, DOU 5.9.01, respeitadas as situações constituídas até 8 de março de 1999.

SUBSEÇÃO IV

Dos Adicionais de Insalubridade, Periculosidade ou Atividades Penosas

Art. 68. Os servidores que trabalhem com habitualidade em locais insalubres, perigosos ou em contato permanente com substâncias tóxicas, radioativas, ou com risco de vida, fazem jus a um adicional, conforme os valores abaixo:

I — grau de exposição mínimo de insalubridade: R$ 100,00;

II — grau de exposição médio de insalubridade: R$ 180,00;

III — grau de exposição máximo de insalubridade: R$ 260,00; e

IV — periculosidade: R$ 180,00

...." (NR)

(Alterado pela Medida Provisória n. 568, de 11 de maio de 2012, DOU 14.05.2012)

§ 1º O servidor que fizer jus aos adicionais de insalubridade e de periculosidade deverá optar por um deles.

§ 2º O direito ao adicional de insalubridade ou periculosidade cessa com a eliminação das condições ou dos riscos que deram causa a sua concessão.

Nota: O artigo 87, da Medida Provisória n. 568 dispõe:

"Art. 87. Caso o disposto nesta seção acarrete redução do valor global da remuneração total de servidor ativo que, na data de entrada em vigor desta Lei, vinha recebendo adicional de insalubridade ou de periculosidade, a diferença será paga a título de vantagem pessoal nominalmente identificada de, conforme o caso, adicional de insalubridade ou de periculosidade, de natureza provisória, que será gradativamente absorvida por ocasião do desenvolvimento no cargo por progressão ou promoção ordinária ou extraordinária, da reorganização ou da reestruturação dos cargos ou das remunerações previstas nesta Lei, da concessão de reajuste ou vantagem de qualquer natureza, sem prejuízo da supressão imediata na hipótese do art. 68, § 2º, da Lei n. 8.112, de 1990".

Art. 69. Haverá permanente controle da atividade de servidores em operações ou locais considerados penosos, insalubres ou perigosos.

PARÁGRAFO ÚNICO. A servidora gestante ou lactante será afastada, enquanto durar a gestação e a lactação, das operações e locais previstos neste artigo, exercendo suas atividades em local salubre e em serviço não penoso e não perigoso.

Art. 70. Na concessão dos adicionais de atividades penosas, de insalubridade e de periculosidade, serão observadas as situações estabelecidas em legislação específica.

— Ver art. 12 da Lei n. 8.270/91, DOU de 19.12.91.

Art. 71. O adicional de atividade penosa será devido aos servidores em exercício em zonas de fronteira ou em localidades cujas condições de vida o justifiquem, nos termos, condições e limites fixados em regulamento.

Art. 72. Os locais de trabalho e os servidores que operam com Raios X ou substâncias radioativas serão mantidos sob controle permanente, de modo que as doses de radiação ionizante não ultrapassem o nível máximo previsto na legislação própria.

PARÁGRAFO ÚNICO. Os servidores a que se refere este artigo serão submetidos a exames médicos a cada 6 (seis) meses.

SUBSEÇÃO V
Do Adicional por Serviço Extraordinário

Art. 73. O serviço extraordinário será remunerado com acréscimo de 50% (cinquenta por cento) em relação à hora normal de trabalho.

Art. 74. Somente será permitido serviço extraordinário para atender a situações excepcionais e temporárias, respeitado o limite máximo de 2 (duas) horas por jornada.

SUBSEÇÃO VI
Do Adicional Noturno

Art. 75. O serviço noturno, prestado em horário compreendido entre 22 (vinte e duas) horas de um dia e 5 (cinco) horas do dia seguinte, terá o valor-hora acrescido de 25% (vinte e cinco por cento), computando-se cada hora como cinquenta e dois minutos e trinta segundos.

PARÁGRAFO ÚNICO. Em se tratando de serviço extraordinário, o acréscimo de que trata este artigo incidirá sobre a remuneração prevista no art. 73.

SUBSEÇÃO VII
Do Adicional de Férias

Art. 76. Independentemente de solicitação, será pago ao servidor, por ocasião das férias, um adicional correspondente a 1/3 (um terço) da remuneração do período das férias.

PARÁGRAFO ÚNICO. No caso de o servidor exercer função de direção, chefia ou assessoramento, ou ocupar cargo em comissão, a respectiva vantagem será considerada no cálculo do adicional de que trata este artigo.

SUBSEÇÃO VIII
Da Gratificação por Encargo de Curso ou Concurso(*)

Art. 76-A. A Gratificação por Encargo de Curso ou Concurso é devida ao servidor que, em caráter eventual:

I — atuar como instrutor em curso de formação, de desenvolvimento ou de treinamento regularmente instituído no âmbito da administração pública federal;

II — participar de banca examinadora ou de comissão para exames orais, para análise curricular, para correção de provas discursivas, para elaboração de questões de provas ou para julgamento de recursos intentados por candidatos;

III — participar da logística de preparação e de realização de concurso público envolvendo atividades de planejamento, coordenação, supervisão, execução e avaliação de resultado, quando tais atividades não estiverem incluídas entre as suas atribuições permanentes;

IV — participar da aplicação, fiscalizar ou avaliar provas de exame vestibular ou de concurso público ou supervisionar essas atividades.

§ 1º Os critérios de concessão e os limites da gratificação de que trata este artigo serão fixados em regulamento, observados os seguintes parâmetros:

I — o valor da gratificação será calculado em horas, observadas a natureza e a complexidade da atividade exercida;

II — a retribuição não poderá ser superior ao equivalente a 120 (cento e vinte) horas de trabalho anuais, ressalvada situação de excepcionalidade, devidamente justificada e previamente aprovada pela autoridade máxima do órgão ou entidade, que poderá autorizar o acréscimo de até 120 (cento e vinte) horas de trabalho anuais;

III — o valor máximo da hora trabalhada corresponderá aos seguintes percentuais, incidentes sobre o maior vencimento básico da administração pública federal:

a) 2,2% (dois inteiros e dois décimos por cento), em se tratando de atividades previstas nos incisos I e II do *caput* deste artigo; *(Redação dada pela Lei n. 11.501, de 11.7.07, DOU 12.7.07)*

b) 1,2% (um inteiro e dois décimos por cento), em se tratando de atividade prevista nos incisos III e IV do *caput* deste artigo. *(Redação dada pela Lei n. 11.501, de 11.7.07, DOU 12.7.07)*

§ 2º A Gratificação por Encargo de Curso ou Concurso somente será paga se as atividades referidas nos incisos do caput deste artigo forem exercidas sem prejuízo das atribuições do cargo de que o servidor for titular, devendo ser objeto de compensação de carga horária quando desempenhadas durante a jornada de trabalho, na forma do § 4º do art. 98 desta Lei.

(*) subseção acrescentada pela Lei n. 11.314, de 3.7.06, DOU 4.7.06

Legislação Complementar

§ 3º A Gratificação por Encargo de Curso ou Concurso não se incorpora ao vencimento ou salário do servidor para qualquer efeito e não poderá ser utilizada como base de cálculo para quaisquer outras vantagens, inclusive para fins de cálculo dos proventos da aposentadoria e das pensões. *(Artigo acrescentado pela Lei n. 11.314, de 3.7.06, DOU 4.7.06)*

CAPÍTULO III

Das Férias

Art. 77. O servidor fará jus a trinta dias de férias, que podem ser acumuladas, até o máximo de dois períodos, no caso de necessidade do serviço, ressalvadas as hipóteses em que haja legislação específica.

§ 1º Para o primeiro período aquisitivo de férias serão exigidos 12 (doze) meses de exercício.

§ 2º É vedado levar à conta de férias qualquer falta ao serviço.

§ 3º As férias poderão ser parceladas em até três etapas, desde que assim requeridas pelo servidor, e no interesse da administração pública.

— Alterados pela L. n. 9. 525, de 3.12.97, DOU 4.12.97.

Art. 78. O pagamento da remuneração das férias será efetuado até 2 (dois) dias antes do início do respectivo período, observando-se o disposto no § 1º deste artigo.

§ 3º O servidor exonerado do cargo efetivo, ou em comissão, perceberá indenização relativa ao período das férias a que tiver direito e ao incompleto, na proporção de um doze avos por mês de efetivo exercício, ou fração superior a quatorze dias. *(Redação da L. n. 8.216, de 13.8.91).*

§ 4º A indenização será calculada com base na remuneração do mês em que for publicado o ato exoneratório. *(Redação da L. n. 8.216, de 13.8.91).*

§ 5º Em caso de parcelamento, o servidor receberá o valor adicional previsto no inciso XVII, do art. 7º da Constituição Federal quando da utilização do primeiro período.

— Os parágrafos 1º e 2º foram revogados e acrescentado o § 5º pela Lei n. 9.527, de 10.12.97, DOU 11.12.97.

Art. 79. O servidor que opera direta e permanentemente com Raios X ou substâncias radioativas gozará 20 (vinte) dias consecutivos de férias, por semestre de atividade profissional, proibida em qualquer hipótese a acumulação.

— O parágrafo único deste artigo foi revogado pela L. n. 9.527, de 10.12.97, DOU 11.12.97.

Art. 80. As férias somente poderão ser interrompidas por motivo de calamidade pública, comoção interna, convocação para júri, serviço militar ou eleitoral, ou por necessidade do serviço declarada pela autoridade máxima do órgão ou entidade.

PARÁGRAFO ÚNICO. O restante do período interrompido será gozado de uma só vez, observado o disposto no artigo 77.

— Alterado pela L. n. 9.527, de 10.12.97, DOU 11.12.97.

Dispõe o art. 2º da Lei n. 9.525, de 2.12.97, DOU 4.12.97: "Art. 2º Aplica-se aos Ministros de Estado o disposto nos arts. 77, 78 e 80 da Lei n. 8.112, de 11 de dezembro de 1990, exceto quanto ao limite de parcelamento das férias, cabendo àquelas autoridades dar ciência prévia ao Presidente da República de cada período a ser utilizado. (Redação dada pela Medida Provisória n. 2.225-45, de 4.9.2001)

CAPÍTULO IV

Das Licenças

SEÇÃO I

Disposições Gerais

Art. 81. Conceder-se-á ao servidor licença:

I — por motivo de doença em pessoa da família;

II — por motivo de afastamento do cônjuge ou companheiro;

III — para o serviço militar;

IV — para atividade política;

V — para capacitação; *(Alterado pela L. n. 9. 527, de 10.12.97, DOU 11.12.97)*;

VI — para tratar de interesses particulares;

VII — para desempenho de mandato classista.

§ 1º A licença prevista no inciso I do *caput* deste artigo bem como cada uma de suas prorrogações serão precedidas de exame por perícia médica oficial, observado o disposto no art. 204 desta Lei. *(Redação dada pela Lei n. 11.907, de 2.2.09, DOU 3.2.09)*

§ 2º O servidor não poderá permanecer em licença da mesma espécie por período superior a 24 (vinte e quatro) meses, salvo nos casos dos incisos II, III, IV e VII.(*)

§ 3º É vedado o exercício de atividade remunerada durante o período da licença prevista no inciso I deste artigo.

(*) O § 2º foi revogado pela L. n. 9.527, de 10.12.97, DOU 11.12.97.

Art. 82. A licença concedida dentro de 60 (sessenta) dias do término de outra da mesma espécie será considerada como prorrogação.

SEÇÃO II

Da Licença por Motivo de Doença em Pessoa da Família

Art. 83. Poderá ser concedida licença ao servidor por motivo de doença do cônjuge ou companheiro, dos pais, dos filhos, do padrasto ou madrasta e enteado, ou dependente que viva a suas expensas e conste do seu assentamento funcional, mediante comprovação por perícia médica oficial. *(Redação dada pela Lei n. 11.907, de 2.2.09, DOU 3.2.09)*

§ 1º A licença somente será deferida se a assistência direta do servidor for indispensável e não puder ser prestada simultaneamente com o exercício do cargo ou mediante compensação de horário, na forma do disposto no inciso II do artigo 44. *(Alterado pela L. n. 9.527, de 10.12.97, DOU 11.12.97)*

§ 2º A licença de que trata o *caput*, incluídas as prorrogações, poderá ser concedida a cada período de doze meses nas seguintes condições:

I — por até 60 (sessenta) dias, consecutivos ou não, mantida a remuneração do servidor; e *(Redação dada pela Lei n. 12.269, de 21.6.10, DOU 22.6.10)*

II — por até 90 (noventa) dias, consecutivos ou não, sem remuneração. *(Redação dada pela Lei n. 12.269, de 21.6.10, DOU 22.6.10)*

§ 3º O início do interstício de 12 (doze) meses será contado a partir da data do deferimento da primeira licença concedida. *(Redação dada pela Lei n. 12.269, de 21.6.10, DOU 22.6.10)*

§ 4º A soma das licenças remuneradas e das licenças não remuneradas, incluídas as respectivas prorrogações, concedidas em um mesmo período de 12 (doze) meses (*), observado o disposto no § 3º, não poderá ultrapassar os limites estabelecidos nos incisos I e II do § 2º." (NR) *(Acrescentado pela Lei n. 12.269, de 21.6.10, DOU 22.6.10)*

***Nota**: O art. 24, da Lei n. 12.269, de 21 de junho de 2010, dispõe:*

*"**Art. 24.** Para fins de aplicação do disposto no § 3º do art. 83 da Lei n. 8.112, de 11 dezembro de 1990, com a redação dada por esta Lei, será considerado como início do interstício a data da primeira licença por motivo de doença em pessoa da família concedida a partir de 29 de dezembro de 2009.*

***Parágrafo único.** Sem prejuízo do disposto no **caput**, serão considerados como de efetivo exercício, para todos os fins, os períodos de gozo de licença a partir de 12 de dezembro de 1990 cuja duração máxima, em cada período de 12 (doze) meses a contar da data da primeira licença gozada, seja de até 30 (trinta) dias."*

SEÇÃO III

Da Licença por Motivo de Afastamento do Cônjuge

Art. 84. Poderá ser concedida licença ao servidor para acompanhar cônjuge ou companheiro que foi deslocado para outro ponto do território nacional, para o exterior ou para o exercício de mandato eletivo dos Poderes Executivo e Legislativo.

§ 1º A licença será por prazo indeterminado e sem remuneração.

§ 2º No deslocamento de servidor cujo cônjuge ou companheiro também seja servidor público, civil ou militar, de qualquer dos Poderes da União, dos Estados, do Distrito Federal e dos Municípios, poderá haver exercício provisório em órgão ou entidade da Administração Federal direta, autárquica ou fundacional, desde que para o exercício de atividade compatível com o seu cargo. *(Alterado pela L. 9.527, de 10.12.97, DOU 11.12.97).*

SEÇÃO IV

Da Licença para o Serviço Militar

Art. 85. Ao servidor convocado para o serviço militar será concedida licença, na forma e condições previstas na legislação específica.

PARÁGRAFO ÚNICO. Concluído o serviço militar, o servidor terá até 30 (trinta) dias sem remuneração para reassumir o exercício do cargo.

SEÇÃO V

Da Licença para Atividade Política

Art. 86. O servidor terá direito à licença, sem remuneração, durante o período que mediar entre a sua escolha em convenção partidária, como candidato a cargo eletivo, e a véspera do registro de sua candidatura perante a Justiça Eleitoral.

§ 1º O servidor candidato a cargo eletivo na localidade onde desempenha suas funções e que exerça cargo de direção, chefia, assessoramento, arrecadação ou fiscalização, dele será afastado, a partir do dia imediato ao do registro de sua candidatura perante a Justiça Eleitoral, até o décimo dia seguinte ao do pleito.

§ 2º A partir do registro da candidatura e até o décimo dia seguinte ao da eleição, o servidor fará jus à licença, assegurados os vencimentos do cargo efetivo, somente pelo período de três meses.

— §§ 1º e 2º, alterados pela L. n. 9.527, de 10.12.97, DOU 11.12.97.

SEÇÃO VI

Da Licença para capacitação

Art. 87. Após cada quinquênio de efetivo exercício, o servidor poderá, no interesse da Administração, afastar-se do exercício do cargo efetivo, com a respectiva remuneração, por até três meses, para participar de curso de capacitação profissional.

PARÁGRAFO ÚNICO. Os períodos de licença de que trata o *caput* não são acumuláveis.

— Alterado pela L. n. 9.527, de 10.12.97, DOU 11.12.97.

Arts. 88. e 89. Revogados pela Lei n. 9. 527, de 10.12.97 (DOU de 12.12.97).

Art. 90. *(Vetado).*

SEÇÃO VII

Da Licença para Tratar de Interesses Particulares

Art. 91. A critério da Administração, poderão ser concedidas ao servidor ocupante de cargo efetivo, desde que não esteja em estágio probatório, licenças para o trato de assuntos particulares pelo prazo de até três anos consecutivos, sem remuneração.

PARÁGRAFO ÚNICO. A licença poderá ser interrompida, a qualquer tempo, a pedido do servidor ou no interesse do serviço. (NR) *(Alterado pela Medida Provisória n. 2.225, de 4.9.01, DOU 5.9.01).*

SEÇÃO VIII

Da Licença para o Desempenho de Mandato Classista

Art. 92. É assegurado ao servidor o direito à licença sem remuneração para o desempenho de mandato em confederação, federação, associação de classe de âmbito nacional, sindicato representativo da categoria ou entidade fiscalizadora da profissão ou, ainda, para participar de gerência ou administração em sociedade cooperativa constituída por servidores públicos para prestar serviços a seus membros, observado o disposto na alínea c do inciso VIII do art. 102 desta Lei, conforme disposto em regulamento e observados os seguintes limites: *(Redação dada pela Lei n. 11.094, de 13.1.05, DOU 14.1.05 e retificada DOU 17.1.05)*

I — para entidades com até 5.000 (cinco mil) associados, 2 (dois) servidores;

II — para entidades com 5.001 (cinco mil e um) a 30.000 (trinta mil) associados, 4 (quatro) servidores;

III — para entidades com mais de 30.000 (trinta mil) associados, 8 (oito) servidores.

§ 1º Somente poderão ser licenciados os servidores eleitos para cargos de direção ou de representação nas referidas entidades, desde que cadastradas no órgão competente.

§ 2º A licença terá duração igual à do mandato, podendo ser renovada, no caso de reeleição. (NR) *(Alteração dada pela Lei n. 12.998, de 18.6.14, DOU 20.6.14)*

CAPÍTULO V

Dos Afastamentos

SEÇÃO I

Do Afastamento para Servir a Outro Órgão ou Entidade

V. Decreto n. 4.050, de 12.12.01, DOU 13.12.01, não publicado nesta obra, que regulamenta o art. 93, da Lei n. 8.112, de 11.12.90, que dispõe sobre a cessão de servidores de órgãos e entidades da Administração Pública Federal, direta, autárquica e fundacional, e dá outras providências
V. Decreto n. 4.493, de 3.12.02 (DOU 4.12.02)
V. Decreto n. 4.587, de 7.2.03 (LTr 67-02/256)
V. Decreto n. 5.213, de 24.9.04, DOU 27.9.04
Tais Decretos modificam dispositivos do Decreto n. 4.050 de 12.12.01

Art. 93. O servidor poderá ser cedido para ter exercício em outro órgão ou órgão ou entidade dos Poderes da União, dos Estados, ou do Distrito Federal e dos Municípios, nas seguintes hipóteses:

Legislação Complementar

I — para exercício de cargo em comissão ou função de confiança;

II — em casos previstos em leis específicas.

§ 1º Na hipótese do inciso I, sendo a cessão para órgãos ou entidades dos Estados, do Distrito Federal ou dos Municípios, o ônus da remuneração será do órgão ou entidade cessionária, mantido o ônus para o cedente nos demais casos.

§ 2º Na hipótese de o servidor cedido à empresa pública ou sociedade de economia mista, nos termos das respectivas normas, optar pela remuneração do cargo efetivo ou pela remuneração do cargo efetivo acrescida de percentual da retribuição do cargo em comissão, a entidade cessionária efetuará o reembolso das despesas realizadas pelo órgão ou entidade de origem. *(Redação dada pela Lei n. 11.355, de 19.10.06, DOU 20.10.06)*

§ 3º A cessão far-se-á mediante Portaria publicada no Diário Oficial da União.

§ 4º Mediante autorização expressa do Presidente da República, o servidor do Poder Executivo poderá ter exercício em outro órgão da Administração Federal direta que não tenha quadro próprio de pessoal, para fim determinado e a prazo certo. *(Redação do art. 93, incisos e §§ 3º e 4º dada pela L. n. 8.270, de 17.12.91, DOU 19.12.91, LTr 56-01/126).*

§ 5º Aplica-se à União, em se tratando de empregado ou servidor por ela requisitado, as disposições dos §§ 1º e 2º deste artigo. (*)

§ 6º As cessões de empregados de empresa pública ou de sociedade de economia mista, que receba recursos de Tesouro Nacional para o custeio total ou parcial da sua folha de pagamento de pessoal, independem das disposições contidas nos incisos I e II e §§ 1º e 2º deste artigo, ficando o exercício do empregado cedido condicionado a autorização específica do Ministério do Planejamento, Orçamento e Gestão, exceto nos casos de ocupação de cargo em comissão ou função gratificada.(*)

§ 7º O Ministério do Planejamento, Orçamento e Gestão, com a finalidade de promover a composição da força de trabalho dos órgãos e entidades da Administração Pública Federal, poderá determinar a lotação ou o exercício de empregado ou servidor, independentemente da observância do constante no inciso I e nos §§ 1º e 2º deste artigo. (NR)(*) *(Redação do § 5º e inclusão dos §§ 6º e 7º pela Lei n. 10.470, de 25.6.02, DOU 26.6.02).*

V. Decreto n. 5.375, de 17.2.05, DOU 18.2.05, que dispõe sobre a aplicação do § 7º desta lei, para compor força de trabalho, no âmbito dos projetos que especifica, e dá outras providências (não publicada nesta obra)

SEÇÃO II

Do Afastamento para Exercício de Mandato Eletivo

Art. 94. Ao servidor investido em mandato eletivo aplicam-se as seguintes disposições:

I — tratando-se de mandato federal, estadual ou distrital, ficará afastado do cargo;

II — investido no mandato de Prefeito, será afastado do cargo, sendo-lhe facultado optar pela sua remuneração;

III — investido no mandato de vereador:

a) havendo compatibilidade de horário, perceberá as vantagens de seu cargo, sem prejuízo da remuneração do cargo eletivo;

b) não havendo compatibilidade de horário, será afastado do cargo, sendo-lhe facultado optar pela sua remuneração.

§ 1º No caso de afastamento do cargo, o servidor contribuirá para a seguridade social como se em exercício estivesse.

§ 2º O servidor investido em mandato eletivo ou classista não poderá ser removido ou redistribuído de ofício para localidade diversa daquela onde exerce o mandato.

SEÇÃO III

Do Afastamento para Estudo ou Missão no Exterior

Art. 95. O servidor não poderá ausentar-se do País para estudo ou missão oficial, sem autorização do Presidente da República, Presidente dos Órgãos do Poder Legislativo e Presidente do Supremo Tribunal Federal.

§ 1º A ausência não excederá a 4 (quatro) anos, e finda a missão ou estudo, somente decorrido igual período, será permitida nova ausência.

§ 2º Ao servidor beneficiado pelo disposto neste artigo não será concedida exoneração ou licença para tratar de interesse particular antes de decorrido período igual ao do afastamento, ressalvada a hipótese de ressarcimento da despesa havida com seu afastamento.

§ 3º O disposto neste artigo não se aplica aos servidores da carreira diplomática.

§ 4º As hipóteses, condições e formas para a autorização de que trata este artigo, inclusive no que se refere à remuneração do servidor, serão disciplinadas em regulamento.(*)

(*) Acrescentado pela L. n. 9.527, de 10.12.97, DOU 11.12.97.

Art. 96. O afastamento de servidor para servir em organismo internacional de que o Brasil participe ou com o qual coopere dar-se-á com perda total da remuneração.

V. Decreto n. 3.456, de 10.5.00, DOU 11.5.00.

SEÇÃO IV

Do Afastamento para Participação em Programa de Pós-Graduação *Stricto Sensu* no país

(Seção acrescida pela Lei n. 11.907, de 2.2.09, DOU 3.2.09)

Art. 96-A. O servidor poderá, no interesse da Administração, e desde que a participação não possa ocorrer simultaneamente com o exercício do cargo ou mediante compensação de horário, afastar-se do exercício do cargo efetivo, com a respectiva remuneração, para participar em programa de pós-graduação *stricto sensu* em instituição de ensino superior no País.

§ 1º Ato do dirigente máximo do órgão ou entidade definirá, em conformidade com a legislação vigente, os programas de capacitação e os critérios para participação em programas de pós-graduação no País, com ou sem afastamento do servidor, que serão avaliados por um comitê constituído para este fim.

§ 2º Os afastamentos para realização de programas de mestrado e doutorado somente serão concedidos aos servidores titulares de cargos efetivos no respectivo órgão ou entidade há pelo menos 3 (três) anos para mestrado e 4 (quatro) anos para doutorado, incluído o período de estágio probatório, que não tenham se afastado por licença para tratar de assuntos particulares para gozo de licença capacitação ou com fundamento neste artigo nos 2 (dois) anos anteriores à data da solicitação de afastamento.

§ 3º Os afastamentos para realização de programas de pós-doutorado somente serão concedidos aos servidores titulares de cargos efetivo no respectivo órgão ou entidade há pelo menos quatro anos, incluído o período de estágio probatório, e que não tenham se afastado por licença para tratar de assuntos particulares ou com fundamento neste artigo, nos quatro anos anteriores à data da solicitação de afastamento." (NR) *(Redação dada pela Lei n. 12.269, de 21.6.10, DOU 22.6.10)*

§ 4º Os servidores beneficiados pelos afastamentos previstos nos §§ 1º, 2º e 3º deste artigo terão que permanecer no exercício de suas funções após o seu retorno por um período igual ao do afastamento concedido.

§ 5º Caso o servidor venha a solicitar exoneração do cargo ou aposentadoria, antes de cumprido o período de permanência previsto no § 4º deste artigo, deverá ressarcir o órgão ou entidade, na forma do art. 47 da Lei n. 8.112, de 11 de dezembro de 1990, dos gastos com seu aperfeiçoamento.

§ 6º Caso o servidor não obtenha o título ou grau que justificou seu afastamento no período previsto, aplica-se o disposto no § 5º deste artigo, salvo na hipótese comprovada de força maior ou de caso fortuito, a critério do dirigente máximo do órgão ou entidade.

§ 7º Aplica-se à participação em programa de pós-graduação no Exterior, autorizado nos termos do art. 95 desta Lei, o disposto nos §§ 1º a 6º deste artigo. *(Acrescentado pela Lei n. 11.907, de 2.2.09, DOU 3.2.09)*

CAPÍTULO VI

Das Concessões

Art. 97. Sem qualquer prejuízo, poderá o servidor ausentar-se do serviço: *(Redação dada pela MP n. 632, de 24.12.13, DOU 26.12.13)*

I — por 1 (um) dia, para doação de sangue;

II — pelo período comprovadamente necessário para alistamento ou recadastramento eleitoral, limitado, em qualquer caso, a 2 (dois) dias; e (NR). *(Alteração dada pela Lei n. 12.998, de 18.6.14. DOU 20.6.14)*

III — por 8 (oito) dias consecutivos em razão de:

a) casamento;

b) falecimento do cônjuge, companheiro, pais, madrasta ou padrasto, filhos, enteados, menor sob guarda ou tutela e irmãos.

Art. 98. Será concedido horário especial ao servidor estudante, quando comprovada a incompatibilidade entre o horário escolar e o da repartição, sem prejuízo do exercício do cargo.

§ 1º Para efeito do disposto neste artigo, será exigida a compensação de horário no órgão ou entidade que tiver exercício, respeitada a duração semanal do trabalho.(*)

§ 2º Também será concedido horário especial ao servidor portador de deficiência, quando comprovada a necessidade por junta médica oficial, independentemente de compensação de horário. *(Redação dada pela Lei n. 9.527, de 10.12.97, DOU 11.12.97).*

§ 3º As disposições do parágrafo anterior são extensivas ao servidor que tenha cônjuge, filho ou dependente portador de deficiência física, exigindo-se, porém, neste caso, compensação de horário na forma do inciso II do art. 44.

— Redação dada pela Lei n. 9.527, de 10.12.97, DOU 11.12.97.

§ 4º Será igualmente concedido horário especial, vinculado à compensação de horário a ser efetivada no prazo de até 1 (um) ano, ao servidor que desempenhe atividade prevista nos incisos I e II do *caput* do art. 76-A desta Lei. (NR) *(Redação dada pela Lei n. 11.501, de 11.7.07, DOU 12.7.07)*

Art. 99. Ao servidor estudante que mudar de sede no interesse da administração é assegurada, na localidade da nova residência ou na mais próxima, matrícula em instituição de ensino congênere, em qualquer época, independentemente de vaga.

PARÁGRAFO ÚNICO. O disposto neste artigo estende-se ao cônjuge ou companheiro, aos filhos, ou anteados do servidor que vivam na sua companhia, bem como aos menores sob sua guarda, com autorização judicial.

CAPÍTULO VII

Do Tempo de Serviço

Art. 100. É contado para todos os efeitos o tempo de serviço público federal, inclusive o prestado às Forças Armadas.

Art. 101. A apuração do tempo de serviço será feita em dias, que serão convertidos em anos, considerado o ano como de trezentos e sessenta e cinco dias.

— O parágrafo único foi revogado pela Lei n. 9.527, de 10.12.97, DOU de 11.12.97.

Art. 102. Além das ausências ao serviço previstas no art. 97, são considerados como de efetivo exercício os afastamentos em virtude de:

I — férias;

II — exercício de cargo em comissão ou equivalente, em órgão ou entidade dos Poderes da União, dos Estados, Municípios e Distrito Federal;

III — exercício de cargo ou função de governo ou administração, em qualquer parte do território nacional, por nomeação do Presidente da República;

IV — participação em programa de treinamento regularmente instituído ou em programa de pós-graduação *stricto sensu* no País, conforme dispuser o regulamento; *(Redação dada pela Lei n. 11.907, de 2.2.09, DOU 3.2.09)*

V — desempenho de mandato eletivo federal, estadual, municipal ou do Distrito Federal, exceto para promoção por merecimento;

VI — júri e outros serviços obrigatórios por lei;

VII — missão ou estudo no exterior, quando autorizado o afastamento, conforme dispuser o regulamento;(*)

VIII — licença:

a) à gestante, à adotante e à paternidade;

b) para tratamento da própria saúde, até o limite de vinte e quatro meses, cumulativo ao longo do tempo de serviço público prestado à União, em cargo de provimento efetivo;(*)

c) para o desempenho de mandato classista ou participação de gerência ou administração em sociedade cooperativa constituída por servidores para prestar serviços a seus membros, exceto para efeito de promoção por merecimento; *(Redação dada pela Lei n. 11.094, de 13.1.05, DOU 14.1.05, retificada no DOU 17.1.05)*

d) por motivo de acidente em serviço ou doença profissional;

e) para capacitação, conforme dispuser o regulamento;(*)

f) por convocação para o serviço militar;

IX — deslocamento para a nova sede de que trata o art. 18;

X — participação em competição desportiva nacional ou convocação para integrar representação desportiva nacional, no País ou no exterior, conforme disposto em lei específica.

XI — afastamento para servir em organismo internacional de que o Brasil participe ou com o qual coopere.(*)

(*) Alterados pela L. n. 9.527, de 10.12.97, DOU 11.12.97.

Art. 103. Contar-se-á apenas para efeito de aposentadoria e disponibilidade:

I — o tempo de serviço público prestado aos Estados, Municípios e Distrito Federal;

II — a licença para tratamento de saúde de pessoal da família do servidor, com remuneração, que exceder a 30 (trinta) dias em período de 12 (doze) meses. " (NR) *(Redação dada pela Lei n. 12.269, de 21.6.10, DOU 22.6.10)*

III — a licença para atividade política, no caso do art. 86, § 2º;

IV — o tempo correspondente ao desempenho de mandato eletivo federal, estadual, municipal ou distrital, anterior ao ingresso no serviço público federal;

V — o tempo de serviço em atividade privada, vinculada à Previdência Social;

VI — o tempo de serviço relativo a tiro de guerra;

VII — o tempo de licença para tratamento da própria saúde que exceder o prazo a que se refere a alínea *b* do inciso VIII do artigo 102.(*)

§ 1º O tempo em que o servidor esteve aposentado será contado apenas para nova aposentadoria.

§ 2º Será contado em dobro o tempo de serviço prestado às Forças Armadas em operações de guerra.

§ 3º É vedada a contagem cumulativa de tempo de serviço prestado concomitantemente em mais de um cargo ou função de órgão ou entidades dos Poderes da União, Estado, Distrito Federal e Município, autarquia, fundação pública, sociedade de economia mista e empresa pública.

(*) Alterado pela L. n. 9.527, de 10.12.97, DOU 11.12.97.

CAPÍTULO VIII

Do Direito de Petição

Art. 104. É assegurado ao servidor o direito de requerer aos Poderes Públicos, em defesa de direito ou interesse legítimo.

Art. 105. O requerimento será dirigido à autoridade competente para decidi-lo e encaminhado por intermédio daquela a que estiver imediatamente subordinado o requerente.

Art. 106. Cabe pedido de reconsideração à autoridade que houver expedido o ato ou proferido a primeira decisão, não podendo ser renovado.

PARÁGRAFO ÚNICO. O requerimento e o pedido de reconsideração de que tratam os artigos anteriores deverão ser despachados no prazo de 5 (cinco) dias e decididos dentro de 30 (trinta) dias.

Art. 107. Caberá recurso:

I — do indeferimento do pedido de reconsideração;

II — das decisões sobre os recursos sucessivamente interpostos.

§ 1º O recurso será dirigido à autoridade imediatamente superior à que tiver expedido o ato ou proferido a decisão, e, sucessivamente, em escala ascendente, às demais autoridades.

§ 2º O recurso será encaminhado por intermédio da autoridade a que estiver imediatamente subordinado o requerente.

Art. 108. O prazo para interposição de pedido de reconsideração ou de recurso é de 30 (trinta) dias, a contar da publicação ou da ciência, pelo interessado, da decisão recorrida.

Art. 109. O recurso poderá ser recebido com efeito suspensivo, a juízo da autoridade competente.

PARÁGRAFO ÚNICO. Em caso de provimento do pedido de reconsideração ou do recurso, os efeitos da decisão retroagirão à data do ato impugnado.

Art. 110. O direito de requerer prescreve:

I — em 5 (cinco) anos, quanto aos atos de demissão e de cassação de aposentadoria ou disponibilidade, ou que afetem interesse patrimonial e créditos resultantes das relações de trabalho;

II — em 120 (cento e vinte) dias, nos demais casos, salvo quando outro prazo for fixado em lei.

PARÁGRAFO ÚNICO. O prazo de prescrição será contado da data da publicação do ato impugnado ou da data da ciência pelo interessado, quando o ato não for publicado.

Art. 111. O pedido de reconsideração e o recurso, quando cabíveis, interrompem a prescrição.

Art. 112. A prescrição é de ordem pública, não podendo ser relevada pela administração.

Art. 113. Para o exercício do direito de petição, é assegurada vista do processo ou documento, na repartição, ao servidor ou a procurador por ele constituído.

Art. 114. A administração deverá rever seus atos, a qualquer tempo, quando eivados de ilegalidade.

Art. 115. São fatais e improrrogáveis os prazos estabelecidos neste Capítulo, salvo motivo de força maior.

TÍTULO IV

Do Regime Disciplinar

CAPÍTULO I

Dos Deveres

Art. 116. São deveres do servidor:

I — exercer com zelo e dedicação as atribuições do cargo;

II — ser leal às instituições a que servir;

III — observar as normas legais e regulamentares;

IV — cumprir as ordens superiores, exceto quando manifestamente ilegais;

V — atender com presteza:

a) ao público em geral, prestando as informações requeridas, ressalvadas as protegidas por sigilo;

b) à expedição de certidões requeridas para defesa de direito ou esclarecimento de situações de interesse pessoal;

c) às requisições para a defesa da Fazenda Pública;

VI — levar as irregularidades de que tiver ciência em razão do cargo ao conhecimento da autoridade superior ou, quando houver suspeita de envolvimento desta, ao conhecimento de outra autoridade competente para apuração. (NR); *(Redação dada pela Lei n. 12.527, de 18.11.11, DOU 18.11.11 Ed. Extra).*

VII — zelar pela economia do material e a conservação do patrimônio público;

VIII — guardar sigilo sobre assunto da repartição;

IX — manter conduta compatível com a moralidade administrativa;

X — ser assíduo e pontual ao serviço;

XI — tratar com urbanidade as pessoas;

XII — representar contra ilegalidade, omissão ou abuso de poder.

PARÁGRAFO ÚNICO. A representação de que trata o inciso XII será encaminhada pela via hierárquica e apreciada pela autoridade superior àquela contra a qual é formulada, assegurando-se ao representando ampla defesa.

Obs: Não se incluem na competência do Juizado Especial da Fazenda Pública as causas que tenham como objeto a impugnação da pena de demissão imposta a servidores públicos civis ou sanções disciplinares aplicadas a militares (Lei n. 12.153 de 22.12.09, DOU 23.12.2009)

CAPÍTULO II

Das Proibições

Vide artigos 6º e 7º da Lei n. 9.525, de 10.12.97, DOU 11.12.97, que tratam sobre os titulares de cargos de Ministro de Estado, de Natureza Especial e do Grupo-Direção e Assessoramento Superiores - DAS, nível 6, bem assim as autoridades equivalentes, que tenham tido acesso a informações que possam ter repercussão econômica, na forma definida em regulamento, ficam impedidos de exercer atividades ou de prestar qualquer serviço no setor de sua atuação e que versam sobre outras providências. (não publicada nesta obra)

Vide também Decreto n. 4.187, de 8.4.09, que regulamenta os arts. 6º e 7º da Medida Provisória n. 2.225-45, de 4 de setembro de 2001 que dispõem sobre o impedimento de autoridades exercerem atividades ou prestarem serviços após a exoneração do cargo que ocupavam e sobre a remuneração compensatória a elas devida pela União, e dá outras providências. (não publicada nesta obra)

Art. 117. Ao servidor é proibido:

I — ausentar-se do serviço durante o expediente, sem prévia autorização do chefe imediato;

II — retirar, sem prévia anuência da autoridade competente, qualquer documento ou objeto da repartição;

III — recusar fé a documentos públicos;

IV — opor resistência injustificada ao andamento de documento e processo ou execução de serviço;

V — promover manifestação de apreço ou desapreço no recinto da repartição;

VI — cometer a pessoa estranha à repartição, fora dos casos previstos em lei, o desempenho de atribuição que seja de sua responsabilidade ou de seu subordinado;

VII — coagir ou aliciar subordinados no sentido de filiarem-se à associação profissional ou sindical, ou a partido político;

VIII — manter sob sua chefia imediata, em cargo ou função de confiança, cônjuge, companheiro ou parente até o segundo grau civil;

IX — valer-se do cargo para lograr proveito pessoal ou de outrem, em detrimento da dignidade da função pública;

X — participar de gerência ou administração de sociedade privada, personificada ou não personificada, exercer o comércio, exceto na qualidade de acionista, cotista ou comanditário; *(Redação dada pela Lei n. 11.784, de 22.9.08, DOU 23.09.08, Ret. DOU 2.10.08 e 31.10.08)*

XI — atuar, como procurador ou intermediário, junto a repartições públicas, salvo quando se tratar de benefícios previdenciários ou assistenciais de parentes até o segundo grau, e de cônjuge ou companheiro;

XII — receber propina, comissão, presente ou vantagem de qualquer espécie, em razão de suas atribuições;

XIII — aceitar comissão, emprego ou pensão de estado estrangeiro;

XIV — praticar usura sob qualquer de suas formas;

XV — proceder de forma desidiosa;

XVI — utilizar pessoal ou recursos materiais da repartição em serviços ou atividades particulares.

XVII — cometer a outro servidor atribuições estranhas ao cargo que ocupa, exceto em situações de emergência e transitórias;

XVIII — exercer quaisquer atividades que sejam incompatíveis com o exercício do cargo ou função e com o horário de trabalho.

XIX — recusar-se a atualizar seus dados cadastrais quando solicitado.(*)

(*) Acrescentado pela L. n. 9.527, de 10.12.97, DOU 11.12.97.

PARÁGRAFO ÚNICO. A vedação de que trata o inciso X do *caput* deste artigo não se aplica nos seguintes casos: *(Acrescentado pela Lei n. 11.784, de 22.9.08, DOU 23.09.08, Ret. DOU de 2.10.08 e 31.10.08)*

I — participação nos conselhos de administração e fiscal de empresas ou entidades em que a União detenha, direta ou indiretamente, participação no capital social ou em sociedade cooperativa constituída para prestar serviços a seus membros; e *(Acrescentado pela Lei n. 11.784, de 22.9.08, DOU 23.09.08, Ret. DOU de 2.10.08 e 31.10.08)*

II — gozo de licença para o trato de interesses particulares, na forma do art. 91 desta Lei, observada a legislação sobre conflito de interesses." (NR) *(Acrescentado pela Lei n. 11.784, de 22.9.08, DOU 23.09.08, Ret. DOU de 2.10.08 e 31.10.08)*

CAPÍTULO III

Da Acumulação

Art. 118. Ressalvados os casos previstos na Constituição, é vedada a acumulação remunerada de cargos públicos.

§ 1º A proibição de acumular estende-se a cargos, empregos e funções em autarquias, fundações públicas, empresas públicas, sociedades de economia mista da União, do Distrito Federal, dos Estados, dos Territórios e dos Municípios.

§ 2º A acumulação de cargos, ainda que lícita, fica condicionada à comprovação da compatibilidade de horários.

§ 3º Considera-se acumulação proibida a percepção de vencimento de cargo ou emprego público efetivo com proventos da inatividade, salvo quando os cargos de que decorram essas remunerações forem acumuláveis na atividade.(*)

(*) Acrescentado pela L. n. 9.527, de 10.12.97, DOU 11.12.97.

Art. 119. O servidor não poderá exercer mais de um cargo em comissão, exceto no caso previsto no parágrafo único do artigo 9º, nem ser remunerado pela participação em órgão de deliberação coletiva.

— Alterado pela L. n. 9.527, de 10.12.97, DOU 11.12.97.

PARÁGRAFO ÚNICO. O disposto neste artigo não se aplica à remuneração devida pela participação em conselhos de administração e fiscal das empresas públicas e sociedades de economia mista, suas subsidiárias e controladas, bem como quaisquer empresas ou entidades em que a União, direta ou indiretamente, detenha participação no capital social, observado o que, a respeito, dispuser legislação específica. (NR) *(Alterado pela Medida Provisória n. 2.225, de 4.9.01, DOU 5.9.01).*

Art. 120. O servidor vinculado ao regime desta lei, que acumular licitamente dois cargos efetivos, quando investido em cargo de provimento em comissão, ficará afastado de ambos os cargos efetivos, salvo na hipótese em que houver compatibilidade de horário e local com o exercício de um deles, declarada pelas autoridades máximas dos órgãos ou entidades envolvidos.

— Alterado pela L. n. 9.527, de 10.12.97, DOU 11.12.97.

Legislação Complementar

CAPÍTULO IV
Das Responsabilidades

Art. 121. O servidor responde civil, penal e administrativamente pelo exercício irregular de suas atribuições.

Art. 122. A responsabilidade civil decorre de ato omissivo ou comissivo, doloso ou culposo, que resulte em prejuízo ao erário ou a terceiros.

§ 1º A indenização de prejuízo dolosamente causado ao erário somente será liquidada na forma prevista no art. 46, na falta de outros bens que assegurem a execução do débito pela via judicial.

§ 2º Tratando-se de dano causado a terceiros, responderá o servidor perante a Fazenda Pública, em ação regressiva.

§ 3º A obrigação de reparar o dano estende-se aos sucessores e contra eles será executada, até o limite do valor da herança recebida.

Art. 123. A responsabilidade penal abrange os crimes e contravenções imputadas ao servidor, nessa qualidade.

Art. 124. A responsabilidade civil-administrativa resulta de ato omissivo ou comissivo praticado no desempenho do cargo ou função.

Art. 125. As sanções civis, penais e administrativas poderão cumular-se, sendo independentes entre si.

Art. 126. A responsabilidade administrativa do servidor será afastada no caso de absolvição criminal que negue a existência do fato ou sua autoria.

Art. 126-A. Nenhum servidor poderá ser responsabilizado civil, penal ou administrativamente por dar ciência à autoridade superior ou, quando houver suspeita de envolvimento desta, a outra autoridade competente para apuração de informação concernente à prática de crimes ou improbidade de que tenha conhecimento, ainda que em decorrência do exercício de cargo, emprego ou função pública." *(Acrescentado pela Lei n. 12.527, de 18.11.11, DOU 18.11.11, Edição Extra)*

CAPÍTULO V
Das Penalidades

Art. 127. São penalidades disciplinares:

I — advertência;

II — suspensão;

III — demissão;

IV — cassação de aposentadoria ou disponibilidade;

V — destituição de cargo em comissão;

VI — destituição de função comissionada.

Art. 128. Na aplicação das penalidades serão consideradas a natureza e a gravidade da infração cometida, os danos que dela provierem para o serviço público, as circunstâncias agravantes ou atenuantes e os antecedentes funcionais.

PARÁGRAFO ÚNICO. O ato de imposição da penalidade mencionará sempre o fundamento legal e a causa da sanção disciplinar.(*)

(*) Acrescentado pela L. n. 9.527, de 10.12.97, DOU 11.12.97.

Art. 129. A advertência será aplicada por escrito, nos casos de violação de proibição constante do artigo 117, incisos I a VIII e XIX, e de inobservância de dever funcional previsto em lei, regulamentação ou norma interna, que não justifique imposição de penalidade mais grave.

— Alterado pela L. n. 9.527, de 10.12.97, DOU 11.12.97.

Art. 130. A suspensão será aplicada em caso de reincidência das faltas punidas com advertência e de violação das demais proibições que não tipifiquem infração sujeita à penalidade de demissão, não podendo exceder de 90 (noventa) dias.

§ 1º Será punido com suspensão de até 15 (quinze) dias o servidor que, injustificadamente, recusar-se a ser submetido à inspeção médica determinada pela autoridade competente, cessando os efeitos da penalidade uma vez cumprida a determinação.

§ 2º Quando houver conveniência para o serviço, a penalidade de suspensão poderá ser convertida em multa, na base de 50% (cinquenta por cento) por dia de vencimento ou remuneração, ficando o servidor obrigado a permanecer em serviço.

Art. 131. As penalidades de advertência e de suspensão terão seus registros cancelados, após o decurso de 3 (três) e 5 (cinco) anos de efetivo exercício, respectivamente, se o servidor não houver, nesse período, praticado nova infração disciplinar.

PARÁGRAFO ÚNICO. O cancelamento da penalidade não surtirá efeitos retroativos.

Art. 132. A demissão será aplicada nos seguintes casos:

I — crime contra a administração pública;

II — abandono de cargo;

III — inassiduidade habitual;

IV — improbidade administrativa;

V — incontinência pública e conduta escandalosa, na repartição;

VI — insubordinação grave em serviço;

VII — ofensa física, em serviço, a servidor ou a particular, salvo em legítima defesa própria ou de outrem;

VIII — aplicação irregular de dinheiros públicos;

IX — revelação de segredo do qual se apropriou em razão do cargo;

X — lesão aos cofres públicos e dilapidação do patrimônio nacional;

XI — corrupção;

XII — acumulação ilegal de cargos, empregos ou funções públicas;

XIII — transgressão dos incisos IX a XVI do art. 117.

Art. 133. Detectada a qualquer tempo a cumulação ilegal de cargos, empregos ou funções públicas, a autoridade a que se refere o artigo 143 notificará o servidor, por intermédio de sua chefia imediata, para apresentar opção no prazo improrrogável de dez dias, contados da data da ciência e, na hipótese de omissão, adotará procedimento sumário para a sua apuração e regularização imediata, cujo processo administrativo disciplinar se desenvolverá nas seguintes fases:(*)

I — instauração, com a publicação do ato que constituir a comissão, a ser composta por dois servidores estáveis, e simultaneamente indicar a autoria e a materialidade da transgressão objeto da apuração;(*)

II — instrução sumária, que compreende indiciação, defesa e relatório;(*)

III — julgamento.(*)

§ 1º A indicação da autoria de que trata o inciso I dar-se-á pelo nome e matrícula do servidor, e a materialidade pela descrição dos cargos, empregos ou funções públicas em situação de acumulação ilegal, dos órgãos ou entidades de vinculação, das datas de ingresso, do horário de trabalho e do correspondente regime jurídico.(*)

§ 2º A comissão lavrará, até três dias após a publicação do ato que a constituiu, termo de indiciação em que serão transcritas as informações de que trata o parágrafo anterior, bem como promoverá a citação pessoal do servidor indiciado, ou por intermédio de sua chefia imediata, para, no prazo de cinco dias, apresentar defesa escrita, assegurando-se-lhe vista do processo na repartição, observado o disposto nos artigos 163 e 164.(*)

§ 3º Apresentada a defesa, a comissão elaborará relatório conclusivo quanto à inocência ou à responsabilidade do servidor, em que resumirá as peças principais dos autos, opinará sobre a licitude da acumulação em exame, indicará o respectivo dispositivo legal e remeterá o processo à autoridade instauradora, para julgamento.(*)

§ 4º No prazo de cinco dias, contados do recebimento do processo, a autoridade julgadora proferirá a sua decisão, aplicando-se, quando for o caso, o disposto no § 3º do artigo 167.(*)

§ 5º A opção pelo servidor até o último dia de prazo para defesa configurará sua boa-fé, hipótese em que se converterá automaticamente em pedido de exoneração do outro cargo.(*)

§ 6º Caracterizada a acumulação ilegal e provada a má-fé, aplicar-se-á a pena de demissão, destituição ou cassação de aposentadoria ou disponibilidade em relação aos cargos, empregos ou funções públicas em regime de acumulação ilegal, hipótese em que os órgãos ou entidades de vinculação serão comunicados.(*))

§ 7º O prazo para a conclusão do processo administrativo disciplinar submetido ao rito sumário não excederá trinta dias, contados da data de publicação do ato que constituir a comissão, admitida a sua prorrogação por até quinze dias, quando as circunstâncias o exigirem.(*)

§ 8º O procedimento sumário rege-se pelas disposições deste artigo, observando-se, no que lhe for aplicável, subsidiariamente, as disposições dos Títulos IV e V desta Lei.

(*) Alterados pela L. n. 9.527, de 10.12.97, DOU 11.12.97.

Art. 134. Será cassada a aposentadoria ou a disponibilidade do inativo que houver praticado, na atividade, falta punível com a demissão.

Art. 135. A destituição de cargo em comissão exercido por não ocupante de cargo efetivo será aplicada nos casos de infração sujeita às penalidades de suspensão e de demissão.

PARÁGRAFO ÚNICO. Constatada a hipótese de que trata este artigo, a exoneração efetuada nos termos do art. 35 será convertida em destituição de cargo em comissão.

Art. 136. A demissão, ou a destituição de cargo em comissão, nos casos dos incisos IV, VIII, X e XI do art. 132, implica a indisponibilidade dos bens e o ressarcimento ao erário, sem prejuízo da ação penal cabível.

Art. 137. A demissão, ou a destituição de cargo em comissão, por infringência do art. 117, incisos IX e XI, incompatibiliza o ex-servidor para nova investidura em cargo público federal, pelo prazo de 5 (cinco) anos.

PARÁGRAFO ÚNICO. Não poderá retornar ao serviço público federal o servidor que for demitido ou destituído do cargo em comissão por infringência do art. 132, incisos I, IV, VIII, X e XI.

Art. 138. Configura abandono de cargo a ausência intencional do servidor ao serviço por mais de trinta dias consecutivos.

Art. 139. Entende-se por inassiduidade habitual a falta ao serviço, sem causa justificada, por sessenta dias, interpoladamente, durante o período de doze meses.

Art. 140. Na apuração de abondono de cargo ou inassiduidade habitual, também será adotado o procedimento sumário a que se refere o artigo 133, observando-se especialmente que:

I — a indicação da materialidade dar-se-á:

a) na hipótese de abandono de cargo, pela indicação precisa do período de ausência intencional do servidor ao serviço superior a trinta dias;

b) no caso de inassiduidade habitual, pela indicação dos dias de falta ao serviço sem causa justificada, por período igual ou superior a sessenta dias interpoladamente, durante o período de doze meses.

II — após a apresentação da defesa a comissão elaborará relatório conclusivo quanto à inocência ou à responsabilidade do servidor, em que resumirá as peças principais dos autos, indicará o respectivo dispositivo legal, opinará, na hipótese de abandono de cargo, sobre a intencionalidade da ausência ao serviço superior a trinta dias e remeterá o processo à autoridade instauradora para julgamento.

— Alterado pela L. n. 9.527, de 10.12.97, DOU 11.12.97.

Art. 141. As penalidades disciplinares serão aplicadas:

I — pelo Presidente da República, pelos Presidentes das Casas do Poder Legislativo e dos Tribunais Federais e pelo Procurador-Geral da República, quando se tratar de demissão e cassação de aposentadoria ou disponibilidade de servidor vinculado ao respectivo Poder, órgão, ou entidade;

II — pelas autoridades administrativas de hierarquia imediatamente inferior àquelas mencionadas no inciso anterior quando se tratar de suspensão superior a 30 (trinta) dias;

III — pelo chefe da repartição e outras autoridades na forma dos respectivos regimentos ou regulamentos, nos casos de advertência ou de suspensão de até 30 (trinta) dias;

IV — pela autoridade que houver feito a nomeação, quando se tratar de destituição de cargo em comissão.

Art. 142. A ação disciplinar prescreverá:

I — em 5 (cinco) anos, quanto às infrações puníveis com demissão, cassação de aposentadoria ou disponibilidade e destituição de cargo em comissão;

II — em 2 (dois) anos, quanto à suspensão;

III — em 180 (cento e oitenta) dias, quanto à advertência.

§ 1º O prazo de prescrição começa a correr da data em que o fato se tornou conhecido.

§ 2º Os prazos de prescrição previstos na lei penal aplicam-se às infrações disciplinares capituladas também como crime.

§ 3º A abertura de sindicância ou a instauração de processo disciplinar interrompe a prescrição, até a decisão final proferida por autoridade competente.

§ 4º Interrompido o curso da prescrição, o prazo começará a correr a partir do dia em que cessar a interrupção.

TÍTULO V

Do Processo Administrativo Disciplinar

CAPÍTULO I

Disposições Gerais

Art. 143. A autoridade que tiver ciência de irregularidade no serviço público é obrigada a promover a sua apuração imediata, mediante sindicância ou processo administrativo disciplinar, assegurada ao acusado ampla defesa.

§ 1º Compete ao órgão central do SIPEC supervisionar e fiscalizar o cumprimento do disposto neste artigo.(*) *Revogado pela Lei n. 11.204, de 5.12.05, DOU 6.12.05.*

§ 2º Constatada a omissão no cumprimento da obrigação a que se refere o *caput* deste artigo, o titular do órgão central do SIPEC designará a comissão de que trata o art. 149.(*) *Revogado pela Lei n. 11.204, de 5.12.05, DOU 6.12.05.*

§ 3º A apuração de que trata o *caput*, por solicitação da autoridade a que se refere, poderá ser promovida por autoridade de órgão ou entidade diverso daquele em que tenha ocorrido a irregularidade, mediante competência específica para tal finalidade, delegada em caráter permanente ou temporário pelo Presidente da República, pelos presidentes das Casas do Poder Legislativo e dos Tribunais Federais e pelo Procurador-Geral da República, no âmbito do respectivo Poder, órgão ou entidade, preservadas as competências para o julgamento que se seguir à apuração.(*) *(Acrescentados pela L. n. 9.527, de 10.12.97, DOU 11.12.97).*

Art. 144. As denúncias sobre irregularidades serão objeto de apuração, desde que contenham a identificação e o endereço do denunciante e sejam formuladas por escrito, confirmada a autenticidade.

PARÁGRAFO ÚNICO. Quando o fato narrado não configurar evidente infração disciplinar ou ilícito penal, a denúncia será arquivada, por falta de objeto.

Art. 145. Da sindicância poderá resultar:

I — arquivamento do processo;

II — aplicação de penalidade de advertência ou suspensão de até 30 (trinta) dias;

III — instauração de processo disciplinar.

PARÁGRAFO ÚNICO. O prazo para conclusão da sindicância não excederá 30 (trinta) dias, podendo ser prorrogado por igual período, a critério da autoridade superior.

Art. 146. Sempre que o ilícito praticado pelo servidor ensejar a imposição de penalidade de suspensão por mais de 30 (trinta) dias, de demissão, cassação de aposentadoria ou disponibilidade, ou destituição de cargo em comissão, será obrigatória a instauração de processo disciplinar.

CAPÍTULO II

Do Afastamento Preventivo

Art. 147. Como medida cautelar e a fim de que o servidor não venha a influir na apuração da irregularidade, a autoridade instauradora do processo disciplinar poderá determinar o seu afastamento do exercício do cargo, pelo prazo de até 60 (sessenta) dias, sem prejuízo da remuneração.

PARÁGRAFO ÚNICO. O afastamento poderá ser prorrogado por igual prazo, findo o qual cessarão os seus efeitos, ainda que não concluído o processo.

CAPÍTULO III

Do Processo Disciplinar

Art. 148. O processo disciplinar é o instrumento destinado a apurar responsabilidade de servidor por infração praticada no exercício de suas atribuições, ou que tenha relação com as atribuições do cargo em que se encontre investido.

Art. 149. O processo disciplinar será conduzido por comissão composta de três servidores estáveis designados pela autoridade competente, que indicará, dentre eles, o seu presidente, que deverá ser ocupante de cargo efetivo superior ou de mesmo nível, ou ter nível de escolaridade igual ou superior ao do indiciado.(*)

§ 1º A Comissão terá como secretário servidor designado pelo seu presidente, podendo a indicação recair em um de seus membros.

§ 2º Não poderá participar de comissão de sindicância ou de inquérito, cônjuge, companheiro ou parente do acusado, consanguíneo ou afim, em linha reta ou colateral, até o terceiro grau.

(*) Alterado pela L. n. 9.527, de 10.12.97, DOU 11.12.97.

Art. 150. A Comissão exercerá suas atividades com independência e imparcialidade, assegurado o sigilo necessário à elucidação do fato ou exigido pelo interesse da administração.

PARÁGRAFO ÚNICO. As reuniões e as audiências das comissões terão caráter reservado.

Art. 151. O processo disciplinar se desenvolve nas seguintes fases:

I — instauração, com a publicação do ato que constituir a comissão;

II — inquérito administrativo, que compreende instrução, defesa e relatório;

III — julgamento.

Art. 152. O prazo para a conclusão do processo disciplinar não excederá 60 (sessenta) dias, contados da data de publicação do ato que constituir a comissão, admitida a sua prorrogação por igual prazo, quando as circunstâncias o exigirem.

§ 1º Sempre que necessário, a comissão dedicará tempo integral aos seus trabalhos, ficando seus membros dispensados do ponto, até a entrega do relatório final.

§ 2º As reuniões da comissão serão registradas em atas que deverão detalhar as deliberações adotadas.

SEÇÃO I

Do Inquérito

Art. 153. O inquérito administrativo obedecerá ao princípio do contraditório, assegurada ao acusado ampla defesa, com a utilização dos meios e recursos admitidos em direito.

Art. 154. Os autos da sindicância integrarão o processo disciplinar, como peça informativa da instrução.

PARÁGRAFO ÚNICO. Na hipótese de o relatório da sindicância concluir que a infração está capitulada como ilícito penal, a autoridade competente encaminhará cópia dos autos ao Ministério Público, independentemente da imediata instauração do processo disciplinar.

Art. 155. Na fase do inquérito, a comissão promoverá a tomada de depoimentos, acareações, investigações e diligências cabíveis, objetivando a coleta de prova, recorrendo, quando necessário, a técnicos e peritos, de modo a permitir a completa elucidação dos fatos.

Art. 156. É assegurado ao servidor o direito de acompanhar o processo pessoalmente ou por intermédio de procurador, arrolar e reinquirir testemunhas, produzir provas e contraprovas e formular quesitos, quando se tratar de prova pericial.

§ 1º O presidente da comissão poderá denegar pedidos considerados impertinentes, meramente protelatórios, ou de nenhum interesse para o esclarecimento dos fatos.

§ 2º Será indeferido o pedido de prova pericial, quando a comprovação do fato independer de conhecimento especial de perito.

Art. 157. As testemunhas serão intimadas a depor mediante mandado expedido pelo presidente da comissão, devendo a segunda via, com o ciente do interessado, ser anexada aos autos.

PARÁGRAFO ÚNICO. Se a testemunha for servidor público, a expedição do mandado será imediatamente comunicada ao chefe da repartição onde serve, com a indicação do dia e hora marcados para inquirição.

Art. 158. O depoimento será prestado oralmente e reduzido a termo, não sendo lícito à testemunha trazê-lo por escrito.

§ 1º As testemunhas serão inquiridas separadamente.

§ 2º Na hipótese de depoimentos contraditórios ou que se infirmem, proceder-se-á à acareação entre os depoentes.

Art. 159. Concluída a inquirição das testemunhas, a comissão promoverá o interrogatório do acusado, observados os procedimentos previstos nos arts. 157 e 158.

§ 1º No caso de mais de um acusado, cada um deles será ouvido separadamente, e sempre que divergirem em suas declarações sobre fatos ou circunstâncias, será promovida a acareação entre eles.

§ 2º O procurador do acusado poderá assistir ao interrogatório, bem como à inquirição das testemunhas, sendo-lhe vedado interferir nas perguntas e respostas, facultando-se-lhe, porém, reinquiri-las, por intermédio do presidente da comissão.

Art. 160. Quando houver dúvida sobre a sanidade mental do acusado, a comissão proporá à autoridade competente que ele seja submetido a exame por junta médica oficial, da qual participe pelo menos um médico psiquiatra.

PARÁGRAFO ÚNICO. O incidente de sanidade mental será processado em auto apartado e apenso ao processo principal, após a expedição do laudo pericial.

Art. 161. Tipificada a infração disciplinar, será formulada a indiciação do servidor, com a especificação dos fatos a ele imputados e das respectivas provas.

§ 1º O indiciado será citado por mandado expedido pelo presidente da comissão para apresentar defesa escrita, no prazo de 10 (dez) dias, assegurando-se-lhe vista do processo na repartição.

§ 2º Havendo dois ou mais indiciados, o prazo será comum e de 20 (vinte) dias.

§ 3º O prazo de defesa poderá ser prorrogado pelo dobro, para diligências reputadas indispensáveis.

§ 4º No caso de recusa do indiciado em apor o ciente na cópia da citação, o prazo para defesa contar-se-á da data declarada, em termo próprio, pelo membro da comissão que fez a citação, com a assinatura de 2 (duas) testemunhas.

Art. 162. O indiciado que mudar de residência fica obrigado a comunicar à comissão o lugar onde poderá ser encontrado.

Art. 163. Achando-se o indiciado em lugar incerto e não sabido, será citado por edital, publicado no Diário Oficial da União e em jornal de grande circulação na localidade do último domicílio conhecido, para apresentar defesa.

PARÁGRAFO ÚNICO. Na hipótese deste artigo, o prazo para defesa será de 15 (quinze) dias a partir da última publicação do edital.

Art. 164. Considerar-se-á revel o indiciado que, regularmente citado, não apresentar defesa no prazo legal.

§ 1º A revelia será declarada, por termo, nos autos do processo e devolverá o prazo para a defesa.

§ 2º Para defender o indiciado revel, a autoridade instauradora do processo designará um servidor como defensor dativo, que deverá ser ocupante de cargo efetivo superior ou de mesmo nível, ou ter nível de escolaridade igual ou superior ao do indiciado.(*)

(*) Redação dada L. n. 9.527, de 10.12.97, DOU 11.12.97.

Art. 165. Apreciada a defesa, a comissão elaborará relatório minucioso, onde resumirá as peças principais dos autos e mencionará as provas em que se baseou para formar a sua convicção.

§ 1º O relatório será sempre conclusivo quanto à inocência ou à responsabilidade do servidor.

§ 2º Reconhecida a responsabilidade do servidor, a comissão indicará o dispositivo legal ou regulamentar transgredido, bem como as circunstâncias agravantes ou atenuantes.

Art. 166. O processo disciplinar, com o relatório da comissão, será remetido à autoridade que determinou a sua instauração, para julgamento.

SEÇÃO II

Do Julgamento

Art. 167. No prazo de 20 (vinte) dias, contados do recebimento do processo, a autoridade julgadora proferirá a sua decisão.

§ 1º Se a penalidade a ser aplicada exceder a alçada da autoridade instauradora do processo, este será encaminhado à autoridade competente, que decidirá em igual prazo.

§ 2º Havendo mais de um indiciado e diversidade de sanções, o julgamento caberá à autoridade competente para a imposição da pena mais grave.

§ 3º Se a penalidade prevista for a demissão ou cassação de aposentadoria ou disponibilidade, o julgamento caberá às autoridades de que trata o inciso I do art. 141.

§ 4º Reconhecida pela comissão a inocência do servidor, a autoridade instauradora do processo determinará o seu arquivamento, salvo se flagrantemente contrária à prova dos autos.(*)

(*) Acrescentado pela L. n. 9.527, de 10.12.97, DOU 11.12.97.

Art. 168. O julgamento acatará o relatório da comissão, salvo quando contrário às provas dos autos.

PARÁGRAFO ÚNICO. Quando o relatório da comissão contrariar as provas dos autos, a autoridade julgadora poderá, motivadamente, agravar a penalidade proposta, abrandá-la ou isentar o servidor de responsabilidade.

Art. 169. Verificada a ocorrência de vício insanável, a autoridade que determinou a instauração do processo ou outra de hierarquia superior declarará a sua nulidade, total ou parcial, e ordenará, no mesmo ato, a constituição de outra comissão para instauração de novo processo. *(Alterado pela L. n. 9.527, de 10.12.97, DOU 11.12.97).*

§ 1º O julgamento fora do prazo legal não implica nulidade do processo.

§ 2º A autoridade julgadora que der causa à prescrição de que trata o art. 142, § 2º, será responsabilizada na forma do Capítulo IV do Título IV.

Art. 170. Extinta a punibilidade pela prescrição, a autoridade julgadora determinará o registro do fato nos assentamentos individuais do servidor.

Art. 171. Quando a infração estiver capitulada como crime, o processo disciplinar será remetido ao Ministério Público para instauração da ação penal, ficando trasladado na repartição.

Art. 172. O servidor que responder a processo disciplinar só poderá ser exonerado a pedido, ou aposentado voluntariamente, após a conclusão do processo e o cumprimento da penalidade, acaso aplicada.

PARÁGRAFO ÚNICO. Ocorrida a exoneração de que trata o parágrafo único, inciso I do art. 34, o ato será convertido em demissão, se for o caso.

Art. 173. Serão assegurados transporte e diárias:

I — ao servidor convocado para prestar depoimento fora da sede de sua repartição, na condição de testemunha, denunciado ou indiciado;

II — aos membros da comissão e ao secretário, quando obrigados a se deslocarem da sede dos trabalhos para a realização de missão essencial ao esclarecimento dos fatos.

SEÇÃO III

Da Revisão do Processo

Art. 174. O processo disciplinar poderá ser revisto, a qualquer tempo, a pedido ou de ofício, quando se aduzirem fatos novos ou circunstâncias susceptíveis de justificar a inocência do punido ou a inadequação da penalidade aplicada.

§ 1º Em caso de falecimento, ausência ou desaparecimento do servidor, qualquer pessoa da família poderá requerer a revisão do processo.

§ 2º No caso de incapacidade mental do servidor, a revisão será requerida pelo respectivo curador.

Art. 175. No processo revisional, o ônus da prova cabe ao requerente.

Art. 176. A simples alegação de injustiça da penalidade não constitui fundamento para a revisão, que requer elementos novos, ainda não apreciados no processo originário.

Art. 177. O requerimento de revisão do processo será dirigido ao Ministro do Estado ou autoridade equivalente, que, se autorizar a revisão, encaminhará o pedido ao dirigente do órgão ou entidade onde se originou o processo disciplinar.

PARÁGRAFO ÚNICO. Deferida a petição, a autoridade competente providenciará a constituição de comissão, na forma do art. 149.

Art 178. A revisão correrá em apenso ao processo originário.

PARÁGRAFO ÚNICO. Na petição inicial, o requerente pedirá dia e hora para a produção de provas e inquirição das testemunhas que arrolar.

Art. 179. A comissão revisora terá 60 (sessenta) dias para a conclusão dos trabalhos.

Art. 180. Aplicam-se aos trabalhos da comissão revisora, no que couber, as normas e procedimentos próprios da comissão do processo disciplinar.

Art. 181. O julgamento caberá à autoridade que aplicou a penalidade, nos termos do art. 141.

PARÁGRAFO ÚNICO. O prazo para julgamento será de 20 (vinte) dias, contados do recebimento do processo, no curso do qual a autoridade julgadora poderá determinar diligências.

Art. 182. Julgada procedente a revisão, será declarada sem efeito a penalidade aplicada, restabelecendo-se todos os direitos do servidor, exceto em relação à destituição de cargo em comissão, que será convertida em exoneração.

PARÁGRAFO ÚNICO. Da revisão do processo não poderá resultar agravamento de penalidade.

TÍTULO VI

Da Seguridade Social do Servidor

CAPÍTULO I

Disposições Gerais

Art. 183. A União manterá Plano de Seguridade Social para o servidor e sua família.

§ 1º O servidor ocupante de cargo em comissão que não seja, simultaneamente, ocupante de cargo ou emprego efetivo na administração pública direta, autárquica e fundacional não terá direito aos benefícios do Plano de Seguridade Social, com exceção da assistência à saúde. *(Redação dada pela Lei n. 10.667, de 14.5.03, DOU 15.5.03).*

§ 2º O servidor afastado ou licenciado do cargo efetivo, sem direito à remuneração, inclusive para servir em organismo oficial internacional do qual o Brasil seja membro efetivo ou com o qual coopere, ainda que contribua para regime de previdência social no exterior, terá suspenso o seu vínculo com o regime do Plano de Seguridade Social do Servidor Público enquanto durar o afastamento ou a licença, não lhes assistindo, neste período, os benefícios do mencionado regime de previdência.(*)

§ 3º Será assegurado ao servidor licenciado ou afastado sem remuneração a manutenção da vinculação ao regime do Plano de Seguridade Social do Servidor Público, mediante o recolhimento mensal da respectiva contribuição, no mesmo percentual devido pelos servidores em atividade, incidente sobre a remuneração total do cargo a que faz jus no exercício de suas atribuições, computando-se, para esse efeito, inclusive, as vantagens pessoais.(*)

§ 4º O recolhimento de que trata o § 3º deve ser efetuado até o segundo dia útil após a data do pagamento das remunerações dos servidores públicos, aplicando-se os procedimentos de cobrança e execução dos tributos federais quando não recolhidos até a data do vencimento. (NR)(*)

(*) (Parágrafos 2º a 4º acrescentados pela Lei n. 10.667, de 14.5.03, DOU 15.5.03).

Art. 184. O Plano de Seguridade Social visa a dar cobertura aos riscos a que estão sujeitos o servidor e sua família, e compreende um conjunto de benefícios e ações que atendam às seguintes finalidades:

I — garantir meios de subsistência nos eventos de doença, invalidez, velhice, acidente em serviço, inatividade, falecimento e reclusão;

II — proteção à maternidade, à adoção e à paternidade;

III — assistência à saúde.

PARÁGRAFO ÚNICO. Os benefícios serão concedidos nos termos e condições definidos em regulamento, observadas as disposições desta Lei.

Art. 185. Os benefícios do Plano de Seguridade Social do servidor compreendem:

I — quanto ao servidor:

a) aposentadoria;

b) auxílio-natalidade;

c) salário-família;

d) licença para tratamento de saúde;

e) licença à gestante, à adotante e licença-paternidade;

f) licença por acidente em serviço;

g) assistência à saúde;

h) garantia de condições individuais e ambientais de trabalho satisfatórias;

II — quanto ao dependente:

a) pensão vitalícia e temporária;

b) auxílio-funeral;

c) auxílio-reclusão;

d) assistência à saúde.

§ 1º As aposentadorias e pensões serão concedidas e mantidas pelos órgãos ou entidades aos quais se encontram vinculados os servidores, observado o disposto nos arts. 189 e 224.

§ 2º O recebimento indevido de benefícios havidos por fraude, dolo ou má-fé, implicará devolução ao erário do total auferido, sem prejuízo da ação penal cabível.

CAPÍTULO II
Dos Benefícios

SEÇÃO I
Da Aposentadoria

V. art. 40, da Constituição Federal

Art. 186. O servidor será aposentado:

I — por invalidez permanente, sendo os proventos integrais quando decorrente de acidente em serviço, moléstia profissional ou doença grave, contagiosa ou incurável, especificada em lei, e proporcionais nos demais casos;

II — compulsoriamente, aos setenta anos de idade, com proventos proporcionais ao tempo de serviço;

III — voluntariamente:

a) aos 35 (trinta e cinco) anos de serviço, se homem, e aos 30 (trinta) se mulher, com proventos integrais;

b) aos 30 (trinta) anos de efetivo exercício em funções de magistério, se professor, e 25 (vinte e cinco) se professora, com proventos integrais;

c) aos 30 (trinta) anos de serviço, se homem, e aos 25 (vinte e cinco) se mulher, com proventos, proporcionais a esse tempo;

d) aos 65 (sessenta e cinco) anos de idade, se homem e aos 60 (sessenta) se mulher, com proventos proporcionais ao tempo de serviço.

§ 1º Consideram-se doenças graves, contagiosas ou incuráveis, a que se refere o inciso I deste artigo, tuberculose ativa, alienação mental, esclerose múltipla, neo-plasia maligna, cegueira posterior ao ingresso no serviço público, hanseníase, cardiopatia grave, doença de Parkinson, paralisia irreversível e incapacitante, espondiloartrose anquilosante, nefropatia grave, estados avançados do mal de Paget (osteíte deformante), Síndrome da Imunodeficiência Adquirida — AIDS, e outras que a lei indicar, com base na medicina especializada.

§ 2º Nos casos de exercício de atividades consideradas insalubres ou perigosas, bem como nas hipóteses previstas no art. 71, a aposentadoria de que trata o inciso III, "a" e "c", observará o disposto em lei específica.

§ 3º Na hipótese do inciso I, o servidor será submetido à junta médica oficial, que atestará a invalidez quando caracterizada a incapacidade para o desempenho das atribuições do cargo ou a impossibilidade de se aplicar o disposto no artigo 24. *(Acrescentado pela L. n. 9.527, de 10.12.97, DOU 11.12.97).*

Art. 187. A aposentadoria compulsória será automática, e declarada por ato, com vigência a partir do dia imediato àquele em que o servidor atingir a idade-limite de permanência no serviço ativo.

Art. 188. A aposentadoria voluntária ou por invalidez vigorará a partir da data da publicação do respectivo ato.

§ 1º A aposentadoria por invalidez será precedida de licença para tratamento de saúde, por período não excedente a 24 (vinte e quatro) meses.

§ 2º Expirado o período de licença e não estando em condições de reassumir o cargo ou de ser readaptado, o servidor será aposentado.

§ 3º O lapso de tempo compreendido entre o término da licença e a publicação do ato da aposentadoria será considerado como de prorrogação da licença.

§ 4º Para os fins do disposto no § 1º deste artigo, serão consideradas apenas as licenças motivadas pela enfermidade ensejadora da invalidez ou doenças correlacionadas. *(Acrescentado pela Lei n. 11.907, de 2.2.09, DOU 3.2.09)*

§ 5º A critério da Administração, o servidor em licença para tratamento de saúde ou aposentado por invalidez poderá ser convocado a qualquer momento, para avaliação das condições que ensejaram o afastamento ou a aposentadoria." (NR) *(Acrescentado pela Lei n. 11.907, de 2.2.09, DOU 3.2.09)*

Art. 189. O provento da aposentadoria será calculado com observância do disposto no § 3º do art. 41, e revisto na mesma data e proporção, sempre que se modificar a remuneração dos servidores em atividade.

PARÁGRAFO ÚNICO. São estendidos aos inativos quaisquer benefícios ou vantagens posteriormente concedidas aos servidores em atividade, inclusive quando decorrentes de transformação ou reclassificação do cargo ou função em que se deu a aposentadoria.

Art. 190. O servidor aposentado com provento proporcional ao tempo de serviço se acometido de qualquer das moléstias especificadas no § 1º do art. 186 desta Lei e, por esse motivo, for considerado inválido por junta médica oficial passará a perceber provento integral, calculado com base no fundamento legal de concessão da aposentadoria. (NR) *(Redação dada pela Lei n. 11.907, de 2.2.09, DOU 3.2.09)*

Art. 191. Quando proporcional ao tempo de serviço, o provento não será inferior a 1/3 (um terço) da remuneração da atividade.

Art. 192. Revogado pela Lei n. 9.527, de 10.12.97, DOU de 11.12.97.

Art. 193. Revogado pela Lei n. 9.527, de 10.12.97, DOU de 11.12.97.

Art. 194. Ao servidor aposentado será paga a gratificação natalina, até o dia vinte do mês de dezembro, em valor equivalente ao respectivo provento, deduzido o adiantamento recebido.

Art. 195. Ao ex-combatente que tenha efetivamente participado de operações bélicas, durante a Segunda Guerra Mundial, nos termos da Lei n. 5.315, de 12 de setembro de 1967, será concedida aposentadoria com provento integral, aos 25 (vinte e cinco) anos de serviço efetivo.

SEÇÃO II

Do Auxílio-Natalidade

Art. 196. O auxílio-natalidade é devido à servidora por motivo de nascimento de filho, em quantia equivalente ao menor vencimento do serviço público, inclusive no caso de natimorto.

§ 1º Na hipótese de parto múltiplo, o valor será acrescido de 50% (cinquenta por cento), por nascituro.

§ 2º O auxílio será pago ao cônjuge ou companheiro servidor público, quando a parturiente não for servidora.

SEÇÃO III

Do Salário-Família

Art. 197. O salário-família é devido ao servidor ativo ou ao inativo, por dependente econômico.

PARÁGRAFO ÚNICO. Consideram-se dependentes econômicos para efeito de percepção do salário-família:

I — o cônjuge ou companheiro e os filhos, inclusive os enteados até 21 (vinte e um) anos de idade ou, se estudante, até 24 (vinte e quatro) anos ou, se inválido, de qualquer idade;

II — o menor de 21 (vinte e um) anos que, mediante autorização judicial, viver na companhia e às expensas do servidor, ou do inativo;

III — a mãe e o pai sem economia própria.

Art. 198. Não se configura a dependência econômica quando o beneficiário do salário-família perceber rendimento do trabalho ou de qualquer outra fonte, inclusive pensão ou provento da aposentadoria, em valor igual ou superior ao salário mínimo.

Art. 199. Quando o pai e mãe forem servidores públicos e viverem em comum, o salário-família será pago a um deles; quando separados, será pago a um e outro, de acordo com a distribuição dos dependentes.

PARÁGRAFO ÚNICO. Ao pai e à mãe equiparam-se o padrasto, a madrasta e, na falta destes, os representantes legais dos incapazes.

Art. 200. O salário-família não está sujeito a qualquer tributo, nem servirá de base para qualquer contribuição, inclusive para a Previdência Social.

Art. 201. O afastamento do cargo efetivo, sem remuneração, não acarreta a suspensão do pagamento do salário-família.

SEÇÃO IV

Da Licença para Tratamento de Saúde

V. Decreto n. 7003, de 9.11.09, (DOU 10.11.09), que regulamenta a licença para tratamento de saúde, de que tratam os arts. 202 a 205 da Lei n. 8.112, de 11.12.90, e dá outras providências)

Art. 202. Será concedida ao servidor licença para tratamento de saúde, a pedido ou de ofício, com base em perícia médica, sem prejuízo da remuneração a que fizer jus.

Art. 203. A licença de que trata o art. 202 desta Lei será concedida com base em perícia oficial. *(Redação dada pela Lei n. 11.907, de 2.2.09, DOU 3.2.09)*

§ 1º Sempre que necessário, a inspeção médica será realizada na residência do servidor ou no estabelecimento hospitalar onde se encontrar internado. *(Redação dada pela L. n. 9.527, de 10.12.97, DOU 11.12.97)*

§ 2º Inexistindo médico no órgão ou entidade no local onde se encontra ou tenha exercício em caráter permanente o servidor, e não se configurando as hipóteses previstas nos parágrafos do artigo 230, será aceito atestado passado por médico particular.(*)

§ 3º No caso do § 2º deste artigo, o atestado somente produzirá efeitos depois de recepcionado pela unidade de recursos humanos do órgão ou entidade. *(Redação dada pela Lei n. 11.907, de 2.2.09, DOU 3.2.09)*

§ 4º A licença que exceder o prazo de 120 (cento e vinte) dias no período de 12 (doze) meses a contar do primeiro dia de afastamento será concedida mediante avaliação por junta médica oficial. *(Redação dada pela Lei n. 11.907, de 2.2.09, DOU 3.2.09)*

§ 5º A perícia oficial para concessão da licença de que trata o *caput* deste artigo, bem como nos demais casos de perícia oficial previstos nesta Lei, será efetuada por cirurgiões-dentistas, nas hipóteses em que abranger o campo de atuação da odontologia. (NR) *(Acrescentado pela Lei n. 11.907, de 2.2.09, DOU 3.2.09)*

Art. 204. A licença para tratamento de saúde inferior a 15 (quinze) dias, dentro de 1 (um) ano, poderá ser dispensada de perícia oficial, na forma definida em regulamento. (NR). *(Redação dada pela Lei n. 11.907, de 2.2.09, DOU 3.2.09)*

Art. 205. O atestado e o laudo da junta médica não se referirão ao nome ou natureza da doença, salvo quando se tratar de lesões produzidas por acidente em serviço, doença profissional ou qualquer das doenças especificadas no art. 186, § 1º.

Art. 206. O servidor que apresentar indícios de lesões orgânicas ou funcionais será submetido à inspeção médica.

Art. 206-A. O servidor será submetido a exames médicos periódicos, nos termos e condições definidos em regulamento. *(Acrescentado pela Lei n. 11.907, de 2.2.09, DOU 3.2.09).*

PARÁGRAFO ÚNICO. Para os fins do disposto no *caput*, a União e suas entidades autárquicas e fundacionais poderão:

I — prestar os exames médicos periódicos diretamente pelo órgão ou entidade à qual se encontra vinculado o servidor;

II — celebrar convênio ou instrumento de cooperação ou parceria com os órgãos e entidades da administração direta, suas autarquias e fundações;

III — celebrar convênios com operadoras de plano de assistência à saúde, organizadas na modalidade de autogestão, que possuam autorização de funcionamento do órgão regulador, na forma do art. 230; ou

IV — prestar os exames médicos periódicos mediante contrato administrativo, observado o disposto na Lei n. 8.666, de 21 de junho de 1993, e demais normas pertinentes. (NR) *(Redação do parágrafo único e dos incisos I a IV dada pela Lei n. 12.998, de 18.6.14, DOU 20.6.14)*

SEÇÃO V

Da Licença à Gestante, à Adotante e da Licença-Paternidade

V. Decreto n. 6.690, de 11.12.08, DOU 12.12.08, que institui o Programa de Prorrogação da Licença à Gestante e à Adotante, estabelece os critérios de adesão ao Programa e dá outras providências (não publicada nesta obra)

Art. 207. Será concedida licença à servidora gestante por 120 (cento e vinte) dias consecutivos, sem prejuízo da remuneração.

§ 1º A licença poderá ter início no primeiro dia do nono mês de gestação, salvo antecipação por prescrição médica.

§ 2º No caso de nascimento prematuro, a licença terá início a partir do parto.

§ 3º No caso de natimorto, decorridos 30 (trinta) dias do evento, a servidora será submetida a exame médico, e se julgada apta, reassumirá o exercício.

§ 4º No caso de aborto atestado por médico oficial, a servidora terá direito a 30 (trinta) dias de repouso remunerado.

Art. 208. Pelo nascimento ou adoção de filhos, o servidor terá direito à licença-paternidade de 5 (cinco) dias consecutivos.

Art. 209. Para amamentar o próprio filho, até a idade de seis meses, a servidora lactante terá direito, durante a jornada de trabalho, a uma hora de descanso, que poderá ser parcelada em dois períodos de meia hora.

Art. 210. À servidora que adotar ou obtiver guarda judicial de criança até 1 (um) ano de idade, serão concedidos 90 (noventa) dias de licença remunerada.

PARÁGRAFO ÚNICO. No caso de adoção ou guarda judicial de criança com mais de 1 (um) ano de idade, o prazo de que trata este artigo será de 30 (trinta) dias.

SEÇÃO VI

Da Licença por Acidente em Serviço

Art. 211. Será licenciado, com remuneração Integral, o servidor acidentado em serviço.

Art. 212. Configura acidente em serviço o dano físico ou mental sofrido pelo servidor, que se relacione, mediata ou imediatamente, com as atribuições do cargo exercido.

PARÁGRAFO ÚNICO. Equipara-se ao acidente em serviço o dano:

I — decorrente de agressão sofrida e não provocada pelo servidor no exercício do cargo;

II — sofrido no percurso da residência para o trabalho e vice-versa.

Art. 213. O servidor acidentado em serviço que necessite de tratamento especializado poderá ser tratado em instituição privada, à conta de recursos públicos.

PARÁGRAFO ÚNICO. O tratamento recomendado por junta médica oficial constitui medida de exceção e somente será admissível quando inexistirem meios e recursos adequados em instituição pública.

Art. 214. A prova do acidente será feita no prazo de 10 (dez) dias, prorrogável quando as circunstâncias o exigirem.

SEÇÃO VII

Da Pensão

Art. 215. Por morte do servidor, os dependentes fazem jus a uma pensão mensal de valor correspondente ao da respectiva remuneração ou provento, a partir da data do óbito, observado o limite estabelecido no art. 42.

Art. 216. As pensões distinguem-se quanto à natureza, em vitalícias e temporárias.

§ 1º A pensão vitalícia é composta de cota ou cotas permanentes, que somente se extinguem ou revertem com a morte de seus beneficiários.

§ 2º A pensão temporária é composta de cota ou cotas que podem se extinguir ou reverter por motivo de morte, cessação de invalidez ou maioridade do beneficiário.

Art. 217. São beneficiários das pensões:

I — vitalícia:

a) o cônjuge;

b) a pessoa desquitada, separada judicialmente ou divorciada, com percepção de pensão alimentícia;

c) o companheiro ou companheira designado que comprove união estável como entidade familiar;

d) a mãe e o pai que comprovem dependência econômica do servidor;

e) a pessoa designada, maior de 60 (sessenta) anos e a pessoa portadora de deficiência, que vivam sob a dependência econômica do servidor;

II — temporária:

a) os filhos, ou enteados, até 21 (vinte e um) anos de idade, ou, se inválidos, enquanto durar a invalidez;

b) o menor sob guarda ou a tutela até 21 (vinte e um) anos de idade;

c) o irmão órfão, até 21 (vinte e um) anos, e o inválido, enquanto durar a invalidez, que comprovem dependência econômica do servidor;

d) a pessoa designada que viva na dependência econômica do servidor, até 21 (vinte e um) anos, ou, se inválida enquanto durar a invalidez.

§ 1º A concessão de pensão vitalícia aos beneficiários de que tratam as alíneas *a* e *c* do inciso I deste artigo exclui desse direito os demais beneficiários referidos nas alíneas *d* e *e*.

§ 2º A concessão da pensão temporária aos beneficiários de que tratam as alíneas *a* e *b* do inciso II deste artigo exclui desse direito os demais beneficiários referidos nas alíneas *c* e *d*.

Art. 218. A pensão será concedida integralmente ao titular da pensão vitalícia, exceto se existirem beneficiários da pensão temporária.

§ 1º Ocorrendo habilitação de vários titulares à pensão vitalícia, o seu valor será distribuído em partes iguais entre os beneficiários habilitados.

§ 2º Ocorrendo habilitação às pensões vitalícia e temporária, metade do valor caberá ao titular ou titulares da pensão vitalícia, sendo a outra metade rateada em partes iguais, entre os titulares da pensão temporária.

§ 3º Ocorrendo habilitação somente à pensão temporária, o valor integral da pensão será rateado, em partes iguais, entre os que se habilitarem.

Art. 219. A pensão poderá ser requerida a qualquer tempo, prescrevendo tão somente as prestações exigíveis há mais de 5 (cinco) anos.

PARÁGRAFO ÚNICO. Concedida a pensão, qualquer prova posterior ou habilitação tardia que implique exclusão de beneficiário ou redução de pensão só produzirá efeitos a partir da data em que for oferecida.

Art. 220. Não faz jus à pensão o beneficiário condenado pela prática de crime doloso de que tenha resultado a morte do servidor.

Art. 221. Será concedida pensão provisória por morte presumida do servidor, nos seguintes casos:

I — declaração de ausência, pela autoridade judiciária competente;

II — desaparecimento em desabamento, inundação, incêndio ou acidente não caracterizado como em serviço;

III — desaparecimento no desempenho das atribuições do cargo ou em missão de segurança.

PARÁGRAFO ÚNICO. A pensão provisória será transformada em vitalícia ou temporária, conforme o caso, decorridos 5 (cinco) anos de sua vigência, ressalvado o eventual reaparecimento do servidor, hipótese em que o benefício será automaticamente cancelado.

Art. 222. Acarreta perda da qualidade de beneficiário:

I — o seu falecimento;

II — a anulação do casamento, quando a decisão ocorrer após a concessão da pensão ao cônjuge;

III — a cessação de invalidez, em se tratando de beneficiário inválido;

IV — a maioridade de filho, irmão órfão ou pessoa designada, aos 21 (vinte e um) anos de idade;

V — a acumulação de pensão na forma do art. 225;

VI — a renúncia expressa.

PARÁGRAFO ÚNICO. A critério da Administração, o beneficiário de pensão temporária motivada por invalidez poderá ser convocado a qualquer momento para avaliação das condições que ensejaram a concessão do benefício. (NR) *(Redação dada pela Lei n. 11.907, de 2.2.09, DOU 3.2.09)*

Art. 223. Por morte ou perda da qualidade de beneficiário, a respectiva cota reverterá:

I — da pensão vitalícia para os remanescentes desta pensão ou para os titulares da pensão temporária, se não houver pensionista remanescente da pensão vitalícia;

II — da pensão temporária para os cobeneficiários ou, na falta destes, para o beneficiário da pensão vitalícia.

Art. 224. As pensões serão automaticamente atualizadas na mesma data e na mesma proporção dos reajustes dos vencimentos dos servidores, aplicando-se o disposto no parágrafo único do art. 189.

Art. 225. Ressalvado o direito de opção, é vedada a percepção cumulativa de mais de duas pensões.

SEÇÃO VIII

Do Auxílio-Funeral

Art. 226. O auxílio-funeral é devido à família do servidor falecido na atividade ou aposentado, em valor equivalente a um mês da remuneração ou provento.

§ 1º No caso de acumulação legal de cargos, o auxílio será pago somente em razão do cargo de maior remuneração.

§ 2º (Vetado).

§ 3º O auxílio será pago no prazo de 48 (quarenta e oito) horas, por meio de procedimento sumaríssimo, à pessoa da família que houver custeado o funeral.

Art. 227. Se o funeral for custeado por terceiro, este será indenizado, observado o disposto no artigo anterior.

Art. 228. Em caso de falecimento de servidor em serviço fora do local de trabalho, inclusive no exterior, as despesas de transporte do corpo correrão à conta de recursos da União, autarquia ou fundação pública.

SEÇÃO IX

Do Auxílio-Reclusão

Art. 229. À família do servidor ativo é devido o auxílio-reclusão, nos seguinte valores:

I — dois terços da remuneração, quando afastado por motivo de prisão, em flagrante ou preventiva, determinada pela autoridade competente, enquanto perdurar a prisão;

II — metade da remuneração, durante o afastamento, em virtude de condenação, por sentença definitiva, à pena que não determine a perda de cargo.

§ 1º Nos casos previstos no inciso I deste artigo, o servidor terá direito à integralização de remuneração, desde que absolvido.

§ 2º O pagamento do auxílio-reclusão cessará a partir do dia imediato àquele em que o servidor for posto em liberdade, ainda que condicional.

V. art. 22 da Lei n. 8.460, de 17 de setembro de 1992, alterado pela Lei n. 9.527, de 10.12.97, abaixo reproduzido:

Art. 22. O Poder Executivo disporá sobre a concessão mensal do auxílio-alimentação por dia trabalhado, aos servidores públicos federais civis ativos da Administração Pública Federal direta, autárquica e fundacional.

§ 1º A concessão do auxílio-alimentação será feita em pecúnia e terá caráter indenizatório.

§ 2º O servidor que acumule cargo ou emprego na forma da Constituição fará jus à percepção de um único auxílio-alimentação, mediante opção.

§ 3º O auxílio-alimentação não será

a) incorporado ao vencimento, remuneração, provento ou pensão;

b) configurado como rendimento tributável e nem sofrerá incidência de contribuição para o Plano de Seguridade Social do servidor público;

c) caracterizado com salário-utilidade ou prestação salarial *in natura*.

§ 4º O auxílio-alimentação será custeado com recursos do órgão ou entidade em que o servidor estiver em exercício, ressalvado o direito de opção pelo órgão ou entidade de origem.

§ 5º O auxílio-alimentação é inacumulável com outros de espécie semelhante, tais como auxílio para a cesta básica ou vantagem pessoal originária de qualquer forma de auxílio ou benefício alimentação.

§ 6º Considerar-se-á para o desconto do auxílio-alimentação, por dia não trabalhado, a proporcionalidade de 22 dias.

§ 7º Para os efeitos deste artigo, considera-se como dia trabalhado a participação do servidor, em programa de treinamento regularmente instituído, conferências, congressos, treinamentos, ou outros eventos similares, sem deslocamento da sede.

§ 8º As diárias sofrerão desconto correspondente ao auxílio-alimentação a que fizer jus o servidor, exceto, aquelas eventualmente pagas em finais de semana e feriados, observada a proporcionalidade prevista no § 6º. *(Este artigo foi incluído por estar dentro do Capítulo dos Benefícios).*

Vide *MP n. 2.165-36, de 23.8.01, DOU 24.8.01, que institui o Auxílio-Transporte aos militares, servidores e empregados públicos da Administração Federal direta, autárquica e fundacional da União, e revoga o § 1º do art. 1º da Lei n. 7.418, de 16 de dezembro de 1985.*

CAPÍTULO III

Da Assistência à Saúde

Art. 230. A assistência à saúde do servidor, ativo ou inativo, e de sua família, compreende assistência médica, hospitalar, odontológica, psicológica e farmacêutica, terá como diretriz básica o implemento de ações preventivas voltadas para a promoção da saúde e será prestada pelo Sistema Único de Saúde – SUS, diretamente pelo órgão ou entidade ao qual estiver vinculado o servidor, ou mediante convênio ou contrato, ou ainda na forma de auxílio, mediante ressarcimento parcial do valor despendido pelo servidor, ativo ou inativo, e seus dependentes ou pensionistas com planos ou seguros privados de assistência à saúde, na forma estabelecida em regulamento. *(Redação dada pela Lei n. 11.302, de 10.5.06, DOU 11.5.06)*

§ 1º Nas hipóteses previstas nesta lei em que seja exigida perícia, avaliação ou inspeção médica, na ausência de médico ou junta médica oficial, para a sua realização o órgão ou entidade celebrará, preferencialmente, convênio com unidades de atendimento do sistema público de saúde, entidades sem fins lucrativos declaradas de utilidade pública, ou com o Instituto Nacional do Seguro Social — INSS. *(Parágrafo acrescentado pela Lei n. 9.527, de 10.12.97, DOU 11.12.97)*

§ 2º Na impossibilidade, devidamente justificada, da aplicação do disposto no parágrafo anterior, o órgão ou entidade promoverá a contratação da prestação de serviços por pessoa jurídica, que constituirá junta médica especificamente para esses fins, indicando os nomes e especialidades dos seus integrantes, com a comprovação de suas habilitações e de que não estejam respondendo a processo disciplinar junto à entidade fiscalizadora da profissão. *(Parágrafo acrescentado pela Lei n. 9.527, de 10.12.97, DOU 11.12.97)*

§ 3º Para os fins do disposto no *caput* deste artigo, ficam a União e suas entidades autárquicas e fundacionais autorizadas a:

I — celebrar convênios exclusivamente para a prestação de serviços de assistência à saúde para os seus servidores ou empregados ativos, aposentados, pensionistas, bem como para seus respectivos grupos familiares definidos, com entidades de autogestão por elas patrocinadas por meio de instrumentos jurídicos efetivamente celebrados e publicados até 12 de fevereiro de 2006 e que possuam autorização de funcionamento do órgão regulador, sendo certo que os convênios celebrados depois dessa data somente poderão sê-lo na forma da regulamentação específica sobre patrocínio de autogestões, a ser publicada pelo mesmo órgão regulador, no prazo de 180 (cento e oitenta) dias da vigência desta Lei, normas essas também aplicáveis aos convênios existentes até 12 de fevereiro de 2006;

II — contratar, mediante licitação, na forma da Lei n. 8.666, de 21 de junho de 1993, operadoras de planos e seguros privados de assistência à saúde que possuam autorização de funcionamento do órgão regulador; *(Parágrafo acrescentado pela Lei n. 11.302, de 10.5.06, DOU 11.5.06)*

III — *(Vetado)*

§ 4º *(Vetado)*

§ 5º O valor do ressarcimento fica limitado ao total despendido pelo servidor ou pensionista civil com plano ou seguro privado de assistência à saúde. (NR) *(Parágrafo acrescentado pela Lei n. 11.302, de 10.5.06, DOU 11.5.06)*

CAPÍTULO IV

Do Custeio

Art. 231. Revogado pela Lei n. 9.783, de 28.1.99 (DOU 29.1.99).

TÍTULO VII

CAPÍTULO ÚNICO

Da Contratação Temporária de Excepcional Interesse Público

Art. 232. a 235. Revogados pela L. n. 8.745, de 9.12.93, p. 853.

TÍTULO VIII

CAPÍTULO ÚNICO

Das Disposições Gerais

Art. 236. O Dia do Servidor Público será comemorado a vinte e oito de outubro.

Art. 237. Poderão ser instituídos, no âmbito dos Poderes Executivo, Legislativo e Judiciário, os seguintes incentivos funcionais, além daqueles já previstos nos respectivos planos de carreira:

I — prêmios pela apresentação de ideias, inventos ou trabalhos que favoreçam o aumento de produtividade e a redução dos custos operacionais;

II — concessão de medalhas, diplomas de honra ao mérito, condecoração e elogio.

Art. 238. Os prazos previstos nesta Lei serão contados em dias corridos, excluindo-se o dia do começo e incluindo-se o do vencimento, ficando prorrogado, para o primeiro dia útil seguinte, o prazo vencido em dia em que não haja expediente.

Art. 239. Por motivo de crença religiosa ou de convicção filosófica ou política, o servidor não poderá ser privado de quaisquer dos seus direitos, sofrer discriminação em sua vida funcional, nem eximir-se do cumprimento de seus deveres.

Art. 240. Ao servidor público civil é assegurado, nos termos da Constituição Federal, o direito à livre associação sindical e os seguintes direitos, entre outros, dela decorrentes:

a) de ser representado pelo sindicato, inclusive como substituto processual;

b) de inamovibilidade do dirigente sindical, até um ano após o final do mandato, exceto se a pedido;

c) de descontar em folha, sem ônus para a entidade sindical a que for filiado, o valor das mensalidades e contribuições definidas em assembleia geral da categoria;

— As letras "d" e "e" foram revogadas pela Lei n. 9.527, de 10.12.97, DOU 11.12.97.

Art. 241. Consideram-se da família do servidor, além do cônjuge e filhos, quaisquer pessoas que vivam às suas expensas e constem do seu assentamento individual.

PARÁGRAFO ÚNICO. Equipara-se ao cônjuge a companheira ou companheiro, que comprove união estável como entidade familiar.

Art. 242. Para os fins desta Lei, considera-se sede o município onde a repartição estiver instalada e onde o servidor tiver exercício, em caráter permanente.

TÍTULO IX

CAPÍTULO ÚNICO

Das Disposições Transitórias e Finais

Art. 243. Ficam submetidos ao regime jurídico instituído por esta Lei, na qualidade de servidores públicos os servidores dos Poderes da União, dos ex-Territórios, das autarquias, inclusive as em regime especial, e das fundações públicas, regidos pela Lei n. 1.711, de 28 de outubro de 1952 — Estatuto dos Funcionários Públicos Civis da União, ou pela Consolidação das Leis do Trabalho, aprovada pelo Decreto-lei n. 5.452, de 1º de maio de 1943, exceto os contratados por prazo determinado, cujos contratos não poderão ser prorrogados após o vencimento do prazo de prorrogação.

§ 1º Os empregos ocupados pelos servidores incluídos no regime instituído por esta Lei ficam transformados em cargos, na data de sua publicação.

§ 2º As funções de confiança exercidas por pessoas não integrantes de tabela permanente do órgão ou entidade onde têm exercício ficam transformadas em cargos em comissão, e mantidas enquanto não for implantado o plano de cargos dos órgãos ou entidades na forma da lei.

§ 3º As Funções de Assessoramento Superior — FAS, exercidas por servidor integrante de quadro ou tabela de pessoal, ficam extintas na data da vigência desta Lei.

§ 4º (Vetado).

§ 5º O regime jurídico desta Lei é extensivo aos serventuários da Justiça, remunerados com recursos da União, no que couber.

§ 6º Os empregos dos servidores estrangeiros com estabilidade no serviço público, enquanto não adquirirem a nacionalidade brasileira, passarão a integrar tabela em extinção, do respectivo órgão ou entidade, sem prejuízo dos direitos inerentes aos planos de carreira aos quais se encontrem vinculados os empregos.

§ 7º Os servidores públicos de que trata o *caput* deste artigo, não amparados pelo artigo 19 do Ato das Disposições Constitucionais Transitórias, poderão, no interesse da Administração e conforme critérios estabelecidos em regulamento, ser exonerados mediante indenização de um mês de remuneração por ano de efetivo exercício no serviço público federal.(*)

§ 8º Para fins de incidência do imposto de renda na fonte e na declaração de rendimentos, serão considerados como indenizações isentas os pagamentos efetuados a título de indenização prevista no parágrafo anterior.(*)

§ 9º Os cargos vagos em decorrência da aplicação do disposto no § 7º poderão ser extintos pelo Poder Executivo quando considerados desnecessários.(*)

(*) Acrescentados pela Lei n. 9.527, de 10.12.97, DOU 11.12.97.

Art. 244. Os adicionais por tempo de serviço, já concedidos aos servidores abrangidos por esta Lei, ficam transformados em anuênio.

Art. 245. A licença especial disciplinada pelo art. 116 da Lei n. 1.711, de 1952, ou por outro diploma legal, fica transformada em licença-prêmio por assiduidade, na forma prevista nos arts. 87 a 90.

Art. 246. (Vetado).

Art. 247. Para efeito do disposto no Título VI desta Lei, haverá ajuste de contas com a Previdência Social, correspondente ao período de contribuição por parte dos servidores celetistas abrangidos pelo artigo 243. *(Redação dada pela Lei n. 8.162/91)*

Art. 248. As pensões estatutárias, concedidas até a vigência desta Lei, passam a ser mantidas pelo órgão ou entidade de origem do servidor.

Art. 249. Até a edição da lei prevista no § 1º do art. 231, os servidores abrangidos por esta Lei contribuirão na forma e nos percentuais atualmente estabelecidos para o servidor civil da União, conforme regulamento próprio.

Art. 250. O servidor que já tiver satisfeito ou vier a satisfazer, dentro de 1 (um) ano, as condições necessárias para a aposentadoria nos termos do inciso II do art. 184 do antigo Estatuto dos Funcionários Públicos Civis da União, Lei n. 1.711, de 28 de outubro de 1952, aposentar-se-á com a vantagem prevista naquele dispositivo. (Mantido pelo Congresso Nacional)

Art. 251. Revogado pela Lei n. 9.527, de 10.12.97, DOU de 11.12.97.

Art. 252. Esta Lei entra em vigor na data de sua publicação, com efeitos financeiros a partir do primeiro dia do mês subsequente.

Art. 253. Ficam revogadas a Lei n. 1.711, de 28 de outubro de 1952, e respectiva legislação complementar, bem como as demais disposições em contrário.

Brasília, em 11 de dezembro de 1990; 169º da Independência e 102º da República.

Fernando Collor
Jarbas Passarinho

LEI COMPLEMENTAR N. 101, DE 4 DE MAIO DE 2000

(DOU 5.5.00)

ESTABELECE NORMAS DE FINANÇAS PÚBLICAS VOLTADAS PARA A RESPONSABILIDADE NA GESTÃO FISCAL E DÁ OUTRAS PROVIDÊNCIAS

O PRESIDENTE DA REPÚBLICA,

Faço saber que o Congresso Nacional decreta e eu sanciono a seguinte Lei Complementar:

CAPÍTULO I

Disposições Preliminares

Art. 1º Esta Lei Complementar estabelece normas de finanças públicas voltadas para a responsabilidade na gestão fiscal, com amparo no Capítulo II do Título VI da Constituição.

§ 1º A responsabilidade na gestão fiscal pressupõe a ação planejada e transparente, em que se previnem riscos e corrigem desvios capazes de afetar o equilíbrio das contas públicas, mediante o cumprimento de metas de resultados entre receitas e despesas e a obediência a limites e condições no que tange a renúncia de receita, geração de despesas com pessoal, da seguridade social e outras, dívidas consolidada e mobiliária, operações de crédito, inclusive por antecipação de receita, concessão de garantia e inscrição em Restos a Pagar.

§ 2º As disposições desta Lei Complementar obrigam a União, os Estados, o Distrito Federal e os Municípios.

§ 3º Nas referências:

I — à União, aos Estados, ao Distrito Federal e aos Municípios, estão compreendidos:

a) o Poder Executivo, o Poder Legislativo, neste abrangidos os Tribunais de Contas, o Poder Judiciário e o Ministério Público;

b) as respectivas administrações diretas, fundos, autarquias, fundações e empresas estatais dependentes;

II — a Estados entende-se considerado o Distrito Federal;

III — a Tribunais de Contas estão incluídos: Tribunal de Contas da União, Tribunal de Contas do Estado e, quando houver, Tribunal de Contas dos Municípios e Tribunal de Contas do Município.

Art. 2º Para os efeitos desta Lei Complementar, entende-se como:

I — ente da Federação: a União, cada Estado, o Distrito Federal e cada Município;

II — empresa controlada: sociedade cuja maioria do capital social com direito a voto pertença, direta ou indiretamente, a ente da Federação;

III — empresa estatal dependente: empresa controlada que receba do ente controlador recursos financeiros para pagamento de despesas com pessoal ou de custeio em geral ou de capital, excluídos, no último caso, aqueles provenientes de aumento de participação acionária;

IV — receita corrente líquida: somatório das receitas tributárias, de contribuições, patrimoniais, industriais, agropecuárias, de serviços, transferências correntes e outras receitas também correntes, deduzidos:

a) na União, os valores transferidos aos Estados e Municípios por determinação constitucional ou legal, e as contribuições mencionadas na alínea *a* do inciso I e no inciso II do art. 195, e no art. 239 da Constituição;

b) nos Estados, as parcelas entregues aos Municípios por determinação constitucional;

c) na União, nos Estados e nos Municípios, a contribuição dos servidores para o custeio do seu sistema de previdência e assistência social e as receitas provenientes da compensação financeira citada no § 9º do art. 201 da Constituição.

§ 1º Serão computados no cálculo da receita corrente líquida os valores pagos e recebidos em decorrência da Lei Complementar n. 87, de 13 de setembro de 1996, e do fundo previsto pelo art. 60 do Ato das Disposições Constitucionais Transitórias.

§ 2º Não serão considerados na receita corrente líquida do Distrito Federal e dos Estados do Amapá e de Roraima os recursos recebidos da União para atendimento das despesas de que trata o inciso V do § 1º do art. 19.

§ 3º A receita corrente líquida será apurada somando-se as receitas arrecadadas no mês em referência e nos onze anteriores, excluídas as duplicidades.

....

CAPÍTULO IV

Da Despesa Pública

SEÇÃO I

Da Geração da Despesa

Art. 15. Serão consideradas não autorizadas, irregulares e lesivas ao patrimônio público a geração de despesa ou assunção de obrigação que não atendam o disposto nos arts. 16 e 17.

Art. 16. A criação, expansão ou aperfeiçoamento de ação governamental que acarrete aumento da despesa será acompanhado de:

I — estimativa do impacto orçamentário-financeiro no exercício em que deva entrar em vigor e nos dois subsequentes;

II — declaração do ordenador da despesa de que o aumento tem adequação orçamentária e financeira com a lei orçamentária anual e compatibilidade com o plano plurianual e com a lei de diretrizes orçamentárias.

§ 1º Para os fins desta Lei Complementar, considera-se:

I — adequada com a lei orçamentária anual, a despesa objeto de dotação específica e suficiente, ou que esteja abrangida por crédito genérico, de forma que somadas todas as despesas da mesma espécie, realizadas e a realizar, previstas no programa de trabalho, não sejam ultrapassados os limites estabelecidos para o exercício;

II — compatível com o plano plurianual e a lei de diretrizes orçamentárias, a despesa que se conforme com as diretrizes, objetivos, prioridades e metas previstos nesses instrumentos e não infrinja qualquer de suas disposições.

§ 2º A estimativa de que trata o inciso I do *caput* será acompanhada das premissas e metodologia de cálculo utilizadas.

§ 3º Ressalva-se do disposto neste artigo a despesa considerada irrelevante, nos termos em que dispuser a lei de diretrizes orçamentárias.

§ 4º As normas do *caput* constituem condição prévia para:

I — empenho e licitação de serviços, fornecimento de bens ou execução de obras;

II — desapropriação de imóveis urbanos a que se refere o § 3º do art. 182 da Constituição.

SUBSEÇÃO I

Da Despesa Obrigatória de Caráter Continuado

Art. 17. Considera-se obrigatória de caráter continuado a despesa corrente derivada de lei, medida provisória ou ato administrativo normativo que fixem para o ente a obrigação legal de sua execução por um período superior a dois exercícios.

§ 1º Os atos que criarem ou aumentarem despesa de que trata o *caput* deverão ser instruídos com a estimativa prevista no inciso I do art. 16 e demonstrar a origem dos recursos para seu custeio.

§ 2º Para efeito do atendimento do § 1º, o ato será acompanhado de comprovação de que a despesa criada ou aumentada não afetará as metas de resultados fiscais previstas no anexo referido no § 1º do art. 4º, devendo seus efeitos financeiros, nos períodos seguintes, ser compensados pelo aumento permanente de receita ou pela redução permanente de despesa.

§ 3º Para efeito do § 2º, considera-se aumento permanente de receita o proveniente da elevação de alíquotas, ampliação da base de cálculo, majoração ou criação de tributo ou contribuição.

§ 4º A comprovação referida no § 2º, apresentada pelo proponente, conterá as premissas e metodologia de cálculo utilizadas, sem prejuízo do exame de compatibilidade da despesa com as demais normas do plano plurianual e da lei de diretrizes orçamentárias.

§ 5º A despesa de que trata este artigo não será executada antes da implementação das medidas referidas no § 2º, as quais integrarão o instrumento que a criar ou aumentar.

§ 6º O disposto no § 1º não se aplica às despesas destinadas ao serviço da dívida nem ao reajustamento de remuneração de pessoal de que trata o inciso X do art. 37 da Constituição.

§ 7º Considera-se aumento de despesa a prorrogação daquela criada por prazo determinado.

SEÇÃO II

Das Despesas com Pessoal

SUBSEÇÃO I

Definições e Limites

Art. 18. Para os efeitos desta Lei Complementar, entende-se como despesa total com pessoal: o somatório dos gastos do ente da Federação com os ativos, os inativos e os pensionistas, relativos a mandatos eletivos, cargos, funções ou empregos, civis, militares e de membros de Poder, com quaisquer espécies remuneratórias, tais como vencimentos e vantagens, fixas e variáveis, subsídios, proventos da aposentadoria, reformas e pensões, inclusive adicionais, gratificações, horas extras e vantagens pessoais de qualquer natureza, bem como encargos sociais e contribuições recolhidas pelo ente às entidades de previdência.

§ 1º Os valores dos contratos de terceirização de mão de obra que se referem à substituição de servidores e empregados públicos serão contabilizados como "Outras Despesas de Pessoal".

§ 2º A despesa total com pessoal será apurada somando-se a realizada no mês em referência com as dos onze imediatamente anteriores, adotando-se o regime de competência.

Art. 19. Para os fins do disposto no *caput* do art. 169 da Constituição, a despesa total com pessoal, em cada período de apuração e em cada ente da Federação, não poderá exceder os percentuais da receita corrente líquida, a seguir discriminados:

I — União: 50% (cinquenta por cento);

II — Estados: 60% (sessenta por cento);

III — Municípios: 60% (sessenta por cento).

§ 1º Na verificação do atendimento dos limites definidos neste artigo, não serão computadas as despesas:

I — de indenização por demissão de servidores ou empregados;

II — relativas a incentivos à demissão voluntária;

III — derivadas da aplicação do disposto no inciso II do § 6º do art. 57 da Constituição;

IV — decorrentes de decisão judicial e da competência de período anterior ao da apuração a que se refere o § 2º do art. 18;

V — com pessoal, do Distrito Federal e dos Estados do Amapá e Roraima, custeadas com recursos transferidos pela União na forma dos incisos XIII e XIV do art. 21 da Constituição e do art. 31 da Emenda Constitucional n. 19;

VI — com inativos, ainda que por intermédio de fundo específico, custeadas por recursos provenientes:

a) da arrecadação de contribuições dos segurados;

b) da compensação financeira de que trata o § 9º do art. 201 da Constituição;

c) das demais receitas diretamente arrecadadas por fundo vinculado a tal finalidade, inclusive o produto da alienação de bens, direitos e ativos, bem como seu superávit financeiro.

§ 2º Observado o disposto no inciso IV do § 1º, as despesas com pessoal decorrentes de sentenças judiciais serão incluídas no limite do respectivo Poder ou órgão referido no art. 20.

Art. 20. A repartição dos limites globais do art. 19 não poderá exceder os seguintes percentuais:

I — na esfera federal:

a) 2,5% (dois inteiros e cinco décimos por cento) para o Legislativo, incluído o Tribunal de Contas da União;

b) 6% (seis por cento) para o Judiciário;

c) 40,9% (quarenta inteiros e nove décimos por cento) para o Executivo, destacando-se 3% (três por cento) para as despesas com pessoal decorrentes do que dispõem os incisos XIII e XIV do art. 21 da Constituição e o art. 31 da Emenda Constitucional n. 19, repartidos de forma proporcional à média das despesas relativas a cada um destes dispositivos, em percentual da receita corrente líquida, verificadas nos três exercícios financeiros imediatamente anteriores ao da publicação desta Lei Complementar;

d) 0,6% (seis décimos por cento) para o Ministério Público da União;

II — na esfera estadual:

a) 3% (três por cento) para o Legislativo, incluído o Tribunal de Contas do Estado;

b) 6% (seis por cento) para o Judiciário;

c) 49% (quarenta e nove por cento) para o Executivo;

d) 2% (dois por cento) para o Ministério Público dos Estados;

III — na esfera municipal:

a) 6% (seis por cento) para o Legislativo, incluído o Tribunal de Contas do Município, quando houver;

b) 54% (cinquenta e quatro por cento) para o Executivo.

§ 1º Nos Poderes Legislativo e Judiciário de cada esfera, os limites serão repartidos entre seus órgãos de forma proporcional à média das despesas com pessoal, em percentual da receita corrente líquida, verificadas nos três exercícios financeiros imediatamente anteriores ao da publicação desta Lei Complementar.

§ 2º Para efeito deste artigo entende-se como órgão:

I — o Ministério Público;

II — no Poder Legislativo:

a) Federal, as respectivas Casas e o Tribunal de Contas da União;

b) Estadual, a Assembleia Legislativa e os Tribunais de Contas;

c) do Distrito Federal, a Câmara Legislativa e o Tribunal de Contas do Distrito Federal;

d) Municipal, a Câmara de Vereadores e o Tribunal de Contas do Município, quando houver;

III — no Poder Judiciário:

a) Federal, os tribunais referidos no art. 92 da Constituição;

b) Estadual, o Tribunal de Justiça e outros, quando houver.

§ 3º Os limites para as despesas com pessoal do Poder Judiciário, a cargo da União por força do inciso XIII do art. 21 da Constituição, serão estabelecidos mediante aplicação da regra do § 1º.

§ 4º Nos Estados em que houver Tribunal de Contas dos Municípios, os percentuais definidos nas alíneas *a* e *c* do inciso II do *caput* serão, respectivamente, acrescidos e reduzidos em 0,4% (quatro décimos por cento).

§ 5º Para os fins previstos no art. 168 da Constituição, a entrega dos recursos financeiros correspondentes à despesa total com pessoal por Poder e órgão será a resultante da aplicação dos percentuais definidos neste artigo, ou aqueles fixados na lei de diretrizes orçamentárias.

§ 6º *(Vetado).*

SUBSEÇÃO II

Do Controle da Despesa Total com Pessoal

Art. 21. É nulo de pleno direito o ato que provoque aumento da despesa com pessoal e não atenda:

I — as exigências dos arts. 16 e 17 desta Lei Complementar, e o disposto no inciso XIII do art. 37 e no § 1º do art. 169 da Constituição;

II — o limite legal de comprometimento aplicado às despesas com pessoal inativo.

PARÁGRAFO ÚNICO. Também é nulo de pleno direito o ato de que resulte aumento da despesa com pessoal expedido nos cento e oitenta dias anteriores ao final do mandato do titular do respectivo Poder ou órgão referido no art. 20.

Art. 22. A verificação do cumprimento dos limites estabelecidos nos arts. 19 e 20 será realizada ao final de cada quadrimestre.

PARÁGRAFO ÚNICO. Se a despesa total com pessoal exceder a 95% (noventa e cinco por cento) do limite, são vedados ao Poder ou órgão referido no art. 20 que houver incorrido no excesso:

I — concessão de vantagem, aumento, reajuste ou adequação de remuneração a qualquer título, salvo os derivados de sentença judicial ou de determinação legal ou contratual, ressalvada a revisão prevista no inciso X do art. 37 da Constituição;

II — criação de cargo, emprego ou função;

III — alteração de estrutura de carreira que implique aumento de despesa;

IV — provimento de cargo público, admissão ou contratação de pessoal a qualquer título, ressalvada a reposição decorrente de aposentadoria ou falecimento de servidores das áreas de educação, saúde e segurança;

V — contratação de hora extra, salvo no caso do disposto no inciso II do § 6º do art. 57 da Constituição e as situações previstas na lei de diretrizes orçamentárias.

Art. 23. Se a despesa total com pessoal, do Poder ou órgão referido no art. 20, ultrapassar os limites definidos no mesmo artigo, sem prejuízo das medidas previstas no art. 22, o percentual excedente terá de ser eliminado nos dois quadrimestres seguintes, sendo pelo menos um terço no primeiro, adotando-se, entre outras, as providências previstas nos §§ 3º e 4º do art. 169 da Constituição.

§ 1º No caso do inciso I do § 3º do art. 169 da Constituição, o objetivo poderá ser alcançado tanto pela extinção de cargos e funções quanto pela redução dos valores a eles atribuídos.

§ 2º É facultada a redução temporária da jornada de trabalho com adequação dos vencimentos à nova carga horária.

§ 3º Não alcançada a redução no prazo estabelecido, e enquanto perdurar o excesso, o ente não poderá:

I — receber transferências voluntárias;

II — obter garantia, direta ou indireta, de outro ente;

III — contratar operações de crédito, ressalvadas as destinadas ao refinanciamento da dívida mobiliária e as que visem à redução das despesas com pessoal.

§ 4º As restrições do § 3º aplicam-se imediatamente se a despesa total com pessoal exceder o limite no primeiro quadrimestre do último ano do mandato dos titulares de Poder ou órgão referidos no art. 20.

SEÇÃO III

Das Despesas com a Seguridade Social

Art. 24. Nenhum benefício ou serviço relativo à seguridade social poderá ser criado, majorado ou estendido sem a indicação da fonte de custeio total, nos termos do § 5º do art. 195 da Constituição, atendidas ainda as exigências do art. 17.

§ 1º É dispensada da compensação referida no art. 17 o aumento de despesa decorrente de:

I — concessão de benefício a quem satisfaça as condições de habilitação prevista na legislação pertinente;

II — expansão quantitativa do atendimento e dos serviços prestados;

III — reajustamento de valor do benefício ou serviço, a fim de preservar o seu valor real.

§ 2º O disposto neste artigo aplica-se a benefício ou serviço de saúde, previdência e assistência social, inclusive os destinados aos servidores públicos e militares, ativos e inativos, e aos pensionistas.

....

CAPÍTULO IX

DA TRANSPARÊNCIA, CONTROLE E FISCALIZAÇÃO

SEÇÃO I

Da Transparência da Gestão Fiscal

Art. 48. São instrumentos de transparência da gestão fiscal, aos quais será dada ampla divulgação, inclusive em meios eletrônicos de acesso público: os planos, orçamentos e leis de diretrizes orçamentárias; as prestações de contas e o respectivo parecer prévio; o Relatório Resumido da Execução Orçamentária e o Relatório de Gestão Fiscal; e as versões simplificadas desses documentos.

PARÁGRAFO ÚNICO. A transparência será assegurada também mediante: *(Redação dada pela Lei Complementar n. 131, de 27.5.09, DOU 28.5.09).*

I — incentivo à participação popular e realização de audiências públicas, durante os processos de elaboração e discussão dos planos, lei de diretrizes orçamentárias e orçamentos; *(Acrescentado pela Lei Complementar n. 131, de 27.5.09, DOU 28.5.09).*

II — liberação ao pleno conhecimento e acompanhamento da sociedade, em tempo real, de informações pormenorizadas sobre a execução orçamentária e financeira, em meios eletrônicos de acesso público; *(Acrescentado pela Lei Complementar n. 131, de 27.5.09, DOU 28.5.09).*

III — adoção de sistema integrado de administração financeira e controle, que atenda a padrão mínimo de qualidade estabelecido pelo Poder Executivo da União e ao disposto no art. 48-A. *(Acrescentado pela Lei Complementar n. 131, de 27.5.09, DOU 28.5.09).*

Art. 48-A. Para os fins a que se refere o inciso II do parágrafo único do art. 48, os entes da Federação disponibilizarão a qualquer pessoa física ou jurídica o acesso a informações referentes a: (Acrescentado pela Lei Complementar n. 131, de 27.5.09, DOU 28.5.09).

I — quanto à despesa: todos os atos praticados pelas unidades gestoras no decorrer da execução da despesa, no momento de sua realização, com a disponibilização mínima dos dados referentes ao número do correspondente processo, ao bem fornecido ou ao serviço prestado, à pessoa física ou jurídica beneficiária do pagamento e, quando for o caso, ao procedimento licitatório realizado; *(Acrescentado pela Lei Complementar n. 131, de 27.5.09, DOU 28.5.09).*

II — quanto à receita: o lançamento e o recebimento de toda a receita das unidades gestoras, inclusive referente a recursos extraordinários. *(Acrescentado pela Lei Complementar n. 131, de 27.5.09, DOU 28.5.09).*

....

CAPÍTULO X

Disposições Finais e Transitórias

....

Art. 68. Na forma do art. 250 da Constituição, é criado o Fundo do Regime Geral de Previdência Social, vinculado ao Ministério da Previdência e Assistência Social, com a finalidade de prover recursos para o pagamento dos benefícios do regime geral da previdência social.

§ 1º O Fundo será constituído de:

I — bens móveis e imóveis, valores e rendas do Instituto Nacional do Seguro Social não utilizados na operacionalização deste;

II — bens e direitos que, a qualquer título, lhe sejam adjudicados ou que lhe vierem a ser vinculados por força de lei;

III — receita das contribuições sociais para a seguridade social, previstas na alínea *a* do inciso I e no inciso II do art. 195 da Constituição;

IV — produto da liquidação de bens e ativos de pessoa física ou jurídica em débito com a Previdência Social;

V — resultado da aplicação financeira de seus ativos;

VI — recursos provenientes do orçamento da União.

§ 2º O Fundo será gerido pelo Instituto Nacional do Seguro Social, na forma da lei.

Art. 69. O ente da Federação que mantiver ou vier a instituir regime próprio de previdência social para seus servidores conferir-lhe-á caráter contributivo e o organizará com base em normas de contabilidade e atuária que preservem seu equilíbrio financeiro e atuarial.

Art. 70. O Poder ou órgão referido no art. 20 cuja despesa total com pessoal no exercício anterior ao da publicação desta Lei Complementar estiver acima dos limites estabelecidos nos arts. 19 e 20 deverá enquadrar-se no respectivo limite em até dois exercícios, eliminando o excesso, gradualmente, à razão de, pelo menos, 50% a.a. (cinquenta por cento ao ano), mediante a adoção, entre outras, das medidas previstas nos arts. 22 e 23.

PARÁGRAFO ÚNICO. A inobservância do disposto no *caput*, no prazo fixado, sujeita o ente às sanções previstas no § 3º do art. 23.

Art. 71. Ressalvada a hipótese do inciso X do art. 37 da Constituição, até o término do terceiro exercício financeiro seguinte à entrada em vigor desta Lei Complementar, a despesa total com pessoal dos Poderes e órgãos referidos no art. 20 não ultrapassará, em percentual da receita corrente líquida, a despesa verificada no exercício imediatamente anterior, acrescida de até 10% (dez por cento), se esta for inferior ao limite definido na forma do art. 20.

Art. 72. A despesa com serviços de terceiros dos Poderes e órgãos referidos no art. 20 não poderá exceder, em percentual da receita corrente líquida, a do exercício anterior à entrada em vigor desta Lei Complementar, até o término do terceiro exercício seguinte.

Art. 73. As infrações dos dispositivos desta Lei Complementar serão punidas segundo o Decreto-lei n. 2.848, de 7 de dezembro de 1940 (Código Penal); a Lei n. 1.079, de 10 de abril de 1950; o Decreto-lei n. 201, de 27 de fevereiro de 1967; a Lei n. 8.429, de 2 de junho de 1992; e demais normas da legislação pertinente.

Art. 73-A. Qualquer cidadão, partido político, associação ou sindicato é parte legítima para denunciar ao respectivo Tribunal de Contas e ao órgão competente do Ministério Público o descumprimento das prescrições estabelecidas nesta Lei Complementar. *(Acrescentado pela Lei Complementar n. 131, de 27.5.09, DOU 28.5.09).*

Art. 73-B. Ficam estabelecidos os seguintes prazos para o cumprimento das determinações dispostas nos incisos II e III do parágrafo único do art. 48 e do art. 48-A: (Acrescentado pela Lei Complementar n. 131, de 27.5.09, DOU 28.5.09).

I — 1 (um) ano para a União, os Estados, o Distrito Federal e os Municípios com mais de 100.000 (cem mil) habitantes; (Acrescentado pela Lei Complementar n. 131, de 27.5.09, DOU 28.5.09).

II — 2 (dois) anos para os Municípios que tenham entre 50.000 (cinquenta mil) e 100.000 (cem mil) habitantes; (Acrescentado pela Lei Complementar n. 131, de 27.5.09, DOU 28.5.09).

III — 4 (quatro) anos para os Municípios que tenham até 50.000 (cinquenta mil) habitantes. (Acrescentado pela Lei Complementar n. 131, de 27.5.09, DOU 28.5.09).

PARÁGRAFO ÚNICO. Os prazos estabelecidos neste artigo serão contados a partir da data de publicação da lei complementar que introduziu os dispositivos referidos no caput deste artigo. (Acrescentado pela Lei Complementar n. 131, de 27.5.09, DOU 28.5.09).

Art. 73-C. O não atendimento, até o encerramento dos prazos previstos no art. 73-B, das determinações contidas nos incisos II e III do parágrafo único do art. 48 e no art. 48-A sujeita o ente à sanção prevista no inciso I do § 3º do art. 23. (Acrescentado pela Lei Complementar n. 131, de 27.5.09 (DOU 28.5.09).

Art. 74. Esta Lei Complementar entra em vigor na data da sua publicação.

Art. 75. Revoga-se a Lei Complementar n. 96, de 31 de maio de 1999.

Fernando Henrique Cardoso
Pedro Malan
Martus Tavares

DECRETO N. 1.480, DE 3 DE MAIO DE 1995

(DOU 4.5.95)

DISPÕE SOBRE OS PROCEDIMENTOS A SEREM ADOTADOS EM CASO DE PARALISAÇÕES DOS SERVIÇOS PÚBLICOS FEDERAIS, ENQUANTO NÃO REGULADO O DISPOSTO NO ART. 37, INCISO VII, DA CONSTITUIÇÃO

O PRESIDENTE DA REPÚBLICA, no uso das atribuições que lhe confere o art. 84, incisos II e IV, da Constituição, e tendo em vista o disposto nos arts. 116, inciso X, e 117, inciso I, da Lei n. 8.112, de 11 de dezembro de 1990,

DECRETA:

Art. 1º Até que seja editada a lei complementar a que alude o art. 37, inciso VII, da Constituição, as faltas decorrentes de participação de servidor público federal, regido pela Lei n. 8.112, de 11 de dezembro de 1990, em movimento de paralisação de serviços públicos não poderão, em nenhuma hipótese, ser objeto de:

I — abono;

II — compensação; ou

III — cômputo, para fins de contagem de tempo de serviço ou de qualquer vantagem que o tenha por base.

§ 1º Para os fins de aplicação do disposto neste artigo, a chefia imediata do servidor transmitirá ao órgão de pessoal respectivo a relação dos servidores cujas faltas se enquadrem na hipótese nele prevista, discriminando, dentre os relacionados, os ocupantes de cargos em comissão e os que percebam função gratificada.

§ 2º A inobservância do disposto no parágrafo precedente implicará na exoneração ou dispensa do titular da chefia imediata, sem prejuízo do ressarcimento ao Tesouro Nacional dos valores por este despendidos em razão do ato comissivo ou omissivo, apurado em processo administrativo regular.

Art. 2º Serão imediatamente exonerados ou dispensados os ocupantes de cargos em comissão ou de funções gratificadas constantes da relação a que alude o artigo precedente.

Art. 3º No caso em que a União, autarquia ou fundação pública for citada em causa cujo objeto seja a indenização por interrupção, total ou parcial, da prestação dos serviços desenvolvidos pela Administração Pública Federal, em decorrência de movimento de paralisação, será obrigatória a denunciação à lide dos servidores que tiverem concorrido para o dano.

PARÁGRAFO ÚNICO. Compete ao Advogado-Geral da União expedir as instruções necessárias ao cumprimento do disposto neste artigo.

Art. 4º Este Decreto entra vigor na data de sua publicação.

Brasília, 3 de maio de 1995; 174º da Independência e 107º da República.

Fernando Henrique Cardoso
Luiz Carlos Bresser Pereira

LEI N. 8.162, DE 8 DE JANEIRO DE 1991

(DOU 9.1.91 — LTr 55-4/504)

DISPÕE SOBRE A REVISÃO DOS VENCIMENTOS, SALÁRIOS, PROVENTOS E DEMAIS RETRIBUIÇÕES DOS SERVIDORES CIVIS E A FIXAÇÃO DOS SOLDOS DOS MILITARES DO PODER EXECUTIVO, NA ADMINISTRAÇÃO DIRETA, AUTÁRQUICA E FUNDACIONAL, E DÁ OUTRAS PROVIDÊNCIAS (CONSIDERA EXTINTOS, A PARTIR DE 12 DE DEZEMBRO DE 1990, OS CONTRATOS INDIVIDUAIS DE TRABALHO DOS SERVIDORES QUE PASSARAM AO REGIME DA LEI N. 8.112/90. VER ART. 7º)

O PRESIDENTE DA REPÚBLICA,

Faço saber que o Congresso Nacional decreta e eu sanciono a seguinte Lei:

Art. 1º A partir de 1º de janeiro de 1991, os vencimentos, salários, proventos e demais retribuições dos servidores civis do Poder Executivo, Autarquias e Fundações Públicas serão reajustados em oitenta e um por cento, e o soldo do Almirante-de-Esquadra ficará fixado em Cr$ 129.899,40 (cento e vinte e nove mil, oitocentos e noventa e nove cruzeiros e quarenta centavos).

PARÁGRAFO ÚNICO. O disposto neste artigo abrange as parcelas percebidas em caráter permanente a título de indenização, os auxílios e abonos, e o salário-família dos servidores regidos pela Lei n. 8.112, de 11 de dezembro de 1990, o abono e o salário-família dos militares, e a remuneração dos cargos de natureza especial de que trata o art. 26 da Lei n. 8.028, de 12 de abril de 1990, alterado pelo artigo 2º desta Lei.

Art. 2º O art. 26 da Lei n. 8.028, de 12 de abril de 1990, passa a vigorar com as seguintes modificações:

"Art. 26. ....

....

V — sete cargos do Secretário da Presidência da República, sendo um em cada Secretaria de que trata a alínea *c* do parágrafo único do art. 1º;

VI — oito cargos de Secretário-Executivo, sendo um em cada Ministério de que tratam os incisos I, V e VII a XII do art. 17, três cargos de Secretário-Geral, no Ministério de que trata o inciso IV do mesmo artigo e um cargo de Subsecretário-Geral da Secretaria-Geral da Presidência da República.

§ 1º Os titulares dos cargos especificados neste artigo perceberão vencimento mensal de:

a) Cr$ 127.530,00 (cento e vinte e sete mil, quinhentos e trinta cruzeiros), os referidos nos incisos I a IV;

b) Cr$ 117.878,00 (cento e dezessete mil, oitocentos e setenta e oito cruzeiros), os mencionados no inciso V, bem assim o de Consultor-Geral da República;

c) Cr$ 108.225,00 (cento e oito mil, duzentos e vinte e cinco cruzeiros), os de que trata o inciso VI.

§ 2º Aos vencimentos fixados no parágrafo anterior será acrescida representação mensal equivalente a cem por cento do respectivo valor.

§ 3º Os vencimentos fixados no § 1º serão atualizados nas mesmas datas e índices em que forem reajustados os vencimentos dos servidores públicos federais.

§ 4º Os servidores federais, estaduais, do Distrito Federal e dos Municípios, investidos nos cargos especificados neste artigo, poderão optar pela remuneração a que façam jus nos órgãos ou entidades de origem, com direito de perceber a importância correspondente a cinquenta e cinco por cento do vencimento fixado no § 1º, acrescida da representação mensal.

Art. 3º Aos ocupantes dos cargos de Ministro de Estado é facultado optar pela remuneração:

I — do mandato, em se tratando de Deputado Federal ou de Senador;

II — do cargo ou emprego efetivo de que seja titular na União, Estado, Distrito Federal, Município, autarquia, fundação pública, sociedade de economia mista ou em empresa pública.

PARÁGRAFO ÚNICO. Na hipótese do inciso I, o Ministro de Estado perceberá a vantagem pecuniária instituída pela Lei n. 7.374, de 30 de setembro de 1985; e, na do inciso II, a representação mensal do respectivo cargo, acrescida da mesma vantagem pecuniária.

Art. 4º Correção à conta das dotações orçamentárias próprias dos órgãos interessados, consoante se dispuser em regulamento, as despesas de deslocamento, de alimentação e de pousada dos colaboradores eventuais, inclusive membros de colegiado integrantes de estrutural regimental de Ministério e das Secretarias da Presidência da República, quando em viagem de serviço. *(Redação dada pela L. 8.216, de 13.8.91).*

Art. 5º Revogado pela Lei n. 9.527, de 10.12.97, DOU de 11.12.97.

Art. 6º O saldo da conta vinculada ao Fundo de Garantia do Tempo de Serviço — FGTS, do servidor a que se aplique o regime da Lei n. 8.112, de 1990, poderá ser sacado nas hipóteses previstas nos incisos III a VII do art. 20 da Lei n. 8.036, de 11 de maio de 1990.

§ 1º Revogado pela Lei n. 8.678 de 13.7.93 (LTr — 57-08/1024).

§ 2º O saldo da conta individualizada do FGTS, de servidor não optante, reverterá em favor da União ou da entidade depositante.

Art. 7º São considerados extintos, a partir de 12 de dezembro de 1990, os contratos individuais de trabalho dos servidores que passaram ao regime jurídico instituído pela Lei n. 8.112, de 1990, ficando-lhe assegurada a contagem de tempo anterior de serviço público federal para todos os fins, exceto:

I — anuênio;(*)

II — incorporação da gratificação de que trata o art. 62 da citada lei; *(Revogado pela Lei n. 8.911, de 11.7.94)*

III — licença-prêmio por assiduidade.(*)

PARÁGRAFO ÚNICO. No caso do inciso III, o tempo anterior de serviço será contado para efeito da aplicação do disposto no art. 5º.

(*) *A Resolução n. 35, de 2.9.99 do Senado Federal suspendeu a execução dos incisos I e III do art. 7º desta Lei, nos termos do art. 48, item 28, do seu Regulamento Interno, DOU 3.9.99, p. 1.*

Art. 8º A partir de 1º de abril de 1991, os servidores qualificados no art. 243 da Lei n. 8.112, de 1990, passam a contribuir mensalmente para o Plano de Seguridade Social do Servidor, instituído pelo artigo 183 da mesma lei.

Art. 9º Revogado pela Lei n. 8.688, de 21.7.93.

Art. 10. Revogado pela Lei n. 8.688, de 21.7.93

Art. 11. O art. 247 da Lei n. 8.112, de 1990, passa a vigorar com a seguinte redação:

O art. 247 da Lei n. 8.112/90 já está com redação dada por esta Lei.

Art. 12. É declarada extinta a Gratificação Especial instituída pela Lei n. 4.341, de 13 de junho de 1964, em decorrência da incorporação aos vencimentos dos servidores que faziam jus à sua percepção.

Art. 13. Aplicam-se no que couber à Tabela de Vencimentos de que trata o Anexo desta Lei, os percentuais estabelecidos no § 5º do art. 2º da Lei n. 7.923, de 1989.

PARÁGRAFO ÚNICO. É assegurada, como vantagem pessoal nominalmente identificável, a diferença porventura resultante da aplicação do disposto neste artigo aos servidores que percebiam as referidas vantagens nos termos da legislação anterior.

Art. 14. O disposto no inciso II do § 5º do art. 2º da Lei n. 7.923, de 12 de dezembro de 1989, aplica-se aos Cursos de Formação e de Aperfeiçoamento, respectivamente, ministrados pelo Centro de Formação e Aperfeiçoamento de Recursos Humanos — CEFARH, ou equivalente, instituído através do inciso V do art. 16 da Lei n. 8.028, de 1990, conforme dispuser o regulamento.

Art. 15. Fica instituída Gratificação por Operações Especiais, devida aos servidores pertencentes às Categorias Funcionais dos Grupos Polícia Federal e Polícia Civil do Distrito Federal, pelas peculiaridades de exercício decorrentes da integral e exclusiva dedicação às atividades do cargo e riscos a que estão sujeitos.

§ 1º O valor da gratificação corresponde a noventa por cento do vencimento do cargo efetivo.

§ 2º A gratificação não se incorpora ao vencimento, nem será computada ou acumulada para fins de concessão de acréscimos ulteriores, sob o mesmo título ou idêntico fundamento.

§ 3º (Vetado).

Caput e parágrafos revogados pelas Leis ns. 9.264, 7.2.96 e 9.266, 15.3.96

Art. 16. Na aplicação do disposto nesta Lei observar-se-á o limite estabelecido no *caput* do art. 1º do Decreto-lei n. 2.355, de 27 de agosto de 1987, com a redação dada pelo art. 14 da Lei n. 7.923, de 12 de dezembro de 1989.

Art. 17. Os efeitos financeiros decorrentes do disposto nesta Lei vigoram a partir de 1º de janeiro de 1991.

Art. 18. Revogado pela Lei n. 8.688, de 21.7.93.

Art. 19. Esta Lei entra em vigor na data de sua publicação.

Art. 20. Revogam-se as disposições em contrário.

Brasília, em 8 de janeiro de 1991; 170º da Independência e 103º da República.

Fernando Collor — Jarbas Passarinho — Zélia M. Cardoso de Mello

Legislação Complementar

LEI N. 8.666, DE 21 DE JUNHO DE 1993

(DOU de 22.6.1993 e republicado em 6.7.1994 e retificado em 6.7.1994)

REGULAMENTA O ART. 37, INCISO XXI, DA CONSTITUIÇÃO FEDERAL, INSTITUI NORMAS PARA LICITAÇÕES E CONTRATOS DA ADMINISTRAÇÃO PÚBLICA E DÁ OUTRAS PROVIDÊNCIAS

....

Art. 27. Para a habilitação nas licitações exigir-se-á dos interessados, exclusivamente, documentação relativa a:

I — habilitação jurídica;

II — qualificação técnica;

III — qualificação econômico-financeira;

IV — regularidade fiscal e trabalhista; *(Redação dada pela Lei n. 12.440, de 7.7.11, DOU de 8.7.11)*

V — cumprimento do disposto no inciso XXXIII do art. 7º da Constituição Federal. *(Acrescentado pela Lei n. 9.854, de 27.10.99, DOU 28.10.99)*

Art. 28. A documentação relativa à habilitação jurídica, conforme o caso, consistirá em:

I — cédula de identidade;

II — registro comercial, no caso de empresa individual;

III — ato constitutivo, estatuto ou contrato social em vigor, devidamente registrado, em se tratando de sociedades comerciais, e, no caso de sociedades por ações, acompanhado de documentos de eleição de seus administradores;

IV — inscrição do ato constitutivo, no caso de sociedades civis, acompanhada de prova de diretoria em exercício;

V — decreto de autorização, em se tratando de empresa ou sociedade estrangeira em funcionamento no País, e ato de registro ou autorização para funcionamento expedido pelo órgão competente, quando a atividade assim o exigir.

Art. 29. A documentação relativa à regularidade fiscal e trabalhista, conforme o caso, consistirá em: *(Redação dada pela Lei n. 12.440, de 7.7.11, DOU 8.7.11)*

I — prova de inscrição no Cadastro de Pessoas Físicas (CPF) ou no Cadastro Geral de Contribuintes (CGC);

II — prova de inscrição no cadastro de contribuintes estadual ou municipal, se houver, relativo ao domicílio ou sede do licitante, pertinente ao seu ramo de atividade e compatível com o objeto contratual;

III — prova de regularidade para com a Fazenda Federal, Estadual e Municipal do domicílio ou sede do licitante, ou outra equivalente, na forma da lei;

IV — prova de regularidade relativa à Seguridade Social e ao Fundo de Garantia por Tempo de Serviço (FGTS), demonstrando situação regular no cumprimento dos encargos sociais instituídos por lei. *(Redação dada pela Lei n. 8.883, de 8.6.94, DOU 9.6.94 e Retificada no DOU de 24.6.94)*

V — prova de inexistência de débitos inadimplidos perante a Justiça do Trabalho, mediante a apresentação de certidão negativa, nos termos do Título VII-A da Consolidação das Leis do Trabalho, aprovada pelo Decreto-Lei n. 5.452, de 1º de maio de 1943. *(Acrescentado pela Lei n. 12.440, de 7.7.11, DOU 8.7.11)*

....

SEÇÃO IV
Da Execução dos Contratos

Art. 66. O contrato deverá ser executado fielmente pelas partes, de acordo com as cláusulas avençadas e as normas desta Lei, respondendo cada uma pelas consequências de sua inexecução total ou parcial.

Art. 67. A execução do contrato deverá ser acompanhada e fiscalizada por um representante da Administração especialmente designado, permitida a contratação de terceiros para assisti-lo e subsidiá-lo de informações pertinentes a essa atribuição.

§ 1º O representante da Administração anotará em registro próprio todas as ocorrências relacionadas com a execução do contrato, determinando o que for necessário à regularização das faltas ou defeitos observados.

§ 2º As decisões e providências que ultrapassarem a competência do representante deverão ser solicitadas a seus superiores em tempo hábil para a adoção das medidas convenientes.

Art. 68. O contratado deverá manter preposto, aceito pela Administração, no local da obra ou serviço, para representá-lo na execução do contrato.

Art. 69. O contratado é obrigado a reparar, corrigir, remover, reconstruir ou substituir, às suas expensas, no total ou em parte, o objeto do contrato em que se verificarem vícios, defeitos ou incorreções resultantes da execução ou de materiais empregados.

Art. 70. O contratado é responsável pelos danos causados diretamente à Administração ou a terceiros, decorrentes de sua culpa ou dolo na execução do contrato, não excluindo ou reduzindo essa responsabilidade a fiscalização ou o acompanhamento pelo órgão interessado.

Art. 71. O contratado é responsável pelos encargos trabalhistas, previdenciários, fiscais e comerciais resultantes da execução do contrato.

§ 1º A inadimplência do contratado, com referência aos encargos trabalhistas, fiscais e comerciais não transfere à Administração Pública a responsabilidade por seu pagamento, nem poderá onerar o objeto do contrato ou restringir a regularização e o uso das obras e edificações, inclusive perante o Registro de Imóveis. *(Redação dada pela Lei nº 9.032, de 28.4.95, DOU 29.4.95)*

§ 2º A Administração Pública responde solidariamente com o contratado pelos encargos previdenciários resultantes da execução do contrato, nos termos do art. 31 da Lei n. 8.212, de 24 de julho de 1991. *(Redação dada pela Lei n. 9.032, de 28.4.95, DOU 29.4.95)*

§ 3º (Vetado). *(Acrescentado pela Lei n. 8.883, de 8.6.94, DOU 9.6.94 e retificada no DOU de 24.6.94)*

Art. 72. O contratado, na execução do contrato, sem prejuízo das responsabilidades contratuais e legais, poderá subcontratar partes da obra, serviço ou fornecimento, até o limite admitido, em cada caso, pela Administração.

Art. 73. Executado o contrato, o seu objeto será recebido:

I — em se tratando de obras e serviços:

a) provisoriamente, pelo responsável por seu acompanhamento e fiscalização, mediante termo circunstanciado, assinado pelas partes em até 15 (quinze) dias da comunicação escrita do contratado;

b) definitivamente, por servidor ou comissão designada pela autoridade competente, mediante termo circunstanciado, assinado pelas partes, após o decurso do prazo de observação, ou vistoria que comprove a adequação do objeto aos termos contratuais, observado o disposto no art. 69 desta Lei;

II — em se tratando de compras ou de locação de equipamentos:

a) provisoriamente, para efeito de posterior verificação da conformidade do material com a especificação;

b) definitivamente, após a verificação da qualidade e quantidade do material e consequente aceitação.

§ 1º Nos casos de aquisição de equipamentos de grande vulto, o recebimento far-se-á mediante termo circunstanciado e, nos demais, mediante recibo.

§ 2º O recebimento provisório ou definitivo não exclui a responsabilidade civil pela solidez e segurança da obra ou do serviço, nem ético-profissional pela perfeita execução do contrato, dentro dos limites estabelecidos pela lei ou pelo contrato.

§ 3º O prazo a que se refere a alínea "b" do inciso I deste artigo não poderá ser superior a 90 (noventa) dias, salvo em casos excepcionais, devidamente justificados e previstos no edital.

§ 4º Na hipótese de o termo circunstanciado ou a verificação a que se refere este artigo não serem, respectivamente, lavrado ou procedida dentro dos prazos fixados, reputar-se-ão como realizados, desde que comunicados à Administração nos 15 (quinze) dias anteriores à exaustão dos mesmos.

Art. 74. Poderá ser dispensado o recebimento provisório nos seguintes casos:

I — gêneros perecíveis e alimentação preparada;

II — serviços profissionais;

III — obras e serviços de valor até o previsto no art. 23, inciso II, alínea "a", desta Lei, desde que não se componham de aparelhos, equipamentos e instalações sujeitos à verificação de funcionamento e produtividade.

PARÁGRAFO ÚNICO. Nos casos deste artigo, o recebimento será feito mediante recibo.

Art. 75. Salvo disposições em contrário constantes do edital, do convite ou de ato normativo, os ensaios, testes e demais provas exigidos por normas técnicas oficiais para a boa execução do objeto do contrato correm por conta do contratado.

Art. 76. A Administração rejeitará, no todo ou em parte, obra, serviço ou fornecimento executado em desacordo com o contrato.

LEI N. 9.469, DE 10 DE JULHO DE 1997

(DOU 11.7.97)

REGULAMENTA O DISPOSTO NO INCISO VI DO ARTIGO 4º DA LEI COMPLEMENTAR N. 73, DE 10 DE FEVEREIRO DE 1993; DISPÕE SOBRE A INTERVENÇÃO DA UNIÃO NAS CAUSAS EM QUE FIGURAREM, COMO AUTORES OU RÉUS, ENTES DA ADMINISTRAÇÃO INDIRETA; REGULA OS PAGAMENTOS DEVIDOS PELA FAZENDA PÚBLICA EM VIRTUDE DE SENTENÇA JUDICIÁRIA; REVOGA A LEI N. 8.197, DE 27 DE JUNHO DE 1991, E A LEI N. 9.081, DE 19 DE JULHO DE 1995, E DÁ OUTRAS PROVIDÊNCIAS

Faço saber que o PRESIDENTE DA REPÚBLICA adotou a Medida Provisória n. 1.561-6, de 12 de junho de 1997, que o Congresso Nacional aprovou, e eu, Antonio Carlos Magalhães, Presidente, para os efeitos do disposto no parágrafo único do artigo 62 da Constituição Federal, promulgo a seguinte Lei:

Art. 1º O Advogado-Geral da União, diretamente ou mediante delegação, e os dirigentes máximos das empresas públicas federais poderão autorizar a realização de acordos ou transações, em juízo, para terminar o litígio, nas causas de valor até R$ 500.000,00 (quinhentos mil reais). *(Redação dada pela Lei n. 11.941, de 27.5.09, DOU 28.5.09)*

§ 1º Quando a causa envolver valores superiores ao limite fixado neste artigo, o acordo ou a transação, sob pena de nulidade, dependerá de prévia e expressa autorização do Advogado- Geral da União e do Ministro de Estado ou do titular da Secretaria da Presidência da República a cuja área de competência estiver afeto o assunto, ou ainda do Presidente da Câmara dos Deputados, do Senado Federal, do Tribunal de Contas da União, de Tribunal ou Conselho, ou do Procurador-Geral da República, no caso de interesse dos órgãos dos Poderes Legislativo e Judiciário, ou do Ministério Público da União, excluídas as empresas públicas federais não dependentes, que necessitarão apenas de prévia e expressa autorização de seu dirigente máximo. *(Redação dada pela Lei n. 11.941, de 27.5.09, DOU 28.5.09)*

§ 2º Não se aplica o disposto neste artigo às causas relativas ao patrimônio imobiliário da União. *(Revogado pela Lei n. 12.348, de 15.12.10, DOU 16.12.10)*

§ 3º As competências previstas neste artigo podem ser delegadas. (NR) *(Acrescentado pela Lei n. 11.941, de 27.5.09, DOU 28.5.09)*

Art. 1º-A O Advogado-Geral da União poderá dispensar a inscrição de crédito, autorizar o não ajuizamento de ações e a não-interposição de recursos, assim como o requerimento de extinção das ações em curso ou de desistência dos respectivos recursos judiciais, para cobrança de créditos da União e das autarquias e fundações públicas federais, observados os critérios de custos de administração e cobrança. *(Acrescentado pela Lei n. 11.941, de 27.5.09, DOU 28.5.09)*

PARÁGRAFO ÚNICO. O disposto neste artigo não se aplica à Dívida Ativa da União e aos processos em que a União seja autora, ré, assistente ou opoente cuja representação judicial seja atribuída à Procuradoria-Geral da Fazenda Nacional. *(Acrescentado pela Lei n. 11.941, de 27.5.09, DOU 28.5.09)*

Art. 1º-B. Os dirigentes máximos das empresas públicas federais poderão autorizar a não-propositura de ações e a não interposição de recursos, assim como o requerimento de extinção das ações em curso ou de desistência dos respectivos recursos judiciais, para cobrança de créditos, atualizados, de valor igual ou inferior a R$ 10.000,00 (dez mil reais), em que interessadas essas entidades na qualidade de autoras, rés, assistentes ou opoentes, nas condições aqui estabelecidas. *(Acrescentado pela Lei n. 11.941, de 27.5.09, DOU 28.5.09)*

PARÁGRAFO ÚNICO. Quando a causa envolver valores superiores ao limite fixado neste artigo, o disposto no *caput*, sob pena de nulidade, dependerá de prévia e expressa autorização do Ministro de Estado ou do titular da Secretaria da Presidência da República a cuja área de competência estiver afeto o assunto, excluído o caso das empresas públicas não dependentes que necessitarão apenas de prévia e expressa autorização de seu dirigente máximo. *(Acrescentado pela Lei n. 11.941, de 27.5.09, DOU 28.5.09)*

Art. 1º-C. Verificada a prescrição do crédito, o representante judicial da União, das autarquias e fundações públicas federais não efetivará a inscrição em dívida ativa dos créditos, não procederá ao ajuizamento, não recorrerá e desistirá dos recursos já interpostos." *(Acrescentado pela Lei n. 11.941, de 27.5.09, DOU 28.5.09)*

Art. 2º O Procurador-Geral da União, o Procurador-Geral Federal e os dirigentes máximos das empresas públicas federais e do Banco Central do Brasil poderão autorizar a realização de acordos, homologáveis pelo Juízo, nos autos do processo judicial, para o pagamento de débitos de valores não superiores a R$ 100.000,00 (cem mil reais), em parcelas mensais e sucessivas até o máximo de 60 (sessenta). *(Redação dada pela Lei n. 12.716, de 21.9.12, DOU 24.9.12)*

§ 1º O valor de cada prestação mensal, por ocasião do pagamento, será acrescido de juros equivalentes à taxa referencial do Sistema Especial de Liquidação e de Custódia — SELIC para títulos federais, acumulada mensalmente, calculados a partir do mês subsequente ao da consolidação até o mês anterior ao do pagamento, e de 1% (um por cento) relativamente ao mês em que o pagamento estiver sendo efetuado. (NR) *(Acrescentado pela Lei n. 11.941, de 27.5.09, DOU 28.5.09)*

§ 2º Inadimplida qualquer parcela, pelo prazo de trinta dias, instaurar-se-á o processo de execução ou nele prosseguir-se-á, pelo saldo.

Art. 3º As autoridades indicadas no *caput* do art. 1º poderão concordar com pedido de desistência da ação, nas causas de quaisquer valores, desde que o autor renuncie expressamente ao direito sobre que se funda a ação (artigo 269, inciso V, do Código de Processo Civil).

PARÁGRAFO ÚNICO. Quando a desistência de que trata este artigo decorrer de prévio requerimento do autor dirigido à administração pública federal para apreciação de pedido administrativo com o mesmo objeto da ação, esta não poderá negar o seu deferimento exclusivamente em razão da renúncia prevista no **caput** deste artigo. (NR) *(Acrescentado pela Lei n. 11.941, de 27.5.09, DOU 28.5.09)*

Art. 4º Não havendo Súmula da Advocacia Geral da União (arts. 4º, inciso XII, e 43, da Lei Complementar n. 73/93), o Advogado-Geral da União poderá dispensar a propositura de ações ou a interposição de recursos judiciais, quando a controvérsia jurídica estiver sendo iterativamente decidida pelo Supremo Tribunal Federal ou pelos Tribunais Superiores.

Art. 4º-A. O termo de ajustamento de conduta, para prevenir ou terminar litígios, nas hipóteses que envolvam interesse público da União, suas autarquias e fundações, firmado pela Advocacia- Geral da União, deverá conter:

I — a descrição das obrigações assumidas;

II — o prazo e o modo para o cumprimento das obrigações;

III — a forma de fiscalização da sua observância;

IV — os fundamentos de fato e de direito; e

V — a previsão de multa ou de sanção administrativa, no caso de seu descumprimento.

PARÁGRAFO ÚNICO. A Advocacia-Geral da União poderá solicitar aos órgãos e entidades públicas federais manifestação sobre a viabilidade técnica, operacional e financeira das obrigações a serem assumidas em termo de ajustamento de conduta, cabendo ao Advogado-Geral da União a decisão final quanto à sua celebração. *(Acrescentado pela Lei n. 12.249, de 11.6.10, DOU 14.6.10)*

Art. 5º A União poderá intervir nas causas em que figurarem, como autoras ou rés, autarquias, fundações públicas, sociedades de economia mista e empresas públicas federais.

PARÁGRAFO ÚNICO. As pessoas jurídicas de direito público poderão, nas causas cuja decisão possa ter reflexos, ainda que indiretos, de natureza econômica, intervir, independentemente da demonstração de interesse jurídico, para esclarecer questões de fato e de direito, podendo juntar documentos e memoriais reputados úteis ao exame da matéria e, se for o caso, recorrer, hipótese em que, para fins de deslocamento de competência, serão consideradas partes.

Art. 6º Os pagamentos devidos pela Fazenda Pública federal, estadual ou municipal e pelas autarquias e fundações públicas, em virtude de sentença judiciária, far-se-ão, exclusivamente, na ordem cronológica da apresentação dos precatórios judiciários e à conta do respectivo crédito.

§ 1º É assegurado o direito de preferência aos credores de obrigação de natureza alimentícia, obedecida, entre eles, a ordem cronológica de apresentação dos respectivos precatórios judiciários. *(Renumerado como parágrafo primeiro pela MP n. 2.226, de 4.9.01, DOU 5.9.01).*

§ 2º O acordo ou a transação celebrada diretamente pela parte ou por intermédio de procurador para extinguir ou encerrar processo judicial, inclusive nos casos de extensão administrativa de pagamentos postulados em juízo, implicará sempre a responsabilidade de cada uma das partes pelo pagamento dos honorários de seus respectivos advogados, mesmo que tenham sido objeto de condenação transitada em julgado.(NR) *(Acrescentado pela MP n. 2.226, de 4.9.01, DOU 5.9.01).*

Art. 7º As disposições desta Lei não se aplicam às autarquias, às fundações e às empresas públicas federais quando contrariarem as normas em vigor que lhes sejam específicas. *(Revogado pela Lei n. 11.941, de 27.5.09, DOU 28.5.09).*

Art. 7º-A. As competências previstas nesta Lei aplicam-se concorrentemente àquelas específicas existentes na legislação em vigor em relação às autarquias, às fundações e às empresas públicas federais não dependentes. *(Acrescentado pela Lei n. 11.941, de 27.5.09, DOU 28.5.09)*

Art. 8º Aplicam-se às disposições desta Lei, no que couber, as ações propostas e aos recursos interpostos pelas entidades legalmente sucedidas pela União.

Art. 9º A representação judicial das autarquias e fundações públicas por seus procuradores ou advogados, ocupantes de cargos efetivos dos respectivos quadros, independe da apresentação do instrumento de mandato.

Art. 10. Aplica-se às autarquias e fundações públicas o disposto nos arts. 188 e 475, *caput*, e no seu inciso II, do Código de Processo Civil.

Art. 10-A. Ficam convalidados os acordos ou transações, em juízo, para terminar o litígio, realizados pela União ou pelas autarquias, fundações ou empresas públicas federais não dependentes durante o período de vigência da Medida Provisória n. 449, de 3 de dezembro de 2008, que estejam de acordo com o disposto nesta Lei. *(Acrescentado pela Lei n. 11.941, de 27.5.09, DOU 28.5.09)*

Art. 11. Ficam convalidados os atos praticados com base na Medida Provisória n. 1.561-5, de 15 de maio de 1997.

Art. 12. Revogam-se a Lei n. 8.197, de 27 de junho de 1991, e a Lei n. 9.081, de 19 de julho de 1995.

Art. 13. Esta Lei entra em vigor na data de sua publicação.

Congresso Nacional, em 10 de julho de 1997, 176º da Independência e 109º da República.

Antônio Carlos Magalhães
Presidente do Congresso Nacional

LEI N. 8.429, DE 29 DE MAIO DE 1992

(DOU 3.6.92)

DISPÕE SOBRE AS SANÇÕES APLICÁVEIS AOS AGENTES PÚBLICOS NOS CASOS DE ENRIQUECIMENTO ILÍCITO NO EXERCÍCIO DE MANDATO, CARGO, EMPREGO OU FUNÇÃO NA ADMINISTRAÇÃO PÚBLICA DIRETA, INDIRETA OU FUNDACIONAL E DÁ OUTRAS PROVIDÊNCIAS

(V. Art. 73, da Lei Complementar n. 101, de 4.5.00, DOU 5.5.00)

V. Lei n. 10.628, de 24.12.02 (DOU 26.12.02) que altera o art. 84, do Decreto-lei n. 3.689, de 3.8.41 — Código de Processo Penal, ao estabelecer a competência pela prerrogativa de foro em razão do exercício de função pública (não publicada nesta obra)

O PRESIDENTE DA REPÚBLICA,

Faço saber que o Congresso Nacional decreta e eu sanciono a seguinte Lei:

CAPÍTULO I

Das Disposições Gerais

Art. 1º Os atos de improbidade praticados por qualquer agente público, servidor ou não, contra a administração direta, indireta ou fundacional de qualquer dos Poderes da União, dos Estados, do Distrito Federal, dos Municípios, de Território, de empresa incorporada ao patrimônio público ou de entidade para cuja criação ou custeio o erário haja concorrido ou concorra com mais de cinquenta por cento do patrimônio ou da receita anual, serão punidos na forma desta Lei.

PARÁGRAFO ÚNICO. Estão também sujeitos às penalidades desta Lei os atos de improbidade praticados contra o patrimônio de entidade que receba subvenção, benefício ou incentivo, fiscal ou creditício, de órgão público bem como daquelas para cuja criação ou custeio o erário haja concorrido ou concorra com menos de cinquenta por cento do patrimônio ou da receita anual, limitando-se, nestes casos, a sanção patrimonial à repercussão do ilícito sobre a contribuição dos cofres públicos.

Art. 2º Reputa-se agente público, para os efeitos desta Lei, todo aquele que exerce, ainda que transitoriamente ou sem remuneração, por eleição, nomeação, designação, contratação ou qualquer outra forma de investidura ou vínculo, mandato, cargo, emprego ou função nas entidades mencionadas no artigo anterior.

Art. 3º As disposições desta Lei são aplicáveis, no que couber, àquele que, mesmo não sendo agente público, induza ou concorra para a prática do ato de improbidade ou dele se beneficie sob qualquer forma direta ou indireta.

Art. 4º Os agentes públicos de qualquer nível ou hierarquia são obrigados a velar pela estrita observância dos princípios de legalidade, impessoalidade, moralidade e publicidade no trato dos assuntos que lhe são afetos.

Art. 5º Ocorrendo lesão ao patrimônio público por ação ou omissão, dolosa ou culposa, do agente ou de terceiro, dar-se-á o integral ressarcimento do dano.

Art. 6º No caso do enriquecimento ilícito, perderá o agente público ou terceiro beneficiário os bens ou valores acrescidos ao seu patrimônio.

Art. 7º Quando o ato de improbidade causar lesão ao patrimônio público ou ensejar enriquecimento ilícito, caberá a autoridade administrativa responsável pelo inquérito representar ao Ministério Público, para a indisponibilidade dos bens do indiciado.

PARÁGRAFO ÚNICO. A indisponibilidade a que se refere o *caput* deste artigo recairá sobre bens que assegurem o integral ressarcimento do dano, ou sobre o acréscimo patrimonial resultante do enriquecimento ilícito.

Art. 8º O sucessor daquele que causar lesão ao patrimônio público ou se enriquecer ilicitamente está sujeito às cominações desta Lei até o limite do valor da herança.

CAPÍTULO II

Dos Atos de Improbidade Administrativa

SEÇÃO I

Dos Atos de Improbidade Administrativa que Importam Enriquecimento Ilícito

Art. 9º Constitui ato de improbidade administrativa importando enriquecimento ilícito auferir qualquer tipo de vantagem patrimonial indevida em razão do exercício de cargo, mandato, função, emprego ou atividade nas entidades mencionadas no art. 1º desta Lei, e notadamente:

I — receber, para si ou para outrem, dinheiro, bem móvel ou imóvel, ou qualquer outra vantagem econômica, direta ou indireta, a título de comissão, percentagem, gratificação ou presente de quem tenha interesse, direto ou indireto, que possa ser atingido ou amparado por ação ou omissão decorrente das atribuições do agente público;

II — perceber vantagem econômica, direta ou indireta, para facilitar a aquisição, permuta ou locação de bem móvel ou imóvel, ou a contratação de serviços pelas entidades referidas no art. 1º por preço superior ao valor de mercado;

III — perceber vantagem econômica, direta ou indireta, para facilitar a alienação, permuta ou locação de bem público ou o fornecimento de serviço por ente estatal por preço inferior ao valor de mercado;

IV — utilizar, em obra ou serviço particular, veículos, máquinas, equipamentos ou material de qualquer natureza, de propriedade ou à disposição de qualquer das entidades mencionadas no art. 1º desta Lei, bem como o trabalho de servidores públicos, empregados ou terceiros contratados por essas entidades;

V — receber vantagem econômica de qualquer natureza, direta ou indireta, para tolerar a exploração ou a prática de jogos de azar, de lenocínio, de narcotráfico, de contrabando, de usura ou de qualquer outra atividade ilícita, ou aceitar promessa de tal vantagem;

VI — receber vantagem econômica de qualquer natureza, direta ou indireta, para fazer declaração falsa sobre medição ou avaliação em obras públicas ou qualquer outro serviço, ou sobre quantidade, peso, medida, qualidade ou característica de mercadorias ou bens fornecidos a qualquer das entidades mencionadas no art. 1º desta Lei;

VII — adquirir, para si ou para outrem, no exercício de mandato, cargo, emprego ou função pública, bens de qualquer natureza cujo valor seja desproporcional à evolução do patrimônio ou à renda do agente público;

VIII — aceitar emprego, comissão ou exercer atividade de consultoria ou assessoramento para pessoa física ou jurídica que tenha interesse suscetível de ser atingido ou amparado por ação ou omissão decorrente das atribuições do agente público, durante a atividade;

IX — perceber vantagem econômica para intermediar a liberação ou aplicação de verba pública de qualquer natureza;

X — receber vantagem econômica de qualquer natureza, direta ou indiretamente, para omitir ato de ofício, providência ou declaração a que esteja obrigado;

XI — incorporar, por qualquer forma, ao seu patrimônio bens, rendas, verbas ou valores integrantes do acervo patrimonial das entidades mencionadas no art. 1º desta Lei;

XII — usar, em proveito próprio, bens, rendas, verbas ou valores integrantes do acervo patrimonial das entidades mencionadas no art. 1º desta Lei.

SEÇÃO II

Dos Atos de Improbidade Administrativa que Causam Prejuízo ao Erário

Art. 10. Constitui ato de improbidade administrativa que causa lesão ao erário qualquer ação ou omissão, dolosa ou culposa, que enseje perda patrimonial, desvio, apropriação, malbaratamento ou dilapidação dos bens ou haveres das entidades referidas no art. 1º desta Lei, e notadamente:

I — facilitar ou concorrer por qualquer forma para a incorporação ao patrimônio particular, de pessoa física ou jurídica, de bens, rendas, verbas ou valores integrantes do acervo patrimonial das entidades mencionadas no art. 1º desta Lei;

II — permitir ou concorrer para que pessoa física ou jurídica privada utilize bens, rendas, verbas ou valores integrantes do acervo patrimonial das entidades mencionadas no art. 1º desta Lei, sem a observância das formalidades legais ou regulamentares aplicáveis à espécie;

III — doar à pessoa física ou jurídica bem como ao ente despersonalizado, ainda que de fins educativos ou assistenciais, bens, rendas, verbas ou valores do patrimônio de qualquer das entidades mencionadas no art. 1º desta Lei, sem observância das formalidades legais e regulamentares aplicáveis à espécie;

IV — permitir ou facilitar a alienação, permuta ou locação de bem integrante do patrimônio de qualquer das entidades referidas no art. 1º desta Lei, ou ainda a prestação de serviço por parte delas, por preço inferior ao de mercado;

V — permitir ou facilitar a aquisição, permuta ou locação de bem ou serviço por preço superior ao de mercado;

VI — realizar operação financeira sem observância das normas legais e regulamentares ou aceitar garantia insuficiente ou inidônea;

VII — conceder benefício administrativo ou fiscal sem a observância das formalidades legais ou regulamentares aplicáveis à espécie;

VIII — frustrar a licitude de processo licitatório ou de processo seletivo para a celebração de parcerias com entidades sem fins lucrativos, ou dispensá-los indevidamente; *(Redação dada pela Lei n. 13.019, de 31.7.14, DOU 1º.8.14)*

IX — ordenar ou permitir a realização de despesas não autorizadas em lei ou regulamento;

X — agir negligentemente na arrecadação de tributo ou renda, bem como no que diz respeito à conservação do patrimônio público;

XI — liberar verba pública sem a estrita observância das normas pertinentes ou influir de qualquer forma para a sua aplicação irregular;

XII — permitir, facilitar ou concorrer para que terceiro se enriqueça ilicitamente;

XIII — permitir que se utilize, em obra ou serviço particular, veículos, máquinas, equipamentos ou material de qualquer natureza, de propriedade ou à disposição de qualquer das entidades mencionadas no art. 1º desta Lei, bem como o trabalho de servidor público, empregados ou terceiros contratados por essas entidades.

XIV — celebrar contrato ou outro instrumento que tenha por objeto a prestação de serviços públicos por meio da gestão associada sem observar as formalidades previstas na lei; *(Acrescentado pela Lei n. 11.107, de 6.4.05, DOU 7.4.05)*

XV — celebrar contrato de rateio de consórcio público sem suficiente e prévia dotação orçamentária, ou sem observar as formalidade previstas na lei. (NR). *(Acrescentado pela Lei n. 11.107, de 6.4.05, DOU 7.4.05)*

XVI — Facillitar ou concorrer, por qualquer forma, para a incorporação, ao patrimônio particular de pessoa física ou jurídica, de bens, rendas, verbas ou valores públicos transferidos pela administração pública a entidades privadas mediante celebração de parcerias, sem a observância das formalidades legais ou regulamentares aplicáveis à espécie; *(Acrescentado pela Lei. 13.019, de 31.7.14, DOU 1.8.14)*

XVII — permitir ou concorrer para que pessoa física ou jurídica privada utilize bens, rendas, verbas ou valores públicos transferidos pela administração pública a entidade privada mediante celebração de parcerias, sem a observação das formalidades legais ou regulamentares aplicáveis à espécie; *(Acrescentado pela Lei. 13.019, de 31.7.14, DOU 1.8.14)*

XVIII — celebrar parcerias da administração pública com entidades privadas sem a observância das formalidades legais ou regulamentares aplicáveis à espécie; *(Acrescentado pela Lei. 13.019, de 31.7.14, DOU 1.8.14)*

XIX — frustrar a licitude de processo seletivo para celebração de parcerias da administração pública com entidades privadas ou dispensá-lo indevidamente; *(Acrescentado pela Lei. 13.019, de 31.7.14, DOU 1.8.14)*

XX — agir negligentemente na celebração, fiscalização e análise das prestações de contas de parcerias firmadas pela administração pública com entidades privadas; *(Acrescentado pela Lei. 13.019, de 31.7.14, DOU 1.8.14)*

XXI — liberar recursos de parcerias firmadas pela administração pública com entidades privadas se a estrita observância das normas pertinentes ou influir de qualquer forma para a sua aplicação irregular. (NR) *(Acrescentado pela Lei. 13.019, de 31.7.14, DOU 1.8.14)*

SEÇÃO III

Dos Atos de Improbidade Administrativa que Atentam contra os Princípios da Administração Pública

Art. 11. Constitui ato de improbidade administrativa que atenta contra os princípios da administração pública qualquer ação ou omissão que viole os deveres de honestidade, imparcialidade, legalidade, e lealdade às instituições, e notadamente:

I — praticar ato visando fim proibido em lei ou regulamento ou diverso daquele previsto, na regra de competência;

II — retardar ou deixar de praticar, indevidamente, ato de ofício;

III — revelar fato ou circunstância de que tem ciência em razão das atribuições e que deva permanecer em segredo;

IV — negar publicidade aos atos oficiais;

V — frustrar a licitude de concurso público;

VI — deixar de prestar contas quando esteja obrigado a fazê-lo;

VII — revelar ou permitir que chegue ao conhecimento de terceiro, antes da respectiva divulgação oficial, teor de medida política ou econômica capaz de afetar o preço de mercadoria, bem ou serviço.

VIII — Descumprir as normas relativas à celebração, fiscalização e aprovação de contas de parcerias firmadas pela administração pública com entidades privadas. (NR)

CAPÍTULO III

Das Penas

Art. 12. Independentemente das sanções penais, civis e administrativas, previstas na legislação específica, está o responsável pelo ato de improbidade sujeito às seguintes cominações, que podem ser aplicadas isolada ou cumulativamente, de acordo com a gravidade do fato: *(Redação dada pela Lei n. 12.120, de 15.12.09, DOU 16.12.09)*

I — na hipótese do art. 9º, perda dos bens ou valores acrescidos ilicitamente ao patrimônio, ressarcimento integral do dano, quando houver, perda da função pública, suspensão dos direitos políticos de oito a dez anos, pagamento de multa civil de até três vezes o valor do acréscimo patrimonial e proibição de contratar com o Poder Público ou receber benefícios ou incentivos fiscais ou creditícios, direta ou indiretamente, ainda que por intermédio de pessoa jurídica da qual seja sócio majoritário, pelo prazo de dez anos;

II — na hipótese do art. 10, ressarcimento integral do dano, perda dos bens ou valores acrescidos ilicitamente ao patrimônio, se concorrer esta circunstância, perda da função pública, suspensão dos direitos políticos de cinco a oito anos, pagamento de multa civil de até duas vezes o valor do dano e proibição de contratar com o Poder Público ou receber benefícios ou incentivos fiscais ou creditícios, direta ou indiretamente, ainda que por intermédio de pessoa jurídica da qual seja sócio majoritário, pelo prazo de cinco anos;

III — na hipótese do art. 11, ressarcimento integral do dano, se houver, perda da função pública, suspensão dos direitos políticos de três a cinco anos, pagamento de multa civil de até cem vezes o valor da remuneração percebida pelo agente e proibição de contratar com o Poder Público ou receber benefícios ou incentivos fiscais ou creditícios, direta ou indiretamente, ainda que por intermédio de pessoa jurídica da qual seja sócio majoritário, pelo prazo de três anos.

PARÁGRAFO ÚNICO. Na fixação das penas previstas nesta Lei o juiz levará em conta a extensão do dano causado, assim como o proveito patrimonial obtido pelo agente.

CAPÍTULO IV

Da Declaração de Bens

Art. 13. A posse e o exercício de agente público ficam condicionados à apresentação de declaração dos bens e valores que compõem o seu patrimônio privado, a fim de ser arquivada no Serviço de Pessoal competente.

§ 1º A declaração compreenderá imóveis, móveis, semoventes, dinheiro, títulos, ações, e qualquer outra espécie de bens e valores patrimoniais, localizados no País ou no exterior, e, quando for o caso, abrangerá os bens e valores patrimoniais do cônjuge ou companheiro, dos filhos e de outras pessoas que vivam sob a dependência econômica do declarante, excluídos apenas os objetos e utensílios de uso doméstico.

§ 2º A declaração de bens será anualmente atualizada e na data em que o agente público deixar o exercício do mandato, cargo, emprego ou função.

§ 3º Será punido com a pena de demissão, a bem do serviço público, sem prejuízo de outras sanções cabíveis, o agente público que se recusar a prestar declaração dos bens, dentro do prazo determinado, ou que a prestar falsa.

§ 4º O declarante, a seu critério, poderá entregar cópia da declaração anual de bens apresentada à Delegacia da Receita Federal na conformidade da legislação do Imposto sobre a Renda e proventos de qualquer natureza, com as necessárias atualizações, para suprir a exigência contida no *caput* e no § 2º deste artigo.

V. Decreto n. 5.483, de 30 de junho de 2005 (DOU 1.7.05), que regulamenta, no âmbito do Poder Executivo Federal, o art. 13 da Lei n. 8.429, de 2 de junho de 1992, institui a sindicância patrimonial e dá outras providências.

CAPÍTULO V

Do Procedimento Administrativo e do Processo Judicial

Art. 14. Qualquer pessoa poderá representar à autoridade administrativa competente para que seja instaurada investigação destinada a apurar a prática de ato de improbidade.

§ 1º A representação, que será escrita ou reduzida a termo e assinada, conterá a qualificação do representante, as informações sobre o fato e sua autoria e a indicação das provas de que tenha conhecimento.

§ 2º A autoridade administrativa rejeitará a representação, em despacho fundamentado, se esta não contiver as formalidades estabelecidas no § 1º deste artigo. A rejeição não impede a representação ao Ministério Público, nos termos do art. 22 desta Lei.

§ 3º Atendidos os requisitos da representação, a autoridade determinará a imediata apuração dos fatos que, em se tratando de servidores federais, será processada na forma prevista nos arts. 148 a 182 da Lei n. 8.112, de 11 de dezembro de 1990 e, em se tratando de servidor militar, de acordo com os respectivos regulamentos disciplinares.

Art. 15. A comissão processante dará conhecimento ao Ministério Público e ao Tribunal ou Conselho de Contas da existência de procedimento administrativo para apurar a prática de ato de improbidade.

PARÁGRAFO ÚNICO. O Ministério Público ou Tribunal ou Conselho de Contas poderá, a requerimento, designar representante para acompanhar o procedimento administrativo.

Art. 16. Havendo fundados indícios de responsabilidade, a comissão representará ao Ministério Público ou à Procuradoria do órgão para que requeira ao juízo competente a decretação do sequestro dos bens do agente ou terceiro que tenha enriquecido ilicitamente ou causado dano ao patrimônio público.

§ 1º O pedido de sequestro será processado de acordo com o disposto nos arts. 822 e 825 do Código de Processo Civil.

§ 2º Quando for o caso, o pedido incluirá a investigação, o exame e o bloqueio de bens, contas bancárias e aplicações financeiras mantidas pelo indiciado no exterior, nos termos da lei e dos tratados internacionais.

Art. 17. A ação principal, que terá o rito ordinário, será proposta pelo Ministério Público ou pela pessoa jurídica interessada, dentro de trinta dias da efetivação da medida cautelar.

§ 1º É vedada a transação, acordo ou conciliação nas ações de que trata o *caput*.

§ 2º A Fazenda Pública, quando for o caso, promoverá as ações necessárias à complementação do ressarcimento do patrimônio público.

§ 3º No caso de a ação principal ter sido proposta pelo Ministério Público, aplica-se no que couber, o disposto no § 3º do art. 6º da Lei n. 4.717, de 29.6.65. *(Redação dada pela Lei n. 9.366, de 16.12.96, DOU 18.12.96).*

§ 4º O Ministério Público, se não intervier no processo como parte, atuará obrigatoriamente, como fiscal da lei, sob pena de nulidade.

§ 5º A propositura da ação prevenirá a jurisdição do juízo para todas as ações posteriormente intentadas que possuam a mesma causa de pedir ou o mesmo objeto. (NR) *(Parágrafo acrescentado pela MP 2.180-35, de 24.8.01, DOU 27.8.01).*

§ 6º A ação será instruída com documentos ou justificação que contenham indícios suficientes da existência do ato de improbidade ou com razões fundamentadas da impossibilidade de apresentação de qualquer dessas provas, observada a legislação vigente, inclusive as disposições inscritas nos arts. 16 a 18 do Código de Processo Civil.

§ 7º Estando a inicial em devida forma, o juiz mandará autuá-la e ordenará a notificação do requerido, para oferecer manifestação por escrito, que poderá ser instruída com documentos e justificações, dentro do prazo de quinze dias.

§ 8º Recebida a manifestação, o juiz, no prazo de trinta dias, em decisão fundamentada, rejeitará a ação, se convencido da inexistência do ato de improbidade, da improcedência da ação ou da inadequação da via eleita.

§ 9º Recebida a petição inicial, será o réu citado para apresentar contestação.

§ 10. Da decisão que receber a petição inicial, caberá agravo de instrumento.

§ 11. Em qualquer fase do processo, reconhecida a inadequação da ação de improbidade, o juiz extinguirá o processo sem julgamento do mérito.

§ 12. Aplica-se aos depoimentos ou inquirições realizadas nos processos regidos por esta Lei o disposto no art. 221, *caput* e § 1º, do Código de Processo Penal. *(NR) (Parágrafos 6º a 12º, acrescentados pela MP n. 2.225, de 4.9.01, DOU 5.9.01).*

Art. 18. A sentença que julgar procedente ação civil de reparação de dano ou decretar a perda dos bens havidos ilicitamente determinará o pagamento ou a reversão dos bens, conforme o caso, em favor da pessoa jurídica prejudicada pelo ilícito.

CAPÍTULO VI
Das Disposições Penais

Art. 19. Constitui crime a representação por ato de improbidade contra agente público ou terceiro beneficiário quando o autor da denúncia o sabe inocente.

Pena: detenção de seis a dez meses de multa.

PARÁGRAFO ÚNICO. Além da sanção penal, o denunciante está sujeito a indenizar o denunciado pelos danos materiais, morais ou à imagem que houver provocado.

Art. 20. A perda da função pública e a suspensão dos direitos políticos só se efetivam com o trânsito em julgado da sentença condenatória.

PARÁGRAFO ÚNICO. A autoridade judicial ou administrativa competente poderá determinar o afastamento do agente público do exercício do cargo, emprego ou função, sem prejuízo da remuneração, quando a medida se fizer necessária à instrução processual.

Art. 21. A aplicação das sanções previstas nesta Lei independe:

I — da efetiva ocorrência de dano ao patrimônio público, salvo quanto à pena de ressarcimento; *(Redação dada pela Lei n. 12.120, de 15.12.09, DOU 16.12.09)*

II — da aprovação ou rejeição das contas pelo órgão de controle interno ou pelo Tribunal ou Conselho de Contas.

Art. 22. Para apurar qualquer ilícito previsto nesta Lei, o Ministério Público, de ofício, a requerimento de autoridade administrativa ou mediante representação formulada de acordo com o disposto no art. 14, poderá requisitar a instauração de inquérito policial ou procedimento administrativo.

CAPÍTULO VII
Da Prescrição

Art. 23. As ações destinadas a levar a efeito as sanções previstas nesta Lei podem ser propostas:

I — até cinco anos após o término do exercício de mandato, de cargo em comissão ou de função de confiança;

II — dentro do prazo prescricional previsto em lei específica para faltas disciplinares puníveis com demissão a bem do serviço público, nos casos de exercício de cargo efetivo ou emprego.

CAPÍTULO VIII
Das Disposições Finais

Art. 24. Esta Lei entra em vigor na data de sua publicação.

Art. 25. Ficam revogadas as Leis ns. 3.164, de 1º de junho de 1957, e 3.502, de 21 de dezembro de 1958 e demais disposições em contrário.

Fernando Collor
Célio Borja

LEI N. 8.437, DE 30 DE JUNHO DE 1992

(DOU 1º.7.92)

DISPÕE SOBRE A CONCESSÃO DE MEDIDAS CAUTELARES CONTRA ATOS DO PODER PÚBLICO E DÁ OUTRAS PROVIDÊNCIAS

O PRESIDENTE DA REPÚBLICA,

Faço saber que o Congresso Nacional decreta e eu sanciono a seguinte Lei:

Art. 1º Não será cabível medida liminar contra atos do Poder Público, no procedimento cautelar ou em quaisquer outras ações de natureza cautelar ou preventiva, toda vez que providência semelhante não puder ser concedida em ações de mandado de segurança, em virtude de vedação legal. *(V. L. n. 9.494, de 10.9.97).*

§ 1º Não será cabível, no juízo de primeiro grau, medida cautelar inominada ou a sua liminar, quando impugnado ato de autoridade sujeita, na via de mandado de segurança, à competência originária de tribunal.

§ 2º O disposto no parágrafo anterior não se aplica aos processos de ação popular e de ação civil pública.

§ 3º Não será cabível medida liminar que esgote, no todo ou em parte, o objeto da ação.

§ 4º Nos casos em que cabível medida liminar, sem prejuízo da comunicação ao dirigente do órgão ou entidade, o respectivo representante judicial dela será imediatamente intimado.(*)

§ 5º Não será cabível medida liminar que defira compensação de créditos tributários ou previdenciários. (NR)(*) *(Parágrafos acrescentados pela MP n. 2.180-35, de 24.8.01, DOU 27.8.01).*

Art. 2º No mandado de segurança coletivo e na ação civil pública, a liminar será concedida, quando cabível, após a audiência do representante judicial da pessoa jurídica de direito público, que deverá se pronunciar no prazo de setenta e duas horas.

Art. 3º O recurso voluntário ou *ex officio*, interposto contra sentença em processo cautelar, proferida contra pessoa jurídica de direito público ou seus agentes, que importe em outorga ou adição de vencimentos ou de reclassificação funcional, terá efeito suspensivo.

Art. 4º Compete ao presidente do tribunal, ao qual couber o conhecimento do respectivo recurso, suspender, em despacho fundamentado, a execução da liminar nas ações movidas contra o Poder Público ou seus agentes, a requerimento do Ministério Público ou da pessoa jurídica de direito público interessada, em caso de manifesto interesse público ou de flagrante ilegitimidade, e para evitar grave lesão à ordem, à saúde, à segurança e à economia públicas *(V. L. n. 9.494, de 10.9.97).*

§ 1º Aplica-se o disposto neste artigo à sentença proferida em processo de ação cautelar inominada, no processo de ação popular e na ação civil pública, enquanto não transitada em julgado.

§ 2º O Presidente do Tribunal poderá ouvir o autor e o Ministério Público, em setenta e duas horas.(*)

§ 3º Do despacho que conceder ou negar a suspensão, caberá agravo, no prazo de cinco dias, que será levado a julgamento na sessão seguinte a sua interposição.(*)

§ 4º Se do julgamento do agravo de que trata o § 3º resultar a manutenção ou o restabelecimento da decisão que se pretende suspender, caberá novo pedido de suspensão ao Presidente do Tribunal competente para conhecer de eventual recurso especial ou extraordinário.(*)

§ 5º É cabível também o pedido de suspensão a que se refere o § 4º, quando negado provimento a agravo de instrumento interposto contra a liminar a que se refere este artigo.(*)

§ 6º A interposição do agravo de instrumento contra liminar concedida nas ações movidas contra o Poder Público e seus agentes não prejudica nem condiciona o julgamento do pedido de suspensão a que se refere este artigo.

§ 7º O Presidente do Tribunal poderá conferir ao pedido efeito suspensivo liminar, se constatar, em juízo prévio, a plausibilidade do direito invocado e a urgência na concessão da medida.(*)

§ 8º As liminares cujo objeto seja idêntico poderão ser suspensas em uma única decisão, podendo o Presidente do Tribunal estender os efeitos da suspensão a liminares supervenientes, mediante simples aditamento do pedido original. (NR)(*)

§ 9º A suspensão deferida pelo Presidente do Tribunal vigorará até o trânsito em julgado da decisão de mérito na ação principal. (NR)(*) *(Redação do § 2º e acréscimos dos §§ 3º a 9º pela MP n. 2.180-35, de 24.8.01, DOU 27.8.01).*

Art. 5º Esta Lei entra em vigor na data de sua publicação.

Art. 6º Revogam-se as disposições em contrário.

Brasília, 30 de junho de 1992; 171º da Independência e 104º da República.

Fernando Collor — Célio Borja — Marcílio Marques Moreira

Legislação Complementar

LEI N. 9.717, DE 27 DE NOVEMBRO DE 1998

(DOU 28.11.98)

DISPÕE SOBRE REGRAS GERAIS PARA A ORGANIZAÇÃO E O FUNCIONAMENTO DOS REGIMES PRÓPRIOS DE PREVIDÊNCIA SOCIAL DOS SERVIDORES PÚBLICOS DA UNIÃO, DOS ESTADOS, DO DISTRITO FEDERAL E DOS MUNICÍPIOS, DOS MILITARES DOS ESTADOS E DO DISTRITO FEDERAL, E DÁ OUTRAS PROVIDÊNCIAS

V. Decreto n. 3.788, de 11.4.01, DOU 12.4.01, que instituiu a emissão do Certificado de Regularidade Previdenciária — CRP dos Estados, do Distrito Federal e dos Municípios e Portaria n. 204, de 10.7.08, DOU 11.7.08, que dispõe sobre a emissão do Certificado de Regularidade Previdenciária — CRP e dá outras providências (não publicada nesta obra).

O PRESIDENTE DA REPÚBLICA,

Faço saber que o Congresso Nacional decreta e eu sanciono a seguinte lei:

Art. 1º Os regimes próprios de previdência social dos servidores públicos da União, dos Estados, do Distrito Federal e dos Municípios, dos militares dos Estados e do Distrito Federal deverão ser organizados, baseados em normas gerais de contabilidade e atuária, de modo a garantir o seu equilíbrio financeiro e atuarial, observados os seguintes critérios:

I — realização de avaliação atuarial inicial e em cada balanço, utilizando-se parâmetros gerais, para a organização e revisão do plano de custeio e benefícios; *(Redação dada pela MP n. 2.187-13, de 24.8.01, DOU 27.8.01)*

II — financiamento mediante recursos provenientes da União, dos Estados, do Distrito Federal e dos Municípios e das contribuições do pessoal civil e militar, ativo, inativo e dos pensionistas, para os seus respectivos regimes;

III — as contribuições e os Recursos vinculados ao Fundo Previdenciário da União, dos Estados, do Distrito Federal e dos Municípios e as contribuições do pessoal civil e militar, ativo, inativo, e dos pensionistas, somente poderão ser utilizadas para pagamento de benefícios previdenciários dos respectivos regimes, ressalvadas as despesas administrativas estabelecidas no art. 6º, inciso VIII, desta Lei, observado os limites de gastos estabelecidos em parâmetros gerais; *(Alterado pela MP n. 2.187-13, de 24.8.01, DOU 27.8.01)*

IV — cobertura de um número mínimo de segurados, de modo que os regimes possam garantir diretamente a totalidade dos riscos cobertos no plano de benefícios, preservando o equilíbrio atuarial sem necessidade de resseguro, conforme parâmetros gerais;

V — cobertura exclusiva a servidores públicos titulares de cargos efetivos e a militares, e a seus respectivos dependentes, de cada ente estatal, vedado o pagamento de benefícios, mediante convênios ou consórcios entre Estados, entre Estados e Municípios e entre Municípios;

VI — pleno acesso dos segurados às informações relativas à gestão do regime e participação de representantes dos servidores públicos e dos militares, ativos e inativos, nos colegiados e instâncias de decisão em que os seus interesses sejam objeto de discussão e deliberação;

VII — registro contábil individualizado das contribuições de cada servidor e dos entes estatais, conforme diretrizes gerais;

VIII — identificação e consolidação em demonstrativos financeiros e orçamentários de todas as despesas fixas e variáveis com pessoal inativo civil, militar e pensionistas, bem como dos encargos incidentes sobre os proventos e pensões pagos;

IX — sujeição às inspeções e auditorias de natureza atuarial, contábil, financeira, orçamentária e patrimonial dos órgãos de controle interno e externo.

X — vedação de inclusão nos benefícios, para efeito de percepção destes, de parcelas remuneratórias pagas em decorrência de local de trabalho, de função de confiança ou de cargo em comissão, exceto quando tais parcelas integrarem a remuneração de contribuição do servidor que se aposentar com fundamento no art. 40 da Constituição Federal, respeitado, em qualquer hipótese, o limite previsto no § 2º do citado artigo; *(Acrescentado pela Lei n. 10.887, de 18.6.04, DOU 21.6.04)*

XI — vedação de inclusão nos benefícios, para efeito de percepção destes, do abono de permanência de que tratam o § 19 do art. 40 da Constituição Federal, o § 5º do art. 2º e o § 1º do art. 3º da Emenda Constitucional n. 41, de 19 de dezembro de 2003. *(Acrescentado pela Lei n. 10.887, de 18.6.04, DOU 21.6.04)*

PARÁGRAFO ÚNICO. Aplicam-se, adicionalmente, aos regimes próprios de previdência social dos entes da Federação os incisos II, IV a IX do art. 6º. (NR) *(Parágrafo acrescentado pela MP n. 2.187-13, de 24.8.01, DOU 27.8.01).*

Art. 1º-A O servidor público titular de cargo efetivo da União, dos Estados, do Distrito Federal e dos Municípios ou o militar dos Estados e do Distrito Federal filiado a regime próprio de previdência social, quando cedido a órgão ou entidade de outro ente da federação, com ou sem ônus para o cessionário, permanecerá vinculado ao regime de origem. (NR) *(Acrescentado pela MP n. 2.187-13 de 24.8.01, DOU 27.8.01).*

Art. 2º A contribuição da União, dos Estados, do Distrito Federal e dos Municípios, incluídas suas autarquias e fundações, aos regimes próprios de previdência social a que estejam vinculados seus servidores não poderá ser inferior ao valor da contribuição do servidor ativo, nem superior ao dobro desta contribuição.

§ 1º A União, os Estados, o Distrito Federal e os Municípios são responsáveis pela cobertura de eventuais insuficiências financeiras do respectivo regime próprio, decorrentes do pagamento de benefícios previdenciários.

§ 2º A União, os Estados, o Distrito Federal e os Municípios publicarão, até 30 (trinta) dias após o encerramento de cada bimestre, demonstrativo financeiro e orçamentário da receita e despesa previdenciárias acumuladas no exercício financeiro em curso. *(Art. 2º e §§ 1º e 2º com a redação dada pela Lei n. 10.887, de 18.6.04, DOU 21.6.04).*

Os §§ 3º, 4º, 5º, 6º e 7º deste artigo foram revogados pela Lei n. 10.887, de 18.6.04, DOU 21.6.04).

Art. 2º-A. *(Revogado pela Lei n. 10.887, de 18.6.04, DOU 21.6.04).*

Art. 3º As alíquotas de contribuição dos servidores ativos dos Estados, do Distrito Federal e dos Municípios para os respectivos regimes próprios de previdência social não serão inferiores às dos servidores titulares de cargos efetivos da União, devendo ainda ser observadas, no caso das contribuições sobre os proventos dos inativos e sobre as pensões, as mesmas alíquotas aplicadas às remunerações dos servidores em atividade do respectivo ente estatal. *(Redação dada pela Lei n. 10.887, de 18.6.04, DOU 21.6.04)*

Art. 4º *(Revogado pela Lei n. 10.887, de 18.6.04, DOU 21.6.04)*

Art. 5º Os regimes próprios de previdência social dos servidores públicos da União, dos Estados, do Distrito Federal e dos Municípios, dos militares dos Estados e do Distrito Federal não poderão conceder benefícios distintos dos previstos no Regime Geral de Previdência Social, de que trata a Lei n. 8.213, de 24 de julho de 1991, salvo disposição em contrário da Constituição Federal.

PARÁGRAFO ÚNICO. Fica vedada a concessão de aposentadoria especial, nos termos do § 4º do art. 40 da Constituição Federal, até que lei complementar federal discipline a matéria. (NR) *(Parágrafo acrescentado pela MP n. 2.187-13, de 24.8.01, DOU 27.8.01).*

Art. 6º Fica facultada à União, aos Estados, ao Distrito Federal e aos Municípios, a constituição de fundos integrados de bens, direitos e ativos, com finalidade previdenciária, desde que observados os critérios de que trata o artigo 1º e, adicionalmente, os seguintes preceitos:

I — estabelecimento de estrutura técnico-administrativa, com conselhos de administração e fiscal e autonomia financeira; *(Inciso revogado pela MP n. 2.187-13, de 24.8.01, DOU 27.8.01)*

II — existência de conta do fundo distinta da conta do Tesouro da unidade federativa;

III — aporte de capital inicial em valor a ser definido conforme diretrizes gerais; *(Inciso revogado pela MP n. 2.187-13, de 24.8.01, DOU 27.8.01)*

IV — aplicação de recursos, conforme estabelecido pelo Conselho Monetário Nacional;

V — vedação da utilização de recursos do fundo de bens, direitos e ativos para empréstimos de qualquer natureza, inclusive à União, aos Estados, ao Distrito Federal e aos Municípios, a entidades da administração indireta e aos respectivos segurados;

VI — vedação à aplicação de recursos em títulos públicos, com exceção de títulos do Governo Federal;

VII — avaliação de bens, direitos e ativos de qualquer natureza integrados ao fundo, em conformidade com a Lei n. 4.320, de 17 de março de 1964 e alterações subsequentes;

VIII — estabelecimento de limites para a taxa de administração, conforme parâmetros gerais;

IX — constituição e extinção do fundo mediante lei.

Art. 7º O descumprimento do disposto nesta Lei pelos Estados, Distrito Federal e Municípios e pelos respectivos fundos, implicará, a partir de 1º de julho de 1999:

I — suspensão das transferências voluntárias de recursos pela União;

II — impedimento para celebrar acordos, contratos, convênios ou ajustes, bem como receber empréstimos, financiamentos, avais e subvenções em geral de órgãos ou entidades da Administração direta e indireta da União;

III — suspensão de empréstimos e financiamentos por instituições financeiras federais.

IV — suspensão do pagamento dos valores devidos pelo Regime Geral de Previdência Social em razão da Lei n. 9.796, de 5 de maio de 1999. (NR) *(Parágrafo acrescentado pela MP n. 2.187-13, de 24.8.01, DOU 27.8.01).*

Art. 8º Os dirigentes do órgão ou da entidade gestora do regime próprio de previdência social dos entes estatais, bem como os membros dos conselhos administrativo e fiscal dos fundos de que trata o art. 6º, respondem diretamente por infração ao disposto nesta Lei, sujeitando-se, no que couber, ao regime repressivo da Lei n. 6.435, de 15 de julho de 1977, e alterações subsequentes, conforme diretrizes gerais.

PARÁGRAFO ÚNICO. As infrações serão apuradas mediante processo administrativo que tenha por base o auto, a representação ou a denúncia positiva dos fatos irregulares, em que se assegure ao acusado o contraditório e a ampla defesa, em conformidade com diretrizes gerais.

Art. 9º Compete à União, por intermédio do Ministério da Previdência e Assistência Social:

I — a orientação, supervisão e o acompanhamento dos regimes próprios de previdência social dos servidores públicos e dos militares da União, dos Estados, do Distrito Federal e dos Municípios, e dos fundos a que se refere o art. 6º, para o fiel cumprimento dos dispositivos desta Lei;

II — o estabelecimento e a publicação dos parâmetros e das diretrizes gerais previstos nesta Lei.

III — a apuração de infrações, por servidor credenciado, e a aplicação de penalidades, por órgão próprio, nos casos previstos no art. 8º desta Lei.(*)

PARÁGRAFO ÚNICO. A União, os Estados, o Distrito Federal e os Municípios prestarão ao Ministério da Previdência e Assistência Social, quando solicitados, informações sobre regime próprio de previdência social e fundo previdenciário previsto no art. 6º desta Lei. (NR)(*) *(Inciso III e parágrafo único alterados pela MP n. 2.187-13, de 24.8.01, DOU 27.8.01).*

Art. 10. No caso de extinção de regime próprio de previdência social, a União, o Estado, o Distrito Federal e os Municípios assumirão integralmente a responsabilidade pelo pagamento dos benefícios concedidos durante a sua vigência, bem como daqueles benefícios cujos requisitos necessários a sua concessão foram implementados anteriormente à extinção do regime próprio de previdência social.

Art. 11. Esta Lei entra em vigor na data de sua publicação.

Fernando Henrique Cardoso
Waldeck Ornélas

LEI N. 10.887, DE 18 DE JUNHO DE 2004

(DOU 21.6.04)

DISPÕE SOBRE A APLICAÇÃO DE DISPOSIÇÕES DA EMENDA CONSTITUCIONAL N. 41, DE 19 DE DEZEMBRO DE 2003, ALTERA DISPOSITIVOS DAS LEIS NS. 9.717, DE 27 DE NOVEMBRO DE 1998, 8.213, DE 24 DE JULHO DE 1991 E 9.532, DE 10 DE DEZEMBRO DE 1997, E DÁ OUTRAS PROVIDÊNCIAS

Nota: A Medida Provisória n. 556, de 23.12.11, que "altera a Lei n. 10.887, de 18 de junho de 2004, relativa à contribuição do Plano de Seguridade do Servidor Público, prorroga a vigência do Regime Tributário para Incentivo à Modernização e à Ampliação da Estrutura Portuária, de que trata a Lei n. 11.033, de 21 de dezembro de 2004, e dá outras providências" teve seu prazo de vigência encerrado no dia 31 de maio do corrente ano, conforme Ato Declaratório do Presidente da Mesa do Congresso Nacional n. 25, de 2012, publicado no DOU de 14.6.12. Portanto, as alterações que faziam parte do texto da Lei n. 10.887, de 18.6.04, na 39ª edição, por força da mencionada Medida Provisória, já não constam desta edição, restabelecendo-se a redação anterior dos dispositivos legais que tiveram vigência provisória.

O PRESIDENTE DA REPÚBLICA,

Faço saber que o Congresso Nacional decreta e eu sanciono a seguinte Lei:

Art. 1º No cálculo dos proventos de aposentadoria dos servidores titulares de cargo efetivo de qualquer dos Poderes da União, dos Estados, do Distrito Federal e dos Municípios, incluídas suas autarquias e fundações, previsto no § 3º do art. 40 da Constituição Federal e no art. 2º da Emenda Constitucional n. 41, de 19 de dezembro de 2003, será considerada a média aritmética simples das maiores remunerações, utilizadas como base para as contribuições do servidor aos regimes de previdência a que esteve vinculado, correspondentes a 80% (oitenta por cento) de todo o período contributivo desde a competência julho de 1994 ou desde a do início da contribuição, se posterior àquela competência.

§ 1º As remunerações consideradas no cálculo do valor inicial dos proventos terão os seus valores atualizados mês a mês de acordo com a variação integral do índice fixado para a atualização dos salários de contribuição considerados no cálculo dos benefícios do regime geral de previdência social.

§ 2º A base de cálculo dos proventos será a remuneração do servidor no cargo efetivo nas competências a partir de julho de 1994 em que não tenha havido contribuição para regime próprio.

V. Emenda Constitucional n. 47, de 5.7.05, DOU 6.7.05.

§ 3º Os valores das remunerações a serem utilizadas no cálculo de que trata este artigo serão comprovados mediante documento fornecido pelos órgãos e entidades gestoras dos regimes de previdência aos quais o servidor esteve vinculado ou por outro documento público, na forma do regulamento.

§ 4º Para os fins deste artigo, as remunerações consideradas no cálculo da aposentadoria, atualizadas na forma do § 1º deste artigo, não poderão ser:

I — inferiores ao valor do salário mínimo;

II — superiores ao limite máximo do salário de contribuição, quanto aos meses em que o servidor esteve vinculado ao regime geral de previdência social.

§ 5º Os proventos, calculados de acordo com o *caput* deste artigo, por ocasião de sua concessão, não poderão ser inferiores ao valor do salário mínimo nem exceder a remuneração do respectivo servidor no cargo efetivo em que se deu a aposentadoria.

Art. 2º Aos dependentes dos servidores titulares de cargo efetivo e dos aposentados de qualquer dos Poderes da União, dos Estados, do Distrito Federal e dos Municípios, incluídas suas autarquias e fundações, falecidos a partir da data de publicação desta Lei, será concedido o benefício de pensão por morte, que será igual:

I — à totalidade dos proventos percebidos pelo aposentado na data anterior à do óbito, até o limite máximo estabelecido para os benefícios do regime geral de previdência social, acrescida de 70% (setenta por cento) da parcela excedente a este limite; ou

II — à totalidade da remuneração do servidor no cargo efetivo na data anterior à do óbito, até o limite máximo estabelecido para os benefícios do regime geral de previdência social, acrescida de 70% (setenta por cento) da parcela excedente a este limite, se o falecimento ocorrer quando o servidor ainda estiver em atividade.

PARÁGRAFO ÚNICO. Aplica-se ao valor das pensões o limite previsto no art. 40, § 2º, da Constituição Federal.

Art. 3º Para os fins do disposto no inciso XI do art. 37 da Constituição Federal, a União, os Estados, o Distrito Federal e os Municípios instituirão sistema integrado de dados relativos às remunerações, proventos e pensões pagos aos respectivos servidores e militares, ativos e inativos, e pensionistas, na forma do regulamento.

Art. 4º A contribuição social do servidor público ativo de qualquer dos Poderes da União, incluídas suas autarquias e fundações, para a manutenção do respectivo regime próprio de previdência social, será de 11% (onze por cento), incidentes sobre:

I — a totalidade da base de contribuição, em se tratando de servidor que tiver ingressado no serviço público até a data da publicação do ato de instituição do regime de previdência complementar para os servidores públicos federais titulares de cargo efetivo e não tiver optado por aderir a ele;

II — a parcela da base de contribuição que não exceder ao limite máximo estabelecido para os benefícios do regime geral de previdência social, em se tratando de servidor:

a) que tiver ingressado no serviço público até a data a que se refere o inciso I e tenha optado por aderir ao regime de previdência complementar ali referido; ou

b) que tiver ingressado no serviço público a partir da data a que se refere o inciso I, independentemente de adesão ao regime de previdência complementar ali referido (NR) *(Redação dada pela Lei n. 12.618, de 30.4.2012, DOU 2.5.2012).*

§ 1º Entende-se como base de contribuição o vencimento do cargo efetivo, acrescido das vantagens pecuniárias permanentes estabelecidas em lei, os adicionais de caráter individual ou quaisquer outras vantagens, excluídas:

I — as diárias para viagens;

II — a ajuda de custo em razão de mudança de sede;

III — a indenização de transporte;

IV — o salário-família;

V — o auxílio-alimentação;

VI — o auxílio-creche;

VII — as parcelas remuneratórias pagas em decorrência do local de trabalho;

VIII — a parcela percebida em decorrência do exercício de cargo em comissão ou de função comissionada ou gratificada;

IX — o abono de permanência de que tratam o § 19 do art. 40 da Constituição Federal, o § 5º do art. 2º e o § 1º do art. 3º da Emenda Constitucional n. 41, de 19 de dezembro de 2003;

X — o adicional de férias;

XI — o adicional noturno;

XII — o adicional por serviço extraordinário;

XIII — a parcela paga a título de assistência à saúde suplementar;

XIV — a parcela paga a título de assistência pré-escolar;

XV — a parcela paga a servidor público indicado para integrar conselho ou órgão deliberativo, na condição de representante do governo, de órgão ou de entidade da administração pública do qual é servidor;

XVI — o auxílio-moradia;

XVII — a Gratificação por Encargo de Curso ou Concurso, de que trata o art. 76-A da Lei n. 8.112, de 11 de dezembro de 1990;

XVIII — a Gratificação Temporária das Unidades dos Sistemas Estruturadores da Administração Pública Federal (GSISTE), instituída pela Lei n. 11.356, de 19 de outubro de 2006;

XIX — a Gratificação de Raio X. *(Os incisos VIII a XIX foram incluídos pela Lei n. 12.688, de 18.7.12, DOU 19.7.12 e texto retificado no DOU 19.7.12, ed. Extra)*

§ 2º O servidor ocupante de cargo efetivo poderá optar pela inclusão, na base de cálculo da contribuição, de parcelas remuneratórias percebidas em decorrência de local de trabalho e do exercício de cargo em comissão ou de função comissionada ou gratificada, de Gratificação de Raio X e daquelas recebidas a título de adicional noturno ou de adicional por serviço extraordinário, para efeito de cálculo do benefício a ser concedido com fundamento no art. 40 da Constituição Federal e no art. 2º da Emenda Constitucional n. 41, de 19 de dezembro de 2003, respeitada, em qualquer hipótese, a limitação estabelecida no § 2º do art. 40 da Constituição Federal." (NR) *(Redação dada pela Lei n. 12.688, de 18.7.12, DOU 19.7.12 e texto retificado no DOU 19.7.12, ed. Extra)*

V. Emenda Constitucional n. 47, de 5.7.05, DOU 6.7.05.

Art. 5º Os aposentados e os pensionistas de qualquer dos Poderes da União, incluídas suas autarquias e fundações, contribuirão com 11% (onze por cento), incidentes sobre o valor da parcela dos proventos de aposentadorias e pensões concedidas de acordo com os critérios estabelecidos no art. 40 da Constituição Federal e nos arts. 2º e 6º da Emenda Constitucional n. 41, de 19 de dezembro de 2003, que supere o limite máximo estabelecido para os benefícios do regime geral de previdência social.

V. Emenda Constitucional n. 47, de 5.7.05, DOU 6.7.05.

Art. 6º Os aposentados e os pensionistas de qualquer dos Poderes da União, incluídas suas autarquias e fundações, em gozo desses benefícios na data de publicação da Emenda Constitucional n. 41, de 19 de dezembro de 2003, contribuirão com 11% (onze por cento), incidentes sobre a parcela dos proventos de aposentadorias e pensões que supere 60% (sessenta por cento) do limite máximo estabelecido para os benefícios do regime geral de previdência social.

PARÁGRAFO ÚNICO. A contribuição de que trata o *caput* deste artigo incidirá sobre os proventos de aposentadorias e pensões concedidas aos servidores e seus dependentes que tenham cumprido todos os requisitos para obtenção desses benefícios com base nos critérios da legislação vigente até 31 de dezembro de 2003.

V. Emenda Constitucional n. 47, de 5.7.05, DOU 6.7.05.

Art. 7º O servidor ocupante de cargo efetivo que tenha completado as exigências para aposentadoria voluntária estabelecidas na alínea *a* do inciso III do § 1º do art. 40 da Constituição Federal, no § 5º do art. 2º ou no § 1º do art. 3º da Emenda Constitucional n. 41, de 19 de dezembro de 2003, e que opte por permanecer em atividade fará jus a abono de permanência equivalente ao valor da sua contribuição previdenciária até completar as exigências para aposentadoria compulsória contidas no inciso II do § 1º do art. 40 da Constituição Federal.

Art. 8º A contribuição da União, de suas autarquias e fundações para o custeio do regime de previdência, de que trata o art. 40 da Constituição Federal, será o dobro da contribuição do servidor ativo, devendo o produto de sua arrecadação ser contabilizado em conta específica.

PARÁGRAFO ÚNICO. A União é responsável pela cobertura de eventuais insuficiências financeiras do regime decorrentes do pagamento de benefícios previdenciários.

Art. 8º-A. A responsabilidade pela retenção e recolhimento das contribuições de que tratam os arts. 4º a 6º e 8º será do dirigente e do ordenador de despesa do órgão ou entidade que efetuar o pagamento da remuneração ou do benefício.

§ 1º O recolhimento das contribuições de que trata este artigo deve ser efetuado:

I — até o dia 15, no caso de pagamentos de remunerações ou benefícios efetuados no primeiro decêndio do mês;

II — até o dia 25, no caso de pagamentos de remunerações ou benefícios efetuados no segundo decêndio do mês; ou

III — até o dia 5 do mês posterior, no caso de pagamentos de remunerações ou benefícios efetuados no último decêndio do mês.

§ 2º O não recolhimento das contribuições nos prazos previstos no § 1º:

I — enseja a aplicação dos acréscimos de mora previstos para os tributos federais; e

II — sujeita o responsável às sanções penais e administrativas cabíveis.(NR) *(Caput e §§ acrescentado pela Lei n. 12.350, de 20.12.10, DOU 21.12.10.).*

§ 3º A não retenção das contribuições pelo órgão pagador sujeita o responsável às sanções penais e administrativas, cabendo a esse órgão apurar os valores não retidos e proceder ao desconto na folha de pagamento do servidor ativo, do aposentado e do pensionista, em rubrica e classificação contábil específicas, podendo essas contribuições ser parceladas na forma do art. 46 da Lei n. 8.112, de 11 de dezembro de 1990, observado o disposto no art. 56 da Lei n. 9.784, de 29 de janeiro de 1999. *(Incluído pela Lei n. 12.688, de 18.7.12, DOU 19.7.12 e texto retificado no DOU 19.7.12, ed. Extra)*

§ 4º Caso o órgão público não observe o disposto no § 3º, a Secretaria da Receita Federal do Brasil formalizará representações aos órgãos de controle e constituirá o crédito tributário relativo à parcela devida pelo servidor ativo, aposentado ou pensionista. (NR) *(Incluído pela Lei n. 12.688, de 18.7.12, DOU 19.7.12 e texto retificado no DOU 19.7.12, ed. Extra)*

Art. 9º A unidade gestora do regime próprio de previdência dos servidores, prevista no art. 40, § 20, da Constituição Federal:

I — contará com colegiado, com participação paritária de representantes e de servidores dos Poderes da União, cabendo-lhes acompanhar e fiscalizar sua administração, na forma do regulamento;

II — procederá, no mínimo a cada 5 (cinco) anos, a recenseamento previdenciário, abrangendo todos os aposentados e pensionistas do respectivo regime;

III — disponibilizará ao público, inclusive por meio de rede pública de transmissão de dados, informações atualizadas sobre as receitas e despesas do respectivo regime, bem como os critérios e parâmetros adotados para garantir o seu equilíbrio financeiro e atuarial.

Art. 10. A Lei n. 9.717, de 27 de novembro de 1998, com a redação dada pela Medida Provisória n. 2.187-13, de 24 de agosto de 2001, passa a vigorar com as seguintes alterações:

(Na Lei n. 9. 717, de 27.11.98, foram introduzidas as alterações trazidas por esta Lei)

Art. 11. A Lei n. 8.212, de 24 de julho de 1991, passa a vigorar com as seguintes alterações:

"Art.12. ....

j) o exercente de mandato eletivo federal, estadual ou municipal, desde que não vinculado a regime próprio de previdência social;" (NR)

"Art. 69. ....

§ 4º Para efeito do disposto no *caput* deste artigo, o Ministério da Previdência Social e o Instituto Nacional do Seguro Social — INSS procederão, no mínimo a cada 5 (cinco) anos, ao recenseamento previdenciário, abrangendo todos os aposentados e pensionistas do regime geral de previdência social." (NR)

"Art. 80. ....

VII — disponibilizará ao público, inclusive por meio de rede pública de transmissão de dados, informações atualizadas sobre as receitas e despesas do regime geral de previdência social, bem como os critérios e parâmetros adotados para garantir o equilíbrio financeiro e atuarial do regime." (NR)

Art. 12. A Lei n. 8.213, de 24 de julho de 1991, passa a vigorar com as seguintes alterações:

"Art. 11. ....

I — ....

j) o exercente de mandato eletivo federal, estadual ou municipal, desde que não vinculado a regime próprio de previdência social;

...." (NR)

"Art. 29-B. Os salários de contribuição considerados no cálculo do valor do benefício serão corrigidos mês a mês de acordo com a variação integral do Índice Nacional de Preços ao Consumidor — INPC, calculado pela Fundação Instituto Brasileiro de Geografia e Estatística — IBGE."

Art. 13. O art. 11 da Lei n. 9.532, de 10 de dezembro de 1997, passa a vigorar com a seguinte redação:

"Art. 11. As deduções relativas às contribuições para entidades de previdência privada, a que se refere a alínea *e* do inciso II do art. 8º da Lei n. 9.250, de 26 de dezembro de 1995, e às contribuições para o Fundo de Aposentadoria Programada Individual — Fapi, a que se refere a Lei n. 9.477, de 24 de julho de 1997, cujo ônus seja da própria pessoa física, ficam condicionadas ao recolhimento, também, de contribuições para o regime geral de previdência social ou, quando for o caso, para regime próprio de previdência social dos servidores titulares de cargo efetivo da União, dos Estados, do Distrito Federal ou dos Municípios, observada a contribuição mínima, e limitadas a 12% (doze por cento) do total dos rendimentos computados na determinação da base de cálculo do imposto devido na declaração de rendimentos.

§ 1º Aos resgates efetuados pelos quotistas de Fundo de Aposentadoria Programada Individual — Fapi aplicam-se, também, as normas de incidência do imposto de renda de que trata o art. 33 da Lei n. 9.250, de 26 de dezembro de 1995.

§ 2º Na determinação do lucro real e da base de cálculo da contribuição social sobre o lucro líquido, o valor das despesas com contribuições para a previdência privada, a que se refere o inciso V do art. 13 da Lei n. 9.249, de 26 de dezembro de 1995, e para os Fundos de Aposentadoria Programada Individual — Fapi, a que se refere a Lei n. 9.477, de 24 de julho de 1997, cujo ônus seja da pessoa jurídica, não poderá exceder, em cada período de apuração, a 20% (vinte por cento) do total dos salários dos empregados e da remuneração dos dirigentes da empresa, vinculados ao referido plano.

§ 3º O somatório das contribuições que exceder o valor a que se refere o § 2º deste artigo deverá ser adicionado ao lucro líquido para efeito de determinação do lucro real e da base de cálculo da contribuição social sobre o lucro líquido.

§ 4º O disposto neste artigo não elide a observância das normas do art. 7º da Lei n. 9.477, de 24 de julho de 1997.

§ 5º Excetuam-se da condição de que trata o *caput* deste artigo os beneficiários de aposentadoria ou pensão concedidas por regime próprio de previdência ou pelo regime geral de previdência social." (NR)

Art. 14. O art. 12 da Lei n. 10.666, de 8 de maio de 2003, passa a vigorar com a seguinte redação:

"Art. 12. Para fins de compensação financeira entre o regime geral de previdência social e os regimes próprios de previdência social dos servidores da União, dos Estados, do Distrito Federal e dos Municípios, os regimes instituidores apresentarão aos regimes de origem até o mês de maio de 2007 os dados relativos aos benefícios em manutenção em 5 de maio de 1999 concedidos a partir da promulgação da Constituição Federal." (NR)

Art. 15. Os proventos de aposentadoria e as pensões de que tratam os arts. 1º e 2º desta Lei serão reajustados, a partir de janeiro de 2008, na mesma data e índice em que se der o reajuste dos benefícios do regime geral de previdência social, ressalvados os beneficiados pela garantia de paridade de revisão de proventos de aposentadoria e pensões de acordo com a legislação vigente *(Redação dada pela Lei n. 11.784, de 22.9.08, DOU 23.9.08, Ret. DOU 2.10.08 e 31.10.08)*

Art. 16. As contribuições a que se referem os arts. 4º, 5º e 6º desta Lei serão exigíveis a partir de 20 de maio de 2004.

§ 1º Decorrido o prazo estabelecido no *caput* deste artigo, os servidores abrangidos pela isenção de contribuição referida no § 1º do art. 3º e no § 5º do art. 8º da Emenda Constitucional n. 20, de 15 de dezembro de 1998, passarão a recolher contribuição previdenciária correspondente, fazendo jus ao abono a que se refere o art. 7º desta Lei.

§ 2º A contribuição de que trata o art. 1º da Lei n. 9.783, de 28 de janeiro de 1999, fica mantida até o início do recolhimento da contribuição a que se refere o *caput* deste artigo, para os servidores ativos.

Art. 16-A. A contribuição do Plano de Seguridade do Servidor Público (PSS), decorrente de valores pagos em cumprimento de decisão judicial, ainda que derivada de homologação de acordo, será retida na fonte, no momento do pagamento ao beneficiário ou seu representante legal, pela instituição financeira responsável pelo pagamento, por intermédio da quitação da guia de recolhimento remetida pelo setor de precatórios do Tribunal respectivo, no caso de pagamento de precatório ou requisição de pequeno valor, ou pela fonte pagadora, no caso de implantação de rubrica específica em folha, mediante a aplicação da alíquota de 11% (onze por cento) sobre o valor pago. *(Redação dada pela Lei n. 12.350, de 20.12.10, DOU 21.12.10.).*

PARÁGRAFO ÚNICO. O recolhimento da contribuição deverá ser efetuado nos mesmos prazos previstos no § 1º do art. 8º-A, de acordo com a data do pagamento. (NR) *(Redação dada pela Lei n. 12.688, de 18.7.12, DOU 19.7.12 e texto retificado no DOU 19.7.12, ed. Extra)*

Art. 17. Esta Lei entra em vigor na data de sua publicação.

Art. 18. Ficam revogados os §§ 3º, 4º, 5º, 6º e 7º do art. 2º, o art. 2º-A e o art. 4º da Lei n. 9.717, de 27 de novembro de 1998, o art. 8º da Medida Provisória n. 2.187-13, de 24 de agosto de 2001, na parte em que dá nova redação ao inciso X do art. 1º, ao art. 2º e ao art. 2º-A da Lei n. 9.717, de 27 de novembro de 1998, e a Lei n. 9.783, de 28 de janeiro de 1999.

Brasília, 18 de junho de 2004; 183º da Independência e 116º da República.

Luiz Inácio Lula da Silva
Guido Mantega
Amir Lando

LEI N. 8.745, DE 9 DE DEZEMBRO DE 1993

(DOU 10.12.93)

DISPÕE SOBRE A CONTRATAÇÃO POR TEMPO DETERMINADO PARA ATENDER A NECESSIDADE TEMPORÁRIA DE EXCEPCIONAL INTERESSE PÚBLICO, NOS TERMOS DO INCISO IX DO ARTIGO 37 DA CONSTITUIÇÃO FEDERAL, E DÁ OUTRAS PROVIDÊNCIAS

V. Lei n. 10.470, de 25 de junho de 2002, cria cargos efetivos, cargos comissionados e gratificações no âmbito da Administração Pública Federal, e dá outras providências (não publicada nesta obra)

v. Decreto n. 6.479, de 11 de junho de 2008 (DOU 12.6.08) que altera o Anexo ao Decreto n. 4.748, de 16 de junho de 2003, para modificar a remuneração de servidores temporários, dispõe sobre a remuneração para as hipóteses de contratações previstas no art. 2º, inciso VI, alíneas "i", "j" e "l", da Lei n. 8.745, de 9 de dezembro de 1993, e sobre o processo seletivo simplificado nas hipóteses das alíneas "i" e "j" do dispositivo citado (não publicado nesta obra)

V. Lei n. 12.084, de 30.10.09, DOU 3.11.09, que autoriza, em caráter excepcional, a prorrogação de contratos por tempo determinado firmados com fundamento nas alíneas "d" e "h" do inciso VI do art. 2º da Lei n. 8.745, de 9 de dezembro de 1993, e dá outras providências (não publicada nesta obra)

O PRESIDENTE DA REPÚBLICA,

Faço saber que o Congresso Nacional decreta e eu sanciono a seguinte Lei:

Art. 1º Para atender a necessidade temporária de excepcional interesse público, os órgãos da Administração Federal direta, as autarquias e as fundações públicas poderão efetuar contratação de pessoal por tempo determinado, nas condições e prazos previstos nesta Lei.

Art. 2º Considera-se necessidade temporária de excepcional interesse público:

I — assistência a situações de calamidade pública;

II — assistência a emergências em saúde pública; *(Redação dada pela Lei n. 12.314, de 19.8.10, DOU 20.8.10).*

III — realização de recenseamentos e outras pesquisas de natureza estatística efetuadas pela Fundação Instituto Brasileiro de Geografia e Estatística — IBGE; *(Redação dada pela Lei n. 9.849, de 26.10.99, DOU 27.10.99. Ed. extra)*

IV — admissão de professor substituto e professor visitante;

V — admissão de professor e pesquisador visitante estrangeiro;

VI — atividades: *(Redação dada pela Lei n. 9.849, de 26.10.99, DOU 27.10.99)*

a) especiais nas organizações das Forças Armadas para atender à área industrial ou a encargos temporários de obras e serviços de engenharia;

b) de identificação e demarcação territorial; *(Redação dada pela Lei n. 11.784, de 22.9.08, DOU 23.9.08, Ret. DOU 2.10.08 e 31.10.08) (Redação dada pela Lei n. 9.849, de 26.10.99, DOU 27.10.09. Ed. extra)*

c) Revogado pela Lei n. 10.667, de 14.5.03, DOU 15.5.03.

d) finalísticas do Hospital das Forças Armadas; *(V. art. 173, da Lei n. 11.784, de 22.9.08, DOU 23.9.08, ret. 2.10 e 31.10.08)*

e) de pesquisa e desenvolvimento de produtos destinados à segurança de sistemas de informações, sob responsabilidade do Centro de Pesquisa e Desenvolvimento para a Segurança das Comunicações — CEPESC; *(Redação dada pela Lei n. 9.849, de 26.10.99, DOU 27.10.99. Ed. extra)*

f) de vigilância e inspeção, relacionadas à defesa agropecuária, no âmbito do Ministério da Agricultura e do Abastecimento, para atendimento de situações emergenciais ligadas ao comércio internacional de produtos de origem animal ou vegetal ou de iminente risco à saúde animal, vegetal ou humana; *(Redação dada pela Lei n. 9.849, de 26.10.99, DOU 27.10.99. Ed. extra)*

g) desenvolvidas no âmbito dos projetos do Sistema de Vigilância da Amazônia — SIVAM e do Sistema de Proteção da Amazônia — SIPAM.

h) técnicas especializadas, no âmbito de projetos de cooperação com prazo determinado, implementados mediante acordos internacionais, desde que haja, em seu desempenho, subordinação do contratado ao órgão ou entidade pública. *(Acrescentado pela Lei n. 10.667, de 14.5.03, DOU 15.5.03).*

i) técnicas especializadas necessárias à implantação de órgãos ou entidades ou de novas atribuições definidas para organizações existentes ou as decorrentes de aumento transitório no volume de trabalho que não possam ser atendidas mediante a aplicação do art. 74 da Lei n. 8.112, de 11 de dezembro de 1990; *(Acrescentado pela Lei n. 11.784, de 22.9.08, DOU 23.09.08, Ret. DOU 2.10.08 e 31.10.08)*

j) técnicas especializadas de tecnologia da informação, de comunicação e de revisão de processos de trabalho, não alcançadas pela alínea *i* e que não se caracterizem como atividades permanentes do órgão ou entidade; *(Acrescentado pela Lei n. 11.784, de 22.9.08, DOU 23.9.08, Ret. DOU 2.10.08 e 31.10.08)*

l) didático-pedagógicas em escolas de governo; e *(Acrescentado pela Lei n. 11.784, de 22.9.08, DOU 23.09.08, Ret. DOU 2.10.08 e 31.10.08)*

m) de assistência à saúde para comunidades indígenas; e *(Acrescentado pela Lei n. 11.784, de 22.9.08, DOU 23.9.08, Ret. DOU 2.10.08 e 31.10.08)*

VII — admissão de professor, pesquisador e tecnólogo substitutos para suprir a falta de professor, pesquisador ou tecnólogo ocupante de cargo efetivo, decorrente de licença para exercer atividade empresarial relativa à inovação. *(Acrescentado pela Lei n. 10.973, 2.12.04, DOU 3.12.04, retificada no DOU 16.3.05)*

VIII — admissão de pesquisador, nacional ou estrangeiro, para projeto de pesquisa com prazo determinado, em instituição destinada à pesquisa; e *(Acrescentado pela Lei n. 11.784, de 22.9.08, DOU 23.9.08, Ret. DOU 2.10.08 e 31.10.08)*

IX — combate a emergências ambientais, na hipótese de declaração, pelo Ministro de Estado do Meio Ambiente, da existência de emergência ambiental na região específica. *(Acrescentado pela Lei n. 11.784, de 22.9.08, DOU 23.9.08, Ret. DOU 2.10.08 e 31.10.08)*

X — admissão de professor para suprir demandas decorrentes da expansão das instituições federais de ensino, respeitados os limites e as condições fixados em ato conjunto dos Ministérios do Planejamento, Orçamento e Gestão e da Educação. *(Incluído pela Lei n. 12.425, de 17.6.2011, DOU 20.6.2011).*

XI — admissão de professor para suprir demandas excepcionais decorrentes de programas e projetos de aperfeiçoamento de médicos na área de atenção básica em saúde em regiões prioritárias para o Sistema Único de Saúde — SUS, mediante integração ensino-serviço, respeitados os limites e as condições fixados em ato conjunto dos Ministros de Estado do Planejamento, Orçamento e Gestão, da Saúde e da Educação (NR) *(Redação dada pela Lei n. 12.871, de 22.10.13, DOU 23.10.13).*

§ 1º A contratação de professor substituto de que trata o inciso IV do caput poderá ocorrer para suprir a falta de professor efetivo em razão de: *(Incluído pela Lei n. 12.425, de 17.6.2011, DOU 20.6.2011)*

I — vacância do cargo; *(Incluído pela Lei n. 12.425, de 17.6.2011, DOU 20.6.2011)*

II — afastamento ou licença, na forma do regulamento; ou *(Incluído pela Lei n. 12.425, de 17.6.2011, DOU 20.6.2011)*

III — nomeação para ocupar cargo de direção de reitor, vice-reitor, pró-reitor e diretor de *campus*. *(Incluído pela Lei n. 12.425, de 17.6.2011, DOU 20.6.2011)*

§ 2º O número total de professores de que trata o inciso IV do *caput* não poderá ultrapassar 20% (vinte por cento) do total de docentes efetivos em exercício na instituição federal de ensino. *(Incluído pela Lei n. 12.425, de 17.6.2011, DOU 20.6.2011)*

§ 3º As contratações a que se refere a alínea *h* do inciso VI serão feitas exclusivamente por projeto, vedado o aproveitamento dos contratados em qualquer área da administração pública. *(Incluído pela Lei n. 10.667, de 14.5.2003)*

§ 4º Ato do Poder Executivo disporá, para efeitos desta Lei, sobre a declaração de emergências em saúde pública. *(Incluído pela Lei n. 12.314, de 19.8.10, DOU 20.8.10)*

§ 5º A contratação de professor visitante e de professor visitante estrangeiro, de que tratam os incisos IV e V do *caput*, tem por objetivo:

I — apoiar a execução dos programas de pós-graduação *stricto sensu*;

II — contribuir para o aprimoramento de programas de ensino, pesquisa e extensão;

III — contribuir para a execução de programas de capacitação docente; ou

IV — viabilizar o intercâmbio científico e tecnológico.

§ 6º A contratação de professor visitante e o professor visitante estrangeiro, de que tratam os incisos IV e V do *caput*, deverão:

I — atender a requisitos de titulação e competência profissional; ou

II — ter reconhecido renome em sua área profissional, atestado por deliberação do Conselho Superior da instituição contratante.

§ 7º São requisitos mínimos de titulação e competência profissional para a contratação de professor visitante ou de professor visitante estrangeiro, de que tratam os incisos IV e V do *caput*:

I — ser portador do título de doutor, no mínimo, há 2 (dois) anos;

II — ser docente ou pesquisador de reconhecida competência em sua área; e

III — ter produção científica relevante, preferencialmente nos últimos 5 (cinco) anos.

§ 8º Excepcionalmente, no âmbito das Instituições da Rede Federal de Educação Profissional, Científica e Tecnológica, poderão ser contratados professor visitante ou professor visitante estrangeiro, sem o título de doutor, desde que possuam comprovada competência em ensino, pesquisa e extensão tecnológicos ou reconhecimento da qualificação profissional pelo mercado de trabalho, na forma prevista pelo Conselho Superior da instituição contratante.

§ 9º A contratação de professores substitutos, professores visitantes e professores visitantes estrangeiros poderá ser autorizada pelo dirigente da instituição, condicionada à existência de recursos orçamentários e financeiros para fazer frente às despesas decorrentes da contratação e ao quantitativo máximo de contratos estabelecido para a IFE.

§ 10. A contratação dos professores substitutos fica limitada ao regime de trabalho de 20 (vinte) horas ou 40 (quarenta) horas. (NR) *(Redação dos §§ 5º ao 10 dada pela Lei n. 12.772, de 28.12.2012, DOU 31.12.2012)*

Art. 3º O recrutamento do pessoal a ser contratado, nos termos desta Lei, será feito mediante processo seletivo simplificado sujeito à ampla divulgação, inclusive através do "Diário Oficial" da União, prescindindo de concurso público.

§ 1º A contratação para atender às necessidades decorrentes de calamidade pública, de emergência ambiental e de emergências em saúde pública prescindirá de processo seletivo. *(Alteração dada pela Lei n. 12.314, de 19.8.10, DOU 20.8.10).*

§ 2º A contratação de pessoal, nos casos do professor visitante referido nos incisos IV e V e nos casos das alíneas *a, d, e, g, l* e *m* do inciso VI e do inciso VIII do *caput* do art. 2º desta Lei, poderá ser efetivada em vista de notória capacidade técnica ou científica do profissional, mediante análise do curriculum vitae. *(Redação dada pela Lei n. 11.784, de 22.9.08, DOU 23.09.08, Ret. DOU 2.10.08 e 31.10.08)*

§ 3º As contratações de pessoal no caso das alíneas *h* e *i* do inciso VI do art. 2º desta Lei serão feitas mediante processo seletivo simplificado, observados os critérios e condições estabelecidos pelo Poder Executivo." (NR) *(Redação dada pela Lei n. 11.784, de 22.9.08, DOU 23.9.08, Ret. DOU 2.10.08 e 31.10.08)*

Art. 4º As contratações serão feitas por tempo determinado, observados os seguintes prazos máximos:

I — 6 (seis) meses, nos casos dos incisos I, II e IX do *caput* do art. 2º desta Lei; *(Redação dada pela Lei n. 11.784, de 22.9.08, DOU 23.09.08, Ret. DOU 2.10.08 e 31.10.08)*

II — 1 (um) ano, nos casos dos incisos III e IV, das alíneas *d* e *f* do inciso VI e do inciso X do *caput* do art. 2º; *(Redação dada pela Lei n. 12.425, de 17.6.11, DOU 20.6.11)*

III — 2 (dois) anos, nos casos das alíneas *b, e* e *m* do inciso VI do art. 2º; *(Redação dada pela Lei n. 12.314, de 19.8.10, DOU 20.8.10)*

IV — 3 (três) anos, nos casos das alíneas *h* e *l* do inciso VI e dos incisos VII, VIII e XI do *caput* do art. 2º desta Lei; *(Redação dada pela Lei n. 12.871, de 22.10.13, DOU 23.10.13)*

V — 4 (quatro) anos, nos casos do inciso V e das alíneas *a, g, i* e *j* do inciso VI do *caput* do art. 2º, desta Lei. *(Redação dada pela Lei n. 11.784, de 2008)*

PARÁGRAFO ÚNICO. É admitida a prorrogação dos contratos:

I — no caso do inciso IV, das alíneas *b, d* e *f* do inciso VI e do inciso X do *caput* do art. 2º, desde que o prazo total não exceda a 2 (dois) anos; *(Alteração dada pela Lei n. 12.998, de 18.6.14, DOU 20.6.14)*

II — no caso do inciso III e da alínea *e* do inciso VI do *caput* do art. 2º, desde que o prazo total não exceda a 3 (três) anos; (NR) *(Alteração dada pela Lei n. 12.998, de 18.6.14, DOU 20.6.14)*

III — nos casos do inciso V, das alíneas *a, h, l* e "m" do inciso VI e do inciso VIII do *caput* do art. 2º desta Lei, desde que o prazo total não exceda a 4 (quatro) anos; *(Redação dada pela Lei n. 12.314, de 19.8.10, DOU 20.8.10).*

IV — no caso das alíneas *g, i* e *j* do inciso VI do *caput* do art. 2º desta Lei, desde que o prazo total não exceda a 5 (cinco) anos; *(Redação dada pela Lei n. 11.784, de 22.9.08, DOU 23.9.08, Ret. DOU 2.10.08 e 31.10.08)*

V — no caso do inciso VII e XI do *caput* do art. 2º, desde que o prazo total não exceda 6 (seis) anos. *(Redação dada pela Lei n. 12.871, 22.10.13, DOU 23.10.13)*

VI — nos casos dos incisos I e II do *caput* do art. 2º desta Lei, pelo prazo necessário à superação da situação de calamidade pública ou das situações de emergências em saúde pública, desde que não exceda a 2 (dois) anos." (NR) *(Redação dada pela Lei n. 12.314, de 19.8.10, DOU 20.8.10).*

Art. 5º As contratações somente poderão ser feitas com observância da dotação orçamentária específica e mediante prévia autorização do Ministro de Estado do Planejamento, Orçamento e Gestão e do Ministro de Estado sob cuja supervisão se encontrar o órgão ou entidade contratante, conforme estabelecido em regulamento. (NR) *(Redação dada pela Lei n. 9.849, de 26.10.99, DOU, Seção 1, de 28.10.99).*

Art. 5º-A. Os órgãos e entidades contratantes encaminharão à Secretaria de Recursos Humanos do Ministério do Planejamento, Orçamento e Gestão, para controle do disposto nesta Lei, síntese dos contratos efetivados. (NR) *(Acrescentado pela Lei n. 10.667, de 14.5.03, DOU 15.5.03).*

Art. 6º É proibida a contratação, nos termos desta Lei, de servidores da Administração direta ou indireta da União, dos Estados, do Distrito Federal e dos Municípios, bem como de empregados ou servidores de suas subsidiárias e controladas.

§ 1º Excetua-se do disposto no ***caput*** deste artigo, condicionada à formal comprovação da compatibilidade de horários, a contratação de: *(Redação dada pela Lei n. 11.123, de 7.6.05, DOU 8.6.05.)*

I — professor substituto nas instituições federais de ensino, desde que o contratado não ocupe cargo efetivo integrante das carreiras de magistério de que trata a Lei n 7.596, de 10 de abril de 1987; *(Acrescentado pela Lei n. 11.123, 7.6.05, DOU 8.6.05)*

II — profissionais de saúde em unidades hospitalares, quando administradas pelo Governo Federal e para atender às necessidades decorrentes de calamidade pública, desde que o contratado não ocupe cargo efetivo ou emprego permanente em órgão ou entidade da administração pública federal direta e indireta. *(Acrescentado pela Lei n. 11.123, de 7.6.05, DOU 8.6.05)*

§ 2º Sem prejuízo da nulidade do contrato, a infração do disposto neste artigo importará responsabilidade administrativa da autoridade contratante e do contratado, inclusive, se for o caso, solidariedade quanto à devolução dos valores pagos ao contratado. (NR) (*) *(Alterações introduzidas pela Lei n. 9.849, de 26.10.99, DOU, Seção 1, de 28.10.99).*

Art. 7º A remuneração do pessoal contratado nos termos desta Lei será fixada:

I — nos casos dos incisos IV, X e XI do *caput* do art. 2º, em importância não superior ao valor da remuneração fixada para os servidores de final de Carreira das mesmas categorias, nos planos de retribuição ou nos quadros de cargos e salários do órgão ou entidade contratante; *(Alteração dada pela Lei n. 12.998, de 18.6.14, DOU 20.6.14)*

II — nos casos dos incisos I a III, V, VI e VIII do *caput* do art. 2º, em importância não superior ao valor da remuneração constante dos planos de retribuição ou dos quadros de cargos e salários do serviço público, para servidores que desempenhem função semelhante, ou, não existindo a semelhança, às condições do mercado de trabalho; e *(Alteração dada pela Lei n. 12.998, de 18.6.14, DOU 20.6.14)*

III — no caso do inciso III do art. 2º, quando se tratar de coleta de dados, o valor da remuneração poderá ser formado por unidade produzida, desde que obedecido ao disposto no inciso II deste artigo. *(Redação dada pela Lei n. 9.849, de 26.10.99, DOU, Seção 1, de 28.10.99).*

§ 1º Para os efeitos deste artigo, não se consideram as vantagens de natureza individual dos servidores ocupantes de cargos tomados como paradigma. *(Renumerado pela Lei n. 10.667, de 14.5.03, DOU 15.5.03)*

§ 2º Caberá ao Poder Executivo fixar as tabelas de remuneração para as hipóteses de contratações previstas nas alíneas *h, i, j, l* e *m* do inciso VI do *caput* do art. 2º. (NR) *(Redação dada pela Lei n. 12.314, de 19.8.10, DOU 20.8.10).*

Art. 8º Ao pessoal contratado nos termos desta Lei aplica-se o disposto na Lei n. 8.647, de 13 de abril de 1993.

Art. 9º O pessoal contratado nos termos desta Lei não poderá:

I — receber atribuições, funções ou encargos não previstos no respectivo contrato;

II — ser nomeado ou designado, ainda que a título precário ou em substituição, para o exercício de cargo em comissão ou função de confiança;

III — ser novamente contratado, com fundamento nesta Lei, antes de decorridos 24 (vinte e quatro) meses do encerramento de seu contrato anterior, salvo nas hipóteses dos incisos I e IX do art. 2º desta Lei, mediante prévia autorização, conforme determina o art. 5º desta Lei. *(Redação dada pela Lei n. 11.784, de 22.9.08, DOU 23.9.08, Ret. DOU 2.10.08 e 31.10.08)*

PARÁGRAFO ÚNICO. *(Revogado. Lei n. 11.784, de 22.9.08, DOU 23.09.08, Ret. DOU de 2.10.08 e 31.10.08)* (NR)

Art. 10. As infrações disciplinares atribuídas ao pessoal contratado nos termos desta Lei serão apuradas mediante sindicância, concluída no prazo de trinta dias e assegurada ampla defesa.

Art. 11. Aplica-se ao pessoal contratado nos termos desta Lei o disposto nos arts. 53 e 54; 57 a 59; 63 a 80; 97; 104 a 109; 110, incisos I, *in fine*, e II, parágrafo único, a 115; 116, incisos I a V, alíneas *a* e *c*, VI a XII e parágrafo único; 117, incisos I a VI e IX a XVIII; 118 a 126; 127, incisos I, II e III, a 132, incisos I a VII, e IX a XIII; 136 a 142, incisos I, primeira parte, a III, e §§ 1º a 4º; 236; 238 a 242, da Lei n. 8.112, de 11 de dezembro de 1990.

Art. 12. O contrato firmado de acordo com esta Lei extinguir-se-á, sem direito a indenizações:

I — pelo término do prazo contratual;

II — por iniciativa do contratado.

III — pela extinção ou conclusão do projeto, definidos pelo contratante, nos casos da alínea *h* do inciso VI do art. 2º. *(Inciso acrescentado pela Lei n. 10.667, de 14.5.03, DOU 15.5.03)*

§ 1º A extinção do contrato, nos casos dos incisos II e III, será comunicada com a antecedência mínima de trinta dias. *(Redação dada pela Lei n. 10.667, de 14.5.03, DOU 15.5.03)*

§ 2º A extinção do contrato, por iniciativa do órgão ou entidade contratante, decorrente de conveniência administrativa, importará no pagamento ao contratado de indenização correspondente à metade do que lhe caberia referente ao restante do contrato.

Art. 13, 14 e 15. Revogados pela Lei n. 11.440, de 29.12.06, DOU 29.12.06, ed. extra)

Art. 16. O tempo de serviço prestado em virtude de contratação nos termos desta Lei será contado para todos os efeitos.

Art. 17. Esta Lei entra em vigor na data de sua publicação.

Art. 18. Revogam-se as disposições em contrário, especialmente os arts. 232 a 235 da Lei n. 8.112, de 11 de dezembro de 1990.

Itamar Franco — Romildo Canhim — Arnaldo Leite Pereira

Nota: Declaração de inconstitucionalidade pelo Supremo Tribunal Federal das alíneas "**d**" e "**g**" do inciso VI do art. 2º da Lei n. 8.745/1993, com a redação dada pela Lei n. 9.849/1999, limitando-se os efeitos da declaração de inconstitucionalidade para que ocorram um ano após a publicação da decisão final desta ação no Diário Oficial da União quanto à alínea "**d**", e, quanto à alínea "**g**", após quatro anos. A respeito, a decisão publicada no DOU de 1.4.14:

SUPREMO TRIBUNAL FEDERAL

PLENÁRIO **DECISÕES**

Ação Direta de Inconstitucionalidade e Ação Declaratória de Constitucionalidade (Publicação determinada pela Lei n. 9.868, de 10.11.1999)

Julgamentos

AÇÃO DIRETA DE INCONSTITUCIONALIDADE 3.237 (1)

ORIGEM: ADI — 69905 — SUPREMO TRIBUNAL FEDERAL

PROCED : DISTRITO FEDERAL

RELATOR: MIN. JOAQUIM BARBOSA

REQTE.(S) : PROCURADOR-GERAL DA REPÚBLICA

INTDO.(A/S): PRESIDENTE DA REPÚBLICA

A D V. (A/S): ADVOGADO-GERAL DA UNIÃO

INTDO. (A/S): CONGRESSO NACIONAL

Decisão: O Tribunal, por unanimidade e nos termos do voto do Relator, Ministro Joaquim Barbosa (Presidente), julgou parcialmente procedente a ação direta para declarar a inconstitucionalidade das alíneas "**d**" e "**g**" do inciso VI do art. 2º da Lei n. 8.745/1993, com a redação dada pela Lei n. 9.849/1999, limitando-se os efeitos da declaração de inconstitucionalidade para que ocorram um ano após a publicação da decisão final desta ação no Diário Oficial da União quanto à alínea "**d**", e, quanto à alínea "**g**", após quatro anos. Impedido o Ministro Dias Toffoli. Ausentes, justificadamente, o Ministro Celso de Mello e, neste julgamento, a Ministra Rosa Weber. Plenário, 26.03.2014.

LEI N. 8.852, DE 4 DE FEVEREIRO DE 1994

(DOU 7.2.94 — Supl. Trab. LTr 29/94)

DISPÕE SOBRE A APLICAÇÃO DOS ARTS. 37, INCISOS XI E XII, E 39, § 1º, DA CONSTITUIÇÃO FEDERAL (TER PRESENTE AS MODIFICAÇÕES INTRODUZIDAS NOS ARTIGOS 37 E 39 DA CONSTITUIÇÃO FEDERAL PELA EMENDA CONSTITUCIONAL N. 19, DE 4.6.98, DOU 5.6.98 E EMENDA CONSTITUCIONAL N. 47 DE 5.7.05, DOU 6.7.05)

O PRESIDENTE DA REPÚBLICA,

Faço saber que o Congresso Nacional decreta e eu sanciono a seguinte Lei:

Art. 1º Para os efeitos desta Lei, a retribuição pecuniária devida na administração pública direta, indireta e fundacional de qualquer dos Poderes da União compreende:

I — como vencimento básico:

a) a retribuição a que se refere o art. 40 da Lei n. 8.112, de 11 de dezembro de 1990, devida pelo efetivo exercício do cargo, para os servidores civis por ela regidos; *(V. Lei n. 9.367, de 16.12.96, DOU 18.12.96)*

b) o soldo definido nos termos do art. 6º da Lei n. 8.237, de 30 de setembro de 1991, para os servidores militares; *(Revogado pela Medida Provisória n. 2.215-10, de 31.8.2001, DOU 1º.9.2001)*

V. MP n. 2.215, de 31.8.91, DOU 1.9.03, Ed. Extra, não publicada nesta obra, que dispõe sobre a reestruturação da remuneração dos militares das Forças Armadas, altera as Leis ns. 3.765, de 4 de maio de 1960, e 6.880, de 9 de dezembro de 1980, e dá outras providências.

c) o salário básico estipulado em planos ou tabelas de retribuição ou nos contratos de trabalho, convenções, acordos ou dissídios coletivos, para os empregados de empresas públicas, de sociedade de economia mista, de suas subsidiárias, controladas ou coligadas, ou de quaisquer empresas ou entidades de cujo capital ou patrimônio o poder público tenha o controle direto ou indireto, inclusive em virtude de incorporação ao patrimônio público;

II — como vencimentos, a soma do vencimento básico com as vantagens permanentes relativas ao cargo, emprego, posto ou graduação;

III — como remuneração, a soma dos vencimentos com os adicionais de caráter individual e demais vantagens, nestas compreendidas as relativas à natureza ou ao local de trabalho e a prevista no art. 62 da Lei n. 8.112, de 1990, ou outra paga sob o mesmo fundamento, sendo excluídas:

a) diárias;

b) ajuda de custo em razão de mudança de sede ou indenização de transporte;

c) auxílio-fardamento;

d) gratificação de compensação orgânica, a que se refere o art. 18 da Lei n. 8.237, de 1991;

e) salário-família;

f) gratificação ou adicional natalino, ou décimo terceiro salário;

g) abono pecuniário resultante da conversão de até 1/3 (um terço) das férias;

h) adicional ou auxílio-natalidade;

i) adicional ou auxílio-funeral;

j) adicional de férias, até o limite de 1/3 (um terço) sobre a retribuição habitual;

l) adicional pela prestação de serviço extraordinário, para atender situações excepcionais e temporárias, obedecidos os limites de duração previstos em lei, contratos, regulamentos, convenções, acordos ou dissídios coletivos e desde que o valor pago não exceda em mais de 50% (cinquenta por cento) o estipulado para a hora de trabalho na jornada normal;

m) adicional noturno, enquanto o serviço permanecer sendo prestado em horário que fundamente sua concessão;

n) adicional por tempo de serviço;

o) conversão de licença-prêmio em pecúnia facultada para os empregados de empresa pública ou sociedade de economia mista por ato normativo, estatutário ou regulamentar anterior a 1º de fevereiro de 1994;

p) adicional de insalubridade, de periculosidade ou pelo exercício de atividades penosas percebido durante o período em que o beneficiário estiver sujeito às condições ou aos riscos que deram causa à sua concessão;

q) hora repouso e alimentação e adicional de sobreaviso, a que se referem, respectivamente, o inciso II do art. 3º e o inciso II do art. 6º da Lei n. 5.811, de 11 de outubro de 1972;

r) outras parcelas cujo caráter indenizatório esteja definido em lei, ou seja reconhecido, no âmbito das empresas públicas e sociedades de economia mista, por ato do Poder Executivo. *(parte mantida pelo Congresso Nacional, DOU de 5.4.94)*

§ 1º O disposto no inciso III abrange adiantamentos desprovidos de natureza indenizatória.

§ 2º As parcelas de retribuição excluídas do alcance do inciso III não poderão ser calculadas sobre base superior ao limite estabelecido no art. 3º.

Art. 2º Para os fins do inciso XII do art. 37 da Constituição Federal, o maior valor de vencimentos corresponderá, no Poder Executivo, a no máximo 90% (noventa por cento) da remuneração devida ao Ministro de Estado.

Art. 3º O limite máximo da remuneração, para os efeitos do inciso XI do art. 37 da Constituição Federal, corresponde aos valores percebidos, em espécie, a qualquer título, por membros do Congresso Nacional, Ministros de Estado e Ministros do Supremo Tribunal Federal.

PARÁGRAFO ÚNICO. (Vetado).

Art. 4º O disposto nos arts. 1º a 3º aplica-se também:

I — ao somatório das retribuições pecuniárias percebidas por servidores ou empregados cedidos ou requisitados provenientes de todas as fontes;

II — à retribuição pecuniária dos dirigentes dos órgãos e entidades da administração direta e indireta;

III — à retribuição pecuniária dos servidores do Distrito Federal, quando oficiais ou praças da Polícia Militar e do Corpo de Bombeiros Militar ou ocupantes de cargos da Polícia Civil;

IV — aos proventos da inatividade e às pensões decorrentes do falecimento de servidor público federal.

Art. 5º O Poder Legislativo, o Poder Judiciário e, no âmbito do Poder Executivo, os dirigentes de órgãos da administração direta e os responsáveis pela direção ou presidência de entidade integrante da administração federal indireta, bem como o Ministério Público da União, adotarão as medidas indispensáveis à adequação das situações que se encontrem em desacordo com o disposto nos arts. 2º e 3º, procedendo:

I — ao ajuste dos planos ou tabelas de retribuição a que se refere a alínea *c* do inciso I do art. 1º, ou das normas que disciplinam a concessão de vantagem permanente relativa ao cargo, emprego, posto ou graduação;

II — à transformação em vantagem pessoal, nominalmente identificada, sujeita ao limite previsto no art. 3º, das parcelas que excederem o montante a que se refere o art. 2º, aplicando-se a essa vantagem os mesmos percentuais de reajuste por ocasião das revisões ou antecipações de vencimento, soldo ou salário básico, observado o disposto no § 3º do art. 6º *(parte mantida pelo Congresso Nacional, DOU 5.4.94)*

III — à redução das remunerações ou dos proventos de aposentadoria que ultrapassarem o limite estabelecido no art. 3º, atendendo-se ao que determinam o *caput* do art. 37 da Constituição Federal e o art. 17 do Ato das Disposições Constitucionais Transitórias.

§ 1º Cumpre ao órgão ou entidade cessionário ou requisitante a adoção das providências a que se refere este artigo para os servidores ou empregados incluídos na hipótese do inciso I do art. 4º.

§ 2º As providências necessárias ao cumprimento do disposto neste artigo serão adotadas no prazo máximo de 60 (sessenta) dias, contados da publicação desta Lei, com efeitos financeiros a partir de 1º de fevereiro de 1994, ficando os responsáveis por sua execução sujeitos às sanções previstas na legislação.

Art. 6º Fica instituída Comissão com a finalidade de propor definições e especificações das atribuições dos cargos efetivos e comissionados, inclusive os de livre nomeação e exoneração, na Administração Pública Federal, no âmbito de cada Poder, visando criar condições para que seja alcançada a isonomia de vencimentos.

§ 1º A Comissão, além do presidente, será composta por 11 (onze) membros e sua composição respeitará a autonomia e a harmonia entre os Poderes da União, mediante indicação de representantes do Executivo (dois), do Legislativo (dois), do Judiciário (dois), do Tribunal de Contas da União (um), do Ministério Público da União (um) e dos servidores (três), sendo cada um destes representantes de entidade sindical dos servidores do respectivo Poder.

§ 2º A Comissão será presidida pelo Ministro de Estado Chefe da Secretaria da Administração Federal, a quem serão feitas as indicações para sua composição.

§ 3º Sem prejuízo do que determina no *caput*, cumpre à comissão de que cuida este artigo examinar as situações decorrentes da aplicação do inciso II do art. 5º e propor soluções de caráter definitivo para seu equacionamento. *(parte mantida pelo Congresso Nacional, DOU 5.4.94).*

§ 4º A Comissão iniciará suas atividades no prazo de 10 (dez) dias, contados da publicação desta Lei, e concluirá os trabalhos em 90 (noventa) dias, contados do início de suas atividades.

Art. 7º No âmbito da administração direta e indireta do Poder Executivo, as Secretarias de Planejamento, Coordenação e Orçamento e da Administração Federal da Presidência da República, e o Estado Maior das Forças Armadas emitirão instruções para o cumprimento do estabelecido no art. 5º e exercerão a coordenação e fiscalização das providências necessárias à execução do disposto nesta Lei.

Art. 8º Esta Lei entra em vigor na data de sua publicação.

Brasília, 4 de fevereiro de 1994; 173º da Independência e 106º da República.

Itamar Franco — Fernando Henrique Cardoso — Alexis Stepanenko — Arnaldo Leite Pereira — Romildo Canhim

LEI N. 9.962, DE 22 DE FEVEREIRO DE 2000

(DOU 23.2.2000)

DISCIPLINA O REGIME DE EMPREGO PÚBLICO DO PESSOAL DA ADMINISTRAÇÃO FEDERAL DIRETA, AUTÁRQUICA E FUNDACIONAL, E DÁ OUTRAS PROVIDÊNCIAS

O PRESIDENTE DA REPÚBLICA,

Faço saber que o Congresso Nacional decreta e eu sanciono a seguinte lei:

Art. 1º O pessoal admitido para emprego público na Administração federal direta, autárquica e fundacional terá sua relação de trabalho regida pela Consolidação das Leis do Trabalho, aprovada pelo Decreto-lei n. 5.452, de 1º de maio de 1943, e legislação trabalhista correlata, naquilo que a lei não dispuser em contrário.

§ 1º Leis específicas disporão sobre a criação dos empregos de que trata esta Lei no âmbito da Administração direta, autárquica e fundacional do Poder Executivo, bem como sobre a transformação dos atuais cargos em empregos.

Legislação Complementar

§ 2º É vedado:

I — submeter ao regime de que trata esta lei:

a) (vetado);

b) cargos públicos de provimento em comissão;

II — alcançar, nas leis a que se refere o § 1º, servidores regidos pela Lei n. 8.112, de 11 de dezembro de 1990, às datas das respectivas publicações.

§ 3º Estende-se o disposto no parágrafo 2º a criação de empregos ou à transformação de cargos em empregos não abrangidas pelo § 1º.

§ 4º *(Vetado).*

Art. 2º A contratação de pessoal para emprego público deverá ser precedida de concurso público de provas ou de provas e títulos, conforme a natureza e a complexidade do emprego.

Art. 3º O contrato de trabalho por prazo indeterminado somente será rescindido por ato unilateral da Administração pública nas seguintes hipóteses:

I — prática de falta grave, dentre as enumeradas no art. 482 da Consolidação das Leis do Trabalho — CLT;

II — acumulação ilegal de cargos, empregos ou funções públicas;

III — necessidade de redução de quadro de pessoal, por excesso de despesa, nos termos da lei complementar a que se refere o art. 169 da Constituição Federal;

IV — insuficiência de desempenho, apurada em procedimento no qual se assegurem pelo menos um recurso hierárquico dotado de efeito suspensivo, que será apreciado em trinta dias, e o prévio conhecimento dos padrões mínimos exigidos para continuidade da relação de emprego, obrigatoriamente estabelecido de acordo com as peculiaridades das atividades exercidas.

PARÁGRAFO ÚNICO. Excluem-se da obrigatoriedade dos procedimentos previstos no *caput* as contratações de pessoal decorrentes da autonomia de gestão de que trata o § 8º do art. 37 da Constituição Federal.

Art. 4º Aplica-se às leis a que se refere o parágrafo 1º do art. 1º desta lei o disposto no art. 246 da Constituição Federal.

Art. 5º Esta lei entra em vigor na data de sua publicação.

Brasília, 22 de fevereiro de 2000; 179º da Independência e 112º da República.

Fernando Henrique Cardoso
Martus Tavares

DECRETO N. 1.171, DE 22 DE JUNHO DE 1994

APROVA O CÓDIGO DE ÉTICA PROFISSIONAL DO SERVIDOR PÚBLICO CIVIL DO PODER EXECUTIVO FEDERAL

V. Decreto n. 4.081, de 11.1.02 (DOU 14.1.02), que institui o Código de Conduta Ética dos Agentes Públicos em exercício na Presidência e Vice-Presidência da República (não publicada nesta obra)

O PRESIDENTE DA REPÚBLICA, no uso das atribuições que lhe confere o art. 84, incisos IV e VI, e ainda tendo em vista o disposto no art. 37 da Constituição, bem como nos arts. 116 e 117 da Lei n. 8.112, de 11 de dezembro de 1990, e nos arts. 10, 11 e 12 da Lei n. 8.429, de 2 de junho de 1992, decreta:

Art. 1º Fica aprovado o Código de Ética Profissional do Servidor Público Civil do Poder Executivo Federal, que com este baixa.

Art. 2º Os órgãos e entidades da Administração Pública Federal direta e indireta implementarão, em sessenta dias, as providências necessárias à plena vigência do Código de Ética, inclusive mediante a Constituição da respectiva Comissão de Ética, integrada por três servidores ou empregados titulares de cargo efetivo ou emprego permanente.

PARÁGRAFO ÚNICO. A constituição da Comissão de Ética será comunicada à Secretaria da Administração Federal da Presidência da República, com a indicação dos respectivos membros titulares e suplentes.

Art. 3º Este Decreto entra em vigor na data de sua publicação.

Itamar Franco Presidente da República — Romildo Canhim

ANEXO AO DECRETO N. 1.171, DE 22 DE JUNHO DE 1994

Código de Ética Profissional do Servidor Público Civil do Poder Executivo Federal

CAPÍTULO I

SEÇÃO I

Das Regras Deontológicas

I — A dignidade, o decoro, o zelo, a eficácia e a consciência dos princípios morais são primados maiores que devem nortear o servidor público, seja no exercício do cargo ou função, ou fora dele, já que refletirá o exercício da vocação do próprio poder estatal. Seus atos, comportamentos e atitudes serão direcionados para a preservação da honra e da tradição dos serviços públicos.

II — O servidor público não poderá jamais desprezar o elemento ético de sua conduta. Assim, não terá que decidir somente entre o legal e o ilegal, o justo e o injusto, o conveniente e o inconveniente, o oportuno e o inoportuno, mas principalmente entre o honesto e o desonesto, consoante as regras contidas no artigo 37, *caput* e § 4º, da Constituição Federal.

III — A moralidade da Administração Pública não se limita à distinção entre o bem e o mal, devendo ser acrescida da ideia de que o fim é sempre o bem comum. O equilíbrio entre a legalidade e a finalidade, na conduta do servidor público, é que poderá consolidar a moralidade do ato administrativo.

IV — A remuneração do servidor público é custeada pelos tributos pagos direta ou indiretamente por todos, até por ele próprio, e por isso se exige, como contrapartida, que a moralidade administrativa se integre no Direito como elemento indissociável de sua aplicação e de sua finalidade, erigindo-se, como consequência, em fator de legalidade.

V — O trabalho desenvolvido pelo servidor público perante a comunidade deve ser entendido como acréscimo ao seu próprio bem-estar, já que, como cidadão, integrante da sociedade, o êxito desse trabalho pode ser considerado como seu maior patrimônio.

VI — A função pública deve ser tida como exercício profissional e, portanto, se integra na vida particular de cada servidor público. Assim, os fatos e atos verificados na conduta do dia a dia em sua vida privada poderão acrescer ou diminuir o seu bom conceito na vida funcional.

VII — Salvo os casos de segurança nacional, investigações policiais ou interesse superior do Estado e da Administração Pública, a serem preservados em processo previamente declarado sigiloso, nos termos da lei, a publicidade de qualquer ato administrativo constitui requisito de eficácia e moralidade, ensejando sua omissão, comprometimento ético contra o bem comum, imputável a quem a negar.

VIII — Toda pessoa tem direito à verdade. O servidor não pode omiti-la ou falseá-la, ainda que contrária aos interesses da própria pessoa interessada ou da Administração Pública. Nenhum Estado pode crescer ou estabilizar-se sobre o poder corruptivo do hábito do erro, da opressão ou da mentira, que sempre aniquilam até mesmo a dignidade humana quanto mais a de uma Nação.

IX — A cortesia, a boa vontade, o cuidado e o tempo dedicados ao serviço público caracterizam o esforço pela disciplina. Tratar mal uma pessoa que paga seus tributos direta ou indiretamente significa causar-lhe dano moral. Da mesma forma, causar dano a qualquer bem pertencente ao patrimônio público, deteriorando-o, por descuido ou má vontade, não constitui apenas uma ofensa ao equipamento e às instalações ou ao Estado, mas a todos os homens de boa vontade que dedicaram sua inteligência, seu tempo, suas esperanças e seus esforços para construí-los.

X — Deixar o servidor público, qualquer pessoa à espera de solução que compete ao setor em que exerça suas funções, permitindo a formação de longas filas, ou qualquer outra espécie de atraso na prestação do serviço, não caracteriza apenas atitude contra a ética ou ato de desumanidade, mas principalmente grave dano moral aos usuários dos serviços públicos.

XI — O servidor deve prestar toda a sua atenção às ordens legais de seus superiores, velando atentamente por seu cumprimento, e, assim, evitando a conduta negligente. Os repetidos erros, o descaso e o acúmulo de desvios tornam-se, às vezes, difíceis de corrigir e caracterizam até mesmo imprudência no desempenho da função pública.

XII — Toda ausência injustificada do servidor de seu local de trabalho é fator de desmoralização do serviço público, o que quase sempre conduz à desordem nas relações humanas.

XIII — O servidor que trabalha em harmonia com a estrutura organizacional, respeitando seus colegas e cada concidadão, colabora e de todos pode receber colaboração, pois sua atividade pública é a grande oportunidade para o crescimento e o engrandecimento da Nação.

SEÇÃO II

Dos Principais Deveres do Servidor Público

XIV — São deveres fundamentais do servidor público:

a) desempenhar, a tempo, as atribuições do cargo, função ou emprego público de que seja titular;

b) exercer suas atribuições com rapidez, perfeição e rendimento, pondo fim ou procurando prioritariamente resolver situações procrastinatórias, principalmente diante de filas ou de qualquer outra espécie de atraso na prestação dos serviços pelo setor em que exerça suas atribuições, com o fim de evitar dano moral ao usuário;

c) ser probo, reto, leal e justo, demonstrando toda a integridade do seu caráter, escolhendo sempre, quando estiver diante de duas opções, a melhor e a mais vantajosa para o bem comum;

d) jamais retardar qualquer prestação de contas, condição essencial da gestão dos bens, direitos e serviços da coletividade a seu cargo;

e) tratar cuidadosamente os usuários dos serviços aperfeiçoando o processo de comunicação e contato com o público;

f) ter consciência de que seu trabalho é regido por princípios éticos que se materializam na adequada prestação dos serviços públicos;

g) ser cortês, ter urbanidade, disponibilidade e atenção, respeitando a capacidade e as limitações individuais de todos os usuários do serviço público, sem qualquer espécie de preconceito ou distinção de raça, sexo, nacionalidade, cor, idade, religião, cunho político e posição social, abstendo-se, dessa forma, de causar-lhes dano moral;

h) ter respeito à hierarquia, porém, sem nenhum temor de representar contra qualquer comprometimento indevido da estrutura em que se funda o Poder Estatal;

i) resistir a todas as pressões de superiores hierárquicos, de contratantes, interessados e outros que visem obter quaisquer favores, benesses ou vantagens indevidas em decorrência de ações imorais, ilegais ou aéticas e denunciá-las;

j) zelar, no exercício do direito de greve, pelas exigências específicas da defesa da vida e da segurança coletiva;

l) ser assíduo e frequente ao serviço, na certeza de que sua ausência provoca danos ao trabalho ordenado, refletindo negativamente em todo o sistema;

m) comunicar imediatamente a seus superiores todo e qualquer ato ou fato contrário ao interesse público, exigindo as providências cabíveis;

n) manter limpo e em perfeita ordem o local de trabalho, seguindo os métodos mais adequados à sua organização e distribuição;

o) participar dos movimentos e estudos que se relacionem com a melhoria do exercício de suas funções, tendo por escopo a realização do bem comum;

p) apresentar-se ao trabalho com vestimentas adequadas ao exercício da função;

q) manter-se atualizado com as instruções, as normas de serviço e a legislação pertinentes ao órgão onde exerce suas funções;

r) cumprir, de acordo com as normas do serviço e as instruções superiores, as tarefas de seu cargo ou função, tanto quanto possível, com critério, segurança e rapidez, mantendo tudo sempre em boa ordem;

s) facilitar a fiscalização de todos os atos ou serviços por quem de direito;

t) exercer com estrita moderação as prerrogativas funcionais que lhe sejam atribuídas, abstendo-se de fazê-lo contrariamente aos legítimos interesses dos usuários ao serviço público e dos jurisdicionados administrativos;

u) abster-se, de forma absoluta, de exercer sua função, poder ou autoridade com finalidade estranha ao interesse público, mesmo que observando as formalidades legais e não cometendo qualquer violação expressa à lei;

v) divulgar e informar a todos os integrantes da sua classe sobre a existência deste Código de Ética, estimulando o seu integral cumprimento.

SEÇÃO III
Das Vedações ao Servidor Público

XV — É vedado ao servidor público:

a) o uso do cargo ou função, facilidades, amizades, tempo, posição e influências, para obter qualquer favorecimento, para si ou para outrem;

b) prejudicar deliberadamente a reputação de outros servidores ou de cidadãos que deles dependam;

c) ser, em função de seu espírito de solidariedade, conivente com erro ou infração a este Código de Ética ou ao Código de Ética de sua profissão;

d) usar de artifícios para procrastinar ou dificultar o exercício regular de direito por qualquer pessoa, causando-lhe dano moral ou material;

e) deixar de utilizar os avanços técnicos e científicos ao seu alcance ou do seu conhecimento para atendimento do seu mister;

f) permitir que perseguições, simpatias, antipatias, caprichos, paixões ou interesses de ordem pessoal interfiram no trato com o público, com os jurisdicionados administrativos ou com colegas hierarquicamente superiores ou inferiores;

g) pleitear, solicitar, provocar, sugerir ou receber qualquer tipo de ajuda financeira, gratificação, prêmio, comissão, doação ou vantagem de qualquer espécie, para si, familiares ou qualquer pessoa, para o cumprimento da sua missão ou para influenciar outro servidor para o mesmo fim;

h) alterar ou deturpar o teor de documentos que deva encaminhar para providências;

i) iludir ou tentar iludir qualquer pessoa que necessite do atendimento em serviços públicos;

j) desviar servidor público para atendimento a interesse particular;

l) retirar da repartição pública, sem estar legalmente autorizado, qualquer documento, livro ou bem pertencente ao patrimônio público;

m) fazer uso de informações privilegiadas obtidas no âmbito interno de seu serviço, em benefício próprio, de parentes, de amigos ou de terceiros;

n) apresentar-se embriagado no serviço ou fora dele habitualmente;

o) dar o seu concurso a qualquer instituição que atente contra a moral, a honestidade ou a dignidade da pessoa humana;

p) exercer atividade profissional aética ou ligar o seu nome a empreendimentos de cunho duvidoso.

CAPÍTULO II
Das Comissões de Ética

XVI — Em todos os órgãos e entidades da Administração Pública Federal direta, indireta, autárquica e fundacional, ou em qualquer órgão ou entidade que exerça atribuições delegadas pelo poder público, deverá ser criada uma Comissão de Ética, encarregada de orientar e aconselhar sobre a ética profissional do servidor, no tratamento com as pessoas e com o patrimônio público, competindo-lhe conhecer concretamente de imputação ou de procedimento susceptível de censura.

XVII — (Revogado pelo Decreto n. 6.029, de 1º.2.07 (DOU 2.2.07)

XVIII — À Comissão de Ética incumbe fornecer, aos organismos encarregados da execução do quadro de carreira dos servidores, os registros sobre sua conduta ética, para o efeito de instruir e fundamentar promoções e para todos os demais procedimentos próprios da carreira do servidor público.

XIX — (Revogado pelo Decreto n. 6.029, de 1º.2.07 (DOU 2.2.07)

XX — (Revogado pelo Decreto n. 6.029, de 1º.2.07 (DOU 2.2.07)

XXI — (Revogado pelo Decreto n. 6.029, de 1º.2.07 (DOU 2.2.07)

XXII — A pena aplicável ao servidor público pela Comissão de Ética é a de censura e sua fundamentação constará do respectivo parecer, assinado por todos os seus integrantes, com ciência do faltoso.

XXIII — (Revogado pelo Decreto n. 6.029, de 1º.2.07 (DOU 2.2.07)

XXIV — Para fins de apuração do comprometimento ético, entende-se por servidor público todo aquele que, por força de lei, contrato ou de qualquer ato jurídico, preste serviços de natureza permanente, temporária ou excepcional, ainda que sem retribuição financeira, desde que ligado direta ou indiretamente a qualquer órgão do poder estatal, como as autarquias, as fundações públicas, as entidades paraestatais, as empresas públicas e as sociedades de economia mista, ou em qualquer setor onde prevaleça o interesse do Estado.

XXV — (Revogado pelo Decreto n. 6.029, de 1º.2.07 (DOU 2.2.07)

DECRETO N. 2.271, DE 7 DE JULHO DE 1997

(DOU 8.7.97)

DISPÕE SOBRE A CONTRATAÇÃO DE SERVIÇOS PELA ADMINISTRAÇÃO PÚBLICA FEDERAL DIRETA, AUTÁRQUICA E FUNDACIONAL, E DÁ OUTRAS PROVIDÊNCIAS

O PRESIDENTE DA REPÚBLICA, no uso da atribuição que lhe confere o art. 84, inciso IV, da Constituição, e tendo em vista o disposto no § 7º do art. 10 do Decreto-lei n. 200, de 25 de fevereiro de 1967, decreta:

Art. 1º No âmbito da Administração Pública Federal direta, autárquica e fundacional poderão ser objeto de execução indireta as atividades materiais acessórias, instrumentais ou complementares aos assuntos que constituem área de competência legal do órgão ou entidade.

§ 1º As atividades de conservação, limpeza, segurança, vigilância, transportes, informática, copeiragem, recepção, reprografia, telecomunicações e manutenção de prédios, equipamentos e instalações serão, de preferência, objeto de execução indireta.

§ 2º Não poderão ser objeto de execução indireta as atividades inerentes às categorias funcionais abrangidas pelo plano de cargos do órgão ou entidade, salvo expressa disposição legal em contrário ou quando se tratar de cargo extinto, total ou parcialmente, no âmbito do quadro geral de pessoal.

Art. 2º A contratação deverá ser precedida e instruída com plano de trabalho aprovado pela autoridade máxima do órgão ou entidade, ou a quem esta delegar competência, e que conterá, no mínimo:

I — justificativa da necessidade dos serviços;

II — relação entre a demanda prevista e a quantidade de serviço a ser contratada;

III — demonstrativo de resultados a serem alcançados em termos de economicidade e de melhor aproveitamento dos recursos humanos, materiais ou financeiros disponíveis.

Art. 3º O objeto da contratação será definido de forma expressa no edital de licitação e no contrato exclusivamente como prestação de serviços.

§ 1º Sempre que a prestação do serviço objeto da contratação puder ser avaliada por determinada unidade quantitativa de serviço prestado, esta deverá estar prevista no edital e no respectivo contrato, e será utilizada como um dos parâmetros de aferição de resultados.

§ 2º Os órgãos e entidades contratantes poderão fixar nos respectivos editais de licitação, o preço máximo que se dispõem a pagar pela realização dos serviços, tendo por base os preços de mercado, inclusive aqueles praticados entre contratantes da iniciativa privada.

Art. 4º É vedada a inclusão de disposições nos instrumentos contratuais que permitam:

I — indexação de preços por índices gerais, setoriais ou que reflitam a variação de custos;

II — caracterização exclusiva do objeto como fornecimento de mão de obra;

III — previsão de reembolso de salários pela contratante;

IV — subordinação dos empregados da contratada à administração da contratante.

Art. 5º Os contratos de que trata este Decreto, que tenham por objeto a prestação de serviços executados de forma contínua poderão, desde que previsto no edital, admitir repactuação visando à adequação aos novos preços de mercado, observados o interregno mínimo de um ano e a demonstração analítica da variação dos componentes dos custos do contrato, devidamente justificada.

PARÁGRAFO ÚNICO. Efetuada a repactuação, o órgão ou entidade divulgará, imediatamente, por intermédio do Sistema Integrado de Administração de Serviços Gerais — SIASG, os novos valores e a variação ocorrida.

Art. 6º A administração indicará um gestor do contrato, que será responsável pelo acompanhamento e fiscalização da sua execução, procedendo ao registro das ocorrências e adotando as providências necessárias ao seu fiel cumprimento, tendo por parâmetro os resultados previstos no contrato.

Art. 7º Os órgãos e entidades contratantes divulgarão ou manterão em local visível e acessível ao público, listagem mensalmente atualizada dos contratos firmados, indicando a contratada, o objeto, valor mensal e quantitativo de empregados envolvidos em cada contrato de prestação de serviços.

Art. 8º O Ministério da Administração Federal e Reforma do Estado expedirá, quando necessário, normas complementares ao cumprimento do disposto neste Decreto.

Art. 9º As contratações visando à prestação de serviços, efetuadas por empresas públicas, sociedades de economia mista e demais empresas controladas direta ou indiretamente pela União, serão disciplinadas por resoluções do Conselho de Coordenação das Empresas Estatais — CCE.

Art. 10. Este Decreto entra em vigor na data de sua publicação.

Art. 11. Ficam revogados o Decreto n. 2.031, de 11 de outubro de 1996, e o art. 6º do Decreto n. 99.188, de 17 de março de 1990, na redação dada pelo Decreto n. 804, de 20 de abril de 1993.

Brasília, 7 de julho de 1997; 176º da Independência e 109º da República.

Fernando Henrique Cardoso
Pedro Malan
Antonio Kandir
Claudia Maria Costin

DECRETO N. 7.674, DE 20 DE JANEIRO DE 2012

(DOU 23.01.2012)

DISPÕE SOBRE O SUBSISTEMA DE RELAÇÕES DE TRABALHO NO SERVIÇO PÚBLICO FEDERAL

A PRESIDENTA DA REPÚBLICA, no uso da atribuição que lhe confere o art. 84, inciso VI, alínea "a", da Constituição,

DECRETA:

Art. 1º Este Decreto disciplina a organização do processo de diálogo com vistas ao tratamento dos conflitos nas relações de trabalho no âmbito do Poder Executivo federal, por meio da negociação de termos e condições de trabalho entre suas autoridades e os servidores públicos federais da administração pública federal direta, autárquica e fundacional.

Art. 2º O processo de diálogo de que trata o art. 1º fica organizado sob a forma de subsistema, denominado Subsistema de Relações de Trabalho no Serviço Público Federal — SISRT, integrante do Sistema de Pessoal Civil da Administração Federal — SIPEC, criado pelo Decreto n. 67.326, de 5 de outubro de 1970.

Art. 3º A negociação de termos e condições de trabalho, no âmbito do SISRT, tem como objetivo a democratização das relações de trabalho e a busca da solução de conflitos por meio da redefinição das condições de trabalho.

Art. 4º O SISRT compreende o conjunto de atividades relacionadas com o diálogo com vistas ao tratamento dos conflitos decorrentes das relações do trabalho e à negociação de termos e condições de trabalho no âmbito da administração pública federal direta, autárquica e fundacional e das organizações de servidores, tendo por fim a solução dos conflitos.

Art. 5º O SISRT compreende:

I — órgão central — o Ministério do Planejamento, Orçamento e Gestão, por meio do órgão definido em sua estrutura regimental;

II — órgãos setoriais — departamentos ou outras unidades nos Ministérios e nos órgãos da Presidência da República, definidos em suas estruturas regimentais, responsáveis pelas instâncias setoriais de negociação permanente; e

III — órgãos seccionais — departamentos ou outras unidades nas autarquias e fundações, definidos em suas estruturas regimentais, responsáveis pelas instâncias seccionais de negociação permanente.

Art. 6º Ao órgão central do SISRT compete:

I — exercer a competência normativa em matéria de negociação de termos e condições de trabalho e solução de conflitos no serviço público federal;

II — organizar e supervisionar o SISRT;

III — exercer, como órgão central do SISRT, a interlocução com os servidores públicos, por meio de procedimentos de negociação de termos e condições de trabalho, da Ouvidoria-Geral do Servidor Público e de outros instrumentos;

IV — organizar e manter atualizado cadastro nacional das entidades sindicais representativas de servidores públicos federais;

V — propor a formulação de políticas e diretrizes que garantam a democratização das relações de trabalho na administração pública federal;

VI — propor medidas para a solução, por meio do diálogo institucional, de conflitos surgidos em razão da fixação de condições de trabalho, direitos e benefícios dos servidores públicos, conforme diretrizes estabelecidas pelo Presidente da República;

VII — articular a participação dos órgãos e entidades da administração pública federal direta, suas autarquias e fundações, nos procedimentos de diálogo institucional surgidos em razão da fixação de condições de trabalho;

VIII — difundir e fomentar a democratização das relações de trabalho no setor público; e

IX — registrar em conjunto com as entidades representativas, os consensos do processo negocial.

§ 1º O órgão central do SISRT prestará orientação nas questões referentes à interlocução com as entidades sindicais e associações representativas dos servidores públicos federais da administração pública federal direta, autárquica e fundacional, no âmbito das instâncias nacionais, setoriais e seccionais de negociação permanente.

§ 2º A proposição de medidas para a solução dos conflitos deverá contar com a participação, na sua formulação, do órgão setorial ou dos órgãos setoriais a cujo quadro de pessoal pertençam os servidores afetados.

Art. 7º Este Decreto entra em vigor na data de sua publicação.

Brasília, 20 de janeiro de 2012; 191º da Independência e 124º da República.

Dilma Rousseff
Miriam Belchior

INSTRUÇÃO NORMATIVA N. 1, DO GM/MTE, DE 6 DE MARÇO DE 2002

(DOU 8.3.02)

DISPÕE SOBRE O RECOLHIMENTO DA CONTRIBUIÇÃO SINDICAL PREVISTA NO ART. 578 DA CLT RELATIVAMENTE AOS EMPREGADOS DO SETOR PÚBLICO

O MINISTRO DE ESTADO DO TRABALHO E EMPREGO, no uso das atribuições que lhe confere o art. 87, inciso II, da Constituição Federal, e

Considerando a necessidade de uniformizar o procedimento de recolhimento da contribuição sindical, prevista no art. 578 e seguintes da Consolidação das Leis do Trabalho — CLT, pela administração pública federal, estadual e municipal, direta e indireta;

Considerando a atribuição prevista no art. 610, da Consolidação das Leis do Trabalho, resolve:

Art. 1º Os órgãos da administração pública federal, estadual e municipal, direta e indireta, recolherão a contribuição sindical prevista no art. 578 da CLT, exclusivamente por meio da Guia de Recolhimento da Contribuição Sindical — GRCS até o dia 30 de abril de cada ano, em favor da entidade sindical regularmente registrada no Ministério do Trabalho e Emprego e detentora do código de enquadramento sindical, observado o disposto no art. 585 da CLT.

Art. 2º Esta Instrução Normativa entra em vigor na data de sua publicação.

Francisco Dornelles

LEI N. 10.522, DE 19 DE JULHO DE 2002

(DOU 22.7.02)

DISPÕE SOBRE O CADASTRO INFORMATIVO DOS CRÉDITOS NÃO QUITADOS DE ÓRGÃOS E ENTIDADES FEDERAIS E DÁ OUTRAS

....

Art. 19. Fica a Procuradoria-Geral da Fazenda Nacional autorizada a não contestar, a não interpor recurso ou a desistir do que tenha sido interposto, desde que inexista outro fundamento relevante, na hipótese de a decisão versar sobre: *(Redação dada pela Lei n. 11.033, de 21.12.04, DOU 22.12.04)*

....

II — matérias que, em virtude de jurisprudência pacífica do Supremo Tribunal Federal, do Superior Tribunal de Justiça, do Tribunal Superior do Trabalho e do Tribunal Superior Eleitoral, sejam objeto de ato declaratório do Procurador-Geral da Fazenda Nacional, aprovado pelo Ministro de Estado da Fazenda; *(Redação dada pela Lei n. 12.844, de 19.7.13, DOU 19.7.13, Ed. Extra)*

LEI N. 12.618, DE 30 DE ABRIL DE 2012

(DOU 2.5.12)

INSTITUI O REGIME DE PREVIDÊNCIA COMPLEMENTAR PARA OS SERVIDORES PÚBLICOS FEDERAIS TITULARES DE CARGO EFETIVO, INCLUSIVE OS MEMBROS DOS ÓRGÃOS QUE MENCIONA; FIXA O LIMITE MÁXIMO PARA A CONCESSÃO DE APOSENTADORIAS E PENSÕES PELO REGIME DE PREVIDÊNCIA DE QUE TRATA O ART. 40 DA CONSTITUIÇÃO FEDERAL; AUTORIZA A CRIAÇÃO DE 3 (TRÊS) ENTIDADES FECHADAS DE PREVIDÊNCIA COMPLEMENTAR, DENOMINADAS FUNDAÇÃO DE PREVIDÊNCIA COMPLEMENTAR DO SERVIDOR PÚBLICO FEDERAL DO PODER EXECUTIVO (FUNPRESP- EXE), FUNDAÇÃO DE PREVIDÊNCIA COMPLEMENTAR DO SERVIDOR PÚBLICO FEDERAL DO PODER LEGISLATIVO (FUNPRESP-LEG) E FUNDAÇÃO DE PREVIDÊNCIA COMPLEMENTAR DO SERVIDOR PÚBLICO FEDERAL DO PODER JUDICIÁRIO (FUNPRESP-JUD); ALTERA DISPOSITIVOS DA LEI N. 10.887, DE 18 DE JUNHO DE 2004; E DÁ OUTRAS PROVIDÊNCIAS.

A PRESIDENTA DA REPÚBLICA

Faço saber que o Congresso Nacional decreta e eu sanciono a seguinte Lei:

CAPÍTULO I
DO REGIME DE PREVIDÊNCIA COMPLEMENTAR

Art. 1º É instituído, nos termos desta Lei, o regime de previdência complementar a que se referem os §§ 14, 15 e 16 do art. 40 da Constituição Federal para os servidores públicos titulares de cargo efetivo da União, suas autarquias e fundações, inclusive para os membros do Poder Judiciário, do Ministério Público da União e do Tribunal de Contas da União.

PARÁGRAFO ÚNICO. Os servidores e os membros referidos no *caput* deste artigo que tenham ingressado no serviço público até a data anterior ao início da vigência do regime de previdência complementar poderão, mediante prévia e expressa opção, aderir ao regime de que trata este artigo, observado o disposto no art. 3º desta Lei.

Art. 2º Para os efeitos desta Lei, entende-se por:

I — patrocinador: a União, suas autarquias e fundações, em decorrência da aplicação desta Lei;

II — participante: o servidor público titular de cargo efetivo da União, inclusive o membro do Poder Judiciário, do Ministério Público e do Tribunal de Contas da União, que aderir aos planos de benefícios administrados pelas entidades a que se refere o art. 4º desta Lei;

III — assistido: o participante ou o seu beneficiário em gozo de benefício de prestação continuada.

Art. 3º Aplica-se o limite máximo estabelecido para os benefícios do regime geral de previdência social às aposentadorias e pensões a serem concedidas pelo regime de previdência da União de que trata o art. 40 da Constituição Federal, observado o disposto na Lei n. 10.887, de 18 de junho de 2004, aos servidores e membros referidos no *caput* do art. 1º desta Lei que tiverem ingressado no serviço público:

I — a partir do início da vigência do regime de previdência complementar de que trata o art. 1º desta Lei, independentemente de sua adesão ao plano de benefícios; e

II — até a data anterior ao início da vigência do regime de previdência complementar de que trata o art. 1º desta Lei, e nele tenham permanecido sem perda do vínculo efetivo, e que exerçam a opção prevista no § 16 do art. 40 da Constituição Federal.

§ 1º É assegurado aos servidores e membros referidos no inciso II do *caput* deste artigo o direito a um benefício especial calculado com base nas contribuições recolhidas ao regime de previdência da União, dos Estados, do Distrito Federal ou dos Municípios de que trata o art. 40 da Constituição Federal, observada a sistemática estabelecida nos §§ 2º a 3º deste artigo e o direito à compensação financeira de que trata o § 9º do art. 201 da Constituição Federal, nos termos da lei.

§ 2º O benefício especial será equivalente à diferença entre a média aritmética simples das maiores remunerações anteriores à data de mudança do regime, utilizadas como base para as contribuições do servidor ao regime de previdência da União, dos Estados, do Distrito Federal ou dos Municípios, atualizadas pelo Índice Nacional de Preços ao Consumidor Amplo (IPCA), divulgado pela Fundação Instituto Brasileiro de Geografia e Estatística (IBGE), ou outro índice que venha a substituí-lo, correspondentes a 80% (oitenta por cento) de todo o período contributivo desde a competência julho de 1994 ou desde a do início da contribuição, se posterior àquela competência, e o limite máximo a que se refere o *caput* deste artigo, na forma regulamentada pelo Poder Executivo, multiplicada pelo fator de conversão.

§ 3º O fator de conversão de que trata o § 2º deste artigo, cujo resultado é limitado ao máximo de 1 (um), será calculado mediante a aplicação da seguinte fórmula:

$$FC = Tc/Tt$$

Onde: FC = fator de conversão;

Tc = quantidade de contribuições mensais efetuadas para o regime de previdência da União de que trata o art. 40 da Constituição Federal, efetivamente pagas pelo servidor titular de cargo efetivo da União ou por membro do Poder Judiciário, do Tribunal de Contas e do Ministério Público da União até a data da opção;

Tt = 455, quando servidor titular de cargo efetivo da União ou membro do Poder Judiciário, do Tribunal de Contas e do Ministério Público da União, se homem, nos termos da alínea "a" do inciso III do art. 40 da Constituição Federal;

Tt = 390, quando servidor titular de cargo efetivo da União ou membro do Poder Judiciário, do Tribunal de Contas e do Ministério Público da União, se mulher, ou professor de educação infantil e do ensino fundamental, nos termos do § 5º do art. 40 da Constituição Federal, se homem;

Tt = 325, quando servidor titular de cargo efetivo da União de professor de educação infantil e do ensino fundamental, nos termos do § 5º do art. 40 da Constituição Federal, se mulher.

§ 4º O fator de conversão será ajustado pelo órgão competente para a concessão do benefício quando, nos termos das respectivas leis complementares, o tempo de contribuição exigido para concessão da aposentadoria de servidor com deficiência, ou que exerça atividade de risco, ou cujas atividades sejam exercidas sob condições especiais que prejudiquem a saúde ou a integridade física, for inferior ao Tt de que trata o § 3º.

§ 5º O benefício especial será pago pelo órgão competente da União, por ocasião da concessão de aposentadoria, inclusive por invalidez, ou pensão por morte pelo regime próprio de previdência da União, de que trata o art. 40 da Constituição Federal, enquanto perdurar o benefício pago por esse regime, inclusive junto com a gratificação natalina.

§ 6º O benefício especial calculado será atualizado pelo mesmo índice aplicável ao benefício de aposentadoria ou pensão mantido pelo regime geral de previdência social.

§ 7º O prazo para a opção de que trata o inciso II do *caput* deste artigo será de 24 (vinte e quatro) meses, contados a partir do início da vigência do regime de previdência complementar instituído no *caput* do art. 1º desta Lei.

§ 8º O exercício da opção a que se refere o inciso II do *caput* é irrevogável e irretratável, não sendo devida pela União e suas autarquias e fundações públicas qualquer contrapartida referente ao valor dos descontos já efetuados sobre a base de contribuição acima do limite previsto no *caput* deste artigo.

CAPÍTULO II

DAS ENTIDADES FECHADAS DE PREVIDÊNCIA COMPLEMENTAR

SEÇÃO I

Da Criação das Entidades

Art. 4º É a União autorizada a criar, observado o disposto no art. 26 e no art. 31, as seguintes entidades fechadas de previdência complementar, com a finalidade de administrar e executar planos de benefícios de caráter previdenciário nos termos das Leis Complementares ns. 108 e 109, de 29 de maio de 2001:

I — a Fundação de Previdência Complementar do Servidor Público Federal do Poder Executivo (Funpresp-Exe), para os servidores públicos titulares de cargo efetivo do Poder Executivo, por meio de ato do Presidente da República;

II — a Fundação de Previdência Complementar do Servidor Público Federal do Poder Legislativo (Funpresp-Leg), para os servidores públicos titulares de cargo efetivo do Poder Legislativo e do Tribunal de Contas da União e para os membros deste Tribunal, por meio de ato conjunto dos Presidentes da Câmara dos Deputados e do Senado Federal; e

III — a Fundação de Previdência Complementar do Servidor Público Federal do Poder Judiciário (Funpresp-Jud), para os servidores públicos titulares de cargo efetivo e para os membros do Poder Judiciário, por meio de ato do Presidente do Supremo Tribunal Federal.

§ 1º A Funpresp-Exe, a Funpresp-Leg e a Funpresp-Jud serão estruturadas na forma de fundação, de natureza pública, com personalidade jurídica de direito privado, gozarão de autonomia administrativa, financeira e gerencial e terão sede e foro no Distrito Federal.

§ 2º Por ato conjunto das autoridades competentes para a criação das fundações previstas nos incisos I a III, poderá ser criada fundação que contemple os servidores públicos de 2 (dois) ou dos 3 (três) Poderes.

§ 3º Consideram-se membros do Tribunal de Contas da União, para os efeitos desta Lei, os Ministros, os Auditores de que trata o § 4º do art. 73 da Constituição Federal e os Subprocuradores- Gerais e Procuradores do Ministério Público junto ao Tribunal de Contas da União.

SEÇÃO II

Da Organização das Entidades

Art. 5º A estrutura organizacional das entidades de que trata esta Lei será constituída de conselho deliberativo, conselho fiscal e diretoria executiva, observadas as disposições da Lei Complementar n. 108, de 29 de maio de 2001.

§ 1º Os Conselhos Deliberativos terão composição paritária e cada um será integrado por 6 (seis) membros.

§ 2º Os Conselhos Fiscais terão composição paritária e cada um deles será integrado por 4 (quatro) membros.

§ 3º Os membros dos conselhos deliberativos e dos conselhos fiscais das entidades fechadas serão designados pelos Presidentes da República e do Supremo Tribunal Federal e por ato conjunto dos Presidentes da Câmara dos Deputados e do Senado Federal, respectivamente.

§ 4º A presidência dos conselhos deliberativos será exercida pelos membros indicados pelos patrocinadores, na forma prevista no estatuto das entidades fechadas de previdência complementar.

§ 5º A presidência dos conselhos fiscais será exercida pelos membros indicados pelos participantes e assistidos, na forma prevista no estatuto das entidades fechadas de previdência complementar.

§ 6º As diretorias executivas serão compostas, no máximo, por 4 (quatro) membros, nomeados pelos conselhos deliberativos das entidades fechadas de previdência complementar.

§ 7º VETADO.

§ 8º A remuneração e as vantagens de qualquer natureza dos membros das diretorias executivas das entidades fechadas de previdência complementar serão fixadas pelos seus conselhos deliberativos em valores compatíveis com os níveis prevalecentes no mercado de trabalho para profissionais de graus equivalentes de formação profissional e de especialização, observado o disposto no inciso XI do art. 37 da Constituição Federal.

§ 9º A remuneração dos membros dos conselhos deliberativo e fiscal é limitada a 10% (dez por cento) do valor da remuneração dos membros da diretoria executiva.

§ 10. Os requisitos previstos nos incisos I a IV do art. 20 da Lei Complementar n. 108, de 29 de maio de 2001, estendem-se aos membros dos conselhos deliberativos e fiscais das entidades fechadas de previdência complementar.

§ 11. As entidades fechadas de previdência complementar poderão criar, observado o disposto no estatuto e regimento interno, comitês de assessoramento técnico, de caráter consultivo, para cada plano de benefícios por elas administrado, com representação paritária entre os patrocinadores e os participantes e assistidos, sendo estes eleitos pelos seus pares, com as atribuições de apresentar propostas e sugestões quanto à gestão da entidade e sua política de investimentos e à situação financeira e atuarial dos respectivos planos de benefícios e de formular recomendações prudenciais a elas relacionadas.

§ 12. VETADO.

SEÇÃO III

Disposições Gerais

Art. 6º É exigida a instituição de código de ética e de conduta, inclusive com regras para prevenir conflito de interesses e proibir operações dos dirigentes com partes relacionadas, que terá ampla divulgação, especialmente entre os participantes e assistidos e as partes relacionadas, cabendo aos conselhos fiscais das entidades fechadas de previdência complementar assegurar o seu cumprimento.

PARÁGRAFO ÚNICO. Compete ao órgão fiscalizador das entidades fechadas de previdência complementar definir o universo das partes relacionadas a que se refere o *caput* deste artigo.

Art. 7º O regime jurídico de pessoal das entidades fechadas de previdência complementar referidas no art. 4º desta Lei será o previsto na legislação trabalhista.

Art. 8º Além da sujeição às normas de direito público que decorram de sua instituição pela União como fundação de direito privado, integrante da sua administração indireta, a natureza pública das entidades fechadas a que se refere o § 15 do art. 40 da Constituição Federal consistirá na:

I — submissão à legislação federal sobre licitação e contratos administrativos;

II — realização de concurso público para a contratação de pessoal, no caso de empregos permanentes, ou de processo seletivo, em se tratando de contrato temporário, conforme a Lei n. 8.745, de 9 de dezembro de 1993;

III — publicação anual, na imprensa oficial ou em sítio oficial da administração pública certificado digitalmente por autoridade para esse fim credenciada no âmbito da Infraestrutura de Chaves Públicas Brasileira (ICP Brasil), de seus demonstrativos contábeis, atuariais, financeiros e de benefícios, sem prejuízo do fornecimento de informações aos participantes e assistidos dos planos de benefícios e ao órgão fiscalizador das entidades fechadas de previdência complementar, na forma das Leis Complementares ns. 108 e 109, de 29 de maio de 2001.

Art. 9º A administração das entidades fechadas de previdência complementar referidas no art. 4º desta Lei observará os princípios que regem a administração pública, especialmente os da eficiência e da economicidade, devendo adotar mecanismos de gestão operacional que maximizem a utilização de recursos, de forma a otimizar o atendimento aos participantes e assistidos e diminuir as despesas administrativas.

§ 1º As despesas administrativas referidas no *caput* deste artigo serão custeadas na forma dos regulamentos dos planos de benefícios, observado o disposto no *caput* do art. 7º da Lei Complementar n. 108, de 29 de maio de 2001, e ficarão limitadas aos valores estritamente necessários à sustentabilidade do funcionamento das entidades fechadas de previdência complementar.

§ 2º O montante de recursos destinados à cobertura das despesas administrativas será revisto ao final de cada ano, com vistas ao atendimento do disposto neste artigo.

Art. 10. As entidades fechadas de previdência complementar referidas no art. 4º desta Lei serão mantidas integralmente por suas receitas, oriundas das contribuições de patrocinadores, participantes e assistidos, dos resultados financeiros de suas aplicações e de doações e legados de qualquer natureza, observado o disposto no § 3º do art. 202 da Constituição Federal.

Art. 11. A União, suas autarquias e fundações são responsáveis, na qualidade de patrocinadores, pelo aporte de contribuições e pelas transferências às entidades fechadas de previdência complementar das contribuições descontadas dos seus servidores, observado o disposto nesta Lei e nos estatutos respectivos das entidades.

§ 1º As contribuições devidas pelos patrocinadores deverão ser pagas de forma centralizada pelos respectivos Poderes da União, pelo Ministério Público da União e pelo Tribunal de Contas da União.

§ 2º O pagamento ou a transferência das contribuições após o dia 10 (dez) do mês seguinte ao da competência:

I — enseja a aplicação dos acréscimos de mora previstos para os tributos federais; e

II — sujeita o responsável às sanções penais e administrativas cabíveis.

CAPÍTULO III
Dos Planos de Benefícios

SEÇÃO I
Das Linhas Gerais dos Planos de Benefícios

Art. 12. Os planos de benefícios da Funpresp-Exe, da Funpresp- Leg e da Funpresp-Jud serão estruturados na modalidade de contribuição definida, nos termos da regulamentação estabelecida pelo órgão regulador das entidades fechadas de previdência complementar, e financiados de acordo com os planos de custeio definidos nos termos do art. 18 da Lei Complementar n. 109, de 29 de maio de 2001, observadas as demais disposições da Lei Complementar n. 108, de 29 de maio de 2001.

§ 1º A distribuição das contribuições nos planos de benefícios e nos planos de custeio será revista sempre que necessário, para manter o equilíbrio permanente dos planos de benefícios.

§ 2º Sem prejuízo do disposto no § 3º do art. 18 da Lei Complementar n. 109, de 29 de maio de 2001, o valor do benefício programado será calculado de acordo com o montante do saldo da conta acumulado pelo participante, devendo o valor do benefício estar permanentemente ajustado ao referido saldo.

§ 3º Os benefícios não programados serão definidos nos regulamentos dos planos, observado o seguinte:

I — devem ser assegurados, pelo menos, os benefícios decorrentes dos eventos invalidez e morte e, se for o caso, a cobertura de outros riscos atuariais; e

II — terão custeio específico para sua cobertura.

§ 4º Na gestão dos benefícios de que trata o § 3º deste artigo, as entidades fechadas de previdência complementar referidas no art. 4º desta Lei poderão contratá-los externamente ou administrá-los em seus próprios planos de benefícios.

§ 5º A concessão dos benefícios de que trata o § 3º aos participantes ou assistidos pela entidade fechada de previdência social é condicionada à concessão do benefício pelo regime próprio de previdência social.

Art. 13. Os requisitos para aquisição, manutenção e perda da qualidade de participante, assim como os requisitos de elegibilidade e a forma de concessão, cálculo e pagamento dos benefícios, deverão constar dos regulamentos dos planos de benefícios, observadas as disposições das Leis Complementares nos 108 e 109, de 29 de maio de 2001, e a regulamentação do órgão regulador das entidades fechadas de previdência complementar.

PARÁGRAFO ÚNICO. O servidor com remuneração inferior ao limite máximo estabelecido para os benefícios do regime geral de previdência social poderá aderir aos planos de benefícios administrados pelas entidades fechadas de previdência complementar de que trata esta Lei, sem contrapartida do patrocinador, cuja base de cálculo será definida nos regulamentos.

Art. 14. Poderá permanecer filiado aos respectivos planos de benefícios o participante:

I — cedido a outro órgão ou entidade da administração pública direta ou indireta da União, Estados, Distrito Federal e Municípios, inclusive suas empresas públicas e sociedades de economia mista;

II — afastado ou licenciado do cargo efetivo temporariamente, com ou sem recebimento de remuneração;

III — que optar pelo benefício proporcional diferido ou autopatrocínio, na forma do regulamento do plano de benefícios.

§ 1º Os regulamentos dos planos de benefícios disciplinarão as regras para a manutenção do custeio do plano de benefícios, observada a legislação aplicável.

§ 2º Os patrocinadores arcarão com as suas contribuições somente quando a cessão, o afastamento ou a licença do cargo efetivo implicar ônus para a União, suas autarquias e fundações.

§ 3º Havendo cessão com ônus para o cessionário, este deverá recolher às entidades fechadas de previdência complementar referidas no art. 4º desta Lei a contribuição aos planos de benefícios, nos mesmos níveis e condições que seria devida pelos patrocinadores, na forma definida nos regulamentos dos planos.

SEÇÃO II
Dos Recursos Garantidores

Art. 15. A aplicação dos recursos garantidores correspondentes às reservas, às provisões e aos fundos dos planos de benefícios da Funpresp-Exe, da Funpresp-Leg e da Funpresp-Jud obedecerá às diretrizes e aos limites prudenciais estabelecidos pelo Conselho Monetário Nacional (CMN).

§ 1º A gestão dos recursos garantidores dos planos de benefícios administrados pelas entidades referidas no *caput* poderá ser realizada por meio de carteira própria, carteira administrada ou fundos de investimento.

§ 2º As entidades referidas no *caput* contratarão, para a gestão dos recursos garantidores prevista neste artigo, somente instituições, administradores de carteiras ou fundos de investimento que estejam autorizados e registrados na Comissão de Valores Mobiliários (CVM).

§ 3º A contratação das instituições a que se refere o § 2º deste artigo será feita mediante licitação, cujos contratos terão prazo total máximo de execução de 5 (cinco) anos.

§ 4º O edital da licitação prevista no § 3º estabelecerá, entre outras, disposições relativas aos limites de taxa de administração e de custos que poderão ser imputados aos fundos, bem como, no que concerne aos administradores, a solidez, o porte e a experiência em gestão de recursos.

§ 5º Cada instituição contratada na forma deste artigo poderá administrar, no máximo, 20% (vinte por cento) dos recursos garantidores correspondentes às reservas técnicas, aos fundos e às provisões.

§ 6 As instituições referidas no § 5º deste artigo não poderão ter qualquer ligação societária com outra instituição que esteja concorrendo na mesma licitação ou que já administre reservas, provisões e fundos da mesma entidade fechada de previdência complementar.

SEÇÃO III
Das Contribuições

Art. 16. As contribuições do patrocinador e do participante incidirão sobre a parcela da base de contribuição que exceder o limite máximo a que se refere o art. 3º desta Lei, observado o disposto no inciso XI do art. 37 da Constituição Federal.

§ 1º Para efeitos desta Lei, considera-se base de contribuição aquela definida pelo § 1º do art. 4º da Lei n. 10.887, de 18 de junho de 2004, podendo o participante optar pela inclusão de parcelas remuneratórias percebidas em decorrência do local de trabalho e do exercício de cargo em comissão ou função de confiança.

§ 2º A alíquota da contribuição do participante será por ele definida anualmente, observado o disposto no regulamento do plano de benefícios.

§ 3º A alíquota da contribuição do patrocinador será igual à do participante, observado o disposto no regulamento do plano de benefícios, e não poderá exceder o percentual de 8,5% (oito inteiros e cinco décimos por cento).

§ 4º Além da contribuição normal, o participante poderá contribuir facultativamente, sem contrapartida do patrocinador, na forma do regulamento do plano.

§ 5º A remuneração do servidor, quando devida durante afastamentos considerados por lei como de efetivo exercício, será integralmente coberta pelo ente público, continuando a incidir a contribuição para o regime instituído por esta Lei.

SEÇÃO IV
Disposições Especiais

Art. 17. O plano de custeio previsto no art. 18 da Lei Complementar n. 109, de 29 de maio de 2001, discriminará o percentual da contribuição do participante e do patrocinador, conforme o caso, para cada um dos benefícios previstos no plano de benefícios, observado o disposto no art. 6º da Lei Complementar n. 108, de 29 de maio de 2001.

§ 1º O plano de custeio referido no *caput* deverá prever parcela da contribuição do participante e do patrocinador com o objetivo de compor o Fundo de Cobertura de Benefícios Extraordinários (FCBE), do qual serão vertidos montantes, a título de contribuições extraordinárias, à conta mantida em favor do participante, nas hipóteses e na forma prevista nesta Lei.

§ 2º As contribuições extraordinárias a que se refere o § 1º serão vertidas nas seguintes hipóteses:

I — morte do participante;

II — invalidez do participante;

III — aposentadoria nas hipóteses dos §§ 4º e 5º do art. 40 da Constituição Federal;

IV — aposentadoria das mulheres, na hipótese da alínea "a" do inciso III do § 1º do art. 40 da Constituição Federal; e

V — sobrevivência do assistido.

§ 3º O montante do aporte extraordinário de que tratam os incisos III e IV do § 2º será equivalente à diferença entre a reserva acumulada pelo participante e o produto desta mesma reserva multiplicado pela razão entre 35 (trinta e cinco) e o número de anos de contribuição exigido para a concessão do benefício pelo regime próprio de previdência social de que trata o art. 40 da Constituição Federal.

Art. 18. As entidades fechadas de previdência complementar referidas no art. 4º desta Lei manterão controles das reservas constituídas em nome do participante, registrando contabilmente as contribuições deste e as dos patrocinadores.

CAPÍTULO IV
Do Controle e da Fiscalização

Art. 19. A constituição, o funcionamento e a extinção da Funpresp-Exe, da Funpresp-Leg e da Funpresp-Jud, a aplicação de seus estatutos, regulamentos dos planos de benefícios, convênios de adesão e suas respectivas alterações, assim como as retiradas de patrocínios, dependerão de prévia e expressa autorização do órgão fiscalizador das entidades fechadas de previdência complementar.

§ 1º Serão submetidas ao órgão fiscalizador das entidades fechadas de previdência complementar:

I — as propostas de aprovação do estatuto e de instituição de planos de benefícios da entidade fechada de previdência complementar, bem como suas alterações; e

II — a proposta de adesão de novos patrocinadores a planos de benefícios em operação na entidade fechada de previdência complementar.

§ 2º No caso da Funpresp-Exe, as propostas de aprovação do estatuto, de adesão de novos patrocinadores e de instituição de planos devem estar acompanhadas de manifestação favorável do Ministério do Planejamento, Orçamento e Gestão e do Ministério da Fazenda.

§ 3º No caso da Funpresp-Leg, as propostas de aprovação do estatuto, de adesão de novos patrocinadores e de instituição de planos devem estar acompanhadas de manifestação favorável das Mesas Diretoras da Câmara dos Deputados e do Senado Federal.

§ 4º No caso da Funpresp-Jud, as propostas de aprovação do estatuto, de adesão de novos patrocinadores e de instituição de planos devem estar acompanhadas de manifestação favorável:

I — do Supremo Tribunal Federal;

II — VETADO.

Art. 20. A supervisão e a fiscalização da Funpresp-Exe, da Funpresp-Leg e da Funpresp-Jud e dos seus planos de benefícios competem ao órgão fiscalizador das entidades fechadas de previdência complementar.

§ 1º A competência exercida pelo órgão referido no *caput* deste artigo não exime os patrocinadores da responsabilidade pela supervisão e fiscalização sistemática das atividades das entidades fechadas de previdência complementar.

§ 2º Os resultados da supervisão e da fiscalização exercidas pelos patrocinadores serão encaminhados ao órgão mencionado no *caput* deste artigo.

Art. 21. Aplica-se, no âmbito da Funpresp-Exe, da Funpresp- Leg e da Funpresp-Jud, o regime disciplinar previsto no Capítulo VII da Lei Complementar n. 109, de 29 de maio de 2001.

CAPÍTULO V
Disposições Finais e Transitórias

Art. 22. Aplica-se o benefício especial de que tratam os §§ 1º a 8º do art. 3º ao servidor público titular de cargo efetivo da União, inclusive ao membro do Poder Judiciário, do Ministério Público e do Tribunal de

Contas da União, oriundo, sem quebra de continuidade, de cargo público estatutário de outro ente da federação que não tenha instituído o respectivo regime de previdência complementar e que ingresse em cargo público efetivo federal a partir da instituição do regime de previdência complementar de que trata esta Lei, considerando- se, para esse fim, o tempo de contribuição estadual, distrital ou municipal, assegurada a compensação financeira de que trata o § 9º do art. 201 da Constituição Federal.

Art. 23. Após a autorização de funcionamento da Funpresp- Exe, da Funpresp-Jud e da Funpresp-Leg, nos termos desta Lei, os servidores que deverão compor provisoriamente os conselhos deliberativos e os conselhos fiscais, dispensados da exigência da condição de participante ou assistido dos planos de benefícios das entidades fechadas de previdência complementar, serão nomeados, respectivamente, pelo Presidente da República, pelo Presidente do Supremo Tribunal Federal e por ato conjunto dos Presidentes da Câmara dos Deputados e do Senado Federal.

PARÁGRAFO ÚNICO. O mandato dos conselheiros de que trata o *caput* deste artigo será de 2 (dois) anos, durante os quais será realizada eleição direta para que os participantes e assistidos escolham os seus representantes, e os patrocinadores indicarão os seus representantes.

Art. 24. Para fins de implantação, ficam a Funpresp--Exe, a Funpresp-Leg e a Funpresp-Jud equiparadas às pessoas jurídicas a que se refere o art. 1o da Lei n. 8.745, de 9 de dezembro de 1993, com vistas à contratação de pessoal técnico e administrativo por tempo determinado.

§ 1º Considera-se como necessidade temporária de excepcional interesse público, para os efeitos da Lei n. 8.745, de 9 de dezembro de 1993, a contratação de pessoal técnico e administrativo, por tempo determinado, imprescindível ao funcionamento inicial da Funpresp-Exe, da Funpresp-Leg e da Funpresp-Jud.

§ 2º As contratações observarão o disposto no *caput* do art. 3º, no art. 6º, no inciso II do art. 7º e nos arts. 9º e 12 da Lei n. 8.745, de 9 de dezembro de 1993, e não poderão exceder o prazo de 24 (vinte e quatro) meses.

Art. 25. É a União autorizada, em caráter excepcional, no ato de criação das entidades fechadas de previdência complementar referidas no art. 4º, a promover aporte a título de adiantamento de contribuições futuras, necessário ao regular funcionamento inicial, no valor de:

I — Funpresp-Exe: até R$ 50.000.000,00 (cinquenta milhões de reais);

II — Funpresp-Leg: até R$ 25.000.000,00 (vinte e cinco milhões de reais); e

III — Funpresp-Jud: até R$ 25.000.000,00 (vinte e cinco milhões de reais).

Art. 26. A Funpresp-Exe, a Funpresp-Leg e a Funpresp--Jud deverão entrar em funcionamento em até 240 (duzentos e quarenta) dias após a publicação da autorização de funcionamento concedida pelo órgão fiscalizador das entidades fechadas de previdência complementar.

Art. 27. Aplicam-se ao regime de previdência complementar a que se referem os §§ 14, 15 e 16 do art. 40 da Constituição Federal as disposições das Leis Complementares ns. 108 e 109, de 29 de maio de 2001.

Art. 28. Até que seja promovida a contratação na forma prevista no § 3º do art. 15 desta Lei, a totalidade dos recursos garantidores correspondentes às reservas técnicas, aos fundos e às provisões dos planos de benefícios da Funpresp-Exe, da Funpresp- Leg e da Funpresp-Jud será administrada por instituição financeira federal, mediante taxa de administração praticada a preço de mercado, vedada a cobrança de taxas de performance.

Art. 29. O *caput* do art. 4º da Lei n. 10.887, de 18 de junho de 2004, passa a vigorar com a seguinte redação:

"Art. 4º A contribuição social do servidor público ativo de qualquer dos Poderes da União, incluídas suas autarquias e fundações, para a manutenção do respectivo regime próprio de previdência social, será de 11% (onze por cento), incidentes sobre:

I — a totalidade da base de contribuição, em se tratando de servidor que tiver ingressado no serviço público até a data da publicação do ato de instituição do regime de previdência complementar para os servidores públicos federais titulares de cargo efetivo e não tiver optado por aderir a ele;

II — a parcela da base de contribuição que não exceder ao limite máximo estabelecido para os benefícios do regime geral de previdência social, em se tratando de servidor:

a) que tiver ingressado no serviço público até a data a que se refere o inciso I e tenha optado por aderir ao regime de previdência complementar ali referido; ou b) que tiver ingressado no serviço público a partir da data a que se refere o inciso I, independentemente de adesão ao regime de previdência complementar ali referido." (NR)

Art. 30. Para os fins do exercício do direito de opção de que trata o parágrafo único do art. 1º, considera-se instituído o regime de previdência complementar de que trata esta Lei a partir da data da publicação pelo órgão fiscalizador da autorização de aplicação dos regulamentos dos planos de benefícios de qualquer das entidades de que trata o art. 4º desta Lei.

Art. 31. A Funpresp-Exe, a Funpresp-Leg e a Funpresp-Jud deverão ser criadas pela União no prazo de 180 (cento e oitenta) dias, contado da publicação desta Lei, e iniciar o seu funcionamento nos termos do art. 26.

§ 1º Ultrapassados os prazos de que trata o *caput*, considera-se vigente, para todos os fins, o regime de previdência complementar de que trata esta Lei.

§ 2º Ultrapassados os prazos de que trata o *caput* sem o início do funcionamento de alguma das entidades referidas no art. 4º, os servidores e membros do respectivo Poder poderão aderir ao plano de benefícios da entidade que primeiro entrou em funcionamento até a regularização da situação.

Art. 32. Considera-se ato de improbidade, nos termos do art. 10 da Lei n. 8.429, de 2 de junho de 1992, o descumprimento injustificado dos prazos de que trata o art. 31.

Art. 33. Esta Lei entra em vigor:

I — quanto ao disposto no Capítulo I, na data em que forem criadas quaisquer das entidades de que trata o art. 4º, observado o disposto no art. 31; e

II — quanto aos demais dispositivos, na data de sua publicação.

Brasília, 30 de abril de 2012; 191º da Independência e 124º da República.

Dilma Rousseff
Guido Mantega
Miriam Belchior
Garibaldi Alves Filho
Luís Inácio Lucena Adams

LEI N. 12.772, DE 28 DE DEZEMBRO DE 2012

(DOU 31.12.12)

DISPÕE SOBRE A ESTRUTURAÇÃO DO PLANO DE CARREIRAS E CARGOS DE MAGISTÉRIO FEDERAL; SOBRE A CARREIRA DO MAGISTÉRIO SUPERIOR, DE QUE TRATA A LEI N. 7.596, DE 10 DE ABRIL DE 1987; SOBRE O PLANO DE CARREIRA E CARGOS DE MAGISTÉRIO DO ENSINO BÁSICO, TÉCNICO E TECNOLÓGICO E SOBRE O PLANO DE CARREIRAS DE MAGISTÉRIO DO ENSINO BÁSICO FEDERAL, DE QUE TRATA A LEI N. 11.784, DE 22 DE SETEMBRO DE 2008; SOBRE A CONTRATAÇÃO DE PROFESSORES SUBSTITUTOS, VISITANTES E ESTRANGEIROS, DE QUE TRATA A LEI N. 8.745 DE 9 DE DEZEMBRO DE 1993; SOBRE A REMUNERAÇÃO DAS CARREIRAS E PLANOS ESPECIAIS DO INSTITUTO NACIONAL DE ESTUDOS E PESQUISAS EDUCACIONAIS ANÍSIO TEIXEIRA E DO FUNDO NACIONAL DE DESENVOLVIMENTO DA EDUCAÇÃO, DE QUE TRATA A LEI N. 11.357, DE 19 DE OUTUBRO DE 2006; ALTERA REMUNERAÇÃO DO PLANO DE CARGOS TÉCNICO--ADMINISTRATIVOS EM EDUCAÇÃO; ALTERA AS LEIS NS. 8.745, DE 9 DE DEZEMBRO DE 1993, 11.784, DE 22 DE SETEMBRO DE 2008, 11.091, DE 12 DE JANEIRO DE 2005, 11.892, DE 29 DE DEZEMBRO DE 2008, 11.357, DE 19 DE OUTUBRO DE 2006, 11.344, DE 8 DE SETEMBRO DE 2006, 12.702, DE 7 DE AGOSTO DE 2012, E 8.168, DE 16 DE JANEIRO DE 1991; REVOGA O ART. 4º DA LEI N. 12.677, DE 25 DE JUNHO DE 2012; E DÁ OUTRAS PROVIDÊNCIAS

A PRESIDENTA DA REPÚBLICA

Faço saber que o Congresso Nacional decreta e eu sanciono a seguinte Lei:

CAPÍTULO I

Do Plano de Carreiras e Cargos de Magistério Federal

Art. 1º Fica estruturado, a partir de 1º de março de 2013, o Plano de Carreiras e Cargos de Magistério Federal, composto pelas seguintes Carreiras e cargos:

I — Carreira de Magistério Superior, composta pelos cargos, de nível superior, de provimento efetivo de Professor do Magistério Superior, de que trata a Lei n. 7.596, de 10 de abril de 1987;

II — Cargo Isolado de provimento efetivo, de nível superior, de Professor Titular-Livre do Magistério Superior;

III — Carreira de Magistério do Ensino Básico, Técnico e Tecnológico, composta pelos cargos de provimento efetivo de Professor do Ensino Básico, Técnico e Tecnológico, de que trata a Lei n. 11.784, de 22 de setembro de 2008; e

IV — Cargo Isolado de provimento efetivo, de nível superior, de Professor Titular-Livre do Ensino Básico, Técnico e Tecnológico.

§ 1º A Carreira de Magistério Superior é estruturada em classes A, B, C, D e E e respectivos níveis de vencimento na forma do Anexo I. *(Redação dada pela Lei n. 12.863, de 24.9.13, DOU 25.9.13)*

§ 2º As classes da Carreira de Magistério Superior receberão as seguintes denominações de acordo com a titulação do ocupante do cargo: *(Redação dada pela Lei n. 12.863, de 24.9.13, DOU 25.9.13)*

I — Classe A, com as denominações de: *(Redação dada pela Lei n. 12.863, de 24.9.13, DOU 25.9.13)*

a) Professor Adjunto A, se portador do título de doutor; *(Incluído pela Lei n. 12.863, de 24.9.13, DOU 25.9.13)*

b) Professor Assistente A, se portador do título de mestre; ou *(Incluído pela Lei n. 12.863, de 24.9.13, DOU 25.9.13)*

c) Professor Auxiliar, se graduado ou portador de título de especialista; *(Incluído pela Lei n. 12.863, de 24.9.13, DOU 25.9.13)*

II — Classe B, com a denominação de Professor Assistente; *(Redação dada pela Lei n. 12.863, de 24.9.13, DOU 25.9.13)*

III — Classe C, com a denominação de Professor Adjunto; *(Redação dada pela Lei n. 12.863, de 24.9.13, DOU 25.9.13)*

IV — Classe D, com a denominação de Professor Associado; e *(Redação dada pela Lei n. 12.863, de 24.9.13, DOU 25.9.13)*

V — Classe E, com a denominação de Professor Titular. *(Redação dada pela Lei n. 12.863, de 24.9.13, DOU 25.9.13)*

§ 3º A Carreira de Magistério do Ensino Básico, Técnico e Tecnológico é composta das seguintes classes, observado o Anexo I: *(Redação dada pela Lei n. 12.863, de 24.9.13, DOU 25.9.13)*

I — D I; *(Incluído pela Lei n. 12.863, de 24.9.13, DOU 25.9.13)*

II — D II; *(Incluído pela Lei n. 12.863, de 24.9.13, DOU 25.9.13)*

III — D III; *(Incluído pela Lei n. 12.863, de 24.9.13, DOU 25.9.13)*

IV — D IV; e *(Incluído pela Lei n. 12.863, de 24.9.13, DOU 25.9.13)*

V — Titular. *(Incluído pela Lei n. 12.863, de 24.9.13, DOU 25.9.13)*

§ 4º Os Cargos Isolados do Plano de Carreiras e Cargos de Magistério Federal são estruturados em uma única classe e nível de vencimento. *(Redação dada pela Lei n. 12.863, de 24.9.13, DOU 25.9.13)*

§ 5º O regime jurídico dos cargos do Plano de Carreiras e Cargos de Magistério Federal é o instituído pela Lei n. 8.112, de 11 de dezembro de 1990, observadas as disposições desta Lei. *(Redação dada pela Lei n. 12.863, de 24.9.13, DOU 25.9.13)*

§ 6º Os cargos efetivos das Carreiras e Cargos Isolados de que trata o *caput* integram os Quadros de Pessoal das Instituições Federais de Ensino subordinadas ou vinculadas ao Ministério da Educação e ao Ministério da Defesa que tenham por atividade-fim o desenvolvimento e aperfeiçoamento do ensino, pesquisa e extensão, ressalvados os cargos de que trata o § 11 do art. 108-A da Lei n. 11.784, de 22 de setembro de 2008, que integram o Quadro de Pessoal do Ministério do Planejamento, Orçamento e Gestão. *(Incluído pela Lei n. 12.863, de 24.9.13, DOU 25.9.13)*

Art. 2º São atividades das Carreiras e Cargos Isolados do Plano de Carreiras e Cargos de Magistério Federal aquelas relacionadas ao ensino, pesquisa e extensão e as inerentes ao exercício de direção, assessoramento, chefia, coordenação e assistência na própria instituição, além daquelas previstas em legislação específica.

§ 1º A Carreira de Magistério Superior destina-se a profissionais habilitados em atividades acadêmicas próprias do pessoal docente no âmbito da educação superior.

§ 2º A Carreira de Magistério do Ensino Básico, Técnico e Tecnológico destina-se a profissionais habilitados em atividades acadêmicas próprias do pessoal docente no âmbito da educação básica e da educação profissional e tecnológica, conforme disposto na Lei n. 9.394, de 20 de dezembro de 1996, e na Lei n. 11.892, de 29 de dezembro de 2008.

§ 3º Os Cargos Isolados de provimento efetivo objetivam contribuir para o desenvolvimento e fortalecimento de competências e alcance da excelência no ensino e na pesquisa nas Instituições Federais de Ensino — IFE.

Art. 3º A partir de 1º de março de 2013, a Carreira de Magistério do Ensino Básico, Técnico e Tecnológico e o Cargo Isolado de Professor Titular do Ensino Básico, Técnico e Tecnológico, de que tratam os incisos I e II do caput do art. 106 da Lei n. 11.784, de 2008, passam a pertencer ao Plano de Carreiras e Cargos de Magistério Federal, na forma desta Lei, observada a Tabela de Correlação constante do Anexo II, deixando de pertencer ao Plano de Carreiras de que trata o art. 105 da Lei n. 11.784, de 2008.

PARÁGRAFO ÚNICO. O Cargo Isolado de que trata o *caput* passa a denominar-se Professor Titular-Livre do Ensino Básico, Técnico e Tecnológico.

Art. 4º A partir de 1º de março de 2013, a Carreira de Magistério Superior do Plano Único de Classificação e Retribuição de Cargos e Empregos — PUCRCE, de que trata a Lei n. 7.596, de 1987, passa a pertencer ao Plano de Carreiras e Cargos de Magistério Federal de que trata esta Lei, observada a Tabela de Correlação constante do Anexo II.

PARÁGRAFO ÚNICO. Os cargos vagos da Carreira de que trata o *caput* passam a integrar o Plano de Carreiras e Cargos de Magistério Federal, e o ingresso nos cargos deverá ocorrer na forma e condições dispostas nesta Lei. *(Incluído pela Lei n. 12.863, de 24.9.13, DOU 25.9.13)*

Art. 5º A partir de 1º de março de 2013, os cargos de Professor Titular da Carreira de Magistério Superior do PUCRCE passam a integrar a Classe de Professor Titular da Carreira de Magistério Superior do Plano de Carreiras e Cargos de Magistério Federal de que trata esta Lei.

Art. 6º O enquadramento no Plano de Carreiras e Cargos de Magistério Federal não representa, para qualquer efeito legal, inclusive para efeito de aposentadoria, descontinuidade em relação à Carreira, ao cargo e às atribuições atuais desenvolvidas pelos seus ocupantes.

Art. 7º O disposto neste Capítulo aplica-se, no que couber, aos aposentados e pensionistas.

CAPÍTULO II

Do Ingresso nas Carreiras e Cargos Isolados do Plano de Carreiras e Cargos de Magistério Federal

SEÇÃO I

Da Carreira de Magistério Superior e do cargo isolado de Professor Titular-Livre do Magistério Superior

Art. 8º O ingresso na Carreira de Magistério Superior ocorrerá sempre no primeiro nível de vencimento da Classe A, mediante aprovação em concurso público de provas e títulos. *(Redação dada pela Lei n. 12.863, de 24.9.13, DOU 25.9.13)*

§ 1º O concurso público de que trata o *caput* tem como requisito de ingresso o título de doutor na área exigida no concurso. *(Redação dada pela Lei n. 12.863, de 24.9.13, DOU 25.9.13)*

§ 2º O concurso público referido no *caput* poderá ser organizado em etapas, conforme dispuser o edital de abertura do certame, que estabelecerá as características de cada etapa e os critérios eliminatórios e classificatórios.

§ 3º A IFE poderá dispensar, no edital do concurso, a exigência de título de doutor, substituindo-a pela de título de mestre, de especialista ou por diploma de graduação, quando se tratar de provimento para área de conhecimento ou em localidade com grave carência de detentores da titulação acadêmica de doutor, conforme decisão fundamentada de seu Conselho Superior. *(Incluído pela Lei n. 12.863, de 24.9.13, DOU 25.9.13)*

§ 4º (VETADO). *(Incluído pela Lei n. 12.863, de 24.9.13, DOU 25.9.13)*

Art. 9º O ingresso no Cargo Isolado de Professor Titular-Livre do Magistério Superior ocorrerá na classe e nível únicos, mediante aprovação em concurso público de provas e títulos, no qual serão exigidos:

I — título de doutor; e

II — 10 (dez) anos de experiência ou de obtenção do título de doutor, ambos na área de conhecimento exigida no concurso, conforme disciplinado pelo Conselho Superior de cada IFE. *(Redação dada pela Lei n. 12.863, de 24.9.13, DOU 25.9.13)*

§ 1º O concurso público referido no *caput* será organizado em etapas, conforme dispuser o edital de abertura do certame, e consistirá de prova escrita, prova oral e defesa de memorial.

§ 2º O edital do concurso público de que trata este artigo estabelecerá as características de cada etapa e os critérios eliminatórios e classificatórios do certame.

§ 3º O concurso para o cargo isolado de Titular-Livre será realizado por comissão especial composta, no mínimo, por 75% (setenta e cinco por cento) de profissionais externos à IFE, nos termos de ato do Ministro de Estado da Educação. *(Incluído pela Lei n. 12.863, de 24.9.13, DOU 22.9.13)*

SEÇÃO II

Da Carreira de Magistério do Ensino Básico, Técnico e Tecnológico e do Cargo Isolado de Professor Titular-Livre do Ensino Básico, Técnico e Tecnológico

Art. 10. O ingresso nos cargos de provimento efetivo de Professor da Carreira de Magistério do Ensino Básico, Técnico e Tecnológico e da Carreira do Magistério do Ensino Básico Federal ocorrerá sempre no

Nível 1 da Classe D I, mediante aprovação em concurso público de provas ou de provas e títulos.

§ 1º No concurso público de que trata o caput, será exigido diploma de curso superior em nível de graduação.

§ 2º O concurso público referido no caput poderá ser organizado em etapas, conforme dispuser o edital de abertura do certame.

§ 3º O edital do concurso público de que trata este artigo estabelecerá as características de cada etapa do concurso público e os critérios eliminatórios e classificatórios do certame.

§ 4º (VETADO). *(Incluído pela Lei n. 12.863, de 24.9.13, DOU 25.9.13)*

Art. 11. O ingresso no Cargo Isolado de Professor Titular-Livre do Ensino Básico, Técnico e Tecnológico ocorrerá na classe e nível únicos, mediante aprovação em concurso público de provas e títulos, no qual serão exigidos:

I — título de doutor; e

II — 10 (dez) anos de experiência ou de obtenção do título de doutor, ambos na área de conhecimento exigida no concurso, conforme disciplinado pelo Conselho Superior de cada IFE. *(Redação dada pela Lei n. 12.863, de 24.9.13, DOU 25.9.13)*

§ 1º O concurso público referido no *caput* será organizado em etapas, conforme dispuser o edital de abertura do certame, e consistirá de prova escrita, prova oral e defesa de memorial.

§ 2º O edital do concurso público de que trata este artigo estabelecerá as características de cada etapa e os critérios eliminatórios e classificatórios do certame.

§ 3º O concurso para o cargo isolado de Titular-Livre será realizado por comissão especial composta, no mínimo, por 75% (setenta e cinco por cento) de profissionais externos à IFE, nos termos de ato do Ministro de Estado da Educação. *(Incluído pela Lei n. 12.863, de 24.9.13, DOU 25.9.13)*

CAPÍTULO III

Do Desenvolvimento nas Carreiras do Plano de Carreiras e Cargos de Magistério Federal

SEÇÃO I

Da Carreira de Magistério Superior

Art. 12. O desenvolvimento na Carreira de Magistério Superior ocorrerá mediante progressão funcional e promoção.

§ 1º Para os fins do disposto no *caput*, progressão é a passagem do servidor para o nível de vencimento imediatamente superior dentro de uma mesma classe, e promoção, a passagem do servidor de uma classe para outra subsequente, na forma desta Lei.

§ 2º A progressão na Carreira de Magistério Superior ocorrerá com base nos critérios gerais estabelecidos nesta Lei e observará, cumulativamente:

I — o cumprimento do interstício de 24 (vinte e quatro) meses de efetivo exercício em cada nível; e

II — aprovação em avaliação de desempenho.

§ 3º A promoção ocorrerá observados o interstício mínimo de 24 (vinte e quatro) meses no último nível de cada Classe antecedente àquela para a qual se dará a promoção e, ainda, as seguintes condições:

I — para a Classe B, com denominação de Professor Assistente, ser aprovado em processo de avaliação de desempenho; *(Redação dada pela Lei n. 12.863, de 24.9.13, DOU 25.9.13)*

II — para a Classe C, com denominação de Professor Adjunto, ser aprovado em processo de avaliação de desempenho; *(Redação dada pela Lei n. 12.863, de 24.9.13, DOU 25.9.13)*

III — para a Classe D, com denominação de Professor Associado: *(Redação dada pela Lei n. 12.863, de 24.9.13, DOU 25.9.13)*

a) possuir o título de doutor; e

b) ser aprovado em processo de avaliação de desempenho; e

IV — para a Classe E, com denominação de Professor Titular: *(Redação dada pela Lei n. 12.863, de 24.9.13, DOU 25.9.13)*

a) possuir o título de doutor;

b) ser aprovado em processo de avaliação de desempenho; e

c) lograr aprovação de memorial que deverá considerar as atividades de ensino, pesquisa, extensão, gestão acadêmica e produção profissional relevante, ou defesa de tese acadêmica inédita.

§ 4º As diretrizes gerais para o processo de avaliação de desempenho para fins de progressão e de promoção serão estabelecidas em ato do Ministério da Educação e do Ministério da Defesa, conforme a subordinação ou vinculação das respectivas IFE e deverão contemplar as atividades de ensino, pesquisa, extensão e gestão, cabendo aos conselhos competentes no âmbito de cada Instituição Federal de Ensino regulamentar os procedimentos do referido processo.

§ 5º O processo de avaliação para acesso à Classe E, com denominação de Titular, será realizado por comissão especial composta por, no mínimo, 75% (setenta e cinco por cento) de profissionais externos à IFE, nos termos de ato do Ministro de Estado da Educação. *(Redação dada pela Lei n. 12.863, de 24.9.13, DOU 25.9.13)*

§ 6º Os cursos de mestrado e doutorado, para os fins previstos neste artigo, serão considerados somente se credenciados pelo Conselho Nacional de Educação e, quando realizados no exterior, revalidados por instituição nacional competente.

Art. 13. Os docentes aprovados no estágio probatório do respectivo cargo que atenderem os seguintes requisitos de titulação farão jus a processo de aceleração da promoção: *(Redação dada pela Lei n. 12.863, de 24.9.13, DOU 25.9.13)*

I — para o nível inicial da Classe B, com denominação de Professor Assistente, pela apresentação de titulação de mestre; e *(Redação dada pela Lei n. 12.863, de 24.9.13, DOU 25.9.13)*

II — para o nível inicial da Classe C, com denominação de Professor Adjunto, pela apresentação de titulação de doutor. *(Redação dada pela Lei n. 12.863, de 24.9.13, DOU 25.9.13)*

PARÁGRAFO ÚNICO. Aos servidores ocupantes de cargos da Carreira de Magistério Superior em 1º de março de 2013 ou na data de publicação desta Lei, se posterior, é permitida a aceleração da promoção de que trata este artigo ainda que se encontrem em estágio probatório no cargo.

Seção II

Da Carreira do Magistério do Ensino Básico, Técnico e Tecnológico

Art. 14. A partir da instituição do Plano de Carreiras e Cargos de Magistério Federal, o desenvolvimento na Carreira de Magistério do Ensino Básico,

Técnico e Tecnológico ocorrerá mediante progressão funcional e promoção, na forma disposta nesta Lei.

§ 1º Para os fins do disposto no caput, progressão é a passagem do servidor para o nível de vencimento imediatamente superior dentro de uma mesma classe, e promoção, a passagem do servidor de uma classe para outra subsequente, na forma desta Lei.

§ 2º A progressão na Carreira de Magistério do Ensino Básico, Técnico e Tecnológico ocorrerá com base nos critérios gerais estabelecidos nesta Lei e observará, cumulativamente:

I — o cumprimento do interstício de 24 (vinte e quatro) meses de efetivo exercício em cada nível; e

II — aprovação em avaliação de desempenho individual.

§ 3º A promoção ocorrerá observados o interstício mínimo de 24 (vinte e quatro) meses no último nível de cada Classe antecedente àquela para a qual se dará a promoção e, ainda, as seguintes condições:

I — para a Classe D II: ser aprovado em processo de avaliação de desempenho;

II — para a Classe D III: ser aprovado em processo de avaliação de desempenho;

III — para a Classe D IV: ser aprovado em processo de avaliação de desempenho;

IV — para a Classe Titular:

a) possuir o título de doutor;

b) ser aprovado em processo de avaliação de desempenho; e

c) lograr aprovação de memorial que deverá considerar as atividades de ensino, pesquisa, extensão, gestão acadêmica e produção profissional relevante, ou de defesa de tese acadêmica inédita.

§ 4º As diretrizes gerais para o processo de avaliação de desempenho para fins de progressão e de promoção serão estabelecidas em ato do Ministério da Educação e do Ministério da Defesa, conforme a subordinação ou vinculação das respectivas IFE e deverão contemplar as atividades de ensino, pesquisa, extensão e gestão, cabendo aos conselhos competentes no âmbito de cada Instituição Federal de Ensino regulamentar os procedimentos do referido processo.

§ 5º O processo de avaliação para acesso à Classe Titular será realizado por comissão especial composta, no mínimo, por 75% (setenta e cinco por cento) de profissionais externos à IFE, e será objeto de regulamentação por ato do Ministro de Estado da Educação.

§ 6º Os cursos de mestrado e doutorado, para os fins previstos neste artigo, serão considerados somente se credenciados pelo Conselho Federal de Educação e, quando realizados no exterior, revalidados por instituição nacional competente.

Art. 15. Os docentes aprovados no estágio probatório do respectivo cargo que atenderem os seguintes requisitos de titulação farão jus a processo de aceleração da promoção: *(Redação dada pela Lei n. 12.863, de 24.9.13, DOU 25.9.13)*

I — de qualquer nível da Classe D I para o nível 1 da classe D II, pela apresentação de título de especialista; e

II — de qualquer nível das Classes D I e D II para o nível 1 da classe D III, pela apresentação de título de mestre ou doutor.

PARÁGRAFO ÚNICO. Aos servidores ocupantes de cargos da Carreira de Magistério do Ensino Básico, Técnico e Tecnológico em 1º de março de 2013 ou na data de publicação desta Lei, se posterior, é permitida a aceleração da promoção de que trata este artigo ainda que se encontrem em estágio probatório no cargo.

CAPÍTULO IV

Da Remuneração do Plano de Carreiras e Cargos de Magistério Federal

Art. 16. A estrutura remuneratória do Plano de Carreiras e Cargos de Magistério Federal possui a seguinte composição:

I — Vencimento Básico, conforme valores e vigências estabelecidos no Anexo III, para cada Carreira, cargo, classe e nível; e

II — Retribuição por Titulação — RT, conforme disposto no art. 17.

Art. 17. Fica instituída a RT, devida ao docente integrante do Plano de Carreiras e Cargos de Magistério Federal em conformidade com a Carreira, cargo, classe, nível e titulação comprovada, nos valores e vigência estabelecidos no Anexo IV.

§ 1º A RT será considerada no cálculo dos proventos e das pensões, na forma dos regramentos de regime previdenciário aplicável a cada caso, desde que o certificado ou o título tenham sido obtidos anteriormente à data da inativação.

§ 2º Os valores referentes à RT não serão percebidos cumulativamente para diferentes titulações ou com quaisquer outras Retribuições por Titulação, adicionais ou gratificações de mesma natureza.

Art. 18. No caso dos ocupantes de cargos da Carreira de Magistério do Ensino Básico, Técnico e Tecnológico, para fins de percepção da RT, será considerada a equivalência da titulação exigida com o Reconhecimento de Saberes e Competências — RSC.

§ 1º O RSC de que trata o caput poderá ser concedido pela respectiva IFE de lotação do servidor em 3 (três) níveis:

I — RSC-I;

II — RSC-II; e

III — RSC-III.

§ 2º A equivalência do RSC com a titulação acadêmica, exclusivamente para fins de percepção da RT, ocorrerá da seguinte forma:

I — diploma de graduação somado ao RSC-I equivalerá à titulação de especialização;

II — certificado de pós-graduação lato sensu somado ao RSC-II equivalerá a mestrado; e

III — titulação de mestre somada ao RSC-III equivalerá a doutorado.

§ 3º Será criado o Conselho Permanente para Reconhecimento de Saberes e Competências no âmbito do Ministério da Educação, com a finalidade de estabelecer os procedimentos para a concessão do RSC.

§ 4º A composição do Conselho e suas competências serão estabelecidas em ato do Ministro da Educação.

§ 5º O Ministério da Defesa possuirá representação no Conselho de que trata o § 3º, na forma do ato previsto no § 4º.

Art. 19. Em nenhuma hipótese, o RSC poderá ser utilizado para fins de equiparação de titulação para cumprimento de requisitos para a promoção na Carreira.

CAPÍTULO V

Do Regime de Trabalho do Plano de Carreiras e Cargos de Magistério Federal

Art. 20. O Professor das IFE, ocupante de cargo efetivo do Plano de Carreiras e Cargos de Magistério Federal, será submetido a um dos seguintes regimes de trabalho:

I — 40 (quarenta) horas semanais de trabalho, em tempo integral, com dedicação exclusiva às atividades de ensino, pesquisa, extensão e gestão institucional; ou

II — tempo parcial de 20 (vinte) horas semanais de trabalho.

§ 1º Excepcionalmente, a IFE poderá, mediante aprovação de órgão colegiado superior competente, admitir a adoção do regime de 40 (quarenta) horas semanais de trabalho, em tempo integral, observando 2 (dois) turnos diários completos, sem dedicação exclusiva, para áreas com características específicas.

§ 2º O regime de 40 (quarenta) horas com dedicação exclusiva implica o impedimento do exercício de outra atividade remunerada, pública ou privada, com as exceções previstas nesta Lei.

§ 3º Os docentes em regime de 20 (vinte) horas poderão ser temporariamente vinculados ao regime de 40 (quarenta) horas sem dedicação exclusiva após a verificação de inexistência de acúmulo de cargos e da existência de recursos orçamentários e financeiros para as despesas decorrentes da alteração do regime, considerando-se o caráter especial da atribuição do regime de 40 (quarenta) horas sem dedicação exclusiva, conforme disposto no § 1º, nas seguintes hipóteses:

I — ocupação de cargo de direção, função gratificada ou função de coordenação de cursos; ou

II — participação em outras ações de interesse institucional definidas pelo conselho superior da IFE.

§ 4º O professor, inclusive em regime de dedicação exclusiva, desde que não investido em cargo em comissão ou função de confiança, poderá: *(Incluído pela Lei n. 12.863, de 24.9.13, DOU 25.9.13)*

I — participar dos órgãos de direção de fundação de apoio de que trata a Lei n. 8.958, de 20 de dezembro de 1994, nos termos definidos pelo Conselho Superior da IFE, observado o cumprimento de sua jornada de trabalho e vedada a percepção de remuneração paga pela fundação de apoio; e *(Incluído pela Lei n. 12.863, de 24.9.13, DOU 25.9.13)*

II — ser cedido a título especial, mediante deliberação do Conselho Superior da IFE, para ocupar cargo de dirigente máximo de fundação de apoio de que trata a Lei n. 8.958, de 20 de dezembro de 1994, com ônus para o cessionário. *(Incluído pela Lei n. 12.863, de 24.9.13, DOU 25.9.13)*

Art. 21. No regime de dedicação exclusiva, será admitida, observadas as condições da regulamentação própria de cada IFE, a percepção de:

I — remuneração de cargos de direção ou funções de confiança;

II — retribuição por participação em comissões julgadoras ou verificadoras relacionadas ao ensino, pesquisa ou extensão, quando for o caso;

III — bolsas de ensino, pesquisa, extensão ou de estímulo à inovação pagas por agências oficiais de fomento ou organismos internacionais amparadas por ato, tratado ou convenção internacional; *(Redação dada pela Lei n. 12.863, de 24.9.13, DOU 25.9.13)*

IV — bolsa pelo desempenho de atividades de formação de professores da educação básica, no âmbito da Universidade Aberta do Brasil ou de outros programas oficiais de formação de professores;

V — bolsa para qualificação docente, paga por agências oficiais de fomento ou organismos nacionais e internacionais congêneres;

VI — direitos autorais ou direitos de propriedade intelectual, nos termos da legislação própria, e ganhos econômicos resultantes de projetos de inovação tecnológica, nos termos do art. 13 da Lei n. 10.973, de 2 de dezembro de 2004;

VII — outras hipóteses de bolsas de ensino, pesquisa e extensão, pagas pelas IFE, nos termos de regulamentação de seus órgãos colegiados superiores;

VIII — retribuição pecuniária, na forma de pro labore ou cachê pago diretamente ao docente por ente distinto da IFE, pela participação esporádica em palestras, conferências, atividades artísticas e culturais relacionadas à área de atuação do docente;

IX — Gratificação por Encargo de Curso ou Concurso, de que trata o art. 76-A da Lei n. 8.112, de 1990;

X — Função Comissionada de Coordenação de Curso — FCC, de que trata o art. 7º da Lei n. 12.677, de 25 de junho de 2012; *(Redação dada pela Lei n. 12.863, de 24.9.13, DOU 25.9.13)*

XI — retribuição pecuniária, em caráter eventual, por trabalho prestado no âmbito de projetos institucionais de ensino, pesquisa e extensão, na forma da Lei n. 8.958, de 20 de dezembro de 1994; e *(Redação dada pela Lei n. 12.863, de 24.9.13, DOU 25.9.13)*

XII — retribuição pecuniária por colaboração esporádica de natureza científica ou tecnológica em assuntos de especialidade do docente, inclusive em polos de inovação tecnológica, devidamente autorizada pela IFE de acordo com suas regras. *(Incluído pela Lei n. 12.863, de 24.9.13, DOU 25.9.13)*

§ 1º Considera-se esporádica a participação remunerada nas atividades descritas no inciso VIII do *caput*, autorizada pela IFE, que, no total, não exceda 30 (trinta) horas anuais.

§ 2º Os limites de valor e condições de pagamento das bolsas e remunerações referidas neste artigo, na ausência de disposição específica na legislação própria, serão fixados em normas da IFE.

§ 3º O pagamento da retribuição pecuniária de que trata o inciso XI do *caput* será divulgado na forma do art. 4º-A da Lei n. 8.958, de 20 de dezembro de 1994.

§ 4º As atividades de que tratam os incisos XI e XII do caput não excederão, computadas isoladamente ou em conjunto, a 120 h (cento e vinte horas) anuais, ressalvada a situação de excepcionalidade a ser justificada e previamente aprovada pelo Conselho Superior da IFE, que poderá autorizar o acréscimo de até 120 h (cento e vinte horas) exclusivamente para atividades de pesquisa, desenvolvimento e inovação. *(Incluído pela Lei n. 12.863, de 24.9.13, DOU 25.9.13)*

Art. 22. O Professor poderá solicitar a alteração de seu regime de trabalho, mediante proposta que será submetida a sua unidade de lotação.

§ 1º A solicitação de mudança de regime de trabalho, aprovada na unidade referida no caput, será encaminhada ao dirigente máximo, no caso das IFE vinculadas ao Ministério da Defesa, ou à Comissão Permanente de Pessoal Docente — CPPD de que trata o art. 26, no caso das IFE vinculadas ao Ministério da Educação, para análise e parecer, e posteriormente à decisão final da autoridade ou Conselho Superior competente.

§ 2º É vedada a mudança de regime de trabalho aos docentes em estágio probatório.

§ 3º Na hipótese de concessão de afastamento sem prejuízo de vencimentos, as solicitações de alteração de regime só serão autorizadas após o decurso de prazo igual ao do afastamento concedido.

CAPÍTULO VI

Do Estágio Probatório dos Servidores do Plano de Carreiras e Cargos de Magistério Federal

Art. 23. A avaliação especial de desempenho do servidor em estágio probatório, ocupante de cargo pertencente ao Plano de Carreiras e Cargos de Magistério Federal, será realizada por Comissão de Avaliação de Desempenho designada no âmbito de cada IFE.

PARÁGRAFO ÚNICO. A Comissão de Avaliação de Desempenho deverá ser composta de docentes estáveis, com representações da unidade acadêmica de exercício do docente avaliado e do Colegiado do Curso no qual o docente ministra o maior número de aulas.

Art. 24. Além dos fatores previstos no art. 20 da Lei n. 8.112, de 1990, a avaliação especial de desempenho do docente em estágio probatório deverá considerar:

I — adaptação do professor ao trabalho, verificada por meio de avaliação da capacidade e qualidade no desempenho das atribuições do cargo;

II — cumprimento dos deveres e obrigações do servidor público, com estrita observância da ética profissional;

III — análise dos relatórios que documentam as atividades científico-acadêmicas e administrativas programadas no plano de trabalho da unidade de exercício e apresentadas pelo docente, em cada etapa de avaliação;

IV — a assiduidade, a disciplina, o desempenho didático-pedagógico, a capacidade de iniciativa, produtividade e responsabilidade;

V — participação no Programa de Recepção de Docentes instituído pela IFE; e

VI — avaliação pelos discentes, conforme normatização própria da IFE.

Art. 25. A avaliação de desempenho do servidor ocupante de cargo do Plano de Carreiras e Cargos de Magistério Federal em estágio probatório será realizada obedecendo:

I — o conhecimento, por parte do avaliado, do instrumento de avaliação e dos resultados de todos os relatórios emitidos pela Comissão de Avaliação de Desempenho, resguardando-se o direito ao contraditório; e

II — a realização de reuniões de avaliação com a presença de maioria simples dos membros da Comissão de Avaliação de Desempenho.

CAPÍTULO VII

Da Comissão Permanente de Pessoal Docente

Art. 26. Será instituída uma Comissão Permanente de Pessoal Docente — CPPD, eleita pelos seus pares, em cada IFE, que possua, em seus quadros, pessoal integrante do Plano de Carreiras e Cargos de Magistério Federal. *(Redação dada pela Lei n. 12.863, de 24.9.13, DOU 25.9.13)*

§ 1º À CPPD caberá prestar assessoramento ao colegiado competente ou dirigente máximo na instituição de ensino, para formulação e acompanhamento da execução da política de pessoal docente, no que diz respeito a:

I — dimensionamento da alocação de vagas docentes nas unidades acadêmicas;

II — contratação e admissão de professores efetivos e substitutos;

III — alteração do regime de trabalho docente;

IV — avaliação do desempenho para fins de progressão e promoção funcional;

V — solicitação de afastamento de docentes para aperfeiçoamento, especialização, mestrado, doutorado ou pós-doutorado; e

VI — liberação de professores para programas de cooperação com outras instituições, universitárias ou não.

§ 2º Demais atribuições e forma de funcionamento da CPPD serão objeto de regulamentação pelo colegiado superior ou dirigente máximo das instituições de ensino, conforme o caso.

§ 3º No caso das IFE subordinadas ao Ministério da Defesa, a instituição da CPPD é opcional e ficará a critério do dirigente máximo de cada IFE.

CAPÍTULO VIII

Do Corpo Docente

Art. 27. O corpo docente das IFE será constituído pelos cargos efetivos integrantes do Plano de Carreiras e Cargos de que trata esta Lei e pelos Professores Visitantes, Professores Visitantes Estrangeiros e Professores Substitutos.

Art. 28. A contratação temporária de Professores Substitutos, de Professores Visitantes e de Professores Visitantes Estrangeiros será feita de acordo com o que dispõe a Lei n. 8.745, de 1993.

Art. 29. O art. 2º da Lei n. 8.745, de 1993, passa a vigorar com a seguinte redação:

"Art. 2º ....

§ 5º A contratação de professor visitante e de professor visitante estrangeiro, de que tratam os incisos IV e V do caput, tem por objetivo:

I — apoiar a execução dos programas de pós-graduação stricto sensu;

II — contribuir para o aprimoramento de programas de ensino, pesquisa e extensão;

III — contribuir para a execução de programas de capacitação docente; ou

IV — viabilizar o intercâmbio científico e tecnológico.

§ 6º A contratação de professor visitante e o professor visitante estrangeiro, de que tratam os incisos IV e V do *caput*, deverão:

I — atender a requisitos de titulação e competência profissional; ou

II — ter reconhecido renome em sua área profissional, atestado por deliberação do Conselho Superior da instituição contratante.

§ 7º São requisitos mínimos de titulação e competência profissional para a contratação de professor visitante ou de professor visitante estrangeiro, de que tratam os incisos IV e V do *caput*:

I — ser portador do título de doutor, no mínimo, há 2 (dois) anos;

II — ser docente ou pesquisador de reconhecida competência em sua área; e

III — ter produção científica relevante, preferencialmente nos últimos 5 (cinco) anos.

§ 8º Excepcionalmente, no âmbito das Instituições da Rede Federal de Educação Profissional, Científica e Tecnológica, poderão ser contratados professor visitante ou professor visitante estrangeiro, sem o título de doutor, desde que possuam comprovada competência em ensino, pesquisa e extensão tecnológicos ou reconhecimento da qualificação profissional pelo mercado de trabalho, na forma prevista pelo Conselho Superior da instituição contratante.

§ 9º A contratação de professores substitutos, professores visitantes e professores visitantes estrangeiros poderá ser autorizada pelo dirigente da instituição, condicionada à existência de recursos orçamentários e financeiros para fazer frente às despesas decorrentes da contratação e ao quantitativo máximo de contratos estabelecido para a IFE.

§ 10. A contratação dos professores substitutos fica limitada ao regime de trabalho de 20 (vinte) horas ou 40 (quarenta) horas." (NR)

CAPÍTULO IX

Dos Afastamentos

Art. 30. O ocupante de cargos do Plano de Carreiras e Cargos do Magistério Federal, sem prejuízo dos afastamentos previstos na Lei n. 8.112, de 1990, poderá afastar-se de suas funções, assegurados todos os direitos e vantagens a que fizer jus, para:

I — participar de programa de pós-graduação stricto sensu ou de pós-doutorado, independentemente do tempo ocupado no cargo ou na instituição; *(Redação dada pela Lei n. 12.863, de 24.9.13, DOU 25.9.13)*

II — prestar colaboração a outra instituição federal de ensino ou de pesquisa, por período de até 4 (quatro) anos, com ônus para a instituição de origem; e

III — prestar colaboração técnica ao Ministério da Educação, por período não superior a 1 (um) ano e com ônus para a instituição de origem, visando ao apoio ao desenvolvimento de programas e projetos de relevância.

§ 1º Os afastamentos de que tratam os incisos II e III do *caput* somente serão concedidos a servidores aprovados no estágio probatório do respectivo cargo e se autorizado pelo dirigente máximo da IFE, devendo estar vinculados a projeto ou convênio com prazos e finalidades objetivamente definidos.

§ 2º Aos servidores de que trata o caput poderá ser concedido o afastamento para realização de programas de mestrado ou doutorado independentemente do tempo de ocupação do cargo.

§ 3º Ato do dirigente máximo ou Conselho Superior da IFE definirá, observada a legislação vigente, os programas de capacitação e os critérios para participação em programas de pós-graduação, com ou sem afastamento do servidor de suas funções.

CAPÍTULO X

Do Enquadramento dos Servidores da Carreira de Magistério do Ensino Básico Federal

Art. 31. A partir de 1º de março de 2013 ou, se posterior, a partir da data de publicação desta Lei, os servidores ocupantes dos cargos da Carreira de Magistério do Ensino Básico Federal, de que trata o inciso I do art. 122 da Lei n. 11.784, de 2008, poderão ser enquadrados na Carreira de Magistério do Ensino Básico, Técnico e Tecnológico, de que trata esta Lei, de acordo com as respectivas atribuições, requisitos de formação profissional e posição relativa na Tabela de Correlação constante do Anexo V.

§ 1º Para fins do disposto no *caput*, os servidores ocupantes dos cargos da Carreira de Magistério do Ensino Básico Federal, de que trata a Lei n. 11.784, de 2008, deverão solicitar o enquadramento à respectiva IFE de lotação até 31 de julho de 2013 ou em até 90 (noventa) dias da publicação desta Lei, se esta ocorrer posteriormente àquela data, na forma do Termo de Solicitação de Enquadramento constante do Anexo VI.

§ 2º Os servidores de que trata o caput somente poderão formalizar a solicitação referida no § 1º se atendiam, no momento do ingresso na Carreira de Magistério do Ensino Básico Federal, aos requisitos de titulação estabelecidos para ingresso na Carreira de Magistério do Ensino Básico, Técnico e Tecnológico, conforme disposto no § 1º do art. 10.

§ 3º O enquadramento de que trata o *caput* dependerá de aprovação do Ministério da Defesa, que será responsável pela avaliação das solicitações formalizadas, observando o disposto nos §§ 1º e 2º.

§ 4º O Ministério da Defesa deliberará sobre o deferimento ou indeferimento da solicitação de enquadramento de que trata o § 1º em até 120 (cento e vinte) dias.

§ 5º No caso de deferimento, ao servidor enquadrado serão aplicadas as regras da Carreira de Magistério do Ensino Básico, Técnico e Tecnológico do Plano de Carreiras e Cargos de Magistério Federal, de que trata esta Lei, com efeitos financeiros, se houver, a partir da data de publicação do deferimento, vedados, em qualquer hipótese, efeitos financeiros retroativos.

§ 6º O servidor que não obtiver o deferimento para o enquadramento na Carreira de Magistério do Ensino Básico, Técnico e Tecnológico permanecerá na situação em que se encontrava antes da publicação desta Lei.

§ 7º Os cargos a que se refere o caput, enquadrados na Carreira de Magistério do Ensino Básico, Técnico e Tecnológico do Plano de Carreiras e Cargos de Magistério Federal, passam a denominar-se Professor do Magistério do Ensino Básico, Técnico e Tecnológico.

§ 8º O prazo para exercer a solicitação referida no § 1º, no caso de servidores em gozo de licença ou afastamento previstos nos arts. 81 e 102 da Lei n. 8.112, de 1990, será estendido em 30 (trinta) dias contados a partir do término do afastamento.

§ 9º Ao servidor titular de cargo efetivo do Plano de Carreiras de Magistério do Ensino Básico Federal cedido para órgão ou entidade no âmbito do Poder Executivo Federal aplica-se, quanto ao prazo de solicitação de enquadramento, o disposto no § 1º, podendo o servidor permanecer na condição de cedido.

§ 10. Os cargos de provimento efetivo da Carreira de Magistério do Ensino Básico Federal cujos ocupantes forem enquadrados na Carreira de Magistério do Ensino Básico, Técnico e Tecnológico permanecerão integrando o Quadro de Pessoal das Instituições Federais de Ensino subordinadas ou vinculadas ao Ministério da Defesa.

§ 11. Os cargos vagos e os que vierem a vagar da Carreira de Magistério do Ensino Básico Federal de que trata a Lei n. 11.784, de 2008, pertencentes aos Quadros de Pessoal das Instituições Federais de Ensino, subordinadas ou vinculadas ao Ministério da Defesa, passam a integrar a Carreira do Magistério do Ensino Básico, Técnico e

Tecnológico e a denominar-se Professor do Ensino Básico, Técnico e Tecnológico, nos respectivos Quadros de Pessoal a que pertencem.

§ 12. O enquadramento e a mudança de denominação dos cargos a que se refere este artigo não representam, para qualquer efeito legal, inclusive para efeito de aposentadoria, descontinuidade em relação à Carreira, ao cargo e às atribuições atuais desenvolvidas pelos seus titulares.

CAPÍTULO XI

Da Estrutura Remuneratória do Plano de Carreiras de Magistério do Ensino Básico Federal

Art. 32. O art. 137 da Lei n. 11.784, de 2008, passa a vigorar com a seguinte redação:

"Art. 137. O posicionamento dos aposentados e dos pensionistas nas tabelas remuneratórias constantes dos Anexos LXXVII, LXXVIII, LXXIX, LXXXIII, LXXXIV, LXXXV, LXXVII-A, LXXXIII-A, LXXIX-A e LXXXV-A desta Lei, respectivamente, será referenciado à situação em que o servidor se encontrava na data da aposentadoria ou em que se originou a pensão, respeitadas as alterações relativas a posicionamentos decorrentes de legislação específica."(NR)

Art. 12. A Lei n· 11.784, de 2008, passa a vigorar acrescida dos seguintes dispositivos:

"Art. 124-A. A partir de 1º de março de 2013, os cargos do Plano de Carreiras de Magistério do Ensino Básico Federal ficam estruturados na forma dos Anexos LXXIV-A e LXXX-A, conforme correlação estabelecida nos Anexos LXXV-A e LXXXI-A desta Lei."

"Art. 132-A. A partir de 1º de março de 2013, a estrutura remuneratória dos titulares de cargos integrantes do Plano de Carreiras de Magistério do Ensino Básico Federal será composta de:

I — Vencimento Básico, conforme valores e vigências constantes dos Anexos LXXVII-A e LXXXIII-A; e

II — Retribuição por Titulação, conforme valores e vigência constantes dos Anexos LXXIX-A e LXXXV-A.

Parágrafo único. A partir da data de 1º de março de 2013, ficam extintas a Gratificação Específica de Atividade Docente do Ensino Básico Federal — GEDBF e a Gratificação Específica de Atividade Docente dos Ex-Territórios — GEBEXT."

"Art. 133-A. A partir de 1º de março de 2013, os níveis de Vencimento Básico dos cargos integrantes das Carreiras do Plano de Carreiras do Magistério do Ensino Básico Federal são os constantes dos Anexos LXXVII-A e LXXXIII-A desta Lei."

"Art. 135-A. A partir de 1º de março de 2013, os valores referentes à RT são aqueles fixados nos Anexos LXXIX-A e LXXXV-A desta Lei, observada a nova estrutura das Carreiras do Plano de Carreiras do Magistério do Ensino Básico Federal de que trata o art. 124-A."

"Art. 136-A. A partir de 1º de março de 2013, os integrantes do Plano de Carreiras do Magistério do Ensino Básico Federal deixam de fazer jus à percepção das seguintes gratificações e vantagens:

I — Gratificação Específica de Atividade Docente do Ensino Básico Federal — GEDBF; e

II — Gratificação Específica de Atividade Docente dos Ex-Territórios — GEBEXT, de que trata esta Lei."

CAPÍTULO XII

Disposições Finais e Transitórias

Art. 34. Aos servidores ocupantes de cargos da Carreira de Magistério do Ensino Básico, Técnico e Tecnológico do Plano de Carreiras e Cargos de Magistério Federal, na data de 1º de março de 2013, será aplicado, para a primeira progressão a ser realizada, observando os critérios de desenvolvimento na Carreira estabelecidos nesta Lei, o interstício de 18 (dezoito) meses.

PARÁGRAFO ÚNICO. O interstício de que trata o caput não será, em nenhuma hipótese, utilizado para outras progressões ou para servidores ingressos na Carreira após a data de 1º de março de 2013.

Art. 35. Anteriormente à aplicação da Tabela de Correlação do Anexo II, o titular de cargo de provimento efetivo da Carreira do Magistério Superior do PUCRCE, em 31 de dezembro de 2012, posicionado na Classe de Professor Associado daquela Carreira, será reposicionado, satisfeitos os requisitos, da seguinte forma:

I — ao Professor de que trata o caput que contar com no mínimo 17 (dezessete) anos de obtenção do título de doutor será concedido reposicionamento para a Classe D, com denominação de Professor Associado, nível 2; *(Redação dada pela Lei n. 12.863, de 2013)*

II — ao Professor de que trata o *caput* que contar com no mínimo 19 (dezenove) anos de obtenção do título de doutor será concedido reposicionamento para a Classe D, com denominação de Professor Associado, nível 3; e *(Redação dada pela Lei n. 12.863, de 24.9.13, DOU 25.9.13)*

III — ao Professor de que trata o *caput* que contar com no mínimo 21 (vinte e um) anos de obtenção do título de doutor será concedido reposicionamento para a Classe D, com denominação de Professor Associado, nível 4. *(Redação dada pela Lei n. 12.863, de 24.9.13, DOU 25.9.13)*

§ 1º O reposicionamento de que trata este artigo será efetuado mediante requerimento do servidor à respectiva IFE, no prazo de até 90 (noventa) dias a partir da publicação desta Lei, com a apresentação da devida comprovação do tempo de obtenção do título de doutor.

§ 2º O reposicionamento de que trata o *caput* será supervisionado pelo Ministério da Educação e pelo Ministério da Defesa, conforme a vinculação ou subordinação da IFE.

§ 3º Os efeitos do reposicionamento de que trata este artigo serão considerados por ocasião da aplicação da Tabela de Correlação do Anexo II.

§ 4º O reposicionamento de que trata este artigo não gera efeitos financeiros retroativos anteriores a 1º de março de 2013.

§ 5º O reposicionamento de que trata este artigo não se aplica aos servidores que já se encontrem no respectivo nível ou em nível superior ao qual fariam jus a serem reposicionados.

Art. 36. Aos servidores ocupantes de cargos efetivos pertencentes ao Plano de Carreiras e Cargos de Magistério Federal serão concedidos 45 (quarenta e cinco) dias de férias anuais que poderão ser gozadas parceladamente.

Art. 37. Aos servidores de que trata esta Lei, pertencentes ao Plano de Carreiras e Cargos de Magistério Federal, não se aplicam as disposições do Decreto n. 94.664, de 23 de julho de 1987.

Art. 38. O quantitativo de cargos de que trata o art. 110 da Lei n. 11.784, de 2008, vagos na data de publicação desta Lei ficam transformados em cargos de Professor Titular-Livre do Ensino Básico, Técnico e Tecnológico.

Art. 39. Ficam criados 1.200 (mil e duzentos) cargos de Professor Titular-Livre do Magistério Superior, para provimento gradual condicionado à comprovação da disponibilidade orçamentária e autorização pelo Ministério do Planejamento, Orçamento e Gestão.

Art. 40. Ficam criados 526 (quinhentos e vinte e seis) cargos de Professor Titular-Livre do Ensino Básico, Técnico e Tecnológico, para provimento gradual condicionado à comprovação da disponibilidade orçamentária e autorização do Ministério do Planejamento, Orçamento e Gestão.

Art. 41. A Lei n. 11.091, de 12 de janeiro de 2005, passa a vigorar com as seguintes alterações:

"Art. 10. ....

§ 4º No cumprimento dos critérios estabelecidos no Anexo III, é permitido o somatório de cargas horárias de cursos realizados pelo servidor durante a permanência no nível de capacitação em que se encontra e da carga horária que excedeu à exigência para progressão no interstício do nível anterior, vedado o aproveitamento de cursos com carga horária inferior a 20 (vinte) horas-aula. ...." (NR)

"Art. 12. ....

§ 4º A partir de 1º de janeiro de 2013, o Incentivo à Qualificação de que trata o caput será concedido aos servidores que possuírem certificado, diploma ou titulação que exceda a exigência de escolaridade mínima para ingresso no cargo do qual é titular, independentemente do nível de classificação em que esteja posicionado, na forma do Anexo IV."(NR)

Art. 42. A Lei n. 11.892, de 29 de dezembro de 2008, passa a vigorar com as seguintes alterações:

"Art. 11. ....

§ 1º Poderão ser nomeados Pró-Reitores os servidores ocupantes de cargo efetivo da Carreira docente ou de cargo efetivo com nível superior da Carreira dos técnico-administrativos do Plano de Carreira dos Cargos Técnico-Administrativos em Educação, desde que possuam o mínimo de 5 (cinco) anos de efetivo exercício em instituição federal de educação profissional e tecnológica. ...." (NR)

Art. 43. A parcela complementar de que tratam os §§ 2º e 3º do art. 15 da Lei n. 11.091, de 2005, não será absorvida por força dos aumentos remuneratórios com efeitos financeiros no período de 2013 a 2015.

Art. 44. Os Anexos I-C, III e IV da Lei n. 11.091, de 2005, passam a vigorar na forma dos Anexos XV, XVI e XVII desta Lei.

Art. 45. O Anexo XLVII da Lei n. 12.702, de 7 de agosto de 2012, passa a vigorar na forma do Anexo XVIII desta Lei.

Art. 46. Os Anexos XX-A, XX-B, XXV-B e XXV-C da Lei n. 11.357, de 19 de outubro de 2006, passam a vigorar na forma dos Anexos XIX, XX, XXI e XXII desta Lei.

Art. 47. A Lei n. 11.784, de 22 de setembro de 2008, passa a vigorar acrescida dos Anexos LXXIV-A, LXXX-A, LXXV-A, LXXXI-A, LXXVII-A, LXXXIII-A, LXXIX-A e LXXXV-A, respectivamente na forma dos Anexos VII, VIII, IX, X, XI, XII, XIII e XIV desta Lei.

Art. 48. O § 3º do art. 1º da Lei n. 8.168, de 16 de janeiro de 1991, passa a vigorar com a seguinte redação:

"Art. 1º ....

§ 3º Poderão ser nomeados para cargo de direção ou designados para função gratificada servidores públicos federais da administração direta, autárquica ou fundacional não pertencentes ao quadro permanente da instituição de ensino, respeitado o limite de 10% (dez por cento) do total dos cargos e funções da instituição, admitindo-se, quanto aos cargos de direção, a nomeação de servidores já aposentados.
..........." (NR)

Art. 49. Esta Lei entra em vigor na data de sua publicação.

Art. 50. Ficam revogados, a partir de 1º de março de 2013, ou a partir da publicação desta Lei, se posterior àquela data:

I — os arts. 106, 107, 111, 112, 113, 114, 114-A, 115, 116, 117, 120 e os Anexos LXVIII, LXXI, LXXII, LXXIII, LXXIV, LXXVII, LXXVIII, LXXIX, LXXX, LXXXIII, LXXXIV e LXXXV da Lei n. 11.784, de 22 de setembro de 2008;

II — os arts. 4º, 5º, 6º-A, 7º-A, 10 e os Anexos III, IV, IV-A, V.-A e V-B da Lei n. 11.344, de 8 de setembro de 2006; e

III — o art. 4º da Lei n. 12.677, de 25 de junho de 2012.

Brasília, 28 de dezembro de 2012; 191º da Independência e 124º da República.

Dilma Rousseff
Miriam Belchior

Nota: *Os anexos referidos pelas Leis acham-se publicados às páginas 6 a 22, do DOU 31.12.12 (Lei n. 12.772, de 28.12.12) e às páginas 3 a 5 do DOU 25.9.13 (Lei n. 12.863, de 25.9.13)*

Legislação Complementar

LEI N. 12.800, DE 23 DE ABRIL DE 2013

DOU 24.4.2013

DISPÕE SOBRE AS TABELAS DE SALÁRIOS, VENCIMENTOS, SOLDOS E DEMAIS VANTAGENS APLICÁVEIS AOS SERVIDORES CIVIS, AOS MILITARES E AOS EMPREGADOS ORIUNDOS DO EX-TERRITÓRIO FEDERAL DE RONDÔNIA INTEGRANTES DO QUADRO EM EXTINÇÃO DE QUE TRATA O ART. 85 DA LEI N. 12.249, DE 11 DE JUNHO DE 2010, E DÁ OUTRAS PROVIDÊNCIAS

A PRESIDENTA DA REPÚBLICA

Faço saber que o Congresso Nacional decreta e eu sanciono a seguinte Lei:

CAPÍTULO I

ÂMBITO DE APLICAÇÃO

Art. 1º Esta Lei dispõe sobre a remuneração dos servidores, os soldos dos militares e os salários dos empregados do ex-Território Federal de Rondônia e Municípios abrangidos pela Emenda Constitucional n. 60, de 11 de novembro de 2009, e integrantes do quadro em extinção de que trata o art. 85 da Lei n. 12.249, de 11 de junho de 2010.

CAPÍTULO II

DOS SERVIDORES E DOS MILITARES

Art. 2º Nos casos da opção de que trata o art. 86 da Lei n. 12.249, de 11 de junho de 2010, a partir de 1º de março de 2014, em relação aos integrantes das Carreiras de magistério, e a partir de 1º de janeiro de 2014, nos demais casos:

I — aplica-se aos policiais e bombeiros militares optantes o disposto nos arts. 3º, 4º e 5º;

II — aplica-se aos policiais civis optantes a tabela de subsídios de que trata o Anexo I;

III — aplicam-se aos integrantes das Carreiras de magistério optantes as tabelas de vencimento básico e retribuição por titulação de que trata o Anexo II; e

IV — aplicam-se aos demais servidores optantes as tabelas de vencimento básico e gratificação de desempenho do Plano de Classificação de Cargos do Quadro em Extinção do Ex-Território Federal de Rondônia — PCC-RO, nos termos desta Lei.

§ 1º O posicionamento dos servidores optantes de que tratam os incisos I a IV do *caput* nas classes e padrões das tabelas remuneratórias ocorrerá da seguinte forma:

I — no caso dos policiais e bombeiros militares optantes de que trata o inciso I do *caput*, será observada a correlação direta do posto ou graduação ocupado em 1º de janeiro de 2014 ou na data da publicação do deferimento da opção de que trata o *caput*, se esta for posterior;

II — no caso dos policiais civis optantes de que trata o inciso II do *caput*, será considerada uma classe para cada 5 (cinco) anos de serviço prestado no cargo, contados em 1º de janeiro de 2014 ou na data da publicação do deferimento da opção de que trata o *caput*, se esta for posterior;

III — no caso dos servidores docentes do magistério optantes de que trata o inciso III do *caput*, será considerado um padrão para cada 18 (dezoito) meses de serviço prestado no cargo, contados em 1º de março de 2014 ou na data da publicação do deferimento da opção de que trata o *caput*, se esta for posterior, observado para a Classe "Titular" o requisito obrigatório de titulação de doutor; e

IV — no caso dos demais servidores optantes de que trata o inciso IV do *caput*, será considerado um padrão para cada 12 (doze) meses de serviço prestado no cargo, contados em 1º de janeiro de 2014 ou na data da publicação do deferimento da opção de que trata o *caput*, se esta for posterior.

§ 2º Os posicionamentos de que tratam os incisos II, III e IV do § 1º ocorrerão a partir do padrão inicial da tabela remuneratória aplicável ao servidor.

§ 3º Os servidores e os militares mencionados nos incisos I a IV do *caput*, sem prejuízo dos demais requisitos constitucionais, legais e regulamentares para ingresso no quadro em extinção de que trata o art. 85 da Lei n. 12.249, de 11 de junho de 2010, somente poderão optar pelo ingresso no referido quadro se ainda mantiverem o mesmo vínculo funcional efetivo com o Estado de Rondônia existente em 15 de março de 1987, ou, no caso dos servidores municipais, se mantiverem o mesmo vínculo funcional efetivo existente em 23 de dezembro de 1981, ressalvadas, em ambos os casos, as promoções e progressões obtidas em conformidade com a Constituição Federal.

§ 4º Aplica-se aos servidores e aos militares mencionados nos incisos I, II e III do *caput* o disposto no parágrafo único do art. 7º.

§ 5º O disposto nos incisos do *caput* será aplicado a partir da data de publicação do deferimento da opção de que trata o art. 86 da Lei n. 12.249, de 11 de junho de 2010, caso esta seja posterior à data respectiva prevista no *caput*.

Art. 3º A partir de 1º de janeiro de 2014, ou a partir da data da publicação do deferimento da opção de que trata o art. 86 da Lei n. 12.249, de 11 de junho de 2010, se esta for posterior, a remuneração dos militares e bombeiros militares optantes de que trata o inciso I do *caput* do art. 2º compõe-se de:

I — soldo;

II — adicionais:

a) de Posto ou Graduação;

b) de Certificação Profissional;

c) de Operações Militares; e

d) de Tempo de Serviço, referente aos anuênios a que fizer jus o militar até o limite de 15% (quinze por cento) incidente sobre o soldo; e

III — gratificações:

a) Gratificação Especial de Função Militar — GEFM, de que trata o Anexo XVII da Lei n. 11.356, de 19 de outubro de 2006;

b) Gratificação de Incentivo à Função Militar dos antigos Territórios Federais de Rondônia, Roraima e Amapá e do antigo Distrito Federal — GFM, de que trata o Anexo XXXI da Lei n. 11.907, de 2 de fevereiro de 2009;

c) de Representação;

d) de função de Natureza Especial; e

e) de Serviço Voluntário.

§ 1º As tabelas de soldo são as constantes do Anexo III.

§ 2º As gratificações e adicionais de que trata este artigo incidem sobre as tabelas de soldo de que trata o Anexo III desta Lei, na forma e percentuais previstos nos Anexos II e III da Lei n. 10.486, de 4 de julho de 2002.

Art. 4º As vantagens instituídas pela Lei n. 10.486, de 4 de julho de 2002, estendem-se aos militares da ativa do ex-Território Federal de Rondônia no que esta Lei não dispuser de forma diversa.

Art. 5º Fica criado o Plano de Classificação de Cargos do Quadro em Extinção do Ex-Território Federal de Rondônia — PCCRO, composto dos cargos efetivos de nível superior, intermediário e auxiliar do ex-Território Federal de Rondônia e Municípios abrangidos pela Emenda Constitucional n. 60, de 11 de novembro de 2009, e integrantes do quadro em extinção de que trata o art. 85 da Lei n. 12.249, de 11 de junho de 2010, cujos ocupantes tenham obtido o deferimento da opção de que trata o art. 86 da Lei n. 12.249, de 11 de junho de 2010.

§ 1º Os cargos de níveis superior, intermediário e auxiliar dos optantes de que trata o *caput* serão enquadrados no PCC-RO, de acordo com as respectivas denominações, atribuições e requisitos de formação profissional.

§ 2º Os cargos efetivos do PCC-RO estão estruturados em classes e padrões, na forma do Anexo IV, observado o nível de escolaridade do cargo.

§ 3º É vedada a mudança de nível de escolaridade do cargo ocupado pelo servidor em decorrência do disposto nesta Lei.

Art. 6º O desenvolvimento do servidor do PCC-RO na estrutura de classes e padrões do Anexo IV ocorrerá por meio de progressão e promoção.

§ 1º Para fins do disposto no *caput*, progressão é a passagem do servidor de um padrão para outro imediatamente superior, dentro de uma mesma classe, e promoção é a passagem do servidor do último padrão de uma classe para o padrão inicial da classe imediatamente superior.

§ 2º A progressão e a promoção do servidor do PCC-RO observarão os seguintes requisitos:

I — cumprimento de interstício mínimo de 12 (doze) meses em cada padrão, contados a partir do posicionamento de que trata o inciso IV do § 1º do art. 2º; e

II — avaliação de desempenho com resultado igual ou superior a 70% (setenta por cento) do seu valor máximo, para fins de progressão, e 80% (oitenta por cento) do seu valor máximo, para fins de promoção.

§ 3º A contagem de 12 (doze) meses de efetivo exercício para a progressão e para a promoção, conforme estabelecido no § 2º, será realizada em dias, descontados:

I — os afastamentos remunerados que não forem legalmente considerados de efetivo exercício; e

II — os afastamentos sem remuneração.

§ 4º A avaliação de desempenho de que trata o inciso II do § 2º será realizada pela chefia imediata do servidor e poderá ser a mesma utilizada para fins de pagamento da gratificação de desempenho de que trata o art. 7º.

§ 5º O disposto neste artigo não se aplica aos servidores que se encontrem no último padrão da última classe após o posicionamento de que trata o inciso IV do § 1º do art. 2º.

Art. 7º A estrutura remuneratória do PCC-RO possui a seguinte composição:

I — Vencimento Básico, conforme valores estabelecidos no Anexo V;

II — Gratificação de Desempenho do Plano de Classificação de Cargos do Quadro em Extinção do Ex-Território Federal de Rondônia — GDRO, observado o disposto no art. 8º e no Anexo VI; e

III — Gratificação Específica de Atividades Auxiliares do PCCRO — GEAAPCC-RO, devida exclusivamente aos integrantes dos cargos de nível auxiliar do PCC-RO, nos valores constantes do Anexo V.

PARÁGRAFO ÚNICO. O ingresso no quadro em extinção de que trata o art. 85 da Lei n. 12.249, de 11 de junho de 2010, sujeita o servidor, a partir de 1º de janeiro de 2014, à supressão das seguintes espécies remuneratórias percebidas em decorrência de legislação estadual ou municipal ou por decisão administrativa ou judicial:

I — Vantagens Pessoais e Vantagens Pessoais Nominalmente Identificadas — VPNI, de qualquer origem e natureza, ressalvada a vantagem de que trata o § 1º do art. 12;

II — diferenças individuais e resíduos, de qualquer origem e natureza;

III — valores incorporados à remuneração decorrentes do exercício de função de direção, chefia ou assessoramento ou de cargo em comissão;

IV — valores incorporados à remuneração referentes a quintos ou décimos;

V — valores incorporados à remuneração referentes a adicional por tempo de serviço;

VI — abonos;

VII — valores pagos como representação;

VIII — adicional pelo exercício de atividades insalubres, perigosas ou penosas;

IX — adicional noturno;

X — adicional pela prestação de serviço extraordinário; e

XI — outras gratificações e adicionais, de qualquer origem e natureza, que não estejam explicitamente mencionados nos incisos I, II e III do *caput*.

Art. 8º Fica instituída a Gratificação de Desempenho do Plano de Classificação de Cargos do Quadro em Extinção do Ex-Território Federal de Rondônia — GDRO devida aos titulares dos cargos de provimento efetivo de níveis superior, intermediário e auxiliar do PCC-RO.

§ 1º A GDRO será paga observado o limite máximo de 100 (cem) pontos e o mínimo de 30 (trinta) pontos por servidor, correspondendo cada ponto, em seus respectivos níveis, classes e padrões, ao valor estabelecido no Anexo VI, produzindo efeitos financeiros a partir de 1º de janeiro de 2014 ou da data da publicação do deferimento da opção de que trata o art. 86 da Lei n. 12.249, de 11 de junho de 2010, se esta for posterior.

§ 2º A pontuação referente ao pagamento da GDRO será obtida por meio de avaliação de desempenho individual realizada pela chefia imediata do servidor, que considerará critérios e fatores que reflitam as competências do servidor aferidas no desempenho individual das tarefas e atividades.

§ 3º No caso de impossibilidade de realização de avaliação de desempenho, ou até que seja processado o resultado da primeira avaliação, o servidor de que trata o *caput* fará jus a percepção da GDRO no valor de 80 (oitenta) pontos.

§ 4º Para fins de incorporação da GDRO aos proventos da aposentadoria ou às pensões, serão adotados os seguintes critérios:

I — o valor equivalente à média dos pontos recebidos nos últimos 60 (sessenta) meses, quando percebida a gratificação por período igual ou superior a 60 (sessenta) meses, aos servidores que tenham por fundamento de aposentadoria o disposto nos arts. 3º e 6º da Emenda Constitucional n. 41, de 19 de dezembro de 2003, no art. 3º da Emenda Constitucional n. 47, de 5 de julho de 2005, e aos abrangidos pelo art. 6º-A da Emenda Constitucional n. 41, de 19 de dezembro de 2003;

II — o valor equivalente a 50 (cinquenta) pontos, quando percebida a gratificação por período inferior a 60 (sessenta) meses, aos servidores que tenham por fundamento de aposentadoria o disposto nos art. 3º e 6º da Emenda Constitucional n. 41, de 19 de dezembro de 2003, no art. 3º da Emenda Constitucional n. 47, de 5 de julho de 2005, e aos abrangidos pelo art. 6º-A da Emenda Constitucional n. 41, de 19 de dezembro de 2003;

III — aos beneficiários de pensão amparados pelo parágrafo único do art. 3º da Emenda Constitucional n. 47, de 5 de julho de 2005, e pelo art. 6º-A da Emenda Constitucional n. 41, de 19 de dezembro de 2003, aplica-se o disposto nos incisos I e II, conforme interstício cumprido pelo instituidor; e

IV — aos demais servidores e pensionistas aplica-se o disposto na Lei n. 10.887, de 18 de junho de 2004, ou na Lei n 12.618, de 30 de abril de 2012, conforme o regramento previdenciário aplicável.

§ 5º Os critérios e procedimentos específicos de avaliação de desempenho serão estabelecidos em ato do Poder Executivo federal.

§ 6º O resultado da primeira avaliação gerará efeitos financeiros a partir da data da publicação do ato regulamentar de que trata o § 5º, devendo ser compensadas eventuais diferenças pagas a maior ou a menor até aquela data.

§ 7º A GDRO não poderá ser paga cumulativamente com qualquer outra gratificação de desempenho ou produtividade, independentemente da sua denominação ou base de cálculo.

CAPÍTULO III
DOS EMPREGADOS

Art. 9º O reconhecimento de vínculo do empregado da administração direta, autárquica e fundacional ocorrerá exclusivamente no emprego ocupado na data da entrega do requerimento de opção de que trata o art. 86 da Lei n. 12.249, de 11 de junho de 2010.

§ 1º O direito de opção aplica-se apenas aos empregados estaduais que tenham mantido vínculo empregatício amparado pelo mesmo contrato de trabalho em vigor em 15 de março de 1987 e, no caso dos empregados municipais, pelo mesmo contrato de trabalho em vigor em 23 de dezembro de 1981, sem prejuízo dos demais requisitos constitucionais, legais e regulamentares para ingresso no quadro em extinção de que trata o art. 85 da Lei n. 12.249, de 11 de junho de 2010.

§ 2º Os empregados de que trata o *caput* permanecerão vinculados ao Regime Geral de Previdência Social de que trata o art. 201 da Constituição Federal.

Art. 10. A partir de 1º de janeiro de 2014 ou da data da publicação do deferimento da opção de que trata o art. 86 da Lei n. 12.249, de 11 de junho de 2010, se esta for posterior, aplica-se aos empregados públicos optantes a tabela de salários de que trata o Anexo VII.

§ 1º O posicionamento dos empregados nas tabelas de que trata o Anexo VII observará:

I — o nível de escolaridade do emprego ocupado na data da entrega do requerimento da opção, observado o disposto no § 1º do art. 9º; e

II — a contagem de um padrão para cada 12 (doze) meses de serviço prestado no emprego, contados em 1º de janeiro de 2014 ou na data da publicação do deferimento da opção de que trata o art. 86 da Lei n. 12.249, de 11 de junho de 2010, se esta for posterior.

§ 2º Para a progressão e a promoção do empregado será observado o cumprimento de interstício mínimo de 12 (doze) meses em cada padrão, contados a partir do posicionamento de que trata o § 1º.

§ 3º A contagem de 12 (doze) meses de exercício para a progressão e a promoção, conforme estabelecido no § 2º, será realizada em dias, descontados os períodos de suspensão do contrato de trabalho.

§ 4º Para os fins do disposto no § 3º, as situações reconhecidas pela Lei n. 8.112, de 11 de dezembro de 1990, como licença remunerada de efetivo exercício não ensejarão desconto na contagem para a progressão e a promoção.

§ 5º O ingresso no quadro em extinção de que trata o art. 85 da Lei n. 12.249, de 11 de junho de 2010, sujeita o empregado, a partir de 1º de janeiro de 2014, à supressão de quaisquer valores ou vantagens concedidos por decisão administrativa, judicial ou extensão administrativa de decisão judicial, de natureza geral ou individual, ainda que decorrentes de sentença judicial transitada em julgado, observado o disposto no § 2º do art. 12.

Art. 11. Aos empregados de que trata o art. 9º serão devidos os auxílios transporte e alimentação, observadas as normas e regulamentos aplicáveis aos servidores públicos federais.

CAPÍTULO IV
DISPOSIÇÕES FINAIS

Art. 12. A aplicação das disposições relativas ao salário dos empregados e à estrutura remuneratória dos servidores e dos militares abrangidos por esta Lei não poderá implicar redução de remuneração.

§ 1º Na hipótese de redução da remuneração de servidores ou militares em decorrência do disposto nesta Lei, eventual diferença será paga como VPNI, de natureza provisória, que será gradativamente absorvida por ocasião do desenvolvimento por progressão ou promoção, da reorganização ou da reestruturação dos cargos ou das remunerações previstas nesta Lei, ou da concessão de reajuste ou vantagem de qualquer natureza.

§ 2º Na hipótese de redução do salário dos empregados de que trata o art. 9º em decorrência do disposto nesta Lei, eventual diferença será paga como complementação salarial de natureza provisória, que será gradativamente absorvida por ocasião do desenvolvimento por progressão ou promoção, da reestruturação da tabela remuneratória referida no art. 10 ou da concessão de reajuste ou vantagem de qualquer natureza.

§ 3º A VPNI e a complementação salarial provisória de que tratam os §§ 1º e 2º estarão sujeitas exclusivamente à atualização decorrente de revisão geral da remuneração dos servidores públicos federais.

Art. 13. Os servidores, os militares e os empregados optantes de que trata esta Lei continuarão prestando serviço ao Governo do Estado de Rondônia, na condição de cedidos, sem ônus para o cessionário, até que sejam aproveitados em órgão ou entidade da administração federal direta, autárquica ou fundacional.

PARÁGRAFO ÚNICO. O aproveitamento será regulamentado por ato do Poder Executivo federal.

Art. 14. Fica a União, por meio dos Ministros de Estado do Planejamento, Orçamento e Gestão e da Fazenda, autorizada a delegar competência, por meio de convênio, ao Governador do Estado de Rondônia, para a prática de atos relativos à promoção, movimentação, reforma, licenciamento, exclusão, exoneração, e outros atos administrativos e disciplinares previstos nos respectivos regulamentos das corporações e nesta Lei, relativos aos policiais e bombeiros militares, aos policiais civis, aos servidores de que tratam os incisos III e IV do *caput* do art. 2º e aos empregados de que trata o art. 9º.

PARÁGRAFO ÚNICO. O convênio estabelecerá, para cada exercício financeiro, os limites de aumento da despesa decorrentes do desempenho das competências nele referidas, observadas as dotações orçamentárias consignadas na lei orçamentária anual.

Art. 15. A autoridade do ente cessionário que tiver ciência de irregularidade no serviço público praticada por servidor ou militar oriundo do ex-Território Federal de Rondônia, de que trata esta Lei, promoverá sua apuração imediata, inclusive sobre fatos pretéritos, nos termos da Lei n. 8.112, de 11 de dezembro de 1990.

Art. 16. Os servidores integrantes do PCC-RO e os referidos no art. 2º ficam submetidos ao regime jurídico instituído pela Lei n. 8.112, de 11 de dezembro de 1990.

Art. 17. Os empregados de que trata o art. 9º ficam submetidos ao regime jurídico disciplinado pela Consolidação das Leis do Trabalho — CLT, aprovada pelo Decreto-Lei n. 5.452, de 1º de maio de 1943.

Art. 18. Os cargos de que trata esta Lei serão automaticamente extintos quando ocorrer a sua vacância.

Art. 19. Os empregos de que trata esta Lei serão automaticamente extintos em qualquer hipótese de rescisão do contrato de trabalho.

Art. 20. Ressalvado o disposto no § 1º do art. 2º, o tempo de serviço público estadual e municipal anterior à publicação desta Lei somente será contado para fins de aposentadoria e disponibilidade.

Art. 21. A aplicação das determinações desta Lei não representa, para efeito de aposentadoria, descontinuidade em relação às Carreiras, aos cargos e às atribuições atuais desenvolvidas pelos servidores ocupantes de cargos efetivos.

Art. 22. Na hipótese de realização de serviço extraordinário ou em período noturno pelos integrantes do quadro em extinção de que trata o art. 85 da Lei n. 12.249, de 11 de junho de 2010, enquanto permanecerem a serviço do Estado de Rondônia, eventual ônus financeiro caberá ao ente cessionário.

Art. 23. Fica estabelecido o prazo de 90 (noventa) dias, a contar da data da publicação desta Lei, para o exercício da opção de que trata o art. 86 da Lei n. 12.249, de 11 de junho de 2010, pelos servidores civis, militares e empregados do ex-Território Federal de Rondônia e Municípios abrangidos pela Emenda Constitucional n. 60, de 11 de novembro de 2009.

PARÁGRAFO ÚNICO. O prazo poderá ser prorrogado 1 (uma) única vez, por igual período, por ato do Ministro de Estado do Planejamento, Orçamento e Gestão.

Art. 24. Esta Lei entra em vigor na data de sua publicação.

Brasília, 23 de abril de 2013; 192º da Independência e 125º da República.

Dilma Rousseff

Miriam Belchior

Os anexos referidos pela Lei n. 12.800, de 23.4.2013, acham-se publicados no DOU do dia 24.4.13, à página 3.

Legislação Complementar

LEI N. 12.813, DE 16 DE MAIO DE 2013

(DOU 17.05.2013)

DISPÕE SOBRE O CONFLITO DE INTERESSES NO EXERCÍCIO DE CARGO OU EMPREGO DO PODER EXECUTIVO FEDERAL E IMPEDIMENTOS POSTERIORES AO EXERCÍCIO DO CARGO OU EMPREGO; E REVOGA DISPOSITIVOS DA LEI N. 9.986, DE 18 DE JULHO DE 2000, E DAS MEDIDAS PROVISÓRIAS NS. 2.216-37, DE 31 DE AGOSTO DE 2001, E 2.225-45, DE 4 DE SETEMBRO DE 2001

A PRESIDENTA DA REPÚBLICA

Faço saber que o Congresso Nacional decreta e eu sanciono a seguinte Lei:

CAPÍTULO I

Disposições Gerais

Art. 1º As situações que configuram conflito de interesses envolvendo ocupantes de cargo ou emprego no âmbito do Poder Executivo federal, os requisitos e restrições a ocupantes de cargo ou emprego que tenham acesso a informações privilegiadas, os impedimentos posteriores ao exercício do cargo ou emprego e as competências para fiscalização, avaliação e prevenção de conflitos de interesses regulam-se pelo disposto nesta Lei.

Art. 2º Submetem-se ao regime desta Lei os ocupantes dos seguintes cargos e empregos:

I — de ministro de Estado;

II — de natureza especial ou equivalentes;

III — de presidente, vice-presidente e diretor, ou equivalentes, de autarquias, fundações públicas, empresas públicas ou sociedades de economia mista; e

IV — do Grupo-Direção e Assessoramento Superiores — DAS, níveis 6 e 5 ou equivalentes.

PARÁGRAFO ÚNICO. Além dos agentes públicos mencionados nos incisos I a IV, sujeitam-se ao disposto nesta Lei os ocupantes de cargos ou empregos cujo exercício proporcione acesso a informação privilegiada capaz de trazer vantagem econômica ou financeira para o agente público ou para terceiro, conforme definido em regulamento.

Art. 3º Para os fins desta Lei, considera-se:

I — conflito de interesses: a situação gerada pelo confronto entre interesses públicos e privados, que possa comprometer o interesse coletivo ou influenciar, de maneira imprópria, o desempenho da função pública; e

II — informação privilegiada: a que diz respeito a assuntos sigilosos ou aquela relevante ao processo de decisão no âmbito do Poder Executivo federal que tenha repercussão econômica ou financeira e que não seja de amplo conhecimento público.

Art. 4º O ocupante de cargo ou emprego no Poder Executivo federal deve agir de modo a prevenir ou a impedir possível conflito de interesses e a resguardar informação privilegiada.

§ 1º No caso de dúvida sobre como prevenir ou impedir situações que configurem conflito de interesses, o agente público deverá consultar a Comissão de Ética Pública, criada no âmbito do Poder Executivo federal, ou a Controladoria-Geral da União, conforme o disposto no parágrafo único do art. 8º desta Lei.

§ 2º A ocorrência de conflito de interesses independe da existência de lesão ao patrimônio público, bem como do recebimento de qualquer vantagem ou ganho pelo agente público ou por terceiro.

CAPÍTULO II

Das Situações que Configuram Conflito de Interesses no Exercício do Cargo ou Emprego

Art. 5º Configura conflito de interesses no exercício de cargo ou emprego no âmbito do Poder Executivo federal:

I — divulgar ou fazer uso de informação privilegiada, em proveito próprio ou de terceiro, obtida em razão das atividades exercidas;

II — exercer atividade que implique a prestação de serviços ou a manutenção de relação de negócio com pessoa física ou jurídica que tenha interesse em decisão do agente público ou de colegiado do qual este participe;

III — exercer, direta ou indiretamente, atividade que em razão da sua natureza seja incompatível com as atribuições do cargo ou emprego, considerando-se como tal, inclusive, a atividade desenvolvida em áreas ou matérias correlatas;

IV — atuar, ainda que informalmente, como procurador, consultor, assessor ou intermediário de interesses privados nos órgãos ou entidades da administração pública direta ou indireta de qualquer dos Poderes da União, dos Estados, do Distrito Federal e dos Municípios;

V — praticar ato em benefício de interesse de pessoa jurídica de que participe o agente público, seu cônjuge, companheiro ou parentes, consanguíneos ou afins, em linha reta ou colateral, até o terceiro grau, e que possa ser por ele beneficiada ou influir em seus atos de gestão;

VI — receber presente de quem tenha interesse em decisão do agente público ou de colegiado do qual este participe fora dos limites e condições estabelecidos em regulamento; e

VII — prestar serviços, ainda que eventuais, a empresa cuja atividade seja controlada, fiscalizada ou regulada pelo ente ao qual o agente público está vinculado.

PARÁGRAFO ÚNICO. As situações que configuram conflito de interesses estabelecidas neste artigo aplicam-se aos ocupantes dos cargos ou empregos mencionados no art. 2º ainda que em gozo de licença ou em período de afastamento.

CAPÍTULO III

Das Situações que Configuram Conflito de Interesses após o Exercício do Cargo ou Emprego

Art. 6º Configura conflito de interesses após o exercício de cargo ou emprego no âmbito do Poder Executivo federal:

I — a qualquer tempo, divulgar ou fazer uso de informação privilegiada obtida em razão das atividades exercidas; e

II — no período de 6 (seis) meses, contado da data da dispensa, exoneração, destituição, demissão ou aposentadoria, salvo quando expressamente autorizado, conforme o caso, pela Comissão de Ética Pública ou pela Controladoria-Geral da União:

a) prestar, direta ou indiretamente, qualquer tipo de serviço a pessoa física ou jurídica com quem tenha estabelecido relacionamento relevante em razão do exercício do cargo ou emprego;

b) aceitar cargo de administrador ou conselheiro ou estabelecer vínculo profissional com pessoa física ou jurídica que desempenhe atividade relacionada à área de competência do cargo ou emprego ocupado;

c) celebrar com órgãos ou entidades do Poder Executivo federal contratos de serviço, consultoria, assessoramento ou atividades similares, vinculados, ainda que indiretamente, ao órgão ou entidade em que tenha ocupado o cargo ou emprego; ou

d) intervir, direta ou indiretamente, em favor de interesse privado perante órgão ou entidade em que haja ocupado cargo ou emprego ou com o qual tenha estabelecido relacionamento relevante em razão do exercício do cargo ou emprego.

Art. 7º (VETADO).

CAPÍTULO IV

Da Fiscalização e da Avaliação do Conflito de Interesses

Art. 8º Sem prejuízo de suas competências institucionais, compete à Comissão de Ética Pública, instituída no âmbito do Poder Executivo federal, e à Controladoria-Geral da União, conforme o caso:

I — estabelecer normas, procedimentos e mecanismos que objetivem prevenir ou impedir eventual conflito de interesses;

II — avaliar e fiscalizar a ocorrência de situações que configuram conflito de interesses e determinar medidas para a prevenção ou eliminação do conflito;

III — orientar e dirimir dúvidas e controvérsias acerca da interpretação das normas que regulam o conflito de interesses, inclusive as estabelecidas nesta Lei;

IV — manifestar-se sobre a existência ou não de conflito de interesses nas consultas a elas submetidas;

V — autorizar o ocupante de cargo ou emprego no âmbito do Poder Executivo federal a exercer atividade privada, quando verificada a inexistência de conflito de interesses ou sua irrelevância;

VI — dispensar a quem haja ocupado cargo ou emprego no âmbito do Poder Executivo federal de cumprir o período de impedimento a que se refere o inciso II do art. 6º, quando verificada a inexistência de conflito de interesses ou sua irrelevância;

VII — dispor, em conjunto com o Ministério do Planejamento, Orçamento e Gestão, sobre a comunicação pelos ocupantes de cargo ou emprego no âmbito do Poder Executivo federal de alterações patrimoniais relevantes, exercício de atividade privada ou recebimento de propostas de trabalho, contrato ou negócio no setor privado; e

VIII — fiscalizar a divulgação da agenda de compromissos públicos, conforme prevista no art. 11.

PARÁGRAFO ÚNICO. A Comissão de Ética Pública atuará nos casos que envolvam os agentes públicos mencionados nos incisos I a IV do art. 2º e a Controladoria-Geral da União, nos casos que envolvam os demais agentes, observado o disposto em regulamento.

Art. 9º Os agentes públicos mencionados no art. 2º desta Lei, inclusive aqueles que se encontram em gozo de licença ou em período de afastamento, deverão:

I — enviar à Comissão de Ética Pública ou à Controladoria- Geral da União, conforme o caso, anualmente, declaração com informações sobre situação patrimonial, participações societárias, atividades econômicas ou profissionais e indicação sobre a existência de cônjuge, companheiro ou parente, por consanguinidade ou afinidade, em linha reta ou colateral, até o terceiro grau, no exercício de atividades que possam suscitar conflito de interesses; e

II — comunicar por escrito à Comissão de Ética Pública ou à unidade de recursos humanos do órgão ou entidade respectivo, conforme o caso, o exercício de atividade privada ou o recebimento de propostas de trabalho que pretende aceitar, contrato ou negócio no setor privado, ainda que não vedadas pelas normas vigentes, estendendo-se esta obrigação ao período a que se refere o inciso II do art. 6º.

PARÁGRAFO ÚNICO. As unidades de recursos humanos, ao receber a comunicação de exercício de atividade privada ou de recebimento de propostas de trabalho, contrato ou negócio no setor privado, deverão informar ao servidor e à Controladoria-Geral da União as situações que suscitem potencial conflito de interesses entre a atividade pública e a atividade privada do agente.

CAPÍTULO V
Disposições Finais

Art. 10. As disposições contidas nos arts. 4º e 5º e no inciso I do art. 6º estendem-se a todos os agentes públicos no âmbito do Poder Executivo federal.

Art. 11. Os agentes públicos mencionados nos incisos I a IV do art. 2º deverão, ainda, divulgar, diariamente, por meio da rede mundial de computadores — internet, sua agenda de compromissos públicos.

Art. 12. O agente público que praticar os atos previstos nos arts. 5º e 6º desta Lei incorre em improbidade administrativa, na forma do art. 11 da Lei n. 8.429, de 2 de junho de 1992, quando não caracterizada qualquer das condutas descritas nos arts. 9º e 10 daquela Lei.

PARÁGRAFO ÚNICO. Sem prejuízo do disposto no *caput* e da aplicação das demais sanções cabíveis, fica o agente público que se encontrar em situação de conflito de interesses sujeito à aplicação da penalidade disciplinar de demissão, prevista no inciso III do art. 127 e no art. 132 da Lei n. 8.112, de 11 de dezembro de 1990, ou medida equivalente.

Art. 13. O disposto nesta Lei não afasta a aplicabilidade da Lei n. 8.112, de 11 de dezembro de 1990, especialmente no que se refere à apuração das responsabilidades e possível aplicação de sanção em razão de prática de ato que configure conflito de interesses ou ato de improbidade nela previstos.

Art. 14. (VETADO).

Art. 15. (VETADO).

Brasília, 16 de maio de 2013; 192º da Independência e 125 da República.

Dilma Rousseff
Miriam Belchior

Legislação Complementar

PORTARIA GM/MTE N. 654, DE 9 DE MAIO DE 2014

DOU 12.5.2014

ESTABELECE PROCEDIMENTOS, NO ÂMBITO DO MINISTÉRIO DO TRABALHO E EMPREGO PARA CONCESSÃO, REGISTRO E ARQUIVO DE SOLICITAÇÃO DE AUDIÊNCIA A PARTICULARES

O MINISTRO DE ESTADO DO TRABALHO E EMPREGO, no uso das atribuições que lhe conferem o artigo 87, parágrafo único, inciso II da Constituição Federal, e tendo em vista o disposto na Lei n. 12.813, de 16 de maio de 2013 e no Decreto n. 4.334, de 12 de agosto de 2002, resolve:

Art. 1º Estabelecer procedimentos para registro e arquivo de solicitações de audiências concedidas a particulares por agente públicos em exercício nas Unidades do Ministério do Trabalho e Emprego, ocupantes de cargos de Direção e Assessoramento — DAS 5, 6 e cargos de Natureza Especial, incluindo-se Ministro de Estado.

PARÁGRAFO ÚNICO. Para fins desta Portaria, considera-se:

I — Agente público todo aquele, civil ou militar, que por força de lei, contrato ou qualquer outro ato jurídico detenha atribuição de se manifestar ou decidir sobre ato ou fato sujeito à sua área de atuação;

II — Particular todo aquele que, mesmo ocupante de cargo ou função pública, solicite audiência para tratar de interesse privado seu ou de terceiros.

Art. 2º As concessões de audiências deverão ser precedidas de pedido de audiência, dirigido ao chefe de gabinete, ocupante de cargo equivalente ou servidor designado para esse fim, do órgão a que estiver vinculado o agente público, enviado por meio do serviço de protocolo, fac-símile ou meio eletrônico, contendo, no mínimo, as seguintes informações:

I — identificação do requerente;

II — instituição que representa, se for o caso;

III — assunto a ser tratado, descrito no menor nível de detalhamento possível;

IV — identificação dos acompanhantes, se houver;

V — data e hora em que pretende ser recebido e, quando for o caso, as razões da urgência; e

VI — endereço, telefone ou e-mail para contato.

PARÁGRAFO ÚNICO. Após a análise da solicitação de reunião pelo agente público, ficará a cargo da autoridade responsável, conforme previsto no *caput*, as seguintes atribuições:

I — no caso da aprovação do pleito:

a) informar ao solicitante o local, data e hora da realização da audiência ou a providência adotada, compatível à finalidade do pedido de audiência;

b) cadastrar as concessões de audiência em link destinado a publicação das agendas públicas, disponível do Portal do MTE na internet.

II — no caso de negativa quanto ao pleito, informar as razões, bem como, se for o caso, o novo encaminhamento interno ao pedido.

Art. 3º Qualquer alteração da agenda dos agentes públicos, após publicada no sítio eletrônico do MTE, deverá ser formalmente justificada.

PARÁGRAFO ÚNICO. Todas as audiências concedidas deverão ser registradas em memória de reunião, a ser elaborada por pessoa designada pelo agente público, contendo, no mínimo, as seguintes informações:

I — participantes da audiência, identificando:

a) nome completo e respectivos cargos/funções ocupadas, no caso dos servidores públicos participantes;

b) nome completo, no caso de particular.

II — local, data e hora da audiência;

III — principais assuntos tratados e respectivos encaminhamentos;

Art. 4º O agente público que receber documentos ou informações em audiência, em meio físico ou eletrônico, deverá providenciar imediatamente seu regular registro no protocolo do MTE.

Art. 5º As audiências, sempre em caráter oficial, deverão atender aos seguintes requisitos:

I — realizar-se preferencialmente no órgão a que esteja subordinado o agente público;

II — realizar-se em dia útil, em horário definido; e

III — o agente público deverá estar acompanhado de pelo menos um servidor público.

§ 1º. Audiência realizada fora do órgão público, o agente público poderá dispensar o acompanhamento de outro servidor público, devendo manter seu registro em agenda pública no Portal do MTE na Internet.

§ 2º. As normas ora estabelecidas poderão, a critério de cada agente público, ser estendidas para as reuniões com servidores públicos de outros órgãos.

Art. 6º Ficará a cargo da Coordenação Geral de Informática — CGI/SPOA, o desenvolvimento de ferramenta necessária ao registro e arquivo das audiências solicitadas aos agentes públicos do MTE, disponível para consulta pública no endereço eletrônico: http://portal. mte. gov. br/ imprensa/ agendas- de- autoridades. htm.

Art. 7º Esta Portaria entra em vigor na data de sua publicação.

Art. 8º Revogam-se as disposições em contrário.

Manoel Dias

LEI N. 12.846, DE 1º DE AGOSTO DE 2013

(DOU 2.8.2013)

DISPÕE SOBRE A RESPONSABILIZAÇÃO ADMINISTRATIVA E CIVIL DE PESSOAS JURÍDICAS PELA PRÁTICA DE ATOS CONTRA A ADMINISTRAÇÃO PÚBLICA, NACIONAL OU ESTRANGEIRA, E DÁ OUTRAS PROVIDÊNCIAS

A PRESIDENTADA REPÚBLICA

Faço saber que o Congresso Nacional decreta e eu sanciono a seguinte Lei:

CAPÍTULO I

Disposições Gerais

Art. 1º Esta Lei dispõe sobre a responsabilização objetiva administrativa e civil de pessoas jurídicas pela prática de atos contra a administração pública, nacional ou estrangeira.

PARÁGRAFO ÚNICO. Aplica-se o disposto nesta Lei às sociedades empresárias e às sociedades simples, personificadas ou não, independentemente da forma de organização ou modelo societário adotado, bem como a quaisquer fundações, associações de entidades ou pessoas, ou sociedades estrangeiras, que tenham sede, filial ou representação no território brasileiro, constituídas de fato ou de direito, ainda que temporariamente.

Art. 2º As pessoas jurídicas serão responsabilizadas objetivamente, nos âmbitos administrativo e civil, pelos atos lesivos previstos nesta Lei praticados em seu interesse ou benefício, exclusivo ou não.

Art. 3º A responsabilização da pessoa jurídica não exclui a responsabilidade individual de seus dirigentes ou administradores ou de qualquer pessoa natural, autora, coautora ou partícipe do ato ilícito.

§ 1º A pessoa jurídica será responsabilizada independentemente da responsabilização individual das pessoas naturais referidas no *caput*.

§ 2º Os dirigentes ou administradores somente serão responsabilizados por atos ilícitos na medida da sua culpabilidade.

Art. 4º Subsiste a responsabilidade da pessoa jurídica na hipótese de alteração contratual, transformação, incorporação, fusão ou cisão societária.

§ 1º Nas hipóteses de fusão e incorporação, a responsabilidade da sucessora será restrita à obrigação de pagamento de multa e reparação integral do dano causado, até o limite do patrimônio transferido, não lhe sendo aplicáveis as demais sanções previstas nesta Lei decorrentes de atos e fatos ocorridos antes da data da fusão ou incorporação, exceto no caso de simulação ou evidente intuito de fraude, devidamente comprovados.

§ 2º As sociedades controladoras, controladas, coligadas ou, no âmbito do respectivo contrato, as consorciadas serão solidariamente responsáveis pela prática dos atos previstos nesta Lei, restringindo-se tal responsabilidade à obrigação de pagamento de multa e reparação integral do dano causado.

CAPÍTULO II

Dos Atos Lesivos à Administração Pública Nacional ou Estrangeira

Art. 5º Constituem atos lesivos à administração pública, nacional ou estrangeira, para os fins desta Lei, todos aqueles praticados pelas pessoas jurídicas mencionadas no parágrafo único do art. 1º, que atentem contra o patrimônio público nacional ou estrangeiro, contra princípios da administração pública ou contra os compromissos internacionais assumidos pelo Brasil, assim definidos:

I — prometer, oferecer ou dar, direta ou indiretamente, vantagem indevida a agente público, ou a terceira pessoa a ele relacionada;

II — comprovadamente, financiar, custear, patrocinar ou de qualquer modo subvencionar a prática dos atos ilícitos previstos nesta Lei;

III — comprovadamente, utilizar-se de interposta pessoa física ou jurídica para ocultar ou dissimular seus reais interesses ou a identidade dos beneficiários dos atos praticados;

IV — no tocante a licitações e contratos:

a) frustrar ou fraudar, mediante ajuste, combinação ou qualquer outro expediente, o caráter competitivo de procedimento licitatório público;

b) impedir, perturbar ou fraudar a realização de qualquer ato de procedimento licitatório público;

c) afastar ou procurar afastar licitante, por meio de fraude ou oferecimento de vantagem de qualquer tipo;

d) fraudar licitação pública ou contrato dela decorrente;

e) criar, de modo fraudulento ou irregular, pessoa jurídica para participar de licitação pública ou celebrar contrato administrativo;

f) obter vantagem ou benefício indevido, de modo fraudulento, de modificações ou prorrogações de contratos celebrados com a administração pública, sem autorização em lei, no ato convocatório da licitação pública ou nos respectivos instrumentos contratuais; ou

g) manipular ou fraudar o equilíbrio econômico-financeiro dos contratos celebrados com a administração pública;

V — dificultar atividade de investigação ou fiscalização de órgãos, entidades ou agentes públicos, ou intervir em sua atuação, inclusive no âmbito das agências reguladoras e dos órgãos de fiscalização do sistema financeiro nacional.

§ 1º Considera-se administração pública estrangeira os órgãos e entidades estatais ou representações diplomáticas de país estrangeiro, de qualquer nível ou esfera de governo, bem como as pessoas jurídicas controladas, direta ou indiretamente, pelo poder público de país estrangeiro.

§ 2º Para os efeitos desta Lei, equiparam-se à administração pública estrangeira as organizações públicas internacionais.

§ 3º Considera-se agente público estrangeiro, para os fins desta Lei, quem, ainda que transitoriamente ou sem remuneração, exerça cargo, emprego ou função pública em órgãos, entidades estatais ou em representações diplomáticas de país estrangeiro, assim como em pessoas jurídicas controladas, direta ou indiretamente, pelo poder público de país estrangeiro ou em organizações públicas internacionais.

CAPÍTULO III

Da Responsabilização Administrativa

Art. 6º Na esfera administrativa, serão aplicadas às pessoas jurídicas consideradas responsáveis pelos atos lesivos previstos nesta Lei as seguintes sanções:

I — multa, no valor de 0,1% (um décimo por cento) a 20% (vinte por cento) do faturamento bruto do último exercício anterior ao da instauração do processo administrativo, excluídos os tributos, a qual nunca será inferior à vantagem auferida, quando for possível sua estimação; e

II — publicação extraordinária da decisão condenatória.

§ 1º As sanções serão aplicadas fundamentadamente, isolada ou cumulativamente, de acordo com as peculiaridades do caso concreto e com a gravidade e natureza das infrações.

§ 2º A aplicação das sanções previstas neste artigo será precedida da manifestação jurídica elaborada pela Advocacia Pública ou pelo órgão de assistência jurídica, ou equivalente, do ente público.

§ 3º A aplicação das sanções previstas neste artigo não exclui, em qualquer hipótese, a obrigação da reparação integral do dano causado.

§ 4º Na hipótese do inciso I do *caput*, caso não seja possível utilizar o critério do valor do faturamento bruto da pessoa jurídica, a multa será de R$ 6.000,00 (seis mil reais) a R$ 60.000.000,00 (sessenta milhões de reais).

§ 5º A publicação extraordinária da decisão condenatória ocorrerá na forma de extrato de sentença, a expensas da pessoa jurídica, em meios de comunicação de grande circulação na área da prática da infração e de atuação da pessoa jurídica ou, na sua falta, em publicação de circulação nacional, bem como por meio de afixação de edital, pelo prazo mínimo de 30 (trinta) dias, no próprio estabelecimento ou no local de exercício da atividade, de modo visível ao público, e no sítio eletrônico na rede mundial de computadores.

§ 6º (VETADO).

Art. 7º Serão levados em consideração na aplicação das sanções:

I — a gravidade da infração;

II — a vantagem auferida ou pretendida pelo infrator;

III — a consumação ou não da infração;

IV — o grau de lesão ou perigo de lesão;

V — o efeito negativo produzido pela infração;

VI — a situação econômica do infrator;

VII — a cooperação da pessoa jurídica para a apuração das infrações;

VIII — a existência de mecanismos e procedimentos internos de integridade, auditoria e incentivo à denúncia de irregularidades e a aplicação efetiva de códigos de ética e de conduta no âmbito da pessoa jurídica;

IX — o valor dos contratos mantidos pela pessoa jurídica com o órgão ou entidade pública lesados; e

X — (VETADO).

PARÁGRAFO ÚNICO. Os parâmetros de avaliação de mecanismos e procedimentos previstos no inciso VIII do *caput* serão estabelecidos em regulamento do Poder Executivo federal.

CAPÍTULO IV

Do Processo Administrativo de Responsabilização

Art. 8º A instauração e o julgamento de processo administrativo para apuração da responsabilidade de pessoa jurídica cabem à autoridade máxima de cada órgão ou entidade dos Poderes Executivo, Legislativo e Judiciário, que agirá de ofício ou mediante provocação, observados o contraditório e a ampla defesa.

§ 1º A competência para a instauração e o julgamento do processo administrativo de apuração de responsabilidade da pessoa jurídica poderá ser delegada, vedada a subdelegação.

§ 2º No âmbito do Poder Executivo federal, a Controladoria- Geral da União — CGU terá competência concorrente para instaurar processos administrativos de responsabilização de pessoas jurídicas ou para avocar os processos instaurados com fundamento nesta Lei, para exame de sua regularidade ou para corrigir-lhes o andamento.

Art. 9º Competem à Controladoria-Geral da União — CGU a apuração, o processo e o julgamento dos atos ilícitos previstos nesta Lei, praticados contra a administração pública estrangeira, observado o disposto no Artigo 4 da Convenção sobre o Combate da Corrupção de Funcionários Públicos Estrangeiros em Transações Comerciais Internacionais, promulgada pelo Decreto n. 3.678, de 30 de novembro de 2000.

Art. 10. O processo administrativo para apuração da responsabilidade de pessoa jurídica será conduzido por comissão designada pela autoridade instauradora e composta por 2 (dois) ou mais servidores estáveis.

§ 1º O ente público, por meio do seu órgão de representação judicial, ou equivalente, a pedido da comissão a que se refere o *caput*, poderá requerer as medidas judiciais necessárias para a investigação e o processamento das infrações, inclusive de busca e apreensão.

§ 2º A comissão poderá, cautelarmente, propor à autoridade instauradora que suspenda os efeitos do ato ou processo objeto da investigação.

§ 3º A comissão deverá concluir o processo no prazo de 180 (cento e oitenta) dias contados da data da publicação do ato que a instituir e, ao final, apresentar relatórios sobre os fatos apurados e eventual responsabilidade da pessoa jurídica, sugerindo de forma motivada as sanções a serem aplicadas.

§ 4º O prazo previsto no § 3º poderá ser prorrogado, mediante ato fundamentado da autoridade instauradora.

Art. 11. No processo administrativo para apuração de responsabilidade, será concedido à pessoa jurídica prazo de 30 (trinta) dias para defesa, contados a partir da intimação.

Art. 12. O processo administrativo, com o relatório da comissão, será remetido à autoridade instauradora, na forma do art. 10, para julgamento.

Art. 13. A instauração de processo administrativo específico de reparação integral do dano não prejudica a aplicação imediata das sanções estabelecidas nesta Lei.

PARÁGRAFO ÚNICO. Concluído o processo e não havendo pagamento, o crédito apurado será inscrito em dívida ativa da fazenda pública.

Art. 14. A personalidade jurídica poderá ser desconsiderada sempre que utilizada com abuso do direito para facilitar, encobrir ou dissimular a prática dos atos ilícitos previstos nesta Lei ou para provocar confusão patrimonial, sendo estendidos todos os efeitos das sanções aplicadas à pessoa jurídica aos seus administradores e sócios com poderes de administração, observados o contraditório e a ampla defesa.

Art. 15. A comissão designada para apuração da responsabilidade de pessoa jurídica, após a conclusão do procedimento administrativo, dará conhecimento ao Ministério Público de sua existência, para apuração de eventuais delitos.

CAPÍTULO V

Do Acordo de Leniência

Art. 16. A autoridade máxima de cada órgão ou entidade pública poderá celebrar acordo de leniência com as pessoas jurídicas responsáveis pela prática dos atos previstos nesta Lei que colaborem efetivamente com as investigações e o processo administrativo, sendo que dessa colaboração resulte:

I — a identificação dos demais envolvidos na infração, quando couber; e

II — a obtenção célere de informações e documentos que comprovem o ilícito sob apuração.

§ 1º O acordo de que trata o *caput* somente poderá ser celebrado se preenchidos, cumulativamente, os seguintes requisitos:

I — a pessoa jurídica seja a primeira a se manifestar sobre seu interesse em cooperar para a apuração do ato ilícito;

II — a pessoa jurídica cesse completamente seu envolvimento na infração investigada a partir da data de propositura do acordo;

III — a pessoa jurídica admita sua participação no ilícito e coopere plena e permanentemente com as investigações e o processo administrativo, comparecendo, sob suas expensas, sempre que solicitada, a todos os atos processuais, até seu encerramento.

§ 2º A celebração do acordo de leniência isentará a pessoa jurídica das sanções previstas no inciso II do art. 6º e no inciso IV do art. 19 e reduzirá em até 2/3 (dois terços) o valor da multa aplicável.

§ 3º O acordo de leniência não exime a pessoa jurídica da obrigação de reparar integralmente o dano causado.

§ 4º O acordo de leniência estipulará as condições necessárias para assegurar a efetividade da colaboração e o resultado útil do processo.

§ 5º Os efeitos do acordo de leniência serão estendidos às pessoas jurídicas que integram o mesmo grupo econômico, de fato e de direito, desde que firmem o acordo em conjunto, respeitadas as condições nele estabelecidas.

§ 6º A proposta de acordo de leniência somente se tornará pública após a efetivação do respectivo acordo, salvo no interesse das investigações e do processo administrativo.

§ 7º Não importará em reconhecimento da prática do ato ilícito investigado a proposta de acordo de leniência rejeitada.

§ 8º Em caso de descumprimento do acordo de leniência, a pessoa jurídica ficará impedida de celebrar novo acordo pelo prazo de 3 (três) anos contados do conhecimento pela administração pública do referido descumprimento.

§ 9º A celebração do acordo de leniência interrompe o prazo prescricional dos atos ilícitos previstos nesta Lei.

§ 10. A Controladoria-Geral da União — CGU é o órgão competente para celebrar os acordos de leniência no âmbito do Poder Executivo federal, bem como no caso de atos lesivos praticados contra a administração pública estrangeira.

Art. 17. A administração pública poderá também celebrar acordo de leniência com a pessoa jurídica responsável pela prática de ilícitos previstos na Lei n. 8.666, de 21 de junho de 1993, com vistas à isenção ou atenuação das sanções administrativas estabelecidas em seus arts. 86 a 88.

CAPÍTULO VI

Da Responsabilização Judicial

Art. 18. Na esfera administrativa, a responsabilidade da pessoa jurídica não afasta a possibilidade de sua responsabilização na esfera judicial.

Art. 19. Em razão da prática de atos previstos no art. 5º desta Lei, a União, os Estados, o Distrito Federal e os Municípios, por meio das respectivas Advocacias Públicas ou órgãos de representação judicial, ou equivalentes, e o Ministério Público, poderão ajuizar ação com vistas à aplicação das seguintes sanções às pessoas jurídicas infratoras:

I — perdimento dos bens, direitos ou valores que representem vantagem ou proveito direta ou indiretamente obtidos da infração, ressalvado o direito do lesado ou de terceiro de boa-fé;

II — suspensão ou interdição parcial de suas atividades;

III — dissolução compulsória da pessoa jurídica;

IV — proibição de receber incentivos, subsídios, subvenções, doações ou empréstimos de órgãos ou entidades públicas e de instituições financeiras públicas ou controladas pelo poder público, pelo prazo mínimo de 1 (um) e máximo de 5 (cinco) anos.

§ 1º A dissolução compulsória da pessoa jurídica será determinada quando comprovado:

I — ter sido a personalidade jurídica utilizada de forma habitual para facilitar ou promover a prática de atos ilícitos; ou

II — ter sido constituída para ocultar ou dissimular interesses ilícitos ou a identidade dos beneficiários dos atos praticados.

§ 2º (VETADO).

§ 3º As sanções poderão ser aplicadas de forma isolada ou cumulativa.

§ 4º O Ministério Público ou a Advocacia Pública ou órgão de representação judicial, ou equivalente, do ente público poderá requerer a indisponibilidade de bens, direitos ou valores necessários à garantia do pagamento da multa ou da reparação integral do dano causado, conforme previsto no art. 7º, ressalvado o direito do terceiro de boa-fé.

Art. 20. Nas ações ajuizadas pelo Ministério Público, poderão ser aplicadas as sanções previstas no art. 6º, sem prejuízo daquelas previstas neste Capítulo, desde que constatada a omissão das autoridades competentes para promover a responsabilização administrativa.

Art. 21. Nas ações de responsabilização judicial, será adotado o rito previsto na Lei n. 7.347, de 24 de julho de 1985.

PARÁGRAFO ÚNICO. A condenação torna certa a obrigação de reparar, integralmente, o dano causado pelo ilícito, cujo valor será apurado em posterior liquidação, se não constar expressamente da sentença.

CAPÍTULO VII

Disposições Finais

Art. 22. Fica criado no âmbito do Poder Executivo federal o Cadastro Nacional de Empresas Punidas — CNEP, que reunirá e dará publicidade às sanções aplicadas pelos órgãos ou entidades dos Poderes Executivo, Legislativo e Judiciário de todas as esferas de governo com base nesta Lei.

§ 1º Os órgãos e entidades referidos no *caput* deverão informar e manter atualizados, no Cnep, os dados relativos às sanções por eles aplicadas.

§ 2º O CNEP conterá, entre outras, as seguintes informações acerca das sanções aplicadas:

I — razão social e número de inscrição da pessoa jurídica ou entidade no Cadastro Nacional da Pessoa Jurídica — CNPJ;

II — tipo de sanção; e

III — data de aplicação e data final da vigência do efeito limitador ou impeditivo da sanção, quando for o caso.

§ 3º As autoridades competentes, para celebrarem acordos de leniência previstos nesta Lei, também deverão prestar e manter atualizadas no CNEP, após a efetivação do respectivo acordo, as informações acerca do acordo de leniência celebrado, salvo se esse procedimento vier a causar prejuízo às investigações e ao processo administrativo.

§ 4º Caso a pessoa jurídica não cumpra os termos do acordo de leniência, além das informações previstas no § 3º, deverá ser incluída no CNEP referência ao respectivo descumprimento.

§ 5º Os registros das sanções e acordos de leniência serão excluídos depois de decorrido o prazo previamente estabelecido no ato sancionador ou do cumprimento integral do acordo de leniência e da reparação do eventual dano causado, mediante solicitação do órgão ou entidade sancionadora.

Art. 23. Os órgãos ou entidades dos Poderes Executivo, Legislativo e Judiciário de todas as esferas de governo deverão informar e manter atualizados, para fins de publicidade, no Cadastro Nacional de Empresas Inidôneas e Suspensas — CEIS, de caráter público, instituído no âmbito do Poder Executivo federal, os dados relativos às sanções por eles aplicadas, nos termos do disposto nos arts. 87 e 88 da Lei n. 8.666, de 21 de junho de 1993.

Art. 24. A multa e o perdimento de bens, direitos ou valores aplicados com fundamento nesta Lei serão destinados preferencialmente aos órgãos ou entidades públicas lesadas.

Art. 25. Prescrevem em 5 (cinco) anos as infrações previstas nesta Lei, contados da data da ciência da infração ou, no caso de infração permanente ou continuada, do dia em que tiver cessado.

PARÁGRAFO ÚNICO. Na esfera administrativa ou judicial, a prescrição será interrompida com a instauração de processo que tenha por objeto a apuração da infração.

Art. 26. A pessoa jurídica será representada no processo administrativo na forma do seu estatuto ou contrato social.

§ 1º As sociedades sem personalidade jurídica serão representadas pela pessoa a quem couber a administração de seus bens.

§ 2º A pessoa jurídica estrangeira será representada pelo gerente, representante ou administrador de sua filial, agência ou sucursal aberta ou instalada no Brasil.

Art. 27. A autoridade competente que, tendo conhecimento das infrações previstas nesta Lei, não adotar providências para a apuração dos fatos será responsabilizada penal, civil e administrativamente nos termos da legislação específica aplicável.

Art. 28. Esta Lei aplica-se aos atos lesivos praticados por pessoa jurídica brasileira contra a administração pública estrangeira, ainda que cometidos no exterior.

Art. 29. O disposto nesta Lei não exclui as competências do Conselho Administrativo de Defesa Econômica, do Ministério da Justiça e do Ministério da Fazenda para processar e julgar fato que constitua infração à ordem econômica.

Art. 30. A aplicação das sanções previstas nesta Lei não afeta os processos de responsabilização e aplicação de penalidades decorrentes de:

I — ato de improbidade administrativa nos termos da Lei n. 8.429, de 2 de junho de 1992; e

II — atos ilícitos alcançados pela Lei n. 8.666, de 21 de junho de 1993, ou outras normas de licitações e contratos da administração pública, inclusive no tocante ao Regime Diferenciado de Contratações Públicas — RDC instituído pela Lei n. 12.462, de 4 de agosto de 2011.

Art. 31. Esta Lei entra em vigor 180 (cento e oitenta) dias após a data de sua publicação.

Brasília, 1º de agosto de 2013; 192º da Independência e 125º da República.

Dilma Rousseff
José Eduardo Cardozo
Luís Inácio Lucena Adams
Jorge Hage Sobrinho

LEI N. 4.375, DE 17 DE AGOSTO DE 1964

(DOU 3.9.64 — LTr 28/717)

LEI DO SERVIÇO MILITAR

(Artigos mais diretamente relacionados com a CLT)

Art. 30. São dispensados de incorporação os brasileiros da classe convocada:

....

e) operários, funcionários ou empregados de estabelecimentos ou empresas industriais de interesse militar, de transporte e de comunicações, que forem, anualmente, declarados diretamente relacionados com a Segurança Nacional pelo Estado-Maior das Forças Armadas (EMFA).

§ 1º Quando os convocados de que trata a letra "e" forem dispensados de incorporação, esta deverá ser solicitada pelos estabelecimentos ou empresas amparadas, até o início da seleção da classe respectiva, de acordo com a regulamentação da presente lei.

....

Art. 40-A. O Certificado de Isenção e o Certificado de Dispensa de Incorporação dos brasileiros concluintes dos cursos de Medicina, Farmácia, Odontologia e Veterinária terão validade até a diplomação e deverão ser revalidados pela região militar competente para ratificar a dispensa ou recolhidos, no caso de incorporação, a depender da necessidade das Forças Armadas." *(Acrescentado pela Lei n. 12.336, de 26.10.10, DOU 27.10.10)*

....

Art. 60. O funcionários públicos federais, estaduais ou municipais, bem como os empregados, operários ou trabalhadores, qualquer que seja a natureza da entidade em que exerçam suas atividades, quando incorporados ou matriculados em Órgãos de Formação de Reserva, por motivo de convocação para prestação do Serviço Militar inicial estabelecido pelo art. 16, desde que para isso forçados a abandonarem o cargo ou emprego, terão assegurado o retorno ao cargo ou emprego respectivo, dentro dos 30 (trinta) dias que se seguirem ao licenciamento, ou término de curso, salvo se declararem, por ocasião da incorporação ou matrícula, não pretender a ele voltar.

§ 1º Esses convocados, durante o tempo em que estiverem incorporados a organizações militares da Ativa ou matriculados em órgãos de formação de Reserva, nenhuma remuneração, vencimentos ou salários perceberão das organizações a que pertenciam. *(Redação L. n. 4.754, 18.8.65)*.

§ 2º Perderá o direito de retorno ao emprego, cargo ou função que exercia ao ser incorporado, o convocado que engajar.

§ 3º Compete ao Comandante, Diretor ou Chefe de Organização Militar em que for incorporado ou matriculado o convocado comunicar sua pretensão à entidade a que caiba reservar a função, cargo ou emprego e, bem assim, se for o caso, o engajamento concedido; essas comunicações deverão ser feitas dentro dos 20 (vinte) dias que se seguirem à incorporação ou concessão de engajamento.

§ 4º Todo convocado matriculado em Órgão de formação de Reserva que seja obrigado a faltar a suas atividades civis, por força de exercícios ou manobras, ou reservista que seja chamado, para fins de exercício de apresentação das reservas ou cerimônia cívica, do Dia do Reservista, terá suas faltas abonadas para todos os efeitos. *(Redação DL n. 715, 30.7.69)*.

Art. 61. Os brasileiros, quando incorporados, por motivo de convocação para manobras, exercícios, manutenção da ordem interna ou guerra, terão assegurado o retorno ao cargo, função ou emprego que exerciam ao serem convocados e garantido o direito a 2/3 (dois terços) da respectiva remuneração, durante o tempo em que permanecerem incorporados; vencerão pelo Exército, Marinha ou Aeronáutica apenas as gratificações regulamentares.

§ 1º Aos convocados fica assegurado o direito de optar pelos vencimentos, salários ou remuneração que mais lhes convenham.

§ 2º Perderá a garantia e o direito assegurado por este artigo, o incorporado que obtiver engajamento.

§ 3º Compete ao Comandante, Diretor ou Chefe da Organização Militar em que for incorporado o convocado, comunicar à entidade a que caiba reservar a função, cargo ou emprego, a sua pretensão, opção, quanto aos vencimentos e, se for o caso, o engajamento concedido; a comunicação relativa ao retorno à função deverá ser feita dentro dos 30 (trinta) dias que se seguirem à incorporação; as mais, tão logo venham a ocorrer.

....

Art. 63. Os convocados contarão, de acordo com o estabelecido na Legislação Militar, para efeito de aposentadoria, o tempo de serviço ativo prestado nas Forças Armadas, quando a elas incorporados.

PARÁGRAFO ÚNICO. Igualmente serão computados para efeito de aposentadoria o serviço prestado pelo convocado matriculado em Órgão de Formação de Reserva na base de 1 (um) dia para período de 8 (oito) horas de instrução, desde que concluam com aproveitamento a sua formação.

Art. 64. Em caso de infração às disposições desta lei, relativamente à exigência de estar em dia com as obrigações militares, poderá o interessado dirigir-se às autoridades militares fixadas na regulamentação desta lei, tendo em vista sobreguardar seus direitos ou interesses.

Art. 65. Constituem deveres de Reservista:

....

c) apresentar-se, anualmente, no local e data que forem fixados, para fins de exercício de apresentação das reservas ou cerimônia cívica do dia do Reservista.

Art. 66. Participarão da execução da presente Lei:

....

g) as empresas, companhias e instituições de qualquer natureza.

PARÁGRAFO ÚNICO. Essa participação consistirá:

a) obrigatoriedade, na remessa de informações estabelecidas na regulamentação dessa lei.

Art. 67. As autoridades ou os responsáveis pelas repartições incumbidas da fiscalização do exercício profissional não poderão conceder a carteira profissional nem registrar diplomas de profissões liberais a brasileiros, sem que esses apresentem, previamente, prova de que estão em dia com as obrigações militares, obedecido o disposto nos arts. 74 e 75 desta lei. *(Redação L. n. 4.754, 18.8.65).*

....

Art. 74. Nenhum brasileiro, entre 1º de janeiro do ano em que completar 19 (dezenove) e 31 de janeiro do ano em que completar 45 (quarenta e cinco) anos de idade, poderá sem fazer prova de que está em dia com as obrigações militares:

....

b) ingressar como funcionário, empregado ou associado em instituição, empresa ou associação oficial ou oficializada ou subvencionada ou cuja existência ou funcionamento depende de autorização ou reconhecimento do Governo Federal, dos Territórios, ou Municipal.

....

e) obter carteira profissional, matrícula ou inscrição para o exercício de qualquer função e licença de indústria e profissão.

....

LEI N. 8.632, DE 4 DE MARÇO DE 1993

(DOU 5.3.93 — LTr 57-03/382)

CONCEDE ANISTIA A DIRIGENTES OU REPRESENTANTES SINDICAIS PUNIDOS POR MOTIVAÇÃO POLÍTICA

O PRESIDENTE DA REPÚBLICA,

Faço saber que o Congresso Nacional decreta e eu sanciono a seguinte Lei:

Art. 1º É concedida anistia aos dirigentes ou representantes sindicais que, no período compreendido entre 5 de outubro de 1988 e a publicação desta Lei, sofreram punições em virtude de motivação política, de participação em movimento reivindicatório ou outra modalidade de exercício do mandato ou representação sindical, assegurado o pagamento dos salários do período da suspensão disciplinar e, aos demitidos, a reintegração ao emprego com todos os direitos.

Art. 2º *(Vetado).*

Art. 3º Esta Lei entra em vigor na data de sua publicação.

Art. 4º Revogam-se as disposições em contrário.

Brasília, 4 de março de 1993; 172º da Independência e 105º da República.

Itamar Franco
Walter Barelli

RAZÕES DO VETO

Mensagem n. 110

Senhor Presidente do Senado Federal,

Comunico a Vossa Excelência que, nos termos do parágrafo 1º do artigo 66 da Constituição Federal, decidi vetar parcialmente o Projeto de lei n. 154, de 1992 (n. 3.424/92 na Câmara dos Deputados), que "Concede anistia a dirigentes ou representantes sindicais punidos por movimentação política".

O dispositivo ora vetado é o art. 2º, do seguinte teor:

"Art. 2º A anistia de que trata o artigo anterior não beneficia aqueles cuja punição tiver decorrido de falta grave, apurada nos termos das alíneas *a*, *c*, *d* e *l* do art. 482 da CLT."

Na proposta oriunda do Poder Executivo, esse artigo não discriminava entre as faltas graves para efeito de inaplicação da anistia, mas sofreu alteração no Congresso Nacional, que a limitou às quatro hipóteses referidas no texto acima transcrito.

Assim, verifica-se que a redação aprovada não leva em conta hipóteses fundamentais que caracterizam falta grave, segundo o próprio art. 482 da CLT, tais como incontinência de conduta ou mau procedimento (alínea *b*), desídia do empregado no desempenho das respectivas funções (alínea *e*), embriaguez habitual ou em serviço (alínea *f*), violação de segredo de empresa (alínea *g*), ato de indisciplina ou de insubordinação (alínea *h*), prática de ato lesivo à honra e à boa fama ou ofensas físicas praticadas contra o empregador e superiores hierárquicos (alínea *k*), entre outras.

Como a Constituição Federal, ao excluir da proteção contra a dispensa os dirigentes ou representantes sindicais que praticassem falta grave (art. 8º, VIII), não estabeleceu distinção quanto às suas modalidades, o texto ora vetado, limitando-as para o mesmo fim e, portanto, introduzindo exceções (em suma, distinguindo onde a Lei Maior não distinguiu), incide no vício de inconstitucionalidade.

Ademais, a supressão do art. 2º não compromete a propositura, já que o seu conteúdo remanescente atenderá de modo cabal à justa e desejada anistia.

Estas, Senhor Presidente, as razões que me levaram a vetar em parte o projeto em causa, as quais ora submeto à elevada apreciação dos Senhores Membros do Congresso Nacional.

Brasília, 4 de março de 1993.

Itamar Franco

PORTARIA MTb/GM N. 937, DE 23 DE JULHO DE 1993

(DOU 26.7.93)

DISPÕE SOBRE A ISENÇÃO DA CONTRIBUIÇÃO SINDICAL PARA AS ENTIDADES DE FINS FILANTRÓPICOS

O MINISTRO DE ESTADO DO TRABALHO, no uso das atribuições que lhe conferem o art. 87, parágrafo único, inciso II, da Constituição Federal e o art. 913 da Consolidação das Leis do Trabalho,

Considerando que, na forma do disposto no § 5º do art. 580, da Consolidação das Leis do Trabalho, as entidades ou instituições, sem registro de capital social, considerarão como capital para os efeitos do cálculo da contribuição sindical, o valor resultante da aplicação do percentual de 40% (quarenta por cento) sobre o movimento econômico registrado no exercício imediatamente anterior;

Considerando que o parágrafo 6º do art. 580 da Consolidação das Leis do Trabalho exclui as entidades ou instituições que comprovarem que não exercem atividade econômica com fins lucrativos, da exigência do § 5º do mesmo dispositivo consolidado, pertinente ao recolhimento da contribuição sindical, resolve:

Art. 1º Para efeito do disposto no § 6º do art. 580 da CLT, consideram-se entidades ou instituições não exercentes de atividades econômicas com fins lucrativos, as sociedades, associações e fundações de caráter beneficente, filantrópico, assistencial, caritativo ou religioso, *mantidas*, exclusivamente, por contribuições, doações, auxílios e/ou subvenções, e que:

a) apliquem seus recursos integralmente na manutenção e desenvolvimento de seus objetivos;

b) não remunerem seus dirigentes;

c) não distribuam lucros a qualquer título; e

d) mantenham escrituração de suas receitas e despesas em livros revestidos das formalidades que assegurem a respectiva exatidão.

Art. 2º A isenção prevista nesta Portaria será reconhecida por despacho do Ministro do Trabalho mediante requerimento da entidade ou instituição interessada, acompanhado de documentos comprobatórios da situação estipulada no item precedente.

Art. 3º A isenção do pagamento da contribuição sindical, concedida na forma do item anterior, será cancelada se, a qualquer tempo, as sociedades, associações e fundações beneficiadas deixarem de satisfazer as condições estabelecidas no item I desta Portaria.

Art. 4º As dúvidas no cumprimento desta Portaria serão dirimidas pelo Secretário de Relações do Trabalho, que expedirá instruções necessárias à sua execução.

Art. 5º Esta Portaria entra em vigor na data de sua publicação, revogadas as Portarias n. 3.015, de 17 de janeiro de 1979, n. 3.583, de 16 de outubro de 1991 e demais disposições em contrário.

Walter Barelli

LEI N. 12.815, DE 5 DE JUNHO DE 2013

(DOU ED. EXTRA 5.6.13)

DISPÕE SOBRE A EXPLORAÇÃO DIRETA E INDIRETA PELA UNIÃO DE PORTOS E INSTALAÇÕES PORTUÁRIAS E SOBRE AS ATIVIDADES DESEMPENHADAS PELOS OPERADORES PORTUÁRIOS; ALTERA AS LEIS NS. 5.025, DE 10 DE JUNHO DE 1966, 10.233, DE 5 DE JUNHO DE 2001, 10.683, DE 28 DE MAIO DE 2003, 9.719, DE 27 DE NOVEMBRO DE 1998, E 8.213, DE 24 DE JULHO DE 1991; REVOGA AS LEIS NS. 8.630, DE 25 DE FEVEREIRO DE 1993, E 11.610, DE 12 DE DEZEMBRO DE 2007, E DISPOSITIVOS DAS LEIS NS. 11.314, DE 3 DE JULHO DE 2006, E 11.518, DE 5 DE SETEMBRO DE 2007; E DÁ OUTRAS PROVIDÊNCIAS

A PRESIDENTA DA REPÚBLICA

Faço saber que o Congresso Nacional decreta e eu sanciono a seguinte Lei:

CAPÍTULO I

Definições e Objetivos

Art. 1º Esta Lei regula a exploração pela União, direta ou indiretamente, dos portos e instalações portuárias, e as atividades desempenhadas pelos operadores portuários.

§ 1º A exploração indireta do porto organizado e das instalações portuárias nele localizadas ocorrerá mediante concessão e arrendamento de bem público.

§ 2º A exploração indireta das instalações portuárias localizadas fora da área do porto organizado ocorrerá mediante autorização, nos termos desta Lei.

§ 3º As concessões, os arrendamentos e as autorizações de que trata esta Lei serão outorgados a pessoa jurídica que demonstre capacidade para seu desempenho, por sua conta e risco.

Art. 2º Para fins desta Lei, consideram-se:

I — porto organizado: bem público construído e aparelhado para atender a necessidades de navegação, de movimentação de passageiros ou de movimentação e armazenagem de mercadorias, e cujo tráfego e operações portuárias estejam sob jurisdição de autoridade portuária;

II — área do porto organizado: área delimitada por ato do Poder Executivo, que compreende as instalações portuárias e a infraestrutura de proteção e de acesso ao porto organizado;

III — instalação portuária: instalação localizada dentro ou fora da área do porto organizado e utilizada em movimentação de passageiros, em movimentação ou armazenagem de mercadorias, destinadas ou provenientes de transporte aquaviário;

IV — terminal de uso privado: instalação portuária explorada mediante autorização e localizada fora da área do porto organizado;

V — estação de transbordo de cargas: instalação portuária explorada mediante autorização, localizada fora da área do porto organizado e utilizada exclusivamente para operação de transbordo de mercadorias em embarcações de navegação interior ou cabotagem;

VI — instalação portuária pública de pequeno porte: instalação portuária explorada mediante autorização, localizada fora do porto organizado e utilizada em movimentação de passageiros ou mercadorias em embarcações de navegação interior;

VII — instalação portuária de turismo: instalação portuária explorada mediante arrendamento ou autorização e utilizada em embarque, desembarque e trânsito de passageiros, tripulantes e bagagens, e de insumos para o provimento e abastecimento de embarcações de turismo;

VIII — (VETADO):

a) (VETADO);

b) (VETADO); e

c) (VETADO);

IX — concessão: cessão onerosa do porto organizado, com vistas à administração e à exploração de sua infraestrutura por prazo determinado;

X — delegação: transferência, mediante convênio, da administração e da exploração do porto organizado para Municípios ou Estados, ou a consórcio público, nos termos da Lei n. 9.277, de 10 de maio de 1996;

XI — arrendamento: cessão onerosa de área e infraestrutura públicas localizadas dentro do porto organizado, para exploração por prazo determinado;

XII — autorização: outorga de direito a exploração de instalação portuária localizada fora da área do porto organizado e formalizada mediante contrato de adesão; e

XIII — operador portuário: pessoa jurídica pré-qualificada para exercer as atividades de movimentação de passageiros ou movimentação e armazenagem de mercadorias, destinadas ou provenientes de transporte aquaviário, dentro da área do porto organizado.

Art. 3º A exploração dos portos organizados e instalações portuárias, com o objetivo de aumentar a competitividade e o desenvolvimento do País, deve seguir as seguintes diretrizes:

I — expansão, modernização e otimização da infraestrutura e da superestrutura que integram os portos organizados e instalações portuárias;

II — garantia da modicidade e da publicidade das tarifas e preços praticados no setor, da qualidade da atividade prestada e da efetividade dos direitos dos usuários;

III — estímulo à modernização e ao aprimoramento da gestão dos portos organizados e instalações portuárias, à valorização e à qualificação da mão de obra portuária, e à eficiência das atividades prestadas;

IV — promoção da segurança da navegação na entrada e saída das embarcações dos portos; e

V — estímulo à concorrência, incentivando a participação do setor privado e assegurando o amplo acesso aos portos organizados, instalações e atividades portuárias.

CAPÍTULO II
Da Exploração dos Portos e Instalações Portuárias

SEÇÃO I
Da Concessão de Porto Organizado e do Arrendamento de Instalação Portuária

Art. 4º A concessão e o arrendamento de bem público destinado à atividade portuária serão realizados mediante a celebração de contrato, sempre precedida de licitação, em conformidade com o disposto nesta Lei e no seu regulamento.

Art. 5º São essenciais aos contratos de concessão e arrendamento as cláusulas relativas:

I — ao objeto, à área e ao prazo;

II — ao modo, forma e condições da exploração do porto organizado ou instalação portuária;

III — aos critérios, indicadores, fórmulas e parâmetros definidores da qualidade da atividade prestada, assim como às metas e prazos para o alcance de determinados níveis de serviço;

IV — ao valor do contrato, às tarifas praticadas e aos critérios e procedimentos de revisão e reajuste;

V — aos investimentos de responsabilidade do contratado;

VI — aos direitos e deveres dos usuários, com as obrigações correlatas do contratado e as sanções respectivas;

VII — às responsabilidades das partes;

VIII — à reversão de bens;

IX — aos direitos, garantias e obrigações do contratante e do contratado, inclusive os relacionados a necessidades futuras de suplementação, alteração e expansão da atividade e consequente modernização, aperfeiçoamento e ampliação das instalações;

X — à forma de fiscalização das instalações, dos equipamentos e dos métodos e práticas de execução das atividades, bem como à indicação dos órgãos ou entidades competentes para exercê-las;

XI — às garantias para adequada execução do contrato;

XII — à responsabilidade do titular da instalação portuária pela inexecução ou deficiente execução das atividades;

XIII — às hipóteses de extinção do contrato;

XIV — à obrigatoriedade da prestação de informações de interesse do poder concedente, da Agência Nacional de Transportes Aquaviários — ANTAQ e das demais autoridades que atuam no setor portuário, inclusive as de interesse específico da Defesa Nacional, para efeitos de mobilização;

XV — à adoção e ao cumprimento das medidas de fiscalização aduaneira de mercadorias, veículos e pessoas;

XVI — ao acesso ao porto organizado ou à instalação portuária pelo poder concedente, pela ANTAQ e pelas demais autoridades que atuam no setor portuário;

XVII — às penalidades e sua forma de aplicação; e

XVIII — ao foro.

§ 1º (VETADO).

§ 2º Findo o prazo dos contratos, os bens vinculados à concessão ou ao arrendamento reverterão ao patrimônio da União, na forma prevista no contrato.

Art. 6º Nas licitações dos contratos de concessão e arrendamento, serão considerados como critérios para julgamento, de formaisolada ou combinada, a maior capacidade de movimentação, a menor tarifaou o menor tempo de movimentação de carga, e outros estabelecidos no edital, na forma do regulamento.

§ 1º As licitações de que trata este artigo poderão ser realizadas na modalidade leilão, conforme regulamento.

§ 2º Compete à ANTAQ, com base nas diretrizes do poder concedente, realizar os procedimentos licitatórios de que trata este artigo.

§ 3º Os editais das licitações de que trata este artigo serão elaborados pela ANTAQ, observadas as diretrizes do poder concedente.

§ 4º (VETADO).

§ 5º Sem prejuízo das diretrizes previstas no art. 3º, o poder concedente poderá determinar a transferência das competências de elaboração do edital e a realização dos procedimentos licitatórios de que trata este artigo à Administração do Porto, delegado ou não.

§ 6º O poder concedente poderá autorizar, mediante requerimento do arrendatário, na forma do regulamento, expansão da área arrendada para área contígua dentro da poligonal do porto organizado, sempre que a medida trouxer comprovadamente eficiência na operação portuária.

Art. 7º A ANTAQ poderá disciplinar a utilização em caráter excepcional, por qualquer interessado, de instalações portuárias arrendadas ou exploradas pela concessionária, assegurada a remuneração adequada ao titular do contrato.

SEÇÃO II

Da Autorização de Instalações Portuárias

Art. 8º Serão exploradas mediante autorização, precedida de chamada ou anúncio público e, quando for o caso, processo seletivo público, as instalações portuárias localizadas fora da área do porto organizado, compreendendo as seguintes modalidades:

I — terminal de uso privado;

II — estação de transbordo de carga;

III — instalação portuária pública de pequeno porte;

IV — instalação portuária de turismo;

V — (VETADO).

§ 1º A autorização será formalizada por meio de contrato de adesão, que conterá as cláusulas essenciais previstas no *caput* do art. 5º, com exceção daquelas previstas em seus incisos IV e VIII.

§ 2º A autorização de instalação portuária terá prazo de até 25 (vinte e cinco) anos, prorrogável por períodos sucessivos, desde que:

I — a atividade portuária seja mantida; e

II — o autorizatário promova os investimentos necessários para a expansão e modernização das instalações portuárias, na forma do regulamento.

§ 3º A ANTAQ adotará as medidas para assegurar o cumprimento dos cronogramas de investimento previstos nas autorizações e poderá exigir garantias ou aplicar sanções, inclusive a cassação da autorização.

§ 4º (VETADO).

Art. 9º Os interessados em obter a autorização de instalação portuária poderão requerê-la à Antaq a qualquer tempo, na forma do regulamento.

§ 1º Recebido o requerimento de autorização de instalação portuária, a ANTAQ deverá:

I — publicar o extrato do requerimento, inclusive na internet; e

II — promover a abertura de processo de anúncio público, com prazo de 30 (trinta) dias, para identificar a existência de outros interessados na obtenção de autorização de instalação portuária na mesma região e com características semelhantes.

§ 2º (VETADO).

§ 3º (VETADO).

Art. 10. O poder concedente poderá determinar à ANTAQ, a qualquer momento e em consonância com as diretrizes do planejamento e das políticas do setor portuário, a abertura de processo de chamada pública para identificar a existência de interessados na obtenção de autorização de instalação portuária, na forma do regulamento e observado o prazo previsto no inciso II do § 1º do art. 9º.

Art. 11. O instrumento da abertura de chamada ou anúncio público indicará obrigatoriamente os seguintes parâmetros:

I — a região geográfica na qual será implantada a instalação portuária;

II — o perfil das cargas a serem movimentadas; e

III — a estimativa do volume de cargas ou de passageiros a ser movimentado nas instalações portuárias.

PARÁGRAFO ÚNICO. O interessado em autorização de instalação portuária deverá apresentar título de propriedade, inscrição de ocupação, certidão de aforamento, cessão de direito real ou outro instrumento jurídico que assegure o direito de uso e fruição do respectivo terreno, além de outros documentos previstos no instrumento de abertura.

Art. 12. Encerrado o processo de chamada ou anúncio público, o poder concedente deverá analisar a viabilidade locacional das propostas e sua adequação às diretrizes do planejamento e das políticas do setor portuário.

§ 1º Observado o disposto no regulamento, poderão ser expedidas diretamente as autorizações de instalação portuária quando:

I — o processo de chamada ou anúncio público seja concluído com a participação de um único interessado; ou

II — havendo mais de uma proposta, não haja impedimento locacional à implantação de todas elas de maneira concomitante.

§ 2º Havendo mais de uma proposta e impedimento locacional que inviabilize sua implantação de maneira concomitante, a Antaq deverá promover processo seletivo público, observados os princípios da legalidade, impessoalidade, moralidade, publicidade e eficiência.

§ 3º O processo seletivo público de que trata o § 2º atenderá ao disposto no regulamento e considerará como critério de julgamento, de forma isolada ou combinada, a maior capacidade de movimentação, a menor tarifa ou o menor tempo de movimentação de carga, e outros estabelecidos no edital.

§ 4º Em qualquer caso, somente poderão ser autorizadas as instalações portuárias compatíveis com as diretrizes do planejamento e das políticas do setor portuário, na forma do *caput*.

Art. 13. A ANTAQ poderá disciplinar as condições de acesso, por qualquer interessado, em caráter excepcional, às instalações portuárias autorizadas, assegurada remuneração adequada ao titular da autorização.

SEÇÃO III

Dos Requisitos para a Instalação dos Portos e Instalações Portuárias

Art. 14. A celebração do contrato de concessão ou arrendamento e a expedição de autorização serão precedidas de:

I — consulta à autoridade aduaneira;

II — consulta ao respectivo Poder Público municipal; e

III — emissão, pelo órgão licenciador, do termo de referência para os estudos ambientais com vistas ao licenciamento.

SEÇÃO IV

Da Definição da Área de Porto Organizado

Art. 15. Ato do Presidente da República disporá sobre a definição da área dos portos organizados, a partir de proposta da Secretaria de Portos da Presidência da República.

PARÁGRAFO ÚNICO. A delimitação da área deverá considerar a adequação dos acessos marítimos e terrestres, os ganhos de eficiência e competitividade decorrente da escala das operações e as instalações portuárias já existentes.

CAPÍTULO III

Do Poder Concedente

Art. 16. Ao poder concedente compete:

I — elaborar o planejamento setorial em conformidade com as políticas e diretrizes de logística integrada;

II — definir as diretrizes para a realização dos procedimentos licitatórios, das chamadas públicas e dos processos seletivos de que trata esta Lei, inclusive para os respectivos editais e instrumentos convocatórios;

III — celebrar os contratos de concessão e arrendamento e expedir as autorizações de instalação portuária, devendo a ANTAQ fiscalizá-los em conformidade com o disposto na Lei n. 10.233, de 5 de junho de 2001; e

IV — estabelecer as normas, os critérios e os procedimentos para a pré-qualificação dos operadores portuários.

§ 1º Para os fins do disposto nesta Lei, o poder concedente poderá celebrar convênios ou instrumentos congêneres de cooperação técnica e administrativa com órgãos e entidades da administração pública federal, dos Estados, do Distrito Federal e dos Municípios, inclusive com repasse de recursos.

§ 2º No exercício da competência prevista no inciso II do *caput*, o poder concedente deverá ouvir previamente a Agência Nacional do Petróleo, Gás Natural e Biocombustíveis sempre que a licitação, a chamada pública ou o processo seletivo envolver instalações portuárias voltadas à movimentação de petróleo, gás natural, seus derivados e biocombustíveis.

CAPÍTULO IV

Da Administração do Porto Organizado

SEÇÃO I

Das Competências

Art. 17. A administração do porto é exercida diretamente pela União, pela delegatária ou pela entidade concessionária do porto organizado.

§ 1º Compete à administração do porto organizado, denominada autoridade portuária:

I — cumprir e fazer cumprir as leis, os regulamentos e os contratos de concessão;

II — assegurar o gozo das vantagens decorrentes do melhoramento e aparelhamento do porto ao comércio e à navegação;

III — pré-qualificar os operadores portuários, de acordo com as normas estabelecidas pelo poder concedente;

IV — arrecadar os valores das tarifas relativas às suas atividades;

V — fiscalizar ou executar as obras de construção, reforma, ampliação, melhoramento e conservação das instalações portuárias;

VI — fiscalizar a operação portuária, zelando pela realização das atividades com regularidade, eficiência, segurança e respeito ao meio ambiente;

VII — promover a remoção de embarcações ou cascos de embarcações que possam prejudicar o acesso ao porto;

VIII — autorizar a entrada e saída, inclusive atracação e desatracação, o fundeio e o tráfego de embarcação na área do porto, ouvidas as demais autoridades do porto;

IX — autorizar a movimentação de carga das embarcações, ressalvada a competência da autoridade marítima em situações de assistência e salvamento de embarcação, ouvidas as demais autoridades do porto;

X — suspender operações portuárias que prejudiquem o funcionamento do porto, ressalvados os aspectos de interesse da autoridade marítima responsável pela segurança do tráfego aquaviário;

XI — reportar infrações e representar perante a ANTAQ, visando à instauração de processo administrativo e aplicação das penalidades previstas em lei, em regulamento e nos contratos;

XII — adotar as medidas solicitadas pelas demais autoridades no porto;

XIII — prestar apoio técnico e administrativo ao conselho de autoridade portuária e ao órgão de gestão de mão de obra;

XIV — estabelecer o horário de funcionamento do porto, observadas as diretrizes da Secretaria de Portos da Presidência da República, e as jornadas de trabalho no cais de uso público; e

XV — organizar a guarda portuária, em conformidade com a regulamentação expedida pelo poder concedente.

§ 2º A autoridade portuária elaborará e submeterá à aprovação da Secretaria de Portos da Presidência da República o respectivo Plano de Desenvolvimento e Zoneamento do Porto.

§ 3º O disposto nos incisos IX e X do § 1º não se aplica à embarcação militar que não esteja praticando comércio.

§ 4º A autoridade marítima responsável pela segurança do tráfego pode intervir para assegurar aos navios da Marinha do Brasil a prioridade para atracação no porto.

§ 5º (VETADO).

Art. 18. Dentro dos limites da área do porto organizado, compete à administração do porto:

I — sob coordenação da autoridade marítima:

a) estabelecer, manter e operar o balizamento do canal de acesso e da bacia de evolução do porto;

b) delimitar as áreas de fundeadouro, de fundeio para carga e descarga, de inspeção sanitária e de polícia marítima;

c) delimitar as áreas destinadas a navios de guerra e submarinos, plataformas e demais embarcações especiais, navios em reparo ou aguardando atracação e navios com cargas inflamáveis ou explosivas;

d) estabelecer e divulgar o calado máximo de operação dos navios, em função dos levantamentos batimétricos efetuados sob sua responsabilidade; e

e) estabelecer e divulgar o porte bruto máximo e as dimensões máximas dos navios que trafegarão, em função das limitações e características físicas do cais do porto;

II — sob coordenação da autoridade aduaneira:

a) delimitar a área de alfandegamento; e

b) organizar e sinalizar os fluxos de mercadorias, veículos, unidades de cargas e de pessoas.

Art. 19. A administração do porto poderá, a critério do poder concedente, explorar direta ou indiretamente áreas não afetas às operações portuárias, observado o disposto no respectivo Plano de Desenvolvimento e Zoneamento do Porto.

PARÁGRAFO ÚNICO. O disposto no *caput* não afasta a aplicação das normas de licitação e contratação pública quando a administração do porto for exercida por órgão ou entidade sob controle estatal.

Art. 20. Será instituído em cada porto organizado um conselho de autoridade portuária, órgão consultivo da administração do porto.

§ 1º O regulamento disporá sobre as atribuições, o funcionamento e a composição dos conselhos de autoridade portuária, assegurada a participação de representantes da classe empresarial, dos trabalhadores portuários e do Poder Público.

§ 2º A representação da classe empresarial e dos trabalhadores no conselho a que alude o *caput* será paritária.

§ 3º A distribuição das vagas no conselho a que alude o *caput* observará a seguinte proporção:

I — 50% (cinquenta por cento) de representantes do poder público;

II — 25% (vinte e cinco por cento) de representantes da classe empresarial; e

III — 25% (vinte e cinco por cento) de representantes da classe trabalhadora.

Art. 21. Fica assegurada a participação de um representante da classe empresarial e outro da classe trabalhadora no conselho de administração ou órgão equivalente da administração do porto, quando se tratar de entidade sob controle estatal, na forma do regulamento.

PARÁGRAFO ÚNICO. A indicação dos representantes das classes empresarial e trabalhadora a que alude o *caput* será feita pelos respectivos representantes no conselho de autoridade portuária.

Art. 22. A Secretaria de Portos da Presidência da República coordenará a atuação integrada dos órgãos e entidades públicos nos portos organizados e instalações portuárias, com a finalidade de garantir a eficiência e a qualidade de suas atividades, nos termos do regulamento.

SEÇÃO II
Da Administração Aduaneira nos Portos Organizados e nas Instalações Portuárias Alfandegadas

Art. 23. A entrada ou saída de mercadorias procedentes do exterior ou a ele destinadas somente poderá efetuar-se em portos ou instalações portuárias alfandegados.

PARÁGRAFO ÚNICO. O alfandegamento de portos organizados e instalações portuárias destinados à movimentação e armazenagem de mercadorias importadas ou à exportação será efetuado após cumpridos os requisitos previstos na legislação específica.

Art. 24. Compete ao Ministério da Fazenda, por intermédio das repartições aduaneiras:

I — cumprir e fazer cumprir a legislação que regula a entrada, a permanência e a saída de quaisquer bens ou mercadorias do País;

II — fiscalizar a entrada, a permanência, a movimentação e a saída de pessoas, veículos, unidades de carga e mercadorias, sem prejuízo das atribuições das outras autoridades no porto;

III — exercer a vigilância aduaneira e reprimir o contrabando e o descaminho, sem prejuízo das atribuições de outros órgãos;

IV — arrecadar os tributos incidentes sobre o comércio exterior;

V — proceder ao despacho aduaneiro na importação e na exportação;

VI — proceder à apreensão de mercadoria em situação irregular, nos termos da legislação fiscal;

VII — autorizar a remoção de mercadorias da área portuária para outros locais, alfandegados ou não, nos casos e na forma prevista na legislação aduaneira;

VIII — administrar a aplicação de regimes suspensivos, exonerativos ou devolutivos de tributos às mercadorias importadas ou a exportar;

IX — assegurar o cumprimento de tratados, acordos ou convenções internacionais no plano aduaneiro; e

X — zelar pela observância da legislação aduaneira e pela defesa dos interesses fazendários nacionais.

§ 1º No exercício de suas atribuições, a autoridade aduaneira terá livre acesso a quaisquer dependências do porto ou instalação portuária, às embarcações atracadas ou não e aos locais onde se encontrem mercadorias procedentes do exterior ou a ele destinadas.

§ 2º No exercício de suas atribuições, a autoridade aduaneira poderá, sempre que julgar necessário, requisitar documentos e informações e o apoio de força pública federal, estadual ou municipal.

CAPÍTULO V
Da Operação Portuária

Art. 25. A pré-qualificação do operador portuário será efetuada perante a administração do porto, conforme normas estabelecidas pelo poder concedente.

§ 1º As normas de pré-qualificação devem obedecer aos princípios da legalidade, impessoalidade, moralidade, publicidade e eficiência.

§ 2º A administração do porto terá prazo de 30 (trinta) dias, contado do pedido do interessado, para decidir sobre a pré-qualificação.

§ 3º Em caso de indeferimento do pedido mencionado no § 2º, caberá recurso, no prazo de 15 (quinze) dias, dirigido à Secretaria de Portos da Presidência da República, que deverá apreciá-lo no prazo de 30 (trinta) dias, nos termos do regulamento.

§ 4º Considera-se pré-qualificada como operador portuário a administração do porto.

Art. 26. O operador portuário responderá perante:

I — a administração do porto pelos danos culposamente causados à infraestrutura, às instalações e ao equipamento de que a administração do porto seja titular, que se encontre a seu serviço ou sob sua guarda;

II — o proprietário ou consignatário da mercadoria, pelas perdas e danos que ocorrerem durante as operações que realizar ou em decorrência delas;

III — o armador pelas avarias ocorridas na embarcação ou na mercadoria dada a transporte;

IV — o trabalhador portuário pela remuneração dos serviços prestados e respectivos encargos;

V — o órgão local de gestão de mão de obra do trabalho avulso pelas contribuições não recolhidas;

VI — os órgãos competentes pelo recolhimento dos tributos incidentes sobre o trabalho portuário avulso; e

VII — a autoridade aduaneira pelas mercadorias sujeitas a controle aduaneiro, no período em que lhe estejam confiadas ou quando tenha controle ou uso exclusivo de área onde se encontrem depositadas ou devam transitar.

PARÁGRAFO ÚNICO. Compete à administração do porto responder pelas mercadorias a que se referem os incisos II e VII do *caput* quando estiverem em área por ela controlada e após o seu recebimento, conforme definido pelo regulamento de exploração do porto.

Art. 27. As atividades do operador portuário estão sujeitas às normas estabelecidas pela ANTAQ.

§ 1º O operador portuário é titular e responsável pela coordenação das operações portuárias que efetuar.

§ 2º A atividade de movimentação de carga a bordo da embarcação deve ser executada de acordo com a instrução de seu comandante ou de seus prepostos, responsáveis pela segurança da embarcação nas atividades de arrumação ou retirada da carga, quanto à segurança da embarcação.

Art. 28. É dispensável a intervenção de operadores portuários em operações:

I — que, por seus métodos de manipulação, suas características de automação ou mecanização, não requeiram a utilização de mão de obra ou possam ser executadas exclusivamente pela tripulação das embarcações;

II — de embarcações empregadas:

a) em obras de serviços públicos nas vias aquáticas do País, executadas direta ou indiretamente pelo Poder Público;

b) no transporte de gêneros de pequena lavoura e da pesca, para abastecer mercados de âmbito municipal;

c) na navegação interior e auxiliar;

d) no transporte de mercadorias líquidas a granel; e

e) no transporte de mercadorias sólidas a granel, quando a carga ou descarga for feita por aparelhos mecânicos automáticos, salvo quanto às atividades de rechego;

III — relativas à movimentação de:

a) cargas em área sob controle militar, quando realizadas por pessoal militar ou vinculado a organização militar;

b) materiais por estaleiros de construção e reparação naval; e

c) peças sobressalentes, material de bordo, mantimentos e abastecimento de embarcações; e

IV — relativas ao abastecimento de aguada, combustíveis e lubrificantes para a navegação.

PARÁGRAFO ÚNICO. (VETADO).

Art. 29. As cooperativas formadas por trabalhadores portuários avulsos, registrados de acordo com esta Lei, poderão estabelecer-se como operadores portuários.

Art. 30. A operação portuária em instalações localizadas fora da área do porto organizado será disciplinada pelo titular da respectiva autorização, observadas as normas estabelecidas pelas autoridades marítima, aduaneira, sanitária, de saúde e de polícia marítima.

Art. 31. O disposto nesta Lei não prejudica a aplicação das demais normas referentes ao transporte marítimo, inclusive as decorrentes de convenções internacionais ratificadas, enquanto vincularem internacionalmente o País.

CAPÍTULO VI

Do Trabalho Portuário

Art. 32. Os operadores portuários devem constituir em cada porto organizado um órgão de gestão de mão de obra do trabalho portuário, destinado a:

I — administrar o fornecimento da mão de obra do trabalhador portuário e do trabalhador portuário avulso;

II — manter, com exclusividade, o cadastro do trabalhador portuário e o registro do trabalhador portuário avulso;

III — treinar e habilitar profissionalmente o trabalhador portuário, inscrevendo-o no cadastro;

IV — selecionar e registrar o trabalhador portuário avulso;

V — estabelecer o número de vagas, a forma e a periodicidade para acesso ao registro do trabalhador portuário avulso;

VI — expedir os documentos de identificação do trabalhador portuário; e

VII — arrecadar e repassar aos beneficiários os valores devidos pelos operadores portuários relativos à remuneração do trabalhador portuário avulso e aos correspondentes encargos fiscais, sociais e previdenciários.

PARÁGRAFO ÚNICO. Caso celebrado contrato, acordo ou convenção coletiva de trabalho entre trabalhadores e tomadores de serviços, o disposto no instrumento precederá o órgão gestor e dispensará sua intervenção nas relações entre capital e trabalho no porto.

Art. 33. Compete ao órgão de gestão de mão de obra do trabalho portuário avulso:

I — aplicar, quando couber, normas disciplinares previstas em lei, contrato, convenção ou acordo coletivo de trabalho, no caso de transgressão disciplinar, as seguintes penalidades:

a) repreensão verbal ou por escrito;

b) suspensão do registro pelo período de 10 (dez) a 30 (trinta) dias; ou

c) cancelamento do registro;

II — promover:

a) a formação profissional do trabalhador portuário e do trabalhador portuário avulso, adequando-a aos modernos processos de movimentação de carga e de operação de aparelhos e equipamentos portuários;

b) o treinamento multifuncional do trabalhador portuário e do trabalhador portuário avulso; e

c) a criação de programas de realocação e de cancelamento do registro, sem ônus para o trabalhador;

III — arrecadar e repassar aos beneficiários contribuições destinadas a incentivar o cancelamento do registro e a aposentadoria voluntária;

IV — arrecadar as contribuições destinadas ao custeio do órgão;

V — zelar pelas normas de saúde, higiene e segurança no trabalho portuário avulso; e

VI — submeter à administração do porto propostas para aprimoramento da operação portuária e valorização econômica do porto.

§ 1º O órgão não responde por prejuízos causados pelos trabalhadores portuários avulsos aos tomadores dos seus serviços ou a terceiros.

§ 2º O órgão responde, solidariamente com os operadores portuários, pela remuneração devida ao trabalhador portuário avulso e pelas indenizações decorrentes de acidente de trabalho.

§ 3º O órgão pode exigir dos operadores portuários garantia prévia dos respectivos pagamentos, para atender a requisição de trabalhadores portuários avulsos.

§ 4º As matérias constantes nas alíneas *a* e *b* do inciso II deste artigo serão discutidas em fórum permanente, composto, em caráter paritário, por representantes do governo e da sociedade civil.

§ 5º A representação da sociedade civil no fórum previsto no § 4º será paritária entre trabalhadores e empresários.

Art. 34. O exercício das atribuições previstas nos arts. 32 e 33 pelo órgão de gestão de mão de obra do trabalho portuário avulso não implica vínculo empregatício com trabalhador portuário avulso.

Art. 35. O órgão de gestão de mão de obra pode ceder trabalhador portuário avulso, em caráter permanente, ao operador portuário.

Art. 36. A gestão da mão de obra do trabalho portuário avulso deve observar as normas do contrato, convenção ou acordo coletivo de trabalho.

Art. 37. Deve ser constituída, no âmbito do órgão de gestão de mão de obra, comissão paritária para solucionar litígios decorrentes da aplicação do disposto nos arts. 32, 33 e 35.

§ 1º Em caso de impasse, as partes devem recorrer à arbitragem de ofertas finais.

§ 2º Firmado o compromisso arbitral, não será admitida a desistência de qualquer das partes.

§ 3º Os árbitros devem ser escolhidos de comum acordo entre as partes e o laudo arbitral proferido para solução da pendência constitui título executivo extrajudicial.

§ 4º As ações relativas aos créditos decorrentes da relação de trabalho avulso prescrevem em 5 (cinco) anos até o limite de 2 (dois) anos após o cancelamento do registro ou do cadastro no órgão gestor de mão de obra.

Art. 38. O órgão de gestão de mão de obra terá obrigatoriamente 1 (um) conselho de supervisão e 1 (uma) diretoria-executiva.

§ 1º O conselho de supervisão será composto por 3 (três) membros titulares e seus suplentes, indicados na forma do regulamento, e terá como competência:

I — deliberar sobre a matéria contida no inciso V do *caput* do art. 32;

II — editar as normas a que se refere o art. 42; e

III — fiscalizar a gestão dos diretores, examinar, a qualquer tempo, os livros e papéis do órgão, e solicitar informações sobre quaisquer atos praticados pelos diretores ou seus prepostos.

§ 2º A diretoria executiva será composta por 1 (um) ou mais diretores, designados e destituíveis na forma do regulamento, cujo prazo de gestão será de 3 (três) anos, permitida a redesignação.

§ 3º Até 1/3 (um terço) dos membros do conselho de supervisão poderá ser designado para cargos de diretores.

§ 4º No silêncio do estatuto ou contrato social, competirá a qualquer diretor a representação do órgão e a prática dos atos necessários ao seu funcionamento regular.

Art. 39. O órgão de gestão de mão de obra é reputado de utilidade pública, sendo-lhe vedado ter fins lucrativos, prestar serviços a terceiros ou exercer qualquer atividade não vinculada à gestão de mão de obra.

Art. 40. O trabalho portuário de capatazia, estiva, conferência de carga, conserto de carga, bloco e vigilância de embarcações, nos portos organizados, será realizado por trabalhadores portuários com vínculo empregatício por prazo indeterminado e por trabalhadores portuários avulsos.

§ 1º Para os fins desta Lei, consideram-se:

I — capatazia: atividade de movimentação de mercadorias nas instalações dentro do porto, compreendendo o recebimento, conferência, transporte interno, abertura de volumes para a conferência aduaneira, manipulação, arrumação e entrega, bem como o carregamento e descarga de embarcações, quando efetuados por aparelhamento portuário;

II — estiva: atividade de movimentação de mercadorias nos conveses ou nos porões das embarcações principais ou auxiliares, incluindo o transbordo, arrumação, peação e despeação, bem como o carregamento e a descarga, quando realizados com equipamentos de bordo;

III — conferência de carga: contagem de volumes, anotação de suas características, procedência ou destino, verificação do estado das mercadorias, assistência à pesagem, conferência do manifesto, e demais serviços correlatos, nas operações de carregamento e descarga de embarcações;

IV — conserto de carga: reparo e restauração das embalagens de mercadorias, nas operações de carregamento e descarga de embarcações, reembalagem, marcação, remarcação, carimbagem, etiquetagem, abertura de volumes para vistoria e posterior recomposição;

V — vigilância de embarcações: atividade de fiscalização da entrada e saída de pessoas a bordo das embarcações atracadas ou fundeadas ao largo, bem como da movimentação de mercadorias nos portalós, rampas, porões, conveses, plataformas e em outros locais da embarcação; e

VI — bloco: atividade de limpeza e conservação de embarcações mercantes e de seus tanques, incluindo batimento de ferrugem, pintura, reparos de pequena monta e serviços correlatos.

§ 2º A contratação de trabalhadores portuários de capatazia, bloco, estiva, conferência de carga, conserto de carga e vigilância de embarcações com vínculo empregatício por prazo indeterminado será feita exclusivamente dentre trabalhadores portuários avulsos registrados.

§ 3º O operador portuário, nas atividades a que alude o *caput*, não poderá locar ou tomar mão de obra sob o regime de trabalho temporário de que trata a Lei n. 6.019, de 3 de janeiro de 1974.

§ 4º As categorias previstas no *caput* constituem categorias profissionais diferenciadas.

Art. 41. O órgão de gestão de mão de obra:

I — organizará e manterá cadastro de trabalhadores portuários habilitados ao desempenho das atividades referidas no § 1º do art. 40; e

II — organizará e manterá o registro dos trabalhadores portuários avulsos.

§ 1º A inscrição no cadastro do trabalhador portuário dependerá exclusivamente de prévia habilitação profissional do trabalhador interessado, mediante treinamento realizado em entidade indicada pelo órgão de gestão de mão de obra.

§ 2º O ingresso no registro do trabalhador portuário avulso depende de prévia seleção e inscrição no cadastro de que trata o inciso I do *caput*, obedecidas a disponibilidade de vagas e a ordem cronológica de inscrição no cadastro.

§ 3º A inscrição no cadastro e o registro do trabalhador portuário extinguem-se por morte ou cancelamento.

Art. 42. A seleção e o registro do trabalhador portuário avulso serão feitos pelo órgão de gestão de mão de obra avulsa, de acordo com as normas estabelecidas em contrato, convenção ou acordo coletivo de trabalho.

Art. 43. A remuneração, a definição das funções, a composição dos ternos, a multifuncionalidade e as demais condições do trabalho avulso serão objeto de negociação entre as entidades representativas dos trabalhadores portuários avulsos e dos operadores portuários.

PARÁGRAFO ÚNICO. A negociação prevista no *caput* contemplará a garantia de renda mínima inserida no item 2 do art. 2 da Convenção n. 137 da Organização Internacional do Trabalho — OIT.

Art. 44. É facultada aos titulares de instalações portuárias sujeitas a regime de autorização a contratação de trabalhadores a prazo indeterminado, observado o disposto no contrato, convenção ou acordo coletivo de trabalho.

Art. 45. (VETADO).

CAPÍTULO VII

Das Infrações e Penalidades

Art. 46. Constitui infração toda ação ou omissão, voluntária ou involuntária, que importe em:

I — realização de operações portuárias com infringência ao disposto nesta Lei ou com inobservância dos regulamentos do porto;

II — recusa injustificada, por parte do órgão de gestão de mão de obra, da distribuição de trabalhadores a qualquer operador portuário; ou

III — utilização de terrenos, área, equipamentos e instalações portuárias, dentro ou fora do porto organizado, com desvio de finalidade ou com desrespeito à lei ou aos regulamentos.

PARÁGRAFO ÚNICO. Responde pela infração, conjunta ou isoladamente, qualquer pessoa física ou jurídica que, intervindo na operação portuária, concorra para sua prática ou dela se beneficie.

Art. 47. As infrações estão sujeitas às seguintes penas, aplicáveis separada ou cumulativamente, de acordo com a gravidade da falta:

I — advertência;

II — multa;

III — proibição de ingresso na área do porto por período de 30 (trinta) a 180 (cento e oitenta) dias;

IV — suspensão da atividade de operador portuário, pelo período de 30 (trinta) a 180 (cento e oitenta) dias; ou

V — cancelamento do credenciamento do operador portuário.

PARÁGRAFO ÚNICO. Sem prejuízo do disposto nesta Lei, aplicam-se subsidiariamente às infrações previstas no art. 46 as penalidades estabelecidas na Lei n. 10.233, de 5 de junho de 2001, separada ou cumulativamente, de acordo com a gravidade da falta.

Art. 48. Apurada, no mesmo processo, a prática de 2 (duas) ou mais infrações pela mesma pessoa física ou jurídica, aplicam-se cumulativamente as penas a elas cominadas, se as infrações não forem idênticas.

§ 1º Serão reunidos em um único processo os diversos autos ou representações de infração continuada, para aplicação da pena.

§ 2º Serão consideradas continuadas as infrações quando se tratar de repetição de falta ainda não apurada ou objeto do processo, de cuja instauração o infrator não tenha conhecimento, por meio de intimação.

Art. 49. Na falta de pagamento de multa no prazo de 30 (trinta) dias, contado da ciência pelo infrator da decisão final que impuser a penalidade, será realizado processo de execução.

Art. 50. As importâncias pecuniárias resultantes da aplicação das multas previstas nesta Lei reverterão para a ANTAQ, na forma do inciso V do *caput* do art. 77 da Lei n. 10.233, de 5 de junho de 2001.

Art. 51. O descumprimento do disposto nos arts. 36, 39 e 42 desta Lei sujeitará o infrator à multa prevista no inciso I do art. 10 da Lei n. 9.719, de 27 de novembro de 1998, sem prejuízo das demais sanções cabíveis.

Art. 52. O descumprimento do disposto no *caput* e no § 3º do art. 40 desta Lei sujeitará o infrator à multa prevista no inciso III do art. 10 da Lei n. 9.719, de 27 de novembro de 1998, sem prejuízo das demais sanções cabíveis.

CAPÍTULO VIII
Do Programa Nacional de Dragagem Portuária e Hidroviária II

Art. 53. Fica instituído o Programa Nacional de Dragagem Portuária e Hidroviária II, a ser implantado pela Secretaria de Portos da Presidência da República e pelo Ministério dos Transportes, nas respectivas áreas de atuação.

§ 1º O Programa de que trata o *caput* abrange, dentre outras atividades:

I — as obras e serviços de engenharia de dragagem para manutenção ou ampliação de áreas portuárias e de hidrovias, inclusive canais de navegação, bacias de evolução e de fundeio, e berços de atracação, compreendendo a remoção do material submerso e a escavação ou derrocamento do leito;

II — o serviço de sinalização e balizamento, incluindo a aquisição, instalação, reposição, manutenção e modernização de sinais náuticos e equipamentos necessários às hidrovias e ao acesso aos portos e terminais portuários;

III — o monitoramento ambiental; e

IV — o gerenciamento da execução dos serviços e obras.

§ 2º Para fins do Programa de que trata o *caput*, consideram-se:

I — dragagem: obra ou serviço de engenharia que consiste na limpeza, desobstrução, remoção, derrocamento ou escavação de material do fundo de rios, lagos, mares, baías e canais;

II — draga: equipamento especializado acoplado à embarcação ou à plataforma fixa, móvel ou flutuante, utilizado para execução de obras ou serviços de dragagem;

III — material dragado: material retirado ou deslocado do leito dos corpos d'água decorrente da atividade de dragagem e transferido para local de despejo autorizado pelo órgão competente;

IV — empresa de dragagem: pessoa jurídica que tenha por objeto a realização de obra ou serviço de dragagem com a utilização ou não de embarcação; e

V — sinalização e balizamento: sinais náuticos para o auxílio à navegação e à transmissão de informações ao navegante, de forma a possibilitar posicionamento seguro de acesso e tráfego.

Art. 54. A dragagem por resultado compreende a contratação de obras de engenharia destinadas ao aprofundamento, alargamento ou expansão de áreas portuárias e de hidrovias, inclusive canais de navegação, bacias de evolução e de fundeio e berços de atracação, bem como os serviços de sinalização, balizamento, monitoramento ambiental e outros com o objetivo de manter as condições de profundidade e segurança estabelecidas no projeto implantado.

§ 1º As obras ou serviços de dragagem por resultado poderão contemplar mais de um porto, num mesmo contrato, quando essa medida for mais vantajosa para a administração pública.

§ 2º Na contratação de dragagem por resultado, é obrigatória a prestação de garantia pelo contratado.

§ 3º A duração dos contratos de que trata este artigo será de até 10 (dez) anos, improrrogável.

§ 4º As contratações das obras e serviços no âmbito do Programa Nacional de Dragagem Portuária e Hidroviária II poderão ser feitas por meio de licitações internacionais e utilizar o Regime Diferenciado de Contratações Públicas, de que trata a Lei n. 12.462, de 4 de agosto de 2011.

§ 5º A administração pública poderá contratar empresa para gerenciar e auditar os serviços e obras contratados na forma do *caput*.

Art. 55. As embarcações destinadas à dragagem sujeitam-se às normas específicas de segurança da navegação estabelecidas pela autoridade marítima e não se submetem ao disposto na Lei n. 9.432, de 8 de janeiro de 1997.

CAPÍTULO IX

Disposições Finais e Transitórias

Art. 56. (VETADO).

PARÁGRAFO ÚNICO. (VETADO).

Art. 57. Os contratos de arrendamento em vigor firmados sob a Lei n. 8.630, de 25 de fevereiro de 1993, que possuam previsão expressa de prorrogação ainda não realizada, poderão ter sua prorrogação antecipada, a critério do poder concedente.

§ 1º A prorrogação antecipada de que trata o *caput* dependerá da aceitação expressa de obrigação de realizar investimentos, segundo plano elaborado pelo arrendatário e aprovado pelo poder concedente em até 60 (sessenta) dias.

§ 2º (VETADO).

§ 3º Caso, a critério do poder concedente, a antecipação das prorrogações de que trata o *caput* não seja efetivada, tal decisão não implica obrigatoriamente na recusa da prorrogação contratual prevista originalmente.

§ 4º (VETADO).

§ 5º O Poder Executivo deverá encaminhar ao Congresso Nacional, até o último dia útil do mês de março de cada ano, relatório detalhado sobre a implementação das iniciativas tomadas com base nesta Lei, incluindo, pelo menos, as seguintes informações:

I — relação dos contratos de arrendamento e concessão em vigor até 31 de dezembro do ano anterior, por porto organizado, indicando data dos contratos, empresa detentora, objeto detalhado, área, prazo de vigência e situação de adimplemento com relação às cláusulas contratuais;

II — relação das instalações portuárias exploradas mediante autorizações em vigor até 31 de dezembro do ano anterior, segundo a localização, se dentro ou fora do porto organizado, indicando data da autorização, empresa detentora, objeto detalhado, área, prazo de vigência e situação de adimplemento com relação às cláusulas dos termos de adesão e autorização;

III — relação dos contratos licitados no ano anterior com base no disposto no art. 56 desta Lei, por porto organizado, indicando data do contrato, modalidade da licitação, empresa detentora, objeto, área, prazo de vigência e valor dos investimentos realizados e previstos nos contratos de concessão ou arrendamento;

IV — relação dos termos de autorização e os contratos de adesão adaptados no ano anterior, com base no disposto nos arts. 58 e 59 desta Lei, indicando data do contrato de autorização, empresa detentora, objeto, área, prazo de vigência e valor dos investimentos realizados e previstos nos termos de adesão e autorização;

V — relação das instalações portuárias operadas no ano anterior com base no previsto no art. 7º desta Lei, indicando empresa concessionária, empresa que utiliza efetivamente a instalação portuária, motivo e justificativa da utilização por interessado não detentor do arrendamento ou concessão e prazo de utilização.

Art. 58. Os termos de autorização e os contratos de adesão em vigor deverão ser adaptados ao disposto nesta Lei, em especial ao previsto nos §§ 1º a 4º do art. 8º, independentemente de chamada pública ou processo seletivo.

PARÁGRAFO ÚNICO. A ANTAQ deverá promover a adaptação de que trata o *caput* no prazo de 1 (um) ano, contado da data de publicação desta Lei.

Art. 59. As instalações portuárias enumeradas nos incisos I a IV do *caput* do art. 8º, localizadas dentro da área do porto organizado, terão assegurada a continuidade das suas atividades, desde que realizada a adaptação nos termos do art. 58.

PARÁGRAFO ÚNICO. Os pedidos de autorização para exploração de instalações portuárias enumeradas nos incisos I a IV do art. 8º, localizadas dentro da área do porto organizado, protocolados na ANTAQ até dezembro de 2012, poderão ser deferidos pelo poder concedente, desde que tenha sido comprovado até a referida data o domínio útil da área.

Art. 60. Os procedimentos licitatórios para contratação de dragagem homologados e os contratos de dragagem em vigor na data da publicação desta Lei permanecem regidos pelo disposto na Lei n. 11.610, de 12 de dezembro de 2007.

Art. 61. Até a publicação do regulamento previsto nesta Lei, ficam mantidas as regras para composição dos conselhos da autoridade portuária e dos conselhos de supervisão e diretorias executivas dos órgãos de gestão de mão de obra.

Art. 62. O inadimplemento, pelas concessionárias, arrendatárias, autorizatárias e operadoras portuárias, no recolhimento de tarifas portuárias e outras obrigações financeiras perante a administração do porto e a ANTAQ, assim declarado em decisão final, impossibilita a inadimplente de celebrar ou prorrogar contratos de concessão e arrendamento, bem como obter novas autorizações.

§ 1º Para dirimir litígios relativos aos débitos a que se refere o *caput*, poderá ser utilizada a arbitragem, nos termos da Lei n. 9.307, de 23 de setembro de 1996.

§ 2º O impedimento previsto no *caput* também se aplica às pessoas jurídicas, direta ou indiretamente, controladoras, controladas, coligadas, ou de controlador comum com a inadimplente.

Art. 63. As Companhias Docas observarão regulamento simplificado para contratação de serviços e aquisição de bens, observados os princípios constitucionais da publicidade, impessoalidade, moralidade, economicidade e eficiência.

Art. 64. As Companhias Docas firmarão com a Secretaria de Portos da Presidência da República compromissos de metas e desempenho empresarial que estabelecerão, nos termos do regulamento:

I — objetivos, metas e resultados a serem atingidos, e prazos para sua consecução;

II — indicadores e critérios de avaliação de desempenho;

III — retribuição adicional em virtude do seu cumprimento; e

IV — critérios para a profissionalização da gestão das Docas.

Art. 65. Ficam transferidas à Secretaria de Portos da Presidência da República as competências atribuídas ao Ministério dos Transportes e ao Departamento Nacional de Infraestrutura de Transportes — DNIT em leis gerais e específicas relativas a portos fluviais e lacustres, exceto as competências relativas a instalações portuárias públicas de pequeno porte.

Art. 66. Aplica-se subsidiariamente às licitações de concessão de porto organizado e de arrendamento de instalação portuária o disposto nas Leis ns. 12.462, de 4 de agosto de 2011, 8.987, de 13 de fevereiro de 1995, e 8.666, de 21 de junho de 1993.

Art. 67. Aplica-se subsidiariamente a esta Lei o disposto na Lei n. 10.233, de 5 de junho de 2001, em especial no que se refere às competências e atribuições da ANTAQ.

Art. 68. As poligonais de áreas de portos organizados que não atendam ao disposto no art. 15 deverão ser adaptadas no prazo de 1 (um) ano.

Art. 69. (VETADO).

Art. 70. O art. 29 da Lei n. 5.025, de 10 de junho de 1966, passa a vigorar com a seguinte redação:

"Art. 29. Os serviços públicos necessários à importação e exportação deverão ser centralizados pela administração pública em todos os portos organizados.

§ 1º Os serviços de que trata o *caput* serão prestados em horário corrido e coincidente com a operação de cada porto, em turnos, inclusive aos domingos e feriados.

§ 2º O horário previsto no § 1º poderá ser reduzido por ato do Poder Executivo, desde que não haja prejuízo à segurança nacional e à operação portuária.
...." (NR)

Art. 71. A Lei n. 10.233, de 5 de junho de 2001, passa a vigorar com as seguintes alterações:

"Art. 13. Ressalvado o disposto em legislação específica, as outorgas a que se refere o inciso I do *caput* do art. 12 serão realizadas sob a forma de:

...." (NR)

"Art. 14. Ressalvado o disposto em legislação específica, o disposto no art. 13 aplica-se conforme as seguintes diretrizes:

....

III — depende de autorização:

....

c) a construção e a exploração das instalações portuárias de que trata o art. 8º da Lei na qual foi convertida a Medida Provisória n. 595, de 6 de dezembro de 2012.

....

g) (revogada);

h) (revogada);

...." (NR)

"Art. 20. ....

I — implementar, nas respectivas esferas de atuação, as políticas formuladas pelo Conselho Nacional de Integração de Políticas de Transporte, pelo Ministério dos Transportes e pela Secretaria de Portos da Presidência da República, nas respectivas áreas de competência, segundo os princípios e diretrizes estabelecidos nesta Lei;

...." (NR)

"Art. 21. Ficam instituídas a Agência Nacional de Transportes Terrestres — ANTT e a Agência Nacional de Transportes Aquaviários — ANTAQ, entidades integrantes da administração federal indireta, submetidas ao regime autárquico especial e vinculadas, respectivamente, ao Ministério dos Transportes e à Secretaria de Portos da Presidência da República, nos termos desta Lei.

...." (NR)

"Art. 23. Constituem a esfera de atuação da ANTAQ:

....

II — os portos organizados e as instalações portuárias neles localizadas;

III — as instalações portuárias de que trata o art. 8º da Lei na qual foi convertida a Medida Provisória n. 595, de 6 de dezembro de 2012;

....

§ 1º A ANTAQ articular-se-á com órgãos e entidades da administração, para resolução das interfaces do transporte aquaviário com as outras modalidades de transporte, com a finalidade de promover a movimentação intermodal mais econômica e segura de pessoas e bens.

...." (NR)

"Art. 27. ....

I — promover estudos específicos de demanda de transporte aquaviário e de atividades portuárias;

....

III — propor ao Ministério dos Transportes o plano geral de outorgas de exploração da infraestrutura aquaviária e de prestação de serviços de transporte aquaviário;

a) (revogada);

b) (revogada);

....

VII — promover as revisões e os reajustes das tarifas portuárias, assegurada a comunicação prévia, com antecedência mínima de 15 (quinze) dias úteis, ao poder concedente e ao Ministério da Fazenda;

....

XIV — estabelecer normas e padrões a serem observados pelas administrações portuárias, concessionários, arrendatários, autorizatários e operadores portuários, nos termos da Lei na qual foi convertida a Medida Provisória n. 595, de 6 de dezembro de 2012;

XV — elaborar editais e instrumentos de convocação e promover os procedimentos de licitação e seleção para concessão, arrendamento ou autorização da exploração de portos organizados ou instalações portuárias, de acordo com as diretrizes do poder concedente, em obediência ao disposto na Lei na qual foi convertida a Medida Provisória n. 595, de 6 de dezembro de 2012;

XVI — cumprir e fazer cumprir as cláusulas e condições dos contratos de concessão de porto organizado ou dos contratos de arrendamento de instalações portuárias quanto à manutenção e reposição dos bens e equipamentos reversíveis à União de que trata o inciso VIII do *caput* do art. 5º da Lei na qual foi convertida a Medida Provisória n. 595, de 6 de dezembro de 2012;

....

XXII — fiscalizar a execução dos contratos de adesão das autorizações de instalação portuária de que trata o art. 8º da Lei na qual foi convertida a Medida Provisória n. 595, de 6 de dezembro de 2012;

....

XXV — celebrar atos de outorga de concessão para a exploração da infraestrutura aquaviária, gerindo e fiscalizando os respectivos contratos e demais instrumentos administrativos;

XXVI — fiscalizar a execução dos contratos de concessão de porto organizado e de arrendamento de instalação portuária, em conformidade com o disposto na Lei na qual foi convertida a Medida Provisória n. 595, de 6 de dezembro de 2012.

XXVII — (revogado).

§ 1º ....

....

II — participar de foros internacionais, sob a coordenação do Poder Executivo; e

....

§ 3º (revogado).

§ 4º (revogado)" (NR)

"Art. 33. Ressalvado o disposto em legislação específica, os atos de outorga de autorização, concessão ou permissão editados e celebrados pela ANTT e pela ANTAQ obedecerão ao disposto na Lei n. 8.987, de 13 de fevereiro de 1995, nas Subseções II, III, IV e V desta Seção e nas regulamentações complementares editadas pelas Agências." (NR)

"Art. 34-A. ....

....

§ 2º O edital de licitação indicará obrigatoriamente, ressalvado o disposto em legislação específica:

...." (NR)

"Art. 35. O contrato de concessão deverá refletir fielmente as condições do edital e da proposta vencedora e terá como cláusulas essenciais, ressalvado o disposto em legislação específica, as relativas a:

...." (NR)

"Art. 43. A autorização, ressalvado o disposto em legislação específica, será outorgada segundo as diretrizes estabelecidas nos arts. 13 e 14 e apresenta as seguintes características:

...." (NR)

"Art. 44. A autorização, ressalvado o disposto em legislação específica, será disciplinada em regulamento próprio e será outorgada mediante termo que indicará:

...." (NR)

"Art. 51-A. Fica atribuída à ANTAQ a competência de fiscalização das atividades desenvolvidas pelas administrações de portos organizados, pelos operadores portuários e pelas arrendatárias ou autorizatárias de instalações portuárias, observado o disposto na Lei na qual foi convertida a Medida Provisória n. 595, de 6 de dezembro de 2012.

§ 1º Na atribuição citada no *caput* incluem-se as administrações dos portos objeto de convênios de delegação celebrados nos termos da Lei n. 9.277, de 10 de maio de 1996.

§ 2º A ANTAQ prestará ao Ministério dos Transportes ou à Secretaria de *Portos da Presidência da República todo apoio necessário à celebração dos convênios de delegação." (NR)*

"Art. 56. ....

Parágrafo único. Cabe ao Ministro de Estado dos Transportes ou ao Ministro de Estado Chefe da Secretaria de Portos da Presidência da República, conforme o caso, instaurar o processo administrativo disciplinar, competindo ao Presidente da República determinar o afastamento preventivo, quando for o caso, e proferir o julgamento." (NR)

"Art. 67. As decisões das Diretorias serão tomadas pelo voto da maioria absoluta de seus membros, cabendo ao Diretor-Geral o voto de qualidade, e serão registradas em atas.

Parágrafo único. As datas, as pautas e as atas das reuniões de Diretoria, assim como os documentos que as instruam, deverão ser objeto de ampla publicidade, inclusive por meio da internet, na forma do regulamento." (NR)

"Art. 78. A ANTT e a ANTAQ submeterão ao Ministério dos Transportes e à Secretaria de Portos da Presidência da República, respectivamente, suas propostas orçamentárias anuais, nos termos da legislação em vigor.

...." (NR)

"Art. 78-A. ....

§ 1º Na aplicação das sanções referidas no *caput*, a ANTAQ observará o disposto na Lei na qual foi convertida a Medida Provisória n. 595, de 6 de dezembro de 2012.

§ 2º A aplicação da sanção prevista no inciso IV do *caput*, quando se tratar de concessão de porto organizado ou arrendamento e autorização de instalação portuária, caberá ao poder concedente, mediante proposta da ANTAQ." (NR)

"Art. 81. ....

....

III — instalações e vias de transbordo e de interface intermodal, exceto as portuárias;

IV — (revogado)." (NR)

"Art. 82. ....

....

§ 2º No exercício das atribuições previstas neste artigo e relativas a vias navegáveis, o DNIT observará as prerrogativas específicas da autoridade marítima.

...." (NR)

Art. 72. A Lei n. 10.683, de 28 de maio de 2003, passa a vigorar com as seguintes alterações:

"Art. 24-A. À Secretaria de Portos compete assessorar direta e imediatamente o Presidente da República na formulação de políticas e diretrizes para o desenvolvimento e o fomento do setor de portos e instalações portuárias marítimos, fluviais e lacustres e, especialmente, promover a execução e a avaliação de medidas, programas e projetos de apoio ao desenvolvimento da infraestrutura e da superestrutura dos portos e instalações portuárias marítimos, fluviais e lacustres.

....

§ 2º ....

....

III — a elaboração dos planos gerais de outorgas;

....

V — o desenvolvimento da infraestrutura e da superestrutura aquaviária dos portos e instalações portuárias sob sua esfera de atuação, com a finalidade de promover a segurança e a eficiência do transporte aquaviário de cargas e de passageiros.

...." (NR)

"Art. 27. ....

....

XXII — ....

a) política nacional de transportes ferroviário, rodoviário e aquaviário;

b) marinha mercante e vias navegáveis; e

c) participação na coordenação dos transportes aeroviários.

...." (NR)

Art. 73. A Lei n. 9.719, de 27 de novembro de 1998, passa a vigorar acrescida do seguinte art. 10-A:

"Art. 10-A. É assegurado, na forma do regulamento, benefício assistencial mensal, de até 1 (um) salário mínimo, aos trabalhadores portuários avulsos, com mais de 60 (sessenta) anos, que não cumprirem os requisitos para a aquisição das modalidades de aposentadoria previstas nos arts. 42, 48, 52 e 57 da Lei n. 8.213, de 24 de julho de 1991, e que não possuam meios para prover a sua subsistência.

Parágrafo único. O benefício de que trata este artigo não pode ser acumulado pelo beneficiário com qualquer outro no âmbito da seguridade social ou de outro regime, salvo os da assistência médica e da pensão especial de natureza indenizatória."

Art. 74. (VETADO).

Art. 75. Esta Lei entra em vigor na data de sua publi cação.

Art. 76. Ficam revogados:

I — a Lei n. 8.630, de 25 de fevereiro de 1993;

II — a Lei n. 11.610, de 12 de dezembro de 2007;

III — o art. 21 da Lei n. 11.314, de 3 de julho de 2006;

IV — o art. 14 da Lei n. 11.518, de 5 de setembro de 2007; e

V — os seguintes dispositivos da Lei n. 10.233, de 5 de junho de 2001:

a) as alíneas *g* e *h* do inciso III do *caput* do art. 14;

b) as alíneas *a* e *b* do inciso III do *caput* do art. 27;

c) o inciso XXVII do *caput* do art. 27;

d) os § 3º e 4º do art. 27; e

e) o inciso IV do *caput* do art. 81.

VI — o art. 11 da Lei n. 9.719, de 27 de novembro de 1998.

Brasília, 5 de junho de 2013; 192º da Independência e 125º da República.

Dilma Rousseff

José Eduardo Cardozo

Guido Mantega

César Borges

Manoel Dias

Miriam Belchior

Garibaldi Alves Filho

Luís Inácio Lucena Adams

Mário Lima Júnio

DECRETO N. 8.033, DE 27 DE JUNHO DE 2013

DOU 28.6.2013

REGULAMENTA O DISPOSTO NA LEI N. 12.815, DE 5 DE JUNHO DE 2013, E AS DEMAIS DISPOSIÇÕES LEGAIS QUE REGULAM A EXPLORAÇÃO DE PORTOS ORGANIZADOS E DE INSTALAÇÕES PORTUÁRIAS

A PRESIDENTA DA REPÚBLICA, no uso das atribuições que lhe conferem os arts. 84, *caput*, incisos IV e VI, alínea "a", e 21, *caput*, inciso XII, alínea "f", da Constituição, e tendo em vista o disposto nas Leis n. 12.815, de 5 de junho de 2013, n. 10.233, de 5 de junho de 2001, e n. 10.683, de 28 de maio de 2003,

DECRETA:

CAPÍTULO I

Disposições Preliminares

Art. 1º Este Decreto regulamenta o disposto na Lei n. 12.815, de 5 de junho de 2013, e as demais disposições legais que regulam a exploração de portos organizados e de instalações portuárias.

PARÁGRAFO ÚNICO. O poder concedente será exercido por intermédio da Secretaria de Portos da Presidência da República.

Art. 2º Sem prejuízo de outras atribuições previstas na legislação específica, compete ao poder concedente:

I — elaborar o plano geral de outorgas do setor portuário;

II — disciplinar conteúdo, forma e periodicidade de atualização dos planos de desenvolvimento e zoneamento dos portos;

III — definir diretrizes para a elaboração dos regulamentos de exploração dos portos;

IV — aprovar a transferência de controle societário ou de titularidade de contratos de concessão ou de arrendamento, previamente analisados pela Agência Nacional de Transportes Aquaviários — Antaq;

V — aprovar a realização de investimentos não previstos nos contratos de concessão ou de arrendamento, previamente analisados pela Antaq;

VI — conduzir e aprovar, sempre que necessários, os estudos de viabilidade técnica, econômica e ambiental do objeto da concessão ou do arrendamento; e

VII — aprovar e encaminhar ao Congresso Nacional o relatório de que trata o § 5º do art. 57 da Lei n. 12.815, de 2013.

Art. 3º Sem prejuízo de outras atribuições previstas na legislação específica, compete à Antaq:

I — analisar a transferência de controle societário ou de titularidade de contratos de concessão ou de arrendamento;

II — analisar as propostas de realização de investimentos não previstos nos contratos de concessão ou de arrendamento;

III — arbitrar, na esfera administrativa, os conflitos de interesses e as controvérsias sobre os contratos não solucionados entre a administração do porto e a arrendatária;

IV — arbitrar, em grau de recurso, os conflitos entre agentes que atuem no porto organizado, ressalvadas as competências das demais autoridades públicas;

V — apurar, de ofício ou mediante provocação, práticas abusivas ou tratamentos discriminatórios, ressalvadas as competências previstas na Lei n. 12.529, de 30 de novembro de 2011; e

VI — elaborar o relatório de que trata o § 5º do art. 57 da Lei n. 12.815, de 2013, e encaminhá-lo ao poder concedente.

PARÁGRAFO ÚNICO. A Antaq deverá cumprir o disposto no plano geral de outorgas para a realização das licitações de concessão e de arrendamento e das chamadas públicas para autorização de instalações portuárias.

Art. 4º Sem prejuízo de outras atribuições previstas na legislação específica, compete à administração do porto:

I — estabelecer o regulamento de exploração do porto, observadas as diretrizes do poder concedente; e

II — decidir sobre conflitos que envolvam agentes que atuam no porto organizado, ressalvadas as competências das demais autoridades públicas.

PARÁGRAFO ÚNICO. Nas concessões de porto organizado, o contrato disciplinará a extensão e a forma do exercício das competências da administração do porto.

CAPÍTULO II

Da Exploração dos Portos e das Instalações Portuárias Localizadas Dentro da Área do Porto Organizado

SEÇÃO I

Das Disposições Gerais sobre a Licitação da Concessão e do Arrendamento

Art. 5º A licitação para a concessão e para o arrendamento de bem público destinado à atividade portuária será regida pelo disposto na Lei n. 12.815, de 2013, na Lei n. 12.462, de 4 de agosto de 2011, neste Decreto e, subsidiariamente, no Decreto n. 7.581, de 11 de outubro de 2011.

PARÁGRAFO ÚNICO. Na hipótese de transferência das competências para a elaboração do edital ou para a realização dos procedimentos licitatórios de que trata o § 5º do art. 6º da Lei n. 12.815, de 2013, a administração do porto deverá observar o disposto neste Decreto, sem prejuízo do acompanhamento dos atos e procedimentos pela Antaq.

Art. 6º A realização dos estudos prévios de viabilidade técnica, econômica e ambiental do objeto do arrendamento ou da concessão, quando necessária, deverá observar as diretrizes do planejamento do setor portuário.

§ 1º Os estudos de que trata o *caput* poderão ser realizados em versão simplificada, conforme disciplinado pela Antaq, sempre que:

I — não haja alteração substancial da destinação da área objeto da concessão ou do arrendamento;

II — não haja alteração substancial das atividades desempenhadas pela concessionária ou arrendatária; ou

III — o objeto e as condições da concessão ou do arrendamento permitam, conforme estabelecido pelo poder concedente.

§ 2º As administrações dos portos encaminharão ao poder concedente e à Antaq todos os documentos e informações necessários ao desenvolvimento dos estudos previstos neste artigo.

§ 3º O poder concedente poderá autorizar a elaboração, por qualquer interessado, dos estudos de que trata o *caput* e, caso esses sejam utilizados para a licitação, deverá assegurar o ressarcimento dos dispêndios correspondentes.

Art. 7º Definido o objeto da licitação, a Antaq deverá adotar as providências previstas no art. 14 da Lei n. 12.815, de 2013.

SEÇÃO II

Do Edital da Licitação

Art. 8º O edital definirá os critérios objetivos para o julgamento da licitação e disporá sobre:

I — o objeto, a área, o prazo e a possibilidade de prorrogação do contrato;

II — os prazos, os locais, os horários e as formas de recebimento da documentação exigida para a habilitação e das propostas, do julgamento da licitação e da assinatura dos contratos;

III — os prazos, os locais e os horários em que serão fornecidos aos interessados os dados, estudos e projetos necessários à elaboração dos orçamentos e à apresentação das propostas;

IV — os critérios e a relação dos documentos exigidos para aferição da capacidade técnica e econômico-financeira, da regularidade jurídica e fiscal dos licitantes e da garantia da proposta e da execução do contrato;

V — a relação dos bens afetos ao arrendamento ou à concessão;

VI — as regras para pedido de esclarecimento, impugnação administrativa e interposição de recursos; e

VII — a minuta do contrato de arrendamento ou de concessão e seus anexos.

PARÁGRAFO ÚNICO. O edital de licitação poderá impor ao vencedor a obrigação de indenizar o antigo titular pela parcela não amortizada dos investimentos realizados em bens afetos ao arrendamento ou à concessão, desde que tenham sido aprovados pelo poder concedente.

Art. 9º Nas licitações de concessão e de arrendamento, serão utilizados como critérios para julgamento, de forma isolada ou combinada, a maior capacidade de movimentação, a menor tarifa ou o menor tempo de movimentação de carga.

§ 1º O edital poderá prever ainda a utilização de um dos seguintes critérios para julgamento, associado com um ou mais dos critérios previstos no *caput*:

I — maior valor de investimento;

II — menor contraprestação do poder concedente; ou

III — melhor proposta técnica, conforme critérios objetivos estabelecidos pelo poder concedente.

§ 2º A capacidade de movimentação poderá ser definida como:

I — capacidade estática, entendida como a quantidade máxima de carga que pode ser armazenada na instalação portuária a qualquer tempo;

II — capacidade dinâmica, entendida como a quantidade máxima de carga que pode ser movimentada na instalação portuária durante certo período de tempo e em nível adequado de serviço; ou

III — capacidade efetiva, entendida como a quantidade de carga movimentada na instalação portuária, durante certo período de tempo e em nível adequado de serviço.

§ 3º O menor tempo de movimentação poderá corresponder:

I — ao menor tempo médio de movimentação de determinadas cargas;

II — ao menor tempo médio de atendimento de uma embarcação de referência; ou

III — a outros critérios de aferição da eficiência do terminal na movimentação de cargas, conforme fixado no edital.

Art. 10. Na fase de habilitação das licitações previstas neste Decreto, será aplicado, no que couber, o disposto nos arts. 27 a 33 da Lei n. 8.666, de 21 de junho de 1993.

PARÁGRAFO ÚNICO. Para a qualificação técnica nas licitações de arrendamento, o edital poderá estabelecer que o licitante assuma o compromisso de:

I — obter sua pré-qualificação como operador portuário perante a administração do porto; ou

II — contratar um operador portuário pré-qualificado perante a administração do porto para o desempenho das operações portuárias, sem prejuízo do integral cumprimento das metas de qualidade e de outras obrigações estabelecidas no contrato.

Art. 11. Deverá ser adotado o prazo mínimo de trinta dias para a apresentação de propostas, contado da data de publicação do edital.

§ 1º Será conferida publicidade ao edital mediante:

I — publicação de extrato do edital no Diário Oficial da União; e

II — divulgação em sítio eletrônico oficial da Secretaria de Portos da Presidência da República e da Antaq.

§ 2º As eventuais modificações no edital serão divulgadas no mesmo prazo dos atos e procedimentos originais, exceto quando a alteração não comprometer a formulação das propostas.

§ 3º A Antaq deverá convocar, com antecedência mínima de dez dias úteis de sua realização, audiência pública que deverá ocorrer com antecedência mínima de quinze dias úteis da data prevista para a publicação do edital.

SEÇÃO III

Do Procedimento Licitatório

Art. 12. O procedimento licitatório observará as fases e a ordem previstas no art. 12 da Lei n. 12.462, de 2011.

PARÁGRAFO ÚNICO. As licitações adotarão preferencialmente os modos de disputa aberto ou combinado.

Art. 13. Após o encerramento da fase de apresentação de propostas, a comissão de licitação classificará as propostas em ordem decrescente, observadas as particularidades dos critérios de julgamento adotados.

§ 1º A comissão de licitação poderá negociar condições mais vantajosas com os licitantes.

§ 2º A negociação de que trata o § 1º será promovida segundo a ordem de classificação das propostas, assegurada a publicidade sobre seus termos e condições.

§ 3º Encerrada a sessão de julgamento, será dada publicidade à respectiva ata, com a ordem de classificação das propostas.

Art. 14. O procedimento licitatório terá fase recursal única, que se seguirá à habilitação do vencedor, exceto na hipótese de inversão de fases.

§ 1º Na fase recursal, serão analisados os recursos referentes ao julgamento das propostas ou lances e à habilitação do vencedor.

§ 2º Os licitantes que desejarem recorrer em face dos atos do julgamento da proposta ou da habilitação deverão manifestar, imediatamente após o término de cada sessão, sua intenção de recorrer, sob pena de preclusão.

Art. 15. O recurso será dirigido à Diretoria da Antaq, por intermédio da comissão de licitação, que apreciará sua admissibilidade.

§ 1º A comissão de licitação poderá, de ofício ou mediante provocação, reconsiderar sua decisão em até cinco dias úteis ou, nesse mesmo prazo, encaminhar o recurso à Antaq devidamente instruído.

§ 2º A Antaq deverá proferir sua decisão no prazo de cinco dias úteis, contado da data de seu recebimento.

Art. 16. Exauridos os recursos administrativos, o procedimento licitatório será encerrado e encaminhado ao poder concedente, que poderá:

I — determinar o retorno dos autos para saneamento de irregularidades que forem supríveis;

II — anular o procedimento, no todo ou em parte, por vício insanável;

III — revogar o procedimento por motivo de conveniência e oportunidade; ou

IV — adjudicar o objeto.

§ 1º As normas referentes à anulação e à revogação de licitações previstas no art. 49 da Lei n. 8.666, de 1993, aplicam-se às contratações regidas por este Decreto.

§ 2º Caberá recurso da anulação ou da revogação da licitação no prazo de cinco dias úteis, contado da data da decisão.

Art. 17. Convocado para assinar o contrato, o interessado deverá observar os prazos e as condições estabelecidos no edital, sob pena de decadência do direito à contratação, sem prejuízo das sanções previstas na Lei n. 12.462, de 2011, e na Lei n. 8.666, de 1993.

§ 1º É facultado ao poder concedente, quando o convocado não assinar o contrato no prazo e nas condições estabelecidos:

I — determinar à Antaq que revogue a licitação, sem prejuízo da aplicação das cominações previstas na Lei n. 8.666, de 1993; ou

II — determinar à Antaq que convoque os licitantes remanescentes, na ordem de classificação, para a celebração do contrato nas condições ofertadas pelo licitante vencedor.

§ 2º Na hipótese de nenhum dos licitantes aceitar a contratação nos termos do inciso II do § 1º, o poder concedente poderá determinar à Antaq que convoque os licitantes remanescentes, na ordem de classificação, para a celebração do contrato nas condições por eles ofertadas, desde que a proposta apresente condições melhores que o mínimo estipulado no edital.

Art. 18. Nos procedimentos licitatórios regidos por este Decreto, caberão:

I — pedidos de esclarecimento e impugnações ao edital, com antecedência mínima de cinco dias úteis da data de abertura das propostas; e

II — representações, no prazo de cinco dias úteis, contado da data da intimação, relativamente a atos de que não caiba recurso hierárquico.

§ 1º O prazo para apresentação de contrarrazões será o mesmo do recurso e começará imediatamente após o encerramento do prazo recursal.

§ 2º É assegurado aos licitantes vista dos documentos indispensáveis à defesa de seus interesses.

SEÇÃO IV

Dos Contratos de Concessão e de Arrendamento

Art. 19. Os contratos de concessão e de arrendamento terão prazo de até vinte e cinco anos, prorrogável uma única vez, por período não superior ao originalmente contratado, a critério do poder concedente.

Art. 20. O objeto do contrato de concessão poderá abranger:

I — o desempenho das funções da administração do porto e a exploração direta e indireta das instalações portuárias;

II — o desempenho das funções da administração do porto e a exploração indireta das instalações portuárias, vedada a sua exploração direta; ou

III — o desempenho, total ou parcial, das funções de administração do porto, vedada a exploração das instalações portuárias.

Art. 21. Os contratos celebrados entre a concessionária e terceiros serão regidos pelas normas de direito privado, não se estabelecendo qualquer relação jurídica entre os terceiros e o poder concedente, sem prejuízo das atividades regulatória e fiscalizatória da Antaq.

§ 1º A execução das atividades contratadas com terceiros pressupõe o cumprimento:

I — do plano de desenvolvimento e zoneamento do porto;

II — das normas aplicáveis aos serviços concedidos e contratados; e

III — das condições estabelecidas no edital de licitação e no contrato de concessão, inclusive quanto às tarifas e aos preços praticados.

§ 2º Os contratos celebrados entre a concessionária e terceiros terão sua vigência máxima limitada ao prazo previsto para a concessão.

Art. 22. Os contratos de arrendamento e demais instrumentos voltados à exploração de áreas nos portos organizados vigentes no momento da celebração do contrato de concessão poderão ter sua titularidade transferida à concessionária, conforme previsto no edital de licitação.

§ 1º A concessionária deverá respeitar os termos contratuais originalmente pactuados.

§ 2º A transferência da titularidade afasta a aplicação das normas de direito público sobre os contratos.

Art. 23. Os contratos de concessão e arrendamento deverão resguardar o direito de passagem de infraestrutura de terceiros na área objeto dos contratos, conforme disciplinado pela Antaq e mediante justa indenização.

Art. 24. A aplicação do disposto no § 6º do art. 6º da Lei n. 12.815, de 2013, só será permitida quando comprovada a inviabilidade técnica, operacional e econômica de realização de licitação de novo arrendamento.

PARÁGRAFO ÚNICO. A expansão da área do arrendamento ensejará a revisão de metas, tarifas e outros parâmetros contratuais, de forma a incorporar ao contrato os ganhos de eficiência referidos no § 6º do art. 6º da Lei n. 12.815, de 2013.

SEÇÃO V

Da Exploração Direta ou Indireta de Áreas não Afetas às Operações Portuárias

Art. 25. As áreas não afetas às operações portuárias e suas destinações serão previstas no plano de desenvolvimento e zoneamento do porto.

PARÁGRAFO ÚNICO. Para a exploração indireta das áreas referidas no *caput*, a administração do porto submeterá à aprovação do poder concedente a proposta de uso da área.

CAPÍTULO III

Da Autorização de Instalações Portuárias

Art. 26. Serão exploradas mediante autorização, formalizada por meio da celebração de contrato de adesão, as instalações portuárias localizadas fora da área do porto organizado, compreendendo as seguintes modalidades:

I — terminal de uso privado;

II — estação de transbordo de carga;

III — instalação portuária pública de pequeno porte; e

IV — instalação portuária de turismo.

§ 1º O início da operação da instalação portuária deverá ocorrer no prazo de três anos, contado da data de celebração do contrato de adesão, prorrogável uma única vez, por igual período, a critério do poder concedente.

§ 2º O pedido de prorrogação do prazo para o início da operação deverá ser justificado e acompanhado de documentação que comprove a exequibilidade do novo cronograma.

Art. 27. Os interessados em obter a autorização de instalação portuária poderão requerê-la à Antaq, a qualquer tempo, mediante a apresentação dos seguintes documentos, entre outros que poderão ser exigidos pela Antaq:

I — memorial descritivo das instalações, com as especificações estabelecidas pela Antaq, que conterá, no mínimo:

a) descrição da poligonal das áreas por meio de coordenadas georreferenciadas, discriminando separadamente a área pretendida em terra, a área pretendida para instalação de estrutura física sobre a água, a área pretendida para berços de atracação e a área necessária para a bacia de evolução e para o canal de acesso;

b) descrição dos acessos terrestres e aquaviários existentes e a serem construídos;

c) descrição do terminal, inclusive quanto às instalações de acostagem e armazenagem, seus berços de atracação e finalidades;

d) especificação da embarcação-tipo por berço;

e) descrição dos principais equipamentos de carga e descarga das embarcações e de movimentação das cargas nas instalações de armazenagem, informando a quantidade existente, capacidade e utilização;

f) cronograma físico e financeiro para a implantação da instalação portuária;

g) estimativa da movimentação de cargas ou passageiros; e

h) valor global do investimento; e

II — título de propriedade, inscrição de ocupação, certidão de aforamento ou contrato de cessão sob regime de direito real, ou outro instrumento jurídico que assegure o direito de uso e fruição do da área.

PARÁGRAFO ÚNICO. Recebido o requerimento de autorização, a Antaq deverá:

I — publicar em seu sítio eletrônico, em até cinco dias, a íntegra do conteúdo do requerimento e seus anexos; e

II — desde que a documentação esteja em conformidade com o disposto no *caput*, promover, em até dez dias, a abertura de processo de anúncio público, com prazo de trinta dias, a fim de identificar a existência de outros interessados em autorização de instalação portuária na mesma região e com características semelhantes.

Art. 28. O poder concedente poderá determinar à Antaq, a qualquer momento e em consonância com as diretrizes do planejamento e das políticas do setor portuário, a abertura de processo de chamada pública para identificar a existência de interessados na obtenção de autorização de instalação portuária.

Art. 29. O instrumento da abertura de chamada ou de anúncio públicos, cujos extratos serão publicados no Diário Oficial da União e no sítio eletrônico da Antaq, indicará obrigatoriamente os seguintes parâmetros:

I — a região geográfica na qual será implantada a instalação portuária;

II — o perfil das cargas a serem movimentadas; e

III — a estimativa do volume de cargas ou de passageiros a ser movimentado nas instalações portuárias.

§ 1º O perfil de cargas a serem movimentadas será classificado conforme uma ou mais das seguintes modalidades:

I — granel sólido;

II — granel líquido e gasoso;

III — carga geral; ou

IV — carga conteinerizada.

§ 2º Todas as propostas apresentadas durante o prazo de chamada ou de anúncio públicos, que se encontrem na mesma região geográfica, deverão ser reunidas em um mesmo procedimento e analisadas conjuntamente, independentemente do tipo de carga.

§ 3º Para participar de chamada ou de anúncio públicos, os demais interessados deverão apresentar a documentação exigida no *caput* do art. 27.

Art. 30. Encerrado o processo de chamada ou de anúncio públicos, o poder concedente deverá analisar a viabilidade locacional das propostas e sua adequação às diretrizes do planejamento e das políticas do setor portuário.

PARÁGRAFO ÚNICO. Para os fins deste Decreto, considera-se viabilidade locacional a possibilidade da implantação física de duas ou mais instalações portuárias na mesma região geográfica que não gere impedimento operacional a qualquer uma delas.

Art. 31. Poderão ser expedidas diretamente, independente da realização de processo seletivo público, as autorizações de instalação portuária quando:

I — o processo de chamada ou anúncio públicos for concluído com a participação de um único interessado; ou

II — não existir impedimento locacional à implantação concomitante de todas as instalações portuárias solicitadas.

PARÁGRAFO ÚNICO. Em qualquer caso, somente poderão ser autorizadas as instalações portuárias compatíveis com as diretrizes do planejamento e das políticas do setor portuário.

Art. 32. Nos casos de inviabilidade locacional à implantação concomitante das instalações portuárias solicitadas, a Antaq deverá:

I — definir os critérios de julgamento a serem utilizados no processo seletivo público; e

II — conferir prazo de trinta dias para que os interessados reformulem suas propostas, adaptando-as à participação no processo seletivo público.

§ 1º Eliminado o impedimento locacional após a reformulação prevista no inciso II do *caput*, as propostas deverão ser novamente submetidas à aprovação do poder concedente, que poderá autorizar as instalações portuárias na forma do art. 31.

§ 2º Mantido o impedimento locacional após a reformulação prevista no inciso II do *caput*, caberá à Antaq promover processo seletivo público para seleção da melhor proposta.

§ 3º A Antaq disciplinará os procedimentos e prazos para realização do processo seletivo público de que trata este artigo.

Art. 33. Encerrada a chamada ou anúncio públicos na forma do art. 31 ou encerrado o processo seletivo público na forma do art. 32, os interessados terão o prazo de noventa dias, contado da data de publicação da decisão, para apresentar à Antaq os seguintes documentos, além de outros que venham a ser exigidos por norma específica:

I — comprovação de atendimento do disposto no art. 14 da Lei n. 12.815, de 2013;

II — as garantias de execução a serem firmadas no momento de emissão da autorização, nos termos estabelecidos pela Antaq;

III — a documentação comprobatória de sua regularidade perante as Fazendas federal, estadual e municipal da sede da pessoa jurídica e o Fundo de Garantia do Tempo de Serviço — FGTS; e

IV — parecer favorável da autoridade marítima, que deverá responder à consulta em prazo não superior a quinze dias.

Parágrafo único. O descumprimento do prazo a que se refere o *caput* ou a apresentação de documentação em desconformidade com o disposto neste Decreto ou nas normas da Antaq ensejará a desclassificação da proposta e a convocação dos demais interessados na ordem de classificação no processo seletivo público.

Art. 34. Encerrados os procedimentos para autorização, a Antaq enviará a documentação ao poder concedente que deverá, no prazo de quinze dias, contado da data do recebimento, analisar e deliberar sobre o resultado do processo e a celebração dos contratos de adesão.

PARÁGRAFO ÚNICO. Celebrados os contratos de adesão, os processos serão restituídos à Antaq para acompanhamento.

Art. 35. Não dependerão da celebração de novo contrato de adesão, bastando a aprovação pelo poder concedente:

I — a transferência de titularidade da autorização, desde que preservadas as condições estabelecidas no contrato de adesão original; ou

II — o aumento da capacidade de movimentação ou de armazenagem da instalação portuária, desde que não haja expansão de área original.

PARÁGRAFO ÚNICO. Sem prejuízo do disposto no *caput*, o poder concedente poderá, conforme disciplinado em ato do Ministro de Estado Chefe da Secretaria de Portos da Presidência da República, dispensar a emissão de nova autorização nas hipóteses de:

I — a alteração do tipo de carga movimentada; ou

II — a ampliação da área da instalação portuária, localizada fora do porto organizado, que não exceda a vinte e cinco por cento da área original, desde que haja viabilidade locacional.

CAPÍTULO IV
Do Conselho de Autoridade Portuária

Art. 36. Será instituído em cada porto organizado um conselho de autoridade portuária, órgão consultivo da administração do porto.

§ 1º Compete ao conselho de autoridade portuária sugerir:

I — alterações do regulamento de exploração do porto;

II — alterações no plano de desenvolvimento e zoneamento do porto;

III — ações para promover a racionalização e a otimização do uso das instalações portuárias;

IV — medidas para fomentar a ação industrial e comercial do porto;

V — ações com objetivo de desenvolver mecanismos para atração de cargas;

VI — medidas que visem estimular a competitividade; e

VII — outras medidas e ações de interesse do porto.

§ 2º Compete ao conselho de autoridade portuária aprovar o seu regimento interno.

Art. 37. Cada conselho de autoridade portuária será constituído pelos membros titulares e seus suplentes:

I — do Poder Público, sendo:

a) quatro representantes da União, dentre os quais será escolhido o presidente do conselho;

b) um representante da autoridade marítima;

c) um representante da administração do porto;

d) um representante do Estado onde se localiza o porto; e

e) um representante dos Municípios onde se localizam o porto ou os portos organizados abrangidos pela concessão;

II — da classe empresarial, sendo:

a) dois representantes dos titulares de arrendamentos de instalações portuárias;

b) um representante dos operadores portuários; e

c) um representante dos usuários; e

III — da classe dos trabalhadores portuários, sendo:

a) dois representantes dos trabalhadores portuários avulsos; e

b) dois representante dos demais trabalhadores portuários.

§ 1º Para os efeitos do disposto neste artigo, os membros e seus suplentes do conselho serão indicados:

I — pelo Ministro de Estado Chefe da Secretaria de Portos da Presidência da República; pelo Comandante da Marinha; pela administração do porto; pelo Governador de Estado e pelo Prefeito do Município, respectivamente, no caso do inciso I do *caput*; e

II — pelas entidades de classe local das respectivas categorias profissionais e econômicas, nos casos dos incisos II e III do *caput*.

§ 2º Ato do Ministro de Estado Chefe da Secretaria de Portos definirá as entidades responsáveis pela indicação de que trata o inciso II do § 1º e os procedimentos a serem adotados para as indicações.

§ 3º Os membros do conselho serão designados por ato do Ministro de Estado Chefe da Secretaria de Portos da Presidência da República para um mandato de dois anos, admitida a recondução uma única vez, por igual período.

§ 4º A participação no conselho de autoridade portuária será considerada prestação de serviço público relevante, não remunerada.

§ 5º As deliberações do conselho serão tomadas de acordo com as seguintes regras:

I — cada representante terá direito a um voto; e

II — o presidente do conselho terá voto de qualidade.

§ 6º Perderá o mandato o membro do conselho que faltar, injustificadamente, a três reuniões consecutivas ou seis alternadas, assumindo a vaga o seu suplente até a efetivação de nova indicação.

CAPÍTULO V
Do Órgão Gestor de Mão De Obra

Art. 38. O órgão de gestão de mão de obra terá, obrigatoriamente, um conselho de supervisão e uma diretoria-executiva.

§ 1º O conselho de supervisão será composto por três membros titulares e seus suplentes, sendo:

I — dois indicados pelas entidades de classe local das respectivas categorias econômicas; e

II — um indicado pelas entidades de classe local das categorias profissionais relativas às atividades previstas no § 1º do art. 40 da Lei n. 12.815, de 2013.

§ 2º Ato do Ministro de Estado Chefe da Secretaria de Portos definirá as entidades responsáveis pela indicação de que trata o § 1º e os procedimentos a serem adotados para as indicações.

§ 3º A Diretoria-Executiva será composta por um ou mais diretores, designados e destituíveis, a qualquer tempo, pelos operadores portuários que atuam no respectivo porto organizado, cujo prazo de gestão será de três anos, permitida a redesignação.

§ 4º Caso a Diretoria-Executiva seja composta por dois membros ou mais, um deles poderá ser indicado pelas respectivas entidades de classe das categorias profissionais relativas às atividades previstas no § 1º do art. 40 da Lei n. 12.815, de 2013, conforme definido em convenção coletiva.

§ 5º Até um terço dos membros do conselho de supervisão poderá ser designado para exercício de cargos de diretores.

CAPÍTULO VI
Do Fórum Permanente para Qualificação do Trabalhador Portuário e do Sine-Porto

Art. 39. Fica instituído o Fórum Nacional Permanente para Qualificação do Trabalhador Portuário, com a finalidade de discutir as questões relacionadas a formação, qualificação e certificação profissional do trabalhador portuário e do trabalhador portuário avulso, em especial:

I — sua adequação aos modernos processos de movimentação de carga e de operação de aparelhos e equipamentos portuários;

II — o treinamento multifuncional do trabalhador portuário e do trabalhador portuário avulso.

§ 1º Integrarão o Fórum Nacional Permanente para Qualificação do Trabalhador Portuário:

I — um representante de cada um dos seguintes órgãos e entidades:

a) Ministério do Trabalho e Emprego, que o coordenará;

b) Secretaria de Portos da Presidência da República;

c) Ministério do Planejamento, Orçamento e Gestão;

d) Ministério da Educação;

e) Secretaria-Geral da Presidência da República; e

f) Comando da Marinha;

II — três representantes de entidades empresariais, sendo:

a) um representante dos titulares de arrendamentos de instalações portuárias;

b) um representante dos operadores portuários; e c) um representante dos usuários; e

III — três representantes da classe trabalhadora, sendo:

a) dois representantes dos trabalhadores portuários avulsos; e

b) um representante dos demais trabalhadores portuários.

§ 2º Os representantes de que tratam os incisos II e III do § 1º cumprirão mandatos de dois anos, permitida a recondução.

§ 3º Perderá o mandato o membro do Fórum de que tratam os incisos II e III do § 1º que faltar, injustificadamente, a três reuniões consecutivas ou seis alternadas, assumindo a vaga o seu suplente até a efetivação de nova indicação.

§ 4º Ato do Ministro de Estado Chefe da Secretaria de Portos definirá as entidades responsáveis pela indicação de que trata os incisos II e III do § 1º e os procedimentos a serem adotados para as indicações.

§ 5º A participação no Fórum será considerada prestação de serviço público relevante, não remunerada.

Art. 40. O Ministério do Trabalho e Emprego instituirá, no âmbito do Sistema Nacional de Emprego — SINE, banco de dados específico com o objetivo de organizar a identificação e a oferta de mão de obra qualificada para o setor portuário, intitulado SINE-PORTO.

§ 1º Constarão do SINE-PORTO, no mínimo, as seguintes informações:

I — identificação do trabalhador;

II — qualificação profissional obtida para o exercício das funções; e

III — registro ou cadastramento em órgão de gestão de mão de obra, quando couber.

§ 2º Os trabalhadores portuários avulsos inscritos no respectivo órgão de gestão de mão de obra, constantes no SINE-PORTO, terão preferência no acesso a programas de formação ou qualificação profissional oferecidos no âmbito do SINE ou do Programa Nacional de Acesso ao Ensino Técnico e Emprego — Pronatec, de que trata a Lei n. 12.513, de 26 de outubro de 2011. (NR)

CAPÍTULO VII

Disposições Finais

Art. 41. A participação de um representante da classe empresarial e outro da classe trabalhadora no conselho de administração ou órgão equivalente da administração do porto, quando se tratar de entidade sob controle estatal, deverá estar prevista nos estatutos sociais das empresas públicas e sociedades de economia mista.

§ 1º A indicação dos representantes das classes empresarial e trabalhadora de que trata o *caput* será feita pelos respectivos representantes no conselho de autoridade portuária.

§ 2º A indicação do representante da classe trabalhadora e seu suplente recairá obrigatoriamente sobre empregado da entidade sob controle estatal.

§ 3º Os representantes da classe empresarial e da classe trabalhadora estão sujeitos aos critérios e exigências para o cargo de conselheiro de administração previstos em lei e no estatuto da respectiva entidade.

§ 4º Serão observadas, quanto aos requisitos e impedimentos para a participação nos conselhos de que trata o art. 21 da Lei n. 12.815, de 2013, as disposições constantes da legislação sobre conflitos de interesse no âmbito da administração pública federal e, subsidiariamente, da Lei n. 6.404, de 15 de dezembro de 1976.

Art. 42. A realização de investimentos não previstos nos contratos deverá ser precedida:

I — de comunicação à Antaq, no caso das instalações portuárias autorizadas; e

II — de análise da Antaq e de aprovação pelo poder concedente, no caso das concessões e arrendamentos.

Art. 43. Os requerimentos de autorização de instalação portuária apresentados à Antaq até a data de publicação deste Decreto e que atendam ao disposto na Lei n. 12.815, de 2013, poderão ensejar a abertura imediata de processo de anúncio público.

PARÁGRAFO ÚNICO. Na hipótese de os requerimentos de que trata o *caput* não atenderem integralmente ao disposto no inciso I do *caput* do art. 27, os interessados poderão apresentar à Antaq a documentação faltante durante o prazo de trinta dias, a que se refere o inciso II do parágrafo único do art. 27.

Art. 44. A Antaq disciplinará, após consulta pública, as condições de acesso por qualquer interessado, em caráter excepcional, às instalações portuárias arrendadas, autorizadas ou exploradas pela concessionária, assegurada remuneração adequada a seu titular.

Art. 45. Ato conjunto dos Ministros de Estado da Fazenda, do Planejamento, Orçamento e Gestão, da Previdência Social, do Desenvolvimento Social e Combate à Fome e Chefe da Secretaria de Portos da Presidência da República disporá sobre a concessão do benefício assistencial de que trata o art. 10-A da Lei n. 9.719, de 27 de novembro de 1998, e disciplinará:

I — o valor do benefício;

II — os critérios para a comprovação pelo trabalhador portuário avulso da insuficiência de meios para prover a sua subsistência;

III — os procedimentos para o requerimento e a concessão do benefício; e

IV — as hipóteses de perda ou cassação do benefício.

Parágrafo único. Para fins de habilitação ao benefício será exigida, cumulativamente, a comprovação de:

I — no mínimo quinze anos de registro ou cadastro como trabalhador portuário avulso;

II — comparecimento a, no mínimo, oitenta por cento das chamadas realizadas pelo respectivo órgão de gestão de mão de obra; e

III — comparecimento a, no mínimo, oitenta por cento dos turnos de trabalho para os quais tenha sido escalado no período.

Art. 46. Ato conjunto dos Ministros de Estado do Planejamento, Orçamento e Gestão e Chefe da Secretaria de Portos da Presidência da República estabelecerá os procedimentos para cessão de áreas públicas da União, com vistas à implantação de instalações portuárias.

Art. 47. Deverão ser publicados em até cento e oitenta dias, contados da data de publicação deste Decreto, os atos a que se referem os seguintes dispositivos:

I – § 2º do art. 37;

II — § 2º do art. 38;

III — § 4º do art. 39;

IV — art. 44;

V — art. 45; e

VI — art. 46.

Art. 48. Ficam revogados:

I — o Decreto n. 4.391, de 26 de setembro de 2002; e

II — o Decreto n. 6.620, de 29 de outubro de 2008.

Art. 49. Este Decreto entra em vigor na data de sua publicação.

Brasília, 27 de junho de 2013; 192º da Independência e 125º da República.

Dilma Rousseff
Guido Mantega
César Borges
Miriam Belchior
Garibaldi Alves Filho
Tereza Campello
Gilberto Carvalho
Luís Inácio Lucena Adams
Leônidas Cristino

DECRETO N. 1.035, DE 30 DE DEZEMBRO DE 1993

(DOU 3.1.94)

DISPÕE SOBRE O RECOLHIMENTO DO ADICIONAL DE INDENIZAÇÃO DO TRABALHADOR PORTUÁRIO AVULSO, E DÁ OUTRAS PROVIDÊNCIAS

O PRESIDENTE DA REPÚBLICA, no uso da atribuição que lhe confere o art. 84, inciso IV, da Constituição, e tendo em vista o disposto nos arts. 61 a 67 da Lei n. 8.630, de 25 de fevereiro de 1993, Decreta:

Art. 1º O recolhimento do Adicional de Indenização do Trabalhador Portuário Avulso — AITP será efetuado pelos operadores portuários responsáveis pelas cargas e descargas das mercadorias importadas ou a exportar, objeto do comércio na navegação de longo curso, à razão de:

I — 0,7 (sete décimos) de UFIR, por tonelada de granel sólido, ou fração;

II — 1 (uma) UFIR, por tonelada de granel líquido, ou fração;

III — 0,6 (seis décimos) de UFIR, por tonelada de carga geral, solta ou unitizada, ou fração.

§ 1º O AITP será recolhido até 10 (dez) dias após a entrada da embarcação no porto de carga ou descarga, em agência do Banco do Brasil S/A., na praça de localização do porto.

§ 2º Os operadores portuários, no prazo estabelecido no parágrafo anterior, deverão apresentar à Secretaria da Receita Federal o comprovante do recolhimento do AITP.

§ 3º As unidades da Secretaria da Receita Federal não darão seguimento a despachos de mercadorias importadas ou a exportar, sem a comprovação do pagamento do AITP.

Art. 2º É facultado aos operadores portuários, para antecipar e agilizar o despacho aduaneiro das mercadorias, recolherem o AITP:

I — na importação, antes do registro da Declaração de Importação ou da Declaração de Trânsito Aduaneiro;

II — na exportação, antes da apresentação, à Secretaria da Receita Federal, dos documentos que instruem o despacho.

PARÁGRAFO ÚNICO. Nos casos de mercadorias destinadas à exportação, em trânsito aduaneiro até o porto de embarque, o recolhimento do AITP poderá ser efetuado até a conclusão do trânsito.

Art. 3º Para os fins previstos neste Decreto ficam equiparados aos operadores portuários os importadores, exportadores ou consignatários das mercadorias importadas ou a exportar.

Art. 4º O AITP será recolhido por intermédio de guia própria, conforme modelo anexo a este Decreto.

§ 1º Cada guia deverá corresponder a um único despacho de importação ou de exportação.

§ 2º Fica o Ministro dos Transportes autorizado a alterar o modelo de guia de que trata este artigo.

Art. 5º Observado o disposto no § 2º do art. 67 da Lei n. 8.630, de 25 de fevereiro de 1993, o Ministro da Fazenda estabelecerá diretrizes para a aplicação dos recursos do Fundo de Indenização do Trabalhador Portuário Avulso — FITP.

§ 1º O Banco Central do Brasil fixará, em favor do Banco do Brasil S/A, taxa de remuneração pela gestão do Fundo.

§ 2º A taxa a que se refere este artigo deverá corresponder aos custos operacionais do Banco do Brasil S/A., podendo ser revista semestralmente, para mais ou para menos, caso se verifique variação dos referidos custos.

Art. 6º O FITP fica sujeito à auditoria da Secretaria de Controle Interno do Ministério dos Transportes.

Art. 7º Este Decreto entra em vigor na data de sua publicação.

Brasília, 30 de dezembro de 1993; 172º da Independência e 105º da República.

Itamar Franco

LEI N. 7.002, DE 14 DE JUNHO DE 1982

(DOU 15.6.82)

AUTORIZA A IMPLANTAÇÃO DE JORNADA NOTURNA ESPECIAL NOS PORTOS ORGANIZADOS, E DÁ OUTRAS PROVIDÊNCIAS

O PRESIDENTE DA REPÚBLICA:

Faço saber que o Congresso Nacional decreta e eu sanciono a seguinte Lei:

Art. 1º A administração do porto, mediante prévia aprovação da Empresa de Portos do Brasil S/A. — PORTOBRÁS, poderá adotar, para serviços de capatazias realizados no período noturno, jornada especial de trabalho de 6 (seis) horas ininterruptas, de 60 (sessenta) minutos cada.

Art. 2º A remuneração básica da jornada especial será a mesma da jornada ordinária diurna, acrescida de adicional noturno de até 50% (cinquenta por cento), incidente sobre as 6 (seis) horas trabalhadas e sua eventual hora de prorrogação.

PARÁGRAFO ÚNICO. Os valores do adicional noturno e do acréscimo da hora extraordinária serão estabelecidos em acordo coletivo de trabalho, homologado pelo Conselho Nacional de Política Salarial.

Art. 3º Esta Lei entra em vigor na data de sua publicação, revogadas as disposições em contrário.

Brasilia, 14 de junho de 1982. 161º da Independência e 94º da República.

João Figueiredo

DECRETO N. 1.596, DE 17 DE AGOSTO DE 1995

(DOU 18.8.95)

AUTORIZA A REALIZAÇÃO DE LEVANTAMENTO DOS TRABALHADORES PORTUÁRIOS EM ATIVIDADE, E DÁ OUTRAS PROVIDÊNCIAS

O PRESIDENTE DA REPÚBLICA, no uso da atribuição que lhe confere o art. 84, inciso IV da Constituição, decreta:

Art. 1º Fica autorizada a realização de levantamento dos trabalhadores portuários em atividade, com a finalidade de:

I — apoiar o planejamento do treinamento e da habilitação profissional do trabalhador portuário, com vínculo empregatício e avulso;

II — fornecer subsídios à tomada de medidas que contribuam para o equilíbrio social nas relações capital-trabalho, previstas na Lei n. 8.630, de 25 de fevereiro de

Legislação Complementar

1993, e em face da modernização do processamento de cargas e do aumento da produtividade nos portos;

III — fornecer elementos que possibilitem a fiscalização da atuação dos órgãos de gestão de mão de obra;

IV — atender a outras necessidades consideradas essenciais ao planejamento econômico e social;

V — identificar os trabalhadores portuários com vínculo empregatício e avulsos em atividade, com vistas à divulgação das informações pertinentes ao preenchimento das condições estabelecidas nos arts. 54, 55, 70 e 71 da Lei n. 8.630, de 1993.

Art. 2º O levantamento a que se refere o artigo anterior terá início no dia 26 de setembro de 1995, e deverá estar concluído até o dia 29 de dezembro de 1995.

Art. 3º O levantamento será coordenado pelo Grupo Executivo de Modernização dos Portos (GEMPO), criado pelo Decreto n. 1.467, de 27 de abril de 1995, com apoio dos Ministérios dos Transportes, do Trabalho e da Marinha, e abrangerá os trabalhadores portuários com vínculo empregatício e avulsos em atividade, conforme definidos pela Lei n. 8.630, de 1993.

§ 1º Para fins de dimensionamento do contingente total de mão de obra com vínculo empregatício com as administrações dos portos, serão levantados os trabalhadores em capatazia e todos os demais com vínculo empregatício direto com as administrações dos portos.

§ 2º Não serão levantados os empregados de terceiros que, por força de contrato de trabalho, prestem serviços às administrações dos portos organizados.

Art. 4º Para execução do levantamento a que se refere o art. 1º deste Decreto, ficam criadas a Comissão Nacional de Levantamento e as Comissões Locais de Levantamento, sendo estas uma em cada porto organizado marítimo ou fluvial.

§ 1º A Comissão Nacional de Levantamento será presidida por um membro do GEMPO, e nela terá direito à participação um representante de cada federação de trabalhadores e operadores portuários.

§ 2º A Comissão Nacional de Levantamento será apoiada por equipe de técnicos dos Ministérios dos Transportes, do Trabalho e da Marinha.

§ 3º Cada Comissão Local de Levantamento será presidida por um membro do órgão local do Ministério do Trabalho, e nela terá direito à participação um representante do sindicato dos trabalhadores que estiverem sendo levantados e um representante do sindicato dos operadores portuários.

§ 4º A Comissão Local de Levantamento contará com equipe de levantamento, fornecida pelo Ministério da Marinha.

§ 5º Os membros das Comissões Nacional e Locais de Levantamento serão designados pelo Ministro de Estado Chefe da Casa Civil da Presidência da República, observadas as indicações a que se refere o *caput* do art. 5º.

Art. 5º As federações e sindicatos de trabalhadores e operadores portuários poderão indicar ao GEMPO, no prazo de vinte dias, contados da data de publicação deste Decreto, os seus representantes e respectivos suplentes nas Comissões Nacional e Locais de Levantamento.

§ 1º As federações e sindicatos que não indicarem seus representantes na forma do *caput* deste artigo perderão o direito de acompanhar os trabalhos do levantamento.

§ 2º As funções de membros das Comissões Nacional e Locais de Levantamento serão consideradas serviço relevante e não serão remuneradas.

Art. 6º Os trabalhadores mencionados no *caput* e no § 1º do art. 3º deste Decreto serão levantados por meio do Boletim de Atualização, que será preenchido no ato do levantamento e assinado pelo presidente da Comissão Local de Levantamento com o testemunho dos demais membros.

§ 1º As informações registradas no Boletim de Atualização deverão refletir fielmente a situação do levantado em 31 de dezembro de 1990, em 25 de fevereiro de 1993 e na data do levantamento.

§ 2º O GEMPO deverá providenciar a publicação no Diário Oficial da União, até 29 de janeiro de 1996, da relação dos trabalhadores portuários que comprovaram o preenchimento dos requisitos estabelecidos na Lei n. 8.630, de 1993.

§ 3º Uma via dos Boletins de Atualização, as atas, relações e demais documentos relativos ao levantamento serão encaminhados, até 29 de janeiro de 1996, ao órgão local do Ministério do Trabalho para arquivo.

Art. 7º Os trabalhadores portuários que se sentirem prejudicados terão o direito de, individualmente ou por intermédio do respectivo sindicato, interpor recurso administrativo ao órgão local do Ministério do Trabalho, no prazo de trinta dias após a divulgação do resultado do levantamento no Diário Oficial da União.

PARÁGRAFO ÚNICO. Os recursos que eventualmente forem interpostos na forma do *caput* deste artigo não terão efeito suspensivo quanto às disposições deste Decreto.

Art. 8º A regularização da situação dos trabalhadores portuários avulsos levantados e não contemplados pelas disposições do § 2º do artigo 6º deste Decreto será objeto de negociação coletiva entre as entidades representativas dos trabalhadores portuários avulsos e dos operadores portuários.

PARÁGRAFO ÚNICO. Na hipótese de impasse nas negociações, o assunto será decidido por árbitro ou mediador, escolhido de comum acordo pelas partes ou, a pedido destas, pelo Ministério do Trabalho.

Art. 9º Decorrido o prazo de noventa dias da data da divulgação dos resultados do levantamento no Diário Oficial da União, fica vedado o exercício do trabalho portuário avulso para trabalhadores não cadastrados e registrados no órgão gestor de mão de obra.

PARÁGRAFO ÚNICO. Ficam excluídos da proibição de que trata o *caput* deste artigo os trabalhadores selecionados, cadastrados e registrados de conformidade com as condições pactuadas em contrato, acordo ou convenção coletiva de trabalho, celebrado entre as entidades sindicais representativas dos trabalhadores e dos tomadores de serviço.

Art. 10. São documentos hábeis para comprovar as condições de matrícula, registro, credenciamento e exercício das atividades previstas nos arts. 54, 55, 70 e 71 da Lei n. 8.630, de 1993:

I — Carteira da Delegacia do Trabalho Marítimo;

II — Carteira de Identificação e Registro do Ministério da Marinha;

III — Carteira de Avulso expedida pela Delegacia Regional do Trabalho;

IV — Carteira de Trabalho e Previdência Social;

V — comprovante do sindicato quanto à data e ao número de cadastramento na força supletiva;

VI — comprovante do sindicato quanto à data e ao número de registro no quadro efetivo do sindicato;

VII — outros documentos comprobatórios.

Art. 11. São documentos hábeis para comprovar a situação do trabalhador, no que se refere ao exercício do trabalho portuário, três extratos do Fundo de Garantia do Tempo de Serviço — FGTS ou Relação de Trabalhadores Avulsos (RTA), em cada ano do período de 1991 a 1995.

Art. 12. Será entregue ao trabalhador, a título de comprovante de comparecimento ao levantamento, uma via do Boletim de Atualização devidamente certificado.

Art. 13. Compete ao Ministério da Marinha apoiar as equipes de levantamento, referidas no § 4º do artigo 4º, bem como processar os dados coletados e fornecer os relatórios correspondentes.

PARÁGRAFO ÚNICO. As Comissões Locais de Levantamento funcionarão em dependências das Administrações dos Portos Organizados, ou de outros órgãos da Administração Pública Federal, conforme indicação do Ministério da Marinha.

Art. 14. As Comissões Nacional e Locais de Levantamento, no desempenho de suas atribuições, poderão solicitar a colaboração de outros órgãos da Administração Pública Federal e de entidades públicas privadas.

Art. 15. Os Ministros de Estado Chefe da Casa Civil da Presidência da República, da Marinha, do Trabalho e dos Transportes, mediante portaria interministerial, baixarão as instruções complementares para execução do levantamento a que se refere o art. 1º.

Art. 16. Este Decreto entra em vigor na data de sua publicação.

Brasília, 17 de agosto de 1995; 174º da Independência e 107º da República.

Fernando Henrique Cardoso
Mauro César Rodrigues Pereira
Odacir Klein
Paulo Paiva
Clóvis de Barros Carvalho

Legislação Complementar

LEI N. 5.085, DE 27 DE AGOSTO DE 1966

(DOU 31.8.1966)

RECONHECE AOS TRABALHADORES AVULSOS O DIREITO A FÉRIAS

O PRESIDENTE DA REPÚBLICA. Faço saber que o Congresso Nacional decreta e eu sanciono a seguinte Lei:

Art. 1º É reconhecido aos trabalhadores avulsos, inclusive aos estivadores, conferentes e consertadores de carga e descarga, vigias portuários, arrumadores e ensacadores de café e de cacau, o direito a férias anuais remuneradas, aplicando-se aos mesmos, no que couber, as disposições constantes das Seções I a V, do Capítulo IV, do Título II, artigos 130 a 147, da Consolidação das Leis do Trabalho, aprovada pelo Decreto-lei n. 5.452, de 1.5.1943.

Art. 2º As férias serão pagas pelos empregadores que adicionarão, ao salário normal do trabalhador avulso, uma importância destinada a esse fim.

Art. 3º Os sindicatos representativos das respectivas categorias profissionais agirão como intermediários, recebendo as importâncias correspondentes às férias, fiscalizado o preenchimento das condições, legais e regulamentares, aquisitivas do direito, e efetuando o pagamento das férias aos trabalhadores, sindicalizados ou não, que fizerem jus a elas.

Art. 4º O Poder Executivo, dentro de 60 (sessenta) dias, regulamentará a presente lei, fixando o "quantum" percentual a ser acrescido ao salário para o pagamento das férias, que deverá ter em vista a relação existente entre o número de dias e horas trabalhadas e os referentes às férias, e estabelecendo a importância a ser recebida pelos sindicatos para atender às necessárias despesas de administração.

Art. 5º Esta lei entra em vigor na data de sua publicação.

Art. 6º Revogam-se as disposições em contrário.

Brasília, 27 de agosto de 1966; 145º da Independência e 78º da República.

LEI N. 9.719, DE 27 DE NOVEMBRO DE 1998

(DOU 30.11.98)

DISPÕE SOBRE NORMAS E CONDIÇÕES GERAIS DE PROTEÇÃO AO TRABALHO PORTUÁRIO, INSTITUI MULTAS PELA INOBSERVÂNCIA DE SEUS PRECEITOS, E DÁ OUTRAS PROVIDÊNCIAS

V. Portaria GM/MTE n. 112, de 20.01.12, p. 900

Faço saber que o PRESIDENTE DA REPÚBLICA adotou a Medida Provisória n. 1.728-19, de 11 de novembro de 1998, que o Congresso Nacional aprovou, e eu, Antonio Carlos Magalhães, Presidente, para os efeitos do disposto no parágrafo único do artigo 62 da Constituição Federal, promulgo a seguinte lei:

Art. 1º Observado o disposto nos artigos 18 e seu parágrafo único, 19 e seus parágrafos, 20, 21, 22, 25 e 27 e seus parágrafos, 29, 47, 49 e 56 e seu parágrafo único, da Lei n. 8.630, de 25 de fevereiro de 1993, a mão de obra do trabalho portuário avulso deverá ser requisitada ao órgão gestor de mão de obra.

Art. 2º Para os fins previstos no art. 1º desta Lei:

I — cabe ao operador portuário recolher ao órgão gestor de mão de obra os valores devidos pelos serviços executados, referentes à remuneração por navio, acrescidos dos percentuais relativos a décimo terceiro salário, férias, Fundo de Garantia do Tempo de Serviço — FGTS, encargos fiscais e previdenciários, no prazo de vinte e quatro horas da realização do serviço, para viabilizar o pagamento ao trabalhador portuário avulso;

II — cabe ao órgão gestor de mão de obra efetuar o pagamento da remuneração pelos serviços executados e das parcelas referentes a décimo terceiro salário e férias, diretamente ao trabalhador portuário avulso.

§ 1º O pagamento da remuneração pelos serviços executados será feito no prazo de quarenta e oito horas após o término do serviço.

§ 2º Para efeito do disposto no inciso II, o órgão gestor de mão de obra depositará as parcelas referentes às férias e ao décimo terceiro salário, separada e respectivamente, em contas individuais vinculadas, a serem abertas e movimentadas às suas expensas, especialmente para este fim, em instituição bancária de sua livre escolha, sobre as quais deverão incidir rendimentos mensais com base nos parâmetros fixados para atualização dos saldos dos depósitos de poupança.

§ 3º Os depósitos a que se refere o parágrafo anterior serão efetuados no dia 2 do mês seguinte ao da prestação do serviço, prorrogado o prazo para o primeiro dia útil subsequente se o vencimento cair em dia em que não haja expediente bancário.

§ 4º O operador portuário e o órgão gestor de mão de obra são solidariamente responsáveis pelo pagamento dos encargos trabalhistas, das contribuições previdenciárias e demais obrigações, inclusive acessórias, devidas à Seguridade Social, arrecadadas pelo Instituto Nacional do Seguro Social — INSS, vedada a invocação do benefício de ordem.

§ 5º Os prazos previstos neste artigo podem ser alterados mediante convenção coletiva firmada entre entidades sindicais representativas dos trabalhadores e operadores portuários, observado o prazo legal para recolhimento dos encargos fiscais, trabalhistas e previdenciários.

§ 6º A liberação das parcelas referentes à décimo terceiro salário e férias, depositadas nas contas individuais vinculadas, e o recolhimento do FGTS e dos encargos fiscais e previdenciários serão efetuados conforme regulamentação do Poder Executivo.

Art. 3º O órgão gestor de mão de obra manterá o registro do trabalhador portuário avulso que:

I — for cedido ao operador portuário para trabalhar em caráter permanente;

II — constituir ou se associar a cooperativa formada para se estabelecer como operador portuário, na forma do art. 17 da Lei n. 8.630, de 1993.

§ 1º Enquanto durar a cessão ou a associação de que tratam os incisos I e II deste artigo, o trabalhador deixará de concorrer à escala como avulso.

§ 2º É vedado ao órgão gestor de mão de obra ceder trabalhador portuário avulso cadastrado a operador portuário, em caráter permanente.

Art. 4º É assegurado ao trabalhador portuário avulso cadastrado no órgão gestor de mão de obra o direito de concorrer à escala diária complementando a equipe de trabalho do quadro dos registrados.

Art. 5º A escalação do trabalhador portuário avulso, em sistema de rodízio, será feita pelo órgão gestor de mão de obra.

Art. 6º Cabe ao operador portuário e ao órgão gestor de mão de obra verificar a presença, no local de trabalho, dos trabalhadores constantes da escala diária.

PARÁGRAFO ÚNICO. Somente fará jus à remuneração o trabalhador avulso que, constante da escala diária, estiver em efetivo serviço.

Art. 7º O órgão gestor de mão de obra deverá, quando exigido pela fiscalização do Ministério do Trabalho e do INSS, exibir as listas de escalação diária dos trabalhadores portuários avulsos, por operador portuário e por navio.

PARÁGRAFO ÚNICO. Caberá exclusivamente ao órgão gestor de mão de obra a responsabilidade pela exatidão dos dados lançados nas listas diárias referidas no *caput* deste artigo, assegurando que não haja preterição do trabalhador regularmente registrado e simultaneidade na escalação.

Art. 8º Na escalação diária do trabalhador portuário avulso deverá sempre ser observado um intervalo mínimo de onze horas consecutivas entre duas jornadas, salvo em situações excepcionais, constantes de acordo ou convenção coletiva de trabalho.

Art. 9º Compete ao órgão gestor de mão de obra, ao operador portuário e ao empregador, conforme o caso, cumprir e fazer cumprir as normas concernentes a saúde e segurança do trabalho portuário.

PARÁGRAFO ÚNICO. O Ministério do Trabalho estabelecerá as normas regulamentadoras de que trata o *caput* deste artigo.

Art. 10. O descumprimento do disposto nesta Lei sujeitará o infrator às seguintes multas:

I — de R$ 173,00 (cento e setenta e três reais) a R$ 1.730,00 (um mil, setecentos e trinta reais), por infração ao *caput* do art. 7º;

II — de R$ 575,00 (quinhentos e setenta e cinco reais) a R$ 5.750,00 (cinco mil, setecentos e cinquenta reais), por infração às normas de segurança do trabalho portuário, e de R$ 345,00 (trezentos e quarenta e cinco reais) a R$ 3.450,00 (três mil, quatrocentos e cinquenta reais), por infração às normas de saúde do trabalho, nos termos do art. 9º;

III — de R$ 345,00 (trezentos e quarenta e cinco reais) a R$ 3.450,00 (três mil, quatrocentos e cinquenta reais), por trabalhador em situação irregular, por infração ao parágrafo único do art. 7º e aos demais artigos.

PARÁGRAFO ÚNICO. As multas previstas neste artigo serão graduadas segundo a natureza da infração, sua extensão e a intenção de quem a praticou, e aplicadas em dobro em caso de reincidência, oposição à fiscalização e desacato à autoridade, sem prejuízo das penalidades previstas na legislação previdenciária.

Art. 10-A. É assegurado, na forma do regulamento, benefício assistencial mensal, de até 1 (um) salário mínimo, aos trabalhadores portuários avulsos, com mais de 60 (sessenta) anos, que não cumprirem os requisitos para a aquisição das modalidades de aposentadoria previstas nos arts. 42, 48, 52 e 57 da Lei n. 8.213, de 24 de julho de 1991, e que não possuam meios para prover a sua subsistência. *(Artigo acrescentado pela Lei n. 12.815, de 5.6.2013, DOU 5.6.213 ed. extra)*

PARÁGRAFO ÚNICO. O benefício de que trata este artigo não pode ser acumulado pelo beneficiário com qualquer outro no âmbito da seguridade social ou de outro regime, salvo os da assistência médica e da pensão especial de natureza indenizatória. *(Parágrafo acrescentado pela Lei n. 12.815, de 5.6.2013, DOU 5.6.213 ed. extra)*

Art. 11. *(Revogado pela Lei n. 12.815, de 5.6.2013, DOU 5.6.2013, ed. extra.)*

Art. 12. O processo de autuação e imposição das multas previsto nesta Lei obedecerá ao disposto no Título VII da Consolidação das Leis do Trabalho ou na legislação previdenciária, conforme o caso.

Art. 13. Esta Lei também se aplica aos requisitantes de mão de obra de trabalhador portuário avulso junto ao órgão gestor de mão de obra que não sejam operadores portuários.

Art. 14. Compete ao Ministério do Trabalho e ao INSS a fiscalização da observância das disposições contidas nesta Lei, devendo as autoridades de que trata o art. 3º da Lei n. 8.630, de 1993, colaborar com os Agentes da Inspeção do Trabalho e Fiscais do INSS em sua ação fiscalizadora, nas instalações portuárias ou a bordo de navios.

Art. 15. Ficam convalidados os atos praticados com base na Medida Provisória n. 1.679-18, de 26 de outubro de 1998.

Art. 16. Esta Lei entra em vigor na data de sua publicação.

Art. 17. Revoga-se a Medida Provisória n. 1.679-18, de 26 de outubro de 1998.

Congresso Nacional, em 27 de novembro de 1998; 177º da Independência e 110º da República.

Antonio Carlos Magalhães

LEI N. 10.224, DE 15 DE MAIO DE 2001

(DOU 16.5.01)

ALTERA O DECRETO-LEI N. 2.848, DE 7 DE DEZEMBRO DE 1940 — CÓDIGO PENAL, PARA DISPOR SOBRE O CRIME DE ASSÉDIO SEXUAL E DÁ OUTRAS PROVIDÊNCIAS

O PRESIDENTE DA REPÚBLICA,

Faço saber que o Congresso Nacional decreta e eu sanciono a seguinte Lei:

Art. 1º O Decreto-lei n. 2.848, de 7 de dezembro de 1940 — Código Penal, passa a vigorar acrescido do seguinte art. 216-A:

"Assédio sexual" (AC)*

"Art. 216-A. Constranger alguém com o intuito de obter vantagem ou favorecimento sexual, prevalecendo-se o agente da sua condição de superior hierárquico ou ascendência inerentes ao exercício de emprego, cargo ou função." (AC)

"Pena — detenção, de 1 (um) a 2 (dois) anos." (AC)

"Parágrafo único. *(Vetado).*"

"§ 2º A pena é aumentada em até um terço se a vítima é menor de 18 (dezoito) anos." (NR) *(Acrescentado pela Lei n. 12.015, de 7.8.09, DOU 10.8.2009).*

Art. 2º Esta lei entra em vigor na data de sua publicação.

Brasília, 15 de maio de 2001; 180º da Independência e 113º da República.

Fernando Henrique Cardoso
José Gregori

* AC = Acréscimo

LEI N. 10.778, DE 24 DE NOVEMBRO DE 2003

(DOU 25.11.03)

ESTABELECE A NOTIFICAÇÃO COMPULSÓRIA, NO TERRITÓRIO NACIONAL, DO CASO DE VIOLÊNCIA CONTRA A MULHER QUE FOR ATENDIDA EM SERVIÇOS DE SAÚDE PÚBLICOS OU PRIVADOS

O PRESIDENTE DA REPÚBLICA,

Faço saber que o Congresso Nacional decreta e eu sanciono a seguinte Lei:

Art. 1º Constitui objeto de notificação compulsória, em todo o território nacional, a violência contra a mulher atendida em serviços de saúde públicos e privados.

§ 1º Para os efeitos desta Lei, entende-se por violência contra a mulher qualquer ação ou conduta, baseada no gênero, inclusive decorrente de discriminação ou desigualdade étnica, que cause morte, dano ou sofrimento físico, sexual ou psicológico à mulher, tanto no âmbito público quanto no privado. *(Redação dada pela Lei n. 12.288, de 20.7.10, DOU 21.7.10).*

§ 2º Entender-se-á que violência contra a mulher inclui violência física, sexual e psicológica e que:

I — tenha ocorrido dentro da família ou unidade doméstica ou em qualquer outra relação interpessoal, em que o agressor conviva ou haja convivido no mesmo domicílio que a mulher e que compreende, entre outros, estupro, violação, maus-tratos e abuso sexual;

II — tenha ocorrido na comunidade e seja perpetrada por qualquer pessoa e que compreende, entre outros, violação, abuso sexual, tortura, maus-tratos de pessoas, tráfico de mulheres, prostituição forçada, sequestro e assédio sexual no lugar de trabalho, bem como em instituições educacionais, estabelecimentos de saúde ou qualquer outro lugar; e

III — seja perpetrada ou tolerada pelo Estado ou seus agentes, onde quer que ocorra.

§ 3º Para efeito da definição serão observados também as convenções e acordos internacionais assinados pelo Brasil, que disponham sobre prevenção, punição e erradicação da violência contra a mulher.

Art. 2º A autoridade sanitária proporcionará as facilidades ao processo de notificação compulsória, para o fiel cumprimento desta Lei.

Art. 3º A notificação compulsória dos casos de violência de que trata esta Lei tem caráter sigiloso, obrigando nesse sentido as autoridades sanitárias que a tenham recebido.

PARÁGRAFO ÚNICO. A identificação da vítima de violência referida nesta Lei, fora do âmbito dos serviços de saúde, somente poderá efetivar-se, em caráter excepcional, em caso de risco à comunidade ou à vítima, a juízo da autoridade sanitária e com conhecimento prévio da vítima ou do seu responsável.

Art. 4º As pessoas físicas e as entidades, públicas ou privadas, abrangidas ficam sujeitas às obrigações previstas nesta Lei.

Art. 5º A inobservância das obrigações estabelecidas nesta Lei constitui infração da legislação referente à saúde pública, sem prejuízo das sanções penais cabíveis.

Art. 6º Aplica-se, no que couber, à notificação compulsória prevista nesta Lei, o disposto na Lei n. 6.259, de 30 de outubro de 1975.

Art. 7º O Poder Executivo, por iniciativa do Ministério da Saúde, expedirá a regulamentação desta Lei.

Art. 8º Esta Lei entrará em vigor 120 (cento e vinte) dias após a sua publicação.

Brasília, 24 de novembro de 2003; 182º da Independência e 115º da República.

Luiz Inácio Lula da Silva
Humberto Sérgio Costa Lima
José Dirceu de Oliveira e Silva

LEI N. 10.803, DE 11 DE DEZEMBRO DE 2003

(DOU 12.12.2003)

ALTERA O ART. 149 DO DECRETO-LEI N. 2.848, DE 7 DE DEZEMBRO DE 1940. CÓDIGO PENAL, PARA ESTABELECER PENAS AO CRIME NELE TIPIFICADO E INDICAR AS HIPÓTESES EM QUE SE CONFIGURA CONDIÇÃO ANÁLOGA À DE ESCRAVO

O PRESIDENTE DA REPÚBLICA

Faço saber que o Congresso Nacional decreta e eu sanciono a seguinte Lei:

Art. 1º O art. 149 do Decreto-lei n. 2.848, de 7 de dezembro de 1940, passa a vigorar com a seguinte redação:

"Art. 149. Reduzir alguém a condição análoga à de escravo, quer submetendo-o a trabalhos forçados ou a jornada exaustiva, quer sujeitando-o a condições degradantes de trabalho, quer restringindo, por qualquer meio, sua locomoção em razão de dívida contraída com o empregador ou preposto:

Pena — reclusão, de dois a oito anos, e multa, além da pena correspondente à violência.

§ 1º Nas mesmas penas incorre quem:

I — cerceia o uso de qualquer meio de transporte por parte do trabalhador, com o fim de retê-lo no local de trabalho;

II — mantém vigilância ostensiva no local de trabalho ou se apodera de documentos ou objetos pessoais do trabalhador, com o fim de retê-lo no local de trabalho.

§ 2º A pena é aumentada de metade, se o crime é cometido:

I — contra criança ou adolescente;

II — por motivo de preconceito de raça, cor, etnia, religião ou origem." (NR)

Art. 2º Esta Lei entra em vigor na data de sua publicação.

Brasília, 11 de dezembro de 2003; 182º da Independência e 115º da República.

Luiz Inácio Lula da Silva
Márcio Thomaz Bastos

MULTAS ADMINISTRATIVAS TRABALHISTAS APLICAÇÃO

PORTARIA MTb/GM N. 290, DE 11 DE ABRIL DE 1997

(DOU 18.4.97)

APROVA NORMAS PARA A IMPOSIÇÃO DE MULTAS ADMINISTRATIVAS PREVISTAS NA LEGISLAÇÃO TRABALHISTA

V — Lei n. 10.522, 19.7.02, DOU 22.7.02, art. 29, que dispõe "Os débitos de qualquer natureza para com a Fazenda Nacional e os decorrentes de contribuições arrecadadas pela União, constituídos ou não, cujos fatos geradores tenham ocorrido até 31 de dezembro de 1994, que não hajam sido objeto de parcelamento requerido até 31 de agosto de 1995, expressos em quantidade de UFIR, serão reconvertidos para real, com base no valor daquela fixado para 1º de janeiro de 1997."

O MINISTRO DE ESTADO DO TRABALHO, no uso da atribuição que lhe confere o art. 87, parágrafo único, inciso II da Constituição,

Considerando a necessidade de definir critérios para a gradação das multas administrativas variáveis previstas na legislação trabalhista, resolve:

Art. 1º Ficam aprovadas as tabelas constantes nos anexos I, II e III, desta portaria.

Art. 2º As multas administrativas variáveis, quando a lei não determinar sua imposição pelo valor máximo, serão graduadas observando-se os seguintes critérios:

I — natureza da infração (arts. 75 e 351 da CLT);

II — intenção do infrator (arts. 75 e 351 da CLT);

III — meios ao alcance do infrator para cumprir a lei (art. 5º da Lei n. 7.855/89);

IV — extenção da infração (arts. 75 e 351 da CLT);

V — situação econômico-financeira do infrator (art. 5º da Lei n. 7.855/89).

PARÁGRAFO ÚNICO. O valor final da multa administrativa variável será calculado aplicando-se o percentual fixo de 20% do valor máximo previsto na lei, acrescidos os percentuais de 8% a 40%, conforme o porte econômico do infrator e de 40%, conforme a extensão da infração, cumulativamente, nos termos das tabelas constantes no Anexo III.

Art. 3º A multa prevista no art. 25, da Lei n. 7.998 de janeiro de 1990, será imposta na forma do disposto no art. 9º, da Portaria n. 1.127, de 22 de fevereiro de 1996.

Art. 4º Esta portaria entra em vigor na data de sua publicação.

Paulo Paiva

Legislação Complementar

ANEXO I

Tabela das Multas Administrativas de Valor Fixo (em UFIR) Valor da UFIR para o exercício do ano 2000 — R$ 1,0641 — V. Lei n. 10.192, de 14.2.01, DOU 16.2.01, arts. 6º a 8º, p. 805

NATUREZA	INFRAÇÃO	BASE LEGAL	QUANTIDADE	OBSERVAÇÕES
Obrigatoriedade da CTPS	CLT art. 13	CLT art. 55	378,2847	
Falta anotação da CTPS	CLT art. 29	CLT art. 54	278,2847	
Falta registro de empregado	CLT art. 41	CLT art. 47	378,2847	Por empregado, dobrado na reincidência.
Falta de autentificação LRE/FRE	CLT art. 41 parágrafo único	CLT art. 47 parágrafo único	189,1424	Dobrado na reincidência
Falta de autentificação LRE/FRE	CLT art. 41 parágrafo único	CLT art. 47 parágrafo único	189,1424	Dobrado na reincidência
Falta de autentificação LRE/FRE	CLT art. 42 parágrafo único	CLT art. 47 parágrafo único	189,1424	Dobrado na reincidência
Venda CTPS (igual ou semelhante)	CLT art. 51	CLT art. 51	1.134,8541	
Extravio ou inutilização CTPS	CLT art. 52	CLT art. 52	189,1424	
Retenção da CTPS	CLT art. 53	CLT art. 53	189,1424	
Não comparecimento audiência p/ anotação CTPS	CLT art. 54	CLT art. 54	378,2847	

NATUREZA	INFRAÇÃO	BASE LEGAL	QUANTIDADE	OBSERVAÇÕES
Cobrança CTPS pelo sindicato	CLT art. 56	CLT art. 56	1.134,8541	
Férias	CLT arts. 129/152	CLT art. 153	160,0000	Por empregado, dobrado na reincidência, embaraço ou resistência
Trabalho do menor (Criança e Adolescente)	CLT arts. 402/441	CLT art. 434	378,2847	Por menor irregular até o máximo de 1.891,4236 quando infrator primário. Dobrado esse máximo na reincidência
Anotação indevida CTPS	CLT art. 435	CLT art. 435	378,2847	
Contrato individual de Trabalho	CLT art.442/508	CLT art. 510	378,2847	Dobrado na reincidência
Atraso Pagamento de Salário	CLT art. 459 § 1º	art. 4º Lei n. 7.855/89	160,0000	Por empregado prejudicado
Não Pagamento de Verbas Recissórias Prazo Previsto	CLT art. 477 § 8º	CLT art. 477 § 8º	160,0000	Por empregado prejudicado + multa 1 (um) salário, corrigido, para o empregado
13º Salário	Lei n. 4.090/62	Lei n. 7.855/89 art. 3º	160,0000	Por empregado, dobrado na reincidência
Vale-transporte	Lei n. 7.418/85	Lei n. 7.855/89 art. 3º	160.0000	Por empregado, dobrado na reincidência
Entrega de CAGED c/ atraso até 30 dias	Lei n. 4.923/65	Lei n. 4.923/65 art. 10, parágrafo único	4,2000	Por empregado
Entrega de CAGED c/ atraso até 31 dias a 60 dias	Lei n. 4.923/65	Lei n. 4.923/65 art. 10, parágrafo único	6,3000	Por empregado
Falta de CAGED/entrega c/ atraso acima de 60 dias	Lei n. 4.923/65	Lei n. 4.923/65 art. 10	12,6000	Por empregado
Trabalho temporário	Lei n. 6.019/74	Lei n. 7.855/89 art. 3º	160,0000	Por empregado, dobrado na reincidência
Atividade petrolífera	Lei n. 5.811/72	Lei n. 7.855/89 art. 3º	160,0000	Por empregado, dobrado na reincidência
Aeronauta	Lei n. 7.183/84	Lei n. 7.855/89 art. 3º	160,0000	Por empregado, dobrado na reincidência

FUNDAMENTAÇÃO LEGAL:

1 — Decreto-lei n. 5.452, de 1º de maio de 1943

2 — Lei n. 4.923, de 23 de dezembro de 1965 — (art. 11)

3 — Decreto-lei n. 193, de 24 de fevereiro de 1967 — (art. 1º)

4 — Decreto-lei n. 229, de 28 de fevereiro de 1967

5 — Lei n. 5.562, de 12 de dezembro de 1968 — (art. 2º)

6 — Lei n. 6.205, de 29 de abril de 1975 — (art. 2º, parágrafo único)

7 — Decreto n. 75.704, de 08 de maio de 1975

8 — Lei n. 6.514, de 22 de dezembro de 1977

9 — Lei n. 6.986, de 13 de abril de 1982 — (art. 7º)

10 — Lei n. 7.855, de 24 de outubro de 1989 — (arts. 2º a 6º)

11 — Lei n. 8.177, de 1º de março de 1991 — (art. 3º)

12 — Lei n. 8.178, de 1º de março de 1991 — (art. 21)

13 — Lei n. 8.218, de 29 de agosto de 1991 — (art. 10)

14 — Lei n. 8.383, de 30 de dezembro de 1991 — (arts. 1º e 3º)

ANEXO II

Tabela das Multas Administrativas de Valor Variável (em UFIR)

NATUREZA	INFRAÇÃO	BASE LEGAL	QUANTIDADE		OBSERVAÇÕES
			Min.	Máx.	
Duração do trabalho	CLT arts. 57/74	CLT art. 75	37,8285	3.782,8472	Dobrado na reincidência oposição ou desacato
Salário Mínimo	CLT arts. 76/126	CLT art. 120	37,8285	1.153,1389	Dobrado na reincidência
Segurança do trabalho	CLT arts. 154/200	CLT art. 201	630,4745	6.304,7452	Vr. Máximo reincidência embaraço, resistência, artifício, simulação
Medicina do Trabalho	CLT arts. 154/200	CLT art. 201	378,2847	3.782,8472	Vr. Máximo reincidência embaraço, resistência, artifício, simulação
Duração e Condições Especiais do Trabalho	CLT arts. 224/350	CLT art. 351	37,8285	3.782,8472	Dobrado na reincidência, oposição ou desacato
Nacionalização do Trabalho	CLT arts. 352/371	CLT art. 364	75,6569	7.565,6943	

NATUREZA	INFRAÇÃO	BASE LEGAL	QUANTIDADE Min.	Máx.	OBSERVAÇÕES
Nacionalização do Trabalho	CLT arts. 352/371	CLT art. 364	75,6569	7.565,6943	
Trabalho da Mulher	CLT arts. 372/400	CLT art. 401	75,6569	756,5964	Vr. Máximo na reincidêcia artifício, simulação ou fraude
Contribuição sindical	CLT arts. 578/610	CLT art. 598	7,5657	7.565,6943	
Fiscalização	CLT arts. 626/642	CLT art. 630 § 6º	189,1424	1.891,4236	
FGTS: Falta de depósito	Lei n. 8.036/90 art. 23,I	Lei n. 8.036/ 90 art. 23, § 2º "b"	10,0000	100,0000	Por empregado, dobrado na reincidência, fraude, simulação, artifício, ardil, resistência, embaraço ou desacato
FGTS: omitir informações sobre a conta vinculada do trabalhador	Lei n. 8.036/90 art. 23, II	Lei n. 8.036/ 90 art. 23, § 2º,"a"	2,0000	5,0000	Por empregado, dobrado na reincidência, fraude, simulação, artifício, ardil, resistência, embaraço ou desacato
FGTS: deixar de computar parcela de remuneração	Lei n. 8.036/90 art. 23, IV	Lei n. 8.036/ 90 art. 23 § 2º,"b"	10,0000	100,0000	Por empregado, dobrado na reincidência, fraude, simulação, artifício, ardil, resistência, embaraço ou desacato
Seguro-desemprego	Lei n. 7.998/90 art. 24	Lei n. 7.998/ 90 art. 25	400,0000	40.000,0000	Dobrado na reincidência, oposição ou desacato
RAIS: não entregar no prazo previsto, entregar com erro, omissão ou declaração falsa	Dec. 76.900/75 art. 7º c/ Lei n. 7.998/90 art. 24	Lei n. 7.998/ 90 art. 25	400,0000	40.000,0000	Dobrado na reincidência, oposição ou desacato Gradação conforme Port. MTb. n. 319, de 26.2.93 (art. 6º) e 1.127, de 22.11.96
Trabalho rural (ver IN Intersecretarial SEFIT/SSST/ MTb n. 01, de 24.3.94, que prevê mesmos critérios para o trabalho urbano e o rural, por força da CF)	Lei n. 5.889/73 art. 9º	Lei n. 5.889/ 73 art. 18	3,7828	378,2847	Por empregado, limitado a 151,3140 quando o infrator for primário Dobrado na reincidência oposição ou desacato.
Radialista	Lei n. 6.615/78	Lei n. 6.615/ 78 art. 27	107,1738	1.071,7382	53,5869 por empregado. Valor máximo na reincidência, embaraço, resistência, artifício ou simulação
Jornalista	Decreto-Lei n. 972/69	Dec. Lei n. 972/69, art. 13	53,5869	535,8692	
Artista	Lei n. 6.533/78	Lei n. 6.533/ 78, Art. 33	107,1738	1.071,7382	53,5869 por empregado. Valor máximo na reincidência, embaraço, resistência, artifício ou simulação
Publicitário	Lei n. 4.680/65	Lei n. 4.680/ 65, art. 16	3,7828	378,2847	Valores sem expressão na moeda atual, por falta de base legal para atualização ou majoração até 7/89.
Repouso semanal remunerado	Lei n. 605/49	Lei n. 605/ 49, art.12	0,0000	0,0040	Idem

FUNDAMENTAÇÃO LEGAL:

1 — Decreto-lei n. 5.452, de 1º de maio de 1943

2 — Lei n. 4.923,de 23 de dezembro de 1965 — (art. 11)

3 — Decreto-lei n. 193, de 24 de fevereiro de 1967 — (art. 1º)

4 — Decreto-lei n. 229, de 28 de fevereiro de 1967

5 — Lei n. 5.562,de 12 de dezembro de 1968 — (art. 2º)

6 — Lei n. 6.205, de 29 de abril de 1975 — (art. 2º, parágrafo único)

7 — Decreto n. 75.704, de 08 de maio de 1975

8 — Lei n. 6.514, de 22 de dezembro de 1977

9 — Lei n. 6.986, de 13 de abril de 1982 — (art. 7º)

10 — Lei n. 7.855, de 24 de outubro de 1989 — (art. 2º a 6º)

11 — Lei n. 8.177, de 1º de março de 1991 — (art. 3º)

12 — Lei n. 8.178, de 1º de março de 1991 — (art. 21)

13 — Lei n. 8.218, de 29 de março de 1991 — (art. 10)

14 — Lei n. 8.383, de 30 de dezembro de 1991 — (arts. 1º e 3º)

ANEXO III

A — TABELA EM UFIR DE GRADUAÇÃO DAS MULTAS DE VALOR VARIÁVEL (art. 5º)

CRITÉRIOS	VALOR A SER ATRIBUÍDO
I — Natureza da infração Intenção do infrator de praticar a infração Meios ao alcance do infrator para cumprir a lei	20% do valor máximo previsto para multa, equivalente ao conjunto dos três critérios. Obs.: Percentual fixo aplicável a todas as infrações, conforme tabela "B" abaixo.
II — Porte Econômico do infrator	De 8% a 40% do valor máximo previsto para a multa, conforme tabela abaixo.
III — Extensão da infração	a) 40% do valor máximo previsto para a multa, quando se tratar de infração a: — Capítulos II e III do Título II da CLT (Duração do Trabalho e Salário Mínimo) — Capítulos II e III do Título III da CLT (Disposições especiais sobre duração e condições de trabalho e Proteção do Trabalho da Mulher) — Capítulos I do Título VII da CLT (Fiscalização, Autuação e Imposição de Multas) — Art. 23 da Lei n. 8.036/90 (Fundo de Garantia do Tempo de Serviço) b) De 8% a 40% do valor máximo previsto para a multa aplicável às demais infrações, conforme tabela "C" abaixo
Obs.: O valor da multa corresponderá à soma dos valores resultantes da aplicação dos percentuais relativos aos três níveis de critérios acima (I, II e III)	

B — TABELA EM UFIR DO PERCENTUAL FIXO APLICÁVEL A TODAS AS INFRAÇÕES

Base Legal								
Arts. 75 e 351 da CLT	Art. 120 da CLT	Arts. 364 e 598 da CLT	Art. 401 da CLT	Art. 630, § 6º, da CLT	Art. 16 Lei n. 4.680/65 Art. 18, Lei n. 5.889/73	Art. 13 Dec.-Lei n. 972/69	Art. 23 § 2º, "a" da Lei n. 8.036/90	Art. 23 § 2º, "b" da Lei n. 8.036/90
756,5694	302,6277	1.513,1388	151,3138	378,2847	75,6569	107,1738	1,0000	20,0000

C — TABELA EM UFIR DE GRADAÇÃO DAS MULTAS DE VALOR VARIÁVEL APLICÁVEL AOS CRITÉRIOS II E III, ALÍNEA b DO QUADRO B

Quantidade de Empregados	Base Legal									
	%	Arts. 75 e 351 da CLT	Art. 120 da CLT	Arts. 364 e 598 da CLT	Art. 401 da CLT	Art. 630, § 6º, da CLT	Art. 16 Lei n. 4.680/65 Art. 18, Lei n. 5.889/73	Art. 13 Dec.-Lei n. 972/69	Art. 23 § 2º, "a" da Lei n. 8.036/90	Art. 23 § 2º, "b" da Lei n. 8.036/90
de 01 a 10	8	302,6277	121,0511	605,2555	60,5255	151,3138	30,2627	42,8695	0,4000	8,0000
de 11 a 30	16	605,2555	242,1022	1.210,5111	121.0511	302,6277	60,5255	85,7390	0,80000	16,0000
de 31 a 60	24	907,8833	363,1533	1.815,7666	181,5766	453,9416	90,7883	128,6086	1,20000	24,0000
de 61 a 100	32	1.210,5111	484,2044	2.421,0221	242,1022	605,2555	121,0511	171,4781	1,60000	32,0000
acima de 100	40	1.513,1388	605,2555	3.026,2777	302,6277	756,5694	151,3138	214,3476	2,0000	40,0000

TABELA PARA IMPOSIÇÃO DE MULTAS VARIÁVEIS DA LEGISLAÇÃO TRABALHISTA

Natureza da Infração	Artigo Infringido	Artigo Imposição	QUANTIDADE DE EMPREGADOS DA EMPRESA					OBS.
			01 A 10	11 A 30	31 A 60	61 A 100	MAIS DE 100	
Duração do Trabalho	57 A 74	75	2.737,22	3.059,24	3.381,65	3.703,30	4.025,32	1
Salário mínimo	76 A 126	120	1.094,88	1.223,69	1.352,51	1.481,32	1.610,13	2
Condições Especiais	224 A 350	351	2.737,22	3.059,24	3.381,27	3.703,30	4.025,32	1
Nacionalização do Trabalho	352 A 371	364	2.898,23	4.186,34	5.474,44	6.762,55	8.050,65	
Trabalho da Mulher	372 A 400	401	547,44	611.84	676,25	740,66	805,06	3
Contribuição Sindical	578 A 610	598	2.898,23	4.186,34	5.474,44	6.762,55	8.050,65	
Fiscalização	626 A 642	630 § 6º	1.368,61	1.525,16	1.690,63	1.851,65	2.012,66	
FGTS — Falta de depósito Lei n. 8.036/90	23 § 1º, inc I	23 § 2º, al. *b*	72,35	80,87	89,38	97.89	106,41	4
FGTS — Omitir inform. s/ a conta vinculada	23 § 1º, inc I	23 § 2º, al. *b*	3,61	4,04	4,46	4,89	5,32	4
FGTS — Apresent. Inform. c/erro/ omissão	23 § 1º, inc I	23 § 2º, al. *b*	3,61	4,04	4,46	4,89	5,32	4
FGTS — Deixar de comput. parc. remuner.	23 § 1º, inc I	23 § 2º, al. *b*	72,35	80,87	89,38	97,89	106,41	4
FGTS — Deixar de depositar após Notific.	23 § 1º, inc V	23 § 2º, al. *b*	72,35	80,87	89,38	97,89	106,41	4
Seguro Desemprego — Lei n. 7.998/90	24	25	15.323,04	22.133,28	28.943,52	35.753,76	42,564,00	1
RAIS	V. Portaria MTE/GM n. 14, de 10.02.06, DOU 13.02.06, p. 306							
Trabalho Rural — Lei n. 5.889/73	9º	18	144,91	209,31	273,72	338,12	402,53	5
Jornalista — Dec. Lei n. 972/69		13	205,27	296,51	387,74	478,98	570,21	
Publicitário — Lei n. 4.680/65		16	144,91	209,31	273,72	338,76	402,53	

1. Dobrada na reincidência, oposição, desacato.
2. Dobrada na reincidência.
3. Aplicar valor máximo na reincidência, artifício, simulação/ fraude.
4. Por empregado, dobrada na reincidênca, fraude, simulação, artifício, ardil, resistência, embaraço ou dasacato.
5. Por empregado, limitado a 151,3140 quando primário, dobrada na reincidênca/oposição/desacato.

TABELA PARA IMPOSIÇÃO DE MULTAS FIXAS DA LEGISLAÇÃO TRABALHISTA

Natureza da Infração	Artigo Infringido	Artigo Imposição	Valor em Reais	
Obrigatoriedade da CTPS	13	55	402,53	Por ocorrência
Falta de Anotação	29	54	402,53	Por ocorrência
Falta de Registro	41	47	402,53	Por empregado, dobrada na reincidência
Falta de atualização do LRE/FRE	41 § único	47 § único	201,26	Dobrada na reincidência
Falta de altenticação do LRE/FRE	42	47 § único	201,26	Dobrada na reincidência
Venda de CTPS	51	51	1.207,59	Por ocorrência
Extravio/Inutilização de CTPS	52	52	201,26	Por ocorrência
Retenção de CTPS	53	53	201,26	Por ocorrência
Não Comparecim. Audiência p/anotação CTPS	54	54	402,53	Por ocorrência
Cobrança CTPS pelo Sindicato	56	56	1.207,59	Por ocorrência
Férias	129/152	153	170,25	Por empregado, dobrada na reincid/ embar/resist.
Trabalho Menor (criança ou adolescente)	402/441	434	402,53	Por menor até 5, dobrado o máximo na reincid.
Anotação Indevida da CTPS	435	435	402,53	Por ocorrência
Contrato individual de Trabalho	442/508	510	402,53	Dobrado na reincidência
Atraso no pagamento do Salário	459 § 1º	4º, Lei n. 7.855/89	170,25	Por empregado prejudicado + 1 sal. p/o empreg.
Não Pagto. de Verbas Rescis. no prazo previsto	477 § 6º	477 § 8º	170,25	Por empregado prejudicado + 1 sal. p/o empreg.
13º Salário	Lei n. 4.090/62	3º, I, Lei n. 7.855/89	170,25	Por empregado, dobrada na reincidência
Vale Transporte	Lei n. 7.418/85	3º, V, Lei n. 7.855/89	170,25	Por empregado, dobrada na reincidência

Natureza da Infração	Artigo Infringido	Artigo Imposição	Valor em Reais	
Entrega do CAGED c/atraso até 30 dias	Lei n. 4.923/65	10º, Lei n. 4.923/65	4,46	Por empregado
Entrega do CAGED c/atraso 31 a 60 d.	Lei n. 4.923/65	10º, Lei n. 4.923/65	6,30	Por empregado
Não entrega ou entrega CAGED atraso. > 60 d.	Lei n. 4.923/65	10º, Lei n. 4.923/65	13,40	Por empregado
Trabalho Temporário	Lei n. 6.019/74	3º, III, Lei n. 7.855/89	170,25	Por empregado dobrado na reincidência
Atividade Petrolífera	Lei n. 5.811/72	3º, II, Lei n. 7.855/89	170,25	Por empregado dobrado na reincidência
Aeronauta	Lei n. 7.183/84	3º, IV, Lei n. 7.855/89	170,25	Por empregado dobrado na reincidência
Seguro Desemprego	Lei n. 2.284/86	3º, VI, Lei n. 7.855/89	170,25	Por empregado dobrado na reincidência

(*) Tabela fornecida pela Delegacia Regional do Trabalho de São Paulo com a conversão dos valores de UFIRs para Reais.

PORTARIA GM/MTE N. 112, DE 20 DE JANEIRO DE 2012

(DOU 23.01.2012)

DISPÕE SOBRE OS CRITÉRIOS A SEREM APLICADOS NA GRADAÇÃO DAS MULTAS DE VALOR VARIÁVEL PREVISTAS NA LEGISLAÇÃO TRABALHISTA

O MINISTRO DE ESTADO DO TRABALHO E EMPREGO — INTERINO, no uso da atribuição que lhe confere o artigo 87, parágrafo único, inciso II, da Constituição Federal,

Considerando a necessidade de definir critérios para a gradação das multas administrativas variáveis previstas na legislação trabalhista, resolve:

Art. 1º Serão calculadas em conformidade com os critérios previstos na Portaria MTb n. 290, de 11 de abril de 1997 as multas variáveis a que se referem:

a) o artigo 25 da Lei n. 7.998, de 11 de janeiro de 1990, especificamente quanto à infração de fraude ao seguro-desemprego;

b) o artigo 10, incisos I e III e o artigo 11, da Lei n. 9.719, de 27 de novembro de 1998;

c) o artigo 12, da Lei n. 605/1949, com redação dada pela Lei n. 12.544, de 08 de dezembro de 2011.

Art. 2º O presente instrumento normativo não se aplica às demais multas de valor variável, para as quais haja critérios de gradação previstos em portarias específicas, ficando ratificadas aquelas multas já aplicadas conforme os critérios vigentes à época da sua aplicação.

Art. 3º Revoga-se a Portaria n. 746/2000.

Art. 4º Esta Portaria entra em vigor na data de sua publicação.

Paulo Roberto dos Santos Pinto

PORTARIA MTE/GM N. 14, DE 10 DE FEVEREIRO DE 2006

(DOU 13.2.06)

APROVA NORMAS PARA A IMPOSIÇÃO DA MULTA ADMINISTRATIVA VARIÁVEL PREVISTA NO ART. 25 DA LEI N. 7.998, DE 11 DE JANEIRO DE 1990, PELO DESCUMPRIMENTO DA OBRIGAÇÃO DE DECLARAÇÃO DA RELAÇÃO ANUAL DE INFORMAÇÕES SOCIAIS — RAIS

O MINISTRO DE ESTADO DO TRABALHO E EMPREGO, no uso da atribuição que lhe confere os incisos I e II do parágrafo único do art. 87 da Constituição Federal, resolve:

Art. 1º. Esta Portaria fixa parâmetros para a gradação da multa administrativa variável prevista no art. 25 da Lei n. 7.998, de 11 de janeiro de 1990, pelo não cumprimento das obrigações relativas à declaração da Relação Anual de Informações Sociais — RAIS.

Art. 2º. O empregador que não entregar a RAIS no prazo legal ficará sujeito à multa prevista no art. 25 da Lei n. 7.998, de 1990, a ser cobrada em valores monetários a partir de R$ 425,64 (quatrocentos e vinte e cinco reais e sessenta e quatro centavos), acrescidos de R$ 106,40 (cento e seis reais e quarenta centavos) por bimestre de atraso, contados até a data de entrega da RAIS respectiva ou da lavratura do auto de infração, se este ocorrer primeiro.

PARÁGRAFO ÚNICO. O valor da multa resultante da aplicação do previsto no *caput* deste artigo, quando decorrente da lavratura de Auto de infração, deverá ser acrescido de percentuais, em relação ao valor máximo da multa prevista no art. 25 da Lei n. 7.998, de 1990, a critério da autoridade julgadora, na seguinte proporção:

I — de 0% a 4% — para empresas com 0 a 25 empregados;

II — de 5% a 8,0% — para empresas com 26 a 50 empregados;

III — de 9% a 12% — para empresas com 51 a 100 empregados;

IV — de 13% a 16,0% — para empresas com 101 a 500 empregados; e

V — de 17% a 20,0% — para empresas com mais de 500 empregados. *(Redação do art. 2º e incs. dada pela Portaria MTE n. 688, de 24.4.09, DOU 27.4.09)*

Art. 3º. O empregador que omitir informações ou prestar declaração falsa ou inexata ficará sujeito à multa prevista no art. 25 da Lei n. 7.998, de 1990, a ser cobrada em valores monetários a partir de R$ 425,64 (quatrocentos e vinte e cinco reais e sessenta e quatro centavos), acrescidos de R$ 26,60 (vinte e seis reais e sessenta centavos) por empregado omitido ou declarado falsa ou inexatamente.

Art. 4º. O valor resultante da aplicação dos arts. 2º e 3º será dobrado se o atraso na entrega ou correção do erro ou omissão ultrapassar o último dia do ano de exercício para entrega da RAIS em referência.

Art. 5º. As multas previstas nesta Portaria serão aplicadas em dobro no caso de reincidência, oposição à fiscalização ou desacato à autoridade.

Art. 6º. Esta Portaria entra em vigor na data da sua publicação.

Luiz Marinho

LEI N. 9.872, DE 23 DE NOVEMBRO DE 1999

(DOU 24.11.99)

CRIA O FUNDO DE AVAL PARA A GERAÇÃO DE EMPREGO E RENDA — FUNPROGER, ALTERA O ART. 11 DA LEI N. 9.365, DE 16 DE DEZEMBRO DE 1996, E DÁ OUTRAS PROVIDÊNCIAS

Faço saber que o PRESIDENTE DA REPÚBLICA adotou a Medida Provisória n. 1.922-1, de 4 de novembro de 1999, que o Congresso Nacional aprovou, e eu, Antonio Carlos Magalhães, Presidente, para os efeitos do disposto no parágrafo único do art. 62 da Constituição Federal, promulgo a seguinte Lei:

....

Art. 9º É concedida anistia das multas já aplicadas, por infração à legislação trabalhista, de valor consolidado igual ou inferior a R$ 1.000,00 (mil reais).

§ 1º Entende-se por valor consolidado o resultante da atualização do respectivo valor originário, mais os encargos e acréscimos legais vencidos, até a data da apuração.

§ 2º Não se aplica o disposto no *caput* quando o valor total dos débitos de um mesmo devedor for superior ao limite estabelecido neste artigo.

Art. 10. Ficam convalidados os atos praticados com base na Medida Provisória n. 1.922, de 5 de outubro de 1999.

Art. 11. Esta Lei entra em vigor na data de sua publicação.

Congresso Nacional, em 23 de novembro de 1999; 178º da Independência e 111º da República.

Senador *Antonio Carlos Magalhães*, Presidente.

Legislação Complementar

LEI N. 9.873, DE 23 DE NOVEMBRO DE 1999

(DOU 24.11.99 (ED. EXTRA)

ESTABELECE PRAZO DE PRESCRIÇÃO PARA O EXERCÍCIO DE AÇÃO PUNITIVA PELA ADMINISTRAÇÃO PÚBLICA FEDERAL, DIRETA E INDIRETA, E DÁ OUTRAS PROVIDÊNCIAS

Faço saber que o PRESIDENTE DA REPÚBLICA adotou a Medida Provisória n. 1.859-17, de 1999, que o Congresso Nacional aprovou, e eu, Antonio Carlos Magalhães, Presidente, para os efeitos do disposto no parágrafo único do art. 62 da Constituição Federal, promulgo a seguinte Lei:

Art. 1º Prescreve em cinco anos a ação punitiva da Administração Pública Federal, direta e indireta, no exercício do poder de polícia, objetivando apurar infração à legislação em vigor, contados da data da prática do ato ou, no caso de infração permanente ou continuada, do dia em que tiver cessado.

§ 1º Incide a prescrição no procedimento administrativo paralisado por mais de três anos, pendente de julgamento ou despacho, cujos autos serão arquivados de ofício ou mediante requerimento da parte interessada, sem prejuízo da apuração da responsabilidade funcional decorrente da paralisação, se for o caso.

§ 2º Quando o fato objeto da ação punitiva da Administração também constituir crime, a prescrição reger-se-á pelo prazo previsto na lei penal.

Art. 1º-A Constituído definitivamente o crédito não tributário, após o término regular do processo administrativo, prescreve em 5 (cinco) anos a ação de execução da administração pública federal relativa a crédito decorrente da aplicação de multa por infração à legislação em vigor. *(Acrescentado pela Lei n. 11.941, de 27.5.09, DOU 28.5.09)*

Art. 2º Interrompe-se a prescrição da ação punitiva: *(Redação dada Lei n. 11.941, de 27.5.09, DOU 28.5.09)*

I — pela notificação ou citação do indiciado ou acusado, inclusive por meio de edital; *(Redação dada Lei n. 11.941, de 27.5.09, DOU 28.5.09)*

II — por qualquer ato inequívoco, que importe apuração do fato;

III — pela decisão condenatória recorrível.

IV — por qualquer ato inequívoco que importe em manifestação expressa de tentativa de solução conciliatória no âmbito interno da administração pública federal." (NR) *(Redação dada Lei n. 11.941, de 27.5.09, DOU 28.5.09)*

Art. 2º-A Interrompe-se o prazo prescricional da ação executória: *(Redação dada Lei n. 11.941, de 27.5.09, DOU 28.5.09)*

I — pelo despacho do juiz que ordenar a citação em execução fiscal; *(Redação dada Lei n. 11.941, de 27.5.09, DOU 28.5.09)*

II — pelo protesto judicial; *(Redação dada Lei n. 11.941, de 27.5.09, DOU 28.5.09)*

III — por qualquer ato judicial que constitua em mora o devedor; *(Redação dada Lei n. 11.941, de 27.5.09, DOU 28.5.09)*

IV — por qualquer ato inequívoco, ainda que extrajudicial, que importe em reconhecimento do débito pelo devedor; *(Redação dada Lei n. 11.941, de 27.5.09, DOU 28.5.09)*

V — por qualquer ato inequívoco que importe em manifestação expressa de tentativa de solução conciliatória no âmbito interno da administração pública federal." *(Redação dada Lei n. 11.941, de 27.5.09, DOU 28.5.09)*

Art. 3º Suspende-se a prescrição durante a vigência:

I — dos compromissos de cessação ou de desempenho, respectivamente, previstos nos arts. 53 e 58 da Lei n. 8.884, de 11 de junho de 1994;

II — do termo de compromisso de que trata o § 5º do art. 11 da Lei n. 6.385, de 7 de dezembro de 1976, com a redação dada pela Lei n. 9.457, de 5 de maio de 1997.

Art. 4º Ressalvadas as hipóteses de interrupção previstas no art. 2º, para as infrações ocorridas há mais de três anos, contados do dia 1º de julho de 1998, a prescrição operará em dois anos, a partir dessa data.

Art. 5º O disposto nesta Lei não se aplica às infrações de natureza funcional e aos processos e procedimentos de natureza tributária.

Art. 6º Ficam convalidados os atos praticados com base na Medida Provisória n. 1.859-16, de 24 de setembro de 1999.

Art. 7º Esta Lei entra em vigor na data de sua publicação.

Art. 8º Ficam revogados o art. 33 da Lei n. 6.385, de 1976, com a redação dada pela Lei n. 9.457, de 1997, o art. 28 da Lei n. 8.884, de 1994, e demais disposições em contrário, ainda que constantes de lei especial.

Congresso Nacional, em 23 de novembro de 1999; 178º da Independência e 111º da República.

Senador Antônio Carlos Magalhães
Presidente

LEI N. 12.737, DE 30 DE NOVEMBRO DE 2012

(DOU 3.12.2012)

DISPÕE SOBRE A TIPIFICAÇÃO CRIMINAL DE DELITOS INFORMÁTICOS; ALTERA O DECRETO-LEI N. 2.848, DE 7 DE DEZEMBRO DE 1940 — CÓDIGO PENAL; E DÁ OUTRAS PROVIDÊNCIAS

A PRESIDENTA DA REPÚBLICA,

Faço saber que o Congresso Nacional decreta e eu sanciono a seguinte Lei:

Art. 1º Esta Lei dispõe sobre a tipificação criminal de delitos informáticos e dá outras providências.

Art. 2º O Decreto-lei n. 2.848, de 7 de dezembro de 1940 — Código Penal, fica acrescido dos seguintes arts. 154-A e 154-B:

"Invasão de dispositivo informático

Art. 154-A. Invadir dispositivo informático alheio, conectado ou não à rede de computadores, mediante violação indevida de mecanismo de segurança e com o fim de obter, adulterar ou destruir dados ou informações sem autorização expressa ou tácita do titular do dispositivo ou instalar vulnerabilidades para obter vantagem ilícita:

Pena — detenção, de 3 (três) meses a 1 (um) ano, e multa.

§ 1º Na mesma pena incorre quem produz, oferece, distribui, vende ou difunde dispositivo ou programa de computador com o intuito de permitir a prática da conduta definida no caput.

§ 2º Aumenta-se a pena de um sexto a um terço se da invasão resulta prejuízo econômico.

§ 3º Se da invasão resultar a obtenção de conteúdo de comunicações eletrônicas privadas, segredos comerciais ou industriais, informações sigilosas, assim definidas em lei, ou o controle remoto não autorizado do dispositivo invadido:

Pena — reclusão, de 6 (seis) meses a 2 (dois) anos, e multa, se a conduta não constitui crime mais grave.

§ 4º Na hipótese do § 3º, aumenta-se a pena de um a dois terços se houver divulgação, comercialização ou transmissão a terceiro, a qualquer título, dos dados ou informações obtidos.

§ 5º Aumenta-se a pena de um terço à metade se o crime for praticado contra:

I — Presidente da República, governadores e prefeitos;

II — Presidente do Supremo Tribunal Federal;

III — Presidente da Câmara dos Deputados, do Senado Federal, de Assembleia Legislativa de Estado, da Câmara Legislativa do Distrito Federal ou de Câmara Municipal; ou

IV — dirigente máximo da administração direta e indireta federal, estadual, municipal ou do Distrito Federal."

"Ação penal

Art. 154-B. Nos crimes definidos no art. 154-A, somente se procede mediante representação, salvo se o crime é cometido contra a administração pública direta ou indireta de qualquer dos Poderes da União, Estados, Distrito Federal ou Municípios ou contra empresas concessionárias de serviços públicos."

Art. 3º Os arts. 266 e 298 do Decreto-lei n. 2.848, de 7 de dezembro de 1940 — Código Penal, passam a vigorar com a seguinte redação:

"Interrupção ou perturbação de serviço telegráfico, telefônico, informático, telemático ou de informação de utilidade pública

Art. 266. ....

§ 1º Incorre na mesma pena quem interrompe serviço telemático ou de informação de utilidade pública, ou impede ou dificulta-lhe o restabelecimento.

§ 2º Aplicam-se as penas em dobro se o crime é cometido por ocasião de calamidade pública." (NR)

"Falsificação de documento particular

Art. 298. ....

Falsificação de cartão

Parágrafo único. Para fins do disposto no caput, equipara-se a documento particular o cartão de crédito ou débito." (NR)

Art. 4º Esta Lei entra em vigor após decorridos 120 (cento e vinte) dias de sua publicação oficial.

Brasília, 30 de novembro de 2012; 191º da Independência e 124º da República.

Dilma Rousseff
José Eduardo Cardozo

LEI N. 12.965, DE 23 DE ABRIL DE 2014

(DOU 24.4.14)

ESTABELECE PRINCÍPIOS, GARANTIAS, DIREITOS E DEVERES PARA O USO DA INTERNET NO BRASIL

A PRESIDENTA DA REPÚBLICA

Faço saber que o Congresso Nacional decreta e eu sanciono a seguinte Lei:

CAPÍTULO I
DISPOSIÇÕES PRELIMINARES

Art. 1º Esta Lei estabelece princípios, garantias, direitos e deveres para o uso da internet no Brasil e determina as diretrizes para atuação da União, dos Estados, do Distrito Federal e dos Municípios em relação à matéria.

Art. 2º A disciplina do uso da internet no Brasil tem como fundamento o respeito à liberdade de expressão, bem como:

I — o reconhecimento da escala mundial da rede;

II — os direitos humanos, o desenvolvimento da personalidade e o exercício da cidadania em meios digitais;

III — a pluralidade e a diversidade;

IV — a abertura e a colaboração;

V — a livre-iniciativa, a livre concorrência e a defesa do consumidor; e

VI — a finalidade social da rede.

Art. 3º A disciplina do uso da internet no Brasil tem os seguintes princípios:

I — garantia da liberdade de expressão, comunicação e manifestação de pensamento, nos termos da Constituição Federal;

II — proteção da privacidade;

III — proteção dos dados pessoais, na forma da lei;

IV — preservação e garantia da neutralidade de rede;

V — preservação da estabilidade, segurança e funcionalidade da rede, por meio de medidas técnicas compatíveis com os padrões internacionais e pelo estímulo ao uso de boas práticas;

VI — responsabilização dos agentes de acordo com suas atividades, nos termos da lei;

VII — preservação da natureza participativa da rede;

VIII — liberdade dos modelos de negócios promovidos na internet, desde que não conflitem com os demais princípios estabelecidos nesta Lei.

PARÁGRAFO ÚNICO. Os princípios expressos nesta Lei não excluem outros previstos no ordenamento jurídico pátrio relacionados à matéria ou nos tratados internacionais em que a República Federativa do Brasil seja parte.

Art. 4º A disciplina do uso da internet no Brasil tem por objetivo a promoção:

I — do direito de acesso à internet a todos;

II — do acesso à informação, ao conhecimento e à participação na vida cultural e na condução dos assuntos públicos;

III — da inovação e do fomento à ampla difusão de novas tecnologias e modelos de uso e acesso; e

IV — da adesão a padrões tecnológicos abertos que permitam a comunicação, a acessibilidade e a interoperabilidade entre aplicações e bases de dados.

Art. 5º Para os efeitos desta Lei, considera-se:

I — internet: o sistema constituído do conjunto de protocolos lógicos, estruturado em escala mundial para uso público e irrestrito, com a finalidade de possibilitar a comunicação de dados entre terminais por meio de diferentes redes;

II — terminal: o computador ou qualquer dispositivo que se conecte à internet;

III — endereço de protocolo de internet (endereço IP): o código atribuído a um terminal de uma rede para permitir sua identificação, definido segundo parâmetros internacionais;

IV — administrador de sistema autônomo: a pessoa física ou jurídica que administra blocos de endereço IP específicos e o respectivo sistema autônomo de roteamento, devidamente cadastrada no ente nacional responsável pelo registro e distribuição de endereços IP geograficamente referentes ao País;

V — conexão à internet: a habilitação de um terminal para envio e recebimento de pacotes de dados pela internet, mediante a atribuição ou autenticação de um endereço IP;

VI — registro de conexão: o conjunto de informações referentes à data e hora de início e término de uma conexão à internet, sua duração e o endereço IP utilizado pelo terminal para o envio e recebimento de pacotes de dados;

VII — aplicações de internet: o conjunto de funcionalidades que podem ser acessadas por meio de um terminal conectado à internet; e

VIII — registros de acesso a aplicações de internet: o conjunto de informações referentes à data e hora de uso de uma determinada aplicação de internet a partir de um determinado endereço IP.

Art. 6º Na interpretação desta Lei serão levados em conta, além dos fundamentos, princípios e objetivos previstos, a natureza da internet, seus usos e costumes particulares e sua importância para a promoção do desenvolvimento humano, econômico, social e cultural.

CAPÍTULO II

DOS DIREITOS E GARANTIAS DOS USUÁRIOS

Art. 7º O acesso à internet é essencial ao exercício da cidadania, e ao usuário são assegurados os seguintes direitos:

I — inviolabilidade da intimidade e da vida privada, sua proteção e indenização pelo dano material ou moral decorrente de sua violação;

II — inviolabilidade e sigilo do fluxo de suas comunicações pela internet, salvo por ordem judicial, na forma da lei;

III — inviolabilidade e sigilo de suas comunicações privadas armazenadas, salvo por ordem judicial;

IV — não suspensão da conexão à internet, salvo por débito diretamente decorrente de sua utilização;

V — manutenção da qualidade contratada da conexão à internet;

VI — informações claras e completas constantes dos contratos de prestação de serviços, com detalhamento sobre o regime de proteção aos registros de conexão e aos registros de acesso a aplicações de internet, bem como sobre práticas de gerenciamento da rede que possam afetar sua qualidade;

VII — não fornecimento a terceiros de seus dados pessoais, inclusive registros de conexão, e de acesso a aplicações de internet, salvo mediante consentimento livre, expresso e informado ou nas hipóteses previstas em lei;

VIII — informações claras e completas sobre coleta, uso, armazenamento, tratamento e proteção de seus dados pessoais, que somente poderão ser utilizados para finalidades que:

a) justifiquem sua coleta;

b) não sejam vedadas pela legislação; e

c) estejam especificadas nos contratos de prestação de serviços ou em termos de uso de aplicações de internet;

IX — consentimento expresso sobre coleta, uso, armazenamento e tratamento de dados pessoais, que deverá ocorrer de forma destacada das demais cláusulas contratuais;

X — exclusão definitiva dos dados pessoais que tiver fornecido a determinada aplicação de internet, a seu requerimento, ao término da relação entre as partes, ressalvadas as hipóteses de guarda obrigatória de registros previstas nesta Lei;

XI — publicidade e clareza de eventuais políticas de uso dos provedores de conexão à internet e de aplicações de internet;

XII — acessibilidade, consideradas as características físicomotoras, perceptivas, sensoriais, intelectuais e mentais do usuário, nos termos da lei; e

XIII — aplicação das normas de proteção e defesa do consumidor nas relações de consumo realizadas na internet.

Art. 8º A garantia do direito à privacidade e à liberdade de expressão nas comunicações é condição para o pleno exercício do direito de acesso à internet.

PARÁGRAFO ÚNICO. São nulas de pleno direito as cláusulas contratuais que violem o disposto no *caput*, tais como aquelas que:

I — impliquem ofensa à inviolabilidade e ao sigilo das comunicações privadas, pela internet; ou

II — em contrato de adesão, não ofereçam como alternativa ao contratante a adoção do foro brasileiro para solução de controvérsias decorrentes de serviços prestados no Brasil.

CAPÍTULO III

DA PROVISÃO DE CONEXÃO E DE APLICAÇÕES DE INTERNET

Seção I

Da Neutralidade de Rede

Art. 9º O responsável pela transmissão, comutação ou roteamento tem o dever de tratar de forma isonômica quaisquer pacotes de dados, sem distinção por conteúdo, origem e destino, serviço, terminal ou aplicação.

§ 1º A discriminação ou degradação do tráfego será regulamentada nos termos das atribuições privativas do Presidente da República previstas no inciso IV do art. 84 da Constituição Federal, para a fiel execução desta Lei, ouvidos o Comitê Gestor da Internet e a Agência Nacional de Telecomunicações, e somente poderá decorrer de:

I — requisitos técnicos indispensáveis à prestação adequada dos serviços e aplicações; e

II — priorização de serviços de emergência.

§ 2º Na hipótese de discriminação ou degradação do tráfego prevista no § 1º, o responsável mencionado no *caput* deve:

I — abster-se de causar dano aos usuários, na forma do art. 927 da Lei n. 10.406, de 10 de janeiro de 2002 — Código Civil;

II — agir com proporcionalidade, transparência e isonomia;

III — informar previamente de modo transparente, claro e suficientemente descritivo aos seus usuários sobre as práticas de gerenciamento e mitigação de tráfego adotadas, inclusive as relacionadas à segurança da rede; e

IV — oferecer serviços em condições comerciais não discriminatórias e abster-se de praticar condutas anticoncorrenciais.

§ 3º Na provisão de conexão à internet, onerosa ou gratuita, bem como na transmissão, comutação ou roteamento, é vedado bloquear, monitorar, filtrar ou analisar o conteúdo dos pacotes de dados, respeitado o disposto neste artigo.

Seção II
Da Proteção aos Registros, aos Dados Pessoais e às Comunicações Privadas

Art. 10. A guarda e a disponibilização dos registros de conexão e de acesso a aplicações de internet de que trata esta Lei, bem como de dados pessoais e do conteúdo de comunicações privadas, devem atender à preservação da intimidade, da vida privada, da honra e da imagem das partes direta ou indiretamente envolvidas.

§ 1º O provedor responsável pela guarda somente será obrigado a disponibilizar os registros mencionados no *caput*, de forma autônoma ou associados a dados pessoais ou a outras informações que possam contribuir para a identificação do usuário ou do terminal, mediante ordem judicial, na forma do disposto na Seção IV deste Capítulo, respeitado o disposto no art. 7º.

§ 2º O conteúdo das comunicações privadas somente poderá ser disponibilizado mediante ordem judicial, nas hipóteses e na forma que a lei estabelecer, respeitado o disposto nos incisos II e III do art. 7º.

§ 3º O disposto no *caput* não impede o acesso aos dados cadastrais que informem qualificação pessoal, filiação e endereço, na forma da lei, pelas autoridades administrativas que detenham competência legal para a sua requisição.

§ 4º As medidas e os procedimentos de segurança e de sigilo devem ser informados pelo responsável pela provisão de serviços de forma clara e atender a padrões definidos em regulamento, respeitado seu direito de confidencialidade quanto a segredos empresariais.

Art. 11. Em qualquer operação de coleta, armazenamento, guarda e tratamento de registros, de dados pessoais ou de comunicações por provedores de conexão e de aplicações de internet em que pelo menos um desses atos ocorra em território nacional, deverão ser obrigatoriamente respeitados a legislação brasileira e os direitos à privacidade, à proteção dos dados pessoais e ao sigilo das comunicações privadas e dos registros.

§ 1º O disposto no *caput* aplica-se aos dados coletados em território nacional e ao conteúdo das comunicações, desde que pelo menos um dos terminais esteja localizado no Brasil.

§ 2º O disposto no *caput* aplica-se mesmo que as atividades sejam realizadas por pessoa jurídica sediada no exterior, desde que oferte serviço ao público brasileiro ou pelo menos uma integrante do mesmo grupo econômico possua estabelecimento no Brasil.

§ 3º Os provedores de conexão e de aplicações de internet deverão prestar, na forma da regulamentação, informações que permitam a verificação quanto ao cumprimento da legislação brasileira referente à coleta, à guarda, ao armazenamento ou ao tratamento de dados, bem como quanto ao respeito à privacidade e ao sigilo de comunicações.

§ 4º Decreto regulamentará o procedimento para apuração de infrações ao disposto neste artigo.

Art. 11. Sem prejuízo das demais sanções cíveis, criminais ou administrativas, as infrações às normas previstas nos arts. 10 e 11 ficam sujeitas, conforme o caso, às seguintes sanções, aplicadas de forma isolada ou cumulativa:

I — advertência, com indicação de prazo para adoção de medidas corretivas;

II — multa de até 10% (dez por cento) do faturamento do grupo econômico no Brasil no seu último exercício, excluídos os tributos, considerados a condição econômica do infrator e o princípio da proporcionalidade entre a gravidade da falta e a intensidade da sanção;

III — suspensão temporária das atividades que envolvam os atos previstos no art. 11; ou

IV — proibição de exercício das atividades que envolvam os atos previstos no art. 11.

PARÁGRAFO ÚNICO. Tratando-se de empresa estrangeira, responde solidariamente pelo pagamento da multa de que trata o *caput* sua filial, sucursal, escritório ou estabelecimento situado no País.

Subseção I
Da Guarda de Registros de Conexão

Art. 13. Na provisão de conexão à internet, cabe ao administrador de sistema autônomo respectivo o dever de manter os registros de conexão, sob sigilo, em ambiente controlado e de segurança, pelo prazo de 1 (um) ano, nos termos do regulamento.

§ 1º A responsabilidade pela manutenção dos registros de conexão não poderá ser transferida a terceiros.

§ 2º A autoridade policial ou administrativa ou o Ministério Público poderá requerer cautelarmente que os registros de conexão sejam guardados por prazo superior ao previsto no *caput*.

§ 3º Na hipótese do § 2º, a autoridade requerente terá o prazo de 60 (sessenta) dias, contados a partir do requerimento, para ingressar com o pedido de autorização judicial de acesso aos registros previstos no *caput*.

§ 4º O provedor responsável pela guarda dos registros deverá manter sigilo em relação ao requerimento previsto no § 2º, que perderá sua eficácia caso o pedido de autorização judicial seja indeferido ou não tenha sido protocolado no prazo previsto no § 3º.

§ 5º Em qualquer hipótese, a disponibilização ao requerente dos registros de que trata este artigo deverá ser precedida de autorização judicial, conforme disposto na Seção IV deste Capítulo.

§ 6º Na aplicação de sanções pelo descumprimento ao disposto neste artigo, serão considerados a natureza e a gravidade da infração, os danos dela resultantes, eventual vantagem auferida pelo infrator, as circunstâncias agravantes, os antecedentes do infrator e a reincidência.

Subseção II

Da Guarda de Registros de Acesso a Aplicações de Internet na Provisão de Conexão

Art. 14. Na provisão de conexão, onerosa ou gratuita, é vedado guardar os registros de acesso a aplicações de internet.

Subseção III

Da Guarda de Registros de Acesso a Aplicações de Internet na Provisão de Aplicações

Art. 15. O provedor de aplicações de internet constituído na forma de pessoa jurídica e que exerça essa atividade de forma organizada, profissionalmente e com fins econômicos deverá manter os respectivos registros de acesso a aplicações de internet, sob sigilo, em ambiente controlado e de segurança, pelo prazo de 6 (seis) meses, nos termos do regulamento.

§ 1º Ordem judicial poderá obrigar, por tempo certo, os provedores de aplicações de internet que não estão sujeitos ao disposto no *caput* a guardarem registros de acesso a aplicações de internet, desde que se trate de registros relativos a fatos específicos em período determinado.

§ 2º A autoridade policial ou administrativa ou o Ministério Público poderão requerer cautelarmente a qualquer provedor de aplicações de internet que os registros de acesso a aplicações de internet sejam guardados, inclusive por prazo superior ao previsto no *caput*, observado o disposto nos §§ 3º e 4º do art. 13.

§ 3º Em qualquer hipótese, a disponibilização ao requerente dos registros de que trata este artigo deverá ser precedida de autorização judicial, conforme disposto na Seção IV deste Capítulo.

§ 4º Na aplicação de sanções pelo descumprimento ao disposto neste artigo, serão considerados a natureza e a gravidade da infração, os danos dela resultantes, eventual vantagem auferida pelo infrator, as circunstâncias agravantes, os antecedentes do infrator e a reincidência.

Art. 16. Na provisão de aplicações de internet, onerosa ou gratuita, é vedada a guarda:

I — dos registros de acesso a outras aplicações de internet sem que o titular dos dados tenha consentido previamente, respeitado o disposto no art. 7º; ou

II — de dados pessoais que sejam excessivos em relação à finalidade para a qual foi dado consentimento pelo seu titular.

Art. 17. Ressalvadas as hipóteses previstas nesta Lei, a opção por não guardar os registros de acesso a aplicações de internet não implica responsabilidade sobre danos decorrentes do uso desses serviços por terceiros.

Seção III

Da Responsabilidade por Danos Decorrentes de Conteúdo Gerado por Terceiros

Art. 18. O provedor de conexão à internet não será responsabilizado civilmente por danos decorrentes de conteúdo gerado por terceiros.

Art. 19. Com o intuito de assegurar a liberdade de expressão e impedir a censura, o provedor de aplicações de internet somente poderá ser responsabilizado civilmente por danos decorrentes de conteúdo gerado por terceiros se, após ordem judicial específica, não tomar as providências para, no âmbito e nos limites técnicos do seu serviço e dentro do prazo assinalado, tornar indisponível o conteúdo apontado como infringente, ressalvadas as disposições legais em contrário.

§ 1º A ordem judicial de que trata o *caput* deverá conter, sob pena de nulidade, identificação clara e específica do conteúdo apontado como infringente, que permita a localização inequívoca do material.

§ 2º A aplicação do disposto neste artigo para infrações a direitos de autor ou a direitos conexos depende de previsão legal específica, que deverá respeitar a liberdade de expressão e demais garantias previstas no art. 5º da Constituição Federal.

§ 3º As causas que versem sobre ressarcimento por danos decorrentes de conteúdos disponibilizados na internet relacionados à honra, à reputação ou a direitos de personalidade, bem como sobre a indisponibilização desses conteúdos por provedores de aplicações de internet, poderão ser apresentadas perante os juizados especiais.

§ 4º O juiz, inclusive no procedimento previsto no § 3º, poderá antecipar, total ou parcialmente, os efeitos da tutela pretendida no pedido inicial, existindo prova inequívoca do fato e considerado o interesse da coletividade na disponibilização do conteúdo na internet, desde que presentes os requisitos de verossimilhança da alegação do autor e de fundado receio de dano irreparável ou de difícil reparação.

Art. 20. Sempre que tiver informações de contato do usuário diretamente responsável pelo conteúdo a que se refere o art. 19, caberá ao provedor de aplicações de internet comunicar-lhe os motivos e informações relativos à indisponibilização de conteúdo, com informações que permitam o contraditório e a ampla defesa em juízo, salvo expressa previsão legal ou expressa determinação judicial fundamentada em contrário.

PARÁGRAFO ÚNICO. Quando solicitado pelo usuário que disponibilizou o conteúdo tornado indisponível, o provedor de aplicações de internet que exerce essa atividade de forma organizada, profissionalmente e com fins econômicos substituirá o conteúdo tornado indisponível pela motivação ou pela ordem judicial que deu fundamento à indisponibilização.

Art. 21. O provedor de aplicações de internet que disponibilize conteúdo gerado por terceiros será responsabilizado subsidiariamente pela violação da intimidade decorrente da divulgação, sem autorização de seus participantes, de imagens, de vídeos ou de outros materiais contendo cenas de nudez ou de atos sexuais de caráter privado quando, após o recebimento de notificação pelo participante ou seu representante legal, deixar de promover, de forma diligente, no âmbito e nos limites técnicos do seu serviço, a indisponibilização desse conteúdo.

PARÁGRAFO ÚNICO. A notificação prevista no *caput* deverá conter, sob pena de nulidade, elementos que permitam a identificação específica do material apontado como violador da intimidade do participante e a verificação da legitimidade para apresentação do pedido.

Seção IV
Da Requisição Judicial de Registros

Art. 22. A parte interessada poderá, com o propósito de formar conjunto probatório em processo judicial cível ou penal, em caráter incidental ou autônomo, requerer ao juiz que ordene ao responsável pela guarda o fornecimento de registros de conexão ou de registros de acesso a aplicações de internet.

PARÁGRAFO ÚNICO. Sem prejuízo dos demais requisitos legais, o requerimento deverá conter, sob pena de inadmissibilidade:

I — fundados indícios da ocorrência do ilícito;

II — justificativa motivada da utilidade dos registros solicitados para fins de investigação ou instrução probatória; e

III — período ao qual se referem os registros.

Art. 23. Cabe ao juiz tomar as providências necessárias à garantia do sigilo das informações recebidas e à preservação da intimidade, da vida privada, da honra e da imagem do usuário, podendo determinar segredo de justiça, inclusive quanto aos pedidos de guarda de registro.

CAPÍTULO IV
DA ATUAÇÃO DO PODER PÚBLICO

Art. 24. Constituem diretrizes para a atuação da União, dos Estados, do Distrito Federal e dos Municípios no desenvolvimento da internet no Brasil:

I — estabelecimento de mecanismos de governança multiparticipativa, transparente, colaborativa e democrática, com a participação do governo, do setor empresarial, da sociedade civil e da comunidade acadêmica;

II — promoção da racionalização da gestão, expansão e uso da internet, com participação do Comitê Gestor da internet no Brasil;

III — promoção da racionalização e da interoperabilidade tecnológica dos serviços de governo eletrônico, entre os diferentes Poderes e âmbitos da Federação, para permitir o intercâmbio de informações e a celeridade de procedimentos;

IV — promoção da interoperabilidade entre sistemas e terminais diversos, inclusive entre os diferentes âmbitos federativos e diversos setores da sociedade;

V — adoção preferencial de tecnologias, padrões e formatos abertos e livres;

VI — publicidade e disseminação de dados e informações públicos, de forma aberta e estruturada;

VII — otimização da infraestrutura das redes e estímulo à implantação de centros de armazenamento, gerenciamento e disseminação de dados no País, promovendo a qualidade técnica, a inovação e a difusão das aplicações de internet, sem prejuízo à abertura, à neutralidade e à natureza participativa;

VIII — desenvolvimento de ações e programas de capacitação para uso da internet;

IX — promoção da cultura e da cidadania; e

X — prestação de serviços públicos de atendimento ao cidadão de forma integrada, eficiente, simplificada e por múltiplos canais de acesso, inclusive remotos.

Art. 25. As aplicações de internet de entes do poder público devem buscar:

I — compatibilidade dos serviços de governo eletrônico com diversos terminais, sistemas operacionais e aplicativos para seu acesso;

II — acessibilidade a todos os interessados, independentemente de suas capacidades físico-motoras, perceptivas, sensoriais, intelectuais, mentais, culturais e sociais, resguardados os aspectos de sigilo e restrições administrativas e legais;

III — compatibilidade tanto com a leitura humana quanto com o tratamento automatizado das informações;

IV — facilidade de uso dos serviços de governo eletrônico; e

V — fortalecimento da participação social nas políticas públicas.

Art. 26. O cumprimento do dever constitucional do Estado na prestação da educação, em todos os níveis de ensino, inclui a capacitação, integrada a outras práticas educacionais, para o uso seguro, consciente e responsável da internet como ferramenta para o exercício da cidadania, a promoção da cultura e o desenvolvimento tecnológico.

Art. 27. As iniciativas públicas de fomento à cultura digital e de promoção da internet como ferramenta social devem:

I — promover a inclusão digital;

II — buscar reduzir as desigualdades, sobretudo entre as diferentes regiões do País, no acesso às tecnologias da informação e comunicação e no seu uso; e

III — fomentar a produção e circulação de conteúdo nacional.

Art. 28. O Estado deve, periodicamente, formular e fomentar estudos, bem como fixar metas, estratégias, planos e cronogramas, referentes ao uso e desenvolvimento da internet no País.

CAPÍTULO V
DISPOSIÇÕES FINAIS

Art. 29. O usuário terá a opção de livre escolha na utilização de programa de computador em seu terminal para exercício do controle parental de conteúdo entendido por ele como impróprio a seus filhos menores, desde que respeitados os princípios desta Lei e da Lei n. 8.069, de 13 de julho de 1990 — Estatuto da Criança e do Adolescente.

PARÁGRAFO ÚNICO. Cabe ao poder público, em conjunto com os provedores de conexão e de aplicações de internet e a sociedade civil, promover a educação e fornecer informações sobre o uso dos programas de computador previstos no *caput*, bem como para a definição de boas práticas para a inclusão digital de crianças e adolescentes.

Art. 30. A defesa dos interesses e dos direitos estabelecidos nesta Lei poderá ser exercida em juízo, individual ou coletivamente, na forma da lei.

Art. 31. Até a entrada em vigor da lei específica prevista no § 2º do art. 19, a responsabilidade do provedor de aplicações de internet por danos decorrentes de conteúdo gerado por terceiros, quando se tratar de infração a direitos de autor ou a direitos conexos, continuará a ser disciplinada pela legislação autoral vigente aplicável na data da entrada em vigor desta Lei.

Art. 32. Esta Lei entra em vigor após decorridos 60 (sessenta) dias de sua publicação oficial.

Brasília, 23 de abril de 2014; 193º da Independência e 126º da República.

Dilma Rousseff
José Eduardo Cardozo
Miriam Belchior
Paulo Bernardo Silva
Clélio Campolina Diniz

LEI N. 11.101, DE 9 DE FEVEREIRO DE 2005

(DOU 9.2.05)

REGULA A RECUPERAÇÃO JUDICIAL, A EXTRAJUDICIAL E A FALÊNCIA DO EMPRESÁRIO E DA SOCIEDADE EMPRESÁRIA (EXCERTOS) **VER P. 1029**

ATO N. 245 DO TST, DE 5 DE AGOSTO DE 1999

(DJ 10.8.99, LTr 63-08/1146)

RESOLVE CENTRALIZAR PARA GARANTIA DAS PARTES, O RECEBIMENTO DE PETIÇÕES MEDIANTE FAC-SÍMILE NA SUBSECRETARIA DE CADASTRAMENTO PROCESSUAL, OBSERVADO O HORÁRIO FIXADO NA RESOLUÇÃO ADMINISTRATIVA N. 200/95 PARA PROTOCOLIZAÇÃO DO DOCUMENTO

O PRESIDENTE DO TRIBUNAL SUPERIOR DO TRABALHO, no uso de suas atribuições legais e regimentais, de conformidade com o disposto na letra *b* do inciso I do art. 96 da Constituição Federal, na letra *c* do art. 707 da CLT e no inciso XXXVIII do art. 42 do Regimento Interno da Corte;

Considerando a edição da Lei n. 9.800, de 26 de maio de 1999, publicada em 27 seguinte, que permite "às partes a utilização de sistema de transmissão de dados e imagens tipo fac-símile ou outro similar, para a prática de atos processuais que dependam de petição escrita" (art. 1º);

Considerando a necessidade de regulamentação interna para o efetivo cumprimento da regra estabelecida no art. 1º da aludida lei;

Considerando a possibilidade de eventual extravio e comprometimento dos prazos pelo recebimento de petições, mediante o novo método, em vários equipamentos instalados nesta Corte;

Considerando a necessidade de evitar a ocorrência de controvérsias a respeito da data de apresentação das petições;

Considerando a necessidade de registro e cadastramento das peças pela Subsecretaria de Cadastramento Processual;

Considerando a Resolução Administrativa n. 200/95, que estabelece o horário das 10 (dez) às 19 (dezenove) horas para o atendimento ao público na Subsecretaria de Cadastramento Processual; resolve:

1 — Centralizar, para garantia das partes, o recebimento de petições mediante fac-símile na Subsecretaria de Cadastramento Processual, observado o horário fixado na Resolução Administrativa n. 200/95 para protocolização do documento.

2 — Estabelecer que os números (061) 216-4808, 216-4809 e 216-4810, instalados na Subsecretaria de Cadastramento Processual, serão de utilização específica para cumprimento do disposto no art. 1º da Lei n. 9.800, de 26 de maio de 1999, funcionando nos dias de expediente do Tribunal, no período compreendido entre 10 (dez) e 19 (dezenove) horas.

Este ato entra em vigor no dia de sua publicação no Diário da Justiça. Publique-se no DJ e no BI.

Ministro *Wagner Pimenta*

ATO DO PRESIDENTE DO TST N. 3 SEGJUD. GP, DE 3 DE JANEIRO DE 2012

(DJe 31.1.12)

DISPÕE SOBRE A OBRIGATORIEDADE, NA AUTUAÇÃO DAS AÇÕES ORIGINÁRIAS DE COMPETÊNCIA DO TRIBUNAL SUPERIOR DO TRABALHO, DO REGISTRO DO NÚMERO DE INSCRIÇÃO DAS PARTES NO CADASTRO DE PESSOAS FÍSICAS OU JURÍDICAS MANTIDO PELA RECEITA FEDERAL DO BRASIL

O PRESIDENTE DO TRIBUNAL SUPERIOR DO TRABALHO, no uso de suas atribuições legais e regimentais,

Considerando que, na autuação das ações originárias de competência do Tribunal Superior do Trabalho, o registro do número de inscrição das partes no cadastro de pessoas físicas ou jurídicas mantido pela Receita Federal do Brasil tornará mais precisa a identificação dos atores da relação processual;

Considerando o disposto no art. 15 da Lei nº 11.419 de 19 de dezembro de 2006, que atribui às partes, ao distribuir a petição inicial de qualquer ação judicial, o ônus processual de informar o número de inscrição no cadastro de pessoas físicas ou jurídicas, conforme o caso, salvo impossibilidade que comprometa o acesso à justiça;

Considerando o que estabelece a Resolução nº 46 do Conselho Nacional de Justiça, no sentido de que o cadastramento de partes nos processos deverá ser realizado, prioritariamente, pelo nome ou razão social constante do cadastro de pessoas físicas ou jurídicas mantido pela Receita Federal do Brasil,

RESOLVE:

Art. 1º O autor informará na petição inicial das ações originárias propostas perante o Tribunal Superior do Trabalho, *a partir de 1º de março de 2012*, o número de inscrição das partes no cadastro de pessoas físicas ou jurídicas da Receita Federal do Brasil, conforme o caso, salvo impossibilidade que comprometa o acesso à justiça, expressamente justificada na própria petição.

Art. 2º A Coordenadoria de Cadastramento Processual desta Corte (Protocolo) não receberá petição inicial física que não contiver o número de inscrição das partes no cadastro de pessoas físicas ou jurídicas, tampouco a justificativa para a ausência dessa informação.

Art. 3º Recebida a petição inicial, no TST, por meio do Sistema e- DOC, a Secretaria-Geral Judiciária, se for o caso, intimará o autor para, no prazo de 10 (dez) dias, informar o número de inscrição das partes no cadastro de pessoas físicas ou jurídicas da Receita Federal do Brasil, ou, alternativamente, justificar a impossibilidade de fornecer o dado, sob pena de arquivamento da petição.

Art. 4º A petição inicial será encaminhada à consideração do Presidente do Tribunal Superior do Trabalho, sempre que houver justificativa do autor para a ausência de informação do número de inscrição das partes no cadastro de pessoas físicas ou jurídicas.

Art. 5º Nas ações originárias propostas perante o Tribunal Superior do Trabalho, o cadastramento de partes no processo será realizado, prioritariamente, pelo nome ou razão social constante do cadastro de pessoas físicas ou jurídicas mantido pela Receita Federal do Brasil, mediante alimentação automática, observados os convênios e condições tecnológicas disponíveis, vedado o uso dos tipos itálico e negrito.

PARÁGRAFO ÚNICO. Em caso de divergência entre o nome ou razão social informados na petição inicial com os constantes da base de dados da Receita Federal do Brasil, a Secretaria-Geral Judiciária intimará o autor para, no prazo de 10 (dez) dias, esclarecer a contradição.

Publique-se.

Brasília, 3 de janeiro de 2012.

Ministro João Oreste Dalazen

ATO DO PRESIDENTE DO TST N. 589 SEGJUD.GP, DE 30 DE AGOSTO DE 2013

(DEJT 2.9.2013)

DISPÕE SOBRE A TRAMITAÇÃO DE PROCESSOS EM SEGREDO DE JUSTIÇA NO ÂMBITO DO TST

O PRESIDENTE DO TRIBUNAL SUPERIOR DO TRABALHO, no uso das atribuições legais e regimentais,

CONSIDERANDO o disposto nos arts. 93, inciso IX, da Constituição Federal e 155 do Código de Processo Civil,

RESOLVE

Art. 1º Os gabinetes dos Ministros, a Secretaria-Geral Judiciária e as Secretarias dos Órgãos Judicantes do Tribunal Superior do Trabalho deverão zelar pelo sigilo inerente ao processo com trâmite em segredo de justiça.

Art. 2º Nos processos em grau de recurso, se já houver indicação de que tramitaram em segredo de justiça no Juízo *a quo*, a Coordenadoria de Classificação, Autuação e Distribuição de Processos — CCADP manterá o registro na autuação.

Legislação Complementar

Art. 3º Nas ações originárias, havendo pedido expresso de trâmite em segredo de justiça, a CCADP fará a autuação com o respectivo indicador, certificando o ato.

Art. 4º O Relator sorteado determinará a retificação do registro de trâmite em segredo de justiça, lançado na autuação, se considerar ausentes os elementos que justifiquem o procedimento.

Art. 5º No momento da autuação, a CCADP cadastrará as partes com as iniciais dos nomes ou razão social, conforme o caso.

Art. 6º As decisões proferidas nos processos em segredo de justiça não conterão dados que possibilitem a identificação das partes envolvidas, bem como não serão objeto de indexação na base de pesquisa de jurisprudência do Tribunal Superior do Trabalho.

PARÁGRAFO ÚNICO. Nas decisões de que trata o *caput* deste artigo, as partes serão identificadas pelas iniciais dos nomes ou razão social, conforme o caso.

Art. 7º A publicação oficial de qualquer decisão ou ato ordinatório não conterá elementos que identifiquem as partes.

Art. 8º O acesso aos autos de processo físico ou eletrônico que tramita em segredo de justiça será restrito às partes, aos advogados com procuração e ao Ministério Público do Trabalho para emissão de parecer, nos casos previstos em lei.

Art. 9º Este Ato entra em vigor na data de sua publicação.

Publique-se.

Brasília, 30 de agosto de 2013.

Ministro Carlos Alberto Reis de Paula

Presidente do Tribunal Superior do Trabalho

INSTRUÇÃO NORMATIVA N. 3, DO TST, DE 5 DE MARÇO DE 1993(*)

DEJT 13.12.13
(RESOL. N. 190, DE 11.12.2013)

INTERPRETA O ART. 8º DA LEI N. 8.542, DE 23.12.92 (DOU 24.12.1992), QUE TRATA DO DEPÓSITO PARA RECURSO NAS AÇÕES NA JUSTIÇA DO TRABALHO E A LEI N. 12.275, DE 29 DE JUNHO DE 2010, QUE ALTERA A REDAÇÃO DO INCISO I DO § 5º DO ART. 897 E ACRESCE O § 7º AO ART. 899, AMBOS DA CONSOLIDAÇÃO DAS LEIS DO TRABALHO — CLT, APROVADA PELO DECRETO-LEI N. 5.452, DE 1º DE MAIO DE 1943.

I — Os depósitos de que trata o art. 40, e seus parágrafos, da Lei n. 8.177/1991, com a redação dada pelo art. 8º da Lei n. 8.542/1992, e o depósito de que tratam o § 5º, I,do art. 897 e o § 7º do art. 899, ambos da CLT, com a redação dada pela Lei n. 12.275, de 29.6.2010, não têm natureza jurídica de taxa de recurso, mas de garantia do juízo recursal, que pressupõe decisão condenatória ou executória de obrigação de pagamento em pecúnia, com valor líquido ou arbitrado.

II — No processo de conhecimento dos dissídios individuais o valor do depósito é limitado a R$5.889,50 (cinco mil, oitocentos e oitenta e nove reais e cinquenta centavos), ou novo valor corrigido, para o recurso ordinário, e a R$11.779,02 (onze mil, setecentos e setenta e nove reais e dois centavos), ou novo valor corrigido, para cada um dos recursos subsequêntes, isto é, de revista, de embargos (ditos impropriamente infringentes) e extraordinário, para o Supremo Tribunal Federal, observando-se o seguinte:

a) para o recurso de agravo de instrumento, o valor do "depósito recursal corresponderá a 50% (cinquenta por cento) do valor do depósito do recurso ao qual se pretende destrancar";

b) depositado o valor total da condenação, nenhum depósito será exigido nos recursos das decisões posteriores, salvo se o valor da condenação vier a ser ampliado;

c) se o valor constante do primeiro depósito, efetuado no limite legal, é inferior ao da condenação, será devida complementação de depósito em recurso posterior, observado o valor nominal remanescente da condenação e/ou os limites legais para cada novo recurso;

d) havendo acréscimo ou redução da condenação em grau recursal, o juízo prolator da decisão arbitrará novo valor à condenação, quer para a exigibilidade de depósito ou complementação do já depositado, para o caso de recurso subseqüente, quer para liberação do valor excedente decorrente da redução da condenação;

e) nos dissídios individuais singulares o depósito será efetivado pelo recorrente, mediante a utilização das guias correspondentes, na conta do empregado no FGTS — Fundo de Garantia do Tempo de Serviço, em conformidade com os §§ 4º e 5º do art. 899 da CLT, ou fora dela, desde que feito na sede do juízo e permaneça à disposição deste, mediante guia de depósito judicial extraída pela Secretaria Judiciária;

f) nas reclamatórias plúrimas e nas em que houver substituição processual, será arbitrado o valor total da condenação, para o atendimento da exigência legal do depósito recursal, em conformidade com as alíneas anteriores, mediante guia de depósito judicial extraída pela Secretaria Judiciária do órgão em que se encontra o processo;

g) a expedição de Mandado de Citação Penhora e Avaliação em fase definitiva ou provisória de execução deverá levar em conta a dedução dos valores já depositados nos autos, em especial o depósito recursal;

h) com o trânsito em julgado da decisão que absolveu o demandado da condenação, ser-lhe-á autorizado o levantamento do valor depositado e seus acréscimos.

(*) Republicação da Instrução Normativa n. 3, com as alterações introduzidas pela Resolução n. 190, de 11 de dezembro de 2013.

III — Julgada procedente ação rescisória e imposta condenação em pecúnia, será exigido um único depósito recursal, até o limite máximo de R$11.779,02 (onze mil, setecentos e setenta e nove reais e dois centavos), ou novo valor corrigido, dispensado novo depósito para os recursos subsequentes, salvo o depósito do agravo de instrumento, previsto na Lei n. 12.275/2010, observando-se o seguinte:

a) o depósito será efetivado pela parte recorrente vencida, mediante guia de depósito judicial expedida pela Secretaria Judiciária, à disposição do juízo da causa;

b) com o trânsito em julgado da decisão, se condenatória, o valor depositado e seus acréscimos serão considerados na execução; se absolutória, será liberado o levantamento do valor do depositado e seus acréscimos.

IV — A exigência de depósito no processo de execução observará o seguinte:

a) a inserção da vírgula entre as expressões "...aos embargos" e "à execução..." é atribuída a erro de redação, devendo ser considerada a locução "embargos à execução";

b) dada a natureza jurídica dos embargos à execução, não será exigido depósito para a sua oposição quando estiver suficientemente garantida a execução por depósito recursal já existente nos autos, efetivado no processo de conhecimento, que permaneceu vinculado à execução, e/ou pela nomeação ou apreensão judicial de bens do devedor, observada a ordem preferencial estabelecida em lei;

c) garantida integralmente a execução nos embargos, só haverá exigência de depósito em qualquer recurso subsequente do devedor se tiver havido elevação do valor do débito, hipótese em que o depósito recursal corresponderá ao valor do acréscimo, sem qualquer limite;

d) o depósito previsto no item anterior será efetivado pelo executado recorrente, mediante guia de depósito judicial expedida pela Secretaria Judiciária, à disposição do juízo da execução;

e) com o trânsito em julgado da decisão que liquidar a sentença condenatória, serão liberados em favor do exequente os valores disponíveis, no limite da quantia exequenda, prosseguindo, se for o caso, a execução por crédito remanescente, e autorizando-se o levantamento, pelo executado, dos valores que acaso sobejarem.

V — Nos termos da redação do § 3º do art. 40, não é exigido depósito para recurso ordinário interposto em dissídio coletivo, eis que a regra aludida atribui apenas valor ao recurso, com efeitos limitados, portanto, ao cálculo das custas processuais.

VI — Os valores alusivos aos limites de depósito recursal serão reajustados anualmente pela variação acumulada do INPC do IBGE dos doze meses imediatamente anteriores, e serão calculados e publicados no Diário Eletrônico da Justiça do Trabalho por ato do Presidente do Tribunal Superior do Trabalho, tornando-se obrigatória a sua observância a partir do quinto dia seguinte ao da publicação.

VII — Toda decisão condenatória ilíquida deverá conter o arbitramento do valor da condenação. O acréscimo de condenação em grau recursal, quando ilíquido, deverá ser arbitrado também para fins de depósito.

VIII — O depósito judicial, realizado na conta do empregado no FGTS ou em estabelecimento bancário oficial, mediante guia à disposição do juízo, será da responsabilidade da parte quanto à exatidão dos valores depositados e deverá ser comprovado, nos autos, pelo recorrente, no prazo do recurso a que se refere, independentemente da sua antecipada interposição, observado o limite do valor vigente na data da efetivação do depósito, bem como o contido no item VI, salvo no que se refere à comprovação do depósito recursal em agravo de instrumento, que observará o disposto no art. 899, § 7º, da CLT, com a redação da Lei n. 12.275/2010.

IX — é exigido depósito recursal para o recurso adesivo, observados os mesmos critérios e procedimentos do recurso principal previsto nesta Instrução Normativa.

X — Não é exigido depósito recursal, em qualquer fase do processo ou grau de jurisdição, dos entes de direito público externo e das pessoas de direito público contempladas no Decreto-Lei n. 779, de 21.8.69, bem assim da massa falida e da herança jacente.

XI — Não se exigirá a efetivação de depósito em qualquer fase ou grau recursal do processo, fora das hipóteses previstas nesta Instrução Normativa.

XII — Havendo acordo para extinção do processo, as partes disporão sobre o valor depositado. Na ausência de expressa estipulação dos interessados, o valor disponível será liberado em favor da parte depositante.

INSTRUÇÃO NORMATIVA N. 15 DO TST, DE 8 DE OUTUBRO DE 1998

(DJ 15.10.98)

APROVA NORMAS RELATIVAS AO DEPÓSITO RECURSAL NA JUSTIÇA DO TRABALHO (RESOL. N. 88/98 DO TST)

O Órgão Especial do Tribunal Superior do Trabalho, no uso das suas atribuições legais e regimentais,

Considerando o cancelamento dos Enunciados ns. 216 e 165;

Considerando a nova regulamentação do depósito recursal constante da Circular n. 149/98, da Caixa Econômica Federal, publicada no Diário Oficial da União de 4.9.98;

Considerando a necessidade de uniformização de entendimentos quanto à regularidade do depósito recursal na Justiça do Trabalho;

Resolve que a validade do depósito recursal na Justiça do Trabalho condiciona-se à observância das exigências contidas no item 5 e seus subitens, da Circular n. 149/98, da Caixa Econômica Federal, a seguir transcrita:

5. Do Depósito Recursal

5.1 Depósito, referente a causas trabalhistas, previsto no artigo 899 da Consolidação das Leis do Trabalho — CLT, efetuado como condição necessária à interposição de recurso contra decisão proferida pela Justiça do Trabalho.

5.2 Deve ser efetivado em conta vinculada do FGTS, aberta para este fim específico, mediante GRE, avulsa e apresentada em 3 (três) vias, com a seguinte destinação:

— 1ª Via — Caixa/Banco;

— 2ª Via — Empregador;

— 3ª Via — Processo/JCJ.

5.3 Cada GRE obrigará o depósito recursal relativo a apenas um processo, identificado no campo 17, e poderá ser autenticada em qualquer agência bancária, no ato da efetivação do depósito.

5.4 São informações indispensáveis à qualificação dos recolhimentos referentes ao depósito recursal.

5.4.1 Do Depositante (Empregador)

— Razão Social/Nome do Empregador (campo 03);

— CGC/CNPJ/CEI (campo 04);

— Endereço (campos 05 a 09).

5.4.1.1 Na inexistência por impossibilidade de cadastramento do empregador junto ao CGC/CNPJ/CEL, admite-se, excepcionalmente, a indicação do CPF do empregador.

5.4.1.2 No caso de empregado doméstico deverá ser indicado o número do CPF do empregador.

5.4.2 Do Trabalhador

— Nome (campo 21);

— Número PIS/PASEP (campo 23).

5.4.2.1 No caso de Sindicato, Federação ou Confederação atuando como substituto processual, deverá ser informado, no campo 21, o nome/razão social do mesmo.

5.4.2.2 Tratando-se de ação conjunta, deverá ser indicado, no campo 21, o nome de um dos reclamantes, seguido da expressão "e outros".

5.4.2.3 Na hipótese da inexistência, por impossibilidade de cadastramento do trabalhador junto ao cadastro do PIS/PASEP e para aqueles cujas relações trabalhistas tenham encerrado anteriormente a 1.1.72, admite-se, excepcionalmente, a indicação do número do Processo/Juízo.

5.4.3 Do Processo

— Informações complementares (campo 17): deverá ser preenchido com o número do processo, bem como do Juízo correspondente (na forma: n. do processo, Seção, Vara, etc.).

5.4.4 Do Depósito

— Competência (campo 18) — deverá ser preenchido no formato MM/AA correspondente ao mês/ano em que o recolhimento está sendo efetuado;

— Código de recolhimento (campo 19): deverá ser preenchido sempre com o código 418;

— Valor (campo 27): deverá ser preenchido com o valor determinado pelo Juízo.

5.5 A movimentação da conta aberta para abrigar depósito recursal dar-se-á, exclusivamente, através de Alvará Judicial, em qualquer Agência da Caixa ou, não estando esta presente na localidade, em qualquer banco integrante da rede arrecadora e pagadora do FGTS.

5.5.1 O Alvará deverá ser dirigido à Caixa Econômica Federal (mantenedora legal das contas vinculadas do FGTS), devendo nele constar:

— identificação do processo;

— identificação do depositante;

— nome(s) do(s) beneficiário(s) e forma de rateio (percentual/valor), quando for o caso.

Sala de Sessões, 8 de outubro de 1998.

Luzia de Andrade Costa Freitas,

Diretora-Geral de Coordenação Judiciária

INSTRUÇÃO NORMATIVA N. 16 DO TST, DE 5 DE OUTUBRO DE 2000

(DJ 3.11.00)

UNIFORMIZA A INTERPRETAÇÃO DA LEI N. 9.756, DE 17 DE DEZEMBRO DE 1998, COM RELAÇÃO A AGRAVO DE INSTRUMENTO

I — O Agravo de Instrumento se rege, na Justiça do Trabalho, pelo art. 897, alínea *b*, §§ 2º, 4º, 5º, 6º e 7º, da Consolidação das Leis do Trabalho, pelos demais dispositivos do direito processual do trabalho e, no que omisso, pelo direito processual comum, desde que compatível com as normas e princípios daquele, na forma desta Instrução.

a) Não se aplicam aos agravos de instrumento opostos antes de 18 de dezembro de 1998, data da publicação da Lei n. 9.756, as disposições desse diploma legal, salvo aquelas relativas ao cancelamento da possibilidade de concessão de efeito suspensivo à revista.

II — Limitado o seu cabimento, no processo do trabalho, aos despachos que denegarem a interposição de recurso (art. 897, alínea *b*, da CLT), o agravo de instrumento será dirigido à autoridade judiciária prolatora do despacho agravado, no prazo de oito dias de sua intimação, e processado em autos apartados.

§ 1º Revogado pelo Ato GDGCJ-GP n. 162/03 de 28.4.03, DJ 25.3 e rep. 7.5.03.

§ 2º Revogado pelo Ato GDGCJ-GP n. 162/03, de 28.4.03, DJ 2.5.03 e rep. 7.5.03.

III — O agravo não será conhecido se o instrumento não contiver as peças necessárias para o julgamento do recurso denegado, incluindo a cópia do respectivo arrazoado e da comprovação de satisfação de todos os pressupostos extrínsecos do recurso principal.

IV — O agravo de instrumento, protocolizado e autuado, será concluso ao juiz prolator do despacho agravado, para reforma ou confirmação da decisão impugnada, observada a competência estabelecida nos arts. 659, inciso VI, e 682, inciso IX, da CLT.

V — Será certificada nos autos principais a interposição do agravo de instrumento e a decisão que determina o seu processamento ou a decisão que reconsidera o despacho agravado.

VI — Mantida a decisão agravada, será intimado o agravado a apresentar contrarrazões relativas ao agravo e, simultaneamente, ao recurso principal, juntando as peças que entender necessárias para o julgamento de ambos, encaminhando-se, após, os autos do agravo ao Juízo competente.

VII — Provido o agravo, o órgão julgador deliberará quanto ao julgamento do recurso destrancado, observando-se, daí em diante, o procedimento relativo a tal recurso, com designação de relator e de revisor, se for o caso.

VIII — Da certidão de julgamento do agravo provido constará o resultado da deliberação relativa à apreciação do recurso destrancado.

IX — As peças trasladadas conterão informações que identifiquem o processo do qual foram extraídas, autenticadas uma a uma, no anverso ou verso. Tais peças poderão ser declaradas autenticas pelo próprio advogado, sob sua responsabilidade pessoal. Não será válida a cópia de despacho ou decisão que não contenha a assinatura do juiz prolator, nem as certidões subscritas por serventuário sem as informações acima exigidas. (NR)

X — Cumpre às partes providenciar a correta formação do instrumento, não comportando a omissão em conversão em diligência para suprir a ausência de peças, ainda que essenciais.

XI — O agravo de instrumento não requer preparo.

XII — A tramitação e o julgamento de agravo de instrumento no Juízo competente obedecerão à disciplina legal e ao constante dos respectivos Regimentos Internos.

XIII — O agravo de instrumento de despacho denegatório de recurso extraordinário obedecerá à disciplina especial, na forma de Resolução da Suprema Corte.

XIV — Fica revogada a Instrução Normativa n. 06.

Sala de Sessões, 21 de novembro de 2002.

Valério Augusto Freitas do Carmo,
Diretor-Geral de Coordenação Judiciária

INSTRUÇÃO NORMATIVA N. 17 DO TST, DE 5 DE OUTUBRO DE 2000(*)

(DEJT 24.9.2012, Resol. n. 91/99)

UNIFORMIZA A INTERPRETAÇÃO DA LEI N. 9.756, DE 17 DE DEZEMBRO DE 1998, COM RELAÇÃO AO RECURSO DE REVISTA

I — Aplica-se ao processo do trabalho o disposto no parágrafo único do art. 120 do Código de Processo Civil, segundo a redação dada pela Lei n. 9.756/98, relativo ao conflito de competência, nos seguintes termos:

Havendo jurisprudência dominante no Tribunal sobre a questão suscitada, o relator poderá decidir, de plano, o conflito de competência, cabendo agravo, no prazo de oito dias, contado da intimação às partes, para o órgão recursal competente.

II — Aplica-se ao processo do trabalho o parágrafo único acrescido ao art. 481 do Código de Processo Civil, conforme redação dada pela Lei n. 9.756/98, no que tange à declaração de inconstitucionalidade, nos seguintes termos:

(*) Texto com a modificação introduzida pela Resolução n. 131/2005, do TST, publicada no DJ 5.7.05.

Legislação Complementar

Os órgãos fracionários dos Tribunais não submeterão ao plenário, ou ao órgão especial, a arguição de inconstitucionalidade, quando já houver pronunciamento destes, ou do plenário do Supremo Tribunal Federal, sobre a questão.

III — Aplica-se ao Processo do Trabalho o art. 557, *caput* e §§ 1º-A, 1º e 2º do Código de Processo Civil, segundo a redação dada pela Lei n. 9.756/98, adequando-se o prazo do agravo ao prazo de oito dias.

IV — Os beneficiários da justiça gratuita estão dispensados do recolhimento antecipado da multa prevista no § 2º do art. 557 do CPC.

V — As demais disposições oriundas de alteração do processo civil, resultante da Lei n. 9.756/98, consideram-se inaplicáveis ao processo do trabalho, especialmente o disposto no art. 511, *caput*, e seu § 2º.

Sala de Sessões, 17 de dezembro de 1999.

Luzia de Andrade Costa Freitas,

Diretora-Geral de Coordenação Judiciária

(*) Republicada em cumprimento ao disposto no art. 2º da Resolução n. 184, de 14 de setembro de 2012. (DEJT 24.9.12, p. 3/4.

INSTRUÇÃO NORMATIVA N. 18 DO TST, DE 17 DE DEZEMBRO DE 1999

(DJ 12.1.00)

Considera-se válida para comprovação do depósito recursal na Justiça do Trabalho a guia respectiva em que conste pelo menos o nome do recorrente e do Recorrido; o número do processo; a designação do juízo por onde tramitou o feito e a explicação do valor despositado, desde que autenticada pelo Banco recebedor.

Revogam-se as disposições em contrário (REs. n. 92/99).

Sala de Sessões, 17 de dezembro de 1999.

Luzia de Andrade Costa Freitas,

Diretora-Geral de Coordenação Judiciária

INSTRUÇÃO NORMATIVA N. 19 DO TST, DE 27 DE ABRIL DE 2000

(DJ 9.5.00)

APROVA NORMAS RELATIVAS A INSERÇÃO DE TEMA NA ORIENTAÇÃO JURISPRUDENCIAL DO TRIBUNAL SUPERIOR DO TRABALHO

O precedente jurisprudencial deve ser inserido pela Comissão de Jurisprudência na Orientação Jurisprudencial desta Corte quando:

1 — as 5 (cinco) Turmas decidirem no mesmo sentido quanto à matéria; ou

2 — houver 3 (três) acórdãos da Seção Especializada em Dissídios Individuais e, pelo menos, 3 (três) acórdãos de 3 (três) Turmas no mesmo sentido; ou

3 — houver, pelo menos, 2 (duas) decisões unânimes de cada uma das duas Subseções da Seção Especializada em Dissídios Individuais sobre a mesma matéria; ou

4 — o Tribunal Pleno, mediante provocação da Comissão Permanente de Jurisprudência, decidir conflito entre 5 (cinco) decisões reiteradas da Subseção I Especializada em Dissídios Individuais sobre determinada tese, contrárias a decisões reiteradas de 3 (três) Turmas;

5 — os verbetes relativos à precedentes da Subseção II Especializada em Dissídios Individuais, após aprovados pela referida Subseção, serão encaminhados à Comissão Permanente de Jurisprudência para publicação na Orientação da Jurisprudência da Corte. Se a Comissão entender conveniente, submeterá a proposta da Subse-ção II Especializada em Dissídios Individuais ao egrégio Tribunal Pleno.

6 — por moção subscrita por 8 (oito) ministros e dirigida à Comissão Permanente de Jurisprudência, será submetida ao egrégio Tribunal Pleno a proposta de retirada de tema inserto no repositório da Orientação Jurisprudencial do Tribunal Superior do Trabalho.

Sala de Sessões, 27 de abril de 2000.

Luzia de Andrade Costa Freitas,

Diretora-Geral de Coordenação Judiciária

INSTRUÇÃO NORMATIVA N. 20 DO TST, DE 7 DE NOVEMBRO DE 2002(*)

(DEJT 13.12.13)

DISPÕE SOBRE OS PROCEDIMENTOS PARA O RECOLHIMENTO DE CUSTAS E EMOLUMENTOS DEVIDOS À UNIÃO NO ÂMBITO DA JUSTIÇA DO TRABALHO

O Tribunal Superior do Trabalho, em sua composição Plena, Considerando o disposto na Lei n. 10.537, de 27 de agosto de 2002, que alterou os arts. 789 e 790 da Consolidação das Leis do Trabalho — CLT, sobre custas e emolumentos na Justiça do Trabalho, RESOLVEU expedir as seguintes instruções:

I — O pagamento das custas e dos emolumentos no âmbito da Justiça do Trabalho deverá ser realizado, exclusivamente, mediante Guia de Recolhimento da União — GRU Judicial, em 4 (quatro) vias, sendo ônus da parte interessada realizar seu correto preenchimento, observando-se as seguintes instruções:

a) o preenchimento da GRU Judicial será online, no sítio da Secretaria do Tesouro Nacional na internet;

b) o pagamento da GRU — Judicial poderá ser efetivado em dinheiro, na Caixa Econômica Federal e no Banco do Brasil S/A, ou em cheque, apenas no Banco do Brasil S/A.

c) o campo inicial da GRU Judicial, denominado Unidade Gestora (UG), será preenchido com o código correspondente ao Tribunal Superior do Trabalho ou ao Tribunal Regional do Trabalho onde se encontra o processo. Os códigos constam do Anexo I;

d) o campo denominado Gestão será preenchido, sempre, com a seguinte numeração: 00001 – Tesouro Nacional.

II — As 4 (quatro) vias serão assim distribuídas: uma ficará retida no banco arrecadador; a segunda deverá ser anexada ao processo mediante petição do interessado; a terceira será entregue pelo interessado na secretaria do órgão judicante; a quarta ficará na Código para aferir autenticidade deste caderno: 72270 posse de quem providenciou o recolhimento.

III — É ônus da parte zelar pela exatidão do recolhimento das custas e/ou dos emolumentos, bem como requerer a juntada aos autos dos respectivos comprovantes.

IV — (Revogado).

V — O recolhimento das custas e emolumentos será realizado nos seguintes códigos:

a) 18740-2 — STN — CUSTAS JUDICIAIS (CAIXA/BB);

b) 18770-4 - STN — EMOLUMENTOS (CAIXA/BB).

Para esses códigos de arrecadação, os pagamentos não estão submetidos à restrição de valores inferiores a R$ 10,00 (dez reais), de conformidade com a nota SRF/Corat/Codac/Dirar/n. 174, de 14 de outubro de 2002.

VI — As secretarias das Varas do Trabalho e dos Tribunais Regionais do Trabalho informarão, mensalmente, aos setores encarregados pela elaboração da estatística do órgão, os valores de arrecadação de custas e emolumentos, baseando-se nas GRUs Judiciais que deverão manter arquivadas.

VII — (Revogado).

VIII — O comprovante de pagamento efetuado por meio de transferência eletrônica de fundos deverá ser apresentado pela parte em duas vias: a primeira será anexada ao processo, a segunda ficará arquivada na secretaria.

VIII-A — O requerimento de restituição dos valores indevidamente recolhidos, por meio de GRU judicial, de forma total ou parcial, a título de custas processuais e/ou emolumentos, deverá ser formalizado pelo interessado na Unidade Judiciária em que tramita o processo, acompanhado dos documentos comprobatórios das alegações, juntamente com o número do CNPJ ou CPF e dos respectivos dados bancários.

IX — Nos dissídios coletivos, as partes vencidas responderão solidariamente pelo pagamento das custas.

X — Não serão fixadas, no processo de conhecimento, custas inferiores a R$ 10,64 (dez reais e sessenta e quatro centavos), ainda que o resultado do cálculo seja inferior a este valor.

XI — As custas serão satisfeitas pelo vencido, após o trânsito em julgado da decisão. Em caso de recurso, a parte deverá recolher as custas e comprovar o seu pagamento no prazo recursal.

XII — O preparo de recurso da competência do Supremo Tribunal Federal será feito no prazo e na forma do disposto no Regimento Interno daquela Corte e segundo a sua "Tabela de Custas".

XIII — No processo de execução, as custas não serão exigidas por ocasião do recurso, devendo ser suportadas pelo executado ao final.

XIV — a tabela de custas da Justiça do Trabalho, referente ao processo de execução, vigorará com os seguintes valores:

a) AUTOS DE ARREMATAÇÃO, DE ADJUDICAÇÃO E DE REMIÇÃO: 5% (cinco por cento) sobre o respectivo valor, até o máximo de R$ 1.915,38 (um mil, novecentos e quinze reais e trinta e oito centavos);

b) ATOS DOS OFICIAIS DE JUSTIÇA, POR DILIGÊNCIA CERTIFICADA:

b1) em zona urbana: R$ 11,06 (onze reais e seis centavos);

b2) em zona rural: R$ 22,13 (vinte e dois reais e treze centavos);

c) AGRAVO DE INSTRUMENTO: R$ 44,26 (quarenta e quatro reais e vinte e seis centavos);

d) AGRAVO DE PETIÇÃO: R$ 44,26 (quarenta e quatro reais e vinte e seis centavos);

e) EMBARGOS À EXECUÇÃO, EMBARGOS DE TERCEIRO E EMBARGOS À ARREMATAÇÃO: R$ 44,26 (quarenta e quatro reais e vinte e seis centavos);

f) RECURSO DE REVISTA: R$ 55,35 (cinquenta e cinco reais e trinta e cinco centavos);

g) IMPUGNAÇÃO À SENTENÇA DE LIQUIDAÇÃO: R$ 55,35 (cinquenta e cinco reais e trinta e cinco centavos);

h) DESPESA DE ARMAZENAGEM EM DEPÓSITO JUDICIAL:

por dia: 0,1% (um décimo por cento) do valor da avaliação;

i) CÁLCULOS DE LIQUIDAÇÃO REALIZADOS PELO CONTADOR DO JUÍZO:

Sobre o valor liquidado: 0,5% (cinco décimos por cento) até o limite de R$ 638,46 (seiscentos e trinta e oito reais e quarenta e seis centavos).

Legislação Complementar

(*) *Republicação da Instrução Normativa n. 20, com as alterações introduzidas pela Resolução n. 191, de 11 de dezembro de 2013.*

XV — A tabela de emolumentos da Justiça do Trabalho vigorará com os seguintes valores:

a) AUTENTICAÇÃO DE TRASLADO DE PEÇAS MEDIANTE CÓPIA REPROGRÁFICA APRESENTADA PELAS PARTES:

por folha: R$ 0,55 (cinquenta e cinco centavos de real);

b) FOTOCÓPIA DE PEÇAS:

por folha: R$ 0,28 (vinte e oito centavos de real);

c) AUTENTICAÇÃO DE PEÇAS:

por folha: R$ 0,55 (cinquenta e cinco centavos de real);

d) CARTAS DE SENTENÇA, DE ADJUDICAÇÃO, DE REMIÇÃO E DE ARREMATAÇÃO:

por folha: R$ 0,55 (cinquenta e cinco centavos de real);

e) CERTIDÕES:

por folha: R$ 5,53 (cinco reais e cinquenta e três centavos de real)

XVI — Os emolumentos serão suportados pelo requerente.

XVII — Os órgãos da Justiça do Trabalho não estão obrigados a manter serviços de reprografia para atendimento ao público externo, tampouco autenticar fotocópias apresentadas pelas partes.

XVIII — As requisições de traslados serão atendidas sem o comprometimento das atividades normais das secretarias.

Sala de Sessões, 07 de novembro de 2002.

Valério Augusto Freitas do Carmo

Diretor-Geral de Coordenação Judiciária

INSTRUÇÃO NORMATIVA N. 23 DO TST, DE 5 DE AGOSTO DE 2003

(Resolução n. 118, de 5.8.03 — DJ 14.8.03)

DISPÕE SOBRE PETIÇÕES DE RECURSO DE REVISTA

Resolução n. 118/03

Certifico e Dou Fé que o Egrégio Pleno do Tribunal Superior do Trabalho, em sessão extraordinária hoje realizada, sob a Presidência do Exmo. Sr. Ministro Francisco Fausto Paula de Medeiros, Presidente do Tribunal Superior do Trabalho, presentes os Exmos. Srs. Ministros Rider Nogueira de Brito, Milton de Moura França, João Oreste Dalazen, Carlos Alberto Reis de Paula, Antônio José de Barros Levenhagen, Ives Gandra Martins Filho, João Batista Brito Pereira, Maria Cristina Irigoyen Peduzzi, José Simpliciano Fontes de Faria Fernandes, Renato de Lacerda Paiva, Emmanoel Pereira e Lélio Bentes Corrêa, e a Exma. Subprocuradora-Geral do Trabalho, Dr. Guiomar Sanches Mendonça, Resolveu, por unanimidade, cancelar a Instrução Normativa n. 22 e editar a Instrução Normativa n. 23, dispondo sobre petições de recurso de revista, nos termos a seguir transcritos:

Considerando a necessidade de racionalizar o funcionamento da Corte, para fazer frente à crescente demanda recursal, e de otimizar a utilização dos recursos da informática, visando à celeridade da prestação jurisdicional, anseio do jurisdicionado;

Considerando a natureza extraordinária do recurso de revista e a exigência legal de observância de seus pressupostos de admissibilidade;

Considerando que a elaboração do recurso de maneira adequada atende aos interesses do próprio recorrente, principalmente na viabilização da prestação jurisdicional;

Considerando que o advogado desempenha papel essencial à administração da Justiça, colaborando como partícipe direto no esforço de aperfeiçoamento da atividade jurisdicional, merecendo assim atenção especial na definição dos parâmetros técnicos que racionalizam e objetivam seu trabalho;

Considerando que facilita o exame do recurso a circunstância de o recorrente indicar as folhas em que se encontra a prova da observância dos pressupostos extrínsecos do recurso;

Considerando que, embora a indicação dessas folhas não seja requisito legal para conhecimento do recurso, é recomendável que o recorrente o faça;

Resolve, quanto às petições de recurso de revista:

I — Recomendar sejam destacados os tópicos do recurso e, ao demonstrar o preenchimento dos seus pressupostos extrínsecos, sejam indicadas as folhas dos autos em que se encontram:

a) a procuração e, no caso de elevado número de procuradores, a posição em que se encontra(m) o(s) nome(s) do(s) subscritor(es) do recurso;

b) a ata de audiência em que o causídico atuou, no caso de mandato tácito;

c) o depósito recursal e as custas, caso já satisfeitos na instância ordinária;

d) os documentos que comprovam a tempestividade do recurso (indicando o início e o termo do prazo, com referência aos documentos que o demonstram).

II — Explicitar que é ônus processual da parte demonstrar o preenchimento dos pressupostos intrínsecos do recurso de revista, indicando:

a) qual o trecho da decisão recorrida que consubstancia o prequestionamento da controvérsia trazida no recurso;

b) qual o dispositivo de lei, súmula, orientação jurisprudencial do TST ou ementa (com todos os dados que permitam identificá-la) que atrita com a decisão regional.

III — Reiterar que, para comprovação da divergência justificadora do recurso, é necessário que o recorrente:

a) junte certidão ou cópia autenticada do acórdão paradigma ou cite a fonte oficial ou repositório em que foi publicado;

b) transcreva, nas razões recursais, as ementas e/ou trechos dos acórdãos trazidos à configuração do dissídio, demonstrando os conflitos de teses que justifiquem o conhecimento do recurso, ainda que os acórdãos já se encontrem nos autos ou venham a ser juntados com o recurso.

IV — Aplica-se às contrarrazões o disposto nesta Instrução, no que couber.

Sala de Sessões, 5 de agosto de 2003.

Valério Augusto Freitas do Carmo

Diretor-Geral de Coordenação Judiciária

INSTRUÇÃO NORMATIVA N. 24 DO TST, DE 2 DE OUTUBRO DE 2003

(Resol. n. 120/03, do TP do TST, DJ 9.10.03)

DISPÕE SOBRE A FACULDADE DE O MINISTRO PRESIDENTE DO TRIBUNAL SUPERIOR DO TRABALHO DESIGNAR AUDIÊNCIA PRÉVIA DE CONCILIAÇÃO, NO CASO DE PEDIDO DE EFEITO SUSPENSIVO A RECURSO ORDINÁRIO INTERPOSTO À DECISÃO NORMATIVA DA JUSTIÇA DO TRABALHO

O TRIBUNAL SUPERIOR DO TRABALHO, em sua composição plena, no uso de suas atribuições legais e regimentais, sob a Presidência do Exmo. Sr. Ministro Francisco Fausto Paula de Medeiros,

Considerando o disposto no art. 14 da Lei n. 10.192, de 14 de fevereiro de 2001, pelo qual foi concedida ao Presidente do Tribunal Superior do Trabalho a prerrogativa de suspender, "na medida e extensão" que entender convenientes, a eficácia de decisão normativa da Justiça do Trabalho, até o julgamento do recurso ordinário interposto em autos de dissídio coletivo;

Considerando a inexistência de regulamentação dos procedimentos a serem observados pela Presidência da Corte relativamente aos pedidos de efeito suspensivo;

Considerando a marcante característica conciliatória da Justiça do Trabalho, presente, sobretudo, na sua atuação nos dissídios coletivos;

Considerando os bons resultados alcançados com a praxe que vem sendo adotada no sentido de mediar os conflitos por ocasião do recebimento de pedido de efeito suspensivo de cláusula de sentença normativa;

Considerando a instrumentalidade do processo,

Resolve:

I – Ao Presidente do Tribunal Superior do Trabalho é facultada a designação de audiência de conciliação relativamente a pedido de concessão de efeito suspensivo a recurso ordinário interposto à decisão normativa da Justiça do Trabalho;

II — Poderá o Presidente do Tribunal Superior do Trabalho, antes de designar audiência prévia de conciliação, conceder ao requerido o prazo de 5 (cinco) dias, para, querendo, manifestar-se sobre o pedido de efeito suspensivo;

III — O Ministério Público do Trabalho, por intermédio da Procuradoria-Geral do Trabalho, será comunicado do dia, hora e local da realização da audiência, enquanto as partes serão notificadas;

IV – Havendo transação nessa audiência, as condições respectivas constarão de ata, facultando-se ao Ministério Público do Trabalho emitir parecer oral, sendo, em seguida, sorteado Relator, que submeterá o acordo à apreciação da Seção Especializada em Dissídios Coletivos, na primeira sessão ordinária subsequente ou em sessão extraordinária designada para esse fim;

V — O Presidente do Tribunal Superior do Trabalho poderá submeter o pedido de efeito suspensivo à apreciação da Seção Especializada em Dissídios Coletivos, desde que repute a matéria de alta relevância.

Sala de Sessões, 2 de outubro de 2003.

Valério Augusto Freitas do Carmo

INSTRUÇÃO NORMATIVA N. 26 DO TST, DE 02 DE SETEMBRO DE 2004

(Resol. n. 124/04, do DJ 17.9.04) (*)

DISPÕE SOBRE A GUIA DE RECOLHIMENTO DO DEPÓSITO RECURSAL

O TRIBUNAL SUPERIOR DO TRABALHO, no gozo de suas prerrogativas constitucionais e legais,

Considerando que o depósito recursal, nos termos do art. 899 da CLT, deve ser feito em conta vinculada do Fundo de Garantia do Tempo de Serviço — FGTS, aberta para fim específico;

Considerando que os recolhimentos, a título de depósito recursal, realizam-se por intermédio da Guia de Recolhimento do FGTS e Informações à Previdência Social — GFIP, de conformidade com o disposto no item 10.2 da Circular Caixa n. 321, de 20 de maio de 2004;

Considerando a possibilidade da emissão da Guia de Recolhimento do FGTS e Informações à Previdência Social. pelo aplicativo da Caixa Econômica Federal denominado "Sistema Empresa de Recolhimento do FGTS e Informações à Previdência Social — SEFIP" (GFIP emitida eletronicamente), conforme previsto no item 4.1.1 da Circular Caixa n. 321, de 20 de maio de 2004;

Considerando a inovação trazida pela Circular Caixa n. 321,de 20 de maio de 2004, item 10.4, autorizando o recolhimento do depósito recursal mediante a utilização da Guia de Recolhimento do FGTS e Informações à Previdência Social — GFIP, emitida pelo aplicativo "SEFIP" (GFIP emitida eletronicamente), sem prejuízo do uso da GFIP avulsa;

Resolveu expedir as seguintes instruções:

I — O depósito recursal previsto no art. 899 da CLT poderá ser efetuado mediante a utilização da Guia de Recolhimento do FGTS e Informações à Previdência Social — GFIP, gerada pelo aplicativo da Caixa Econômica Federal denominado "Sistema Empresa de Recolhimento do FGTS e Informações à Previdência Social — SEFIP" (GFIP emitida eletronicamente), conforme Anexo 1, ou por intermédio da GFIP avulsa, disponível no comércio e no sítio da Caixa Econômica Federal (Anexo 2).

II — A GFIP emitida eletronicamente, para fins de depósito recursal, ostentará no seu cabeçalho o seguinte título "Guia de Recolhimento para Fins de Recurso Junto à Justiça do Trabalho".

III — O empregador que fizer uso da GFIP gerada eletronicamente poderá efetuar o recolhimento do depósito judicial via *Internet Banking* ou diretamente em qualquer agência da Caixa Econômica Federal ou dos bancos conveniados.

IV — A comprovação da efetivação do depósito recursal, dar se-á obrigatoriamente das seguintes formas:

No caso de pagamento efetuado em agências da Caixa Econômica Federal ou dos bancos conveniados, mediante a juntada aos autos da guia GFIP devidamente autenticada, e na hipótese de recolhimento feito via *Internet*, com a apresentação do "Comprovante de Recolhimento/FGTS — via *Internet Banking*" (Anexo 3), bem como da Guia de Recolhimento para Fins de Recurso junto à Justiça do Trabalho (Anexo 2), para confrontação dos respectivos códigos de barras, que deverão coincidir.

Sala de Sessões, 2 de setembro de 2004.

Valério Augusto Freitas do Carmo

(*) Republicada em razão de erro material no número do anexo.

INSTRUÇÃO NORMATIVA N. 27 DO TST, DE 16 DE FEVEREIRO DE 2005

(Resol. 126/05 do TP do TST, DJ 22.2.05 e alterada pela Resol. 133/05, DJ 5.7.05)

DISPÕE SOBRE NORMAS PROCEDIMENTAIS APLICÁVEIS AO PROCESSO DO TRABALHO EM DECORRÊNCIA DA AMPLIAÇÃO DA COMPETÊNCIA DA JUSTIÇA DO TRABALHO PELA EMENDA CONSTITUCIONAL N. 45/2004

Art. 1º As ações ajuizadas na Justiça do Trabalho tramitarão pelo rito ordinário ou sumaríssimo, conforme previsto na Consolidação das Leis do Trabalho, excepcionando-se, apenas, as que, por disciplina legal expressa, estejam sujeitas a rito especial, tais como o Mandado de Segurança, *Habeas Corpus*, *Habeas Data*, Ação Rescisória, Ação Cautelar e Ação de Consignação em Pagamento.

Art. 2º A sistemática recursal a ser observada é a prevista na Consolidação das Leis do Trabalho, inclusive no tocante à nomenclatura, à alçada, aos prazos e às competências.

PARÁGRAFO ÚNICO. O depósito recursal a que se refere o art. 899 da CLT é sempre exigível como requisito extrínseco do recurso, quando houver condenação em pecúnia.

Art. 3º Aplicam-se quanto às custas as disposições da Consolidação das Leis do Trabalho.

§ 1º As custas serão pagas pelo vencido, após o trânsito em julgado da decisão.

§ 2º Na hipótese de interposição de recurso, as custas deverão ser pagas e comprovado seu recolhimento no prazo recursal *(artigos 789, 789-A, 790 e 790-A da CLT).*

§ 3º Salvo nas lides decorrentes da relação de emprego, é aplicável o princípio da sucumbência recíproca, relativamente às custas.

Art. 4º Aos emolumentos aplicam-se as regras previstas na Consolidação das Leis do Trabalho, conforme previsão dos artigos 789-B e 790 da CLT.

PARÁGRAFO ÚNICO. Os entes públicos mencionados no art. 790-A da CLT são isentos do pagamento de emolumentos. *(Acrescentado pela Resolução n. 133/2005)*

Art. 5º Exceto nas lides decorrentes da relação de emprego, os honorários advocatícios são devidos pela mera sucumbência.

Art. 6º Os honorários periciais serão suportados pela parte sucumbente na pretensão objeto da perícia, salvo se beneficiária da justiça gratuita.

PARÁGRAFO ÚNICO. Faculta-se ao juiz, em relação à perícia, exigir depósito prévio dos honorários, ressalvadas as lides decorrentes da relação de emprego.

Art. 7º Esta Resolução entrará em vigor na data da sua publicação.

Sala de Sessões, 16 de fevereiro de 2005.

Valério Augusto Freitas do Carmo
Diretor-Geral de Coordenação Judiciária

INSTRUÇÃO NORMATIVA N. 29 DO TST, DE 5 DE AGOSTO DE 2005

(Resol. Administrativa n. 136/05 — DJ 9.8.05)

DISPÕE SOBRE A PRIORIDADE NA TRAMITAÇÃO DOS PROCESSOS EM QUE É PARTE PESSOA PORTADORA DE DEFICIÊNCIA

Considerando o teor do Ofício n. 427/2005/PFDC/MPF, oriundo do Ministério Público Federal — Procuradoria Federal dos Direitos dos Cidadãos, que requer prioridade de tramitação nos feitos em que estejam em causa direitos de pessoas com deficiência, e

Considerando o disposto no art. 9º da Lei n. 7.853, de 24 de outubro de 1989, estabelecendo que a "Administração Pública Federal conferirá aos assuntos relativos às pessoas portadoras de deficiência tratamento prioritário e apropriado, para que lhes seja efetivamente ensejado o pleno exercício de seus direitos individuais e sociais, bem como sua integração social",

Resolve:

Art. 1º Assegurar, no Tribunal Superior do Trabalho, prioridade na tramitação dos processos cuja parte ou interveniente seja pessoa portadora de deficiência, desde que a causa discutida em juízo tenha como fundamento a própria deficiência.

PARÁGRAFO ÚNICO. Considera-se pessoa portadora de deficiência a que se enquadra nas categorias definidas no art. 4º do Decreto n. 3.298, de 20 de dezembro de 1999.

Art. 2º A prioridade será concedida mediante requerimento da parte ou interveniente, que deverá juntar ao pedido atestado médico comprovando sua condição.

I — O pedido será dirigido ao Presidente do Tribunal Superior do Trabalho, ao Presidente de Turma ou ao relator do processo, conforme as normas de competência.

II — O atestado médico referido no *caput* deste artigo deverá indicar a deficiência, de acordo com os critérios constantes do art. 4º do Decreto n. 3.298/99 e art. 5º do Decreto n. 5.296/2004.

Art. 3º A garantia de prioridade estende-se ao atendimento imediato, nas Secretarias e Subsecretarias desta Corte, da pessoa portadora de deficiência.

Art. 4º Esta Instrução Normativa entra em vigor na data de sua publicação.

Sala de Sessões, 4 de agosto de 2005

Valério Augusto Freitas do Carmo,
Diretor-Geral de Coordenação Judiciária

INSTRUÇÃO NORMATIVA N. 30/2007 DO TST, DE 13 DE SETEMBRO DE 2007(*)

(Resolução TST/TP n. 192, de 11 de dezembro de 2013 DEJT 13.12.13)

REGULAMENTA, NO ÂMBITO DA JUSTIÇA DO TRABALHO, A LEI N. 11.419, DE 19 DE DEZEMBRO DE 2006, QUE DISPÕE SOBRE A INFORMATIZAÇÃO DO PROCESSO JUDICIAL

CAPÍTULO I

INFORMATIZAÇÃO DO PROCESSO JUDICIAL NO ÂMBITO DA JUSTIÇA DO TRABALHO

Art. 1º O uso de meio eletrônico na tramitação de processos judiciais, comunicação de atos e transmissão de peças processuais, na Justiça do Trabalho, será disciplinado pela presente instrução normativa.

Art. 2º Os Tribunais Regionais do Trabalho disponibilizarão em suas dependências e nas Varas do Trabalho, para os usuários dos serviços de peticionamento eletrônico que necessitarem, equipamentos de acesso à rede mundial de computadores e de digitalização do processo, para a distribuição de peças processuais.

PARÁGRAFO ÚNICO. Os Tribunais Regionais do Trabalho terão o prazo de um ano da publicação da presente instrução normativa para atenderem ao disposto no presente artigo.

CAPÍTULO II

Assinatura Eletrônica

Art. 3º No âmbito da Justiça do Trabalho, o envio de petições, de recursos e a prática de atos processuais em geral por meio eletrônico serão admitidos mediante uso de assinatura eletrônica.

Art. 4º A assinatura eletrônica, no âmbito da Justiça do Trabalho, será admitida sob as seguintes modalidades:

I — assinatura digital, baseada em certificado digital emitido pelo ICP — Brasil, com uso de cartão e senha;

II — assinatura cadastrada, obtida perante o Tribunal Superior do Trabalho ou Tribunais Regionais do Trabalho, com fornecimento de login e senha.

§ 1º Para o uso de qualquer das duas modalidades de assinatura eletrônica, o usuário deverá se credenciar previamente perante o Tribunal Superior do Trabalho ou o Tribunal Regional do Trabalho com jurisdição sobre a cidade em que tenha domicílio, mediante o preenchimento de formulário eletrônico, disponibilizado no Portal da Justiça do Trabalho (Portal-JT).

§ 2º No caso de assinatura digital, em que a identificação presencial já se realizou perante a Autoridade Certificadora, o credenciamento se dará pela simples identificação do usuário por meio de seu certificado digital e remessa do formulário devidamente preenchido.

§ 3º No caso da assinatura cadastrada, o interessado deverá comparecer, pessoalmente, perante o órgão do Tribunal no qual deseje cadastrar sua assinatura eletrônica, munido do formulário devidamente preenchido, obtendo senhas e informações para a operacionalização de sua assinatura eletrônica.

§ 4º Ao credenciado será atribuído registro e meio de acesso ao sistema, de modo a preservar o sigilo (mediante criptografia de senha), a identificação e a autenticidade de suas comunicações.

§ 5º Alterações de dados cadastrais poderão ser feitas pelos usuários, a qualquer momento, na seção respectiva do Portal-JT.

§ 6º O credenciamento implica a aceitação das normas estabelecidas nesta Instrução Normativa e a responsabilidade do credenciado pelo uso indevido da assinatura eletrônica.

CAPÍTULO III

Sistema de Peticionamento Eletrônico

Art. 5º A prática de atos processuais por meio eletrônico pelas partes, advogados e peritos será feita, na Justiça do Trabalho; através do Sistema Integrado de Protocolização e Fluxo de Documentos Eletrônicos (e-DOC).

§ 1º O e-DOC é um serviço de uso facultativo, disponibilizado no Portal-JT, na Internet.

§ 2º (Revogado).

§ 3º O sistema do e-DOC deverá buscar identificar, dentro do possível, os casos de ocorrência de prevenção, litispendência e coisa julgada.

§ 4º A parte desassistida de advogado que desejar utilizar o sistema do e-DOC deverá se cadastrar, antes, nos termos desta Instrução Normativa.

Art. 6º As petições, acompanhadas ou não de anexos, apenas serão aceitas em formato PDF (Portable Document Format), no tamanho máximo, por operação, de 2 Megabytes.

PARÁGRAFO ÚNICO. Não se admitirá o fracionamento de petição, tampouco dos documentos que a acompanham, para fins de transmissão.

Art. 7º O envio da petição por intermédio do e-DOC dispensa a apresentação posterior dos originais ou de fotocópias autenticadas, inclusive aqueles destinados à comprovação de pressupostos de admissibilidade do recurso.

Art. 8º O acesso ao e-DOC depende da utilização, pelo usuário, da sua assinatura eletrônica.

PARÁGRAFO ÚNICO. Salvo impossibilidade que comprometa o acesso à justiça, a parte deverá informar, ao distribuir a petição inicial de qualquer ação judicial em meio eletrônico, o numero no cadastro de pessoas físicas ou jurídicas, conforme o caso, perante a Secretaria da Receita Federal.

Art. 9º O Sistema Integrado de Protocolização e Fluxo de Documentos Eletrônicos (e-DOC), no momento do recebimento da petição, expedirá recibo ao remetente, que servirá como comprovante de entrega da petição e dos documentos que a acompanharam.

(*) Republicação da Instrução Normativa n. 30, com as alterações introduzidas pela Resolução n. 192, de 11 de dezembro de 2013.

§ 1º Constarão do recibo as seguintes informações:

I — o número de protocolo da petição gerado pelo Sistema;

II — o número do processo e o nome das partes, se houver, o assunto da petição e o órgão destinatário da petição, informados pelo remetente;

III — a data e o horário do recebimento da petição no Tribunal, fornecidos pelo Observatório Nacional;

IV — as identificações do remetente da petição e do usuário que assinou eletronicamente documento.

§ 2º A qualquer momento o usuário poderá consultar no e-DOC as petições e documentos enviados e os respectivos recibos.

Art. 10. Incumbe aos Tribunais, por intermédio das respectivas unidades administrativas responsáveis pela recepção das petições transmitidas pelo e-DOC:

I — imprimir as petições e seus documentos, caso existentes, anexando-lhes o comprovante de recepção gerado pelo Sistema, enquanto não generalizada a virtualização do processo, que dispensará os autos físicos;

II — verificar, diariamente, no sistema informatizado, a existência de petições eletrônicas pendentes de processamento.

Art. 11. São de exclusiva responsabilidade dos usuá rios:

I — o sigilo da assinatura digital, não sendo oponível, em qualquer hipótese, alegação de seu uso indevido;

II — a equivalência entre os dados informados para o envio (número do processo e unidade judiciária) e os constantes da petição remetida;

III — as condições das linhas de comunicação e acesso ao seu provedor da Internet;

IV — a edição da petição e anexos em conformidade com as restrições impostas pelo serviço, no que se refere à formatação e tamanho do arquivo enviado;

V — o acompanhamento da divulgação dos períodos em que o serviço não estiver disponível em decorrência de manutenção no sítio do Tribunal.

§ 1º A não-obtenção, pelo usuário, de acesso ao Sistema, além de eventuais defeitos de transmissão ou recepção de dados, não serve de escusa para o descumprimento dos prazos legais.

§ 2º Deverão os Tribunais informar, nos respectivos sítios, os períodos em que, eventualmente, o sistema esteve indisponível.

Art. 12. Consideram-se realizados os atos processuais por meio eletrônico no dia e hora do seu recebimento pelo sistema do e-DOC.

§ 1º Quando a petição eletrônica for enviada para atender prazo processual, serão consideradas tempestivas as transmitidas até as 24 (vinte e quatro) horas do seu último dia.

§ 2º Incumbe ao usuário observar o horário estabelecido como base para recebimento, como sendo o do Observatório Nacional, devendo atender para as diferenças de fuso horário existente no país.

§ 3º Não serão considerados, para efeito de tempestividade, o horário da conexão do usuário à Internet, o horário do acesso ao sítio do Tribunal, tampouco os horários consignados nos equipamentos do remetente e da unidade destinatária, mas o de recebimento no órgão da Justiça do Trabalho.

Art. 13. O uso inadequado do e-DOC que venha a causar prejuízo às partes ou à atividade jurisdicional importa bloqueio do cadastramento do usuário, a ser determinado pela autoridade judiciária competente.

CAPÍTULO IV

Comunicação e Informação dos Atos Processuais no Portal da Justiça do Trabalho

Art. 14. O Portal da Justiça do Trabalho (Portal-JT) é o sítio corporativo da instituição, abrangendo todos os Tribunais trabalhistas do país, gerenciado pelo Conselho Superior da Justiça do Trabalho e operado pelo Tribunal Superior do Trabalho e pelos Tribunais Regionais do Trabalho, incluindo, entre outras funcionalidades:

I — o Diário da Justiça do Trabalho Eletrônico (DJT), para publicação de atos judiciais e administrativos dos Tribunais e Varas do Trabalho;

II — Sistemas de Pesquisa de Jurisprudência, de Legislação Trabalhista e Atos Normativos da Justiça do Trabalho, de acompanhamento processual, de acervo bibliográfico, com Banco de Dados Geral integrado pelos julgados e atos administrativos de todos os Tribunais trabalhistas do país;

III — Informações gerais sobre os Tribunais e Varas do Trabalho, incluindo memória da Justiça do Trabalho, dados estatísticos, magistrados, concursos e licitações, entre outros;

IV — Informações sobre o Conselho Superior da Justiça do Trabalho (CSJT), incluindo seu Regimento Interno, suas resoluções e decisões, além de seus integrantes e estrutura do órgão;

V — Informações sobre a Escola Nacional de Formação e Aperfeiçoamento de Magistrados do Trabalho (ENAMAT), incluindo quadro diretivo, de professores, de alunos e de cursos, bem como disponibilizando ambiente para o ensino à distância;

VI — Sistemas de Assinatura Eletrônica, Peticionamento Eletrônico (e-DOC) e de Carta Eletrônica (CE).

VII — Informações sobre a Corregedoria-Geral da Justiça do Trabalho.

PARÁGRAFO ÚNICO. O conteúdo das publicações de que trata este artigo deverá ser assinado digitalmente, na forma desta Instrução Normativa.

Art. 15. A publicação eletrônica no DJT substitui qualquer outro meio e publicação oficial, para quaisquer efeitos legais, à exceção dos casos que, por lei, exigem intimação ou vista pessoal.

§ 1º Os atos processuais praticados pelos magistrados trabalhistas a serem publicados no DJT serão assinados digitalmente no momento de sua prolação.

§ 2º Considera-se como data da publicação o primeiro dia útil seguinte ao da disponibilização da informação no DJT.

§ 3º Os prazos processuais terão início no primeiro dia útil que seguir ao considerado como data da publicação.

Art. 16. As intimações serão feitas por meio eletrônico no Portal-JT aos que se credenciarem na forma desta Instrução Normativa, dispensando-se a publicação no órgão oficial, inclusive eletrônico.

§ 1º Considerar-se-á realizada a intimação no dia em que o intimando efetivar a consulta eletrônica ao teor da intimação, certificando-se nos autos a sua realização.

§ 2º Na hipótese do § 1º deste artigo, nos casos em que a consulta se dê em dia não útil, a intimação será considerada como realizada no primeiro dia útil seguinte.

§ 3º A consulta referida nos §§ 1º e 2º deste artigo deverá ser feita em até 10 (dez) dias corridos contados da data do envio da intimação, sob pena de considerar-se a intimação automaticamente realizada na data do término desse prazo.

§ 4º A intimação de que trata este artigo somente será realizada nos processos em que todas as partes estejam credenciadas na forma desta Instrução Normativa, de modo a uniformizar a contagem dos prazos processuais.

§ 5º Nos casos urgentes em que a intimação feita na forma deste artigo possa causar prejuízo a quaisquer das partes ou nos casos em que for evidenciada qualquer tentativa de burla ao sistema, o ato processual deverá ser realizado por outro meio que atinja a sua finalidade, conforme determinado pelo juiz.

§ 6º As intimações feitas na forma deste artigo, inclusive da Fazenda Pública, serão consideradas pessoais para todos os efeitos legais.

§ 7º Observadas as formas e as cautelas deste artigo, as citações, inclusive da Fazenda Pública, poderão ser feitas por meio eletrônico, desde que a íntegra dos autos seja acessível ao citando.

Art. 17. As cartas precatórias, rogatórias e de ordem, no âmbito da Justiça do Trabalho, serão transmitidas exclusivamente de forma eletrônica, através do Sistema de Carta Eletrônica (CE) já referido, com dispensa da remessa física de documentos.

§ 1º A utilização do Sistema de Carta Eletrônica fora do âmbito da Justiça do Trabalho dependerá da aceitação pelos demais órgãos do Poder Judiciário.

§ 2º Eventuais falhas na transmissão eletrônica dos dados não desobriga os magistrados e serventuários do cumprimento dos prazos legais, cabendo, nesses casos, a utilização de outros meios previstos em lei para a remessa das cartas.

Art. 18. As petições e demais documentos referentes às cartas precatórias, rogatórias e de ordem, não apresentados pelas partes em meio eletrônico, serão digitalizados e inseridos no Sistema de Carta Eletrônica.

Art. 19. Os documentos em meio físico, em poder do Juízo deprecado, deverão ser adequadamente organizados e arquivados, obedecidos os critérios estabelecidos na Lei n. 8.159, de 8 de janeiro de 1991, e no Decreto n. 4.073, de 3 de janeiro de 2002.

PARÁGRAFO ÚNICO. Poderá o Juízo deprecante, em casos excepcionais, solicitar o documento físico em poder do Juízo deprecado.

Art. 20. Serão certificados nos autos principais todos os fatos relevantes relativos ao andamento da carta, obtidos junto ao sistema Carta Eletrônica (CE), com impressão e juntada apenas dos documentos essenciais à instrução do feito, nos casos de autos em papel.

Art. 21. Os Tribunais Regionais do Trabalho ficarão obrigados a comunicar à Presidência do Conselho Superior da Justiça do Trabalho qualquer alteração na competência territorial de suas Varas do Trabalho.

CAPÍTULO V

Processo Eletrônico

Art. 22. Na Justiça do Trabalho, os atos processuais do processo eletrônico serão assinados eletronicamente na forma estabelecida nesta Instrução Normativa.

Art. 23. No processo eletrônico, todas as citações, intimações e notificações, inclusive da Fazenda Pública, serão feitas por meio eletrônico.

§ 1º As citações, intimações, notificações e remessas que viabilizem o acesso à íntegra do processo correspondente serão consideradas vista pessoal do interessado para todos os efeitos legais.

§ 2º Quando, por motivo técnico, for inviável o uso do meio eletrônico para a realização de citação, intimação ou notificação, esses atos processuais poderão ser praticados segundo as regras ordinárias, digitalizando-se o documento físico, que deverá ser posteriormente destruído.

Art. 24. A distribuição da petição inicial e a juntada da contestação, dos recursos e das petições em geral, todos em formato digital, nos autos de processo eletrônico, podem ser feitas diretamente pelos advogados públicos e privados, sem necessidade da intervenção do cartório ou secretaria judicial, situação em que a autuação deverá se dar de forma automática, fornecendo-se o recibo eletrônico de protocolo.

§ 1º Quando o ato processual tiver que ser praticado em determinado prazo, por meio de petição eletrônica, serão considerados tempestivos os efetivados até as 24 (vinte e quatro) horas do último dia.

§ 2º No caso do § 1º deste artigo, se o serviço respectivo do Portal-JT se tornar indisponível por motivo técnico que impeça a prática do ato no termo final do prazo, este fica automaticamente prorrogado para o primeiro dia útil seguinte à resolução do problema.

Art. 25. Os documentos produzidos eletronicamente e juntados aos processos eletrônicos com garantia da origem e de seu signatário, na forma estabelecida nesta Instrução Normativa, serão considerados originais para todos os efeitos legais.

§ 1º Os extratos digitais e os documentos digitalizados e juntados aos autos pelos órgãos da Justiça do Trabalho e seus auxiliares, pelo Ministério Público e seus auxiliares, pelas procuradorias, pelas autoridades policiais, pelas repartições públicas em geral e por advogados públicos e privados têm a mesma força probante dos originais, ressalvada a alegação motivada e fundamentada de adulteração antes ou durante o processo de digitalização.

§ 2º A argUição de falsidade do documento original será processada eletronicamente na forma da lei processual em vigor.

§ 3º Os originais dos documentos digitalizados, mencionados no § 1º deste artigo, deverão ser preservados pelo seu detentor até o trânsito em julgado da sentença ou, quando admitida, até o final do prazo para interposição de ação rescisória.

§ 4º Os documentos cuja digitalização seja tecnicamente inviável devido ao grande volume ou por motivo de ilegibilidade deverão ser apresentados ao cartório ou secretaria no prazo de 10 (dez) dias contados do envio de petição eletrônica comunicando o fato, os quais serão devolvidos à parte após o trânsito em julgado.

§ 5º Os documentos digitalizados juntados em processo eletrônico somente estarão disponíveis para acesso por meio da rede externa para suas respectivas partes processuais e para o Ministério Público, respeitado o disposto em lei para as situações de sigilo e de segredo de justiça.

Art. 26. A conservação dos autos do processo poderá ser efetuada total ou parcialmente por meio eletrônico.

§ 1º Os autos dos processos eletrônicos serão protegidos por meio de sistemas de segurança de acesso e armazenados de forma a preservar a integridade dos dados, sendo dispensada a formação de autos suplementares.

§ 2º Os autos de processos eletrônicos que tiverem de ser remetidos a outro juízo ou instância superior que não disponham de sistema compatível deverão ser impressos em papel e autuados na forma dos arts. 166 a 168 do CPC.

§ 3º No caso do § 2º deste artigo, o escrivão ou o chefe de secretaria certificará os autores ou a origem dos documentos produzidos nos autos, acrescentando, ressalvada a hipótese de existir segredo de justiça, a forma pela qual o banco de dados poderá ser acessado para aferir a autenticidade das peças e das respectivas assinaturas digitais.

§ 4º Feita a autuação na forma estabelecida no § 2º deste artigo, o processo seguirá a tramitação legalmente estabelecida para os processos físicos.

§ 5º A digitalização de autos em mídia não digital, em tramitação ou já arquivados, será precedida de publicação de editais de intimações ou da intimação pessoal das partes e de seus procuradores, para que, no prazo preclusivo de 30 (trinta) dias, se manifestem sobre o desejo de manterem pessoalmente a guarda de algum dos documentos originais.

Art. 27. O magistrado poderá determinar que sejam realizados por meio eletrônico a exibição e o envio de dados e de documentos necessários à instrução do processo.

§ 1º Consideram-se cadastros públicos, para os efeitos deste artigo, dentre outros existentes ou que venham a ser criados, ainda que mantidos por concessionárias de serviço público ou empresas privadas, os que contenham informações indispensáveis ao exercício da função judicante.

§ 2º O acesso de que trata este artigo dar-se-á por qualquer meio tecnológico disponível, preferentemente o de menor custo, considerada sua eficiência.

CAPÍTULO VI

Disposições Gerais, Finais e Transitórias

Art. 28. Os credenciamentos de assinatura eletrônica já feitos pelos Tribunais Regionais do Trabalho antes da publicação desta Instrução Normativa e que estejam em desacordo com as regras nela estabelecidas terão validade por 180 (cento e oitenta) dias da última publicação desta Resolução, devendo os interessados promover o credenciamento adequado até essa data.

Art. 29. Os casos omissos desta Instrução Normativa serão resolvidos pelos Presidentes dos Tribunais, no âmbito de suas esferas de competência.

Art. 30. Para efeito do disposto no § 5º do art. 4º da Lei n. 11.419, de 19 de dezembro de 2006, a presente Instrução Normativa será publicada durante 30 (trinta) dias no Diário Oficial em uso, dando-lhe ampla divulgação.

Art. 31. A presente Instrução Normativa entra em vigor 90 (noventa) dias após a sua última publicação, revogada a Instrução Normativa n. 28 desta Corte.

Sala de sessões, 13 de setembro de 2007.

Ana Lúcia Rego Queiroz
Secretário do Tribunal Pleno e da Seção Especializada em Dissídios Coletivos

INSTRUÇÃO NORMATIVA N. 31 DO TST, DE 27 DE SETEMBRO DE 2007

(Resol. 141/07, TP, DJ 9.10.07)

REGULAMENTA A FORMA DE REALIZAÇÃO DO DEPÓSITO PRÉVIO EM AÇÃO RESCISÓRIA DE QUE TRATA O ART. 836 DA CLT, COM REDAÇÃO DADA PELA LEI N. 11.495, DE 22 DE JUNHO DE 2007

Art. 1º O depósito prévio em ação rescisória de que trata o art. 836 da CLT, com redação dada pela Lei n. 11.495, de 22 de junho de 2007, deverá ser realizado na forma preconizada na Instrução Normativa n. 21 desta Corte, observando-se as seguintes peculiaridades quanto ao preenchimento da guia de acolhimento de depósito judicial:

I — nos campos relativos à identificação do processo deverão ser informados os dados do processo em que foi proferida a decisão rescindenda;

II — o campo "Tipo de Depósito" deverá ser preenchido com o número 1 (primeiro depósito), ainda que outros depósitos judiciais tenham sido efetuados no processo originário;

III — o campo "Motivo do Depósito" deverá ser preenchido com o número 4 (Outros).

Art. 2º O valor da causa da ação rescisória que visa desconstituir decisão da fase de conhecimento corresponderá:

I — no caso de improcedência, ao valor dado à causa do processo originário ou aquele que for fixado pelo Juiz;

II — no caso de procedência, total ou parcial, ao respectivo valor arbitrado à condenação.

Art. 3º O valor da causa da ação rescisória que visa desconstituir decisão da fase de execução corresponderá ao valor apurado em liquidação de sentença.

Art. 4º O valor da causa da ação rescisória, quer objetive desconstituir decisão da fase de conhecimento ou decisão da fase de execução, será reajustado pela variação cumulada do INPC do IBGE até a data do seu ajuizamento.

Art. 5º O valor depositado será revertido em favor do réu, a título de multa, caso o pedido deduzido na ação rescisória seja julgado, por unanimidade de votos, improcedente ou inadmissível. *(Redação dada pela Res. n. 154, de 16.2.09, DJe/TST de 19.2.09)*

Art. 6º O depósito prévio não será exigido da massa falida e quando o autor perceber salário igual ou inferior ao dobro do mínimo legal, ou declarar, sob as penas da lei, que não está em condições de pagar as custas do processo sem prejuízo do sustento próprio ou de sua família.

Art. 7º Esta Instrução Normativa entra em vigor na data de sua publicação. Sala de Sessões, 27 de setembro de 2007.

Ana Lucia Rego Queiroz
Secretária do Tribunal Pleno

INSTRUÇÃO NORMATIVA N. 32, DE 19 DE DEZEMBRO DE 2007

(DJ 14.1.08)

UNIFORMIZA PROCEDIMENTOS PARA A EXPEDIÇÃO DE PRECATÓRIOS E REQUISIÇÕES DE PEQUENO VALOR NO ÂMBITO DA JUSTIÇA DO TRABALHO E DÁ OUTRAS PROVIDÊNCIAS

Art. 1º Os pagamentos devidos pelas Fazendas Públicas Federal, Estadual, Distrital ou Municipal, em virtude de sentença judicial transitada em julgado, serão realizados exclusivamente na ordem de apresentação dos precatórios e à conta dos créditos respectivos, na forma da lei.

PARÁGRAFO ÚNICO. Não estão sujeitos à expedição de precatórios os pagamentos de obrigações definidas em lei como de pequeno valor.

Art. 2º É obrigatória a inclusão, no orçamento das entidades de Direito Público, de verba necessária ao pagamento de seus débitos oriundos de sentenças transitadas em julgado, constantes de precatórios judiciários, apresentados até 1º de julho, fazendo-se o pagamento até o final do exercício seguinte, quando terão seus valores atualizados monetariamente.

Art. 3º Reputa-se de pequeno valor o crédito cuja importância atualizada, por beneficiário, seja igual ou inferior a:

I — 60 (sessenta) salários mínimos, se a devedora for a Fazenda Pública Federal;

II — 40 (quarenta) salários mínimos, ou o valor estipulado pela legislação local, se as devedoras forem as Fazendas Públicas Estadual e Distrital; e

III — 30 (trinta) salários mínimos, ou o valor estipulado pela legislação local, se a devedora for a Fazenda Pública Municipal.

Art. 4º Ao credor de importância superior à estabelecida na definição de pequeno valor, fica facultado renunciar ao crédito do valor excedente e optar pelo pagamento do saldo dispensando-se o precatório.

§ 1º Não é permitido o fracionamento do valor da execução relativamente ao mesmo beneficiário, de modo que se faça o pagamento, em parte, por intermédio de requisição de pequeno valor e, em parte, mediante expedição de precatório.

§ 2º Na hipótese de crédito de valor aproximado ao de pequeno valor legalmente previsto, o Presidente do Tribunal ou o Juízo Auxiliar de Conciliação de Precatórios consultará o credor quanto ao interesse em renunciar parcialmente ao crédito de modo a afastar a necessidade de expedição do precatório.

Art. 5º As requisições de pagamento que decorram de precatório ou as de pequeno valor, quando a devedora for a União, serão expedidas pelo Juiz da execução e dirigidas ao presidente do Tribunal, a quem compete:

a) examinar a regularidade formal da requisição;

b) corrigir, de ofício ou a requerimento das partes, inexatidões materiais ou retificar erros de cálculos, vinculados à utilização de critério em descompasso com a lei ou com o título executivo judicial, desde que o critério não haja sido objeto de debate quer na fase de conhecimento, quer na fase de execução;

c) expedir o ofício requisitório; e

d) zelar pela obediência à ordem de preferência de pagamento dos créditos, na hipótese de precatórios.

Art. 6º Nos casos de créditos de pequeno valor de responsabilidade das Fazendas Públicas Estadual, Distrital ou Municipal, as requisições serão encaminhadas pelo Juiz da execução ao próprio devedor.

Art. 7º Na hipótese de reclamação plúrima será considerado o valor devido a cada litisconsorte, expedindo-se, simultaneamente, se for o caso:

a) requisições de pequeno valor em favor dos exequentes cujos créditos não ultrapassam os limites definidos no art. 3º desta Instrução; e

b) requisições mediante precatório para os demais credores.

PARÁGRAFO ÚNICO. Os honorários advocatícios e periciais serão considerados parcela autônoma, não se

Legislação Complementar

somando ao crédito dos exequentes para fins de classificação do requisitório de pequeno valor.

Art. 8º É vedado requisitar pagamento em execução provisória.

Art. 9º O Juiz da execução informará na requisição os seguintes dados constantes do processo:

I — número do processo;

II — nomes das partes e de seus procuradores;

III — nomes dos beneficiários e respectivos números no CPF ou no CNPJ, inclusive quando se tratar de advogados, peritos e outros;

IV — natureza do crédito (comum ou alimentar) e espécie da requisição (RPV ou precatório);

VI — valor individualizado por beneficiário e valor total da requisição;

VII — data-base considerada para efeito de atualização monetária dos valores; e

VIII — data do trânsito em julgado da sentença ou acórdão.

PARÁGRAFO ÚNICO. Ausentes quaisquer dos dados especificados, o Tribunal restituirá a requisição à origem, para regularização.

Art. 10. Os precatórios e as requisições de pequeno valor serão processados nos próprios autos do processo que os originaram.

Art. 11. O pagamento das requisições obedecerá estritamente à ordem cronológica de apresentação nos Tribunais.

Art. 12. Os valores destinados aos pagamentos decorrentes de precatórios e de requisições de pequeno valor serão depositados em instituição bancária oficial, abrindo-se conta remunerada e individualizada para cada beneficiário.

Art. 13. Incumbirá ao Juiz da execução comunicar ao Presidente do Tribunal ou ao Juízo Auxiliar de Conciliação de Precatórios, no prazo de 05 (cinco) dias, a efetivação do pagamento ao credor.

Art. 14. O Presidente do Tribunal, exclusivamente na hipótese de preterição do direito de precedência do credor, fica autorizado a proceder ao sequestro de verba do devedor, desde que requerido pelo exequente e depois de ouvido o Ministério Público.

Art. 15. As requisições de pequeno valor — RPV encaminhadas ao devedor deverão ser pagas no prazo de 60 (sessenta) dias.

PARÁGRAFO ÚNICO. Na hipótese de não-cumprimento da requisição judicial, o Juiz determinará o sequestro do numerário suficiente ao cumprimento da decisão.

Art. 16. Os Tribunais Regionais do Trabalho instituirão Juízo Auxiliar de Conciliação de Precatórios, com o objetivo de incluir em pauta, observada a ordem cronológica de apresentação, os precatórios e as requisições de pequeno valor (RPV) já consignadas em precatório, para tentativa de acordo.

PARÁGRAFO ÚNICO. Caberá ao Juízo Auxiliar de Conciliação de Precatórios, sem prejuízo de outras atribuições, o controle da listagem da ordem preferencial dos credores, a realização de cálculos, o acompanhamento de contas bancárias e a celebração de convênios entre os entes públicos devedores e o Tribunal Regional do Trabalho, para repasse mensal de verbas necessárias ao pagamento dos precatórios.

Art. 17. Será designado pelo Presidente do Tribunal um Juiz do Trabalho substituto para atuar no Juízo Auxiliar de Conciliação de Precatórios.

§ 1º O Juízo Auxiliar de Conciliação de Precatórios determinará a inclusão em pauta de todos os precatórios, observada a ordem cronológica, para tentativa de conciliação.

§ 2º As partes e seus procuradores serão convocados para audiência de conciliação, que poderá ser realizada apenas com a presença dos procuradores, desde que possuam poderes para transigir, receber e dar quitação.

§ 3º O Ministério Público do Trabalho será comunicado do dia, local e horário da realização da audiência de conciliação.

Art. 18. As partes poderão, a qualquer tempo, solicitar a reinclusão do precatório em pauta, para nova tentativa de conciliação.

Art. 19. Os precatórios conciliados serão quitados, na ordem cronológica, observando-se o repasse realizado pelo ente público devedor.

Art. 20. Os precatórios que não foram objeto de conciliação serão pagos na ordem cronológica de apresentação.

Art. 21. Frustrada a tentativa de conciliação referente a precatório cujo prazo para pagamento já venceu os autos serão encaminhados à Presidência do Tribunal, para deliberar sobre eventual pedido de intervenção.

Art. 22. O Presidente do Tribunal deverá fundamentar a decisão relativa ao encaminhamento do pedido de intervenção, justificando a necessidade da adoção da medida excepcional.

Art. 23. O pedido de intervenção deverá ser instruído, obrigatoriamente, com as seguintes peças:

a) petição do credor, dirigida ao Presidente do Tribunal Regional do Trabalho, requerendo o encaminhamento do pedido de intervenção ao Supremo Tribunal Federal ou ao Tribunal de Justiça, conforme o caso;

b) impugnação do ente público ao pedido, se houver;

c) manifestação do Ministério Público do Trabalho da Região;

d) decisão fundamentada do Presidente do Tribunal Regional do Trabalho relativa à admissibilidade do encaminhamento do pedido de intervenção; e

e) ofício requisitório que permita a verificação da data de expedição do precatório e o ano de sua inclusão no orçamento.

PARÁGRAFO ÚNICO. O pedido de intervenção em Estado-membro será encaminhado ao Supremo Tribunal Federal por intermédio da Corregedoria-Geral da Justiça do Trabalho, enquanto o pedido de intervenção em município será enviado diretamente pelo Presidente do Tribunal Regional do Trabalho ao Tribunal de Justiça do respectivo Estado.

Art. 24. Fica revogada a Resolução n. 67, de 10 de abril de 1997, que aprovou a Instrução Normativa n. 11.

Art. 25. Esta Resolução entra em vigor na data de sua publicação.

Brasília, 19 de dezembro de 2007.

Rider Nogueira de Brito
Ministro Presidente do Tribunal Superior do Trabalho

INSTRUÇÃO NORMATIVA TST N. 34, DE 16 DE NOVEMBRO DE 2009

(DEJT 20.11.09)

DISPÕE SOBRE A GUIA A SER UTILIZADA, NA JUSTIÇA DO TRABALHO, PARA O RECOLHIMENTO DO DEPÓSITO PRÉVIO DESTINADO À PROPOSITURA DE AÇÃO ANULATÓRIA DE DÉBITO FISCAL RESULTANTE DE PENALIDADE ADMINISTRATIVA IMPOSTA POR AUTORIDADE DO MINISTÉRIO DO TRABALHO E EMPREGO

Art. 1º Na Justiça do Trabalho, o depósito prévio para o ajuizamento de ação anulatória de débito fiscal, resultante de penalidade administrativa imposta por autoridade do Ministério do Trabalho e Emprego, será efetuado em guia definida em instrução normativa específica da Secretaria da Receita Federal do Brasil, presentemente objeto do Anexo I da Instrução Normativa n. 421/2004-SRF.

Art. 2º Esta Instrução Normativa entrará em vigor na data de sua publicação.

Ministro Milton de Moura França
Presidente do Tribunal Superior do Trabalho

INSTRUÇÃO NORMATIVA N. 35, DE 1 DE OUTUBRO DE 2012

RESOLUÇÃO N 187, DE 1º DE OUTUBRO DE 2012

(DEJT 5.10.12)

O Egrégio Órgão Especial do Tribunal Superior do Trabalho, em sessão ordinária hoje realizada, sob a Presidência do Excelentíssimo Ministro João Oreste Dalazen, Presidente do Tribunal, presentes os Exmos. Srs. Ministros Maria Cristina Irigoyen Peduzzi, Vice-Presidente, Carlos Alberto Reis de Paula, Ives Gandra da Silva Martins Filho, João Batista Brito Pereira, Renato de Lacerda Paiva, Luiz Philippe Vieira de Mello Filho, Alberto Luiz Bresciani de Fontan Pereira, Dora Maria da Costa, Fernando Eizo Ono, Guilherme Augusto Caputo Bastos, Márcio Eurico Vitral Amaro, Walmir Oliveira da Costa e o Exmo Sr. Procurador-Geral do Trabalho, Dr. Luis Antônio Camargo de Melo,

Considerando a Emenda Regimental n. 4, de 14 de setembro de 2012, aprovada pelo Tribunal Pleno do Tribunal Superior do Trabalho, que atribuiu competência ao Presidente de Turma do Colendo TST, para admissibilidade dos Embargos à Subseção I da Seção Especializada em Dissídios Individuais,

Considerando o disposto nos artigos 769 e 894 da CLT c/c o artigo 557 do CPC,

Considerando a necessidade de otimizar o fluxo do recurso de Embargos à Subseção I da Seção Especializada em Dissídios Individuais, visando à celeridade processual e a efetividade da prestação jurisdicional, em atenção ao disposto no artigo 5º, LXXVIII, da Constituição Federal,

RESOLVE

Aprovar a Instrução Normativa n 35, nos seguintes Termos:

DISPÕE SOBRE A ADMISSIBILIDADE DO RECURSO DE EMBARGOS À SUBSEÇÃO I DA SEÇÃO ESPECIALIZADA EM DISSÍDIOS INDIVIDUAIS POR DECISÃO DO PRESIDENTE DE TURMA DO TRIBUNAL SUPERIOR DO TRABALHO

Art. 1º A Secretaria da Turma deverá observar os seguintes procedimentos quando da interposição do recurso de Embargos à Subseção I da Seção Especializada em Dissídios Individuais:

I — autuação;

II — conclusão ao Presidente da Turma para proferir despacho.

Art. 2º O Presidente da Turma procederá ao exame prévio de admissibilidade do recurso de Embargos, proferindo despacho fundamentado.

§ 1º Recebido o recurso de Embargos, deverá ser enviado à Secretaria da Turma, com o fim de intimação da parte embargada para impugnação.

Legislação Complementar

§ 2º Do despacho que não admitir o recurso de Embargos, caberá Agravo, observando-se os seguintes procedimentos:

I — autuação do Agravo em Embargos pela Secretaria da Turma;

II — intimação ao embargado para impugnação aos Embargos e contrarrazões ao Agravo.

§ 3º Após exaurido o prazo para impugnação/contrarrazões, os autos deverão ser remetidos para a distribuição.

Art. 3º Provido o Agravo, publicar-se-á a certidão para efeito de intimação das partes, dela constando que o julgamento dos Embargos dar-se-á na primeira sessão ordinária subsequente à data da publicação.

Art. 4º No caso de interposição simultânea dos Embargos e de Recurso Extraordinário, seguirá o fluxo objeto da presente Instrução Normativa apenas após o trâmite relacionado com o Recurso Extraordinário.

Art. 5º Essa norma entra em vigor na data de sua publicação.

Brasília, 1º de outubro de 2012.

Ministro João Oreste Dalazen
Presidente do Tribunal Superior do Trabalho

INSTRUÇÃO NORMATIVA N. 36, DE 14 DE NOVEMBRO DE 2012

RESOLUÇÃO N. 188, DE 14 DE NOVEMBRO DE 2012

(DEJT 31.1.13)

O Egrégio Órgão Especial do Tribunal Superior do Trabalho, em sessão ordinária hoje realizada, sob a Presidência do Excelentíssimo Ministro João Oreste Dalazen, Presidente do Tribunal, presentes os Exmos Srs. Ministros Antônio José de Barros Levenhagen, Corregedor-Geral da Justiça do Trabalho, Carlos Alberto Reis de Paula, Ives Gandra da Silva Martins Filho, João Batista Brito Pereira, Renato de Lacerda Paiva, Luiz Philippe Vieira de Mello Filho, Alberto Luiz Bresciani de Fontan Pereira, Dora Maria da Costa, Guilherme Augusto Caputo Bastos, Walmir Oliveira da Costa e a Exma Sra. Procuradora-Regional do Trabalho, Dra. Eliane Araque dos Santos,

Considerando a necessidade de uniformização dos procedimentos relativos à realização do depósito judicial para pagamentos, garantia de execução, encargos processuais e levantamento de valores, excetuados os depósitos recursais, nesta Justiça do Trabalho;

Considerando a possibilidade de os depósitos de que trata esta Instrução Normativa serem também realizados através da Transferência Eletrônica Disponível — TED;

Considerando a necessidade de maior segurança aos procedimentos operacionais de emissão de Guias de Depósito para recolhimento de valores em contas judiciais;

Considerando que os Tribunais disporão de serviço de emissão de guia de depósito eletrônico nos seus portais da Rede Mundial de Computadores — Internet;

Considerando as facilidades da informática e os recursos tecnológicos presentes na Justiça do Trabalho, a possibilitar a troca de arquivos eletrônicos com o Banco do Brasil S.A. e a Caixa Econômica Federal a fim de agilizar o trâmite processual;

Considerando a decisão proferida pelo Órgão Especial desta Corte nos autos do processo n. TST-PA-3464-90.2012.5.00.0000,

RESOLVE

Aprovar a Instrução Normativa n. 36, nos seguintes termos:

INSTRUÇÃO NORMATIVA N. 36/2012

REGULAMENTA, NA JUSTIÇA DO TRABALHO, O ACOLHIMENTO E O LEVANTAMENTO DE DEPÓSITOS JUDICIAIS

TÍTULO I

Do Acolhimento de Depósitos Judiciais

Art. 1º Os depósitos judiciais na Justiça do Trabalho, a exceção dos depósitos recursais, serão realizados em conta judicial pelos seguintes meios disponíveis:

I — depósito direto em espécie ou cheque;

II — boleto bancário;

III — transferência eletrônica disponível — TED;

IV — penhora eletrônica de dinheiro (Sistema BACEN-JUD);

V — cartão de crédito ou débito.

Art. 2º Os depósitos judiciais, de que trata o artigo anterior, serão efetivados pelo interessado diretamente na instituição financeira depositária (Banco do Brasil S.A. e Caixa Econômica Federal), utilizando-se obrigatoriamente dos modelos padronizados de guia constantes dos anexos desta Instrução Normativa.

§ 1º Os valores discriminados em campos de detalhamento na guia são exclusivamente informativos e de responsabilidade do depositante.

§ 2º As responsabilidades do Banco do Brasil S.A. e da Caixa Econômica Federal limitam-se ao processamento e a contabilização do valor global ao depósito.

§ 3º Na hipótese de boleto bancário, o depositante poderá efetuar o depósito em qualquer agência da rede bancária do Brasil ou correspondente bancário.

Art. 3º As guias de depósito poderão ser obtidas pelo interessado na secretaria da Vara do Trabalho ou no Tribunal, quando não houver o serviço de emissão de guia de depósito fornecido pelos Tribunais do Trabalho nos seus portais na Rede Mundial de Computadores — internet.

PARÁGRAFO ÚNICO. Quando do fornecimento e preenchimento de guia de depósito no portal na rede mundial de computadores – internet, as informações cadastrais e valores disponíveis nas respectivas bases de dados serão capturadas automaticamente dos sistemas dos Tribunais.

Art. 4º É permitido o uso do cartão de crédito ou de débito para recolhimento de depósitos judiciais, sempre sem ônus para os Tribunais e com ônus para o devedor.

PARÁGRAFO ÚNICO. Em caso de desfazimento de transações por contestação do usuário do cartão de crédito, de acordo com as regras contratuais, os autos do processo serão conclusos ao juízo para decisão.

Art. 5º O depositante que optar pelo recolhimento via transferência eletrônica disponível TED deverá obter o código "ID" (identificação de depósito) mediante o preenchimento da guia de depósito eletrônico ou boleto bancário nos portais dos Tribunais, do Banco do Brasil S.A. ou da Caixa Econômica Federal.

§ 1º Nesta opção o depositante deverá informar o "ID" ao banco de seu relacionamento que, de posse dele, realizará a transferência do recurso via transferência eletrônica disponível — TED.

§ 2º Realizada a transferência, o Banco do Brasil S.A. ou a Caixa Econômica Federal efetuará o depósito com todos os dados informados e tornará disponível o recibo respectivo via rede mundial de computadores — internet, no sítio do Banco do Brasil S.A. ou da Caixa Econômica Federal.

Art. 6º Uma vez disponível a guia de depósito eletrônica ou o boleto bancário com "ID" no portal do respectivo Tribunal, as instituições financeiras ficam dispensadas de fornecê-la.

Art. 7º Obtido o "ID" no portal do Tribunal, os dados da guia de depósito eletrônico ou do boleto bancário serão encaminhados pelo Tribunal à instituição financeira encarregada do recebimento, por transferência de arquivo via FTP ou de informação via WebService, com garantia de autenticidade, conforme previsto nos Manuais anexos a esta Instrução Normativa.

PARÁGRAFO ÚNICO. Os modelos dos arquivos, as informações trocadas via WebService e o cálculo do "ID" das guias ou boletos bancários respeitarão os critérios estabelecidos nos Manuais anexos a esta Instrução Normativa.

Art. 8º O recibo deverá ser apresentado pelo depositante nos autos do processo a que se referir o depósito.

PARÁGRAFO ÚNICO. A comprovação ficará dispensada quando o depósito for realizado na forma do art. 7º, hipótese em que o Banco do Brasil S.A. e Caixa Econômica Federal, imediatamente após o processamento bancário de cada dia útil, encaminharão aos Tribunais arquivo eletrônico ou fornecerão via WebService informações de todos os depósitos do período, devendo a secretaria da Vara do Trabalho ou o Tribunal juntar aos autos do respectivo processo, no mesmo dia do recebimento do arquivo, o comprovante das informações dos depósitos encaminhados eletronicamente pelas instituições financeiras.

Art. 9º Os depósitos judiciais oriundos do sistema BACENJUD, cartão de crédito ou débito, bem como os depósitos em lote feitos por empresas conveniadas com o Banco do Brasil S.A. ou Caixa Econômica Federal, deverão ser encaminhados aos tribunais em arquivo próprio ou via WebService, após o processamento bancário de cada dia útil, para juntada do comprovante nos autos do respectivo processo.

PARÁGRAFO ÚNICO. No depósito judicial oriundo do sistema BACENJUD, o fornecimento do "ID" será de responsabilidade do Banco Central do Brasil; no depósito judicial feito por empresas conveniadas com o Banco do Brasil S.A. ou a Caixa Econômica Federal o fornecimento do "ID" será de responsabilidade dessas instituições financeiras; e nos demais casos o "ID" será gerado pelo Tribunal.

TÍTULO II

Do Levantamento de Depósitos Judiciais

Art. 10. O levantamento de depósitos judiciais será feito sempre por alvará de levantamento.

PARÁGRAFO ÚNICO. Os tribunais deverão utilizar os modelos padronizados de alvarás de levantamento constantes nos anexos desta Instrução Normativa.

Art. 11. A secretaria da Vara do Trabalho ou o Tribunal poderá gerar, a qualquer momento, os alvarás de levantamento, sempre vinculados a uma guia de depósito com saldo confirmado pelo respectivo banco depositário.

Art. 12. Após a geração de um alvará de levantamento, o Tribunal deverá remeter ao banco depositário as informações do alvará gerado através de transferência de arquivo via WebService, conforme padrões definidos nos anexos desta Instrução Normativa.

Art. 13. Será de responsabilidade do Tribunal o controle dos usuários autorizados a emitir os alvarás de levantamento, sendo recomendado seguir os padrões de assinatura eletrônica estipulados no art. 1º, § 2º, III, da Lei n. 11.419/2006.

PARÁGRAFO ÚNICO. No caso de alvarás de levantamento processados via WebService pelo BANCO DO BRASIL S.A. será necessário o certificado pessoal (A3) emitido por autoridade certificadora credenciada pelo ICP-Brasil.

Art. 14. Será de responsabilidade do Banco do Brasil S.A. e da Caixa Econômica Federal certificar-se de que os arquivos ou informações de alvarás de levantamento recebidos para cumprimento foram enviados pelo Tribunal que assina o arquivo ou a informação transmitida.

Art. 15. Os valores constantes dos alvarás de levantamento poderão ser sacados em qualquer agência do banco depositário.

§1º Os saques reger-se-ão pelas normas aplicáveis aos depósitos bancários, com prazo de até 24 (vinte e quatro) horas para a agência efetuar o pagamento, a contar da apresentação dos documentos de identificação ao gerente.

§ 2º Os saques deverão ser realizados pessoalmente pelo beneficiário indicado como sacador no alvará de levantamento de valores.

§ 3º Diante da necessidade de representação do beneficiário, a eventual habilitação de procurador, tutor ou curador deverá ocorrer nos autos do processo, devendo a Vara do Trabalho ou o Tribunal, quando for o caso, cancelar o alvará de levantamento de valores anteriormente emitido para em seguida emitir um novo alvará figurando o representante como beneficiário.

Art. 16. Os valores constantes dos alvarás de levantamento poderão ser creditados automaticamente em conta corrente ou poupança de titularidade do beneficiário, desde que na mesma instituição financeira onde o depósito esteja custodiado.

Art. 17. O Tribunal poderá enviar à instituição financeira ordem de cancelamento do alvará de levantamento transmitido, devendo aguardar o retorno do cumprimento da ordem para confirmar ou não a operação em seu sistema de gerenciamento de processos.

PARÁGRAFO ÚNICO. A instituição financeira deverá fornecer retorno imediato do sucesso ou não da execução da ordem de cancelamento.

Art. 18. O valor constante do alvará de levantamento será corrigido pelo índice aplicado à conta objeto do pagamento, a partir da data de atualização nele informada.

PARÁGRAFO ÚNICO. Caso a data de atualização não seja informada no alvará, o banco depositário pagará o valor nominal informado, sem qualquer atualização.

Art. 19. O Tribunal poderá enviar alvará de levantamento de todo o saldo remanescente na conta, no entanto, deverá controlar em seu sistema de gerenciamento de processos se todas as ordens de levantamento emitida, referentes àqueles depósitos, já foram cumpridas.

TITULO III

Das Disposições Gerais e Transitórias

Art. 20. As instituições financeiras deverão fornecer aos Tribunais ferramenta para consulta dos saldos disponíveis nas contas judiciais ativas e inativas, emitindo relatórios gerenciais consolidados, conforme prazo de inatividade definido pelo respectivo Tribunal.

Art. 21. O Conselho Superior da Justiça do Trabalho designará um Comitê Gestor, que contará com a participação de representantes das instituições financeiras oficiais depositárias, para tratar dos assuntos referentes à integração bancária.

Art. 22. Os Tribunais do Trabalho deverão, no prazo de 60 dias a contar da publicação desta norma, adaptar os seus sistemas internos e portais na Rede Mundial de Computadores — Internet para cumprimento do disposto nesta Instrução Normativa.

Art. 23. O Conselho Superior da Justiça do Trabalho atualizará os anexos desta Instrução Normativa sempre que necessário para a adequada evolução dos controles de acolhimento e levantamento de depósitos judiciais.

Art. 24. Esta Instrução Normativa entrará em vigor na data da sua publicação, revogando-se a Instrução Normativa n. 33/2008.

Considerando que a matéria tem ampla repercussão no primeiro e segundo graus de jurisdição, terá vigência até que o Conselho Superior da Justiça do Trabalho edite Resolução dispondo a respeito.

Brasília, 14 de novembro de 2012.

Ministro João Oreste Dalazen
Presidente do Tribunal Superior do Trabalho

ATO N. 342 TST. SEJUD.GP, DE 27 DE JULHO DE 2010(*)

(DJe 29.7.10)

REGULAMENTA O PROCESSO JUDICIAL ELETRÔNICO NO ÂMBITO DO TRIBUNAL SUPERIOR DO TRABALHO

O PRESIDENTE DO TRIBUNAL SUPERIOR DO TRABALHO, no uso de suas atribuições legais e regimentais,

Considerando a Instrução Normativa n. 30, que regulamenta, no âmbito da Justiça do Trabalho, a Lei n. 11.419, de 19 de dezembro de 2006;

Considerando o Ato Conjunto TST/CSJT n. 10, de 28 de junho de 2010, que regulamenta a transmissão de peças processuais, por meio eletrônico, entre os Tribunais Regionais do Trabalho e o Tribunal Superior do Trabalho e dá outras providências,

RESOLVE:

Da Tramitação do Processo Eletrônico no TST

Art. 1º Os processos judiciais que ingressarem no Tribunal Superior do Trabalho, a partir de 2 de agosto de 2010, tramitarão em meio eletrônico.

(*) Republicado em razão das alterações introduzidas pelo ATO.SEJUD.GP N. 559/2010

Art. 2º O processo judicial eletrônico, para os fins deste Ato, será formado pelos arquivos enviados pelos Tribunais Regionais do Trabalho, na forma prevista no Ato Conjunto TST/CSJT n. 10/2010, petições e documentos apresentados pelas partes, atos processuais praticados nesta Corte e pareceres emitidos pelo Ministério Público do Trabalho.

Art. 3º Os atos processuais praticados pelos Ministros e servidores do TST serão assinados eletronicamente, nos termos da Lei n. 11.419/2006.

Art. 4º As peças processuais apresentadas pelas partes continuarão a ser protocoladas pelos meios hoje disponíveis, até o desenvolvimento de ferramentas eletrônicas específicas.

Art. 5º As petições apresentadas em meio físico, vinculadas a processos eletrônicos, serão digitalizadas pela Coordenadoria de Cadastramento Processual e mantidas em guarda provisória por um ano, podendo ser retiradas pelas partes após o sexto mês.

§ 1º Transcorrido o prazo de um ano de sua apresentação, as petições serão eliminadas. *(Redada dada pelo Ato do TST n. 559, SEJUD.GP, de 30.11.10)*

§ 2º As peças em meio físico apresentadas pelas partes da tribuna das salas de sessões, vinculadas a processos eletrônicos, serão encaminhadas à Coordenadoria de Cadastramento Processual para os procedimentos descritos no *caput* e no § 1º. *(Redada dada pelo Ato do TST n. 559, SEJUD.GP, de 30.11.10)*

Art. 6º A remessa do processo eletrônico ao TRT de origem para diligências ou baixa definitiva obedecerá ao disposto no Ato Conjunto TST/CSJT n. 10/2010, de 28 de junho de 2010.

Da Visualização dos Processos por Usuários Externos

Art. 7º A visualização dos processos eletrônicos é um serviço disponível no sítio do TST a advogados e procuradores, mediante cadastro, e, não possui efeito de intimação.

Art. 8º São considerados usuários externos os advogados, procuradores e demais representantes judiciais dos entes públicos.

PARÁGRAFO ÚNICO. As procuradorias poderão indicar servidores para acessar o sistema de visualização de processos eletrônicos.

Art. 9º Os procuradores do Ministério Público do Trabalho deverão anexar, por meio eletrônico, o seu parecer.

PARÁGRAFO ÚNICO. Os pareceres anexados aos processos serão assinados eletronicamente, na forma da Lei n. 11.419/2006.

Art. 10. As secretarias dos órgãos judicantes e a Coordenadoria de Recursos manterão, em suas dependências, terminais de computadores disponíveis para visualização do processo eletrônico, sendo facultada a gravação da íntegra do processo em dispositivo eletrônico.

PARÁGRAFO ÚNICO. A visualização dos processos eletrônicos que tramitam em segredo de justiça estará disponível apenas às partes e aos seus procuradores constituídos no feito.

Do Cadastro de Advogados

Art. 11. O cadastro de advogado regularmente inscrito na OAB será realizado com o preenchimento de formulário disponível no sistema de visualização de peças, no sítio do TST (www.tst.jus.br) *(Redação dada pelo Ato TST n. 415, SEJUD.GP, de 1.9.10)*

§ 1º A validação é realizada mediante o comparecimento do usuário à Secretaria Judiciária do TST, munido do original dos documentos indicados no formulário, vedada a possibilidade da validação por despachante ou procurador. *(Redação dada pelo Ato TST n. 415, SEJUD.GP, de 1.9.10)*

§ 2º O usuário que preencher o cadastro utilizando o certificado digital (ICP-Brasil) fica dispensado da validação presencial. *(Redação dada pelo Ato TST n. 415, SEJUD.GP, de 1.9.10)*

§ 3º Validado o cadastro, o advogado será credenciado e receberá, no endereço eletrônico indicado no formulário, o login e a senha para acesso ao sistema. *(Redação dada pelo Ato do TST n. 415, SEJUD.GP, de 1.9.10)*

Do Cadastro de Procuradores e Servidores Autorizados

Art. 12. As procuradorias deverão encaminhar previamente à Secretaria Judiciária, por meio do endereço eletrônico **pe_cadastro@tst.jus.br**, a relação de procuradores e de servidores autorizados a realizar o cadastro com os dados constantes da tabela contida no Anexo deste Ato.

Art. 13. O cadastro de procuradores e de servidores autorizados será realizado com a inserção do respectivo CPF em campo específico do sistema de visualização de peças disponível no sítio do TST.

PARÁGRAFO ÚNICO. Após a validação do cadastro pela Secretaria Judiciária, o procurador ou o servidor autorizado será credenciado e, receberá, no endereço eletrônico corporativo indicado, o *login* e a senha para visualização dos processos.

Disposições Finais e Transitórias

Art. 14. Os esclarecimentos sobre o conteúdo ilegível de peças digitalizadas ou a sua ausência no arquivo eletrônico, desde que comprometam a análise do processo, deverão ser solicitados, via Malote Digital, pelas Secretarias dos Órgãos Judicantes, Secretaria da Corregedoria-Geral da Justiça do Trabalho, Secretaria Judiciária ou Coordenadoria de Recursos, por determinação dos Ministros, ao Tribunal que mantém a guarda dos processos físicos. *(Redação dada pelo Ato do TST n. 559, SEJUD.GP, de 30.11.10)*

Art. 15. As intimações pessoais, exigidas por força de lei, serão realizadas pelo meio hoje disponível até o desenvolvimento de ferramenta própria para intimação eletrônica.

Legislação Complementar

PARÁGRAFO ÚNICO. As peças a que se refere o *caput* serão digitalizadas e anexadas ao processo eletrônico pela unidade responsável pela expedição do ofício.

Art. 16. As alterações no cadastro de advogados, procuradores e servidores das procuradorias deverão ser comunicadas à Secretaria Judiciária do TST por meio do endereço eletrônico **pe_cadastro@tst.jus.br**.

Art. 17. Os feitos pendentes na data do início de vigência deste Ato continuarão a tramitar em autos físicos, permitida a sua conversão para meio eletrônico, mediante a digitalização dos autos.

§1º Realizada a conversão, o processo passa a tramitar exclusivamente em meio eletrônico.

§2º A conversão deverá ser certificada nos autos eletrônicos e nos físicos.

§3º Os processos físicos em tramitação no TST que forem incluídos no fluxo eletrônico serão devolvidos ao TRT de origem e aqueles relativos à competência originária desta Corte serão arquivados.

§ 4º O processo físico que tramite conjuntamente com o processo eletrônico deverá ser digitalizado e incluído no fluxo eletrônico pelas Secretarias dos Órgãos Judicantes, Secretaria da Corregedoria-Geral da Justiça do Trabalho ou Coordenadoria de Recursos, mediante despacho dos Ministros. *(Redação dada pelo Ato do TST n. 559, SEJUD.GP, de 30.11.10)*

Art. 18. Os casos não previstos neste Ato deverão ser submetidos, formalmente, à apreciação da Presidência do Tribunal.

Art. 19. Este Ato entra em vigor em 2 de agosto de 2010 e revoga o Ato n. 677/TST.SEJUD.GP, de 4 de novembro de 2009.

Publique-se.

Brasília, 28 de julho de 2010.

Ministro Milton de Moura França
Presidente do Tribunal Superior do Trabalho

RESOLUÇÃO ADMINISTRATIVA N. 1.276, DO TRIBUNAL SUPERIOR DO TRABALHO, DE 22 DE NOVEMBRO DE 2007

(DOU 27.11.07)

DISPÕE SOBRE A CRIAÇÃO, COMPOSIÇÃO E COMPETÊNCIA DO ÓRGÃO ESPECIAL DO TRIBUNAL SUPERIOR DO TRABALHO, E SOBRE A COMPETÊNCIA DO TRIBUNAL PLENO

O Egrégio Órgão Especial do Tribunal Superior do Trabalho, em sessão ordinária hoje realizada, sob a Presidência do Exmo Sr. Ministro Rider Nogueira de Brito, Presidente do Tribunal, presentes os Exmos Srs. Ministros Milton de Moura França, Vice-Presidente, João Oreste Dalazen, Corregedor-Geral da Justiça do Trabalho, Vantuil Abdala, Carlos Alberto Reis de Paula, Antônio José de Barros Levenhagen, Ives Gandra da Silva Martins Filho, João Batista Brito Pereira, Maria Cristina Irigoyen Peduzzi, José Simpliciano Fontes de Faria Fernandes, Emmanoel Pereira, Aloysio Corrêa da Veiga, Horácio Raymundo de Senna Pires, Rosa Maria Weber Candiota da Rosa, Luiz Philippe Vieira de Mello Filho, Alberto Luiz Bresciani de Fontan Pereira, Maria de Assis Calsing, Dora Maria da Costa, Pedro Paulo Teixeira Manus, Fernando Eizo Ono, Guilherme Augusto Caputo Bastos, Márcio Eurico Vitral Amaro, Walmir Oliveira da Costa e Maurício Godinho Delgado e a Ex.ma Sra. Subprocuradora-Geral do Trabalho, Dra. Maria Guiomar Sanches de Mendonça,

Considerando o disposto no inciso XI do art. 93 da Constituição Federal, o qual estabelece que, nos tribunais com número superior a vinte e cinco julgadores, poderá ser constituído órgão especial, com o mínimo de onze e o máximo de vinte e cinco membros, para o exercício das atribuições administrativas e jurisdicionais delegadas da competência do tribunal pleno, provendo-se metade das vagas por antiguidade e a outra metade por eleição pelo Tribunal Pleno, resolve:

Art. 1º Fica criado o Órgão Especial do Tribunal Superior do Trabalho, que será integrado pelos 7 (sete) Ministros mais antigos, incluídos os Membros da Direção, e por 7 (sete) Ministros eleitos pelo Tribunal Pleno. Os Ministros integrantes do Órgão Especial comporão também outras Seções do Tribunal.

Parágrafo único. O quórum para o funcionamento do Órgão Especial é de 8 (oito) Ministros, sendo necessária maioria absoluta quando a deliberação se der sobre disponibilidade ou aposentadoria de Magistrado.

Art. 2º Compete ao Órgão Especial:

I — em matéria judiciária:

a) processar e julgar as reclamações destinadas à preservação da competência dos órgãos do Tribunal, assim considerados aqueles mencionados no art. 61 do Regimento Interno do Tribunal Superior do Trabalho, ou a garantir a autoridade de suas decisões;

b) julgar mandado de segurança impetrado contra atos do Presidente ou de qualquer Ministro do Tribunal, ressalvada a competência das Seções Especializadas;

c) julgar os recursos interpostos de decisões dos Tribunais Regionais do Trabalho em mandado de segurança de interesse de Juízes e servidores da Justiça do Trabalho;

d) julgar os recursos interpostos de decisão em matéria de concurso para a Magistratura do Trabalho;

e) julgar os recursos ordinários interpostos a agravo regimental e a mandado de segurança que tenha apreciado despacho de Presidente de Tribunal Regional em sede de precatório; e

f) deliberar sobre as demais matérias jurisdicionais não incluídas na competência dos outros Órgãos do Tribunal.

II — em matéria administrativa:

a) proceder à abertura e ao encerramento do semestre judiciário, respectivamente no primeiro e no último dia útil de cada período;

b) eleger os Membros do Conselho da Ordem do Mérito Judiciário do Trabalho e os das Comissões previstas no Regimento Interno do Tribunal Superior do Trabalho;

c) aprovar e emendar o Regulamento Geral da Secretaria do Tribunal Superior do Trabalho, o Regimento da Corregedoria-Geral da Justiça do Trabalho, o Regulamento da Ordem do Mérito Judiciário do Trabalho, os Estatutos da Escola Nacional de Formação e Aperfeiçoamento de Magistrados do Trabalho — ENAMAT e o Regimento Interno do Conselho Superior da Justiça do Trabalho — CSJT;

d) opinar sobre propostas de alterações da legislação trabalhista, inclusive processual, quando entender que deve manifestar-se oficialmente;

e) propor ao Legislativo, após a deliberação do Conselho Superior da Justiça do Trabalho, a criação, extinção ou modificação da composição de Tribunais Regionais do Trabalho e Varas do Trabalho, assim como a alteração de jurisdição e de sede destes;

f) propor ao Legislativo a criação, extinção e transformação de cargos e funções públicas e a fixação dos respectivos vencimentos ou gratificações;

g) escolher, mediante escrutínio secreto e pelo voto da maioria absoluta dos seus Membros, Juízes de Tribunal Regional para substituir temporariamente Ministro do Tribunal;

h) aprovar a lista dos admitidos na Ordem do Mérito Judiciário do Trabalho;

i) aprovar as instruções dos concursos para provimento dos cargos do Quadro de Pessoal do Tribunal e homologar seu resultado final;

j) aprovar a lotação das funções comissionadas do Quadro de Pessoal do Tribunal;

l) conceder licença, férias e outros afastamentos aos Membros do Tribunal;

m) fixar e rever as diárias e as ajudas de custo do Presidente, dos Ministros e servidores do Tribunal;

n) designar as comissões temporárias para exame e elaboração de estudo sobre matéria relevante, respeitada a competência das comissões permanentes;

o) baixar instruções de concurso para provimento dos cargos de Juiz do Trabalho Substituto;

p) examinar as matérias encaminhadas pelo Conselho Superior da Justiça do Trabalho;

q) julgar os recursos de decisões ou atos do Presidente do Tribunal em matéria administrativa;

r) julgar os recursos interpostos das decisões dos Tribunais Regionais do Trabalho em processo administrativo disciplinar envolvendo magistrado, estritamente para controle da legalidade;

s) julgar agravos regimentais interpostos contra decisões proferidas pelo Corregedor-Geral da Justiça do Trabalho; e

t) julgar os recursos ordinários em agravos regimentais interpostos contra decisões proferidas em reclamações correicionais ou em pedidos de providências, que envolvam impugnações de cálculos de precatórios.

Art. 3º Compete ao Tribunal Pleno:

I — eleger, por escrutínio secreto, o Presidente e o Vice- Presidente do Tribunal Superior do Trabalho, o Corregedor-Geral da Justiça do Trabalho, 7 (sete) Ministros para integrar o Órgão Especial, o Diretor, o Vice-Diretor e os Membros do Conselho Consultivo da Escola Nacional de Formação e Aperfeiçoamento de Magistrados do Trabalho — ENAMAT, os Ministros Membros do Conselho Superior da Justiça do Trabalho — CSJT e respectivos suplentes e os Membros do Conselho Nacional de Justiça — CNJ;

II — dar posse aos Membros eleitos para os cargos de Direção do Tribunal Superior do Trabalho, aos Ministros nomeados para o Tribunal, aos Membros da Direção e do Conselho Consultivo da Escola Nacional de Formação e Aperfeiçoamento de Magistrados do Trabalho — ENAMAT;

III — escolher os integrantes das listas para preenchimento das vagas de Ministro do Tribunal;

IV — deliberar sobre prorrogação do prazo para a posse no cargo de Ministro do Tribunal Superior do Trabalho e o início do exercício;

V) decidir sobre declaração de inconstitucionalidade de lei ou ato normativo do Poder Público, quando aprovada a argüição pelas Seções Especializadas ou Turmas;

VI) aprovar, modificar ou revogar, em caráter de urgência e com preferência na pauta, Súmula da Jurisprudência predominante em dissídios individuais e os Precedentes Normativos da Seção Especializada em Dissídios Coletivos; e

VII) aprovar e emendar o Regimento Interno do Tribunal Superior do Trabalho.

Art. 4º Para o funcionamento do Tribunal Pleno é exigida a presença de, no mínimo, 14 (quatorze) Ministros, sendo necessária maioria absoluta quando a deliberação se der sobre:

I — escolha dos nomes que integrarão a lista destinada ao preenchimento de vaga de Ministro do Tribunal, observado o disposto no art. 4º, § 2º, inc. II, do Regimento Interno do Tribunal Superior do Trabalho;

II — aprovação de Emenda Regimental;

III — eleição dos Ministros para os cargos de Direção do Tribunal;

IV — aprovação, revisão ou cancelamento de Súmula ou de Precedente Normativo; e

V — declaração de inconstitucionalidade de lei ou de ato normativo do poder público.

PARÁGRAFO ÚNICO. Será tomada por dois terços dos votos dos Ministros do Tribunal Pleno a deliberação preliminar referente à existência de relevante interesse público que fundamenta a proposta de edição de Súmula, dispensadas as exigências regimentais, nos termos previstos no Regimento Interno do Tribunal Superior do Trabalho.

Art. 5º As atividades de apoio ao Órgão Especial serão realizadas pela Secretaria do Tribunal Pleno e da Seção Especializada em Dissídios Coletivos, que passa a se denominar Secretaria do Tribunal Pleno, do Órgão Especial e da Seção Especializada em Dissídios Coletivos.

Art. 6º Esta Resolução Administrativa entra em vigor na data de sua publicação.

Brasília, 22 de novembro de 2007.

Rider de Brito
Ministro Presidente do Tribunal Superior do Trabalho

ATO CONJUNTO — TST.CSJT.GP.SG N. 21, DE 7 DE DEZEMBRO DE 2010

(DJe 9.12.10)

DISPÕE SOBRE O RECOLHIMENTO DE CUSTAS E EMOLUMENTOS NA JUSTIÇA DO TRABALHO

O PRESIDENTE DO TRIBUNAL SUPERIOR DO TRABALHO E DO CONSELHO SUPERIOR DA JUSTIÇA DO TRABALHO, no uso de suas atribuições legais e regimentais,

Considerando o contido no Processo Administrativo n. 503.019/2010-1,

RESOLVE:

Art. 1º A partir de 1º de janeiro de 2011, o pagamento das custas e dos emolumentos no âmbito da Justiça do Trabalho deverá ser realizado, exclusivamente, mediante Guia de Recolhimento da União – GRU Judicial, sendo ônus da parte interessada efetuar seu correto preenchimento.

Art. 2º A emissão da GRU Judicial deverá ser realizada por meio do sítio da Secretaria do Tesouro Nacional na internet (<www.stn.fazenda.gov.br>), ou em Aplicativo Local instalado no Tribunal, devendo o recolhimento ser efetuado exclusivamente no Banco do Brasil ou na Caixa Econômica Federal.

§ 1º O preenchimento da GRU Judicial deverá obedecer às orientações contidas no Anexo I.

§ 2º O pagamento poderá ser feito em dinheiro em ambas as instituições financeiras ou em cheque somente no Banco do Brasil.

Art. 3º Na emissão da GRU Judicial serão utilizados os seguintes códigos de recolhimento:

18740-2 – STN-CUSTAS JUDICIAIS (CAIXA/BB)

18770-4 – STN-EMOLUMENTOS (CAIXA/BB)

Art. 4º Até 31 de dezembro de 2010, serão válidos tanto os recolhimentos efetuados por meio de Documento de Arrecadação de Receitas Federais — DARF, em conformidade com as regras previstas na Instrução Normativa n. 20 do Tribunal Superior do Trabalho, de 24 de setembro de 2002, quanto os realizados de acordo com as diretrizes estabelecidas por este Ato.

Art. 5º Este Ato entra em vigor na data de sua publicação.

Brasília, 7 de dezembro de 2010.

Ministro MILTON DE MOURA FRANÇA

Presidente do Tribunal Superior do Trabalho e do Conselho Superior da Justiça do Trabalho

ATO CONJUNTO N. 21/2010 – TST.CSJT.GP.SG

ANEXO I

— O campo "Unidade Gestora" deverá ser preenchido com o código do tribunal favorecido pelo recolhimento, conforme relação constante do Anexo II.

— No campo "Gestão" deverá constar o código 00001.

— O campo "Código de Recolhimento" deverá ser preenchido com um dos seguintes códigos, conforme o caso:

18740-2 – STN-CUSTAS JUDICIAIS (CAIXA/BB)

18770-4 – STN-EMOLUMENTOS (CAIXA/BB)

— O campo "número do processo/referência" deverá ser preenchido, sem pontos ou hífens, excluindo-se os quatro últimos dígitos, que deverão ser informados no campo "Vara".

Os demais campos deverão ser preenchidos conforme as regras estabelecidas pela Secretaria do Tesouro Nacional.

ATO CONJUNTO N. 21/2010 – TST.CSJT.GP.SG

ANEXO II

UNIDADE GESTORA	CÓDIGO
Tribunal Superior do Trabalho	080001
Tribunal Regional do Trabalho da 1ª Região	080009
Tribunal Regional do Trabalho da 2ª Região	080010
Tribunal Regional do Trabalho da 3ª Região	080008
Tribunal Regional do Trabalho da 4ª Região	080014
Tribunal Regional do Trabalho da 5ª Região	080007
Tribunal Regional do Trabalho da 6ª Região	080006
Tribunal Regional do Trabalho da 7ª Região	080004
Tribunal Regional do Trabalho da 8ª Região	080003
Tribunal Regional do Trabalho da 9ª Região	080012
Tribunal Regional do Trabalho da 10ª Região	080016
Tribunal Regional do Trabalho da 11ª Região	080002
Tribunal Regional do Trabalho da 12ª Região	080013
Tribunal Regional do Trabalho da 13ª Região	080005
Tribunal Regional do Trabalho da 14ª Região	080015
Tribunal Regional do Trabalho da 15ª Região	080011
Tribunal Regional do Trabalho da 16ª Região	080018
Tribunal Regional do Trabalho da 17ª Região	080019
Tribunal Regional do Trabalho da 18ª Região	080020
Tribunal Regional do Trabalho da 19ª Região	080022
Tribunal Regional do Trabalho da 20ª Região	080023
Tribunal Regional do Trabalho da 21ª Região	080021
Tribunal Regional do Trabalho da 22ª Região	080024
Tribunal Regional do Trabalho da 23ª Região	080025
Tribunal Regional do Trabalho da 24ª Região	080026

RESOLUÇÃO ADMINISTRATIVA TST N. 1.340, DE 1º DE JUNHO DE 2009

(DJe/TST 8.6.09)

REFERENDA ATO DA PRESIDÊNCIA QUE AUTORIZA O PRESIDENTE DO TRIBUNAL A DECIDIR, MONOCRATICAMENTE, OS AGRAVOS DE INSTRUMENTO EM RECURSO DE REVISTA E OS RECURSOS DE REVISTA PENDENTES DE DISTRIBUIÇÃO, NAS HIPÓTESES QUE ESPECIFICA

O Egrégio Órgão Especial do Tribunal Superior do Trabalho, em sessão ordinária hoje realizada, sob a Presidência do Exmo Sr. Ministro Milton de Moura França, Presidente do Tribunal, presentes os Exmos Ministros João Oreste Dalazen, Vice-Presidente, Antônio José Barros Levenhagen, Ives Gandra da Silva Martins Filho, João Batista Brito Pereira, Maria Cristina Irigoyen Peduzzi, José Simpliciano Fontes de Faria Fernandes, Renato de Lacerda Paiva, Emmanoel Pereira, Lelio Bentes Corrêa, Aloysio Corrêa da Veiga e Horácio Raymundo de Senna Pires e a Exma Subprocuradora-Geral do Trabalho, Dra. Maria Guiomar Sanches de Mendonça,

RESOLVEU

Referendar o ATO.SETPOEDC.GP.n. 310/2009, praticado pela Presidência *ad referendum* do Órgão Especial, nos termos a seguir transcritos: "**ATO. SETPOEDC. GP N. 310/2009** — Autoriza o Presidente do Tribunal a decidir, monocraticamente, os agravos de instrumento em recurso de revista e os recursos de revista pendentes de distribuição, nas hipóteses que especifica.

O PRESIDENTE DO TRIBUNAL SUPERIOR DO TRABALHO, no uso de suas atribuições legais e regimentais, *ad referendum* do Órgão Especial, Considerando o disposto no art. 5º, inciso LXXVIII, da Constituição da República, que assegura às partes o direito a razoável duração do processo e os meios que garantam a celeridade de sua tramitação,

RESOLVEU

Art. 1º Fica o Presidente do Tribunal autorizado a decidir, monocraticamente, os agravos de instrumento em recurso de revista e os recursos de revista pendentes de distribuição que não preencham os pressupostos extrínsecos de admissibilidade.

Art. 2º Compete, ainda, ao Presidente, antes da distribuição:

I — negar provimento a agravo de instrumento manifestamente incabível;

II — negar provimento ao agravo de instrumento na hipótese de o recurso de revista não atender os pressupostos extrínsecos de admissibilidade;

III — negar provimento ao agravo de instrumento para manter o despacho que denegou seguimento ao recurso de revista, por estar a decisão do Tribunal Regional em conformidade com súmula ou orientação jurisprudencial de direito material, da Corte.

Art. 3º Os embargos de declaração serão julgados pelo Presidente.

PARÁGRAFO ÚNICO. Postulando o embargante efeito modificativo, os embargos de declaração serão convertidos em agravo, em face dos princípios da fungibilidade e celeridade processual, e distribuídos no âmbito das Turmas do Tribunal.

Art. 4º Havendo interposição de agravo contra a decisão da Presidência, o processo será distribuído no âmbito das Turmas do Tribunal.

Art. 5º Este Ato entra em vigor na data de sua publicação, ficando revogadas as Resoluções Administrativas ns. 1171/2006, 1185/2006 e 1242/2007."

Brasília, 1º de junho de 2009.

Milton de Moura França
Ministro Presidente do Tribunal
Superior do Trabalho

RESOLUÇÃO ADMINISTRATIVA TST N. 1.418, DE 30 DE AGOSTO DE 2010

(DJEe/TST 31.8.10)

REGULAMENTA O PROCESSAMENTO DO AGRAVO DE INSTRUMENTO INTERPOSTO DE DESPACHO QUE NEGAR SEGUIMENTO A RECURSO DE COMPETÊNCIA DO TRIBUNAL SUPERIOR DO TRABALHO

O Egrégio Órgão Especial do Tribunal Superior do Trabalho, em sessão extraordinária hoje realizada, sob a Presidência do Exmo Sr. Ministro Milton de Moura França, Presidente do Tribunal, presentes os Exmos Srs. Ministros João Oreste Dalazen, Vice-Presidente, Antônio José de Barros Levenhagen, Ives Gandra Martins Filho, Brito Pereira, Maria Cristina Irigoyen Peduzzi, Renato de Lacerda Paiva, Emmanoel Pereira, Lelio Bentes Corrêa, Aloysio Corrêa da Veiga, Horácio de Senna Pires, Rosa Maria Weber Candiota da Rosa e Luiz Philippe Vieira de Mello Filho e o Exmo Sr. Vice-Procurador-Geral do Trabalho, Dr. Jeferson Luiz Pereira Coelho,

Considerando o Ato.SEJUD.GP n. 342/2010, que implantou e regulamentou o processo eletrônico no âmbito do Tribunal Superior do Trabalho, por força da Lei n. 11.419, de 19 de dezembro de 2006;

Considerando que, em razão dessa nova realidade normativa, já não há mais razão para o trâmite de processos físicos nesta Corte;

Considerando que a existência do processo judicial eletrônico deve substituir o processo físico e que a coexistência de ambos resulta em duplicidade antieconômica;

Considerando a digitalização de processos, pelos Tribunais Regionais, para a remessa ao Tribunal Superior do Trabalho, conforme previsto no Ato Conjunto TST.CSJT n. 10/2010;

Considerando que a remessa eletrônica de processos dos Tribunais Regionais para o Tribunal Superior do Trabalho não impede o prosseguimento dos procedimentos concernentes à execução na origem,

RESOLVEU

Art. 1º O agravo de instrumento interposto de despacho que negar seguimento a recurso para o Tribunal Superior do Trabalho deve ser processado nos autos do recurso denegado.

Art. 2º Após a juntada da petição de agravo de instrumento, o processo será concluso ao juiz prolator do despacho agravado, para sua reforma ou confirmação.

§ 1º Mantido o despacho e não havendo outro recurso admitido, o agravo de instrumento será autuado no TRT.

§ 2º Havendo agravo de instrumento e também recurso admitido, o processo será remetido ao TST com a classe processual anterior à interposição dos recursos, cabendo ao TST proceder à devida autuação do processo.

Art. 3º Nos processos em que haja agravo de instrumento e também recurso admitido, se provido o agravo, publicar-se-á certidão para efeito de intimação das partes, dela constando que o julgamento de ambos os recursos dar-se-á na primeira sessão ordinária subseqüente à data da publicação, determinando-se ainda a reautuação do processo e a alteração dos registros.

§ 1º Julgados os recursos, será lavrado um único acórdão, que consignará também os fundamentos do provimento do agravo de instrumento, fluindo a partir da data da publicação do acórdão o prazo para interposição de recursos.

§ 2º Se não for conhecido ou provido o agravo de instrumento, será de imediato julgado o recurso, com lavratura de um único acórdão, que consignará os fundamentos de ambas as decisões.

Art. 4º Interposto apenas agravo de instrumento, se lhe for dado provimento, observar-se-á o procedimento descrito no art. 3º, § 1º.

Art. 5º Esta Resolução Administrativa entra em vigor na data da sua publicação.

Ministro Milton de Moura França
Presidente do Tribunal Superior do Trabalho

RESOLUÇÃO N. 66 DO CONSELHO SUPERIOR DA JUSTIÇA DO TRABALHO DE 10 DE JUNHO DE 2010

(Dje 15.6.10)

REGULAMENTA, NO ÂMBITO DA JUSTIÇA DO TRABALHO DE PRIMEIRO E SEGUNDO GRAUS, A RESPONSABILIDADE PELO PAGAMENTO E ANTECIPAÇÃO DE HONORÁRIOS DO PERITO, DO TRADUTOR E DO INTÉRPRETE, NO CASO DE CONCESSÃO À PARTE DO BENEFÍCIO DE JUSTIÇA GRATUITA

O PRESIDENTE DO CONSELHO SUPERIOR DA JUSTIÇA DO TRABALHO, no uso de suas atribuições regimentais,

Considerando o princípio constitucional de acesso dos cidadãos ao Poder Judiciário e o dever do Estado de prestar assistência judiciária integral e gratuita às pessoas carentes, conforme disposto nos incisos XXXV, LV e LXXIV do artigo 5º da Constituição Federal;

Considerando o direito social do trabalhador à redução dos riscos inerentes ao trabalho, por meio de normas de saúde, higiene e segurança (inciso XXII, art. 7º, da Constituição Federal);

Considerando a ampliação da competência material da Justiça do Trabalho, determinada pela Emenda Constitucional n. 45/2004, bem como a necessidade de prova pericial, principalmente nos casos em que se discute indenização por dano moral, dano material, doença profissional, acidente de trabalho, insalubridade ou periculosidade;

Considerando o artigo 790-B da Consolidação das Leis do Trabalho que dispõe que "a responsabilidade pelo pagamento dos honorários periciais é da parte sucumbente na pretensão objeto da perícia, salvo se beneficiária de justiça gratuita";

Considerando a existência de rubrica orçamentária específica destinada a despesas resultantes da elaboração de laudos periciais, em processos que envolvam pessoas carentes;

Considerando a necessidade de regulamentar o pagamento de honorários periciais no âmbito da Justiça do Trabalho de 1ª e 2ª Instâncias, de modo a serem uniformizados os procedimentos atinentes à matéria;

Considerando as decisões proferidas nos autos dos processos nos CSJT-268/2006-000-90-00.4 e CSJT-2012616-70.2008.5.00.0000,

RESOLVE:

Regulamentar, no âmbito da Justiça do Trabalho de primeiro e segundo graus, a responsabilidade pelo pagamento e antecipação de honorários do perito, do tradutor e do intérprete, no caso de concessão à parte do benefício de justiça gratuita, nos termos da presente Resolução.

Art. 1º Os Tribunais Regionais do Trabalho deverão destinar recursos orçamentários para:

I — o pagamento de honorários periciais, sempre que à parte sucumbente na pretensão for concedido o benefício da justiça gratuita;

II — o pagamento de honorários a tradutores e intérpretes, que será realizado após atestada a prestação dos serviços pelo juízo processante, de acordo com a tabela constante do Anexo.

§ 1º Os valores serão consignados sob a rubrica "Assistência Judiciária a Pessoas Carentes", em montante estimado que atenda à demanda da Região, segundo parâmetros que levem em conta o movimento processual.

§ 2º O juiz poderá ultrapassar em até 3 (três) vezes os valores fixados na tabela constante do Anexo, observados o grau de especialização do tradutor ou intérprete e a complexidade do trabalho, comunicando-se ao Corregedor do Tribunal.

Art. 2º A responsabilidade da União pelo pagamento de honorários periciais, em caso de concessão do benefício da justiça gratuita, está condicionada ao atendimento simultâneo dos seguintes requisitos:

I — fixação judicial de honorários periciais;

II — sucumbência da parte na pretensão objeto da perícia;

III — trânsito em julgado da decisão.

§ 1º A concessão da justiça gratuita a empregador, pessoa física, dependerá da comprovação de situação de carência que inviabilize a assunção dos ônus decorrentes da demanda judicial.

§ 2º O pagamento dos honorários poderá ser antecipado, para despesas iniciais, em valor máximo equivalente a R$ 350,00 (trezentos e cinquenta reais), efetuando-se o pagamento do saldo remanescente após o trânsito em julgado da decisão, se a parte for beneficiária de justiça gratuita.

§ 3º No caso de reversão da sucumbência, quanto ao objeto da perícia, caberá ao reclamado-executado ressarcir o erário dos honorários periciais adiantados, mediante o recolhimento da importância adiantada em GRU — Guia de Recolhimento da União, em código destinado ao Fundo de "assistência judiciária a pessoas carentes", sob pena de execução específica da verba. (NR)

Art. 3º Em caso de concessão do benefício da justiça gratuita, o valor dos honorários periciais, observado o limite de R$ 1.000,00 (um mil reais), será fixado pelo juiz, atendidos:

I — a complexidade da matéria;

II — o grau de zelo profissional;

III — o lugar e o tempo exigidos para a prestação do serviço;

IV — as peculiaridades regionais.

PARÁGRAFO ÚNICO. A fixação dos honorários periciais, em valor maior do que o limite estabelecido neste artigo, deverá ser devidamente fundamentada.

Art. 4º Havendo disponibilidade orçamentária, os valores fixados nesta Resolução serão reajustados anualmente no mês de janeiro, com base na variação do IPCA-E do ano anterior ou outro índice que o substitua, por ato normativo do Presidente do Tribunal.

Art. 5º O pagamento dos honorários efetuar-se-á mediante determinação do presidente do Tribunal, após requisição expedida pelo Juiz do feito, observando-se, rigorosamente, a ordem cronológica de apresentação das requisições e as deduções das cotas previdenciárias e fiscais, sendo o valor líquido depositado em conta bancária indicada pelo perito, tradutor ou intérprete.

PARÁGRAFO ÚNICO. O valor dos honorários será atualizado pelo IPCAE ou outro índice que o substitua, a partir da data do arbitramento até o seu efetivo pagamento.

Art. 6º As requisições deverão indicar, obrigatoriamente: o número do processo, o nome das partes e respectivos CPF ou CNPJ; o valor dos honorários, especificando se de adiantamento ou se finais; o número da conta bancária para crédito; natureza e característica da atividade desempenhada pelo auxiliar do Juízo; declaração expressa de reconhecimento, pelo Juiz, do direito à justiça gratuita; certidão do trânsito em julgado e da sucumbência na perícia, se for o caso; e o endereço, telefone e inscrição no INSS do perito, tradutor ou intérprete.

Art. 7º Os Tribunais Regionais do Trabalho poderão manter sistema de credenciamento de peritos, tradutores e intérpretes para fins de designação, preferencialmente, de profissionais inscritos nos órgãos de classe competentes e que comprovem sua especialidade na matéria sobre a qual deverão opinar, a ser atestada por meio de certidão do órgão profissional a que estiverem vinculados.

Art. 8º As Presidências de Tribunais Regionais do Trabalho ficam autorizadas a celebrar convênios com instituições com notória experiência em avaliação e consultoria nas áreas de Meio Ambiente, Promoção da Saúde, Segurança e Higiene do Trabalho, e outras, capazes de realizar as perícias requeridas pelos Juízes.

Art. 9º O pagamento dos honorários está condicionado à disponibilidade orçamentária, transferindo-se para o exercício financeiro subsequente as requisições não atendidas.

Art. 10. Nas ações contendo pedido de adicional de insalubridade, de periculosidade, de indenização por acidente do trabalho ou qualquer outro atinente à segurança e saúde do trabalhador, o Juiz poderá determinar a notificação da empresa reclamada para trazer aos autos cópias dos LTCAT (Laudo Técnico de Condições Ambientais de Trabalho), PCMSO (Programa de Controle Médico de Saúde Ocupacional) e PPRA (Programa de Prevenção de Riscos Ambientais), e de laudo pericial da atividade ou local de trabalho, passível de utilização como prova emprestada, referentes ao período em que o reclamante prestou serviços na empresa.

Art. 11. Fica revogada a Resolução n. 35/2007.

Art. 12. Esta Resolução entra em vigor na data de sua publicação.

Brasília, 10 de junho de 2010.

Ministro Milton de Moura França

Presidente do Conselho Superior da Justiça do Trabalho

Anexo da Resolução n. 66/2010

TABELA

HONORÁRIOS DOS TRADUTORES E DOS INTÉRPRETES

ATIVIDADES	VALOR (R$)
Tradução/versão de textos: valor até as três primeiras laudas*	— 35,22
Tradução/versão, por lauda excedente às três primeiras	— 9,39
Interpretação em audiências/sessões com até três horas de duração	— 58,70
Interpretação em audiências/sessões, por hora excedente às três primeiras	— 23,48

*Nota: na tradução/versão, cada lauda terá a configuração mínima de trinta e cinco linhas e cada linha terá, pelo menos, setenta toques."

RESOLUÇÃO N. 78, DE 2 DE JUNHO DE 2011, DO CONSELHO SUPERIOR DA JUSTIÇA DO TRABALHO

DEJT 6.6.2011

O CONSELHO SUPERIOR DA JUSTIÇA DO TRABALHO, em sessão ordinária hoje realizada, sob a presidência do Exmo Ministro Conselheiro João Oreste Dalazen (Presidente), presentes os Exmos Ministros Conselheiros Maria Cristina Irigoyen Peduzzi, Antônio José de Barros Levenhagen, Renato de Lacerda Paiva, Emmanoel Pereira e Lelio Bentes Corrêa e os Exmos Desembargadores Conselheiros Gilmar Cavalieri, Márcia Andrea Farias da Silva, Eduardo Augusto Lobato, Marcio Vasques Thibau de Almeida e José Maria Quadros de Alencar, presentes o Exmo Subprocurador-Geral do Trabalho Dr. Luís Antônio Camargo de Melo e o Exmo Juiz Presidente da ANAMATRA, Luciano Athayde Chaves,

Considerando a decisão proferida pelo Plenário no julgamento do Processo n. CSJT-24342-07.2010.5.00.0000,

RESOLVE:

Art. 1º Os §§ 1º e 2º do art. 3º da Resolução n. 66, de 10 de junho de 2010, que regulamenta, no âmbito da Justiça do Trabalho de primeiro e segundo graus, a responsabilidade pelo pagamento e antecipação de honorários do perito, do tradutor e do intérprete, no caso de concessão à parte do benefício de justiça gratuita, passam a vigorar com a seguinte redação:

"§ 1º Os Tribunais Regionais do Trabalho poderão fixar, por meio de atos regulamentares, os valores passíveis de reembolso pela União, a título de honorários periciais, até o montante máximo previsto no *caput* do art. 3º desta Resolução, ou seja, até R$1.000,00 (mil reais);

§ 2º A fixação dos honorários periciais, em valor maior do que o limite estabelecido neste artigo e observada a ressalva que consta do *caput*, deverá ser devidamente fundamentada."

Art. 2º Esta Resolução entra em vigor na data de sua publicação.

Brasília, 2 de junho de 2011.

Ministra Maria Cristina Irigoyen Peduzzi

Vice-Presidente, no exercício da Presidência do Conselho Superior da Justiça do Trabalho

RESOLUÇÃO ADMINISTRATIVA N. 874, DE 1º DE JULHO DE 2002

(DJ 4.7.02)

TESES JURÍDICAS NÃO APRECIADAS PELO TST — TRATAMENTO DIFERENCIADO PARA APRECIAÇÃO DE IMEDIATO — INOVAÇÃO JURISPRUDENCIAL

Certifico e dou fé que o Egrégio Pleno do Tribunal Superior do Trabalho, em sessão ordinária hoje realizada, sob a Presidência do Exmo. Ministro Presidente Francisco Fausto, presentes os Exmos. Ministros Vantuil Abdala, Vice-Presidente, Ronaldo Lopes Leal, Corregedor-Geral da Justiça do Trabalho, Wagner Pimenta, Rider Nogueira de Brito, José Luciano de Castilho Pereira, Milton de Moura França, Gelson de Azevedo, Carlos Alberto Reis de Paula, Antônio José de Barros Levenhagen, João Batista Brito Pereira, Maria Cristina Irigoyen Peduzzi, José Simpliciano Fontes de Faria Fernandes e Renato de Lacerda Paiva e a Exma Vice-Procuradora-Geral do Trabalho, Dra. Guiomar Rechia Gomes, considerando que a Corregedoria-Geral da Justiça do Trabalho constatou que a longa defasagem temporal entre os julgamentos dos TRTs e os do TST vem acarretando a tardia uniformização dos julgados à medida em que, no momento do exame da matéria controvertida no Tribunal Superior do Trabalho, os Tribunais Regionais já assentaram tese sobre ela, e, ausente a uniformização, já mandaram subir centenas de Recursos de Revista ao Tribunal Superior do Trabalho; considerando que a intercorrência de novas normas positivas pode afetar o conteúdo dos verbetes uniformizadores do Tribunal Superior do Trabalho, dando ensejo à indiscriminada subida de Recursos de Revista ao TST por aparente desrespeito a tais verbetes; considerando que o Tribunal Pleno aprovou que se tomassem dois tipos de providências, conforme a natureza dos fenômenos acima descritos, Resolveu, por unanimidade: I — a Corregedoria-Geral da Justiça do Trabalho tomará providências junto aos Presidentes dos Tribunais Regionais do Trabalho e/ou Corregedores Regionais do Trabalho para que, ao admitirem Recursos de Revista ou processarem Agravos de Instrumento abrangendo teses jurídicas que se reiteram no âmbito do Tribunal Regional e ainda não apreciadas pelo TST, identifique os processos respectivos registrando em suas capas a expressão "RA n. 874/2002-TST" em letras destacadas; II — os processos referidos no item I, ao ingressarem no TST, terão autuação, distribuição e julgamento destacados, devendo o setor competente identificá-los na respectiva capa com a expressão "RA n. 874/2002-TST", em todas as fases processuais no âmbito do TST; III — quando do julgamento desses processos, o Relator deverá esclarecer que se trata de hipótese prevista na Resolução Administrativa n. 874/2002 do TST; IV — a Comissão de Jurisprudência e de Precedentes Normativos examinará as eventuais repercussões de novas normas positivas nos verbetes sumulados e de jurisprudência dominante, cabendo-lhe tomar as providências no sentido de, alternativamente, adaptar tais verbetes à nova ordem positiva ou submeter proposta de alteração deles ao Tribunal Pleno.

Sala de Sessões, 1 de julho de 2002.

Valério Augusto Freitas do Carmo,

Diretor-Geral de Coordenação Judiciária

RESOLUÇÃO N. 8, DO CONSELHO SUPERIOR DA JUSTIÇA DO TRABALHO, DE 27 DE OUTUBRO DE 2005

(DJU 3.11.05)

ESTABELECE A TABELA ÚNICA PARA ATUALIZAÇÃO E CONVERSÃO DE DÉBITOS TRABALHISTAS — SISTEMA ÚNICO DE CÁLCULO (SUCJT)

O PRESIDENTE DO CONSELHO SUPERIOR DA JUSTIÇA DO TRABALHO no uso de suas atribuições legais e tendo em conta o decidido no Processo CSJT — 99/2005-000-90-00.1 na Sessão do dia 27 de outubro de 2005;

Considerando que compete ao Conselho Superior da Justiça do Trabalho expedir normas gerais que se refiram a sistemas relativos a atividades auxiliares comuns que necessitem de coordenação central conforme o disposto no art. 5º, inciso II, do Regimento Interno do Conselho Superior da Justiça do Trabalho;

Considerando a ausência de uniformização no sistema de cálculos trabalhistas, atualmente sujeito a critérios díspares no âmbito dos Tribunais Regionais do Trabalho e das Varas do Trabalho;

Considerando a imperiosa necessidade de padronização de critérios para se afastar o tratamento desigual emprestado às partes conforme a Região de que emane o cálculo do débito trabalhista;

Considerando a conveniência de adoção de um sistema unificado de cálculos na Justiça do Trabalho que viabilize o compartilhamento de dados entre usuários internos e externos, visando ao melhor atendimento dos princípios constitucionais da eficiência, da publicidade e da presteza na outorga da prestação jurisdicional;

Considerando o aprimoramento (nova versão) encetado no Sistema Único de Cálculos da Justiça do Trabalho (SUCJT), atualmente franqueado aos interessados no sítio do Tribunal Superior do Trabalho, ao implementar novas funcionalidades visando a atender às necessidades dos usuários;

Resolve

Art. 1º É aprovada a Tabela Única para Atualização e Conversão de Débitos Trabalhistas, constante do Anexo I, que será aplicada na elaboração de todos os cálculos de débitos trabalhistas no âmbito da Justiça do Trabalho.

§ 1º A Tabela Única será disponibilizada a todos os interessados através dos sítios da internet do Conselho Superior da Justiça do Trabalho e do Tribunal Superior do Trabalho.

§ 2º Caberá à Assessoria Econômica do Tribunal Superior do Trabalho:

I — promover a atualização da Tabela Única, até o terceiro dia útil de cada mês, de acordo com a variação da TR do dia 1º ao último dia de cada mês, ou mediante outro índice por que venha a ser substituída;

II — incorporar os novos coeficientes de atualização monetária à Tabela Única disponibilizada na forma do § 1º;

III — apurar os novos coeficientes de atualização monetária mediante arredondamento até a nona casa decimal.

Art. 2º É aprovado, integrado pela Tabela Única a que se refere o art. 1º, o Sistema Único de Cálculos da Justiça do Trabalho — SUCJT (versão 2.4), que será disponibilizado a todos os interessados nos sítios da internet do Conselho Superior da Justiça do Trabalho e do Tribunal Superior do Trabalho.

Art. 3º A Tabela Única para Atualização e Conversão de Débitos Trabalhistas vigerá a partir de 1º de novembro de 2005 e sucederá a todas às demais tabelas afins editadas pelos Tribunais Regionais do Trabalho.

Registre-se. Publique-se. Cumpra-se.

Brasília, 27 de outubro de 2005.

Vantuil Abdala
Presidente do Conselho Superior da Justiça do Trabalho

RESOLUÇÃO ADMINISTRATIVA DO TST/PLENO N. 940, DE 30 DE JUNHO DE 2003

Certifico e dou fé que o Egrégio Pleno do Tribunal Superior do Trabalho, em sessão extraordinária hoje realizada, sob a Presidência do Exmo Sr. Ministro Francisco Fausto Paula de Medeiros, Presidente do Tribunal Superior do Trabalho, presentes os Exmos Srs. Ministros Vantuil Abdala, Vice-Presidente, Ronaldo Lopes Leal, Corregedor-Geral da Justiça do Trabalho, Rider Nogueira de Brito, José Luciano de Castilho Pereira, Milton de Moura França, João Oreste Dalazen, Carlos Alberto Reis de Paula, Antônio José de Barros Levenhagen, João Batista Brito Pereira, José Simpliciano Fontes de Faria Fernandes, Renato de Lacerda Paiva e Emmanoel Pereira, e o Exmo Procurador-Geral do Trabalho, Dr. Guilherme Mastrichi Basso, RESOLVEU, por unanimidade, estabelecer os seguintes procedimentos a serem observados pelas Secretarias e Subsecretarias do Tribunal Superior do Trabalho, em face do disposto na Lei n. 8.906, de 04 de julho de 1994, e no Regulamento-Geral do Estatuto da Advocacia e da Ordem dos Advogados do Brasil:

1. Os processos serão entregues, com carga, ao advogado com poderes de representação nos autos ou a estagiário inscrito na Ordem dos Advogados do Brasil, desde que credenciado, nos termos do art. 29, § 1º, inciso 1I, do Regulamento-Geral do Estatuto da Advocacia e da OAB.

2. O credenciamento do estagiário será feito observando-se os seguintes critérios:

2.1. deverá ser solicitado por advogado, mediante petição dirigida ao Presidente desta Corte, informando o nome e o número de inscrição do estagiário na OAB.

2.2. na petição de credenciamento, o advogado declarará ser o responsável pelos atos praticados pelo estagiário no processo, inclusive os relacionados à retirada e devolução de autos.

2.3. deferido o pedido de credenciamento, o gabinete da Diretoria-Geral de Coordenação Judiciária fará os registros correspondentes no Sistema de Informações Judiciárias do Tribunal, arquivando, em seguida, a petição.

2.4. o credenciamento do estagiário vigorará até o momento em que o advogado, mediante petição, requeira ao Presidente do Tribunal o seu cancelamento.

3. Deverá o servidor, no momento da retirada dos autos da Secretaria ou Subsecretaria, registrar no Sistema de Informações Judiciárias - SIJ os dados do processo, o nome do advogado e do estagiário, os respectivos números de inscrição na OAB, o endereço e telefone do escritório, bem assim a data da entrega dos autos e o dia em que deverão ser restituídos ao Tribunal.

3. A As Secretarias e Subsecretarias desta Corte, quando da entrega de autos em carga a estagiário devidamente credenciado, deverão observar se o advogado credenciante possui poderes de representação nos autos. *(Acrescido pela Resol. Admin. TST n. 1178/06)*

3.1. na entrega e na devolução dos autos, a guia emitida deverá ser assinada pelo servidor e pelo advogado ou estagiário, a fim de se resguardarem responsabilidades.

4. Caso os autos sejam restituídos ao Tribunal em desconformidade com os parâmetros da lei (fora do prazo, faltando volumes, autos danificados etc), a ocorrência deverá ser certificada, para a adoção das providências cabíveis e o imediato descredenciamento do estagiário perante esta Corte, por 60 (sessenta) dias. *(Redação dada pela Resol. Admin. TST n. 962/03)*

4.1. Transcorrido o prazo, o advogado responsável poderá solicitar o recadastramento do estagiário, vedando-se o recredenciamento por mais de uma vez. *(Redação dada pela Resol. Admin. TST n. 962/03)*

5. Havendo acórdão ou despacho pendente de publicação, o advogado constituído no processo poderá ter ciência do inteiro teor do decidido, desde que assine o respectivo Termo de Contrafé. *(Redação dada pela Resol. Admin. TST n. 1178/06)*

5. A Os autos não poderão ser retirados da Secretaria quando estiver correndo prazo comum às partes. *(Acrescido pela Resol. Admin. TST n. 1178/06)*

5.1. do termo lavrado constará advertência no sentido de que a contrafé possui eficácia de intimação.

6. Fica revogada a Resolução Administrativa n. 250/95.

Sala de Sessões, 30 de junho de 2003.

Valério Augusto Freitas do Carmo
Diretor-Geral de Coordenação Judiciária

RESOLUÇÃO ADMINISTRATIVA DO TST/PLENO N. 958, DE 2 DE OUTUBRO DE 2003

(DJ 9.10.03)

Certifico e dou fé que o Egrégio Pleno do Tribunal Superior do Trabalho, em sessão ordinária hoje realizada, sob a Presidência do Exmo. Sr. Ministro Francisco Fausto, Presidente do Tribunal, presentes os Exmos. Srs. Ministros Vantuil Abdala, Vice-Presidente, Ronaldo Lopes Leal, Corregedor-Geral da Justiça do Trabalho, Rider Nogueira de Brito, José Luciano de Castilho Pereira, Milton de Moura França, João Oreste Dalazen, Gelson de Azevedo, Carlos Alberto Reis de Paula, Antônio José de Barros Levenhagen, João Batista Brito Pereira, Maria Cristina Irigoyen Peduzzi, Renato de Lacerda Paiva, Emmanoel Pereira e Lelio Bentes Corrêa, e a Exma. Subprocuradora-Geral do Trabalho, Dra. Ivana Auxiliadora Mendonça Santos, RESOLVEU, por unanimidade: 1) autorizar advogados, estagiários e credenciados a restituírem os autos às secretarias dos Órgãos Judicantes até 2 (dois) dias úteis após o término do prazo legal de devolução; 2) decorrido o prazo de prorrogação, e não restituídos os autos, as secretarias dos Órgãos Judicantes tomarão medidas no intuito de recuperá-los, comunicando o fato ao Presidente do Órgão Judicante, para adoção das providências cabíveis, e 3) havendo necessidade, o Presidente do Órgão Judicante requisitará os autos ao final do prazo legal de restituição.

Sala de Sessões, 2 de outubro de 2003.

Valério Augusto Freitas do Carmo,
Diretor-Geral de Coordenação Judiciária

LEI N. 9.254, DE 3 DE JANEIRO DE 1996

(DOU 4.1.96)

ALTERA A REDAÇÃO DO ART. 12 DA LEI N. 7.520, DE 15 DE JULHO DE 1986

V. Art. 114, da CF

O PRESIDENTE DA REPÚBLICA,

Faço saber que o Congresso Nacional decreta e eu sanciono a seguinte Lei:

Art. 1º O art. 12 da Lei n. 7.520, de 15 de julho de 1986, passa a vigorar com a seguinte redação:

"Art. 12. Compete exclusivamente ao Tribunal Regional do Trabalho da 2ª Região processar, conciliar e julgar os dissídios coletivos nos quais a decisão a ser proferida deva produzir efeitos em área territorial alcançada, em parte, pela jurisdição desse mesmo Tribunal e, em outra parte, pela jurisdição do Tribunal Regional do Trabalho da 15ª Região."

Art. 2º Esta lei entra em vigor na data de sua publicação.

Art. 3º Revogam-se as disposições em contrário.

Brasília, 3 de janeiro de 1996; 175º da Independência e 108º da República.

Fernando Henrique Cardoso,
Nelson A. Jobim

ÍNDICE DA CONSOLIDAÇÃO DOS PROVIMENTOS DA CORREGEDORIA-GERAL DA JUSTIÇA DO TRABALHO — CPCGJT

da parte; emissão de ordem judicial de bloqueio mediante o Sistema BACEN JUD, com precedência sobre outras modalidades de constrição judicial: Provimentos: CPCGJT, art. 85;
— normas sobre o BACEN JUD; sua observância: obrigatoriedade dos juízes: Provimentos — CPCGJT, art. 90
— recebimento das respostas das instituições financeiras; juiz; emissão de ordem judicial eletrônica e demais providências: Provimentos — CPCGJT, art. 89
— Sistema BACEN JUD; incumbência do juiz do trabalho: Provimentos — CPCGJT, art. 86, I a IV
— Sistema BACEN JUD; acesso pelo juiz: Provimentos — CPCGJT, art. 87
— Sistema BACEN JUD; operações de bloqueio, desbloqueio, transferência de valores e solicitação de informações; restritas às senhas dos juízes: Provimentos — CPCGJT, art. 87, parágrafo único
— Tribunal Regional do Trabalho, indicação de dois Másteres, no mínimo, ao Banco Central do Brasil; formalidades: Provimentos — CPCGJT, art. 88

BACEN JUD — CADASTRAMENTO DE CONTA ÚNICA

— cadastramento; grupo econômico; empresa com filiais e situações análogas; faculdade; cadastramento de empresa única; exigências para tal; Provimentos — CPCGJT, art. 93; § 1º, I a IV e § 2º, I e II
— cadastramento de conta única no Sistema BACEN JUD; deferimento e alcance: Provimentos — CPCGJT, art. 94
— cadastramento de pessoas físicas e jurídicas; requerimento e formalidades: Provimentos — CPCGJT, art. 91
— pessoa física ou jurídica; obrigação de manutenção de numerário suficiente para o cumprimento da ordem judicial: Provimentos — CPCGJT, art. 95
— requerimento; a quem é dirigido e as respectivas exigências: Provimentos — CPCGJT, art. 92; § 1º, I a III e § 2º

BACEN JUD — DESCADASTRAMENTO, RECADASTRAMENTO E ALTERAÇÃO DE CONTA ÚNICA

— ausência de numerário na conta cadastrada no sistema BACEN JUD e pedido de providências de iniciativa do juízo da execução: Provimentos — CPCGJT, art. 96, §§ 1º e 2º.
— cadastramento; cancelamento; requerimento do titular da conta única à autoridade que o tenha deferido; prazo para o cancelamento: Provimentos — CPCGJT, art. 104
— desabilitação; hipótese de cadastramento efetivado por outro Tribunal: o Corregedor-Geral comunicará a desabilitação da conta única ao respectivo Tribunal: Provimentos — CPCGJT, art. 99.
— descabimento de pedido de providências na hipótese de suposta recusa da instituição financeira em acatar a ordem judicial de transferência do numerário bloqueado: Provimentos — CPCGJT, art. 97
— descadastramento; ausência de numerário bastante para atender à ordem judicial de bloqueio, a ordem será direcionada às demais instituições financeiras e a conta única poderá ser descadrastrada e justificativa da parte interessada: Provimentos — CPCGJT, art. 98 e parágrafo único
— inatividade da instituição financeira mantenedora da conta única cadastrada implicará a desabilitação automática do cadastramento: Provimentos — CPCGJT, art. 102
— ônus da pessoa física ou jurídica titular de conta única cadastrada no Sistema BACEN JUD pelo zelo da regularidade dos dados cadastrados, requerendo em tempo oportuno as alterações que se fizerem necessárias, de forma a manter a conta apta ao recebimento de ordens judiciais de bloqueios eletrônicos - Provimentos — CPCGJT, art. 105
— pedidos de recadastramento, bem como os de alteração da conta cadastrada ou pedido de alteração de conta única cadastrada em outro local: Provimentos — CPCGJT, art. 103, parágrafo único
— recadastramento; requerimento: executado, recadastramento da conta ou indicação de outra para bloqueio após 6 (seis) meses da data de publicação da decisão de descredenciamento no Diário Eletrônico da Justiça do Trabalho: Provimentos — CPCGJT, art. 100
— reincidência quanto à ausência de fundos para o atendimento das ordens judiciais de bloqueio implicará novo descadastramento, desta vez pelo prazo de 1 (um) ano; postulação de novo recadastramento e descadastramento definitivo: Provimentos — CPCGJT, art. 101, §§ 1º e 2º

CARTEIRA DE TRABALHO E PREVIDÊNCIA SOCIAL

— ausência de registros obrigatórios na Carteira de Trabalho e Previdência Social do empregado ou nos casos de retificação de dados; determinação judicial e providencias: Provimentos — CPCGJT, art. 50
— anotação de verba com repercussão no cálculo da contribuição previdenciária; comunicação à Secretaria da Receita Federal do Brasil, no prazo de 48 (quarenta e oito) horas: Provimentos — CPCGJT, art. 51
— anotação decorrente de sentença judicial; comunicação apenas após o trânsito em julgado da decisão: Provimentos — CPCGJT, art. 51, parágrafo único

CLASSES PROCESSUAIS E ASSUNTOS — TABELAS PROCESSUAIS UNIFICADAS

— aperfeiçoamento de tabelas de assunto; Grupos Gestores Regionais, Proposição ao Grupo Gestor Nacional: Provimentos — CPCGJT, art. 29, §§ 1º e 2º
— ausência de classe processual específica na respectiva tabela unificada; classificado pelo gênero da ação, quando possível: Provimentos — CPCGJT, art. 28
— Grupo Gestor Regional e Grupo Gestor Nacional; Possibilidade de novas classes processuais: Provimentos — CPCGJT, art. 28, §§ 1º e 2º
— registros e classes sociais e dos assuntos: Provimentos — CPCGJT, art. 26 e parágrafo único
— utilização de classes sociais não aprovadas pelo CNJF; vedação: Provimentos — CPCGJT, art. 27

CONTRIBUIÇÕES SOCIAIS — RECLAMAÇÃO TRABALHISTA AJUIZADA CONTRA MASSA FALIDA

— certidão de habilitação de crédito previdenciário; documentos a ela anexados e autenticação (cópias autenticadas pelas secretarias das varas do trabalho, sem prejuízo do que autoriza o artigo 830 da CLT: Provimentos — CPCGJT, art. 107, I a VI e parágrafo único
— certidão de habilitação de crédito previdenciário; documentos que a instruem; encaminhamento, por ofício, ao administrador judicial do processo de falência, dando-se ciência do ato ao representante judicial da União: Provimentos — CPCGJT, art. 108.
— reclamações trabalhistas ajuizadas contra massa falida; valores devidos a título de contribuições sociais: certidão de habilitação de crédito previdenciário e os dados que deverão conter: Provimentos — CPCGJT, art. 106, I a VIII

— Membros do MTP; assento à direita do Presidente nas audiências das Varas do Trabalho; na condição de parte ou fiscal da lei, desde que haja condições disponíveis: Provimentos — CPCGJT, art. 22, parágrafo único

— Membros do MTP; presença em sessão convertida em conselho pelos Tribunais Regionais do Trabalho; permissão: Provimentos — CPCGJT, art. 21

— Procuradorias Regionais do Trabalho; pareceres; hipóteses: Provimentos — CPCGJT, art. 20

— Procuradorias Regionais do Trabalho: processos nos quais figure como parte pessoa jurídica de direito público, Estado estrangeiro ou organismo internacional; encaminhamento: Provimentos — CPCGJT, art. 20, parágrafo único

NORMAS PROCEDIMENTAIS ADMINISTRATIVAS

— disponibilização dos Despachos e Decisões na Internet: Provimentos — CPCGJT, art. 112 e parágrafo único

— informações Estatísticas (Sistema de Gerenciamento de Informações Administrativas e Judiciárias da Justiça do Trabalho — e-Gestão): Provimentos — CPCGJT, arts. 113 a 122.

NORMAS PROCEDIMENTAIS DO PROCESSO

— numeração única: Provimentos — CPCGJT, art. 25

— registros, autuação, exceção: Provimentos — CPCGJT, art. 23, I IV e parágrafo único

— Tribunais Regionais do Trabalho e Varas do Trabalho; manutenção de dados (histórico relativo aos registros); obrigação de envio de informações: Provimentos — CPCGJT, art. 24 e parágrafo único

OUTRAS DISPOSICÕES

— disposição transitória; enquanto não houver a substituição de que trata o *caput* do artigo 113 desta Consolidação, as unidades jurisdicionais nele mencionadas deverão manter o envio do boletim estatístico para a Coordenadoria de Estatística e Pesquisa do Tribunal Superior do Trabalho: Provimentos — CPCGJT, art. 123

— disposições finais: Vigência: Provimentos — CPCGJT, art. 124

— revogação de disposições em contrário: Provimentos — CPCGJT, art. 125

PROCEDIMENTOS EM AUTOS FÍSICOS

— abertura de novos volumes e sem desmembramento; Provimentos — CPCGJT, art. 40

— capa, sem numeração; procedimento: Provimentos — CPCGJT, art. 41

— folhas em branco: Provimentos — CPCGJT, art. 39

— juntada de documento de tamanho irregular: Provimentos — CPCGJT, art. 37

— numeração das folhas: Provimentos — CPCGJT, art. 38

— autenticação de cópias de peças; expedição e conteúdo: Provimentos — CPCGJT, art. 42, §§ 1º e 2º

— autenticação pelo próprio advogado, sob sua responsabilidade pessoal; Lei n. 11.926/2009: Provimentos — CPCGJT, art. 43.

— carga dos autos; prazo comum; exigências: Provimentos — CPCGJT, art. 44.

— aposição de assinatura e rubrica: Provimentos — CPCGJT, art. 45

— notificação de Entes Públicos, Estado Estrangeiro ou Organismo Internacional — Provimentos — CPCGJT, art. 46

RECURSO DE REVISTA

— decisões de admissibilidade do recurso de revista: identificação da especificidade ou a inespecificidade dos arestos paradigmas e/ou a vulneração ou não de dispositivo de lei e/ou da Constituição da República: lindes do juízo de prelibação dos recursos; art. 896, § 1º, da CLT; limites e exceção (Súmula n. 285): Provimentos — CPCGJT, art. 63

—intimação; decisões de admissibilidade dos recursos de revista: basta sua divulgação no órgão oficial: Provimentos — CPCGJT, art. 64

— juízo conciliatório em recurso de revista: conveniência e oportunidade; avaliação do Presidente do Tribunal Regional do Trabalho: Provimentos — CPCGJT, art. 65

REGISTRO DO NOME DAS PARTES E ADVOGADOS

— identificação das partes e finalidades: Provimentos — CPCGJT, art. 32

— informações; apresentação (salvo impossibilidade que comprometa o acesso à justiça; exceções): Provimentos — CPCGJT, art. 33, "a" e "b" e

— informações; prazo: Provimentos — CPCGJT, art. 34

— registro e padrões: Provimentos — CPCGJT, art. 30, I a VI

— sócio; inclusão e autuação: Provimentos — CPCGJT, art. 31

SEGREDO DE JUSTIÇA

— identificação na capa dos autos e no sistema informatizado:- Provimentos — CPCGJT, art. 36 e parágrafo único

TERMOS E CERTIDÕES

— termos, exigências; data e assinatura do servidor que os tenha firmado: Provimentos — CPCGJT, art. 52.

— termos que constarão da certidão de julgamento em segundo grau de jurisdição: Provimentos — CPCGJT, art. 53, I a XI

TRAMITAÇÃO PREFERENCIAL

— registro na capa dos autos e dizeres conforme o caso, letras "a" a "e": Provimentos — CPCGJT, art. 35

CONSOLIDAÇÃO DOS PROVIMENTOS DA CORREGEDORIA-GERAL DA JUSTIÇA DO TRABALHO

(DEJT 17.8.12)

O Ministro Corregedor-Geral da Justiça do Trabalho, no uso das atribuições que lhe confere o artigo 6º, inciso V, do Regimento Interno da Corregedoria-Geral da Justiça do Trabalho,

Considerando que a Consolidação dos Provimentos da Corregedoria-Geral da Justiça do Trabalho destina-se ao disciplinamento de normas procedimentais aplicáveis no âmbito das Varas do Trabalho e dos Tribunais Regionais do Trabalho;

Considerando ser imperativa a compatibilização da atual Consolidação com a dinâmica legislativa e a própria mudança de práticas procedimentais;

RESOLVE:

Atualizar e sistematizar a Consolidação dos Provimentos da Corregedoria-Geral da Justiça do Trabalho, que passará a vigorar com a seguinte redação:

CONSOLIDAÇÃO DOS PROVIMENTOS DA CORREGEDORIA-GERAL DA JUSTIÇA DO TRABALHO

TÍTULO I

Disposição Inicial

Art. 1º A Consolidação dos Provimentos da Corregedoria-Geral da Justiça do Trabalho tem por finalidade o disciplinamento sistematizado de regras procedimentais a serem observadas no âmbito do Judiciário do Trabalho de primeiro e segundo graus de jurisdição.

TÍTULO II

Disposições Gerais

CAPÍTULO I

Magistrado

Seção I

Vitaliciamento

Art. 2º Os tribunais regionais do trabalho editarão resolução administrativa regulamentando o procedimento de vitaliciamento de juiz do trabalho substituto.

Art. 3º O procedimento de vitaliciamento, sob a condução e responsabilidade do desembargador corregedor regional, será iniciado a partir do exercício na magistratura.

PARÁGRAFO ÚNICO. A corregedoria regional, para esse fim, formará autos de procedimento administrativo individualizado referente a cada juiz.

Art. 4º Constituem requisitos para o vitaliciamento:

I — a frequência e o aproveitamento no Curso de Formação Inicial, Módulo Nacional, ministrado pela Escola de Formação e Aperfeiçoamento de Magistrados do Trabalho — Enamat;

II — a frequência e o aproveitamento no Curso de Formação Inicial, Módulo Regional, ministrado pela escola judicial da região respectiva;

III — a permanência, no mínimo, de 60 (sessenta) dias à disposição da escola judicial regional, com aulas teórico-práticas intercaladas e integradas com prática jurisdicional;

IV — a submissão à carga semestral de 40 (quarenta) horas-aula e anual de 80 (oitenta) horas-aula de atividades de formação inicial, conjugadas com aulas teóricas e práticas, sob a supervisão da escola judicial regional.

Art. 5º Compete ao desembargador corregedor regional avaliar permanentemente o juiz vitaliciando no que tange ao desempenho, à idoneidade moral e à adaptação para o exercício do cargo.

PARÁGRAFO ÚNICO. A avaliação de desempenho será realizada mediante a análise dos dados colhidos pela secretaria da corregedoria regional, cabendo ao desembargador corregedor regional determinar as providências necessárias junto aos diversos setores do tribunal para instrução do expediente.

Art. 6º O desembargador corregedor regional avaliará o desempenho do juiz vitaliciando levando em conta critérios objetivos de caráter qualitativo e quantitativo do trabalho desenvolvido.

§ 1º O critério qualitativo se valerá, dentre outros, dos seguintes parâmetros:

I — exame da estrutura lógico-jurídica dos pronunciamentos decisórios emitidos, bem como pela presteza e segurança no exercício da função jurisdicional, e também pelos seguintes aspectos:

II — cursos de que participou o magistrado, para aperfeiçoamento profissional, promovidos por instituições oficiais ou por instituições particulares reconhecidas pela Escola Nacional de Formação e Aperfeiçoamento de Magistrados do Trabalho — Enamat, e grau de aproveitamento obtido;

III — número de correições parciais e pedidos de providências contra o magistrado e respectiva solução;

IV — elogios recebidos e penalidades sofridas.

§ 2º O critério quantitativo se valerá dos dados estatísticos referentes à produtividade e, ainda, pelo:

I — número de audiências presididas pelo juiz em cada mês, bem como o daquelas a que não compareceu sem causa justificada;

II — prazo médio para julgamento de processos depois de encerrada a audiência de instrução;

III — número de sentenças prolatadas em cada mês;

IV — número de decisões em liquidação de sentença que não seja meramente homologatória de cálculo e número de decisões prolatadas em embargos à execução, embargos à arrematação, embargos de terceiro e embargos à adjudicação;

V — uso efetivo e constante dos Sistemas BACEN JUD, INFOJUD e RENAJUD e de outras ferramentas tecnológicas que vierem a ser disponibilizadas pelo tribunal;

VI — uso regular do Sistema BACEN JUD, entendido como irregular se o magistrado, em relação aos valores bloqueados, abster-se, injustificadamente, de ordenar a transferência eletrônica para depósito em banco oficial ou de emitir ordem de desbloqueio.

Art. 7º No momento em que o juiz do trabalho substituto completar 1 (um) ano e 6 (seis) meses de exercício da magistratura, incumbe ao desembargador corregedor regional e ao desembargador diretor da escola judicial do respectivo tribunal regional do trabalho emitirem pareceres, no prazo comum de 60 (sessenta) dias, a respeito do vitaliciamento, submetendo-os prontamente à apreciação do Órgão Especial ou do Tribunal Pleno.

PARÁGRAFO ÚNICO. Faculta-se ao desembargador corregedor regional e ao desembargador diretor da escola judicial a emissão conjunta do parecer a que se refere o *caput* deste parágrafo.

Art. 8º O tribunal, antes de o juiz do trabalho substituto completar 2 (dois) anos de exercício, deliberará sobre o vitaliciamento.

SEÇÃO II

Local de Residência do Juiz

Art. 9º O juiz titular residirá na sede em que se encontra instalada a vara do trabalho, salvo autorização do Tribunal.

Art. 10. Os tribunais regionais do trabalho, em casos excepcionais, poderão conceder aos magistrados autorização para fixar residência fora da sede da vara do trabalho, desde que não haja prejuízo à efetiva prestação jurisdicional.

PARÁGRAFO ÚNICO. As autorizações serão concedidas caso a caso.

Art. 11. Os tribunais regionais do trabalho disciplinarão os critérios objetivos de autorização, em caráter excepcional, para que o juiz titular resida fora da sede da respectiva vara (Resolução n. 37/2007 do CNJ), contemplando, exemplificativamente, os seguintes requisitos:

I — cumprimento dos prazos legais;

II — assiduidade do magistrado, compatível com o movimento processual da vara do trabalho.

SEÇÃO III

Impedimentos e Suspeições

Art. 12. Se o juiz de primeiro grau não reconhecer o impedimento ou a suspeição alegada, será aplicado o procedimento previsto nos artigos 313 e 314 do CPC, exceto, quanto a este último, na parte relativa à condenação às custas ao magistrado.

PARÁGRAFO ÚNICO. Acolhido o impedimento ou a suspeição do juiz, será designado outro magistrado para dar prosseguimento ao processo, incluindo-o em pauta de julgamento, se for o caso, no prazo máximo de 10 (dez) dias.

Art. 13. Na hipótese de impedimento ou suspeição de desembargador do trabalho, contemporânea ao julgamento do processo, este será mantido em pauta com a convocação de outro desembargador para compor o *quorum* do julgamento.

SEÇÃO IV

Dever de Comunicação à OAB de Incompatibilidade ou Impedimento ao Exercício da Advocacia

Art. 14. O magistrado que tiver conhecimento de incompatibilidade ou impedimento para o exercício da advocacia, nos termos dos artigos 27 a 30 da Lei n. 8.906/1994, comunicará à Ordem dos Advogados do Brasil — OAB.

PARÁGRAFO ÚNICO. A comunicação será limitada à descrição dos fatos ensejadores da incompatibilidade ou do impedimento, sendo vedado ao magistrado externar sobre eles juízo de valor.

CAPÍTULO II

Corregedor Regional

Seção I

Deveres e Vedações

Art. 15. É dever do desembargador corregedor regional:

I — realizar correição ordinária anual presencial nas varas do trabalho e demais unidades judiciárias da região, sem prejuízo de correição extraordinária;

II — apurar e controlar a regularidade na utilização do Sistema BACEN JUD pelos juízes titulares de vara do trabalho e substitutos, em especial nas correições ordinárias, verificando se há casos em que, injustificadamente, o magistrado não emitiu ordem eletrônica de transferência de valores bloqueados ou de desbloqueio em tempo razoável, cumprindo-lhe adotar, se for o caso, as providências administrativas para orientação dos juízes e coibição de irregularidades detectadas;

III — promover a apuração de responsabilidade funcional de juízes de vara do trabalho da região, titulares e substitutos, em caso de infração disciplinar, observadas as disposições normativas a respeito.

Art. 16. É lícito aos presidentes, vice-presidentes e corregedores dos tribunais regionais do trabalho procederem à convocação de juízes de primeiro grau em auxílio às atribuições inerentes à Presidência, à Vice-Presidência e à Corregedoria-Regional (Resolução n. 72 do CNJ).

PARÁGRAFO ÚNICO. É dado, também, ao presidente do tribunal convocar um juiz auxiliar para atuação exclusiva na gestão e supervisão dos procedimentos relacionados aos precatórios e requisições de pequeno valor (Resolução n. 149 do CNJ).

Art. 17. É vedado ao desembargador corregedor regional:

I — convocar juiz titular de vara do trabalho ou juiz do trabalho substituto para auxiliar nas correições;

II — permitir que magistrado de primeiro grau, estranho à vara do trabalho sob correição, acompanhe a atividade correicional ou manipule processos em trâmite na vara corrigenda;

III — delegar atribuições instrutórias a juiz auxiliar da Corregedoria, em procedimento, de qualquer natureza, instaurado contra magistrado de primeiro grau.

SEÇÃO II

Correições Ordinárias nas Varas do Trabalho

Art. 18. Por ocasião da correição ordinária anual em cada vara do trabalho, são aspectos de exame e registro obrigatório em ata:

I — a averiguação da existência ou não de pronunciamento explícito sobre a admissibilidade dos recursos ordinários e agravos de petição interpostos, não se reputando atendida a exigência em caso de despacho nos quais haja referência às locuções "Processe-se o recurso, na forma da lei" ou "Admito o recurso, na forma da lei";

II — a assiduidade na vara do trabalho do juiz titular ou substituto;

III — a quantidade de dias da semana em que se realizam audiências;

IV — os principais prazos da vara do trabalho (inicial, instrução e julgamento) e o número de processos aguardando sentença na fase de conhecimento e incidentais à fase de execução;

V — a análise de processos, por amostragem, na fase de execução, em especial para averiguar-se:

a) o exaurimento das iniciativas do juiz objetivando tornar exitosa a execução mediante a utilização do BACEN JUD, INFOJUD, RENAJUD e a aplicação subsidiária dos artigos 599, 600 e 601 do CPC;

b) o registro, no sistema informatizado, de todos os atos processuais relevantes praticados, mormente liquidação de sentença, quitação, oposição de embargos e data de conclusão ao juiz para sentença em processos incidentais;

c) a fiscalização do uso regular dos sistemas BACEN JUD e INFOJUD;

d) se o juiz, imediatamente após a liquidação da sentença, em que se apure crédito de valor inequivocamente superior ao do depósito recursal, haja ordenado a pronta liberação deste em favor do credor, de ofício ou a seu requerimento;

e) se há inclusão em pauta de processos na fase de execução;

f) se há registro fidedigno, no sistema informatizado, dos principais atos processuais praticados;

g) se foi determinada pelo juiz a citação do sócio em caso de desconsideração da personalidade jurídica da empresa executada, por meio de decisão fundamentada, para que, no prazo de 48 (quarenta e oito) horas, indique bens da sociedade (artigo 596 do CPC) ou, não os havendo, garanta a execução, sob pena de penhora, com o fim de habilitá-lo à via dos embargos à execução para imprimir, inclusive, discussão sobre a existência ou não da sua responsabilidade executiva secundária.

CAPÍTULO III

Ministério Público do Trabalho

Art. 19. Os membros do Ministério Público do Trabalho serão cientificados pessoalmente das decisões proferidas pelo Judiciário do Trabalho nas causas em que o órgão haja atuado como parte ou como fiscal da lei.

PARÁGRAFO ÚNICO. As intimações serão pessoais, mediante o envio dos autos às respectivas sedes das procuradorias regionais do trabalho, ou da forma como for ajustado entre o Presidente do Tribunal e o Procurador-Chefe Regional.

Art. 20. Às Procuradorias Regionais do Trabalho serão enviados processos para parecer nas seguintes hipóteses:

I — obrigatoriamente, quando for parte pessoa jurídica de direito público, Estado estrangeiro ou organismo internacional;

II — facultativamente, e de forma seletiva, por iniciativa do relator, quando a matéria, por sua relevância, recomendar a prévia manifestação do Ministério Público;

III — por iniciativa do Ministério Público do Trabalho, quando este reputar presente interesse público que justifique a sua intervenção;

IV — por determinação legal, os mandados de segurança, de competência originária ou em grau recursal, as ações civis coletivas, os dissídios coletivos, caso não haja sido emitido parecer na instrução, e os processos em que forem parte indígena ou respectivas comunidades e organizações.

PARÁGRAFO ÚNICO. Os processos nos quais figure como parte pessoa jurídica de direito público, Estado estrangeiro ou organismo internacional serão encaminhados às Procuradorias Regionais do Trabalho imediatamente após os registros de autuação, salvo se houver necessidade de pronta manifestação do desembargador do trabalho relator.

Art. 21. É permitida a presença dos membros do Ministério Público do Trabalho em sessão convertida em conselho pelos Tribunais Regionais do Trabalho.

Art. 22. Será assegurado aos membros do Ministério Público do Trabalho assento à direita da presidência no julgamento de qualquer processo, judicial ou administrativo, em curso perante Tribunais Regionais do Trabalho.

PARÁGRAFO ÚNICO. Igual prerrogativa será assegurada nas audiências das varas do trabalho a que comparecer o membro do Ministério Público do Trabalho, na condição de parte ou na de fiscal da lei, desde que haja disponibilidade de espaço ou possibilidade de adaptação das unidades judiciárias (Resolução n. 7/2005 do CSJT).

CAPÍTULO IV

Normas Procedimentais do Processo

SEÇÃO I

Autuação

Art. 23. Constarão dos registros de autuação dos processos judiciais do Judiciário do Trabalho de primeiro e segundo graus os seguintes dados, exceto se a informação não estiver disponível nos autos ou nos sistemas informatizados do tribunal:

I — Cadastro geral do processo:

a) classe do processo;

b) número do processo, na forma instituída pelas disposições normativas vigentes;

c) data de autuação;

d) número do processo de referência, se houver;

e) assuntos;

f) valor da causa;

g) tribunal regional do trabalho de origem;

h) vara do trabalho de origem;

i) comarca de origem;

j) quantidade de volumes, se for o caso;

l) quantidade de apensos, se for o caso;

m) quantidade de volume de documentos, se for o caso;

n) data de ajuizamento da ação;

o) data de envio do processo;

p) segredo de justiça, menor, falência, idoso, portador de doença grave, deficiente físico, procedimento sumaríssimo, Resolução Administrativa n. 874/2002 do TST e acidente de trabalho.

II — Registro das partes:

a) nome completo e endereço;

b) RG (e órgão expedidor);

c) CNPJ ou CPF;

d) CEI (número da matrícula do empregador pessoa física perante o INSS);

e) NIT (número de inscrição do trabalhador perante o INSS);

f) PIS ou PASEP;

g) CTPS;

h) pessoa física ou pessoa jurídica;

i) empregado ou empregador;

j) ente público (União/estado-membro/Distrito Federal/município);

l) código do ramo de atividade do empregador;

m) situação das partes no processo (ativa/não ativa).

III — Registro de advogados e estagiários:

a) nome completo;

b) endereço;

c) número de registro na OAB, letra, unidade da federação;

d) situação no processo (ativo/não ativo, registro suspenso, data de início da suspensão, data do término da suspensão, registro cassado).

IV — Cadastro relativo às partes e advogados:

a) endereço;

b) complemento (sala, bloco, apartamento, etc.);

c) bairro;

d) cidade;

e) unidade da federação;

f) CEP;

g) telefone;

h) fac-símile;

i) correio eletrônico.

PARÁGRAFO ÚNICO. Os códigos das atividades econômicas constam do Anexo I e os dados contidos nos incisos I, II, III e IV do *caput* deste artigo bem como o tamanho dos campos correspondentes constam do Anexo II, ambos desta Consolidação.

Art. 24. Os tribunais regionais do trabalho e as varas do trabalho manterão em suas bases de dados o histórico relativo aos registros das partes e advogados, sendo obrigatório o envio dessas informações ao órgão de destino do processo.

PARÁGRAFO ÚNICO. A transferência de dados entre os órgãos do Judiciário do Trabalho ocorrerá em meio digital, obedecendo aos critérios definidos pela Corregedoria-Geral da Justiça do Trabalho.

SUBSEÇÃO I

Numeração Única

Art. 25. Os processos judiciais receberão numeração única, na forma das disposições normativas vigentes, vedando-se o registro e a publicidade de número diverso.

SUBSEÇÃO II

Classes Processuais e Assuntos — Tabelas Processuais Unificadas

Art. 26. O registro das classes processuais e dos assuntos observará as tabelas processuais unificadas aprovadas pelo Conselho Nacional de Justiça.

PARÁGRAFO ÚNICO. As tabelas unificadas de classes processuais e de assuntos serão disponibilizadas aos tribunais regionais do trabalho e às varas do trabalho, pela Corregedoria-Geral da Justiça do Trabalho, na página do Tribunal Superior do Trabalho na Internet.

Art. 27. É vedada a utilização de classes processuais não aprovadas pelo Conselho Nacional de Justiça.

Art. 28. Na ausência de classe processual específica na respectiva tabela unificada, o processo será classificado pelo gênero da ação, quando possível.

§ 1º Neste caso, cópia da inicial será imediatamente remetida ao Grupo Gestor Regional das Tabelas Processuais Unificadas, para exame da necessidade de se criar nova classe processual.

§ 2º O Grupo Gestor Regional, na hipótese de emitir parecer favorável, encaminhará ao Grupo Gestor Nacional a proposta de criação da nova classe processual.

Art. 29. Os tribunais regionais do trabalho, por intermédio dos respectivos Grupos Gestores Regionais, poderão propor ao Grupo Gestor Nacional o aperfeiçoamento da Tabela de Assuntos.

§ 1ºEm caso de inexistência do assunto na respectiva tabela processual unificada, o classificador registrará o tema novo no sistema e comunicará imediatamente a providência ao Grupo Gestor Regional.

§ 2ºO Grupo Gestor Regional das Tabelas Processuais Unificadas examinará a necessidade de criar o novo assunto e, em caso de parecer favorável, enviará a proposta ao Grupo Gestor Nacional para deliberação.

Subseção III

Registro do Nome das Partes e Advogados

Art. 30. No registro do nome de partes e advogados, serão observados os seguintes padrões:

I — o cadastramento de partes no processo deverá ser realizado, prioritariamente, pelo nome ou razão social constante do cadastro de pessoas físicas ou jurídicas perante a Secretaria da Receita Federal do Brasil, mediante alimentação automática, observados os convênios e condições tecnológicas disponíveis, vedado o uso dos tipos itálico e negrito;

II — as abreviaturas de palavras são vedadas, salvo se impossível identificar sua escrita completa ou fizerem parte do nome fantasia ou da razão social do empregador;

III — as seguintes siglas serão adotadas como padrão: S.A., Ltda., S/C, Cia. e ME;

IV — as siglas que não fazem parte da razão social serão grafadas após o nome da empresa, em letras maiúsculas e precedidas de hífen;

V — os registros complementares ao nome da parte serão grafados da seguinte forma, exemplificativamente: José da Silva (Espólio de), União (Extinto INAMPS), Banco do Estado do Rio de Janeiro S.A. — BANERJ (em Liquidação Extrajudicial), José da Silva e Outro;

VI — na grafia do nome de autoridades, não se utilizará pronome de tratamento.

Art. 31. O nome do sócio constará da autuação do processo sempre que incluído pelo juiz no polo passivo da execução.

Subseção IV
Identificação das Partes

Art. 32. O juiz zelará pela precisa identificação das partes no processo, a fim de propiciar o cumprimento das obrigações fiscais e previdenciárias, o levantamento dos depósitos de FGTS, o bloqueio eletrônico de numerário em instituições financeiras e o preenchimento da guia de depósito judicial trabalhista.

Art. 33. Salvo impossibilidade que comprometa o acesso à justiça, o juiz do trabalho determinará às partes a apresentação das seguintes informações:

a) no caso de pessoa física, o número da CTPS, RG e órgão expedidor, CPF e PIS/PASEP ou NIT (Número de Inscrição do Trabalhador);

b) no caso de pessoa jurídica, o número do CNPJ e do CEI (Cadastro Específico do INSS), bem como cópia do contrato social ou da última alteração feita no contrato original, constando o número do CPF do(s) proprietário(s) e do(s) sócio(s) da empresa demandada.

PARÁGRAFO ÚNICO. Não sendo possível obter das partes o número do PIS/PASEP ou do NIT, no caso de trabalhador, e o número da matrícula no Cadastro Específico do INSS — CEI, relativamente ao empregador pessoa física, o juiz determinará à parte que forneça o número da CTPS, a data de seu nascimento e o nome da genitora.

Art. 34. À parte será assegurado prazo para apresentar as informações, sem prejuízo da continuidade da audiência.

SUBSEÇÃO V
Tramitação Preferencial

Art. 35. Os tribunais regionais do trabalho e as varas do trabalho, nos processos com tramitação preferencial, registrarão, na capa dos autos, em letras destacadas, os seguintes dizeres, conforme o caso:

a)"TRAMITAÇÃO PREFERENCIAL — Lei n. 12.008/ 2009";

b)"TRAMITAÇÃO PREFERENCIAL — Recuperação Judicial ou Falência";

c)"TRAMITAÇÃO PREFERENCIAL — Rito Sumaríssimo";

d)"TRAMITAÇÃO PREFERENCIAL — Resolução Administrativa n.

874/2002 do TST";

e)"TRAMITAÇÃO PREFERENCIAL — Acidente de Trabalho" (Recomendação Conjunta n. 1/GP.CGJT, de 3 de maio de 2011).

SUBSEÇÃO VI
Segredo de Justiça

Art. 36. Os processos protegidos pelo segredo de justiça receberão na capa dos autos a seguinte identificação: "SEGREDO DE JUSTIÇA".

PARÁGRAFO ÚNICO. A informação de que o processo está protegido pelo segredo de justiça constará, também, dos sistemas informatizados de acompanhamento processual das varas do trabalho e do tribunal.

SEÇÃO II
Procedimentos em Autos Físicos

SUBSEÇÃO I
Juntada de Documento de Tamanho Irregular

Art. 37. Para que todas as folhas dos autos do processo apresentem a mesma dimensão, os documentos de tamanho irregular serão previamente afixados em folha de papel proporcional aos autos.

SUBSEÇÃO II
Numeração das Folhas

Art. 38. As folhas serão numeradas em sequência, vedando-se a prática de repetir o número da folha anterior acrescido de letra do alfabeto.

SUBSEÇÃO III
Folhas em Branco

Art. 39. As folhas em branco de autos do processo serão inutilizadas mediante o registro dos dizeres "EM BRANCO", provendo-se a identificação do serventuário que o tiver lançado.

SUBSEÇÃO IV
Abertura de Novos Volumes

Art. 40. Sempre que os autos do processo atingirem cerca de 200 (duzentas) folhas, será aberto novo volume.

PARÁGRAFO ÚNICO. Na abertura do novo volume, não haverá desmembramento de petição nem de atos processuais.

Art. 41. A capa do volume de autos do processo não será numerada, iniciando-se a numeração das folhas do volume recém aberto a partir da última folha do volume imediatamente anterior.

SUBSEÇÃO V
Autenticação de Cópias de Peças

Art. 42. As fotocópias de acórdãos expedidas pelos serviços competentes dos tribunais regio nais do trabalho conterão a indispensável autenticação.

§ 1ºAutenticada a cópia, a fotocópia que se extrair dessa peça também deverá estar autenticada.

§ 2ºAs cópias reprográficas, xerográficas e similares de peças processuais poderão ser autenticadas por chancela mecânica, indicativa do órgão emitente, servidor responsável, cargo e data, sendo desnecessária a existência de rubrica nas referidas peças processuais.

Legislação Complementar

Art. 43. O documento em cópia oferecido para prova, a partir da vigência da Lei 11.926/2009, de 17.4.2009, poderá ser declarado autêntico pelo próprio advogado, sob sua responsabilidade pessoal.

SUBSEÇÃO VI

Carga dos Autos — Prazo Comum

Art. 44. Os autos dos processos que não tramitem em segredo de justiça poderão ser confiados em carga temporária de até 45 (quarenta e cinco) minutos a advogado, mesmo sem procuração, para exame e obtenção de cópias, mediante exibição de documento de identificação profissional e registro no livro de carga (artigo 7º, inciso XIII, da Lei n. 8.906/94).

PARÁGRAFO ÚNICO. Idêntica providência poderá ser adotada em favor de advogado regularmente constituído nos autos, no caso prazo comum.

SUBSEÇÃO VII

Aposição de Assinatura e Rubrica

Art. 45. A assinatura e rubrica apostas nas decisões, termos, despachos, atos e documentos judiciais de autos físicos serão seguidas da repetição completa do nome do signatário e da indicação do respectivo cargo ou função.

SEÇÃO III

Notificação de Entes Públicos, Estado Estrangeiro ou Organismo Internacional

Art. 46. As secretarias das varas do trabalho velarão para que nas ações ajuizadas em desfavor de entes públicos (Decreto-lei n. 779/69), inclusive Estado estrangeiro ou organismo internacional, observe-se lapso temporal para preparação da defesa de, no mínimo, 20 (vinte) dias entre o recebimento da notificação citatória e a realização da audiência.

SEÇÃO IV

Audiências — Normas Procedimentais no Dissídio Individual

Art. 47. Constarão da ata ou termo de audiência:

I — o motivo determinante do adiamento da audiência na vara do trabalho, inclusive daquele requerido de comum acordo pelas partes;

II — o registro da outorga, pela parte, em audiência, de poderes de representação ao advogado que a esteja acompanhando.

PARÁGRAFO ÚNICO. As secretarias dos tribunais regionais do trabalho e das varas do trabalho, quando solicitadas, fornecerão às partes certidão da outorga de procuração *apud acta*.

SEÇÃO V

Prova Pericial

Art. 48. Aplica-se à prova pericial o disposto no artigo 420, parágrafo único, incisos I a III, do CPC (artigo 769 da CLT).

PARÁGRAFO ÚNICO. Sempre que ordenada a realização de perícia, o diretor de secretaria registrará o respectivo objeto no sistema.

Art. 49. Em caso de concessão do benefício da justiça gratuita, os honorários periciais a cargo do reclamante sucumbente arbitrados pelo juiz poderão ser suportados por recursos do orçamento dos tribunais regionais do trabalho, nos limites e condições estabelecidos nas normas regulamentares vigentes.

SEÇÃO VI

Anotação na Carteira de Trabalho e Previdência Social

Art. 50. Na falta de registros obrigatórios na Carteira de Trabalho e Previdência Social do empregado ou nos casos de retificação de dados, o juiz determinará à secretaria da vara do trabalho, na sentença ou no termo de homologação de acordo, que proceda às anotações ausentes.

Art. 51. Na hipótese de anotação de verba com repercussão no cálculo da contribuição previdenciária, a vara do trabalho comunicará o fato à Secretaria da Receita Federal do Brasil, no prazo de 48 (quarenta e oito) horas, mediante o preenchimento do formulário constante do Anexo III desta Consolidação.

PARÁGRAFO ÚNICO. Em caso de anotação decorrente de sentença judicial, a comunicação será feita apenas após o trânsito em julgado da decisão.

SEÇÃO VII

Termos e Certidões

Art. 52. Constarão dos termos e certidões a data e a assinatura do servidor que os tenha firmado.

Art. 53. Constarão da certidão de julgamento em segundo grau de jurisdição:

I — número do processo;

II — nome das partes e dos advogados que sustentaram oralmente;

III — nome do desembargador do trabalho que presidiu a sessão;

IV — nome do relator e do revisor, se for o caso, e dos desembargadores do trabalho que participaram da sessão;

V— situação do juiz, desde que convocado, apontando-se o dispositivo da Lei Orgânica da Magistratura Nacional que autorizou a convocação;

VI — nome do representante do Ministério Público do Trabalho presente à sessão;

VII — conclusão do julgamento, com a indicação dos votos vencidos, se houver;

VIII — registro da suspensão do julgamento em decorrência de pedido de vista regimental e dos votos já proferidos em sessão;

IX — designação do redator do acórdão, se for o caso;

X — impedimentos e suspeições declarados pelos desembargadores do trabalho;

XI — data da realização da sessão.

SEÇÃO VIII

Normas Procedimentais no Dissídio Coletivo

SUBSEÇÃO I

Lavratura de Acórdão

Art. 54. No dissídio coletivo, constará do acórdão o inteiro teor das cláusulas, deferidas ou não, bem como os fundamentos do deferimento ou indeferimento.

PARÁGRAFO ÚNICO. Modificada a redação da cláusula pelo Tribunal, o novo texto constará do acórdão.

Art. 55. A certidão de julgamento será publicada de imediato, independentemente da redação da ata final dos trabalhos e da lavratura do acórdão.

Art. 56. Do acórdão constará o valor das custas processuais.

SUBSEÇÃO II

Cláusulas Conciliadas — Remissão à Norma Anterior

Art. 57. Na hipótese de acordo submetido à homologação do tribunal em que conste apenas remissão a normas anteriores, o relator ordenará às partes que explicitem o teor das cláusulas conciliadas.

SEÇÃO IX

Custas Processuais

Art. 58. Constará das decisões proferidas pelo Judiciário do Trabalho de primeiro e segundo graus de jurisdição, nos dissídios individuais, o valor das custas processuais, a ser calculado, no caso de improcedência da reclamação, sobre o valor dado à causa, e, no caso de procedência sobre o valor arbitrado à condenação, a cargo do reclamante ou do reclamado, dependendo de quem tenha sucumbido na ação.

§ 1ºA isenção quanto ao pagamento de custas não exime o magistrado de fixar na decisão o respectivo valor.

§ 2º Nos acordos, o rateio das custas processuais será proporcional entre as partes, se de outra forma não for convencionado.

Art. 59. Nos dissídios coletivos, as partes vencidas responderão solidariamente pelo pagamento das custas.

Art. 60. Nos dissídios coletivos de natureza econômica em que for instituída norma ou condição de trabalho em favor da categoria profissional, o pagamento integral das custas processuais caberá à empresa ou à entidade sindical patronal que integrou a relação processual.

SEÇÃO X

Depósito Judicial Trabalhista — Guias

Art. 61. As guias de depósito judicial para pagamentos, garantia de execução, encargos processuais e levantamento de valores, excetuados os depósitos recursais, seguirão o modelo único padrão estabelecido na Instrução Normativa n. 33 do Tribunal Superior do Trabalho, ou outra que venha a substituí-la.

§ 1º Os valores relativos à atualização dos créditos exequendos serão recolhidos por meio da guia de depósito judicial.

§ 2ºAs guias de depósito judicial baixadas da Internet serão impressas em papel tamanho A4 com orientação no modo paisagem.

Art. 62. As vias destinadas ao alvará deverão ser preenchidas após a autorização judicial para o levantamento do depósito realizado.

§ 1º O juiz deverá dar ciência ao devedor-executado ou ao seu sucessor da decisão ou despacho que autorizar a liberação total ou parcial do depósito judicial a favor da parte vencedora.

§ 2º A decisão ou despacho que autorizar o levantamento, total ou parcial, do depósito judicial, deverá também autorizar o recolhimento, pela fonte pagadora, dos valores apurados a título de imposto de renda, de responsabilidade da parte vencedora, a serem deduzidos do seu crédito, destinados ao recolhimento na forma da lei.

SEÇÃO XI

Recurso de Revista

Art. 63. As decisões de admissibilidade do recurso de revista contemplarão a identificação da especificidade ou a inespecificidade dos arestos paradigmas e/ou a vulneração ou não de dispositivo de lei e/ou da Constituição da República, em atenção aos lindes do juízo de prelibação dos recursos, delineados no artigo 896, § 1º, da CLT, tudo de tal modo que elas não se mostrem excessivamente concisas nem excessivamente elásticas.

PARÁGRAFO ÚNICO. Excetua-se do *caput* deste artigo a hipótese de admissão do recurso de revista por um dos itens que o integram, caso em que terá lugar a incidência do precedente da Súmula n. 285, relegando ao Tribunal Superior do Trabalho o exame dos demais tópicos das razões recursais.

Art. 64. Para efeito de intimação das decisões de admissibilidade dos recursos de revista, basta sua divulgação no órgão oficial.

Art. 65. Ao presidente do tribunal regional do trabalho caberá avaliar a conveniência e a oportunidade de implantação de juízo conciliatório em recurso de revista.

SEÇÃO XII

Execução

SUBSEÇÃO I

Normas Procedimentais na Fase de Execução

Art. 66. Cabe ao juiz na fase de execução:

I — ordenar a pronta liberação do depósito recursal, em favor do reclamante, de ofício ou a requerimento do interessado, após o trânsito em julgado da sentença condenatória, desde que o valor do crédito trabalhista seja

Legislação Complementar

inequivocamente superior ao do depósito recursal, prosseguindo a execução depois pela diferença;

II — promover a realização semanal de audiências de conciliação em processos na fase de execução, independentemente de requerimento das partes, selecionando-se aqueles com maior possibilidade de êxito na composição;

III — determinar a revisão periódica dos processos em execução que se encontrem em arquivo provisório, com a execução suspensa, a fim de renovar providências coercitivas, por meio da utilização dos Sistemas BACEN JUD, INFOJUD e RENAJUD, valendo-se, se for o caso, da aplicação subsidiária dos artigos 599, 600 e 601 do CPC;

Art. 67. Encetadas em vão as referidas medidas coercitivas, ultimadas de ofício pelo magistrado, a remessa ao arquivo provisório de autos de processo em execução será precedida de lavratura de certidão do diretor de secretaria, da qual constará o insucesso dessas medidas complementares e a inexistência de depósito judicial ou recursal, conforme modelo constante do Anexo IV.

SUBSEÇÃO II
Desconsideração da Personalidade Jurídica

Art. 68. Ao aplicar a teoria da desconsideração da personalidade jurídica, por meio de decisão fundamentada, cumpre ao juiz que preside a execução trabalhista adotar as seguintes providências:

I — determinar a reautuação do processo, a fim de fazer constar dos registros informatizados e da capa dos autos o nome da pessoa física que responderá pelo débito trabalhista;

II — comunicar imediatamente ao setor responsável pela expedição de certidões no Judiciário do Trabalho a inclusão do sócio no polo passivo da execução, para inscrição no cadastro das pessoas com reclamações ou execuções trabalhistas em curso;

III— determinar a citação do sócio para que, no prazo de 48 (quarenta e oito) horas, indique bens da sociedade (artigo 596 do CPC) ou, não os havendo, garanta a execução, sob pena de penhora, com o fim de habilitá-lo à via dos embargos à execução para imprimir, inclusive, discussão sobre a existência ou não da sua responsabilidade executiva secundária.

Art. 69. Comprovada a inexistência de responsabilidade patrimonial do sócio por dívida da sociedade, mediante decisão transitada em julgado, o juiz que preside a execução determinará ao setor competente, imediatamente, o cancelamento da inscrição no cadastro das pessoas com reclamações ou execuções trabalhistas em curso.

SUBSEÇÃO III
Normas Procedimentais referentes à Execução contra Empresas em Recuperação Judicial

Art. 70. Deferida a recuperação judicial, caberá ao juiz do trabalho, que entender pela cessação da competência para prosseguimento da execução trabalhista, determinar a expedição de Certidão de Habilitação de Crédito para ser submetida à apreciação do administrador judicial. *(*Vide RE 583955/RJ, Relator Ministro Ricardo Lewandowski. Repercussão Geral. Acórdão divulgado no DJE de 27.8.2009 e publicado em 28/8/2009, reproduzido ao final do documento).*

PARÁGRAFO ÚNICO. Da Certidão de Habilitação de Crédito deverá constar:

I — nome do exequente, data da distribuição da reclamação trabalhista, da sentença condenatória e a de seu trânsito em julgado;

II — a especificação dos títulos e valores integrantes da sanção jurídica, das multas, dos encargos fiscais e sociais (imposto de renda e contribuição previdenciária), dos honorários advocatícios e periciais, se houver, e demais despesas processuais.

III — data da decisão homologatória dos cálculos e do seu trânsito em julgado (§ 3º do artigo 884 da CLT);

IV — o nome do advogado que o exequente tiver constituído, seu endereço, para eventual intimação, e número de telefone a fim de facilitar possível contato direto pelo administrador judicial.

Art. 71. Expedida a Certidão de Habilitação de Crédito, os juízes do trabalho deverão se abster de encaminhar diretamente às secretarias dos juízes de direito ou dos juízes das varas especializadas em recuperações judiciais e falências ou mesmo ao administrador judicial os autos das execuções trabalhistas e/ou Certidões de Créditos Trabalhistas.

Art. 72. Os juízes do trabalho manterão em seus arquivos os autos das execuções trabalhistas que tenham sido suspensas em decorrência do deferimento da recuperação judicial, de modo que, com o seu encerramento ou com o encerramento da quebra em que ela tenha sido convolada (artigo 156 e seguintes da Lei n. 11.101/2005), seja retomado o seu prosseguimento, para cobrança dos créditos que não tenham sido totalmente satisfeitos.

Art. 73. O juiz do trabalho contrário à cessação da competência para prosseguimento da execução trabalhista contra a empresa recuperanda, deverá proferir decisão fundamentada, da qual dará ciência aos juízes de direito das comarcas ou aos juízes das varas especializadas, que tenham deferido o pedido de recuperação judicial, para adoção de medida judicial pertinente.

Art. 74. As disposições desta Subseção não se aplicam no caso de o juiz do trabalho determinar o direcionamento da execução contra sócio ou sócios da empresa, na esteira da teoria da desconsideração da personalidade jurídica, ou determinar o seu direcionamento à empresa que integre grupo econômico do qual faça parte a empresa recuperanda.

SUBSEÇÃO IV
Arquivamento Provisório ou Definitivo do Processo de Execução

Art. 75. O arquivamento provisório do processo de execução, no âmbito do Judiciário do Trabalho, por não ter sido localizado o devedor nem encontrados bens penhoráveis, corresponde à suspensão da execução de que tratam os artigos 40 da Lei n. 6.830/80 e 791, inciso III, do CPC.

PARÁGRAFO ÚNICO. É assegurado ao credor requerer, nos termos do § 3º do artigo 40 da Lei n. 6.830/80, ou ao juiz o determinar de ofício, na conformidade do artigo 878 da CLT, o desarquivamento do processo com vistas a dar seguimento à execução.

Art. 76. O arquivamento definitivo do processo de execução, no âmbito do Judiciário do Trabalho, decorre da declaração, por sentença, da extinção da execução, pela verificação de uma das hipóteses contempladas nos incisos I, II e III do artigo 794 do CPC, por se achar exaurida a prestação jurisdicional.

SUBSEÇÃO V

Certidão de Crédito Trabalhista

Art. 77. Exauridos em vão os meios de coerção do devedor, deverá ser providenciada a atualização dos dados cadastrais das partes tanto quanto a situação do devedor no Banco Nacional de Devedores Trabalhistas, nos termos da Resolução Administrativa n. 1470/2011 do TST, e, em seguida, expedida Certidão de Crédito Trabalhista.

Art. 78. A Certidão de Crédito Trabalhista observará o modelo constante do Anexo V e deverá conter:

I— o nome e o endereço das partes, incluídos eventuais corresponsáveis pelo débito, bem como o número do respectivo processo;

II — o número de inscrição do credor e do devedor no Cadastro de Pessoas Físicas (CPF) e no Cadastro Nacional de Pessoas Jurídicas (CNPJ) da Receita Federal do Brasil;

III — os títulos e os valores integrantes da sanção jurídica, imposta em sentença condenatória transitada em julgado, e os valores dos recolhimentos previdenciários, fiscais, dos honorários, advocatícios e/ou periciais, se houver, das custas e demais despesas processuais;

IV — cópia da decisão exequenda e da decisão homologatória da conta de liquidação, já transitada em julgado, para posterior incidência de juros e atualização monetária.

Art. 79. O credor será comunicado sobre a obrigatoriedade de comparecimento à secretaria da vara do trabalho para, no prazo de 30 (trinta) dias, retirar a Certidão de Crédito Trabalhista e os documentos de seu interesse.

PARÁGRAFO ÚNICO. A secretaria da vara do trabalho deverá criar arquivo, preferencialmente digital, para manutenção permanente das Certidões de Crédito Trabalhista originais não entregues aos exequentes e das demais certidões expedidas.

SUBSEÇÃO VI

Conversão de Autos Físicos de Processos de Execução Arquivados Provisoriamente em Certidões de Créditos Trabalhistas

Art. 80. A localização do devedor ou de bens passíveis de penhora, por meio de requerimento do credor ou por iniciativa do juiz da execução, implicará, a qualquer tempo, o prosseguimento da execução (artigo 40, § 3º, da Lei n. 6.830/80).

Art. 81. Para prevenir possível colapso organizacional das varas do trabalho, com a manutenção de processos físicos arquivados provisoriamente, o juiz do trabalho procederá a sua convolação em Certidões de Créditos Trabalhistas, preservada a numeração original, com base na qual se dará continuidade à execução.

PARÁGRAFO ÚNICO. Os autos físicos do processo de execução que não tenham sido arquivados provisoriamente, mas que estejam em via de o serem, expedida a certidão de que trata o artigo 67 desta Consolidação, deverão também ser convertidos em Certidões de Créditos Trabalhistas.

Art. 82. Para fins de estatística, haverá, com a conversão de autos físicos arquivados provisoriamente em Certidões de Créditos Trabalhistas, um único processo em execução.

Art. 83. Os autos físicos de processos de execução que tenham sido arquivados provisoriamente ou que estejam prestes a sê-lo, quando reautuados em Certidões de Créditos Trabalhistas, terão movimentação regular, incumbindo ao juiz do trabalho os conduzir a partir das referidas certidões, permitido o encaminhamento dos autos físicos pretéritos a arquivo morto, inclusive para os fins da Lei n. 7.787/87.

Art. 84. Após a convolação dos autos físicos de processos arquivados provisoriamente em Certidões de Créditos Trabalhistas, as execuções passarão a tramitar com base naquelas certidões, mediante nova autuação, mantida a numeração do processo de execução original.

PARÁGRAFO ÚNICO. No prosseguimento das execuções, por meio das Certidões de Créditos Trabalhistas, caberá ao juiz do trabalho, de ofício ou a requerimento do exequente, se a tanto ainda for necessário, manejar periodicamente os Sistemas BACENJUD, RENAJUD e INFOJUD, sem distinção dos créditos dos exequentes e de terceiros, tampouco das despesas processuais, valendo-se, inclusive, da aplicação subsidiária dos artigos 599, 600 e 601 do CPC.

SUBSEÇÃO VII

BACEN JUD — Bloqueio, Desbloqueio e Transferência de Valores

Art. 85. Em execução definitiva por quantia certa, se o executado, regularmente citado, não efetuar o pagamento do débito nem garantir a execução, conforme dispõe o artigo 880 da CLT, o juiz deverá, de ofício ou a requerimento da parte, emitir ordem judicial de bloqueio mediante o Sistema BACEN JUD, com precedência sobre outras modalidades de constrição judicial.

Art. 86. Relativamente ao Sistema BACEN JUD, cabe ao juiz do trabalho:

I — abster-se de emitir ordem judicial de bloqueio promovida em face de Estado estrangeiro ou organismo internacional;

II não encaminhar às instituições financeiras, por intermédio de ofício-papel, solicitação de informações e ordens judiciais de bloqueio, desbloqueio e transferência de valores quando for possível a prática do ato por meio do Sistema BACEN JUD;

III — velar diariamente para que, em caso de bloqueio efetivado, haja pronta emissão de ordem de transferência dos valores para uma conta em banco oficial ou emissão de ordem de desbloqueio;

Legislação Complementar

IV — proceder à correta identificação dos executados quando da expedição das ordens de bloqueio de numerário em contas bancárias mediante o Sistema BACEN JUD, informando o registro do número de inscrição no CPF ou CNPJ, a fim de evitar a indevida constrição de valores de titularidade de pessoas físicas ou jurídicas homônimas.

Art. 87. O acesso do juiz ao Sistema BACEN JUD ocorrerá por meio de senhas pessoais e intransferíveis, após o cadastramento realizado pelo gerente setorial de segurança da informação do respectivo tribunal, denominado Máster.

PARÁGRAFO ÚNICO. As operações de bloqueio, desbloqueio, transferência de valores e solicitação de informações são restritas às senhas dos juízes.

Art. 88. O presidente do tribunal regional do trabalho indicará dois Másteres, no mínimo, ao Banco Central do Brasil.

§ 1º Os Másteres do Sistema manterão atualizados os dados dos juízes cadastrados junto ao Banco Central do Brasil.

§ 2º O descredenciamento de Máster ou de qualquer usuário do Sistema BACEN JUD será imediatamente comunicado, pelo presidente do tribunal regional do trabalho, ao Banco Central do Brasil.

Art. 89. O juiz, ao receber as respostas das instituições financeiras, emitirá ordem judicial eletrônica de transferência do valor da condenação para conta judicial, em estabelecimento oficial de crédito, ou providenciará o desbloqueio do valor.

PARÁGRAFO ÚNICO. O termo inicial do prazo para oposição de embargos à execução é a data da intimação da parte, pelo juiz, de que se efetivou bloqueio de numerário em sua conta.

Art. 90. É obrigatória a observância pelos juízes das normas sobre o BACEN JUD estabelecidas no regulamento que integra o convênio firmado entre o Banco Central do Brasil e os tribunais do trabalho.

SUBSEÇÃO VIII

BACEN JUD — Cadastramento de Conta Única

Art. 91. As pessoas físicas e jurídicas poderão requerer, por si ou por seus representantes estatutários, ou mesmo por advogado devidamente constituído, mediante exibição de instrumento de procuração, o cadastramento de conta única apta a acolher bloqueios eletrônicos realizados por meio do sistema BACEN JUD.

Art. 92. O requerimento será dirigido ao Corregedor-Geral da Justiça do Trabalho, conforme formulário eletrônico disponibilizado pela Corregedoria-Geral da Justiça do Trabalho, na página do Tribunal Superior do Trabalho na Internet, do qual constará declaração expressa de ciência e concordância do requerente com as normas relativas ao cadastramento de contas previstas na presente Consolidação e na Resolução n. 61/2008 do CNJ.

§ 1º O requerimento de cadastramento de conta única será instruído com:

I — cópia do cartão do CNJP ou do CPF;

II — comprovante da conta bancária indicada para acolher o bloqueio, expedido pela instituição financeira, contendo, obrigatoriamente:

a) titularidade (nome da empresa e número do CNPJ ou do CPF);

b) nome do banco;

c) código da agência (com quatro dígitos, sem o dígito verificador;

d) número da conta corrente (com o dígito verificador).

III — instrumento de procuração que habilite o subscritor do pedido a atuar, ainda que administrativamente, em nome da empresa requerente, ou cópia do contrato social do qual constem os dados do representante legal da empresa.

§ 2º As instituições integrantes do Sistema Financeiro Nacional que solicitarem cadastramento de conta única não estão obrigadas a fornecer o número da conta indicada para o bloqueio, podendo informar apenas o nome do Banco ou o número da agência que cumprirá a ordem.

Art. 93. Tratando-se de grupo econômico, empresa com filiais e situações análogas, faculta-se o cadastramento de uma conta única para mais de uma pessoa jurídica ou natural.

§ 1º Nessa hipótese, o titular da conta indicada apresentará:

I — cópias dos cartões do CNJP ou do CPF;

II — declaração de plena concordância com a efetivação de bloqueio de valores decorrente de ordem judicial expedida contra as pessoas por ele relacionadas;

III— declaração dos representantes legais das pessoas jurídicas e das pessoas naturais de plena concordância com o direcionamento das ordens judiciais de bloqueio para a conta especificada;

IV — declaração de instituição financeira de que está ciente e apta a direcionar, para a conta especificada, as ordens judiciais de bloqueio expedidas contra as pessoas arroladas.

§ 2º No caso de grupo econômico, a empresa titular da conta deverá também apresentar:

I — requerimento explicitando se a conta única indicada, de sua própria titularidade, é extensiva às empresas relacionadas na declaração do banco;

II — documentação que comprove a existência do alegado grupo econômico em relação ao universo das empresas noticiadas na declaração apresentada.

Art. 94. O deferimento do cadastramento de conta única no Sistema BACEN JUD valerá para todos os órgãos da Justiça Comum dos Estados e Distrito Federal, Justiça Federal, Justiça Militar da União e Justiça do Trabalho.

Art. 95. A pessoa física ou jurídica obriga-se a manter na conta indicada numerário suficiente para o cumprimento da ordem judicial.

SUBSEÇÃO IX

BACEN JUD — Descadastramento, Recadastramento e Alteração de Conta Única

Art. 96. Caberá Pedido de Providências de iniciativa do juiz que preside a execução ao constatar que a pessoa física ou jurídica não mantém numerário suficiente na conta única cadastrada no sistema BACEN JUD para o atendimento à ordem judicial de bloqueio.

§ 1º Em ofício dirigido ao Ministro Corregedor-Geral da Justiça do Trabalho, o juiz indicará os dados do executado que possui conta única cadastrada no Sistema BACEN JUD (nome e CNPJ ou CPF) e anexará cópia do Detalhamento da Ordem Judicial de Bloqueio de Valores que obteve resposta negativa da instituição financeira.

§ 2º Autuado o Pedido de Providências, será aberto o prazo de 15 (quinze) dias para apresentação de justificativa para a ausência de numerário.

Art. 97. Não cabe Pedido de Providências na hipótese de suposta recusa da instituição financeira em acatar a ordem judicial de transferência do numerário bloqueado.

Art. 98. Na ausência de numerário bastante para atender à ordem judicial de bloqueio, a ordem será direcionada às demais instituições financeiras e a conta única poderá ser descadastrada.

PARÁGRAFO ÚNICO. Ao responder à intimação para se manifestar no Pedido de Providências apresentado a Corregedoria-Geral da Justiça do Trabalho, nos termos do § 2º do artigo 96 desta Consolidação, a parte interessada apresentará as justificativas que entender cabíveis.

Art. 99. Na hipótese de a solicitação de cadastramento ter sido efetivada por outro Tribunal, o Corregedor-Geral comunicará a desabilitação da conta única ao respectivo Tribunal.

Art. 100. O executado poderá requerer o recadastramento da conta ou indicar outra para o bloqueio após 6 (seis) meses da data de publicação da decisão de descredenciamento no Diário Eletrônico da Justiça do Trabalho.

Art. 101. A reincidência quanto à ausência de fundos para o atendimento das ordens judiciais de bloqueio implicará novo descadastramento, desta vez pelo prazo de 1 (um) ano.

§ 1º O executado, após o prazo referido no *caput*, poderá postular novo recadastramento.

§ 2º Em caso de nova reincidência, o descadastramento será definitivo.

Art. 102. A inatividade da instituição financeira mantenedora da conta única cadastrada implicará a desabilitação automática do cadastramento.

Art. 103. Os pedidos de recadastramento, bem como os de alteração da conta cadastrada, serão dirigidos ao Corregedor-Geral da Justiça do Trabalho, instruindo-se a petição com os mesmos documentos exigidos para o cadastramento originário da conta.

PARÁGRAFO ÚNICO. No caso de pedido de alteração de conta única cadastrada em outro local, o interessado deverá dirigir-se ao órgão onde foi efetuado o cadastro originário.

Art. 104. O cadastramento poderá ser cancelado mediante requerimento do titular da conta única à autoridade que o tenha deferido, a qual determinará seu cancelamento em até 30 dias contados a partir da data do respectivo protocolo.

Art. 105. Constitui ônus da pessoa física ou jurídica titular de conta única cadastrada no Sistema BACEN JUD zelar pela regularidade dos dados cadastrados, requerendo em tempo oportuno as alterações que se fizerem necessárias, de forma a manter a conta apta ao recebimento de ordens judiciais de bloqueios eletrônicos.

SEÇÃO XIII
Contribuições Sociais — Reclamação Trabalhista ajuizada contra Massa Falida

Art. 106. Nas reclamações trabalhistas ajuizadas contra massa falida, apurados os valores devidos a título de contribuições sociais, será expedida certidão de habilitação de crédito previdenciário, que deverá conter:

I — indicação da vara do trabalho;

II — número do processo;

III — identificação das partes, com a informação dos números do CPF e CNPJ;

IV — valores devidos a título de contribuições sociais, discriminando-se os relativos à cota do empregado e do empregador;

V — data de atualização dos cálculos;

VI — indicação da vara em que tramita o processo falimentar;

VII — número do processo falimentar;

VIII — identificação e endereço do síndico ou administrador judicial.

Art. 107. À certidão de que trata o artigo anterior será anexada cópia dos seguintes documentos:

I — petição inicial;

II — acordo ou sentença e decisão proferida pelo tribunal regional do trabalho ou pelo Tribunal Superior do Trabalho;

III — certidão de trânsito em julgado ou do decurso do prazo para recurso;

IV — cálculos de liquidação da sentença homologados pelo juiz do trabalho;

V — decisão homologatória dos cálculos de liquidação da sentença;

VI — outros que o juiz do trabalho considerar necessários.

PARÁGRAFO ÚNICO. As cópias serão autenticadas pelas secretarias das varas do trabalho, sem prejuízo do que autoriza o artigo 830 da CLT, com redação dada pela Lei n. 11.925/2009.

Art. 108. A certidão de habilitação de crédito previdenciário e os documentos que a instruem serão enviados, por ofício, ao administrador judicial do processo de falência, dando-se ciência do ato ao representante judicial da União.

SEÇÃO XIV
Intervenção nos Estados-Membros e Municípios

Art. 109. Os presidentes dos tribunais regionais do trabalho fundamentarão os pedidos de intervenção dirigidos ao Supremo Tribunal Federal e aos tribunais de justiça dos estados, justificando a necessidade da adoção da medida excepcional.

PARÁGRAFO ÚNICO. A intervenção deverá ser requerida pelo credor do estado-membro ou do município.

Art. 110. O pedido de intervenção em estado-membro será encaminhado ao Supremo Tribunal Federal por intermédio da Corregedoria-Geral da Justiça do Trabalho, enquanto o requerimento de intervenção em município será remetido diretamente ao tribunal de justiça local pelo presidente do tribunal regional do trabalho.

Art. 111. O pedido de intervenção em estado-membro ou em município será instruído com as seguintes peças:

I — petição do credor, dirigida ao presidente do tribunal regional do trabalho, requerendo o encaminhamento do pedido de intervenção ao Supremo Tribunal Federal ou ao tribunal de justiça local, conforme o caso;

II — impugnação do ente público, quando houver;

III — manifestação do órgão do Ministério Público que atua perante o tribunal regional do trabalho;

IV — decisão fundamentada do presidente do tribunal regional do trabalho admitindo o encaminhamento do pedido de intervenção;

V — ofício requisitório que possibilite a verificação da data de expedição do precatório e o ano de sua inclusão no orçamento.

CAPÍTULO V
Normas Procedimentais Administrativas

SEÇÃO I
Disponibilização dos Despachos e Decisões na Internet

Art. 112. Juntamente com o andamento do processo, os tribunais regionais do trabalho disponibilizarão, na Internet, o inteiro teor dos despachos, decisões e sentenças proferidas nos autos e as datas em que foram divulgados na imprensa oficial.

PARÁGRAFO ÚNICO. Os tribunais regionais do trabalho observarão, no mais, as disposições contidas nas Resoluções ns. 121/2010 e 143/2011, do CNJ.

SEÇÃO II
Informações Estatísticas (Sistema de Gerenciamento de Informações Administrativas e Judiciárias da Justiça do Trabalho — e-Gestão)

Art. 113. O Sistema de Gerenciamento de Informações Administrativas e Judiciárias da Justiça do Trabalho — e-Gestão fica instituído no âmbito do Judiciário do Trabalho de primeiro e segundo graus, nos termos do disposto nesta Consolidação, em substituição aos boletins estatísticos.

PARÁGRAFO ÚNICO. O Sistema e-Gestão é ferramenta eletrônica de apoio destinada a disponibilizar aos usuários acesso às informações relativas à estrutura administrativa e ao exercício da atividade judiciária dos órgãos do Judiciário do Trabalho de primeiro e segundo graus.

Art. 114. O controle estatístico-processual do movimento judiciário e da atuação jurisdicional dos primeiro e segundo graus do Judiciário do Trabalho, por seus órgãos e juízes, de interesse da Corregedoria-Geral da Justiça do Trabalho, será realizado mediante as informações disponibilizadas no Sistema e-Gestão.

Art. 115. O Sistema e-Gestão é regido pelos princípios da obrigatoriedade e da presunção da veracidade das informações disponibilizadas.

PARÁGRAFO ÚNICO. É de responsabilidade dos presidentes dos tribunais regionais do trabalho a fidedignidade das informações estatísticas disponibilizadas no Sistema e-Gestão.

Art. 116. O Sistema e-Gestão será administrado pela Corregedoria-Geral da Justiça do Trabalho, assessorada pelo Comitê Gestor Nacional.

§ 1ºAs atribuições e composição do Comitê Gestor Nacional serão instituídas por ato da Corregedoria-Geral da Justiça do Trabalho.

§ 2ºAs comunicações com o Comitê Gestor Nacional deverão ser feitas por meio do email "e-gestao@tst.jus.br".

Art. 117. Os presidentes dos tribunais regionais do trabalho deverão instituir comitês gestores regionais para receberem as orientações do Comitê Gestor Nacional quanto às regras para a coleta e disponibilização das informações, às quais serão repassadas aos respectivos tribunais regionais do trabalho e varas do trabalho da região.

PARÁGRAFO ÚNICO. A composição do comitê gestor regional com a indicação de um coordenador deverá ser informada à Corregedoria-Geral da Justiça do Trabalho. (Revogado pelo Ato.GCGJT n. 005/2014, DEJT 16.6.14)

§ 1º O comitê gestor regional do sistema e-Gestão será coordenado preferencialmente por desembargador e deverá ter composição multidisciplinar, contando com pelo menos um juiz de 1º grau e por servidores afeitos às áreas de tecnologia da informação, de estatística, de pessoal e de negócio judicial de 1º e 2º graus. *(Acrescentado pelo Ato.GCGJT n. 005/2014, DEJT 16.6.14)*

§ 2º O Comitê Regional reunir-se-á mensalmente para, entre outras ações, corrigir eventuais inconsistências nos dados remetidos ao TST, retratadas nos relatórios da pasta denominada "Relatórios de Detalhamento de Erros" do sistema e-Gestão, e encaminhará ao Comitê Gestor Nacional do sistema e-Gestão a respectiva ata. *(Acrescentado pelo Ato.GCGJT n. 005/2014, DEJT 16.6.14)*

Art. 118. As informações disponibilizadas no Sistema e-Gestão pelos tribunais regionais do trabalho e as varas do trabalho deverão observar os modelos previamente aprovados pelo Ministro Corregedor-Geral da Justiça do Trabalho.

§ 1ºAs informações contidas nos Anexos VI e VII desta Consolidação deverão ser disponibilizadas, semanalmente, às sextas-feiras, e, mensalmente, até o dia 15 (quinze) do mês seguinte ao da realização das atividades.

§ 2ºOs erros materiais porventura existentes nas informações disponibilizadas mensalmente no Sistema e--Gestão poderão ser corrigidos até 1º de março do ano subsequente ao ano de referência das informações.

Art. 119. O Manual do Usuário com o detalhamento das funcionalidades do Sistema e-Gestão e os Manuais de Orientações dos primeiro e segundo graus serão disponibilizados na página de acesso ao sistema.

Art. 120. São usuários do Sistema e-Gestão os magistrados e servidores do Judiciário do Trabalho.

§ 1º O acesso ao sistema será feito pela Internet para usuários credenciados.

§ 2ºA autorização será concedida mediante solicitação de credenciamento à Corregedoria-Geral ou ao Coordenador do Comitê Gestor Regional, conforme o caso.

Art. 121. A Coordenadoria de Estatística e Pesquisa do Tribunal Superior do Trabalho terá a atribuição de elaborar e disponibilizar os relatórios estatísticos oficiais, para fins de inspeção e correição permanentes, conforme modelos previamente estabelecidos pelo Ministro Corregedor-Geral da Justiça do Trabalho.

PARÁGRAFO ÚNICO. O Comitê Gestor Nacional definirá os relatórios a serem disponibilizados para consulta aos usuários do sistema.

Art. 122. Os presidentes dos tribunais regionais do trabalho, para os efeitos do artigo 37 da Lei Complementar n. 35/79 — Loman — publicarão, mensalmente, até o dia 20 (vinte) do mês subsequente ao de apuração, os dados estatísticos sobre os trabalhos do tribunal no mês anterior, de acordo com modelo previamente aprovado pelo Ministro Corregedor-Geral da Justiça do Trabalho.

TÍTULO III

Disposição Transitória

Art. 123. Enquanto não houver a substituição de que trata o *caput* do artigo 113 desta Consolidação, as unidades jurisdicionais nele mencionadas deverão manter o envio do boletim estatístico para a Coordenadoria de Estatística e Pesquisa do Tribunal Superior do Trabalho.

TÍTULO IV

DISPOSIÇÕES FINAIS

Art. 124. Esta Consolidação dos Provimentos entrará em vigor na data de sua publicação no Diário Eletrônico da Justiça do Trabalho.

Art. 125. Ficam revogadas as disposições em contrário.

Brasília, 17 de agosto de 2012.

Antonio José de Barros Levenhagen
Ministro Corregedor-Geral da Justiça do Trabalho

(*) RE 583955/RJ, Relator Ministro Ricardo Lewandowski. Repercussão Geral. Acórdão divulgado no DJE de 27.8.2009 e publicado em 28.8.2009. Ementa: "CONFLITO NEGATIVO DE COMPETÊNCIA. EXECUÇÃO DE CRÉDITOS TRABALHISTAS EM PROCESSOS DE RECUPERAÇÃO JUDICIAL. COMPETÊNCIA DA JUSTIÇA ESTADUAL COMUM, COM EXCLUSÃO DA JUSTIÇA DO TRABALHO. INTERPRETAÇÃO DO DISPOSTO NA LEI 11.101/05, EM FACE DO ART. 114 DA CF. RECURSO EXTRAORDINÁRIO CONHECIDO E IMPROVIDO. I — A questão central debatida no presente recurso consiste em saber qual o juízo competente para processar e julgar a execução dos créditos trabalhistas no caso de empresa em fase de recuperação judicial. II — Na vigência do Decreto-lei n. 7.661/1945 consolidou-se o entendimento de que a competência para executar os créditos ora discutidos é da Justiça Estadual Comum, sendo essa também a regra adotada pela Lei n. 11.101/05. III — O inc. IX do art. 114 da Constituição Federal apenas outorgou ao legislador ordinário a faculdade de submeter à competência da Justiça Laboral outras controvérsias, além daquelas taxativamente estabelecidas nos incisos anteriores, desde que decorrentes da relação de trabalho. IV — O texto constitucional não o obrigou a fazê-lo, deixando ao seu alvedrio a avaliação das hipóteses em que se afigure conveniente o julgamento pela Justiça do Trabalho, à luz das peculiaridades das situações que pretende regrar. V — A opção do legislador infraconstitucional foi manter o regime anterior de execução dos créditos trabalhistas pelo juízo universal da falência, sem prejuízo da competência da Justiça Laboral quanto ao julgamento do processo de conhecimento. VI — Recurso extraordinário conhecido e improvido".

Obs: Os anexos referidos na Consolidação dos Provimentos da Corregedoria Geral da Justiça do Trabalho encontram-se publicados no DEJT do dia 17.8.12, à página 15

PROVIMENTO TST/CG N. 1, DE 18 DE FEVEREIRO DE 2004

(DJ 20.2.04)

DETERMINA AOS TRIBUNAIS REGIONAIS DO TRABALHO A ELABORAÇÃO DE SÚMULA DE SUA JURISPRUDÊNCIA DOMINANTE

O Ministro Ronaldo Leal, Corregedor-Geral da Justiça do Trabalho, no uso de suas atribuições legais e regimentais,

Considerando:

1. a representação que faz a 3ª Turma deste Tribunal a esta Corregedoria, ao apreciar Recurso de Revista provindo do 11º TRT;

2. que é inaceitável que os Tribunais Regionais decidam de forma díspar a mesma matéria, embora com a mesma composição;

3. que a prestação jurisdicional é dada em função do jurisdicionado, destinatário dela, o que exige dos Tribunais as adequações necessárias para que o Poder Judiciário não caia no descrédito público;

Resolve determinar:

Art. 1º Os Tribunais Regionais do Trabalho deverão elaborar a súmula de sua jurisprudência dominante e alertar todos os Juízes, inclusive os convocados, sobre a conveniência de observá-la.

Art. 2º Revogam-se as disposições em contrário.

Este Provimento entra em vigor na data da sua publicação.

Publique-se.

Cumpra-se.

Brasília-DF, 18 de fevereiro de 2004.

Ronaldo Leal
Corregedor-Geral da Justiça do Trabalho

PROVIMENTO CGJT N. 001, DE 3 DE MAIO DE 2012

(DEJT 4.5.2012)

DISPÕE SOBRE OS PROCEDIMENTOS A SEREM ADOTADOS PELOS MM. JUÍZOS DO TRABALHO RELATIVAMENTE A CREDORES TRABALHISTAS DE EMPRESA FALIDA OU EM RECUPERAÇÃO JUDICIAL E DÁ OUTRAS PROVIDÊNCIAS

O CORREGEDOR-GERAL DA JUSTIÇA DO TRABALHO, no uso da atribuição regimental que lhe é conferida pelo artigo 6º, inciso V, do Regimento Interno da Corregedoria-Geral da Justiça do Trabalho,

Considerando ser da competência das Varas do Trabalho ultimar a liquidação da sentença condenatória ilíquida, nos termos do artigo 6º, § 1º, da Lei n. 11.101/2005;

Considerando que após a liquidação do crédito trabalhista impõe-se a sua habilitação perante o Administrador Judicial da Empresa Falida ou em Recuperação Judicial, a teor do artigo 7º da Legislação Extravagante, cabendo para tanto ao Juízo do Trabalho expedir a competente Certidão de Habilitação de Crédito;

Considerando que todos os bens e créditos da Empresa Falida, inclusive aqueles objeto de constrição judicial e os produtos obtidos em leilão realizado no âmbito do Judiciário do Trabalho, sujeitam-se à força atrativa do Juízo Falimentar, com a consequente suspensão da execução trabalhista, na conformidade do artigo 108, § 3º, da Lei n. 11.101/2005;

Considerando que, aprovado e homologado o Plano de Recuperação Judicial, é do Juízo de Falências e Recuperações Judiciais a competência para a prática de quaisquer atos de execução referentes a reclamações trabalhistas movidas contra a Empresa Recuperanda, de acordo com a jurisprudência consolidada no STJ e no STF;

Considerando que a elaboração da Relação de Credores e subsequente Quadro Geral de Credores é atribuição do Administrador Judicial e não do Cartório do Juízo de Falência, segundo disposto nos artigos 7º a 20 da Legislação Extravagante,

RESOLVE:

Art. 1º No caso de execução de crédito trabalhista em que se tenha dado a decretação da falência do executado ou este se encontre em recuperação judicial, caberá aos MM. Juízos das Varas do Trabalho orientar os respectivos credores para que providenciem a habilitação dos seus créditos perante o Administrador Judicial da Empresa Falida ou em Recuperação Judicial, expedindo para tanto Certidão de Habilitação de Crédito.

PARÁGRAFO ÚNICO. Expedida a Certidão de Habilitação de Crédito, os MM. Juízos das Varas do Trabalho deverão se abster de encaminhar diretamente aos MM. Juízos de Falências e Recuperações Judiciais os autos das execuções trabalhistas e/ou Certidões de Créditos Trabalhistas, com vistas à habilitação, inclusão ou exclusão de credores da Relação de Credores e do Quadro Geral de Credores, pois tal atribuição não é do Cartório Falimentar, mas do Administrador Judicial.

Art. 2º Os MM. Juízos das Varas do Trabalho manterão em seus arquivos os autos das execuções que tenham sido suspensas em decorrência da decretação da recuperação judicial ou da falência, a fim de que, com o encerramento da quebra, seja retomado o seu prosseguimento, desde que os créditos não tenham sido totalmente satisfeitos, em relação aos quais não corre a prescrição enquanto durar o processo falimentar, nos termos do artigo 6º Lei n. 11.101/2005.

Art. 3º É assegurado aos MM. Juízos das Varas do Trabalho, ainda que as ações trabalhistas se achem pendentes de julgamento, formular pedidos de reserva de valor diretamente aos MM. Juízos de Falência, os quais serão atendidos na medida das forças da Massa Falida, na conformidade do disposto no artigo 6º, § 3º, da Lei nº 11.101/2005.

Art. 4º Este Provimento entrará em vigor na data da sua publicação.

Publique-se no DEJT.

Dê-se ciência aos Presidentes e Corregedores dos Tribunais Regionais do Trabalho, mediante ofício, do inteiro teor deste Provimento, solicitando de Suas Excelências que o divulguem junto às Varas do Trabalho das respectivas jurisdições.

Brasília, 3 de maio de 2012.

Antonio José de Barros Levenhagen
Ministro Corregedor-Geral da Justiça do Trabalho

ATO GDGCJ GP N. 484, DO TRIBUNAL SUPERIOR DO TRABALHO, DE 25 DE NOVEMBRO DE 2003

(DJ 27.11.03)

O MINISTRO PRESIDENTE DO TRIBUNAL SUPERIOR DO TRABALHO, no uso de suas atribuições legais e regimentais,

Considerando a garantia de prioridade, em qualquer instância, na tramitação dos processos em que o idoso é parte ou interveniente;

Considerando o disposto no art. 71 da Lei n. 10.741, de 1º de outubro de 2003, que reduziu para 60 (sessenta) anos de idade o direito à obtenção dessa garantia;

Considerando a necessidade de uniformizar os procedimentos no âmbito das Subsecretarias e Secretarias desta Corte, resolve:

1 — Assegurar, no Tribunal Superior do Trabalho, prioridade na tramitação dos processos em que figure como parte ou interveniente pessoa com idade igual ou superior a 60 (sessenta) anos de idade;

2 — A prioridade será concedida mediante requerimento da parte ou do interveniente e da prova de idade, dirigidos ou ao Presidente do Tribunal Superior do Trabalho, ou aos Presidentes das Turmas, ou ao relator do processo, conforme as normas de competência aplicáveis ao caso;

3 — As Secretarias e Subsecretarias que estejam na posse do processo, desde que deferido o pedido de tramitação preferencial, procederão aos respectivos registros no Sistema de Informações Judiciárias — SIJ, em campo próprio, e anotarão na capa dos autos "Tramitação preferencial — Lei n. 10.741/2003", mediante a aposição de carimbo, a ser providenciado pela Diretoria-Geral de Coordenação Judiciária;

5 — A garantia de prioridade estende-se ao atendimento imediato do idoso, nas Secretarias e Subsecretarias.

6 — Revoga-se o Ato GDGCJ.GP n. 110/2001.

7 — O presente Ato entrará em vigor em 2 de janeiro de 2004.

Publique-se no BI e no DJ.

Brasília, 25 de novembro de 2003.

Francisco Fausto,
Ministro Presidente do Tribunal Superior do Trabalho

RECOMENDAÇÃO CGJT N. 1, DE 9 DE JULHO DE 2013

(DJe 9.7.2013)

PROCEDIMENTO ADMINISTRATIVO PARA VERIFICAÇÃO DE DESCUMPRIMENTO DO PRAZO DE LEI PARA A PROLAÇÃO DE SENTENÇAS OU DECISÕES INTERLOCUTÓRIAS PELOS JUÍZES DE PRIMEIRO GRAU

O **CORREGEDOR-GERAL DA JUSTIÇA DO TRABALHO,** no uso das atribuições que lhe são conferidas pelos arts. 6º, XII, do Regimento Interno da Corregedoria-Geral da Justiça do Trabalho, e 39 do Regimento Interno do Tribunal Superior do Trabalho,

Considerando as dificuldades encontradas por alguns Tribunais Regionais do Trabalho em relação às inconsistências do sistema PJe;

Considerando a indispensável estruturação das áreas de informática e demais serviços internos dos Tribunais Regionais, a fim de propiciar a intercomunicação entre todas as instâncias do Judiciário Trabalhista;

Considerando a necessidade de servidores e magistrados se adaptarem às novas metodologias implementadas ou em fase de implantação no âmbito da Justiça do Trabalho de primeiro e segundo graus;

Considerando que a implantação de tecnologias modernas de informação, com vistas a imprimir maior celeridade e efetividade à entrega da prestação jurisdicional, implica paralisação ou constante manutenção dos sistemas informatizados das diversas Cortes Trabalhistas;

Considerando que alguns Tribunais Regionais do Trabalho, dadas as suas particularidades, encontram-se em fases distintas no tocante à implantação do processo virtual;

Considerando a distinta movimentação processual de cada TRT e que alguns quadros de magistrados e servidores se encontram defasados, aliado à sobrecarga de trabalho dos juízes de primeiro grau em face do considerável aumento da demanda processual, como constatado pela Corregedoria-Geral em inspeções e correições ordinárias realizadas no corrente ano, e atento ao princípio da razoabilidade,

RESOLVE:

Art. 1º Recomendar às Corregedorias dos Tribunais Regionais do Trabalho que somente deflagrem a abertura de procedimento administrativo para verificação de descumprimento do prazo de lei para a prolação de sentenças ou decisões interlocutórias pelos juízes de primeiro grau, quando excedido em 40 dias o lapso temporal a que se refere o inciso II do artigo 189 do Código de Processo Civil.

PARÁGRAFO ÚNICO. Caberá ao Corregedor Regional acompanhar o cumprimento dos prazos de prolação de sentenças e deflagrar a abertura dos referidos procedimentos quando ultrapassado o limite de tolerância de que trata o *caput*, em relação a todos os magistrados sujeitos à sua jurisdição, sem quebra do tratamento isonômico no exercício da atividade correicional.

Art. 2º A presente recomendação tem efeito *ex tunc* apenas em relação às inspeções e às correições ordinárias realizadas no ano de 2013.

Art. 3º Esta recomendação entrará em vigor na data de sua publicação, revogando-se a Recomendação CGJT n. 001/2010.

Publique-se.

Dê-se ciência ao Ministro Presidente do Tribunal Superior do Trabalho e aos Desembargadores Presidentes e Corregedores dos Tribunais Regionais do Trabalho, mediante ofício, do inteiro teor desta Recomendação.

De São Luís para Brasília, 09 de julho de 2013.

Ministro Ives Gandra Martins Filho
Corregedor-Geral da Justiça do Trabalho

RECOMENDAÇÃO CONJUNTA GP.CGJT. N. 3, DE 27 DE SETEMBRO DE 2013

DEJT 30.9.2013

RECOMENDA O ENCAMINHAMENTO DE CÓPIA DAS SENTENÇAS QUE RECONHEÇAM A PRESENÇA DE AGENTES INSALUBRES NO MEIO AMBIENTE DO TRABALHO AO MINISTÉRIO DO TRABALHO E EMPREGO, A FIM DE SUBSIDIAR O PLANEJAMENTO DE AÇÕES DE FISCALIZAÇÃO

O PRESIDENTE DO TRIBUNAL SUPERIOR DO TRABALHO E O CORREGEDOR-GERAL DA JUSTIÇA DO TRABALHO, no uso de suas atribuições legais e regulamentares, e

CONSIDERANDO o dever de a Justiça do Trabalho contribuir para o alcance dos fundamentos do Estado Democrático de Direito, em especial para a edificação da dignidade da pessoa humana, da cidadania e dos valores sociais do trabalho e da livre iniciativa;

CONSIDERANDO as dezenas de milhares de processos envolvendo a constatação de agentes insalubres no meio ambiente do trabalho, sem o pagamento do respectivo adicional ou a adoção de medidas que eliminem ou neutralizem o agente nocivo;

CONSIDERANDO a competência residual de administrar os órgãos da Justiça e o dever de, por meio da gestão das informações que produz, contribuir para a atuação de outros ramos do Poder Público;

CONSIDERANDO o Protocolo de Cooperação Técnica celebrado pelo Tribunal Superior do Trabalho, Conselho Superior da Justiça do Trabalho, Ministério da Saúde, Ministério do Trabalho e Emprego, Ministério da Previdência Social e Advocacia-Geral da União visando à implementação de programas nacionais voltados à prevenção de acidentes de trabalho;

CONSIDERANDO o Acordo de Cooperação Técnica firmado entre o Tribunal Superior do Trabalho, o Conselho Superior da Justiça do Trabalho e o Ministério do Trabalho e Emprego em 18 de setembro de 2013, por ocasião da abertura do 2º Seminário Nacional de Prevenção de Acidentes de Trabalho;

RESOLVEM:

RECOMENDAR aos Juízes do Trabalho que enviem cópia das decisões em que haja o reconhecimento, por meio de prova pericial, de agente insalubre no meio ambiente do trabalho ao endereço eletrônico sentenças.dsst@mte.gov.br, com cópia para insalubridade@tst.jus.br, contendo no corpo do e-mail:

I) Identificação do número do processo;

II) Identificação do empregador, com denominação social/nome e CNPJ/CPF;

III) Endereço do estabelecimento, com código postal (CEP);

IV) Indicação do agente insalubre constatado.

Brasília, 27 de setembro de 2013.

Ministro Carlos Alberto Reis de Paula
Presidente do Tribunal Superior do Trabalho

RESOLUÇÃO ADMINISTRATIVA N. 1.470/2011, DO ÓRGÃO ESPECIAL DO TRIBUNAL SUPERIOR DO TRABALHO (ALTERADA PELO ATO TST.GP N. 772/2011, ATO TST.GP N. 1/2012 E ATO N. 317 GP, DE 11.5.12*)

(DJe/TST 21.12.11)

REGULAMENTA A EXPEDIÇÃO DA CERTIDÃO NEGATIVA DE DÉBITOS TRABALHISTAS — CNDT E DÁ OUTRAS PROVIDÊNCIAS

O EGRÉGIO ÓRGÃO ESPECIAL DO TRIBUNAL SUPERIOR DO TRABALHO, em sessão extraordinária hoje realizada, sob a Presidência do Excelentíssimo senhor Ministro João Oreste Dalazen, Presidente do Tribunal, presentes o Exmos senhores Ministros Maria Cristina Irigoyen Peduzzi, Vice-Presidente, Antônio José de Barros Levenhagen, Corregedor-Geral da Justiça do Trabalho, Milton de Moura França, Carlos Alberto Reis de Paula, Ives Gandra da Silva Martins Filho, João Batista Brito Pereira, Horácio Raymundo de Senna Pires, Rosa Maria Weber Candiota da Rosa, Luiz Philippe Vieira de Mello Filho, Alberto Luiz Bresciani de Fontan Pereira, Dora Maria da Costa, Fernando Eizo Ono, Márcio Eurico Vitral Amaro e o Exmo Procurador-Geral do Trabalho, Dr. Luis Antônio Camargo de Melo,

Considerando a edição da Lei n. 12.440, de 7 de julho de 2011, que instituiu a Certidão Negativa de Débitos Trabalhistas — CNDT;

Considerando que a expedição da CNDT, eletrônica e gratuita, pressupõe a existência de base de dados integrada, de âmbito nacional, com informações sobre as pessoas físicas e jurídicas inadimplentes perante a Justiça do Trabalho;

Considerando a necessidade de padronizar e regulamentar a frequência, o conteúdo e o formato dos arquivos a serem disponibilizados pelos Tribunais Regionais do Trabalho com os dados necessários à expedição da CNDT;

RESOLVE

Art. 1º É instituído o Banco Nacional de Devedores Trabalhistas — BNDT, composto dos dados necessários à identificação das pessoas naturais e jurídicas, de direito público e privado, inadimplentes perante a Justiça do Trabalho quanto às obrigações:

I — estabelecidas em sentença condenatória transitada em julgado ou em acordos judiciais trabalhistas; ou

II — decorrentes de execução de acordos firmados perante o Ministério Público do Trabalho ou Comissão de Conciliação Prévia.

§ 1º É obrigatória a inclusão no BNDT do devedor que, devidamente cientificado, não pagar o débito ou descumprir obrigação de fazer ou não fazer, no prazo previsto em lei. *(Redação dada pelo Ato TST n. 001, de 2.1.12, DJe 2.1.12)*

§ 1º-A Antes de efetivar a ordem de inclusão do devedor no BNDT, em caso de execução por quantia certa, o Juízo da Execução determinará o bloqueio eletrônico de numerário por meio do sistema BACENJUD (art. 655, I, CPC) e também registrará no sistema, quando for o caso, a informação sobre a existência de garantia total da execução. *(Acrescentado pelo Ato TST n. 001, de 2.1.12, DJe 2.1.12)*

§ 1º-B. Não será inscrita no Banco Nacional de Devedores Trabalhistas a pessoa jurídica que goze do privilégio do pagamento de seus débitos por meio do sistema previsto no artigo 100 da Constituição da República, antes de vencido o prazo para quitação do precatório. *(Acrescentado pelo Ato n. 317/ GP DE 11.5.12.DJe 17.5.12)*

§ 1º-C. A pessoa jurídica que houver adotado o regime especial de pagamento de precatórios instituído pela Emenda Constitucional n. 62/2009 não será inscrita no Banco Nacional de Devedores Trabalhistas, desde que mantenha pontualidade nos depósitos. *(Acrescentado pelo Ato n. 317/ GP DE 11.5.12.DJe 17.5.12)*

§ 2º A garantia total da execução por depósito, bloqueio de numerário ou penhora de bens suficientes, devidamente formalizada, ensejará a expedição de Certidão Positiva de Débitos Trabalhistas, com os mesmos efeitos da CNDT.

§ 3º Não será inscrito no Banco Nacional de Devedores Trabalhistas o devedor cujo débito é objeto de execução provisória.

§ 4º Uma vez inscrito, o devedor comporá pré-cadastro para a emissão da CNDT e disporá do prazo improrrogável de 30 (trinta) dias para cumprir a obrigação ou regularizar a situação, a fim de evitar a positivação de seus registros junto ao BNDT". *(Redação dada pelo Ato TST n. 001, de 2.1.12, DJe 2.1.12)*

§ 5º Transcorrido o prazo de que trata o parágrafo anterior, a inclusão do devedor inadimplente acarretará, conforme o caso, a emissão de Certidão Positiva ou de Certidão Positiva com efeito de negativa, na forma do art. 6º desta Resolução. *(Acrescentado pelo Ato TST n. 001, de 2.1.12, DJe 2.1.12)*

§ 6º A alteração dos dados do devedor no BNDT, no curso do prazo fixado no § 4º, não renova ou modifica o prazo ali previsto. *(Acrescentado pelo Ato TST n. 001, de 2.1.12, DJe 2.1.12)*

Art. 2º A inclusão, a alteração e a exclusão de dados no Banco Nacional de Devedores Trabalhistas serão sempre precedidas de determinação judicial expressa, preferencialmente por meio eletrônico.

§ 1º. Na execução por Carta, caberá ao Juízo Deprecante a determinação de que trata o *caput*. *(Alterado pelo ATO GP n 772/2011, de 13.12.11)*

§ 2º As alterações no BNDT decorrentes de decisão de Tribunal Regional do Trabalho ou do Tribunal Superior do Trabalho serão imediatamente comunicadas ao juízo de origem, a quem caberá a atualização. *(Incluído pelo ATO GP n 772/2011, de 13.12.11)*

§ 3º Caberá aos Tribunais Regionais do Trabalho, observado o disposto no parágrafo anterior, determinar a atualização dos dados do BNDT antes do envio dos autos ao TST para julgamento de eventual recurso interposto. *(Incluído pelo ATO GP n 772/2011, de 13.12.11)*

§ 4º O Desembargador competente para emitir despacho de admissibilidade em recurso dirigido ao TST velará pelo cumprimento das normas dos §§ 2º e 3º. *(Incluído pelo ATO GP n 772/2011, de 13.12.11)*

Art. 3º Os Tribunais Regionais do Trabalho disponibilizarão diariamente arquivo eletrônico com os seguintes dados necessários à alimentação do Banco Nacional de Devedores Trabalhistas, no formato a ser definido pela Secretaria de Tecnologia da Informação do TST:

I — número dos autos do processo, observada a numeração única prevista na Resolução CNJ n. 65/2008;

II — número de inscrição do devedor no Cadastro de Pessoas Físicas (CPF) ou no Cadastro Nacional de Pessoas Jurídicas (CNPJ) da Receita Federal do Brasil (RFB);

III — nome ou razão social do devedor, observada a grafia constante da base de dados do CPF ou do CNPJ da RFB;

IV — existência de depósito, bloqueio de numerário ou penhora suficiente à garantia do débito, se for o caso;

V — suspensão da exigibilidade do débito trabalhista, quando houver.

§ 1º Os dados de inclusão de devedor no Banco serão precedidos de conferência do respectivo nome ou razão social e do número do CPF ou do CNPJ com a base de dados da Receita Federal do Brasil, cujos meios de acesso o Tribunal Superior do Trabalho fornecerá.

§ 2º Serão armazenadas as datas de inclusão e exclusão dos devedores e das informações previstas nos incisos IV e V, bem como o registro do usuário responsável pelo lançamento dos dados.

§ 3º Nas execuções promovidas contra dois ou mais devedores, as informações sobre a suspensão da exigibilidade do débito ou garantia da execução por depósito, bloqueio de numerário ou penhora suficiente deverão ser individualizadas por devedor.

§ 4º Paga a dívida ou satisfeita a obrigação, o Juiz da execução determinará a imediata exclusão do(s) devedor(es) do Banco Nacional de Devedores Trabalhistas.

§ 5º Sempre que houver modificação das informações descritas nos incisos IV e V, atualizar-se-ão os dados no Banco Nacional de Devedores Trabalhistas.

Certidão Negativa dc Débitos Trabalhistas

Art. 4º A Certidão Negativa de Débitos Trabalhistas — CNDT será expedida gratuita e eletronicamente em todo o território nacional, observado o modelo constante do Anexo I, no período de pré-cadastro a que alude o § 4º do artigo 1º, e para comprovar a inexistência de débitos inadimplidos perante a Justiça do Trabalho, tendo como base de dados o Banco Nacional de Devedores Trabalhistas". *(Redação dada pelo Ato TST n. 001, de 2.1.12, DJe 2.1.12)*

§ 1º O interessado requererá a CNDT nas páginas eletrônicas do Tribunal Superior do Trabalho (http://www.tst.jus.br), do Conselho Superior da Justiça do Trabalho (http://www.csjt.jus.br) e dos Tribunais Regionais do Trabalho na internet, as quais manterão, permanentemente, hiperlink de acesso ao sistema de expedição. *(Redação dada pelo Ato TST n. 001, de 2.1.12, DJe 2.1.12)*

§ 2º O sistema de expedição da CNDT também disponibilizará consulta pública dos dados referentes aos devedores inscritos no pré-cadastro do BNDT e ainda não positivados, no prazo a que alude o § 4º do art. 1º, observado o modelo constante do Anexo IV. *(Acrescentado pelo Ato TST n. 001, de 2.1.12, DJe 2.1.12)*

Art. 5º O requerimento da CNDT indicará, obrigatoriamente, o CPF ou o CNPJ da pessoa sobre quem deva versar a certidão.

§ 1º No caso de pessoa jurídica, a CNDT certificará a empresa em relação a todos os seus estabelecimentos, agências e filiais.

§ 2º A certidão conterá:

I — informação de que os dados estão atualizados até 2 (dois) dias anteriores à data da sua expedição; e

II — código de segurança para o controle de sua autenticidade no próprio sistema de emissão.

Certidão Positiva de Débitos Trabalhistas

Art. 6º A Certidão Negativa de Débitos Trabalhistas — CNDT não será obtida quando, decorrido o prazo de regularização a que se refere o art. 1º, § 4º, constar do Banco Nacional de Devedores Trabalhistas o número de inscrição no CPF ou no CNPJ da pessoa sobre quem deva versar. *(Redação dada pelo Ato TST n. 001, de 2.1.12, DJe 2.1.12)*

§ 1º Na hipótese prevista no *caput*, expedir-se-á Certidão Positiva de Débitos Trabalhistas — CPDT, observado o modelo constante do Anexo II.

§ 2º Suspensa a exigibilidade do débito ou garantida a execução por depósito, bloqueio de numerário ou penhora de bens suficientes, devidamente formalizada, expedir-se-á Certidão Positiva de Débitos Trabalhistas com os mesmos efeitos da Certidão Negativa de Débitos Trabalhistas, observado o modelo constante do Anexo III.

Art. 7º O Tribunal Superior do Trabalho manterá repositório de todas as informações constantes do banco de dados da CNDT pelo prazo mínimo de 5 (cinco) anos.

Gestão e Fiscalização

Art. 8º A gestão técnica do Banco Nacional de Devedores Trabalhistas e do sistema de expedição da Certidão Negativa de Débitos Trabalhistas caberá a um Comitê a ser instituído e regulamentado pela Presidência do Tribunal Superior do Trabalho.

PARÁGRAFO ÚNICO. Integrará o Comitê um representante indicado pelo Corregedor-Geral da Justiça do Trabalho.

Art. 9º À Corregedoria-Geral da Justiça do Trabalho caberá fiscalizar e orientar os Tribunais Regionais do Trabalho e as Corregedorias Regionais quanto ao cumprimento da presente Resolução, especialmente no que concerne:

I — ao fiel registro, no sistema dos Tribunais Regionais do Trabalho, dos atos processuais relativos à execução trabalhista, necessários à expedição da CNDT;

Legislação Complementar

II — à obrigatoriedade de inclusão e exclusão dos devedores no Banco Nacional de Devedores Trabalhistas;

III — à atualização dos dados no Banco Nacional de Devedores Trabalhistas, sempre que houver modificação das informações descritas nos incisos IV e V do artigo 3º desta Resolução;

IV — à disponibilização correta e tempestiva dos dados necessários à alimentação do Banco Nacional de Devedores Trabalhistas; e

V — à existência e manutenção de *hiperlink* de acesso ao sistema de expedição da CNDT nas páginas eletrônicas dos Tribunais Regionais do Trabalho.

Disposições Finais e Transitórias

Art. 10. O sistema de expedição da Certidão Negativa de Débitos Trabalhistas estará disponível ao público a partir de 4 (quatro) de janeiro de 2012.

§ 1º A partir da data prevista no *caput*, os Tribunais Regionais do Trabalho e as Varas do Trabalho não emitirão certidão com a mesma finalidade e conteúdo da CNDT, salvo em caráter excepcional e urgente em que, após comprovada a emissão da certidão nacional pelo interessado, constatar-se que a informação pretendida ainda não está registrada no BNDT (art. 5º, § 2º, I).

§ 2º A CNDT pode ser exigida para fins de transação imobiliária, mas não exclui a emissão, pelos Tribunais e Varas do Trabalho, de certidão específica para esse fim.

Art. 10-A Para os devedores incluídos no BNDT até o dia 4 de janeiro de 2012, o prazo de regularização de que trata o art. 1º, § 4º desta Resolução terá início nessa data. *(Redação dada pelo Ato TST n. 001, de 2.1.12, DJe 2.1.12)*

Art. 11. Os Tribunais Regionais do Trabalho encaminharão ao Tribunal Superior do Trabalho, no prazo de 15 (quinze) dias, contados da publicação desta Resolução, plano de ação com cronograma detalhado das medidas a serem implementadas para o seu integral cumprimento.

Art. 12. No tocante aos processos em fase de execução atualmente em trâmite nos Tribunais Regionais do Trabalho ou no Tribunal Superior do Trabalho, em que ainda não houve alimentação dos dados no BNDT, caberá ao juízo de origem determinar a adoção dessa providência quando da devolução dos autos físicos principais, ressalvada a hipótese do § 2º do art. 2º desta Resolução.

Art. 13. Esta Resolução entra em vigor na data de sua publicação.

(*) Resolução Administrativa republicada ante a determinação contida no art. 5º do Ato TST.GP. N. 772/2011.

Os anexos I, II, III e IV referidos na presente Resolução podem ser obtidos no DJe/TST de 2.1.12, p.2 a 4.

RECOMENDAÇÃO CGJT N. 002, DE 2 DE MAIO DE 2011

(DEJT 2.5.11)

O CORREGEDOR-GERAL DA JUSTIÇA DO TRABALHO, no uso das atribuições que lhe são conferidas pelos arts. 5º, inciso III, do Regimento Interno da Corregedoria-Geral da Justiça do Trabalho, e 39 do Regimento Interno do Tribunal Superior do Trabalho,

Considerando o ATO.GCGJT N. 011/2011 pelo qual fora cancelada a recomendação contida na letra "g" da Recomendação n. 001/2011 da Corregedoria-Geral da Justiça do Trabalho, referente à expedição de mandado de protesto notarial de sentença judicial condenatória, integrante da estrutura mínima sequencial de atos de execução a ser observada pelos Juízes da execução antes do arquivamento dos autos;

Considerando a necessidade de ser editada outra recomendação que substitua a Recomendação n. 001/2011 da Corregedoria-Geral da Justiça do Trabalho,

RESOLVE:

RECOMENDAR à criteriosa consideração dos Senhores Juízes da execução o seguinte iter procedimental:

a) Citação do executado;

b) Bloqueio de valores do executado via sistema do BACENJUD;

c) Desconsideração da personalidade jurídica da empresa executada, nos termos dos artigos 79 e 80 da Consolidação dos Provimentos da Corregedoria-Geral da Justiça do Trabalho;

d) Registro no sistema informatizado e citação do sócio;

e) Pesquisa de bens de todos os corresponsáveis via sistemas BACENJUD, RENAJUD e INFOJUD;

f) Mandado de penhora;

g) Arquivamento provisório;

h) Emissão de Certidão de Crédito Trabalhista após prazo mínimo de 1 ano de arquivamento provisório, e renovação da pesquisa de bens de todos corresponsáveis com as ferramentas tecnológicas disponíveis;

i) Arquivamento definitivo;

j) Audiência de tentativa conciliatória a qualquer momento.

Art. 2º Esta recomendação entra em vigor na data de sua publicação.

Publique-se no Boletim Interno e no Diário Eletrônico da Justiça do Trabalho. Dê-se ciência aos Presidentes e Corregedores dos Tribunais Regionais do Trabalho, mediante ofício, do inteiro teor desta Recomendação, solicitando de Suas Excelências que a divulguem junto às Varas do Trabalho, integrantes da respectiva jurisdição.

Brasília, 02 de maio de 2011.

Antônio José de Barros Levenhagen

ATO GCGJT N. 001, DE 01 DE FEVEREIRO DE 2012, DA CORREGEDORIA GERAL DA JUSTIÇA DO TRABALHO

(DEJT 3.2.2012)

DISPÕE SOBRE A CONVERSÃO DE AUTOS FÍSICOS DE PROCESSOS ARQUIVADOS PROVISORIAMENTE EM CERTIDÃO DE CRÉDITO TRABALHISTA PARA CONTINUIDADE DOS ATOS EXECUTIVOS E DÁ OUTRAS PROVIDÊNCIAS

O CORREGEDOR-GERAL DA JUSTIÇA DO TRABALHO, no uso das atribuições legais e regimentais que lhe são conferidas pelo art. 6º, inciso V, do Regimento Interno da Corregedoria-Geral da Justiça do Trabalho,

Considerando o disposto no ATO GCGJT n. 017/2011, em que fora elucidado o significado das locuções "arquivamento provisório do processo de execução" e "arquivamento definitivo do processo de execução", no âmbito do Judiciário do Trabalho, tendo como precedente a decisão do Conselho Nacional de Justiça, proferida nos autos da Consulta n. 0000534-85.2011.2.00.0000;

Considerando a necessidade de se prevenir possível colapso organizacional das Varas do Trabalho com a manutenção física dos processos arquivados provisoriamente;

RESOLVE:

Art. 1º Exauridos em vão os meios de coerção do devedor, deverá ser providenciada a atualização dos dados cadastrais das partes tanto quanto a situação do devedor no Banco Nacional de Devedores Trabalhistas, na conformidade da Resolução Administrativa n. 1470/2011, e, em seguida, expedida Certidão de Crédito Trabalhista.

Art. 2º A Certidão de Crédito Trabalhista será expedida conforme modelo constante do Anexo I e deverá conter:

I — o nome e o endereço das partes, incluídos eventuais corresponsáveis pelo débito, bem como o número do respectivo processo;

II — o número de inscrição do credor e do devedor no Cadastro de Pessoas Físicas (CPF) e no Cadastro Nacional de Pessoas Jurídicas (CNPJ) da Receita Federal do Brasil;

III — o valor do débito, do crédito do exequente, dos recolhimentos previdenciários e fiscais, dos honorários, das custas e das despesas processuais;

IV — a data de homologação da conta de liquidação, para posterior incidência de juros e atualização monetária.

Art. 3º A Certidão de Crédito Trabalhista deverá ser instruída com cópias autenticadas, pela Secretaria da Vara do Trabalho, dos seguintes documentos:

I — decisão exequenda;

II — decisão homologatória dos cálculos de liquidação.

Art. 4º O credor será comunicado sobre a obrigatoriedade de comparecimento à Secretaria da Vara do Trabalho para, no prazo de 30 (trinta) dias, retirar a Certidão de Crédito Trabalhista e os documentos de seu interesse.

PARÁGRAFO ÚNICO. Decorrido o prazo, os autos do processo serão arquivados provisoriamente.

Art. 5º A Secretaria da Vara do Trabalho deverá criar arquivo, preferencialmente digital, para manutenção permanente das Certidões de Crédito Trabalhista originais não entregues aos exequentes e das demais certidões expedidas.

Art. 6º Localizado o devedor ou encontrados bens passíveis de penhora, é assegurado ao credor, de posse da Certidão de Crédito Trabalhista, requerer, a qualquer tempo, o prosseguimento da execução, a teor do § 3º do art. 40 da Lei nº 6.830/80.

PARÁGRAFO ÚNICO. A execução prosseguirá sem o desarquivamento dos autos físicos, mediante a reautuação do processo com a Certidão de Crédito Trabalhista, preservada a numeração original.

Art. 7º Para os fins de que trata a Lei n. 7.627/87, aplicar-se-ão aos processos arquivados provisoriamente, nos termos deste Ato, as mesmas regras adotadas para os processos arquivados definitivamente.

Art. 8º Este Ato entrará em vigor na data da sua publicação.

Publique-se no DEJT. Dê-se ciência aos Presidentes e Corregedores dos Tribunais Regionais do Trabalho, mediante ofício, do inteiro teor deste Ato, solicitando de Suas Excelências que o divulguem junto às Varas do Trabalho da respectiva jurisdição.

Brasília, 1º de fevereiro de 2012.

Antônio José de Barros Levenhagen
Ministro Corregedor-Geral da Justiça do Trabalho

Descrição: Anexo I — Certidão de Crédito Trabalhista (Acha-se publicado à pagina 6 do DEJT do dia 3.2.12)

ATO CONJUNTO GP.CGJT N. 4, DE 9 DE DEZEMBRO DE 2013

DEJT 10.12.13

ALTERA A RECOMENDAÇÃO CONJUNTA N. 1/2011

O PRESIDENTE DO TRIBUNAL SUPERIOR DO TRABALHO e o CORREGEDOR-GERAL DA JUSTIÇA DO TRABALHO, no uso de suas atribuições legais e regimentais,

Considerando o caráter preventivo das ações coletivas que versem sobre acidentes de trabalho e a necessidade de priorizar o julgamento desses processos;

RESOLVEM:

Art. 1º Alterar a Recomendação Conjunta n. 1/GP.CGJT, de 3 de maio de 2011, para que passe a constar a seguinte redação: "RECOMENDAR aos Desembargadores dos Tribunais Regionais do Trabalho e

Legislação Complementar

aos Juízes do Trabalho que confiram prioridade à tramitação e ao julgamento das ações coletivas e das reclamações trabalhistas que envolvam acidentes de trabalho."

Art. 2º Republique-se a Recomendação Conjunta n. 1/GP.CGJT, de 3 de maio de 2011, consolidando a alteração introduzida.

Art. 3º Este Ato entra em vigor na data de sua publicação.

Ministro Carlos Alberto Reis de Paula
Presidente do Tribunal Superior do Trabalho

Ministro Ives Gandra da Silva Martins Filho
Corregedor-Geral da Justiça do Trabalho

RESOLUÇÃO N. 127, DE 15 DE MARÇO DE 2011, DO CONSELHO NACIONAL DE JUSTIÇA

(DJ-e 18.3.2011)

DISPÕE SOBRE O PAGAMENTO DE HONORÁRIOS DE PERITO, TRADUTOR E INTÉRPRETE, EM CASOS DE BENEFICIÁRIOS DA JUSTIÇA GRATUITA, NO ÂMBITO DA JUSTIÇA DE PRIMEIRO E SEGUNDO GRAUS

O PRESIDENTE DO CONSELHO NACIONAL DE JUSTIÇA, no uso de suas atribuições constitucionais e regimentais,

CONSIDERANDO a necessidade de observância do princípio da eficiência administrativa pelo Poder Judiciário, inserto no artigo 37, *caput*, da Constituição Federal;

CONSIDERANDO a necessidade, em muitos processos, de produção de prova pericial para demonstração da procedência da pretensão posta em juízo e a regra geral vertida no art. 19 do Código de Processo Civil, de antecipação da despesa do ato pela parte que o requer;

CONSIDERANDO os incisos XXXV, LV e LXXIV do artigo 5º da Constituição Federal, garantidores do amplo acesso à Justiça e da assistência judiciária integral e gratuita às pessoas que comprovarem insuficiência de recursos pelo Estado;

CONSIDERANDO a existência de regulamentação da matéria nas esferas trabalhista e federal, a teor das Resoluções n. 35/07 do Conselho Superior da Justiça do Trabalho e n. 558/07 do Conselho da Justiça Federal;

CONSIDERANDO a necessidade de regulamentar o pagamento de honorários periciais, na esfera cível, no âmbito da Justiça Estadual de primeiro e segundo graus, quando o responsável pelo pagamento destes é contemplado com a assistência judiciária gratuita;

CONSIDERANDO a missão de planejamento estratégico do Poder Judiciário cometida constitucionalmente ao Conselho Nacional de Justiça, nos moldes do art. 103-B, § 4º, I, da Constituição Federal, com o escopo de uniformizar os procedimentos com relação ao tema;

Resolve

Art. 1º Recomenda-se aos Tribunais que destinem, sob rubrica específica, parte do seu orçamento ao pagamento de honorários de perito, tradutor ou intérprete, quando, nos processos de natureza cível, à parte sucumbente no objeto da perícia for deferido o benefício da justiça gratuita.

Art. 2º Os Tribunais poderão manter banco de peritos credenciados, para fins de designação, preferencialmente, de profissionais inscritos nos órgãos de classe competentes e que comprovem a especialidade na matéria sobre a qual deverão opinar, a ser atestada por meio de certidão do órgão profissional a que estiverem vinculados.

Art. 3º As Presidências dos Tribunais ficam autorizadas a celebrar convênios com profissionais, empresas ou instituições com notória experiência em avaliação e consultoria nos ramos de atividades capazes de realizar as perícias requeridas pelos juízes.

Art. 4º A designação de perito, tradutor ou intérprete é cometida exclusivamente ao juiz da causa, sendo-lhe vedado nomear cônjuge, companheiro(a) e parente, em linha reta ou colateral, até o terceiro grau, de magistrado ou de servidor do juízo.

PARÁGRAFO ÚNICO. Poderá o juiz, ainda, substituir o perito, tradutor ou intérprete , desde que o faça de forma fundamentada.

Art. 5º São requisitos essenciais para a percepção dos honorários periciais, de tradutor ou intérprete, nas hipóteses em que a parte responsável pelo pagamento, porque sucumbente no objeto da perícia, é beneficiária da justiça gratuita, a fixação deles por decisão judicial e o trânsito em julgado da decisão.

Art. 6º O valor dos honorários periciais, de tradutor ou intérprete, a serem pagos pelo Poder Judiciário em relação a pleito de beneficiário de gratuidade de Justiça, será limitado a R$ 1.000,00 (um mil reais), independentemente do valor fixado pelo juiz, que considerará a complexidade da matéria, os graus de zelo profissional e especialização do perito, o lugar e o tempo exigidos para a prestação do serviço e as peculiaridades regionais.

§ 1º O montante que eventualmente ultrapassar o valor previsto no *caput* poderá vir a ser cobrado pelo perito, nos termos do art. 12 da Lei 1.060/50.

§ 2º Ainda que haja processos incidentes, tais honorários deverão ser fixados em valor único, em razão da natureza da ação principal.

§ 3º A fixação dos honorários de que trata este artigo, em valor maior do que o limite estabelecido neste artigo, deverá ser devidamente fundamentada, podendo o juiz ultrapassar em até 5 (cinco) vezes o limite máximo definido neste artigo.

Art. 7º Poderá haver adiantamento de despesas iniciais de perito, em valor equivalente a R$ 350,00 (trezentos e cinquenta reais), se este, comprovadamente, demonstrar a necessidade de valores para a satisfação de despesas decorrentes do encargo recebido, efetuando-se o pagamento do saldo remanescente após o trânsito em julgado da decisão.

PARÁGRAFO ÚNICO. Havendo reversão da sucumbência, quanto ao objeto da perícia, caberá ao Executado ressarcir o erário dos honorários periciais adiantados, sob pena de execução específica da verba.

Art. 8º Se vencida na causa entidade pública, o perito, tradutor ou intérprete serão pagos conforme ordem de pagamento apresentada ao Tribunal respectivo.

Art. 9º O pagamento dos honorários periciais, de tradutor ou intérprete efetuar-se-á mediante determinação do presidente do Tribunal, após requisição expedida pelo juiz do feito, observando-se, rigorosamente, a ordem cronológica de apresentação das requisições e as deduções das cotas previdenciárias e fiscais, sendo o valor líquido depositado em conta bancária indicada pelo perito.

§ 1º As requisições deverão indicar, obrigatoriamente: o número do processo, o nome das partes e respectivos CPF ou CNPJ; o valor dos honorários, especificando se de adiantamento ou se finais; o número da conta bancária para crédito; natureza e característica da perícia; declaração expressa de reconhecimento, pelo Juiz, do direito à justiça gratuita; certidão do trânsito em julgado e da sucumbência na perícia, se for o caso; endereço, telefone e inscrição no INSS do perito.

§ 2º O valor dos honorários será atualizado pelo IPCA-E ou outro índice que o substitua, a partir da data do arbitramento até o seu efetivo pagamento.

Art. 10. Os valores de que trata esta Resolução serão reajustados anualmente, no mês de janeiro, por meio de Portaria do Presidente do Tribunal, com base na variação do IPCA-E do ano anterior ou outro índice que o substitua, desde que haja disponibilidade orçamentária.

PARÁGRAFO ÚNICO. O disposto nos arts. 6º e 7º desta Resolução será aplicado aos honorários periciais devidos pelo Instituto Nacional de Seguro Social em ações de acidente de trabalho.

Art. 11. Os Tribunais farão controle informatizado dos dados da ação, da quantidade de processos e de pessoas físicas assistidas, bem como do montante pago aos peritos.

Art. 12. Caberá às Corregedorias dos Tribunais acompanhar o cumprimento desta Resolução no âmbito de suas competências.

Art. 13. A presente resolução entra em vigor 60 (sessenta) dias após a sua publicação.

Ministro Cezar Peluso
Presidente

LEI N.11.419, DE 19 DE DEZEMBRO DE 2006

(DOU 20.12.06)

DISPÕE SOBRE A INFORMATIZAÇÃO DO PROCESSO JUDICIAL; ALTERA A LEI N. 5.869, DE 11 DE JANEIRO DE 1973 — CÓDIGO DE PROCESSO CIVIL; E DÁ OUTRAS PROVIDÊNCIAS

O PRESIDENTE DA REPÚBLICA,

Faço saber que o Congresso Nacional decreta e eu sanciono a seguinte Lei:

CAPÍTULO I

DA INFORMATIZAÇÃO DO PROCESSO JUDICIAL

Art. 1º O uso de meio eletrônico na tramitação de processos judiciais, comunicação de atos e transmissão de peças processuais será admitido nos termos desta Lei.

§ 1º Aplica-se o disposto nesta Lei, indistintamente, aos processos civil, penal e trabalhista, bem como aos juizados especiais, em qualquer grau de jurisdição.

§ 2º Para o disposto nesta Lei, considera-se:

I — meio eletrônico qualquer forma de armazenamento ou tráfego de documentos e arquivos digitais;

II — transmissão eletrônica toda forma de comunicação a distância com a utilização de redes de comunicação, preferencialmente a rede mundial de computadores;

III — assinatura eletrônica as seguintes formas de identificação inequívoca do signatário:

a) assinatura digital baseada em certificado digital emitido por Autoridade Certificadora credenciada, na forma de lei específica;

b) mediante cadastro de usuário no Poder Judiciário, conforme disciplinado pelos órgãos respectivos.

Art. 2º O envio de petições, de recursos e a prática de atos processuais em geral por meio eletrônico serão admitidos mediante uso de assinatura eletrônica, na forma do art. 1º desta Lei, sendo obrigatório o credenciamento prévio no Poder Judiciário, conforme disciplinado pelos órgãos respectivos.

§ 1º O credenciamento no Poder Judiciário será realizado mediante procedimento no qual esteja assegurada a adequada identificação presencial do interessado.

§ 2º Ao credenciado será atribuído registro e meio de acesso ao sistema, de modo a preservar o sigilo, a identificação e a autenticidade de suas comunicações.

§ 3º Os órgãos do Poder Judiciário poderão criar um cadastro único para o credenciamento previsto neste artigo.

Art. 3º Consideram-se realizados os atos processuais por meio eletrônico no dia e hora do seu envio ao sistema do Poder Judiciário, do que deverá ser fornecido protocolo eletrônico.

PARÁGRAFO ÚNICO. Quando a petição eletrônica for enviada para atender prazo processual, serão consideradas tempestivas as transmitidas até as 24 (vinte e quatro) horas do seu último dia.

CAPÍTULO II

DA COMUNICAÇÃO ELETRÔNICA DOS ATOS PROCESSUAIS

Art. 4º Os tribunais poderão criar Diário da Justiça eletrônico, disponibilizado em sítio da rede mundial de computadores, para publicação de atos judiciais e administrativos próprios e dos órgãos a eles subordinados, bem como comunicações em geral.

§ 1º O sítio e o conteúdo das publicações de que trata este artigo deverão ser assinados digitalmente com base em certificado emitido por Autoridade Certificadora credenciada na forma da lei específica.

§ 2º A publicação eletrônica na forma deste artigo substitui qualquer outro meio e publicação oficial, para quaisquer efeitos legais, à exceção dos casos que, por lei, exigem intimação ou vista pessoal.

§ 3º Considera-se como data da publicação o primeiro dia útil seguinte ao da disponibilização da informação no Diário da Justiça eletrônico.

§ 4º Os prazos processuais terão início no primeiro dia útil que seguir ao considerado como data da publicação.

§ 5º A criação do Diário da Justiça eletrônico deverá ser acompanhada de ampla divulgação, e o ato administrativo correspondente será publicado durante 30 (trinta) dias no diário oficial em uso.

Art. 5º As intimações serão feitas por meio eletrônico em portal próprio aos que se cadastrarem na forma do art. 2º desta Lei, dispensando-se a publicação no órgão oficial, inclusive eletrônico.

§ 1º Considerar-se-á realizada a intimação no dia em que o intimando efetivar a consulta eletrônica ao teor da intimação, certificando-se nos autos a sua realização.

§ 2º Na hipótese do § 1º deste artigo, nos casos em que a consulta se dê em dia não útil, a intimação será considerada como realizada no primeiro dia útil seguinte.

§ 3º A consulta referida nos §§ 1º e 2º deste artigo deverá ser feita em até 10 (dez) dias corridos contados da data do envio da intimação, sob pena de considerar-se a intimação automaticamente realizada na data do término desse prazo.

§ 4º Em caráter informativo, poderá ser efetivada remessa de correspondência eletrônica, comunicando o envio da intimação e a abertura automática do prazo processual nos termos do § 3º deste artigo, aos que manifestarem interesse por esse serviço.

§ 5º Nos casos urgentes em que a intimação feita na forma deste artigo possa causar prejuízo a quaisquer das partes ou nos casos em que for evidenciada qualquer tentativa de burla ao sistema, o ato processual deverá ser realizado por outro meio que atinja a sua finalidade, conforme determinado pelo juiz.

§ 6º As intimações feitas na forma deste artigo, inclusive da Fazenda Pública, serão consideradas pessoais para todos os efeitos legais.

Art. 6º Observadas as formas e as cautelas do art. 5º desta Lei, as citações, inclusive da Fazenda Pública, excetuadas as dos Direitos Processuais Criminal e Infracional, poderão ser feitas por meio eletrônico, desde que a íntegra dos autos seja acessível ao citando.

Art. 7º As cartas precatórias, rogatórias, de ordem e, de um modo geral, todas as comunicações oficiais que transitem entre órgãos do Poder Judiciário, bem como entre os deste e os dos demais Poderes, serão feitas preferentemente por meio eletrônico.

CAPÍTULO III
DO PROCESSO ELETRÔNICO

Art. 8º Os órgãos do Poder Judiciário poderão desenvolver sistemas eletrônicos de processamento de ações judiciais por meio de autos total ou parcialmente digitais, utilizando, preferencialmente, a rede mundial de computadores e acesso por meio de redes internas e externas.

PARÁGRAFO ÚNICO. Todos os atos processuais do processo eletrônico serão assinados eletronicamente na forma estabelecida nesta Lei.

Art. 9º No processo eletrônico, todas as citações, intimações e notificações, inclusive da Fazenda Pública, serão feitas por meio eletrônico, na forma desta Lei.

§ 1º As citações, intimações, notificações e remessas que viabilizem o acesso à íntegra do processo correspondente serão consideradas vista pessoal do interessado para todos os efeitos legais.

§ 2º Quando, por motivo técnico, for inviável o uso do meio eletrônico para a realização de citação, intimação ou notificação, esses atos processuais poderão ser praticados segundo as regras ordinárias, digitalizando-se o documento físico, que deverá ser posteriormente destruído.

Art. 10. A distribuição da petição inicial e a juntada da contestação, dos recursos e das petições em geral, todos em formato digital, nos autos de processo eletrônico, podem ser feitas diretamente pelos advogados públicos e privados, sem necessidade da intervenção do cartório ou secretaria judicial, situação em que a autuação deverá se dar de forma automática, fornecendo-se recibo eletrônico de protocolo.

§ 1º Quando o ato processual tiver que ser praticado em determinado prazo, por meio de petição eletrônica, serão considerados tempestivos os efetivados até as 24 (vinte e quatro) horas do último dia.

§ 2º No caso do § 1º deste artigo, se o Sistema do Poder Judiciário se tornar indisponível por motivo técnico, o prazo fica automaticamente prorrogado para o primeiro dia útil seguinte à resolução do problema.

§ 3º Os órgãos do Poder Judiciário deverão manter equipamentos de digitalização e de acesso à rede mundial de computadores à disposição dos interessados para distribuição de peças processuais.

Art. 11. Os documentos produzidos eletronicamente e juntados aos processos eletrônicos com garantia da origem e de seu signatário, na forma estabelecida nesta Lei, serão considerados originais para todos os efeitos legais.

§ 1º Os extratos digitais e os documentos digitalizados e juntados aos autos pelos órgãos da Justiça e seus auxiliares, pelo Ministério Público e seus auxiliares, pelas procuradorias, pelas autoridades policiais, pelas repartições públicas em geral e por advogados públicos e privados têm a mesma força probante dos originais, ressalvada a alegação motivada e fundamentada de adulteração antes ou durante o processo de digitalização.

§ 2º A arguição de falsidade do documento original será processada eletronicamente na forma da lei processual em vigor.

§ 3º Os originais dos documentos digitalizados, mencionados no § 2º deste artigo, deverão ser preservados pelo seu detentor até o trânsito em julgado da sentença ou, quando admitida, até o final do prazo para interposição de ação rescisória.

§ 4º (VETADO)

§ 5º Os documentos cuja digitalização seja tecnicamente inviável devido ao grande volume ou por motivo de ilegibilidade deverão ser apresentados ao cartório ou secretaria no prazo de 10 (dez) dias contados do envio de petição eletrônica comunicando o fato, os quais serão devolvidos à parte após o trânsito em julgado.

§ 6º Os documentos digitalizados juntados em processo eletrônico somente estarão disponíveis para acesso por meio da rede externa para suas respectivas partes processuais e para o Ministério Público, respeitado o disposto em lei para as situações de sigilo e de segredo de justiça.

Art. 12. A conservação dos autos do processo poderá ser efetuada total ou parcialmente por meio eletrônico.

§ 1º Os autos dos processos eletrônicos deverão ser protegidos por meio de sistemas de segurança de acesso e armazenados em meio que garanta a preservação e integridade dos dados, sendo dispensada a formação de autos suplementares.

§ 2º Os autos de processos eletrônicos que tiverem de ser remetidos a outro juízo ou instância superior que não disponham de sistema compatível deverão ser impressos em papel, autuados na forma dos arts. 166 a 168 da Lei n. 5.869, de 11 de janeiro de 1973 — Código de Processo Civil, ainda que de natureza criminal ou trabalhista, ou pertinentes a juizado especial.

§ 3º No caso do § 2º deste artigo, o escrivão ou o chefe de secretaria certificará os autores ou a origem dos documentos produzidos nos autos, acrescentando, ressalvada a hipótese de existir segredo de justiça, a forma pela qual o banco de dados poderá ser acessado para aferir a autenticidade das peças e das respectivas assinaturas digitais.

§ 4º Feita a autuação na forma estabelecida no § 2º deste artigo, o processo seguirá a tramitação legalmente estabelecida para os processos físicos.

§ 5º A digitalização de autos em mídia não digital, em tramitação ou já arquivados, será precedida de publicação de editais de intimações ou da intimação pessoal das partes e de seus procuradores, para que, no prazo preclusivo de 30 (trinta) dias, se manifestem sobre o desejo de manterem pessoalmente a guarda de algum dos documentos originais.

Art. 13. O magistrado poderá determinar que sejam realizados por meio eletrônico a exibição e o envio de dados e de documentos necessários à instrução do processo.

§ 1º Consideram-se cadastros públicos, para os efeitos deste artigo, dentre outros existentes ou que venham a ser criados, ainda que mantidos por concessionárias de serviço público ou empresas privadas, os que contenham informações indispensáveis ao exercício da função judicante.

§ 2º O acesso de que trata este artigo dar-se-á por qualquer meio tecnológico disponível, preferentemente o de menor custo, considerada sua eficiência.

§ 3º (VETADO)

CAPÍTULO IV

DISPOSIÇÕES GERAIS E FINAIS

Art. 14. Os sistemas a serem desenvolvidos pelos órgãos do Poder Judiciário deverão usar, preferencialmente, programas com código aberto, acessíveis ininterruptamente por meio da rede mundial de computadores, priorizando-se a sua padronização.

PARÁGRAFO ÚNICO. Os sistemas devem buscar identificar os casos de ocorrência de prevenção, litispendência e coisa julgada.

Art. 15. Salvo impossibilidade que comprometa o acesso à justiça, a parte deverá informar, ao distribuir a petição inicial de qualquer ação judicial, o número no cadastro de pessoas físicas ou jurídicas, conforme o caso, perante a Secretaria da Receita Federal.

PARÁGRAFO ÚNICO. Da mesma forma, as peças de acusação criminais deverão ser instruídas pelos membros do Ministério Público ou pelas autoridades policiais com os números de registros dos acusados no Instituto Nacional de Identificação do Ministério da Justiça, se houver.

Art. 16. Os livros cartorários e demais repositórios dos órgãos do Poder Judiciário poderão ser gerados e armazenados em meio totalmente eletrônico.

Art. 17. (VETADO)

Art. 18. Os órgãos do Poder Judiciário regulamentarão esta Lei, no que couber, no âmbito de suas respectivas competências.

Art. 19. Ficam convalidados os atos processuais praticados por meio eletrônico até a data de publicação desta Lei, desde que tenham atingido sua finalidade e não tenha havido prejuízo para as partes.

Art. 20. A Lei n. 5.869, de 11 de janeiro de 1973 — Código de Processo Civil, passa a vigorar com as seguintes alterações:

"*Art. 38*..

PARÁGRAFO ÚNICO. A procuração pode ser assinada digitalmente com base em certificado emitido por Autoridade Certificadora credenciada, na forma da lei específica." (NR)

"Art. 154..

PARÁGRAFO ÚNICO. Os tribunais, no âmbito da respectiva jurisdição, poderão disciplinar a prática e a comunicação oficial dos atos processuais por meios eletrônicos, atendidos os requisitos de autenticidade, integridade, validade jurídica e interoperabilidade da Infraestrutua de Chaves Públicas Brasileira — ICP — Brasil. *(Incluído pela Lei n. 11.280, de 16.2.2006, DOU 17.2.2006)*

§ 2º Todos os atos e termos do processo podem ser produzidos, transmitidos, armazenados e assinados por meio eletrônico, na forma da lei." (NR)

"Art. 164..

PARÁGRAFO ÚNICO. A assinatura dos juízes, em todos os graus de jurisdição, pode ser feita eletronicamente, na forma da lei." (NR)

"Art. 169..

§ 1º É vedado usar abreviaturas.

§ 2º Quando se tratar de processo total ou parcialmente eletrônico, os atos processuais praticados na presença do juiz poderão ser produzidos e armazenados de modo integralmente digital em arquivo eletrônico inviolável, na forma da lei, mediante registro em termo que será assinado digitalmente pelo juiz e pelo escrivão ou chefe de secretaria, bem como pelos advogados das partes.

§ 3º No caso do § 2º deste artigo, eventuais contradições na transcrição deverão ser suscitadas oralmente no momento da realização do ato, sob pena de preclusão, devendo o juiz decidir de plano, registrando-se a alegação e a decisão no termo." (NR)

"Art. 202..

§ 3º A carta de ordem, carta precatória ou carta rogatória pode ser expedida por meio eletrônico, situação em que a assinatura do juiz deverá ser eletrônica, na forma da lei." (NR)

"Art. 221..

IV — por meio eletrônico, conforme regulado em lei própria." (NR)

"Art. 237..

PARÁGRAFO ÚNICO. As intimações podem ser feitas de forma eletrônica, conforme regulado em lei própria." (NR)

Legislação Complementar

"Art. 365. ....

V — os extratos digitais de bancos de dados, públicos e privados, desde que atestado pelo seu emitente, sob as penas da lei, que as informações conferem com o que consta na origem;

VI — as reproduções digitalizadas de qualquer documento, público ou particular, quando juntados aos autos pelos órgãos da Justiça e seus auxiliares, pelo Ministério Público e seus auxiliares, pelas procuradorias, pelas repartições públicas em geral e por advogados públicos ou privados, ressalvada a alegação motivada e fundamentada de adulteração antes ou durante o processo de digitalização.

§ 1º Os originais dos documentos digitalizados, mencionados no inciso VI do *caput* deste artigo, deverão ser preservados pelo seu detentor até o final do prazo para interposição de ação rescisória.

§ 2º Tratando-se de cópia digital de título executivo extrajudicial ou outro documento relevante à instrução do processo, o juiz poderá determinar o seu depósito em cartório ou secretaria." (NR)

"Art. 399. ....

§ 1º Recebidos os autos, o juiz mandará extrair, no prazo máximo e improrrogável de 30 (trinta) dias, certidões ou reproduções fotográficas das peças indicadas pelas partes ou de ofício; findo o prazo, devolverá os autos à repartição de origem.

§ 2º As repartições públicas poderão fornecer todos os documentos em meio eletrônico conforme disposto em lei, certificando, pelo mesmo meio, que se trata de extrato fiel do que consta em seu banco de dados ou do documento digitalizado." (NR)

"Art. 417. ....

§ 1º O depoimento será passado para a versão datilográfica quando houver recurso da sentença ou noutros casos, quando o juiz o determinar, de ofício ou a requerimento da parte.

§ 2º Tratando-se de processo eletrônico, observar-se-á o disposto nos §§ 2º e 3º do art. 169 desta Lei." (NR)

"Art. 457. ....

§ 4º Tratando-se de processo eletrônico, observar-se-á o disposto nos §§ 2º e 3º do art. 169 desta Lei." (NR)

"Art. 556. ....

PARÁGRAFO ÚNICO. Os votos, acórdãos e demais atos processuais podem ser registrados em arquivo eletrônico inviolável e assinados eletronicamente, na forma da lei, devendo ser impressos para juntada aos autos do processo quando este não for eletrônico." (NR)

Art. 21. (VETADO)

Art. 22. Esta Lei entra em vigor 90 (noventa) dias depois de sua publicação.

Brasília, 19 de dezembro de 2006; 185º da Independência e 118 o da República.

Luiz Inácio Lula da Silva

Márcio Thomaz Bastos

RESOLUÇÃO CSJT N. 136 DE 25 DE ABRIL 2014(*)

DEJT 14.5.14

INSTITUI O SISTEMA PROCESSO JUDICIAL ELETRÔNICO DA JUSTIÇA DO TRABALHO — PJE-JT COMO SISTEMA DE PROCESSAMENTO DE INFORMAÇÕES E PRÁTICA DE ATOS PROCESSUAIS E ESTABELECE OS PARÂMETROS PARA SUA IMPLEMENTAÇÃO E FUNCIONAMENTO

O **CONSELHO SUPERIOR DA JUSTIÇA DO TRABALHO**, em sessão ordinária hoje realizada, sob a presidência do Exmo Ministro Conselheiro Antonio José de Barros Levenhagen, presentes os Exmos Ministros Conselheiros João Batista Brito Pereira, Aloysio Corrêa da Veiga, Luiz Philippe Vieira de Mello Filho e Maria de Assis Calsing, os Exmos Desembargadores Conselheiros David Alves de Mello Júnior, Elaine Machado Vasconcelos, Maria Doralice Novaes, Carlos Coelho de Miranda Freire e Altino Pedrozo dos Santos, o Exmo Vice-Procurador-Geral do Trabalho, Dr. Eduardo Antunes Parmeggiani, e o Exmo Presidente da Associação Nacional dos Magistrados da Justiça do Trabalho — ANAMATRA, Juiz Paulo Luiz Schmidt,

Considerando as diretrizes contidas na Lei n. 11.419, de 19 de dezembro de 2006, que dispõe sobre a informatização do processo judicial, especialmente o disposto no art. 18, que autoriza os órgãos do Poder Judiciário a regulamentarem-na;

Considerando a regulamentação do PJe-JT pelo Conselho Nacional de Justiça por meio da Resolução n. 185, de 18 de dezembro de 2013;

Considerando os benefícios advindos da substituição da tramitação de autos em meio impresso pelo meio eletrônico, como instrumento de celeridade e qualidade da prestação jurisdicional;

Considerando a necessidade de racionalização da utilização dos recursos orçamentários pelos Tribunais Regionais do Trabalho;

Considerando o contido no Acórdão TCU n. 1094/2012, que, entre outras diretrizes, recomenda a realização de fiscalização no CSJT, mormente de modo a "evitar o desperdício de recursos no desenvolvimento de soluções a serem descartadas quando da implantação dos projetos nacionais, orientando acerca da estrita observância dos termos do Ato Conjunto CSJT.TST.GP.SE 9/2008, especialmente em seus arts. 9º e 11, zelando pela compatibilidade das soluções de TI adotadas no âmbito da Justiça do Trabalho, bem como se abstendo da prática de contratações cujo objeto venha a ser rapidamente descartado, podendo resultar em atos de gestão antieconômicos e ineficientes";

Considerando a necessidade de regulamentar a implantação e funcionamento do sistema de processo judicial eletrônico na Justiça do Trabalho;

Considerando a atual multiplicidade de sistemas de tramitação processual, seja em meio físico, seja em meio eletrônico, o que implica replicação de gastos e investimentos pelos Tribunais e em dificuldades de aprendizado para os usuários, notadamente os advogados e procuradores que atuam perante vários Tribunais diferentes;

Considerando as atribuições previstas na Constituição Federal, art. 111-A, § 2º, II, especialmente no que concerne à supervisão administrativa, orçamentária, financeira e patrimonial da Justiça do Trabalho de primeiro e segundo graus;

Considerando as sugestões apresentadas pelos Tribunais Regionais do Trabalho para alterações na Resolução Administrativa n. 94/2012, deste Conselho;

Considerando a experiência adquirida após mais de dois anos de implantação do PJe na Justiça do Trabalho

---

(*) Republicada em razão de erro material.

e a necessidade de adaptá-lo às necessidades apresentadas pelos Tribunais Regionais do Trabalho; e

Considerando os termos da decisão proferida pelo Conselho Superior da Justiça do Trabalho, objeto do Processo CSJT-AN-7304 -40.2014.5.90.0000,

R E S O L V E:

Instituir o Sistema Processo Judicial Eletrônico da Justiça do Trabalho — PJe-JT como sistema informatizado de processo judicial na Justiça do Trabalho e estabelecer os parâmetros para a sua implementação e funcionamento, na forma a seguir:

CAPÍTULO I
DO PROCESSO JUDICIAL ELETRÔNICO DA JUSTIÇA DO TRABALHO

Seção I
Das Disposições Gerais

Art. 1º A tramitação do processo judicial no âmbito da Justiça do Trabalho, a prática de atos processuais e sua representação por meio eletrônico, nos termos da Lei 11.419, de 19 de dezembro de 2006, serão realizadas exclusivamente por intermédio do Sistema Processo Judicial Eletrônico da Justiça do Trabalho — PJe-JT regulamentado por esta Resolução.

Art. 2º O PJe-JT compreenderá o controle do sistema judicial trabalhista nos seguintes aspectos:

I — a tramitação do processo;

II — a padronização de todos os dados e informações compreendidas pelo processo judicial;

III — a produção, registro e publicidade dos atos processuais; e

IV — o fornecimento de dados essenciais à gestão das informações necessárias aos diversos órgãos de supervisão, controle e uso do sistema judiciário trabalhista.

Art. 3º Para o disposto nesta Resolução, considera-se:

I — certificado digital: meio eletrônico de identificação de seu titular, pessoa física ou jurídica, destinado a identificá-lo eletronicamente em todos os acessos ao meio eletrônico (Internet), nos termos da Lei n. 11.419, de dezembro de 2006;

II — assinatura eletrônica, que compreende as seguintes formas de identificação inequívoca do signatário:

a) assinatura digital: baseada em certificado digital, emitido por Autoridade Certificadora credenciada, na forma de lei ou regulamentação específica;

b) usuário(nome de *login*) e senha, mediante cadastro no PJe-JT.

III — autos do processo eletrônico ou autos digitais: conjunto demetadados e documentos eletrônicos correspondentes a todos os atos, termos e informações do processo;

IV — digitalização: processo de reprodução ou conversão de fato ou coisa produzido originalmente em meio não digital para o formato digital;

V — documento digital: documento originalmente produzido em meio digital;

VI — documento digitalizado: reprodução digital de documento originalmente físico;

VII — meio eletrônico: ambiente de armazenamento ou tráfego de informações digitais;

VIII — transmissão eletrônica: toda forma de comunicação à distância com a utilização de redes de comunicação, preferencialmente a rede mundial de computadores;

IX — usuários internos: magistrados e servidores da Justiça do Trabalho, bem como outros a que se reconhecer acesso às funcionalidades internas do sistema de processamento em meio eletrônico, tais como estagiários e prestadores de serviço; e

X — usuários externos: todos os demais usuários, incluídas as partes, os advogados, os membros do Ministério Público do Trabalho, os auxiliares da justiça e os terceiros intervenientes.

Art. 4º Os atos processuais terão sua produção, registro, visualização, tramitação, controle e publicação exclusivamente em meio eletrônico e serão assinados digitalmente, contendo elementos que permitam identificar o usuário responsável pela sua prática.

§ 1º A cópia de documento extraída dos autos digitais deverá conter elementos que permitam verificar a sua autenticidade no endereço referente à consulta pública do PJe-JT, cujo acesso também será disponibilizado nos sítios do Conselho Superior da Justiça do Trabalho, do Tribunal Superior do Trabalho e dos Tribunais Regionais do Trabalho na rede mundial de computadores.

§ 2º O usuário é responsável pela exatidão das informações prestadas, quando de seu credenciamento, assim como pela guarda, sigilo e utilização da assinatura digital, não sendo oponível, em qualquer hipótese, alegação de uso indevido, nos termos da Medida Provisória n. 2.200-2, de 24 de agosto de 2001.

SEÇÃO II
Do Acesso ao Sistema

Art. 5º Para acesso ao PJe-JT é obrigatória a utilização de assinatura digital a que se refere o inciso II, alínea "a", do artigo 3º desta Resolução, nas seguintes hipóteses:

I — assinatura de documentos e arquivos;

II — serviços com a exigência de identificação ou certificação digital; e

III — consultas e operações que tramitem em sigilo ou em segredo de justiça.

PARÁGRAFO ÚNICO. Excetuados os casos previstos no *caput* deste artigo, será possível acesso ao sistema por meio de utilização de usuário (*login*) e senha, na forma prevista no artigo 7º da Resolução n. 185, de 18 de dezembro de 2013, do Conselho Nacional de Justiça.

Art. 6º O acesso ao sistema PJe-JT mediante identificação de usuário (*login*) e senha, será exclusivamente para visualização de autos, exceto nas hipóteses de sigilo ou segredo de justiça.

§ 1° Partes ou terceiros interessados desassistidos de advogados poderão apresentar peças processuais e documentos em papel, segundo as regras ordinárias, nos locais competentes para recebê-los, que serão digitalizados e inseridos no processo pela Unidade Judiciária.

§ 2º A regra prevista no parágrafo anterior também pode ser estendida aos advogados e membros do Ministério Público do Trabalho, em casos urgentes, devidamente comprovados, em que não for possível a prática de atos diretamente pelo sistema, ou em qualquer outra hipótese de justo impedimento de acesso, a critério do magistrado.

Art. 7º Constitui responsabilidade do usuário:

I — o acesso ao seu provedor da internet e a configuração do computador utilizado nas transmissões eletrônicas;

II — a aquisição, por si ou pela instituição à qual está vinculado, do certificado digital, padrão ICP-Brasil, tipo A-3 ou A-4, emitido por Autoridade Certificadora credenciada, e respectivo dispositivo criptográfico portável;

III — o acompanhamento do regular recebimento das petições e documentos transmitidos eletronicamente.

Art. 8º O credenciamento de advogados no sistema dar-se-á pela identificação do usuário por meio de seu certificado digital e remessa do formulário eletrônico disponibilizado no portal de acesso ao PJe-JT, devidamente preenchido e assinado digitalmente.

§ 1º As alterações de dados cadastrais poderão ser feitas pelos próprios usuários, a qualquer momento, utilizando a funcionalidade específica do PJe-JT para este fim, salvo as informações cadastrais obtidas de bancos de dados credenciados, como Receita Federal, Justiça Eleitoral e OAB, que deverão ser atualizadas diretamente nas respectivas fontes.

§ 2º O credenciamento implica a aceitação das normas estabelecidas nesta Resolução, assim como nas demais normas que vierem a regulamentar o uso do processo eletrônico no âmbito dos Tribunais e a responsabilidade do credenciado pelo uso indevido da assinatura digital.

§ 3º O credenciamento de advogados na forma prevista neste artigo não dispensa a juntada de mandato, para fins do disposto no art. 37 do Código de Processo Civil.

Art. 9º As Presidências do Conselho Superior da Justiça do Trabalho e dos Tribunais Regionais do Trabalho adotarão as providências necessárias para fornecer, pelo menos, 2 (dois) certificados digitais para cada magistrado, preferencialmente de autoridades certificadoras diferentes, e pelo menos 1 (um) para os demais usuários internos do sistema.

Art. 10. Os órgãos da Justiça do Trabalho manterão instalados equipamentos à disposição das partes, advogados e interessados para consulta aos autos digitais, digitalização e envio das peças processuais e documentos em meio eletrônico.

§ 1º Para fins do *caput*, os órgãos da Justiça do Trabalho devem providenciar auxílio técnico presencial às pessoas com deficiência ou que comprovem idade igual ou superior a 60 (sessenta anos).

§ 2º Aos peticionários, inclusive advogados, com deficiência física impeditiva do uso adequado do sistema, será assegurado o direito de peticionamento físico, devendo as peças e documentos serem digitalizados e juntados ao sistema PJe-JT por servidor da unidade judiciária competente.

§ 3º Os órgãos da Justiça do Trabalho poderão celebrar convênios com a Ordem dos Advogados do Brasil ou outras associações representativas de advogados, bem como com outros órgãos públicos, para compartilhar responsabilidades na disponibilização de tais espaços, equipamentos e auxílio técnico presencial.

SUBSEÇÃO I
Dos Perfis de Usuário no Sistema PJe-JT

Art. 11. Os usuários terão acesso às funcionalidades do PJe-JT, de acordo com o perfil que lhes for atribuído no sistema e definido em ato da Presidência do Conselho Superior da Justiça do Trabalho, observada a natureza de sua atuação na relação jurídico-processual.

Art. 12. A criação de novos perfis de usuários no sistema é atribuição exclusiva do Conselho Superior da Justiça do Trabalho, ouvida a Gerência Técnica do PJe-JT.

Art. 13. Caberá ao magistrado gestor da Unidade Judiciária definir os perfis dos servidores usuários nela lotados, vedada a designação, para o estagiário, de perfil diverso daquele existente no sistema.

Subseção II
Da Disponibilidade do Sistema

Art. 14. O PJe-JT estará disponível 24 horas por dia, ininterruptamente, ressalvadas as hipóteses previstas nesta Resolução.

Art. 15. Considera-se indisponibilidade do sistema PJe-JT a falta de oferta ao público externo, diretamente ou por meio de *WebService*, de qualquer um dos seguintes serviços:

I — consulta aos autos digitais;

II — transmissão eletrônica de atos processuais;

III — acesso a citações, intimações ou notificações eletrônicas feitas via sistema; ou

IV — impossibilidade de utilização de equipamentos disponibilizados pelos Tribunais Regionais do Trabalho para acesso dos usuários externos ao sistema.

§ 1º As manutenções programadas do sistema serão ostensivamente comunicadas aos usuários internos e externos, com antecedência mínima de 5 (cinco) dias, e realizadas, preferencialmente, no período das 0h de sábado às 22h de domingo, ou entre 0h e 6h nos demais dias da semana.

§ 2º Não caracterizam indisponibilidade as falhas de transmissão de dados entre as estações de trabalho do público externo e a rede de comunicação pública, assim como a impossibilidade técnica que decorra de falhas nos equipamentos ou programas dos usuários.

Art. 16. A indisponibilidade definida no artigo anterior será aferida na forma do artigo 10 da Resolução n. 185, de 18 de dezembro de 2013, do Conselho Nacional de Justiça e também pelos Tribunais Regionais do Trabalho, devendo ser registrada em relatório de interrupções de funcionamento e divulgada ao público em seus sítios na rede mundial de computadores.

PARÁGRAFO ÚNICO. O relatório de que trata o *caput* deste artigo deverá conter, pelo menos, as seguintes informações:

I — data, hora e minuto de início da indisponibilidade;

II — data, hora e minuto de término da indisponibilidade;

III — serviços que ficaram indisponíveis; e

IV — assinatura digital do responsável pela unidade de Tecnologia da Informação ou Informática do Tribunal Regional do Trabalho, com efeito de certidão, devendo estar acessível, preferencialmente, em tempo real, ou, no máximo, até às 12h do dia seguinte ao da indisponibilidade.

Art. 17. Os prazos que vencerem no dia da ocorrência de indisponibilidade serão prorrogados para o dia útil seguinte à retomada de funcionamento, quando:

I — a indisponibilidade for superior a 60 minutos, ininterruptos ou não, se ocorrida entre 6h e 23h; ou

II — ocorrer indisponibilidade entre 23h e 23h59.

§ 1º As indisponibilidades ocorridas entre 0h e 6h dos dias de expediente forense e as ocorridas em feriados e finais de semana, a qualquer hora, não produzirão o efeito do *caput*.

§ 2º Os prazos fixados em hora ou minuto serão prorrogados até às 24 horas do dia útil seguinte quando:

I — ocorrer indisponibilidade superior a 60 (sessenta) minutos, ininterruptos ou não, nas últimas 24 (vinte e quatro) horas do prazo; ou

II — ocorrer indisponibilidade nos 60 (sessenta) minutos anteriores ao término.

SEÇÃO III
Do Funcionamento do Sistema

Art. 18. O sistema receberá arquivos com tamanho máximo de 1,5 megabyte, com resolução máxima de 300 dpi e formatação A4.

§ 1º Faculta-se o peticionamento inicial e incidental mediante a utilização do editor de texto do sistema ou da juntada de arquivo eletrônico, tipo *Portable Document Format* (.pdf), de padrão "PDFA".

§ 2º Os documentos juntados deverão ter o formato *Portable Document Format* (.pdf), podendo ou não ter o padrão "PDF-A".

§ 3º O sistema de armazenamento dos documentos digitais deverá conter funcionalidades que permitam identificar o usuário que promover exclusão, inclusão e alteração de dados, arquivos baixados, bem como o momento de sua ocorrência.

§ 4º É atribuição típica dos magistrados de primeiro e segundo graus, se for o caso, tornar indisponíveis peças e documentos assinados no sistema.

§ 5º A parte ou o advogado poderá juntar quantos arquivos se fizerem necessários à ampla e integral defesa de seus interesses, desde que cada um desses arquivos observe o limite de tamanho máximo fixado no *caput* deste artigo.

Art. 19. Os documentos produzidos eletronicamente, os extratos digitais, os documentos digitalizados e juntados aos autos pelos órgãos da Justiça do Trabalho e seus auxiliares, pelos membros do Ministério Público do Trabalho, pelas procuradorias e por advogados têm a mesma força probante dos originais, ressalvada a alegação motivada e fundamentada de adulteração.

§ 1º Incumbirá àquele que produzir o documento, digital ou digitalizado, e realizar a sua juntada aos autos zelar pela qualidade deste, especialmente quanto à sua legibilidade.

§ 2º Os originais dos documentos digitalizados, mencionados no *caput* deste artigo, deverão ser preservados pelo seu detentor até o trânsito em julgado da sentença ou, quando admitida, até o final do prazo para propositura de ação rescisória.

§ 3º A arguição de falsidade do documento original será processada eletronicamente na forma da lei processual em vigor.

§ 4º Os documentos cuja digitalização mostre-se tecnicamente inviável devido ao grande volume, tamanho/formato ou por motivo de ilegibilidade deverão ser apresentados em secretaria no prazo de 10 (dez) dias, contados do envio de petição eletrônica comunicando o fato. Após o trânsito em julgado, os referidos documentos serão devolvidos, incumbindo-se à parte preservá-los até o final do prazo para propositura de ação rescisória, quando admitida.

§ 5º O usuário deve assegurar que os arquivos eletrônicos que enviar ao PJe-JT estejam livres de artefatos maliciosos (vírus, *spyware*, *trojan horses*, *worms*, etc). Em quaisquer dessas hipóteses, os arquivos poderão ser rejeitados de plano, informando-se ao usuário as razões da rejeição, com efeito de certidão.

Art. 20. Excetuando-se os documentos referidos no artigo anterior, todos os demais documentos apresentados deverão ser retirados pelos interessados, no prazo de 45 (quarenta e cinco) dias, para os efeitos do artigo 11, § 3º, da Lei n. 11.419/2006.

PARÁGRAFO ÚNICO. Findo o prazo estabelecido no *caput* deste artigo, a Unidade Judiciária correspondente poderá inutilizar os documentos mantidos sob sua guarda em meio impresso.

Art. 21. Os documentos juntados eletronicamente em autos digitais e reputados manifestamente impertinentes pelo Juízo poderão ter sua visualização tornada indisponível por expressa determinação judicial, observado o contraditório.

Art. 22. Os documentos digitalizados e anexados às petições eletrônicas serão adequadamente classificados e organizados por quem os juntar, de forma a facilitar o exame dos autos eletrônicos.

§ 1º Os arquivos a serem juntados aos autos eletrônicos devem utilizar descrição que identifique, resumidamente, os documentos neles contidos e, se for o caso, os períodos a que se referem; e, individualmente considerados, devem trazer os documentos da mesma espécie, ordenados cronologicamente.

§ 2º O preenchimento dos campos "Descrição" e "Tipo de Documento", exigido pelo sistema para anexação de arquivos à respectiva petição, deve guardar correspondência com a descrição conferida aos arquivos.

§ 3º Quando a forma de apresentação dos documentos puder ensejar prejuízo ao exercício do contraditório e da ampla defesa, deverá o magistrado determinar nova apresentação e tornar indisponível os anteriormente juntados.

§ 4º A falta de cumprimento da determinação contida no *caput* ensejará a retirada da visibilidade do documento, e em se tratando de petição inicial, será observada a regra prevista no art. 281 e parágrafo único do CPC.

SEÇÃO IV
Dos Atos Processuais

Art. 23. No processo eletrônico, todas as citações, intimações e notificações, inclusive as destinadas à Fazenda Pública, far-se-ão por meio eletrônico.

Legislação Complementar

§ 1º As citações, intimações, notificações e remessas que viabilizem o acesso à íntegra do processo correspondente serão consideradas vista pessoal do interessado para todos os efeitos legais.

§ 2º Quando, por motivo técnico, for inviável o uso do meio-eletrônico para a realização de citação, intimação ou notificação, ou ainda nas hipóteses de urgência/determinação expressa do magistrado, esses atos processuais poderão ser praticados segundo as regras ordinárias.

§ 3º Na ocorrência de ato urgente em que o usuário externo não possua certificado digital para o peticionamento, ou em se tratando da hipótese prevista no artigo 791 da Consolidação das Leis do Trabalho, a prática será viabilizada por intermédio de servidor da Unidade Judiciária destinatária da petição ou do setor responsável pela redução a termo e digitalização de peças processuais.

§ 4º As intimações endereçadas aos advogados nos módulos de primeiro e segundo graus, cuja ciência não exija vista pessoal, as inclusões em pauta de órgão julgador colegiado, a publicação de acórdãos e de decisões monocráticas, deverão ser feitas por meio do Diário Eletrônico da Justiça do Trabalho, hipótese em que a contagem dos prazos reger-se-á na forma prevista nos §§ 3º e 4º do artigo 4º da Lei n. 11.419/2006.

Art. 24. No instrumento de notificação ou citação constará indicação da forma de acesso ao inteiro teor da petição inicial no endereço referente à consulta pública do PJe-JT, cujo acesso também será disponibilizado nos sítios do Conselho Superior da Justiça do Trabalho e dos Tribunais Regionais do Trabalho na Rede Mundial de Computadores.

Art. 25. Para efeito da contagem do prazo de 10 (dez) dias corridos de que trata o art. 5º, § 3º, da Lei n. 11.419/2006, sendo a intimação feita pelo sistema do processo judicial eletrônico:

I — o dia inicial da contagem é o seguinte ao da disponibilização do ato de comunicação no sistema, independentemente de esse dia ser, ou não, de expediente no órgão comunicante;

II — o dia da consumação da intimação ou comunicação é o décimo a partir do dia inicial, caso seja de expediente judiciário, ou o primeiro dia útil seguinte, conforme previsto no art. 5º, § 2º, da Lei n. 11.419/2006.

PARÁGRAFO ÚNICO. A intercorrência de feriado, interrupção de expediente ou suspensão de prazo entre o dia inicial e final do prazo para conclusão da comunicação não terá nenhum efeito sobre sua contagem, excetuada a hipótese do inciso II.

Art. 26. A distribuição da ação e a juntada da resposta, dos recursos e das petições em geral, todos em formato digital, nos autos de processo eletrônico, serão feitas diretamente por aquele que tenha capacidade postulatória, sem necessidade da intervenção da secretaria judicial, de forma automática, mediante recibo eletrônico de protocolo, disponível permanentemente para guarda do peticionante.

§ 1º A petição inicial conterá, além dos requisitos referidos no art. 840, § 1º, da CLT, a indicação do CPF ou CNPJ da parte autora, conforme determinação contida no art. 15, *caput*, da Lei n. 11.419, de 19 de dezembro de 2006.

§ 2º O sistema fornecerá, por ocasião da distribuição da ação, o número atribuído ao processo, o Órgão Julgador para o qual foi distribuída e, se for o caso, o local, a data e o horário de realização da audiência, da qual estará o autor imediatamente intimado.

§ 3º Os dados da autuação automática deverão ser conferidos pela Unidade Judiciária, que procederá a sua alteração em caso de desconformidade com os documentos apresentados, com o devido registro no sistema.

Art. 27. Poderão ser criadas outras funcionalidades no sistema que indiquem a ocorrência de possível prevenção, suspeição e impedimento, bem como de litispendência e coisa julgada.

PARÁGRAFO ÚNICO. O alerta do sistema quanto à ocorrência de possível prevenção, suspeição, impedimento, litispendência e coisa julgada não afastará a livre distribuição do feito e o magistrado, sempre que acolher tal indicativo, proferirá decisão fundamentada.

Art. 28. Em regra, a distribuição de ações, a interposição de recursos e de incidentes serão unicamente por meio eletrônico, salvo na hipótese de embargos de terceiros, ações cautelares, agravos de instrumento e demais incidentes, quando ajuizados ou interpostos em processos que tramitam em meio físico.

Art. 29. Os advogados credenciados deverão encaminhar eletronicamente contestação, reconvenção ou exceção, e respectivos documentos, antes da realização da audiência designada para recebimento da defesa.

§ 1º A parte reclamada poderá, justificadamente, atribuir sigilo à contestação, reconvenção ou exceção e aos respectivos documentos juntados.

§ 2º Fica facultada a apresentação de defesa oral, por 20 (vinte) minutos, conforme o disposto no art. 847 da CLT.

Art. 30. A comprovação da entrega de expedientes por Oficiais de Justiça será feita por certidão circunstanciada acerca do cumprimento da diligência.

PARÁGRAFO ÚNICO. Haverá opção de digitalizar a contrafé subscrita pelos destinatários e juntá-la aos autos, ou realizar a guarda desta em meio físico até o trânsito em julgado da sentença ou decurso do prazo para ação rescisória, quando cabível.

Art. 31. Os avisos de recebimento (AR) serão digitalizados e os respectivos arquivos juntados aos autos eletrônicos, a critério do Juiz ou a requerimento da parte.

Art. 32. As atas e os termos de audiência serão assinados digitalmente apenas pelo Juiz do Trabalho.

PARÁGRAFO ÚNICO. Na hipótese de celebração de acordo e havendo requerimento da parte, a ata deverá ser impressa pela Secretaria da Vara do Trabalho e assinada manualmente e, então, digitalizada para inserção no PJe-JT.

Art. 33. A postulação encaminhada será considerada tempestiva quando enviada, integralmente, até às 24 (vinte e quatro) horas do dia em que se encerra o prazo processual, considerado o horário do Município sede do órgão judiciário ao qual é dirigida a petição.

§ 1º A suspensão dos prazos processuais não impedirá o encaminhamento de petições e a movimentação de processos eletrônicos, podendo a apreciação dos pedidos decorrentes desses prazos ocorrer, a critério do Juiz, após o término do período de suspensão, ressalvados os casos de urgência.

§ 2º O sistema fornecerá ao usuário externo recibo eletrônico da prática do ato processual, disponível permanentemente para guarda do peticionante, contendo:

I — data e horário da prática do ato;

II — a identificação do processo;

III — o nome do remetente ou do usuário que assinou eletronicamente o documento; e

IV — o assunto, o órgão destinatário da petição e as particularidades de cada arquivo eletrônico, conforme informados pelo remetente, se houver.

§ 3º Será de integral responsabilidade do remetente a equivalência entre os dados informados para o envio e os constantes da petição remetida.

§ 4º Não serão considerados, para fins de tempestividade, o horário inicial de conexão do usuário à internet, o horário de acesso do usuário ao sítio eletrônico do Tribunal ou ao PJe-JT, tampouco os horários registrados pelos equipamentos do remetente.

§ 5º A não obtenção de acesso ao PJe-JT, e eventual defeito de transmissão ou recepção de dados não-imputáveis à indisponibilidade ou impossibilidade técnica do sistema, não servirão de escusa para o descumprimento de prazo processual, salvo deliberação expressa da autoridade judiciária competente.

SEÇÃO V
Dos Atos Processuais nos Tribunais

Art. 34. A partir da implantação do PJe-JT no segundo grau de jurisdição dos Tribunais Regionais do Trabalho, será dispensada a formação de autos suplementares em casos de exceção de impedimento ou suspeição, agravos de instrumento, agravos regimentais e agravo previsto no art. 557 do Código de Processo Civil.

Art. 35. As atas de sessões, quando necessárias para registros passíveis de publicidade, deverão ser lavradas pela secretaria e aprovadas pela Presidência do respectivo Órgão colegiado, com envio posterior para publicação no Diário Eletrônico da Justiça do Trabalho — DEJT.

CAPITULO II
DA CONSULTA

Art. 36. A consulta ao inteiro teor dos documentos juntados ao PJe- JT somente estará disponível pela rede mundial de computadores, nos termos da Lei n. 11.419, de 19 de dezembro de 2006 e da Resolução n. 121, de 5 de outubro de 2010, do Conselho Nacional de Justiça — CNJ, para as partes, advogados, Ministério Público do Trabalho e para os magistrados, sem prejuízo da possibilidade de visualização nas Secretarias dos Órgãos Julgadores.

PARÁGRAFO ÚNICO. Para a consulta de que trata o *caput* deste artigo, será exigido o credenciamento no sistema.

Seção I
Do Segredo de Justiça e do Sigilo

Art. 37. Na propositura da ação, o autor poderá requerer segredo de justiça para o processo ou sigilo para petição ou documentos, por intermédio de indicação em campo próprio, vedada a atribuição de sigilo à petição inicial.

PARÁGRAFO ÚNICO. A utilização da funcionalidade para solicitação de sigilo, disponível no sistema, quando da juntada de petições e documentos aos autos dos processos que tramitam no PJe-JT, deve ser justificada na respectiva petição, deferida ou não pelo magistrado.

Seção II
Do Uso Inadequado do Sistema

Art. 38. O uso inadequado do sistema que cause redução significativa de sua disponibilidade poderá ensejar o bloqueio total do usuário, de forma preventiva ou temporária.

§ 1º Considera-se uso inadequado do sistema, para fins do *caput* deste artigo, as atividades que configurem ataques ou uso desproporcional dos ativos computacionais, devidamente comprovados.

§ 2º Na hipótese do *caput,* deverá ser procedido imediato contato com o usuário bloqueado para identificação da causa do problema e reativação no sistema e, em caso de advogado, a comunicação à respectiva Seccional da Ordem dos Advogados do Brasil.

§ 3º A automatização de consultas ao sistema deve ser feita mediante utilização do modelo nacional de interoperabilidade, previsto na Resolução Conjunta CNJ/CNMP n. 3, de 16 de abril de 2013.

CAPÍTULO III
DA ADMINISTRAÇÃO DO SISTEMA

SEÇÃO I
Dos Comitês Gestores

Art. 39. A administração do PJe-JT caberá ao Comitê Gestor Nacional da Justiça do Trabalho e aos Comitês Gestores Regionais, compostos por usuários internos e externos do sistema, de acordo com as diretrizes fixadas nesta Resolução.

Subseção I
Do Comitê Gestor Nacional

Art. 40. O Comitê Gestor Nacional da Justiça do Trabalho supervisionará o gerenciamento, a especificação, o desenvolvimento, a implantação, o suporte, a manutenção corretiva e evolutiva, bem como a divulgação do Processo Judicial Eletrônico da Justiça do Trabalho — PJe-JT.

Art. 41. São atribuições do Comitê Gestor Nacional da Justiça do Trabalho:

I — garantir a adequação do PJe-JT aos requisitos legais e às necessidades da Justiça do Trabalho;

II — definir as premissas e as estratégias utilizadas para a especificação, desenvolvimento, testes, homologação, implantação e integridade de operação do PJe-JT;

III — garantir a padronização do PJe-JT nos órgãos da Justiça do Trabalho;

IV — definir o escopo do sistema no que concerne às particularidades da Justiça do Trabalho;

V — promover a integração com os demais órgãos e entidades necessários ao desenvolvimento e implantação do PJe-JT;

VI — colaborar com as áreas de Gestão de Pessoas do Tribunal Superior do Trabalho, do Conselho Superior da Justiça do Trabalho e dos Tribunais Regionais do Trabalho para a capacitação necessária dos servidores da Justiça do Trabalho nas competências afetas a este projeto;

VII — interagir com as áreas de comunicação social do Tribunal Superior do Trabalho, do Conselho Superior da Justiça do Trabalho e dos Tribunais Regionais do Trabalho, dando ciência a todos os magistrados, servidores e demais usuários, de qualquer questão pertinente ao PJe-JT;

VIII — priorizar e deliberar sobre as necessidades de manutenção do sistema e encaminhá-las às áreas competentes;

IX — analisar, para fins de aprovação prévia, os cronogramas dos Tribunais Regionais do Trabalho para novas implantações do sistema PJe-JT nas Unidades Judiciárias;

X — propor a criação de grupos de trabalho com o objetivo de avaliar as propostas de desenvolvimento de projetos afetos ao PJe-JT, com vistas a possível aproveitamento;

XI — divulgar, no Diário Eletrônico da Justiça do Trabalho — DEJT e nos sítios do Tribunal Superior do Trabalho e do Conselho Superior da Justiça do Trabalho, o cronograma de implantação do PJe-JT; e

XII — receber e avaliar as demandas relacionadas ao PJe-JT que forem encaminhadas pelos Comitês Gestores Regionais.

Art. 42. O Comitê Gestor Nacional da Justiça do Trabalho será composto por:

I — Ministro Presidente do Conselho Superior da Justiça do Trabalho;

II — três magistrados do trabalho designados pelo Presidente do Conselho Superior da Justiça do Trabalho;

III — um magistrado indicado pelo Colégio de Presidentes e Corregedores de Tribunais Regionais do Trabalho — COLEPRECOR;

IV — um Secretário ou Diretor de Tecnologia da Informação de Tribunal Regional do Trabalho designado pela Presidência do Conselho Superior da Justiça do Trabalho;

V — Secretário Especial de Integração Tecnológica do Conselho Superior da Justiça do Trabalho;

VI — Secretário de Tecnologia da Informação do Tribunal Superior do Trabalho;

VII — um advogado indicado pelo Presidente do Conselho Federal da Ordem dos Advogados do Brasil — OAB; e

VIII — um membro do Ministério Público do Trabalho indicado pelo Procurador-Geral do Trabalho.

PARÁGRAFO ÚNICO. O Ministro Presidente do Conselho Superior da Justiça do Trabalho presidirá os trabalhos do Comitê Gestor Nacional da Justiça do Trabalho e designará, nas suas ausências ou impedimentos, um dos magistrados indicados no inciso II para substituí-lo.

Subseção II
Dos Comitês Gestores Regionais

Art. 43. Compete aos Comitês Gestores Regionais, a serem criados pelos Tribunais Regionais do Trabalho, nos termos do art. 48 desta Resolução, as seguintes atribuições:

I — administrar a estrutura, implementação e funcionamento do sistema, de acordo com as diretrizes fixadas pelo Comitê Gestor Nacional da Justiça do Trabalho;

II — avaliar as necessidades de manutenção corretiva e evolutiva do sistema e encaminhá-las ao Comitê Gestor Nacional;

III — organizar a estrutura de atendimento às demandas de seus usuários internos e externos;

IV — determinar auditorias no sistema, especialmente no que diz respeito à integridade das suas informações e segurança;

V — garantir a integridade do sistema, no que diz respeito à sua taxonomia e classes processuais;

VI — propor ao Comitê Gestor Nacional da Justiça do Trabalho alterações visando ao aprimoramento do sistema;

VII — observar as normas expedidas pelo Conselho Nacional de Justiça, Conselho Superior da Justiça do Trabalho e Comitê Gestor Nacional da Justiça do Trabalho;

VIII — divulgar as ações para a implantação do PJe-JT no sítio do respectivo Tribunal Regional do Trabalho e no Diário Eletrônico da Justiça do Trabalho — DEJT;

IX — apresentar proposta de plano de ação regional para a implantação do PJe-JT;

X — acompanhar a execução do plano de ação regional, após a aprovação do Desembargador Presidente do Tribunal Regional do Trabalho, verificando se as atividades desenvolvidas estão adequadas e em consonância com o planejamento traçado;

XI — monitorar e avaliar periodicamente os resultados do plano de implantação, com vistas a melhorar a sua qualidade, eficiência e eficácia, aprimorando a execução e corrigindo eventuais falhas; e

XII — avaliar demandas dos usuários e, se for o caso, encaminhá-los ao Comitê Gestor Nacional da Justiça do Trabalho.

Art. 44. Cada Comitê Gestor Regional será composto, pelo menos, por:

I — um Desembargador do Tribunal Regional do Trabalho;

II — um Juiz do Trabalho, preferencialmente titular de Vara do Trabalho;

III — dois servidores da área judiciária, compreendendo cada grau de jurisdição;

IV — um servidor da área de tecnologia da informação e comunicação;

V — um advogado indicado pela Ordem dos Advogados do Brasil, da Secção respectiva, ou pelo Conselho Federal em caso de atuação em mais de um Estado;

VI — um membro do Ministério Público do Trabalho, indicado pela Procuradoria Regional do Trabalho.

§ 1º Os membros dos Comitês Gestores Regionais serão designados por ato da Presidência do Tribunal Regional do Trabalho.

§ 2º O Desembargador do Tribunal Regional Trabalho coordenará os trabalhos do Comitê Gestor Regional e designará, nas suas ausências ou impedimentos, seu substituto.

§ 3º Os Presidentes dos Regionais encaminharão à Presidência do Conselho Superior da Justiça do Trabalho cópias dos atos de constituição de seus respectivos Comitês Regionais, informando, inclusive, sobre eventuais alterações em suas composições.

Subseção III

Do Administrador do Sistema

Art. 45. Compete ao Presidente do Tribunal Regional do Trabalho designar servidores que exercerão a função de Administrador do Sistema, no 1º e no 2º graus de jurisdição, observadas as seguintes regras:

I — dois servidores da área de Tecnologia da Informação para, com o apoio da área de infraestrutura, exercer as atividades relacionadas à configuração de novas versões disponibilizadas pelo CSJT, atualização de fluxos, parametrização, testes preliminares e correções no sistema;

II — dois servidores da área judiciária, para o módulo de 2º grau, com experiência de atuação em áreas como a Presidência, Vice-Presidência, Corregedoria, Vice-corregedoria, Gabinetes e Secretarias de órgãos colegiados;

III — dois servidores da área judiciária, para o módulo de 1º grau, com experiência de atuação em áreas como secretarias de varas e gabinetes de juízes.

§ 1º A critério do Desembargador Presidente do Tribunal Regional do Trabalho poderá ser ampliado o número de administradores de sistema, além dos quantitativos indicados nos incisos anteriores.

§ 2º Além dos servidores indicados pelo Presidente do Tribunal, também deverão exercer a função de Administrador do Sistema os magistrados integrantes do Comitê Regional do PJE-JT.

Subseção IV

Da Equipe de Testes

Art. 46. Os Tribunais Regionais do Trabalho deverão constituir equipe específica de testes, composta por servidores da área judiciária, para, com apoio da área de Tecnologia da Informação, realizar todos os testes e experimentos necessários à verificação do pleno funcionamento das novas versões disponibilizadas pelo CSJT.

PARÁGRAFO ÚNICO. A migração para as novas versões do PJe-JT somente deverá ocorrer após a realização dos testes de homologação em ambiente próprio nos respectivos Tribunais Regionais do Trabalho.

CAPÍTULO IV

DA IMPLANTAÇÃO

Art. 47. A implantação do PJe-JT poderá ocorrer:

I — A partir da fase de conhecimento, hipótese em que implicará, para os processos novos, a superação dos atuais sistemas de gestão das informações processuais mantidos pelos Tribunais;

II — A partir das fases de liquidação ou execução, após o trânsito em julgado do título, inclusive cartas precatórias executórias, execução de termo de ajuste de conduta e execuções fiscais.

Art. 48. Os Tribunais encaminharão à Presidência do Conselho Superior da Justiça do Trabalho, no prazo de 30 (trinta) dias, cópias do ato constitutivo do Comitê Gestor Regional, do plano e do cronograma de implantação do PJe-JT, para o respectivo ano civil, para análise e prévia aprovação do Comitê Gestor Nacional das instalações nas Unidades Judiciárias remanescentes, em tempo adequado ao plano e à dimensão do cronograma.

PARÁGRAFO ÚNICO. O plano deve descrever as ações e contemplar informações sobre os requisitos necessários à implantação, como infraestrutura de tecnologia da informação e capacitação de usuários.

Art. 49. O Tribunal Regional do Trabalho deverá divulgar, na página principal de seu sítio na internet e no respectivo veículo de comunicação oficial dos atos processuais, a ampliação do PJe-JT para outras competências ou órgãos com antecedência mínima de 30 (trinta) dias.

Art. 50. A partir da implantação do PJe-JT em unidade judiciária, fica vedada a utilização do e-DOC ou qualquer outro sistema de peticionamento eletrônico para o envio de petições relativas aos processos que tramitam no PJe-JT.

PARÁGRAFO ÚNICO. O descumprimento da determinação constante do *caput* implicará no descarte dos documentos recebidos, que não constarão de nenhum registro e não produzirão qualquer efeito legal.

Seção I

Do Cadastramento da Liquidação e Execução — CLE

Art. 51. Para o cadastramento do processo físico no PJe-JT no módulo Cadastramento da Liquidação e Execução — CLE, deverão ser digitalizados os seguintes documentos, além de outros que, a critério do magistrado, forem necessários para a liquidação e execução do feito, sendo dispensada a digitalização das demais peças processuais:

I — título executivo judicial ou extrajudicial, ainda que contenham apenas obrigações de fazer ou não fazer;

II — cálculos homologados, se houver; e

III — instrumentos procuratórios.

PARÁGRAFO ÚNICO. Após a inserção do processo no CLE, os autos físicos serão remetidos ao arquivo definitivo, com baixa na distribuição, prosseguindo-se com o processo pelo meio eletrônico.

Legislação Complementar

Art. 52. Não deverão ser cadastrados no módulo CLE os processos que estejam em execução provisória.

Art. 53. A digitalização de autos físicos será precedida de publicação de editais de intimações ou da intimação pessoal das partes e de seus procuradores, para que, no prazo preclusivo de 30 (trinta) dias, se manifestem sobre o interesse de manterem pessoalmente a guarda de algum dos documentos originais presentes nos autos físicos, nos termos do art. 12, § 5º, da Lei n. 11.419, de 19 de dezembro de 2006.

PARÁGRAFO ÚNICO. Na hipótese do *caput* deste artigo, o magistrado deverá conceder prazo de 30 (trinta) dias para que a parte que se encontre assistida por advogado adote as providências necessárias à regular tramitação do feito no meio eletrônico, inclusive o seu prévio credenciamento no sistema, caso ainda não haja ocorrido, sob pena de extinção do processo, sem resolução do mérito, nos termos do art. 267, III, do Código de Processo Civil.

CAPÍTULO V
DAS DISPOSIÇÕES FINAIS E TRANSITÓRIAS

Art. 54. O desenvolvimento de novas funcionalidades no PJe-JT e a correção de problemas identificados na sua utilização observarão as regras de Desenvolvimento de Novas Funcionalidades no Sistema Processo Judicial Eletrônico da Justiça do Trabalho — PJe- JT.

Art. 55. As intervenções que impliquem alterações estruturais do sistema somente poderão ser promovidas quando autorizadas pela Presidência do Conselho Superior da Justiça do Trabalho.

Art. 56. Os Tribunais Regionais do Trabalho manterão, no âmbito de suas unidades judiciárias, estruturas de atendimento e suporte aos usuários do PJe-JT.

Art. 57. As cartas precatórias e de ordem expedidas para as unidades judiciárias nas quais tenha sido implantado o sistema Processo Judicial Eletrônico — PJe-JT tramitarão também em meio eletrônico e, quando da devolução ao juízo deprecante, será encaminhada certidão constando o seu cumprimento, com a materialização apenas de peças essenciais à compreensão dos atos realizados.

§ 1º Caso somente a unidade deprecante ou deprecada esteja integrada ao sistema Processo Judicial Eletrônico — PJe-JT, as cartas precatórias e de ordem deverão ser encaminhadas e devolvidas via Malote Digital, observado o tamanho máximo de cada um dos arquivos de 1,5MB.

§ 2º Havendo na localidade mais de uma Vara do Trabalho com a mesma competência territorial, as cartas precatórias e de ordem recebidas serão cadastradas pelo setor de distribuição respectivo.

§ 3º O acompanhamento da carta precatória deverá ser realizado através da "consulta de processos de terceiros" ou "usuário (nome de *login*) e senha" para utilização do sistema Processo Judicial Eletrônico — PJe-JT, evitando, sempre que possível, a emissão de comunicação para este fim, bastando registrar nos autos principais o procedimento e o estágio atualizado da Carta Precatória.

Art. 58. É vedada a criação de novas soluções de informática para o processo judicial e realização de investimentos nos sistemas eventualmente existentes nos Tribunais, bem como a respectiva implantação em unidades judiciárias de primeiro e segundo graus.

§ 1º A vedação contida no *caput* deste artigo não se aplica às manutenções necessárias ao funcionamento dos sistemas já implantados.

§ 2º O Comitê Gestor Nacional do PJe-JT poderá, a requerimento do Tribunal, relativizar as regras previstas no *caput* deste artigo, bem como do artigo 49 desta Resolução, quando entender justificado pelas circunstâncias ou especificidades locais.

Art. 59. Os Tribunais Regionais do Trabalho promoverão investimentos para a formação dos usuários internos, com o objetivo de prepará-los para o aproveitamento adequado do PJe-JT.

Art. 60. As Varas do Trabalho criadas por lei poderão ser instaladas sem a concomitante implantação do Processo Judicial Eletrônico da Justiça do Trabalho, respeitado o princípio do Juiz natural pelo quantitativo de órgãos com competência territorial concorrente, mediante autorização da Presidência do Conselho Superior da Justiça do Trabalho.

Art. 61. O Juiz da causa resolverá todas as questões relativas à utilização e ao funcionamento do PJe-JT em cada caso concreto, inclusive as hipóteses não previstas neste regramento.

Art. 62. Esta Resolução entra em vigor na data de sua publicação, revogando-se as disposições em contrário, em especial a Resolução CSJT n. 94/ 2012.

Brasília, 25 de abril de 2014.

Ministro Antonio José de Barros Levenhagen
Presidente do Conselho Superior da Justiça do Trabalho

RESOLUÇÃO ADMINISTRATIVA N. 1589, DE 4 DE FEVEREIRO DE 2013

(DEJT 8.2.13)

INSTITUI O SISTEMA PROCESSO JUDICIAL ELETRÔNICO DA JUSTIÇA DO TRABALHO — PJE-JT COMO SISTEMA DE PROCESSAMENTO DE INFORMAÇÕES E PRÁTICA DE ATOS PROCESSUAIS E ESTABELECE OS PARÂMETROS PARA SUA IMPLEMENTAÇÃO E FUNCIONAMENTO NO TRIBUNAL SUPERIOR DO TRABALHO

O EGRÉGIO ÓRGÃO ESPECIAL DO TRIBUNAL SUPERIOR DO TRABALHO, em sessão ordinária hoje realizada, sob a Presidência do Excelentíssimo Ministro João Oreste Dalazen, Presidente do Tribunal, presentes os Exmos. Srs. Ministros Maria Cristina Irigoyen Peduzzi, Vice-Presidente do Tribunal, Antônio José de Barros Levenhagen, Corregedor-Geral da Justiça do Trabalho, Carlos Alberto Reis de Paula, Ives Gandra da Silva Martins Filho, João Batista Brito Pereira, Renato de Lacerda Paiva, Luiz Philippe Vieira de Mello Filho, Alberto Luiz Bresciani de Fontan Pereira, Dora Maria da Costa, Fernando Eizo Ono, Guilherme Augusto Caputo Bastos, Márcio Eurico Vitral Amaro, Walmir Oliveira da Costa e o Ex.mo Sr. Procurador-Geral do Trabalho, Dr. Luís Antônio Camargo de Melo,

Considerando as diretrizes contidas na Lei n. 11.419, de 19 de dezembro de 2006, que dispõe sobre a informatização do processo judicial, especialmente o disposto no art. 18, que autoriza os órgãos do Poder Judiciário a regulamentarem-na,

Considerando os benefícios advindos da substituição da tramitação de autos em meio impresso pelo meio eletrônico, como instrumento de celeridade e qualidade da prestação jurisdicional,

Considerando a implantação do PJE-JT nas 24 Regiões da Justiça do Trabalho,

Considerando a necessidade de racionalização da utilização dos recursos orçamentários, advinda da utilização de um sistema uno e nacional por todos os Órgãos da Justiça do Trabalho,

Considerando o teor da Resolução CSJT n. 94, de 23 de março de 2012, e a necessidade de regulamentar a implantação do sistema de processo eletrônico também no Tribunal Superior do Trabalho, de modo a uniformizar a normatização em toda a Justiça do Trabalho,

RESOLVE

Instituir o Sistema de Processo Judicial Eletrônico da Justiça do Trabalho — PJe-JT no Tribunal Superior do Trabalho e estabelecer os parâmetros para a sua implementação e funcionamento, na forma a seguir:

CAPÍTULO I

Do Processo Judicial Eletrônico da Justiça do Trabalho

SEÇÃO I

Das Disposições Gerais

Art. 1º A tramitação do processo judicial no âmbito do Tribunal Superior do Trabalho, a prática de atos processuais e sua representação por meio eletrônico, nos termos da Lei n. 11.419, de 19 de dezembro de 2006, serão realizadas por intermédio do Sistema Processo Judicial Eletrônico da Justiça do Trabalho — PJe-JT regulamentado por esta Resolução.

PARÁGRAFO ÚNICO. A implantação do sistema mencionado no *caput* deste artigo ocorrerá de forma gradual, conforme cronograma definido pela Presidência do Tribunal Superior do Trabalho — TST.

Art. 2º O PJe-JT compreenderá o controle do sistema judicial trabalhista nos seguintes aspectos:

I — o controle da tramitação do processo;

II — a padronização de todos os dados e informações compreendidas pelo processo judicial;

III — a produção, registro e publicidade dos atos processuais; e

IV — o fornecimento de dados essenciais à gestão das informações necessárias aos diversos órgãos de supervisão, controle e uso do sistema judiciário trabalhista.

Art. 3º Para o disposto nesta Resolução, considera-se:

I — assinatura digital: assinatura em meio eletrônico, que permite aferir a origem e a integridade do documento, baseada em certificado digital, padrão ICP-BRASIL, tipo A-3 ou A-4, emitido por Autoridade Certificadora Credenciada, na forma de lei específica;

II — autos do processo eletrônico ou autos digitais: conjunto de documentos digitais correspondentes a todos os atos, termos e informações do processo;

III — digitalização: processo de conversão de um documento originalmente confeccionado em papel para o formato digital por meio de dispositivo apropriado;

IV — documento digital: documento codificado em dígitos binários, acessível por meio de sistema computacional;

V — meio eletrônico: qualquer forma de armazenamento ou tráfego de documentos e arquivos digitais;

VI — transmissão eletrônica: toda forma de comunicação à distância com a utilização de redes de comunicação, preferencialmente a rede mundial de computadores;

VII — usuários internos: Ministros e servidores do Tribunal Superior do Trabalho, bem como outros a que se reconhecer acesso às funcionalidades internas do sistema de processamento em meio eletrônico (estagiários, prestadores de serviço, etc.);

VIII — usuários externos: todos os demais usuários, incluídos partes, advogados, membros do Ministério Público, peritos e leiloeiros.

§ 1º Os usuários terão acesso às funcionalidades do PJe-JT, de acordo com o perfil que lhes for atribuído no sistema e em razão de sua natureza na relação jurídico-processual.

§ 2º A Presidência do Tribunal Superior do Trabalho adotará as providências necessárias para fornecer, pelo menos, dois certificados digitais para cada Ministro e pelo menos um para os demais usuários internos.

Art. 4º Os atos processuais terão registro, visualização, tramitação e controle exclusivamente em meio eletrônico e serão assinados digitalmente, contendo elementos que permitam identificar o usuário responsável pela sua prática.

§ 1º A cópia de documento extraída dos autos digitais deverá conter elementos que permitam verificar a sua autenticidade no endereço referente à consulta pública do PJe-JT, cujo acesso também será disponibilizado no sítio do Tribunal Superior do Trabalho na Rede Mundial de Computadores.

§ 2º O usuário é responsável pela exatidão das informações prestadas, quando de seu credenciamento, assim como pela guarda, sigilo e utilização da assinatura eletrônica, não sendo oponível, em qualquer hipótese, alegação de uso indevido, nos termos da Medida Provisória n. 2.200-2, de 24 de agosto de 2001.

SEÇÃO II

Do Acesso ao Sistema

Art. 5º Para acesso ao PJe-JT é obrigatória a utilização de assinatura digital a que se refere o inciso I do art. 3º desta Resolução.

PARÁGRAFO ÚNICO. No caso de ato urgente em que o usuário externo não possua certificado digital para o peticionamento, a prática será viabilizada por intermédio de unidade vinculada à Secretaria Geral Judiciária — SEGJUD.

Art. 6º Para o uso da assinatura digital o credenciamento dar-se-á pela simples identificação do usuário por meio de seu certificado digital e remessa do formulário eletrônico, devidamente preenchido, disponibilizado no portal de acesso ao PJe-JT.

§ 1º Alterações de dados cadastrais poderão ser feitas pelos usuários, a qualquer momento, na seção respectiva do portal de acesso ao PJe-JT.

§ 2º O credenciamento implica a aceitação das normas estabelecidas nesta Resolução, assim como nas demais normas que vierem a regulamentar o uso do processo eletrônico no âmbito do TST, e a responsabilidade do credenciado pelo uso indevido da assinatura digital.

Art. 7º O PJe-JT estará disponível 24 horas por dia, ininterruptamente, ressalvados os períodos de manutenção do sistema.

PARÁGRAFO ÚNICO. As manutenções programadas do sistema serão sempre informadas com antecedência e realizadas, preferencialmente, no período das 00h dos sábados às 22h do domingo, ou no horário entre 00h e 06h nos demais dias da semana.

Art. 8º Considera-se indisponibilidade dos sistemas de tramitação eletrônica de processos a falta de oferta ao público externo de qualquer um dos seguintes serviços:

I — consulta aos autos digitais;

II — transmissão eletrônica de atos processuais; ou

III — citações, intimações ou notificações eletrônicas.

§ 1º As falhas de transmissão de dados entre as estações de trabalho do público externo e a rede de comunicação pública, assim como a impossibilidade técnica que decorra de falhas nos equipamentos ou programas dos usuários, não caracterizam indisponibilidade.

§ 2º É de responsabilidade do usuário:

I — o acesso ao seu provedor da internet e a configuração do computador utilizado nas transmissões eletrônicas;

II — o acompanhamento do regular recebimento das petições e documentos transmitidos eletronicamente.

Art. 9º A indisponibilidade definida no artigo anterior será aferida por sistemas de auditoria estabelecidos por ato do Tribunal Superior do Trabalho.

§ 1º Os sistemas de auditoria verificarão a disponibilidade externa dos serviços referidos no art. 8º com a periodicidade mínima de 5 (cinco) minutos.

§ 2º Toda indisponibilidade dos sistemas de tramitação eletrônica de processos será registrada em relatório de interrupções de funcionamento a ser divulgado ao público na rede mundial de computadores, devendo conter, pelo menos, as seguintes informações:

I — data, hora e minuto de início da indisponibilidade;

II — data, hora e minuto de término da indisponibilidade; e,

III — serviços que ficaram indisponíveis.

Art. 10. Os prazos que se vencerem no dia da ocorrência de indisponibilidade de quaisquer dos serviços referidos no art. 8º serão prorrogados para o dia útil seguinte à retomada de funcionamento, quando:

I — a indisponibilidade for superior a 60 minutos, ininterruptos ou não, se ocorrida entre 06h00 e 23h00; e

II — ocorrer indisponibilidade entre 23h00 e 24h00.

§ 1º As indisponibilidades ocorridas entre 00h00 e 06h00 dos dias de expediente forense e as ocorridas em feriados e finais de semana, a qualquer hora, não produzirão o efeito do caput.

§ 2º Aos prazos fixados em hora não se aplica a regra prevista no inciso I deste artigo e serão prorrogados na mesma proporção das indisponibilidades ocorridas no intervalo entre 06h00 e 23h00.

§ 3º A prorrogação de que trata este artigo será feita automaticamente nos sistemas que controlem prazo.

Art. 11. A indisponibilidade previamente programada produzirá as consequências definidas pelo Presidente do TST e será ostensivamente comunicada ao público externo com, pelo menos, 5 (cinco) dias de antecedência.

SEÇÃO III

Do Funcionamento do Sistema

Art. 12. O sistema receberá arquivos com tamanho máximo de 1,5 megabytes e apenas nos seguintes formatos:

I — arquivos de texto, no formato PDF (portable document format), com resolução máxima de 300 dpi e formatação A4.

II — arquivos de áudio, no formato MPEG-1 ou MP3 (Moving Picture Experts Group).

III — arquivos de áudio e vídeo (AV), no formato MPEG-4 (Moving Picture Experts Group).

IV — arquivos de imagem, no formato JPEG (Joint Photographic Expertes Group), com resolução máxima de 300 dpi.

§ 1º Partes ou terceiros interessados desassistidos de advogados poderão apresentar peças processuais e documentos em papel, segundo as regras ordinárias, nos locais competentes para o recebimento, que serão digitalizados e inseridos no processo pela Unidade Judiciária.

§ 2º O sistema de armazenamento dos documentos digitais deverá conter funcionalidades que permitam identificar o usuário que promover exclusão, inclusão e alteração de dados, arquivos baixados, bem como o momento de sua ocorrência.

§ 3º A parte ou o advogado poderá juntar quantos arquivos se fizerem necessários à ampla e integral defesa de seus interesses, desde que cada um desses arquivos observe o limite de tamanho máximo fixado no *caput* deste artigo.

§ 4º O recebimento de arquivos nos formatos definidos nos incisos II, III e IV deste artigo somente ocorrerá a partir da implantação da versão correspondente do sistema.

Art. 13. Os documentos produzidos eletronicamente, os extratos digitais e os documentos digitalizados e juntados aos autos pelos órgãos da Justiça do Trabalho e seus auxiliares, pelos membros do Ministério Público, pelas procuradorias e por advogados públicos e privados têm a mesma força probante dos originais, ressalvada a alegação motivada e fundamentada de adulteração.

§ 1º Incumbirá à parte zelar pela qualidade dos documentos juntados por qualquer meio, especialmente quanto à sua legibilidade, para o que se recomenda não utilizar papel reciclado, em virtude de dificultar a respectiva visualização posterior.

§ 2º Os originais dos documentos digitalizados, mencionados no *caput* deste artigo, deverão ser preservados pelo seu detentor até o trânsito em julgado da sentença ou, quando admitida, até o final do prazo para propositura de ação rescisória.

§ 3º A arguição de falsidade do documento original será processada eletronicamente na forma da lei processual em vigor.

§ 4º Os documentos cuja digitalização mostre-se tecnicamente inviável devido ao grande volume ou por motivo de ilegibilidade deverão ser apresentados em secretaria no prazo de 10 (dez) dias contados do envio de petição eletrônica comunicando o fato. Após o trânsito em julgado, os referidos documentos serão devolvidos, incumbindo-se à parte preservá-los, até o final do prazo para propositura de ação rescisória, quando admitida.

Art. 14. Excetuando-se os documentos referidos no artigo anterior, todos os demais documentos apresentados deverão ser retirados pelos interessados, no prazo de 30 dias, para os efeitos do art. 11, § 3º, da Lei n. 11.419/2006.

PARÁGRAFO ÚNICO. Findo o prazo estabelecido no caput, poderão ser inutilizados os documentos mantidos em meio impresso.

Art. 15. Os documentos que forem juntados eletronicamente em autos digitais e reputados manifestamente impertinentes pelo Juízo terão sua visualização tornada indisponível por expressa determinação judicial.

Art. 16. Os documentos digitalizados e anexados às petições eletrônicas serão adequadamente classificados e organizados de forma a facilitar o exame dos autos eletrônicos, podendo o Ministro determinar a sua reorganização e classificação, caso não atenda ao disposto neste artigo.

Art. 17. O Tribunal Superior do Trabalho manterá instalados equipamentos à disposição das partes, advogados e interessados para consulta ao conteúdo dos autos digitais e envio de peças processuais e documentos em meio eletrônico.

SEÇÃO IV

Dos Atos Processuais

Art. 18. No processo eletrônico, todas as citações, intimações e notificações, inclusive da Fazenda Pública, far-se-ão por meio eletrônico, preferencialmente mediante publicação no Portal do PJE, sem prejuízo da publicação no Diário de Justiça Eletrônico, quando necessário.

§ 1º As citações, intimações, notificações e remessas que viabilizem o acesso à íntegra do processo correspondente serão consideradas vista pessoal do interessado para todos os efeitos legais.

§ 2º Quando, por motivo técnico, for inviável o uso do meio eletrônico para a realização de citação, intimação ou notificação, esses atos processuais poderão ser praticados segundo as regras ordinárias, digitalizando-se e destruindo-se posteriormente o documento físico.

Art. 19. No instrumento de notificação ou citação constará indicação da forma de acesso ao inteiro teor da petição inicial no endereço referente à consulta pública do PJe-JT, cujo acesso também disponibilizar-se-á no sítio do Tribunal Superior do Trabalho na Rede Mundial de Computadores.

Art. 20. Para efeito da contagem do prazo de 10 (dez) dias corridos de que trata o art. 5º, § 3º, da Lei n. 11.419/2006, nos sistemas de tramitação eletrônica de processos:

I — o dia inicial da contagem é o dia seguinte ao da disponibilização do ato de comunicação no sistema, independentemente de esse dia ser, ou não, de expediente no órgão comunicante;

II — o dia da consumação da intimação ou comunicação é o décimo dia a partir do dia inicial, caso seja de expediente judiciário, ou o primeiro dia útil seguinte, conforme previsto no art. 5º, § 2º, da Lei n. 11.419/2006.

PARÁGRAFO ÚNICO. A intercorrência de feriado, interrupção de expediente ou suspensão de prazo entre o dia inicial e o dia final do prazo para conclusão da comunicação não terá nenhum efeito sobre sua contagem, excetuada a hipótese do inciso II.

Art. 21. A distribuição da petição inicial e a juntada da contestação, dos recursos e das petições em geral, todos em formato digital, nos autos de processo eletrônico devem ser feitas diretamente pelos usuários externos, sem necessidade da intervenção da secretaria judicial, situação em que a autuação ocorrerá de forma automática, fornecendo-se o recibo eletrônico de protocolo.

§ 1º No caso de petição inicial, o sistema fornecerá, imediatamente após o envio, juntamente com a comprovação de recebimento, informações sobre o número atribuído ao processo e o Órgão Julgador para o qual foi distribuída a ação.

§ 2º Os dados da autuação automática serão conferidos por unidade judiciária, que procederá à sua alteração em caso de desconformidade com os documentos apresentados, de tudo ficando registro no sistema.

Art. 22. A comprovação da entrega de expedientes por oficiais de justiça será feita por certidão circunstanciada acerca do cumprimento da diligência, dispensando-se a juntada aos autos de contrafé digitalizada e subscrita pelos destinatários.

Art. 23. As atas e termos de audiência serão assinados digitalmente apenas pelo Ministro, assim como o documento digital, no caso de audiências gravadas em áudio e vídeo, os quais passarão a integrar os autos digitais, mediante registro em termo.

Art. 24. Os atos processuais praticados por usuários externos considerar-se-ão realizados na data e horário do seu recebimento no PJe-JT.

§ 1º A postulação encaminhada considerar-se-á tempestiva quando recebida, integralmente, até as vinte e quatro horas do dia em que se encerra o prazo processual, considerado o horário de Brasília.

§ 2º A suspensão dos prazos processuais não impedirá o encaminhamento de petições e a movimentação de processos eletrônicos, podendo a apreciação dos pedidos decorrentes desses prazos ocorrer, a critério do Ministro, após o término do prazo de suspensão, ressalvados os casos de urgência.

§ 3º O sistema fornecerá ao usuário externo recibo eletrônico da prática do ato processual contendo o número do protocolo gerado pelo sistema, a data e o horário da prática do ato, a identificação do processo, o nome do remetente e/ou do usuário que assinou eletronicamente o documento e, se houver, o assunto, o órgão destinatário da petição e as particularidades de cada arquivo eletrônico, conforme informados pelo remetente.

§ 4º Será de integral responsabilidade do remetente a equivalência entre os dados informados para o envio e os constantes da petição remetida.

§ 5º Não serão considerados, para fins de tempestividade, o horário inicial de conexão do usuário à internet, o horário de acesso do usuário ao sítio eletrônico do Tribunal ou ao PJe-JT, tampouco os horários registrados pelos equipamentos do remetente.

§ 6º A não obtenção de acesso ao PJe-JT e eventual defeito de transmissão ou recepção de dados não-imputáveis à indisponibilidade ou impossibilidade técnica do sistema não servirão de escusa para o descumprimento de prazo processual.

Art. 25. A partir da implantação do PJe-JT será dispensada a formação de autos suplementares em casos como de agravos de instrumento, precatórios, agravos regimentais e execução provisória.

Art. 26. Nas classes processuais em que haja a designação de revisor, caberá ao relator determinar a inclusão do processo em pauta, observado o prazo mínimo de 15 (quinze) dias para o revisor preparar o voto.

PARÁGRAFO ÚNICO. Determinada a inclusão, o revisor será cientificado pelo sistema do início do prazo.

SEÇÃO V

Da Consulta e do Sigilo

Art. 27. A consulta ao inteiro teor dos documentos juntados ao PJe- JT somente estará disponível pela rede mundial de computadores, nos termos da Lei n. 11.419/2006 e da Resolução n. 121, de 5 de outubro de 2010, do Conselho Nacional de Justiça — CNJ, para as respectivas partes processuais, advogados em geral, Ministério Público e para os magistrados, sem prejuízo da possibilidade de visualização nas Secretarias dos Órgãos Julgadores, à exceção daqueles que tramitarem em sigilo ou segredo de justiça.

PARÁGRAFO ÚNICO. Para a consulta de que trata o caput deste artigo será exigido o credenciamento no sistema.

SEÇÃO VI

Do Uso Inadequado do Sistema

Art. 28. O uso inadequado do sistema que cause prejuízo às partes ou à atividade jurisdicional poderá importar, após determinação da autoridade judiciária competente, no bloqueio provisório do cadastro do usuário, relativamente ao processo em que se deu o evento, ou mesmo ao sistema, dependendo da gravidade do fato, sem prejuízo de outras medidas processuais e legais, observadas as prerrogativas legais, no caso de magistrados, advogados e membros do Ministério Público.

CAPÍTULO II

Da Administração do Sistema no TST

Art. 29. A gestão técnica do PJe-JT no âmbito do Tribunal Superior do Trabalho caberá ao Comitê Gestor do TST, que atuará em permanente diálogo e interação com o Comitê Gestor Nacional.

PARÁGRAFO ÚNICO. Os membros do Comitê Gestor do TST serão designados pelo Presidente e sua coordenação será exercida por um Ministro.

Art. 30. Compete ao Comitê Gestor do TST:

I — administrar o sistema nos aspectos relacionados à sua estrutura, implementação e funcionamento, de acordo com as diretrizes fixadas pelo Comitê Gestor Nacional;

II — avaliar a necessidade de promover a manutenção corretiva e evolutiva;

III — organizar a estrutura de atendimento às demandas de seus usuários internos e externos;

IV — determinar a realização de auditorias no sistema, especialmente no que diz respeito à integridade das suas informações e segurança;

V — garantir a integridade do sistema, no que diz respeito à sua taxonomia e classes processuais;

VI — propor ao Comitê Gestor Nacional alterações visando ao aprimoramento do sistema;

VII — observar as orientações técnicas expedidas pelo Comitê Gestor Nacional.

CAPÍTULO III
Da Implantação

Art. 31. A implantação do PJe-JT implicará, para os processos novos, a superação dos atuais sistemas de gestão das informações processuais mantidos pelo TST, observada a graduação prevista no parágrafo único do art. 1º desta Resolução.

Art. 32. A partir da implantação do PJe-JT, o recebimento de petição inicial ou de prosseguimento, relativas aos processos que nele tramitam, somente pode ocorrer no meio eletrônico próprio do sistema, sendo vedada a utilização do e-DOC ou qualquer outro sistema de peticionamento eletrônico.

Art. 33. A implementação das versões atualizadas do sistema ficará a cargo das equipes técnicas do Tribunal Superior do Trabalho, a partir da liberação e sob a supervisão da SETIN e da gerência técnica do PJe-JT nacional.

PARÁGRAFO ÚNICO. Na atividade a que se refere o caput deste artigo está incluída a realização de testes por servidores designados pelo TST.

CAPÍTULO IV
Das Disposições Finais e Transitórias

Art. 34. As intervenções que impliquem alterações estruturais do sistema somente poderão ser promovidas quando autorizadas pela Presidência do Tribunal Superior do Trabalho.

Art. 35. O TST manterá, no âmbito de suas atribuições, estrutura de atendimento e suporte aos usuários do PJe-JT.

Art. 36. As cartas de ordem expedidas para as unidades judiciárias nas quais tenha sido implantado o PJe-JT tramitarão também em meio eletrônico e, quando da devolução, será encaminhada certidão constando o seu cumprimento com a materialização apenas de peças essenciais à compreensão dos atos realizados.

Art. 37. O TST promoverá investimentos para a formação dos usuários internos, com o objetivo de prepará-los para o aproveitamento adequado do PJe-JT.

Art. 38. Os casos não disciplinados na presente Resolução serão resolvidos pela Presidência do Tribunal Superior do Trabalho.

Art. 39. Esta Resolução entra em vigor na data de sua publicação

Brasília, 4 de fevereiro de 2013.

Ministro João Oreste Dalazen
Presidente do Tribunal Superior do Trabalho

ATO SEGJUD.GP N. 116 DE 25 DE FEVEREIRO DE 2013

DJE/TST 25.2.13

DISPÕE SOBRE A IMPLANTAÇÃO DO SISTEMA PROCESSO JUDICIAL ELETRÔNICO DA JUSTIÇA DO TRABALHO — PJE-JT NO ÂMBITO DO TRIBUNAL SUPERIOR DO TRABALHO, E DÁ OUTRAS PROVIDÊNCIAS

O PRESIDENTE DO TRIBUNAL SUPERIOR DO TRABALHO, no uso das atribuições legais e regimentais, Considerando as diretrizes contidas na Lei n. 11.419, de 19 de dezembro de 2006, que dispõe sobre a informatização do processo judicial, especialmente o disposto no art. 18, que autoriza os órgãos do Poder Judiciário a regulamentar a matéria;

Considerando os benefícios advindos da substituição da tramitação de autos em meio físico pelo meio eletrônico, como instrumento de celeridade e qualidade da prestação jurisdicional;

Considerando a necessidade de regulamentar a implantação do Sistema Processo Judicial Eletrônico da Justiça do Trabalho — PJe- JT no Tribunal Superior do Trabalho;

Considerando que já tramitam no sistema PJE-JT mais de 103 (cento e três) mil processos e seria ilógico e irracional que eventual recurso de revista ou agravo de instrumento em recurso de revista, nesses processos, persistam tramitando mediante digitalização de peças;

Considerando o disposto na Resolução Administrativa n. 1589/2013;

RESOLVE

Art. 1º É implantado no Tribunal Superior do Trabalho — TST, a partir de 26 de fevereiro de 2013, o Sistema de Processo Judicial Eletrônico da Justiça do Trabalho — PJe-JT.

PARÁGRAFO ÚNICO. O Sistema PJe-JT, no TST, rege-se pelo disposto no presente Ato, como também pela Resolução Administrativa n. 1589/2013.

Art. 2º A implantação do PJe-JT no TST ocorrerá de forma gradual, iniciando-se pela Sexta Turma e gabinetes dos Ministros vinculados ao aludido colegiado, limitada às classes processuais agravo de instrumento em recurso de revista — AIRR, recurso de revista — RR, recurso de revista com agravo — ARR e ação cautelar — CauInon incidental em processo com qualquer desses tipos de recurso pendente de julgamento e que já tramite no PJe-JT.

PARÁGRAFO ÚNICO. O cronograma de extensão do PJe-JT para outros órgãos julgadores e gabinetes de Ministros será estabelecido e divulgado pela Presidência do TST.

Art. 3º A adoção do Sistema PJe-JT implicará, para os processos iniciados no referido sistema, a superação do atual sistema de gestão das informações processuais mantido pelo TST, observada a graduação e o cronograma previstos no artigo anterior.

Art. 4º A partir da implantação do Sistema PJe-JT, o recebimento de petição inicial ou de prosseguimento, relativas aos processos que tramitam no PJe-JT, somente ocorrerá no meio eletrônico próprio desse sistema, sendo vedada a utilização do e-DOC ou de qualquer outro sistema de peticionamento eletrônico ou físico.

Art. 5º O acesso ao Sistema PJe-JT será por meio do sítio do TST na Rede Mundial de Computadores e dependerá do credenciamento prévio do usuário nesse sistema e da utilização de assinatura digital, baseada em certificado digital, padrão ICPBRASIL, tipo A-3 ou A-4, emitido por Autoridade Certificadora Credenciada, na forma de lei específica.

PARÁGRAFO ÚNICO. No caso de ato urgente, e não sendo o usuário externo portador de certificado digital, o peticionamento será viabilizado por intermédio da Coordenadoria de Cadastramento Processual do TST.

Art. 6º O Sistema PJe-JT estará disponível 24 horas por dia, ininterruptamente, ressalvados os períodos de manutenção, nos termos da Resolução Administrativa do TST n. 1589/2013.

Art. 7º A indisponibilidade do Sistema PJe-JT no âmbito do TST, a que se refere os arts. 8º e 9º da Resolução Administrativa 1589, de 4 de fevereiro de 2013, será registrada em relatório de interrupções de funcionamento a ser divulgado ao público no Portal do TST na rede mundial de computadores, devendo conter, pelo menos, as seguintes informações:

I — data, hora e minuto de início da indisponibilidade;

II — data, hora e minuto de término da indisponibilidade; e,

III — serviços que ficaram indisponíveis.

PARÁGRAFO ÚNICO. O relatório de indisponibilidade será divulgado até às 12h do dia útil seguinte ao da sua ocorrência, pela Secretaria de Tecnologia da Informação do TST — SETIN, sob a supervisão do Comitê Gestor do sistema.

Art. 8º O Sistema PJe-JT será operado por usuários internos e usuários externos.

§ 1º Usuários internos: Ministros, Desembargadores convocados e servidores, bem como outros a que se reconhecer acesso às funcionalidades internas do sistema (estagiários, prestadores de serviço, etc.).

§ 2º Usuários externos: todos os demais usuários, incluídos advogados públicos (PGU, PFG e PGFN) e privados, membros do Ministério Público, peritos e leiloeiros.

Art. 9º O usuário é responsável pela exatidão das informações prestadas no momento do credenciamento, assim como pela guarda, sigilo e utilização da assinatura eletrônica, não sendo oponível, em qualquer hipótese, alegação de uso indevido, nos termos da Medida Provisória n. 2.200-2, de 24 de agosto de 2001.

Art. 10. O credenciamento de advogado dependerá do preenchimento de formulário eletrônico disponível no Portal de acesso ao PJE-JT, no sítio do TST na Rede Mundial de Computadores, bem assim da utilização de certificado digital (ICPBrasil), dispensando-se a validação presencial.

Art. 11. Os membros do Ministério Público do Trabalho e os integrantes da Procuradoria-Geral da União, Procuradoria-Geral Federal e Procuradoria-Geral da Fazenda Nacional serão credenciados ou tornados inativos pelos gestores dos próprios órgãos.

PARÁGRAFO ÚNICO. A inatividade será registrada no sistema na hipótese de desligamento da instituição ou situações análogas.

Art. 12. Os usuários internos do TST serão credenciados pelas respectivas unidades administrativas, também responsáveis por torná-los inativos.

Art. 13. A existência de cadastro prévio em qualquer sistema do TST, efetuado por advogado, público ou privado, e por membro do Ministério Público do Trabalho, com ou sem certificado digital, não dispensa novo cadastramento no PJe-JT.

Art. 14. A comunicação dos atos processuais praticados no PJe-JT, durante a fase de implantação do aludido sistema no TST, e até ulterior deliberação, far-se-á, em regra, diretamente pelo sistema (Portal do PJe-JT), à exceção da ciência de inclusão do processo em pauta de órgão julgador colegiado, de decisões monocráticas e de acórdãos, as quais serão realizadas por meio de publicação no Diário Eletrônico da Justiça do Trabalho.

§ 1º O Ministério Público do Trabalho — MPT e os entes públicos representados pela Procuradoria-Geral da União - PGU, Procuradoria-Geral Federal — PGF e Procuradoria-Geral da Fazenda Nacional — PGFN serão assim comunicados dos atos processuais praticados no PJe-JT:

a) Ciência de inclusão do processo em pauta: pessoal, mediante ofício ou mandado judicial;

b) Intimação de acórdão, decisão monocrática e despacho: Portal do PJe-JT;

c) Intimação para emissão de parecer pelo MPT: Portal do PJe-JT.

§ 2º Quando for inviável o uso do meio eletrônico para a realização de intimação ou notificação, esses atos processuais poderão ser praticados segundo as regras ordinárias, digitalizando-se e destruindo-se posteriormente o documento físico.

Art. 15. O cadastramento do processo, a distribuição da petição inicial e a juntada da contestação, dos recursos, do parecer do Ministério Público do Trabalho e das petições em geral, todos em formato digital, aos autos de processo eletrônico, serão realizadas diretamente pelos usuários externos, dispensando-se a intervenção da secretaria judicial, situação em que a autuação ocorrerá de forma automática, fornecendo-se o recibo eletrônico de protocolo.

PARÁGRAFO ÚNICO. A petição inicial conterá a indicação do CPF ou CNPJ da parte autora, conforme determinação do art. 15, *caput*, da Lei n. 11.419/2006.

Art. 16. O sistema fornecerá, imediatamente após o envio da petição inicial, juntamente com a comprovação de recebimento, informações sobre o número atribuído ao processo e o nome do Ministro para o qual foi distribuída a ação.

Art. 17. Os recursos protocolizados nos Tribunais Regionais do Trabalho, dirigidos ao Tribunal Superior do Trabalho, serão juntados ao processo eletrônico na origem e distribuídos automaticamente pelo Sistema PJe-JT.

Art. 18. A Coordenadoria de Classificação, Autuação e Distribuição de Processos — CCADP, durante a fase de implantação do PJe-JT e até ulterior deliberação, fará a conferência dos dados cadastrais do processo eletrônico, como também da adequação da distribuição às regras do Regimento Interno do TST, devendo informar ao Relator eventual erro na distribuição do processo, bem assim a existência de possível impedimento ou prevenção.

PARÁGRAFO ÚNICO. Em caso de erro de cadastramento ou divergência entre os dados cadastrados e os documentos apresentados, a CCADP procederá aos ajustes necessários, de tudo ficando registro no Sistema PJe-JT.

Art. 19. Em caso de prevenção, os processos que não sejam da competência da Sexta Turma desta Corte serão convertidos para o sistema legado, até a implantação do Sistema PJe-JT no órgão prevento.

Art. 20. No sistema legado serão compensados, em igual número, os processos distribuídos no Sistema PJe-JT, observadas as classes processuais.

Art. 21. Nos gabinetes de Ministros e demais unidades internas usuárias do Sistema PJe-JT haverá, pelo menos, 2 (dois) servidores que atuarão como facilitadores em suas respectivas lotações.

§ 1º Os facilitadores serão responsáveis por orientar e dirimir dúvidas dos servidores de sua unidade na utilização do Sistema PJe-JT, realizar a interlocução com os respectivos representantes no Comitê Gestor do PJe-JT no TST e com a Central de Atendimento de Usuários, bem assim receber e dar encaminhamento às sugestões de aperfeiçoamento.

§ 2º As unidades internas usuárias do Sistema PJe-JT deverão indicar os seus facilitadores ao Presidente do Tribunal, no prazo de 15 dias da data da implantação do sistema na respectiva unidade, inclusive para fins de capacitação.

Art. 22. Os casos não disciplinados no presente Ato serão resolvidos pela Presidência do Tribunal Superior do Trabalho.

Art. 23. Este Ato entra em vigor em 26 de fevereiro de 2013.

Brasília, 25 de fevereiro de 2013.

Ministro João Oreste Dalazen
Presidente do Tribunal Superior do Trabalho

ATO TST.GP.N. 207, DE 15 DE ABRIL DE 2014

DEJT 22.4.14

SUSPENDE, TEMPORARIAMENTE, A VIGÊNCIA DO ATO SEGJUD.GP N. 116, DE 25 DE FEVEREIRO DE 2013 E DÁ OUTRAS PROVIDÊNCIAS

O PRESIDENTE DO TRIBUNAL SUPERIOR DO TRABALHO, no uso de suas atribuições legais e regimentais, Considerando a relevância do alinhamento entre a versão do PJe-JT que está em processo de implantação no Tribunal Superior do Trabalho e a versão do PJe-JT em desenvolvimento no âmbito do Conselho Superior da Justiça do Trabalho;

Considerando que, no âmbito do Tribunal Superior do Trabalho, ainda não houve a efetiva implementação do PJe-JT, inclusive na 6ª Turma;

Considerando que alguns Tribunais Regionais do Trabalho têm procedido ao envio de recursos em processos que tramitam no PJe-JT pelo e-Remessa e mais a conveniência de uniformização desse procedimento;

Considerando a necessidade de ser redimensionado o cronograma de instalação do PJe-JT, no Tribunal Superior do Trabalho, em sintonia com o estabelecido na Resolução 185 do Conselho Nacional de Justiça,

RESOLVE:

Art. 1º Fica suspenso, temporariamente, o Ato n.116/SEGJUD.GP, de 25 de fevereiro de 2013.

Art. 2º Até que seja ultimada a implementação do PJe-JT, no âmbito do TST, os recursos de revista, os agravos de instrumento dos despachos de Presidente de Tribunal Regional que denegarem seguimento a recurso de revista, os recursos ordinários e os respectivos agravos de instrumento nas ações de competência originária dos Regionais, oriundos de processos que estejam tramitando no PJe-JT, serão enviados para apreciação do Tribunal Superior do Trabalho, excepcionalmente e em caráter temporário, por intermédio do e-Remessa.

PARÁGRAFO ÚNICO. Fica mantido o sistema de digitalização dos recursos a serem remetidos ao TST, relativamente aos processos físicos ainda em curso nos Tribunais Regionais do Trabalho, ou outro sistema que acaso tenha sido adotado na origem.

Art. 3º Os recursos enviados no formato descrito no art. 2º serão distribuídos aos órgãos judicantes competentes para o seu exame e julgamento.

Art. 4º A baixa de processos transitados em julgado, realizada pelas secretarias dos órgãos judicantes e pela SEGJUD, conforme o caso, será feita com as peças produzidas no TST, por intermédio do e-Remessa, sendo facultado ao Tribunal Regional do Trabalho optar pela íntegra do processo.

PARÁGRAFO ÚNICO. Após o recebimento do processo pelo e-Remessa, incumbirá ao Tribunal Regional do Trabalho realizar a inserção, no sistema do PJe-JT, do acórdão do TST e das demais peças processuais necessárias, em formato PDF.

Art. 5º Os casos omissos serão dirimidos pela Presidência do Tribunal Superior do Trabalho.

Art. 6º Este Ato entra em vigor na data de sua publicação.

Ministro Antonio José de Barros Levenhagen
Presidente do Tribunal Superior do Trabalho

ATO CONJUNTO TST.GP.CGJT N 01 DE 23 DE JANEIRO DE 2014

(DEJT 31.1.14)

DISPÕE SOBRE O SISTEMA DE TRANSMISSÃO EM TEMPO REAL, COM DISPONIBILIZAÇÃO NOS SÍTIOS DA *INTERNET* E *INTRANET* DO TST E DOS TRIBUNAIS REGIONAIS DO TRABALHO, DE SESSÃO ADMINISTRATIVA DE ENCERRAMENTO DE CORREIÇÃO ORDINÁRIA E DE INSPEÇÃO REALIZADAS PELO CORREGEDOR-GERAL DA JUSTIÇA DO TRABALHO

O **PRESIDENTE DO TRIBUNAL SUPERIOR DO TRABALHO E O MINISTRO CORREGEDOR-GERAL DA JUSTIÇA DO TRABALHO**, no uso das suas atribuições legais e regimentais,

Considerando a necessidade de conferir ampla transparência às atividades correicionais desenvolvidas pelo Corregedor-Geral da Justiça do Trabalho perante os Tribunais Regionais do Trabalho;

Considerando que a transmissão em tempo real das sessões administrativas ou judiciais dos Tribunais, com disponibilização nos sítios da *internet* e *intranet*, possibilita o fácil e rápido acesso dos jurisdicionados, advogados e servidores, aproximando-os das atividades cotidianas do Poder Judiciário, e propiciando, *in casu*, a intercomunicação entre todas as instâncias do Judiciário Trabalhista; e,

Considerando a viabilidade técnica da transmissão em tempo real de sessão administrativa de encerramento de Correição Ordinária e de Inspeção, em face do êxito do projeto piloto, obtido por ocasião das Correições Ordinárias e das Inspeções realizadas nos Tribunais Regionais do Trabalho das 2ª, 4ª, 6ª, 7ª, 9ª, 12ª, 18ª e 23ª Regiões, no corrente ano,

RESOLVEM:

Art. 1º Determinar aos Tribunais Regionais do Trabalho que adotem os procedimentos técnicos, em parceria com a Secretaria de Tecnologia da Informação — SETIN do Tribunal Superior do Trabalho, tendentes a viabilizar a transmissão, em tempo real, nos sítios da *internet* e *intranet* do TST e dos Tribunais Regionais do Trabalho correicionados ou inspecionados, de sessão administrativa de encerramento de Correição Ordinária e de Inspeção realizadas pelo Corregedor-Geral da Justiça do Trabalho, seja por meio de equipamento próprio de transmissão ou por empresa contratada para tal fim.

PARÁGRAFO ÚNICO. A transmissão somente será efetivada com o aval do Corregedor-Geral da Justiça do Trabalho, que expedirá ofícios aos Tribunais Regionais do Trabalho e à referida Secretaria do TST, com antecedência mínima de 7 (sete) dias úteis antes do início da Inspeção ou da Correição Ordinária, a fim de viabilizar os testes e os ajustes necessários da Coordenadoria de Suporte ao Usuário do TST junto aos Tribunais Regionais do Trabalho.

Art. 2º Os eventuais ônus da transmissão serão suportados exclusivamente pelos Tribunais Regionais do Trabalho.

Art. 3º Este Ato Conjunto entrará em vigor na data de sua publicação no DEJT.

Carlos Alberto Reis de Paula

Ministro Presidente do Tribunal Superior do Trabalho

Ives Gandra Martins Filho

ATO DO PRESIDENTE DO TST SEGJUD N. 55, DE 19 DE FEVEREIRO DE 2014

(DEJT 20.2.2014)

DISPÕE SOBRE A GESTÃO DE DOCUMENTOS JUDICIAIS, FÍSICOS E ELETRÔNICOS, DO TRIBUNAL SUPERIOR DO TRABALHO

O PRESIDENTE DO TRIBUNAL SUPERIOR DO TRABALHO, no uso das atribuições legais e regimentais,

considerando que a Constituição Federal de 1988, no § 2° do artigo 216, dispõe que cabem à administração pública a gestão da documentação governamental e as providências para franquear sua consulta a quantos dela necessitem,

considerando que a Lei n. 8.159/1991, no artigo 1º, determina que é dever do Poder Público a gestão documental e a proteção especial a documentos de arquivo, como instrumentos de apoio à administração, à cultura, ao desenvolvimento científico e como elementos de prova e informação,

considerando que a Lei n. 8.159/1991, no artigo 20, estabelece que competem aos arquivos do Poder Judiciário Federal a gestão e o recolhimento dos documentos produzidos e recebidos por esse Poder no exercício de suas funções, *"bem como preservar e facultar o acesso aos documentos sob sua guarda"*,

RESOLVE:

DAS DISPOSIÇÕES GERAIS

Art. 1º Para os efeitos deste Ato considera-se:

I — arquivo: o conjunto de documentos produzidos e recebidos pelo Tribunal em decorrência do exercício de atividades específicas, qualquer que seja o suporte da informação;

II — fase corrente: compreende os documentos frequentemente consultados, que possuam forte vínculo com as razões pelas quais foram produzidos, o que justifica sua manutenção nas unidades produtoras ou receptoras;

III — fase intermediária: compreende os documentos com baixa frequência de consultas, o que permite, no caso de acervo físico, sua transferência para locais distantes da unidade produtora, nos quais aguardam a destinação final;

IV — fase permanente: compreende o acervo arquivístico considerado na avaliação como de valor histórico, o que justifica a guarda e manutenção definitiva do documento em razão das informações nele contidas;

V — avaliação: processo de análise de documentos de arquivo, que estabelece os prazos de guarda e a destinação, de acordo com os valores que lhes são atribuídos;

VI — gestão documental: o conjunto de procedimentos e operações técnicas referentes à produção, tramitação, uso, avaliação e arquivamento em fase corrente e intermediária, visando à eliminação ou recolhimento para guarda permanente.

Art. 2º Quanto à custódia, os documentos são agrupados do seguinte modo:

I — aqueles mantidos sob a guarda das diversas unidades do Tribunal se encontram na fase corrente;

II — aqueles transferidos e mantidos sob a guarda da unidade de gestão documental se encontram nas fases intermediária e permanente.

Parágrafo único. As fases documentais são definidas pela Tabela de Temporalidade e Destinação de Documentos do Tribunal.

DO ARQUIVAMENTO E DESARQUIVAMENTO

Art. 3º O arquivamento e o desarquivamento de documentos judiciais, inclusive os processos, sejam eles físicos ou eletrônicos, poderão ser determinados pelas seguintes autoridades:

I — Ministros do Tribunal;

II — Secretário-Geral da Presidência;

III — Secretário-Geral Judiciário;

IV — Diretor-Geral da Secretaria do Tribunal;

V — Secretário-Geral do Conselho Superior da Justiça do Trabalho;

VI — Secretários dos Órgãos Judicantes.

Art. 4º O desarquivamento deverá ser solicitado formalmente à unidade de gestão documental.

DAS RESPONSABILIDADES

Art. 5º Na hipótese de desaparecimento ou extravio de documento judicial, o servidor que tomar conhecimento do fato comunicará a sua chefia para que esta adote as providências cabíveis.

DAS DISPOSIÇÕES FINAIS

Art. 6º O fluxo documental se encerra com a destinação final, determinada pelo processo de avaliação.

PARÁGRAFO ÚNICO. A política de avaliação da documentação do Tribunal será formulada pela Comissão de Documentação e aplicada pela Coordenadoria de Gestão Documental e Memória nos termos dos artigos 56 e 57 do Regimento Interno desta Corte.

Art. 7º Os casos omissos serão dirimidos pela Presidência do Tribunal.

Art. 8º Este Ato entra em vigor na data de sua publicação e revoga o Ato GDGCA.GP n. 130, de 29 de março de 2004.

Publique-se.

Brasília, 19 de fevereiro de 2014.

Ministro Carlos Alberto Reis de Paula
Presidente do Tribunal Superior do Trabalho

LEI N. 11.417, DE 19 DE DEZEMBRO DE 2006

(DOU 20.12.06)

REGULAMENTA O ART. 103-A DA CONSTITUIÇÃO FEDERAL E ALTERA A LEI N. 9.784, DE 29 DE JANEIRO DE 1999, DISCIPLINANDO A EDIÇÃO, A REVISÃO E O CANCELAMENTO DE ENUNCIADO DE SÚMULA VINCULANTE PELO SUPREMO TRIBUNAL FEDERAL, E DÁ OUTRAS PROVIDÊNCIAS

O PRESIDENTE DA REPÚBLICA,

Faço saber que o Congresso Nacional decreta e eu sanciono a seguinte Lei:

Art. 1º Esta Lei disciplina a edição, a revisão e o cancelamento de enunciado de súmula vinculante pelo Supremo Tribunal Federal e dá outras providências.

Art. 2º O Supremo Tribunal Federal poderá, de ofício ou por provocação, após reiteradas decisões sobre matéria constitucional, editar enunciado de súmula que, a partir de sua publicação na imprensa oficial, terá efeito vinculante em relação aos demais órgãos do Poder Judiciário e à administração pública direta e indireta, nas esferas federal, estadual e municipal, bem como proceder à sua revisão ou cancelamento, na forma prevista nesta Lei.

§ 1º O enunciado da súmula terá por objeto a validade, a interpretação e a eficácia de normas determinadas, acerca das quais haja, entre órgãos judiciários ou entre esses e a administração pública, controvérsia atual que acarrete grave insegurança jurídica e relevante multiplicação de processos sobre idêntica questão.

§ 2º O Procurador-Geral da República, nas propostas que não houver formulado, manifestar-se-á previamente à edição, revisão ou cancelamento de enunciado de súmula vinculante.

§ 3º A edição, a revisão e o cancelamento de enunciado de súmula com efeito vinculante dependerão de decisão tomada por 2/3 (dois terços) dos membros do Supremo Tribunal Federal, em sessão plenária.

§ 4º No prazo de 10 (dez) dias após a sessão em que editar, rever ou cancelar enunciado de súmula com efeito vinculante, o Supremo Tribunal Federal fará publicar, em seção especial do Diário da Justiça e do Diário Oficial da União, o enunciado respectivo.

Art. 3º São legitimados a propor a edição, a revisão ou o cancelamento de enunciado de súmula vinculante:

I — o Presidente da República;

II — a Mesa do Senado Federal;

III — a Mesa da Câmara dos Deputados;

IV — o Procurador-Geral da República;

V — o Conselho Federal da Ordem dos Advogados do Brasil;

VI — o Defensor Público-Geral da União;

VII — partido político com representação no Congresso Nacional;

VIII — confederação sindical ou entidade de classe de âmbito nacional;

IX — a Mesa de Assembleia Legislativa ou da Câmara Legislativa do Distrito Federal;

X — o Governador de Estado ou do Distrito Federal;

XI — os Tribunais Superiores, os Tribunais de Justiça de Estados ou do Distrito Federal e Territórios, os Tribunais Regionais Federais, os Tribunais Regionais do Trabalho, os Tribunais Regionais Eleitorais e os Tribunais Militares.

§ 1º O Município poderá propor, incidentalmente ao curso de processo em que seja parte, a edição, a revisão ou o cancelamento de enunciado de súmula vinculante, o que não autoriza a suspensão do processo.

§ 2º No procedimento de edição, revisão ou cancelamento de enunciado da súmula vinculante, o relator poderá admitir, por decisão irrecorrível, a manifestação de terceiros na questão, nos termos do Regimento Interno do Supremo Tribunal Federal.

Art. 4º A súmula com efeito vinculante tem eficácia imediata, mas o Supremo Tribunal Federal, por decisão de 2/3 (dois terços) dos seus membros, poderá restringir os efeitos vinculantes ou decidir que só tenha eficácia a partir de outro momento, tendo em vista razões de segurança jurídica ou de excepcional interesse público.

Art. 5º Revogada ou modificada a lei em que se fundou a edição de enunciado de súmula vinculante, o Supremo Tribunal Federal, de ofício ou por provocação, procederá à sua revisão ou cancelamento, conforme o caso.

Art. 6º A proposta de edição, revisão ou cancela mento de enunciado de súmula vinculante não autoriza a suspensão dos processos em que se discuta a mesma questão.

Art. 7º Da decisão judicial ou do ato administrativo que contrariar enunciado de súmula vinculante, negar-lhe vigência ou aplicá-lo indevidamente caberá reclamação ao Supremo Tribunal Federal, sem prejuízo dos recursos ou outros meios admissíveis de impugnação.

§ 1º Contra omissão ou ato da administração pública, o uso da reclamação só será admitido após esgotamento das vias administrativas.

§ 2º Ao julgar procedente a reclamação, o Supremo Tribunal Federal anulará o ato administrativo ou cassará a decisão judicial impugnada, determinando que outra seja proferida com ou sem aplicação da súmula, conforme o caso.

Art. 8º O art. 56 da Lei n. 9.784, de 29 de janeiro de 1999, passa a vigorar acrescido do seguinte § 3º:

"Art. 56. ....

§ 3º Se o recorrente alegar que a decisão administrativa contraria enunciado da súmula vinculante, caberá à autoridade prolatora da decisão impugnada, se não a reconsiderar, explicitar, antes de encaminhar o recurso à autoridade superior, as razões da aplicabilidade ou inaplicabilidade da súmula, conforme o caso." (NR)

Art. 9º A Lei n. 9.784, de 29 de janeiro de 1999, passa a vigorar acrescida dos seguintes arts. 64-A e 64-B:

"Art. 64-A. Se o recorrente alegar violação de enunciado da súmula vinculante, o órgão competente para decidir o recurso explicitará as razões da aplicabilidade ou inaplicabilidade da súmula, conforme o caso."

"Art. 64-B. Acolhida pelo Supremo Tribunal Federal a reclamação fundada em violação de enunciado da súmula vinculante, dar-se-á ciência à autoridade prolatora e ao órgão competente para o julgamento do recurso, que deverão adequar as futuras decisões administrativas em casos semelhantes, sob pena de responsabilização pessoal nas esferas cível, administrativa e penal."

Art. 10. O procedimento de edição, revisão ou cancelamento de enunciado de súmula com efeito vinculante obedecerá, subsidiariamente, ao disposto no Regimento Interno do Supremo Tribunal Federal.

Art. 11. Esta Lei entra em vigor 3 (três) meses após a sua publicação.

Brasília, 19 de dezembro de 2006; 185º da Independência e 118º da República.

Luiz Inácio Lula da Silva

Márcio Thomaz Bastos

RESOLUÇÃO N. 8, DO CONSELHO NACIONAL DE JUSTIÇA, DE 29 DE NOVEMBRO DE 2005

(DOU 6.12.05)

DISPÕE SOBRE A REGULAMENTAÇÃO DO EXPEDIENTE FORENSE NO PERÍODO NATALINO E DÁ OUTRAS PROVIDÊNCIAS

O PRESIDENTE DO CONSELHO NACIONAL DE JUSTIÇA, tendo em vista o decidido em sessão plenária do dia 29 de novembro de 2005, no uso de suas atribuições conferidas pela Constituição Federal, especialmente os incisos I e II, § 4º, de seu artigo 103-B,

Considerando que o inciso I do artigo 62 da Lei n. 5.010, de 30 de maio de 1966, estabelece feriado na Justiça da União, inclusive nos Tribunais Superiores, nos dias compreendidos entre 20 de dezembro e 6 de janeiro;

Considerando que a suspensão do expediente forense, no período de 20 de dezembro a 6 de janeiro, constitui antiga reivindicação dos advogados, sobretudo os de menor poder econômico e não vinculados a grandes escritórios profissionais;

Considerando que a existência de critérios conflitantes, quanto à suspensão do expediente forense, gera incerteza e insegurança entre os usuários da Justiça, podendo inclusive prejudicar o direito de defesa e a produção de provas;

Considerando que o caráter ininterrupto da atividade jurisdicional é garantido, quando da suspensão do expediente forense no período noturno, nos fins de semana e nos feriados, através de sistema de plantões judiciários; resolve:

Art. 1º Os Tribunais de Justiça dos Estados poderão, por meio de deliberação do Órgão Competente, suspender o expediente forense no período de 20 de dezembro a 6 de janeiro, garantindo o atendimento aos casos urgentes, novos ou em curso, através de sistema de plantões.

PARÁGRAFO ÚNICO. O sistema de plantões deve ser amplamente divulgado e fiscalizado pelos órgãos competentes.

Art. 2º A deliberação que aprovar a suspensão do expediente forense suspenderá, igualmente, os prazos processuais e a publicação de acórdãos, sentenças e decisões, bem como a intimação de partes ou advogados, na primeira e segunda instâncias, exceto com relação às medidas consideradas urgentes.

PARÁGRAFO ÚNICO. O Tribunal de Justiça regulamentará o funcionamento de plantões judiciários, de modo a garantir o caráter ininterrupto da atividade jurisdicional.

Art. 3º A suspensão não obsta a prática de ato processual de natureza urgente e necessário à preservação de direitos, nem impede a realização de audiência e de sessão de julgamento já designadas até a data da publicação dessa Resolução.

Art. 4º Esta resolução entra em vigor na data de sua publicação.

Ministro Nelson Jobim

LEI N. 12.690, DE 19 DE JULHO DE 2012

(DOU 20.7.12)

DISPÕE SOBRE A ORGANIZAÇÃO E O FUNCIONAMENTO DAS COOPERATIVAS DE TRABALHO; INSTITUI O PROGRAMA NACIONAL DE FOMENTO ÀS COOPERATIVAS DE TRABALHO — PRONACOOP; E REVOGA O PARÁGRAFO ÚNICO DO ART. 442 DA CONSOLIDAÇÃO DAS LEIS DO TRABALHO — CLT, APROVADA PELO DECRETO-LEI N. 5.452, DE 1º DE MAIO DE 1943

Nota: O artigo 30, do Projeto de Lei, aprovado pelo Congresso Nacional que revogava o parágrafo único do artigo art. 442 da CLT foi vetado na sanção presidencial. As razões do veto estão assim dispostas: "O dispositivo da CLT que se pretende revogar disciplina a matéria de forma ampla e suficiente, sendo desnecessária regra específica para as cooperativas de trabalho" (DOU de 20.7.12, p. 7).

A PRESIDENTA DA REPÚBLICA

Faço saber que o Congresso Nacional decreta e eu sanciono a seguinte Lei:

CAPÍTULO I
DAS COOPERATIVAS DE TRABALHO

Art. 1º A Cooperativa de Trabalho é regulada por esta Lei e, no que com ela não colidir, pelas Leis ns 5.764, de 16 de dezembro de 1971, e 10.406, de 10 de janeiro de 2002 -Código Civil.

PARÁGRAFO ÚNICO. Estão excluídas do âmbito desta Lei:

I — as cooperativas de assistência à saúde na forma da legislação de saúde suplementar;

II — as cooperativas que atuam no setor de transporte regulamentado pelo poder público e que detenham, por si ou por seus sócios, a qualquer título, os meios de trabalho;

III — as cooperativas de profissionais liberais cujos sócios exerçam as atividades em seus próprios estabelecimentos; e

IV — as cooperativas de médicos cujos honorários sejam pagos por procedimento.

Art. 2º Considera-se Cooperativa de Trabalho a sociedade constituída por trabalhadores para o exercício de suas atividades laborativas ou profissionais com proveito comum, autonomia e autogestão para obterem melhor qualificação, renda, situação socioeconômica e condições gerais de trabalho.

§ 1º A autonomia de que trata o *caput* deste artigo deve ser exercida de forma coletiva e coordenada, mediante a fixação, em Assembleia Geral, das regras de funcionamento da cooperativa e da forma de execução dos trabalhos, nos termos desta Lei.

§ 2º Considera-se autogestão o processo democrático no qual a Assembleia Geral define as diretrizes para o funcionamento e as operações da cooperativa, e os sócios decidem sobre a forma de execução dos trabalhos, nos termos da lei.

Art. 3º A Cooperativa de Trabalho rege-se pelos seguintes princípios e valores:

I — adesão voluntária e livre;

II — gestão democrática;

III — participação econômica dos membros;

IV — autonomia e independência;

V — educação, formação e informação;

VI — intercooperação;

VII — interesse pela comunidade;

VIII — preservação dos direitos sociais, do valor social do trabalho e da livre iniciativa;

IX — não precarização do trabalho;

X — respeito às decisões de asssembleia, observado o disposto nesta Lei;

XI — participação na gestão em todos os níveis de decisão de acordo com o previsto em lei e no Estatuto Social.

Art. 4º A Cooperativa de Trabalho pode ser:

I — de produção, quando constituída por sócios que contribuem com trabalho para a produção em comum de bens e a cooperativa detém, a qualquer título, os meios de produção; e

II — de serviço, quando constituída por sócios para a prestação de serviços especializados a terceiros, sem a presença dos pressupostos da relação de emprego.

PARÁGRAFO ÚNICO. (VETADO).

Art. 5º A Cooperativa de Trabalho não pode ser utilizada para intermediação de mão de obra subordinada.

PARÁGRAFO ÚNICO. (VETADO).

Art. 6º A Cooperativa de Trabalho poderá ser constituída com número mínimo de 7 (sete) sócios.

Art. 7º A Cooperativa de Trabalho deve garantir aos sócios os seguintes direitos, além de outros que a Assembleia Geral venha a instituir:

I — retiradas não inferiores ao piso da categoria profissional e, na ausência deste, não inferiores ao salário mínimo, calculadas de forma proporcional às horas trabalhadas ou às atividades desenvolvidas;

II — duração do trabalho normal não superior a 8 (oito) horas diárias e 44 (quarenta e quatro) horas semanais, exceto quando a atividade, por sua natureza, demandar a prestação de trabalho por meio de plantões ou escalas, facultada a compensação de horários;

III — repouso semanal remunerado, preferencialmente aos domingos;

IV — repouso anual remunerado;

V — retirada para o trabalho noturno superior à do diurno;

VI — adicional sobre a retirada para as atividades insalubres ou perigosas;

VII — seguro de acidente de trabalho.

§ 1º Não se aplica o disposto nos incisos III e IV do caput deste artigo nos casos em que as operações entre o sócio e a cooperativa sejam eventuais, salvo decisão assemblear em contrário.

§ 2º A Cooperativa de Trabalho buscará meios, inclusive mediante provisionamento de recursos, com base em critérios que devem ser aprovados em Assembleia Geral, para assegurar os direitos previstos nos incisos I, III, IV, V, VI e VII do *caput* deste artigo e outros que a Assembleia Geral venha a instituir.

§ 3º A Cooperativa de Trabalho, além dos fundos obrigatórios previstos em lei, poderá criar, em Assembleia Geral , outros fundos, inclusive rotativos, com recursos destinados a fins específicos, fixando o modo de formação, custeio, aplicação e liquidação.

§ 4º (VETADO).

§ 5º A Cooperativa de Trabalho constituída nos termos do inciso I do *caput* do art. 4º desta Lei poderá, em Assembleia Geral Extraordinária, estabelecer carência na fruição dos direitos previstos nos incisos I e VII do *caput* deste artigo.

§ 6º As atividades identificadas com o objeto social da Cooperativa de Trabalho prevista no inciso II do caput do art. 4º desta Lei, quando prestadas fora do estabelecimento da cooperativa, deverão ser submetidas a uma coordenação com mandato nunca superior a 1 (um) ano ou ao prazo estipulado para a realização dessas atividades, eleita em reunião específica pelos sócios que se disponham a realizá-las, em que serão expostos os requisitos para sua consecução, os valores contratados e a retribuição pecuniária de cada sócio partícipe.

Art. 8º As Cooperativas de Trabalho devem observar as normas de saúde e segurança do trabalho previstas na legislação em vigor e em atos normativos expedidos pelas autoridades competentes.

Art. 9º O contratante da Cooperativa de Trabalho prevista no inciso II do *caput* do art. 4º desta Lei responde solidariamente pelo cumprimento das normas de saúde e segurança do trabalho quando os serviços forem prestados no seu estabelecimento ou em local por ele determinado.

CAPÍTULO II
DO FUNCIONAMENTO DAS COOPERATIVAS DE TRABALHO

Art. 10. A Cooperativa de Trabalho poderá adotar por objeto social qualquer gênero de serviço, operação ou atividade, desde que previsto no seu Estatuto Social.

§ 1º É obrigatório o uso da expressão "Cooperativa de Trabalho" na denominação social da cooperativa.

§ 2º A Cooperativa de Trabalho não poderá ser impedida de participar de procedimentos de licitação pública que tenham por escopo os mesmos serviços, operações e atividades previstas em seu objeto social.

§ 3º A admissão de sócios na cooperativa estará limitada consoante as possibilidades de reunião, abrangência das operações, controle e prestação de serviços e congruente com o objeto estatuído.

§ 4º Para o cumprimento dos seus objetivos sociais, o sócio poderá exercer qualquer atividade da cooperativa, conforme deliberado em Assembleia Geral.

Art. 11. Além da realização da Assembleia Geral Ordinária e Extraordinária para deliberar nos termos dos e sobre os assuntos previstos na Lei n. 5.764, de 16 de dezembro de 1971, e no Estatuto Social, a Cooperativa de Trabalho deverá realizar anualmente, no mínimo, mais uma Assembleia Geral Especial para deliberar, entre outros assuntos especificados no edital de convocação, sobre gestão da cooperativa, disciplina, direitos e deveres dos sócios, planejamento e resultado econômico dos projetos e contratos firmados e organização do trabalho.

§ 1º O destino das sobras líquidas ou o rateio dos prejuízos será decidido em Assembleia Geral Ordinária.

§ 2º As Cooperativas de Trabalho deverão estabelecer, em Estatuto Social ou Regimento Interno, incentivos à participação efetiva dos sócios na Assembleia Geral e eventuais sanções em caso de ausências injustificadas.

§ 3º O quorum mínimo de instalação das Assembleias Gerais será de:

I — 2/3 (dois terços) do número de sócios, em primeira convocação;

II — metade mais 1 (um) dos sócios, em segunda convocação;

III — 50 (cinquenta) sócios ou, no mínimo, 20% (vinte por cento) do total de sócios, prevalecendo o menor número, em terceira convocação, exigida a presença de, no mínimo, 4 (quatro) sócios para as cooperativas que possuam até 19 (dezenove) sócios matriculados.

§ 4ºAs decisões das assembleias serão consideradas válidas quando contarem com a aprovação da maioria absoluta dos sócios presentes.

§ 5º Comprovada fraude ou vício nas decisões das assembleias, serão elas nulas de pleno direito, aplicando-se, conforme o caso, a legislação civil e penal.

§ 6º A Assembleia Geral Especial de que trata este artigo deverá ser realizada no segundo semestre do ano.

Art. 12. A notificação dos sócios para participação das assembleias será pessoal e ocorrerá com antecedência mínima de 10 (dez) dias de sua realização.

§ 1º Na impossibilidade de notificação pessoal, a notificação dar-se-á por via postal, respeitada a antecedência prevista no caput deste artigo.

§ 2º Na impossibilidade de realização das notificações pessoal e postal, os sócios serão notificados mediante edital afixado na sede e em outros locais previstos nos estatutos e publicado em jornal de grande circulação na região da sede da cooperativa ou na região onde ela exerça suas atividades, respeitada a antecedência prevista no caput deste artigo.

Art. 13. É vedado à Cooperativa de Trabalho distribuir verbas de qualquer natureza entre os sócios, exceto a retirada devida em razão do exercício de sua atividade como sócio ou retribuição por conta de reembolso de despesas comprovadamente realizadas em proveito da Cooperativa.

Art. 14. A Cooperativa de Trabalho deverá deliberar, anualmente, na Assembleia Geral Ordinária, sobre a adoção ou não de diferentes faixas de retirada dos sócios. Parágrafo único. No caso de fixação de faixas de retirada, a diferença entre as de maior e as de menor valor deverá ser fixada na Assembleia.

Art. 15. O Conselho de Administração será composto por, no mínimo, 3 (três) sócios, eleitos pela Assembleia Geral, para um prazo de gestão não superior a 4 (quatro) anos, sendo obrigatória a renovação de, no mínimo, 1/3 (um terço) do colegiado, ressalvada a hipótese do art. 16 desta Lei.

Art. 16. A Cooperativa de Trabalho constituída por até 19 (dezenove) sócios poderá estabelecer, em Estatuto Social , composição para o Conselho de Administração e para o Conselho Fiscal distinta da prevista nesta Lei e no art. 56 da Lei n. 5.764, de 16 de dezembro de 1971, assegurados, no mínimo, 3 (três) conselheiros fiscais.

CAPÍTULO III

DA FISCALIZAÇÃO E DAS PENALIDADES

Art. 17. Cabe ao Ministério do Trabalho e Emprego, no âmbito de sua competência, a fiscalização do cumprimento do disposto nesta Lei.

§ 1º A Cooperativa de Trabalho que intermediar mão de obra subordinada e os contratantes de seus serviços estarão sujeitos à multa de R$ 500,00 (quinhentos reais) por trabalhador prejudicado, dobrada na reincidência, a ser revertida em favor do Fundo de Amparo ao Trabalhador — FAT.

§ 2º Presumir-se-á intermediação de mão de obra subordinada a relação contratual estabelecida entre a empresa contratante e as Cooperativas de Trabalho que não cumprirem o disposto no § 6º do art. 7º desta Lei.

§ 3º As penalidades serão aplicadas pela autoridade competente do Ministério do Trabalho e Emprego, de acordo com o estabelecido no Título VII da Consolidação das Leis do Trabalho — CLT, aprovada pelo Decreto-Lei no 5.452, de 1º de maio de 1943.

Art. 18. A constituição ou utilização de Cooperativa de Trabalho para fraudar deliberadamente a legislação trabalhista, previdenciária e o disposto nesta Lei acarretará aos responsáveis as sanções penais, cíveis e administrativas cabíveis, sem prejuízo da ação judicial visando à dissolução da Cooperativa.

§ 1º (VETADO).

§ 2º Fica inelegível para qualquer cargo em Cooperativa de Trabalho, pelo período de até 5 (cinco) anos, contado a partir da sentença transitada em julgado, o sócio, dirigente ou o administrador condenado pela prática das fraudes elencadas no caput deste artigo.

CAPÍTULO IV

DO PROGRAMA NACIONAL DE FOMENTO ÀS COOPERATIVAS DE TRABALHO — PRONACOOP

Art. 19. É instituído, no âmbito do Ministério do Trabalho e Emprego, o Programa Nacional de Fomento às Cooperativas de Trabalho — PRONACOOP, com a finalidade de promover o desenvolvimento e a melhoria do desem-penho econômico e social da Cooperativa de Trabalho.

PARÁGRAFO ÚNICO. O Pronacoop tem como finalidade apoiar:

I — a produção de diagnóstico e plano de desenvolvimento institucional para as Cooperativas de Trabalho dele participantes;

II — a realização de acompanhamento técnico visando ao fortalecimento financeiro, de gestão, de organização do processo produtivo ou de trabalho, bem como à qualificação dos recursos humanos;

III — a viabilização de linhas de crédito;

IV — o acesso a mercados e à comercialização da produção;

V — o fortalecimento institucional, a educação cooperativista e a constituição de cooperativas centrais, federações e confederações de cooperativas;

VI — outras ações que venham a ser definidas por seu Comitê Gestor no cumprimento da finalidade estabelecida no *caput* deste artigo.

Art. 20. É criado o Comitê Gestor do Pronacoop, com as seguintes atribuições:

I — acompanhar a implementação das ações previstas nesta Lei;

II — estabelecer as diretrizes e metas para o Pronacoop;

III — definir as normas operacionais para o Pronacoop;

IV — propor o orçamento anual do Pronacoop;

V — (VETADO);

VI — (VETADO).

§ 1º O Comitê Gestor terá composição paritária entre o governo e entidades representativas do cooperativismo de trabalho.

§ 2º O número de membros, a organização e o funcionamento do Comitê Gestor serão estabelecidos em regulamento.

Art. 21. O Ministério do Trabalho e Emprego poderá celebrar convênios, acordos, ajustes e outros instrumentos que objetivem a cooperação técnico-científica com órgãos do setor público e entidades privadas sem fins lucrativos, no âmbito do Pronacoop.

Art. 22. As despesas decorrentes da implementação do Pronacoop correrão à conta das dotações orçamentárias consignadas anualmente ao Ministério do Trabalho e Emprego.

Art. 23. Os recursos destinados às linhas de crédito do Pronacoop serão provenientes:

I — do Fundo de Amparo ao Trabalhador — FAT;

II — de recursos orçamentários da União; e

III — de outros recursos que venham a ser alocados pelo poder público.

PARÁGRAFO ÚNICO. O Conselho Deliberativo do Fundo de Amparo ao Trabalhador — CODEFAT definirá as diretrizes para a aplicação, no âmbito do Pronacoop, dos recursos oriundos do Fundo de Amparo ao Trabalhador — FAT.

Art. 24. As instituições financeiras autorizadas a operar com os recursos do Pronacoop poderão realizar operações de crédito destinadas a empreendimentos inscritos no Programa sem a exigência de garantias reais, que poderão ser substituídas por garantias alternativas, observadas as condições estabelecidas em regulamento.

PARÁGRAFO ÚNICO. (VETADO).

Art. 25. (VETADO).

CAPÍTULO V
DISPOSIÇÕES FINAIS

Art. 26. É instituída a Relação Anual de Informações das Cooperativas de Trabalho — RAICT, a ser preenchida pelas Cooperativas de Trabalho, anualmente, com informações relativas ao ano-base anterior.

PARÁGRAFO ÚNICO. O Poder Executivo regulamentará o modelo de formulário da RAICT, os critérios para entrega das informações e as responsabilidades institucionais sobre a coleta, processamento, acesso e divulgação das informações.

Art. 27. A Cooperativa de Trabalho constituída antes da vigência desta Lei terá prazo de 12 (doze) meses, contado de sua publicação, para adequar seus estatutos às disposições nela previstas.

Art. 28. A Cooperativa de Trabalho prevista no inciso II do *caput* do art. 4o desta Lei constituída antes da vigência desta Lei terá prazo de 12 (doze) meses, contado de sua publicação, para assegurar aos sócios as garantias previstas nos incisos I, IV, V, VI e VII do caput do art. 7º desta Lei, conforme deliberado em Assembleia Geral.

Art. 29. Esta Lei entra em vigor na data de sua publicação.

Art. 30. (VETADO).

Brasília, 19 de julho de 2012; 191º da Independência e 124º da República.

Dilma Roussef
José Eduardo Cardozo
Nelson Henrique Barbosa Filho
Carlos Daudt Brizola
Miriam Belchior
Luís Inácio Lucena Adams

LEI N. 10.406, DE 10 DE JANEIRO DE 2002 (CÓDIGO CIVIL DE 2002)

(DOU 11.1.02)

PRINCIPAIS DISPOSITIVOS DO CÓDIGO CIVIL DE 2002 RELACIONADOS COM O DIREITO DO TRABALHO E RELAÇÃO DO TRABALHO, ALGUNS DELES LIGADOS A AMPLIAÇÃO DA COMPETÊNCIA DA JUSTIÇA DO TRABALHO PELA EMENDA CONSTITUCIONAL N. 45, DE 8 DE DEZEMBRO DE 2004

PARTE GERAL

LIVRO 1

DAS PESSOAS

TÍTULO I

DAS PESSOAS NATURAIS

CAPÍTULO I

DA PERSONALIDADE E DA CAPACIDADE

Art. 1º Toda pessoa é capaz de direitos e deveres na ordem civil.

Art. 2º A personalidade civil da pessoa começa do nascimento com vida; mas a lei põe a salvo, desde a concepção, os direitos do nascituro.

Art. 3º São absolutamente incapazes de exercer pessoalmente os atos da vida civil:

I — os menores de dezesseis anos;

II — os que, por enfermidade ou deficiência mental, não tiverem o necessário discernimento para a prática desses atos;

III — os que, mesmo por causa transitória, não puderem exprimir sua vontade.

Art. 4º São incapazes, relativamente a certos atos, ou à maneira de os exercer:

I — os maiores de dezesseis e menores de dezoito anos;

II — os ébrios habituais, os viciados em tóxicos, e os que, por deficiência mental, tenham o discernimento reduzido;

III — os excepcionais, sem desenvolvimento mental completo;

IV — os pródigos.

PARÁGRAFO ÚNICO. A capacidade dos índios será regulada por legislação especial.

Art. 5º A menoridade cessa aos dezoito anos completos, quando a pessoa fica habilitada à prática de todos os atos da vida civil.

Parágrafo único. Cessará, para os menores, a incapacidade:

I — pela concessão dos pais, ou de um deles na falta do outro, mediante instrumento público, independentemente de homologação judicial, ou por sentença do juiz, ouvido o tutor, se o menor tiver dezesseis anos completos;

II — pelo casamento;

III — pelo exercício de emprego público efetivo;

IV — pela colação de grau em curso de ensino superior;

V — pelo estabelecimento civil ou comercial, ou pela existência de relação de emprego, desde que, em função deles, o menor com dezesseis anos completos tenha economia própria.

....

CAPÍTULO II

Dos Direitos da Personalidade

Art. 11. Com exceção dos casos previstos em lei, os direitos da personalidade são intransmissíveis e irrenunciáveis, não podendo o seu exercício sofrer limitação voluntária.

Art. 12. Pode-se exigir que cesse a ameaça, ou a lesão, a direito da personalidade, e reclamar perdas e danos, sem prejuízo de outras sanções previstas em lei.

PARÁGRAFO ÚNICO. Em se tratando de morto, terá legitimação para requerer a medida prevista neste artigo o cônjuge sobrevivente, ou qualquer parente em linha reta, ou colateral até o quarto grau.

....

Art. 16. Toda pessoa tem direito ao nome, nele compreendidos o prenome e o sobrenome.

Art. 17. O nome da pessoa não pode ser empregado por outrem em publicações ou representações que a exponham ao desprezo público, ainda quando não haja intenção difamatória.

Art. 18. Sem autorização, não se pode usar o nome alheio em propaganda comercial.

Art. 19. O pseudônimo adotado para atividades lícitas goza da proteção que se dá ao nome.

Art. 20. Salvo se autorizadas, ou se necessárias à administração da justiça ou à manutenção da ordem pública, a divulgação de escritos, a transmissão da palavra, ou a publicação, a exposição ou a utilização da imagem de uma pessoa poderão ser proibidas, a seu requerimento e sem prejuízo da indenização que couber, se lhe atingirem a honra, a boa fama ou a respeitabilidade, ou se se destinarem a fins comerciais.

PARÁGRAFO ÚNICO. Em se tratando de morto ou de ausente, são partes legítimas para requerer essa proteção o cônjuge, os ascendentes ou os descendentes.

Art. 21. A vida privada da pessoa natural é inviolável, e o juiz, a requerimento do interessado, adotará as providências necessárias para impedir ou fazer cessar ato contrário a esta norma.

TÍTULO II

DAS PESSOAS JURÍDICAS

....

Art. 50. Em caso de abuso da personalidade jurídica, caracterizado pelo desvio de finalidade, ou pela confusão patrimonial, pode o juiz decidir, a requerimento da parte, ou do Ministério Público quando lhe couber intervir no processo, que os efeitos de certas e determinadas relações de obrigações sejam estendidos aos bens particulares dos administradores ou sócios da pessoa jurídica.

....

Art. 52. Aplica-se às pessoas jurídicas, no que couber, a proteção dos direitos da personalidade.

....

TÍTULO III
Do Domicílio

Art. 72. É também domicílio da pessoa natural, quanto às relações concernentes à profissão, o lugar onde esta é exercida.

....

LIVRO III
Dos Fatos Jurídicos
TÍTULO I
Do Negócio Jurídico
CAPÍTULO I
Disposições Gerais

Art. 104. A validade do negócio jurídico requer:

I — agente capaz;

II — objeto lícito, possível, determinado ou determinável;

III — forma prescrita ou não defesa em lei.

....

Art. 108. Não dispondo a lei em contrário, a escritura pública é essencial à validade dos negócios jurídicos que visem à constituição, transferência, modificação ou renúncia de direitos reais sobre imóveis de valor superior a trinta vezes o maior salário mínimo vigente no País.

....

Art. 110. A manifestação de vontade subsiste ainda que o seu autor haja feito a reserva mental de não querer o que manifestou, salvo se dela o destinatário tinha conhecimento.

Art. 111. O silêncio importa anuência, quando as circunstâncias ou os usos o autorizarem, e não for necessária a declaração de vontade expressa.

Art. 112. Nas declarações de vontade se atenderá mais à intenção nelas consubstanciada do que ao sentido literal da linguagem.

Art. 113. Os negócios jurídicos devem ser interpretados conforme a boa-fé e os usos do lugar de sua celebração.

Art. 114. Os negócios jurídicos benéficos e a renúncia interpretam-se estritamente.

CAPÍTULO II
Da Representação

Art. 115. Os poderes de representação conferem-se por lei ou pelo interessado.

Art. 116. A manifestação de vontade pelo representante, nos limites de seus poderes, produz efeitos em relação ao representado.

....

TÍTULO III
Dos Atos Ilícitos

Art. 186. Aquele que, por ação ou omissão voluntária, negligência ou imprudência, violar direito e causar dano a outrem, ainda que exclusivamente moral, comete ato ilícito.

Art. 187. Também comete ato ilícito o titular de um direito que, ao exercê-lo, excede manifestamente os limites impostos pelo seu fim econômico ou social, pela boa-fé ou pelos bons costumes.

Art. 188. Não constituem atos ilícitos:

I — os praticados em legítima defesa ou no exercício regular de um direito reconhecido;

II — a deterioração ou destruição da coisa alheia, ou a lesão a pessoa, a fim de remover perigo iminente.

PARÁGRAFO ÚNICO. No caso do inciso II, o ato será legítimo somente quando as circunstâncias o tornarem absolutamente necessário, não excedendo os limites do indispensável para a remoção do perigo.

TÍTULO I
DA PRESCRIÇÃO E DA DECADÊNCIA
CAPÍTULO I
DA PRESCRIÇÃO
SEÇÃO I
Disposições Gerais

Art. 189. Violado o direito, nasce para o titular a pretensão, a qual se extingue, pela prescrição, nos prazos a que aludem os arts. 205 e 206.

Art. 190. A exceção prescreve no mesmo prazo em que a pretensão.

Art. 191. A renúncia da prescrição pode ser expressa ou tácita, e só valerá, sendo feita, sem prejuízo de terceiro, depois que a prescrição se consumar; tácita é a renúncia quando se presume de fatos do interessado, incompatíveis com a prescrição.

Art. 192. Os prazos de prescrição não podem ser alterados por acordo das partes.

Art. 193. A prescrição pode ser alegada em qualquer grau de jurisdição, pela parte a quem aproveita.

Art. 194. O juiz não pode suprir, de ofício, a alegação de prescrição, salvo se favorecer a absolutamente incapaz (Revogado pela Lei n. 11.280, de 16.2.06, DOU 17.2.06).

Art. 195. Os relativamente incapazes e as pessoas jurídicas têm ação contra os seus assistentes ou representantes legais, que derem causa à prescrição, ou não a alegarem oportunamente.

Art. 196. A prescrição iniciada contra uma pessoa continua a correr contra o seu sucessor.

SEÇÃO II
Das causas que impedem ou Suspendem a Prescrição

Art. 197. Não corre a prescrição:

I — entre os cônjuges, na constância da sociedade conjugal;

II — entre ascendentes e descendentes, durante o poder familiar;

III — entre tutelados ou curatelados e seus tutores ou curadores, durante a tutela ou curatela.

Art. 198. Também não corre a prescrição:

I — contra os incapazes de que trata o art. 3º;

II — contra os ausentes do País em serviço público da União, dos Estados ou dos Municípios;

III — contra os que se acharem servindo nas Forças Armadas, em tempo de guerra.

Art. 199. Não corre igualmente a prescrição:

I — pendendo condição suspensiva;

II — não estando vencido o prazo;

III — pendendo ação de evicção.

Art. 200. Quando a ação se originar de fato que deva ser apurado no juízo criminal, não correrá a prescrição antes da respectiva sentença definitiva.

....

SEÇÃO III
Das Causas que Interrompem a Prescrição

Art. 202. A interrupção da prescrição, que somente poderá ocorrer uma vez, dar-se-á:

I — por despacho do juiz, mesmo incompetente, que ordenar a citação, se o interessado a promover no prazo e na forma da lei processual;

II — por protesto, nas condições do inciso antecedente;

....

IV — a pretensão contra os peritos, pela avaliação dos bens que entraram para a formação do capital de sociedade anônima, contado da publicação da ata da assembleia que aprovar o laudo;

V — por qualquer ato judicial que constitua em mora o devedor;

VI — por qualquer ato inequívoco, ainda que extrajudicial, que importe reconhecimento do direito pelo devedor.

PARÁGRAFO ÚNICO. A prescrição interrompida recomeça a correr da data do ato que a interrompeu, ou do último ato do processo para a interromper.

....

SEÇÃO IV
Dos Prazos da Prescrição

Art. 205. A prescrição ocorre em dez anos, quando a lei não lhe haja fixado prazo menor.

Art. 206. Prescreve:

§ 1º Em um ano:

I — a pretensão dos hospedeiros ou fornecedores de víveres destinados a consumo no próprio estabelecimento, para o pagamento da hospedagem ou dos alimentos;

....

§ 3º Em três anos:

....

IV — a pretensão de ressarcimento de enriquecimento sem causa;

V — a pretensão de reparação civil;

....

VIII — a pretensão para haver o pagamento de título de crédito, a contar do vencimento, ressalvadas as disposições de lei especial;

§ 5º Em cinco anos;

I — a pretensão de cobrança de dívidas líquidas constantes de instrumento público ou particular

II — a pretensão dos profissionais liberais em geral, procuradores judiciais, curadores e professores pelos seus honorários, contado o prazo da conclusão dos serviços, da cessação dos respectivos contratos ou mandato;

III — a pretensão do vencedor para haver do vencido o que despendeu em juízo

CAPÍTULO
DA DECADÊNCIA

Art. 207. Salvo disposição legal em contrário, não se aplicam à decadência as normas que impedem, suspendem ou interrompem a prescrição.

Art. 208. Aplica-se à decadência o disposto nos arts. 195 e 198, inciso I.

Art. 209. É nula a renúncia à decadência fixada em lei.

Art. 210. Deve o juiz, de ofício, conhecer da decadência, quando estabelecida por lei.

Art. 211. Se a decadência for convencional, a parte a quem aproveita pode alegá-la em qualquer grau de jurisdição, mas o juiz não pode suprir a alegação.

....

PARTE ESPECIAL
LIVRO I
DO DIREITO DAS OBRIGAÇÕES
TÍTULO I
DAS MODALIDADES DAS OBRIGAÇÕES

....

CAPÍTULO VI
Das Obrigações Solidárias
SEÇÃO I
Disposições Gerais

Art. 264. Há solidariedade, quando na mesma obrigação concorre mais de um credor, ou mais de um devedor, cada um com direito, ou obrigado, à dívida toda.

Art. 265. A solidariedade não se presume; resulta da lei ou da vontade das partes.

Art. 266. A obrigação solidária pode ser pura e simples para um dos cocredores ou codevedores, e condicional, ou a prazo, ou pagável em lugar diferente, para o outro.

TÍTULO III

Do Adimplemento e Extinção das Obrigações

....

CAPÍTULO V

Da Cláusula Penal

....

Art. 413. A penalidade deve ser reduzida equitativamente pelo juiz se a obrigação principal tiver sido cumprida em parte, ou se o montante da penalidade for manifestamente excessivo, tendo-se em vista a natureza e a finalidade do negócio.

....

TÍTULO V

Dos Contratos em Geral

CAPÍTULO I

Disposições Gerais

SEÇÃO I

Preliminares

Art. 421. A liberdade de contratar será exercida em razão e nos limites da função social do contrato.

Art. 422. Os contratantes são obrigados a guardar, assim na conclusão do contrato, como em sua execução, os princípios de probidade e boa-fé.

Art. 423. Quando houver no contrato de adesão cláusulas ambíguas ou contraditórias, dever-se-á adotar a interpretação mais favorável ao aderente.

....

SEÇÃO II

Da Formação dos Contratos

Art. 429. A oferta ao público equivale a proposta quando encerra os requisitos essenciais ao contrato, salvo se o contrário resultar das circunstâncias ou dos usos.

PARÁGRAFO ÚNICO. Pode revogar-se a oferta pela mesma via de sua divulgação, desde que ressalvada esta faculdade na oferta realizada.

....

TÍTULO VI

DAS VÁRIAS ESPÉCIES DE CONTRATO

CAPÍTULO VII

Da Prestação de Serviço

Art. 593. A prestação de serviço, que não estiver sujeita às leis trabalhistas ou a lei especial, reger-se-á pelas disposições deste Capítulo.

Art. 594. Toda a espécie de serviço ou trabalho lícito, material ou imaterial, pode ser contratada mediante retribuição.

Art. 595. No contrato de prestação de serviço, quando qualquer das partes não souber ler, nem escrever, o instrumento poderá ser assinado a rogo e subscrito por duas testemunhas.

Art. 596. Não se tendo estipulado, nem chegado a acordo as partes, fixar-se-á por arbitramento a retribuição, segundo o costume do lugar, o tempo de serviço e sua qualidade.

Art. 597. A retribuição pagar-se-á depois de prestado o serviço, se, por convenção, ou costume, não houver de ser adiantada, ou paga em prestações.

Art. 598. A prestação de serviço não se poderá convencionar por mais de quatro anos, embora o contrato tenha por causa o pagamento de dívida de quem o presta, ou se destine à execução de certa e determinada obra. Neste caso, decorridos quatro anos, dar-se-á por findo o contrato, ainda que não concluída a obra.

Art. 599. Não havendo prazo estipulado, nem se podendo inferir da natureza do contrato, ou do costume do lugar, qualquer das partes, a seu arbítrio, mediante prévio aviso, pode resolver o contrato.

PARÁGRAFO ÚNICO. Dar-se-á o aviso:

I — com antecedência de oito dias, se o salário se houver fixado por tempo de um mês, ou mais;

II — com antecipação de quatro dias, se o salário se tiver ajustado por semana, ou quinzena;

III — de véspera, quando se tenha contratado por menos de sete dias.

Art. 600. Não se conta no prazo do contrato o tempo em que o prestador de serviço, por culpa sua, deixou de servir.

Art. 601. Não sendo o prestador de serviço contratado para certo e determinado trabalho, entender-se-á que se obrigou a todo e qualquer serviço compatível com as suas forças e condições.

Art. 602. O prestador de serviço contratado por tempo certo, ou por obra determinada, não se pode ausentar, ou despedir, sem justa causa, antes de preenchido o tempo, ou concluída a obra.

PARÁGRAFO ÚNICO. Se se despedir sem justa causa, terá direito à retribuição vencida, mas responderá por perdas e danos. O mesmo dar-se-á, se despedido por justa causa.

Art. 603. Se o prestador de serviço for despedido sem justa causa, a outra parte será obrigada a pagar-lhe por inteiro a retribuição vencida, e por metade a que lhe tocaria de então ao termo legal do contrato.

Art. 604. Findo o contrato, o prestador de serviço tem direito a exigir da outra parte a declaração de que o contrato está findo. Igual direito lhe cabe, se for despedido sem justa causa, ou se tiver havido motivo justo para deixar o serviço.

Art. 605. Nem aquele a quem os serviços são prestados, poderá transferir a outrem o direito aos serviços ajustados, nem o prestador de serviços, sem aprazimento da outra parte, dar substituto que os preste.

Art. 606. Se o serviço for prestado por quem não possua título de habilitação, ou não satisfaça requisitos outros estabelecidos em lei, não poderá quem os prestou cobrar a retribuição normalmente correspondente ao trabalho executado. Mas se deste resultar benefício para a outra parte, o juiz atribuirá a quem o prestou uma compensação razoável, desde que tenha agido com boa-fé.

PARÁGRAFO ÚNICO. Não se aplica a segunda parte deste artigo, quando a proibição da prestação de serviço resultar de lei de ordem pública.

....

CAPÍTULO VIII
Da Empreitada

Art. 610. O empreiteiro de uma obra pode contribuir para ela só com seu trabalho ou com ele e os materiais.

§ 1º A obrigação de fornecer os materiais não se presume; resulta da lei ou da vontade das partes.

§ 2º O contrato para elaboração de um projeto não implica a obrigação de executá-lo, ou de fiscalizar-lhe a execução.

Art. 611. Quando o empreiteiro fornece os materiais, correm por sua conta os riscos até o momento da entrega da obra, a contento de quem a encomendou, se este não estiver em mora de receber. Mas se estiver, por sua conta correrão os riscos.

Art. 612. Se o empreiteiro só forneceu mão de obra, todos os riscos em que não tiver culpa correrão por conta do dono.

Art. 613. Sendo a empreitada unicamente de lavor (art. 610), se a coisa perecer antes de entregue, sem mora do dono nem culpa do empreiteiro, este perderá a retribuição, se não provar que a perda resultou de defeito dos materiais e que em tempo reclamara contra a sua quantidade ou qualidade.

Art. 614. Se a obra constar de partes distintas, ou for de natureza das que se determinam por medida, o empreiteiro terá direito a que também se verifique por medida, ou segundo as partes em que se dividir, podendo exigir o pagamento na proporção da obra executada.

§ 1º Tudo o que se pagou presume-se verificado.

§ 2º O que se mediu presume-se verificado se, em trinta dias, a contar da medição, não forem denunciados os vícios ou defeitos pelo dono da obra ou por quem estiver incumbido da sua fiscalização.

Art. 615. Concluída a obra de acordo com o ajuste, ou o costume do lugar, o dono é obrigado a recebê-la. Poderá, porém, rejeitá-la, se o empreiteiro se afastou das instruções recebidas e dos planos dados, ou das regras técnicas em trabalhos de tal natureza.

Art. 616. No caso da segunda parte do artigo antecedente, pode quem encomendou a obra, em vez de enjeitá-la, recebê-la com abatimento no preço.

Art. 617. O empreiteiro é obrigado a pagar os materiais que recebeu, se por imperícia ou negligência os inutilizar.

Art. 618. Nos contratos de empreitada de edifícios ou outras construções consideráveis, o empreiteiro de materiais e execução responderá, durante o prazo irredutível de cinco anos, pela solidez e segurança do trabalho, assim em razão dos materiais, como do solo.

PARÁGRAFO ÚNICO. Decairá do direito assegurado neste artigo o dono da obra que não propuser a ação contra o empreiteiro, nos cento e oitenta dias seguintes ao aparecimento do vício ou defeito.

Art. 619. Salvo estipulação em contrário, o empreiteiro que se incumbir de executar uma obra, segundo plano aceito por quem a encomendou, não terá direito a exigir acréscimo no preço, ainda que sejam introduzidas modificações no projeto, a não ser que estas resultem de instruções escritas do dono da obra.

PARÁGRAFO ÚNICO. Ainda que não tenha havido autorização escrita, o dono da obra é obrigado a pagar ao empreiteiro os aumentos e acréscimos, segundo o que for arbitrado, se, sempre presente à obra, por continuadas visitas, não podia ignorar o que se estava passando, e nunca protestou.

Art. 620. Se ocorrer diminuição no preço do material ou da mão de obra superior a um décimo do preço global convencionado, poderá este ser revisto, a pedido do dono da obra, para que se lhe assegure a diferença apurada.

Art. 621. Sem anuência de seu autor, não pode o proprietário da obra introduzir modificações no projeto por ele aprovado, ainda que a execução seja confiada a terceiros, a não ser que, por motivos supervenientes ou razões de ordem técnica, fique comprovada a inconveniência ou a excessiva onerosidade de execução do projeto em sua forma originária.

PARÁGRAFO ÚNICO. A proibição deste artigo não abrange alterações de pouca monta, ressalvada sempre a unidade estética da obra projetada.

Art. 622. Se a execução da obra for confiada a terceiros, a responsabilidade do autor do projeto respectivo, desde que não assuma a direção ou fiscalização daquela, ficará limitada aos danos resultantes de defeitos previstos no art. 618 e seu parágrafo único.

Art. 623. Mesmo após iniciada a construção, pode o dono da obra suspendê-la, desde que pague ao empreiteiro as despesas e lucros relativos aos serviços já feitos, mais indenização razoável, calculada em função do que ele teria ganho, se concluída a obra.

Art. 624. Suspensa a execução da empreitada sem justa causa, responde o empreiteiro por perdas e danos.

Art. 625. Poderá o empreiteiro suspender a obra:

I — por culpa do dono, ou por motivo de força maior;

II — quando, no decorrer dos serviços, se manifestarem dificuldades imprevisíveis de execução, resultantes de causas geológicas ou hídricas, ou outras semelhantes, de modo que torne a empreitada excessivamente onerosa, e o dono da obra se opuser ao reajuste do preço inerente ao projeto por ele elaborado, observados os preços;

III — se as modificações exigidas pelo dono da obra, por seu vulto e natureza, forem desproporcionais ao projeto aprovado, ainda que o dono se disponha a arcar com o acréscimo de preço.

Art. 626. Não se extingue o contrato de empreitada pela morte de qualquer das partes, salvo se ajustado em consideração às qualidades pessoais do empreiteiro.

....

SEÇÃO V
Do Mandato Judicial

Art. 692. O mandato judicial fica subordinado às normas que lhe dizem respeito, constantes da legislação processual, e, supletivamente, às estabelecidas neste Código.

CAPÍTULO XI
Da Comissão

Art. 693. O contrato de comissão tem por objeto a aquisição ou a venda de bens pelo comissário, em seu próprio nome, à conta do comitente.

Art. 694. O comissário fica diretamente obrigado para com as pessoas com quem contratar, sem que estas tenham ação contra o comitente, nem este contra elas, salvo se o comissário ceder seus direitos a qualquer das partes.

Art. 695. O comissário é obrigado a agir de conformidade com as ordens e instruções do comitente, devendo, na falta destas, não podendo pedi-las a tempo, proceder segundo os usos em casos semelhantes.

PARÁGRAFO ÚNICO. Ter-se-ão por justificados os atos do comissário, se deles houver resultado vantagem para o comitente, e ainda no caso em que, não admitindo demora a realização do negócio, o comissário agiu de acordo com os usos.

Art. 696. No desempenho das suas incumbências o comissário é obrigado a agir com cuidado e diligência, não só para evitar qualquer prejuízo ao comitente, mas ainda para lhe proporcionar o lucro que razoavelmente se podia esperar do negócio.

PARÁGRAFO ÚNICO. Responderá o comissário, salvo motivo de força maior, por qualquer prejuízo que, por ação ou omissão, ocasionar ao comitente.

Art. 697. O comissário não responde pela insolvência das pessoas com quem tratar, exceto em caso de culpa e no do artigo seguinte.

Art. 698. Se do contrato de comissão constar a cláusula *del credere*, responderá o comissário solidariamente com as pessoas com que houver tratado em nome do comitente, caso em que, salvo estipulação em contrário, o comissário tem direito a remuneração mais elevada, para compensar o ônus assumido.

Art. 699. Presume-se o comissário autorizado a conceder dilação do prazo para pagamento, na conformidade dos usos do lugar onde se realizar o negócio, se não houver instruções diversas do comitente.

Art. 700. Se houver instruções do comitente proibindo prorrogação de prazos para pagamento, ou se esta não for conforme os usos locais, poderá o comitente exigir que o comissário pague incontinenti ou responda pelas consequências da dilação concedida, procedendo-se de igual modo se o comissário não der ciência ao comitente dos prazos concedidos e de quem é seu beneficiário.

Art. 701. Não estipulada a remuneração devida ao comissário, será ela arbitrada segundo os usos correntes no lugar.

Art. 702. No caso de morte do comissário, ou, quando, por motivo de força maior, não puder concluir o negócio, será devida pelo comitente uma remuneração proporcional aos trabalhos realizados.

Art. 703. Ainda que tenha dado motivo à dispensa, terá o comissário direito a ser remunerado pelos serviços úteis prestados ao comitente, ressalvado a este o direito de exigir daquele os prejuízos sofridos.

Art. 704. Salvo disposição em contrário, pode o comitente, a qualquer tempo, alterar as instruções dadas ao comissário, entendendo-se por elas regidos também os negócios pendentes.

Art. 705. Se o comissário for despedido sem justa causa, terá direito a ser remunerado pelos trabalhos prestados, bem como a ser ressarcido pelas perdas e danos resultantes de sua dispensa.

Art. 706. O comitente e o comissário são obrigados a pagar juros um ao outro; o primeiro pelo que o comissário houver adiantado para cumprimento de suas ordens; e o segundo pela mora na entrega dos fundos que pertencerem ao comitente.

Art. 707. O crédito do comissário, relativo a comissões e despesas feitas, goza de privilégio geral, no caso de falência ou insolvência do comitente.

Art. 708. Para reembolso das despesas feitas, bem como para recebimento das comissões devidas, tem o comissário direito de retenção sobre os bens e valores em seu poder em virtude da comissão.

Art. 709. São aplicáveis à comissão, no que couber, as regras sobre mandato.

CAPÍTULO XII
Da Agência e Distribuição

Art. 710. Pelo contrato de agência, uma pessoa assume, em caráter não eventual e sem vínculos de dependência, a obrigação de promover, à conta de outra, mediante retribuição, a realização de certos negócios, em zona determinada, caracterizando-se a distribuição quando o agente tiver à sua disposição a coisa a ser negociada.

PARÁGRAFO ÚNICO. O proponente pode conferir poderes ao agente para que este o represente na conclusão dos contratos.

Art. 711. Salvo ajuste, o proponente não pode constituir, ao mesmo tempo, mais de um agente, na mesma zona, com idêntica incumbência; nem pode o agente assumir o encargo de nela tratar de negócios do mesmo gênero, à conta de outros proponentes.

Art. 712. O agente, no desempenho que lhe foi cometido, deve agir com toda diligência, atendo-se às instruções recebidas do proponente.

Art. 713. Salvo estipulação diversa, todas as despesas com a agência ou distribuição correm a cargo do agente ou distribuidor.

Art. 714. Salvo ajuste, o agente ou distribuidor terá direito à remuneração correspondente aos negócios concluídos dentro de sua zona, ainda que sem a sua interferência.

Art. 715. O agente ou distribuidor tem direito à indenização se o proponente, sem justa causa, cessar o atendimento das propostas ou reduzi-lo tanto que se torna antieconômica a continuação do contrato.

Art. 716. A remuneração será devida ao agente também quando o negócio deixar de ser realizado por fato imputável ao proponente.

Art. 717. Ainda que dispensado por justa causa, terá o agente direito a ser remunerado pelos serviços úteis prestados ao proponente, sem embargo de haver este perdas e danos pelos prejuízos sofridos.

Art. 718. Se a dispensa se der sem culpa do agente, terá ele direito à remuneração até então devida, inclusive sobre os negócios pendentes, além das indenizações previstas em lei especial.

Art. 719. Se o agente não puder continuar o trabalho por motivo de força maior, terá direito à remuneração correspondente aos serviços realizados, cabendo esse direito aos herdeiros no caso de morte.

Art. 720. Se o contrato for por tempo indeterminado, qualquer das partes poderá resolvê-lo, mediante aviso prévio de noventa dias, desde que transcorrido prazo compatível com a natureza e o vulto do investimento exigido do agente.

PARÁGRAFO ÚNICO. No caso de divergência entre as partes, o juiz decidirá da razoabilidade do prazo e do valor devido.

Art. 721. Aplicam-se ao contrato de agência e distribuição, no que couber, as regras concernentes ao mandato e à comissão e as constantes de lei especial.

CAPÍTULO XIII

Da Corretagem

Art. 722. Pelo contrato de corretagem, uma pessoa, não ligada a outra em virtude de mandato, de prestação de serviços ou por qualquer relação de dependência, obriga-se a obter para a segunda um ou mais negócios, conforme as instruções recebidas.

Art. 723. O corretor é obrigado a executar a mediação com diligência e prudência, e a prestar ao cliente, espontaneamente, todas as informações sobre o andamento do negócio. *(Redação dada pela Lei n. 12.236, de 19.5.10, DOU 20.5.10)*

PARÁGRAFO ÚNICO. Sob pena de responder por perdas e danos, o corretor prestará ao cliente todos os esclarecimentos acerca da segurança ou do risco do negócio, das alterações de valores e de outros fatores que possam influir nos resultados da incumbência. (NR) *(Redação dada pela Lei n. 12.236, de 19.5.10, DOU 20.5.10)*

Art. 724. A remuneração do corretor, se não estiver fixada em lei, nem ajustada entre as partes, será arbitrada segundo a natureza do negócio e os usos locais.

Art. 725. A remuneração é devida ao corretor uma vez que tenha conseguido o resultado previsto no contrato de mediação, ou ainda que este não se efetive em virtude de arrependimento das partes.

Art. 726. Iniciado e concluído o negócio diretamente entre as partes, nenhuma remuneração será devida ao corretor; mas se, por escrito, for ajustada a corretagem com exclusividade, terá o corretor direito à remuneração integral, ainda que realizado o negócio sem a sua mediação, salvo se comprovada sua inércia ou ociosidade.

Art. 727. Se, por não haver prazo determinado, o dono do negócio dispensar o corretor, e o negócio se realizar posteriormente, como fruto da sua mediação, a corretagem lhe será devida; igual solução se adotará se o negócio se realizar após a decorrência do prazo contratual, mas por efeito dos trabalhos do corretor.

Art. 728. Se o negócio se concluir com a intermediação de mais de um corretor, a remuneração será paga a todos em partes iguais, salvo ajuste em contrário.

Art. 729. Os preceitos sobre corretagem constantes deste Código não excluem a aplicação de outras normas da legislação especial.

CAPÍTULO XIV

Do Transporte

SEÇÃO I

Disposições Gerais

Art. 730. Pelo contrato de transporte alguém se obriga, mediante retribuição, a transportar, de um lugar para outro, pessoas ou coisas.

Art. 731. O transporte exercido em virtude de autorização, permissão ou concessão, rege-se pelas normas regulamentares e pelo que for estabelecido naqueles atos, sem prejuízo do disposto neste Código.

Art. 732. Aos contratos de transporte, em geral, são aplicáveis, quando couber, desde que não contrariem as disposições deste Código, os preceitos constantes da legislação especial e de tratados e convenções internacionais.

....

SEÇÃO II

Do Transporte de Pessoas

....

Art. 736. Não se subordina às normas do contrato de transporte o feito gratuitamente, por amizade ou cortesia.

PARÁGRAFO ÚNICO. Não se considera gratuito o transporte quando, embora feito sem remuneração, o transportador auferir vantagens indiretas.

....

TÍTULO IX

Da Responsabilidade Civil

CAPÍTULO I

Da Obrigação de Indenizar

Art. 927. Aquele que, por ato ilícito (arts. 186 e 187), causar dano a outrem, fica obrigado a repará-lo.

PARÁGRAFO ÚNICO. Haverá obrigação de reparar o dano, independentemente de culpa, nos casos especificados em lei, ou quando a atividade normalmente desenvolvida pelo autor do dano implicar, por sua natureza, risco para os direitos de outrem.

....

Art. 932. São também responsáveis pela reparação civil:

....

III — o empregador ou comitente, por seus empregados, serviçais e prepostos, no exercício do trabalho que lhes competir, ou em razão dele;

IV — os donos de hotéis, hospedarias, casas ou estabelecimentos onde se albergue por dinheiro, mesmo para fins de educação, pelos seus hóspedes, moradores e educandos;

....

Art. 933. As pessoas indicadas nos incisos I a V do artigo antecedente, ainda que não haja culpa de sua parte, responderão pelos atos praticados pelos terceiros ali referidos.

Art. 934. Aquele que ressarcir o dano causado por outrem pode reaver o que houver pago daquele por quem pagou, salvo se o causador do dano for descendente seu, absoluta ou relativamente incapaz.

Art. 935. A responsabilidade civil é independente da criminal, não se podendo questionar mais sobre a existência do fato, ou sobre quem seja o seu autor, quando estas questões se acharem decididas no juízo criminal.

....

Art. 940. Aquele que demandar por dívida já paga, no todo ou em parte, sem ressalvar as quantias recebidas ou pedir mais do que for devido, ficará obrigado a pagar ao devedor, no primeiro caso, o dobro do que houver cobrado e, no segundo, o equivalente do que dele exigir, salvo se houver prescrição.

....

CAPÍTULO II
Da Indenização

Art. 944. A indenização mede-se pela extensão do dano.

PARÁGRAFO ÚNICO. Se houver excessiva desproporção entre a gravidade da culpa e o dano, poderá o juiz reduzir, equitativamente, a indenização.

Art. 945. Se a vítima tiver concorrido culposamente para o evento danoso, a sua indenização será fixada tendo-se em conta a gravidade de sua culpa em confronto com a do autor do dano.

....

Art. 949. No caso de lesão ou outra ofensa à saúde, o ofensor indenizará o ofendido das despesas do tratamento e dos lucros cessantes até ao fim da convalescença, além de algum outro prejuízo que o ofendido prove haver sofrido.

Art. 950. Se da ofensa resultar defeito pelo qual o ofendido não possa exercer o seu ofício ou profissão, ou se lhe diminua a capacidade de trabalho, a indenização, além das despesas do tratamento e lucros cessantes até ao fim da convalescença, incluirá pensão correspondente à importância do trabalho para que se inabilitou, ou da depreciação que ele sofreu.

PARÁGRAFO ÚNICO. O prejudicado, se preferir, poderá exigir que a indenização seja arbitrada e paga de uma só vez.

....

TÍTULO X
Das Preferências e Privilégios Creditórios

Art. 964. Têm privilégio especial:

....

VIII — sobre o produto da colheita, para a qual houver concorrido com o seu trabalho, e precipuamente a quaisquer outros créditos, ainda que reais, o trabalhador agrícola, quanto à dívida dos seus salários.

Art. 965. Goza de privilégio geral, na ordem seguinte, sobre os bens do devedor:

....

VII — o crédito pelos salários dos empregados do serviço doméstico do devedor, nos seus derradeiros seis meses de vida;

....

LIVRO II
Do Direito de Empresa

TÍTULO I
Do Empresário

CAPÍTULO I
Da Caracterização e da Inscrição

Art. 966. Considera-se empresário quem exerce profissionalmente atividade econômica organizada para a produção ou a circulação de bens ou de serviços.

PARÁGRAFO ÚNICO. Não se considera empresário quem exerce profissão intelectual, de natureza científica, literária ou artística, ainda com o concurso de auxiliares ou colaboradores, salvo se o exercício da profissão constituir elemento de empresa.

Art. 967. É obrigatória a inscrição do empresário no Registro Público de Empresas Mercantis da respectiva sede, antes do início de sua atividade.

Art. 968. A inscrição do empresário far-se-á mediante requerimento que contenha:

I — o seu nome, nacionalidade, domicílio, estado civil e, se casado, o regime de bens;

II — a firma, com a respectiva assinatura autógrafa que poderá ser substituída pela assinatura autenticada com certificação digital ou meio equivalente que comprove a sua autenticidade, ressalvado o disposto no inciso I do § 1º do art. 4º da Lei Complementar n. 123, de 14 de dezembro de 2006; *(Redação dada pela Lei Complementar n. 147, de 7.8.14, DOU 8.8.14)*

III — o capital;

IV — o objeto e a sede da empresa.

§ 1º Com as indicações estabelecidas neste artigo, a inscrição será tomada por termo no livro próprio do Registro Público de Empresas Mercantis, e obedecerá a número de ordem contínuo para todos os empresários inscritos.

§ 2º À margem da inscrição, e com as mesmas formalidades, serão averbadas quaisquer modificações nela ocorrentes.

§ 3º Caso venha a admitir sócios, o empresário individual poderá solicitar ao Registro Público de Empresas Mercantis a transformação de seu registro de empresário, para registro de sociedade empresária observado, no que couber, o disposto nos arts. 1.113 a 1.115 deste Código. (NR) *(Acrescentado pela LC n. 128, de 19.12.08, DOU 22.12.08)*

§ 4º O processo de abertura, registro, alteração e baixa do microempreendedor individual de que trata o art. 18-A da Lei Complementar n. 123, de 14 de dezembro de 2006, bem como qualquer exigência para o início de seu funcionamento deverão ter trâmite especial e simplificado, preferentemente eletrônico, opcional para o empreendedor, na forma a ser disciplinada pelo Comitê para Gestão da Rede Nacional para a Simplificação do Registro e da Legalização de Empresas e Negócios — CGSIM, de que trata o inciso III do art. 2º da mesma Lei. *(Acrescentado pela Lei n. 12.470, de 31.8.11, DOU 1.9.11)*

§ 5º Para fins do disposto no § 4º, poderão ser dispensados o uso da firma, com a respectiva assinatura autógrafa, o capital, requerimentos, demais assinaturas, informações relativas à nacionalidade, estado civil e regime de bens, bem como remessa de documentos, na forma estabelecida pelo CGSIM. (NR) *(Acrescentado pela Lei n. 12.470, de 31.8.11, DOU 1.9.11)*

Art. 969. O empresário que instituir sucursal, filial ou agência, em lugar sujeito à jurisdição de outro Registro Público de Empresas Mercantis, neste deverá também inscrevê-la, com a prova da inscrição originária.

PARÁGRAFO ÚNICO. Em qualquer caso, a constituição do estabelecimento secundário deverá ser averbada no Registro Público de Empresas Mercantis da respectiva sede.

Art. 970. A lei assegurará tratamento favorecido, diferenciado e simplificado ao empresário rural e ao pequeno empresário, quanto à inscrição e aos efeitos daí decorrentes.

Art. 971. O empresário, cuja atividade rural constitua sua principal profissão, pode, observadas as formalidades de que tratam o art. 968 e seus parágrafos, requerer inscrição no Registro Público de Empresas Mercantis da respectiva sede, caso em que, depois de inscrito, ficará equiparado, para todos os efeitos, ao empresário sujeito a registro.

....

TÍTULO I-A

Da Empresa Individual de Responsabilidade Limitada

Art. 980-A. A empresa individual de responsabilidade limitada será constituída por uma única pessoa titular da totalidade do capital social, devidamente integralizado, que não será inferior a 100 (cem) vezes o maior salário-mínimo vigente no País.

§ 1º O nome empresarial deverá ser formado pela inclusão da expressão "EIRELI" após a firma ou a denominação social da empresa individual de responsabilidade limitada.

§ 2º A pessoa natural que constituir empresa individual de responsabilidade limitada somente poderá figurar em uma única empresa dessa modalidade.

§ 3º A empresa individual de responsabilidade limitada também poderá resultar da concentração das quotas de outra modalidade societária num único sócio, independentemente das razões que motivaram tal concentração.

§ 4º (VETADO).

§ 5º Poderá ser atribuída à empresa individual de responsabilidade limitada constituída para a prestação de serviços de qualquer natureza a remuneração decorrente da cessão de direitos patrimoniais de autor ou de imagem, nome, marca ou voz de que seja detentor o titular da pessoa jurídica, vinculados à atividade profissional.

§ 6º Aplicam-se à empresa individual de responsabilidade limitada, no que couber, as regras previstas para as sociedades limitadas. *(Acrescentado pela Lei n. 12.441, de 11.7.11, DOU 12.7.11)*

TÍTULO II

Da Sociedade

CAPÍTULO ÚNICO

Disposições Gerais

Art. 981. Celebram contrato de sociedade as pessoas que reciprocamente se obrigam a contribuir, com bens ou serviços, para o exercício de atividade econômica e a partilha, entre si, dos resultados.

PARÁGRAFO ÚNICO. A atividade pode restringir-se à realização de um ou mais negócios determinados.

....

SUBTÍTULO I

Da Sociedade Não Personificada

CAPÍTULO I

Da Sociedade em Comum

Art. 986. Enquanto não inscritos os atos constitutivos, reger-se-á a sociedade, exceto por ações em organização, pelo disposto neste Capítulo, observadas, subsidiariamente e no que com ele forem compatíveis, as normas da sociedade simples.

Art. 987. Os sócios, nas relações entre si ou com terceiros, somente por escrito podem provar a existência da sociedade, mas os terceiros podem prová-la de qualquer modo.

Art. 988. Os bens e dívidas sociais constituem patrimônio especial, do qual os sócios são titulares em comum.

Art. 989. Os bens sociais respondem pelos atos de gestão praticados por qualquer dos sócios, salvo pacto expresso limitativo de poderes, que somente terá eficácia contra o terceiro que o conheça ou deva conhecer.

Art. 990. Todos os sócios respondem solidária e ilimitadamente pelas obrigações sociais, excluído do benefício de ordem, previsto no art. 1.024, aquele que contratou pela sociedade.

CAPÍTULO II

Da Sociedade em Conta de Participação

Art. 991. Na sociedade em conta de participação, a atividade constitutiva do objeto social é exercida unicamente pelo sócio ostensivo, em seu nome individual e sob sua própria e exclusiva responsabilidade, participando os demais dos resultados correspondentes.

PARÁGRAFO ÚNICO. Obriga-se perante terceiro tão somente o sócio ostensivo; e, exclusivamente perante este, o sócio participante, nos termos do contrato social.

Art. 992. A constituição da sociedade em conta de participação independe de qualquer formalidade e pode provar-se por todos os meios de direito.

Art. 993. O contrato social produz efeito somente entre os sócios, e a eventual inscrição de seu instrumento em qualquer registro não confere personalidade jurídica à sociedade.

PARÁGRAFO ÚNICO. Sem prejuízo do direito de fiscalizar a gestão dos negócios sociais, o sócio participante não pode tomar parte nas relações do sócio ostensivo com terceiros, sob pena de responder solidariamente com este pelas obrigações em que intervier.

....

SUBTÍTULO II
Da Sociedade Personificada

CAPÍTULO I
Da Sociedade Simples

SEÇÃO I
Do Contrato Social

Art. 997. A sociedade constitui-se mediante contrato escrito, particular ou público, que, além de cláusulas estipuladas pelas partes, mencionará:

I — nome, nacionalidade, estado civil, profissão e residência dos sócios, se pessoas naturais, e a firma ou a denominação, nacionalidade e sede dos sócios, se jurídicas;

II — denominação, objeto, sede e prazo da sociedade;

III — capital da sociedade, expresso em moeda corrente, podendo compreender qualquer espécie de bens, suscetíveis de avaliação pecuniária;

IV — a quota de cada sócio no capital social, e o modo de realizá-la;

V — as prestações a que se obriga o sócio, cuja contribuição consista em serviços;

VI — as pessoas naturais incumbidas da administração da sociedade, e seus poderes e atribuições;

VII — a participação de cada sócio nos lucros e nas perdas;

VIII — se os sócios respondem, ou não, subsidiariamente, pelas obrigações sociais.

PARÁGRAFO ÚNICO. É ineficaz em relação a terceiros qualquer pacto separado, contrário ao disposto no instrumento do contrato.

....

SEÇÃO II
Dos Direitos e Obrigações dos Sócios

Art. 1.003. A cessão total ou parcial de quota, sem a correspondente modificação do contrato social com o consentimento dos demais sócios, não terá eficácia quanto a estes e à sociedade.

PARÁGRAFO ÚNICO. Até dois anos depois de averbada a modificação do contrato, responde o cedente solidariamente com o cessionário, perante a sociedade e terceiros, pelas obrigações que tinha como sócio

....

Art. 1.006. O sócio, cuja contribuição consista em serviços, não pode, salvo convenção em contrário, empregar-se em atividade estranha à sociedade, sob pena de ser privado de seus lucros e dela excluído.

....

Art. 1.009. A distribuição de lucros ilícitos ou fictícios acarreta responsabilidade solidária dos administradores que a realizarem e dos sócios que os receberem, conhecendo ou devendo conhecer-lhes a ilegitimidade.

....

SEÇÃO IV
Das Relações com Terceiros

Art. 1.022. A sociedade adquire direitos, assume obrigações e procede judicialmente, por meio de administradores com poderes especiais, ou, não os havendo, por intermédio de qualquer administrador.

Art. 1.023. Se os bens da sociedade não lhe cobrirem as dívidas, respondem os sócios pelo saldo, na proporção em que participem das perdas sociais, salvo cláusula de responsabilidade solidária.

Art. 1.024. Os bens particulares dos sócios não podem ser executados por dívidas da sociedade, senão depois de executados os bens sociais.

Art. 1.025. O sócio, admitido em sociedade já constituída, não se exime das dívidas sociais anteriores à admissão.

....

CAPÍTULO IV
Da Sociedade Limitada

SEÇÃO III
Da Administração

Art. 1.060. A sociedade limitada é administrada por uma ou mais pessoas designadas no contrato social ou em ato separado.

PARÁGRAFO ÚNICO. A administração atribuída no contrato a todos os sócios não se estende de pleno direito aos que posteriormente adquiram essa qualidade.

Art. 1.061. A designação de administradores não sócios dependerá de aprovação da unanimidade dos sócios, enquanto o capital não estiver integralizado, e de 2/3 (dois terços), no mínimo, após a integralização. (NR) *(Redação dada pela Lei n. 12.375, de 30.12.10, DOU 31.12.10)*

....

CAPÍTULO VI
Da Sociedade em Comandita por Ações

Art. 1.090. A sociedade em comandita por ações tem o capital dividido em ações, regendo-se pelas normas relativas à sociedade anônima, sem prejuízo das modificações constantes deste Capítulo, e opera sob firma ou denominação.

Art. 1.091. Somente o acionista tem qualidade para administrar a sociedade e, como diretor, responde subsidiária e ilimitadamente pelas obrigações da sociedade.

§ 1º Se houver mais de um diretor, serão solidariamente responsáveis, depois de esgotados os bens sociais.

§ 2º Os diretores serão nomeados no ato constitutivo da sociedade, sem limitação de tempo, e somente poderão ser destituídos por deliberação de acionistas que representem no mínimo dois terços do capital social.

§ 3º O diretor destituído ou exonerado continua, durante dois anos, responsável pelas obrigações sociais contraídas sob sua administração.

Art. 1.092. A assembleia geral não pode, sem o consentimento dos diretores, mudar o objeto essencial da sociedade, prorrogar-lhe o prazo de duração, aumentar ou diminuir o capital social, criar debêntures, ou partes beneficiárias.

CAPÍTULO VII
Da Sociedade Cooperativa

....

Art. 1.095. Na sociedade cooperativa, a responsabilidade dos sócios pode ser limitada ou ilimitada.

§ 1º É limitada a responsabilidade na cooperativa em que o sócio responde somente pelo valor de suas quotas e pelo prejuízo verificado nas operações sociais, guardada a proporção de sua participação nas mesmas operações.

§ 2º É ilimitada a responsabilidade na cooperativa em que o sócio responde solidária e ilimitadamente pelas obrigações sociais.

Art. 1.096. No que a lei for omissa, aplicam-se as disposições referentes à sociedade simples, resguardadas as características estabelecidas no art. 1.094.

CAPÍTULO VIII

Das Sociedades Coligadas

Art. 1.097. Consideram-se coligadas as sociedades que, em suas relações de capital, são controladas, filiadas, ou de simples participação, na forma dos artigos seguintes.

Art. 1.098. É controlada:

I — a sociedade de cujo capital outra sociedade possua a maioria dos votos nas deliberações dos quotistas ou da assembleia geral e o poder de eleger a maioria dos administradores;

II — a sociedade cujo controle, referido no inciso antecedente, esteja em poder de outra, mediante ações ou quotas possuídas por sociedades ou sociedades por esta já controladas.

Art. 1.099. Diz-se coligada ou filiada a sociedade de cujo capital outra sociedade participa com dez por cento ou mais, do capital da outra, sem controlá-la.

Art. 1.100. É de simples participação a sociedade de cujo capital outra sociedade possua menos de dez por cento do capital com direito de voto.

....

CAPÍTULO IX

Da Liquidação da Sociedade

....

Art. 1.104. As obrigações e a responsabilidade do liquidante regem-se pelos preceitos peculiares às dos administradores da sociedade liquidanda.

Art. 1.105. Compete ao liquidante representar a sociedade e praticar todos os atos necessários à sua liquidação, inclusive alienar bens móveis ou imóveis, transigir, receber e dar quitação.

PARÁGRAFO ÚNICO. Sem estar expressamente autorizado pelo contrato social, ou pelo voto da maioria dos sócios, não pode o liquidante gravar de ônus reais os móveis e imóveis, contrair empréstimos, salvo quando indispensáveis ao pagamento de obrigações inadiáveis, nem prosseguir, embora para facilitar a liquidação, na atividade social.

....

Art. 1.110. Encerrada a liquidação, o credor não satisfeito só terá direito a exigir dos sócios, individualmente, o pagamento do seu crédito, até o limite da soma por eles recebida em partilha, e a propor contra o liquidante ação de perdas e danos.

....

CAPÍTULO X

Da Transformação, da Incorporação, da Fusão e da Cisão das Sociedades

Art. 1.113. O ato de transformação independe de dissolução ou liquidação da sociedade, e obedecerá aos preceitos reguladores da constituição e inscrição próprios do tipo em que vai converter-se.

Art. 1.114. A transformação depende do consentimento de todos os sócios, salvo se prevista no ato constitutivo, caso em que o dissidente poderá retirar-se da sociedade, aplicando-se, no silêncio do estatuto ou do contrato social, o disposto no art. 1.031.

Art. 1.115. A transformação não modificará nem prejudicará, em qualquer caso, os direitos dos credores.

PARÁGRAFO ÚNICO. A falência da sociedade transformada somente produzirá efeitos em relação aos sócios que, no tipo anterior, a eles estariam sujeitos, se o pedirem os titulares de créditos anteriores à transformação, e somente a estes beneficiará.

....

Art. 1.116. Na incorporação, uma ou várias sociedades são absorvidas por outra, que lhes sucede em todos os direitos e obrigações, devendo todas aprová-la, na forma estabelecida para os respectivos tipos.

....

Art. 1.119. A fusão determina a extinção das sociedades que se unem, para formar sociedade nova, que a elas sucederá nos direitos e obrigações.

Art. 1.122. Até noventa dias após publicados os atos relativos à incorporação, fusão ou cisão, o credor anterior, por ela prejudicado, poderá promover judicialmente a anulação deles.

§ 1º A consignação em pagamento prejudicará a anulação pleiteada.

§ 2º Sendo ilíquida a dívida, a sociedade poderá garantir-lhe a execução, suspendendo-se o processo de anulação.

§ 3º Ocorrendo, no prazo deste artigo, a falência da sociedade incorporadora, da sociedade nova ou da cindida, qualquer credor anterior terá direito a pedir a separação dos patrimônios, para o fim de serem os créditos pagos pelos bens das respectivas massas.

....

TÍTULO III

Do Estabelecimento

CAPÍTULO ÚNICO

DISPOSIÇÕES GERAIS

Art. 1.142. Considera-se estabelecimento todo complexo de bens organizado, para exercício da empresa, por empresário, ou por sociedade empresária.

Art. 1.143. Pode o estabelecimento ser objeto unitário de direitos e de negócios jurídicos, translativos ou constitutivos, que sejam compatíveis com a sua natureza.

....

CAPÍTULO III

Dos Prepostos

SEÇÃO I

Disposições Gerais

Art. 1.169. O preposto não pode, sem autorização escrita, fazer-se substituir no desempenho da preposição, sob pena de responder pessoalmente pelos atos do substituto e pelas obrigações por ele contraídas.

Art. 1.170. O preposto, salvo autorização expressa, não pode negociar por conta própria ou de terceiro, nem participar, embora indiretamente, de operação do mesmo gênero da que lhe foi cometida, sob pena de responder por perdas e danos e de serem retidos pelo preponente os lucros da operação.

Art. 1.171. Considera-se perfeita a entrega de papéis, bens ou valores ao preposto, encarregado pelo preponente, se os recebeu sem protesto, salvo nos casos em que haja prazo para reclamação.

SEÇÃO II

Do Gerente

Art. 1.172. Considera-se gerente o preposto permanente no exercício da empresa, na sede desta, ou em sucursal, filial ou agência.

Art. 1.173. Quando a lei não exigir poderes especiais, considera-se o gerente autorizado a praticar todos os atos necessários ao exercício dos poderes que lhe foram outorgados.

PARÁGRAFO ÚNICO. Na falta de estipulação diversa, consideram-se solidários os poderes conferidos a dois ou mais gerentes.

....

Art. 1.175. O preponente responde com o gerente pelos atos que este pratique em seu próprio nome, mas à conta daquele.

Art. 1.176. O gerente pode estar em juízo em nome do preponente, pelas obrigações resultantes do exercício da sua função.

....

LEI N. 5.869, DE 11 DE JANEIRO DE 1973 (CÓDIGO DE PROCESSO CIVIL DE 1973)

(DOU 17.1.73)

CAPÍTULO V

Do Litisconsórcio e da Assistência

Seção I

Do Litisconsórcio

....

Seção II

Da Assistência

Art. 50. Pendendo uma causa entre duas ou mais pessoas, o terceiro, que tiver interesse jurídico em que a sentença seja favorável a uma delas, poderá intervir no processo para assisti-la.

PARÁGRAFO ÚNICO. A assistência tem lugar em qualquer dos tipos de procedimento e em todos os graus da jurisdição; mas o assistente recebe o processo no estado em que se encontra.

Art. 51. Não havendo impugnação dentro de 5 (cinco) dias, o pedido do assistente será deferido. Se qualquer das partes alegar, no entanto, que falece ao assistente interesse jurídico para intervir a bem do assistido, o juiz:

I — determinará, sem suspensão do processo, o desentranhamento da petição e da impugnação, a fim de serem autuadas em apenso;

II — autorizará a produção de provas;

III — decidirá, dentro de 5 (cinco) dias, o incidente.

Art. 52. O assistente atuará como auxiliar da parte principal, exercerá os mesmos poderes e sujeitar-se-á aos mesmos ônus processuais que o assistido.

PARÁGRAFO ÚNICO. Sendo revel o assistido, o assistente será considerado seu gestor de negócios.

Art. 53. A assistência não obsta a que a parte principal reconheça a procedência do pedido, desista da ação ou transija sobre direitos controvertidos; casos em que, terminando o processo, cessa a intervenção do assistente.

Art. 54. Considera-se litisconsorte da parte principal o assistente, toda vez que a sentença houver de influir na relação jurídica entre ele e o adversário do assistido.

PARÁGRAFO ÚNICO. Aplica-se ao assistente litisconsorcial, quanto ao pedido de intervenção, sua impugnação e julgamento do incidente, o disposto no art. 51.

Art. 55. Transitada em julgado a sentença, na causa em que interveio o assistente, este não poderá, em processo posterior, discutir a justiça da decisão, salvo se alegar e provar que:

I — pelo estado em que recebera o processo, ou pelas declarações e atos do assistido, fora impedido de produzir provas suscetíveis de influir na sentença;

II — desconhecia a existência de alegações ou de provas, de que o assistido, por dolo ou culpa, não se valeu.

....

TÍTULO IX

DO PROCESSO NOS TRIBUNAIS

CAPÍTULO I

DA UNIFORMIZAÇÃO DA JURISPRUDÊNCIA

Art. 476. Compete a qualquer juiz, ao dar o voto na turma, câmara, ou grupo de câmaras, solicitar o pronunciamento prévio do tribunal acerca da interpretação do direito quando:

I — verificar que, a seu respeito, ocorre divergência;

II — no julgamento recorrido a interpretação for diversa da que lhe haja dado outra turma, câmara, grupo de câmaras ou câmaras cíveis reunidas.

PARÁGRAFO ÚNICO. A parte poderá, ao arrazoar o recurso ou em petição avulsa, requerer, fundamentadamente, que o julgamento obedeça ao disposto neste artigo.

Art. 477. Reconhecida a divergência, será lavrado o acórdão, indo os autos ao presidente do tribunal para designar a sessão de julgamento. A secretaria distribuirá a todos os juízes cópia do acórdão.

Art. 478. O tribunal, reconhecendo a divergência, dará a interpretação a ser observada, cabendo a cada juiz emitir o seu voto em exposição fundamentada.

PARÁGRAFO ÚNICO. Em qualquer caso, será ouvido o chefe do Ministério Público que funciona perante o tribunal.

Art. 479. O julgamento, tomado pelo voto da maioria absoluta dos membros que integram o tribunal, será objeto de súmula e constituirá precedente na uniformização da jurisprudência.

PARÁGRAFO ÚNICO. Os regimentos internos disporão sobre a publicação no órgão oficial das súmulas de jurisprudência predominante.

....

DOS RECURSOS PARA O SUPREMO TRIBUNAL FEDERAL E O SUPERIOR TRIBUNAL DE JUSTIÇA

(Redação dada pela Lei n. 8.950, de 13.12.94, DOU 14.12.94)

Seção I

Dos Recursos Ordinários

Art. 539. Serão julgados em recurso ordinário: *(Redação dada pela Lei n. 8.950, de 13.12.94, DOU 14.12.94)*

I — pelo Supremo Tribunal Federal, os mandados de segurança, os habeas data e os mandados de injunção decididos em única instância pelos Tribunais superiores, quando denegatória a decisão; *(Redação dada pela Lei n. 8.950, de 13.12.94, DOU 14.12.94)*

II — pelo Superior Tribunal de Justiça: *(Redação dada pela Lei n. 8.950, de 13.12.94, DOU 14.12.94)*

a) os mandados de segurança decididos em única instância pelos Tribunais Regionais Federais ou pelos Tribunais dos Estados e do Distrito Federal e Territórios, quando denegatória a decisão; *(Acrescentado pela Lei n. 8.950, de 13.12.94, DOU 14.12.94)*

b) as causas em que forem partes, de um lado, Estado estrangeiro ou organismo internacional e, do outro, Município ou pessoa residente ou domiciliada no País. *(Acrescentado pela Lei n. 8.950, de 13.12.94, DOU 14.12.94)*

PARÁGRAFO ÚNICO. Nas causas referidas no inciso II, alínea b, caberá agravo das decisões interlocutórias. *(Acrescentado pela Lei n. 8.950, de 13.12.94, DOU 14.12.94)*

Art. 540. Aos recursos mencionados no artigo anterior aplica-se, quanto aos requisitos de admissibilidade e ao procedimento no juízo de origem, o disposto nos Capítulos II e III deste Título, observando-se, no Supremo Tribunal Federal e no Superior Tribunal de Justiça, o disposto nos seus regimentos internos. *(Redação dada pela Lei n. 8.950, de 13.12.94, DOU 14.12.94)*

Seção II

Do Recurso Extraordinário e do Recurso Especial

(Redação dada pela Lei n. 8.950, de 13.12.94, DOU 14.12.94)

Art. 541. O recurso extraordinário e o recurso especial, nos casos previstos na Constituição Federal, serão interpostos perante o presidente ou o vice-presidente do tribunal recorrido, em petições distintas, que conterão: *(Revigorado e com redação dada pela Lei n. 8.950, de 13.12.94, DOU 14.12.94)*

I — a exposição do fato e do direito; *(Acrescentado pela Lei n. 8.950, de 13.12.94, DOU 14.12.94)*

II — a demonstração do cabimento do recurso interposto; *(Acrescentado pela Lei n. 8.950, de 13.12.94, DOU 14.12.94)*

III — as razões do pedido de reforma da decisão recorrida. *(Acrescentado pela Lei n. 8.950, de 13.12.94, DOU 14.12.94)*

PARÁGRAFO ÚNICO. Quando o recurso fundar-se em dissídio jurisprudencial, o recorrente fará a prova da divergência mediante certidão, cópia autenticada ou pela citação do repositório de jurisprudência, oficial ou credenciado, inclusive em mídia eletrônica, em que tiver sido publicada a decisão divergente, ou ainda pela reprodução de julgado disponível na Internet, com indicação da respectiva fonte, mencionando, em qualquer caso, as circunstâncias que identifiquem ou assemelhem os casos confrontados. *(Redação dada pela Lei n. 11.341, de 7.8.06, DOU 8.8.06).*

Art. 542. Recebida a petição pela secretaria do tribunal, será intimado o recorrido, abrindo-se-lhe vista, para apresentar contrarrazões. *(Redação dada pela Lei n. 10.352, de 26.12.01, DOU 27.12.01)*

§ 1º Findo esse prazo, serão os autos conclusos para admissão ou não do recurso, no prazo de 15 (quinze) dias, em decisão fundamentada. *(Acrescentado pela Lei n. 8.950, de 13.12.94, DOU 14.12.94)*

§ 2º Os recursos extraordinário e especial serão recebidos no efeito devolutivo. *(Acrescentado pela Lei n. 8.950, de 13.12.94, DOU 14.12.94)*

§ 3º O recurso extraordinário, ou o recurso especial, quando interpostos contra decisão interlocutória em processo de conhecimento, cautelar, ou embargos à execução ficará retido nos autos e somente será processado se o reiterar a parte, no prazo para a interposição do recurso contra a decisão final, ou para as contrarrazões. *(Acrescentado pela Lei n. 9.756, de 17.12.98, DOU 18.12.98 E RET. 5.1.99)*

Art. 543. Admitidos ambos os recursos, os autos serão remetidos ao Superior Tribunal de Justiça. *(Revigorado e com redação dada pela Lei n. 8.950, de 13.12.94, DOU 14.12.94)*

§ 1º Concluído o julgamento do recurso especial, serão os autos remetidos ao Supremo Tribunal Federal, para apreciação do recurso extraordinário, se este não estiver prejudicado. *(Revigorado e alterado pela Lei n. 8.950, de 13.12.94, DOU 14.12.94)*

§ 2º Na hipótese de o relator do recurso especial considerar que o recurso extraordinário é prejudicial àquele, em decisão irrecorrível sobrestará o seu julgamento e remeterá os autos ao Supremo Tribunal Federal, para o julgamento do recurso extraordinário. *(Revigorado e alterado pela Lei n. 8.950, de 13.12.94, DOU 14.12.94)*

§ 3º No caso do parágrafo anterior, se o relator do recurso extraordinário, em decisão irrecorrível, não o considerar prejudicial, devolverá os autos ao Superior Tribunal de Justiça, para o julgamento do recurso especial. *(Revigorado e alterado pela Lei n. 8.950, de 13.12.94, DOU 14.12.94)*

Art. 543-A. O Supremo Tribunal Federal, em decisão irrecorrível, não conhecerá do recurso extraordinário, quando a questão constitucional nele versada não oferecer repercussão geral, nos termos deste artigo. *(Acrescentado pela Lei n. 11.418, de 19.12.06, DOU 20.12.06)*

§ 1º Para efeito da repercussão geral, será considerada a existência, ou não, de questões relevantes do ponto de vista econômico, político, social ou jurídico, que ultrapassem os interesses subjetivos da causa. *(Acrescentado pela Lei n. 11.418, de 19.12.06, DOU 20.12.06).*

§ 2º O recorrente deverá demonstrar, em preliminar do recurso, para apreciação exclusiva do Supremo Tribunal Federal, a existência da repercussão geral. *(Acrescentado pela Lei n. 11.418, de 19.12.06, DOU 20.12.06).*

§ 3º Haverá repercussão geral sempre que o recurso impugnar decisão contrária a súmula ou jurisprudência dominante do Tribunal. *(Acrescentado pela Lei n. 11.418, de 19.12.06, DOU 20.12.06).*

§ 4º Se a Turma decidir pela existência da repercussão geral por, no mínimo, 4 (quatro) votos, ficará dispensada a remessa do recurso ao Plenário. *(Acrescentado pela Lei n. 11.418, de 19.12.06, DOU 20.12.06).*

§ 5º Negada a existência da repercussão geral, a decisão valerá para todos os recursos sobre matéria idêntica, que serão indeferidos liminarmente, salvo revisão da tese, tudo nos termos do Regimento Interno do Supremo Tribunal Federal. *(Acrescentado pela Lei n. 11.418, de 19.12.06, DOU 20.12.06).*

§ 6º O Relator poderá admitir, na análise da repercussão geral, a manifestação de terceiros, subscrita por procurador habilitado, nos termos do Regimento Interno do Supremo Tribunal Federal. *(Acrescentado pela Lei n. 11.418, de 19.12.06, DOU 20.12.06).*

§ 7º A Súmula da decisão sobre a repercussão geral constará de ata, que será publicada no Diário Oficial e valerá como acórdão. *(Acrescentado pela Lei n. 11.418, de 19.12.06, DOU 20.12.06).*

Art. 543-B. Quando houver multiplicidade de recursos com fundamento em idêntica controvérsia, a análise da repercussão geral será processada nos termos do Regimento Interno do Supremo Tribunal Federal, observado o disposto neste artigo. *(Acrescentado pela Lei n. 11.418, de 19.12.06, DOU 20.12.06).*

§ 1º Caberá ao Tribunal de origem selecionar um ou mais recursos representativos da controvérsia e encaminhá-los ao Supremo Tribunal Federal, sobrestando os demais até o pronunciamento definitivo da Corte. *(Acrescentado pela Lei n. 11.418, de 19.12.06, DOU 20.12.06).*

§ 2º Negada a existência de repercussão geral, os recursos sobrestados considerar-se-ão automaticamente não admitidos. *(Acrescentado pela Lei n. 11.418, de 19.12.06, DOU 20.12.06).*

§ 3º Julgado o mérito do recurso extraordinário, os recursos sobrestados serão apreciados pelos Tribunais, Turmas de Uniformização ou Turmas Recursais, que poderão declará-los prejudicados ou retratar-se. *(Acrescentado pela Lei n. 11.418, de 19.12.06, DOU 20.12.06).*

§ 4º Mantida a decisão e admitido o recurso, poderá o Supremo Tribunal Federal, nos termos do Regimento Interno, cassar ou reformar, liminarmente, o acórdão contrário à orientação firmada. *(Acrescentado pela Lei n. 11.418, de 19.12.06, DOU 20.12.06).*

§ 5º O Regimento Interno do Supremo Tribunal Federal disporá sobre as atribuições dos Ministros, das Turmas e de outros órgãos, na análise da repercussão geral. *(Acrescentado pela Lei n. 11.418, de 19.12.06, DOU 20.12.06).*

Art. 543-C. Quando houver multiplicidade de recursos com fundamento em idêntica questão de direito, o recurso especial será processado nos termos deste artigo. *(Acrescentado pela Lei n. 11.672, de 8.5.98, DOU 9.5.08).*

§ 1º Caberá ao presidente do tribunal de origem admitir um ou mais recursos representativos da controvérsia, os quais serão encaminhados ao Superior Tribunal de Justiça, ficando suspensos os demais recursos especiais até o pronunciamento definitivo do Superior Tribunal de Justiça. *(Acrescentado pela Lei n. 11.672, de 8.5.98, DOU 9.5.08).*

§ 2º Não adotada a providência descrita no § 1º deste artigo, o relator no Superior Tribunal de Justiça, ao identificar que sobre a controvérsia já existe jurisprudência dominante ou que a matéria já está afeta ao colegiado, poderá determinar a suspensão, nos tribunais de segunda instância, dos recursos nos quais a controvérsia esteja estabelecida. *(Acrescentado pela Lei n. 11.672, de 8.5.98, DOU 9.5.08).*

§ 3º O relator poderá solicitar informações, a serem prestadas no prazo de quinze dias, aos tribunais federais ou estaduais a respeito da controvérsia. *(Acrescentado pela Lei n. 11.672, de 8.5.98, DOU 9.5.08).*

§ 4º O relator, conforme dispuser o regimento interno do Superior Tribunal de Justiça e considerando a relevância da matéria, poderá admitir manifestação de pessoas, órgãos ou entidades com interesse na controvérsia. *(Acrescentado pela Lei n. 11.672, de 8.5.98, DOU 9.5.08).*

§ 5º Recebidas as informações e, se for o caso, após cumprido o disposto no § 4º deste artigo, terá vista o Ministério Público pelo prazo de quinze dias. *(Acrescentado pela Lei n. 11.672, de 8.5.98, DOU 9.5.08).*

§ 6º Transcorrido o prazo para o Ministério Público e remetida cópia do relatório aos demais Ministros, o processo será incluído em pauta na seção ou na Corte Especial, devendo ser julgado com preferência sobre os demais feitos, ressalvados os que envolvam réu preso e os pedidos de *habeas corpus*. *(Acrescentado pela Lei n. 11.672, de 8.5.98, DOU 9.5.08).*

§ 7º Publicado o acórdão do Superior Tribunal de Justiça, os recursos especiais sobrestados na origem: *(Acrescentado pela Lei n. 11.672, de 8.5.98, DOU 9.5.08).*

I — terão seguimento denegado na hipótese de o acórdão recorrido coincidir com a orientação do Superior Tribunal de Justiça; ou *(Acrescentado pela Lei n. 11.672, de 8.5.98, DOU 9.5.08).*

II — serão novamente examinados pelo tribunal de origem na hipótese de o acórdão recorrido divergir da orientação do Superior Tribunal de Justiça. *(Acrescentado pela Lei n. 11.672, de 8.5.98, DOU 9.5.08).*

§ 8º Na hipótese prevista no inciso II do § 7º deste artigo, mantida a decisão divergente pelo tribunal de origem, far-se-á o exame de admissibilidade do recurso especial. *(Acrescentado pela Lei n. 11.672, de 8.5.98, DOU 9.5.08).*

§ 9º O Superior Tribunal de Justiça e os tribunais de segunda instância regulamentarão, no âmbito de suas competências, os procedimentos relativos ao processamento e julgamento do recurso especial nos casos previstos neste artigo. *(Acrescentado pela Lei n. 11.672, de 8.5.98, DOU 9.5.08).*

Art. 544. Não admitido o recurso extraordinário ou o recurso especial, caberá agravo nos próprios autos, no prazo de 10 (dez) dias. *(Redação dada pela Lei n. 12.322, de 8.9.10, DOU 9.9.10)*

§ 1º O agravante deverá interpor um agravo para cada recurso não admitido. *(Redação dada pela Lei n. 12.322, de 8.9.10, DOU 9.9.10)*

§ 2º A petição de agravo será dirigida à presidência do tribunal de origem, não dependendo do pagamento de custas e despesas postais. O agravado será intimado, de imediato, para no prazo de 10 (dez) dias oferecer resposta, podendo instruí-la com cópias das peças que entender conveniente. Em seguida, subirá o agravo ao tribunal superior, onde será processado na forma regimental. *(Redação dada pela Lei n. 10.352, de 26.12.01, DOU 27.12.01))*

§ 3º O agravado será intimado, de imediato, para no prazo de 10 (dez) dias oferecer resposta. Em seguida, os autos serão remetidos à superior instância, observando-se o disposto no art. 543 deste Código e, no que couber, na Lei n. 11.672, de 8 de maio de 2008. *(Redação dada pela Lei n. 12.322, de 8.9.10, DOU 9.9.10)*

§ 4º No Supremo Tribunal Federal e no Superior Tribunal de Justiça, o julgamento do agravo obedecerá ao disposto no respectivo regimento interno, podendo o relator: *(Redação dada pela Lei n. 12.322, de 8.9.10, DOU 9.9.10)*

I — não conhecer do agravo manifestamente inadmissível ou que não tenha atacado especificamente os fundamentos da decisão agravada; *(Acrescentado pela Lei n. 12.322, de 8.9.10, DOU 9.9.10)*

II — conhecer do agravo para: *(Acrescentado pela Lei n. 12.322, de 8.9.10, DOU 9.9.10)*

a) negar-lhe provimento, se correta a decisão que não admitiu o recurso; *(Acrescentado pela Lei n. 12.322, de 8.9.10, DOU 9.9.10)*

b) negar seguimento ao recurso manifestamente inadmissível, prejudicado ou em confronto com súmula ou jurisprudência dominante no tribunal; *(Acrescentado pela Lei n. 12.322, de 8.9.10, DOU 9.9.10)*

c) dar provimento ao recurso, se o acórdão recorrido estiver em confronto com súmula ou jurisprudência dominante no tribunal. *(Acrescentado pela Lei n. 12.322, de 8.9.10, DOU 9.9.10)*

Art. 545. Da decisão do relator que não conhecer do agravo, negar-lhe provimento ou decidir, desde logo, o recurso não admitido na origem, caberá agravo, no prazo de 5 (cinco) dias, ao órgão competente, observado o disposto nos §§ 1º e 2º do art. 557. *(Redação dada pela Lei n. 12.322, de 8.9.10, DOU 9.9.10)*

Art. 546. É embargável a decisão da turma que: *(Revigorado e alterado pela Lei n. 8.950, de 13.12.94, DOU 14.12.94)*

I — em recurso especial, divergir do julgamento de outra turma, da seção ou do órgão especial; *(Acrescentado pela Lei n. 8.950, 13.12.94, DOU 14.12.94)*

II — em recurso extraordinário, divergir do julgamento da outra turma ou do plenário. *(Acrescentado pela Lei n. 8.950, de 13.12.94, DOU 14.12.94)*

PARÁGRAFO ÚNICO. Observar-se-á, no recurso de embargos, o procedimento estabelecido no regimento interno. *(Revigorado e alterado pela Lei n. 8.950, de 13.12.94, DOU 14.12.94)*

CAPÍTULO VII
DA ORDEM DOS PROCESSOS NO TRIBUNAL

Art. 547. Os autos remetidos ao tribunal serão registrados no protocolo no dia de sua entrada, cabendo à secretaria verificar-lhes a numeração das folhas e ordená-los para distribuição.

PARÁGRAFO ÚNICO. Os serviços de protocolo poderão, a critério do tribunal, ser descentralizados, mediante delegação a ofícios de justiça de primeiro grau. *(Acrescentado pela Lei n. 10.352, de 26.12.01, DOU 27.12.01)*

Art. 548. Far-se-á a distribuição de acordo com o regimento interno do tribunal, observando-se os princípios da publicidade, da alternatividade e do sorteio.

Art. 549. Distribuídos, os autos subirão, no prazo de 48 (quarenta e oito) horas, à conclusão do relator, que, depois de estudá-los, os restituirá à secretaria com o seu "visto" .

PARÁGRAFO ÚNICO. O relator fará nos autos uma exposição dos pontos controvertidos sobre que versar o recurso.

Art. 550. Os recursos interpostos nas causas de procedimento sumário deverão ser julgados no tribunal, dentro de 40 (quarenta) dias.

Art. 551. Tratando-se de apelação, de embargos infringentes e de ação rescisória, os autos serão conclusos ao revisor.

§ 1º Será revisor o juiz que se seguir ao relator na ordem descendente de antiguidade.

§ 2º O revisor aporá nos autos o seu "visto", cabendo-lhe pedir dia para julgamento.

§ 3º Nos recursos interpostos nas causas de procedimentos sumários, de despejo e nos casos de indeferimento liminar da petição inicial, não haverá revisor. *(Redação dada pela Lei n. 8.950, de 13.12.94, DOU 14.12.94)*

Art. 552. Os autos serão, em seguida, apresentados ao presidente, que designará dia para julgamento, mandando publicar a pauta no órgão oficial.

§ 1º Entre a data da publicação da pauta e a sessão de julgamento mediará, pelo menos, o espaço de 48 (quarenta e oito) horas.

§ 2º Afixar-se-á a pauta na entrada da sala em que se realizar a sessão de julgamento.

§ 3º Salvo caso de força maior, participará do julgamento do recurso o juiz que houver lançado o "visto" nos autos.

Art. 553. Nos embargos infringentes e na ação rescisória, devolvidos os autos pelo relator, a secretaria do tribunal expedirá cópias autenticadas do relatório e as distribuirá entre os juízes que compuserem o tribunal competente para o julgamento.

Art. 554. Na sessão de julgamento, depois de feita a exposição da causa pelo relator, o presidente, se o recurso não for de embargos declaratórios ou de agravo de instrumento, dará a palavra, sucessivamente, ao recorrente e ao recorrido, pelo prazo improrrogável de 15 (quinze) minutos para cada um, a fim de sustentarem as razões do recurso.

Art. 555. No julgamento de apelação ou de agravo, a decisão será tomada, na câmara ou turma, pelo voto de 3 (três) juízes. *(Redação dada pela Lei n. 10.352, de 26.12.01, DOU 27.12.011)*

§ 1º Ocorrendo relevante questão de direito, que faça conveniente prevenir ou compor divergência entre câmaras ou turmas do tribunal, poderá o relator propor seja o recurso julgado pelo órgão colegiado que o regimento indicar; reconhecendo o interesse público na assunção de competência, esse órgão colegiado julgará o recurso. *(Acrescentado pela Lei n. 10.352, de 26.12.01, DOU 27.12.01)*

§ 2º Não se considerando habilitado a proferir imediatamente seu voto, a qualquer juiz é facultado pedir vista do processo, devendo devolvê-lo no prazo de 10 (dez) dias, contados da data em que o recebeu; o julgamento prosseguirá na 1ª (primeira) sessão ordinária subsequente à devolução, dispensada nova publicação em pauta. *(Redação dada pela Lei n. 11.280, de 16.2.06, DOU 17.02.06)*

§ 3º No caso do § 2º deste artigo, não devolvidos os autos no prazo, nem solicitada expressamente sua prorrogação pelo juiz, o presidente do órgão julgador requisitará o processo e reabrirá o julgamento na sessão ordinária subsequente, com publicação em pauta. *(Acrescentado pela Lei n. 11.280, de 16.2.06, DOU 17.02.06))*

Art. 556. Proferidos os votos, o presidente anunciará o resultado do julgamento, designando para redigir o acórdão o relator, ou, se este for vencido, o autor do primeiro voto vencedor.

PARÁGRAFO ÚNICO. Os votos, acórdãos e demais atos processuais podem ser registrados em arquivo eletrônico inviolável e assinados eletronicamente, na forma da lei, devendo ser impressos para juntada aos autos do processo quando este não for eletrônico. *(Acrescentado pela Lei n. 11.419, de 19.12.06, DOU 20.12.06).*

Art. 557. O relator negará seguimento a recurso manifestamente inadmissível, improcedente, prejudicado ou em confronto com súmula ou com jurisprudência dominante do respectivo tribunal, do Supremo Tribunal Federal, ou de Tribunal Superior. *(Redação dada pela Lei n. 9.756, de 17.12. 17.12.98, DOU 18.12.98 E RET. 5.1.99)*

§ 1º-A Se a decisão recorrida estiver em manifesto confronto com súmula ou com jurisprudência dominante do Supremo Tribunal Federal, ou de Tribunal Superior, o relator poderá dar provimento ao recurso. *(Acrescentado pela Lei n. 9.756, de 17.12.98, DOU 18.12.98 E RET. 5.1.99)*

§ 1º Da decisão caberá agravo, no prazo de cinco dias, ao órgão competente para o julgamento do recurso, e, se não houver retratação, o relator apresentará o processo em mesa, proferindo voto; provido o agravo, o recurso terá seguimento. *(Acrescentado pela Lei n. 9.756, de 17.12.98, DOU 18.12.98 E RET. 5.1.99)*

§ 2º Quando manifestamente inadmissível ou infundado o agravo, o tribunal condenará o agravante a pagar ao agravado multa entre um e dez por cento do valor corrigido da causa, ficando a interposição de qualquer outro recurso condicionada ao depósito do respectivo valor. *(Acrescentado pela Lei n. 9.756, de 17.12.98, DOU 18.12.98 E RET. 5.1.99)*

Art. 558. O relator poderá, a requerimento do agravante, nos casos de prisão civil, adjudicação, remição de bens, levantamento de dinheiro sem caução idônea e em outros casos dos quais possa resultar lesão grave e de difícil reparação, sendo relevante a fundamentação, suspender o cumprimento da decisão até o pronunciamento definitivo da turma ou câmara. *(Redação dada pela Lei n. 9.139, de 30.11.95, DOU 1.12.95)*

PARÁGRAFO ÚNICO. Aplicar-se-á o disposto neste artigo as hipóteses do art. 520. *(Redação dada pela Lei n. 9.139, de 30.11.95, DOU 1.12.95)*

Art. 559. A apelação não será incluída em pauta antes do agravo de instrumento interposto no mesmo processo.

PARÁGRAFO ÚNICO. Se ambos os recursos houverem de ser julgados na mesma sessão, terá precedência o agravo.

Art. 560. Qualquer questão preliminar suscitada no julgamento será decidida antes do mérito, deste não se conhecendo se incompatível com a decisão daquela. *(Redação dada pela Lei n. 5.925, de 1º.10.73, DOU 2.10.73)*

PARÁGRAFO ÚNICO. Versando a preliminar sobre nulidade suprível, o tribunal, havendo necessidade, converterá o julgamento em diligência, ordenando a remessa dos autos ao juiz, a fim de ser sanado o vício. *(Redação dada pela Lei n. 5.925, de 1º.10.73. DOU 2.10.73)*

Art. 561. Rejeitada a preliminar, ou se com ela for compatível a apreciação do mérito, seguir-se-ão a discussão e julgamento da matéria principal, pronunciando-se sobre esta os juízes vencidos na preliminar.

Art. 562. Preferirá aos demais o recurso cujo julgamento tenha sido iniciado.

Art. 563. Todo acórdão conterá ementa. *(Redação dada pela Lei n. 8.950, de 13.12.94, DOU 14.12.94)*

Art. 564. Lavrado o acórdão, serão as suas conclusões publicadas no órgão oficial dentro de 10 (dez) dias.

Art. 565. Desejando proferir sustentação oral, poderão os advogados requerer que na sessão imediata seja o feito julgado em primeiro lugar, sem prejuízo das preferências legais.

PARÁGRAFO ÚNICO. Se tiverem subscrito o requerimento os advogados de todos os interessados, a preferência será concedida para a própria sessão.

....

LEI N. 11.101, DE 9 DE FEVEREIRO DE 2005

(DOU 9.2.05, ED. EXTRA)

REGULA A RECUPERAÇÃO JUDICIAL, A EXTRAJUDICIAL E A FALÊNCIA DO EMPRESÁRIO E DA SOCIEDADE EMPRESÁRIA

OS ARTIGOS DESTA LEI AQUI RELACIONADOS DIZEM RESPEITO AOS CRÉDITOS DECORRENTES DA LEGISLAÇÃO TRABALHISTA E DE ACIDENTES DO TRABALHO

CAPÍTULO I

Disposições Preliminares

O PRESIDENTE DA REPÚBLICA,

Faço saber que o Congresso Nacional decreta e eu sanciono a seguinte Lei:

CAPÍTULO I

Disposições Preliminares

Art. 1º Esta Lei disciplina a recuperação judicial, a recuperação extrajudicial e a falência do empresário e da sociedade empresária, doravante referidos simplesmente como devedor.

Art. 2º Esta Lei não se aplica a:

I — empresa pública e sociedade de economia mista;

II — instituição financeira pública ou privada, cooperativa de crédito, consórcio, entidade de previdência complementar, sociedade operadora de plano de assistência à saúde, sociedade seguradora, sociedade de capitalização e outras entidades legalmente equiparadas às anteriores.

Art. 3º É competente para homologar o plano de recuperação extrajudicial, deferir a recuperação judicial ou decretar a falência o juízo do local do principal estabelecimento do devedor ou da filial de empresa que tenha sede fora do Brasil.

Art. 4º (Vetado)

CAPÍTULO II

Disposições Comuns à Recuperação Judicial e a Falência

SEÇÃO I

Disposições Gerais

Art. 5º Não são exigíveis do devedor, na recuperação judicial ou na falência:

I — as obrigações a título gratuito;

II — as despesas que os credores fizerem para tomar parte na recuperação judicial ou na falência, salvo as custas judiciais decorrentes de litígio com o devedor.

Art. 6º A decretação da falência ou o deferimento do processamento da recuperação judicial suspende o curso da prescrição e de todas as ações e execuções em face do devedor, inclusive aquelas dos credores particulares do sócio solidário.

....

§ 2º É permitido pleitear, perante o administrador judicial, habilitação, exclusão ou modificação de créditos derivados da relação de trabalho, mas as ações de natureza trabalhista, inclusive as impugnações a que se refere o art. 8º desta Lei, serão processadas perante a justiça especializada até a apuração do respectivo crédito, que será inscrito no quadro geral de credores pelo valor determinado em sentença.

....

§ 8º A distribuição do pedido de falência ou de recuperação judicial previne a jurisdição para qualquer outro pedido de recuperação judicial ou de falência, relativo ao mesmo devedor.

SEÇÃO II

Da Verificação e da Habilitação de Créditos

Art. 7º A verificação dos créditos será realizada pelo administrador judicial, com base nos livros contábeis e documentos comerciais e fiscais do devedor e nos documentos que lhe forem apresentados pelos credores, podendo contar com o auxílio de profissionais ou empresas especializadas.

§ 1º Publicado o edital previsto no art. 52, § 1º, ou no parágrafo único do art. 99 desta Lei, os credores terão o prazo de 15 (quinze) dias para apresentar ao administrador judicial suas habilitações ou suas divergências quanto aos créditos relacionados.

§ 2º O administrador judicial, com base nas informações e documentos colhidos na forma do *caput* e do § 1º deste artigo, fará publicar edital contendo a relação de credores no prazo de 45 (quarenta e cinco) dias, contado do fim do prazo do § 1º deste artigo, devendo indicar o local, o horário e o prazo comum em que as pessoas indicadas no art. 8º desta Lei terão acesso aos documentos que fundamentaram a elaboração dessa relação.

Art. 8º No prazo de 10 (dez) dias, contado da publicação da relação referida no art. 7º, § 2º, desta Lei, o Comitê, qualquer credor, o devedor ou seus sócios ou o Ministério Público podem apresentar ao juiz impugnação contra a relação de credores, apontando a ausência de qualquer crédito ou manifestando-se contra a legitimidade, importância ou classificação de crédito relacionado.

PARÁGRAFO ÚNICO. Autuada em separado, a impugnação será processada nos termos dos arts. 13 a 15 desta Lei.

Art. 9º A habilitação de crédito realizada pelo credor nos termos do art. 7º, § 1º, desta Lei deverá conter:

I — o nome, o endereço do credor e o endereço em que receberá comunicação de qualquer ato do processo;

II — o valor do crédito, atualizado até a data da decretação da falência ou do pedido de recuperação judicial, sua origem e classificação;

III — os documentos comprobatórios do crédito e a indicação das demais provas a serem produzidas;

IV — a indicação da garantia prestada pelo devedor, se houver, e o respectivo instrumento;

V — a especificação do objeto da garantia que estiver na posse do credor.

PARÁGRAFO ÚNICO. Os títulos e documentos que legitimam os créditos deverão ser exibidos no original ou por cópias autenticadas se estiverem juntados em outro processo.

Art. 10. Não observado o prazo estipulado no art. 7º, § 1º, desta Lei, as habilitações de crédito serão recebidas como retardatárias.

§ 1º Na recuperação judicial, os titulares de créditos retardatários, excetuados os titulares de créditos derivados da relação de trabalho, não terão direito a voto nas deliberações da assembleia geral de credores.

....

Art. 19. O administrador judicial, o Comitê, qualquer credor ou o representante do Ministério Público poderá, até o encerramento da recuperação judicial ou da falência, observado, no que couber, o procedimento ordinário previsto no Código de Processo Civil, pedir a exclusão, outra classificação ou a retificação de qualquer crédito, nos casos de descoberta de falsidade, dolo, simulação, fraude, erro essencial ou, ainda, documentos ignorados na época do julgamento do crédito ou da inclusão no quadro-geral de credores.

§ 1º A ação prevista neste artigo será proposta exclusivamente perante o juízo da recuperação judicial ou da falência ou, nas hipóteses previstas no art. 6º, §§ 1º e 2º, desta Lei, perante o juízo que tenha originariamente reconhecido o crédito.

§ 2º Proposta a ação de que trata este artigo, o pagamento ao titular do crédito por ela atingido somente poderá ser realizado mediante a prestação de caução no mesmo valor do crédito questionado.

SEÇÃO III

Do Administrador Judicial e do Comitê de Credores

Art. 22. Ao administrador judicial compete, sob a fiscalização do juiz e do Comitê, além de outros deveres que esta Lei lhe impõe:

....

§ 3º Na falência, o administrador judicial não poderá, sem autorização judicial, após ouvidos o Comitê e o devedor no prazo comum de 2 (dois) dias, transigir sobre obrigações e direitos da massa falida e conceder abatimento de dívidas, ainda que sejam consideradas de difícil recebimento.

....

Art. 26. O Comitê de Credores será constituído por deliberação de qualquer das classes de credores na assembleia-geral e terá a seguinte composição:

I — 1 (um) representante indicado pela classe de credores trabalhistas, com 2 (dois) suplentes;

....

SEÇÃO IV

Da Assembleia Geral de Credores

....

Art. 37. A assembleia será presidida pelo administrador judicial, que designará 1 (um) secretário dentre os credores presentes.

....

§ 5º Os sindicatos de trabalhadores poderão representar seus associados titulares de créditos derivados da legislação do trabalho ou decorrentes de acidente de trabalho que não comparecerem, pessoalmente ou por procurador, à assembleia.

§ 6º Para exercer a prerrogativa prevista no § 5º deste artigo, o sindicato deverá:

I — apresentar ao administrador judicial, até 10 (dez) dias antes da assembleia, a relação dos associados que pretende representar, e o trabalhador que conste da relação de mais de um sindicato deverá esclarecer, até 24 (vinte e quatro) horas antes da assembleia, qual sindicato o representa, sob pena de não ser representado em assembleia por nenhum deles; e

II — VETADO.

....

Art. 39. Terão direito a voto na assembleia-geral as pessoas arroladas no quadro-geral de credores ou, na sua falta, na relação de credores apresentada pelo administrador judicial na forma do art. 7º, § 2º, desta Lei, ou, ainda, na falta desta, na relação apresentada pelo próprio devedor nos termos dos arts. 51, incisos III e IV do *caput*, 99, inciso III do *caput*, ou 105, inciso II do *caput*, desta Lei, acrescidas, em qualquer caso, das que estejam habilitadas na data da realização da assembleia ou que tenham crédito admitidos ou alterados por decisão judicial, inclusive as que tenham obtido reserva de importâncias, observado o disposto nos §§ 1º e 2º do art. 10 desta Lei.

§ 1º Não terão direito a voto e não serão considerados para fins de verificação do *quorum* de instalação e de deliberação os titulares de créditos excetuados na forma dos §§ 3º e 4º do art. 49 desta Lei.

....

Art. 41. A assembleia geral será composta pelas seguintes classes de credores:

I — titulares de créditos derivados da legislação do trabalho ou decorrentes de acidentes de trabalho;

II — titulares de créditos com garantia real;

III — titulares de créditos quirografários, com privilégio especial, com privilégio geral ou subordinados.

IV — titulares de créditos enquadrados como microempresa ou empresa de pequeno porte. *(Redação dada pela Lei Complementar n. 147, de 7.8.14, DOU 8.8.14)*

§ 1º Os titulares de créditos derivados da legislação do trabalho votam com a classe prevista no inciso I do *caput* deste artigo com o total de seu crédito, independentemente do valor.

§ 2º Os titulares de créditos com garantia real votam com a classe prevista no inciso II do *caput* deste artigo até o limite do valor do bem gravado e com a classe prevista no inciso III do *caput* deste artigo pelo restante do valor de seu crédito.

....

Art. 42. Considerar-se-á aprovada a proposta que obtiver votos favoráveis de credores que representem mais da metade do valor total dos créditos presentes à assembleia-geral, exceto nas deliberações sobre o plano de recuperação judicial nos termos da alínea *a* do inciso I do *caput* do art. 35 desta Lei, a composição do Comitê de Credores ou forma alternativa de realização do ativo nos termos do art. 145 desta Lei.

Art. 43. Os sócios do devedor, bem como as sociedades coligadas, controladoras, controladas ou as que tenham sócio ou acionista com participação superior a 10% (dez por cento) do capital social do devedor ou em que o devedor ou algum de seus sócios detenham participação superior a 10% (dez por cento) do capital social, poderão participar da assembleia-geral de credores, sem ter direito a voto e não serão considerados para fins de verificação do quorum de instalação e de deliberação.

PARÁGRAFO ÚNICO. O disposto neste artigo também se aplica ao cônjuge ou parente, consanguíneo ou afim, colateral até o 2º (segundo) grau, ascendente ou descendente do devedor, de administrador, do sócio controlador, de membro dos conselhos consultivo, fiscal ou semelhantes da sociedade devedora e à sociedade em que quaisquer dessas pessoas exerçam essas funções.

Art. 44. Na escolha dos representantes de cada classe no Comitê de Credores, somente os respectivos membros poderão votar.

Art. 45. Nas deliberações sobre o plano de recuperação judicial, todas as classes de credores referidas no art. 41 desta Lei deverão aprovar a proposta.

§ 1º Em cada uma das classes referidas nos incisos II e III do art. 41 desta Lei, a proposta deverá ser aprovada por credores que representem mais da metade do valor total dos créditos presentes à assembleia e, cumulativamente, pela maioria simples dos credores presentes.

§ 2º Nas classes previstas nos incisos I e IV do art. 41 desta Lei, a proposta deverá ser aprovada pela maioria simples dos credores presentes, independentemente do valor de seu crédito. *(Redação dada pela Lei Complementar n. 147, de 7.8.14, DOU 8.8.14)*

....

CAPÍTULO III

Da Recuperação Judicial

SEÇÃO I

Disposições Gerais

Art. 47. A recuperação judicial tem por objetivo viabilizar a superação da situação de crise econômico-financeira do devedor, a fim de permitir a manutenção da fonte produtora, do emprego dos trabalhadores e dos interesses dos credores, promovendo, assim, a preservação da empresa, sua função social e o estímulo à atividade econômica.

....

Art. 48. Poderá requerer recuperação judicial o devedor que, no momento do pedido, exerça regularmente suas atividades há mais de 2 (dois) anos e que atenda aos seguintes requisitos, cumulativamente:

I — não ser falido e, se o foi, estejam declaradas extintas, por sentença transitada em julgado, as responsabilidades daí decorrentes;

II — não ter, há menos de 5 (cinco) anos, obtido concessão de recuperação judicial;

III — não ter, há menos de 5 (cinco) anos, obtido concessão de recuperação judicial com base no plano especial de que trata a Seção V deste Capítulo; *(Redação dada pela Lei Complementar n. 147, de 7.8.14, DOU 8.8.14)*

IV — não ter sido condenado ou não ter, como administrador ou sócio controlador, pessoa condenada por qualquer dos crimes previstos nesta Lei;

§ 1º A recuperação judicial também poderá ser requerida pelo cônjuge sobrevivente, herdeiros do devedor, inventariante ou sócio remanescente. *(Remunerado pela Lei n. 12.873, de 24.10.13, DOU 25.10.13)*

§ 2º Tratando-se de exercício de atividade rural por pessoa jurídica, admite-se a comprovação do prazo estabelecido no *caput* deste artigo por meio da Declaração de Informações Econômico- fiscais da Pessoa Jurídica — DIPJ que tenha sido entregue tempestivamente. (NR) *(Redação dada pela Lei n. 12.873, de 24.10.13, DOU 25.10.13)*

Art. 49. Estão sujeitos à recuperação judicial todos os créditos existentes na data do pedido, ainda que não vencidos.

§ 1º Os credores do devedor em recuperação judicial conservam seus direitos e privilégios contra os coobrigados, fiadores e obrigados de regresso.

§ 2º As obrigações anteriores à recuperação judicial observarão as condições originalmente contratadas ou definidas em lei, inclusive no que diz respeito aos encargos, salvo se de modo diverso ficar estabelecido no plano de recuperação judicial.

Art. 50. Constituem meios de recuperação judicial, observada a legislação pertinente a cada caso, dentre outros:

....

VII — trespasse ou arrendamento de estabelecimento, inclusive à sociedade constituída pelos próprios empregados;

VIII — redução salarial, compensação de horários e redução da jornada, mediante acordo ou convenção coletiva;

....

SEÇÃO II

Do Pedido e do Processamento da Recuperação Judicial

Art. 51. A petição inicial de recuperação judicial será instruída com:

....

III — a relação nominal completa dos credores, inclusive aqueles por obrigação de fazer ou de dar, com a indicação do endereço de cada um, a natureza, a classificação e o valor atualizado do crédito, discriminando sua origem, o regime dos respectivos vencimentos e a indicação dos registros contábeis de cada transação pendente;

IV — a relação integral dos empregados, em que constem as respectivas funções, salários, indenizações e outras parcelas a que têm direito, com o correspondente mês de competência, e a discriminação dos valores pendentes de pagamento;

....

IX — a relação, subscrita pelo devedor, de todas as ações judiciais em que este figure como parte, inclusive as de natureza trabalhista, com a estimativa dos respectivos valores demandados.

....

SEÇÃO III

Do Plano de Recuperação Judicial

Art. 54. O plano de recuperação judicial não poderá prever prazo superior a 1 (um) ano para pagamento dos créditos derivados da legislação do trabalho ou decorrentes de acidentes de trabalho vencidos até a data do pedido de recuperação judicial.

PARÁGRAFO ÚNICO. O plano não poderá, ainda, prever prazo superior a 30 (trinta) dias para o pagamento, até o limite de 5 (cinco) salários mínimos por trabalhador, dos créditos de natureza estritamente salarial vencidos nos 3 (três) meses anteriores ao pedido de recuperação judicial.

SEÇÃO IV

Do Procedimento de Recuperação Judicial

Art. 56. Havendo objeção de qualquer credor ao plano de recuperação judicial, o juiz convocará a assembleia geral de credores para deliberar sobre o plano de recuperação.

§ 1º A data designada para a realização da assembleia geral não excederá 150 (cento e cinquenta) dias contados do deferimento do processamento da recuperação judicial.

§ 2º A assembleia geral que aprovar o plano de recuperação judicial poderá indicar os membros do Comitê de Credores, na forma do art. 26 desta Lei, se já não estiver constituído.

§ 3º O plano de recuperação judicial poderá sofrer alterações na assembleia geral, desde que haja expressa concordância do devedor e em termos que não impliquem diminuição dos direitos exclusivamente dos credores ausentes.

§ 4º Rejeitado o plano de recuperação pela assembleia-geral de credores, o juiz decretará a falência do devedor.

SEÇÃO V

Do Plano de Recuperação Judicial para Microempresas e Empresas de Pequeno Porte

Art. 70. As pessoas de que trata o art. 1º desta Lei e que se incluam nos conceitos de microempresa ou empresa de pequeno porte, nos termos da legislação vigente, sujeitam-se às normas deste Capítulo.

§ 1º As microempresas e as empresas de pequeno porte, conforme definidas em lei, poderão apresentar plano especial de recuperação judicial, desde que afirmem sua intenção de fazê-lo na petição inicial de que trata o art. 51 desta Lei.

§ 2º Os credores não atingidos pelo plano especial não terão seus créditos habilitados na recuperação judicial.

....

CAPÍTULO V

Da Falência

SEÇÃO I

Disposições Gerais

Art. 75. A falência, ao promover o afastamento do devedor de suas atividades, visa a preservar e otimizar a utilização produtiva dos bens, ativos e recursos produtivos, inclusive os intangíveis, da empresa.

PARÁGRAFO ÚNICO. O processo de falência atenderá aos princípios da celeridade e da economia processual.

Art. 76. O juízo da falência é indivisível e competente para conhecer todas as ações sobre bens, interesses e negócios do falido, ressalvadas as causas trabalhistas, fiscais e aquelas não reguladas nesta Lei em que o falido figurar como autor ou litisconsorte ativo.

PARÁGRAFO ÚNICO. Todas as ações, inclusive as excetuadas no *caput* deste artigo, terão prosseguimento com o administrador judicial, que deverá ser intimado para representar a massa falida, sob pena de nulidade do processo.

Art. 77. A decretação da falência determina o vencimento antecipado das dívidas do devedor e dos sócios ilimitada e solidariamente responsáveis, com o abatimento proporcional dos juros, e converte todos os créditos em moeda estrangeira para a moeda do País, pelo câmbio do dia da decisão judicial, para todos os efeitos desta Lei.

....

Art. 81. A decisão que decreta a falência da sociedade com sócios ilimitadamente responsáveis também acarreta a falência destes, que ficam sujeitos aos mesmos efeitos jurídicos produzidos em relação à sociedade falida e, por isso, deverão ser citados para apresentar contestação, se assim o desejarem.

§ 1º O disposto no *caput* deste artigo aplica-se ao sócio que tenha se retirado voluntariamente ou que tenha sido excluído da sociedade, há menos de 2 (dois) anos, quanto às dívidas existentes na data do arquivamento da alteração do contrato, no caso de não terem sido solvidas até a data da decretação da falência.

§ 2º As sociedades falidas serão representadas na falência por seus administradores ou liquidantes, os quais terão os mesmos direitos e, sob as mesmas penas, ficarão sujeitos às obrigações que cabem ao falido.

Art. 82. A responsabilidade pessoal dos sócios de responsabilidade limitada, dos controladores e dos administradores da sociedade falida, estabelecida nas respectivas leis, será apurada no próprio juízo da falência, independentemente da realização do ativo e da prova da sua insuficiência para cobrir o passivo, observado o procedimento ordinário previsto no Código de Processo Civil.

§ 1º Prescreverá em 2 (dois) anos, contados do trânsito em julgado da sentença de encerramento da falência, a ação de responsabilização prevista no *caput* deste artigo.

§ 2º O juiz poderá, de ofício ou mediante requerimento das partes interessadas, ordenar a indisponibilidade de bens particulares dos réus, em quantidade compatível com o dano provocado, até o julgamento da ação de responsabilização.

SEÇÃO II

Da Classificação dos Créditos

Art. 83. A classificação dos créditos na falência obedece à seguinte ordem:

I — os créditos derivados da legislação do trabalho, limitados a 150 (cento e cinquenta) salários mínimos por credor, e os decorrentes de acidentes de trabalho;

....

VI — créditos quirografários, a saber:

a) aqueles não previstos nos demais incisos deste artigo;

....

c) os saldos dos créditos derivados da legislação do trabalho que excederem o limite estabelecido no inciso I do *caput* deste artigo;

....

VIII — créditos subordinados, a saber:

....

§ 4º Os créditos trabalhistas cedidos a terceiros serão considerados quirografários.

Art. 84. Serão considerados créditos extraconcursais e serão pagos com precedência sobre os mencionados no art. 83 desta Lei, na ordem a seguir, os relativos a:

I — remunerações devidas ao administrador judicial e seus auxiliares, e créditos derivados da legislação do trabalho ou decorrentes de acidentes de trabalho relativos a serviços prestados após a decretação da falência;

....

Art. 93. Nos casos em que não couber pedido de restituição, fica resguardado o direito dos credores de propor embargos de terceiros, observada a legislação processual civil.

SEÇÃO IX

Da Ineficácia e da Revogação de Atos Praticados antes da Falência

Art. 130. São revogáveis os atos praticados com a intenção de prejudicar credores, provando-se o conluio fraudulento entre o devedor e o terceiro que com ele contratar e o efetivo prejuízo sofrido pela massa falida.

....

SEÇÃO X

Da Realização do Ativo

Art. 141. Na alienação conjunta ou separada de ativos, inclusive da empresa ou de suas filiais, promovida sob qualquer das modalidades de que trata este artigo:

I — todos os credores, observada a ordem de preferência definida no art. 83 desta Lei, sub-rogam-se no produto da realização do ativo;

II — o objeto da alienação estará livre de qualquer ônus e não haverá sucessão do arrematante nas obrigações do devedor, inclusive as de natureza tributária, as derivadas da legislação do trabalho e as decorrentes de acidentes de trabalho.

§ 1º O disposto no inciso II do *caput* deste artigo não se aplica quando o arrematante for:

I — sócio da sociedade falida, ou sociedade controlada pelo falido;

II — parente, em linha reta ou colateral até o 4º (quarto) grau, consanguíneo ou afim, do falido ou de sócio da sociedade falida; ou

III — identificado como agente do falido com o objetivo de fraudar a sucessão.

§ 2º Empregados do devedor contratados pelo arrematante serão admitidos mediante novos contratos de trabalho e o arrematante não responde por obrigações decorrentes do contrato anterior.

....

Art. 145. O juiz homologará qualquer outra modalidade de realização do ativo, desde que aprovada pela assembleia-geral de credores, inclusive com a constituição de sociedade de credores ou dos empregados do próprio devedor, com a participação, se necessária, dos atuais sócios ou de terceiros.

§ 1º Aplica-se à sociedade mencionada neste artigo o disposto no art. 141 desta Lei.

§ 2º No caso de constituição de sociedade formada por empregados do próprio devedor, estes poderão utilizar créditos derivados da legislação do trabalho para a aquisição ou arrendamento da empresa.

....

SEÇÃO XI

Do Pagamento aos Credores

....

Art. 151. Os créditos trabalhistas de natureza estritamente salarial vencidos nos 3 (três) meses anteriores à decretação da falência, até o limite de 5 (cinco) salários mínimos por trabalhador, serão pagos tão logo haja disponibilidade em caixa.

Art. 152. Os credores restituirão em dobro as quantias recebidas, acrescidas dos juros legais, se ficar evidenciado dolo ou má-fé na constituição do crédito ou da garantia.

Art. 153. Pagos todos os credores, o saldo, se houver, será entregue ao falido.

....

CAPÍTULO VI

Da Recuperação Extrajudicial

Art. 161. O devedor que preencher os requisitos do art. 48 desta Lei poderá propor e negociar com credores plano de recuperação extrajudicial.

§ 1º Não se aplica o disposto neste capítulo a titulares de créditos de natureza tributária, derivados da legislação do trabalho ou decorrentes de acidente de trabalho, assim como àqueles previstos nos arts. 49, § 3º, e 86, inciso II do *caput*, desta Lei.

....

CAPÍTULO VII

Disposições Penais

SEÇÃO II

Disposições Comuns

Art. 179. Na falência, na recuperação judicial e na recuperação extrajudicial de sociedades, os seus sócios, diretores, gerentes, administradores e conselheiros, de fato ou de direito, bem como o administrador judicial, equiparam-se ao devedor ou falido para todos os efeitos penais decorrentes desta Lei, na medida de sua culpabilidade.

Art. 180. A sentença que decreta a falência, concede a recuperação judicial ou concede a recuperação extrajudicial de que trata o art. 163 desta Lei é condição objetiva de punibilidade das infrações penais descritas nesta Lei.

Art. 181. São efeitos da condenação por crime previsto nesta Lei:

I — a inabilitação para o exercício de atividade empresarial;

II — o impedimento para o exercício de cargo ou função em conselho de administração, diretoria ou gerência das sociedades sujeitas a esta Lei;

III — a impossibilidade de gerir empresa por mandato ou por gestão de negócio.

§ 1º Os efeitos de que trata este artigo não são automáticos, devendo ser motivadamente declarados na sentença, e perdurarão até 5 (cinco) anos após a extinção da punibilidade, podendo, contudo, cessar antes pela reabilitação penal.

§ 2º Transitada em julgado a sentença penal condenatória, será notificado o Registro Público de Empresas para que tome as medidas necessárias para impedir novo registro em nome dos inabilitados.

CAPÍTULO VIII

Disposições Finais e Transitórias

Art. 189. Aplica-se a Lei n. 5.869, de 11 de janeiro de 1973 — Código de Processo Civil, no que couber, aos procedimentos previstos nesta Lei.

Art. 190. Todas as vezes que esta Lei se referir a devedor ou falido, compreender-se-á que a disposição também se aplica aos sócios ilimitadamente responsáveis.

....

Art. 201. Esta Lei entra em vigor 120 (cento e vinte) dias após sua publicação.

Brasília, 9 de fevereiro de 2005; 184º da Independência e 117 o da República.

Luiz Inácio Lula da Silva

Márcio Thomaz Bastos

Antonio Palocci Filho

Ricardo José Ribeiro Berzoini

Luiz Fernando Furlan

LEI COMPLEMENTAR N. 118, DE 9 DE FEVEREIRO DE 2005

(DOU 9.2.05, ED. EXTRA)

ALTERA E ACRESCENTA DISPOSITIVOS À LEI N. 5.172, DE 25 DE OUTUBRO DE 1966 — CÓDIGO TRIBUTÁRIO NACIONAL, E DISPÕE SOBRE A INTERPRETAÇÃO DO INCISO I DO ART. 168 DA MESMA LEI. OS ARTIGOS DESTA LEI COMPLEMENTAR AQUI RELACIONADOS REFEREM-SE AOS CRÉDITOS DECORRENTES DA LEGISLAÇÃO DO TRABALHO E DE ACIDENTES DO TRABALHO

O PRESIDENTE DA REPÚBLICA,

Faço saber que o Congresso Nacional decreta e eu sanciono a seguinte Lei:

Art. 1º A Lei n. 5.172, de 25 de outubro de 1966 — Código Tributário Nacional, passa a vigorar com as seguintes alterações:

....

"Art. 186. O crédito tributário prefere a qualquer outro, seja qual for sua natureza ou o tempo de sua constituição, ressalvados os créditos decorrentes da legislação do trabalho ou do acidente de trabalho.

PARÁGRAFO ÚNICO. Na falência:

....

II — a lei poderá estabelecer limites e condições para a preferência dos créditos decorrentes da legislação do trabalho; e

...."

Art. 4º Esta Lei entra em vigor 120 (cento e vinte) dias após sua publicação, observado, quanto ao art. 3º, o disposto no art. 106, inciso I, da Lei n. 5.172, de 25 de outubro de 1966 — Código Tributário Nacional.

Brasília, 9 de fevereiro de 2005; 184º da Independência e 117º da República.

Luiz Inácio Lula da Silva

Márcio Thomaz Bastos

Antonio Palloci Filho

Ricardo José Ribeiro Berzoini

SÚMULAS VINCULANTES DO SUPREMO TRIBUNAL FEDERAL EM MATÉRIA TRABALHISTA

V. Lei n. 11.417, de 19.12.06, DOU 20.12.06, que regulamenta o art. 103-A da Constituição Federal e altera a Lei n. 9.784, de 29 de janeiro de 1999, disciplinando a edição, a revisão e o cancelamento de enunciado de súmula vinculante pelo Supremo Tribunal Federal, e dá outras providências, p. 1007

ÍNDICE ALFABÉTICO-REMISSIVO

SÚMULAS VINCULANTES DO SUPREMO TRIBUNAL FEDERAL EM MATÉRIA TRABALHISTA

1. Fundo de Garantia do Tempo de Serviço — Lei Complementar n. 110/2001 — Ofende a garantia constitucional do ato jurídico perfeito a decisão que, sem ponderar as circunstâncias do caso concreto, desconsidera a validez e a eficácia de acordo constante de termo de adesão instituído pela Lei Complementar n. 110/2001, (DJ 6.6.07).

4. Salvo nos casos previstos na Constituição, o salário mínimo não pode ser usado como indexador de base de cálculo de vantagem de servidor público ou de empregado, nem ser substituído por decisão judicial. (DJe 9.5.08)

5. A falta de defesa técnica por advogado no processo administrativo disciplinar não ofende a Constituição (DJe 16.5.08)

6. Não viola a Constituição o estabelecimento de remuneração inferior ao salário mínimo para as praças prestadoras de serviço militar inicial (DJe 16.5.08)

8. São inconstitucionais o parágrafo único do artigo 5º do Decreto-lei n. 1.569/1.977 e os artigos 45 e 46 da Lei n. 8.212/1991, que tratam de prescrição e decadência de crédito tributário. (DJe 20.6.08)

10. Viola a cláusula de reserva de Plenário (CF, art. 97) a decisão de órgão fracionário de Tribunal que, embora não declare expressamente a inconstitucionalidade de lei ou ato normativo do Poder Público, afasta a sua incidência no todo ou em parte. (DJe 27.6.08)

15. O cálculo de gratificações e outras vantagens do servidor público não incide sobre o abono utilizado para se atingir o salário mínimo. (DJe 1º.7.09)

16. Os arts. 7º, IV, e 39, § 3º (redação da EC n. 19/98), da Constituição referem-se ao total da remuneração percebida pelo servidor público. (DJe 1º.7.09)

17. Durante o período previsto no parágrafo 1º do artigo 100 da Constituição, não incidem juros de mora sobre os precatórios que nele sejam pagos (DJe 10.11.09)

20. A gratificação de desempenho de atividade técnico-administrativa — GDATA, instituída pela Lei n. 10.404/2002, deve ser deferida aos inativos nos valores correspondentes a 37,5 (trinta e sete vírgula cinco) pontos no período de fevereiro a maio de 2002 e, nos termos do artigo 5º, parágrafo único, da Lei n. 10.404/2002, no período de junho de 2002 até a conclusão dos efeitos do último ciclo de avaliação a que se refere o artigo 1º da Medida Provisória no 198/2004, a partir da qual passa a ser de 60 (sessenta) pontos (DJe 10.11.09)

21. É inconstitucional a exigência de depósito ou arrolamento prévios de dinheiro ou bens para admissibilidade de recurso administrativo (DJe 10.11.09)

22. A Justiça do Trabalho é competente para processar e julgar as ações de indenização por danos morais e patrimoniais decorrentes de acidente de trabalho propostas por empregado contra empregador, inclusive aquelas que ainda não possuíam sentença de mérito em primeiro grau quando da promulgação da Emenda Constitucional n. 45/04. (DJe 11.12.09)

23. A Justiça do Trabalho é competente para processar e julgar ação possessória ajuizada em decorrência do exercício do direito de greve pelos trabalhadores da iniciativa privada. (DJe 11.12.09)

25. É ilícita a prisão civil de depositário infiel, qualquer que seja a modalidade do depósito. (DJe 23.12.09)

33. Aplicam-se ao servidor público, no que couber, as regras do regime geral da previdência social sobre aposentadoria especial de que trata o artigo 40, § 4º, inciso III da Constituição Federal, até a edição de lei complementar específica. (DJe 24.4.14)

SÚMULAS

ÍNDICE ALFABÉTICO-REMISSIVO

Súmulas STF

SÚMULAS DO SUPREMO TRIBUNAL FEDERAL EM MATÉRIA TRABALHISTA

35 — ACIDENTE — MORTE DO AMÁSIO

Em caso de acidente de trabalho ou de transporte, a concubina tem direito de ser indenizada pela morte do amásio, se entre eles não havia impedimento para o matrimônio.

37 — DUPLA APOSENTADORIA

Não tem direito de se aposentar pelo Tesouro Nacional o servidor que não satisfizer as condições estabelecidas na legislação do serviço público federal, ainda que aposentado pela respectiva instituição previdenciária, com direito, em tese, a duas aposentadorias.

128 — TAXA DE ASSISTÊNCIA MÉDICA

É indevida a taxa de assistência médica e hospitalar das instituições de previdência social.

194 — INSALUBRIDADE — COMPETÊNCIA

É competente o Ministro do Trabalho para especificação das atividades insalubres.

195 — CONTRATO A PRAZO OU POR OBRA CERTA — PRORROGAÇÃO

Contrato de trabalho por obra certa, ou de prazo determinado, transforma-se em contrato de prazo indeterminado, quando prorrogado por mais de quatro anos.

196 — EMPREGADO — ATIVIDADE RURAL

Ainda que exerça atividade rural, o empregado de empresa industrial ou comercial é classificado de acordo com a categoria do empregador.

197 — ESTABILIDADE — DIRIGENTE SINDICAL

O empregado com representação sindical só pode ser despedido mediante inquérito em que se apure falta grave.

198 — FÉRIAS — AUSÊNCIA POR ACIDENTE

As ausências motivadas por acidente do trabalho não são descontáveis do período aquisitivo das férias.

199 — FÉRIAS — EMPREGADO HORISTA

O salário das férias do empregado horista corresponde à média do período aquisitivo, não podendo ser inferior ao mínimo.

200 — FÉRIAS PROPORCIONAIS

Não é inconstitucional a Lei n. 1.530, de 26.12.51, que manda incluir na indenização por despedida injusta parcela correspondente a férias proporcionais.

201 — VENDEDOR PRACISTA — REPOUSO SEMANAL

O vendedor pracista, remunerado mediante comissão, não tem direito ao repouso semanal remunerado.

202 — EQUIPARAÇÃO SALARIAL

Na equiparação de salário, em caso de trabalho igual, toma-se em conta o tempo de serviço na função, e não no emprego.

203 — SALÁRIO MÍNIMO — "VACATIO LEGIS"

Não está sujeita à vacância de 60 dias a vigência de novos níveis de salário mínimo.

204 — TRABALHADOR SUBSTITUTO OU RESERVA

Tem direito o trabalhador substituto, ou de reserva, ao salário mínimo do dia em que fica à disposição do empregador, sem ser aproveitado na função específica; se aproveitado, recebe o salário contratual.

205 — MENOR NÃO APRENDIZ — SALÁRIO

Tem direito a salário integral o menor não sujeito à aprendizagem metódica.

207 — GRATIFICAÇÃO HABITUAL

As gratificações habituais, inclusive a de Natal, consideram-se tacitamente convencionadas, integrando o salário.

209 — SALÁRIO-PRÊMIO — SALÁRIO-PRODUÇÃO

O salário-produção, como outras modalidades de salário-prêmio, é devido, desde que verificada a condição a que estiver subordinado, e não pode ser suprimido, unilateralmente, pelo empregador, quando pago com habitualidade.

212 — ADICIONAL DE PERICULOSIDADE

Tem direito ao adicional de serviço perigoso o empregado de posto de revenda de combustível líquido.

213 — ADICIONAL NOTURNO

É devido o adicional de serviço noturno, ainda que sujeito o empregado ao regime de revezamento.

214 — ADICIONAL NOTURNO

A duração legal da hora de serviço noturno (52 minutos e 30 segundos) constitui vantagem suplementar, que não dispensa o salário adicional.

215 — TEMPO DE SERVIÇO — READMISSÃO

Conta-se a favor do empregado readmitido o tempo de serviço anterior, salvo se houver sido despedido por falta grave ou tiver recebido a indenização legal.

217 — APOSENTADORIA — READMISSÃO

Tem direito de retornar ao emprego, ou ser indenizado em caso de recusa do empregador, o aposentado que recupera a capacidade de trabalho dentro de cinco anos a contar da aposentadoria, que se torna definitiva após esse prazo.

219 — INDENIZAÇÃO DE EMPREGADO READMISSÍVEL

Para a indenização devida a empregado que tinha direito a ser readmitido, e não foi, levam-se em conta as vantagens advindas à sua categoria no período do afastamento.

220 — INDENIZAÇÃO DE ESTÁVEL READMISSÍVEL

A indenização devida a empregado estável, que não é readmitido, ao cessar sua aposentadoria, deve ser paga em dobro.

221 — TRANSFERÊNCIA OU EXTINÇÃO DE ESTABELECIMENTO

A transferência de estabelecimento, ou a sua extinção parcial, por motivo que não seja de força maior, não justifica a transferência de empregado estável.

222 — IDENTIDADE FÍSICA DO JUIZ

O princípio da identidade física do juiz não é aplicável às Juntas de Conciliação e Julgamento, da Justiça do Trabalho.

223 — SINDICATO — ISENÇÃO DE CUSTAS

Concedida isenção de custas ao empregado, por elas não responde o sindicato que o representa em juízo.

224 — JUROS DA MORA

Os juros da mora, nas reclamações trabalhistas, são contados desde a notificação inicial.

225 — CARTEIRA PROFISSIONAL — VALOR PROBATÓRIO

Não é absoluto o valor probatório das anotações da carteira profissional.

227 — CONCORDATA DO EMPREGADOR

A concordata do empregador não impede a execução de crédito nem a reclamação de empregado na Justiça do Trabalho.

228 — EXECUÇÃO — RECURSO EXTRAORDINÁRIO PENDENTE

Não é provisória a execução na pendência de recurso extraordinário, ou de agravo destinado a fazê-lo admitir.

229 — ACIDENTE — INDENIZAÇÃO

A indenização acidentária não exclui a do direito comum, em caso de dolo ou culpa grave do empregador.

230 — ACIDENTE — PRESCRIÇÃO

A prescrição da ação de acidente do trabalho conta-se do exame pericial que comprovar a enfermidade ou verificar a natureza da incapacidade.

232 — ACIDENTE — DIÁRIAS

Em caso de acidente do trabalho, são devidas diárias até doze meses, as quais não se confundem com a indenização acidentária nem com o auxílio-enfermidade.

234 — ACIDENTE — HONORÁRIOS DE ADVOGADO

São devidos honorários de advogado em ação de acidente do trabalho julgada procedente.

235 — ACIDENTE — COMPETÊNCIA — AUTARQUIA SEGURADORA

É competente para a ação de acidente de trabalho a Justiça cível comum, inclusive em segunda instância, ainda que seja parte autarquia seguradora.

236 — ACIDENTE — CUSTAS — AUTARQUIA SEGURADORA

Em ação de acidente do trabalho, a autarquia seguradora não tem isenção de custas.

238 — ACIDENTE — MULTA MORATÓRIA

Em caso de acidente do trabalho, a multa pelo retardamento da liquidação é exigível do segurador sub-rogado, ainda que autarquia.

240 — ACIDENTE — RECURSO — DEPÓSITO

O depósito para recorrer, em ação de acidente do trabalho, é exigível do segurador sub-rogado, ainda que autarquia.

241 — PREVIDÊNCIA — CONTRIBUIÇÃO SOBRE ABONO

A contribuição previdenciária incide sobre o abono incorporado ao salário.

243 — PREVIDÊNCIA — PROVENTOS EM CASO DE DUPLA APOSENTADORIA

Em caso de dupla aposentadoria, os proventos a cargo do IAPFESP não são equiparáveis aos pagos pelo Tesouro Nacional, mas calculados à base da média salarial nos últimos doze meses de serviço.

258 — RECONVENÇÃO EM AÇÃO DECLARATÓRIA

É admissível reconvenção em ação declaratória.

266 — MANDADO DE SEGURANÇA — CONTRA LEI EM TESE

Não cabe mandado de segurança contra lei em tese.

267 — MANDADO DE SEGURANÇA — ATO PASSÍVEL DE RECURSO OU CORREIÇÃO

Não cabe mandado de segurança contra ato judicial passível de recurso ou correição.

268 — MANDADO DE SEGURANÇA — DECISÃO COM TRÂNSITO EM JULGADO

Não cabe mandado de segurança contra decisão judicial com trânsito em julgado.

287 — AGRAVO — DEFICIÊNCIA DE FUNDAMENTAÇÃO

Nega-se provimento ao agravo, quando a deficiência na sua fundamentação, ou na do recurso extraordinário, não permitir a exata compreensão da controvérsia.

288 — AGRAVO — FALTA DE TRASLADO

Nega-se provimento ao agravo para subida de recurso extraordinário, quando faltar no traslado o despacho agravado, a decisão recorrida, a petição de recurso extraordinário ou qualquer peça essencial à compreensão da controvérsia.

307 — SALÁRIO — ADICIONAL DE INSALUBRIDADE

É devido o adicional de serviço insalubre, calculado à base do salário mínimo da região, ainda que a remuneração contratual seja superior ao salário mínimo acrescido da taxa de insalubridade.

310 — INTIMAÇÃO NA SEXTA-FEIRA — PRAZO JUDICIAL

Quando a intimação tiver lugar na sexta-feira, ou a publicação com efeito de intimação for feita nesse dia, o prazo judicial terá início na segunda-feira imediata, salvo se não houver expediente, caso em que começará no primeiro dia útil que se seguir.

311 — ACIDENTE — MULTA MORATÓRIA — AÇÃO JUDICIAL

No típico acidente do trabalho, a existência de ação judicial não exclui a multa pelo retardamento da liquidação.

312 — MÚSICO DE ORQUESTRA E ARTISTA

Músico integrante de orquestra da empresa, com atuação permanente e vínculo de subordinação, está sujeito à legislação geral do trabalho, e não à especial dos artistas.

313 — ADICIONAL NOTURNO

Provada a identidade entre o trabalho diurno e o noturno, é devido o adicional, quanto a este, sem a limitação do art. 73, § 3º, da CLT, independentemente da natureza da atividade do empregador.

314 — ACIDENTE — INDENIZAÇÃO — CRITÉRIO

Na composição do dano por acidente do trabalho, ou de transporte, não é contrário à lei tomar para base da indenização o salário do tempo da perícia ou da sentença.

315 — AGRAVO DE INSTRUMENTO — TRASLADO INSUFICIENTE

Indispensável o traslado das razões da revista, para julgamento pelo Tribunal Superior do Trabalho, do agravo para sua admissão.

316 — GREVE — SIMPLES ADESÃO

A simples adesão à greve não constitui falta grave.

317 — EMBARGOS DECLARATÓRIOS

São improcedentes os embargos declaratórios, quando não pedida a declaração do julgado anterior, em que se verificou a omissão.

327 — PRESCRIÇÃO INTERCORRENTE

O direito trabalhista admite a prescrição intercorrente.

337 — ACIDENTE — CONTROVÉRSIA ENTRE SEGURADOR E EMPREGADOR

A controvérsia entre o empregador e o segurador não suspende o pagamento devido ao empregado por acidente do trabalho.

338 — AÇÃO RESCISÓRIA

Não cabe ação rescisória no âmbito da Justiça do Trabalho.

343 — AÇÃO RESCISÓRIA

Não cabe ação rescisória por ofensa à literal disposição de lei, quando a decisão rescindenda se tiver baseado em texto legal de interpretação controvertida nos tribunais.

349 — PRESCRIÇÃO

A prescrição atinge somente as prestações de mais de dois anos, reclamadas com fundamento em decisão normativa da Justiça do Trabalho, ou em convenção coletiva de trabalho, quando não estiver em causa a própria validade de tais atos.

371 — DUPLA APOSENTADORIA — FERROVIÁRIOS

Ferroviário que foi admitido como servidor autárquico não tem direito a dupla aposentadoria.

372 — DUPLA APOSENTADORIA — SERVIDORES APOSENTADOS

A Lei n. 2.752, de 10.4.1956, sobre dupla aposentadoria, aproveita, quando couber, a servidores aposentados antes de sua publicação.

401 — RECURSOS — REVISTA E EMBARGOS DE DIVERGÊNCIA

Não se conhece do recurso de revista, nem dos embargos de divergência, do processo trabalhista, quando houver jurisprudência firme do Tribunal Superior do Trabalho no mesmo sentido da decisão impugnada, salvo se houver colisão com a jurisprudência do Supremo Tribunal Federal.

402 — VIGIA — ADICIONAL NOTURNO

Vigia noturno tem direito a salário adicional.

403 — INQUÉRITO JUDICIAL — DECADÊNCIA

É de decadência o prazo de trinta dias para a instauração de inquérito judicial, a contar da suspensão, por falta grave, de empregado estável.

432 — RECURSO EXTRAORDINÁRIO

Não cabe recurso extraordinário com fundamento no art. 101, III, "d", da Constituição Federal, quando a divergência alegada for entre decisões da Justiça do Trabalho.

433 — MANDADO DE SEGURANÇA — COMPETÊNCIA DO TRT

É competente o Tribunal Regional do Trabalho para julgar mandado de segurança contra ato de seu presidente em execução de sentença trabalhista.

434 — ACIDENTE — CONTROVÉRSIA ENTRE SEGURADORES

A controvérsia entre seguradores indicados pelo empregador na ação de acidente do trabalho não suspende o pagamento devido ao acidentado.

439 — FISCALIZAÇÃO — EXAME DE LIVROS

Estão sujeitos à fiscalização tributária ou previdenciária quaisquer livros comerciais, limitado o exame aos pontos objeto da investigação.

450 — HONORÁRIOS — JUSTIÇA GRATUITA

São devidos honorários de advogado sempre que vencedor o beneficiário de Justiça Gratuita.

457 — RECURSO DE REVISTA — ÂMBITO — MÉRITO

O Tribunal Superior do Trabalho, conhecendo da revista, julgará a causa, aplicando o direito à espécie.

458 — EXECUÇÃO — REMIÇÃO PELO EXECUTADO

O processo de execução trabalhista não exclui a remição pelo executado.

459 — INDENIZAÇÃO — ADICIONAIS E GRATIFICAÇÕES

No cálculo da indenização por despedida injusta, incluem-se os adicionais, ou gratificações, que, pela habitualidade, se tenham incorporado ao salário.

460 — INSALUBRIDADE — PERÍCIA E ENQUADRAMENTO

Para efeito do adicional de insalubridade, a perícia judicial, em reclamação trabalhista, não dispensa o enquadramento da atividade entre as insalubres, que é ato da competência do Ministro do Trabalho e Previdência Social.

461 — REPOUSO SEMANAL REMUNERADO — DUPLO

É duplo, e não triplo, o pagamento do salário nos dias destinados a descanso.

462 — INDENIZAÇÃO — REPOUSO SEMANAL REMUNERADO

No cálculo da indenização por despedida injusta, inclui-se, quando devido, o repouso semanal remunerado.

463 — TEMPO DE SERVIÇO MILITAR

Para efeito de indenização e estabilidade, conta-se o tempo em que o empregado esteve afastado, em serviço militar obrigatório, mesmo anteriormente à Lei n. 4.072, de 1.6.1962.

464 — ACIDENTE — INDENIZAÇÃO — REPOUSO SEMANAL

No cálculo da indenização por acidente do trabalho, inclui-se, quando devido, o repouso semanal remunerado.

465 — ACIDENTE — MANUTENÇÃO DE SALÁRIO

O regime de manutenção de salário, aplicável ao IAPM e ao IAPETC, exclui a indenização tarifada na Lei de Acidentes do Trabalho, mas não o benefício previdenciário.

466 — PREVIDÊNCIA — CONTRIBUIÇÕES DE SÓCIOS E DIRIGENTES

Não é inconstitucional a inclusão de sócios e administradores de sociedades e titulares de firmas individuais como contribuintes obrigatórios da previdência social.

467 — PREVIDÊNCIA — CONTRIBUIÇÃO — CÁLCULO

A base de cálculo das contribuições previdenciárias, anteriormente à vigência da Lei Orgânica da Previdência Social, é o salário mínimo mensal, observados os limites da Lei n. 2.755, de 1956.

478 — JUÍZES SUBSTITUTOS DO TRABALHO — PROVIMENTO

O provimento em cargo de Juízes substitutos do Trabalho deve ser feito independentemente de lista tríplice, na ordem de classificação dos candidatos.

501 — ACIDENTE DO TRABALHO — COMPETÊNCIA DA JUSTIÇA ORDINÁRIA ESTADUAL

Compete à Justiça ordinária estadual o processo e o julgamento, em ambas as instâncias, das causas de acidente do trabalho, ainda que promovidas contra a União, suas autarquias, empresas públicas ou sociedades de economia mista.

505 — DECISÕES DA JUSTIÇA DO TRABALHO — RECURSO PARA O SUPREMO TRIBUNAL FEDERAL

Salvo quando contrariarem a Constituição, não cabe recurso para o Supremo Tribunal Federal, de quaisquer decisões da Justiça do Trabalho, inclusive dos presidentes de seus Tribunais.

512 — MANDADO DE SEGURANÇA — CONDENAÇÃO EM HONORÁRIOS DE ADVOGADO — NÃO CABIMENTO

Não cabe condenação em honorários de advogado na ação de mandado de segurança

514 — AÇÃO RESCISÓRIA — SENTENÇA TRANSITADA EM JULGADO

Admite-se ação rescisória contra sentença transitada em julgado, ainda que contra ela não se tenha esgotado todos os recursos.

528 — RECURSO EXTRAORDINÁRIO — ADMISSÃO PARCIAL

Se a decisão contiver partes autônomas, a admissão parcial, pelo Presidente do Tribunal *a quo* de recurso extraordinário que, sobre qualquer delas se manifestar, não limitará apreciação de todas pelo Supremo Tribunal Federal, independentemente de interposição de agravo de instrumento.

529 — ACIDENTE DE TRABALHO — RESPONSABILIDADE DO EMPREGADOR PELA INDENIZAÇÃO

Subsiste a responsabilidade do empregador pela indenização decorrente de acidente do trabalho, quando o segurador, por haver entrado em liquidação, ou por outro motivo, não se encontrar em condições financeiras, de efetuar, na forma da lei, o pagamento que o seguro obrigatório visava garantir.

530 — CONTRIBUIÇÕES DE PREVIDÊNCIA — GRATIFICAÇÃO DE NATAL

Na legislação anterior ao art. 4º da Lei n. 4.749, de 12.8.1965, a contribuição para a previdência social não estava sujeita ao limite estabelecido no art. 69, da Lei n. 3.807, de 26 de agosto de 1960, sobre o 13º salário a que se refere o art. 3º, da Lei n. 4.281, de 8.11.1963.

531 — SALÁRIO PROFISSIONAL — TRABALHADORES DE TRANSPORTES MARÍTIMOS, FLUVIAIS E LACUSTRES

É inconstitucional o Decreto n. 51.668, de 17.1.1963, que estabeleceu salário profissional para trabalhadores de transportes marítimos, fluviais e lacustres.

556 — COMPETÊNCIA DA JUSTIÇA COMUM — CAUSAS EM QUE É PARTE SOCIEDADE DE ECONOMIA MISTA

É competente a Justiça comum para julgar as causas em que é parte sociedade de economia mista.

557 — COMPETÊNCIA DA JUSTIÇA FEDERAL — CAUSAS EM QUE SÃO PARTES A COBAL E A CIBRAZEM

É competente a Justiça Federal para julgar as causas em que são partes a COBAL e a CIBRAZEM.

593 — FGTS — HORAS EXTRAORDINÁRIAS

Incide o percentual do Fundo de Garantia do Tempo de Serviço (FGTS) sobre a parcela da remuneração correspondente a horas extraordinárias de trabalho.

612 — TRABALHADOR RURAL — ACIDENTE DO TRABALHO — INAPLICABILIDADE DA LEI N. 6.367/76

Ao trabalhador rural não se aplicam, por analogia, os benefícios previstos na Lei n. 6.367, de 19.10.1976 (DJ 29, 30 e 31.10.84).

613 — DEPENDENTES DO TRABALHADOR RURAL — PENSÃO PREVIDENCIÁRIA

Os dependentes de trabalhador rural não têm direito à pensão previdenciária, se o óbito ocorreu anteriormente à vigência da Lei Complementar n. 11/1971 (DJ 29, 30 e 31.10.84).

619 — PRISÃO DO DEPOSITÁRIO INFIEL — QUANDO PODE SER DECRETADA (REVOGADA)

A prisão do depositário infiel pode ser decretada no próprio processo em que se constituiu o encargo, independentemente da propositura de ação de depósito (DJ 29, 30 e 31.10.84). **(Revogada — DJE/12.12.08)**

622 — AGRAVO REGIMENTAL — DECISÃO DO RELATOR QUE CONCEDE OU INDEFERE LIMINAR — MANDADO DE SEGURANÇA

Não cabe agravo regimental contra decisão do relator que concede ou indefere liminar em mandado de segurança (DJ 9, 10 e 13.10.03).

623 — MANDADO DE SEGURANÇA — COMPETÊNCIA ORIGINÁRIA — ART. 102, *n*, DA CF — DELIBERAÇÃO ADMINISTRATIVA DO TRIBUNAL DE ORIGEM — MAIORIA OU TOTALIDADE DE SEUS MEMBROS

Não gera por si só a competência originária do Supremo Tribunal Federal para conhecer do mandado de segurança com base no art. 102, I, *n*, da Constituição, dirigir-se o pedido contra deliberação administrativa do tribunal de origem, da qual haja participado a maioria ou a totalidade de seus membros (DJ 9, 10 e 13.10.03).

624 — MANDADO DE SEGURANÇA CONTRA ATOS DE OUTROS TRIBUNAIS — NÃO COMPETÊNCIA DO SUPREMO TRIBUNAL FEDERAL

Não compete ao Supremo Tribunal Federal conhecer originariamente de mandado de segurança contra atos de outros tribunais (DJ 9, 10 e 13.10.03).

625 — MANDADO DE SEGURANÇA — CONTROVÉRSIA SOBRE MATÉRIA DE DIREITO — CABIMENTO

Controvérsia sobre matéria de direito não impede concessão de mandado de segurança (DJ 9, 10 e 13.10.03).

626 — SUSPENSÃO DA LIMINAR EM MANDADO DE SEGURANÇA — VIGÊNCIA — MANUTENÇÃO PELO SUPREMO TRIBUNAL FEDERAL — OBJETO DA LIMINAR

A suspensão da liminar em mandado de segurança, salvo determinação em contrário da decisão que a deferir, vigorará até o trânsito em julgado da decisão definitiva de concessão da segurança ou, havendo recurso, até a sua manutenção pelo Supremo Tribunal Federal, desde que o objeto da liminar deferida coincida, total ou parcialmente, com o da impetração (DJ 9, 10 e 13.10.03).

627 — MANDADO DE SEGURANÇA — NOMEAÇÃO DE MAGISTRADO DA COMPETÊNCIA DO PRESIDENTE DA REPÚBLICA — AUTORIDADE COATORA

No mandado de segurança contra a nomeação de magistrado da competência do Presidente da República, este é considerado autoridade coatora, ainda que o fundamento da impetração seja nulidade ocorrida em fase anterior do procedimento (DJ 9, 10 e 13.10.03).

628 — INTEGRANTE DE LISTA DE CANDIDATOS — VAGA DA COMPOSIÇÃO DE TRIBUNAL — PARTE LEGÍTIMA PARA IMPUGNAR A VALIDADE DA NOMEAÇÃO DO CONCORRENTE

Integrante de lista de candidatos a determinada vaga da composição de tribunal é parte legítima para impugnar a validade da nomeação de concorrente (DJ 9, 10 e 13.10.03).

629 — MANDADO DE SEGURANÇA COLETIVO — ENTIDADE DE CLASSE EM FAVOR DOS ASSOCIADOS INDEPENDE DA AUTORIZAÇÃO DESTES

A impetração de mandado de segurança coletivo por entidade de classe em favor dos associados independe da autorização destes (DJ 9, 10 e 13.10.03).

630 — ENTIDADE DE CLASSE — LEGITIMAÇÃO — MANDADO DE SEGURANÇA — INTERESSE APENAS A UMA PARTE DA RESPECTIVA CATEGORIA

A entidade de classe tem legitimação para o mandado de segurança ainda quando a pretensão veiculada interesse apenas a uma parte da respectiva categoria (DJ 9, 10 e 13.10.03).

631 — MANDADO DE SEGURANÇA — CITAÇÃO DO LITISCONSORTE NECESSÁRIO — NÃO PROMOÇÃO PELO IMPETRANTE — EXTINÇÃO DO PROCESSO

Extingue-se o processo de mandado de segurança se o impetrante não promove, no prazo assinado, a citação do litisconsorte passivo necessário (DJ 9, 10 e 13.10.03).

632 — PRAZO DECADENCIAL — MANDADO DE SEGURANÇA — CONSTITUCIONALIDADE

É constitucional lei que fixa o prazo de decadência para a impetração de mandado de segurança (DJ 9, 10 e 13.10.03).

633 — HONORÁRIOS ADVOCATÍCIOS — CONDENAÇÃO — RECURSO EXTRAORDINÁRIO EM PROCESSO TRABALHISTA — INCABÍVEL, EXCETO NAS HIPÓTESES PREVISTAS NA LEI N. 5.584/70

É incabível a condenação em verba honorária nos recursos extraordinários interpostos em processo trabalhista, exceto nas hipóteses previstas na Lei n. 5.584/1970 (DJ 9, 10 e 13.10.03).

634 — MEDIDA CAUTELAR — EFEITO SUSPENSIVO A RECURSO EXTRAORDINÁRIO QUE AINDA NÃO FOI OBJETO DE JUÍZO DE ADMISSIBILIDADE NA ORIGEM — INCOMPETÊNCIA DO STF

Não compete ao Supremo Tribunal Federal conceder medida cautelar para dar efeito suspensivo a recurso extraordinário que ainda não foi objeto de juízo de admissibilidade na origem (DJ 9, 10 e 13.10.03).

635 — MEDIDA CAUTELAR — RECURSO EXTRAORDINÁRIO PENDENTE DE JUÍZO DE ADMISSIBILIDADE — COMPETÊNCIA — PRESIDENTE DO TRIBUNAL DE ORIGEM

Cabe ao Presidente do Tribunal de origem decidir o pedido de medida cautelar em recurso extraordinário ainda pendente do seu juízo de admissibilidade (DJ 9, 10 e 13.10.03).

636 — RECURSO EXTRAORDINÁRIO — CONTRARIEDADE AO PRINCÍPIO CONSTITUCIONAL DA LEGALIDADE — INTERPRETAÇÃO DADA A NORMAS INFRACONSTITUCIONAIS PELA DECISÃO RECORRIDA — NÃO CABIMENTO

Não cabe recurso extraordinário por contrariedade ao princípio constitucional da legalidade, quando a sua verificação pressuponha rever a interpretação dada a normas infraconstitucionais pela decisão recorrida (DJ 9, 10 e 13.10.03).

639 — AGRAVO DE INSTRUMENTO — TRASLADO DAS PEÇAS NECESSÁRIAS — TEMPESTIVIDADE DO RECURSO EXTRAORDINÁRIO — APLICAÇÃO DA SÚMULA N. 288

Aplica-se a Súmula n. 288 quando não constarem do traslado do agravo de instrumento as cópias das peças necessárias à verificação da tempestividade do recurso extraordinário não admitido pela decisão agravada (DJ 9, 10 e 13.10.03).

640 — RECURSO EXTRAORDINÁRIO — DECISÃO DE PRIMEIRO GRAU — CAUSAS DE ALÇADA OU TURMA RECURSAL DE JUIZADO ESPECIAL CÍVEL E CRIMINAL

É cabível recurso extraordinário contra decisão proferida por juiz de primeiro grau nas causas de alçada, ou por turma recursal de juizado especial cível e criminal (DJ 9, 10 e 13.10.03).

641 — LITISCONSORTES SUCUMBIDOS — PRAZO PARA RECORRER

Não se conta em dobro o prazo para recorrer, quando só um dos litisconsortes haja sucumbido (DJ 9, 10 e 13.10.03).

644 — PROCURADOR AUTÁRQUICO — INSTRUMENTO DE MANDATO

Ao titular do cargo de procurador de autarquia não se exige a apresentação de instrumento de mandato para reapresentá-la em juízo (DJ 9.12.03).

645 — HORÁRIO DE FUNCIONAMENTO DE ESTABELECIMENTO COMERCIAL — COMPETÊNCIA — MUNICÍPIO

É competente o Município para fixar o horário de funcionamento de estabelecimento comercial (DJ 9, 10 e 13.10.03).

651 — MEDIDA PROVISÓRIA NÃO APRECIADA PELO CONGRESSO NACIONAL — EC N. 32/98 — REEDIÇÃO — EFICÁCIA

A medida provisória não apreciada pelo Congresso Nacional podia, até a EC n. 32/2001, ser reeditada dentro do seu prazo de eficácia de trinta dias, mantidos os efeitos de lei desde a primeira edição (DJ 9, 10 e 13.10.03).

654 — GARANTIA DA IRRETROATIVIDADE DA LEI — ART. 5º, XXXVI, DA CF — NÃO É INVOCÁVEL PELA ENTIDADE ESTATAL QUE A TENHA EDITADO

A garantia da irretroatividade da lei, prevista no art. 5º, XXXVI, da Constituição da República, não é invocável pela entidade estatal que a tenha editado (DJ 9, 10 e 13.10.03).

655 — PRECATÓRIO — EXCEÇÃO PREVISTA NO ART. 100, *CAPUT*, DA CONSTITUIÇÃO — CRÉDITO DE NATUREZA ALIMENTÍCIA — NÃO DISPENSA DO PRECATÓRIO — OBSERVÂNCIA DA ORDEM CRONOLÓGICA

A exceção prevista no art. 100, *caput*, da Constituição, em favor dos créditos de natureza alimentícia, não dispensa a expedição de precatório, limitando-se a isentá-los da observância da ordem cronológica dos precatórios decorrentes de condenações de outra natureza (DJ 9, 10 e 13.10.03).

666 — CONTRIBUIÇÃO CONFEDERATIVA — ART. 8º, IV, DA CONSTITUIÇÃO — FILIADOS — EXIGÊNCIA

A contribuição confederativa de que trata o art. 8°, IV, da Constituição, só é exigível dos filiados ao sindicato respectivo (DJ 9, 10 e 13.10.03).

671 — URP DE ABRIL/MAIO DE 1988 — SERVIDORES PÚBLICOS E TRABALHADORES EM GERAL — DIREITO: 7/30 DE 16,19% — NÃO CUMULATIVIDADE E CORREÇÃO ATÉ O EFETIVO PAGAMENTO

Os servidores públicos e os trabalhadores em geral têm direito, no que concerne à URP de abril/maio de 1988, apenas ao valor correspondente a 7/30 de 16,19% sobre os vencimentos e salários pertinentes aos meses de abril e maio de 1988, não cumulativamente, devidamente corrigido até o efetivo pagamento (DJ 9, 10 e 13.10.03).

672 — REAJUSTE SALARIAL DE 28,86% — LEIS NS. 8.662/93 E 8.627/93 — SERVIDORES MILITARES — EXTENSÃO AOS SERVIDORES CIVIS DO PODER EXECUTIVO — COMPENSAÇÃO

O reajuste de 28,86%, concedido aos servidores militares pelas Leis ns. 8.622/1993 e 8.627/1993, estende-se aos servidores civis do Poder Executivo, observadas as eventuais compensações decorrentes dos reajustes diferenciados concedidos pelos mesmos diplomas legais (DJ 9, 10 e 13.10.03).

675 — TURNOS ININTERRUPTOS DE REVEZAMENTO — INTERVALOS PARA DESCANSO E ALIMENTAÇÃO DURANTE A JORNADA DE SEIS HORAS — NÃO DESCARACTERIZAÇÃO

Os intervalos fixados para descanso e alimentação durante a jornada de seis horas não descaracterizam o sistema de turnos ininterruptos de revezamento para o efeito do art. 7º, XIV, da Constituição (DJ 9, 10 e 13.10.03).

676 — SUPLENTE DO CARGO DE DIREÇÃO DE COMISSÕES INTERNAS DE PREVENÇÕES DE ACIDENTES (CIPA) — ART. 10, II, *a*, do ADCT — ESTABILIDADE PROVISÓRIA

A garantia da estabilidade provisória prevista no art. 10, II, *a*, do ADCT, também se aplica ao suplente do cargo de direção de comissões internas de prevenção de acidentes (CIPA) (DJ 9, 10 e 13.10.03).

677 — REGISTRO DAS ENTIDADES SINDICAIS — PRINCÍPIO DA UNICIDADE — MINISTÉRIO DO TRABALHO

Até que lei venha a dispor a respeito, incumbe ao Ministério do Trabalho proceder ao registro das entidades sindicais e zelar pela observância do princípio da unicidade (DJ 9, 10 e 13.10.03).

678 — LEI N. 8.162/91, INCISOS I E III DO ART. 7º — CONTAGEM DE TEMPO DE SERVIÇO PELA CLT — ANUÊNIO E LICENÇA-PRÊMIO — INCONSTITUCIONALIDADE

São inconstitucionais os incisos I e III do art. 7º da Lei n. 8.162/1991, que afastam, para efeito de anuênio e de licença-prêmio, a contagem do tempo de serviço regido pela CLT dos servidores que passaram a submeter-se ao Regime Jurídico Único (DJ 9, 10 e 13.10.03).

679 — SERVIDORES PÚBLICOS — FIXAÇÃO DE VENCIMENTOS — CONVENÇÃO COLETIVA — NÃO CABIMENTO

A fixação de vencimentos dos servidores públicos não pode ser objeto de convenção coletiva (DJ 9, 10 e 13.10.03).

680 — SERVIDORES INATIVOS — AUXÍLIO-ALIMENTAÇÃO — NÃO EXTENSÃO

O direito ao auxílio-alimentação não se estende aos servidores inativos (DJ 9, 10 e 13.10.03).

681 — SERVIDORES ESTADUAIS OU MUNICIPAIS — VINCULAÇÃO DO REAJUSTE DE VENCIMENTOS A ÍNDICES FEDERAIS DE CORREÇÃO MONETÁRIA — INCONSTITUCIONALIDADE

É inconstitucional a vinculação do reajuste de vencimentos de servidores estaduais ou municipais a índices federais de correção monetária (DJ 9, 10 e 13.10.03).

682 — SERVIDORES PÚBLICOS — CORREÇÃO MONETÁRIA — ATRASO DOS VENCIMENTOS — NÃO OFENSA A CF

Não ofende a Constituição a correção monetária no pagamento com atraso dos vencimentos de servidores públicos (DJ 9, 10 e 13.10.03).

683 — CONCURSO PÚBLICO — LIMITE DE IDADE PARA INSCRIÇÃO — ART. 7º, XXX, DA CF — NATUREZA DAS ATRIBUIÇÕES DO CARGO A SER PREENCHIDO

O limite de idade para a inscrição em concurso público só se legitima em face do art. 7º, XXX, da Constituição, quando possa ser justificado pela natureza das atribuições do cargo a ser preenchido (DJ 9, 10 e 13.10.03).

684 — CONCURSO PÚBLICO — CANDIDATO — VETO NÃO MOTIVADO À PARTICIPAÇÃO DE CANDIDATO — INCONSTITUCIONALIDADE

É inconstitucional o veto não motivado à participação de candidato a concurso público (DJ 9, 10 e 13.10.03).

685 — SERVIDOR PÚBLICO — PROVIMENTO DE CARGO SEM PRÉVIA APROVAÇÃO EM CONCURSO PÚBLICO DESTINADO AO SEU PROVIMENTO — CARGO QUE NÃO INTEGRA A CARREIRA — INCONSTITUCIONALIDADE

É inconstitucional toda modalidade de provimento que propicie ao servidor investir-se, sem prévia aprovação em concurso público destinado ao seu provimento, em cargo que não integra a carreira na qual anteriormente investido (DJ 9, 10 e 13.10.03).

686 — CANDIDATO A CARGO PÚBLICO — EXAME PSICOTÉCNICO — SÓ POR LEI

Só por lei se pode sujeitar a exame psicotécnico a habilitação de candidato a cargo público (DJ 9, 10 e 13.10.03).

688 — CONTRIBUIÇÃO PREVIDENCIÁRIA — 13º SALÁRIO — LEGÍTIMA A INCIDÊNCIA

É legítima a incidência da contribuição previdenciária sobre o 13º salário (DJ 9, 10 e 13.10.03)

691 — *HABEAS CORPUS* — IMPETRADO CONTRA DECISÃO DO RELATOR — TRIBUNAL SUPERIOR — INDEFERIMENTO DA LIMINAR

Não compete ao Supremo Tribunal Federal conhecer de *habeas corpus* impetrado contra decisão do Relator que, em *habeas corpus* requerido a tribunal superior, indefere a liminar (DJ 9, 10 e 13.10.03).

Súmulas STF

726 — PROFESSOR — APOSENTADORIA ESPECIAL — TEMPO DE SERVIÇO PRESTADO FORA DA SALA DE AULA

Para efeito de aposentadoria especial de professores, não se computa o tempo de serviço prestado fora da sala de aula (DJ 9.12.03).

727 — AGRAVO DE INSTRUMENTO — DECISÃO QUE NÃO ADMITE RECURSO EXTRAORDINÁRIO — APRECIAÇÃO PELO STF AINDA QUE REFERENTE A CAUSA INSTAURADA NO ÂMBITO DOS JUIZADOS ESPECIAIS

Não pode o magistrado deixar de encaminhar ao Supremo Tribunal Federal o agravo de instrumento interposto da decisão que não admite recurso extraordinário, ainda que referente a causa instaurada no âmbito dos juizados especiais (DJ 9.12.03).

729 — ADC-4 — ANTECIPAÇÃO DE TUTELA — CAUSA DE NATUREZA PREVIDENCIÁRIA

A decisão na ADC-4 não se aplica à antecipação de tutela em causa de natureza previdenciária (DJ 9.12.03).

731 — COMPETÊNCIA — ORIGINÁRIA — INTERESSE GERAL DA MAGISTRATURA — LOMAN — DIREITO À LICENÇA PRÊMIO

Para fim da competência originária do Supremo Tribunal Federal, é de interesse geral da magistratura a questão de saber se, em face da LOMAN, os juízes têm direito à licença-prêmio (DJ 9.12.03).

732 — SALÁRIO-EDUCAÇÃO — COBRANÇA — CONSTITUCIONALIDADE

É constitucional a cobrança da contribuição do salário-educação, seja sob a Carta de 1969, seja sob a Constituição Federal de 1988, e no regime da Lei n. 9.424/1996 (DJ 9.12.03).

733 — RECURSO EXTRAORDINÁRIO — DECISÃO PROFERIDA NO PROCESSAMENTO DE PRECATÓRIO — DESCABIMENTO

Não cabe recurso extraordinário contra decisão proferida no processamento de precatórios (DJ 9.12.03).

734 — RECLAMAÇÃO — TRÂNSITO EM JULGADO — ATO JUDICIAL QUE SE ALEGA TENHA DESRESPEITADO DECISÃO DO STF — DESCABIMENTO

Não cabe reclamação quando já houver transitado em julgado o ato judicial que se alega tenha desrespeitado decisão do Supremo Tribunal Federal (DJ 9.12.03).

735 — RECURSO EXTRAORDINÁRIO — CONTRA ACÓRDÃO QUE DEFERE MEDIDA LIMINAR — DESCABIMENTO

Não cabe recurso extraordinário contra acórdão que defere medida liminar (DJ 9.12.03).

736 — COMPETÊNCIA — AÇÕES QUE TENHAM COMO CAUSA DE PEDIR O DESCUMPRIMENTO DE NORMAS TRABALHISTAS RELATIVAS À SEGURANÇA, HIGIENE E SAÚDE DOS TRABALHADORES — JUSTIÇA DO TRABALHO

Compete à Justiça do Trabalho julgar as ações que tenham como causa de pedir o descumprimento de normas trabalhistas relativas à segurança, higiene e saúde dos trabalhadores (DJ 9.12.03).

SÚMULAS DO SUPERIOR TRIBUNAL DE JUSTIÇA EM MATÉRIA TRABALHISTA

Nota: Os títulos das ementas são elaborados pelo compilador desta obra para fins de índice

ÍNDICE ALFABÉTICO-REMISSIVO

Súmulas STJ

Súmulas STJ

SÚMULAS DO SUPERIOR TRIBUNAL DE JUSTIÇA EM MATÉRIA TRABALHISTA

03 — COMPETÊNCIA — CONFLITO

Compete ao Tribunal Regional Federal dirimir conflito de competência verificado, na respectiva Região, entre Juiz Federal e Juiz Estadual investido de jurisdição federal (DJ 18.5.90).

04 — COMPETÊNCIA — SINDICATO — PROCESSO ELEITORAL

Compete à Justiça Estadual julgar causa decorrente do processo eleitoral sindical (DJ 18.5.90).

10 — COMPETÊNCIA — JUNTA INSTALADA

Instalada a Junta de Conciliação e Julgamento, cessa a competência do Juiz de Direito em matéria trabalhista, inclusive para a execução das sentenças por ele proferidas (DJ 1º.10.90).

14 — HONORÁRIOS ADVOCATÍCIOS — CORREÇÃO MONETÁRIA

Arbitrados os honorários advocatícios em percentual sobre o valor da causa, a correção monetária incide a partir do respectivo ajuizamento (DJ 14.11.90).

15 — ACIDENTE DO TRABALHO — COMPETÊNCIA — JUSTIÇA COMUM

Compete à Justiça Estadual processar e julgar os litígios decorrentes de acidente do trabalho (DJ 14.11.90).

19 — COMPETÊNCIA — FIXAÇÃO DO HORÁRIO BANCÁRIO

Fixação do horário bancário, para atendimento ao público, é da competência da União (DJ 7.12.90).

32 — COMPETÊNCIA — JUSTIFICAÇÕES JUDICIAIS

Compete à Justiça Federal processar justificações judiciais destinadas a instruir pedidos perante entidades que nela têm exclusividade de foro, ressalvada a aplicação do art. 15, II da Lei n. 5.010/66 (DJ 29.10.91).

33 — COMPETÊNCIA — TERRITORIAL

A incompetência relativa não pode ser declarada de ofício (DJ 29.10.91).

41 — COMPETÊNCIA — MANDADO DE SEGURANÇA

O Superior Tribunal de Justiça não tem competência para processar e julgar, originariamente, mandado de segurança contra ato de outros ou dos respectivos órgãos (DJ 20.5.92).

44 — PREVIDENCIÁRIO — BENEFÍCIO — DISACUSIA

A definição, em ato regulamentar, de grau mínimo de disacusia, não exclui, por si só, a concessão do benefício previdenciário (DJ 26.6.92).

45 — FAZENDA PÚBLICA — CONDENAÇÃO

No reexame necessário, é defeso ao Tribunal, agravar a condenação imposta à Fazenda Pública (DJ 26.6.92).

46 — COMPETÊNCIA — EMBARGOS DE DEVEDOR

Na execução por carta, os embargos do devedor serão decididos no juízo deprecante, salvo se versarem unicamente vícios ou defeitos da penhora, avaliação ou alienação dos bens (DJ 24.8.92).

55 — COMPETÊNCIA — FUNCIONAL

Tribunal Regional Federal não é competente para julgar recurso de decisão proferida por juiz estadual não investido de jurisdição federal (DJ 1º.10.92).

57 — COMPETÊNCIA — AÇÃO DE CUMPRIMENTO

Compete à Justiça Comum Estadual processar e julgar ação de cumprimento fundada em acordo ou convenção coletiva não homologada pela Justiça do Trabalho (DJ 6.10.92).

59 — COMPETÊNCIA — TRÂNSITO EM JULGADO

Não há conflito de competência se já existe sentença com trânsito em julgado, proferida por um dos juízos conflitantes (DJ 14.10.92).

62 — COMPETÊNCIA — CRIME DE FALSA ANOTAÇÃO NA CTPS — EMPRESA PRIVADA

Compete à Justiça Estadual processar e julgar o crime de falsa anotação na Carteira de Trabalho e Previdência Social, atribuído à empresa privada (DJ 26.11.92).

82 — FGTS — MOVIMENTAÇÃO — COMPETÊNCIA

Compete à Justiça Federal, excluídas as reclamações trabalhistas, processar e julgar os feitos relativos à movimentação do FGTS (DJ 2.7.93).

89 — ACIDENTE DO TRABALHO — VIA ADMINISTRATIVA

A ação acidentária prescinde do exaurimento da via administrativa (DJ 26.10.93).

92 — ALIENAÇÃO FIDUCIÁRIA

A terceiro de boa-fé não é oponível a alienação fiduciária não anotada no Certificado de Registro do veículo automotor (DJ 3.11.93).

97 — COMPETÊNCIA — SERVIDOR PÚBLICO

Compete à Justiça do Trabalho processar e julgar reclamação de servidor público relativamente a vantagens trabalhistas anteriores à instituição do regime jurídico único (DJ 3.3.94).

98 — EMBARGOS DE DECLARAÇÃO — PREQUESTIONAMENTO

Embargos de declaração manifestados com notório propósito de prequestionamento não têm caráter protelatório (DJ 25.4.94).

99 — MINISTÉRIO PÚBLICO — LEGITIMIDADE

O Ministério Público tem legitimidade para recorrer no processo em que oficiou como fiscal da lei, ainda que não haja recurso da parte (DJ 25.4.94).

105 — HONORÁRIOS ADVOCATÍCIOS — MANDADO DE SEGURANÇA

Na ação de mandado de segurança não se admite condenação em honorários advocatícios (DJ 3.6.94).

125 — O PAGAMENTO DE FÉRIAS NÃO GOZADAS POR NECESSIDADE DO SERVIÇO

Não está sujeito à incidência do Imposto de Renda (DJ 16.12.94).

134 — EMBARGOS DE TERCEIRO — MEAÇÃO

Embora intimada da penhora em imóvel do casal, o cônjuge do executado, pode opor embargos de terceiro para defesa de sua meação (DJ 5.5.95).

136 — LICENÇA-PRÊMIO — NÃO GOZADA POR NECESSIDADE DE SERVIÇO — IMPOSTO DE RENDA

O pagamento de licença-prêmio não gozada por necessidade do serviço não está sujeito ao imposto de renda (DJ 16.5.95).

137 — COMPETÊNCIA — SERVIDOR PÚBLICO MUNICIPAL — REGIME ESTATUTÁRIO

Compete à Justiça Comum Estadual processar e julgar ação de servidor público municipal, pleiteando direitos relativos ao vínculo estatutário (DJ 19.5.95).

144 — PRECATÓRIO — CRÉDITOS DE NATUREZA ALIMENTÍCIA — PREFERÊNCIA

Os créditos de natureza alimentícia gozam de preferência, desvinculados os precatórios da ordem cronológica dos créditos de natureza diversa (DJ 18.8.95).

147 — COMPETÊNCIA — CRIME PRATICADO CONTRA FUNCIONÁRIO PÚBLICO FEDERAL NO EXERCÍCIO DA FUNÇÃO

Compete à Justiça Federal processar e julgar os crimes praticados contra funcionário público federal, quando relacionados com o exercício da função (DJ 18.12.95).

150 — COMPETÊNCIA — INTERESSE JURÍDICO DA UNIÃO, SUAS AUTARQUIAS OU EMPRESAS PÚBLICAS

Compete à Justiça Federal decidir sobre a existência de interesse jurídico que justifique a presença no processo, da União, suas autarquias ou empresas públicas (DJ 15.2.96).

154 — FGTS — OPTANTES — LEI N. 5.958/93 — TAXA PROGRESSIVA DE JUROS

Os optantes pelo FGTS, nos termos da Lei n. 5.958, de 1973, têm direito à taxa progressiva dos juros, na forma do art. 4º da Lei n. 5.107/1996 (DJ 15.4.96).

161 — COMPETÊNCIA — LEVANTAMENTO DOS VALORES RELATIVOS AO PIS/PASEP E FGTS — FALECIMENTO DO TITULAR DA CONTA

É da competência da Justiça Estadual autorizar o levantamento dos valores relativos ao PIS/PASEP e FGTS, em decorrência do falecimento do titular da conta (DJ 19.6.96).

165 — COMPETÊNCIA — CRIME DE FALSO TESTEMUNHO — PROCESSO DO TRABALHO

Compete à Justiça Federal processar e julgar crime de falso testemunho cometido no processo do trabalho (DJ 2.9.96)

170 — COMPETÊNCIA — PEDIDOS TRABALHISTAS E ESTATUTÁRIO E PEDIDO REMANESCENTE

Compete ao juízo onde primeiro for intentada a ação envolvendo acumulação de pedidos, trabalhista e estatutário, decidi-la nos limites da sua jurisdição, sem prejuízo do ajuizamento de nova causa, com o pedido remanescente, no juízo próprio (DJ 5.11.96).

173 — COMPETÊNCIA DA JUSTIÇA FEDERAL — SERVIDOR DISPENSADO ANTES DA VIGÊNCIA DO REGIME JURÍDICO ÚNICO

Compete à Justiça Federal processar e julgar o pedido de reintegração em cargo público federal, ainda que o servidor tenha sido dispensado antes da instituição do Regime Jurídico Único (DJ 5.11.96).

179 — DEPÓSITO JUDICIAL — CORREÇÃO MONETÁRIA — RESPONSABILIDADE DO ESTABELECIMENTO DE CRÉDITO

O estabelecimento de crédito que recebe dinheiro, em depósito judicial, responde pelo pagamento da correção monetária relativa aos valores recolhidos (DJU 17.2.97).

180 — LIDE TRABALHISTA — CONFLITO DE COMPETÊNCIA — JUIZ ESTADUAL E JUNTA DE CONCILIAÇÃO E JULGAMENTO — COMPETÊNCIA DO TRIBUNAL REGIONAL DO TRABALHO DA RESPECTIVA REGIÃO

Na lide trabalhista, compete ao Tribunal Regional do Trabalho dirimir conflito de competência verificado, na respectiva região, entre juiz estadual e Junta de Conciliação e Julgamento (DJU 17.2.97).

201 — HONORÁRIOS ADVOCATÍCIOS — FIXAÇÃO EM SALÁRIOS MÍNIMOS — DESCABIMENTO

Os honorários advocatícios não podem ser fixados em salários mínimos (DJ 4.2.98).

210 — FGTS — COBRANÇA — PRESCRIÇÃO

A ação de cobrança das contribuições para o FGTS. Prescreve em 30 anos (DJ 5.6.98).

215 — IMPOSTO DE RENDA — PROGRAMA DE DEMISSÃO VOLUNTÁRIA — ISENÇÃO

A indenização recebida pela adesão à programa de incentivo à demissão voluntária não está sujeita à incidência do imposto de renda (DJ 4.12.98).

218 — COMPETÊNCIA — AÇÃO DE SERVIDOR PÚBLICO ESTADUAL — CARGO EM COMISSÃO — ESTATUTÁRIO — JUSTIÇA COMUM

Compete à Justiça dos Estados processar e julgar ação de servidor estadual decorrente de direitos e vantagens estatutárias no exercício de cargo em comissão (DJ 24.2.99).

219 — CRÉDITOS — SERVIÇOS PRESTADOS À MASSA FALIDA — PRIVILÉGIOS

Os créditos decorrentes de serviços prestados à massa falida, inclusive a remuneração do síndico, gozam dos privilégios próprios dos trabalhistas. (DJ 25.3.99).

222 — COMPETÊNCIA — CONTRIBUIÇÃO SINDICAL PREVISTA NO ART. 578 DA CLT

Compete à Justiça Comum processar e julgar as ações relativas à Contribuição Sindical prevista no artigo 578 da CLT (DJ 2.8.99).

225 — COMPETÊNCIA — TRIBUNAL REGIONAL DO TRABALHO

Compete ao Tribunal Regional do Trabalho apreciar recurso contra sentença proferida por órgão de primeiro grau da Justiça Trabalhista, ainda que para declarar-lhe a nulidade em virtude de incompetência (DJ 25.8.99).

226 — MINISTÉRIO PÚBLICO — LEGITIMIDADE PARA RECORRER — AÇÃO DE ACIDENTE DO TRABALHO

O Ministério Público tem legitimidade para recorrer na ação de acidente do trabalho, ainda que o segurado esteja assistido por advogado.

227 — DANO MORAL — PESSOA JURÍDICA

A pessoa jurídica pode sofrer dano moral (DJ 11.10.99).

230 — COMPETÊNCIA — TRABALHADOR AVULSO PORTUÁRIO — ATO DO ÓRGÃO GESTOR — EXERCÍCIO DA PROFISSÃO

Compete à Justiça Estadual processar e julgar ação movida por trabalhador avulso portuário, em que se impugna ato do órgão gestor de mão de obra de que resulte óbice ao exercício de sua profissão . (DJ 11.10.99). **(Cancelada pela Segunda Seção do STJ, publicado no DJ, 9.11.00).**

236 — COMPETÊNCIA — CONFLITOS DE COMPETÊNCIA ENTRE JUÍZES TRABALHISTAS VINCULADOS A TRIBUNAIS DO TRABALHO DIVERSOS

Não compete ao Superior Tribunal de Justiça dirimir conflitos de competência entre juízes trabalhistas vinculados a Tribunais Regionais do Trabalho diversos (DJ 17.4.00).

239 — ADJUDICAÇÃO COMPULSÓRIA — NÃO SE CONDICIONA AO REGISTRO DO COMPROMISSO DE COMPRA E VENDA NO CARTÓRIO DE IMÓVEIS

O direito à adjudicação compulsória não se condiciona ao registro do compromisso de compra e venda no cartório de imóveis.

242 — AÇÃO DECLARATÓRIA — TEMPO DE SERVIÇO — FINS PREVIDENCIÁRIOS

Cabe ação declaratória para reconhecimento de tempo de serviço para fins previdenciários (DJ 27.11.2000).

249 — FGTS — CORREÇÃO MONETÁRIA — CAIXA ECONÔMICA FEDERAL — LEGITIMIDADE PASSIVA

A Caixa Econômica Federal tem legitimidade passiva para integrar processo em que se discute correção monetária do FGTS (DJ 22.6.01).

252 — FGTS — SALDOS DAS CONTAS — CORREÇÃO PELOS ÍNDICES DE PLANOS ECONÔMICOS (PERDAS)

Os saldos das contas do FGTS, pela legislação infraconstitucional, são corrigidos em 42,72% (IPC) quanto às perdas de janeiro de 1989 e 44,80% (IPC) quanto às de abril de 1990, acolhidos pelo STJ os índices de 18,02% (LBC) quanto às perdas de junho de 1987, de 5,38% (BTN) para maio de 1990 e 7,00% (TR) para fevereiro de 1991, de acordo com o entendimento do STF (RE 226.855-7-RS). (DJ 16.8.01).

253 — ART. 557, DO CPC — REEXAME NECESSÁRIO

O art. 557 do CPC, que autoriza o relator a decidir o recurso, alcança o reexame necessário (DJ 15.8.01).

272 — TRABALHADOR RURAL — SEGURADO ESPECIAL — APOSENTADORIA — RECOLHIMENTO — CONTRIBUIÇÕES FACULTATIVAS

O trabalhador rural, na condição de segurado especial, sujeito à contribuição obrigatória sobre a produção rural comercializada, somente faz jus à aposentadoria por tempo de serviço se recolher contribuições facultativas (DJ 19.9.02).

273 — CARTA PRECATÓRIA — EXPEDIÇÃO — INTIMAÇÃO — DESNECESSÁRIA A INTIMAÇÃO DA DATA DA AUDIÊNCIA NO JUÍZO DEPRECADO

Intimada a defesa da expedição da carta precatória, torna-se desnecessária intimação da data da audiência no juízo deprecado (DJ 19.9.02).

278 — PRESCRIÇÃO — PRAZO PRESCRICIONAL — AÇÃO DE INDENIZAÇÃO — INCAPACIDADE LABORAL

O termo inicial do prazo prescricional, na ação de indenização é a data em que o segurado teve ciência inequívoca da incapacidade laboral (DJ 16.6.03).

281 — DANO MORAL — TARIFAÇÃO PREVISTA NA LEI DE IMPRENSA

A indenização por dano moral não está sujeita à tarifação prevista na Lei de Imprensa. (DJ 13.5.04)

282 — AÇÃO MONITÓRIA — CITAÇÃO — EDITAL — CABIMENTO

Cabe a citação por edital em ação monitória. (DJ 14.5.04)

289 — RESTITUIÇÃO DAS PARCELAS PAGAS — PREVIDÊNCIA PRIVADA — CORREÇÃO

A restituição das parcelas pagas a plano de previdência privada deve ser objeto de correção plena, por índice que recomponha a efetiva desvalorização da moeda. (DJ 14.5.04)

290 — PLANOS DE PREVIDÊNCIA PRIVADA — BENEFICIÁRIO — CONTRIBUIÇÃO — DEVOLUÇÃO — NÃO CABIMENTO

Nos planos de previdência privada, não cabe ao beneficiário a devolução da contribuição efetuada pelo patrocinador. (DJ 14.5.04)

291 — AÇÃO DE COBRANÇA — PARCELAS DE COMPLEMENTAÇÃO — PREVIDÊNCIA PRIVADA — PRESCRIÇÃO

A ação de cobrança de parcelas de complementação de aposentadoria pela previdência privada prescreve em cinco anos. (DJ 14.5.04)

292 — RECONVENÇÃO — AÇÃO MONITÓRIA — CONVERSÃO — PROCEDIMENTO ORDINÁRIO — CABIMENTO

A reconvenção é cabível na ação monitória, após a conversão do procedimento em ordinário. (DJ 14.5.04)

304 — DEPOSITÁRIO — QUE NÃO ASSUME EXPRESSAMENTE O ENCARGO — PRISÃO CIVIL — ILEGALIDADE

É ilegal a decretação da prisão civil daquele que não assume expressamente o encargo de depositário judicial. (DJ 22.11.04)

305 — DEPOSITÁRIO — FALÊNCIA — ARRECADAÇÃO DO BEM PELO SÍNDICO — PRISÃO CIVIL — DESCABIMENTO

É descabida a prisão civil do depositário quando, decretada a falência da empresa, sobrevém a arrecadação do bem pelo síndico. (DJ 22.11.04)

310 — AUXÍLIO-CRECHE — SALÁRIO DE CONTRIBUIÇÃO — NÃO INTEGRAÇÃO AO SALÁRIO

O auxílio-creche não integra o salário de contribuição. (DJ 23.5.05)

314 — EXECUÇÃO FISCAL — NÃO LOCALIZAÇÃO DE BENS PENHORÁVEIS — SUSPENSÃO DO PROCESSO — PRESCRIÇÃO INTERCORRENTE

Em execução fiscal, não localizados bens penhoráveis, suspende-se o processo por um ano, findo o qual se inicia o prazo da prescrição quinquenal intercorrente. (DJ 8.2.06)

328 — EXECUÇÃO CONTRA INSTITUIÇÃO FINANCEIRA — PENHORA

Na execução contra instituição financeira, é penhorável o numerário disponível, excluídas as reservas bancárias mantidas no Banco Central. (DJ 10.8.06)

343 — ADVOGADO — PROCESSO ADMINISTRATIVO DISCIPLINAR — PRESENÇA OBRIGATÓRIA

É obrigatória a presença de advogado em todas as fases do processo administrativo disciplinar. (DJ 21.9.07)

344 — LIQUIDAÇÃO — FORMA DIVERSA NA SENTENÇA — NÃO OFENSA A COISA JULGADA

A liquidação por forma diversa da estabelecida na sentença não ofende a coisa julgada.

345 — HONORÁRIOS ADVOCATÍCIOS — FAZENDA PÚBLICA — EXECUÇÕES INDIVIDUAIS — AÇÕES COLETIVAS, AINDA QUE NÃO EMBARGADA — CABIMENTO

São devidos honorários advocatícios pela Fazenda Pública nas execuções individuais de sentença proferida em ações coletivas, ainda que não embargadas.

346 — MILITARES TEMPORÁRIOS — AQUISIÇÃO DE ESTABILIDADE — CONTAGEM EM DOBRO DE FÉRIAS E LICENÇAS NÃO GOZADAS — VEDAÇÃO

É vedada aos militares temporários, para aquisição de estabilidade, a contagem em dobro de férias e licenças não-gozadas. (DJe 3.3.08)

349 — COMPETÊNCIA — JULGAMENTO DAS EXECUÇÕES FISCAIS DE CONTRIBUIÇÕES DEVIDAS PELO EMPREGADOR AO FGTS — JUSTIÇA FEDERAL OU AOS JUÍZES COM COMPETÊNCIA DELEGADA

Compete à Justiça Federal ou aos juízes com competência delegada o julgamento das execuções fiscais de contribuições devidas pelo empregador ao FGTS. (DJe 19.6.08)

351 — SEGURO DE ACIDENTE DO TRABALHO (SAT) — ALÍQUOTA DE CONTRIBUIÇÃO PARA O SEGURO DE ACIDENTE DO TRABALHO — AFERIÇÃO DO GRAU DE RISCO

A alíquota de contribuição para o Seguro de Acidente do Trabalho (SAT) é aferida pelo grau de risco desenvolvido em cada empresa, individualizada pelo seu CNPJ, ou pelo grau de risco da atividade preponderante quando houver apenas um registro.(DJe 19.6.08)

353 — FGTS — CONTRIBUIÇÃO — DISPOSIÇÕES DO CÓDIGO TRIBUTÁRIO NACIONAL — NÃO APLICAÇÃO

As disposições do Código Tributário Nacional não se aplicam às contribuições para o FGTS. (DJ 19.6.08)

362 — DANO MORAL — CORREÇÃO MONETÁRIA — INCIDÊNCIA DESDE A DATA DO ARBITRAMENTO

A correção monetária do valor da indenização do dano moral incide desde a data do arbitramento. (DJe 3.11.08)

363 — COMPETÊNCIA — AÇÃO DE COBRANÇA AJUIZADA POR PROFISSIONAL LIBERAL CONTRA CLIENTE — JUSTIÇA ESTADUAL

Compete à Justiça estadual processar e julgar a ação de cobrança ajuizada por profissional liberal contra cliente. (DJe 3.11.08)

364 — BEM DE FAMÍLIA — IMPENHORABILIDADE — IMÓVEL PERTENCENTE A PESSOAS SOLTEIRAS, SEPARADAS E VIÚVAS — ABRANGÊNCIA

O conceito de impenhorabilidade de bem de família abrange também o imóvel pertencente a pessoas solteiras, separadas e viúvas. (DJe 4.11.08)

365 — REDE FERROVIÁRIA FEDERAL S/A — INTERVENÇÃO DA UNIÃO — SUCESSÃO — COMPETÊNCIA — JUSTIÇA FEDERAL

A intervenção da União como sucessora da Rede Ferroviária Federal S/A (RFFSA) desloca a competência para a Justiça Federal ainda que a sentença tenha sido proferida por Juízo estadual (DJe 26.11.08)

366 — AÇÃO INDENIZATÓRIA PROPOSTA POR VIÚVA E FILHOS DE EMPREGADO FALECIDO EM ACIDENTE DO TRABALHO — COMPETÊNCIA — JUSTIÇA ESTADUAL

Compete à Justiça estadual processar e julgar ação indenizatória proposta por viúva e filhos de empregado falecido em acidente de trabalho (DJe 26.11.08) (Cancelada — CC 10/977 DJe 5.10.09)

367 — EMENDA CONSTITUCIONAL N. 45/2004 — COMPETÊNCIA — PROCESSOS JÁ SENTENCIADOS — NÃO ALCANCE

A competência estabelecida pela EC n. 45/2004 não alcança os processos já sentenciados (DJe 26.11.08)

373 — DEPÓSITO PRÉVIO — RECURSO ADMINISTRATIVO — ADMISSIBILIDADE — EXIGÊNCIA ILEGÍTIMA

É ilegítima a exigência de depósito prévio para admissibilidade de recurso administrativo (DJe 30.3.09)

375 — FRAUDE À EXECUÇÃO — RECONHECIMENTO — REGISTRO DA PENHORA DO BEM ALIENADO OU DA PROVA DE MÁ-FÉ DO TERCEIRO ADQUIRENTE

O reconhecimento da fraude à execução depende do registro da penhora do bem alienado ou da prova de má-fé do terceiro adquirente. (DJe 30.3.09)

377 — CONCURSO PÚBLICO — PORTADOR DE VISÃO MONOCULAR — VAGAS RESERVADAS AOS DEFICIENTES — DIREITO DE CONCORRER

O portador de visão monocular tem direito de concorrer, em concurso público, às vagas reservadas aos deficientes. (DJe/STJ 5.5.09)

378 — SERVIDOR PÚBLICO — DESVIO DE FUNÇÃO — DIFERENÇAS SALARIAIS DECORRENTES

Reconhecido o desvio de função, o servidor faz jus às diferenças salariais decorrentes (DJe 5.5.09)

386 — FÉRIAS — PROPORCIONAIS E RESPECTIVO ADICIONAL — IMPOSTO DE RENDA — ISENÇÃO

São isentas de imposto de renda as indenizações de férias proporcionais e o respectivo adicional (DJe 1.9.09)

387 — DANO ESTÉTICO E MORAL — INDENIZAÇÃO — CUMULAÇÃO — LICITUDE

É lícita a cumulação das indenizações de dano estético e dano moral (DJe 1.9.09)

393 — EXECUÇÃO FISCAL — EXCEÇÃO DE PRÉ-EXECUTIVIDADE — MATÉRIAS CONHECÍVEIS DE OFÍCIO QUE NÃO DEMANDEM DILAÇÃO PROBATÓRIA — ADMISSIBILIDADE

A exceção de pré-executividade é admissível na execução fiscal relativamente às matérias conhecíveis de ofício que não demandem dilação probatória. (DJe 7.10.09)

396 — CONTRIBUIÇÃO SINDICAL — RURAL — COBRANÇA — CONFEDERAÇÃO NACIONAL DA AGRICULTURA — LEGITIMIDADE ATIVA

A Confederação Nacional da Agricultura tem legitimidade ativa para a cobrança da contribuição sindical rural (DJe 7.10.09)

398 — FGTS — PRESCRIÇÃO — JUROS PROGRESSIVO SOBRE OS SALDOS DE CONTA VINCULADA — LIMITE — PARCELAS VENCIDAS

A prescrição da ação para pleitear os juros progressivos sobre os saldos de conta vinculada do FGTS não atinge o fundo de direito, limitando-se às parcelas vencidas DJe 7.10.09)

400 — EXECUÇÃO FISCAL — ENCARGO DE 20% — DL N. 1.025/1969 — MASSA FALIDA — EXIGÊNCIA

O encargo de 20% previsto no DL n. 1.025/1969 é exigível na execução fiscal proposta contra a massa falida (DJe 7.10.09)

401 — AÇÃO RESCISÓRIA — PRAZO DECADENCIAL — SÓ SE INICIA QUANDO NÃO FOR CABÍVEL QUALQUER RECURSO DO ÚLTIMO PRONUNCIAMENTO JUDICIAL

O prazo decadencial da ação rescisória só se inicia quando não for cabível qualquer recurso do último pronunciamento judicial (DJe 13.10.09)

403 — INDENIZAÇÃO — PUBLICAÇÃO NÃO AUTORIZADA DE IMAGEM DE PESSOA COM FINS ECONÔMICOS OU COMERCIAIS — INDEPENDE DE PROVA DO PREJUÍZO

Independe de prova do prejuízo a indenização pela publicação não autorizada de imagem de pessoa com fins econômicos ou comerciais. DJe 24.11.09

409 — EXECUÇÃO FISCAL — PRESCRIÇÃO OCORRIDA ANTES DA PROPOSITURA DA AÇÃO — DECRETAÇÃO DE OFÍCIO — POSSIBILIDADE (ART. 219, § 5º, DO CPC)

Em execução fiscal, a prescrição ocorrida antes da propositura da ação pode ser decretada de ofício (art. 219, § 5º, do CPC (DJe 24.11.09, REP. DJe 25.11.09)

414 — EXECUÇÃO FISCAL — CITAÇÃO POR EDITAL — CABÍVEL QUANDO FRUSTRADAS AS DEMAIS MODALIDADES

A citação por edital na execução fiscal é cabível quando frustradas as demais modalidades (DJe 16.12.09)

417 — PENHORA — DE DINHEIRO — EXECUÇÃO CIVIL — ORDEM DE NOMEAÇÃO DE BENS — CARÁTER NÃO ABSOLUTO

Na execução civil, a penhora de dinheiro na ordem de nomeação de bens não tem caráter absoluto. (DJe 11.3.10)

419 — DEPOSITÁRIO INFIEL — PRISÃO CIVIL — DESCABIMENTO

Descabe a prisão civil do depositário judicial infiel. (DJe 11.3.10)

421 — HONORÁRIOS ADVOCATÍCIOS — DEFENSORIA PÚBLICA — ATUAÇÃO CONTRA A PESSOA JURÍDICA DE DIREITO PÚBLICO À QUAL PERTENÇA — DESCABIMENTO

Os honorários advocatícios não são devidos à Defensoria Pública quando ela atua contra a pessoa jurídica de direito público à qual pertença. (DJe 11.3.10)

429 — CITAÇÃO POSTAL — AUTORIZAÇÃO POR LEI — EXIGÊNCIA DE AVISO DE RECEBIMENTO

A citação postal, quando autorizada por lei, exige o aviso de recebimento.

435 — EMPRESA DISSOLVIDA IRREGULARMENTE — DOMICÍLIO FISCAL — NÃO COMUNICAÇÃO AOS ÓRGÃOS COMPETENTES — PRESUNÇÃO — EXECUÇÃO FISCAL — DIRECIONAMENTO

Presume-se dissolvida irregularmente a empresa que deixar de funcionar no seu domicílio fiscal, sem comunicação aos órgãos competentes, legitimando o redirecionamento da execução fiscal para o sócio-gerente. (DJe 14.5.10)

445 — FUNDO DE GARANTIA DO TEMPO DE SERVIÇO — EXPURGOS INFLACIONÁRIOS — DIFERENÇAS — TERMO INICIAL — DATA EM QUE DEVERIAM TER SIDO CREDITADAS

As diferenças de correção monetária resultantes de expurgos inflacionários sobre os saldos de FGTS têm como termo inicial a data em que deveriam ter sido creditadas. (DJe 14.5.10)

449 — PENHORA — VAGA DE GARAGEM — MATRÍCULA PRÓPRIA NO REGISTRO DE IMÓVEIS — NÃO CONFIGURAÇÃO COMO BEM DE FAMÍLIA

A vaga de garagem que possui matrícula própria no registro de imóveis não constitui bem de família para efeito de penhora. (DJe 21.6.10)

451 — PENHORA — SEDE DO ESTABELECIMENTO COMERCIAL — LEGITIMIDADE

É legítima a penhora da sede do estabelecimento comercial. (DJe 21.6.10)

452 — AÇÕES DE PEQUENO VALOR — EXTINÇÃO — FACULDADE DA ADMINISTRAÇÃO FEDERAL — VEDADA A ATUAÇÃO JUDICIAL DE OFÍCIO

A extinção das ações de pequeno valor é faculdade da Administração Federal, vedada a atuação judicial de ofício. (DJe 21.6.10)

456 — CORREÇÃO MONETÁRIA — SALÁRIOS DE CONTRIBUIÇÃO — BENEFÍCIO DE AUXÍLIO-DOENÇA, APOSENTADORIA POR INVALIDEZ, PENSÃO OU AUXÍLIO-RECLUSÃO CONCEDIDOS ANTES DA VIGÊNCIA DA CF/1988 — DESCABIMENTO

É incabível a correção monetária dos salários de contribuição considerados no cálculo do salário de benefício de auxílio-doença, aposentadoria por invalidez, pensão ou auxílio-reclusão concedidos antes da vigência da CF/1988 (DJe 8.9.10)

458 — CONTRIBUIÇÃO PREVIDENCIÁRIA — COMISSÃO PAGA AO CORRETOR DE SEGURO — INCIDÊNCIA

A contribuição previdenciária incide sobre a comissão paga ao corretor de seguros. (DJe 8.9.10)

459 — CORREÇÃO MONETÁRIA — FGTS — DÉBITOS RECOLHIDOS PELO EMPREGADOR MAS NÃO REPASSADOS AO FUNDO — TR (TAXA REFERENCIAL) — ÍNDICE APLICADO

A Taxa Referencial (TR) é o índice aplicável, a título de correção monetária, aos débitos com o FGTS recolhidos pelo empregador mas não repassados ao fundo. (DJe 8.9.10)

462 — CAIXA ECONÔMICA FEDERAL — AÇÕES EM QUE REPRESENTA O FGTS — QUANDO SUCUMBENTE — CUSTAS — REEMBOLSO A PARTE VENCEDORA

Nas ações em que representa o FGTS, a CEF, quando sucumbente, não está isenta de reembolsar as custas antecipadas pela parte vencedora. (DJe 8.9.10)

463 — IMPOSTO DE RENDA — INDENIZAÇÃO — HORAS EXTRAORDINÁRIAS TRABALHADAS, AINDA QUE DECORRENTES DE ACORDO COLETIVO — INCIDÊNCIA

Incide imposto de renda sobre os valores percebidos a título de indenização por horas extraordinárias trabalhadas, ainda que decorrentes de acordo coletivo. (DJe 8.9.10)

466 — FUNDO DE GARANTIA DO TEMPO DE SERVIÇO — TITULAR DA CONTA — SAQUE — CONTRATO DE TRABALHO DECLARADO NULO POR AUSÊNCIA DE PRÉVIA APROVAÇÃO EM CONCURSO PÚBLICO

O titular da conta vinculada ao FGTS tem o direito de sacar o saldo respectivo quando declarado nulo seu contrato de trabalho por ausência de prévia aprovação em concurso público. (DJe 25.10.10)

467 — PRESCRIÇÃO — EXECUÇÃO DA MULTA POR INFRAÇÃO AMBIENTAL — PROCESSO ADMINISTRATIVO — PRAZO E CONTAGEM

Prescreve em cinco anos, contados do término do processo administrativo, a pretensão da Administração Pública de promover a execução da multa por infração ambiental. (DJe 25.10.10)

478 — EXECUÇÃO — COTAS CONDOMINIAIS — PREFERÊNCIA SOBRE O HIPOTECÁRIO

Na execução de crédito relativo a cotas condominiais, este tem preferência sobre o hipotecário. (DJe 19.6.12)

479 — INSTITUIÇÕES FINANCEIRAS — RESPONSABILIDADE OBJETIVA — DANOS GERADOS POR FORTUITO INTERNO — FRAUDES E DELITOS PRATICADOS POR TERCEIROS NO ÂMBITO DE OPERAÇÕES BANCÁRIAS

As instituições financeiras respondem objetivamente pelos danos gerados por fortuito interno relativo a fraudes e delitos praticados por terceiros no âmbito de operações bancárias. (DJe 1.8.12).

480 — JUIZO DA RECUPERAÇÃO JUDICIAL — DECISÃO SOBRE A CONSTRIÇÃO DE BENS NÃO ABRANGIDOS PELO PLANO DE RECUPERAÇÃO DA EMPRESA — INCOMPETÊNCIA

O juízo da recuperação judicial não é competente para decidir sobre a constrição de bens não abrangidos pelo plano de recuperação da empresa. (DJe 1.8.12)

481 — JUSTIÇA GRATUITA — PESSOA JURÍDICA COM OU SEM FINS LUCRATIVOS — IMPOSSIBILIDADE DE ARCAR COM OS ENCARGOS PROCESSUAIS — BENEFÍCIO

Faz jus ao benefício da justiça gratuita a pessoa jurídica com ou sem fins lucrativos que demonstrar sua impossibilidade de arcar com os encargos processuais. (DJe 1.8.12)

482 — PROCESSO CAUTELAR — FALTA DE AJUIZAMENTO DA AÇÃO PRINCIPAL NO PRAZO DO ART. 806 DO CPC — PERDA DA EFICÁCIA DA LIMINAR DEFERIDA E A EXTINÇÃO DO PROCESSO CAUTELAR

A falta de ajuizamento da ação principal no prazo do art. 806 do CPC acarreta a perda da eficácia da liminar deferida e a extinção do processo cautelar. (DJe 1.8.12)

483 — INSS — NÃO OBRIGAÇÃO DE EFETUAR O DEPÓSITO PRÉVIO DE PREPARO — PRERROGATIVAS E PRIVILÉGIOS DA FAZENDA PÚBLICA

O INSS não está obrigado a efetuar depósito prévio do preparo por gozar das prerrogativas e privilégios da Fazenda Pública. (DJe 1.8.12)

484 — RECURSO — PREPARO — INTERPOSIÇÃO DO RECURSO APÓS O ENCERRAMENTO DO EXPEDIENTE BANCÁRIO

Admite-se que o preparo seja efetuado no primeiro dia útil subsequente, quando a interposição do recurso ocorrer após o encerramento do expediente bancário. (DJe 1.8.12)

485 — ARBITRAGEM — CONTRATOS QUE CONTENHAM CLÁUSULA ARBITRAL — LEI — APLICAÇÃO AINDA QUE CELEBRADOS ANTES DA SUA EDIÇÃO

A Lei de Arbitragem aplica-se aos contratos que contenham cláusula arbitral, ainda que celebrados antes da sua edição. (DJe 1.8.12)

486 — PENHORA — ÚNICO IMÓVEL — LOCADO A TERCEIRO — RENDA OBTIDA COM A LOCAÇÃO E REVERTIDA PARA A SUBSISTÊNCIA OU MORADIA DA FAMÍLIA — IMPENHORABILIDADE

É impenhorável o único imóvel residencial do devedor que esteja locado a terceiros, desde que a renda obtida com a locação seja revertida para a subsistência ou a moradia da sua família. (DJe 1.8.12)

487 — ART. 741, PARÁGRAFO ÚNICO, DO CPC — SENTENÇAS TRANSITADAS EM JULGADO EM DATA ANTERIOR À DA SUA VIGÊNCIA — NÃO APLICAÇÃO

O parágrafo único do art. 741 do CPC não se aplica às sentenças transitadas em julgado em data anterior à da sua vigência. (DJe 1.8.12)

488 — HONORÁRIOS ADVOCATÍCIOS — REPARTIÇÃO — ART. 6º, § 2º DA LEI N. 9.469/1997 — INAPLICÁVEL A ACORDOS OU TRANSAÇÕES CELEBRADOS EM DATA ANTERIOR À SUA VIGÊNCIA

O § 2º do art. 6º da Lei n. 9.469/1997, que obriga à repartição dos honorários advocatícios, é inaplicável a acordos ou transações celebrados em data anterior à sua vigência. (DJe 1.8.12)

489 — AÇÃO CIVIL PÚBLICA — CONTINÊNCIA — RECONHECIMENTO — JUSTIÇA FEDERAL E JUSTIÇA ESTADUAL — REUNIÃO NA JUSTIÇA FEDERAL

Reconhecida a continência, devem ser reunidas na Justiça Federal as ações civis públicas propostas nesta e na Justiça estadual. (DJe 1.8.12)

490 — REEXAME NECESSÁRIO — DISPENSA — VALOR DA CONDENAÇÃO OU DO DIREITO CONTROVERTIDO INFERIOR A SESSENTA SALÁRIOS MÍNIMOS — SENTENÇAS ILÍQUIDAS — NÃO APLICAÇÃO

A dispensa de reexame necessário, quando o valor da condenação ou do direito controvertido for inferior a sessenta salários mínimos, não se aplica a sentenças ilíquidas. (DJe 1.8.12)

494 — PIS-PASEP — BENEFÍCIO FISCAL — RESSARCIMENTO DO CRÉDITO PRESUMIDO DO IPI — EXPORTAÇÕES — INCIDÊNCIA QUANDO AS MATÉRIAS-PRIMAS OU OS INSUMOS SEJAM ADQUIRIDOS DE PESSOA FÍSICA OU JURÍDICA NÃO CONTRIBUINTE

O benefício fiscal do ressarcimento do crédito presumido do IPI relativo às exportações incide mesmo quando as matérias-primas ou os insumos sejam adquiridos de pessoa física ou jurídica não contribuinte do PIS/PASEP. (DJe 13.8.12)

497 — PENHORA — CRÉDITOS DAS AUTARQUIAS FEDERAIS PREFEREM AOS CRÉDITOS DA FAZENDA ESTADUAL — COEXISTÊNCIA

Os créditos das autarquias federais preferem aos créditos da Fazenda estadual desde que coexistam penhoras sobre o mesmo bem. (DJe 13.8.12)

498 — DANO MORAL — INDENIZAÇÃO — IMPOSTO DE RENDA — NÃO INCIDÊNCIA

Não incide imposto de renda sobre a indenização por danos morais (DJe 13.8.12).

499 — CONTRIBUIÇÕES AO SESC E SENAC — EMPRESA — PRESTADORAS DE SERVIÇOS — SERVIÇO SOCIAL

As empresas prestadoras de serviços estão sujeitas às contribuições ao Sesc e Senac, salvo se integradas noutro serviço social. (DJe 18.3.13)

505 — COMPETÊNCIA — DEMANDAS QUE TÊM POR OBJETO OBRIGAÇÕES DECORRENTES DOS CONTRATOS DE PLANOS DE PREVIDÊNCIA PRIVADA FIRMADOS COM A FUNDAÇÃO REDE FERROVIÁRIA DE SEGURIDADE SOCIAL — REFER — JUSTIÇA ESTADUAL

A competência para processar e julgar as demandas que têm por objeto obrigações decorrentes dos contratos de planos de previdência privada firmados com a Fundação Rede Ferroviária de Seguridade Social — REFER é da Justiça estadual. (DJe 10.2.14 RSTJ v. 233 p. 823)

507 — ACUMULAÇÃO — AUXILIO-ACIDENTE COM APOSENTADORIA — LESÃO INCAPACITANTE — ART. 23 DA LEI N. 8.213/91 — DEFINIÇÃO — MOMENTO DA LESÃO NOS CASOS DE DOENÇA PROFISSIONAL OU DO TRABALHO

A acumulação de auxílio-acidente com aposentadoria pressupõe que a lesão incapacitante e a aposentadoria sejam anteriores a 11.11.1997, observado o critério do art. 23 da Lei n. 8.213/1991 para definição do momento da lesão nos casos de doença profissional ou do trabalho. (DJe 31.3.2014 RSTJ v. 233 p. 825).

514 — CEF — RESPONSÁVEL PELO FORNECIMENTO DOS EXTRATOS DAS CONTAS INDIVIDUALIZADAS VINCULADAS AO FGTS DOS TRABALHADORES, INCLUSIVE PARA FINS DE EXIBIÇÃO EM JUÍZO, INDEPENDENTEMENTE DO PERÍODO EM DISCUSSÃO

A CEF é responsável pelo fornecimento dos extratos das contas individualizadas vinculadas ao FGTS dos Trabalhadores participantes do Fundo de Garantia do Tempo de Serviço, inclusive para fins de exibição em juízo, independentemente do período em discussão. DJe 18.8.14

515 — REUNIÃO DE EXECUÇÕES FISCAIS — MESMO DEVEDOR — FACULDADE DO JUIZ

A reunião de execuções fiscais contra o mesmo devedor constitui faculdade do Juiz. DJe 18.8.14

SÚMULAS DO EX-TRIBUNAL FEDERAL DE RECURSOS EM MATÉRIA TRABALHISTA

ÍNDICE ALFABÉTICO-REMISSIVO

SÚMULAS DO EX-TFR, ATUAL STJ EM MATÉRIA TRABALHISTA

8 — DUPLA APOSENTADORIA — FERROVIÁRIO DA EFCB

Não constitui obstáculo à concessão da dupla aposentadoria de que trata a Lei n. 2.752/1956, art. 1º e parágrafo único, em favor de ferroviário da Estrada de Ferro Central do Brasil, o fato de deter a condição de extranumerário da União Federal à data da autarquização da referida Estrada e nessa situação ter sido posto à sua disposição, nele obtendo modificações e melhorias funcionais (DJ 17.12.79).

29 — CERTIFICADOS DE QUITAÇÃO E REGULARIDADE — DÉBITO PENDENTE

Os Certificados de Quitação e de Regularidade não podem ser negados, enquanto pendente de decisão, na via administrativa, o débito levantado (DJ 29.1.80).

32 — EXECUÇÃO POR CARTA — CPC, ART. 747 C/C ART. 658 — EMBARGOS DO DEVEDOR

Na execução por carta (CPC, art. 747 c/c art. 658), os embargos do devedor serão decididos no Juízo deprecante, salvo se versarem unicamente vícios ou defeitos da penhora, avaliação ou alienação dos bens (DJ 16.5.80).

33 — EXECUÇÃO POR CARTA — EMBARGOS DE TERCEIRO — COMPETÊNCIA

O juízo deprecado, na execução por carta, é o competente para julgar os embargos de terceiro, salvo se o bem apreendido foi indicado pelo Juízo deprecante (DJ 16.5.80).

34 — DUPLO GRAU DE JURISDIÇÃO

O duplo grau de jurisdição (CPC, art. 475, II) é aplicável quando se trata de sentença proferida contra a União, o Estado e o Município, só incidindo, em relação às autarquias, quando estas forem sucumbentes na execução da dívida ativa (CPC, art. 475, III) (DJ 16.5.80).

38 — CERTIFICADOS DE QUITAÇÃO E DE REGULARIDADE DE SITUAÇÃO

Os Certificados de Quitação e de Regularidade de Situação não podem ser negados, se o débito estiver garantido por penhora regular (CTN, art. 206) (DJ 2.7.80) — V. Súmula n. 29.

44 — FALÊNCIA — EXECUÇÃO — BENS PENHORADOS

Ajuizada a execução fiscal anteriormente à falência, com penhora realizada antes desta, não ficam os bens penhorados sujeitos à arrecadação no juízo falimentar; proposta a execução fiscal contra a massa falida, a penhora far-se-á no rosto dos autos do processo da quebra, citando-se o síndico (DJ 14.10.80).

73 — CERTIFICADO DE QUITAÇÃO OU DE REGULARIDADE DE SITUAÇÃO — MUNICÍPIOS

Não cabe exigir dos Municípios o Certificado de Quitação ou de Regularidade de Situação (DJ 19.3.81).

82 — PIS — COMPETÊNCIA DA JUSTIÇA DO TRABALHO

Compete à Justiça do Trabalho processar e julgar as reclamações pertinentes ao cadastramento no PIS ou indenização compensatória pela falta deste, desde que não envolvam relações de trabalho dos servidores da União, suas autarquias e empresas públicas (DJ 20.5.81).

85 — CONTRIBUIÇÃO PREVIDENCIÁRIA DA EMPRESA, POR SERVIÇOS PRESTADOS PELO TRABALHADOR AUTÔNOMO

A contribuição previdenciária da empresa, por serviços prestados pelo trabalhador autônomo, passou a ser devida a partir da vigência do Decreto-lei n. 959, de 13.10.69 (DJ 12.8.81).

87 — COMPETÊNCIA DA JUSTIÇA COMUM ESTADUAL — COBRANÇA DE CONTRIBUIÇÕES SINDICAIS

Compete à Justiça Comum Estadual o processo e julgamento da ação de cobrança de contribuições sindicais (DJ 12.8.81).

88 — COMPETÊNCIA DA JUSTIÇA DO TRABALHO — RECLAMAÇÃO AJUIZADA CONTRA A REDE FERROVIÁRIA FEDERAL S.A. POR SERVIDOR CEDIDO PELA UNIÃO FEDERAL

Compete à Justiça do Trabalho o processo e julgamento de reclamação ajuizada contra a Rede Ferroviária Federal S.A. por servidor cedido pela União Federal (DJ 27.8.81).

89 — COMPETÊNCIA DE JCJ — CARTA PRECATÓRIA EXPEDIDA POR JUIZ FEDERAL, EM MATÉRIA TRABALHISTA

Compete à Junta de Conciliação e Julgamento, sediada em Comarca do interior, cumprir carta precatória expedida por Juiz Federal, em matéria trabalhista (DJ 27.8.81).

90 — SERVIDOR ESTATUTÁRIO QUE OPTOU PELO REGIME CELETISTA — GRATIFICAÇÃO ADICIONAL POR TEMPO DE SERVIÇO

Ao servidor estatutário que optou pelo regime celetista, na forma da Lei n. 6.184, de 1974, é assegurado o direito à gratificação adicional por tempo de serviço correspondente aos períodos anteriores à opção (cancelada — DJ 20, 21 e 24.3.86).

105 — PRAZOS — FÉRIAS FORENSES — APLICAÇÃO DA REGRA DO ART. 179 DO CPC

Aos prazos em curso no período compreendido entre 20 de dezembro e 6 de janeiro, na Justiça Federal, aplica-se a regra do art. 179 do Código de Processo Civil (DJ 3.3.82).

114 — CAUSAS ENTRE SINDICATOS E SEUS ASSOCIADOS — COMPETÊNCIA DA JUSTIÇA COMUM ESTADUAL

Compete à Justiça Comum Estadual processar e julgar as causas entre os sindicatos e seus associados (DJ 6.5.82).

115 — COMPETÊNCIA DA JUSTIÇA FEDERAL — PROCESSO E JULGAMENTO DE CRIMES CONTRA A ORGANIZAÇÃO DO TRABALHO

Compete à Justiça Federal processar e julgar os crimes contra a organização do trabalho, quando tenham por objeto a organização geral do trabalho, ou direitos dos trabalhadores considerados coletivamente (DJ 11.6.82).

150 — COMPETÊNCIA DA JUSTIÇA DO TRABALHO LITÍGIOS ENTRE A ADMINISTRAÇÃO DIRETA OU INDIRETA DO DISTRITO FEDERAL E SEUS SERVIDORES

Compete à Justiça do Trabalho processar e julgar os litígios entre a Administração Direta ou Indireta do Distrito Federal e os seus servidores, regidos pela legislação trabalhista (DJ 27.2.84).

156 — SINDICATOS — ORGANIZAÇÃO EM FEDERAÇÕES

Sindicatos representativos de atividades econômicas ou profissionais idênticas, ou categoria econômica específica, podem organizar-se em federações (DJ 8.6.84).

169 — COMPETÊNCIA DO JUIZ DE DIREITO NAS COMARCAS EM QUE NÃO FOI CRIADA JCJ

Na comarca em que não foi criada Junta de Conciliação e Julgamento, é competente o Juiz de Direito para processar e julgar litígios de natureza trabalhista (DJ 21, 22 e 23.11.84).

180 — FERROVIÁRIOS — COMPLEMENTAÇÃO DE PROVENTOS DA APOSENTADORIA — COMPETÊNCIA DA JUSTIÇA FEDERAL

Compete à Justiça Federal processar e julgar pedidos de complementação de proventos da aposentadoria dos ferroviários cedidos à Rede Ferroviária Federal S/A. Imprópria a reclamação trabalhista para a espécie (DJ 11.10.85).

184 — SOCIEDADE POR QUOTAS — SÓCIO-GERENTE — EMBARGOS DE TERCEIRO

Em execução movida contra sociedade por quotas, o sócio-gerente, citado em nome próprio, não tem legitimidade para opor embargos de terceiro, visando livrar da constrição judicial seus bens particulares (DJ 7, 8 e 9.10.85).

195 — MANDADO DE SEGURANÇA

O mandado de segurança não é o meio processual idôneo para dirimir litígios trabalhistas (DJ 2, 3 e 4.12.85).

196 — EMBARGOS — EXECUÇÃO TRABALHISTA

Cabem embargos e não agravo de petição, da sentença de liquidação no processo de execução trabalhista (DJ 2, 3 e 4.12.85).

200 — JULGAR CRIME DE FALSIFICAÇÃO OU USO DE DOCUMENTO FALSO PERANTE A JUSTIÇA DO TRABALHO — COMPETÊNCIA DA JUSTIÇA FEDERAL

Compete à Justiça Federal processar e julgar crime de falsificação ou de uso de documento falso perante a Justiça do Trabalho (DJ 2, 3 e 4.12.85 e retificada DJ 13, 16 e 17.12.85).

214 — RELAÇÃO EMPREGATÍCIA — PRESTAÇÃO DE SERVIÇOS DE CARÁTER CONTINUADO

A prestação de serviços de caráter continuado, em atividades de natureza permanente, com subordinação, observância de horário e normas de repartição, mesmo em Grupo-Tarefa, configura relação empregatícia (DJ 3, 4 e 5.6.86).

216 — MANDADO DE SEGURANÇA CONTRA ATO DE AUTORIDADE PREVIDENCIÁRIA — COMPETÊNCIA DA JUSTIÇA FEDERAL

Compete à Justiça Federal processar e julgar mandado de segurança impetrado contra ato de autoridade previdenciária, ainda que localizada em comarca do interior (DJ 3. 4 e 5.6.86).

217 — JUSTIÇA FEDERAL — PRINCÍPIO DA IDENTIDADE FÍSICA DO JUIZ

No âmbito da Justiça Federal, aplica-se aos feitos trabalhistas o princípio da identidade física do juiz (DJ 3, 4 e 5.6.86).

223 — DIFERENÇA SALARIAL — DESVIO FUNCIONAL

O empregado, durante o desvio funcional, tem direito à diferença salarial, ainda que o empregador possua quadro de pessoal organizado em carreira (DJ 21, 22 e 25.8.86).

230 — PROCESSO SELETIVO DE ASCENSÃO FUNCIONAL

No processo seletivo de ascensão funcional das entidades componentes do SINPAS, o servidor somente pode concorrer no âmbito da autarquia a que pertence (DJ 3, 4 e 5.12.86).

240 — EMBARGOS À EXECUÇÃO — INTIMAÇÃO DO REPRESENTANTE DA FAZENDA PÚBLICA

A intimação do representante judicial da Fazenda Pública nos embargos à execução fiscal, será feita pessoalmente (DJ 4, 8 e 9.9.87).

242 — BEM ALIENADO FIDUCIARIAMENTE — EXECUÇÃO

O bem alienado fiduciariamente não pode ser objeto de penhora nas execuções ajuizadas contra o devedor fiduciário (DJ 18, 21 e 22.9.87).

244 — INTERVENÇÃO DA UNIÃO, SUAS AUTARQUIAS E EMPRESAS PÚBLICAS — COMPETÊNCIA

A intervenção da União, suas autarquias e empresas públicas em concurso de credores ou de preferência não desloca a competência para a Justiça Federal (DJ 28, 29 e 30.9.87).

245 — EXECUÇÃO DE SENTENÇA — VALOR DE ALÇADA RECURSAL

Na execução de sentença, prevalece, para efeito da alçada recursal de que trata a Lei n. 6.825, de 1980, o valor apurado na liquidação (DJ 8, 9 e 13.10.87).

246 — CAUSA EM QUE SE DISCUTE MATÉRIA CONSTITUCIONAL — ALÇADA

A causa em que se discute matéria constitucional não está sujeita à alçada de que trata a Lei n. 6.825, de 1980 (DJ 16, 19 e 20.10.87).

261 — LITISCONSÓRCIO ATIVO VOLUNTÁRIO — VALOR DA CAUSA — EFEITO DE ALÇADA RECURSAL

No litisconsórcio ativo voluntário, determina-se o valor da causa, para efeito de alçada recursal, dividindo-se o valor global pelo número de litisconsortes. (DJ 28.9.88)

262 — JUIZ QUE NÃO COLHEU PROVA EM AUDIÊNCIA

Não se vincula ao processo o juiz que não colheu prova em audiência (DJ 25.10.88).

SÚMULAS DO TRIBUNAL SUPERIOR DO TRABALHO

v. Regimento Interno do Tribunal Superior do Trabalho, artigos 154 a 168, com a redação dada pela Emenda Regimental n. 8/2006, DJ 20.12.06, p. 188/189, que trata da uniformização da jurisprudência, das Súmulas e dos Precedentes Normativos e das Orientações Jurisprudenciais (não publicada nesta obra).

ÍNDICE ALFABÉTICO-REMISSIVO

NR — NOVA REDAÇÃO (RESOL. 121/03, DJ 21.11.03)

RE — RESTAURADO (RESOL. 121/03, DJ 21.11.03)

NOS RESPECTIVOS TÍTULOS ENCONTRAM-SE AS SÚMULAS CANCELADAS PELO TRIBUNAL SUPERIOR DO TRABALHO E NA PARTE DO TEXTO O NÚMERO DA RESOLUÇÃO ADMINISTRATIVA DO TST E A DATA DE CANCELAMENTO

ramente homologatória de cálculo. Prequestionamento — 298, IV. — Termo de conciliação. CLT, art. 831, parágrafo único — 259 — Trânsito em julgado da decisão rescindenda. Documento comprobatório. Prazo para juntada — 299, II — Vício de intimação da decisão rescindenda. Ausência da formação da coisa julgada material. Carência de ação — 299, IV — Violação de lei. Norma infraconstitucional. Interpretação controvertida — 83, I — Violência de lei. Prequestionamento. Pronunciamento explicito — 298, I — Violação do art. 896, "a", da CLT. Decisão que não conhece de recurso de revista, com base em divergência jurisprudencial. Ausência de sentença de mérito — 413

CANCELADAS

Cabimento. Justiça do Trabalho — 144 — Depósito prévio. Arts. 485 *usque* 495 do CPC. Arts. 488, item II, e 494 do CPC — 169 e 194— Prova do trânsito em julgado da decisão rescindenda. — Cancelada pela Súmula n. 299 — 107

AÇÃO RESCISÓRIA PREVENTIVA

Ação rescisória. Decisão rescindenda. Ausência de trânsito em julgado. Descabimento de ação rescisória preventiva — 299, III

ACIDENTE DO TRABALHO

Duração de férias e cálculo de gratificação natalina — 46 — Estabilidade Provisória art. 118, da Lei n. 8.213/91 Constitucionalidade. Pressupostos — 378, I e II — Contrato de trabalho por tempo determinado. Empregado submetido a esta modalidade de contrato. Direito a garantia provisória de emprego decorrente de acidente de trabalho prevista no art. 118 da Lei n. 8.213/91 — 378, III

ACORDO DE COMPENSAÇÃO DE HORÁRIO

Ajuste. Acordo individual escrito. Acordo coletivo. Convenção coletiva — 85, I — Atividade insalubre. Acordo coletivo. Validade — 349 — Banco de horas não aplicação. Regime compensatório. Instituição por negociação coletiva — 85, V — Horário. Compensação. Acordo individual. Validade — 85, II — Horas extras. Habitualidade. Descaracterização. Adicional — 85, IV — Não atendimento das exigências legais. Horas extras. Adicional / Nova redação — Res. 121/2003, DJ 21.11.2003 — 85, III

CANCELADAS

Acordo escrito — 108 — Horas extras não contratadas expressamente — 215 — Banco de horas não aplicação. Regime compensatório. Instituição por negociação coletiva — 85, V

ADICIONAIS EVENTUAIS

Incidência do FGTS — 63

ADICIONAL DE ANTIGUIDADE

CANCELADAS

Fepasa. Base de cálculo — 79 — Plano de classificação. Incorporação ao salário--base — 250

ADICIONAL DE HORAS EXTRAS

Bancário. Pré-contratação — 199 — Comissionista — 340 (NR) — Hora suplementar. Cálculo — 264 — Regime de compensação de horário semanal — 85 (NR) — Regime de revezamento. Intervalo mínimo de 11 horas — 110

CANCELADAS

Comissionista — 56 — Horas extras não contratadas expressamente — 215

ADICIONAL DE INSALUBRIDADE

Agente nocivo diverso do apontado na inicial — 293 — Base de cálculo. Salário mínimo. CLT, art. 76 — 228 (NR) — Contato intermitente — 47 — Fornecimento. Aparelho protetor — 80 — Fornecimento — Aparelho protetor. Fiscalização — 289 — Integração. Cálculo. Indenização — 139 — Reclassificação ou descaracterização da insalubridade — 248 — Atividade insalubre. Caracterização. Previsão na norma regulamentadora n. 15 da Portaria do Ministério do trabalho n. 3.214/78. Instalações sanitárias — 448

CANCELADAS

Acordo de compensação de horário em atividade insalubridade celebrado por acordo coletivo — 364 — Base de cálculo. Salário profissional — 17 (RE) — Cálculo — Salário mínimo regional — 137 — Constitucionalidade do art. 3º do Decreto-lei n. 389/68 — 162 — Substituição processual. Sindicato — 271 — Trabalhador rural. Perícia — 292

ADICIONAL DE PERICULOSIDADE

Bomba de gasolina. Lei n. 2.573/1955 — 39 — Horas de sobreaviso. Integração — 132, II — Cálculo. Salário--base — Nova redação — Res. 121/2003, DJ 21.11.2003 — 191 — Eletricitários. Exposição intermitente — 361 — Exposição eventual. Permanente e intermitente. Tempo reduzido — 364, I — Incidência. Triênio. Pessoal da Petrobrás — 70 — Integração. Cálculo. Indenização — 132, I — Percentual inferior ao legal. Proporcionalidade. Previsão em instrumento coletivo. Prevalência — 364, II — Permanência a bordo durante o abastecimento da aeronave. Indevido — 477 — . Pagamento espontâneo. Caracterização de fato incontroverso. Desnecessária a perícia de que trata o art. 195 da CLT — 453

CANCELADA

Substituição processual. Sindicato — 271

ADICIONAL DE PRODUTIVIDADE

Incidência no cálculo do repouso semanal — 225

CANCELADA

Servidor de ex-autarquia administradora de porto que opta pelo regime jurídico da CLT — 121

ADICIONAL NOTURNO

Alteração do turno de trabalho. Supressão — 265 — Gorjetas. Natureza jurídica. Repercussões — Revisão do Enunciado n. 290 — 354 — Habitualidade. Integração ao salário — 60, I — Incidência sobre horas prorrogadas em horário noturno, art. 73, § 5º, da CLT — 60, II — Vigia — 140

CANCELADA

Regime de revezamento. CLT, art. 73. CF/1947, art. 157, III — 130

ADICIONAL POR TEMPO DE SERVIÇO

Integração — Cálculo. Gratificação de função. Bancário. CLT, art. 224, § 2º — 240 — Quinquênio. Complementação de aposentadoria. Lei n. 4.345/64 — 52 — Triênio. Pessoal da Petrobrás. Cálculo. Adicional de periculosidade — 70

CANCELADAS

FEPASA. Base de cálculo — 79 — Funcionário público. Opção. Regime celetista. Congelamento dos quinquênios — 105 — Quinquênios. RFFSA. Base de cálculo — 66 — Reajuste semestral. Lei n. 6.708/79 — 181

ADICIONAL REGIONAL

Petrobras. CF/69, art. 165 — 84 (NR)

ADMINISTRAÇÃO PÚBLICA

Indireta. Contratação. Ausência de concurso público. Nulidade. Ulterior privatização. Convalidação. Insubsistência do vício — 430

ADVOGADO

Pluralidade de advogado. Publicação em nome de advogado diverso daquele expressamente indicado. Nulidade — 427

AGRAVO DE INSTRUMENTO

Cabimento. Recurso de revista — 218— Feriados. Tempestividade do recurso. Prova. Na hipótese do inciso II, admite-se a reconsideração da análise da tempestividade do recurso, mediante prova documental superveniente, em Agravo Regimental, Agravo de Instrumento ou Embargos de Declaração — 385, III — Recurso de revista. Admissibilidade parcial pelo Juiz Presidente do TRT. Apreciação integral pela Turma do TST — 285 — Cabimento. Embargos para a SDI — 353 (NR)

CANCELADAS

Cabimento. Embargos para a SDI — 335 — Despacho denegatório de recurso de revista. Embargos para o Tribunal Pleno — 183 — Traslado deficiente. Peças essenciais — 272

AGRAVO REGIMENTAL

Ação rescisória. Decisão em agravo regimental. Aplicação da Súm. 333. Juízo de mérito. Competência — 192,V — Ação rescisória. Sentença de mérito. Decisão de TRT em agravo regimental confirmando decisão monocrática do relator que, aplicando a Súm. 83 do TST, indeferiu a petição inicial da ação rescisória. Competência do TST —411 — Cabimento. Embargos para a SDI — 353 (NR) — Feriados. Tempestividade do recurso. Prova. Na hipótese do inciso

Súmulas TST

II, admite-se a reconsideração da análise da tempestividade do recurso, mediante prova documental superveniente, em Agravo Regimental, Agravo de Instrumento ou Embargos de Declaração — 385, III

CANCELADA

Cabimento. Embargos para o Tribunal Pleno — 195

ALÇADA

Ação rescisória. Mandado de segurança. Inaplicável — 365 — Valor da causa — 71 — Vinculação ao salário mínimo — 356

ALTERAÇÃO CONTRATUAL

Cláusulas regulamentares. Vantagens deferidas anteriormente. Revogação ou alteração — 51, I — Prescrição. Prestações sucessivas. Trabalhador urbano — Cancela os Enunciados ns. 168 e 198 — 294

CANCELADAS

Prescrição. Prestações periódicas — 168 — Prescrição. Prestações periódicas — 198

AMBIENTE DE TRABALHO

Artificialmente frio. Horas extras. Art. 253 da CLT. Aplicação analógica — 438

APOSENTADORIA

— *V. Aposentadoria por invalidez*

— Ferroviário. Rede Ferroviária Federal. Competência da Justiça do Trabalho — 106 — Por invalidez. Cancelamento. Retorno ao emprego — 160 — Prêmio. Regulamento da empresa. Lei n. 5.107/66, art. 17, § 3º — 72 (NR)

CANCELADAS

Contagem do tempo de serviço. Funcionários da União, das autarquias e das sociedades de economia mista. Previdência privada. Lei n. 3.841/60 — 174 — Cômputo do tempo anterior à aposentadoria. Permanência na empresa — 21 — Espontânea. Depósito do FGTS. Período anterior à opção — 295 (NR) — Gratificação natalina proporcional. Lei n. 4.090/62 — 3

APOSENTADORIA POR INVALIDEZ

Auxílio-doença acidentário. Aposentadoria por invalidez. Suspensão do contrato de trabalho. Reconhecimento do direito à manutenção de plano de saúde ou de assistência médica — 440— Cancelamento da aposentadoria. Retorno ao emprego — 160

ARQUIVAMENTO DO PROCESSO

Ausência do reclamante. Adiamento da instrução — 9 — Prescrição. Interrupção — 268 (NR)

CANCELADA

Inquérito judicial. Não recolhimento das custas processuais — 49

ASSISTÊNCIA

Intervenção. Interesse jurídico — 82 (NR)

ASSISTENTE TÉCNICO (V. HONORÁRIOS PERICIAIS)

ATESTADO MÉDICO

Ordem preferencial estabelecida em lei. Percepção do salário-enfermidade — 15 — Ilisão da revelia — 122 (NR)

ATOS INSTITUCIONAIS

CANCELADA — Competência da Justiça do Trabalho. Reintegração — 150

ATUALIZAÇÃO MONETÁRIA (V. CORREÇÃO MONETÁRIA)

AUMENTO SALARIAL SETORIZADO

CANCELADA — Tabela única Legitimidade — 249.

AUTENTICAÇÃO

CANCELADA — Valor do depósito recursal na relação de empregados — 216

AUXILIAR DE LABORATÓRIO

Ausência de diploma. Lei n. 3.999/61 — 301

AUXÍLIO-DOENÇA

Acidentário. Aposentadoria por invalidez. Suspensão do contrato de trabalho. Reconhecimento do direito à manutenção de plano de saúde ou de assistência médica — 440 — Estabilidade provisória. Direito. Pressupostos para concessão. Afastamento e auxílio-doença — 378, II

AVISO PRÉVIO

Concessão de auxílio-doença no curso do aviso prévio indenizado. Efeitos da dispensa — 371 — Concessão na fluência da garantia de emprego — 348 — Cessação da atividade da empresa — 44 — Contrato de experiência. CLT, art. 481 — 163 — Dirigente sindical. Registro da candidatura no curso do aviso prévio. Estabilidade provisória não assegurada — 369, V — Falta grave — 73 (NR) — Gratificação semestral. Repercussão — 253 (NR) — Incidência. FGTS — 305 — Indenização compensatória — 182 — Início da contagem. Código Civil de 2002, art. 132, *caput* — 380 — Professor. Dispensa sem justa causa. Término do ano letivo ou no curso de férias escolares — 10 — Aviso prévio proporcional ao tempo de serviço — 441 — Redução da jornada. Substituição pelo pagamento das horas correspondentes — 230 — Renúncia — 276 — Rescisão contratual. Culpa recíproca — 14

CANCELADAS

Despedida indireta — 31 — Integração. Horas extras — 94 — Reajustamento salarial — 5

B

BALCONISTA

Comissionista. Adicional de horas extras — 340 (NR)

CANCELADA

Comissionista. Adicional de horas extras — 56

BANCÁRIO

Adicional por tempo de serviço. Integração. Gratificação de função. Art. 224, § 2º, da CLT — 240 — Advogado. Cargo de confiança. Art. 224, § 2º, da CLT — 102, V — Caixa. Cargo de confiança. Horas extras — 102, VI — Cargo de confiança. Configuração dependente da prova das reais atribuições. Arts. 224, § 2º, e 62, letra *b*, da CLT — 102, I — Cargo de confiança. Enquadramento no art. 224, § 2º, da CLT. Horas extras além da 8ª diária — 102, IV — Cargo de confiança. Enquadramento no art. 224, § 2º, da CLT. Percepção de gratificação. Indevidas as 7ª e 8ª horas como extras — 102, II — Cargo de confiança. Gratificação. Pagamento a menor — 102, III — Cargo de confiança. Gratificação de função superior a 1/3 e inferior ao valor previsto em norma coletiva. Indevidas as 7ª e 8ª horas. Direito às diferenças de gratificação de função — 102, VII — Distribuidoras e corretoras de títulos de valores mobiliários. Jornada de trabalho. Equiparação — 119 — Empregado de empresa de processamento de dados. Enquadramento — 239 — Estabelecimentos de crédito. Categoria diferenciada. Equiparação — 117 — Financeiras. Equiparação. Art. 224 da CLT — 55 — Gerente. Horas extras. CLT, art. 224, § 2º — Nova redação — Res. 121/2003, DJ 21.11.2003 - 287 - Gratificação de função. Compensação. Horas extras. CLT, art. 224, § 2º — Redação dada pela RA 97/1980, DJ 19.9.1980 - 109 Gratificação por tempo de serviço. Integração. Cálculo. Horas extras — 226 — Pré-contratação de serviço suplementar quando da admissão —199, I — Pré-contratação de serviço suplementar quando da admissão. Supressão. Prescrição total - 199, II — Quebra de caixa. Integração ao salário — 247 — Sábado. Dia útil — 113 Salário-hora. Divisor — 1) Ajuste individual expresso ou coletivo no sentido de considerar o sábado como dia de descanso. Submissão à jornada de seis horas, prevista no caput do art. 224 da CLT. Divisor 150 — 124, I, "a" — Demais hipóteses. Divisor 180 — 124, II, "a"; 2) Ajuste individual expresso ou coletivo no sentido de considerar o sábado como dia de descanso Submissão à jornada de oito horas, nos termos do § 2º do art. 224 da

CLT. Divisor 200 — 124, I, "b" - Demais hipóteses. Divisor 220 — 124, II, "b"— Venda de papéis ou valores mobiliários. Grupo econômico — 93 — Vigilante. Enquadramento — 257

CANCELADAS

Bancário. Hora de salário. Divisor — 343 (cancelada pela Resol. 185/12, Divulgado em 25, 26 e 27.9.12) — Cargo de confiança. Caracterização. Arts. 224, § 2º, e 62, letra *b*, da CLT — Nova redação — Res. 121/2003, DJ 21.11.2003 — 204 (Cancelada em decorrência da sua incorporação à nova redação da Súmula n. 102) — Cargo de confiança. Horas extras. CLT, art. 224, § 2º. — 166 (Cancelada em decorrência da sua incorporação à nova redação da Súmula n. 102) — Cargo de confiança. Horas extras. CLT, art. 224, § 2º — 232 (Cancelada em decorrência da sua incorporação à nova redação da Súmula n. 102) — Chefe. Horas extras. CLT, art. 224, § 2º — 233 — Salário--hora. Divisor — 267 — Subchefe. Horas extras. CLT, art. 224, § 2º — 234 — Subgerente. Horas extras. CLT, art. 224, § 2º — 238 — Tesoureiro. Horas extras. CLT, art. 224, § 2º — 237 — Vigia de estabelecimento bancário. Jornada de trabalho. Art. 224 da CLT — 59

BANCO — CREDENCIAMENTO (V. DEPÓSITO RECURSAL)

BENEFÍCIO PREVIDENCIÁRIO

Retorno ao serviço. Abandono de emprego — 32 (NR) — Previdência privada criada pela empresa. Compensação. Vantagem equivalente. Norma regulamentar anterior — 87 — Complementação de aposentadoria. Regulamento da empresa. Instituição de beneficio previdenciário por órgão oficial — 92 — Dependente de ex-empregado. Correção monetária. Lei n. 6.899/81 — 311

C

CARGO DE CONFIANÇA (V. BANCÁRIO)

CANCELADA

Reversão ao cargo efetivo — 209

CARGO EM COMISSÃO

CANCELADA — Reversão ao cargo efetivo — 209

CARTÃO DE PONTO

Registro. Horas extras. Minutos que antecedem e sucedem a jornada de trabalho — 366

CARTEIRA PROFISSIONAL — CTPS

Anotações. Presunção *juris tantum* — 12

CANCELADA

Anotações. Prescrição — 64

CATEGORIA DIFERENCIADA

Estabilidade provisória. Dirigente sindical. Atividade pertinente — 369, III — Vantagens previstas em norma coletiva. Abrangência. Empresa não foi representada por órgão de classe de sua categoria — 374

CESSÃO

Servidor público cedido. Gratificação natalina — 50 —

CANCELADAS

Equiparação salarial. Empregado cedido. Função em órgão governamental estranho à cedente — 111 (cancelada em decorrência da sua incorporação à nova redação da Súmula n. 6) Funcionário público cedido. Reajuste salarial. Lei n. 4.345/64 — 116 e 252

CIPA

Suplente. Estabilidade provisória. Garantia de emprego a partir da CF/88 — 339, I — Estabilidade provisória. Extinção do estabelecimento. Despedida arbitrária. Reintegração. Indenização — 339, II

COMISSIONISTA (V. BALCONISTA)

Repouso remunerado e feriados — 27 — Adicional de horas extras — 340 (NR)

COMPENSAÇÃO

Divida trabalhista — 18 — Arguição. Contestação — 48 — Previdência privada criada pela empresa. Compensação. Vantagem equivalente. Norma regulamentar anterior — 87 — Trabalho em domingos e feriados. Pagamento em dobro — 146 (NR) — Gratificação por tempo de serviço — 202

CANCELADA

Gratificação natalina. Lei n. 4.090/62 — 145

COMPENSAÇÃO DE JORNADA (V. ACORDO DE COMPENSAÇÃO DE HORÁRIO)

COMPETÊNCIA

Ação rescisória. Decisão de mérito. Acórdão rescindendo do TST não conhecido. Súmula n. 333. Competência do TST — 192, II — Ação rescisória. Decisão de mérito. Recurso de revista ou de embargos não conhecidos. Competência do TRT — Nova redação– 192, I — Descontos previdenciários e fiscais. Recolhimento. Execução — 368, I. — Execução por carta. Embargos de terceiro. Juízo deprecante — 419 — Funcional. Conflito negativo. TRT e Vara do Trabalho de idêntica região. Não configuração — 420 — Justiça do Trabalho. Cadastramento no PIS — 300 — Justiça do Trabalho. Complementação. Aposentadoria. RFFSA — 106 — Justiça do Trabalho. Dano moral. Relação de trabalho — 392 — Justiça do Trabalho. Greve. Abusividade — Nova redação —189 — Justiça do Trabalho. Indenização. Não fornecimento. Guias. Seguro-desemprego — 389, I — Justiça do Trabalho. Quadro de carreira — 19 — Execução de ofício. Contribuição social referente ao Seguro de Acidente de Trabalho (SAT). Arts. 114, VIII, e 195, I, "a", da Constituição da República. Competência da Justiça do Trabalho — 454

CANCELADAS

Ação de cumprimento. Desconto assistencial — 224 e 334 — Justiça do Trabalho. Atos institucionais. Reintegração — 150 — Justiça do Trabalho. Ferroviário. Funcionário público — 75 — Justiça do Trabalho. Inconstitucionalidade. Art. 22 da Lei n. 5.107/1966 — 179 — Justiça do Trabalho. Levantamento do FGTS — 176 — Justiça do Trabalho. Servidor temporário. Art. 106 da CF — 123.

COMPLEMENTAÇÃO DE APOSENTADORIA

Normas da empresa dois regulamentos e efeitos — 288 — Petrobrás. Manual de pessoal — 332 — Proporcionalidade. Norma regulamentar. Banespa — 313 — Prescrição parcial. Diferenças — 327 (NR) — Prescrição total. Complementação de aposentadoria jamais recebida — 326 — Quinquênio. Art. 9º da Lei n. 4.345/64 — 52 — RFFSA. Competência da Justiça do Trabalho — 106 — Regulamento da empresa — 97 — Regulamento da empresa. Instituição de benefício previdenciário por órgão oficial — 92

CONCURSO PÚBLICO

Administração pública indireta. Contratação. Ausência de concurso público. Nulidade. Ulterior privatização. Convalidação. Insubsistência do vício — 430 — Servidor público. Contrato nulo. Efeitos — 363 (NR)

CONDENAÇÃO EM PECÚNIA

Depósito prévio. Art. 899, §§ 1º e 2º, da CLT — 161

CONDENAÇÃO SOLIDÁRIA

Contrato de prestação de serviços. Legalidade — Inciso IV alterado pela Res. n. 96/00, DJ 18.9.00 — 331

CANCELADA

Integrante de grupo econômico, que não participou da relação processual. Execução — 205

CONFISSÃO

Ficta. Prova pré-constituída. Cerceamento de defesa. Produção de prova posterior: CPC, art. 400, I — 74, II — Não comparecimento à audiência na qual deveria depor — 74, I — Revelia. Salários incontroversos. Pagamento em dobro — 69 (NR) — Vedação à produção de prova posterior pela parte confessa. Inaplicabilidade ao magistrado — 74, III

CONFLITO DE LEIS TRABALHISTAS NO ESPAÇO

Princípio da *"lex loci executionis"*. Prestação de serviço. Contratação 207 **(Cancelada — Resol. 101/TST DEJT, 18.4.12)**

CONSTITUCIONALIDADE

Alínea *b* do art. 896 da CLT — 312 — Art. 118 da Lei n. 8.213/91. Estabilidade provisória. Acidente do trabalho — 378, I — Art. 557 do CPC. Aplicação subsidiária ao processo do trabalho — 435 — Decisões contrárias. STF. Poder normativo do TST — 190 — § 2º do art. 9º do Decreto-lei n. 1.971/82 — 336

Custas. Deserção. Massa falida — 86 — Prazo. Interposição antecipada do recurso — 245 — Utilização da guia — GFIP. Obrigatoriedade — 426

CANCELADAS

Complementação. Majoração do salário mínimo. Art. 899 da CLT — 35 — Conta vinculada — 165 — Custas. Pessoa jurídica de direito público — 4 — Deserção. Relação de empregados. Autenticação mecânica — 216

DESCANSO REMUNERADO (V. REPOUSO REMUNERADO)

DESCONTO ASSISTENCIAL

CANCELADAS

Competência. Ação de cumprimento. Sindicato — 224 e 334.

DESCONTO SALARIAL

Art. 462 da CLT — 342 — Comparecimento como parte na Justiça do Trabalho — 155

DESCONTOS PREVIDENCIÁRIOS E FISCAIS

Previdenciários. Critério de apuração. Cálculo mês a mês. Lei n. 8.212/1991 — 368, III — Previdenciários e fiscais. Competência da Justiça do Trabalho — 368, I — Previdenciários e fiscais. Responsabilidade. Sentenças trabalhistas. Incidência sobre o valor total da condenação e calculado ao final. Lei n. 8.541/1992 — 368, II

DESERÇÃO

Ação rescisória. Depósito recursal. Art. 899, § 1º, da CLT — Redação dada pela Res. n. 110/02, DJ 11.4.02 — 99 — Custas processuais. Ações plúrimas — 36 — Custas processuais. Prazo. Contagem. Intimação do cálculo — 53 — Decisão reformada. Inversão do ônus. Custas processuais — 25 — Depósito recursal. Custas processuais. Massa falida. Empresa em liquidação extrajudicial — 86 — Custas processuais. Sociedade de economia mista. Decreto-lei n. 779/69 — 170 — Depósito recursal. Complementação — 128 (NR) — Depósito recursal. Condenação em pecúnia. Art. 899, §§ 1º e 2º, da CLT — 161 — Depósito recursal. Credenciamento bancário. Prova — 217 — Depósito recursal. Prazo. Interposição antecipada do recurso — 245

CANCELADAS

Custas processuais. Inquérito judicial. Arquivamento do processo — 49 — Custas processuais. Prazo. Comprovação — 352 — Depósito recursal. Complementação. Majoração do salário mínimo. CLT, art. 899 — 35 — Depósito recursal. Conta vinculada — 165 — Depósito recursal. Custas processuais. Pessoa jurídica de direito público — 4 — Depósito recursal. Relação de empregados. Autenticação mecânica — 216

DESISTÊNCIA (V. AÇÃO DE CUMPRIMENTO E SUBSTITUIÇÃO PROCESSUAL)

DESPEDIDA DE EMPREGADO

Aviso prévio. Concessão na fluência da garantia de emprego — 348 — Aviso prévio. Indenização adicional. Lei n. 6.708/79 — Redação dada pela Res. 5/83, DJ 9.11.83 — 182 — Contrato por tempo determinado. Opção. FGTS. Dispensa sem justa causa. Indenização. Art. 479 da CLT. Art. 30, § 3º, do Decreto n. 59.820/66 — 125 — Despedimento. Ônus da prova — 212 — Dispensa sem justa causa. Professor. Férias escolares — 10 — Falta grave. Decurso do prazo do aviso prévio — 73 — Férias proporcionais. Extinção do contrato — 171 (NR) — Rescisão do contrato por acordo. Empregado estável optante. Indenização — 54 — Gestante. Reintegração — 244-II (NR) — Professor. Dispensa sem justa causa. Término do ano letivo ou no curso de férias escolares — 10 —Rescisão do contrato por acordo. Empregado estável optante. Indenização — 54 — Trintídio que antecede à data-base. Pagamento das verbas rescisórias com salário corrigido. Indenização adicional. Leis ns. 6.708/79 e 7.238/84 — 314

CANCELADAS

Atos institucionais. Incompetência da Justiça do Trabalho — 150 — Aviso prévio. Rescisão indireta — 31 — Dispensa obstativa à estabilidade — 26 — Dispensa sem justa causa. Gestante. Salário-maternidade — 142 — Fraude à lei — 20 — Trintídio que antecede a data-base. Indenização adicional Art. 9º das Leis ns. 6.708/79 e 7.238/84 — 306

DESVIO DE FUNÇÃO e REENQUADRAMENTO

Prescrição parcial e total — Nova redação — 275, I e II

DIÁRIAS DE VIAGEM. SALÁRIO

Base de cálculo. Integração no salário — 318 — Integração ao salário — 101

DIGITADOR

Intervalos intrajornada. Aplicação analógica do art. 72 da CLT — 346

DIRETOR ELEITO

Suspensão do contrato de trabalho. Tempo de serviço — 269

DIRIGENTE SINDICAL

Despedida. Falta grave. Inquérito judicial — 379 — Estabilidade provisória. Categoria diferenciada. Atividade pertinente — 369, III Estabilidade provisória. Direito ainda que a comunicação do registro da candidatura ou da eleição e da posse seja realizada fora do prazo previsto no art. 543, § 5º, da CLT. Ciência. Ocorra na vigência do contrato de trabalho - 369, I — Estabilidade provisória. Extinção da atividade empresarial no âmbito da base territorial do sindicato. Insubsistência da estabilidade — 369, IV — Estabilidade provisória. Limitação do art. 522 da CLT. Recepcionada pela CF/88. Sete dirigentes e igual número de suplentes — 369, II — Estabilidade provisória. Registro da candidatura no curso do aviso prévio. Não assegurada — 369, V

DIRIGENTES DE ASSOCIAÇÕES PROFISSIONAIS

CANCELADA

Estabilidade provisória — 222

DISPENSA DISCRIMINATÓRIA

Presunção. Empregado portador de doença grave. Estigma ou preconceito. Direito à reintegração — 443

DISSÍDIO COLETIVO

CANCELADAS

Constitucionalidade do art. 2º da Lei n. 4.725/65 — Sindicato. Representação processual. Art. 859 da CLT — 177 — Competência da Justiça do Trabalho. Inconstitucionalidade. Art. 22 da Lei n. 5.107/66 — 179

DIVERGÊNCIA JURISPRUDENCIAL (V. RECURSO DE REVISTA OU DE EMBARGOS)

DIVISOR

Bancário. Hora de salário. Divisor 220 — 343

Bancário. Salário-hora —124

Horas extras habituais. Apuração. Média física— 347

Salário-hora. Empregado sujeito ao regime geral de trabalho (art. 58, *caput*, da CLT). 40 horas semanais. Cálculo. Aplicação do divisor 200 — 431.

DOENÇA GRAVE

Presunção. Empregado portador de doença grave. Estigma ou preconceito. Direito à reintegração — 443.

DUPLO GRAU DE JURISDIÇÃO

Decisão contrária à Fazenda Pública — 303 (NR)

E

EFEITO MODIFICATIVO

Embargos de declaração. Omissão no julgado — 278

EFEITO SUSPENSIVO

Recurso contra sentença normativa. Efeito suspensivo. Cassação — 279

ELETRICITÁRIOS

Adicional de periculosidade. Exposição intermitente — 361 — Sobreaviso. Art. 244, § 2º, da CLT — 229 (NR)

EMBARGOS DECLARATÓRIOS

Decisão monocrática do relator. Art. 557 do CPC. Efeito modificativo. Fungibilidade. Agravo — 421, II — Decisão monocrática do relator. Art. 557 do CPC. Omissão — 421, I — Efeito modificativo — 278 — Feriados. Tempestividade do recurso. Prova. Na hipótese do inciso II, admite-se a reconsideração da análise da tempestividade do recurso, mediante prova documental superveniente, em Agravo Regimental, Agravo de Instrumento ou Embargos de Declaração — 385, III —Preclusão. Omissão em recurso de revista ou de embargos — 184

CANCELADAS

Prazo recursal. Suspensão — 213

EMBARGOS INFRINGENTES

CANCELADA

JCJ. Notificação das partes — 133

EMPREGADO ESTÁVEL

Optante. Rescisão por acordo. Indenização em dobro — 54

EMPRESA EM LIQUIDAÇÃO EXTRAJUDICIAL

Juros. Correção monetária — Revisão da Súmula n. 284 — 304

CANCELADAS

Juros. Correção monetária — 185 e 284

EMPRESA DE PROCESSAMENTO DE DADOS

Bancário. Grupo econômico — 239

ENGENHEIRO

Jornada de Trabalho. Lei n. 3.999/1961. Salário mínimo da categoria para jornada de 4 horas — 370.

ENTIDADE DE DIREITO PÚBLICO (V. PESSOA JURÍDICA DE DIREITO PÚBLICO)

EQUIPARAÇÃO (V. BANCÁRIOS — SUMÚLAS NS. 55, 117, 119, 239 E 257)

EQUIPARAÇÃO SALARIAL

Contemporaneidade na função. Situação pretérita — 6, IV Em cadeia. Paradigma remoto. Requisitos para configuração — 6, VI — Empregado cedido. Função em órgão governamental estranho à cedente. Responsabilidade pelos salários — 6, V — Exercício da mesma função. Não importa se os cargos têm, ou não, a mesma denominação — 6, III — Mesma localidade. Conceito — 6, X — Ônus. Equiparação — 6, VIII — Prescrição parcial. Incidência — 6, IX — Quadro de carreira. Preterição — 127 — Quadro de carreira homologado. Art. 461, § 2º, da CLT — 6, I — Requisitos do art. 461 da CLT preenchidos. Desnível salarial oriundo de decisão judicial — 6, VI — Tempo de serviço na função. Trabalho igual — 6, II — Trabalho intelectual. Perfeição técnica. Critérios objetivos — 6, VII — Sociedade de economia mista. Art. 37, XIII, da CF/1988. Possibilidade — 455

CANCELADAS

Contemporaneidade na função. — 22 (Cancelada em decorrência da sua incorporação à nova redação da Súmula n. 6) — Empregado cedido. Função em órgão governamental estranho à cedente. — 111 (Cancelada em decorrência da sua incorporação à nova redação da Súmula n. 6) — Decisão judicial. Art. 461 da CLT — Redação dada pela Res. n. 100/2000, DJ 18.9.2000. — 120 (Cancelada em decorrência da sua incorporação à nova redação da Súmula n. 6) — Ônus da prova. — 111 (Cancelada em decorrência da sua incorporação à nova redação da Súmula n. 6) — Prescrição parcial — Nova redação — Res. n. 121/2003, DJ 21.11.2003. — 274 (Cancelada em decorrência da sua incorporação à nova redação da Súmula n. 6) — Quadro de carreira. Homologação. CNPS. Art. 461, § 2º, da CLT — 231 — Tempo de serviço na função. Trabalho igual — 135 (Cancelada em decorrência da sua incorporação à nova redação da Súmula n. 6)

ESTABILIDADE

Art. 41 da CF/1988. Servidor público celetista. Administração direta, autárquica ou fundacional. — 390, I — Art. 41 da CF/1988. Servidor público celetista. Empresa pública e sociedade de economia mista — 390, II — CONAB. Aviso DIREH — 355 — Equivalência jurídica. Regime do FGTS. Indenização — 98, I — Estabilidade contratual ou regulamentar. Regime do FGTS. Compatibilidade — 98, II — Regulamento Interno de Pessoal — BANDEPE — 345 — Rescisão do contrato por acordo. Indenização em dobro — 54

CANCELADA

Decenal. Despedida obstativa — 26

ESTABILIDADE FINANCEIRA

Gratificação de função percebida por dez anos ou mais. Reversão ao cargo efetivo — 372, I

ESTABILIDADE PROVISÓRIA

Acidente do trabalho. Constitucionalidade. Art. 118 da Lei n. 8.213/1991 — 378, I — Acidente do trabalho. Auxílio-Doença. Pressupostos. Doença profissional. Relação de causalidade — 378, II — CIPA. Extinção do estabelecimento. Despedida arbitrária. Reintegração. Impossibilidade. Indenização — 339, II — CIPA. Suplente. Garantia de emprego a partir da CF/88 — 339, I — Concessão de aviso prévio — 348 — Dirigente sindical. Categoria diferenciada. Atividade pertinente — 369, III — Dirigente sindical. Comunicação. Indispensável — 369, I — Dirigente sindical. Despedida. Falta grave. Inquérito judicial — 379 — Dirigente sindical. Limitação do art. 522 da CLT. Recepcionada pela CF/88 — 369, II — Dirigente sindical. Extinção da atividade empresarial no âmbito da base territorial do sindicato. Insubsistência da estabilidade — 369, IV — Dirigente sindical. Registro da candidatura no curso do aviso prévio. Não assegurada — 369, V — Gestante. Direito à estabilidade provisória prevista no art. 10, inciso II, alínea "b", do Ato das Disposições Constitucionais Transitórias, mesmo na hipótese de admissão mediante contrato por tempo determinado — 244, III — Gestante. Estabilidade provisória. Desconhecimento do estado gravídico. Indenização — 244, I — Gestante. Contrato de experiência — 244, III — Gestante. Reintegração. Direito — 244, II — Pedido de reintegração. Salário relativo ao período estabilitário exaurido. Julgamento *extra petita* — 396, II — Período estabilitário exaurido. Reintegração. Efeitos financeiros — 396, I.

CANCELADA

Dirigentes de associações profissionais — 222

EXECUÇÃO

Admissibilidade. Recurso de revista — Revisão do Enunciado n. 210 — 266 —Embargos (Recurso). Admissibilidade. Processo em fase de execução. Acórdão de Turma publicado na vigência da Lei n. 11.496, de 26.6.07. Divergência de interpretação de dispositivo constitucional — Res. 177/ 2012, DEJT divulgado em 13, 14 e 15.2.12 — 433

CANCELADAS

Admissibilidade. Recurso de revista — 210 — Correção monetária. Juros. Cálculo. Pessoa jurídica de direito público — 193 — Grupo econômico. Solidariedade — 205

EXPOSIÇÃO PERMANENTE E INTERMITENTE (V. ADICIONAL DE PERICULOSIDADE — SÚMULAS NS. 47 E 361)

F

FAC-SIMILE

V. Prazo

Aplicabilidade da Lei n. 9.800/99. Vigência. (conversão da OJ 194 da SDI-1) — 387, I — Fac-símile. Aplicabilidade da Lei n. 9.800/99. Documento dirigido diretamente ao órgão jurisdicional. Transmissão entre particulares. Não aplicação — 387, IV — Fac-símile. Juntada de originais. Ato que não depende de notificação. "Dies a quo". CPC, art. 184. Inaplicável. (conversão da OJ 337 da SDI-1) — 387, III — Fac-símile. Lei n. 9.800/99, art. 2º. Prazo. Apresentação dos originais. (conversão da OJ 337 da SDI-1)— 387, II

FALTA AO SERVIÇO

Acidente do trabalho. Duração de férias e cálculo da gratificação natalina — 46 — Atestado médico. Ordem preferencial estabelecida em lei — 15 — Ausências legais. Cálculo. Férias — 89 — Cessação do benefício previdenciário. Abandono de emprego — 32 (NR) — Comparecimento como parte na Justiça do Trabalho — 155 — Serviço médico da empresa ou mantido por convênio. Abono dos primeiros quinze dias de ausência ao trabalho — 282

FALTA GRAVE
Cessação do benefício previdenciário. Abandono de emprego — 32 (NR) — Abandono de emprego. Ajuizamento de inquérito. Decadência — 62 — Curso do aviso prévio — 73 (NR)

FATO SUPERVENIENTE
Art. 462 do CPC. Fato constitutivo, modificativo ou extintivo do direito. Aplicação de ofício — 394

FAZENDA PÚBLICA
Ação rescisória. Decisão contrária à Fazenda Pública — 303, II — Decisão contrária à Fazenda Pública. Condenação que não ultrapassa 60 (sessenta) salários mínimos. Matéria superada por decisão plenária do STF ou por súmula ou orientação jurisprudencial do TST — 303, I — Mandado de segurança. Fazenda Pública prejudicada pela concessão da ordem — 303, III.

FERIADOS
Comissionista — 27 — Feriado local. Ausência de expediente forense. Prazo recursal. Prorrogação. Comprovação. Necessidade. Ato administrativo do juízo "a quo" — 385— Trabalhados e não compensados — 146 (NR)

CANCELADA
Intercorrentes nas férias indenizadas — 147

FÉRIAS
Acidente do trabalho. Faltas — 46 — Cálculo. Faltas ao serviço justificadas por lei — 89 — Dias gozados após o período legal de concessão. Remuneração em dobro — 81 — Escolares. Professor. Dispensa sem justa causa. Término do ano letivo ou no curso de férias escolares — 10 — Gratificação semestral. Repercussão — 253 (NR) — Indenizadas. Base de cálculo — 7 — Proporcionais. Extinção do contrato — 171 (NR) — Proporcionais. Rescisão contratual. Culpa recíproca — 14 (NR) — Proporcionais. Rescisão contratual por iniciativa do empregado — 261 (NR) — Tarefeiro. Base de cálculo — 149 — Terço constitucional — 328 — Gozo na época própria. Pagamento fora do prazo. Dobra devida. Arts. 137 e 145 da CLT — 450

CANCELADAS
Cálculo. Incidência das horas extras habituais — 151 — Indenizadas. Repousos semanais e feriados intercorrentes — 147 — Trabalhador rural — 104

FERROVIÁRIO
Estação do Interior. Horas extras. Art. 243 da CLT — 61 — Chefe de trem. Gratificação. Art. 110 do Decreto n. 35.530/59 — 67 — Complementação de aposentadoria. RFFSA.
— maquinista; intervalo intrajornada; supressão parcial ou total; horas extras devidas; compatibilidade entre os arts. 71, § 4º, e 238, § 5º, da CLT: - TST, Súmula n. 446.

CANCELADAS
Adicional de antiguidade. Fepasa. Base de cálculo — 79 — Competência da Justiça do Trabalho. Funcionário público — 75 — Competência da Justiça do Trabalho — 106 — RFFSA. Quinquênio. Cálculo — 66

FGTS
— Contrato por prazo determinado. Indenização. Art. 479 da CLT, art. 30, § 3º, do Decreto n. 59.820/66 — 125 — Estabilidade contratual ou regulamentar. Compatibilidade — 98, II, Incidência. Remuneração. Horas extras. Adicionais eventuais — 63 — Incidência sobre parcelas prescritas — 206 (NR) — Incidência no período de aviso prévio — 305 — Indenização. Equivalência jurídica. Compatibilidade — 98, I — Prescrição — 362 (NR)

CANCELADA
Anulação. Opção. Marco inicial. Prescrição — 223 — Aposentadoria espontânea. Indenização. Período anterior à opção — 295 (NR) — Competência da Justiça do Trabalho. Levantamento do depósito — 176 (cancelada pela Resol. n. 130, de 5.5.05, DJ 13.5.05 — Prescrição trintenária. Recolhimento — 95

FRAUDE À LEI

CANCELADA
Resilição contratual. Pagamento da indenização de antiguidade. Permanência na empresa ou readmissão em curto prazo — 20

FUNCIONÁRIO PÚBLICO
Opção Regime celetista. Renúncia das vantagens estatutárias — 243

CANCELADAS
Cedido. Reajustamento salarial — 252 — Cedido. Reajuste salarial. Lei n. 4.345/64 — 116 — Ferroviário. Competência da Justiça do Trabalho — 75 — Opção. Regime celetista. Congelamento dos quinquênios — 105 — Regime celetista. Gratificação de produtividade — 121

G

GARANTIA DE EMPREGO
Concessão de aviso prévio — 348 — Gestante. Direito à estabilidade provisória prevista no art. 10, inciso II, alínea "b", do Ato das Disposições Constitucionais Transitórias, mesmo na hipótese de admissão mediante contrato por tempo determinado — 244, III. Gestante. Reintegração. Direito — 244, II — Suplente. CIPA — 339

CANCELADA
Dirigentes de associações profissionais — 222

GESTANTE
Gestante. Direito à estabilidade provisória prevista no art. 10, inciso II, alínea "b", do Ato das Disposições Constitucionais Transitórias, mesmo na hipótese de admissão mediante contrato por tempo determinado — 244, III - — Estabilidade provisória. Desconhecimento do estado gravídico. Indenização — 244, I — Gestante. Reintegração. Direito — 244, II

CANCELADA
Dispensa sem justa causa. Salário-maternidade —142 — Salário-maternidade. Contrato de experiência — 260

GORJETA
Natureza jurídica — Revisão do Enunciado n. 290 — 354

CANCELADA
Natureza jurídica — 290

GRATIFICAÇÃO
Ajuste tácito — 152 — Ferroviário. Chefe de trem. Art. 110 do Decreto n. 35.530/59 — 67

CANCELADA
Periódica. Integração. Gratificação natalina. Lei n. 4.090/62 — 78

GRATIFICAÇÃO DE FUNÇÃO (V. BANCÁRIO)
Manutenção do empregado no exercício da função comissionada. Redução impossível — 372, II — Percebida por dez anos ou mais. Reversão ao cargo efetivo. Estabilidade financeira —372, I

GRATIFICAÇÃO DE PRODUTIVIDADE (V. ADICIONAL DE PRODUTIVIDADE)

GRATIFICAÇÃO NATALINA (V. DÉCIMO TERCEIRO SALÁRIO)

GRATIFICAÇÃO POR TEMPO DE SERVIÇO
Compensação — 202 — Natureza salarial — 203 — Repercussão. Repouso remunerado — 225 — Bancário. Cálculo. Integração. Horas extras — 226

GRATIFICAÇÃO SEMESTRAL
Congelamento. Prescrição parcial — 373 — Horas extras. Habitualidade — 115 — Repercussões — 253 (NR)

GREVE
Competência. Justiça do Trabalho. Abusividade — 189 (NR)

GRUPO ECONÔMICO
Bancário. Venda de papéis ou valores mobiliários — 93 — Duplicidade de contrato de trabalho — 129 — Bancário. Empregado de empresa de processamento de dados — 239

CANCELADA
Execução. Solidariedade — 205

H

HABILITAÇÃO PROFISSIONAL
Auxiliar de laboratório. Ausência de diploma. Lei n. 3.999/61 — 301

HOMOLOGAÇÃO (V. QUADRO DE CARREIRA)

HOMOLOGAÇÃO JUDICIAL
Poder normativo do TST. Condições de trabalho. Inconstitucionalidade. Decisões contrárias ao STF — 190

HONORÁRIOS ADVOCATÍCIOS
Art. 133 da CF/88. Súmula n. 219 — 329 —Devidos. Honorários advocatícios. Causas em que o ente sindical

tações sucessivas. Cancela as Súmulas ns. 168 e 198 — 294 — Total. Bancário. Pré-contratação de serviço suplementar quando da admissão. Supressão — 199, II — Total. Complementação de aposentadoria. Parcela nunca recebida — 326 — Total. Enquadramento funcional — 275, II — Parcial. Diferenças salariais. Plano de cargos e salários. Descumprimento. Critérios de promoção não observados — 452

CANCELADAS

Anotação na carteira profissional — 64 — Marco inicial. Anulação. Opção pelo FGTS — 223 — Parcial. Prestações periódicas — 168 e 198 — Trintenária. Recolhimento. FGTS — 95

PREVIDÊNCIA PRIVADA

Benefício previdenciário a dependente de ex-empregado. Correção monetária. Legislação aplicável — 311 — Criada pela empresa. Benefício. Compensação. Vantagem equivalente. Norma regulamentar anterior — 87

CANCELADA

Aposentadoria. Contagem do tempo de serviço. Funcionários da União, das autarquias e das sociedades de economia mista. Lei n. 3.841/60 — 174

PROCEDIMENTO SUMARÍSSIMO

Recurso de revista fundamentado em contrariedade a orientação jurisprudencial. Inadmissibilidade. Art. 896, § 6º, da CLT, acrescentado pela lei nº 9.957, de 12.01.2000 — 442 — Embargos. Procedimento sumaríssimo. Conhecimento. Recurso interposto após vigência da lei n. 11.496, de 22.06.2007, que conferiu nova redação ao art. 894, da CLT — 458

PRIVATIZAÇÃO

— Administração pública indireta. Contratação. Ausência de concurso público. Nulidade. Ulterior privatização. Convalidação. Insubsistência do vício — 430

PROCESSO ADMINISTRATIVO

CANCELADAS

Cabimento. Recurso para o TST — 40 e 302 — Cabimento. Recurso para o TST. Legalidade do ato — Revisão da Súmula n. 302 — 321

PROCESSO DO TRABALHO

Art. 557 do CPC. Aplicação subsidiária ao processo do trabalho — 435 — Depósito recursal. Utilização da guia GFIP. Obrigatoriedade — 426 — Identidade física do juiz. Varas do Trabalho — 136 — Prescrição intercorrente. Inaplicabilidade — 114 — Recurso adesivo. Pertinência no processo do trabalho. Correlação de matérias — Revisão do Enunciado n. 196 — 283

Jus postulandi na Justiça do Trabalho. Alcance — 425

CANCELADAS

Ação rescisória. Cabimento no âmbito da Justiça do Trabalho — 144 — Identidade física do juiz. Varas do Trabalho — 136 — Recurso adesivo. Art. 500 do CPC. Inaplicabilidade — 175 — Recurso adesivo. Prazo — 196

PROCURAÇÃO

Juntada — 164 (NR) — Representação. Pessoa jurídica. Procuração. Invalidade. Identificação do outorgante e de seu representante — 456

CANCELADA

Representação processual. Mandato expresso. Ausência de firma reconhecida — 270

PROCURADOR

União, Estados, Municípios e Distrito Federal, suas autarquias e fundações públicas. Juntada de instrumento de mandato — 436

PROFESSOR

Dispensa sem justa causa. Término do ano letivo ou no curso de férias escolares. Aviso prévio — 10 — Repouso remunerado — 351

CANCELADA

Piso salarial. Fundo de Participação dos Estados e Municípios — 281

PROPORCIONALIDADE

Adicional de periculosidade. Eletricitários. Exposição intermitente — 361 — Complementação de aposentadoria. Norma regulamentar. Banespa — 313 — Salário profissional dos médicos e dentistas — 143

CANCELADAS

Gratificação natalina. Lei n. 4.090/62. Aposentadoria — 3 — Gratificação natalina. Lei n. 4.090/62. Contratos a prazo — 2

PROVA

Ação rescisória. Prova do trânsito em julgado da decisão rescindenda — Cancela o Enunciado n. 107 — 299, I — Depósito recursal. Credenciamento bancário — 217 Equiparação salarial. Em cadeia. Paradigma remoto — 6, VI — Ônus. Equiparação salarial — 6, VIII — Ônus. Notificação. Recebimento — 16 (NR) — Ônus. Registro de horário — 338 (NR) — Ônus. Rescisão do contrato — 212 — Salário-família. Termo inicial da obrigação. Prova da filiação — 254

CANCELADA

Ação rescisória. Prova do trânsito em julgado — Cancelado pelo Enunciado n. 299 — 107

Q

QUADRO DE CARREIRA

Competência da Justiça do Trabalho — 19 — Equiparação salarial. Homologação pelo MTE — Art. 461, § 2º, da CLT — Redação dada pela Res. n. 104/00, DJ 18.12.00 — 6, I — Reclamação. Preterição — 127

CANCELADA

Equiparação salarial. Homologação. CNPS. Eficácia. Art. 461 da CLT — 231

QUITAÇÃO

Validade — Redação dada pela Res. n. 108/2001, DJ 18.4.01 — 330

CANCELADA

Validade — 41

R

RADIOLOGISTA

Técnico. Salário profissional. Lei n. 7.394/85 — 358

READMISSÃO

Cômputo do período anterior — 138

CANCELADA

Fraude à lei — 20

REAJUSTAMENTO SALARIAL

Gatilhos. Decretos-leis ns. 2.284/86 e 2.302/86. Servidor público celetista — 319 — IPC de março. Plano Collor — 315 — Planos econômicos. Diferenças. Limitação à data-base — 322 — Previsão em norma coletiva. Prevalência da Legislação de política salarial — 375

CANCELADAS

Adicional por tempo de serviço. Reajuste semestral. Lei n. 6.708/1979 — 181 — Art. 2º da Lei n. 4.725/65. Dissídio coletivo. Constitucionalidade — 141 — Curso do aviso prévio — 5 — Decretos-leis ns. 2.012/83 e 2.045/83. Constitucionalidade — 273 — Distrito Federal e autarquias. Correção automática. Lei n. 6.708/79 — 235 — Funcionário público cedido. RFFSA. Art. 10 da Lei n. 4.564/64. Arts. 5º e 20 da Lei n. 4.345/64 — 116 — Funcionário público cedido. RFFSA. Art. 1º da Lei n. 4.564/64. Arts. 5º e 29 da Lei n. 4.345/64 — 252 — IPC de junho. Plano Bresser — 316 — Normativo. Categoria profissional de industriários. Trabalhador rural. Usinas de açúcar — 57 — URP de abril e maio. Decreto-lei n. 2.425/88 — 323 — URP de fevereiro. Plano Verão — 317 — Setorizado. Tabela única — 249

RECURSO ADESIVO

Prazo. Pertinência no processo do trabalho. Correlação de matérias — Revisão do Enunciado n. 196 — 263

CANCELADAS

Cabimento. Art. 500 do CPC — 175 e 196

RECURSO DE EMBARGOS

Admissibilidade. Decisões superadas por iterativa, notória e atual jurisprudência — Redação dada pela Res. n. 99/2000, DJ 18.9.2000 — 333 — Admissbilidade. Pressuposto. Violação legal. Indicação expressa de preceito —221, I — Admissibilidade. Processo em fase de execução. Acórdão de turma publicado na vigência da Lei n. 11.496, de 26.6.07. Divergência de interpretação de dispositivo constitucional - Res. 177/2012, DEJT divulgado em 13, 14 e 15.2.12 — 433 — Admissibilidade. Violação legal. Interpretação razoável — 221, II — Cabimento. Arts. 896 e 894, letra "b", da CLT. Reexame de fatos e provas —

126 — Conhecimento. Comprovação da divergência jurisprudencial. Abrangência de todos os fundamentos da decisão recorrida — 23 — Comprovação de divergência jurisprudencial — 337, I — Decisão em agravo regimental e de instrumento — Nova redação — Res. n. 128/2005, DJ 16.3.2005 — 353 — Divergência jurisprudencial específica. Interpretação diversa de idêntico dispositivo legal — 296, I — Divergência jurisprudencial. Discussão sobre especificidade de jurisprudência trazida no recurso de revista. Alegação de ofensa ao art. 896 da CLT — 296, II — Divergência jurisprudencial. Repositório autorizado. Validade das edições anteriores à concessão do registro — 337, II — Preclusão. Omissão. Embargos declaratórios — 184 — Prequestionamento. Oportunidade — Nova redação — Res. n. 121/2003, DJ 21.11.2003 — 297 — Recurso adesivo. Pertinência no processo do trabalho. Correlação de matérias — Revisão da Súmula n. 196 — 283 — Procedimento sumaríssimo. Conhecimento. Recurso interposto após vigência da lei n. 11.496, de 22.06.2007, que conferiu nova redação ao art. 894, da CLT — 458

CANCELADAS
Cabimento. Decisão em agravo de instrumento. Despacho denegatório. Recurso de revista — 335 — Cabimento. Decisão em agravo de instrumento. Despacho denegatório. Recurso de revista — Cancelada — Res. n. 121/2003, DJ 21.11.2003 — 183 — Cabimento. Decisão em agravo regimental — 195 — Comprovação da divergência jurisprudencial — 38 — Conhecimento. Decisões superadas por iterativa, notória e atual jurisprudência — 42 — Recurso adesivo. Prazo — 196

RECURSO DE REVISTA
Admissibilidade. Decisões superadas por iterativa, notória e atual jurisprudência — Redação dada pela Res. n. 99/00, DJ 18.9.00 — 333 — Admissibilidade. Execução de sentença — Revisão do Enunciado n. 210 — 266 — Admissibilidade. Interpretação razoável — 221, II (NR) — Admissibilidade. Pressuposto. Violação legal. Indicação preceito, — 221 — Admissibilidade parcial pelo Juiz Presidente do TRT. Apreciação integral pela Turma do TST — 285 — Cabimento. Agravo de instrumento — 218 — Cabimento. Arts. 896 e 894, letra *b*, da CLT. Reexame de fatos e provas — 126 — Comprovação da divergência jurisprudencial — 337, I — Conhecimento. Comprovação da divergência jurisprudencial. Abrangência de todos os fundamentos da decisão recorrida — 23 — Constitucionalidade. Alínea *b* do art. 896 da CLT. Lei n. 7.701/88 — 312 — Despacho denegatório. Embargos. Cabimento. Agravo regimental e de instrumento — 353 (NR) — Divergência jurisprudencial específica. Interpretação diversa de idêntico dispositivo legal — 296, I — Preclusão. Omissão. Embargos declaratórios — 184 — Prequestionamento. Oportunidade — 297 (NR) — Recurso. Apelo que não ataca os fundamentos da decisão recorrida. Não conhecimento. Art. 514, II, do CPC — 422. Recurso adesivo. Pertinência no processo do trabalho. Correlação de matérias — Revisão do Enunciado n. 196 — 283 — Recurso de revista fundamentado em contrariedade a orientação jurisprudencial. Inadmissibilidade. Art. 896, § 6º, da CLT, acrescentado pela lei n. 9.957, de 12.01.2000 — 442— Violação de lei. Indicação de preceito — 221.

CANCELADAS
Admissibilidade. Execução de sentença — 210 — Admissibilidade. Interpretação de cláusula contratual — 208 — Admissibilidade. Violação legal. Interpretação razoável — 221, II — Cabimento. Decisão em agravo de instrumento. Despacho denegatório. Recurso de revista — 183 — Comprovação da divergência jurisprudencial — 38 — Conhecimento. Decisões superadas por iterativa, notória e atual jurisprudência — 42 — Despacho denegatório. Decisão em agravo de instrumento. Embargos. Cabimento — 335 — Recurso adesivo. Prazo — 196

RECURSO ORDINÁRIO
Ação rescisória — 158 — Efeito devolutivo. Profundidade. Art. 515, § 1º, do CPC. Aplicação — 393 — Mandado de segurança — Revisão do Enunciado n. 154 — 201 — Recurso adesivo. Pertinência no processo do trabalho. Correlação de matérias — Revisão do Enunciado n. 196 — 283

CANCELADAS
Impugnação à investidura de vogal — 167 — Mandado de segurança — 154 — Recurso adesivo. Prazo — 196

REGIME DE COMPENSAÇÃO DE HORÁRIO (V. ACORDO DE COMPENSAÇÃO DE HORÁRIO)

REGIME DE REVEZAMENTO
Intervalo mínimo de 11 horas. Jornada de trabalho. Horas extras — 110 — Intervalos intrajornadas e semanal — 360

CANCELADA
Adicional noturno. Art. 73, CLT. Art. 157, III, CF/46 — 130

REGIME JURÍDICO (V. SERVIDOR PÚBLICO)
Pessoal de obras — 58 — Funcionário público. Opção pelo regime celetista. Supressão das vantagens estatutárias — 243 — Servidores públicos celetistas. Reajustes salariais (gatilhos). Decretos-leis ns. 2.284/86 e 2.302/86 — 319

REGULAMENTO DA EMPRESA (V. NORMA REGULAMENTAR)

REINTEGRAÇÃO
Conversão. Indenização em dobro — 28 Presunção. Empregado portador de doença grave. Estigma ou preconceito. Direito à reintegração — 443 — Gestante. Estabilidade provisória. Direito à reintegração durante período da garantia de emprego — 244, II

CANCELADA
Competência da Justiça do Trabalho. Atos institucionais — 150

RELAÇÃO DE EMPREGO (V. VÍNCULO EMPREGATÍCIO)

RELAÇÃO NOMINAL DE EMPREGADOS

CANCELADA
Depósito recursal. Autenticação mecânica — 216

REPOSITÓRIO AUTORIZADO DE JURISPRUDÊNCIA
Autorizado após a interposição do recurso — 337, II — Comprovação da divergência jurisprudencial. Exigências — 337, I — Demonstração de conflitos de teses. Requisitos exigidos — 337, III — Validade da comprovação de divergência jurisprudencial. Aresto extraído de repositório oficial na internet. Exigências — 337, IV — Validade das edições anteriores à concessão do registro — 337, II.

REPOUSO SEMANAL REMUNERADO
Atestado médico. Justificação da ausência do empregado — 15 — Bancário. Sábado. Dia útil — 113 — Cálculo. Horas extras. Habitualidade — 172 — Comissionista — 27 — Gorjetas. Natureza jurídica. Repercussões — Revisão do Enunciado n. 290 — 354 — Professor — 351 — Repercussão. Gratificação por tempo de serviço e produtividade — 225 — Turnos ininterruptos de revezamento. Intervalos intrajornada e semanal — 360

CANCELADA
Intercorrentes nas férias indenizadas — 147

REPRESENTAÇÃO PROCESSUAL
Procuração. Juntada — 164 (NR) — Procurador da União, Estados, Municípios e Distrito Federal, suas autarquias e fundações públicas. Juntada de instrumento de mandato — 436 — Pessoa jurídica. Procuração. Invalidade. Identificação do outorgante e de seu representante — 456

CANCELADAS
Mandato expresso. Ausência de firma reconhecida — 270 — Sindicato. Dissídio coletivo. Art. 859 da CLT — 177

RESCISÃO CONTRATUAL
Aviso prévio. Concessão na fluência da garantia de emprego — 348 — Aviso prévio. Indenização compensatória. Lei n. 6.708/79 — Redação dada pela Res. n. 5/83, DJ 9.11.83 — 182 — Aviso prévio. Proporcionalidade. Lei n. 12.506, de 13.10.11. Vigência — 441 —Cessação da atividade da empresa. Direito ao aviso prévio — 44 — Cessação das atividades da empresa. Salário — 173 — Contrato de experiência. Aviso prévio. Art. 481 da CLT — 163 — Contrato por tempo determinado. Opção. FGTS. Dispensa sem justa causa. Indenização. Art. 479 da CLT. Art. 30, § 3º, do Decreto n. 59.820/66 — 125 — Culpa recíproca. Aviso prévio. Férias proporcionais. Gratificação natalina — 14 (NR) — Dispensa sem justa causa. Professor. Férias escolares — 10 — Empregado estável. Acordo. In-

SÚMULAS DO TRIBUNAL SUPERIOR DO TRABALHO(*)

Notas: 1. O Tribunal Superior do Trabalho, pela Resolução Administrativa n. 44/85, de 28.6.85 (DJ 11.7.85) resolveu que, a partir desta data, os verbetes da Súmula da Jurisprudência Predominante do TST serão denominados "Enunciados", mantendo-se sua numeração sequencial.

2. A Resol. Adm. do TST (Pleno) n. 121, de 28.10.03, DJ 19.11.03, republicada no DJ 25.11.03, revisou, restaurou, manteve e cancelou Enunciados de Súmula, especificando também aqueles que permanecem na mesma situação de cancelados. Consta na parte final de cada Enunciado a observação dos que foram revisados, restaurados e cancelados pela mencionada Resolução. Aqueles que foram mantidos estão grafados com um asterisco e os que permaneceram cancelados com dois asteriscos, conforme abaixo.

(*) Mantido pela Res. Adm. do TST (Pleno) n. 121, de 28.10.03, DJ 19.11.03, Rep. DJ 25.11.03.

(**) Permanece cancelado. Res. Adm. do TST (Pleno) n. 121, de 28.10.03, DJ 19.11.03, Rep. DJ 25.11.03

Pela Resolução Administrativa n. 129, de 5.4.05 (DJ 22.4.05), o Tribunal Superior do Trabalhou alterou a denominação dos verbetes da jurisprudência predominante do Tribunal Superior do Trabalho de "Enunciado" para "Súmula". Por essa Resolução foram também incorporadas súmulas a outras existentes e incorporadas ou convertidas as Orientações Jurisprudenciais da Subseção I e II da Seção Especializada em Dissídios Individuais em súmulas, conforme a hipótese. Foram introduzidas em algumas delas nova redação ou alteração de título ou ainda de dispositivo, bem como o cancelamento de outras. A Resolução n.139, 4.8.05, DJ 22.8.05, também converteu várias Orientações Jurisprudenciais da Subseção II em Súmulas, alterando o título ou inserindo dispositivo nas respectivas Orientações e o cancelamento de outras.

1 — PRAZO JUDICIAL(*)

Quando a intimação tiver lugar na sexta-feira, ou a publicação com efeito de intimação for feita nesse dia, o prazo judicial será contado da segunda-feira imediata, inclusive, salvo se não houver expediente, caso em que fluirá no dia útil que se seguir. (RA 28/1969, DO-GB 21.8.1969)

2 — GRATIFICAÇÃO NATALINA - CANCELADA

É devida a gratificação natalina proporcional (Lei n. 4.090, de 1962) na extinção dos contratos a prazo, entre estes incluídos os de safra, ainda que a relação de emprego haja findado antes de dezembro. (RA 28/1969, DO-GB 21.08.1969) ***[Cancelada pela Res. Adm. do TST (PLENO) n. 121, de 28.10.03, DJ 19.11.03, Rep. DJ 25.11.03]***

3 — GRATIFICAÇÃO NATALINA - CANCELADA

É devida a gratificação natalina proporcional (Lei n. 4.090, de 1962) na cessação da relação de emprego resultante da aposentadoria do trabalhador, ainda que verificada antes de dezembro. (RA 28/1969, DO-GB 21.8.1969) ***[Cancelada pela Res. Adm. do TST (PLENO) n. 121, de 28.10.03, DJ 19.11.03, Rep. DJ 25.11.03]***

4 — CUSTAS — CANCELADA

As pessoas jurídicas de direito público não estão sujeitas a prévio pagamento de custas, nem a depósito da importância da condenação, para o processamento de recurso na Justiça do Trabalho. (RA 28/1969, DO-GB 21.8.1969) ***[Cancelada pela Res. Adm. do TST (PLENO) n. 121, de 28.10.03, DJ 19.11.03, Rep. DJ 25.11.03]***

5 — REAJUSTAMENTO SALARIAL - CANCELADA

O reajustamento salarial coletivo, determinado no curso do aviso prévio, beneficia o empregado pré-avisado da despedida, mesmo que tenha recebido antecipadamente os salários correspondentes ao período do aviso, que integra o seu tempo de serviço para todos os efeitos legais. (RA 28/1969, DO-GB 21.8.1969) ***[Cancelada pela Res. Adm. do TST (PLENO) n. 121, de 28.10.03, DJ 19.11.03, Rep. DJ 25.11.03]***

6 — EQUIPARAÇÃO SALARIAL. ART. 461 DA CLT (REDAÇÃO DO ITEM VI ALTERADA NA SESSÃO DO TRIBUNAL PLENO REALIZADA EM 14.09.2012) — Res. 185/2012, DEJT divulgado em 25.9.12

I — Para os fins previstos no § 2º do art. 461 da CLT, só é válido o quadro de pessoal organizado em carreira quando homologado pelo Ministério do Trabalho, excluindo-se, apenas, dessa exigência o quadro de carreira das entidades de direito público da administração direta, autárquica e fundacional aprovado por ato administrativo da autoridade competente. (ex-Súmula n. 06 — alterada pela Res. 104/2000, DJ 20.12.2000).

II — Para efeito de equiparação de salários em caso de trabalho igual, conta-se o tempo de serviço na função e não no emprego. (ex -Súmula n. 135 — RA 102/1982, DJ 11.10.1982 e DJ 15.10.1982)

III — A equiparação salarial só é possível se o empregado e o paradigma exercerem a mesma função, desempenhando as mesmas tarefas, não importando se os cargos têm, ou não, a mesma denominação. (ex-OJ da SBDI-1 n. 328 — DJ 9.12.2003)

IV — É desnecessário que, ao tempo da reclamação sobre equiparação salarial, reclamante e paradigma estejam a serviço do estabelecimento, desde que o pedido se relacione com situação pretérita. (ex-Súmula n. 22 — RA 57/1970, DO-GB 27.11.1970)

V — A cessão de empregados não exclui a equiparação salarial, embora exercida a função em órgão governamental estranho à cedente, se esta responde pelos salários do paradigma e do reclamante. (ex-Súmula n. 111 — RA 102/1980, DJ 25.9.1980)

VI — Presentes os pressupostos do art. 461 da CLT, é irrelevante a circunstância de que o desnível salarial tenha origem em decisão judicial que beneficiou o paradigma, exceto se decorrente de vantagem pessoal, de tese jurídica superada pela jurisprudência de Corte Superior ou, na hipótese de equiparação salarial em cadeia, suscitada em defesa, se o empregador produzir prova do alegado fato modificativo, impeditivo ou extintivo do direito à equiparação salarial em relação ao paradigma remoto.

VII — Desde que atendidos os requisitos do art. 461 da CLT, é possível a equiparação salarial de trabalho intelectual, que pode ser avaliado por sua perfeição técnica, cuja aferição terá critérios objetivos. (ex-OJ da SBDI-1 n. 298 — DJ 11.8.2003)

VIII — É do empregador o ônus da prova do fato impeditivo, modificativo ou extintivo da equiparação salarial. (ex-Súmula n. 68 — RA 9/1977, DJ 11.2.1977)

IX — Na ação de equiparação salarial, a prescrição é parcial e só alcança as diferenças salariais vencidas no período de 5 (cinco) anos que precedeu o ajuizamento. (ex-Súmula n. 274 — alterada pela Res. 121/2003, DJ 21.11.2003)

X — O conceito de "mesma localidade" de que trata o art. 461 da CLT refere-se, em princípio, ao mesmo município, ou a municípios distintos que, comprovadamente, pertençam à mesma região metropolitana. (ex-OJ da SBDI-1 n. 252 — inserida em 13.03.2002)

7 — FÉRIAS(*)

A indenização pelo não-deferimento das férias no tempo oportuno será calculada com base na remuneração devida ao empregado na época da reclamação ou, se for o caso, na da extinção do contrato. (RA 28/1969, DO-GB 21.8.1969)

8 — JUNTADA DE DOCUMENTO(*)

A juntada de documentos na fase recursal só se justifica quando provado o justo impedimento para sua oportuna apresentação ou se referir a fato posterior à sentença. (RA 28/1969, DO-GB 21.8.1969)

9 — AUSÊNCIA DO RECLAMANTE(*)

A ausência do reclamante, quando adiada a instrução após contestada a ação em audiência, não importa arquivamento do processo. (RA 28/1969, DO-GB 21.8.1969)

10 — PROFESSOR — DISPENSA SEM JUSTA CAUSA. TÉRMINO DO ANO LETIVO OU NO CURSO DE FÉRIAS ESCOLARES. AVISO PRÉVIO (REDAÇÃO ALTERADA EM SESSÃO DO TRIBUNAL PLENO REALIZADA EM 14.9.2012- RES. 185/2012, DEJT DIVULGADO EM 25.9.12)

O direito aos salários do período de férias escolares assegurado aos professores (art. 322, caput e § 3º, da CLT) não exclui o direito ao aviso prévio, na hipótese de dispensa sem justa causa ao término do ano letivo ou no curso das férias escolares.

11 — HONORÁRIOS DE ADVOGADO - CANCELADA

É inaplicável na Justiça do Trabalho o disposto no art. 64 do Código de Processo Civil, sendo os honorários de advogado somente devidos nos termos do preceituado na Lei n. 1.060, de 1950. (RA 28/1969, DO-GB 21.8.1969) ***[Cancelada pela Res. Adm. do TST (PLENO) n. 121, de 28.10.03, DJ 19.11.03, Rep. DJ 25.11.03]***

12 — CARTEIRA PROFISSIONAL(*)

As anotações apostas pelo empregador na carteira profissional do empregado não geram presunção "juris et de jure", mas apenas *juris tantum.* (RA 28/1969, DO-GB 21.8.1969)

13 — MORA(*)

O só pagamento dos salários atrasados em audiência não ilide a mora capaz de determinar a rescisão do contrato de trabalho. (RA 28/1969, DO-GB 21.8.1969)

14 — CULPA RECÍPROCA — NOVA REDAÇÃO

Reconhecida a culpa recíproca na rescisão do contrato de trabalho (art. 484 da CLT), o empregado tem direito a 50% (cinquenta por cento) do valor do aviso prévio, do décimo terceiro salário e das férias proporcionais.

Histórico: Redação original — RA 28/1969, DO-GB 21.8.1969 ***[Revisada pela Res. Adm. do TST (PLENO) n. 121, de 28.10.03, DJ 19.11.03, Rep. DJ 25.11.03]***

15 — ATESTADO MÉDICO(*)

A justificação da ausência do empregado motivada por doença, para a percepção do salário-enfermidade e da remuneração do repouso semanal, deve observar a ordem preferencial dos atestados médicos estabelecida em lei. (RA 28/1969, DO-GB 21.8.1969)

16 — NOTIFICAÇÃO — NOVA REDAÇÃO

Presume-se recebida a notificação 48 (quarenta e oito) horas depois de sua postagem. O seu não recebimento ou a entrega após o decurso desse prazo constitui ônus de prova do destinatário.

Histórico: Redação original — RA 28/1969, DO-GB 21.8.1969 ***[Revisada pela Res. Adm. do TST (PLENO) n. 121, de 28.10.03, DJ 19.11.03, Rep. DJ 25.11.03]***

17 — ADICIONAL DE INSALUBRIDADE — CÁLCULO — SALÁRIO PROFISSIONAL — RESTAURADA (CANCELADA NA SESSÃO DO TRIBUNAL PLENO REALIZADA EM 26.6.08) — Res. 148/2008, DJ 4 e 7.7.08 — Republicada DJ 8, 9 e 10.7.08

O adicional de insalubridade devido a empregado que, por força de lei, convenção coletiva ou sentença normativa, percebe salário profissional será sobre este calculado. (RA 28/1969, DO-GB 21.8.1969)

Histórico: Cancelado — Res. 29/1994, DJ 12.5.1994 ***[Restaurada pela Res. Adm. do TST (PLENO) n. 121, de 28.10.03, DJ 19.11.03, Rep. DJ 25.11.03]***

18 — COMPENSAÇÃO(*)

A compensação, na Justiça do Trabalho, está restrita a dívidas de natureza trabalhista. (RA 28/1969, DO-GB 21.8.1969)

19 — QUADRO DE CARREIRA(*)

A Justiça do Trabalho é competente para apreciar reclamação de empregado que tenha por objeto direito fundado em quadro de carreira. (RA 28/1969, DO-GB 21.8.1969)

20 — RESILIÇÃO CONTRATUAL — CANCELADA — RES. 106/2001, DJ 21.3.2001 (**)

Não obstante o pagamento da indenização de antiguidade, presume-se em fraude à lei a resilição contratual, se o empregado permaneceu prestando serviço ou tiver sido, em curto prazo, readmitido. (RA 57/1970, DO-GB 27.11.1970)

21 — APOSENTADORIA — CANCELADA — RES. 30/1994, DJ 12.5.1994(*)

O empregado aposentado tem direito ao cômputo do tempo anterior à aposentadoria, se permanecer a serviço da empresa ou a ela retornar. (RA 57/1970, DO-GB 27.11.1970)

22 — EQUIPARAÇÃO SALARIAL — PARADIGMA DESPEDIDO — CANCELADA EM DECORRÊNCIA DA SUA INCORPORAÇÃO À NOVA REDAÇÃO DA SÚMULA N. 6 — RES. 129/05 — DJ 20.4.05

É desnecessário que, ao tempo da reclamação sobre equiparação salarial, reclamante e paradigma estejam a serviço do estabelecimento, desde que o pedido se relacione com situação pretérita. (RA 57/1970, DO-GB 27.11.1970)

23 — RECURSO(*)

Não se conhece de recurso de revista ou de embargos, se a decisão recorrida resolver determinado item do pedido por diversos fundamentos e a jurisprudência transcrita não abranger a todos. (RA 57/1970, DO-GB 27.11.1970)

24 — SERVIÇO EXTRAORDINÁRIO(*)

Insere-se no cálculo da indenização por antiguidade o salário relativo a serviço extraordinário, desde que habitualmente prestado. (RA 57/1970, DO-GB 27.11.1970)

25 — CUSTAS(*)

A parte vencedora na primeira instância, se vencida na segunda, está obrigada, independentemente de intimação, a pagar as custas fixadas na sentença originária, das quais ficara isenta a parte então vencida. (RA 57/1970, DO-GB 27.11.1970)

26 — ESTABILIDADE — CANCELADA

Presume-se obstativa à estabilidade a despedida, sem justo motivo, do empregado que alcançar nove anos de serviço na empresa. (RA 57/1970, DO-GB 27.11.1970) ***[Cancelada pela Res. Adm. do TST (PLENO) n. 121, de 28.10.03, DJ 19.11.03, Rep. DJ 25.11.03]***

27 — COMISSIONISTA(*)

É devida a remuneração do repouso semanal e dos dias feriados ao empregado comissionista, ainda que pracista. (RA 57/1970, DO-GB 27.11.1970)

28 — INDENIZAÇÃO — NOVA REDAÇÃO

No caso de se converter a reintegração em indenização dobrada, o direito aos salários é assegurado até a data da primeira decisão que determinou essa conversão.

Histórico: Redação original — RA 57/1970, DO-GB 27.11.1970 ***[Revisada pela Res. Adm. do TST (PLENO) n. 121, de 28.10.03, DJ 19.11.03, Rep. DJ 25.11.03]***

29 — TRANSFERÊNCIA(*)

Empregado transferido, por ato unilateral do empregador, para local mais distante de sua residência, tem direito a suplemento salarial correspondente ao acréscimo da despesa de transporte. (RA 57/1970, DO-GB 27.11.1970)

30 — INTIMAÇÃO DA SENTENÇA(*)

Quando não juntada a ata ao processo em 48 horas, contadas da audiência de julgamento (art. 851, § 2º, da CLT), o prazo para recurso será contado da data em que a parte receber a intimação da sentença. (RA 57/1970, DO-GB 27.11.1970)

31 — AVISO PRÉVIO — CANCELADA — RES. 31/1994, DJ 12.5.1994 — REFERÊNCIA LEI N. 7.108/1983(**)

É incabível o aviso prévio na despedida indireta. (RA 57/1970, DO-GB 27.11.1970)

32 — ABANDONO DE EMPREGO — NOVA REDAÇÃO

Presume-se o abandono de emprego se o trabalhador não retornar ao serviço no prazo de 30 (trinta) dias após a cessação do benefício previdenciário nem justificar o motivo de não o fazer.

Histórico: Redação original — RA 57/1970, DO-GB 27.11.1970 ***[Revisada pela Res. Adm. do TST (PLENO) n. 121, de 28.10.03, DJ 19.11.03, Rep. DJ 25.11.03]***

33 — MANDADO DE SEGURANÇA — DECISÃO JUDICIAL TRANSITADA EM JULGADO(*)

Não cabe mandado de segurança de decisão judicial transitada em julgado. (RA 57/1970, DO-GB 27.11.1970)

34 — GRATIFICAÇÃO NATALINA — CANCELADA

A gratificação natalina, instituída pela Lei n. 4.090, de 1962, é devida ao empregado rural. (RA 57/1970, DO-GB 27.11.1970) ***[Cancelada pela Res. Adm. do TST (PLENO) n. 121, de 28.10.03, DJ 19.11.03, Rep. DJ 25.11.03]***

35 — DEPÓSITO RECURSAL — COMPLEMENTAÇÃO — CANCELADA

A majoração do salário mínimo não obriga o recorrente a complementar o depósito de que trata o art. 899 da CLT. (RA 57/1970, DO-GB 27.11.1970) ***[Cancelada pela Res. Adm. do TST (PLENO) n. 121, de 28.10.03, DJ 19.11.03, Rep. DJ 25.11.03]***

36 — CUSTAS(*)

Nas ações plúrimas, as custas incidem sobre o respectivo valor global. (RA 57/1970, DO-GB 27.11.1970)

37 — PRAZO — CANCELADA — RES. 32/1994, DJ 12.5.1994(**)

O prazo para recurso da parte que não comparece à audiência de julgamento, apesar de notificada, conta-se da intimação da sentença. (RA 57/1970, DO-GB 27.11.1970)

38 — RECURSO — CANCELADA

Para comprovação da divergência justificadora do recurso é necessário que o recorrente junte certidão, ou documento equivalente, do acórdão paradigma ou faça transcrição do trecho pertinente à hipótese, indicando sua origem e esclarecendo a fonte da publicação, isto é, órgão oficial ou repertório idôneo de jurisprudência. (RA 57/1970, DO-GB 27.11.1970)

Histórica: Revista pela Súmula n. 337 — Res. 35/1994, DJ 18.11.1994 — Republicada DJ 30.11.1994. ***[Cancelada pela Res. Adm. do TST (PLENO) n. 121, de 28.10.03, DJ 19.11.03, Rep. DJ 25.11.03]***

39 — PERICULOSIDADE(*)

Os empregados que operam em bomba de gasolina têm direito ao adicional de periculosidade (Lei n. 2.573, de 15.08.1955). (RA 41/1973, DJ 14.6.1973)

40 — PROCESSO ADMINISTRATIVO - CANCELADA

Não cabe recurso ao Tribunal Superior do Trabalho contra decisão em processo administrativo, de interesse de funcionário, proferida por Tribunal Regional do Trabalho. (RA 41/1973, DJ 14.6.1973)

Histórico: Revista pela Súmula n. 302 — Res. 1/1990, DJ 2.4.1990 ***[Cancelada pela Res. Adm. do TST (PLENO) n. 121, de 28.10.03, DJ 19.11.03, Rep. DJ 25.11.03]***

41 — QUITAÇÃO — CANCELADA

A quitação, nas hipóteses dos §§ 1º e 2º do art. 477 da CLT concerne exclusivamente aos valores discriminados no documento respectivo. (RA 41/1973, DJ 14.6.1973)

Histórico: Revista pela Súmula n. 330 — Res. 22/1993 , DJ 21.12.1993 ***[Cancelada pela Res. Adm. do TST (PLENO) n. 121, de 28.10.03, DJ 19.11.03, Rep. DJ 25.11.03]***

42 — RECURSO — CANCELADA

Não ensejam o conhecimento de revista ou de embargos decisões superadas por iterativa, notória e atual jurisprudência do Pleno. (RA 41/1973, DJ 14.6.1973)

Histórico: Revista pela Súmula n. 333 — Res. 25/1994, DJ 12.5.1994 ***[Cancelada pela Res. Adm. do TST (PLENO) n. 121, de 28.10.03, DJ 19.11.03, Rep. DJ 25.11.03]***

43 — TRANSFERÊNCIA(*)

Presume-se abusiva a transferência de que trata o § 1º do art. 469 da CLT, sem comprovação da necessidade do serviço. (RA 41/1973, DJ 14.6.1973)

44 — AVISO PRÉVIO(*)

A cessação da atividade da empresa, com o pagamento da indenização, simples ou em dobro, não exclui, por si só, o direito do empregado ao aviso prévio. (RA 41/1973, DJ 14.6.1973)

45 — SERVIÇO SUPLEMENTAR(*)

A remuneração do serviço suplementar, habitualmente prestado, integra o cálculo da gratificação natalina prevista na Lei n. 4.090, de 13.7.1962. (RA 41/1973, DJ 14.6.1973)

46 — ACIDENTE DE TRABALHO(*)

As faltas ou ausências decorrentes de acidente do trabalho não são consideradas para os efeitos de duração de férias e cálculo da gratificação natalina. (RA 41/1973, DJ 14.6.1973)

47 — INSALUBRIDADE(*)

O trabalho executado em condições insalubres, em caráter intermitente, não afasta, só por essa circunstância, o direito à percepção do respectivo adicional. (RA 41/1973, DJ 14.6.1973)

48 — COMPENSAÇÃO(*)

A compensação só poderá ser arguida com a contestação. (RA 41/1973, DJ 14.6.1973)

49 — INQUÉRITO JUDICIAL — CANCELADA

No inquérito judicial, contadas e não pagas as custas no prazo fixado pelo juízo, será determinado o arquivamento do processo. (RA 41/1973, DJ 14.6.1973) ***[Cancelada pela Res. Adm. do TST (PLENO) n. 121, de 28.10.03, DJ 19.11.03, Rep. DJ 25.11.03]***

50 — GRATIFICAÇÃO NATALINA(*)

A gratificação natalina, instituída pela Lei n. 4.090, de 13.7.1962, é devida pela empresa cessionária ao servidor público cedido enquanto durar a cessão. (RA 41/1973, DJ 14.6.1973)

51 — NORMA REGULAMENTAR — VANTAGENS E OPÇÃO PELO NOVO REGULAMENTO — ART. 468 DA CLT. (Incorporada a Orientação Jurisprudencial n. 163 da SBDI-I — Res. 129/2005 — DJ 20.4.2005)

I — As cláusulas regulamentares, que revoguem ou alterem vantagens deferidas anteriormente, só atingirão os trabalhadores admitidos após a revogação ou alteração do regulamento. (ex-Súmula n. 51 — RA 41/73, DJ 14.6.1973)

II — Havendo a coexistência de dois regulamentos da empresa, a opção do empregado por um deles tem efeito jurídico de renúncia às regras do sistema do outro. (ex-OJ n. 163 — Inserida em 26.3.1999)

52 — TEMPO DE SERVIÇO(*)

O adicional de tempo de serviço (quinquênio) é devido, nas condições estabelecidas no art. 19 da Lei n. 4.345, de 26.6.1964, aos contratados sob o regime da CLT, pela empresa a que se refere a mencionada lei, inclusive para o fim de complementação de aposentadoria. (RA 41/1973, DJ 14.6.1973)

53 — CUSTAS(*)

O prazo para pagamento das custas, no caso de recurso, é contado da intimação do cálculo. (RA 41/1973, DJ 14.6.1973)

54 — OPTANTE(*)

Rescindindo por acordo seu contrato de trabalho, o empregado estável optante tem direito ao mínimo de 60% (sessenta por cento) do total da indenização em dobro, calculada sobre o maior salário percebido no emprego. Se houver recebido menos do que esse total, qualquer que tenha sido a forma de transação, assegura-se-lhe a complementação até aquele limite. (RA 105/1974, DJ 24.10.1974)

55 — FINANCEIRAS(*)

As empresas de crédito, financiamento ou investimento, também denominadas financeiras, equiparam-se aos estabelecimentos bancários para os efeitos do art. 224 da CLT. (RA 105/1974, DJ 24.10.1974)

56 — BALCONISTA — CANCELADA

O balconista que recebe comissão tem direito ao adicional de 20% (vinte por cento) pelo trabalho em horas extras, calculado sobre o valor das comissões referentes a essas horas. (RA 105/1974, DJ 24.10.1974)

Histórico: Revista pela Súmula n. 340 — Res. 40/1995, DJ 17.2.1995 ***[Cancelada pela Res. Adm. do TST (PLENO) n. 121, de 28.10.03, DJ 19.11.03, Rep. DJ 25.11.03]***

57 — TRABALHADOR RURAL — CANCELADA — RES. 3/1993, DJ 6.5.1993(**)

Os trabalhadores agrícolas das usinas de açúcar integram categoria profissional de industriários, beneficiando-se dos aumentos normativos obtidos pela referida categoria. (RA 105/1974, DJ 24.10.1974)

58 — PESSOAL DE OBRAS(*)

Ao empregado admitido como pessoal de obras, em caráter permanente e não amparado pelo regime estatutário, aplica-se a legislação trabalhista. (RA 105/1974, DJ 24.10.1974)

59 — VIGIA — CANCELADA

Vigia de estabelecimento bancário não se beneficia da jornada de trabalho reduzida prevista no art. 224 da CLT. (RA 105/1974, DJ 24.10.1974) ***[Cancelada pela Res. Adm. do TST (PLENO) n. 121, de 28.10.03, DJ 19.11.03, Rep. DJ 25.11.03]***

Súmulas TST

60 — ADICIONAL NOTURNO — INTEGRAÇÃO NO SALÁRIO E PRORROGAÇÃO EM HORÁRIO DIURNO. (Incorporada Orientação Jurisprudencial n. 6 da SBDI-1 — Res. 129/2005 — DJ 20.4.2005)

I — O adicional noturno, pago com habitualidade, integra o salário do empregado para todos os efeitos. (ex-Súmula n. 60 — RA 105/74, DJ 24.10.1974)

II — Cumprida integralmente a jornada no período noturno e prorrogada esta, devido é também o adicional quanto às horas prorrogadas. Exegese do art. 73, § 5º, da CLT. (ex-OJ n. 6 da SBDI-1 — Inserida em 25.11.1996)

61 — FERROVIÁRIO(*)

Aos ferroviários que trabalham em estação do interior, assim classificada por autoridade competente, não são devidas horas extras (art. 243 da CLT). (RA 105/1974, DJ 24.10.1974)

62 — ABANDONO DE EMPREGO(*)

O prazo de decadência do direito do empregador de ajuizar inquérito em face do empregado que incorre em abandono de emprego é contado a partir do momento em que o empregado pretendeu seu retorno ao serviço. (RA 105/1974, DJ 24.10.1974)

63 — FUNDO DE GARANTIA(*)

A contribuição para o Fundo de Garantia do Tempo de Serviço incide sobre a remuneração mensal devida ao empregado, inclusive horas extras e adicionais eventuais. (RA 105/1974, DJ 24.10.1974)

64 — PRESCRIÇÃO — CANCELADA

A prescrição para reclamar contra anotação de carteira profissional, ou omissão desta, flui da data de cessação do contrato de trabalho. (RA 52/1975, DJ 5.6.1975) ***[Cancelado pela Res. Adm. do TST (PLENO) n. 121, de 28.10.03, DJ 19.11.03, Rep. DJ 25.11.03]***

65 — VIGIA(*)

O direito à hora reduzida de 52 minutos e 30 segundos aplica-se ao vigia noturno. (RA 5/1976, DJ 26.2.1976)

66 — TEMPO DE SERVIÇO — CANCELADA

Os quinquênios devidos ao pessoal da Rede Ferroviária Federal S.A. serão calculados sobre o salário do cargo efetivo, ainda que o trabalhador exerça cargo ou função em comissão. (RA 7/1977, DJ 11.2.1977) ***[Cancelada pela Res. Adm. do TST (PLENO) n. 121, de 28.10.03, DJ 19.11.03, Rep. DJ 25.11.03]***

67 — GRATIFICAÇÃO — FERROVIÁRIO(*)

Chefe de trem, regido pelo estatuto dos ferroviários (Decreto n. 35.530, de 19.9.1959), não tem direito à gratificação prevista no respectivo art. 110. (RA 8/1977, DJ 11.02.1977)

68 — PROVA — EQUIPARAÇÃO SALARIAL. (CANCELADA EM DECORRÊNCIA DA SUA INCORPORAÇÃO À NOVA REDAÇÃO DA SÚMULA N. 6 — RES. 129/2005 — DJ 20.4.2005)

É do empregador o ônus da prova do fato impeditivo, modificativo ou extintivo da equiparação salarial. (RA 9/77, DJ 11.2.1977)

69 — RESCISÃO DO CONTRATO — NOVA REDAÇÃO

A partir da Lei n. 10.272, de 5.9.2001, havendo rescisão do contrato de trabalho e sendo revel e confesso quanto à matéria de fato, deve ser o empregador condenado ao pagamento das verbas rescisórias, não quitadas na primeira audiência, com acréscimo de 50% (cinquenta por cento).

Histórico: Redação original — RA 10/1977, DJ 11.2.1977 ***[Revisada pela Res. Adm. do TST (PLENO) n. 121, de 28.10.03, DJ 19.11.03, Rep. DJ 25.11.03]***

70 — ADICIONAL DE PERICULOSIDADE(*)

O adicional de periculosidade não incide sobre os triênios pagos pela Petrobrás. (RA 69/1978, DJ 26.9.1978)

71 — ALÇADA(*)

A alçada é fixada pelo valor dado à causa na data de seu ajuizamento, desde que não impugnado, sendo inalterável no curso do processo. (RA 69/1978, DJ 26.9.1978)

72 — APOSENTADORIA — NOVA REDAÇÃO

O prêmio-aposentadoria instituído por norma regulamentar da empresa não está condicionado ao disposto no § 2º do art. 14 da Lei n. 8.036, de 11.5.1990.

Histórico: Redação original — RA 69/1978, DJ 26.09.1978 ***[Revisada pela Res. Adm. do TST (PLENO) n. 121, de 28.10.03, DJ 19.11.03, Rep. DJ 25.11.03]***

73 — DESPEDIDA — JUSTA CAUSA — NOVA REDAÇÃO

A ocorrência de justa causa, salvo a de abandono de emprego, no decurso do prazo do aviso prévio dado pelo empregador, retira do empregado qualquer direito às verbas rescisórias de natureza indenizatória.

Histórico: Redação original — RA 69/1978, DJ 26.9.1978 ***[Revisada pela Res. Adm. do TST (PLENO) n. 121, de 28.10.03, DJ 19.11.03, Rep. DJ 25.11.03]***

74 — CONFISSÃO — (NOVA REDAÇÃO DO ITEM I E INSERIDO O ITEM III À REDAÇÃO EM DECORRÊNCIA DO JULGAMENTO DO PROCESSO TSTIUJEEDRR 801385-77-2001.5.02.0017 — RES. 174, 24.5.11, DJE/27.5.11)

I — Aplica-se a confissão à parte que, expressamente intimada com aquela cominação, não comparecer à audiência em prosseguimento, na qual deveria depor. (ex-Súmula n. 74 — RA 69/78, DJ 26.9.1978)

II — A prova pré-constituída nos autos pode ser levada em conta para confronto com a confissão ficta (art. 400, I, CPC), não implicando cerceamento de defesa o indeferimento de provas posteriores. (ex-OJ n. 184 da SBDI-1 — Inserida em 8.11.2000)

III — A vedação à produção de prova posterior pela parte confessa somente a ela se aplica, não afetando o exercício, pelo magistrado, do poder/dever de conduzir o processo.

75 — FERROVIÁRIO — CANCELADA

É incompetente a Justiça do Trabalho para conhecer de ação de ferroviário oriundo das empresas Sorocabana, São Paulo-Minas e Araraquarense, que mantém a condição de funcionário público. (RA 69/1978, DJ 26.9.1978) ***[Cancelada pela Res. Adm. do TST (PLENO) n. 121, de 28.10.03, DJ 19.11.03, Rep. DJ 25.11.03]***

76 — HORAS EXTRAS — CANCELADA

O valor das horas suplementares prestadas habitualmente, por mais de 2 (dois) anos, ou durante todo o contrato, se suprimidas, integra-se ao salário para todos os efeitos legais. (RA 69/1978, DJ 26.9.1978)

Histórico: Revista pela Súmula n. 291 — Res. 1/1989, DJ 14.4.1989 ***[Cancelada pela Res. Adm. do TST (PLENO) n. 121, de 28.10.03, DJ 19.11.03, Rep. DJ 25.11.03]***

77 — PUNIÇÃO(*)

Nula é a punição de empregado se não precedida de inquérito ou sindicância internos a que se obrigou a empresa por norma regulamentar. (RA 69/1978, DJ 26.9.1978)

78 — GRATIFICAÇÃO — CANCELADA

A gratificação periódica contratual integra o salário, pelo seu duodécimo, para todos os efeitos legais, inclusive o cálculo da natalina da Lei n. 4.090/1962. (RA 69/1978, DJ 26.9.1978) ***[Cancelada pela Res. Adm. do TST (PLENO) n. 121, de 28.10.03, DJ 19.11.03, Rep. DJ 25.11.03]***

79 — TEMPO DE SERVIÇO — CANCELADA

O adicional de antiguidade, pago pela Fepasa, calcula-se sobre o salário-base. (RA 69/1978, DJ 26.9.1978) ***[Cancelada pela Res. Adm. do TST (PLENO) n. 121, de 28.10.03, DJ 19.11.03, Rep. DJ 25.11.03]***

80 — INSALUBRIDADE(*)

A eliminação da insalubridade mediante fornecimento de aparelhos protetores aprovados pelo órgão competente do Poder Executivo exclui a percepção do respectivo adicional. (RA 69/1978, DJ 26.9.1978)

81 — FÉRIAS(*)

Os dias de férias gozados após o período legal de concessão deverão ser remunerados em dobro. (RA 69/1978, DJ 26.9.1978)

82 — ASSISTÊNCIA — NOVA REDAÇÃO

A intervenção assistencial, simples ou adesiva, só é admissível se demonstrado o interesse jurídico e não o meramente econômico.

Histórico: Redação original — RA 69/1978, DJ 26.9.1978 ***[Revisada pela Res. Adm. do TST (PLENO) n. 121, de 28.10.03, DJ 19.11.03, Rep. DJ 25.11.03]***

83 — AÇÃO RESCISÓRIA — MATÉRIA CONTROVERTIDA — (INCORPORADA A ORIENTAÇÃO JURISPRUDENCIAL N. 77 DA SBDI-II — RES. 137/2005 — DJ 22.8.05)

I — Não procede pedido formulado na ação rescisória por violação literal de lei se a decisão rescindenda estiver baseada em texto legal infraconstitucional de interpretação controvertida nos Tribunais. (ex-Súmula n. 83 — Res. 121/03, DJ 21.11.03).

II — O marco divisor quanto a ser, ou não, controvertida, nos Tribunais, a interpretação dos dispositivos legais citados na ação rescisória é a data da inclusão, na Orientação Jurisprudencial do TST, da matéria discutida. (ex-OJ n. 77 da SBDI-II— inserida em 13.3.02).

84 — ADICIONAL REGIONAL — NOVA REDAÇÃO

O adicional regional, instituído pela Petrobrás, não contraria o art. 7º, XXXII, da CF/1988.

Histórico: Redação original — RA 69/1978, DJ 26.9.1978 ***[Revisada pela Res. Adm. do TST (PLENO) n. 121, de 28.10.03, DJ 19.11.03, Rep. DJ 25.11.03]***

85 — COMPENSAÇÃO DE JORNADA. (Inserido o item V — Res. 174, 24.5.11, DJe/27.5.11)

I — A compensação de jornada de trabalho deve ser ajustada por acordo individual escrito, acordo coletivo ou convenção coletiva. (ex-Súmula n. 85 — primeira parte — alterada pela Res. 121/2003, DJ 21.11.2003)

II — O acordo individual para compensação de horas é válido, salvo se houver norma coletiva em sentido contrário. (ex-OJ n. 182 da SBDI-I — Inserida em 8.11.2000)

III — O mero não atendimento das exigências legais para a compensação de jornada, inclusive quando encetada mediante acordo tácito, não implica a repetição do pagamento das horas excedentes à jornada normal diária, se não dilatada a jornada máxima semanal, sendo devido apenas o respectivo adicional. (ex-Súmula n. 85 — segunda parte — alterada pela Res. 121/2003, DJ 21.11.2003)

IV — A prestação de horas extras habituais descaracteriza o acordo de compensação de jornada. Nesta hipótese, as horas que ultrapassarem a jornada semanal normal deverão ser pagas como horas extraordinárias e, quanto àquelas destinadas à compensação, deverá ser pago a mais apenas o adicional por trabalho extraordinário. (ex-OJ n. 220 da SBDI-I — Inserida em 20.6.2001)

V — As disposições contidas nesta súmula não se aplicam ao regime compensatório na modalidade "banco de horas", que somente pode ser instituído por negociação coletiva.

86 — DESERÇÃO — MASSA FALIDA — EMPRESA EM LIQUIDAÇÃO EXTRAJUDICIAL — (INCORPORADA A ORIENTAÇÃO JURISPRUDENCIAL N. 31 DA SBDI-1 — RES. 129/2005 — DJ 20.4.2005)

Não ocorre deserção de recurso da massa falida por falta de pagamento de custas ou de depósito do valor da condenação. Esse privilégio, todavia, não se aplica à empresa em liquidação extrajudicial. (Primeira parte — ex-súmula n. 86 — RA 69/78, DJ 26.9.1978; segunda parte — ex-OJ n. 31 — Inserida em 14.3.1994)

87 — PREVIDÊNCIA PRIVADA(*)

Se o empregado, ou seu beneficiário, já recebeu da instituição previdenciária privada, criada pela empresa, vantagem equivalente, é cabível a dedução de seu valor do benefício a que faz jus por norma regulamentar anterior. (RA 69/1978, DJ 26.9.1978)

88 — JORNADA DE TRABALHO — INTERVALO ENTRE TURNOS — CANCELADA — RES. 42/1995, DJ 17.2.1995 — LEI N. 8.923/1994 (**)

O desrespeito ao intervalo mínimo entre dois turnos de trabalho, sem importar em excesso na jornada efetivamente trabalhada, não dá direito a qualquer ressarcimento ao obreiro, por tratar-se apenas de infração sujeita a penalidade administrativa (art. 71 da CLT). (RA 69/1978, DJ 26.9.1978)

89 — FALTA AO SERVIÇO(*)

Se as faltas já são justificadas pela lei, consideram-se como ausências legais e não serão descontadas para o cálculo do período de férias. (RA 69/1978, DJ 26.9.1978)

90 — HORAS *IN ITINERE* — TEMPO DE SERVIÇO (INCORPORADAS AS SÚMULAS NS. 324 E 325 E AS ORIENTAÇÕES JURISPRUDENCIAIS NS. 50 E 236 DA SBDI-1 — RES. 129/2005 — DJ 20.4.2005)

I — O tempo despendido pelo empregado, em condução fornecida pelo empregador, até o local de trabalho de difícil acesso ou não servido por transporte público regular, e para o seu retorno, é computável na jornada de trabalho. (ex-Súmula n. 90 — RA 80/78, DJ 10.11.1978)

II — A incompatibilidade entre os horários de início e término da jornada do empregado e os do transporte público regular é circunstância que também gera o direito às horas *in itinere*. (ex-OJ n. 50 — Inserida em 1.2.1995)

III — A mera insuficiência de transporte público não enseja o pagamento de horas *in itinere*. (ex-Súmula n. 324 — RA 16/1993, DJ 21.12.1993)

IV — Se houver transporte público regular em parte do trajeto percorrido em condução da empresa, as horas *in itinere* remuneradas limitam-se ao trecho não alcançado pelo transporte público. (ex-Súmula n. 325 — RA17/1993, DJ 21.12.1993)

V — Considerando que as horas *in itinere* são computáveis na jornada de trabalho, o tempo que extrapola a jornada legal é considerado como extraordinário e sobre ele deve incidir o adicional respectivo. (ex-OJ n. 236 — Inserida em 20.6.2001)

91 — SALÁRIO COMPLESSIVO(*)

Nula é a cláusula contratual que fixa determinada importância ou percentagem para atender englobadamente vários direitos legais ou contratuais do trabalhador. (RA 69/1978, DJ 26.9.1978)

92 — APOSENTADORIA(*)

O direito à complementação de aposentadoria, criado pela empresa, com requisitos próprios, não se altera pela instituição de benefício previdenciário por órgão oficial. (RA 69/1978, DJ 26.9.1978)

93 — BANCÁRIO(*)

Integra a remuneração do bancário a vantagem pecuniária por ele auferida na colocação ou na venda de papéis ou valores mobiliários de empresas pertencentes ao mesmo grupo econômico, se exercida essa atividade no horário e no local de trabalho e com o consentimento, tácito ou expresso, do banco empregador. (RA 121/1979, DJ 27.11.1979)

94 — HORAS EXTRAS — CANCELADA

O valor das horas extraordinárias habituais integra o aviso prévio indenizado. (RA 43/1980, DJ 15.5.1980 — Republicada Res. 80/1980, DJ 4.7.1980) ***[Cancelada pela Res. Adm. do TST (PLENO) n. 121, de 28.10.03, DJ 19.11.03, Rep. DJ 25.11.03]***

95 — PRESCRIÇÃO TRINTENÁRIA — FGTS — (CANCELADA EM DECORRÊNCIA DA SUA INCORPORAÇÃO À NOVA REDAÇÃO DA SÚMULA N. 362 — RES. 121/2003, DJ 19, 20 E 21.11.2003)

É trintenária a prescrição do direito de reclamar contra o não recolhimento da contribuição para o Fundo de Garantia do Tempo de Serviço. (RA 44/1980, DJ 15.5.1980) ***[Cancelada pela Res. Adm. do TST (PLENO) n. 121, de 28.10.03, DJ 19.11.03, Rep. DJ 25.11.03]***

96 — MARÍTIMO(*)

A permanência do tripulante a bordo do navio, no período de repouso, além da jornada, não importa presunção de que esteja à disposição do empregador ou em regime de prorrogação de horário, circunstâncias que devem resultar provadas, dada a natureza do serviço. (RA 45/1980, DJ 16.5.1980)

97 — APOSENTADORIA — COMPLEMENTAÇÃO(*)

Instituída complementação de aposentadoria por ato da empresa, expressamente dependente de regulamentação, as condições desta devem ser observadas como parte **integrante** da norma.

Histórico: Redação original — RA 48/1980, DJ 22.5.1980

98 — FGTS — INDENIZAÇÃO — EQUIVALÊNCIA — COMPATIBILIDADE — (INCORPORADA A ORIENTAÇÃO JURISPRUDENCIAL N. 299 DA SBDI-1 — Res. 129/2005 — DJ 20.4.2005)

I — A equivalência entre os regimes do Fundo de Garantia do Tempo de Serviço e da estabilidade prevista na CLT é meramente jurídica e não econômica, sendo indevidos valores a título de reposição de diferenças. (ex-Súmula n. 98 — RA 57/1980, DJ 6.6.1980)

II — A estabilidade contratual ou a derivada de regulamento de empresa são compatíveis com o regime do FGTS. Diversamente ocorre com a estabilidade legal (decenal, art. 492 da CLT), que é renunciada com a opção pelo FGTS. (ex-OJ n. 299 da SBDI-I — DJ 11.8.2003)

99 — AÇÃO RESCISÓRIA — DESERÇÃO — PRAZO — (INCORPORADA A ORIENTAÇÃO JURISPRUDENCIAL N. 117 DA SBDI-II — Res. 137/2005 — DJ 22.8.2005)

Havendo recurso ordinário em sede de rescisória, o depósito recursal só é exigível quando for julgado procedente o pedido e imposta condenação em pecúnia, devendo este ser efetuado no prazo recursal, no limite e nos termos da legislação vigente, sob pena de deserção. (ex-Súmula n. 99 — RA 62/1980, DJ 11.6.80 e alterada pela Res. 110/02, DJ 11.4.02 e ex-OJ n. 117 da SBDI-II — DJ 11.8.03)

100 — AÇÃO RESCISÓRIA — DECADÊNCIA (INCORPORADAS AS ORIENTAÇÕES JURISPRUDENCIAIS NS. 13, 16, 79, 102, 104, 122 E 145 DA SDI-II — Res. 137/05 — DJ 22.8.05)

I — O prazo de decadência, na ação rescisória, conta-se do dia imediatamente subsequente ao trânsito em julgado da última decisão proferida na causa, seja de mérito ou não. (ex-Súmula n. 100 — Res. 109/01, DJ 20.4.01).

II — Havendo recurso parcial no processo principal, o trânsito em julgado dá-se em momentos e em tribunais diferentes, contando-se o prazo decadencial para a ação rescisória do trânsito em julgado de cada decisão, salvo se o recurso tratar de preliminar ou prejudicial que possa tornar insubsistente a decisão recorrida, hipótese em que flui a decadência a partir do trânsito em julgado da decisão que julgar o recurso parcial. (ex-Súmula n. 100 — Res. 109/01, DJ 20.4.01).

III — Salvo se houver dúvida razoável, a interposição de recurso intempestivo ou a interposição de recurso incabível não protrai o termo inicial do prazo decadencial. (ex-Súmula n. 100 — Res. 109/2001, DJ 20.4.01).

IV — O juízo rescindente não está adstrito à certidão de trânsito em julgado juntada com a ação rescisória, podendo formar sua convicção através de outros elementos dos autos quanto à antecipação ou postergação do *dies a quo* do prazo decadencial. (ex-OJ n. 102 da SBDI-II — DJ 29.4.03).

V — O acordo homologado judicialmente tem força de decisão irrecorrível, na forma do art. 831 da CLT. Assim sendo, o termo conciliatório transita em julgado na data da sua homologação judicial. (ex-OJ n. 104 da SBDI-II — DJ 29.4.03).

VI — Na hipótese de colusão das partes, o prazo decadencial da ação rescisória somente começa a fluir para o Ministério Público, que não interveio no processo principal, a partir do momento em que tem ciência da fraude. (ex-OJ n. 122 da SBDI-II — DJ 11.8.2003).

VII — Não ofende o princípio do duplo grau de jurisdição a decisão do TST que, após afastar a decadência em sede de recurso ordinário, aprecia desde logo a lide, se a causa versar questão exclusivamente de direito e estiver em condições de imediato julgamento. (ex-OJ n. 79 da SBDI-II — inserida em 13.3.02).

VIII — A exceção de incompetência, ainda que oposta no prazo recursal, sem ter sido aviado o recurso próprio, não tem o condão de afastar a consumação da coisa julgada e, assim, postergar o termo inicial do prazo decadencial para a ação rescisória. (ex-OJ n. 16 da SBDI-II — inserida em 20.9.00).

IX — Prorroga-se até o primeiro dia útil, imediatamente subsequente, o prazo decadencial para ajuizamento de ação rescisória quando expira em férias forenses, feriados, finais de semana ou em dia em que não houver expediente forense. Aplicação do art. 775 da CLT. (ex-OJ n. 13 da SBDI-II — inserida em 20.9.00).

X — Conta-se o prazo decadencial da ação rescisória, após o decurso do prazo legal previsto para a interposição do recurso extraordinário, apenas quando esgotadas todas as vias recursais ordinárias. (ex-OJ n. 145 da SBDI-II— DJ 10.11.04).

101 — DIÁRIAS DE VIAGEM — SALÁRIO — (INCORPORADA A ORIENTAÇÃO JURISPRUDENCIAL N. 292 DA SBDI-1 — Res. 129/2005 — DJ 20.4.2005)

Integram o salário, pelo seu valor total e para efeitos indenizatórios, as diárias de viagem que excedam a 50% (cinquenta por cento) do salário do empregado, enquanto perdurarem as viagens. (Primeira parte — ex-Súmula n. 101 — RA 65/1980, DJ 18.6.1980; segunda parte — ex-OJ n. 292 da SBDI-I — Inserida em 11.8.2003)

102 — BANCÁRIO — CARGO DE CONFIANÇA — (Mantida — Res. n. 174, 24.5.11 — DJe/27.5.11)

I — A configuração, ou não, do exercício da função de confiança a que se refere o art. 224, § 2º, da CLT, dependente da prova das reais atribuições do empregado, é insuscetível de exame mediante recurso de revista ou de embargos. (ex-Súmula n. 204 — alterada pela Res. 121/2003, DJ 21.11.2003)

II — O bancário que exerce a função a que se refere o § 2º do art. 224 da CLT e recebe gratificação não inferior a um terço de seu salário já tem remuneradas as duas horas extraordinárias excedentes de seis. (ex-Súmula n. 166 — RA 102/1982, DJ 11.10.1982 e DJ 15.10.1982)

III — Ao bancário exercente de cargo de confiança previsto no artigo 224, § 2º, da CLT são devidas as 7ª e 8ª horas, como extras, no período em que se verificar o pagamento a menor da gratificação de 1/3. (ex-OJ n. 288 da SBDI-1 — DJ 11.8.2003)

IV — O bancário sujeito à regra do art. 224, § 2º, da CLT cumpre jornada de trabalho de 8 (oito) horas, sendo extraordinárias as trabalhadas além da oitava. (ex-Súmula n. 232 — RA 14/1985, DJ 19.9.1985)

V — O advogado empregado de banco, pelo simples exercício da advocacia, não exerce cargo de confiança, não se enquadrando, portanto, na hipótese do § 2º do art. 224 da CLT. (ex-OJ n. 222 da SBDI-1 — Inserida em 20.6.2001

VI — O caixa bancário, ainda que caixa executivo, não exerce cargo de confiança. Se perceber gratificação igual ou superior a um terço do salário do posto efetivo, essa remunera apenas a maior responsabilidade do cargo e não as duas horas extraordinárias além da sexta. (ex-Súmula n. 102 — RA 66/1980, DJ 18.6.1980 e republicada DJ 14.7.1980)

VII — O bancário exercente de função de confiança, que percebe a gratificação não inferior ao terço legal, ainda que norma coletiva contemple percentual superior, não tem direito às sétima e oitava horas como extras, mas tão somente às diferenças de gratificação de função, se postuladas. (ex-OJ n. 15 da SBDI-1 — Inserida em 14.3.1994)

103 — TEMPO DE SERVIÇO — LICENÇA-PRÊMIO — CANCELADA

Os trabalhadores que hajam prestado serviço no regime da Lei n. 1.890, de 13.6.1953, e optado pelo regime estatutário, não contam, posteriormente, esse período para fins de licença-prêmio, privativa de servidores estatutários. (RA 67/1980, DJ 18.6.1980) ***[Cancelada pela Res. Adm. do TST (PLENO) n. 121, de 28.10.03, DJ 19.11.03, Rep. DJ 25.11.03]***

104 — FÉRIAS — TRABALHADOR RURAL — CANCELADA

É devido o pagamento de férias ao rurícola, qualquer que tenha sido a data de sua admissão e, em dobro, se não concedidas na época prevista em lei. (RA 70/1980, DJ 21.7.1980) ***[Cancelada pela Res. Adm. do TST (PLENO) n. 121, de 28.10.03, DJ 19.11.03, Rep. DJ 25.11.03]***

105 — FUNCIONÁRIO PÚBLICO — QUINQUÊNIOS — CANCELADA

O empregado estatutário que optar pelo regime celetista, com o congelamento dos quinquênios em seus valores à época, não tem direito ao reajuste posterior dos seus níveis. (RA 71/1980, DJ 21.7.1980) ***[Cancelada pela Res. Adm. do TST (PLENO) n. 121, de 28.10.03, DJ 19.11.03, Rep. DJ 25.11.03]***

106 — APOSENTADORIA — FERROVIÁRIO — COMPETÊNCIA(*)

É incompetente a Justiça do Trabalho para julgar ação ajuizada em face da Rede Ferroviária Federal, em que ex-empregado desta pleiteie complementação de aposentadoria, elaboração ou alteração de folhas de pagamento de aposentados, se por essas obrigações responde órgão da previdência social. (RA 72/1980, DJ 21.7.1980) ***[Cancelada pela Resol. n. 157, de 31.8.09, DEJT 4.8.09)***

107 — AÇÃO RESCISÓRIA — PROVA — CANCELADA PELA SÚMULA N. 299 — RES. 9/1989, DJ 14.4.1989 (**)

É indispensável a juntada à inicial da ação rescisória da prova do trânsito em julgado da decisão rescindenda, sob pena de indeferimento liminar. (RA 74/1980, DJ 21.7.1980)

108 — COMPENSAÇÃO DE HORÁRIO — ACORDO — CANCELADA — RES. 85/1998, DJ 20.8.1998 (**)

A compensação de horário semanal deve ser ajustada por acordo escrito, não necessariamente em acordo coletivo ou convenção coletiva, exceto quanto ao trabalho da mulher. (RA 75/1980, DJ 21.7.1980)

109 — GRATIFICAÇÃO DE FUNÇÃO(*)

O bancário não enquadrado no § 2º do art. 224 da CLT, que receba gratificação de função, não pode ter o salário relativo a horas extraordinárias compensado com o valor daquela vantagem.

Histórico: Redação original — RA 89/1980, DJ 29.8.1980

110 — JORNADA DE TRABALHO — INTERVALO(*)

No regime de revezamento, as horas trabalhadas em seguida ao repouso semanal de 24 horas, com prejuízo do intervalo mínimo de 11 horas consecutivas para descanso entre jornadas, devem ser remuneradas como extraordinárias, inclusive com o respectivo adicional. (RA 101/1980, DJ 25.9.1980)

111 — EQUIPARAÇÃO SALARIAL — (CANCELADA EM DECORRÊNCIA DA SUA INCORPORAÇÃO À NOVA REDAÇÃO DA SÚMULA N. 6 — Res. 129/2005 — DJ 20.4.2005)

A cessão de empregados não exclui a equiparação salarial, embora exercida a função em órgão governamental estranho à cedente, se esta responde pelos salários do paradigma e do reclamante. (RA 102/1980, DJ 25.9.1980)

112 — TRABALHO NOTURNO — PETRÓLEO(*)

O trabalho noturno dos empregados nas atividades de exploração, perfuração, produção e refinação do petróleo, industrialização do xisto, indústria petroquímica e transporte de petróleo e seus derivados, por meio de dutos, é regulado pela Lei n. 5.811, de 11.10.1972, não se lhe aplicando a hora reduzida de 52 minutos e 30 segundos prevista no art. 73, § 1º, da CLT. (RA 107/1980, DJ 10.10.1980)

113 — BANCÁRIO — SÁBADO — DIA ÚTIL(*)

O sábado do bancário é dia útil não trabalhado, não dia de repouso remunerado. Não cabe a repercussão do pagamento de horas extras habituais em sua remuneração. (RA 115/1980, DJ 3.11.1980)

114 — PRESCRIÇÃO INTERCORRENTE(*)

É inaplicável na Justiça do Trabalho a prescrição intercorrente. (RA 116/1980, DJ 3.11.1980)

115 — HORAS EXTRAS — GRATIFICAÇÕES SEMESTRAIS — NOVA REDAÇÃO

O valor das horas extras habituais integra a remuneração do trabalhador para o cálculo das gratificações semestrais.

Histórico: Redação original — RA 117/1980, DJ 03.11.1980 ***[Revisada pela Res. Adm. do TST (PLENO) n. 121, de 28.10.03, DJ 19.11.03, Rep. DJ 25.11.03]***

116 — FUNCIONÁRIO PÚBLICO — CEDIDO — REAJUSTE SALARIAL — CANCELADA

Os funcionários públicos cedidos à Rede Ferroviária Federal S.A. têm direito ao reajustamento salarial determinado pelo art. 5º da Lei n. 4.345/1964. (RA 118/1980, DJ 3.11.1980)

Histórico: Revista pela Súmula n. 252 — Res. 18/1985, DJ 13.1.1986 ***[Cancelada pela Res. Adm. do TST (PLENO) n. 121, de 28.10.03, DJ 19.11.03, Rep. DJ 25.11.03]***

117 — BANCÁRIO — CATEGORIA DIFERENCIADA(*)

Não se beneficiam do regime legal relativo aos bancários os empregados de estabelecimento de crédito pertencentes a categorias profissionais diferenciadas. (RA 140/1980, DJ 18.12.1980)

118 — JORNADA DE TRABALHO — HORAS EXTRAS(*)

Os intervalos concedidos pelo empregador na jornada de trabalho, não previstos em lei, representam tempo à disposição da empresa, remunerados como serviço extraordinário, se acrescidos ao final da jornada. (RA 12/1981, DJ 19.3.1981)

119 — JORNADA DE TRABALHO(*)

Os empregados de empresas distribuidoras e corretoras de títulos e valores mobiliários não têm direito à jornada especial dos bancários. (RA 13/1981, DJ 19.3.1981)

120 — EQUIPARAÇÃO SALARIAL — DECISÃO JUDICIAL — REDAÇÃO DADA PELA RES. 100/2000, DJ 18.9.2000. (CANCELADA EM DECORRÊNCIA DA SUA INCORPORAÇÃO À NOVA REDAÇÃO DA SÚMULA N. 6 — Res. 129/2005 — DJ 20.4.2005)

Presentes os pressupostos do art. 461 da CLT, é irrelevante a circunstância de que o desnível salarial tenha origem em decisão judicial que beneficiou o paradigma, exceto se decorrente de vantagem pessoal ou de tese jurídica superada pela jurisprudência de Corte Superior.

121 — FUNCIONÁRIO PÚBLICO — GRATIFICAÇÃO DE PRODUTIVIDADE — CANCELADA

Não tem direito a percepção da gratificação de produtividade, na forma do regime estatutário, o servidor de ex-autarquia administradora de porto que opta pelo regime jurídico da Consolidação das Leis do Trabalho. (RA 15/1981, DJ 19.3.1981) ***[Cancelada pela Res. Adm. do TST (PLENO) n. 121, de 28.10.03, DJ 19.11.03, Rep. DJ 25.11.03]***

122 — REVELIA — ATESTADO MÉDICO — (INCORPORADA A ORIENTAÇÃO JURISPRUDENCIAL N. 74 DA SBDI-1 — Res. 129/2005 — DJ 20.4.2005)

A reclamada, ausente à audiência em que deveria apresentar defesa, é revel, ainda que presente seu advogado munido de procuração, podendo ser ilidida a revelia mediante a apresentação de atestado médico, que deverá declarar, expressamente, a impossibilidade de locomoção do empregador ou do seu preposto no dia da audiência. (Primeira parte — ex-OJ n. 74 da SBDI-I — Inserida em 25.11.1996; segunda parte — ex-Súmula n. 122, redação dada pela Res. 121/2003, DJ 21.11.03)

123 — COMPETÊNCIA — ART. 106 — DA CF — CANCELADA

Em se tratando de Estado ou Município, a lei que estabelece o regime jurídico (art. 106 da Constituição Federal) do servidor temporário ou contratado é a estadual ou municipal, a qual, uma vez editada, apanha as situações preexistentes, fazendo cessar sua regência pelo regime trabalhista. Incompetente é a Justiça do Trabalho para julgar as reclamações ajuizadas posteriormente à vigência da lei especial. (RA 81/1981, DJ 06.10.1981 — Republicada DJ 13.10.1981) ***[Cancelada pela Res. Adm. do TST (PLENO) n. 121, de 28.10.03, DJ 19.11.03, Rep. DJ 25.11.03]***

124 — BANCÁRIO — SALÁRIO-HORA — DIVISOR (REDAÇÃO ALTERADA NA SESSÃO DO TRIBUNAL PLENO REALIZADA EM 14.9.2012 — RES. 185/2012, DEJT DIVULGADO EM 25.9.12)

I — O divisor aplicável para o cálculo das horas extras do bancário, se houver ajuste individual expresso ou coletivo no sentido de considerar o sábado como dia de descanso remunerado, será:

a) 150, para os empregados submetidos à jornada de seis horas, prevista no *caput* do art. 224 da CLT;

b) 200, para os empregados submetidos à jornada de oito horas, nos termos do § 2º do art. 224 da CLT.

II — Nas demais hipóteses, aplicar-se-á o divisor:

a) 180, para os empregados submetidos à jornada de seis horas prevista no *caput* do art. 224 da CLT;

b) 220, para os empregados submetidos à jornada de oito horas, nos termos do § 2º do art. 224 da CLT.

125 — CONTRATO DE TRABALHO — ART. 479 DA CLT(*)

O art. 479 da CLT aplica-se ao trabalhador optante pelo FGTS admitido mediante contrato por prazo determinado, nos termos do art. 30, § 3º, do Decreto n. 59.820, de 20.12.1966. (RA 83/1981, DJ 6.10.1981)

126 — RECURSO — CABIMENTO(*)

Incabível o recurso de revista ou de embargos (arts. 896 e 894, *b*, da CLT) para reexame de fatos e provas. (RA 84/1981, DJ 6.10.1981)

127 — QUADRO DE CARREIRA(*)

Quadro de pessoal organizado em carreira, aprovado pelo órgão competente, excluída a hipótese de equiparação salarial, não obsta reclamação fundada em preterição, enquadramento ou reclassificação. (RA 103/1981, DJ 12.11.1981)

128 — DEPÓSITO RECURSAL — (INCORPORADAS AS ORIENTAÇÕES JURISPRUDENCIAIS NS. 139, 189 E 190 DA SBDI-1 — RES. 129/2005 — DJ 20.4.2005)

I — É ônus da parte recorrente efetuar o depósito legal, integralmente, em relação a cada novo recurso interposto, sob pena de deserção. Atingido o valor da condenação, nenhum depósito mais é exigido para qualquer recurso. (ex-Súmula n. 128, redação dada pela Res. 121/2003, DJ 21.11.03, que incorporou a OJ n. 139 — Inserida em 27.11.1998)

II — Garantido o juízo, na fase executória, a exigência de depósito para recorrer de qualquer decisão viola os incisos II e LV do art. 5º da CF/1988. Havendo, porém, elevação do valor do débito, exige-se a complementação da garantia do juízo. (ex-OJ n. 189 da SBDI-I — Inserida em 8.11.2000)

III — Havendo condenação solidária de duas ou mais empresas, o depósito recursal efetuado por uma delas aproveita as demais, quando a empresa que efetuou o depósito não pleiteia sua exclusão da lide. (ex-OJ n. 190 da SBDI-I — Inserida em 8.11.2000)

129 — CONTRATO DE TRABALHO — GRUPO ECONÔMICO(*)

A prestação de serviços a mais de uma empresa do mesmo grupo econômico, durante a mesma jornada de trabalho, não caracteriza a coexistência de mais de um contrato de trabalho, salvo ajuste em contrário. (RA 26/1982, DJ 4.5.1982)

130 — ADICIONAL NOTURNO — CANCELADA

O regime de revezamento no trabalho não exclui o direito do empregado ao adicional noturno, em face da derrogação do art. 73 da CLT, pelo art. 157, item III, da Constituição de 18.9.1946. Ex-Prejulgado n. 1. (RA 102/1982, DJ 11.10.1982 e DJ 15.10.1982) ***[Cancelada pela Res. Adm. do TST (PLENO) n. 121, de 28.10.03, DJ 19.11.03, Rep. DJ 25.11.03]***

131 — SALÁRIO MÍNIMO — VIGÊNCIA — CANCELADA

O salário mínimo, uma vez decretado em condições de excepcionalidade, tem imediata vigência. Ex-Prejulgado n. 2. (RA 102/1982, DJ 11.10.1982 e DJ 15.10.1982) ***[Cancelada pela Res. Adm. do TST (PLENO) n. 121, de 28.10.03, DJ 19.11.03, Rep. DJ 25.11.03]***

132 — ADICIONAL DE PERICULOSIDADE — INTEGRAÇÃO — (INCORPORADAS AS ORIENTAÇÕES JURISPRUDENCIAIS NS. 174 E 267 DA SBDI-1 — RES. 129/2005 — DJ 20.4.2005)

I — O adicional de periculosidade, pago em caráter permanente, integra o cálculo de indenização e de horas extras. (ex-prejulgado n. 3). (ex-Súmula n. 132 — RA 102/1982, DJ 11.10.1982/ DJ 15.10.1982 e ex-OJ n. 267 da SBDI-I — Inserida em 27.9.2002)

II — Durante as horas de sobreaviso, o empregado não se encontra em condições de risco, razão pela qual é incabível a integração do adicional de periculosidade sobre as mencionadas horas. (ex-OJ n. 174 da SBDI-I — Inserida em 8.11.2000)

133 — EMBARGOS INFRINGENTES — CANCELADA

Para o julgamento dos embargos infringentes, nas juntas, é desnecessária a notificação das partes. Ex-Prejulgado n. 4. (RA 102/1982, DJ 11.10.1982 e DJ 15.10.1982) ***[Cancelada pela Res. Adm. do TST (PLENO) n. 121, de 28.10.03, DJ 19.11.03, Rep. DJ 25.11.03]***

134 — SALÁRIO — MENOR NÃO APRENDIZ — CANCELADA

Ao menor não aprendiz é devido o salário mínimo integral. Ex-Prejulgado n. 5. (RA 102/1982, DJ 11.10.1982 e DJ 15.10.1982) ***[Cancelada pela Res. Adm. do TST (PLENO) n. 121, de 28.10.03, DJ 19.11.03, Rep. DJ 25.11.03]***

135 — SALÁRIO — EQUIPARAÇÃO — (CANCELADA EM DECORRÊNCIA DA SUA INCORPORAÇÃO À NOVA REDAÇÃO DA SÚMULA N. 6 — Res. 129/2005 — DJ 20.4.2005)

Para efeito de equiparação de salários em caso de trabalho igual, conta-se o tempo de serviço na função e não no emprego. Ex-prejulgado n. 6 (RA 102/1982, DJ 11.10.1982)

136 — JUIZ — IDENTIDADE FÍSICA — (CANCELADA — RES. 185/2012 — DEJT 25.9.2012)

Não se aplica às Varas do Trabalho o princípio da identidade física do juiz. Ex-Prejulgado n. 7. (RA 102/1982, DJ 11.10.1982 e DJ 15.10.1982)

137 — ADICIONAL DE INSALUBRIDADE — CANCELADA

É devido o adicional de serviço insalubre, calculado à base do salário mínimo da região, ainda que a remuneração contratual seja superior ao salário mínimo acrescido da taxa de insalubridade. Ex-Prejulgado n. 8. (RA 102/1982, DJ 11.10.1982 e DJ 15.10.1982) ***[Cancelada pela Res. Adm. do TST (PLENO) n. 121, de 28.10.03, DJ 19.11.03, Rep. DJ 25.11.03]***

138 — READMISSÃO(*)

Em caso de readmissão, conta-se a favor do empregado o período de serviço anterior, encerrado com a saída espontânea. Ex-Prejulgado n. 9. (RA 102/1982, DJ 11.10.1982 e DJ 15.10.1982)

139 — ADICIONAL DE INSALUBRIDADE — (INCORPORADA A ORIENTAÇÃO JURISPRUDENCIAL N. 102 DA SDI-1 — Res. 129/2005 — DJ 20.4.05)

Enquanto percebido, o adicional de insalubridade integra a remuneração para todos os efeitos legais. (ex-OJ n. 102 da SBDI-I — Inserida em 1.10.1997)

140 — VIGIA(*)

É assegurado ao vigia sujeito ao trabalho noturno o direito ao respectivo adicional. Ex-Prejulgado n. 12. (RA 102/1982, DJ 11.10.1982 e DJ 15.10.1982)

141 — DISSÍDIO COLETIVO — CANCELADA

É constitucional o art. 2º da Lei n. 4.725, de 13.7.1965. Ex-Prejulgado n. 13. (RA 102/1982, DJ 11.10.1982 e DJ 15.10.1982) ***[Cancelada pela Res. Adm. do TST (PLENO) n. 121, de 28.10.03, DJ 19.11.03, Rep. DJ 25.11.03]***

142 — GESTANTE — DISPENSA — CANCELADA

Empregada gestante, dispensada sem motivo antes do período de seis semanas anteriores ao parto, tem direito à percepção do salário-maternidade. Ex-Prejulgado n. 14. (RA 102/1982, DJ 11.10.1982 e DJ 15.10.1982) ***[Cancelada pela Res. Adm. do TST (PLENO) n. 121, de 28.10.03, DJ 19.11.03, Rep. DJ 25.11.03]***

143 — SALÁRIO PROFISSIONAL(*)

O salário profissional dos médicos e dentistas guarda proporcionalidade com as horas efetivamente trabalhadas, respeitado o mínimo de 50 (cinquenta) horas mensais. Ex-Prejulgado n. 15. (RA 102/1982, DJ 11.10.1982 e DJ 15.10.1982)

144 — AÇÃO RESCISÓRIA — CANCELADA

É cabível a ação rescisória no âmbito da Justiça do Trabalho. Ex-Prejulgado n. 16. (RA 102/1982, DJ 11.10.1982 e DJ 15.10.1982) ***[Cancelada pela Res. Adm. do TST (PLENO) n. 121, de 28.10.03, DJ 19.11.03, Rep. DJ 25.11.03]***

145 — GRATIFICAÇÃO DE NATAL — CANCELADA

É compensável a gratificação de Natal com a da Lei n. 4.090, de 1962. Ex-Prejulgado n. 17. (RA 102/1982, DJ 11.10.1982 e DJ 15.10.1982) ***[Cancelada pela Res. Adm. do TST (PLENO) n. 121, de 28.10.03, DJ 19.11.03, Rep. DJ 25.11.03]***

146 — TRABALHO EM DOMINGOS E FERIADOS, NÃO COMPENSADO — (INCORPORADA A ORIENTAÇÂO JURISPRUDENCIAL N. 93 DA SBDI-1) — RES. 121/2003, DJ 19,20 E 21.11.03

O trabalho prestado em domingos e feriados, não compensado, deve ser pago em dobro, sem prejuízo da remuneração relativa ao repouso semanal.

Histórico: Redação original — RA 102/1982, DJ 11.10.1982 e DJ 15.10.1982 ***[Revisada pela Res. Adm. do TST (PLENO) n. 121, de 28.10.03, DJ 19.11.03, Rep. DJ 25.11.03]***

147 — FÉRIAS — INDENIZAÇÃO — CANCELADA

Indevido o pagamento dos repousos semanais e feriados intercorrentes nas férias indenizadas. Ex-Prejulgado n. 19. (RA 102/1982, DJ 11.10.1982 e DJ 15.10.1982) ***[Cancelada pela Res. Adm. do TST (PLENO) n. 121, de 28.10.03, DJ 19.11.03, Rep. DJ 25.11.03]***

148 — GRATIFICAÇÃO NATALINA(*)

É computável a gratificação de Natal para efeito de cálculo de indenização. Ex-Prejulgado n. 20. (RA 102/1982, DJ 11.10.1982 e DJ 15.10.1982)

149 — TAREFEIRO — FÉRIAS(*)

A remuneração das férias do tarefeiro deve ser calculada com base na média da produção do período aquisitivo, aplicando-se-lhe a tarifa da data da concessão. Ex-Prejulgado n. 22. (RA 102/1982, DJ 11.10.1982 e DJ 15.10.1982)

150 — DEMISSÃO — INCOMPETÊNCIA DA JUSTIÇA DO TRABALHO — CANCELADA

Falece competência à Justiça do Trabalho para determinar a reintegração ou a indenização de empregado demitido com base nos atos institucionais. Ex-Prejulgado n. 23. (RA 102/1982, DJ 11.10.1982 e DJ 15.10.1982) ***[Cancelada pela Res. Adm. do TST (PLENO) n. 121, de 28.10.03, DJ 19.11.03, Rep. DJ 25.11.03]***

151 — FÉRIAS — REMUNERAÇÃO — CANCELADA

A remuneração das férias inclui a das horas extraordinárias habitualmente prestadas. Ex-Prejulgado n. 24. (RA 102/1982, DJ 11.10.1982 e DJ 15.10.1982) ***[Cancelada pela Res. Adm. do TST (PLENO) n. 121, de 28.10.03, DJ 19.11.03, Rep. DJ 25.11.03]***

152 — GRATIFICAÇÃO — AJUSTE TÁCITO(*)

O fato de constar do recibo de pagamento de gratificação o caráter de liberalidade não basta, por si só, para excluir a existência de ajuste tácito. Ex-Prejulgado n. 25. (RA 102/1982, DJ 11.10.1982 e DJ 15.10.1982)

153 — PRESCRIÇÃO(*)

Não se conhece de prescrição não arguida na instância ordinária. Ex-Prejulgado n. 27. (RA 102/1982, DJ 11.10.1982 e DJ 15.10.1982)

154 — MANDADO DE SEGURANÇA — CANCELADA

Da decisão do Tribunal Regional do Trabalho em mandado de segurança cabe recurso ordinário, no prazo de 10 dias, para o Tribunal Superior do Trabalho. Ex-Prejulgado n. 28. (RA 102/1982, DJ 11.10.1982 e DJ 15.10.1982)

Histórico: Revista pela Súmula n. 201 — Res. 7/1985, DJ 11.07.1985 ***[Cancelada pela Res. Adm. do TST (PLENO) n. 121, de 28.10.03, DJ 19.11.03, Rep. DJ 25.11.03]***

155 — AUSÊNCIA AO SERVIÇO(*)

As horas em que o empregado falta ao serviço para comparecimento necessário, como parte, à Justiça do Trabalho não serão descontadas de seus salários. Ex-Prejulgado n. 30. (RA 102/1982, DJ 11.10.1982 e DJ 15.10.1982)

156 — PRESCRIÇÃO — PRAZO(*)

Da extinção do último contrato começa a fluir o prazo prescricional do direito de ação em que se objetiva a soma de períodos descontínuos de trabalho. Ex-Prejulgado n. 31. (RA 102/1982, DJ 11.10.1982 e DJ 15.10.1982)

157 — GRATIFICAÇÃO(*)

A gratificação instituída pela Lei n. 4.090, de 13.7.1962 é devida na resilição contratual de iniciativa do empregado. Ex-Prejulgado n. 32. (RA 102/1982, DJ 11.10.1982 e DJ 15.10.1982)

158 — AÇÃO RESCISÓRIA(*)

Da decisão de Tribunal Regional do Trabalho, em ação rescisória, é cabível recurso ordinário para o Tribunal Superior do Trabalho, em face da organização judiciária trabalhista. Ex-Prejulgado n. 35. (RA 102/1982, DJ 11.10.1982 e DJ 15.10.1982)

159 — SUBSTITUIÇÃO DE CARÁTER NÃO EVENTUAL E VACÂNCIA DO CARGO — (INCORPORADA A ORIENTAÇÃO JURISPRUDENCIAL N. 112 DA SBDI-1 — Res. 129/2005 — DJ 20.4.2005)

I — Enquanto perdurar a substituição que não tenha caráter meramente eventual, inclusive nas férias, o empregado substituto fará jus ao salário contratual do substituído. (ex-Súmula n. 159 — Res. 121/2003, DJ 21.11.2003)

II — Vago o cargo em definitivo, o empregado que passa a ocupá-lo não tem direito a salário igual ao do antecessor. (ex-OJ n. 112 da SBDI-I — Inserida em 1.10.1997)

160 — APOSENTADORIA POR INVALIDEZ(*)

Cancelada a aposentadoria por invalidez, mesmo após cinco anos, o trabalhador terá direito de retornar ao emprego, facultado, porém, ao empregador, indenizá-lo na forma da lei. Ex-Prejulgado n. 37. (RA 102/1982, DJ 11.10.1982 e DJ 15.10.1982)

161 — DEPÓSITO — CONDENAÇÃO A PAGAMENTO EM PECÚNIA(*)

Se não há condenação a pagamento em pecúnia, descabe o depósito de que tratam os §§ 1º e 2º do art. 899 da CLT. Ex-Prejulgado n. 39. (RA 102/1982, DJ 11.10.1982 e DJ 15.10.1982)

162 — INSALUBRIDADE — CANCELADA — RES. 59/1996, DJ 28.06.1996 (**)

É constitucional o art. 3º do Decreto-lei n. 389, de 26.12.1968. Ex-Prejulgado n. 41. (RA 102/1982, DJ 11.10.1982 e DJ 15.10.1982)

163 — AVISO PRÉVIO — CONTRATO DE EXPERIÊNCIA(*)

Cabe aviso prévio nas rescisões antecipadas dos contratos de experiência, na forma do art. 481 da CLT. Ex-Prejulgado n. 42. (RA 102/1982, DJ 11.10.1982 e DJ 15.10.1982)

164 — PROCURAÇÃO — JUNTADA — NOVA REDAÇÃO

O não-cumprimento das determinações dos §§ 1º e 2º do art. 5º da Lei n. 8.906, de 4.7.1994 e do art. 37, parágrafo único, do Código de Processo Civil importa o não-conhecimento de recurso, por inexistente, exceto na hipótese de mandato tácito.

Histórico: Redação original — RA 102/1982, DJ 11.10.1982 e DJ 15.10.1982 ***[Revisada pela Res. Adm. do TST (Pleno) n. 121, de 28.10.03, DJ 19.11.03, Res. DJ 25.11.03]***

165 — DEPÓSITO — RECURSO — CONTA VINCULADA — CANCELADA — RES. 87/1998, DJ 15.10.1998 — REFERÊNCIA CIRCULAR CEF N.149/1998 (**)

O depósito, para fins de recurso, realizado fora da conta vinculada do trabalhador, desde que feito na sede do juízo, ou realizado na conta vinculada do trabalhador, apesar de fora da sua sede do juízo, uma vez que permaneça à disposição deste, não impedirá o conhecimento do apelo. Ex-Prejulgado n. 45. (RA 102/1982, DJ 11.10.1982 e DJ 15.10.1982)

166 — BANCÁRIO — CARGO DE CONFIANÇA — JORNADA DE TRABALHO — (CANCELADA EM DECORRÊNCIA DA SUA INCORPORAÇÃO À NOVA REDAÇÃO DA SÚMULA N. 102 — Res. 129/2005 — DJ 20.4.2005).

O bancário que exerce a função a que se refere o § 2º do art. 224 da CLT e recebe gratificação não inferior a um terço de seu salário já tem remuneradas as duas horas extraordinárias excedentes de seis. Ex-prejulgado n. 46. (RA 102/1982, DJ 11.10.1982 e DJ 15.10.1982)

167 — VOGAL — INVESTIDURA — RECURSO — CANCELADA

Das decisões proferidas pelos Tribunais Regionais, em processo de impugnação ou contestação à investidura de vogal, cabe recurso para o Tribunal Superior do Trabalho. Ex-Prejulgado n. 47. (RA 102/1982, DJ 11.10.1982 e DJ 15.10.1982) ***[Cancelada pela Res. Adm. do TST (PLENO) n. 121, de 28.10.03, DJ 19.11.03, Rep. DJ 25.11.03]***

168 — PRESCRIÇÃO — PRESTAÇÕES PERIÓDICAS — CONTAGEM — CANCELADA PELA SÚMULA N. 294 — RES. 4/1989, DJ 14.4.1989 (**) (CANCELAMENTO MANTIDO — RESOL. 121/2003, DJ 19, 20 E 21.11.03)

Na lesão de direito que atinja prestações periódicas, de qualquer natureza, devidas ao empregado, a prescrição é sempre parcial e se conta do vencimento de cada uma delas e não do direito do qual se origina. Ex-Prejulgado n. 48. (RA 102/1982, DJ 11.10.1982 e DJ 15.10.1982)

169 — AÇÃO RESCISÓRIA — JUSTIÇA DO TRABALHO — DEPÓSITO PRÉVIO — CANCELADA

Nas ações rescisórias ajuizadas na Justiça do Trabalho e que só serão admitidas nas hipóteses dos arts. 798 a 800 do Código de Processo Civil de 1939, desnecessário o depósito a que aludem os arts. 488, II, e 494 do Código de Processo Civil de 1973. Ex-Prejulgado n. 49. (RA 102/1982, DJ 11.10.1982 e DJ 15.10.1982)

Histórico: Revista pela Súmula n. 194 — Res. 2/1984, DJ 4.10.1984 ***[Cancelada pela Res. Adm. do TST (PLENO) n. 121, de 28.10.03, DJ 19.11.03, Rep. DJ 25.11.03]***

170 — SOCIEDADE DE ECONOMIA MISTA — CUSTAS(*) (MANTIDA RESOL. 121/2003, DJ 19,20 E 21.11.03)

Os privilégios e isenções no foro da Justiça do Trabalho não abrangem as sociedades de economia mista, ainda que gozassem desses benefícios anteriormente ao Decreto-lei n. 779, de 21.8.1969. Ex-Prejulgado n. 50. (RA 102/1982, DJ 11.10.1982 e DJ 15.10.1982)

171 — FÉRIAS PROPORCIONAIS — CONTRATO DE TRABALHO — EXTINÇÃO — NOVA REDAÇÃO

Salvo na hipótese de dispensa do empregado por justa causa, a extinção do contrato de trabalho sujeita o empregador ao pagamento da remuneração das férias proporcionais, ainda que incompleto o período aquisitivo de 12 (doze) meses (art. 147 da CLT) — Ex-Prejulgado n. 51.

Histórico: Redação original — RA 102/1982, DJ 11.10.1982 e DJ 15.10.1982 ***[Revisada pela Res. Adm. do TST (PLENO) n. 121, de 28.10.03, DJ 19.11.03, Rep. DJ 25.11.03] e republicado em DJ 5.5.04, em razão de erro material no registro da referência legislativa.***

172 — REPOUSO REMUNERADO — HORAS EXTRAS — CÁLCULO(*) (MANTIDA RESOL. 121/2003, DJ 19,20 E 21.11.03)

Computam-se no cálculo do repouso remunerado as horas extras habitualmente prestadas. Ex-Prejulgado n. 52. (RA 102/1982, DJ 11.10.1982 e DJ 15.10.1982)

173 — SALÁRIO — EMPRESA — CESSAÇÃO DE ATIVIDADES(*)

Extinto, automaticamente, o vínculo empregatício com a cessação das atividades da empresa, os salários só são devidos até a data da extinção. Ex-Prejulgado n. 53. (RA 102/1982, DJ 11.10.1982 e DJ 15.10.1982) (Mantida resol. 121/2003, DJ 19,20 e 21.11.03)

174 — PREVIDÊNCIA — LEI N. 3.841/1960 — APLICAÇÃO — CANCELADA

As disposições da Lei n. 3.841, de 15.12.1960, dirigidas apenas ao sistema previdenciário oficial, não se aplicam aos empregados vinculados ao regime de seguro social de caráter privado. Ex-Prejulgado n. 54. (RA 102/1982, DJ 11.10.1982 e DJ 15.10.1982) ***[Cancelada pela Res. Adm. do TST (PLENO) n. 121, de 28.10.03, DJ 19.11.03, Rep. DJ 25.11.03]***

175 — RECURSO ADESIVO — ART. 500 DO CPC — INAPLICABILIDADE — CANCELADA

O recurso adesivo, previsto no art. 500 do Código de Processo Civil, é incompatível com o processo do trabalho. Ex-Prejulgado n. 55. (RA 102/1982, DJ 11.10.1982 e DJ 15.10.1982)

Histórico: Revista pela Súmula n. 196 — Res. 2/1985, DJ 1.4.1985 — Republicada com correção DJ 12.4.1985 ***[Cancelada pela Res. Adm. do TST (PLENO) n. 121, de 28.10.03, DJ 19.11.03, Rep. DJ 25.11.03]***

176 — FUNDO DE GARANTIA — LEVANTAMENTO DO DEPÓSITO – NOVA REDAÇÃO — CANCELADA

A Justiça do Trabalho só tem competência para autorizar o levantamento do depósito do Fundo de Garantia do Tempo de Serviço na ocorrência de dissídio entre empregado e empregador.

Histórico: Redação original — RA 102/1982, DJ 11.10.1982 e DJ 15.10.1982 ***[Revisada pela Res. Adm. do TST (PLENO) n. 121, de 28.10.03, DJ 19.11.03, Rep. DJ 25.11.03] [Cancelada pela Resol. Adm n. 130, do TST, de 5.5.05 DJ 13.5.05]***

177 — DISSÍDIO COLETIVO — SINDICATO — REPRESENTAÇÃO — CANCELADA

Está em plena vigência o art. 859 da Consolidação das Leis do Trabalho, cuja redação é a seguinte: "A representação dos Sindicatos para instauração da instância fica subordinada à aprovação de assembleia, da qual participem os associados interessados na solução do dissídio coletivo, em primeira convocação, por maioria de 2/3 dos mesmos, ou, em segunda convocação, por 2/3 dos presentes". Ex-Prejulgado n. 58. (RA 102/1982, DJ 11.10.1982 e DJ 15.10.1982) ***[Cancelada pela Res. Adm. do TST (PLENO) n. 121, de 28.10.03, DJ 19.11.03, Rep. DJ 25.11.03]***

178 — TELEFONISTA — ART. 227, E PARÁGRAFOS, DA CLT — APLICABILIDADE(*)

É aplicável à telefonista de mesa de empresa que não explora o serviço de telefonia o disposto no art. 227, e seus parágrafos, da CLT. Ex-Prejulgado n. 59. (RA 102/1982, DJ 11.10.1982 e DJ 15.10.1982)

179 — INCONSTITUCIONALIDADE — ART. 22 DA LEI N. 5.107/1966 — CANCELADA

É inconstitucional o art. 22 da Lei n. 5.107, de 13.9.1966, na sua parte final, em que dá competência à Justiça do Trabalho para julgar dissídios coletivos "quando o BNH e a Previdência Social figurarem no feito como litisconsortes". Ex-Prejulgado n. 60. (RA 102/1982, DJ 11.10.1982 e DJ 15.10.1982) ***[Cancelada pela Res. Adm. do TST (PLENO) n. 121, de 28.10.03, DJ 19.11.03, Rep. DJ 25.11.03]***

180 — AÇÃO DE CUMPRIMENTO — SUBSTITUIÇÃO PROCESSUAL — DESISTÊNCIA — CANCELADA

Nas ações de cumprimento, o substituído processualmente pode, a qualquer tempo, desistir da ação, desde que, comprovadamente, tenha havido transação. (Res. 1/1983, DJ 19.10.1983)

Histórico: Revista pela Súmula n. 255 — Res. 3/1986, DJ 2.7.1986 ***[Cancelada pela Res. Adm. do TST (PLENO) n. 121, de 28.10.03, DJ 19.11.03, Rep. DJ 25.11.03]***

181 — ADICIONAL — TEMPO DE SERVIÇO — REAJUSTE SEMESTRAL — LEI N. 6.708/1979 — CANCELADA

O adicional por tempo de serviço, quando estabelecido em importe fixo, está sujeito ao reajuste da Lei n. 6.708/1979. (Res. 2/1983, DJ 19.10.1983) ***[Cancelada pela Res. Adm. do TST (PLENO) n. 121, de 28.10.03, DJ 19.11.03, Rep. DJ 25.11.03]***

182 — AVISO PRÉVIO — INDENIZAÇÃO COMPENSATÓRIA — LEI N. 6.708, DE 30.10.1979 — REDAÇÃO DADA PELA RES. 5/1983, DJ 9.11.1983(*)

O tempo do aviso prévio, mesmo indenizado, conta-se para efeito da indenização adicional prevista no art. 9º da Lei n. 6.708, de 30.10.1979.

Histórico: Redação original — Res. 3/1983, DJ 19.10.1983

183 — EMBARGOS — RECURSO DE REVISTA — DESPACHO DENEGATÓRIO — AGRAVO DE INSTRUMENTO — NÃO CABIMENTO — CANCELADA

São incabíveis embargos para o Tribunal Pleno contra decisão em agravo de instrumento oposto a despacho denegatório de recurso de revista, inexistindo ofensa ao art. 153, § 4º, da Constituição Federal. (Redação dada pela Res. 1/1984, DJ 28.2.1984)

Histórico: Revista pela Súmula n. 335 — Res. 27/1994, DJ 12.5.1994 — Redação original — Res. 4/1983, DJ 19.10.1983 ***[Cancelada pela Res. Adm. do TST (PLENO) n. 121, de 28.10.03, DJ 19.11.03, Rep. DJ 25.11.03]***

184 — EMBARGOS DECLARATÓRIOS — OMISSÃO EM RECURSO DE REVISTA — PRECLUSÃO(*)

Ocorre preclusão se não forem opostos embargos declaratórios para suprir omissão apontada em recurso de revista ou de embargos. (Res. 6/1983, DJ 9.11.1983)

185 — EMBARGOS SOB INTERVENÇÃO DO BANCO CENTRAL — LIQUIDAÇÃO EXTRAJUDICIAL — JUROS — CORREÇÃO MONETÁRIA — LEI N. 6.024/1974 — CANCELADA

Aplicada a Lei n. 6.024/1974, fica suspensa a incidência de juros e correção monetária nas liquidações de empresas sob intervenção do Banco Central. (Res. 7/1983, DJ 9.11.1983)

Histórico: Revista pela Súmula n. 284 — Res. 17/1988, DJ 18.3.1988 ***[Cancelada pela Res. Adm. do TST (PLENO) n. 121, de 28.10.03, DJ 19.11.03, Rep. DJ 25.11.03]***

186 — LICENÇA-PRÊMIO — CONVERSÃO EM PECÚNIA — REGULAMENTO DA EMPRESA — NOVA REDAÇÃO

A licença-prêmio, na vigência do contrato de trabalho, não pode ser convertida em pecúnia, salvo se expressamente admitida a conversão no regulamento da empresa.

Histórico: Redação original — Res. 8/1983, DJ 9.11.1983 ***[Revisada pela Res. Adm. do TST (PLENO) n. 121, de 28.10.03, DJ 19.11.03, Rep. DJ 25.11.03]***

187 — CORREÇÃO MONETÁRIA — INCIDÊNCIA(*)

A correção monetária não incide sobre o débito do trabalhador reclamante. (Res. 9/1983, DJ 9.11.1983)

188 — CONTRATO DE TRABALHO — EXPERIÊNCIA — PRORROGAÇÃO(*)

O contrato de experiência pode ser prorrogado, respeitado o limite máximo de 90 (noventa) dias. (Res. 10/1983, DJ 9.11.1983)

189 — GREVE — COMPETÊNCIA DA JUSTIÇA DO TRABALHO — ABUSIVIDADE — NOVA REDAÇÃO

A Justiça do Trabalho é competente para declarar a abusividade, ou não, da greve.

Histórico: Redação original — Res. 11/1983, DJ 9.11.1983 ***[Revisada pela Res. Adm. do TST (PLENO) n. 121, de 28.10.03, DJ 19.11.03, Rep. DJ 25.11.03]***

190 — PODER NORMATIVO DO TST — CONDIÇÕES DE TRABALHO — INCONSTITUCIONALIDADE — DECISÕES CONTRÁRIAS AO STF(*)

Ao julgar ou homologar ação coletiva ou acordo nela havido, o Tribunal Superior do Trabalho exerce o poder normativo constitucional, não podendo criar ou homologar condições de trabalho que o Supremo Tribunal Federal julgue iterativamente inconstitucionais. (Res. 12/1983, DJ 9.11.1983)

191 — ADICIONAL — PERICULOSIDADE — INCIDÊNCIA — NOVA REDAÇÃO

O adicional de periculosidade incide apenas sobre o salário básico e não sobre este acrescido de outros adicionais. Em relação aos eletricitários, o cálculo do adicional de periculosidade deverá ser efetuado sobre a totalidade das parcelas de natureza salarial.

Histórico: Redação original — Res. 13/1983, DJ 9.11.1983 ***[Revisada pela Res. Adm. do TST (PLENO) n. 121, de 28.10.03, DJ 19.11.03, Rep. DJ 25.11.03]***

192 — AÇÃO RESCISÓRIA — COMPETÊNCIA E POSSIBILIDADE JURÍDICA DO PEDIDO — (INCORPORADAS AS ORIENTAÇÕES JURISPRUDENCIAIS NS. 48, 105 E 133 DA SBDI-II — Res. 137/2005 — DJ 22.8.05)

I — Se não houver o conhecimento de recurso de revista ou de embargos, a competência para julgar ação que vise a rescindir a decisão de mérito é do Tribunal Regional do Trabalho, ressalvado o disposto no item II. (ex-Súmula n. 192 — alterada pela Res. 121/2003, DJ 21.11.2003)

II — Acórdão rescindendo do Tribunal Superior do Trabalho que não conhece de recurso de embargos ou de revista, analisando arguição de violação de dispositivo de lei material ou decidindo em consonância com súmula de direito material ou com iterativa, notória e atual jurisprudência de direito material da Seção de Dissídios Individuais (Súmula n. 333), examina o mérito da causa, cabendo ação rescisória da competência do Tribunal Superior do Trabalho (ex-Súmula n. 192 — alterada pela Res. 121/03, DJ 21.11.03)

III — Em face do disposto no art. 512, do CPC, é juridicamente impossível o pedido explícito de desconstituição de sentença quando substituída por acórdão de Tribunal Regional ou superveniente sentença homologatória de acordo que puser fim ao litígio. (Redação dada pela Resolução TST n. 153, de 17.11.08, DJe TST 21.11.08)

IV — É manifesta a impossibilidade jurídica do pedido de rescisão de julgado proferido em agravo de instrumento que, limitando-se a aferir o eventual desacerto do juízo negativo de admissibilidade do recurso de revista, não substitui o acórdão regional, na forma do art. 512 do CPC. (ex-OJ n. 105 da SBDI-II — DJ 29.4.2003)

V — A decisão proferida pela SDI, em sede de agravo regimental, calcada na Súmula n. 333, substitui acórdão de Turma do TST, porque emite juízo de mérito, comportando, em tese, o corte rescisório. (ex-OJ n. 133 da SBDI-II — DJ 4.5.2004)

193 — CORREÇÃO MONETÁRIA — JUROS — CÁLCULO — EXECUÇÃO DE SENTENÇA — PESSOA JURÍDICA DE DIREITO PÚBLICO — CANCELADA — RES. 105/2000, DJ 18.12.2000 (**)

Nos casos de execução de sentença contra pessoa jurídica de direito público, os juros e a correção monetária serão calculados até o pagamento do valor principal da condenação. (Res. 15/1983, DJ 9.11.1983)

194 — AÇÃO RESCISÓRIA — JUSTIÇA DO TRABALHO — DEPÓSITO PRÉVIO — REVISÃO DA SÚMULA N. 169 — CANCELADA — RES. 142/07 DE 27.9.07, DJ 11.10.07

As ações rescisórias ajuizadas na Justiça do Trabalho serão admitidas, instruídas e julgadas conforme os arts. 485 *usque* 495 do Código de Processo Civil de 1973, sendo, porém, desnecessário o depósito prévio a que aludem os respectivos arts. 488, II, e 494. (Res. 2/1984, DJ 4.10.1984)

195 — EMBARGOS — AGRAVO REGIMENTAL — CABIMENTO — CANCELADA

Não cabem embargos para o Pleno de decisão de Turma do Tribunal Superior do Trabalho, prolatada em agravo regimental. (Res. 1/1985, DJ 1.4.1985)

Histórico: Revista pela Súmula n. 353 — Res. 70/1997, DJ 30.5.1997 ***[Cancelada pela Res. Adm. do TST (PLENO) n. 121, de 28.10.03, DJ 19.11.03, Rep. DJ 25.11.03]***

196 — RECURSO ADESIVO — PRAZO — CANCELADA

O recurso adesivo é compatível com o processo do trabalho, onde cabe, no prazo de 8 (oito) dias, no recurso ordinário, na revista, nos embargos para o Pleno e no agravo de petição. (Res. 2/1985, DJ 1.4.1985 — Republicada com correção DJ 12.4.1985)

Histórico: Revisão do Enunciado n. 175 — RA 102/1982, DJ 11.10.1982 e DJ 15.10.1982. Revista pela Súmula n. 283 — Res. 16/1988, DJ 18.3.1988 ***[Cancelada pela Res. Adm. do TST (PLENO) n. 121, de 28.10.03, DJ 19.11.03, Rep. DJ 25.11.03]***

197 — PRAZO(*)

O prazo para recurso da parte que, intimada, não comparecer à audiência em prosseguimento para a prolação da sentença conta-se de sua publicação. (Res. 3/1985, DJ 1.4.1985)

198 — PRESCRIÇÃO — CANCELADA PELA SÚMULA N. 294 — RES. 4/1989, DJ 14.4.1989 (**)

Na lesão de direito individual que atinja prestações periódicas devidas ao empregado, à exceção da que decorre de ato único do empregador, a prescrição é sempre parcial e se conta do vencimento de cada uma dessas prestações, e não da lesão do direito. (Res. 4/1985, DJ 1.4.1985)

199 — BANCÁRIO — PRÉ-CONTRATAÇÃO DE HORAS EXTRAS — (INCORPORADAS AS ORIENTAÇÕES JURISPRUDENCIAIS NS. 48 E 63 DA SBDI-1 — Res. 129/05 — DJ 20.4.05)

I — A contratação do serviço suplementar, quando da admissão do trabalhador bancário, é nula. Os valores assim ajustados apenas remuneram a jornada normal, sendo devidas as horas extras com o adicional de, no mínimo, 50% (cinquenta por cento), as quais não configuram pré-contratação, se pactuadas após a admissão do bancário. (ex-Súmula n. 199, alterada pela Res. 41/95, DJ 21.2.1995 e ex-OJ 48 da SBDI-I — Inserida em 25.11.96)

II — Em se tratando de horas extras pré-contratadas, opera-se a prescrição total se a ação não for ajuizada no prazo de cinco anos, a partir da data em que foram suprimidas. (ex-OJ n. 63 da SBDI-I — Inserida em 14.3.94)

200 — JUROS DE MORA — INCIDÊNCIA(*)

Os juros de mora incidem sobre a importância da condenação já corrigida monetariamente. (Res. 6/1985, DJ 18.6.1985)

201 — RECURSO ORDINÁRIO EM MANDADO DE SEGURANÇA — REVISÃO DA SÚMULA N. 154 — RA 102/1982, DJ 11.10.1982 E DJ 15.10.1982(*)

Da decisão de Tribunal Regional do Trabalho em mandado de segurança cabe recurso ordinário, no prazo de 8 (oito) dias, para o Tribunal Superior do Trabalho, e igual dilação para o recorrido e interessados apresentarem razões de contrariedade. (Res. 7/1985, DJ 11.7.1985)

202 — GRATIFICAÇÃO POR TEMPO DE SERVIÇO — COMPENSAÇÃO(*)

Existindo, ao mesmo tempo, gratificação por tempo de serviço outorgada pelo empregador e outra da mesma natureza prevista em acordo coletivo, convenção coletiva ou sentença normativa, o empregado tem direito a receber, exclusivamente, a que lhe seja mais benéfica. (Res. 8/1985, DJ 11.7.1985)

203 — GRATIFICAÇÃO POR TEMPO DE SERVIÇO — NATUREZA SALARIAL(*)

A gratificação por tempo de serviço integra o salário para todos os efeitos legais. (Res. 9/1985, DJ 11.7.1985)

204 — BANCÁRIO — CARGO DE CONFIANÇA — CARACTERIZAÇÃO — REDAÇÃO DADA PELA RES. 121/03, DJ 21.11.03 — (CANCELADA EM DECORRÊNCIA DA SUA INCORPORAÇÃO À NOVA REDAÇÃO DA SÚMULA N. 102) — RES. 129/05 — DJ 20.4.05).

A configuração, ou não, do exercício da função de confiança a que se refere o art. 224, § 2º, da CLT, dependente da prova das reais atribuições do empregado, é insuscetível de exame mediante recurso de revista ou de embargos.

205 — GRUPO ECONÔMICO — EXECUÇÃO — SOLIDARIEDADE — CANCELADA

O responsável solidário, integrante do grupo econômico, que não participou da relação processual como reclamado e que, portanto, não consta no título executivo judicial como devedor, não pode ser sujeito passivo na execução. (Res. 11/1985, DJ 11.7.1985) ***[Cancelada pela Res. Adm. do TST (PLENO) n. 121, de 28.10.03, DJ 19.11.03, Rep. DJ 25.11.03]***

206 — FGTS — INCIDÊNCIA SOBRE PARCELAS PRESCRITAS — NOVA REDAÇÃO

A prescrição da pretensão relativa às parcelas remuneratórias alcança o respectivo recolhimento da contribuição para o FGTS.

Histórico: Redação original — Res. 12/1985, DJ 11.7.1985 ***[Revisada pela Res. Adm. do TST (PLENO) n. 121, de 28.10.03, DJ 19.11.03, Rep. DJ 25.11.03]***

207 — CONFLITOS DE LEIS TRABALHISTAS NO ESPAÇO — PRINCÍPIO DA "LEX LOCI EXECUTIONIS"(*) **— CANCELADA — Resol. 181/TST, DEJT 19.4.12**

A relação jurídica trabalhista é regida pelas leis vigentes no país da prestação de serviço e não por aquelas do local da contratação. (Res. 13/1985, DJ 11.7.1985)

208 — RECURSO DE REVISTA — ADMISSIBILIDADE — INTERPRETAÇÃO DE CLÁUSULA DE NATUREZA CONTRATUAL — CANCELADA — RES. 59/1996, DJ 28.6.1996 (**)

A divergência jurisprudencial, suficiente a ensejar a admissibilidade ou o conhecimento do recurso de revista, diz respeito à interpretação de lei, sendo imprestável aquela referente ao alcance de cláusula contratual, ou de regulamento de empresa. (Res. 14/1985, DJ 19.9.1985)

209 — CARGO EM COMISSÃO — REVERSÃO — CANCELADA - RA 81/1985, DJ 3.12.1985 (**)

A reversão do empregado ao cargo efetivo implica na perda das vantagens salariais inerentes ao cargo em comissão, salvo se nele houver permanecido dez ou mais anos ininterruptos. (Res. 14/1985, DJ 19.9.1985 — Republicada DJ 7.10.1985)

210 — RECURSO DE REVISTA — EXECUÇÃO DE SENTENÇA — CANCELADA

A admissibilidade do recurso de revista contra acórdão proferido em execução de sentença depende de demonstração inequívoca de violação direta à Constituição Federal. (Res. 14/1985, DJ 19.9.1985)

Histórico: Revista pela Súmula n. 266 — Res. 1/1987, DJ 23.10.1987 e DJ 14.12.1987 ***[Cancelada pela Res. Adm. do TST (PLENO) n. 121, de 28.10.03, DJ 19.11.03, Rep. DJ 25.11.03]***

211 — JUROS DE MORA E CORREÇÃO MONETÁRIA — INDEPENDÊNCIA DO PEDIDO INICIAL E DO TÍTULO EXECUTIVO JUDICIAL(*)

Os juros de mora e a correção monetária incluem-se na liquidação, ainda que omisso o pedido inicial ou a condenação. (Res. 14/1985, DJ 19.9.1985)

212 — DESPEDIMENTO — ÔNUS DA PROVA(*)

O ônus de provar o término do contrato de trabalho, quando negados a prestação de serviço e o despedimento, é do empregador, pois o princípio da continuidade da relação de emprego constitui presunção favorável ao empregado. (Res. 14/1985, DJ 19.9.1985)

213 — EMBARGOS DE DECLARAÇÃO — SUSPENSÃO DO PRAZO RECURSAL — CANCELADA — RES. 46/1995, DJ 20.4.1995 — LEI N. 8.950/1994 (**)

Os embargos de declaração suspendem o prazo do recurso principal, para ambas as partes, não se computando o dia da sua interposição. (Res. 14/1985, DJ 19.9.1985)

214 — DECISÃO INTERLOCUTÓRIA — IRRECORRIBILIDADE — NOVA REDAÇÃO — RES. 127/2005, DJ 16.3.05.(*)

Na Justiça do Trabalho, nos termos do art. 893, § 1º, da CLT, as decisões interlocutórias não ensejam recurso imediato, salvo nas hipóteses de decisão: a) de Tribunal Regional do Trabalho contrária à Súmula ou Orientação Jurisprudencial do Tribunal Superior do Trabalho; b) suscetível de impugnação mediante recurso para o mesmo Tribunal; c) que acolhe exceção de incompetência territorial, com a remessa dos autos para Tribunal Regional distinto daquele a que se vincula o juízo excepcionado, consoante o disposto no art. 799, § 2º, da CLT.

215 — HORAS EXTRAS NÃO CONTRATADAS EXPRESSAMENTE — ADICIONAL DEVIDO — CANCELADA — RES. 28/1994, DJ 12.5.1994 - REFERÊNCIA ART. 7º, XVI, CF/1988 (**)

Inexistindo acordo escrito para prorrogação da jornada de trabalho, o adicional referente às horas extras é devido na base de 25% (vinte e cinco por cento). (Res. 14/1985, DJ 19.9.1985)

216 — DESERÇÃO — RELAÇÃO DE EMPREGADOS — AUTENTICAÇÃO MECÂNICA DESNECESSÁRIA — CANCELADA — RES. 87/1998, DJ 15.10.1998 (**)

São juridicamente desnecessárias a autenticação mecânica do valor do depósito recursal na relação de empregados (RE) e a individualização do processo na guia de recolhimento (GR), pelo que a falta não importa em deserção. (Res. 14/1985, DJ 19.9.1985)

217 — DEPÓSITO RECURSAL — CREDENCIAMENTO BANCÁRIO — PROVA DISPENSÁVEL(*)

O credenciamento dos bancos para o fim de recebimento do depósito recursal é fato notório, independendo da prova. (Res. 14/1985, DJ 19.9.1985)

218 — RECURSO DE REVISTA — ACÓRDÃO PROFERIDO EM AGRAVO DE INSTRUMENTO(*)

É incabível recurso de revista interposto de acórdão regional prolatado em agravo de instrumento. (Res. 14/1985, DJ 19.9.1985)

219 — HONORÁRIOS ADVOCATÍCIOS — HIPÓTESE DE CABIMENTO — (Nova redação do item II e inserido o item III à redação — Res. 174, 24.5.11, DJe 27.5.11)

I — Na Justiça do Trabalho, a condenação ao pagamento de honorários advocatícios, nunca superiores a 15% (quinze por cento), não decorre pura e simplesmente da sucumbência, devendo a parte estar assistida por sindicato da categoria profissional e comprovar a percepção de salário inferior ao dobro do salário mínimo ou encontrar-se em situação econômica que não lhe permita demandar sem prejuízo do próprio sustento ou da respectiva família. (ex-Súmula n. 219 — Res. 14/85, DJ 26.9.85)

II — É cabível a condenação ao pagamento de honorários advocatícios em ação rescisória no processo trabalhista.

III — São devidos os honorários advocatícios nas causas em que o ente sindical figure como substituto processual e nas lides que não derivem da relação de emprego.

220 — HONORÁRIOS ADVOCATÍCIOS — SUBSTITUIÇÃO PROCESSUAL — CANCELADA — RES. 55/1996, DJ 19.4.1996 (**)

Atendidos os requisitos da Lei n. 5.584/1970, são devidos os honorários advocatícios, ainda que o sindicato figure como substituto processual. (Res. 14/1985, DJ 19.9.1985)

221 — RECURSO DE REVISTA — VIOLAÇÃO DE LEI — INDICAÇÃO DE PRECEITO (CANCELADO O ITEM II E CONFERIDA NOVA REDAÇÃO NA SESSÃO DO TRIBUNAL PLENO REALIZADA EM 14.9.2012 — RES. 185/2012, DEJT DIVULGADO EM 25.9.12).

A admissibilidade do recurso de revista por violação tem como pressuposto a indicação expressa do dispositivo de lei ou da Constituição tido como violado.

222 — DIRIGENTES DE ASSOCIAÇÕES PROFISSIONAIS — ESTABILIDADE PROVISÓRIA — CANCELADA — RES. 84/1998, DJ 20.8.1998 (**)

Os dirigentes de associações profissionais, legalmente registradas, gozam de estabilidade provisória no emprego. (Res. 14/1985, DJ 19.9.1985)

223 — PRESCRIÇÃO — OPÇÃO PELO SISTEMA DO FUNDO DE GARANTIA DO TEMPO DE SERVIÇO — TERMO INICIAL — CANCELADA

O termo inicial da prescrição para anular a opção pelo Fundo de Garantia do Tempo de Serviço coincide com a data em que formalizado o ato opcional, e não com a cessação do contrato de trabalho. (Res. 14/1985, DJ 19.9.1985) ***[Cancelada pela Res. Adm. do TST (PLENO) n. 121, de 28.10.03, DJ 19.11.03, Rep. DJ 25.11.03]***

224 — COMPETÊNCIA — AÇÃO DE CUMPRIMENTO — SINDICATO — DESCONTO ASSISTENCIAL — CANCELADA

A Justiça do Trabalho é incompetente para julgar ação na qual o sindicato, em nome próprio, pleiteia o recolhimento de desconto assistencial previsto em sentença normativa, convenção ou acordo coletivos. (Res. 14/1985, DJ 19.9.1985)

Histórico: Revista pela Súmula n. 334 — Res. 26/1994, DJ 12.5.1994 ***[Cancelada pela Res. Adm. do TST (PLENO) n. 121, de 28.10.03, DJ 19.11.03, Rep. DJ 25.11.03]***

225 — REPOUSO SEMANAL — CÁLCULO — GRATIFICAÇÕES POR TEMPO DE SERVIÇO E PRODUTIVIDADE(*)

As gratificações por tempo de serviço e produtividade, pagas mensalmente, não repercutem no cálculo do repouso semanal remunerado. (Res. 14/1985, DJ 19.9.1985)

226 — BANCÁRIO — GRATIFICAÇÃO POR TEMPO DE SERVIÇO — INTEGRAÇÃO NO CÁLCULO DAS HORAS EXTRAS(*)

A gratificação por tempo de serviço integra o cálculo das horas extras. (Res. 14/1985, DJ 19.9.1985)

227 — SALÁRIO-FAMÍLIA — TRABALHADOR RURAL — CANCELADA

O salário-família somente é devido aos trabalhadores urbanos, não alcançando os rurais, ainda que prestem serviços, no campo, à empresa agroindustrial. (Res. 14/1985, DJ 19.9.1985)

Histórico: Revista pela Súmula n. 344 — Res. 51/1995, DJ 21.9.1995 ***[Cancelada pela Res. Adm. do TST (PLENO) n. 121, de 28.10.03, DJ 19.11.03, Rep. DJ 25.11.03]***

228 — ADICIONAL DE INSALUBRIDADE — BASE DE CÁLCULO — (Redação alterada na sessão do Tribunal Pleno realizada em 26.6.08) — Res. 148/2008, DJ 4 e 7.7.08 — Republicada DJ 8, 9 e 10.7.08

Súmula cuja eficácia está suspensa por decisão liminar do Supremo Tribunal Federal **(Adendo acrescentado pela Res. 185/2012, DEJT divulgado em 25.9.12).** A partir de 9 de maio de 2008, data da publicação da Súmula Vinculante n. 4 do Supremo Tribunal Federal, o adicional de insalubridade será calculado sobre o salário básico, salvo critério mais vantajoso fixado em instrumento coletivo.

229 — SOBREAVISO — ELETRICITÁRIOS — NOVA REDAÇÃO

Por aplicação analógica do art. 244, § 2º, da CLT, as horas de sobreaviso dos eletricitários são remuneradas à base de 1/3 sobre a totalidade das parcelas de natureza salarial.

Histórico: Redação original — Res. 14/1985, DJ 19.9.1985 ***[Revisada pela Res. Adm. do TST (PLENO) n. 121, de 28.10.03, DJ 19.11.03, Rep. DJ 25.11.03]***

230 — AVISO PRÉVIO — SUBSTITUIÇÃO PELO PAGAMENTO DAS HORAS REDUZIDAS DA JORNADA DE TRABALHO(*)

É ilegal substituir o período que se reduz da jornada de trabalho, no aviso prévio, pelo pagamento das horas correspondentes. (Res. 14/1985, DJ 19.9.1985)

231 — QUADRO DE CARREIRA — HOMOLOGAÇÃO PELO CONSELHO NACIONAL DE POLÍTICA SALARIAL — EFICÁCIA — CANCELADA

É eficaz para efeito do art. 461, § 2º, da CLT a homologação de quadro organizado em carreira pelo Conselho Nacional de Política Salarial. (Res. 14/1985, DJ 19.9.1985) ***[Cancelada pela Res. Adm. do TST (PLENO) n. 121, de 28.10.03, DJ 19.11.03, Rep. DJ 25.11.03]***

232 — BANCÁRIO — CARGO DE CONFIANÇA — JORNADA — HORAS EXTRAS — (Cancelada em decorrência da sua incorporação à nova redação da Súmula n. 102 — Res. 129/2005 DJ 20.4.05)

O bancário sujeito à regra do art. 224, § 2º, da CLT cumpre jornada de trabalho de 8 (oito) horas, sendo extraordinárias as trabalhadas além da oitava. (Res. 14/1985, DJ 19.9.85)

233 — BANCÁRIO — CHEFE — CANCELADA

O bancário no exercício da função de chefia, que recebe gratificação não inferior a 1/3 do salário do cargo efetivo, está inserido na exceção do § 2º do art. 224 da CLT, não fazendo jus ao pagamento das sétima e oitava horas como extras. (Res. 14/1985, DJ 19.9.1985) ***[Cancelada pela Res. Adm. do TST (PLENO) n. 121, de 28.10.03, DJ 19.11.03, Rep. DJ 25.11.03]***

234 — BANCÁRIO — SUBCHEFE — CANCELADA

O bancário no exercício da função de subchefia, que recebe gratificação não inferior a 1/3 do salário do cargo efetivo, está inserido na exceção do § 2º do art. 224 da CLT, não fazendo jus ao pagamento das sétima e oitava horas como extras. (Res. 14/1985, DJ 19.9.1985) ***[Cancelada pela Res. Adm. do TST (PLENO) n. 121, de 28.10.03, DJ 19.11.03, Rep. DJ 25.11.03]***

235 — DISTRITO FEDERAL E AUTARQUIAS — CORREÇÃO AUTOMÁTICA DOS SALÁRIOS — INAPLICABILIDADE DA LEI N. 6.708/1979 — CANCELADA

Aos servidores do Distrito Federal e respectivas autarquias, submetidos ao regime da CLT, não se aplica a Lei n. 6.708/1979, que determina a correção automática dos salários. (Res. 15/1985, DJ 9.12.1985) ***[Cancelada pela Res. Adm. do TST (PLENO) n. 121, de 28.10.03, DJ 19.11.03, Rep. DJ 25.11.03]***

236 — HONORÁRIOS PERICIAIS — RESPONSABILIDADE — CANCELADA

A responsabilidade pelo pagamento dos honorários periciais é da parte sucumbente na pretensão relativa ao objeto da perícia. (Res. 15/1985, DJ 9.12.1985) ***[Cancelada pela Res. Adm. do TST (PLENO) n. 121, de 28.10.03, DJ 19.11.03, Rep. DJ 25.11.03]***

237 — BANCÁRIO — TESOUREIRO — CANCELADA

O bancário investido na função de tesoureiro, que recebe gratificação não inferior a 1/3 do salário do cargo efetivo, está inserido na exceção do § 2º do art. 224 da CLT, não fazendo jus ao pagamento das sétima e oitava horas como extras. (Res. 15/1985, DJ 9.12.1985) ***[Cancelada pela Res. Adm. do TST (PLENO) n. 121, de 28.10.03, DJ 19.11.03, Rep. DJ 25.11.03]***

238 — BANCÁRIO — SUBGERENTE — CANCELADA

O bancário no exercício da função de subgerente, que recebe gratificação não inferior a 1/3 do salário do cargo efetivo, está inserido na exceção do § 2º do art. 224 da CLT, não fazendo jus ao pagamento das sétima e oitava horas como extras. (Res. 15/1985, DJ 9.12.1985) ***[Cancelada pela Res. Adm. do TST (PLENO) n. 121, de 28.10.03, DJ 19.11.03, Rep. DJ 25.11.03]***

239 — BANCÁRIO — EMPREGADO DE EMPRESA DE PROCESSAMENTO DE DADOS — (INCORPORADAS AS ORIENTAÇÕES JURISPRUDENCIAIS NS. 64 E 126 DA SBDI-1 — Res. 129/2005 — DJ 20.4.2005).

É bancário o empregado de empresa de processamento de dados que presta serviço a banco integrante do mesmo grupo econômico, exceto quando a empresa de processamento de dados presta serviços a banco e a empresa não bancárias do mesmo grupo econômico ou a terceiros. (Primeira parte — ex-Súmula n. 239 — Res. 15/1985, DJ 9.12.1985; segunda parte — ex-OJs n. 64 — inserida em 13.9.1994 e n. 126 — Inserida em 20.4.98)

240 — BANCÁRIO — GRATIFICAÇÃO DE FUNÇÃO E ADICIONAL POR TEMPO DE SERVIÇO(*)

O adicional por tempo de serviço integra o cálculo da gratificação prevista no art. 224, § 2º, da CLT. (Res. 15/1985, DJ 9.12.1985)

241 — SALÁRIO-UTILIDADE — ALIMENTAÇÃO(*)

O vale para refeição, fornecido por força do contrato de trabalho, tem caráter salarial, integrando a remuneração do empregado, para todos os efeitos legais. (Res. 15/1985, DJ 9.12.1985)

242 — INDENIZAÇÃO ADICIONAL — VALOR(*)

A indenização adicional, prevista no art. 9º da Lei n. 6.708, de 30.10.1979 e no art. 9º da Lei n. 7.238 de 28.10.1984, corresponde ao salário mensal, no valor devido na data da comunicação do despedimento, integrado pelos adicionais legais ou convencionados, ligados à unidade de tempo mês, não sendo computável a gratificação natalina. (Res. 15/1985, DJ 9.12.1985)

243 — OPÇÃO PELO REGIME TRABALHISTA — SUPRESSÃO DAS VANTAGENS ESTATUTÁRIAS(*)

Exceto na hipótese de previsão contratual ou legal expressa, a opção do funcionário público pelo regime trabalhista implica a renúncia dos direitos inerentes ao regime estatutário. (Res. 15/1985, DJ 9.12.1985)

244 — GESTANTE — ESTABILIDADE PROVISÓRIA (REDAÇÃO DO ITEM III ALTERADA NA SESSÃO DO TRIBUNAL PLENO REALIZADA EM 14.9.2012 — RES. 185/2012, DEJT DIVULGADO EM 25.9.12)

I — O desconhecimento do estado gravídico pelo empregador não afasta o direito ao pagamento da indenização decorrente da estabilidade (art. 10, II, "b" do ADCT).

II — A garantia de emprego à gestante só autoriza a reintegração se esta se der durante o período de estabilidade. Do contrário, a garantia restringe-se aos salários e demais direitos correspondentes ao período de estabilidade.

III — A empregada gestante tem direito à estabilidade provisória prevista no art. 10, inciso II, alínea "b", do Ato das Disposições Constitucionais Transitórias, mesmo na hipótese de admissão mediante contrato por tempo determinado.

245 — DEPÓSITO RECURSAL — PRAZO(*)

O depósito recursal deve ser feito e comprovado no prazo alusivo ao recurso. A interposição antecipada deste não prejudica a dilação legal. (Res. 15/1985, DJ 9.12.1985)

246 — AÇÃO DE CUMPRIMENTO — TRÂNSITO EM JULGADO DA SENTENÇA NORMATIVA(*)

É dispensável o trânsito em julgado da sentença normativa para a propositura da ação de cumprimento. (Res. 15/1985, DJ 9.12.1985)

247 — QUEBRA DE CAIXA — NATUREZA JURÍDICA(*)

A parcela paga aos bancários sob a denominação "quebra de caixa" possui natureza salarial, integrando o salário do prestador de serviços, para todos os efeitos legais. (Res. 16/1985, DJ 13.1.1986)

248 — ADICIONAL DE INSALUBRIDADE — DIREITO ADQUIRIDO(*)

A reclassificação ou a descaracterização da insalubridade, por ato da autoridade competente, repercute na satisfação do respectivo adicional, sem ofensa a direito adquirido ou ao princípio da irredutibilidade salarial. (Res. 17/1985, DJ 13.1.1986)

249 — AUMENTO SALARIAL SETORIZADO — TABELA ÚNICA — CANCELADA

Legítima é a concessão de aumento salarial por região do país, desfazendo identidade anterior, baseada em tabela única de âmbito nacional. (Res. 17/1985, DJ 13.01.1986) ***[Cancelada pela Res. Adm. do TST (PLENO) n. 121, de 28.10.03, DJ 19.11.03, Rep. DJ 25.11.03]***

250 — PLANO DE CLASSIFICAÇÃO — PARCELAS ANTIGUIDADE E DESEMPENHO — AGLUTINAÇÃO AO SALÁRIO — CANCELADA

Lícita é a incorporação ao salário-base das parcelas pagas a título de antiguidade e desempenho, quando não há prejuízo para o empregado. (Res. 17/1985, DJ 13.1.1986) ***[Cancelada pela Res. Adm. do TST (PLENO) n. 121, de 28.10.03, DJ 19.11.03, Rep. DJ 25.11.03]***

251 — PARTICIPAÇÃO NOS LUCROS — NATUREZA SALARIAL — CANCELADA — RES. 33/1994, DJ 12.5.1994 — REFERÊNCIA ART. 7º, XI, CF/ 1988 (**)

A parcela participação nos lucros da empresa, habitualmente paga, tem natureza salarial, para todos os efeitos legais. (Res. 17/1985, DJ 13.1.1986)

252 — FUNCIONÁRIO PÚBLICO — CEDIDO — REAJUSTE SALARIAL — CANCELADA

Os funcionários públicos cedidos à Rede Ferroviária Federal S.A. têm direito ao reajustamento salarial previsto no art. 5º da Lei n. 4.345/1964, compensável com o deferido pelo art. 1º da Lei n. 4.564/1964 e observados os padrões de vencimentos, à época dos cargos idênticos ou assemelhados do serviço público, a teor do disposto no art. 20, item I, da Lei n. 4.345/1964 e nos termos dos acórdãos proferidos no DC 2/1966. O paradigma previsto neste último dispositivo legal será determinado através de perícia, se as partes não o indicarem de comum acordo. (Redação dada pela Res. 107/2001, DJ 21.3.2001 - Republicada DJ 26.3.2001)

Histórico: Alteração da Súmula n. 116 — RA 118/ 1980, DJ 3.11.1980 **Redação original** — Res. 18/1985, DJ 13.1.1986 ***[Cancelada pela Res. Adm. do TST (PLENO) n. 121, de 28.10.03, DJ 19.11.03, Rep. DJ 25.11.03]***

253 — GRATIFICAÇÃO SEMESTRAL — REPERCUSSÕES — NOVA REDAÇÃO

A gratificação semestral não repercute no cálculo das horas extras, das férias e do aviso prévio, ainda que indenizados. Repercute, contudo, pelo seu duodécimo na indenização por antiguidade e na gratificação natalina.

Histórico: Redação original — Res. 1/1986, DJ 23.5.1986 ***[Revisada pela Res. Adm. do TST (PLENO) n. 121, de 28.10.03, DJ 19.11.03, Rep. DJ 25.11.03]***

254 — SALÁRIO-FAMÍLIA — TERMO INICIAL DA OBRIGAÇÃO(*)

O termo inicial do direito ao salário-família coincide com a prova da filiação. Se feita em juízo, corresponde à data de ajuizamento do pedido, salvo se comprovado que anteriormente o empregador se recusara a receber a respectiva certidão. (Res. 2/1986, DJ 2.7.1986)

255 — SUBSTITUIÇÃO PROCESSUAL — DESISTÊNCIA — CANCELADA

O substituído processualmente pode, antes da sentença de primeiro grau, desistir da ação. (Res. 3/1986, DJ 2.7.1986)

Histórico: Alteração da Súmula n. 180 — Res. 1/1983, DJ 19.10.1983 ***[Cancelada pela Res. Adm. do TST (PLENO) n. 121, de 28.10.03, DJ 19.11.03, Rep. DJ 25.11.03]***

256 — CONTRATO DE PRESTAÇÃO DE SERVIÇOS — LEGALIDADE — CANCELADA

Salvo os casos de trabalho temporário e de serviço de vigilância, previstos nas Leis ns. 6.019, de 3.1.1974, e 7.102, de 20.6.1983, é ilegal a contratação de trabalhadores por empresa interposta, formando-se o vínculo empregatício diretamente com o tomador dos serviços. (Res. 4/1986, DJ 30.9.1986)

Histórico: Revista pela Súmula n. 331 — Res. 23/1993, DJ 21.12.1993 ***[Cancelada pela Res. Adm. do TST (PLENO) n. 121, de 28.10.03, DJ 19.11.03, Rep. DJ 25.11.03]***

257 — VIGILANTE(*)

O vigilante, contratado diretamente por banco ou por intermédio de empresas especializadas, não é bancário. (Res. 5/1986, DJ 31.10.1986)

258 — SALÁRIO-UTILIDADE — PERCENTUAIS — NOVA REDAÇÃO

Os percentuais fixados em lei relativos ao salário *in natura* apenas se referem às hipóteses em que o empregado percebe salário mínimo, apurando-se, nas demais, o real valor da utilidade.

Histórico: Redação original — Res. 6/1986, DJ 31.10.1986 ***[Revisada pela Res. Adm. do TST (PLENO) n. 121, de 28.10.03, DJ 19.11.03, Rep. DJ 25.11.03]***

259 — TERMO DE CONCILIAÇÃO — AÇÃO RESCISÓRIA(*)

Só por ação rescisória é impugnável o termo de conciliação previsto no parágrafo único do art. 831 da CLT. (Res. 7/1986, DJ 31.10.1986)

260 — SALÁRIO-MATERNIDADE — CONTRATO DE EXPERIÊNCIA — CANCELADA

No contrato de experiência, extinto antes do período de 4 (quatro) semanas que precede ao parto, a empregada não tem direito a receber, do empregador, o salário-maternidade. (Res. 8/1986, DJ 31.10.1986 — Republicada com correção DJ 6.11.1986) ***[Cancelada pela Res. Adm. do TST (PLENO) n. 121, de 28.10.03, DJ 19.11.03, Rep. DJ 25.11.03]***

261 — FÉRIAS PROPORCIONAIS — PEDIDO DE DEMISSÃO — CONTRATO VIGENTE HÁ MENOS DE UM ANO — NOVA REDAÇÃO

O empregado que se demite antes de completar 12 (doze) meses de serviço tem direito a férias proporcionais.

Histórico: Redação original — Res. 9/1986, DJ 30.10.1986 - Republicada com correção DJ 6.11.1986 ***[Revisada pela Res. Adm. do TST (PLENO) n. 121, de 28.10.03, DJ 19.11.03, Rep. DJ 25.11.03]***

262 — PRAZO JUDICIAL — NOTIFICAÇÃO OU INTIMAÇÃO EM SÁBADO — RECESSO FORENSE (REDAÇÃO DO ITEM II ALTERADA NA SESSÃO DO TRIBUNAL PLENO REALIZADA EM 19.05.2014) - RES. 194/2014, DEJT DIVULGADO EM 21, 22 E 23.05.2014

I — Intimada ou notificada a parte no sábado, o início do prazo se dará no primeiro dia útil imediato e a contagem, no subsequente. (ex-Súmula n. 262 — Res. 10/1986, DJ 31.10.1986)

II — O recesso forense e as férias coletivas dos Ministros do Tribunal Superior do Trabalho suspendem os prazos recursais. (ex-OJ n. 209 da SBDI-1 — inserida em 08.11.2000).

263 — PETIÇÃO INICIAL — INDEFERIMENTO — INSTRUÇÃO OBRIGATÓRIA DEFICIENTE — NOVA REDAÇÃO

Salvo nas hipóteses do art. 295 do CPC, o indeferimento da petição inicial, por encontrar-se desacompanhada de documento indispensável à propositura da ação ou não preencher outro requisito legal, somente é cabível se, após intimada para suprir a irregularidade em 10 (dez) dias, a parte não o fizer.

Histórico: Redação original — Res. 11/1986, DJ 31.10.1986 ***[Revisada pela Res. Adm. do TST (PLENO) n. 121, de 28.10.03, DJ 19.11.03, Rep. DJ 25.11.03]***

264 — HORA SUPLEMENTAR — CÁLCULO(*)

A remuneração do serviço suplementar é composta do valor da hora normal, integrado por parcelas de natureza salarial e acrescido do adicional previsto em lei, contrato, acordo, convenção coletiva ou sentença normativa. (Res. 12/1986, DJ 31.10.1986)

265 — ADICIONAL NOTURNO — ALTERAÇÃO DE TURNO DE TRABALHO — POSSIBILIDADE DE SUPRESSÃO(*)

A transferência para o período diurno de trabalho implica a perda do direito ao adicional noturno. (Res. 13/1986, DJ 20.1.1987)

266 — RECURSO DE REVISTA — ADMISSIBILIDADE — EXECUÇÃO DE SENTENÇA — REVISÃO DA SÚMULA N. 210 — RES. 14/1985, DJ 19.9.1985(*)

A admissibilidade do recurso de revista interposto de acórdão proferido em agravo de petição, na liquidação de sentença ou em processo incidente na execução, inclusive os embargos de terceiro, depende de demonstração inequívoca de violência direta à Constituição Federal. (Res. 1/1987, DJ 23.10.1987 e DJ 14.12.1987)

267 — BANCÁRIO — VALOR DO SALÁRIO-HORA — DIVISOR — CANCELADA

O bancário sujeito à jornada de 8 (oito) horas (art. 224, § 2º, da CLT) tem salário-hora calculado com base no divisor 240 (duzentos e quarenta) e não 180 (cento e oitenta), que é relativo à jornada de 6 (seis) horas. (Res. 2/1987, DJ 14.12.1987)

Histórico: Revista pela Súmula n. 343 — Res. 48/1995, DJ 30.8.1995 ***[Cancelada pela Res. Adm. do TST (PLENO) n. 121, de 28.10.03, DJ 19.11.03, Rep. DJ 25.11.03]***

268 — PRESCRIÇÃO — INTERRUPÇÃO — AÇÃO TRABALHISTA ARQUIVADA — NOVA REDAÇÃO

A ação trabalhista, ainda que arquivada, interrompe a prescrição somente em relação aos pedidos idênticos.

Histórico: Redação original — Res. 1/1988, DJ 1.3.1988 ***[Revisada pela Res. Adm. do TST (PLENO) n. 121, de 28.10.03, DJ 19.11.03, Rep. DJ 25.11.03]***

269 — DIRETOR ELEITO — CÔMPUTO DO PERÍODO COMO TEMPO DE SERVIÇO(*)

O empregado eleito para ocupar cargo de diretor tem o respectivo contrato de trabalho suspenso, não se computando o tempo de serviço desse período, salvo se permanecer a subordinação jurídica inerente à relação de emprego. (Res. 2/1988, DJ 1.3.1988)

270 — REPRESENTAÇÃO PROCESSUAL — MANDATO EXPRESSO — AUSÊNCIA DE FIRMA RECONHECIDA — CANCELADA — RES. 49/1995, DJ 30.8.1995 — LEI N. 8.952/1994 (**)

A ausência de reconhecimento de firma no instrumento de mandato — procuração — torna irregular a representação processual, impossibilitando o conhecimento do recurso, por inexistente. (Res. 3/1988, DJ 1.3.1988)

271 — SUBSTITUIÇÃO PROCESSUAL — ADICIONAIS DE INSALUBRIDADE E DE PERICULOSIDADE - CANCELADA

Legítima é a substituição processual dos empregados associados, pelo sindicato que congrega a categoria profissional, na demanda trabalhista cujo objeto seja adicional de insalubridade ou periculosidade. (Res. 4/1988, DJ 1.3.1988) ***[Cancelada pela Res. Adm. do TST (PLENO) n. 121, de 28.10.03, DJ 19.11.03, Rep. DJ 25.11.03]***

272 — AGRAVO DE INSTRUMENTO — TRASLADO DEFICIENTE — CANCELADA

Não se conhece do agravo para subida de recurso de revista, quando faltarem no traslado o despacho agravado, a decisão recorrida, a petição de recurso de revista, a procuração subscrita pelo agravante, ou qualquer peça essencial à compreensão da controvérsia. (Res. 5/1988, DJ 1.3.1988) ***[Cancelada pela Res. Adm. do TST (PLENO) n. 121, de 28.10.03, DJ 19.11.03, Rep. DJ 25.11.03]***

273 — CONSTITUCIONALIDADE — DECRETOS-LEIS NS. 2.012/1983 E 2.045/1983 — CANCELADA

São constitucionais os Decretos-leis ns. 2.012/1983 e 2.045/1983. (Res. 6/1988, DJ 1.3.1988) ***[Cancelada pela Res. Adm. do TST (PLENO) n. 121, de 28.10.03, DJ 19.11.03, Rep. DJ 25.11.03]***

274 — PRESCRIÇÃO PARCIAL — EQUIPARAÇÃO SALARIAL — REDAÇÃO DADA PELA RES. 121/2003, DJ 21.11.03 — (CANCELADA EM DECORRÊNCIA DA SUA INCORPORAÇÃO À NOVA REDAÇÃO DA SÚMULA N. 6) — Res. 129/05 — DJ 20.4.2005.

Na ação de equiparação salarial, a prescrição só alcança as diferenças salariais vencidas no período de 5 (cinco) anos que precedeu o ajuizamento.

275 — PRESCRIÇÃO — DESVIO DE FUNÇÃO E REENQUADRAMENTO — (INCORPORADA A ORIENTAÇÃO JURISPRUDENCIAL N. 144 DA SBDI-1— Res. 129/05 — DJ 20.4.05

I — Na ação que objetive corrigir desvio funcional, a prescrição só alcança as diferenças salariais vencidas no período de 5 (cinco) anos que precedeu o ajuizamento. (ex-Súmula n. 275 — Res. 121/03, DJ 21.11.03)

II — Em se tratando de pedido de reenquadramento, a prescrição é total, contada da data do enquadramento do empregado. (ex-OJ n. 144 da SBDI-I — Inserida em 27.11.98)

276 — AVISO PRÉVIO — RENÚNCIA PELO EMPREGADO(*)

O direito ao aviso prévio é irrenunciável pelo empregado. O pedido de dispensa de cumprimento não exime o empregador de pagar o respectivo valor, salvo comprovação de haver o prestador dos serviços obtido novo emprego. (Res. 9/1988, DJ 1.3.1988)

277 — CONVENÇÃO COLETIVA DE TRABALHO OU ACORDO COLETIVO DE TRABALHO — EFICÁCIA — ULTRATIVIDADE (REDAÇÃO ALTERADA NA SESSÃO DO TRIBUNAL PLENO REALIZADA EM 14.9.2012 — RES. 185/2012, DEJT DIVULGADO EM 25.9.12)

As cláusulas normativas dos acordos coletivos ou convenções coletivas integram os contratos individuais de trabalho e somente poderão ser modificadas ou suprimidas mediante negociação coletiva de trabalho.

278 — EMBARGOS DE DECLARAÇÃO — OMISSÃO NO JULGADO(*)

A natureza da omissão suprida pelo julgamento de embargos declaratórios pode ocasionar efeito modificativo no julgado. (Res. 11/1988, DJ 1.3.1988)

279 — RECURSO CONTRA SENTENÇA NORMATIVA — EFEITO SUSPENSIVO — CASSAÇÃO(*)

A cassação de efeito suspensivo concedido a recurso interposto de sentença normativa retroage à data do despacho que o deferiu. (Res. 12/1988, DJ 1.3.1988)

280 — CONVENÇÃO COLETIVA — SOCIEDADE DE ECONOMIA MISTA — AUDIÊNCIA PRÉVIA DO ÓRGÃO OFICIAL COMPETENTE — CANCELADA — RES. 2/1990, DJ 10.1.1991 (**)

Convenção coletiva, formalizada sem prévia audição do órgão oficial competente, não obriga sociedade de economia mista. (Res. 13/1988, DJ 1.3.1988)

281 — PISO SALARIAL — PROFESSORES — CANCELADA

A instituição do Fundo de Participação dos Estados e Municípios não fez surgir, para os professores, direito a piso salarial. (Res. 14/1988, DJ 1.3.1988) ***[Cancelada pela Res. Adm. do TST (PLENO) n. 121, de 28.10.03, DJ 19.11.03, Rep. DJ 25.11.03]***

282 — ABONO DE FALTAS — SERVIÇO MÉDICO DA EMPRESA(*)

Ao serviço médico da empresa ou ao mantido por esta última mediante convênio compete abonar os primeiros 15 (quinze) dias de ausência ao trabalho. (Res. 15/1988, DJ 1.3.1988)

283 — RECURSO ADESIVO — PERTINÊNCIA NO PROCESSO DO TRABALHO — CORRELAÇÃO DE MATÉRIAS — REVISÃO DA SÚMULA N. 196 — RES. 2/1985, DJ 1.4.1985 — REPUBLICADA COM CORREÇÃO DJ 12.4.1985(*)

O recurso adesivo é compatível com o processo do trabalho e cabe, no prazo de 8 (oito) dias, nas hipóteses de interposição de recurso ordinário, de agravo de petição, de revista e de embargos, sendo desnecessário que a matéria nele veiculada esteja relacionada com a do recurso interposto pela parte contrária. (Res. 16/1988, DJ 18.3.1988)

284 — CORREÇÃO MONETÁRIA — EMPRESAS EM LIQUIDAÇÃO — LEI N. 6.024/1974 — CANCELADA

Os débitos trabalhistas das empresas em liquidação de que cogita a Lei n. 6.024/1974 estão sujeitos à correção monetária, observada a vigência do Decreto-lei n. 2.278/1985, ou seja, a partir de 22.11.1985. (Res. 17/1988, DJ 18.3.1988)

Histórico: Revisão da Súmula n. 185 — Res. 7/1983, DJ 9.11.1983 Revista pela Súmula n. 304 — Res. 2/1992, DJ 5.11.1992. ***[Cancelada pela Res. Adm. do TST (PLENO) n. 121, de 28.10.03, DJ 19.11.03, Rep. DJ 25.11.03]***

285 — RECURSO DE REVISTA — ADMISSIBILIDADE PARCIAL PELO JUIZ-PRESIDENTE DO TRIBUNAL REGIONAL DO TRABALHO — EFEITO(*)

O fato de o juízo primeiro de admissibilidade do recurso de revista entendê-lo cabível apenas quanto à parte das matérias veiculadas não impede a apreciação integral pela Turma do Tribunal Superior do Trabalho, sendo imprópria a interposição de agravo de instrumento. (Res. 18/1988, DJ 18.3.1988)

286 — SINDICATO — SUBSTITUIÇÃO PROCESSUAL — CONVENÇÃO E ACORDO COLETIVOS — REDAÇÃO DADA PELA RES. 98/2000, DJ 18.9.2000(*)

A legitimidade do sindicato para propor ação de cumprimento estende-se também à observância de acordo ou de convenção coletivos.

Histórico: Redação original — Res. 19/1988, DJ 18.3.1988

287 — JORNADA DE TRABALHO — GERENTE BANCÁRIO — NOVA REDAÇÃO

A jornada de trabalho do empregado de banco gerente de agência é regida pelo art. 224, § 2º, da CLT. Quanto ao gerente geral de agência bancária, presume-se o exercício de encargo de gestão, aplicando-se-lhe o art. 62 da CLT.

Histórico: Redação original — Res. 20/1988, DJ 18.3.1988 ***[Revisada pela Res. Adm. do TST (PLENO) n. 121, de 28.10.03, DJ 19.11.03, Rep. DJ 25.11.03]***

288 — COMPLEMENTAÇÃO DOS PROVENTOS DA APOSENTADORIA (INSERÇÃO DO ITEM II À REDAÇÃO) — RES. 193/2013, DEJT DIVULGADO EM 13, 16 E 17.12.2013

I — A complementação dos proventos da aposentadoria é regida pelas normas em vigor na data da admissão do empregado, observando-se as alterações posteriores desde que mais favoráveis ao beneficiário do direito.

II — Na hipótese de coexistência de dois regulamentos de planos de previdência complementar, instituídos pelo empregador ou por entidade de previdência privada, a opção do beneficiário por um deles tem efeito jurídico de renúncia às regras do outro.

289 — INSALUBRIDADE — ADICIONAL — FORNECIMENTO DO APARELHO DE PROTEÇÃO — EFEITO(*)

O simples fornecimento do aparelho de proteção pelo empregador não o exime do pagamento do adicional de insalubridade. Cabe-lhe tomar as medidas que conduzam à diminuição ou eliminação da nocividade, entre as quais as relativas ao uso efetivo do equipamento pelo empregado. (Res. 22/1988, DJ 24.3.1988)

290 — GORJETAS — NATUREZA JURÍDICA — AUSÊNCIA DE DISTINÇÃO QUANTO À FORMA DE RECEBIMENTO — CANCELADA

As gorjetas, sejam cobradas pelo empregador na nota de serviço ou oferecidas espontaneamente pelos clientes, integram a remuneração do empregado. (Res. 23/1988, DJ 24.3.1988)

Histórico: Revista pela Súmula n. 354 — Res. 71/1997, DJ 30.5.1997 ***[Cancelada pela Res. Adm. do TST (PLENO) n. 121, de 28.10.03, DJ 19.11.03, Rep. DJ 25.11.03]***

291 — HORAS EXTRAS — HABITUALIDADE — SUPRESSÃO — INDENIZAÇÃO — (Nova redação em decorrência do julgamento do processo TST-IUJERR 10700-45.2007.5.22.0101 — Res. 174, 24.5.11, DJE/27.5.11)

A supressão total ou parcial, pelo empregador, de serviço suplementar prestado com habitualidade, durante pelo menos 1 (um) ano, assegura ao empregado o direito à indenização correspondente ao valor de 1 (um) mês das horas suprimidas, total ou parcialmente, para cada ano ou fração igual ou superior a seis meses de prestação de serviço acima da jornada normal. O cálculo observará a média das horas suplementares nos últimos 12 (doze) meses anteriores à mudança, multiplicada pelo valor da hora extra do dia da supressão.

292 — ADICIONAL DE INSALUBRIDADE — TRABALHADOR RURAL — CANCELADA

O trabalhador rural tem direito ao adicional de insalubridade, observando-se a necessidade de verificação, na forma da lei, de condições nocivas à saúde. (Res. 2/1989, DJ 14.04.1989) ***[Cancelada pela Res. Adm. do TST (PLENO) n. 121, de 28.10.03, DJ 19.11.03, Rep. DJ 25.11.03]***

293 — ADICIONAL DE INSALUBRIDADE — CAUSA DE PEDIR — AGENTE NOCIVO DIVERSO DO APONTADO NA INICIAL(*)

A verificação mediante perícia de prestação de serviços em condições nocivas, considerado agente insalubre diverso do apontado na inicial, não prejudica o pedido de adicional de insalubridade. (Res. 3/1989, DJ 14.4.1989)

294 — PRESCRIÇÃO — ALTERAÇÃO CONTRATUAL — TRABALHADOR URBANO(*)

Tratando-se de ação que envolva pedido de prestações sucessivas decorrente de alteração do pactuado, a prescrição é total, exceto quando o direito à parcela esteja também assegurado por preceito de lei. (Res. 4/1989, DJ 14.4.1989)

295 — APOSENTADORIA ESPONTÂNEA — DEPÓSITO DO FGTS — PERÍODO ANTERIOR À OPÇÃO — NOVA REDAÇÃO — CANCELADA RES. TST 152, DE 17.11.08 DJe — TST 20.11.08

A cessação do contrato de trabalho em razão de aposentadoria espontânea do empregado exclui o direito ao recebimento de indenização relativa ao período anterior à opção. A realização de depósito na conta do Fundo de Garantia do Tempo de Serviço, de que trata o § 3º do art. 14 da Lei n. 8.036, de 11.5.1990, é faculdade atribuída ao empregador.

Histórico: Redação original — Res. 5/1989, DJ 14.4.1989 ***[Revisada pela Res. Adm. do TST (PLENO) n. 121, de 28.10.03, DJ 19.11.03, Rep. DJ 25.11.03]***

296 — RECURSO — DIVERGÊNCIA JURISPRUDENCIAL — ESPECIFICIDADE — (INCORPORADA A ORIENTAÇÃO JURISPRUDENCIAL N. 37 DA SBDI-1 — Res. 129/05 — DJ 20.4.05)

I — A divergência jurisprudencial ensejadora da admissibilidade, do prosseguimento e do conhecimento do recurso há de ser específica, revelando a existência de teses diversas na interpretação de um mesmo dispositivo legal, embora idênticos os fatos que as ensejaram. (ex-Súmula n. 296 — Res. 6/1989, DJ 14.4.89)

II — Não ofende o art. 896 da CLT decisão de Turma que, examinando premissas concretas de especificidade da divergência colacionada no apelo revisional, conclui pelo conhecimento ou desconhecimento do recurso. (ex-OJ n. 37 da SBDI-I — Inserida em 1º.2.95)

297 — PREQUESTIONAMENTO — OPORTUNIDADE — CONFIGURAÇÃO — NOVA REDAÇÃO

I. Diz-se prequestionada a matéria ou questão quando na decisão impugnada haja sido adotada, explicitamente, tese a respeito. II. Incumbe à parte interessada, desde que a matéria haja sido invocada no recurso principal, opor embargos declaratórios objetivando o pronunciamento sobre o tema, sob pena de preclusão. III. Considera-se prequestionada a questão jurídica invocada no recurso principal sobre a qual se omite o Tribunal de pronunciar tese, não obstante opostos embargos de declaração.

Histórico: Redação original — Res. 7/1989, DJ 14.4.1989 ***[Revisada pela Res. Adm. do TST (PLENO) n. 121, de 28.10.03, DJ 19.11.03, Rep. DJ 25.11.03]***

298 — AÇÃO RESCISÓRIA — VIOLAÇÃO A DISPOSIÇÃO DE LEI — PRONUNCIAMENTO EXPLÍCITO — (REDAÇÃO ALTERADA PELO TRIBUNAL PLENO NA SESSÃO REALIZADA EM 6.2.2012) (RESOL. 177, 6.2.12 — DJE 13, 14 E 15.2.12)

I — A conclusão acerca da ocorrência de violação literal a disposição de lei pressupõe pronunciamento explícito, na sentença rescindenda, sobre a matéria veiculada.

II — O pronunciamento explícito exigido em ação rescisória diz respeito à matéria e ao enfoque específico da tese debatida na ação, e não, necessariamente, ao dispositivo legal tido por violado. Basta que o conteúdo da norma reputada violada haja sido abordado na decisão rescindenda para que se considere preenchido o pressuposto.

III — Para efeito de ação rescisória, considera-se pronunciada explicitamente a matéria tratada na sentença quando, examinando remessa de ofício, o Tribunal simplesmente a confirma.

IV — A sentença meramente homologatória, que silencia sobre os motivos de convencimento do juiz, não se mostra rescindível, por ausência de pronunciamento explícito.

V — Não é absoluta a exigência de pronunciamento explícito na ação rescisória, ainda que esta tenha por fundamento violação de dispositivo de lei. Assim, prescindível o pronunciamento explícito quando o vício nasce no próprio julgamento, como se dá com a sentença "extra, citra e ultra petita".

299 — AÇÃO RESCISÓRIA — DECISÃO RESCINDENDA — TRÂNSITO EM JULGADO — COMPROVAÇÃO — EFEITOS — (INCORPORADAS AS ORIENTAÇÕES JURISPRUDENCIAIS NS. 96 E 106 DA SBDI-II — Res. 137/05 — DJ 22.8.05)

I — É indispensável ao processamento da ação rescisória a prova do trânsito em julgado da decisão rescindenda. (ex-Súmula n. 299 — RA 74/80, DJ 21.7.80)

II — Verificando o relator que a parte interessada não juntou à inicial o documento comprobatório, abrirá prazo de 10 (dez) dias para que o faça, sob pena de indeferimento (ex-Súmula n. 299 — RA 74/80, DJ 21.7.80)

III — A comprovação do trânsito em julgado da decisão rescindenda é pressuposto processual indispensável ao tempo do ajuizamento da ação rescisória. Eventual trânsito em julgado posterior ao ajuizamento da ação rescisória não reabilita a ação proposta, na medida em que o ordenamento jurídico não contempla a ação rescisória preventiva. (ex-OJ n. 106 da SBDI-II — DJ 29.4.03)

IV — O pretenso vício de intimação, posterior à decisão que se pretende rescindir, se efetivamente ocorrido, não permite a formação da coisa julgada material. Assim, a ação rescisória deve ser julgada extinta, sem julgamento do mérito, por carência de ação, por inexistir decisão transitada em julgado a ser rescindida. (ex-OJ n. 96 da SBDI-II — inserida em 27.9.02)

300 — COMPETÊNCIA DA JUSTIÇA DO TRABALHO — CADASTRAMENTO NO PIS(*)

Compete à Justiça do Trabalho processar e julgar ações ajuizadas por empregados em face de empregadores relativas ao cadastramento no Programa de Integração Social (PIS). (Res. 10/1989, DJ 14.4.1989)

301 — AUXILIAR DE LABORATÓRIO — AUSÊNCIA DE DIPLOMA — EFEITOS(*)

O fato de o empregado não possuir diploma de profissionalização de auxiliar de laboratório não afasta a observância das normas da Lei n. 3.999, de 15.12.1961, uma vez comprovada a prestação de serviços na atividade. (Res. 11/1989, DJ 14.4.1989)

302 — PROCESSO ADMINISTRATIVO — CANCELADA

Não cabe recurso ao Tribunal Superior do Trabalho, contra decisão em processo administrativo, proferida por Tribunal Regional do Trabalho, ainda que nele seja interessado magistrado. (Res. 1/1990, DJ 2.4.1990)

Histórico: Revisão da Súmula n. 40 — RA 41/1973, DJ 14.06.1973 — Revista pela Súmula n. 321 — Res. 13/1993, DJ 29.11.1993 ***[Cancelada pela Res. Adm. do TST (PLENO) n. 121, de 28.10.03, DJ 19.11.03, Rep. DJ 25.11.03]***

303 — FAZENDA PÚBLICA — DUPLO GRAU DE JURISDIÇÃO — (INCORPORADAS AS ORIENTAÇÕES JURISPRUDENCIAIS NS. 9, 71, 72 E 73 DA DA SBDI-II) — Rs. 129/05 — DJ 20.4.05)

I — Em dissídio individual, está sujeita ao duplo grau de jurisdição, mesmo na vigência da CF/88, decisão contrária à Fazenda Pública, salvo:

a) quando a condenação não ultrapassar o valor correspondente a 60 (sessenta) salários mínimos; (ex-OJ n. 09 da SBDI-II incorporada pela Res. 121/03, DJ 21.11.03)

b) quando a decisão estiver em consonância com decisão plenária do Supremo Tribunal Federal ou com súmula ou orientação jurisprudencial do Tribunal Superior do Trabalho. (ex-Súmula n. 303 — Res. 121/2003, DJ 21.11.03)

II — Em ação rescisória, a decisão proferida pelo juízo de primeiro grau está sujeita ao duplo grau de jurisdição obrigatório quando desfavorável ao ente público, exceto nas hipóteses das alíneas "a" e "b" do inciso anterior. (ex-OJ n. 71 da SBDI-II — inserida em 3.6.96)

III — Em mandado de segurança, somente cabe remessa *ex officio* se, na relação processual, figurar pessoa jurídica de direito público como parte prejudicada pela concessão da ordem. Tal situação não ocorre na hipótese de figurar no feito como impetrante e terceiro interessado pessoa de direito privado, ressalvada a hipótese de matéria administrativa. (ex-OJs n. 72 da SBDI-I — Inserida em 25.11.96 e n. 73 da SBDI-I — inserida em 3.6.96)

304 — CORREÇÃO MONETÁRIA — EMPRESAS EM LIQUIDAÇÃO — ART. 46 DO ADCT/CF(*)

Os débitos trabalhistas das entidades submetidas aos regimes de intervenção ou liquidação extrajudicial estão sujeitos a correção monetária desde o respectivo vencimento até seu efetivo pagamento, sem interrupção ou suspensão, não incidindo, entretanto, sobre tais débitos, juros de mora.

305 — FUNDO DE GARANTIA DO TEMPO DE SERVIÇO — INCIDÊNCIA SOBRE O AVISO PRÉVIO(*)

O pagamento relativo ao período de aviso prévio, trabalhado ou não, está sujeito a contribuição para o FGTS. (Res. 3/1992, DJ 5.11.1992)

306 — INDENIZAÇÃO ADICIONAL — PAGAMENTO DEVIDO COM FUNDAMENTO NOS ARTIGOS 9º DA LEI N. 6.708/1979 E 9º DA LEI N. 7.238/1984 — CANCELADA

É devido o pagamento da indenização adicional na hipótese de dispensa injusta do empregado, ocorrida no trintídio que antecede a data-base. A legislação posterior não revogou os arts. 9º da Lei n. 6.708/1979 — e 9º da Lei n. 7.238/1984. (Res. 4/1992, DJ 5.11.1992) ***[Cancelada pela Res. Adm. do TST (PLENO) n. 121, de 28.10.03, DJ 19.11.03, Rep. DJ 25.11.03]***

307 — JUROS — IRRETROATIVIDADE DO DECRETO-LEI N. 2.322, DE 26.2.1987(*)

A fórmula de cálculo de juros prevista no Decreto-lei n. 2.322, de 26.2.1987, somente é aplicável a partir de 27.2.1987. Quanto ao período anterior, deve-se observar a legislação então vigente. (Res. 5/1992, DJ 5.11.1992)

308 — PRESCRIÇÃO QUINQUENAL — (INCORPORADA A ORIENTAÇÃO JURISPRUDENCIAL N. 204 DA SBDI-1) — Res. 129/05 — DJ 20.4.05)

I — Respeitado o biênio subsequente à cessação contratual, a prescrição da ação trabalhista concerne às pretensões imediatamente anteriores a cinco anos, contados da data do ajuizamento da reclamação e, não, às anteriores ao quinquênio da data da extinção do contrato. (ex-OJ n. 204 da SBDI-I — Inserida em 8.11.00)

II — A norma constitucional que ampliou o prazo de prescrição da ação trabalhista para 5 (cinco) anos é de aplicação imediata e não atinge pretensões já alcançadas pela prescrição bienal quando da promulgação da CF/88. (ex-Súmula n. 308 — Res. 6/92, DJ 5.11.1992)

309 — VIGIA PORTUÁRIO — TERMINAL PRIVATIVO — NÃO OBRIGATORIEDADE DE REQUISIÇÃO(*)

Tratando-se de terminais privativos destinados à navegação de cabotagem ou de longo curso, não é obrigatória a requisição de vigia portuário indicado por sindicato. (Res. 7/1992, DJ 5.11.1992)

310 — SUBSTITUIÇÃO PROCESSUAL — SINDICATO — CANCELADA — RES. 119/2003, DJ 1.10.2003 (**)

I — O art. 8º, inciso III, da Constituição da República não assegura a substituição processual pelo sindicato. II — A substituição processual autorizada ao sindicato pelas Leis ns. 6.708, de 30.10.1979, e 7.238, de 29.10.1984, limitada aos associados, restringe-se às demandas que visem aos reajustes salariais previstos em lei, ajuizadas até 3.7.1989, data em que entrou em vigor a Lei n. 7.788. III — A Lei n. 7.788/1989, em seu art. 8º, assegurou, durante sua vigência, a legitimidade do sindicato como substituto processual da categoria. IV — A substituição processual autorizada pela Lei n. 8.073, de 30.7.1990, ao sindicato alcança todos os integrantes da categoria e é restrita às demandas que visem à satisfação de reajustes salariais específicos resultantes de disposição prevista em lei de política salarial. V — Em qualquer ação proposta pelo sindicato como substituto processual, todos os substituídos serão individualizados na petição inicial e, para o início da execução, devidamente identificados pelo número da Carteira de Trabalho e Previdência Social ou de qualquer documento de identidade. VI — É lícito aos substituídos integrar a lide como assistente litisconsorcial, acordar, transigir e renunciar, independentemente de autorização ou anuência do substituto. VII — Na liquidação da sentença exequenda, promovida pelo substituto, serão individualizados os valores devidos a cada substituído, cujos depósitos para quitação serão levantados através de guias expedidas em seu nome ou de procurador com poderes especiais para esse fim, inclusive nas ações de cumprimento. VIII — Quando o sindicato for o autor da ação na condição de substituto processual, não serão devidos honorários advocatícios. (Res. 1/1993, DJ 6.5.1993)

311 — BENEFÍCIO PREVIDENCIÁRIO A DEPENDENTE DE EX-EMPREGADO — CORREÇÃO MONETÁRIA — LEGISLAÇÃO APLICÁVEL(*)

O cálculo da correção monetária incidente sobre débitos relativos a benefícios previdenciários devidos a dependentes de ex-empregado pelo empregador, ou por entidade de previdência privada a ele vinculada, será o previsto na Lei n. 6.899, de 8.4.1981. (Res. 2/1993, DJ 6.5.1993 — Republicada DJ 14.5.1993)

312 — CONSTITUCIONALIDADE — ALÍNEA *B* DO ART. 896 DA CLT(*)

É constitucional a alínea *b* do art. 896 da CLT, com a redação dada pela Lei n. 7.701, de 21.12.1988. (Res. 4/1993, DJ 22.9.1993)

313 — COMPLEMENTAÇÃO DE APOSENTADORIA — PROPORCIONALIDADE — BANESPA(*)

A complementação de aposentadoria, prevista no art. 106, e seus parágrafos, do regulamento de pessoal editado em 1965, só é integral para os empregados que tenham 30 (trinta) ou mais anos de serviços prestados exclusivamente ao banco. (Res. 5/1993, DJ 22.9.1993)

314 — INDENIZAÇÃO ADICIONAL — VERBAS RESCISÓRIAS — SALÁRIO CORRIGIDO(*)

Se ocorrer a rescisão contratual no período de 30 (trinta) dias que antecede à data-base, observado a Súmula n. 182 do TST, o pagamento das verbas rescisórias com o salário já corrigido não afasta o direito à indenização adicional prevista nas Leis ns. 6.708, de 30.10.1979 e 7.238, de 28.10.1984. (Res. 6/1993, DJ 22.9.1993)

315 — IPC DE MARÇO/1990 — LEI N. 8.030, DE 12.4.1990 (PLANO COLLOR) — INEXISTÊNCIA DE DIREITO ADQUIRIDO(*)

A partir da vigência da Medida Provisória n. 154, de 15.3.1990, convertida na Lei n. 8.030, de 12.4.1990, não se aplica o IPC de março de 1990, de 84,32% (oitenta e quatro vírgula trinta e dois por cento), para a correção dos salários, porque o direito ainda não se havia incorporado ao patrimônio jurídico dos trabalhadores, inexistindo ofensa ao inciso XXXVI do art. 5º da CF/1988. (Res. 7/1993, DJ 22.9.1993)

316 — IPC DE JUNHO/1987 — DECRETO-LEI N. 2.335/1987 (PLANO BRESSER) — EXISTÊNCIA DE DIREITO ADQUIRIDO — CANCELADA — RES. 37/1994, DJ 25.11.1994(**)

É devido o reajuste salarial decorrente da incidência do IPC de junho de 1987, correspondente a 26,06% (vinte e seis vírgula zero seis por cento), porque este direito já se havia incorporado ao patrimônio jurídico dos trabalhadores quando do advento do Decreto-lei n. 2.335/1987. (Res. 8/1993, DJ 22.9.1993)

317 — URP DE FEVEREIRO/1989 — LEI N. 7.730/1989 (PLANO VERÃO) — EXISTÊNCIA DE DIREITO ADQUIRIDO — CANCELADA — RES. 37/1994, DJ 25.11.1994 (**)

A correção salarial da URP de fevereiro de 1989, de 26,05% (vinte e seis vírgula zero cinco por cento), já constituía direito adquirido do trabalhador, quando do advento da Medida Provisória n. 32/1989, convertida na Lei n. 7.730/1989, sendo devido o reajuste respectivo. (Res. 9/1993, DJ 22.9.1993)

318 — DIÁRIAS — BASE DE CÁLCULO PARA SUA INTEGRAÇÃO NO SALÁRIO(*)

Tratando-se de empregado mensalista, a integração das diárias no salário deve ser feita tomando-se por base o salário mensal por ele percebido e não o valor do dia de salário, somente sendo devida a referida integração quando o valor das diárias, no mês, for superior à metade do salário mensal. (Res. 10/1993, DJ 29.11.1993)

319 — REAJUSTES SALARIAIS ("GATILHOS") — APLICAÇÃO AOS SERVIDORES PÚBLICOS CONTRATADOS SOB A ÉGIDE DA LEGISLAÇÃO TRABALHISTA(*)

Aplicam-se aos servidores públicos, contratados sob o regime da CLT, os reajustes decorrentes da correção automática dos salários pelo mecanismo denominado "gatilho", de que tratam os Decretos-leis ns. 2.284, de 10.3.1986 e 2.302, de 21.11.1986. (Res. 11/1993, DJ 29.11.1993)

320 — HORAS *IN ITINERE* — OBRIGATORIEDADE DE CÔMPUTO NA JORNADA DE TRABALHO(*)

O fato de o empregador cobrar, parcialmente ou não, importância pelo transporte fornecido, para local de difícil acesso ou não servido por transporte regular, não afasta o direito à percepção das horas *in itinere*. (Res. 12/1993, DJ 29.11.1993)

321 — DECISÃO ADMINISTRATIVA — RECURSO — REVISÃO DA SÚMULA N. 302 — RES. 1/1990, DJ 2.4.1990 — CANCELADA — RES. 135/2005, DJ 5.7.2005

Das decisões proferidas pelos Tribunais Regionais do Trabalho, em processo administrativo, cabe recurso para o Tribunal Superior do Trabalho tão somente para o exame da legalidade do ato. (Res. 13/1993, DJ 29.11.1993)

322 — DIFERENÇAS SALARIAIS — PLANOS ECONÔMICOS — LIMITE(*)

Os reajustes salariais decorrentes dos chamados "gatilhos" e URPs, previstos legalmente como antecipação, são devidos tão somente até a data-base de cada categoria. (Res. 14/1993, DJ 21.12.1993)

323 — URP DE ABRIL E MAIO DE 1988 — DECRETO-LEI N. 2.425/1988 — CANCELADA — RES. 38/1994, DJ 25.11.1994 (**)

A suspensão do pagamento das URP's de abril e maio de 1988, determinada pelo Decreto-lei n. 2.425, de 7.4.1988, afronta direito adquirido dos trabalhadores e o princípio constitucional da isonomia. (Res. 15/1993, DJ 21.12.1993)

324 — HORAS *IN ITINERE* — ENUNCIADO N. 90 — INSUFICIÊNCIA DE TRANSPORTE PÚBLICO — (Cancelada em decorrência da sua incorporação à nova redação da Súmula n. 90 — Res. 129/05 — DJ 20.4.05)

A mera insuficiência de transporte público não enseja o pagamento de horas *in itinere*. (Res. 16/93, DJ 21.12.93)

325 — HORAS *IN ITINERE* — SÚMULA N. 90 — REMUNERAÇÃO EM RELAÇÃO A TRECHO NÃO SERVIDO POR TRANSPORTE PÚBLICO — (Cancelada em decorrência da sua incorporação à nova redação da Súmula n. 90 — Res. 129/05 — DJ 20.4.05)

Se houver transporte público regular, em parte do trajeto percorrido em condução da empresa, as horas *in itinere* remuneradas limitam-se ao trecho não alcançado pelo transporte público. (Res. 17/93, DJ 21.12.93)

326 — COMPLEMENTAÇÃO DE APOSENTADORIA — PRESCRIÇÃO TOTAL (Nova redação — Res. 174, 24.5.11 — DJe 27.5.11)

A pretensão à complementação de aposentadoria jamais recebida prescreve em 2 (dois) anos contados da cessação do contrato de trabalho.

327 — COMPLEMENTAÇÃO DE APOSENTADORIA — DIFERENÇA — PRESCRIÇÃO PARCIAL — (Nova redação — Res. 174, 24.5.11 — DJe 27.5.11)

A pretensão a diferenças de complementação de aposentadoria sujeita-se à prescrição parcial e quinquenal, salvo se o pretenso direito decorrer de verbas não recebidas no curso da relação de emprego e já alcançadas pela prescrição, à época da propositura da ação.

328 — FÉRIAS — TERÇO CONSTITUCIONAL(*)

O pagamento das férias, integrais ou proporcionais, gozadas ou não, na vigência da CF/1988, sujeita-se ao acréscimo do terço previsto no respectivo art. 7º, XVII. (Res. 20/1993, DJ 21.12.1993)

329 — HONORÁRIOS ADVOCATÍCIOS — ART. 133 DA CF/1988(*)

Mesmo após a promulgação da CF/1988, permanece válido o entendimento consubstanciado na Súmula n. 219 do Tribunal Superior do Trabalho. (Res. 21/1993, DJ 21.12.1993)

330 — QUITAÇÃO — VALIDADE(*)

A quitação passada pelo empregado, com assistência de entidade sindical de sua categoria, ao empregador, com observância dos requisitos exigidos nos parágrafos do art. 477 da CLT, tem eficácia liberatória em relação às parcelas expressamente consignadas no recibo, salvo se oposta ressalva expressa e especificada ao valor dado à parcela ou parcelas impugnadas. I — A quitação não abrange parcelas não consignadas no recibo de quitação e, consequentemente, seus reflexos em outras parcelas, ainda que estas constem desse recibo. II — Quanto a direitos que deveriam ter sido satisfeitos durante a vigência do contrato de trabalho, a quitação é válida em relação ao período expressamente consignado no recibo de quitação.

Histórico: Revisão da Súmula n. 41 — RA 41/1973, DJ 14.6.1973 Explicitação dada pela RA n. 4/1994, DJ 18.2.1994 **Redação original** — Res. 22/1993 , DJ 21.12.1993

331 — CONTRATO DE PRESTAÇÃO DE SERVIÇOS — LEGALIDADE — (Nova redação do item IV e inseridos os itens V e VI à redação — Res. 174, 24.5.11 — DJe/27.5.11)

I — A contratação de trabalhadores por empresa interposta é ilegal, formando-se o vínculo diretamente com o tomador dos serviços, salvo no caso de trabalho temporário (Lei n. 6.019, de 3.1.1974).

II — A contratação irregular de trabalhador, mediante empresa interposta, não gera vínculo de emprego com os órgãos da Administração Pública direta, indireta ou fundacional (art. 37, II, da CF/1988).

III — Não forma vínculo de emprego com o tomador a contratação de serviços de vigilância (Lei n. 7.102, de 20.6.1983) e de conservação e limpeza, bem como a de serviços especializados ligados à atividade-meio do tomador, desde que inexistente a pessoalidade e a subordinação direta.

IV — O inadimplemento das obrigações trabalhistas, por parte do empregador, implica a responsabilidade subsidiária do tomador dos serviços quanto àquelas obrigações, desde que haja participado da relação processual e conste também do título executivo judicial.

V — Os entes integrantes da Administração Pública direta e indireta respondem subsidiariamente, nas mesmas condições do item IV, caso evidenciada a sua conduta culposa no cumprimento das obrigações da Lei n. 8.666, de 21.6.1993, especialmente na fiscalização do cumprimento das obrigações contratuais e legais da prestadora de serviço como empregadora. A aludida responsabilidade não decorre de mero inadimplemento das obrigações trabalhistas assumidas pela empresa regularmente contratada.

VI — A responsabilidade subsidiária do tomador de serviços abrange todas as verbas decorrentes da condenação referentes ao período da prestação laboral.

332 — COMPLEMENTAÇÃO DE APOSENTADORIA — PETROBRÁS — MANUAL DE PESSOAL — NORMA PROGRAMÁTICA(*)

As normas relativas à complementação de aposentadoria, inseridas no Manual de Pessoal da Petrobrás, têm caráter meramente programático, delas não resultando direito à referida complementação. (Res. 24/1994, DJ 12.5.1994)

333 — RECURSO DE REVISTA E DE EMBARGOS — CONHECIMENTO(*)

Não ensejam recurso de revista decisões superadas por iterativa, notória e atual jurisprudência do Tribunal Superior do Trabalho. (Alterada na sessão do Tribunal Pleno do TST realizada em 18.2.2009, Resol. n. 155, do TST, DEJT 26, 27 e 2.3.09)

Histórico: Revisão da Súmula n. 42 — RA 41/1973, DJ 14.06.1973 **Redação original** — Res. 25/1994, DJ 12.5.1994

334 — COMPETÊNCIA — AÇÃO DE CUMPRIMENTO — SINDICATO — DESCONTO ASSISTENCIAL — CANCELADA — RES. 59/1996, DJ 28.6.1996 (**)

A Justiça do Trabalho é incompetente para julgar ação na qual o sindicato, em nome próprio, pleiteia o recolhimento de desconto assistencial previsto em convenção ou acordo coletivos. (Res. 26/1994, DJ 12.5.1994)

Histórico: Revisão da Súmula n. 224 — Res. 14/1985, DJ 19.9.1985

335 — EMBARGOS PARA A SEÇÃO ESPECIALIZADA EM DISSÍDIOS INDIVIDUAIS CONTRA DECISÃO EM AGRAVO DE INSTRUMENTO OPOSTO A DESPACHO DENEGATÓRIO DE RECURSO DE REVISTA — CANCELADA

São incabíveis embargos para a Seção Especializada em Dissídios Individuais contra decisão proferida em agravo de instrumento oposto a despacho denegatório de recurso de revista, salvo quando a controvérsia se referir a pressupostos extrínsecos do próprio agravo. (Res. 27/1994, DJ 12.5.1994)

Histórico: Revisão da Súmula n. 183 — Res. 4/1983, DJ 19.10.1983 Revista pela Súmula n. 353 — Res. 70/1997, DJ 30.5.1997 ***[Cancelada pela Res. Adm. do TST (PLENO) n. 121, de 28.10.03, DJ 19.11.03, Rep. DJ 25.11.03]***

336 — CONSTITUCIONALIDADE — § 2º DO ART. 9º DO DECRETO-LEI N. 1.971, DE 30.11.1982(*)

É constitucional o § 2º do art. 9º do Decreto-lei n. 1.971, de 30.11.1982, com a redação dada pelo Decreto-lei n. 2.100, de 28.12.1983. (Res. 34/1994, DJ 10.10.1994)

337 — COMPROVAÇÃO DE DIVERGÊNCIA JURISPRUDENCIAL — RECURSOS DE REVISTA E DE EMBARGOS — (REDAÇÃO DO ITEM IV ALTERADA NA SESSÃO DO TRIBUNAL PLENO REALIZADA EM 14.9.2012 — RES. 185/2012, DEJT DIVULGADO EM 25.9.12)

I — Para comprovação da divergência justificadora do recurso, é necessário que o recorrente:

a) Junte certidão ou cópia autenticada do acórdão paradigma ou cite a fonte oficial ou o repositório autorizado em que foi publicado; e

b) Transcreva, nas razões recursais, as ementas e/ou trechos dos acórdãos trazidos à configuração do dissídio, demonstrando o conflito de teses que justifique o conhecimento do recurso, ainda que os acórdãos já se encontrem nos autos ou venham a ser juntados com o recurso.

II — A concessão de registro de publicação como repositório autorizado de jurisprudência do TST torna válidas todas as suas edições anteriores.

III — A mera indicação da data de publicação, em fonte oficial, de aresto paradigma é inválida para comprovação de divergência jurisprudencial, nos termos do item I, "a", desta súmula, quando a parte pretende demonstrar o conflito de teses mediante a transcrição de trechos que integram a fundamentação do acórdão divergente, uma vez que só se publicam o dispositivo e a ementa dos acórdãos.

IV — É válida para a comprovação da divergência jurisprudencial justificadora do recurso a indicação de aresto extraído de repositório oficial na internet, desde que o recorrente:

a) transcreva o trecho divergente;

b) aponte o sítio de onde foi extraído; e

c) decline o número do processo, o órgão prolator do acórdão e a data da respectiva publicação no Diário Eletrônico da Justiça do Trabalho.

338 — JORNADA DE TRABALHO — REGISTRO — ÔNUS DA PROVA — (INCORPORADAS AS ORIENTAÇÕES JURISPRUDENCIAIS NS. 234 E 306 DA SBDI-1 — Res. 129/05 — DJ 20.4.05)

I — É ônus do empregador que conta com mais de 10 (dez) empregados o registro da jornada de trabalho na forma do art. 74, § 2º, da CLT. A não apresentação injustificada dos controles de frequência gera presunção relativa de veracidade da jornada de trabalho, a qual pode ser elidida por prova em contrário. (ex-Súmula n. 338 — alterada pela Res. 121, DJ 21.11.03)

II — A presunção de veracidade da jornada de trabalho, ainda que prevista em instrumento normativo, pode ser elidida por prova em contrário. (ex-OJ n. 234 —da SBDI-I Inserida em 20.6.01)

III — Os cartões de ponto que demonstram horários de entrada e saída uniformes são inválidos como meio de prova, invertendo-se o ônus da prova, relativo às horas extras, que passa a ser do empregador, prevalecendo a jornada da inicial se dele não se desincumbir. (ex-OJ n. 306 da SBDI-I — DJ 11.8.03)

339 — CIPA — SUPLENTE — GARANTIA DE EMPREGO — CF/1988 — (Incorporadas as Orientações Jurisprudenciais ns. 25 e 329 da SBDI-1 — Res. 129/2005 — DJ 20.4.05)

I — O suplente da CIPA goza da garantia de emprego prevista no art. 10, II, "a", do ADCT a partir da promulgação da Constituição Federal de 1988. (ex-Súmula n. 339 — Res. 39/1994, DJ 20.12.94 e ex-OJ n. 25 da SBDI-I — Inserida em 29.3.1996)

II — A estabilidade provisória do cipeiro não constitui vantagem pessoal, mas garantia para as atividades dos membros da CIPA, que somente tem razão de ser quando em atividade a empresa. Extinto o estabelecimento, não se verifica a despedida arbitrária, sendo impossível a reintegração e indevida a indenização do período estabilitário. (ex-OJ n. 329 da SBDI-I — DJ 9.12.2003)

340 — COMISSIONISTA — HORAS EXTRAS — NOVA REDAÇÃO

O empregado, sujeito a controle de horário, remunerado à base de comissões, tem direito ao adicional de, no mínimo, 50% (cinquenta por cento) pelo trabalho em horas extras, calculado sobre o valor-hora das comissões recebidas no mês, considerando-se como divisor o número de horas efetivamente trabalhadas.

Histórico: Revisão da Súmula n. 56 — RA 105/1974, DJ 24.10.1974

Redação original — Res. 40/1995, DJ 17.02.1995

[Revisada pela Res. Adm. do TST (PLENO) n. 121, de 28.10.03, DJ 19.11.03, Rep. DJ 25.11.03]

341 — HONORÁRIOS DO ASSISTENTE TÉCNICO(*)

A indicação do perito assistente é faculdade da parte, a qual deve responder pelos respectivos honorários, ainda que vencedora no objeto da perícia. (Res. 44/1995, DJ 22.3.1995)

342 — DESCONTOS SALARIAIS — ART. 462 DA CLT(*)

Descontos salariais efetuados pelo empregador, com a autorização prévia e por escrito do empregado, para ser integrado em planos de assistência odontológica, médico-hospitalar, de seguro, de previdência privada, ou de entidade cooperativa, cultural ou recreativo-associativa de seus trabalhadores, em seu benefício e de seus dependentes, não afrontam o disposto no art. 462 da CLT, salvo se ficar demonstrada a existência de coação ou de outro defeito que vicie o ato jurídico. (Res. 47/1995, DJ 20.4.1995)

343 — BANCÁRIO — HORA DE SALÁRIO — DIVISOR (Cancelada — Res. 185/2012, DEJT 25.9.2012)

O bancário sujeito à jornada de 8 (oito) horas (art. 224, § 2º, da CLT), após a CF/1988, tem salário-hora calculado com base no divisor 220 (duzentos e vinte), não mais 240 (duzentos e quarenta). (Res. 48/1995, DJ 30.8.1995)

344 — SALÁRIO-FAMÍLIA — TRABALHADOR RURAL(*)

O salário-família é devido aos trabalhadores rurais somente após a vigência da Lei n. 8.213, de 24.7.1991.

345 — BANDEPE — REGULAMENTO INTERNO DE PESSOAL NÃO CONFERE ESTABILIDADE AOS EMPREGADOS(*)

O Regulamento Interno de Pessoal (RIP) do Banco do Estado de Pernambuco — BANDEPE, na parte que trata de seu regime disciplinar, não confere estabilidade aos seus empregados.(Res. 54/1996, DJ 19.4.1996 — Republicada DJ 9.5.1996)

346 — DIGITADOR — INTERVALOS INTRAJORNADA — APLICAÇÃO ANALÓGICA DO ART. 72 DA CLT(*)

Os digitadores, por aplicação analógica do art. 72 da CLT, equiparam-se aos trabalhadores nos serviços de mecanografia (datilografia, escrituração ou cálculo), razão pela qual têm direito a intervalos de descanso de 10 (dez) minutos a cada 90 (noventa) de trabalho consecutivo. (Res. 56/1996, DJ 28.6.1996)

347 — HORAS EXTRAS HABITUAIS — APURAÇÃO — MÉDIA FÍSICA(*)

O cálculo do valor das horas extras habituais, para efeito de reflexos em verbas trabalhistas, observará o número de horas efetivamente prestadas e a ele aplica-se o valor do salário-hora da época do pagamento daquelas verbas. (Res. 57/1996, DJ 28.6.1996)

348 — AVISO PRÉVIO — CONCESSÃO NA FLUÊNCIA DA GARANTIA DE EMPREGO — INVALIDADE(*)

É inválida a concessão do aviso prévio na fluência da garantia de emprego, ante a incompatibilidade dos dois institutos. (Res. 58/1996, DJ 28.6.1996)

349 — ACORDO DE COMPENSAÇÃO DE HORÁRIO EM ATIVIDADE INSALUBRE, CELEBRADO POR ACORDO COLETIVO — VALIDADE (CANCELADA — RES. 174, 24.5.11 — DJe/27.5.11)

A validade de acordo coletivo ou convenção coletiva de compensação de jornada de trabalho em atividade insalubre prescinde da inspeção prévia da autoridade competente em matéria de higiene do trabalho (art. 7º, XIII, da CF/1988; art. 60 da CLT).

350 — PRESCRIÇÃO — TERMO INICIAL — AÇÃO DE CUMPRIMENTO — SENTENÇA NORMATIVA(*)

O prazo de prescrição com relação à ação de cumprimento de decisão normativa flui apenas da data de seu trânsito em julgado. (Res. 62/1996, DJ 4.10.1996)

351 — PROFESSOR — REPOUSO SEMANAL REMUNERADO — ART. 7º, § 2º, DA LEI N. 605, DE 5.1.1949 E ART. 320 DA CLT(*)

O professor que recebe salário mensal à base de hora-aula tem direito ao acréscimo de 1/6 a título de repouso semanal remunerado, considerando-se para esse fim o mês de quatro semanas e meia. (Res. 68/1997, DJ 30.5.1997)

352 — CUSTAS — PRAZO PARA COMPROVAÇÃO — CANCELADA — RES. 114/2002, DJ 28.11.2002 — REFERÊNCIA LEI N. 10.537/2002 (**)

O prazo para comprovação do pagamento das custas, sempre a cargo da parte, é de 5 (cinco) dias contados do seu recolhimento (CLT art. 789, § 4º, — CPC art. 185). (Res. 69/1997, DJ 30.5.1997)

353 — EMBARGOS — AGRAVO — CABIMENTO (nova redação da letra "f" em decorrência do julgamento do processo TST-IUJ-28000-95.2007.5.02.0062) — Res. 189/2013, DEJT divulgado em 13, 14 e 15.3.2013

Não cabem embargos para a Seção de Dissídios Individuais de decisão de Turma proferida em agravo, salvo:

a) da decisão que não conhece de agravo de instrumento ou de agravo pela ausência de pressupostos extrínsecos;

b) da decisão que nega provimento a agravo contra decisão monocrática do Relator, em que se proclamou a ausência de pressupostos extrínsecos de agravo de instrumento;

c) para revisão dos pressupostos extrínsecos de admissibilidade do recurso de revista, cuja ausência haja sido declarada originariamente pela Turma no julgamento do agravo;

d) para impugnar o conhecimento de agravo de instrumento;

e) para impugnar a imposição de multas previstas no art. 538, parágrafo único, do CPC, ou no art. 557, § 2º, do CPC;

f) contra decisão de Turma proferida em agravo em recurso de revista, nos termos do art. 894, II, da CLT.

354 — GORJETAS — NATUREZA JURÍDICA — REPERCUSSÕES(*)

As gorjetas, cobradas pelo empregador na nota de serviço ou oferecidas espontaneamente pelos clientes, integram a remuneração do empregado, não servindo de base de cálculo para as parcelas de aviso prévio, adicional noturno, horas extras e repouso semanal remunerado. (Res. 71/1997, DJ 30.5.1997)

355 — CONAB — ESTABILIDADE — AVISO DIREH N. 2 DE 12.12.1984(*)

O aviso DIREH n. 2, de 12.12.1984, que concedia estabilidade aos empregados da CONAB, não tem eficácia, porque não aprovado pelo Ministério ao qual a empresa se subordina. (Res. 72/1997, DJ 4.7.1997)

356 — ALÇADA RECURSAL — VINCULAÇÃO AO SALÁRIO MÍNIMO(*)

O art. 2º, § 4º, da Lei n. 5.584, de 26.6.1970 foi recepcionado pela CF/1988, sendo lícita a fixação do valor da alçada com base no salário mínimo. (Res. 75/1997, DJ 19.12.1997)

357 — TESTEMUNHA — AÇÃO CONTRA A MESMA RECLAMADA — SUSPEIÇÃO(*)

Não torna suspeita a testemunha o simples fato de estar litigando ou de ter litigado contra o mesmo empregador. (Res. 76/1997, DJ 19.12.1997)

358 — RADIOLOGISTA — SALÁRIO PROFISSIONAL — LEI N. 7.394, DE 29.10.1985(*)

O salário profissional dos técnicos em radiologia é igual a 2 (dois) salários mínimos e não a 4 (quatro). (Res. 77/1997, DJ 19.12.1997)

359 — SUBSTITUIÇÃO PROCESSUAL — AÇÃO DE CUMPRIMENTO — ART. 872, PARÁGRAFO ÚNICO, DA CLT — FEDERAÇÃO — LEGITIMIDADE — CANCELADA

A federação não tem legitimidade para ajuizar a ação de cumprimento prevista no art. 872, parágrafo único, da CLT na qualidade de substituto processual da categoria profissional inorganizada. (Res. 78/1997, DJ 19.12.1997) ***[Cancelada pela Res. Adm. do TST (PLENO) n. 121, de 28.10.03, DJ 19.11.03, Rep. DJ 25.11.03]***

360 — TURNOS ININTERRUPTOS DE REVEZAMENTO — INTERVALOS INTRAJORNADA E SEMANAL(*)

A interrupção do trabalho destinada a repouso e alimentação, dentro de cada turno, ou o intervalo para repouso semanal, não descaracteriza o turno de revezamento com jornada de 6 (seis) horas previsto no art. 7º, XIV, da CF/1988. (Res. 79/1997, DJ 13.1.1998)

361 — ADICIONAL DE PERICULOSIDADE — ELETRICITÁRIOS — EXPOSIÇÃO INTERMITENTE(*)

O trabalho exercido em condições perigosas, embora de forma intermitente, dá direito ao empregado a receber o adicional de periculosidade de forma integral, porque a Lei n. 7.369, de 20.9.1985, não estabeleceu nenhuma proporcionalidade em relação ao seu pagamento. (Res. 83/1998, DJ 20.8.1998)

362 — FGTS — PRESCRIÇÃO — NOVA REDAÇÃO

É trintenária a prescrição do direito de reclamar contra o não recolhimento da contribuição para o FGTS, observado o prazo de 2 (dois) anos após o término do contrato de trabalho.

Histórico: Redação original — Res. 90/1999, DJ 03.09.1999 ***[Revisada pela Res. Adm. do TST (PLENO) n. 121, de 28.10.03, DJ 19.11.03, Rep. DJ 25.11.03]***

363 — CONTRATO NULO — EFEITOS — NOVA REDAÇÃO

A contratação de servidor público, após a CF/1988, sem prévia aprovação em concurso público, encontra óbice no respectivo art. 37, II e § 2º, somente lhe conferindo direito ao pagamento da contraprestação pactuada, em relação ao número de horas trabalhadas, respeitado o valor da hora do salário mínimo, e dos valores referentes aos depósitos do FGTS.

Histórico: Redação dada pela Res. 111/2002, DJ 11.4.2002 **Redação original** — Res. 97/2000, DJ 18.9.2000 — Republicada DJ 13.10.2000 — Republicada DJ 10.11.2000 ***[Revisada pela Res. Adm. do TST (PLENO) n. 121, de 28.10.03, DJ 19.11.03, Rep. DJ 25.11.03]***

364 — ADICIONAL DE PERICULOSIDADE — EXPOSIÇÃO EVENTUAL, PERMANENTE E INTERMITENTE — (CANCELADO O ITEM II E DADA NOVA REDAÇÃO AO ITEM I — Res. 174, 24.5.11 — DJe/27.5.11)

Tem direito ao adicional de periculosidade o empregado exposto permanentemente ou que, de forma intermitente, sujeita-se a condições de risco. Indevido, apenas, quando o contato dá-se de forma eventual, assim considerado o fortuito, ou o que, sendo habitual, dá-se por tempo extremamente reduzido. (ex-OJs da SBDI-1 ns. 05 — Inserida em 14.3.1994 e 280 — DJ 11.8.03)

365 — ALÇADA — AÇÃO RESCISÓRIA E MANDADO DE SEGURANÇA — (CONVERSÃO DAS ORIENTAÇÕES JURISPRUDENCIAIS NS. 8 E 10 DA SBDI-1 — Res. 129/05 — DJ 20.4.05).

Não se aplica a alçada em ação rescisória e em mandado de segurança. (ex-OJs ns. 8 e 10 da SBDI-I, ambas Inseridas em 1.2.1995)

366 — CARTÃO DE PONTO — REGISTRO — HORAS EXTRAS — MINUTOS QUE ANTECEDEM E SUCEDEM A JORNADA DE TRABALHO — (CONVERSÃO DAS ORIENTAÇÕES JURISPRUDENCIAIS NS. 23 E 326 DA SBDI-1 — Res. 129/05— DJ 20.4.05).

Não serão descontadas nem computadas como jornada extraordinária as variações de horário do registro de ponto não excedentes de cinco minutos, observado o limite máximo de dez minutos diários. Se ultrapassado esse limite, será considerada como extra a totalidade do tempo que exceder a jornada normal. (ex-OJs SBDI-I n. 23 — Inserida em 3.6.1996 e n. 326 — DJ 9.12.03)

367 — UTILIDADES *IN NATURA* — HABITAÇÃO — ENERGIA ELÉTRICA — VEÍCULO — CIGARRO — NÃO INTEGRAÇÃO AO SALÁRIO — (CONVERSÃO DAS ORIENTAÇÕES JURISPRUDENCIAIS NS. 24, 131 E 246 DA SBDI-1 — Res. 129/05 — DJ 20.4.05)

I — A habitação, a energia elétrica e veículo fornecidos pelo empregador ao empregado, quando indispensáveis para a realização do trabalho, não têm natureza salarial, ainda que, no caso de veículo, seja ele utilizado pelo empregado também em atividades particulares. (ex-OJs da SBDI-I n. 131 — Inserida em 20.4.1998 e ratificada pelo Tribunal Pleno em 7.12.00 e n. 246 — Inserida em 20.6.01)

II — O cigarro não se considera salário utilidade em face de sua nocividade à saúde. (ex-OJ n. 24 da SBDI-I — Inserida em 29.3.1996)

368 — DESCONTOS PREVIDENCIÁRIOS E FISCAIS — COMPETÊNCIA — RESPONSABILIDADE PELO PAGAMENTO — FORMA DE CÁLCULO (REDAÇÃO DO ITEM II ALTERADA NA SESSÃO DO TRIBUNAL PLENO REALIZADA EM 16.04.2012) — (DJET 19.4.12)

I — A Justiça do Trabalho é competente para determinar o recolhimento das contribuições fiscais. A competência da Justiça do Trabalho, quanto à execução das contribuições previdenciárias, limita-se às sentenças condenatórias em pecúnia que proferir e aos valores, objeto de acordo homologado, que integrem o salário de contribuição. (ex-OJ n. 141 da SBDI-1 — inserida em 27.11.1998)

II — É do empregador a responsabilidade pelo recolhimento das contribuições previdenciárias e fiscais, resultante de crédito do empregado oriundo de condenação judicial, devendo ser calculadas, em relação à incidência dos descontos fiscais, mês a mês, nos termos do art. 12-A da Lei n. 7.713, de 22.12.1988, com a redação dada pela Lei n. 12.350/2010.

III — Em se tratando de descontos previdenciários, o critério de apuração encontra-se disciplinado no art. 276, § 4º, do Decreto n. 3.048/1999 que regulamentou a Lei n. 8.212/1991 e determina que a contribuição do empregado, no caso de ações trabalhistas, seja calculada mês a mês, aplicando-se as alíquotas previstas no art. 198, observado o limite máximo do salário de contribuição. (ex-OJs ns. 32 e 228 da SBDI-1 – inseridas, respectivamente, em 14.03.1994 e 20.06.2001)

369 — DIRIGENTE SINDICAL — ESTABILIDADE PROVISÓRIA — (REDAÇÃO DO ITEM I ALTERADA NA SESSÃO DO TRIBUNAL PLENO REALIZADA EM 14.9.2012 — RES. 185/2012 — DEJT DIVULGADO EM 25.9.12)

I — É assegurada a estabilidade provisória ao empregado dirigente sindical, ainda que a comunicação do registro da candidatura ou da eleição e da posse seja realizada fora do prazo previsto no art. 543, § 5º, da CLT, desde que a ciência ao empregador, por qualquer meio, ocorra na vigência do contrato de trabalho.

II — O art. 522 da CLT foi recepcionado pela Constituição Federal de 1988. Fica limitada, assim, a estabilidade a que alude o art. 543, § 3.º, da CLT a sete dirigentes sindicais e igual número de suplentes.

III — O empregado de categoria diferenciada eleito dirigente sindical só goza de estabilidade se exercer na empresa atividade pertinente à categoria profissional do sindicato para o qual foi eleito dirigente.

IV — Havendo extinção da atividade empresarial no âmbito da base territorial do sindicato, não há razão para subsistir a estabilidade.

V — O registro da candidatura do empregado a cargo de dirigente sindical durante o período de aviso prévio, ainda que indenizado, não lhe assegura a estabilidade, visto que inaplicável a regra do § 3º do art. 543 da Consolidação das Leis do Trabalho.

370 — MÉDICO E ENGENHEIRO — JORNADA DE TRABALHO — LEIS NS. 3.999/61 E 4.950-A/66 — (CONVERSÃO DAS ORIENTAÇÕES JURISPRUDENCIAIS NS. 39 E 53 DA SBDI-1 — Res. 129/05 — DJ 20.4.05).

Tendo em vista que as Leis ns. 3.999/61 e 4.950-A/66 não estipulam a jornada reduzida, mas apenas estabelecem o salário mínimo da categoria para uma jornada de 4 horas para os médicos e de 6 horas para os engenheiros, não há que se falar em horas extras, salvo as excedentes à oitava, desde que seja respeitado o salário mínimo/horário das categorias. (ex-OJs ns. 39 e 53 da SBDI-I — Inseridas respectivamente em 7.11.94 e 29.4.94)

371 — AVISO PRÉVIO INDENIZADO — EFEITOS — SUPERVENIÊNCIA DE AUXÍLIO-DOENÇA NO CURSO DESTE — (CONVERSÃO DAS ORIENTAÇÕES JURISPRUDENCIAIS NS. 40 E 135 DA SBDI-1 — Res. 129/05 — DJ 20.4.05).

A projeção do contrato de trabalho para o futuro, pela concessão do aviso prévio indenizado, tem efeitos limitados às vantagens econômicas obtidas no período de pré-aviso, ou seja, salários, reflexos e verbas rescisórias. No caso de concessão de auxílio-doença no curso do aviso prévio, todavia, só se concretizam os efeitos da dispensa depois de expirado o benefício previdenciário. (ex-OJs ns. 40 e 135 da SBDI-I — Inseridas, respectivamente em 28.11.95 e 27.11.98)

372 — GRATIFICAÇÃO DE FUNÇÃO — SUPRESSÃO OU REDUÇÃO — LIMITES — (CONVERSÃO DAS ORIENTAÇÕES JURISPRUDENCIAIS NS. 45 E 303 DA SBDI-1 — Res. 129/05 — DJ 20.4.05)

I — Percebida a gratificação de função por dez ou mais anos pelo empregado, se o empregador, sem justo motivo, revertê-lo a seu cargo efetivo, não poderá retirar-lhe a gratificação tendo em vista o princípio da estabilidade financeira. (ex-OJ n. 45 da SBDI-I — Inserida em 25.11.96)

II — Mantido o empregado no exercício da função comissionada, não pode o empregador reduzir o valor da gratificação. (ex-OJ n. 303 da SBDI-I — DJ 11.8.03)

373 — GRATIFICAÇÃO SEMESTRAL — CONGELAMENTO — PRESCRIÇÃO PARCIAL — (CONVERSÃO DA ORIENTAÇÃO JURISPRUDENCIAL N. 46 DA SBDI-1 — Res. 129/05 — DJ 20.4.05)

Tratando-se de pedido de diferença de gratificação semestral que teve seu valor congelado, a prescrição aplicável é a parcial. (ex-OJ n. 46 da SBDI-I — Inserida em 29.3.96)

374 — NORMA COLETIVA — CATEGORIA DIFERENCIADA — ABRANGÊNCIA — (CONVERSÃO DA ORIENTAÇÃO JURISPRUDENCIAL N. 55 DA SBDI-1 — Res. 129/05 — DJ 20.4.05)

Empregado integrante de categoria profissional diferenciada não tem o direito de haver de seu empregador vantagens previstas em instrumento coletivo no qual a empresa não foi representada por órgão de classe de sua categoria. (ex-OJ n. 55 da SBDI-I — Inserida em 25.11.96)

375 — REAJUSTES SALARIAIS PREVISTOS EM NORMA COLETIVA — PREVALÊNCIA DA LEGISLAÇÃO DE POLÍTICA SALARIAL — (CONVERSÃO DA ORIENTAÇÃO JURISPRUDENCIAL N. 69 DA SBDI-1 E DA ORIENTAÇÃO JURISPRUDENCIAL N. 40 DA SBDI-2 — RES. 129/05 — DJ 20.4.05)

Os reajustes salariais previstos em norma coletiva de trabalho não prevalecem frente à legislação superveniente de política salarial. (ex-OJs n. 69 da SBDI-1 — Inserida em 14.3.1994 e n. 40 da SBDI-2 — Inserida em 20.9.00)

376 — HORAS EXTRAS — LIMITAÇÃO — ART. 59 DA CLT — REFLEXOS — (CONVERSÃO DAS ORIENTAÇÕES JURISPRUDENCIAIS NS. 89 E 117 DA SBDI-1 — Res. 129/05 — DJ 20.4.05)

I — A limitação legal da jornada suplementar a duas horas diárias não exime o empregador de pagar todas as horas trabalhadas. (ex-OJ n. 117 da SBDI-I — Inserida em 20.11.1997)

II — O valor das horas extras habitualmente prestadas integra o cálculo dos haveres trabalhistas, independentemente da limitação prevista no *caput* do art. 59 da CLT. (ex-OJ n. 89 da SBDI-I — Inserida em 28.4.1997)

377 — PREPOSTO — EXIGÊNCIA DA CONDIÇÃO DE EMPREGADO — (Nova Redação. Resol. n. 146, de 24.4.08, DJ 5.5.08)

Exceto quanto à reclamação de empregado doméstico, ou contra micro ou pequeno empresário, o preposto deve ser necessariamente empregado do reclamado. Inteligência do art. 843, § 1º, da CLT e do art. 54 da Lei Complementar n. 123, de 14 de dezembro de 2006. (ex-OJ n. 99 — Inserida em 30.5.97)

378 — ESTABILIDADE PROVISÓRIA — ACIDENTE DO TRABALHO — ART. 118 DA LEI N. 8.213/91 (INSERIDO O ITEM III — RES. 185/2012, DEJT DIVULGADO EM 25.9.12)

I — É constitucional o artigo 118 da Lei n. 8.213/1991 que assegura o direito à estabilidade provisória por período de 12 meses após a cessação do auxílio-doença ao empregado acidentado. (ex-OJ n. 105 da SBDI-1 — inserida em 1º.10.1997)

II — São pressupostos para a concessão da estabilidade o afastamento superior a 15 dias e a consequente percepção do auxílio-doença acidentário, salvo se constatada, após a despedida, doença profissional que guarde relação de causalidade com a execução do contrato de emprego. (primeira parte — ex-OJ n. 230 da SBDI-1 — inserida em 20.6.2001)

III – O empregado submetido a contrato de trabalho por tempo determinado goza da garantia provisória de emprego, decorrente de acidente de trabalho, prevista no art. 118 da Lei n. 8.213/91.

379 — DIRIGENTE SINDICAL — DESPEDIDA — FALTA GRAVE — INQUÉRITO JUDICIAL — NECESSIDADE — (CONVERSÃO DA ORIENTAÇÃO JURISPRUDENCIAL N. 114 DA SBDI-1 — Res. 129/05 — DJ 20.4.05)

O dirigente sindical somente poderá ser dispensado por falta grave mediante a apuração em inquérito judicial, inteligência dos arts. 494 e 543, §3º, da CLT. (ex-OJ n. 114 da SBDI-I — Inserida em 20.11.1997).

380 — AVISO PRÉVIO — INÍCIO DA CONTAGEM — ART. 132 DO CÓDIGO CIVIL DE 2002 — (CONVERSÃO DA ORIENTAÇÃO JURISPRUDENCIAL N. 122 DA SBDI-1) — Res. 129/05 — DJ 20.4.05

Aplica-se a regra prevista no *caput* do art. 132 do Código Civil de 2002 à contagem do prazo do aviso prévio, excluindo-se o dia do começo e incluindo o do vencimento. (ex-OJ n. 122 da SBDI-I — Inserida em 20.4.1998)

381 — CORREÇÃO MONETÁRIA — SALÁRIO — ART. 459 DA CLT — (CONVERSÃO DA ORIENTAÇÃO JURISPRUDENCIAL N. 124 DA SBDI-1 — Res. 129/05 — DJ 20.4.05)

O pagamento dos salários até o 5º dia útil do mês subsequente ao vencido não está sujeito à correção monetária. Se essa data limite for ultrapassada, incidirá o índice da correção monetária do mês subsequente ao da prestação dos serviços, a partir do dia 1º. (ex-OJ n. 124 da SBDI-I — Inserida em 20.4.1998)

382 — MUDANÇA DE REGIME CELETISTA PARA ESTATUTÁRIO — EXTINÇÃO DO CONTRATO — PRESCRIÇÃO BIENAL — (CONVERSÃO DA ORIENTAÇÃO JURISPRUDENCIAL N. 128 DA SBDI-1 — Res. 129/05 — DJ 20.4.05)

A transferência do regime jurídico de celetista para estatutário implica extinção do contrato de trabalho, fluindo o prazo da prescrição bienal a partir da mudança de regime. (ex-OJ n. 128 da SBDI-I — Inserida em 20.4.1998)

383 — MANDATO — ARTS. 13 E 37 DO CPC — FASE RECURSAL — INAPLICABILIDADE — (CONVERSÃO DAS ORIENTAÇÕES JURISPRUDENCIAIS NS. 149 E 311 DA SBDI-1 — Res. 129/05 — DJ 20.4.05)

I — É inadmissível, em instância recursal, o oferecimento tardio de procuração, nos termos do art. 37 do CPC, ainda que mediante protesto por posterior juntada, já que a interposição de recurso não pode ser reputada ato urgente. (ex-OJ n. 311 DA SBDI-I — DJ 11.8.03)

II — Inadmissível na fase recursal a regularização da representação processual, na forma do art. 13 do CPC, cuja aplicação se restringe ao Juízo de 1º grau. (ex-OJ n. 149 da SBDI-I — Inserida em 27.11.1998)

384 — MULTA CONVENCIONAL — COBRANÇA — (CONVERSÃO DAS ORIENTAÇÕES JURISPRUDENCIAIS NS. 150 E 239 DA SBDI-1 — Res. 129/05 — DJ 20.4.05)

I — O descumprimento de qualquer cláusula constante de instrumentos normativos diversos não submete o empregado a ajuizar várias ações, pleiteando em cada uma o pagamento da multa referente ao descumprimento de obrigações previstas nas cláusulas respectivas. (ex-OJ n. 150 da SBDI-I — Inserida em 27.11.1998)

II — É aplicável multa prevista em instrumento normativo (sentença normativa, convenção ou acordo coletivo) em caso de descumprimento de obrigação prevista em lei, mesmo que a norma coletiva seja mera repetição de texto legal. (ex-OJ n. 239 da SBDI-I — Inserida em 20.6.01)

385 — FERIADO LOCAL — AUSÊNCIA DE EXPEDIENTE FORENSE — PRAZO RECURSAL — PRORROGAÇÃO — COMPROVAÇÃO — NECESSIDADE — ATO ADMINISTRATIVO DO JUÍZO "A QUO" (REDAÇÃO ALTERADA NA SESSÃO DO TRIBUNAL PLENO REALIZADA EM 14.9.2012 — Res. 185/2012, DEJT divulgado em 25.9.12)

I — Incumbe à parte o ônus de provar, quando da interposição do recurso, a existência de feriado local que autorize a prorrogação do prazo recursal.

II — Na hipótese de feriado forense, incumbirá à autoridade que proferir a decisão de admissibilidade certificar o expediente nos autos.

III — Na hipótese do inciso II, admite-se a reconsideração da análise da tempestividade do recurso, mediante prova documental superveniente, em Agravo Regimental, Agravo de Instrumento ou Embargos de Declaração.

386 — POLICIAL MILITAR — RECONHECIMENTO DE VÍNCULO EMPREGATÍCIO COM EMPRESA PRIVADA — (CONVERSÃO DA ORIENTAÇÃO JURISPRUDENCIAL N. 167 DA SBDI-1 — Res. 129/05 — DJ 20.4.05)

Preenchidos os requisitos do art. 3º da CLT, é legítimo o reconhecimento de relação de emprego entre policial militar e empresa privada, independentemente do eventual cabimento de penalidade disciplinar prevista no Estatuto do Policial Militar. (ex-OJ n. 167 da SBDI-I — Inserida em 26.3.1999)

387 — RECURSO — FAC-SÍMILE — LEI N. 9.800/1999 — (INSERIDO O ITEM IV À REDAÇÃO — Res. 174, 24.5.11 — DJe/27.5.11)

I — A Lei n. 9.800, de 26.5.1999, é aplicável somente a recursos interpostos após o início de sua vigência. (ex-OJ n. 194 da SBDI-1 — Inserida em 8.11.00)

II — A contagem do quinquídio para apresentação dos originais de recurso interposto por intermédio de fac-símile começa a fluir do dia subsequente ao término do prazo recursal, nos termos do art. 2º da Lei n. 9.800, de 26.5.1999, e não do dia seguinte à interposição do recurso, se esta se deu antes do termo final do prazo. (ex-OJ n. 337 da SBDI-1 — primeira parte — DJ 4.5.04)

III — Não se tratando a juntada dos originais de ato que dependa de notificação, pois a parte, ao interpor o recurso, já tem ciência de seu ônus processual, não se aplica a regra do art. 184 do CPC quanto ao *dies a quo*, podendo coincidir com sábado, domingo ou feriado. (ex-OJ n. 337 da SBDI-1 — *in fine* — DJ 4.5.04)

IV — A autorização para utilização do fac-símile, constante do art. 1º da Lei n. 9.800, de 26.5.1999, somente alcança as hipóteses em que o documento é dirigido diretamente ao órgão jurisdicional, não se aplicando à transmissão ocorrida entre particulares.

388 — MASSA FALIDA — ARTS. 467 E 477 DA CLT — INAPLICABILIDADE — (CONVERSÃO DAS ORIENTAÇÕES JURISPRUDENCIAIS NS. 201 E 314 DA SBDI-1 — Res. 129/05 — DJ 20.4.05)

A Massa Falida não se sujeita à penalidade do art. 467 e nem à multa do § 8º do art. 477, ambos da CLT. (ex-OJs da SBDI-I n. 201 — DJ 11.8.03 e n. 314 — DJ 8.11.00)

389 — SEGURO-DESEMPREGO — COMPETÊNCIA DA JUSTIÇA DO TRABALHO — DIREITO À INDENIZAÇÃO POR NÃO LIBERAÇÃO DE GUIAS — (CONVERSÃO DAS ORIENTAÇÕES JURISPRUDENCIAIS NS. 210 E 211 DA SBDI-1 — Res. 129/05 — DJ 20.4.05)

I — Inscreve-se na competência material da Justiça do Trabalho a lide entre empregado e empregador tendo por objeto indenização pelo não-fornecimento das guias do seguro-desemprego. (ex-OJ n. 210 da SBDI-I — Inserida em 8.11.00)

II — O não fornecimento pelo empregador da guia necessária para o recebimento do seguro-desemprego dá origem ao direito à indenização. (ex-OJ n. 211 da SBDI-I — Inserida em 8.11.00)

390 — ESTABILIDADE — ART. 41 DA CF/1988 — CELETISTA — ADMINISTRAÇÃO DIRETA, AUTÁRQUICA OU FUNDACIONAL — APLICABILIDADE — EMPREGADO DE EMPRESA PÚBLICA E SOCIEDADE DE ECONOMIA MISTA — INAPLICÁVEL — (CONVERSÃO DAS ORIENTAÇÕES JURISPRUDENCIAIS NS. 229 E 265 DA SBDI-1 E DA ORIENTAÇÃO JURISPRUDENCIAL N. 22 DA SBDI-2 — Res. 129/05 — DJ 20.4.05)

I — O servidor público celetista da administração direta, autárquica ou fundacional é beneficiário da estabilidade prevista no art. 41 da CF/1988. (ex-OJ n. 265 da SBDI-1 — Inserida em 27.9.02 e ex-OJ n. 22 da SBDI-2 — Inserida em 20.9.00)

II — Ao empregado de empresa pública ou de sociedade de economia mista, ainda que admitido mediante aprovação em concurso público, não é garantida a estabilidade prevista no art. 41 da CF/1988. (ex-OJ n. 229 da SBDI-I — Inserida em 20.6.01)

391 — PETROLEIROS — LEI N. 5.811/72 — TURNO ININTERRUPTO DE REVEZAMENTO — HORAS EXTRAS E ALTERAÇÃO DA JORNADA PARA HORÁRIO FIXO — (CONVERSÃO DAS ORIENTAÇÕES JURISPRUDENCIAIS NS. 240 E 333 DA SBDI-1 — Res. 129/05 — DJ 20.4.05)

I — A Lei n. 5.811/72 foi recepcionada pela CF/88 no que se refere à duração da jornada de trabalho em regime de revezamento dos petroleiros. (ex-OJ n. 240 da SBDI-I — Inserida em 20.6.01)

II — A previsão contida no art. 10 da Lei n. 5.811/72, possibilitando a mudança do regime de revezamento para horário fixo, constitui alteração lícita, não violando os arts. 468 da CLT e 7º, VI, da CF/1988. (ex-OJ n. 333 da SBDI-I — DJ 9.12.03)

392 — DANO MORAL E MATERIAL — RELAÇÃO DE TRABALHO — COMPETÊNCIA DA JUSTIÇA DO TRABALHO — (NOVA REDAÇÃO) — RES. 193/2013, DEJT DIVULGADO EM 13, 16 E 17.12.2013

Nos termos do art. 114, inc. VI, da Constituição da República, a Justiça do Trabalho é competente para processar e julgar ações de indenização por dano moral e material, decorrentes da relação de trabalho, inclusive as oriundas de acidente de trabalho e doenças a ele equiparadas.

393 — RECURSO ORDINÁRIO — EFEITO DEVOLUTIVO EM PROFUNDIDADE — ART. 515, §1º, DO CPC. (redação alterada pelo Tribunal Pleno na sessão realizada em 16.11.2010) (Res. 171/10, DEJT divulgado em 19.11, 22 e 23.11.10)

O efeito devolutivo em profundidade do recurso ordinário, que se extrai do § 1º do art. 515 do CPC, transfere ao Tribunal a apreciação dos fundamentos da inicial ou da defesa, não examinados pela sentença, ainda que não renovados em contrarrazões. Não se aplica, todavia, ao caso de pedido não apreciado na sentença, salvo a hipótese contida no § 3º do art. 515 do CPC.

394 — ART. 462 DO CPC — FATO SUPERVENIENTE — (CONVERSÃO DA ORIENTAÇÃO JURISPRUDENCIAL N. 81 DA SBDI-1 — Res. 129/05 — DJ 20.4.05)

O art. 462 do CPC, que admite a invocação de fato constitutivo, modificativo ou extintivo do direito, superveniente à propositura da ação, é aplicável de ofício aos processos em curso em qualquer instância trabalhista. (ex-OJ n. 81 da SBDI-I — Inserida em 28.4.97)

395 — MANDATO E SUBSTABELECIMENTO — CONDIÇÕES DE VALIDADE — (CONVERSÃO DAS ORIENTAÇÕES JURISPRUDENCIAIS NS. 108, 312, 313 E 330 DA SBDI-1 — Res. 129/05 — DJ 20.4.05)

I — Válido é o instrumento de mandato com prazo determinado que contém cláusula estabelecendo a prevalência dos poderes para atuar até o final da demanda. (ex-OJ n. 312 da SBDI-I — DJ 11.8.03)

II — Diante da existência de previsão, no mandato, fixando termo para sua juntada, o instrumento de mandato só tem validade se anexado ao processo dentro do aludido prazo. (ex-OJ n. 313 da SBDI-I — DJ 11.8.03)

III — São válidos os atos praticados pelo substabelecido, ainda que não haja, no mandato, poderes expressos para substabelecer (art. 667, e parágrafos, do Código Civil de 2002). (ex-OJ n. 108 da SBDI-I — Inserida em 1.10.1997)

IV — Configura-se a irregularidade de representação se o substabelecimento é anterior à outorga passada ao substabelecente. (ex-OJ n. 330 da SBDI-I — DJ 9.12.03)

396 — ESTABILIDADE PROVISÓRIA — PEDIDO DE REINTEGRAÇÃO — CONCESSÃO DO SALÁRIO RELATIVO AO PERÍODO DE ESTABILIDADE JÁ EXAURIDO — INEXISTÊNCIA DE JULGAMENTO *EXTRA PETITA* — (CONVERSÃO DAS ORIENTAÇÕES JURISPRUDENCIAIS NS. 106 E 116 DA SBDI-1 — Res. 129/05 — DJ 20.4.05)

I — Exaurido o período de estabilidade, são devidos ao empregado apenas os salários do período compreendido entre a data da despedida e o final do período de estabilidade, não lhe sendo assegurada a reintegração no emprego. (ex-OJ n. 116 da SBDI-I — Inserida em 1.10.1997)

II — Não há nulidade por julgamento *extra petita* da decisão que deferir salário quando o pedido for de reintegração, dados os termos do art. 496 da CLT. (ex-OJ n. 106 da SBDI-I — Inserida em 20.11.1997)

397 — AÇÃO RESCISÓRIA — ART. 485, IV, DO CPC — AÇÃO DE CUMPRIMENTO — OFENSA À COISA JULGADA EMANADA DE SENTENÇA NORMATIVA MODIFICADA EM GRAU DE RECURSO — INVIABILIDADE — CABIMENTO DE MANDADO DE SEGURANÇA — (CONVERSÃO DA ORIENTAÇÃO JURISPRUDENCIAL N. 116 DA SBDI-II — Res. 137/05 — DJ 22.8.05)

Não procede ação rescisória calcada em ofensa à coisa julgada perpetrada por decisão proferida em ação de cumprimento, em face de a sentença normativa, na qual se louvava, ter sido modificada em grau de recurso, porque em dissídio coletivo somente se consubstancia coisa julgada formal. Assim, os meios processuais aptos a atacarem a execução da cláusula reformada são a exceção de pré-executividade e o mandado de segurança, no caso de descumprimento do art. 572 do CPC. (ex-OJ n. 116 da SBDI-II — DJ 11.8.03)

398 — AÇÃO RESCISÓRIA — AUSÊNCIA DE DEFESA — INAPLICÁVEIS OS EFEITOS DA REVELIA — (CONVERSÃO DA ORIENTAÇÃO JURISPRUDENCIAL N. 126 DA SBDI-II — Res. 137/05 — DJ 22.08.05)

Na ação rescisória, o que se ataca na ação é a sentença, ato oficial do Estado, acobertado pelo manto da coisa julgada. Assim sendo, e considerando que a coisa julgada envolve questão de ordem pública, a revelia não produz confissão na ação rescisória. (ex-OJ n. 126 da SBDI-II — DJ 9.12.03).

399 — AÇÃO RESCISÓRIA — CABIMENTO — SENTENÇA DE MÉRITO — DECISÃO HOMOLOGATÓRIA DE ADJUDICAÇÃO, DE ARREMATAÇÃO E DE CÁLCULOS — (CONVERSÃO DAS ORIENTAÇÕES JURISPRUDENCIAIS NS. 44, 45 E 85, PRIMEIRA PARTE, DA SBDI-II — Res. 137/05 — DJ 22.8.05)

I — É incabível ação rescisória para impugnar decisão homologatória de adjudicação ou arrematação. (ex-OJs ns. 44 e 45 da SBDI-II — ambas inseridas em 20.9.00)

II — A decisão homologatória de cálculos apenas comporta rescisão quando enfrentar as questões envolvidas na elaboração da conta de liquidação, quer solvendo a controvérsia das partes quer explicitando, de ofício, os motivos pelos quais acolheu os cálculos oferecidos por uma das partes ou pelo setor de cálculos, e não contestados pela outra. (ex-OJ n. 85 da SBDI-II — primeira parte — inserida em 13.3.02 e alterada em 26.11.02).

400 — AÇÃO RESCISÓRIA DE AÇÃO RESCISÓRIA — VIOLAÇÃO DE LEI — INDICAÇÃO DOS MESMOS DISPOSITIVOS LEGAIS APONTADOS NA RESCISÓRIA PRIMITIVA — (CONVERSÃO DA ORIENTAÇÃO JURISPRUDENCIAL N. 95 DA SBDI-II — Res. 137/05 — DJ 22.8.05)

Em se tratando de rescisória de rescisória, o vício apontado deve nascer na decisão rescindenda, não se admitindo a rediscussão do acerto do julgamento da rescisória anterior. Assim, não se admite rescisória calcada no inciso V do art. 485 do CPC para discussão, por má aplicação dos mesmos dispositivos de lei, tidos por violados na rescisória anterior, bem como para arguição de questões inerentes à ação rescisória primitiva. (ex-OJ n. 95 da SBDI-II — inserida em 27.9.02 e alterada DJ 16.4.04)

401 — AÇÃO RESCISÓRIA — DESCONTOS LEGAIS — FASE DE EXECUÇÃO — SENTENÇA EXEQUENDA OMISSA — INEXISTÊNCIA DE OFENSA À COISA JULGADA — (CONVERSÃO DA ORIENTAÇÃO JURISPRUDENCIAL N. 81 DA SBDI-II — Res. 137/05 — DJ 22.8.05)

Os descontos previdenciários e fiscais devem ser efetuados pelo juízo executório, ainda que a sentença exequenda tenha sido omissa sobre a questão, dado o caráter de ordem pública ostentado pela norma que os disciplina. A ofensa à coisa julgada somente poderá ser caracterizada na hipótese de o título exequendo, expressamente, afastar a dedução dos valores a título de imposto de renda e de contribuição previdenciária. (ex-OJ n. 81 da SBDI-II — inserida em 13.3.02)

402 — AÇÃO RESCISÓRIA — DOCUMENTO NOVO — DISSÍDIO COLETIVO — SENTENÇA NORMATIVA — (CONVERSÃO DA ORIENTAÇÃO JURISPRUDENCIAL N. 20 DA SBDI-II — Res. 137/05 — DJ 22.8.05)

Documento novo é o cronologicamente velho, já existente ao tempo da decisão rescindenda, mas ignorado pelo interessado ou de impossível utilização, à época, no processo. Não é documento novo apto a viabilizar a desconstituição de julgado:

a) sentença normativa proferida ou transitada em julgado posteriormente à sentença rescindenda;

b) sentença normativa preexistente à sentença rescindenda, mas não exibida no processo principal, em virtude de negligência da parte, quando podia e deveria louvar-se de documento já existente e não ignorado quando emitida a decisão rescindenda. (ex-OJ n. 20 da SBDI-II — inserida em 20.9.00)

403 — AÇÃO RESCISÓRIA — DOLO DA PARTE VENCEDORA EM DETRIMENTO DA VENCIDA — ART. 485, III, DO CPC — (CONVERSÃO DAS ORIENTAÇÕES JURISPRUDENCIAIS NS. 111 E 125 DA SBDI-II — Res. 137/05 — DJ 22.8.05)

I — Não caracteriza dolo processual, previsto no art. 485, III, do CPC, o simples fato de a parte vencedora haver silenciado a respeito de fatos contrários a ela, porque o procedimento, por si só, não constitui ardil do qual resulte cerceamento de defesa e, em consequência, desvie o juiz de uma sentença não-condizente com a verdade.(ex-OJ n. 125 da SBDI-II — DJ 9.12.03)

II — Se a decisão rescindenda é homologatória de acordo, não há parte vencedora ou vencida, razão pela qual não é possível a sua desconstituição calcada no inciso III do art. 485 do CPC (dolo da parte vencedora em detrimento da vencida), pois constitui fundamento de rescindibilidade que supõe solução jurisdicional para a lide. (ex-OJ n. 111 da SBDI-II — DJ 29.4.03)

404 — AÇÃO RESCISÓRIA — FUNDAMENTO PARA INVALIDAR CONFISSÃO — CONFISSÃO FICTA — INADEQUAÇÃO DO ENQUADRAMENTO NO ART. 485, VIII, DO CPC — (CONVERSÃO DA ORIENTAÇÃO JURISPRUDENCIAL N. 108 DA SBDI-II — Res. 137/05 — DJ 22.8.05)

O art. 485, VIII, do CPC, ao tratar do fundamento para invalidar a confissão como hipótese de rescindibilidade da decisão judicial, refere-se à confissão real, fruto de erro, dolo ou coação, e não à confissão ficta resultante de revelia. (ex-OJ n. 108 da SBDI-II — DJ 29.4.03)

405 — AÇÃO RESCISÓRIA — LIMINAR — ANTECIPAÇÃO DE TUTELA — (CONVERSÃO DAS ORIENTAÇÕES JURISPRUDENCIAIS NS. 1, 3 E 121 DA SBDI-II — Res. 137/05 — DJ 22.8.05)

I — Em face do que dispõe a MP 1.984-22/00 e reedições e o artigo 273, § 7º, do CPC, é cabível o pedido liminar formulado na petição inicial de ação rescisória ou na fase recursal, visando a suspender a execução da decisão rescindenda.

II — O pedido de antecipação de tutela, formulado nas mesmas condições, será recebido como medida acautelatória em ação rescisória, por não se admitir tutela antecipada em sede de ação rescisória. (ex-OJs n. 1 da SBDI-II — Inserida em 20.9.00, n. 3 da SBDI-II — inserida em 20.9.00 e n. 121 — DJ 11.8.03)

406 — AÇÃO RESCISÓRIA — LITISCONSÓRCIO — NECESSÁRIO NO POLO PASSIVO E FACULTATIVO NO ATIVO — INEXISTENTE QUANTO AOS SUBSTITUÍDOS PELO SINDICATO — (CONVERSÃO DAS ORIENTAÇÕES JURISPRUDENCIAIS NS. 82 E 110 DA SBDI-II — Res. 137/05 — DJ 22.8.05)

I — O litisconsórcio, na ação rescisória, é necessário em relação ao polo passivo da demanda, porque supõe uma comunidade de direitos ou de obrigações que não admite solução díspar para os litisconsortes, em face da indivisibilidade do objeto. Já em relação ao polo ativo, o litisconsórcio é facultativo, uma vez que a aglutinação de autores se faz por conveniência e não, pela necessidade decorrente da natureza do litígio, pois não se pode condicionar o exercício do direito individual de um dos litigantes no processo originário à anuência dos demais para retomar a lide. (ex-OJ n. 82 da SBDI-II — inserida em 13.3.02)

II — O Sindicato, substituto processual e autor da reclamação trabalhista, em cujos autos fora proferida a decisão rescindenda, possui legitimidade para figurar como réu na ação rescisória, sendo descabida a exigência de citação de todos os empregados substituídos, porquanto inexistente litisconsórcio passivo necessário. (ex-OJ n. 110 da SBDI-II — DJ 29.4.03)

407 — AÇÃO RESCISÓRIA — MINISTÉRIO PÚBLICO — LEGITIMIDADE *AD CAUSAM* PREVISTA NO ART. 487, III, "A" E "B", DO CPC — AS HIPÓTESES SÃO MERAMENTE EXEMPLIFICATIVAS — (CONVERSÃO DA ORIENTAÇÃO JURISPRUDENCIAL N. 83 DA SBDI-II — Res. 137/05 — DJ 22.8.05)

A legitimidade *ad causam* do Ministério Público para propor ação rescisória, ainda que não tenha sido parte no processo que deu origem à decisão rescindenda, não está limitada às alíneas "a" e "b" do inciso III do art. 487 do CPC, uma vez que traduzem hipóteses meramente exemplificativas. (ex-OJ n. 83 da SBDI-II — inserida em 13.3.02)

408 — AÇÃO RESCISÓRIA — PETIÇÃO INICIAL — CAUSA DE PEDIR — AUSÊNCIA DE CAPITULAÇÃO OU CAPITULAÇÃO ERRÔNEA NO ART. 485 DO CPC — PRINCÍPIO *IURA NOVIT CURIA* — (CONVERSÃO DAS ORIENTAÇÕES JURISPRUDENCIAIS NS. 32 E 33 DA SBDI-II — Res. 137/05 — DJ 22.8.05)

Não padece de inépcia a petição inicial de ação rescisória apenas porque omite a subsunção do fundamento

Súmulas TST

de rescindibilidade no art. 485 do CPC ou o capitula erroneamente em um de seus incisos. Contanto que não se afaste dos fatos e fundamentos invocados como causa de pedir, ao Tribunal é lícito emprestar-lhes a adequada qualificação jurídica (*iura novit curia*). No entanto, fundando-se a ação rescisória no art. 485, inc. V, do CPC, é indispensável expressa indicação, na petição inicial da ação rescisória, do dispositivo legal violado, por se tratar de causa de pedir da rescisória, não se aplicando, no caso, o princípio *iura novit curia*. (ex-OJs ns. 32 e 33 da SBDI-II — ambas inseridas em 20.9.00)

409 — AÇÃO RESCISÓRIA — PRAZO PRESCRICIONAL — TOTAL OU PARCIAL — VIOLAÇÃO DO ART. 7º, XXIX, DA CF/88 — MATÉRIA INFRACONSTITUCIONAL — (CONVERSÃO DA ORIENTAÇÃO JURISPRUDENCIAL N. 119 DA SBDI-II — Res. 137/05 — DJ 22.8.05)

Não procede ação rescisória calcada em violação do art. 7º, XXIX, da CF/88 quando a questão envolve discussão sobre a espécie de prazo prescricional aplicável aos créditos trabalhistas, se total ou parcial, porque a matéria tem índole infraconstitucional, construída, na Justiça do Trabalho, no plano jurisprudencial. (ex-OJ n. 119 da SBDI-II — DJ 11.8.03)

410 — AÇÃO RESCISÓRIA — REEXAME DE FATOS E PROVAS — INVIABILIDADE — (CONVERSÃO DA ORIENTAÇÃO JURISPRUDENCIAL N. 109 DA SBDI-II — Res. 137/05 — DJ 22.8.05)

A ação rescisória calcada em violação de lei não admite reexame de fatos e provas do processo que originou a decisão rescindenda. (ex-OJ n. 109 da SBDI-II — DJ 29.4.03)

411 — AÇÃO RESCISÓRIA — SENTENÇA DE MÉRITO — DECISÃO DE TRIBUNAL REGIONAL DO TRABALHO EM AGRAVO REGIMENTAL CONFIRMANDO DECISÃO MONOCRÁTICA DO RELATOR QUE, APLICANDO A SÚMULA N. 83 DO TST, INDEFERIU A PETIÇÃO INICIAL DA AÇÃO RESCISÓRIA — CABIMENTO — (Conversão da Orientação Jurisprudencial n. 43 da SBDI-II — Res. 137/05 — DJ 22.8.05)

Se a decisão recorrida, em agravo regimental, aprecia a matéria na fundamentação, sob o enfoque das Súmulas ns. 83 do TST e 343 do STF, constitui sentença de mérito, ainda que haja resultado no indeferimento da petição inicial e na extinção do processo sem julgamento do mérito. Sujeita-se, assim, à reforma pelo TST, a decisão do Tribunal que, invocando controvérsia na interpretação da lei, indefere a petição inicial de ação rescisória. (ex-OJ n. 43 da SBDI-II — inserida em 20.9.00)

412 — AÇÃO RESCISÓRIA — SENTENÇA DE MÉRITO — QUESTÃO PROCESSUAL — (conversão da Orientação Jurisprudencial n. 46 da SBDI-II — Res. 137/05 — DJ 22.8.05)

Pode uma questão processual ser objeto de rescisão desde que consista em pressuposto de validade de uma sentença de mérito. (ex-OJ n. 46 da SBDI-II — inserida em 20.9.00)

413 — AÇÃO RESCISÓRIA — SENTENÇA DE MÉRITO — VIOLAÇÃO DO ART. 896, "A", DA CLT — (CONVERSÃO DA ORIENTAÇÃO JURISPRUDENCIAL N. 47 DA SBDI-II — Res. 137/05 — DJ 22.8.05)

É incabível ação rescisória, por violação do art. 896, "a", da CLT, contra decisão que não conhece de recurso de revista, com base em divergência jurisprudencial, pois não se cuida de sentença de mérito (art. 485 do CPC). (ex-OJ n. 47 da SBDI-II — inserida em 20.9.00)

414 — MANDADO DE SEGURANÇA — ANTECIPAÇÃO DE TUTELA (OU LIMINAR) CONCEDIDA ANTES OU NA SENTENÇA — (CONVERSÃO DAS ORIENTAÇÕES JURISPRUDENCIAIS NS. 50, 51, 58, 86 E 139 DA SBDI-II — Res. 137/05 — DJ 22.8.05)

I — A antecipação da tutela concedida na sentença não comporta impugnação pela via do mandado de segurança, por ser impugnável mediante recurso ordinário. A ação cautelar é o meio próprio para se obter efeito suspensivo a recurso. (ex-OJ n. 51 da SBDI-II — inserida em 20.9.00)

II — No caso da tutela antecipada (ou liminar) ser concedida antes da sentença, cabe a impetração do mandado de segurança, em face da inexistência de recurso próprio. (ex-OJs ns. 50 e 58 da SBDI-II — ambas inseridas em 20.9.00)

III — A superveniência da sentença, nos autos originários, faz perder o objeto do mandado de segurança que impugnava a concessão da tutela antecipada (ou liminar). (ex-OJs da SBDI-II n. 86 — inserida em 13.3.02 e n. 139 — DJ 4.5.04).

415 — MANDADO DE SEGURANÇA — ART. 284 DO CPC — APLICABILIDADE — (CONVERSÃO DA ORIENTAÇÃO JURISPRUDENCIAL N. 52 DA SBDI-II — Res. 137/05 — DJ 22.8.05)

Exigindo o mandado de segurança prova documental pré-constituída, inaplicável se torna o art. 284 do CPC quando verificada, na petição inicial do *mandamus*, a ausência de documento indispensável ou de sua autenticação. (ex-OJ n. 52 da da SBDI-II— inserida em 20.9.00)

416 — MANDADO DE SEGURANÇA — EXECUÇÃO— LEI N. 8.432/92, ART. 897, § 1º, DA CLT — CABIMENTO — (CONVERSÃO DA ORIENTAÇÃO JURISPRUDENCIAL N. 55 DA SBDI-II — Res. 137/05 — DJ 22.8.05)

Devendo o agravo de petição delimitar justificadamente a matéria e os valores objeto de discordância, não fere direito líquido e certo o prosseguimento da execução quanto aos tópicos e valores não especificados no agravo. (ex-OJ n. 55 da SBDI-II — inserida em 20.9.00)

417 — MANDADO DE SEGURANÇA — PENHORA EM DINHEIRO — (CONVERSÃO DAS ORIENTAÇÕES JURISPRUDENCIAIS NS. 60, 61 E 62 DA SDI-II — Res. 137/05 — DJ 22.8.05)

I — Não fere direito líquido e certo do impetrante o ato judicial que determina penhora em dinheiro do executado, em execução definitiva, para garantir crédito exequendo, uma vez que obedece à gradação prevista no art. 655 do CPC. (ex-OJ n. 60 da da SBDI-II — inserida em 20.9.00)

II — Havendo discordância do credor, em execução definitiva, não tem o executado direito líquido e certo a que os valores penhorados em dinheiro fiquem depositados no próprio banco, ainda que atenda aos requisitos do art. 666, I, do CPC. (ex-OJ n. 61 — inserida em 20.9.00)

III — Em se tratando de execução provisória, fere direito líquido e certo do impetrante a determinação de penhora em dinheiro, quando nomeados outros bens à penhora, pois o executado tem direito a que a execução se processe da forma que lhe seja menos gravosa, nos termos do art. 620 do CPC. (ex-OJ n. 62 da SBDI-II — inserida em 20.9.00)

418 — MANDADO DE SEGURANÇA VISANDO À CONCESSÃO DE LIMINAR OU HOMOLOGAÇÃO DE ACORDO — (CONVERSÃO DAS ORIENTAÇÕES JURISPRUDENCIAIS NS. 120 E 141 DA SBDI-II — Res. 137/05 — DJ 22.8.05)

A concessão de liminar ou a homologação de acordo constituem faculdade do juiz, inexistindo direito líquido e certo tutelável pela via do mandado de segurança. (ex-OJs da SBDI-II n. 120 — DJ 11.8.03 e n. 141 — DJ 4.5.04)

419 — COMPETÊNCIA — EXECUÇÃO POR CARTA — EMBARGOS DE TERCEIRO — JUÍZO DEPRECANTE — (CONVERSÃO DA ORIENTAÇÃO JURISPRUDENCIAL N. 114 DA SBDI-II — Res. 137/05 — DJ 22.8.05)

Na execução por carta precatória, os embargos de terceiro serão oferecidos no juízo deprecante ou no juízo deprecado, mas a competência para julgá-los é do juízo deprecante, salvo se versarem, unicamente, sobre vícios ou irregularidades da penhora, avaliação ou alienação dos bens, praticados pelo juízo deprecado, em que a competência será deste último. (ex-OJ n. 114 da SBDI-II — DJ 11.8.03)

420 — COMPETÊNCIA FUNCIONAL — CONFLITO NEGATIVO — TRT E VARA DO TRABALHO DE IDÊNTICA REGIÃO — NÃO CONFIGURAÇÃO — (CONVERSÃO DA ORIENTAÇÃO JURISPRUDENCIAL N. 115 DA SBDI-II — Res. 137/05 — DJ 22.8.05)

Não se configura conflito de competência entre Tribunal Regional do Trabalho e Vara do Trabalho a ele vinculada. (ex-OJ n. 115 da SBDI-II — DJ 11.8.03)

421 — EMBARGOS DECLARATÓRIOS CONTRA DECISÃO MONOCRÁTICA DO RELATOR CALCADA NO ART. 557 DO CPC — CABIMENTO — (CONVERSÃO DA ORIENTAÇÃO JURISPRUDENCIAL N. 74 DA SBDI-II — Res. 137/05 — DJ 22.8.05)

I — Tendo a decisão monocrática de provimento ou denegação de recurso, prevista no art. 557 do CPC, conteúdo decisório definitivo e conclusivo da lide, comporta ser esclarecida pela via dos embargos de declaração, em decisão aclaratória, também monocrática, quando se pretende tão somente suprir omissão e não, modificação do julgado.

II — Postulando o embargante efeito modificativo, os embargos declaratórios deverão ser submetidos ao pronunciamento do Colegiado, convertidos em agravo, em face dos princípios da fungibilidade e celeridade processual. (ex-OJ n. 74 da SBDI-II — inserida em 8.11.00)

422 — RECURSO — APELO QUE NÃO ATACA OS FUNDAMENTOS DA DECISÃO RECORRIDA — NÃO CONHECIMENTO — ART. 514, II, DO CPC — (CONVERSÃO DA ORIENTAÇÃO JURISPRUDENCIAL N. 90 DA SBDI-II — Res. 137/05 — DJ 22.8.05)

Não se conhece de recurso para o TST, pela ausência do requisito de admissibilidade inscrito no art. 514, II, do CPC, quando as razões do recorrente não impugnam os fundamentos da decisão recorrida, nos termos em que fora proposta. (ex-OJ n. 90 da SBDI-II — inserida em 27.5.02)

423 — TURNO ININTERRUPTO DE REVEZAMENTO — FIXAÇÃO DE JORNADA DE TRABALHO MEDIANTE NEGOCIAÇÃO COLETIVA — VALIDADE — (CONVERSÃO DA ORIENTAÇÃO JURISPRUDENCIAL N. 169 DA SBDI-I — Res. 139/2006 — DJ 10.10.06)

Estabelecida jornada superior a seis horas e limitada a oito horas por meio de regular negociação coletiva, os empregados submetidos a turnos ininterruptos de revezamento não têm direito ao pagamento das 7ª e 8ª horas como extras.

424 — RECURSO ADMINISTRATIVO — PRESSUPOSTO DE ADMISSIBILIDADE — DEPÓSITO PRÉVIO DA MULTA ADMINISTRATIVA — NÃO RECEPÇÃO PELA CONSTITUIÇÃO FEDERAL DO § 1º DO ART. 636 DA CLT — (Resol. 160/2009, TST, DEJT 20.11.09)

O § 1º do art. 636 da CLT, que estabelece a exigência de prova do depósito prévio do valor da multa cominada em razão de atuação administrativa como pressuposto de admissibilidade de recurso administrativo, não foi recepcionado pela Constituição Federal de 1988, ante a sua incompatibilidade com o inciso LV do art. 5º.

425 — *JUS POSTULANDI* NA JUSTIÇA DO TRABALHO — ALCANCE — (Res. 165/2010, DEJT 30.4.2010 e 3 e 4.5.2010)

O *jus postulandi* das partes, estabelecido no art. 791 da CLT, limita-se às Varas do Trabalho e aos Tribunais Regionais do Trabalho, não alcançando a ação rescisória, a ação cautelar, o mandado de segurança e os recursos de competência do Tribunal Superior do Trabalho.

426 — DEPÓSITO RECURSAL — UTILIZAÇÃO DA GUIA — GFIP — OBRIGATORIEDADE — (Res. 174, 24.5.11 — DJe 27.5.11)

Nos dissídios individuais o depósito recursal será efetivado mediante a utilização da Guia de Recolhimento do FGTS e Informações à Previdência Social — GFIP, nos termos dos §§ 4º e 5º do art. 899 da CLT, admitido o depósito judicial, realizado na sede do juízo e à disposição deste, na hipótese de relação de trabalho não submetida ao regime do FGTS.

427 — INTIMAÇÃO — PLURALIDADE DE ADVOGADOS — PUBLICAÇÃO EM NOME DE ADVOGADO DIVERSO DAQUELE EXPRESSAMENTE INDICADO — NULIDADE — (Res. 174, 24.5.11 — DJe/27.5.11)

Havendo pedido expresso de que as intimações e publicações sejam realizadas exclusivamente em nome de determinado advogado, a comunicação em nome de outro profissional constituído nos autos é nula, salvo se constatada a inexistência de prejuízo.

428 — SOBREAVISO — APLICAÇÃO ANALÓGICA DO ART. 244, § 2º DA CLT (REDAÇÃO ALTERADA NA SESSÃO DO TRIBUNAL PLENO REALIZADA EM 14.9.2012 — Res. 185/2012, DEJT divulgado em 25.9.12)

I — O uso de instrumentos telemáticos ou informatizados fornecidos pela empresa ao empregado, por si só, não caracteriza o regime de sobreaviso.

II — Considera-se em sobreaviso o empregado que, à distância e submetido a controle patronal por instrumentos telemáticos ou informatizados, permanecer em regime de plantão ou equivalente, aguardando a qualquer momento o chamado para o serviço durante o período de descanso.

429 — TEMPO À DISPOSIÇÃO DO EMPREGADOR — ART. 4º DA CLT — PERÍODO DE DESLOCAMENTO ENTRE A PORTARIA E O LOCAL DE TRABALHO — (Res. 174, 24.5.11 — DJe 27.5.11)

Considera-se à disposição do empregador, na forma do art. 4º da CLT, o tempo necessário ao deslocamento do trabalhador entre a portaria da empresa e o local de trabalho, desde que supere o limite de 10 (dez) minutos diários.

430 — ADMINISTRAÇÃO PÚBLICA INDIRETA — CONTRATAÇÃO — AUSÊNCIA DE CONCURSO PÚBLICO — NULIDADE — ULTERIOR PRIVATIZAÇÃO — CONVALIDAÇÃO — INSUBSISTÊNCIA DO VÍCIO — (RESOL. 177, 6.2.12, DJE 13, 14 E 15.2.12)

Convalidam-se os efeitos do contrato de trabalho que, considerado nulo por ausência de concurso público, quando celebrado originalmente com ente da Administração Pública Indireta, continua a existir após a sua privatização.

431 — SALÁRIO-HORA — EMPREGADO SUJEITO AO REGIME GERAL DE TRABALHO (ART. 58, CAPUT, DA CLT) — 40 HORAS SEMANAIS — CÁLCULO — APLICAÇÃO DO DIVISOR 200 (REDAÇÃO ALTERADA NA SESSÃO DO TRIBUNAL PLENO REALIZADA EM 14.9.2012 — RES. 185/2012, DEJT DIVULGADO EM 25.9.12)

Para os empregados a que alude o art. 58, *caput*, da CLT, quando sujeitos a 40 horas semanais de trabalho, aplica-se o divisor 200 (duzentos) para o cálculo do valor do salário-hora.

432 — CONTRIBUIÇÃO SINDICAL RURAL — AÇÃO DE COBRANÇA — PENALIDADE POR ATRASO NO RECOLHIMENTO — INAPLICABILIDADE DO ART. 600 DA CLT — INCIDÊNCIA DO ART. 2º DA LEI N. 8.022/1990 — (RESOL. 177, 6.2.12 — DJE 13, 14 E 15.2.12)

O recolhimento a destempo da contribuição sindical rural não acarreta a aplicação da multa progressiva prevista no art. 600 da CLT, em decorrência da sua revogação tácita pela Lei n. 8.022, de 12 de abril de 1990.

433 — EMBARGOS — ADMISSIBILIDADE — PROCESSO EM FASE DE EXECUÇÃO — ACÓRDÃO DE TURMA PUBLICADO NA VIGÊNCIA DA LEI N. 11.496, DE 26.6.2007 — DIVERGÊNCIA DE INTERPRETAÇÃO DE DISPOSITIVO CONSTITUCIONAL — (RESOL. 177, 6.2.12 — DJE 13, 14 E 15.2.12)

A admissibilidade do recurso de embargos contra acórdão de Turma em recurso de revista em fase de execução, publicado na vigência da Lei n. 11.496, de 26.6.2007, condiciona-se à demonstração de divergência jurisprudencial entre Turmas ou destas e a Seção Especializada em Dissídios Individuais do Tribunal Superior do Trabalho em relação à interpretação de dispositivo constitucional.

434 — RECURSO — INTERPOSIÇÃO ANTES DA PUBLICAÇÃO DO ACÓRDÃO IMPUGNADO — EXTEMPORANEIDADE — (CONVERSÃO DA ORIENTAÇÃO JURISPRUDENCIAL N. 357 DA SBDI-1 E INSERÇÃO DO ITEM II À REDAÇÃO) (RESOL. 177, 6.2.12 — DJE 13, 14 E 15.2.12)

I — É extemporâneo recurso interposto antes de publicado o acórdão impugnado. (ex-OJ n. 357 da SBDI-1 — inserida em 14.3.2008)

II — A interrupção do prazo recursal em razão da interposição de embargos de declaração pela parte adversa não acarreta qualquer prejuízo àquele que apresentou seu recurso tempestivamente.

435 — ART. 557 DO CPC — APLICAÇÃO SUBSIDIÁRIA AO PROCESSO DO TRABALHO (CONVERSÃO DA ORIENTAÇÃO JURISPRUDENCIAL N. 73 DA SBDI-2 COM NOVA REDAÇÃO RES. 185/2012, DEJT DIVULGADO EM 25.9.12)

Aplica-se subsidiariamente ao processo do trabalho o art. 557 do Código de Processo Civil.

436 — REPRESENTAÇÃO PROCESSUAL — PROCURADOR DA UNIÃO, ESTADOS, MUNICÍPIOS E DISTRITO FEDERAL, SUAS AUTARQUIAS E FUNDAÇÕES PÚBLICAS — JUNTADA DE INSTRUMENTO DE MANDATO (CONVERSÃO DA ORIENTAÇÃO JURISPRUDENCIAL N. 52 DA SBDI-I E INSERÇÃO DO ITEM II À REDAÇÃO — RES. 185/2012, DEJT DIVULGADO EM 25.9.12)

I — A União, Estados, Municípios e Distrito Federal, suas autarquias e fundações públicas, quando representadas em juízo, ativa e passivamente, por seus procuradores, estão dispensadas da juntada de instrumento de mandato e de comprovação do ato de nomeação.

II — Para os efeitos do item anterior, é essencial que o signatário ao menos declare-se exercente do cargo de procurador, não bastando a indicação do número de inscrição na Ordem dos Advogados do Brasil.

437. INTERVALO INTRAJORNADA PARA REPOUSO E ALIMENTAÇÃO — APLICAÇÃO DO ART. 71 DA CLT (CONVERSÃO DAS ORIENTAÇÕES JURISPRUDENCIAIS NS. 307, 342, 354, 380 E 381 DA SBDI-1 — RES. 185/2012, DEJT DIVULGADO EM 25.9.12)

I — Após a edição da Lei n. 8.923/94, a não concessão ou a concessão parcial do intervalo intrajornada mínimo, para repouso e alimentação, a empregados urbanos e rurais, implica o pagamento total do período correspondente, e não apenas daquele suprimido, com acréscimo de, no mínimo, 50% sobre o valor da remuneração da hora normal de trabalho (art. 71 da CLT), sem prejuízo do cômputo da efetiva jornada de labor para efeito de remuneração.

II — É inválida cláusula de acordo ou convenção coletiva de trabalho contemplando a supressão ou redução do intervalo intrajornada porque este constitui medida de higiene, saúde e segurança do trabalho, garantido por norma de ordem pública (art. 71 da CLT e art. 7º, XXII, da CF/1988), infenso à negociação coletiva.

III — Possui natureza salarial a parcela prevista no art. 71, § 4º, da CLT, com redação introduzida pela Lei n. 8.923, de 27 de julho de 1994, quando não concedido ou reduzido pelo empregador o intervalo mínimo intrajornada para repouso e alimentação, repercutindo, assim, no cálculo de outras parcelas salariais.

IV — Ultrapassada habitualmente a jornada de seis horas de trabalho, é devido o gozo do intervalo intrajornada mínimo de uma hora, obrigando o empregador a remunerar o período para descanso e alimentação não usufruído como extra, acrescido do respectivo adicional, na forma prevista no art. 71, *caput* e § 4º da CLT.

438 — INTERVALO PARA RECUPERAÇÃO TÉRMICA DO EMPREGADO — AMBIENTE ARTIFICIALMENTE FRIO — HORAS EXTRAS. ART. 253 DA CLT — APLICAÇÃO ANALÓGICA (RES. 185/2012, DEJT DIVULGADO EM 25.9.12).

O empregado submetido a trabalho contínuo em ambiente artificialmente frio, nos termos do parágrafo único do art. 253 da CLT, ainda que não labore em câmara frigorífica, tem direito ao intervalo intrajornada previsto no *caput* do art. 253 da CLT.

439 — DANOS MORAIS — JUROS DE MORA E ATUALIZAÇÃO MONETÁRIA — TERMO INICIAL — (RES. 185/2012, DEJT DIVULGADO EM 25.9.12)

Nas condenações por dano moral, a atualização monetária é devida a partir da data da decisão de arbitramento ou de alteração do valor. Os juros incidem desde o ajuizamento da ação, nos termos do art. 883 da CLT.

440 — AUXÍLIO-DOENÇA ACIDENTÁRIO — APOSENTADORIA POR INVALIDEZ — SUSPENSÃO DO CONTRATO DE TRABALHO— RECONHECIMENTO DO DIREITO À MANUTENÇÃO DE PLANO DE SAÚDE OU DE ASSISTÊNCIA MÉDICA. (RES. 185/2012, DEJT DIVULGADO EM 25.9.12)

Assegura-se o direito à manutenção de plano de saúde ou de assistência médica oferecido pela empresa ao empregado, não obstante suspenso o contrato de trabalho em virtude de auxílio-doença acidentário ou de aposentadoria por invalidez.

441 — AVISO PRÉVIO — PROPORCIONALIDADE — (RES. 185/2012, DEJT DIVULGADO EM 25.9.12).

O direito ao aviso prévio proporcional ao tempo de serviço somente é assegurado nas rescisões de contrato de trabalho ocorridas a partir da publicação da Lei n. 12.506, em 13 de outubro de 2011.

442 — PROCEDIMENTO SUMARÍSSIMO — RECURSO DE REVISTA FUNDAMENTADO EM CONTRARIEDADE A ORIENTAÇÃO JURISPRUDENCIAL — INADMISSIBILIDADE — ART. 896, § 6º, DA CLT, ACRESCENTADO PELA LEI N. 9.957, DE 12.01.2000 (CONVERSÃO DA ORIENTAÇÃO JURISPRUDENCIAL N. 352 DA SBDI-1 — RES. 185/2012, DEJT DIVULGADO EM 25.9.12)

Nas causas sujeitas ao procedimento sumaríssimo, a admissibilidade de recurso de revista está limitada à demonstração de violação direta a dispositivo da Constituição Federal ou contrariedade a Súmula do Tribunal Superior do Trabalho, não se admitindo o recurso por contrariedade a Orientação Jurisprudencial deste Tribunal (Livro II, Título II, Capítulo III, do RITST), ante a ausência de previsão no art. 896, § 6º, da CLT.

443 — DISPENSA DISCRIMINATÓRIA — PRESUNÇÃO — EMPREGADO PORTADOR DE DOENÇA GRAVE — ESTIGMA OU PRECONCEITO — DIREITO À REINTEGRAÇÃO — (RES. 185/2012, DEJT DIVULGADO EM 25.9.12)

Presume-se discriminatória a despedida de empregado portador do vírus HIV ou de outra doença grave que suscite estigma ou preconceito. Inválido o ato, o empregado tem direito à reintegração no emprego.

444 — JORNADA DE TRABALHO — NORMA COLETIVA — LEI — ESCALA DE 12 POR 36 — VALIDADE. RES. 185/2012, DEJT DIVULGADO EM 25.9.12)

É valida, em caráter excepcional, a jornada de doze horas de trabalho por trinta e seis de descanso, prevista em lei ou ajustada exclusivamente mediante acordo coletivo de trabalho ou convenção coletiva de trabalho, assegurada a remuneração em dobro dos feriados trabalhados. O empregado não tem direito ao pagamento de adicional referente ao labor prestado na décima primeira e décima segunda horas. (Republicada no DEJT de 26.11.12, por cumprimento a despacho do Exmo. Ministro João Oreste Dalazen)

445 — INADIMPLEMENTO DE VERBAS TRABALHISTAS — FRUTOS — POSSE DE MÁ-FÉ. ART. 1.216 DO CÓDIGO CIVIL — INAPLICABILIDADE AO DIREITO DO TRABALHO — *(Resol. 189, de 27.2.13) DEJT divulgado em 14.3.2013)*

A indenização por frutos percebidos pela posse de má-fé, prevista no art. 1.216 do Código Civil, por tratar-se de regra afeta a direitos reais, mostra-se incompatível com o direito do trabalho, não sendo devida no caso de inadimplemento de verbas trabalhistas.

446 — MAQUINISTA FERROVIÁRIO — INTERVALO INTRAJORNADA — SUPRESSÃO PARCIAL OU TOTAL — HORAS EXTRAS DEVIDAS — COMPATIBILIDADE ENTRE OS ARTS. 71, § 4º, E 238, § 5º, DA CLT. RES. 193/2013, DEJT DIVULGADO EM 13, 16 E 17.12.2013

A garantia ao intervalo intrajornada, prevista no art. 71 da CLT, por constituir-se em medida de higiene, saúde e segurança do empregado, é aplicável também ao ferroviário maquinista integrante da categoria "c" (equipagem de trem em geral), não havendo incompatibilidade entre as regras inscritas nos arts. 71, § 4º, e 238, § 5º, da CLT.

447 — ADICIONAL DE PERICULOSIDADE — PERMANÊNCIA A BORDO DURANTE O ABASTECIMENTO DA AERONAVE — INDEVIDO. RES. 193/2013, DEJT DIVULGADO EM 13, 16 E 17.12.2013

Os tripulantes e demais empregados em serviços auxiliares de transporte aéreo que, no momento do abastecimento da aeronave, permanecem a bordo não têm direito ao adicional de periculosidade a que aludem o art. 193 da CLT e o Anexo 2, item 1, "c", da NR 16 do MTE.

448 — ATIVIDADE INSALUBRE — CARACTERIZAÇÃO — PREVISÃO NA NORMA REGULAMENTADORA N. 15 DA PORTARIA DO MINISTÉRIO DO TRABALHO N. 3.214/78. INSTALAÇÕES SANITÁRIAS — (CONVERSÃO DA ORIENTAÇÃO JURISPRUDENCIAL N. 4 DA SBDI-1 COM NOVA REDAÇÃO DO ITEM II) — RES. 194/2014, DEJT DIVULGADO EM 21, 22 E 23.05.2014

I — Não basta a constatação da insalubridade por meio de laudo pericial para que o empregado tenha direito ao respectivo adicional, sendo necessária a classificação da atividade insalubre na relação oficial elaborada pelo Ministério do Trabalho.

II — A higienização de instalações sanitárias de uso público ou coletivo de grande circulação, e a respectiva coleta de lixo, por não se equiparar à limpeza em residências e escritórios, enseja o pagamento de adicional de insalubridade em grau máximo, incidindo o disposto no Anexo 14 da NR-15 da Portaria do MTE n. 3.214/78 quanto à coleta e industrialização de lixo urbano.

449 — MINUTOS QUE ANTECEDEM E SUCEDEM A JORNADA DE TRABALHO — LEI N. 10.243, DE 19.06.2001 — NORMA COLETIVA — FLEXIBILIZAÇÃO — IMPOSSIBILIDADE — (CONVERSÃO DA ORIENTAÇÃO JURISPRUDENCIAL N. 372 DA SBDI-1) — RES. 194/2014, DEJT DIVULGADO EM 21, 22 E 23.05.2014

A partir da vigência da Lei n. 10.243, de 19.06.2001, que acrescentou o § 1º ao art. 58 da CLT, não mais prevalece cláusula prevista em convenção ou acordo coletivo que elastece o limite de 5 minutos que antecedem e sucedem a jornada de trabalho para fins de apuração das horas extras.

450 — FÉRIAS — GOZO NA ÉPOCA PRÓPRIA — PAGAMENTO FORA DO PRAZO — DOBRA DEVIDA — ARTS. 137 E 145 DA CLT — (CONVERSÃO DA ORIENTAÇÃO JURISPRUDENCIAL N. 386 DA SBDI-1) — RES. 194/2014, DEJT DIVULGADO EM 21, 22 E 23.05.2014

É devido o pagamento em dobro da remuneração de férias, incluído o terço constitucional, com base no art. 137 da CLT, quando, ainda que gozadas na época própria, o empregador tenha descumprido o prazo previsto no art. 145 do mesmo diploma legal.

451 — PARTICIPAÇÃO NOS LUCROS E RESULTADOS — RESCISÃO CONTRATUAL ANTERIOR À DATA DA DISTRIBUIÇÃO DOS LUCROS — PAGAMENTO PROPORCIONAL AOS MESES TRABALHADOS — PRINCÍPIO DA ISONOMIA — (CONVERSÃO DA ORIENTAÇÃO JURISPRUDENCIAL N. 390 DA SBDI-1) — RES. 194/2014, DEJT DIVULGADO EM 21, 22 E 23.05.2014

Fere o princípio da isonomia instituir vantagem mediante acordo coletivo ou norma regulamentar que condiciona a percepção da parcela participação nos lucros e resultados ao fato de estar o contrato de trabalho em vigor na data prevista para a distribuição dos lucros. Assim, inclusive na rescisão contratual antecipada, é devido o pagamento da parcela de forma proporcional aos meses trabalhados, pois o ex-empregado concorreu para os resultados positivos da empresa.

452 — DIFERENÇAS SALARIAIS. PLANO DE CARGOS E SALÁRIOS — DESCUMPRIMENTO — CRITÉRIOS DE PROMOÇÃO NÃO OBSERVADOS — PRESCRIÇÃO PARCIAL — (CONVERSÃO DA ORIENTAÇÃO JURISPRUDENCIAL N. 404 DA SBDI-1) — RES. 194/2014, DEJT DIVULGADO EM 21, 22 E 23.05.2014

Tratando-se de pedido de pagamento de diferenças salariais decorrentes da inobservância dos critérios de promoção estabelecidos em Plano de Cargos e Salários criado pela empresa, a prescrição aplicável é a parcial, pois a lesão é sucessiva e se renova mês a mês.

453 — ADICIONAL DE PERICULOSIDADE — PAGAMENTO ESPONTÂNEO — CARACTERIZAÇÃO DE FATO INCONTROVERSO — DESNECESSÁRIA A PERÍCIA DE QUE TRATA O ART. 195 DA CLT — (CONVERSÃO DA ORIENTAÇÃO JURISPRUDENCIAL N. 406 DA SBDI-1) — RES. 194/2014, DEJT DIVULGADO EM 21, 22 E 23.05.2014

O pagamento de adicional de periculosidade efetuado por mera liberalidade da empresa, ainda que de forma proporcional ao tempo de exposição ao risco ou em percentual inferior ao máximo legalmente previsto, dispensa a realização da prova técnica exigida pelo art. 195 da CLT, pois torna incontroversa a existência do trabalho em condições perigosas.

454 — COMPETÊNCIA DA JUSTIÇA DO TRABALHO — EXECUÇÃO DE OFÍCIO — CONTRIBUIÇÃO SOCIAL REFERENTE AO SEGURO DE ACIDENTE DE TRABALHO (SAT) — ARTS. 114, VIII, E 195, I, "A", DA CONSTITUIÇÃO DA REPÚBLICA — (CONVERSÃO DA ORIENTAÇÃO JURISPRUDENCIAL N. 414 DA SBDI-1) — RES. 194/2014, DEJT DIVULGADO EM 21, 22 E 23.05.2014

Compete à Justiça do Trabalho a execução, de ofício, da contribuição referente ao Seguro de Acidente de Trabalho (SAT), que tem natureza de contribuição para a seguridade social (arts. 114, VIII, e 195, I, "a", da CF), pois se destina ao financiamento de benefícios relativos à incapacidade do empregado decorrente de infortúnio no trabalho (arts. 11 e 22 da Lei n. 8.212/1991).

455 — EQUIPARAÇÃO SALARIAL — SOCIEDADE DE ECONOMIA MISTA — ART. 37, XIII, DA CF/1988 — POSSIBILIDADE — (conversão da Orientação Jurisprudencial n. 353 da SBDI-1 com nova redação) — Res. 194/2014, DEJT divulgado em 21, 22 e 23.05.2014

À sociedade de economia mista não se aplica a vedação à equiparação prevista no art. 37, XIII, da CF/1988, pois, ao admitir empregados sob o regime da CLT, equipara-se a empregador privado, conforme disposto no art. 173, § 1º, II, da CF/1988.

456 — REPRESENTAÇÃO — PESSOA JURÍDICA — PROCURAÇÃO — INVALIDADE — IDENTIFICAÇÃO DO OUTORGANTE E DE SEU REPRESENTANTE — (conversão da Orientação Jurisprudencial n. 373 da SBDI-1 com nova redação) — Res. 194/2014, DEJT divulgado em 21, 22 e 23.05.2014

É inválido o instrumento de mandato firmado em nome de pessoa jurídica que não contenha, pelo menos, o nome do outorgante e do signatário da procuração, pois estes dados constituem elementos que os individualizam.

457 — HONORÁRIOS PERICIAIS — BENEFICIÁRIO DA JUSTIÇA GRATUITA — RESPONSABILIDADE DA UNIÃO PELO PAGAMENTO — RESOLUÇÃO N. 66/2010 DO CSJT — OBSERVÂNCIA — (conversão da Orientação Jurisprudencial n. 387 da SBDI-1 com nova redação) — Res. 194/2014, DEJT divulgado em 21, 22 e 23.05.2014

A União é responsável pelo pagamento dos honorários de perito quando a parte sucumbente no objeto da perícia for beneficiária da assistência judiciária gratuita, observado o procedimento disposto nos arts. 1º, 2º e 5º da Resolução n. 66/2010 do Conselho Superior da Justiça do Trabalho — CSJT.

458 — EMBARGOS — PROCEDIMENTO SUMARÍSSIMO — CONHECIMENTO — RECURSO INTERPOSTO APÓS VIGÊNCIA DA LEI N. 11.496, DE 22.06.2007, QUE CONFERIU NOVA REDAÇÃO AO ART. 894, DA CLT — (conversão da Orientação Jurisprudencial n. 405 da SBDI-1 com nova redação) — Res. 194/2014, DEJT divulgado em 21, 22 e 23.05.2014

Em causas sujeitas ao procedimento sumaríssimo, em que pese a limitação imposta no art. 896, § 6º, da CLT à interposição de recurso de revista, admitem-se os embargos interpostos na vigência da Lei n. 11.496, de 22.06.2007, que conferiu nova redação ao art. 894 da CLT, quando demonstrada a divergência jurisprudencial entre Turmas do TST, fundada em interpretações diversas acerca da aplicação de mesmo dispositivo constitucional ou de matéria sumulada.

PRECEDENTES NORMATIVOS DO TRIBUNAL SUPERIOR DO TRABALHO

(DISSÍDIOS COLETIVOS)

ÍNDICE ALFABÉTICO

Precedentes Normativos

PRECEDENTES NORMATIVOS DO TRIBUNAL SUPERIOR DO TRABALHO

RESOLUÇÃO ADMINISTRATIVA TST N. 37/92 — APROVA OS PRECEDENTES NORMATIVOS DECORRENTES DA JURISPRUDÊNCIA ITERATIVA DA SEÇÃO DE DISSÍDIOS COLETIVOS (DJ 8.9.92)

EXCLUÍDOS OS CANCELADOS NO PROCESSO N. TST-MA-455213/1998-9 — 2.6.98, COMO TAMBÉM OS CANCELADOS PELA RESOLUÇÃO N. 86, DE 8.10.98 — EXCLUÍDO TAMBÉM O N. 048 (EMPREGADO RURAL — CONCESSÃO DE TERRA) PELA RESOLUÇÃO N. 125/04 — DJ 10.9.04

005 — ANOTAÇÃO DE COMISSÕES (POSITIVO)

O empregador é obrigado a anotar, na CTPS, o percentual das comissões a que faz jus o empregado. (Ex-PN 05)

006 — GARANTIA DE SALÁRIO NO PERÍODO DE AMAMENTAÇÃO (POSITIVO)

É garantido às mulheres, no período de amamentação, o recebimento do salário, sem prestação de serviços, quando o empregador não cumprir as determinações dos parágrafos 1º e 2º do artigo 389 da CLT. (Ex-PN 06)

008 — ATESTADOS DE AFASTAMENTO E SALÁRIOS (POSITIVO)

O empregador é obrigado a fornecer atestados de afastamento e salários ao empregado demitido. (Ex-PN 08)

010 — BANCO DO BRASIL COMO PARTE EM DISSÍDIO COLETIVO NO TRT

Os Tribunais Regionais do Trabalho são incompetentes para processar e julgar Dissídios Coletivos em que sejam partes o Banco do Brasil S/A. e Entidades Sindicais dos Bancários. (Resol. Adm. n. 86/98, 8.10.98, DJ 15.10.98, p. 122).

014 — DESCONTO NO SALÁRIO (POSITIVO)

Proíbe-se o desconto no salário do empregado dos valores de cheques não compensados ou sem fundos, salvo se não cumprir as resoluções da empresa. (Ex-PN 15)

015 — COMISSÃO SOBRE COBRANÇA (POSITIVO)

Se não obrigado por contrato a efetuar cobranças, o vendedor receberá comissões por esse serviço, respeitadas as taxas em vigor para os demais cobradores. (Ex-PN-16)

020 — EMPREGADO RURAL — CONTRATO ESCRITO (POSITIVO)

Sendo celebrado contrato por tarefa, parceria ou meação, por escrito, obriga-se o empregador a fornecer uma via deste ao empregado, devidamente datada e assinada pelas partes. (Ex-PN 24)

022 — CRECHE (POSITIVO)

Determina-se a instalação de local destinado à guarda de crianças em idade de amamentação, quando existentes na empresa mais de 30 (trinta) mulheres maiores de 16 (dezesseis) anos, facultado o convênio com creches. (Ex-PN 22)

024 — DISPENSA DO AVISO PRÉVIO (POSITIVO)

O empregado despedido fica dispensado do cumprimento do aviso prévio quando comprovar a obtenção de novo emprego, desonerando a empresa do pagamento dos dias não trabalhados. (Ex-PN 28)

029 — GREVE — COMPETÊNCIA DOS TRIBUNAIS PARA DECLARÁ-LA ABUSIVA (POSITIVO)

Compete aos Tribunais do Trabalho decidir sobre o abuso do direito de greve. (Ex-PN 41)

031 — PROFESSOR ("JANELAS") — (POSITIVO)

Os tempos vagos (janelas) em que o professor ficar à disposição do curso serão remunerados como aula, no limite de 1 (uma) hora diária por unidade. (Ex-PN 45)

032 — JORNADA DO ESTUDANTE (POSITIVO)

Proíbe-se a prorrogação da jornada de trabalho do empregado estudante, ressalvadas as hipóteses dos artigos 59 e 61 da CLT. (Ex-PN 48)

034 — EMPREGADO RURAL MORADIA (POSITIVO)

Ao empregado que residir no local de trabalho fica assegurada a moradia em condições de habitabilidade, conforme exigências da autoridade local. (Ex-PN 51)

037 — DISSÍDIO COLETIVO — FUNDAMENTAÇÃO DE CLÁUSULAS — NECESSIDADE (POSITIVO)

Nos processos de dissídio coletivo só serão julgadas as cláusulas fundamentadas na representação, em caso de ação originária, ou no recurso. (Ex-PN 55)

041 — RELAÇÃO NOMINAL DE EMPREGADOS (POSITIVO)

As empresas encaminharão à entidade profissional cópia das guias de contribuição sindical e assistencial, com a relação nominal dos respectivos salários, no prazo máximo de 30 (trinta) dias após o desconto. (Ex-PN 60)

042 — SEGURO OBRIGATÓRIO (POSITIVO)

Institui-se a obrigação do seguro, por acidente ou morte, para empregados que transportem valores ou exercem as atividades de vigia ou vigilantes. (Ex PN 63)

047 — DISPENSA DE EMPREGADO (POSITIVO)

O empregado despedido será informado, por escrito, dos motivos da dispensa. (Ex-PN 69)

050 — EMPREGADO RURAL — DEFENSIVOS AGRÍCOLAS (POSITIVO)

O empregador rural é obrigado a possuir o receituário agronômico de defensivos agrícolas e a observar as medidas de prevenção nele contidas. (Ex-PN 76)

052 — RECEBIMENTO DO PIS (POSITIVO)

Garante-se ao empregado o recebimento do salário do dia em que tiver de se afastar para recebimento do PIS. (Ex-PN 78)

053 — EMPREGADO RURAL — RESCISÃO DO CONTRATO DE TRABALHO DO CHEFE DE FAMÍLIA (POSITIVO)

A rescisão do contrato de trabalho rural, sem justa causa, do chefe da unidade familiar, é extensiva à esposa, às filhas solteiras e aos filhos até 20 (vinte) anos de idade, que exerçam atividades na propriedade, mediante opção destes. (Ex-PN 80)

055 — JORNALISTA — CONTRATO DE TRABALHO (POSITIVO)

O empregador é obrigado a mencionar no contrato de trabalho o órgão de imprensa no qual o jornalista vai trabalhar. (Ex-PN 82)

056 — CONSTITUCIONALIDADE (POSITIVO)

São constitucionais os Decretos-leis ns. 2.012/83, 2.024/83 e 2.045/83. (Ex-PN 86)

058 — SALÁRIO — PAGAMENTO AO ANALFABETO (POSITIVO)

O pagamento de salário ao empregado analfabeto deverá ser efetuado na presença de 2 (duas) testemunhas. (Ex-PN 91)

059 — EMPREGADO RURAL — AFERIÇÃO DAS BALANÇAS (POSITIVO)

O instrumento de peso e medida, utilizado pelos empregadores para aferição das tarefas no regime de produção, deverá ser conferido pelo INPM. (Ex-PN 93)

060 — EMPREGADO RURAL — LATÃO DE CAFÉ (POSITIVO)

O latão de café terá capacidade de 60 litros e será padronizado de acordo com as normas do INPM. (Ex-PN 94)

061 — COBRANÇA DE TÍTULOS (POSITIVO)

Salvo disposição contratual, é vedado ao empregador responsabilizar o empregado pelo inadimplemento do cliente, até mesmo quanto a títulos. (Ex-PN 95)

062 — EMPREGADO RURAL — CONSERVAÇÃO DAS CASAS (POSITIVO)

Os empregadores são responsáveis pelos reparos nas residências que cedam aos empregados rurais, desde que os danos não decorram de culpa destes. (Ex-PN 96)

063 — EMPREGADO RURAL — FICHA DE CONTROLE DA PRODUÇÃO (POSITIVO)

Quando da colheita, o café será entregue na lavoura ou no monte, fornecendo-se ao trabalhador uma ficha com o valor da respectiva produção. (Ex-PN 97)

064 — EMPREGADO RURAL — HORÁRIO E LOCAL DE CONDUÇÃO (POSITIVO)

Fornecendo o empregador condução para o trabalho, informará ele aos empregados, previamente, os locais e horários do transporte. (Ex-PN 98)

065 — EMPREGADO RURAL — PAGAMENTO DE SALÁRIO (POSITIVO)

O pagamento do salário será efetuado em moeda corrente e no horário de serviço, para isso é permitido o seu prolongamento até duas horas após o término da jornada de trabalho. (Ex-PN 99)

066 — GARRAFAS "BICADAS" (POSITIVO)

Constituem ônus do empregador aceitar a devolução de garrafas "bicadas" e o extravio de engradados, salvo se não cumpridas as disposições contratuais pelo empregado. (Ex-PN 100)

067 — REMUNERAÇÃO POR PRODUÇÃO (POSITIVO)

Quando o serviço for contratado por produção, a remuneração não poderá ser inferior à diária correspondente ao salário normativo. (Ex-PN 107)

068 — EMPREGADO RURAL — FALTAS AO SERVIÇO — COMPRAS (POSITIVO)

Autoriza-se o chefe de família, se empregado rural, a faltar ao serviço um dia por mês ou meio dia por quinzena, para efetuar compras, sem remuneração ou mediante compensação de horário, mas sem prejuízo do repouso remunerado, desde que não tenha falta injustificada durante o mês. (Ex-PN 108)

069 — EMPREGADO RURAL — PAGAMENTO DE DIA NÃO TRABALHADO (POSITIVO)

O empregado rural fará jus ao salário do dia, quando comparecer ao local de prestação de serviço ou ponto de embarque, se fornecida condução pelo empregador, e não puder trabalhar em consequência de chuva ou de outro motivo alheio à sua vontade. (Ex-PN 109)

070 — LICENÇA PARA ESTUDANTE (POSITIVO)

Concede-se licença não remunerada nos dias de prova ao empregado estudante, desde que avisado o patrão com 72 (setenta e duas) horas de antecedência e mediante comprovação. (Ex-PN 70)

071 — EMPREGADO RURAL — TRANSPORTE — CONDIÇÕES DE SEGURANÇA (POSITIVO)

Quando fornecidos pelo empregador, os veículos destinados a transportar trabalhadores rurais deverão satisfazer as condições de segurança e comodidade sendo proibido o carregamento de ferramentas soltas junto às pessoas conduzidas. (Ex-PN 112)

072 — MULTA — ATRASO NO PAGAMENTO DE SALÁRIO (POSITIVO)

Estabelece-se multa de 10% (dez por cento) sobre o saldo salarial, na hipótese de atraso no pagamento de salário até 20 (vinte) dias, e de 5% (cinco por cento) por dia no período subsequente. (Ex-PN 115)

073 — MULTA — OBRIGAÇÃO DE FAZER (POSITIVO)

Impõe-se multa, por descumprimento das obrigações de fazer, no valor equivalente a 10% (dez por cento) do salário básico, em favor do empregado prejudicado. (Ex-PN 73)

077 — EMPREGADO TRANSFERIDO — GARANTIA DE EMPREGO (POSITIVO)

Assegura-se ao empregado transferido, na forma do artigo 469 da CLT, a garantia de emprego por 1 (um) ano após a data da transferência. (Ex-PN 118)

078 — PROFESSOR — REDUÇÃO SALARIAL NÃO CONFIGURADA (NEGATIVO)

Não configura redução salarial ilegal a diminuição de carga horária motivada por inevitável supressão de aulas eventuais ou de turmas. (Ex-PN 119)

079 — TRABALHADOR TEMPORÁRIO — DESCANSO SEMANAL (POSITIVO)

Concede-se ao trabalhador temporário o acréscimo de 1/6 (um sexto) ao seu salário diário, correspondente ao descanso semanal remunerado, por aplicação analógica do art. 3º da Lei n. 605/49. (Ex-PN 120)

080 — SERVIÇO MILITAR — GARANTIA DE EMPREGO AO ALISTANDO (POSITIVO)

Garante-se o emprego do alistando, desde a data da incorporação no serviço militar até 30 (trinta) dias após a baixa. (Ex-PN 122)

081 — ATESTADOS MÉDICOS E ODONTOLÓGICOS (POSITIVO)

Assegura-se eficácia aos atestados médicos e odontológicos fornecidos por profissionais do sindicato dos trabalhadores, para o fim de abono de faltas ao serviço, desde que existente convênio do sindicato com a Previdência Social, salvo se o empregador possuir serviço próprio ou conveniado. (Ex-PN 124)

082 — DISSÍDIO COLETIVO — GARANTIA DE SALÁRIOS E CONSECTÁRIOS (POSITIVO)

Defere-se a garantia de salários e consectários ao empregado despedido sem justa causa, desde a data do julgamento do dissídio coletivo até 90 (noventa) dias após a publicação do acórdão, limitado o período total a 120 (cento e vinte) dias. (Ex-PN 134)

083 — DIRIGENTES SINDICAIS — FREQUÊNCIA LIVRE (POSITIVO)

Assegura-se a frequência livre dos dirigentes sindicais para participarem de assembleias e reuniões sindicais devidamente convocadas e comprovadas, sem ônus para o empregador. (Nova Redação — Res. Adm. n. 123/04, DJ 6.7.04).

084 — SEGURO DE VIDA — ASSALTO (POSITIVO)

Institui-se a obrigação do seguro de vida, em favor do empregado e seus dependentes previdenciários, para garantir a indenização nos casos de morte ou invalidez permanente, decorrentes de assalto, consumado ou não, desde que o empregado se encontre no exercício das suas funções. (Ex-PN 136)

085 — GARANTIA DE EMPREGO — APOSENTADORIA VOLUNTÁRIA (POSITIVO)

Defere-se a garantia de emprego, durante os 12 (doze) meses que antecedem a data em que o empregado adquire direito à aposentadoria voluntária, desde que trabalhe na empresa há pelo menos 5 (cinco) anos. Adquirido o direito, extingue-se a garantia. (Ex-PN 137)

086 — REPRESENTANTES DOS TRABALHADORES — ESTABILIDADE NO EMPREGO (POSITIVO)

Nas empresas com mais de 200 empregados é assegurada a eleição direta de um representante, com as garantias do art. 543, e seus parágrafos, da CLT. (Ex-PN 138)

087 — TRABALHO EM DOMINGOS E FERIADOS — PAGAMENTO DOS SALÁRIOS (POSITIVO)

É devida a remuneração em dobro do trabalho em domingos e feriados não compensados, sem prejuízo do pagamento do repouso remunerado, desde que, para este, não seja estabelecido outro dia pelo empregador. (Ex-PN 140)

089 — REEMBOLSO DE DESPESAS (POSITIVO)

Defere-se o reembolso das despesas de alimentação e pernoite a motorista e ajudante, quando executarem tarefas a mais de 100 (cem) km da empresa. (Ex-PN 142)

091 — ACESSO DE DIRIGENTE SINDICAL À EMPRESA (POSITIVO)

Assegura-se o acesso dos dirigentes sindicais às empresas, nos intervalos destinados à alimentação e descanso, para desempenho de suas funções, vedada a divulgação de matéria político-partidária ou ofensiva. (Ex-PN 144)

092 — GARANTIA DE REPOUSO REMUNERADO — INGRESSO COM ATRASO (POSITIVO)

Assegura-se o repouso remunerado ao empregado que chegar atrasado, quando permitido seu ingresso pelo empregador, compensado o atraso no final da jornada de trabalho ou da semana. (Ex-PN 145)

093 — COMPROVANTE DE PAGAMENTO (POSITIVO)

O pagamento do salário será feito mediante recibo, fornecendo-se cópia ao empregado, com a identificação da empresa, e do qual constarão a remuneração, com a discriminação das parcelas, a quantia líquida paga, os dias trabalhados ou o total da produção, as horas extras e os descontos efetuados, inclusive para a Previdência Social, e o valor correspondente ao FGTS. (Ex-PN 153)

095 — ABONO DE FALTA PARA LEVAR FILHO AO MÉDICO (POSITIVO)

Assegura-se o direito à ausência remunerada de 1 (um) dia por semestre ao empregado, para levar ao médico filho menor ou dependente previdenciário de até 6 (seis) anos de idade, mediante comprovação no prazo de 48 (quarenta e oito) horas. (Ex-PN 155)

097 — PROIBIÇÃO DE ESTORNO DE COMISSÕES (POSITIVO)

Ressalvada a hipótese prevista no art. 7º da Lei n. 3.207/57, fica vedado às empresas o desconto ou estorno das comissões do empregado, incidentes sobre mercadorias devolvidas pelo cliente, após a efetivação de venda. (Ex-PN 157)

098 — RETENÇÃO DA CTPS — INDENIZAÇÃO (POSITIVO)

Será devida ao empregado a indenização correspondente a 1 (um) dia de salário, por dia de atraso, pela retenção de sua carteira profissional após o prazo de 48 (quarenta e oito) horas. (Ex-PN 158)

100 — FÉRIAS — INÍCIO DO PERÍODO DE GOZO (POSITIVO)

O início das férias, coletivas ou individuais, não poderá coincidir com sábado, domingo, feriado ou dia de compensação de repouso semanal. (Ex-PN 161)

102 — ASSISTÊNCIA JURÍDICA AOS VIGIAS (POSITIVO)

A empresa prestará assistência jurídica a seu empregado que, no exercício de função de vigia praticar ato que o leve a responder a ação penal. (Ex-PN 163)

103 — GRATIFICAÇÃO DE CAIXA (POSITIVO)

Concede-se ao empregado que exercer permanentemente a função de caixa a gratificação de 10% (dez por cento) sobre seu salário, excluídos do cálculo adicionais, acréscimos e vantagens pessoais. (Ex-PN 170)

104 — QUADRO DE AVISOS (POSITIVO)

Defere-se a afixação, na empresa, de quadro de avisos do sindicato, para comunicados de interesse dos empregados, vedados os de conteúdos político-partidário ou ofensivo. (Ex-PN 172)

105 — ANOTAÇÃO NA CARTEIRA PROFISSIONAL (POSITIVO)

As empresas ficam obrigadas a anotar na Carteira de Trabalho a função efetivamente exercida pelo empregado, observada a Classificação Brasileira de Ocupações (CBO). (Ex-JN 802)

106 — EMPREGADO RURAL — ATIVIDADE INSALUBRE — FORNECIMENTO DE LEITE (POSITIVO)

Os empregadores que se dedicarem à pecuária leiteira fornecerão, diariamente, 1 (um) litro de leite aos trabalhadores que exerçam atividades insalubres. (Ex-JN 803)

107 — EMPREGADO RURAL — CAIXA DE MEDICAMENTOS (POSITIVO)

Nos locais de trabalho no campo serão mantidos pelo empregador medicamentos e materiais de primeiros socorros. (Ex-JN 805)

108 — EMPREGADO RURAL — ABRIGOS NO LOCAL DE TRABALHO (POSITIVO)

Os empregadores rurais ficam obrigados a construir abrigos rústicos, nos locais de trabalho, para proteção de seus empregados. (Ex-JN 807)

109 — DESCONTO-MORADIA (POSITIVO)

Autoriza-se a desconto da moradia fornecida ao empregado somente quando o imóvel tiver o habite-se concedido pela autoridade competente. (Ex-JN 809)

110 — EMPREGADO RURAL — FERRAMENTAS — FORNECIMENTO PELO EMPREGADOR (POSITIVO)

Serão fornecidas gratuitamente, pelo empregador, as ferramentas necessárias à execução do trabalho. (Ex-JN 812)

111 — RELAÇÃO DE EMPREGADOS (POSITIVO)

Obriga-se a empresa a remeter ao sindicato profissional, uma vez por ano, a relação dos empregados pertencentes à categoria. (Ex-JN 816)

112 — JORNALISTA — SEGURO DE VIDA (POSITIVO)

Institui-se a obrigação do seguro de vida em favor de jornalista designado para prestar serviço em área de risco. (Ex-JN 819)

113 — TRANSPORTE DE ACIDENTADOS, DOENTES E PARTURIENTES (POSITIVO)

Obriga-se o empregador a transportar o empregado, com urgência, para local apropriado, em caso de acidente, mal súbito ou parto, desde que ocorram no horário de trabalho ou em consequência deste. (Ex-JN 821)

115 — UNIFORMES (POSITIVO)

Determina-se o fornecimento gratuito de uniformes, desde que exigido seu uso pelo empregador. (Ex-JN 824)

116 — FÉRIAS — CANCELAMENTO OU ADIANTAMENTO (POSITIVO)

Comunicado ao empregado o período do gozo de férias individuais ou coletivas, o empregador somente poderá cancelar ou modificar o início previsto se ocorrer necessidade imperiosa e, ainda assim, mediante o ressarcimento, ao empregado, dos prejuízos financeiros por este comprovados.

117 — PAGAMENTO DO SALÁRIO COM CHEQUE (POSITIVO)

Se o pagamento do salário for feito em cheque, a empresa dará ao trabalhador o tempo necessário para descontá-lo, no mesmo dia.

118 — QUEBRA DE MATERIAL (POSITIVO)

Não se permite o desconto salarial por quebra de material, salvos nas hipóteses de dolo ou recusa de apresentação dos objetos danificados, ou ainda, havendo previsão contratual, de culpa comprovada do empregado.

119 — CONTRIBUIÇÕES SINDICAIS — INOBSERVÂNCIA DE PRECEITOS CONSTITUCIONAIS

A Constituição da República, em seus arts. 5º, XX e 8º, V, assegura o direito de livre associação e sindicalização. É ofensiva a essa modalidade de liberdade cláusula constante de acordo, convenção coletiva ou sentença normativa estabelecendo contribuição em favor de entidade sindical a título de taxa para custeio do sistema confederativo, assistencial, revigoramento ou fortalecimento sindical e outras da mesma espécie, obrigando trabalhadores não sindicalizados. Sendo nulas as estipulações que inobservem tal restrição, tornam-se passíveis de devolução os valores irregularmente descontados.

120 — SENTENÇA NORMATIVA — DURAÇÃO — POSSIBILIDADE E LIMITES — (Resol. n. 176/2011, DEJT divulgado em 27, 30 e 31.5.11)

A sentença normativa vigora, desde seu termo inicial até que sentença normativa, convenção coletiva de trabalho ou acordo coletivo de trabalho superveniente produza sua revogação, expressa ou tácita, respeitado, porém, o prazo máximo legal de quatro anos de vigência.

ORIENTAÇÕES JURISPRUDENCIAIS DO TRIBUNAL SUPERIOR DO TRABALHO — TRIBUNAL PLENO

ORIENTAÇÕES JURISPRUDENCIAIS DO TRIBUNAL SUPERIOR DO TRABALHO — TRIBUNAL PLENO

1. PRECATÓRIO. CRÉDITO TRABALHISTA. PEQUENO VALOR. EMENDA CONSTITUCIONAL N. 37/2002. Há dispensa da expedição de precatório, na forma do art. 100, § 3º, da CF/1988, quando a execução contra a Fazenda Pública não exceder os valores definidos, provisoriamente, pela Emenda Constitucional n. 37/2002, como obrigações de pequeno valor, inexistindo ilegalidade, sob esse prisma, na determinação de sequestro da quantia devida pelo ente público. **(DJ 9.12.2003 — Parágrafo único do artigo 168 do Regimento Interno do TST)**

2. PRECATÓRIO. REVISÃO DE CÁLCULOS. LIMITES DA COMPETÊNCIA DO PRESIDENTE DO TRT. O pedido de revisão dos cálculos, em fase de precatório, previsto no art. 1º-E da Lei n. 9.494/1997, apenas poderá ser acolhido desde que: a) o requerente aponte e especifique claramente quais são as incorreções existentes nos cálculos, discriminando o montante que seria correto, pois do contrário a incorreção torna-se abstrata; b) o defeito nos cálculos esteja ligado à incorreção material ou à utilização de critério em descompasso com a lei ou com o título executivo judicial; e c) o critério legal aplicável ao débito não tenha sido objeto de debate nem na fase de conhecimento, nem na fase de execução. **(DJ 9.12.2003 — Parágrafo único do artigo 168 do Regimento Interno do TST)**

3. PRECATÓRIO. SEQUESTRO. EMENDA CONSTITUCIONAL N. 30/2000. PRETERIÇÃO. ADIN 1.662-8. ART. 100, § 2º, DA CF/1988. O sequestro de verbas públicas para satisfação de precatórios trabalhistas só é admitido na hipótese de preterição do direito de precedência do credor, a ela não se equiparando as situações de não inclusão da despesa no orçamento ou de não-pagamento do precatório até o final do exercício, quando incluído no orçamento. **(DJ 9.12.2003 — Parágrafo único do artigo 168 do Regimento Interno do TST)**

4. MANDADO DE SEGURANÇA. DECISÃO DE TRT. INCOMPETÊNCIA ORIGINÁRIA DO TRIBUNAL SUPERIOR DO TRABALHO. Ao Tribunal Superior do Trabalho não compete apreciar, originariamente, mandado de segurança impetrado em face de decisão de TRT. **(DJ 17.3.04 — Parágrafo único do artigo 168 do Regimento Interno do TST)**

5. RECURSO ORDINÁRIO. CABIMENTO. (Conversão da Orientação Jurisprudencial n. 70 da SBDI-1, DJ 20.4.2005). Não cabe recurso ordinário contra decisão em agravo regimental interposto em reclamação correicional ou em pedido de providência. **(ex-OJ n. 70 - inserida em 13.9.94)**

6. PRECATÓRIO. EXECUÇÃO. LIMITAÇÃO DA CONDENAÇÃO IMPOSTA PELO TÍTULO JUDICIAL EXEQUENDO À DATA DO ADVENTO DA LEI N. 8.112, DE 11.12.1990. Em sede de precatório, não configura ofensa à coisa julgada a limitação dos efeitos pecuniários da sentença condenatória ao período anterior ao advento da Lei n. 8.112, de 11.12.1990, em que o exequente submetia-se à legislação trabalhista, salvo disposição expressa em contrário na decisão exequenda. (DJ 25.4.07)

7. JUROS DE MORA. CONDENAÇÃO DA FAZENDA PÚBLICA. (Nova redação — Res. 175, 24.5.11 — DJe/27.5.11) I — Nas condenações impostas à Fazenda Pública, incidem juros de mora segundo os seguintes critérios: a) 1% (um por cento) ao mês, até agosto de 2001, nos termos do § 1º do art. 39 da Lei n. 8.177, de 1.3.1991; b) 0,5% (meio por cento) ao mês, de setembro de 2001 a junho de 2009, conforme determina o art. 1º-F da Lei n. 9.494, de 10.9.1997, introduzido pela Medida Provisória n. 2.180-35, de 24.8.2001. II — A partir de 30 de junho de 2009, atualizam-se os débitos trabalhistas da Fazenda Pública, mediante a incidência dos índices oficiais de remuneração básica e juros aplicados à caderneta de poupança, por força do art. 5º da Lei n. 11.960, de 29.6.2009. III — A adequação do montante da condenação deve observar essa limitação legal, ainda que em sede de precatório.

8. PRECATÓRIO. MATÉRIA ADMINISTRATIVA. REMESSA NECESSÁRIA. NÃO CABIMENTO. Em sede de precatório, por se tratar de decisão de natureza administrativa, não se aplica o disposto no art. 1º, V, do Decreto-lei n. 779, de 21.8.1969, em que se determina a remessa necessária em caso de decisão judicial desfavorável a ente público.

9. PRECATÓRIO. PEQUENO VALOR. INDIVIDUALIZAÇÃO DO CRÉDITO APURADO. RECLAMAÇÃO TRABALHISTA PLÚRIMA. EXECUÇÃO DIRETA CONTRA A FAZENDA PÚBLICA. POSSIBILIDADE. Tratando-se de reclamações trabalhistas plúrimas, a aferição do que vem a ser obrigação de pequeno valor, para efeito de dispensa de formação de precatório e aplicação do disposto no § 3º do art. 100 da CF/88, deve ser realizada considerando-se os créditos de cada reclamante.

10. PRECATÓRIO. PROCESSAMENTO E PAGAMENTO. NATUREZA ADMINISTRATIVA. MANDADO DE SEGURANÇA. CABIMENTO. É cabível mandado de segurança contra atos praticados pela Presidência dos Tribunais Regionais em precatório em razão de sua natureza administrativa, não se aplicando o disposto no inciso II do art. 5º da Lei n. 1.533, de 31.12.1951.

11. RECURSO EM MATÉRIA ADMINISTRATIVA. PRAZO. ÓRGÃO COLEGIADO. OITO DIAS. ART. 6º DA LEI N. 5.584, DE 26.6.1970. Se não houver norma específica quanto ao prazo para interposição de recurso em matéria administrativa de decisão emanada de órgão Colegiado do Tribunal Regional do Trabalho, aplica-se, por analogia, a regra geral dos prazos adotados na Justiça do Trabalho, ou seja, oito dias, conforme estabelecido no art. 6º da Lei n. 5.584, de 26.6.1970. O prazo de dez dias a que alude o art. 59 da Lei n. 9.784, de 29.1.1999, aplica-se somente à interposição de recursos de decisões prolatadas monocraticamente.

12. PRECATÓRIO. PROCEDIMENTO DE NATUREZA ADMINISTRATIVA. INCOMPETÊNCIA FUNCIONAL DO PRESIDENTE DO TRT PARA DECLARAR A INEXIGIBILIDADE DO TÍTULO EXEQUENDO. (DEJT Divulgado em 16, 17 e 20.9.10) O Presidente do TRT, em sede de precatório, não tem competência funcional para declarar a inexigibilidade do título judicial exequendo, com fundamento no art. 884, § 5º, da CLT, ante a natureza meramente administrativa do procedimento.

13. PRECATÓRIO. QUEBRA DA ORDEM DE PRECEDÊNCIA. NÃO DEMONSTRAÇÃO DA POSIÇÃO DO EXEQUENTE NA ORDEM CRONOLÓGICA. SEQUESTRO INDEVIDO. (DEJT **Divulgado em 16, 17 e 20.9.10**) É indevido o sequestro de verbas públicas quando o exequente/requerente não se encontra em primeiro lugar na lista de ordem cronológica para pagamento de precatórios ou quando não demonstrada essa condição.

ORIENTAÇÕES JURISPRUDENCIAIS DA SDI-1 (TST)

ENUNCIADO N. 333

V. Índice das Orientações Jurisprudenciais da SDI-1 — Transitórias

ÍNDICE

E

ORIENTAÇÕES JURISPRUDENCIAIS DA SDI-I (TST)(*)

1. AÇÃO RESCISÓRIA. RÉU SINDICATO. LEGITIMIDADE PASSIVA *AD CAUSAM*. ADMITIDA. (25.11.96) (cancelada em decorrência da sua conversão na OJ n. 110 da SBDI-II DJ 29.4.03)

2. ADICIONAL DE INSALUBRIDADE. BASE DE CÁLCULO. MESMO NA VIGÊNCIA DA CF/88: SALÁRIO MÍNIMO. (29.3.96) (cancelada na sessão do Tribunal Pleno realizada em 26.6.2008) — Res. 148/2008, DJ 4 e 7.7.2008 — Republicada DJ 8, 9 e 10.7.2008

3. ADICIONAL DE INSALUBRIDADE. BASE DE CÁLCULO, NA VIGÊNCIA DO DECRETO-LEI N. 2.351/87: PISO NACIONAL DE SALÁRIOS. INSERIDA EM 14.3.94. (cancelada em decorrência da sua conversão na Orientação Jurisprudencial Transitória n. 33 da SBDI-1, DJ 20.4.05)

4. ADICIONAL DE INSALUBRIDADE. LIXO URBANO. (cancelada em decorrência da sua conversão na Súmula n. 448) — Res. 194/2014, DEJT divulgado em 21, 22 e 23.05.2014

5. ADICIONAL DE PERICULOSIDADE. EXPOSIÇÃO PERMANENTE E INTERMITENTE. INFLAMÁVEIS E/OU EXPLOSIVOS. DIREITO AO ADICIONAL INTEGRAL. Inserida em 14.3.94 (cancelada em decorrência da sua conversão na Súmula n. 364, DJ 20.4.05)

6. ADICIONAL NOTURNO. PRORROGAÇÃO EM HORÁRIO DIURNO. Inserida em 25.11.96 (cancelada em decorrência da nova redação conferida à Súmula n. 60, DJ 20.4.05). Cumprida integralmente a jornada no período noturno e prorrogada esta, devido é também o adicional quanto às horas prorrogadas. Exegese do art. 73, § 5º, da CLT.

7. ADVOGADO. ATUAÇÃO FORA DA SEÇÃO DA OAB ONDE O ADVOGADO ESTÁ INSCRITO. AUSÊNCIA DE COMUNICAÇÃO. (LEI N. 4.215/63, § 2º, ART. 56). INFRAÇÃO DISCIPLINAR. NÃO IMPORTA NULIDADE. Inserida em 29.3.96 (inserido dispositivo, DJ 20.4.05). A despeito da norma então prevista no artigo 56, § 2º, da Lei n. 4.215/63, a falta de comunicação do advogado à OAB para o exercício profissional em seção diversa daquela na qual tem inscrição não importa nulidade dos atos praticados, constituindo apenas infração disciplinar, que cabe àquela instituição analisar.

8. ALÇADA. AÇÃO RESCISÓRIA. NÃO SE APLICA A ALÇADA EM AÇÃO RESCISÓRIA. Inserida em 1.2.95 (cancelada em decorrência da sua conversão na Súmula n. 365, DJ 20.4.05)

9. ALÇADA. DECISÃO CONTRÁRIA À ENTIDADE PÚBLICA. CABÍVEL A REMESSA DE OFÍCIO. DECRETO-LEI N. 779/69 E LEI N. 5.584/70. Inserida em 7.11.94 (cancelada em decorrência da nova redação conferida à Súmula n. 303, DJ 20.4.05). Tratando-se de decisão contrária à entidade pública, cabível a remessa de ofício mesmo de processo de alçada.

10. ALÇADA. MANDADO DE SEGURANÇA. INSERIDA EM 1.2.95 (cancelada em decorrência da sua conversão na Súmula n. 365, DJ 20.4.05). Não se aplica a alçada em mandado de segurança.

11. ALÇADA. VINCULAÇÃO AO SALÁRIO MÍNIMO. DUPLO GRAU. RECORRIBILIDADE. O ART. 5º, INC. LV E O ART. 7º, INC. IV, DA CF/88 NÃO REVOGARAM O ART. 2º, § 4º, DA LEI N. 5.584/70. Convertida na Súmula n. 356, Resol. n. 75/97, DJ 19.12.97. (3.6.96)

12. ANISTIA. EMENDA CONSTITUCIONAL N. 26/85. EFEITOS FINANCEIROS DA PROMULGAÇÃO. (Nova redação, DJ 20.4.05). Os efeitos financeiros decorrentes da anistia concedida pela Emenda Constitucional n. 26/85 contam-se desde a data da sua promulgação.

13. APPA. DECRETO-LEI N. 779/69. DEPÓSITO RECURSAL E CUSTAS. NÃO ISENÇÃO (inserido dispositivo) — DEJT divulgado em 16, 17 e 18.11.2010. A Administração dos Portos de Paranaguá e Antonina — APPA, vinculada à Administração Pública indireta, não é isenta do recolhimento do depósito recursal e do pagamento das custas processuais por não ser beneficiária dos privilégios previstos no Decreto-lei n. 779, de 21.8.1969, ante o fato de explorar atividade econômica com fins lucrativos, o que descaracteriza sua natureza jurídica, igualando-a às empresas privadas.

14. AVISO PRÉVIO CUMPRIDO EM CASA. VERBAS RESCISÓRIAS. PRAZO PARA PAGAMENTO. Inserida em 25.11.96 (título alterado e inserido dispositivo, DJ 20.4.05). Em caso de aviso prévio cumprido em casa, o prazo para pagamento das verbas rescisórias é até o décimo dia da notificação de despedida.

15. BANCÁRIO. GRATIFICAÇÃO DE FUNÇÃO SUPERIOR A 1/3 E INFERIOR AO VALOR CONSTANTE DE NORMA COLETIVA. INEXISTÊNCIA DE DIREITO ÀS 7ª E 8ª HORAS. DIREITO À DIFERENÇA DO ADICIONAL, SE E QUANDO PLEITEADA. Inserida em 14.3.94 (cancelada em decorrência da nova redação conferida à Súmula n. 102, DJ 20.4.05)

16. BANCO DO BRASIL. ACP. ADICIONAL DE CARÁTER PESSOAL. INDEVIDO. Inserida em 13.2.95 (inserido dispositivo, DJ 20.4.05). A isonomia de vencimentos entre servidores do Banco Central do Brasil e do Banco do Brasil, decorrente de sentença normativa, alcançou apenas os vencimentos e vantagens de caráter permanente. Dado o caráter personalíssimo do Adicional de Caráter Pessoal — ACP e não integrando a remuneração dos funcionários do Banco do Brasil, não foi ele contemplado na decisão normativa para efeitos de equiparação à tabela de vencimentos do Banco Central do Brasil.

17. BANCO BRASIL. AP E ADI. Os adicionais AP, ADI ou AFR, somados ou considerados isoladamente, sendo equivalentes a 1/3 do salário do cargo efetivo (art. 224, § 2º, da CLT), excluem o empregado ocupante de cargo de confiança do Banco do Brasil da jornada de 6 horas. **(Inserida em 7.11.94)**

18. COMPLEMENTAÇÃO DE APOSENTADORIA. BANCO DO BRASIL. (redação do item I alterada em decorrência do julgamento dos processos TST-IUJ E-ED-RR-301900 — 52.2005.5.09.0661 e ERR 119900-56.1999.5.04.0751) Res. 175, 24.5.11 — DJe 27.5.11.

I — O valor das horas extras integra a remuneração do empregado para o cálculo da complementação de aposentadoria, desde que sobre ele incida a contribuição à Caixa de Previdência dos Funcionários do Banco do Brasil — PREVI, observado o respectivo regulamento no tocante à integração.

II — Os adicionais AP e ADI não integram o cálculo para a apuração do teto da complementação de aposentadoria; (ex-OJ n. 21 da SBDI-1 — inserida em 13.2.95).

III — No cálculo da complementação de aposentadoria deve-se observar a média trienal; (ex-OJs ns. 19 e 289 ambas da SBDI-1 — inseridas respectivamente em 5.6.95 e 11.8.03).

(*) *A data da inclusão da Orientação Jurisprudencial encontra-se ao final de cada texto, em negrito. A inclusão é feita em função da Orientação Jurisprudencial da SBDI-II, de n. 77.*

IV — A complementação de aposentadoria proporcional aos anos de serviço prestados exclusivamente ao Banco do Brasil somente se verifica a partir da Circular Funci n. 436/63; (ex-OJ n. 20 da SBDI-1 — **inserida em 13.2.95**).

V — O telex DIREC do Banco do Brasil n. 5003/1987 não assegura a complementação de aposentadoria integral, porque não aprovado pelo órgão competente ao qual a instituição se subordina. (ex-OJ n. 136 da SBDI-1 — **inserida em 27.11.98**)

19. BANCO DO BRASIL. COMPLEMENTAÇÃO DE APOSENTADORIA. MÉDIA TRIENAL. Inserida em 5.6.95 (cancelada em decorrência da sua incorporação à nova redação conferida à Orientação Jurisprudencial n. 18 da SBDI-1, DJ 20.4.05)

20. BANCO DO BRASIL. COMPLEMENTAÇÃO DE APOSENTADORIA. PROPORCIONALIDADE SOMENTE A PARTIR DA CIRC. FUNCI N. 436/1963. Inserida em 13.2.95 (cancelada em decorrência da sua incorporação à nova redação conferida à Orientação Jurisprudencial n. 18 da SBDI-1, DJ 20.4.05)

21. BANCO DO BRASIL. COMPLEMENTAÇÃO DE APOSENTADORIA. TETO. CÁLCULO. AP E ADI. NÃO INTEGRAÇÃO. Inserida em 13.2.95 (cancelada em decorrência da sua incorporação à nova redação conferida à nova redação conferida à Orientação Jurisprudencial n. 18 da SBDI-1, DJ 20.4.05)

22. BRDE. ENTIDADE AUTÁRQUICA DE NATUREZA BANCÁRIA. LEI N. 4.595/64, ART. 17. RES. BACEN N. 469/70, ART. 8º. CLT, ART. 224, § 2º. CF, ART. 173, § 1º. Inserida em 14.3.94 (cancelada em decorrência da sua conversão na Orientação Jurisprudencial Transitória n. 34 da SBDI-1, DJ 20.4.05)

23. CARTÃO DE PONTO. REGISTRO. Inserida em 3.6.96 (cancelada em decorrência da sua conversão na Súmula n. 366, DJ 20.4.05). Não é devido o pagamento de horas extras relativamente aos dias em que o excesso de jornada não ultrapassa de cinco minutos antes e/ou após a duração normal do trabalho. (Se ultrapassado o referido limite, como extra será considerada a totalidade do tempo que exceder a jornada normal).

24. CIGARRO NÃO É SALÁRIO UTILIDADE. Inserida em 29.3.96 (cancelada em decorrência da sua conversão na Súmula n. 367, DJ 20.4.05)

25. CIPA. SUPLENTE. ANTES DA CF/1988. NÃO TEM DIREITO À ESTABILIDADE. Inserida em 29.3.96 (cancelada em decorrência da nova redação conferida à Súmula n. 339, DJ 20.4.05)

26. COMPETÊNCIA DA JUSTIÇA DO TRABALHO. COMPLEMENTAÇÃO DE PENSÃO REQUERIDA POR VIÚVA DE EX-EMPREGADO. Inserida em 1.2.95 (inserido dispositivo, DJ 20.4.05). A Justiça do Trabalho é competente para apreciar pedido de complementação de pensão postulada por viúva de ex-empregado, por se tratar de pedido que deriva do contrato de trabalho.

27. CONAB. ESTABILIDADE CONCEDIDA POR NORMA INTERNA. NÃO ASSEGURADA. AVISO DIREH 02/88. (Convertida na Súmula n. 355/TST). (5.10.95)

28. CORREÇÃO MONETÁRIA SOBRE AS DIFERENÇAS SALARIAIS. UNIVERSIDADES FEDERAIS. DEVIDA. LEI N. 7.596/87. (Nova redação, DJ 20.4.05). Incide correção monetária sobre as diferenças salariais dos servidores das universidades federais, decorrentes da aplicação retroativa dos efeitos financeiros assegurados pela Lei n. 7.596/87, pois a correção monetária tem como escopo único minimizar a desvalorização da moeda em decorrência da corrosão inflacionária.

29. CUSTAS. MANDADO DE SEGURANÇA. RECURSO ORDINÁRIO. EXIGÊNCIA DO PAGAMENTO. Inserida em 3.6.96 (cancelada em decorrência da sua conversão na Orientação Jurisprudencial n. 148 da SBDI-2, DJ 20.4.05)

30. CUSTAS. PRAZO PARA COMPROVAÇÃO — (Convertida na Súmula n. 352 — Res. n. 69/97, DJ 30.5.97). (29.3.96)

31. DEPÓSITO RECURSAL E CUSTAS. EMPRESA EM LIQUIDAÇÃO EXTRAJUDICIAL. SÚMULA N. 86. NÃO PERTINÊNCIA. Inserida em 14.3.94 (cancelada em decorrência da nova redação conferida à Súmula n. 86, DJ 20.4.05)

32. DESCONTOS LEGAIS. SENTENÇAS TRABALHISTAS. CONTRIBUIÇÃO PREVIDENCIÁRIA E IMPOSTO DE RENDA. DEVIDOS. PROVIMENTO CGJT N. 3/84. Inserida em 14.3.94 (cancelada em decorrência da sua conversão na Súmula n. 368, DJ 20.4.05)

33. DESERÇÃO. CUSTAS. CARIMBO DO BANCO. VALIDADE. O carimbo do banco recebedor na guia de comprovação do recolhimento das custas supre a ausência de autenticação mecânica. **(Inserida em 25.11.96)**

34. DIRIGENTE SINDICAL. ESTABILIDADE PROVISÓRIA. Inserida em 29.4.94 (cancelada em decorrência da sua conversão na Súmula n. 369, DJ 20.4.05). É indispensável a comunicação, pela entidade sindical, ao empregador, na forma do § 5º, do art. 543, da CLT.

35. DIRIGENTE SINDICAL. REGISTRO DE CANDIDATURA NO CURSO DO AVISO PRÉVIO. NÃO TEM DIREITO À ESTABILIDADE PROVISÓRIA (ART. 543, § 3º, CLT). Inserida em 14.3.94 (cancelada em decorrência da sua conversão na Súmula n. 369, DJ 20.4.05)

36. INSTRUMENTO NORMATIVO. CÓPIA NÃO AUTENTICADA. DOCUMENTO COMUM ÀS PARTES. VALIDADE. (título alterado e inserido dispositivo, DJ 20.4.05). O instrumento normativo em cópia não autenticada possui valor probante, desde que não haja impugnação ao seu conteúdo, eis que se trata de documento comum às partes.

37. EMBARGOS. VIOLAÇÃO DO ART. 896 DA CLT. Inserida em 1º.2.95 (cancelada em decorrência da nova redação conferida à Súmula n. 296, DJ 20.4.05). Não ofende o art. 896, da CLT, decisão de turma que, examinando premissas concretas de especificidade da divergência colacionada no apelo revisional, conclui pelo conhecimento ou desconhecimento do recurso.

38. EMPREGADO QUE EXERCE ATIVIDADE RURAL. EMPRESA DE REFLORESTAMENTO. PRESCRIÇÃO PRÓPRIA DO RURÍCOLA. (LEI N. 5.889/73, ART. 10 E DECRETO N.73.626/74, ART. 2º, § 4º) (inserido dispositivo) — DEJT divulgado em 16, 17 e 18.11.2010. O empregado que trabalha em empresa de reflorestamento, cuja atividade está diretamente ligada ao manuseio da terra e de matéria-prima, é rurícola e não industriário, nos termos do Decreto n. 73.626, de 12.02.1974, art. 2º, § 4º, pouco importando que o fruto de seu trabalho seja destinado à indústria. Assim, aplica-se a prescrição própria dos rurícolas aos direitos desses empregados.

39. ENGENHEIRO. JORNADA DE TRABALHO. LEI N. 4.950/66. Inserida em 7.11.94 (cancelada em decorrência da sua conversão na Súmula n. 370, DJ 20.4.05). A Lei n. 4.950/66 não estipula a jornada reduzida para os engenheiros, mas apenas estabelece o salário mínimo da categoria para uma jornada de 6 horas. Não há que se falar em horas extras, salvo as excedentes à 8ª, desde que seja respeitado o salário mínimo/horário da categoria.

40. ESTABILIDADE. AQUISIÇÃO NO PERÍODO DO AVISO PRÉVIO. NÃO RECONHECIDA. Inserida em 28.11.95 (cancelada em decorrência da sua conversão na Súmula n. 371, DJ 20.4.05). A projeção do contrato de trabalho para o futuro, pela concessão do aviso prévio indenizado, tem efeitos limitados às vantagens econômicas obtidas no período de pré-aviso, ou seja, salários, reflexos e verbas rescisórias.

41. ESTABILIDADE. INSTRUMENTO NORMATIVO. VIGÊNCIA. EFICÁCIA. Preenchidos todos os pressupostos para a aquisição de estabilidade decorrente de acidente ou doença profissional, ainda durante a vigência do instrumento normativo, goza o empregado de estabilidade mesmo após o término da vigência deste. **(Inserida em 25.11.96)**

42. FGTS. MULTA DE 40%. (nova redação em decorrência da incorporação das Orientações Jurisprudenciais ns. 107 e 254 da SBDI-1, DJ 20.4.05).

I — É devida a multa do FGTS sobre os saques corrigidos monetariamente ocorridos na vigência do contrato de trabalho. Art. 18, § 1º, da Lei n. 8.036/90 e art. 9º, § 1º, do Decreto n. 99.684/90. (ex-OJ n. 107 da SBDI-1 — inserida em 1.10.97)

II — O cálculo da multa de 40% do FGTS deverá ser feito com base no saldo da conta vinculada na data do efetivo pagamento das verbas rescisórias, desconsiderada a projeção do aviso prévio indenizado, por ausência de previsão legal. (ex-OJ n. 254 da SBDI-1 — inserida em 13.3.02)

43. CONVERSÃO DE SÁLARIOS DE CRUZEIROS PARA CRUZADOS. DECRETO-LEI N. 2.284/86. (nova redação, DJ 20.4.05). A conversão de salários de cruzeiros para cruzados, nos termos do Decreto-lei n. 2.284/86, não afronta direito adquirido dos empregados.

44. GESTANTE. SALÁRIO-MATERNIDADE. É devido o salário-maternidade, de 120 dias, desde a promulgação da CF/88, ficando a cargo do empregador o pagamento do período acrescido pela Carta. **(Inserida em 13.9.94)**

45. GRATIFICAÇÃO DE FUNÇÃO PERCEBIDA POR 10 OU MAIS ANOS. AFASTAMENTO DO CARGO DE CONFIANÇA SEM JUSTO MOTIVO. ESTABILIDADE FINANCEIRA. MANUTENÇÃO DO PAGAMENTO. Inserida em 25.11.96 (cancelada em decorrência da sua conversão na Súmula n. 372, DJ 20.4.05)

46. GRATIFICAÇÃO SEMESTRAL. CONGELAMENTO. PRESCRIÇÃO PARCIAL. Inserida em 29.3.96 (cancelada em decorrência da sua conversão na Súmula n. 373, DJ 20.4.05)

47. HORA EXTRA. ADICIONAL DE INSALUBRIDADE. BASE DE CÁLCULO. (redação alterada na sessão do Tribunal Pleno em 26.6.08) — (Res. 148/2008, DJ 4 e 7.7.08 — Republicada DJ 8, 9 e 10.7.08). A base de cálculo da hora extra é o resultado da soma do salário contratual mais o adicional de insalubridade.

48. HORAS EXTRAS PACTUADAS APÓS A ADMISSÃO DO BANCÁRIO NÃO CONFIGURA PRÉ-CONTRATAÇÃO. SÚMULA N. 199. INAPLICÁVEL. Inserida em 25.11.96 (cancelada em decorrência da nova redação conferida à Súmula n. 199, DJ 20.4.05)

49. HORAS EXTRAS. USO DO BIP. NÃO CARACTERIZADO O "SOBREAVISO". (cancelada em decorrência da sua conversão na Súmula n. 428 do TST Res. 175, 24.5.11 — DJe 27.5.11). O uso do aparelho BIP pelo empregado, por si só, não carateriza o regime de sobreaviso, uma vez que o empregado não permanece em sua residência aguardando, a qualquer momento, convocação para o serviço.

50. HORAS *IN ITINERE*. INCOMPATIBILIDADE DE HORÁRIOS. DEVIDAS. APLICÁVEL A SÚMULA N. 90. Inserida em 1.2.95 (cancelada em decorrência da nova redação conferida à Súmula n. 90, DJ 20.4.05)

51. LEGISLAÇÃO ELEITORAL. EMPRESAS PÚBLICAS E SOCIEDADES DE ECONOMIA MISTA (título alterado e inserido dispositivo — DEJT divulgado em 16, 17 e 18.11.2010). Aos empregados das empresas públicas e das sociedades de economia mista regidos pela CLT aplicam-se as vedações dispostas no art. 15 da Lei n. 7.773, de 8.6.1989.

52. MANDATO. PROCURADOR DA UNIÃO, ESTADOS, MUNICÍPIOS E DISTRITO FEDERAL, SUAS AUTARQUIAS E FUNDAÇÕES PÚBLICAS. DISPENSÁVEL A JUNTADA DE PROCURAÇÃO. (LEI N. 9.469, de 10 DE JULHO DE 1997) — (cancelada em decorrência da conversão na Súmula n. 436 — (Res. 186/2012, DEJT divulgado em 25.9.12). A União, Estados, Municípios e Distrito Federal, suas autarquias e fundações públicas quando representadas em juízo, ativa e passivamente, por seus procuradores, estão dispensadas da juntada de instrumento de mandato.

53. MÉDICO. JORNADA DE TRABALHO. LEI N. 3.999/61. Inserida em 29.4.94 (cancelada em decorrência da sua conversão na Súmula n. 370, DJ 20.4.05). A Lei n. 3.999/61 não estipula a jornada reduzida para os médicos, mas apenas estabelece o salário mínimo da categoria para uma jornada de 4 horas. Não há que se falar em horas extras, salvo as excedentes à 8ª, desde que seja respeitado o salário mínimo/horário da categoria.

54. MULTA. CLÁUSULA PENAL. VALOR SUPERIOR AO PRINCIPAL. (título alterado, inserido dispositivo e atualizada a legislação, DJ 20.4.05). O valor da multa estipulada em cláusula penal, ainda que diária, não poderá ser superior à obrigação principal corrigida, em virtude da aplicação do artigo 412 do Código Civil de 2002 (art. 920 do Código Civil de 1916).

55. NORMA COLETIVA. CATEGORIA DIFERENCIADA. ABRANGÊNCIA. Inserida em 25.11.96 (cancelada em decorrência da sua conversão na Súmula n. 374, DJ 20.4.05). Empregado integrante de categoria profissional diferenciada não tem o direito de haver de seu empregador vantagens previstas em instrumento coletivo no qual a empresa não foi representada por órgão de classe de sua categoria.

56. NOSSA CAIXA. NOSSO BANCO (CAIXA ECONÔMICA DO ESTADO DE SÃO PAULO). REGULAMENTO. GRATIFICAÇÃO ESPECIAL E/OU ANUÊNIOS. Direito reconhecido apenas àqueles empregados que tinham 25 anos de efetivo exercício prestados exclusivamente à Caixa. **(Inserida em 25.11.96)**

57. PCCS. DEVIDO O REAJUSTE DO ADIANTAMENTO. LEI N. 7.686/88, ART. 1º. Inserida em 14.3.94 (inserido dispositivo, DJ 20.4.05). É devido o reajuste da parcela denominada "adiantamento do PCCS", conforme a redação do art. 1º da Lei n. 7.686/88.

58. PLANO BRESSER. IPC JUN/1987. INEXISTÊNCIA DE DIREITO ADQUIRIDO. Inserida em 10.3.95 (inserido dispositivo, DJ 20.4.05). Inexiste direito adquirido ao IPC de junho de 1987 (Plano Bresser), em face da edição do Decreto-lei n. 2.335/87.

59. PLANO VERÃO. URP DE FEVEREIRO DE 1989. INEXISTÊNCIA DE DIREITO ADQUIRIDO. Inserida em 13.2.95 (inserido dispositivo, DJ 20.4.05). Inexiste direito adquirido à URP de fevereiro de 1989 (Plano Verão), em face da edição da Lei n. 7.730/89.

60. PORTUÁRIOS. HORA NOTURNA. HORAS EXTRAS. (LEI N. 4.860/65, ARTS. 4º E 7º, § 5º). (nova redação em decorrência da incorporação da Orientação Jurisprudencial n. 61 da SBDI-1, DJ 20.4.05).

I — A hora noturna no regime de trabalho no porto, compreendida entre dezenove horas e sete horas do dia seguinte, é de sessenta minutos.

II — Para o cálculo das horas extras prestadas pelos trabalhadores portuários, observar-se-á somente o salário básico percebido, excluídos os adicionais de risco e produtividade. (ex-OJ n. 61 da SBDI-1 — inserida em 14.3.94)

61. PORTUÁRIOS. HORAS EXTRAS. BASE DE CÁLCULO: ORDENADO SEM O ACRÉSCIMO DOS ADICIONAIS DE RISCO E DE PRODUTIVIDADE. LEI N. 4.860/65, ART. 7º, § 5º. Inserida em 14.3.94 (cancelada em decorrência da sua incorporação à nova redação da Orientação Jurisprudencial n. 60 da SBDI-1, DJ 20.4.05)

62. PREQUESTIONAMENTO. PRESSUPOSTO DE ADMISSIBILIDADE EM APELO DE NATUREZA EXTRAORDINÁRIA. Necessidade, ainda que se trate de incompetência absoluta (republicada em decorrência de erro material) — **DEJT divulgado em 23, 24 e 25.11.2010.** É necessário o prequestionamento como pressuposto de admissibilidade em recurso de natureza extraordinária, ainda que se trate de incompetência absoluta.

63. PRESCRIÇÃO TOTAL. HORAS EXTRAS. PRÉ-CONTRATADAS E SUPRIMIDAS. TERMO INICIAL. DATA DA SUPRESSÃO. Inserida em 14.3.94 (cancelada em decorrência da nova redação conferida à Súmula n. 199, DJ 20.4.05)

64. PROBAM. SÚMULA N. 239. INAPLICÁVEL. NÃO SÃO BANCÁRIOS SEUS EMPREGADOS. Inserida em 13.9.94 (cancelada em decorrência da nova redação conferida à Súmula n. 239, DJ 20.4.05)

65. PROFESSOR ADJUNTO. INGRESSO NO CARGO DE PROFESSOR TITULAR. EXIGÊNCIA DE CONCURSO PÚBLICO NÃO AFASTADA PELA CONSTITUIÇÃO FEDERAL DE 1988 (CF/1988, ART. 37, II E 206, V). Inserida em 30.5.94 (inserido dispositivo, DJ 20.4.05). O acesso de professor adjunto ao cargo de professor titular só pode ser efetivado por meio de concurso público, conforme dispõem os arts. 37, inciso II, e 206, inciso V, da CF/88.

66. PROFESSOR. REPOUSO SEMANAL REMUNERADO. LEI N. 605/49, ART 7º, § 2º E ART. 320, DA CLT. (Convertida na Súmula n. 351 — Res. n. 68/97, DJ 30.5.97). (25.11.96)

67. RADIOLOGISTA. SALÁRIO PROFISSIONAL. O salário profissional dos técnicos em radiologia é igual a dois salários mínimos e não a quatro **(LEI N. 7.394/85). (Cancelada em decorrência da sua conversão na Súmula n. 358 — Res. n. 77/97, DJ 19.12.97). (Inserida em 3.6.96)**

68. REAJUSTES SALARIAIS. BIMESTRAIS E QUADRIMESTRAIS (LEI N. 8.222/91). SIMULTANEIDADE INVIÁVEL. Inserida em 28.11.95 (cancelada em decorrência da sua conversão na Orientação Jurisprudencial Transitória n. 35 da SBDI-1, DJ 20.4.05).

69. REAJUSTES SALARIAIS PREVISTOS EM NORMA COLETIVA. PREVALÊNCIA DOS DECRETOS-LEIS NS. 2.283/86 E 2.284/86. "PLANO CRUZADO". Inserida em 14.3.94 (cancelada em decorrência da sua conversão na Súmula n. 375, DJ 20.4.05)

70. RECURSO ORDINÁRIO. CABIMENTO. Inserida em 13.9.94 (cancelada em decorrência da sua conversão na Orientação Jurisprudencial n. 5 do Tribunal Pleno, DJ 20.4.05). Não cabe recurso ordinário contra decisão de agravo regimental interposto em reclamação correicional.

71. REMESSA *EX OFFICIO*. AÇÃO RESCISÓRIA. DECISÕES CONTRÁRIAS A ENTES PÚBLICOS (ART. 1º, INC. V, DO DECRETO-LEI N. 779/69 E INC. II, DO ART. 475, DO CPC). CABÍVEL. Inserida em 3.6.96 (cancelada em decorrência da nova redação conferida à Súmula n. 303, DJ 20.4.05)

72. REMESSA *EX OFFICIO*. MANDADO DE SEGURANÇA CONCEDIDO. IMPETRANTE E TERCEIRO INTERESSADO PESSOAS DE DIREITO PRIVADO. INCABÍVEL, RESSALVADAS AS HIPÓTESES DE MATÉRIA ADMINISTRATIVA, DE COMPETÊNCIA DO ÓRGÃO ESPECIAL. Inserida em 25.11.96 (cancelada em decorrência da nova redação conferida à Súmula n. 303, DJ 20.4.05).

73. REMESSA *EX OFFICIO*. MANDADO DE SEGURANÇA. INCABÍVEL. DECISÕES PROFERIDAS PELO TRT E FAVORÁVEIS AO IMPETRANTE ENTE PÚBLICO. INAPLICABILIDADE DO ART. 12 DA LEI N. 1.533/51. Inserida em 3.6.96 (cancelada em decorrência da nova redação conferida à Súmula n. 303, DJ 20.4.05)

74. REVELIA. AUSÊNCIA DA RECLAMADA. COMPARECIMENTO DE ADVOGADO. Inserida em 25.11.96 (cancelada em decorrência da nova redação conferida à Súmula n. 122, DJ 20.4.05). A reclamada, ausente à audiência em que deveria apresentar defesa, é revel, ainda que presente seu advogado munido de procuração.

75. SUBSTABELECIMENTO SEM O RECONHECIMENTO DE FIRMA DO SUBSTABELECENTE. INVÁLIDO (ANTERIOR À LEI N. 8.952/94). Inserida em 1.2.95 (inserido dispositivo, DJ 20.4.05). Não produz efeitos jurídicos recurso subscrito por advogado com poderes conferidos em substabelecimento em que não consta o reconhecimento de firma do outorgante. Entendimento aplicável antes do advento da Lei n. 8.952/94.

76. SUBSTITUIÇÃO DOS AVANÇOS TRIENAIS POR QUINQUÊNIOS. ALTERAÇÃO DO CONTRATO DE TRABALHO. PRESCRIÇÃO TOTAL. CEEE. Inserida em 14.3.94 (inserido dispositivo, DJ 20.4.05). A alteração contratual consubstanciada na substituição dos avanços trienais por quinquênios decorre de ato único do empregador, momento em que começa a fluir o prazo fatal de prescrição.

77. TESTEMUNHA QUE MOVE AÇÃO CONTRA A MESMA RECLAMADA. NÃO HÁ SUSPEIÇÃO (Convertida na Súmula n. 357, Resol. n. 76/97, DJ 19.12.97). (29.3.96)

78. TURNOS ININTERRUPTOS DE REVEZAMENTO. JORNADA DE SEIS HORAS. A interrupção do trabalho dentro de cada turno ou semanalmente, não afasta a aplicação do art. 7º, XVI da CF/88. **(Convertida na Súmula n. 360, Resol. n. 79/97, DJ 13.1.98) (30.5.94)**

79. URP DE ABRIL E MAIO DE 1988. DECRETO-LEI N. 2.425/1988. (alterada em decorrência do julgamento do processo TST-RXOFROAR-573062/1999 pelo Tribunal Pleno — certidão de julgamento publicada no DJ de 14.6.2005). Existência de direito apenas ao reajuste de 7/30 de 16,19% a ser calculado sobre o salário de março e incidente sobre o salário dos meses de abril e maio, não cumulativamente e corrigidos desde a época própria até a data do efetivo pagamento.

80. AÇÃO RESCISÓRIA. RÉU SINDICATO. SUBSTITUTO PROCESSUAL NA AÇÃO ORIGINÁRIA. INEXISTÊNCIA DE LITISCONSÓRCIO PASSIVO NECESSÁRIO. (Cancelada em decorrência da sua conversão na Orientação Jurisprudencial n. 110 da SBDI-2, DJ 29.4.03) Quando o sindicato é réu na Ação Rescisória, por ter sido autor, como substituto processual na ação originária, é desnecessária a citação dos substituídos.

81. ART. 462, DO CPC. FATO SUPERVENIENTE. Inserida em 28.4.97 (cancelada em decorrência da sua conversão na Súmula n. 394, DJ 20.4.05). É aplicável de ofício aos processos em curso em qualquer instância trabalhista.

82. AVISO PRÉVIO. BAIXA NA CTPS. A data de saída a ser anotada na CTPS deve corresponder à do término do prazo do aviso prévio, ainda que indenizado. **(Inserida em 28.4.97)**

83. AVISO PRÉVIO. INDENIZADO. PRESCRIÇÃO. A prescrição começa a fluir no final da data do término do aviso prévio — Art. 487, § 1º, CLT. **(Inserida em 28.4.97)**

84. AVISO PRÉVIO. PROPORCIONALIDADE. (cancelada — Res. 186/2012, DEJT divulgado em 25.9.12). A proporcionalidade do aviso prévio, com base no tempo de serviço, depende da legislação regulamentadora, visto que o art. 7º, inc. XXI, da CF/88 não é autoaplicável.

85. CONTRATO NULO. EFEITOS. DEVIDO APENAS O EQUIVALENTE AOS SALÁRIOS DOS DIAS TRABALHADOS. (Cancelada em decorrência da sua conversão na Súmula n. 363 — Res. n. 97/00, DJ 18.9.00 — Republicação DJ 13.10.00).

86. DIRIGENTE SINDICAL. EXTINÇÃO DA ATIVIDADE EMPRESARIAL NO ÂMBITO DA BASE TERRITORIAL DO SINDICATO. INSUBSISTÊNCIA DA ESTABILIDADE. Inserida em 28.4.97 (cancelada em decorrência da sua conversão na Súmula n. 369, DJ 20.4.05)

87. ENTIDADE PÚBLICA. EXPLORAÇÃO DE ATIVIDADE EMINENTEMENTE ECONÔMICA. EXECUÇÃO. ART. 883, DA CLT. É direta a execução contra a APPA e MINASCAIXA (§ 1º do art. 173, da CF/88). **(Nova redação — DJ 16.4.04 — Parágrafo único do artigo 168 do Regimento Interno do TST.**

88. GESTANTE. ESTABILIDADE PROVISÓRIA. (cancelada em decorrência da nova redação conferida à Súmula n. 244) — DJ 20.4.05. O desconhecimento do estado gravídico pelo empregador não afasta o direito ao pagamento da indenização decorrente da estabilidade. (art. 10, II, "b", ADCT).

89. HORAS EXTRAS. REFLEXOS. Inserida em 28.4.97 (cancelada em decorrência da sua conversão na Súmula n. 376, DJ 20.4.05). O valor das horas extras habitualmente prestadas integra o cálculo dos haveres trabalhistas, independentemente da limitação prevista no *caput* do art. 59, da CLT.

90. AGRAVO DE INSTRUMENTO. TRASLADO. NÃO EXIGÊNCIA DE CERTIDÃO DE PUBLICAÇÃO DO ACÓRDÃO REGIONAL. RES. 52/96 — INSTRUÇÃO NORMATIVA N. 6/96. Inserida em 30.5.97 (cancelada em decorrência da nova redação conferida ao art. 897 da CLT pela Lei n. 9.756/98, DJ 20.4.05). Quando o despacho denegatório de processamento de recurso de revista não se fundou na intempestividade deste, não é necessário o traslado da certidão de publicação do acórdão regional.

91. ANISTIA. ART. 8º, § 1º, ADCT. EFEITOS FINANCEIROS. ECT. ROAR 105608/94, SDI-plena. Em 19.5.97, a SDI-plena decidiu, pelo voto prevalente do Exmo. Sr. Presidente, que os efeitos financeiros da readmissão do empregado anistiado serão contados a partir do momento em que este manifestou o desejo de retornar ao trabalho e, na ausência de prova, da data do ajuizamento da ação. **(Inserida em 30.5.97)**

92. DESMEMBRAMENTO DE MUNICÍPIOS. RESPONSABILIDADE TRABALHISTA. Em caso de criação de novo município, por desmembramento, cada uma das novas entidades responsabiliza-se pelos direitos trabalhistas do empregado no período em que figurarem como real empregador. **(Inserida em 30.5.97)**

93. DOMINGOS E FERIADOS TRABALHADOS E NÃO COMPENSADOS. APLICAÇÃO DA SÚMULA N. 146. Inserida em 30.5.97 (cancelada em decorrência da redação da Súmula n. 146 conferida pela Res. 121/03 — DJ 21.11.03). O trabalho prestado em domingos e feriados não compensados deve ser pago em dobro sem prejuízo da remuneração relativa ao repouso semanal.

94. EMBARGOS. EXIGÊNCIA. INDICAÇÃO EXPRESSA DO DISPOSITIVO LEGAL TIDO COMO VIOLADO. Inserida em 30.5.97 (cancelada em decorrência da nova redação conferida à Súmula n. 221, DJ 20.4.05). ERR 164691/95, SDI-Plena. Em 19.5.97, a SDI-Plena decidiu, por maioria, que não se conhece de revista (896 "c") e de embargos (894 "b") por violação legal ou constitucional quando o recorrente não indica expressamente o dispositivo de lei ou da Constituição tido como violado.

95. EMBARGOS PARA SDI. DIVERGÊNCIA ORIUNDA DA MESMA TURMA DO TST. INSERVÍVEL. Inserida em 30.5.1997. ERR 125320/1994, SDI-Plena. Em 19.5.97, a SDI-plena, por maioria, decidiu que acórdãos oriundos da mesma Turma, embora divergentes não fundamentam divergência jurisprudencial de que trata a alínea *b*, do art. 894 da Consolidação das Leis do Trabalho para embargos à Seção Especializada em Dissídios Individuais, subseção I. **(30.5.97)**

96. FÉRIAS. SALÁRIO SUBSTITUIÇÃO. DEVIDO. APLICAÇÃO DA SÚMULA N. 159. Inserida em 30.5.97 (cancelada em decorrência da redação da Súmula n. 159 conferida pela Res. 121/03 — DJ 21.11.03).

97. HORAS EXTRAS. ADICIONAL NOTURNO. BASE DE CÁLCULO. O adicional noturno integra a base de cálculo das horas extras prestadas no período noturno. **(Inserida em 30.5.97)**

98. HORAS *IN ITINERE*. TEMPO GASTO ENTRE A PORTARIA DA EMPRESA E O LOCAL DO SERVIÇO. DEVIDAS. AÇOMINAS. Inserida em 30.5.97 (cancelada em decorrência da sua conversão na Orientação Jurisprudencial Transitória n. 36 da SDI-1, DJ 20.4.05)

99. PREPOSTO. EXIGÊNCIA DA CONDIÇÃO DE EMPREGADO. Inserida em 30.5.97 (cancelada em decorrência da sua conversão na Súmula n. 377, DJ 20.4.05). Exceto quanto à reclamação de empregado doméstico, o preposto deve ser necessariamente empregado do reclamado. Inteligência do art. 843, § 1º da CLT.

100. SALÁRIO. REAJUSTE. ENTES PÚBLICOS. Inserida em 30.5.97 (título alterado e inserido dispositivo, DJ 20.4.05). Os reajustes salariais previstos em legislação federal devem ser observados pelos Estados-membros, suas Autarquias e Fundações Públicas nas relações contratuais trabalhistas que mantiverem com seus empregados.

101. REINTEGRAÇÃO CONVERTIDA EM INDENIZAÇÃO DOBRADA. EFEITOS. APLICAÇÃO DA SÚMULA N. 28. Inserida em 30.5.97 (cancelada em decorrência da nova redação da Súmula n. 28 conferida pela Res. n. 121/03, DJ 21.11.03). AGERR 100357/93, SDI-Plena. Em 19.5.97, a SDI-Plena, por maioria, decidiu que o direito à percepção de salários vencidos e vincendos decorrentes da condenação ao pagamento de indenização dobrada é assegurado até a data da primeira decisão que converteu a reintegração em indenização dobrada.

102. ADICIONAL DE INSALUBRIDADE. INTEGRAÇÃO NA REMUNERAÇÃO. Inserida em 1.10.97 (cancelada em decorrência da nova redação conferida à Súmula n. 139, DJ 20.4.05). Enquanto percebido, o adicional de insalubridade integra a remuneração para todos os efeitos legais.

103. ADICIONAL DE INSALUBRIDADE. REPOUSO SEMANAL E FERIADOS. (nova redação, DJ 20.4.05). O adicional de insalubridade já remunera os dias de repouso semanal e feriados.

104. CUSTAS. CONDENAÇÃO ACRESCIDA. INEXISTÊNCIA DE DESERÇÃO QUANDO AS CUSTAS NÃO SÃO EXPRESSAMENTE CALCULADAS E NÃO HÁ INTIMAÇÃO DA PARTE PARA O PREPARO DO RECURSO, DEVENDO, ENTÃO, SER AS CUSTAS PAGAS AO FINAL (alterada) — Res. 150/2008, DJe divulgado em 20, 21 e 24.11.08. Não caracteriza deserção a hipótese em que, acrescido o valor da condenação, não houve fixação ou cálculo do valor devido a título de custas e tampouco intimação da parte para o preparo do recurso, devendo, pois, as custas ser pagas ao final.

105. ESTABILIDADE PROVISÓRIA. ACIDENTE DE TRABALHO. É CONSTITUCIONAL O ART. 118 DA LEI N. 8.213/91. Inserida em 1.10.97 (cancelada em decorrência da sua conversão na Súmula n. 378, DJ 20.4.05).

106. ESTABILIDADE PROVISÓRIA. PEDIDO DE REINTEGRAÇÃO. CONCESSÃO DO SALÁRIO RELATIVO AO PERÍODO DE ESTABILIDADE JÁ EXAURIDO. INEXISTÊNCIA DE JULGAMENTO *EXTRA PETITA*. Inserida em 1.10.97 (cancelada em decorrência da sua conversão na Súmula n. 396, DJ 20.4.05)

107. FGTS. MULTA DE 40%. SAQUES. ATUALIZAÇÃO MONETÁRIA. INCIDÊNCIA. Inserida em 1.10.97 (cancelada em decorrência da sua incorporação à nova redação da Orientação Jurisprudencial n. 42 da SBDI-1, DJ 20.4.05). A multa de 40% a que se refere o art. 9º, § 1º, do Decreto n. 99.684/90, incide sobre os saques, corrigidos monetariamente.

108. MANDATO EXPRESSO. AUSÊNCIA DE PODERES PARA SUBSTABELECER. VÁLIDOS OS ATOS PRATICADOS PELO SUBSTABELECIDO. (ART. 1300, §§ 1º E 2º DO CCB). Inserida em 1º.10.97 (cancelada em decorrência da sua conversão na Súmula n. 395, DJ 20.4.05)

109. MINASCAIXA. LEGITIMIDADE PASSIVA *AD CAUSAM* ENQUANTO NÃO CONCLUÍDO O PROCEDIMENTO DE LIQUIDAÇÃO EXTRAJUDICIAL. Inserida em 1.10.97 (cancelada em decorrência da sua conversão na Orientação Jurisprudencial Transitória n. 37 da SBDI-1, DJ 20.4.05)

110. REPRESENTAÇÃO IRREGULAR. PROCURAÇÃO APENAS NOS AUTOS DE AGRAVO DE INSTRUMENTO. (inserido dispositivo — DEJT divulgado em 16, 17 e 18.11.2010). A existência de instrumento de mandato apenas nos autos de agravo de instrumento, ainda que em apenso, não legitima a atuação de advogado nos processos de que se originou o agravo.

111. RECURSO DE REVISTA. DIVERGÊNCIA JURISPRUDENCIAL. ARESTO ORIUNDO DO MESMO TRIBUNAL REGIONAL. LEI N. 9.756/98. INSERVÍVEL AO CONHECIMENTO. (nova redação, DJ 20.4.05). Não é servível ao conhecimento de recurso de revista aresto oriundo de mesmo Tribunal Regional do Trabalho, salvo se o recurso houver sido interposto anteriormente à vigência da Lei n. 9.756/98.

112. VACÂNCIA DO CARGO. SALÁRIO DO SUCESSOR. SÚMULA N. 159. INAPLICÁVEL. Inserida em 1.10.97 (cancelada em decorrência da nova redação conferida à Súmula n. 159, DJ 20.4.05). Vago o cargo em definitivo, o empregado que passa a ocupá-lo não tem direito a salário igual ao do antecessor.

113. ADICIONAL DE TRANSFERÊNCIA. CARGO DE CONFIANÇA OU PREVISÃO CONTRATUAL DE TRANSFERÊNCIA. DEVIDO. DESDE QUE A TRANSFERÊNCIA SEJA PROVISÓRIA. O fato de o empregado exercer cargo de confiança ou a existência de previsão de transferência no contrato de trabalho não exclui o direito ao adicional. O pressuposto legal apto a legitimar a percepção do mencionado adicional é a transferência provisória. **(Inserida em 20.11.97)**

114. DIRIGENTE SINDICAL. DESPEDIDA. FALTA GRAVE. INQUÉRITO JUDICIAL. NECESSIDADE. Inserida em 20.11.97 (cancelada em decorrência da sua conversão na Súmula n. 379, DJ 20.4.05)

115. RECURSO DE REVISTA. NULIDADE POR NEGATIVA DE PRESTAÇÃO JURISDICIONAL. (alterada em decorrência do inciso II do art. 894 da CLT, incluído pela Lei n. 11.496/2007) — (Resol. n. 182/TST, de 16.4.12, DEJT 19.4.12). O conhecimento do recurso de revista, quanto à preliminar de nulidade por negativa de prestação jurisdicional, supõe indicação de violação do art. 832 da CLT, do art. 458 do CPC ou do art. 93, IX, da CF/1988.

116. ESTABILIDADE PROVISÓRIA. PERÍODO ESTABILITÁRIO EXAURIDO. REINTEGRAÇÃO NÃO ASSEGURADA. DEVIDOS APENAS OS SALÁRIOS DESDE A DATA DA DESPEDIDA ATÉ O FINAL DO PERÍODO ESTABILITÁRIO. Inserida em 20.11.97 (cancelada em decorrência da sua conversão na Súmula n. 396, DJ 20.4.05)

117. HORAS EXTRAS. LIMITAÇÃO. ART. 59 DA CLT. Inserida em 20.11.97 (cancelada em decorrência da sua conversão na Súmula n. 376, DJ 20.4.05). A limitação legal da jornada suplementar a duas horas diárias não exime o empregador de pagar todas as horas trabalhadas.

118. PREQUESTIONAMENTO. TESE EXPLÍCITA. INTELIGÊNCIA DA SÚMULA N. 297. Havendo tese explícita sobre a matéria, na decisão recorrida, desnecessário contenha nela referência expressa do dispositivo legal para ter-se como prequestionado este. **(Inserida em 20.11.97)**

119. PREQUESTIONAMENTO INEXIGÍVEL. VIOLAÇÃO NASCIDA NA PRÓPRIA DECISÃO RECORRIDA. SÚMULA N. 297. INAPLICÁVEL. (inserido dispositivo) — DEJT divulgado em 16, 17 e 18.11.2010). É inexigível o prequestionamento quando a violação indicada houver nascido na própria decisão recorrida. Inaplicável a Súmula n. 297 do TST.

120. RECURSO. ASSINATURA DA PETIÇÃO OU DAS RAZÕES RECURSAIS. VALIDADE. (nova redação, DJ 20.4.05). O recurso sem assinatura será tido por inexistente. Será considerado válido o apelo assinado, ao menos, na petição de apresentação ou nas razões recursais.

121. SUBSTITUIÇÃO PROCESSUAL. DIFERENÇA DO ADICIONAL DE INSALUBRIDADE. LEGITIMIDADE. Inserida em 20.11.97 (nova redação, DJ 20.4.05). O sindicato tem legitimidade para atuar na qualidade de substituto processual para pleitear diferença de adicional de insalubridade.

122. AVISO PRÉVIO. INÍCIO DA CONTAGEM. ART. 125, CÓDIGO CIVIL. Inserida em 20.4.98 (cancelada em decorrência da sua conversão na Súmula n. 380, DJ 20.4.05). Aplica-se a regra prevista no art. 125, do Código Civil, à contagem do prazo do aviso prévio.

123. BANCÁRIOS. AJUDA ALIMENTAÇÃO. A ajuda alimentação prevista em norma coletiva em decorrência de prestação de horas extras tem natureza indenizatória e, por isso, não integra o salário do empregado bancário. **(Inserida em 20.4.98)** ERR 118739/1994, SDI-Plena em 10.2.98, a SDI-Plena, por maioria, decidiu que ajuda alimentação paga ao bancário, em decorrência de prestação de horas extras por prorrogação de jornada, tem natureza indenizatória e, portanto, não integrativa ao salário.

124. CORREÇÃO MONETÁRIA. SALÁRIO. ART. 459, CLT. Inserida em 20.4.98 (cancelada em decorrência da sua conversão na Súmula n. 381, DJ 20.4.05). O pagamento dos salários até o 5º dia útil do mês subsequente ao vencido não está sujeito à correção monetária. Se essa data limite for ultrapassada, incidirá o índice da correção monetária do mês subsequente ao da prestação dos serviços.

125. DESVIO DE FUNÇÃO. QUADRO DE CARREIRA (alterado em 13.2.02). O simples desvio funcional do empregado não gera direito a novo enquadramento, mas apenas às diferenças salariais respectivas mesmo que o desvio de função haja iniciado antes da vigência da CF/88. **(Inserida em 20.4.98)**

126. SÚMULA N. 239. EMPRESA DE PROCESSAMENTO DE DADOS. INAPLICÁVEL. Inserida em 20.4.98 (cancelada em decorrência da nova redação conferida à Súmula n. 239, DJ 20.4.05). É inaplicável a Súmula n. 239 quando a empresa de processamento de dados presta serviços a banco e a empresas não bancárias do mesmo grupo econômico ou a terceiros.

127. HORA NOTURNA REDUZIDA. SUBSISTÊNCIA APÓS A CF/88. O art. 73, § 1º, da CLT, que prevê a redução da hora noturna, não foi revogado pelo inciso IX do art. 7º, da CF/88. **(Inserida em 20.4.98)**

128. MUDANÇA DE REGIME CELETISTA PARA ESTATUTÁRIO. EXTINÇÃO DO CONTRATO. PRESCRIÇÃO BIENAL. Inserida em 20.4.98 (cancelada em decorrência da sua conversão na Súmula n. 382, DJ 20.4.05). A transferência do regime jurídico de celetista para estatutário implica extinção do contrato de trabalho, fluindo o prazo da prescrição bienal a partir da mudança de regime.

129. PRESCRIÇÃO. COMPLEMENTAÇÃO DA PENSÃO E AUXÍLIO-FUNERAL. A prescrição extintiva para pleitear judicialmente o pagamento da complementação de pensão e do auxílio-funeral é de 2 anos, contados a partir do óbito do empregado. **(20.4.98)**

130. PRESCRIÇÃO. MINISTÉRIO PÚBLICO. ARGUIÇÃO. *CUSTOS LEGIS*. ILEGITIMIDADE. (nova redação, DJ 20.4.05). Ao exarar o parecer na remessa de ofício, na qualidade de *custos legis*, o Ministério Público não tem legitimidade para arguir a prescrição em favor de entidade de direito público, em matéria de direito patrimonial (arts. 194 do CC de 2002 e 219, § 5º, do CPC).

131. VANTAGEM *IN NATURA*. HIPÓTESES EM QUE NÃO INTEGRA O SALÁRIO. Inserida em 20.4.98 e ratificada pelo Tribunal Pleno em 7.12.00 (cancelada em decorrência da sua conversão na Súmula n. 367, DJ 20.4.05). A habitação e a energia elétrica fornecidas pelo empregador ao empregado, quando indispensáveis para a realização do trabalho, não têm natureza salarial.

132. AGRAVO REGIMENTAL. PEÇAS ESSENCIAIS NOS AUTOS PRINCIPAIS. Inexistindo lei que exija a tramitação do Agravo Regimental em autos apartados, tampouco previsão no Regimento Interno do Regional, não pode o agravante ver-se apenado por não haver colacionado cópia de peças dos autos principais, quando o Agravo Regimental deveria fazer parte dele. **(Inserida em 27.11.98)**

133. AJUDA ALIMENTAÇÃO. PAT. LEI N. 6.321/76. NÃO INTEGRAÇÃO AO SALÁRIO. A ajuda alimentação fornecida por empresa participante do Programa de Alimentação ao Trabalhador, instituído pela Lei n. 6.321/76, não tem caráter salarial. Portanto, não integra o salário para nenhum efeito legal. **(Inserida em 27.11.98)**

134. AUTENTICAÇÃO. PESSOA JURÍDICA DE DIREITO PÚBLICO. DISPENSADA. MEDIDA PROVISÓRIA N. 1.360, DE 12.3.96. São válidos os documentos apresentados, por pessoa jurídica de direito público, em fotocópia não autenticada, posteriormente à edição da Medida Provisória n. 1.360/1996 e suas reedições. **(Inserida em 27.11.98)**

135. AVISO PRÉVIO INDENIZADO. SUPERVENIÊNCIA DE AUXÍLIO-DOENÇA NO CURSO DESTE. Inserida em 27.11.98 (cancelada em decorrência da sua conversão na Súmula n. 371, DJ 20.4.05). Os efeitos da dispensa só se concretizam depois de expirado o benefício previdenciário, sendo irrelevante que tenha sido concedido no período do aviso prévio já que ainda vigorava o contrato de trabalho.

136. BANCO DO BRASIL. COMPLEMENTAÇÃO DE APOSENTADORIA. TELEX DIREC N. 5003/87. NÃO ASSEGURADA. Inserida em 27.11.98 (cancelada em decorrência da sua incorporação à nova redação da Orientação Jurisprudencial n. 18 da SBDI-1, DJ 20.4.05). O telex DIREC do Banco do Brasil n. 5003/87 não assegura a complementação de aposentadoria integral, porque não aprovado pelo órgão competente ao qual a instituição se subordina.

137. BANCO MERIDIONAL. CIRCULAR N. 34046/1989. DISPENSA SEM JUSTA CAUSA. Inserida em 27.11.98 (cancelada em decorrência da sua conversão na Orientação Jurisprudencial Transitória n. 38 da SBDI-1, DJ 20.4.05). A inobservância dos procedimentos disciplinados na Circular n. 34046/1989, norma de caráter eminentemente procedimental, não é causa para a nulidade da dispensa sem justa causa.

138. COMPETÊNCIA RESIDUAL. REGIME JURÍDICO ÚNICO. LIMITAÇÃO DA EXECUÇÃO. (nova redação em decorrência da incorporação da Orientação Jurisprudencial n. 249 da SBDI-1, DJ 20.4.05). Compete à Justiça do Trabalho julgar pedidos de direitos e vantagens previstos na legislação trabalhista referente a período anterior à Lei n. 8.112/90, mesmo que a ação tenha sido ajuizada após a edição da referida lei. A superveniência de regime estatutário em substituição ao celetista, mesmo após a sentença, limita a execução ao período celetista. (1ª parte — ex-OJ n. 138 da SBDI-1 — **inserida em 27.11.98**; 2ª parte — ex-OJ n. 249 — **inserida em 13.3.02)**

139. DEPÓSITO RECURSAL. COMPLEMENTAÇÃO DEVIDA. APLICAÇÃO DA INSTRUÇÃO NORMATIVA N. 3/93, II. Inserida em 27.11.98 (cancelada em decorrência da nova redação conferida à Súmula n. 128, DJ 20.4.05). Está a parte recorrente obrigada a efetuar o depósito legal, integralmente, em relação a cada novo recurso interposto, sob pena de deserção. Atingido o valor da condenação, nenhum depósito mais é exigido para qualquer recurso.

140. DEPÓSITO RECURSAL E CUSTAS. DIFERENÇA ÍNFIMA. DESERÇÃO. OCORRÊNCIA. (nova redação, DJ 20.4.05). Ocorre deserção do recurso pelo recolhimento insuficiente das custas e do depósito recursal, ainda que a diferença em relação ao *quantum* devido seja ínfima, referente a centavos.

141. DESCONTOS PREVIDENCIÁRIOS E FISCAIS. COMPETÊNCIA DA JUSTIÇA DO TRABALHO. Inserida em 27.11.98 (cancelada em decorrência da sua conversão na Súmula n. 368, DJ 20.4.05).

142. EMBARGOS DE DECLARAÇÃO. EFEITO MODIFICATIVO. VISTA À PARTE CONTRÁRIA. (Inserido o item II à redação) (Resol. 178, 6.2.12 — DJe 13, 14 e 15.2.12). I — É passível de nulidade decisão que acolhe embargos de declaração com efeito modificativo sem que seja concedida oportunidade de manifestação prévia à parte contrária.

II — Em decorrência do efeito devolutivo amplo conferido ao recurso ordinário, o item I não se aplica às hipóteses em que não se concede vista à parte contrária para se manifestar sobre os embargos de declaração opostos contra sentença.

143. EMPRESA EM LIQUIDAÇÃO EXTRAJUDICIAL. EXECUÇÃO. CRÉDITOS TRABALHISTAS. LEI N. 6.024/74. A execução trabalhista deve prosseguir diretamente na Justiça do Trabalho mesmo após a decretação da liquidação extrajudicial. Lei n. 6.830/1980, arts. 5º e 29, aplicados supletivamente (CLT, art. 889 e CF/1988, art. 114). **(Inserida em 27.11.98)**

144. ENQUADRAMENTO FUNCIONAL. PRESCRIÇÃO EXTINTIVA. Inserida em 27.11.98 (cancelada em decorrência da nova redação conferida à Súmula n. 275, DJ 20.4.05).

145. ESTABILIDADE. DIRIGENTE SINDICAL. CATEGORIA DIFERENCIADA. Inserida em 27.11.98 (cancelada em decorrência da sua conversão na Súmula n. 369, DJ 20.4.05). O empregado de categoria diferenciada eleito dirigente sindical só goza de estabilidade se exercer na empresa atividade pertinente à categoria profissional do sindicato para o qual foi eleito dirigente.

146. FGTS. OPÇÃO RETROATIVA. CONCORDÂNCIA DO EMPREGADOR. NECESSIDADE. Inserida em 27.11.98 (cancelada em decorrência da sua conversão na Orientação Jurisprudencial Transitória n. 39 da SBDI-1, DJ 20.4.05)

147. LEI ESTADUAL, NORMA COLETIVA OU NORMA REGULAMENTAR. CONHECIMENTO INDEVIDO DO RECURSO DE REVISTA POR DIVERGÊNCIA JURISPRUDENCIAL. (nova redação em decorrência da incorporação da Orientação Jurisprudencial n. 309 da SBDI-1, DJ 20.4.05).

I — É inadmissível o recurso de revista fundado tão somente em divergência jurisprudencial, se a parte não comprovar que a lei estadual, a norma coletiva ou o regulamento da empresa extrapolam o âmbito do TRT prolator da decisão recorrida. (ex-OJ n. 309 da SBDI-1 — inserida em 11.8.03).

II — É imprescindível a arguição de afronta ao art. 896 da CLT para o conhecimento de embargos interpostos em face de acórdão de Turma que conhece indevidamente de recurso de revista, por divergência jurisprudencial, quanto a tema regulado por lei estadual, norma coletiva ou norma regulamentar de âmbito restrito ao Regional prolator da decisão.

148. LEI N. 8.880/94, ART. 31. CONSTITUCIONALIDADE. (nova redação, DJ 20.4.05). É constitucional o art. 31 da Lei n. 8.880/94, que prevê a indenização por demissão sem justa causa.

149. MANDATO. ART. 13 DO CPC. REGULARIZAÇÃO. FASE RECURSAL. INAPLICÁVEL. Inserida em 27.11.98 (cancelada em decorrência da sua conversão na Súmula n. 383, DJ 20.4.05)

150. MULTA PREVISTA EM VÁRIOS INSTRUMENTOS NORMATIVOS. CUMULAÇÃO DE AÇÕES. Inserida em 27.11.98 (cancelada em decorrência da sua conversão na Súmula n. 384, DJ 20.4.05). O descumprimento de qualquer cláusula constante de instrumentos normativos diversos não submete o empregado a ajuizar várias ações, pleiteando em cada uma o pagamento da multa referente ao descumprimento de obrigações previstas nas cláusulas respectivas.

151. PREQUESTIONAMENTO. DECISÃO REGIONAL QUE ADOTA A SENTENÇA. AUSÊNCIA DE PREQUESTIONAMENTO. Decisão regional que simplesmente adota os fundamentos da decisão de primeiro grau não preenche a exigência do prequestionamento, tal como previsto na Súmula n. 297. **(Inserida em 27.11.98)**

152. REVELIA. PESSOA JURÍDICA DE DIREITO PÚBLICO. APLICÁVEL. (ART. 844 DA CLT). Inserida em 27.11.98 (inserido dispositivo, DJ 20.4.05). Pessoa jurídica de direito público sujeita-se à revelia prevista no artigo 844 da CLT.

153. ADICIONAL DE INSALUBRIDADE. DEFICIÊNCIA DE ILUMINAMENTO. LIMITAÇÃO. Inserida em 26.3.1999 (cancelada em decorrência da sua conversão na Orientação Jurisprudencial Transitória n. 57 da SBDI-1). Somente após 26.2.1991 foram, efetivamente, retiradas do mundo jurídico as normas ensejadoras do direito ao adicional de insalubridade por iluminamento insuficiente no local da prestação de serviço, como previsto na Portaria n. 3.751/1990 do Ministério do Trabalho.

154. ATESTADO MÉDICO — INSS. EXIGÊNCIA PREVISTA EM INSTRUMENTO NORMATIVO. (Nova redação, DJ 20.4.05). (Cancelada pela Resol. 158/09, de 21.10.09) A doença profissional deve ser atestada por médico do INSS, se tal exigência consta de cláusula de instrumento normativo, sob pena de não reconhecimento do direito à estabilidade.

155. BANRISUL. COMPLEMENTAÇÃO DE APOSENTADORIA. Inserida em 26.3.99 (cancelada em decorrência da sua conversão na Orientação Jurisprudencial Transitória n. 40 da SBDI-1, DJ 20.4.05). A Resolução n. 1600/1964, vigente à época da admissão do empregado, incorporou-se ao contrato de trabalho, pelo que sua alteração não poderá prejudicar o direito adquirido, mesmo em virtude da edição da Lei n. 6.435/77. Incidência das Súmulas ns. 51 e 288.

156. COMPLEMENTAÇÃO DE APOSENTADORIA. DIFERENÇAS. PRESCRIÇÃO. (Cancelada em decorrência da nova redação da Súmula n. 327 do TST — Resol. 175, 24.5.11 — DJe 27.5.11) Ocorre a prescrição total quanto a diferenças de complementação de aposentadoria quando estas decorrem de pretenso direito a verbas não recebidas no curso da relação de emprego e já atingidas pela prescrição, à época da propositura da ação.

157. COMPLEMENTAÇÃO DE APOSENTADORIA. FUNDAÇÃO CLEMENTE DE FARIA. BANCO REAL. Inserida em 26.3.99 (cancelada em decorrência da sua conversão na Orientação Jurisprudencial Transitória n. 41 da SBDI-1, DJ 20.4.05). É válida a cláusula do Estatuto da Fundação que condicionou o direito à complementação de aposentadoria à existência de recursos financeiros, e também previa a suspensão, temporária ou definitiva, da referida complementação.

158. CUSTAS. COMPROVAÇÃO DE RECOLHIMENTO. DARF ELETRÔNICO. VALIDADE. O denominado "DARF eletrônico" é válido para comprovar o recolhimento de custas por entidades da administração pública federal, emitido conforme a IN SRF n. 162, de 4.11.88. **(Inserida em 26.3.99)**

159. DATA DE PAGAMENTO. SALÁRIOS. ALTERAÇÃO. Diante da inexistência de previsão expressa em contrato ou em instrumento normativo, a alteração de data de pagamento pelo empregador não viola o art. 468, desde que observado o parágrafo único, do art. 459, ambos da CLT. **(Inserida em 26.3.99)**

160. DESCONTOS SALARIAIS. AUTORIZAÇÃO NO ATO DA ADMISSÃO. VALIDADE. É inválida a presunção de vício de consentimento resultante do fato de ter o empregado anuído expressamente com descontos salariais na oportunidade da admissão. É de se exigir demonstração concreta do vício de vontade. **(Inserida em 26.3.99)**

161. FERIADO LOCAL. PRAZO RECURSAL. PRORROGAÇÃO. COMPROVAÇÃO. NECESSIDADE. Inserida em 26.3.99 (cancelada em decorrência da sua conversão na Súmula n. 385, DJ 20.4.05). Cabe à parte comprovar, quando da interposição do recurso, a existência de feriado local que justifique a prorrogação do prazo recursal.

162. MULTA. ART. 477 DA CLT. CONTAGEM DO PRAZO. APLICÁVEL O ART. 132 DO CÓDIGO CIVIL DE 2002. (atualizada a legislação e inserido dispositivo, DJ 20.4.05). A contagem do prazo para quitação das verbas decorrentes da rescisão contratual prevista no artigo 477 da CLT exclui necessariamente o dia da notificação da demissão e inclui o dia do vencimento, em obediência ao disposto no artigo 132 do Código Civil de 2002 (artigo 125 do Código Civil de 1916).

163. NORMA REGULAMENTAR. OPÇÃO PELO NOVO REGULAMENTO. ART. 468 DA CLT E SÚMULA N. 51. INAPLICÁVEIS. Inserida em 26.3.99 (cancelada em decorrência da nova redação conferida à Súmula n. 51, DJ 20.4.05). Havendo a coexistência de dois regulamentos da empresa, a opção do empregado por um deles tem efeito jurídico de renúncia às regras do sistema do outro.

164. OFICIAL DE JUSTIÇA *AD HOC*. INEXISTÊNCIA DE VÍNCULO EMPREGATÍCIO. Inserida em 26.3.99 (inserido dispositivo, DJ 20.4.05). Não se caracteriza o vínculo empregatício na nomeação para o exercício das funções de oficial de justiça *ad hoc*, ainda que feita de forma reiterada, pois exaure-se a cada cumprimento de mandado.

165. PERÍCIA. ENGENHEIRO OU MÉDICO. ADICIONAL DE INSALUBRIDADE E PERICULOSIDADE. VÁLIDO. ART. 195 DA CLT. O art. 195 da CLT não faz qualquer distinção entre o médico e o engenheiro para efeito de caracterização e classificação da insalubridade e periculosidade, bastando para a elaboração do laudo seja o profissional devidamente qualificado. **(Inserida em 26.3.99)**

166. PETROBRAS. PENSÃO POR MORTE DO EMPREGADO ASSEGURADA NO MANUAL DE PESSOAL. ESTABILIDADE DECENAL. OPÇÃO PELO REGIME DO FGTS. Inserida em 26.3.99 (cancelada em decorrência da sua conversão na Orientação Jurisprudencial Transitória n. 42 da SBDI-1, DJ 20.4.05). Tendo o empregado adquirido a estabilidade decenal, antes de optar pelo regime do FGTS, não há como negar-se o direito à pensão, eis que preenchido o requisito exigido pelo Manual de Pessoal.

167. POLICIAL MILITAR. RECONHECIMENTO DE VÍNCULO EMPREGATÍCIO COM EMPRESA PRIVADA. Inserida em 26.3.99 (cancelada em decorrência da sua conversão na Súmula n. 386, DJ 20.4.05). Preenchidos os requisitos do art. 3º da CLT, é legítimo o reconhecimento de relação de emprego entre policial militar e empresa privada, independentemente do eventual cabimento de penalidade disciplinar prevista no Estatuto do Policial Militar.

168. SUDS. GRATIFICAÇÃO. CONVÊNIO DA UNIÃO COM ESTADO. NATUREZA SALARIAL ENQUANTO PAGA. Inserida em 26.3.99 (cancelada em decorrência da sua conversão na Orientação Jurisprudencial Transitória n. 43 da SBDI-1, DJ 20.4.05). A parcela denominada "Complementação SUDS" paga aos servidores em virtude de convênio entre o Estado e a União Federal tem natureza salarial, enquanto paga, pelo que repercute nos demais haveres trabalhistas do empregado.

169. TURNO ININTERRUPTO DE REVEZAMENTO. FIXAÇÃO DE JORNADA DE TRABALHO MEDIANTE NEGOCIAÇÃO COLETIVA. VALIDADE. (cancelada em decorrência da sua conversão na Súmula n. 423 — Res. 139/2006) — DJ 10.10.2006. Quando há na empresa o sistema de turno ininterrupto de revezamento, é válida a fixação de jornada superior a seis horas mediante a negociação coletiva.

170. ADICIONAL DE INSALUBRIDADE. LIXO URBANO. Inserida em 8.11.00 (cancelada em decorrência da sua incorporação à nova redação da Orientação Jurisprudencial n. 4 da SBDI-1, DJ 20.4.05). A limpeza em residências e escritórios e a respectiva coleta de lixo não podem ser consideradas atividades insalubres, ainda que constatadas por laudo pericial, porque não se encontram dentre as classificadas como lixo urbano, na Portaria do Ministério do Trabalho.

171. ADICIONAL DE INSALUBRIDADE. ÓLEOS MINERAIS. SENTIDO DO TERMO "MANIPULAÇÃO". Para efeito de concessão de adicional de insalubridade não há distinção entre fabricação e manuseio de óleos minerais — Portaria n. 3.214 do Ministério do Trabalho, NR-15, Anexo XIII. **(Inserida em 8.11.00)**

172. ADICIONAL DE INSALUBRIDADE OU PERICULOSIDADE. CONDENAÇÃO. INSERÇÃO EM FOLHA DE PAGAMENTO. Condenada ao pagamento do adicional de insalubridade ou periculosidade, a empresa deverá inserir, mês a mês e enquanto o trabalho for executado sob essas condições, o valor correspondente em folha de pagamento. **(Inserida em 8.11.00)**

173. ADICIONAL DE INSALUBRIDADE. ATIVIDADE A CÉU ABERTO. EXPOSIÇÃO AO SOL E AO CALOR. (redação alterada na sessão do Tribunal Pleno realizada em 14.9.2012 — Res. 186/2012, DEJT divulgado em 25.9.12).

I — Ausente previsão legal, indevido o adicional de insalubridade ao trabalhador em atividade a céu aberto, por sujeição à radiação solar (art. 195 da CLT e Anexo 7 da NR 15 da Portaria n. 3.214/78 do MTE).

II — Tem direito ao adicional de insalubridade o trabalhador que exerce atividade exposto ao calor acima dos limites de tolerância, inclusive em ambiente externo com carga solar, nas condições previstas no Anexo 3 da NR 15 da Portaria n. 3.214/78 do MTE.

174. ADICIONAL DE PERICULOSIDADE. HORAS DE SOBREAVISO. INDEVIDO. Inserida em 8.11.00 **(cancelada em decorrência da nova redação conferida à Súmula n. 132, DJ 20.4.05).** Durante as horas de sobreaviso, o empregado não se encontra em condições de risco, razão pela qual é incabível a integração do adicional de periculosidade sobre as mencionadas horas.

175. COMISSÕES. ALTERAÇÃO OU SUPRESSÃO. PRESCRIÇÃO TOTAL. (Inserida 8.11.00) (Nova redação em decorrência da incorporação da Orientação Jurisprudencial n. 248 da SBDI-1, DJ 22.11.05). A supressão das comissões, ou a alteração quanto à forma ou ao percentual, em prejuízo do empregado, é suscetível de operar a prescrição total da ação, nos termos da Súmula n. 294 do TST, em virtude de cuidar-se de parcela não assegurada por preceito de lei.

176. ANISTIA. LEI N. 6.683/79. TEMPO DE AFASTAMENTO. NÃO COMPUTÁVEL PARA EFEITO DE INDENIZAÇÃO E ADICIONAL POR TEMPO DE SERVIÇO, LICENÇA-PRÊMIO E PROMOÇÃO. Inserida em 8.11.00 (cancelada em decorrência da sua conversão na Orientação Jurisprudencial Transitória n. 44 da SBDI-1, DJ 20.4.05)

177. APOSENTADORIA ESPONTÂNEA. EFEITOS. A aposentadoria espontânea extingue o contrato de trabalho, mesmo quando o empregado continua a trabalhar na empresa após a concessão do benefício previdenciário. Assim sendo, indevida a multa de 40% do FGTS em relação ao período anterior à aposentadoria. ERR 628600/00. Tribunal Pleno. Em 28.10.03, o Tribunal Pleno decidiu, por maioria, manter o entendimento contido na Orientação Jurisprudencial n. 177, de que a aposentadoria espontânea extingue o contrato de trabalho, mesmo quando o empregado continua a trabalhar na empresa. **(Inserida em 8.11.00) (cancelada 30.10.06)**

178. BANCÁRIO. INTERVALO DE 15 MINUTOS. NÃO COMPUTÁVEL NA JORNADA DE TRABALHO. Inserida em 8.11.00 (inserido dispositivo, DJ 20.4.05). Não se computa, na jornada do bancário sujeito a seis horas diárias de trabalho, o intervalo de quinze minutos para lanche ou descanso.

179. (*)BNDES. ARTS. 224/226, CLT. APLICÁVEL A SEUS EMPREGADOS (cancelada em decorrência da sua conversão na Orientação Jurisprudencial Transitória n. 77 da SBDI-1) — DEJT divulgado em 16, 17 e 18.11.2010). Entidade sujeita à legislação bancária.

(*) Vide *Medida Provisória n. 56, de 18.07.2002 (convertida na Lei n. 10.556/02, de 13.11.2002) que fixa jornada de sete horas para empregados do BNDES e de suas subsidiárias (art. 7º) e de 8 horas para os empregados da FINEP (parágrafo único do art. 8º).*

180. COMISSIONISTA PURO. ABONO. LEI N. 8.178/91. NÃO-INCORPORAÇÃO. Inserida em 8.11.00 (cancelada em decorrência da sua conversão na Orientação Jurisprudencial Transitória n. 45 da SBDI-1, DJ 20.4.05). É indevida a incorporação do abono instituído pela Lei n. 8.178/91 aos empregados comissionistas.

181. COMISSÕES. CORREÇÃO MONETÁRIA. CÁLCULO. O valor das comissões deve ser corrigido monetariamente para em seguida obter-se a média para efeito de cálculo de férias, 13º salário e verbas rescisórias. **(Inserida em 8.11.00)**

182. COMPENSAÇÃO DE JORNADA. ACORDO INDIVIDUAL. VALIDADE. Inserida em 8.11.00 (cancelada em decorrência da nova redação conferida à Súmula n. 85, DJ 20.4.05). É válido o acordo individual para compensação de horas, salvo se houver norma coletiva em sentido contrário.

183. COMPLEMENTAÇÃO DE APOSENTADORIA. BANCO ITAÚ. Inserida em 8.11.00 (cancelada em decorrência da sua conversão na Orientação Jurisprudencial Transitória n. 46 da SBDI-1, DJ 20.4.05). O empregado admitido na vigência da Circular BB-05/66, que passou para a inatividade posteriormente à vigência da RP-40/74, está sujeito ao implemento da condição "idade mínima de 55 anos".

184. CONFISSÃO FICTA. PRODUÇÃO DE PROVA POSTERIOR. Inserida em 8.11.00 (cancelada em decorrência da nova redação conferida à Súmula n. 74, DJ 20.4.05). Somente a prova pré-constituída nos autos é que deve ser levada em conta para confronto com a confissão ficta (art. 400, I, CPC), não implicando cerceamento de defesa o indeferimento de provas posteriores.

185. CONTRATO DE TRABALHO COM A ASSOCIAÇÃO DE PAIS E MESTRES — APM. INEXISTÊNCIA DE RESPONSABILIDADE SOLIDÁRIA OU SUBSIDIÁRIA DO ESTADO. Inserida em 8.11.00 (inserido dispositivo, DJ 20.4.05). O Estado-Membro não é responsável subsidiária ou solidariamente com a Associação de Pais e Mestres pelos encargos trabalhistas dos empregados contratados por esta última, que deverão ser suportados integral e exclusivamente pelo real empregador.

186. CUSTAS. INVERSÃO DO ÔNUS DA SUCUMBÊNCIA. DESERÇÃO. NÃO-OCORRÊNCIA. No caso de inversão do ônus da sucumbência em segundo grau, sem acréscimo ou atualização do valor das custas e se estas já foram devidamente recolhidas, descabe um novo pagamento pela parte vencida, ao recorrer. Deverá ao final, se sucumbente, ressarcir a quantia. **(Inserida em 8.11.00)**

187. DÉCIMO TERCEIRO SALÁRIO. DEDUÇÃO DA 1ª PARCELA. URV. LEI N. 8.880/94. Inserida em 8.11.00 (cancelada em decorrência da sua conversão na Orientação Jurisprudencial Transitória n. 47 da SBDI-1, DJ 20.4.05). Ainda que o adiantamento do 13º salário tenha ocorrido anteriormente à edição da Lei n. 8.880/94, as deduções deverão ser realizadas considerando o valor da antecipação, em URV, na data do efetivo pagamento, não podendo a 2ª parcela ser inferior à metade do 13º salário, em URV.

188. DECISÃO NORMATIVA QUE DEFERE DIREITOS. FALTA DE INTERESSE DE AGIR PARA AÇÃO INDIVIDUAL. Falta interesse de agir para a ação individual, singular ou plúrima, quando o direito já foi reconhecido através de decisão normativa, cabendo, no caso, ação de cumprimento. **(Inserido em 8.11.00)**

189. DEPÓSITO RECURSAL. AGRAVO DE PETIÇÃO. IN/TST N. 3/93. Inserida em 8.11.00 (cancelada em decorrência da nova redação conferida à Súmula n. 128, DJ 20.4.05). Garantido o juízo, na fase executória, a exigência de depósito para recorrer de qualquer decisão viola os incisos II e LV do art. 5º da CF/1988. Havendo, porém, elevação do valor do débito, exige-se a complementação da garantia do juízo.

190. DEPÓSITO RECURSAL. CONDENAÇÃO SOLIDÁRIA. Inserida em 8.11.00 (cancelada em decorrência da nova redação conferida à Súmula n. 128, DJ 20.4.05). Havendo condenação solidária de duas ou mais empresas, o depósito recursal efetuado por uma delas aproveita as demais, quando a empresa que efetuou o depósito não pleiteia sua exclusão da lide.

191. CONTRATO DE EMPREITADA. DONO DA OBRA DE CONSTRUÇÃO CIVIL. RESPONSABILIDADE. (Nova redação — Res. 175, 24.5.11 — DJe/27.5.11) Diante da inexistência de previsão legal específica, o contrato de empreitada de construção civil entre o dono da obra e o empreiteiro não enseja responsabilidade solidária ou subsidiária nas obrigações trabalhistas contraídas pelo empreiteiro, salvo sendo o dono da obra uma empresa construtora ou incorporadora.

192. EMBARGOS DECLARATÓRIOS. PRAZO EM DOBRO. PESSOA JURÍDICA DE DIREITO PÚBLICO. DECRETO-LEI N. 779/69. É em dobro o prazo para a interposição de embargos declaratórios por Pessoa Jurídica de Direito Público. **(Inserida em 8.11.00)**

193. EQUIPARAÇÃO SALARIAL. QUADRO DE CARREIRA. HOMOLOGAÇÃO. GOVERNO ESTADUAL. VÁLIDO. Inserida em 8.11.00 (cancelada em decorrência da redação da Súmula n. 6 conferida pela Res. 104/00, DJ 18.12.00, DJ 20.04.05).

194. FAC-SÍMILE. LEI N. 9.800/99. APLICÁVEL SÓ A RECURSOS INTERPOSTOS NA SUA VIGÊNCIA. INSERIDA EM 8.11.00 (cancelada em decorrência da sua conversão na Súmula n. 387, DJ 20.4.05). A Lei n. 9.800/99 é aplicável somente a recursos interpostos após o início de sua vigência.

195. FÉRIAS INDENIZADAS. FGTS. NÃO-INCIDÊNCIA. Inserida em 8.11.00 (inserido dispositivo, DJ 20.4.05). Não incide a contribuição para o FGTS sobre as férias indenizadas.

196. GESTANTE. CONTRATO DE EXPERIÊNCIA. ESTABILIDADE PROVISÓRIA. NÃO-ASSEGURADA. Inserida em 8.11.00 (cancelada em decorrência da nova redação conferida à Súmula n. 244, DJ 20.4.05)

197. GRATIFICAÇÃO SEMESTRAL. REPERCUSSÃO NO 13º SALÁRIO. SÚMULA N. 78 DO TST. APLICÁVEL. Inserida em 8.11.00 (cancelada em decorrência da redação da Súmula n. 253 conferida pela Res. 121/03, DJ 21.11.03) (DJ 20.4.05)

198. HONORÁRIOS PERICIAIS. ATUALIZAÇÃO MONETÁRIA. Diferentemente da correção aplicada aos débitos trabalhistas, que têm caráter alimentar, a atualização monetária dos honorários periciais é fixada pelo art. 1º da Lei n. 6.899/81, aplicável a débitos resultantes de decisões judiciais. **(Inserida em 8.11.00)**

199. JOGO DO BICHO. CONTRATO DE TRABALHO. NULIDADE. OBJETO ILÍCITO (título alterado e inserido dispositivo) — DEJT divulgado em 16, 17 e 18.11.2010. É nulo o contrato de trabalho celebrado para o desempenho de atividade inerente à prática do jogo do bicho, ante a ilicitude de seu objeto, o que subtrai o requisito de validade para a formação do ato jurídico.

200. MANDATO TÁCITO. SUBSTABELECIMENTO INVÁLIDO. Inserida em 8.11.00 (inserido dispositivo, DJ 20.4.05). É inválido o substabelecimento de advogado investido de mandato tácito.

201. MULTA. ART. 477 DA CLT. MASSA FALIDA. INAPLICÁVEL. Inserida em 8.11.00 (cancelada em decorrência da sua conversão na Súmula n. 388, DJ 20.4.05)

202. PETROMISA. SUCESSÃO. PETROBRAS. LEGITIMIDADE. Inserida em 8.11.00 (cancelada em decorrência da sua conversão na Orientação Jurisprudencial Transitória n. 48 da SBDI-1, DJ 20.4.05). Em virtude da decisão tomada em assembleia, a Petrobras é a real sucessora da Petromisa, considerando que recebeu todos os bens móveis e imóveis da extinta Petromisa.

203. PLANO ECONÔMICO (COLLOR). EXECUÇÃO. CORREÇÃO MONETÁRIA. ÍNDICE DE 84,32%. LEI N. 7.738/89. APLICÁVEL. Inserida em 8.11.00 (cancelada em decorrência da sua conversão na Orientação Jurisprudencial Transitória n. 54 da SBDI-1, DJ 20.4.05)

204. PRESCRIÇÃO. CONTAGEM DO PRAZO. ART. 7º, XXIX, DA CF. Inserida em 8.11.00 (cancelada em decorrência da nova redação conferida à Súmula n. 308, DJ 20.04.05). A prescrição quinquenal abrange os cinco anos anteriores ao ajuizamento da reclamatória e não os cinco anos anteriores à data da extinção do contrato.

205. COMPETÊNCIA MATERIAL. JUSTIÇA DO TRABALHO . ENTE PÚBLICO. CONTRATAÇÃO IRREGULAR. REGIME ESPECIAL. DESVIRTUAMENTO (cancelada) — Res. 156/2009, DJe divulgado em 27, 28 e 29.4.09

I — Inscreve-se na competência material da Justiça do Trabalho dirimir dissídio individual entre trabalhador e ente público se há controvérsia acerca do vínculo empregatício.

II — A simples presença de lei que disciplina a contratação por tempo determinado para atender a necessidade temporária de excepcional interesse público (art. 37, inciso IX, da CF/1988) não é o bastante para deslocar a competência da Justiça do Trabalho se se alega desvirtuamento em tal contratação, mediante a prestação de serviços à Administração para atendimento de necessidade permanente e não para acudir a situação transitória e emergencial.

206. PROFESSOR. HORAS EXTRAS. ADICIONAL DE 50%. Excedida a jornada máxima (art. 318 da CLT), as horas excedentes devem ser remuneradas com o adicional de, no mínimo, 50% (art. 7º, XVI, CF/88). **(Inserida em 8.11.00)**

207. PROGRAMA DE INCENTIVO À DEMISSÃO VOLUNTÁRIA. INDENIZAÇÃO. IMPOSTO DE RENDA. NÃO-INCIDÊNCIA. Inserida em 8.11.00 (inserido dispositivo, DJ 20.4.05). A indenização paga em virtude de adesão a programa de incentivo à demissão voluntária não está sujeita à incidência do imposto de renda.

208. RADIOLOGISTA. GRATIFICAÇÃO DE RAIOS X. REDUÇÃO. LEI N. 7.923/89. A alteração da gratificação por trabalho com raios X, de quarenta para dez por cento, na forma da Lei n. 7.923/89, não causou prejuízo ao trabalhador porque passou a incidir sobre o salário incorporado com todas as demais vantagens. **(Inserida em 8.11.00)**

209. RECESSO FORENSE. SUSPENSÃO DOS PRAZOS RECURSAIS (ARTS. 181, I, E 148 DO RI/TST). Inserida em 8.11.00 (cancelada em decorrência da nova redação conferida à Súmula n. 262, DJ 20.4.05)

210. SEGURO-DESEMPREGO. COMPETÊNCIA DA JUSTIÇA DO TRABALHO. Inserida em 8.11.00 (cancelada em decorrência da sua conversão na Súmula n. 389, DJ 20.4.05)

211. SEGURO-DESEMPREGO. GUIAS. NÃO-LIBERAÇÃO. INDENIZAÇÃO SUBSTITUTIVA. Inserida em

8.11.00 (cancelada em decorrência da sua conversão na Súmula n. 389, DJ 20.4.05). O não-fornecimento pelo empregador da guia necessária para o recebimento do seguro-desemprego dá origem ao direito à indenização.

212. SERPRO. NORMA REGULAMENTAR. REAJUSTES SALARIAIS. SUPERVENIÊNCIA DE SENTENÇA NORMATIVA. PREVALÊNCIA. Inserida em 8.11.00 (cancelada em decorrência da sua conversão na Orientação Jurisprudencial Transitória n. 49 da SBDI-1, DJ 20.4.05). Durante a vigência do instrumento normativo, é lícita ao empregador a obediência à norma coletiva (DC 8948/90), que alterou as diferenças interníveis previstas no Regulamento de Recursos Humanos.

213. TELEX. OPERADORES. ART. 227 DA CLT. INAPLICÁVEL. O operador de telex de empresa, cuja atividade econômica não se identifica com qualquer uma das previstas no art. 227 da CLT, não se beneficia de jornada reduzida. **(8.11.00)**

214. URP'S DE JUNHO E JULHO DE 1988. SUSPENSÃO DO PAGAMENTO. DATA-BASE EM MAIO. DECRETO-LEI N. 2.425/1988. INEXISTÊNCIA DE VIOLAÇÃO A DIREITO ADQUIRIDO. Inserida em 8.11.2000 (cancelada em decorrência da sua conversão na Orientação Jurisprudencial Transitória n. 58 da SBDI-1). O Decreto-lei n. 2.425, de 7.4.1988, não ofendeu o direito adquirido dos empregados com data-base em maio, pelo que não fazem jus às URP's de junho e julho de 1988.

215. VALE-TRANSPORTE. ÔNUS DA PROVA. (Cancelada Res. 175, 24.5.11 — DJe 27.5.11) É do empregado o ônus de comprovar que satisfaz os requisitos indispensáveis à obtenção do vale-transporte.

216. VALE-TRANSPORTE. SERVIDOR PÚBLICO CELETISTA. LEI N. 7.418/85. DEVIDO. Inserida em 8.11.00 (inserido dispositivo, DJ 20.4.05). Aos servidores públicos celetistas é devido o vale-transporte, instituído pela Lei n. 7.418/85, de 16 de dezembro de 1985.

217. AGRAVO DE INSTRUMENTO. TRASLADO. LEI N. 9.756/1998. GUIAS DE CUSTAS E DE DEPÓSITO RECURSAL. Para a formação do Agravo de Instrumento, não é necessária a juntada de comprovantes de recolhimento de custas e de depósito recursal relativamente ao Recurso Ordinário, desde que não seja objeto de controvérsia no Recurso de Revista a validade daqueles recolhimentos. **(Inserida em 2.4.01)**

218. PLANO COLLOR. SERVIDORES DO GDF. CELETISTAS. LEI DISTRITAL N. 38/89. Inserida em 2.4.01 (cancelada em decorrência da sua incorporação à Orientação Jurisprudencial n. 241 da SBDI-1 e posterior conversão na Orientação Jurisprudencial Transitória n. 55 da SBDI-1, DJ 20.4.05). Inexiste direito adquirido às diferenças salariais de 84,32% do IPC de março de 1990 aos servidores celetistas da Administração Direta do Distrito Federal.

219. RECURSO DE REVISTA OU DE EMBARGOS FUNDAMENTADO EM ORIENTAÇÃO JURISPRUDENCIAL DO TST. É válida, para efeito de conhecimento do recurso de revista ou de embargos, a invocação de Orientação Jurisprudencial do Tribunal Superior do Trabalho, desde que, das razões recursais, conste o seu número ou conteúdo. **(Inserida em 2.4.01)**

220. ACORDO DE COMPENSAÇÃO. EXTRAPOLAÇÃO DA JORNADA. Inserida em 20.6.01 (cancelada em decorrência da nova redação conferida à Súmula n. 85, DJ 20.4.05). A prestação de horas extras habituais descaracteriza o acordo de compensação de horas. Nesta hipótese, as horas que ultrapassarem a jornada semanal normal devem ser pagas como horas extras e, quanto àquelas destinadas à compensação, deve ser pago a mais apenas o adicional por trabalho extraordinário.

221. ANISTIA. LEI N. 8.878/94. EFEITOS FINANCEIROS DEVIDOS A PARTIR DO EFETIVO RETORNO À ATIVIDADE. Inserida em 20.6.01 (cancelada em decorrência da sua conversão na Orientação Jurisprudencial Transitória n. 56 da SBDI-1)

222. BANCÁRIO. ADVOGADO. CARGO DE CONFIANÇA. Inserida em 20.6.01 (cancelada em decorrência da nova redação conferida à Súmula n. 102, DJ 20.4.05). O advogado empregado de banco, pelo simples exercício da advocacia, não exerce cargo de confiança, não se enquadrando, portanto, na hipótese do § 2º do art. 224 da CLT.

223. COMPENSAÇÃO DE JORNADA. ACORDO INDIVIDUAL TÁCITO. INVÁLIDO. Inserida em 20.6.01 (cancelada em decorrência da nova redação conferida à Súmula n. 85, DJ 20.4.05)

224. COMPLEMENTAÇÃO DE APOSENTADORIA. REAJUSTE. LEI N. 9.069, DE 29.6.1995. (DEJT divulgado em 16, 17 e 20.9.10)

I — A partir da vigência da Medida Provisória n. 542, de 30.6.1994, convalidada pela Lei n. 9.069, de 29.06.1995, o critério de reajuste da complementação de aposentadoria passou a ser anual e não semestral, aplicando-se o princípio *rebus sic stantibus* diante da nova ordem econômica. II — A alteração da periodicidade do reajuste da complementação de aposentadoria – de semestral para anual –, não afeta o direito ao resíduo inflacionário apurado nos meses de abril, maio e junho de 1994, que deverá incidir sobre a correção realizada no mês de julho de 1995.

225. CONTRATO DE CONCESSÃO DE SERVIÇO PÚBLICO. RESPONSABILIDADE TRABALHISTA. (nova redação, DJ 20.4.05). Celebrado contrato de concessão de serviço público em que uma empresa (primeira concessionária) outorga a outra (segunda concessionária), no todo ou em parte, mediante arrendamento, ou qualquer outra forma contratual, a título transitório, bens de sua propriedade:

I — em caso de rescisão do contrato de trabalho após a entrada em vigor da concessão, a segunda concessionária, na condição de sucessora, responde pelos direitos decorrentes do contrato de trabalho, sem prejuízo da responsabilidade subsidiária da primeira concessionária pelos débitos trabalhistas contraídos até a concessão;

II — no tocante ao contrato de trabalho extinto antes da vigência da concessão, a responsabilidade pelos direitos dos trabalhadores será exclusivamente da antecessora.

226. CRÉDITO TRABALHISTA. CÉDULA DE CRÉDITO RURAL. CÉDULA DE CRÉDITO INDUSTRIAL. PENHORABILIDADE. Inserida em 20.6.01 (título alterado, DJ 20.4.05). Diferentemente da cédula de crédito industrial garantida por alienação fiduciária, na cédula rural pignoratícia ou hipotecária o bem permanece sob o domínio do devedor (executado), não constituindo óbice à penhora na esfera trabalhista. (Decreto-lei n. 167/67, art. 69; CLT, arts. 10 e 30 e Lei n. 6.830/80).

227. DENUNCIAÇÃO DA LIDE. PROCESSO DO TRABALHO. INCOMPATIBILIDADE. Inserida em 20.6.01 (Cancelada, DJ 22.11.05)

228. DESCONTOS LEGAIS. SENTENÇAS TRABALHISTAS. LEI N. 8.541/92, ART. 46. PROVIMENTO DA CGJT N. 3/84 E ALTERAÇÕES POSTERIORES. Inserida em 20.6.01 (cancelada em decorrência da sua conversão na Súmula n. 368, DJ 20.4.05). O recolhimento dos descontos legais, resultante dos créditos do trabalhador oriundos de condenação judicial, deve incidir sobre o valor total da condenação e calculado ao final.

229. ESTABILIDADE. ART. 41, CF/1988. CELETISTA. EMPRESA PÚBLICA E SOCIEDADE DE ECONOMIA MISTA. INAPLICÁVEL. Inserida em 20.6.01 (cancelada em decorrência da sua conversão na Súmula n. 390, DJ 20.4.05)

230. ESTABILIDADE. LEI N. 8.213/91. ART. 118 C/C ART. 59. Inserida em 20.6.01 (cancelada em decorrência da sua conversão na Súmula n. 378, DJ 20.4.05). O afastamento do trabalho por prazo superior a 15 dias e a consequente percepção do auxílio-doença acidentário constituem pressupostos para o direito à estabilidade prevista no art. 118 da Lei n. 8.213/91, assegurada por período de 12 meses, após a cessação do auxílio-doença.

231. FÉRIAS. ABONO INSTITUÍDO POR INSTRUMENTO NORMATIVO E TERÇO CONSTITUCIONAL. SIMULTANEIDADE INVIÁVEL. Inserida em 20.6.01 (cancelada em decorrência da sua conversão na Orientação Jurisprudencial Transitória n. 50 da SBDI-1, DJ 20.4.05)

232. FGTS. INCIDÊNCIA. EMPREGADO TRANSFERIDO PARA O EXTERIOR. REMUNERAÇÃO. O FGTS incide sobre todas as parcelas de natureza salarial pagas ao empregado em virtude de prestação de serviços no exterior. **(Inserida em 20.6.01)**

233. HORAS EXTRAS. COMPROVAÇÃO DE PARTE DO PERÍODO ALEGADO. (nova redação, DJ 20.4.05). A decisão que defere horas extras com base em prova oral ou documental não ficará limitada ao tempo por ela abrangido, desde que o julgador fique convencido de que o procedimento questionado superou aquele período.

234. HORAS EXTRAS. FOLHA INDIVIDUAL DE PRESENÇA (FIP) INSTITUÍDA POR NORMA COLETIVA. PROVA ORAL. PREVALÊNCIA. Inserida em 20.6.01 (cancelada em decorrência da nova redação conferida à Súmula n. 338, DJ 20.4.05). A presunção de veracidade da jornada de trabalho anotada em folha individual de presença, ainda que prevista em instrumento normativo, pode ser elidida por prova em contrário.

235. HORAS EXTRAS. SALÁRIO POR PRODUÇÃO. (redação alterada na sessão do Tribunal Pleno realizada em 16.4.2012) — (Resol. n. 182/TST, de 16.4.12, DEJT 19.4.12). O empregado que recebe salário por produção e trabalha em sobrejornada tem direito à percepção apenas do adicional de horas extras, exceto no caso do empregado cortador de cana, a quem é devido o pagamento das horas extras e do adicional respectivo.

236. HORAS *IN ITINERE*. HORAS EXTRAS. ADICIONAL DEVIDO. Inserida em 20.6.01 (cancelada em decorrência da nova redação conferida à Súmula n. 90, DJ 20.4.05). Considerando que as horas *in itinere* são computáveis na jornada de trabalho, o tempo que extrapola a jornada legal é considerado como extraordinário e sobre ele deve incidir o adicional respectivo.

237. MINISTÉRIO PÚBLICO DO TRABALHO. ILEGITIMIDADE PARA RECORRER. O Ministério Público não tem legitimidade para recorrer na defesa de interesse patrimonial privado, inclusive de empresas públicas e sociedades de economia mista. **(Inserida em 20.6.01)**

238. MULTA. ART. 477 DA CLT. PESSOA JURÍDICA DE DIREITO PÚBLICO. APLICÁVEL. Inserida em 20.6.01 (inserido dispositivo, DJ 20.4.05). Submete-se à multa do artigo 477 da CLT a pessoa jurídica de direito público que não observa o prazo para pagamento das verbas rescisórias, pois nivela-se a qualquer particular, em direitos e obrigações, despojando-se do "jus imperii" ao celebrar um contrato de emprego.

239. MULTA CONVENCIONAL. HORAS EXTRAS. Inserida em 20.6.01 (cancelada em decorrência da sua conversão na Súmula n. 384, DJ 20.4.05). Prevista em instrumento normativo (sentença normativa, convenção ou acordo coletivo) determinada obrigação e, consequentemente, multa pelo respectivo descumprimento, esta tem incidência mesmo que aquela obrigação seja mera repetição de texto da CLT.

240. PETROLEIROS. HORAS EXTRAS. LEI N. 5.811/72. RECEPCIONADA PELA CF/1988. Inserida em 20.6.01 (cancelada em decorrência da sua conversão na Súmula n. 391, DJ 20.4.05)

241. PLANO COLLOR. SERVIDORES DE FUNDAÇÕES E AUTARQUIAS DO GDF. CELETISTAS. LEGISLAÇÃO FEDERAL. Inserida em 20.6.01 (cancelada em decorrência da sua conversão na Orientação Jurisprudencial Transitória n. 55 da SBDI-1, DJ 20.4.05). Inexiste direito adquirido às diferenças salariais de 84,32% do IPC de março de 1990 aos servidores celetistas de Fundações e Autarquias do GDF.

242. PRESCRIÇÃO TOTAL. HORAS EXTRAS. ADICIONAL. INCORPORAÇÃO. Embora haja previsão legal para o direito à hora extra, inexiste previsão para a incorporação ao salário do respectivo adicional, razão pela qual deve incidir a prescrição total. **(Inserida em 20.6.01)**

243. PRESCRIÇÃO TOTAL. PLANOS ECONÔMICOS. Aplicável a prescrição total sobre o direito de reclamar diferenças salariais resultantes de planos econômicos. **(Inserida em 20.6.01)**

244. PROFESSOR. REDUÇÃO DA CARGA HORÁRIA. POSSIBILIDADE. A redução da carga horária do professor, em virtude da diminuição do número de alunos, não constitui alteração contratual, uma vez que não implica redução do valor da hora-aula. **(Inserida em 20.6.01)**

245. REVELIA. ATRASO. AUDIÊNCIA. Inexiste previsão legal tolerando atraso no horário de comparecimento da parte na audiência. **(Inserida em 20.6.01)**

246. SALÁRIO-UTILIDADE. VEÍCULO. Inserida em 20.6.01 (cancelada em decorrência da sua conversão na Súmula n. 367, DJ 20.4.05). A utilização, pelo empregado, em atividades particulares, de veículo que lhe é fornecido para o trabalho da empresa não caracteriza salário-utilidade.

247. SERVIDOR PÚBLICO. CELETISTA CONCURSADO. DESPEDIDA IMOTIVADA. EMPRESA PÚBLICA OU SOCIEDADE DE ECONOMIA MISTA. POSSIBILIDADE. (Nova redação, res. TST 143/07, DJ 13.11.07). I — A despedida de empregados de empresa pública e de sociedade de economia mista, mesmo admitidos por concurso público, independe de ato motivado para sua validade; II — A validade do ato de despedida do empregado da Empresa Brasileira de Correios e Telégrafos (ECT) está condicionada à motivação, por gozar a empresa do mesmo tratamento destinado à Fazenda Pública em relação à imunidade tributária e à execução por precatório, além das prerrogativas de foro, prazos e custas processuais.

248. COMISSÕES. ALTERAÇÃO. PRESCRIÇÃO TOTAL. SÚMULA N. 294. APLICÁVEL. Inserida em 13.3.02 (cancelada em decorrência da sua incorporação à Orientação Jurisprudencial n. 175 da SBDI-1, DJ 22.11.05). A alteração das comissões caracteriza-se como ato único e positivo do empregador, incidindo a prescrição total, nos termos da Súmula n. 294 do TST.

249. COMPETÊNCIA RESIDUAL. REGIME JURÍDICO ÚNICO. LEI N. 8.112/90. LIMITAÇÃO. Inserida em 13.3.02 (cancelada em decorrência da sua incorporação à nova redação da Orientação Jurisprudencial n. 138 da SBDI-1, DJ 20.4.05). A superveniência de regime estatutário em substituição ao celetista, mesmo após a sentença, limita a execução ao período celetista.

250. COMPLEMENTAÇÃO DE APOSENTADORIA. CAIXA ECONÔMICA FEDERAL. AUXÍLIO-ALIMENTAÇÃO. SUPRESSÃO. SÚMULAS NS. 51 E 288. APLICÁVEIS. Inserida em 13.3.02 (cancelada em decorrência da sua conversão na Orientação Jurisprudencial Transitória n. 51 da SBDI-1, DJ 20.4.05). A determinação de supressão do pagamento de auxílio-alimentação aos aposentados e pensionistas da Caixa Econômica Federal, oriunda do

Ministério da Fazenda, não atinge aqueles ex-empregados que já percebiam o benefício.

251. DESCONTOS. FRENTISTA. CHEQUES SEM FUNDOS. É lícito o desconto salarial referente à devolução de cheques sem fundos, quando o frentista não observar as recomendações previstas em instrumento coletivo. **(Inserida em 13.3.02)**

252. EQUIPARAÇÃO SALARIAL. MESMA LOCALIDADE. CONCEITO. ART. 461 DA CLT. Inserida em 13.3.02 (cancelada em decorrência da nova redação conferida à Súmula n. 6, DJ 20.4.05). O conceito de "mesma localidade" de que trata o art. 461 da CLT refere-se, em princípio, ao mesmo município, ou a municípios distintos que, comprovadamente, pertençam à mesma região metropolitana.

253. ESTABILIDADE PROVISÓRIA. COOPERATIVA. LEI N. 5.764/71. CONSELHO FISCAL. SUPLENTE. NÃO ASSEGURADA. O art. 55 da Lei n. 5.764/71 assegura a garantia de emprego apenas aos empregados eleitos diretores de Cooperativas, não abrangendo os membros suplentes. **(Inserida em 13.3.02)**

254. FGTS. MULTA DE 40%. AVISO PRÉVIO INDENIZADO. ATUALIZAÇÃO MONETÁRIA. DIFERENÇA INDEVIDA. Inserida em 13.3.02 (cancelada em decorrência da sua incorporação à nova redação da Orientação Jurisprudencial n. 42 da SBDI-1, DJ 20.4.05). O cálculo da multa de 40% do FGTS deverá ser feito com base no saldo da conta vinculada na data do efetivo pagamento das verbas rescisórias, desconsiderada a projeção do aviso prévio indenizado, por ausência de previsão legal.

255. MANDATO. CONTRATO SOCIAL. DESNECESSÁRIA A JUNTADA. O art. 12, VI, do CPC não determina a exibição dos estatutos da empresa em juízo como condição de validade do instrumento de mandato outorgado ao seu procurador, salvo se houver impugnação da parte contrária. **(Inserida em 13.3.02)**

256. PREQUESTIONAMENTO. CONFIGURAÇÃO. TESE EXPLÍCITA. SÚMULA N. 297. Para fins do requisito do prequestionamento de que trata a Súmula n. 297, há necessidade de que haja, no acórdão, de maneira clara, elementos que levem à conclusão de que o Regional adotou uma tese contrária à lei ou à Súmula. **(Inserida em 13.3.02)**

257. RECURSO DE REVISTA. FUNDAMENTAÇÃO. VIOLAÇÃO DE LEI. VOCÁBULO VIOLAÇÃO. DESNECESSIDADE (alterada em decorrência do inciso II do art. 894 da CLT, incluído pela Lei n 11.496/2007) (Resol. n. 182/TST, de 16.4.12, DEJT 19.4.12. A invocação expressa no recurso de revista dos preceitos legais ou constitucionais tidos como violados não significa exigir da parte a utilização das expressões "contrariar", "ferir", "violar", etc.

258. ADICIONAL DE PERICULOSIDADE. ACORDO COLETIVO OU CONVENÇÃO COLETIVA. PREVALÊNCIA. (Convertida na Súmula n. 364, DJ 20.4.05). A fixação do adicional de periculosidade, em percentual inferior ao legal e proporcional ao tempo de exposição ao risco, deve ser respeitada, desde que pactuada em acordos ou convenções coletivos de trabalho (art. 7º, inciso XXVI, da CF/88). **(Inserida em 27.9.02)**

259. ADICIONAL NOTURNO. BASE DE CÁLCULO. ADICIONAL DE PERICULOSIDADE. INTEGRAÇÃO. O adicional de periculosidade deve compor a base de cálculo do adicional noturno, já que também neste horário o trabalhador permanece sob as condições de risco. **(Inserida em 27.9.02)**

260. AGRAVO DE INSTRUMENTO. RECURSO DE REVISTA. PROCEDIMENTO SUMARÍSSIMO. LEI N. 9.957/00. PROCESSOS EM CURSO. I — É inaplicável o rito sumaríssimo aos processos iniciados antes da vigência da Lei n. 9.957/00. II — No caso de o despacho denegatório de recurso de revista invocar, em processo iniciado antes da Lei n. 9.957/00, o § 6º do art. 896 da CLT (rito sumaríssimo), como óbice ao trânsito do apelo calcado em divergência jurisprudencial ou violação de dispositivo infraconstitucional, o Tribunal superará o obstáculo, apreciando o recurso sob esses fundamentos. **(Inserida em 27.9.02)**

261. BANCOS. SUCESSÃO TRABALHISTA. As obrigações trabalhistas, inclusive as contraídas à época em que os empregados trabalhavam para o banco sucedido, são de responsabilidade do sucessor, uma vez que a este foram transferidos os ativos, as agências, os direitos e deveres contratuais, caracterizando típica sucessão trabalhista. **(Inserida em 27.9.02)**

262. COISA JULGADA. PLANOS ECONÔMICOS. LIMITAÇÃO À DATA BASE NA FASE DE EXECUÇÃO. Não ofende a coisa julgada a limitação à data base da categoria, na fase executória, da condenação ao pagamento de diferenças salariais decorrentes de planos econômicos, quando a decisão exequenda silenciar sobre a limitação, uma vez que a limitação decorre de norma cogente. Apenas quando a sentença exequenda houver expressamente afastado a limitação à data base é que poderá ocorrer ofensa à coisa julgada. **(Inserida em 27.9.02)**

263. CONTRATO POR PRAZO DETERMINADO. LEI ESPECIAL (ESTADUAL E MUNICIPAL). INCOMPETÊNCIA DA JUSTIÇA DO TRABALHO. A relação jurídica que se estabelece entre o Estado ou Município e o servidor contratado para exercer funções temporárias ou de natureza técnica, decorrente de lei especial, é de natureza administrativa, razão pela qual a competência é da justiça comum, até mesmo para apreciar a ocorrência de eventual desvirtuamento do regime especial (CF/67, art. 106; CF/88, art. 37, IX). **(Inserida em 27.9.02) (Cancelada — DJ 14.9.04)**

264. DEPÓSITO RECURSAL. PIS/PASEP. AUSÊNCIA DE INDICAÇÃO NA GUIA DE DEPÓSITO RECURSAL. VALIDADE. Não é essencial para a validade da comprovação do depósito recursal a indicação do número do PIS/PASEP na guia respectiva. **(Inserida em 27.9.02)**

265. ESTABILIDADE. ART. 41 DA CF/1988. CELETISTA. ADMINISTRAÇÃO DIRETA, AUTÁRQUICA OU FUNDACIONAL. APLICABILIDADE. Inserida em 27.9.02 (cancelada em decorrência da sua conversão na Súmula n. 390, DJ 20.4.05). O servidor público celetista da administração direta, autárquica ou fundacional é beneficiário da estabilidade prevista no art. 41 da Constituição Federal.

266. ESTABILIDADE. DIRIGENTE SINDICAL. LIMITAÇÃO. ART. 522 DA CLT. Inserida em 27.9.02 (cancelada em decorrência da sua conversão na Súmula n. 369, DJ 20.4.05). O art. 522 da CLT, que limita a sete o número de dirigentes sindicais, foi recepcionado pela Constituição Federal de 1988.

267. HORAS EXTRAS. ADICIONAL DE PERICULOSIDADE. BASE DE CÁLCULO. Inserida em 27.9.02 (cancelada em decorrência da nova redação conferida à Súmula n. 132, DJ 20.4.05). O adicional de periculosidade integra a base de cálculo das horas extras.

268. INDENIZAÇÃO ADICIONAL. LEIS NS. 6.708/79 E 7.238/84. AVISO PRÉVIO. PROJEÇÃO. ESTABILIDADE PROVISÓRIA. Somente após o término do período estabilitário é que se inicia a contagem do prazo do aviso prévio para efeito das indenizações previstas nos artigos 9º da Lei n. 6.708/79 e 9º da Lei n. 7.238/84. **(Inserida em 27.9.02)**

269. JUSTIÇA GRATUITA. REQUERIMENTO DE ISENÇÃO DE DESPESAS PROCESSUAIS. MOMENTO OPORTUNO. O benefício da justiça gratuita pode ser requerido em qualquer tempo ou grau de jurisdição, desde que, na fase recursal, seja o requerimento formulado no prazo alusivo ao recurso. **(Inserida em 27.9.02)**

270. PROGRAMA DE INCENTIVO À DEMISSÃO VOLUNTÁRIA. TRANSAÇÃO EXTRAJUDICIAL. PARCELAS

ORIUNDAS DO EXTINTO CONTRATO DE TRABALHO. EFEITOS. A transação extrajudicial que importa rescisão do contrato de trabalho ante a adesão do empregado a plano de demissão voluntária implica quitação exclusivamente das parcelas e valores constantes do recibo. **(Inserida em 27.9.02)**

271. RURÍCOLA. PRESCRIÇÃO. CONTRATO DE EMPREGO EXTINTO. EMENDA CONSTITUCIONAL N. 28/2000. INAPLICABILIDADE. (Alterada, DJ 22.11.05). O prazo prescricional da pretensão do rurícola, cujo contrato de emprego já se extinguira ao sobrevir a Emenda Constitucional n. 28, de 26.5.00, tenha sido ou não ajuizada a ação trabalhista, prossegue regido pela lei vigente ao tempo da extinção do contrato de emprego.

272. SALÁRIO MÍNIMO. SERVIDOR. SALÁRIO-BASE INFERIOR. DIFERENÇAS. INDEVIDAS. A verificação do respeito ao direito ao salário mínimo não se apura pelo confronto isolado do salário-base com o mínimo legal, mas deste com a soma de todas as parcelas de natureza salarial recebidas pelo empregado diretamente do empregador. **(Inserida em 27.9.02)**

273. "TELEMARKETING". OPERADORES. ART. 227 DA CLT. INAPLICÁVEL. (Cancelada Res. 175, 24.5.11 — DJe 27.5.11) A jornada reduzida de que trata o art. 227 da CLT não é aplicável, por analogia, ao operador de televendas, que não exerce suas atividades exclusivamente como telefonista, pois, naquela função, não opera mesa de transmissão, fazendo uso apenas dos telefones comuns para atender e fazer as ligações exigidas no exercício da função.

274. TURNO ININTERRUPTO DE REVEZAMENTO. FERROVIÁRIO. HORAS EXTRAS. DEVIDAS. O ferroviário submetido a escalas variadas, com alternância de turnos, faz jus à jornada especial prevista no art. 7º, XIV, da CF/88. **(Inserida em 27.9.02)**

275. TURNO ININTERRUPTO DE REVEZAMENTO. HORISTA. HORAS EXTRAS E ADICIONAL. DEVIDOS. Inexistindo instrumento coletivo fixando jornada diversa, o empregado horista submetido a turno ininterrupto de revezamento faz jus ao pagamento das horas extraordinárias laboradas além da 6ª, bem como ao respectivo adicional. **(Inserida em 27.9.02)**

276. AÇÃO DECLARATÓRIA. COMPLEMENTAÇÃO DE APOSENTADORIA. É incabível ação declaratória visando a declarar direito à complementação de aposentadoria, se ainda não atendidos os requisitos necessários à aquisição do direito, seja por via regulamentar, ou por acordo coletivo. **(DJ 11.8.03)**

277. AÇÃO DE CUMPRIMENTO FUNDADA EM DECISÃO NORMATIVA QUE SOFREU POSTERIOR REFORMA, QUANDO JÁ TRANSITADA EM JULGADO A SENTENÇA CONDENATÓRIA. COISA JULGADA. NÃO-CONFIGURAÇÃO. A coisa julgada produzida na ação de cumprimento é atípica, pois dependente de condição resolutiva, ou seja, da não-modificação da decisão normativa por eventual recurso. Assim, modificada a sentença normativa pelo TST, com a consequente extinção do processo, sem julgamento do mérito, deve-se extinguir a execução em andamento, uma vez que a norma sobre a qual se apoiava o título exequendo deixou de existir no mundo jurídico. **(DJ 11.8.03)**

278. ADICIONAL DE INSALUBRIDADE. PERÍCIA. LOCAL DE TRABALHO DESATIVADO. A realização de perícia é obrigatória para a verificação de insalubridade. Quando não for possível sua realização como em caso de fechamento da empresa, poderá o julgador utilizar-se de outros meios de prova. **(DJ 11.8.03)**

279. ADICIONAL DE PERICULOSIDADE. ELETRICITÁRIOS. BASE DE CÁLCULO. LEI N. 7.369/1985, ART. 1º. INTERPRETAÇÃO. O adicional de periculosidade dos eletricitários deverá ser calculado sobre o conjunto de parcelas de natureza salarial. **(DJ 11.8.03)**

280. ADICIONAL DE PERICULOSIDADE. EXPOSIÇÃO EVENTUAL. INDEVIDO. DJ 11.8.03 (cancelada em decorrência da sua conversão na Súmula n. 364, DJ 20.4.05). O contato eventual com o agente perigoso, assim considerado o fortuito, ou o que, sendo habitual, se dá por tempo extremamente reduzido, não dá direito ao empregado a perceber o adicional respectivo.

281. AGRAVO DE INSTRUMENTO. ACÓRDÃO DO TRT NÃO ASSINADO. INTERPOSTO ANTERIORMENTE À INSTRUÇÃO NORMATIVA N. 16/99. DJ 11.8.03 (cancelada em decorrência da sua conversão na Orientação Jurisprudencial Transitória n. 52 da SBDI-1, DJ 20.4.05). Nos Agravos de Instrumentos interpostos anteriormente à edição da Instrução Normativa n. 16/99, a ausência de assinatura na cópia não a torna inválida, desde que dela conste o carimbo, aposto pelo servidor, certificando que confere com o original.

282. AGRAVO DE INSTRUMENTO. JUÍZO DE ADMISSIBILIDADE *AD QUEM*. No julgamento de Agravo de Instrumento ao afastar o óbice apontado pelo TRT para o processamento do recurso de revista, pode o juízo *ad quem* prosseguir no exame dos demais pressupostos extrínsecos e intrínsecos do recurso de revista, mesmo que não apreciados pelo TRT. **(DJ 11.8.03)**

283. AGRAVO DE INSTRUMENTO. PEÇAS ESSENCIAIS. TRASLADO REALIZADO PELO AGRAVADO. VALIDADE. É válido o traslado de peças essenciais efetuado pelo agravado, pois a sua regular formação incumbe às partes e não somente ao agravante. **(DJ 11.8.03)**

284. AGRAVO DE INSTRUMENTO. TRASLADO. AUSÊNCIA DE CERTIDÃO DE PUBLICAÇÃO. ETIQUETA ADESIVA IMPRESTÁVEL PARA AFERIÇÃO DA TEMPESTIVIDADE. A etiqueta adesiva na qual consta a expressão "no prazo" não se presta à aferição de tempestividade do recurso, pois sua finalidade é tão somente servir de controle processual interno do TRT e sequer contém a assinatura do funcionário responsável por sua elaboração. **(DJ 11.8.03)**

285. AGRAVO DE INSTRUMENTO. TRASLADO. CARIMBO DO PROTOCOLO DO RECURSO ILEGÍVEL. INSERVÍVEL. O carimbo do protocolo da petição recursal constitui elemento indispensável para aferição da tempestividade do apelo, razão pela qual deverá estar legível, pois um dado ilegível é o mesmo que a inexistência do dado **(DJ 11.8.03)**

286. AGRAVO DE INSTRUMENTO. TRASLADO. MANDATO TÁCITO. ATA DE AUDIÊNCIA. CONFIGURAÇÃO (alterada). Res. 167/2010, DEJT divulgado em 30.4.2010 e 3 e 4.5.2010

I — A juntada da ata de audiência, em que consignada a presença do advogado, desde que não estivesse atuando com mandato expresso, torna dispensável a procuração deste, porque demonstrada a existência de mandato tácito.

II — Configurada a existência de mandato tácito fica suprida a irregularidade detectada no mandato expresso.

287. AUTENTICAÇÃO. DOCUMENTOS DISTINTOS. DESPACHO DENEGATÓRIO DO RECURSO DE REVISTA E CERTIDÃO DE PUBLICAÇÃO. Distintos os documentos contidos no verso e anverso, é necessária a autenticação de ambos os lados da cópia. **(DJ 11.8.03)**

288. BANCÁRIO. CARGO DE CONFIANÇA. ART. 224, § 2º, CLT. GRATIFICAÇÃO. PAGAMENTO A MENOR. DJ 11.8.03 (cancelada em decorrência da nova redação conferida à Súmula n. 102, DJ 20.4.05). Devidas são as 7ª e 8ª horas como extras no período em que se verificou o pagamento a menor da gratificação de 1/3.

289. BANCO DO BRASIL. COMPLEMENTAÇÃO DE APOSENTADORIA. MÉDIA TRIENAL. VALORIZADA. DJ 11.8.03 (cancelada em decorrência da sua incorporação à nova redação da Orientação Jurisprudencial n. 18 da SBDI-1, DJ 20.4.05). Nos cálculos da complementação de aposentadoria há de ser observada a média trienal valorizada.

290. CONTRIBUIÇÃO SINDICAL PATRONAL. AÇÃO DE CUMPRIMENTO. INCOMPETÊNCIA DA JUSTIÇA DO TRABALHO. (cancelada — DJ 5.7.05). É incompetente a Justiça do Trabalho para apreciar lide entre o sindicato patronal e a respectiva categoria econômica, objetivando cobrar a contribuição assistencial. **(DJ 11.8.03)**

291. CUSTAS. EMBARGOS DE TERCEIRO INTERPOSTOS ANTERIORMENTE À LEI N. 10.537/02. INEXIGÊNCIA DE RECOLHIMENTO. DJ 11.8.03 (cancelada em decorrência da sua conversão na Orientação Jurisprudencial Transitória n. 53 da SBDI-1, DJ 20.4.05). Tratando-se de embargos de terceiro, incidentes em execução, interpostos anteriormente à Lei n. 10.537/02, incabível o pagamento de custas, por falta de previsão legal.

292. DIÁRIAS. INTEGRAÇÃO AO SALÁRIO. ART. 457, § 2º, DA CLT. DJ 11.8.03 (cancelada em decorrência da nova redação conferida à Súmula n. 101, DJ 20.4.05). As diárias de viagem pagas, ainda que superiores a 50%, só integram o salário do empregado enquanto perdurarem as viagens.

293. EMBARGOS À SDI CONTRA DECISÃO DE TURMA DO TST EM AGRAVO DO ART. 557, § 1º, DO CPC. CABIMENTO (cancelada em decorrência da sua conversão na letra F da Súmula n. 353 do TST) — Res. 171/2010 — DEJT divulgado em 19, 22 e 23.11.2010. São cabíveis Embargos para a SDI contra decisão de Turma proferida em Agravo interposto de decisão monocrática do relator, baseada no art. 557, § 1º, do CPC.

294. EMBARGOS À SDI CONTRA DECISÃO EM RECURSO DE REVISTA NÃO CONHECIDO QUANTO AOS PRESSUPOSTOS INTRÍNSECOS. NECESSÁRIA A INDICAÇÃO EXPRESSA DE OFENSA AO ART. 896 DA CLT (cancelada em decorrência da sua conversão na Orientação Jurisprudencial Transitória n. 78 da SBDI-1) — Res. 194/2014, DEJT divulgado em 21, 22 e 23.05.2014. Para a admissibilidade e conhecimento de embargos, interpostos contra decisão mediante a qual não foi conhecido o recurso de revista pela análise dos pressupostos intrínsecos, necessário que a parte embargante aponte expressamente a violação ao art. 896 da CLT. Histórico: Redação original — DJ 11.08.2003.

295. EMBARGOS. REVISTA NÃO CONHECIDA POR MÁ APLICAÇÃO DE SÚMULA OU DE ORIENTAÇÃO JURISPRUDENCIAL. EXAME DO MÉRITO PELA SDI (cancelada em decorrência da sua conversão na Orientação Jurisprudencial Transitória n. 79 da SBDI-1) — Res. 194/2014, DEJT divulgado em 21, 22 e 23.05.2014. A SDI, ao conhecer dos Embargos por violação do art. 896 — por má aplicação de súmula ou de orientação jurisprudencial pela Turma —, julgará desde logo o mérito, caso conclua que a revista merecia conhecimento e que a matéria de fundo se encontra pacificada neste Tribunal.

296. EQUIPARAÇAO SALARIAL. ATENDENTE E AUXILIAR DE ENFERMAGEM. IMPOSSIBILIDADE. Sendo regulamentada a profissão de auxiliar de enfermagem, cujo exercício pressupõe habilitação técnica, realizada pelo Conselho Regional de Enfermagem, impossível a equiparação salarial do simples atendente com o auxiliar de enfermagem. **(DJ 11.8.03)**

297. EQUIPARAÇÃO SALARIAL. SERVIDOR PÚBLICO DA ADMINISTRAÇÃO DIRETA, AUTÁRQUICA E FUNDACIONAL. ART. 37, XIII, DA CF/1988. O art. 37, inciso XIII, da CF/88 veda a equiparação de qualquer natureza para o efeito de remuneração do pessoal do serviço público, sendo juridicamente impossível a aplicação da norma infraconstitucional prevista no art. 461 da CLT quando se pleiteia equiparação salarial entre servidores públicos, independentemente de terem sido contratados pela CLT. **(DJ 11.8.03)**

298. EQUIPARAÇÃO SALARIAL. TRABALHO INTELECTUAL. POSSIBILIDADE. DJ 11.8.03 (cancelada em decorrência da nova redação conferida à Súmula n. 6, DJ 20.4.05). Desde que atendidos os requisitos do art. 461 da CLT, é possível a equiparação salarial de trabalho intelectual, que pode ser avaliado por sua perfeição técnica, cuja aferição terá critérios objetivos.

299. ESTABILIDADE CONTRATUAL E FGTS. COMPATIBILIDADE. DJ 11.8.03 (cancelada em decorrência da nova redação conferida à Súmula n. 98, DJ 20.4.05). A estabilidade contratual ou derivada de regulamento de empresa é compatível com o regime do FGTS. Diversamente ocorre com a estabilidade legal (decenal, art. 492, CLT), que é renunciada com a opção pelo FGTS.

300. EXECUÇÃO TRABALHISTA. CORREÇÃO MONETÁRIA. JUROS. LEI N. 8.177/91, ART. 39, E LEI N. 10.192/01, ART. 15. (nova redação, DJ 20.4.05). Não viola norma constitucional (art. 5°, II e XXXVI) a determinação de aplicação da TRD, como fator de correção monetária dos débitos trabalhistas, cumulada com juros de mora, previstos no artigo 39 da Lei n. 8.177/91 e convalidado pelo artigo 15 da Lei n. 10.192/01.

301. FGTS. DIFERENÇAS. ÔNUS DA PROVA. LEI N. 8.036/90, ART. 17. (Cancelada Res. 175, 24.5.11 — DJe 27.5.11) Definido pelo reclamante o período no qual não houve depósito do FGTS, ou houve em valor inferior, alegada pela reclamada a inexistência de diferença nos recolhimentos de FGTS, atrai para si o ônus da prova, incumbindo-lhe, portanto, apresentar as guias respectivas, a fim de demonstrar o fato extintivo do direito do autor (art. 818 da CLT c/c art. 333, II, do CPC).

302. FGTS. ÍNDICE DE CORREÇÃO. DÉBITOS TRABALHISTAS. Os créditos referentes ao FGTS, decorrentes de condenação judicial, serão corrigidos pelos mesmos índices aplicáveis aos débitos trabalhistas. **(DJ 11.8.03)**

303. GRATIFICAÇÃO. REDUÇÃO. IMPOSSIBILIDADE. DJ 11.8.03 (cancelada em decorrência da sua conversão na Súmula n. 372, DJ 20.4.05). Mantido o empregado no exercício da função comissionada, não pode o empregador reduzir o valor da gratificação.

304. HONORÁRIOS ADVOCATÍCIOS. ASSISTÊNCIA JUDICIÁRIA. DECLARAÇÃO DE POBREZA. COMPROVAÇÃO. Atendidos os requisitos da Lei n. 5.584/1970 (art. 14, § 2º), para a concessão da assistência judiciária, basta a simples afirmação do declarante ou de seu advogado, na petição inicial, para considerar configurada a sua situação econômica (art. 4º, § 1º, da Lei n. 7.510/1986, que deu nova redação à Lei n. 1.060/1950). **(DJ 11.8.03)**

305. HONORÁRIOS ADVOCATÍCIOS. REQUISITOS. JUSTIÇA DO TRABALHO. Na Justiça do Trabalho, o deferimento de honorários advocatícios sujeita-se à constatação da ocorrência concomitante de dois requisitos: o benefício da justiça gratuita e a assistência por sindicato. **(DJ 11.8.03)**

306. HORAS EXTRAS. ÔNUS DA PROVA. REGISTRO INVARIÁVEL. DJ 11.8.03 (cancelada em decorrência da nova redação conferida à Súmula n. 338, DJ 20.4.05). Os cartões de ponto que demonstram horários de entrada e saída invariáveis são inválidos como meio de prova, invertendo-se o ônus da prova, relativo às horas extras, que passa a ser do empregador, prevalecendo o horário da inicial se dele não se desincumbir.

307. INTERVALO INTRAJORNADA (PARA REPOUSO E ALIMENTAÇÃO). NÃO CONCESSÃO OU CONCESSÃO PARCIAL. LEI N. 8.923/94 (DJ 11.8.2003) (cancelada em decorrência da aglutinação ao item I da Súmula n. 437 — Res. 186/2012, DEJT divulgado em 25.9.12). Após a edição da Lei n. 8.923/94, a não-concessão total ou parcial do intervalo intrajornada mínimo, para repouso e alimentação, implica o pagamento total do período correspondente, com acréscimo de, no mínimo, 50% sobre o valor da remuneração da hora normal de trabalho (art. 71 da CLT).

308. JORNADA DE TRABALHO. ALTERAÇÃO. RETORNO À JORNADA INICIALMENTE CONTRATADA. SERVIDOR PÚBLICO. O retorno do servidor público (administração direta, autárquica e fundacional) à jornada inicialmente contratada não se insere nas vedações do art. 468 da CLT, sendo a sua jornada definida em lei e no contrato de trabalho firmado entre as partes. **(DJ 11.8.03)**

309. LEI ESTADUAL, NORMA COLETIVA OU REGULAMENTO DE EMPRESA. INTERPRETAÇÃO. ART. 896, "B", DA CLT. DJ 11.8.03 (cancelada em decorrência da sua incorporação à nova redação da Orientação Jurisprudencial n. 147 da SBDI-1, DJ 20.4.05). Viola o art. 896, "b", da CLT, o conhecimento de recurso por divergência, caso a parte não comprove que a lei estadual, a norma coletiva ou o regulamento da empresa extrapolam o âmbito do TRT prolator da decisão recorrida.

310. LITISCONSORTES. PROCURADORES DISTINTOS. PRAZO EM DOBRO. ART. 191 DO CPC. INAPLICÁVEL AO PROCESSO DO TRABALHO. A regra contida no art. 191 do CPC é inaplicável ao processo do trabalho, em face da sua incompatibilidade com o princípio da celeridade inerente ao processo trabalhista. **(DJ 11.8.03)**

311. MANDATO. ART. 37 DO CPC. INAPLICÁVEL NA FASE RECURSAL. DJ 11.8.03 (cancelada em decorrência da sua conversão na Súmula n. 383, DJ 20.4.05). É inadmissível, em instância recursal, o oferecimento tardio de procuração, ainda que mediante protesto por posterior juntada, já que a interposição de recurso não pode ser reputada como ato urgente.

312. MANDATO. CLÁUSULA COM RESSALVA DE VIGÊNCIA. PRORROGAÇÃO ATÉ O FINAL DA DEMANDA. DJ 11.8.03 (cancelada em decorrência da sua conversão na Súmula n. 395, DJ 20.4.05). Válido é o instrumento de mandato com prazo determinado que contém cláusula estabelecendo a prevalência dos poderes para atuar até o final da demanda.

313. MANDATO. CLÁUSULA FIXANDO PRAZO PARA JUNTADA. DJ 11.8.03 (cancelada em decorrência da sua conversão na Súmula n. 395, DJ 20.4.05). Diante da existência de previsão, no mandato, fixando termo para sua juntada, o instrumento de mandato só tem validade se anexado ao processo dentro do aludido prazo.

314. MASSA FALIDA. DOBRA SALARIAL. ART. 467 DA CLT. INAPLICÁVEL. DJ 11.8.03 (cancelada em decorrência da sua conversão na Súmula n. 388, DJ 20.4.05). É indevida a aplicação da dobra salarial, prevista no art. 467 da CLT, nos casos da decretação de falência da empresa, porque a massa falida está impedida de saldar qualquer débito, até mesmo o de natureza trabalhista, fora do Juízo Universal da Falência (Decreto-lei n. 7.661/1945, art. 23).

315. MOTORISTA. EMPRESA. ATIVIDADE PREDOMINANTEMENTE RURAL. ENQUADRAMENTO COMO TRABALHADOR RURAL. É considerado trabalhador rural o motorista que trabalha no âmbito de empresa cuja atividade é preponderantemente rural, considerando que, de modo geral, não enfrenta o trânsito das estradas e cidades. **(DJ 11.8.03)**

316. PORTUÁRIOS. ADICIONAL DE RISCO. LEI N. 4.860/1965. O adicional de risco dos portuários, previsto no art. 14 da Lei n. 4.860/1965, deve ser proporcional ao tempo efetivo no serviço considerado sob risco e apenas concedido àqueles que prestam serviços na área portuária. **(DJ 11.8.03)**

317. REPOSITÓRIO DE JURISPRUDÊNCIA AUTORIZADO APÓS A INTERPOSIÇÃO DO RECURSO. VALIDADE. DJ 11.8.03 (cancelada em decorrência da nova redação conferida à Súmula n. 337, DJ 20.4.05). A concessão de registro de publicação como repositório autorizado de jurisprudência do TST torna válidas todas as suas edições anteriores.

318. REPRESENTAÇÃO IRREGULAR. AUTARQUIA. Os Estados e os Municípios não têm legitimidade para recorrer em nome das autarquias detentoras de personalidade jurídica própria, devendo ser representadas pelos procuradores que fazem parte de seus quadros ou por advogados constituídos. **(DJ 11.8.03)**

319. REPRESENTAÇÃO REGULAR. ESTAGIÁRIO. HABILITAÇÃO POSTERIOR. Válidos são os atos praticados por estagiário se, entre o substabelecimento e a interposição do recurso, sobreveio a habilitação, do então estagiário, para atuar como advogado. **(DJ 11.8.03)**

320. SISTEMA DE PROTOCOLO INTEGRADO. NORMA INTERNA. EFICÁCIA LIMITADA A RECURSOS DA COMPETÊNCIA DO TRT QUE A EDITOU. ART. 896, § 2º, DA CLT. O sistema de protocolo integrado, criado pelos Tribunais Regionais do Trabalho, que autoriza as Varas localizadas no interior do Estado a receberem e a protocolarem documentos de natureza judiciária ou administrativa, destinados a outras Varas ou ao TRT local, tem aplicação restrita ao âmbito de competência do Tribunal que o editou, não podendo ser considerado válido em relação a recursos de competência do Tribunal Superior do Trabalho. **(DJ 11.8.03) (Cancelada — DJ 14.9.04)**

321. VÍNCULO EMPREGATÍCIO COM A ADMINISTRAÇÃO PÚBLICA. PERÍODO ANTERIOR À CF/1988. (nova redação, DJ 20.4.05). Salvo os casos de trabalho temporário e de serviço de vigilância, previstos nas Leis ns. 6.019, de 3.1.1974, e 7.102, de 20.6.1983, é ilegal a contratação de trabalhadores por empresa interposta, formando-se o vínculo empregatício diretamente com o tomador dos serviços, inclusive ente público, em relação ao período anterior à vigência da CF/88.

322. ACORDO COLETIVO DE TRABALHO. CLÁUSULA DE TERMO ADITIVO PRORROGANDO O ACORDO PARA PRAZO INDETERMINADO. INVÁLIDA. Nos termos do art. 614, § 3º, da CLT, é de 2 anos o prazo máximo de vigência dos acordos e das convenções coletivas. Assim sendo, é inválida, naquilo que ultrapassa o prazo total de 2 anos, a cláusula de termo aditivo que prorroga a vigência do instrumento coletivo originário por prazo indeterminado. **(DJ 9.12.2003 — Parágrafo único do artigo 168 do Regimento Interno do TST)**

323. ACORDO DE COMPENSAÇÃO DE JORNADA. "SEMANA ESPANHOLA". VALIDADE. É válido o sistema de compensação de horário quando a jornada adotada é a denominada "semana espanhola", que alterna a prestação de 48 horas em uma semana e 40 horas em outra, não violando os arts. 59, § 2º, da CLT e 7º, XIII, da CF/1988 o seu ajuste mediante acordo ou convenção coletiva de trabalho. **(DJ 9.12.2003 — Parágrafo único do artigo 168 do Regimento Interno do TST)**

324. ADICIONAL DE PERICULOSIDADE. SISTEMA ELÉTRICO DE POTÊNCIA. DECRETO N. 93.412/1986, ART. 2º, § 1º. É assegurado o adicional de periculosidade apenas aos empregados que trabalham em sistema elétrico de potência em condições de risco, ou que o façam com equipamentos e instalações elétricas similares, que ofereçam risco equivalente, ainda que em unidade consumidora de energia elétrica. **(DJ 9.12.2003 — Parágrafo único do artigo 168 do Regimento Interno do TST)**

325. AUMENTO SALARIAL CONCEDIDO PELA EMPRESA. COMPENSAÇÃO NO ANO SEGUINTE EM ANTECIPAÇÃO SEM A PARTICIPAÇÃO DO SINDICATO PROFISSIONAL. IMPOSSIBILIDADE. O aumento real, concedido pela empresa a todos os seus empregados, somente pode ser reduzido mediante a participação efetiva do sindicato profissional no ajuste, nos termos do art. 7º, VI, da CF/1988. **(DJ 9.12.2003 — Parágrafo único do artigo 168 do Regimento Interno do TST)**

326. CARTÃO DE PONTO. REGISTRO. HORAS EXTRAS. MINUTOS QUE ANTECEDEM E SUCEDEM A JORNADA DE TRABALHO. TEMPO UTILIZADO PARA UNIFORMIZAÇÃO, LANCHE E HIGIENE PESSOAL. DJ 9.12.03 (cancelada em decorrência da sua conversão na Súmula n. 366, DJ 20.4.05). O tempo gasto pelo empregado com troca de uniforme, lanche e higiene pessoal, dentro das dependências da empresa, após o registro de entrada e antes do registro de saída, considera-se tempo à disposição do empregador, sendo remunerado como extra o período que ultrapassar, no total, a dez minutos da jornada de trabalho diária.

327. DANO MORAL. COMPETÊNCIA DA JUSTIÇA DO TRABALHO. DJ 9.12.03 (cancelada em decorrência da sua conversão na Súmula n. 392, DJ 20.4.05). Nos termos do art. 114 da CF/1988, a Justiça do Trabalho é competente para dirimir controvérsias referentes à indenização por dano moral, quando decorrente da relação de trabalho.

328. EQUIPARAÇÃO SALARIAL. CARGO COM A MESMA DENOMINAÇÃO. FUNÇÕES DIFERENTES OU SIMILARES. NÃO AUTORIZADA A EQUIPARAÇÃO. DJ 9.12.03 (cancelada em decorrência da nova redação conferida à Súmula n. 6, DJ 20.4.05). A equiparação salarial só é possível se o empregado e o paradigma exercerem a mesma função, desempenhando as mesmas tarefas, não importando se os cargos têm, ou não, a mesma denominação.

329. ESTABILIDADE. CIPEIRO. SUPLENTE. EXTINÇÃO DO ESTABELECIMENTO. INDENIZAÇÃO INDEVIDA. DJ 9.12.03 (cancelada em decorrência da nova redação conferida à Súmula n. 339, DJ 20.4.05). A estabilidade provisória do cipeiro não constitui vantagem pessoal, mas garantia para as atividades dos membros da CIPA, que somente tem razão de ser quando em atividade a empresa. Extinto o estabelecimento, não se verifica a despedida arbitrária, sendo impossível a reintegração e indevida a indenização do período estabilitário.

330. IRREGULARIDADE DE REPRESENTAÇÃO. SUBSTABELECIMENTO ANTERIOR À PROCURAÇÃO. DJ 9.12.03 (cancelada em decorrência da sua conversão na Súmula n. 395, DJ 20.4.05). Configura-se a irregularidade de representação se o substabelecimento é anterior à outorga passada ao substabelecente.

331. JUSTIÇA GRATUITA. DECLARAÇÃO DE INSUFICIÊNCIA ECONÔMICA. MANDATO. PODERES ESPECÍFICOS DESNECESSÁRIOS. Desnecessária a outorga de poderes especiais ao patrono da causa para firmar declaração de insuficiência econômica, destinada à concessão dos benefícios da justiça gratuita. **(DJ 9.12.2003 — Parágrafo único do artigo 168 do Regimento Interno do TST)**

332. MOTORISTA. HORAS EXTRAS. ATIVIDADE EXTERNA. CONTROLE DE JORNADA POR TACÓGRAFO. RESOLUÇÃO N. 816/1986 DO CONTRAN. O tacógrafo, por si só, sem a existência de outros elementos, não serve para controlar a jornada de trabalho de empregado que exerce atividade externa. **(DJ 9.12.2003 — Parágrafo único do artigo 168 do Regimento Interno do TST)**

333. PETROLEIROS. TURNO ININTERRUPTO DE REVEZAMENTO. ALTERAÇÃO DA JORNADA PARA HORÁRIO FIXO. ART. 10 DA LEI N. 5.811/72 RECEPCIONADO PELA CF/1988. DJ 9.12.03 (cancelada em decorrência da sua conversão na Súmula n. 391, DJ 20.4.05). A previsão contida no art. 10 da Lei n. 5.811/72, possibilitando a mudança do regime de revezamento para horário fixo, constitui alteração lícita, não violando os arts. 468 da CLT, e 7º, VI, da CF/1988.

334. REMESSA *EX OFFICIO*. RECURSO DE REVISTA. INEXISTÊNCIA DE RECURSO ORDINÁRIO VOLUNTÁRIO DE ENTE PÚBLICO. INCABÍVEL. Incabível recurso de revista de ente público que não interpôs recurso ordinário voluntário da decisão de primeira instância, ressalvada a hipótese de ter sido agravada, na segunda instância, a condenação imposta.

335. CONTRATO NULO. ADMINISTRAÇÃO PÚBLICA. EFEITOS. CONHECIMENTO DO RECURSO POR VIOLAÇÃO DO ART. 37, II E § 2º, DA CF/88. A nulidade da contratação sem concurso público, após a CF/88, bem como a limitação de seus efeitos, somente poderá ser declarada por ofensa ao art. 37, II, se invocado concomitantemente o seu § 2º, todos da CF/88. **(DJ 4.5.04)**

336. EMBARGOS INTERPOSTOS ANTERIORMENTE À VIGÊNCIA DA LEI N. 11.496/2007. RECURSO NÃO CONHECIDO COM BASE EM ORIENTAÇÃO JURISPRUDENCIAL. DESNECESSÁRIO O EXAME DAS VIOLAÇÕES DE LEI E DA CONSTITUIÇÃO FEDERAL ALEGADAS NO RECURSO DE REVISTA. (Redação alterada pelo Tribunal Pleno na sessão realizada em 6.2.2012) (Resol. 178, 6.2.12 — DJe 13, 14 e 15.2.12). Estando a decisão recorrida em conformidade com orientação jurisprudencial, desnecessário o exame das divergências e das violações de lei e da Constituição alegadas em embargos interpostos antes da vigência da Lei n. 11.496/2007, salvo nas hipóteses em que a orientação jurisprudencial não fizer qualquer citação do dispositivo constitucional.

337. FAC-SÍMILE. LEI N. 9.800/99, ART. 2º. PRAZO. APRESENTAÇÃO DOS ORIGINAIS. DJ 4.5.04 (cancelada em decorrência da sua conversão na Súmula n. 387, DJ 20.4.05). A contagem do quinquídio para apresentação dos originais de recurso interposto por intermédio de *fac-símile* começa a fluir do dia subsequente ao término do prazo recursal, nos termos do art. 2º da Lei n. 9.800/99, e não do dia seguinte à interposição do recurso, se esta se deu antes do termo final do prazo. Ademais, não se tratando, a juntada dos originais, de ato que dependa de notificação, pois a parte, ao interpor o recurso, já tem ciência de seu ônus processual, não se aplica a regra do art. 184 do CPC quanto ao *dies a quo* do prazo, podendo coincidir com sábado, domingo ou feriado.

338. MINISTÉRIO PÚBLICO DO TRABALHO. LEGITIMIDADE PARA RECORRER. SOCIEDADE DE ECONOMIA MISTA E EMPRESA PÚBLICA. CONTRATO NULO. Há interesse do Ministério Público do Trabalho para recorrer contra decisão que declara a existência de vínculo empregatício com sociedade de economia mista, após a CF/88, sem a prévia aprovação em concurso público. **(DJ 4.5.04)**

339. TETO REMUNERATÓRIO. EMPRESA PÚBLICA E SOCIEDADE DE ECONOMIA MISTA. ART. 37, XI, DA CF/1988 (ANTERIOR À EMENDA CONSTITUCIONAL N. 19/98). (nova redação, DJ 20.04.05). As empresas públicas e as sociedades de economia mista estão submetidas à observância do teto remuneratório previsto no inciso XI do art. 37 da CF/1988, sendo aplicável, inclusive, ao período anterior à alteração introduzida pela Emenda Constitucional n. 19/98.

340. EFEITO DEVOLUTIVO. PROFUNDIDADE. RECURSO ORDINÁRIO. ART. 515, § 1º, DO CPC. APLICAÇÃO. DJ 22.6.04 (cancelada em decorrência da sua conversão na Súmula n. 393, DJ 20.4.05). O efeito devolutivo em profundidade do Recurso Ordinário, que se extrai do § 1º do art. 515 do CPC, transfere automaticamente ao Tribunal a apreciação de fundamento da defesa não examinado pela sentença, ainda que não renovado em contrarrazões. Não se aplica, todavia, ao caso de pedido não apreciado na sentença.

341. FGTS. MULTA DE 40%. DIFERENÇAS DECORRENTES DOS EXPURGOS INFLACIONÁRIOS. RESPONSABILIDADE PELO PAGAMENTO. É de responsabilidade do empregador o pagamento da diferença da multa de 40% sobre os depósitos do FGTS, decorrente da atualização monetária em face dos expurgos inflacionários. **(DJ 22.6.04 — Parágrafo único do artigo 168 do Regimento Interno do TST)**

342. INTERVALO INTRAJORNADA PARA REPOUSO E ALIMENTAÇÃO. NÃO CONCESSÃO OU REDUÇÃO. PREVISÃO EM NORMA COLETIVA. INVALIDADE. EXCEÇÃO AOS CONDUTORES DE VEÍCULOS RODOVIÁ-

RIOS, EMPREGADOS EM EMPRESAS DE TRANSPORTE COLETIVO URBANO (alterada em decorrência do julgamento do processo TST IUJEEDEDRR 1226/2005-005-24-00.1) — Res. 159/2009, DEJT divulgado em 23, 24 e 25.11.2009 (cancelada. Convertido o item I no item II da Súmula n. 437 — Res. 186/2012, DEJT divulgado em 25.9.12).

I — É inválida cláusula de acordo ou convenção coletiva de trabalho contemplando a supressão ou redução do intervalo intrajornada porque este constitui medida de higiene, saúde e segurança do trabalho, garantido por norma de ordem pública (art. 71 da CLT e art. 7º, XXII, da CF/1988), infenso à negociação coletiva.

II — Ante a natureza do serviço e em virtude das condições especiais de trabalho a que são submetidos estritamente os condutores e cobradores de veículos rodoviários, empregados em empresas de transporte público coletivo urbano, é válida cláusula de acordo ou convenção coletiva de trabalho contemplando a redução do intervalo intrajornada, desde que garantida a redução da jornada para, no mínimo, sete horas diárias ou quarenta e duas semanais, não prorrogada, mantida a mesma remuneração e concedidos intervalos para descanso menores e fracionados ao final de cada viagem, não descontados da jornada.

343. PENHORA. SUCESSÃO. ART. 100 DA CF/88. EXECUÇÃO. É válida a penhora em bens de pessoa jurídica de direito privado, realizada anteriormente à sucessão pela União ou por Estado-membro, não podendo a execução prosseguir mediante precatório. A decisão que a mantém não viola o art. 100 da CF/1988. **(DJ 22.6.04)**

344. FGTS. MULTA DE 40%. DIFERENÇAS DECORRENTES DOS EXPURGOS INFLACIONÁRIOS. PRESCRIÇÃO. TERMO INICIAL. (Mantida Res. 175, 24.5.11 — DJe 27.5.11) O termo inicial do prazo prescricional para o empregado pleitear em juízo diferenças da multa do FGTS, decorrentes dos expurgos inflacionários, deu-se com a vigência da Lei Complementar n. 110, em 30.6.01, salvo comprovado trânsito em julgado de decisão proferida em ação proposta anteriormente na Justiça Federal, que reconheça o direito à atualização do saldo da conta vinculada.

345. ADICIONAL DE PERICULOSIDADE. RADIAÇÃO IONIZANTE OU SUBSTÂNCIA RADIOATIVA. DEVIDO. DJ 22.6.05. A exposição do empregado à radiação ionizante ou à substância radioativa enseja a percepção do adicional de periculosidade, pois a regulamentação ministerial (Portarias do Ministério do Trabalho ns. 3.393, de 17.12.1987, e 518, de 7.4.2003), ao reputar perigosa a atividade, reveste-se de plena eficácia, porquanto expedida por força de delegação legislativa contida no art. 200, *caput*, e inciso VI, da CLT. No período de 12.12.2002 a 6.4.2003, enquanto vigeu a Portaria n. 496 do Ministério do Trabalho, o empregado faz jus ao adicional de insalubridade.

346. ABONO PREVISTO EM NORMA COLETIVA. NATUREZA INDENIZATÓRIA. Concessão apenas aos empregados em atividade. Extensão aos inativos. Impossibilidade. DJ 25.4.07. A decisão que estende aos inativos a concessão de abono de natureza jurídica indenizatória, previsto em norma coletiva apenas para os empregados em atividade, a ser pago de uma única vez, e confere natureza salarial à parcela, afronta o art. 7º, XXVI, da CF/88.

347. ADICIONAL DE PERICULOSIDADE. SISTEMA ELÉTRICO DE POTÊNCIA. LEI N. 7.369, DE 20.9.1985, REGULAMENTADA PELO DECRETO N. 93.412, DE 14.10.1986. EXTENSÃO DO DIREITO AOS CABISTAS, INSTALADORES E REPARADORES DE LINHAS E APARELHOS EM EMPRESA DE TELEFONIA. DJ 25.4.07. É devido o adicional de periculosidade aos empregados cabistas, instaladores e reparadores de linhas e aparelhos de empresas de telefonia, desde que, no exercício de suas funções, fiquem expostos a condições de risco equivalente ao do trabalho exercido em contato com sistema elétrico de potência.

348. HONORÁRIOS ADVOCATÍCIOS. BASE DE CÁLCULO. VALOR LÍQUIDO. LEI N. 1.060, DE 5.2.1950. DJ 25.4.07. Os honorários advocatícios, arbitrados nos termos do art. 11, § 1º, da Lei n. 1.060, de 5.2.1950, devem incidir sobre o valor líquido da condenação, apurado na fase de liquidação de sentença, sem a dedução dos descontos fiscais e previdenciários.

349. MANDATO. JUNTADA DE NOVA PROCURAÇÃO. AUSÊNCIA DE RESSALVA. EFEITOS. DJ 25.4.07. A juntada de nova procuração aos autos, sem ressalva de poderes conferidos ao antigo patrono, implica revogação tácita do mandato anterior.

350. MINISTÉRIO PÚBLICO DO TRABALHO. NULIDADE DO CONTRATO DE TRABALHO NÃO SUSCITADA PELO ENTE PÚBLICO NO MOMENTO DA DEFESA. ARGUIÇÃO EM PARECER. POSSIBILIDADE (alterada em decorrência do julgamento do processo TST IUJERR 526538/1999.2). O Ministério Público do Trabalho pode arguir, em parecer, na primeira vez que tenha de se manifestar no processo, a nulidade do contrato de trabalho em favor de ente público, ainda que a parte não a tenha suscitado, a qual será apreciada, sendo vedada, no entanto, qualquer dilação probatória. IUJ-ERR 526538/1999.2 Min. Aloysio Corrêa da Veiga. Julgado em 18.9.2008 Decisão por maioria"(DEJT 20.11.09)

351. MULTA. ART. 477, § 8º, DA CLT. VERBAS RESCISÓRIAS RECONHECIDAS EM JUÍZO. DJ 25.4.07. Incabível a multa prevista no art. 477, § 8º, da CLT, quando houver fundada controvérsia quanto à existência da obrigação cujo inadimplemento gerou a multa. Legislação: CLT, art. 477, caput, §§ 6º e 8º. **(Cancelada pela Resol. 163/2009 da SJ/TST DEJT, 20.11.09)**

352. PROCEDIMENTO SUMARÍSSIMO. RECURSO DE REVISTA FUNDAMENTADO EM CONTRARIEDADE A ORIENTAÇÃO JURISPRUDENCIAL. INADMISSIBILIDADE. ART. 896, § 6º, DA CLT, ACRESCENTADO PELA LEI N. 9.957, DE 12.01.2000. (cancelada em decorrência da conversão na Súmula n. 442 (Res. 186/2012, DEJT divulgado em 25.9.12). Nas causas sujeitas ao procedimento sumaríssimo, a admissibilidade de recurso de revista está limitada à demonstração de violação direta a dispositivo da Constituição Federal ou contrariedade a Súmula do Tribunal Superior do Trabalho, não se admitindo o recurso por contrariedade a Orientação Jurisprudencial deste Tribunal (Livro II, Título II, Capítulo III, do RITST), ante a ausência de previsão no art. 896, § 6º, da CLT.

353. EQUIPARAÇÃO SALARIAL. SOCIEDADE DE ECONOMIA MISTA. ART. 37, XIII, DA CF/1988. POSSIBILIDADE (cancelada em decorrência da sua conversão na Súmula n. 455) — Res. 194/2014, DEJT divulgado em 21, 22 e 23.05.2014. À sociedade de economia mista não se aplica a vedação à equiparação prevista no art. 37, XIII, da CF/1988, pois, ao contratar empregados sob o regime da CLT, equipara-se a empregador privado, conforme disposto no art. 173, § 1º, II, da CF/1988.

354. INTERVALO INTRAJORNADA. ART. 71, § 4º, DA CLT. NÃO CONCESSÃO OU REDUÇÃO. NATUREZA JURÍDICA SALARIAL (DJ 14.03.2008) (cancelada em decorrência da conversão no item III da Súmula n. 437 - Res. 186/2012, DEJT divulgado em 25.9.12). Possui natureza salarial a parcela prevista no art. 71, § 4º, da CLT, com redação introduzida pela Lei n. 8.923, de 27 de julho de 1994, quando não concedido ou reduzido pelo empregador o intervalo mínimo intrajornada para repouso e alimentação, repercutindo, assim, no cálculo de outras parcelas salariais.

355. INTERVALO INTERJORNADAS. INOBSERVÂNCIA. HORAS EXTRAS. PERÍODO PAGO COMO SOBREJOR-

NADA. ART. 66 DA CLT. APLICAÇÃO ANALÓGICA DO § 4º DO ART. 71 DA CLT. O desrespeito ao intervalo mínimo interjornadas previsto no art. 66 da CLT acarreta, por analogia, os mesmos efeitos previstos no § 4º do art. 71 da CLT e na Súmula n. 110 do TST, devendo-se pagar a integralidade das horas que foram subtraídas do intervalo, acrescidas do respectivo adicional. **(DJ 14.3.08)**

356. PROGRAMA DE INCENTIVO À DEMISSÃO VOLUNTÁRIA (PDV). CRÉDITOS TRABALHISTAS RECONHECIDOS EM JUÍZO. COMPENSAÇÃO. IMPOSSIBILIDADE. Os créditos tipicamente trabalhistas reconhecidos em juízo não são suscetíveis de compensação com a indenização paga em decorrência de adesão do trabalhador a Programa de Incentivo à Demissão Voluntária (PDV). **(DJ 14.3.08)**

357. RECURSO. INTERPOSIÇÃO ANTES DA PUBLICAÇÃO DO ACÓRDÃO IMPUGNADO. EXTEMPORANEIDADE. NÃO CONHECIMENTO (cancelada em decorrência da sua conversão na Súmula n. 434) (Resol. 178, 6.2.12 — DJe 13, 14 e 15.2.12). É extemporâneo recurso interposto antes de publicado o acórdão impugnado.

358. SALÁRIO MÍNIMO E PISO SALARIAL PROPORCIONAL À JORNADA REDUZIDA. POSSIBILIDADE. Havendo contratação para cumprimento de jornada reduzida, inferior à previsão constitucional de oito horas diárias ou quarenta e quatro semanais, é lícito o pagamento do piso salarial ou do salário mínimo proporcional ao tempo trabalhado. **(DJ 14.3.08)**

359. SUBSTITUIÇÃO PROCESSUAL. SINDICATO. LEGITIMIDADE. PRESCRIÇÃO. INTERRUPÇÃO. A ação movida por sindicato, na qualidade de substituto processual, interrompe a prescrição, ainda que tenha sido considerado parte ilegítima *ad causam*. **(DJ 14.3.08)**

360. TURNO ININTERRUPTO DE REVEZAMENTO. DOIS TURNOS. HORÁRIO DIURNO E NOTURNO. CARACTERIZAÇÃO. Faz jus à jornada especial prevista no art. 7º, XIV, da CF/1988 o trabalhador que exerce suas atividades em sistema de alternância de turnos, ainda que em dois turnos de trabalho, que compreendam, no todo ou em parte, o horário diurno e o noturno, pois submetido à alternância de horário prejudicial à saúde, sendo irrelevante que a atividade da empresa se desenvolva de forma ininterrupta. **(DJ 14.3.08)**

361. APOSENTADORIA ESPONTÂNEA. UNICIDADE DO CONTRATO DE TRABALHO. MULTA DE 40% DO FGTS SOBRE TODO O PERÍODO. A aposentadoria espontânea não é causa de extinção do contrato de trabalho se o empregado permanece prestando serviços ao empregador após a jubilação. Assim, por ocasião da sua dispensa imotivada, o empregado tem direito à multa de 40% do FGTS sobre a totalidade dos depósitos efetuados no curso do pacto laboral. **(DJU 23.5.08)**

362. CONTRATO NULO. EFEITOS. FGTS. MEDIDA PROVISÓRIA N. 2.164-41, DE 24.8.2001, E ART. 19-A DA LEI N. 8.036, DE 11.5.1990. IRRETROATIVIDADE. Não afronta o princípio da irretroatividade da lei a aplicação do art. 19-A da Lei n. 8.036, de 11.5.1990, aos contratos declarados nulos celebrados antes da vigência da Medida Provisória n. 2.164-41, de 24.8.2001. **(DJU 23.5.08)**

363. DESCONTOS PREVIDENCIÁRIOS E FISCAIS. CONDENAÇÃO DO EMPREGADOR EM RAZÃO DO INADIMPLEMENTO DE VERBAS REMUNERATÓRIAS. RESPONSABILIDADE DO EMPREGADO PELO PAGAMENTO. ABRANGÊNCIA. A responsabilidade pelo recolhimento das contribuições social e fiscal, resultante de condenação judicial referente a verbas remuneratórias, é do empregador e incide sobre o total da condenação. Contudo, a culpa do empregador pelo inadimplemento das verbas remuneratórias não exime a responsabilidade do empregado pelos pagamentos do imposto de renda devido e da contribuição previdenciária que recaia sobre sua quota-parte. **(DJU 23.5.08)**

364. ESTABILIDADE. ART. 19 DO ADCT. SERVIDOR PÚBLICO DE FUNDAÇÃO REGIDO PELA CLT. Fundação instituída por lei e que recebe dotação ou subvenção do Poder Público para realizar atividades de interesse do Estado, ainda que tenha personalidade jurídica de direito privado, ostenta natureza de fundação pública. Assim, seus servidores regidos pela CLT são beneficiários da estabilidade excepcional prevista no art. 19 do ADCT. **(DJU 23.5.08)**

365. ESTABILIDADE PROVISÓRIA. MEMBRO DE CONSELHO FISCAL DE SINDICATO. INEXISTÊNCIA. Membro de conselho fiscal de sindicato não tem direito à estabilidade prevista nos arts. 543, § 3º, da CLT e 8º, VIII, da CF/1988, porquanto não representa ou atua na defesa de direitos da categoria respectiva, tendo sua competência limitada à fiscalização da gestão financeira do sindicato (art. 522, § 2º, da CLT). **(DJU 23.5.08)**

366. ESTAGIÁRIO. DESVIRTUAMENTO DO CONTRATO DE ESTÁGIO. RECONHECIMENTO DO VÍNCULO EMPREGATÍCIO COM A ADMINISTRAÇÃO PÚBLICA DIRETA OU INDIRETA. PERÍODO POSTERIOR À CONSTITUIÇÃO FEDERAL DE 1988. IMPOSSIBILIDADE. Ainda que desvirtuada a finalidade do contrato de estágio celebrado na vigência da Constituição Federal de 1988, é inviável o reconhecimento do vínculo empregatício com ente da Administração Pública direta ou indireta, por força do art. 37, II, da CF/1988, bem como o deferimento de indenização pecuniária, exceto em relação às parcelas previstas na Súmula n. 363 do TST, se requeridas. **(DJU 23.5.08)**

367. AVISO PRÉVIO DE 60 DIAS. ELASTECIMENTO POR NORMA COLETIVA. PROJEÇÃO. REFLEXOS NAS PARCELAS TRABALHISTAS. (DJe divulgado em 3, 4 e 5.12.2008). O prazo de aviso prévio de 60 dias, concedido por meio de norma coletiva que silencia sobre alcance de seus efeitos jurídicos, computa-se integralmente como tempo de serviço, nos termos do § 1º do art. 487 da CLT, repercutindo nas verbas rescisórias.

368. DESCONTOS PREVIDENCIÁRIOS. ACORDO HOMOLOGADO EM JUÍZO. INEXISTÊNCIA DE VÍNCULO EMPREGATÍCIO. PARCELAS INDENIZATÓRIAS. AUSÊNCIA DE DISCRIMINAÇÃO. INCIDÊNCIA SOBRE O VALOR TOTAL. (DJe divulgado em 3, 4 e 5.12.2008). É devida a incidência das contribuições para a Previdência Social sobre o valor total do acordo homologado em juízo, independentemente do reconhecimento de vínculo de emprego, desde que não haja discriminação das parcelas sujeitas à incidência da contribuição previdenciária, conforme parágrafo único do art. 43 da Lei n. 8.212, de 24.7.1991, e do art. 195, I, "a", da CF/1988.

369. ESTABILIDADE PROVISÓRIA. DELEGADO SINDICAL. INAPLICÁVEL. (DJe divulgado em 3, 4 e 5.12.2008). O delegado sindical não é beneficiário da estabilidade provisória prevista no art. 8º, VIII, da CF/1988, a qual é dirigida, exclusivamente, àqueles que exerçam ou ocupem cargos de direção nos sindicatos, submetidos a processo eletivo.

370. FGTS. MULTA DE 40%. DIFERENÇAS DOS EXPURGOS INFLACIONÁRIOS. PRESCRIÇÃO. INTERRUPÇÃO DECORRENTE DE PROTESTOS JUDICIAIS (DJe divulgado em 3, 4 e 5.12.2008). O ajuizamento de protesto judicial dentro do biênio posterior à Lei Complementar n. 110, de 29.6.2001, interrompe a prescrição, sendo irrelevante o transcurso de mais de dois anos da propositura de outra medida acautelatória, com o mesmo objetivo, ocorrida antes da vigência da referida lei, pois ainda não iniciado o prazo prescricional, conforme disposto na Orientação Jurisprudencial n. 344 da SBDI-1.

371. IRREGULARIDADE DE REPRESENTAÇÃO. SUBSTABELECIMENTO NÃO DATADO. INAPLICABILIDADE DO ART. 654, § 1º, DO CÓDIGO CIVIL (DJe divulgado em 3, 4 e 5.12.2008). Não caracteriza a irregularidade de representação a ausência da data da outorga de poderes, pois, no mandato judicial, ao contrário do mandato civil, não é condição de validade do negócio jurídico. Assim, a data a ser considerada é aquela em que o instrumento for juntado aos autos, conforme preceitua o art. 370, IV, do CPC. Inaplicável o art. 654, § 1º, do Código Civil.

372. MINUTOS QUE ANTECEDEM E SUCEDEM A JORNADA DE TRABALHO. LEI N. 10.243, DE 19.06.2001. NORMA COLETIVA. FLEXIBILIZAÇÃO. IMPOSSIBILIDADE (cancelada em decorrência da sua conversão na Súmula n. 449) — Res. 194/2014, DEJT divulgado em 21, 22 e 23.05.2014. A partir da vigência da Lei n. 10.243, de 19.06.2001, que acrescentou o § 1º ao art. 58 da CLT, não mais prevalece cláusula prevista em convenção ou acordo coletivo que elastece o limite de 5 minutos que antecedem e sucedem a jornada de trabalho para fins de apuração das horas extras.

373 REPRESENTAÇÃO. PESSOA JURÍDICA. PROCURAÇÃO. INVALIDADE. IDENTIFICAÇÃO DO OUTORGANTE E DE SEU REPRESENTANTE (cancelada em decorrência da sua conversão na Súmula n. 456) — Res. 194/2014, DEJT divulgado em 21, 22 e 23.05.2014.

374. AGRAVO DE INSTRUMENTO. REPRESENTAÇÃO PROCESSUAL. REGULARIDADE. PROCURAÇÃO OU SUBSTABELECIMENTO COM CLÁUSULA LIMITATIVA DE PODERES AO ÂMBITO DO TRIBUNAL REGIONAL DO TRABALHO. (DJe divulgado em 19, 20 e 22.04.2010) É regular a representação processual do subscritor do agravo de instrumento ou do recurso de revista que detém mandato com poderes de representação limitados ao âmbito do Tribunal Regional do Trabalho, pois, embora a apreciação desse recurso seja realizada pelo Tribunal Superior do Trabalho, a sua interposição é ato praticado perante o Tribunal Regional do Trabalho, circunstância que legitima a atuação do advogado no feito.

375. AUXÍLIO-DOENÇA. APOSENTADORIA POR INVALIDEZ. SUSPENSÃO DO CONTRATO DE TRABALHO. PRESCRIÇÃO. CONTAGEM. (DJe divulgado em 19, 20 e 22.04.2010) A suspensão do contrato de trabalho, em virtude da percepção do auxílio-doença ou da aposentadoria por invalidez, não impede a fluência da prescrição quinquenal, ressalvada a hipótese de absoluta impossibilidade de acesso ao judiciário.

376. CONTRIBUIÇÃO PREVIDENCIÁRIA. ACORDO HOMOLOGADO EM JUÍZO APÓS O TRÂNSITO EM JULGADO DA SENTENÇA CONDENATÓRIA. INCIDÊNCIA SOBRE O VALOR HOMOLOGADO. (DJe divulgado em 19, 20 e 22.04.2010) É devida a contribuição previdenciária sobre o valor do acordo celebrado e homologado após o trânsito em julgado de decisão judicial, respeitada a proporcionalidade de valores entre as parcelas de natureza salarial e indenizatória deferidas na decisão condenatória e as parcelas objeto do acordo.

377. EMBARGOS DE DECLARAÇÃO. DECISÃO DENEGATÓRIA DE RECURSO DE REVISTA EXARADO POR PRESIDENTE DO TRT. DESCABIMENTO. NÃO INTERRUPÇÃO DO PRAZO RECURSAL. (DJe divulgado em 19, 20 e 22.04.2010). Não cabem embargos de declaração interpostos contra decisão de admissibilidade do recurso de revista, não tendo o efeito de interromper qualquer prazo recursal.

378. EMBARGOS. INTERPOSIÇÃO CONTRA DECISÃO MONOCRÁTICA. NÃO CABIMENTO. (DJe divulgado em 19, 20 e 22.04.2010). Não encontra amparo no art. 894 da CLT, quer na redação anterior quer na redação posterior à Lei n. 11.496, de 22.06.2007, recurso de embargos interposto à decisão monocrática exarada nos moldes dos arts. 557 do CPC e 896, § 5º, da CLT, pois o comando legal restringe seu cabimento à pretensão de reforma de decisão colegiada proferida por Turma do Tribunal Superior do Trabalho.

379. EMPREGADO DE COOPERATIVA DE CRÉDITO. BANCÁRIO. EQUIPARAÇÃO. IMPOSSIBILIDADE. (DJe divulgado em 19, 20 e 22.04.2010). Os empregados de cooperativas de crédito não se equiparam a bancário, para efeito de aplicação do art. 224 da CLT, em razão da inexistência de expressa previsão legal, considerando, ainda, as diferenças estruturais e operacionais entre as instituições financeiras e as cooperativas de crédito. Inteligência das Leis ns. 4.594, de 29.12.1964, e 5.764, de 16.12.1971.

380. INTERVALO INTRAJORNADA. JORNADA CONTRATUAL DE SEIS HORAS DIÁRIAS. PRORROGAÇÃO HABITUAL. APLICAÇÃO DO ART. 71, "CAPUT" E § 4º, DA CLT. (DEJT DIVULGADO EM 19, 20 E 22.04.2010) (cancelada em decorrência da conversão no item IV da Súmula n. 437 — Res. 186/2012, DEJT divulgado em 25.9.12). Ultrapassada habitualmente a jornada de seis horas de trabalho, é devido o gozo do intervalo intrajornada mínimo de uma hora, obrigando o empregador a remunerar o período para descanso e alimentação não usufruído como extra, acrescido do respectivo adicional, na forma prevista no art. 71, "caput" e § 4º, da CLT.

381. INTERVALO INTRAJORNADA. RURÍCOLA. LEI N. 5.889, DE 8.6.1973. SUPRESSÃO TOTAL OU PARCIAL. DECRETO N. 73.626, DE 12.2.1974. APLICAÇÃO DO ART. 71, § 4º, DA CLT. (DEJT divulgado em 19, 20 e 22.4.2010) (cancelada em decorrência da aglutinação ao item I da Súmula n. 437 (Res. 186/2012, DEJT divulgado em 25.9.12)

A não concessão total ou parcial do intervalo mínimo intrajornada de uma hora ao trabalhador rural, fixado no Decreto n. 73.626, de 12.2.1974, que regulamentou a Lei n. 5.889, de 8.6.1973, acarreta o pagamento do período total, acrescido do respectivo adicional, por aplicação subsidiária do art. 71, § 4º, da CLT.

382. JUROS DE MORA. ART. 1º-F DA LEI N. 9.494, DE 10.9.1997. INAPLICABILIDADE À FAZENDA PÚBLICA QUANDO CONDENADA SUBSIDIARIAMENTE. (DJe divulgado em 19, 20 e 22.4.2010) A Fazenda Pública, quando condenada subsidiariamente pelas obrigações trabalhistas devidas pela empregadora principal, não se beneficia da limitação dos juros, prevista no art. 1º-f da Lei n. 9.494, de 10.9.1997.

383. TERCEIRIZAÇÃO. EMPREGADOS DA EMPRESA PRESTADORA DE SERVIÇOS E DA TOMADORA. ISONOMIA. ART. 12, "A", DA LEI N. 6.019, DE 3.1.1974. (Mantida Res. 175, 24.5.11 — DJe 27.5.11) A contratação irregular de trabalhador, mediante empresa interposta, não gera vínculo de emprego com ente da Administração Pública, não afastando, contudo, pelo princípio da isonomia, o direito dos empregados terceirizados às mesmas verbas trabalhistas legais e normativas asseguradas àqueles contratados pelo tomador dos serviços, desde que presente a igualdade de funções. Aplicação analógica do art. 12, "a", da Lei n. 6.019, de 3.1.1974.

384. TRABALHADOR AVULSO. PRESCRIÇÃO BIENAL. TERMO INICIAL. (CANCELADA PELA RESOL. 186/2012, DEJT divulgado em 25.9.12) É aplicável a prescrição bienal prevista no art. 7º, XXIX, da Constituição de 1988 ao trabalhador avulso, tendo como marco inicial a cessação do trabalho ultimado para cada tomador de serviço.

385. ADICIONAL DE PERICULOSIDADE. DEVIDO. ARMAZENAMENTO DE LÍQUIDO INFLAMÁVEL NO PRÉDIO. CONSTRUÇÃO VERTICAL. (DEJT divulgado em 9, 10 e 11.6.10). É devido o pagamento do adicional de periculosidade ao empregado que desenvolve suas atividades em edifício (construção vertical), seja em pavimento igual ou distinto daquele onde estão instalados tanques para armazenamento de líquido inflamável, em quantidade acima do limite legal, considerando-se como área de risco toda a área interna da construção vertical.

386. FÉRIAS. GOZO NA ÉPOCA PRÓPRIA. PAGAMENTO FORA DO PRAZO. DOBRA DEVIDA. ARTS. 137 E 145 DA CLT. (cancelada em decorrência da sua conversão na Súmula n. 450) — Res. 194/2014, DEJT divulgado em 21, 22 e 23.05.2014. É devido o pagamento em dobro da remuneração de férias, incluído o terço constitucional, com base no art. 137 da CLT, quando, ainda que gozadas na época própria, o empregador tenha descumprido o prazo previsto no art. 145 do mesmo diploma legal. Redação original – DEJT divulgado em 09, 10 e 11.06.2010.

387. HONORÁRIOS PERICIAIS. BENEFICIÁRIO DA JUSTIÇA GRATUITA. RESPONSABILIDADE DA UNIÃO PELO PAGAMENTO. RESOLUÇÃO N. 35/2007 DO CSJT. OBSERVÂNCIA. (cancelada em decorrência da sua conversão na Súmula n. 457) — Res. 194/2014, DEJT divulgado em 21, 22 e 23.05.2014. A União é responsável pelo pagamento dos honorários de perito quando a parte sucumbente no objeto da perícia for beneficiária da assistência judiciária gratuita, observado o procedimento disposto nos arts. 1º, 2º e 5º da Resolução n. 35/2007 do Conselho Superior da Justiça do Trabalho – CSJT.

388. JORNADA 12X36. JORNADA MISTA QUE COMPREENDA A TOTALIDADE DO PERÍODO NOTURNO. ADICIONAL NOTURNO. DEVIDO. (DEJT divulgado em 9, 10 e 11.6.10). O empregado submetido à jornada de 12 horas de trabalho por 36 de descanso, que compreenda a totalidade do período noturno, tem direito ao adicional noturno, relativo às horas trabalhadas após as 5 horas da manhã.

389. MULTA PREVISTA NO ART. 557, § 2º, DO CPC. RECOLHIMENTO. PRESSUPOSTO RECURSAL. PESSOA JURÍDICA DE DIREITO PÚBLICO. EXIGIBILIDADE. (DEJT divulgado em 9, 10 e 11.6.10). Está a parte obrigada, sob pena de deserção, a recolher a multa aplicada com fundamento no § 2º do art. 557 do CPC, ainda que pessoa jurídica de direito público.

390. PARTICIPAÇÃO NOS LUCROS E RESULTADOS. RESCISÃO CONTRATUAL ANTERIOR À DATA DA DISTRIBUIÇÃO DOS LUCROS. PAGAMENTO PROPORCIONAL AOS MESES TRABALHADOS. PRINCÍPIO DA ISONOMIA. (cancelada em decorrência da sua conversão na Súmula n. 451) — Res. 194/2014, DEJT divulgado em 21, 22 e 23.05.2014. Fere o princípio da isonomia instituir vantagem mediante acordo coletivo ou norma regulamentar que condiciona a percepção da parcela participação nos lucros e resultados ao fato de estar o contrato de trabalho em vigor na data prevista para a distribuição dos lucros. Assim, inclusive na rescisão contratual antecipada, é devido o pagamento da parcela de forma proporcional aos meses trabalhados, pois o ex-empregado concorreu para os resultados positivos da empresa.

391. PORTUÁRIOS. SUBMISSÃO PRÉVIA DE DEMANDA A COMISSÃO PARITÁRIA. LEI N. 8.630, DE 25.02.1993. INEXIGIBILIDADE. (DEJT divulgado em 9, 10 e 11.6.10). A submissão prévia de demanda a comissão paritária, constituída nos termos do art. 23 da Lei n. 8.630, de 25.02.1993 (Lei dos Portos), não é pressuposto de constituição e desenvolvimento válido e regular do processo, ante a ausência de previsão em lei.

392. PRESCRIÇÃO. INTERRUPÇÃO. AJUIZAMENTO DE PROTESTO JUDICIAL. MARCO INICIAL. (DEJT divulgado em 9, 10 e 11.6.10). O protesto judicial é medida aplicável no processo do trabalho, por força do art. 769 da CLT, sendo que o seu ajuizamento, por si só, interrompe o prazo prescricional, em razão da inaplicabilidade do § 2º do art. 219 do CPC, que impõe ao autor da ação o ônus de promover a citação do réu, por ser ele incompatível com o disposto no art. 841 da CLT.

393. PROFESSOR. JORNADA DE TRABALHO ESPECIAL. ART. 318 DA CLT. SALÁRIO MÍNIMO. PROPORCIONALIDADE. (DEJT divulgado em 9, 10 e 11.6.10). A contraprestação mensal devida ao professor, que trabalha no limite máximo da jornada prevista no art. 318 da CLT, é de um salário mínimo integral, não se cogitando do pagamento proporcional em relação a jornada prevista no art. 7º, XIII, da Constituição Federal.

394. REPOUSO SEMANAL REMUNERADO — RSR. INTEGRAÇÃO DAS HORAS EXTRAS. NÃO REPERCUSSÃO NO CÁLCULO DAS FÉRIAS, DO DÉCIMO TERCEIRO SALÁRIO, DO AVISO PRÉVIO E DOS DEPÓSITOS DO FGTS. (DEJT divulgado em 9, 10 e 11.6.10). A majoração do valor do repouso semanal remunerado, em razão da integração das horas extras habitualmente prestadas, não repercute no cálculo das férias, da gratificação natalina, do aviso prévio e do FGTS, sob pena de caracterização de *bis in idem*.

395. TURNO ININTERRUPTO DE REVEZAMENTO. HORA NOTURNA REDUZIDA. INCIDÊNCIA. (DEJT divulgado em 9, 10 e 11.6.10). O trabalho em regime de turnos ininterruptos de revezamento não retira o direito à hora noturna reduzida, não havendo incompatibilidade entre as disposições contidas nos arts. 73, § 1º, da CLT e 7º, XIV, da Constituição Federal.

396. TURNOS ININTERRUPTOS DE REVEZAMENTO. ALTERAÇÃO DA JORNADA DE 8 PARA 6 HORAS DIÁRIAS. EMPREGADO HORISTA. APLICAÇÃO DO DIVISOR 180. (DEJT divulgado em 9, 10 e 11.6.10). Para o cálculo do salário-hora do empregado horista, submetido a turnos ininterruptos de revezamento, considerando a alteração da jornada de 8 para 6 horas diárias, aplica-se o divisor 180, em observância ao disposto no art. 7º, VI, da Constituição Federal, que assegura a irredutibilidade salarial.

397. COMISSIONISTA MISTO. HORAS EXTRAS. BASE DE CÁLCULO. APLICAÇÃO DA SÚMULA N. 340 DO TST. (DEJT divulgado em 02, 3 e 4.8.2010). O empregado que recebe remuneração mista, ou seja, uma parte fixa e outra variável, tem direito a horas extras pelo trabalho em sobrejornada. Em relação à parte fixa, são devidas as horas simples acrescidas do adicional de horas extras. Em relação à parte variável, é devido somente o adicional de horas extras, aplicando-se à hipótese o disposto na Súmula n. 340 do TST.

398. CONTRIBUIÇÃO PREVIDENCIÁRIA. ACORDO HOMOLOGADO EM JUÍZO SEM RECONHECIMENTO DE VÍNCULO DE EMPREGO. CONTRIBUINTE INDIVIDUAL. RECOLHIMENTO DA ALÍQUOTA DE 20% A CARGO DO TOMADOR E 11% A CARGO DO PRESTADOR DE SERVIÇOS. (DEJT divulgado em 2, 3 e 4.8.2010). Nos acordos homologados em juízo em que não haja o reconhecimento de vínculo empregatício, é devido o recolhimento da contribuição previdenciária, mediante a alíquota de 20% a cargo do tomador de serviços e de 11% por parte do prestador de serviços, na qualidade de contribuinte individual, sobre o valor total do acordo, respeitado o teto de contribuição. Inteligência do § 4º do art. 30 e do inciso III do art. 22, todos da Lei n. 8.212, de 24.07.1991.

399. ESTABILIDADE PROVISÓRIA. AÇÃO TRABALHISTA AJUIZADA APÓS O TÉRMINO DO PERÍODO DE GARANTIA NO EMPREGO. ABUSO DO EXERCÍCIO DO DIREITO DE AÇÃO. NÃO CONFIGURAÇÃO. INDENIZAÇÃO DEVIDA. (DEJT divulgado em 2, 3 e 4.8.2010). O ajuizamento de ação trabalhista após decorrido o período de garantia de emprego não configura abuso do exercício do direito de ação, pois este está submetido apenas ao prazo prescricional inscrito no art. 7º, XXIX, da CF/1988, sendo devida a indenização desde a dispensa até a data do término do período estabilitário.

400. IMPOSTO DE RENDA. BASE DE CÁLCULO. JUROS DE MORA. NÃO INTEGRAÇÃO. ART. 404 DO CÓDIGO CIVIL BRASILEIRO. (DEJT divulgado em 02, 03 e 04.08.2010). Os juros de mora decorrentes do inadimplemento de obrigação de pagamento em dinheiro não integram a base de cálculo do imposto de renda, independentemente da natureza jurídica da obrigação inadimplida, ante o cunho indenizatório conferido pelo art. 404 do Código Civil de 2002 aos juros de mora.

401. PRESCRIÇÃO. MARCO INICIAL. AÇÃO CONDENATÓRIA. TRÂNSITO EM JULGADO DA AÇÃO DECLARATÓRIA COM MESMA CAUSA DE PEDIR REMOTA AJUIZADA ANTES DA EXTINÇÃO DO CONTRATO DE TRABALHO. (DEJT divulgado em 2, 3 e 4.8.2010). O marco inicial da contagem do prazo prescricional para o ajuizamento de ação condenatória, quando advém a dispensa do empregado no curso de ação declaratória que possua a mesma causa de pedir remota, é o trânsito em julgado da decisão proferida na ação declaratória e não a data da extinção do contrato de trabalho.

402. ADICIONAL DE RISCO. PORTUÁRIO. TERMINAL PRIVATIVO. ARTS. 14 E 19 DA LEI N. 4.860, DE 26.11.1965. INDEVIDO. (Mantida Res. 175, 24.5.11 — DJe/27.5.11) O adicional de risco previsto no artigo 14 da Lei n. 4.860, de 26.11.1965, aplica-se somente aos portuários que trabalham em portos organizados, não podendo ser conferido aos que operam terminal privativo.

403. ADVOGADO EMPREGADO. CONTRATAÇÃO ANTERIOR A LEI N. 8.906, DE 4.7.1994. JORNADA DE TRABALHO MANTIDA COM O ADVENTO DA LEI. DEDICAÇÃO EXCLUSIVA. CARACTERIZAÇÃO. (DEJT Divulgado em 16, 17 e 20.9.10) O advogado empregado contratado para jornada de 40 horas semanais, antes da edição da Lei n. 8.906, de 4.7.1994, está sujeito ao regime de dedicação exclusiva disposto no art. 20 da referida lei, pelo que não tem direito à jornada de 20 horas semanais ou 4 diárias.

404. DIFERENÇAS SALARIAIS. PLANO DE CARGOS E SALÁRIOS. DESCUMPRIMENTO. CRITÉRIOS DE PROMOÇÃO NÃO OBSERVADOS. PRESCRIÇÃO PARCIAL. (cancelada em decorrência da sua conversão na Súmula n. 452) — RES. 194/2014, DEJT divulgado em 21, 22 e 23.05.2014. Tratando-se de pedido de pagamento de diferenças salariais decorrentes da inobservância dos critérios de promoção estabelecidos em Plano de Cargos e Salários criado pela empresa, a prescrição aplicável é a parcial, pois a lesão é sucessiva e se renova mês a mês.

405. EMBARGOS. PROCEDIMENTO SUMARÍSSIMO. CONHECIMENTO. RECURSO INTERPOSTO APÓS VIGÊNCIA DA LEI N. 11.496, DE 22.06.2007, QUE CONFERIU NOVA REDAÇÃO AO ART. 894, II, DA CLT. (cancelada em decorrência da sua conversão na Súmula n. 458) — Res. 194/2014, DEJT divulgado em 21, 22 e 23.05.2014. Em causas sujeitas ao procedimento sumaríssimo, em que pese a limitação imposta no art. 896, § 6º, da CLT à interposição de recurso de revista, admite-se os embargos interpostos na vigência da Lei n. 11.496, de 22.06.2007, que conferiu nova redação ao art. 894 da CLT, quando demonstrada a divergência jurisprudencial entre Turmas do TST, fundada em interpretações diversas acerca da aplicação de mesmo dispositivo constitucional ou de matéria sumulada.

406. ADICIONAL DE PERICULOSIDADE. PAGAMENTO ESPONTÂNEO. CARACTERIZAÇÃO DE FATO INCONTROVERSO. DESNECESSÁRIA A PERÍCIA DE QUE TRATA O ART. 195 DA CLT. (cancelada em decorrência da sua conversão na Súmula n. 453) — Res. 194/2014, DEJT divulgado em 21, 22 e 23.05.2014. O pagamento de adicional de periculosidade efetuado por mera liberalidade da empresa, ainda que de forma proporcional ao tempo de exposição ao risco ou em percentual inferior ao máximo legalmente previsto, dispensa a realização da prova técnica exigida pelo art. 195 da CLT, pois torna incontroversa a existência do trabalho em condições perigosas.

407. JORNALISTA. EMPRESA NÃO JORNALÍSTICA. JORNADA DE TRABALHO REDUZIDA. ARTS. 302 E 303 DA CLT. (DEJT divulgado em 22, 25 e 26.10.10). O jornalista que exerce funções típicas de sua profissão, independentemente do ramo de atividade do empregador, tem direito à jornada reduzida prevista no artigo 303 da CLT.

408. JUROS DE MORA. EMPRESA EM LIQUIDAÇÃO EXTRAJUDICIAL. SUCESSÃO TRABALHISTA. (DEJT divulgado em 22, 25 e 26.10.10) É devida a incidência de juros de mora em relação aos débitos trabalhistas de empresa em liquidação extrajudicial sucedida nos moldes dos arts. 10 e 448 da CLT. O sucessor responde pela obrigação do sucedido, não se beneficiando de qualquer privilégio a este destinado.

409. MULTA POR LITIGÂNCIA DE MÁ-FÉ. RECOLHIMENTO. PRESSUPOSTO RECURSAL. INEXIGIBILIDADE. (DEJT divulgado em 22, 25 e 26.10.10) O recolhimento do valor da multa imposta por litigância de má-fé, nos termos do art. 18 do CPC, não é pressuposto objetivo para interposição dos recursos de natureza trabalhista. Assim, resta inaplicável o art. 35 do CPC como fonte subsidiária, uma vez que, na Justiça do Trabalho, as custas estão reguladas pelo art. 789 da CLT.

410. REPOUSO SEMANAL REMUNERADO. CONCESSÃO APÓS O SÉTIMO DIA CONSECUTIVO DE TRABALHO. ART. 7º, XV, DA CF. VIOLAÇÃO. (DEJT divulgado em 22, 25 e 26.10.2010) Viola o art. 7º, XV, da CF a concessão de repouso semanal remunerado após o sétimo dia consecutivo de trabalho, importando no seu pagamento em dobro.

411. SUCESSÃO TRABALHISTA. AQUISIÇÃO DE EMPRESA PERTENCENTE A GRUPO ECONÔMICO. RESPONSABILIDADE SOLIDÁRIA DO SUCESSOR POR DÉBITOS TRABALHISTAS DE EMPRESA NÃO ADQUIRIDA. INEXISTÊNCIA. (DEJT divulgado em 22, 25 e 26.10.2010). O sucessor não responde solidariamente por débitos trabalhistas de empresa não adquirida, integrante do mesmo grupo econômico da empresa sucedida, quando, à época, a empresa devedora direta era solvente ou idônea economicamente, ressalvada a hipótese de má-fé ou fraude na sucessão.

412. AGRAVO INOMINADO OU AGRAVO REGIMENTAL. INTERPOSIÇÃO EM FACE DE DECISÃO COLEGIADA. NÃO CABIMENTO. ERRO GROSSEIRO. INAPLICABILIDADE DO PRINCÍPIO DA FUNGIBILIDADE RECURSAL. (DEJT DIVULGADO EM 14, 15 E 16.2.12). É incabível agravo inominado (art. 557, § 1º, do CPC) ou agravo regimental (art. 235 do RITST) contra decisão proferida por órgão colegiado. Tais recursos destinam-se, exclusivamente, a impugnar decisão monocrática nas hipóteses expressamente previstas. Inaplicável, no caso, o princípio da fungibilidade ante a configuração de erro grosseiro.

413. AUXÍLIO-ALIMENTAÇÃO. ALTERAÇÃO DA NATUREZA JURÍDICA. NORMA COLETIVA OU ADESÃO AO PAT. (DEJT DIVULGADO EM 14, 15 E 16.2.12). A pactuação em norma coletiva conferindo caráter indenizatório à verba "auxílio-alimentação" ou a adesão posterior do empregador ao Programa de Alimentação do Trabalhador (PAT) não altera a natureza salarial da parcela, instituída anteriormente, para aqueles empregados que, habitualmente, já percebiam o benefício, a teor das Súmulas ns. 51, I, e 241 do TST.

414. COMPETÊNCIA DA JUSTIÇA DO TRABALHO. EXECUÇÃO DE OFÍCIO. CONTRIBUIÇÃO SOCIAL REFERENTE AO SEGURO DE ACIDENTE DE TRABALHO (SAT). ARTS. 114, VIII, E 195, I, "A", DA CONSTITUIÇÃO

DA REPÚBLICA. (cancelada em decorrência da sua conversão na Súmula n. 454) — Res. 194/2014, DEJT divulgado em 21, 22 e 23.05.2014. Compete à Justiça do Trabalho a execução, de ofício, da contribuição referente ao Seguro de Acidente de Trabalho (SAT), que tem natureza de contribuição para a seguridade social (arts. 114, VIII, e 195, I, "a", da CF), pois se destina ao financiamento de benefícios relativos à incapacidade do empregado decorrente de infortúnio no trabalho (arts. 11 e 22 da Lei n. 8.212/1991).

415. HORAS EXTRAS. RECONHECIMENTO EM JUÍZO. CRITÉRIO DE DEDUÇÃO/ABATIMENTO DOS VALORES COMPROVADAMENTE PAGOS NO CURSO DO CONTRATO DE TRABALHO. (DEJT DIVULGADO EM 14, 15 E 16.2.12). A dedução das horas extras comprovadamente pagas daquelas reconhecidas em juízo não pode ser limitada ao mês de apuração, devendo ser integral e aferida pelo total das horas extraordinárias quitadas durante o período imprescrito do contrato de trabalho.

416. IMUNIDADE DE JURISDIÇÃO. ORGANIZAÇÃO OU ORGANISMO INTERNACIONAL. (DEJT DIVULGADO EM 14, 15 E 16.2.12). As organizações ou organismos internacionais gozam de imunidade absoluta de jurisdição quando amparados por norma internacional incorporada ao ordenamento jurídico brasileiro, não se lhes aplicando a regra do Direito Consuetudinário relativa à natureza dos atos praticados. Excepcionalmente, prevalecerá a jurisdição brasileira na hipótese de renúncia expressa à cláusula de imunidade jurisdicional.

417. PRESCRIÇÃO. RURÍCOLA. EMENDA CONSTITUCIONAL N. 28, DE 26.5.2000. CONTRATO DE TRABALHO EM CURSO. (DEJT DIVULGADO EM 14, 15 E 16.2.12). Não há prescrição total ou parcial da pretensão do trabalhador rural que reclama direitos relativos a contrato de trabalho que se encontrava em curso à época da promulgação da Emenda Constitucional n. 28, de 26.5.2000, desde que ajuizada a demanda no prazo de cinco anos de sua publicação, observada a prescrição bienal.

418. EQUIPARAÇÃO SALARIAL. PLANO DE CARGOS E SALÁRIOS. APROVAÇÃO POR INSTRUMENTO COLETIVO. AUSÊNCIA DE ALTERNÂNCIA DE CRITÉRIOS DE PROMOÇÃO POR ANTIGUIDADE E MERECIMENTO. (DEJT divulgado em 12, 13 e 16.4.2012) Não constitui óbice à equiparação salarial a existência de plano de cargos e salários que, referendado por norma coletiva, prevê critério de promoção apenas por merecimento ou antiguidade, não atendendo, portanto, o requisito de alternância dos critérios, previsto no art. 461, § 2º, da CLT.

419. ENQUADRAMENTO. EMPREGADO QUE EXERCE ATIVIDADE EM EMPRESA AGROINDUSTRIAL. DEFINIÇÃO PELA ATIVIDADE PREPONDERANTE DA EMPRESA. (DJe Divulgado em 28.6.12). Considera-se rurícola empregado que, a despeito da atividade exercida, presta serviços a empregador agroindustrial (art. 3º, § 1º, da Lei n. 5.889, de 8.6.1973), visto que, neste caso, é a atividade preponderante da empresa que determina o enquadramento.

420. TURNOS ININTERRUPTOS DE REVEZAMENTO. ELASTECIMENTO DA JORNADA DE TRABALHO. NORMA COLETIVA COM EFICÁCIA RETROATIVA. INVALIDADE. (DJe Divulgado em 28.6.12) É inválido o instrumento normativo que, regularizando situações pretéritas, estabelece jornada de oito horas para o trabalho em turnos ininterruptos de revezamento.

421. HONORÁRIOS ADVOCATÍCIOS. AÇÃO DE INDENIZAÇÃO POR DANOS MORAIS E MATERIAIS DECORRENTES DE ACIDENTE DE TRABALHO OU DE DOENÇA PROFISSIONAL. AJUIZAMENTO PERANTE A JUSTIÇA COMUM ANTES DA PROMULGAÇÃO DA EMENDA CONSTITUCIONAL N. 45/2004. POSTERIOR REMESSA DOS AUTOS À JUSTIÇA DO TRABALHO. ART. 20 DO CPC. INCIDÊNCIA. (DEJT divulgado em 1, 4 e 5.2.2013) A condenação em honorários advocatícios nos autos de ação de indenização por danos morais e materiais decorrentes de acidente de trabalho ou de doença profissional, remetida à Justiça do Trabalho após ajuizamento na Justiça comum, antes da vigência da Emenda Constitucional n. 45/2004, decorre da mera sucumbência, nos termos do art. 20 do CPC, não se sujeitando aos requisitos da Lei n. 5.584/1970.

ORIENTAÇÃO JURISPRUDENCIAL DO TRIBUNAL SUPERIOR DO TRABALHO — SEÇÃO DE DISSÍDIOS INDIVIDUAIS — 1 — TRANSITÓRIA

Temas referentes a matérias transitórias e/ou de aplicação restrita no TST ou a determinado Tribunal Regional.

ÍNDICE

OJ-SDI-1 Transitória

ORIENTAÇÕES JURISPRUDENCIAIS DA SDI-1 — TRANSITÓRIAS

Temas não inseridos na Orientação Jurisprudencial do Tribunal, por tratarem de matérias transitórias e/ou de aplicação restrita no TST ou a determinado Tribunal Regional. Referidas Orientações não estão inseridas no índice geral desta obra, justamente em face da sua transitoriedade e da sua aplicação restrita.

01. FGTS. MULTA DE 40%. COMPLEMENTAÇÃO. INDEVIDA. Inserida em 2.10.97. A rescisão contratual operada antes da vigência da Constituição Federal de 1988, com o pagamento da multa sobre os depósitos do FGTS no percentual de 10%, é ato jurídico perfeito, não se admitindo retroatividade. Assim, indevido o deferimento da complementação, a título de diferenças de multa do FGTS, do percentual de 30%, referente ao período do primeiro contrato rescindindo e pago de acordo com a norma vigente à época. (Lei n. 5.107/66, art. 6º). **(título alterado e inserido dispositivo, DJ 20.4.05)**

02. CSN. LICENÇA REMUNERADA. É devido o valor das horas extras até então habitualmente prestadas. **(inserida em 2.10.1997)**

03. SÚMULA N. 337. INAPLICABILIDADE. A Súmula n. 337 do TST é inaplicável a recurso de revista interposto anteriormente à sua vigência. **(título alterado e inserido dispositivo, DJ 20.4.05)**

04. MINERAÇÃO MORRO VELHO. ADICIONAL DE INSALUBRIDADE. BASE DE CÁLCULO. ACORDO COLETIVO. PREVALÊNCIA. (Cancelada Res. 175, 24.5.11 — DJe/27.5.11). O acordo coletivo estabelecido com a Mineração Morro Velho sobrepõe-se aos comandos da lei, quando as partes, com o propósito de dissipar dúvidas e nos exatos limites de seu regular direito de negociação, livremente acordaram parâmetros para a base de cálculo do adicional de insalubridade.

05. SERVITA. BONIFICAÇÃO DE ASSIDUIDADE E PRODUTIVIDADE PAGA SEMANALMENTE. REPERCUSSÃO NO REPOUSO SEMANAL REMUNERADO. Inserida em 2.10.97. O valor das bonificações de assiduidade e produtividade, pago semanalmente e em caráter permanente pela empresa Servita, visando incentivar o melhor rendimento dos empregados, possui natureza salarial, repercutindo no cálculo repouso semanal remunerado. **(título alterado e inserido dispositivo, DJ 20.4.05)**

06. ADICIONAL DE PRODUTIVIDADE. DECISÃO NORMATIVA. VIGÊNCIA. LIMITAÇÃO. O adicional de produtividade previsto na decisão normativa, proferida nos Autos do Dissídio Coletivo n. DC-TST 6/79, tem sua eficácia limitada à vigência do respectivo instrumento normativo. **(inserida em 19.10.00)**

07. BANRISUL. COMPLEMENTAÇÃO DE APOSENTADORIA. ADI E CHEQUE-RANCHO. NÃO INTEGRAÇÃO. Inserida em 19.10.00. As parcelas ADI e cheque-rancho não integram a complementação de aposentadoria dos empregados do Banrisul. (ex-OJ Transitória n. 8 da SBDI-1 — inserida em 19.10.00. **(nova redação em decorrência da incorporação da Orientação Jurisprudencial Transitória n. 8 da SBDI-I, DJ 20.4.05)**

08. BANRISUL. COMPLEMENTAÇÃO DE APOSENTADORIA. CHEQUE-RANCHO. NÃO INTEGRAÇÃO. Inserida em 19.10.00. **(cancelada em decorrência da sua incorporação à redação da Orientação Jurisprudencial Transitória n. 7 da SBDI-1, DJ 20.4.05)**

09. BNCC. Garantia de emprego. Não assegurada. O Regulamento do BNCC não garante a estabilidade ao empregado nos moldes daquela prevista na CLT, mas apenas a garantia no emprego, ou seja, a garantia contra a despedida imotivada. **(inserida em 19.10.00)**

10. BNCC. JUROS. SÚMULA N. 304/TST. INAPLICÁVEL. A extinção do BNCC não foi decretada pelo Banco Central mas por deliberação de seus acionistas. Portanto, inaplicável a Súmula n. 304/TST e, em seus débitos trabalhistas, devem incidir os juros de mora. **(inserida em 19.10.00)**

11. COMPLEMENTAÇÃO DE APOSENTADORIA. CEAGESP. Para o empregado se beneficiar da aposentadoria integral, prevista no § 1º do art. 16 do Regulamento Geral n. 1/1963, da CEAGESP, o empregado deverá contar com 30 anos ou mais de efetivo serviço à CEAGESP. **(inserida em 19.10.00)**

12. CSN. ADICIONAL DE INSALUBRIDADE E DE PERICULOSIDADE. SALÁRIO COMPLESSIVO. PREVALÊNCIA DO ACORDO COLETIVO. Inserida em 19.10.00. O pagamento do adicional de insalubridade e periculosidade embutido no salário contratual dos empregados da CSN não caracteriza a complessividade salarial uma vez que essa forma de pagamento decorre de acordo coletivo há muitos anos em vigor. **(inserido dispositivo, DJ 20.4.05)**

13. CSN. LICENÇA REMUNERADA. AVISO PRÉVIO. CONCOMITÂNCIA. POSSIBILIDADE. Devido às circunstâncias especialíssimas ocorridas na CSN (Próspera), considera-se válida a concessão de aviso prévio durante o período da licença remunerada. **(inserida em 19.10.00)**

14. DEFENSORIA PÚBLICA. OPÇÃO PELA CARREIRA. Servidor investido na função de defensor público até a data em que foi instalada a Assembleia Nacional Constituinte tem direito à opção pela carreira, independentemente de realização de concurso público (celetista ou estatutário), bastando que a opção tenha sido feita até a data supra. **(inserida em 19.10.00)**

15. ENERGIPE. PARTICIPAÇÃO NOS LUCROS. INCORPORAÇÃO ANTERIOR À CF/1988. NATUREZA SALARIAL. A parcela participação nos lucros, incorporada ao salário do empregado anteriormente à CF/1988, possui natureza salarial e gera reflexos em todas as verbas salariais. **(inserida em 19.10.00)**

16. AGRAVO DE INSTRUMENTO INTERPOSTO NA VIGÊNCIA DA LEI N. 9.756/1998 E ANTERIORMENTE À EDIÇÃO DA IN N. 16/1999 DO TST. TRASLADO DE PEÇAS. OBRIGATORIEDADE. Não há como dizer que a exigência de traslado de peças necessárias ao julgamento de ambos os recursos (o agravo e o recurso principal) somente se tornou obrigatória após a edição da IN n. 16/1999, pois trata-se apenas de meio destinado à interpretação acerca das novas exigências que se tornaram efetivas a partir da vigência da Lei n. 9.756/1998. **(inserida em 13.2.01)**

17. AGRAVO DE INSTRUMENTO INTERPOSTO NA VIGÊNCIA DA LEI N. 9.756/1998. EMBARGOS DECLARATÓRIOS. Para comprovar a tempestividade do Recurso de Revista, basta a juntada da certidão de publicação do acórdão dos Embargos Declaratórios opostos perante o Regional, se conhecidos. **(inserida em 13.2.01)**

18. AGRAVO DE INSTRUMENTO INTERPOSTO NA VIGÊNCIA DA LEI N. 9.756/1998. PEÇA INDISPENSÁVEL. CERTIDÃO DE PUBLICAÇÃO DO ACÓRDÃO REGIONAL. NECESSÁRIA A JUNTADA, SALVO SE NOS AUTOS HOUVER ELEMENTOS QUE ATESTEM A TEMPESTIVIDADE DA REVISTA. A certidão de publicação do acórdão regional é peça essencial para a regularidade do traslado do agravo de instrumento, porque imprescindível para aferir a tempestividade do recurso de revista e para viabilizar, quando provido, seu imediato julgamento, salvo se nos autos houver elementos que atestem a tempestividade da revista. **(inserida em 13.2.01)**

19. AGRAVO DE INSTRUMENTO. INTERPOSTO NA VIGÊNCIA DA LEI N. 9.756/1998. PEÇAS DISPENSÁVEIS À COMPREENSÃO DA CONTROVÉRSIA. DESNECESSÁRIA A JUNTADA. Mesmo na vigência da Lei n. 9.756/1998, a ausência de peças desnecessárias à compreensão da controvérsia, ainda que relacionadas no inciso I do § 5º do art. 897 da CLT, não implica o não-conhecimento do Agravo. **(inserida em 13.2.01)**

20. AGRAVO DE INSTRUMENTO. MINISTÉRIO PÚBLICO. PRESSUPOSTOS EXTRÍNSECOS. Para aferição da tempestividade do AI interposto pelo Ministério Público, desnecessário o traslado da certidão de publicação do despacho agravado, bastando a juntada da cópia da intimação pessoal na qual conste a respectiva data de recebimento (LC n. 75/1993, art. 84, IV). **(inserida em 13.2.01)**

21. AGRAVO DE INSTRUMENTO. TRASLADO. CERTIDÃO. IN N. 6/1996 DO TST. Certidão do Regional afirmando que o AI está formado de acordo com IN n. 6/96 do TST não confere autenticidade às peças. **(inserida em 13.2.01)**

22. AUTENTICAÇÃO. DOCUMENTOS DISTINTOS. CÓPIA. VERSO E ANVERSO. Necessidade. Distintos os documentos contidos no verso e anverso, é necessária a autenticação de ambos os lados da cópia. **(inserida em 13.2.01) Cancelada em face de sua conversão na Orientação Jurisprudencial n. 287 da SBDI-I — DJ 24.11.03)**

23. AUTENTICAÇÃO. DOCUMENTO ÚNICO. CÓPIA. VERSO E ANVERSO. Inexistindo impugnação da parte contrária, bem como o disposto no art. 795 da CLT, é válida a autenticação aposta em uma face da folha que contenha documento que continua no verso, por constituir documento único. **(inserida em 13.2.01)**

24. ABONO. COMPLEMENTAÇÃO DE APOSENTADORIA. REAJUSTE. CVRD (VALIA). A Resolução n. 7/1989 da CVRD, que instituiu o benefício "abono aposentadoria" (art. 6º), determina que o reajuste seja feito na mesma época e com o mesmo índice aplicado pelo INSS ou observada a variação do IGP ou da OTN, aplicando-se o maior deles. **(DJ 9.12.03)**

25. BANCO MERIDIONAL. COMPLEMENTAÇÃO DE APOSENTADORIA. REAJUSTES. EXTENSÃO. Os reajustes salariais concedidos sobre quaisquer parcelas aos empregados ativos devem ser estendidos aos inativos, com exclusão apenas das parcelas ressalvadas expressamente no Regulamento do Banco. **(DJ 9.12.03)**

26. BANERJ. PLANO BRESSER. ACORDO COLETIVO DE TRABALHO DE 1991. Não é norma programática. É de eficácia plena e imediata o *caput* da cláusula 5ª do Acordo Coletivo de Trabalho de 1991/1992 celebrado pelo Banerj contemplando o pagamento de diferenças salariais do Plano Bresser, sendo devido o percentual de 26,06% nos meses de janeiro a agosto de 1992, inclusive. **(DJ 9.12.03)**

27. BANRISUL. GRATIFICAÇÃO JUBILEU. PRESCRIÇÃO. A Gratificação Jubileu, instituída pela Resolução n. 1.761/1967, que foi alterada, reduzindo-se o seu valor, pela Resolução n. 1.885/1970, era devida a todo empregado que completasse 25, 30, 35 e 40 anos de serviço no Banco. Era vantagem a ser paga de uma única vez, na data da aposentadoria, fluindo desta data o prazo prescricional, sendo inaplicável o Súmula n. 294 do TST, que é restrito aos casos em que se postulam prestações sucessivas. **(DJ 9.12.03)**

28. CDHU. SUCESSÃO TRABALHISTA. Considerando a moldura fática delineada pelo Regional, conduz-se à ilação de que a CDHU foi a sucessora da CONESP, uma vez que ocupou os imóveis e assumiu os contratos anteriores, dando sequência às obras com o mesmo pessoal. **(DJ 9.12.03)**

29. CEEE. EQUIPARAÇÃO SALARIAL. QUADRO DE CARREIRA. REESTRUTURAÇÃO EM 1991. VÁLIDO. O quadro de carreira implantado na CEEE em 1977 foi homologado pelo Ministério do Trabalho. A reestruturação procedida em 1991, mesmo não homologada, é válida. **(DJ 09.12.03)**

30. CISÃO PARCIAL DE EMPRESA. RESPONSABILIDADE SOLIDÁRIA. PROFORTE. É solidária a responsabilidade entre a empresa cindida subsistente e aquelas que absorverem parte do seu patrimônio, quando constatada fraude na cisão parcial. **(DJ 9.12.03)**

31. PLANO BRESSER E VERÃO. ACORDO COLETIVO AUTORIZANDO A QUITAÇÃO ATRAVÉS DA CONCESSÃO DE FOLGAS REMUNERADAS. CONVERSÃO EM PECÚNIA APÓS A EXTINÇÃO DO CONTRATO DE TRABALHO. INVIABILIDADE. Acordo coletivo celebrado entre as partes autorizando a quitação dos valores devidos a título de Planos Bresser e Verão em folgas remuneradas é válido. Incabível a conversão do valor correspondente às folgas remuneradas em pecúnia quando extinto o contrato de trabalho pelo advento de aposentadoria voluntária. **(DJ 9.12.03)**

32. COMPLEMENTAÇÃO DE APOSENTADORIA. BANCO DO BRASIL. SUCUMBÊNCIA. INVERSÃO. Imposta condenação originária em diferenças de complementação de aposentadoria, por ocasião do julgamento de recurso de revista, imperativo o exame no acórdão, sob pena de negativa de prestação jurisdicional, de postulação aduzida em contestação e/ou em contrarrazões visando à limitação da condenação à média trienal e ao teto, matéria insuscetível de prequestionamento. **(DJ 10.11.04)**

33. ADICIONAL DE INSALUBRIDADE. BASE DE CÁLCULO, NA VIGÊNCIA DO DECRETO-LEI N. 2.351/1987: PISO NACIONAL DE SALÁRIOS. Na vigência do Decreto-lei n. 2.351/1987, o piso nacional de salários é a base de cálculo para o adicional de insalubridade. (ex-OJ n. 3 da SBDI-1 — inserida em 14.3.94). **(conversão da Orientação Jurisprudencial n. 3 da SBDI-I, DJ 20.4.05)**

34. BRDE. ENTIDADE AUTÁRQUICA DE NATUREZA BANCÁRIA. LEI N. 4.595/1964, ART. 17. RES. BACEN 469/1970, ART. 8º. CLT, ART. 224, § 2º. CF, ART. 173, § 1º. O Banco Regional de Desenvolvimento do Extremo Sul — BRDE é uma entidade autárquica de natureza bancária, e, como tal, submete-se ao art. 173, § 1º, da Constituição

Federal de 1988. Desta forma, sendo a natureza das atividades por ele exercidas similares às de qualquer instituição financeira, seus empregados são bancários, regendo-se pelas normas especiais a eles referentes, inclusive o art. 224 da CLT. (ex-OJ n. 22 da SBDI-1 — inserida em 14.3.94). **(conversão da Orientação Jurisprudencial n. 22 da SBDI-1, DJ 20.4.05)**

35. REAJUSTES SALARIAIS. BIMESTRAIS E QUADRIMESTRAIS (LEI N. 8.222/1991). SIMULTANEAMENTE INVIÁVEL. Nova antecipação bimestral, na mesma época do reajuste quadrimestral, constitui verdadeiro *bis in idem*, pois o bimestre anterior, que servia como base de cálculo, já teve o INPC considerado para fim do reajuste quadrimestral. (ex-OJ n. 68 da SBDI-1 — inserida em 28.11.95). **(conversão da Orientação Jurisprudencial n. 68 da SBDI-I, DJ 20.4.05)**

36. HORA "IN ITINERE". TEMPO GASTO ENTRE A PORTARIA DA EMPRESA E O LOCAL DO SERVIÇO. DEVIDA. AÇOMINAS. (Mantida Res. 175, 24.5.11 — DJe27.5.11). Configura-se como hora "in itinere" o tempo gasto pelo obreiro para alcançar seu local de trabalho a partir da portaria da Açominas. (ex-OJ n. 98 da SDI-1 - inserida em 30.05.97)

37. MINASCAIXA. LEGITIMIDADE PASSIVA *AD CAUSAM* ENQUANTO NÃO CONCLUÍDO O PROCEDIMENTO DE LIQUIDAÇÃO EXTRAJUDICIAL. A Minascaixa tem legitimidade passiva *ad causam* para figurar nas demandas contra ela ajuizadas enquanto não tiver concluído o processo de liquidação extrajudicial ao qual se encontra submetida. (ex-OJ n. 109 da SBDI-1 — inserida em 1.10.97). **(conversão da Orientação Jurisprudencial n. 109 da SBDI-1, DJ 20.4.05)**

38. BANCO MERIDIONAL. CIRCULAR 34046/1989. DISPENSA SEM JUSTA CAUSA. A inobservância dos procedimentos disciplinados na Circular 34046/1989 do Banco Meridional, norma de caráter eminentemente procedimental, não é causa para a nulidade de dispensa sem justa causa. (ex-OJ n. 137 da SBDI-I — inserida em 27.11.98). **(conversão da Orientação Jurisprudencial n. 137 da SBDI-1, DJ 20.4.05)**

39. FGTS. OPÇÃO RETROATIVA. CONCORDÂNCIA DO EMPREGADOR. NECESSIDADE. A concordância do empregador é indispensável para que o empregado possa optar retroativamente pelo sistema do Fundo de Garantia por Tempo de Serviço. (ex-OJ n. 146 da SBDI-1 — inserida em 27.11.98). **(conversão da Orientação Jurisprudencial n. 146 da SBDI-1, DJ 20.4.05)**

40. BANRISUL. COMPLEMENTAÇÃO DE APOSENTADORIA. A resolução 1600/1964, vigente à época da admissão do empregado, incorporou-se ao contrato de trabalho, pelo que sua alteração não poderá prejudicar o direito adquirido, mesmo em virtude da edição da Lei n. 6.435/1977. Incidência das Súmulas ns. 51 e 288. (ex-OJ n. 155 da SBDI-1 — inserida em 26.3.99). **(conversão da Orientação Jurisprudencial n. 155 da SBDI-1, DJ 20.4.05)**

41. COMPLEMENTAÇÃO DE APOSENTADORIA. FUNDAÇÃO CLEMENTE DE FARIA. BANCO REAL. É válida a cláusula do Estatuto da Fundação Clemente de Faria que condicionou o direito à complementação de aposentadoria à existência de recursos financeiros, e também prévia a suspensão, temporária ou definitiva, da referida complementação. (ex-OJ n. 157 da SDI-1 — inserida em 26.3.99). **(conversão da Orientação Jurisprudencial n. 157 da SDI-I, DJ 20.4.05)**

42. PETROBRAS. PENSÃO POR MORTE DO EMPREGADO ASSEGURADA NO MANUAL DE PESSOAL. ESTABILIDADE DECENAL. OPÇÃO PELO REGIME DO FGTS (inserido item II à redação) (Resol. n. 182/TST, de 16.4.12, DEJT 19.4.12).

I — Tendo o empregado adquirido a estabilidade decenal, antes de optar pelo regime do FGTS, não há como negar-se o direito à pensão, eis que preenchido o requisito exigido pelo Manual de Pessoal. (ex-OJ n. 166 da SDI-1 — inserida em 26.3.1999)

II — O benefício previsto no manual de pessoal da Petrobras, referente ao pagamento de pensão e auxílio-funeral aos dependentes do empregado que vier a falecer no curso do contrato de trabalho, não se estende à hipótese em que sobrevém o óbito do trabalhador quando já extinto o contrato de trabalho.

43. SUDS. GRATIFICAÇÃO. CONVÊNIO DA UNIÃO COM ESTADO. NATUREZA SALARIAL ENQUANTO PAGA. A parcela denominada "Complementação SUDS" paga aos servidores em virtude de convênio entre o Estado e a União Federal tem natureza salarial, enquanto para, pelo que repercute nos demais créditos trabalhistas do empregado. **(conversão da Orientação Jurisprudencial n. 168 da SBDI-1, DJ 20.4.05)**

44. ANISTIA. LEI N. 6.683/79. TEMPO DE AFASTAMENTO. NÃO COMPUTÁVEL PARA EFEITO DE INDENIZAÇÃO E ADICIONAL POR TEMPO DE SERVIÇO, LICENÇA-PRÊMIO E PROMOÇÃO. O tempo de afastamento do anistiado pela Lei n. 6.683/79 não é computável para efeito do pagamento de indenização por tempo de serviço, licença-prêmio e promoção. (ex-OJ n. 176 da SDI-1 inserida em 8.11.00). **(conversão da Orientação Jurisprudencial n. 176 da SBDI-1, DJ 20.4.05)**

45. COMISSIONISTA PURO. ABONO. LEI N. 8.178/1991. NÃO INCORPORAÇÃO. É indevida a incorporação do abono instituído pela Lei n. 8.178/1991 aos empregados comissionistas. (ex-OJ n. 180 da SBDI-1 — inserida em 8.11.00). **(conversão da Orientação Jurisprudencial n. 180 da SBDI-1, DJ 20.4.05)**

46. COMPLEMENTAÇÃO DE APOSENTADORIA. BANCO ITAÚ. O empregado do Banco Itaú admitido na vigência da Circular BB-05/1966, que passou para a inatividade posteriormente à vigência da RP-40/1974, está sujeito ao implemento da condição "idade mínima de 55 anos". (ex-OJ n. 183 da SBDI-1 — inserida em 8.11.00). **(conversão da Orientação Jurisprudencial n. 183 da SBDI-1, DJ 20.4.05)**

47. DÉCIMO TERCEIRO SALÁRIO. DEDUÇÃO DA 1ª PARCELA. URV. LEI N. 8.880/1994. Ainda que o adiantamento do 13º salário tenha ocorrido anteriormente à edição da Lei n. 8.880/1994, as deduções deverão ser realizadas considerando o valor da antecipação, em URV, na data do efetivo pagamento, não podendo a 2ª parcela ser inferior à metade do 13º salário, em URV. (ex-OJ n. 187 da SBDI-1 — inserida em 8.11.00). **(conversão da Orientação Jurisprudencial n. 187 da SBDI-I, DJ 20.4.05)**

48. PETROMISA. SUCESSÃO. PETROBRÁS. LEGITIMIDADE. Em virtude da decisão tomada em assembleia, a Petrobrás é a real sucessora da Petromisa, considerando que recebeu todos os bens móveis e imóveis da extinta Petromisa. (ex-OJ n. 202 da SDI-1 — inserida em 8.11.00). **(conversão da Orientação Jurisprudencial n. 202 da SDI-1, DJ 20.4.05)**

49. SERPRO. NORMA REGULAMENTAR. REAJUSTES SALARIAIS. SUPERVENIÊNCIA DE SENTENÇA NORMATIVA. PREVALÊNCIA. Durante a vigência do instrumento normativo, é lícita ao empregador a obediência à norma coletiva (DC 8948/1990) que alterou as diferenças interníveis previstas no Regulamento de Recursos Humanos. (ex-OJ n. 212 da SBDI-1 — inserida em 8.11.00). **(conversão da Orientação Jurisprudencial n. 212 da SBDI-1, DJ 20.4.05)**

50. FÉRIAS. ABONO INSTITUÍDO POR INSTRUMENTO NORMATIVO E TERÇO CONSTITUCIONAL. SIMULTA-

NEIDADE INVIÁVEL. O abono de férias decorrente de instrumento normativo e o abono de 1/3 (um terço) previsto no art. 7º, XVII, da CF/1988 têm idêntica natureza jurídica, destinação e finalidade, constituindo-se *bis in idem* seu pagamento simultâneo, sendo legítimo o direito do empregador de obter compensação de valores porventura pagos. (ex-OJ n. 231 da SBDI-1 — inserida em 20.6.01). **(conversão da Orientação Jurisprudencial n. 231 da SBDI-1, DJ 20.4.05)**

51. COMPLEMENTAÇÃO DE APOSENTADORIA. CAIXA ECONÔMICA FEDERAL. AUXÍLIO-ALIMENTAÇÃO. SUPRESSÃO. SÚMULAS NS. 51 E 288. A determinação de supressão do pagamento de auxílio-alimentação aos aposentados e pensionistas da Caixa Econômica Federal, oriunda do Ministério da Fazenda, não atinge aqueles ex-empregados que já percebiam o benefício. (ex-OJ n. 250 da SBDI-1 — inserida em 13.3.02). **(conversão da Orientação Jurisprudencial n. 250 da SDI-1, DJ 20.4.05)**

52. AGRAVO DE INSTRUMENTO. ACÓRDÃO DO TRT NÃO ASSINADO. INTERPOSTO ANTERIORMENTE À INSTRUÇÃO NORMATIVA N. 16/1999. Nos agravos de instrumento interpostos anteriormente à edição da Instrução Normativa n. 16/1999, a ausência de assinatura na cópia não a torna inválida, desde que conste o carimbo aposto pelo servidor certificando que confere com o original. (ex-OJ n. 281 da SBDI-1 — inserida em 11.8.03). **(conversão da Orientação Jurisprudencial n. 281 da SBDI-1, DJ 20.4.05)**

53. CUSTAS. EMBARGOS DE TERCEIRO. INTERPOSTOS ANTERIORMENTE À LEI N. 10.537/2002. INEXIGÊNCIA DE RECOLHIMENTO PARA A INTERPOSIÇAO DE AGRAVO DE PETIÇÃO. Tratando-se de embargos de terceiro, incidentes em execução, ajuizados anteriormente à Lei n. 10.537/2002, incabível a exigência do recolhimento de custas para a interposição de agravo de petiçao por falta de previsão legal. (ex-OJ n. 291 da SBDI-1 — inserida em 11.8.03). **(conversão da Orientação Jurisprudencial n. 291 da SBDI-1, DJ 20.4.05)**

54. PLANO ECONÔMICO (COLLOR). EXECUÇÃO. CORREÇÃO MONETÁRIA. ÍNDICE DE 84,32%. LEI N. 7.738/89. APLICÁVEL. Aplica-se o índice de 84,32%, relativo ao ICP de março de 1990, para a correção monetária do débito trabalhista, por ocasião da execução, nos termos da Lei n. 7.738/89. (ex-OJ n. 203 da SBDI-1 — inserida em 8.11.00). **(conversão da Orientação Jurisprudencial n. 203 da SBDI-1, DJ 20.4.05)**

55. PLANO COLLOR. SERVIDORES CELETISTAS DO GDF. LEGISLAÇÃO FEDERAL. PREVALÊNCIA. Inexiste direito adquirido às diferenças salariais de 84,32% do IPC de março de 1990 aos servidores celetistas da Administração Direta, Fundações e Autarquias do Distrito Federal. (ex-OJs n. 218 e 241 da SBDI-1 — inseridas respectivamente em 2.4.01 e 20.6.01). **(conversão da Orientação Jurisprudencial n. 218 da SDI-1 e incorporada a Orientação Jurisprudencial n. 241 da SBDI-1, DJ 20.4.05).**

56. ANISTIA. LEI N. 8.878/94. EFEITOS FINANCEIROS DEVIDOS A PARTIR DO EFETIVO RETORNO À ATIVIDADE. Os efeitos financeiros da anistia concedida pela Lei n. 8.878/94 somente serão devidos a partir do efetivo retorno à atividade, vedada a remuneração em caráter retroativo. (ex-OJ n. 221 da SDI-1 — inserida em 20.6.01). **(conversão da Orientação Jurisprudencial n. 221 da SDI-1, DJ 20.4.05)**

57. ADICIONAL DE INSALUBRIDADE. DEFICIÊNCIA DE ILUMINAMENTO. LIMITAÇÃO. Somente após 26.2.1991 foram, efetivamente, retiradas do mundo jurídico as normas ensejadoras do direito ao adicional de insalubridade por iluminamento insuficiente no local da prestação de serviço, como previsto na Portaria n. 3751/1990 do Ministério do Trabalho. (ex-OJ n. 153 da SBDI-1 — inserida em 26.3.99). **(conversão da Orientação Jurisprudencial n. 153 da SBDI-1, DJ 20.4.05)**

58. URP'S DE JUNHO E JULHO DE 1988. SUSPENSÃO DO PAGAMENTO. DATA-BASE EM MAIO. DECRETO-LEI N. 2.425/1988. INEXISTÊNCIA DE VIOLAÇÃO A DIREITO ADQUIRIDO. O Decreto-lei n. 2.425, de 7.4.1988, não ofendeu o direito adquirido dos empregados com data-base em maio, pelo que não fazem jus às URP's de junho e julho de 1988. (ex-OJ n. 214 da SBDI-1 — inserida em 8.11.00). **(conversão da Orientação Jurisprudencial n. 214 da SBDI-1, DJ 20.4.05)**

59. INTERBRAS. SUCESSÃO. RESPONSABILIDADE. A Petrobras não pode ser responsabilizada solidária ou subsidiariamente pelas obrigações trabalhistas da extinta Interbras, da qual a União é a real sucessora, nos termos do art. 20 da Lei n. 8.029, de 12.4.1990 **(atual art. 23, em face da renumeração dada pela Lei n. 8.154, de 28.12.1990).**

60. ADICIONAL POR TEMPO DE SERVIÇO. BASE DE CÁLCULO. SALÁRIO-BASE. ART. 129 DA CONSTITUIÇÃO DO ESTADO DE SÃO PAULO (republicada em decorrência de erro material). O adicional por tempo de serviço – quinquênio —, previsto no art. 129 da Constituição do Estado de São Paulo, tem como base de cálculo o vencimento básico do servidor público estadual, ante o disposto no art. 11 da Lei Complementar do Estado de São Paulo n. 712, de 12.4.1993. **DJ 14.3.08 e Republicada no DJe do dia 11.4.11, por ter saído com erro material.**

61. AUXÍLIO CESTA-ALIMENTAÇÃO PREVISTO EM NORMA COLETIVA. CEF. CLÁUSULA QUE ESTABELECE NATUREZA INDENIZATÓRIA À PARCELA. EXTENSÃO AOS APOSENTADOS E PENSIONISTAS. IMPOSSIBILIDADE. Havendo previsão em cláusula de norma coletiva de trabalho de pagamento mensal de auxílio cesta-alimentação somente a empregados em atividade, dando-lhe caráter indenizatório, é indevida a extensão desse benefício aos aposentados e pensionistas. Exegese do art. 7º, XXVI, da Constituição Federal. **(DJ 14.3.08)**

62. PETROBRÁS. COMPLEMENTAÇÃO DE APOSENTADORIA. AVANÇO DE NÍVEL. CONCESSÃO DE PARCELA POR ACORDO COLETIVO APENAS PARA OS EMPREGADOS DA ATIVA. Extensão para os inativos. Artigo 41 do regulamento do plano de benefícios da Petros **(DJe divulgado em 3, 4 e 5.12.2008).** Ante a natureza de aumento geral de salários, estende-se à complementação de aposentadoria dos ex-empregados da Petrobras benefício concedido indistintamente a todos os empregados da ativa e estabelecido em norma coletiva, prevendo a concessão de aumento de nível salarial — "avanço de nível" —, a fim de preservar a paridade entre ativos e inativos assegurada no art. 41 do Regulamento do Plano de Benefícios da Fundação Petrobras de Seguridade Social — Petros.

63. PETROBRAS. COMPLEMENTAÇÃO DE APOSENTADORIA. INTEGRALIDADE. CONDIÇÃO. IDADE MÍNIMA. LEI N. 6.435, DE 15.7.1977 (DJe divulgado em 3, 4 e 5.12.2008). Os empregados admitidos na vigência do Decreto n. 81.240, de 20.1.1978, que regulamentou a Lei n. 6.435, de 15.7.1977, ainda que anteriormente à alteração do Regulamento do Plano de Benefícios da Petros, sujeitam-se à condição "idade mínima de 55 anos" para percepção dos proventos integrais de complementação de aposentadoria.

64. PETROBRAS. PARCELAS GRATIFICAÇÃO CONTINGENTE E PARTICIPAÇÃO NOS RESULTADOS DEFERIDAS POR NORMA COLETIVA A EMPREGADOS DA ATIVA. NATUREZA JURÍDICA NÃO SALARIAL. NÃO INTEGRAÇÃO NA COMPLEMENTAÇÃO DE APOSENTADORIA (DJe divulgado em 3, 4 e 5.12.2008). As parcelas gratificação contingente e participação nos resultados, concedidas por força de acordo coletivo a empregados da Petrobras em atividade, pagas de uma única vez, não integram a complementação de aposentadoria.

65. REPRESENTAÇÃO JUDICIAL DA UNIÃO. ASSISTENTE JURÍDICO. APRESENTAÇÃO DO ATO DE DESIGNAÇÃO (DJe divulgado em 3, 4 e 5.12.2008). A ausência de juntada aos autos de documento que comprove a designação do assistente jurídico como representante judicial da União (art. 69 da Lei Complementar n. 73, de 10.2.1993) importa irregularidade de representação.

66. SPTRANS. RESPONSABILIDADE SUBSIDIÁRIA. NÃO CONFIGURAÇÃO. CONTRATO DE CONCESSÃO DE SERVIÇO PÚBLICO. TRANSPORTE COLETIVO (DJe divulgado em 3, 4 e 5.12.2008). A atividade da São Paulo Transportes S/A - SPTrans de gerenciamento e fiscalização dos serviços prestados pelas concessionárias de transporte público, atividade descentralizada da Administração Pública, não se confunde com a terceirização de mão de obra, não se configurando a responsabilidade subsidiária.

67. TELEMAR. PRIVATIZAÇÃO. PLANO DE INCENTIVO À RESCISÃO CONTRATUAL (PIRC). PREVISÃO DE PAGAMENTO DA INDENIZAÇÃO COM REDUTOR DE 30%. APLICAÇÃO LIMITADA AO PERÍODO DA REESTRUTURAÇÃO. (DJe divulgado em 3, 4 e 5.12.2008). Não é devida a indenização com redutor de 30%, prevista no Plano de Incentivo à Rescisão Contratual da Telemar, ao empregado que, embora atenda ao requisito estabelecido de não haver aderido ao PIRC, foi despedido em data muito posterior ao processo de reestruturação da empresa, e cuja dispensa não teve relação com o plano.

68. BANCO DO ESTADO DE SÃO PAULO S.A. — BANESPA. CONVENÇÃO COLETIVA. REAJUSTE SALARIAL. SUPERVENIÊNCIA DE ACORDO EM DISSÍDIO COLETIVO. PREVALÊNCIA (DJe divulgado em 3, 4 e 5.11.2009). O acordo homologado no Dissídio Coletivo n. TST — DC — 810.950/2001.3, que estabeleceu a garantia de emprego aos empregados em atividade do Banco do Estado de São Paulo S.A. — Banespa e que, portanto, não se aplica aos empregados aposentados, prevalece sobre a fixação do reajuste salarial previsto na convenção coletiva firmada entre a Federação Nacional do Bancos — Fenaban e os sindicatos dos bancários, ante a consideração do conjunto das cláusulas constantes do acordo e em respeito às disposições dos arts. 5º, XXXVI, e 7º, XXVI, da CF/1988.

69. BANCO DO BRASIL. COMPLEMENTAÇÃO DE APOSENTADORIA. ALTERAÇÃO DO PLANO DE CARGOS COMISSIONADOS. EXTENSÃO AOS INATIVOS (DeJT divulgado em 26, 27 e 28.5.10). As alterações na estrutura do Plano de Cargos Comissionados do Banco do Brasil, introduzidas pelas Cartas-Circulares DIREC/FUNCI 96/0904 e 96/0957, dentre as quais a substituição do Abono de Função e Representação (AFR) pelo Adicional de Função (AF) e pelo Adicional Temporário de Revitalização (ATR), não autorizam o pagamento de diferenças de complementação de aposentadoria aos inativos por só abrangerem os empregados em atividade, bem como em razão de o Plano de Incentivo à Aposentadoria da época do jubilamento não conter previsão de aplicação de eventual alteração na estrutura dos cargos comissionados àqueles que se aposentassem.

70. CAIXA ECONÔMICA FEDERAL. BANCÁRIO. PLANO DE CARGOS EM COMISSÃO. OPÇÃO PELA JORNADA DE OITO HORAS. INEFICÁCIA. EXERCÍCIO DE FUNÇÕES MERAMENTE TÉCNICAS. NÃO CARACTERIZAÇÃO DE EXERCÍCIO DE FUNÇÃO DE CONFIANÇA (DeJT divulgado em 26, 27 e 28.5.10). Ausente a fidúcia especial a que alude o art. 224, § 2º, da CLT, é ineficaz a adesão do empregado à jornada de oito horas constante do Plano de Cargos em Comissão da Caixa Econômica Federal, o que importa no retorno à jornada de seis horas, sendo devidas como extras a sétima e a oitava horas laboradas. A diferença de gratificação de função recebida em face da adesão ineficaz poderá ser compensada com as horas extraordinárias prestadas.

71. EMPRESA BRASILEIRA DE CORREIOS E TELÉGRAFOS — ECT. PLANO DE CARGOS E SALÁRIOS. PROGRESSÃO HORIZONTAL POR ANTIGUIDADE. NECESSIDADE DE DELIBERAÇÃO DA DIRETORIA PARA COMPROVAR O EFETIVO CUMPRIMENTO DOS REQUISITOS DO PCCS. CONDIÇÃO PURAMENTE POTESTATIVA PARA A CONCESSÃO DA PROMOÇÃO. INVALIDADE. (DeJT divulgado em 9, 10 e 11.6.10). A deliberação da diretoria da Empresa Brasileira de Correios e Telégrafos – ECT, prevista no Plano de Carreira, Cargos e Salários como requisito necessário para a concessão de progressão por antiguidade, por se tratar de condição puramente potestativa, não constitui óbice ao deferimento da progressão horizontal por antiguidade aos empregados, quando preenchidas as demais condições dispostas no aludido plano.

72. PETROBRAS. DOMINGOS E FERIADOS TRABALHADOS. REGIME DE TURNOS ININTERRUPTOS DE REVEZAMENTO. PAGAMENTO EM DOBRO CONCEDIDO POR LIBERALIDADE DO EMPREGADOR. INCORPORAÇÃO AO CONTRATO DE TRABALHO. SUPRESSÃO UNILATERAL. ACORDO COLETIVO POSTERIOR QUE VALIDA A SUPRESSÃO. RETROAÇÃO DA NORMA COLETIVA. IMPOSSIBILIDADE. (DeJT divulgado em 9, 10 e 11.6.10). O pagamento em dobro, concedido por liberalidade da empresa, dos domingos e feriados trabalhados de forma habitual pelo empregado da Petrobras submetido ao regime de turnos ininterruptos de revezamento não pode ser suprimido unilateralmente, pois é vantagem incorporada ao contrato de trabalho, nos termos do art. 468 da CLT. Assim, o acordo coletivo, posteriormente firmado, somente opera efeitos a partir da data de sua entrada em vigor, sendo incabível a utilização da norma coletiva para regular situação pretérita.

73. VOLKSWAGEN DO BRASIL LTDA. PARTICIPAÇÃO NOS LUCROS E RESULTADOS. PAGAMENTO MENSAL EM DECORRÊNCIA DE NORMA COLETIVA. NATUREZA INDENIZATÓRIA. (DeJT divulgado em 9, 10 e 11.6.10) A despeito da vedação de pagamento em periodicidade inferior a um semestre civil ou mais de duas vezes no ano cível, disposta no art. 3º, § 2º, da Lei n. 10.101, de 19.12.2000, o parcelamento em prestações mensais da participação nos lucros e resultados de janeiro de 1999 a abril de 2000, fixado no acordo coletivo celebrado entre o Sindicato dos Metalúrgicos do ABC e a Volkswagen do Brasil Ltda., não retira a natureza indenizatória da referida verba (art. 7º, XI, da CF), devendo prevalecer a diretriz constitucional que prestigia a autonomia privada coletiva (art. 7º, XXVI, da CF).

74. HOSPITAL DE CLÍNICAS DE PORTO ALEGRE. CUSTAS PROCESSUAIS. RECOLHIMENTO. ISENÇÃO. ART. 15 DA LEI N. 5.604, DE 2.9.1970. (DEJT DIVULGADO EM 2, 3 E 4.8.2010). A isenção tributária concedida pelo art. 15 da Lei n. 5.604, de 2.9.1970, ao Hospital de Clínicas de Porto Alegre compreende as custas processuais, por serem estas espécie do gênero tributo.

75. PARCELA "SEXTA PARTE". ART. 129 DA CONSTITUIÇÃO DO ESTADO DE SÃO PAULO. EXTENSÃO AOS EMPREGADOS DE SOCIEDADE DE ECONOMIA MISTA E EMPRESA PÚBLICA. INDEVIDA. (DEJT divulgado em 2, 3 e 4.8.2010). A parcela denominada "sexta parte", instituída pelo art. 129 da Constituição do Estado de São Paulo, é devida apenas aos servidores estaduais, celetistas e estatutários da Administração Pública direta, das fundações e das autarquias, conforme disposição contida no art. 124 da Constituição Estadual, não se estendendo aos empregados de sociedade de economia mista e de empresa pública, integrantes da Administração Pública indireta, submetidas ao regime jurídico próprio das empresas privadas, nos termos do art. 173, § 1º, II, da Constituição Federal.

76. COMPLEMENTAÇÃO DE APOSENTADORIA. INTEGRALIDADE. EMPREGADO DO ESTADO DE SÃO PAULO ADMITIDO ANTES DA LEI ESTADUAL N. 200, DE 13.5.1974. IMPLEMENTAÇÃO DO REQUISITO RELATIVO AOS 30 ANOS DE SERVIÇO EFETIVO. INCIDÊNCIA DA SÚMULA N. 288 DO TST. (DEJT Divulgado em 16, 17 e 20.9.2010) É assegurado o direito à percepção de complementação de aposentadoria integral ao ex-empregado do Estado de São Paulo que, admitido anteriormente ao advento da Lei Estadual n. 200, de 13.5.1974, implementou 30 anos de serviço efetivo, ante a extensão das regras de complementação de aposentadoria previstas na Lei Estadual n. 1.386, de 19.12.1951. Incidência da Súmula n. 288 do TST.

77. BNDES. ARTS. 224 A 226, CLT. APLICÁVEL A SEUS EMPREGADOS (Conversão da Orientação Jurisprudencial n. 179 da SBDI-1) — DEJT divulgado em 16, 17 e 18.11.2010. Até o advento da Lei n. 10.556, de 13.11.2002, era aplicável aos empregados do BNDES a jornada de trabalho dos bancários prevista nos arts. 224 a 226 da CLT.

78 — EMBARGOS À SDI CONTRA DECISÃO EM RECURSO DE REVISTA NÃO CONHECIDO QUANTO AOS PRESSUPOSTOS INTRÍNSECOS. RECURSO INTERPOSTO ANTES DA VIGÊNCIA DA LEI N. 11.496, DE 22.06.2007, QUE CONFERIU NOVA REDAÇÃO AO ART. 894 DA CLT. NECESSÁRIA A INDICAÇÃO EXPRESSA DE OFENSA AO ART. 896 DA CLT (conversão da Orientação Jurisprudencial n. 294 da SBDI-1 com nova redação) — Res. 194/2014, DEJT divulgado em 21, 22 e 23.05.2014. Para a admissibilidade e conhecimento de embargos, interpostos antes da vigência da Lei n. 11.496/2007, contra decisão mediante a qual não foi conhecido o recurso de revista pela análise dos pressupostos intrínsecos, necessário que a parte embargante aponte expressamente a violação ao art. 896 da CLT.

79 — EMBARGOS. RECURSO INTERPOSTO ANTES DA VIGÊNCIA DA LEI N. 11.496, DE 22.06.2007, QUE CONFERIU NOVA REDAÇÃO AO ART. 894 DA CLT. REVISTA NÃO CONHECIDA POR MÁ APLICAÇÃO DE SÚMULA OU DE ORIENTAÇÃO JURISPRUDENCIAL. EXAME DO MÉRITO PELA SDI (conversão da Orientação Jurisprudencial n. 295 da SBDI-1 com nova redação) — Res. 194/2014, DEJT divulgado em 21, 22 e 23.05.2014. A SDI, ao conhecer dos embargos, interpostos antes da vigência da Lei n. 11.496/2007, por violação do art. 896 — por má aplicação de súmula ou de orientação jurisprudencial pela Turma —, julgará desde logo o mérito, caso conclua que a revista merecia conhecimento e que a matéria de fundo se encontra pacificada neste Tribunal.

ORIENTAÇÕES JURISPRUDENCIAIS DA SDI-2 (TST)

ÍNDICE

OJ-SDI-2

OJ-SDI-2

ORIENTAÇÕES JURISPRUDENCIAIS DA SDI-2 (TST)(*)

01. AÇÃO RESCISÓRIA. AÇÃO CAUTELAR INCIDENTAL. PLANOS ECONÔMICOS. Inserida em 20.9.00 (Cancelada em decorrência da sua conversão na Súmula n. 405 — Res. 137/2005 — DJ 22.8.05). Procede o pedido de cautelar incidental somente se o autor da ação rescisória, fundada no art. 485, inciso V, do CPC, invocar na respectiva petição inicial afronta ao art. 5º, inciso XXXVI, da Constituição Federal de 1988.

02. AÇÃO RESCISÓRIA. ADICIONAL DE INSALUBRIDADE. BASE DE CÁLCULO. SALÁRIO MÍNIMO. CABÍVEL. Viola o art. 192 da CLT decisão que acolhe pedido de adicional de insalubridade com base na remuneração do empregado. **(20.9.00) (Mantida a redação na sessão do Tribunal Pleno realizada em 26.6.2008) — Res. 148/2008, DJ 4 e 7.7.2008 — Republicada DJ 8, 9 e 10.07.2008**

03. AÇÃO RESCISÓRIA. ANTECIPAÇÃO DE TUTELA DE MÉRITO REQUERIDA EM FASE RECURSAL. RECEBIMENTO COMO MEDIDA ACAUTELATÓRIA. MEDIDA PROVISÓRIA N. 1.906 E REEDIÇÕES. Inserida em 20.9.00. Em face do que dispõe a Medida Provisória n. 1.906 e reedições, é recebido como medida acautelatória em ação rescisória o pedido de antecipação de tutela formulado por entidade pública em recurso ordinário, visando a suspender a execução até o trânsito em julgado da decisão proferida na ação principal. **(Cancelada em decorrência da sua conversão na Súmula n. 405 — Res. 137/2005 — DJ 22.8.05)**

04. AÇÃO RESCISÓRIA. BANCO DO BRASIL. ADICIONAL DE CARÁTER PESSOAL. ACP. Procede, por ofensa ao art. 5º, inc. XXXVI, da CF/88, o pedido de rescisão de julgado que acolheu adicional de caráter pessoal em favor de empregado do Banco do Brasil S.A. **(20.9.00)**

05. AÇÃO RESCISÓRIA. BANCO DO BRASIL. AP E ADI. HORAS EXTRAS. SÚMULA N. 83 DO TST. APLICÁVEL. Não se acolhe pedido de rescisão de julgado que deferiu a empregado do Banco do Brasil S.A. horas extras após a sexta, não obstante o pagamento dos adicionais AP e ADI, ou AFR quando a decisão rescindenda for anterior à Orientação Jurisprudencial n. 17, da Seção de Dissídios Individuais do TST (7.11.94). Incidência das Súmulas ns. 83, do TST e 343, do STF. **(20.9.00)**

06. AÇÃO RESCISÓRIA. CIPEIRO SUPLENTE. ESTABILIDADE. ADCT DA CF/88, ART. 10, II, "A". SÚMULA N. 83 DO TST. INSERIDA EM 20.9.00 (Nova redação Res. 137/2005 — DJ 22.8.05). Rescinde-se o julgado que nega estabilidade a membro suplente de CIPA, representante de empregado, por ofensa ao art. 10, II, "a", do ADCT da CF/88, ainda que se cuide de decisão anterior à Súmula n. 339 do TST. Incidência da Súmula n. 83 do TST.

07. AÇÃO RESCISÓRIA. COMPETÊNCIA. CRIAÇÃO DE TRIBUNAL REGIONAL DO TRABALHO. NA OMISSÃO DA LEI, É FIXADA PELO ART. 678, INC. I, "C", ITEM 2, DA CLT. Inserida em 20.9.00 (Nova redação — Res. 137/2005 — DJ 22.8.05) A Lei n. 7.872/89 que criou o Tribunal Regional do Trabalho da 17ª Região não fixou a sua competência para apreciar as ações rescisórias de decisões oriundas da 1ª Região, o que decorreu do art. 678, I, "c", item 2, da CLT.

08. Ação rescisória. Complementação de aposentadoria. BANESPA. Súmula n. 83 do TST. Inserida em 20.9.00 (Nova redação — Res. 137/2005 — DJ 22.8.05) Não se rescinde julgado que acolheu pedido de complementação de aposentadoria integral em favor de empregado do BANESPA, antes da Súmula n. 313 do TST, em virtude da notória controvérsia jurisprudencial então reinante. Incidência da Súmula n. 83 do TST.

09. AÇÃO RESCISÓRIA. CONAB. AVISO DIREH 2/84. SÚMULA N. 83 DO TST. APLICÁVEL. Não se rescinde julgado que reconheceu garantia de emprego com base no Aviso DIREH 02/84 da CONAB, antes da Súmula n. 355, do TST, em virtude da notória controvérsia jurisprudencial então reinante. Incidência da Súmula n. 83, do TST. **(20.9.00)**

10. AÇÃO RESCISÓRIA. CONTRATO NULO. ADMINISTRAÇÃO PÚBLICA. EFEITOS. ARTS. 37, II E § 2º DA CF/88. Somente por ofensa ao art. 37, II e § 2º da CF/88, procede o pedido de rescisão de julgado para considerar nula a contratação, sem concurso público, de servidor, após a CF/88. **(20.9.00)**

11. AÇÃO RESCISÓRIA. CORREÇÃO MONETÁRIA. LEI N. 7.596/87. UNIVERSIDADES FEDERAIS. IMPLANTAÇÃO TARDIA DO PLANO DE CLASSIFICAÇÃO DE CARGOS. VIOLAÇÃO DE LEI. SÚMULA N. 83 DO TST. APLICÁVEL. Não se rescinde julgado que acolhe pedido de correção monetária decorrente da implantação tardia do plano de classificação de cargos de Universidade Federal previsto na Lei n. 7.596/87, à época em que era controvertida tal matéria na jurisprudência. Incidência da Súmula n. 83, do TST. **(20.9.00)**

12. AÇÃO RESCISÓRIA. DECADÊNCIA. CONSUMAÇÃO ANTES OU DEPOIS DA EDIÇÃO DA MEDIDA PROVISÓRIA N. 1.577/97. AMPLIAÇÃO DO PRAZO. INSERIDA EM 20.9.00 (Nova redação em decorrência da incorporação da Orientação Jurisprudencial n. 17 SBDI-II — Res. 137/2005 — DJ 22.8.05)

I — A vigência da Medida Provisória n. 1.577/97 e de suas reedições implicou o elastecimento do prazo decadencial para o ajuizamento da ação rescisória a favor dos entes de direito público, autarquias e fundações públicas. Se o biênio decadencial do art. 495 do CPC findou após a entrada em vigor da referida medida provisória e até sua suspensão pelo STF em sede liminar de ação direta de inconstitucionalidade (ADIn 1753-2), tem-se como aplicável o prazo decadencial elastecido à rescisória. (ex-OJ n. 17 da SDI-2 - inserida em 20.9.00)

II — A regra ampliativa do prazo decadencial para a propositura de ação rescisória em favor de pessoa jurídica de direito público não se aplica se, ao tempo em que sobreveio a Medida Provisória n. 1.577/97, já se exaurira o biênio do art. 495 do CPC. Preservação do direito adquirido da parte à decadência já consumada sob a égide da lei velha. **(ex-OJ n. 12 da SDI-2 — inserida em 20.9.00)**

13. AÇÃO RESCISÓRIA. DECADÊNCIA. *DIES AD QUEM*. ART. 775 DA CLT. APLICÁVEL. INSERIDA EM 20.9.00 (Cancelada em decorrência da nova redação conferida à Súmula n. 100 — Res. 137/2005 — DJ 22.8.05) Prorroga-se até o primeiro dia útil imediatamente subsequente o prazo decadencial para ajuizamento de ação rescisória quando expira em férias forenses, feriados, finais de semana ou em dia em que não houver expediente forense. Aplicação do art. 775 da CLT.

14. AÇÃO RESCISÓRIA. DECADÊNCIA. *DIES A QUO*. RECURSO INTEMPESTIVO. (Cancelada em decorrência da nova redação conferida à Súmula n. 100, Resol. n. 109/2001, DJ 18.4.01). (20.9.00)

(*) A data da inclusão da Orientação Jurisprudencial encontra-se ao final de cada texto, em negrito. A inclusão é feita em função da Orientação Jurisprudencial da SDI-II n. 77.

15. AÇÃO RESCISÓRIA. DECADÊNCIA. DUAS DECISÕES RESCINDENDAS. (Cancelada em decorrência da nova redação conferida Súmula n. 100, Resol. n. 109/2001, DJ 18.4.01). (20.9.00)

16. AÇÃO RESCISÓRIA. DECADÊNCIA. EXCEÇÃO DE INCOMPETÊNCIA. Inserida em 20.9.00 (Cancelada em decorrência da nova redação conferida à Súmula n. 100 — Res. 137/2005 — DJ 22.8.05) A exceção de incompetência, ainda que oposta no prazo recursal, sem ter sido aviado o recurso próprio, não tem o condão de afastar a consumação da coisa julgada e, assim, postergar o termo inicial do prazo decadencial para a ação rescisória.

17. AÇÃO RESCISÓRIA. DECADÊNCIA. NÃO CONSUMAÇÃO ANTES DA EDIÇÃO DA MEDIDA PROVISÓRIA N. 1.577/97. AMPLIAÇÃO DO PRAZO. INSERIDA EM 20.9.00 (Cancelada em decorrência da sua incorporação à nova redação da Orientação Jurisprudencial n. 12 da SBDI-II — Res. 137/2005 — DJ 22.8.05) A vigência da Medida Provisória n. 1.577/97 e de suas reedições implicou o elastecimento do prazo decadencial para o ajuizamento da ação rescisória a favor dos entes de direito público, autarquias e fundações públicas. Se o biênio decadencial do art. 495 do CPC findou após a entrada em vigor da referida medida provisória e até sua suspensão pelo STF em sede liminar de ação direta de inconstitucionalidade (ADIn 1753-2), tem-se como aplicável o prazo decadencial elastecido à rescisória.

18. AÇÃO RESCISÓRIA. DECADÊNCIA. UNIÃO. LEI COMPLEMENTAR N. 73/93, ART. 67. LEI N. 8.682/93, ART. 6º. O art. 67 da Lei Complementar n. 73/93 interrompeu todos os prazos, inclusive o de decadência, em favor da União no período compreendido entre 14.2.93 e 14.8.93. **(20.9.00)**

19. AÇÃO RESCISÓRIA. DESLIGAMENTO INCENTIVADO. IMPOSTO DE RENDA. ABONO PECUNIÁRIO. VIOLAÇÃO DE LEI. SÚMULA N. 83 DO TST. APLICÁVEL. Havendo notória controvérsia jurisprudencial acerca da incidência de imposto de renda sobre parcela paga pelo empregador ("abono pecuniário") a título de "desligamento incentivado", improcede pedido de rescisão do julgado. Incidência da Súmula n. 83, do TST. **(20.9.00)**

20. AÇÃO RESCISÓRIA. DOCUMENTO NOVO. DISSÍDIO COLETIVO. SENTENÇA NORMATIVA. INSERIDA EM 20.9.00 (Cancelada em decorrência da sua conversão na Súmula n. 402 — Res. 137/2005 — DJ 22.8.05) Documento novo é o cronologicamente velho, já existente ao tempo da decisão rescindenda, mas ignorado pelo interessado ou de impossível utilização à época no processo. Não é documento novo apto a viabilizar a desconstituição de julgado: a) a sentença normativa proferida ou transitada em julgado posteriormente à sentença rescindenda. b) a sentença normativa preexistente à sentença rescindenda, mas não exibida no processo principal, em virtude de negligência da parte, quando podia e deveria louvar-se de documento já existente e não ignorado quando emitida a decisão rescindenda.

21. AÇÃO RESCISÓRIA. DUPLO GRAU DE JURISDIÇÃO. TRÂNSITO EM JULGADO. INOBSERVÂNCIA. DECRETO-LEI N. 779/69, ART. 1º, V. INCABÍVEL. Inserida em 20.9.00 (Nova redação — Res. 137/2005 — DJ 22.8.05) É incabível ação rescisória para a desconstituição de sentença não transitada em julgado porque ainda não submetida ao necessário duplo grau de jurisdição, na forma do Decreto-lei n. 779/69. Determina-se que se oficie ao Presidente do TRT para que proceda à avocatória do processo principal para o reexame da sentença rescindenda.

22. AÇÃO RESCISÓRIA. ESTABILIDADE. ART. 41, CF/1988. CELETISTA. ADMINISTRAÇÃO DIRETA, AUTÁRQUICA OU FUNDACIONAL. APLICABILIDADE. INSERIDA EM 20.9.00 (cancelada em decorrência da sua conversão na Súmula n. 390, DJ 20.4.05). O servidor público celetista da administração direta, autárquica ou fundacional é beneficiário da estabilidade prevista no art. 41 da Constituição Federal.

23. AÇÃO RESCISÓRIA. ESTABILIDADE. PERÍODO PRÉ-ELEITORAL. VIOLAÇÃO DE LEI. SÚMULA N. 83 DO TST. APLICÁVEL. Não procede pedido de rescisão de sentença de mérito que assegura ou nega estabilidade pré-eleitoral, quando a decisão rescindenda for anterior à Orientação Jurisprudencial n. 51, da Seção de Dissídios Individuais do TST (25.11.96). Incidência da Súmula n. 83, do TST. **(20.9.00)**

24. AÇÃO RESCISÓRIA. ESTABILIDADE PROVISÓRIA. REINTEGRAÇÃO EM PERÍODO POSTERIOR. DIREITO LIMITADO AOS SALÁRIOS E CONSECTÁRIOS DO PERÍODO DA ESTABILIDADE. Rescinde-se o julgado que reconhece estabilidade provisória e determina a reintegração de empregado, quando já exaurido o respectivo período de estabilidade. Em juízo rescisório, restringe-se a condenação quanto aos salários e consectários até o termo final da estabilidade. **(20.9.00)**

25. AÇÃO RESCISÓRIA. EXPRESSÃO "LEI" DO ART. 485, V, DO CPC. NÃO INCLUSÃO DO ACT, CCT, PORTARIA, REGULAMENTO, SÚMULA E ORIENTAÇÃO JURISPRUDENCIAL DE TRIBUNAL. Inserida em 20.09.00 (Nova redação em decorrência da incorporação da Orientação Jurisprudencial n. 118 da SBDI-II — Res. 137/2005 — DJ 22.8.05) Não procede pedido de rescisão fundado no art. 485, V, do CPC quando se aponta contrariedade à norma de convenção coletiva de trabalho, acordo coletivo de trabalho, portaria do Poder Executivo, regulamento de empresa e súmula ou orientação jurisprudencial de tribunal. (ex-OJ 25 da SDI-2, inserida em 20.9.00 e ex-OJ 118 da SDI-2, DJ 11.8.03)

26. AÇÃO RESCISÓRIA. GRATIFICAÇÃO DE NÍVEL SUPERIOR. SUFRAMA. A extensão da gratificação instituída pela SUFRAMA aos servidores celetistas exercentes de atividade de nível superior não ofende as disposições contidas nos arts. 37, XIII e 39, § 1º da CF/88. **(20.9.00)**

27. AÇÃO RESCISÓRIA. HONORÁRIOS ADVOCATÍCIOS. Inserida em 20.9.00 (Cancelada em decorrência da nova redação conferida à Súmula n. 219 — Res. 137/2005 — DJ 22.8.05) Incabível condenação em honorários advocatícios em ação rescisória no processo trabalhista, salvo preenchidos os requisitos da Lei n. 5.584/70.

28. AÇÃO RESCISÓRIA. JUÍZO RESCISÓRIO. RESTITUIÇÃO DA PARCELA JÁ RECEBIDA. DEVE A PARTE PROPOR AÇÃO PRÓPRIA. (Cancelada pela Resol. n. 149, de 17.11.08, DJe TST 21.11.08) Inviável em sede de ação rescisória pleitear condenação relativa à devolução dos valores pagos aos empregados quando ultimada a execução da decisão rescindenda, devendo a empresa buscar por meio de procedimento próprio essa devolução. **(20.9.00)**

29. AÇÃO RESCISÓRIA. MATÉRIA CONSTITUCIONAL. SÚMULA N. 83 DO TST E SÚMULA N. 343 DO STF. INAPLICÁVEIS. Inserida em 20.9.00 (Cancelada em decorrência da redação conferida à Súmula n. 83 pela Res. 121/03, DJ 21.11.03 — Res. 137/2005 — DJ 22.8.05) No julgamento de ação rescisória fundada no art. 485, inciso V, do CPC, não se aplica o óbice das Súmulas ns. 83 do TST e 343 do STF, quando se tratar de matéria constitucional.

30. AÇÃO RESCISÓRIA. MULTA. ART. 920 DO CÓDIGO CIVIL DE 1916 (ART. 412 DO CÓDIGO CIVIL DE 2002). Inserida em 20.9.00 (Nova redação em decorrência da incorporação da Orientação Jurisprudencial n. 31 da SBDI-II — Res. 137/2005 — DJ 22.8.05) Não se acolhe, por violação do art. 920 do Código Civil de 1916 (art. 412 do Código Civil de 2002), pedido de rescisão de julgado que:

a) em processo de conhecimento, impôs condenação ao pagamento de multa, quando a decisão rescindenda for

OJ-SDI-2

anterior à Orientação Jurisprudencial n. 54 da Subseção I Especializada em Dissídios Individuais do TST (30.5.94), incidindo o óbice da Súmula n. 83 do TST; (ex-OJ n. 30 da SDI-2 inserida em 20.9.00), b) em execução, rejeita-se limitação da condenação ao pagamento de multa, por inexistência de violação literal. (ex-OJ n. 31 da SDI-2 — inserida em 20.9.00)

31. AÇÃO RESCISÓRIA. MULTA. VIOLAÇÃO DO ART. 920 DO CÓDIGO CIVIL. DECISÃO RESCINDENDA EM EXECUÇÃO. Inserida em 20.09.00 (Cancelada em decorrência da sua incorporação à redação da Orientação Jurisprudencial n. 30 da SBDI-II — Res. 137/2005 — DJ 22.8.05) Não se acolhe, por violação do art. 920 do Código Civil, pedido de rescisão de julgado que, em execução, rejeita limitação da condenação ao pagamento de multa. Inexistência de violação literal.

32. AÇÃO RESCISÓRIA. PETIÇÃO INICIAL. CAUSA DE PEDIR. AUSÊNCIA DE CAPITULAÇÃO OU CAPITULAÇÃO ERRÔNEA NO ART. 485 DO CPC. PRINCÍPIO *IURA NOVIT CURIA*. Inserida em 20.09.00 (Cancelada em decorrência da sua conversão na Súmula n. 408 — Res. 137/2005 — DJ 22.8.05) Não padece de inépcia a petição inicial de ação rescisória apenas porque omite a subsunção do fundamento de rescindibilidade no art. 485 do CPC, ou o capitula erroneamente. Contanto que não se afaste dos fatos e fundamentos invocados como causa de pedir, ao Tribunal é lícito emprestar-lhes a adequada qualificação jurídica (*iura novit curia*).

33. AÇÃO RESCISÓRIA. PETIÇÃO INICIAL. VIOLAÇÃO LITERAL DE LEI. PRINCÍPIO *IURA NOVIT CURIA*. Inserida em 20.9.00 (Cancelada em decorrência da sua conversão na Súmula n. 408 — Res. 137/2005 — DJ 22.8.05) Fundando-se a ação rescisória no art. 485, inciso V, do CPC é indispensável expressa indicação na petição inicial da ação rescisória do dispositivo legal violado, não se aplicando, no caso, o princípio *iura novit curia*.

34. AÇÃO RESCISÓRIA. PLANOS ECONÔMICOS. 1. O acolhimento de pedido em ação rescisória de plano econômico, fundada no art. 485, inc. V, do CPC, pressupõe, necessariamente, expressa invocação na petição inicial de afronta ao art. 5º, inciso XXXVI, da Constituição Federal de 1988. A indicação de ofensa literal a preceito de lei ordinária atrai a incidência da Súmula n. 83, do TST e Súmula n. 343, do STF. 2. Se a decisão rescindenda é posterior à Súmula n. 315 do TST (Res. n. 07, DJ 22.9.93), inaplicável a Súmula n. 83 do TST. **(20.9.00)**

35. AÇÃO RESCISÓRIA. PLANOS ECONÔMICOS. COISA JULGADA. LIMITAÇÃO À DATA-BASE NA FASE DE EXECUÇÃO. Não ofende a coisa julgada a limitação à data-base da categoria, na fase executória, da condenação ao pagamento de diferenças salariais decorrentes de planos econômicos, quando a decisão exequenda silenciar sobre a limitação, uma vez que a limitação decorre de norma cogente. Apenas quando a sentença exequenda houver expressamente afastado a limitação à data-base é que poderá ocorrer ofensa à coisa julgada. **(20.9.00)**

36. AÇÃO RESCISÓRIA. PREQUESTIONAMENTO. VIOLAÇÃO OCORRIDA NA PRÓPRIA DECISÃO RESCINDENDA. Inserida em 20.9.00 (Cancelada em decorrência da nova redação conferida à Súmula n. 298 — Res. 137/2005 — DJ 22.8.05) Não é absoluta a exigência de prequestionamento na ação rescisória: ainda que a ação rescisória tenha por fundamento violação de dispositivo legal, é prescindível o prequestionamento quando o vício nasce no próprio julgamento, como se dá com a sentença *extra, citra e ultra petita*.

37. AÇÃO RESCISÓRIA. PRESCRIÇÃO QUINQUENAL. MATÉRIA CONSTITUCIONAL. SÚMULA N. 83 DO TST E SÚMULA N. 343 DO STF. INAPLICÁVEIS. Inserida em 20.9.00 (Cancelada em decorrência da redação conferida à Súmula n. 83 pela Res. 121/03, DJ 21.11.03 — Res. 137/2005 — DJ 22.8.05) No julgamento de ação rescisória fundada no art. 485, inciso V, do CPC, não se aplica o óbice das Súmulas ns. 83 do TST e 343 do STF quando se tratar de prazo prescricional com assento constitucional.

38. AÇÃO RESCISÓRIA. PROFESSOR ADJUNTO. INGRESSO NO CARGO DE PROFESSOR TITULAR. EXIGÊNCIA DE CONCURSO PÚBLICO (LEI N. 7.596/87, DECRETO N. 94.664/87 E ART. 206, V, CF/88). A assunção do professor adjunto ao cargo de professor titular de universidade pública, sem prévia aprovação em concurso público, viola o art. 206, inc. V, da Constituição Federal. Procedência do pedido de rescisão do julgado. **(20.9.00)**

39. AÇÃO RESCISÓRIA. REAJUSTES BIMESTRAIS E QUADRIMESTRAIS. LEI N. 8.222/91. SÚMULA N. 83 DO TST. APLICÁVEL. Havendo controvérsia jurisprudencial à época, não se rescinde decisão que aprecia a possibilidade de cumulação das antecipações bimestrais e reajustes quadrimestrais de salário previstos na Lei n. 8.222/91. Incidência da Súmula n. 83 do TST. **(20.9.00)**

40. AÇÃO RESCISÓRIA. REAJUSTES SALARIAIS PREVISTOS EM NORMA COLETIVA. PREVALÊNCIA DA LEGISLAÇÃO DE POLÍTICA SALARIAL QUANDO A NORMA COLETIVA É ANTERIOR À LEI. INSERIDA EM 20.9.00 (cancelada em decorrência da sua conversão na Súmula n. 375, DJ 20.4.05). Os reajustes salariais previstos em norma coletiva de trabalho não prevalecem frente à legislação superveniente de política salarial.

41. AÇÃO RESCISÓRIA. SENTENÇA *CITRA PETITA*. CABIMENTO. Revelando-se *a* sentença *citra petita*, o vício processual vulnera os arts. 128 e 460 do CPC, tornando-a passível de desconstituição, ainda que não opostos embargos declaratórios. **(20.9.00)**

42. AÇÃO RESCISÓRIA. SENTENÇA DE MÉRITO. COMPETÊNCIA DO TST. ACÓRDÃO RESCINDENDO DO TST. NÃO CONHECIMENTO DE RECURSO. SÚMULA N. 192. NÃO APLICAÇÃO. Inserida em 20.9.00 (Cancelada em decorrência da redação conferida à Súmula n. 192 pela Res. 121/2003 — DJ 21.11.2003 — Res. 137/2005 — DJ 22.8.05) Acórdão rescindendo do TST que não conhece de recurso de embargos ou de revista, seja examinando a arguição de violação de dispositivo de lei, seja decidindo de acordo com súmula de direito material ou em consonância com iterativa, notória e atual jurisprudência de direito material da SDI (Súmula n. 333) examina o mérito da causa, comportando ação rescisória da competência do Tribunal Superior do Trabalho.

43. AÇÃO RESCISÓRIA. SENTENÇA DE MÉRITO. DECISÃO DE TRIBUNAL REGIONAL DO TRABALHO EM AGRAVO REGIMENTAL CONFIRMANDO DECISÃO MONOCRÁTICA DO RELATOR QUE, APLICANDO A SÚMULA N. 83 DO TST, INDEFERIU A PETIÇÃO INICIAL DA AÇÃO RESCISÓRIA. CABIMENTO. Inserida em 20.9.00 (Cancelada em decorrência da sua conversão na Súmula n. 411 — Res. 137/2005 — DJ 22.8.05) Se a decisão recorrida, em agravo regimental, aprecia a matéria na fundamentação, sob o enfoque das Súmulas ns. 83 do TST e 343 do STF, constitui sentença de mérito ainda que haja resultado no indeferimento da petição inicial e na extinção do processo, "sem julgamento do mérito". Sujeita-se, assim, à reforma pelo TST a decisão do Tribunal que, invocando controvérsia na interpretação da lei, indefere a petição inicial de ação rescisória.

44. AÇÃO RESCISÓRIA. SENTENÇA DE MÉRITO. DECISÃO HOMOLOGATÓRIA DE ADJUDICAÇÃO. INCABÍVEL. Inserida em 20.9.00 (Cancelada em decorrência da sua conversão na Súmula n. 399 — Res. 137/2005 — DJ 22.8.05) Incabível ação rescisória para impugnar decisão homologatória de adjudicação.

45. AÇÃO RESCISÓRIA. SENTENÇA DE MÉRITO. DECISÃO HOMOLOGATÓRIA DE ARREMATAÇÃO. INCABÍVEL.

Inserida em 20.9.00 (Cancelada em decorrência da sua conversão na Súmula n. 399 — Res. 137/2005 — DJ 22.8.05) Incabível ação rescisória para impugnar decisão homologatória de arrematação.

46. AÇÃO RESCISÓRIA. SENTENÇA DE MÉRITO. QUESTÃO PROCESSUAL. Inserida em 20.9.00 (Cancelada em decorrência da sua conversão na Súmula n. 412 — Res. 137/2005 — DJ 22.8.05) Pode uma questão processual ser objeto de rescisão desde que consista em pressuposto de validade de uma sentença de mérito.

47. AÇÃO RESCISÓRIA. SENTENÇA DE MÉRITO. VIOLAÇÃO DO ART. 896, "A", DA CLT. Inserida em 20.9.00 (Cancelada em decorrência da sua conversão na Súmula n. 413 — Res. 137/2005 — DJ 22.8.05) Incabível ação rescisória, por violação do art. 896, "a", da CLT, contra decisão que não conhece de recurso de revista, com base em divergência jurisprudencial, pois não se cuida de sentença de mérito (art. 485 do CPC).

48. AÇÃO RESCISÓRIA. SENTENÇA E ACÓRDÃO. SUBSTITUIÇÃO. INSERIDA EM 20.9.00 (Cancelada em decorrência da nova redação da Súmula n. 192 — Res. 137/2005 — DJ 22.8.05) Em face do disposto no art. 512 do CPC, é juridicamente impossível o pedido explícito de desconstituição de sentença quando substituída por acórdão regional.

49. MANDADO DE SEGURANÇA. AÇÃO DE CUMPRIMENTO FUNDADA EM DECISÃO NORMATIVA QUE SOFREU POSTERIOR REFORMA, QUANDO JÁ TRANSITADA EM JULGADO A SENTENÇA CONDENATÓRIA PROFERIDA NA AÇÃO DE CUMPRIMENTO. Inserida em 20.9.00 (Cancelada em decorrência da conversão da tese mais abrangente da Orientação Jurisprudencial n. 116 na Súmula n. 397 — Res. 137/2005 — DJ 22.8.05) É cabível o mandado de segurança para extinguir a execução fundada em sentença proferida em ação de cumprimento, quando excluída da sentença normativa a cláusula que lhe serviu de sustentáculo.

50. MANDADO DE SEGURANÇA. ANTECIPAÇÃO DE TUTELA. CABIMENTO. Inserida em 20.9.00 (Cancelada em decorrência da sua conversão na Súmula n. 414 — Res. 137/2005 — DJ 22.8.05) A tutela antecipada concedida antes da prolação da sentença é impugnável mediante mandado de segurança, por não comportar recurso próprio.

51. MANDADO DE SEGURANÇA. ANTECIPAÇÃO DE TUTELA CONCEDIDA EM SENTENÇA. REINTEGRAÇÃO. NÃO CABIMENTO. Inserida em 20.9.00 (Cancelada em decorrência da sua conversão na Súmula n. 414 — Res. 137/2005 — DJ 22.8.05) A antecipação da tutela conferida na sentença não comporta impugnação pela via do mandado de segurança, por ser impugnável mediante recurso ordinário. A ação cautelar é o meio próprio para se obter efeito suspensivo a recurso.

52. MANDADO DE SEGURANÇA. ART. 284, CPC. APLICABILIDADE. Inserida em 20.9.00 (Cancelada em decorrência da sua conversão na Súmula n. 415 — Res. 137/2005 — DJ 22.8.05) Exigindo o mandado de segurança prova documental pré-constituída, inaplicável se torna o art. 284 do CPC quando verificada na petição inicial do *mandamus* a ausência de documento indispensável ou sua autenticação.

53. MANDADO DE SEGURANÇA. COOPERATIVA EM LIQUIDAÇÃO EXTRAJUDICIAL. LEI N. 5.764/71, ART. 76. INAPLICÁVEL. NÃO SUSPENDE A EXECUÇÃO. A liquidação extrajudicial de sociedade cooperativa não suspende a execução dos créditos trabalhistas existentes contra ela. **(20.9.00)**

(*) DJU de 16.12.02.

54. MANDADO DE SEGURANÇA. EMBARGOS DE TERCEIRO. CUMULAÇÃO. PENHORA. INCABÍVEL. Inserida em 20.9.00 (Nova redação — Res. 137/2005 — DJ 22.8.05) Ajuizados embargos de terceiro (art. 1046 do CPC) para pleitear a desconstituição da penhora, é incabível a interposição de mandado de segurança com a mesma finalidade.

55. MANDADO DE SEGURANÇA. EXECUÇÃO. LEI N. 8.432/92. ART. 897, § 1º, DA CLT. CABIMENTO. Inserida em 20.9.00 (Cancelada em decorrência da sua conversão na Súmula n. 416 — Res. 137/2005 — DJ 22.8.05) Devendo o agravo de petição delimitar justificadamente a matéria e os valores objeto de discordância, não fere direito líquido e certo o prosseguimento da execução quanto aos tópicos e valores não especificados no agravo.

56. MANDADO DE SEGURANÇA. EXECUÇÃO. PENDÊNCIA DE RECURSO EXTRAORDINÁRIO. Não há direito líquido e certo à execução definitiva na pendência de recurso extraordinário, ou de agravo de instrumento visando a destrancá-lo. **(20.9.00)**

57. MANDADO DE SEGURANÇA. INSS. TEMPO DE SERVIÇO. AVERBAÇÃO E/OU RECONHECIMENTO. Conceder-se-á mandado de segurança para impugnar ato que determina ao INSS o reconhecimento e/ou averbação de tempo de serviço. **(20.9.00)**

58. MANDADO DE SEGURANÇA PARA CASSAR LIMINAR CONCEDIDA EM AÇÃO CIVIL PÚBLICA. CABÍVEL. Inserida em 20.9.00 (Cancelada em decorrência da sua conversão na Súmula n. 414 — Res. 137/2005 — DJ 22.8.05) É cabível o mandado de segurança visando a cassar liminar concedida em ação civil pública.

59. MANDADO DE SEGURANÇA. PENHORA. CARTA DE FIANÇA BANCÁRIA. A carta de fiança bancária equivale a dinheiro para efeito da gradação dos bens penhoráveis, estabelecida no art. 655 do CPC. **(20.9.00)**

60. MANDADO DE SEGURANÇA. PENHORA EM DINHEIRO. BANCO. Inserida em 20.9.00 (Cancelada em decorrência da sua conversão na Súmula n. 417 — Res. 137/2005 — DJ 22.8.05) Não fere direito líquido e certo do impetrante o ato judicial que determina penhora em dinheiro de banco, em execução definitiva, para garantir crédito exequendo, uma vez que obedece à gradação prevista no art. 655 do CPC.

61. MANDADO DE SEGURANÇA. PENHORA EM DINHEIRO. EXECUÇÃO DEFINITIVA. DEPÓSITO EM BANCO OFICIAL NO ESTADO. ARTIGOS 612 E 666 DO CPC. Inserida em 20.9.00 (Cancelada em decorrência da sua conversão na Súmula n. 417 — Res. 137/2005 — DJ 22.8.05) Havendo discordância do credor, em execução definitiva, não tem o executado direito líquido e certo a que os valores penhorados em dinheiro fiquem depositados no próprio banco, ainda que atenda aos requisitos do art. 666, I, do CPC.

62. MANDADO DE SEGURANÇA. PENHORA EM DINHEIRO. EXECUÇÃO PROVISÓRIA. Inserida em 20.9.00 (Cancelada em decorrência da sua conversão na Súmula n. 417 — Res. 137/2005 — DJ 22.8.05) Em se tratando de execução provisória, fere direito líquido e certo do impetrante a determinação de penhora em dinheiro, quando nomeados outros bens à penhora, pois o executado tem direito a que a execução se processe da forma que lhe seja menos gravosa, nos termos do art. 620 do CPC.

63. MANDADO DE SEGURANÇA. REINTEGRAÇÃO. AÇÃO CAUTELAR. Comporta a impetração de mandado de segurança o deferimento de reintegração no emprego em ação cautelar. **(20.9.00)**

64. MANDADO DE SEGURANÇA. REINTEGRAÇÃO LIMINARMENTE CONCEDIDA. Não fere direito líquido e certo a concessão de tutela antecipada para reintegração de empregado protegido por estabilidade provisória decorrente de lei ou norma coletiva. **(20.9.00)**

65. MANDADO DE SEGURANÇA. REINTEGRAÇÃO LIMINARMENTE CONCEDIDA. DIRIGENTE SINDICAL. Ressalvada a hipótese do art. 494, da CLT, não fere direito líquido e certo a determinação liminar de reintegração no emprego de dirigente sindical, em face da previsão do inciso X do art. 659 da CLT. **(20.9.00)**

66. MANDADO DE SEGURANÇA. SENTENÇA HOMOLOGATÓRIA DE ADJUDICAÇÃO. INCABÍVEL. É incabível o mandado de segurança contra sentença homologatória de adjudicação, uma vez que existe meio próprio para impugnar o ato judicial, consistente nos embargos à adjudicação (CPC, art. 746). **(20.9.00)**

67. MANDADO DE SEGURANÇA. TRANSFERÊNCIA. ART. 659, IX, DA CLT. Não fere direito líquido e certo a concessão de liminar obstativa de transferência de empregado, em face da previsão do inciso IX do art. 659 da CLT. **(20.9.00)**

68. ANTECIPAÇÃO DE TUTELA. COMPETÊNCIA. INSERIDA EM 20.9.00. (nova redação — DJ 22.8.05). Nos Tribunais, compete ao relator decidir sobre o pedido de antecipação de tutela, submetendo sua decisão ao Colegiado respectivo, independentemente de pauta, na sessão imediatamente subsequente. **(20.9.00)**

69. FUNGIBILIDADE RECURSAL. INDEFERIMENTO LIMINAR DE AÇÃO RESCISÓRIA OU MANDADO DE SEGURANÇA. RECURSO PARA O TST. RECEBIMENTO COMO AGRAVO REGIMENTAL E DEVOLUÇÃO DOS AUTOS AO TRT. Recurso ordinário interposto contra despacho monocrático indeferitório da petição inicial de ação rescisória ou de mandado de segurança pode, pelo princípio de fungibilidade recursal, ser recebido como agravo regimental. Hipótese de não conhecimento do recurso pelo TST e devolução dos autos ao TRT, para que aprecie o apelo como agravo regimental. **(20.9.00)**

70. AÇÃO RESCISÓRIA. MANIFESTO E INESCUSÁVEL EQUÍVOCO NO DIRECIONAMENTO. INÉPCIA DA INICIAL. EXTINÇÃO DO PROCESSO. O manifesto equívoco da parte em ajuizar ação rescisória no TST para desconstituir julgado proferido pelo TRT, ou vice-versa, implica a extinção do processo sem julgamento do mérito por inépcia da inicial. **(Inserido em 8.11.00 e alterado em 26.11.02)**(*)

71. AÇÃO RESCISÓRIA. SALÁRIO PROFISSIONAL. FIXAÇÃO. MÚLTIPLO DE SALÁRIO MÍNIMO. ART. 7º, IV, DA CF/88. (Nova redação — DJ 22.11.04). A estipulação do salário profissional em múltiplos do salário mínimo não afronta o art. 7º, inciso IV, da Constituição Federal de 1988, só incorrendo em vulneração do referido preceito constitucional a fixação de correção automática do salário pelo reajuste do salário mínimo. **(Inserida em 8.11.04 e nova redação em 22.11.04 (DJ 22.11.04).**

72. AÇÃO RESCISÓRIA. PREQUESTIONAMENTO QUANTO À MATÉRIA E AO CONTEÚDO DA NORMA, NÃO NECESSARIAMENTE DO DISPOSITIVO LEGAL TIDO POR VIOLADO. Inserida em 8.11.00 (Cancelada em decorrência da nova redação conferida à Súmula n. 298 - Res. 137/2005 - DJ 22.8.05) O prequestionamento exigido em ação rescisória diz respeito à matéria e ao enfoque específico da tese debatida na ação e não, necessariamente, ao dispositivo legal tido por violado. Basta que o conteúdo da norma reputada como violada tenha sido abordado na decisão rescindenda para que se considere preenchido o pressuposto do prequestionamento.

73. ART. 557 DO CPC. CONSTITUCIONALIDADE (cancelada em razão da conversão na Súmula n. 435 — (Res. 186/2012, DEJT divulgado em 25.9.12). Não há como se cogitar da inconstitucionalidade do art. 557 do CPC, meramente pelo fato de a decisão ser exarada pelo Relator, sem a participação do Colegiado, porquanto o princípio da publicidade insculpido no inciso IX do art. 93 da CF/1988 não está jungido ao julgamento pelo Colegiado e sim o acesso ao processo pelas partes, seus advogados ou terceiros interessados, direito preservado pela Lei n. 9.756/1998, ficando, outrossim, assegurado o acesso ao Colegiado através de agravo.

74. EMBARGOS DECLARATÓRIOS CONTRA DECISÃO MONOCRÁTICA DO RELATOR, CALCADA NO ART. 557 DO CPC. CABIMENTO. Inserida em 8.11.00 (Cancelada em decorrência da sua conversão na Súmula n. 421 — Res. 137/2005 — DJ 22.8.05)

I — Tendo o despacho monocrático de provimento ou denegação de recurso, previsto no art. 557 do CPC, conteúdo decisório definitivo e conclusivo da lide, comporta ser esclarecido pela via dos embargos declaratórios, em despacho aclaratório, também monocrático quando se pretende tão somente suprir omissão e não modificação do julgado. II — Postulando o embargante efeito modificativo, os embargos declaratórios deverão ser submetidos ao pronunciamento do Colegiado, convertidos em agravo, em face dos princípios da fungibilidade e celeridade processual.

75. REMESSA DE OFÍCIO. AÇÃO RESCISÓRIA. PREQUESTIONAMENTO. DECISÃO REGIONAL QUE SIMPLESMENTE CONFIRMA A SENTENÇA. Inserida em 20.4.01 (Cancelada em decorrência da nova redação conferida à Súmula n. 298 — Res. 137/2005 — DJ 22.8.05) Para efeito de ação rescisória, considera-se prequestionada a matéria tratada na sentença quando, examinando remessa de ofício, o Tribunal simplesmente a confirma.

76. AÇÃO RESCISÓRIA. AÇÃO CAUTELAR PARA SUSPENDER EXECUÇÃO. JUNTADA DE DOCUMENTO INDISPENSÁVEL. POSSIBILIDADE DE ÊXITO NA RESCISÃO DO JULGADO. É indispensável a instrução da ação cautelar com as provas documentais necessárias à aferição da plausibilidade de êxito na rescisão do julgado. Assim sendo, devem vir junto com a inicial da cautelar as cópias da petição inicial da ação rescisória principal, da decisão rescindenda, da certidão do trânsito em julgado e informação do andamento atualizado da execução. **(13.3.02)**

77. AÇÃO RESCISÓRIA. APLICAÇÃO DA SÚMULA N. 83 DO TST. MATÉRIA CONTROVERTIDA. LIMITE TEMPORAL. DATA DE INSERÇÃO EM ORIENTAÇÃO JURISPRUDENCIAL DO TST. Inserida em 13.3.02 (Cancelada em decorrência da nova redação conferida à Súmula n. 83 — Res. 137/2005 — DJ 22.8.05) A data da inclusão da matéria discutida na ação rescisória, na Orientação Jurisprudencial do TST, é o divisor de águas quanto a ser, ou não, controvertida nos Tribunais a interpretação dos dispositivos legais citados na ação rescisória.

78. AÇÃO RESCISÓRIA. CUMULAÇÃO SUCESSIVA DE PEDIDOS. RESCISÃO DA SENTENÇA E DO ACÓRDÃO. AÇÃO ÚNICA. ART. 289 DO CPC. É admissível o ajuizamento de uma única ação rescisória contendo mais de um pedido, em ordem sucessiva, de rescisão da sentença e do acórdão. Sendo inviável a tutela jurisdicional de um deles, o julgador está obrigado a apreciar os demais, sob pena de negativa de prestação jurisdicional. **(13.3.02)**

79. AÇÃO RESCISÓRIA. DECADÊNCIA AFASTADA. IMEDIATO JULGAMENTO DO MÉRITO. INEXISTÊNCIA DE OFENSA AO DUPLO GRAU DE JURISDIÇÃO. Inserida em 13.3.02 (Cancelada em decorrência da nova redação conferida à Súmula n. 100 - Res. 137/2005 — DJ 22.8.05) Não ofende o princípio do duplo grau de jurisdição a decisão do TST que, após afastar a decadência em sede de recurso ordinário, aprecia desde logo a lide, se a causa versar questão exclusivamente de direito e estiver em condições de imediato julgamento.

80. AÇÃO RESCISÓRIA. DECADÊNCIA. *DIES A QUO*. RECURSO DESERTO. SÚMULA N. 100/TST. O não-conhecimento do recurso por deserção não antecipa o *dies a quo* do prazo

(*) DJU de 16.12.02.

decadencial para o ajuizamento da ação rescisória, atraindo, na contagem do prazo, a aplicação da Súmula n. 100 do TST. **(13.3.02)**

81. AÇÃO RESCISÓRIA. DESCONTOS LEGAIS. FASE DE EXECUÇÃO. SENTENÇA EXEQUENDA OMISSA. INEXISTÊNCIA DE OFENSA À COISA JULGADA. Inserida em 13.3.02 (Cancelada em decorrência da sua conversão na Súmula n. 401 — Res. 137/2005 — DJ 22.8.05) Os descontos previdenciários e fiscais devem ser efetuados pelo juízo executório, ainda que a sentença exequenda tenha sido omissa sobre a questão, dado o caráter de ordem pública ostentado pela norma que os disciplina. A ofensa à coisa julgada somente poderá ser caracterizada na hipótese de o título exequendo, expressamente, afastar a dedução dos valores a título de imposto de renda e de contribuição previdenciária.

82. AÇÃO RESCISÓRIA. LITISCONSÓRCIO. NECESSÁRIO NO POLO PASSIVO E FACULTATIVO NO ATIVO. Inserida em 13.3.02 (Cancelada em decorrência da sua conversão na Súmula n. 406 — Res. 137/2005 — DJ 22.8.05) O litisconsórcio, na ação rescisória, é necessário em relação ao polo passivo da demanda, porque supõe uma comunidade de direito ou de obrigações que não admite solução díspar para os litisconsortes, em face da indivisibilidade do objeto. Já em relação ao polo ativo, o litisconsórcio é facultativo, uma vez que a aglutinação de autores se faz por conveniência, e não pela necessidade decorrente da natureza do litígio, pois não se pode condicionar o exercício do direito individual de um dos litigantes no processo originário à anuência dos demais para retomar a lide.

83. AÇÃO RESCISÓRIA. MINISTÉRIO PÚBLICO. LEGITIMIDADE *AD CAUSAM* PREVISTA NO ART. 487, III, "A" E "B", DO CPC. AS HIPÓTESES SÃO MERAMENTE EXEMPLIFICATIVAS. Inserida em 13.3.02 (Cancelada em decorrência da sua conversão na Súmula n. 407 — Res. 137/2005 — DJ 22.8.05). A legitimidade *ad causam* do Ministério Público para propor ação rescisória, ainda que não tenha sido parte no processo que deu origem à decisão rescindenda, não está limitada às alíneas "a" e "b" do inciso III do art. 487 do CPC, uma vez que traduzem hipóteses meramente exemplificativas.

84. AÇÃO RESCISÓRIA. PETIÇÃO INICIAL. AUSÊNCIA DA DECISÃO RESCINDENDA E/OU DA CERTIDÃO DO SEU TRÂNSITO EM JULGADO, DEVIDAMENTE AUTENTICADAS. PEÇAS ESSENCIAIS PARA A CONSTITUIÇÃO VÁLIDA E REGULAR DO FEITO. ARGUIÇÃO DE OFÍCIO. EXTINÇÃO DO PROCESSO SEM JULGAMENTO DO MÉRITO. A decisão rescindenda e/ou a certidão do seu trânsito em julgado, devidamente autenticadas, à exceção de cópias reprográficas apresentadas por pessoa jurídica de direito público, a teor do art. 24 da Lei n. 10.522/02, são peças essenciais para o julgamento da ação rescisória. Em fase recursal, verificada a ausência de qualquer delas, cumpre ao Relator do recurso ordinário arguir, de ofício, a extinção do processo, sem julgamento do mérito, por falta de pressuposto de constituição e desenvolvimento válido do feito. **(Inserido em 13.3.02 e alterado em 26.11.02)**[*]

85. AÇÃO RESCISÓRIA. SENTENÇA HOMOLOGATÓRIA DE CÁLCULO. EXISTÊNCIA DE CONTRADITÓRIO. DECISÃO DE MÉRITO. CABIMENTO. Inserida em 13.3.02 e alterada em 26.11.02 (cancelada - 1ª parte convertida na Súmula n. 399 e parte final (Incorporada à nova redação da Súmula n. 298 — Res. 137/2005 — DJ 22.8.05) A decisão homologatória de cálculos apenas comporta rescisão quando enfrentar as questões envolvidas na elaboração da conta de liquidação, quer solvendo a controvérsia das partes, quer explicitando, de ofício, os motivos pelos quais acolheu os cálculos oferecidos por uma das partes, ou pelo setor de cálculos, e não contestados pela outra. A sentença meramente homologatória, que silencia sobre os motivos de convencimento do juiz, não se mostra rescindível, por ausência de prequestionamento.

86. MANDADO DE SEGURANÇA. ANTECIPAÇÃO DE TUTELA. SENTENÇA SUPERVENIENTE. PERDA DE OBJETO. Inserida em 13.3.02 (Cancelada em decorrência da sua conversão na Súmula n. 414 — Res. 137/2005 — DJ 22.8.05) Perde objeto o mandado de segurança que impugna tutela antecipada pelo fato de haver sido proferida sentença de mérito nos autos originários.

87. MANDADO DE SEGURANÇA. REINTEGRAÇÃO EM EXECUÇÃO PROVISÓRIA. IMPOSSIBILIDADE. Inserida em 13.3.02 (Cancelada — Res. 137/2005 — DJ 22.8.05) O art. 899 da CLT, ao impedir a execução definitiva do título executório, enquanto pendente recurso, alcança tanto as execuções por obrigação de pagar quanto as por obrigação de fazer. Assim, tendo a obrigação de reintegrar caráter definitivo, somente pode ser decretada, liminarmente, nas hipóteses legalmente previstas, em sede de tutela antecipada ou tutela específica.

88. MANDADO DE SEGURANÇA. VALOR DA CAUSA. CUSTAS PROCESSUAIS. CABIMENTO. Incabível a impetração de mandado de segurança contra ato judicial que, de ofício, arbitrou novo valor à causa, acarretando a majoração das custas processuais, uma vez que cabia à parte, após recolher as custas, calculadas com base no valor dado à causa na inicial, interpor recurso ordinário e, posteriormente, agravo de instrumento no caso de o recurso ser considerado deserto. **(13.3.02)**

89. *HABEAS CORPUS*. DEPOSITÁRIO. TERMO DE DEPÓSITO NÃO ASSINADO PELO PACIENTE. NECESSIDADE DE ACEITAÇÃO DO ENCARGO. IMPOSSIBILIDADE DE PRISÃO CIVIL. A investidura no encargo de depositário depende da aceitação do nomeado que deve assinar termo de compromisso no auto de penhora, sem o que, é inadmissível a restrição de seu direito de liberdade. **(27.5.02)**

90. RECURSO ORDINÁRIO. APELO QUE NÃO ATACA OS FUNDAMENTOS DA DECISÃO RECORRIDA. NÃO-CONHECIMENTO. ART. 514, II, DO CPC. Inserida em 27.5.02 (Cancelada em decorrência da sua conversão na Súmula n. 422 — Res. 137/2005 — DJ 22.8.05) Não se conhece de recurso ordinário para o TST, pela ausência do requisito de admissibilidade inscrito no art. 514, II, do CPC, quando as razões do recorrente não impugnam os fundamentos da decisão recorrida, nos termos em que fora proposta.

91. MANDADO DE SEGURANÇA. AUTENTICAÇÃO DE CÓPIAS PELAS SECRETARIAS DOS TRIBUNAIS REGIONAIS DO TRABALHO. REQUERIMENTO INDEFERIDO. ART. 789, § 9º, DA CLT. Não sendo a parte beneficiária da assistência judiciária gratuita, inexiste direito líquido e certo à autenticação, pelas Secretarias dos Tribunais, de peças extraídas do processo principal, para formação do agravo de instrumento. **(27.5.02)**

92. MANDADO DE SEGURANÇA. EXISTÊNCIA DE RECURSO PRÓPRIO. Não cabe mandado de segurança contra decisão judicial passível de reforma mediante recurso próprio, ainda que com efeito diferido. **(27.5.02)**

93. MANDADO DE SEGURANÇA. POSSIBILIDADE DA PENHORA SOBRE PARTE DA RENDA DE ESTABELECIMENTO COMERCIAL. É admissível a penhora sobre a renda mensal ou faturamento de empresa, limitada a determinado percentual, desde que não comprometa o desenvolvimento regular de suas atividades. **(27.5.02)**

94. AÇÃO RESCISÓRIA. COLUSÃO. FRAUDE À LEI. RECLAMATÓRIA SIMULADA EXTINTA. A decisão ou acordo judicial subjacente à reclamação trabalhista, cuja tramitação deixa nítida a simulação do litígio para fraudar a lei e prejudicar terceiros, enseja ação rescisória, com lastro em colusão. No juízo rescisório, o processo simulado deve ser extinto. **(27.9.02)**

95. AÇÃO RESCISÓRIA DE AÇÃO RESCISÓRIA. VIOLAÇÃO DE LEI. INDICAÇÃO DOS MESMOS DISPOSITIVOS LEGAIS APONTADOS NA RESCISÓRIA PRIMITIVA. Inserida em 27.9.02 e alterada — DJ 16.4.04 (Cancelada em decorrência da sua conversão na Súmula n. 400 — Res. 137/2005 — DJ 22.8.05). Em se tratando de rescisória de rescisória, o vício apontado deve nascer na decisão rescindenda, não se admitindo a rediscussão do acerto do julgamento da rescisória anterior. Assim, não se admite rescisória calcada no inciso V do art. 485 do CPC, para discussão, por má aplicação, dos mesmos dispositivos de lei tidos por violados na rescisória anterior, bem como para arguição de questões inerentes à ação rescisória primitiva.

96. AÇÃO RESCISÓRIA. VÍCIO DE INTIMAÇÃO DA DECISÃO RESCINDENDA. AUSÊNCIA DA FORMAÇÃO DA COISA JULGADA MATERIAL. CARÊNCIA DE AÇÃO. Inserida em 27.9.02 (Cancelada em decorrência da nova redação conferida à Súmula n. 299 — Res. 137/2005 — DJ 22.8.05). O pretenso vício de intimação posterior à decisão que se pretende rescindir, se efetivamente ocorrido, não permite a formação da coisa julgada material. Assim, a ação rescisória deve ser julgada extinta sem julgamento do mérito por carência de ação, por inexistir decisão transitada em julgado a ser rescindida.

97. AÇÃO RESCISÓRIA. VIOLAÇÃO DO ART. 5º, II, LIV E LV, DA CONSTITUIÇÃO FEDERAL. PRINCÍPIOS DA LEGALIDADE, DO DEVIDO PROCESSO LEGAL, DO CONTRADITÓRIO E DA AMPLA DEFESA. Inserida em 27.9.02 e alterada em 25.4.03 — DJ 9.5.03 (Nova redação — Res. 137/2005 — DJ 22.8.05) Os princípios da legalidade, do devido processo legal, do contraditório e da ampla defesa não servem de fundamento para a desconstituição de decisão judicial transitada em julgado, quando se apresentam sob a forma de pedido genérico e desfundamentado, acompanhando dispositivos legais que tratam especificamente da matéria debatida, estes sim, passíveis de fundamentarem a análise do pleito rescisório.

98. MANDADO DE SEGURANÇA. CABÍVEL PARA ATACAR EXIGÊNCIA DE DEPÓSITO PRÉVIO DE HONORÁRIOS PERICIAIS. Inserida em 27.9.02 (nova redação — DJ 22.8.2005). É ilegal a exigência de depósito prévio para custeio dos honorários periciais, dada a incompatibilidade com o processo do trabalho, sendo cabível o mandado de segurança visando à realização da perícia, independentemente do depósito.

99. MANDADO DE SEGURANÇA. ESGOTAMENTO DE TODAS AS VIAS PROCESSUAIS DISPONÍVEIS. TRÂNSITO EM JULGADO FORMAL. DESCABIMENTO. Esgotadas as vias recursais existentes, não cabe mandado de segurança. **(27.9.02)**

100. RECURSO ORDINÁRIO PARA O TST. DECISÃO DE TRT PROFERIDA EM AGRAVO REGIMENTAL CONTRA LIMINAR EM AÇÃO CAUTELAR OU EM MANDADO DE SEGURANÇA. INCABÍVEL. Não cabe recurso ordinário para o TST de decisão proferida pelo Tribunal Regional do Trabalho em agravo regimental interposto contra despacho que concede ou não liminar em ação cautelar ou em mandado de segurança, uma vez que o processo ainda pende de decisão definitiva do Tribunal *a quo*. **(27.9.02)**

101. AÇÃO RESCISÓRIA. ART. 485, IV, DO CPC. OFENSA A COISA JULGADA. NECESSIDADE DE FIXAÇÃO DE TESE NA DECISÃO RESCINDENDA. Para viabilizar a desconstituição do julgado pela causa de rescindibilidade do inciso IV, do art. 485, do CPC, é necessário que a decisão rescindenda tenha enfrentado as questões ventiladas na ação rescisória, sob pena de inviabilizar o cotejo com o título executivo judicial tido por desrespeitado, de modo a se poder concluir pela ofensa à coisa julgada. **(DJ 29.4.03)**

102. AÇÃO RESCISÓRIA. CERTIDÃO DE TRÂNSITO EM JULGADO. DESCOMPASSO COM A REALIDADE. PRESUNÇÃO RELATIVA DE VERACIDADE. DJ 29.4.03 (Cancelada em decorrência da nova redação conferida à Súmula n. 100 — Res. 137/2005 — DJ 22.8.05) O juízo rescindente não está adstrito à certidão de trânsito em julgado juntada com a ação rescisória, podendo formar sua convicção através de outros elementos dos autos quanto à antecipação ou postergação do *dies a quo* do prazo decadencial.

103. AÇÃO RESCISÓRIA. CONTRADIÇÃO ENTRE FUNDAMENTAÇÃO E PARTE DISPOSITIVA DO JULGADO. CABIMENTO. ERRO DE FATO. É cabível a rescisória para corrigir contradição entre a parte dispositiva do acórdão rescindendo e a sua fundamentação, por erro de fato na retratação do que foi decidido. **(DJ 29.4.03)**

104. AÇÃO RESCISÓRIA. DECADÊNCIA. SENTENÇA HOMOLOGATÓRIA DE ACORDO. MOMENTO DO TRÂNSITO EM JULGADO. DJ 29.4.03 (Cancelada em decorrência da nova redação conferida à Súmula n. 100 — Res. 137/2005 — DJ 22.8.05). O acordo homologado judicialmente tem força de decisão irrecorrível, na forma do art. 831 da CLT. Assim sendo, o termo conciliatório transita em julgado na data da sua homologação judicial.

105. AÇÃO RESCISÓRIA. DECISÃO RESCINDENDA. AGRAVO DE INSTRUMENTO. NÃO SUBSTITUIÇÃO. IMPOSSIBILIDADE JURÍDICA. DJ 29.4.03 (Cancelada em decorrência da nova redação conferida à Súmula n. 192 — Res. 137/2005 — DJ 22.8.05) É manifesta a impossibilidade jurídica do pedido de rescisão de julgado proferido em agravo de instrumento que, limitando-se a aferir o eventual desacerto do juízo negativo de admissibilidade do recurso de revista, não substitui o acórdão regional, na forma do art. 512 do CPC.

106. AÇÃO RESCISÓRIA. DECISÃO RESCINDENDA. AUSÊNCIA DE TRÂNSITO EM JULGADO. DESCABIMENTO DE AÇÃO RESCISÓRIA PREVENTIVA. DJ 29.4.03 (Cancelada em decorrência da nova redação conferida à Súmula n. 299 — Res. 137/2005 — DJ 22.8.05). A comprovação do trânsito em julgado da decisão rescindenda é pressuposto processual indispensável ao tempo do ajuizamento da ação rescisória. Eventual trânsito em julgado posterior ao ajuizamento da ação rescisória não reabilita a ação proposta, na medida em que o ordenamento jurídico não contempla a ação rescisória preventiva.

107. AÇÃO RESCISÓRIA. DECISÃO RESCINDENDA DE MÉRITO. SENTENÇA DECLARATÓRIA DE EXTINÇÃO DE EXECUÇÃO. SATISFAÇÃO DA OBRIGAÇÃO. Embora não haja atividade cognitiva, a decisão que declara extinta a execução, nos termos do art. 794 c/c 795 do CPC, extingue a relação processual e a obrigacional, sendo passível de corte rescisório. **(DJ 29.4.03)**

108. AÇÃO RESCISÓRIA. FUNDAMENTO PARA INVALIDAR CONFISSÃO. CONFISSÃO FICTA. INADEQUAÇÃO DO ENQUADRAMENTO NO ART. 485, VIII, DO CPC. DJ 29.4.03 (Cancelada em decorrência da sua conversão na Súmula n. 404). O art. 485, VIII, do CPC, ao tratar do fundamento para invalidar a confissão como hipótese de rescindibilidade da decisão judicial, refere-se à confissão real, fruto de erro, dolo ou coação, e não à confissão ficta resultante de revelia.

109. AÇÃO RESCISÓRIA. REEXAME DE FATOS E PROVAS. INVIABILIDADE. DJ 29.4.03 (Cancelada em decorrência da sua conversão na Súmula n. 410 — Res. 137/2005 — DJ 22.8.05). A ação rescisória calcada em violação de lei não admite reexame de fatos e provas do processo que originou a decisão rescindenda.

110. AÇÃO RESCISÓRIA. RÉU SINDICATO. SUBSTITUTO PROCESSUAL NA AÇÃO ORIGINÁRIA. LEGITIMIDADE PASSIVA *AD CAUSAM*. INEXISTÊNCIA DE LITISCONSÓRCIO PASSIVO NECESSÁRIO. DJ 29.4.03 (Cancelada em decorrência da sua conversão na Súmula n. 406 — Res. 137/2005 — DJ 22.8.05). O Sindicato, substituto processual e autor da reclamação trabalhista, em cujos autos fora proferida a decisão rescindenda, possui legitimidade para figurar como réu na ação rescisória, sendo descabida a exigência de citação de todos os empregados substituídos, porquanto inexistente litisconsórcio passivo necessário.

111. AÇÃO RESCISÓRIA. SENTENÇA HOMOLOGATÓRIA DE ACORDO. DOLO DA PARTE VENCEDORA EM DETRIMENTO DA VENCIDA. ART. 485, III, DO CPC. INVIÁVEL. DJ 29.4.03 (Cancelada em decorrência da sua conversão na Súmula n. 403 — Res. 137/2005 — DJ 22.8.05) Se a decisão rescindenda é homologatória de acordo, não há parte vencedora ou vencida, razão pela qual não é possível a sua desconstituição calcada no inciso III do art. 485 do CPC (dolo da parte vencedora em detrimento da vencida), pois constitui fundamento de rescindibilidade que supõe solução jurisdicional para a lide.

112. AÇÃO RESCISÓRIA. VIOLAÇÃO DE LEI. DECISÃO RESCINDENDA POR DUPLO FUNDAMENTO. IMPUGNAÇÃO PARCIAL. Para que a violação da lei dê causa à rescisão de decisão de mérito alicerçada em duplo fundamento, é necessário que o Autor da ação rescisória invoque causas de rescindibilidade que, em tese, possam infirmar a motivação dúplice da decisão rescindenda. **(DJ 29.4.03)**

113. AÇÃO CAUTELAR. EFEITO SUSPENSIVO AO RECURSO ORDINÁRIO EM MANDADO DE SEGURANÇA. INCABÍVEL. AUSÊNCIA DE INTERESSE. EXTINÇÃO. É incabível medida cautelar para imprimir efeito suspensivo a recurso interposto contra decisão proferida em mandado de segurança, pois ambos visam, em última análise, à sustação do ato atacado. Extingue-se, pois, o processo, sem julgamento do mérito, por ausência de interesse de agir, para evitar que decisões judiciais conflitantes e inconciliáveis passem a reger idêntica situação jurídica. **(DJ 11.8.03)**

114. COMPETÊNCIA. EXECUÇÃO POR CARTA. EMBARGOS DE TERCEIRO. JUÍZO DEPRECANTE. DJ 11.8.03 (Cancelada em decorrência da sua conversão na Súmula n. 419 — Res. 137/2005 — DJ 22.8.05) Na execução por carta precatória, os embargos de terceiro serão oferecidos no juízo deprecante ou no juízo deprecado, mas a competência para julgá-los é do juízo deprecante, salvo se versarem, unicamente, sobre vícios ou irregularidades da penhora, avaliação ou alienação dos bens, praticados pelo juízo deprecado, em que a competência será deste último.

115. COMPETÊNCIA FUNCIONAL. CONFLITO NEGATIVO. TRT E VARA DO TRABALHO DE IDÊNTICA REGIÃO. NÃO CONFIGURAÇÃO. DJ 11.8.03 (Cancelada em decorrência da sua conversão na Súmula n. 420 — Res. 137/2005 — DJ 22.8.05) Não se configura conflito de competência entre Tribunal Regional do Trabalho e Vara do Trabalho a ele vinculada.

116. AÇÃO RESCISÓRIA. ART. 485, IV, DO CPC. AÇÃO DE CUMPRIMENTO. OFENSA À COISA JULGADA EMANADA DE SENTENÇA NORMATIVA MODIFICADA EM GRAU DE RECURSO. INVIABILIDADE. DJ 11.8.03 (Cancelada em decorrência da sua conversão na Súmula n. 397 — Res. 137/2005 — DJ 22.8.05) Não procede ação rescisória calcada em ofensa à coisa julgada perpetrada por decisão proferida em ação de cumprimento, em face de a sentença normativa, na qual se louvava, ter sido modificada em grau de recurso, porque em dissídio coletivo somente se consubstancia coisa julgada formal. Assim os meios processuais, aptos a atacarem a execução da cláusula reformada, são a exceção da pré-executividade e o mandado de segurança, no caso de descumprimento do art. 572 do CPC.

117. AÇÃO RESCISÓRIA. DEPÓSITO RECURSAL. PEDIDO RESCISÓRIO PROCEDENTE. CONDENAÇÃO EM PECÚNIA. INSTRUÇÃO NORMATIVA N. 3/93, III. DJ 11.8.03 (Cancelada em decorrência da nova redação conferida à Súmula n. 99 — Res. 137/2005 — DJ 22.8.05) Havendo recurso ordinário em sede de rescisória, o depósito recursal prévio só é exigível quando for julgado procedente o pedido e imposta condenação em pecúnia.

118. AÇÃO RESCISÓRIA. EXPRESSÃO "LEI" DO ART. 485, V, DO CPC. INDICAÇÃO DE CONTRARIEDADE À SÚMULA OU ORIENTAÇÃO JURISPRUDENCIAL DO TST. DESCABIMENTO. DJ 11.8.03 (Cancelada em decorrência da sua incorporação à nova redação da Orientação Jurisprudencial n. 25 da SBDI-II — Res. 137/2005 — DJ 22.8.05) Não prospera pedido de rescisão fundado no art. 485, inciso V, do CPC, com indicação de contrariedade a súmula, uma vez que a jurisprudência consolidada dos tribunais não corresponde ao conceito de lei.

119. AÇÃO RESCISÓRIA. PRAZO PRESCRICIONAL. TOTAL OU PARCIAL. VIOLAÇÃO DO ART. 7º, XXIX, DA CF/88. MATÉRIA INFRACONSTITUCIONAL. DJ 11.8.03 (Cancelada em decorrência da sua conversão na Súmula n. 409 — Res. 137/2005 — DJ 22.8.05) Não procede ação rescisória calcada em violação do art. 7º, XXIX, da CF/88, quando a questão envolve discussão sobre a espécie de prazo prescricional aplicável aos créditos trabalhistas, se total ou parcial, porque a matéria tem índole infraconstitucional, construída, na Justiça do Trabalho, no plano jurisprudencial.

120. MANDADO DE SEGURANÇA. RECUSA À HOMOLOGAÇÃO DE ACORDO. INEXISTÊNCIA DE DIREITO LÍQUIDO E CERTO. DJ 11.8.03 (Cancelada em decorrência da sua conversão na Súmula n. 418 — Res. 137/2005 — DJ 22.8.05) Não comporta mandado de segurança a negativa de homologação de acordo, por inexistir direito líquido e certo à homologação, já que se trata de atividade jurisdicional alicerçada no livre convencimento do juiz.

121. AÇÃO RESCISÓRIA. PEDIDO DE ANTECIPAÇÃO DE TUTELA. DESCABIMENTO. DJ 11.8.03 (Cancelada em decorrência da sua conversão na Súmula n. 405 — Res. 137/2005 — DJ 22.8.05) Não se admite tutela antecipada em sede de ação rescisória, na medida em que não se pode desconstituir antecipadamente a coisa julgada, com base em juízo de verossimilhança, dadas as garantias especiais de que se reveste o pronunciamento estatal transitado em julgado.

122. AÇÃO RESCISÓRIA. DECADÊNCIA. MINISTÉRIO PÚBLICO. *DIES A QUO* DO PRAZO. CONTAGEM. COLUSÃO DAS PARTES. DJ 11.8.03 (Cancelada em decorrência da nova redação conferida à Súmula n. 100 — Res. 137/2005 — DJ 22.8.05) Na hipótese de colusão das partes, o prazo decadencial da ação rescisória somente começa a fluir para o Ministério Público, que não interveio no processo principal, a partir do momento em que tem ciência da fraude.

123. AÇÃO RESCISÓRIA. INTERPRETAÇÃO DO SENTIDO E ALCANCE DO TÍTULO EXECUTIVO. INEXISTÊNCIA DE OFENSA À COISA JULGADA. DJ 11.8.03 (Título alterado) — Res. 137/2005 — DJ 22.8.05) O acolhimento da ação rescisória calcada em ofensa à coisa julgada supõe dissonância patente entre as decisões exequenda e rescindenda, o que não se verifica quando se faz necessária a interpretação do título executivo judicial para se concluir pela lesão à coisa julgada.

124. AÇÃO RESCISÓRIA. ART. 485, II, DO CPC. ARGUIÇÃO DE INCOMPETÊNCIA ABSOLUTA. PREQUESTIONAMENTO INEXIGÍVEL. Na hipótese em que a ação rescisória tem como causa de rescindibilidade o inciso II do art. 485 do CPC, a arguição de incompetência absoluta prescinde de prequestionamento. **(DJU 9.12.03)**

125. AÇÃO RESCISÓRIA. ART. 485, III, DO CPC. SILÊNCIO DA PARTE VENCEDORA ACERCA DE EVENTUAL FATO QUE LHE SEJA DESFAVORÁVEL. DESCARACTERIZADO O DOLO PROCESSUAL. (Cancelada em decorrência da sua conversão na Súmula n. 403 — DJ 22.8.05). Não caracteriza dolo processual, previsto no art. 485, III, do CPC, o simples fato de a parte vencedora haver silenciado a respeito de fatos contrários a ela, porque o procedimento, por si só, não constitui ardil do qual resulte cerceamento de defesa e, em consequência, desvie o juiz de uma sentença não-condizente com a verdade. **(DJU 9.12.03)**

126. AÇÃO RESCISÓRIA. AUSÊNCIA DE DEFESA. INAPLICÁVEIS OS EFEITOS DA REVELIA. (Cancelada em decorrência da sua conversão na Súmula n. 398 — DJ 22.8.05). Na ação rescisória, o que se ataca na ação é a sentença, ato oficial do Estado, acobertado pelo manto da coisa julgada. Assim sendo e, considerando que a coisa

OJ-SDI-2

julgada envolve questão de ordem pública, a revelia não produz confissão na ação rescisória. **(DJU 9.12.03)**

127. MANDADO DE SEGURANÇA. DECADÊNCIA. CONTAGEM. EFETIVO ATO COATOR. Na contagem do prazo decadencial para ajuizamento de mandado de segurança, o efetivo ato coator é o primeiro em que se firmou a tese hostilizada e não aquele que a ratificou. **(DJU 9.12.03)**

128. AÇÃO RESCISÓRIA. CONCURSO PÚBLICO ANULADO POSTERIORMENTE. APLICAÇÃO DA SÚMULA N. 363 DO TST. O certame público posteriormente anulado equivale à contratação realizada sem a observância da exigência contida no art. 37, II, da Constituição Federal de 1988. Assim sendo, aplicam-se à hipótese os efeitos previstos na Súmula n. 363 do TST. **(DJU 9.12.03)**

129. AÇÃO ANULATÓRIA. COMPETÊNCIA ORIGINÁRIA. Em se tratando de ação anulatória, a competência originária se dá no mesmo juízo em que praticado o ato supostamente eivado de vício. **(DJ 4.5.04)**

130. AÇÃO CIVIL PÚBLICA. COMPETÊNCIA. LOCAL DO DANO. LEI N. 7.347/1985, ART. 2º. CÓDIGO DE DEFESA DO CONSUMIDOR, ART. 93 (redação alterada na sessão do Tribunal Pleno realizada em 14.9.2012 — (Res. 186/2012, DEJT divulgado em 25.9.12)

I — A competência para a Ação Civil Pública fixa-se pela extensão do dano.

II — Em caso de dano de abrangência regional, que atinja cidades sujeitas à jurisdição de mais de uma Vara do Trabalho, a competência será de qualquer das Varas das localidades atingidas, ainda que vinculadas a Tribunais Regionais do Trabalho distintos.

III — Em caso de dano de abrangência suprarregional ou nacional, há competência concorrente para a Ação Civil Pública das Varas do Trabalho das sedes dos Tribunais Regionais do Trabalho.

IV — Estará prevento o juízo a que a primeira ação houver sido distribuída.

131. AÇÃO RESCISÓRIA. AÇÃO CAUTELAR PARA SUSPENDER EXECUÇÃO DA DECISÃO RESCINDENDA. PENDÊNCIA DE TRÂNSITO EM JULGADO DA AÇÃO RESCISÓRIA PRINCIPAL. EFEITOS. A ação cautelar não perde o objeto enquanto ainda estiver pendente o trânsito em julgado da ação rescisória principal, devendo o pedido cautelar ser julgado procedente, mantendo-se os efeitos da liminar eventualmente deferida, no caso de procedência do pedido rescisório ou, por outro lado, improcedente, se o pedido da ação rescisória principal tiver sido julgado improcedente. **(DJ 4.5.04)**

132. AÇÃO RESCISÓRIA. ACORDO HOMOLOGADO. ALCANCE. OFENSA À COISA JULGADA. Acordo celebrado — homologado judicialmente — em que o empregado dá plena e ampla quitação, sem qualquer ressalva, alcança não só o objeto da inicial, como também todas as demais parcelas referentes ao extinto contrato de trabalho violando a coisa julgada, a propositura de nova reclamação trabalhista. **(DJ 4.5.04)**

133. AÇÃO RESCISÓRIA. DECISÃO EM AGRAVO REGIMENTAL. APLICAÇÃO DA SÚMULA N. 333. JUÍZO DE MÉRITO. DJ 4.5.04 (Cancelada em decorrência da nova redação conferida à Súmula n. 192 — Res. 137/2005 — DJ 22.8.05) A decisão proferida pela SDI, em sede de agravo regimental, calcada na Súmula n. 333, substitui acórdão de Turma do TST, porque emite juízo de mérito, comportando, em tese, o corte rescisório.

134. AÇÃO RESCISÓRIA. DECISÃO RESCINDENDA. PRECLUSÃO DECLARADA. FORMAÇÃO DA COISA JULGADA FORMAL. IMPOSSIBILIDADE JURÍDICA DO PEDIDO. A decisão que conclui estar preclusa a oportunidade de impugnação da sentença de liquidação, por ensejar tão somente a formação da coisa julgada formal, não é suscetível de rescindibilidade. **(DJ 4.5.04)**

135. AÇÃO RESCISÓRIA. VIOLAÇÃO DO ART. 37, *CAPUT*, DA CF/1988. NECESSIDADE DE PREQUESTIONAMENTO. A ação rescisória calcada em violação do art. 37, *caput*, da Constituição Federal, por desrespeito ao princípio da legalidade administrativa exige que ao menos o princípio constitucional tenha sido prequestionado na decisão. **(DJ 4.5.04)**

136. AÇÃO RESCISÓRIA. ERRO DE FATO. CARACTERIZAÇÃO. A caracterização do erro de fato como causa de rescindibilidade de decisão judicial transitada em julgado supõe a afirmação categórica e indiscutida de um fato, na decisão rescindenda, que não corresponde à realidade dos autos. O fato afirmado pelo julgador, que pode ensejar ação rescisória calcada no inciso IX do art. 485 do CPC, é apenas aquele que se coloca como premissa fática indiscutida de um silogismo argumentativo, não aquele que se apresenta ao final desse mesmo silogismo, como conclusão decorrente das premissas que especificaram as provas oferecidas, para se concluir pela existência do fato. Esta última hipótese é afastada pelo § 2º do art. 485 do CPC, ao exigir que não tenha havido controvérsia sobre o fato e pronunciamento judicial esmiuçando as provas. **(DJ 4.5.04)**

137. MANDADO DE SEGURANÇA. DIRIGENTE SINDICAL. ART. 494 DA CLT. APLICÁVEL. Constitui direito líquido e certo do empregador a suspensão do empregado, ainda que detentor de estabilidade sindical, até a decisão final do inquérito em que se apure a falta grave a ele imputada, na forma do art. 494, *caput* e parágrafo único, da CLT. **(DJ 4.5.04)**

138. MANDADO DE SEGURANÇA. INCOMPETÊNCIA DA JUSTIÇA DO TRABALHO. COBRANÇA DE HONORÁRIOS ADVOCATÍCIOS. CONTRATO DE NATUREZA CIVIL. (Cancelada — DJ 10.5.06) A Justiça do Trabalho é incompetente para apreciar ação de cobrança de honorários advocatícios, pleiteada na forma do art. 24, §§ 1º e 2º, da Lei n. 8.906/94, em face da natureza civil do contrato de honorários. Legislação: CF/88, art. 114, Lei n. 8.906/94, art. 24, § 1º. **(DJ 4.5.04). (Cancelada — DJ 10.5.2006)**

139. MANDADO DE SEGURANÇA. LIMINAR EM AÇÃO CIVIL PÚBLICA. SENTENÇA DE MÉRITO SUPERVENIENTE. PERDA DE OBJETO. DJ 4.5.04 (Cancelada em decorrência da sua conversão na Súmula n. 414 — Res. 137/2005 — DJ 22.8.05) Perde objeto o mandado de segurança que impugna liminar em ação civil pública substituída por sentença de mérito superveniente.

140. MANDADO DE SEGURANÇA CONTRA LIMINAR, CONCEDIDA OU DENEGADA EM OUTRA SEGURANÇA. INCABÍVEL. (ART. 8º DA LEI N. 1.533/51). Não cabe mandado de segurança para impugnar despacho que acolheu ou indeferiu liminar em outro mandado de segurança. **(DJ 4.5.04)**

141. MANDADO DE SEGURANÇA PARA CONCEDER LIMINAR DENEGADA EM AÇÃO CAUTELAR. DJ 4.5.04 (Cancelada em decorrência da sua conversão na Súmula n. 418 — Res. 137/2005 — DJ 22.8.2005) A concessão de liminar constitui faculdade do juiz, no uso de seu poder discricionário e de cautela, inexistindo direito líquido e certo tutelável pela via do mandado de segurança.

142. MANDADO DE SEGURANÇA. REINTEGRAÇÃO LIMINARMENTE CONCEDIDA. Inexiste direito líquido e certo a ser oposto contra ato de Juiz que, antecipando a tutela jurisdicional, determina a reintegração do empregado até a decisão final do processo, quando demonstrada a razoabilidade do direito subjetivo material, como nos casos de anistiado pela da Lei n. 8.878/94, aposentado, integrante de comissão de fábrica, dirigente sindical, portador de doença profissional, portador de vírus HIV ou detentor de estabilidade provisória prevista em norma coletiva. Legislação: CLT, art. 659, inciso X. **(DJ 4.5.04 — Parágrafo único do art. 168 do Regimento Interno do TST)**

143. *HABEAS CORPUS*. PENHORA SOBRE COISA FUTURA E INCERTA. PRISÃO. DEPOSITÁRIO INFIEL (redação alterada na sessão do Tribunal Pleno realizada em 17.11.2008, Resol. 151, do TST, DJe/TST 20, 21 e 24.11.08). Não se caracteriza a condição de depositário infiel quando a penhora recair sobre coisa futura e incerta, circunstância que, por si só, inviabiliza a materialização do depósito no momento da constituição do paciente em depositário, autorizando-se a concessão de *habeas corpus* diante da prisão ou ameaça de prisão que sofra.

144. MANDADO DE SEGURANÇA. PROIBIÇÃO DE PRÁTICA DE ATOS FUTUROS. SENTENÇA GENÉRICA. EVENTO FUTURO. Incabível. DJ 22.6.04 (nova redação) — Res. 137/2005 — DJ 22.8.05) O mandado de segurança não se presta à obtenção de uma sentença genérica, aplicável a eventos futuros, cuja ocorrência é incerta.

145. AÇÃO RESCISÓRIA. DECADÊNCIA. NÃO ESGOTAMENTO DAS VIAS RECURSAIS. PRAZO LEGAL DO RECURSO EXTRAORDINÁRIO. DJ 10.11.04 (Cancelada em decorrência da nova redação conferida à Súmula n. 100 — Res. 137/2005 — DJ 22.8.05) Conta-se o prazo decadencial da ação rescisória, após o decurso do prazo legal previsto para a interposição do recurso extraordinário, apenas quando esgotadas todas as vias recursais ordinárias.

146. AÇÃO RESCISÓRIA. INÍCIO DO PRAZO PARA APRESENTAÇÃO DA CONTESTAÇÃO. ART. 774 DA CLT. A contestação apresentada em sede de ação rescisória obedece à regra relativa à contagem de prazo constante do art. 774 da CLT, sendo inaplicável o art. 241 do CPC. **(DJ 10.11.04 — Parágrafo único do art. 168 do Regimento Interno do TST)**

147. AÇÃO RESCISÓRIA. VALOR DA CAUSA. O valor da causa, na ação rescisória de sentença de mérito advinda de processo de conhecimento, corresponde ao valor da causa fixado no processo originário, corrigido monetariamente. No caso de se pleitear a rescisão de decisão proferida na fase de execução, o valor da causa deve corresponder ao montante da condenação. **(DJ 10.11.04 — Parágrafo único do art. 168 do Regimento Interno do TST) (Cancelada — Res. N. 142/2007 — DJ 10.10.2007)**

148. CUSTAS. MANDADO DE SEGURANÇA. RECURSO ORDINÁRIO. EXIGÊNCIA DO PAGAMENTO. (conversão da Orientação Jurisprudencial n. 29 da SBDI-1, DJ 20.4.05). É responsabilidade da parte, para interpor recurso ordinário em mandado de segurança, a comprovação do recolhimento das custas processuais no prazo recursal, sob pena de deserção. (ex-OJ n. 29 — inserida em 20.9.00)

149. CONFLITO DE COMPETÊNCIA. INCOMPETÊNCIA TERRITORIAL. HIPÓTESE DO ART. 651, § 3º, DA CLT. IMPOSSIBILIDADE DE DECLARAÇÃO DE OFÍCIO DE INCOMPETÊNCIA RELATIVA. (DJe divulgado em 3, 4 e 5.12.2008). Não cabe declaração de ofício de incompetência territorial no caso do uso, pelo trabalhador, da faculdade prevista no art. 651, § 3º, da CLT. Nessa hipótese, resolve-se o conflito pelo reconhecimento da competência do juízo do local onde a ação foi proposta.

150. AÇÃO RESCISÓRIA. DECISÃO RESCINDENDA QUE EXTINGUE O PROCESSO SEM RESOLUÇÃO DE MÉRITO POR ACOLHIMENTO DA EXCEÇÃO DE COISA JULGADA. CONTEÚDO MERAMENTE PROCESSUAL. IMPOSSIBILIDADE JURÍDICA DO PEDIDO (DJe divulgado em 3, 4 e 5.12.2008). Reputa-se juridicamente impossível o pedido de corte rescisório de decisão que, reconhecendo a configuração de coisa julgada, nos termos do art. 267, V, do CPC, extingue o processo sem resolução de mérito, o que, ante o seu conteúdo meramente processual, a torna insuscetível de produzir a coisa julgada material.

151. AÇÃO RESCISÓRIA E MANDADO DE SEGURANÇA. IRREGULARIDADE DE REPRESENTAÇÃO PROCESSUAL VERIFICADA NA FASE RECURSAL. PROCURAÇÃO OUTORGADA COM PODERES ESPECÍFICOS PARA AJUIZAMENTO DE RECLAMAÇÃO TRABALHISTA. VÍCIO PROCESSUAL INSANÁVEL (DJe divulgado em 3, 4 e 5.12.2008). A procuração outorgada com poderes específicos para ajuizamento de reclamação trabalhista não autoriza a propositura de ação rescisória e mandado de segurança, bem como não se admite sua regularização quando verificado o defeito de representação processual na fase recursal, nos termos da Súmula n. 383, item II, do TST.

152. AÇÃO RESCISÓRIA E MANDADO DE SEGURANÇA. RECURSO DE REVISTA DE ACÓRDÃO REGIONAL QUE JULGA AÇÃO RESCISÓRIA OU MANDADO DE SEGURANÇA. PRINCÍPIO DA FUNGIBILIDADE. INAPLICABILIDADE. ERRO GROSSEIRO NA INTERPOSIÇÃO DO RECURSO (DJe divulgado em 3, 4 e 5.12.2008). A interposição de recurso de revista de decisão definitiva de Tribunal Regional do Trabalho em ação rescisória ou em mandado de segurança, com fundamento em violação legal e divergência jurisprudencial e remissão expressa ao art. 896 da CLT, configura erro grosseiro, insuscetível de autorizar o seu recebimento como recurso ordinário, em face do disposto no art. 895, "b", da CLT.

153. MANDADO DE SEGURANÇA. EXECUÇÃO. ORDEM DE PENHORA SOBRE VALORES EXISTENTES EM CONTA SALÁRIO. ART. 649, IV, DO CPC. ILEGALIDADE (DJe divulgado em 3, 4 e 5.12.2008). Ofende direito líquido e certo decisão que determina o bloqueio de numerário existente em conta salário, para satisfação de crédito trabalhista, ainda que seja limitado a determinado percentual dos valores recebidos ou a valor revertido para fundo de aplicação ou poupança, visto que o art. 649, IV, do CPC contém norma imperativa que não admite interpretação ampliativa, sendo a exceção prevista no art. 649, § 2º, do CPC espécie e não gênero de crédito de natureza alimentícia, não englobando o crédito trabalhista.

154. AÇÃO RESCISÓRIA. ACORDO PRÉVIO AO AJUIZAMENTO DA RECLAMAÇÃO. QUITAÇÃO GERAL. LIDE SIMULADA. POSSIBILIDADE DE RESCISÃO DA SENTENÇA HOMOLOGATÓRIA DE ACORDO APENAS SE VERIFICADA A EXISTÊNCIA DE VÍCIO DE CONSENTIMENTO. (DeJT divulgado em 9, 10 e 11.6.10). A sentença homologatória de acordo prévio ao ajuizamento de reclamação trabalhista, no qual foi conferida quitação geral do extinto contrato, sujeita-se ao corte rescisório tão somente se verificada a existência de fraude ou vício de consentimento.

155. AÇÃO RESCISÓRIA E MANDADO DE SEGURANÇA. VALOR ATRIBUÍDO À CAUSA NA INICIAL. MAJORAÇÃO DE OFÍCIO. INVIABILIDADE. (DeJT divulgado em 9, 10 e 11.6.10). Atribuído o valor da causa na inicial da ação rescisória ou do mandado de segurança e não havendo impugnação, nos termos do art. 261 do CPC, é defeso ao Juízo majorá-lo de ofício, ante a ausência de amparo legal. Inaplicável, na hipótese, a Orientação Jurisprudencial da SBDI-2 n. 147 e o art. 2º, II, da Instrução Normativa n. 31 do TST.

156. *HABEAS CORPUS* ORIGINÁRIO NO TST. SUBSTITUTIVO DE RECURSO ORDINÁRIO EM *HABEAS CORPUS*. CABIMENTO CONTRA DECISÃO DEFINITIVA PROFERIDA POR TRIBUNAL REGIONAL DO TRABALHO. (DeJT divulgado em 9, 10 e 11.6.2010). É cabível ajuizamento de *habeas corpus* originário no Tribunal Superior do Trabalho, em substituição de recurso ordinário em *habeas corpus*, de decisão definitiva proferida por Tribunal Regional do Trabalho, uma vez que o órgão colegiado passa a ser a autoridade coatora no momento em que examina o mérito do *habeas corpus* impetrado no âmbito da Corte local.

157. AÇÃO RESCISÓRIA. DECISÕES PROFERIDAS EM FASES DISTINTAS DE UMA MESMA AÇÃO. COISA JULGADA. NÃO CONFIGURAÇÃO. (DeJT divulgado em 12, 13 e 16.4.2012). A ofensa à coisa julgada de que trata o art. 485, IV, do CPC refere-se apenas a relações processuais distintas. A invocação de desrespeito à coisa julgada formada no processo de conhecimento, na correspondente fase de execução, somente é possível com base na violação do art. 5º, XXXVI, da Constituição da República.

158. AÇÃO RESCISÓRIA. DECLARAÇÃO DE NULIDADE DE DECISÃO HOMOLOGATÓRIA DE ACORDO EM RAZÃO DE COLUSÃO (ART. 485, III, DO CPC). MULTA POR LITIGÂNCIA DE MÁ-FÉ. IMPOSSIBILIDADE. (DeJT divulgado em 12, 13 e 16.4.2012). A declaração de nulidade de decisão homologatória de acordo, em razão da colusão entre as partes (art. 485, III, do CPC), é sanção suficiente em relação ao procedimento adotado, não havendo que ser aplicada a multa por litigância de má-fé.

ORIENTAÇÕES JURISPRUDENCIAIS DA SDC (TST)

ÍNDICE

ORIENTAÇÕES JURISPRUDENCIAIS DA SDC (TST)

01. ACORDO COLETIVO. DESCUMPRIMENTO. EXISTÊNCIA DE AÇÃO PRÓPRIA. ABUSIVIDADE DA GREVE DEFLAGRADA PARA SUBSTITUÍ-LA. O ordenamento legal vigente assegura a via da ação de cumprimento para as hipóteses de inobservância de norma coletiva em vigor, razão pela qual é abusivo o movimento grevista deflagrado em substituição ao meio pacífico próprio para a solução do conflito. **(Cancelada pela SDC em 19.5.04, DJ 22.6.04)**

02. ACORDO HOMOLOGADO. EXTENSÃO A PARTES NÃO SUBSCREVENTES. INVIABILIDADE. É inviável aplicar condições constantes de acordo homologado nos autos de dissídio coletivo, extensivamente, às partes que não o subscreveram, exceto se observado o procedimento previsto no art. 868 e seguintes, da CLT.

03. ARRESTO. APREENSÃO. DEPÓSITO. PRETENSÕES INSUSCETÍVEIS DE DEDUÇÃO EM SEDE COLETIVA. São incompatíveis com a natureza e finalidade do dissídio coletivo as pretensões de provimento judicial de arresto, apreensão ou depósito.

04. DISPUTA POR TITULARIDADE DE REPRESENTAÇÃO. INCOMPETÊNCIA DA JUSTIÇA DO TRABALHO. A disputa intersindical pela representatividade de certa categoria refoge ao âmbito da competência material da Justiça do Trabalho. **(Cancelada pela SDC — 18.10.06)**

05. DISSÍDIO COLETIVO. PESSOA JURÍDICA DE DIREITO PÚBLICO. POSSIBILIDADE JURÍDICA. CLÁUSULA DE NATUREZA SOCIAL (Redação alterada na sessão do Tribunal Pleno realizada em 14.9.2012 — (Res. 186/2012, DEJT divulgado em 25.9.12). Em face de pessoa jurídica de direito público que mantenha empregados, cabe dissídio coletivo exclusivamente para apreciação de cláusulas de natureza social. Inteligência da Convenção n. 151 da Organização Internacional do Trabalho, ratificada pelo Decreto Legislativo n. 206/2010.

06. DISSÍDIO COLETIVO. NATUREZA JURÍDICA. IMPRESCINDIBILIDADE DE REALIZAÇÃO DE ASSEMBLEIA DE TRABALHADORES E NEGOCIAÇÃO PRÉVIA. O dissídio coletivo de natureza jurídica não prescinde da autorização da categoria, reunida em assembleia, para legitimar o sindicato próprio, nem da etapa negocial prévia para buscar solução de consenso. **(Cancelada pela SDC em 10 de agosto de 2000, DJ 23.3.01).**

07. DISSÍDIO COLETIVO. NATUREZA JURÍDICA. INTERPRETAÇÃO DE NORMA DE CARÁTER GENÉRICO. INVIABILIDADE. Não se presta o dissídio coletivo de natureza jurídica à interpretação de normas de caráter genérico, a teor do disposto no art. 313 do RITST.

08. DISSÍDIO COLETIVO. PAUTA REIVINDICATÓRIA NÃO REGISTRADA EM ATA. CAUSA DE EXTINÇÃO. A ata da assembleia de trabalhadores que legitima a atuação da entidade sindical respectiva em favor de seus interesses deve registrar, obrigatoriamente, a pauta reivindicatória, produto da vontade expressa da categoria.

09. ENQUADRAMENTO SINDICAL. INCOMPETÊNCIA MATERIAL DA JUSTIÇA DO TRABALHO. O dissídio coletivo não é meio próprio para o Sindicato vir a obter o reconhecimento de que a categoria que representa é diferenciada, pois esta matéria – enquadramento sindical – envolve a interpretação de norma genérica, notadamente do art. 577 da CLT.

10. GREVE ABUSIVA NÃO GERA EFEITOS. É incompatível com a declaração de abusividade de movimento grevista o estabelecimento de quaisquer vantagens ou garantias a seus partícipes, que assumiram os riscos inerentes à utilização do instrumento de pressão máximo.

11. GREVE. IMPRESCINDIBILIDADE DE TENTATIVA DIRETA E PACÍFICA DA SOLUÇÃO DO CONFLITO. ETAPA NEGOCIAL PRÉVIA. É abusiva a greve levada a efeito sem que as partes hajam tentado, direta e pacificamente, solucionar o conflito que lhe constitui o objeto.

12. GREVE. QUALIFICAÇÃO JURÍDICA. ILEGITIMIDADE ATIVA *AD CAUSAM* DO SINDICATO PROFISSIONAL QUE DEFLAGRA O MOVIMENTO. Não se legitima o Sindicato profissional a requerer judicialmente a qualificação legal de movimento paredista que ele próprio fomentou. **(Cancelada — Res. 166/2010, DEJT divulgado em 30.4.2010 e 3 e 4.5.2010**

13. LEGITIMAÇÃO DA ENTIDADE SINDICAL. ASSEMBLEIA DELIBERATIVA. *QUORUM* DE VALIDADE. ART. 612 DA CLT. Mesmo após a promulgação da Constituição Federal de 1988, subordina-se a validade da assembleia de trabalhadores que legitima a atuação da entidade sindical respectiva em favor de seus interesses à observância do *quorum* estabelecido no art. 612 da CLT. **(Cancelada pela SDC em 9.10.03 — DJ 24.11.03).**

14. SINDICATO. BASE TERRITORIAL EXCEDENTE DE UM MUNICÍPIO. OBRIGATORIEDADE DA REALIZAÇÃO DE MÚLTIPLAS ASSEMBLEIAS. Se a base territorial do sindicato representativo da categoria abrange mais de um município, a realização de assembleia deliberativa em apenas um deles inviabiliza a manifestação de vontade da totalidade dos trabalhadores envolvidos na controvérsia, pelo que conduz à insuficiência de *quorum* deliberativo, exceto *quando* particularizado o conflito. **(Cancelada pela SDC em 13.11.03 — DJ 2.12.03).**

15. SINDICATO. LEGITIMIDADE *AD PROCESSUM*. IMPRESCINDIBILIDADE DO REGISTRO NO MINISTÉRIO DO TRABALHO. A comprovação da legitimidade *ad processum* da entidade sindical se faz por seu registro no órgão competente do Ministério do Trabalho, mesmo após a promulgação da Constituição Federal de 1988.

16. TAXA DE HOMOLOGAÇÃO DE RESCISÃO CONTRATUAL. ILEGALIDADE. É contrária ao espírito da lei (art. 477, § 7º, da CLT) e da função precípua do sindicato a cláusula coletiva que estabelece taxa para homologação de rescisão contratual, a ser paga pela empresa a favor do sindicato profissional.

17. CONTRIBUIÇÕES PARA ENTIDADES SINDICAIS. INCONSTITUCIONALIDADE DE SUA EXTENSÃO A NÃO ASSOCIADOS. (mantida DEJT, de 25.8.14) As cláusulas coletivas que estabeleçam contribuição em favor de entidade sindical, a qualquer título, obrigando trabalhadores não sindicalizados, são ofensivas ao direito de livre associação e sindicalização, constitucionalmente assegurado, e, portanto, nulas, sendo passíveis de devolução, por via própria, os respectivos valores eventualmente descontados.

18. DESCONTOS AUTORIZADOS NO SALÁRIO PELO TRABALHADOR. LIMITAÇÃO MÁXIMA DE 70% DO SALÁRIO-BASE. Os descontos efetuados com base em cláusula de acordo firmado entre as partes não podem ser superiores a 70% do salário-base percebido pelo empregado, pois deve-se assegurar um mínimo de salário em espécie ao trabalhador.

19. DISSÍDIO COLETIVO CONTRA EMPRESA. LEGITIMAÇÃO DA ENTIDADE SINDICAL. AUTORIZAÇÃO DOS TRABALHADORES DIRETAMENTE ENVOLVIDOS NO CONFLITO (INSERIDO DISPOSITIVO) — DEJT DIVULGADO EM 16, 17 E 18.11.2010. A legitimidade da entidade sindical para a instauração da instância contra determinada empresa está condicionada à prévia autorização dos trabalhadores da suscitada diretamente envolvidos no conflito.

20. EMPREGADOS SINDICALIZADOS. ADMISSÃO PREFERENCIAL. CONDIÇÃO VIOLADORA DO ART. 8º, V, DA CF/88 (inserido dispositivo) — DEJT divulgado em 16, 17 e 18.11.2010. Viola o art. 8º, V, da CF/1988 cláusula de instrumento normativo que estabelece a preferência, na contratação de mão de obra, do trabalhador sindicalizado sobre os demais.

21. ILEGITIMIDADE *AD CAUSAM* DO SINDICATO. AUSÊNCIA DE INDICAÇÃO DO TOTAL DE ASSOCIADOS DA ENTIDADE SINDICAL. INSUFICIÊNCIA DE *QUORUM* (ART. 612 DA CLT). (Cancelada pela SDC em 13.11.03 — DJ 2.12.03)

22. LEGITIMIDADE "AD CAUSAM" DO SINDICATO. CORRESPONDÊNCIA ENTRE AS ATIVIDADES EXERCIDAS PELOS SETORES PROFISSIONAL E ECONÔMICO ENVOLVIDOS NO CONFLITO. NECESSIDADE (inserido dispositivo) — DEJT divulgado em 16, 17 e 18.11.2010. É necessária a correspondência entre as atividades exercidas pelos setores profissional e econômico, a fim de legitimar os envolvidos no conflito a ser solucionado pela via do dissídio coletivo.

23. LEGITIMIDADE *AD CAUSAM*. SINDICATO REPRESENTATIVO DE SEGMENTO PROFISSIONAL OU PATRONAL. IMPOSSIBILIDADE. A representação sindical abrange toda a categoria, não comportando separação fundada na maior ou menor dimensão de cada ramo ou empresa.

24. NEGOCIAÇÃO PRÉVIA INSUFICIENTE. REALIZAÇÃO DE MESA-REDONDA PERANTE A DRT. ART. 114, § 2º, DA CF/88. VIOLAÇÃO. (Cancelada pela SDC em 11.12.03, DJ 16.4.04)

25. SALÁRIO NORMATIVO. CONTRATO DE EXPERIÊNCIA. LIMITAÇÃO. TEMPO DE SERVIÇO. POSSIBILIDADE. Não fere o princípio da isonomia salarial (art. 7º, XXX, da CF/88) a previsão de salário normativo tendo em vista o fator tempo de serviço.

26. SALÁRIO NORMATIVO. MENOR EMPREGADO. ART. 7º, XXX, DA CF/88. VIOLAÇÃO. Os empregados menores não podem ser discriminados em cláusula que fixa salário mínimo profissional para a categoria.

27. CUSTAS. AUSÊNCIA DE INTIMAÇÃO. DESERÇÃO. CARACTERIZAÇÃO. A deserção se impõe mesmo não tendo havido intimação, pois incumbe à parte, na defesa do próprio interesse, obter os cálculos necessários para efetivar o preparo.

28. EDITAL DE CONVOCAÇÃO DA AGT. PUBLICAÇÃO. BASE TERRITORIAL. VALIDADE. O edital de convocação para a AGT deve ser publicado em jornal que circule em cada um dos municípios componentes da base territorial.

29. EDITAL DE CONVOCAÇÃO E ATA DA ASSEMBLEIA GERAL. REQUISITOS ESSENCIAIS PARA INSTAURAÇÃO DE DISSÍDIO COLETIVO. O edital de convocação da categoria e a respectiva ata da AGT constituem peças essenciais à instauração do processo de dissídio coletivo.

30. ESTABILIDADE DA GESTANTE. RENÚNCIA OU TRANSAÇÃO DE DIREITOS CONSTITUCIONAIS. IMPOSSIBILIDADE (Republicada em decorrência de erro material — DEJT divulgado em 19, 20 e 21.9.11). Nos termos do art. 10, II, *b*, do ADCT, a proteção à maternidade foi erigida à hierarquia constitucional, pois retirou do âmbito do direito potestativo do empregador a possibilidade de despedir arbitrariamente a empregada em estado gravídico. Portanto, a teor do artigo 9º da CLT, torna-se nula de pleno direito a cláusula que estabelece a possibilidade de renúncia ou transação, pela gestante, das garantias referentes à manutenção do emprego e salário.

31. ESTABILIDADE DO ACIDENTADO. ACORDO HOMOLOGADO. PREVALÊNCIA. IMPOSSIBILIDADE. VIOLAÇÃO DO ART. 118, LEI N. 8.213/91. Não é possível a prevalência de acordo sobre legislação vigente, quando ele é menos benéfico do que a própria lei, porquanto o caráter imperativo dessa última restringe o campo de atuação da vontade das partes.

32. REIVINDICAÇÕES DA CATEGORIA. FUNDAMENTAÇÃO DAS CLÁUSULAS. NECESSIDADE. APLICAÇÃO DO PN 37 DO TST. É pressuposto indispensável à constituição válida e regular da ação coletiva a apresentação em forma clausulada e fundamentada das reivindicações da categoria, conforme orientação do item VI, letra *e*, da IN n. 04/93.

33. AÇÃO RESCISÓRIA. MINISTÉRIO PÚBLICO. LEGITIMIDADE RESTRITA. HIPÓTESES DO ART. 487, INCISOS I E III DO CPC. A teor do disposto no art. 487, incisos I e III, do CPC, o Ministério Público apenas detém legitimidade para propor ação rescisória nas hipóteses em que tenha sido parte no processo no qual proferida a decisão rescindenda; nas quais deixou de manifestar-se ou intervir na lide, quando por previsão legal expressa deveria tê-lo feito, ou ainda naquelas em que a sentença resultou de colusão das partes, com o intuito de fraudar a lei. **(Cancelada, DJ 22.8.05)**

34. ACORDO EXTRAJUDICIAL. HOMOLOGAÇÃO. JUSTIÇA DO TRABALHO. PRESCINDIBILIDADE. É desnecessária a homologação, por tribunal trabalhista, do acordo extrajudicialmente celebrado, sendo suficiente, para que surta efeitos, sua formalização perante o Ministério do Trabalho (art. 614 da CLT e art. 7º, inciso XXVI, da Constituição Federal).

35. EDITAL DE CONVOCAÇÃO DA AGT. DISPOSIÇÃO ESTATUTÁRIA ESPECÍFICA. PRAZO MÍNIMO ENTRE A PUBLICAÇÃO E A REALIZAÇÃO DA ASSEMBLEIA. OBSERVÂNCIA OBRIGATÓRIA. (inserida em 7.12.1998). Se os estatutos da entidade sindical contam com norma específica que estabeleça prazo mínimo entre a data de publicação do edital convocatório e a realização da assembleia correspondente, então a validade desta última depende da observância desse interregno.

36. EMPREGADOS DE EMPRESA DE PROCESSAMENTO DE DADOS. RECONHECIMENTO COMO CATEGORIA DIFERENCIADA. IMPOSSIBILIDADE. É por lei e não por decisão judicial, que as categorias diferenciadas são reconhecidas como tais. De outra parte, no que tange aos profissionais da informática, o trabalho que desempenham sofre alterações, de acordo com a atividade econômica exercida pelo empregador.

37. EMPREGADOS DE ENTIDADES SINDICAIS. ESTABELECIMENTO DE CONDIÇÕES COLETIVAS DE TRABALHO DISTINTAS DAQUELAS ÀS QUAIS SUJEITAS AS CATEGORIAS REPRESENTADAS PELOS EMPREGADORES. IMPOSSIBILIDADE JURÍDICA. ART. 10 DA LEI N. 4.725/65. O art. 10 da Lei n. 4.725/65 assegura, para os empregados de entidades sindicais, as mesmas condições coletivas de trabalho fixadas para os integrantes das categorias que seus empregadores representam. Assim, a previsão legal expressa constitui óbice ao ajuizamento de dissídio coletivo com vistas a estabelecer para aqueles profissionais regramento próprio. **(Cancelada pela SDC — 18.10.06)**

38. GREVE. SERVIÇOS ESSENCIAIS. GARANTIA DAS NECESSIDADES INADIÁVEIS DA POPULAÇÃO USUÁRIA. FATOR DETERMINANTE DA QUALIFICAÇÃO JURÍDICA DO MOVIMENTO. É abusiva a greve que se realiza em setores que a lei define como sendo essenciais à comunidade, se não é assegurado o atendimento básico das necessidades inadiáveis dos usuários do serviço, na forma prevista na Lei n. 7.783/89.

Índice Alfabético e Remissivo

✓ da CLT,
✓ da Legislação pertinente,
✓ das Súmulas do STF, do STJ, do ex-TFR (atual STJ), do TST,
✓ das Orientações Jurisprudenciais do Pleno do TST, SDI-I, SDI-II, SDC e Precedentes Normativos do Tribunal Superior do Trabalho,
✓ das Ementas Normativas e Precedentes Administrativos do Ministério do Trabalho e Emprego e dos Dispositivos da CF/88 contidos neste volume.
✓ As disposições do Código Civil que têm pertinência com as relações de Trabalho foram também inseridas neste Índice com a menção "CC" a frente do título

(Obs: no tocante à ação rescisória e mandado de segurança, ter presente também o índice das Orientações Jurisprudenciais da SDI-2 constante da p. 1171)

IDENTIFICAÇÃO
SÚMULAS DO TST
ORIENTAÇÃO JURISPRUDENCIAL DA SDI DO TST = OJ-SDI-1
ORIENTAÇÃO JURISPRUDENCIAL DA SDI-1(T) - OJ-SDI-1 (TRANSITÓRIAS)
ORIENTAÇÃO JURISPRUDENCIAL DA SDI DO TST = OJ-SDI-2
ORIENTAÇÃO JURISPRUDENCIAL DA SDC DO TST = OJ-SDC
PRECEDENTE NORMATIVO DO TST = PN-TST
CONSOLIDAÇÃO DOS PROVIMENTOS DA CORREGEDORIA GERAL DA JUSTIÇA DO TRABALHO = CPCGJT
CÓDIGO CIVIL = CC
CÓDIGO DE PROCESSO CIVIL = CPC

Índice Alfabético e Remissivo

Índice Alfabético e Remissivo

Índice Alfabético e Remissivo

B

Índice Alfabético e Remissivo

Índice Alfabético e Remissivo

F

Índice Alfabético e Remissivo

Índice Alfabético e Remissivo

Índice Alfabético e Remissivo

Índice Alfabético e Remissivo

J

Índice Alfabético e Remissivo

Índice Alfabético e Remissivo

Índice Alfabético e Remissivo

Índice Alfabético e Remissivo

Índice Alfabético e Remissivo

Índice Alfabético e Remissivo

ÍNDICE CRONOLÓGICO DA LEGISLAÇÃO COMPLEMENTAR CONTIDA NESTE VOLUME

LEIS

(*) V Lei n. 5.859, de 11.12.72 e art. 5º da mesma CLT

(**)Retificada no DOU de 22.6.07

(***)Retificada no DOU de 13.10.11

MERCOSUL

(*) Aprova os de ns. 31 a 50 e revisa os de ns. 01 a 30.

(**) consta do art. 102, § 3º da CF, p. 37

RESOLUÇÃO DO CONSELHO NACIONAL DA JUSTIÇA

N.	DATA	DOU	Pág.
8	29.11.05	06.12.05	1009
127	15.03.11	18.03.11	986

PORTARIA CONJUNTA AGU/PGF

N.	DATA	DJ	Pág.
6	18.01.13	01.02.13	451